JN310113

主題書誌索引
2001-2007

中西 裕 編

日外アソシエーツ

An Index to Subject Bibliographies

2001-2007

Compiled by
©Yutaka NAKANISHI

Nichigai Associates, Inc.
Printed in Japan

●編集担当●山本幸子

まえがき

　本書は1981年、1994年、2003年にそれぞれ刊行されてきた、人物以外の主題に関する「書誌の書誌」である『主題書誌索引』の最新版である。今回は2001年から2007年に発表された書誌(参考文献・年譜などを含む)を収録している。なお、同期間の人物書誌については『人物書誌索引2001-2007』として、別途刊行した。

　毎年発表される主な書誌は『書誌年鑑』に収録されるが、それらを一冊ずつ見てゆく労力はたいへんなものであろう。そこで7年間分の主題に関する書誌を集めて『主題書誌索引』として本書を刊行する次第である。

　日本における「書誌の書誌」は天野敬太郎氏が先鞭をつけ、『主題書誌索引』は、天野氏の仕事を継承した深井人詩氏によって編集されてきた。また『人物書誌索引』は、深井氏および一時共同作業に当った渡辺美好氏によって刊行が続けられてきた。

　今回の『主題書誌索引』は、中西の編集として刊行することとなった。本書が扱う年代の最初の頃は深井氏の力によっている。したがって本来は深井氏の名も掲げるべきであるが、ご本人が辞退されたことにより、やむを得ずこの形となったことをあえて記しておきたい。

　データにアクセスするキーのひとつに著者名や書名などの書誌事項があるが、それと並んで、主題分析をして付与される主題にかかわるキーがある。図書館の世界では、NDCなどの分類記号と件名がその代表的な例である。分類記号が記号(コード)であるのに対して、件名の方は日常用いられる言語で付与される。図書館で使われる件名では、使用することばと使用しないことばを厳密に決めている。それと比べると『書誌年鑑』や本書では必ずしも厳密に統制(コントロール)することをしていない。

　本書は主題で検索することを目的としているからキーワードを付与することが絶対に必要となるのだが、必ずしも厳密に統制された件名をめざさないというのは、新しく登場することばも一部取り入れて利用者に使い勝手が良いように処理しているということである。しかし、それが行き過ぎると混乱が生じる。

　図書館の検索の世界はこのところ大きな変化を見せている。件名に関して言えば、二つの大きく隔たった両極端の方向が出てきているように思われる。一方はNDL-OPACに見られるように、国立国会図書館の件名がシソーラスを目指すようになったことである。すでにその方向を明確にしている『基本件名標目表』(BSH)を後追いした形である。

ところが、国立情報学研究所が提供しているNACSIS　Webcatでは件名が付与されていないデータが増えている印象がある。両者の懸隔はますます大きくなりつつあると言えるだろう。

　本書で採用するキーワードはどうあるべきか。この点で処理法についての悩みが多いが、利用する方々のご意見をぜひうかがいたいと思う。

　本書のもととなった『書誌年鑑』には深井氏に協力しながら、若くして亡くなった山本純絵さんの尽力があったことを記しておかなければならない。また、『書誌年鑑』においては毎年のキーワードに、意識しない揺れが生じがちである。それを整える作業が本書ではなされている。作業に当たった日外アソシエーツの皆さんには改めてお礼を申し述べる次第である。

　　2009年10月

　　　　　　　　　　　　　　　　　　　　　　　　　　　　　　　　　　中西　裕

凡　例

1．編集概要

　（1）本書は、深井人詩編『主題書誌索引』（1966－1980年収録）、『同81/91』（1981－1991年収録）、『同1992－2000』（1992－2000年収録）の継続版であり、2001－2007年に発表された主題書誌を収録した「書誌の書誌」である。

　（2）『書誌年鑑』2002－2008年版に収められた書誌のうち、個人書誌以外のものを収録した累積索引版である。

2．本書の内容と収録点数

　（1）主題書誌と、国内外の各地方に関する地域書誌を収録した。

　（2）見出し項目は10,146件、収録した書誌は41,041点である。

3．構　成

　見出し目次と本文より成る。

4．見出し項目とその配列

　（1）主題語・件名、都道府県名・地方名、外国名・地方名を見出し項目とし、五十音順に混合配列した。各項目内には一字あきで下位見出し項目を付記したものもある。

　（2）ぢ→じ、づ→ず、として配列した。

　（3）必要に応じて、参照見出しを立てた。

　　　　（例）欧州　⇒　ヨーロッパ　を見よ

5．記載形式

　（1）図書と雑誌とがはっきり区別できるように、下記の記号を各文献記述の冒頭に付した。

　　　　　図書→◎　　　雑誌→○

　（2）図書名・雑誌名

　　　　図書名・雑誌名は「　」に入れた。

　（3）記述順序

　　　①図書一冊

　　　　◎「書名」（編者名）　出版者　発行年月　総頁数　判型

　　　②図書記事（図書の一部）

　　　　◎書誌表示（編者名）　「書名」（著者名）　出版者　発行年月　掲載頁数

③雑誌一冊
　○「誌名　巻号」（出版者）　総頁数　判型
④雑誌記事（雑誌の一部）
　○記事名（編者名）　「誌名　巻号」（出版者）　発行年月　掲載頁数

（4）頁記述
　　p:page　f:front　b:back　r:random
　　pf：前付部分に書誌があって、頁付がない場合。
　　pb：後付部分に書誌があって、頁付がない場合。
　　p1-3f：前付部分に書誌があって、頁付がある場合。
　　p1-3b：後付部分に書誌があって、頁付がある場合。
　　prr：各章節末に書誌がある場合。
　　p78」は第78頁の1頁のみに書誌がある場合。

（5）判型（A判、B判以外のもの）
　　ss：新書判
　　46s：四六判
　　ks：菊判

6．書誌配列
（1）見出し項目のもとに、該当する書誌を配列した。
（2）同一見出しに複数の書誌がある場合は、図書と雑誌を混配して発行年月順に配列した。

目　　次

【あ】

愛 …………………………………… 3
アイアイ …………………………… 3
ISBN ………………………………… 3
愛国心 ……………………………… 3
ICタグ ……………………………… 3
ICT ………………………………… 3
アイスランド ……………………… 3
アイスランド　歴史 ……………… 3
愛知県 ……………………………… 3
愛知県　安城市史 ………………… 3
愛知県　稲沢市 …………………… 3
愛知県　犬山市 …………………… 3
愛知県　大知波峠廃寺 …………… 3
愛知県　大浜騒動 ………………… 3
愛知県　岡崎 ……………………… 3
愛知県　奥三河 …………………… 3
愛知県　尾張藩江戸屋敷 ………… 3
愛知県　蒲郡市 …………………… 4
愛知県　小牧市 …………………… 4
愛知県　笹島 ……………………… 4
愛知県　瀬戸 ……………………… 4
愛知県　瀬戸市 …………………… 4
愛知県　田原市 …………………… 4
愛知県　豊川市 …………………… 4
愛知県　豊橋市 …………………… 4
愛知県　長久手町史 ……………… 4
愛知県　名古屋市 ………………… 4
愛知県　名古屋城 ………………… 4
愛知県　三河地震 ………………… 4
愛知県　三好町 …………………… 4
愛知県　吉田城 …………………… 4
愛知万国博覧会 …………………… 4
IT …………………………………… 4
IT革命 ……………………………… 4
ITガバナンス ……………………… 5
ITビジネス ………………………… 5
アイデンティティ ………………… 5
アイドル産業 ……………………… 5
アイヌ ……………………………… 5
アイヌ語 …………………………… 6
IBM ………………………………… 6
IP電話 ……………………………… 6
アイリス …………………………… 6
アイルランド ……………………… 6
アイルランド　演劇 ……………… 7
アイルランド　文学 ……………… 7
アイロニー ………………………… 7
Einkommende　Zeitungen ……… 7
アヴァンギャルド ………………… 7
アウトサイダー …………………… 7
アウトソーシング ………………… 7

アエネーイス ……………………… 7
葵文庫 ……………………………… 7
青色ダイオード …………………… 7
アオコ ……………………………… 7
アオバト …………………………… 7
青森県 ……………………………… 7
青森県　岩木川 …………………… 7
青森県　亀ヶ岡文化 ……………… 7
青森県　三内丸山遺跡 …………… 7
青森県　下北 ……………………… 7
青森県　白神山地 ………………… 7
青森県　津軽 ……………………… 7
青森県　津軽海峡 ………………… 7
青森県　津軽半島 ………………… 7
青森県　十和田湖 ………………… 8
青森県　根城跡 …………………… 8
青森県　八戸市 …………………… 8
青森県　八戸藩 …………………… 8
青森県　八甲田 …………………… 8
青森県　弘前市 …………………… 8
青森県　弘前藩 …………………… 8
青森県　民俗 ……………………… 8
青森県　歴史 ……………………… 8
青森県　六ヶ所村 ………………… 8
青山ブックセンター ……………… 8
アオリイカ ………………………… 8
アーカイヴズ ……………………… 8
アカウンタビリティ ……………… 8
赤ちゃん …………………………… 8
赤と黒 ……………………………… 8
赤トンボ …………………………… 8
赤本 ………………………………… 8
秋田県 ……………………………… 8
秋田県　秋田市 …………………… 8
秋田県　秋田城 …………………… 8
秋田県　井川町 …………………… 9
秋田県　大湯環状列石 …………… 9
秋田県　雄物川 …………………… 9
秋田県　仙北市 …………………… 9
秋田県　花岡事件 ………………… 9
秋田県　美郷町 …………………… 9
秋田県　湯沢市 …………………… 9
秋田県　横手市 …………………… 9
秋田杉 ……………………………… 9
悪女 ………………………………… 9
アクションリサーチ ……………… 9
アクセサリー ……………………… 9
アクセント ………………………… 9
芥川賞 ……………………………… 9
ACT ………………………………… 9
悪党 ………………………………… 9
悪魔 ………………………………… 9
アグリビジネス …………………… 9
アゲハチョウ ……………………… 9
アーサー王伝説 …………………… 9

麻織物 ……………………………… 9
アサーション ……………………… 9
旭化成 ……………………………… 10
旭硝子 ……………………………… 10
朝日新聞 …………………………… 10
浅間山 ……………………………… 10
足 …………………………………… 10
味 …………………………………… 10
アジア ……………………………… 10
アジア　アセアン ………………… 11
アジア　遺跡 ……………………… 11
アジア　医療 ……………………… 11
アジア　英語 ……………………… 11
アジア　音楽 ……………………… 11
アジア　海運 ……………………… 11
アジア　外交 ……………………… 11
アジア　企業 ……………………… 11
アジア　北アジア ………………… 11
アジア　教育 ……………………… 11
アジア　経済 ……………………… 12
アジア　芸術 ……………………… 12
アジア　芸能 ……………………… 12
アジア　言語 ……………………… 12
アジア　建築史 …………………… 12
アジア　工業 ……………………… 12
アジア　産業 ……………………… 12
アジア　市場 ……………………… 12
アジア　社会 ……………………… 12
アジア　宗教 ……………………… 12
アジア　政治 ……………………… 12
アジア　中央アジア ……………… 13
アジア　ティムール帝国 ………… 13
アジア　東南アジア ……………… 13
アジア　東北アジア ……………… 14
アジア　西アジア ………………… 14
アジア　農業 ……………………… 14
アジア　パンジャーブ …………… 14
アジア　東アジア ………………… 14
アジア　病気 ……………………… 15
アジア　文化 ……………………… 15
アジア　文学 ……………………… 15
アジア　法 ………………………… 15
アジア　貿易 ……………………… 15
アジア　北東アジア ……………… 15
アジア　ボルネオ島 ……………… 16
アジア　南アジア ………………… 16
アジア　南アジア史 ……………… 16
アジア　南アジア地理 …………… 16
アジア　メコン地域 ……………… 16
アジア　文字 ……………………… 16
アジア　歴史 ……………………… 16
アジア・アフリカ会議 …………… 16
アジア系アメリカ人 ……………… 16
アジア系アメリカ文学 …………… 16
アジア経済研究所 ………………… 16
アジア主義 ………………………… 16

目次　(7)

アジア太平洋地域 …… 16	アフリカ　農民 …… 20	アメリカ合衆国　刑法 …… 28
アジア　歴史 …… 16	アフリカ　東アフリカ …… 20	アメリカ合衆国　現代史 …… 28
アジアロシア …… 16	アフリカ　美術 …… 20	アメリカ合衆国　建築 …… 28
芦屋道満大内鑑 …… 16	アフリカ　貿易 …… 20	アメリカ合衆国　憲法 …… 28
アシャンティ族 …… 16	アフリカ　マグレブ …… 20	アメリカ合衆国　公教育 …… 29
アシュケナージ …… 16	アフリカ　民族 …… 20	アメリカ合衆国　公立図書館 …… 29
飛鳥時代 …… 17	アフリカ　料理 …… 20	アメリカ合衆国　黒人 …… 29
飛鳥仏教 …… 17	アフリカ　歴史 …… 20	アメリカ合衆国　国内歳入庁 …… 29
安土桃山時代 …… 17	アフリカ系アメリカ人 …… 20	アメリカ合衆国　国防 …… 29
アスピリン …… 17	アフリカ大陸 …… 20	アメリカ合衆国　財政 …… 29
アスベスト …… 17	アフリカ統合 …… 20	アメリカ合衆国　サイパン島 …… 29
アスペルガー症候群 …… 17	アベイシアター …… 21	アメリカ合衆国　雑誌 …… 29
東歌 …… 17	アヘン …… 21	アメリカ合衆国　産業別労働組合会議 …… 29
吾妻鏡 …… 17	アポロ計画 …… 21	アメリカ合衆国　詩 …… 29
アースワークス …… 17	海女 …… 21	アメリカ合衆国　シカゴ …… 29
アセアン ⇒ アジア　アセアン を見よ	尼 …… 21	アメリカ合衆国　シカゴ学派 …… 29
アソシエーション …… 17	甘え …… 21	アメリカ合衆国　思想 …… 29
遊び …… 17	アマゴ …… 21	アメリカ合衆国　児童文学 …… 29
あだ討ち …… 17	雨乞い …… 21	アメリカ合衆国　資本市場 …… 29
アタッチメント理論 …… 17	アマゾン開拓 …… 21	アメリカ合衆国　資本主義 …… 29
アダルトチルドレン …… 17	アマゾン川 …… 21	アメリカ合衆国　市民宗教 …… 29
アダルト文庫 …… 17	アマゾンコム …… 21	アメリカ合衆国　社会 …… 29
アーツ・アンド・クラフツ …… 17	アマゾン文明 …… 21	アメリカ合衆国　商業 …… 29
アップル社 …… 17	天照教 …… 21	アメリカ合衆国　小説 …… 29
敦盛説話 …… 17	アマルガム …… 21	アメリカ合衆国　消費者保護法制 …… 30
圧力団体 …… 17	網 …… 21	アメリカ合衆国　女性 …… 30
アディクション …… 18	阿弥陀浄土図 …… 21	アメリカ合衆国　女性史 …… 30
アート …… 18	阿弥陀仏 …… 21	アメリカ合衆国　シリコンバレー …… 30
アドヴァイタ学派 …… 18	アーミッシュ …… 21	アメリカ合衆国　政治 …… 30
アートセラピー …… 18	アミノ酸 …… 21	アメリカ合衆国　精神 …… 30
アート・ドキュメンテーション …… 18	雨 …… 21	アメリカ合衆国　西部 …… 30
アトピー …… 18	アメラジアン …… 21	アメリカ合衆国　先住民 …… 30
アートマネージメント …… 18	アメリカインディアン …… 21	アメリカ合衆国　大使 …… 30
アトランティス …… 18	アメリカ合衆国 …… 22	アメリカ合衆国　大統領 …… 30
アトリビュート …… 18	アメリカ合衆国　アイダホ …… 25	アメリカ合衆国　探偵作家クラブ賞 …… 30
アナーキズム …… 18	アメリカ合衆国　アメリカニズム …… 25	アメリカ合衆国　地理 …… 30
アナトリア …… 18	アメリカ合衆国　アラスカ州 …… 25	アメリカ合衆国　哲学史 …… 30
アナフィラキシー …… 18	アメリカ合衆国　アリゾナ州 …… 25	アメリカ合衆国　同時多発テロ …… 30
アナリスト …… 18	アメリカ合衆国　インディアナポリス …… 26	アメリカ合衆国　図書館 …… 30
アナール学派 …… 18	アメリカ合衆国　ウォールストリート …… 26	アメリカ合衆国　南部 …… 31
アニマルウェルフェア …… 18	アメリカ合衆国　映画 …… 26	アメリカ合衆国　南部文学 …… 31
アニマルセラピー …… 18	アメリカ合衆国　演劇 …… 26	アメリカ合衆国　南北戦争 …… 31
アニマルテクノロジー …… 18	アメリカ合衆国　音楽 …… 26	アメリカ合衆国　ニューオーリンズ …… 31
アニミズム …… 18	アメリカ合衆国　絵画 …… 26	アメリカ合衆国　ニューヨーク …… 31
アニメーション …… 18	アメリカ合衆国　海軍 …… 26	アメリカ合衆国　農業 …… 31
アパート …… 19	アメリカ合衆国　外交 …… 26	アメリカ合衆国　バーモント州 …… 31
アパレル …… 19	アメリカ合衆国　カリフォルニア州 …… 27	アメリカ合衆国　ハワイ …… 31
阿毘達磨 …… 19	アメリカ合衆国　議会 …… 27	アメリカ合衆国　ハワイ移民 …… 31
アービトラージ …… 19	アメリカ合衆国　議会図書館 …… 27	アメリカ合衆国　ハワイ王朝 …… 31
アフォーダンス …… 19	アメリカ合衆国　企業 …… 27	アメリカ合衆国　ハワイ音楽 …… 31
アフガニスタン …… 19	アメリカ合衆国　教育 …… 27	アメリカ合衆国　美術 …… 31
アブラハム物語 …… 19	アメリカ合衆国　行政 …… 28	アメリカ合衆国　ピーボディー博物館 …… 31
アフリカ …… 19	アメリカ合衆国　金融 …… 28	アメリカ合衆国　文化 …… 31
アフリカ　アンゴラ内戦 …… 20	アメリカ合衆国　グアム島 …… 28	アメリカ合衆国　文学 …… 32
アフリカ　議会 …… 20	アメリカ合衆国　軍 …… 28	アメリカ合衆国　文化史 …… 32
アフリカ　教育 …… 20	アメリカ合衆国　経済 …… 28	アメリカ合衆国　米中関係 …… 33
アフリカ　経済 …… 20	アメリカ合衆国　経済学 …… 28	アメリカ合衆国　米朝関係 …… 33
アフリカ　言語 …… 20	アメリカ合衆国　経済史 …… 28	アメリカ合衆国　ペンシルバニア州 …… 33
アフリカ　サハラ …… 20	アメリカ合衆国　経済政策 …… 28	
アフリカ　政治 …… 20	アメリカ合衆国　経済法 …… 28	
アフリカ　彫刻 …… 20	アメリカ合衆国　芸術 …… 28	
アフリカ　地理 …… 20		
アフリカ　ナイル …… 20		
アフリカ　農業 …… 20		

見出し	頁	見出し	頁	見出し	頁
アメリカ合衆国　法	33	安政江戸地震	37	イギリス　教育	42
アメリカ合衆国　法制史	33	安全	37	イギリス　近代史	43
アメリカ合衆国　ボストン	33	安全管理	37	イギリス　経済	43
アメリカ合衆国　ボストン公共放送局	33	安全教育	37	イギリス　経済史	43
アメリカ合衆国　ボストン美術館	33	安全心理	37	イギリス　建築	43
アメリカ合衆国　ミシシッピ川	33	安全性	37	イギリス　憲法	43
アメリカ合衆国　民謡	33	安全保障	37	イギリス　交通	43
アメリカ合衆国　ラスベガス	33	アンソロジー	37	イギリス　国教会	43
アメリカ合衆国　留学生	33	アンデス	38	イギリス　財政	43
アメリカ合衆国　料理	33	アンデス高地	38	イギリス　産業	43
アメリカ合衆国　歴史	33	案内記	38	イギリス　詩	43
アメリカ合衆国　ロサンゼルス	34	アンネの日記	38	イギリス　思想	43
アメリカ人	34	あんぱん	38	イギリス　児童文学	44
アメリカニゼーション	34	安保条約	38	イギリス　社会	44
アメリカンコミック	34	アンモナイト	38	イギリス　19世紀史	44
アーモリー・ショウ	34	安楽死	38	イギリス　宗教	44
綾	34			イギリス　小説	44
アヤックス	34			イギリス　植民地	44
あやとり	34	【い】		イギリス　ジョージ王朝	44
アユ	34			イギリス　女性史	44
アライアンス	34	慰安婦	38	イギリス　紳士	44
アラビア語	34	家	38	イギリス　スコットランド	44
アラビア数学	34	E.A.T.	38	イギリス　政治	44
アラビア石油	34	イエズス会	38	イギリス　大英帝国	45
アラビア文化	34	家永裁判	38	イギリス　大英博物館	45
アラビアンナイト	34	EFT	38	イギリス　中世史	45
アラブ	34	イエメン	38	イギリス　庭園	45
アラブ　音楽	34	イエロー・ペリル	38	イギリス　帝国時代	45
アラブ　社会思想	34	イオン	38	イギリス　哲学	45
アラブ　歴史	34	イカ	38	イギリス　鉄道	45
アラブ諸国	34	異界	38	イギリス　伝説	45
アラム語	34	医学	39	イギリス　20世紀史	45
アリ	35	医学教育	39	イギリス　農業	45
アリス	35	医学工学	39	イギリス　パリッシュ	45
RNA	35	医学雑誌	39	イギリス　美術	45
RMA	35	医学史	39	イギリス　文化	45
アルカイダ	35	医学者	39	イギリス　文学	45
アルゴリズム	35	医学書	39	イギリス　法	45
アルコール依存症	35	医学心理	39	イギリス　放送協会	46
アルジェリア	35	医学哲学	39	イギリス　民俗	46
アルシーブ	35	医学統計	39	イギリス　料理	46
アルゼンチン	35	威嚇猟	39	イギリス　歴史	46
アルタイ・ハイラハ	35	医学論文	39	イギリス　労働党	46
アルツハイマー病	35	伊賀越道中双六	40	イギリス　ロマン派	46
アール・デコ	35	eガバナンス	40	イギリス　ロンドン	46
アルデヒド	35	怒り	40	イギリス　ロンドン海軍軍縮会議	46
アール・ヌーヴォー	35	生写朝顔話	40	イギリス思想研究叢書	46
アルバイト	35	生人形	40	イギリス人	46
アルビオン	35	イギリス	40	異空間	46
アルメニア	35	イギリス　医療	41	育児	46
アルメニア　歴史	36	イギリス　イングランド	41	育児休業	47
アレルギー	36	イギリス　ヴィクトリア朝	42	育児語彙	47
アロマテラピー	36	イギリス　ウェールズ	42	育児雑誌	47
泡	36	イギリス　演劇	42	育児支援	47
アワビ	36	イギリス　王室	42	育児書	47
泡盛	36	イギリス　大蔵省	42	育種	47
編布	36	イギリス　音楽	42	育毛	47
アングロサクソン語	36	イギリス　絵画	42	生垣	47
アンケート調査	36	イギリス　外交	42	池田屋事件	47
暗号	36	イギリス　家具	42	生贄	47
暗殺	36	イギリス　学校	42	いけばな	47
安山岩	36	イギリス　紀行	42	違憲審査	47
アンシャン・レジーム	36	イギリス　北アイルランド	42	囲碁	47
				異国叢書	47

イコノグラフィー 47	イタイイタイ病 54	遺伝子 59
eコマース 47	イタコ 55	遺伝子組み換え 60
eコミュニティ 47	痛み 55	遺伝子組み換え食品 60
イコン 47	イタリア 55	遺伝子工学 60
十六夜日記 47	イタリア ヴェネツィア 55	遺伝情報 60
遺産 47	イタリア 映画 55	遺伝的アルゴリズム 61
医師 47	イタリア 絵画 55	遺伝病 61
石 47	イタリア 紀行 55	井戸 61
石垣 47	イタリア 教育 55	移動体通信 61
医史学 47	イタリア 経済 55	伊東屋 61
石川県 48	イタリア 建築 55	eドキュメント 61
石川県 加賀市 48	イタリア 工業 55	稲作 61
石川県 加賀百万石 48	イタリア 古代ローマ 56	イニシエーション 61
石川県 金沢市 48	イタリア サンタ・サビーナ教会 56	犬 61
石川県 金沢藩 48	イタリア ジェノヴァ 56	イヌイット 61
石川県 加茂遺跡 48	イタリア シチリア 56	イヌワシ 61
石川県 兼六園 48	イタリア 社会 56	稲 61
石川県 考古学 48	イタリア 商業 56	イノシシ 62
石川県 珠洲市 48	イタリア 政治 56	命 62
石川県 石動山 48	イタリア 精神史 56	いのちの電話 62
石川県 野々市町 48	イタリア 中世絵画 56	イノベーション 62
石川県 白山信仰 48	イタリア 中世史 56	位牌 62
石川県 歴史 48	イタリア 彫刻 56	茨城県 62
石川県 輪島市 48	イタリア デザイン 56	茨城県 伊奈町 62
意識 48	イタリア 図書 56	茨城県 鹿島市史 62
意識人類学 48	イタリア ナポリ 56	茨城県 霞ヶ浦 62
意識通信 48	イタリア 美術 56	茨城県 金砂郷町 62
石工 48	イタリア ファッション 56	茨城県 教育 62
石倉新炭鉱 49	イタリア フィレンツェ 56	茨城県 行政 62
医事刑法 49	イタリア 法 57	茨城県 久慈川 62
意思決定 49	イタリア ポンペイ 57	茨城県 古河市 62
医事訴訟 49	イタリア 民話 57	茨城県 常総 62
石原産業 49	イタリア ラヴェンナ 57	茨城県 総和町 62
石干見 49	イタリア 料理 57	茨城県 玉里村 62
医事紛争 49	イタリア ルネサンス 57	茨城県 土浦市 62
医事法 49	イタリア 歴史 57	茨城県 東海村 62
いじめ 49	イタリア ローマ 57	茨城県 虎塚古墳 62
医者 50	イタリア ローマ史 57	茨城県 常陸 62
石山合戦 50	イタリア ローマ神話 57	茨城県 水海道 63
石槍 50	イタリア ローマ帝国 58	茨城県 水戸街道 63
異種移植 50	イタリア ローマ哲学 58	茨城県 水戸学 63
移住 50	イタリア ローマ美術 58	茨城県 水戸弘道館 63
異種混淆 50	イタリア ローマ文化 58	茨城県 水戸市 63
医書 50	イタリア ローマ文学 58	茨城県 歴史 63
衣装 50	イタリア ローマ法 58	茨城県 牛堀町 63
異常心理学 50	イタリア語 58	eバンキング 63
意匠法 50	イタリア人 58	イバン族 63
移植 50	異端 58	E-ファイナンス 63
衣食住 50	一谷嫩軍記 58	衣服 63
維新 50	市場 58	異文化 63
異人 50	イチョウ 58	医文化 63
椅子 50	一揆 58	異文化間教育 63
泉 50	一向宗 58	異文化間交易 64
イスラエル 50	一切経 58	異文化コミュニケーション 64
イスラエル・アラブ紛争 51	一生 58	異文化ストレス 64
イスラム 51	一神教 58	異文化体験 64
遺跡・遺物 53	逸脱 59	イベント 64
伊勢物語 54	ED 59	医方集成 64
伊勢物語絵巻 54	EDI 59	医方大成 64
ISO14000 54	eDRM 59	いほぬし 64
位相幾何学 54	イデオロギー 59	Eポリティックス 64
イソギンチャク 54	遺伝 59	今様 64
葬族 54	遺伝カウンセリング 59	意味分析 64
イソップ寓話 54	移転価格税制 59	意味論 64
依存症 54		移民 65

移民教育 … 65	岩手県　平泉 … 71	インド　詩 … 76
異民族 … 65	岩手県　歴史 … 71	インド　思想 … 76
イメージ … 65	岩波少年少女文学全集 … 71	インド　社会 … 76
イメージ心理学 … 65	岩波新書 … 71	インド　宗教 … 76
Eメール … 65	岩波文庫 … 71	インド　植民地 … 76
イモ … 65	石見タイムズ … 71	インド　神話 … 76
妹背山婦女庭訓 … 65	印欧語 … 71	インド　政治 … 77
鋳物 … 66	インカ … 71	インド　説話 … 77
イモリ … 66	因果性 … 71	インド　地理 … 77
医薬品 … 66	インキュナブラ … 72	インド　哲学 … 77
医薬品工業 … 66	インクルーシブ教育 … 72	インド　農村 … 77
癒し … 66	インコ … 72	インド　美術 … 77
いやしんぼ … 66	印刷 … 72	インド　仏教 … 77
イラク … 66	印刷機 … 72	インド　ベンガル地方 … 77
イラク戦争 … 66	印刷用紙 … 72	インド　法典 … 77
イラストレーション … 66	隠者 … 72	インド　密教 … 77
eラーニング … 67	飲酒 … 72	インド　ムガル朝 … 77
イラン … 67	飲酒詩 … 72	インド　歴史 … 77
イラン　音楽 … 67	印章 … 72	インドシナ　歴史 … 77
イラン　商業 … 67	印象派 … 72	インドネシア … 77
イラン　歴史 … 67	飲食店 … 72	インドネシア　イリアン・ジャヤ … 77
入会権 … 67	院政 … 72	
イリアス … 67	院政時代 … 72	インドネシア　外交 … 77
医療 … 67	隕石 … 72	インドネシア　教育 … 77
医療観察 … 68	インセンティブ契約 … 72	インドネシア　クラカトア … 78
医療器械 … 68	インダス文明 … 72	インドネシア　経済 … 78
医療経済 … 68	インターネット … 72	インドネシア　産業 … 78
医療財源 … 68	インターネットオークション … 74	インドネシア　社会 … 78
医療産業 … 68	インターネット広告 … 74	インドネシア　ジャカルタ … 78
医療史 … 68	インターネット広報 … 74	インドネシア　ジャワ … 78
医療事故 … 69	インターネット社会 … 74	インドネシア　スマトラ沖地震 … 78
医療施設 … 69	インターネットセキュリティ … 74	インドネシア　スマトラ島 … 78
医療社会事業 … 69	インターネット電話 … 74	インドネシア　スンバ島 … 78
医療人類学 … 69	インターネットビジネス … 74	インドネシア　政治 … 78
医療政策 … 69	インターネット法 … 74	インドネシア　パサイ王国 … 78
医療制度 … 69	インタビュー … 74	インドネシア　バタク族 … 78
医療費 … 69	インターフェイス社 … 74	インドネシア　バリ島 … 78
医療福祉 … 69	インターンシップ … 74	インドネシア　フロレス島 … 78
医療文化誌 … 69	インディアン　⇒　アメリカインディアン を見よ	インドネシア　歴史 … 78
医療紛争 … 69		インドネシア語 … 78
医療法 … 69	インディオ … 74	院内感染 … 78
医療保険 … 69	インデックス … 74	印判状 … 78
医療倫理 … 70	インテリア … 75	インフォミディアリ … 78
イルカ … 70	インテリアデザイン … 75	インフォームドコンセント … 78
慰霊 … 70	インテリジェンス … 75	インフォメーションパワー … 78
刺青 … 70	インド … 75	インフルエンザ … 78
入墨習俗 … 70	インド　IT革命 … 75	インフレーション … 79
色 … 70	インド　アーユルヴェーダ … 75	インベスターリレーションズ … 79
色男 … 70	インド　医学 … 75	陰謀 … 79
イロコイ族 … 70	インド　映画 … 75	因明 … 79
色好み … 70	インド　オリッサ州 … 75	隠喩 … 79
いろは歌 … 70	インド　音楽 … 75	陰陽五行 … 79
いろはカルタ … 70	インド　絵画 … 76	飲料 … 79
岩倉使節団 … 70	インド　グジャラート州 … 76	飲料水 … 79
岩崎文庫 … 71	インド　経済 … 76	
石清水物語 … 71	インド　芸能 … 76	
岩田書院 … 71	インド　憲法 … 76	【う】
岩手県 … 71	インド　ゴア州 … 76	
岩手県　釜石市 … 71	インド　工業 … 76	ヴァイローチャナ仏 … 79
岩手県　北上山地 … 71	インド　工芸 … 76	ヴァギナ … 79
岩手県　葛巻町 … 71	インド　考古学 … 76	ウイグル語 … 79
岩手県　御所野遺跡 … 71	インド　古代史 … 76	ウイグル人 … 79
岩手県　中尊寺 … 71	インド　祭祀 … 76	ウィスキー … 79
岩手県　遠野 … 71	インド　産業 … 76	ヴィチ・カンパニ運動 … 79
岩手県　南部 … 71	インド　サンスクリット … 76	

VDT障害 … 79	運送 … 84	英米タバコ会社 … 94
ウイルス … 79	運送史 … 84	英米文学 … 94
ウィルタ族 … 79	運動 … 84	英米法 … 94
ウィンナワルツ … 80	運動医学 … 84	栄養 … 95
ウエイトトレーニング … 80	運動学習 … 84	栄養教育 … 95
上紀 … 80	運動施設 … 84	栄養教諭 … 95
ヴェニスに死す … 80	運動生化学 … 84	エイリアン … 95
魚市場 … 80	運動生理 … 84	絵入小説 … 95
ヴォイニッチ写本 … 80	運動能力 … 84	絵入り本 … 95
ウォルト・ディズニー社 … 80	運命意識 … 84	英和対訳袖珍辞書 … 95
ウガリト語 … 80	運輸 … 84	絵因果経 … 95
浮世絵 … 80		エヴェレスト … 96
浮世柄比翼稲妻 … 80		エウェンキ語 … 96
浮世草子 … 80		絵かき遊び … 96
鶯塚 … 80	【 え 】	易 … 96
ウクライナ … 80		駅 … 96
請負耕作 … 80		疫学 … 96
宇佐海軍航空隊 … 80	エア・ドゥ … 85	易経 … 96
牛 … 80	ASTM … 85	液状化現象 … 96
牛海綿状脳症 … 80	映画 … 85	液晶産業 … 96
宇治十帖 … 80	映画音楽 … 86	疫病 … 96
失われることば … 80	映画会 … 86	恵慶集 … 96
羽州街道 … 81	映画館 … 86	エクアドル … 96
羽州浜街道 … 81	映画監督 … 86	エクステリア … 96
ウズベキスタン … 81	映画撮影 … 86	エクスプロイテーション・フィルム … 96
嘘 … 81	映画雑誌 … 86	
嘘発見器 … 81	映画産業 … 86	エーゲ文明 … 96
歌垣 … 81	映画史 … 86	エコ・エコノミー … 96
歌ことば … 81	映画俳優 … 86	エコクリティシズム … 96
うたたね … 81	映画美術 … 87	エコセメント … 96
歌枕 … 81	営業 … 87	エコツーリズム … 96
歌物語 … 81	英語会話 … 88	エコデザイン … 96
宇宙 … 81	英語学 … 88	エコマネー … 96
宇宙開発 … 81	英語教育 … 88	エコール・ド・パリ … 96
宇宙観 … 82	英語圏 … 91	エコロジー … 96
宇宙工学 … 82	英語語彙 … 91	絵師 … 97
宇宙人 … 82	英語語源 … 91	エジプト … 97
宇宙ステーション … 82	英語史 … 91	エジプト　アレクサンドリア図書館 … 97
宇宙船 … 82	英語辞書 … 91	
宇宙探査機 … 82	英語支配 … 91	エジプト　遺跡 … 97
宇宙法 … 82	英語熟語 … 92	エジプト　建築 … 97
宇宙旅行 … 82	英語発音 … 92	エジプト　古代 … 97
宇宙論 … 82	英語方言 … 92	エジプト　社会 … 97
うちわ … 82	英語翻訳 … 92	エジプト　神話 … 97
うつ病 … 82	英才教育 … 92	エジプト　政治 … 97
腕木通信 … 83	英作文 … 92	エジプト　美術 … 97
ウナギ … 83	嬰児殺し … 92	エジプト　歴史 … 97
ウニヴェルズム映画 … 83	永寿丸 … 92	エジプト語 … 97
ウプサラ学派 … 83	エイジング … 92	絵図 … 97
宇部マテリアルズ … 83	エイズ … 92	SF … 97
馬 … 83	衛星 … 92	SF映画 … 98
駅家 … 83	衛生 … 92	SF雑誌 … 98
海 … 83	衛生気象学 … 92	エスキモー語 … 98
ウミウシ … 83	衛生法規 … 92	SQ … 98
梅 … 83	映像 … 93	絵双六 … 98
梅干 … 83	映像産業 … 93	エストニア … 98
右翼 … 83	映像情報 … 93	エスニシティ … 98
浦島伝説 … 83	映像文学 … 93	エスノグラフィ … 98
占い … 83	ADHD … 93	エスノスケープ … 98
売立目録 … 83	永福門院百番自歌合 … 93	エスノメソドロジー … 98
漆 … 83	英仏戦争 … 93	SPSS … 98
浮気 … 84	英文契約書 … 93	エスペラント … 98
うわさ … 84	英文法 … 93	蝦夷史料 … 98
運河 … 84	英米演劇 … 94	エチオピア … 98
ウンコ … 84	英米児童文学 … 94	越境汚染 … 98

エッセイ	98	
エッダ	98	
エットゥトハイ	98	
エッフェル塔	99	
ADSL	99	
エディプス・コンプレックス	99	
エーテル音楽	99	
江戸	99	
江戸歌舞伎	100	
絵解き	100	
江戸語	100	
江戸小唄	100	
江戸時代	100	
江戸儒教	101	
江戸城	101	
江戸税制	101	
江戸農民	101	
江戸幕府	101	
江戸服飾史	101	
江戸文化	101	
江戸文学	101	
江戸村方	101	
江戸名所図会	101	
江戸文字	101	
江戸牢屋敷	101	
エニアック	102	
NGO	102	
NTT	102	
NPO	102	
エネルギー	103	
エネルギー経済	103	
エネルギー作物	103	
エネルギー政策	103	
絵俳書	104	
絵葉書	104	
エビ	104	
エビス信仰	104	
愛媛県	104	
愛媛県　宇和島	104	
愛媛県　上黒岩岩陰遺跡	104	
愛媛県　県立図書館	104	
愛媛県　津島町	104	
愛媛県　松野町	104	
愛媛県　松山市	104	
愛媛県　松山俘虜収容所	104	
愛媛県　歴史	104	
エビ養殖	104	
FTA	104	
家船	104	
FBI	104	
F1	105	
エホバの証人	105	
絵本	105	
絵本作家	106	
絵本史	106	
絵本太功記	106	
絵馬	106	
絵巻	106	
MOT	106	
MWA賞	106	
MBA	107	
MPLS	107	
MBTI	107	
エリザベス1世時代	107	
エリート	107	
エリンギ	107	
LHRH細胞	107	
エルサルバドル	107	
LD	107	
LTCM	107	
エルニーニョ現象	107	
L文学	107	
エルメス	107	
エレキテル	107	
エレクトロニクス	107	
エロイーズとアベラール	107	
エロティシズム	107	
円	107	
演歌	107	
エンカウンター・グループ	108	
遠隔測定	108	
遠隔地教育	108	
塩業史	108	
遠近法	108	
園芸	108	
園芸療法	108	
演劇	108	
えん罪	109	
円周率	109	
援助	109	
援助交際	109	
エンジン	109	
エンターテインメント	109	
苑池	109	
エンデュアランス号	109	
エントロピー	109	
エンパワーメント	109	
エンブレム	109	
艶本	109	
延命治療	109	
エンロン社	109	

【 お 】

老い	109	
御家騒動	109	
OED	109	
オイディプス王	109	
オイラー解析	109	
奥羽史	109	
奥羽列藩同盟	109	
扇の草子	109	
王権	110	
黄金分割	110	
王室	110	
欧州　⇒ ヨーロッパ を見よ		
奥州	110	
奥州安達原	110	
往生伝	110	
王朝政治	110	
王朝物語	110	
応答的保育	110	
奥南新報	110	
黄檗版大蔵経	110	
欧文書体	110	
近江商人	110	
オウム	110	
オウム真理教	110	
応用言語	110	
応用行動分析	110	
往来物	110	
大分県	110	
大分県　国東	111	
大分県　県立図書館	111	
大分県　光西寺	111	
大分県　田染荘遺跡	111	
大分県　豊前道	111	
大分県　湯布院町	111	
大分県　歴史	111	
大奥	111	
オオカミ	111	
大阪朝日新聞	111	
大阪外国語大学	111	
大阪市立大学	111	
大坂の陣	111	
大阪府	111	
大阪府　池上曽根遺跡	111	
大阪府　和泉市	111	
大阪府　茨木市	111	
大阪府　今城塚古墳	112	
大阪府　大阪市	112	
大阪府　大阪市船場	112	
大阪府　大阪市平野区	112	
大阪府　門真市	112	
大阪府　河内	112	
大阪府　願泉寺	112	
大阪府　岸和田市	112	
大阪府　堺市	112	
大阪府　豊中市	112	
大阪府　日根荘遺跡	112	
大阪府　府立図書館	112	
大阪府　三島古墳群	112	
大阪府　明教寺	112	
大阪府　百舌鳥・古市古墳群	112	
大阪府　淀川	112	
大阪野菜	112	
大阪湾	112	
大雑書	112	
オオサンショウウオ	112	
大塚製靴	112	
大妻女子大学	113	
オオムラサキ	113	
オーガニック・デザイン	113	
お金	113	
オカピ	113	
岡山県	113	
岡山県　岡山市	113	
岡山県　奥津町	113	
岡山県　吉備	113	
岡山県　久世町史	113	
岡山県　倉敷市	113	
岡山県　楯築弥生墳丘墓	113	
岡山県　両宮山古墳	113	
岡山県　歴史	113	
オカルト	113	
沖縄県	113	
沖縄県　石垣市	114	
沖縄県　石垣島	114	
沖縄県　西表島	114	
沖縄県　音楽	114	
沖縄県　経済	114	
沖縄県　識名園	114	

沖縄県　生物 …… 114	オートマトン …… 118	音読 …… 125
沖縄県　知念村 …… 114	乙女小説 …… 118	女 …… 125
沖縄県　波照間島 …… 114	オートレース …… 118	女殺油地獄 …… 125
沖縄県　平良市 …… 114	鬼 …… 118	女主人公 …… 125
沖縄県　舞踊 …… 114	オニバス …… 118	女文字 …… 125
沖縄県　文化 …… 114	オノマトペ …… 118	女物狂 …… 125
沖縄県　文学 …… 114	お化け …… 118	温熱療法 …… 125
沖縄県　民俗 …… 114	姨捨 …… 118	御柱祭 …… 125
沖縄県　八重山群島 …… 115	オフィス …… 118	オンブズマン …… 125
沖縄県　与那国島 …… 115	オプション …… 119	陰陽師 …… 125
沖縄県　与論島 …… 115	オープンソース …… 119	陰陽道 …… 125
沖縄県　琉球 …… 115	オープンソリューション …… 119	オンラインゲーム …… 125
沖縄県　歴史 …… 115	オープンパートナーシップ経営 …… 119	オンライン検索 …… 125
沖縄戦 …… 115	オペラ …… 119	オンライン・コミュニティ …… 125
沖森文庫 …… 116	オペラント行動 …… 119	音律 …… 125
屋上緑化 …… 116	オペレーションズ・リサーチ …… 119	怨霊 …… 126
奥浄瑠璃 …… 116	オペレーティングシステム …… 119	
奥女中 …… 116	お守り …… 119	
オークション …… 116	おもちゃ …… 119	【か】
贈り物 …… 116	おもろさうし …… 119	
オーケストラ …… 116	親子関係 …… 119	蚊 …… 126
御後絵 …… 116	親子法 …… 120	快 …… 126
オサムシ …… 116	オラン・アスリ …… 120	貝 …… 126
お産 …… 116	オランダ …… 120	カイアシ類 …… 126
押絵 …… 116	オランダ　絵画 …… 120	怪異 …… 126
汚職 …… 116	オランダ　外交 …… 120	海運 …… 126
オショロコマ …… 116	オランダ　環境法 …… 120	海運同盟 …… 126
オシラサマ …… 116	オランダ　商館 …… 120	絵画 …… 126
オーストラリア …… 116	オランダ　貿易 …… 120	海外移転 …… 127
オーストラリア　アボリジニ …… 116	オリエンタリズム …… 120	海外観光旅行 …… 127
オーストラリア　映画 …… 116	オリエント …… 120	海外協力 …… 127
オーストラリア　演劇 …… 117	オリエント急行 …… 120	海外勤務者 …… 127
オーストラリア　外交 …… 117	折り紙 …… 120	海外現代小説 …… 127
オーストラリア　教育 …… 117	オリーブオイル …… 120	海外作家 …… 127
オーストラリア　経済 …… 117	織部焼 …… 120	海外事業 …… 127
オーストラリア　美術 …… 117	織物 …… 120	海外子女教育 …… 127
オーストラリア　法 …… 117	オリンピア・プレス …… 121	海外使節 …… 127
オーストリア …… 117	オリンピック …… 121	海外渡航者 …… 127
オーストリア　ウィーン …… 117	オルガ …… 121	海外派遣 …… 127
オーストリア　ウィーン学派 …… 117	オルガン …… 121	海外旅行史 …… 127
オーストリア　ウィーンフィル …… 117	オルフェウス …… 121	外貨換算会計 …… 127
オーストリア　映画 …… 117	卸売 …… 121	改革派教会 …… 127
オーストリア　ザルツブルク …… 117	音韻 …… 121	カイガラムシ …… 127
オーストリア　文学 …… 117	音階 …… 121	絵画療法 …… 127
オーストリア　歴史 …… 117	音楽 …… 121	海岸 …… 128
オーストロ・ネシア語 …… 117	音楽家 …… 122	海岸林 …… 128
オセアニア …… 117	音楽教育 …… 122	会議 …… 128
オセアニア　神話 …… 117	音楽産業 …… 122	怪奇幻想ミステリ …… 128
オセアニア　文学 …… 117	音楽史 …… 123	懐疑主義 …… 128
オセアニア　メラネシア …… 117	音楽心理 …… 123	会議法 …… 128
汚染 …… 117	音楽説話 …… 123	階級 …… 128
遅さ …… 118	音楽奏法 …… 123	海軍 …… 128
オゾン層 …… 118	音楽著作権 …… 123	海軍航空 …… 128
小田文庫 …… 118	音楽療法 …… 123	海軍工廠 …… 128
小樽新聞 …… 118	音響 …… 124	海軍特殊攻撃機 …… 128
オックスフォード英語辞典 …… 118	温室栽培 …… 124	海軍病院船 …… 128
ODA …… 118	音声 …… 124	海軍兵学校 …… 128
オデニョ一族 …… 118	音声記号 …… 124	会計 …… 128
音 …… 118	音声処理 …… 124	会計監査 …… 130
御伽草子 …… 118	音声相互作用 …… 125	会計士 …… 131
おとぎ話 …… 118	音声認識 …… 125	会計情報 …… 131
男 …… 118	音節 …… 125	会計情報監査 …… 131
男はつらいよ …… 118	温泉 …… 125	会計測定論 …… 131
オートジャイロ …… 118	温泉療法 …… 125	会計法 …… 131
オートポイエーシス …… 118	温度 …… 125	

戒厳令	131	貝毒	139	化学式	147
解雇	131	懐徳堂	139	化学実験	147
介護	131	海難	139	化学者	147
外交	132	開発	139	科学者	147
貝交易	132	開発援助	139	科学ジャーナリズム	147
外交官	132	開発学	139	化学繊維産業	147
外交史	132	開発金融	139	価格戦略	147
開国	133	開発経済	139	科学捜査	147
外国映画	133	開発社会学	139	科学的管理	147
外国会社	133	開発政策	139	科学哲学	147
外国為替	133	海浜生物	139	化学物質	148
外国関係	134	懐風藻	139	化学兵器	148
外国銀行	134	怪物	139	科学方法論	148
外国語	134	回文	139	化学療法	148
外国語教育	134	怪文書	140	科学倫理	148
外国資本	135	海兵隊	140	科学論文	148
外国人	135	海法	140	鏡	148
外国人学校	135	海防	140	加賀見山旧錦絵	148
外国人教育	135	解剖図	140	香川県	148
外国人居留地	135	界面活性剤	140	香川県　讃岐	148
外国人参政権	135	回遊魚	140	香川県　塩飽諸島	148
外国人犯罪	135	海洋	140	香川県　善通寺	148
外国人労働者	135	海洋気象	140	牡蠣	148
外国文化	135	海洋事故	140	花卉	148
外国文学	135	海洋生物	140	柿	148
外国法	135	海陽亭	140	華僑	148
介護福祉	136	海洋動物	140	家業	148
介護保険	136	海洋微生物	140	歌曲	149
介護予防	136	海洋物理	141	家具	149
海事史	136	海洋文学	141	学位	149
華夷思想	136	海洋法	141	格技	149
海事法	136	海洋民族	141	核軍縮	149
会社	136	外来語	141	学芸員	149
会社更生法	137	外来種	141	格言	149
会社史	137	外来生物	141	格差社会	149
会社組織	137	快楽	141	核実験	149
会社分割	137	解離性障害	141	学習	149
会社法	137	貝類	141	学習支援	149
怪獣	137	会話	141	学習指導	149
外傷後ストレス障害	137	ガヴァネス	141	学習指導要領	150
海上自衛隊	137	カウラ	141	学習障害	150
海上保安	137	カウンセリング	141	学習新聞	150
外食産業	137	替歌	144	学習心理	150
介助犬	137	カエデ	144	学習組織	150
外人墓地	137	カエル	144	学習到達度	150
外国人労働者	138	顔	144	学習評価	151
海水	138	花王	144	学習法	151
貝塚	138	カオス	144	学術	151
偕成社	138	香り	144	学術コミュニケーション	151
懐石	138	画家	144	学術情報	151
海戦	138	価格	144	格付会社	151
海草	138	化学	144	学生	151
海藻	138	科学	144	学生運動	151
階層	138	雅楽	145	覚醒剤	151
回想法	138	科学英語	145	学生指導	151
海賊	138	科学器具	145	学生生活	151
海賊版	138	科学技術	145	学生相談	151
海村社会	138	科学技術情報	146	学生文化	151
開拓	138	科学技術政策	146	核戦略	151
怪談	138	科学教育	146	学童疎開	151
階段	138	科学計量	146	学童保育	151
害虫	138	科学言説	146	学徒勤労動員	151
害虫獣	139	化学工業	146	核燃料	152
害虫防除	139	化学史	146	角筆	152
海底資源	139	科学史	146	楽譜	152

額縁 ……… 152	華人 ……… 156	活断層 ……… 164
核兵器 ……… 152	数 ……… 156	甲冑 ……… 164
角兵衛獅子 ……… 152	春日権現験記 ……… 156	ガット ……… 164
革命 ……… 152	ガス事業 ……… 156	葛藤 ……… 164
学名 ……… 152	ガスタービン ……… 156	河童 ……… 164
学問 ……… 152	カースト ……… 156	合併 ……… 164
格融合 ……… 152	カストラート ……… 156	活用 ……… 164
神楽 ……… 152	霞会館 ……… 156	桂離宮 ……… 164
攪乱物質 ……… 152	絣 ……… 157	割礼 ……… 164
確率 ……… 152	風 ……… 157	家庭 ……… 164
確率過程 ……… 153	火星 ……… 157	家庭科 ……… 165
確率分布 ……… 153	家政学 ……… 157	家庭介護 ……… 165
学力 ……… 153	課税システム ……… 157	家庭教育 ……… 165
学歴 ……… 153	化石 ……… 157	家庭教師 ……… 165
かくれキリシタン ……… 153	寡占 ……… 157	家庭裁判所 ……… 165
隠れ念仏 ……… 153	河川 ……… 157	家庭内暴力 ……… 165
賭け ……… 153	過疎 ……… 157	家庭薬 ……… 165
家系 ……… 153	家相 ……… 157	カテドラル ……… 165
家計 ……… 153	火葬 ……… 158	ガーデニング ……… 165
歌劇 ……… 153	下層階級 ……… 158	カードマジック ……… 165
歌劇場 ……… 153	画像処理 ……… 158	カドミウム ……… 165
駆込寺 ……… 153	家族 ……… 158	カトリック ……… 165
蜻蛉日記 ……… 153	華族 ……… 159	カトリック教会 ……… 165
かご ……… 153	家族援助 ……… 159	ガーナ ……… 166
駕籠 ……… 153	家族関係 ……… 159	金尾文淵堂 ……… 166
加工食品 ……… 153	家族看護 ……… 159	金型 ……… 166
鹿児島県 ……… 154	家族間暴力 ……… 159	神奈川県 ……… 166
鹿児島県　奄美諸島 ……… 154	家族計画 ……… 159	神奈川県　海老名市史 ……… 166
鹿児島県　出水街道 ……… 154	家族史 ……… 160	神奈川県　大磯町 ……… 166
鹿児島県　上野原遺跡 ……… 154	家族心理 ……… 160	神奈川県　小田原市 ……… 166
鹿児島県　沖永良部島 ……… 154	家族制度 ……… 160	神奈川県　鎌倉御家人 ……… 166
鹿児島県　加計呂麻島 ……… 154	家族福祉 ……… 160	神奈川県　鎌倉市 ……… 166
鹿児島県　笠沙 ……… 154	家族法 ……… 160	神奈川県　鎌倉やぐら ……… 166
鹿児島県　川辺町 ……… 154	家族療法 ……… 160	神奈川県　川崎市 ……… 166
鹿児島県　甑島列島 ……… 154	ガソリン ……… 160	神奈川県　相模川 ……… 166
鹿児島県　薩南諸島 ……… 154	片思い ……… 160	神奈川県　相模湾 ……… 166
鹿児島県　薩摩 ……… 154	敵討ち ……… 160	神奈川県　寒川町 ……… 166
鹿児島県　薩摩川内市 ……… 154	かたち ……… 160	神奈川県　三渓園 ……… 166
鹿児島県　志布志湾 ……… 154	刀狩 ……… 161	神奈川県　湘南 ……… 167
鹿児島県　トカラ列島 ……… 154	語り ……… 161	神奈川県　丹沢山 ……… 167
鹿児島県　十島村 ……… 154	カタリ派 ……… 161	神奈川県　茅ヶ崎市史 ……… 167
鹿児島県　日置市 ……… 154	語り物 ……… 161	神奈川県　津久井 ……… 167
鹿児島県　屋久島 ……… 154	価値 ……… 161	神奈川県　東慶寺 ……… 167
鹿児島県　与路島 ……… 155	家畜 ……… 161	神奈川県　箱根 ……… 167
傘 ……… 155	価値創造 ……… 161	神奈川県　箱根湯本温泉 ……… 167
火災 ……… 155	カツオ ……… 161	神奈川県　秦野市 ……… 167
火砕流 ……… 155	学会 ……… 161	神奈川県　藤沢市 ……… 167
かさこじぞう ……… 155	楽器 ……… 161	神奈川県　三浦市 ……… 167
カザフスタン ……… 155	学級 ……… 161	神奈川県　妙本寺 ……… 167
家産 ……… 155	学校 ……… 161	神奈川県　山北町 ……… 167
火山 ……… 155	学校安全 ……… 162	神奈川県　大和市史 ……… 167
菓子 ……… 155	学校カウンセリング ……… 162	神奈川県　横須賀市 ……… 167
火事 ……… 155	学校給食 ……… 162	神奈川県　横浜市 ……… 167
カーシェアリング ……… 155	学校教育 ……… 162	神奈川県　横浜市金沢区 ……… 168
果実 ……… 156	学校経営 ……… 163	神奈川県　横浜中華街 ……… 168
貸付 ……… 156	学校建築 ……… 163	仮名草子 ……… 168
カジノ ……… 156	学校事故 ……… 163	カナダ ……… 168
貸本屋 ……… 156	学校心理 ……… 163	カナダ　外交 ……… 168
貸家 ……… 156	学校伝道 ……… 163	カナダ　教育 ……… 168
果樹 ……… 156	学校図書館 ……… 163	カナダ　経済 ……… 168
歌集 ……… 156	学校保健 ……… 164	カナダ　警察 ……… 168
画集 ……… 156	活字 ……… 164	カナダ　ケベック州 ……… 168
歌書 ……… 156	活性酸素 ……… 164	カナダ　文学 ……… 168
過食 ……… 156	カッセル国民文庫 ……… 164	仮名手本忠臣蔵 ……… 168
歌人 ……… 156	合戦 ……… 164	金十丸 ……… 168

カニ	168	貨物船	173	環境教育	178
カニバリズム	168	貨物保管	173	環境行政	178
鐘	168	火薬	173	環境経営	178
ガーネット	168	カヤック	173	環境経済	178
噂音菊柳澤騒動	168	カヤツリグサ	173	環境工学	179
カネボウ	169	歌謡	173	環境考古	179
カネミ油症事件	169	歌謡曲	173	環境史	179
狩野派	169	歌謡史	173	環境思想	179
カバヤ文庫	169	カラー	174	環境社会	179
カバラ	169	カラオケ	174	環境心理	179
歌碑	169	からくり人形	174	環境人類学	180
かび	169	カラス	174	環境税	180
過敏性腸症候群	169	ガラス	174	環境政策	180
寡婦	169	体	174	環境生理	180
楽府	169	からだことば	174	環境地質学	180
カフェイン	169	ガラパゴス諸島	174	環境調査	180
株価変動	169	樺太日日新聞	174	環境地理	180
歌舞伎	169	唐物語	174	環境デザイン	180
株式	170	伽藍	174	環境統計学	180
株式会社	170	カリキュラム	174	環境犯罪	180
株式公開買付	170	カリタスジャパン	174	環境微生物	180
株式市場	170	カリブ	174	環境法	180
株式相場	170	カリブ海	174	環境保護	181
家父長制	171	カリブ文学	174	環境保全	181
カブトムシ	171	迦陵頻伽	174	環境ホルモン	181
株主資本主義	171	カルタ	174	環境マネジメント	181
株主代表訴訟	171	カルチュラル・スタディーズ	175	環境問題	181
花粉	171	カール・ツァイス社	175	環境倫理	185
花粉症	171	軽業	175	環境歴史学	185
貨幣	171	カレー	175	玩具	185
貨幣価値変動	171	カロテノイド	175	関係概念	185
貨幣金融制度	171	歌論	175	観月	185
貨幣数量説	171	川	175	勧化本	185
壁紙	171	川崎重工業	175	漢語	185
カーボン	171	為替政策	175	看護	185
鎌倉大草紙	171	為替相場	175	観光	186
鎌倉時代	171	為替レート	175	観光開発史	186
鎌倉仏教	172	河出書房	175	観光経営	186
カーマスートラ	172	川中島の戦	175	観光事業	186
かまど	172	瓦	175	観光資源	187
かまぼこ	172	瓦工	175	観光政策	187
紙	172	瓦版	175	観光地	187
神	172	がん	175	官公庁刊行物	187
髪	172	カンアオイ属	175	勧工場	187
神隠し	172	簡易裁判所	175	看護教育	187
神風	172	寛永版	175	韓国 ⇒ 朝鮮 韓国 を見よ	
髪型	172	漢易術数論	176	監獄	187
上方俳壇	172	感化院	176	監獄法	187
紙芝居	172	感覚	176	看護師	187
紙漉き	172	漢学者	176	看護職	187
神棚	172	柑橘類	176	看護倫理	187
過密過疎	172	環境	176	冠婚葬祭	187
雷	172	環境アセスメント	177	監査	188
神の国	172	環境医学	177	関西大学新報	188
カメ	172	環境運動	177	関西地方	188
甕棺	172	環境衛生	177	関西地方　大和川	188
カメムシ	173	環境エネルギー	177	関西電力	188
カメラ	173	環境汚染	177	観察	188
ガメラ	173	環境音楽	177	冠詞	188
カメラ・オブスクラ	173	環境会計	177	漢詩	188
カメルーン	173	環境外交	177	漢字	188
仮面	173	環境開発	177	監視社会	189
仮面劇	173	環境化学	177	漢字処理	189
仮面舞踊	173	環境科学	177	患者	189
カモシカ	173	環境管理	178	干渉	189

感情 ………………………… 189	関連性理論 ………………… 194	企業評価 …………………… 201
灌頂 ………………………… 189	緩和ケア …………………… 194	企業福祉 …………………… 201
環状集落 …………………… 189	漢和辞典 …………………… 194	企業文化 …………………… 201
感情心理学 ………………… 189		企業法 ……………………… 201
勧進帳 ……………………… 189		企業倫理 …………………… 201
関数解析 …………………… 189	【き】	戯曲 ………………………… 201
感性 ………………………… 189		飢饉 ………………………… 201
関税 ………………………… 190	鬼一法眼三略巻 …………… 194	貴金属 ……………………… 202
漢籍 ………………………… 190	紀伊半島 …………………… 194	義経記 ……………………… 202
岩石 ………………………… 190	議院内閣制 ………………… 194	喜劇 ………………………… 202
関節 ………………………… 190	議員立法 …………………… 194	危険管理 …………………… 202
感染症 ……………………… 190	記憶 ………………………… 194	季語 ………………………… 202
贋造 ………………………… 190	記憶装置 …………………… 195	気候 ………………………… 202
乾燥地帯 …………………… 191	記憶法 ……………………… 195	気功 ………………………… 202
環太平洋地域 ……………… 191	祇園信仰 …………………… 195	紀行 ………………………… 202
干拓 ………………………… 191	幾何 ………………………… 195	記号 ………………………… 202
干拓地 ……………………… 191	帰化 ………………………… 195	記号学 ……………………… 202
ガンダーラ美術 …………… 191	飢餓 ………………………… 195	気候地名 …………………… 202
官庁 ………………………… 191	機械 ………………………… 195	記号論理 …………………… 202
灌頂 ………………………… 191	議会 ………………………… 195	妓生 ………………………… 203
官庁会計 …………………… 191	機械工業 …………………… 195	吉士 ………………………… 203
官庁出版物 ………………… 191	機械工作 …………………… 195	義肢 ………………………… 203
カンディード ……………… 191	機械産業 …………………… 195	儀式 ………………………… 203
関東管領 …………………… 191	議会政治 …………………… 195	記事索引 …………………… 203
関東公方 …………………… 191	議会制民主主義 …………… 195	木地師 ……………………… 203
関東軍 ……………………… 191	機械設計 …………………… 195	騎士道 ……………………… 203
関東地方 …………………… 191	器械体操 …………………… 195	木地屋集落 ………………… 203
関東地方　荒川 …………… 191	議会法 ……………………… 195	寄宿舎 ……………………… 203
関東地方　江戸川 ………… 191	規格 ………………………… 195	奇術 ………………………… 203
関東地方　関東大震災 …… 191	帰化植物 …………………… 195	技術 ………………………… 203
関東地方　東国 …………… 192	帰化生物 …………………… 196	技術移転 …………………… 203
関東地方　東国文学 ……… 192	記紀 ………………………… 196	技術援助 …………………… 204
関東地方　利根川 ………… 192	聞き書き …………………… 196	技術開発 …………………… 204
関東地方　武蔵野 ………… 192	気球 ………………………… 196	技術革新 …………………… 204
関東地方　武蔵国 ………… 192	企業 ………………………… 196	技術家庭科 ………………… 204
関東取締出役 ……………… 192	起業 ………………………… 197	技術官僚 …………………… 204
広東語 ……………………… 192	企業家 ……………………… 198	技術教育 …………………… 204
観念論 ……………………… 192	企業会計 …………………… 198	技術経営 …………………… 204
官能小説 …………………… 192	企業会計原則 ……………… 198	技術史 ……………………… 204
観音 ………………………… 192	企業合併 …………………… 199	技術者 ……………………… 205
看板 ………………………… 192	企業金融 …………………… 199	奇書 ………………………… 205
岩盤 ………………………… 192	企業経営 …………………… 199	稀書 ………………………… 205
漢文学 ……………………… 192	企業経理 …………………… 199	気象 ………………………… 205
漢文教育 …………………… 192	企業系列 …………………… 199	気象災害 …………………… 205
漢方医学 …………………… 192	企業構造改革 ……………… 199	気象台 ……………………… 205
寛保水害 …………………… 192	企業行動 …………………… 199	魏志倭人伝 ………………… 205
漢方薬 ……………………… 192	企業合同 …………………… 199	奇人 ………………………… 205
カンボジア ………………… 192	企業再生 …………………… 199	鬼神 ………………………… 205
カンボジア　アンコールワット 192	企業再編 …………………… 199	キス ………………………… 205
カンボジア　経済 ………… 193	企業財務 …………………… 199	絆 …………………………… 205
カンボジア　政治 ………… 193	企業集団 …………………… 199	規制改革 …………………… 205
カンボジア　歴史 ………… 193	企業集中 …………………… 199	擬声語・擬態語 …………… 205
看聞日記 …………………… 193	企業情報 …………………… 200	寄生虫 ……………………… 206
慣用語 ……………………… 193	企業史料協議会 …………… 200	亀占 ………………………… 206
慣用表現 …………………… 193	企業スポーツ ……………… 200	奇想小説 …………………… 206
観覧車 ……………………… 193	企業責任 …………………… 200	貴族 ………………………… 206
管理会計 …………………… 193	企業提携 …………………… 200	貴族院 ……………………… 206
管理者 ……………………… 193	企業倒産 …………………… 200	貴族政 ……………………… 206
管理職 ……………………… 194	企業内教育 ………………… 200	ギター ……………………… 206
管理通貨制度 ……………… 194	企業年金 …………………… 200	北アメリカ大陸 …………… 206
官僚 ………………………… 194	企業買収 …………………… 201	季題 ………………………… 206
官僚技官 …………………… 194	企業博物館 ………………… 201	擬態 ………………………… 206
官僚社会主義 ……………… 194	企業犯罪 …………………… 201	北太平洋 …………………… 206
官僚制 ……………………… 194		北朝鮮　⇒　朝鮮　北朝鮮を見よ
官僚組織 …………………… 194		北前船 ……………………… 206

義太夫 …… 206
義太夫節稽古本 …… 206
奇譚クラブ …… 206
基地移設 …… 206
貴重書 …… 206
喫煙 …… 206
吃音 …… 207
橘花 …… 207
切手 …… 207
狐 …… 207
祈禱 …… 207
絹 …… 207
絹織物 …… 207
絹工業 …… 207
杵家 …… 207
記念碑 …… 207
記念日 …… 207
機能性食品 …… 207
機能文法 …… 207
帰納法 …… 207
きのこ …… 207
騎馬警察 …… 207
騎馬民族 …… 208
規範意識 …… 208
吉備大臣入唐絵巻 …… 208
黄表紙 …… 208
岐阜県 …… 208
岐阜県　御岳信仰 …… 208
岐阜県　各務原 …… 208
岐阜県　可児市 …… 208
岐阜県　岐阜市 …… 208
岐阜県　郡上藩 …… 208
岐阜県　白川町 …… 208
岐阜県　白川村 …… 208
岐阜県　関ヶ原の戦 …… 208
岐阜県　谷汲線 …… 208
岐阜県　飛騨 …… 208
岐阜県　昼飯大塚古墳 …… 208
岐阜県　御嵩町 …… 208
岐阜県　美濃 …… 208
岐阜県　美濃焼 …… 208
岐阜県　美濃窯 …… 208
岐阜県　歴史 …… 208
ギフチョウ属 …… 208
キプロス島 …… 208
偽文書 …… 208
詭弁 …… 208
基本的人権 …… 208
君が代 …… 208
義民 …… 209
きもの …… 209
疑問表現 …… 209
格 …… 209
逆説 …… 209
虐待 …… 209
脚本 …… 209
客観報道 …… 209
キャッシュ・フロー …… 209
キャッチフレーズ …… 209
キヤノン …… 209
キャバレー …… 209
キャラクター …… 209
キャリア …… 209
キャリアオイル …… 209
キャリアカウンセリング …… 210
木遣り唄 …… 210
ギャンブル依存症 …… 210
ギャンブル小説 …… 210
給 …… 210
休暇 …… 210
嗅覚 …… 210
救急医療 …… 210
吸血鬼 …… 210
救済 …… 210
九州地方 …… 210
九州地方　有明海 …… 210
給食 …… 210
旧制高等教育機関 …… 210
旧制中学校 …… 210
急性中毒 …… 210
旧石器遺跡 …… 210
旧石器時代 …… 211
宮廷芸能 …… 211
宮都 …… 211
弓道 …… 211
牛肉 …… 211
牛乳 …… 211
給排水設備 …… 211
救貧制度 …… 211
休眠 …… 211
旧約聖書 …… 211
給与 …… 211
旧暦 …… 211
キューバ …… 211
キュビズム …… 211
教育 …… 211
教育委員会 …… 214
教育逸脱 …… 214
教育援助 …… 214
教育会 …… 214
教育改革 …… 214
教育開発 …… 214
教育カウンセリング …… 215
教育課程 …… 215
教育危機 …… 215
教育基本法 …… 215
教育行政 …… 215
教育協力 …… 215
教育経営 …… 215
教育経済 …… 215
教育史 …… 215
教育思想 …… 216
教育実習 …… 216
教育者 …… 216
教育社会学 …… 216
教育心理学 …… 216
教育政策 …… 217
教育制度 …… 217
教育相談 …… 217
教育測定 …… 217
教育長 …… 217
教育調査法 …… 217
教育哲学 …… 217
教育投資 …… 217
教育と社会 …… 217
教育人間学 …… 218
教育評価 …… 218
教育文化 …… 218
教育法 …… 218
教育方法 …… 218
教育問題 …… 218
教育臨床 …… 218
教育臨床心理 …… 218
共依存 …… 218
教員 …… 218
教員研修 …… 219
教員検定試験 …… 219
教員処分 …… 219
教員人事政策 …… 219
教員養成 …… 219
狂歌 …… 219
境界 …… 219
教会 …… 219
教誨 …… 220
教会音楽 …… 220
教会会議 …… 220
教会建築 …… 220
教会スラブ語 …… 220
境界性人格障害 …… 220
教会法 …… 220
教会暦 …… 220
教科教育 …… 220
侠客 …… 220
教科書 …… 220
教科書訴訟 …… 221
教科書体 …… 221
共感 …… 221
共感覚 …… 221
供犠 …… 221
狂牛病　⇒ 牛海綿状脳症 を見よ
凶区 …… 221
狂言 …… 221
狂言事件 …… 221
狂犬病 …… 221
教護院 …… 221
恐慌 …… 221
行幸啓 …… 221
教材 …… 221
共産主義 …… 221
行事 …… 221
教室 …… 221
教授法 …… 221
行商 …… 222
共生 …… 222
矯正 …… 222
行政 …… 222
行政委員会 …… 222
行政改革 …… 222
行政監査 …… 222
行政強制 …… 223
行政研修 …… 223
行政事件訴訟法 …… 223
強制執行 …… 223
強制執行法 …… 223
強制収容所 …… 223
共生循環 …… 223
行政組織 …… 223
行政組織法 …… 223
行政訴訟 …… 223
行政評価 …… 223
行政法 …… 223
矯正保護 …… 223
強制労働 …… 223
業績評価 …… 224
京セラ …… 224

競争	224	極東国際軍事裁判	228	近畿地方	234
鏡像	224	巨樹	228	緊急生活援護	234
きょうだい	224	居住環境	228	金魚	234
協調会	224	居住空間	228	近現代史	234
経典	224	挙証責任	228	金工	234
郷土	224	拒食症	228	銀行	234
協働	224	巨石	228	銀行会計	235
協同組合	224	漁村	228	銀行貸出	235
共同体	224	巨大建造物	228	銀行貸付	235
京都学派	224	巨大建築	228	金工技術	235
郷土玩具	224	巨峰	228	金鉱業	235
郷土教育	224	漁法	228	金工芸	235
郷土芸能	224	漁民	228	銀行法	235
郷土史	224	魚油	228	均衡論	235
郷土史家	225	許容限界	228	銀細工	235
郷土資料	225	魚雷艇	228	銀座木村屋	235
京都人文学園	225	居留地	228	禁止本	235
京都大学キリスト教青年会	225	魚類	228	近親姦	236
京都府	225	魚類寄生虫	229	近世	236
京都府　天橋立	225	漁撈	229	近世以前日記	236
京都府　宇治遺跡群	225	ギリシア	229	近世語	236
京都府　宇治市	225	ギリシア　アテナイ	229	近世史	236
京都府　亀岡市史	225	ギリシア　古代	229	近世思想	236
京都府　鴨川	225	ギリシア　サントリーニ島	229	近世小説	236
京都府　賀茂御祖神社	225	ギリシア　思想	229	金星の小冊子	236
京都府　京都市	225	ギリシア　宗教	229	近世文学	236
京都府　京都見廻組	226	ギリシア　数学	229	金石文	237
京都府　京焼	226	ギリシア　正教会	229	金属器	237
京都府　高山寺	226	ギリシア　政治	230	金属材料	237
京都府　広隆寺	226	ギリシア　戦争	230	金属疲労	237
京都府　醍醐寺	226	ギリシア　彫刻	230	近代	237
京都府　高瀬川	226	ギリシア　哲学	230	近代化	237
京都府　丹後地震	226	ギリシア　陶器	230	近代建築	237
京都府　丹後半島	226	ギリシア　悲劇	230	近代史	237
京都府　長岡京	226	ギリシア　美術史	230	近代日本	238
京都府　二条城	226	ギリシア　文学	230	近代美術	238
京都府　東本願寺	226	ギリシア　料理	230	近代文学	238
京都府　福知山市	226	ギリシア　歴史	230	公忠集	238
京都府　平安京	226	ギリシア　ロードス島	230	キンダーブック	238
京都府　本能寺の変	226	ギリシア語	230	緊張	238
京都府　舞鶴港	226	ギリシア人	230	均等配分行動	238
京都府　松尾大社	226	ギリシア神話	230	金の船	238
京都府　峰山町	226	キリシタン	230	金の星	238
京都府　宮津市	226	キリスト教	231	金瓶梅	238
京都府　室町教会	226	キリスト教会	232	勤務成績評価	238
京都府　物集女城	226	キリスト教教父	233	金融	239
京都府　八坂神社	226	キリスト教史	233	金融改革	241
京都府　山科本願寺	226	キリスト教神学	233	金融会計	241
京都府　龍安寺石庭	226	キリスト教美術	233	金融緩和政策	241
郷土舞踊	226	キリスト教文学	233	金融機関	241
強迫観念	226	キリスト教倫理	233	金融恐慌	241
共犯	226	キリバス	233	金融経済	241
恐怖	227	キリン	233	金融工学	241
教父	227	麒麟麦酒	233	金融史	242
共謀罪	227	キルギス	233	金融市場	242
享保の改革	227	儀礼	233	金融システム	242
教養	227	記録	234	金融商品会計	242
教理	227	記録映画	234	金融商品取引法	242
恐竜	227	記録史料	234	金融商品販売法	242
橋梁建築	227	記録文学	234	金融政策	242
行列	227	議論	234	金融制度	243
共和主義	227	金	234	金融統計	243
漁業	227	金印国家群	234	金融取引	243
虚業家	228	禁煙	234	金融ネット	243
漁具	228	銀河	234	金融被害	243

金利 …… 243	クラブ …… 246	軍人 …… 250
筋力トレーニング …… 243	グラフィックデザイン …… 246	軍制史 …… 250
菌類 …… 243	グラフ理論 …… 246	軍装 …… 250
勤労意欲 …… 243	グラミン銀行 …… 246	軍隊 …… 250
	グランドデザイン …… 246	軍閥 …… 250
	クリエイティヴアクション …… 247	軍備 …… 250
【く】	クリシュナ …… 247	群馬県 …… 250
	クリスマス …… 247	群馬県　伊勢崎市 …… 250
グアテマラ …… 243	クリスマス消費 …… 247	群馬県　姥山古墳 …… 250
クアハウス …… 243	クリティカルシンキング …… 247	群馬県　太田市 …… 250
クイズ番組 …… 244	クリティバ …… 247	群馬県　御巣鷹山 …… 250
空 …… 244	クリーニング業 …… 247	群馬県　尾瀬 …… 251
空間 …… 244	グリフィン …… 247	群馬県　桐生市 …… 251
空間知覚 …… 244	グリム童話 …… 247	群馬県　下触牛伏遺跡 …… 251
空間デザイン …… 244	クリュニー修道院 …… 247	群馬県　上州 …… 251
空間認識 …… 244	グリーンツーリズム …… 247	群馬県　高崎 …… 251
空気調和 …… 244	クリーンルーム …… 247	群馬県　館林市 …… 251
空軍 …… 244	クール …… 247	群馬県　谷川岳 …… 251
空港 …… 244	クルアーン …… 247	群馬県　富岡製糸場 …… 251
空襲 …… 244	クルップ社 …… 247	群馬県　藤枝市 …… 251
空想科学 …… 244	クルド人 …… 247	群馬県　文学 …… 251
空母 …… 244	グループウェア …… 247	群馬県　三ツ寺遺跡 …… 251
クォーク …… 244	グループ・ダイナミックス …… 247	群馬県　歴史 …… 251
傀儡子 …… 244	グループ療法 …… 247	軍用機 …… 251
クー・クラックス・クラン …… 244	グループワーク …… 247	軍用通信 …… 251
グーグル …… 244	車いす …… 248	群論 …… 251
公家社会 …… 244	クルマエビ …… 248	
久下文庫 …… 244	グルメ …… 248	
草木染 …… 245	クレアレポート …… 248	【け】
草双紙 …… 245	クレオール …… 248	
楔形文字 …… 245	クレジットカード …… 248	ケア …… 251
句集 …… 245	クレジットデリバティブ …… 248	ゲイ …… 251
苦情処理 …… 245	クレディ・モビリエ …… 248	慶安の触書 …… 252
九条殿師輔集 …… 245	クロアチア　ダルマチア …… 248	経営 …… 252
クジラ …… 245	黒砂糖 …… 248	経営学史 …… 253
鯨尺 …… 245	黒潮 …… 248	経営管理 …… 253
楠川文庫 …… 245	グロテスク …… 248	経営計画 …… 255
クスノキ …… 245	グローバリズム …… 248	経営財務 …… 256
薬 …… 245	グローバリゼーション …… 248	経営史 …… 256
薬売り …… 245	グローバル・ガバナンス …… 249	経営者 …… 256
救世観音 …… 245	グローバル経済 …… 249	経営書 …… 256
クソムシ …… 245	黒船来航 …… 249	経営情報 …… 256
果物 …… 245	黒本 …… 249	経営診断 …… 257
口絵 …… 245	クローン …… 249	経営数学 …… 257
グッピー …… 245	桑 …… 249	経営戦略 …… 257
クーデター …… 245	クワガタムシ …… 249	経営組織 …… 257
国絵図 …… 245	軍歌 …… 249	経営分析 …… 258
グノーシス派 …… 245	軍艦 …… 249	経営立地 …… 259
区分所有法 …… 246	軍記 …… 249	経営倫理 …… 259
クマ …… 246	軍事 …… 249	慶應義塾大学 …… 259
クマ送り …… 246	軍事遺跡 …… 249	慶應義塾大学メディアセンター …… 259
クマノミ …… 246	軍事援護 …… 249	京王電鉄 …… 259
熊本県 …… 246	軍事科学 …… 249	軽音楽 …… 259
熊本県　阿蘇 …… 246	軍事革命 …… 249	系外惑星 …… 259
熊本県　天草の乱 …… 246	軍事基地 …… 249	景観 …… 259
熊本県　須恵村 …… 246	軍事行政 …… 249	景観計画 …… 259
熊本県　曽畑貝塚 …… 246	軍事裁判 …… 250	景観工学 …… 260
組踊 …… 246	軍事史 …… 250	景観地理 …… 260
クモ …… 246	軍事指導者 …… 250	景観デザイン …… 260
天衣紛上野初花 …… 246	軍事小説 …… 250	景観保護 …… 260
倉石文庫 …… 246	軍事郵便 …… 250	景気 …… 260
クライン派 …… 246	軍縮 …… 250	芸妓 …… 260
クラゲ …… 246	軍需産業 …… 250	敬虔主義 …… 260
	君主政治 …… 250	
	群書類従 …… 250	

敬語	260	刑法	273	研究集会	278
経済	260	刑務所	274	研究助成	278
経済援助	264	啓蒙主義	274	研究戦略	279
経済学	264	契約	274	研究調査機関	279
経済学史	265	契約書	274	研究評価	279
経済学者	265	計量学	274	言語	279
経済教育	265	計量経済	274	健康	281
経済協力	265	計量言語学	275	剣豪	281
経済言語学	266	計量史	275	元寇	281
経済史	266	計量社会学	275	健康管理	281
経済思想	266	計量地理	275	健康教育	281
経済指標	267	ケインズ経済学	275	健康サービス	281
経済社会学	267	毛織物工業	275	健康支援	281
経済書	267	外科	275	健康食品	281
経済小説	267	穢れ	275	健康心理	281
経済人	267	毛皮	275	健康政策	281
経済数学	267	華厳宗	275	健康法	281
経済政策	267	袈裟丸山	275	健康保険	282
経済成長	268	ゲシュタルト心理学	275	原稿料	282
経済地理	269	化粧	275	言語学	282
経済統計	269	化粧品	275	言語学習	282
経済統合	269	ゲージ理論	275	言語教育	282
経済発展	269	下水処理	275	言語サービス	282
経済犯罪	270	下水道	275	言語社会	282
経済分析	270	下駄	275	言語習得	283
経済変動	270	血液	275	言語障害	283
経済法	270	血液型	276	言語情報処理	283
経済倫理	270	結核	276	言語心理	283
警察	270	月経	276	言語政策	283
警察史	270	決済	276	言語哲学	283
警察小説	270	決算	276	言語文化	284
警察法	270	結社	276	ゲンゴロウ	284
計算学習	270	結衆	276	検察	284
計算機	270	結晶	276	県史	284
計算法	271	結晶光学	276	原始キリスト教	284
刑事学	271	決闘	276	原始芸術	284
形式語	271	結露	276	原始建築	284
形式名詞	271	ゲテ食	276	原始時代	284
形而上学	271	ケナフ	276	原始宗教	284
刑事政策	271	ケニア	276	原子爆弾	284
KGB	271	ケニア　政治	276	原始仏教	284
刑事法	271	毛抜	276	原子物理学	284
芸者	271	ゲノム	276	源氏物語	285
芸術	271	ゲノムビジネス	276	源氏物語絵巻	285
芸術教育	272	ケブカトラカミキリ	276	研修	285
芸術社会学	272	ケーブルテレビ	276	拳銃	285
芸術政策	272	ゲーム産業	277	剣術	285
芸術療法	272	ゲーム理論	277	現象学	285
傾城反魂香	272	ゲランド	277	懸賞小説	285
契情倭荘子	272	ケルズの書	277	原子力	286
珪素	272	ケルト	277	原子力災害	286
珪藻	272	ゲルマン語	277	原子力施設	286
計測	272	権威	277	原子力潜水艦	286
計測システム工学	272	検閲	277	原子力発電	286
携帯電話	272	遣欧使節	277	原子論	286
慶長遣欧使節	273	原価管理	277	県人会	286
芸能	273	幻覚	278	犬人怪物	286
芸能人	273	玄学	278	原人論	286
芸能ビジネス	273	原価計算	278	原水爆禁止運動	286
競馬	273	減価償却	278	原生動物	286
刑罰	273	堅果食	278	建設業	286
経費	273	研究開発	278	建設事業史	286
経皮毒	273	研究管理	278	建設投資	286
芸備日々新聞	273	研究社	278	源泉課税	286
系譜	273	研究者	278	元素	286

幻想絵画	286	後院	293	航空写真	297
幻想動物	286	公安警察	293	航空政策	297
幻想文学	286	行為	293	航空法	297
減損会計	287	広域行政	293	航空母艦	297
献体	287	皇位継承	293	航空輸送	297
現代戯曲	287	合意形成	293	工芸	297
現代建築	287	行為障害	293	攻撃性	298
現代史	287	公営企業	293	高血圧	298
現代思想	287	公営住宅	293	後見	298
現代社会理論	287	紅衛兵	293	貢献	298
現代政治	287	紅衛兵新聞	293	膠原病	298
現代哲学	287	交易	293	考古	298
現代美術	287	公益	293	皇后	298
現代文学	287	公益事業	293	鉱工業	298
検地	287	広益俗説弁	293	高校生	298
建築	287	公益法人	294	光合成	298
建築意匠	289	公園	294	高校野球	298
建築衛生	289	黄禍	294	好古家	299
建築音響	289	公害	294	考古学	299
建築家	289	郊外	294	広告	299
建築環境	289	号外	294	黄砂	300
建築基準法	289	公会計	294	公債	300
建築計画	289	航海術	294	交際文化	300
建築史	289	公害測定	294	工作	300
建築設計	290	公害訴訟	294	工作機械産業	300
建築設備	290	公害防止産業	294	鉱山災害	300
建築物維持管理	290	光化学	294	高山植物	300
剣道	290	工学	294	鉱山労働	300
幻灯	290	高額所得者	294	麹	300
遣唐使	290	甲殻類	294	孝子説話集	300
原爆文学	290	光化コンピュータ	294	皇室	300
鍵盤音楽	290	合巻	295	皇室法	300
顕微鏡	290	校旗	295	公衆衛生	300
ケンブリッジ学派	290	公企業	295	甲州街道	301
源平合戦	290	後宮	295	広州本田汽車有限公司	301
遣米使節	290	孝経	295	工手学校	301
源平布引滝	290	工業	295	交渉	301
憲法	290	公教育	295	豪商	301
拳法	292	孔教運動	295	口承文学	301
憲法改正	292	工業英語	295	庚申	301
憲法裁判	292	工業規格	295	後進国開発	301
憲法十七条	292	交響曲	295	庚申塔	301
幻滅	292	公共経済	295	香辛料	301
権利	292	公共圏	296	香水	301
原理主義	292	公共広告	296	洪水	301
権利擁護	292	公共工事契約	296	抗ストレス食品	301
権力	292	公共事業	296	厚生行政	301
元禄時代	292	公共施設	296	構成主義	301
元禄忠臣蔵	292	工業所有権	296	厚生省	302
元禄文学	292	公共政策	296	向精神薬	302
言論	292	工業地域	296	更生保護	302
言論統制	292	工業地理	296	構造改革	302
言論の自由	292	工業デザイン	296	高層建築	302
健和会	292	公共哲学	296	構造主義	302
		公共投資	296	構造物	302
		公共図書館	296	皇族	302
【こ】		工業標準化	297	豪族	302
		工業窯炉	297	小唄	302
		工業立地	297	好太王碑文	302
古アイスランド語	292	口腔衛生	297	皇太子妃	302
恋	292	航空機	297	講談社	302
語彙	292	航空技術	297	構築主義	302
小泉改革	293	航空産業	297	高知県	302
恋女房染分手綱	293	航空史	297	高知県　高知海軍航空隊	302
		航空事故	297	高知県　高知城	302

こう

項目	頁
高知県　大正町	302
高知県　歴史	302
耕地整理	303
紅茶	303
甲虫類	303
公聴	303
校長	303
甲鳥書林	303
交通	303
交通安全	303
交通科学	303
交通計画	304
交通経済	304
交通工学	304
交通行動	304
交通混雑	304
交通史	304
交通事故	304
交通政策	304
交通投資	304
公的扶助	304
黄土	304
行動	304
香道	305
行動遺伝学	305
合同会社	305
行動科学	305
高等学校	305
高等教育	305
行動経済	305
行動障害	306
行動心理	306
行動調節機能	306
行動分析	306
高度情報化	306
高度成長	306
公認会計士	306
更年期	306
コウノトリ	306
購買管理	306
幸福	306
工部省	306
鉱物	306
鉱物資源	306
構文	306
公文書	307
構文論	307
合弁会社	307
酵母	307
広報	307
公民科	307
公民館	307
公民教育	307
公民権	307
公務員	307
光明電気鉄道	308
コウモリ	308
拷問	308
校友会雑誌	308
効用	308
紅葉	308
行楽	308
小売業	308
功利主義	308
合理主義	308
交流分析	308
香料	308
小売流通経営	308
交隣須知	309
高齢化社会	309
高齢者	309
高齢者医学	309
高齢者虐待	309
高齢者雇用	309
高齢者住宅	310
高齢者心理	310
高齢者福祉	310
抗老期	311
紅楼夢	311
幸若舞曲	311
港湾	311
声	311
御詠歌	311
古往来	311
氷	311
こをろ	311
コオロギ	311
子会社	311
語学	311
語学教育	311
コーカサス	311
小鍛冶	311
古活字版	311
五感	311
小切手法	311
呼吸	311
古記録	312
古今和歌集	312
國學院大學日本文化研究所	312
国語	312
国語学	312
国語教育	312
国語国字問題	312
国語辞典	312
国語審議会	312
国語政策	312
国債	312
国際移転価格	313
国際援助	313
国際会計	313
国際会計基準	313
国際開発	313
国際開発金融	313
国際河川	313
国際環境法	313
国際関係	313
国際機関	313
国際企業会計	313
国際機構	313
国際行政	313
国際協力	313
国際金融	314
国際軍事裁判	314
国際経営	314
国際経済	314
国際経済学	315
国際経済法	315
国際刑事裁判所	315
国際結婚	315
国際貢献	315
国際交通	315
国際公務員法	316
国際交流	316
国際子ども図書館	316
国際裁判	316
国際私法	316
国際資本移動	316
国際社会保障	316
国際自由化	316
国際証券財務	316
国際商事仲裁	316
国際商事法	316
国際商取引	316
国際人権法	316
国際人道法	316
国際政治	316
国際政治経済学	318
国際政治史	318
国際政治論	318
国際税制	318
国際組織	318
国際租税法	318
国際通貨	318
国際通貨基金	318
国際テロ組織	318
国際投資	318
国際取引法	319
国際博覧会	319
国際標準	319
国際復興開発銀行	319
国際物流	319
国際文化交流	319
国際分業	319
国際紛争	319
国際法	320
国際貿易	320
国際ボランティア	320
国際摩擦	320
国際民事訴訟法	320
国際養子	320
国際理解	320
国際理解教育	321
国際連合	321
国際連合難民高等弁務官	321
国史	321
国字	321
黒死病	321
国書	321
黒人	321
黒人音楽	321
黒人下層階級	321
黒人差別	321
黒人指導者	321
国勢調査	321
国籍	321
国籍法	322
国性爺合戦	322
国鉄長期債務	322
国電	322
国土	322
国内総生産	322
告発	322
国府	322
国文学	322
国分寺	322

国宝 … 322	古代 … 327	古武道 … 332
国防 … 322	古代王権 … 327	古墳 … 332
国民軍 … 322	古代オリンピック … 327	古墳時代 … 333
国民経済計算 … 322	古代学 … 327	語法 … 333
国民性 … 322	古代歌謡 … 327	コーポレートガバナンス … 333
国民像 … 322	古代語 … 327	コーポレートファイナンス … 334
国民体育大会 … 323	古代史 … 327	狛犬 … 334
国民統合 … 323	個体識別 … 328	コマーシャル … 334
国民投票 … 323	古代思想史 … 329	ごみ … 334
国民文化 … 323	古代信仰 … 329	後水尾院御集 … 334
国民保護法 … 323	古代天皇制 … 329	コミック … 334
穀物 … 323	古代道路 … 329	コ・ミュージックセラピー … 334
穀物取引 … 323	古代都市 … 329	コミュニケーション … 334
黒曜石 … 323	古代七王国 … 329	コミュニケーション障害 … 337
小倉進平文庫 … 323	古代美術 … 329	コミュニタリアニズム … 337
国立公園 … 323	古代文化 … 329	コミュニティ … 337
国立民族学博物館 … 323	古代文学 … 329	コミュニティ心理学 … 337
国力 … 323	古代文明 … 329	ゴム … 337
コケ … 323	コーチ … 329	小麦 … 337
語形成 … 323	古地図 … 329	小麦粉 … 337
語源 … 323	国家 … 329	虚無僧 … 337
ココア … 323	国会 … 329	小村汽船 … 337
心 … 323	国会議員 … 329	米 … 337
子殺し … 324	国家企業 … 330	米騒動 … 337
誤差 … 324	国家緊急権 … 330	嫗山姥 … 337
五山文学 … 324	国家主義 … 330	子守唄 … 337
故紙 … 324	国家神道 … 330	コモロ諸島 … 338
古事記 … 324	国家総動員 … 330	古文書 … 338
古式競馬 … 324	国旗 … 330	コモンズ … 338
故事熟語 … 324	骨器 … 330	誤訳 … 338
古事談 … 324	国境 … 330	雇用 … 338
ゴシック建築 … 324	国境なき記者団 … 330	御用金 … 338
ゴシック小説 … 324	骨粗しょう症 … 330	雇用政策 … 338
ゴシック美術 … 324	骨董 … 330	語用論 … 339
ゴシップ … 324	固定費 … 330	暦 … 339
古書 … 324	古典 … 330	娯楽 … 339
湖沼 … 325	古典芸能 … 330	娯楽小説 … 339
古浄瑠璃 … 325	古典主義 … 330	コラーゲン … 339
御所言葉 … 325	古典籍 … 330	コラージュ療法 … 339
御所桜堀川夜討 … 325	古典文庫 … 331	コーラン … 339
古書店 … 325	古典名著 … 331	ゴリラ … 339
ゴジラ … 325	コード … 331	コルセット … 339
誤審 … 325	琴 … 331	ゴールド … 339
古人骨 … 325	鼓童 … 331	ゴルフ … 339
個人主義 … 325	ことば … 331	ゴーレム伝説 … 339
個人情報保護法 … 325	ことば遊び … 331	コレラ … 340
個人全集 … 325	寿柱立万歳 … 331	コロニアリズム … 340
個人著作集 … 325	子ども … 331	コロンビア … 340
コスタリカ … 326	子ども買春 … 332	婚姻 … 340
牛頭天王 … 326	子ども史 … 332	婚姻法 … 340
コストマネジメント … 326	子どもの権利 … 332	コンクリート … 340
コスモロジー … 326	子ども博物館 … 332	混血児 … 340
瞽女 … 326	子ども服 … 332	金剛頂経 … 340
個性 … 326	子ども文化 … 332	根栽農耕 … 340
古生植物 … 326	子ども兵 … 332	コンサートホール … 340
古生動物 … 326	ことわざ … 332	コンサルタント … 340
古生物 … 326	粉 … 332	今昔物語集 … 340
戸籍 … 326	コニカ … 332	コンジョイント分析 … 340
古銭 … 326	古ノルド語 … 332	コンセプチュアル・アート … 340
古川柳 … 326	古版 … 332	昆虫 … 341
子育て … 326	コーヒー … 332	コンテナ輸送 … 341
子育て支援 … 326	コピー … 332	コンテンツビジネス … 341
小袖 … 326	御ひいき勧進帳 … 332	こんにゃく … 341
コソボ … 327	古美術 … 332	コンビニエンス・ストア … 341
固体 … 327	コーヒーハウス … 332	コンピュータ … 341

コンピュータ教育 342	埼玉県　児玉町 346	サクラソウ 351
コンピュータ・グラフィックス 342	埼玉県　さいたま市 346	サークル活動 351
コンピュータセキュリティ 342	埼玉県　埼玉古墳群 346	サケ 351
コンピュータネットワーク 342	埼玉県　幸手市史 346	酒 351
金毘羅信仰 342	埼玉県　玉敷神社 346	鎖国 351
金毘羅道 342	埼玉県　秩父 347	狭衣物語 351
コンブ 342	埼玉県　秩父事件 347	挿絵 351
コンプライアンス 343	埼玉県　戸田市 347	座敷舞 351
コンペイトウ 343	埼玉県　富士見市 347	サシミ文化 352
	埼玉県　見沼代用水 347	座席予約 352
	埼玉県　宮代町 347	サソリ 352
【さ】	埼玉県　寄居町史 347	作家 352
	埼玉県　歴史 347	サッカー 352
差異 343	最適化 347	錯覚 352
菜園 343	在日外国人 347	作曲 352
災害 343	才能教育 347	作曲家 352
財界 343	栽培 347	雑穀 352
災害救助 343	栽培漁業 347	雑誌 353
災害情報 343	栽培植物 348	雑誌記事 353
災害心理 343	財閥 348	雑誌創刊号 353
再開発 343	サイバー法 348	殺人 353
災害復興 343	催馬楽 348	雑草 354
災害予防 343	裁判 348	殺虫剤 354
雑賀衆 343	裁判精神医学 348	雑俳 354
細菌 343	細胞 348	さつまいも 354
細菌戦 344	細密画 348	薩摩切子 354
斎宮 344	催眠療法 348	薩摩修験 354
債券 344	財務 348	砂糖 354
債権 344	財務会計 348	茶道 354
債権者取消権 344	財務管理 348	里親 354
債権法 344	財務諸表 349	里神楽 354
最高裁判所 344	財務報告 349	里川 354
在庫管理 344	材木 349	里山 354
菜根譚 344	西遊記 349	サナトリウム 354
財産権 344	柴窯 349	サバ 354
財産罪 344	材料試験 349	サバイバー 354
財産法 344	祭礼 349	サバイバル 354
財産目録 344	サイン計画 349	砂漠化 354
祭祀 344	サウジアラビア 349	砂漠植物 354
祭祀遺跡 344	サウンドスケープ 349	砂漠緑化 354
歳時記 344	サガ 349	サパティスタ運動 354
祭祀儀礼 345	佐賀県 350	サービス 355
歳時習俗 345	佐賀県　佐賀藩 350	サービス産業 355
採種 345	佐賀県　鳥栖市 350	サブカルチャー 355
採集 345	佐賀県　松浦半島 350	サプライチェーンマネジメント 355
再就職支援 345	佐賀県　吉野ヶ里遺跡 350	サプリメント 355
最勝四天王院障子和歌 345	サカ語 350	差別 355
菜食 345	サーカス 350	差別表現 355
差異心理学 345	魚 350	砂防 355
財政 345	酒場 350	作法書 355
再生医療 345	盛り場 350	砂防林 355
財政政策 346	サガレン新聞 350	サボテン 355
財政投融資 346	詐欺 350	三星 355
罪責意識 346	裂織 350	サメ 355
在宅勤務 346	詐欺罪 350	左翼 356
在宅福祉 346	先嶋新聞 350	更紗 356
埼玉県 346	先物取引 350	サラダ野菜 356
埼玉県　上尾市 346	作業療法 350	サラリーマン 356
埼玉県　稲荷山古墳 346	錯視 350	サラリーマン税制 356
埼玉県　入間川 346	作中人物 350	ザリガニ 356
埼玉県　大宮市 346	作文 350	猿 356
埼玉県　川口市 346	作文教育 351	猿田彦 356
埼玉県　児玉党 346	作物 351	サレジオ学院 356
	桜 351	サロン 356
	櫻井書店 351	澤柳文庫 356

三・一独立運動 …… 356	三昧聖 …… 360	滋賀県　雪野山古墳 …… 366
山陰地方 …… 356	三位一体 …… 360	滋賀県　歴史 …… 366
サンカ …… 356	三面大黒天 …… 361	自画像 …… 366
参加型医療 …… 356	山陽道 …… 361	シーカヤッキング …… 366
山岳 …… 356	三陸海岸 …… 361	紫香楽宮 …… 366
算額 …… 356	山林 …… 361	信楽焼 …… 367
産学協同 …… 356		時間 …… 367
山岳修験 …… 357		時間意識 …… 367
山岳崇拝 …… 357	【し】	時間生物学 …… 367
三角縁神獣鏡 …… 357		時間表現 …… 367
産学連携 …… 357		史記 …… 367
三月革命 …… 357	死 …… 361	磁気 …… 367
産業 …… 357	詩 …… 361	敷石住居址 …… 367
産業安全 …… 357	CIA …… 361	式王子 …… 367
産業革命 …… 357	シアノバクテリア …… 361	色覚 …… 367
産業技術史 …… 357	シーア派 …… 361	指揮官 …… 367
産業技術博物館 …… 357	CRM …… 361	色彩 …… 367
産業組合 …… 358	自慰 …… 361	指揮者 …… 368
産業クラスター …… 358	詩歌 …… 361	色素 …… 368
産業構造 …… 358	寺院 …… 362	色道 …… 368
産業財 …… 358	寺院建築 …… 362	食封 …… 368
産業財産権 …… 358	寺院文化圏 …… 362	子宮がん …… 368
産業史 …… 358	シヴァ …… 362	詩経 …… 368
産業資本主義 …… 358	CVM …… 362	字鏡 …… 368
産業社会 …… 358	地唄 …… 362	事業評価 …… 368
産業心理 …… 358	JR …… 362	しきり …… 368
産業政策 …… 358	自営業 …… 362	資金管理 …… 368
産業組織 …… 359	自衛権 …… 362	資金循環 …… 368
産業転換期 …… 359	自衛隊 …… 362	資金洗浄 …… 368
産業連関 …… 359	GHQ …… 362	シク教 …… 368
参勤交代 …… 359	ジェスチャー …… 362	しぐさ …… 368
参詣 …… 359	ジェット機 …… 362	ジークフリート伝説 …… 368
サンゴ …… 359	CNN …… 362	死刑 …… 369
参考図書 …… 359	ジェノサイド …… 362	時系列 …… 369
山菜採集 …… 359	シェルター …… 362	資源 …… 369
三猿文庫 …… 359	ジェンダー …… 363	事件 …… 369
3次元画像 …… 359	ジェントリ …… 364	次元 …… 369
3次元視 …… 359	塩 …… 364	C言語 …… 369
三字熟語 …… 359	シカ …… 364	事故 …… 369
サンシモン主義 …… 359	歯科 …… 364	自己 …… 369
卅三間堂棟由来 …… 359	自我 …… 364	自己愛 …… 370
三十年戦争 …… 359	市街地 …… 365	思考 …… 370
三十六歌仙 …… 359	死海文書 …… 365	嗜好品 …… 370
三十六歌仙絵巻 …… 360	耳科学 …… 365	地獄 …… 370
三種の神器 …… 360	視覚 …… 365	四国地方 …… 370
山書 …… 360	史学 …… 365	四国地方　赤石山系 …… 370
散所 …… 360	視覚障害者 …… 365	四国地方　遍路 …… 370
算数 …… 360	資格制度 …… 365	四国地方　歴史 …… 370
算数書 …… 360	視覚表現 …… 365	時刻表 …… 370
算数パズル …… 360	滋賀県 …… 365	自己決定権 …… 370
酸性雨 …… 360	滋賀県　愛荘町 …… 366	自己心理学 …… 370
酸素 …… 360	滋賀県　安土城 …… 366	自己組織化 …… 370
山村 …… 360	滋賀県　穴太遺跡 …… 366	自己組織性 …… 370
山村留学 …… 360	滋賀県　永源寺町 …… 366	仕事 …… 370
三体詩 …… 360	滋賀県　延暦寺 …… 366	仕事文 …… 371
三代集 …… 360	滋賀県　近江八幡市 …… 366	自己破壊 …… 371
サンタクロース …… 360	滋賀県　大津事件 …… 366	事故防止 …… 371
山東牛 …… 360	滋賀県　県立近江学園 …… 366	ジゴマ …… 371
ザンビア …… 360	滋賀県　甲賀市 …… 366	司祭 …… 371
讃美歌 …… 360	滋賀県　島小学校 …… 366	持衰 …… 371
産婦人科 …… 360	滋賀県　高月町 …… 366	自殺 …… 371
サンフランシスコ講和条約 …… 360	滋賀県　長浜市 …… 366	資産会計 …… 371
サンボ …… 360	滋賀県　秦荘町 …… 366	資産金融 …… 371
参謀本部 …… 360	滋賀県　琵琶湖 …… 366	資産形成 …… 371
サンマイクロシステムズ社 …… 360		資産効果 …… 371

資産評価 …… 371	自然保護 …… 376	自動車産業 …… 382
資産流動化法 …… 371	自然保護法 …… 377	自動車事故 …… 383
詩誌 …… 371	思想 …… 377	自動車税 …… 383
時事新報 …… 372	地蔵 …… 377	児童書検閲 …… 383
脂質 …… 372	思想家 …… 377	児童自立支援施設 …… 383
獅子舞 …… 372	思想史 …… 377	児童新聞 …… 383
寺社縁起 …… 372	自尊心 …… 377	児童心理 …… 383
磁石 …… 372	死体 …… 377	児童精神医学 …… 384
刺繍 …… 372	時代劇 …… 377	児童相談所 …… 384
時宗 …… 372	時代小説 …… 377	児童図書 …… 384
私塾 …… 372	時代風俗 …… 378	児童図書館 …… 385
思春期 …… 372	肢体不自由 …… 378	児童の権利条約 …… 385
司書 …… 372	下請代金支払遅延等防止法 …… 378	児童福祉 …… 385
詩書 …… 372	下着 …… 378	児童文化 …… 386
辞書 …… 372	設楽合戦 …… 378	児童文学 …… 386
市場 …… 373	七王国 …… 378	児童養護施設 …… 387
市場経済 …… 373	七支刀 …… 378	自動要約 …… 388
自傷行為 …… 373	自治体 …… 378	児童労働 …… 388
私小説 …… 373	自治体財政 …… 378	使徒言行録 …… 388
司書教諭 …… 373	自治体政策 …… 378	シトー修道会 …… 388
詩人 …… 373	自治体防災 …… 378	支那事変 …… 388
地震 …… 373	七福神宝の入舩 …… 378	死神 …… 388
地震災害 …… 374	市長 …… 378	地主支配 …… 388
地震予知 …… 374	視聴覚教育 …… 378	自白 …… 388
静岡県 …… 374	市町村合併 …… 378	地場産業 …… 388
静岡県　伊豆 …… 374	視聴率 …… 378	支払 …… 388
静岡県　磐田市 …… 374	失業 …… 379	地盤 …… 388
静岡県　川根町 …… 374	実業家 …… 379	地盤災害 …… 388
静岡県　湖西市 …… 374	シックハウス …… 379	自費出版 …… 388
静岡県　中川根町 …… 374	しつけ …… 379	地拍子 …… 388
静岡県　沼津市 …… 374	実験 …… 379	シビルソサエティ …… 388
静岡県　沼津兵学校 …… 374	実験器具 …… 379	ジプシー　⇒ ロマ民族 を見よ
静岡県　浜松市 …… 374	実験計画法 …… 379	死物学 …… 388
静岡県　袋井市 …… 375	実験心理学 …… 379	事物起源 …… 388
静岡県　藤岡市史 …… 375	実験動物 …… 379	ジブリ …… 388
静岡県　焼津市 …… 375	失語症 …… 379	自分史 …… 388
静岡県　竜洋町 …… 375	実在 …… 379	紙幣 …… 388
静岡県　歴史 …… 375	疾走能力 …… 379	自閉症 …… 388
静岡鉄道 …… 375	嫉妬 …… 379	シベリア出兵 …… 389
シスコ …… 375	室内楽 …… 379	シベリア抑留 …… 389
閑谷学校 …… 375	室内装飾 …… 380	詩篇 …… 389
システム …… 375	失敗 …… 380	私法 …… 390
システム開発 …… 375	実名報道 …… 380	死亡広告 …… 390
システム監査 …… 375	質問紙法 …… 380	司法心理 …… 390
地すべり …… 375	私鉄 …… 380	司法制度 …… 390
死生 …… 375	市電 …… 380	資本 …… 390
磁性体 …… 375	事典 …… 380	資本会計 …… 390
資生堂 …… 375	自伝 …… 380	資本コスト …… 390
時制論 …… 375	紫電改 …… 380	資本市場 …… 390
史跡 …… 375	自転車 …… 380	資本主義 …… 390
施設解体 …… 375	私道 …… 380	島 …… 391
施設内虐待 …… 375	児童 …… 380	島根県 …… 391
視線 …… 375	児童画 …… 380	島根県　出雲 …… 391
自然 …… 375	児童館 …… 380	島根県　出雲市 …… 391
自然エネルギー …… 376	児童虐待 …… 381	島根県　石見銀山 …… 391
自然科学 …… 376	児童虐待防止法 …… 382	島根県　木次町 …… 391
自然史 …… 376	児童教育 …… 382	島根県　宍道湖 …… 391
自然誌 …… 376	児童公園 …… 382	島根県　浜田市 …… 391
自然資源 …… 376	児童雑誌 …… 382	島根県　水若酢神社 …… 391
自然住宅 …… 376	児童サービス …… 382	島根県　歴史 …… 391
自然神学 …… 376	児童嗜愛 …… 382	清水一角 …… 391
自然崇拝 …… 376	自動詞構文 …… 382	シミュレーション …… 391
自然地理 …… 376	自動車 …… 382	市民 …… 392
自然淘汰 …… 376	自動車運送 …… 382	市民活動 …… 392
自然法則 …… 376	自動車運転 …… 382	市民教育 …… 392

市民権 … 392	じゃがいも … 406	宗教美術 … 413
市民社会 … 392	借地借家法 … 406	宗教紛争 … 413
市民文庫 … 392	尺八 … 406	宗教法 … 413
事務管理 … 392	シャコ … 406	宗教民族学 … 413
事務所 … 392	社交 … 406	住居址 … 413
シーメンス事件 … 392	社交ダンス … 407	住居表示 … 413
霜月神楽 … 392	社債 … 407	重金属汚染 … 413
下山事件 … 392	邪視 … 407	従軍慰安婦 … 413
指紋 … 392	社寺造営 … 407	集合行動 … 413
ジャイナ教 … 392	写真 … 407	集合住宅 … 413
社会 … 392	写真集 … 407	15年戦争 … 413
社会安全 … 393	写真測量 … 407	修辞 … 413
社会医学 … 393	ジャズ … 407	習字 … 413
社会移動 … 393	社是 … 407	十字軍 … 413
社会運動 … 393	写生 … 407	収集 … 413
社会化 … 394	沙石集 … 407	自由主義 … 414
社会科 … 394	社説 … 407	重症急性呼吸器症候群 … 414
社会階層 … 394	社叢 … 408	重商主義 … 414
社会開発 … 394	シャチ … 408	就職 … 414
社会科学 … 394	蛇頭 … 408	終助詞 … 414
社会学 … 395	ジャーナリスト … 408	修身 … 414
社会技術 … 396	ジャーナリズム … 408	囚人 … 414
社会教育 … 396	Java … 408	就寝形態 … 414
社会教育関連法 … 397	ジャパニメーション … 408	秋水（戦闘機） … 414
社会経済史 … 397	ジャポニスム … 408	習性 … 414
社会経済システム … 397	写本 … 408	修正主義 … 414
社会契約説 … 397	シャーマニズム … 409	集積回路 … 414
社会言語学 … 397	ジャム … 409	終戦 … 414
社会考古 … 397	舎利 … 409	10代 … 414
社会構成主義 … 397	舎利荘厳 … 409	住宅 … 414
社会史 … 397	JAL123便 … 409	住宅金融 … 415
社会事業 … 397	シャルラタン … 409	住宅建築 … 415
社会思想 … 397	ジャンク・フィクション … 409	住宅政策 … 415
社会資本 … 397	シャンソン … 409	住宅問題 … 415
社会シミュレーション … 398	朱印船 … 409	集団 … 415
社会集団 … 398	銃 … 409	集団遺伝 … 415
社会主義 … 398	自由 … 409	集団営農 … 416
社会主義経済 … 398	獣医 … 409	集団教育 … 416
社会情報 … 398	自由意志 … 409	集団幻想 … 416
社会心理学 … 398	秀英体 … 409	集団主義 … 416
社会人類学 … 400	修学旅行 … 409	集団療法 … 416
社会政策 … 400	重加算税 … 409	差恥 … 416
社会生物学 … 400	住環境 … 409	袖珍文庫 … 416
社会組織 … 400	週刊誌 … 409	柔道 … 416
社会調査 … 401	自由間接話法 … 409	修道院 … 416
社会的差別 … 401	臭気 … 410	重度障害者 … 416
社会的相互作用 … 401	十牛図 … 410	十二支 … 416
社会的認知 … 402	19世紀 … 410	12世紀 … 416
社会的費用 … 402	住居 … 410	自由の森学園 … 416
社会哲学 … 402	宗教 … 410	18世紀 … 416
社会統計 … 402	自由教育 … 411	修復的司法 … 416
社会道徳 … 402	就業意識 … 411	繍仏 … 417
社会病理 … 402	宗教音楽 … 411	醜聞 … 417
社会不安障害 … 402	宗教改革 … 411	住文化 … 417
社会福祉援助技術 … 405	宗教教育 … 411	自由貿易協定 … 417
社会福祉教育 … 405	宗教空間 … 412	自由貿易地域 … 417
社会福祉協議会 … 405	宗教建築 … 412	終末期古墳 … 417
社会福祉士 … 405	宗教裁判 … 412	終末思想 … 417
社会福祉施設 … 405	宗教史 … 412	宗密 … 417
社会福祉法 … 405	宗教社会 … 412	住民運動 … 417
社会変動 … 405	宗教人類学 … 412	自由民権運動 … 417
社会保障 … 405	宗教哲学 … 412	住民参加 … 417
社会保障法 … 406	宗教テロ … 412	自由民主党 … 417
社会民主主義 … 406	宗教と科学 … 412	住民税 … 417
社会民主党 … 406	宗教と政治 … 412	住民投票 … 417

集落 …… 417	省エネルギー …… 422	小説 …… 429
自由律俳句 …… 417	荘園 …… 422	小説家 …… 430
自由律俳人 …… 417	唱歌 …… 422	商船 …… 430
重力波 …… 417	生涯学習 …… 423	商船学校 …… 430
受益者負担 …… 417	障害児 …… 423	醸造 …… 430
儒学 …… 417	障害児保育 …… 424	肖像画 …… 430
儒家神道 …… 418	障害者 …… 424	肖像権 …… 430
主観性 …… 418	障害者家族 …… 425	正倉建築 …… 430
修行 …… 418	障害者教育 …… 425	肖像写真 …… 430
儒教 …… 418	障害者差別 …… 425	装束 …… 430
授業 …… 418	障害者心理 …… 425	上代文学 …… 430
塾 …… 418	障害者政策 …… 425	松竹新喜劇 …… 431
祝祭 …… 418	障害者福祉 …… 425	焼酎 …… 431
祝祭日 …… 418	生涯スポーツ …… 425	象徴主義 …… 431
粛清 …… 418	傷害保険 …… 425	商店 …… 431
宿場町 …… 418	障害臨床学 …… 425	商店街 …… 431
熟練技能 …… 418	唱歌教育 …… 425	情動 …… 431
手芸 …… 418	城郭 …… 425	浄土教 …… 431
主権 …… 418	小学館 …… 425	浄土宗 …… 431
受験指導 …… 418	奨学金政策 …… 425	浄土信仰 …… 431
修験道 …… 418	小学校 …… 426	浄土真宗 …… 431
ジュゴン …… 419	城下町 …… 426	小児 …… 431
珠算 …… 419	唱歌遊戯 …… 426	小児衛生 …… 431
種子 …… 419	傷寒論 …… 426	小児科 …… 431
樹脂 …… 419	将棋 …… 426	小児精神病 …… 431
朱子学 …… 419	蒸気機関車 …… 426	小児保健 …… 431
呪術 …… 419	蒸気船 …… 426	商人 …… 431
首相 …… 419	彰義隊 …… 426	承認 …… 431
首相公選 …… 419	商業 …… 426	使用人 …… 431
首相補佐官 …… 419	商業教育 …… 426	承認欲求 …… 431
受精 …… 419	商業史 …… 426	少年鑑別所 …… 431
酒造業 …… 419	商業資本 …… 426	少年教護 …… 431
酒造史 …… 419	商業通信 …… 426	少年刑法 …… 431
主体感覚 …… 419	商業登記 …… 426	少年誌 …… 432
シュタイナー教育 …… 419	上宮聖徳法王帝説 …… 427	少年社会学 …… 432
出産 …… 419	将軍 …… 427	少年少女小説 …… 432
出生児 …… 420	象形文字 …… 427	少年犯罪 …… 432
出生率 …… 420	証券 …… 427	少年非行 …… 432
出土資料 …… 420	証券金融 …… 427	少年法 …… 432
出入国管理 …… 420	証券決済 …… 427	少年マガジン …… 432
出版 …… 420	証券市場 …… 427	樟脳 …… 432
出版史 …… 420	条件付け …… 427	常磐線 …… 432
出版社 …… 421	証券投資 …… 427	消費 …… 432
出版ニュース社 …… 421	証券取引法 …… 427	消費金融 …… 432
出版目録 …… 421	証拠 …… 427	消費空間 …… 432
首都移転 …… 421	商行為法 …… 427	消費経済 …… 433
ジュネーブ条約 …… 421	小国民 …… 427	消費者 …… 433
主婦 …… 421	証拠保全 …… 428	消費者運動 …… 433
寿命 …… 421	上座部 …… 428	消費社会 …… 433
シュメール文明 …… 421	硝酸塩 …… 428	消費者金融 …… 433
樹木 …… 421	情死 …… 428	消費者契約法 …… 433
樹木画テスト …… 421	少子化 …… 428	消費者物価指数 …… 433
需要 …… 421	商社 …… 428	消費者法 …… 433
狩猟 …… 421	小銃 …… 428	消費者保護 …… 433
シュルレアリスム …… 421	少女 …… 428	消費税 …… 433
手話 …… 422	少女雑誌 …… 428	商標 …… 433
春画 …… 422	少女小説 …… 428	商品 …… 433
循環型社会 …… 422	情緒的虐待 …… 428	商品先物取引 …… 434
春香伝 …… 422	少女マンガ …… 428	商品取引所 …… 434
純資産会計 …… 422	昇進 …… 428	商品流通 …… 434
春闘 …… 422	正信偈 …… 428	娼婦 …… 434
準動詞 …… 422	精進料理 …… 428	障壁画 …… 434
巡礼 …… 422	浄水 …… 429	商法 …… 434
書 …… 422	少数者 …… 429	消防 …… 434
攘夷思想 …… 422	少数民族 …… 429	

情報	434	食育	442	食糧政策	451
情報圧縮技術	435	食塩	442	食料品	451
情報化	435	職業	442	食糧問題	451
情報科	435	職業意識	443	諸国物産帳	451
情報科学	435	職業教育	443	助産	452
情報化支援	435	職業訓練	443	書誌	452
情報化社会	435	職業指導	443	助詞	452
情報管理	436	職業選択	443	書肆アクセス	452
情報機関	436	職業適性	443	書誌学	452
情報技術	436	職業道徳	443	女子学生	452
情報教育	436	職業能力	443	女子教育	452
情報経済	437	職業病	443	女子教育史	452
情報源	437	食材	443	書誌情報処理	452
情報検索	437	贖罪	443	女子大学	452
情報公開	437	食餌療法	443	諸子百家	452
情報コミュニケーション	437	植生	444	女子マネージャー	452
情報財	437	食生活	444	書誌ユーティリティ	452
情報サービス	437	食虫植物	445	書肆ユリイカ	452
情報産業	437	食中毒	445	処女懐胎	452
情報産業法令	437	食肉市場	445	女性	453
情報収集	437	続日本紀	445	女性解放	455
情報処理	437	職人	445	女性画家	455
情報処理技術者	438	職能民	445	女性科学者	455
情報政策	438	職場不適応	445	女性学	455
情報セキュリティ	438	食費	445	女性虐待	455
情報戦略	438	食品	445	女性教師	455
消防団	438	食品衛生	446	女性語	455
情報探索	438	食品化学	447	女性工場監督職	455
情報通信	438	食品加工	447	女性作家	456
情報デザイン	438	食品機能	447	女性雑誌	456
情報と社会	438	食品工学	447	女性差別	456
情報ネットワーク法	438	食品工業	447	女性差別撤廃条約	456
情報ネットワークマンション	438	食品小売業	447	女性史	456
情報編集	438	食品香料	447	女性誌	457
情報メディア	438	食品産業	447	女性心理	457
情報リテラシー	438	食品市場	447	女性生活史	457
情報理論	438	食品成分	447	女性政策	457
情報倫理	439	食品貯蔵	447	女性天皇	457
照明	439	食品添加物	447	女性農業	457
証明	439	食品微生物	447	女性表現	457
鐘銘	439	食品包装	447	女性文学	457
上毛新聞	439	食品リサイクル	447	女性兵士	457
縄文語	439	植物	447	女性問題	457
縄文時代	439	植物園	448	女性労働	458
縄文土器	440	植物化学	448	書籍商	459
生薬	440	植物化石	448	書籍目録	459
条約	440	植物形態	448	女装	459
醤油	440	植物採集	448	書体	459
照葉樹林文化	440	植物生化学	449	女中	459
条里制	440	植物生態学	449	食器	459
生類憐みの令	440	植物生理学	449	職権濫用事件	459
浄瑠璃	440	植物病学	449	職工	459
条例	441	植物病理	449	女帝	459
昭和	441	植物分布	449	書店	459
笑話	441	植物ホルモン	449	初等教育	459
昭和恐慌	441	植物民俗	449	書道史	459
昭和時代	441	食文化	449	助動詞	459
昭和二十年	442	織豊政権	450	所得格差	460
女学校	442	植民地	450	所得税	460
書簡	442	職務発明	451	所得分配	460
初期社会主義	442	食物	451	書評	460
初期文明	442	食物中毒	451	庶民信仰	460
ジョギング	442	食料	451	書物	460
食	442	食糧	451	書物展望社	460
ジョーク	442	食料産業	451	所有	460

所有権 … 460	人口移動 … 467	人体計測 … 474
地雷 … 460	人工衛星 … 467	身体障害者 … 474
白樺派 … 460	人口経済学 … 467	身体障害者福祉 … 474
白樺文書 … 460	信仰告白 … 467	身体心理 … 474
白菊特別攻撃隊 … 460	人口社会学 … 467	身体像 … 474
シラス … 460	人工臓器 … 467	人体測定 … 474
シラッパディハーラム … 460	人工知能 … 467	身体表現 … 474
白露 … 460	人口統計 … 467	身体表現性障害 … 474
白拍子 … 460	新興美術 … 467	身体変工 … 474
尻 … 460	人口問題 … 468	神代文字 … 474
シリア … 460	人工林 … 468	信託 … 474
シリコン … 460	新古今和歌集 … 468	信託法 … 474
自立 … 460	人骨 … 468	神智学 … 474
私立学校 … 460	新古典主義 … 468	人智学 … 474
私立大学 … 461	真言宗 … 468	新着雑誌 … 475
史料 … 461	真言密教 … 468	身長 … 475
資料組織化 … 461	人材開発 … 468	新潮社 … 475
史料保存 … 461	人事異動 … 468	新勅撰和歌集 … 475
資料保存 … 461	人事管理 … 468	心的外傷後ストレス障害 … 475
資料目録法 … 461	人事戦略 … 469	人的資源 … 475
シルクロード … 461	寝室 … 469	神殿 … 475
シルバー産業 … 461	人事評価 … 469	寝殿造 … 475
城 … 461	神社 … 469	神道 … 475
白馬岳 … 462	神社建築 … 470	振動 … 475
白木屋呉服店 … 462	真珠 … 470	人道行動 … 475
塵埃処理 … 462	人種 … 470	人頭税 … 475
新異国叢書 … 462	真宗 … 470	人道的介入 … 475
秦王国 … 462	心中 … 470	神道美術 … 475
進化 … 462	真宗学 … 470	新日本古典文学大系 … 475
深海生物 … 463	信州川中島合戦 … 470	新日本製鉄 … 475
進化学 … 463	新宗教 … 470	真如苑 … 475
神学 … 463	真宗史 … 470	新版歌祭文 … 475
人格 … 463	新自由主義 … 470	神秘学 … 476
人格権 … 463	真宗美術 … 470	神秘主義 … 476
人格障害 … 463	人種差別 … 470	人物 … 476
人格発達心理 … 464	人種問題 … 471	人物画 … 476
進化経済学 … 464	真珠湾攻撃 … 471	神仏習合 … 476
進化心理学 … 464	新書 … 471	新聞 … 476
進化生態 … 464	心身医療 … 471	人文科学 … 477
シンガポール … 464	心身関係 … 471	新聞記者 … 477
進化論 … 464	心身症 … 471	新聞広告 … 477
新幹線 … 464	心身障害児 … 471	新聞史 … 477
神祇信仰 … 464	壬申の乱 … 472	人文社会 … 477
針灸 … 464	心身論 … 472	人文社会科学 … 477
信教の自由 … 464	人生 … 472	人文主義 … 477
神曲 … 465	新世紀 … 472	人文地理 … 477
寝具 … 465	新生銀行 … 472	新聞投書欄 … 477
真空 … 465	新生児 … 472	新聞漫画 … 477
真空管 … 465	人生論 … 472	新聞倫理 … 477
ジンクス … 465	新石器時代 … 472	親米 … 477
シンクタンク … 465	神仙 … 472	シンボリズム … 477
シングルウーマン … 465	新撰亀相記 … 472	シンボル … 477
シングルマザー … 465	新選組 … 472	人名 … 477
シングルライフ … 465	新撰菟玖波集 … 472	人命環境 … 477
シンクロナス・マネジメント … 465	新撰万葉集 … 472	申命記 … 477
神経 … 465	腎臓移植 … 472	人名事典 … 477
神経言語学 … 465	心臓疾患 … 473	人名用漢字 … 477
神経症 … 465	深層水 … 473	シンメトリー … 477
神経心理学 … 465	親族 … 473	新約聖書 … 478
神経生理学 … 465	親族法 … 473	信用 … 478
人権 … 465	身体 … 473	信用金庫法 … 478
新語 … 466	人体 … 473	信用調査 … 478
信仰 … 466	身体運動 … 473	信用取引 … 478
信号 … 466	人体改造 … 473	信用リスク … 478
人口 … 466	身体技法 … 474	信頼性 … 478

心理学 … 478	スイス アスコーナ … 488	スクールカウンセラー … 493
心理劇療法 … 481	スイス 経済 … 488	スクール・トラウマ … 493
心理言語 … 481	スイス 憲法 … 488	スゲ … 493
心理戦 … 481	スイス 農業 … 488	図形 … 493
心理統計学 … 481	水生生物 … 488	スケートボード … 493
心理物理学 … 481	水生動物 … 488	スコッチ … 493
心理面接 … 481	吹奏楽 … 488	スコラ哲学 … 493
侵略 … 481	水素エネルギー … 489	双六 … 493
診療情報 … 481	水族館 … 489	スサノオ信仰 … 493
心療内科 … 481	水素爆弾 … 489	すし … 493
診療報酬 … 481	水田 … 489	逗子開成学園 … 493
心理療法 … 481	水道 … 489	鈴木 … 493
心理臨床 … 483	スイートピー … 489	スズメバチ … 493
森林 … 483	水爆実験 … 489	硯 … 494
森林組合 … 484	随筆 … 489	硯箱 … 494
森林計画 … 484	水分補給 … 489	図像 … 494
森林経済 … 484	水平社 … 489	スタジアム … 494
森林政策 … 484	水辺林 … 489	スタジオジブリ … 494
森林生態 … 484	水墨画 … 489	スター・トレック … 494
森林総合利用施設 … 484	睡眠 … 489	スターリニズム … 494
森林測量 … 484	睡眠時無呼吸症候群 … 489	スーダン … 494
森林鉄道 … 484	水文学 … 489	頭痛 … 494
森林保護 … 484	推理 … 489	スッタニパータ … 494
森林利用 … 485	推理小説 … 489	ステレオタイプ … 494
人類 … 485	水力発電 … 490	ステンドグラス … 494
人類学 … 485	水路 … 490	ストア派 … 494
人類学者 … 485	水路誌 … 490	ストーカー … 494
人類紀 … 485	推論 … 490	ストラテジ … 494
人類史 … 485	数 … 490	ストーリーテリング … 494
心霊 … 485	スウェーデン … 490	ストレス … 494
進路指導 … 486	スウェーデン 教育 … 490	ストレスケア … 495
進路選択 … 486	スウェーデン 貿易 … 490	ストレス障害 … 495
神話 … 486	数学 … 490	ストレスマネジメント … 495
	数学オリンピック … 491	ストレッチング … 495
	数学基礎論 … 491	砂 … 495
【 す 】	数学教育 … 491	砂川闘争 … 495
	数学史 … 491	ズニ族 … 495
	数学者 … 491	スヌーピー … 495
図案 … 487	数学遊戯 … 491	頭脳流出 … 495
水泳 … 487	数詞 … 491	スパイ … 495
水害 … 487	数値計算 … 491	スパイ小説 … 495
瑞鶴 … 487	数理 … 491	スーパーマーケット … 495
水銀 … 487	数理科学 … 492	スバル360 … 495
水軍 … 487	数理計画 … 492	スピリチュアル … 495
推計学 … 487	数理経済学 … 492	スプリント … 495
出挙 … 487	数理社会学 … 492	スペイン … 495
水滸伝 … 487	数理心理 … 492	スペイン 演劇 … 496
水彩画 … 487	数理生理 … 492	スペイン 音楽 … 496
水産 … 487	数理哲学 … 492	スペイン 革命 … 496
水産教育 … 487	数理統計学 … 492	スペイン カタルーニャ … 496
水産資源 … 487	数理ファイナンス … 493	スペイン カナリア諸島 … 496
水産食品 … 487	数理物理学 … 493	スペイン 継承戦争 … 496
水産生物 … 488	数量調整 … 493	スペイン 国立図書館 … 496
水産動物 … 488	数理論理学 … 493	スペイン 女性 … 496
水産被害 … 488	須恵器 … 493	スペイン 彫刻 … 496
水産物 … 488	頭蓋骨 … 493	スペイン トラファルガー海戦 … 496
水産物理学 … 488	図学 … 493	スペイン 内戦 … 496
水産養殖 … 488	図画工作 … 493	スペイン バスク … 496
水質 … 488	巣鴨信用金庫 … 493	スペイン 美術 … 496
水質汚濁 … 488	菅原伝授手習鑑 … 493	スペイン プラド美術館 … 496
水質保全 … 488	図鑑 … 493	スペイン モリスコ史 … 496
水車 … 488	スカンジナビア … 493	スペイン 料理 … 497
水上生活者 … 488	杉 … 493	スペイン風邪 … 497
スイス … 488	スキタイ … 493	スペイン語 … 497
	数寄屋 … 493	スペイン人 … 497

スペクタクル … 497	生活福祉 … 502	生殖器 … 511
スペースデザイン … 497	生活文化 … 502	生殖細胞 … 511
スペリング … 497	生活保護 … 502	聖女信仰 … 511
スポーツ … 497	生活問題 … 502	精神 … 511
スポーツ医学 … 498	征韓論 … 502	精神医学 … 511
スポーツ教育 … 498	正義 … 502	精神衛生 … 512
スポーツ経営 … 498	生業 … 502	精神音楽 … 512
スポーツ史 … 498	性教育 … 502	精神科 … 512
スポーツ事故 … 498	政教分離 … 502	精神科学 … 512
スポーツ施設 … 498	制御工学 … 502	精神鑑定 … 512
スポーツ障害 … 498	整形外科 … 502	精神検査 … 512
スポーツ心理 … 498	成蹊大学図書館 … 502	精神史 … 513
スポーツ人類学 … 498	製鋼 … 503	精神障害 … 513
スポーツ選手 … 499	精興社 … 503	精神障害者 … 513
スポーツ動作法 … 499	成功法 … 503	精神障害者福祉 … 513
スポーツニュース … 499	セイコーエプソン … 503	精神神経科学 … 514
スポーツ文化 … 499	性差 … 503	精神身体医学 … 514
スポーツ法 … 499	星座 … 503	聖人崇拝 … 514
スポーツマネジメント … 499	政策 … 503	精神世界 … 514
スポーツ力学 … 499	政策公共圏 … 503	精神測定 … 514
スポーツ倫理 … 499	政策評価 … 503	精神遅滞児 … 514
炭 … 499	性差心理 … 503	精神病学 … 514
墨 … 499	性差別 … 503	精神病理学 … 514
住みごこち … 499	静坐法 … 503	精神物理 … 514
スミソニアン … 499	生産 … 503	精神分析 … 514
スミレ … 499	生産管理 … 503	精神保健 … 515
相撲 … 499	生産経済史 … 504	精神保健相談 … 515
スモッグ … 499	生産財 … 504	精神保健福祉 … 515
スラヴ … 499	生産システム … 504	精神保健福祉士 … 515
スラム … 499	生産性 … 504	精神薬理 … 515
受領制 … 499	生産マネジメント … 504	精神療法 … 515
スリランカ … 499	姓氏 … 504	整数 … 516
スールー諸島 … 499	生死 … 504	税制 … 516
スロバキア … 499	精子 … 505	生成文法 … 517
スロバキア語 … 499	製紙 … 505	製造 … 517
スローフード … 500	政治 … 505	聖像画論争 … 517
スローライフ … 500	政治家 … 507	製造業 … 517
	政治学者 … 507	製造者責任 … 517
	政治機構 … 507	製造物責任 … 517
【せ】	製糸業 … 507	生態 … 517
	政治教育 … 507	生態学 … 517
姓 … 500	政治行政 … 507	生体肝移植 … 517
性 … 500	政治経済学 … 507	生態系 … 518
性愛 … 501	政治献金 … 507	生体工学 … 518
生育儀礼 … 501	政治コミュニケーション … 507	生態工学 … 518
生化学 … 501	政治参加 … 507	生態心理学 … 518
性格 … 501	政治史 … 507	聖地 … 518
声楽 … 501	政治思想 … 507	成長 … 518
西学東漸 … 501	政治思想史 … 508	性的虐待 … 518
青果市場 … 501	政治指導者 … 508	製鉄 … 518
成果主義 … 501	政治社会 … 508	性転換 … 518
聖画像 … 501	政治心理 … 508	静電気 … 518
生活 … 501	政治地理 … 508	政党 … 518
生活科学 … 501	政治哲学 … 508	製糖 … 518
生活環境 … 501	政治文化 … 508	青鞜 … 518
生活協同組合 … 501	清酒 … 508	聖堂 … 518
生活経済 … 501	青春小説 … 508	性同一性障害 … 518
生活圏 … 502	聖書 … 508	青銅器文化 … 518
生活構造 … 502	西廂記 … 510	政党政治 … 518
生活時間 … 502	青少年 … 510	性道徳 … 518
生活指導 … 502	青少年教育 … 510	制度経済学 … 519
生活習慣病 … 502	青少年心理 … 510	生と死 … 519
生活情報紙 … 502	青少年問題 … 510	生徒指導 … 519
	生殖 … 511	制度理論 … 519
	生殖医療 … 511	青南国民学校 … 519

項目	頁	項目	頁	項目	頁
西南の役	519	西洋　書体	526	セックス&ヴァイオレンス	530
盛年	519	西洋　政治思想史	526	設計	530
青年	519	西洋　哲学	526	石けん	530
青年海外協力隊	519	西洋　美術	526	接辞	530
青年学校	519	西洋　文明	526	摂州合邦辻	531
青年期	519	西洋　法制史	526	摂食障害	531
成年後見制度	519	西洋　歴史	526	接続詞	531
青年心理	519	生理学	526	節足動物	531
青年団	520	生理休暇	526	絶対主義	531
青年宿	520	税理士	526	接着	531
聖杯	520	生理心理学	526	雪中行軍	531
正派若柳会	520	清涼飲料	526	説得	531
製版	520	世界　経済	526	絶版文庫	531
性犯罪	520	世界　地理	526	設備管理	531
性被害	520	世界　文学	526	接尾語	531
性非行	520	世界　歴史	527	設備投資	531
性病	520	世界遺産	527	切腹	531
製品開発	520	世界観	527	説明責任	531
製品計画	521	世界企業	527	説文解字	531
製品戦略	521	世界救世教	528	説話文学	531
性風俗	521	世界共同体構想	528	瀬戸内地方	532
政府会計	521	世界基督教統一神霊協会	528	瀬戸内海	532
政府金融機関	521	世界銀行	528	銭	532
征服	521	世界システム	528	セネガル	532
生物	521	世界像	528	セブンイレブン	532
生物エネルギー	521	世界地誌	528	セメント	532
生物学	521	世界地図	528	セラピー	532
生物形態	522	世界文学全集	528	セルフコントロール	532
生物工学	522	世界貿易機関	528	セルフヘルプグループ	532
生物誌	522	関口大砲製造所	528	ゼロ	532
生物資源	522	赤軍大粛清	528	零戦	532
生物数学	522	石材	528	ゼロックス・パロアルト研究所	532
生物測定学	522	赤十字社	528	禅	532
生物多様性	522	関所	528	繊維	532
生物時計	522	石人	528	繊維産業	532
生物反応工学	522	石造美術	528	禅院	533
生物物理	522	石造物	528	前衛芸術	533
生物分類	523	石炭産業	528	銭貨	533
生物兵器	523	脊椎動物	528	尖閣諸島	533
生物保護	523	石庭	529	全学連運動	533
聖母	523	石塔	529	戦間期	533
税法	523	関取千両幟	529	1980年代	533
性暴力	523	責任	529	1968年	533
性ホルモン	523	石斧	529	選挙	533
税務会計	523	石仏	529	宣教師	533
税務訴訟	523	積分方程式	529	前九年・後三年役	533
生命	523	石油	529	線形経済学	533
生命科学	524	石油産業	529	選鉱	533
生命学	524	セキュリティ	529	善光寺白馬鉄道	533
生命元素	524	セクシー雑誌	529	戦後関係史	533
生命進化	524	セクシャル・ハラスメント	529	戦後教育史	533
生命体	524	セクシュアリティ	530	戦国	533
生命表	524	セクシュアル・ヴィジョン	530	戦国合戦	534
生命保険	524	セクシュアル・マイノリティ	530	全国共済農業協同組合連合会	534
生命倫理	524	世間体	530	戦国史	534
製薬業	525	世間話	530	戦国時代	534
西洋	525	セシール	530	戦国社会	534
西洋　医学	525	世代	530	全国書誌	534
西洋　音楽史	525	雪害	530	戦国大名	534
西洋　絵画	525	摂関政治	530	戦国武将	534
西洋　経済史	525	石器	530	戦後史	534
西洋　建築史	525	石器時代	530	洗骨	535
西洋　古典	525	説教	530	戦後補償	535
西洋　思想	525	説経	530	センサ	535
西洋　職人	525	説教節	530	洗剤	535

せん

項目	頁
潜在力	535
戦時	535
先史学	535
先史考古学	535
戦死者	535
戦車	535
全集	535
禅宗	535
専修大学	535
先住民族	535
占術	535
戦術	535
選出公理	535
洗浄	535
扇状地	535
染織	535
染色	536
全真教南宗	536
洗心文庫	536
潜水医学	536
潜水艦	536
占星術	536
禅籍	536
前線	536
戦前期	536
戦争	536
戦争遺跡	537
戦争遺族	537
戦争歌	537
戦争画	537
戦争学	537
戦争犠牲者	537
戦争協力拒否	537
戦争経済	537
戦争史	537
戦争責任	537
戦争犯罪	537
戦争文学	538
戦争放棄	538
戦争報道	538
喘息	538
先代旧事本紀	538
全体主義	538
蘚苔類	538
先端技術	538
前置詞	538
線虫	538
選定図書	538
先天異常	538
戦闘機	538
全日本自動車産業労働組合日産自動車分会	538
千人同心	538
洗脳	538
船舶	538
戦犯	539
前方後円墳	539
前方後方墳	539
戦没者	539
専門情報機関	539
専門職	539
占有権	539
戦乱	539
戦略	539
戦略物資	539

項目	頁
川柳	539
染料	539
占領期	539
占領教育	539
占領行政	539
占領時代	539
染料植物	539
占領政策	539

【 そ 】

項目	頁
ゾウ	540
躁うつ病	540
造園	540
憎悪	540
騒音	540
創価学会	540
ゾウガメ	540
総管信仰	540
葬儀	540
臓器移植	540
雑木林	540
創業支援策	540
創業者	540
箏曲	540
造形	540
草原	541
奏讞書	541
創元推理文庫	541
倉庫	541
総合学習	541
総合研究開発機構	541
総合誌記事	541
総合商社	541
創作文学	541
捜査心理	541
捜査面接	541
叢書	541
蔵書印	541
装飾	541
装飾古墳	541
蔵書目録	541
装身具	542
葬制	542
捜聖記	542
造船	542
造船疑獄	542
総選挙	542
想像	542
葬送儀礼	542
葬送祭祀	542
創造者	542
創造性	542
創造的破壊	542
創造美育	542
創造力	542
想像力	542
相続	542
相続税	542
相続法	542
相対性理論	543
宗長日記	543

項目	頁
装丁	543
総動員	543
曹洞宗	543
遭難	543
奏法	543
造本	543
相馬製鉄遺跡群	543
宗谷	543
贈与	543
総理大臣	543
僧侶	543
造林	544
相隣関係	544
藻類	544
疎開	544
曽我梅菊念力弦	544
曽我物語	544
即位式	544
続古事談	544
俗信	544
測地	544
ゾクチェン	544
測定	544
速読法	544
測量	544
蔬菜	544
楚辞	544
組織	544
組織異動	545
組織行動	545
組織心理	545
組織内プロフェッショナル	545
組織犯罪	545
咀嚼	545
ソーシャルキャピタル	545
ソーシャルパワー	545
ソーシャルワーク	545
訴訟	546
訴訟法	546
疎水	546
素数	546
租税	546
租税回避	547
租税制度	547
租税争訟法	547
租税法	547
ソーセージ	547
祖先崇拝	547
措置制度	547
速記教本	547
ゾッキ本	547
即興劇	548
卒業論文	548
ソナタ	548
ソニー	548
曽根崎心中	548
そば	548
ソフィスト	548
ソフトウェア	548
SOHO	548
素朴理論	548
ソメイヨシノ	548
ソーラー	549
素粒子	549
ゾルゲ事件	549

ソルブ語 549	大工道具 554	第二次世界大戦 557
ゾロアスター教 549	体験学習 554	対日政策 557
ソロモン諸島 549	体験過程療法 554	第二地方銀行協会 557
損益計算 549	体験話法 554	第二氷川丸 557
損害賠償 549	太鼓 554	タイノ人 557
損害保険 549	大航海時代 554	体罰史 557
存在 549	大黒天信仰 554	大般若経 557
ソンディテスト 549	第五福竜丸事件 554	堆肥 557
村落 549	大斎院御集 554	台風 557
村落開発 549	第三世界 554	タイプフェイス 557
	第三帝国 554	太平記 557
【 た 】	胎児 554	太平記秘伝理尽鈔 557
	体脂肪 554	太平広記 557
タイ 549	大衆演芸 554	太平天国 557
鯛 550	大衆演劇 554	太平洋 558
タイ 医療 550	大衆芸能 554	太平洋 経済 558
タイ 開発僧 550	大衆娯楽 554	太平洋戦争 558
タイ 企業 550	大衆紙 554	大本営 561
タイ 行政法 550	大衆児童文学 555	大麻 561
タイ 政治 550	大衆社会 555	大名 561
タイ タイ語 550	大衆小説 555	代名詞 561
タイ 農業 550	大衆心理 555	ダイヤモンド 561
タイ バンコク 550	大衆文学 555	太陽 561
体育 550	対称 555	太陽系 562
体育施設 550	対象関係論 555	太陽光発電 562
体育心理学 550	大正期美術 555	太陽神 562
第一高等学校文芸部 550	大正琴 555	太陽電池 562
第一次世界大戦 550	大乗止観法門 555	大洋丸 562
第一生命保険 551	大正時代 555	第四紀 562
第一生命ホール 551	対称性 555	大量破壊兵器 562
ダイエット 551	大正知識人 555	体力 562
大王 551	大正文化 555	体力測定 562
ダイオキシン 551	大正文学史 555	大旅行記 562
ダイオード 551	退職 555	ダイレクトマーケティング 562
対外関係 551	退職金 555	大和証券 562
体格 551	退職年金 555	対話療法 562
大学 551	対人援助 555	台湾 ⇒ 中国 台湾 を見よ
大学院 552	対人葛藤 555	田植歌 562
大学革命 552	対人関係 555	ダウン症 562
大学管理 552	対人恐怖 556	タオ 562
大学基準 552	耐震構造 556	鷹 562
大学教育 552	対人情報処理 556	他界観念 562
大学教員 552	対人心理 556	鷹狩 562
大学経営 553	代数学 556	多角経営 562
大学財政 553	代数幾何 556	駄菓子 562
大学史 553	大政翼賛会 556	駄菓子屋 562
大学生 553	堆積 556	高機 562
大学政策 553	体操 556	宝くじ 562
大学制度 553	大蔵経 556	宝塚歌劇 562
大学図書館 553	胎蔵図像 556	滝川事件 562
大学年史 553	タイ族 556	焚き火 563
大学評価 553	代替医療 556	拓殖大学 563
大活字本 553	タイタニック号 556	宅地 563
大化改新 553	大智度論 556	タグチメソッド 563
代官 553	対中東戦略 556	竹 563
大気 553	体調予報 556	多気 563
大気汚染 553	大東亜共栄圏 556	竹島 563
代議士 553	大道芸 556	ターゲット社 563
大逆事件 554	大東文化大学 556	竹取物語 563
大業雑記 554	大同薬室 556	竹とんぼ 563
太極拳 554	大統領 556	多言語 563
大工 554	台所 556	多元主義論 563
	タイトル 557	多元文化 563
	第二言語習得 557	タコ 563
	第二言語喪失 557	多国籍企業 563

山車 …… 563	単語 …… 567	地域再生 …… 571
他者像 …… 563	炭鉱 …… 567	地域産業 …… 571
多重債務 …… 563	談合 …… 567	地域史 …… 571
多重人格 …… 563	団子売 …… 567	地域社会 …… 571
多神教 …… 564	タンザニア …… 567	地域情報化 …… 572
打製骨器 …… 564	タンザニア ダトーガ …… 567	地域女性史 …… 572
多足類 …… 564	弾詞小説 …… 567	地域づくり …… 572
ダダイズム …… 564	男女 …… 567	地域政策 …… 572
たたずまい …… 564	誕生儀礼 …… 567	地域通貨 …… 572
タータンチェック …… 564	男女共生 …… 567	地域福祉 …… 572
タックスヘイブン …… 564	男女協働 …… 567	地域貿易協定 …… 572
脱税 …… 564	男女共同参画社会 …… 567	地域メディア …… 572
脱ダム …… 564	男女均等政策 …… 567	チェコ …… 572
タッピング・セラピー …… 564	男色 …… 567	チェコ 音楽 …… 572
脱物質化社会 …… 564	男女平等 …… 567	チェコ 経済 …… 572
脱文明 …… 564	男女平等教育 …… 567	チェコ 美術 …… 572
殺陣 …… 564	だんじり祭 …… 567	チェス …… 572
竪穴式柱穴 …… 564	単親家庭 …… 567	チェチェン …… 573
伊達娘恋緋鹿子 …… 564	単身赴任 …… 567	知恵の輪 …… 573
立山製紙 …… 564	ダンス …… 568	チェーンストア …… 573
多動性障害 …… 564	淡水魚 …… 568	地価 …… 573
七夕人形 …… 564	淡水植物 …… 568	地下街 …… 573
ダニ …… 564	淡水生物 …… 568	地下環境 …… 573
タヌキ …… 564	淡水動物 …… 568	知覚 …… 573
タネ …… 564	ダンスセラピー …… 568	知覚語彙 …… 573
種蒔く人 …… 564	ダンスホール …… 568	地殻変動 …… 573
タバカレラ社 …… 564	男性 …… 568	地下経済 …… 573
たばこ …… 564	炭素 …… 568	地下構造 …… 573
タバコウイルス …… 565	断層 …… 568	地下水 …… 573
旅 …… 565	探偵雑誌 …… 568	地下水汚染 …… 573
旅人 …… 565	探偵小説 …… 568	地下鉄道 …… 573
タブー …… 565	タントラ …… 568	チカーノ …… 574
WWW …… 565	歎異抄 …… 568	地下本 …… 574
WTO …… 565	タンニン …… 568	地下網 …… 574
タブロー …… 565	壇浦兜軍記 …… 568	力石 …… 574
多文化 …… 565	タンパク質 …… 568	地球 …… 574
多文化教育 …… 565	ダンピング …… 569	地球温暖化 …… 574
多文化共生社会 …… 565	短篇小説 …… 569	地球外生命 …… 575
多文化コミュニケーション …… 565	暖房 …… 569	地球化学 …… 575
多文化サービス …… 565	担保物権法 …… 569	地球科学 …… 575
多文化社会 …… 566	タンポポ …… 569	地球環境 …… 575
多文化主義 …… 566	談話分析 …… 569	地球史 …… 575
タペストリー …… 566		地球凍結 …… 575
多変量解析 …… 566		地球物理学 …… 575
たまきはる …… 566		稚魚 …… 575
卵 …… 566	【ち】	畜産業 …… 575
タマムシ …… 566		逐次刊行物 …… 575
ターミナルケア …… 566		地形 …… 575
タミル叙事詩 …… 566	知 …… 569	地形学 …… 576
ダム …… 566	治安 …… 569	地形環境 …… 576
ダムタイプ …… 566	治安維持法 …… 569	地形図 …… 576
溜め池 …… 566	治安立法 …… 569	地史 …… 576
為忠家百首 …… 566	地衣 …… 569	地誌 …… 576
多面体 …… 566	地域 …… 569	知識 …… 576
タロイモ …… 566	地域医療 …… 569	知識社会学 …… 576
タロット …… 566	地域援助 …… 569	知識人 …… 576
単位 …… 566	地域開発 …… 569	知識創造企業 …… 576
短歌 …… 566	地域企業 …… 570	地質 …… 576
団塊世代 …… 566	地域金融 …… 570	地質図 …… 576
短期大学 …… 567	地域経営 …… 570	千島列島 …… 577
丹下左膳 …… 567	地域計画 …… 570	知情意低下症 …… 577
探検 …… 567	地域経済 …… 570	チーズ …… 577
端硯 …… 567	地域研究 …… 571	地図 …… 577
探検記 …… 567	地域公共交通 …… 571	治水 …… 577
タンゴ …… 567	地域交通 …… 571	知性 …… 577

地生態学 577	地方史 582	中国　契丹 591
地籍 577	地方史家 583	中国　教育 592
地層 577	地方自治 583	中国　京劇 592
地租改正 577	地方自治体 584	中国　共産党 592
父親 577	地方自治法 584	中国　強制連行 592
地中海世界 577	地方出身者 584	中国　匈奴 592
地中生命 578	地方・小出版 584	中国　金石 592
竹簡 578	地方税 584	中国　近代史 592
チッソ 578	地方政治 585	中国　金融 592
知的財産 578	地方制度 585	中国　空軍 592
知的財産権 578	地方鉄道 585	中国　軍政史 592
知的財産法 578	地方分権 585	中国　経済 592
知的自由 578	チーム・ティーチング 585	中国　刑事法 593
知的障害児 578	地名 585	中国　芸術 593
知的障害者 578	茶 585	中国　桂林 593
知的所有権 578	チャイルドフリー 586	中国　元時代 593
知的進化 579	茶器 586	中国　幻想綺譚 593
知日派 579	茶業 586	中国　元代仏教史 593
地熱 579	茶室 586	中国　現代文学 594
知能 579	茶書 586	中国　建築 594
知能指数 579	チャーター・スクール 586	中国　憲法 594
旗袍(チーパオ) 579	チャーティスト 586	中国　工業 594
千葉県 579	チャンドラー学派 586	中国　鉱工業 594
千葉県　安房妙本寺 579	注意欠陥多動性障害 ⇒ ADHD を見よ	中国　考古学 594
千葉県　市川市 579	中央アメリカ 586	中国　広州 594
千葉県　印旛 579	中央銀行 586	中国　江蘇省 594
千葉県　印旛沼 579	中華街 586	中国　黄帝四経 594
千葉県　柏市 579	中学生 586	中国　江南 594
千葉県　鴨川市 579	中華思想 586	中国　後漢 594
千葉県　佐倉連隊 579	中学校 586	中国　国防 594
千葉県　袖ヶ浦市 579	中観 586	中国　五胡十六国 594
千葉県　誕生寺 579	中間階級 586	中国　古代 594
千葉県　銚子 579	中近東 586	中国　五代 594
千葉県　利根運河 579	中近東問題 587	中国　財政 594
千葉県　流山市 579	中高年齢者 587	中国　雑誌 594
千葉県　習志野俘虜収容所 579	中公文庫 587	中国　産業 595
千葉県　成田市 580	中国 587	中国　三国志 595
千葉県　野田市 580	中国　囲碁 590	中国　三国志演義 595
千葉県　房総 580	中国　殷周王朝 590	中国　三国時代 595
千葉県　八千代市 580	中国　雲崗石窟 590	中国　山西省 595
千葉県　歴史 580	中国　雲南省 590	中国　山東省 595
千葉新聞 580	中国　映画 590	中国　算法 595
ちびくろサンボ 580	中国　SF 590	中国　詩 595
乳房 580	中国　演劇 590	中国　市場 595
チベット 580	中国　延辺 590	中国　四川 595
チベット　医学 580	中国　艶本 590	中国　思想 595
チベット　絵画 580	中国　音楽 590	中国　社会 595
チベット　寺院 580	中国　女文字 590	中国　社会保障 595
チベット　大蔵経 580	中国　絵画 590	中国　上海 595
チベット　仏教 580	中国　会計 590	中国　上海交響楽団 596
チベット　密教 581	中国　外交 590	中国　上海東亜同文書院 596
チベット　ラダック 581	中国　夏王朝 591	中国　宗教 596
チベット語 581	中国　化学工業 591	中国　周時代 596
地方 581	中国　革命 591	中国　儒教 596
地方議会 581	中国　歌劇 591	中国　出版 596
地方行財政史 581	中国　カシュガル 591	中国　春画 596
地方行政 581	中国　華南地域 591	中国　春秋 596
地方経済 581	中国　漢時代 591	中国　春秋事語 596
地方公営企業 581	中国　間島協約 591	中国　春秋戦国時代 596
地方公共団体 581	中国　漢民族 591	中国　商業 596
地方豪族 581	中国　帰還者 591	中国　少数民族 596
地方交付税 582	中国　企業 591	中国　小説 596
地方公務員 582	中国　戯曲 591	中国　女性 596
地方債 582	中国　徽州 591	中国　書籍 596
地方財政 582	中国　魏晋南北朝 591	中国　書道 596

中国	書法史	596	中国	北京原人	602	中東		609
中国	シレート・ジョー寺	596	中国	北京大学	602	中毒		610
中国	秦	596	中国	法	602	中途失聴		610
中国	清	597	中国	貿易	602	中部地方		610
中国	秦漢時代	597	中国	北魏	602	中部地方	伊勢湾	610
中国	新疆ウイグル自治区	597	中国	北朝	602	中部地方	木曽御岳信仰	610
中国	清末	597	中国	墓葬	603	中部地方	木曽川	610
中国	神話	597	中国	渤海	603	中部地方	木曽谷	610
中国	隋	597	中国	香港	603	中部地方	矢作川	610
中国	西域探検	597	中国	民国時代	603	中流階級		610
中国	清華大学	597	中国	明時代	603	チュニジア	カルタゴ	610
中国	政治	597	中国	明清	603	チューリップ		610
中国	税制	598	中国	明清文学	603	蝶		610
中国	浙江省	598	中国	民俗	603	超音速		610
中国	宋	598	中国	民族	603	超音速機		610
中国	宋・元	598	中国	民話	603	聴覚		610
中国	葬制	598	中国	名言	603	聴覚障害		610
中国	宗族	598	中国	遊里	603	長期金利		611
中国	蔬菜	598	中国	四大奇書	603	長期停滞		611
中国	大連	598	中国	洛陽	603	長期波動論		611
中国	台湾	598	中国	留学生	603	釣魚		611
中国	台湾新報・青年版	599	中国	料理	603	彫金		611
中国	台湾総督府	599	中国	麗江	603	超高層建築		611
中国	台湾鉄道	599	中国	歴史	603	彫刻		611
中国	タクラマカン砂漠	599	中国	楼蘭	604	調査研究法		611
中国	茶	599	中国	盧溝橋事件	604	調査データ		611
中国	中国国民党	600	中国学		604	調査票		611
中国	中国服	600	中国語		604	長寿		611
中国	中朝関係	600	中国人		605	鳥獣害		611
中国	長安	600	中国知識人		605	鳥人		611
中国	長江	600	中国地方		605	超心理		611
中国	長江文明	600	中古文学		605	朝鮮		611
中国	青島	600	中止未遂		605	朝鮮	学校	612
中国	哲学	600	中小企業		605	朝鮮	韓国	612
中国	天津	600	中小企業金融		606	朝鮮	韓国映画	613
中国	唐	600	抽象芸術		606	朝鮮	韓国SF	613
中国	唐楽	600	忠臣蔵		606	朝鮮	韓国演劇	613
中国	唐詩	600	中世		606	朝鮮	韓国企業	613
中国	東北部	600	中世遺跡		607	朝鮮	韓国教育	613
中国	吐魯番	600	中世王朝物語		607	朝鮮	韓国近現代史	613
中国	都市	600	中世音楽		607	朝鮮	韓国軍	613
中国	図書	600	中世絵画		607	朝鮮	韓国経済	613
中国	敦煌	600	中世瓦工		607	朝鮮	韓国語	614
中国	敦煌文書	601	中世芸能		607	朝鮮	韓国工業	614
中国	ナシ族	601	中世災害		607	朝鮮	韓国産業	614
中国	南京事件	601	中世史		607	朝鮮	韓国史	614
中国	日貨排斥運動	601	中世寺院		608	朝鮮	韓国社会	614
中国	寧夏回族自治区	601	中世辞書		608	朝鮮	韓国商業	614
中国	農業	601	中世思想		608	朝鮮	韓国人	614
中国	農場	601	中世社会		608	朝鮮	韓国神話	614
中国	農村	601	中世宗教		608	朝鮮	韓国政治	614
中国	農民	601	中世城郭		609	朝鮮	韓国大統領	614
中国	花	601	中世信仰		609	朝鮮	韓国知識人	614
中国	哈日族	601	中世哲学		609	朝鮮	韓国農業	614
中国	ハルピン	601	中世都市		609	朝鮮	韓国美術	614
中国	万里の長城	601	中世農村史		609	朝鮮	韓国文化	614
中国	美術	601	中世農民		609	朝鮮	韓国文学	615
中国	秘密結社	601	中世美術		609	朝鮮	韓国併合	615
中国	仏教	601	中世文化		609	朝鮮	韓国法	615
中国	福建省	602	中世文学		609	朝鮮	韓国料理	615
中国	文化	602	中世墓		609	朝鮮	北朝鮮	615
中国	文学	602	中世民衆		609	朝鮮	北朝鮮軍	615
中国	文化大革命	602	中世和歌		609	朝鮮	北朝鮮経済	615
中国	文明	602	中絶		609	朝鮮	北朝鮮難民	615
中国	北京	602	鋳造		609	朝鮮	教育	615

朝鮮　近現代史	615
朝鮮　銀行	616
朝鮮　百済	616
朝鮮　経済	616
朝鮮　慶州	616
朝鮮　建築	616
朝鮮　高句麗	616
朝鮮　高麗史	616
朝鮮　高麗茶碗	616
朝鮮　高麗ニンジン	616
朝鮮　高麗仏教	616
朝鮮　戸籍	616
朝鮮　古代史	616
朝鮮　在外朝鮮人	616
朝鮮　済州島	616
朝鮮　在日韓国人	616
朝鮮　在日朝鮮人	616
朝鮮　思想	616
朝鮮　新羅	616
朝鮮　新羅国史	616
朝鮮　侵略	616
朝鮮　総督府	616
朝鮮　ソウル	616
朝鮮　ソウル大学	616
朝鮮　朝鮮戦争	616
朝鮮　通信使	616
朝鮮　南北韓	617
朝鮮　美術史	617
朝鮮　釜山	617
朝鮮　文化	617
朝鮮　文学	617
朝鮮　本	617
朝鮮　民族	617
朝鮮　民俗文化	617
朝鮮　李朝	617
朝鮮　歴史	617
朝鮮語	617
朝鮮人	618
朝鮮半島	618
町村合併	618
超対称性	618
調達	618
朝廷	618
調停	618
超伝導	618
超伝導発電機	618
超特急	618
町人	618
超ひも理論	618
徴兵制	618
重宝記	618
諜報機関	618
諜報戦争	618
調理	618
鳥類	618
長老派	619
チョコレート	619
著作権	619
著作集	620
貯蓄	620
チリ	620
地理	620
地理学	620
地理学史	620
地理教育	620

地理情報学	620
地理情報システム	621
ちりめん本	621
治療史	621
治療文化	621
地歴	621
賃金	621
賃金管理	621
賃金支払	621
賃金制度	621
チンパンジー	621

【つ】

ツァロート	621
追悼	621
追悼記事	621
通貨	621
通過儀礼	622
通貨政策	622
通貨戦略	622
通貨統合	622
通貨問題	622
通勤電車	622
通商政策	622
通商摩擦	622
通信	622
通信教育	622
通信行政	622
通信使	622
通信史	622
通信制高校	622
通信ネットワーク	622
通信プロトコル	622
通信法	622
通信網	623
通俗小説	623
通販業界	623
通訳	623
東日流外三郡誌	623
月	623
憑き物	623
筑紫箏	623
漬物	623
続きもの	623
綴り方	623
土一揆	623
つつじ	623
堤中納言物語	623
津波	623
ツバキ	623
ツバメ	623
ツバル	623
妻	623
罪	623
釣り	623
釣具	623
ツーリズム	623
吊橋	623
ツル	624
ツール・ド・フランス	624

【て】

手	624
テアイテトス	624
ディアナ号	624
DNA	624
DNA鑑定	624
庭園	624
帝王	624
低温技術	624
帝銀事件	624
デイケア	624
抵抗権	624
抵抗者	624
帝国	624
帝国主義	624
偵察機	625
デイサービス	625
定時制高校	625
TCP/IP	625
定住外国人	625
定常型社会	625
ディスクジョッキー	625
ディスクロージャーモデル	625
ディズニー	625
ディーゼル排ガス	625
停滞	625
DTP	625
帝都物語	625
定年	625
ディベート	625
堤防	625
ティモール島	625
手織り	625
出稼ぎ	625
手形法	625
手紙	625
適応	625
適応障害	626
適塾	626
テクトニック・カルチャー	626
テクニカルライティング	626
テクノリテラシー	626
テクノロジー	626
デザイン	626
デザイン・レジスタンス	626
デジタル映像	626
デジタルエコノミー	626
デジタル画像	626
デジタル技術	626
デジタル写真	627
デジタル情報	627
デジタル書斎	627
デジタル信号	627
デジタル著作権	627
デジタルデザイン	627
デジタルデバイド	627
デジタルテレビ	627
デジタル放送	627
デジタルメディア	627
手品	627
テストステロン	627

データ	627	電気工学	634	天網島時雨炬燵	638
データ解析	627	電気事業	634	天皇	638
データ管理	627	電気通信	634	電脳	639
データ処理	627	電気鉄道	635	天皇観	639
データ通信	627	典拠コントロール	635	天皇家	639
データ分析	627	天気予報	635	天皇制	639
データベース	627	天狗	635	電脳政治	639
データマイニング	628	天狗党	635	天皇像	639
デタラメ	628	天険鉄道	635	天皇陵	639
データリテラシー	628	天候	635	天皇論	639
鉄	628	篆刻	635	電波	639
哲学	628	天国	635	天平時代	639
哲学史	629	天才	635	天平彫刻	640
哲学者	629	天使	635	テンプル騎士団	640
哲学書	629	展示	635	澱粉	640
鉄器時代	629	点字	635	テンペラ画	640
鉄剣	629	電子音楽	635	伝馬	640
鉄鋼業	629	電子回路	635	デンマーク	640
デッサン	629	電磁気	635	天文	640
鉄道	630	電子機器	635	天文異変	640
鉄道会計	630	電子光学	635	天文学	640
鉄道経営	630	電子工業	636	天文方	640
鉄道工学	630	電子辞書	636	展覧会カタログ	640
鉄道事故	630	電子出版	636	天理教	640
鉄道車輌	631	電子商取引	636	電流	640
鉄道政策	631	電子署名法	636	電力	641
鉄道争議	631	点字資料	636	電力事業	641
鉄道地図	631	電子政府	636	電力自由化	641
鉄道統計	631	点字図書	636		
鉄道連絡船	631	電子図書館	636		
鉄砲	631	電子取引	636	【と】	
テニス	631	電子認証	636		
テニハ秘伝	631	電子ネットワーク	636	ドイツ	641
デパート	631	電磁波	636	ドイツ 医療史	642
テーブルマナー	631	電子文書	637	ドイツ 演劇	642
デフレーション	631	電子ペーパー	637	ドイツ 音楽	642
デマ	631	電子マネー	637	ドイツ 海軍	642
デモクラシー	631	電子メディア	637	ドイツ 会計	642
デュポン火薬会社	631	電子メール	637	ドイツ 外交	642
デリバティブ	631	電車	637	ドイツ 会社法	642
デルゲパルカン	632	天寿国	637	ドイツ 革命	642
デルコンピュータ	632	伝承あそび	637	ドイツ 学校	643
デルフィニウム	632	天正遣欧使節	637	ドイツ 環境法	643
テルミン	632	伝承童謡	637	ドイツ 観念論	643
テレコムビジネス年表	632	転職	637	ドイツ 企業	643
テレビ	632	電信	637	ドイツ 戯曲	643
テレビ映画	632	天神縁起	637	ドイツ 教育	643
テレビゲーム	632	電信電話	637	ドイツ 行政	643
テレビスポーツ	632	天神祭	637	ドイツ 近世	643
テレビドラマ	632	点石斎画報	637	ドイツ 近代史	643
テレビニュース	632	伝説	637	ドイツ 金融	643
テレビ番組	633	纏足	638	ドイツ 軍事史	643
テレビ放送	633	天台宗	638	ドイツ 経済	643
テレワーク社会	633	天台仏教	638	ドイツ 警察	643
テロリスト	633	天体物理	638	ドイツ 芸術	643
テロリズム	633	天体力学	638	ドイツ 現代史	643
田園都市	633	伝単	638	ドイツ 憲法	644
天下統一	634	伝道	638	ドイツ 原理主義	644
てんかん	634	伝統工芸	638	ドイツ 工業	644
伝奇	634	伝統産業	638	ドイツ 国防	644
伝記	634	伝統食品	638	ドイツ 財政	644
電気	634	伝統文化	638	ドイツ ザクセン	644
電気音響	634	伝統文様	638	ドイツ 参謀本部	644
電気釜	634	天然ガス	638	ドイツ 詩	644
電気機械工業	634	天然記念物	638		

ドイツ	思想	644	投機	648	東京都	千川上水	652
ドイツ	市民劇	644	陶器	648	東京都	代官山	652
ドイツ	社会	644	討議指導	648	東京都	台東区	652
ドイツ	社会民主党	644	動機づけ	649	東京都	高幡山金剛寺	652
ドイツ	シュヴァーベン同盟	644	糖業	649	東京都	立川市	652
ドイツ	宗教	644	道教	649	東京都	多摩	652
ドイツ	叙事詩	644	東京海上火災	649	東京都	多摩川	652
ドイツ	女性	644	東京光学機械	649	東京都	玉川上水	652
ドイツ	神聖ローマ帝国	644	東京裁判 ⇒ 極東国際軍事裁判を見よ		東京都	知事	652
ドイツ	政治	644			東京都	中央卸売市場	652
ドイツ	占領下	644	同郷者	649	東京都	中央区	653
ドイツ	中世史	644	東京ジャイアンツ	649	東京都	千代田区	653
ドイツ	哲学	644	東京証券取引所	649	東京都	築地	653
ドイツ	東亜伝道会	644	東京水産大学	649	東京都	築地小劇場	653
ドイツ	独ソ戦	645	東京大学	649	東京都	帝国博物館	653
ドイツ	独仏関係	645	東京大学出版会	649	東京都	東京駅	653
ドイツ	ドレスデン	645	東京大学先端科学研究所	649	東京都	東京オリンピック	653
ドイツ	ナチス時代	645	東京大学法学部	649	東京都	東京語	653
ドイツ	ナチス親衛隊	645	東京ディズニーランド	649	東京都	東京帝室博物館	653
ドイツ	ナチズム	645	東京電力	649	東京都	東京博物館	653
ドイツ	農業	646	東京都	649	東京都	東京府立第一中学校	653
ドイツ	バイエルン王国	646	東京都	青山教会	650	東京都	利島村	653
ドイツ	東ドイツ	646	東京都	秋川歌舞伎	650	東京都	都政	653
ドイツ	美術	646	東京都	昭島市	651	東京都	都電荒川線	653
ドイツ	表現主義	646	東京都	秋葉原	651	東京都	戸山ハイツ	653
ドイツ	フランクフルト	646	東京都	あきる野	651	東京都	鳥島	653
ドイツ	プロイセン	646	東京都	阿佐ヶ谷会	651	東京都	都立高校	653
ドイツ	文化	646	東京都	浅草	651	東京都	中野区	653
ドイツ	文学	646	東京都	浅草十二階	651	東京都	日本橋	653
ドイツ	兵士	646	東京都	浅草花屋敷	651	東京都	練馬区	653
ドイツ	ベルリン	646	東京都	浅草フランス座	651	東京都	八王子市	653
ドイツ	ベルリン新教育	646	東京都	浅草文庫	651	東京都	八王子千人同心	653
ドイツ	ベルリンの壁	646	東京都	足立区	651	東京都	八丈島	653
ドイツ	法	646	東京都	荒川区	651	東京都	八丈島古謡	654
ドイツ	防衛	647	東京都	硫黄島	651	東京都	羽田空港	654
ドイツ	亡命者	647	東京都	遺産	651	東京都	浜離宮	654
ドイツ	ミュンヘン	647	東京都	伊豆諸島	651	東京都	東久留米市	654
ドイツ	民法	647	東京都	上野	651	東京都	曳舟川	654
ドイツ	リート	647	東京都	荏原	651	東京都	府中市	654
ドイツ	留学	647	東京都	王子田楽	651	東京都	府立中学	654
ドイツ	料理	647	東京都	青梅	651	東京都	町田市	654
ドイツ	歴史	647	東京都	大井競馬	651	東京都	丸の内	654
ドイツ	レーゲンスブルク	647	東京都	大田区	651	東京都	三鷹市	654
ドイツ	労働者	647	東京都	小笠原空港	651	東京都	港区	654
ドイツ	ロマン主義	647	東京都	小笠原諸島	651	東京都	三宅島	654
ドイツ	ワイマール時代	647	東京都	奥多摩	651	東京都	武蔵国府	654
ドイツ語		647	東京都	神楽坂	651	東京都	武蔵野市	654
塔		648	東京都	葛西城	651	東京都	靖国神社	654
銅		648	東京都	葛西用水	651	東京都	吉原	654
東亜研究所		648	東京都	神田神社	651	東京都	凌雲閣	654
東亜同文書院		648	東京都	北区	651	東京都	歴史	654
同位元素		648	東京都	旧岩崎邸庭園	652	東京民主医療機関連合会		655
統一企業		648	東京都	銀座	652	東京理科大学		655
統一政策		648	東京都	小金井市	652	東京湾		655
動員		648	東京都	国分寺市	652	道具		655
投影描画法		648	東京都	小平市立図書館	652	洞窟		655
東奥義塾		648	東京都	済松寺	652	峠		655
東海地方		648	東京都	品川区	652	統計		655
東海道		648	東京都	芝離宮庭園	652	統計制度		656
東海道中膝栗毛		648	東京都	焼尽	652	統計調査		656
東海旅客鉄道		648	東京都	新宿	652	刀剣		656
童画家		648	東京都	新宿区	652	統語		656
同学文庫		648	東京都	新宿ゴールデン街	652	刀工		656
幢竿支柱		648	東京都	杉並区	652	登校拒否		656
登記		648	東京都	隅田川	652	統合失調症		656

統語論 …… 656	東北地方 …… 662	都市経済 …… 670
東西交易 …… 656	東北地方　出羽 …… 663	都市交通 …… 670
東西交渉史 …… 656	東北地方　東北線 …… 663	都市国家 …… 671
盗作 …… 656	東北地方　浜街道 …… 663	都市災害 …… 671
倒産 …… 656	童謡 …… 663	都市再開発 …… 671
倒産法 …… 657	東洋　医学 …… 663	都市社会 …… 671
投資 …… 657	東洋　思想 …… 663	都市住宅 …… 671
透視 …… 657	東洋　美術 …… 663	都市図 …… 671
動詞 …… 657	東洋　文学 …… 663	都市政策 …… 671
陶磁器 …… 658	東洋　歴史 …… 663	都市騒乱 …… 671
投資銀行 …… 658	東洋学 …… 663	都市地理 …… 671
童子形 …… 658	東洋文庫 …… 663	都市デザイン …… 672
投資工学 …… 658	トゥレット症候群 …… 663	都市動物 …… 672
投資顧問業 …… 658	道路 …… 663	都市農業 …… 672
投資信託 …… 658	討論 …… 664	都市文化 …… 672
糖質 …… 659	童話 …… 664	都市保全 …… 672
闘蟋 …… 659	同和教育 …… 664	豊島氏 …… 672
同時通訳 …… 659	同和問題 …… 664	土砂災害 …… 672
道州制 …… 659	都会 …… 664	図書 …… 672
投信法 …… 659	トキ …… 664	屠場 …… 675
同性愛 …… 659	時 …… 664	土壌 …… 675
同性婚 …… 659	土器 …… 664	土壌汚染 …… 675
當世流小栗判官 …… 659	ドキュメンタリー映画 …… 664	途上国 …… 676
闘争 …… 659	ドキュメンテーション …… 664	都城制 …… 676
同窓会 …… 659	読経 …… 664	土壌地理 …… 676
盗賊 …… 659	毒 …… 664	土壌動物 …… 676
同族会社 …… 659	土偶 …… 664	土壌物理 …… 676
道祖神 …… 659	独学 …… 664	図書館 …… 676
東大紛擾 …… 659	毒ガス …… 664	図書館員倫理 …… 677
銅鐸 …… 659	徳川幕府 …… 665	図書館運動 …… 677
統治行為 …… 660	毒キノコ …… 665	図書館経営 …… 677
道中日記 …… 660	毒消し …… 665	図書館建築 …… 677
童貞 …… 660	独裁者 …… 665	図書館裁判 …… 677
道徳 …… 660	特撮映画 …… 665	図書館サービス …… 677
道徳感情 …… 660	徳島県 …… 665	図書館史 …… 678
道徳教 …… 660	徳島県　阿波おどり …… 665	図書館司書 …… 678
道徳教育 …… 660	徳島県　井川町 …… 665	図書館資料 …… 678
道徳的自律 …… 660	徳島県　宍喰町 …… 665	図書館の自由 …… 678
東都書房 …… 660	徳島県　那賀町 …… 665	図書館目録 …… 678
糖尿病 …… 660	徳島県　歴史 …… 665	図書館用語 …… 678
銅版画 …… 660	徳島渠 …… 665	図書館利用教育 …… 679
投票 …… 660	読書 …… 665	図書館類縁機関 …… 679
豆腐 …… 660	読書活動 …… 665	図書サービス …… 679
動物 …… 660	読書指導 …… 665	図書流通 …… 679
動物園 …… 661	独身 …… 665	土石流 …… 679
動物画 …… 661	徳政令 …… 666	土地 …… 679
動物科学 …… 661	独占禁止法 …… 666	栃木県 …… 679
動物学 …… 661	毒草 …… 666	栃木県　足尾鉱毒事件 …… 679
動物虐待 …… 661	特捜検察 …… 666	栃木県　足尾銅山 …… 679
動物形態 …… 661	毒物 …… 666	栃木県　今市市 …… 679
動物行動 …… 661	特別教育活動 …… 666	栃木県　宇都宮市 …… 679
動物細胞学 …… 662	特別攻撃隊 …… 666	栃木県　宇都宮城 …… 679
動物実験 …… 662	特務機関 …… 666	栃木県　思川 …… 679
動物社会学 …… 662	独立運動 …… 666	栃木県　鹿沼市 …… 679
動物心理 …… 662	独立行政法人 …… 666	栃木県　下野国分寺 …… 679
動物生態 …… 662	トゲウオ …… 667	栃木県　寺野東遺跡 …… 679
動物生理 …… 662	所 …… 667	栃木県　西那須野町 …… 679
動物相 …… 662	登山 …… 667	栃木県　日光 …… 679
動物地理 …… 662	都市 …… 667	栃木県　芳賀町 …… 679
動物分類 …… 662	都市開発 …… 668	栃木県　茂木町 …… 679
動物保護 …… 662	都市環境 …… 668	栃木県　歴史 …… 679
動物民俗 …… 662	都市観光 …… 668	土地資源 …… 680
東宝 …… 662	都市空間 …… 668	土地収用 …… 680
東方医学 …… 662	都市経営 …… 669	土地所有 …… 680
東北大学 …… 662	都市計画 …… 669	土地政策 …… 680

土地税制	680
土地登記制度	680
トチノキ	680
土地法	680
土地利用	680
特許	680
特許法	680
特許翻訳	680
特攻隊	680
鳥取県	681
鳥取県　妻木晩田遺跡	681
鳥取県　鳥取市	681
鳥取県　米子	681
トップマネジメント	681
ドッペルゲンガー	681
徒弟教育	681
都々逸	681
トナカイ	681
賭博	681
トビムシ	681
ドーピング	681
土木	681
DOAM	681
ドメスティック・バイオレンス	681
友子	682
富山県	682
富山県　越中	682
富山県　王塚千坊山遺跡	682
富山県　下立村	682
富山県　黒部川	682
富山県　黒部市	682
富山県　下村	682
富山県　高岡市	682
富山県　立山	682
富山県　氷見市	683
富山県　八尾市	683
富山県　歴史	683
豊川海軍工廠	683
トヨタ自動車	683
トラ	683
渡来人	683
ドライビング・シミュレータ	683
トラウマ	683
ドラジェ	683
トラホーム	683
ドラマ教育	683
ドラマセラピー	684
ドラミング	684
虎屋	684
鳥	684
ドリアン	684
鳥インフルエンザ	684
取締役	684
とりたて詞	684
トリックスター	684
取引制度	684
塗料	684
度量衡	684
ドル	684
トルコ	684
トルコ　イスタンブール	684
トルコ　オスマン帝国	684
トルコ　コンスタンチノープル	684
トルコ　美術	684
トルコ　歴史	684

トルコ語	685
トルコ文庫	685
ドルトンプラン	685
奴隷	685
トレーニング	685
ドレフュス事件	685
泥絵	685
とはずがたり	685
ドンキホーテ	685
侗族	685
トンデモ本	685
トンネル	685
トンボ	685
問屋	686

【 な 】

内閣法制局	686
内観法	686
ナイジェリア	686
内戦	686
内的世界	686
内部監査	686
内部告発	686
内部統制	686
内部労働市場論	686
内務省	686
ナイロン	686
直木賞	686
長崎県	686
長崎県　壱岐	686
長崎県　諫早	686
長崎県　雲仙岳	687
長崎県　大村	687
長崎県　五島列島	687
長崎県　島原	687
長崎県　島原の乱	687
長崎県　多良岳	687
長崎県　対馬	687
長崎県　出島	687
長崎県　居留地	687
長崎県　長崎市	687
長崎県　長崎奉行	687
長崎県　長崎貿易	687
長崎県　端島	687
長崎県　南高来郡	687
長崎県　歴史	687
長崎造船所	687
長篠合戦	687
中島飛行機	687
中山道	687
長野県	687
長野県　飯田市	688
長野県　飯田城	688
長野県　伊那	688
長野県　上田市	688
長野県　上田自由大学	688
長野県　臼田町	688
長野県　大町市	688
長野県　小谷村	688
長野県　軽井沢町	688
長野県　諏訪湖	688

長野県　諏訪神社	688
長野県　善光寺	688
長野県　高遠	688
長野県　鷹山遺跡群	688
長野県　丹波島	688
長野県　千曲川	688
長野県　戸隠村	688
長野県　長野市	688
長野県　松代大本営	688
長野県　松本城	689
長野県　三郷村	689
長野県　矢出川遺跡	689
長野県　歴史	689
長野県スケート連盟	689
仲間関係	689
流れ	689
名古屋大学	689
名古屋鉄道	689
NASA	689
ナザレ派	689
ナショナリズム	689
名づけ	690
雪崩	690
ナチス ⇒ ドイツ　ナチス時代を見よ	
納豆	690
ナップスター社	690
夏祭浪花鑑	690
ナーナイ	690
七生養護学校事件	690
ナノカーボン	690
ナノテクノロジー	690
ナノフォトニクス	690
鍋島	690
鍋物	690
名前	690
ナマコ	690
鯰絵	690
ナマハゲ	690
鉛	690
涙	690
ナメクジウオ	690
奈良絵本	690
ナラ王物語	691
奈良県	691
奈良県　飛鳥	691
奈良県　斑鳩	691
奈良県　馬見古墳群	691
奈良県　大峯山	691
奈良県　元興寺	691
奈良県　キトラ古墳	691
奈良県　金峯山寺	691
奈良県　興福寺	691
奈良県　西大寺	691
奈良県　西大寺絵図	691
奈良県　正倉院	691
奈良県　大安寺	691
奈良県　大官大寺	691
奈良県　高松塚古墳	691
奈良県　東大寺	691
奈良県　奈良公園	691
奈良県　奈良市	692
奈良県　奈良仏教	692
奈良県　藤ノ木古墳	692
奈良県　藤原京	692

奈良県　平城京 … 692	二松學舍大学 … 695	日本　日朝関係 … 702
奈良県　法隆寺 … 692	ニシン … 695	日本　日比関係 … 702
奈良県　纒向遺跡 … 692	贋札 … 695	日本　日本画 … 703
奈良県　三輪山 … 692	二大政党制 … 695	日本　日本海 … 703
奈良県　薬師寺 … 692	日亜化学 … 695	日本　美術 … 703
奈良県　山田寺 … 692	日曜学校 … 695	日本　美術史 … 703
奈良県　吉野 … 692	日蓮宗 … 695	日本　舞踊 … 703
奈良時代 … 692	日蓮正宗 … 695	日本　文化 … 703
ナラティヴ・セラピー … 692	日記 … 695	日本　文学 … 703
成金 … 692	日系企業 … 696	日本　文学史 … 704
鳴り砂 … 692	日系人 … 696	日本　法 … 704
鳴響安宅新関 … 692	日産自動車 … 696	日本　民族 … 704
鳴神 … 692	新田文庫 … 696	日本　料理 … 704
ナルシシズム … 692	日展 … 696	日本　歴史 … 704
ナレッジサイエンス … 692	二・二六事件 … 696	日本アートシアターギルド … 705
ナレッジマネジメント … 692	ニヒリズム … 696	日本医師会 … 705
南海ホークス … 692	ニーベルンゲンの歌 … 696	日本ヴォーグ社 … 705
南管 … 693	日本 … 696	日本SF全集 … 705
南極 … 693	日本　映画 … 697	ニホンオオカミ … 705
難経 … 693	日本　音楽 … 697	日本共産党 … 705
難聴 … 693	日本　外交 … 697	日本教職員組合 … 705
南伝大蔵経 … 693	日本　漢文学 … 697	日本銀行 … 705
南島 … 693	日本　企業 … 697	日本経営者団体連盟 … 705
南蛮美術 … 693	日本　北日本 … 697	日本経済新聞 … 705
難病 … 693	日本　経済 … 697	日本語 … 705
南方植民史 … 693	日本　研究 … 697	日本語教育 … 709
南方地域 … 693	日本　建築 … 697	日本国憲法 … 711
南北朝時代 … 693	日本　酒 … 697	日本国有鉄道 … 711
南北問題 … 693	日本　思想 … 698	ニホンザル … 711
難民 … 693	日本　書道 … 698	日本三景 … 711
	日本　神話 … 698	日本寺 … 711
	日本　政治 … 698	日本社会党 … 711
【に】	日本　占領時代 … 698	日本女医会 … 711
	日本　地誌 … 698	日本書紀 … 711
	日本　庭園 … 698	日本女子大学 … 711
新潟県 … 693	日本　帝国議会 … 698	日本私立大学協会 … 711
新潟県　相川町 … 694	日本　哲学 … 698	日本人 … 711
新潟県　奥山荘城館遺跡 … 694	日本　日印関係 … 698	日本人移民 … 712
新潟県　小瀬ヶ沢洞窟 … 694	日本　日英関係 … 698	日本人学校・満州 … 712
新潟県　笹神村 … 694	日本　日英同盟 … 698	日本人町 … 712
新潟県　佐渡 … 694	日本　日欧関係 … 698	日本正教会 … 712
新潟県　上越市 … 694	日本　日豪関係 … 698	日本赤十字社 … 712
新潟県　長者ヶ原遺跡 … 694	日本　日独関係 … 699	日本大学芸術学部 … 712
新潟県　燕市 … 694	日本　日米安全保障 … 699	日本長期信用銀行 … 712
新潟県　十日町市 … 694	日本　日米関係 … 699	日本電気産業労働組合 … 712
新潟県　長岡市 … 694	日本　日米韓摩擦 … 699	日本刀 … 712
新潟県　新潟市 … 694	日本　日米戦後関係 … 699	日本図書コード … 712
新潟県　室谷洞窟 … 694	日本　日米同盟 … 699	日本放送協会 … 712
新潟県　安田町 … 694	日本　日米野球史 … 699	日本霊異記 … 712
新潟県　歴史 … 694	日本　日葡関係 … 699	日本浪曼派 … 712
新潟県中越地震 … 694	日本　日満協会 … 699	ニーム … 712
匂い … 694	日本　日蘭学会 … 699	ニーモニック … 712
二蓋笠柳生実記 … 694	日本　日蘭関係 … 700	乳化 … 712
肉 … 694	日本　日露関係 … 700	入学試験 … 712
肉食獣 … 695	日本　日露戦争 … 700	乳がん … 713
ニコマコス倫理学 … 695	日本　日韓関係 … 700	入国管理法 … 713
錦絵 … 695	日本　日韓経済 … 701	入札 … 713
錦鯉 … 695	日本　日韓併合時代 … 701	乳酸菌 … 713
西陣織 … 695	日本　日清戦争 … 701	乳児 … 713
20世紀 … 695	日本　日ソ戦 … 701	乳製品 … 713
西日本旅客鉄道 … 695	日本　日台関係 … 701	入菩薩行論 … 713
西村石灯呂店 … 695	日本　日中安全保障 … 701	乳幼児 … 713
二十四の瞳 … 695	日本　日中関係 … 701	入浴 … 713
22世紀 … 695	日本　日中戦争 … 702	ニューギニア … 713
	日本　日朝外交 … 702	

ニュージャージー・スタンダード石油会社	713	
ニュージーランド	713	
ニュース	713	
ニューディール政策	713	
ニュートリノ	714	
ニュービジネス	714	
ニューヨークタイムズ	714	
ニューラルネット	714	
ニューロン	714	
女房詞	714	
女官	714	
女人禁制	714	
NIRA	714	
二輪車	714	
俄	714	
庭木	714	
ニワトリ	714	
人形	714	
人形劇	714	
人形浄瑠璃	714	
人間	714	
人間学	715	
人間科学	715	
人間環境学	715	
人間関係	715	
人間形成	716	
人間工学	716	
人間生態	716	
認識論	716	
忍者	716	
忍術	716	
認証技術	716	
ニンジン	716	
認知	716	
認知意味論	717	
認知科学	717	
認知言語	717	
認知言語学	718	
認知考古学	718	
認知行動療法	718	
認知コミュニケーション	718	
認知症	718	
認知神経心理	719	
認知心理学	719	
認知哲学	719	
認知療法	719	

【 ぬ 】

ヌーヴェルバーグ	719
ヌード	719
ぬりえ	719
塗物茶器	719

【 ね 】

ネアンデルタール人	719
ネイティヴアメリカン文学	719
ネイティブタイム	719
ネオナショナリズム	719
ネオンサイン	719
ネガワット	719
ネクタイ	719
ネグリート族	720
猫	720
ねじ	720
ネズミ	720
熱	720
根付	720
捏造遺跡	720
熱帯	720
熱帯雨林	720
熱帯植物	720
ネット心中	720
ネットノベル	720
ネットマーケティング	720
ネットラーニング	720
ネットワーク	720
ネットワーク社会	720
ネットワーク手法	720
熱ポンプ	720
ネパール	720
ネパール カトマンズ	721
ネパール ムスタン	721
ねぶた	721
ネーミング	721
ねむの木学園	721
ねむり衣	721
年画	721
年鑑	721
年金	721
粘菌	721
年貢	721
年代	721
年代測定法	721
年中行事	721
粘土造形	722
年譜	722
燃料電池	722

【 の 】

ノイローゼ	722
能	722
脳	722
農学	724
農業	724
農業基本法	725
農業教育	725
農業協同組合	725
農業共同経営	725
農業金融	725
農業経営	725
農業経済	726
農業後継者	726
農業者	726
農業水利	726
農業政策	726
農業団体	726
農業地理	726
農業普及事業	726
農耕	727
脳梗塞	727
農産物	727
農産物市場	727
脳死	727
農書	727
農場	727
脳性麻痺	727
脳卒中	727
農村	727
農村金融	728
農村計画	728
農村経済	728
農地	728
農地解放	728
能読	728
農奴制	728
脳内汚染	728
脳内物質	728
濃尾地震	728
農民	728
農民一揆	728
農民運動	729
農民文学	729
農薬	729
農林業	729
農林畜産業	729
伸子	729
ノーベル賞	729
海苔	729
ノリタケ	729
ノルウェー	729
ノルウェー語	729
暖簾	729
ノワール小説	729
ノンフィクション	729

【 は 】

歯	729
バイアスフリー	729
海爾集団	729
ハイウェイ	729
バイオ	729
バイオインフォマティクス	729
バイオエシックス	730
バイオエタノール	730
バイオガス	730
バイオ・クリーン・システム	730
バイオサイエンス	730
バイオテクノロジー	730
バイオテロ	730
バイオハザード	730
バイオビジネス	730
バイオマス	730
バイオメカニクス	730
バイオリズム	730
俳諧	730
俳諧一枚摺	730
廃棄物	730
廃棄物処理	730

廃墟	731	化物	735	バハイ教	742
バイキング	731	覇権主義	735	母親	742
俳句	731	羽子板	736	ハビタット評価手続	742
バイク急便	731	箱庭療法	736	バビロニア	742
俳誌	731	破産法	736	ハーブ	742
ハイジャック	731	橋	736	パブ	742
排出権取引	731	箸	736	パプア・ニューギニア	743
俳書	731	恥	736	パフォーマンス学	743
排除	731	バジャウ社会	736	ハーブティー	743
賠償問題	731	馬術	736	バプテスト派	743
俳人	731	蓮	736	パブリック・アクセス	743
陪審制	731	バス	736	パブリック・スクール	743
ハイチ	732	バズ・マーケティング	736	バブル	743
配置転換	732	パズル	736	浜松中納言物語	743
ハイテク産業	732	ハゼ	736	ハム	743
配当	732	馬賊	736	ハムラビ法典	743
梅毒	732	パーソナリティ	736	ハヤカワ文庫	743
ハイドロゾル	732	畑作	736	ハヤカワ・ミステリ	743
排日問題	732	パタスモンキー	736	囃子	743
買売春	732	パターン認識	736	隼人	743
ハイパーサーミア	732	ハチ	736	早鞆高等学校	743
廃藩置県	732	バチェラー	737	ハヤトロギア	743
廃仏毀釈	732	バチカン	737	バラ	743
パイプライン	732	八代集	737	パラオ諸島	743
売薬	732	八幡信仰	737	薔薇十字団	743
俳優座	732	バーチャル・リアリティ	737	パラドックス	743
バイリンガル教育	732	爬虫類	737	パラノイア	743
俳論	732	パチンコ	737	薔薇物語	743
バウハウス	732	発音	737	パラリーガル	743
バウムテスト	732	客家	737	パラリンピック	743
バウン号	732	ハッカー	737	バランススコアカード	744
ハエ	732	発ガン物質	737	バリアフリー	744
ハエ学	733	発禁本	737	馬力	744
波屋書房	733	発酵食品	737	播磨国風土記	744
バオバブ	733	八州廻り	737	バリューマネジメント	744
墓	733	発生学	737	パール	744
破壊	733	発声法	738	バルカン諸国	744
葉書通信	733	バッタ	738	バルカン戦争	744
葉隠	733	発達	738	バルカン版木	744
バガバッド・ギーター	733	発達障害	738	バルーシア	744
パキスタン	733	発達心理	738	バルト三国	744
パーキンソン病	733	発電機	740	パルプ	744
馬具	733	発展途上国	740	パルプマガジン	744
白亜紀	733	発明	741	ハルモニア原論	744
迫害	733	発話形成	741	バレエ	744
白書	733	競伊勢物語	741	パレスチナ	744
白村江の戦	733	艶容女舞衣	741	バレーボール	744
幕政改革	733	波動	741	バロック演劇	745
爆弾	733	馬頭観音	741	バロック音楽	745
爆竹	733	パートタイム労働	741	バロック芸術	745
博徒	733	パートナーシップ	741	バロック建築	745
白馬会	733	ハードボイルド小説	741	バロックダンス	745
幕藩制	733	花	742	バロック美術	745
幕府	734	花売の縁	742	パワーエリート	745
幕府支配	734	花競四季寿	742	パワーハラスメント	745
幕府直轄軍団	734	花言葉	742	パン	745
博物学	734	花菖蒲	742	バーンアウト	745
博物館	734	バナナ	742	版画	745
博物館図録	735	花火	742	藩学	745
博物誌	735	花雪恋手鑑	742	版画荘文庫	745
博物書	735	パナマ	742	ハンガリー	745
博物図譜	735	花街	742	ハンガリー ハンガリー動乱	745
幕末	735	花祭り	742	ハンガリー ブダペスト	745
爆薬	735	パニック障害	742	バングラデシュ	746
博覧会	735	埴輪	742	反抗期	746

項目	頁	項目	頁	項目	頁
万国博覧会	746	光情報システム	750	避妊	755
犯罪	746	光触媒	750	非人	755
万歳	746	光通信	750	日の丸	755
犯罪者	746	引揚げ	750	被爆	755
犯罪心理	746	引揚者問題	750	ビハーラ	755
犯罪捜査	747	引当金	750	BBC	755
犯罪報道	747	ひきこもり	751	PPP	755
犯罪予防	747	秘教	751	批評	755
阪神・淡路大震災	747	悲劇	751	皮膚	755
阪神タイガース	747	非言語行動	751	皮膚感覚	755
阪神電気鉄道	747	非行	751	微分方程式	755
パンスロポロジー	747	飛行機	751	ヒマラヤ	755
藩政改革	747	非公然活動	751	肥満	756
帆船	747	彦山権現誓助剣	751	美味	756
反戦詩	747	肥後集	751	秘密結社	756
反戦脱走米兵援助日本技術委員会	747	ビザンチン帝国	751	秘密保護	756
ハンセン病	747	被子植物	751	碑銘	756
伴大納言絵巻	748	ビジネス	751	ひめゆり	756
パンチ	748	ビジネス英語	751	ひも理論	756
半導体	748	ビジネスエシックス	751	百十四銀行	756
反ナチ運動	748	ビジネス支援	751	百姓一揆	756
般若心経	748	ビジネス書	752	百点美術館	756
販売	748	ビジネススクール	752	百人一首	756
販売管理	748	ビジネス方法特許	752	百年戦争	756
販売契約	748	毘沙門天	752	百万塔陀羅尼経	756
反ユダヤ主義	748	美術	752	百科全書	756
		美術家	752	百貨店	756
		美術カタログ	752	比喩	756
【 ひ 】		美術館	752	ヒューマニスティック・グループ・アプローチ	757
		美術教育	753		
火	748	美術史	753	ヒューマンエラー	757
美	748	美術商	753	ヒューマンファクター	757
ピアニスト	748	美術展	753	ヒューマンリソース	757
ピアノ	748	美術批評	753	美容	757
ピアノ曲	748	美術品	753	病院	757
ビアフラ戦争	748	美術文献	753	病院会計	757
PR	748	美食家	753	病院患者図書館	757
火打ち道具	749	美人	754	病院管理	757
ヒエ	749	ビーズ	754	病院建築	757
BSE ⇒ 牛海綿状脳症 を見よ		ヒステリー	754	病院臨床心理	757
ひえつき節	749	ヒスパニック	754	描画治療	757
PFI	749	非正規社員	754	病気	757
PL法	749	微生物	754	表具	757
ヒエログリフ	749	非線形科学	754	表現	758
POMS	749	砒素	754	表現主義	758
ビオトープ	749	ピタゴラスの定理	754	病原体	758
被害者	749	日立製作所	754	表現の自由	758
皮革	749	ビタミン	754	表現療法	758
美学	749	左利き	754	標高	758
比較教育	750	筆記	754	兵庫県	758
比較言語学	750	ヒッタイト語	754	兵庫県　赤穂市	758
比較考古学	750	PTA	754	兵庫県　尼崎市	758
比較宗教	750	PTSD ⇒ 外傷後ストレス障害を見よ		兵庫県　淡路	758
比較心理	750			兵庫県　生野町	758
比較都市史	750	否定文	754	兵庫県　伊丹	758
比較文化	750	ビデオディスク	755	兵庫県　揖保	758
比較文学	750	非典型労働	755	兵庫県　鶴林寺	758
東インド会社	750	ヒト	755	兵庫県　川西市	758
東ティモール	750	ヒトゲノム	755	兵庫県　神崎郡	758
東廻海運史	750	人妻	755	兵庫県　甲子園球場	758
東山御文庫本	750	一橋大学附属図書館	755	兵庫県　神戸栄光教会	758
光	750	ヒトデ	755	兵庫県　神戸市	758
		人身御供	755	兵庫県　篠山市	759
		火縄銃	755	兵庫県　宝塚	759
		B29	755	兵庫県　竜野	759

項目	ページ
兵庫県　道場町	759
兵庫県　鳴尾村	759
兵庫県　西宮市	759
兵庫県　旗振り山	759
兵庫県　播磨の力石	759
兵庫県　姫路市	759
兵庫県　三木市	759
兵庫県　歴史	759
兵庫県　六甲山	759
標準枠組	759
表情	759
病跡	759
評伝	759
平等	759
屏風歌	759
屏風絵	759
費用便益分析	759
標本	759
表面	759
漂流	760
評論	760
ひらかな盛衰記	760
平田篤胤塾	760
ピラミッド	760
肥料	760
ビール	760
ビル	760
ひるめし	760
皮鹿門	760
弘前高等学校	760
広島県	760
広島県　厳島	760
広島県　川尻町	760
広島県　呉市	760
広島県　広島市	760
広島大学	760
広場	760
琵琶	760
桧皮葺	760
びん	760
貧困	761
品質管理	761
品種	761
便乗本	761
ヒンドゥー教	761
便覧	761

【ふ】

項目	ページ
ファイナンス	761
ファカルティ・ディベロップメント	762
ファクタリング	762
ファシズム	762
ファシリテーション	762
ファジー理論	762
ファッション	762
ファミリテーション	762
不安	762
ファンタジー	763
ファンダメンタリズム	763
フィクション	763
フィジー	763
フィボナッチ数	763
フィラー	763
フィリップ・モリス社	763
フィリピン	763
フィリピン　ダバオ市	763
フィリピン　マニラ	763
フィリピン　ミンダナオ島	763
フィリピン　歴史	763
フィリピン人	764
フィールドワーク	764
フィンランド	764
フィンランド　企業	764
フィンランド　教育	764
フィンランド　経済	764
フィンランド語	764
風化	764
風景	764
風景画	764
風景構成法	764
風景素描	764
諷刺画	764
諷刺詩	765
風車	765
風水	765
風水害	765
風船爆弾	765
風俗	765
風俗画	765
風俗考証	765
風俗史	765
風俗習慣	765
風土	765
夫婦	765
夫婦関係	765
夫婦別姓	765
風流	765
風力	765
風力発電	765
フェニキア人	766
フェミニズム	766
フェロモン	766
フォーカシング	766
フォスターケア	766
フォーチュン	766
フォト・ジャーナリズム	766
フォトンマッピング	766
武器	766
不機嫌	766
不況	766
フグ	766
武具	766
福井県	766
福井県　永平寺	767
福井県　越前町	767
福井県　坂井市	767
福井県　鯖江市資料館	767
福井県　敦賀市	767
福井県　福井藩明道館	767
福井県　美浜町	767
福井県　若狭	767
福井県　一乗谷	767
福音館書店	767
福音書	767
福岡県	767
福岡県　赤池町	767
福岡県　秋月街道	767
福岡県　石塚山古墳	767
福岡県　稲築町	767
福岡県　王塚古墳	767
福岡県　小郡市	767
福岡県　観世音寺	767
福岡県　北九州市	767
福岡県　久留米市	767
福岡県　交通	767
福岡県　小倉藩	767
福岡県　田川市	767
福岡県　大宰府	768
福岡県　筑前神楽	768
福岡県　筑前竹槍一揆	768
福岡県　筑豊炭田	768
福岡県　博多	768
福岡県　広川町	768
福岡県　福岡市	768
福岡県　柳川市	768
福岡県　吉武高木遺跡	768
福岡県　歴史	768
複合汚染	768
複合辞	768
複合動詞	768
複雑系	768
副詞	768
福祉活動	769
福祉機器	769
福祉教科教育	769
福祉工学	769
福祉国家	769
福祉社会	770
福祉住環境	770
福祉心理	770
福祉政策	770
福祉法	770
福島県	770
福島県　会津	770
福島県　会津若松市	771
福島県　安達太良山	771
福島県　石川地方	771
福島県　いわき市	771
福島県　喜多方市	771
福島県　郡山市	771
福島県　詩史	771
福島県　信夫山	771
福島県　白河郡衙遺跡群	771
福島県　相馬街道	771
福島県　相馬地方	771
福島県　高郷村	771
福島県　原町市	771
福島県　磐梯山	771
福島県　福島市	771
福島県　宮畑遺跡	771
福島県　歴史	771
復讐	771
福祉用具	771
服飾	771
福祉臨床	771
複製	772
服装	772
複素解析	772
福利厚生	772
フクロウ	772

腹話術 ... 772	物理探査 ... 777	フランス　革命 ... 783
武家儀礼 ... 772	物流 ... 777	フランス　家族法 ... 783
武家言葉 ... 772	舞踏 ... 778	フランス　企業 ... 783
武家屋敷 ... 772	武道 ... 778	フランス　戯曲 ... 783
富豪 ... 772	不登校 ... 778	フランス　教育 ... 783
武江産物志 ... 772	不動産 ... 778	フランス　経済 ... 783
武功夜話 ... 772	不動産金融 ... 778	フランス　芸術 ... 783
フジ ... 772	不動産証券化 ... 778	フランス　啓蒙思想 ... 783
武士 ... 772	不動産登記法 ... 778	フランス　憲法 ... 783
富士山 ... 772	不動産投資 ... 778	フランス　工業 ... 783
フジサンケイグループ ... 773	不動産法 ... 779	フランス　皇帝 ... 783
富士重工 ... 773	不当利得 ... 779	フランス　興亡 ... 783
父子世帯 ... 773	不当労働行為 ... 779	フランス　国立視聴覚研究所 ... 784
富士ゼロックス ... 773	風土記 ... 779	フランス　コラボラトゥール ... 784
武士道 ... 773	フードコーディネート ... 779	フランス　詩 ... 784
富士フイルム ... 773	フードシステム ... 779	フランス　思想 ... 784
富士見ロマン文庫 ... 773	ブートストラップ ... 779	フランス　社会 ... 784
富士屋ホテル ... 773	フードスペシャリスト ... 779	フランス　シャルトル大聖堂 ... 784
不就学児童 ... 773	フードデザイン ... 779	フランス　宗教 ... 784
武術史 ... 773	ブナ ... 779	フランス　商業 ... 784
不如学斎叢書 ... 773	船荷証券 ... 779	フランス　小説 ... 784
腐植 ... 773	不妊 ... 779	フランス　植民地 ... 784
腐食 ... 773	不法行為 ... 779	フランス　スピリチュアリスム ... 784
婦女雑誌 ... 773	フミヒト制 ... 779	フランス　政治 ... 784
婦人公論 ... 773	冬のソナタ ... 779	フランス　セーヌ川 ... 784
婦人参政権 ... 773	舞踊 ... 779	フランス　選挙 ... 784
負数 ... 773	フラ ... 779	フランス　中世文学 ... 784
父性 ... 773	プライバシー ... 779	フランス　哲学 ... 784
不正競争防止法 ... 774	プライマリ・ケア ... 780	フランス　トゥ＝パリ ... 784
ブタ ... 774	プラグマティズム ... 780	フランス　都市 ... 784
舞台照明 ... 774	部落問題 ... 780	フランス　図書館 ... 784
双蝶々曲輪日記 ... 774	プラシーボ効果 ... 780	フランス　パリ ... 785
補陀落 ... 774	ブラジル ... 780	フランス　美術 ... 785
ブータン ... 774	ブラジル　移民 ... 780	フランス　ブルゴーニュ ... 785
ふだん記 ... 774	ブラジル　音楽 ... 780	フランス　プロヴァンス ... 785
仏会 ... 774	ブラジル　教育 ... 780	フランス　文化 ... 785
物価 ... 774	ブラジル　経済 ... 780	フランス　文学 ... 785
仏画 ... 774	ブラジル　憲法 ... 781	フランス　法 ... 785
仏教 ... 774	ブラジル　宗教 ... 781	フランス　ボルドー ... 785
仏教遺跡 ... 775	ブラジル　文学 ... 781	フランス　料理 ... 785
仏教教団史 ... 775	ブラジル　歴史 ... 781	フランス　リヨン ... 786
仏教史 ... 775	ブラジル学 ... 781	フランス　ルルド ... 786
仏教説話 ... 776	ブラジル人 ... 781	フランス　歴史 ... 786
仏教彫刻 ... 776	プラチナ ... 781	フランス語 ... 786
仏教徒 ... 776	ブラックバス ... 781	フランチャイズシステム ... 786
仏教美術 ... 776	ブラックホール ... 781	ブランディング ... 786
ブッククラブ ... 776	ブラックミュージック ... 781	プランテーション ... 787
ブックデザイン ... 776	プラート ... 781	ブランド ... 787
ブックトーク ... 776	プラーナ文献 ... 781	ブリ ... 787
ブックロード ... 776	フラメンコ ... 781	フーリエ解析 ... 787
物権法 ... 776	フラメンゴ ... 781	プリオン ... 787
復興支援 ... 776	プランクトン ... 781	フーリガン ... 787
物質 ... 776	フランクフルト学派 ... 781	フリジア語 ... 787
物質文明 ... 776	プランゲ文庫 ... 781	プリセラピー ... 787
ブッシュマン ... 776	フランケンシュタイン ... 781	フリーター ... 787
フッ素 ... 776	フランス ... 781	ブリタニカ百科事典 ... 787
仏像 ... 776	フランス　アルザス ... 782	ブリーフセラピー ... 787
仏壇 ... 777	フランス　移民 ... 782	フリーペーパー ... 787
仏典 ... 777	フランス　ヴィシー政府 ... 782	プリムラ ... 787
仏塔 ... 777	フランス　映画 ... 782	プリムローズ・リーグ ... 787
フットサル ... 777	フランス　エリゼ宮 ... 783	フリーメーソン ... 787
ブッポウソウ ... 777	フランス　演劇 ... 783	不良債権 ... 788
物理学 ... 777	フランス　オルセー美術館 ... 783	不倫 ... 788
物理学者 ... 777	フランス　絵画 ... 783	プリンセス ... 788
物理数学 ... 777	フランス　外交 ... 783	古川久文庫 ... 788

古着 …… 788	文求堂 …… 794	兵器 …… 800
フルクサス …… 788	分業 …… 794	平曲 …… 800
ブルーグラス …… 788	文芸 …… 794	米軍基地 …… 800
ブルース …… 788	文芸懇話会 …… 795	平家女護島 …… 800
フルート …… 788	文芸雑誌 …… 795	平家物語 …… 800
ブルートゥース …… 788	文芸思想史 …… 795	米穀取引 …… 800
プルトニウム …… 788	文藝春秋 …… 795	兵士 …… 800
ブルーノート …… 788	文芸書 …… 795	兵事史 …… 800
ブルーベリー …… 788	文芸批評 …… 795	平治の乱 …… 800
古本 …… 788	文検 …… 795	平治物語 …… 800
プレイセラピー …… 788	文献 …… 795	米食 …… 800
プレイバックシアター …… 788	分権型社会 …… 795	平成時代 …… 800
ブレークスルー・マネジメント …… 788	文献探索 …… 795	兵馬俑 …… 801
フレスコ画 …… 788	文献調査 …… 795	平民社 …… 801
プレゼンテーション …… 788	文庫 …… 795	平野 …… 801
プレートテクトニクス …… 788	文豪 …… 795	平和 …… 801
ブレードランナー …… 789	文庫本 …… 795	平和運動 …… 801
フレーベル館 …… 789	分子 …… 795	平和部隊 …… 801
風呂 …… 789	文士 …… 795	壁画 …… 801
不老不死 …… 789	分子遺伝学 …… 795	壁面緑化 …… 801
ブログ …… 789	分子生物学 …… 795	ベギン運動 …… 801
プログラミング …… 789	文七元結 …… 796	ベクトル解析 …… 802
プロジェクト …… 789	文章 …… 796	ベスト作品 …… 802
プロスポーツ …… 789	文章作法 …… 796	ベストセラー …… 802
プロテスタント …… 789	文章読本 …… 796	ヘッジファンド …… 802
プロテスタント教会 …… 789	文章表現教育 …… 796	別所氏 …… 802
プロテスタント神学 …… 789	文書館 …… 796	ベッド …… 802
プロテスタント伝道 …… 789	文書管理 …… 796	ペット …… 802
ブロードバンド …… 789	文人 …… 796	ペットフード …… 802
プロ野球 …… 789	文心雕龍 …… 796	ペットロス …… 802
フローラルアート …… 789	分析化学 …… 796	ペテン …… 802
プロレス …… 789	分析科学 …… 796	ベドウィン …… 802
噴火 …… 789	分析哲学 …… 796	ベトナム …… 802
文化 …… 790	紛争 …… 797	ベトナム 外交 …… 803
文化遺産 …… 790	文体 …… 797	ベトナム 遺跡 …… 803
文化科学 …… 790	文壇 …… 797	ベトナム 企業 …… 803
文学 …… 790	ふん尿処理 …… 797	ベトナム 教育 …… 803
文学教育 …… 792	分配 …… 797	ベトナム 軍 …… 803
文学史 …… 792	文筆家団体 …… 797	ベトナム 経済 …… 803
文学者 …… 792	墳墓 …… 797	ベトナム 政治 …… 803
文学地理 …… 792	文法 …… 797	ベトナム 戦争 …… 803
文学と政治 …… 792	文房具 …… 798	ベトナム 農業 …… 803
文学碑 …… 792	文明 …… 798	ベトナム ハノイ …… 803
文学批評 …… 792	文明開化 …… 798	ベトナム 美術 …… 803
文学理論 …… 792	文楽 …… 798	ベトナム 法 …… 803
文化経済 …… 792	文理解 …… 799	ベトナム系住民 …… 803
文化計量 …… 792	分類 …… 799	ベトナム人 …… 803
文化交流 …… 792	文連接表現 …… 799	「ベトナムに平和を!」市民連合 …… 803
文化財 …… 792		ペニス …… 803
文化財科学 …… 793		紅花 …… 803
文化財修復 …… 793	**【へ】**	ベネズエラ …… 803
文化財修理 …… 793		ペーパーバック …… 803
文化財政策 …… 793	屁 …… 799	ヘビ …… 803
文化財保護 …… 793	ヘアモード …… 799	ヘブライ語 …… 803
文化財保存 …… 793	平安鎌倉期 …… 799	ペヨトル工房 …… 803
文化史 …… 793	平安貴族 …… 799	ベラルーシ …… 803
文化資源学 …… 793	平安時代 …… 799	ヘリコプター …… 803
文化社会学 …… 793	平安彫刻 …… 799	ペルー …… 804
文化情報 …… 793	平安文学 …… 799	ベルエポック …… 804
文化人類学 …… 793	平安文人 …… 800	ベルギー …… 804
文化政策 …… 794	兵役拒否 …… 800	ベルギー フランドル …… 804
文化生態学 …… 794	ペイガニズム …… 800	ベルギー ブリュージュ …… 804
文化鳥類学 …… 794	米価変動史 …… 800	ベルギー ブリュッセル …… 804
文化変容 …… 794		ペルシア …… 804
文机談 …… 794		ペルシア 音楽 …… 804

ペルシア　絨毯 … 804	帽子 … 810	保健 … 815
ペルシア　美術 … 804	法思想 … 810	保険 … 815
ペルシャ神話 … 804	法社会学 … 810	保健室 … 815
ペルシャ湾 … 804	法社会史 … 811	保健体育科 … 815
ヘルスケア … 804	放射性廃棄物 … 811	保険代理店 … 815
ヘルペス … 804	放射線 … 811	保険犯罪 … 815
ヘレニズム … 804	放射線年代測定法 … 811	保険法 … 815
変異 … 804	放射線被曝 … 811	保健用食品 … 815
変化 … 804	放射能 … 811	保険リスク … 815
勉強力 … 804	報酬主義 … 811	歩行 … 815
ペンギン … 804	砲術 … 811	母語干渉 … 816
偏見 … 804	封神演義 … 811	菩薩地 … 816
弁護 … 804	法人税 … 811	ボサノヴァ … 816
弁護権 … 804	法人税法 … 811	星 … 816
弁護士 … 804	防水工事 … 811	母子関係 … 816
編集 … 805	放水路 … 811	母子保護 … 816
編集者 … 805	防錆 … 811	捕手 … 816
弁証法 … 805	法制史 … 811	保守主義 … 816
変人 … 805	法制度 … 812	保障 … 816
変態 … 805	宝石 … 812	補償 … 816
ベンチャー企業 … 805	包装 … 812	補助金 … 816
ベンチャーキャピタル … 805	放送 … 812	補助金適正化法 … 816
ベンチャービジネス … 805	放送教育 … 812	戊辰戦争 … 816
変動 … 805	放送劇 … 812	ポスター … 816
変動地形 … 805	包装食品 … 812	ポストゲノム … 816
ベントス … 805	放送番組 … 812	ポスト構造主義 … 816
ペンネーム … 805	放送メディア … 812	ポストコロニアリズム … 816
遍路 … 805	方程式 … 812	ポストデフレ社会 … 816
	法哲学 … 812	ポストフェミニズム … 816
	報道 … 812	ポストモダニズム … 817
【ほ】	報道写真 … 812	ホスピス … 817
	報道被害 … 812	ホスピタリティ … 817
	冒瀆 … 812	墓制 … 817
ボーア戦争 … 806	法とコンピュータ … 812	母性 … 817
ポアンカレ予想 … 806	防犯 … 813	母性愛 … 817
保安処分 … 806	宝物集 … 813	母性保護 … 817
保育 … 806	法文化 … 813	保全遺伝学 … 817
保育士 … 807	法名 … 813	舗装 … 817
保育所 … 807	亡命 … 813	墓葬 … 817
法 … 807	訪問看護 … 813	保存科学 … 817
法医学 … 807	法律 … 813	ボーダー文化 … 817
防衛 … 807	法律家 … 813	ホタル … 817
貿易 … 807	法律学 … 813	蛍の光 … 817
貿易金融 … 808	法律事務所 … 813	ボタン … 817
貿易実務 … 808	法律文献 … 813	墓地 … 817
貿易政策 … 808	法律用語 … 814	補聴器 … 817
貿易統制 … 808	暴力 … 814	牧会 … 817
貿易取引 … 808	暴力団 … 814	北海道 … 817
法音寺 … 808	ボウリング … 814	北海道　岩内港 … 818
法解釈論争 … 809	法令 … 814	北海道　雨竜原野 … 818
法学 … 809	宝暦騒動 … 814	北海道　蝦夷 … 818
邦楽 … 809	宝暦治水事件 … 814	北海道　江別市 … 819
防火計画 … 809	放浪芸人 … 814	北海道　大倉山 … 819
法家思想 … 809	ポエニ戦争 … 814	北海道　小樽図書館 … 819
法科大学院 … 809	簿記 … 814	北海道　帯広 … 819
包茎 … 809	牧場 … 814	北海道　開拓 … 819
方形周溝墓 … 809	牧草 … 814	北海道　開発局 … 819
方言 … 809	牧畜 … 814	北海道　北村 … 819
冒険 … 810	北米時事 … 814	北海道　札幌市 … 819
封建制度 … 810	北米自由貿易協定 … 814	北海道　札幌市教育会図書館 … 819
保元の乱 … 810	北陸街道 … 814	北海道　札幌農学校 … 819
方向感覚 … 810	北陸地方 … 814	北海道　さっぽろ文庫 … 819
奉公人 … 810	捕鯨 … 814	北海道　清水町 … 819
防災 … 810	母系社会 … 815	北海道　斜里町 … 819
	法華経 … 815	北海道　白滝遺跡 … 819

北海道　知床半島 …… 819	ポリネシア人 …… 823	マザー・グース …… 829
北海道　正調北海盆踊保存会 … 819	堀野屋 …… 823	マジック …… 829
北海道　常呂遺跡群 …… 819	ボリビア …… 823	マジノ線 …… 829
北海道　豊浦町 …… 819	堀部弥兵衛 …… 823	マーシャル諸島 …… 829
北海道　名寄市 …… 819	捕虜 …… 823	魔術 …… 830
北海道　根室 …… 819	ホール …… 824	魔女 …… 830
北海道　根室半島 …… 819	ポルトガル …… 824	マス …… 830
北海道　函館市 …… 819	ポルトガル語 …… 824	マスコミュニケーション …… 830
北海道　フゴッペ洞窟 …… 820	ポルノ映画 …… 824	マスメディア …… 830
北海道　幌内鉄道 …… 820	ポルノグラフィー …… 824	マゾヒズム …… 832
北海道　増毛町 …… 820	ボルボ社 …… 824	マタギ …… 832
北海道　松前郡 …… 820	ホルモン …… 824	マーチ …… 832
北海道　夕張市 …… 820	ホログラフィー …… 824	町衆 …… 832
北海道史研究協議会 …… 820	ホロコースト …… 824	まちづくり …… 832
北海道大学 …… 820	ホワイトカラー …… 824	街並み …… 832
北極地方 …… 820	ホワイトハウス …… 824	町家 …… 832
法句経 …… 820	本 …… 824	松 …… 832
北国街道 …… 820	本格ミステリ …… 825	松浦の太鼓 …… 832
北國新聞 …… 820	香港　⇒ 中国　香港 を見よ	松陰中納言物語 …… 832
発心集 …… 820	ホンジュラス …… 825	松枯れ …… 832
ポップス …… 820	梵鐘 …… 825	松川事件 …… 832
北方教育 …… 820	本草 …… 825	マッサージ …… 832
北方史 …… 820	本草学 …… 825	松下政経塾 …… 832
北方出版社 …… 820	本田技研工業 …… 825	松下電器 …… 832
北方狩猟民 …… 820	本棚 …… 825	マツタケ …… 832
北方文化 …… 820	本朝廿四孝 …… 825	マッチラベル …… 832
北方民族 …… 820	本朝蒙求 …… 825	松葉ダイオキシン …… 832
北方領土 …… 820	ポンド …… 825	祭り …… 832
ホツマツタエ …… 820	本土決戦 …… 825	マティーニ …… 833
ボディイメージ …… 820	ボントック族 …… 825	魔道具 …… 833
ボディランゲージ …… 820	本人訴訟 …… 825	まな板 …… 833
ポテト …… 820	本能 …… 825	マニ教 …… 833
ホテル …… 820	ほんの木 …… 825	マニュアル …… 833
ポートフォリオセレクション … 821	翻訳 …… 825	マネー …… 833
哺乳類 …… 821	翻訳運動 …… 826	マネジメント …… 833
骨 …… 821	翻訳書 …… 826	マネジメントケア …… 833
墓碑 …… 821	翻訳小説 …… 826	マネーロンダリング …… 833
ポピュラー音楽 …… 821	翻訳探偵小説 …… 826	マハーバーラタ …… 833
ポピュラー文化 …… 821	翻訳図書 …… 826	間引き …… 833
ポピュリズム …… 821	翻訳文学 …… 826	マフィア …… 833
補文構造 …… 821	翻訳ミステリ …… 826	魔方陣 …… 833
歩兵隊 …… 821		マメ …… 833
ホームズ,S. …… 821		豆本 …… 833
ホームセキュリティ …… 822	【ま】	魔物 …… 833
ホームページ …… 822		麻薬 …… 833
ホームヘルパー …… 822	舞妓 …… 826	マヤ族 …… 833
ホームレス …… 822	毎日新報 …… 826	マヤ文明 …… 833
ホメオパシー …… 822	マイノリティ …… 826	魔よけ …… 834
ホモ・コントリビューエンス … 822	マインド・コントロール …… 826	マラウイ …… 834
ホラー …… 822	マインドブラインドネス …… 826	マラソン …… 834
ホラー小説 …… 822	マヴォ …… 826	マラヤラム語 …… 834
ボランティア …… 822	マオリ族 …… 826	マラリア …… 834
ポーランド …… 823	薪 …… 826	マリアナ諸島 …… 834
ポーランド　アウシュビッツ … 823	蒔絵 …… 826	マリファナ …… 834
ポーランド　映画 …… 823	マクスウェル理論 …… 826	丸井コレクション …… 834
ポーランド　経済 …… 823	マクドナルド社 …… 826	丸木舟 …… 834
ポーランド　美術 …… 823	マグマ …… 827	マルクス経済学 …… 834
ポーランド　ポズナン市 …… 823	枕詞 …… 827	マルクス主義 …… 834
ポーランド　歴史 …… 823	枕草子 …… 827	マルチメディア …… 834
ポーランド　ワルシャワ …… 823	マグロ …… 827	マルチンゲール …… 834
堀河百首 …… 823	マクロ経済 …… 827	マルハナバチ …… 834
ポリグラフ鑑定 …… 823	マクロファージ …… 827	マレーシア …… 834
ホリスティック医学 …… 823	マーケティング …… 827	マレーシア　経済 …… 835
ホリスティック教育 …… 823		マレーシア　サラワク …… 835
ポリネシア …… 823		マレーシア　政治 …… 835

マレーシア　農業	835	
マレーシア　ペナン	835	
漫画	835	
漫画家	835	
マングローブ	836	
万作	836	
満州	836	
満州　移民	836	
満州　経済	836	
満州　満州開拓団	836	
満州　満州事変	836	
満州　満日文化協会	836	
満州　満蒙開拓青少年義勇軍	836	
満州　満蒙独立運動	836	
満州　南満州鉄道	836	
満州　民族	836	
満州医科大学	837	
マンション	837	
曼荼羅	837	
マンドリン	837	
マントル	837	
万年筆	837	
マンホール	837	
マンモス	837	
マンモスハンター	837	
万葉集	837	

【み】

ミイラ	838	
三重県	838	
三重県　伊賀市	838	
三重県　伊勢	838	
三重県　行政	838	
三重県　桑名市	838	
三重県　津市	838	
三重県　津藩	838	
三重県　松阪市	838	
三重県　宮川	838	
未開イメージ	838	
味覚	838	
ミクロ経済	838	
ミクロネシア	838	
神子	838	
巫女	838	
ミサ	838	
ミサイル	838	
貞操花鳥羽恋塚	838	
未熟児	839	
水	839	
未遂犯	839	
湖	839	
水環境	839	
水草	839	
水先案内	839	
水資源	839	
ミステコ族	839	
ミステリ	839	
三鷹事件	840	
見出し	840	
道	840	
三井物産	840	

三井文庫	840	
密教	840	
密航	841	
ミッションスクール	841	
ミツバチ	841	
三菱ガス化学	841	
三菱重工業	841	
密貿易	841	
密約外交	841	
三手文庫	841	
ミトコンドリア	841	
ミドルクラス	841	
三中井	841	
港	841	
港町	841	
ミナハサ諸語	841	
水俣病	841	
南アフリカ	841	
南アフリカ　アパルトヘイト	841	
南座	842	
南太平洋	842	
南太平洋　タヒチ	842	
ミネラル	842	
身振り	842	
身分	842	
ミミズ	842	
耳鳴り	842	
ミーム	842	
ミャオ族	842	
宮城県	842	
宮城県　阿武隈川	842	
宮城県　大崎八幡神社	842	
宮城県　北上町	842	
宮城県　里浜貝塚	842	
宮城県　塩竈神社	842	
宮城県　瀬峰町	842	
宮城県　仙台市	842	
宮城県　仙台藩	842	
宮城県　松島	842	
宮古路節	842	
宮座	842	
宮崎県	842	
宮崎県　西都原	842	
宮崎県　西明寺	843	
宮崎県　高千穂	843	
宮崎県　日之影町	843	
宮崎県　日向	843	
宮崎県　都城	843	
宮崎県　民謡	843	
ミャンマー	843	
ミュージアム	843	
ミュージカル	843	
妙見信仰	843	
苗字	843	
妙法天神経解釈	843	
未来科学	843	
未来記	843	
未来主義	843	
未来小説	843	
ミルク	843	
弥勒	843	
民営化	843	
民家	844	
民間医療	844	
民間社会福祉事業	844	

民間宗教	844	
民間信仰	844	
民間説話	844	
民間伝承	844	
民間備荒録	844	
民間仏教	844	
民間薬	844	
民間療法	844	
民具	844	
民芸	845	
民事再生法	845	
民事執行法	845	
民事訴訟法	845	
民事調停	845	
民事法	845	
民衆	845	
民衆運動	845	
民衆教育	845	
民衆時報	845	
民衆宗教	845	
民衆信仰	845	
民衆大学	845	
民衆反乱	845	
民主化	845	
民主主義	845	
民主政治	846	
民主党	846	
民俗	846	
民族	847	
民族移動	847	
民族運動	847	
民族音楽	847	
民俗画	848	
民俗学	848	
民族教育	848	
民俗芸能	848	
民俗建築	848	
民族考古学	848	
民族自決	848	
民俗宗教	848	
民族主義	848	
民族植物	848	
民族文化	849	
民族紛争	849	
民族問題	849	
民法	849	
民友社	850	
民謡	850	
民話	850	

【む】

無	850	
無意識	850	
昔話	850	
昔話絵本	851	
ムカデ	851	
麦	851	
無機化学	851	
無形資産	851	
無限	851	
武庫川学院	851	

武蔵（軍艦） …… 851	メキシコ　建築 …… 854	モダンガール …… 859
虫こぶ …… 851	メキシコ　詩 …… 854	モダンジャズ …… 859
むし歯 …… 851	メキシコ　文学 …… 854	モダンダンス …… 859
霧社事件 …… 851	メキシコ　壁画 …… 854	モダンデザイン …… 859
無常 …… 851	メキシコ　歴史 …… 854	モダンホラー …… 859
無神論 …… 851	メキシコ系アメリカ人 …… 855	持株会社 …… 859
結び …… 851	メジャーリーグ …… 855	餅搗唄 …… 859
娘義太夫 …… 851	メジロ …… 855	餅搗踊り …… 859
無声映画 …… 851	メセナ …… 855	木簡 …… 859
無政府主義 …… 851	メソ気象 …… 855	木工 …… 859
無脊椎動物 …… 851	メソポタミア …… 855	モッシー族 …… 859
無責任 …… 851	メダカ …… 855	モデル理論 …… 859
無線通信 …… 851	メタデータ …… 855	モード …… 859
無線電信 …… 851	メタボリックシンドローム …… 855	元良親王集 …… 859
陸奥（軍艦） …… 851	メディア …… 855	モナ・リザ …… 859
ムツゴロウ …… 851	メディア心理学 …… 856	もの …… 859
陸奥話記 …… 852	メディア・リテラシー …… 856	物語 …… 859
無定形質 …… 852	メディア倫理 …… 856	もののけ …… 859
無党派 …… 852	メディカル・コンフリクト …… 856	ものみの塔聖書冊子協会 …… 860
棟札 …… 852	メートル法 …… 856	モバイル通信 …… 860
ムブティ・ピグミー …… 852	メトロポリタン歌劇場 …… 856	モバイルビジネス …… 860
無明舎 …… 852	めまい …… 856	喪服史 …… 860
無名草子 …… 852	メルヘン …… 856	模倣 …… 860
村 …… 852	メロドラマ …… 856	木綿 …… 860
村方騒動 …… 852	免疫 …… 856	桃太郎 …… 860
室町時代 …… 852	綿業 …… 856	モラル …… 860
室町物語 …… 852	面接 …… 857	モラル・ハザード …… 860
	メンタルトレーニング …… 857	森 …… 860
	メンタルヘルス …… 857	森神信仰 …… 860
	メンデルの法則 …… 857	森田療法 …… 860
【め】		モルトウィスキー …… 860
		モルヒネ …… 860
	【も】	モルフォチョウ …… 860
眼 …… 852		モルモン教 …… 860
名画 …… 852	蒙古襲来 …… 857	モロッコ …… 860
名画座 …… 852	妄想 …… 857	モンゴル …… 860
名鑑 …… 852	盲僧 …… 857	モンゴル　英雄叙事詩 …… 861
明月記 …… 852	盲導犬 …… 857	モンゴル　カラコルム遺跡 …… 861
名言 …… 852	網膜疾患 …… 857	モンゴル　元朝秘史 …… 861
名詞 …… 852	目撃証言 …… 857	モンゴル　祭祀 …… 861
明治維新 …… 852	木材 …… 857	モンゴル　食文化 …… 861
明治国家 …… 853	木酢液 …… 858	モンゴル　ノモンハン事件 …… 861
明治時代 …… 853	目次 …… 858	モンゴル　仏教 …… 861
明治大学短期大学 …… 853	黙示録 …… 858	モンゴル　舞踊 …… 861
明治大学図書館 …… 853	木船 …… 858	モンゴル　文学 …… 861
名将 …… 853	木造建築 …… 858	モンゴル　法 …… 861
名所図会 …… 853	木炭 …… 858	モンゴル　モンゴル帝国 …… 861
名詞連語 …… 853	木彫 …… 858	モンゴル　歴史 …… 861
名数 …… 853	木版 …… 858	モンゴル語 …… 861
瞑想 …… 853	目録 …… 858	モンゴル族 …… 861
名探偵 …… 853	模型 …… 858	モンシロチョウ …… 861
名刀 …… 853	モザンビーク …… 858	モンスター小説 …… 862
名文 …… 854	文字 …… 858	門前町 …… 862
名簿 …… 854	文字化資料 …… 858	問題解決 …… 862
命名法 …… 854	文字瓦 …… 858	問題行動 …… 862
名誉毀損 …… 854	文字コード …… 858	モンテカルロ法 …… 862
明倫館 …… 854	モスク …… 858	文部省 …… 862
明倫堂 …… 854	モスラ …… 858	文様 …… 862
メガバンク …… 854	摩梭族 …… 858	モンロー主義 …… 862
女神 …… 854	モーター …… 858	
メキシコ …… 854	モダニズム …… 859	
メキシコ　アステカ文明 …… 854	モダリティ …… 859	【や】
メキシコ　音楽 …… 854	モダンアート …… 859	
メキシコ　革命 …… 854		野外教育 …… 862
メキシコ　教育 …… 854		

焼肉	862
やきもの	862
野球	862
野球マンガ	863
冶金	863
薬害エイズ	863
薬学	863
薬剤	863
薬剤師	863
薬事行政	863
訳詩集	863
薬膳	863
薬品中毒	863
薬物相互作用	863
薬物乱用防止	863
薬用植物	863
やぐら	863
役割語	863
屋号	863
野菜	863
ヤシオオオサゾウムシ	864
野人	864
野生動物	864
やせ願望	864
野草	864
野鳥	864
柳屋	864
屋根	864
八幡製鉄所	864
ヤフー	864
山	864
山一證券	864
山姥	864
山形県	864
山形県　置賜	865
山形県　小国町	865
山形県　押出遺跡	865
山形県　黒川能	865
山形県　庄内方言	865
山形県　青年団	865
山形県　出羽三山	865
山形県　最上川	865
山形県　山形市	865
山形県　山形藩	865
山神信仰	865
ヤマギシ会	865
山崩れ	865
山口組	865
山口県	865
山口県　下関市	865
山口県　周南市	865
山口県　周防大島町	865
山口県　地図史	865
山口県　長州	865
山口県　長州藩	865
山口県　萩街道	865
山口県　歴史	865
山口大学人文学部	866
邪馬台国	866
大和絵	866
大和時代	866
大和（戦艦）	866
ヤマトタケル	866
大和名所図会	866
大和物語	866

山梨県	866
山梨県　甲斐善光寺	866
山梨県　白根町巨摩中学校	866
山梨県　山中湖村	866
山梨県　歴史	866
山の素描	866
山手線	867
ヤマメ	867
弥生時代	867
ヤンキース	867
ヤングアダルト図書	867
両班	867

【ゆ】

唯識	867
唯識三十頌	867
唯物論	867
維摩経	867
友愛	867
有害図書	867
有害物質	867
遊郭	867
有価証券	868
遊戯	868
有機塩素化合物	868
有機農業	868
遊侠	868
遊戯療法	868
遊芸文化	868
有限会社法	868
有限責任組合	868
幽谷余韻	868
有産階級	868
融資制度	868
有事法制	868
友情	868
有人宇宙船	868
湧水	868
融通念仏	868
優生学	868
優生記事	869
有線放送電話	869
郵送調査法	869
有袋類	869
郵便切手	869
郵便事業	869
郵便貯金	869
遊牧民	869
有用植物	869
幽霊	869
UFJ銀行	869
ユカギール語	869
雪	869
雪印乳業	869
ユグノー戦争	869
ユグノー派	869
輸血	869
ユーゴスラビア	869
ユーザー・イリュージョン	870
ユーザーインターフェース	870
ユーザビリティ	870

油脂	870
ユスリカ	870
ユダヤ	870
ユダヤ教	870
ユダヤ人	870
ユートピア	870
ユートピア文学	870
ユニコード	870
ユニバーサルデザイン	871
ユニバーサルバンキング	871
ユビキタス	871
指輪物語	871
UFO	871
Uボート	871
夢	871
ユーモア	871
ユーラシア	871

【よ】

洋画	871
妖怪	871
洋学	872
洋楽史	872
洋菓子	872
洋館	872
養魚	872
謡曲	872
養護	872
養護学校	872
養護施設	872
洋裁	872
養蚕	872
養子	872
幼児	872
幼児虐待	873
幼児教育	873
幼児心理	873
洋酒	874
洋酒天国	874
洋書	874
養生	874
養生訓	874
養生所	874
養殖	874
妖精	874
幼稚園	874
腰痛	874
養豚	874
洋風生活	874
傭兵	874
陽明学	874
養命酒製造	874
要約筆記	874
ヨーガ	874
余暇	875
預金保険	875
欲望	875
ヨーグルト	875
預言	875
横穴式石室	875
横浜正金銀行	875

よさこい … 875	ライブドア … 880	リタイア生活 … 886
予算 … 875	ライフハザード … 880	リーダーシップ … 886
予算統制 … 875	ラオス … 880	立教大学図書館 … 886
ヨシ … 875	落語 … 880	立正安国論 … 887
4次元 … 875	酪農 … 881	立正佼成会 … 887
吉田北山文庫 … 875	ラグビー … 881	立身出世 … 887
義経地獄破り … 875	ラーゲリ … 881	立体幾何学 … 887
義経千本桜 … 875	ラジオ … 881	立体主義 … 887
吉野家 … 875	羅生門 … 881	立地論 … 887
吉本興業 … 875	羅針盤 … 881	立法 … 887
寄せ場 … 875	ラスコーリニキ … 881	律令 … 887
四谷怪談 … 875	拉致 … 881	律令国家 … 887
よど号事件 … 875	ラディカリズム … 881	リトアニア … 887
ヨハネ福音書 … 875	ラテンアメリカ … 881	離島 … 887
ヨハネ黙示録 … 876	ラテンアメリカ 演劇 … 882	リトミック … 887
予防医学 … 876	ラテンアメリカ 音楽 … 882	リニアモーターカー … 887
予防接種 … 876	ラテンアメリカ 経済 … 882	リネン … 887
読売ジャイアンツ … 876	ラテンアメリカ 小説 … 882	リノベーション … 887
読み聞かせ … 876	ラテンアメリカ 歴史 … 882	リバースモーゲージ … 887
読本 … 876	ラテン語 … 882	リバタリアニズム … 887
夜 … 876	ラトビア … 882	リハビリテーション … 887
ヨルダン … 876	ラピスラズリ … 882	理蕃政策 … 888
夜の寝覚 … 876	ラブ … 882	リビア … 888
ヨーロッパ … 876	ラファエル前派 … 882	リビング・ウィル … 888
ヨーロッパ EC … 877	ラフ族 … 882	リフォーム … 888
ヨーロッパ EU … 877	ラマ教 … 882	リベラリズム … 888
ヨーロッパ 欧州議会 … 877	ラーメン … 882	リモートセンシング … 888
ヨーロッパ 教育 … 877	LAN … 883	龍 … 888
ヨーロッパ 軍事史 … 877	蘭 … 883	流域 … 888
ヨーロッパ 経済 … 877	蘭学 … 883	留学 … 888
ヨーロッパ 思想 … 878	卵巣がん … 883	留学生 … 888
ヨーロッパ 西欧 … 878	ランナー … 883	流言 … 888
ヨーロッパ 政治 … 878		流行 … 888
ヨーロッパ 中欧 … 878		流行歌 … 888
ヨーロッパ 中世 … 878	**【り】**	流出油 … 889
ヨーロッパ 東欧 … 878		流体 … 889
ヨーロッパ プリュム修道院 … 878	利益管理 … 883	流体力学 … 889
ヨーロッパ 法 … 878	利益団体 … 883	流通 … 889
ヨーロッパ 北欧 … 878	理科 … 883	流通関係法 … 889
ヨーロッパ ユーロ … 879	理化学研究所 … 883	流通業 … 889
ヨーロッパ ヨーロッパ石炭鉄鋼共同体 … 879	リーガル・リサーチ … 883	流通史 … 889
ヨーロッパ ヨーロッパ統合 … 879	力学 … 883	猟 … 890
ヨーロッパ ライン川 … 879	力士 … 883	猟奇 … 890
ヨーロッパ 歴史 … 879	陸機 … 883	楞嚴經 … 890
世論 … 879	陸軍 … 883	聊斎志異 … 890
与話情浮名横櫛 … 880	陸軍カ号観測機 … 883	量子暗号 … 890
四大文明 … 880	陸軍記念日 … 883	量子論 … 890
	陸軍大学校 … 883	良心の自由 … 890
	陸軍中野学校 … 884	梁塵秘抄 … 890
【ら】	陸軍燃料廠 … 884	両性具有 … 890
	陸軍墓地 … 884	両棲類 … 890
雷雨 … 880	陸軍幼年学校 … 884	領土問題 … 890
雷撃 … 880	陸水生物 … 884	陵墓 … 890
ライセンス契約 … 880	六朝小説 … 884	料理 … 890
来談者中心療法 … 880	離婚 … 884	料理店 … 890
雷鳥 … 880	リサイクル … 884	緑地環境 … 890
ライティング … 880	リージョナリズム … 884	緑地計画 … 890
ライトノベル … 880	リス … 884	緑地工学 … 891
ライフコース … 880	リース業 … 884	緑茶 … 891
ライフサイクル … 880	リスク … 884	旅行 … 891
ライフスタイル … 880	リスクアセスメント … 885	旅行医学 … 891
ライフセービング … 880	リストラクチャリング … 886	旅行記 … 891
	理性 … 886	旅行業 … 891
		旅行史 … 891
		旅順攻略 … 891

緑化	891
リラクセーション	891
理論物理学	891
林業	891
りんご	892
臨済宗	892
臨死体験	892
臨床医学	892
臨床社会心理学	892
臨床心理学	892
臨床心理査定	893
臨床心理士	893
臨床心理面接	893
倫理	893

【る】

ルイ・ヴィトン	894
類型論	894
類似	894
類人猿	894
流刑	894
ルシファー	894
ルツ記	894
ルーテル教会	894
ルネサンス	894
ルポルタージュ	895
ルーマニア	895
ルーラル・マーケティング	895
ルワンダ	895
ルーン文字	895

【れ】

レアメタル	895
レイアウト	895
礼儀書	895
霊験亀山鉾	895
霊魂	895
霊山	895
霊場	895
冷戦	895
冷蔵庫	895
霊長類	895
冷凍	895
霊廟	895
霊符	896
レイプ	896
礼法	896
レオロジー	896
歴史	896
歴史意識	896
歴史家	896
歴史街道	896
歴史学	896
歴史学研究会	897
歴史教育	897
歴史教科書	897
歴史考古	897

歴史災害	897
歴史十書	897
歴史社会学	897
歴史書	897
歴史小説	897
歴史資料	897
歴史人口学	897
歴史人類学	898
歴史政策	898
歴史地図	898
歴史地理	898
歴史哲学	898
レクチン	898
レクリエーション	898
レコード音楽	898
レーザー	898
レジャー	898
レストラン	898
レスリング	898
レタリング	898
列車	898
列車ダイヤ	898
列車名	898
レディ・トラベラー	898
レトリック	898
レバノン	898
レファレンスサービス	898
レファレンスブックス	898
レポート作法	899
恋愛	899
恋愛結婚	899
恋愛詩	899
恋愛小説	899
連歌	899
錬金術	899
連結会計	899
連結経営	899
連結財務諸表	899
連語	899
連合軍	899
連合赤軍	899
レンズ	899
連濁	899
連邦準備制度	899
連邦制	899
連絡船	899

【ろ】

ろう	900
ろうあ	900
老化	900
老眼	900
老後	900
労災保険	900
老子	900
労使関係	900
老子道徳教	900
老人福祉	900
老人ホーム	901
老荘思想	901
労働	901

労働安全	901
労働医学史	902
労働移動	902
労働運動	902
労働衛生	902
労働科学	902
労働基準法	902
労働組合	902
労働組合法	902
労働経済	902
労働史	903
労働時間	903
労働市場	903
労働者	903
労働者管理企業	903
労働条件	903
労働政策	903
労働生産	903
労働争議	903
労働法	903
労働問題	904
朗読	904
老女房	904
老年	904
老年医学	904
老年心理	904
老年精神医学	905
労農派	905
労務管理	905
牢屋敷	905
ロウルズ・ロイス社	905
録音資料	905
録音図書	905
録画	905
六十六部巡国巡礼	905
六道絵	905
六波羅探題	905
ロケット	905
ロシア	905
ロシア　移民	906
ロシア　ウラジオストック	906
ロシア　演劇	906
ロシア　オホーツク	906
ロシア　音楽	906
ロシア　外交	906
ロシア　カムチャッカ	906
ロシア　樺太	906
ロシア　カリーニングラード	906
ロシア　教育	906
ロシア　教会	906
ロシア　極東ロシア	906
ロシア　経済	906
ロシア　建築	906
ロシア　工業	906
ロシア　コリヤーク族	906
ロシア　サハリン	906
ロシア　サンクト・ペテルブルク	907
ロシア　児童文学	907
ロシア　シベリア	907
ロシア　宗教	907
ロシア　神話	907
ロシア　正教会	907
ロシア　政治	907
ロシア　ソビエト連邦	907

ロシア　ソロフキ	907	
ロシア　中世	907	
ロシア　図書館	907	
ロシア　ノヴゴロド	907	
ロシア　農村	907	
ロシア　バシコルトスタン	908	
ロシア　反乱史	908	
ロシア　美術	908	
ロシア　文学	908	
ロシア　法	908	
ロシア　マフィア	908	
ロシア　民俗	908	
ロシア　モスクワ	908	
ロシア　モスクワ芸術座	908	
ロシア　料理	908	
ロシア　林業	908	
ロシア　歴史	908	
ロシア　ロマノフ王朝	908	
ロシア　革命	908	
ロシア語	909	
ロシア人	909	
ロジスティクス	909	
ロー・スクール	909	
ローズ奨学生	909	
路線バス	909	
ローダンシリーズ	909	
ロッキード事件	909	
ロックアート	909	
ロード・プライシング	909	
ロボット	909	
ローマ教皇	909	
ローマ字	909	
ロマネスク	909	
ロマ民族	909	
ロマン主義	910	
ロマンス語	910	
路面電車	910	
ロールシャッハ法	910	
ロールプレイング	910	
ロングセラー	910	

ロングターム・キャピタル・マネジメント	910
論語	910
論争	910
論壇	910
論文	910
論文作法	910
論理	911
論理学	911
論理療法	911

【わ】

YS-11	911
YMCA	911
ワイドショー政治	911
ワイン	911
和英語林集成	911
和英辞典	911
倭王	912
和歌	912
和解	912
和菓子	912
若宮丸	912
和歌山県	912
和歌山県　天野町	912
和歌山県　紀ノ川	912
和歌山県　熊野	912
和歌山県　高野山	913
和歌山県　浄教寺	913
和歌山県　南紀	913
和歌山県　根来寺	913
和歌山県　桃山町	913
倭館	913
和漢書	913
和漢比較文学	913
和牛	913

ワーキング・ウーマン	913
ワークシェアリング	913
ワークショップ	913
惑星	913
ワクチン	913
ワークライフバランス	913
倭寇	913
和刻本	913
ワサビ	913
和算	913
和讃	914
和紙	914
話術	914
和食	914
倭人語	914
倭人伝	914
ワシントン条約	914
和製漢語	914
早稲田大学	914
早稲田大学雄弁会	914
早稲田ラグビー	914
綿繰具	914
渡り鳥	914
ワニ	914
ワニス	914
わび・さび	914
わび茶	914
和風建築	914
和服	914
和服文様	914
話法	914
和本	914
和名類聚抄	914
笑い	914
笑話	915
わらべうた	915
悪口	915
ワルド派	915
湾岸戦争	915

主題書誌索引

【 あ 】

愛
- ◎文献表「愛について」（今道友信）　中央公論新社　2001.3　p218-227
- ◎参考文献「愛と癒しのコミュニオン」（鈴木秀子）　文藝春秋　2001.6　p229-230
- ◎注文献「愛はテロリズム　ロマンティック・ラブの終焉」（M. V. ミラー）　紀伊國屋書店　2001.8　p1-4b
- ◎参考文献(千葉真)「アウグスティヌスの愛の概念」（H. アーレント）　みすず書房　2002.5　p257-261
- ◎注「愛の思想史」（金子晴勇）　知泉書館　2003.3　p251-286
- ◎年表「性と愛の日本語講座」（小谷野敦）　筑摩書房　2003.6　p1-7b
- ◎参考文献「愛の思想史」（伊藤晴彦）　講談社　2005.1　p255-263
- ◎参考文献「「自由・平等」への異議申立て人は一疎かにされてきた「愛」」（粕谷友介）　上智大学出版　2007.9　p194-199

アイアイ
- ◎文献「アイアイの謎」（島泰三）　どうぶつ社　2002.4　p172-175

ISBN
- ◎引用参考文献「出版流通合理化構想の検証―ISBN導入の歴史的意義」（湯浅俊彦）　ポット出版　2005.10　p186-183, 175-158
- ◎文献年表「日本の出版流通における書誌情報・物流情報のデジタル化とその歴史的意義」（湯浅俊彦）　ポット出版　2007.12　p361-332

愛国心
- ◎参考文献「愛国者は信用できるか」（鈴木邦男）　講談社　2006.5　p195-197
- ◎文献「愛国心と教育」（大内裕和）　日本図書センター　2007.6　p405-418

ICタグ
- ◎参考文献「デジタルID革命―ICタグとトレーサビリティーがもたらす大変革」（国領二郎ほか）　日本経済新聞社　2004.1　p352-356
- ◎参考文献「RFID教科書―ユビキタス社会にむけた無線ICタグのすべて」（岸上順一）　アスキー　2005.3　p286-295
- ◎文献リスト「図書館とICタグ」（清水隆ほか）　日本図書館協会　2005.10　p119-122

ICT
- ◎参考文献「ICTと教育改革」　教育政策研究所　2004.5　p119-122

アイスランド
- ◎参考文献「高齢者の社会参加活動と福祉サービス―日本・アイスランドのナーシング・ホーム」（榎本和子）　行路社　2003.5　p194-201

アイスランド　歴史
- ○文献目録(成川岳大)「北欧史研究　24」（バルト＝スカンディナヴィア研究会）　2007.8　p192-212

愛知県
- ◎参考文献「愛知県近代女子教育史」（結城陸郎）　愛知県郷土資料刊行会　2000.7　p619-621
- ◎参考文献「愛知県の歴史」（三鬼清一郎）　山川出版社　2001.1　p44-53b
- ◎「愛知県岡崎地方史文献総覧―岡崎の文化"珠玉の郷土資料"」（小林清司）　小林清司　2001.2　142p A4
- ◎文献「愛知県史　資料編　1　考古　1　旧石器・縄文」（愛知県史編さん委員会）　愛知県　2002.3　p771-808
- ○文献目録(島岡真)「名古屋大学附属図書館研究年報　1」（名古屋大）　2003.3　p41-47
- ◎文献「愛知県史　資料編　18　近世　4　西三河」（愛知県史編さん委員会）　愛知県　2003.3　p1070-1073
- ◎文献「近世家並帳の研究」（早川秋子）　清文堂出版　2003.6　p626-645
- ◎参考文献「名古屋・岐阜と中山道　街道の日本史29」（松田之利）　吉川弘文館　2004.4　p19-21b
- ◎参考文献「愛知・静岡の力石」（高島愼助）　岩田書院　2004.7　p211-220
- ◎参考文献「愛知県の歴史散歩　上　尾張」（愛知県高等学校郷土史研究会）　山川出版社　2005.3　p284-287
- ◎参考文献「愛知県史　資料編　3　考古　3　古墳」（愛知県史編さん委員会）　愛知県　2005.3　p810-835
- ◎参考文献ほか「戦後愛知の教育運動史―地域から綴る運動と教師群像」（香村克己）　風媒社　2006.4　p210-211
- ◎参考資料ほか「戦後愛知の民間教育研究運動の歩み」（村田徹也）　風媒社　2006.6　p192-195
- ◎参考文献「中部地方の民俗芸能　4　静岡・愛知」（三隅治雄ほか）　海路書院　2006.7　p336-320
- ◎参考文献「愛知県の中央構造線―日本列島の謎を解く鍵」（横山良哲）　風媒社　2007.12　p180-181

愛知県　安城市史
- ◎参考文献「新編安城市史　9　資料編民俗」（編集委員会）　安城市　2003.3　p12-19b

愛知県　稲沢市
- ◎参考文献「稲沢歴史探訪」（日下英之）　中日出版社　2004.10　p223-226

愛知県　犬山市
- ◎参考文献「よみがえれ城下町―犬山城下町再生への取り組み」（高野史枝）　風媒社　2006.10　p214-215

愛知県　大知波峠廃寺
- ◎参考引用文献「大知波峠廃寺跡」（後藤建一）　同成社　2007.6　p185-190

愛知県　大浜騒動
- ◎文献「史料大浜騒動」（同朋大学仏教研究所）　法蔵館　2003.2　p309-310

愛知県　岡崎
- ◎「愛知県岡崎地方史文献総覧―岡崎の文化"珠玉の郷土資料"」（小林清司）　小林清司　2001.2　142p A4

愛知県　奥三河
- ◎参考文献「奥三河の花祭り―明治以後の変遷と継承」（中村茂子）　岩田書院　2003.12　p231-232

愛知県　尾張藩江戸屋敷
- ○関係文献抄録(国松春紀)「文献探索　2003」（文献探索研究会）　2003.12　p143-147

あいちけ

愛知県　蒲郡市
　◎参考文献「蒲郡市史　本文編1　原始古代編・中世編」（編さん事業実行委員会）　蒲郡市　2006.3 p533-535

愛知県　小牧市
　◎参考文献「小牧市史　現代編」（小牧市史編集委員会）　小牧市　2005.10　p9-14b

愛知県　笹島
　◎文献「偏見から共生へ　名古屋発・ホームレス問題を考える」（藤井克彦ほか）　風媒社　2003.4 p337-349

愛知県　瀬戸
　◎参考文献「江戸時代の瀬戸・美濃窯」（瀬戸市埋蔵文化財センター）　埋蔵文化財センター　2004.7　p81」
　◎引用参考文献「瀬戸窯跡群」（藤澤良祐）　同成社　2005.12　p187-192

愛知県　瀬戸市
　◎参考文献「瀬戸市史民俗調査報告書　1」（瀬戸市史編纂委員会）　瀬戸市　2001.3 p285-286
　◎文献「瀬戸市史民俗調査報告書　3　赤津・瀬戸地区」（瀬戸市史編纂委員会）　瀬戸市　2003.9 p210-212
　◎参考文献「海上の森の物語」（山口淳有）　三重大学出版会　2005.2　p161-168

愛知県　田原市
　◎文献「赤羽根の古文書　近代史料編」（編さん委員会）　田原市教育委員会　2006.3　p940-942

愛知県　豊川市
　◎参考文献「定本豊川」　郷土出版社　2002.10　p256-258

愛知県　豊橋
　◎参考文献ほか「多民族共生社会のゆくえ—昭和初期・朝鮮人・豊橋」（伊東祐勝）　あるむ　2007.3 p80-81

愛知県　長久手町史
　◎文献「長久手町史　本文編」（長久手町史編さん委員会）　長久手町役場　2003.3 p715-730

愛知県　名古屋市
　○書誌（朝倉治彦）「東洋文庫書報　33」（東洋文庫）　2001　p9-35
　○文献書誌（朝倉治彦）「東洋文庫書報　34」（東洋文庫）　2003.3　p1-33
　◎文献「東区橦木町界隈」（西尾典祐）　健友館　2003.11　p261-266
　◎文献「名古屋まる知り新事典」（牛田正行）　ゲイン　2005.2　p318-319
　◎関連文献「熱田区の歴史」（三渡俊一郎）　愛知県郷土資料刊行会　2006.6　p261-265
　◎参考文献「なごやの古道・街道を歩く」（池田誠一）　風媒社　2007.2　p203-206
　◎参考文献「焼け跡のカーテンコール—戦後名古屋の洋舞家たち—大切なことを忘れないうちに」（伊豫田静弘ほか）　世界劇場会議名古屋　2007.3　p385-387
　◎文献「なるほど!元気な名古屋の企業100社」（岩田憲明）　ソフトバンククリエイティブ　2007.4 p325-327
　◎参考文献「なごやと能・狂言—洗練された芸の源を探る」（林和利）　風媒社　2007.9　p203-205
　◎参考文献「名古屋今昔写真集　3　交通が発達をもたらしたまち」（林董一）　樹林舎　2007.12　p159」

愛知県　名古屋城
　◎参考文献「重要文化財名古屋城障壁画—本丸御殿の至宝」（名古屋城管理事務所）　名古屋市本丸御殿PRイベント実行委員会　2007.4　p162」

愛知県　三河地震
　◎参考引用文献「三河地震—直下型地震の恐怖」（安城市歴史博物館）　安城市歴史博物館　2006.9 p110-111

愛知県　三好町
　◎文献ほか「黒笹区誌—愛知県西加茂郡三好町黒笹行政区」（黒笹区誌さん委員会）　土地区画整理組合　2004.3　p675-682

愛知県　吉田城
　○業績目録「仏文研究　特別号」（京都大）　2006 p10-36

愛知万国博覧会
　◎文献「市民参加型社会とは—愛知万博計画過程と公共圏の再創造」（野村敬志ほか）　有斐閣　2005.7 prr

IT
　◎参考文献「ITユーザの法律と倫理」（名和小太郎, 大谷和子）　共立出版　2001.1　p167-171
　◎参考文献「基礎から学ぶIT入門テキスト」（瀬川隆司ほか）　オーム社　2001.2　p239-240
　◎「西和彦ITの未来を読む365冊+α」（西和彦）　日経BP社　2001.4　329p A5
　◎参考文献「IT汚染」（吉田文和）　岩波書店　2001.7 p1-6b
　◎参考文献「IT社会の情報倫理」（J. M. キッザ）　日本経済評論社　2001.8　prr
　◎参照文献「IT教育を問う—情報通信技術は教育をどう変えるか」（髙島秀之）　有斐閣　2001.12 p206-210
　◎参考文献「サイバーポリティクス　IT社会の政治学」（岩崎正洋）　一芸社　2001.12　p173-185
　◎参考文献「地球環境時代のIT読本—よくわかる情報技術のしくみと原理」（加藤尚武）　丸善　2002.2 prr
　◎参考文献「ITエコノミー—情報革新技術はアメリカ経済をどう変えたか」（熊坂有三）　日本評論社　2002.4 p173-178
　◎参考文献「IT経済学入門—IT革命とは経済システム革命である」（吉田和男）　有斐閣　2002.12 p207-214
　◎参考文献「情報知的財産権　「IT時代」の経営資産をいかに守るか」（牧野和夫）　日本経済新聞社　2003.4 p242」
　◎引用参考資料「高等教育とIT—授業改善へのメディア活用とFD」（山地弘起）　玉川大学出版部　2003.10 prr
　◎参考引用文献「ITの先進的な教育利用—IT・新世紀型理数科系教育の挑戦　確かな学力を育てる」（木村捨雄ほか）　東洋館出版社　2004.9　prr
　◎参考文献「ローカルIT革命と地方自治体」（中野雅至）　日本評論社　2005.1　p195-201
　◎参考文献「これからの情報とメディアの教育—IT教育の最前線」（水越敏行ほか）　図書文化　2005.4

IT革命
　◎参考文献「文明の進化と情報化—IT革命の世界史的意味」（公文俊平）　NTT出版　2001.3　p254-256

◎参考文献「IT革命と商社の未来像—eマーケットプレースへの挑戦」（中谷巌）　東洋経済新報社　2001.4　p348-349
◎参考文献「IT革命　ネット社会のゆくえ」（西垣通）　岩波書店　2001.5　p185-189
◎「IT革命—そしてネット社会へ　最新文献ガイド」（日外アソシエーツ）　日外アソシエーツ　2001.5　292p　A5
◎参考文献「アジアのIT革命」（三和総合研究所）　東洋経済新報社　2001.5　p209-213
◎参考文献「インドIT革命の驚異」（榊原英資）　文藝春秋　2001.5　p215-217
◎参考文献「IT革命とメディア」（山本武信）　共同通信社　2001.9　p252-253
◎文献目録「IT革命と各国のコーポレート・ガバナンス」（新保博彦）　ミネルヴァ書房　2001.12　p249-258
◎参考文献「独創者列伝—IT革命の礎を築いた日本人」（佐藤銀平）　NTT出版　2005.10　p263-264

ITガバナンス
◎参考文献「ITガバナンス」（甲賀憲二ほか）　NTT出版　2002.3　p213-215
◎参考文献「自治体ITガバナンス　「情報化」から「進化情報化」へ」（美馬正司）　ぎょうせい　2003.6　p167-169
◎参考文献「COBIT入門—ITガバナンス・マネジメントガイド」（H. ブーネンほか）　生産性出版　2007.12　p172-174

ITビジネス
◎参考図書「ITビジネス英語辞典—1000語でわかる」（小牟田康彦）　研究社　2002.1　p277-279
◎参考文献「図解中国「WTO加盟」と「ITビジネス」のすべてがわかる」（アジアITビジネス研究会）　総合法令出版　2002.4　p291-293

アイデンティティ
◎文献「拡散—ディフュージョン—「アイデンティティ」をめぐり、僕達は今」（大倉得史）　ミネルヴァ書房　2002.5　p251-253
◎引用文献「アイデンティティ生涯発達論の射程」（岡本祐子）　ミネルヴァ書房　2002.12　p273-287
◎参考文献「アプローチとしての福祉社会システム論」（訓覇法子）　法律文化社　2002.12
◎文献「アイデンティティに先行する理性」（A. セン）　関西学院大学出版会　2003.3　p93-95
◎引用参考文献「物語のなかの社会とアイデンティティ—あかずきんちゃんからドストエフスキーまで」（佐藤嘉一）　晃洋書房　2004.4　p7-14b
◎参考文献「さまよえる青少年の心—アイデンティティの病理　発達臨床心理学的考察」（谷冬彦ほか）　北大路書房　2004.9　p137-144
◎参考文献「自己成立の発達心理学」（鈴木敏昭）　西日本法規出版　2004.11　p238-248
◎参考文献「ことばとアイデンティティ」（小野原信善ほか）　三元社　2004.12　prr
◎参考文献「アイデンティティと共同性の再構築」（城達也ほか）　世界思想社　2005.1　p321-324
◎引用文献「アイデンティティの発達—青年期から成人期」（J. クロガー）　北大路書房　2005.1　p211-236
◎参考文献「第二言語習得とアイデンティティ—社会言語学的適切性習得のエスノグラフィー的ディスコース分析」（窪田光男）　ひつじ書房　2005.3　p213-218
◎参考文献「アイデンティティの政治学」（M. ケニー）　日本経済評論社　2005.11　p6-31b
◎引用参照文献「自己と他者の社会学」（井上俊ほか）　有斐閣　2005.12　p263-269
◎引用文献「女子青年のアイデンティティ探求—関係性の観点から見た2年間の縦断研究」（杉村和美）　風間書房　2005.12　p155-166
◎引用文献「異文化接触における文化的アイデンティティのゆらぎ」（浅井亜紀子）　ミネルヴァ書房　2006.2　p195-204
◎引用参考文献「日本人留学生のアイデンティティ変容」（末広美樹）　大阪大出版会　2006.2　p215-226
◎原注「故国喪失についての省察　1」（E. W. サイード）　みすず書房　2006.4　p1-8b
◎参考文献「在外日本人のナショナル・アイデンティティ—国際化社会における「個」とは何か」（岩崎久美子）　明石書店　2007.1　p463-471
◎引用文献「アイデンティティ生涯発達論の展開」（岡本祐子）　ミネルヴァ書房　2007.4　p187-192

アイドル産業
◎参考文献「アグネス・ラムのいた時代」（長友健二ほか）　中央公論新社　2007.2　p186-188

アイヌ
○記事目録（小川正人, 山田伸一）「帯広百年記念館紀要19」（同記念会）　2001.3　p1-42
◎参考書「東南アジアに見るアイヌ文化の伏流」（川淵和彦）　新読書社　2001.5　p162-165
◎参考文献「アイヌ近現代史読本」（小笠原信之）　緑風出版　2001.7　p269-276
◎参考文献「装いのアイヌ文化誌—北方周辺域の衣文化と共に」（河野本道）　北海道出版企画センター　2001.9　p25-255
◎参考文献「アイヌ文化誌ノート」（佐々木利和）　吉川弘文館　2001.10　p217-220
◎注文献「アイヌと「日本」　民族と宗教の北方史」（佐々木馨）　山川出版社　2001.11　prr
◎参考文献「装いのアイヌ文化誌　北方周辺域の衣文化と共に」（河野本道ほか）　北海道出版企画センター　2001.12　p150-155
○記事目録（小川正人, 山田伸一）「帯広百年記念館紀要20」（同館）　2002.3　p1-26
◎参考文献「シャクシャイン戦記」（大森光章）　新人物往来社　2002.4　p316-317
◎参考文献「近代日本とアイヌ社会」（麓慎一）　山川出版社　2002.11　1pb
◎参考文献「アイヌ史のすすめ」（平山裕人）　北海道出版企画センター　2002.12　p261-270
◎参考文献「アイヌ民族史の研究—蝦夷・アイヌ観の歴史的変遷」（児島恭子）　吉川弘文館　2003.2　p421-452
◎参考文献「アイヌ絵巻探訪　歴史ドラマの謎を解く」（五十嵐聡美）　北海道新聞社　2003.4　p199-206
◎書誌「アイヌ神謡集辞典—テキスト・文法解説付き」（切替英雄）　大学書林　2003.5　p471-483
◎引用参考文献「クマ祭りの起源」（天野哲也）　雄山閣　2003.11　prr
◎参考文献「蝦夷島と北方世界　日本の時代史19」（菊池勇夫）　吉川弘文館　2003.12　p297-314

あいぬこ

◎参考文献「アイヌモシリ奪回—検証・アイヌ共有財産裁判」（堀内光一）　社会評論社　2004.1　p321-323
◎参考文献「アイヌ絵誌の研究」（佐々木利和）　草風館　2004.2　p359-362
◎文献一覧「アイヌ前史の研究」（大井晴男）　吉川弘文館　2004.2　p1-28b
◎「アイヌ史新聞年表—『小樽新聞』（明治期）編」（河野本道）　国学院短大　2004.3　192p B5
◎文献「新北海道の古代　3　擦文・アイヌ文化」（野村崇ほか）　北海道新聞社　2004.7　p227-234
◎参考文献「アイヌ民族の軌跡」（浪川健治）　山川出版社　2004.8　2pb
◎参考文献「アイヌ差別問題読本—シサムになるために　増補改訂版」（小笠原信之）　緑風出版　2004.10　p268-274
◎読書案内「先住民アイヌ民族」　平凡社　2004.11　p152-153
◎参考文献「アイヌ・北方領土学習にチャレンジ—ワークブック」（平山裕人）　明石書店　2005.1　p223-227
○文献目録（アイヌ文献目録編集会）「北海道立アイヌ民族文化研究センター研究紀要　11」（北海道立アイヌ民族文化研究センター）　2005.3　p143-176
◎文献「アイヌの昔話」（稲田浩二）　筑摩書房　2005.5　p365-369
◎参考文献「アイヌと北の植物民族学—たべる・のむ・うむ」（北海道立北方民族博物館）　北海道立北方民族博物館　2005.7　p56-59
◎参考文献「アイヌの道　街道の日本史1」（佐々木利和ほか）　吉川弘文館　2005.7　p15-17b
◎文献「アイヌ伝承と砦　増補改訂」（宇田川洋）　北海道出版企画センター　2005.12　p260-273
○文献目録（文献目録編集委員会）「北海道立アイヌ民族文化研究センター研究紀要　12」（北海道立アイヌ民族文化研究センター）　2006.3　p109-160
◎「『北海タイムス』掲載のサハリン及び北海道先住民族に関する記事データベース　1926.12.25-1935.12.31」（田口正夫）　北海道大　2006.3　145p A4
◎「アイヌの新聞年表—『小樽新聞』（大正期1）編」（河野本道）　國學院大　2006.3　206p B5
◎参考文献「旭川・アイヌ民族の近現代史」（金倉義慧）　高文研　2006.4　p552-556
◎参考文献「先住民族アイヌ」（多原香里）　にんげん出版　2006.5　p251-236
◎参照文献「戦後期アイヌ民族—和人関係史序説—1940年代後半から1960年代後半まで」（東村岳史）　三元社　2006.5　p4-15b
◎参考文献「アイヌ文様の美—線のいのち、息づくかたち」（北海道立近代美術館ほか）　アイヌ文化振興・研究推進機構　2006.9　p202-203
○書誌（宮本沙織）「文献探索　2006」（文献探索研究会）　2006.11　p462-484
◎引用文献「アイヌ伝承ばなし集成—日本海・オホーツク海沿岸」（因幡勝雄）　北海道出版企画センター　2007.2　p361-370
○関係記事（田村将人）「北海道開拓記念館調査報告46」（北海道開拓記念館）　2007.3　p179-188
○文献目録（アイヌ文献目録編集会）「北海道立アイヌ民族文化研究センター研究紀要　13」（北海道立アイヌ民族文化研究センター）　2007.3　p131-172

◎引用文献「アイヌのクマ送りの世界」（木村英明ほか）　同成社　2007.3　prr
◎参考文献「アイヌ民族の歴史」（榎森進）　草風館　2007.3　p621-634
◎参考資料　蝦夷地の征服—1590-1800—日本の領土拡張にみる生態学と文化」（B. L. ウォーカー）　北海道大出版会　2007.4　p17-38b
◎引用文献「声とかたちのアイヌ・琉球史」（吉成直樹）　森話社　2007.6　prr
◎文献「アイヌ葬送墓集成図」（宇田川洋）　北海道出版企画センター　2007.9　p46-48
◎参考文献「アイヌの歴史—海と宝のノマド」（瀬川拓郎）　講談社　2007.11　p262-268
◎参考文献「首都圏に生きるアイヌ民族—「対話」の地平から」（関口由彦）　草風館　2007.11　p242-247

アイヌ語
◎参考文献「アイヌ祖語とインド・ヨーロッパ祖語—共通語根を探る」（鳴海日出志）　北海道出版企画センター　2000.11　p358-362
◎参考文献「日本祖語とアイヌ祖語—共通語根を探る」（鳴海日出志）　北海道出版企画センター　2000.12　p493-503
◎参考文献「神々の言語学—アイヌ語残照」（大出あや子）　日本図書刊行会　2005.6　p152-153
◎参考文献「アイヌ語地名　2　紋別」（伊藤せいち）　北海道出版企画センター　2006.1　p320-323
◎参考文献「アイヌ語地名　3　北見」（伊藤せいち）　北海道出版企画センター　2007.2　p231-236
◎参考文献「日本語とアイヌ語」（鳴海日出志）　中西出版　2007.3　p172-176

IBM
◎原注文献「IBMとホロコースト　ナチスと手を結んだ大企業」（E. ブラック）　柏書房　2001.11　p10-11b

IP電話
◎参考文献「IP電話のすべて—IPネットワーク技術から導入ノウハウまで」（都丸敬介）　電波新聞社　2004.7　p254-255

アイリス
◎参考文献「世界のアイリス」（日本花菖蒲協会）　誠文堂新光社　2005.3　p241」

アイルランド
◎注「「王国」と「植民地」　近世イギリス帝国のなかのアイルランド」（山本正）　思文閣出版　2002.1　prr
◎参考文献「ほのぼの妖精レプラコーンの仲間たち」（ニアル・マクナマラ）　東洋書林　2002.2　p130-131
◎参考文献「アイルランド夢随想」（花田久徳）　論創社　2003.1　p266-267
◎参考文献ほか「アイルランド建国の英雄たち—1916年復活祭蜂起を中心に」（鈴木良平）　彩流社　2003.6　p353-370
◎邦語文献ほか（門倉俊雄）「北アイルランド現代史—紛争から和平へ」（P. アーサーほか）　彩流社　2004.4　p31-29b
◎ブックガイド「アイルランドを知るための60章」（海老島均）　明石書店　2004.12　p283-289

◎文献目録「大英帝国のなかの「反乱」—アイルランドのフィーニアンたち 2版」（高神信一） 同文舘出版 2005.6 p334-323
◎文献「アイルランド民話の旅」（渡辺洋子ほか） 三弥井書店 2005.7 p3-6b
◎参考文献「異邦のふるさと「アイルランド」—国境を越えて」（佐藤亨） 新評論 2005.7 p412-413
◎参考文献「妖精のアイルランド—「取り替え子」の文学史」（下楠昌哉） 平凡社 2005.8 p223-227

アイルランド　演劇
◎参考書目「アイルランド演劇—現代と世界と日本と」（前波清一） 大学教育出版 2004.9 p216-223
◎参考文献「アベイ・シアター—1904-2004 アイルランド演劇運動」（杉山寿美子） 研究社 2004.12 p385-392

アイルランド　文学
◎引用図書「アイルランド現代詩は語る—オルタナティヴとしての声」（栩木伸明） 思潮社 2001.3 p244-246
◎参考文献「ヨーロッパの文化・文芸とケルト—学問を野に放つ試み」（本田錦一郎） 松柏社 2004.6 p248-254
◎参考文献「アングロ・アイリッシュ文学の普遍と特殊」（田村章ほか） 大阪教育図書 2005.2 p125-133
◎参考文献「異界へのまなざし—アイルランド文学入門」（山田久美子） 鷹書房弓プレス 2005.10 p183-191
◎参考文献ほか「アイルランドの文学精神—7世紀から20世紀まで」（松岡利次） 岩波書店 2007.3 p1-44b

アイロニー
◎文献「アイロニーのエッジ—その理論と政治学」（L. ハッチオン） 世界思想社 2003.12 p19-52b

Einkommende Zeitungen
◎参考文献「『新着雑誌』1650年、世界最古の日刊新聞」（大友展也） 三元社 2004.11 p618-621

アヴァンギャルド
◎註「日本のアヴァンギャルド芸術—〈マヴォ〉とその時代」（五十殿利治） 青土社 2002.4 p319-339
◎参考文献ほか（西垣尚子）「日本のアヴァンギャルド」（和田博文） 世界思想社 2005.5 p260-279
◎参考文献「越境のアヴァンギャルド」（波潟剛） NTT出版 2005.7 p298-318

アウトサイダー
◎文献「歴史のアウトサイダー」（ベレント・レック） 昭和堂 2001.4 p18-35b
◎参考文献「東京アウトサイダーズ—東京アンダーワールド 2」（R. ホワイティング） 角川書店 2002.4 p2-5b
◎文献目録「中世のアウトサイダー」（F. イルジーグラーほか） 白水社 2005.1 p26-33b

アウトソーシング
○文献展望（山倉健嗣）「組織科学 35.1」（白桃書房） 2001 p81-95

アエネーイス
◎参考文献ほか「アエネーイス」（ウェルギリウス） 京都大学学術出版会 2001.4 p656-658

葵文庫
○目録（和泉新ほか）「漢籍 10」（漢籍研究会） 2001 p1-7

青色ダイオード
◎参考引用文献「青色発光ダイオードは誰のものか」（谷光太郎） 日刊工業新聞社 2006.1 p170-183

アオコ
◎文献「日本アオコ大図鑑」（渡邊眞之） 誠文堂新光社 2007.6 p140-145

アオバト
◎参考文献「アオバトのふしぎ」（こまたん） エッチエスケー 2004.4 p228-235

青森県
◎「青森県内出版物総目録・新聞連載記事所蔵目録 平成12年版」（青森県立図書館） 青森県立図書館 2002.1　109, 19p A4
◎「青森県考古学関係文献目録—青森県考古学会30周年記念」 青森県考古学会 2002.3　201p B5
◎文献「青森県史 自然編 生物」（青森県史編さん自然部会） 青森県 2003.3 p731-760
◎「青森県新聞連載記事所蔵目録 平成13年12月現在」（青森県立図書館） 青森県立図書館 2003.3 175p A4
◎参考文献「青森県のことば」（平山輝男ほか） 明治書院 2003.6 prr
◎参考文献ほか「「青森・東通」と原子力との共栄—世界一の原子力平和利用センターの出現」（渡部行） 東洋経済新報社 2007.3 p306-307
◎参考文献「青森県郷土士物語 改訂」（今靖行） 北の街社 2007.12 p358-359

青森県　岩木川
◎参考文献「白神山地・岩木川周辺の物語—その民俗の底流を探る」（小笠原功） 北の街社 2006.12 p261-263

青森県　亀ヶ岡文化
◎参考文献「亀ヶ岡文化遺物実測図集」（藤沼邦彦ほか） 弘前大 2004.3 p213-214

青森県　三内丸山遺跡
◎文献「青森県史 別編 三内丸山遺跡」（青森県史編さん考古部会） 青森県 2002.3 p467-479

青森県　下北
◎文献「下北・渡島と津軽海峡」（浪川健治） 吉川弘文館 2001.7 p22-24b

青森県　白神山地
◎参考文献「白神山地・岩木川周辺の物語—その民俗の底流を探る」（小笠原功） 北の街社 2006.12 p261-263

青森県　津軽
◎参考文献「津軽・松前と海の道」（長谷川成一） 吉川弘文館 2001.1 p20-21b

青森県　津軽海峡
◎文献「下北・渡島と津軽海峡」（浪川健治） 吉川弘文館 2001.7 p22-24b

青森県　津軽半島
◎引用文献「津軽半島の植物」（井上守） 青森県文芸協会出版部 2005.9 p304-308

青森県　十和田湖
　◎参考文献「湖沼環境の基盤情報整備事業報告書―豊かな自然環境を次世代に引き継ぐために　十和田湖」（日本水産資源保護協会ほか）　日本水産資源保護協会　2004.3　p91-94

青森県　根城跡
　◎参考文献「根城跡」（佐々木浩一）　同成社　2007.2　p175-176

青森県　八戸市
　◎参考文献「八戸の漁業・近代編」（山根勢五）　八戸市　2006.1　p195-196

青森県　八戸藩
　◎参考文献「八戸藩―大名の江戸と国元」　八戸市博物館　2001.7　p69-70

青森県　八甲田
　◎参考文献「雪の八甲田で何が起ったのか―資料に見る"雪中行軍"百年目の真実」（川口泰英）　北方新社　2001.1　p293-296

青森県　弘前市
　◎参考文献「図説弘前・黒石・中南津軽の歴史」（長谷川成一）　郷土出版社　2006.11　p254-255

青森県　弘前藩
　◎参考文献「弘前藩」（長谷川成一）　吉川弘文館　2004.3　p262-272

青森県　民俗
　◎引用参考文献「津軽車力高山稲荷神社の民間信仰品」　弘前大　2004.2　p75-78

青森県　歴史
　◎文献「青森県史　別編　三内丸山遺跡」（青森県史編さん考古部会）　青森県　2002.3　p467-479
　◎参考文献「図説弘前・黒石・中南津軽の歴史」（長谷川成一）　郷土出版社　2006.11　p254-255
　◎参考文献「青森県100年のアーカイブス―明治・大正・昭和の記録」（木村絅也）　生活情報センター　2006.11　p156-157
　◎参考文献「図説五所川原・西北津軽の歴史」（長谷川成一）　郷土出版社　2006.12　p254-255
　◎参考文献「青森県の歴史散歩」（青森県高等学校地方史研究会）　山川出版社　2007.5　p319-320

青森県　六ヶ所村
　◎参考文献「むつ小川原開発の経済分析―「巨大開発」と核燃サイクル事業」（秋元健治）　創風社　2003.5　p259-261
　◎参考文献「ロッカショ―2万4000年後の地球へのメッセージ」（STOP-ROKKASHOプロジェクト）　講談社　2007.12　p118-122

青山ブックセンター
　◎参考文献「ABC青山ブックセンターの再生」（浅井輝久）　新風舎　2007.4　p217-220

アオリイカ
　◎文献「アオリイカの生態と資源管理」（上田幸男）　日本水産資源保護協会　2003.3　p120-129

アーカイヴズ
　◎入門図書「アーカイブズの科学　上」（国文学研究資料館史料館）　柏書房　2003.10　p442-444
　◎参照文献「アーカイブズとアーカイバル・サイエンス―歴史的背景と課題」（青山英幸）　岩田書院　2004.4　p175-195
　◎参照文献「電子環境におけるアーカイブズとレコード―その理論への手引き」（青山英幸）　岩田書院　2005.8　p238-242
　◎参考文献（古賀崇ほか）「入門・アーカイブズの世界―記憶と記録を未来に」（日本アーカイブズ学会）　日外アソシエーツ　2006.6　p251-255
　◎関係論考ほか「アーカイブズへの眼―記録の管理と保存の哲学」（大濱徹也）　刀水書房　2007.12　p207-211

アカウンタビリティ
　◎参考文献「アカウンタビリティ入門―説明責任と説明能力」（碓氷悟史）　中央経済社　2001.7　p317-321

赤ちゃん
　◎参考文献「赤ちゃんの手とまなざし」（竹下秀子）　岩波書店　2001.3　p122-124
　◎文献「赤ちゃんのこころ　乳幼児精神医学の誕生」（清水将之）　星和書房　2001.6　prr
　◎ブックリスト「赤ちゃんの本棚―0歳から6歳まで」（D.バトラー）　のら書店　2002.12　p9-47b
　◎参考文献「赤ちゃんの顔をよむ―視覚と心の発達学」（山口真美）　紀伊国屋書店　2003.5　p154-155
　◎文献「赤ちゃんは知っている―認知科学のフロンティア」（J.メレールほか）　藤原書店　2003.12　p331-350

赤と黒
　◎Bibliographie「『赤と黒』と聖書―ジュリアンとイエス物語」（下川茂）　ふくろう出版　2007.12　p151-155

赤トンボ
　◎参考文献「赤とんぼの謎」（新井裕）　どうぶつ社　2007.8　p172-169

赤本
　○書誌（山上琢巳）「東京成徳国文　26」（東京成徳国文の会）　2003.3　p138-146

秋田県
　◎参考文献「秋田県の歴史　県史5」（塩谷順耳ほか）　山川出版社　2001.5　p36-43b
　◎文献「湧水とくらし―秋田からの報告」（肥田登，吉崎光哉）　無明舎出版　2001.10　p173-175
　◎著書目録ほか「近世秋田の学問と文化　生涯学習編」（渡部綱次郎）　秋田文化出版（発売）　2002.9　p391-396
　◎参考文献「食文化あきた考」（あんばいこう）　無明舎出版　2007.7　p299-302
　◎文献ほか「秋田・反骨の肖像」（工藤一紘）　イズミヤ出版　2007.10　p234-247

秋田県　秋田市
　◎文献「秋田市史　16　民俗編」（秋田市）　秋田市　2003.3　p745-751
　◎参考文献「秋田市史　4　近現代1通史編」（秋田市ほか）　秋田市　2004.3　p733-741
　○文献目録（利部修）「北方風土　53」（イズミヤ出版）　2007.1　p120-127

秋田県　秋田城
　◎参考文献「秋田城跡」（伊藤隆士）　同成社　2006.7　p189-191

秋田県　井川町
　◎参考文献「井川町史　続巻」（編纂委員会）　井川町
　　2005.6　p586-587
秋田県　大湯環状列石
　◎参考文献「石にこめた縄文人の祈り—大湯環状列石」
　　（秋元信夫）　新泉社　2005.7　p91-92
秋田県　雄物川
　◎参考文献「雄物川と羽州街道」（國安寛）　吉川弘文館
　　2001.3　p20-22b
秋田県　仙北市
　◎参考文献「図説大仙・仙北・美郷の歴史」（富木耐一）
　　郷土出版社　2006.8　p244-245
秋田県　花岡事件
　◎「中国人強制連行・花岡事件関係文献目録　増補版」
　　（野添憲治）　能代文化出版社　2003.7　123p B6
　◎文献目録「花岡事件の人たち—中国人強制連行の記
　　録」（野添憲治）　文元社　2004.2　p262-280
　◎資料目録「花岡事件60周年記念誌」（編集委員会）
　　花岡の地・日中不再戦友好碑をまもる会　2005.10
　　p371-375
秋田県　美郷町
　◎参考文献「図説大仙・仙北・美郷の歴史」（富木耐一）
　　郷土出版社　2006.8　p244-245
秋田県　湯沢市
　◎参考文献「図説横手・湯沢の歴史」（國安寛ほか）
　　郷土出版社　2006.10　p244-245
秋田県　横手市
　◎参考文献「図説横手・湯沢の歴史」（國安寛ほか）
　　郷土出版社　2006.10　p244-245
秋田杉
　◎参考文献「秋田杉を運んだ人たち—詳記東北林業の
　　文化・労働史」（野添憲治）　社会評論社　2006.9
　　p306-309
悪
　◎文献「人はなぜ悪にひかれるのか—悪の本性とモラル
　　の幻想」（F. M. ヴケティツ）　新思索社　2002.12
　　p340-325
悪女
　◎参考文献「優雅で残酷な悪女たち　その数奇なる生涯」
　　（桐生操）　大和書房　2001.6　p1-5b
　◎文献「男はなぜ悪女にひかれるのか—悪女学入門」（堀
　　江珠喜）　平凡社　2003.1　p221-226
　◎参考文献「「悪女」はこうして生まれた」（三宅孝太
　　郎）　筑摩書房　2003.3　p221-222
アクションリサーチ
　◎引用文献「現場の学としてのアクションリサーチ—ソ
　　フトシステム方法論の日本的再構築」（内山研一）
　　白桃書房　2007.4　p378-388
アクセサリー
　◎参考文献「ジュエリーの歴史—ヨーロッパの宝飾770
　　年」（J. エヴァンズ）　八坂書房　2004.4　p335-336
　◎参考文献「指輪の文化史」（浜本隆志）　白水社　2004.
　　4　p5-8b
　◎参考文献「謎解きアクセサリーが消えた日本史」（浜
　　本隆志）　集英社　2004.11　p227-225

アクセント
　◎文献「京阪系アクセント辞典」（中井幸比古）　勉誠出
　　版　2002.11　p603-607
　◎著作目録「日本語東京アクセントの成立」（山口幸洋）
　　港の人　2003.9　p449-466
　◎参考文献「アクセントとリズム　英語学モノグラフシ
　　リーズ14」（田中伸一）　研究社　2005.5　p205-214
　◎参考文献「付属語アクセントからみた日本語アクセン
　　トの構造」（田中宣廣）　おうふう　2005.10　p517-534
芥川賞
　◎年表「それぞれの芥川賞・直木賞」（豊田健次）　文藝
　　春秋　2004.2　p168-245
ACT
　◎参考文献「ACT入門—精神障害者のための包括型地域
　　生活支援プログラム」（西尾雅明）　金剛出版　2004.3
　　p177-182
悪党
　◎参考文献「黒田悪党たちの中世史」（新井孝重）　NHK
　　出版　2005.7　p275-283
悪魔
　◎参考文献「古代悪魔学—サタンと闘争神話」（ニール・
　　フォーサイス）　法政大学出版局　2001.5　p39-75b
　◎参考文献「悪魔の歴史—12-20世紀　西欧文明に見る闇
　　の力学」（R. ミュッシャンブレ）　大修館書店　2003.5
　　p517-492
　◎参考文献「悪魔の文化史」（G. ミノワ）　白水社
　　2004.7　p1-4b
　◎参考文献「光の天使ルシファーの秘密」（L. ピクネッ
　　ト）　青土社　2006.10　p27-30b
　◎参考文献「バチカン・エクソシスト」（T. ウイルキン
　　ソン）　文藝春秋　2007.5　p224-227
アグリビジネス
　◎参考文献「アグリビジネスの国際開発—農産物貿易と
　　多国籍企業」（豊田隆）　農山漁村文化協会　2001.1
　　p262-272
　◎参考文献「アグリビジネスと遺伝子組換え作物—政治
　　経済学アプローチ」（久野秀二）　日本経済評論社
　　2002.7　p331-355
アゲハチョウ
　◎文献「世界の希少アゲハチョウ全種」（遠藤俊次ほか）
　　Endless Science Information　2004.7　p85-86
アーサー王伝説
　◎参考文献ほか「アーサー王伝説物語」（D. デイ）
　　原書房　2003.5　p10-18b
　◎文献「アーサー王物語日誌—冒険とロマンスの365日」
　　（J. マシュウズ）　東洋書林　2003.9　p304-305
　◎参考文献「大英帝国の伝説—アーサー王とロビン・フ
　　ッド」（S. L. バーチェフスキー）　法政大学出版局
　　2005.10　p38-59b
麻織物
　◎参考文献「ヘンプ読本—麻でエコ生活のススメ」（赤
　　星栄志）　築地書館　2006.8　p257-260
アサーション
　◎参考資料「カウンセラーのためのアサーション」（平
　　木典子ほか）　金子書房　2002.7　p191-193

旭化成
- ◎文献「旭化成八十年史」（日本経営史研究所） 旭化成 2002.12 p804-805

旭硝子
- ◎参考資料「旭硝子100年の歩み―伝統・創造・革新」（旭硝子） 旭硝子 2007.9 p197」

朝日新聞
- ◎参考文献「太平洋戦争と朝日新聞 戦争ジャーナリズムの研究」（早瀬貫） 新人物往来社 2001.4 p446-450
- ◎参考文献「朝日新聞訪欧大飛行 下」（前田孝則） 講談社 2004.8 p303-309
- ◎「朝日新聞人名総索引―合本版」 日本図書センター 2004.9 5冊 A4
- ◎参考引用文献「神風―朝日新聞社訪欧機―東京-ロンドン間国際記録飛行の全貌」（山崎明夫） 三樹書房 2005.1 p437-443

浅間山
- ◎参考文献ほか「浅間山大噴火」（渡辺尚志） 吉川弘文館 2003.11 p194-204
- ◎参考文献「1108-浅間山噴火―中世への胎動」（かみつけの里博物館） かみつけの里博物館 2004.1 p75-76
- ◎参考文献「定本浅間山」 郷土出版社 2005.12 p232-233

足
- ◎参考文献「足の人類学/足跡の考古学―弥生・古墳時代の家族」（坂田邦洋） 岩田書院 2007.1 p255-257

味
- ◎引用文献「食品と味」（伏木亨） 光琳 2003.9 prr
- ◎参考図書「味のなんでも小事典―甘いものはなぜ別腹?」（日本味と匂学会） 講談社 2004.4 p282-284

アジア
- ◎参考文献「中国に向かうアジアアジアに向かう中国」（さくら総合研究所環太平洋研究センター） 東洋経済新報社 2001.3 p290-293
- ◎参考文献「戦後アジアと日本企業」（小林英夫） 岩波書店 2001.4 p183-188
- ◎参考文献「アジアのIT革命」（三和総合研究所） 東洋経済新報社 2001.5 p209-213
- ◎参考文献「アジアの経済成長と貿易戦略」（高中公男） 日本評論社 2001.5 p183-197
- ◎参考文献「アジアからのネット革命」（会津泉） 岩波書店 2001.6 p348-350
- 文献目録「アジアにおける文明の対抗―攘夷論と守旧論に関する日本、朝鮮、中国の比較研究」（藤田雄二） 御茶の水書房 2001.10 p461-471
- ◎参考文献「アジア陶芸史」（出川哲朗ほか） 昭和堂 2001.11 p319-321
- ◎参考書目「大陸別世界歴史地図 2 アジア大陸歴史地図」（イアン・バーンズ, ロバート・ハドソン） 東洋書林 2001.11 p160-161
- ◎参考文献「アジアインターネット白書―最新版」（大木登志枝） アスキー 2001.12 p336-341
- ◎文献「貧困の克服―アジア発展の鍵は何か」（アマルティア・セン） 集英社 2002.1 p189」
- ◎「近代日本のアジア教育認識―明治後期教育雑誌所収中国・韓国・台湾関係記事 資料篇 第9巻」（近代アジア教育史研究会） 龍渓書舎 2002.2 432p B5
- ◎「財団法人アジア太平洋センター図書目録 2001」（アジア太平洋センター） アジア太平洋センター 2002.7 84p A4
- ◎文献「アジア中国日本―企業と金融の改革」（古島義雄） シグマベイスキャピタル 2002.9 p207-227
- ◎参考文献「空間 アジアへの問い―アジア新世紀 1」（青木保ほか） 岩波書店 2002.11 prr
- ◎註「無能だって? それがどうした? 能力の名による差別の社会を生きるあなたに」（彦坂諦） 梨の木舎 2002.11 prr
- ◎参考文献「アイデンティティ 解体と再構成―アジア新世紀 3」（青木保ほか） 岩波書店 2002.12 prr
- ◎参考文献「社会・文化・ジェンダー 現代南アジア5」（小谷汪之） 東京大学出版会 2003.1 prr
- ◎参考文献「産業空洞化の克服 産業転換期の日本とアジア」（小林英夫） 中央公論新社 2003.2 p174-176
- ◎「アジアの比較文化―名著解題」（岡本さえ） 科学書院 2003.3 294, 32p B6
- ◎参考文献「中央アジアを知るための60章」（宇山智彦） 明石書店 2003.3 p308-317
- ◎注「「アジア」はどう語られてきたか 近代日本のオリエンタリズム」（子安宣邦） 藤原書店 2003.4 prr
- 文献「教科書に書かれなかった戦争 pt.30 ヨーロッパがみた日本・アジア・アフリカ―フランス植民地主義というプリズムをとおして 改訂版」（海原峻） 梨の木舎 2003.4 p276-278
- ◎参考文献「国際地域協力論」（西川吉光） 三恵社 2003.4 p208-213
- ◎「アジア・アフリカ言語文化研究所『出版物目録』」 東京外国語大 2003.6 CD-ROM1枚 12cm
- ◎参考文献「アジア学の将来像」（東京大学東洋文化研究所） 東京大学出版会 2003.6 prr
- ◎参考文献「アジア新世紀 8 構想」（青木保ほか） 岩波書店 2003.7 prr
- ◎「財団法人アジア太平洋センター図書目録 2002」（アジア太平洋センター） アジア太平洋センター 2003.7 76p A4
- ◎参考文献「中国・アジアの小売業革新―全球化のインパクト」（矢作敏行） 日本経済新聞社 2003.11 prr
- ◎「アジア経済研究所出版目録 2003-2004」 アジア経済研究所 〔2004〕 151p A5
- ◎参考文献「アジアの人口―グローバル化の波の中でアジアを見る眼」（早瀬保子） アジア経済研究所 2004.3 p257-280
- ◎参考文献「越える文化、交錯する境界」（岩渕功一） 山川出版社 2004.3 prr
- ◎参考文献「雁行型経済発展論 2 アジアと世界の新秩序」（小島清） 文眞堂 2004.3 p330-347
- ◎「近代日本のアジア教育認識―明治後期教育雑誌所収中国・韓国・台湾関係記事 資料篇 附巻 3」（近代アジア教育史研究会） 龍渓書舎 2004.3 317p B5
- ◎参考文献「アジアにおける日本企業の成功物語―市場戦略と非市場戦略の分析」（V.K.アガワル） 早稲田大学出版部 2004.5 prr
- ◎引用文献「アジア神学講義」（森本あんり） 創文社 2004.5 p215-225
- ◎「アジア・アフリカ言語文化研究所東京外国語大学出版物目録 2004」 東京外国語大 2004.6 33p A4

◎「アジア・アフリカ関係図書目録　1999-2003」（日外アソシエーツ）　日外アソシエーツ　2004.9　23, 768p　A5
◎注「アジア・オセアニアの高等教育」（馬越徹）　玉川大学出版部　2004.9　prr
◎文献「アジア金融再生―危機克服の戦略と政策」（高安健一）　勁草書房　2005.1　p351-377
◎参考資料「アジアの主要国におけるCDMに関する取り組みの現況」　日本貿易振興機構　2005.3　prr
◎参考資料「アジア・太平洋戦争史―同時代人はどう見ていたか」（山中恒）　岩波書店　2005.7　p641-654
◎文献「アジアの鉄道の謎と不思議」（小牟田哲彦）　東京堂出版　2005.7　p268-269
◎「単行図書資料　84」　龍渓書舎　2005.7　145, 81p　A5
◎参考文献「陰謀と幻想の大アジア」（海野弘）　平凡社　2005.7　p288-295
◎文献「アジア産業発展の神秘性」（M. A. チョウドリ）　創成社　2005.10　p229-243
◎参考文献「東アジアの古代苑池」（飛鳥資料館）　飛鳥資料館　2005.10　p59-60
◎参考文献「日中韓域内農業協力の可能性」（魚明根ほか）　ビスタ ピー・エス　2005.11　p167-171
◎参考文献「環境共同体としての日中韓」（東アジア環境情報発伝所）　集英社　2006.1　p239-250
◎参考文献「現代アジアの教育計画　上」（山内乾史ほか）　学文社　2006.1　prr
◎参考文献「アジアの子どもと教育文化―人類学的視覚と方法」（坂元一光）　九州大出版会　2006.2　p247-262
◎参考文献「アジア金融システムの経済学」（宿輪純一）　日本経済新聞社　2006.2　p266-272
◎参考文献「英語はアジアを結ぶ」（本名信行）　玉川大出版部　2006.3　p231-238
◎参考文献「近代アジアのフェミニズムとナショナリズム」（K. ジャヤワルダネ）　新水社　2006.5　p328-334
◎参考文献「持続可能なアジア―2005年以降の展望　革新的政策を目指して　IGES白書」（地球環境戦略研究機関）　技報堂出版　2006.7　p329-344
◎文献リスト「アジアにおける人口転換―11ヵ国の比較研究」（楠本修）　明石書店　2006.9　p295-320
◎引用参考文献「地域研究の課題と方法―アジア・アフリカ社会研究入門」（山口博一ほか）　文化書房博文社　2006.9-12　prr
◎基本文献案内「アジア/日本」（米谷匡史）　岩波書店　2006.11　p167-186
◎参考文献「アジアの家族とジェンダー」（落合恵美子ほか）　勁草書房　2007.2　prr
◎参考文献「アジアにおける工場労働力の形成―労務管理と職務意識の変容」（大野昭彦）　日本経済評論社　2007.5　p285-297
◎参考文献「老いてゆくアジア―繁栄の構図が変わるとき」（大泉啓一郎）　中央公論新社　2007.9　p198-201
◎参考文献「土木遺産―世紀を越えて生きる叡智の結晶　2　アジア編」（建設コンサルタンツ協会『Consultant』編集部）　ダイヤモンド社　2007.11　p216-217

アジア　アセアン
◎参考文献「ASEANレジーム―ASEANにおける会議外交の発展と課題」（佐藤考一）　勁草書房　2003.2　p255-269
◎文献「ASEAN35年の軌跡―'ASEAN Way'の効用と限界」（黒柳米司）　有信堂高文社　2003.5　p179-188
◎参考文献「ASEANと日本―東アジア経済圏構想のゆくえ」（荒井利明）　日中出版　2003.12　p247-251
◎参考資料「アジア地域秩序とASEANの挑戦―「東アジア共同体」をめざして」（黒柳米司）　明石書店　2005.8　prr

アジア　遺跡
◎参考文献「遺跡が語るアジア―カラー版」（大村次郎）　中央公論新社　2004.4　p219-217

アジア　医療
◎文献「疾病・開発・帝国医療　アジアにおける病気と医療の歴史学」（見市雅俊ほか）　東京大学出版会　2001.8　prr

アジア　英語
◎文献「アジア英語辞典」（本名信行）　三省堂　2002.6　p269-271

アジア　音楽
◎参考文献「宇宙を叩く―火焔太鼓・曼荼羅・アジアの響き」（杉浦康平）　工作舎　2004.10　p338-341
◎参考文献「モダニズム変奏曲―東アジアの近現代音楽史」（石田一志）　朔北社　2005.7　p521-528

アジア　海運
◎参考文献「海運同盟とアジア海運」（武城正長）　御茶の水書房　2002.3　p9-22b

アジア　外交
◎参照引用文献「核の時代と東アジアの平和―冷戦を越えて」（木村朗）　法律文化社　2005.6　p225-228
◎参考文献「アジアは〈アジア的〉か」（植村邦彦）　ナカニシヤ出版　2006.3　p279-287
◎参考文献「近代東アジアのグローバリゼーション」（M. カプリオ）　明石書店　2006.7　p261-266
◎参考文献「アジア　4m　資料体系アジア・アフリカ国際関係政治社会史2」（浦野起央）　パピルス出版　2006.8　p1-4b
◎参照文献ほか「日本の進路アジアの将来―未来からのシナリオ」（西原春夫）　講談社　2006.10　p286-306
◎参考文献「資料体系アジア・アフリカ国際関係政治社会史　2　アジア　5h」（浦野起央）　パピルス出版　2007.1　p1-5b
◎参考文献ほか「東アジアの日・米・中―平和と繁栄をどう確保するか」（荒井利明）　日中出版　2007.4　p255-258

アジア　企業
◎参考文献「アジアのコーポレート・ガバナンス」（佐久間信夫）　学文社　2005.10　prr

アジア　北アジア
◎「早稲田大学各図書館所蔵の北方言語・文化に関する文献リスト　（語研選書　36）」（早稲田大学語学教育研究所北方言語・文化研究会）　早稲田大　2003.3　581p　A4

アジア　教育
◎文献「アジア・太平洋高等教育の未来像―静岡アジア・太平洋学術フォーラム」（静岡総合研究機構）　東信堂　2005.11　prr

◎引用参考文献「開発途上アジアの学校と教育─効果的な学校をめざして」（アジア開発銀行ほか）　学文社　2006.8　p197-205
◎参考文献「アジアの高等教育改革」（P.G.アルトバックほか）　玉川大出版部　2006.9　prr

アジア　経済
◎注文献「現代アジア経済論」（原洋之介）　岩波書店　2001.3　prr
◎参考文献「アジア経済と直接投資促進論」（三木敏夫）　ミネルヴァ書房　2001.4　p285-288
◎参考文献「開発経済学入門」（渡辺利夫）　東洋経済新報社　2001.5　p259-260
◎参考文献「最新アジア経済と日本─新世紀の協力ビジョン」（トラン・ヴァン・トゥほか）　日本評論社　2001.7　p193-200
◎参考文献「アジアが日本を見捨てる日」（湯浅博）　PHP研究所　2001.9　p243-246
◎参考文献「アジア経済がよくわかる本」（小林俊之）　中央経済社　2001.11　p209-207
◎参考文献「アジア太平洋経済入門」（山沢逸平）　東洋経済新報社　2001.12　p223-229
◎参照文献「新東亜論」（原洋之助）　NTT出版　2002.3　p239-244
◎参考文献「アジアサバイバル─通貨危機から一七八五日を読む」（湯浅博）　産経新聞社　2002.8　p267-269
◎文献「アジア経済発展の軌跡─政治制度と産業政策の役割」（太田辰幸）　文眞堂　2003.2　p269-288
◎参考文献「テキストブック21世紀アジア経済」（今井宏ほか）　勁草書房　2003.4　prr
◎参考文献「アジア経済の真実」（吉冨勝）　東洋経済新報社　2003.9　p1-12b
◎参考文献「日本とアジア発展の政治経済学」（市村真一）　創文社　2003.10　p370-380
◎文献「東アジアの競争力─グローバルなマーケットに向けたイノベーション」（S.ユスフ）　シュプリンガーV東京　2003.12　p139-162
◎参考文献「北東アジア経済協力の研究─開発銀行構想・開発ビジョン・地域連携」（千葉康弘）　春秋社　2005.10　p211-276
◎参考文献「韓日企業のアジア進出からみたアジアの国際的都市システム」（朴倧玄）　古今書院　2006.2　p241-243
◎参考文献「2015年アジアの未来─混迷か、持続的発展か」（日本貿易会）　東洋経済新報社　2006.6　p260-265
◎参考文献「アジア通貨危機を超えて─危機の背景と影響，協力体制への模索」（橋本優子）　三菱経済研究所　2006.11　p97-101
◎参考文献「アジアの経済発展と金融システム　東北アジア編」（寺西重郎ほか）　東洋経済新報社　2007.3　prr
◎参考文献「現代アジア経済論」（川島哲）　晃洋書房　2007.3　p227-234
◎参考文献「アジア経済動態論─景気サイクルの連関と地域経済統合」（高橋克秀）　勁草書房　2007.4　p231-234
◎参考文献「移動するアジア─経済・開発・文化・ジェンダー」（佐久間孝正ほか）　明石書店　2007.10　p290-294

◎参考文献ほか「老いるアジア─超長期予測─変貌する世界人口・経済地図」（小峰隆夫ほか）　日本経済新聞出版社　2007.10　p239-243

アジア　芸術
◎参考文献「アジアのキュビスム─境界なき対話」（東京国立近代美術館ほか）　東京国立近代美術館　2005　p194-200

アジア　芸能
◎参考文献「比較芸能論─思考する身体」（宮尾慈良）　彩流社　2006.4　p250-254

アジア　言語
◎ブックガイド「漢字圏の近代─ことばと国家」（村田雄二郎ほか）　東京大学出版会　2005.9　p209-214

アジア　建築史
◎参考文献「アジア都市建築史」（布野修司）　昭和堂　2003.8　p372-383

アジア　工業
◎文献「アジアにおける近代的工業労働力の形成─経済発展と文化ならびに職務意識」（清川雪彦）　岩波書店　2003.2　p451-472
◎引用文献「産業発展のルーツと戦略─日中台の経験に学ぶ」（園部哲史ほか）　知泉書館　2004.6　p273-287

アジア　産業
◎参考文献「アジア産業クラスター論─フローチャート・アプローチの可能性」（朽木昭文）　書籍工房早山　2007.6　p251-253

アジア　市場
◎文献「アジア・マーケティングをここからはじめよう。─Taipei Hong Kong Shanghai Beijing Seoul Singapore Kuala Lumpur Bangkok Ho Chi Minh」（博報堂アジア生活者研究プロジェクト）　PHP研究所　2002.3　p324-326
◎参考文献「アジア市場のコンテキスト　東アジア編　受容のしくみと地域暗黙知」（川端基夫）　新評論　2006.7　p291-295

アジア　社会
◎参考文献「"マレーシア発"アジア的新生」（I.アンワル）　論創社　2003.9　p164-173
◎引用参考文献「アジアの少子高齢化と社会・経済発展」（店田廣文）　早稲田大学出版部　2005.2　prr
◎参考文献「アジア・バロメーター都市部の価値観と生活スタイル─アジア世論調査(2003)の分析と資料」（猪口孝ほか）　明石書店　2005.7　prr

アジア　宗教
◎参考文献「東アジアの女神信仰と女性生活」（野村伸一）　慶應義塾大出版会　2004.1　prr

アジア　政治
◎参考文献「アジア政治を見る眼　開発独裁からの市民社会へ」（岩崎育夫）　中央公論新社　2001.4　p228-224
◎文献「終わらない20世紀─東アジア政治史1894～」（石川捷治ほか）　法律文化社　2003.2　p259-265
◎参考文献「国家・暴力・政治─アジア・アフリカの紛争をめぐって」（武内進一）　アジア経済研究所　2003.12　prr

◎注「日本のアジア政策―アジアから見た不信と期待」（猪口孝）　NTT出版　2003.12　prr
◎参考文献「激動するアジア国際政治」（西川吉光）　晃洋書房　2004.4　p283-288
◎文献案内「アジアのガバナンス」（下村恭民）　有斐閣　2006.12　p245-248
◎引用文献「アジアの政治経済・入門」（片山裕ほか）　有斐閣　2006.12　prr

アジア　中央アジア
◎文献「環境経済から見たモンゴルと中央アジア―持続的環境経済開発」（Hijaba Ykhanbai）　かんぽう　2002.8　p181-185
◎参考文献「古代中央アジアにおける服飾史の研究―パジリク文化とノイン・ウラ古墳の古代服飾」（加藤定子）　東京堂出版　2002.9　p182-186
◎参考文献「中央アジアを知るための60章」（宇山智彦）　明石書店　2003.3　p308-317
◎参考文献「オアシス国家とキャラヴァン交易」（荒川正晴）　山川出版社　2003.12　p80-82
◎参考文献「中央アジア体制移行経済の制度分析―政府-企業間関係の進化と経済成果」（岩崎一郎）　東京大学出版会　2004.11　p321-342
◎参考文献「中東・中央アジア諸国における権力構造」（酒井啓子ほか）　岩波書店　2005.3　p269-270
◎文献「オグズナーメ―中央アジア・古代トルコ民族の英雄の物語」（長谷川太洋）　創土社　2006.12　p92-93
◎参考文献「文明の十字路＝中央アジアの歴史」（岩村忍）　講談社　2007.2　p318-319
◎参考文献「現代中央アジア―イスラム、ナショナリズム、石油資源」（O. ロワ）　白水社　2007.4　p1-2b

アジア　ティムール帝国
◎参考文献「ティムール帝国支配層の研究」（川口琢司）　北海道大出版会　2007.4　p349-368

アジア　東南アジア
◎参考文献「世界美術大全集　東洋編　12　東南アジア」（肥塚隆）　小学館　2001.1　p449-452
◎参考文献「東南アジア史のなかの日本占領　新装版」（倉沢愛子）　早稲田大学出版部　2001.1　p557-572
◎文献目録「東南アジア諸国の国民統合と教育―多民族社会における葛藤」（村田翼夫）　東信堂　2001.2　p314-326
◎参考文献「東南・南アジア/オセアニア」（黒柳米司ほか）　自由国民社　2001.3　p332-330
◎参考書「東南アジアに見るアイヌ文化の伏流」（川淵和彦）　新読書社　2001.5　p162-165
◎参考文献「共生のシステムを求めて―ヌサンタラ世界からの提言」（立本成文）　弘文堂　2001.6　p231-233
◎参考文献「東南アジア市場図鑑　魚貝篇」（河野博）　弘文堂　2001.7　p234-237
◎参考文献「新生カンボジア」（駒井洋）　明石書店　2001.9　p253-250
◎作品リスト「東南アジア文学への招待」（宇戸清治, 川口健一）　段々社　2001.11　p333-347
◎参考文献「カンボジア　地の民」（和田博幸）　社会評論社　2001.12　p250-255
◎参考文献「岩波講座東南アジア史　6　植民地経済の繁栄と凋落」（池端雪浦ほか）　岩波書店　2001.12　prr

◎注「東南アジアの民主化」（伊藤述史）　近代文芸社　2002.2　prr
◎参考文献ほか「大航海時代の東南アジア　1450-1680年　2　拡張と危機」（アンソニー・リード）　法政大学出版局　2002.3　p25-91b
◎参考文献「国家と移民―東南アジア華人世界の変容」（田中恭子）　名古屋大学出版会　2002.6　p6-17b
◎文献「東南アジア華人社会と中国僑郷―華人・チャイナタウンの人文地理学的考察」（山下清海）　古今書院　2002.7　prr
◎参考文献「病と癒しの文化史―東南アジアの医療と世界観」（大木昌）　山川出版社　2002.9　p195-198
◎文献目録「戦前期日本と東南アジア―資源獲得の視点から」（安達宏昭）　吉川弘文館　2002.12　p235-249
◯文献目録（東南アジア史学会編集委員会）「東南アジア　歴史と文化　31」（東南アジア史学会）　2002　p132-161
◎「東南アジア史研究案内　岩波講座東南アジア史　別巻」　岩波書店　2003.1　7, 268, 38p A5
◯資料目録（山田敬三）「福岡大学研究部論集　A　人文科学編　2.7」（福岡大）　2003.3　p101-113
◎参考文献「東南アジア・南アジア・アメリカ大陸編　古代王権の誕生　2」（初期王権研究会）　角川書店　2003.3　prr
◎参考文献「現代東南アジア入門」（藤巻正己ほか）　古今書院　2003.4　prr
◎参考文献「東南アジアの建国神話」（弘末雅士）　山川出版社　2003.4　p88-90
◎文献「戦後日本・東南アジア関係史総合年表」（早稲田大学アジア太平洋研究センター「戦後日本・東南アジア関係史総合年表」編集委員会編）　龍渓書舎　2003.5　p257-263
◎「東南アジア関係英文論文目録―創刊号より2000年まで」（Hiroshi Izumikawa）　東南アジア史学会中国四国地区例会　2003.6　27p A4
◎参考文献ほか「東南アジアの歴史―人・物・文化の交流史」（桐山昇ほか）　有斐閣　2003.9　p273-284
◎参考文献ほか「ASEAN諸国の地方行政」（自治体国際化協会）　自治体国際化協会　2004.2　p302-308
◎参考文献「東南アジアの美術」（P. ローソン）　めこん　2004.3　p400-407
◎参考文献「東南アジアの港市世界―地域社会の形成と世界秩序」（弘末雅士）　岩波書店　2004.5　p1-17b
◎参考文献ほか「海域アジア　現代東アジアと日本　4」（関根政美ほか）　慶應義塾大出版会　2004.6　prr
◎参考文献「世界の食文化　4　ベトナム・カンボジア・ラオス・ミャンマー」（大塚滋ほか）　農文協　2005.1　p280-281
◎参考文献「東南アジア社会経済発展論―30年の進歩と今後の課題」（安場保吉）　勁草書房　2005.2　prr
◎参考文献「南洋日系栽培会社の時代」（柴田善雅）　日本経済評論社　2005.2　p579-593
◎文献「アジアの裾野産業―調達構造と発展段階の定量化および技術移転の観点より」（馬場敏幸）　白桃書房　2005.3　p225-234
◎参考文献「メコン流域国の経済発展戦略―市場経済化の可能性と限界」（日本政策投資銀行メコン経済研究会）　日本評論社　2005.3　prr

◎参考文献「東南アジア　講座世界の先住民族02」(林行夫ほか)　明石書店　2005.3　prr
◎文献「アジア市場のコンテキスト—グローバリゼーションの現場から　東南アジア編」(川端基夫)　新評論　2005.10　p246-249
◎参考文献「東南アジアにおける新華人事情」(橋廣治)　近代文芸社　2005.11　p271-272
○文献目録「東南アジア　歴史と文化　35」(山川出版社)　2006　p173-201
◎参考文献「曼荼羅都市—ヒンドゥー都市の空想理念とその変容」(布野修司)　京都大学学術出版会　2006.2　p413-431
◎参考文献「前近代の東南アジア」(桜井由躬雄)　放送大教育振興会　2006.3　p276-281
○研究動向(櫻井義秀)「社会学評論　57.1.225」(日本社会学会)　2006.6　p204-217
◎「京都大学東南アジア研究所図書室所蔵マイクロ資料目録　逐次刊行物編」(京都大学東南アジア研究所)　京都大　2006.12　90p A4
◎文献「東南アジアにおける宗教事情」(橋廣治)　近代文芸社　2006.12　p270-276
◎参考文献「戦争の記憶を歩く　東南アジアのいま」(早瀬晋三)　岩波書店　2007.3　p215-216
◎参考文献「ASEANを行く—伝統と日常のはざま　下」(社本一夫)　西田書店　2007.9　p245-247
◎参照文献「現代日本の東南アジア政策—1950-2005」(波多野澄雄ほか)　早稲田大出版局　2007.11　p295-309

アジア　東北アジア
◎文献「東北アジア諸民族の文化動態」(煎本孝)　北海道大学図書刊行会　2002.2　prr
◎引用文献「文化のディスプレイ　東北アジア諸社会における博物館、観光、そして民族文化の再編」(瀬川昌久)　風響社　2003.3　prr
○文献目録(上田貴子ほか)「News letter　17」(近現代東北アジア地域史研究会)　2005.12　p84-113

アジア　西アジア
◎参考文献「西アジア史　I　アラブ　世界各国史8」(佐藤次高)　山川出版社　2002.3　p62-82b

アジア　農業
◎文献「人口問題を基礎とした農業・農村開発調査〔2003〕　ウズベキスタン共和国—タシケント州、シルダリア州、ジザック州を中心として」(アジア人口・開発協会)　アジア人口・開発協会　2003.3　p106-107
◎引用参考文献「国際協力成功への発想—アジア・アフリカの農村から」(廣瀬昌平)　農林統計協会　2006.2　p199-209

アジア　パンジャーブ
◎参考文献(露口哲也)「パンジャーブ生活文化誌—チシュティーの形見」(N. A. チシュティー)　平凡社　2002.5　p344-348

アジア　東アジア
○文献目録(服部龍二)「人文・自然・人間科学研究　6」(拓殖大)　2001.1　p93-65
◎参考文献「海でむすばれた人々—古代東アジアの歴史とくらし　新版」(門田誠一)　昭和堂　2001.4　p269-287

◎参考文献「新・東アジア経済論—グローバル化と模索する東アジア」(平川均, 石川幸一)　ミネルヴァ書房　2001.4　p346-366
◎参考文献「東アジアの開発と環境問題—日本の地方都市の経験と新たな挑戦」(勝原健)　勁草書房　2001.4　p217-236
◎文献「工業発展」(川畑康治)　勁草書房　2001.5　p491-496
◎参考文献「東アジア国際環境の変動と日本外交—1918—1931」(服部龍二)　有斐閣　2001.10　p319-325
◎参考文献「民主化の比較政治—東アジア諸国の体制変動過程」(武田康裕)　ミネルヴァ書房　2001.11　p9-25b
◎参考文献「東アジアと日本の考古学　I　墓制(1)」(後藤直, 坂木雅博)　同成社　2001.12　p219-227
◎参考文献「境界を超えて—東アジアの周縁から」(中見立夫)　山川出版社　2002.3　prr
◎註「東アジアの文化交流史」(池田温)　吉川弘文館　2002.3　prr
◎文献一覧「日・中・韓の歴史認識」(浦野起央)　南窓社　2002.3　p325-356
◎注ほか「海の古代史—東アジア地中海考」(千田稔)　角川書店　2002.4　prr
◎注文献「二〇世紀日米関係と東アジア」(川田稔ほか)　風媒社　2002.4　prr
◎文献「東アジア長期経済統計　別巻3　環境」(原嶋洋平, 島崎洋一)　勁草書房　2002.11　p205-209
◎参考文献「東アジア市場経済—多様性と可能性」(山口重克)　御茶の水書房　2003.2　prr
◎参考文献「東アジアの生産ネットワーク—自動車・電子機器を中心として」(座間紘一ほか)　ミネルヴァ書房　2003.3　prr
◎参考文献「東アジアと日本の考古学　3　交流と交易」(後藤直ほか)　同成社　2003.5　prr
◎参考文献「東アジアの福祉システム構築」(上村泰裕)　東京大学社会科学研究所　2003.10　prr
◎文献「黄金国家—東アジアと平安日本」(保立道久)　青木書店　2004.1　p305-316
◎参考引用文献「東アジア地中海の時代」(小川雄平)　明石書店　2004.1　prr
◎参考文献「東アジア市場統合への道—FTAへの課題と挑戦」(渡辺利夫)　勁草書房　2004.2　prr
◎参考文献「日本企業の東アジア戦略—インタビュー・サーベイを通して見た日本企業」(中垣昇)　中京大　2004.2　p317-321
◎参考文献「変貌する東アジアの家族」(佐藤康行ほか)　早稲田大学出版部　2004.2　prr
◎参考文献「変貌するアジアの家族—比較・文化・ジェンダー」(山中美由紀)　昭和堂　2004.3　prr
◎参考文献ほか「海域アジア　現代東アジアと日本4」(関根政美ほか)　慶應義塾大出版会　2004.6　prr
◎参考文献「東アジアの統合—成長を共有するための貿易政策課題」(K. クラムほか)　シュプリンガーV東京　2004.7　prr
◎参考文献「近代東アジア国際関係史」(衛藤瀋吉)　東京大学出版会　2004.8　p253-266
◎参考文献「漢字文化の回路—東アジアとは何か」(李相哲)　凱風社　2004.9　p407-420

◎参考文献「東アジアにみる食とこころ—中国・台湾・モンゴル・韓国・日本」(國學院大學日本文化研究所) おうふう 2004.10 prr
◎参考文献「東アジア経済研究のフロンティア—社会経済的変化の分析」(赤川元章ほか) 慶應義塾大出版会 2004.10 prr
◎参考文献「東アジア国際変動論—国家・冷戦・開発」(李分一) 大学教育出版 2004.10 p212-222
◎参考文献「東アジア共同体—経済統合のゆくえと日本」(谷口誠) 岩波書店 2004.11 p225-231
◎参考文献「日中韓FTAの可能性と三ヵ国の対外通商政策 21世紀の北東アジア経済統合と共存的発展 上」(鄭仁教ほか) ビスタピー・エス 2004.11 p215-230
◎参考文献「東アジアの経済発展、生産性の計量分析」(大坂仁) 多賀出版 2005.2 p227-248
◎文献「東アジアのイノベーション」(S.ユスフ) シュプリンガーV東京 2005.3 p267-302
◎文献「東アジアの階層比較」(園田茂人) 中央大学出版部 2005.3 p1-10a
◎参考文献「東アジア安全保障の新展開」(五十嵐暁郎ほか) 明石書店 2005.4 p292-303
◎参考文献「日韓国際政治学の新地平—安全保障と国際協力」(大畠英樹ほか) 慶應義塾大出版会 2005.5 prr
◎参考文献「東アジア経済統合への途」(向山英彦) 日本評論社 2005.7 p179-194
◎参考文献「東アジア経済戦略—文明の中の経済という視点から」(原洋之介) NTT出版 2005.10 p1-6b
◎引用文献「東アジア鉄鋼業の構造とダイナミズム」(川端望) ミネルヴァ書房 2005.11 p265-279
◎文献表「「アジア的価値」とリベラル・デモクラシー—東洋と西洋の対話」(D.A.ベル) 風行社 2006.1 p351-369
◎参考文献「東アジアにおける国際的な生産・流通ネットワーク—機械産業を中心に」(安藤光代) 三菱経済研究所 2006.2 p156-162
◎基本書63冊「ポスト〈東アジア〉」(孫歌ほか) 作品社 2006.3 p219-229
◎「京都大学東アジア関連文献目録 上(経済学部所蔵)」(堀和生) 京都大 2006.3 320p B5
◎文献リスト「戦争ラジオ記憶」(貴志俊彦ほか) 勉誠出版 2006.3 p330-336
◎参考文献「東アジアの工業化と技術形成—日中アセアンの経験に学ぶ」(高林二郎) ミネルヴァ書房 2006.3 p191-199
◎引用文献「東北アジアの青銅器文化と社会」(甲元眞之) 同成社 2006.3 p267-281
○研究動向(首藤明和)「社会学評論 57.1.225」(日本社会学会) 2006.6 p190-203
◎文献「東アジア長期経済統計 11 社会指標」(甲斐信好) 勁草書房 2006.6 p227-236
◎参考文献「アジア市場のコンテキスト 東アジア編 受容のしくみと地域暗黙知」(川端基夫) 新評論 2006.7 p291-295
◎文献リストほか「サブリージョンから読み解くEU・東アジア共同体—欧州北海地域と北東アジアの越境広域グランドデザイン比較」(中村信吾ほか) 弘前大出版会 2006.9 p149-156
◎参考文献「日中韓FTAの産業別影響予測」(柳寛栄ほか) ビスタピー・エス 2006.9 p331-339

◎参考文献「中国・アジア・日本—大国化する「巨龍」は脅威か」(天児慧) 筑摩書房 2006.10 p220-222
◎参考文献「東アジア大都市のグローバル化と二極分化」(五石敬路) 国際書院 2006.10 prr
◎参考文献「東アジアの良妻賢母論—創られた伝説」(陳姃湲) 勁草書房 2006.11 p258-282
◎参考文献「東アジア共同体は本当に必要なのか—日本の進むべき道を経済の視点から明らかにする」(吉野文雄) 北星堂書店 2006.11 p232-236
◎出典リスト「図説ネットワーク解析 東アジア共同体の構築4」(毛里和子ほか) 岩波書店 2006.12 p287-290
◎参考文献「ASEANとAPEC—東アジアの経済統合」(吉野文雄) 鳳書房 2007.3 p239-250
◎参考文献「東アジアにおける鉄鋼産業の構造変化」(利博友ほか) 創文社 2007.3 prr
◎参考文献「東アジア経済の発展と日本—組立型工業化と貿易関係」(服部民夫) 東京大出版会 2007.3 p275-278
◎参考文献「東アジアのグローバル化と地域統合」(平川均ほか) ミネルヴァ書房 2007.5 p375-395
◎参考文献「東アジアの福祉資本主義—教育, 保健医療, 住宅, 社会保障の動き」(I.ホリデイほか) 法律文化社 2007.5 p213-238
◎文献「東アジア考古学辞典」(西谷正) 東京堂出版 2007.5 prr
◎参考文献「東アジア国際政治史」(川島真ほか) 名古屋大出版会 2007.6 p357-370
◎参考文献「日中韓FTAを生き抜く農業戦略」(魚明根ほか) ビスタピー・エス 2007.7 p137-141
◎参考文献「照葉樹林文化とは何か—東アジアの森が生み出した文明」(佐々木高明) 中央公論新社 2007.11 p315-322

アジア 病気
◎文献「疾病・開発・帝国医療 アジアにおける病気と医療の歴史学」(見市雅俊ほか) 東京大学出版会 2001.8 prr

アジア 文化
◎参考文献「「アジアン」の世紀—新世代が創る越境文化」(亜洲奈みづほ) 中央公論新社 2004.11 p268-270

アジア 文学
◎年表ほか(藤澤太郎)「東アジアの文学・言語空間 岩波講座「帝国」日本の学知5」 岩波書店 2006.6 p2-70b

アジア 法
◎参考文献「開発法学—アジア・ポスト開発国家の法システム」(安田信之) 名古屋大学出版会 2005.2 p349-369

アジア 貿易
◎参考文献「FTA(自由貿易協定)が創る日本とアジアの未来」(藤末健三ほか) オープンナレッジ 2005.12 p226-234

アジア 北東アジア
◎「南北韓統一問題と北東アジアの国際関係文献目録 1970-1999」(野田美代子) 日本貿易振興会ほか 2001.3 273p B5

あしあ

アジア

◎参考文献「北東アジアエネルギー・環境共同体への挑戦」　総合研究開発機構　2001.4　p252-256
◎参考文献「北東アジア経済論―経済交流圏の全体像」（坂田幹男）　ミネルヴァ書房　2001.5　p225-234
◎文献（江口伸吾）「北東アジア研究と開発研究」（宇野重昭）　国際書院　2002.6　p541-566
◎参考文献「北東アジアの環境戦略―エネルギー・ソリューション」（NIRA北東アジア環境配慮型エネルギー利用研究会ほか）　日本経済評論社　2004.3　p258-261
◎参考文献「北東アジア諸国における産業再生政策に関する調査報告書」　日本リサーチ総合研究所　2004.3　p109-110
◎文献一覧「北東アジア事典―環日本海圏の政治・経済・社会・歴史・文化・環境」（環日本海学会）　国際書院　2006.10　p299-309

アジア　ボルネオ島

◎参考書「ボルネオ島アニマル・ウォッチングガイド」（安間繁樹）　文一総合出版　2002.9　p222-223
◎参考文献「コモンズの思想を求めて―カリマンタンの森で考える」（井上真）　岩波書店　2004.1　p157-158
◎参考文献「「精霊の仕業」と「人の仕業」―ボルネオ島カリス社会における災い解釈と対処法」（奥野克巳）　春風社　2004.2　p296-312
◎参考文献「フィールドガイドボルネオ野生動物―オランウータンの森の紳士録」（浅間茂）　講談社　2005.10　p226-228

アジア　南アジア

◎文献案内「南アジアを知る事典―インド+スリランカ+ネパール+パキスタン+バングラデシュ+ブータン+モルディヴ　新訂増補」（辛島昇）　平凡社　2002.4　p930-954
◎参考文献「社会・文化・ジェンダー　現代南アジア5」（小谷汪之）　東京大学出版会　2003.1　prr
◎参考文献「南アジアの定期市―カースト社会における伝統的流通システム」（石原潤ほか）　古今書院　2006.10　p230-232

アジア　南アジア史

◎参考文献「南アジア史　新版」（辛島昇）　山川出版社　2004.3　p49-79b
◎参考文献ほか「南アジアの歴史―複合的社会の歴史と文化」（内藤雅雄）　有斐閣　2006.7　p325-334
◎参考文献「南インド」（辛島昇）　山川出版社　2007.1　p58-101b
◎参考文献「南アジア史　1　先史・古代」（山崎元一ほか）　山川出版社　2007.6　p56-93b
◎参考文献「南アジア史　2　中世・近世」（小谷汪之）　山川出版社　2007.8　p52-91b

アジア　南アジア地理

◎参考文献「ベラン世界地理大系　12　インド・南アジア」（F. デュラン=ダステス）　朝倉書店　2007.9　p221」

アジア　メコン地域

◎参考文献「メコン地域の経済―観光・環境・教育」（槙太一ほか）　大学出版センター　2006.3　p201-212

アジア　文字

◎参考文献「図説アジア文字入門」（東京外国語大学アジア・アフリカ言語文化研究所）　河出書房新社　2005.4　p108-109

アジア　歴史

◎引用参考文献「乳製品の世界外史―世界とくにアジアにおける乳業技術の史的展開」（足立達）　東北大学出版会　2002.12　prr

アジア・アフリカ会議

◎文献ほか「バンドン会議と日本のアジア復帰―アメリカとアジアの狭間で」（宮城大蔵）　草思社　2001.1　p203-229

アジア系アメリカ人

◎参考文献ほか「アジア系アメリカ人　アメリカの新しい顔」（村上由見子）　中央公論新社　2003.6　p261-268

アジア系アメリカ文学

◎書誌「アジア系アメリカ文学―記憶と創造」（アジア系アメリカ文学研究会）　大阪教育図書　2001.3　p475-494
◎書誌「アメリカ文学―記憶と創造」（アジア系アメリカ文学研究会）　大阪教育図書　2002.3　p494-475
◎参考文献「アジア系アメリカ文学―作品とその社会的枠組」（E. H. キム）　世界思想社　2002.9　p407-431

アジア経済研究所

◎「アジア経済研究所出版目録　2005　春」　アジア経済研究所　〔2005〕　32p　A5

アジア主義

◎書籍一覧「大東亜共栄圏の時代―興亜を目指した日本とアジアの歴史」（エス・ビー・ビー）　政治・経済研究会　2006.5　p616-621

アジア太平洋地域

◎引用文献ほか「アジア太平洋地域形成への道程―境界国家日豪のアイデンティティ模索と地域主義」（大庭三枝）　ミネルヴァ書房　2004.8　p403-431

アジア　歴史

◎参考文献「比較史のアジア所有・契約・市場・公正　イスラーム地域研究叢書4」（三浦徹ほか）　東京大学出版会　2004.2　prr
◎参考文献「アジア冷戦史」（下斗米伸夫）　中央公論新社　2004.9　p217-211

アジアロシア

◎参考文献「露領アジア交通地理」（E. チール）　大空社　2004.6　p1-20b
◎文献案内「中央ユーラシアを知る事典」（小松久男ほか）　平凡社　2005.4　p580-587

芦屋道満大内鑑

◎参考資料一覧「芦屋道満大内鑑　菅原伝授手習鑑・女殺油地獄　国立劇場上演資料集　481」（国立劇場調査養成部調査資料課）　日本芸術文化振興会　2005.9　p77-103

アシャンティ族

◎参考文献「アフリカの王権と祭祀―統治と権力の民族学」（阿久津昌三）　世界思想社　2007.2　p437-401
◎参考文献「包摂と開放の知―アサンテ世界の生活実践から」（田原範子）　嵯峨野書院　2007.2　p244-229

アシュケナージ

◎参考文献「ユダヤ・エリート　アメリカへ渡った東方ユダヤ人」（鈴木輝二）　中央公論新社　2003.3　p217-215

飛鳥時代
◎参考文献「長岡京研究序説」（山中章） 塙書房 2001.4 p427-457
◎文献リスト「展望・日本歴史 5 飛鳥の朝廷」（吉村武彦, 小笠原好彦） 東京堂出版 2001.6 p457-465
◎参考文献「飛鳥の朝廷と王統譜」（篠川賢） 吉川弘文館 2001.7 p203-204
◎参考文献「飛鳥 水の王朝」（千田稔） 中央公論新社 2001.9 p235-241
◎参考文献「倭国から日本へ―日本の時代史 3」（森公章） 吉川弘文館 2002.8 p324-343
◎参考文献「古代都市誕生―飛鳥時代の仏教と国つくり」（大阪歴史博物館） 大阪歴史博物館 2004.1 p136-137
◎読書案内「飛鳥―古代への旅 別冊太陽」（門脇禎二） 平凡社 2005.11 p156-157

飛鳥仏教
◎参考文献「聖徳太子と飛鳥仏教」（曾根正人） 吉川弘文館 2007.3 p206-208

安土桃山時代
◎文献「織豊政権と江戸幕府―日本の歴史 15」（池上裕子） 講談社 2002.1 p381-384
◎参考文献「戦い・くらし・女たち―利家とまつの生きた時代」（石川県立歴史博物館） 石川県立歴史博物館 2002.4 p149-153
◎文献「大航海時代と日本」（五野井隆史） 渡辺出版 2003.2 p174-175
◎参考文献「戦国茶闘伝―天下を制したのは、名物茶道具だった」（三宅孝太郎） 洋泉社 2004.5 p214-215
◎参考文献「天下一統 改版 日本の歴史12」（林屋辰三郎） 中央公論新社 2005.4 p572-575
◎参考文献「「本能寺の変」本当の謎―叛逆者は二人いた」（円堂晃） 並木書房 2005.5 p361-363
◎注「雑兵たちの戦場―中世の傭兵と奴隷狩り 新版」（藤木久志） 朝日新聞社 2005.6 prr
◎参考文献「黄金文化と茶の湯―安土桃山時代」（中村修也） 淡交社 2006.11 p106-107
◎参考文献「黄金の島ジパング伝説」（宮崎正勝） 吉川弘文館 2007.2 p216-219

アスピリン
◎文献「超薬アスピリン―スーパードラッグへの道」（平澤正夫） 平凡社 2001.9 p246-251

アスベスト
◎引用文献「アスベスト―ミクロンサイズの静かな時限爆弾」（岩石好物科学編集委員会） 東北大出版会 2006.10 p118-123
◎文献「石綿関連疾患―予防・診断・労災補償 4版」（森永謙二） 産業医学振興財団 2006.12 p211-226

アスペルガー症候群
◎参考文献「高機能自閉症・アスペルガー症候群入門」（内山登紀夫, 水野薫, 吉田友子） 中央法規出版 2002.3 p223-225
◎参考文献「教師のためのアスペルガー症候群ガイドブック」（V. クミンほか） 中央法規出版 2005.3 p149-153
◎参考文献「自閉症・アスペルガー症候群の子どもの教育―診断、学校選びから自立に向けての指導法」（G. ジョーンズ） 明石書店 2005.11 p165-178
◎参考文献「アスペルガー症候群への支援―思春期編」（B. S. マイルズほか） 東京書籍 2006.6 p257-260
◎文献「アスペルガー障害とライフステージ―発達障害臨床からみた理解と支援」（古荘純一） 診断と治療社 2007.12 p212-213

東歌
◎文献目録（渡辺寛吾）「セミナー万葉の歌人と作品 11」（神野志隆光ほか） 和泉書院 2005.5 p290-320

吾妻鏡
○注文献「季刊日本思想史 58 思想史としての「吾妻鏡」」（ぺりかん社） 2001.4 prr
◎研究の軌跡（角田朋之）「吾妻鏡事典」（佐藤和彦ほか） 東京堂出版 2007.8 p299-303

アースワークス
◎文献「ランドアートと環境アート」（J. カストナー） ファイドン 2005.1 p198-200

アセアン ⇒ アジア アセアン を見よ

アソシエーション
◎注「NPOと市民社会―アソシエーション論の可能性」（佐藤慶幸） 有斐閣 2002.10 prr

遊び
◎引用文献「ゴルフを知らない日本人 遊びと公共性の文化史」（市村操一） PHP研究所 2001.4 4pb
◎参考文献「交叉する身体と遊び―あいまいさの文化社会学」（松田恵示） 世界思想社 2001.5 p1-6b
◎参考文献「日本こどものあそび大図鑑」（笹間良彦） 遊子館 2005.1 p8-10f
◎参考文献「江戸の遊び―けっこう楽しいエコレジャー」（東北大学附属図書館） 東北大附属図書館 2006.11 p124-125

あだ討ち
◎参考文献「曽我物語の史実と虚構」（坂井孝一） 吉川弘文館 2000.12 p206-208

アタッチメント理論
◎引用参考文献「アタッチメントと臨床領域」（数井みゆきほか） ミネルヴァ書房 2007.10 prr

アダルトチルドレン
◎文献「知っていますか?―アダルトチルドレン一問一答」（編集委員会） 解放出版 2002.10 p113-115

アダルト文庫
◎文庫一覧「文庫びっくり箱」（則枝忠彦） 青弓社 2001.9 p81-86

アーツ・アンド・クラフツ
◎参考文献「アーツ・アンド・クラフツの建築」（片木篤） 鹿島出版会 2006.2 p1-2b

アップル社
◎参考文献「アップル・コンフィデンシャル2.5J 下」（O. W. リンツメイヤー） アスペクト 2006.5 p410-414

敦盛説話
○注「平家物語から浄瑠璃へ―敦盛説話の変容」（佐谷眞木人） 慶応義塾大学出版会 2002.10 prr

圧力団体
◎文献「現代日本の市民社会・利益団体」（辻中豊） 木鐸社 2002.4 p341-349

あていく

アディクション
　◎文献「共依存とアディクション　心理・家族・社会」（清水新二ほか）　培風館　2001.4　prr

アート
　◎参考文献「アート―"芸術"が終った後の"アート"」（松井みどり）　朝日出版社　2002.2　p236-232

アドヴァイタ学派
　◎参照文献「アドヴァイタ認識論の研究」（佐藤裕之）　山喜房仏書林　2005.2　p511-518

アートセラピー
　◎文献ほか「創造的アートセラピィ」（瀬崎真也）　黎明書房　2007.8　p175-180

アート・ドキュメンテーション
　○文献目録（高橋晴子, 大江長二郎）「アート・ドキュメンテーション　9」（同研究会）　2001.7　p45-50
　○文献目録（大江長二郎ほか）「アート・ドキュメンテーション研究　9」（アート・ドキュメンテーション研究会）　2002.3　p45-50
　○関連文献目録（JADS文献情報委員会）「アート・ドキュメンテーション研究　10」（アート・ドキュメンテーション研究会）　2003.3　p92-98
　○文献目録（高橋晴子ほか）「アート・ドキュメンテーション研究　11」（アートドキュメンテーション研究会）　2004.3　p140-149
　○関係文献目録（アート・ドキュメンテーション研究会文献情報委員会）「アート・ドキュメンテーション通信　63」（アート・ドキュメンテーション研究会）　2004.10　p27-28
　○文献目録（高橋晴子ほか）「アート・ドキュメンテーション研究　12」（アートドキュメンテーション研究会）　2005.3　p70-79
　○文献目録（学会文献情報委員会）「アート・ドキュメンテーション通信　68」（アート・ドキュメンテーション学会）　2006.1　p29-30
　○文献目録（平井紀子ほか）「アート・ドキュメンテーション研究　13」（アート・ドキュメンテーション学会）　2006.3　p59-67
　○文献目録（文献情報委員会）「アート・ドキュメンテーション通信　72」（アート・ドキュメンテーション学会）　2007.1　p31-32
　○文献目録（JADS文献情報委員会）「アート・ドキュメンテーション研究　14」（アート・ドキュメンテーション学会）　2007.3　p106-112

アトピー
　◎参考文献「パパがママになっちゃった―アトピーの我が子と過ごした1000日」（瀧井宏臣）　ポプラ社　2002.5　1pb
　◎参考文献「アトピー治療革命」（藤沢重樹）　永岡書店　2004.4　p214-219

アートマネージメント
　◎参考文献「進化するアートマネージメント」（林容子）　レイライン　2004.5　p256-258

アトランティス
　◎参考文献「アトランティスは沈まなかった―伝説を読み解く考古地理学」（U. エルリンソン）　原書房　2005.3　p6-7b
　◎文献「アトランティスの暗号―10万年前の失われた叡智を求めて」（C. ウィルソン）　学習研究社　2006.9　p480-481

アトリビュート
　◎読書案内「名画を読み解くアトリビュート」（木村三郎）　淡交社　2002.12　p142-161

アナーキズム
　◎文献「ドイツ・アナーキズムの成立―『フライハイト』派とその思想」（田中ひかる）　御茶の水書房　2002.2　p7-31b

アナトリア
　◎参考文献（菅原睦）「デデ・コルクトの書―アナトリアの英雄物語集」　平凡社　2003.10　p372-373

アナフィラキシー
　◎参考図書「アナフィラキシーに負けない本―暴走するアレルギー　増補改訂版」（角田和彦）　彩流社　2002.9　p272-277

アナリスト
　◎参考文献「アナリストの仕事」（近藤一仁）　日本能率協会マネジメントセンター　2002.4　p198-199

アナール学派
　◎参考文献「フランス歴史学革命―アナール学派1929-89年」（P. バーク）　岩波書店　2005.7　p13-31b

アニマルウェルフェア
　◎参考文献「アニマルウェルフェア―動物の幸せについての科学と倫理」（佐藤衆介）　東京大学出版会　2005.6　p190-194

アニマルセラピー
　◎文献「ペットの力―知られざるアニマルセラピー」（M. ベッカー）　主婦の友社　2003.5　p371-373
　◎関連書籍ほか「老後を動物と生きる」（M. ゲングほか）　みすず書房　2006.11　p237-240
　◎引用文献「犬と家族の心理学―ドッグ・セラピー入門」（若島孔文）　北樹出版　2007.3　prr

アニマルテクノロジー
　◎参考文献「アニマルテクノロジー」（佐藤英明）　東京大学出版会　2003.11　p203-209

アニミズム
　◎参考文献「日本の自然崇拝西洋のアニミズム　宗教と文明　非西洋的な宗教理解への誘い」（保坂幸博）　新評論　2003.3　p353-357

アニメーション
　◎参考資料「教養としての〈まんが・アニメ〉」（大塚英志, ササキバラ・ゴウ）　講談社　2001.5　p262-265
　◎参考文献「アニメ文化と子ども―ディズニーの真価がわかるあなたに」（櫛田磐）　日本図書刊行会　2001.11　p187-197
　◎新聞広告「ナウシカの「新聞広告」って見たことありますか。―ジブリの新聞広告18年史」（スタジオジブリ）　徳間書店　2002.7　p444-449
　◎原注「現代日本のアニメ―「AKIRA」から『千と千尋の神隠し』まで」（S. J. ネイピア）　中央公論新社　2002.12　prr
　◎参考文献「お姫様とジェンダー―アニメで学ぶ男と女のジェンダー学入門」（若桑みどり）　筑摩書房　2003.6　p203-204

◎注「アメリカで日本のアニメはどう見られてきたか?」(草薙聡志)　徳間書店スタジオジブリ事業本部　2003.7　p1-10b
◎文献「ジブリの森へ—高畑勲・宮崎駿を読む」(米村みゆき編)　森話社　2003.12　p250-257
◎引用参考文献「日本アニメーションの力—85年の歴史を貫く2つの軸」(津堅信之)　NTT出版　2004.3　p243-246
◎参考文献「「コマ」から「フィルム」へ—マンガとマンガ映画」(秋田孝宏)　NTT出版　2005.8　p255-254
◎参考文献「アニメーション学入門」(津堅信之)　平凡社　2005.9　prr
◎参考文献「物語の放送形態論—仕掛けられたアニメーション番組　新版」(畠山兆子ほか)　世界思想社　2006.3　p165-168
◎参考文献「アニメ・特撮・SF・映画メディア読本—ジャンルムービーへの招待」(浅尾典彦)　青心社　2006.4　p377-383
◎文献「アニメーションの臨床心理学」(横田正夫)　誠信書房　2006.8　p295-303
◎参考文献「漫画映画の志—『やぶにらみの暴君』と『王と鳥』」(高畑勲)　岩波書店　2007.5　p283-286
◎参考資料ほか「アニメビジネスがわかる」(増田弘道)　NTT出版　2007.8　p258-259

アパート
◎参考文献「アパート　コレクション・モダン都市文化18」(紅野謙介)　ゆまに書房　2006.9　p693-697

アパレル
◎参考文献「LTCM伝説—怪物ヘッジファンドの栄光と挫折」(N.ダンバー)　東洋経済新報社　2002.3　p14-23b
◎引用参考文献「アパレル構成学—着やすさと美しさを求めて」(冨田明美)　朝倉書店　2004.8　p125-128
◎文献一覧「アパレル産業の成立—その要因と企業経営の分析」(鍛島康子)　東京図書出版会　2006.4　p209-213
◎参考文献「現代アパレル産業の展開—挑戦・挫折・再生の歴史を読み解く」(山崎光弘)　繊研新聞社　2007.7　p214」

阿毘達磨
◎参考文献「阿毘達磨論の研究　木村泰賢全集4」(木村泰賢)　大法輪閣　2004.3　p408-409

アービトラージ
◎参考文献「アービトラージ入門—裁定理論からマーケットが見える」(R. S. ビリングスレイ)　日経BP社　2007.3　p225-227

アフォーダンス
◎文献「アフォーダンスの構想　知覚研究の生態心理学的デザイン」(佐々木正人,三嶋博之)　東京大学出版会　2001.2　prr

アフガニスタン
◎参考文献「アフガニスタン—南西アジア情勢を読み解く」(広瀬崇子)　明石書店　2002.1　p258-260
◎参照資料「アフガニスタンの仏教遺跡バーミヤン」(前田耕作)　晶文社　2002.1　p1-2b
◎参考文献「バーミヤーン、遥かなり—失われた仏教美術の世界」(宮治昭)　NHK出版　2002.1　p268-271
◎参考文献「さまよえるアフガニスタン」(鈴木雅明)　花伝社　2002.3　p254-256
◎文献「ソ連のアフガン戦争—出兵の政策決定過程」(李雄賢)　信山社　2002.4　p347-363
○目録稿(堀込静香)「文献探索　2001」(文献探索研究会)　2002.7　p409-416
◎参考文献「アフガニスタンの歴史—旧石器時代から現在まで」(マーティン・ユアンズ)　明石書店　2002.9　p368-378
◎参考文献「アフガニスタン　戦乱の現代史」(渡辺光一)　岩波書店　2003.3　p4-7b
◎「アフガニスタン書誌　明治期-2003」(堀込静香)　金沢文圃閣　2003.12　390p A5
◎参考文献「戦争はなぜ起こるのか—石川文洋のアフガニスタン」(石川文洋)　冬青社　2004.3　p370-371
◎参考文献ほか「アフガニスタン悲しみの肖像画—米国の爆撃による、罪のない民間人犠牲者たち」(グローバル・エクスチェンジほか)　明石書店　2004.9　p68-73
◎参考文献「帝国の傲慢　下」(M.ショワー)　日経BP社　2005.3　p252-258
◎参考文献「アフガニスタンの歴史と文化」(W.フォーヘルサング)　明石書店　2005.4　p71-106b
◎文献目録「ハンドブック現代アフガニスタン」(鈴木均)　明石書店　2005.6　p323-391
◎文献「アフガニスタン四月革命」(佐々木辰夫)　スペース伽耶　2005.10　p1-8b
◎参考文献「アフガニスタン国家再建への展望—国家統治をめぐる諸問題」(鈴木均)　明石書店　2007.5　prr

アブラハム物語
◎参考文献「アブラハム物語を読む—文藝批評的アプローチ」(小野隆一)　新教出版社　2006.3　p440-454

アフリカ
◎参考文献「アフリカの歴史—侵略と抵抗の軌跡」(岡倉登志)　明石書店　2001.1　p322-328
◎参考文献「アフリカの都市的世界」(嶋田義仁ほか)　世界思想社　2001.6　p310-284
◎参考文献「アフリカで象と暮らす」(中村千秋)　文藝春秋　2002.4　p209-214
◎参考文献「アフリカ　1　世界地理9」(福井英一郎)　朝倉書店　2002.9　prr
◎参考文献「ハンドブック現代アフリカ」(岡倉登志)　明石書店　2002.12　p345-358
◎「アジア・アフリカ言語文化研究所『出版物目録』」　東京外国語大　2003.6　CD-ROM1枚　12cm
◎「アジア・アフリカ関係図書目録　1999-2003」(日外アソシエーツ)　日外アソシエーツ　2004.9　23,768p A5
◎文献「アフリカ自然学」(水野一晴)　古今書院　2005.2　prr
◎文献「アフリカと自決権」(中野進)　信山社　2005.3　p189-202
◎「明治大学図書館所蔵アフリカ文庫目録　補遺版(1994年2月—2004年3月)」(明治大学図書館)　明治大図書館　2005.3　386, 38, 50p B5
◎参考文献「子どもたちのアフリカ—〈忘れられた大陸〉に希望の架け橋を」(石弘之)　岩波書店　2005.4　p13-20b

あふりか

- ◎参考文献「アフリカ「発見」—日本におけるアフリカ像の変遷」(藤田みどり) 岩波書店 2005.5 p1-22b
- ◎参考文献「日本の新聞におけるアフリカ報道—マクブライド委員会報告の今日的検証」(鈴木正行) 学文社 2005.10 p373-374
- ◎引用参考文献「ヴードゥー大全—アフロ民俗の世界」(檀原照和) 夏目書房 2006.4 p14-17b
- ◎参考書「帝国への抵抗—抑圧の導線を切断する」(戸田真紀子) 世界思想社 2006.4 p189-193
- ◎引用参考文献「地域研究の課題と方法—アジア・アフリカ社会研究入門」(山口博一ほか) 文化書房博文社 2006.9-12 prr
- ◎参考文献「アフリカ可能性を生きる農民」(島田周平) 京都大学学術出版会 2007.2 p250-268
- ◎参考文献「図説アフリカの哺乳類—その進化と古環境の変遷」(A. Turner) 丸善 2007.4 p239-252

アフリカ　アンゴラ内戦
- ◎注文献「アンゴラ内戦と国際政治の力学」(青木一能) 芦書房 2001.2 prr

アフリカ　議会
- ◎参考文献「アフリカ立法府支援のあり方—理論的分析と提言」(増島建) 国際協力機構 2004.6 p41-47

アフリカ　教育
- ◎参考文献「アフリカの開発と教育—人間の安全保障をめざす国際教育協力」(沢村信英) 明石書店 2003.12 prr

アフリカ　経済
- ◎参考文献「図説アフリカ経済」(平野克己) 日本評論社 2002.4 p182-185
- ◎文献「アフリカ経済実証分析」(平野克己) アジア経済研究所 2005.3 prr

アフリカ　言語
- ◎「Bibliography of African language study—ILCAA 1964-2006」(R. Kagayaほか) 東京外国語大 2006.3 6, 153p B5

アフリカ　サハラ
- ◎参考文献「サハラが結ぶ南北交流」(私市正年) 山川出版社 2004.6 p89-90
- ◎文献「砂漠を旅する—サハラの世界へ」(加藤智津子) 八坂書房 2005.11 p237-238

アフリカ　政治
- ◎参考文献「国家・暴力・政治—アジア・アフリカの紛争をめぐって」(武内進一) アジア経済研究所 2003.12 prr
- ◎参考文献「アフリカの民主化移行と市民社会論—国民会議研究を通して」(岩田拓夫) 国際書院 2004.9 p275-305
- ◎参考文献「現代アフリカ・クーデター全史」(片山正人) 叢文社 2005.8 p530-533

アフリカ　彫刻
- ◎参考文献「黒人彫刻」(C. アインシュタイン) 未知谷 2005.1 p172」

アフリカ　地理
- ◎文献「アフリカ　朝倉世界地理講座11」(池谷和信ほか) 朝倉書店 2007.4 prr

アフリカ　ナイル
- ◎参考文献「古代エジプト文化の形成と拡散　ナイル世界と東地中海世界」(大城道則) ミネルヴァ書房 2003.5 p53-76b
- ◎文献表「ナイル語比較研究の諸問題—ナイル語西方言における名詞の語形成法を中心に」(稗田乃) 東京外国語大 2006.12 p333-338

アフリカ　農業
- ◎参考文献「前工業化期日本の農家経済—主体均衡と市場経済」(友部謙一) 有斐閣 2007.3 p263-293

アフリカ　農民
- ◎参考文献「アフリカ農民の経済—組織原理の地域比較」(杉村和彦) 世界思想社 2004.2 p470-452

アフリカ　東アフリカ
- ◎文献目録「東アフリカ農耕民社会の研究—社会人類学からのアプローチ」(坂本邦彦) 慶應義塾大学出版会 2001.3 p221-236b

アフリカ　美術
- ◎文献「アフリカのかたち　改定版」(小川弘) 里文出版 2001.8 p139-140
- ◎参考文献「知られざる西アフリカの美術」(アプトインターナショナルほか) アプトインターナショナル〔2003〕 p202-205
- ◎参考文献「「アフリカ・リミックス—多様化するアフリカの現代美術」展—日本語版カタログ」(荒木夏実ほか) 森美術館 2006.5 p250-252

アフリカ　貿易
- ◎参考文献「サハラが結ぶ南北交流」(私市正年) 山川出版社 2004.6 p89-90

アフリカ　マグレブ
- ◎読書案内「マグレブ複数文化のトポス—ハティビ評論集」(A. ハティビ) 青土社 2004.8 p251-260
- ◎参照文献「北アフリカ地域統合と民主化—アラブマグレブの選択」(吉田啓太) 彩流社 2005.4 p11-17b

アフリカ　民族
- ◎参考文献「遊動民—アフリカの原野に生きる」(田中二郎ほか) 昭和堂 2004.4 prr

アフリカ　料理
- ◎註「アフリカ　世界の食文化11」(小川了) 農文協 2004.10 prr

アフリカ　歴史
- ◎文献リスト「アフリカ史再考—女性・ジェンダーの視点から」(I. バーガーほか) 未来社 2004.10 p11-38b
- ◎引用参考文献「「火砲」の戦国史　アフリカ大陸史を読み直す2」(木村愛二) 社会評論社 2007.5 p205-219

アフリカ系アメリカ人
- ◎参考文献「アフリカ系はアメリカ人か—植民地時代から現代まで」(杉渕忠基) 大学教育出版 2005.9 prr

アフリカ大陸
- ◎参考書目「アフリカ大陸歴史地図—大陸別世界歴史地図　5」(S. カスール) 東洋書林 2002.12 p152-153

アフリカ統合
- ◎参照文献「北アフリカ地域統合と民主化—アラブマグレブの選択」(吉田啓太) 彩流社 2005.4 p11-17b

アベイシアター
- ◎参考文献「アベイ・シアター—1904-2004 アイルランド演劇運動」（杉山寿美子） 研究社 2004.12 p385-392

アヘン
- ◎参考文献「アヘンとイギリス帝国—国際規制の高まり 1906-43年」（後藤春美） 山川出版社 2005.4 p7-17b
- ◎参考文献「阿片の中国史」（譚璐美） 新潮社 2005.9 p220-221

アポロ計画
- ◎note「アポロは月に行ったのか—Dark-Moon 月の告発者たち」（M.ベネット，D.S.パーシー） 雷韻出版 2002.10 p1-9b

海女
- ◎参考文献「海を越える済州島の海女—海の資源をめぐる女のたたかい」（李善愛） 明石書店 2001.2 p232-237

尼
- ◎参考文献「尼になった女たち」（田中貴子） 大東出版社 2005.3 p178-181

甘え
- ◎文献「「甘え」の構造 新装版」（土居健郎） 弘文堂 2001.4 p264-271

アマゴ
- ◎参考文献「魚名文化圏 ヤマメ・アマゴ編」（鈴野藤夫） 東京書籍 2001.4 p276-290

雨乞い
- ◎参考文献「祈雨祭—雨乞い儀礼の韓日比較民俗学的研究」（任章赫） 岩田書院 2001.5 p155-165

アマゾン開拓
- ◎参考文献「航跡 移住31年目の乗船名簿」（相田洋） NHK出版 2003.2 5pb

アマゾン川
- ◎文献「アマゾン—保全と開発」（西沢利栄ほか） 朝倉書店 2005.4 p134-140

アマゾンコム
- ◎参考文献「アマゾン・ドットコム 驚異のウェッブビジネス」（R.ソーンダーズ） 三修社 2003.2 p257-263
- ◎文献「アマゾン・ドット・コムの光と影—潜入ルポ—躍進するIT企業・階層化する労働現場」（横田増生） 情報センター出版局 2005.4 p288-291
- ◎文献「アマゾン・ドット・コム成功の舞台裏—元トップエディターが語るアマゾンの軌跡」（J.マーカス） インプレス 2005.7 p334-339

アマゾン文明
- ◎参考文献「衝撃の古代アマゾン文明」（実松克義） 講談社 2004.8 p334-325

天照教
- ◎出版物一覧「天照教五十年史」 天照教 2003.10 p270-282

アマルガム
- ◎参考文献「口の中に潜む恐怖—アマルガム水銀中毒からの生還」（D.スタインバーグ） マキノ出版 2002.6 p229-221

網
- ◎参考文献「網（あみ）—ものと人間の文化史 106」（田辺悟） 法政大学出版局 2002.7 p294-300

阿弥陀浄土図
- ◎参考引用文献「初唐・盛唐期の敦煌における阿弥陀浄土図の研究」（勝木言一郎） 創土社 2006.2 p487-508

阿弥陀仏
- ◎文献「民衆宗教遺跡の研究」（唐沢至朗） 高志書院 2003.12 p1-10b

アーミッシュ
- ◎参考文献「アーミッシュ・キルトと畑の猫」（菅原千代志） 丸善 2001.4 p176-177
- ◎参考文献「アーミッシュキルトと畑の猫」（菅原千代志） 丸善 2002.4 p177-176
- ◎文献「アーミッシュの学校」（S.E.フィッシャーほか） 論創社 2004.6 p1-4b
- ◎参考文献「聖なる共同体の人々」（坂井信生） 九州大出版会 2007.10 p211-214

アミノ酸
- ◎参考文献「アミノエビデンス なぜ効くのか、何に効くのか」（大谷勝） 現代書林 2003.3 p175-187
- ◎参考文献「アミノ酸セミナー」（日本必須アミノ酸協会） 工業調査会 2003.11 prr
- ◎参考書「タンパク質・アミノ酸の新栄養学」（岸恭一ほか） 講談社 2007.3 p233」

雨
- ◎参考文献「豪雨と降水システム」（二宮洸三） 東京堂出版 2001.6 p237-239
- ◎参考文献「雨を活かす—ためることから始める」（辰濃和男ほか） 岩波書店 2004.2 p171-174
- ◎文献「豪雨・豪雪の気象学」（吉崎正憲ほか） 朝倉書店 2007.1 p177-184

アメラジアン
- ◎参考文献「アメラジアンの子供たち—知られざるマイノリティ問題」（S.マーフィ重松） 集英社 2002.5 p237-234

アメリカインディアン
- ◎引用文献「インディアンという生き方」（R.アードス） グリーンアロー出版社 2001.3 p165」
- ◎文献「アメリカ先住民アリゾナ・フェニックス・インディアン学校」（ロバート・A.トレナート・Jr.） 明石書店 2002.5 p336-343
- ○書誌（伊藤聰）「経営研究 16.3」（愛知学泉大） 2003.3 p353-371
- ◎文献「オローニの日—サンフランシスコ先住民のくらしと足跡」（M.マーゴリン） 人間家族編集室 2003.3 p197-201
- ◎文献「ヴァールブルク著作集 7 蛇儀礼—北アメリカ、プエブロ・インディアン居住地域からのイメージ」（A.ヴァールブルク） ありな書房 2003.3 p113-118
- ◎Bibliography「ホピ銀細工—ネイティブ・アメリカンの美術工芸品」（M.ライト） バベル・プレス 2003.6 p136-137
- ◎文献「ニューヨークのミステコ族—巨大都市に生きる出稼ぎ少数民族」（池森憲一） トランスビュー 2003.8 p229-231
- ◎授業紹介「風の民—ナバホ・インディアンの世界」（猪熊博行） 社会評論社 2003.10 p260-272

◎参考文献「アメリカ先住民の宗教」（P. R. ハーツ）　青土社　2003.12　p15b

◎参考文献「米国先住民族と核廃棄物—環境正義をめぐる闘争」（石山徳子）　明石書店　2004.2　p245-264

◎文献ほか「大地の手のなかで—アメリカ先住民文学」（青山みゆき）　開文社出版　2004.6　p212-242

◎引用参考文献「アメリカ・ルネッサンスと先住民—アメリカ神話の破壊と再生」（小澤奈美恵）　鳳書房　2005.3　p320-305

◎参考文献「アメリカ先住民—民族再生にむけて」（阿部珠理）　角川学芸出版　2005.6　p245-263

◎文献「アメリカン・インディアンの歌」（G. W. クローニン）　松柏社　2005.12　p498-506

◎参考引用文献「ネイティブ・アメリカンの世界—歴史を糧に未来を拓くアメリカ・インディアン」（青柳清孝）　古今書院　2006.1　prr

◎参考文献「米墨国境地帯における先住民の伝統と現代—パスクア・ヤキを事例として」（水谷裕佳）　上智大　2006.3　p55-60

◎参考文献「大地の声—アメリカ先住民の知恵のことば」（阿部珠理）　大修館書店　2006.4　p245-244

◎参考文献「「辺境」の抵抗—核廃棄物とアメリカ先住民の社会運動」（鎌田遵）　御茶の水書房　2006.6　p311-337

◎引用文献「不実な父親・抗う子供たち—19世紀アメリカによる強制移住政策とインディアン」（鵜月裕典）　木鐸社　2007.2　p9-21b

○文献目録ほか（佐藤円ほか）「立教アメリカン・スタディーズ　29」（立教大）　2007.3　p73-167

◎史料文献「〈インディアン〉と〈市民〉のはざまで—合衆国南西部における先住社会の再編過程」（水野由美子）　名古屋大出版会　2007.6　p3-14b

アメリカ合衆国

◎参考文献「なぜアメリカの大学は一流なのか　キャンパスを巡る旅」（川本卓史）　丸善　2001.1　p231-234

◎参考文献「アメリカが見つかりましたか　戦後篇」（阿川尚之）　都市出版　2001.1　p25-253

◎参考文献「米国都市の行財政—カリフォルニア・テキサスの現状は」（近藤直光）　公人の友社　2001.1　p127-128

◎参考文献「素顔のアメリカNPO—貧困と向き合った8年間」（須田木綿子）　青木書店　2001.2　p221-223

◎参考文献「eエコノミーはどこに向かうか—アメリカ最前線レポート」（NTTデータ北米技術センタ）　NTT出版　2001.3　p264-266

◎参考文献「アメリカと日華議和—米・日・台関係の構図」（袁克勤）　柏書房　2001.3　p267-280

◎文献リスト「アメリカの非典型雇用—コンティンジェント労働者をめぐる諸問題」　日本労働研究機構　2001.3　p227-231

◎参考文献「アメリカ音楽科教育成立史研究」（荒巻治美）　風間書房　2001.3　p347-366

◎参考文献「アメリカ金融制度改革の長期的展望」（高木仁）　原書房　2001.3　p297-302

◎参考文献「アメリカ都市政治の展開—マシーンからリフォームへ」（平田美和子）　勁草書房　2001.3　p257-276

◎参考文献「アメリカ投資信託の形成と展開—両大戦間期から1960年代を中心に」（三谷進）　日本評論社　2001.3　p237-260

◎参考文献「米国の電子商取引政策—デジタル経済における政府の役割　第2版」（谷口洋志）　創成社　2001.3　p301-308

◎参考文献「アーミッシュ・キルトと畑の猫」（菅原千代志）　丸善　2001.4　p176-177

◎文献「アメリカのアグリフードビジネス—現代穀物産業の構造分析」（磯田宏）　日本経済評論社　2001.4　p266-274

◎参考文献「パックス・アメリカーナと日本—国際システムの視点からの検証」（坂本正弘）　中央大学出版部　2001.4　p287-293

◎文献「写真で読むアメリカ心理学のあゆみ」（J. A. ポップルストーン, M. W. マクファーソン）　新曜社　2001.4　p157-169

◎参考文献「「アメリカ」を越えたドル—金融グローバリゼーションと通貨外交」（田所昌幸）　中央公論新社　2001.5　p346-440

◎文献「アメリカよ、驕るなかれ」（芝生瑞和）　毎日新聞社　2001.5　p441-450

◎参考文献「アメリカ地名辞典」（井上謙治, 藤井基精）　研究社出版　2001.5　p437-438

◎文献「アメリカの学校文化日本の学校文化—学びのコミュニティの創造」（臼井博）　金子書房　2001.6　p291-303

◎参考文献「アメリカの賃金・評価システム」（笹島芳雄）　日経連出版部　2001.6　p223-226

◎参考文献「環境保護主義の時代　アメリカにおける環境思想の系譜」（J. E. ド・スタイガー）　多賀出版　2001.6　p237-245

◎参考文献「大企業の絶滅—経営責任者たちの敗北の歴史」（ロバート・ソーベル）　ピアソンエデュケーション　2001.6　p525-536

◎参考文献「米国通貨戦略の破綻—強いドルはいつまで続くのか」（森佳子）　東洋経済新報社　2001.6　p309-311

◎参考文献「アメリカの法律家　新装版」（飯島澄雄）　東京布井出版　2001.7　p509-511

◎参考文献「アメリカ会計基準論—国際的調和の動向」（米山祐司）　同文舘出版　2001.7　p203-218

◎参考文献「アメリカ金融システムの転換—21世紀に公正と効率を求めて」（ディムスキほか）　日本経済評論社　2001.8　p43-433

◎参考文献「アメリカ連邦税法—所得概念から法人・パートナーシップ・信託まで」（伊藤公哉）　中央経済社　2001.8　p587-591

◎参考文献「米国銀行法」（高月昭年）　金融財政事情研究会　2001.8　p261-262

◎参考文献「アメリカ・フェミニズムのパイオニアたち—植民地時代から1920年代まで」（武田貴子ほか）　彩流社　2001.9　p333-339

◎参考文献ほか「アメリカを理解するためのハンドブック—政治・経済編」（村尾英俊）　鳥影社　2001.9　p271-276

◎参考文献「インクルーシブ教育の真実—アメリカ障害児教育リポート」（安藤房治）　学苑社　2001.9　p221-222

◎参考文献「聖書がわかればアメリカが読める」（鹿嶋春平太）　PHP研究所　2001.9　p238-239

◎訳者解題(内山秀夫ほか)「敵国日本 太平洋戦争時、アメリカは日本をどう見たか?」(H. バイアス) 刀水書房 2001.9 p183-215
◎参考文献「アメリカ意外史―カリフォルニア・ミッションを辿って」(岡本孝司) オーク出版サービス 2001.10 p175-176
◎参考文献「アメリカ憲法綱要―ケース・メソッド」(高野幹久) 信山社出版 2001.10 p277-278
◎参考文献「アメリカの憲法が語る自由―合衆国憲法制定200年が生み出したもの」(ジョン・セクストン,ナット・ブラント) 第一法規出版 2001.11 p409-414
◎参考文献・年表「英和アメリカ史学習基本用語辞典」(池田智) アルク 2001.11 p394-397
◎参考文献「アメリカとパレスチナ問題 アフガニスタンの影で」(高橋和夫) 角川書店 2001.12 p243-245
◎参考文献「現代アメリカの政治文化―多文化主義とポストコロニアリズムの交錯」(辻内鏡人) ミネルヴァ書房 2001.12 p207-208
◎参考文献・年表「米国の対日政策―覇権システムと日米関係 改訂版」(川上高司) 同文舘出版 2001.12 p299-304
◎参考文献「アメリカ大学史とジェンダー」(坂本辰朗) 東信堂 2002.1 p269-319
◎参考文献「アメリカの経済思想―建国期から現代まで」(田中敏弘) 名古屋大学出版会 2002.2 p230-242
◎参考文献「アメリカ社会科学習評価研究の史的展開―学習評価にみる社会科の理念実現過程」(棚橋健治) 風間書房 2002.2 p335-348
◎参考文献「ケースブックアメリカ経営史」(安部悦生,壽永欣三郎,山口一臣) 有斐閣 2002.2 p339-344
◎参考文献「学校評議会制度における政策決定―現代アメリカ教育改革・シカゴの試み」(山下晃一) 多賀出版 2002.2 p255-271
◎文献「現代アメリカの住宅金融システム―金融自由化・証券化とリーテイルバンキング・公的部門の再編」(井村進哉) 東京大学出版会 2002.2 p377-389
◎参考文献「現代アメリカ家庭科カリキュラムに関する研究―生活実践知形成」(林未和子) 風間書房 2002.2 p351-379
◎参考文献「私はアメリカのイスラム教徒」(アスマ・ブル・ハサン) 明石書店 2002.2 p294-317
◎文献目録ほか「宗教に揺れるアメリカ―民主政治の背後にあるもの」(蓮見博昭) 日本評論社 2002.2 p369-344
◎参考文献「アメリカ所得保障政策の成立と展開―公的扶助制度を中心とする所得保障政策の動向分析 諸外国の生活保護制度に関する調査研究事業・研究報告書」 厚生労働省社会・援護局保護課 2002.3 p139-148
◎参考文献「アメリカ連結会計生成史論」(小栗崇資) 日本経済評論社 2002.3 p257-261
◎参考文献「テロ後のアメリカ―いま「自由」が崩壊する!」(矢部武) ベストセラーズ 2002.3 p232-237
◎文献「管理通貨制度の機構分析 アメリカ編」(掛下達郎) 松山大学総合研究所 2002.3 p141-154
◎参考文献「憎まれるアメリカの正義―イスラム原理主義の闘い」(小山茂雄ほか) 講談社 2002.3 p214-218

◎参考文献「冷戦下・アメリカの対中東戦略―歴代の米大統領は中東危機にどう決断したか」(ジョージ・レンツォウスキー) 第三書館 2002.3 p513-523
◎注「アメリカ図書館史に女性を書きこむ」(S. ヒルデブランド) 京都大学図書館情報学研究会 2002.7 prr
◎文献「イラクとアメリカ」(酒井啓子) 岩波書店 2002.8 p1-3b
◎注文献「記念碑の語るアメリカ」(K. E. フット) 名古屋大学出版会 2002.8 p11-27
◎文献「「核兵器使用計画」を読み解く―アメリカ新核戦略と日本」(新原昭治) 新日本出版社 2002.9 p1-7b
◎原注「アメリカへの警告―21世紀国際政治パワー・ゲーム」(S. J. ナイ) 日本経済新聞社 2002.9 p317-285
◎参考文献「デモクラシーの帝国―アメリカ・戦争・現代世界」(藤原帰一) 岩波書店 2002.9 p1-6b
◎参考図書「アメリカ医学の歴史―ヒポクラテスから医科学へ」(J. ダフィ) 二瓶社 2002.10 p459-466
◎文献解題(東栄一郎ほか)「アメリカ大陸日系人百科事典―写真と絵で見る日系人の歴史」(全米日系人博物館) 明石書店 2002.10 prr
◎参考文献「アメリカのバイリンガル教育―新しい社会の構築をめざして」(末藤美津子) 東信堂 2002.12 p202-214
◎文献「アメリカの国立公園―自然保護運動と公園政策」(上岡克己) 築地書館 2002.12 p204-211
◎文献「アメリカ連邦税法―所得概念から法人・パートナーシップ・信託まで 第2版」(伊藤公哉) 中央経済社 2002.12 p637-641
◎文献「アメリカの大学基準成立史研究―「アクレディテーション」の原点と展開」(前田早苗) 東信堂 2003.1 p211-216
◎文献「アメリカ知識人とラディカル・ビジョンの崩壊」(前川玲子) 京都大学学術出版会 2003.1 p277-292
◎文献「食べるアメリカ人」(加藤裕子) 大修館書店 2003.1 p234-235
◎注「アメリカ食文化 味覚の境界線を越えて」(D. R. ガバッチア) 青土社 2003.3 p9-33b
◎文献「映像/言説の文化社会学―フィルム・ノワールとモダニティ」(中村秀之) 岩波書店 2003.3 p279-298
◎文献「二十一世紀の高齢者福祉と医療―日本とアメリカ」(中島恒雄) ミネルヴァ書房 2003.3 p203-211
◎文献「多文化主義とは何か」(A. センプリーニ) 白水社 2003.4 p1-2b
◎原注「帝国以後 アメリカ・システムの崩壊」(E. トッド) 藤原書店 2003.4 p287-280
◎文献「諸外国における職業能力評価制度の比較調査、研究 アメリカ」(日本労働研究機構研究所) 日本労働研究機構 2003.5 p403-408
◎注「窒息するオフィス 仕事に強迫されるアメリカ人」(J. A. フレイザー) 岩波書店 2003.5 p11-27b
◎文献「米国著作権法詳解 下」(R. ゴーマンほか) 信山社出版 2003.5 p965-973
◎参考文献「ベトナム症候群 超大国を苛む「勝利」への強迫観念」(松岡完) 中央公論新社 2003.7 p331-318
◎文献「情報技術革新の経済効果―日米経済の明暗と逆転」(篠崎彰彦) 日本評論社 2003.7 p271-291

◎文献「転換期のアメリカ労使関係—自動車産業における作業組織改革」(篠原健一) ミネルヴァ書房 2003.7 p193-209
◎注ほか「アメリカの仮面と正体 日本のモデルにはならない」(稲富修二) 叢文社 2003.8 p203-206
◎参考文献「アメリカのパワー・エリート」(三輪裕範) 筑摩書房 2003.9 p1-5b
◎文献「アメリカ監査基準書〈SAS〉の読み方 新版」(児嶋隆) 中央経済社 2003.9 p355-356
◎文献「アメリカ新世代農協の挑戦」(C.D. メレット) 家の光協会 2003.9 p221-232
◎文献解題「アメリカ研究入門 3版」(五十嵐武士ほか) 東京大学出版会 2003.10 prr
◎文献「黎明期の脱主流演劇サイト—ニューヨークの熱きリーダー1950-60」(斎藤偕子) 鼎書房 2003.10 p193-216
○文献「レファレンス 53.12」(国立国会図書館調査及び立法考査局) 2003.12 p89-98
◎文献「渡米移民の教育—栞で読む日本人移民社会」(横田睦子) 大阪大学出版会 2003.12 p187-198
◎参考文献「日米比較でわかる米国ビジネス法実務ハンドブック」(八代英輝) 中央経済社 2003.12 p345-346
◎文献「民の試みが失敗に帰したとき—究極のリスクマネジャーとしての政府」(D. A. モスほか) 野村総合研究所広報部 2003.12 p550-591
○文献目録(伊藤紀彦)「中京法学 38.1」(中京大) 2003 p67-114
◎参考文献「アメリカ不正会計とその分析」(山地秀俊ほか) 神戸大 2004.2 prr
◎参考文献「現代アメリカ経済思想の起源—プラグマティズムと制度経済学」(高哲男) 名古屋大学出版会 2004.2 p243-259
◎文献案内「現代アメリカ入門」(堀本武功) 明石書店 2004.2 p263-269
◎参考文献「9・11ジェネレーション」(岡崎玲子) 集英社 2004.3 p203-202
◎参考文献「歴史のなかの人種—アメリカが創り出す差異と多様性」(中條献) 北樹出版 2004.3 p206-210
◎参考文献「米国金融機関のリテール戦略—「コストをかけないカスタマイズ化」をどう実現するか」(前田真一郎) 東洋経済新報社 2004.4 p254-257
◎参考文献「農園主と奴隷のアメリカ」(滝野哲郎) 世界思想社 2004.5 p8-17b
◎参考文献「分断されるアメリカ」(S. ハンチントン) 集英社 2004.5 p518-565
◎関連文献「北アメリカ社会を眺めて—女性軸とエスニシティ軸の交差点から」(田中きく代ほか) 関西学院大出版会 2004.5 prr
◎参考文献「アメリカの地方自治」(小滝俊之) 第一法規 2004.6 p327-345
◎参考文献「アメリカ経営管理論生成史」(今井斉) 文眞堂 2004.6 p232-238
◎参考文献「ゲーテッド・コミュニティ—米国の要塞都市」(E. J. ブレークリーほか) 集文社 2004.6 p230-240
◎参考文献「金融と審判の日—21世紀の穏やかな恐慌を生き延びるために」(W. ボナーほか) パンローリング 2004.6 p425-431

◎文献案内「図説ニュージーランド・アメリカ比較地誌」(植村善博) ナカニシヤ出版 2004.6 p124-126
◎文献一覧「アメリカの環境主義—環境思想の歴史アンソロジー」(R. F. ナッシュ) 同友館 2004.7 p483-499
◎文献解題「アメリカ学入門 新版」(古矢旬) 南雲堂 2004.7 prr
◎参考文献「古きよきアメリカン・スイーツ 」(岡部史) 平凡社 2004.7 p212-213
◎参考文献「アメリカの大学教育の現状—日本の大学教育はどうあるべきか」(橘由加) 三修社 2004.8 p236-243
◎参考文献「マイノリティと教育」(J. A. ゴードン) 明石書店 2004.8 p222-234
◎文献表「現代アメリカ神学思想—平和・人権・環境の理念」(宮平望) 新教出版社 2004.8 prr
◎参考文献「アメリカ医療改革へのチャレンジ」(W. ツェルマンほか) 東洋経済新報社 2004.9 p215-222
◎「アメリカ・ヨーロッパ関係図書目録 1999-2003」(日外アソシエーツ) 日外アソシエーツ 2004.10 709p A5
◎参考文献「アメリカを揺り動かしたレディたち」(猿谷要) NTT出版 2004.10 p258-251
◎参考文献「事典現代のアメリカ」(小田隆裕ほか) 大修館書店 2004.10 p1292-1296
◎参考文献「人種差別の帝国—アメリカ人の醜い「白人至上主義」日本人のおぞましい「外国人差別」」(矢部武) 光文社 2004.10 p308-312
◎引用文献「民営化される戦争—21世紀の民族紛争と企業」(本山美彦) ナカニシヤ出版 2004.10 p269-272
◎参考文献「アメリカの穀物輸出と穀物メジャーの発展」(茅野信行) 中央大学出版部 2004.12 p265-269
◎参考文献「アメリカ過去と現在の間」(古矢旬) 岩波書店 2004.12 p1-5b
◎参考文献「アメリカ人事管理・人的資源管理史」(岡田行正) 同文舘出版 2004.12 p291-301
◎参考文献「社会変革する地域市民—スチュワードシップとリージョナル・ガバナンス」(D. ヘントンほか) 第一法規 2004.12 p303-306
○文献目録(矢ヶ崎典隆)「東京学芸大学紀要 第3部門 社会科学 56」(東京学芸大) 2005.1 p51-63
◎「アメリカが見えてくる50冊」(神田外語大学異文化コミュニケーション研究所) 神田外語大附属図書館 2005.3 120p B6
◎参考文献「ブッシュのアメリカ改造計画—オーナーシップ社会の構想」(小野亮ほか) 日本経済新聞社 2005.3 p276-282
◎文献「アメリカの貧困問題」(J. アイスランド) シュプリンガーV東京 2005.4 p47-67b
◎参考文献「記憶を紡ぐアメリカ—分裂の危機を超えて」(近藤光雄ほか) 慶應義塾大出版会 2005.4 p8-29b
◎参考文献「ほら話の中のアメリカ—愉快な英雄たちの痛快伝説でつづるアメリカの歴史」(W. ブレア) 北星堂書店 2005.5 p391-392
◎参考文献「アメリカ 図解雑学」(西岡達裕) ナツメ社 2005.6 p237-239
◎参考文献「宗教に分裂するアメリカ—キリスト教国家から多宗教共生国家へ」(D. L. エック) 明石書店 2005.6 p742-731

◎注「アメリカの家庭内暴力と虐待―社会学的視点でひもとく人間関係」（熊谷文枝）　ミネルヴァ書房　2005.8　prr
◎参考文献「そうだったのか！アメリカ」（池上彰）　ホーム社　2005.10　p239-241
◎参考文献「アメリカのキリスト教原理主義と政治支援団体」（大関敏明）　文芸社　2005.11　p112-114
◎推薦文献「アメリカの女性の歴史―自由のために生まれて　2版」（S. M. エヴァンズ）　明石書店　2005.11　p605-597
◎参考文献ほか「社会運動ユニオニズム―アメリカの新しい労働運動」（国際労働研究センター）　緑風出版　2005.11　p353-355
◎参考文献「北アメリカ―アメリカ　カナダ―ニュースを現代史から理解する　2版」（阿部齊ほか）　自由国民社　2005.11　p483-487
◎参考文献「アメリカ進歩主義教授理論の形成過程」（宮本健市郎）　東信堂　2005.12　p341-365
◎文献「アメリカ理念と現実―分かっているようで分からないこの国を読み解く」（瀬戸岡紘）　時潮社　2005.12　p267-280
◎参考文献「ヨーロピアン・ドリーム」（J. リフキン）　NHK出版　2006.1　p28-34b
◎参考文献「米国関税の政策と制度―伸縮関税条項史からの1930年スムート・ホーリー法再解釈」（小山久美子）　御茶の水書房　2006.1　p7-17b
◎参考文献「アメリカの中のイスラーム」（大類久恵）　子どもの未来社　2006.3　p219-221
◎引用文献ほか「アメリカの理想都市」（入子文子）　関西大出版部　2006.3　p8-20b
◎注「アメリカ公立図書館・人種隔離・アメリカ図書館協会」（川崎良孝）　京都大図書館情報学研究会　2006.3　p333-375
◎参考文献「映画のなかのアメリカ」（藤原帰一）　朝日新聞社　2006.3　p211-213
◎参照文献「使い捨てられる若者たち―アメリカのフリーターと学生アルバイト」（S. タノック）　岩波書店　2006.3　p1-10b
◎参考文献「物語経営と労働のアメリカ史―攻防の1世紀を読む」（松田裕之）　現代図書　2006.3　p199-213
◎参考文献「アメリカン・エスタブリッシュメント」（越智道雄）　NTT出版　2006.4　p274-278
◎参考文献「米国航空政策の研究―規制政策と規制緩和の展開」（塩見英治）　文眞堂　2006.4　p425-452
◎文献案内「アメリカ・キリスト教史―理念によって建てられた国の軌跡」（森本あんり）　新教出版社　2006.5　p165-171
◎参考文献「子どもたちのフロンティア―独立建国期のアメリカ文化史」（藤本茂生）　ミネルヴァ書房　2006.5　p9-18b
◎参考文献「アメリカの原理主義」（河野博子）　集英社　2006.7　p222-219
◎参考文献「現代アメリカの医療政策と専門家集団」（天野拓）　慶應義塾大出版会　2006.7　p339-364
◎参考文献「アメリカよ、美しく年をとれ」（猿谷要）　岩波書店　2006.8　p1-10b
◎参考文献一覧「アメリカの芸術文化政策」（片山泰輔）　日本経済評論社　2006.9　p223-238

◎参考文献「アメリカという名のファンタジー―近代ドイツ文学とアメリカ」（山口知三）　鳥影社・ロゴス企画　2006.10　p421-433
◎参考文献「アメリカの穀物輸出と穀物メジャーの発展　改訂版」（茅野信行）　中央大出版部　2006.10　p287-291
◎参考文献「アメリカの福祉改革」（根岸毅宏）　日本経済評論社　2006.11　p209-220
◎参考文献「異文化社会アメリカ　改訂版」（示村陽一）　研究社　2006.11　prr
◎参考文献「アメリカ福祉の民間化」（木下武徳）　日本経済評論社　2007.3　p208-239
◎参考文献「憧れのブロンディ―戦後日本のアメリカニゼーション」（岩本茂樹）　新曜社　2007.3　p305-298
◎参考文献「米国におけるインサイダー脅威への取り組み」（〔防衛調達基盤整備協会〕）　防衛調達基盤整備協会　2007.3　p157-159
◎原註「ゲットーを捏造する―アメリカにおける都市危機の表象」（R. D. G. ケリー）　彩流社　2007.4　p9-43b
◎参考文献「連邦制と社会改革―20世紀初頭アメリカ合衆国の児童労働規制」（平体由美）　世界思想社　2007.6　p231-243
◎参考文献ほか「カップルが親になるとき」（C. コーワンほか）　勁草書房　2007.7　p2-16b
◎参考文献「創られるアメリカ国民と「他者」―「アメリカ化」時代のシティズンシップ」（松本悠子）　東京大出版会　2007.8　p5-8b
◎参考文献「アメリカの政策金融システム」（山城秀市）　国際書院　2007.9　p265-276
◎文献「アメリカの鉄道史―SLがつくった国」（近藤喜代太郎）　成山堂書店　2007.10　p243」
◎参考文献「波乱の時代　下　世界と経済のゆくえ」（A. グリーンスパン）　日本経済新聞出版社　2007.11　p342-350
◎参考文献「サブプライムの実相―詐欺と略奪のメカニズム」（大澤和人）　商事法務　2007.12　p307-314
◎参考文献「サブプライム金融危機―21世紀型経済ショックの深層」（みずほ総合研究所）　日本経済新聞出版社　2007.12　p221-222
◎参考文献ほか「サブプライム問題の教訓―証券化と格付けの精神」（江川由紀雄）　商事法務　2007.12　p228-229
◎参考資料「衰退を克服したアメリカ中小都市のまちづくり」（服部圭郎）　学芸出版社　2007.12　p206-207

アメリカ合衆国　アイダホ
◎参考文献「アイダホ紀行」（魚山釣太）　東洋出版　2002.10　p242-244

アメリカ合衆国　アメリカニズム
◎注「アメリカニズム―「普遍国家」のナショナリズム」（古矢旬）　東京大学出版会　2002.5　prr

アメリカ合衆国　アラスカ
◎References「北太平洋沿岸の文化―文化接触と先住民社会」（北海道立北方民族博物館）　北方文化振興協会　2004.1　prr

アメリカ合衆国　アリゾナ州
◎参考文献「セドナ　聖なる大地」（今西礼子）　ナチュラルスピリット　2007.11　p159」

アメリカ合衆国　インディアナポリス
◎引用参考文献「公的記憶をめぐる博物館の政治性―アメリカ・ハートランドの民族誌」(田川泉)　明石書店　2005.2　p283-290

アメリカ合衆国　ウォールストリート
◎参考文献ほか「ウォールストリートの歴史」(チャールズ・R.ガイスト)　フォレスト出版　2001.10　p453-460

アメリカ合衆国　映画
◎参考文献「60年代アメリカ映画」(上島春彦, 遠山純生)　エスクァイアマガジンジャパン　2001.4　p190-191
◎参考文献「ハリウッド100年史講義―夢の工場から夢の王国へ」(北野圭介)　平凡社　2001.10　p259-267
◎参考文献「20世紀アメリカ映画事典」(畑暉男)　カタログハウス　2002.3　p2072」
◎文献「アメリカ映画と占領政策」(谷川建司)　京都大学学術出版会　2002.6　p478-491
○50冊「アメリカ映画がわかる。」(朝日新聞社)　2003.7　p164-171
◎参考文献「アメリカ映画に現れた「日本」イメージの変遷」(増田幸子)　大阪大学出版会　2004.2　p168-174
◎参考文献「『ブレードランナー』論序説―映画学特別講義」(加藤幹郎)　筑摩書房　2004.9　p236-238
◎参考文献ほか「ハリウッド物語―去年の雪、いま何処」(川尻勝則)　作品社　2007.6　p284-295

アメリカ合衆国　英語　⇒　英語 をも見よ
◎参考文献「アメリカ北部英語方言の研究」(後藤弘樹)　双魚社　2004.1　p430-437
◎参考文献「アメリカ英語とアイリシズム―19～20世紀アメリカ文学の英語」(藤井健三)　中央大学出版部　2004.4　p533-539
◎参考文献「アメリカの英語―語法と発音」(藤井健三ほか)　南雲堂　2006.1　p311-316

アメリカ合衆国　演劇
◎参考文献「メロドラマからパフォーマンスへ―20世紀アメリカ演劇論」(内野儀)　東京大学出版会　2001.3　p9-16b
◎参考文献「NY発演劇リポート―アメリカ市民社会と多文化主義」(小池美佐子)　慶応義塾大学出版会　2002.5　p11-35b
◎参考文献「アフリカ系アメリカ人演劇の展開」(有泉学宙)　鼎書房　2004.5　p155-159
◎参考文献「アメリカ女性演劇クロニクルズ―周縁から主流に」(谷林真理子)　鼎書房　2004.5　p249-267
◎参考文献「演劇につづり織られたアメリカ史―アメリカ演劇―夢と実験の落とし子」(三瓶眞弘)　鼎書房　2004.10　p281-288

アメリカ合衆国　音楽
◎書誌(岩政裕美子, 原田圭太)「ブルースに囚われて―アメリカのルーツ音楽を探る」(飯野友幸ほか)　信山社　2002.4　p182-189
◎参考文献「ラテン・ミュージックという「力」　複数のアメリカ・音の現場から」(東琢磨)　音楽之友社　2003.4　p325-331
◎参考文献「アメリカン・ルーツ・ミュージック―楽器と音楽の旅」(奥和宏)　音楽之友社　2004.10　p209-210
◎文献「マイ・ネーム・イズ…エミネム―暴かれたホワイト・アメリカの病巣」(A.ボッザ)　シンコーミュージック・エンタテイメント　2004.12　p282-286
◎参考書目「「アメリカ音楽」の誕生―社会・文化の変容の中で」(奥田恵二)　河出書房新社　2005.9　1pb

アメリカ合衆国　絵画
◎参考文献「スーパーリアリズム展」(岩手県立美術館ほか)　アートインプレッション　c2004　p102-103

アメリカ合衆国　海軍
◎参考文献「海の友情―米国海軍と海上自衛隊」(阿川尚之)　中央公論新社　2001.2　p302-303

アメリカ合衆国　外交
◎参考文献「モンロー・ドクトリンとアメリカ外交の基盤」(中嶋啓雄)　ミネルヴァ書房　2002.2　p9-25b
◎参考文献「いま、なぜ「戦争」なのか?―謎解き、世界同時多発紛争」(宮田律)　新潮社　2002.8　p267-271
◎文献案内「戦後アメリカ外交史」(佐々木卓也)　有斐閣　2002.10　p279-291
◎文献「ブッシュvsフセイン―イラク攻撃への道」(岡本道郎)　中央公論新社　2003.3　p246-248
◎文献「ヴァーチャル・ウォー―戦争とヒューマニズムの間」(M.イグナティエフ)　風行社　2003.3　p264-271
◎文献「反米の理由―なぜアメリカは嫌われるのか?」(Z.サーダーほか)　ネコ・パブリッシング　2003.3　p298-302
◎文献「現代アメリカ外交キーワード―国際政治を理解するために」(石井修ほか)　有斐閣　2003.4　p232-237
◎注「果てしなき論争　ベトナム戦争の悲劇を繰り返さないために」(R.マクナマラ)　共同通信社　2003.5　p663-705
◎文献「対潜海域―キューバ危機幻の核戦争」(P.ハクソーゼン)　原書房　2003.5　p402-405
◎文献「米日韓反目を超えた提携」(V.D.チャ)　有斐閣　2003.5　p321-341
◎注「アメリカの戦争と在日米軍　日米安保体制の歴史」(藤本博ほか)　社会評論社　2003.7　prr
◎注「帝国を壊すために―戦争と正義をめぐるエッセイ」(A.ロイ)　岩波書店　2003.9　p1-16b
◎原書注記ほか「暴走するアメリカの世紀―平和学は提言する」(P.ロジャーズ)　法律文化社　2003.9　p190-211
◎注「アメリカ時代の終わり　上」(C.カプチャン)　NHK出版　2003.10　p300-286
◎文献「ならずもの国家アメリカ」(C.プレストウィッツ)　講談社　2003.11　p422-427
◎参考文献「脅威のアメリカ希望のアメリカ―この国とどう向きあうか」(寺島実郎)　岩波書店　2003.11　p1-7b
◎原注「アメリカの対北朝鮮・韓国戦略―脅威論をあおる外交政策」(J.フェッファー)　明石書店　2004.2　prr
◎参考文献「歴史で読み解くアメリカの戦争」(山崎雅弘)　学習研究社　2004.3　p371-374
◎参考文献「米国議会の対日立法活動―1980-90年代対日政策の検証」(佐藤学)　コモンズ　2004.5　p157-169
◎参考文献「アメリカ外交とは何か」(西崎文子)　岩波書店　2004.7　p1-4b

- ◎注解「グローバリゼーションと戦争―宇宙と核の覇権をめざすアメリカ」(藤岡惇) 大月書店 2004.7 p233-252
- ◎参考文献「帝国アメリカと日本武力依存の構造」(C.ジョンソン) 集英社 2004.7 p160-173
- ◎原註「アメリカ帝国の悲劇」(C.ジョンソン) 文藝春秋 2004.9 p456-410
- ◎参考文献「現代アメリカの外交と政軍関係―大統領と連邦議会の戦争権限の理論と現実」(宮脇岑生) 流通経済大出版会 2004.9 p17-32b
- ◎文献解題「帝国とその限界―アメリカ・東アジア・日本」(白石隆) NTT出版 2004.9 p220-227
- ◎注「情報戦争―9・11以降のアメリカにおけるプロパガンダ」(N.スノー) 岩波書店 2004.11 p9-18b
- ◎文献「アメリカ外交の魂―帝国の理念と本能」(中西輝政) 集英社 2005.1 p291-302
- ◎参考文献「無条件降伏は戦争をどう変えたか」(吉田一彦) PHP研究所 2005.1 p246-251
- ◎注ほか「冷戦後のアメリカ外交―クリントン外交はなぜ破綻したのか」(W.G.ハイランド) 明石書店 2005.1 p328-308
- ◎文献案内「アメリカ外交―苦悩と希望」(村田晃嗣) 講談社 2005.2 p252-258
- ◎参考文献「太平洋世界の文化とアメリカ―多文化主義・土着・ジェンダー」(瀧口佳子) 彩流社 2005.2 prr
- ◎参考文献「ヨーロッパの統合とアメリカの戦略―統合による「帝国」への道」(G.ルンデスタッド) NTT出版 2005.3 p228-210
- ◎参考文献「検証イラク戦争―アメリカの単独行動主義と混沌とする戦後復興」(斎藤直樹) 三一書房 2005.3 p254-266
- ◎参考文献「国連とアメリカ」(最上敏樹) 岩波書店 2005.3 p1-6b
- ◎参考文献「帝国の傲慢 下」(M.ショワー) 日経BP社 2005.3 p252-258
- ◎参考文献「現代アメリカの外交―歴史的展開と地域との諸関係」(松田武) ミネルヴァ書房 2005.5 prr
- ◎原註「アメリカ大国への道―学説史から見た対外政策」(M.J.ホーガン) 彩流社 2005.6 p9-89b
- ◎参考文献ほか「ニュー・インペリアリズム」(D.ハーヴェイ) 青木書店 2005.6 p21-34b
- ◎参考文献「反米の世界史―「郵便学」が切り込む」(内藤陽介) 講談社 2005.6 p280-286
- ◎引用文献「「帝国」と破綻国家―アメリカの「自由」とグローバル化の闇」(本山美彦) ナカニシヤ出版 2005.8 prr
- ◎参考文献「不法越境を試みる人々―米国・メキシコ国境地帯の生と死」(K.エリングウッド) パーソナルケア出版部 2006.3 p364-361
- ◎参考文献「アメリカ外交と21世紀の世界―冷戦史の背景と地域的多様性をふまえて」(五十嵐武士) 昭和堂 2006.6 p327-333
- ◎文献リスト「「帝国」の国際政治学―冷戦後の国際システムとアメリカ」(山本吉宣) 東信堂 2006.10 p385-419
- ◎原註「アメリカの終わり」(F.フクヤマ) 講談社 2006.11 p255-244
- ◎注「アメリカはなぜイスラエルを偏愛するのか―超大国に力を振るうユダヤ・ロビー」(佐藤唯行) ダイヤモンド社 2006.11 p223-214
- ◎参考文献「ブッシュのイラク戦争とは何だったのか―大義も正当性もない戦争の背景とコスト・ベネフィット」(野崎久和) 梓出版社 2006.12 p265-273
- ◎参考文献ほか「東アジアの日・米・中―平和と繁栄をどう確保するか」(荒井利明) 日中出版 2007.4 p255-258
- ◎参考文献「グローバル化か帝国か」(J.ネーデルフェーン・ピーテルス) 法政大出版局 2007.7 p302-280
- ◎引用参考文献「アメリカ外交の政治過程」(浅山公紀) 勁草書房 2007.8 p14-29b
- ◎参考文献「フランス-アメリカ―この〈危険な関係〉」(宇京頼三) 三元社 2007.9 p312-316
- ◎注「歴史経験としてのアメリカ帝国―米比関係史の群像」(中野聡) 岩波書店 2007.9 p11-51b
- ◎参考文献「反米大陸―中南米がアメリカにつきつけるNO!」(伊藤千尋) 集英社 2007.12 p215-218

アメリカ合衆国　カリフォルニア州
- ◎参考文献「ハイウェイの誘惑―ロードサイド・アメリカ」(海野弘) グリーンアロー出版社 2001.11 p313-317
- ◎文献「友人のあいだで暮らす―北カリフォルニアのパーソナル・ネットワーク」(クロード・S.フィッシャー) 未来社 2002.12 p26-35b
- ◎文献「水の環境史―南カリフォルニアの二〇世紀」(小塩和人) 玉川大学出版部 2003.3 p257-282
- ◎参考文献「カリフォルニア州学校選択制度研究」(佐々木司) 風間書房 2007.12 p249-282

アメリカ合衆国　議会
- ◎参考文献「首相公選は日本を変えるか―アメリカ議会のダイナミズムに学ぶ」(今成勝彦) いしずえ 2001.6 p212-216

アメリカ合衆国　議会図書館
- ○目録解題(住吉朋彦)「斯道文庫論集　41」(慶応義塾大斯道文庫) 2006 p201-270

アメリカ合衆国　企業
- ◎参考文献「日米企業の利益率格差」(伊丹敬之) 有斐閣 2006.11 p223-226

アメリカ合衆国　教育
- ◎参考文献ほか「現代米国教員研修改革の研究―教員センター運動を中心に」(牛渡淳) 風間書房 2002.1 p626-660
- ◎注「アメリカ教育史の中の女性たち―ジェンダー、高等教育、フェミニズム」(坂本辰朗) 東信堂 2002.10 prr
- ◎notes「「人格教育」のすすめ　アメリカ教育改革の新しい潮流」(T.ディヴァイン) コスモトゥーワン 2003.2 p1-40b
- ◎文献補遺ほか(J.R.テリン)「アメリカ大学史」(F.ルドルフ) 玉川大学出版部 2003.2 p518-444
- ◎引用参考文献「現代アメリカ歴史教育改革論研究」(溝口和宏) 風間書房 2003.2 p237-246
- ◎文献「アメリカの才能教育―多様な学習ニーズに応える特別支援」(松村暢隆) 東信堂 2003.9 p200-217

- ◎参考文献「アメリカ公教育思想形成の史的研究—ボストンにおける公教育普及と教育統治」(北野秋男) 風間書房 2003.10 p285-300
- ◎参考文献「リベラル教育とアメリカの大学」(松井範惇) 西日本法規出版 2004.7 p144-146
- ◎参考文献「教育の世紀—学び、教える思想」(苅谷剛彦) 弘文堂 2004.12 p376-380
- ◎註「共通の土台を求めて—多元化社会の公教育」(D. B. タイヤック) 同時代社 2005.9 p4-39b
- ◎参考文献「アメリカの教育開発援助—理念と現実」(佐藤眞理子) 明石書店 2005.12 p261-276
- ◎引用文献ほか「現代アメリカの学校改革—教育政策・教育実践・学力」(R. F. エルモア) 同時代社 2006.6 p298-307
- ◎文献「アメリカ連邦政府による大学生経済支援政策」(犬塚典子) 東信堂 2006.11 p239-253
- ◎参考文献「アメリカ成人教育史」(H. W. スタブルフィールドほか) 明石書店 2007.2 p383-412
- ◎参考文献「スクールホーム—「ケア」する学校」(J. R. マーティン) 東京大出版会 2007.5 p268-274
- ◎参考文献「アメリカ多文化教育の再構築—文化多元主義から多文化主義へ」(松尾知明) 明石書店 2007.6 p209-198
- ◎引用参考文献「「学校の自律性」と校長の新たな役割—アメリカの学校経営改革に学ぶ」(浜田博文) 一藝社 2007.11 p317-339

アメリカ合衆国　行政
- ◎文献一覧「1930年代アメリカ教育行政学研究—ニューディール期民主的教育行政学の位相」(中谷彪) 晃洋書房 2005.2 p493-500

アメリカ合衆国　金融
- ◎参考文献「アメリカの金融制度—比較社会文化による問題接近をめざして　改訂版」(高木仁) 東洋経済新報社 2006.6 p331-344
- ◎参考文献「アメリカの金融政策—金融危機対応からニュー・エコノミーへ」(地主敏樹) 東洋経済新報社 2006.11 p309-318

アメリカ合衆国　グアム島
- ◎引用参考文献「グアムと日本人—戦争を埋立てた楽園」(山口誠) 岩波書店 2007.7 p7-9b

アメリカ合衆国　軍
- ◎参考文献「米軍の前方展開と日米同盟」(川上高司) 同文舘出版 2004.4 p333-363
- ◎参考文献「米軍再編と在日米軍」(森本敏) 文藝春秋 2006.9 p240-246

アメリカ合衆国　経済
- ◎参考文献「経済危機の読み方—日米「破局のシナリオ」」(長谷川幸洋) 講談社 2001.5 p216-219
- ◎参考文献「ITエコノミー—情報技術革新はアメリカ経済をどう変えたか」(熊坂有三, 峰滝和典) 日本評論社 2001.7 p173-178
- ◎参考文献「最新アメリカ経済複合概論」(松村學) 多賀出版 2002.2 p233-237
- ◎参考文献「ITエコノミー—情報革新技術はアメリカ経済をどう変えたか」(熊坂有三) 日本評論社 2002.4 p173-178
- ◎文献「現代アメリカ経済」(河村哲二) 有斐閣 2003.4 prr
- ◎文献「アメリカ経済は沈まない—衰えぬミクロの強さ」(杉浦哲郎) 日本経済新聞社 2003.6 p275-278
- ◎参考文献「アメリカのバブル1995-2000 ユーフォリアと宴の後」(川上忠雄) 法政大学出版局 2003.8 p171-176
- ◎文献「アメリカの経済 2版」(春田素夫ほか) 岩波書店 2005.2 p245-258
- ◎参考文献「現代アメリカ経済—アメリカン・グローバリゼーションの構造」(萩原伸次郎ほか) 日本評論社 2005.5 prr
- ◎参考文献ほか「ニューディール体制論—大恐慌下のアメリカ社会」(河内信幸) 学術出版会 2005.7 p39-58b
- ◎参考文献ほか「ニュー・エコノミーの研究—21世紀型経済成長とは何か」(E. ボワイエ) 藤原書店 2007.6 p318-336

アメリカ合衆国　経済学
- ◎文献目録「アメリカ新古典派経済学の成立」(田中敏弘) 名古屋大出版会 2006.2 p379-409

アメリカ合衆国　経済史
- ◎註「アメリカ経済史の新潮流」(岡田泰男ほか) 慶応義塾大学出版会 2003.3 prr
- ◎参考文献「社会経済史講義—西洋社会の史的成立過程」(天川潤次郎ほか) 学文社 2004.9 p197-198

アメリカ合衆国　経済政策
- ◎文献「米国の再生—そのグランドストラテジー」(室山義正) 有斐閣 2002.7 p371-379

アメリカ合衆国　経済法
- ◎参照文献「米国独占禁止法—判例理論・経済理論・日米比較」(佐藤一雄) 信山社出版 2005.12 p419-420

アメリカ合衆国　芸術
- ◎文献「モダンの黄昏—帝国主義の改体とポストモタニズムの生成」(宮本陽一郎) 研究社 2002.4 p382-408

アメリカ合衆国　刑法
- ◎文献一覧「過酷な司法—比較史で読み解くアメリカの厳罰化」(J. Q. ウィットマン) レクシスネクシス・ジャパン 2007.6 p404-444

アメリカ合衆国　現代史
- ◎文献目録「アメリカ20世紀史」(秋元英一ほか) 東京大学出版会 2003.10 p363-372
- ◎原注「アメリカの世紀—それはいかにして創られたか?」(O. ザンズ) 刀水書房 2005.6 p300-256
- ◎参考文献「空の帝国アメリカの20世紀」(生井英考) 講談社 2006.11 p360-354

アメリカ合衆国　建築
- ◎参考文献「摩天楼とアメリカの欲望—バビロンを夢見たニューヨーク」(T. A. P. レーウェン) 工作舎 2006.9 p345-362

アメリカ合衆国　憲法
- ◎参考文献「憲法で読むアメリカ史　下」(阿川尚之) PHP研究所 2004.11 p337-338
- ○文献(瀧澤信彦ほか)「宗教法 24」(宗教法学会) 2005 p301-365

アメリカ合衆国　公教育
◎文献「チャーター・スクール―アメリカ公教育における独立運動」（鵜浦裕）　勁草書房　2001.7　p309-328

アメリカ合衆国　公立図書館
◎注「図書館裁判を考える―アメリカ公立図書館の基本的性格」（川崎良孝）　京都大学図書館情報学研究会　2002.11　p215-242

アメリカ合衆国　黒人
◎参考資料「アメリカの黒人と公民権法の歴史」（大谷康夫）　明石書店　2002.6　p225-227

アメリカ合衆国　国内歳入庁
◎参考文献「巨大政府機関の変貌―初の民間出身長官が挑んだアメリカ税務行政改革」（C. O. ロソッティ）　大蔵財務協会　2007.4　p9-24b

アメリカ合衆国　国防
◎参照文献「アメリカの宇宙戦略」（明石和康）　岩波書店　2006.6　p1-3b
◎参考文献「軍産複合体のアメリカ―戦争をやめられない理由」（宮田律）　青灯社　2006.12　p230-233
◎参考ほか「アメリカの核支配と日本の核武装―独占金融資本がつくり出す戦争」（吉田義久）　編集工房朔　2007.3　p327-332

アメリカ合衆国　財政
◎文献「財政再建と民主主義―アメリカ連邦議会の予算編成改革分析」（待鳥聡史）　有斐閣　2003.3　p253-267
◎参考文献「20世紀アメリカ財政史　1」（渋谷博史）　東京大学出版会　2005.5　p287-294
◎参考文献「アメリカ財政の構造転換―連邦・州・地方財政関係の再編」（片桐正俊）　東洋経済新報社　2005.9　p491-521
◎参考文献「アメリカの連邦財政」（渋谷博史ほか）　日本経済評論社　2006.2　prr
◎参考文献「アメリカの財政再建と予算過程」（河音琢郎）　日本経済評論社　2006.3　p221-239

アメリカ合衆国　サイパン島
◎参考引用文献「サイパン・グアム光と影の博物誌」（中島洋）　現代書館　2003.4　p295-308
◎参考文献「日本領サイパン島の一万日」（野村進）　岩波書店　2005.8　p390-398

アメリカ合衆国　雑誌
◎「データが語るアメリカ雑誌」（桑名淳二）　風涛社　2002.2　201p A5
◎参考文献「アメリカ雑誌をリードした人びと」（桑名淳二）　風濤社　2003.12　p212」

アメリカ合衆国　産業別労働組合会議
◎文献目録「アメリカの社会運動―CIO史の研究」（長沼秀世）　彩流社　2004.6　p9-19b

アメリカ合衆国　詩
◎文献一覧「アメリカン・モダニズム―パウンド・エリオット・ウィリアムズ・スティーヴンズ」（富山英俊）　せりか書房　2002.4　p1-13b
◎参考図書「英詩のわかり方」（阿部公彦）　研究社　2007.3　p229-233

アメリカ合衆国　シカゴ
◎参考文献「アメリカ都市教育政治の研究―20世紀におけるシカゴの教育統治改革」（小松茂久）　人文書院　2006.8　p367-395

アメリカ合衆国　シカゴ学派
◎文献一覧「シカゴ学派の社会学」（中野正大ほか）　世界思想社　2003.11　p352-371

アメリカ合衆国　思想
◎参考文献「現代アメリカ思想―プラグマティズムの展開」（魚津郁夫）　放送大学教育振興会　2001.3　p248-249

アメリカ合衆国　児童文学
◎参考文献「イギリスアメリカ児童文学ガイド」（定松正）　荒地出版社　2003.4　p300-319

アメリカ合衆国　資本市場
◎注「検証アメリカの資本市場改革」（淵田康之ほか）　日本経済新聞社　2002.10　p263-253

アメリカ合衆国　資本主義
◎参考文献「巨大企業の世紀―20世紀アメリカ資本主義の形成と企業合同」（谷口明丈）　有斐閣　2002.3　p437-458

アメリカ合衆国　市民宗教
◎注「アメリカの市民宗教と大統領」（R. V. ピラード）　麗澤大学出版会　2003.4　p367-392

アメリカ合衆国　社会
◎参考資料「21世紀アメリカ社会を知るための67章」（明石紀雄ほか）　明石書店　2002.9　prr
◎参考文献「消費とアメリカ社会―消費大国の社会史」（常松洋ほか）　山川出版社　2005.5　p9-12b
◎参考文献「アメリカ社会の多面的アプローチ」（杉田米行）　大学教育出版　2005.9　p267-281
◎ブックガイド「アメリカ・ヒスパニック＝ラティーノ社会を知るための55章」（大泉光一ほか）　明石書店　2005.12　p370-378
◎参考文献「歴史のなかの「アメリカ」―国民化をめぐる語りと創造」（樋口映美ほか）　彩流社　2006.2　p387-394
◎注「アメリカの中絶問題―出口なき論争」（緒方房子）　明石書店　2006.3　prr
◎引用文献「現代アメリカにおけるホームレス対策の成立と展開」（小池隆生）　専修大出版局　2006.3　p257-267
◎参考文献ほか「黒人差別とアメリカ公民権運動―名もなき人々の戦いの記録」（J. M. バーダマン）　集英社　2007.5　p250-253

アメリカ合衆国　商業
◎引用文献「アメリカ巨大食品小売業の発展」（中野安）　御茶の水書房　2007.2　p331-345

アメリカ合衆国　小説
◎読書リスト「アイデンティティとアメリカ小説―1950年代を中心に」（町田哲司ほか）　晃洋書房　2001.4　p187-194
◎参照文献ほか「アメリカ大衆小説の誕生　1850年代の女性作家たち」（進藤鈴子）　彩流社　2001.11　p13-27b
◎参考文献ほか「ジャポニズム小説の世界　アメリカ編」（羽田美也子）　彩流社　2005.2　p259-267

◎書誌「クルマが語る人間模様―二十世紀アメリカ古典小説再訪」（丹羽隆昭）　開文社出版　2007.3　p305-309
◎文献一覧「宇宙をかきみだす―思春期文学を読みとく」（R. S. トライツ）　人文書院　2007.3　p272-289
◎引用文献「「他者」で読むアメリカン・ルネサンス―メルヴィル・ホーソーン・ポウ・ストウ」（福岡和子）　世界思想社　2007.8　p5-10b
◎引用参考文献「南北戦争を語る現代作家たち―アメリカの終わりなき《戦後》」（大井浩二）　英宝社　2007.11　p179-186

アメリカ合衆国　消費者保護法制
○文献リスト「クレジット研究　31」（日本クレジット産業協会クレジット研究所）　2003.12　p338-346

アメリカ合衆国　女性
◎引用参考文献「日記のなかのアメリカ女性」（大井浩二）　英宝社　2002.12　p240-235
◎参考文献「アメリカ女性のシングルライフ―メディアでたどる偏見の100年史」（B. イズリアル）　明石書店　2004.8　p409-433

アメリカ合衆国　女性史
◎参考文献「アメリカ社会福祉の女性史」（杉本貴代栄）　勁草書房　2003.2　p226-243

アメリカ合衆国　シリコンバレー
◎参考文献「シリコンバレー―なぜ変わり続けるのか　下」（チョン・ムーン・リーほか）　日本経済新聞社　2001.12　p291-302

アメリカ合衆国　政治
◎参考文献「アメリカに学ぶ市民が政治を動かす方法」（B. R. ルービン）　日本評論社　2002.2　p303-310
◎参考文献「日本人が知らないホワイトハウスの内戦」（菅原出）　ビジネス社　2003.5　p264-267
◎書籍文献「アメリカ保守革命」（中岡望）　中央公論新社　2004.4　p241-240
◎参考文献「成功する政府失敗する政府」（A. グレーザーほか）　岩波書店　2004.6　p7-34b
◎参考文献「リベラルたちの背信―アメリカを誤らせた民主党の60年」（A. コールター）　草思社　2004.9　p366-364
◎参考書リスト「9・11以後のアメリカ政治と宗教」（蓮見博昭）　梨の木舎　2004.10　p184-185
◎推薦図書「アメリカは正気を取り戻せるか―リベラルとラドコンの戦い」（R. B. ライシュ）　東洋経済新報社　2004.11　p310-314
◎文献「アメリカの内なる文化戦争―なぜブッシュは再選されたか」（近藤健）　日本評論社　2005.2　p231-236
◎注「アメリカ二大政党制の確立―再建期における戦後体制の形成と共和党」（岡山裕）　東京大学出版会　2005.6　p263-320
◎参考文献「「アメリカ民主主義」を問う―人種問題と討議民主主義」（本田量久）　唯学書房　2005.12　p437-426
◎註「アメリカ政治とマイノリティ―公民権運動以降の黒人問題の変容」（松岡泰）　ミネルヴァ書房　2006.1　p241-280

◎参考文献「ネットワークによるガバナンス―公共セクターの新しいかたち」（S. ゴールドスミス）　学陽書房　2006.5　p229-235
◎参考文献「性と暴力のアメリカ―理念先行国家の矛盾と苦悶」（鈴木透）　中央公論新社　2006.9　p255-258
◎参照文献「アメリカ政治」（久保文明ほか）　有斐閣　2006.10　p281-285
◎参考文献「NPOと政府」（E. T. ボリスほか）　ミネルヴァ書房　2007.3　prr
◎引用参考文献「アメリカの政治と科学―ゆがめられる「真実」」（M. ガフ）　昭和堂　2007.3　p3-16b

アメリカ合衆国　精神
◎参考文献「アメリカ建国の精神―宗教と文化風土」（J. C. ブラウアー）　玉川大学出版部　2002.8　p314-310

アメリカ合衆国　西部
◎参考文献「アメリカ西部の水戦争」（中沢弌仁）　鹿島出版会　2003.5　p243-249

アメリカ合衆国　先住民
◎参考文献「北米　講座世界の先住民族07」（富田虎男ほか）　明石書店　2005.5　prr

アメリカ合衆国　大使
◎参考文献「駐日アメリカ大使」（池井優）　文藝春秋　2001.11　p228-230

アメリカ合衆国　大統領
◎注「アメリカの市民宗教と大統領」（R. V. ピラード）　麗澤大学出版会　2003.4　p367-392
◎参考文献「アメリカ大統領の嘘―選挙と戦争の政治史」（石沢靖治）　講談社　2004.6　p234-238
◎文献「大統領のゴルフ」（D. ヴァン・ナッタ）　NHK出版　2004.9　p321-325
◎参考文献「アメリカ大統領の権力―変質するリーダーシップ」（砂田一郎）　中央公論新社　2004.10　p246-244
◎文献「中傷と陰謀アメリカ大統領選狂騒史」（有馬哲夫）　新潮社　2004.10　p252-255
◎文献「ファーストマザーズ―わが子をアメリカ大統領にした母親たち」（B. アンジェロ）　清流出版　2004.11　p594-606
◎参考文献「大統領と共に―動物の謝肉祭・イン・ホワイトハウス」（本多巍耀）　文芸社　2006.12　p441-449

アメリカ合衆国　探偵作家クラブ賞
○全解題（小木曽郷平ほか）「ミステリマガジン　46.10.547」（早川書房）　2001.9　p26-38

アメリカ合衆国　地理
◎参考文献「アメリカ・カナダ　朝倉世界地理講座13」（小塩和人ほか）　朝倉書店　2006.10　p403-406

アメリカ合衆国　哲学史
◎参考文献「プラグマティズムの思想」（魚津郁夫）　筑摩書房　2006.1　p337-339

アメリカ合衆国　同時多発テロ
◎参考文献ほか「9・11事件の省察―偽りの反テロ戦争とつくられる戦争構造」（木村朗）　凱風社　2007.9　p404-411

アメリカ合衆国　図書館
◎参考文献「図書館の目的をめぐる路線論争―アメリカ図書館界における知的自由と社会的責任―1967-1974

年」(T. セイメック) 京都大学図書館情報学研究会 2003.10 p207-231
◎注ほか「アメリカ西部の女性図書館員—文化の十字軍 1900-1917年」(J. E. パセット) 京都大 2004.3 p179-218
◎参考文献「アメリカ図書館界と積極的活動主義 1962-1977年」(M. L. バンディほか) 京都大図書館情報学研究会 2005.6 p249-250

アメリカ合衆国　南部
◎原注ほか「失われた革命—1950年代のアメリカ南部」(P. ダニエル) 青土社 2005.4 p5-24b

アメリカ合衆国　南部文学
○研究書誌(小谷耕二)「言語文化論究 17」(九州大) 2003 p159-172

アメリカ合衆国　南北戦争
◎引用参考文献「アメリカのジャンヌ・ダルクたち—南北戦争とジェンダー」(大井浩二) 英宝社 2005.10 p171-177
◎引用参考文献「南北戦争を語る現代作家たち—アメリカの終わりなき《戦後》」(大井浩二) 英宝社 2007.11 p179-186

アメリカ合衆国　ニューオーリンズ
◎参考文献「アメリカ文学とニューオーリンズ」(風呂本惇子) 鷹書房弓プレス 2001.10 p233-241

アメリカ合衆国　ニューヨーク
◎参考文献「ニューヨーク黄金時代　ベルエポックのハイ・ソサエティ」(海野弘) 平凡社 2001.7 p265-264
◎参考文献「界隈が活きるニューヨークのまちづくり—歴史・生活環境の動態的保全」(窪田亜矢) 学芸出版社 2002.2 p259-267
◎引用文献ほか「ニューヨークを読む—作家たちと歩く歴史と文化」(上岡伸雄) 中央公論新社 2004.2 p270-261
◎参考文献「グラウンド・ゼロ再生への始動—ニューヨークWTC跡地建築コンペティション選集」(S. スティーブンス) エクスナレッジ 2004.12 p222-223
◎原注ほか「ニューヨーク—都市居住の社会史」(R. プランツ) 鹿島出版会 2005.10 p413-455
◎参考文献「ニューヨーク夢空間—マンハッタンの街角から見たアメリカと世界」(マーサ西村) 鳥影社 2005.12 p261-258
◎本「マンハッタンを歩く」(P. ハミル) 集英社 2007.8 p312-318

アメリカ合衆国　農業
◎文献「アメリカ大平原—食糧基地の形成と持続性」(矢ケ崎典隆ほか) 古今書院 2003.3 p207-215
◎参考文献「アメリカ大平原—食糧基地の形成と持続性　増補版」(矢ケ崎典隆ほか) 古今書院 2006.4 p213-221
◎参考文献「アグリビジネスにおける集中と環境—種子および食肉加工産業における集中と競争力」(三石誠司) アサヒビール 2007.2 p216-218

アメリカ合衆国　バーモント州
◎参考文献「「成長の限界」からカブ・ヒル村へ—ネラ・H. メドウズと持続可能なコミュニティ」(D. H. メドウズほか) 生活書院 2007.5 p315-316

アメリカ合衆国　ハワイ
◎参考文献「ハワイ・ブック—知られざる火の島を歩く」(近藤純夫) 平凡社 2001.8 p317-318
◎文献目録「古代ハワイ人の世界観—人と神々と自然の共生する世界」(M. K. ダドリー) たちばな出版 2004.1 6pb
◎文献目録「人と神々と自然の共生する世界—古代ハワイ人の世界観」(M. K. ダドリー) たちばな出版 2004.1 6pb
◎推薦文献「ハワイ研究への招待—フィールドワークから見える新しいハワイ像」(後藤明ほか) 関西学院大出版会 2004.3 p330-348
◎原注「神々のハワイ—文明と神話のはざまに浮かぶ島」(S. ムーア) 早川書房 2004.8 p198-197
◎参考文献ほか「フナ古代ハワイの神秘の教え」(C. バーニー) ダイヤモンド社 2005.4 p261-262, 274-280
◎参考図書「聖なるハワイイ—ハワイアンのスピリチュアリティー」(Hiroshi Makaula Nakae) 書肆侃侃房 2007.2 p184-185
◎参考文献「入門ハワイ・真珠湾の記憶—もうひとつのハワイガイド」(矢口祐人ほか) 明石書店 2007.7 p57」
◎文献「ハワイ魅惑の花図鑑—熱帯・亜熱帯の花1000種」(武田和男) 書肆侃侃房 2007.10 p404-405

アメリカ合衆国　ハワイ移民
◎文献「戦争と移民の社会史—ハワイ日系アメリカ人の太平洋戦争」(島田法子) 現代史料出版 2004.7 p298-311
◎註「ハワイの日本人移民—人種差別事件が語る、もうひとつの移民像」(山本英政) 明石書店 2005.6 prr
◎参考文献「ハワイに渡った海賊たち—周防大島の移民史」(堀雅昭) 弦書房 2007.8 p307-315

アメリカ合衆国　ハワイ王朝
◎参考引用文献「ハワイ王朝最後の女王」(猿谷要) 文藝春秋 2003.1 p253-258

アメリカ合衆国　ハワイ音楽
◎参照文献「101曲のハワイアンソング」(素敵なライフ・スタイル編集部) イカロス出版 2007.4 p192-193
◎引用文献「ハワイ音楽」(内崎以佐美) 大阪大出版会 2007.4 p363-364

アメリカ合衆国　美術
◎参考文献「21世紀のアメリカ美術　チカーノ・アート—抹消された〈魂〉の復活」(加藤薫) 明石書店 2002.5 p423-436
◎参考文献「美学と現代美術の距離—アメリカにおけるその乖離と接近をめぐって」(金悠美) 東信堂 2004.2 p204-185
◎参考文献「ミニマリズム」(J. マイヤー) ファイドン 2005.6 p194-196

アメリカ合衆国　ピーボディー博物館
○研究報告(佐々木憲一)「図書の譜8」(明治大) 2004.3 p25-46

アメリカ合衆国　文化
◎参考資料リスト「アメリカン・カルチュラル・スタディーズ—文学・映画・音楽・メディア　増補版」(アラスディア・キーン, ニール・キャンベル) 萌書房 2002.2 p9-17b

- ◎参考文献「アメリカ文化への招待―テーマと資料で学ぶ多様なアメリカ」（朝日由紀子ほか）　北星堂書店　2004.3　p261-262
- ◎参考文献「「老い」とアメリカ文化―ことばに潜む固定観念を読み解く」（I.M.オライリー）　リーベル出版　2004.4　p178-182
- ◎参考文献「アメリカ1920年―ローリング・トゥエンティーズの光と影」（英米文化学会）　金星堂　2004.5　p387-380

アメリカ合衆国　文学

- ○書目一覧「アメリカ文学研究　38」（日本アメリカ文学会）　2001　p231-233
- ◎書誌「アジア系アメリカ文学―記憶と創造」（アジア系アメリカ文学研究会）　大阪教育図書　2001.3　p475-494
- ◎参考文献「アメリカン・ソドム」（巽孝之）　研究社出版　2001.3　p346-355
- ◎参考文献「文学と人種偏見―19世紀アメリカ文学史に見る」（御手洗博）　大阪教育図書　2001.4　p329-342
- ◎参考文献「冷戦とアメリカ文学―21世紀からの再検証」（山下昇）　世界思想社　2001.9　p387-402
- ◎参考文献「アメリカ文学とニューオーリンズ」（風呂本惇子）　鷹書房弓プレス　2001.10　p233-241
- ◎引証文献「ニューヨーク知識人の源流―1930年代の政治と文学」（秋元秀紀）　彩流社　2001.10　p397-404
- ○研究書目一覧「アメリカ文学研究　38」（日本アメリカ文学会）　2002.2　p231-233
- ◎書誌「アメリカ文学―記憶と創造」（アジア系アメリカ文学研究会）　大阪教育図書　2002.3　p494-475
- ◎参考文献「聖母のいない国」（小谷野敦）　青土社　2002.5　p1-3b
- ◎引用参考文献ほか「ネイティヴ・アメリカンの文学―先住民文化の変容」（西村頼男ほか）　ミネルヴァ書房　2002.7　prr
- ◎書誌「アメリカ旧南西部ユーモア文学の世界―新しい居場所を求めて」（広瀬典生）　英宝社　2002.8　p545-566
- ◎参考文献「アジア系アメリカ文学―作品とその社会的枠組」（E.H.キム）　世界思想社　2002.9　p407-431
- ◎文献「ハイブリッド・ロマンス―アメリカ文学にみる捕囚と混淆の伝統」（大串尚代）　松柏社　2002.10　p193-207
- ◎年表ほか（大串尚代ほか）「アメリカ文学史　駆動する物語の時空間」（巽孝之）　慶應義塾大学出版会　2003.1　p280-247
- ◎参考文献「蜘蛛の巣の意匠―アメリカ作家の創造性」（岩瀬悉有）　英宝社　2003.3　p327-336
- ◎参考文献「アメリカ文学名作選」（福田陸太郎）　沖積舎　2003.6　p376-383
- ◎文献「交感と表象―ネイチャーライティングとは何か」（野田研一）　松柏社　2003.6　p264-276
- ◎著書ほか「アメリカ女流作家論拾遺」（稲沢秀夫）　稲沢秀夫　2003.8　p187-189
- ◎引証資料「身体、ジェンダー、エスニシティ―21世紀転換期アメリカ文学における主体」（鴨川卓博ほか）　英宝社　2003.9　p361-342
- ◎参考文献「もう一つのアメリカ像を求めて―ライト、ドライサー、ヘミングウェイ、モリスンを読む」（西山恵美）　英宝社　2003.10　p329-353
- ○研究書目一覧「アメリカ文学研究　40」（日本アメリカ文学会）　2003　p167-168
- ○研究書目一覧「アメリカ文学　41」（日本アメリカ文学会）　2004　p163-164
- ◎引用参考文献「少年たちのアメリカ―思春期文学の帝国と〈男〉」（吉田純子）　阿吽社　2004.2　p264-278
- ◎引用文献「アメリカ文学のなかの子どもたち―絵本から小説まで」（高田賢一）　ミネルヴァ書房　2004.3　p260-273
- ◎読書リスト「アメリカ文学史新考―アメリカ文学への手がかり」（久我俊二ほか）　大阪教育図書　2004.3　p298-300
- ◎文献ほか「大地の手のなかで―アメリカ先住民文学」（青山みゆき）　開文社出版　2004.6　p212-242
- ◎参考文献「カリブの風―英語文学とその周辺」（風呂本惇子）　鷹書房弓プレス　2004.10　p271-254
- ◎参考文献ほか「アメリカ・ピューリタニズム系譜の作家たち―エドワーズ、エマソン、ホーソーン、メルヴィル」（曽我部学）　文化書房博文社　2005.3　prr
- ◎引用参考文献「アメリカ・ルネッサンスと先住民―アメリカ神話の破壊と再生」（小澤奈美恵）　鳳書房　2005.3　p320-305
- ◎引用参考文献「アメリカ南西部メキシコ系の文学―作品と論評」（大森義彦）　英宝社　2005.3　prr
- ◎参考文献「時の娘たち」（鷲津浩子）　南雲堂　2005.4　p321-285
- ◎注「アメリカン・ナルシス―メルヴィルからミルハウザーまで」（柴田元幸）　東京大学出版会　2005.5　prr
- ◎引用文献「敗北と文学―アメリカ南部と近代日本」（後藤和彦）　松柏社　2005.5　p353-346
- ◎参考文献「ニュー・アメリカニズム―米文学思想史の物語学」（巽孝之）　青土社　2005.7　p14-47b
- ◎参考文献「視覚のアメリカン・ルネサンス」（武藤脩二ほか）　世界思想社　2006.3　prr
- ◎引用文献「女詐欺師たちのアメリカ―十九世紀女性作家とジャーナリズム」（山口ヨシ子）　彩流社　2006.3　p11-22b
- ◎文献案内「二〇世紀アメリカ文学を学ぶ人のために」（山下昇ほか）　世界思想社　2006.10　p287-310
- ○書目一覧「アメリカ文学研究　44」（日本アメリカ文学会）　2007　p148-150
- ◎参考文献「新世紀アメリカ文学史―マップ・キーワード・データ　改訂増補版」（森岡裕一ほか）　英宝社　2007.1　p240-244
- ◎参考文献「アジア系アメリカ作家たち」（杉浦悦子）　水声社　2007.5　p217-222
- ◎参考文献「アメリカ・マイノリティ女性文学と母性―キングストン、モリスン、シルコウ」（杉山直子）　彩流社　2007.6　p9-22b
- ◎参考文献「アメリカン・ルネサンスの現在形」（増永俊一）　松柏社　2007.11　p279-296
- ◎参考文献ほか「環境批評の未来―環境危機と文学的想像力」（L.l.ビュエル）　音羽書房鶴見書店　2007.11　p227-248

アメリカ合衆国　文化史

- ◎参考文献「概説アメリカ文化史」（笹田直人ほか）　ミネルヴァ書房　2002.4　p313-321

アメリカ合衆国　米中関係
◎文献「同盟の認識と現実―デタント期の日米中トライアングル」（伊藤剛）　有信堂高文社　2002.10　p223-232
◎文献「ワシントンから眺めた中国」（片山和之）　東京図書出版会　2003.3　p230-234

アメリカ合衆国　米朝関係
◎参考文献「アメリカ・北朝鮮抗争史」（島田洋一）　文藝春秋　2003.3　p243-245
◎原注「アメリカの対北朝鮮・韓国戦略―脅威論をあおる外交政策」（J. フェッファー）　明石書店　2004.2　prr
◎参考文献ほか「北朝鮮とアメリカ―確執の半世紀」（B. カミングス）　明石書店　2004.7　p283-316
◎参考文献「北朝鮮最終殲滅計画―ペンタゴン極秘文書が語る衝撃のシナリオ」（相馬勝）　講談社　2006.2　p211-213
◎参考文献「「ならず者国家」はなぜ生き残ったのか」（黄民基）　洋泉社　2007.8　p283-285

アメリカ合衆国　ペンシルバニア州
◎文献「ストリート・ワイズ―人種/階層/変動にゆらぐ都市コミュニティに生きる人びとのコード」（E. アンダーソン）　ハーベスト社　2003.5　p10-17b

アメリカ合衆国　法
◎参考文献「アメリカ証券取引法　2版」（黒沼悦郎）　弘文堂　2004.12　p240-243
◎文献「アメリカ倒産担保法―「初期融資者の優越」の法理」（森田修）　商事法務　2005.6　p297-301
◎文献「アメリカ連邦税法―所得概念から法人・パートナーシップ・信託まで　3版」（伊藤公哉）　中央経済社　2005.9　p643-647
◎参考文献「アメリカ不法行為法―主要概念と学際法理」（平野晋）　中央大出版部　2006.10　p459-480
◎参考文献「米国ブランド知的財産の法と会計」（田中敏行）　日本評論社　2007.2　p237-247
◎文献「入門・アメリカの司法制度―陪審裁判の理解のために」（丸山徹）　現代人文社　2007.6　p270-273
◎参考文献「米国ビジネス法」（杉浦秀樹）　中央経済社　2007.6　p495-496
◎参考文献「会社経営と取締役の責任―アメリカ会社法の研究を中心として　2版」（亀山孟司）　成文堂　2007.10　p276-278

アメリカ合衆国　法制史
◎文献一覧「西洋法制史学の現在」（古稀記念論集刊行会）　創文社　2006.5　p801-815

アメリカ合衆国　ボストン
◎参考文献「アフター・アメリカ―ボストニアンの軌跡と〈文化の政治学〉」（渡辺靖）　慶應義塾大出版会　2004.5　p1-19b

アメリカ合衆国　ボストン公共放送局
◎引用文献「ボストン公共放送局と市民教育―マサチューセッツ州産業エリートと大学の連携WGBH」（赤堀正宜）　東信堂　2001.2　p257-261

アメリカ合衆国　ボストン美術館
◎参考文献「名品流転　ボストン美術館の「日本」」（堀田謹吾）　NHK出版　2001.3　3pb

アメリカ合衆国　ミシシッピ川
◎参考文献「大河ミシシッピ―アメリカ水文化の原点」（家永泰光）　論創社　2004.7　p273-281
◎参考文献「ミシシッピ＝アメリカを生んだ大河」（J. M. バーダマン）　講談社　2005.8　p238-242

アメリカ合衆国　民謡
◎参考文献「フォークソングのアメリカ―ゆで玉子を産むニワトリ」（ウェルズ恵子）　南雲堂　2004.2　p353-368

アメリカ合衆国　ラスベガス
◎参考文献「賭けに勝つ人嵌る人―ラスベガスと日本人」（松井政就）　集英社　2002.3　p215-216

アメリカ合衆国　留学生
◎参考文献「アメリカ「知日派」の起源　明治の留学生交流譚」（塩崎智）　平凡社　2001.2　p254-245

アメリカ合衆国　料理
◎参考文献「アメリカ　世界の食文化12」（本間千枝子ほか）　農文協　2004.4　p255-258

アメリカ合衆国　歴史
◎参考文献「アメリカ太平記―歴史の転回点への旅1845」（佐伯泰樹）　中央公論新社　2001.3　p244-252
◎出典注「アメリカ人の歴史　1」（P. ジョンソン）　共同通信社　2001.10　p423-445
◎参考文献「アメリカ史のなかの子ども」（藤本茂生）　彩流社　2002.3　p7-21b
◎出典注「アメリカ人の歴史　2」（P. ジョンソン）　共同通信社　2002.3　p533-565
◎出典注「アメリカ人の歴史　3」（P. ジョンソン）　共同通信社　2002.7　p531-573
◎参考文献「アメリカの歴史　テーマで読む多文化社会の夢と現実」（有賀夏紀）　有斐閣　2003.1　p315-323
◎参考文献「ふたつのアメリカ史―南部人から見た真実のアメリカ　改訂版」（J. M. バーダマン）　東京書籍　2003.10　2pb
◎文献「新アメリカ物語―Might is right　入植者は何をしたのか（英植民地から合衆国成立まで）」（永田悦夫）　文芸社　2003.12　p169-171
◎参考文献「カリフォルニアを目指せ―幌馬車隊三二〇〇キロの旅」（杉崎和子）　彩流社　2004.2　p269-266
◎参考文献「新訂　アメリカの歴史」（油井大三郎）　放送大教育振興会　2004.3　prr
◎参考文献「アメリカ」（有賀貞）　山川出版社　2004.8　p14-21b
◎関連文献「検証アメリカ500年の物語」（猿谷要）　平凡社　2004.10　p424-427
◎参考文献「憲法で読むアメリカ史　下」（阿川尚之）　PHP研究所　2004.11　p337-338
◎参考文献「民衆のアメリカ史―1492年から現代まで　下巻」（H. ジン）　明石書店　2005.1　p608-638
◎参考引用文献「岩波アメリカ大陸古代文明事典」（関雄二ほか）　岩波書店　2005.5　p323-357
◎引用文献ほか「新アメリカ物語―might is right　第2部」（永田悦夫）　文芸社　2005.6　p306-313
◎参考文献「アメリカニズムと「人種」」（川島正樹）　名古屋大学出版会　2005.8　prr
◎参考文献「侵略のアメリカ合州国史―〈帝国〉の内と外」（小倉英敬）　新泉社　2005.10　p278-283
◎原注ほか「アメリカ建国とイロコイ民主制」（D. A. グリンデほか）　みすず書房　2006.1　p293-365

あめりか

◎註「ヴィクトリアン・アメリカの社会と政治」（常松洋）　昭和堂　2006.3　prr
◎参考文献「アメリカ史のなかの人種」（山田史郎）　山川出版社　2006.6　p89-90
◎史料文献「〈インディアン〉と〈市民〉のはざまで—合衆国南西部における先住社会の再編過程」（水野由美子）　名古屋大出版会　2007.6　p3-14b
◎参考文献「1491—先コロンブス期アメリカ大陸をめぐる新発見」（C.C.マン）　NHK出版　2007.7　p43-94b
◎参考文献「まんがで学ぶアメリカの歴史」（L.ゴニック）　明石書店　2007.12　p386-390

アメリカ合衆国　ロサンゼルス

◎原注文献「要塞都市LA」（M.ディヴィス）　青土社　2001.4　p375-435
○ブックガイド「エスクァイア日本版　21.9」（エスクァイア マガジン ジャパン）　2007.9　p106-111

アメリカ人

◎参考文献「現代アメリカ人に見る価値観—MBA・BMW・コンドミニアム」（小山内大）　三修社　2001.12　p199-202
◎参考文献ほか「アジア系アメリカ人　アメリカの新しい顔」（村上由見子）　中央公論新社　2003.6　p261-268
◎参考文献「「見えない恐怖」におびえるアメリカ人—"見せかけの正義"と"病的な愛国心"」（矢部武）　PHPエディターズ・グループ　2005.7　p233-237

アメリカニゼーション

◎参考引用文献「戦後アメリカニゼーションの原風景—『ブロンディ』と投影されたアメリカ像」（岩本茂樹）　ハーベスト社　2002.11　p170-174

アメリカンコミック

○作品リスト（堺三保）「SFマガジン　45.8」（早川書房）　2004.8　p87-86
◎参考文献「戦争はいかに「マンガ」を変えるか—アメリカンコミックスの変貌」（小田切博）　NTT出版　2007.3　p327-320

アーモリー・ショウ

◎参考文献「アーモリー・ショウ物語」（M.W.ブラウン）　美術出版社　2006.2　p376-371

綾

○参考文献「正倉院の綾　日本の美術441」（至文堂）　2003.2　p85」

アヤックス

◎文献「アヤックスの戦争—第二次世界大戦と欧州サッカー」（S.クーパー）　白水社　2005.2　p1-7b

あやとり

◎参考文献「世界あやとり紀行」（シシドユキオほか）　INAX出版　2006.12　1pb

アユ

◎参考文献「ここまでわかったアユの本—変化する川と鮎、天然アユはどこにいる？」（高橋勇夫ほか）　築地書館　2006.2　p257-263

アライアンス

○文献展望（山倉健嗣）「組織科学　35.1」（白桃書房）　2001　p81-95

アラビア語

◎参考図書「アラビア語のかたち」（師岡カリーマ・エルサムニー）　白水社　2002.3　p111」
○研究文献目録（西尾哲夫，中道静香）「国立民族学博物館研究報告　26.3」（国立民族学博物館）　2002　p509-526
◎参考図書「はじめてのアラビア語」（宮本雅行）　講談社　2003.4　p217」

アラビア数学

◎書誌「コレクション数学史　4　アラビア数学の展開」（佐々木力ほか）　東京大学出版会　2004.8　p315-332

アラビア石油

◎参考文献「アラビア太郎と日の丸原油」（庄司太郎）　エネルギーフォーラム　2007.9　p217-221

アラビア文化

◎参考文献「アラビア文化の遺産　新装版」（S.フンケ）　みすず書房　2003.4　p21-28b

アラビアンナイト

◎書誌「アラビアンナイト博物館—Legacy of the Arabian Nights」（国立民族学博物館ほか）　東方出版　2004.9　p124-126
◎目録「児童文学翻訳作品総覧　8　千一夜物語・イソップ編」（川戸道昭ほか）　ナダ出版センター　2006.3　p438-591
◎文献ガイド「アラビアンナイト—文明のはざまに生まれた物語」（西尾哲夫）　岩波書店　2007.4　p215-218

アラブ

◎参考資料「アラブが見た十字軍」（A.マアルーフ）　筑摩書房　2001.2　p465-479
◎文献リスト「現代アラブ・ムスリム世界—地中海とサハラのはざまで」（大塚和夫ほか）　世界思想社　2002.1　p254-244

アラブ　音楽

◎参考文献「音楽のアラベスク—ウンム・クルスームの歌のかたち」（水野信男）　世界思想社　2004.7　p226-238

アラブ　社会思想

◎参考文献「現代アラブの社会思想—終末論とイスラーム主義」（池内恵）　講談社　2002.1　p251-245

アラブ　歴史

◎参考文献「西アジア史　I　アラブ　世界各国史 8」（佐藤次高）　山川出版社　2002.3　p61-82b
◎文献案内「アラブの人々の歴史」（A.ホーラニー）　第三書館　2003.12　p28-63b

アラブ諸国

◎参考文献「ジョークでわかるイスラム社会」（早坂隆）　有楽出版社　2004.6　p257-258
◎文献「シェバの女王—伝説の変容と歴史との交錯」（蔀勇造）　山川出版社　2006.5　p187-189

アラム語

◎参考文献「聖書アラム語語彙・用例集—古期&帝政アラム語及びクムラン死海文書による」（古代語研究会）　いのちのことば社　2005.7　p1-2f

アリ
◎参考文献「ハチとアリの自然史—本能の進化学」（杉浦直人, 伊藤文紀, 前田泰生）　北海道大学図書刊行会　2002.3　p279-309

アリス
◎文庫一覧ほか「文庫びっくり箱」（則枝忠彦）　青弓社　2002.3　p132-140

RNA
◎参考図書「生命のセントラルドグマ—RNAがおりなす分子生物学の中心教義」（武村政春）　講談社　2007.2　p211-212

RMA
◎参考文献「軍事革命（RMA）〈情報〉が戦争を変える」（中村好寿）　中央公論新社　2001.8　p174-175

アルカイダ
◎参考文献「憎しみの連鎖—アルカイダ工作員の実像」（山本浩）　NHK出版　2002.12　p301-302
◎参考文献「国際テロネットワーク—アルカイダに狙われた東南アジア」（竹田いさみ）　講談社　2006.1　p253-246

アルゴリズム
◎関連図書「データ構造」（星守）　昭晃堂　2002.3　p204-207
◎参考文献「アルゴリズムとデータ構造—C言語版改訂版」（平田富夫）　森北出版　2002.9　p174-175
◎文献「近似アルゴリズム」（V. V. ヴァジラーニ）　シュプリンガー・フェアラーク東京　2002.11　p366-378
◎参考文献「暗号理論のための格子の数学」（D. ミッチアンチオ）　シュプリンガー・ジャパン　2006.11　p229-235

アルコール依存症
◎文献「アルコール関連問題の社会病理学的研究—文化・臨床・政策」（清水新二）　ミネルヴァ書房　2003.2　p441-458
◎文献「アルコール症—病院精神医学の40年」（石川文之進）　メディカル・ジャーナル社　2003.5　p424-454
◎文献「解決へのステップ—アルコール・薬物乱用へのソリューション・フォーカスト・セラピー」（I. K. バーグほか）　金剛出版　2003.7　p235-236
◎文献「私は親のようにならない—嗜癖問題とその子どもたちへの影響　改訂版」（C. ブラック）　誠信書房　2004.7　p298-301
◎参考文献「アルコール依存社会—アダルト・チルドレン論を超えて」（中本新一）　朱鷺書房　2004.11　p270-276
◎文献「アルコール性障害」（齋藤利和）　新興医学出版社　2006.2　p107-117
◎文献「アルコール依存症患者・家族へのエコロジカル・ソーシャルワーク—質問紙調査と予後調査に基づいて」（西川京子）　相川書房　2006.3　prr
◎注「酒害と回復運動」（松下武志）　学文社　2007.3　prr
◎参考文献「断酒が作り出す協同性—アルコール依存からの回復を信じる人々」（葛西賢太）　世界思想社　2007.5　p201-215

アルジェリア
◎引用参考文献「独立後第三世界の政治・経済過程の変容—アルジェリアの事例研究」（福田邦夫）　西田書店　2006.3　p265-275

アルシーブ
◎参考文献「アウシュヴィッツの残りもの　アルシーブと証人」（G. アガンベン）　月曜書房　2001.9　p1-5b

アルゼンチン
◎参照文献「接触と領有—ラテンアメリカにおける言説の政治」（林みどり）　未來社　2001.7　p3-9b
◎ブックガイド「アルゼンチンを知るための54章」（アルベルト松本）　明石書店　2005.9　p361-363
◎引用参考文献「国家テロリズムと市民—冷戦期のアルゼンチンの汚い戦争」（杉山知子）　北樹出版　2007.3　p182-189

アルタイ・ハイラハ
◎参考文献「伝承の喪失と構造分析の行方—モンゴル英雄叙事詩の隠された主人公」（藤井麻湖）　日本エディタースクール出版部　2001.2　p303-362

アルツハイマー病
◎注ほか「痴呆の謎を解く—アルツハイマー病遺伝子の発見」（R. E. タンジ）　文一総合出版　2002.9　p9-25b
◎参考文献「ぼけとアルツハイマー—生活習慣病だから予防できる」（大友英一）　平凡社　2006.11　p195-197

アール・デコ
◎文献「ヨーロッパの装飾芸術　3」（アラン・グルベール）　中央公論新社　2001.3　p483-487
◎文献「アール・ヌーヴォーとアール・デコ—甦る黄金時代」（千足伸行）　小学館　2001.5　p470-473
◎文献「アール・デコの建築—合理性と官能性の造形」（吉田鋼市）　中央公論新社　2005.2　p172-173
◎参考文献「日本のアールデコ　新装版」（末續堯）　里文出版　2006.7　p155-158

アルデヒド
◎参考文献「アセトアルデヒド」（中西準子ほか）　丸善　2007.7　p279-305

アール・ヌーヴォー
◎参考文献「アール・ヌーヴォー展—1890-1914」　読売新聞社　2001　p247-252
◎文献「アール・ヌーヴォーとアール・デコ—甦る黄金時代」（千足伸行）　小学館　2001.5　p470-473
◎文献「アール・ヌーヴォー」（S. エスクリット）　岩波書店　2004.9　p439-440

アルバイト
◎引用参考文献「フリーターという生き方」（小杉礼子）　勁草書房　2003.3　p188-190

アルビオン
◎参考文献「夢の50年史—高級化粧品アルビオンの歩み—1956-2006」（アルビオン夢の50年史編纂委員会）　アルビオン　2007.7　p206」

アルメニア
◎参考文献「ジプシーの来た道　原郷のインド・アルメニア」（市川捷護）　白水社　2003.4　p229-231
◎関連図書「アルメニア共和国の建築と風土」（篠野志郎）　彩流社　2007.11　p10-11b

アルメニア　歴史
- ◎文献「忘れ去られたアルメニア人虐殺—ジェノサイド犯罪の防止及び処罰に関する事例研究」(瀬川博義)　三恵社(発売)　2004.8　p126-131
- ◎参考文献「アルメニア人ジェノサイド—民族4000年の歴史と文化」(中島偉晴)　明石書店　2007.4　p6-12b

アレルギー
- ◎参考図書「アナフィラキシーに負けない本—暴走するアレルギー　増補改訂版」(角田和彦)　彩流社　2002.9　p272-277
- ◎文献「食品とからだ　免疫・アレルギーのしくみ」(上野川修一)　朝倉書店　2003.1　prr
- ◎文献「総合アレルギー学」(福田健)　南山堂　2004.3　prr
- ◎参考文献「汚染される身体—食品添加物・環境ホルモン・食物アレルギー」(山本弘人)　PHP研究所　2004.9　p251-253
- ◎参考文献「アレルギー読本」(大島亮一)　東海大学出版会　2005.1　p173-174
- ◎文献「アレルギーっ子の生活百科—環境汚染からみたアレルギーとのつきあい方　3版」(角田和彦)　近代出版　2005.6　p367-372
- ◎文献「日本のアレルギー診療は50年遅れている—喘息も花粉症もアレルギー免疫療法(減感作療法)で治る」(長屋宏)　メディカルトリビューン　2007.6　p101-106
- ◎文献「人類とパラサイト」(石井明)　悠飛社　2007.11　p186-188

アロマテラピー
- ◎文献「アロマセラピーとマッサージのためのキャリアオイル事典」(レン・プライスほか)　東京堂出版　2001.3　p219-221
- ◎参考文献「アロマテラピーの科学」(鳥居鎮夫)　朝倉書店　2002.10　p225-226
- ◎参考文献「ハーブ・アロマ・インセンス活用事典—メンタルケアのための」(C.ワイルドウッド)　東京堂　2007.8　p441-445

泡
- ◎参考文献「泡のサイエンス—シャボン玉から宇宙の泡へ」(シドニー・パーコウィッツ)　紀伊國屋書店　2001.5　p205-212

アワビ
- ◎参考書「あわび文化と日本人　改訂版」(大場俊雄)　成山堂書店　2004.3　p168-170

泡盛
- ◎参考文献「泡盛の文化誌—沖縄の酒をめぐる歴史と民俗」(萩尾俊章)　ボーダーインク　2004.12　p191-197

編布
- ◎文献目録「編布の発見—織物以前の衣料」(滝沢秀一)　つなん出版　2005.7　p125-126

アングロサクソン語
- ◎参考文献「ことばから観た文化の歴史—アングロ・サクソンの到来からノルマンの征服まで」(宮崎忠克)　東信堂　2001.3　p157-162

アンケート調査
- ◎参考文献「実践アンケート調査入門」(内田治, 醍醐朝美)　日本経済新聞社　2001.10　p264-267

暗号
- ◎参考文献「暗号解読戦争」(吉田一彦)　ビジネス社　2001.4　p232-238
- ◎参考文献「電子認証が日本を変える—PKIで変わる暮らしとビジネス」(加藤研也, 宮脇訓晴)　生産性出版　2001.6　p229-233
- ◎参考文献「暗号理論入門—暗号アルゴリズム, 署名と認証, その数学的基礎」(J. A. ブーフマン)　シュプリンガー・フェアラーク東京　2001.7　p297-300
- ◎文献「PKI公開鍵基盤—電子署名法時代のセキュリティ入門」(トム・オースティン)　日経BP企画　2001.8　p440-447
- ◎文献「暗号化—プライバシーを救った反乱者たち」(スティーブン・レビー)　紀伊国屋書店　2002.2　p477-479
- ◎参考文献「暗号技術のはなし—シーザー暗号から公開鍵暗号まで」(H. X. メル, D. ベイカー)　ピアソン・エデュケーション　2002.12　p339-345
- ◎文献「暗号技術大全」(B. シュナイアー)　ソフトバンクパブリッシング　2003.6　p749-815
- ◎参考文献「暗号技術入門—秘密の国のアリス」(結城浩)　ソフトバンクパブリッシング　2003.9　p382-383
- ◎参考文献「暗号理論」(F. パイパーほか)　岩波書店　2004.3　p171-175
- ◎参考文献「ほんとうに安全?　現代の暗号」(太田和夫)　岩波書店　2005.5　p1-4b
- ◎参考文献「暗号の数理—作り方と解読の原理　改訂新版」(一松信)　講談社　2005.9　p238-241
- ◎参考文献「Excelで学ぶ暗号技術入門」(鸘浩二)　オーム社　2006.6　p192-193
- ◎参考文献「暗号理論のための格子の数学」(D. ミッチアンチオ)　シュプリンガー・ジャパン　2006.11　p229-235
- ◎参考文献「暗号事典」(吉田一彦ほか)　研究社　2006.12　p685-690
- ◎参考資料「暗号の科学—数字・文字・記号が生み出す思考のパズル」(熊谷直樹)　すばる舎　2007.5　p250-254
- ◎参考文献「暗号理論入門—暗号アルゴリズム, 署名と認証, その数学的基礎」(J. A. ブーフマン)　シュプリンガー・ジャパン　2007.5　p317-325
- ◎参考文献ほか「量子暗号—絶対に盗聴されない暗号をつくる」(石井茂)　日経BP社　2007.10　p277-286
- ◎参考文献ほか「ウェブ時代の暗号—ネットセキュリティの挑戦」(熊谷直樹)　筑摩書房　2007.12　p11-15b

暗殺
- ◎参考文献「日本暗殺総覧—この国を動かしたテロルの系譜」(泉秀樹)　ベストセラーズ　2002.5　p301-302
- ◎参考文献「幕末暗殺史」(森川哲郎)　筑摩書房　2002.8　p376」
- ◎参考文献「幕末天誅斬奸録」(菊地明)　新人物往来社　2005.4　p209-211

安山岩
- ◎文献「安山岩と大陸の起源—ローカルからグローバルへ」(巽好幸)　東京大学出版会　2003.9　p193-210

アンシャン・レジーム
- ◎文献「アンシアン・レジームの国家と社会—権力の社会史へ」(二宮宏之編ほか)　山川出版社　2003.12　p1-48b

◎参考文献ほか「アンシャン・レジーム」（W.ドイル）　岩波書店　2004.10　p7-25b

安政江戸地震
◎参考文献「安政江戸地震—災害と政治権力」（野口武彦）　筑摩書房　2004.12　p283-282

安全
◎文献「リーダーシップと安全の科学」（原子力安全システム研究所社会システム研究所）　ナカニシヤ出版　2001.4　p105-107

安全管理
◎文献「危険と安全の心理学」（正田亘）　中央労働災害防止協会　2001.3　p227-229
◎参考文献「学校安全の研究」（石毛昭治）　文化書房博文社　2002.3　p119
◎文献「新しい時代の安全管理のすべて」（大関親）　中央労働災害防止協会　2002.12　p819-825
◎参考文献「事故は、なぜ繰り返されるのか—ヒューマンファクターの分析」（石橋明）　中央労働災害防止協会　2003.4　p161-162
◎参考文献「リスクゼロを実現するリーダー学」（石橋明）　自由国民社　2003.8　p197-199
◎参考文献「遊び場の安全ハンドブック」（荻須隆雄ほか）　玉川大学出版部　2004.9　p257-266
◎参考文献「新しい時代の安全管理のすべて　3版」（大関親）　中央労働災害防止協会　2005.10　p834-840
◎参考文献「事故は、なぜ繰り返されるのか—ヒューマンファクターの分析」（石橋明）　中央労働災害防止協会　2006.1　2pb
◎参考文献「ヒューマンファクターと事故防止—"当たり前"の重なりが事故を起こす」（E.ホルナゲル）　海文堂出版　2006.3　p235-241
◎文献「安全・安心の心理学—リスク社会を生き抜く心の技法48」（海保博之ほか）　新曜社　2007.2　p5-8b
◎参考文献「安全学入門—安全を理解し、確保するための基礎知識と手法」（古田一雄ほか）　日科技連出版社　2007.3　p213-218

安全教育
◎参考文献「子どもを犯罪から守る—犯罪被害当事者による、子どもを被害者にも加害者にもさせない方法」（内野真）　明石書店　2006.5　p269-272

安全心理
◎引用文献「事故と安全の心理学—リスクとヒューマンエラー」（三浦利章ほか）　東京大出版会　2007.8　prr

安全性
◎文献「食品の安全性評価と確認」（一色賢司ほか）　サイエンスフォーラム　2003.6　prr

安全保障
◎参考文献「九条と安全保障」（古関彰一）　小学館　2001.1　p336-345
◎文献「EUの外交・安全保障政策—欧州政治統合の歩み」（辰巳浅嗣）　成文堂　2001.3　p353-362
◎参考文献ほか「新しい安全保障論の視座」（赤根谷達雄ほか）　亜紀書房　2001.5　p261-284
◎参考文献「安全保障学入門　新版」（防衛大学校安全保障学研究会）　亜紀書房　2001.10　p323-332
◎参考文献「有事法制とは何か—その史的検証と現段階」（纐纈厚）　インパクト出版会　2002.3　p228-235
◎参考文献「日米安保を考え直す」（我部政明）　講談社　2002.5　p205-202
◎参考文献「経済安全保障を考える　海洋国家日本の選択」（村山裕三）　NHK出版　2003.2　p243-248
◎参考文献「安全保障学入門　最新版」（防衛大学校安全保障学研究会）　亜紀書房　2003.5　p332-341
◎参考文献「常識「日本の安全保障」」（『日本の論点』編集部）　文藝春秋　2003.11　p283-285
◎引用文献ほか「日本の安全保障」（赤根谷達雄ほか）　有斐閣　2004.4　prr
◎参考文献「国際安全保障の系譜学—現代国際関係理論と権力知」（南山淳）　国際書院　2004.5　p255-291
◎注「安全保障の国際政治学—焦りと傲り」（土山実男）　有斐閣　2004.7　prr
◎参考文献「国際平和協力論」（西川吉光）　晃洋書房　2004.10　p235-237
◎参考文献「平和・安全・共生—新たなグランドセオリーを求めて」（国際基督教大学社会科学研究所ほか）　有信堂高文社　2005.3　p269-278
◎参考文献「東アジア安全保障の新展開」（五十嵐暁郎ほか）　明石書店　2005.4　p292-303
◎参考文献「日韓国際政治学の新地平—安全保障と国際協力」（大畠英樹ほか）　慶應義塾大出版会　2005.5　prr
◎文献表「安全保障と国際犯罪」（山口厚ほか）　東京大学出版会　2005.9　prr
◎参考文献ほか「人間の安全保障」（A.セン）　集英社　2006.1　p194-203
◎参考文献「ドイツの安全保障政策—平和主義と武力行使」（中村登志哉）　一藝社　2006.7　p179-194
◎参考文献「「新しい安全保障」論の視座　増補改訂版」（赤根谷達雄）　亜紀書房　2007.2　p321-329
◎参考文献「国際安全保障論　1　転換するパラダイム」（佐島直子）　内外出版　2007.3　p42-60b
◎注「技術移転と国家安全—技術進歩もう一つの側面」（川口博也）　勁草書房　2007.5　p201-221
◎参考文献「集団的自衛権とは何か」（豊下楢彦）　岩波書店　2007.7　p1-2b
◎参考文献「安全保障のポイントがよくわかる本—〈安全〉と〈脅威〉のメカニズム」（防衛大学校安全保障学研究会）　亜紀書房　2007.8　p338-339
◎参考文献「情報による安全保障—ネットワーク時代のインテリジェンス・コミュニティ」（土屋大洋）　慶應義塾大出版会　2007.9　p251-262
◎参考文献「平和と安全保障」（鈴木基史）　東京大出版会　2007.9　p221-242
◎参考文献「国際安全保障—戦争と平和、そして人間の安全保障の軌跡」（吉川元）　神戸大　2007.11　p309-327
◎参考文献「国民として知っておきたい日本の安全保障問題—湾岸戦争から防衛省昇格までの国会論議要覧」（森本敏）　海竜社　2007.12　p586-590

アンソロジー
○目録（三浦邦雄）「文献探索　2001」（文献探索研究会）　2002.7　p426-446
◎「アンソロジー内容総覧—日本の小説・外国の小説　1997-2006」（日外アソシエーツ）　日外アソシエーツ　2007.4　33,780p A5

アンデス
- ◎参考文献「月と太陽と魔女―ジェンダーによるアンデス世界の統合と支配」（A. シルバーブラット）　岩波書店　2001.12　p7-28b
- ○文献（浜田裕木子）「月刊染織α　272」（染織と生活社）　2003.11　p78」
- ◎参考文献「アンデス・シャーマンとの対話―宗教人類学者が見たアンデスの宇宙観」（実松克義）　現代書館　2005.4　p259-269
- ◎文献目録「古代アンデス権力の考古学」（関雄二）　京都大学学術出版会　2006.1　p291-308

アンデス高地
- ◎参考文献「アンデス高地」（山本紀夫）　京都大学術出版会　2007.3　p601-612

案内記
- ◎「紀行・案内記全情報　1997-2001」（日外アソシエーツ）　日外アソシエーツ　2002.4　930p A5

アンネの日記
- ◎ブックガイド（深町眞理子）「アンネの日記　増補新訂版」（A. フランク）　文藝春秋　2003.4　p593-595

あんぱん
- ◎参考文献「銀座木村屋あんぱん物語」（大山真人）　平凡社　2001.7　p204-206

安保条約
- ◎参考文献「日米同盟の絆　安保条約と相互性の模索」（坂元一哉）　有斐閣　2001.5　p285-295
- ◎参考文献「日米同盟半世紀　安保と密約」（外岡秀俊ほか）　朝日新聞社　2001.9　p606-613

アンモナイト
- ◎参考文献「アンモナイト学―絶滅生物の知・形・美」（重田康成）　東海大学出版会　2001.12　p143-144
- ◎参考文献「アンモナイト学―絶滅生物の知・形・美」（重田康成）　東海大学出版会　2002.3　p143-144
- ◎文献「北海道化石が語るアンモナイト」（早川浩司）　北海道新聞社　2003.2　p242」

安楽死
- ◎参考文献「「生きるに値しない命」とは誰のことか　ナチス安楽死思想の原典を読む」（K. ビンディンクほか）　窓社　2001.11　p178-179
- ◎参考文献「リビング・ウィルと尊厳死」（福本博文）　集英社　2002.2　p201-204
- ◎参考文献「安楽死のできる国」（三井美奈）　新潮社　2003.7　p186-189
- ◎参考文献「許されるのか？　安楽死―安楽死・尊厳死・慈悲殺」（小笠原信之）　緑風出版　2003.11　p257-260
- ◎略歴ほか（中山研一）「オランダの安楽死」（山下邦也）　成文堂　2006.3　p261-267
- ◎参考文献「生命の神聖性説批判」（H. クーゼ）　東信堂　2006.6　p324-336
- ◎引用文献「死ぬ権利―カレン・クインラン事件と生命倫理の転回」（香川知晶）　勁草書房　2006.10　p19-34b

【 い 】

慰安婦
- ◎文献目録「日本の軍隊慰安所制度と朝鮮人軍隊慰安婦」（尹明淑）　明石書店　2003.2　p441-450
- ◎文献「イアンフとよばれた戦場の少女」（川田文子）　高文研　2005.6　p267-270
- ◎参考文献「台湾総督府と慰安婦」（朱徳蘭）　明石書店　2005.11　p256-265
- ◎参考文献「告発〈従軍慰安婦〉」（琴秉洞）　同時代社　2007.5　p176-180
- ◎参考文献「よくわかる慰安婦問題」（西岡力）　草思社　2007.6　p217-221

家
- ◎参照文献「生きられた家―経験と象徴」（多木浩二）　岩波書店　2001.2　p241-247
- ◎文献「華族社会の「家」戦略」（森岡清美）　吉川弘文館　2002.1　p439-456
- ◎参考文献「中世の家と性」（高橋秀樹）　山川出版社　2004.4　2pb

E.A.T.
- ◎関連文献（富沢洋子）「E.A.T.―芸術と技術の実験」（NTTインターコミュニケーション・センター）　NTT出版　2003.4　p168-173

イエズス会
- ◎参考文献・年表「幻の帝国―南米イエズス会士の夢と挫折」（伊藤滋子）　同成社　2001.8　p249-257
- ◎文献表「イエズス会の歴史」（W. バンガート）　原書房　2004.12　p31-51b

家永裁判
- ◎文庫目録「人文学報　348」（都立大）　2004.3　p90-268

EFT
- ◎参考文献「EFTマニュアル―誰でもできるタッピング・セラピー」（G. A. フリント）　春秋社　2002.7　p16-17b

イエメン
- ◎参考文献「イエメンものづくし―モノを通してみる文化と社会」（佐藤寛）　アジア経済研究所　2001.3　p255-256

イエロー・ペリル
- ◎注「イエロー・ペリルの神話―帝国日本と「黄禍」の逆説」（飯倉章）　彩流社　2004.7　p7-31b

イオン
- ◎文献「空気マイナスイオン応用事典」（琉子友男, 佐々木久夫）　人間と歴史社　2002.4　p657-706

イカ
- ◎参考文献「イカ・タコガイドブック」（土屋光太郎）　TBSブリタニカ　2002.4　p139」
- ◎参考文献「世界イカ類図鑑」（奥谷喬司）　全国いか加工業協同組合　2005.10　p231-236

異界
- ◎参考文献「異界談義」（国立歴史民俗博物館）　角川書店　2002.7　p235-240

医学
- ◎「現代西洋医学の系譜―ノーベル医学・生理学賞に見る 医学部分館展示室完成記念特別展図録」(松木明知) 岩波ブックサービスセンター 2000.6 146p A4
- ◎文献「EBM医学英語論文の書き方・発表の仕方」(ウォーレン・S.ブラウナー) 医学書院 2001.3 p225-226
- ◎参考文献「チベット医学―身体のとらえ方と診断・治療」(イェシェー・ドゥンデン) 地湧社 2001.5 p306-308
- ◎「長谷川家医学関係資料目録―古志郡大荒戸村」 長岡市立科学博物館 2002.3 56, 48p A4
- ◎参考文献「医学書院医学大辞典」(伊藤正男ほか) 医学書院 2003.3 p18-19f
- ◎文献「健康の本質」(L.ノルデンフェルト) 時空出版 2003.8 p312-319
- ◎参考文献「真の癒しを求めて―仏教医学のモデル確立と実践化へ」(加藤豊広) 文芸社 2004.1 p106-112
- ◎「野間文庫目録」(国際日本文化センター) 国際日本文化センター 2005.3 705p B5
- ◎「千葉大学附属図書館亥鼻分館古医書コレクション目録」(千葉大学附属図書館亥鼻分館) 千葉大附属図書館 2007.3 327p A4
- ◎推薦図書案内「はじめての質的研究法―事例から学ぶ医療・看護編」(高橋都ほか) 東京図書 2007.5 p214-216
- ◎引用文献「健康・老化・寿命・人といのちの文化誌」(黒木登志夫) 中央公論新社 2007.5 p311-306
- ◎引用文献「生涯発達編 はじめての質的研究法」(遠藤利彦ほか) 東京図書 2007.7 prr
- ◎「愛媛大学医学部学術論文目録 22(2006)」(愛媛大学大学院医学系研究科) 愛媛大 2007.10 104p A4
- ◎文献「健康と病気について―精神科学的感覚教育の基礎―ドルナッハ・ゲーテアヌム建設労働者への18連続講演 1922年10月19日～1923年2月10日 新装改訂版」(R.シュタイナー) ホメオパシー出版 2007.11 p506-507

医学教育
- ◎文献「北海道医学教育史攷」(小竹英夫) 北海道出版企画センター 2003.11 p455-459

医学工学
- ◎参考文献「バイオサイエンス」(バイオサイエンス研究会) オーム社 2007.5 p345-351

医学雑誌
- ◎「現行医学雑誌所在目録―医・歯・薬学及関係誌 2006年度受入」(日本医学図書館協会) 日本医学図書館協会 2006.6 500p A4
- ◎「現行医学雑誌所在目録―医・歯・薬学及関係誌 2007年度受入」(日本医学図書館協会) 日本医学図書館協会 2007.5 562p A4

医学史
- ◎註「江戸の阿蘭陀流医師」(杉本つとむ) 早稲田大学出版部 2002.5 p363-374
- ○文献目録「日本医史学雑誌 48.3」(日本医史学会) 2002.9 p480-534
- ◎参考図書「アメリカ医学の歴史―ヒポクラテスから医科学へ」(J.ダフィー) 二瓶社 2002.10 p459-466
- ◎参考文献「京の医学 慈仁の系譜と府立医大の草創」(川端真一) 人文書院 2003.3 p230-231
- ◎文献「運動+(反)成長―身体医文化論 2」(武藤浩史ほか) 慶応義塾大学出版会 2003.11 p329-347
- ◎引用文献「医学の限界」(E. S. Golub) 新興医学出版社 2004.4 p196-207
- ◎参考文献「近代医学の光と影」(服部伸) 山川出版社 2004.8 p89-90
- ◎参考文献「腐敗と再生」(小菅隼人ほか) 慶應義塾大出版会 2004.11 p5-14b
- ◎参考書「江戸の阿蘭陀流医師 新装版」(杉本つとむ) 早稲田大学出版部 2004.12 p380-381
- ◎参考文献「医学生からみる医学史」(山本和利) 診断と治療社 2005.4 prr
- ◎参考文献「幕末から廃藩置県までの西洋医学」(吉良枝郎) 築地書館 2005.5 p232-236
- ○文献目録(順天堂大学医史学研究室)「日本医史学雑誌 52.3」(日本医史学会) 2006.9 p480-537
- ◎参考文献ほか「オランダにおける蘭学医書の形成」(石田純郎) 思文閣出版 2007.2 p6-11

医学者
- ◎参考文献「医学者は公害事件で何をしてきたのか」(津田敏秀) 岩波書店 2004.6 p253-256

医学書
- ○書誌「茨城大学人文学部紀要 人文学科論集 43」(茨城大) 2005.3 p180-165

医学心理
- ◎文献「パワフル・プラセボ―古代の祈禱師から現代の医師まで」(A. K. Shapiro) 協同医書出版社 2003.5 p10-46b
- ◎参考文献「がんとこころのケア」(明智龍男) NHK出版 2003.7 p244-248
- ◎引用文献「医療における人の心理と行動」(生和秀敏ほか) 培風館 2006.5 p177-185

医学哲学
- ◎文献「健康への欲望と〈安らぎ〉―ウェルビカミングの哲学」(森下直貴) 青木書店 2003.8 p205-213
- ◎文献「医学と哲学の対話―生-病-死をめぐる21世紀へのコンテクスト」(D. v. エンゲルハルトほか) 新樹会創造出版 2005.5 p187-219

医学統計
- ◎参考文献「医学統計データを読む―医学・医療に必要な統計学活用法 3版」(B.ドーソン) メディカル・サイエンス・インターナショナル 2006.5 p439-444
- ◎参考文献「Rによる医療統計学」(P. Dalgaard) 丸善 2007.1 p237-238
- ◎参考図書案内「SPSSで学ぶ医療系データ解析」(対馬栄輝) 東京図書 2007.9 p256-259
- ◎参考文献「入門統計解析 医学・自然科学編」(松原望) 東京図書 2007.10 p340-349

威嚇猟
- ◎註「わが国における威嚇猟とその用具 野兎狩の場合を中心に」(天野武) 岩田書院 2003.3 p79-82

医学論文
- ◎文献「英語抄録・口頭発表・論文作成虎の巻―忙しい若手ドクターのために」(上松正朗) 南江堂 2006.5 p149-153

伊賀越道中双六
◎参考資料一覧「伊賀越道中双六―通し狂言　第二四〇回歌舞伎公演」（国立劇場調査養成部調査資料課）　日本芸術文化振興会　2004.10　p242-280
◎参考資料一覧「源平布引滝・伊賀越道中双六・嫗山姥・壇浦兜軍記・卅三間堂棟由来―第一五〇回文楽公演」（国立劇場調査養成部調査資料課）　日本芸術文化振興会　2005.2　p109-147

eガバナンス
◎文献「eガバナンス―「戦略政府＋革新企業」による日本再生」（日立総合計画研究所）　日刊工業新聞社　2003.10　p1-5b

怒り
◎参考文献「怒りのコントロール―認知行動療法理論に基づく怒りと葛藤の克服訓練」（P. Schwenkmezger）ブレーン出版　2004.4　p181-196
◎文献「怒りをコントロールできる人、できない人―理性感情行動療法（REBT）による怒りの解決法」（A. エリスほか）　金子書房　2004.6　p214-200
◎文献一覧「怒りをコントロールできない子の理解と援助―教師と親のかかわり」（大河原美以）　金子書房　2004.7　p187-190
◎文献「ゆるしの選択―怒りから解放されるために」（R. D. エンライト）　河出書房新社　2007.11　p356-364

生写朝顔話
◎参考資料一覧「国立劇場上演資料集　490」　日本芸術文化振興会　2006.5　p261-290

生人形
◎主要書籍リスト（本田代志子ほか）「生人形と江戸の欲望」（南嶌宏ほか）　熊本市現代美術館　2006.6　p188-189

イギリス
◎文献リスト「クラフト的規制の起源―19世紀イギリス機械産業」（小野塚知二）　有斐閣　2001.2　p395-415
◎参考文献「ピーターラビットの村ひとり歩き」（岩野礼子）　祥伝社　2001.2　p259-263
◎参考文献「計量社会学の誕生」（A. L. ボウリー）文化書房博文社　2001.2　p319-320
◎参考文献「現代英国の宗教教育と人格教育（PSE）」（柴沼晶子,新井浅浩）　東信堂　2001.2　p273-282
◎参考文献「英国の中心市街地活性化―タウンセンターマネジメントの活用」（横森豊雄）　同文舘出版　2001.3　p223-225
◎参考文献「株主の力と責任―「英国流コーポレートガバナンス」を問う」（J. チャーカム, A. シンプソン）日本経済新聞社　2001.4　p371-374
◎注文献「近代イギリス政治家列伝」（塚田富治）　みすず書房　2001.4　prr
◎文献目録「イギリス管理会計の発展」（鈴木一道）森山書店　2001.5　p231-239
◎参考文献「イギリス女性工場監督職の史的研究―性差と階級」（大森真紀）　慶應義塾大学出版会　2001.5　p245-253
◎参考文献「階級にとりつかれた人びと―英国ミドル・クラスの生活と意見」（新井潤美）　中央公論新社　2001.5　p196-204

◎文献「イギリスと日本―マルサスの罠から近代への跳躍」（アラン・マクファーレン）　新曜社　2001.6　p15-35b
◎参考文献「イギリス植物民俗事典」（ロイ・ヴィカリー）八坂書房　2001.7　p508-524
◎参考文献「社会的共同親と養護児童―イギリス・マンチェスターの児童福祉実践」（ボブ・ホルマン）　明石書店　2001.7　p346-348
◎参考文献「植えつけられた都市―英国植民都市の形成」（ロバート・ホーム）　京都大学学術出版会　2001.7　p353-381
◎参考文献「文人たちのイギリス十八世紀」（海保眞夫）慶應義塾大学出版会　2001.7　prr
◎参考文献「歴史のなかの教師―近代イギリスの国家と民衆文化」（松塚俊三）　山川出版社　2001.7　p5-15b
○15冊（古山裕樹）「ミステリマガジン　46.8.545」（早川書房）　2001.8　p28-31
◎参考文献「イギリス労働法」（小宮文人）　信山社出版　2001.8　p283-290
◎参考文献「イギリスの教育　歴史との対話」（R. オルドリッチ）　玉川大学出版部　2001.9　p248-242
◎参考文献「イギリス土地登記制度の研究」（金光寛之）慶應義塾大学出版会　2001.10　p187-188
◎「童話の国イギリス―マザー・グースからハリー・ポッターまで」（P. ミルワード）　中央公論新社　2001.10　293p ss
◎参考文献「イギリスの地域政策」（辻悟一）　世界思想社　2001.11　p281-302
◎参考文献「子どもを虐待から守る制度と介入手法―イギリス児童虐待防止制度から見た日本の課題」（峯本耕治）　明石書店　2001.12　p287-289
◎文献目録「イギリス近代警察の誕生―ヴィクトリア朝ボビーの社会史」（林田敏子）　昭和堂　2002.3　p4-13b
◎参考文献「イギリス式結婚狂騒曲―駆け落ちは馬車に乗って」（岩田託子）　中央公論新社　2002.4　p202-196
◎文献案内ほか「長い18世紀のイギリス―その政治社会」（近藤和彦）　山川出版社　2002.4　p10-65b
◎文献目録「日本における近代イギリス地方行財政史研究の歩み―19世紀-20世紀初頭イギリス地方行財政史研究の歴史と現状」（藤田哲雄）　創風社　2002.4　p140-150
○関連文献（芝田正夫）「文献探索　2001」（文献探索研究会）　2002.7　p260-264
◎参考・引用文献「イギリスの中のパキスタン―隔離化された生活の現実」（M. アンワル）　明石書店　2002.7　p217-211
◎文献「英国の教育」（榎本剛）　自治体国際化協会　2002.7　p180-184
◎文献「現代イギリスの継続教育論―その生涯学習の動向」（黒柳修一）　大空社　2002.7　p241-254
◎参考文献「イギリスの修道院―廃墟の美への招待」（志子田光雄ほか）　研究社　2002.11　p225-228
◎文献「パブと労働組合」（浜林正夫）　新日本出版社　2002.12　p1-4b
○研究文献解題（三宅興子）「児童文学研究　35」（日本児童文学学会）　2002　p124-111
◎文献案内「イギリスの大学改革―1809-1914」（M. サンダーソン）　玉川大学出版部　2003.1　p167-175

◎文献「英国の地方自治」(自治体国際化協会) 自治体国際化協会 2003.1 p340-343
◎文献「介護財政の国際的展開―イギリス・ドイツ・日本の現状と課題」(舟場正富ほか) ミネルヴァ書房 2003.1 p319-325
◎文献「イギリス国債市場と国債管理」(須藤時仁) 日本経済評論社 2003.2 p263-273
◎文献「クラウン・ディペンデンシーのテレコム史―英国チャンネル諸島とマン島の事例研究」(佐中忠司) 日本図書センター 2003.2 p195-199
◎文献「ソーシャルワークと社会福祉―イギリス地方自治体ソーシャルワークの成立と展開」(津崎哲雄) 明石書店 2003.2 p301-310
◎文献「ユーロとイギリス―欧州通貨統合をめぐる二大政党の政治制度戦略」(力久昌幸) 木鐸社 2003.3 p347-362
◎文献「近代における駐日英国外交官」(桑田優) 敏馬書房 2003.3 prr
◎文献「戦後英国のニュータウン政策」(馬場健) 敬文堂 2003.4 p163-172
◎文献「イギリスの福祉行財政―政府間関係の視点」(山本隆) 法律文化社 2003.5 p371-385
◎文献「イングランド労働者階級の形成」(E.P.トムスン) 青弓社 2003.5 p1306-1328
◎文献「海のかなたのローマ帝国―古代ローマとブリテン島」(南川高志) 岩波書店 2003.5 p1-16b
◎文献「幽霊のいる英国史」(石原孝哉) 集英社 2003.6 p243-246
◎文献「良心の興亡―近代イギリス道徳哲学研究」(柘植尚則) ナカニシヤ出版 2003.8 p228-233
◎引用参考文献「イギリスの社会福祉と政策研究―イギリスモデルの持続と変化」(平岡公一) ミネルヴァ書房 2003.9 p328-348
◎参考文献「イギリス地域福祉の形成と展開」(田端光美) 有斐閣 2003.9 p332-347
◎文献「社会と犯罪―英国の場合―中世から現代まで」(J.ブリッグス) 松柏社 2003.10 p381-388
◎主要文献「図説特別な教育的ニーズ論―その基礎と応用」(真城知己) 文理閣 2003.10 p174-179
◎参考文献「イギリスを知るための65章」(近藤久雄ほか) 明石書店 2003.11 prr
◎文献「イギリスにおける「資格制度」の研究」(柳田雅明) 多賀出版 2004.2 p313-355
◎参考文献「イギリス社会福祉運動史」(市瀬幸平) 川島書店 2004.2 p265-278
◎参考文献「イギリスにおけるマイノリティの表象―「人種」・多文化主義とメディア」(浜井祐三子) 三元社 2004.6 p242-249
◎参考文献「笑いを楽しむイギリス人―ユーモアから見えてくる庶民の素顔」(巻口勇次) 三修社 2004.11 p245-248
◎参考文献「イングランド住宅史―伝統の形成とその背景」(大橋竜太) 中央公論美術出版 2005.2 p64-83b
○文献リスト「クレジット研究 34」(日本クレジット産業協会) 2005.3 p258-262
◎参考文献「イギリス住宅政策と非営利組織」(堀田祐三子) 日本経済評論社 2005.3 p213-218
◎参考文献「英国年金生活者の暮らし方―事例調査から見た高齢者の生活」(染谷俶子) ミネルヴァ書房 2005.4 p144-150

◎参考文献「英語史でわかるイギリスの地名―地名で楽しむイギリスの歴史, 文化, 言語」(C.S.デイヴィスほか) 英光社 2005.6 p223-227
◎参考文献「障害者の自立支援とパーソナル・アシスタンス、ダイレクト・ペイメント―英国障害者福祉の変革」(小川喜道) 明石書店 2005.12 p139-143
◎注「イギリス帝国と南アフリカ」(前川一郎) ミネルヴァ書房 2006.2 prr
◎参考文献「核の軛―英国はなぜ核燃料再処理から逃れられなかったのか」(W.ウォーカー) 七つ森書館 2006.2 p280-283
◎参考文献「イギリス会計基準設定の研究」(齊野純子) 同文舘出版 2006.3 p185-199
◎文献目録「イギリス帝国からみる環境史―インド支配と森林保護」(水野祥子) 岩波書店 2006.3 p5-14b
◎参考文献「地方鉄道の再生―英国における地域社会と鉄道」(I.ドハティ) 日本経済評論社 2006.3 p421-443
◎参考文献「ブレア政権の医療福祉改革―市場機能の活用と社会的排除の取組み」(伊藤善典) ミネルヴァ書房 2006.6 p275-284
◎参考文献「巨石―イギリス・アイルランドの古代を歩く」(山田英春) 早川書房 2006.6 p286-287
◎参考資料「イギリス祭事カレンダー―歴史の今を歩く」(宮北惠子ほか) 彩流社 2006.9 p1-8b
◎参考文献「スケッチオブイングランド―エピソードで知るイギリスの文化と歴史」(大川明) 朝日出版社 2007.1 p247-248
◎参考文献「図説イングランド海軍の歴史」 原書房 2007.1 p497-500
◎参考文献「ボクシングはなぜ合法化されたのか―英国スポーツの近代史」(松井良明) 平凡社 2007.4 p269-274
◎読書案内「イギリス」(岩田託子ほか) 河出書房新社 2007.5 p282-288
◎引用参考文献「現代イギリスの人種問題―有色移民と白系イギリス人の多様な人種関係」(巻口勇次) 信山社出版 2007.7 p255-264
◎参考文献「現代イギリス労使関係の変容と展開―個別管理の発展と労働組合」(上田眞士) ミネルヴァ書房 2007.9 p267-281
◎参考文献ほか「イギリス多国籍銀行史―1830～2000年」(G.ジョーンズ) 日本経済評論社 2007.11 p629-640
◎参考引用文献「イギリス労使関係のパラダイム転換と労働政策」(田口典男) ミネルヴァ書房 2007.12 p283-290
◎参考文献「移民大国イギリスの実験―学校と地域にみる多文化の現実」(佐久間孝正) 勁草書房 2007.12 p320-330
◎注「時代精神と建築―近・現代イギリスにおける様式思想の展開」(近藤存志) 知泉書館 2007.12 p13-42b

イギリス 医療
◎参考文献「医療・福祉PFIの進化・発展」(森下正之) 西日本法規出版 2005.8 p215-221

イギリス イングランド
◎参考文献「イングランド社会史」(A.ブリッグズ) 筑摩書房 2004.6 p12-33b
◎参考資料「イングランドの街路名」(渡辺和幸) 鷹書房弓プレス 2006.10 p216-222

いきりす

イギリス　ヴィクトリア朝
◎文献「ロンドンのドイツ人―ヴィクトリア期の英国におけるドイツ人亡命者たち」（ローズマリー・アシュトン）　御茶の水書房　2001.6　p17-21b
◎参考文献ほか「挿絵画家の時代　ヴィクトリア朝の出版文化」（清水一嘉）　大修館書店　2001.7　p283-260
◎注文献「階級・ジェンダー・ネイション　チャーティズムとアウトサイダー」（D. トムプスン）　ミネルヴァ書房　2001.9　prr
◎文献「ヴィクトリア朝小説と犯罪」（西條隆雄）　音羽書房鶴見書店　2002.5　p375-379
◎参考文献「世界を旅した女性たち―ヴィクトリア朝レディ・トラベラー物語」（D. ミドルトン）　八坂書房　2002.10　p10-17b
◎Bibliography「英国レディになる方法」（岩田託子ほか）　河出書房新社　2004.9　p125-124
◎文献「歴史を〈読む〉―ヴィクトリア朝の思想と文化」（荻野昌利）　英宝社　2005.2　p342-345
◎原注「ヴィクトリアン・サーヴァント」（P. ホーン）　英宝社　2005.5　p335-348
◎参考文献「大英帝国という経験　興亡の世界史16」（井野瀬久美恵）　講談社　2007.4　p381-376

イギリス　ウェールズ
◎文献「アメリカは誰のものか―ウェールズ王子マドックの神話」（川北稔）　NTT出版　2001.9　p181-191
◎参考文献「ウェールズ「ケルト」紀行―カンブリアを歩く」（武部好伸）　彩流社　2004.7　p1b
◎参考文献「ウェールズ労働史研究―ペンリン争議における階級・共同体・エスニシティ」（久木尚志）　彩流社　2006.5　p289-285

イギリス　英語　⇒　英語　をも見よ
◎参考文献「イギリス英語の裏表」（小林章夫）　筑摩書房　2001.2　p188-189
◎文献「知っておきたいイギリス英語―現代話し言葉集」（大石五雄）　平凡社　2003.1　p228-229

イギリス　演劇
◎文献「演劇と社会―英国演劇社会史」（中山夏織）　美学出版　2003.4　p488-498
◎参考文献「イギリス中世演劇の変容―道徳劇・インタルード研究」（宮川朝子）　英宝社　2004.7　p257-270
◎引用文献「イギリスの宮廷仮面劇―バロックの黎明」（山田昭広）　英宝社　2004.9　p9-15
◎参考文献「宮廷祝宴局―チューダー王朝のエンターテインメント戦略」（有路雍子ほか）　松柏社　2005.3　p244-252

イギリス　王室
◎参考文献「プリンセス・オヴ・ウェールズ―英国皇太子妃列伝」（D. C. フィッシャー）　創元社　2007.7　p249-250
◎参考文献「英国王室の女性学」（渡辺みどり）　朝日新聞社　2007.10　p251-254

イギリス　大蔵省
◎参考文献「英国大蔵省から見た日本」（木原誠二）　文藝春秋　2002.2　p211-214

イギリス　音楽
◎参考文献「イギリス音楽の復興―音の詩人たち、エルガーからブリテンへ」（M. トレンド）　旺史社　2003.7　p305-298

イギリス　絵画
◎参考文献「静かな眼差し」（河崎良二）　編集工房ノア　2005.11　p294-303

イギリス　外交
◎参考文献「アジアの海の大英帝国―19世紀海洋支配の構図」（横井勝彦）　講談社　2004.3　p311-305
◎註「女王陛下のブルーリボン―ガーター勲章とイギリス外交」（君塚直隆）　NTT出版　2004.6　p277-285
◎参考文献「イギリスの情報外交―インテリジェンスとは何か」（小谷賢）　PHP研究所　2004.11　p248-256
◎参考文献「イギリス外交史」（佐々木雄太ほか）　有斐閣　2005.4　p275-284
◎参考文献「大英帝国の外交官」（細谷雄一）　筑摩書房　2005.6　p1-8b
◎参考文献「「日英同盟」協約交渉とイギリス外交政策」（藤井信行）　春風社　2006.3　p177-185
◎引用参考文献「ロイヤル・ネイヴィーとパクス・ブリタニカ」（田所昌幸）　有斐閣　2006.4　p209-226
◎参考文献「冷戦変容とイギリス外交―デタントをめぐる欧州国際政治、1964-1975年」（齋藤嘉臣）　ミネルヴァ書房　2006.10　p8-34b

イギリス　家具
◎参考文献「英国家具の愉しみ―その歴史とマナハウスの家具を訪ねて」（高橋守）　東京書籍　2006.4　p133」

イギリス　学校
◎参照文献「イギリス学校体罰史―「イーストボーンの悲劇」とロック的構図」（寺崎弘昭）　東京大学出版会　2001.12　p285-295

イギリス　紀行
◎文献「イギリスの丘絵を紹介する本」（黒田千世子）　講談社出版サービスセンター　2003.9　p177-180
◎文献「イギリスの道―フォトジェニックな英国記号論」（山本睦）　松柏社　2003.12　p184-185

イギリス　北アイルランド
◎引用参考文献ほか「鋼鉄のシャッター―北アイルランド紛争とエンカウンター・グループ」（P. ライス）　コスモス・ライブラリー　2003.12　p155-157
◎邦語文献ほか（門倉俊雄）「北アイルランド現代史―紛争から和平へ」（P. アーサーほか）　彩流社　2004.4　p31-29b
◎参考文献「暴力と和解のあいだ―北アイルランド紛争を生きる人びと」（尹慧瑛）　法政大出版局　2007.3　p266-257

イギリス　教育
◎参考文献「学校文化の比較社会学―日本とイギリスの中等教育」（志水宏吉）　東京大学出版会　2002.9　p323-343
◎参考文献「ヨーロッパの教育現場から―イギリス・フランス・ドイツの義務教育事情」（下條美智彦）　春風社　2003.4　p223-228
◎参考文献「国民のための教育改革とは―英国の「カリキュラム改革と教師の対応」に学ぶ」（G. マックロッホほか）　学文社　2003.12　p213-222
◎参考文献「生涯学習と新しい教育体制」（J. フィールド）　学文社　2004.6　p252-274

◎参考文献「教育正常化への道—サッチャー改革に学ぶ英国教育調査報告」(英国教育調査団) PHP研究所 2005.4 p271-268
◎参考文献「イギリスの視覚障害児特別支援教育—シェーピング・ザ・フューチャープロジェクト報告書」(英国盲人協会) 明石書店 2005.8 prr
◎引用参考文献「イギリス中等音声国語教育史研究」(安直哉) 東洋館出版社 2005.8 p331-341
◎参考文献「現代イギリスの教育行政改革」(清田夏代) 勁草書房 2005.9 p7-31b
◎参考文献「ポスト福祉社会の教育—学校選択, 生涯教育, 階級・ジェンダー」(S.トムリンソン) 学文社 2005.12 p231-250
◎Bibliography「イギリスの初等学校カリキュラム改革—1945年以降の進歩主義的理想の普及」(P.カニンガム) つなん出版 2006.7 p395-401
◎参考文献ほか「イギリス視学制度に関する研究—第三者による学校評価の伝統と革新」(高妻紳二郎) 多賀出版 2007.1 p270-276
◎文献「チャイルドケア・チャレンジ—イギリスからの教訓」(埋橋玲子) 法律文化社 2007.4 prr
◎参考文献「イギリス教育社会史」(J.ローソンほか) 学文社 2007.5 p563-567
◎註「競争しても学力行き止まり—イギリス教育の失敗とフィンランドの成功」(福田誠治) 朝日新聞社 2007.10 p229-251

イギリス　近代史
◎参考文献「イギリス近代史　宗教改革から現代まで　改訂版」(村岡健次ほか) ミネルヴァ書房 2003.5 p291-303
◎文献案内「女は男に従うもの?—近世イギリス女性の日常生活」(S. W. ハル) 刀水書房 2003.5 p276-263
◎参考文献「大英帝国衰亡史」(中西輝政) PHP研究所 2004.4 p371-363
◎参考文献「ジョージ王朝時代のイギリス」(G.ミノワほか) 白水社 2004.10 p13-16b
◎参考文献「空間のイギリス史」(川北稔ほか) 山川出版社 2005.2 prr
◎文献「歴史を〈読む〉—ヴィクトリア朝の思想と文化」(荻野昌利) 英宝社 2005.2 p342-345
◎文献目録「大英帝国のなかの「反乱」—アイルランドのフィニアンたち　2版」(高神信一) 同文舘出版 2005.6 p334-323
◎註「帝国の誕生—ブリテン帝国のイデオロギー的起源」(D.アーミテイジ) 日本経済評論社 2005.6 prr
◎参考文献「召使いたちの大英帝国」(小林章夫) 洋泉社 2005.7 p201-204
◎文献「イギリスの表象—ブリタニアとジョン・ブルを中心として」(飯田操) ミネルヴァ書房 2005.9 p23-42b

イギリス　経済
◎引用文献「現代イギリス経済と労働市場の変容—サッチャーからブレアへ」(桜井幸男) 青木書店 2002.2 p375-389

イギリス　経済史
◎参考文献「社会経済史講義—西洋社会の史的成立過程」(天川潤次郎ほか) 学文社 2004.9 p197-198

◎文献一覧「イギリス帝国経済史研究」(山田秀雄) ミネルヴァ書房 2005.6 p497-521

イギリス　建築
◎文献「イギリス大聖堂・歴史の旅」(石原孝哉ほか) 丸善 2005.6 p246-248
◎参考文献「アーツ・アンド・クラフツの建築」(片木篤) 鹿島出版会 2006.2 p1-2b

イギリス　憲法
◎主要文献「英国憲法入門」(E.バーレント) 成文堂 2004.11 p225-229

イギリス　交通
◎参考文献「イギリスの交通—産業革命から民営化まで」(P. S.バグウェル) 大学教育出版 2004.6 p318-325

イギリス　国教会
◎参考文献「イングランドの宗教—アングリカニズムの歴史とその特質　新装版」(塚田理) 教文館 2006.8 p13-19b

イギリス　財政
◎参考文献「16世紀イングランド行財政史研究」(井内太郎) 広島大出版会 2006.3 p411-425

イギリス　産業
◎参考文献「帝国からヨーロッパへ—戦後イギリス産業の没落と再生」(G.オーウェン) 名古屋大学出版会 2004.3 p27-72b

イギリス　詩
◎参考文献「中世英国ロマンス集　第4集」(中世英国ロマンス研究会) 篠崎書林 2001.1 p271-279
◎参考資料「英国の戦争詩人たち—第一次大戦に加わった詩人たちの生涯」(大平真理子) 荒竹出版 2001.3 p109-112
◎文献「鏡の中の愛—英語恋愛詩入門」(杉本明) 晃洋書房 2001.3 p247-255
◎参考文献「講座英米文学史　2　詩　2」(加納秀夫) 大修館書店 2001.4 p365-381
◎注文献「イギリス近代詩法」(高松雄一) 研究社 2001.11 p418-434
◎参考文献ほか「イギリス諷刺詩」(大日向幻) 関西学院大学出版会 2003.3 p244-247
◎参考文献「隠喩・象徴とテクスト解釈」(原孝一郎) 英宝社 2004.2 p194-187
◎参考文献「映画で英詩入門—愛と哀しみ、そして勇気」(松浦暢) 平凡社 2004.3 p323-326
◎文献書誌「地誌から叙情へ—イギリス・ロマン主義の源流をたどる」(笠原順路ほか) 明星大学出版部 2004.3 p359-378
◎参考文献「アングロ・サクソン文学史—韻文編」(唐澤一友) 東信堂 2004.5 p240-250
◎参考文献「田園の詩神—十八世紀英国の農耕詩を読む」(海老澤豊) 国文社 2005.8 p7-18b
◎参考図書「英詩のわかり方」(阿部公彦) 研究社 2007.3 p229-233

イギリス　思想
◎文献「不完全性の政治学—イギリス保守主義思想の二つの伝統」(A.クイントン) 東信堂 2003.12 p163-167

イギリス　児童文学
- ◎テキスト「英語圏の新しい児童文学　〈クローディア〉から〈ハリー・ポッター〉まで」（英語圏児童文学研究会）　彩流社　2003.2 prr
- ◎参考文献「イギリスアメリカ児童文学ガイド」（定松正）　荒地出版社　2003.4　p300-319
- ○研究文献解題(多田昌美ほか)「児童文学研究　37」（日本児童文学学会）　2004　p105-93

イギリス　社会
- ◎参考文献「英国中世後期の社会　言語、文学、教育、科学」（大槻博）　燃焼社　2003.2　p233-235
- ◎参考文献「不機嫌なメアリー・ポピンズ―イギリス小説と映画から読む「階級」」（新井潤美）　平凡社　2005.5　p1-3b
- ◎参考文献「現代イギリス社会史―1950-2000」（A. ローゼン）　岩波書店　2005.6　p23-34b
- ◎参考文献「シェイクスピア時代のイギリス庶民文化小事典」（西山良雄）　明文書房　2007.7　p222-228

イギリス　19世紀史
- ◎参考文献「19世紀イギリスの民衆と政治文化―ホブズボーム・トムスン・修正主義をこえて」（R. マックウィリアム）　昭和堂　2004.10　p211-219
- ◎参考文献「大英帝国という経験　興亡の世界史16」（井野瀬久美惠）　講談社　2007.4　p381-376

イギリス　宗教
- ◎参考文献「イングランドの宗教―アングリカニズムの歴史とその特質」（塚田理）　教文館　2004.7　p13-19b

イギリス　小説
- ◎参考文献「イギリス小説のモンスターたち　怪物・女・エイリアン」（榎本眞理子）　彩流社　2001.7　p7-13b
- ◎ブックリストほか「ジャンク・フィクション・ワールド」（風間賢二）　新書館　2001.7　p239-253
- ◎年譜「十八世紀イギリス小説」（塩谷清人）　北星堂書店　2001.10　p253-259
- ◎参考図書「二十世紀の英国小説―文学と思想の間」（三浦雅弘）　丸善プラネット　2002.1　p182-186
- ◎引用参考文献「〈インテリア〉で読むイギリス小説　室内空間の変容」（久守和子ほか）　ミネルヴァ書房　2003.5 prr
- ◎参考文献「女性たちのイギリス小説」（M. ウィリアムズ）　南雲堂　2005.2　p336-338
- ◎参考文献「20世紀末イギリス小説―アポカリプスに向かって」（木村政則）　彩流社　2005.3　p15-21b
- ◎参考文献「十八世紀イギリス小説とその周辺」（榎本太）　近代文芸社　2005.3　p250-265
- ◎参考文献「現代批評でよむ英国女性小説―ウルフ、オースティン、ブロンテ、エリオット、ボウエン、リース」（山根木加名子）　鷹書房弓プレス　2005.5　p181-191
- ◎引用文献「イギリス小説の誕生」（依藤道夫）　南雲堂　2007.11　p416-420

イギリス　植民地
- ◎注「「王国」と「植民地」　近世イギリス帝国のなかのアイルランド」（山本正）　思文閣出版　2002.1 prr
- ◎引用文献ほか「女たちは帝国を破壊したか―ヨーロッパ女性とイギリス植民地」（シュトローベル）　知泉書館　2003.9　p6-26b

イギリス　ジョージ王朝
- ◎参考文献「ジョージ王朝時代のイギリス」（G. ミノワほか）　白水社　2004.10　p13-16b

イギリス　女性史
- ◎文献案内「イギリス近現代女性史研究入門」（河村貞枝ほか）　青木書店　2006.5　p25-34b

イギリス　紳士
- ◎参考文献「イギリス紳士の幕末」（山田勝）　NHK出版　2004.8　p237-239

イギリス　スコットランド
- ◎参考文献「スコットランドの聖なる石―ひとつの国が消えたとき」（小林章夫）　NHK出版　2001.6　p227-228
- ◎引用参考文献「一九世紀スコットランドの教育」（田口仁久）　北樹出版　2004.2　p207-224
- ◎原注「日本の近代化とスコットランド」（O. チェックランド）　玉川大学出版部　2004.4　p211-191
- ◎文献案内「スコットランド歴史を歩く」（高橋哲雄）　岩波書店　2004.6　p229-231
- ◎参考書目「スコットランド歴史紀行」（小牧英之）　松柏社　2004.7　p319-322
- ◎参考文献「蘇格蘭土と日本・世界―ボウモア・ウィスキーと薊の文化」（北政巳）　近代文芸社　2004.10　p1-4b
- ◎参考文献「図説スコットランド」（佐藤猛郎ほか）　河出書房新社　2005.12　p143」
- ◎参考文献「スコットランド文化事典」（木村正俊ほか）　原書房　2006.11　p1176-1191

イギリス　政治
- ◎参考文献・年表「サッチャーの遺産―1990年代の英国に何が起こっていたのか」（岡山勇一, 戸澤健次）　晃洋書房　2001.11　p191-200
- ◎参考文献ほか「英国の立憲君主政」（V. ボグダナー）　木鐸社　2003.6　p11-16b
- ◎参考文献「イギリス政治はおもしろい」（菊川智文）　PHP研究所　2004.6　p244-245
- ◎参考文献「17世紀イングランドの家族と政治思想」（金屋平三）　晃洋書房　2004.12　p237-244
- ◎参考文献「現代イギリスの選挙政治」（西川敏之）　敬文堂　2005.1　p183-195
- ◎引用文献「イギリス人の国家観・自由観」（名古忠行）　丸善　2005.2　p227-233
- ◎参考文献「現代イギリスの政治変動―新労働党とサッチャリズム」（R. ヘファーナン）　東海大学出版会　2005.3　p241-253
- ◎文献目録「イギリス立憲政治の源流―前期ステュアート時代の統治と「古来の国制」論」（土井美徳）　木鐸社　2006.1　p11-30b
- ◎文献「プリムローズ・リーグの時代―世紀転換期イギリスの保守主義」（小関隆）　岩波書店　2006.12　p5-22b
- ◎参考文献ほか「イギリス政治システムの大原則」（田中琢二）　第一法規　2007.1　p187-190
- ◎文献一覧ほか「女王陛下の影法師」（君塚直隆）　筑摩書房　2007.7　p1-4b
- ◎参考文献「ポリティカル・アニマル―「政治家」という奇妙な種族の生態学」（J. パックスマン）　丸善出版事業部　2007.9　p514-536

◎参考文献「王はいかに受け入れられたか―政治文化のイギリス史」（指昭博）　刀水書房　2007.12　p187-212

イギリス　大英帝国
◎参考文献「黒人王、白人王に謁見す―ある絵画のなかの大英帝国」（井野瀬久美恵）　山川出版社　2002.11　p192-198

イギリス　大英博物館
◎参考文献「パルテノン・スキャンダル―大英博物館の「略奪美術品」」（朽木ゆり子）　新潮社　2004.9　p195-197
◎参考文献「物語大英博物館―二五〇年の軌跡」（出口保夫）　中央公論新社　2005.6　p260-258

イギリス　中世史
◎参考文献「ジェントリから見た中世後期イギリス社会」（新井由紀夫）　刀水書房　2005.2　p363-379
◎参考文献「中世のイギリス」（E. キング）　慶應義塾大出版会　2006.11　p23-32b

イギリス　庭園
◎参考文献「イギリス庭園の文化史　夢の楽園と癒しの庭園」（中山理）　大修館書店　2003.6　p249-253
◎参考文献「英国の庭園―その歴史と様式を訪ねて」（岩切正介）　法政大学出版局　2004.3　p378-382
◎文献「明日こそは緑の森へ―イギリスの庭が美を語りはじめたとき」（松平圭一）　西日本法規出版　2005.4　p174-189

イギリス　帝国時代
◎参考文献「アジアの海の大英帝国―19世紀海洋支配の構図」（横井勝彦）　講談社　2004.3　p311-305

イギリス　哲学
◎「スコットランド啓蒙コレクション目録」（関西学院大学図書館）　同図書館　2001.3　48p A4

イギリス　鉄道
◎参考資料「続イギリスの鉄道のはなし―蒸気機関車と文化」（高畠深）　成山堂書店　2005.12　p240-241

イギリス　伝説
◎参考文献「イギリス伝説紀行―巨人、魔女、妖精たち」（飯田正美）　松柏社　2005.5　p236-225

イギリス　20世紀史
◎参考文献「アヘンとイギリス帝国―国際規制の高まり1906-43年」（後藤春美）　山川出版社　2005.4　p7-17b

イギリス　農業
◎研究文献「イギリス農業政策史」（森建資）　東京大学出版会　2003.5　p362-373

イギリス　パリッシュ
◎参考文献「パリッシュ―イングランドの地域自治組織（準自治体）の歴史と実態」（山田光矢）　北樹出版　2004.2　p168-170

イギリス　美術
◎参考文献「イギリス美術史」（サイモン・ウイルソン）　岩崎美術社　2001.6　p356-358
◎参考文献「唯美主義とジャポニズム」（谷田博幸）　名古屋大学出版会　2004.9　p8-23b

イギリス　文化
◎参考文献「概説イギリス文化史」（佐久間康夫ほか）　ミネルヴァ書房　2002.4　p275-290
◎原註「演劇都市はパンドラの匣を開けるか―初期近代イギリス表象文化アーカイヴ　2」（円月勝博ほか）　ありな書房　2002.10　p251-283
◎参考文献「イギリス文化を学ぶ人のために」（小泉博一ほか）　世界思想社　2004.9　p350-338

イギリス　文学
○映画の文献（飯島朋子）「文献探索　2000」（文献探索研究会）　2001.2　p24-33
◎参考文献「男同士の絆―イギリス文学とホモソーシャルな欲望」（イヴ・K. セジウィック）　名古屋大学出版会　2001.2　p7-17b
◎引用文献「アルパイン・フラヌール―イギリス自然意識の原像」（神尾美津雄）　鷹書房弓プレス　2001.7　p8-18
○翻訳文学目録（榊原貴教）「翻訳と歴史　11」（ナダ出版センター）　2002.3　p29-31
◎邦訳文献「イギリス文学案内―増補改訂」（野町二ほか）　朝日出版社　2002.9　p474-551
○原注「妖精の時代」（K. ブリッグズ）　筑摩書房　2002.11　p312-331
○研究業績ほか「Persica 30」（岡山英文学会）　2003.3　p147-151
◎年表「イギリス文学辞典」（上田和夫）　研究社　2004.1　p396-423
◎参考文献「英国女性作家の世界」（吉田良夫）　大阪教育図書　2004.2　p295-305
◎引用文献「ポストコロニアル文学の現在」（木村茂雄ほか）　晃洋書房　2004.6　p219-228
◎参考文献「ヨーロッパの文化・文芸とケルト―学問を野に放つ試み」（本田錦一郎）　松柏社　2004.6　p248-254
◎参考書目「事典・イギリスの橋―英文学の背景としての橋と文化」（三谷康之）　日外アソシエーツ　2004.11　p246-252
◎参考文献「〈見えない〉欲望へ向けて―クィア批評との対話」（村山敏勝）　人文書院　2005.7　p230-241
◎参考文献「マザー・グースとイギリス近代」（鶴見良次）　岩波書店　2005.8　p10-20b
◎参考文献「「岬」の比較文学―近代イギリス文学と近代日本文学の自然描写をめぐって」（河村民部）　英宝社　2006.3　p322-327
◎参考文献「帝国日本の英文学」（齋藤一）　人文書院　2006.3　p175-202
◎参考文献「イギリスのカトリック文芸復興―体制文化批判者としてのカトリック知識人」（野谷啓二）　南窓社　2006.12　p25-35b
◎ブックガイド「近代文化史入門―超英文学講義」（高山宏）　講談社　2007.7　p298-303
◎参考文献「世紀末英文學史　決定版」（矢野峰人）　沖積舎　2007.11　p9-12b

イギリス　法
◎参考文献「イギリス近代国籍法史研究―憲法学・国民国家・帝国」（柳井健一）　日本評論社　2004.3　p299-308
◎参考文献「国際取引のためのイギリス法」（島田真琴）　慶應義塾大出版会　2006.10　p303-305
◎参考文献「イギリス知的財産法」（T. ハートほか）　レクシスネクシス・ジャパン　2007.9　prr

イギリス　放送協会
- ◎参考文献「BBCイギリス放送協会　パブリック・サービス放送の伝統　2版」（蓑葉信弘）　東信堂　2003.1　p237-240

イギリス　民俗
- ◎文献「英国カントリーサイドの民族誌―イングリッシュネスの創造と文化遺産」（塩路有子）　明石書店　2003.3　p305-315

イギリス　料理
- ◎参考文献「イギリス　世界の食文化17」（川北稔）　農文協　2006.7　p270-271

イギリス　歴史
- ◎参考文献「周縁からのまなざし―もうひとつのイギリス近代」（川北稔, 指昭博）　山川出版社　2000.10　p1-9b
- ◎参照文献「法の世界とその周辺―法的思考と中世イギリス史」（坂東行和）　法律文化社　2001.1　p239-243
- ◎原注文献「歴史と文学　近代イギリス史論集」（K. トマス）　みすず書房　2001.1　p39-121b
- ◎文献案内「路地裏の大英帝国―イギリス都市生活史」（角山榮, 川北稔）　平凡社　2001.2　p352-359
- ◎参考書目「英国社会史　下　増訂版 新装版」（今井登志喜）　東京大学出版会　2001.5　p1-11
- ◎参考文献「中世の家族―パストン家書簡で読む乱世イギリスの暮らし」（フランシス・ギース, ジョゼフ・ギース）　朝日新聞社　2001.7　p15-18b
- ◎参考文献「イギリス近代史を彩る人びと」（松浦高嶺）　刀水書房　2002.3　prr
- ◎参考文献「森と庭園の英国史」（遠山茂樹）　文藝春秋　2002.8　p201-206
- ◎文献「信仰とテロリズム―1605年火薬陰謀事件」（A. フレイザー）　慶応義塾大学出版会　2003.5　p398-409
- ◎参考文献「イギリス人は何にでも賭ける―そのチャレンジング・スピリットの由来」（小林章夫）　亜紀書房　2004.6　p250-254
- ◎参考文献「イングランド社会史」（A. ブリッグズ）　筑摩書房　2004.6　p12-33b
- ◎文献案内「イギリス現代史―1900-2000」（P. クラーク）　名古屋大学出版会　2004.8　p18-38b
- ◎参考文献「結社のイギリス史―クラブから帝国まで　結社の世界史4」（川北稔）　山川出版社　2005.8　p8-19b
- ◎注「イギリス労働者の貧困と救済―救貧法と工場法」（安保則夫）　明石書店　2005.10　prr
- ◎文献案内「古代のイギリス　1冊でわかる」（P. サルウェイ）　岩波書店　2005.12　p115-117
- ◎参考文献「イギリスと第一次世界大戦―歴史論争をめぐる考察」（B. ボンド）　芙蓉書房出版　2006.2　p117-119
- ◎参考文献「結婚観の歴史人類学―近代イギリス・1600年～現代」（J. R. ギリス）　勁草書房　2006.2　p16-43b
- ◎参考図書ほか「大英帝国の黒人」（P. フライヤー）　本の泉社　2007.1　p174-212
- ◎参考文献「スペイン継承戦争―マールバラ公戦記とイギリス・ハノーヴァー朝誕生記」（友清理士）　彩流社　2007.2　p399」
- ◎参考文献「愛と戦いのイギリス文化史―1900-1950年」（武藤浩史ほか）　慶應義塾大出版会　2007.2　p315-329

- ◎文献「社会史と経済史―英国史の軌跡と新方位」（A. ディグビーほか）　北海道大出版会　2007.10　prr

イギリス　労働党
- ◎文献「左派の挑戦―理論的刷新からニュー・レイバーへ」（近藤康史）　木鐸社　2001.9　p318-327

イギリス　ロマン派
- ◎文献「イギリス・ロマン派とフランス革命―ブレイク、ワーズワス、コールリッジと1790年代の革命論争」（安藤潔）　桐原書店　2003.10　p13-35b

イギリス　ロンドン
- ◎参考文献「コーヒー・ハウス　都市の生活史　18世紀ロンドン」（小林章夫）　講談社　2001.10　p276-286
- ◎文献紹介「ロンドン事典」（蛭川久康ほか）　大修館書店　2002.7　p911-916
- ◎文献「ロンドン行政の再編成と戦略計画」（東郷尚武）　日本評論社　2004.3　p277-278
- ◎参考文献「福祉市民社会を創る―コミュニケーションからコミュニティへ」（加藤春恵子）　新曜社　2004.3　p11-18b
- ◎文献「ロンドン食の歴史物語―中世から現代までの英国料理」（A. ホープ）　白水社　2006.3　p302-303

イギリス　ロンドン海軍軍縮会議
- ◎参考文献「ロンドン海軍条約成立史―昭和動乱の序曲」（関静雄）　ミネルヴァ書房　2007.8　p429-432

イギリス思想研究叢書
- ◎総目次「日本イギリス哲学会30年史」（日本イギリス哲学会）　日本イギリス哲学会　2006.3　p113-117

イギリス人
- ◎参考文献「アングロサクソンと日本人の差―グローバル環境への対応」（大原壮比古）　新風舎　2006.1　p191-205

異空間
- ○文献目録抄（森沢真直）「国文学　解釈と鑑賞　71.5」（至文堂）　2006.5　p179-188

育児
- ◎「育児をめぐって―育児不安・幼児虐待からお受験・保育園不足まで　最新文献ガイド」（日外アソシエーツ）　日外アソシエーツ　2001.5　280p　A5
- ◎参考文献「失われる子育ての時間―少子化社会脱出への道」（池本美香）　勁草書房　2003.7　p1-6b
- ◎参考文献「国際比較仕事と家族生活の両立―日本・オーストリア・アイルランド」（OECD）　明石書店　2005.3　p253-272
- ◎文献「育児の事典」（平山宗宏）　朝倉書店　2005.5　prr
- ◎文献「育児不安の発生機序と対処方略」（輿石薫）　風間書房　2005.11　p167-175
- ◎引用参考文献「「子別れ」としての子育て」（根ヶ山光一）　NHK出版　2006.4　p225-232
- ◎参考文献「育児のジェンダー・ポリティクス」（舩橋恵子）　勁草書房　2006.5　p248-256
- ◎参考文献「子育て文化のフロンティア―伝えておきたい子育ての知恵」（中谷彪）　晃洋書房　2006.11　p107-111
- ◎参考文献ほか「育児と療育のための家族臨床心理学」（鳥山平三）　ブレーン出版　2007.5　p168-172

育児

◎参考文献「手のかかる子の育て方」(山田真) 筑摩書房 2007.10 p251-253
◎参考文献ほか「「江戸の子育て」読本—世界が驚いた!「読み・書き・そろばん」と「しつけ」」(小泉吉永) 小学館 2007.12 p189
◎参考文献「出生率の回復とワークライフバランス—少子化社会の子育て支援策」(丸尾直美ほか) 中央法規出版 2007.12 prr
◎参考文献「乳幼児と親のメンタルヘルス—乳幼児精神医学から子育て支援を考える」(本間博彰) 明石書店 2007.12 p219-220

育児休業

◎参考文献「男性の育児休業—社員のニーズ、会社のメリット」(佐藤博樹ほか) 中央公論新社 2004.3 p179-181
◎参考文献「迷走する両立支援—いま、子どもをもって働くということ」(萩原久美子) エディタス 2006.7 p295-298

育児語彙

◎参考引用文献「育児語彙の開く言葉」(友定賢治) 和泉書院 2005.8 p233-237

育児雑誌

◎参考文献「育児戦略の社会学—育児雑誌の変容と再生産」(天童睦子) 世界思想社 2004.9 p255-245

育児支援

◎参考文献「子育てしやすい社会—保育・家庭・職場をめぐる育児支援策」(前田正子) ミネルヴァ書房 2004.4 p194-206
◎引用文献「地域コミュニティと育児支援のあり方—家族・保育・教育現場の実証研究」(山岡テイ) ミネルヴァ書房 2007.2 p329-340

育児書

○目録(横山浩司)「社会志林 50.2」(法政大) 2003.12 p172-120

育種

◎文献「自殺する種子—遺伝資源は誰のもの?」(河野和男) 新思索社 2001.12 p285-290
◎文献「植物育種学—交雑から遺伝子組換えまで」(鵜飼保雄) 東京大学出版会 2003.3 p409-441
◎文献「植物育種学各論—作物の特性と育種」(日向康吉ほか) 文永堂出版 2003.12 p317-321
◎参考文献「植物改良への挑戦—メンデルの法則から遺伝子組換えまで」(鵜飼保雄) 培風館 2005.9 p328-338

育毛

◎参考文献「育毛物語—実録潜入ルポ」(双田譲治) コモンズ 2005.10 p278-279

生垣

○文献目録(湯浅真ほか)「鳥取大学農学部演習林研究報告 28」(鳥取大) 2004.3 p65-68

池田屋事件

◎参考文献「新選組・池田屋事件顛末記」(富成博) 新人物往来社 2001.7 p253-255

生贄

◎参考文献「供犠と権力」(臼田乃里子) 白地社 2006.12 p374-383

いけばな

◎参考文献「いけばなの起源—立花と七支刀」(中山真知子) 人文書院 2002.1 p195-202

違憲審査

◎参考文献「中国違憲審査制度の研究」(冷羅生) ブイツーソリューション 2007.4 p202-209

囲碁

◎参考文献「囲碁の知・入門編」(平本弥星) 集英社 2001.4 p250-252
◎参考文献「囲碁の文化誌—起源伝説からヒカルの碁まで」(水口藤雄) 日本棋院 2001.11 p249-252
◎邦文史料目録「中国囲碁史料集成」(香川忠夫) 〔香川忠夫〕 2004.7 p457-479
◎関連図書「コンピュータ囲碁の入門」(コンピュータ囲碁フォーラム) 共立出版 2005.11 p184-187

異国叢書

○全書目一覧ほか(松井洋子)「歴史と地理 600」(山川出版社) 2006.12 p15-21

イコノグラフィー

◎註「イコノグラフィー入門」(R. v. ストラーテン) ブリュック 2002.11 prr

eコマース

◎原注「シスコ—E-コマースで世界を制覇」(D. スタウファー) 三修社 2002.8 p245-264
◎参考文献「情報・ビジネスに役立つeコマースの基礎」(八尾晃) 東京経済情報出版 2005.9 p199-206

eコミュニティ

◎参考文献「eコミュニティがビジネスを変える」(チャールズ・グランサム) 東洋経済新報社 2001.2 p3-10b

イコン

◎参考文献「イコンのこころ 新装版」(高橋保行) 春秋社 2003.9 p169-170

十六夜日記

◎参考文献(祐野隆三)「中世日記紀行文学全評釈集成 2」(大倉比呂志ほか) 勉誠出版 2004.12 p234-236

遺産

◎参考文献「相続の承認・放棄の実務」(雨宮則夫ほか) 新日本法規出版 2003.9 p1-4f

医師

◎参考文献「バイオテロと医師たち」(最上丈二) 集英社 2002.10 p219-214

石

◎文献「石の考古学」(奥田尚) 学生社 2002.5 p239-240
◎参考文献「日本の石の文化」(島津光夫) 新人物往来社 2007.7 p216-223
◎参考文献「とちぎ石ものがたり—人と石の文化史」(栃木県立博物館) 栃木県立博物館 2007.10 p58」

石垣

◎参考文献「風土が作る文化—屋敷囲いとしての石垣」(漆原和子) 法政大 2007.3 prr

医史学

○文献目録「日本医史学雑誌 49.4」(日本医史学会) 2003.12 p686-737

いしかわ

　○文献目録（順天堂大学医史学研究室）「日本医史学雑誌　51.3」（日本医史学会）　2005.9　p458-523
　○文献目録（順天堂大学医史学研究室）「日本医史学雑誌　53.3」（日本医史学会）　2007.9　p461-523

石川県
　◎参考文献「ふるさと石川の文学」（金沢学院大学文学部日本文学研究室編）　金沢学院大　2003.4　p268-283
　◎参考文献「加賀・越前と美濃街道　街道の日本史28」（隼田嘉彦）　吉川弘文館　2004.5　p27-30b
　◎参考文献「古地理で探る越中・加賀の変遷―古地理に関する調査―黒部川・常願寺川・神通川・庄川・小矢部川・手取川・梯川」　国土交通省北陸地方整備局・国土交通省国土地理院　2006　p108-122
　◎文献目録「中部地方の民俗芸能　2」（石川県教育委員会ほか）　海路書院　2006.6　p533-549

石川県　加賀市
　◎参考文献「加賀百万石と江戸芸術―前田家の国際交流」（宮元健次）　人文書院　2002.1　p224-229
　◎参考文献ほか「加賀市三谷地区」　金沢大　2004.7　p111-113
　◎参考文献ほか「加賀市大聖寺地区と上福田」　金沢大　2005.6　p147-151

石川県　加賀百万石
　◎参考文献「加賀百万石物語　利家とまつ」（酒井美意子）　主婦と生活社　2001.11　p270」

石川県　金沢市
　◎参考文献「明治金澤の蘭方医たち」（山嶋哲盛）　慧文社　2005.7　p211-216
　◎参考文献「金沢市史　通史編　3近代」（金沢市史編さん委員会）　金沢市　2006.3　p977-986

石川県　金沢藩
　○蔵書目録（膽吹覚）「国語国文学　46」（福井大）　2007.3　p54-45

石川県　加茂遺跡
　◎参考文献「加茂遺跡」（岡部慶隆）　同成社　2006.3　p153-155

石川県　兼六園
　◎参考文献「兼六園を読み解く―その歴史と利用」（長山直治）　桂書房　2006.12　p284-287

石川県　考古学
　○文献目録（桜井憲弘）「石川考古学研究会会報　44」（石川考古学研究会）　2001.3　p217-222

石川県　珠洲市
　◎参考文献「珠洲のれきし」（珠洲のれきしさん委員会）　珠洲市　2004.7　p278」
　◎参考文献「ためされた地方自治―原発の代理戦争にゆれた能登半島・珠洲市民の13年」（山秋真）　桂書房　2007.5　p266-268

石川県　石動山
　○文献目録（桜井憲弘）「石川考古学研究会会報　44」（石川考古学研究会）　2001.3　p217-222

石川県　野々市町
　◎参考文献「野々市町史　民俗と暮らしの事典」（編纂専門委員会）　石川県野々市町　2006.3　p315-316

石川県　白山信仰
　◎参考文献「白山信仰と能面」（曽我孝司）　雄山閣　2003.12　p177-179
　◎引用文献「白の民俗学―白山信仰の謎を追って」（前田速夫）　河出書房新社　2006.7　p280-286

石川県　歴史
　○研究動向（湯川善一ほか）「加能史料研究　13」（石川県地域史研究振興会）　2001.3　p95-100
　○研究動向（池田仁子）「加能史料研究　16」（地域史研究振興会）　2004.3　p104-106
　○研究動向（鏑木紀彦）「加能史料研究　19」（石川県地域史研究振興会）　2007.3　p59-61

石川県　輪島市
　◎文献「在来工業地域論―輪島と井波の存続戦略」（須山聡）　古今書院　2004.2　p249-259
　◎参考文献「輪島市町野町曽々木と鈴屋」（金沢大学文学部）　金沢大　2006.3　p135-137
　◎参考文献「輪島市西保地区」　金沢大　2007.3　p149-151

意識
　◎参考文献「ヒトの意識が生まれるとき」（大坪治彦）　講談社　2001.8　p197-201
　◎文献「意識する心―脳と精神の根本理論を求めて」（デイヴィッド・J.チャーマーズ）　白揚社　2001.12　p480-494
　◎参考文献ほか「ユーザーイリュージョン―意識という幻想」（T.ノーレットランダーシュ）　紀伊国屋書店　2002.8　p551-519
　◎文献リスト「意識とはなにか―〈私〉を生成する脳」（茂木健一郎）　筑摩書房　2003.10　p219-220
　◎引用参考文献「脳内現象―〈私〉はいかに創られるか」（茂木健一郎）　NHK出版　2004.6　p237-241
　◎読書案内「シリーズ心の哲学　1　人間篇」（信原幸弘）　勁草書房　2004.7　p268-280
　◎引用文献「パワーか、フォースか―人間のレベルを測る科学」（D.R.ホーキンズほか）　三五館　2004.9　p419-436
　◎参考図書「マインド・タイム―脳と意識の時間」（B.リベット）　岩波書店　2005.7　p3-15b
　◎参考文献「マインド・クエスト―意識のミステリー」（D.ロイド）　講談社　2006.11　p630-621
　◎参考文献「脳の中の「私」はなぜ見つからないのか？―ロボティクス研究者が見た脳と心の思想史」（前野隆司）　技術評論社　2007.9　p274-275
　◎参考文献「超越意識の探求―自己実現のための意識獲得法」（C.ウィルソン）　学習研究社　2007.11　p322-323

意識人類学
　◎参考文献「彼岸の時間―〈意識〉の人類学」（蛭川立）　春秋社　2002.11　p8-26b

意識通信
　◎邦文文献一覧「意識通信―ドリーム・ナヴィゲイターの誕生」（森岡正博）　筑摩書房　2002.7　p1-14b

石工
　◎文献目録「再発見！高遠石工」（長野県高遠町教育委員会）　ほおずき書籍　2005.3　p211-235

石倉新炭鉱
◎「石倉新炭鉱関係資料目録」　美唄市郷土史料館　2001.3　32枚　A4

医事刑法
◎参考文献「法医学と医事刑法―法学部生のための」(田中圭二)　成文堂　2002.2　p6-7f

意思決定
◎注文献「ビジネス交渉と意思決定」(印南一路)　日経新聞社　2001.3　p231-237
◎参考文献「戦略的意思決定」(生天目章)　朝倉書店　2001.3　p181-184
◎参考文献「意思決定の基礎」(松原望)　朝倉書店　2001.7　p217-221
◎参考文献「ドラマ理論への招待―多主体複雑系モデルの新展開」(木嶋恭一)　オーム社　2001.8　p157-165
◎参考文献「リーダーのための意思決定学―From e-business to p-business」(和田秀樹)　文春ネスコ　2001.10　p182-183
◎参考文献「決断プロフェッショナル―失敗しないための思考と技術」(今村栄三郎)　光文社　2002.1　p197-198
◎文献「感情と認識」(猪原健弘)　勁草書房　2002.2　p203-209
◎文献「合理性と柔軟性」(猪原健弘)　勁草書房　2002.2　p255-260
◎引用文献「心理学が描くリスクの世界―行動的意思決定入門」(広田すみれほか)　慶応義塾大学出版会　2002.4　prr
◎文献「進化的意思決定」(石原英樹, 金井雅之)　朝倉書店　2002.4　p188-194
◎文献「個人的リスク志向・回避行動の個人差を規定する要因の分析」(上市秀雄)　風間書房　2003.2　p135-139
◎文献「未知なるものに揺れる心―不確定志向性理論からみた個人差」(R. M. ソレンティノ)　北大路書房　2003.3　p191-204
◎参考文献「ロジカル・シンキング入門」(茂木秀昭)　日本経済新聞社　2004.7　p168-169
◎参考文献「決め方の科学―事例ベース意思決定理論」(I. ギルボア)　勁草書房　2005.1　p205-210
◎文献「社会的選択理論―集団の意思決定と個人の判断の分析枠組み」(J. クラーヴェン)　勁草書房　2005.4　p193-197
◎参考文献「行政経営のための意思決定―AHPを使った難問打開の新手法」(木下栄蔵ほか)　ぎょうせい　2005.12　p183-187
◎引用文献「心理学が描くリスクの世界―行動的意思決定入門　改訂版」(広田すみれほか)　慶應義塾大出版会　2006.5　p247-272
◎文献案内「組織健全化のための社会心理学・違反・事故・不祥事を防ぐ社会技術」(岡本浩一ほか)　新曜社　2006.7　p9-65b
◎注「ウォートンスクールの意思決定論」(S. J. ホッチほか)　東洋経済新報社　2006.8　p335-366
◎参考文献「誘惑される意志―人はなぜ自滅的行動をするのか」(G. エインズリー)　NTT出版　2006.9　p376-352
◎参考文献「トップマネジメントの意思決定」(北真収)　中央経済社　2007.3　prr
◎参考文献ほか「後悔しない意思決定」(繁桝算男)　岩波書店　2007.3　p117-118
◎参考文献「エネルギー技術の社会意思決定」(鈴木達治郎ほか)　日本評論社　2007.8　prr

医事訴訟
◎主要参考文献「医事関係訴訟の実務」(佐々木茂美)　新日本法規出版　2002.7　p1-4f

石原産業
◎参考文献「赤い土―フェロシルト―なぜ企業犯罪は繰り返されたのか」(杉本裕明)　風媒社　2007.10　p290-291

石干見
◎参考文献「石干見―最古の漁法　ものと人間の文化史135」(田和正孝)　法政大出版局　2007.2　p297-305

医事紛争
◎文献「人は誰でも間違える―より安全な医療システムを目指して」(L. コーンほか)　日本評論社　2000.11　prr
◎参考文献「ねじれた絆―赤ちゃん取り違え事件の十七年」(奥野修司)　文藝春秋　2002.10　p428-429
◎参考文献「患者側弁護士のための実践医療過誤訴訟」(加藤良夫ほか)　日本評論社　2004.2　p353-355

医事法
◎文献「福祉と医療の法律学!　新版」(梶原洋生)　インデックス出版　2002.12　p233-235
○文献目録「年報医事法学　17」(日本医事法学会)　2002　p297-225
○文献目録「年報医事法学　18」(日本医事法学会)　2003　p313-233
○文献目録「年報医事法学　19」(日本医事法学会)　2004　p339-278
◎参考文献「医療と法」(下田寛己ほか)　ヘルス・システム研究所　2004.3　p128-129
◎参考文献「医事法学概論　2版」(菅野耕毅)　医歯薬出版　2004.5　p350-352
○文献目録「年報医事法学　20」(日本評論社)　2005　p201-268
○文献目録「年報医事法学　21」(日本医事法学会)　2006　p265-328
○文献目録「年報医事法学　22」(日本医事法学会)　2007　p241-295

いじめ
◎引用文献「いじめの社会理論―その生態学的秩序の生成と解体」(内藤朝雄)　柏書房　2001.7　p291-299
◎引用参考文献「増補・いじめ　その本質と克服の道すじ」(前島康男)　創風社　2003.6　p235-239
◎参考文献「イジメと家族関係」(中田洋二郎)　信山社出版　2003.7　prr
◎文献案内「いじめととりくんだ国々―日本と世界の学校におけるいじめへの対応と施策」(土屋基規)　ミネルヴァ書房　2005.12　p309-316
◎出典「いじめの根を絶ち子どもを守るガイド―親と教師は暴力のサイクルをいかに断ち切るか」(B. コローソ)　東京書籍　2006.2　p266-267
◎「わが国における子どもの「いじめ」に関する文献集録　1979年-2004年」(浅井健史)　IP心理教育研究所　2006.4　36p A4

いしや

◎文献「「いじめ」考―「いじめ」が生じる要因と対策について」（田原俊司）　八千代出版　2006.9　p153-157
◎参考文献「職場のいじめ―「パワハラ」と法」（水谷英夫）　信山社　2006.12　p227-231
◎文献「いじめ・不登校」（伊藤茂樹）　日本図書センター　2007.2　p403-408
◎引用参考文献「データが語る　1　学校の課題―学力向上・学級の荒れ・いじめを徹底検証」（河村茂雄）　図書文化社　2007.2　p108-109
○単行本（市川千秋ほか）「学校カウンセリング研究9」（日本学校カウンセリング学会）　2007.3　p55-61
◎参考文献「ヒトはなぜヒトをいじめるのか―いじめの起源と芽生え」（正高信男）　講談社　2007.6　p170-171
◎引用文献「魔女裁判といじめの文化史―いじめ問題の歴史的・構造的研究」（原田順代）　風間書房　2007.7　p297-307

医者
◎参考文献「医者と患者」（吉松和哉）　岩波書店　2001.6　p328-334

石山合戦
◎参考文献「一向一揆と石山合戦　戦争の日本史14」（神田千里）　吉川弘文館　2007.10　p268-272

石槍
◎参考文献「石槍の研究―旧石器時代から縄文時代初頭期にかけて」（白石浩之）　ミュゼ　2001.8　p400-419

異種移植
◎参考文献「異種移植とはなにか―動物の臓器が人を救う」（デイヴィッド・クーパー，ロバート・ランザ）　岩波書店　2001.9　p13-15b

移住
○関係図書（金中利和）「季刊海外日系人　49」（海外日系人協会）　2001.8　p98-101

異種混淆
◎文献「異種混淆の近代と人類学」（古谷嘉章）　人文書院　2001.3　p307-295

医書
○書誌（眞柳誠）「人文学科論集　41」（茨城大）　2004.3　p218-197
○書誌（眞柳誠）「人文学科論集　45」（茨城大）　2006.3　p1-16

衣装
◎参考文献「朝鮮王朝の衣装と装身具」（張淑煥ほか）　淡交社　2007.3　p190」

異常心理学
◎参考文献「おかしい人を見分ける心理学―PTSD、ウソつき、多重人格―あなたの身近な人の心の闇をのぞく」（マーサ・スタウト）　はまの出版　2001.7　p314-318
◎文献「侵入思考―雑念はどのように病理へと発展するのか」（D. A. クラーク）　星和書店　2006.10　p372-335
◎年表「変態心理学」（和田桂子）　ゆまに書房　2006.12　p657-706

意匠法
◎参考文献「意匠法」（末吉亙）　中央経済社　2002.4　p211-212

移植
◎注文献「臓器は「商品」か　移植される心」（出口顯）　講談社　2001.4　p196-203
◎参考文献「異種移植とはなにか―動物の臓器が人を救う」（デイヴィッド・クーパー，ロバート・ランザ）　岩波書店　2001.9　p13-15b
◎参考文献「移植医療を築いた二人の男―その光と影」（木村良一）　産経新聞ニュースサービス　2002.8　p356-357
◎参考文献「生体肝移植―京大チームの挑戦」（後藤正治）　岩波書店　2002.9　p217-219

衣食住
◎参考文献「事物起源辞典―衣食住編　新装版」（朝倉治彦ほか）　東京堂出版　2001.9　p412-415
◎参考文献「江戸庶民の衣食住　図説江戸　4」（竹内誠）　学習研究社　2003.6　p127」

維新
◎注文献「廃藩置県の歴史」（松尾正人）　吉川弘文館　2001.1　prr
◎参考文献「幕末の変動と諸藩　幕末維新論集　4」（三宅紹宣）　吉川弘文館　2001.1　p355-362
◎文献目録「幕政改革　幕末維新論集　3」（家近良樹）　吉川弘文館　2001.2　p349-352

異人
◎論文解題（中本剛二）「異人・生贄　怪異の民俗学7」（小松和彦）　河出書房新社　2001.5　p373-379

椅子
◎参考文献「デンマークの椅子」（織田憲嗣）　ワールドフォトプレス　2002.3　p220-222
◎文献「玉座の系譜―弥生・古墳時代における古代の椅子」（福田彰浩）　西日本法規出版　2003.4　p125-137
◎注「椅子と身体―ヨーロッパにおける「坐」の様式」（山口恵里子）　ミネルヴァ書房　2006.2　prr
◎参考文献「椅子さがし建築めぐり」（竹内正明）　学芸出版社　2006.3　p232-233
◎参考文献「名作椅子大全―イラストレーテッド」（織田憲嗣）　新潮社　2007.3　p729-724

泉
◎参考文献「ローマの泉の物語」（竹山博英）　集英社　2004.8　p236-237

イスラエル
◎参考文献「イスラエルの政治文化とシチズンシップ」（奥山眞知）　東信堂　2002.3　p217-233
◎文献「古代イスラエルの世界―社会学・人類学・政治学からの展望」（R. E. クレメンツ）　リトン　2002.11　p598-649
◎参考文献「聖都エルサレム―5000年の歴史」（関谷定夫）　東洋書林　2003.11　p9-17b
◎文献案内「古代イスラエルの思想―旧約の預言者たち」（関根正雄）　講談社　2004.1　p397-404
◎書誌「パレスチナ問題」（E. W. サイード）　みすず書房　2004.2　p30-39b
◎参考文献「世界化するパレスチナ/イスラエル紛争」（臼杵陽）　岩波書店　2004.5　p1-3b

◎「日本におけるユダヤ・イスラエル論議文献目録1989-2004」（宮澤正典）　昭和堂　2005.12　4,386p B5
◎参考文献「ユダヤ世界を読む―啓典の民による国民経済建設の試み」（佐藤千景）　創成社　2006.9　p187-191
◎注「アメリカはなぜイスラエルを偏愛するのか―超大国に力を振るうユダヤ・ロビー」（佐藤唯行）　ダイヤモンド社　2006.11　p223-214

イスラエル・アラブ紛争
◎参考文献「中東戦争全史」（山崎雅弘）　学習研究社　2001.9　p329-334
◎参考文献「パレスチナ紛争史」（横田勇人）　集英社　2004.5　p203-206
◎出典「ひとつの土地にふたつの民―ユダヤ-アラブ問題によせて」（M. ブーバー）　みすず書房　2006.1　p6-11b

イスラム
◎参考文献「図説科学で読むイスラム文化」（ハワード・R. ターナー）　青土社　2001.1　p8-14b
◎参考文献「イスラームの倫理―アブドゥル・ジャッバール研究」（塩尻和子）　未来社　2001.2　p8-18b
◎文献目録「イスラーム家族法―婚姻・親子・親族」（柳橋博之）　創文社　2001.2　p769-786
◎参考文献「イスラーム美術」（ジョナサン・ブルーム，シーラ・ブレア）　岩波書店　2001.3　p434-439
◎参考文献「聖者イブラーヒーム伝説」（佐藤次高）　角川書店　2001.3　p235-242
◎参考文献「中東紛争　その百年の相克」（鏡武）　有斐閣　2001.4　p292-293
◎参考文献「現代イスラムの潮流」（宮田律）　集英社　2001.6　p201-204
◎参考文献「イスラーム世界の二千年　文明の十字路中東全史」（B. ルイス）　草思社　2001.8　p561-560
◎参考文献「図説世界建築史　6　イスラム建築」（ジョン・D. ホーグ）　本の友社　2001.9　p270-272
◎参考文献「「イスラム原理主義」とは何か」（山内昌之）　岩波書店　2001.10　p14-25b
◎参考文献「なぜイスラムはアメリカを憎むのか」（内藤陽介）　ダイヤモンド社　2001.11　p212-214
◎参考文献「イスラム原理主義　神は恐ろしい教えを下したのか」（岡倉徹志）　明石書店　2001.11　p225-224
◎参考文献「イスラム世界とつきあう法　増補版」（四戸潤弥）　東洋経済新報社　2001.11　p1-3b
◎参考文献「イスラム世界のこれが常識―政治・宗教・民族55の鍵　改訂版」（岡倉徹志）　PHP研究所　2001.11　p283-285
◎参考文献「イスラムに何がおきているか―現代世界とイスラム復興　増補」（小杉泰）　平凡社　2001.12　p360-370
◎参考文献「イスラームの世界地図」（21世紀研究会）　文藝春秋　2002.1　p261」
◎文献リスト「現代アラブ・ムスリム世界―地中海とサハラのはざまで」（大塚和夫ほか）　世界思想社　2002.1　p254-244
◎参考文献「現代アラブの社会思想―終末論とイスラーム主義」（池内恵）　講談社　2002.1　p251-245
◎参考文献「日本の仏教とイスラーム」（東隆真）　春秋社　2002.1　p249-255
◎参考文献「「イスラム過激派」をどう見るか」（宮田律）　岩波書店　2002.2　p1-8b

◎引用文献「イスラームと開発―カラーコラムにおけるイスマーイール派の変容」（子島）　ナカニシヤ出版　2002.2　p254-269
◎参考文献「私はアメリカのイスラム教徒」（アスマ・ブル・ハサン）　明石書店　2002.2　p294-317
◎参考文献「女性が語るフィリピンのムスリム社会―紛争・開発・社会的変容」（石井正子）　明石書店　2002.2　p231-215
◎「イスラーム研究文献目録」（小林順子）　ビブリオ　2002.3　108p B5
◎文献案内「イスラーム世界事典」（片倉もとこほか）　明石書店　2002.3　p411-435
◎参考文献ほか「イスラーム哲学への扉―理性と啓示をめぐって」（O. リーマン）　筑摩書房　2002.3　p441-464
◎参考文献「新イスラム事典」（日本イスラム協会）　平凡社　2002.3　p593-611
◎参考文献「憎まれるアメリカの正義―イスラム原理主義の闘い」（小山茂雄ほか）　講談社　2002.3　p214-218
◎参考文献「イスラム世界論―トリックスターとしての神」（加藤博）　東京大学出版会　2002.4　p16-23b
◎注文献「聖戦―台頭する中央アジアの急進的イスラム武装勢力」（A. ラシッド）　講談社　2002.4　p397-378
◎参考文献「大人も子どももわかるイスラム世界の「大疑問」」（池上彰）　講談社　2002.4　p236-238
◎ブックガイド150冊（三木亘ほか）「イスラームとは何か―「世界史」の視点から　別冊環　4」　藤原書店　2002.5　p301-288
◎参考文献「中東の誕生―切手で読み解く中東・イスラム世界」（内藤陽介）　竹内書店新社　2002.5　p255-264
◎参考文献ほか「イスラームの祭り」（G. E. グルーネバウム）　法政大学出版局　2002.6　p8-14b
◎注「現代の宗教と政党―比較のなかのイスラーム」（日本比較政治学会）　早稲田大学出版部　2002.6　prr
◎参考文献「現代イスラムの潮流と原理主義の行方」（宮田律）　集英社　2002.6　p280-286
◎参考文献「文明の内なる衝突―テロ後の世界を考える」（大沢真幸）　NHK出版　2002.6　p236-240
◎参考文献「イスラム入門」（H. A. R. ギブ）　講談社　2002.7　p288-296
◎参考文献「イスラームとモデニティ―現代イランの諸相」（中西久枝）　風媒社　2002.10　p256-268
◎参考文献「イスラーム世界の都市空間」（陣内秀信ほか）　法政大学出版局　2002.10　prr
◎文献「葡萄樹の見える回廊―中東・地中海文化と東西交渉」（杉田英明）　岩波書店　2002.11　p37-107b
◎文献「中世インドのイスラム遺蹟―探査の記録」（荒松雄）　岩波書店　2003.2　p43-52b
◎文献「イスラームと商業の歴史人類学―西アフリカの交易と知識のネットワーク」（坂井信三）　世界思想社　2003.3　p471-493
◎参考文献「聖像画論争とイスラーム」（若林啓史）　知泉書館　2003.5　p32-39b
◎文献「キリスト教とイスラーム」（K. ハーゲマン）　知泉書館　2003.5　p7-26b
◎文献「日本のムスリム社会」（桜井啓子）　筑摩書房　2003.7　p227-230
◎文献「イスラームとは何か」（後藤明ほか）　新書館　2003.8　p238-243

◎文献「海域イスラーム社会の歴史―ミンダナオ・エスノヒストリー」(早瀬晋三) 岩波書店 2003.8 p229-242
◎参考文献「現代に生きるイスラームの婚姻論―ガザーリーの「婚姻作法の書」訳注・解説」(青柳かおる) 東京外国語大学アジア・アフリカ言語文化研究所 2003.8 p134-151
◎参考文献「イスラーム世界の女性たち」(白須英子) 文藝春秋 2003.9 p232-234
◎原注「ヴェールよさらば―イスラム女性の反逆」(F. メルニーシー) アストラル 2003.9 p215-232
◎注「イスラーム統治論・大ジハード論」(R. M. ホメイニー) 平凡社 2003.10 prr
◎文献「イスラーム法の存立構造―ハンバリー派フィクフ神事編」(中田考) ナカニシヤ出版 2003.10 p527-535
◎参考文献「キーワードで読むイスラーム―歴史と現在」(佐藤次高) 山川出版社 2003.10 prr
◎参考文献「イスラーム地域研究の可能性 イスラーム地域研究叢書1」(佐藤次高) 東京大学出版会 2003.11 prr
◎文献「常態のイスラーム―いまだ照らされていない世界」(座喜純) 穂高書店 2003.11 p111-113
◎文献「共生社会とマイノリティへの支援―日本人ムスリマの社会的対応から」(寺田貴美代) 東信堂 2003.12 p244-259
◎参考文献「NHKスペシャル文明の道 4 イスラムと十字軍」(NHK「文明の道」プロジェクトほか) NHK出版 2004.1 p246-250
◎参考文献「イスラームの国家と王権」(佐藤次高) 岩波書店 2004.1 p1-10b
◎参考文献「イスラーム地域の民衆運動と民主化」(私市正年ほか) 東京大学出版会 2004.1 prr
◎文献「宗教の系譜 ―キリスト教とイスラムにおける権力の根拠と訓練」(T. アサド) 岩波書店 2004.1 p11-31p
◎文献案内「イスラーム世界」(片倉もとこほか) 岩波書店 2004.2 p297-302
◎参考文献ほか「イスラーム」(M. リズン) 岩波書店 2004.3 p1-7b
◎文献目録「イスラーム法通史」(堀井聡江) 山川出版社 2004.3 p11-19p
◎参考文献「聖典「クルアーン」の思想―イスラームの世界観」(大川玲子) 講談社 2004.3 p236-231
◎参考文献「イスラームの美術工芸」(真道洋子) 山川出版社 2004.4 p88-90
◎参考文献「イスラーム主義とは何か」(大塚和夫) 岩波書店 2004.4 p219-223
◎参考文献ほか「イスラームとジェンダー―現代イランの宗教論争」(Z. ミール=ホセイニー) 明石書店 2004.6 p662-633
◎参考文献「音楽のアラベスク―ウンム・クルスームの歌のかたち」(水野信男) 世界思想社 2004.7 p226-238
◎参考文献「『アラビアン・ナイト』の国の美術史―イスラーム美術入門」(小林一枝) 八坂書房 2004.8 p165-167
◎参考文献「インドネシアイスラーム主義のゆくえ」(見市建) 平凡社 2004.8 p197-192

◎書誌「アラビアンナイト博物館―Legacy of the Arabian Nights」(国立民族学博物館ほか) 東方出版 2004.9 p124-126
◎参考文献「イスラームの生活を知る事典」(塩尻和子) 東京堂出版 2004.9 p281-284
◎参考文献「東南アジアにおけるイスラム過激派事情」(橋廣治) 近代文芸社 2004.11 p214-215
◎引用文献「周縁を生きる人びと―オラン・アスリの開発とイスラーム文化」(信田敏彦) 京大学術出版会 2004.12 p439-462
◎参考文献「イスラームの神秘主義と聖者信仰 イスラーム地域研究叢書7」(赤堀雅幸ほか) 東京大学出版会 2005.1 prr
◎参考文献「マレー・イスラームの人類学」(多和田裕司) ナカニシヤ出版 2005.1 p212-221
◎参考文献「イスラーム地域の国家とナショナリズム」(酒井啓子ほか) 東京大学出版会 2005.2 prr
◎参考文献「記録と表象―史料が語るイスラーム世界」(林佳世子ほか) 東京大学出版会 2005.2 prr
◎参考文献「現代ムスリム家族法」(柳橋博之) 日本加除出版 2005.2 prr
◎参考文献ほか「人類学の歴史と理論」(A. バーナード) 明石書店 2005.2 p316-360
◎参考文献目録「イスラームの性と文化」(加藤博) 東京大学出版会 2005.3 prr
◎参考文献「世界のイスラーム建築」(深見奈緒子) 講談社 2005.3 p282-285
◎参考文献「イスラームの根源をさぐる―現実世界のより深い理解のために」(牧野信也) 中央公論新社 2005.5 p203-205
◎「中東・イスラム関係記事索引 1990-2004」(日外アソシエーツ) 日外アソシエーツ 2005.6 14, 515p B5
◎文献「イスラーム世界の創造」(羽田正) 東京大学出版会 2005.7 p11-20b
◎文献「イスラーム世界の経済史」(加藤博) NTT出版 2005.7 p5-19b
◎参考文献「テロルを考える―イスラム主義と批判理論」(S. バック=モース) みすず書房 2005.7 p1-5b
◎参考文献「改革と再生の時代 オックスフォードイスラームの歴史3」(J. エスポジト) 共同通信社 2005.8 p262-280
◎参考文献「寛容の文化―ムスリム、ユダヤ人、キリスト教徒の中世スペイン」(マリア・ロサ・メノカル) 名古屋大学出版会 2005.8 p8-15b
◎参考文献「バングラデシュ民衆社会のムスリム意識の変動―デシュとイスラーム」(高田峰夫) 明石書店 2006.1 p535-562
◎参考文献ほか「海域から見た歴史―インド洋と地中海を結ぶ交流史」(家島彦一) 名古屋大出版会 2006.2 p53-89b
◎参考文献「現代イスラーム世界論」(小杉泰) 名古屋大出版会 2006.2 p26-111
◎参考文献ほか「「イスラムvs.西欧」の近代」(加藤博) 講談社 2006.3 p198-205
◎参考文献「アメリカの中のイスラーム」(大類久恵) 子どもの未来社 2006.3 p219-221
◎引用参考文献「ユダヤ教vsキリスト教vsイスラム教―「宗教経験」の深層」(一条真也) 大和書房 2006.4 p317-321

◎ブックガイド「イスラーム—社会生活・思想・歴史」（小杉泰ほか）　新曜社　2006.7　p279-296
◎参考資料「「私を忘れないで」とムスリムの友は言った—シルクロードをめぐる戦争と友情の10年」（C. クレマー）　東洋書林　2006.8　p11-15b
◎参考文献「シーア派—台頭するイスラム少数派」（桜井哲二）　中央公論新社　2006.10　p234-238
◎参考文献「イスラーム帝国のジハード」（小杉泰）　講談社　2006.11　p358-351
◎参考文献「EUとイスラムの宗教伝統は共存できるか—「ムハンマドの風刺画」事件の本質」（森孝一）　明石書店　2007.1　prr
◎参考文献「シーア派聖地参詣の研究」（守川知子）　京都大学術出版会　2007.2　p384-398
◎参考文献「紀行・イスラムとヒンドゥーの国々を巡って」（池田昌之）　文芸社　2007.2　p320-325
◎参考文献ほか「真説レコンキスタ—〈イスラームVSキリスト教〉史観をこえて」（芝修身）　書肆心水　2007.5　p239-244
◎参考文献「イスラームを学ぼう—実りある宗教間対話のために」（塩尻和子）　秋山書店　2007.6　p251-257
◎「イスラーム主義運動組織研究文献目録」（溝渕正季）　上智大　2007.8　48p B5
◎参考文献「ヨーロッパとイスラーム世界」（高山博）　山川出版社　2007.9　p88-89
◎参考文献「拡大するイスラーム金融」（糠谷英輝）　蒼天社出版　2007.9　p195-196
◎参考文献「イスラーム農書の世界」（清水宏祐）　山川出版社　2007.12　p81-82
◎参考文献「世界を席巻するイスラム金融」（糠谷英輝）　かんき出版　2007.12　p218-220

遺跡・遺物
◎参考文献「弥生から古墳へ—時代の終わりと始まり」（上高津貝塚ふるさと歴史の広場）　上高津貝塚ふるさと歴史の広場　2001　p72-73
◎参考文献「発掘日本の原像—旧石器から弥生時代まで」（天野幸弘）　朝日新聞社　2001.1　p231-234
◎参考文献「遺跡は語る　真実の縄文、弥生、古墳、飛鳥」（金関恕）　角川書店　2001.5　p203-205
◎参考文献「荘園の考古学」（宇野隆夫）　青木書店　2001.6　p197-208
◎参考文献「遺跡エンジニアリングの方法—歴史・文化資源をどう活かす」（遠藤宣雄）　鹿島出版会　2001.9　p210-211
◎参考文献「宇宙考古学—人工衛星で探る遺跡と古環境」（坂田俊文）　丸善　2002.1　p203-204
◎参考文献「モンゴル帝国史の考古学的研究」（白石典之）　同成社　2002.2　p399-416
◎文献目録「古代王権と武蔵国の考古学」（増田逸朗）　慶友社　2002.2　p404-407
◎文献「下原B遺跡—東京都三鷹市大沢下原B遺跡発掘調査報告書　1」（三鷹市教育委員会, 三鷹市遺跡調査会）　東京都北多摩南部建設事務所　2002.3　p166-167
◎「後藤寿一考古学関係調査資料—目録・図版・解説」（北広島市教育委員会）　北広島市教育委員会　2002.3　107p A4
◎引用・参考文献「向郷遺跡—東京都立川市—多摩中央ミサワホーム株式会社宅地造成及び戸建建物建設に伴う埋蔵文化財発掘調査報告書　6」（多摩総合文化財研究所）　多摩総合文化財研究所　2002.3　p101-102

◎文献「七社神社裏貝塚・西ヶ原貝塚3・中里貝塚2」（北区教育委員会生涯学習推進課）　北区教育委員会生涯学習推進課　2002.3　p398-401
◎文献「甦る古代人—デンマークの湿地埋葬」（P. V. グロブ）　刀水書房　2002.9　p162-166
◎文献「えひめ発掘物語—発見の歴史と近年の調査成果—発掘された日本列島2002新発見考古速報展地域展図録」（愛媛県歴史文化博物館）　愛媛県歴史文化博物館　2002.10　p122-125
◎文献「古代下野への誘い—見たい知りたい・古代の素顔」（塙静夫）　下野新聞社　2002.10　p188-191
◎文献「オセアニア—暮らしの考古学」（印東道子）　朝日新聞社　2002.11　p251-252
◎参考文献「出土遺物の応急処置マニュアル」（D. ワトキンソンほか）　柏書房　2002.11　p166-170
◎注「飛鳥を掘る」（河上邦彦）　講談社　2003.1　p227-233
◎参考文献「喜連東遺跡発掘調査報告　1」（大阪市文化財協会）　大阪市文化財協会　2003.3　p45-46
◎文献「考古—中・近世資料」（上越市史専門委員会）　上越市　2003.3　p374-384
◎文献「島屋敷遺跡—東京都三鷹市新川島屋敷遺跡発掘調査報告書　2　第1分冊　」（三鷹市教育委員会ほか）　東京都南部住宅建設事務所　2003.3　p369-371
◎参考文献「東アジアと日本の考古学　3　交流と交易」（後藤直ほか）　同成社　2003.5　prr
◎注「山岳信仰と考古学」（山の考古学研究会）　同成社　2003.10　prr
◎参考文献「井戸の考古学」（鐘方正樹）　同成社　2003.12　p189-203
◎参考文献「谷に刻まれた文化—春期特別展」（岸和田市立郷土資料館）　市立郷土資料館　2004.3　p53-54
◎参考文献「遺跡が語るアジア—カラー版」（大村次郎）　中央公論新社　2004.4　p219-217
◎参考文献「古代ギリシア遺跡事典」（周藤芳幸ほか）　東京堂出版　2004.9　p256-257
◎参考文献「遺跡が語る北海道の歴史—財団法人北海道埋蔵文化センター25周年記念誌」（北海道埋蔵文化財センター）　北海道埋蔵文化財センター　2004.11　p197-204
◎文献一覧「同型鏡とワカタケル—古墳時代国家論の再構築」（川西宏幸）　同成社　2004.11　p316-344
◎参考文献「世界の古代文明　図説世界文化地理大百科別巻」　朝倉書店　2004.12　p200-202
◎引用参考文献「群馬の遺跡　7　中世～近代」（群馬県埋蔵文化財調査事業団）　上毛新聞社　2005.3　p193-196
◎参考文献「高月の主要古墳　1」（高月町教育委員会）　高月町教育委員会　2005.3　p156-159
◎参考文献「赤山陣屋跡遺跡」（埼玉県川口市遺跡調査会）　埼玉県川口市遺跡調査会　2005.3　p211-212
◎文献一覧「前方後円墳の起源を考える」（近藤義郎）　青木書店　2005.3　p279-286
◎参考文献「発掘された赤穂城下町」（赤穂市教育委員会生涯学習課）　赤穂市教育委員会　2005.3　p204-206
◎参考文献「品川の原始・古代」（品川区教育委員会）　品川区教育委員会　2005.3　p123-125
◎参考引用文献「王権と木製威信具—華麗なる古代木匠の世界」　滋賀県立安土城考古博物館　2005.4　p104-105

◎引用参考文献「ヤコウガイの考古学」（高梨修）　同成社　2005.5　p261-287
◎参考文献「高志の城柵―謎の古代遺跡を探る」（小林昌二）　高志書院　2005.7　p189-192
◎引用参考文献「阿豆佐和気命神社境内祭祀遺跡」（國學院大學海洋信仰研究会）　六一書房　2005.8　p144-145
◎参考文献「丸の内一丁目遺跡　2」（千代田区丸の内一丁目遺跡調査会）　東日本旅客鉄道　2005.8　p305-306
◎参考文献「石棺と陶棺」（倉林眞砂斗）　吉備人出版　2005.11　p151-160
◎参考文献「昭島市拝島第三小学校西遺跡」（昭島市拝島第三小学校西遺跡発掘調査団）　昭島市教育委員会　2005.12　p98-99
◎参考文献「「ペルシャ文明展煌めく7000年の至宝」図録」（朝日新聞社事業本部ほか）　朝日新聞社　〔2006〕　p182-185
◎参考文献「始皇帝と彩色兵馬俑展―司馬遷『史記』の世界」（稲畑耕一郎ほか）　TBSテレビ　c2006　p196-197
◎参考文献「西ヶ洞廃寺跡・中野山越遺跡・中野大洞平遺跡・大洞平5号古墳」（岐阜県教育文化財団文化財保護センター）　岐阜県教育文化財団文化財保護センター　2006.3　p111-112
◎引用参考文献「朝鮮半島初期農耕社会の研究」（後藤直）　同成社　2006.3　p371-393
◎参考文献「武蔵国分寺跡遺跡」（東京都埋蔵文化財センター）　東京都埋蔵文化財センター　2006.3　p117-118
◎参考文献「今よみがえる中世の東国―平成18年度春季企画展」（栃木県立博物館）　栃木県立博物館　2006.4　p86-87
◎参考図書「遺跡保存の事典　新版」（文化財保存全国協議会）　平凡社　2006.5　p293-294
◎引用文献ほか「身体表現の考古学」（光本順）　青木書店　2006.7　p249-277
◎引用参考文献「遺跡の環境復原―微地形分析、花粉分析、プラント・オパール分析とその応用」（外山秀一）　古今書院　2006.10　p295-332
◎参考文献「生業の考古学」（藤本強）　同成社　2006.10　prr
◎参考文献「武蔵国府関連遺跡調査報告―国府地域の調査」（加藤建設）　アートハウジング　2006.10　p35-36
◎参考文献「貝が語る縄文海進―南関東、+2℃の世界」（松島義章）　有隣堂　2006.12　p2-3b
◎参考文献「遺跡が語る近江の古代史―暮らしと祭祀」（田中勝弘）　サンライズ出版　2007.7　p247-258
◎参考文献「弥生王墓誕生―出雲に王が誕生したとき―島根県立古代出雲歴史博物館企画展」（島根県立古代出雲歴史博物館）　ハーベスト出版　2007.10　p56-57

伊勢物語
◎参考文献ほか「伊勢物語の江戸―古典イメージの受容と創造」（鈴木健一）　森話社　2001.9　p182-187
◎註「伊勢物語の成立と表現」（神尾暢子）　新典社　2003.1　prr
◎注「伊勢物語論集　成立論・作品論」（河地修）　竹林舎　2003.2　prr
◎研究の争点（花井滋春）「伊勢物語の表現史」（室伏信助）　笠間書院　2004.10　p270-365
◎参考文献「伊勢物語とその周縁―ジェンダーの視点から」（丁莉）　風間書房　2006.5　p317-326
◎参考文献「伊勢物語―雅と恋のかたち―開館25周年記念特別展」（和泉市久保惣記念美術館）　和泉市久保惣記念美術館　2007.10　p258-260

伊勢物語絵巻
◎参考文献「伊勢物語絵巻の探究―和泉市久保惣記念美術館本の分析」（相原充子）　山川出版社　2002.3　p207-217
◎参考文献（大口裕子）「伊勢物語絵巻絵本大成」（羽衣国際大学日本文化研究所）　角川学芸出版　2007.9　p239-246

ISO14000
◎参考文献「ISO14000入門」（吉沢正）　日本経済新聞社　2003.6　p197-200

位相幾何学
◎参考図書「ポアンカレの贈り物―数学最後の難問は解けるのか」（南みや子, 永瀬輝男）　講談社　2001.3　p254-255

イソギンチャク
◎参考文献「イソギンチャクガイドブック」（内田紘臣ほか）　TBSブリタニカ　2001.7　p144」

彝族
◎引用参考文献ほか「大涼山彝族における葬送儀礼と霊魂観を通してみた帰属集団意識の形成」（樊秀麗）　勉誠出版　2004.2　p243-272

イソップ寓話
◎参考文献「イソップ寓話―その伝承と変容」（小堀桂一郎）　講談社　2002.3　p294-297
◎目録「児童文学翻訳作品総覧　8　千一夜物語・イソップ編」（川戸道昭ほか）　ナダ出版センター　2006.3　p594-739

依存症
◎参考文献「よい依存、悪い依存」（渡辺登）　朝日新聞社　2002.1　p241」
◎文献「児童虐待と共依存―自己喪失の病」（ピア・メロディ）　そうろん社　2002.8　p336-337
◎引用文献「やめたくてもやめられない脳―依存症の行動と心理」（広中直行）　筑摩書房　2003.9　p238-236
◎参考文献「セックス依存症―その理解と回復・援助」（P. カーンズ）　中央法規出版　2004.4　p267-270
◎参考文献「依存性パーソナリティ障害入門」（矢幡洋）　日本評論社　2004.10　p199-200
◎引用参考文献「わたしって共依存？」（河野貴代美）　NHK出版　2006.5　p222-225
◎参考文献「やめたくてもやめられない―依存症の時代」（片田珠美）　洋泉社　2007.12　p182-187

イタイイタイ病
◎文献「イタイイタイ病の記憶」（松波淳一）　桂書房　2002.12　p214-217
◎文献「イタイイタイ病の記憶―カドミウム中毒の過去・現在・未来　増補改訂」（松波淳一）　桂書房　2003.12　p300-304
◎参考文献「新版イタイイタイ病の記憶―カドミウム中毒の過去・現在・未来」（松波淳一）　桂書房　2006.2　p392-397
◎引用文献「私説カドミウム中毒の過去・現在・未来―イタイイタイ病を中心として」（松波淳一）　桂書房　2007.9　p138-141

イタコ
　◎参考文献「イタコとオシラサマ　東北異界巡礼」（加藤敬）　学習研究社　2003.6　p234-235

痛み
　◎参考図書ほか「痛みの治療―頭痛、腰痛からがんの痛みまで」（後藤文夫）　中央公論新社　2002.3　p202-198
　◎参考文献「痛みと身体の心理学」（藤見幸雄）　新潮社　2004.5　3pb

イタリア
　◎文献目録「中世イタリア都市国家成立史研究」（佐藤眞典）　ミネルヴァ書房　2001.2　p6-19b
　◎文献解題「メディチ家はなぜ栄えたか」（藤沢道郎）　講談社　2001.3　p269-273
　◎参考文献「イタリア・ルネサンス」（沢井繁男）　講談社　2001.6　p216-212
　○ブックガイド（岡田温司ほか）「ユリイカ　33.8.449」（青土社）　2001.7　p91-135
　◎参考文献「イタリアの路地と広場　上　シチリアからプーリアまで」（竹内裕二）　彰国社　2001.8　p240-242
　◎参考文献「ヴェネツィア帝国への旅」（J.モリス）　東京書籍　2001.8　p286-288
　◎参考文献「ナポリの肖像　血と知の南イタリア」（沢井繁男）　中央公論新社　2001.10　p224-231
　◎参考文献「オリーブの風と経済学―イタリア人の考え方」（松浦保）　日本経済評論社　2001.11　p248-249
　◎参考文献「モザイクのきらめき―古都ラヴェンナ物語」（光吉健次）　九州大学出版会　2001.11　p173-175
　○読書案内「面白医話　2」（澤田祐介）　荘道社　2001.11　p342-346
　○図書刊行目録「日伊文化研究　40」（日伊協会）　2002.3　p113-120
　○図書目録「日伊文化研究　41」（日伊協会）　2003　p116-123
　○図書刊行目録「日伊文化研究　42」（日伊協会）　2004　p125-131
　◎参考文献「イタリアの地方自治」（自治体国際化協会）　自治体国際化協会　2004.3　p145-146
　○図書刊行目録「日伊文化研究　43」（日伊協会）　2005.3　p128-133
　◎参考文献「南イタリア都市の居住空間―アマルフィ、レッチェ、シャッカ、サルディーニャ」（陣内秀信）　中央公論美術出版　2005.4　p529-531
　◎参考文献「イタリア的―「南」の魅力」（F.ランベッリ）　講談社　2005.8　p247-249
　◎参考文献「「絵になる」まちをつくる―イタリアに学ぶ都市再生」（民岡順朗）　NHK出版　2005.10　p220-222
　◎文献一覧「自然の占有―ミュージアム、蒐集、そして初期近代イタリアの科学文化」（P.フィンドレン）　ありな書房　2005.11　p721-752
　◎参考文献「イタリア十六世紀の建築」（C.ロワほか）　六耀社　2006.1　p392-399
　○刊行目録「日伊文化研究　44」（日伊協会）　2006.3　p112-117
　◎参考文献「緑のイタリア史―農村部における風景保護・イタリア環境法の息吹」（鶴見圭祐）〔鶴見圭祐〕　2006.5　p156-159
　◎参考文献「オーガニックなイタリア　農村見聞記」（蔦谷栄一）　家の光協会　2006.8　p214-215
　○新聞記事「イタリア図書　36」（イタリア書房）　2007.4　p39-43
　○刊行目録「日伊文化研究　45」（日伊協会）　2007.4　p127-132
　◎文献「文化・景観・ツーリズム―イタリア観光再生計画の現在」（G.メランドリ）　シーライトパブリッシング　2007.8　p230-231
　○文献案内「イタリア図書　37」（イタリア書房）　2007.10　p42-48

イタリア　ヴェネツィア
　◎参考文献「ヴェネツィア帝国への旅」（J.モリス）　東京書籍　2001.8　p286-288
　◎文献「ヴェネツィア詩文繚乱―文学者を魅了した都市」（鳥越輝昭）　三和書籍　2003.6　p1-5b
　◎文献「ヴェネツィアの歴史―共和国の残照」（永井三明）　刀水書房　2004.5　p268-270
　◎参考文献「近世ヴェネツィアの権力と社会」（藤内哲也）　昭和堂　2005.2　p11-30b

イタリア　映画
　○参考文献「イタリア図書　33」（イタリア書房）　2005.10　p25-26

イタリア　絵画
　◎参考文献（池上公平ほか）「中世イタリア絵画」（F.ルロワ）　白水社　2002.4　p5-8b
　◎参考文献（高木昌史）「美のチチェローネ―イタリア美術案内」（J.ブルクハルト）　青土社　2005.11　p216-220

イタリア　紀行
　○目録「イタリア図書　32」（イタリア書房）　2005.4　p29-34

イタリア　教育
　◎引用参考文献「イタリア幼児教育メソッドの歴史的変遷に関する研究―言語教育を中心に」（オムリ慶子）　風間書房　2007.2　p247-259

イタリア　経済
　◎文献「再建・発展・軍事化―マーシャル・プランをめぐる政策調整とイタリア第一共和制の形成（1947年-1952年）」（伊藤武）　東京大学社会科学研究所　2003.3　p187-204
　◎参考文献「イタリア社会的経済の地域展開」（田中夏子）　日本経済評論社　2004.10　p253-258

イタリア　建築
　◎文献「磯崎新の建築談議　08　パラッツォ・デル・テ　16世紀」（磯崎新）　六耀社　2001.9　1pb
　◎参考文献「南イタリア都市の居住空間―アマルフィ、レッチェ、シャッカ、サルデーニャ」（陣内秀信）　中央公論美術出版　2005.4　p529-531

イタリア　工業
　◎文献「イタリアの起業家ネットワーク―産業集積プロセスとしてのスピンオフの連鎖」（稲垣京輔）　白桃書房　2003.2　p261-279

イタリア　古代ローマ
- ◎辞典「古代ローマの政治と社会」（長谷川博隆）　名古屋大学出版会　2001.9　p24-44b
- ◎参考文献「古代ローマ帝国の研究」（吉村忠典）　岩波書店　2003.6　prr
- ◎参考文献「優雅でみだらなポンペイ―古代ローマ人とグラフィティの世界」（本村凌二）　講談社　2004.9　p269-270
- ◎参考文献「古代ローマを知る事典」（長谷川岳男ほか）　東京堂出版　2004.10　p356-371
- ◎参考文献（北野徹）「古代ローマの日常生活」（P. グリマル）　白水社　2005.4　p10-11b
- ◎参考文献「ローマ文化王国―新羅　改訂新版」（由水常雄）　新潮社　2005.5　p326-331
- ◎文献「古代ローマ軍団大百科」（A. ゴールズワージー）　東洋書林　2005.11　p217-218
- ◎文献紹介「古代末期の世界―ローマ帝国はなぜキリスト教化したか？　改訂新版」（P. R. ブラウン）　刀水書房　2006.7　p206-219
- ◎参考文献「碑文から見た古代ローマ生活誌」（L. ケッピー）　原書房　2006.7　p24-28b
- ◎引用文献「ルビコン―共和政ローマ崩壊への物語」（T. ホランド）　中央公論新社　2006.9　p484-497
- ◎参考文献「賢帝の世紀　下」（塩野七生）　新潮社　2006.9　p1-15b
- ◎参考文献「すべての道はローマに通ず　下」（塩野七生）　新潮社　2006.10　p1-8
- ◎文献案内「ギリシア・ローマ文化誌百科―ヴィジュアル版　下」（N. J. スパイヴィーほか）　原書房　2007.3　p264-266
- ◎参考文献「地中海世界を彩った人たち―古典にみる人物像」（柳沼重剛）　岩波書店　2007.11　p283-294

イタリア　サンタ・サビーナ教会
- ◎参考文献「ローマサンタ・サビーナ教会木彫扉の研究」（辻佐保子）　中央公論美術出版　2003.11　p439-474

イタリア　ジェノヴァ
- ◎文献表「中世ジェノヴァ商人の「家」―アルベルゴ・都市・商業活動」（亀長洋子）　刀水書房　2001.2　p418-439

イタリア　シチリア
- ◎文献「シチリアの晩禱―13世紀後半の地中海世界の歴史」（スティーブン・ランシマン）　太陽出版　2002.8　p41-50b
- ◎参考文献「シチリア歴史紀行」（小森谷慶子）　白水社　2003.3　p1-5b

イタリア　社会
- ◎参考文献「スローライフ―イタリア的ラテン生活のススメ」（中川光央）　文芸社　2004.11　p154-155

イタリア　商業
- ◎文献「中世後期イタリアの商業と都市」（斉藤寛海）　知泉書館　2002.10　p442-462

イタリア　政治
- ◎参考文献「マキャヴェッリの子どもたち―日伊の政治指導者は何を成し遂げ、何を残したか」（R. J. サミュエルズ）　東洋経済新報社　2007.5　p12-52b

イタリア　精神史
- ◎参考文献（中村勝己）「光はトリノより　イタリア現代精神史」（N. ボッビオ）　青土社　2003.5　p224-228

イタリア　中世絵画
- ◎参考文献（池上公平ほか）「中世イタリア絵画」（F. ルロワ）　白水社　2002.4　p5-8b

イタリア　中世史
- ◎参考文献「ルネサンス宮廷大全」（S. ベルテッリ）　東洋書林　2006.9　p387-381
- ◎参考文献ほか「イタリアの中世大学―その成立と変容」（児玉善仁）　名古屋大出版会　2007.12　p12-23b

イタリア　彫刻
- ◎文献目録「イタリアの記念碑墓地―その歴史と芸術」（竹山博英）　言叢社　2007.6　p310-313

イタリア　デザイン
- ◎参考文献「「時」を生きるイタリア・デザイン」（佐藤和子）　TBSブリタニカ　2001.5　p362-363

イタリア　図書
- ○参考文献「イタリア図書　31」（イタリア書房）　2004.10　p17-19

イタリア　ナポリ
- ◎文献目録「ナポリ　バロック都市の興亡」（田之倉稔）　筑摩書房　2001.1　p205-206
- ◎参考文献「ナポリの肖像　血と知の南イタリア」（沢井繁男）　中央公論新社　2001.10　p224-231

イタリア　美術
- ◎参考文献「ゲーテと歩くイタリア美術紀行」（J. W. v. ゲーテ）　青土社　2003.1　p251-255
- ◎参考文献「フィレンツェ―芸術都市の誕生」　日本経済新聞社　2004　p266-273
- ◎文献目録「プラートの美術と聖帯崇拝」（金原由紀子）　中央公論美術出版　2005.1　p295-307
- ◎文献案内「ルネサンス美術解読図鑑―イタリア美術の隠されたシンボリズムを読み解く」（R. ステンプ）　悠書館　2007.10　p217」

イタリア　ファッション
- ◎文献「イタリア・ファッションの現在」（土屋淳二）　学文社　2005.3　prr

イタリア　フィレンツェ
- ◎文献目録「近世フィレンツェの政治と文化―コジモ1世の文化政策（1537-60）」（北田葉子）　刀水書房　2003.2　p373-356
- ◎注ほか「フィレンツェのサッカー―カルチョの図像学」（H. ブレーデカンプ）　法政大学出版局　2003.11　p1-56b
- ◎参考文献「フィレンツェ―芸術都市の誕生」　日本経済新聞社　2004　p266-273
- ◎一次文献ほか「フィレンツェ共和国のヒューマニスト」（根占献一）　創文社　2005.10　p29-37b
- ◎研究文献「共和国のプラトン的世界」（根占献一）　創文社　2005.11　p25-61b
- ◎文献「モナリーザ」（G. パッランティ）　一藝社　2005.12　p175-178
- ◎参考引用文献「フィレンツェ歴史散歩」（中嶋浩郎ほか）　白水社　2006.9　p11-15b
- ◎引用参考文献「パトロンたちのルネサンス―フィレンツェ美術の舞台裏」（松本典昭）　NHK出版　2007.4　p218-220

イタリア　法
- ◎参考文献「イタリア物権法」（岡本詔治）　信山社出版　2004.10　p15-17f
- ○文献目録（田近肇）「宗教法　25」（宗教法学会）　2006.11　p205-227

イタリア　ポンペイ
- ◎引用文献「ポンペイの滅んだ日」（金子史朗）　東洋書林　2001.2　p250-252
- ◎文献「ポンペイの壁画―ヴェスヴィオ山噴火で埋没した地域の壁画集成　普及版」（ジュゼッピーナ・チェルッリ・イレッリほか）　岩波書店　2001.10　p330-337
- ◎参考文献「優雅でみだらなポンペイ―古代ローマ人とグラフィティの世界」（本村凌二）　講談社　2004.9　p269-270
- ◎参考文献「ポンペイの輝き―古代ローマ都市最後の日　2006-2007」（朝日新聞社）　朝日新聞社　c2006　p205-206
- ◎文献「ポンペイの歴史と社会」（R. リング）　同成社　2007.5　p259-262
- ◎文献「世界遺産ポンペイ崩壊の謎を解く―火山災害にどう対処したか―歴史と自然史の接点」（横山卓雄）　京都自然史研究所　2007.10　p210-212

イタリア　民話
- ◎資料「子どもに語るイタリアの昔話」（剣持弘子）　こぐま社　2003.6　p188-190

イタリア　ラヴェンナ
- ◎参考文献「モザイクのきらめき―古都ラヴェンナ物語」（光吉健次）　九州大学出版会　2001.11　p173-175

イタリア　料理
- ◎文献「イタリア　世界の食文化　15」（池上俊一）　農文協　2003.10　p265-266

イタリア　ルネサンス
- ◎邦語文献目録（中村義宗）「イタリアルネサンス事典」（J. R. ヘイル）　東信堂　2003.11　p563-583
- ◎参考文献「イタリア・ルネサンスの扉を開く」（塚本博）　角川学芸出版　2005.4　p246-250

イタリア　歴史
- ◎参考文献「イタリア史―1700-1860」（スチュアート・ジョーゼフ・ウルフ）　法政大学出版局　2001.4　p35-50b
- ◎参考文献「物語イタリアの歴史　2　皇帝ハドリアヌスから画家カラヴァッジョまで」（藤沢道郎）　中央公論新社　2004.11　p203-206
- ◎参考文献ほか「ナポリのマラドーナ―イタリアにおける「南」とは何か」（北村暁夫）　山川出版社　2005.11　p194-201
- ◎参考文献「メディチ君主国と地中海」（松本典昭）　晃洋書房　2006.10　p213-220
- ◎参考文献ほか「イタリア12小都市物語」（小川熙）　里文出版　2007.1　p296-298
- ◎引用参考文献「原初的ファシズムの誕生―イタリア戦闘ファッシの結成」（藤岡寛己）　御茶の水書房　2007.7　p214-223

イタリア　ローマ
- ◎辞典「古代ローマの政治と社会」（長谷川博隆）　名古屋大学出版会　2001.9　p24-44b
- ◎文献「ポンペイの壁画―ヴェスヴィオ山噴火で埋没した地域の壁画集成　普及版」（ジュゼッピーナ・チェルッリ・イレッリほか）　岩波書店　2001.10　p330-337
- ◎参考文献「図説古代ローマの戦い」（A. ゴールズワーシー）　東洋書林　2003.5　p277-279
- ◎参考文献「ギリシア・ローマ世界における他者」（地中海文化を語る会）　彩流社　2003.9　p401-408
- ◎参考文献「ローマの泉の物語」（竹山博英）　集英社　2004.8　p236-237
- ◎参考文献「古代ローマを知る事典」（長谷川岳男ほか）　東京堂出版　2004.10　p356-371
- ◎参考資料「ローマ・ミステリーガイド」（市口桂子）　白水社　2005.1　p1-5b
- ◎引用参考文献「多文化空間のなかの古代教会」（保坂高殿）　教文館　2005.10　p1-13b
- ◎参考文献「幻影のローマ」（歴史学研究会）　青土社　2006.3　prr

イタリア　ローマ史
- ◎参考文献「西洋古代史料集　第2版」（古山正人ほか）　東京大学出版会　2002.4　p278-297
- ◎参考文献「終わりの始まり―ローマ人の物語XI」（塩野七生）　新潮社　2002.12　6pb
- ◎参考文献「迷走する帝国　ローマ人の物語12」（塩野七生）　新潮社　2003.12　p1-13b
- ◎参考文献「光と影―帝国の終焉」（青柳正規ほか）　NHK出版　2004.11　p201-200
- ◎文献表「共和政ローマの寡頭政治体制―ノビリタス支配の研究」（安井萠）　ミネルヴァ書房　2005.2　p19-30b
- ◎参考文献「古代ローマの人々―家族・教師・医師」（小林雅夫）　早稲田大　2005.3　p160-164
- ◎引用参考文献「ローマ史のなかのクリスマス―異教とキリスト教1」（保坂高殿）　教文館　2005.9　p25-32b
- ◎参考文献「悪名高き皇帝たち　4　ローマ人の物語20」（塩野七生）　新潮社　2005.9　p1-8b
- ◎参考文献「危機と克服　下　ローマ人の物語23」（塩野七生）　新潮社　2005.10　p1-7b
- ◎参考文献「キリストの勝利　ローマ人の物語14」（塩野七生）　新潮社　2005.12　p1-5b
- ◎参考文献「共和政ローマとトリブス制―拡大する市民圏の編成」（砂田徹）　北海道大出版会　2006.2　p11-30b
- ◎参考文献「「帝国」としての中期共和政ローマ」（比佐篤）　晃洋書房　2006.4　p45-59b
- ◎参考文献「ローマ帝国　図解雑学」（阪本浩）　ナツメ社　2006.4　p321-323
- ◎参考文献「ローマの起源―神話と伝承、そして考古学」（A. グランダッジ）　白水社　2006.7　p8-10b
- ◎引用文献「ローマ劫掠―1527年、聖都の悲劇」（A. シャステル）　筑摩書房　2006.12　p492-470
- ◎参考文献「ローマ建国伝説―ロムルスとレムスの物語」（松田治）　講談社　2007.5　p259-262
- ◎参考文献「古代ローマの食卓」（P. ファース）　東洋書林　2007.5　p20-21b

イタリア　ローマ神話
- ◎読書案内（大久保博）「ギリシア・ローマ神話―完訳　上　増補改訂版」（T. ブルフィンチ）　角川書店　2004.5　p442-458

イタリア　ローマ帝国
- ◎注文献「ローマ帝国社会経済史　下」（M. ロストフツェフ）　東洋経済新報社　2001.7　p277-280
- ◎注文献「ローマ帝国社会経済史　上」（M. ロストフツェフ）　東洋経済新報社　2001.7　p3-273b
- ◎文献「海のかなたのローマ帝国―古代ローマとブリテン島」（南川高志）　岩波書店　2003.5　p1-16b
- ◎参考文献「古代ローマ帝国の研究」（吉村忠典）　岩波書店　2003.6　prr
- ◎参考文献ほか「天を仰ぎ地を歩む―ローマ帝国におけるキリスト教世界の構造」（C. マルクシース）　教文館　2003.7　p1-41b
- ◎参考文献「ローマ帝国の神々―光はオリエントより」（小川英雄）　中央公論新社　2003.10　p197-200
- ◎引用文献ほか「ローマ帝政初期のユダヤ・キリスト教迫害」（保坂高殿）　教文館　2003.12　p514-553
- ◎参考文献「NHKスペシャルローマ帝国　1」（青柳正規ほか）　NHK出版　2004.11　p201-200
- ◎文献「ローマ帝国　2　繁栄―ポンペイの落書き」（青柳正規）　NHK出版　2004.11　p200-202
- ◎参考文献「地中海世界とローマ帝国」（本村凌二）　講談社　2007.8　p362-357

イタリア　ローマ哲学
- ◎読書案内「セネカ」（P. グリマル）　白水社　2001.1　p1-2

イタリア　ローマ美術
- ◎参考文献「ポンペイの輝き―古代ローマ都市最後の日　2006-2007」（朝日新聞社）　朝日新聞社　c2006　p205-206
- ◎Bibliographie「末期ローマの美術工芸」（A. リーグル）　中央公論美術出版　2007.8　p336-339

イタリア　ローマ文化
- ◎参考文献「ローマ文化王国　新羅」（由水常雄）　新潮社　2001.7　p315-317

イタリア　ローマ文学
- ◎参考文献「ギリシャ・ローマ文学必携」（宮城徳也）　早稲田大　2006.2　p246-253

イタリア　ローマ法
- ◎文献「ローマ共和政初期立法史論」（原田俊彦）　敬文堂　2002.11　p297-310
- ◎文献案内「ローマ法とヨーロッパ」（P. スタイン）　ミネルヴァ書房　2003.3　p175-184
- ◎「春木一郎博士・原田慶吉教授・田中周友博士・船田享二博士・武藤智雄教授略年譜・著作目録―日本ローマ法学五先生略年譜・著作目録」（吉原丈司ほか）〔吉原丈司〕　2006.10　114p B5

イタリア語
- ◎参考文献「近代語成立期におけるイタリア語名詞句の研究―イタリア語史での19世紀レオパルディ散文の位置づけ」（上野貴史）　創成社　2005.12　p249-257
- ◎参考文献「歌うイタリア語ハンドブック―歌唱イタリア語の発音と名曲選」（森田学）　ショパン　2006.3　p245-250
- ◎文献案内「イタリア語の起源―歴史文法入門」（G. パトータ）　京都大学術出版会　2007.4　p211-212

イタリア人
- ◎参考文献「都市の村人たち―イタリア系アメリカ人の階級文化と都市再開発」（H. J. ガンズ）　ハーベスト社　2006.4　p13-22b

異端
- ◎参考文献「ヨーロッパ異端の源流　カタリ派とボゴミール派」（Y. ストヤノフ）　平凡社　2001.11　p449-433
- ◎文献一覧「日本の異端文学」（川村湊）　集英社　2001.12　p196-198
- ◎参考文献「ヴァルド派の谷へ」（西川杉子）　山川出版社　2003.5　p193-197
- ◎注「異端パワー　「個の市場価値」を活かす組織革新」（林吉郎ほか）　日本経済新聞社　2003.5　prr

一谷嫩軍記
- ◎参考資料一覧「一谷嫩軍記　国立劇場上演資料集486」（国立劇場調査養成部調査資料課）　日本芸術文化振興会　2005.12　p144-183

市場
- ◎参考文献「南アジアの定期市―カースト社会における伝統的流通システム」（石原潤ほか）　古今書院　2006.10　p230-232
- ◎参考文献「ふくしまの市と市神」（大山孝正）　歴史春秋出版　2007.11　p158-161

イチョウ
- ◎参照資料「写真と資料が語る日本の巨木イチョウ―23世紀へのメッセージ」（堀輝三）　内田老鶴圃　2003.6　p307-308
- ◎参考文献「イチョウ　ものと人間の文化史129」（今野敏雄）　法政大学出版局　2005.11　p294-298

一揆
- ◎参考文献「一揆と戦国大名　日本の歴史13」（久留島典子）　講談社　2001.11　p347-356
- ◎文献目録「筑前竹槍一揆の研究―廃藩置県・解放令・筑前竹槍一揆　明治4年～6年の福岡　石瀧豊美論文集」（石瀧豊美）　イシタキ人権学研究所　2004.10　p339-349
- ◎研究文献一覧（保坂智）「百姓一揆事典」（深谷克己）　民衆社　2004.11　p603-614
- ◎参考文献「民次郎一揆余聞」（佐藤豊彦）　北方新社　2004.11　p311」
- ◎参考文献「一向一揆と石山合戦　戦争の日本史14」（神田千里）　吉川弘文館　2007.10　p268-272

一向宗
- ◎「一向宗禁制関係参考文献目録」（菖蒲和弘）　菖蒲由美ほか　2006.2　74p A4

一切経
- ◎「一切経解題辞典」（鎌田茂雄）　大東出版社　2002.3　342p A5

一生
- ◎参考文献「暮らしの中の民俗学　3　一生」　吉川弘文館　2003.5　p235-244

一神教
- ◎参考文献「キリスト教大研究」（八木谷涼子）　新潮社　2001.12　p360-350
- ◎読書案内（月本昭男）「宗教史の可能性　岩波講座宗教3」（池上良正ほか）　岩波書店　2004.2　p280-299

◎参考文献ほか「多神教と一神教—古代地中海世界の宗教ドラマ」(木村凌二) 岩波書店 2005.9 p6-9b

逸脱
◎参考文献「不良・ヒーロー・左傾—教育と逸脱の社会学」(稲垣恭子ほか) 人文書院 2002.4 p315-342
◎参考文献ほか「逸脱と医療化—悪から病いへ」(P. コンラッドほか) ミネルヴァ書房 2003.11 p546-571
◎引用参考文献「逸脱とコントロールの社会学—社会病理学を超えて」(宝月誠) 有斐閣 2004.5 p263-274
◎引用文献「逸脱研究入門—逸脱研究の理論と技法」(宝月誠ほか) 文化書房博文社 2004.10 prr
◎引用文献「組織性逸脱行為過程—社会心理学的視点から」(本間道子) 多賀出版 2007.1 p164-168
◎引用文献「社会規範からの逸脱行動に関する心理学的研究」(北折充隆) 風間書房 2007.11 p129-142

ED
◎参考文献「EDと不妊治療の最前線」(郡健二郎ほか) 昭和堂 2004.7 p145-146

EDI
◎参考文献「B to B型組織間関係とITマネジメント—EDI採用と普及に関する卸売業者の分析」(佐々木宏) 同文舘出版 2001.7 p189-206

eDRM
◎参考文献「進化するデータベースマーケティング eDRMのすすめ」(中沢功) 日経BP社 2001.8 p260-264

イデオロギー
◎参考文献「イデオロギーの文化装置—人類にとって戦いとは 5」(福井勝義, 新谷尚紀) 東洋書林 2002.11 prr

遺伝
◎参考文献「遺伝的プログラミング入門」(伊庭斉志) 東京大学出版会 2001.7 p251-257
◎文献「自殺する種子—遺伝資源は誰のもの?」(河野和男) 新思索社 2001.12 p285-290
◎文献「知のツールとしての科学—バイオサイエンスの基礎はいかに築かれたか 下」(J. A. ムーア) 学会出版センター 2003.1 p581-594
◎文献「海洋・増養殖水産生物集団遺伝学研究50年の軌跡—国際漁業の新秩序・生物多様性保全の戦略模索に向けて」(藤野和男) 文芸社 2003.2 p211-227
◎参考文献「リンカーンのDNAと遺伝学の冒険 II」(P. R. レイリー) 岩波書店 2003.5 p10-22b
◎参考文献「遺伝学キーノート」(P. G. ウィンターほか) シュプリンガーV東京 2003.5 p357-360
◎引用文献「保全遺伝学」(小池裕子) 東京大学出版会 2003.5 p261-292
◎文献「生命はどのようにして死を獲得したか—老化と加齢のサイエンス」(W. R. クラーク) 共立出版 2003.10 p327-334
◎参考文献「遺伝学でわかった生き物のふしぎ—重さ100トンのキノコ、ダンゴムシの男女比、性転換するカサゴから、赤ワインで有名なあのカベルネ・ソーヴィニヨンのあっと驚く血統追跡まで」(J. エイビイズ) 築地書館 2004.1 p1-23b
◎参考文献「Yの真実—危うい男たちの進化論」(S. ジョーンズ) 化学同人 2004.8 p325-336

◎文献注「98%チンパンジー—分子人類学から見た現代遺伝学」(J. マークス) 青土社 2004.11 p5-20b
◎参考文献「バイオ研究に役立つ一歩進んだ遺伝学」(Hawley, RSほか) 羊土社 2005.2 p245-260
◎文献「人類遺伝学 2 普及版」(F. フォーゲルほか) 朝倉書店 2005.11 p675-736
◎引用文献「サクラソウの分子遺伝生態学—エコゲノム・プロジェクトの黎明」(鷲谷いづみ) 東京大出版会 2006.1 prr
◎参考文献「ヒトの変異—人体の遺伝的多様性について」(A. M. ルロワ) みすず書房 2006.6 p13-30b
◎参考書籍ほか「よくわかる最新ヒトの遺伝の基本と仕組み—教養としての身近な遺伝学入門—ゲノムの常識」(賀藤一示) 秀和システム 2007.1 p284-285
◎参考文献「発生遺伝学—脊椎動物のからだと器官のなりたち」(武田洋幸ほか) 東京大出版会 2007.1 p187-192
◎参考文献「応用動物遺伝学」(東條英昭ほか) 朝倉書店 2007.4 p225-227
◎参考書ほか「遺伝統計学入門」(鎌谷直之) 岩波書店 2007.8 p271-276

遺伝カウンセリング
◎参考文献「遺伝医療とこころのケア—臨床心理士として」(玉井真理子) NHK出版 2006.12 p205-211

移転価格税制
◎参考文献「移転価格分析の課題と改善策の研究」(大河原健) 中央公論事業出版 2005.10 p263-286
◎引用文献「日米移転価格税制の制度と適用—無形資産取引を中心に」(望月文夫) 大蔵財務協会 2007.5 p623-660
◎参考文献「移転価格税制—二国間事前確認と無形資産に係る実務上の論点を中心に」(山川博樹) 税務研究会出版局 2007.7 p433-443

遺伝子
◎文献「分子レベルで見る老化—老化は遺伝子にプログラムされているか?」(石井直明) 講談社 2001.1 p216-217
◎参考文献「遺伝子革命と人権—クローン技術とどうつきあっていくか」(リチャード・ドーキンスほか) DHC 2001.3 p287-289
◎参考文献「ゲノムは人生を決めるか」(福田哲也) 新日本出版社 2001.4 p188-190
◎参考文献「脳内物質が心をつくる—感情・性格・知能を左右する遺伝子 新版」(石浦章一) 羊土社 2001.4 p139-140
◎参考文献「死の起源 遺伝子からの問いかけ」(田沼靖一) 朝日新聞社 2001.6 p221-224
◎参考文献「ゲノムを支配する者は誰か クレイグ・ベンターとヒトゲノム解読競争」(K. デイヴィーズ) 日本経済新聞社 2001.7 p379-382
◎ブックガイドほか「遺伝子vsミーム 教育・環境・民族対立」(佐倉統) 廣済堂出版 2001.9 p222-230
◎参考文献「文化インフォマティックス—遺伝子・人種・言語」(ルイジ・ルカ・キャヴァリ=スフォルツア) 産業図書 2001.9 p262-267
◎参考文献「遺伝子とタンパク質の分子解剖—ゲノムとプロテオームの科学」(杉山政則ほか) 共立出版 2001.10 p131-132

いでんし

◎参考文献「遺伝子の新世紀」(E.F.ケラー) 青土社 2001.10 p5-19b
◎文献「ゲノム・イノベーション―日本の「ゲノムビジネス」成功の鍵」(加藤敏春) 勁草書房 2002.1 p12-15b
◎文献「ホメオボックス・ストーリー―形づくりの遺伝子と発生・進化」(ワルター・J.ゲーリング) 東京大学出版会 2002.3 p15-21b
◎文献「遺伝子 第7版」(Benjamin Lewin) 東京化学同人 2002.3 prr
◎参考文献「遺伝子医療への警鐘」(柳沢桂子) 岩波書店 2002.5 p309-326
◎参考書「生命と遺伝子―宇宙船地球劇場の生命の物語」(山岸秀夫) 裳華房 2003.5 p245-246
◎文献「遺伝子は私たちをどこまで支配しているか―DNAから心の謎を解く」(W.R.クラーク) 新曜社 2003.6 p9-24b
◎文献「遺伝子は語る―霊長類から人類を読み解く」(村山美穂) 河出書房新社 2003.12 p168-169
◎参考文献「酒乱になる人、ならない人」(眞先敏弘) 新潮社 2003.12 p200-201
◎参考文献「イネゲノムが明かす「日本人のDNA」」(村上和雄) 家の光協会 2004.1 p218-220
◎参考文献「脳と遺伝子の生物時計―視交叉と核の生物学」(井上慎一) 共立出版 2004.3 p155-158
◎原注「やわらかな遺伝子」(M.リドレー) 紀伊国屋書店 2004.5 p400-377
◎参考図書「医療革命―ゲノム解読は何をもたらすのか」(N.ウェイド) 岩波書店 2004.6 p283-189
◎文献「人間の尊厳と遺伝子情報―ドイツ連邦議会審議会答申」(ドイツ連邦共和国議会) 知泉書館 2004.7 p197-211
◎参考文献「ゲノムと進化―ゲノムから立ち昇る生命」(斎藤成也) 新曜社 2004.9 p7-9b
◎参考文献「ゲノムを極める」(清水信義) 講談社 2004.9 p119-126
◎参考文献「知っておきたい遺伝子治療の基礎知識」(W.J.Burdette) タカラバイオ 2004.9 p179-183
◎参考書案内「ドーキンスvsグールド―適応へのサバイバルゲーム」(K.ステルレルニー) 筑摩書房 2004.10 p1-12b
◎参考文献「ゲノムが語る生命―新しい知の創出」(中村桂子) 集英社 2004.11 p249-251
◎参考文献「DNAの時代 期待と不安」(大石道夫) 文藝春秋 2005.2 p216-218
◎参考文献「ヒトゲノム完全解読から「ヒト」理解へ―アダムとイヴを科学する」(服部正平) 東洋書店 2005.4 p294-293
◎参考文献「情報進化論―生命進化の解明に向けて」(大矢雅則) 岩波書店 2005.4 p107-109
◎参考文献「時空を旅する遺伝子―最新分子生物学の不思議ワールド」(西田徹) 日経BP社 2005.7 p267-269
◎参考文献「遺伝子神話の崩壊―「発生システム的見解」がすべてを変える!」(D.S.ムーア) 徳間書店 2005.10 p460-471
◎文献「遺伝子とゲノムの進化」(斎藤成也ほか) 岩波書店 2006.3 p259-279
◎参考文献「心と遺伝子」(山元大輔) 中央公論新社 2006.4 p254-252

◎参考文献「利己的な遺伝子 増補新装版」(R.ドーキンス) 紀伊國屋書店 2006.5 p548-537
◎参考文献「遺伝子の検査でわかること」(宮地勇人) 東海大出版会 2006.8 p133-137

遺伝子組み換え
◎参考文献「遺伝子組換え作物―大論争・何が問題なのか」(大塚善樹) 明石書店 2001.10 p213-214
◎参考文献「アグリビジネスと遺伝子組換え作物―政治経済学アプローチ」(久野秀二) 日本経済評論社 2002.7 p331-355
◎文献「遺伝子組換え植物の光と影 2」(横浜国立大学環境遺伝子工学セミナー) 学会出版センター 2003.6 p242-253
◎引用参考文献「遺伝子組換え作物と穀物フードシステムの新展開―農業・食料社会学的アプローチ」(立川雅司) 農文協 2003.12 p267-279
◎引用文献「遺伝子組換え作物―世界の飢餓とGM作物をめぐる論争」(P.ピンストラップ-アンダーセンほか) 学会出版センター 2005.4 p179-186

遺伝子組み換え食品
◎参考文献「遺伝子組み換え食品の「リスク」」(三瀬勝利) NHK出版 2001.3 p251-252
◎参考資料「遺伝子組換え食品」(川口啓明,菊地昌子) 文藝春秋 2001.5 p212-213
◎原註「遺伝子組換え食品―その不安と誤解」(G.E.ペンス) 青土社 2003.3 p293-308
◎文献「食の未来を考える」(大沢勝次ほか) 岩波書店 2003.6 p149-150

遺伝子工学
◎参考文献「人体改造―あくなき人類の欲望」(寺園慎一) NHK出版 2001.1 p236-237
◎参考文献「図解ゲノムビジネス」(近藤佳大) 中央経済社 2001.3 p180-181
◎参考文献「クローンのはなし―応用と倫理をめぐって」(下村徹) 技報堂出版 2002.3 p195-196
◎文献「遺伝子工学時代における生命倫理と法」(龍谷大学「遺伝子工学と生命倫理と法」研究会) 日本評論社 2003.8 p562-581
◎文献「遺伝子時代の基礎知識―ゲノム科学の最先端をぜんぶ見て歩く」(東嶋和子) 講談社 2003.11 p295-297
◎文献目録「それでもヒトは人体を改変する―遺伝子工学の最前線から」(G.ストック) 早川書房 2003.12 p358-339
◎参考文献「生命操作は人を幸せにするのか―蝕まれる人間の未来」(L.R.カス) 日本教文社 2005.4 p1-7b
◎参考文献「遺伝子研究と社会―生命倫理の実証的アプローチ」(山中浩司ほか) 昭和堂 2007.2 prr
◎参考文献「人類最後のタブー―バイオテクノロジーが直面する生命倫理とは」(L.M.シルヴァー) NHK出版 2007.3 p1-23b
◎引用参考文献(加藤秀一ほか)「遺伝子技術の社会学」(柘植あづみほか) 文化書房博文社 2007.9 p8-18b

遺伝情報
◎参考文献「DNAと遺伝情報の物理」(伏見譲) 岩波書店 2005.12 p92-93

遺伝的アルゴリズム
- ◎参考文献「岩波講座物理の世界―遺伝的アルゴリズムと進化のメカニズム」(伊庭斉志)　岩波書店　2002.1　p77-79

遺伝病
- ◎参考書ほか「病気を起こす遺伝子」(P. R. レイリー)　東京化学同人　2007.2　p13-14b

井戸
- ◎参考文献「井戸の考古学」(鐘方正樹)　同成社　2003.12　p189-203

移動体通信
- ◎参考文献「移動体通信のはなし　第2版」(前田隆正ほか)　日刊工業新聞社　2001.5　p240-241
- ◎参考文献「無線・衛星・移動体通信」(初田健ほか)　丸善　2001.8　p265-270

伊東屋
- ◎参考文献「銀座伊東屋百年史」(「銀座伊東屋百年史」集委員会)　伊東屋　2004.10　p358-361

eドキュメント
- ◎参考文献「電子文書証明　eドキュメントの原本性確保」(NTTデータ経営研究所)　NTT出版　2001.8　p250-251

稲作
- ◎文献「農作業料金の経済分析―稲作農作業受託の展開と協定料金の水準」(香川文庸)　農林統計協会　2003.2　p398-407
- ◎資料「牛丼を変えたコメ―北海道「きらら397」の挑戦」(足立紀尚)　新潮社　2004.8　p190-191
- ◎引用資料「半世紀にわたる日本の稲作技術協力史」(長田明夫)　農林統計協会　2005.1　prr
- ◎参照文献「稲作の社会史――九世紀ジャワ農民の稲作と生活史」(大木昌)　勉誠出版　2006.1　p373-388

イニシエーション
- ◎文献一覧「イニシエーション―儀礼的"越境"をめぐる通文化的研究」(J. S. ラ・フォンテイン)　弘文堂　2006.6　p9-16b

犬
- ◎参考文献「犬たちの歳時記」(笠井俊弥)　平凡社　2001.2　p270」
- ◎引用文献「イヌの動物学」(猪熊壽)　東京大学出版会　2001.9　p171-196
- ○ベストセレクション20冊(柿川鮎子)「作家と犬　文芸別冊」(河出書房新社)　2001.11　p185-191
- ◎参考文献「犬と話ができる!　動物たちの心の声を聴くレッスン」(小田原泰久)　廣済堂出版　2002.9　p221」
- ◎文献「老犬とどう暮らすか―幸せな関係と介護の知恵」(林良博)　光文社　2002.12　p155-156
- ◎参考文献「身体障害者補助犬法を知っていますか」(有馬もと)　大月書店　2003.6　p138-140
- ◎参考文献「名犬のりれき書―あの犬たちはすごかった!」(福田博道)　中経出版　2003.10　p316-319
- ◎参考文献「犬の科学―ほんとうの性格・行動・歴史を知る」(S. ブディアンスキー)　築地書館　2004.2　p313-303
- ○書誌(宮本奈紗)「文献探索　2004」(文献探索研究会)　2004.4　p537-541
- ◎参考文献「古代中国の犬文化―食用と祭祀を中心に」(桂小蘭)　大阪大学出版会　2005.2　p384-387
- ◎参考文献「ドッグズ・マインド―最良の犬にする方法・最良の飼主になる方法」(B. フォーグル)　八坂書房　2005.5　p359-367
- ◎引用文献「犬と家族の心理学―ドッグ・セラピー入門」(若島孔文)　北樹出版　2007.3　prr
- ◎文献「イヌ好きが気になる50の疑問―なぜ吠えるの? ダックスの足が短いのは? 人の言葉はどこまで理解できるの?」(吉田悦子)　ソフトバンククリエイティブ　2007.6　p203-204
- ◎文献「エクセレレーティッド・ラーニング―イヌの学習を加速させる理論」(P. J. リード)　レッドハート　2007.9　p218-219
- ◎引用文献「人と犬のきずな―遺伝子からそのルーツを探る」(四名部雄一)　裳華房　2007.11　p122-119

イヌイット
- ◎文献紹介「イヌイット―「極北の狩猟民」のいま」(岸上伸啓)　中央公論新社　2005.11　p207-201
- ◎引用参照文献「カナダ・イヌイットの食文化と社会変化」(岸上伸啓)　世界思想社　2007.11　p297-334

イヌワシ
- ◎引用文献「イヌワシの生態と保全」(J. ワトソン)　文一総合出版　2006.9　p409-429

稲
- ◎文献「現代日本生物誌　7　イネとスギ」(稲村達也, 中川重年)　岩波書店　2001.3　p1-6b
- ◎参考文献「禁じられた稲―カンボジア現代史紀行」(清野真巳子)　連合出版　2001.11　p276-285
- ◎参考文献「日本人はるかな旅4　イネ、知られざる1万年の旅」(NHK「日本人」プロジェクト)　NHK出版　2001.12　4pb
- ◎注文献「稲魂と富の起源―稲積み・年玉・贈与交換」(金田久璋)　白水社　2002.3　p281-292
- ◎文献「マレーシア稲作経営の新しい担い手」(安延久美)　日本経済評論社　2002.7　p247-259
- ◎文献「稲の考古学」(中村慎一)　同成社　2002.10　p241-253
- ◎参考文献「田んぼの教室」(稲垣栄洋ほか)　家の光協会　2003.6　p196-197
- ◎参考文献「イネが語る日本と中国―交流の大河五〇〇〇年」(佐藤洋一郎)　農文協　2003.8　p205-206
- ◎参考文献「野生イネの自然史―実りの進化生態学」(森島啓子編)　北海道大学図書刊行会　2003.10　p193-207
- ◎参考文献「イネゲノムが明かす「日本人のDNA」」(村上和雄)　家の光協会　2004.1　p218-220
- ◎参考図書ほか「東パキスタンの大地に挑む―第一次日本農業使節団、汗と涙の技術協力奮闘の記録」(川路賢一郎)　新風書房　2004.12　p261-265
- ◎参考文献「稲干しのすがた」(浅野明)　文芸社　2005.11　p223-230
- ◎引用文献「稲作の起源―イネ学から考古学への挑戦」(池橋宏)　講談社　2005.12　p263-270
- ◎引用文献「大規模稲作経営の経営革新と地域農業」(宮武恭一)　農林統計協会　2007.4　p139-141
- ◎参考文献「高温障害に強いイネ」(日本作物学会北陸支部北陸育種談話会)　養賢堂　2007.8　prr

いのしし

イノシシ
- ◎参考文献「イノシシは転ばない―「猪突猛進」の文化史」(福井栄一)　技報堂出版　2006.12　p253-265
- ◎参考文献「イノシシの文化史」(岩宿博物館)　岩宿博物館　2007.1　p29

命
- ◎参考文献「命の値段」(山本善明)　講談社　2001.5　p211-212

いのちの電話
- ◎文献「ひとりで悩まずに…いのちの電話」(斎藤友紀雄, 平田眞貴子)　ほんの森出版　2001.10　p202-203

イノベーション
- ◎参考文献「知識の源泉　イノベーションの構築と持続」(D. レオナルド)　ダイヤモンド社　2001.7　p361-326
- ◎参考文献「イノベーションへの解」(C. M. クリステンセン)　翔泳社　2003.12　p373-369
- ◎参考文献「イノベーションの組織戦略―知識マネジメントの組織設計」(魏晶玄)　信山社出版　2004.2　p209-217
- ◎参考文献「イノベーション要論」(岸川善光ほか)　同文舘出版　2004.7　p247-262
- ◎参考文献「争覇の流通イノベーション―ダイエー・イトーヨーカ堂・セブン-イレブン・ジャパンの比較経営行動分析」(森田克徳)　慶應義塾大出版会　2004.10　p291-293
- ◎参考文献「アーキテクチュアル・イノベーション―ハイテク企業のジレンマ克服」(田路則子)　白桃書房　2005.12　p159-164
- ◎参考文献「イノベーションの収益化―技術経営の課題と分析」(榊原清則)　有斐閣　2005.12　p255-265
- ◎参考文献「民主化するイノベーションの時代―メーカー主導からの脱皮」(E. v. ヒッペル)　ファーストプレス　2006.1　p239-249
- ◎文献「イノベーション普及過程論」(青池愼一)　慶應義塾大出版会　2007.7　prr

位牌
- ◎参考文献「位牌祭祀と祖先観」(中込睦子)　吉川弘文館　2005.11　p253-261

茨城県
- ○文献目録「茨城県史研究　85」(茨城県立歴史館)　2001.1　p104-116
- ◎文献「茨城の天然記念物―緑の憩いをたずねて」(山崎睦男)　暁印書館　2002.7　p252-253
- ◎「行政情報目録　平成14年」　水戸市総務部総務課情報公開センター　〔2003〕　140p A4
- ◎参考文献「図説茨城の城郭」(茨城城郭研究会)　国書刊行会　2006.8　p286-288
- ◎参考文献「常陸の古墳」(茂木雅博)　同成社　2007.2　p269-279

茨城県　伊奈町
- ◎典拠史料一覧「伊奈町近代・現代史年表」(編纂専門委員会)　伊奈町　2005.3　p268-232

茨城県　鹿島市史
- ◎参考文献「鹿島市五十年のあゆみ―市制50周年記念誌」(鹿島市史編纂委員会)　鹿島市　2004.8　p512-513

茨城県　霞ヶ浦
- ◎文献リスト「湖の水質保全を考える―霞ケ浦からの発信」(田渕俊雄)　技報堂出版　2005.8　p191-194

茨城県　金砂郷町
- ◎参考文献「金砂大祭礼の歴史」(志田諄一)　茨城新聞社　2002.5　p291-292

茨城県　教育
- ◎「茨城県旧制中等学校教育史料―新聞雑誌記事表題目録」〔(海老原恒久)〕　〔海老原恒久〕　〔2004〕　231p B5

茨城県　行政
- ◎「茨城県議会刊行物目録　3(1947-1955)」(茨城県立歴史館史料部)　茨城県立歴史館　2004.3　226p B5
- ◎「茨城県議会刊行物目録　4(1956-1960)」(茨城県立歴史館史料部)　茨城県立歴史館　2005.3　178p B5

茨城県　久慈川
- ◎参考文献「久慈川流域の前期・中期古墳―採集資料集」(多久那研究会)　多久那研究会　2004.7　p40-42

茨城県　古河市
- ◎参考文献「湿地転生の記―風景学の挑戦」(中村良夫)　岩波書店　2007.2　p251-252

茨城県　常総
- ○文献目録「常総の歴史　26」(崙書房)　2001.12　p113-121

茨城県　総和町
- ◎引用参考文献「総和町史　民俗編」(総和町史編さん委員会)　総和町　2005.6　p685-686

茨城県　玉里村
- ◎参考引用文献「玉里村の歴史―豊かな霞ヶ浦と台地に生きる」(玉里村史編纂委員会)　玉里村　2006.2　p499-504

茨城県　土浦市
- ◎参考文献「弥生から古墳へ―時代の終わりと始まり」(上高津貝塚ふるさと歴史の広場)　上高津貝塚ふるさと歴史の広場　2001　p72-73
- ◎参考文献「250年前の植物群像―享保二〇年内田家文書「日記」より」(須田直之)　筑波書林　2005.11　p196-197

茨城県　東海村
- ◎参考文献「原発被曝　東海村とチェルノブイリの教訓」(広河隆一)　講談社　2001.4　p345-348
- ◎本ほか「東海村臨界事故の街から―1999年9月30日事故体験の証言」(臨界事故の体験を記録する会)　旬報社　2001.10　p302-305
- ◎参考文献「東海村臨界事故への道―払われなかった安全コスト」(七沢潔)　岩波書店　2005.8　p255-258
- ◎参考文献「朽ちていった命―被曝治療83日間の記録」(東海村臨界事故取材班)　新潮社　2006.10　p213-214

茨城県　虎塚古墳
- ◎参考文献「虎塚古墳」(鴨志田篤二)　同成社　2005.10　p169-170

茨城県　常陸
- ○文献目録「茨城県史研究　85」(茨城県立歴史館)　2001.1　p104-116
- ◎参考文献「常陸・秋田佐竹一族」(七宮涬三)　新人物往来社　2001.6　p246-248

茨城県　水戸街道
◎文献「常陸と水戸街道」（吉田俊純）　吉川弘文館　2001.8　p25-27b
○文献目録「常総の歴史　26」（崙書房）　2001.12　p113-121

茨城県　水海道
◎参照文献「水海道方言における格と文法関係」（佐々木冠）　くろしお出版　2004.3　p257-264

茨城県　水戸街道
◎文献「常陸と水戸街道」（吉田俊純）　吉川弘文館　2001.8　p25-27b

茨城県　水戸学
◎参考文献「徳川後期の攘夷思想と「西洋」」（星山京子）　風間書房　2003.3　p169-181

茨城県　水戸弘道館
◎参考文献「水戸弘道館小史」（鈴木暎一）　文眞堂　2003.6　p145-146

茨城県　水戸市
○「行政情報目録　平成14年」　水戸市総務部総務課情報公開センター　〔2003〕　140p A4
○「行政情報目録　平成17年」　水戸市総務部総務課情報公開センター　〔2006〕　127p A4

茨城県　歴史
◎主要参考文献「茨城の歴史　県北編」（茨城地方史研究会）　茨城新聞社　2002.5　p276-277
◎主要参考文献「茨城の歴史　県西編」（茨城地方史研究会）　茨城新聞社　2002.8　p264-265
○文献目録「茨城県史研究　85」（茨城県立歴史館）　2002.9　p104-116
◎参考文献「北茨城・磐城と相馬街道　街道の日本史13」（誉田宏ほか）　吉川弘文館　2003.11　p14-17b
○文献目録「茨城県史研究　88」（茨城県教育委員会）　2004.2　p119-132
◎参考文献「図説結城・真壁・下館・下妻の歴史」（佐久間好雄）　郷土出版社　2004.2　p252-253
◎参考文献「図説那珂・久慈・多賀の歴史」（瀬谷義彦監修）　郷土出版社　2004.11　p249-250
◎参考文献「茨城県の歴史散歩」（茨城県地域史研究会）　山川出版社　2006.1　p267-268
○文献目録「茨城県史研究　90」（茨城県教育委員会）　2006.2　p117-128
◎参考文献「図説稲敷・北相馬の歴史」（佐久間好雄）　郷土出版社　2006.2　p247-249
○文献目録「茨城県史研究　91」（茨城県教委）　2007.2　p97-106
◎参考文献「常総内海の中世—地域権力と水運の展開」（千野原靖方）　崙書房出版　2007.10　p312-316

茨城県　牛堀町
◎参考文献「ふるさと牛堀—人と水の歴史」（ふるさと牛堀刊行委員会）　牛堀町　2001.3　p269-271

eバンキング
◎注「アメリカのeバンキング」（宮村健一郎）　有斐閣　2003.3　prr

イバン族
◎参考文献「死の人類学」（内堀基光ほか）　弘文堂　2006.8　p301-310

E-ファイナンス
◎参考文献「E-ファイナンスの挑戦」（北尾吉孝ほか）　東洋経済新報社　2002.5　p259-261

衣服
◎引用参考文献「ひとはなにを着てきたか」（黒川美富子）　文理閣　2003.1　p259-261
◎引用参考文献「アパレル構成学—着やすさと美しさを求めて」（冨田明美）　朝倉書店　2004.8　p125-128
◎文献「介護と衣生活」（小林茂雄ほか）　同文書院　2005.2　prr
◎文献目録「編布の発見—織物以前の衣料」（滝沢秀一）　つなん出版　2005.7　p125-126
◎参考文献「装うインド—インドサリーの世界」（国立民族学博物館）　千里文化財団　2005.8　p120-122
◎参考文献「江戸のきものと衣生活」（丸山伸彦）　小学館　2007.6　p174」

異文化
◎参考文献「異文化の学びかた・描きかた　なぜ、どのように研究するのか」（住原則也）　世界思想社　2001.12　p218-225
◎引用文献「異文化と関わる心理学—グローバリゼーションの時代を生きるために」（渡辺文夫）　サイエンス社　2002.3　p82-80
◎参考文献「異文化との出会い！　子どもの発達と心理—国際理解教育の視点から」（井上智賀）　ブレーン出版　2002.4　p198-205
◎引用文献「異文化の学びかた・描きかた　なぜ、どのように研究するのか」（住原則也）　世界思想社　2002.5　prr
◎ノート文献「小説のなかに見る異文化—近代ロシア、アメリカ、カナダ文学を比較する」（B. H. ゲルファント）　玉川大学出版部　2002.7　p1-75b
◎文献リスト「グローバル社会の異文化論—記号の流れと文化単位」（岡村圭子）　世界思想社　2003.9　p218-200
◎参考文献「文化が衝突するとき—異文化へのグローバルガイド」（R. ルイス）　南雲堂　2004.1　p604-602

医文化
◎参考文献「身体医文化論—感覚と欲望」（石塚久郎ほか）　慶応義塾大学出版会　2002.5　p1-15b

異文化間教育
○文献目録（山岸みどり）「異文化間教育　14」（アカデミア出版会）　2000.6　p183-199
○文献目録（川崎誠司）「異文化間教育　15」（アカデミア出版会）　2001.6　p242-260
◎参考文献「ことばと文化を結ぶ日本語教育」（細川英雄）　凡人社　2002.5　prr
○文献目録（森茂岳雄）「異文化間教育　16」（異文化間教育学会）　2002.6　p171-195
○文献目録（藤田美佳）「異文化間教育　18」（異文化間教育学会）　2003.7　p142-159
○文献目録（井上孝代）「異文化間教育　20」（異文化間教育学会）　2004.8　p102-120
○文献目録（吉谷武志ほか）「異文化間教育　21」（異文化間教育学会）　2005.4　p120-145
○文献目録（吉谷武志ほか）「異文化間教育　23」（アカデミア出版会）　2006　p127-163
○文献目録（小林亮）「異文化間教育　25」（異文化間教育学会）　2007.2　p119-167

異文化間交易
◎参考文献「異文化間交易の世界史」（P. D. カーティン）　NTT出版　2002.7　p365-342

異文化コミュニケーション
◎参考文献「異文化理解」（青木保）　岩波書店　2001.7　p209-210
◎参考文献「異文化コミュニケーションキーワード　新版」（石井敏ほか）　有斐閣　2001.10　p259-264
◎引用文献ほか「マレーシア、フィリピン進出日系企業における異文化間コミュニケーション摩擦」（西田ひろ子）　多賀出版　2002.2　prr
◎引用文献「バイカルチュアリズムの研究―異文化適応の比較民族誌」（江淵一公）　九州大学出版会　2002.6　p525-553
◎引用文献「異文化間コミュニケーション入門―日米間の相互理解のために」（西田司ほか）　丸善　2002.8　prr
◎参考文献「多文化共生のコミュニケーション―日本語教室の現場から」（徳井厚子）　アルク　2002.8　p179-185
◎参考文献「「異文化理解」のディスコース　文化本質主義の落し穴」（馬渕仁）　京都大学学術出版会　2002.12　p317-333
◎参考文献「日本から文化力―異文化コミュニケーションのすすめ」（J. L. バーグランド）　現代書館　2003.10　p233-236
◎引用文献「第二言語コミュニケーションと異文化適応―国際的対人関係の構築をめざして」（八島智子）　多賀出版　2004.2　p219-228
◎参考文献「異文化理解の語用論―理論と実践」（H. スペンサー＝オーティー）　研究社　2004.4　p169-184
◎参考図書「異文化コミュニケーション教育における「正義」の扱い」（青木順子）　大学教育出版　2004.6　p156-164
◎紹介「異文化コミュニケーション研究法―テーマの着想から論文の書き方まで」（石井敏ほか）　有斐閣　2005.4　p181-191
◎参考文献「異文化コミュニケーション　講座社会言語科学1」（井出祥子ほか）　ひつじ書房　2005.10　prr
◎参考文献「異文化コミュニケーションを学ぶ人のために」（細谷昌志）　世界思想社　2006.3　prr
◎引用文献「中国人留学生・研修生の異文化適応」（葛文綺）　渓水社　2007.2　p129-133
◎参考文献「ケースで学ぶ異文化コミュニケーション―誤解・失敗・すれ違い」（久米昭元ほか）　有斐閣　2007.9　p239-250

異文化ストレス
◎参考文献「異文化ストレスと心身医療」（筒井末春, 牧野真理子）　新興医学出版社　2002.1　p88-90

異文化体験
◎参考文献「地中海世界を見た日本人―エリートたちの異文化体験」（牟田口義郎）　白水社　2002.10　p231-233
◎参考文献「子供の異文化体験　人格形成過程の心理人類学的研究　増補改訂版」（箕浦康子）　新思索社　2003.2　p365-383

イベント
◎参考文献「イベント創造の時代―自治体と市民によるアートマネージメント」（野田邦弘）　丸善　2001.1　p161-164

医方集成
○書誌（小曽戸洋）「杏雨　9」（武田科学振興財団）　2006　p276-290

医方大成
○書誌（小曽戸洋）「杏雨　9」（武田科学振興財団）　2006　p276-290

いほぬし
◎文献「いほぬし精講」（増淵勝一）　国研出版　2002.3　p399-404

Eポリティックス
◎参考文献「Eポリティックス」（横江公美）　文藝春秋　2001.9　p213-214

今様
◎論文目録「梁塵秘抄とその周縁―今様と和歌・説話・物語の交流」（植木朝子）　三省堂　2001.5　p316-332
◎引用文献「今様の時代―変容する宮廷芸能」（沖本幸子）　東京大出版会　2006.2　p303-307

意味分析
◎参考文献「意味分析の新展開―ことばのひろがりに応える。」（児玉徳美）　開拓社　2004.10　p217-227

意味論
◎参考文献「語の意味と意味役割」（米山三明, 加賀信広）　研究社出版　2001.6　p183-193
○参考文献「国文学　解釈と教材の研究　47.11」（学燈社）　2002.9　p128-129
◎文献「意味論の対象と方法」（児玉徳美）　くろしお出版　2002.12　p257-272
◎参考文献「記号と意味」（加藤蔵）　勁草書房　2003.3　p1-3b
◎参考文献「認知意味論　シリーズ認知言語学入門3」（松本曜）　大修館書店　2003.7　p295-314
◎参考文献「日本語名詞句の意味論と語用論―指示的名詞句と非指示的名詞句」（西山佑司）　ひつじ書房　2003.9　p425-437
◎参考文献「意味論―動的意味論」（中村捷）　開拓社　2003.11　p253-272
◎参考文献ほか「意味　言語の科学4」（郡司隆男ほか）　岩波書店　2004.7　p171-184
◎参考文献「フランス語における証拠性の意味論」（渡邊淳也）　早美出版社　2004.9　p316-329
○「意味論　英語学文献解題7」（山中桂一ほか）　研究社　2005.1　16, 271p B5
◎参考文献「生成語彙意味論」（小野尚之）　くろしお出版　2005.6　p219-229
◎参考文献「意味論からの情報システム―ユビキタス・オントロジ・セマンティックス」（斉藤孝）　中央大出版部　2006.4　p277-284
◎参考文献「コーパス語彙意味論―語から句へ」（M. スタッブズ）　研究社　2006.5　p340-355
◎参考文献「わきまえの語用論」（井出祥子）　大修館書店　2006.11　p229-234
◎参考文献「日本語における空間表現と移動表現の概念意味論的研究」（上野誠司）　ひつじ書房　2007.2　p173-181

◎参考文献「プラスチック・ワード―歴史を喪失したことばの蔓延」(U. ペルクゼン) 藤原書店 2007.9 p230-225

◎参考文献「言外の意味 上 新版」(安井稔) 開拓社 2007.10 p137-139

◎参考文献「中国語の情報構造と伝達機能」(永富健史) 中国書店 2007.10 p183-186

移民

○資料(神繁司)「参考書誌研究 54」(国立国会図書館) 2001.3 p79-128

◎参考文献「グローバリゼーションと移民」(伊豫谷登士翁) 有信堂高文社 2001.7 p5-18b

◎参考文献「パリの移民・外国人―欧州統合時代の共生社会」(本間圭一) 高文研 2001.7 p250-251

◎参考文献「グローバル・ディアスポラ」(ロビン・コーエン) 明石書店 2001.10 p336-350

◎参考文献「海をわたった日本人」(岡部牧夫) 山川出版社 2002.3 3pb

◎注文献「国際化のなかの移民政策の課題」(駒井洋) 明石書店 2002.5 prr

◎文献「移民の一万年史―人口移動・遙かなる民族の旅」(ギ・リシャール) 新評論 2002.7 p334-339

◎文献「排日移民法と日米関係―「埴原書簡」の真相とその「重大なる結果」」(簑原俊洋) 岩波書店 2002.7 p269-335

◎参考文献「海外における日本人、日本のなかの外国人 移民流動とエスノスケープ」(岩崎信彦ほか) 昭和堂 2003.2 prr

◎参考文献「移民と現代フランス フランスは「住めば都」か」(M. ジョリヴェ) 集英社 2003.4 p286-283

◎文献「第二の故郷―豪州に渡った日本人先駆者たちの物語」(N. ジョーンズ) 創風社出版 2003.11 p5-10b

◎参考資料「アマゾンからの手紙―10歳のブラジル移民」(山脇あさ子) 新日本出版社 2003.12 p157-158

◎参考文献「メキシコ系米国人・移民の歴史」(M. G. ゴンサレス) 明石書店 2003.12 p562-530

◎文献「渡米移民の教育―栞で読む日本人移民社会」(横田睦子) 大阪大学出版会 2003.12 p187-198

◎参考文献「ウラジオストクへの旅―ロシア極東地域に移住した人々」(佐藤芳行ほか) 新潟日報事業社 2004.2 p68-70

◎参考文献「香川県南米移住史」 香川県 2004.3 p441-442

◎注記「満洲の日本人」(塚瀬進) 吉川弘文館 2004.9 p207-233

◎参考文献「日系移民・海外移住・異文化交流の今昔」(小林正典) コンベンションクリエイト 2004.11 p132-133

◎参考文献「ゲバラの国の日本人―キューバに生きた、赴いた日本人100年史」(R. アルバレスほか) VIENT 2005.1 p243-246

◎参考文献「移民と国家―極東ロシアにおける中国人、朝鮮人、日本人移民」(I. R. サヴェリエフ) 御茶の水書房 2005.2 p37-58b

◎参考文献「「移民」思潮の軌跡」(田川真理子) 雄松堂出版 2005.6 p2-11b

◎参考文献「日本領サイパン島の一万日」(野村進) 岩波書店 2005.8 p390-398

◎参考文献「海流―最後の移民船『ぶらじる丸』の航跡」(川島裕) 海文堂出版 2005.9 p281-283

◎参考文献ほか「ナポリのマラドーナ―イタリアにおける「南」とは何か」(北村暁夫) 山川出版社 2005.11 p194-201

○文献目録ほか(石川友紀)「移民研究 2」(琉球大) 2006.3 p69-78

◎「初期在北米日本人の記録 第1期 別冊2」(奥泉栄三郎) 文生書院 2006.6 285p A5

◎参考文献「長く黄色い道―満洲・女性・戦後」(田中益三) せらび書房 2006.6 p256-269

◎引用参考文献「移民社会フランスの危機」(宮島喬) 岩波書店 2006.11 p1-10b

○研究動向(樋口直人)「社会学評論 57.3.227」(日本社会学会) 2006.12 p634-649

○研究動向(広田康生)「社会学評論 57.3.227」(日本社会学会) 2006.12 p650-660

○資料(神繁司)「参考書誌研究 66」(国会図書館) 2007.3 p1-91

◎参考文献(斉藤俊江ほか)「満洲移民―飯田下伊那からのメッセージ」(刊行編集委員会) 現代史料出版 2007.5 p262-266

◎文献一覧「「日系アメリカ人」の歴史社会学―エスニシティ、人種、ナショナリズム」(南川文里) 彩流社 2007.6 p11-30b

移民教育

◎参照文献「フランスの移民と学校教育」(池田賢市) 明石書店 2001.2 p228-238

◎文献「アメリカ日本人移民の越境教育史」(吉田亮) 日本図書センター 2005.3 prr

◎参考文献「移民の子どもと学力―社会的背景が学習にどんな影響を与えるのか」(OECD) 明石書店 2007.10 p175-183

異民族

◎参考文献「社会人類学入門―異民族の世界」(J. ヘンドリー) 法政大学出版局 2002.8 prr

イメージ

◎参考文献「イメージと認知」 岩波書店 2001.8 p205-218

◎参考文献「イメージ連想の文化誌―髑髏・男根・キリスト・ライオン」(山下主一郎) 新曜社 2001.9 p214-217

◎参考書一覧「イメージを読む―美術史入門」(若桑みどり) 筑摩書房 2005.4 p252-254

イメージ心理学

◎引用・参考文献「スロー・イズ・ビューティフル―遅さとしての文化」(辻信一) 平凡社 2002.2 p251-258

Eメール

◎文献「良い英文Eメール悪い英文Eメール―英文Eメールトレーニング」(飯田健雄) 中経出版 2002.6 p230-231

イモ

◎参考文献「イモとヒト―人類の生存を支えた根栽農耕」(吉田集而) 平凡社 2003.8 prr

妹背山婦女庭訓

◎参考資料一覧「妹背山婦女庭訓―通し狂言 第一四七回文楽公演」(国立劇場調査養成部調査資料課) 日本芸術文化振興会 2004.5 p170-247

◎参考資料「奥州安達原・摂州合邦辻・妹背山婦女庭訓―第158回文楽公演」（国立劇場）　日本芸術文化振興会　2007.2　p113-119

鋳物
◎文献「美術鋳物の手法　新装版」（鹿取一男）　アグネ技術センター　2005.1　p259-260
◎参考文献「国土を拓いた金物たち―大阪府立狭山池博物館平成19年度特別展」　大阪府立狭山池博物館　2007.10　p94」

イモリ
◎文献「イモリ・サンショウウオの仲間―有尾類・無足類」（山崎利貞）　誠文堂新光社　2005.10　p143」

医薬品
◎文献「医薬品と飲食物の相互作用―正しい医薬品の服用法」（Horst Wunderer）　じほう　2002.1　p113-127
◎参考文献「特効薬はこうして生まれた―"魔法の弾丸"をもとめて」（ジョン・マン）　青土社　2002.1　p9-15b
◎文献「薬物送達システム―薬物濃度を時間制御する治療システム」（東條角治）　バイオコム・システムズ　2002.2　p104-106
◎文献「薬の品質―本草書からGMPまで」（服部昭）　新風舎　2003.7　p158-162
◎文献「「くすり」から見た日本―昭和20年代の原風景と今日」（西川隆）　薬事日報社　2004.1　p485-499
◎参考文献「薬の社会史　5」（杉山茂）　近代文芸社　2004.3　prr
◎参考文献「クスリのことがわかる本―クスリを扱う人のための医薬品応用学」（渡辺泰雄ほか）　地人書館　2004.4　p173-174
◎参考文献「臨床試験のための中間解析―基礎から実施するまで」（村岡了一ほか）　サイエンティスト社　2004.10　p87-92
◎参考文献「DTCマーケティング―医薬品と医療消費者の新しいコミュニケーション」（古川隆ほか）　日本評論社　2005.3　p174-179
◎参考文献「食品―医薬品相互作用ハンドブック」（Boullata, J）　丸善　2005.3　prr
◎参考文献「偽薬のミステリー」（P. ルモワンヌ）　紀伊國屋書店　2005.8　p281-286
◎文献「「くすりの情報」の鍵―薬剤疫学的立場から」（有馬康雄）　薬事日報社　2005.9　p147-149
◎文献「医薬品-栄養素の相互作用―人間栄養に必要な医薬品の知識」（Y. Coleman）　第一出版　2007.1　p38-50f
◎参考文献ほか「創薬論―プロセスと薬事制度」（村川武雄）　京都大学学術出版会　2007.7　p343-348
〇著述年表（青柳誠）「茨城大学人文学部紀要　人文コミュニケーション学科論集　3」（茨城大）　2007.9　p49-72
◎参考文献「作家と薬―誰も知らなかった作家と薬の話　新版」（後藤直良）　薬事日報社　2007.12　p290-297

医薬品工業
◎参考文献「よくわかる医薬品業界　改訂版」（野口實）　日本実業出版社　2007.4　p250-251

癒し
◎「「癒し」を学ぶ500冊」　朝日新聞社　2001.3　199p　46s

◎参考文献「愛と癒しのコミュニオン」（鈴木秀子）　文藝春秋　2001.6　p229-230
◎参照文献「癒しの歴史人類学―ハーブと水のシンボリズムへ」（鈴木七美）　世界思想社　2002.3　p289-276
◎参考文献解題「つながりの中の癒し―セラピー文化の展開」（田邊信太郎ほか）　専修大学出版局　2002.5　p299-310
◎文献「女性が癒やすフェミニスト・セラピー」（高畠克子）　誠信書房　2004.6　p201-211

いやしんぼ
◎参考文献「浪花のいやしんぼ語源自典」（奥田継夫）　東方出版　2001.3　p217-218

イラク
◎参考文献ほか「イラクの歴史」（C. トリップ）　明石書店　2004.2　p441-473
◎参考文献「イラク建国―「不可能な国家」の原点」（阿部重夫）　中央公論新社　2004.4　p285-280
◎参考文献「ファルージャ2004年4月」（R. マハジャン）　現代企画室　2004.6　p210-213
◎引用文献「ハラフ文化の研究―西アジア先史時代への新視角」（常木晃）　同成社　2004.11　p255-278
◎参考文献「軍事奴隷・官僚・民衆―アッバース朝解体期のイラク社会」（清水和裕）　山川出版社　2005.11　p10-32b

イラク戦争
◎文献「イラクとアメリカ」（酒井啓子）　岩波書店　2002.8　p1-3b
◎文献「ブッシュvsフセイン―イラク攻撃への道」（岡本道郎）　中央公論新社　2003.3　p246-248
◎参考文献「イラク戦争と世界―二一世紀の世紀像を占う」（斎藤直樹）　現代図書　2004.3　p218-225
◎文献「日本にとってのイラク自衛隊派遣問題―歴史的前例を参考にしての分析」（窪田明）　新生出版　2004.11　p148-153
◎参考文献「検証イラク戦争―アメリカの単独行動主義と混沌とする戦後復興」（斎藤直樹）　三一書房　2005.3　p209-216
◎文献目録「国際法から見たイラク戦争―ウィーラマントリー元判事の提言」（C. G. ウィーラマントリー）　勁草書房　2005.3　p253-257
◎参考文献「カナダはなぜイラク戦争に参戦しなかったのか」（吉田健正）　高文研　2005.7　p263-266
◎参考文献「ファルージャ栄光なき死闘―アメリカ軍兵士たちの20カ月」（F. J. ウェスト）　早川書房　2006.1　p542-540
◎参考文献「ブッシュのイラク戦争とは何だったのか―大義も正当性もない戦争の背景とコスト・ベネフィット」（野崎久和）　梓出版社　2006.12　p265-273
◎参考文献「イラク博物館の秘宝を追え―海兵隊大佐の特殊任務」（M. ボグダノスほか）　早川書房　2007.4　p460-458
◎参考文献「イラク戦争の深淵―権力が崩壊するとき、2002～2004年」（国末憲人）　草思社　2007.7　p443-447

イラストレーション
◎文献「大衆の心に生きた昭和の画家たち」（中村嘉人）　PHP研究所　2007.3　p183-185

eラーニング

◎参考文献「e-ラーニング―日本企業のオープン学習コミュニティー戦略」（根本孝）　中央経済社　2001.1　p191-201
◎参考文献「eラーニング―実践的スキルの習得技法」（山崎将志）　ダイヤモンド社　2001.1　p202-203
◎参考文献「みんなのeラーニング―体験的授業改革論」（生田目康子）　中央経済社　2002.2　p202-206
◎参考文献「生涯学習「eソサエティ」ハンドブック―地域で役立つメディア活用の発想とポイント」（山本恒夫ほか）　文憲堂　2004.5　p225-226
◎参考文献「WebCT―大学を変えるeラーニングコミュニティ」（エミットジャパン）　東京電機大出版局　2005.7　p192-198
◎文献「eラーニングの発展と企業内教育」（菅原良）　大学教育出版　2005.9　p117-136
◎参考文献「遠隔教育とeラーニング」（鄭仁星ほか）　北大路書房　2006.3　p237-252
◎引用参考文献「明日の教師を育てる―インターネットを活用した新しい教員養成」（鈴木真理子ほか）　ナカニシヤ出版　2007.4　prr
◎引用参考文献「知識社会におけるeラーニング」（植野真臣）　培風館　2007.7　p271-282

イラン

◎参考文献「現代イラン―神の国の変貌」（桜井啓子）　岩波書店　2001.7　p207-212
◎文献「ペルシャの神話」（ヴェスタ・サーコーシュ・カーティス）　丸善　2002.2　p165-167
◎文献「中東の農業社会と国家―イラン近現代史の中の村」（後藤晃）　御茶の水書房　2002.3　p327-334
◎参考文献「イスラームとモデニティ―現代イランの諸相」（中西久枝）　風媒社　2002.10　p256-268
◎「東洋文庫蔵　イラン・イスラーム革命文献解説目録」（石見隆ほか）　東洋文庫　2004.7　3,183p A5
◎ブックガイド「イランを知るための65章」（岡田恵美子ほか）　明石書店　2004.9　p382-390
◎参照文献「イラン・イスラーム体制とは何か」（吉村慎太郎）　書肆心水　2005.10　p355-345
◎参考文献「「ペルシャ文明展煌めく7000年の至宝」図録」（朝日新聞社事業本部ほか）　朝日新聞社　〔2006〕　p182-185

イラン　音楽

◎引用文献「イラン音楽―声の文化と即興」（谷正人）　青土社　2007.8　p11-14b

イラン　商業

◎文献「近代イラン金融史研究―利権/銀行/英露の角逐」（水田正史）　ミネルヴァ書房　2003.7　p191-202
◎文献紹介「テヘラン商売往来―イラン商人の世界」（岩崎葉子）　日本貿易振興機構　2004.7　p209-211

イラン　歴史

◎参考文献「西アジア史　II　イラン・トルコ　世界各国史 9」（永田雄三）　山川出版社　2002.8　p42-63b
◎参考文献「物語イランの歴史―誇り高きペルシアの系譜」（宮田律）　中央公論新社　2002.9　p272-267

入会権

◎参考文献「コモンズ論再考」（鈴木龍也ほか）　晃洋書房　2006.7　p253-264

イリアス

◎参考文献「自修ホメーロス―イーリアス第22巻」（長谷部英吾）　リーベル出版　2005.12　p51-60

医療

◎文献「よくわかる医療系の心理学　1」（西村良二）　ナカニシヤ出版　2001.3　p219-220
◎参考文献「これからどうする!介護と医療」（小池晃）　新日本出版社　2001.5　p195-197
◎参考資料「医療はよみがえるか―ホスピス・緩和ケア病棟から」（高橋ユリカ）　岩波書店　2001.5　p347-349
◎読書案内「生きること/死ぬこと」　岩波書店　2001.5　p1-19b
◎参考文献「病気と医療の社会学」（田口宏昭）　世界思想社　2001.5　p283-292
◎参考文献「参加型医療と患者―生きるために結び合う患者たち」（藤田礎史郎）　晃洋書房　2001.6　p199-207
◎文献「学校教育と医療的ケア―学校そして教師は医療的ケアにどう向き合うか」（古屋義博）　新読書社　2001.7　p113-118
◎参考文献「ヒューマン・サービスにおけるグループインタビュー法―科学的根拠に基づく質的研究法の展開」（安梅勅江）　医歯薬出版　2001.10　p78-82
◎参考文献「ペイシェンツ・アイズ　患者中心の医療・介護をすすめる七つの視点」（M.ガータイスほか）　日経BP社　2001.11　prr
◎文献「医療サービス需要の経済分析」（井伊雅子,大日康史）　日本経済新聞社　2002.1　p215-234
◎文献「患者中心の医療」（モイラ・スチュワート）　診断と治療社　2002.1　p211-224
◎参考文献「メディカルスタッフのためのコンピュータ入門　新版」（菊地真,小林昭）　秀潤社　2002.3　p177-178
◎参考文献「グローバリゼーションと医療・福祉―現代社会学の基礎知識　グローバリゼーションと日本の社会 4」（平川毅彦ほか）　文化書房博文社　2002.4　prr
◎参考図書「理想の医療を語れますか―患者のための制度改革を」（今井澄）　東洋経済新報社　2002.4　p275
◎文献「専門職論再考―保健医療観の自律性の変容と保健医療専門職の自律性の変質」（時井聰）　学文社　2002.5　p223-232
◎参考文献「移植医療を築いた二人の男―その光と影」（木村良一）　産経新聞ニュースサービス　2002.8　p356-357
◎参考文献「代替医療―効果と利用法」（蒲原聖可）　中央公論新社　2002.8　p194-193
◎参考文献「病と癒しの文化史―東南アジアの医療と世界観」（大木昌）　山川出版社　2002.9　p195-198
◎参考文献「患者本位の医療を求めて」（飯野奈津子）　NHK出版　2003.5　p272-275
◎文献「患者追放―行き場を失う老人たち」（向井承子）　筑摩書房　2003.8　p249-250
◎参考文献「患者満足度―コミュニケーションと受療行動のダイナミズム」（前田泉ほか）　評論社　2003.9　p159-164
◎注「医療の比較文化論―その原理と倫理を求めて」（久間圭子）　世界思想社　2003.12　prr

いりょう

◎参考文献「日本における権利のかたち―権利意識の歴史と発展」（E. A. フェルドマン）　現代人文社　2003.12　p184-188
◎「医療問題の本全情報　1996-2003」（日外アソシエーツ）　日外アソシエーツ　2004.1　12, 766p A5
◎文献「不死を売る人びと―「夢の医療」とアメリカの挑戦」（S. S. ホール）　阪急コミュニケーションズ　2004.1　p487-491
◎文献表「医療現場の会話分析―悪いニュースをどう伝えるか」（D. メイナード）　勁草書房　2004.2　p217-238
◎参考文献「現代医療の民族誌」（近藤英俊ほか）　明石書店　2004.3　prr
◎参考文献「在日外国人医療におけるコミュニケーションギャップの現状調査と改善策の研究―調査報告書」（KDDI総研）　KDDI総研　2004.3　p303-305
◎引用参照文献「東京地域医療実践史」（東京民主医療機関連合会50年史編纂委員会）　大月書店　2004.3　p324-336
◎参考文献「図表でみる世界の医療―OECDインディケータ　2003年版」（経済協力開発機構ほか）　明石書店　2004.4　p144-146
◎参考文献「国境を越えた医師」（T. キダー）　小学館プロダクション　2004.5　p421-433
◎参考文献「こんな医療でいいですか？―日本で行われている医療ドイツで行われている医療」（南和友）　はる書房　2004.7　p231-232
◎参考文献「保健と医療の人類学―調査研究の手引き」（A. ハルドンほか）　世界思想社　2004.10　p295-306
◎参考文献「保健・医療・福祉ネットワークのすすめ―ヒューマンサービスの実践　実践のすすめ」（宮崎徳子ほか）　ミネルヴァ書房　2005.4　p188-190
◎参考文献「おまかせしない医療―自立した患者になるために」（神崎仁ほか）　慶應義塾大出版会　2005.10　p254-257
◎参考文献「医療は患者の生活を救えるか―ある環境技術者のがん闘病体験から」（美浦義明）　パロル舎　2005.10　p286-294
◎参考文献「ケアのゆくえ科学のゆくえ」（広井良典）　岩波書店　2005.11　p257-260
◎参考文献「医療から命をまもる」（岡田正彦）　日本評論社　2005.12　p193-198
◎参考文献「図表でみる世界の保健医療―OECDインディケータ　2005年版」（OECD）　明石書店　2006.5　p96-99
◎文献「医療化のポリティクス―近代医療の地平を問う」（森田洋司ほか）　学文社　2006.9　prr
◎参考資料「「生きている」を見つめる医療―ゲノムでよみとく生命誌講座」（中村桂子ほか）　講談社　2007.3　p268-270
◎参考文献「アフリカの医療・障害・ジェンダー―ナイジェリア社会への新たな複眼的アプローチ」（落合雄彦ほか）　晃洋書房　2007.3　prr
◎参考文献「病いと「つながり」の場の民族誌」（浮ヶ谷幸代ほか）　明石書店　2007.3　prr
◎参考文献「元東大病院分院長が見たこの国の医療のかたち」（大原毅）　人間と歴史社　2007.4　p294-298
◎文献「患者と医師のコミュニケーション―より良い関係作りの科学の根拠」（D. L. Roter）　篠原出版新社　2007.7　p166-195

◎文献「医者が介護の邪魔をする!」（矢嶋嶺）　講談社　2007.8　p235-236
◎References「国際保健の優先課題」（D. T. Jamison）　保健同人社　2007.8　p193-195
◎参考文献「地域医療・介護のネットワーク構想」（小笠原浩一ほか）　千倉書房　2007.8　prr
◎文献「コミュニケーションスキル・トレーニング―患者満足度の向上と効果的な診療のために」（松村真司ほか）　医学書院　2007.9　p167-169
◎参考文献「世界がキューバ医療を手本にするわけ」（吉田太郎）　築地書館　2007.9　p255-264
◎参考文献「保健・医療・福祉ネットワークのすすめ―ヒューマンサービスの実践　2版」（宮崎徳子ほか）　ミネルヴァ書房　2007.10　p188-190

医療観察
◎参考文献「被告人との対話―精神鑑定　裁判員制度導入と医療観察法」（清田一民）　熊本出版文化会館　2007.4　p243-244

医療器械
◎文献「医療機器の歴史―最先端技術のルーツを探る」（久保田博南）　真興交易医書出版部　2003.8　p186-188
◎文献「医療用具の臨床試験―その実践的ガイダンス」（N. J. Stark）　サイエンティスト社　2004.10　p275-282
◎文献「医療福祉・介護産業の現状と展望」　交流協会　2006.3　p59-61

医療経済
◎参考文献「国際的視点から学ぶ医療経済学入門」（B. マックペイクほか）　東京大学出版会　2004.10　p387-400
◎参考文献ほか「やさしい医療経済学」（大内講一）　勁草書房　2005.2　p177-179
◎参考文献「入門医療経済学―「いのち」と効率の両立を求めて」（真野俊樹）　中央公論新社　2006.6　p244-240
◎参考文献「医療原価計算―先駆的な英米医療界からの示唆」（荒井耕）　中央経済社　2007.2　p277-286

医療財源
◎参考文献「医療財源論―ヨーロッパの選択」（E. モシアロスほか）　光生館　2004.10　prr

医療産業
◎参考文献「製薬・医療産業の未来戦略―新たなビジネスモデルの探求」（根来龍之, 小川佐千代）　東洋経済新報社　2001.3　p212-214

医療史
◎注「20世紀の医療史」（野村拓）　本の泉社　2002.7　prr
◎註「厚生省の誕生―医療はファシズムをいかに推進したか」（藤野豊）　かもがわ出版　2003.8　prr
◎参考図書「人体を戦場にして―医療小史」（R. ポーター）　法政大学出版局　2003.12　p15-27b
◎参考文献「江戸の養生所」（安藤優一郎）　PHP研究所　2005.1　p225-228
◎参考文献「病気日本史　新装版」（中島陽一郎）　雄山閣　2005.3　p344-358
◎参考文献「日本医療史」（新村拓）　吉川弘文館　2006.8　p314-323

医療事故
- ◎参考文献「患者側弁護士のための実践医療過誤訴訟」（加藤良夫ほか）　日本評論社　2004.2　p353-355
- ◎参考文献「医療安全の経済分析」（安川文朗）　勁草書房　2004.5　prr
- ◎参考文献「患者取り違え事故はなぜ起きたか―横浜市立大学医学部附属病院での手術体験から」（吉田敬子）　文芸社　2004.6　p218-221
- ◎文献一覧「医療事故―なぜ起こるのか、どうすれば防げるのか」（山内桂子ほか）　朝日新聞社　2005.1　p1-5b
- ◎文献「判例に学ぶ消化器医療のリスクマネジメント―収載訴訟事例64」（日山亨ほか）　日本メディカルセンター　2005.4　p180-182
- ◎注「沈黙の壁―語られることのなかった医療ミスの実像」（R. ギブソンほか）　日本評論社　2005.9　p311-306
- ◎参考文献「患者安全のシステムを創る―米国JCAHO推奨のノウハウ」（相馬孝博）　医学書院　2006.1　p189-195
- ◎文献「医療・看護過誤と訴訟　改訂2版」（稲葉一人）　メディカ出版　2006.10　p183-186
- ◎参考文献「明香ちゃんの心臓―〈検証〉東京女子医大病院事件」（鈴木敦秋）　講談社　2007.4　p302-303
- ◎文献「医療現場のリスク・マネジメント―感性と実務―Art & Science」（祖慶実）　第一法規　2007.5　p211-213

医療施設
- ◎参考文献「サイン計画デザインマニュアル―医療・福祉施設を事例として」（西川潔）　学芸出版社　2002.2　p158」
- ◎参考文献ほか「生きる歓び☆アゲイン―癒しの環境でめざめる生命のネットワーク」（癒しの環境研究会）　医歯薬出版　2007.3　p291-294

医療社会事業
- ◎引用参考文献「保健医療ソーシャルワーク実践　1」（日本社会福祉士会ほか）　中央法規出版　2004.1　prr
- ◎引用参考文献「ソーシャルワークにおけるアドボカシー―HIV/AIDS患者支援と環境アセスメントの視点から」（小西加保留）　ミネルヴァ書房　2007.10　p217-226

医療人類学
- ◎文献目録「実践の医療人類学―中央アメリカ・ヘルスケアシステムにおける医療の地政学的展開」（池田光穂）　世界思想社　2001.3　p360-381
- ◎文献「医療・合理性・経験―バイロン・グッドの医療人類学講義」（バイロン・J. グッド）　誠信書房　2001.5　p372-401
- ◎参考文献「帝国医療と人類学」（奥野克巳）　春風社　2006.2　p190-220

医療政策
- ◎参考文献「現代アメリカの医療政策と専門家集団」（天野拓）　慶應義塾大出版会　2006.7　p339-364
- ◎参考文献「国際保健政策からみた中国―政策実施の現場から」（大谷順子）　九州大出版会　2007.5　p201-204

医療制度
- ◎参考文献「人口半減―日本経済の活路」（松山幸弘）　東洋経済新報社　2002.4　p289-292
- ◎参考文献「医療制度改革―日米比較」（小椋正立ほか）　日本経済新聞社　2002.6　prr
- ◎参考文献「アメリカ医療改革へのチャレンジ」（W. ツェルマンほか）　東洋経済新報社　2004.9　p215-222
- ◎文献「福祉社会における医療と政治―診療報酬をめぐる関係団体の動き」（結城康博）　本の泉社　2004.10　p253-262
- ◎推薦図書ほか「患者の生き方―よりよい医療と人生の「患者学」のすすめ」（加藤眞三）　春秋社　2004.11　p223-227
- ◎参考文献「世界の医療制度改革―質の良い効率的な医療システムに向けて」（OECD）　明石書店　2005.1　p145-151
- ◎参考文献「医療保険・診療報酬制度」（池上直己ほか）　勁草書房　2005.3　prr
- ◎参考文献「医療制度改革　構造改革評価報告書5」（内閣府）　国立印刷局　2006.1　p70-72
- ◎参考文献「福祉経済論―暮らしの経済分析」（後藤昭八郎）　創成社　2006.11　p241-243
- ◎参考文献「医療立国論―崩壊する医療制度に歯止めをかける!」（大村昭人）　日刊工業新聞社　2007.5　p208-209
- ◎参考文献「日本の医療はどこへいく―「医療構造改革」と非営利・協同」（角瀬保雄ほか）　新日本出版社　2007.9　p236-238

医療費
- ◎文献「医療・看護の経済論」（長田浩）　勁草書房　2002.12　p201-205
- ◎参考文献「入門医療経済学」（柿原浩明）　日本評論社　2004.3　p279-287
- ◎参考文献「医療と介護の世代間格差―現状と改革」（田近栄治ほか）　東洋経済新報社　2005.9　prr
- ◎参考文献「医療の値段―診療報酬と政治」（結城康博）　岩波書店　2006.1　p205-207

医療福祉
- ◎参考文献「ブレア政権の医療福祉改革―市場機能の活用と社会的排除の取組み」（伊藤善典）　ミネルヴァ書房　2006.6　p275-284

医療文化誌
- ◎読書案内「面白医話　2」（澤田祐介）　荘道社　2001.11　p342-346

医療紛争
- ◎参考文献「医療紛争　メディカル・コンフリクト・マネジメントの提案」（和田仁孝ほか）　医学書院　2001.10　p193-195

医療法
- ◎文献「日本の医療と法―インフォームドコンセント・ルネッサンス」（ロバート・B. レフラー）　勁草書房　2002.9　p209-230
- ◎文献「立法百年史―精神保健・医療・福祉関連法規の立法史」（広田伊蘇夫）　批評社　2004.7　p396-409
- ◎参考文献「看護の法的側面」（B. ダイモンド）　ミネルヴァ書房　2006.5　p359-362

医療保険
- ◎参考文献「日本の医療保険制度と費用負担」（小松秀和）　ミネルヴァ書房　2005.4　p137-141
- ◎参考文献「アメリカの民間医療保険」（中浜隆）　日本経済評論社　2006.6　p246-268

いりよう

◎啓蒙書「わが国の医療保険制度　3版」（竹下昌三）　大学教育出版　2006.10　p223-227

医療倫理

◎文献表「生命倫理学」（ジャック・J. ローゼンベルグ）　駿河台出版社　2001.1　p263-294
◎文献「市民のための生命倫理―生命操作の現在」（伊坂青司）　御茶の水書房　2001.4　p56-57
◎参考文献「バイオエシックスの諸相」（根村直美）　創英社　2001.9　p187-202
◎文献「生命学に何ができるか―脳死・フェミニズム・優生思想」（森岡正博）　勁草書房　2001.11　p1-17b
◎参考文献「看護の倫理学―現代社会の倫理を考える　1」（石井トク）　丸善　2002.2　p179-181
◎文献「操られるいのち―生殖医療、進む差別・選別」（保条朝郎）　中日新聞社（発売）　2002.2　p302-303
◎参考文献「生命と医療の倫理学―現代社会の倫理を考える　2」（伊藤道哉）　丸善　2002.3　p180-188
◎参考図書「薬剤師とくすりと倫理―基本倫理と時事倫理　改訂4版」（奥田潤, 川村和美）　じほう　2002.3　p211-213
◎文献「医の倫理」（B. イルガング）　昭和堂　2003.5　p18-32b
◎文献「生命医学倫理ノート」（松田一郎）　日本評論社　2004.5　p203-211
◎参考文献「臨床倫理学」（A. E. シャムーほか）　朝倉書店　2004.6　prr
◎参考文献「医療倫理学のABC―A core text for health care ethics」（服部健司ほか）　メヂカルフレンド社　2004.12　p257-259
◎参考文献「人体ビジネス―臓器製造・新薬開発の近未来」（瀧井宏臣）　岩波書店　2005.10　p253-255
◎参考文献「入門・医療倫理　1」（赤林朗）　勁草書房　2005.10　prr
◎参考文献「〈ケアの人間学〉入門」（浜渦辰二）　知泉書館　2005.11　prr
◎参考文献「生命の神聖性説批判」（H. クーゼ）　東信堂　2006.6　p324-336
◎引用文献「死ぬ権利―カレン・クインラン事件と生命倫理の転回」（香川知晶）　勁草書房　2006.10　p19-34b
◎文献一覧「人間らしい死と自己決定―終末期における事前指示　ドイツ連邦議会審議会中間答申」（ドイツ連邦議会「現代医療の倫理と法」審議会）　知泉書館　2006.12　p195-208
◎参考文献「リベラル優生主義と正義」（桜井徹）　ナカニシヤ出版　2007.1　p241-253
◎参考文献「生命倫理百科事典」（S. G. Post）　丸善　2007.1　p3197-3216
◎参考文献「医療倫理」（T. ホープ）　岩波書店　2007.3　p1-19b
◎参考文献「看護の倫理資料集―看護関連倫理規定/綱領/宣言の解説　2版」（石井トクほか）　丸善　2007.5　p415-416
◎参考図書「薬剤師とくすりと倫理―基本倫理と時事倫理　改訂7版」（奥田潤ほか）　じほう　2007.5　p241-243
◎参考文献「流通する「人体」―献体・献血・臓器提供の歴史」（香西豊子）　勁草書房　2007.7　p7-28b
◎引用文献「医療倫理と合意形成―治療・ケアの現場での意思決定」（吉武久美子）　東信堂　2007.10　p214-222

イルカ

◎参考文献「イルカ・クジラ学―イルカとクジラの謎に挑む」（村山司ほか）　東海大学出版会　2002.12　p257-263
◎参考文献「川に生きるイルカたち」（神谷敏郎）　東京大学出版会　2004.4　p209-210
◎参考文献「ドルフィンインタープリター入門」（J. T. モイヤー）　海苑社　2004.5　p171-174
◎参考文献「イルカの学校」（岩重慶一）　日本評論社　2004.8　p187-188

慰霊

◎参考文献「慰霊・追悼・顕彰の近代」（矢野教一）　吉川弘文館　2006.3　p260-273

刺青

◎参考文献「刺青墨譜―なぜ刺青と生きるか」（斎藤卓志）　春風社　2005.10　p289-292

入墨習俗

◎参考文献「奄美の針突―消えた入墨習俗」（山下文武）　まろうど社　2003.1　p235-237

色

◎参考文献「光と色の100不思議」（川口幸人, 桑嶋幹）　東京書籍　2001.8　p232-238
◎参考文献「色とにおいの科学」（パリティ編集委員会）　丸善　2001.11　p139-144
◎文献「色のおはなし　改訂版」（川上元郎）　日本規格協会　2002.11　p229-231
◎文献「色彩の哲学」（村田純一）　岩波書店　2002.11　p1-6b
◎参考文献「色彩の世界地図」（21世紀研究会）　文藝春秋　2003.4　p246」
◎参考図書「色の百科事典」（日本色彩研究所）　丸善　2005.9　p593-601

色男

◎参考文献「色男の研究」（ヨコタ村上孝之）　角川学芸出版　2007.1　p283-291

イロコイ族

◎原注ほか「アメリカ建国とイロコイ民主制」（D. A. グリンデほか）　みすず書房　2006.1　p293-365

色好み

◎注「色好みの系譜―日本文芸思想史」（大野順一）　創文社　2002.12　p289-303

いろは歌

◎参考文献「「いろは歌」の暗号文」（久保田克己）　文芸社　2004.11　p219-221
◎書誌的事項「謎のいろは歌―知られざる歌聖・物部良名の知略」（光田慶一）　武蔵野書院　2007.3　p931-937

いろはカルタ

◎参考文献「いろはカルタの文化史」（時田昌瑞）　NHK出版　2004.12　p196-197

岩倉使節団

◎注文献「欧米から見た岩倉使節団」（I. ニッシュ）　ミネルヴァ書房　2002.4　p7-42b
◎参考文献「岩倉使節団『米欧回覧実記』」（田中彰）　岩波書店　2002.12　p247-248
◎注「岩倉使節団の比較文化史的研究」（芳賀徹）　思文閣出版　2003.7　prr

◎参考文献「明治維新と西洋文明―岩倉使節団は何を見たか」（田中彰）　岩波書店　2003.11　p203-204
◎参考文献「岩倉使節団という冒険」（泉三郎）　文藝春秋　2004.7　p221」

岩崎文庫
○書誌（朝倉治彦）「東洋文庫書報　33」（東洋文庫）　2001　p9-35
◎「岩崎文庫貴重書書誌解題　5」（東洋文庫日本研究班）　東洋文庫　2007.3　193p B5

石清水物語
○伝本書誌（広島平安文学研究会）「古代中世国文学　19」（広島平安文学研究会）　2003.6　p104-112

岩田書院
◎刊行一覧「ひとり出版社「岩田書院」の舞台裏」（岩田博）　無明舎出版　2003.7　p251-259

岩手県
◎参考文献「岩手県のことば」（平山輝男ほか）　明治書院　2001.6　p209-211
◎参考文献「東北の地名・岩手」（谷川健一）　本の森　2003.2　p322-325
○文献解題（信夫隆司）「岩手県立大学総合政策学会ワーキング・ペーパー・シリーズ　18」（岩手県立大）　2004.1　p1-20
◎参考文献「ケセン語の世界」（山浦玄嗣）　明治書院　2007.2　p259-260

岩手県　釜石市
◎参考文献「「鐵都」釜石の物語」（小野時敏）　新樹社　2007.11　p270-272

岩手県　北上山地
○文献目録（鹿島愛彦）「日本洞穴学研究所報告　22」（日本洞穴学研究所）　2004　p31-44

岩手県　葛巻町
◎参考文献「風をつかんだ町―クリーンエネルギー・自然の財宝を掘りあてた岩手県葛巻町の奇跡」（前田典秀）　風雲舎　2006.12　p220-222

岩手県　御所野遺跡
◎参考文献「縄文のイエとムラの風景―御所野遺跡」（高田利徳）　新泉社　2005.5　p92」

岩手県　中尊寺
◎参考文献「都市平泉の遺産」（入間田宣夫）　山川出版社　2003.7　3pb

岩手県　遠野
◎参考文献ほか「遠野の民話と語り部」（石井正己）　三弥井書店　2002.4　p247-256
◎引用参考文献「遠野昔話の民俗誌的研究」（吉川祐子）　岩田書院　2002.9　p343-350
◎引用参考文献「昔話から"昔っこ"へ―白幡ミヨシ・菊池玉の語りより」（吉川祐子）　岩田書院　2005.10　p173-174

岩手県　南部
◎参考文献「南部と奥州道中―街道の日本史　6」（細井計ほか）　吉川弘文館　2002.5　p21-23b

岩手県　平泉
◎参考文献「都市平泉の遺産」（入間田宣夫）　山川出版社　2003.7　3pb

◎参考文献「平泉と奥州道中　街道の日本史7」（大石直正ほか）　吉川弘文館　2003.8　p18-22b
◎参考文献「平泉への道―国府多賀城・肝沢鎮守府・平泉藤原氏」（工藤雅樹）　雄山閣　2005.12　p260-262

岩手県　歴史
◎「研究紀要会報論文目録―昭和二十八年度～平成十三年度」（岩手県南史談会五十周年記念誌編集委員会）　岩手県南史談会　2002.10　34p B6
◎参考資料「あなたの町で戦争があった―岩手の空襲・艦砲射撃」（加藤昭雄）　熊谷印刷出版部　2003.4　p307-309
◎参考文献「岩手県の歴史散歩」（岩手県高等学校教育研究会地歴・公民部会歴史部会日本史部会）　山川出版社　2006.12　p304-306

岩波少年少女文学全集
◎「30冊の宝物―「岩波少年少女文学全集」の思い出」（須田純一）　雲母書房　2005.6　183p A5

岩波新書
◎総目録「岩波新書の歴史」（鹿野政直）　岩波書店　2006.5　p72-172b

岩波文庫
◎「岩波文庫の80年」（岩波文庫編集部）　岩波書店　2007.2　5,583p A6
◎「岩波文庫解説総目録―1927-2006」（岩波文庫編集部）　岩波書店　2007.9　1180p A5

石見タイムズ
◎参考文献「伝説の地方紙「石見タイムズ」―山陰の小都市浜田のもうひとつの戦後史」（吉田豊明）　明石書店　2004.9　p230-233

印欧語
◎参考文献「アイヌ祖語とインド・ヨーロッパ祖語―共通語根を探る」（鳴海日出志）　北海道出版企画センター　2000.11　p358-362
◎参考文献「印欧語」（J.オードリー）　白水社　2001.8　p171-173
◎参考書「印欧語比較文法」（高津春繁）　岩波書店　2005.11　p349-357
◎原注「西欧言語の歴史」（H.ヴァルテール）　藤原書店　2006.9　p514-550
◎参考文献「印欧祖語の母音組織―研究史要説と試論」（神山孝夫）　大学教育出版　2006.10　p283-328

インカ
◎文献「インカ帝国歴史図鑑―先コロンブス期ペルーの発展、紀元1000～1534年」（ラウラ・ラウレンチック・ミネリ）　東洋書林　2002.9　p225-236
◎参考書目ほか「インカ国家の形成と崩壊」（M.ロストウォロフスキ）　東洋書林　2003.10　p337-315
◎参考文献「ジャガイモとインカ帝国―文明を生んだ植物」（山本紀夫）　東京大学出版会　2004.2　p313-335
◎文献表「インカ帝国崩壊―ペルー古代文明の破滅の歴史」（山瀬暢士）　メタ・ブレーン　2004.5　p376-389
◎参考文献「マヤとインカ―王権の成立と展開」（貞末堯司）　同成社　2005.9　prr

因果性
◎文献表「原因と結果の迷宮」（一ノ瀬正樹）　勁草書房　2001.9　p9-17b

◎文献「因果関係と客観的帰属」（小林憲太郎）　弘文堂　2003.12　p223-243
　　◎文献表「原因と理由の迷宮—「なぜならば」の哲学」（一ノ瀬正樹）　勁草書房　2006.5　p13-26b

インキュナブラ
　　○目録(雪嶋宏一)「文献探索　2003」（文献探索研究会）　2003.12　p409-415
　　◎「本邦所在インキュナブラ目録　2版」（雪嶋宏一）　雄松堂出版　2004.12　223p B5

インクルーシブ教育
　　◎文献「世界のインクルーシブ教育—多様性を認め、排除しない教育を」（H.ダニエルズほか）　明石書店　2006.3　prr

インコ
　　◎参考文献「オウムとインコを救う人々—ペット福祉、鳥類保護問題と解決方法」（今西ともこ）　新風舎　2005.7　p217-235

印刷
　　◎文献目録「印刷博物誌」（凸版印刷印刷博物誌編纂委員会）　凸版印刷　2001.6　p1134-1140
　　○文献紹介「日本印刷学会誌　39.6」（日本印刷学会）　2002　p420-421
　　◎参考文献「活版印刷技術調査報告書—青梅市文化財総合調査報告　改訂版」（森啓）　青梅市郷土資料室　2004.8　p324-325
　　◎参考文献「グーテンベルクの時代—印刷術が変えた世界」（J.マン）　原書房　2006.11　p1-3b
　　◎文献目録「中国の紙と印刷の文化史」（銭存訓）　法政大出版局　2007.3　p379-415

印刷機
　　◎参考文献「輪転機のあゆみ—輪転機製造100年記念誌」（東京機械製作所）　東京機械製作所　2006.7　p286-289

印刷用紙
　　◎参考文献「印刷用紙とのつきあい方　3版」（原啓志）　印刷学会出版部　2004.9　p267-270

隠者
　　◎参考文献「中国の隠者」（井波律子）　文藝春秋　2001.3　p223-230

飲酒
　　◎参考文献「酒乱になる人、ならない人」（眞先敏弘）　新潮社　2003.12　p200-201
　　◎参考文献「君当に酔人を恕すべし—中国の酒文化」（蔡毅）　農文協　2006.11　p206」
　　◎参考文献「飲酒文化の社会的役割—様々な飲酒形態、規則が必要な状況、関係者の責任と協力」（G.スティムソンほか）　アサヒビール　2007.5　prr
　　◎参考文献「酒飲みの文化史」（青木英夫）　源流社　2007.6　p143-148

飲酒詩
　　◎引用書目「壺中天酔歩—中国の飲酒詩を読む」（杏掛良彦）　大修館書店　2002.4　p290-293

印章
　　◎参考文献「その印鑑、押してはいけない！—金融被害の現場を歩く」（北健一）　朝日新聞社　2004.8　p281-284

　　◎文献目録「戦国期印章・印判状の研究」（有光友學）　岩田書院　2006.4　p427-441
　　◎参考文献「古今東西吉祥の印」（多田文昌）　木耳社　2006.10　p349-351

印象派
　　◎参考文献「印象派—岩波世界の美術」（J. H. ルービン）　岩波書店　2002.9　p438-440
　　◎参考文献「印象派とその時代—モネからセザンヌへ」（三浦篤ほか）　美術出版社　2003.10　p334-344
　　◎文献目録「印象派の歴史」（J.リウォルド）　角川学芸出版　2004.11　p527-459
　　◎参考文献「印象派美術館」（島田紀夫）　小学館　2004.12　p469-468
　　◎参考文献「ポーラ美術館の印象派—モネ、ルノワール、セザンヌと仲間たち」（ポーラ美術館）　ポーラ美術館　c2005　p192-201

飲食店
　　◎参考文献「ハーバードのフランチャイズ組織論」（J. L. ブラダック）　文眞堂　2006.1　p313-321

院政
　　◎参考文献「武士の成長と院政　日本の歴史07」（下向井龍彦）　講談社　2001.5　p345-353
　　◎参考文献「院政の展開と内乱—日本の時代史　7」（元木泰雄）　吉川弘文館　2002.12　p301-318
　　◎参考文献「院政—もうひとつの天皇制」（美川圭）　中央公論新社　2006.10　p265-270

院政時代
　　◎注「権力と文化—院政期文化論集　1」（院政期文化研究会）　森話社　2002.1　prr
　　◎注「時間と空間　院政期文化論集　3」（院政期文化研究会）　森話社　2003.10　prr

隕石
　　◎参考文献「隕石コレクター—鉱物学、岩石学、天文学が解き明かす「宇宙からの石」」（R.ノートン）　築地書館　2007.6　p365-362

インセンティブ契約
　　◎参考文献「インセンティブ契約と市場競争」（石橋孝次）　三菱経済研究所　2001.5　p133-136

インダス文明
　　◎「インダス文明研究の回顧と展望及び文献目録」（長田俊樹）　インダス・プロジェクト　2005.2　185p B5

インターネット
　　◎参考文献「ITユーザの法律と倫理」（名和小太郎, 大谷和子）　共立出版　2001.1　p167-171
　　◎参考文献「IT文明論—いまこそ基本から考える」（玉置彰宏, 浜田淳司）　平凡社　2001.3　p185-192
　　◎文献「eブランド—顧客ロイヤルティのネットマーケティング」（フィル・カーペンター）　ダイヤモンド社　2001.3　p290-295
　　◎参考文献「インターネットルーティング—インターネットを支える経路制御技術の現在と未来」（Christian Huitema）　翔泳社　2001.3　p455-463
　　◎参考文献「バリュー・ネットワーク戦略—顧客価値創造のeリレーションシップ」（マーク・マクドナルド, ピーター・キーン）　ダイヤモンド社　2001.4　p427-429
　　◎参考文献「インターネット・サバイバル」（福田秀和）　日本評論社　2001.5　p213-216

◎参考文献「アジアからのネット革命」(会津泉) 岩波書店 2001.6 p348-350
◎参考文献「インターネットと課税システム」(渡辺智之) 東洋経済新報社 2001.6 p197-208
◎参考文献「IT時代のマルチメディア英語授業入門―CD-ROMからインターネットまで」(山内豊) 研究社 2001.8 p185-186
◎参考文献「インターネット時代の英語教育―世界のサイトとその実践例」(M. Warschauerほか) ピアソンエデュケーション 2001.9 p183-199
○関連文献「英語の授業に活かすインターネット―導入から授業活動・計画の組み立てまで」(D. Teeler) ピアソンエデュケーション 2001.9 p190-201
○関係書誌「オンライン検索 22.3・4」(日本端末研究会関東地区部会) 2001.12 p164-231
◎参考文献「アジアインターネット白書―最新版」(大木登志枝) アスキー 2001.12 p336-341
○書誌(科学技術振興事業団)「オンライン検索 22.1」(日本端末研究会) 2002.2 p32-50
◎参考文献ほか「NTTコミュニケーションズインターネット検定.com―Master☆☆(ダブルスター)2002公式テキスト」(NTTコミュニケーションズインターネット検定委員会ガイドライン策定部会) NTTコミュニケーションズ 2002.2 p354-359
◎原注訳注「インターネットについて―哲学的考察」(H. L. ドレイファス) 産業図書 2002.2 p143-169
◎参考文献「インターネット困ったときに開く本―こんなときどうする? Windows XP版」(高作義明, 山下玲紅) 新星出版社 2002.2 p423-424
◎参考文献「情報検索とエージェント―インターネットの知的情報技術」(河野浩之) 東京電機大学出版局 2002.3 prr
◎文献「インターネットをつくる―柔らかな技術の社会史」(ジャネット・アバテ) 北海道大学図書刊行会 2002.7 p311-326
◎参考文献「マルチメディア&ハイパーテキスト論―インターネット理解のための基礎理論」(J. ニールセン) 東京電機大学出版会 2002.9 p304-386
◎基本文献ほか「インターネット術語集 II サイバーリテラシーを身につけるために」(矢野直明) 岩波書店 2002.11 p209-213, p5-10b
◎文献「インターネットの光と影―被害者・加害者にならないための情報倫理入門 Ver.2」(情報教育学研究会) 北大路書房 2003.3 p179-181
◎参考文献「インターネットの思想史」(喜多千草) 青土社 2003.3 p30-34
◎参考文献「インターネットと市民 NPO/NGOの時代に向けて」(浜口忠久ほか) 丸善 2003.5 p191-193
◎文献「ネット・ポリティックス―9・11以降の世界の情報戦略」(土屋大洋) 岩波書店 2003.6 p239-247
◎文献「公共圏とデジタル・ネットワーキング」(干川剛史) 法律文化社 2003.7 p249-251
◎文献「インターネットのすべて―その仕組みと運用管理の実際」(小西和憲ほか) 電波新聞社 2003.8 prr
◎参考文献「ネット空間と知的財産権 サイバースペースの存在論」(D. R. ケプセル) 青土社 2003.9 p4-7b

◎参考文献「サイバージャーナリズム論―インターネットによって変容する報道」(前川徹ほか) 東京電機大学出版局 2003.10 p241-243
◎注「インターネットは民主主義の敵か―Republic.com」(C. サンスティーン) 毎日新聞社 2003.11 p203-214
◎参考文献「インターネットを創った人たち」(脇英世) 青土社 2003.12 p324-332
◎引用文献ほか「インターネットにおける行動と心理」(A. N. ジョインソン) 北大路書房 2004.2 p216-234
○書誌「オンライン検索 25.1・2」(日本端末研究会) 2004.3 p56-124
◎参考文献「インターネットと〈世論〉形成―間メディア的言説の連鎖と抗争」(遠藤薫ほか) 東京電機大出版局 2004.11 p337-348
◎参考文献「情報倫理―インターネット時代の人と組織」(村田潔) 有斐閣 2004.12 p14-24b
◎引用文献「インターネットの社会心理学―社会関係資本の視点から見たインターネットの機能」(宮田加久子) 風間書房 2005.2 p577-610
◎引用文献「NPOのメディア戦略―悩みながら前進する米国NPOからのレッスン」(金山智子) 学文社 2005.3 p187-198
◎参考文献「きずなをつなぐメディア―ネット時代の社会関係資本」(宮田加久子) NTT出版 2005.3 p204-217
◎参考文献「起源のインターネット」(喜多千草) 青土社 2005.6 p25-27b
◎参照文献「新聞がなくなる日」(歌川令三) 草思社 2005.9 p199-203
◎引用参考文献「インターネット・コミュニティと日常世界」(池田謙一) 誠信書房 2005.10 p229-236
◎参考文献「インターネットの光と影―被害者・加害者にならないための情報倫理入門 Ver.3」(情報教育学研究会) 北大路書房 2006.2 p177-180
○書誌「オンライン検索 27.1」(日本端末研究会) 2006.3 p51-61
◎参考文献「やさしい次世代ネットワーク技術―NTTのNGNを理解するために」(和泉俊勝ほか) 電気通信協会 2006.10 p175-179
◎参考文献「ウェブ恋愛」(渋井哲也) 筑摩書房 2006.10 p188-190
◎文献一覧「デジタル・ネットワーキングの社会学」(干川剛史) 晃洋書房 2006.10 p209-211
○書誌「オンライン検索 28.1」(日本端末研究会) 2007.3 p27-39
○研究動向(若林幹夫)「社会学評論 57.4.228」(日本社会学会) 2007.3 p821-830
◎本ほか「ソーシャル・ウェブ入門―Google, mixi, ブログ…新しいWeb世界の歩き方」(滑川海彦) 技術評論社 2007.5 p229-233
◎文献「子どもとニューメディア」(北田暁大ほか) 日本図書センター 2007.6 p389-396
◎参考文献「Web大全―図解で理解その進化のすべて」(小泉修) 自由国民社 2007.7 p336-337
◎参考文献「サイバージャーナリズム論―「それから」のマスメディア」(歌川令三ほか) ソフトバンククリエイティブ 2007.7 p277-279
◎参考文献ほか「フラット革命」(佐々木俊尚) 講談社 2007.8 p284-286

◎参考文献「リンク格差社会—ウェブ新時代の勝ち組と負け組の条件」(江下雅之) 毎日コミュニケーションズ 2007.8 p237-243
◎参考文献「ウェブ炎上—ネット群集の暴走と可能性」(荻上チキ) 筑摩書房 2007.10 p220-221
◎参考文献「パブリック・ジャーナリスト宣言。」(小田光康) 朝日新聞社 2007.11 p217-222
◎参考文献「構造化するウェブ—ウェブの理想型を実現する技術とは」(岡嶋裕史) 講談社 2007.11 p192-193
◎文献「最新インターネット業界のカラクリがよくわかる本—業界人、就職、転職に役立つ情報満載」(中野明) 秀和システム 2007.11 p205-206
◎文献案内「サイバーリテラシー概論—IT社会をどう生きるか」(矢野直明) 知泉書館 2007.12 p178-181

インターネットオークション
◎参考文献「オークション理論の基礎—ゲーム理論と情報科学の先端領域」(横尾真) 東京電機大出版局 2006.6 p141-143

インターネット広告
◎参考文献「「ビジネスブログ」で儲かる会社になる」(岡林秀明) 東洋経済新報社 2005.6 p204-205

インターネット広報
◎文献「インターネット広報の普及・進展と自治体—五年間にわたる一地方県域レベルの調査研究を通して」(賀来健輔) 大学教育出版 2003.9 p180-185

インターネット社会
◎参考文献「IT革命 ネット社会のゆくえ」(西垣通) 岩波書店 2001.5 p185-189
◎「IT革命—そしてネット社会へ 最新文献ガイド」(日外アソシエーツ) 日外アソシエーツ 2001.5 292p A5
◎参考文献「リナックスの革命—ハッカー倫理とネット社会の精神」(ペッカ・ヒマネン) 河出書房新社 2001.5 p1-10b

インターネット セキュリティ
◎参考文献「ブロードバンド時代のインターネットセキュリティ」(山口英) 岩波書店 2002.3 p142」
◎引用文献ほか「ネット情報セキュリティ」(DenningDE) オーム社 2002.4 p405-446
◎文献「ハックアタック完全防御」(John Chirillo) ソフトバンクパブリッシング 2002.4 p451-452
◎文献「ハッカーの秘密—インターネットセキュリティ入門」(ジェフ・クルーム) ピアソン・エデュケーション 2002.8 p413-420

インターネット電話
◎参考文献「IP電話のすべて—IPネットワーク技術から導入ノウハウまで」(都丸敬介) 電波新聞社 2004.7 p254-255

インターネットビジネス
◎参考文献「ネットの真価 インフォミディアリが市場を制する」(M.シンガー) 東洋経済新報社 2001.1 p8-16
◎参考文献「インターネット資本論 21世紀型の資産形成」(S.デイビスほか) 富士通経営研究所 2001.4 p234-224
◎参考文献「ブロードバンド・ビジネス—情報の流れに革命を起こす高速インターネットビジュアル解説」(日本興業銀行産業調査部) 日本経済新聞社 2001.7 p250-253
◎参考文献「インターネット・エコノミー—新たな市場法則と企業戦略」(A.ツェルディック) NTT出版 2002.4 p257-265
◎参考文献「クリエイティブディストラクション—創造的破壊が変える競争のルール」(L.W.マックナイト) 東洋経済新報社 2002.11 p299-317
◎関連図書「ネットコミュニティビジネス入門」(松岡裕典ほか) 日経BP社 2003.1 p332-333
◎参考文献「アマゾン・ドットコム 驚異のウェッブビジネス」(R.ソーンダーズ) 三修社 2003.2 p257-263
◎参考文献「情報・ビジネスに役立つeコマースの基礎」(八尾晃) 東京経済情報出版 2005.9 p199-206
◎参考文献「意思決定支援とネットビジネス」(人工知能学会) オーム社 2005.10 p171-185

インターネット法
◎参考文献「インターネットの法律実務—新版」(岡村久道ほか) 新日本法規 2002.2 2pf
◎参考文献「インターネットの憲法学」(松井茂記) 岩波書店 2002.9 p367-368
◎注「インターネット社会と法」(堀部政男) 新世社 2003.3 prr
◎参考文献「インターネットと法 3版」(高橋和之ほか) 有斐閣 2004.5 p337-338
◎参考文献「情報社会と法 2版」(藤井俊夫) 成文堂 2004.5 p404-408

インタビュー
◎参考文献「インタビューの社会学—ライフストーリーの聞き方」(桜井厚) せりか書房 2002.1 p1-10b
◎ブックガイド「インタビュー術!」(永江朗) 講談社 2002.10 p250-245
◎参考文献「アクティヴ・インタビュー—相互行為としての社会調査」(J.ホルスタインほか) せりか書房 2004.10 p202-208
◎参考文献「インタビュー調査への招待」(河西宏祐) 世界思想社 2005.10 p225-226
◎参考文献「ライフストーリー・インタビュー—質的研究入門」(桜井厚ほか) せりか書房 2005.12 p5-9b
◎参考文献「オーラル・ヒストリー入門」(御厨貴) 岩波書店 2007.10 p181-189

インターフェイス社
◎参考文献「パワー・オブ・ワン—次なる産業革命への7つの挑戦 ひとりの力」(レイ・アンダーソン) 海象社 2002.2 p252-253

インターンシップ
◎参考文献「インターンシップとキャリア—産学連携教育の実証的研究」(石田宏之ほか) 学文社 2007.5 prr

インディアン ⇒ アメリカインディアン を見よ

インディオ
◎参考文献「メキシコ、先住民共同体と都市—都市移住者を取り込んだ「伝統的」組織の変容」(禪野美帆) 慶應義塾大出版会 2006.2 p189-205

インデックス
◎文献「情報整理・検索に活かすインデックスのテクニック」(藤田節子) 共立出版 2001.11 p188-190

インテリア
　◎参考文献「インテリアと日本人」（内田繁）　晶文社　2000.3　p2-3b
　◎参考文献「図解インテリア構成材―選び方・使い方　改訂2版」（小宮容一）　オーム社　2002.4　p120」
　◎引用参考文献「〈インテリア〉で読むイギリス小説　室内空間の変容」（久守和子ほか）　ミネルヴァ書房　2003.5　prr
　◎文献「実用インテリア辞典　普及版」（編集委員会）　朝倉書店　2006.6　p511-512

インテリアデザイン
　◎参考文献「住まいのインテリアデザイン」（牧野唯ほか）　朝倉書店　2002.5　p137-140
　◎推薦本「インテリア・デザインを知る―初めて学ぶインテリア」（風間龍太郎）　鹿島出版会　2003.10　p132-136
　◎参考文献「図解インテリアデザイン辞典」（インテリア図解辞典編集委員会）　理工学社　2003.11　p282-284

インテリジェンス
　◎参考引用文献「インテリジェンス入門　利益を実現する知識の創造」（北岡元）　慶應義塾大学出版会　2003.4　p278-276

インド
　◎参考文献「あふれる言語，あふれる文字―インドの言語政策」（鈴木義里）　右文書院　2001.1　p263-284
　◎参考文献「迷宮のインド紀行」（武澤秀一）　新潮社　2001.9　p260-268
　◎参考文献「インド多様性大国の最新事情」（小川忠）　角川書店　2001.10　p217-221
　◎参考文献「インドヒマラヤのチベット世界―「女神の園」の民族誌」（棚瀬慈郎）　明石書店　2001.12　p206-211
　◎文献「供犠世界の変貌―南アジアの歴史人類学」（田中雅一）　法蔵館　2002.2　p351-386
　◎参考文献「やがてインドの時代がはじまる―「最後の超大国」の実力」（小島卓）　朝日新聞社　2002.9　1pb
　◎文献「定本インド花綴り」（西岡直樹）　木犀社　2002.9　p514-515
　◎文献「インド・マトゥラー彫刻展―日本・インド国交樹立50周年記念」（東京国立博物館, NHK）　NHK　2002.10　p92-93
　◎参考文献「新インド学」（長田俊樹）　角川書店　2002.11　p197-202
　◎文献「サラソウジュの木の下で―インド植物ものがたり」（西岡直樹）　平凡社　2003.2　p268-269
　◎文献「インド開発のなかの労働者―都市労働市場の構造と変容」（木曽順子）　日本評論社　2003.3　p281-295
　◎参考文献「インドを知るための50章」（重松伸司ほか）　明石書店　2003.4　prr
　◎参考図書「月のしずくが輝く夜に―アイヌ・モシリからインドへの祈りの旅」（チカップ美恵子）　現代書館　2003.9　p223-225
　◎「キターブ―インド関係出版物リスト　8版」　インドの魅力を発掘する会　2003.10　261p B5
　◎参考文献「インドの発展とジェンダー―女性NGOによる開発のパラダイム転換」（喜多村百合）　新曜社　2004.3　p5-13b

　◎参考文献「インドの水問題―州際河川水紛争を中心に」（多田博一）　創土社　2005.3　p403-420
　◎「dKar chag 'Phang thang ma」（川越英真）　東北インド・チベット研究会　2005.5　82p A4
　◎参考文献「光の国・インド再発見」（我妻和男）　麗澤大学出版会　2005.6　prr
　◎参考文献「装うインド―インドサリーの世界」（国立民族学博物館）　千里文化財団　2005.8　p120-122
　◎文献「蓮と紅茶とマハーラージャー―インドに関する三十三章」（高邑青）　新風舎　2005.10　p202-203
　◎文献一覧「「女神の村」の民族誌―現代インドの文化資本としての家族・カースト・宗教」（杉本星子）　風響社　2006.3　p263-283
　◎「インド書誌―明治初期～2000年刊行邦文単行書」（松本脩作）　東京外国語大　2006.3　9, 452p B5
　◎参考文献「インド世界を読む」（岡本幸治）　創成社　2006.10　p235-241
　◎参考文献「東洋人のインド観」（近藤治）　汲古書院　2006.10　p15-19b
　◎参考文献「インド―グローバル化する巨象」（堀本武功）　岩波書店　2007.9　p6-9b
　◎参考文献「インドを知る事典」（山下博司ほか）　東京堂出版　2007.9　p415-417
　◎参考文献「現代インドを知るための60章」（広瀬崇子ほか）　明石書店　2007.10　prr
　◎参考本「ハノイを楽しむ―六十を過ぎた女はひとり旅・滞在型」（佐藤玲子）　連合出版　2007.11　p193-197
　◎参考文献「中国とインドの諸情報　2」（家島彦一）　平凡社　2007.12　p215-244

インド　IT革命
　◎参考文献「インドIT革命の驚異」（榊原英資）　文藝春秋　2001.5　p215-217
　◎文献「インドのソフトウェア産業―高収益復活をもたらす戦略的ITパートナー」（小島真）　東洋経済新報社　2004.4　p243-246

インド　アーユルヴェーダ
　◎参考文献ほか「放牧と敷き草刈り―Yajurveda-Samhita冒頭のmantra集成とそのbrahmanaの研究」（西村直子）　東北大出版会　2006.2　p299-308
　◎参考文献「アーユルヴェーダとヨーガ」（上馬場和夫）　金芳堂　2007.8　p183-193

インド　医学
　◎参考文献「南インドの伝統医学―シッダ医学の世界」（佐藤任）　出帆新社　2006.9　p192-196

インド　映画
　◎参考文献「インド映画娯楽玉手箱―インド映画完全ガイドブック」　キネマ旬報社　2000.5　p160-162
　◎参考文献「インド映画への招待状」（杉本良男）　青弓社　2002.12　p231-234

インド　オリッサ州
　◎参考文献「オリヤ・ナショナリズムの形成と変容―英領インド・オリッサ州の創設にいたるアイデンティティと境界のポリティクス」（杉本浄）　東海大出版会　2007.2　p343-359

インド　音楽
　◎参考文献「近代インドにおける音楽学と芸能の変容」（井上貴子）　青弓社　2006.2　p659-685

いんと

インド
◎参考文献「ビートルズと旅するインド、芸能と神秘の世界」（井上貴子）　柘植書房新社　2007.8　p258-260

インド　絵画
◎参考文献「インド・大地の民俗画」（小西正捷）　未來社　2001.4　p175-177
◎参考文献「細密画が描かれた王国と細密画の発展の歴史」（浅原昌明）　新風舎　2006.9　p397-402

インド　グジャラート州
◎参考文献「インド・ラバーリー社会の染織と儀礼―ラクダとともに生きる人びと」（上羽陽子）　昭和堂　2006.7　p9-14b

インド　経済
◎参考文献「インド貨幣史―古代から現代まで」（P. L. グプタ）　刀水書房　2001.10　p286-291
◎参考文献「インド経済と開発」（沢田貴之）　創成社　2002.1　p237-250
◎参考文献「経済開発論―インドの構造調整計画とグローバリゼーション」（佐藤隆広）　世界思想社　2002.1　p265-289
◎参考文献「インド経済の基礎知識」（雅野幸平）　ジェトロ　2006.4　p137-138
◎参考文献「インド農村金融論」（須田敏彦）　日本評論社　2006.8　p219-228
◎引用参考文献「連邦国家インドの財政改革の研究」（山本盤男）　九州大出版会　2007.1　p305-319

インド　芸能
◎引用・参考文献「インド民俗芸能誌」（小西正捷）　法政大学出版局　2002.5　p266-274
◎参考文献「知られざるインド―儀礼芸能とその造形」（小西正捷）　清流出版　2007.10　p134-135

インド　憲法
◎参考文献「インド憲法とマイノリティ」（孝忠延夫）　法律文化社　2005.4　p236-243

インド　ゴア州
◎文献「もうひとつのインド、ゴアからのながめ―文化・ことば・社会」（鈴木義里）　三元社　2006.6　p1-5b

インド　工業
◎文献「インドの新しい工業化―工業開発の最前線から」（岡橋秀典）　古今書院　2003.3　p211-215

インド　工芸
◎参考文献「布がつくる社会関係―インド絞り染め布とムスリム職人の民族誌」（金谷美和）　思文閣出版　2007.2　p30-46b

インド　考古学
○関係文献抄「インド考古研究　23」（インド考古研究会）　2001　p126-127
◎注「神々の世界―大洪水で消えた文明の謎　上」（G. ハンコック）　小学館　2002.10　p577-548
◎文献「中世インドのイスラム遺蹟―探査の記録」（荒松雄）　岩波書店　2003.2　p43-52b

インド　古代史
◎参考文献「古代インド」（中村元）　講談社　2004.9　p421-428

インド　祭祀
◎参考文献ほか「古典インドの祭式行為論―Sabarabhasya & Tantravarttika ad 2.1.1-4　原典校訂・訳注研究」（片岡啓）　山喜房佛書林　2004.5　p213-230
◎参考文献ほか「放牧と敷き草刈り―Yajurveda-Samhita冒頭のmantra集成とそのbrahmanaの研究」（西村直子）　東北大出版会　2006.2　p299-308

インド　産業
◎文献「アジア綿業史論―英領期末インドと民国期中国の綿業を中心として」（沢田貴之）　八朔社　2003.2　p211-225
◎参考文献「多角的繊維協定（MFA）撤廃による南西アジア繊維産業への影響に関する調査」　日本貿易振興機構　2004.3　p49-50
◎文献「インド製糖協同組合の発展と思想―マハラシュトラ州の事例」（杉野実）　筑波書房　2005.6　p117-124

インド　サンスクリット
◎参考図書「サンスクリット文法」（湯田豊）　大学書林　2007.4　p450-451

インド　詩
◎参考文献（高橋孝信）「エットゥトハイ―古代タミルの恋と戦いの詩」　平凡社　2007.8　p338-342

インド　思想
◎参考文献「インド思想史」（J. ゴンダ）　岩波書店　2002.12　p271-295
◎文献「ビックリ！　インド人の頭の中―超論理思考を読む」（宮元啓一ほか）　講談社　2003.5　p204-209
◎参考文献「インド思想入門」（渡辺研二）　青山社　2006.3　p243-245

インド　社会
◎参考文献「ホモ・ヒエラルキクス―カースト体系とその意味」（ルイ・デュモン）　みすず書房　2001.6　p20-46b
◎文献「歴史のなかのカースト―近代インドの〈自画像〉」（藤井毅）　岩波書店　2003.4　p6-17b
◎参考文献「21世紀のインド人―カーストvs世界経済」（山田和）　平凡社　2004.4　p266-269
◎参考文献「インド社会とカースト」（藤井毅）　山川出版社　2007.12　p88-90

インド　宗教
◎参考文献「ヒンドゥー教―インドという〈謎〉」（山下博司）　講談社　2004.5　p249-251
◎参考文献「ナショナリズムと宗教―現代インドのヒンドゥー・ナショナリズム運動」（中島岳志）　春風社　2005.8　p360-380
◎文献「宗教紛争と差別の人類学―現代インドで〈周辺〉を〈境界〉に読み替える」（関根康正）　世界思想社　2006.12　p346-333

インド　植民地
◎注文献「インド植民地官僚　大英帝国の超エリートたち」（本田毅彦）　講談社　2001.7　p206-214

インド　神話
◎文献「大黒天変相」（弥永信美）　法蔵館　2002.4　p13-23b
◎参考文献「インド神話　マハーバーラタの神々」（上林勝彦）　筑摩書房　2003.1　p327-330

インド　政治
　◎参考文献「インド国境を越えるナショナリズム」（長崎暢子）　岩波書店　2004.11　p1-5b
　◎参考文献「インド民主主義の変容」（広瀬崇子）　明石書店　2006.2　p357-363
　◎参考文献「インドの地方自治―日印自治体間交流のための基礎知識」（自治体国際化協会）　自治体国際化協会　2007.12　p76-78

インド　説話
　◎文献「説話の考古学―インド仏教説話に秘められた思想」（平岡聡）　大蔵出版　2002.6　p399-404

インド　地理
　◎参考文献「ベラン世界地理大系　12　インド・南アジア」（F. デュラン＝ダステス）　朝倉書店　2007.9　p221」

インド　哲学
　◎参考文献「印度六派哲学　木村泰賢全集2」（木村泰賢）　大法輪閣　2004.3　p516-535

インド　農村
　◎「インド農村開発関係文献目録」（明治大学社会科学研究所）　明治大　2003.1　50p B5

インド　美術
　◎参考文献「インド美術」（ヴィディヤ・デヘージア）　岩波書店　2002.1　p436-440
　◎引用参考文献「インド、チョーラ朝の美術」（袋井由布子）　東信堂　2007.8　p146-149

インド　仏教
　◎参考文献「インド仏教における虚像と実像」（塚本啓祥）　山喜房佛書林　2001.3　p257-264
　◎文献目録「インド仏教碑銘の研究　3」（塚本啓祥）　平楽寺書店　2003.2　p14-56
　◎参考文献「インド・スリランカ上座仏教史―テーラワーダの社会」（R. ゴンブリッチ）　春秋社　2005.3　p9-12, 22-24b

インド　ベンガル地方
　◎文献「ヒンドゥー女神と村落社会―インド・ベンガル地方の宗教民俗誌」（外川昌彦）　風響社　2003.2　p525-556

インド　法典
　◎文献一覧「ヤージュニャヴァルキヤ法典」（井狩弥介ほか）　平凡社　2002.1　p368-372

インド　密教
　◎参考文献「インド密教の仏たち」（森雅秀）　春秋社　2001.2　p11-13b
　◎主要著書ほか「インド後期密教　上」（松長良廣）　春秋社　2005.11　p235-236
　◎著書ほか「インド後期密教　下」（松長有慶）春秋社　2006.1　p235-236

インド　ムガル朝
　◎文献「ムガル朝インド史の研究」（近藤治）　京都大学学術出版会　2003.2　p506-532

インド　歴史
　◎参考文献「近代インドの歴史」（B. チャンドラ）　山川出版社　2001.8　p24-27b
　◎参考文献「罪の文化―インド史の底流」（小谷汪之）　東京大学出版会　2005.7　p21-24b
　◎参考文献「南インド」（辛島昇）　山川出版社　2007.1　p58-101b

インドシナ　歴史
　◎参考文献「ベトナム1945―明号作戦とインドシナ三国独立の経緯」（神谷美保子）　文芸社　2005.5　p187-193

インドネシア
　◎参考文献「スカルノ　インドネシア「建国の父」と日本」（後藤乾一ほか）　吉川弘文館　2001.5　p213-216
　◎文献「流血のマルク―インドネシア軍・政治家の陰謀」（笹岡正俊）　インドネシア民主化支援ネットワーク　2001.7　p104-105
　◎文献「熱帯アジアの海を歩く」（北窓時男）　成山堂書店　2001.8　p173-174
　◎参考文献「開発と労働―スハルト体制期のインドネシア」（宮本謙介）　日本評論社　2001.12　p293-304
　◎参考文献「大東亜戦とインドネシア―日本の軍政」（加藤裕）　朱鳥社　2002.9　6pb
　◎参考文献「小さきものの祈り―インドネシアの聖剣〈クリス〉をめぐる旅」（新井容子）　情報センター出版局　2002.11　p318」
　◎参考引用文献「村落開発支援は誰のためか―インドネシアの参加型開発協力にみる理論と実践」（小国和子）明石書店　2003.9　p277-283
　◎文献表「インドネシア教会の宣教と神学―開発と対話と解放の神学の間で」（木村公一）　新教出版社　2004.4　p363-377
　◎基本文献「インドネシアを知るための50章」（村井吉敬ほか）　明石書店　2004.7　p257-266
　◎参考文献「インドネシアイスラーム主義のゆくえ」（見市建）　平凡社　2004.8　p197-192
　◎参考文献「インドネシア再生への挑戦」（石田正美）　アジア経済研究所　2005.3　prr
　◎参考文献「消える森の謎を追う―インドネシアの消えゆく森を訪ねて」（内田道雄）　創栄出版　2005.5　p203-206
　○文献目録「アジア現代女性史　2」（アジア現代女性史研究会）　2006　p101-109
　◎引用参考文献「地球環境問題の現場検証―インドネシアに見る社会と環境のダイナミズム」（池田寛二）八千代出版　2006.8　p211-217
　◎「変動するインドネシア―政治・経済・社会関連インドネシア語雑誌記事・論文解題　2001-2005」（高橋宗生）　アジア経済研究所　2006.11　295p B5
　◎参考文献「インドネシア―多民族国家という宿命」（水本達也）　中央公論新社　2006.12　p253-262

インドネシア　イリアン・ジャヤ
　◎文献目録ほか「先住民社会と開発援助―インドネシアイリアン・ジャヤ州ドミニ集落の事例」（川合信司）明石書店　2002.2　p177-186

インドネシア　外交
　◎文献「インドネシア人外交官の目から見た日本」（A. イルサン）　オフィス・プロモシ　2006.3　p255-263

インドネシア　教育
　◎参考文献「インドネシアの近代女子教育―イスラーム改革運動のなかの女性」（服部美奈）　勁草書房　2001.2　p7-23b

いんとね　　　　　　　　　　　　　　　　　　　　　　　　　　　　　　　主題書誌索引 2001-2007

◎参考文献「知っておきたい戦争の歴史―日本占領下インドネシアの教育」（百瀬侑子）つくばね舎 2003.3 p234-242

インドネシア　クラカトア
◎推薦図書ほか「クラカトアの大噴火―世界の歴史を動かした火山」（S. ウィンチェスター）早川書房 2004.1 p1-12b

インドネシア　経済
◎参考文献「概説インドネシア経済史」（宮本謙介）有斐閣 2003.5 p307-323
◎参考文献「現代インドネシア経済史論―輸出経済と農業問題」（加納啓良）東京大学出版会 2004.2 p355-362
◎文献「通貨危機後のインドネシア農村経済」（本台進ほか）日本評論社 2004.8 p209-220
◎参考文献「インドネシア経済―野心的な再建計画」（尾村敬二）東京図書出版会 2006.4 p199-205

インドネシア　産業
◎文献「インドネシアの地場産業―アジア経済再生の道とは何か？」（水野広祐）京都大学術出版会 2005.6 p373-388

インドネシア　社会
◎参考図書「キラキラ・インドネシア」（久保田雅夫）鶴書院 2004.5 p245-246

インドネシア　ジャカルタ
◎文献一覧「アジア・メガシティと地域コミュニティの動態―ジャカルタのRT/RWを中心にして」（吉原直樹）御茶の水書房 2005.11 p349-363

インドネシア　ジャワ
◎文献「ジャワの仮面舞踊」（福岡まどか）勁草書房 2002.2 p195-204
◎文献「ジャワの宗教と社会―スハルト体制下インドネシアの民族誌的メモワール」（福島真人）ひつじ書房 2002.2 p404-424
◎文献「港市国家バンテンと陶磁貿易」（坂井隆）同成社 2002.9 p321-329
◎参照文献「稲作の社会史―一九世紀ジャワ農民の稲作と生活誌」（大木昌）勉誠出版 2006.1 p373-388

インドネシア　スマトラ沖地震
◎参考文献「海神襲来―インド洋大津波・生存者たちの証言」（広瀬公巳）草思社 2007.11 p268-270

インドネシア　スマトラ島
◎参考文献「プランテーションの社会史―デリ/1870-1979」（A. L. ストーラー）法政大出版局 2007.7 p5-20b

インドネシア　スンバ島
◎文献「ものづくりの人類学―インドネシア・スンバ島の布織る村の生活誌」（田口理恵）風響社 2002.12 p365-404
◎参考文献「東インドネシアの家社会―スンバの親族と儀礼」（小池誠）晃洋書房 2005.11 p259-267

インドネシア　政治
◎参考文献「インドネシア総選挙と新政権の始動―メガワティからユドヨノへ」（アジア経済研究所）明石書店 2005.8 prr

インドネシア　パサイ王国
◎参考文献「パサイ王国物語　最古のマレー歴史文学　東洋文庫670」（野村亨）平凡社 2001.6 p336-347

インドネシア　バタク族
◎参照文献「バタックの宗教―インドネシアにおけるキリスト教と土着宗教の相克」（山本春樹）風響社 2007.2 p279-286

インドネシア　バリ島
◎参考文献「バリ島人の性格　写真による分析」（G. ベイトソンほか）国文社 2001.5 p259-260
◎参考文献「「女の仕事」のエスノグラフィ　バリ島の布・儀礼・ジェンダー」（中谷文美）世界思想社 2003.2 p276-264
◎参照文献「バリ宗教と人類学―解釈学的認識の冒険」（吉田竹也）風媒社 2005.3 p318-303
◎参考文献「ヌサトゥンガラ島々紀行―バリ発チモール行き」（瀬川正仁）凱風社 2005.12 p284-285
◎参考資料「バリ・宗教国家―ヒンドゥーの制度化をたどる」（永渕康之）青土社 2007.8 p10-17b

インドネシア　フロレス島
◎参考文献「生を織りなすポエティクス―インドネシア・フローレス島における詩的劇の人類学」（青木恵理子）世界思想社 2005.2 p545-523

インドネシア　歴史
◎参考文献ほか「残留日本兵の真実―インドネシア独立戦争を戦った男たちの記録」（林英一）作品社 2007.7 p347-361

インドネシア語
◎文献「インドネシア語ことわざ用法辞典」（左藤正範, エディ・プリヨノ）大学書林 2001.11 p322-323

院内感染
◎参考文献「医療関連感染の防止対策―患者と医療従事者を守る感染予防のポイント」（柴田清）医学芸術社 2004.5 p122-123

印判状
◎文献目録「戦国期印章・印判状の研究」（有光友學）岩田書院 2006.4 p427-441

インフォミディアリ
◎参考文献「ネットの真価　インフォミディアリが市場を制する」（M. シンガー）東洋経済新報社 2001.1 p8-16

インフォームドコンセント
◎文献表「医療現場の会話分析―悪いニュースをどう伝えるか」（D. メイナード）勁草書房 2004.2 p217-238

インフォメーションパワー
◎参考文献「インフォメーション・パワーが教育を変える！―学校図書館の再生から始まる学校改革」（アメリカ公教育ネットワーク）高陵社書店 2003.8 prr

インフルエンザ
◎参考文献「インフルエンザ大流行の謎」（根路銘国昭）NHK出版 2001.1 p250-252
◎参考文献「史上最悪のインフルエンザ」（A. W. クロスビー）みすず書房 2004.1 p10-55b
◎参考文献「新型インフルエンザ―アウトブレイク前夜」（梅田悦生）時事通信社 2004.3 p167-168

◎注「日本を襲ったスペイン・インフルエンザ―人類とウイルスの第一次世界戦争」（速水融） 藤原書院 2006.2 prr
◎参考文献「新型インフルエンザ―世界がふるえる日」（山本太郎） 岩波書店 2006.9 p1-7b

インフレーション
◎参考文献「デフレとインフレ」（内田真人） 日本経済新聞社 2003.7 p200-204
◎Bibliography「会計測定の基礎―インフレーション・アカウンティング」（G. ウィッティントン） 中央経済社 2003.12 p239-256
◎参考文献「インフレ目標と金融政策」（伊藤隆敏ほか） 東洋経済新報社 2006.3 p255-265

インベスターリレーションズ
◎参考文献「企業価値向上のための経営情報戦略―IRの本質について―Investor Relations」（近藤一仁） 中央経済社 2007.11 p291-294

陰謀
◎参考文献「陰謀の世界史―コンスピラシー・エイジを読む」（海野弘） 文藝春秋 2002.7 p537-546

因明
◎参考文献「仏教知識論の原典研究―瑜伽論因明，ダルモッタラティッパナカ，タルカラハスヤ」（矢板秀臣） 成田山仏教研究所 2005.10 p457-476

隠喩
◎参考文献「ことばと意味―隠喩・広告を通して」（石川淑子） リーベル出版 2001.7 p209-215
◎参考文献「生きた隠喩」（P. リクール） 岩波書店 2006.10 p5-18b

陰陽五行
◎参考文献「日本の変革「東洋史観」」（鴇田正春） コンピュータ・エージ社 2005.8 p261-265

飲料
◎文献「ケンブリッジ世界の食物史大百科事典 3 飲料・栄養素」 朝倉書店 2005.9 prr
◎参考文献「世界を変えた6つの飲み物―ビール、ワイン、蒸留酒、コーヒー、紅茶、コーラが語るもうひとつの歴史」（T. スタンデージ） インターシフト 2007.3 p304-311

飲料水
◎文献「飲料水に忍びよる有毒シアノバクテリア」（彼谷邦光） 裳華房 2001.6 p130-145
◎参考文献「世界の水道―安全な飲料水を求めて」（海賀信好） 技報堂出版 2002.4 p243-249
◎参考図書ほか「飲料水にひそむ危険―子供たちにとって安全な水とは」（林俊郎） 健友館 2002.5 p182-185

【 う 】

ヴァイローチャナ仏
◎参考文献「ヴァイローチャナ仏の図像学的研究」（朴亨國） 法蔵館 2001.2 p607-628

ヴァギナ
◎参考文献「ヴァギナの文化史」（J. ドレント） 作品社 2005.5 p512-522
◎参考文献「ヴァギナ―女性器の文化史」（C. ブラックリッジ） 河出書房新社 2005.12 p433-442

ウイグル語
◎文献「2007年度言語研修「現代ウィグル語」テキスト―Eling, Eling」（菅原純ほか） 東京外語大 2007.8 p161-164

ウイグル人
◎文献「中国・シルクロードの女性と生活」（岩崎雅美） 東方出版 2004.8 prr

ウィスキー
◎参考文献「モルトウィスキー大全―改訂版」（土屋守） 小学館 2002.4 p280-281
◎参考文献「シングルモルトを愉しむ」（土屋守） 光文社 2002.11 p292」
◎引用文献「スコッチウイスキーの歴史」（J. R. ヒュームほか） 国書刊行会 2004.1 p104-119b
◎参考文献「琥珀色の奇跡―ウイスキーラベルの文化史」（河合忠） 現代創造社 2007.7 p257-258

ヴィチ・カンパニ運動
◎引用文献「太平洋のラスプーチン ヴィチ・カンパニ運動の歴史人類学」（春日直樹） 世界思想社 2001.2 p477-462

VDT障害
◎文献リスト「情報技術の進展に伴う教科書や教材のあり方に関する調査研究報告書」（同調査研究委員会） 同調査研究委員会 2002.3 p137-158

ウイルス
◎文献「エイズ―ウイルスの起源と進化」（J. Goudsmit） 学会出版センター 2001.1 p412-428
◎文献「キラーウイルス感染症―逆襲する病原体とどう共存するか」（山内一也） 双葉社 2001.3 p238-245
◎参考文献「原色ランのウイルス病―診断・検定・防除」（井上成信） 農山漁村文化協会 2001.3 p187-196
◎参考文献「植物のウイルス病物語―始まりからバイオテクノロジーまで」（都丸敬一） 全国農村教育協会 2001.3 p181-185
◎参考文献「見えざる敵ウイルス―その自然誌」（D. H. クローフォード） 青土社 2002.11 p7-21b
◎文献「タバコモザイクウイルス研究の100年」（岡田吉美） 東京大学出版会 2004.12 p219-269
◎引用参考文献「菌類・細菌・ウイルスの多様性と系統」（杉山純多） 裳華房 2005.11 p413-435
◎参考文献「センダイウイルス物語」（永井美之） 岩波書店 2006.7 p1-5b
◎参考文献「地球村で共存するウイルスと人類」（山内一也） NHK出版 2006.9 p278-283
◎ノート「史上最悪のウイルス―そいつは、中国奥地から世界に広がる」（K. T. グリーンフェルド） 文藝春秋 2007.1 p1-23b

ウィルタ族
◎文献目録「サハリンのウイルタ―18-20世紀半ばの伝統的経済と物質文化に関する歴史・民族学的研究」（T. ローン） 北海道大 2005.3 p177-183

ウィンナワルツ
◎参考文献「ウィンナ・ワルツ―ハプスブルク帝国の遺産」(加藤雅彦) NHK出版 2003.12 p231-235

ウエイトトレーニング
◎参考文献「競技スポーツ別ウエイトトレーニングマニュアル」(有賀誠司) 体育とスポーツ出版社 2007.8 p142-143

上紀
◎参考文献「註釈上紀 下巻」(田中勝也) 八幡書店 2005.6 p531-536

ヴェニスに死す
○書誌(竹内左知)「文献探索 2004」(文献探索研究会) 2004.4 p472-476

魚市場
◎参考文献「築地のしきたり」(小林充) NHK出版 2003.11 p214-215

ヴォイニッチ写本
◎参考文献「ヴォイニッチ写本の謎」(G. ケネディほか) 青土社 2006.1 p5-8b

ウォルト・ディズニー社
◎参考文献「ディズニー批判序説―盗むディズニー訴えるディズニー」(兜木励悟) データハウス 2001.12 p266-267

ウガリト語
◎文献「ウガリト語入門―楔形表音文字―詩編に生き続ける古代の言語」(古代語研究会) キリスト新聞社 2003.4 p203-204

浮世絵
◎挿図一覧「江戸浮世絵を読む」(小林忠) 筑摩書房 2002.4 p202-204
◎参考文献「錦絵を読む―日本史リブレット 51」(浅野秀剛) 山川出版社 2002.9 2pb
◎文献「在独日本文化財総合目録 1 ハイデルベルク民族博物館所蔵浮世絵版画篇」(B. マヤー) 国書刊行会 2003.7 p306-310
◎参考文献「錦絵のちから―幕末の時事的錦絵とかわら版」(富澤達三) 文生書院 2004.2 p169-174
◎参考文献「「浮世絵ってなんだ?」展図録―馬頭町広重美術館平成15年度企画展」(馬頭町広重美術館) 馬頭町広重美術館 2004.3 p144-147
◎参考文献「大坂歌舞伎展―日英交流 上方役者絵と都市文化 1780-1830」(大阪歴史博物館ほか) 大阪歴史博物館 2005.10 p298-301
◎参考文献「浮世絵美人画の魅力―国貞・国芳・英泉 高橋博信コレクション受贈記念」(北海道立近代美術館) 北海道立近代美術館 c2006 p158-159
◎「日本美術作品レファレンス事典 2期絵画篇」(日外アソシエーツ) 日外アソシエーツ 2006.12 8, 1001p B5

浮世柄比翼稲妻
◎参考資料一覧「浮世柄比翼稲妻・戻橋―第二三八回歌舞伎公演」(国立劇場調査養成部調査資料課) 日本芸術文化振興会 2004.1 p72-83

浮世草子
○資料目録(藤川雅恵)「青山語文 32」(青山学院大) 2002.3 p68-74

鶯塚
◎参考資料「平家女護島―俊寛/昔語黄鳥墳―うぐいす塚―第255回歌舞伎公演」(国立劇場) 日本芸術文化振興会 2007.10 p145-149

ウクライナ
◎参考文献「物語ウクライナの歴史―ヨーロッパ最後の大国」(黒川祐次) 中央公論新社 2002.8 p263-260
◎文献目録「悲しみの収穫 ウクライナ大飢饉―スターリンの農業集団化と飢饉テロ」(R. コンクエスト) 恵雅堂出版 2007.4 p638-637

請負耕作
◎文献「農作業料金の経済分析―稲作農作業受委託の展開と協定料金の水準」(香川文庸) 農林統計協会 2003.2 p398-407

宇佐海軍航空隊
◎文献「宇佐海軍航空隊始末記―艦上攻撃機、艦上爆撃機のメッカの全貌」(今戸公徳) 光人社 2005.3 p397-399

牛
◎引用文献「ウシの動物学」(遠藤秀紀) 東京大学出版会 2001.7 p173-191
◎文献「牛と日本人―牛の文化史の試み」(津田恒之) 東北大学出版会 2001.9 p277-288
○文献資料目録(河端正規)「立命館経済学 56.1」(立命館大) 2007.5 p77-94
◎参考資料「農業・環境・地域が蘇る放牧維新」(吉田光宏) 家の光協会 2007.6 p228-229

牛海綿状脳症
◎参考文献「脳とプリオン―狂牛病の分子生物学」(小野寺節, 佐伯圭一) 朝倉書店 2001.9 p86-87
◎参考文献「狂牛病 人類への警鐘」(中村靖彦) 岩波書店 2001.11 p225-226
◎参考文献「狂牛病 プリオン病因説は間違っている!」(サイバーX編集部) 工学社 2001.12 p125-128
◎原注文献「なぜ牛は狂ったのか」(M. シュワルツ) 紀伊国屋書店 2002.5 p1-11b
◎参考文献「食のリスクを問いなおす―BSEパニックの真実」(池田正行) 筑摩書房 2002.8 p202-204
◎参考文献「これでいいのか食料貧国ニッポン―私たちの安全な食を守るには」(J. R. シンプソン) 家の光協会 2004.8 p257-254
◎参考文献「もう牛を食べても安心か」(福岡伸一) 文藝春秋 2004.12 p240-242
◎引用文献「食の安全考―食中毒と狂牛病を中心に」(篠田純男) 東京図書出版会 2005.5 p211-213
◎文献「食品リスク―BSEとモダニティ」(神里達博) 弘文堂 2005.10 p378-370
◎原注「狂牛病とプリオン―BSE感染の恐怖」(P. ヤム) 青土社 2006.3 p9-28b

宇治十帖
◎文献目録(岩田行展)「源氏物語 宇治十帖の企て」(関根賢司) おうふう 2005.12 p356-378

失われることば
◎文献「消えゆく言語たち 失われることば、失われる世界」(D. ネトルほか) 新曜社 2001.5 p25-38b

羽州街道
　◎参考文献「雄物川と羽州街道」（國安寛）　吉川弘文館　2001.3　p20-22b

羽州浜街道
　◎参考文献「最上川と羽州浜街道」（横山昭男）　吉川弘文館　2001.6　p24-26b

ウズベキスタン
　◎参考文献「「王権と都市」を歩く―京都からコンスタンティノープルへ」（今谷明）　NTT出版　2004.3　p281-285
　◎参考文献「援助協調事例研究―ウズベキスタン共和国カラカルパクスタン自治共和国の経験から」（湊直信ほか）　国際開発研究センター　2005.3　p64-66
　◎文献「ウズベキスタン―民族・歴史・国家」（高橋巌根）　創土社　2005.8　p178-186
　◎参考文献「ウズベキスタンの桜」（中山恭子）　KTC中央出版　2005.11　p280-285
　◎参考文献「マハッラの実像―中央アジア社会の伝統と変容」（T.ダダバエフ）　東京大出版会　2006.4　p341-357

嘘
　◎引用文献「発言内容の欺瞞性認知を規定する諸要因」（村井潤一郎）　北大路書房　2005.9　p141-147
　◎参考文献「嘘とだましの心理学―戦略的なだましからあたたかい嘘まで」（箱田裕司ほか）　有斐閣　2006.7　p265-284
　◎脚注「うそつきの進化論―無意識にだまそうとする心」（D.L.スミス）　NHK出版　2006.8　p1-37b
　◎書誌「物語嘘の歴史―オデュッセウスからピノッキオまで」（M.ベッテッテ）　而立書房　2007.3　p128-132

嘘発見器
　◎文献「生理指標を用いた虚偽検出の検討―実験的研究と犯罪場面における調査」（中山誠）　北大路書房　2003.9　p197-210
　◎文献「犯罪捜査場面における虚偽検出検査の研究―GKT検出理論への記憶と不安からのアプローチ」（桐生正幸）　北大路書房　2005.9　p155-162

歌垣
　◎参考文献「忘れられた神の文化「銅鐸と歌垣」―「ことば」で探る古代日本」（山口五郎）　近代文芸社　2001.4　p195-197

歌ことば
　◎参考文献（佐藤雅代）「講座平安文学論究　17」　風間書房　2003.5　p389-429

うたたね
　◎参考文献（林田紀子）「中世日記紀行文学全評釈集成　2」（大倉比呂志ほか）　勉誠出版　2004.12　p157-161

歌枕
　◎参考文献（石沢一志ほか）「歌われた風景」（渡部泰明, 川村晃生）　笠間書院　2000.10　p258-331

歌物語
　◎注「歌物語の淵源と享受」（関丙勲）　おうふう　2002.2　prr

宇宙
　◎参考文献「宇宙の観測」（吉岡一男）　放送大学教育振興会　2001.3　p176-180
　◎参考文献「宇宙未知への大紀行　2　宇宙人類の誕生」（NHK「宇宙」プロジェクト）　NHK出版　2001.6　p230-232
　◎参考文献「宇宙と地球環境　改訂版」（石田蕙一）　成山堂書店　2001.7　p181-182
　◎天文書「天文年鑑　2002年版」（編集委員会）　誠文堂新光社　2001.11　p314-315
　◎参考文献「エレガントな宇宙　超ひも理論がすべてを解明する」（B.グリーン）　草思社　2001.12　p54-55b
　◎原註「コペルニクス的宇宙の生成」（H.ブルーメンベルク）　法政大学出版局　2002.12　p339-370
　◎参考文献「ニュートリノは何処へ？　宇宙の謎に迫る17の物語」（J.グリピン）　シュプリンガー・フェアラーク東京　2002.12　p307-309
　◎文献「単純な法則に支配される宇宙が複雑な姿を見せるわけ」（ジョン・D.バロウ）　青土社　2002.12　p393-398
　◎参考文献「宇宙のたくらみ」（J.D.バロー）　みすず書房　2003.9　p9-32b
　◎参考文献「創造する宇宙―生命は星から生まれてきたのか」（C.A.ピックオーバー）　主婦の友社　2004.1　p398-403
　◎「天文・宇宙の本全情報　1993-2003」（日外アソシエーツ）　日外アソシエーツ　2004.3　11, 505p　A5
　◎参考文献「宇宙に法則はあるのか」（J.D.バロー）　青土社　2004.6　p10-25b
　◎参考文献「宇宙からの情報」（吉岡一男ほか）　放送大教育振興会　2005.3　p215-219
　◎参考書「現代物理学が描く突飛な宇宙をめぐる11章」（S.ウェッブ）　青土社　2005.7　p7-8b
　◎推薦図書「パラレルワールド―11次元の宇宙から超空間へ」（M.カク）　NHK出版　2006.1　p10-12b
　◎文献ほか「宇宙をかき乱すべきか　下」（F.ダイソン）　筑摩書房　2006.1　p1-14b
　◎文献「空間の謎・時間の謎―宇宙の始まりに迫る物理学と哲学」（内井惣七）　中央公論新社　2006.1　p261-257
　◎参考文献「衝突する宇宙　改装版」（I.ヴェリコフスキー）　法政大出版局　2006.9　p19-46b
　◎参考文献「人類の住む宇宙」（岡村定矩ほか）　日本評論社　2007.1　p334-335
　◎引用文献「ニュートリノでめぐる素粒子・宇宙の旅」（C.サットン）　シュプリンガー・ジャパン　2007.4　p317-322
　◎参考文献「宇宙はどこまで明らかになったのか―太陽系の誕生から第二の地球探し、ブラックホールシャドウ、最果て銀河まで」（福江純ほか）　ソフトバンククリエイティブ　2007.6　p238-239
　◎参考文献「宇宙の観測　1　光・赤外天文学」（家正則ほか）　日本評論社　2007.7　p293-294
　◎参考文献「宇宙を復号する―量子情報理論が解読する、宇宙という驚くべき暗号」（C.サイフェ）　早川書房　2007.9　p347-357
　◎参考文献「多宇宙と輪廻転生―人間原理のパラドクス」（三浦俊彦）　青土社　2007.12　p19-23b

宇宙開発
　◎参照関連文献「ロケット・ドリーム―宇宙空間から電脳空間へ」（M.ベンジャミン）　青土社　2003.11　p275-292

◎参考文献「火星地球化計画―火星探査とテラフォーミングの真実」（竹内薫）　実業之日本社　2004.7　prr
◎文献「アポロとソユーズ―米ソ宇宙飛行士が明かした開発レースの真実」（D. スコットほか）　ソニー・マガジンズ　2005.5　prr
◎参考文献「恐るべき旅路―火星探査機「のぞみ」のたどった12年」（松浦晋也）　朝日ソノラマ　2005.5　p437-438
◎参照文献「アメリカの宇宙戦略」（明石和康）　岩波書店　2006.6　p1-3b
◎参考文献「スペース2030―宇宙利用の未来探査」（経済協力開発機構）　技術経済研究所　2006.8　p213-217
◎参考文献「日本の宇宙戦略」（青木節子ほか）　慶應義塾大出版会　2006.11　p351-359

宇宙観
◎文献リスト「日本人の宇宙観　飛鳥から現代まで」（荒川紘）　紀伊國屋書店　2001.10　p1-4b
◎注「東と西の宇宙観　東洋篇」（荒川紘）　紀伊國屋書店　2005.10　p287-293

宇宙工学
◎参考文献「宇宙工学概論」（小林繁夫）　丸善　2001.1　p222-224
◎参考文献「ロケット工学」（柴藤羊二, 渡辺篤太郎）　コロナ社　2001.7　p232-234
◎参考文献「はじめての宇宙工学」（鈴木弘一）　森北出版　2007.4　p150-151

宇宙人
◎参考資料ほか「広い宇宙に地球人しか見当らない50の理由」（S. ウェッブ）　青土社　2004.7　p36-45b

宇宙ステーション
◎参考文献「宇宙ステーション入門」（狼嘉彰ほか）　東京大学出版会　2002.11　p297-302

宇宙船
◎書籍「われらの有人宇宙船―日本独自の宇宙輸送システム「ふじ」」（松浦晋也）　裳華房　2003.9　p161-167

宇宙探査機
◎参考文献「人工衛星と宇宙探査機」（木田隆ほか）　コロナ社　2001.9　p253-258

宇宙法
○文献（大田彩子）「文献探索　2001」（文献探索研究会）　2002.7　p529-533
○文献目録（関口雅夫ほか）「駒澤法学　3.4」（駒澤大）　2004.3　p204-157

宇宙旅行
◎参考文献ほか「宇宙観光旅行時代の到来」（水野紀男）　文芸社　2006.11　p202-208

宇宙論
◎参考文献「宇宙の進化」（杉本大一郎, 吉岡一男）　放送大学教育振興会　2001.3　p208-212
◎参考文献（沢井繁男）「ガリレオの弁明」（T. カンパネッラ）　筑摩書房　2002.3　p208-211
◎参照文献「宇宙論入門」（B. ライデン）　ピアソン・エデュケーション　2003.8　p213-214
◎参考文献「宇宙像の変遷と科学」（二間瀬敏史ほか）　放送大教育振興会　2004.3　p196-198
◎参考文献「夜空はなぜ暗い?―オルバースのパラドックスと宇宙論の変遷」（E. ハリソン）　地人書館　2004.11　p320-294
◎参考文献「進化する宇宙」（杉本大一郎ほか）　放送大教育振興会　2005.3　p224-228

うちわ
◎参考文献「日本のうちわ　涼と美の歴史」（岐阜市歴史博物館）　岐阜新聞社　prr
◎参考資料「水うちわをめぐる旅―長良川でつながる地域デザイン」（水野馨生里）　新評論　2007.5　p222-225

うつ病
◎文献「心の病気はなぜ起こるか―うつ病と脳内物質」（高田明和）　朝日新聞社　2001.2　p1-3
◎引用文献「抑うつと不安の関係を説明する認知行動モデル」（福井至）　風間書房　2002.1　p167-180
◎参考図書「「うつ」と上手につきあう心理学　自分でできる認知療法入門」（高橋方斉）　ベストセラーズ　2002.3　p242-244
◎文献「ネガティブ思考と抑うつ―絶望感の臨床社会心理学」（高比良美詠子）　学文社　2003.2　p159-165
◎読書案内「よろしく、うつ病　闘病者から「いのちがけ」のメッセージ」（覚慶悟）　彩流社　2003.3　p201-203
◎参考引用文献「フランス式「うつ」「ストレス」完全撃退法」（D. S. シュレベール）　アーティストハウスパブリッシャーズ　2003.9　p301-319
◎文献「最新うつ病治療ハンドブック」（J. ポトカーほか）　日本評論社　2004.7　prr
◎参考文献「子どものうつ　心の叫び」（傳田健三）　講談社　2004.11　p200-202
◎文献「抑うつと自己開示の臨床心理学」（森脇愛子）　風間書房　2005.1　p165-181
◎文献「うつ病の完全な治療回復は可能か」（Briley, M）　星和書店　2005.2　p35-42
◎参考文献「「うつ」を克服する最善の方法―抗うつ薬SSRIに頼らず生きる」（生田哲）　講談社　2005.11　p210-213
◎参考文献「グループ対人関係療法―うつ病と摂食障害を中心に」（D. ウィルフリィほか）　創元社　2006.1　p208-211
◎参考文献「抑うつからの回復―合理的思考の効果に関する実証的研究」（内藤まゆみ）　風間書房　2006.3　p145-157
◎参考文献「中年期うつと森田療法」（北西憲二）　講談社　2006.6　p231-233
◎引用参考文献「高齢者のうつ病」（大野裕）　金子書房　2006.9　prr
◎参考文献「抑うつの現代的諸相―心理的・社会的側面から科学する」（北村俊則ほか）　ゆまに書房　2006.10　prr
◎原註「天才はいかにうつをてなずけたか」（A. ストー）　求龍堂　2007.3　p1-13b
◎文献「うつ病―アセスメントと治療法の組み立て方」（A. トルマン）　金子書房　2007.7　p85-96
◎参考文献「気まぐれ「うつ」病―誤解される非定型うつ病」（貝谷久宣）　筑摩書房　2007.7　p182-183
◎文献「認知療法の世界へようこそ―うつ・不安をめぐるドクトルKの冒険」（井上和臣）　岩波書店　2007.8　p123-124

◎引用文献「マインドフルネス認知療法―うつを予防する新しいアプローチ」(Z. V. シーガルほか)　北大路書房　2007.9　p288-294
◎文献「抑うつの精神分析的アプローチ―病理の理解と心理療法による援助の実際」(松木邦裕ほか)　金剛出版　2007.9　prr

腕木通信
◎参考文献「腕木通信―ナポレオンが見たインターネットの夜明け」(中野明)　朝日新聞社　2003.11　p276-279

ウナギ
◎参考文献「ウナギ―地球環境を語る魚」(井田徹治)　岩波書店　2007.8　p1-4b

ウニヴェルズム映画
◎参考文献「ウーファ物語―ある映画コンツェルンの歴史」(K. クライマイアー)　鳥影社・ロゴス企画部　2005.1　p751-759

ウプサラ学派
◎文献目録「スウェーデン・ウプサラ学派の宗教哲学―絶対観念論から価値ニヒリズムへ」(尾崎和彦)　東海大学出版会　2003.3　p770-782

宇部マテリアルズ
◎文献「宇部マテリアルズ10年史」(合併10周年記念誌編纂室)　宇部マテリアルズ　2007.5　p230」

馬
◎引用文献「ウマの動物学」(近藤誠司)　東京大学出版会　2001.7　p183-189
◎参考文献「馬の世界史」(木村凌二)　講談社　2001.7　p1-4b
◎参考文献「競走馬産業と地域活性化の課題」(岩崎徹)　札幌大　2006.3　p52-53
◎参考文献「ウマはなぜ「計算」できたのか―「りこうなハンス効果」の発見」(O. プフングスト)　現代人文社　2007.3　p364-369
◎参考文献「三国志をいろどる馬たち」(馬事文化財団馬の博物館)　馬事文化財団　2007.4　p95」
◎参考文献「野生馬を追う―ウマのフィールド・サイエンス」(木村李花子)　東京大出版会　2007.8　p1-4b

駅家
◎文献目録「駅家と在地社会」(文化財研究所奈良文化財研究所)　奈良文化財研究所　2004.12　p224-281

海
◎参考文献「海の中国」(渡辺利夫, 岩崎育夫)　弘文堂　2001.2　p11-17b
◎参考書「海と環境―海が変わると地球が変わる」(日本海洋学会)　講談社　2001.9　p235-236
◎注ほか「海の古代史―東アジア地中海考」(千田稔)　角川書店　2002.4　prr
◎注・参考文献「海と資本主義」(川勝平太ほか)　東洋経済新報社　2003.7　prr
◎参考文献「海と湖の化学―微量元素で探る」(宗林由樹ほか)　京都大学術出版会　2005.3　prr

ウミウシ
◎参考文献「沖縄のウミウシ―沖縄本島から八重山諸島まで」(小野篤司)　ラトルズ　2004.7　p289-291
◎文献「本州のウミウシ―北海道から奄美大島まで」(中野理枝ほか)　ラトルズ　2004.8　p289-292

梅
◎参考文献「小田原の梅―歴史背景の謎を追う」(石井啓文)　夢工房　2005.12　p163-164

梅干
◎参考文献「梅干」(有岡利幸)　法政大学出版局　2001.6　p294-297

右翼
◎参考文献「右翼の潮流　補訂」(右翼問題研究会)　立花書房　2006.10　p185-186
◎参考資料「最新右翼辞典」(堀幸雄)　柏書房　2006.11　p594-596
◎参照文献「現代フランスの新しい右翼―ルペンの見果てぬ夢」(畑山敏夫)　法律文化社　2007.4　p203-215
◎注「近代日本の右翼思想」(片山杜秀)　講談社　2007.9　p229-237

浦島伝説
◎論文等「浦島伝説の研究」(林晃平)　おうふう　2001.2　p473-487
◎文献「よみがえる浦島伝説―恋人たちのゆくえ」(坂田千鶴子)　新曜社　2001.6　p225-230
◎参考文献「丹後半島歴史紀行―浦島太郎伝説探訪」(瀧音能之, 三舟隆之)　河出書房新社　2001.7　p101-102
◎参考文献「浦島太郎はどこへ行ったのか」(高橋大輔)　新潮社　2005.8　p267-268
◎註「浦島伝説に見る古代日本人の信仰」(増田早苗)　知泉書館　2006.9　p215-230

占い
◎参考文献「占い師!」(露木まさひろ)　筑摩書房　2002.1　p319-334
○書誌(吉林文)「文献探索　2004」(文献探索研究会)　2004.4　p577-584
◎参考文献「江戸の占い」(大野出)　河出書房新社　2004.8　p260-262
◎文献目録「亀卜―歴史の地層に秘められたうらないの技をほりおこす」(東アジア恠異学会)　臨川書店　2006.5　p259-262

売立目録
◎「売立目録の書誌と全国所在一覧」(都守淳夫)　勉誠出版　2001.11　673p A4

漆
◎参考資料「うるしの話」(松田権六)　岩波書店　2001.4　p307-308
◎参考文献「漆―その工芸に魅せられた人たち」(灰野昭郎)　講談社　2001.9　p268-273
◎関連文献「漆芸事典―新装合本」(共立出版)　共立出版　2004.1　p321-326
◎参考文献「漆器の考古学―出土漆器からみた近世という社会」(北野信彦)　あるむ　2005.3　p69-71
◎参考文献「漆とジャパン―美の謎を追う」(三田村有純)　里文出版　2005.7　p223-226
◎文献「近世出土漆器の研究」(北野信彦)　吉川弘文館　2005.9　p365-385
◎文献ほか「讃岐漆芸―工芸王国の系譜」(住谷晃一郎)　エーアンドエー・コミュニケーションズ　2005.10　p325-372
◎参考文献「近世漆器の産業技術と構造」(北野信彦)　雄山閣　2005.11　p218-221

うわき

◎注「漆 II ものと人間の文化史131」（四柳嘉章） 法政大出版局 2006.2 p401-430

浮気
◎参考文献「不倫のDNA ヒトはなぜ浮気をするのか」（D. P. バラシュほか） 青土社 2001.11 p7-38b

うわさ
◎参考文献「うわさの遠近法」（松山巌） 筑摩書房 2003.8 p470-481

運河
◎参考文献「世界の運河探訪 4 音楽と料理を楽しむ運河クルーズ」（及川陽ほか） 及川陽 2004.4 p191-193

ウンコ
◎参考文献「ウンコに学べ!」（有田正光, 石村多聞） 筑摩書房 2001.10 p161-165

運送
◎参考文献「国際複合一貫運送序説」（北川正） 酒井書店 2001.9 p109-110
◎文献「「売る」ロジスティクス品質の創造」（宇野修） 白桃書房 2003.12 p185-186

運送史
◎参考文献「「馬力」の運送史」（石井常雄） 白桃書房 2001.9 p225-230

運動
◎参考文献「運動と言語」 岩波書店 2001.9 p227-243
◎文献「身体運動における右と左―筋出力における運動制御メカニズム 新装版」（小田伸午） 京都大学学術出版会 2001.12 p296-306
◎文献「運動とストレス科学」（竹宮隆ほか） 杏林書院 2003.3 prr
◎参考文献「身体知の形成 上 運動分析論講義 基礎編」（金子明友） 明和出版 2005.9 p363-369
◎引用文献「運動現象のタキソノミー―心理学は"動き"をどう捉えてきたか」（吉村浩一） ナカニシヤ出版 2006.2 p247-263
◎引用文献「視覚誘導性自己運動知覚の実験心理学」（中村信次） 北大路書房 2006.3 p161-169
◎引用文献「運動と栄養と食品」（伏木亨） 朝倉書店 2006.11 prr
◎引用文献「動作のこころ」（成瀬悟策） 誠信書房 2007.1 p199-200

運動医学
◎参考文献「運動の生物学―臨床家のための運動学入門」（塚本芳久） 協同医書出版社 2001.11 p117-122
◎文献「臨床運動学 第3版」（中村隆一, 斎藤宏, 長崎浩） 医歯薬出版 2002.5 p589-644
◎文献「糖尿病と運動―糖尿病患者のスポーツ活動ガイドライン」（シェリ・コルバーグ） 大修館書店 2002.11 p284-287
◎参考文献「年齢に応じた運動のすすめ―わかりやすい身体運動の科学」（宮下充正） 杏林書院 2004.4 p103-105
◎参考文献「高齢者の運動と行動変容―トランスセオレティカル・モデルを用いた介入」（Burbank, PMほか） ブックハウス・エイチディ 2005.3 p187-221
◎引用参考文献「健康・スポーツ科学のための研究方法―研究計画の立て方とデータ処理方法」（出村愼一） 杏林書院 2007.6 p300-301

運動学習
◎関連情報「フロスティッグのムーブメント教育・療法―理論と実際」（M. フロスティッグ） 日本文化科学社 2007.6 p267-269

運動施設
◎参考文献「スタジアムの戦後史―夢と欲望の60年」（阿部珠樹） 平凡社 2005.7 p206-209

運動生化学
◎文献「運動生化学ハンドブック」（M. E. Houston） ナップ 2004.1 p199-201

運動生理
◎文献「疾走能力の発達」（宮丸凱史） 杏林書院 2001.3 p201-207
◎引用・参考書「運動とスポーツの生理学」（北川薫） 市村出版 2001.4 p98-99
◎参考文献「運動生理学 改訂第3版」（杉晴夫） 南江堂 2001.8 p135-136
◎参考文献「脳と身体の動的デザイン―運動・知覚の非線形力学と発達」（多賀厳太郎） 金子書房 2002.2 p212-223
◎参考書「運動生理学」（山本順一郎） 化学同人 2005.3 p179-180
◎文献「手の関節の動き・運動の理解」（矢崎潔） メディカルプレス 2005.6 p163-172
◎文献「複雑系としての身体運動―巧みな動きを生み出す環境のデザイン」（山本裕二） 東京大学出版会 2005.12 p169-184
◎参考書「やさしい運動生理学」（杉晴夫） 南江堂 2006.12 p137-138

運動能力
◎参考文献「スポーツ選手と指導者のための体力・運動能力測定法―トレーニング科学の活用テクニック」（鹿屋体育大学スポーツトレーニング教育研究センター） 大修館書店 2004.4 prr
◎参考文献「アメリカのスポーツと人種―黒人身体能力の神話と現実」（J. ホバマン） 明石書店 2007.5 p19-52b

運命意識
◎原注「ギリシア人の運命意識」（V. P. ゴラン） 風行社 2002.9 p391-425

運輸
◎参考文献「交通運輸―地球市場のネットワークをめぐる熾烈なたたかい」（桜井徹ほか） 大月書店 2001.4 p256-258
◎「今野源八郎旧蔵書目録―福島大学附属図書館所蔵」（福島大学附属図書館） 福島大附属図書館 2005.1 710p A4

【 え 】

エア・ドゥ
　○記事(大塚恭平)「文献探索　2000」(文献探索研究会)
　　2001.2　p108-116

ASTM
　◎参考文献「ASTM規格の基礎知識」(日本規格協会)
　　日本規格協会　2002.5　p196-197

映画
　◎参考文献「インド映画娯楽玉手箱─インド映画完全ガイドブック」　キネマ旬報社　2000.5　p160-162
　◎参考文献「ドキュメンタリー映画の地平　上」(佐藤真)　凱風社　2001.1　p311-324
　◎参考文献「日本の映画」(ドナルド・リチー)　行路社　2001.7　p172-174
　◎「図書館映画と映画文献─改訂「映画のなかの図書館」(飯島朋子)　日本図書刊行会　2001.8　187p B5
　○書籍リスト「キネマ旬報　1350」(キネマ旬報社)　2002.2　p190-195
　◎参考文献「20世紀アメリカ映画事典」(畑暉男)　カタログハウス　2002.3　p2072」
　◎関連書籍「「ゴジラの時代　since Godzilla」展」(川崎市岡本太郎美術館)　川崎市岡本太郎美術館　2002.4　p49」
　◎註「映画の領分─映像と音響のポイエーシス」(加藤幹郎)　フィルムアート社　2002.4　prr
　○書誌稿(田澤恭二)「文献探索　2001」(文献探索研究会)　2002.7　p305-311
　◎参考文献「画面の誕生」(鈴木一誌)　みすず書房　2002.9　p384-385
　◎文献「映画はミュージカルに─アメリカ映画と〈スタンダード・ナンバー〉の蜜月」(池谷亮一)　宝塚出版　2002.11　p314-315
　◎参考文献「インド映画への招待状」(杉本良男)　青弓社　2002.12　p231-234
　◎参考文献(三好信子)「ル・シネマ─映画の歴史と理論」(Y. イシャグプール)　新曜社　2002.12　p142-141
　◎書誌一覧「映画/革命」(足立正生)　河出書房新社　2003.1　p532-544
　○刊行リスト「キネマ旬報　1374」(キネマ旬報社)　2003.2　p192-197
　◎文献「映像/言説の文化社会学─フィルム・ノワールとモダニティ」(中村秀之)　岩波書店　2003.3　p279-298
　◎参考文献「シネマの宗教美学」(服部弘一郎ほか)　フィルムアート社　2003.4　p198-199
　◎参考図書「中国映画の明星」(石子順)　平凡社　2003.4　p338」
　◎参考文献「生き残るフランス映画　映画振興と助成制度」(中川洋吉)　希林館　2003.5　prr
　◎「日本映画文献書誌─明治・大正期」(牧野守)　雄松堂書店　2003.6　3冊　A5
　◎50冊「アメリカ映画がわかる。」(朝日新聞社)　2003.7　p164-171
　○書誌(細川晋)「ヌーヴェル・ヴァーグの時代　改訂版」(遠山純生)　エスクァイアマガジンジャパン　2003.8　p208」
　◎参考文献「映画の中のベルリン、ウィーン」(飯田道子)　三修社　2003.8　p277-274
　◎文献案内「映画の政治学」(長谷正人ほか)　青弓社　2003.9　p353-372
　◎参考文献「映画技法のリテラシー　1　映像の法則」(L. ジアネッティ)　フィルムアート社　2003.11　p314-316
　◎文献「映画が教えてくれた─スクリーンが語る演技論」(高橋いさを)　論創社　2003.12　p244-245
　○関連書籍「キネマ旬報　1399」(キネマ旬報社)　2004.2　p222-227
　◎参考文献「映画の文法─日本映画のショット分析」(今泉容子)　彩流社　2004.2　p355-359
　◎参考文献「映画で英詩入門─愛と哀しみ、そして勇気」(松浦暢)　平凡社　2004.3　p323-326
　◎「岩崎昶著作目録　5」(長浜二郎)　〔長浜二郎〕　2004.4　17p A4
　◎「本★本屋★図書館★in Cinema」(飯島朋子)　飯島朋子　2004.5　123p A5
　◎参考文献「フィルム・スタディーズ事典─映画・映像用語のすべて」(S. ブランドフォードほか)　フィルムアート社　2004.7　p430-450
　◎参考文献「映画技法のリテラシー　2　物語とクリティック」(L. ジアネッティ)　フィルムアート社　2004.7　p258-261
　◎文献掲載図書一覧「映画の中の本屋と図書館」(飯島朋子)　近代文芸社　2004.10　p11-17b
　○書籍リスト「キネマ旬報　1423」(キネマ旬報社)　2005.2.下旬　p215-222
　◎参考文献「アリラン坂のシネマ通り」(川村湊)　集英社　2005.6　p295-297
　◎参考文献「映画・テレビドラマ原作文芸データブック」(江藤茂博)　勉誠出版　2005.7　p364-369
　◎「映画・音楽・芸能の本全情報　2000-2004」(日外アソシエーツ)　日外アソシエーツ　2005.7　14, 786p A5
　◎文献リスト「寅さんと日本人─映画「男はつらいよ」の社会心理」(濱口惠俊ほか)　知泉書館　2005.7　p283-289
　◎参照文献「日本映画はアメリカでどう観られてきたか」(北野圭介)　平凡社　2005.8　p206-209
　◎引用参考文献「北欧映画完全ガイド」(渡辺芳子)　新宿書房　2005.9　p298-299
　◎註「ゴジラとアメリカの半世紀」(W. M. ツツイ)　中央公論新社　2005.10　prr
　◎参考文献「台湾映画のすべて」(戸張東夫ほか)　丸善　2006.1　p172-175
　◎書籍刊行リスト「キネマ旬報　1450」(キネマ旬報社)　2006.2　p239-246
　◎参考文献「オリジナル・パラダイス─原作小説の映画館」(高橋いさを)　論創社　2006.2　p222-224
　◎参考文献「古き良き時代の外国映画」(本吉瑠璃夫ほか)　文芸社　2006.2　p261-263
　◎参考文献「映画のなかのアメリカ」(藤原帰一)　朝日新聞社　2006.3　p211-213
　◎引用文献「映画記号論入門」(R. スタム)　松柏社　2006.3　p480-509
　◎参考文献「アニメ・特撮・SF・映画メディア読本─ジャンルムービーへの招待」(浅尾典彦)　青心社　2006.4　p377-383
　◎掲載図書一覧「映画の中の本屋と図書館」(飯島朋子)　近代文芸社　2006.4　p11-21b

◎参考文献「映画の中で出逢う「駅」」(臼井幸彦) 集英社 2006.5 p234-236
◎参考文献「怪盗ジゴマと活動写真の時代」(永嶺重敏) 新潮社 2006.6 p187-189
◎参考資料「カーチェイス映画の文化論」(長谷川功一) リム出版新社 2006.7 p216-222
◎参考文献「歴史を知ればもっと面白い韓国映画―「キューポラのある街」から「王の男」まで」(川西玲子) ランダムハウス講談社 2006.10 p264-265
◎出典一覧「キネマの文学誌」(齋藤愼爾) 深夜叢書社 2006.12 p348-349
◎書籍刊行リスト「キネマ旬報 1477」(キネマ旬報社) 2007.2 p244-251
◎文献案内「フィルムスタディーズ入門―映画を学ぶ楽しみ」(W.バックランド) 晃洋書房 2007.4 prr
◎参考文献「銀幕横断超特急―乗り物映画コレクション」(高橋いさを) 論創社 2007.4 p230-231
◎参考文献ほか「ハリウッド物語―去年の雪、いま何処」(川尻勝則) 作品社 2007.6 p284-295
◎図書一覧「映画のなかの草木花」(飯島朋子) 日本図書刊行会 2007.6 p109-116
◎参考文献「娘と映画をみて話す民族問題ってなに?」(山中速人) 現代企画室 2007.6 p244-246
◎引用参考文献「映像社会学の展開―映画をめぐる遊戯とリスク」(原田健一) 学文社 2007.9 p218-234
◎文献「映画で日本文化を学ぶ人のために」(窪田守弘) 世界思想社 2007.10 p319-325
◎参考文献「「二十四の瞳」からのメッセージ」(澤宮優) 洋泉社 2007.11 p275-282
◎「日本映画原作事典」(スティングレイほか) 日外アソシエーツ 2007.11 8,838p A5
◎参考文献「ATG映画+新宿―都市空間のなかの映画たち!」(牛田あや美) D文学研究会 2007.12 p248-249

映画音楽
◎文献「映画の音楽」(ミシェル・シオン) みすず書房 2002.8 p35-38b

映画会
◎参考文献「「講堂映画会」の子どもたち」(吉田ちづゑ) 桂書房 2007.3 p298-302

映画館
◎参考文献「銀座並木座」(嵩元友子) 鳥影社 2006.1 p281-282
◎参考文献「名画座時代―消えた映画館を探して」(阿南井文彦) 岩波書店 2006.3 p245-249
◎註「映画館と観客の文化史」(加藤幹郎) 中央公論新社 2006.7 p302-297

映画監督
◎参考文献「東宝監督群像―砧の青春」(高瀬昌弘) 東宝 2005.10 p260-261

映画撮影
◎参考文献「映画撮影術」(ポール・ウィーラー) フィルムアート社 2002.2 p218」

映画雑誌
◎「日本映画雑誌タイトル総覧」(本地陽彦) ワイズ出版 2003.9 167p A5

映画産業
◎註「表現のビジネス コンテンツ制作論」(浜野保樹) 東京大学出版会 2003.1 p277-341
◎参考文献「映画産業とユダヤ資本」(福井次郎) 早稲田出版 2003.5 p362-368
◎文献「きらめく映像ビジネス!」(純丘曜彰) 集英社 2004.9 p235-236
◎参考資料ほか「アニメビジネスがわかる」(増田弘道) NTT出版 2007.8 p258-259
◎参考文献「エンターテインメントビジネスの法律実務」(加藤君人ほか) 日本経済新聞出版社 2007.12 p668-671

映画史
◎参考文献「60年代アメリカ映画」(上島春彦、遠山純生) エスクァイアマガジンジャパン 2001.4 p190-191
◎参考文献「ハリウッド100年史講義―夢の工場から夢の王国へ」(北野圭介) 平凡社 2001.10 p259-267
◎参考文献「フランス映画史の誘惑」(中条省平) 集英社 2003.1 p241-244
◎参考文献「映画史探究―よみがえる幻の名作 日本無声映画篇」 アーバン・コネクションズ 2003.1 p198-200
◎註「戦時下の日本映画 人々は国策映画を観たか」(古川隆久) 吉川弘文館 2003.2 prr
◎文献「映画都市ウィーンの光芒―オーストリア映画全史」(瀬川裕司) 青土社 2003.8 p315-318
◎参考文献「興行師たちの映画史―エクスプロイテーション・フィルム全史」(柳下毅一郎) 青土社 2003.12 p22-28b
◎参考文献「映画映像史―ムーヴィング・イメージの軌跡」(出口丈人) 小学館 2004.4 p24b」
◎参考文献(豊原正智ほか)「ワールド・シネマ・ヒストリー」(A.グローネマイヤー) 晃洋書房 2004.5 p191-193
◎参考文献「オーストラリア映画史―映し出された社会・文化・文学 増補改訂版」(佐和田敬司) オセアニア出版社 2004.9 p30-33b
◎参考文献「丹下左膳の映画史」(田中照禾) 川喜多コーポレーション 2004.12 3pb
◎参考文献「世界SF映画全史」(北島明弘) 愛育社 2006.4 p104-106b
◎注釈「ポーランド映画史」(M.ハルトフ) 凱風社 2006.6 p423-392
◎文献「中国10億人の日本映画熱愛史―高倉健、山口百恵からキムタク、アニメまで」(劉文兵) 集英社 2006.8 p243-247
◎参考資料「ハリウッド100年のアラブ―魔法のランプからテロリストまで」(村上由見子) 朝日新聞社 2007.2 p9-18b
◎参考文献「香港・日本映画交流史―アジア映画ネットワークのルーツを探る」(邱淑婷) 東京大出版会 2007.9 p293-300

映画俳優
◎文献「演技のインターレッスン―映像ディレクターの俳優指導術」(ジュディス・ウェストン) フィルムアート社 2002.9 p354-355
◎参考引用資料「日本映画人改名・別称事典」(永田哲朗) 国書刊行会 2004.10 p323-329
◎文献一覧「映画スターの〈リアリティ〉―拡散する「自己」」(R.ダイアー) 青弓社 2006.2 p272-283
◎参考文献ほか「増殖するペルソナ―映画スターダムの成立と日本近代」(藤木秀朗) 名古屋大出版会 2007.11 p11-33b

映画美術
- ◎参考図書「映画美術のデザイナーという仕事」(坂口岳玄) 文芸社 2002.11 p215-218

営業
- ◎参考文献「MBA・営業マネジメント―改革の実態とその方法」(営業マネジメント研究会) 萌書房 2001.10 p241-242
- ◎文献「営業プロセス・イノベーション―市場志向のコミュニケーション改革」(高嶋克義) 有斐閣 2002.7 p249-254

英語 ⇒ アメリカ合衆国 英語, イギリス 英語 をも見よ
- ◎参考文献「イギリス英語の裏表」(小林章夫) 筑摩書房 2001.2 p188-189
- ◎参考文献「英語の構造と背景」(大槻博ほか) 燃焼社 2001.3 p176-178
- ◎参考書「コミュニケーションのための音声学―イギリス英語とアメリカ英語 新版」(岩本一, Sandra Lanara) 評論社 2001.4 p157-159
- ◎参考書目「英語の様相」(四方田敏) 文化書房博文社 2001.4 p272-275
- ◎引用文献ほか「英語リーディングの認知メカニズム―How the mind works in EFL reading」(門田修平, 野呂忠司) くろしお出版 2001.4 p403-446
- ◎参考文献「現代英語音声学―リスニングと発音の上達をめざして」(小川直義ほか) 泰文堂 2001.4 p179-181
- ◎参考文献「語の意味と意味役割」(米山三明, 加賀信広) 研究社出版 2001.6 p183-193
- ◎参考文献「ことばと意味―隠喩・広告を通して」(石川淑子) リーベル出版 2001.7 p209-215
- ◎文献リスト「英語で経営する時代―日本企業の挑戦」(吉原英樹ほか) 有斐閣 2001.9 p205-210
- ◎関連文献「英語のニーモニック―円周率から歴史年号・イギリス王室まで覚え歌大集合」(友清理士) 研究社 2001.9 p202-204
- ◎図書一覧「英語屋さんの虎ノ巻」(浦出善文) 集英社 2001.11 p225-227
- ◎参考文献ほか「英語格融合の研究」(岸田隆之) 学習院大 2001.11 p455-469
- ◎参考文献「新えいご・エイゴ・英語学」(稲木昭子) 松柏社 2002.2 p237-244
- ◎文献「「順序づけ」と「なぞり」の意味論・語用論」(山本英一) 関西大学出版部 2002.3 p262-269
- ◎文献「英語の書きことばと話しことばはいかに関係しているか―第二言語理解の認知メカニズム」(門田修平) くろしお出版 2002.3 p221-232
- ◎文献「語用論と英語の進行形」(長谷川存古) 関西大学出版部 2002.3 p218-224
- ◎参考文献「社会人のための英語百科―The English odyssey」(朝尾幸次郎ほか) 大修館書店 2002.3 p231-232
- ◎参考文献「英文読解のプロセスと指導」(津田塾大学言語文化研究所読解研究グループ) 大修館書店 2002.4 p334-356
- ◎参考文献「音節とモーラ―英語学モノグラフシリーズ15」(窪園晴夫ほか) 研究社 2002.4 p193-198
- ◎文献「アジア英語辞典」(本名信行) 三省堂 2002.6 p269-271
- ◎参考文献「技術の英語―文化の英語」(新井恵理) 中央公論新社 2002.6 p260-263
- ◎参考文献「極性と作用域―英語学モノグラフシリーズ9」(奥野忠徳ほか) 研究社 2002.7 p219-230
- ◎文献「英語観を問う―英語は「シンデレラ」か「養子」か「ゴジラ」か?」(堀部秀雄) 渓水社 2002.8 p141-151
- ◎文献「意味とメッセージ―博物館展示の言語ガイドライン」(リンダ・ファーガソン, ルイース・ラバリー, キャロリン・マックルーリック) リーベル出版 2002.11 p109-111
- ◎文献「英語構文のカテゴリー形成―認知言語学の視点から」(早瀬尚子) 勁草書房 2002.11 p252-262
- ◎文献「現代英語の等位構造―その形式と意味機能」(岡田禎之) 大阪大学出版会 2002.12 p320-331
- ◎参考文献「日本人が間違いやすい英語使い分け正誤用例辞典―和英」(木塚晴夫) ジャパンタイムズ 2002.12 p7-8f
- ◎文献「現代英語ことわざ辞典」(戸田豊) リーベル出版 2003.5 p811-812
- ◎参考文献「変化する英語」(中尾俊夫ほか) ひつじ書房 2003.7 p191-196
- ◎文献「英語の意味と形式」(土家裕樹) 英宝社 2003.8 p248-256
- ◎参考文献(中村則之)「英語の感覚と表現―共感覚表現の魅力に迫る」(吉村耕治) 三修社 2004.2 p352-370
- ◎参考図書「心理学のための英語案内」(D. W. ラッカム) サイエンス社 2004.3 p107-109
- ◎参考文献「サムライと英語」(明石康) 角川書店 2004.5 p245-250
- ◎参考文献「英語音声学活用辞典 2004」(EPSJ) 日本英語音声学会 2004.6 p275-296
- ◎参考文献「日英語認知モダリティ論―連続性の視座」(湯本久美子) くろしお出版 2004.6 p291-302
- ◎参考文献「The BNC handbook―コーパス言語学への誘い」(G. アシュトンほか) 松柏社 2004.7 p357-363
- ◎参考文献「英語を学ぶ日本人のための基礎英語学」(堀江周三) 大学教育出版 2004.9 p183-185
- ◎参考文献「「こだわり」の英語語法研究」(内木場努) 開拓社 2004.10 p205-217
- ◎「意味論 英語学文献解題7」(山中桂一ほか) 研究社 2005.1 16, 271p B5
- ◎参考文献「英語コーパス言語学―基礎と実践 改訂新版」(斉藤俊雄ほか) 研究社 2005.2 p299-313
- ◎参考文献「日英外来語の発音」(小林泰秀) 渓水社 2005.2 p177-178
- ◎参考文献「文科系ストレイシープのための研究生活ガイド」(家入葉子) ひつじ書房 2005.2 p155-162
- ◎参考文献「右方移動と焦点化」(田子内健介) 研究社 2005.3 p175-187
- ◎参考文献「束縛と削除 英語学モノグラフシリーズ12」(有元将剛ほか) 研究社 2005.4 p231-246
- ◎参考文献「アクセントとリズム 英語学モノグラフシリーズ14」(田中伸一) 研究社 2005.5 p205-214
- ◎参照文献「英語前置詞の意味論」(A. タイラーほか) 研究社 2005.7 p333-341
- ◎参考文献「日本人のための英語音声学レッスン」(牧野武彦) 大修館書店 2005.7 p150-154

◎文献「話法とモダリティ―報告者の捉え方を中心に」（岡本芳和）　リーベル出版　2005.8　p201-209
◎参考文献「現代英語の語彙的・構文的事象」（村田勇三郎）　開拓社　2005.10　p269-276
○書誌（田島松二ほか）「言語文化論　21」（九州大）　2006　p125-145
◎参考文献「アメリカの英語―語法と発音」（藤井健三ほか）　南雲堂　2006.1　p311-316
◎参考文献「英語はアジアを結ぶ」（本名信行）　玉川大出版部　2006.3　p231-238
◎文献「英語抄録・口頭発表・論文作成虎の巻―忙しい若手ドクターのために」（上松正朗）　南江堂　2006.5　p149-153
◎参考文献「英語力とは何か」（山田雄一郎）　大修館書店　2006.5　p229-238
◎参考文献「英語不定詞の通時的研究―英語聖書四福音書を言語資料として」（佐藤勝）　英宝社　2006.9　p165-170
◎参考文献「はじめての英語学」（長谷川瑞穂）　研究社　2006.10　p202-208
◎参考文献「モダリティ」（澤田治美）　開拓社　2006.10　p485-505
◎参考文献「格と態の認知言語学―構文と動詞の意味」（二枝美津子）　世界思想社　2007.1　p189-199
◎引用文献「シャドーイングと音読の科学」（門田修平）　コスモピア　2007.2　p274-279
◎参考文献ほか「英語表現の形式における矛盾と伝達効果」（田岡育恵）　英宝社　2007.2　p184-191
◎参考文献「英語多義ネットワーク辞典」（瀬戸賢一）　小学館　2007.3　p1087-1102
◎参考文献「言語現象とことばのメカニズム―日英語対照研究への機能論的アプローチ」（安武知子）　開拓社　2007.6　p227-241
◎参考文献ほか「本当に役立つ科学技術英語の勘どころ」（小野義正）　日刊工業新聞社　2007.9　p170-173
◎参考文献「言外の意味　上　新版」（安井稔）　開拓社　2007.10　p137-139

英語会話
◎参考文献「英語スピーチ・コミュニケーションのすすめ―国際時代の話学」（中島弘）　鷹書房弓プレス　2001.12　p202-214
◎文献「カタカナで完全マスター英会話」（島岡丘）　丸善　2002.3　p145-146
◎文献「知っておきたいイギリス英語―現代話し言葉集」（大石五雄）　平凡社　2003.1　p228-229
◎参考文献「オーラル・コミュニケーション・ストラテジー研究―積極的にコミュニケーションを図ろうとする態度の育成を目指して」（中谷安男）　開文社出版　2005.5　p173-181
◎参考文献「ポジティブ・イングリッシュのすすめ―「ほめる」「はげます」英語のパワー」（木村和美）　朝日新聞社　2007.9　p291-292

英語学
◎「英語学―研究と文献」（市河三喜）　ゆまに書房　2001.7　247p A5
◎参考文献「英語学を考える」（安井稔）　開拓社　2001.11　p287-293
◎参考文献「英語学入門」（安藤貞雄, 澤田治美）　開拓社　2001.11　p269-276

◎参考文献「英語学要語辞典」（寺沢芳雄）　研究社　2002.12　p731-819
◎「英語学論説資料索引　創刊号―第34号」　論説資料保存会　〔2002〕　CD-ROM1枚　12cm
◎個人研究業績一覧「英語年鑑　2003年版」（編集部）　研究社　2003.1　p105-156
◎文献書誌「英語学史を学ぶ人のために」（H.グノイス）　世界思想社　2003.3　p106-226
◎「英語学論説資料索引　創刊号―第35号」　論説資料保存会　2003.6　CD-ROM1枚　12cm
○研究書誌（田島松二ほか）「言語科学　38」（九州大）　2003　p153-174
◎個人研究業績一覧「英語年鑑　2004年版」（編集部）　研究社　2004.1　p95-140
◎「英語学論説資料索引　創刊号-36号」　論説資料保存会　2004.6　CD-ROM1枚　12cm
◎個人研究業績一覧「英語年鑑　2005年版」（『英語年鑑』編集部）　研究社　2005.1　p103-147

英語教育
◎参考文献「新学習指導要領にもとづく英語科教育法」（望月昭彦）　大修館書店　2001.3　p264-282
◎「英語をモノにするためのカタログ　2002年版」（アルク）　アルク　2001.4　531p B5
◎参考文献「実践的コミュニケーションの指導」（高橋正夫）　大修館書店　2001.4　p232-233
◎参考文献「新しい世代の英語教育―第3世代のCALLと「総合的な学習の時間」」（町田隆哉ほか）　松柏社　2001.4　p232-236
◎参考文献「英語講座の誕生　メディアと教養が出会う近代日本」（山口誠）　講談社　2001.6　p235-251
◎文献「英語の指導・学習のストラテジー―21世紀の教育に活かしたい」（後洋一）　近代文芸社　2001.7　p273-274
◎参考文献「IT時代のマルチメディア英語授業入門―CD-ROMからインターネットまで」（山内豊）　研究社　2001.8　p185-186
◎参考文献「ティーム・ティーチングの進め方―授業改善の視点に立って」（巽俊二）　教育出版　2001.8　p147-148
◎参考文献「インターネット時代の英語教育―世界のサイトとその実践例」（M. Warschauerほか）　ピアソンエデュケーション　2001.9　p183-199
◎関連文献「英語の授業に活かすインターネット―導入から授業活動・計画の組み立てまで」（D. Teeler）　ピアソンエデュケーション　2001.9　p190-201
◎参考文献「新しい英文法の学び方・教え方」（S. Thornbury）　ピアソンエデュケーション　2001.9　p273-274
◎参考文献「英語ライティング論―書く能力と指導を科学する」（小室俊明）　河源社　2001.11　p229-234
○図書一覧「英語教育　51.9」（大修館書店）　2002.1　p81-83
◎参考文献「英語科教育実習ハンドブック　改訂版」（米山朝二, 杉山敏, 多田茂）　大修館書店　2002.2　p266-267
◎参考文献「英語教育の理論と実践」（恵泉女学院大英米文化学科）　彩流社　2002.3　prr
◎参考文献「小学校でなぜ英語?―学校英語教育を考える」（大津由紀雄, 鳥飼玖美子）　岩波書店　2002.3　p68-70

- ◎参考図書「理科系のための英語力強化法」(志村史夫) ジャパンタイムズ 2002.3 p277-279
- ◎文献「『ジャックアンドベティ』を社会学的に読む」(岩本茂樹) 関西学院大学出版会 2002.4 p60-62
- ◎参考文献「TOEFL・TOEICと日本人の英語力―資格主義から実力主義へ」(鳥飼久美子) 講談社 2002.4 p162-165
- ◎References「英語にとって「教師」とは何か」(寺島隆吉) あすなろ社 2002.4 p213-216
- ◎References「英語にとって「評価」とは何か」(寺島隆吉) あすなろ社 2002.4 p203-206
- ◎参考文献ほか「英語を使った「総合的な学習の時間」―小学校の授業実践」(服部孝彦,吉澤寿一) 大修館書店 2002.4 p189-191
- ◎引用文献「英語テスト作成の達人マニュアル」(静哲人) 大修館書店 2002.4 p287」
- ◎文献「英語科授業論の基礎―コミュニケーション重視の言語教育理論研究」(小山内洸) リーベル出版 2002.4 p187-194
- ◎引用文献「英語教師のための新しい評価法」(松沢伸二) 大修館書店 2002.4 p273-279
- ◎参考文献「英語授業改善のための処方箋―マクロに考えミクロに対処する」(金谷憲) 大修館書店 2002.4 p179-180
- ◎参考文献「英文読解のプロセスと指導」(津田塾大学言語文化研究所読解研究グループ) 大修館書店 2002.4 p334-356
- ◎参考書目「英語教育 実践から理論へ 改訂増補」(米山朝二) 松柏社 2002.10 p341-349
- ◎文献「大学英語教育における教授手段としてのポートフォリオに関する研究」(峯石緑) 渓水社 2002.11 p101-110
- ◎参考文献「なぜ子どもに英語なのか―バイリンガルのすすめ」(唐須教光) NHK出版 2002.12 p215-218
- ◎参考文献「英語の語彙指導―理論と実践の統合をめざして」(林洋和) 渓水社 2002.12 p369-384
- ◎参考文献「現代の英語科教育法」(石黒昭博ほか) 英宝社 2003.1 p217-222
- ◎参考文献「コミュニカティブな文法指導―理論と実践」(太田垣正義) 開文社出版 2003.3 p219-224
- ◎文献「英語教育のグランド・デザイン―慶応義塾大学SFCの実践と展望」(鈴木佑治) 慶応義塾大学出版会 2003.4 p176-177
- ◎引用文献「多言語社会の言語文化教育―英語を第二言語とする子どもへのアメリカ人教師たちの取り組み」(バトラー後藤裕子) くろしお出版 2003.4 p237-248
- ◎文献「日本語を活かした英語授業のすすめ」(吉田研作ほか) 大修館書店 2003.4 p194-196
- ◎関連文献「英語の教え方学び方」(斎藤兆史) 東京大学出版会 2003.6 p187-188
- ◎参考文献「言語政策としての英語教育」(山口雄一郎) 渓水社 2003.6 p255-268
- ◎文献「授業づくりと改善の視点―よりコミュニカティブな授業をめざして」(高橋一幸) 教育出版 2003.6 p135-194
- ◎参考文献「日本人に一番合った英語学習法―先人たちに学ぶ「四〇〇年の知恵」」(斎藤兆史) 祥伝社 2003.6 p181-183
- ◎参考文献「小学校の英語教育―指導者に求められる理論と実践」(金森強) 教育出版 2003.7 prr
- ◎文献「タスクが開く新しい英語教育―英語教師のための実践ハンドブック」(J. ウィリス) 開隆堂出版 2003.8 p290-294
- ◎文献「英語のテストはこう作る」(A. ヒューズ) 研究社 2003.8 p253-262
- ○刊行図書一覧「英語教育 52.8増刊」(大修館書店) 2003.10 p89-91
- ◎参考文献「日本の英語教育200年」(伊村元道) 大修館書店 2003.10 p291-295
- ◎文献「英語教師のための「わかる、できる」授業からの出発」(此枝洋子) 燃焼社 2003.11 p163-166
- ◎参考文献「児童が生き生き動く英語活動の進め方」(樋口忠彦) 教育出版 2003.11 p155-157
- ◎参考文献「「自己表現活動」を取り入れた英語授業」(田中武夫ほか) 大修館書店 2003.12 p250-251
- ◎ブックガイド「英語を子どもに教えるな」(市川力) 中央公論新社 2004.2 p272-280
- ◎参考文献「明日の小学校英語教育を拓く」(松川礼子) アプリコット 2004.3 p227-230
- ◎参考文献「英語の語彙指導あの手この手」(毛利公也) 渓水社 2004.4 p183-186
- ◎参考書籍ガイド「英語教師のための教育データ分析入門―授業が変わるテスト・評価・研究」(前田啓朗ほか) 大修館書店 2004.4 p147-152
- ◎参考文献「サムライたちが学んだ英語―「英学本位制」(1873年)成立前後を中心とした英語教育および学習についての研究」(近藤忠義) 碧天舎 2004.5 p120-125
- ◎参考文献「リチューニング英語習得法」(D. チータム) 筑摩書房 2004.5 p190-202
- ◎参考文献「英語教科書の歴史的研究」(小篠敏明ほか) 辞游社 2004.8 p173-177
- ◎文献「高校英語教育を変える和訳先渡し授業の試み」(金谷憲ほか) 三省堂 2004.8 p257-259
- ◎参考文献「ポイントで学ぶ国際会議のための英語―英文手紙、論文投稿、訪問、Eメール、電話」(小野義正) 丸善 2004.9 p109-112
- ◎参考文献「文科省が英語を壊す」(茂木弘道) 中央公論新社 2004.9 p185-186
- ○刊行図書一覧「英語教育 53.8増刊」(大修館書店) 2004.10 p111-113
- ◎参考文献「英語教員のための授業活動とその分析」(大喜多喜夫) 昭和堂 2004.10 p214-216
- ◎文献「子ども中心ではじめる英語レッスン―学ぶ力を育む英語の教え方」(D. ポール) ピアソン・エデュケーション 2004.11 p243-244
- ◎参考文献「英語習得の「常識」「非常識」―第二言語習得研究からの検証」(白畑知彦ほか) 大修館書店 2004.12 p161-175
- ◎参照文献「これからの大学英語教育」(竹蓋幸生ほか) 岩波書店 2005.2 p235-248
- ◎引用文献「リスニング指導法としてのシャドーイングの効果に関する研究」(玉井健) 風間書房 2005.2 p135-141
- ◎参照文献「英語教育はなぜ間違うのか」(山田雄一郎) 筑摩書房 2005.2 p237-238
- ◎参考文献「英語力を鍛える」(鈴木寛次) NHK出版 2005.2 p185-186

◎引用参考文献「国際コミュニケーションのための英語教育研究」（伊原巧）　現代図書　2005.2　p267-277
◎文献案内（小寺茂明）「英語教育の基礎知識―教科教育法の理論と実践」（小寺茂明ほか）　大修館書店　2005.3　p204-220
◎参考文献「英語の「授業力」を高めるために―授業分析からの提言」（高梨庸雄）　三省堂　2005.4　p248-250
◎参考文献「子どもの英語学習―習得過程のプロトタイプ」（山本麻子）　風間書房　2005.4　p237-242
◎参考文献「文法項目別英語のタスク活動とタスク―34の実践と評価」（高島英幸）　大修館書店　2005.6　p286-290
◎参考文献「はじめてのアクションリサーチ―英語の授業を改善するために」（佐野正之）　大修館書店　2005.7　p205-209
◎文献「アジアの視点で英語を考える―Asian English」（祖慶壽子）　朝日出版社　2005.7　p160-163
◎参考文献「これからの英語学力評価のあり方―英語教師支援のために」（野呂忠司ほか）　教育出版　2005.8　p251-266
◎引用参考文献「イギリス中等音声国語教育史研究」（安直哉）　東洋館出版社　2005.8　p331-341
◎引用文献「日本の小学校英語を考える―アジアの視点からの検証と提言」（バトラー後藤裕子）　三省堂　2005.8　p276-303
◎文献「幼児から成人まで一貫した英語教育のための枠組み―ECF English Curriculum Framework」（ARCLE編集委員会）　リーベル出版　2005.8　p271-282
○図書一覧「英語教育　54.8」（大修館書店）　2005.10　p111-113
◎引用文献「大学におけるリメディアル教育への提言―英語のつまずきに関して」（中村朋子）　大学教育出版　2005.10　p135-146
◎参考文献「動機づけを高める英語指導ストラテジー35」（Z.ドルニュイ）　大修館書店　2005.11　p190-199
◎参考文献「「小学校英語」指導法ハンドブック」（J.ブルースターほか）　玉川大学出版部　2005.12　p355-362
◎参考文献「ポライトネスと英語教育―言語使用における対人関係の機能」（堀素子ほか）　ひつじ書房　2006.2　p251-258
◎参考文献「第二言語コミュニケーション力に関する理論的考察―英語教育内容への指針」（柳瀬陽介）　渓水社　2006.2　p333-339
◎引用文献「ヒューマンな英語授業がしたい!―かかわる、つながるコミュニケーション活動をデザインする」（三浦孝ほか）　研究社　2006.3　p295-298
◎引用文献「英語を学ぶ人・教える人のために―「話せる」のメカニズム」（羽鳥由美）　世界思想社　2006.3　p239-244
◎参考文献「日本語と英語の対照研究―日本語教師・英語教師と学生のための」（板谷絢子）　トロント　2006.3　p107-111
◎参考文献「脳科学からの第二言語習得論―英語学習と教授法開発」（大石晴美）　昭和堂　2006.3　p217-246
◎参考文献「第二言語習得研究から見た効果的な英語学習法・指導法」（村野井仁）　大修館書店　2006.4　p194-210

◎参考文献「中学校英語授業の評価の実際」（杉本義美）　大修館書店　2006.5　p138-142
◎参考文献「英語感覚が身につく実践的指導―コアとチャンクの活用法」（田中茂範ほか）　大修館書店　2006.6　p263-265
◎参考文献「危うし!小学校英語」（鳥飼玖美子）　文藝春秋　2006.6　p219-223
◎参考文献「多読で学ぶ英語―楽しいリーディングへの招待」（R. R. デイ）　松柏社　2006.7　p253-266
◎参考文献「発信型英語スーパーレベルリーディング―語彙・文法・背景知識・思考力・分析力・論理性を鍛える技術とトレーニング」（植田一三）　ベレ出版　2006.7　p372-374
◎参考引用文献「「特区」に見る小学英語」（滝口優）　三友社出版　2006.8　p122-125
◎参考文献「英語診断テスト開発への道―ELPA「英語診断テスト」プロジェクトの軌跡」（金谷憲ほか）　英語運用能力評価協会　2006.9　p199-205
◎参考文献「近代日本の英語科教育史―職業系諸学校による英語教育の大衆化過程」（江利川春雄）　東信堂　2006.9　p337-356
○刊行図書一覧「英語教育　55.9」（大修館書店）　2006.10　p109-112
◎文献一覧「英語学習と臨界期―第2言語習得研究と帰国生教育から」（植松茂男）　松柏社　2006.10　p181-197
◎参考文献「高等教育における英語授業の研究―授業実践事例を中心に」（大学英語教育学会授業学研究委員会）　松柏社　2007.1　p320-325
◎引用文献「マイクロステップ計測法による英単語学習の個人差の測定」（寺澤孝文ほか）　風間書房　2007.2　prr
◎参考文献「小学校におけるプロジェクト型英語活動の実践と評価」（東野裕子ほか）　高陵社書店　2007.2　p133-135
◎Bibliography「英語教育における論理と実践―認知言語学の導入とその有用性」（上野義和）　西条印刷所　2007.3　p416-442
◎参考文献「がんばろう!イングリッシュ・ティーチャーズ!―自主研修ハンドブック」（田邉祐司ほか）　三省堂　2007.4　p201-205
◎参考文献「グローバル時代の英語教育」（中村耕二）　英宝社　2007.4　p318-326
◎参考文献「英語を禁止せよ―知られざる戦時下の日本とアメリカ」（大石五雄）　ごま書房　2007.5　p253-255
◎参考引用文献「日本の言語政策と英語教育―「英語が使える日本人」は育成されるのか?」（奥野久）　三友社出版　2007.7　p200-203
◎参考文献「英語教育原論」（寺島隆吉）　明石書店　2007.8　prr
○図書一覧「英語教育　56.8増刊」（大修館書店）　2007.10　p109-112
◎引用文献「世界に通用しない英語―あなたの教室英語、大丈夫?」（八木克正）　開拓社　2007.10　p185-188
◎参考文献「日本人と英語―もうひとつの英語百年史」（斎藤兆史）　研究社　2007.10　p232-236
◎参考文献「「達人」の英語学習法―データが語る効果的な外国語修得法とは」（竹内理）　草思社　2007.11　p159-166

◎References「L2学習者のスペリング能力とリーディング能力の関係」（森千鶴） 溪水社 2007.11 p105-113

英語圏
◎「英語圏の児童文学賞・受賞作品とその翻訳」（安藤紀子ほか） 安藤紀子 2001.4 59p B5
◎参考文献「英語圏文学―国家・文化・記憶をめぐるフォーラム」（竹谷悦子ほか） 人文書院 2002.4 prr

英語語彙
◎参考文献「語彙範疇 2 名詞・形容詞・前置詞」（丸田忠雄, 平田一郎） 研究社 2001.9 p169-179
◎参考文献「英単語のあぶない常識―翻訳名人は訳語をこう決める」（山岡洋一） 筑摩書房 2002.7 p214-218
◎文献「基礎からわかる数量と単位の英語―豊富な文型と用例」（銀林浩, 銀林純） 日興企画 2002.7 p214-215
◎参考文献「語の仕組みと語形成―英語学モノグラフシリーズ 16」（伊藤たかねほか） 研究社 2002.10 p201-208
◎参考文献「バイアスフリーの英語表現ガイド」（M. シュウォーツほか） 大修館書店 2003.5 p171-176
◎文献「英語のメンタルレキシコン―語彙の獲得・処理・学習」（門田修平） 松柏社 2003.6 p324-351
◎参考文献「英語語彙の指導マニュアル」（望月正道ほか） 大修館書店 2003.10 p231-241
◎参考文献「例解現代英語冠詞事典」（樋口昌幸） 大修館書店 2003.11 p479-480
◎参考文献「英語のなかの日本語語彙―英語と日本文化との出会い」（早川勇） 辞游社 2003.12 p449-452
◎参考文献「メディア英語表現辞典」（宮本倫好） 筑摩書房 2004.3 p282-284
◎参考文献「英語のことわざ・名言―比較文化的考察ノート」（児玉実英ほか） 広島女学院大 2004.12 p161-162
◎参考文献「現代英語語彙の多義構造―認知論的視点から 理論編」（松中完二） 白桃書房 2005.3 p283-319
◎References「英語教師のためのボキャブラリー・ラーニング」（I. S. P. ネーション） 松柏社 2005.4 p495-526
◎参考文献「生成語彙意味論」（小野尚之） くろしお出版 2005.6 p219-229
◎参考文献「語彙範疇 1 動詞」（藤田耕司ほか） 研究社 2005.9 p211-221
◎参考文献「現代英語語彙の多義構造―認知論的視点から 実証編」（松中完二） 白桃書房 2006.3 p279-328
◎参考文献「コーパス語彙意味論―語から句へ」（M. スタッブズ） 研究社 2006.5 p340-355
◎参考文献「分配を表す数量詞の日英比較」（坂口真理） ふくろう出版 2006.10 p218-226
◎参考文献「英語語彙指導ハンドブック」（門田修平ほか） 大修館書店 2006.12 p311-322

英語語源
◎文献「英語の語源と由来」（菅沼惇） 晃洋書房 2003.2 p193-194
◎参考文献「ことばの苑―英語の語源をたずねて」（寺澤芳雄） 研究社 2004.7 p230-231
◎参考文献「語源で楽しむ英単語―その意外な関係を探る」（遠藤幸子） NHK出版 2007.3 p190-193

英語史
◎文献「英語通信文の歴史―英国の英文レターマニュアルに見る商用通信文（ビジネスレター）の移り変わり」（稲津一芳） 同文舘出版 2001.3 p435-440
◎参考文献「英語襲来と日本人―えげれす語事始」（斎藤兆史） 講談社 2001.11 p181-184
◎参考文献「英語史入門―現代英文法のルーツを探る」（安藤貞雄） 開拓社 2002.10 p135-141
◎参照文献ほか「英語の考古学―英語史提要」（M. F. ウェイクリン） 而立書房 2003.7 p234-244
○研究書誌（田島松二ほか）「言語科学 38」（九州大） 2003 p153-174
◎引用文献「英語史入門」（橋本功） 慶應義塾大出版会 2005.9 p217-221
◎参考文献「英語発達史 改訂版」（中島文雄） 岩波書店 2005.11 p247-253
◎関連文献「新しい英語史―シェイクスピアからの眺め」（島村宣男） 関東学院大出版会 2006.5 p175-199
◎参考文献「英語史概説 1」（J. フィシャク） 青山社 2006.6 p211-235
◎参考文献「ベーシック英語史」（家入葉子） ひつじ書房 2007.3 p111-116
◎参考文献「英語史概説」（大槻博ほか） 燃焼社 2007.3 p222-223

英語辞書
◎参考文献「海のかなたの日本語―英米辞書に見る」（伊藤孝治） 大阪教育図書 2001.3 p325-327
◎参考文献「学習和英辞典編纂論とその実践」（山岸勝榮） こびあん書房 2001.6 p439-457
◎参考文献ほか「英和辞典を使いこなす」（笠島準一） 講談社 2002.3 p258-272
○辞書・事典（朝尾幸次郎）「英語教育 51.2」（大修館書店） 2002.5 p12-15
◎おすすめの辞書「英語力を上げる辞書120％活用術」（住出勝則） 研究社 2002.10 p205-213
◎文献「英語辞書力を鍛える―あなたの英語を変える快適辞書活用術」（磐崎弘貞） DHC 2002.12 p273-276
◎文献「学習英英辞書の歴史―パーマー、ホーンビーからコーパスの時代まで」（A. P. カウイー） 研究社 2003.3 p249-266
◎文献「辞書学辞典」（R. R. K. ハートマン） 研究社 2003.7 p171-190
◎参考文献「英語辞書学への招待」（H. ジャクソン） 大修館書店 2004.9 p259-263
◎参考図書「英和辞書とバイリンガリズム―語義としての対応語・訳語を中心として」（大谷喜明） 小学館スクウェア 2005.2 p196-199
◎参考文献「日本の英語辞書と編纂者」（早川勇） 春風社 2006.3 p313-314
◎参考文献「辞書とアメリカ―英語辞典の200年」（本吉侃） 南雲堂 2006.6 p382-397
◎引用文献「英和辞典の研究―英語認識の改善のために」（八木克正） 開拓社 2006.10 p295-302
◎主要辞書一覧「辞書からはじめる英語学習」（関山健治） 小学館 2007.3 p243-251

英語支配
◎参考文献「英語支配とは何か―私の国際言語政策論」（津田幸男） 明石書店 2003.12 prr

◎基礎文献「言語・情報・文化の英語支配―地球市民社会のコミュニケーションのあり方を模索する」(津田幸男)　明石書店　2005.3　p181-183
◎参考文献「英語帝国主義に抗する理念―「思想」論としての「英語」論」(大石俊一)　明石書店　2005.12　p321-326
◎参考文献「英語支配とことばの平等―英語が世界標準でいいのか?」(津田幸男)　慶應義塾大出版会　2006.9　p7-9b

英語熟語
◎文献「研究社―ロングマンイディオム英和辞典　普及版」(東信行ほか)　研究社　2003　p563-565

英語発音
◎文献「手づくり英語発音道場―対ネイティブ指数50をめざす」(平沢正夫)　平凡社　2003.12　p239-240

英語方言
◎参考文献「アメリカ北部英語方言の研究」(後藤弘樹)　双魚社　2004.1　p430-437

英語翻訳
◎参考辞書ほか「翻訳という仕事」(小鷹信光)　筑摩書房　2001.8　p229-233
◎参考文献「通訳の英語日本語」(小松達也)　文藝春秋　2003.5　p197-198
◎書籍「特許英語翻訳ハンドブック―効率的な明細書翻訳のための資料とノウハウ」(佐藤亜古)　朝日出版社　2007.7　p159-169
◎参考文献「英語通訳への道―通訳教本」(日本通訳協会)　大修館書店　2007.12　p326-327

英才教育
◎引用参考文献「21世紀のエリート像」(麻生誠ほか)　学文社　2004.11　p157-168

英作文
◎文献「EBM医学英語論文の書き方・発表の仕方」(ウォーレン・S.ブラウナー)　医学書院　2001.3　p225-226
◎参照文献「やさしく書ける英語論文」(藤本滋之)　松柏社　2002.1　p180-181
◎参考文献「「英語モード」でライティング―ネイティブ式発想で英語を書く」(大井恭子)　講談社インターナショナル　2002.2　p188-189
◎文献「良い英文Eメール悪い英文Eメール―英文Eメールトレーニング」(飯田健雄)　中経出版　2002.6　p230-231
◎参考文献「英作文推敲活動を促すフィードバックに関する研究―推敲過程認知処理モデルからの有効性の検証」(青木信之)　渓水社　2006.8　p229-241
◎参考文献「完璧!と言われる科学論文の書き方―筋道の通った読みやすい文章作成のコツ」(J. Kirkman)　丸善　2007.4　p215-216
◎引用文献「アカデミック・ライティング―日本文・英文による論文をいかに書くか」(桜井邦朋)　朝倉書店　2007.11　p122-127

嬰児殺し
◎参考文献「赤ん坊殺しのドイツ文学」(横田忍)　三修社　2001.4　p389-398

永寿丸
◎参考文献「薩摩漂流奇譚」(名越護)　南方新社　2004.9　p184-185

エイジング
◎参考文献「老後を自立して―エイジングと向き合う」(加藤恭子, ジョーン・ハーヴェイ)　NHK出版　2001.9　p246-253
◎参考文献ほか「エイジズム―高齢者差別の実相と克服の展望」(E. B. パルモア)　明石書店　2002.9　p405-341
◎参考文献「エイジングの社会心理学」(辻正二ほか)　北樹出版　2003.6　prr
◎引用文献「認知のエイジング　入門編」(D. C. パーク)　北大路書房　2004.3　p247-287
◎引用文献「成人発達とエイジング」(K. W. Schaieほか)　ブレーン出版　2006.8　p697-814
◎文献「エイジング心理学―老いについての理解と支援」(谷口幸一ほか)　北大路書房　2007.8　prr
◎文献「加齢医学―エイジング・ファイン」(帯刀益夫ほか)　東北大出版会　2007.9　prr

エイズ
◎文献「エイズ―ウイルスの起源と進化」(J. Goudsmit)　学会出版センター　2001.1　p412-428
◎ブックガイド「世界はエイズとどう闘ってきたのか―危機の20年を歩く」(宮田一雄)　ポット出版　2003.12　p223-226
◎引用文献「私の「日本エイズ史」」(塩川優一)　日本評論社　2004.10　p18-19b
◎引用文献「HIV/AIDSをめぐる集合行為の社会学」(本郷正武)　ミネルヴァ書房　2007.2　p253-260
◎本「川田龍平いのちを語る」(川田龍平)　明石書店　2007.6　p108」

衛星
◎参考文献「生命の星・エウロパ」(長沼毅)　NHK出版　2004.3　p222-232

衛生
◎参考図書「シンプル衛生公衆衛生学　2002年版」(鈴木庄亮, 久道茂)　南江堂　2002.3　p333-335
◎文献「生活と健康」(中島利誠)　コロナ社　2002.9　p198-205
◎参考文献「健康病―健康社会はわれわれを不幸にする」(上杉正幸)　洋泉社　2002.12　p214-215
◎参考図書「シンプル衛生公衆衛生学　2003」(鈴木庄亮ほか)　南江堂　2003.3　p349-351
◎参考文献「最新保健学―疫学・保健統計」(野尻雅美)　真興交易医書出版部　2003.12　prr
◎参考図書ほか「シンプル衛生公衆衛生学　2004」(鈴木庄亮ほか)　南江堂　2004.3　p347-350
◎参考図書ほか「シンプル衛生公衆衛生学　2005」(鈴木庄亮ほか)　南江堂　2005.3　p349-352
◎文献「現代生活と保健衛生　5版」(伊藤孝)　篠原出版新社　2007.3　p204-205
◎参考書「衛生化学・公衆衛生学　改訂4版」(早津彦哉ほか)　南江堂　2007.4　p449-450

衛生気象学
◎参考文献「体調予報―天気予報でわかる翌日のからだ」(河合薫)　講談社　2001.2　p184-185

衛生法規
◎参考文献「精解衛生法規―保険・医療・栄養関係者のための　第6版」(野崎貞彦ほか)　第一出版　2002.4　p308-309

映像
- ◎参考文献「映像の言語学―日本語教育学シリーズ6」（城生佰太郎ほか）　おうふう　2002.1　prr
- ◎参考文献「陽はまた昇る―映像メディアの世紀」（佐藤正明）　文藝春秋　2002.6　p677-678
- ◎参考文献「画面の誕生」（鈴木一誌）　みすず書房　2002.9　p384-385
- ◎参考文献「映像と社会　表現・地域・監視」（田畑暁生）　北樹出版　2003.7　prr
- ◎参考図書「情報映像学入門」（佐々木成明）　オーム社　2005.2　p246-249
- ◎参考文献「現代映像芸術論―映像作家活動の思想的背景―1970年-200年」（風間正）　出版文化研究会　2007.10　p284-290

映像産業
- ◎文献「きらめく映像ビジネス！」（純丘曜彰）　集英社　2004.9　p235-236
- ◎参考文献「映像コンテンツ産業の政策と経営―行政・NPO・企業の協働型創造システム」（山崎茂雄ほか）　中央経済社　2006.5　p178-187

映像情報
- ◎参考文献「映像情報符号化」（酒井善則, 吉田俊之）　オーム社　2001.12　p215-219
- ◎参考文献「映像情報論」（今村庸一）　丸善　2003.1　p171-172

映像文学
- ◎文献「日米映像文学に見る家族」（濱野成生ほか）　日本優良図書出版会　2002.3　p346-341
- ◎文献「日米映像文学は戦争をどう見たか」（濱野成生ほか）　日本優良図書出版会　2002.3　p430-425

ADHD
- ◎文献「ADHD（注意欠陥/多動性障害）」（町沢静夫）　駿河台出版社　2002.4　p209-210
- ◎文献「成人期のADHD―病理と治療」（P. H. ウェンダー）　新曜社　2002.10　p253-275
- ◎文献「LD（学習障害）とADHD（注意欠陥多動性障害）」（上野一彦）　講談社　2003.5　p186-188
- ◎参考文献ほか「LD・ADHD・高機能自閉症児の発達保障―子ども・家庭・学校をつなぐ」（別府悦子）　全国障害者問題研究会出版部　2003.6　p132-135
- ◎文献ほか「ADHD―注意欠陥多動性障害の子への治療と介入」（C. K. コナーズほか）　金子書房　2004.3　p94-105
- ◎参考文献「星野先生の知って良かった、アダルトADHD」（星野仁彦）　ヴォイス　2004.3　p392-394
- ◎参考図書「ADHDと自閉症の関連がわかる本」（D. M. ケネディ）　明石書店　2004.5　p164-165
- ◎引用参考文献「LD・ADHDの理解と支援―学校での心理臨床活動と軽度発達障害」（牟田悦子）　有斐閣　2005.1　prr
- ◎参考文献「学校のなかのADHD―アセスメント・介入方式の理論と実践」（G. J. デュポール）　明石書店　2005.1　p302-342
- ◎文献「ADHDへのナラティヴ・アプローチ―子どもと家族・支援者の新たな出発」（D. ナイランド）　金剛出版　2006.1　p212-216
- ◎参考文献「ADHD医学的モデルへの挑戦―しなやかな子どもの成長のために」（R. S. ネーブンほか）　明石書店　2006.6　p183-203

永福門院百番自歌合
- ◎参考文献「永福門院百番自歌合全釈」（岩佐美代子）　風間書房　2003.1　p200-201

英仏戦争
- ◎文献「英仏百年戦争」（佐藤賢一）　集英社　2003.11　p236-237

英文契約書
- ◎参考文献「取引・交渉の現場で役立つ英文契約書の読み方―リスクや盲点を見抜いて相手と対等に渡り合う！」（佐藤孝幸）　かんき出版　2003.6　p286-287

英文法
- ◎参考文献「日英語の主題，主語そして省略―体系機能文法的アプローチ」（塚田浩恭）　リーベル出版　2001.1　p121-126
- ◎参考文献「英語指定文の構造と意味」（関茂樹）　開拓社　2001.2　p269-278
- ◎参考文献「統語論入門―形式的アプローチ　上」（アイバン・A. サグ, トーマス・ワソー）　岩波書店　2001.3　p299-308
- ◎参照文献「日英対照動詞の意味と構文」（影山太郎）　大修館書店　2001.3　p297-311
- ◎参考文献「英文法のからくり―英語表現の意味を「推理」する」（武田修一, 小原純子）　丸善　2001.4　p153-154
- ◎参考文献「構文文法論―英語構文への認知的アプローチ」（A. E. ゴールドバーグ）　研究社出版　2001.4　p339-362
- ◎参考文献「日英比較話しことばの文法　続」（水谷信子）　くろしお出版　2001.4　p151-156
- ◎参考文献「「最新」英語構文事典」（中島平三）　大修館書店　2001.5　p845-907
- ◎参考文献「英語基本名詞辞典」（小西友七）　研究社出版　2001.5　p1825-1839
- ◎参考文献「文法におけるインターフェイス」（岡崎正男, 小野塚裕視）　研究社出版　2001.5　p191-205
- ◎参考文献「補文構造」（桑原和生, 松山哲也）　研究社出版　2001.5　p193-204
- ◎文献「共時的アプローチによる英語関係節の習得研究」（伊藤彰浩）　リーベル出版　2001.6　p119-127
- ◎参考文献「文の構造」（立石浩一, 小泉政利）　研究社　2001.7　p193-199
- ◎参考文献「機能範疇」（金子義明, 遠藤喜雄）　研究社　2001.8　p199-209
- ◎「英語学文献解題　5　文法　2」（原口庄輔, 今西典子）　研究社　2001.12　489p B5
- ◎参考文献「教えるための英文法」（隈部直光）　リーベル出版　2002.1　p333-334
- ◎参考文献「わかりやすい英語冠詞講義」（石田秀雄）　大修館書店　2002.3　p235-240
- ◎文献「英語助動詞の語法」（柏野健次）　研究社　2002.4　p213-219
- ◎文献「英語教師のための機能文法入門」（ジェフ・ウィリアムズ）　リーベル出版　2002.5　p106-108
- ◎参考文献「英語史入門―現代英文法のルーツを探る」（安藤貞雄）　開拓社　2002.10　p135-141
- ◎参考文献「英語冠詞の世界―英語の「もの」の見方と示し方」（織田稔）　研究社　2002.11　p155-157
- ◎参考文献「文法化とイディオム化」（秋元実治）　ひつじ書房　2002.11　p233-257

◎参考文献「関連性理論の新展開　認知とコミュニケーション　英語学モノグラフシリーズ2」（東森勲ほか）　研究社　2003.2　p195-209
◎参考文献「英語教育指導法事典」（米山朝二）　研究社　2003.3　p387-406
◎参考文献「英語統語論の基礎」（福島富士郎）　西日本法規出版　2003.4　p130-132
◎文献「生成文法の方法—英語統語論のしくみ」（長谷川欣佑）　研究社　2003.12　p285-295
◎参考文献「英語にも主語はなかった—日本語文法から言語千年史へ」（金谷武洋）　講談社　2004.1　p240-242
◎参考文献「英語の構造と移動現象—生成理論とその科学性」（畠山雄二）　鳳書房　2004.2　p343-383
◎参考文献「英語の構文　英語学入門講座9」（田中智之ほか）　英潮社　2004.9　p260-283
◎参考文献「生成文法の考え方」（北川善久ほか）　研究社　2004.10　p235-241
◎参考文献「統語構造と文法関係」（岸本秀樹）　くろしお出版　2005.2　p298-316
◎参考文献「英語は動詞で生きている！」（晴山陽一）　集英社　2005.3　p204-205
◎文献「明日に架ける生成文法」（中島平三ほか）　開拓社　2005.3　p274-286
◎参考文献「謎解きの英文法　文の意味」（久野暲ほか）　くろしお出版　2005.4　p215-218
◎参考文献「談話情報と英語構文解釈」（伊藤徳文）　英宝社　2005.5　p185-196
◎参考文献「分詞句の談話分析—意識の表現技法としての考察」（山岡實）　英宝社　2005.9　p169-176
◎引用参考文献「英語語法文法研究の新展開」（田中実ほか）　英宝社　2005.10　prr
◎引用文献「現代英文法講義」（安藤貞雄）　開拓社　2005.10　p889-900
◎参考文献（構文）「入門ミニマリスト統語論　新版」（A. ラドフォード）　研究社　2006.3　p342-353
◎参考文献「英語における修飾節—関係詞節に関する理論」（近松明彦）　丸善京都出版サービスセンター　2006.10　p403-408
◎参考文献「英語接辞研究」（西川盛雄）　開拓社　2006.10　p281-284
◎参考文献「主語と動詞の諸相—認知文法・類型論的視点から」（二枝美津子）　ひつじ書房　2007.1　p195-202
◎引用文献「英語の構文とその意味—生成文法と機能的構文論」（久野暲ほか）　開拓社　2007.6　p313-318
◎参考文献「英語表現構造の基礎—冠詞と名詞・動詞と文表現・文型と文構造」（織田稔）　風間書房　2007.7　p269-273
◎参考書目「英語類義動詞の構文事典」（小野経男）　大修館書店　2007.7　p237-238
◎参考文献「現代英語の語法・文法に関する情報」（淀縄義男）　新生出版　2007.8　p277-281
◎引用文献「英文法を探る」（安藤貞雄）　開拓社　2007.9　p237-241
◎参考文献「英語否定文の統語論研究—素性照合と介在効果」（西岡宣明）　くろしお出版　2007.11　p273-286

英米演劇
◎「たのしく読める英米演劇—作品ガイド120」（一ノ瀬和夫, 外岡尚美）　ミネルヴァ書房　2001.4　297p A5

英米児童文学
◎参考文献「英米児童文学ガイド—作品と理論」（日本イギリス児童文学会）　研究社出版　2001.4　prr
◎「英米児童文学辞典」（定松正ほか）　研究社　2001.4　562p A5
◎参考文献「英米児童文学の宇宙—子どもの本への道しるべ」（本多英明ほか）　ミネルヴァ書房　2002.4　prr
◎参考文献「はじめて学ぶ英米児童文学史」（桂宥子ほか）　ミネルヴァ書房　2004.1　p282-286

英米タバコ会社
◎文献「グローバル・シガレット—多国籍企業BATの経営史　1880～1945」（ハワード・コックス）　山愛書院　2002.9　p434-446

英米文学
◎参考文献「緑と生命の文学　ワーズワス，ロレンス，ソロー，ジェファーソン」（福岡ロレンス研究会）　松柏社　2001.6　p183-188
◎「英米文学研究文献要覧　1995-1999」（安藤勝）　日外アソシエーツ　2001.7　962p B5
◎引用文献「群衆の風景—英米都市文学論」（植田和文）　南雲堂　2001.10　p313-341
◎注「新しいイヴたちの視線—英文学を読む」（新井明ほか）　彩流社　2002.1　prr
◎文献「たのしく読める英米青春小説—作品ガイド120」（高田賢一, 中村邦生）　ミネルヴァ書房　2002.11　p259-262
◎個人研究業績一覧「英語年鑑　2003年版」（編集部）　研究社　2003.1　p105-156
◎参考文献「小説の文体—英米小説への言語学的アプローチ」（G. N. リーチほか）　研究社　2003.1　p297-312
◎参考文献「英文学の内なる外部—ポストコロニアリズムと文化の混交」（山崎弘行）　松柏社　2003.3　p393-397
◎参考文献「「英文学」とは何か—新しい知の構築のために」（R. イーグルストン）　研究社　2003.7　p221-240
◎文献リスト「乱視読者の英米短篇講義」（若島正）　研究社　2003.7　p244-226
◎「英米小説原題邦題事典」（日外アソシエーツ）　日外アソシエーツ　2003.8　1040p A5
◎個人研究業績一覧「英語年鑑　2004年版」（編集部）　研究社　2004.1　p95-140
◎参考文献「アングロ・サクソン文学史—韻文編」（唐澤一友）　東信堂　2004.5　p240-250
◎「年表からみる英米文学史」（佐々木隆）　イーコン　2005.6　40p A5
◎「英米文学研究文献要覧　2000～2004」（安藤勝）　日外アソシエーツ　2006.7　952p B5
◎ブックガイド「近代文化史入門—超英文学講義」（高山宏）　講談社　2007.7　p298-303
◎参照文献「他者の自伝—ポストコロニアル文学を読む」（中井亜佐子）　研究社　2007.12　p327-346

英米法
◎参考文献「英米法律情報辞典」（飛田茂雄）　研究社　2002.3　p617-619
◎文献「「合理的疑いを超える」証明とはなにか—英米証明理論の史的展開」（B. J. シャピロ）　日本評論社　2003.7　p343-366

栄養
- ◎参考文献「公衆栄養学 第2版」（廣田才之ほか） 共立出版 2001.3 p231-232
- ◎参考文献「栄養疫学」（坪野吉孝, 久道茂） 南江堂 2001.4 p149-163
- ◎引用文献「新公衆栄養学」（芦川修貮ほか） 第一出版 2001.4 p260-261
- ◎参考文献「すぐに役立つサプリメント活用事典―元気ときれいに一直線」（古田裕子） 法研 2002.1 p197-199
- ◎参考図書「基礎栄養学―改訂」（青山頼孝ほか） 弘栄出版 2002.1 p170」
- ◎参考図書「人間栄養学 ライフサイクルからみた 改訂」（足立蓉子ほか） 弘栄出版 2002.3 p169-170
- ◎参考文献「食事計画論―QOLを高める食を求めて 新版」（山口蒼生子） 家政教育社 2002.5 prr
- ◎「食品・栄養の本全情報 1992-2001」（日外アソシエーツ） 日外アソシエーツ 2002.9 883p A5
- ◎文献「最新栄養学―専門領域の最新情報 第8版」（B. A. Bowmanほか） 建帛社 2002.10 prr
- ◎参考引用文献「ウエルネス公衆栄養学 4版」（沖増哲） 医歯薬出版 2003.1 p227-230
- ◎参考図書「小児栄養学」（武藤静子） 朝倉書店 2003.2 p130-131
- ◎参考図書「応用栄養学」（足立蓉子ほか） アイ・ケイコーポレーション 2003.4 p247-249
- ◎参考図書「子どもの食生活と保育―小児栄養」（上田玲子） 樹村房 2003.4 p205-207
- ◎文献「中医営養学 改訂増補版2版」（山崎郁子） 第一出版 2003.6 p299-301
- ◎文献「『食べもの神話』の落とし穴―巷にはびこるフードファディズム」（高橋久仁子） 講談社 2003.9 p244-246
- ◎参考文献「野菜のビタミンとミネラル―産地の栽培法・成分からみた野菜の今とこれから」（辻村卓ほか） 女子栄養大学出版部 2003.9 prr
- ◎参考書「基礎栄養学」（坂井堅太郎） 化学同人 2003.12 p195-196
- ◎参考文献「ウエルネス公衆栄養学 5版」（沖増哲） 医歯薬出版 2004.1 p231-234
- ◎文献「食品の生体調節機能に関する研究」（農林水産技術会議事務局） 農林統計協会 2004.3 prr
- ◎文献「食品成分のはたらき」（山田耕路） 朝倉書店 2004.3 prr
- ◎文献「水産食品栄養学―基礎からヒトへ」（鈴木平光ほか） 技報堂出版 2004.5 prr
- ◎参考書「臨床栄養学 疾病編」（嶋津孝ほか） 化学同人 2004.6 p264-265
- ◎「生活・健康・栄養図書総目録 2005年版」 図書目録刊行会 2004.11 373p A5
- ◎参考書「栄養機能化学 2版」（栄養機能化学研究会） 朝倉書店 2005.2 p190-192
- ◎参考図書「応用栄養学」（五明紀春ほか） 朝倉書店 2005.4 p179-182
- ◎文献「脂質栄養と健康」（宮澤陽夫ほか） 建帛社 2005.5 prr
- ◎参考引用文献「高齢者の栄養管理―寝たきり解消の栄養学」（杉山みち子ほか） 日本医療企画 2005.6 p163-170
- ◎文献「ケンブリッジ世界の食物史大百科事典 3 飲料・栄養素」 朝倉書店 2005.9 prr
- ◎参考図書「基礎栄養学」（奥恒行ほか） 南江堂 2005.10 p265-266
- ◎文献「子どもの脳を育てる栄養学」（中川八郎ほか） 京都大学術出版会 2005.12 p269-276
- ◎参考書「基礎栄養学 2版」（坂井堅太郎） 化学同人 2006.3 p209-210
- ◎文献「日本人の食事摂取基準（2005年版）完全ガイド」（田中平三） 医歯薬出版 2006.3 p194-199
- ◎参考図書「公衆栄養学」（田中平三ほか） 南江堂 2006.4 p309-313
- ◎引用文献「運動と栄養と食品」（伏木亨） 朝倉書店 2006.11 prr
- ◎参考文献「健康と長寿への挑戦―食品栄養科学からのアプローチ」（木苗直秀） 南山堂 2006.11 p153-159
- ◎文献「医薬品-栄養素の相互作用―人間栄養に必要な医薬品の知識」（Y. Coleman） 第一出版 2007.1 p38-50f
- ◎参考文献ほか「栄養素の許容上限摂取量の決め方―サプリメント・食品添加物のリスクと許容量モデルに関するWHO/FAOの報告書」（WHOほか） 産調出版 2007.2 p149-155
- ◎文献「新臨床栄養学」（岡田正ほか） 医学書院 2007.3 prr

栄養教育
- ◎参考書「栄養教育論」（笠原賀子ほか） 講談社 2003.4 p152」
- ◎参考文献「栄養教育論―栄養の指導」（茂木寿枝ほか） 学建書院 2004.3 p280-283
- ◎参考文献「栄養教育論」（落合敏） 医歯薬出版 2005.3 p259-260
- ◎参考図書「栄養教育論」（丸山千寿子ほか） 南江堂 2005.8 p331-334
- ◎参考文献「栄養教育論」（川田智恵子ほか） 化学同人 2006.3 p253-254

栄養教諭
- ◎参考文献「栄養教諭ってどんな仕事―職務に必要な基礎知識」（小西文子） 明治図書出版 2007.6 p198-199

エイリアン
- ◎参考文献「エイリアン―恐怖のエクリチュール」（若菜薫） 鳥影社 2001.11 p163-166

絵入小説
- ◎「江戸の合巻の世界」（佐藤至子） ぺりかん社 2001.11 321p A5

絵入り本
- ◎書誌ほか「在独日本文化財総合目録 2 フランクフルト工芸美術館フォン・ポルトハイム基金ハイデルベルク民族博物館所蔵浮世絵版画・和本篇」（B.マヤーほか） 国書刊行会 2004.5 p312-317

英和対訳袖珍辞書
- ○文献一覧（遠藤智夫）「英学史研究 40」（日本英学史学会） 2007 p105-128

絵因果経
- ◎参考文献「絵因果経の研究」（坪井みどり） 山川出版社 2004.6 p203-211

エヴェレスト
◎参考文献「永遠の希望―エヴェレスト登山に学ぶ人生論」（飯田史彦）　PHP研究所　2007.4　p284-285

エウェンキ語
◎文献「エウェンキ語形態音韻論および名詞形態論」（朝克）　東京外国語大学アジア・アフリカ言語文化研究所　2003.7　p457-463

絵かき遊び
◎参考資料「絵かき遊び考」（加古里子）　小峰書店　2006.10　p598」

易
◎参考文献「占い師!」（露木まさひろ）　筑摩書房　2002.1　p319-334
◎参考文献「日本の変革「東洋史観」」（鴇田正春）　コンピュータ・エージ社　2005.8　p261-265
◎参考文献「易學案内―皇極経世書の世界」（川嶋孝周）　明徳出版社　2006.9　p322-324

駅
◎参考文献「世界の駅―世界65カ国350駅の"旅情"」（三浦幹男, 杉江弘）　JTB　2002.4　p159」
◎注「古代駅伝馬制度の研究」（永田英明）　吉川弘文館　2004.1　prr
◎参考文献「鉄道駅と路線の謎と不思議」（梅原淳）　東京堂出版　2004.9　p332-333
◎参考文献「映画の中で出逢う「駅」」（臼井幸彦）　集英社　2006.5　p234-236

疫学
◎参考文献「栄養疫学」（坪野吉孝, 久道茂）　南江堂　2001.4　p149-163
◎参考文献「ロスマンの疫学―科学的思考への誘い」（K. J. Rothman）　篠原出版新社　2004.8　prr
◎文献「社会格差と健康―社会疫学からのアプローチ」（川上憲人ほか）　東京大出版会　2006.8　prr
◎文献「空間疫学への招待―疾病地図と疾病集積性を中心として」（丹後俊郎ほか）　朝倉書店　2007.9　p211-220

易経
◎あとがき「易の話―『易経』と中国人の思考」（金谷治）　講談社　2003.9　p294-295
◎文献「聖書と易学―キリスト教二千年の封印を解く」（水上薫）　五月書房　2005.4　p263-265

液状化現象
◎参考文献「液状化現象―巨大地震を読み解くキーワード」（國生剛治）　山海堂　2005.7　5pb

液晶産業
◎参考文献「要点早わかり液晶産業―基礎技術からマーケットまでをポイント解説」（岩井善弘）　工業調査会　2001.12　p205-208

疫病
◎参考文献「黒死病―疫病の社会史」（N. F. カンター）　青土社　2002.11　p10-18

恵慶集
◎参考文献「恵慶集注釈」（川村晃生ほか）　貴重本刊行会　2006.11　p439-440

エクアドル
◎ブックガイド「エクアドルを知るための60章」（新木秀和）　明石書店　2006.6　p363-375

エクステリア
◎参考文献「エクステリア・ガーデンデザイン用語辞典」（猪狩達夫, E&Gアカデミー用語辞典編集委員会）　彰国社　2002.2　p150」

エクスプロイテーション・フィルム
◎参考文献「興行師たちの映画史―エクスプロイテーション・フィルム全史」（柳下毅一郎）　青土社　2003.12　p22-28b

エーゲ文明
◎参考文献「ブラック・アテナ―古代ギリシア文明のアフロ・アジア的ルーツ―1.古代ギリシアの捏造1785-1985」（M. バナール）　新評論　2007.5　p607-641

エコ・エコノミー
◎原注「エコ・エコノミー時代の地球を語る」（L. R. ブラウン）　家の光協会　2003.4　p329-289

エコクリティシズム
◎参考文献「緑と生命の文学　ワーズワス, ロレンス, ソロー, ジェファーソン」（福岡ロレンス研究会）　松柏社　2001.6　p183-188
◎文献案内（結城正美）「越境するトポス―環境文学論序説」（野田研一ほか）　彩流社　2004.7　p308-302

エコセメント
◎文献ほか「エコセメントのおはなし」（大住真雄）　日本規格協会　2003.7　p121-123

エコツーリズム
◎参考文献「エコツーリズムってなに?―フレーザー島からはじまった挑戦」（小林宜子）　河出書房新社　2002.7　p1-6b
○文献目録（前田剛ほか）「立教観光学研究紀要　7」（立教大）　2005.3　p41-48

エコデザイン
◎参考図書「エコデザイン革命―環境とビジネスの両立」（エコデザイン推進機構ほか）　丸善　2003.3　p165-168
◎文献「エコ・デザイン・ハンドブック」（A. ファード＝ルーク）　六耀社　2003.7　p342-343

エコマネー
◎参考文献「エコマネーの新世紀―"進化"する21世紀の経済と社会」（加藤敏春）　勁草書房　2001.2　p351-357

エコール・ド・パリ
◎参考文献「巴里憧憬―エコール・ド・パリと日本の画家たち」（徳島県立近代美術館ほか）　美術館連絡協議会　c2006　p178-181

エコロジー
◎文献「物質循環のエコロジー」（室田武）　晃洋書房　2001.5　p9-29b
◎文献表「破壊されゆく地球―エコロジーの経済史」（ジョン・ベラミー・フォスター）　こぶし書房　2001.6　p222-235
◎参考文献「エコロジー人間学―ホモ・エコロギクス―共生の人間像を描く」（E. マインベルク）　新評論　2001.7　p291-296

◎参考文献「緑の政治思想―エコロジズムと社会変革の理論」（A. ドブソン）　ミネルヴァ書房　2001.10　p342-349
◎参考文献「エネルギー経済とエコロジー」（室田武）　晃洋書房　2006.5　p9-16b
◎参考文献「エコロジーの歴史」（P. マターニュ）　緑風出版　2006.8　p282-301
◎参考文献「エコロジーのかたち―持続可能なデザインへの北欧的哲学」（C. ベック＝ダニエルセン）　新評論　2007.9　p207-203

絵師
◎参考文献「筑前御抱え絵師　史料篇」（小林法子）　中央公論美術出版　2004.3　p621-639

エジプト
◎参考文献「エジプト―転換期の国家と社会」（伊能武次）　朔北社　2001.7　p205-212
◎ブックガイド「エジプト―悠久のおもしろ国へ」（WCG編集室）　トラベルジャーナル　2001.9　p216-217
◎文献「エジプト」（アンドリュー・ハンフリーズ）　日経ナショナルジオグラフィック社　2002.4　p357-358

エジプト　アレクサンドリア図書館
◎Bibliography「知識の灯台―古代アレクサンドリア図書館の物語」（D. フラワー）　柏書房　2003.3　p247-245

エジプト　遺跡
◎参考文献「ダハシュール北　1」（早稲田大学エジプト学研究所）　アケト　2003.2　p98-101
◎参考文献「マルカタ南　5　イシス神殿北遺物址」（早稲田大学エジプト学研究所）　アケト　2005.2　p271-280
◎参考文献「ミイラ発見!!―私のエジプト発掘物語」（吉村作治）　アケト　2005.7　p1-3b
◎参考文献ほか「黄金のミイラが眠る谷」（Z. ハワス）　アケト　2007.7　p158-159

エジプト　建築
◎参考文献「ファラオの形象―エジプト建築調査ノート」（西本真一）　淡交社　2002.3　p223-221

エジプト　古代
◎参考文献「古代エジプトの秘薬―ピラミッドを考案した人たちが作りゾサー王やツタンカーメンも使った薬」（大澤彌生）　エンタプライズ　2002.3　p299-300
◎文献「図説エジプトの「死者の書」」（村治笙子, 片岸直美）　河出書房新社　2002.5　p126-127
◎参考文献「古代エジプト神殿大百科」（R. H. ウィルキンソン）　東洋書林　2002.9　p246-250
◎文献「エジプト文明の誕生」（高宮いづみ）　同成社　2003.2　p250-257
◎参考文献「古代エジプト文化の形成と拡散　ナイル世界と東地中海世界」（大城道則）　ミネルヴァ書房　2003.5　p53-76b
◎文献リスト（吉成美登里）「古代エジプトの歴史と社会」（屋形禎亮）　同成社　2003.6　p505-527
◎参考文献「古代エジプトうんちく図鑑」（芝崎みゆき）　バジリコ　2004.6　p302-303
◎参考文献「古代エジプト人の世界―カラー版　壁画とヒエログリフを読む」（村治笙子）　岩波書店　2004.11　p187-190
◎参考文献「古代エジプト愛の歌―古代エジプト語ヒエログリフからの邦訳」（土居泰子）　弥呂久　2005.3　p170-173
◎参考文献「古代エジプトを知る事典」（吉村作治）　東京堂出版　2005.4　p25-27b
◎参考文献「黒いアテナ―古代文明のアフロ・アジア的ルーツ　下」（M. バナール）　藤原書店　2005.11　p1107-1036
◎文献案内「古代エジプト　文明社会の形成」（高宮いづみ）　京都大学術出版会　2006.6　p309-339
◎参照文献ほか「古代エジプト」（I. ショー）　岩波書店　2007.12　p1-13b

エジプト　社会
◎参考文献「現代エジプトにおけるイスラームと大衆運動」（横田貴之）　ナカニシヤ出版　2006.12　p225-244

エジプト　神話
◎参考文献「エジプトの神々」（池上正太）　新紀元社　2004.4　p253-255
◎参考文献「古代エジプト神々大百科」（R. H. ウィルキンソン）　東洋書林　2004.10　p244-248

エジプト　政治
◎参考文献ほか「イスラーム政治と国民国家―エジプト・ヨルダンにおけるムスリム同胞団の戦略」（吉川卓郎）　ナカニシヤ出版　2007.10　p181-196

エジプト　美術
◎参考文献「エジプト美術」（J. マレク）　岩波書店　2004.4　p438-440

エジプト　歴史
◎参考文献「エジプト近現代史―ムハンマド・アリ朝成立から現在までの200年」（山口直彦）　明石書店　2006.1　p362-358
◎参考文献「アラブ・イスラム社会の異人論」（西尾哲夫）　世界思想社　2006.3　p272-260

エジプト語
◎出典ほか「中期エジプト語基礎文典」（吹田浩）　創英社　2003.5　p276-277

絵図
◎注文献「地図と絵図の政治文化史」（黒田日出男ほか）　東京大学出版会　2001.8　prr
◎参考文献「絵図・地図からみた世界像」（藤井譲治ほか）　京都大　2004.3　p331-333
◎参考文献「絵図でたどる島根の歴史―三館合同企画」（島根県立博物館）　島根県立博物館　2004.6　p56-57
◎文献リスト（喜多祐子）「国絵図の世界」（国絵図研究会）　柏書房　2005.7　p353-368

SF
○日本語文献（北原尚彦）「ミステリマガジン　45.10.535」（早川書房）　2000.1　p74-75
○ベスト10（鏡明）「本の雑誌　223」（本の雑誌社）　2001.1　p108-111
○国内編100（三村美衣ほか）「SFマガジン　42.2.538」（早川書房）　2001.2　p290-339
○「SFが読みたい!　2001年版」（SFマガジン編集部）　早川書房　2001.2　191p A5

えすえふ

◎年表「懐かしい未来」（長山靖生）　中央公論新社　2001.5　p342-353
○邦訳書籍（山岸真）「SFマガジン　42.8.544」（早川書房）　2001.8　p47-49
○ブックガイド（森山和道ほか）「SFマガジン　42.11」（早川書房）　2001.11　p248-251
○ブックガイド（中野善夫）「SFマガジン　43.12」（早川書房）　2001.12　p94-98
◎「SF入門」（日本SF作家クラブ）　早川書房　2001.12　238p A5
○年表（編集部）「SFマガジン　43.2」（早川書房）　2002.2　p412-402
◎「SFが読みたい！ 2002年版」（早川書房）　早川書房　2002.2　192p A5
◎「新・SFハンドブック」（早川書房編集部）　早川書房　2002.4　543p A6
○ガイド海外（牧真司）「SFマガジン　43.5」（早川書房）　2002.5　p50-52
◎雑誌年表「図説異星人—野田SFコレクション」（野田昌宏）　河出書房新社　2002.5　2pb
◎ブックガイド「SFマガジン　43.11」（早川書房）　2002.11　p90-103
◎「SFが読みたい！ 2004年版」（SFマガジン編集部）　早川書房　2004.2　189p A5
◎参考文献「ロボット・オペラ」（瀬名秀明）　光文社　2004.6　8pb
◎「SFが読みたい！ 2005年版」（SFマガジン編集部）　早川書房　2005.2　187p A5
◎「現代SF1500冊　乱闘編1975-1995」（大森望）　太田出版　2005.6　390p B6
◎文献「テクノゴシック」（小谷真理）　ホーム社　2005.8　p293-298

SF映画

◎参考文献「エイリアン—恐怖のエクリチュール」（若菜薫）　鳥影社　2001.11　p163-166
◎参考資料「アメリカSF映画の系譜—宇宙開拓の神話とエイリアン来襲の神話」（長谷川功一）　リム出版新社　2005.6　p235-251
◎参考文献「世界SF映画全史」（北島明弘）　愛育社　2006.4　p104-106b
◎参考文献「シネマ天文学入門—宇宙SF映画を愉しむ」（堀江純）　裳華房　2006.11　p193-196

SF雑誌

◎参考文献「SF雑誌の歴史—パルプマガジンの饗宴」（M.アシュリー）　東京創元社　2004.7　p288-292

エスキモー語

◎文献「「語」とはなにか—エスキモー語から日本語をみる」（宮岡伯人）　三省堂　2002.7　p181-194

SQ

◎文献「SQ—魂の知能指数」（ダナー・ゾーハー, イアン・マーシャル）　徳間書店　2001.2　p1-6b

絵双六

◎一覧ほか「絵すごろく—生いたちと魅力」（山本正勝）　芸艸堂　2004.1　p242-288

エストニア

◎参考文献「エストニア国家の形成—小国の独立と国際関係」（大中真）　彩流社　2003.3　p4-13b

エスニシティ

◎参考文献「エスニシティの社会学」（M.マルティニエッロ）　白水社　2002.2　p1-5b
◎参考文献「エスニシティ・ジェンダーからみる日本の歴史」（黒田弘子ほか）　吉川弘文館　2002.6　prr
○研究動向（樋口直人）「社会学評論　57.3.227」（日本社会学会）　2006.12　p634-649

エスノグラフィ

◎「エスノグラフィー・ガイドブック—現代世界を複眼で見る」（松田素二, 川田牧人）　嵯峨野書院　2002.1　320p A5

エスノスケープ

◎参考文献「海外における日本人、日本のなかの外国人　移民流動とエスノスケープ」（岩崎信彦ほか）　昭和堂　2003.2　prr

エスノメソドロジー

◎参考文献「心と行為—エスノメソドロジーの視点」（西阪仰）　岩波書店　2001.2　p245-256
◎文献「社会理論としてのエスノメソドロジー」（山崎敬一）　ハーベスト社　2004.3　p223-227

SPSS

◎文献紹介「調査データ分析の基礎—JGSSデータとオンライン集計の活用」（岩井紀子ほか）　有斐閣　2007.3　p288-299

エスペラント

◎参考文献「言語的近代を超えて—〈多言語状況〉を生きるために」（山本真弓ほか）　明石書店　2004.9　p316-323
◎参照文献「エスペラント—異端の言語」（田中克彦）　岩波書店　2007.6　p217-220

蝦夷史料

○引用書目誌（谷本晃久ほか）「史流　41」（北海道教育大）　2004.3　p1-35b

エチオピア

◎引用文献「社会化される生態資源—エチオピア絶え間なき再生」（福井勝義）　京都大学学術出版会　2005.3　p373-362
◎参考文献「辺境の想像力—エチオピア国家支配に抗する少数民族ホール」（宮脇幸生）　世界思想社　2006.2　p495-482
◎ブックガイド「エチオピアを知るための50章」（岡倉登志）　明石書店　2007.12　p366-375

越境汚染

◎参考文献「越境汚染の動学的分析」（井上知子）　勁草書房　2001.6　p159-163

エッセイ

◎参考文献「エッセイとは何か」（P.グロードほか）　法政大学出版局　2003.3　p23-26b

エッダ

◎文献「サガとエッダの世界—アイスランドの歴史と文化」（山室静）　文元社　2004.2　p254-258

エットゥトハイ

◎参考文献（高橋孝信）「エットゥトハイ—古代タミルの恋と戦いの詩」　平凡社　2007.8　p338-342

エッフェル塔
　◎参考文献ほか「エッフェル塔物語」（F. サイツ）　玉川大学出版部　2002.8　p174-167
ADSL
　◎参考文献「わかりやすいADSLの技術」（次世代ネットワーク研究会）　オーム社　2001.8　p111-112
エディプス・コンプレックス
　◎註「エディプス・コンプレックス論争―性をめぐる精神分析史」（妙本浩之）　講談社　2002.3　p242-247
エーテル音楽
　◎注文献「テルミン　エーテル音楽と20世紀ロシアを生きた男」（竹内正実）　岳陽舎　2000.8　p8-11b
江戸
　◎引用史料「江戸人の老い」（氏家幹人）　PHP研究所　2001.3　4pb
　◎参考文献「地名で読む江戸の町」（大石学）　PHP研究所　2001.3　8pb
　◎参考文献「図説江戸考古学研究事典」（江戸遺蹟研究会）　柏書房　2001.4　p66-120
　◎参考文献「落語にみる江戸の「悪」文化」（旅の文化研）　河出書房新社　2001.7　p206-209
　◎参考文献「関所抜け江戸の女たちの冒険」（金森敦子）　晶文社　2001.8　p280-283
　◎参考文献「江戸奥女中物語」（畑尚子）　講談社　2001.8　p231-235
　◎参考文献「江戸の炮術　継承される武芸」（宇田川武久）　東洋書林　2001.10　p255-258
　◎参考文献「江戸の陰陽師（おんみょうじ）―天海のランドスケープデザイン」（宮元健次）　人文書院　2001.11　p202-205
　◎参考文献「江戸職人図聚」（三谷一馬）　中央公論新社　2001.12　p486-501
　◎参考文献「周縁を呑み込んだ都市」（河野秀樹）　文芸社　2002.1　p133-137
　◎参考文献「江戸の町は骨だらけ」（鈴木理生）　桜桃書房　2002.2　p253-256
　◎参考文献「都市図の系譜と江戸」（小沢弘）　吉川弘文館　2002.2　p210-214
　◎参照文献「江戸と大阪―近代日本の都市起源」（斎藤修）　NTT出版　2002.3　p229-241
　◎参考文献「図説―江戸考古学研究事典」（江戸遺跡研究会）　柏書房　2002.3　p66-120
　◎関連作品「江戸の恋―「粋」と「艶気」に生きる」（田中優子）　集英社　2002.4　p201-206
　◎参考文献「江戸庶民の信仰と行楽」（池上真由美）　同成社　2002.4　p207-209
　◎参考図書「落首がえぐる江戸の世相」（秋道博一）　文芸社　2002.4　p150-152
　◎文献「お江戸の経済事情」（小沢詠美子）　東京堂出版　2002.5　p252-257
　◎参考文献「江戸は踊る!」（中田浩作）　PHP研究所　2002.5　2pb
　◎文献「資本主義は江戸で生まれた」（鈴木浩三）　日本経済新聞社　2002.5　p308-310
　◎参考文献「文明としての江戸システム―日本歴史19」（鬼頭宏）　講談社　2002.6　p325-334
　◎参考文献「江戸動物図鑑―出会う・暮らす・愛でる」（港区立港郷土資料館）　港区立港郷土資料館　2002.10　p102」

　◎参考文献「首都江戸の誕生―大江戸はいかにして造られたのか」（大石学）　角川書店　2002.10　prr
　◎参考文献「江戸の自然誌―「武江産物志」を読む」（野村圭佑）　どうぶつ社　2002.12　p364」
　◎参考文献「江戸東京見聞録」（岩井是通）　丸善　2002.12　p177-179
　◎典拠文献「江戸東京年表―増補版」（吉原健一郎, 大浜徹也）　小学館　2002.12　p294-295
　◎参考文献「駅名で読む江戸・東京」（大石学）　PHP研究所　2003.1　p289-303
　◎参考文献「江戸　街道の起点　街道の日本史20」（藤田覚ほか）　吉川弘文館　2003.2　p17-23b
　◎文献「江戸に学ぶ「おとな」の粋」（神崎宣武）　講談社　2003.2　p236-238
　◎文献「大江戸花鳥風月名所めぐり」（松田道生）　平凡社　2003.2　p239-244
　◎引用参考文献「江戸・東京のなかの伊予」（玉井建三）　愛媛県文化振興財団　2003.3　p288-293
　◎読書案内（鈴木理生）「江戸東京学事典　新装版」（小木新造ほか）　三省堂　2003.3　p949-987
　◎参考文献「江戸の子育て」（中江和恵）　文藝春秋　2003.4　p203-206
　○文献情報（加藤貴）「比較都市史研究　22.1」（比較都市史研究会）　2003.6　p66-70
　◎参考文献「絵で読む江戸の病と養生」（酒井シヅ）　講談社　2003.6　p173-174
　◎参考文献「江戸庶民の衣食住　図説江戸　4」（竹内誠）　学習研究社　2003.6　p127」
　◎文献一覧「地図と写真で見る幕末明治の江戸城―現状比較」（平井聖ほか）　学習研究社　2003.6　p142-143
　◎参考文献「東京下町散歩25コース」（仙田直人ほか）　山川出版社　2003.6　p216-217
　◎参考文献「江戸の銭と庶民の暮らし」（吉原健一郎）　同成社　2003.7　p195」
　◎文献「江戸の性談―男は死ぬまで恋をする」（氏家幹人）　講談社　2003.8　p230-237
　◎参考文献ほか「江戸の食生活」（原田信男）　岩波書店　2003.11　p1-19b
　◎注「大江戸世相夜話―奉行、髪結い、高利貸し」（藤田覚）　中央公論新社　2003.11　p217-221
　○百科便利帳（中矢由花ほか）「国文学解釈と鑑賞　68.12」（至文堂）　2003.12　p185-198
　◎参考文献「大江戸「懐」事情知れば知るほど」（小林弘忠）　実業之日本社　2003.12　p276-278
　◎参考文献「江戸の情報力―ウェブ化と知の流通」（市村佑一）　講談社　2004.1　p214-222
　◎参考文献「江戸の宿場町新宿」（安宅峯子）　同成社　2004.4　p191-195
　◎引用書目「江戸という幻景」（渡辺京二）　弦書房　2004.6　p253-255
　◎参考文献「江戸の料理と食生活―日本ビジュアル生活史」（原田信男）　小学館　2004.6　p167-166
　◎参考文献「江戸の占い」（大野出）　河出書房新社　2004.8　p260-262
　◎引用参考文献「江戸の町は骨だらけ」（鈴木理生）　筑摩書房　2004.8　p263-267
　◎参考文献「江戸の土地問題」（片倉比佐子）　同成社　2004.8　p209-213
　◎参考文献「観光都市江戸の誕生」（安藤優一郎）　新潮社　2005.6　p198-199

◎参考資料「江戸びとの情報活用術」(中田節子) 教育出版 2005.8 p191-196
◎参考文献「大江戸の姫さま—ペットからお輿入れまで」(関口すみ子) 角川学芸出版 2005.8 p173-176
◎参考文献「江戸の野菜—消えた三河島菜を求めて」(野村圭佑) 荒川クリーンエイド・フォーラム 2005.9 p240-241
◎参考文献「考証江戸の火災は被害が少なかったのか?」(西田幸夫) 住宅新報社 2006.9 p182-186
◎参考資料「大江戸百華繚乱—大奥から遊里まで54のおんなみち」(森実与子) 学習研究社 2007.2 p306-309
◎参考文献「江戸の放火—火あぶり放火魔群像」(永寿日郎) 原書房 2007.5 p300-302
◎参考文献ほか「江戸の妖怪事件簿」(田中聡) 集英社 2007.6 p203-206
◎参考文献「江戸の大普請—徳川都市計画の詩学」(T.スクリーチ) 講談社 2007.11 p283-285
◎参考文献「江戸の教育力」(高橋敏) 筑摩書房 2007.12 p205-206
◎参考文献「爆笑!大江戸ジョーク集」(笛吹明生) 中央公論新社 2007.11 p270-272

江戸歌舞伎
◎参考文献ほか「江戸歌舞伎の残照」(吉田弥生) 文芸社 2004.9 p333-342

絵解き
◎参考文献「ステンドグラスの絵解き」(志田政人) 日貿出版社 2001.12 p214」
○研究文献目録(林雅彦, 高達奈緒美)「絵解き研究 16」(絵解き研究会) 2002.3 p137-145
○文献目録(林雅彦ほか)「絵解き研究 17」(絵解き研究会) 2003.3 p85-90
○研究文献目録抄(林雅彦)「国文学解釈と鑑賞 68.10」(至文堂) 2003.10 p185-196
○文献目録(林雅彦ほか)「絵解き研究 19」(絵解き研究会) 2005.12 p121-129
○文献目録(林雅彦ほか)「絵解き研究 20・21」(絵解き研究会) 2007.8 p217-223

江戸語
◎年表「江戸語に遊ぶ」(新井益太郎) 三樹書房 2002.11 p186-196

江戸小唄
◎参考文献「昭和小唄 その1」(木村菊太郎) 演劇出版社 2003.11 p526-528

江戸時代
◎史料(飯澤文夫)「事典 しらべる江戸時代」(林英夫ほか) 柏書房 2001.10 p814-829
◎引用文献「近代化以前の日本の人口と家族—失われた世界からの手紙」(木下太志) ミネルヴァ書房 2002.2 p263-281
◎引用書目「生野義挙と其同志 復刻版」(沢宣一,望月茂) マツノ書店 2002.4 p678-687
◎注「江戸の民衆世界と近代化—山川歴史モノグラフ 1」(小林信也) 山川出版社 2002.11 prr
◎文献「世界システム論で読む日本」(山下範久) 講談社 2003.4 p245-251
◎文献「武士の家計簿—「加賀藩御算用者」の幕末維新」(磯田道史) 新潮社 2003.4 p219-222
◎引用参考文献「江戸10万日全記録—実録事件史年表」(明田鉄男) 雄山閣 2003.8 p426-429
◎参考文献「享保改革と社会変革 日本の時代史16」(大石学) 吉川弘文館 2003.9 p330-346
◎文献目録ほか「近世大名家臣団の社会構造」(磯田道史) 東京大学出版会 2003.9 p381-394
◎参考文献「近代の胎動 日本の時代史 17」(藤田覚) 吉川弘文館 2003.10 p275-282
◎参考文献「江戸の旅文化」(神崎宣武) 岩波書店 2004.3 p245-253
◎参考文献「江戸を知る事典」(加藤貴) 東京堂出版 2004.6 prr
◎文献リスト「近世社会 展望日本歴史15」(藪田貫ほか) 東京堂出版 2004.10 p439-429
◎参考引用文献「代官の日常生活—江戸の中間管理職」(西沢淳男) 講談社 2004.11 p232-238
◎参考文献「江戸時代村社会の存立構造」(平野哲也) 御茶の水書房 2004.12 p491-497
◎参考文献「近世北奥社会と民衆」(浪川健治) 吉川弘文館 2005.1 p296-303
◎参考文献「江戸諸藩中興の祖」(川口素生) 河出書房新社 2005.1 p254-255
◎注「都市空間の近世史研究」(宮本雅明) 中央公論美術出版 2005.2 prr
◎参考文献「漆器の考古学—出土漆器からみた近世という社会」(北野信彦) あるむ 2005.3 p69-71
◎引用参考文献「東久留米の江戸時代—文化財からみた東久留米の村々」(東久留米市教育委員会) 東久留米市教育委員会 2005.3 p145-146
◎参考文献「江戸の男色—上方・江戸の「売色風俗」の盛衰」(白倉敬彦) 洋泉社 2005.5 p248-250
◎参考文献「江戸開府 改版 日本の歴史13」(辻達也) 中央公論新社 2005.8 p549-555
◎参考文献「近世の女旅日記事典」(柴桂子) 東京堂出版 2005.9 prr
◎参考文献「鎖国 改版 日本の歴史14」(岩生成一) 中央公論新社 2005.9 p517-520
◎参考文献「大名と百姓 改版 日本の歴史15」(佐々木潤之介) 中央公論新社 2005.10 p543-549
◎参考文献「元禄時代 改版 日本の歴史16」(児玉幸多) 中央公論新社 2005.11 p545-549
◎参考文献「江戸人物科学史」(金子務) 中央公論新社 2005.12 p320-329
◎参考文献「町人の実力 改版 日本の歴史17」(奈良本辰也) 中央公論新社 2005.12 p535-538
◎参考文献「近世村落社会の家と世帯継承—家族類型の変動と回帰」(岡田あおい) 知泉書館 2006.1 p317-337
◎参考文献「江戸の英吉利熱—ロンドン橋とロンドン時計」(T.スクリーチ) 講談社 2006.1 p243-247
◎参考文献「近世の日本と朝鮮」(三宅英利) 講談社 2006.2 p286-290
◎参考文献「越後長岡の江戸時代」(本山幸一) 高志書院 2006.3 p199-202
◎参考文献「日本近世環境史料演習」(根崎光男) 同成社 2006.4 p185-187
◎参考文献「近世農民生活史 新版」(児玉幸多) 吉川弘文館 2006.9 p362-364

◎参考文献「豪商たちの時代―徳川三百年は「あきんど」が創った」(脇本祐一) 日本経済新聞社 2006.10 p275-277
◎参考文献「江戸のダイナミズム―古代と近代の架け橋」(西尾幹二) 文藝春秋 2007.1 p592-603
◎参考文献「江戸の遺伝子―いまこそ見直されるべき日本人の知恵」(徳川恒孝) PHP研究所 2007.3 p250-253
◎本「山本博文教授の江戸学講座」(山本博文ほか) PHP研究所 2007.3 p251-253
◎参考文献「江戸の温泉学」(松田忠徳) 新潮社 2007.5 p248-255
◎参考文献「江戸の漂泊聖たち」(西海賢二) 吉川弘文館 2007.6 p182-185
◎論文「江戸の転勤族―代官所手代の世界」(高橋章則) 平凡社 2007.7 p267-268
◎参考文献「改易と御家再興」(岡崎寛徳) 同成社 2007.8 p205-208
◎参考文献ほか「近世寺社参詣の研究」(原淳一郎) 思文閣出版 2007.9 p364-386

江戸儒教
◎注「江戸儒教と近代の「知」」(中村春作) ぺりかん社 2002.10 p241-264

江戸城
◎参考資料「よみがえる江戸城」(平井聖) 学研 2005.9 p143」
◎参考文献「石垣が語る江戸城」(野中和夫) 同成社 2007.3 p375-377
◎参考文献「将軍と大奥―江戸城の「事件と暮らし」」(山本博文) 小学館 2007.8 p191」

江戸税制
◎参考資料「江戸時代の江戸の税制と明治六年地租改正法公布」(土方晋) 税務経理協会 2004.3 p211-213

江戸農民
◎参考文献「逃げる百姓、追う大名 江戸の農民獲得合戦」(宮崎克明) 中央公論新社 2001.12 p216-218
◎参考文献「逃げる百姓、追う大名―江戸の農民獲得合戦」(宮崎克則) 中央公論新社 2002.2 p216-218
◎参考文献「江戸農民の暮らしと人生―歴史人口学入門」(速水融) 麗澤大学出版会 2002.8 p268-270

江戸幕府
◎参考文献「里美家改易始末―房総戦国大名の落日」(千野原靖方) 崙書房 2001.4 p172-173
◎参考文献「江戸幕府と朝廷」(高埜利彦) 山川出版社 2001.5 2pb
◎注文献「江戸幕府直轄軍団の形成」(小池進) 吉川弘文館 2001.9 prr
◎参考文献「幕府の地域支配と代官」(和泉清司) 同成社 2001.10 p269-271
◎文献「織豊政権と江戸幕府―日本の歴史 15」(池上裕子) 講談社 2002.1 p381-384
◎参考文献「江戸幕府と東アジア 日本の時代史14」(荒野泰典) 吉川弘文館 2003.8 p417-435
◎参考文献「江戸幕府と情報管理」(大友一雄) 臨川書店 2003.9 p191-192
◎参考文献「幕藩制の苦悶 日本の歴史18 改版」(北島正元) 中央公論新社 2006.1 p557-562
◎参考文献ほか「レフィスゾーン江戸参府日記」(J. H. レフィスゾーン) 雄松堂出版 2003.4 p401-404

江戸服飾史
◎参考文献「江戸服飾史談 大槻如電講義録」(吉田豊) 芙蓉書房出版 2001.4 p177-179
◎参考文献「江戸美人の化粧術」(陶智子) 講談社 2005.12 p190-191
◎参考文献「江戸のダンディズム―男の美学」(河上繁樹) 青幻舎 2007.5 p114-115
◎参考文献「江戸のきものと衣生活」(丸山伸彦) 小学館 2007.6 p174」

江戸文化
◎参考文献「加賀百万石と江戸芸術―前田家の国際交流」(宮元健次) 人文書院 2002.1 p224-229
◎参考文献「江戸の釣り 水辺に開いた趣味文化」(長辻象平) 平凡社 2003.4 p249-254
◎参考文献「江戸のまんが 泰平の世のエスプリ」(清水勲) 講談社 2003.6 p206-209
◎参考文献「江戸庶民の娯楽 図説江戸 5」(竹内誠) 学習研究社 2003.6 p127」
◎参考文献「図説江戸の学び」(市川宣明ほか) 河出書房新社 2006.2 p124-125
◎参考文献ほか「大江戸飼い鳥草紙―江戸のペットブーム」(細川博昭) 吉川弘文館 2006.2 p225-229
◎参考文献「江戸庶民の楽しみ」(青木宏一郎) 中央公論新社 2006.5 p317-324
◎参考文献「江戸文化をよむ」(倉地克直) 吉川弘文館 2006.6 p297-304
◎参考文献「江戸の遊び―けっこう楽しいエコレジャー」(東北大学附属図書館) 東北大附属図書館 2006.11 p124-125
◎参考文献「江戸博覧強記」(江戸文化歴史検定協会) 小学館 2007.6 p404-406

江戸文学
◎「江戸時代の書物と読書」(長友千代治) 東京堂出版 2001.3 396p ks
◎参考文献「江戸川柳で読む百人一首」(阿部達二) 角川書店 2001.11 p283-285
◎「江戸文学と出版メディア 近世前期小説を中心に」(冨士昭雄) 笠間書院 2001.11 418p A5
◎蔵書解題3(渡辺好久児ほか)「図書の譜8」(明治大) 2004.3 p232-250
◎出版物一覧「近世前期文学研究―伝記・書誌・出版」(塩村耕) 若草書房 2004.3 p342-392

江戸村方
◎参考文献「江戸村方騒動顛末記」(高橋敏) 筑摩書房 2001.10 p201-204

江戸名所図会
◎注文献「江戸名所図会の世界」(千葉正樹) 吉川弘文館 2001.3 prr
◎文献「江戸城が消えていく―『江戸名所図会』の到達点」(千葉正樹) 吉川弘文館 2007.9 p254-255

江戸文字
◎参考文献「図説江戸文字入門」(橘右橘) 河出書房新社 2007.2 1pb

江戸牢屋敷
◎参考文献「物語大江戸牢屋敷」(中島繁雄) 文藝春秋 2001.2 p226」

エニアック
◎参考文献「エニアック―世界最初のコンピュータ開発秘話」(スコット・マッカートニー) パーソナルメディア 2001.8 p273-281

NGO
◎参考文献「カナダのNGO 政府との「創造的緊張」をめざして」(高柳彰夫) 明石書店 2001.3 p271-288
◎関連図書「学び・未来・NGO NGOに携わるとは何か」(若井晋ほか) 新評論 2001.4 p334-333
◎参考文献「あなたも国際貢献の主役になれる―いまNGOにできること」(小川秀樹) 日本経済新聞社 2001.10 p252-254
◎参考文献(久木田由貴子)「マネジメント・開発・NGO 「学習する組織」BRACの貧困撲滅戦略」(G. H. ラヴェル) 新評論 2001.10 p301-396
◎関連図書「仏教・開発・NGO タイ開発僧に学ぶ共生の智恵」(西川潤ほか) 新評論 2001.11 p304-302
◎引用参考文献「NPO/NGOと国際協力」(西川潤ほか) ミネルヴァ書房 2002.7 prr
◎参考文献ほか「開発NGOと市民社会―代理人の民主政治か?」(A. C. ハドック) 出版研 2002.7 p159-163
◎文献リスト「国際協力プロジェクト評価」(アーユス) 国際開発ジャーナル社 2003.9 p204-211
◎参考文献「イサーンの百姓たち―NGO東北タイ活動記」(松尾康範) めこん 2004.1 p212-213
◎参考文献「NGOの発展の軌跡―国際協力NGOの発展とその専門性」(重田康博) 明石書店 2005.3 prr
◎参考文献「世界銀行とNGOs―ナルマダ・ダム・プロジェクト中止におけるアドボカシーNGOの影響力」(段家誠) 築地書館 2006.3 p193-203
◎参考文献「開発NGOとパートナーシップ」(下澤嶽) コモンズ 2007.8 p176-179
◎ブックガイド「国際協力NGOのフロンティア―次世代の研究と実践のために」(金敬黙ほか) 明石書店 2007.10 p286-298

NTT
◎参考文献ほか「巨大独占―NTTの宿罪」(町田徹) 新潮社 2004.8 p1-3b

NPO
◎参考文献「NPO政策の理論と展開」(初谷勇) 大阪大学出版会 2001.2 p478-497
◎参考文献「素顔のアメリカNPO―貧困と向き合った8年間」(須田木綿子) 青木書店 2001.2 p221-223
◎参考文献「NPOの実践経営学」(河口弘雄) 同友館 2001.3 p201-206
◎参考文献「福祉NPO 地域を支える市民起業」(渋川智明) 岩波書店 2001.6 p199」
◎文献「日本のNPO/2001」(中村陽一, 日本NPOセンター) 日本評論社 2001.8 p133-139
◎参考文献「NPOの活用と実践―夢と志の市民プロジェクトおこし!」(大川新人) 日本地域社会研究所 2001.10 p257-261
◎参考文献「NPO法人をつくろう―設立・申請・運営実例解説 第2版」(米田雅子) 東洋経済新報社 2001.11 p10-11b
◎References「コモンズ―人類の共働行為――NPOと自発的行為の新しいパースペクティヴ」(R. A. Lohmann) 西日本法規出版 2001.12 p339-380
◎参考文献「中国のNPO―いま、社会改革の扉が開く」(王名, 李妍焱, 岡室美恵子) 第一書林 2002.3 p227-234
◎文献「パブリックリソースハンドブック―市民社会を拓く資源ガイド」(パブリックリソース研究会) ぎょうせい 2002.4 p339-388
◎引用参考文献「NPOと事業」(谷本寛治ほか) ミネルヴァ書房 2002.6 prr
◎引用参考文献「NPO/NGOと国際協力」(西川潤ほか) ミネルヴァ書房 2002.7 prr
◎引用文献ほか「NPOと法・行政」(山本啓ほか) ミネルヴァ書房 2002.9 prr
◎注「NPOと市民社会―アソシエーション論の可能性」(佐藤慶幸) 有斐閣 2002.10 prr
◎参考文献「ハンドブック市民の道具箱」(目加田説子) 岩波書店 2002.11 p223-226
◎参考文献「成功するNPO失敗するNPO」(大川新人) 日本地域社会研究所 2002.12 p256-257
◎資料「NPOと行政の協働の手引き」(編集委員会) 大阪ボランティア協会 2003.1 p154-158
◎文献「非営利組織研究―その本質と管理」(島田恒) 文眞堂 2003.2 p192-197
◎参考文献「インターネットと市民 NPO/NGOの時代に向けて」(浜田忠久ほか) 丸善 2003.5 p191-193
◎文献「非営利組織のマーケティング―NPOの使命・戦略・貢献・成果」(三宅隆之) 白桃書房 2003.7 p177-180
◎参考文献ほか「起業時代のNPO」(坂本信雄) 八千代出版 2003.9 p199-201
◎文献「ヒューマンサービスと信頼―福祉NPOの理論と実証」(宮垣元) 慶応義塾大学出版会 2003.11 p279-291
◎文献「政策形成とNPO法―問題, 政策, そして政治」(小島広光) 有斐閣 2003.11 p249-255
◎文献「企業の社会戦略とNPO―社会的価値創造にむけての協働型パートナーシップ」(横山恵子) 白桃書房 2003.12 p231-245
◎参考文献「NPOの経営―資金調達から運営まで」(坂本文武) 日本経済新聞社 2004.1 p284-285
○書誌(綿内さやか)「文献探索 2004」(文献探索研究会) 2004.4 p585-590
◎文献解題「ボランティア・NPOの組織論―非営利の経営を考える」(田尾雅夫ほか) 学陽書房 2004.4 p212-216
◎参考文献「NPO入門 2版」(山内直人) 日本経済新聞社 2004.5 p183-187
◎情報源「一夜でわかる!「NPO」のつくり方」(加藤哲夫) 主婦の友社 2004.5 p185-187
◎参考文献「NPOマネジメントハンドブック―組織と事業の戦略的発想と手法」(柏木宏) 明石書店 2004.7 p238-241
◎参考文献「草の根NPOのまちづくり―シアトルからの挑戦」(西村祐子) 勁草書房 2004.7 p245-253
◎参考文献「地域づくりワークショップ入門―対話を楽しむ計画づくり」(傘木宏夫) 自治体研究社 2004.8 p154-156
◎文献「NPOの電子ネットワーク戦略」(川崎賢一ほか) 東京大学出版会 2004.10 prr
◎参考文献「まちづくりNPOの理論と課題」(澤村明) 渓水社 2004.10 p177-185

◎参考文献「NPOと新しい社会デザイン」(塚本一郎ほか)　同文舘出版　2004.12　prr
◎文献「市民社会論―NGO・NPOを超えて」(入山映)　明石書店　2004.12　p207-213
◎引用文献「NPOのメディア戦略―悩みながら前進する米国NPOからのレッスン」(金山智子)　学文社　2005.3　p187-198
◎参考文献「NPOと社会をつなぐ―NPOを変える評価とインターメディアリ」(田中弥生)　東京大学出版会　2005.6　p257-268
◎関連文献「NPO基礎講座　新版」(山岡義典ほか)　ぎょうせい　2005.12　p7-14b
◎邦語文献「世界のNPO―人と人との新しいつながり」(久塚純一ほか)　早稲田大出版部　2006.5　p281-287
◎参考文献「草の根NPO運営術」(澤村明)　ひつじ書房　2006.6　p141-146
◎参考文献「日本のNPO史―NPOの歴史を読む、現在・過去・未来」(今田忠)　ぎょうせい　2006.6　p263-272
◎参考文献「NPOが自立する日―行政の下請け化に未来はない」(田中弥生)　日本評論社　2006.10　p257-267
◎参考文献「非営利組織のブランド構築―メタフォリカル・ブランディングの展開」(山本真郷ほか)　西田書店　2006.10　p125-131
◎引用参考資料「市民社会領域をとりまく公的政策―従属化・管理化・脱平和への途」(阿部敦)　大阪公立大共同出版会　2007.1　p163-169
◎参考文献「NPOと政府」(E. T. ボリスほか)　ミネルヴァ書房　2007.3　prr
◎参考文献ほか「団塊世代のミッションビジネス―定年後の社会事業型NPOのすすめ」(大川新人)　日本地域社会研究所　2007.4　p221-222
◎参考文献「テキストブックNPO―非営利組織の制度・活動・マネジメント」(雨森孝悦)　東洋経済新報社　2007.6　p237-244
◎参考文献「NPOと公共サービス―政府と民間のパートナーシップ」(L. M. サラモン)　ミネルヴァ書房　2007.12　p293-308

エネルギー
◎参考文献「地球エネルギー論」(西山孝)　オーム社　2001.3　p129-131
◎参考文献「北東アジアエネルギー・環境共同体への挑戦」　総合研究開発機構　2001.4　p252-256
◎参考文献「エネルギー環境学」(濱川圭弘ほか)　オーム社　2001.9　p123-125
◎参考文献「ネガワット　発想の転換から生まれる次世代エネルギー」(P. ヘニッケ)　省エネルギーセンター　2001.10　p19-24b
◎参考文献「図解よくわかるリサイクルエネルギー」(井熊均, 岩崎友彦)　日刊工業新聞社　2001.12　p149-150
◎邦訳著作「情報エネルギー化社会―現実空間の解体と速度が作り出す空間」(P. ヴィリリオ)　新評論　2002.3　p230-233
◎文献「新石油文明論―砂漠化と寒冷化で終わるのか」(槌田敦)　農山漁村文化協会　2002.6　p162-170
◎文献「エナジー・エコノミクス―電力・ガス・石油:理論・政策融合の視点」(南部鶴彦, 西村陽)　日本評論社　2002.10　p239-240
◎文献「エナジー・サービス・プロバイダー―エナジーマネジメントが経営を変える」(井熊均, 岩崎友彦)　日刊工業新聞社　2002.11　p240-241
◎参考文献「資源・エネルギーと循環型社会」(北野大ほか)　三共出版　2003.6　prr
◎文献「中国の経済発展に伴うエネルギーと環境問題―部門別・地域別の経済分析」(張宏武)　渓水社　2003.9　p293-301
◎文献「シリーズ環境と地質　5　エネルギーと廃棄物」(B. W. ピプキンほか)　古今書院　2003.11　prr
◎文献「地球温暖化とエネルギー技術開発戦略」(OECDほか)　技術経済研究所　2003.11　p201-204
◎参考文献「エネルギー―風と太陽へのソフトランディング」(小島紀徳)　日本評論社　2003.12　prr
◎参考図書「省エネルギーシステム概論―21世紀日本のエネルギーシステムの選択」(田中俊六)　オーム社　2003.12　p303-307
◎参考文献「エネルギー・環境・社会―現代技術社会論」(京都大学大学院エネルギー科学研究科)　丸善　2004.3　p185-192
◎参考文献「エネルギーの発見」(K. J. レイドラー)　青土社　2004.5　p285-287
◎参考文献「これからのエネルギーと環境―水・風・熱の有効利用」(阿部剛久)　共立出版　2005.2　p76-179
◎参考文献「世界のエネルギー展望　2004」(OECDほか)　エネルギーフォーラム　2005.12　p599-602
◎参考文献「国際エネルギー・レジーム―エネルギー・地球温暖化問題と知識」(松井賢一)　エネルギーフォーラム　2006.2　p251-267
◎参考引用文献「誤解だらけのエネルギー問題」(浜松照秀)　日刊工業新聞社　2006.3　p183-186
◎関連論文リスト「日本の住宅におけるエネルギー消費」(日本建築学会)　日本建築学会　2006.10　p127-129
◎参考文献「環境にやさしい新エネルギーの基礎―よくわかる考え方と実証例」(中塚勉ほか)　森北出版　2007.2　prr
◎参考文献ほか「エネルギーシステム工学概論」(高橋一弘)　電気学会　2007.8　prr
◎参考文献「エネルギー技術の社会意思決定」(鈴木達治郎ほか)　日本評論社　2007.8　prr
◎参考文献「山城中学校のエコな挑戦―学ぶ力・教師力・学校力を育てるエネルギー環境教育」(京都府木津川市立山城中学校)　国土社　2007.8　p183-186

エネルギー経済
◎参考文献「エネルギー社会経済論の視点―問い直すエネルギーの価値」(大沢正治)　エネルギーフォーラム　2005.3　p225-229
◎参考文献「エネルギー経済とエコロジー」(室田武)　晃洋書房　2006.5　p9-16b

エネルギー作物
◎参考文献「エネルギー作物の事典」(N. Elバッサム)　恒星社厚生閣　2004.11　prr

エネルギー政策
◎参考文献「中国のエネルギー・環境戦略―北東アジア国際協力へ向けて」　総合研究開発機構　2001.5　p215-217
◎文献「エネルギー・セキュリティ―理論・実践・政策」(矢島正之)　東洋経済新報社　2002.5　p207-214
◎文献「エネルギー・ガバナンスの行政学」(大山耕輔)　慶応義塾大学出版会　2002.7　p173-182

えはいし

◎参考文献「石油危機から30年　エネルギー政策の検証」（エネルギー産業研究会）　エネルギーフォーラム　2003.12　prr
○資料・参考文献一覧「日欧エネルギー・環境政策の現状と展望―環境史との対話」（田北広道）　九州大学出版会　2004.7　p261-270
◎文献「脱原子力の運動と政治―日本のエネルギー政策の転換は可能か」（本田宏）　北海道大図書刊行会　2005.2　p301-309
◎文献「エネルギー政策の政治経済学―再生可能エネルギー政策の実際と電力産業の構造」（尾形清一）　雄松堂出版　2005.5　p116-121
◎参考文献「風をつかんだ町―クリーンエネルギー・自然の財宝を掘りあてた岩手県葛巻町の奇跡」（前田典秀）　風雲舎　2006.12　p220-222
◎参考文献「石油ピークが来た―崩壊を回避する「日本のプランB」」（石井吉徳）　日刊工業新聞社　2007.10　p232-236

絵俳書
○文献目録稿（金子俊之）「江戸文学　25」（ぺりかん社）　2002.6　p203-209
○世界（金子俊之）「文献探索　2001」（文献探索研究会）　2002.7　p158-162

絵葉書
◎参考文献「絵はがきで見る日本近代」（富田昭次）　青弓社　2005.6　p253-260

エビ
◎参考文献「エビ・カニガイドブック―伊豆諸島・八丈島の海から」（加藤昌一, 奥野淳兒）　TBSブリタニカ　2001.5　p154-157
◎参考文献「甲殻類学　エビ・カニとその仲間の世界」（朝倉彰）　東海大学出版会　2003.6　p279-287
◎文献「エビ・カニガイドブック　2　沖縄・久米島の海から―Shrimps and crabs of Kume Island, Okinawa」（川本剛志ほか）　阪急コミュニケーションズ　2003.7　p164-167
◎文献「シャコの生物学と資源管理」（浜野龍夫）　日本水産資源保護協会　2005.3　p197-208
◎参考文献ほか「エビと日本人　2　暮らしのなかのグローバル化」（村井吉敬）　岩波書店　2007.12　p1-2b

エビス信仰
◎出典一覧「えびすのせかい―全国エビス信仰調査報告書」（成城大学）　成城大　2003.10　p270-283

愛媛県
◎文献「えひめ発掘物語―発見の歴史と近年の調査成果―発掘された日本列島2002新発見考古速報展地域展図録」（愛媛県歴史文化博物館）　愛媛県歴史文化博物館　2002.10　p122-125
○引用参考文献「江戸・東京のなかの伊予」（玉井建三）　愛媛県文化振興財団　2003.3　p288-293
◎文献「伊予の狸話」（玉井葵）　創風社出版　2004.10　p148-152
◎参考文献「上黒岩岩陰遺跡とその時代―縄文文化の源流をたどる」（愛媛県歴史文化博物館）　愛媛県歴史文化博物館　2005.7　p91-93
◎参考文献「愛媛県下の中心市街地活性化の現状と展望―全国の先進事例を指針として」（青野勝広ほか）　松山大　2006.9　p126-129

◎参考文献「愛媛の航空」（高田英夫）　愛媛新聞社　2007.2　p361-362

愛媛県　宇和島
◎参考文献「南予明倫館―僻遠の宇和島は在京教育環境をいかに構築したか」（木下博民）　南予奨学会　2003.10　p667-670
◎参考文献「伊予松山と宇和島道　街道の日本史46」（川岡勉ほか）　吉川弘文館　2005.2　p22-26b

愛媛県　上黒岩岩陰遺跡
◎参考文献「上黒岩岩陰遺跡とその時代―縄文文化の源流をたどる」（愛媛県歴史文化博物館）　愛媛県歴史文化博物館　2005.7　p91-93

愛媛県　県立図書館
○和漢書分類目録（久保田啓一）「内海文化研究紀要　34」（広島大）　2006　p85-92

愛媛県　津島町
◎参考文献「津島町　改訂版」（編さん委員会）　津島町　2005.7　5pb

愛媛県　松野町
◎参考文献「松野町誌　改訂版」（編集委員会）　松野町　2005.3　4pb

愛媛県　松山市
◎参考文献「わすれかけの街―松山戦前・戦後　新版」（池田洋三）　愛媛新聞社　2002.6　p280-281
◎参考文献「伊予松山と宇和島道　街道の日本史46」（川岡勉ほか）　吉川弘文館　2005.2　p22-26b

愛媛県　松山俘虜収容所
◎参考文献ほか「ロシア兵捕虜が歩いたマツヤマ―日露戦争下の国際交流」（宮脇昇）　愛媛新聞社　2005.9　p284-289

愛媛県　歴史
◎参考文献「朝敵伊予松山藩始末　土州松山占領記」（山崎善啓）　創風社出版　2003.5　p238-241
◎参考文献「愛媛県の歴史　県史38」（内田九州男ほか）　山川出版社　2003.8　p38-47b
◎文献「米軍資料から読み解く愛媛の空襲」（今治明徳高等学校矢田分校平和学習実行委員会）　創風社出版　2005.8　p228-229
◎参考文献「愛媛県の歴史散歩」（愛媛県高等学校教育研究会地理歴史・公民部会）　山川出版社　2006.3　p258-260
◎参考文献「戦国南予風雲録―乱世を語る南予の名品」（愛媛県歴史文化博物館）　愛媛県歴史文化博物館　2007.10　p111-112

エビ養殖
◎参考文献「アジアのエビ養殖と貿易」（多尾勝雄）　成山堂書房　2003.12　p183-185

FTA
◎参考文献「FTAと食料―評価の論理と分析枠組」（鈴木宣弘）　筑波書房　2005.7　prr

家船
◎参考文献「家船の民族誌　現代日本に生きる海の民」（金柄徹）　東京大学出版会　2003.7　p229-240

FBI
◎参考文献「FBIはなぜテロリストに敗北したのか」（青木富貴子）　新潮社　2002.8　p220-221

F1
◎参照文献「フォーミュラ・ワン―極限のパフォーマンス」（M. ジェンキンスほか）　一灯舎　2006.10　p4-6f

エホバの証人
◎文献索引「良心の危機　「エホバの証人」組織中枢での葛藤」（R. フランズ）　せせらぎ出版　2001.1　p4-8b
◎「ものみの塔出版物索引―論じられた事項および説明された聖句　2001-2005」　ものみの塔聖書冊子協会　c2006　254p A5

絵本
◎「みんなともだち―子どもに読んであげる本」（新宮市立図書館百周年記念事業実行委員会）　同委員会　2000.10　27p　19×23cm
◎「おはなしあつまれ―子どもたちに贈る楽しい絵本」（絵本読みきかせサークルすいーとぽてと）　本別町図書館　2000.11　50p B5横
◎「絵本のあたたかな森―たいせつなひとに伝えたい、愛のかたち」（今江祥智）　淡交社　2001.4　127p A5
◎本「読み聞かせわくわくハンドブック―家庭から学校まで」（代田知子）　一声社　2001.4　p103-119
◎参考文献「絵本の中の都市と自然」（高橋理喜男）　東方出版　2001.5　p135-140
◎「絵本の力」（河合隼雄ほか）　岩波書店　2001.6　205p B6
◎文献「絵本のなかへ」（エレン・ハンドラー・スピッツ）　青土社　2001.9　p4-15b
◎「よい絵本―全国学校図書館協議会選定　第21回」（全国学校図書館協議会絵本委員会）　同協議会　2001.11　133p B5
◎「私が1ばん好きな絵本　心の本棚に置く絵本選集」（マーブルブックス）　マーブルトロン　2001.11　109p　46s
◎掲出図書一覧「絵本の視覚表現　そのひろがりとはたらき」（中川素子ほか）　日本エディタースクール出版部　2001.12　p235-242
◎「チェスター・ビーティー・ライブラリィ絵巻絵本解題目録　図書篇」（国文学研究資料館, チェスター・ビーティー・ライブラリィ）　勉誠出版　2002.3　16, 321p A4
◎「子どもと楽しむ科学の絵本850」　子どもと科学をつなぐ会　2002.4　136p A5
◎「こどもと大人の絵本の時間―ジェンダー・フリーで楽しむ」（草谷桂子）　学陽書房　2002.7　278p A5
◎「絵本・子どもの本―総解説　第5版」（赤木かん子）　自由国民社　2002.7　352p A5
◎参照「二十世紀の絵本の表現―本来のものに立ちかえる世界」（神立幸子）　武蔵野書房　2002.7　p238-252
◎引用参考文献「動物絵本をめぐる冒険―動物-人間学のレッスン」（矢野智司）　勁草書房　2002.9　p5-13b
◎「私が1ばん好きな絵本　2　日本の絵本150選」（マーブルブックス）　マーブルトロン　2002.10　102p B6変
◎原註「子どもはどのように絵本を読むのか」（V. ワトソンほか）　柏書房　2002.11　p343-354
◎参考文献「昔話絵本を考える―新装版」（松岡享子）　日本エディタースクール　2002.11　p127-130
◎「たのしい絵本箱―子どもと読みたい絵本のリスト」（ひょうご"本だいすきっ子"プランブックリスト委員会）　ひょうご"本だいすきっ子"プランブックリスト委員会　2003.2　56p B5

◎「絵本でひろがる楽しい授業」（中川素子）　明治図書出版　2003.3　149p A5
◎おすすめ「大人と子供のための読みきかせの会　5年間の物語」（中井貴恵）　ブロンズ社　2003.4　p238-251
◎文献「絵本は小さな美術館―形と色を楽しむ絵本47」（中川素子）　平凡社　2003.5　p213-220
◎「すてきな絵本たのしい童話」（向井元子）　中央公論新社　2003.7　362p A6
◎紹介本「おはなしは国境を越えて―ロシア絵本の世界」（岩本憲子）　東洋書店　2003.10　prr
◎「子どもがよろこぶ！　読み聞かせ絵本101冊ガイド」（西本鶏介）　講談社　2003.10　143p A5
◎「よい絵本―全国学校図書館協議会選定　第22回」（全国学校図書館協議会絵本委員会）　全国学校図書館協議会　2003.11　81p B5
◎「モデル児童図書目録―初級　小学1・2年生に読んでほしい本」（福岡市総合図書館）　福岡市総合図書館　2003.11　83p B6
◎「あなたのことが大好き！の絵本50冊」（赤木かん子）　自由国民社　2003.12　79p A5
○参考文献目録（内海幸技ほか）「絵本学　6」（絵本学会）　2004　p55-60
◎引用文献「絵本の読み聞かせと手紙を書く活動の研究―保育における幼児の文学を媒介とした活動」（横山真貴子）　風間書房　2004.1　p325-341
◎「よんでよんで―3・4・5歳と楽しむ絵本のリスト　改訂版」（大阪府立中央図書館こども資料室）　大阪府教育委員会　2004.3　36p　15×21cm
◎参考文献「絵本を読む　新装版」（松居直）　日本エディタースクール出版部　2004.4　p217-218
◎参考文献「絵本が語りかけるもの―ピーターラビットは時空を超えて」（三神和子ほか）　松柏社　2004.5　prr
◎収録目録「乗物絵本時代―昭和の子供達が見た汽車・電車」（関田克孝）　JTB　2004.7　p157-152
◎参考文献「すてきな絵本にであえたら」（工藤左千夫）　成文社　2004.9　p184-188
◎「学校図書館発絵本ガイドブック」（三宅興子ほか）　翰林書房　2004.9　159p A5
◎「幸せの絵本―大人も子どももハッピーにしてくれる絵本100選」（金柿秀幸）　ソフトバンクパブリッシング　2004.10　223p A5
◎「ようこそ！　絵本の世界へ」（大分県立図書館）　大分県立図書館　2004.11　94p A5
○文献解題（金永順ほか）「絵本学　7」（絵本学会）　2005　p45-57
○総目録（島式子ほか）「甲南女子大学英文学研究　41」（甲南女子大）　2005　p145-213
◎「千葉県立中央図書館所蔵録音図書・点訳絵本目録―平成14年4月～平成17年3月」〔千葉県立中央図書館〕〔2005〕　録音カセット1巻
◎「きもちでえらぶえほん100さつ」（森恵子）　学習研究社　2005.4　179p A5
○ブックリスト「Bookend　3」（フィルムアート社）　2005.6　p78-82
◎「カラー版小さな絵本美術館」（鳥越信）　ミネルヴァ書房　2005.6　6, 150, 34p A5
◎「絵本と子どもが出会ったら―子育てに役立つ絵本100」（徳永満理）　鈴木出版　2005.7　231p B6

えほん

- ◎「幸せの絵本　2」（金柿秀幸）　ソフトバンクパブリッシング　2005.7　223p　A5
- ◎「絵本がつなぐ子どもとおとな—ぼくが教室で読んだ絵本120選」（依田逸夫）　アリス館　2005.8　170p　B6
- ◎「赤ちゃん絵本ノート—赤ちゃんが微笑む、とっておきの絵本160冊」（田中尚人ほか）　マーブルトロン　2005.8　126p　A5
- ◎「布の絵本目録—2005年9月現在」　調布市立図書館　2005.10　44p　A4
- ◎「ねえ、読んでみて!—子育ての中で出会った絵本たち」（上田絵理）　日本エディタースクール出版部　2005.11　118p　B6
- ◎「よい絵本—全国学校図書館協議会選定　第23回」（全国学校図書館協議会絵本委員会）　全国学校図書館協議会　2005.11　87p　B5
- ◎引用参考文献「小学校児童の絵本読書指導論」（米谷茂則）　高文堂出版社　2005.12　p304-309
- ◎「小児科医が見つけたえほんエホン絵本」（「小児科医と絵本」の会）　医歯薬出版　2005.12　189p　B5
- ○文献解題ほか（小澤佐季子ほか）「絵本学　8」（絵本学会）　2006　p75-92
- ◎「ようこそ!絵本の世界へ—《とっておきの一冊》とめぐりあうために… 別冊国文学(2005.12)改装版」（国文学編集部）　學燈社　2006.2　153p　A5
- ◎主要作品リストほか「絵本をひらく—現代絵本の研究」（谷本誠剛ほか）　人文書院　2006.2　p289-267ほか
- ◎「えほんだいすき!—3さいからのえほんリスト」　生駒市図書館　2006.3　80p　A5
- ◎「絵本の読み聞かせと活用アイデア68—幼児が夢中になって聞く!　季節・行事編」（石井光恵ほか）　明治図書出版　2006.3　125p　A5
- ◎「赤ちゃんと楽しむ絵本—0歳からの赤ちゃん絵本ガイドブック」（熊本県立図書館）　熊本県立図書館　2006.3　114p　A5
- ◎「大人も読みたい、子どもの絵本」（奥田継夫）　大月書店　2006.3　194, 5p　46s
- ○目録（斎藤晴恵）「文献探索　2005」（文献探索研究会）　2006.5　p84-86
- ◎「北欧からのおくりもの—子どもの本のあゆみ　国立国会図書館国際子ども図書館展示会」（国際子ども図書館）　国立国会図書館国際子ども図書館　2006.7　80p　A4
- ◎引用文献「行きて帰りし物語—キーワードで解く絵本・児童文学」（斎藤次郎）　日本エディタースクール出版部　2006.8　p295-304
- ◎「このほんよんで!　追録版」（調布市立図書館）　調布市立図書館　2006.10　19p　A5
- ◎「たのしく読める英米の絵本」（桂宥子）　ミネルヴァ書房　2006.10　10, 277p　A5
- ◎参考文献ほか「子どもと本の架け橋に—児童図書館にできること」（髙鷲志子）　角川学芸出版　2006.10　prr
- ○参考文献（永田桂子ほか）「絵本学　9」（絵本学会）　2007　p65-75
- ◎「絵本・子どもの本総解説—読んでほしい読んであげたいいっしょに読みたい子どもの本」（赤木かん子）　自由国民社　2007.1　317p　A5
- ◎「いのち—幼児がじっと聞き入る絵本リスト55+85」（種村エイ子）　明治図書出版　2007.3　130p　A5
- ◎「えほんをよんで!—読み聞かせ入門リスト」（くにたち図書館）　くにたち図書館　2007.3　43p　A5
- ◎「大人のための絵本ガイド」（金柿秀幸）　ソフトバンククリエイティブ　2007.3　175p　ss
- ◎「読み聞かせ絵本555冊」　アメジストアート出版　2007.5　56p　A4横
- ◎引用参考文献「たましいをゆさぶる絵本の世界」（飫肥糺）「絵本で子育て」センター　2007.6　p225-227
- ◎「絵本カタログ—Pooka select」（Pooka編集部）　学習研究社　2007.7　127p　A5

絵本作家
- 全著作リスト「絵本の作家たち　1　別冊太陽」（小野明）　平凡社　2002.11　p152-163

絵本史
- ◎「はじめて学ぶ日本の絵本史　1」（鳥越信）　ミネルヴァ書房　2001.12　362p　46s
- ◎「はじめて学ぶ日本の絵本史　II　15年戦争下の絵本」（鳥越信）　ミネルヴァ書房　2002.2　395p　A5
- ◎「はじめて学ぶ日本の絵本史　III　戦後絵本の歩みと展望」（鳥越信）　ミネルヴァ書房　2002.7　449p　A5
- ◎主要文献「日本における幼児期の科学教育史・絵本史研究」（瀧川光治）　風間書房　2006.2　p313-315

絵本太功記
- ◎参考資料一覧「七福神宝の入舩・絵本太功記・鳴響安宅新関・加賀見山旧錦絵—第一四三回文楽公演」（国立劇場調査養成部調査資料課）　日本芸術文化振興会　2003.5　p120-161
- ◎参考資料「通し狂言絵本太功記　国立劇場上演資料集483—歌舞伎公演　第246回」（国立劇場調査養成部調査資料課）　日本芸術文化振興会　2005.11　p279-324
- ◎参考資料「絵本太功記　通し狂言—第159回文楽公演」（国立劇場）　日本芸術文化振興会　2007.5　p134-142

絵馬
- ◎参考文献「世田谷の絵馬」　世田谷区立郷土資料館　2003.11　p62-63
- ◎参考文献「石井真之助小絵馬コレクション—館蔵品」　徳島県郷土文化会館　2006.3　p178-179

絵巻
- ◎「チェスター・ビーティー・ライブラリィ絵巻絵本解題目録　図録篇」（国文学研究資料館, チェスター・ビーティー・ライブラリィ）　勉誠出版　2002.3　16, 321p　A4
- ◎注文献「姿としぐさの中世史—絵図と絵巻の風景から」（黒田日出男）　平凡社　2002.10　prr
- ◎初出一覧「奈良絵本・絵巻の生成」（石川透）　三弥井書店　2003.8　p528-532
- ◎参考文献「絵巻で読む中世」（五味文彦）　筑摩書房　2005.8　p239-241
- ◎「岩瀬文庫蔵奈良絵本・絵巻解題図録」（阿部泰郎ほか）　慶應義塾大　2007.8　81p　A4

MOT
- ◎参考文献「技術経営とは何か—MOTテキスト」（桑原裕）　丸善　2004.2　p103-107

MWA賞
- ○全解題（小木曽郷平ほか）「ミステリマガジン　46.10.547」（早川書房）　2001.9　p26-38

MBA
◎参考文献「MBAクリティカル・シンキング」（グロービス・マネジメント・インスティテュート） ダイヤモンド社　2001.3　1pb

MPLS
◎参考文献「MPLS入門」（Yakov Rekhter, Bruce Davie）　翔泳社　2002.1　p305-308

MBTI
◎参考文献「MBTIへの招待—C.G.ユングのタイプ論の応用と展開」（R. R. ペアマンほか）　金子書房　2002.8　p219-221

エリザベス1世時代
◎参考文献「シェイクスピア時代のイギリス庶民文化小事典」（西山良雄）　明文書房　2007.7　p222-228

エリート
◎参考文献「エリート教育　近代ヨーロッパの探究4」（橋本伸也ほか）　ミネルヴァ書房　2001.1　p1-27b
◎注文献「ローズ奨学生　アメリカの超エリートたち」（三輪裕範）　文藝春秋　2001.1　prr
◎注文献「エリート理論の形成と展開」（居安正）　世界思想社　2002.5　prr
◎参考文献「ファミリー・ビジネス？　—国際的ビジネス・エリートの創出」（J. マルソー）　文眞堂　2003.6　p335-350
◎引用参考文献「21世紀のエリート像」（麻生誠ほか）　学文社　2004.11　p157-168
◎参考文献「アメリカン・エスタブリッシュメント」（越智道雄）　NTT出版　2006.4　p274-278

エリンギ
◎参考文献「エリンギ—安定栽培の実際と販売・利用」（澤章三）　農山漁村文化協会　2001.3　p155-156

LHRH細胞
◎引用文献「生殖細胞のドン—LHRH細胞の生涯」（大黒成夫）　理工学社　2001.9　p145-184

エルサルバドル
◎参考文献「内戦後の平和構築をいかに進めるか—エルサルバドルの事例研究」（田中高）　国際協力機構　2004.6　p63-66
◎参考文献「エルサルバドル、ホンジュラス、ニカラグアを知るための45章」（田中高）　明石書店　2004.8　p279-281

LD　⇒ 学習障害 をも見よ
◎参考文献「LDの教育—学校におけるLDの判断と指導」（上野一彦ほか）　日本文化科学社　2001.7　p271-273
◎参考文献「学習障害（LD）—理解とサポートのために」（柘植雅義）　中央公論新社　2002.6　p179-184
◎文献「LD（学習障害）とADHD（注意欠陥多動性障害）」（上野一彦）　講談社　2003.5　p186-188
◎参考文献ほか「LD・ADHD・高機能自閉症児の発達保障—子ども・家庭・学校をつなぐ」（別府悦子）　全国障害者問題研究会出版部　2003.6　p132-135
◎引用参考文献「LD・ADHDの理解と支援—学校での心理臨床活動と軽度発達障害」（牟田悦子）　有斐閣　2005.1　prr
◎参考文献「LD・学習障害事典」（C. ターキントンほか）　明石書店　2006.7　p347-351

LTCM
◎参考文献「LTCM伝説—怪物ヘッジファンドの栄光と挫折」（ニコラス・ダンバー）　東洋経済新報社　2001.3　p14-23b
◎参考文献「なぜITは社会を変えないのか」（J. S. ブラウン）　日本経済新聞社　2002.4　p363-347

エルニーニョ現象
◎参考文献「エルニーニョと地球環境　改訂増補版」（気候影響・利用研究会）　成山堂書店　2001.11　p234-242
◎参考文献「エルニーニョ現象を学ぶ　改訂増補版」（佐伯理郎）　成山堂書店　2003.8　p159」

L文学
◎「L文学完全読本」（斎藤美奈子）　マガジンハウス　2002.12　201p A5

エルメス
◎参考文献「エルメス」（戸矢理衣奈）　新潮社　2004.1　p179-182

エレキテル
◎参考文献「エレキテルの魅力—理科教育と科学史」（東徹）　裳華房　2007.3　p163-167

エレクトロニクス
◎参考文献「エレクトロニクスを中心とした年代別科学技術史　第5版」（城阪俊吉）　日刊工業新聞社　2001.11　p344-345
◎文献「立地戦略と空間的分業—エレクトロニクス企業の地理学」（近藤章夫）　古今書院　2007.2　p165-181

エロイーズとアベラール
◎文献解題「エロイーズとアベラール—ものではなく言葉を」（M. フマガッリ＝ベオニオ＝ブロッキエーリ）　法政大学出版局　2004.6　p13-41b

エロティシズム
◎参考文献「匂いのエロティシズム」（鈴木隆）　集英社　2002.2　p238-232
◎原注「中世のエロティシズム」（A. P. A. クロア）　原書房　2002.8　p179-190
◎参考文献「エロス身体論」（小浜逸郎）　平凡社　2004.5　p293-298
◎引用参考文献「日本的エロティシズムの眺望—視覚と触感の誘惑」（元田與市）　鳥影社・ロゴス企画　2006.9　p291-299

円
◎参考文献「円の支配者　誰が日本経済を崩壊させたのか」（R. A. ヴェルナー）　草思社　2001.5　p358-351
◎関連書リスト「円は誰のものか—国際通貨競争の覇者へ」（菊地悠二）　中央公論新社　2002.6　p223-222
◎文献「ヨーヨー円—日本経済の破壊者」（B. ブラウン）　東洋経済新報社　2003.1　p1-4b

演歌
◎参考文献「演歌に生きた男たち　その栄光と挫折の時代」（今西英造）　中央公論新社　2001.8　p315-316
◎文献「演歌の達人—高音の哀しみ」（佐藤禀一）　智書房　2001.11　p273-278
◎参考文献「「演歌」のススメ」（藍川由美）　文藝春秋　2002.10　p196-197

エンカウンター・グループ
- ◎引用文献「問題意識性を目標とするファシリテーション―研修型エンカウンター・グループの視点」（中田行重）　関西大出版部　2005.12　p225-231
- ◎文献「エンカウンター・グループ―仲間関係のファシリテーション」（安部恒久）　九州大出版会　2006.3　p195-202
- ◎著作目録「エンカウンター・グループ―人間信頼の原点を求めて　新版」（C. R. ロジャーズ）　創元社　2007.2　p234-235
- ◎引用文献「構成的グループエンカウンター研究―SGEが個人の成長におよぼす影響」（片野智治）　図書文化社　2007.2　p224-232

遠隔測定
- ◎参考文献ほか「図解リモートセンシング　改訂版」（日本リモートセンシング研究会）　日本測量協会　2001.5　p306-312
- ◎参考文献「独習リモートセンシング」（新井康平）　森北出版　2004.9　p169-171

遠隔地教育
- ◎参考文献「遠隔教育―生涯学習社会への挑戦」（M. G. ムーアほか）　海文堂出版　2004.2　p317-334

塩業史
- ○文献目録（吉田寅）「立正大学東洋史論集　14」（立正大）　2002.9　p45-54

遠近法
- ◎参考文献「描く人、鑑賞する人のための遠近法と絵画」（面出和子）　美術出版社　2003.10　p97」
- ○研究文献書誌（衛藤彩子）「文献探索　2004」（文献探索研究会）　2004.4　p374-379

園芸
- ◎参考文献「庭木を楽しむ」（塚本洋太郎）　朝日新聞社　2001.5　p254-255
- ◎参考文献「園芸福祉のすすめ」（日本園芸福祉普及協会）　創森社　2002.3　p179-180
- ○文献目録「園芸学研究　1.4」（園芸学会）　2002.12　p1-30b
- ◎参考文献「欲望の植物誌―人をあやつる4つの植物」（M. ポーラン）　八坂書房　2003.10　p1-11b
- ○文献目録「園芸学研究　2.4」（園芸学会）　2003.12　p1-30b
- ◎参考図書「生活と園芸―ガーデニング入門」（松井孝）　玉川大学出版部　2004.11　p217-221
- ○文献目録「園芸学研究　3.4」（園芸学会）　2004.12　p1-31b
- ◎引用文献「社会園芸学のすすめ―環境・教育・福祉・まちづくり」（松尾英輔）　農文協　2005.3　p262-276
- ◎参考文献「園芸学用語集・作物名編」（園芸学会）　養賢堂　2005.9　p350-352
- ◎参考文献「プラントハンター」（白幡洋三郎）　講談社　2005.11　p289-293
- ○文献目録「園芸学研究　4.4」（園芸学会）　2005.12.15　p34b
- ○文献「図説園芸学」（荻原勲）　朝倉書店　2006.3　p201-203
- ○文献目録「園芸学研究　5.4」（園芸学会）　2006.12　p1-17b
- ◎参考文献「園芸福祉入門」（日本園芸福祉普及協会）　創森社　2007.5　p222-223

園芸療法
- ◎資料「園芸療法を探る―癒しと人間らしさを求めて　増補版」（松尾英輔）　グリーン情報　2000.9　p230-261
- ◎参考文献「心を癒す園芸療法」（日本園芸療法士協会）　コロナ社　2004.8　p153-154
- ◎参考文献「園芸療法からの贈りもの」（頭士智美）　愛育社　2006.3　p149-152

演劇
- ◎参考文献「メロドラマからパフォーマンスへ―20世紀アメリカ演劇論」（内野儀）　東京大学出版会　2001.3　p9-16b
- ○「日本古典演劇・近世文献目録　1999年版」（園田学園女子大学近松研究所）　和泉書院　2001.3　552p A5
- ○「たのしく読める英米演劇―作品ガイド120」（一ノ瀬和夫, 外岡尚美）　ミネルヴァ書房　2001.4　297p A5
- ◎参考文献「スペイン黄金世紀の大衆演劇」（佐竹謙一）　三省堂　2001.4　p1-21b
- ◎参考文献「帝政ロシアの農奴劇場―貴族文化の光と影」（矢沢英一）　新読書社　2001.12　p235-239
- ◎参考文献「NY発演劇リポート―アメリカ市民社会と多文化主義」（小池美佐子）　慶応義塾大学出版会　2002.5　p11-35b
- ◎文献「演技のインターレッスン―映像ディレクターの俳優指導術」（ジュディス・ウェストン）　フィルムアート社　2002.9　p354-355
- ◎原註「演劇都市はパンドラの匣を開けるか―初期近代イギリス表象文化アーカイヴ　2」（円月勝博ほか）　ありな書房　2002.10　p251-283
- ◎文献「ポストドラマ演劇」（ハンス＝ティース・レーマン）　同学社　2002.11　p31-42b
- ○年表「図説江戸の演劇書　歌舞伎篇」（赤間完）　八木書店　2003.2　p224-227
- ◎参考文献「仮想現実メディアとしての演劇―フランス古典主義芸術における〈演技〉と〈視覚〉」（矢橋透）　水声社　2003.6　p279-294
- ◎参考文献「日本戯曲初演年表―1945-1975」（日本劇団協議会）　あづき　2003.7　p8-10f
- ◎文献「黎明期の脱主流演劇サイト―ニューヨークの熱きリーダー1950-60」（斎藤偕子）　鼎書房　2003.10　p193-216
- ○寄贈図書目録（恵光院白）「文献探索　2003」（文献探索研究会）　2003.12　p72-79
- ○研究リスト「演劇的学習の建設」（増田信一）　京都女子大　2004.2　p161-248
- ○文献目録「日米演劇の出会い」（S. K. リー）　新読書社　2004.3　p386-365
- ◎参考文献「演劇につづり織られたアメリカ史―アメリカ演劇―夢と実験の落とし子」（三瓶眞弘）　鼎書房　2004.10　p281-288
- ○「大阪女子大学附属図書館椿亭文庫目録」（大阪女子大学上方文化研究センター）　大阪女子大上方文化研究センター　2005.3　63p A4
- ◎文献リスト「現代演劇と文化の混淆―オーストラリア先住民演劇と日本の翻訳劇との出会い」（佐和田敬司）　早稲田大出版部　2006.3　p5-19b

◎引用文献ほか「インプロ教育―即興演劇は創造性を育てるか?」(高尾隆) フィルムアート社 2006.12 p356-359
◎記事目録(久田千春)「史料編集室紀要 32」(沖縄県教委) 2007.3 p57-74
◎参考文献「演劇学のキーワーズ」(佐和田敬司ほか) ぺりかん社 2007.3 p331-322

えん罪
◎参考文献「えん罪入門」(小田中聡樹ほか) 日本評論社 2001.7 p154-155

円周率
◎参考文献「π―魅惑の数」(ジャン=ポール・ドゥラエ) 朝倉書店 2001.10 p185-189
◎参考文献「πの歴史」(P. ベックマン) 筑摩書房 2006.4 p333-337

援助
◎重要文献ほか「援助の潮流がわかる本―今、援助で何が焦点となっているのか」(国際協力機構国際協力総合研修所) 国際協力出版会 2003.12 prr

援助交際
◎文献リスト「誰が誰に何を売るのか? 援助交際にみる性・愛・コミュニケーション」(円田浩二) 関西学院大学出版会 2001.6 p293-284

エンジン
◎参考文献「20世紀のエンジン史―スリーブバルブと航空ディーゼルの興亡」(鈴木孝) 三樹書房 2001.12 p10-15
◎文献「エンジンのロマン―発想の展開と育成の苦闘」(鈴木孝) 三樹書房 2002.4 p518-524

エンターテインメント
○ベスト10(北上次郎)「本の雑誌 223」(本の雑誌社) 2001.1 p116-119
◎参考文献「エンターテインメントビジネスの法律実務」(加藤君人ほか) 日本経済新聞出版社 2007.12 p668-671

苑池
◎参考文献「東アジアの古代苑池」(飛鳥資料館) 飛鳥資料館 2005.10 p59-60

エンデュアランス号
◎謝辞「エンデュアランス号―シャックルトン南極探検の全記録」(C. アレグザンダー) ソニー・マガジンズ 2002.9 p347-354

エントロピー
◎参考文献「弱者のための「エントロピー経済学」入門」(槌田敦) ほたる出版 2007.9 p1-4b

エンパワーメント
◎引用参考文献「子どものエンパワメントと子どもオンブズパーソン」(吉永省三) 明石書店 2003.8 p289-296

エンブレム
◎文献表「エンブレムとバロック演劇」(A. シューネ) ありな書房 2002.6 p281-296
◎文献補遺ほか「英国におけるエンブレムの伝統―ルネサンス視覚文化の一面」(K. J. ヘルトゲン) 慶應義塾大出版会 2005.9 p296-276

艶本
◎参考文献「中国艶本大全」(土屋英明) 文藝春秋 2005.6 p261-264
◎「絵入春画艶本目録」(白倉敬彦) 平凡社 2007.6 253p A4

延命治療
◎注記「自分らしく死ぬ―延命治療がゆがめるもの」(D. カラハン) ぎょうせい 2006.10 p11-20b

エンロン社
◎文献「エンロン崩壊―アメリカ資本主義を襲う危機」(藤田正幸) 日本経済新聞社 2003.1 p269-285
◎参考資料「エンロン事件とアメリカ企業法務―その実態と教訓」(高柳一男) 中央大学出版部 2005.9 p271-272

【 お 】

老い
◎引用史料「江戸人の老い」(氏家幹人) PHP研究所 2001.3 4pb
◎注文献「平安朝に老いを学ぶ」(服藤早苗) 朝日新聞社 2001.8 p223-241
◎参照文献「老いの人類学」(青柳まちこ) 世界思想社 2004.3 prr
◎参考文献「「老い」とアメリカ文化―ことばに潜む固定観念を読み解く」(I. M. オライリー) リーベル出版 2004.4 p178-182
◎参考文献「老いと障害の質的社会学―フィールドワークから」(山田富秋) 世界思想社 2004.9 p259-270

御家騒動
◎参考文献「御家騒動―大名家を揺るがした権力闘争」(福田千鶴) 中央公論新社 2005.3 p238-243

OED
◎参考書目「オックスフォード英語大辞典物語」(S. ウィンチェスター) 研究社 2004.8 p8-10b

オイディプス王
◎参考文献「アポロンの光と闇のもとに―ギリシア悲劇『オイディプス王』解釈」(川島重成) 三陸書房 2004.5 p267-270

オイラー解析
◎参考文献「オイラーに学ぶ―『無限解析序説』への誘い」(野海正俊) 日本評論社 2007.12 p122-123

奥羽史
◎参考引用文献「陸奥国の戦国社会」(大石直正ほか) 高志書院 2004.8 prr

奥羽列藩同盟
◎参考文献「奥羽列藩同盟の基礎的研究」(工藤威) 岩田書院 2002.10 p475-480

扇の草子
◎文献「『扇の草子』の研究 遊びの芸文」(安原真琴) ぺりかん社 2003.2 p509-520

王権
- ◎註「天皇と王権を考える 8 コスモロジーと身体」(網野善彦ほか) 岩波書店 2002.8 prr
- ◎原注「王の二つの身体 上」(カントーロヴィチ) 筑摩書房 2003.5 p351-626
- ◎関連文献「歴史学事典 12 王と国家」(黒田日出男) 弘文堂 2005.3 prr

黄金分割
- ◎参考文献「黄金分割」(ハンス・ヴァルサー) 日本評論社 2002.9 p181-183
- ◎参考文献「黄金比とフィボナッチ数」(R. A. ダンラップ) 日本評論社 2003.6 p151-154
- ◎文献表ほか「黄金分割―自然と数理と芸術と」(A. ボイテルスパッヒャーほか) 共立出版 2005.3 p165-170
- ◎参考文献「黄金比はすべてを美しくするか?―最も謎めいた「比率」をめぐる数学物語」(M. リヴィオ) 早川書房 2005.12 p321-331
- ◎参考文献「黄金比の謎―美の法則を求めて」(渡邉泰治) 化学同人 2007.3 p229-230

王室
- ◎参考文献「世界王室最新マップ」(時事通信社) 新潮社 2001.12 p310-316
- ◎参考文献「「皇室・王室」がきちんとわかる本」(広岡裕児) オーエス出版 2002.1 p238-239
- ◎参考文献「図説ヨーロッパの王妃」(石井美樹子) 河出書房新社 2006.6 1pb

欧州 ⇒ ヨーロッパ を見よ

奥州
- ◎参考文献「南部と奥州道中―街道の日本史 6」(細井計ほか) 吉川弘文館 2002.5 p21-23b
- ◎参考文献「会津諸街道と奥州道中―街道の日本史 12」(安在邦夫ほか) 吉川弘文館 2002.6 p22-25b

奥州安達原
- ◎参考資料「奥州安達原・摂州合邦辻・妹背山婦女庭訓―第158回文楽公演」(国立劇場) 日本芸術文化振興会 2007.2 p14-19

往生伝
- ◎参考文献「往生の書―来世に魅せられた人たち」(寺林峻) NHK出版 2005.12 p236-237

王朝政治
- ◎研究の手びき「王朝政治」(森田悌) 講談社 2004.1 p241-250

王朝物語
- ◎研究文献目録(井真弓)「講座平安文学論究 16」 風間書房 2002.5 p295-359
- ◎注「王朝の性と身体―逸脱する物語」(小嶋菜温子) 森話社 2002.9 prr

応答的保育
- ◎文献「応答的保育の研究」(宮原英種ほか) ナカニシヤ出版 2002.5 p421-436

奥南新報
- ○記事目録(和井田勢津)「郷土作家研究 29」(青森県郷土作家研究会) 2004.7 p57-70
- ○記事目録(和井田勢津)「郷土作家研究 30」(青森県郷土作家研究会) 2005.6 p81-92

黄檗版大蔵経
- ◎「後水尾法皇下賜正明寺蔵初刷『黄檗版大蔵経』目録」(佛教大学総合研究所) 佛教大総合研究所 2004.12 269, 10p B5

欧文書体
- ◎参考引用文献「欧文書体百花事典」(組版工学研究会) 朗文堂 2003.7 p538-542

近江商人
- ◎参考文献「日本橋の近江商人 柳屋外池宇兵衛寅松家の四〇〇年」(蝦名賢造) 新評論 2001.12 p222-223
- ◎参考文献「近江商人の道―近江歴史回廊」(淡海文化を育てる会) 淡海文化を育てる会 2004.1 p236-237
- ◎参考文献「幻の三中井百貨店―朝鮮を席巻した近江商人・百貨店王の興亡」(林広茂) 晩声社 2004.2 p279-282
- ◎参考文献「近江商人学入門―CSRの源流「三方よし」」(末永國紀) サンライズ出版 2004.9 p198-200

オウム
- ◎文献「アレックス・スタディ―オウムは人間の言葉を理解するか」(I. M. Pepperberg) 共立出版 2003.2 p313-370
- ◎参考文献「オウムとインコを救う人々―ペット福祉、鳥類保護問題と解決方法」(今西ともこ) 新風舎 2005.7 p217-235

オウム真理教
- ◎注文献「オウム なぜ宗教テロリズムを生んだのか」(島田裕巳) トランスビュー 2001.7 p504-536
- ◎参考文献「オウム真理教大辞典」(東京キララ社編集部) 東京キララ社 2003.10 p165-167
- ◎引用参考文献「呪殺・魔境論」(鎌田東二) 集英社 2004.9 5pb
- ◎参考文献「連合赤軍とオウム―わが内なるアルカイダ」(田原総一朗) 集英社 2004.9 p386-389
- ◎参考文献「オウムと9.11―日本と世界を変えたテロの悲劇」(島田裕巳) メディア・ポート 2006.7 p253-255

応用言語
- ◎参考文献「言語教育学入門―応用言語学を言語教育に活かす」(山内進) 大修館書店 2003.12 prr

応用行動分析
- ◎参考文献「はじめての応用行動分析 日本語版2版」(P. A. アルバート) 二瓶社 2004.5 p366-393

往来物
- ◎「往来物解題辞典 解題編」(石川松太郎, 小泉吉永) 大空社 2001.3 838p B5
- ◎「大江文庫目録 16(江戸時代編) 改訂増補」(東京家政学院大学附属図書館) 東京家政学院大学附属図書館 2002.3 40, 4p A4
- ◎注「近世民衆の手習いと往来物」(梅村佳代) 梓出版社 2002.10 prr
- ○書誌(勝俣隆)「長崎大学教育学部紀要 人文科学 69」(長崎大) 2004.6 p1-15
- ◎「近世蔵版目録集成 往来物編 索引」(小泉吉永) 岩田書院 2006.1 124p A5

大分県
- ◎文献目録「国語科教育実践への探究」(堀泰樹) 渓水社 2004.6 p613-647

◎文献目録「国語科教育実践学への探究」(堀泰樹)　渓水社　2004.6　p613-647
○文献目録抄(荻浩三)「日本体育大学体育研究所雑誌 31.1」(日本体育大)　2006.3　p19-23
◎文献「豊の国大分の植物誌―大分の自然に生きる植物　増補」(荒金正憲)〔荒金正憲〕2006.5　p474-476
◎引用参考文献「地方自立への政策と戦略―大分県の挑戦」(平松守彦)　東洋経済新報社　2006.7　p250-252
◎本「大分県の不思議事典」(甲斐素純ほか)　新人物往来社　2007.3　p209-214

大分県　国東
　◎参考文献「国東・日田と豊前道―街道の日本史　52」(外園豊基)　吉川弘文館　2002.1　p25-27b

大分県　県立図書館
　◎文献「大分県立図書館百年史」(大分県立図書館)　大分県立図書館　2005.2　p188-189

大分県　光西寺
　◎参考文献ほか「光西寺」真宗大谷派四極山光西寺　2006.4　p337-340

大分県　田染荘遺跡
　◎参考文献「六郷山と田染荘遺跡」(櫻井成昭)　同成社　2005.11　p173-177

大分県　豊前道
　◎参考文献「国東・日田と豊前道―街道の日本史　52」(外園豊基)　吉川弘文館　2002.1　p25-27b

大分県　湯布院町
　◎参考文献「自治と依存―湯布院町と田川市の自治運営のレジーム」(光本伸江)　敬文堂　2007.9　p339-359

大分県　歴史
　◎参考文献「図説宇佐・国東・速見の歴史」(飯沼賢司)　郷土出版社　2006.12　p244-245
　◎参考文献「図説中津・日田・玖珠の歴史」(豊田寛三)　郷土出版社　2006.12　p245-246

大奥
　◎参考文献「大奥よろず草紙」(由良弥生)　原書房　2003.2　p274-275
　◎参考文献「江戸の女の底力―大奥随筆」(氏家幹人)　世界文化社　2004.11　p266-269
　◎参考文献「大奥の奥」(鈴木由紀子)　新潮社　2006.11　p197-199
　◎参考文献「将軍と大奥―江戸城の「事件と暮らし」」(山本博文)　小学館　2007.8　p191
　◎参考文献「大奥―女たちの暮らしと権力闘争」(清水昇ほか)　新紀元社　2007.12　p279-281
　◎文献「面白いほどわかる大奥のすべて」(山本博文)　中経出版　2007.12　p222-223

オオカミ
　○関連文献(田中絢子)「文献探索　2000」(文献探索研究会)　2001.2　p351-356
　◎参考図書「狼が遺したもの―北東北の民俗を中心に」(工藤利栄)　北方新社　2006.11　p146-148
　◎参考文献「オオカミを放つ―森・動物・人のよい関係を求めて」(丸山直樹ほか)　白水社　2007.1　p3-7b
　◎参照文献「ニホンオオカミは生きている―九州、祖母山系に狼を追う」(西田智)　二見書房　2007.7　p273-275

大阪朝日新聞
　○記事細目(荒井真理亜)「千里山文学論集　69」(関西大)　2003.3　p116-93
　○記事細目(荒井真理亜)「千里山文学論集　71」(関西大)　2004.3　p160-135

大阪外国語大学
　○刊行物目録「大阪外国語大学論集　最終号」(大阪外語大)　2007.9　p3-368

大阪市立大学
　◎参考文献「大阪市立大学の125年―1880～2005年」(大阪市立大学125年史編集委員会)　大阪市立大　2007.3　p157」

大坂の陣
　◎参考文献「関ヶ原合戦と大坂の陣　戦争の日本史17」(笠谷和比古)　吉川弘文館　2007.11　p315-316

大阪府
　◎参考文献「浪花のいやしんぼ語源自典」(奥田継夫)　東方出版　2001.3　p217-218
　◎参考文献「大阪的基準(オオサカ・スタンダード)」(吉本俊二)　東洋経済新報社　2001.6　p204-209
　◎参考文献「都市大坂と非人　日本史リブレット40」(塚田孝)　山川出版社　2001.11　2pb
　◎注文献「大阪のスラムと盛り場―近代都市と場所の系譜学」(加藤政洋)　創元社　2002.4　prr
　◎文献「歴史のなかの大坂―都市に生きた人たち」(塚田孝)　岩波書店　2002.9　p207-213
　◎注「大阪における都市の発展と構造」(塚田孝)　山川出版社　2004.3　prr
　◎参考文献ほか「大都市圏における選挙・政党・政策―大阪都市圏を中心に」(大都市圏選挙研究班)　関西大　2004.3　prr
　◎参考文献「大坂―摂津・河内・和泉　街道の日本史33」(今井修平ほか)　吉川弘文館　2006.7　p14-19b
　◎参考文献「大阪名所むかし案内―絵とき「摂津名所図会」」(本渡章)　創元社　2006.9　p248-249
　◎文献「なにわ大阪興亡記―だから元気をださないと」(堀井良殷)　日本文学館　2007.4　p211-214
　◎文献「コテコテ論序説―「なんば」はニッポンの右脳である」(上田賢一)　新潮社　2007.5　p184-186
　◎参考文献「大阪府の歴史散歩　上　大阪市・豊能・三島」(大阪府の歴史散歩編集委員会)　山川出版社　2007.9　p269-270
　◎補注「水都大阪の民俗誌」(田野登)　和泉書院　2007.12　p693-730

大阪府　池上曽根遺跡
　◎参考文献「弥生実年代と都市論のゆくえ―池上曽根遺跡」(秋山浩三)　新泉社　2006.1　p90-92
　◎参考文献「弥生人躍動す―池上曽根と吉野ヶ里　平成18年秋季特別展」(大阪府立弥生文化博物館)　大阪府立弥生文化博物館　2006.10　p85-87

大阪府　和泉市
　◎文献ほか「和泉市の歴史　1　地域叙述編　横山と横尾山の歴史」(和泉市史編さん委員会)　和泉市　2005.3　p506-522

大阪府　茨木市
　◎「茨木市関係地理学文献目録・解題」(茨木市史編さん室)　茨木市　2003.2　103p A4

大阪府
　◎参考文献「新修茨木市史　10　別編　民俗」（茨木市史編さん委員会）　茨木市　2005.11　p20-25b

大阪府　今城塚古墳
　◎参考文献「大王陵発掘！ 巨大はにわと継体天皇の謎―NHKスペシャル」（NHK大阪「今城塚古墳」プロジェクト）　NHK出版　2004.7　p217」
　◎参考文献「今城塚と三島古墳群」（森田克行）　同成社　2006.2　p165-168

大阪府　大阪市
　◎参考文献「喜連東遺跡発掘調査報告　1」（大阪市文化財協会）　大阪市文化財協会　2003.3　p45-46
　◎「大阪市行政刊行物目録　平成16年度版」（大阪市公文書館）　大阪市公文書館　2005.1　25p A4
　◎参考引用文献「大阪「鶴橋」物語―ごった煮商店街の戦後史」（藤田綾子）　現代書館　2005.12　p201-203
　◎参考文献「なにわのみやび野田のふじ」（藤三郎）　東方出版　2006.5　p165-167
　◎参考文献「都市の展開と土地所有―明治維新から高度成長期までの大阪都心」（名武なつ紀）　日本経済評論社　2007.9　p193-207

大阪府　大阪市船場
　◎参考文献「船場道修町―薬・商い・学の町」（三島佑一）　和泉書院　2006.1　p243-248
　◎参考文献「薬の大阪道修町今むかし」（三島佑一）　和泉書院　2006.1　p279-280

大阪府　大阪市平野区
　◎参考文献「平野区誌」（平野区誌編集委員会）　創元社　2005.8　p358-360

大阪府　門真市
　◎参考文献「門真市史　6」（編さん委員会）　門真市　2006.3　p18-28b

大阪府　河内
　◎参考文献「河内　社会・文化・医療」（森田康夫）　和泉書院　2001.9　p340-343
　◎参考文献「河内の古道と古墳を学ぶ人のために」（泉森皎）　世界思想社　2006.8　p264-274
　◎参考引用文献「河内古代寺院巡礼」（大阪府立近つ飛鳥博物館）　大阪府立近つ飛鳥博物館　2007.4　p146-147

大阪府　願泉寺
　◎参考文献（吉井克信ほか）「貝塚願泉寺と泉州堺」（堺市博物館）　堺市博物館　2007.9　p96-97

大阪府　岸和田市
　◎「「日刊泉州情報」記事索引　3」　岸和田市立図書館　2001.3　73p B5
　◎「「日刊泉州情報」記事索引　4」（岸和田市立図書館）　岸和田市立図書館　2002.3　71p B5
　◎「「日刊泉州情報」記事索引　5　（岸和田市立図書館年報　第24号（平成14年度））」（岸和田市立図書館）　岸和田市立図書館　2003.3　59p B5
　◎参考文献「谷に刻まれた文化―春期特別展」（岸和田市立郷土資料館）　市立郷土資料館　2004.3　p53-54
　◎参考文献「岸和田だんじり祭―泉州岸和田地車名所独案内」（古磨屋）　古磨屋　2006.9　p188-189
　◎参考文献「逆転発想の人事評価―元気な自治体をつくる―岸和田方式・「人材育成型」制度のつくり方と運用法」（小堀喜康）　ぎょうせい　2007.8　p174-175

　◎参考文献「岸和田だんじり讀本」（泉田祐志ほか）　ブレーンセンター　2007.9　p340-341

大阪府　堺市
　◎参考文献「百舌鳥古墳群と黒姫山古墳―堺市・美原町合併記念秋季特別展」（堺市博物館）　堺市博物館　2005.10　p118-119
　◎参考文献（吉井克信ほか）「貝塚願泉寺と泉州堺」（堺市博物館）　堺市博物館　2007.9　p96-97

大阪府　豊中市
　◎文献「新修豊中市史　第10巻　学校教育」（豊中市史編さん委員会）　豊中市　2002.3　p949-960

大阪府　日根荘遺跡
　◎参考文献「日根荘遺跡」（鈴木陽一）　同成社　2007.4　p173-178

大阪府　府立図書館
　◎参考文献「中之島百年―大阪府立図書館のあゆみ」（『中之島百年―大阪府立図書館のあゆみ』集委員会）事業実行委員会　2004.2　p378-385
　◎「久野収氏旧蔵書寄贈図書目録補遺―大阪府立中央図書館蔵」（大阪府立中央図書館）　大阪府立中央図書館　2006.3　111p A4

大阪府　三島古墳群
　◎参考文献「今城塚と三島古墳群」（森田克行）　同成社　2006.2　p165-168

大阪府　明教寺
　◎参考文献「原爆と寺院―ある真宗寺院の社会史」（新田光子）　法蔵館　2004.5　p201-216

大阪府　百舌鳥・古市古墳群
　◎引用報告書「百舌鳥・古市古墳群の研究」（田中晋作）　学生社　2001.6　p452-474

大阪府　淀川
　◎参考文献「淀川の文化と文学」（大阪成渓短大国文学科研究室）　和泉書院　2001.12　p267-269
　◎参考文献「舟運と河川技術―琵琶湖・淀川舟運～近世から現代～」（国土交通省近畿地方整備局河川部ほか）　国土交通省　2004.3　p98-99
　◎参考文献ほか「淀川ものがたり」（淀川ガイドブック編集委員会）　読売連合広告社　2007.9　p220-222

大阪野菜
　◎参考文献「なにわ大阪の伝統野菜」（なにわ特産物食文化研究会）　農山漁村文化協会　2002.3　p264-267

大阪湾
　◎参考文献「大阪湾の生きもの図鑑」（新野大）　東方出版　2004.5　p200-201

大雑書
　○一覧（森田登代子）「日本研究　29」（国際日本文化研究センター）　2004.12　p250-253

オオサンショウウオ
　○文献目録（栃本武良）「ホシザキグリーン財団研究報告　6」（ホシザキグリーン財団）　2003.4　p173-191

大塚製靴
　◎文献「大塚製靴株式会社五十年―老舗の近代化」（日本経営史研究所）　大塚製靴　2003.7　p329-330

大妻女子大学
　○和本書目（石川了）「大妻女子大学紀要　文系　35」（大妻女子大）　2003.3　p75-102

オオムラサキ
　◎参考文献「オオムラサキ—日本の里山と国蝶の生活史」（栗田貞多男）　信濃毎日新聞社　2007.5　p127」

オーガニック・デザイン
　◎参考文献「オーガニック・デザイン　21世紀を拓くコンセプト」（三井秀樹）　平凡社　2003.7　p184-187

お金
　◎注解「マネー　なぜ人はお金に魅入られるのか」（B.リエター）　ダイヤモンド社　2001.10　p430-397

オカピ
　◎参考図書「オカピ—くびの伸びなかったキリン—その不思議と魅力」（石和田研二）　早稲田出版　2007.6　p209-213

岡山県
　◎参考文献「岡山の地神様—五角形の大地の神」（正富博行）　吉備人出版　2001.8　p227-231
　◎参考文献「岡山の自然と環境問題」（岡山ユネスコ協会）　大学教育出版　2004.8　prr
　◎参考文献「「岡山検定」要点整理—「岡山文化観光検定試験」公式参考書　新版」（吉備人出版編集部）　吉備人出版　2007.7　p190-191
　◎参考文献ほか「検定「晴れの国おかやまの食」公式テキスト」（岡山県食品衛生協会）　吉備人出版　2007.8　p148-149
　◎参考文献「中国地方の民俗芸能　2」　海路書院　2007.12　p208」

岡山県　岡山市
　◎参考文献「学校図書館はどうつくられ発展してきたか—岡山を中心に」　教育史料出版会　2001.7　p207-211

岡山県　奥津町
　◎参考文献「奥津町の民俗」（苫田ダム水没地域民俗調査団）　奥津町　2004.3　p868-870

岡山県　吉備
　○文献目録（三宅克広）「岡山地方史研究　97」（岡山地方史研究会）　2001.12　p28-26
　◎参考文献「吉備と山陽道　街道の日本史40」（土井作治ほか）　吉川弘文館　2004.10　p23-26b
　◎参考文献「吉備の縄文貝塚」（河瀬正利）　吉備人出版　2006.6　p159-166
　◎参考文献「吉備の弥生集落」（柳瀬昭彦）　吉備人出版　2007.8　p161-170

岡山県　久世町史
　◎参考文献「久世町史　資料編　1　編年資料」（久世町史資料編纂委員会）　久世町教育委員会　2004.3　p414-416

岡山県　倉敷市
　◎参考文献「倉敷市呼松の御佐曽宇行事—倉敷市文化財総合調査報告書」（倉敷市文化財総合調査委員会）　倉敷市教育委員会　2005.3　p175-177

岡山県　楯築弥生墳丘墓
　◎参考文献「吉備の弥生大首長墓—楯築弥生墳丘墓」（福本明）　洋泉社　2007.2　p91-92

岡山県　両宮山古墳
　◎参考文献「両宮山古墳」（宇垣匡雅）　同成社　2006.9　p179-183

岡山県　歴史
　○文献目録（三宅克広）「岡山地方史研究　97」（岡山地方史研究会）　2001.12　p28-26
　○文献目録（内池英樹，山下洋）「岡山地方史研究　98」（岡山地方史研究会）　2002.6　p25-19
　◎参考文献「石棺と陶棺」（倉林眞砂斗）　吉備人出版　2005.11　p151-160
　○文献目録（古市晃ほか）「岡山地方史研究　112」（岡山地方史研究会）　2007.9　p44-38

オカルト
　◎文献ガイド「エリアーデ・オカルト事典」（M.エリアーデ）　法蔵館　2002.4　prr
　◎参考文献「ドイツ・オカルト事典」（佐藤恵三）　同学社　2002.8　prr

沖縄県
　◎参考文献「沖縄の家・門中・村落」（北原淳，安和守茂）　第一書房　2001.2　p8-18b
　◎参考文献「沖縄の基地移設と地域振興」（高橋明善）　日本経済評論社　2001.2　p467-468
　◎文献リスト「演者たちの「共同体」—東京エイサーシンカをめぐる民族誌的説明」（小林香代）　風間書房　2001.3　p219-233
　◎参考文献「沖縄天気ことわざ—気象季語から旧暦まで」（石島英，正木譲）　琉球新報社　2001.3　p174-175
　◎参考文献「戦後沖縄の社会変動と近代化—米軍支配と大衆運動のダイナミズム」（与那国暹）　沖縄タイムス社　2001.9　p311-317
　◎参考文献「沖縄長寿学序説」（秋坂真史）　ひるぎ社　2001.10　p206-209
　○文献（長嶺均，当山昌直）「史料編集室紀要　27」（沖縄県文化振興会）　2002.3　p219-252
　◎文献「沖縄企業（法人）と中核人材に関する調査」（日本労働研究機構研究所）　日本労働研究機構　2002.3　p301-302
　◎参考文献「沖縄天気ことわざ」（石島英ほか）　琉球新報社　2002.4　p174-175
　◎文献「琉球列島民俗語彙」（酒井卯作）　第一書房　2002.4　p557-560
　○研究現状（岸本義彦）「古代文化　52.3」（古代学協会）　2002.5　p9-13
　◎参考文献「検証「沖縄問題」—復帰後30年経済の現状と展望」（百瀬恵夫，前泊博盛）　東洋経済新報社　2002.5　p205-208
　◎参考文献「現代日本と沖縄」（新崎盛暉）　山川出版社　2002.5　2pb
　◎参考文献「沖縄ぬちぐすい事典」（尚弘子）　プロジェクト・シュリ　2002.11　p232-235
　◎文献解題（赤嶺政信ほか）「沖縄県の地名—日本歴史地名大系　48」（平凡社）　平凡社　2002.12　p754-777
　◎「沖縄を深く知る事典」（「沖縄を知る事典」編集委員会）　日外アソシエーツ　2003.2　493p A5
　◎参考文献「複数の沖縄—ディアスポラから希望へ」（西成彦ほか）　人文書院　2003.3　prr
　◎参考文献「味くーたー沖縄—!がいっぱい!!」（ブードゥーハウス）　小学館　2003.3　p222-223

おきなわ

◎参考文献「沖縄の神と食の文化」（赤嶺政信）　青春出版社　2003.4　1pb
◎文献「沖縄企業活性化論―経営理念と人的資源管理の視座」（上間隆則）　森山書店　2003.5　p301-309
◎文献「沖縄問題の起源―戦後日米関係における沖縄1945-1952」（R. D. エルドリッヂ）　名古屋大学出版会　2003.6　p9-32b
◎「沖縄県産本目録―1991.01～2003.08」（沖縄県産本ネットワーク事務局）　沖縄県産本ネットワーク事務局　2003.10　238p B5
◎参考文献「海人」（小林照幸）　毎日新聞社　2003.12　p249-251
◎注「沖縄と日本国家―国家を照射する〈地域〉」（山本英治）　東京大学出版会　2004.7　prr
◎参考文献「沖縄イメージの誕生―青い海のカルチュラル・スタディーズ」（多田治）　東洋経済新報社　2004.10　p173-176
◎参考文献「「辺境アジア」のアイデンティティ・ポリティックス―沖縄・台湾・香港」（林泉忠）　明石書店　2005.2　p12-30b
○関連文献ほか（和田敦彦）「人文科学論集　文化コミュニケーション学科編　39」（信州大）　2005.3　p37-54
◎参考文献「沖縄・反戦平和意識の形成」（与那国暹）　新泉社　2005.4　p299-301
◎文献一覧「無意識の植民地主義―日本人の米軍基地と沖縄人」（野村浩也）　御茶の水書房　2005.4　p256-263
◎文献「「沖縄のこころ」への旅―「沖縄」を書き続けた一記者の軌跡」（稲垣忠）　高文研　2005.9　p252-255
◎参考文献「オキナワを平和学する!」（石原昌家ほか）　法律文化社　2005.9　p255-261
◎参考文献「おきなわ女性学事始」（勝方＝稲福恵子）　新宿書房　2006.2　p210-220
◎参考文献「占領の記憶―戦後沖縄・日本とアメリカ」（M. モラスキー）　青土社　2006.3　p8-29b
◎文献「不知火海と琉球弧」（江口司）　弦書房　2006.8　p247-254
◎参考文献「琉球の「自治」」（松島泰勝）　藤原書店　2006.10　p302-311
◎参考文献「いくつもの琉球・沖縄像」（法政大学沖縄文化研究所）　法政大　2007.3　prr
◎参考文献「沖縄の「シマ社会」と青年会活動」（山城千秋）　エイデル研究所　2007.3　p277-292
◎参照文献「南島の畑作文化―畑作穀類栽培の伝統と現在」（賀納章雄）　海風社　2007.10　p270-281

沖縄県　石垣市
◎文献「近世八重山の民衆生活史―石西礁湖をめぐる海と島々のネットワーク」（得能壽美）　榕樹書林　2007.1　p295-311

沖縄県　石垣島
◎参考文献「世界遺産グスク―石垣の魅力と謎・序説」（城間勇吉）　建築技術研究室・間　2005.10　p221-225

沖縄県　西表島
◎引用文献「西表島の農耕文化―海上の道の発見」（安渓遊地）　法政大出版局　2007.3　p447-467

沖縄県　音楽
◎注文献「唄に聴く沖縄」（松村洋）　白水社　2002.5　prr

◎引用文献「琉球民俗の底流―古歌謡は何を語るか」（吉成直樹）　古今書院　2003.12　p211-218
◎参考文献「沖縄音楽の構造―歌詞のリズムと楽式の理論」（金城厚）　第一書房　2004.3　p277-281

沖縄県　経済
◎文献「沖縄島嶼経済史―一二世紀から現在まで」（松島泰勝）　藤原書店　2002.4　p414-442
◎文献「どうなる沖縄経済どうする沖縄経済」（高良守）　牧歌舎　2007.9　p199-201

沖縄県　識名園
○史資料（古塚達朗）「文献探索　2000」（文献探索研究会）　2001.2　p494-503

沖縄県　生物
◎参考文献「海洋危険生物―沖縄の浜辺から」（小林照幸）　文藝春秋　2002.2　p236-238
◎文献目録「琉球列島の陸水生物」（西島信昇）　東海大学出版会　2003.1　p519-539
◎参考文献「南の島の自然誌―沖縄と小笠原の海洋生物研究のフィールドから」（矢野和成）　東海大学出版会　2005.11　prr
◎参考文献「亜熱帯沖縄の花―花ごよみ」（屋比久壮実）　アクアコーラル企画　2006.2　p199
◎参考文献「美ら島の自然史・サンゴ礁島嶼系の生物多様性」（琉球大21世紀COEプログラム編集委員会）　東海大出版会　2006.7　prr

沖縄県　知念村
◎参考文献「知念村の御嶽と殿と御願行事」（知念村文化協会）　南城市知念文化協会　2006.6　p322-323

沖縄県　波照間島
◎参考文献「HATERUMA―波照間―南琉球の島嶼文化における社会＝宗教的諸相」（C. アウエハントほか）　榕樹書林　2004.9　p499-508

沖縄県　平良市
◎文献「池間民俗語彙の世界―宮古・池間島の神観念」（伊良波盛男）　ボーダーインク　2004.2　p130-132

沖縄県　舞踊
◎参考文献「組踊の世界―私の見方・楽しみ方」（勝連繁雄）　ゆい出版　2003.12　p300-301
◎文献「奥山の牡丹　国立劇場おきなわ上演資料集6」国立劇場おきなわ運営財団　2005.7　p55-60

沖縄県　文化
◎「研究所叢書・南日本文化掲載論文目録」（鹿児島短期大学付属南日本文化研究所）　同研究所　2001.1　36p B5
◎文献案内「沖縄に立ちすくむ」（岩渕功一ほか）　せりか書房　2004.3　p1-5b

沖縄県　文学
◎文献案内ほか「沖縄文学選」（岡本恵徳ほか）　勉誠出版　2003.5　p406-420

沖縄県　民俗
◎文献「沖縄の女性祭司の世界」（高梨一美）　東横学園女子短大女性文化研究所　2002.3　p149-153
◎文献「沖縄の祭祀と民俗芸能の研究」（大城学）　砂子屋書房　2003.11　p1120-1121
◎参考文献「民俗知識論の課題―沖縄の知識人類学　2版」（渡邊欣雄）　凱風社　2004.3　p254-270

◎参考文献「HATERUMA―波照間―南琉球の島嶼文化における社会=宗教的諸相」(C. アウエハントほか) 榕樹書林 2004.9 p499-508
◎資料等目録「琉球の死後の世界―沖縄その不思議な世界」(崎原恒新) むぎ社 2005.1 p341-348
◎参考文献「魂込めと魂呼ばひ―「ヤマト・琉球」比較文化論」(宮城喜久蔵) ボーダーインク 2005.3 p294-298
◎引用参考文献「琉球祭祀空間の研究―カミとヒトの環境学」(伊従勉) 中央公論美術出版 2005.4 p682-707

沖縄県　八重山群島
◎「八重山を読む―島々の本の事典」(三木健) 南山舎 2000.10 478p A5
◎「八重山関係文献目録　自然編」(石垣市史編集委員会) 石垣市 2003.3 7, 560p A5
◎研究史略年表「八重山研究の歴史」(三木健) 南山舎 2003.7 p267-269
◎参考文献「八重山の台湾人」(松田良孝) 南山舎 2004.7 p218-224
◎参考文献「オヤケアカハチ・ホンカワラの乱と山陽姓一門の人々」(大濱永亘ほか) 南山舎 2006.1 p537-542
◎文献「近世八重山の民衆生活史―石西礁湖をめぐる海と島々のネットワーク」(得能壽美) 榕樹書林 2007.1 p295-311

沖縄県　与那国島
◎参考文献「海底宮殿―沈んだ琉球古陸と"失われた大陸"」(木村政昭) 実業之日本社 2002.9 p285-282
○書誌(長島可代子)「文献探索　2006」(文献探索研究会) 2006.11 p326-334

沖縄県　与論島
◎引用参考文献「与論方言辞典」(菊千代ほか) 武蔵野書院 2005.2 p797-798

沖縄県　琉球
◎参考文献「貝の道―先史琉球列島の貝交易」 沖縄県教育委員会 2001.3 p65-66
◎参考文献ほか「江戸上り―琉球使節の江戸参府」 沖縄県教育委員会 2001.3 p70-72
◎文献ほか「バウン号の苦力反乱と琉球王国―揺らぐ東アジアの国際秩序」(西里喜行) 榕樹書林 2001.5 p153-154
◎略年譜「琉球神道記」(弁蓮社袋中) 榕樹書林 2001.7 p421-423
◎参考文献「図説琉球の伝統工芸」(天空企画) 河出書房新社 2002.4 p110
◎参考文献「海底宮殿―沈んだ琉球古陸と"失われた大陸"」(木村政昭) 実業之日本社 2002.9 p285-282
◎参考文献「琉球と中国　忘れられた冊封使」(原田禹雄) 吉川弘文館 2003.5 p189」
◎参考文献「琉球と日本・中国」(紙屋敦之) 山川出版社 2003.8 3pb
◎参考文献「遥かなる御後絵―甦る琉球絵画」(佐藤文彦) 作品社 2003.9 p225-230
◎参考文献「琉球・沖縄史の世界　日本の時代史18」(豊見山和行) 吉川弘文館 2003.11 p291-305
◎参考文献「琉球王国―東アジアのコーナーストーン」(赤嶺守) 講談社 2004.4 p218-222

◎註「琉球王国の外交と王権」(豊見山和行) 吉川弘文館 2004.6 prr
◎「増補琉球関係漢籍目録―近世琉球における漢籍の収集・流通・出版についての総合的研究」(高津孝ほか) 斯文堂(印刷) 2005.3 55, 9, 2p A4
◎参考文献「琉球・沖縄と海上の道　街道の日本史56」(豊見山和行ほか) 吉川弘文館 2005.4 p19-22b
◎参考文献「朝鮮王朝実録琉球史料集成　訳注篇」(池谷望子ほか) 榕樹書林 2005.5 p13-16
◎引用文献「琉球王国と倭寇―おもろの語る歴史」(吉成直樹ほか) 森話社 2006.1 p293-298
◎引用文献「琉球方言と九州方言の韻律的研究」(崎村弘文) 明治書院 2006.2 p466-471
◎参考文献「沖縄語辞典―那覇方言を中心に」(内間直仁ほか) 研究社 2006.5 p34-35
◎文献目録(鈴木耕太ほか)「国文学　解釈と鑑賞 71.10」(至文堂) 2006.10 p170-181
◎引用文献「声とかたちのアイヌ・琉球史」(吉成直樹) 森話社 2007.6 prr
◎引用文献「琉球王国誕生―奄美諸島史から」(吉成直樹ほか) 森話社 2007.12 p334-344

沖縄県　歴史
◎参考文献「沖縄県警察史　第3巻(昭和後編)」(沖縄県警察史編さん委員会) 〔沖縄県〕警察本部 2002.3 p1485-1488
○文献(幸喜淳)「史料編集室紀要　28」(沖縄県文化振興会) 2003.3 p161-194
◎文献「農耕・景観・災害―琉球列島の環境史」(小林茂) 第一書房 2003.6 p319-342
◎参考文献「琉球・沖縄史の世界　日本の時代史18」(豊見山和行) 吉川弘文館 2003.11 p291-305
◎関係文献(普天間千江美ほか)「史料編集室紀要　29」(沖縄県文化振興会) 2004.3 p111-139
◎参考文献「近世・近代沖縄の社会事業史」(末吉重人) 榕樹書林 2004.3 p237-245
◎参考資料「『沖縄独立』の系譜―琉球国を夢見た6人」(比嘉康文) 琉球新報社 2004.6 p338-346
◎参考文献「沖縄県の歴史」(安里進ほか) 山川出版社 2004.8 p38-47b
○文献(普天間千江美ほか)「史料編集室紀要　30」(沖縄県文化振興会) 2005.3 p191-213
◎参考文献「沖縄県の百年」(金城正篤ほか) 山川出版社 2005.3 p19-21b
◎参考文献「島の先史学―パラダイスではなかった沖縄諸島の先史時代」(高宮広土) ボーダーインク 2005.3 p222-226
◎参考文献「沖縄/教育権力の現代史」(藤澤健一) 社会評論社 2005.10 p269-273
◎参考文献「琉球の島々―1905年」(C.S.レブンウォース) 沖縄タイムス社 2005.10 p134-135
◎参考文献「オヤケアカハチ・ホンカワラの乱と山陽姓一門の人々」(大濱永亘ほか) 南山舎 2006.1 p537-542
◎参考文献「近代沖縄における教育と国民統合」(近藤健一郎) 北海道大出版会 2006.2 p309-324
○文献(普天間千江美ほか)「史料編集室紀要　31」(沖縄県教育委員会) 2006.3 p175-192

沖縄戦
◎文献リスト「沖縄戦　国土が戦場になったとき　新装版」(藤原彰) 青木書店 2001.10 p159-161

おきもり

◎参考文献「沖縄戦と民衆」(林博史) 大月書店 2001.12 p1-30b

◎参考文献「日本軍と戦争マラリア―沖縄戦の記録」(宮良作) 新日本出版社 2004.2 p195-198

◎参考文献「特攻に殉ず―地方気象台の沖縄戦」(田村洋三) 中央公論新社 2004.6 p281-284

◎註「沖縄戦下の米日心理作戦」(大田昌秀) 岩波書店 2004.12 p341-348

◎参考文献「ざわわざわわの沖縄戦―サトウキビ畑の慟哭」(田村洋三) 光人社 2006.5 p250-252

◎文献「沖縄戦・渡嘉敷島「集団自決」の真実―日本軍の住民自決命令はなかった!」(曽野綾子) ワック 2006.5 p327-329

沖森文庫

○文献目録(高橋昌彦ほか)「純真紀要 44」(純真女子短大) 2004.3 p108-99

屋上緑化

○関連図書「知っておきたい屋上緑化のQ&A」(都市緑化技術開発機構) 鹿島出版会 2003.12 p150-151

奥浄瑠璃

◎諸本目録「伝承文学資料集成 第10輯 奥浄瑠璃集成 1」(福田晃ほか) 三弥井書店 2000.7 p315-343

奥女中

◎参考文献「江戸奥女中物語」(畑尚子) 講談社 2001.8 p231-235

オークション

◎参考文献「オークションの理論」(遠藤妙子) 三菱経済研究所 2001.3 p97-99

◎文献一覧「オークション理論とデザイン」(P. ミルグロム) 東洋経済新報社 2007.11 p379-387

贈り物

◎註「贈り物の心理学」(成田善弘) 名古屋大学出版会 2003.11 p1-8b

オーケストラ

◎参考文献「オーケストラのマネジメント―芸術組織における共創環境」(大木裕子) 文眞堂 2004.1 p317-342

御後絵

◎参考文献「遥かなる御後絵―甦る琉球絵画」(佐藤文彦) 作品社 2003.9 p225-230

オサムシ

◎文献「DNAでたどるオサムシの系統と進化」(大澤省三, 蘇智慧, 井村有希) 哲学書房 2002.3 p237-242

お産

◎参考文献「お産の歴史―縄文時代から現代まで」(杉立義一) 集英社 2002.4 p234-237

押絵

◎参考文献「押絵羽子板―江戸の技と華」(西山鴻月ほか) 日貿出版社 2007.12 p158」

汚職

◎文献「世界の汚職日本の汚職」(石井陽一) 平凡社 2003.1 p206-209

◎参考文献「中国社会と腐敗―「腐敗」との向きあい方」(王雲海) 日本評論社 2003.3 p169-171

オショロコマ

◎文献「岩魚属オショロコマ千態万様―渓流の宝石」(吉安克彦) 吉安克彦 2003.3 p122-124

オシラサマ

◎参考文献「イタコとオシラサマ 東北異界巡礼」(加藤敬) 学習研究社 2003.6 p234-235

オーストラリア

◎参考文献「自国史の行方 オーストリアの歴史政策」(近藤孝弘) 名古屋大学出版会 2001.1 p7-19b

○文献目録「オーストラリア研究 13」(筑波書房) 2001.3 p87-88

◎参考文献「もっと知りたいアボリジニ―アボリジニ学への招待」(青山晴美) 明石書店 2001.3 p208-216

◎参考文献「オーストラリアとニュージーランド―多文化国家の素顔とその背景」(久村研) 三修社 2001.8 p218-221

◎文献「オーストラリアの観光と食文化 改訂版」(朝水宗彦) 学文社 2003.10 p3-7b

◎文献「第二の故郷―豪州に渡った日本人先駆者たちの物語」(N. ジョーンズ) 創風社出版 2003.11 p5-10b

◎文献「戦後オーストラリアの高等教育改革研究」(杉本和弘) 東信堂 2003.12 p339-356

◎文献案内「オーストラリアの歴史―多文化社会の歴史の可能性を探る」(藤川隆男) 有斐閣 2004.4 p257-263

◎参考文献「オーストラリア―未来への歴史」(島崎博) 古今書院 2004.12 p120-134

◎参考文献「オーストラリアを知るための55章 2版」(越智道雄) 明石書店 2005.10 p322-324

◎参考文献ほか「ネオ・リベラリズムの時代の多文化主義―オーストラリアン・マルチカルチュラリズムの変容」(塩原良和) 三元社 2005.11 p5-30b

◎参考文献「オーストラリア・女性たちの脱施設化―知的障害と性のディスコース」(K. ジョンソン) 相川書房 2006.10 p258-276

◎参考文献「シティズンシップと多文化国家―オーストラリアから読み解く」(飯笹佐代子) 日本経済評論社 2007.1 p12-28b

◎引用参考文献「オーストラリア入門 2版」(竹田いさみほか) 東京大出版会 2007.9 p337-348

オーストラリア アボリジニ

◎参考文献「もっと知りたいアボリジニ―アボリジニ学への招待」(青山晴美) 明石書店 2001.3 p208-216

◎参考文献「アボリジニの世界 ドリームタイムの始まりの日の声」(R. ローラー) 青土社 2003.1 p7-10b

◎参考文献「アボリジニ芸術」(H. モーフィ) 岩波書店 2003.10 p434-439

◎参考文献「アボリジニ社会のジェンダー人類学―先住民・女性・社会変化」(窪田幸子) 世界思想社 2005.2 p248-237

◎参考文献「ブラックフェラウェイ―オーストラリア先住民アボリジナルの選択」(松山利夫) 御茶の水書房 2006.7 p5-10b

オーストラリア 映画

◎参考文献「オーストラリア映画史―映し出された社会・文化・文学 増補改訂版」(佐和田敬司) オセアニア出版社 2004.9 p30-33b

オーストラリア　演劇
- ◎参考文献「劇場文化の構造―豪州ヴィクトリア」（安藤隆之ほか）　勁草書房　2004.2　p191-194
- ◎文献リスト「現代演劇と文化の混淆―オーストラリア先住民演劇と日本の翻訳劇との出会い」（佐和田敬司）　早稲田大出版部　2006.3　p5-19b

オーストラリア　外交
- ◎参考文献「アジア太平洋国家を目指して―オーストラリアの関与外交」（P. キーティング）　流通経済大学出版会　2003.11　p415-417

オーストラリア　教育
- ◎文献「アジア・太平洋高等教育の未来像―静岡アジア・太平洋学術フォーラム」（静岡総合研究機構）　東信堂　2005.11　prr
- ◎参考文献「オーストラリア教育改革に学ぶ―学校変革プランの方法と実際」（佐藤博志）　学文社　2007.5　p292-298

オーストラリア　経済
- ◎参考文献「オーストラリアの金融・経済の発展」（石田高生）　日本経済評論社　2005.3　p407-420

オーストラリア　美術
- ◎参考文献「プリズム―オーストラリア現代美術展」　石橋財団ブリヂストン美術館　c2006　p157-158

オーストラリア　法
- ◎参考文献「現代オーストラリア法」（平松紘）　敬文堂　2005.3　p187-207

オーストリア
- ◎文献「オーストリアの祝祭と信仰」（窪明子）　第一書房　2000.8　p1-9b
- ◎参考文献「ウィーン・オーストリアを知るための50章」（広瀬佳一ほか）　明石書店　2002.2　p291-295
- ◎参考文献「オーストリアの経済社会と政策形成」（内山隆夫）　晃洋書房　2002.4　p211-226
- ◎文献「チロルのアルム農業と山岳観光の共生」（池永正人）　風間書房　2002.11　p175-179
- ◎文献「概説オーストリア親子法」（松倉耕作）　嵯峨野書院　2003.3　p6-10

オーストリア　ウィーン
- ◎参考文献「ウィーン・オーストリアを知るための50章」（広瀬佳一ほか）　明石書店　2002.2　p291-295
- ◎参考文献「啓蒙都市ウィーン」（山之内克子）　山川出版社　2003.10　p88-90
- ◎参考文献「ウィーン警察官教育の法と命令―法化社会オーストリアの執行組織」（今村哲也）　関東学院大学出版会　2005.6　p263-265
- ◎文献「ウィーンのドイツ語」（河野純一）　八潮出版社　2006.8　p255-258

オーストリア　ウィーン学派
- ◎文献「オーストリア学派の経済学―体系的序説」（尾近裕幸ほか）　日本経済評論社　2003.3　p383-393
- ◎参照文献「ウィーンの経済思想―メンガー兄弟から20世紀へ」（八木紀一郎）　ミネルヴァ書房　2004.4　p263-279

オーストリア　ウィーンフィル
- ◎参考文献「ウィーン・フィルハーモニー―その栄光と激動の日々」（野村三郎）　中央公論新社　2002.11　p381-398

オーストリア　映画
- ◎文献「映画都市ウィーンの光芒―オーストリア映画全史」（瀬川裕司）　青土社　2003.8　p315-318

オーストリア　ザルツブルク
- ◎参考文献「祝祭の都ザルツブルク―音楽祭が育てた町」（小宮正安）　音楽之友社　2001.8　p221-222

オーストリア　文学
- ◎書誌「オーストリア文学小百科」（鈴木隆雄）　水声社　2004.1　p572-560

オーストリア　歴史
- ◎参考文献「オーストリア＝ハンガリーとバルカン戦争―第一次世界大戦への道」（馬場優）　法政大出版局　2006.2　p21-37b
- ◎参考文献「ハプスブルクの実験―多文化共存を目指して　増補改訂」（大津留厚）　春風社　2007.6　p208-212

オーストロ・ネシア語
- ◎文献「オセアニアから来た日本語」（川本崇雄）　東洋出版　2007.3　p152-158

オセアニア
- ◎参考文献「東南・南アジア/オセアニア」（黒柳米司ほか）　自由国民社　2001.3　p332-330
- ◎文献リスト「オーストラリア・ニュージーランドの教育」（石附実, 笹森健）　東信堂　2001.6　p240-241
- ◎引用文献「カストム・メレシン―オセアニア民間医療の人類学的研究」（白川千尋）　風響社　2001.11　p219-234
- ◎文献「オセアニアの現在―持続と変容の民族誌」（河合利光ほか）　人文書院　2002.3　p255-272
- ◎文献「オセアニア―暮らしの考古学」（印東道子）　朝日新聞社　2002.11　p251-252
- ◎参考文献「シリーズ知っておきたいフィリピンと太平洋の国々」（歴史教育者協議会）　青木書店　2004.2　p234-235
- ◎参考文献「太平洋―開かれた海の歴史」（増田義郎）　集英社　2004.12　p235-236
- ◎参考文献「オセアニア　講座世界の先住民族09」（前川啓治ほか）　明石書店　2005.9　prr
- ◎文献「オセアニアのことば・歴史―ナウル島ノーフォーク島ニューギニアオーストラリア」（岡村徹）　溪水社　2006.5　p196-202

オセアニア　神話
- ◎文献「南島の神話」（後藤明）　中央公論新社　2002.2　p253-258

オセアニア　文学
- ◎文献「南太平洋の英語文学の研究」（安川昱）　関西大学出版部　2003.3　p175-183

オセアニア　メラネシア
- ◎文献「メラネシア記―南太平洋の秘境を歩く」（西岡義治）　新樹社　2003.5　p217-221
- ◎文献「反・ポストコロニアル人類学―ポストコロニアルを生きるメラネシア」（吉岡政徳）　風響社　2005.1　p263-282

汚染
- ◎参考文献「IT汚染」（吉田文和）　岩波書店　2001.7　p1-6b

おそさ

遅さ
　◎参考文献「スロー・イズ・ビューティフル—遅さとしての文化」（辻信一）　平凡社　2001.9　p251-258

オゾン層
　◎参考文献「オゾン・コネクション—国境を越えた環境保護の連帯はなぜ可能になったか」（P. キャナンほか）日本評論社　2005.11　p376-392

小田文庫
　○目録（横尾文子ほか）「佐賀女子短期大学研究紀要40」（佐賀女子短大）　2006　p23-34

小樽新聞
　◎「アイヌ史新聞年表—『小樽新聞』（明治期）編」（河野本道）　国学院短大　2004.3　192p B5
　◎「アイヌの新聞年表—『小樽新聞』（大正期1）編」（河野本道）　國學院大　2006.3　206p B5

オックスフォード英語辞典
　◎参考書目「オックスフォード英語大辞典物語」（S. ウィンチェスター）　研究社　2004.8　p8-10b

ODA
　◎参考文献「徹底検証！ 日本型ODA—非軍事外交の試み」（金熙徳）　三和書籍　2002.4　p331-334
　◎参考文献「「ODA」再考」（古森義久）　PHP研究所　2002.12　p235-234
　◎文献「ODA（政府開発援助）—日本に何ができるか」（渡辺利夫ほか）　中央公論新社　2003.12　p193-201
　◎参考文献「徹底検証ニッポンのODA」（村井吉敬）コモンズ　2006.4　p306-307

オデニョ一族
　◎文献「呪医の末裔—東アフリカ・オデニョ一族の二十世紀」（松田素二）　講談社　2003.12　p284-286

音
　◎参考図書「騒音防止ガイドブック　誰にもわかる音環境の話　改訂2版」（前川純一ほか）　共立出版　2003.2　p190-191
　◎文献・資料「音と文明」（大橋力）　岩波書店　2003.10　p579-602
　◎参考文献「音ってすごいね。—もう一つのサウンドスケープ」（小松正史）　晃洋書房　2004.6　p213-214
　◎参考文献「明治の音—西洋人が聴いた近代日本」（内藤高）　中央公論新社　2005.3　p241-245
　◎参考文献「音のデザイン—感性に訴える音をつくる」（岩宮眞一郎）　九州大出版会　2007.5　p169-176

御伽草子
　◎参考文献「「お伽草子」謎解き紀行」（神一行）　学習研究社　2001.6　p258-259
　◎伝本目録「図解御伽草子　慶応義塾図書館蔵」（石川透）　慶應義塾大学出版会　2003.4　p123-126
　◎研究動向「御伽草子その世界」（石川透）　勉誠出版　2004.6　p174-190

おとぎ話
　◎参考文献「おとぎ話の社会史」（J. ザイプスほか）新曜社　2001.2　p10-49b
　◎出会う「おとぎ話と魔女—隠された意味」（S. キャッシュダウン）　法政大学出版局　2003.6　p371-376
　◎参考文献「野獣から美女へ—おとぎ話と語り手の文化史」（M. ウォーナー）　河出書房新社　2004.10　p378-371

男
　◎参考文献「なぜ男は暴力をふるうのか」（高井高盛）洋泉社　2001.6　p214-215
　◎文献「オトコの進化論—男らしさの起源を求めて」（山極寿一）　筑摩書房　2003.8　p235-238

男はつらいよ
　◎文献リスト「寅さんと日本人—映画「男はつらいよ」の社会心理」（濱口惠俊ほか）　知泉館　2005.7　p283-289

オートジャイロ
　◎参考引用文献「陸軍カ号観測機—幻のオートジャイロ開発物語」（玉手栄治）　光人社　2002.7　p350」

オートポイエーシス
　◎注「メタモルフォーゼ—オートポエーシスの核心」（河本英夫）　青土社　2002.10　p297-317

オートマトン
　◎参考文献「オートマトン・言語理論の基礎」（米田政明ほか）　近代科学社　2003.5　p213-216

乙女小説
　◎リスト「女学生手帖—大正・昭和乙女らいふ」（弥生美術館）　河出書房新社　2005.4　p122-123

オートレース
　◎参考文献「親父と夢駆ける—モンゴルラリー初挑戦記」（斎木雅弘）　新風舎　2006.1　p346-348

鬼
　◎文献「戸隠の鬼たち」（国分義司）　信濃毎日新聞社　2003.8　p227-232
　◎参考文献「鬼の系譜」（佐藤秀治）　文芸社　2004.12　p353-355
　◎依拠参考文献「鬼とものの怪の文化史」（笹間良彦）遊子館　2005.11　p238-240
　◎参考文献「鬼の風土記」（服部邦夫）　青弓社　2006.8　p235-237
　◎注「鬼と修験のフォークロア」（内藤正敏）　法政大出版局　2007.3　prr

オニバス
　○文献目録（角野康郎）「水草研究会誌　79」（水草研究会）　2003.10　p7-12

オノマトペ
　◎参考文献「オノマトペを中心とした中日対照言語研究」（呉川）　白帝社　2005.3　p213-217
　◎関係文献「オノマトペ《擬音語・擬態語》を考える—日本語音韻の心理学的研究」（丹野眞智俊）　あいり出版　2005.8　p168-171

お化け
　◎参考文献「星降る夜のお化けたち—西洋魔物図鑑」（P. ジェゼケル）　東洋書林　2004.12　p155」

姨捨
　◎注「姨捨の系譜」（工藤茂）　おうふう　2005.2　prr

オフィス
　◎文献「大都市地域のオフィス立地」（山崎健）　大明堂　2001.2　p294-311
　◎参考文献「創造的オフィス環境—新時代のオフィスとホワイトカラー」（古川靖洋）　千倉書房　2002.3　p247-260

る50のヒント」(浅田晴之ほか)　日経BP社　2007.10　p219-221

オプション
◎参考文献「外国為替のオプション」(D. F. デローザ)　東洋経済新報社　2000.11　p203-212
◎参考文献「オプションプライシングの数理―基礎理論と専門書のブリッジテキスト」(山下司)　金融財政事情研究会　2001.7　p335-337
◎参考文献「オプション価格の計量分析」(三井秀俊)　税務経理協会　2004.3　p161-173

オープンソース
◎参考文献「自治体にオープンソースソフトウェアを導入しよう！　システム基盤編」(情報処理推進機構オープンソースソフトウェア・センター)　オーム社　2007.12　p87-89

オープンソリューション
◎参考文献「オープン・ソリューション社会の構想」(国領二郎)　日本経済新聞社　2004.7　p228-231

オープンパートナーシップ経営
◎参考文献「オープンパートナーシップ経営」(根来龍之ほか)　PHP研究所　2002.5　p180-182

オペラ
◎文献「オペラの運命　十九世紀を魅了した一夜の夢」(岡田暁生)　中央公論新社　2001.4　p203-206
◎参考文献「オペラ楽園紀行」(小宮正安)　集英社　2001.6　p211-215
◎文献「消えたオペラ譜―楽譜出版にみるオペラ400年史」(水谷彰良)　音楽之友社　2003.3　p19-21b
◎参考文献「オペラは二度死ぬ」(S. ジジェクほか)　青土社　2003.6　p407-414
◎文献「帝国・メトロポリタン歌劇場―桟敷をめぐる権力と栄光　上」(J. フィードラー)　河合楽器製作所・出版部　2003.10　p229-233
◎参考文献「オペラの18世紀―バロックからモーツァルトへ」(丸本隆)　彩流社　2003.12　p39-42b
◎参考文献「日本オペラ史―　～1952」(増井敬二)　水曜社　2003.12　p485-491
◎参考文献「日本人歌手ここに在り！―海外に雄飛した歌い手の先人たち」(江本弘志)　文芸社　2005.4　p224-234
◎参考文献「オペラの誕生」(戸口幸策)　平凡社　2006.4　p411-416
◎文献案内「イタリア・オペラ史」(水谷彰良)　音楽之友社　2006.7　p23-25b
◎ブックガイド「オペラにいこう！―楽しむための基礎知識」(神木勇介)　青弓社　2007.11　p209-219

オペラント行動
◎引用文献「オペラント行動および動機づけ行動のセッション内変動に関する数量モデルによる研究」(青山謙二郎)　北大路書房　2007.12　p117-121

オペレーションズ・リサーチ
◎参考文献「オペレーションズ・リサーチ―システムマネジメントの科学」(貝原俊也)　オーム社　2004.12　p167-170

オペレーティングシステム
◎参考文献「オペレーティングシステムの仕組み」(河野健二)　朝倉書店　2007.10　p165-166

お守り
◎参考文献「世界お守り大全―ビジュアル版」(デズモンド・モリス)　東洋書林　2001.9　p218-219
◎参考文献「世界お守り・魔よけ文化図鑑―民族に受け継がれる神秘のパワー」(S. ペイン)　柊風舎　2006.10　p183-184

おもちゃ
◎文献「おもちゃと遊びのリアル―「おもちゃ王国」の現象学」(松田恵示)　世界思想社　2003.7　p214-218
◎参考文献「図説いま・むかしおもちゃ大博覧会」(兵庫県立歴史博物館)　河出書房新社　2004.5　p140-141

おもろさうし
◎参考文献「琉球の歴史と文化―『おもろさうし』の世界」(波照間永吉)　角川学芸出版　2007.11　p267-269

親子関係
◎参考文献「親子不全＝〈キレない〉子どもの育て方」(水島広子)　講談社　2001.2　p202」
◎注文献「家族の闇をさぐる　現代の親子関係」(斎藤学)　小学館　2001.3　prr
◎文献「母子画の臨床応用―対象関係論と自己心理学」(ジャクリーン・ジレスピー)　金剛出版　2001.12　p166-169
◎文献「家庭を持つ看護師と母子関係の形成」(伊藤栄子)　医療文化社　2002.7　p208-210
◎参考文献「ねじれた絆―赤ちゃん取り違え事件の十七年」(奥野修司)　文藝春秋　2002.10　p428-429
◎文献「母子相互作用・子どもの社会化過程における乳幼児の気質」(水野里恵)　風間書房　2002.11　p179-192
◎参考文献「ポスト青年期と親子戦略―大人になる意味と形の変容」(宮本みち子)　勁草書房　2004.2　p267-278
◎文献「絆を深める親子遊び―子育て支援のための新しいプログラム」(R. ヴァンフリート)　風間書房　2004.6　p131-133
◎参考文献「親子関係のゆくえ」(有賀美和子ほか)　勁草書房　2004.9　prr
◎参考文献「外国語学習に影響を及ぼす親と子のコミュニケーション―外国語学習・認知能力・親子言語相互交渉」(林桂子)　風間書房　2004.11　p157-166
◎引用文献「親幼児間における音声相互作用の発達的研究―音響分析による測定から」(庭野賀津子)　風間書房　2005.1　p167-176
◎引用文献「アタッチメント―生涯にわたる絆」(数井みゆきほか)　ミネルヴァ書房　2005.4　prr
◎参考文献「マザー・ネイチャー―「母親」はいかにしてヒトを進化させたか　下」(S. B. ハーディー)　早川書房　2005.5　p460-365
◎引用参考文献「母子画の基礎的・臨床的研究」(馬場史津)　北大路書房　2005.6　p159-163
◎参考文献「骨肉　父と息子の日本史」(森下賢一)　文藝春秋　2005.7　p258-262
◎参考文献「子の世話にならずに死にたい―変貌する親子関係」(井上治代)　講談社　2005.8　p230-231
◎文献「育児不安の発生機序と対処方略」(輿石薫)　風間書房　2005.11　p167-175

◎引用参考文献「「子別れ」としての子育て」（根ヶ山光一）　NHK出版　2006.4　p225-232
◎参考文献「お父さん、子どもの声を聴いていますか?―家族に愛をもたらすコミュニケーション・スキル」（大西二郎）　清流出版　2006.8　p253-256
◎参考文献「こんな子どもが親を殺す」（片田珠美）　文藝春秋　2007.1　p198-204
◎参考文献「子どもが忌避される時代―なぜ子どもは生まれにくくなったのか」（本田和子）　新曜社　2007.10　p305-314
◎参考文献「子どもと死について」（E. キューブラー・ロス）　中央公論新社　2007.10　p400-433

親子法
◎文献「生物学的出自と親子法―ドイツ法・フランス法の比較法的考察」（トビアス・ヘルムス）　中央大学出版部　2002.9　p243-266, 272-275

オラン・アスリ
◎引用文献「周縁を生きる人びと―オラン・アスリの開発とイスラーム文化」（信田敏彦）　京大学術出版会　2004.12　p439-462

オランダ
◎参考文献「西洋職人図集　17世紀オランダの日常生活」（J. ライケンほか）　八坂書房　2001.8　p251-255
◎文献目録「地球環境外交と国内政策―京都議定書をめぐるオランダの外交と政策」（蟹江憲史）　慶應義塾大学出版会　2001.12　p289-312
◎参考文献「ニシンが築いた国オランダ―海の技術史を読む」（田口一夫）　成山堂書店　2002.1　p253-265
◎参考文献「ワークシェアリング―『オランダ・ウェイ』に学ぶ雇用」（根本孝）　ビジネス社　2002.2　p206-210
◎文献「オランダあっちこっち」（根本孝）　実業之日本社　2003.4　p200-205
◎参考文献「安楽死のできる国」（三井美奈）　新潮社　2003.7　p186-189
◎参考文献「オランダ、ベルギーの図書館―独自の全国ネットワーク・システムを訪ねて」（西川馨）　教育史料出版会　2004.9　prr
◎参考文献ほか「オランダにおける蘭学医書の形成」（石田純郎）　思文閣出版　2007.2　p6-11
◎ブックガイド「オランダを知るための60章」（長坂寿久）　明石書店　2007.4　p426-436
◎参考文献「植物学とオランダ」（大場秀章）　八坂書房　2007.7　p240-241

オランダ　絵画
◎文献「初期ネーデルラント絵画―その起源と性格　本文篇」（アーウィン・パノフスキー）　中央公論美術出版　2001.2　p426-442
◎参考文献「オランダ絵画の黄金時代―アムステルダム国立美術館展図録」（兵庫県立美術館）　兵庫県立美術館　c2005　p288-291
◎参考文献「静かな眼差し」（河崎良二）　編集工房ノア　2005.11　p294-303
◎文献一覧「オランダ集団肖像画」（A. リーグル）　中央公論美術出版　2007.11　p474-481

オランダ　外交
◎参考文献「近代世界システムと植民都市」（布野修司）　京都大学学術出版会　2005.2　p598-625

オランダ　環境法
◎文献リスト「オランダ環境法」（松村弓彦）　国際比較環境法センター　2004.4　p203-205

オランダ　商館
◎参考文献「オランダ商館長の見た日本―ティツィング往復書翰集」（横山伊徳）　吉川弘文館　2005.2　p20-22b

オランダ　貿易
◎文献一覧「近世貿易の誕生―オランダの「母なる貿易」」（M. v. ティールホフ）　知泉書館　2005.5　p372-395

オリエンタリズム
◎文献「彷徨えるナショナリズム―オリエンタリズム/ジャパン/グローバリゼーション」（阿部潔）　世界思想社　2001.9　p226-234
◎注「「アジア」はどう語られてきたか　近代日本のオリエンタリズム」（子安宣邦）　藤原書店　2003.4　prr
◎引用文献「幻想の東洋―オリエンタリズムの系譜　下」（彌永信美）　筑摩書房　2005.10　p327-363

オリエント
○参考文献「古代オリエント　68」（NHK学園）　2002.2　p13」
◎文献「文明のあけぼの―古代オリエントの世界」（三笠宮崇仁）　集英社　2002.6　p342-343
◎参考文献「図説古代オリエント事典―大英博物館版」（P. ビエンコウスキほか）　東洋書林　2004.7　p547-548
◎参考文献ほか「古代オリエント事典」（日本オリエント学会）　岩波書店　2004.12　p863-945
◎参考文献「中東がわかる古代オリエントの物語」（小山茂樹）　NHK出版　2006.3　p355-350
◎参考文献「オリエントの神々」（池上正太）　新紀元社　2006.12　p307-309

オリエント　急行
◎参考文献「オリエント急行の時代―ヨーロッパの夢の軌跡」（平井正）　中央公論新社　2007.1　p281-288

折り紙
◎文献「折紙の数学―ユークリッドの作図法を超えて」（ロベルト・ゲレトシュレーガー）　森北出版　2002.4　p197-200
◎参考文献「折り紙の数理と科学」（Hull, T）　森北出版　2005.5　prr

オリーブオイル
◎参考文献「オリーブオイルのすべてがわかる本」（奥田佳奈子）　筑摩書房　2002.1　p208」

織部焼
◎参考文献「織部の流通圏を探る―東日本」（土岐市美濃陶磁歴史館）　土岐市美濃陶磁歴史館　2003.2　p128-129
◎参考文献「織部の流通圏を探る―西日本」（土岐市美濃陶磁歴史館）　美濃陶磁歴史館　2004.2　p106-107

織物
◎参考文献「世界織物文化図鑑　生活を彩る素材と民族の知恵」（J. ギロウほか）　東洋書林　2001.11　p232-233

◎文献「ものづくりの人類学―インドネシア・スンバ島の布織る村の生活誌」(田口理恵)　風響社　2002.12　p365-404
◎注「関東の醤油と織物　一八～一九世紀を中心として」(林玲子)　吉川弘文館　2003.2　prr
◎参考図書「グアテマラの織」(A. ヘクト)　デザインエクスチェンジ　2003.7　p84-85
◎文献「メキシコの織」(C. セイヤー)　デザインエクスチェンジ　2003.10　p84-85
◎注「ファッションの社会経済史―在来織物業の技術革新と流行市場」(田村均)　日本経済評論社　2004.8　prr

オリンピア・プレス
◎参考文献・刊行書「オリンピア・プレス物語　ある出版社のエロティックな旅」(J. ディほか)　河出書房新社　2001.9　p1-10b

オリンピック
◎参考文献「21世紀オリンピック豆事典―オリンピックを知ろう!」(日本オリンピック・アカデミー)　楽　2004.3　p188-191
◎参考文献「オリンピックトリビア!―汗と涙と笑いのエピソード」(満薗文博)　新潮社　2004.6　p234-235
◎基本文献(清水諭ほか)「オリンピック・スタディーズ―複数の経験・複数の政治」(清水諭ほか)　せりか書房　2004.7　p15-17b
◎参考文献「古代オリンピック」(桜井万里子ほか)　岩波書店　2004.7　p3-4b
◎参考文献「東京オリンピックへの遥かな道―招致活動の軌跡1930-1964」(波多野勝)　草思社　2004.7　p245-246
◎参考文献「オリンピア祭―古代オリンピック」(堀口正弘)　近代文芸社　2005.5　p127-128

オルカ
◎参考文献「オルカ―海の王シャチと風の物語」(水口博也)　早川書房　2007.6　p277-288

オルガン
◎参考文献「オルガンの文化史」(赤井励)　青弓社　2006.7　p262-276

オルフェウス
◎文献「オルフェウス教」(R. ソレル)　白水社　2003.7　p25-31b

卸売
◎参考文献「日・韓卸売構造の変化に関する研究」(金成洙)　専修大学出版局　2005.3　p217-221

音韻
◎引用文献「〈あぶないai〉が〈あぶねえe❕〉にかわる時―日本語の変化の過程と定着」(福島直恭)　笠間書院　2002.11　p185-188
◎文献「音声・音韻　朝倉日本語講座　3」(上野善道)　朝倉書店　2003.6　prr
◎参考文献「認知音韻・形態論　シリーズ認知言語学入門　2」(吉村公宏)　大修館書店　2003.7　p285-292
◎参考文献「極小主義音韻論」(高橋幸雄)　青山社　2004.2　p311-318
◎参考文献「日本語の音相―ことばのイメージを捉える技術、表現する技術」(木通隆行)　小学館スクウェア　2004.3　p308-310
◎参考文献「音声・音韻探究法―日本語音声へのいざないシリーズ日本語探究法3」(湯澤質幸ほか)　朝倉書店　2004.10　prr
◎参考文献「音韻理論ハンドブック」(西原哲雄ほか)　英宝社　2005.1　prr
◎引用文献「音韻処理の大脳半球機能差」(島田睦雄)　東北大学出版会　2005.9　p283-323
◎参考文献「ロシア資料による日本語研究」(江口泰生)　和泉書院　2006.2　p305-317
◎参考文献「呉音漢音の対応関係の研究―文明本『節用集』三内撥音・入声字の母音を通して」(侯鋭)　勉誠出版　2006.12　p200-202
◎参考文献「音韻・形態のメカニズム―認知音韻・形態論のアプローチ」(上原聡ほか)　研究社　2007.11　p229-246

音階
◎関係図書「音律と音階の科学―ドレミ…はどのようにして生まれたか」(小方厚)　講談社　2007.9　p217-218

音楽
◎文献「アイデンティティの音楽　メディア・若者・ポピュラー文化」(渡辺潤)　世界思想社　2000.12　p288-299
◎ブックガイド(笠原潔)「音楽がわかる。」　朝日新聞社　2001.3　p119-126
◎参照文献「水の音楽―オンディーヌとメリザンド」(青柳いづみこ)　みすず書房　2001.9　p246-252
○ブックガイド(中野善夫)「SFマガジン　43.12」(早川書房)　2001.12　p94-98
◎参考文献「テクノイズ・マテリアリズム」(佐々木敦)　青土社　2001.12　p1-2b
◎要参照本「音楽(秘)講座」(山下洋輔ほか)　新潮社　2001.12　p232-233
◎定期刊行物「音楽年鑑　2002年版」(音楽之友社)　音楽之友社　2002.5　p1-3b
◎「音楽文献目録　30(2002)」(音楽文献目録委員会)　音楽文献目録委員会　2002.10　129, 32, 12p B5
◎参考文献「交響曲不滅」(M. ゴールドスミス)　産業編集センター　2002.10　2pb
◎文献「就学前の子どもの音楽体験」(ヘルムート・モーク)　大学教育出版　2002.12　p153-156
◎参考文献「ポピュラー音楽へのまなざし　売る・読む・楽しむ」(東谷護)　勁草書房　2003.5　p12-13b
◎参考文献「音楽はなぜ人を幸せにするのか」(みつとみ俊郎)　新潮社　2003.5　p188-190
◎註ほか「全-世界音楽」(東琢磨)　青土社　2003.8　p334-351
◎「音楽文献目録　31(2003)」(音楽文献目録委員会)　音楽文献目録委員会　2003.10　146, 34p B5
◎参考文献「名曲に何を聴くか―新音楽鑑賞法　音楽理解のための分析的アプローチ」(田村和紀夫)　音楽之友社　2004.2　p189-191
◎参考文献「漱石が聴いたベートーヴェン―音楽に魅せられた文豪たち」(滝井敬子)　中央公論新社　2004.2　p223-228
◎註「〈音楽〉という謎」(近藤譲)　春秋社　2004.7　p205-216
◎参考文献「音楽ビジネス仕組みのすべて」(湯浅政義)　オリコンエンタテインメント　2004.10　p358-359
◎「音楽文献目録　32(2004)」(音楽文献目録委員会)　目録委員会　2004.10　140, 34p B5

おんかく

- ◎私的文献表「迷走する音楽 20世紀芸術学講義2」(宮下誠) 法律文化社 2004.11 p303-318
- ◎参考文献「ポピュラー・ミュージック・スタディズ—人社学際の最前線」(J. シェパード) 音楽之友社 2005.3 p211-261
- ◎参照文献「音楽・研究・人生—音楽と言語をめぐる仮想対話」(J. J. ナティエ) 春秋社 2005.3 p14-27b
- ◎参考文献「音楽記号学 新装版」(J. J. ナティエ) 春秋社 2005.4 p1-27b
- ○30選「ミステリマガジン 50.7」(早川書房) 2005.7 p30-37
- ○「映画・音楽・芸能の本全情報 2000-2004」(日外アソシエーツ) 日外アソシエーツ 2005.7 14, 786p A5
- ○「音楽文献目録 33(2005)」(音楽文献目録委員会) 音楽文献目録委員会 2005.10 147, 37p B5
- ◎参考文献「ロマン派音楽の多彩な世界—オリエンタリズムからバレエ音楽の職人芸まで」(岩田隆) 朱鳥社 2005.11 p5-8b
- ◎参考文献「諸民族の音楽を学ぶ人のために」(櫻井哲男ほか) 世界思想社 2005.12 p238-234
- ◎文献「聴覚障害児における楽音の聴取能力に関する実験的研究」(杵鞭広美) 風間書房 2005.12 p233-239
- ◎参考文献「教養の歴史社会学—ドイツ市民社会と音楽」(宮本直美) 岩波書店 2006.2 p5-20b
- ◎参考文献「聴衆をつくる—音楽批評の解体文法」(増田聡) 青土社 2006.8 p5-12b
- ◎参考文献「音楽の文章セミナー—プログラム・ノートから論文まで」(久保田慶一) 音楽之友社 2006.10 p151-157
- ○「音楽文献目録 34(2006)」(音楽文献目録委員会) 音楽文献目録委員会 2006.10 125, 34p B5
- ◎参考文献「音楽をまとう若者」(小泉恭子) 勁草書房 2007.2 p4-15b
- ○「国立音楽大学附属図書館所蔵貴重書解題目録」(国立音楽大学附属図書館) 国立音楽大 2007.2 73p B5
- ◎関連文献「音楽文化学のすすめ—いま、ここにある音楽を理解するために」(小西潤子ほか) ナカニシヤ出版 2007.3 p251-256
- ◎参考文献「縄文の音 増補新版」(土取利行) 青土社 2007.4 p12-20b
- ○「音楽文献目録 35(2007)」(音楽文献目録委員会) 音楽文献目録委員会 2007.10 114, 30p B5
- ◎参考文献「事典世界音楽の本」(徳丸吉彦ほか) 岩波書店 2007.12 p523-537

音楽家
- ◎参考文献「メディチ家と音楽家たち ルネサンス・フィレンツェの音楽と社会」(米田潔弘) 音楽之友社 2001.2 p11-15b
- ◎参考文献「音楽の悪魔 デーモンに魅入られた作曲家たち」(喜多尾道冬) 音楽之友社 2001.3 p4-7b
- ◎参考文献ほか「天才音楽家たちの友情記念帳」(伊東辰彦) 講談社 2002.8 p217-242
- ◎参考文献「ミューズの病跡学 1 音楽家篇」(早川智) 診断と治療社 2002.11 p167-183
- ◎notes「第三帝国と音楽家たち 歪められた音楽」(M. H. ケイター) アルファベータ 2003.6 p346-277
- ◎文献「音楽気質—音楽家の心理と性格」(A. E. ケンプ) 星和書店 2004.9 p378-396
- ◎参考文献ほか「楽器と身体—市民社会における女性の音楽活動」(F. ホフマン) 春秋社 2004.12 p10-21b
- ◎参考文献「吟遊詩人」(上尾信也) 新紀元社 2006.8 p251-277
- ◎引用文献「音楽と文学の対位法」(青柳いづみこ) みすず書房 2006.9 p272-280

音楽教育
- ◎参考文献「アメリカ音楽科教育成立史研究」(荒巻治美) 風間書房 2001.3 p347-366
- ◎参考文献ほか「邦楽箏始め—今日からの授業のために」(山口修, 田中健次) カワイ出版 2002.4 p178-179
- ○文献目録「音楽教育学 32.1」(日本音楽教育学会) 2002 p17-35
- ○文献目録「音楽教育学 33.1」(日本音楽教育学会) 2003 p11-27
- ○文献目録「音楽教育学 34.1」(日本音楽教育学会) 2004 p21-35
- ◎文献目録「音楽教育学大綱」(S. アーベル=シュトルート) 音楽之友社 2004.1 p689-756
- ◎文献「視覚障害者の自立と音楽—アメリカ盲学校音楽教育成立史」(関典子) 風間書房 2004.3 p265-272
- ◎参考文献「日本音楽教育事典」(日本音楽教育学会) 音楽之友社 2004.3 prr
- ◎参考文献「音楽の教え方—音楽的な音楽教育のために」(K. スワニック) 音楽之友社 2004.12 p190-194
- ○文献目録「音楽教育学 35.1」(日本音楽教育学会) 2005 p9-21
- ◎文献目録「小学校音楽科カリキュラム構成に関する教育実践学的研究—「芸術の知」の能力の育成を目的として」(西園芳信) 風間書房 2005.1 p375-383
- ◎引用参考文献ほか「学校音楽教育とヘルバルト主義—明治期における唱歌教材の構成理念にみる影響を中心に」(杉田政夫) 風間書房 2005.3 p278-299
- ○文献リスト「音楽教育学 36.1」(日本音楽教育学会) 2006 p13-30
- ◎参考文献「ダルクローズ・アプローチによる子どものための音楽授業」(V. H. ミード) ふくろう出版 2006.3 p231-233
- ◎参考文献「明治中等音楽教員の研究—『田舎教師』とその時代」(坂本麻実子) 風間書房 2006.12 p277-289
- ○文献リスト「音楽教育学 37.1」(日本音楽教育学会) 2007 p12-30
- ◎参考文献「音楽による人間形成—シュタイナー学校の授業」(W. ヴェンシュ) 風濤社 2007.1 p220-222
- ◎文献一覧「「音痴」克服の指導に関する実践的研究」(小畑千尋) 多賀出版 2007.2 p203-207

音楽産業
- ◎参考文献「ポピュラー音楽は誰が作るのか—音楽産業の政治学」(生明俊雄) 勁草書房 2004.8 p10-17b
- ◎参考文献「カラオケ文化産業論—21世紀の「生きがい社会」をつくる」(野口恒) PHP研究所 2005.3 p252-260
- ◎参考文献「音楽未来形—デジタル時代の音楽文化のゆくえ」(増田聡ほか) 洋泉社 2005.3 p267-269
- ◎参考文献「日本の音楽産業はどう変わるのか—ポストiPod時代の新展開」(八木良太) 東洋経済新報社 2007.3 p220-224

音楽史
- ◎参考文献「西洋音楽の歴史 改訂版」(笠原潔) 放送大教育振興会 2001.3 p344-350
- ◎参考文献「黒船来航と音楽」(笠原潔) 吉川弘文館 2001.6 p175-179
- ◎参考文献「音楽のエゾテリスム―フランス「1750―1950」秘教的音楽の系譜」(ジョスリン・ゴドウィン) 工作舎 2001.9 p354-363
- ◎参考文献「北海道音楽史 新装版」(前川公美夫) 亜璃西社 2001.9 p642-656
- ◎文献「新西洋音楽史 下」(D. J. グラウトほか) 音楽之友社 2001.11 prr
- ◎参考文献「五線譜の薔薇―音楽史を彩る女性たち」(萩谷由喜子) ショパン 2002.6 4pb
- ◎叢書・全集一覧「音楽史の形成とメディア」(大崎滋生) 平凡社 2002.11 p354-350
- ◎参考文献「日本文化モダン・ラプソディ」(渡辺裕) 春秋社 2002.11 p15-19b
- ◎参考文献ほか「革命下のパリに音楽は流れる」(アデライード・ド・プラース) 春秋社 2002.12 p28-57b
- ◎注「近代日本洋楽史序説」(中村洪介) 東京書籍 2003.3 prr
- ◎参考文献「日本フルート物語」(近藤滋郎) 音楽之友社 2003.5 p1-4b
- ◎参考文献「イギリス音楽の復興―音の詩人たち、エルガーからブリテンへ」(M. トレンド) 旺史社 2003.7 p305-298
- ◎出版楽譜一覧(堀朋平)「ピアニストのための音楽史」(長峰和子) 音楽之友社 2003.7 p89-102
- ◎参考文献「我、汝に為すべきことを教えん―作曲家が霊感を得るとき」(A. M. アーベル) 春秋社 2003.9 p20-25b
- ◎参考文献「クラシック音楽歳時記―366日の音楽史」(千蔵八郎) 春秋社 2003.12 p14-17b
- ◎参考文献「音楽史の基礎概念」(C. ダールハウス) 白水社 2004.1 p21-27b
- ◎参考文献「錬金術とストラディヴァリ―歴史のなかの科学と音楽装置」(T. レヴェンソン) 白揚社 2004.7 p424-413
- ◎文献表「洋楽渡来考―キリシタン音楽の栄光と挫折」(皆川達夫) 日本基督教団出版局 2004.11 p613-621
- ◎参考文献「古代音楽の世界」(荻美津夫) 高志書院 2005.3 p185-188
- ◎参考文献「西洋音楽の諸問題」(笠原潔) 放送大教育振興会 2005.3 p375-379
- ◎注「西洋音楽思想の近代―西洋近代音楽思想の研究」(三浦信一郎) 三元社 2005.5 prr
- ◎参考文献「モダニズム変奏曲―東アジアの近現代音楽史」(石田一志) 朔北社 2005.7 p521-528
- ◎参考文献「音楽史ほんとうの話」(西原稔) 音楽之友社 2005.8 p229-227
- ◎文献ガイド「西洋音楽史―「クラシック」の黄昏」(岡田暁生) 中央公論新社 2005.10 p238-243
- ◎参考文献「音楽サロン―秘められた女性文化史」(V. ベーチ) 音楽之友社 2005.11 p17-22b
- ◎参考文献「音楽史を彩る女性たち―五線譜のばら2」(萩谷由喜子) ショパン 2005.12 p284-290
- ◎引用文献ほか「ドレミを選んだ日本人」(千葉優子) 音楽之友社 2007.3 p267-274
- ◎参考文献「日本戦後音楽史 下」(日本戦後音楽史研究会) 平凡社 2007.5 p527-535
- ◎参考文献「ドレスデン都市と音楽―ザクセン選帝侯ヨハン・ゲオルク2世の時代」(バロック音楽研究会) 東京書籍 2007.10 prr

音楽心理
- ◎文献「音の世界の心理学」(重野純) ナカニシヤ出版 2003.9 p179-193
- ◎文献「音楽と記憶―認知心理学と情報理論からのアプローチ」(B. スナイダー) 音楽之友社 2003.12 p282-297
- ◎参照文献「人はなぜ音楽を聴くのか―音楽の社会心理学」(D. J. ハーグリーヴズほか) 東海大学出版会 2004.3 prr
- ◎参考文献「歌うネアンデルタール―音楽と言語から見るヒトの進化」(S. ミズン) 早川書房 2006.6 p434-397

音楽説話
- ◎参考図書ほか「院政期音楽説話の研究」(磯水絵) 和泉書院 2003.2 p364-372

音楽奏法
- ◎参考文献「バロックから初期古典派までの音楽の奏法―当時の演奏習慣を知り、正しい解釈をするために」(松本英二) 音楽之友社 2005.11 p346-352

音楽著作権
- ◎参考文献「その音楽の〈作者〉とは誰か―リミックス・産業・著作権」(増田聡) みすず書房 2005.7 p6-18b

音楽療法
- ◎参考文献「音楽療法を定義する」(ケネス・E. ブルシア) 東海大学出版会 2001.5 p295-316
- ◎文献「音楽療法――精神科医の実践の記録 改訂2版」(河合眞) 南山堂 2001.12 p257-261
- ◎参考文献「音楽療法と精神音楽技法 フランスにおける実践」(J. ジョスト) 春秋社 2001.12 p195-193
- ◎参考文献「魂から奏でる―心理療法としての音楽療法入門」(ハンス=ヘルムート・デッカー=フォイクト) 人間と歴史社 2002.1 p466-473
- ◎文献「音楽療法の意味―心のかけ橋としての音楽」(メルセデス・パヴリチェヴィック) 本の森 2002.5 p279-286
- ◎注「音楽療法研究と論文のまとめ方―資格取得をめざす人のために」(貫行子ほか) 音楽之友社 2002.6 prr
- ◎参考文献「老いのこころと向き合う音楽療法」(北本福美) 音楽之友社 2002.8 prr
- ◎引用参考文献ほか「音と人をつなぐコ・ミュージックセラピー」(中島恵子ほか) 春秋社 2002.10 p259-263
- ◎文献「障害児の音楽療法―ノードフ-ロビンズ音楽療法の質的リサーチ」(ケネス・エイゲン) ミネルヴァ書房 2002.12 p331-333
- ◎参照文献「ドラミング リズムで癒す心とからだ」(R. L. フリードマン) 音楽之友社 2003.3 p198-201
- ◎文献「振動音響療法―音楽療法への医用工学的アプローチ」(T. ウィグラムほか) 人間と歴史社 2003.3 p323-341
- ◎参考文献「ミュージックセラピイ 対話のエチュード」(稲田雅美) ミネルヴァ書房 2003.5 p205-210

おんきよ

◎文献「精神科領域における音楽療法ハンドブック」(久保田牧子) 音楽之友社 2003.6 p116-118
◎文献「分析的音楽療法とは何か」(M. プリーストリー) 音楽之友社 2003.9 p330-335
◎参考文献「実践発達障害児のための音楽療法」(E. H. ボクシル) 人間と歴史社 2003.10 p277-302
◎参考文献「音楽療法ケーススタディ—成人に関する25の事例 下」(K. E. ブルシア) 音楽之友社 2004.4 prr
◎参考文献「音楽療法 芸術療法実践講座4」(飯森眞喜雄ほか) 岩崎学術出版社 2004.8 prr
◎参考文献「音楽療法事典 新訂版」(H. H. デッカー=フォイクトほか) 人間と歴史社 2004.9 p347-397
◎参考文献「声・身体・コミュニケーション—障害児の音楽療法」(土野研治) 春秋社 2006.2 p213-223
◎参考文献「音楽療法のすすめ—実践現場からのヒント 実践のすすめ」(小坂哲也ほか) ミネルヴァ書房 2006.5 p203-205
◎推薦図書リスト「フィールド・オブ・プレイ—音楽療法の「体験の場」で起こっていること」(C. ケニー) 春秋社 2006.6 p1-15b
◎参考文献「音楽療法士のためのABA入門—発達障害児への応用行動分析学的アプローチ」(中山晶世ほか) 春秋社 2006.7 p131-133
◎参考文献「みんなで楽しく音楽を!—音楽療法士からの提言」(M. パブリチェビク) 音楽之友社 2006.9 p252-260
◎参考文献「リズム,音楽,脳—神経学的音楽療法の科学的根拠と臨床応用」(M. H. タウト) 協同医書出版社 2006.9 p197-210
◎文献「音楽療法」(高橋多喜子) 金芳堂 2006.12 p79-83
◎参考書籍「音楽療法士になろう!」(加藤博之ほか) 青弓社 2007.4 p235-236
◎参考文献「音楽する人間—ノードフ-ロビンズ創造的音楽療法への遥かな旅」(C. ロビンズ) 春秋社 2007.8 p50-58b
◎参考文献「音楽療法の原理と実践」(D. ミッシェルほか) 音楽之友社 2007.9 p162-167

音響

◎註「映画の領分—映像と音響のポイエーシス」(加藤幹郎) フィルムアート社 2002.4 prr
◎参考文献「楽器の物理学」(N. H. フレッチャー) シュプリンガー・フェアラーク東京 2002.10 prr
◎参考文献「まもなく開演 コンサートホールの音響の仕事」(三好直樹) 新評論 2003.1 p295-296
◎参考文献「音作り半世紀—ラジオ・テレビの音響効果 新装改訂版」(大和定次) 春秋社 2005.5 p326-327
◎参考文献「言語聴覚士の音響学入門」(吉田友敬) 海文堂出版 2005.5 p179-182
◎文献「音と聴こえ—言語療法と音楽療法のための」(須藤貢明ほか) 音楽之友社 2005.6 p242-250
◎参考文献「新音響・音声工学」(古井貞熙) 近代科学社 2006.9 p230-247
◎参考文献「信号解析と音響学」(東山三樹夫) シュプリンガー・ジャパン 2007.7 p281-290
◎引用参考文献「音環境デザイン」(桑野園子) コロナ社 2007.8 prr
◎引用参考文献「音楽と楽器の音響測定」(吉川茂ほか) コロナ社 2007.11 prr

温室栽培

◎文献「施設園芸の環境調節と省エネ技術—季節はずれ栽培から周年生産技術へ」(関山哲雄) 農林統計協会 2003.4 p98-99

音声

◎参考書「コミュニケーションのための音声学—イギリス英語とアメリカ英語 新版」(岩本一,Sandra Lanara) 評論社 2001.4 p157-159
◎参考文献「音声言語とコミュニケーション」(中村萬里,永淵道彦) 双文社出版 2001.4 p152-159
◎参考文献「現代英語音声学—リスニングと発音の上達をめざして」(小川直義ほか) 泰文堂 2001.4 p179-181
◎文献「日本語教育をめざす人のための基礎から学ぶ音声学」(鹿島央) スリーエーネットワーク 2002.5 p162-167
◎References「音声生成の科学—発生とその障害」(I. R. Titze) 医歯薬出版 2003.3 prr
◎参考文献「改訂音声学入門」(小泉保) 大学書林 2003.4 p183-187
◎参考文献「日本語の音声入門—解説と演習 全面改訂版」(猪塚恵美子ほか) バベル・プレス 2003.4 p135-137
◎参考文献「日本語音声学のしくみ」(町田健) 研究社 2003.5 p184-187
◎文献「音声知覚の基礎」(J. ライアルズ) 海文堂出版 2003.10 p135-140
◎参考文献「音声パターンと表現力—ことばの美しさとは何か」(R. ツール) 鳳書房 2004.3 p199-205
◎参考文献「音声 言語の科学2」(田窪行則ほか) 岩波書店 2004.5 p242-250
◎参考文献「英語音声学活用辞典 2004」(EPSJ) 日本英語音声学会 2004.6 p275-296
◎参考文献「モンゴル語母音調和の研究—実験音声学的接近」(城生佰太郎) 勉誠出版 2005.2 p331-337
◎参考文献ほか「日本音声学研究—実験音声学方法論考」(城生佰太郎) 勉誠出版 2005.2 p479-486
◎引用文献「日本語学習者の文章理解に及ぼす音声化の影響—つぶやき読みの効果」(鶴見千津子) 風間書房 2005.2 p173-180
◎研究入門「音声研究入門」(今石元久) 和泉書院 2005.11 p122-130
◎参考文献「日本語音声学入門 改訂版」(斎藤純男) 三省堂 2006.4 p168-171
◎参考文献「実践音声学入門」(J. C. キャットフォード) 大修館書店 2006.7 p286-287
◎引用参考文献「中国語の音声」(馮蘊澤) 白帝社 2007.3 p385-390

音声記号

◎参考文献「世界音声記号辞典」(G. K. プラムほか) 三省堂 2003.5 p279-289

音声処理

◎参考文献「音声情報処理」(春日正男ほか) コロナ社 2001.7 p236-241
◎参考文献「音声/データネットワーク統合ガイド—データネットワークにおける次世代パケット化音声を統合するための実践的ソリューション」(Scott Keagy) ソフトバンクパブリッシング 2002.2 prr

音声相互作用
◎引用文献「親幼児間における音声相互作用の発達的研究―音響分析による測定から」（庭野賀津子）　風間書房　2005.1　p167-176

音声認識
◎参考文献「リアルタイム音声認識」（安藤彰男ほか）　電子情報通信学会　2003.9　prr
◎参考引用文献「音声対話システム」（河原達也）　オーム社　2006.10　p175-185

音節
◎参考文献「音節とモーラ―英語学モノグラフシリーズ15」（窪薗晴夫ほか）　研究社　2002.4　p193-198

温泉
◎参考文献「温泉と日本人　増補版」（八岩まどか）　青弓社　2002.1　p221-226
○文献目録（小林彰）「文献探索 2004」（文献探索研究会）　2004.4　p428-437
◎参考文献「世界の温泉地―発達と現状　新版」（山村順次）　日本温泉協会　2004.5　prr
◎参考文献「温泉学入門―温泉への誘い」（日本温泉科学会）　コロナ社　2005.5　p121-123
◎参考文献「温泉科学の新展開」（大沢信二）　ナカニシヤ出版　2006.8　prr
◎参考文献「フランスの温泉リゾート」（P. ランジュニュー＝ヴィヤール）　白水社　2006.11　p1-4b
◎参考文献「温泉　歴史と未来」（日本温泉協会）　日本温泉協会　2007.2　p65-67
◎参考文献「江戸の温泉学」（松田忠徳）　新潮社　2007.5　p248-255
◎参考資料「中国温泉探訪記」（桂博史）　岩波書店　2007.6　p161-162
◎参考引用文献「近代ツーリズムと温泉」（関戸明子）　ナカニシヤ出版　2007.8　p195-203
◎参考文献ほか「温泉文学論」（川村湊）　新潮社　2007.12　p203-206

温泉療法
◎参考文献「温泉療法」（久保田一雄）　金芳堂　2006.7　p83-88

温度
◎参考文献「温度から見た宇宙・物質・生命―ビッグバンから絶対零度の世界まで」（G. セグレ）　講談社　2004.10　p320-323

音読
◎出典一覧「日本人が読み伝えて来た音読名文107選」（涛川栄太）　海竜社　2002.7　p243-246

女
◎参考文献「女の能力、男の能力　性差について科学者が答える」（D. キムラ）　新曜社　2001.6　p19-39b
◎原注文献「境界を生きた女たち」（N. Z. デーヴィス）　平凡社　2001.9　p298-425

女殺油地獄
◎参考資料一覧「芦屋道満大内鑑　菅原伝授手習鑑・女殺油地獄　国立劇場上演資料集　481」（国立劇場調査養成部調査資料課）　日本芸術文化振興会　2005.9　p186-234

女主人公
◎注文献「女主人公の不機嫌　樋口一葉から富岡多恵子まで」（荒井とみよ）　双文社出版　2001.7　prr

女文字
◎研究状況「中国女文字研究」（遠藤織枝）　明治書院　2002.2　p109-147

女物狂
◎台本目録ほか「女物狂」（国立劇場おきなわ）　国立劇場おきなわ運営財団　2006.8　p68-73

温熱療法
◎関連書籍「がん・免疫と温熱療法」（菅原努ほか）　岩波書店　2003.10　p171-172

御柱祭
◎文献目録「諏訪系神社の御柱祭―式年祭の歴史民俗学的研究」（松崎憲三）　岩田書院　2007.3　p379-380

オンブズマン
◎参考文献「オンブズマン制度―日本の行政と公的オンブズマン」（林屋礼二）　岩波書店　2002.10　p229-232

陰陽師
◎作品解題（東雅男）「陰陽師伝奇大全」（東雅男）　白泉社　2001.1　p482-499
◎参考文献「陰陽師と貴族社会」（繁田信一）　吉川弘文館　2004.2　p330-341
◎参考文献「平安貴族と陰陽師―安倍晴明の歴史民俗学」（繁田信一）　吉川弘文館　2005.6　p198-200
◎参考文献「図解陰陽師」（高平鳴海ほか）　新紀元社　2007.10　p220-221

陰陽道
◎参考文献「陰陽道―呪術と鬼神の世界」（鈴木一馨）　講談社　2002.7　p232」
◎参考文献「陰陽道の講義」（林淳ほか）　嵯峨野書院　2002.10　p363-367
◎参考書目「茶の湯と易と陰陽五行」（関根宗中）　淡交社　2006.2　p152-153
◎参考文献「天文方と陰陽道」（林淳）　山川出版社　2006.8　2pb
◎文献目録（水口幹記）「王朝時代の陰陽道」（斎藤勵）　名著刊行会　2007.6　p251-277
◎参考文献「陰陽道の神々」（斎藤英喜）　佛教大　2007.9　p296-305

オンラインゲーム
◎文献「韓国のオンラインゲームビジネス研究―無限の可能性を持つサイバービジネス成功の条件」（魏晶玄）　東洋経済新報社　2006.3　p315-318

オンライン検索
○関係書誌「オンライン検索　22.3・4」（日本端末研究会関東地区部会）　2001.12　p164-231

オンライン・コミュニティ
◎参考文献「オンライン・コミュニティ―eコマース、教育オンライン、非営利オンライン活動の最先端レポート」（C. ウィリーほか）　ピアソン・エデュケーション　2002.4　prr

音律
◎参考文献「ゼロ・ビートの再発見―「平均律」への疑問と「古典音律」をめぐって　復刻版」（平島達司）　ショパン　2004.3　p228-230

おんりよ

◎参考文献「響きの考古学―音律の世界史からの冒険 増補」（藤枝守）　平凡社　2007.2　p261-263

怨霊
◎参考文献「怨霊史跡考」（稲岡彰）　敬文堂　2001.5　p141-145
◎参考文献「妖怪と怨霊の日本史」（田中聡）　集英社　2002.8　p252-254
◎参考文献「跋扈する怨霊―祟りと鎮魂の日本史」（山田雄司）　吉川弘文館　2007.8　p196-197

【 か 】

蚊
◎参考文献「蚊の不思議―多様性生物学」（宮城一郎ほか）　東海大学出版会　2002.2　p243-248
◎参考文献「蚊の教科書―蚊の対策がわかる」（白井良和）　モストップ　2005.5　p266-268
◎参考文献「蚊の科学」（荒木修）　日刊工業新聞社　2007.8　p119-121

快
◎参考文献「快感進化論―ヒトは音場で進化する」（伊勢史郎）　現代書館　2003.12　p254-257

貝
◎参考文献「図説魚と貝の事典」（魚類文化研究会）　柏書房　2005.5　p8-11

カイアシ類
◎参考文献「カイアシ類学入門―水中の小さな巨人たちの世界」（長澤和也）　東海大学出版会　2005.9　p297-309
◎参考文献「カイアシ類・水平進化という戦略―海洋生態系を支える微小生物の世界」（大塚攻）　NHK出版　2006.9　p246-256

怪異
◎文献解題「幽霊　怪異の民俗学6」（小松和彦）　河出書房新社　2001.2　p434-443
◎論文解題（中本剛二）「異人・生贄　怪異の民俗学7」（小松和彦）　河出書房新社　2001.5　p373-379
◎論文解題（香川雅信）「境界　怪異の民俗学8」（小松和彦）　河出書房新社　2001.6　p427-435
◎「20世紀日本怪異文学論―ドッペルゲンガー文学考」（山下武）　有楽出版　2003.9　391p　A5

海運
◎参考文献「現代内航船主経営史の研究」（千須和富士夫）　多賀出版　2002.2　p545-560
◎参考文献「トラック輸送業・内航海運業における構造改革―全要素生産性（TFP）変化率を用いた分析」（木村達也）　白桃書房　2002.8　p193-199
◎註「東廻海運史の研究」（渡辺英夫）　山川出版社　2002.11　prr
◎参考文献「外航海運とコンテナ輸送」（森隆行）　鳥影社　2003.2　p242-243
◎参考文献「海の総合商社北前船」（加藤貞仁）　無明舎出版　2003.3　p364-366
◎参考文献「中世瀬戸内海の旅人たち」（山内譲）　吉川弘文館　2004.1　p188-189
◎参考文献「海の昭和史―有吉義弥がみた海運日本」（秋田博）　日本経済新聞社　2004.6　p483-490
◎瀬戸内海地方「津々浦々をめぐる―中世瀬戸内の流通と交流　兵庫・岡山・広島三県合同企画展」（兵庫・岡山・広島三県合同企画展実行委員会）　合同企画展実行委員　2004.7　p134-137
◎参考文献「外航海運概論」（森隆行）　成山堂書店　2004.10　p244-246
◎参考文献「瀬戸内近代海運草創史」（山崎善啓）　創風社出版　2006.4　p236-237
◎参考文献「日本商船・船名考」（松井邦夫）　海文堂出版　2006.8　p341-343
◎参考文献「現代の内航海運」（古賀昭弘ほか）　交通研究協会　2007.3　p182-184

海運同盟
◎参考文献「海運同盟とアジア海運」（武城正長）　御茶の水書房　2002.3　p9-22b

絵画
◎文献「初期ネーデルラント絵画―その起源と性格　本文篇」（アーウィン・パノフスキー）　中央公論美術出版　2001.2　p426-442
◎参考文献ほか「弥生の絵画倭人の顔―描かれた2000年前の世界」　安城市歴史博物館　2001.2　p121-124
◎文献「まなざしのレッスン　1　西洋伝統絵画」（三浦篤）　東京大学出版会　2001.4　prr
◎参考文献「絵画社会学素描　4」（倉橋重史）　晃洋書房　2001.5　p243-245
◎参考文献「絵画に見る近代中国―西洋からの視線」（ウィリアム・シャング）　大修館書店　2001.6　p205-211
◎参考文献「絵画の自意識―初期近代におけるタブローの誕生」（ヴィクトル・I. ストイキツァ）　ありな書房　2001.7　p483-505
◎参考文献「カメラ・オブスキュラの時代」（中川邦昭）　筑摩書房　2001.8　p273-279
◎「国宝を知る本　絵画編　読書案内」（日外アソシエーツ）　日外アソシエーツ　2001.11　364p　A5
◎文献「形象という経験―絵画・意味・解釈」（三木順子）　勁草書房　2002.2　p13-21b
◎参考文献「写生の変容―フォンタネージから子規、そして直哉へ」（松井貴子）　明治書院　2002.2　p395-423
◎参考文献「脳の右側で描け　第3版」（B. エドワーズ）　エルテ出版　2002.2　p273-276
◎参考文献「「死の舞踏」への旅」（藤代幸一）　八坂書房　2002.11　p275-278
◎参考文献「黒人王、白人王に謁見す―ある絵画のなかの大英帝国」（井野瀬久美恵）　山川出版社　2002.11　p192-198
◎参考文献「額縁と名画―絵画ファンのための鑑賞入門」（N. ペニー）　八坂書房　2003.9　p111-113
◎参考文献「印象派とその時代―モネからセゼンヌへ」（三浦篤ほか）　美術出版社　2003.10　p334-344
◎参考文献「描く人、鑑賞する人のための遠近法と絵画」（面出和子）　美術出版社　2003.10　p97」
◎参考文献「鉄道と絵画」（栃木県立美術館ほか）　西日本新聞社　2003　p262-265
◎参考文献「ヨーロッパ幻想の系譜―19-20 centuries」（姫路市立美術館ほか）　姫路市立美術館　2004　p94-95

- ◎参考文献「西洋の誘惑—印象派からシュルレアリスムまで 近代美術館の収集とその検証」(群馬県立近代美術館) 県立近代美術館 2004 p144-145
- ◎参考文献「富士山の絵画—収蔵品図録」(静岡県立美術館) 静岡県立美術館 2004.2 p91-93
- ◎参考文献「奇想の系譜—又兵衛-国芳」(辻惟雄) 筑摩書房 2004.9 p250-256
- ◎参考文献「黒田清輝、岸田劉生の時代—コレクションにみる明治・大正の画家たち」(ポーラ美術館学芸部) ポーラ美術館 c2005 p169-173
- ◎参考文献「北の水彩—みづゑを愛した画家たち」(佐藤由美加) 北海道新聞社 2005.3 p152-160
- ◎参考文献「日本近代洋画の成立 白馬会」(植野健造) 中央公論美術出版 2005.10 p285-300
- ◎参考文献「「昭和の美術1945年まで—〈目的芸術〉の軌跡」展図録」(新潟県立近代美術館) 新潟県立近代美術館 2005.11 p193-196
- ◎引用文献「絵画のなかの熱帯—ドラクロワからゴーギャンへ」(岡谷公二) 平凡社 2005.12 p211-220
- ◎文献リスト「絵画の準備を!」(松浦寿夫ほか) 朝日出版社 2005.12 p18-21b
- ◎Bibliography「プラド美術館展—スペインの誇り、巨匠たちの殿堂」(国立プラド美術館) 読売新聞東京本社 c2006 p276-282
- ◎参考文献「束の間遮二無二美術紀行」(横溝正夫) 文芸社 2006.6 p367-376
- ◎参考文献「日本近代美術史論」(高階秀爾) 筑摩書房 2006.6 p425-432
- ◎参考文献「最後の絵画」(N. タラブーキン) 水声社 2006.9 p216-217
- ◎Bibliography「秘密の知識—巨匠も用いた知られざる技術の解明」(D. ホックニー) 青幻舎 2006.10 p258-260
- ◎参考文献「抽象絵画の世界—その限界と可能性」(蘭部雄作) 六花社 2006.12 p206-207
- ◎参考文献「動物絵画の100年—1751-1850」(府中市美術館) 府中市美術館 2007.3 p146-147
- ◎参考文献「西洋名画の読み方 1 14世紀から19世紀初期の傑作177点」(P. d. リンク) 創元社 2007.6 p364-368
- ◎参考文献「西洋絵画の到来—日本人を魅了したモネ、ルノワール、セザンヌなど」(宮崎克己) 日本経済新聞社 2007.11 p404-412
- ◎参考文献「絵画史料で歴史を読む 増補」(黒田日出男) 筑摩書房 2007.12 p281-282

海外移転
- ◎参考文献「生産システムの海外移転—中国の事例を中心として」(潘志仁) 白桃書房 2001.9 p198-203

海外観光旅行
- ◎参考文献「海外観光旅行の誕生」(有山輝雄) 吉川弘文館 2002.1 p229-230

海外協力
- ◎引用資料「半世紀にわたる日本の稲作技術協力史」(長田明夫) 農林統計協会 2005.1 prr

海外勤務者
- ◎文献「アメリカ日本人移民の越境教育史」(吉田亮) 日本図書センター 2005.3 prr

海外現代小説
- ○必読50冊「ミステリマガジン 46.6.543」(早川書房) 2001.6 p12-17

海外作家
- ◎「最新海外作家事典 新訂3版」(日外アソシエーツ) 日外アソシエーツ 2002.1 26, 874p A5

海外事業
- ◎参考文献「図解外国企業・海外事業の仕組みと常識—英国企業にPresidentはいない」(山本隆三) 講談社 2002.12 p193-195

海外子女教育
- ◎参考文献「国際バカロレア—世界トップ教育への切符」(田口雅子) 松柏社 2007.5 p198-199

海外使節
- ◎参考文献「サムライ使節団欧羅巴を食す」(松本紘宇) 現代書館 2003.4 p228-232

海外渡航者
- ◎文献「海を越えた日本人名事典 新訂増補」(富田仁) 日外アソシエーツ 2005.7 prr

海外派遣
- ◎References「海外派遣とグローバルビジネス—異文化マネジメント戦略」(J. S. ブラックほか) 白桃書房 2001.4 p1-15b

海外旅行史
- ◎参考文献「異国憧憬—戦後海外旅行外史」(前川健一) JTB 2003.12 p217-220

外貨換算会計
- ◎参考文献「外貨換算会計の実務」(中央青山監査法人) 東洋経済新報社 2001.3 p240-242

改革派教会
- ◎参考文献「長老・改革教会来日宣教師事典」(中島耕二ほか) 新教出版社 2003.3 prr

カイガラムシ
- ◎文献「カイガラムシが熱帯林を救う」(渡辺弘之) 東海大学出版会 2003.7 p133-134
- ◎参考文献「カイガラムシ—おもしろ生態とかしこい防ぎ方」(伊藤宏毅) 農文協 2006.8 p118-119
- ◎参考文献「完璧な赤—「欲望の色」をめぐる帝国と密偵と大航海の物語」(A. B. グリーンフィールド) 早川書房 2006.10 p349-375

絵画療法
- ◎文献「絵が語る秘密—ユング派分析家による絵画療法の手引き」(グレッグ・M. ファース) 日本評論社 2001.6 p151-167
- ◎引用・参考文献「子どものスクィグル—ウィニコットと遊び」(白川佳代子) 誠信書房 2001.6 p191-193
- ◎文献「コラージュ療法・造形療法」(高江洲義英ほか) 岩崎学術出版社 2004.10 p145-153
- ◎参考文献「心身障害児の絵画療法」(E. クレイマー) 黎明書房 2004.12 p247-252
- ◎参考文献「人生を描く心理学—アートセラピー表現に見られる人生観」(村山久美子) ブレーン出版 2005.2 p215-225
- ◎引用文献「コラージュ療法の発展的活用—個人面接・グループワークでの事例を中心として」(青木智子) 風間書房 2005.3 p311-322

かいかん

◎引用参考文献「母子画の基礎的・臨床的研究」（馬場史津）　北大路書房　2005.6　p159-163

海岸
◎文献「海岸地帯の環境科学—生態・保全・計画」（F. J. ヴァンバーグほか）　古今書院　2003.10　p154-180
◎参考文献「海辺の環境学—大都市臨海部の自然再生」（小野佐和子ほか）　東京大学出版会　2004.11　p253-262

海岸林
◎参考文献「海岸林をつくった人—白砂青松の誕生」（小田隆則）　北斗出版　2003.11　p244-247

会議
◎引用参考文献「会議の科学—健全な決裁のための社会技術」（岡本浩一ほか）　新曜社　2006.8　p11-21b

怪奇幻想ミステリ
◎「怪奇幻想ミステリ150選」（千街晶之）　原書房　2002.7　285p A5

懐疑主義
◎文献表「セクストス・エンペイリコスの懐疑主義思想—古代懐疑主義をめぐる批判と回答」（田中竜山）　東海大学出版会　2004.12　p221-226

会議法
◎参考文献「会議力」（奥出直人）　平凡社　2003.10　p207-210
◎参考文献「創造的な話し合いのルール」（瀬野泉）　泉文堂　2004.4　p123-126
◎参考引用文献「ブレインライティング—短時間で大量のアイデアを叩き出す「沈黙の発想会議」」（高橋誠）　東洋経済新報社　2007.11　p218-219

階級
◎文献「階級社会日本」（橋本健二）　青木書店　2001.5　p265-274
◎文献一覧ほか「階級とは何か」（S. エジェル）　青木書店　2002.4　p191-218
◎文献「階級・ジェンダー・再生産—現代資本主義社会の存続メカニズム」（橋本健二）　東信堂　2003.7　p207-216
◎参考文献「不機嫌なメアリー・ポピンズ—イギリス小説と映画から読む「階級」」（新井潤美）　平凡社　2005.5　p1-3b
◎註「階級社会—現代日本の格差を問う」（橋本健二）　講談社　2006.9　p205-219
◎参考文献「ネオ階級社会を待望する人々」（林信吾）　ベストセラーズ　2006.11　p212-214
◎文献「ぼくにだってできるさ—アメリカ低収入地区の社会不平等の再生産」（J. マクラウド）　北大路書房　2007.5　p5-11b
◎文献一覧「新しい階級社会新しい階級闘争—〈格差〉ですまされない現実」（橋本健二）　光文社　2007.10　p236-239

海軍
◎参考文献「呪われた海　ドイツ海軍戦闘記録」（C. ベッカー）　中央公論新社　2001.4　p519-524
◎文献「日本海軍の歴史」（野村実）　吉川弘文館　2002.8　p231-235
◎文献「オスマン帝国の海運と海軍」（小松香織）　山川出版社　2002.11　p283-291

◎注「海軍の選択—再考真珠湾への道」（相沢淳）　中央公論新社　2002.12　prr
◎文献「海軍製鋼技術物語　続　米海軍「日本技術調査報告書」を読む」（堀川一男）　アグネ技術センター　2003.7　p93-94
◎文献「日本海軍軍装図鑑—幕末・明治から太平洋戦争まで」（柳生悦子）　並木書房　2003.7　p305-308
◎参考文献「日本陸海軍事典　上　コンパクト版」（原剛ほか）　新人物往来社　2003.9　p290-292
◎参考文献「わが帝国海軍の興亡」（阿部三郎）　光人社　2005.6　p474-475
◎参考文献「帝国海軍軍令部—州子の戦争資料から」（児玉州子）　新風舎　2005.8　p76-77
◎参考文献「日本陸海軍総合事典　2版」（秦郁彦）　東京大学出版会　2005.8　p7-9f
◎参考文献「日本海軍はなぜ滅び、海上自衛隊はなぜ蘇ったのか」（是本信義）　幻冬舎　2005.10　p279-282
◎引用参考文献「ロイヤル・ネイヴィーとパクス・ブリタニカ」（田所昌幸）　有斐閣　2006.4　p209-226
◎参考文献「図説イングランド海軍の歴史」　原書房　2007.1　p497-500
◎参考文献「海軍装甲技術史—戦艦富士・三笠から大和まで」（寺西英之）　慶友社　2007.3　p141-142
◎参考文献「第二次世界大戦と日独伊三国同盟—海軍とコミンテルンの視点から」（平間洋一）　錦正社　2007.5　p338-360
◎参考文献「ロンドン海軍条約成立史—昭和動乱の序曲」（関静雄）　ミネルヴァ書房　2007.8　p429-432

海軍航空
◎参考文献「海軍航空の基礎知識」（雨倉孝之）　光人社　2003.5　p334」

海軍工廠
○関連文献（事務局）「寒川町史研究　14」（神奈川県寒川町）　2001.3　p83-85

海軍特殊攻撃機
◎参考文献「橘花　海軍特殊攻撃機　日本初のジェットエンジン・ネ20の技術検証」（石沢和彦）　三樹書房　2001.7　p215-218

海軍病院船
◎参考文献「海軍病院船はなぜ沈められたか　第二氷川丸の船跡」（三神国隆）　芙蓉書房出版　2001.8　p312-317

海軍兵学校
◎参考資料「江田島海軍兵学校究極の人間教育」（徳川宗英）　講談社　2006.12　p280-282

会計
◎参考文献「新現代会計学の基礎」（新井益太郎, 稲垣富士男）　実教出版　2001.1　p295-296
◎参考文献「研究開発戦略の会計情報」（西村優子）　白桃書房　2001.2　p317-333
◎参考文献「キャッシュ・フロー会計論—会計の論理統合」（上野清貴）　創成社　2001.3　p341-347
◎文献「会計学入門　2版」（桜井久勝）　日本経済新聞社　2001.3　p198-199
◎参考文献「現代会計の基礎研究」（岡本治雄）　中央経済社　2001.3　p259-269
◎参考文献「国際会計の教室」（山本昌弘）　PHP研究所　2001.3　p208-213

- ◎引用文献「貨幣価値変動会計」(中居文治) 有斐閣 2001.4 p293-303
- ◎参考文献「金融商品会計入門―図解＋設例でわかる」(岩崎勇) 税務経理協会 2001.4 p247-248
- ◎参考文献「すぐわかる金融商品会計基準―設例による逐条解説」(大野智弘) 一橋出版 2001.5 p192-193
- ◎参考文献「会計学の座標軸」(田中弘) 税務経理協会 2001.5 p419-431
- ◎参考文献「独立行政法人会計」(岡本義朗ほか) 東洋経済新報社 2001.5 p418-420
- ◎参考文献「会計学の基礎 改訂版」(氏原茂樹) 税務経理協会 2001.6 p197-198
- ◎参考文献「環境会計論」(阪智香) 東京経済情報出版 2001.6 p279-297
- ◎参考文献「減損会計―配分と評価」(米山正樹) 森山書店 2001.7 p203-213
- ◎参照文献「財務会計の概念および基準のフレームワーク」(R. K. Storey, S. Storey) 中央経済社 2001.7 p217-223
- ◎参考文献「減損会計と公正価値会計」(梅原秀継) 中央経済社 2001.8 p185-187
- ◎参考文献「自己株式会計論」(椛田龍三) 白桃書房 2001.9 p289-306
- ◎参考文献「税効果会計の理論―国際的調和化の動向とその問題点」(西村幹仁) 同文舘出版 2001.9 p288-318
- ◎参考文献「統合的環境会計論」(宮崎修行) 創成社 2001.11 p861-904
- ◎引用文献「日本型会計成立史」(久保田秀樹) 税務経理協会 2001.11 p207-211
- ○文献「会計 161.1」(日本会計学会) 2002.1 p144-148
- ◎参考文献「不動産アカウンティング―国際動向とわが国の対応」(近田典行) 中央経済社 2002.2 p239-241
- ◎参考文献「まなびの入門会計学」(中田信正, 徐龍達, 小林哲夫) 中央経済社 2002.3 p149-150
- ◎参考文献「保守主義と時価会計―透明性の拡大」(早川豊) 同文舘出版 2002.3 p183-189
- ◎参考文献「イントロダクション財務会計 3訂版」(中村宣一朗) 同文舘出版 2002.4 prr
- ◎参考書「概説企業情報提供会計 第3版」(神森智, 森本三義) 同文舘出版 2002.4 p307-309
- ◎参考文献「国際的会計概念フレームワークの構築―英国会計の概念フレームワークを中心として」(菊谷正人) 同文舘出版 2002.4 p173-183
- ◎参考文献「現代会計の基礎研究 第2版」(岡本治雄) 中央経済社 2002.5 p263-273
- ◎文献「時価主義を考える 第3版」(田中弘) 中央経済社 2002.5 p419-433
- ◎文献「公正価値会計」(浦崎直浩) 森山書店 2002.6 p359-387
- ◎推薦図書「アカウンティング―現代会計入門 改訂版」(松尾聿正) 同文舘出版 2002.9 p183-187
- ◎文献「会計入門ゼミナール」(山下寿文) 創成社 2002.10 p277-280
- ◎文献「会計ビッグバンとコーポレート・ガバナンス」(藤井保紀) シグマベイスキャピタル 2002.11 p401-403
- ◎文献「原点復帰の会計学―通説を読み直す 第2版」(田中弘) 税務経理協会 2002.11 p295-304
- ○文献「会計 163.1」(日本会計学会) 2003.1 p148-152
- ◎参考文献「会計学を面白く学ぶ 3版」(黒川保美) 中央経済社 2003.3 p241-249
- ◎参考文献「リスクマネジメントと会計」(古賀智敏ほか) 同文舘出版 2003.4 prr
- ◎参考文献「会計学入門 改訂版」(高木泰典) 創成社 2003.4 p329-330
- ◎参考文献「企業組織再編の会計」(伊藤眞) 東京経済情報出版 2003.4 prr
- ◎文献「財務管理と会計―基礎と応用 2版」(藤井則彦) 中央経済社 2003.4 p217-219
- ◎参考文献「非営利法人の税務と会計 改訂新版」(中田ちず子) 大蔵財務協会 2003.4 p338-339
- ◎参考文献「リース会計の理論と制度―会計上の経済的実質優先思考と使用権」(吉田勝弘) 同文舘出版 2003.6 p195-202
- ◎文献「「会計戦略」の発想法―日本型ガバナンスのスタンダードを探る」(木村剛) 日本実業出版社 2003.7 p472-477
- ◎文献「会計とアカウンタビリティ―企業社会環境報告の変化と挑戦」(R. グレイほか) 白桃書房 2003.7 p401-435
- ◎参考文献「会計学の基礎」(濱田弘作ほか) 多賀出版 2003.9 p340-341
- ◎参考文献「企業会計の国際的潮流」(現代国際会計研究会) 五絃舎 2003.11 p113-116
- ◎文献「金融商品会計論―キャッシュフローとリスクの会計」(吉田康英) 税務経理協会 2003.11 p343-350
- ◎参考文献「社会福祉法人の会計と税務の要点―基礎と事例」(中川健蔵) 税務経理協会 2003.11 p205-206
- Bibliography「会計測定の基礎―インフレーション・アカウンティング」(G. ウィッティントン) 中央経済社 2003.12 p239-256
- ◎参考文献「知識時代の会計情報システム―データ管理から情報資源戦略へ」(林昌彦) 税務経理協会 2003.12 prr
- ○文献「會計 165.1」(森山書店) 2004.1 p154-157
- ◎文献「キャッシュフロー会計の枠組み―包括的業績報告システムの構築」(小西範幸) 岡山大 2004.3 p281-291
- ◎参考文献「会計学」(三代澤経人) 放送大教育振興会 2004.3 p193-196
- ◎参考文献「収益の認識―グローバル時代の理論と実務」(中央青山監査法人研究センターほか) 白桃書房 2004.3 p299-306
- ◎参考文献「会計学原論」(坂本眞一郎) 創成社 2004.4 p193-197
- ◎参考文献「環境管理会計入門―理論と実践」(国部克彦) 産業環境管理協会 2004.4 p276-278
- ◎参考文献「会計学講義」(白鷗大学会計学研究室) 税務経理協会 2004.6 p223-225
- ◎参考文献「会計基準の法的位置づけ―財務書類の真実性と会計・監査基準」(安達巧) 税務経理協会 2004.7 p103-128
- ◎参考文献「不思議の国の会計学―アメリカと日本」(田中弘) 税務経理協会 2004.8 p353-360

- ◎和文文献目録「大学教育と会計教育」（藤永弘ほか）　創成社　2004.9　p337-351
- ◎文献案内「ケースブック会計学入門　2版」（永野則雄）　新世社　2004.10　p205-207
- ◎参考文献「利益平準化のメカニズム」（富田知嗣）　中央経済社　2004.12　p224-244
- ◎文献「會計　167.1」（森山書店）　2005.1　p140-144
- ◎引用文献「欧米制度の移植と日本型会計制度」（久保田秀樹）　滋賀大　2005.2　p173-181
- ◎参考文献「会計改革とリスク社会」（沢邉紀生）　岩波書店　2005.2　p205-223
- ◎文献「利益会計論―公正価値評価と業績報告」（草野真樹）　森山書店　2005.2　p193-213
- ◎参考文献「ゴールドバーグの会計思想」（L. ゴールドバーグほか）　中央経済社　2005.3　p467-476
- ○文献「会計　167.4」（森山書店）　2005.4　p576-580
- ◎参考文献「ステップアップ式MBAアカウンティング入門」（バルーク・ビジネス・コンサルティング）　ダイヤモンド社　2005.4　p274-276
- ◎参考文献「近代会計成立史」（平林喜博）　同文舘出版　2005.4　p232-249
- ◎参考文献「戦略会計論―経営・会計・税務の理論と実務」（大倉雄次郎）　税務経理協会　2005.4　p255-258
- ◎参考文献「会計ディスクロージャー論」（記虎優子）　同文舘出版　2005.5　p219-245
- ◎文献「もっとよくわかる英文会計」（本郷孔洋ほか）　税務経理協会　2005.7　p115-117
- ◎参考文献「外貨建取引・通貨関連デリバティブの会計実務　2版」（伊藤眞）　中央経済社　2005.7　p499-502
- ◎参考文献「公正価値会計と評価・測定―FCF会計、EVA会計、リアル・オプション会計の特質と機能の究明」（上野清貴）　中央経済社　2005.7　p327-332
- ◎参考文献「会計倫理」（J. C. ガー）　同文舘出版　2005.8　p274-280
- ◎参考文献「グローバル企業法会計」（塩原一郎ほか）　税務経理協会　2005.9　p289-293
- ◎参考文献「労使交渉と会計情報―日本航空における労働条件の不利益変更をめぐる経営と会計」（醍醐聰）　白桃書房　2005.9　p259-262
- ◎文献案内「はじめて学ぶ人のための現代会計の常識　改訂版」（柳田仁）　税務経理協会　2005.10　p298-302
- ◎参考文献「デリバティブ会計の論理」（田口聡志）　税務経理協会　2005.10　p311-320
- ◎参考文献「会計理論と商法・倒産法」（五十嵐邦正）　森山書店　2005.10　p335-342
- ◎参考文献「企業情報ディスクロージャーの変容」（藤原博彦）　日本評論社　2005.11　p193-206
- ○文献「會計　169.1」（森山書店）　2006.1　p162-164
- ◎参考文献「現代会計構造の基礎」（郡司健）　中央経済社　2006.4　p157-166
- ◎参考文献「現代会計学入門」（倉田三郎）　同文舘出版　2006.5　p171-173
- ◎参考文献「国際会計」（杉本徳栄）　同文舘出版　2006.5　p197-212
- ◎参考文献「公正価値会計の構想―APV会計、EVA会計、CFROI会計、リアル・オプション会計の統合に向けて」（上野清貴）　中央経済社　2006.10　p309-312
- ◎参考文献「財務管理と会計―基礎と応用　3版」（藤井則彦）　中央経済社　2006.10　p217-219
- ◎文献「会計の時代だ―会計と会計士との歴史」（友岡賛）　筑摩書房　2006.12　p213-217
- ◎参考文献「会計情報の理論―情報内容パースペクティブ」（J. A. Christensenほか）　中央経済社　2007.1　p541-548
- ◎参考文献「Q&A税効果会計の実務ガイド　2版」（あずさ監査法人）　中央経済社　2007.2　p246-247
- ◎参考文献「「会計」を身近にするキーワード事典」（岩田康成ほか）　日本経済新聞出版社　2007.3　p403-406
- ◎参考文献ほか「戦後日本の会計制度形成と展開」（嶋和重）　同文舘出版　2007.3　p248-261
- ◎参考文献「会計入門ゼミナール　2版」（山下寿文）　創成社　2007.4　p221-222
- ◎文献「企業情報の基礎理論」（船本修三）　中央経済社　2007.5　p159-165
- ○文献「会計　171」（森山書店）　2007.6　p138-141
- ◎参考文献「現代リース会計論」（加藤久明）　中央経済社　2007.6　p261-281
- ◎参考文献「会計理論の再構築―事象アプローチの学説史的再評価」（竹島貞治）　森山書店　2007.7　p265-274
- ◎参考文献「制度変化の会計学―会計基準のコンバージェンスを見すえて」（藤井秀樹）　中央経済社　2007.7　p221-240
- ◎参考文献「非営利組織会計概念形成論―FASB概念フレームワークを中心に」（池田享誉）　森山書店　2007.7　p177-181
- ◎参考文献「社会福祉法人の会計と税務の要点―基礎と事例　改訂版」（中川健蔵）　税務経理協会　2007.8　p227-228
- ◎参考文献「純資産会計の考え方と処理方法―新会計制度解説!」（岩崎勇）　税務経理協会　2007.8　p265-270
- ◎参考文献「多国籍企業の会計―グローバル財務報告と基準統合」（L. H. ラデボーほか）　中央経済社　2007.9　prr
- ◎参考文献「新しい会計像―価値主義会計論」（片岡方和）　税務経理協会　2007.11　p243-250

会計監査

- ◎文献目録「会計士証明基準」（児嶋隆）　岡山大学経済学部　2001.3　p221-227
- ◎参考文献「株式会社監査論」（原征士）　白桃書房　2001.4　p257-258
- ◎引用文献「監査の新世紀―市場構造の変革と監査の役割」（山浦久司）　税務経理協会　2001.6　p227-231
- ◎参考文献「現代監査の理論―フランス監査制度に関する研究」（蟹江章）　森山書店　2001.11　p305-310
- ◎文献「企業経営と倫理監査―企業評価3つのアプローチ」（貫井陵雄）　同文舘出版　2002.3　p226-227
- ◎参考文献「監査問題と特記事項」（盛田良久）　中央経済社　2002.5　p181-187
- ◎文献「監査人の外観的独立性」（弥永真生）　商事法務　2002.9　p483-522
- ◎文献「監査・会計構造の研究―通時態の監査論」（佐々木隆志）　森山書店　2002.10　p293-299
- ◎文献「会計ディスクロージャーと監査―再生と更なる発展」（杉岡仁）　中央経済社　2002.12　p245-264
- ◎参考文献「管理会計　新訂」（佐藤紘光ほか）　放送大学教育振興会　2003.3　p277-278
- ◎文献「株式会社監査論　2版」（原征士）　白桃書房　2003.4　p318-320

◎参考文献「監査論概説　4版」(田中恒夫)　創成社　2003.4　p273-276
◎参考文献「現代会計監査論」(岩崎健久)　税務経理協会　2003.4　p211-212
◎文献「監査社会—検証の儀式化」(M. パワー)　東洋経済新報社　2003.5　p205-223
◎文献「アメリカ監査基準書〈SAS〉の読み方　新版」(児嶋隆)　中央経済社　2003.9　p355-356
◎文献「監査のコスト・パフォーマンス—日米欧国際比較」(加藤恭彦)　同文舘出版　2003.10　p221-228
◎参考文献「アメリカ不正会計とその分析」(山地秀俊ほか)　神戸大　2004.2　prr
◎参考文献「政府・自治体・パブリックセクターの公監査基準」(鈴木豊)　中央経済社　2004.2　p455-467
◎参考文献「会計プロフェッションと内部統制」(町田祥弘)　税務経理協会　2004.3　p307-325
◎参考文献「監査論概説　5版」(田中恒夫)　創成社　2004.4　p295-298
◎参考文献「監査一般基準論—公認会計士監査の有効性の確立に向けて」(長吉眞一)　中央経済社　2004.5　p324-330
◎参考文献「監査期待ギャップ論」(吉見宏)　森山書店　2005.3　p165-173
◎参考文献「継続企業監査論—ゴーイング・コンサーン問題の研究」(林隆敏)　中央経済社　2005.3　p265-278
◎参考文献「株式会社監査論　3版」(原征士)　白桃書房　2005.4　p361-363
◎参考文献「監査契約リスクの評価」(宮本京子ほか)　中央経済社　2005.4　p179-183
◎文献「監査入門ゼミナール」(長吉眞一ほか)　創成社　2005.4　p225-230
◎引用文献「監査制度デザイン論—戦略的アプローチと実験的アプローチの応用」(加藤達彦)　森山書店　2005.5　p249-260
◎参考文献ほか「監査論概説　6版」(田中恒夫)　創成社　2005.5　p311-318
◎参考文献「監査論概説　7版」(田中恒夫)　創成社　2006.6　p297-299
◎参考文献ほか「外部監査とコーポレート・ガバナンス」(八田進二)　同文舘出版　2007.2　p307-330
◎参考文献「株式会社監査論　4版」(原征士)　白桃書房　2007.3　p404-406
◎参考文献「監査基準論」(長吉眞一)　中央経済社　2007.4　p479-485
◎参考文献「将来予測情報の監査—ゴーイング・コンサーン情報等の分析」(東誠一郎)　同文舘出版　2007.4　p265-266
◎参考文献ほか「監査リスクの基礎」(高田敏文)　同文舘出版　2007.5　p197-216
◎参考文献「粉飾の監査風土—なぜ、粉飾決算はなくならないのか」(柴田英樹)　プログレス　2007.7　p233-235
◎参考資料「監事監査の実務—Spirit & Techniques　新版」(三橋清哉)　税務経理協会　2007.10　p339-352
◎参考文献「企業価値と会計・監査—会計とファイナンスの接点を探る」(日本公認会計士協会東京会)　税務経理協会出版局　2007.12　p227-228

会計士
◎参考文献「会計プロフェッションの発展」(友岡賛)　有斐閣　2005.9　p311-325
◎文献「会計士の歴史」(R. H. パーカー)　慶應義塾大出版会　2006.6　p117-121

会計情報
◎参考文献「キャッシュ・フロー会計情報の有用性」(百合草裕康)　中央経済社　2001.3　p293-308
◎参考文献「会計情報システム　改訂版」(河合久, 成田博)　創成社　2002.3　p251-254

会計情報監査
◎参考文献「会計情報監査制度の研究—日本型監査の転換」(川北博)　有斐閣　2001.9　p325-339

会計測定論
◎参考文献「会計測定論の再構築—意味論的考察を中心として　改訂版」(木戸田力)　同文舘出版　2001.2　p221-227

会計法
◎文献「最新会計法精解　増補版」(細溝清史)　大蔵財務協会　2002.10　p834-835
◎文献「新しい企業会計法の考え方」(片木晴彦)　中央経済社　2003.9　p185-188

戒厳令
◎参考文献「関東大震災と戒厳令」(松尾章一)　吉川弘文館　2003.9　p191-196

解雇
◎参考文献「解雇法制を考える—法学と経済学の視点」(大竹文雄ほか)　勁草書房　2002.12　p261-275
◎参考文献「解雇法制を考える—法学と経済学の視点　増補版」(大竹文雄ほか)　勁草書房　2004.5　p313-327

介護
◎参考文献「これからどうする!介護と医療」(小池晃)　新日本出版社　2001.5　p195-197
◎参考文献「ポケット介護技法ハンドブック　新版」(江草安彦, 岡本千秋)　中央法規出版　2002.4　p271-273
◎参考文献「デンマーク発・痴呆介護ハンドブック—介護にユーモアとファンタジーを」(B. メーリンほか)　ミネルヴァ書房　2003.7　p229-235
◎文献「高齢者への家族介護に関する心理学的研究」(石井京子)　風間書房　2003.12　p171-179
◎参考文献「介護基盤の不足と営利企業の参入」(鎌田繁則)　久美　2004.1　p247-252
◎参考文献「なぜ老人を介護するのか—スウェーデンと日本の家と死生観」(大岡頼光)　勁草書房　2004.2　p8-27b
◎参考文献「介護の国際化—異国で迎える老後」(三原博光)　学苑社　2004.3　p203-208
◎参考文献「高齢者ケアの心理学入門—老いと痴呆に向き合う心」(本莊繁)　朱鷺書房　2004.3　p217-219
◎参考文献「老い衰えゆく自己の/と自由—高齢者ケアの社会学的実践論・当事者論」(天田城介)　ハーベスト社　2004.3　p366-389
◎参考文献「痴呆性高齢者の介護のためのモデルケアプラン」(R. Fleming)　ワールドプランニング　2004.7　p327-345
◎「いま読んでおきたい介護の本50冊」(小梛治宣ほか)　朝文社　2004.11　102p B5
◎文献「介護と衣生活」(小林茂雄ほか)　同文書院　2005.2　prr

◎引用文献「働く女性の介護生活―在宅介護者の支援へのアプローチ」（橋爪裕美）　風間書房　2005.2　p161-167
◎引用文献「地域と高齢者福祉―介護サービスの需給空間」（杉浦真一郎）　古今書院　2005.3　p253-260
◎参考文献「認知症の介護のために知っておきたい大切なこと―パーソンセンタードケア入門」（T.キットウッドほか）　筒井書房　2005.11　p158-161
◎参考文献「介護の法律入門」（梶原洋生）　インデックス出版　2006.8　p215-217
◎参考文献ほか「古武術介護入門―古の身体技法をヒントに新しい身体介助法を提案する」（岡田慎一郎）　医学書院　2006.8　p107-110
◎参考文献「つらい介護からやさしい介護へ―介護の仕事を長く続けていくために」（T.小島ブンゴード）　ワールドプランニング　2006.10　p141-145
◎書籍一覧「介護文学にみる老いの姿」（小梛治宣）　朝文社　2006.11　p131-139
◎「介護問題文献目録　2000-2006」（日外アソシエーツ）　日外アソシエーツ　2007.6　12, 971p A5
◎文献「認知症家族介護を生きる―新しい認知症ケア時代の臨床社会学」（井口高志）　東信堂　2007.6　p306-324
◎文献「医者が介護の邪魔をする!」（矢嶋嶺）　講談社　2007.8　p235-236
◎参考文献「地域医療・介護のネットワーク構想」（小笠原浩一ほか）　千倉書房　2007.8　prr
◎参考文献「認知症介護サポートマニュアル―ものわすれが気になる人・家族・支援者のための」（松本一生）　河出書房新社　2007.9　p320-322

外交

◎参考文献「東アジア国際環境の変動と日本外交―1918―1931」（服部龍二）　有斐閣　2001.10　p319-325
◎参考文献「密約外交」（中馬清福）　文藝春秋　2002.12　p195-197
◎参考文献ほか「日本人は北欧から何を学んだか―日本―北欧政治関係史」（吉武信彦）　新評論　2003.2　p197-216
◎注「国際紛争と予防外交」（納家政嗣）　有斐閣　2003.5　prr
◎文献「戦後日本・東南アジア関係史総合年表」（早稲田大学アジア太平洋研究センター「戦後日本・東南アジア関係史総合年表」編集委員会編）　龍渓書舎　2003.5　p257-263
○主要文献目録「国際法外交雑誌　102.2」（国際法学会）　2003.8　p243-325
○文献目録（西村弓）「国際法外交雑誌　103.2」（国際法学会）　2004.8　p145-205
◎注「官邸外交―政治リーダーシップの行方」（信田智人）　朝日新聞社　2004.10　p201-215
◎参考文献「日本の外交政策―現状と課題、展望」（西川吉光）　学文社　2004.10　p225-227
◎参照文献「日本の「ミドルパワー」外交―戦後日本の選択と構想」（浜谷芳秀）　筑摩書房　2005.5　p227-232
◎参考文献「日本と国際連合」（塩崎弘明）　吉川弘文館　2005.9　p301-316
◎読書ガイドほか「国際政治の見方―9・11後の日本外交」（猪口孝）　筑摩書房　2005.12　p257-280
◎参考文献「「全方位外交」の時代―冷戦変容期の日本とアジア・1971-80年」（若月秀和）　日本経済評論社　2006.1　p345-350
◎参考文献（マスメディア）「「反日」の超克―中国、韓国、北朝鮮とどう対峙するか」（西村幸祐）　PHP研究所　2006.3　p264-266
◎「外務省関係者図書目録　平成18年3月31日現在」（外務省図書館）　外務省図書館　2006.4　87p A4
◎参考文献「不安型ナショナリズムの時代―日韓中のネット世代が憎みあう本当の理由」（高原基彰）　洋泉社　2006.4　p251-255
◎参考文献「外交敗戦―130億ドルは砂に消えた」（手嶋龍一）　新潮社　2006.7　p429-436
◎参考資料一覧「針路を海にとれ―海洋国家日本のかたち」（大山高明）　産経新聞出版　2006.10　p241-246
◎参考文献「ミカドの外交儀礼―明治天皇の時代」（中山和芳）　朝日新聞社　2007.1　p283-288
◎参考文献「皇室外交とアジア」（佐藤考一）　平凡社　2007.2　p221-225
◎参考文献「明治の漢学者と中国―安繹・天囚・湖南の外交論策」（陶徳民）　関西大出版部　2007.3　p297-308
◎参考文献「サムライ異文化交渉史」（御手洗昭治）　ゆまに書房　2007.4　p256-270
◎参考文献「地球はもちつもたれつ」（舩越博）　大学教育出版　2007.4　p191-192
◎文献ほか「新隣国論―仮面の隣国・素顔の隣国」（武田龍夫）　勉誠出版　2007.5　p167-169
◎参考文献「通訳者と戦後日本外交」（鳥飼久美子）　みすず書房　2007.8　p1-17b
◎参考文献「日本・デンマーク文化交流史―1600-1873」（長島要一）　東海大出版会　2007.9　p279-307
◎参考文献「国益と外交―世界システムと日本の戦略」（小原雅博）　日本経済新聞出版社　2007.10　p456-472
◎参考文献「国際平和と「日本の道」―東アジア共同体と憲法九条」（望田幸男ほか）　昭和堂　2007.10　p3-4b
◎参照文献「現代日本の東南アジア政策―1950-2005」（波多野澄雄ほか）　早稲田大出版局　2007.11　p295-309
◎参考文献「国家の対外行動」（須藤季夫）　東京大出版会　2007.11　p203-232

貝交易

◎参考文献「貝の道―先史琉球列島の貝交易」　沖縄県教育委員会　2001.3　p65-66

外交官

◎注文献「職業としての外交官」（矢田部厚彦）　文藝春秋　2002.3　p229-251
◎文献「近代における駐日英国外交官」（桑田優）　敏馬書房　2003.3　prr
◎参考文献「大英帝国の外交官」（細谷雄一）　筑摩書房　2005.6　p1-8b

外交史

◎参考文献「日本政治外交史論―敗戦～吉田ドクトリン神話の形成　下」（西川吉光）　晃洋書房　2002.1　p179-181
○文献目録（岡田晃枝, 山元菜々）「国際法外交雑誌　101.2」（国際法学会）　2002.8　p360-382
◎参考文献「日本外交史講義」（井上寿一）　岩波書店　2003.9　p241-245

◎参考文献「近代日本と国際社会」（小風秀雅）　放送大教育振興会　2004.3　p171-177
◎参考文献「大東亜会議の真実―アジアの解放と独立を目指して」（深田祐介）　PHP研究所　2004.3　p303-316
◎参考文献「日本外交史ノート―第一次世界大戦から現代まで」（広野好彦）　晃洋書房　2004.4　p211-214
◎参考文献「近代の戦争と外交　展望日本歴史22」（山田朗ほか）　東京堂出版　2004.8　p401-411
◎参考文献ほか「大日本帝国の生存戦略―同盟外交の欲望と打算」（黒野耐）　講談社　2004.9　p232-241
◎参考文献「戦間期の日本外交―パリ講和会議から大東亜会議まで」（I.ニッシュ）　ミネルヴァ書房　2004.10　p7-21b
◎参考文献「ブリッジブック日本の外交」（井上寿一）　信山社出版　2005.3　p275-286
◎参考文献「日本・琉球の文明開化―異国船来航の系譜　ビジュアル版」（新城良一）　天久海洋文学散歩会　2005.5　p157-160
◎参考文献「明治の外交と議会政治特別展―日露講和百年」（衆議院憲政記念館）　衆議院憲政記念館　2005.5　p69-72
◎引用参考文献「中世日本の国際関係―東アジア通交圏と偽使問題」（橋本雄）　吉川弘文館　2005.6　p317-333
◎文献「驕れる白人と闘うための日本近代史」（松原久子）　文藝春秋　2005.8　p234-237
○文献目録（井上実佳ほか）「国際法外交雑誌　104.2」（有斐閣）　2005.9　p353-367
◎参考文献「世界史の中の出島―日欧通交史上長崎の果たした役割　新装版」（森岡美子ほか）　長崎文献社　2005.9　p181-183
◎参考文献「戦後日本外交史　新版」（五百旗頭真）　有斐閣　2006.3　p315-326
◎参考文献「幕末遣欧使節団」（宮永孝）　講談社　2006.3　p374-377
◎引用参考文献「開国と攘夷―日本の対外戦争幕末」（豊田泰）　文芸社　2006.6　p374-387
◎参考文献「近世日本における外国使節と社会変容―『儀衛門日記』を読む」（玉井建也）　紙屋敦之研究室　2006.7　p182-186
○文献目録（和田龍太ほか）「国際法外交雑誌　105.2」（国際法学会）　2006.8　p314-329
◎参考文献「アジア主義を問いなおす」（井上寿一）　筑摩書房　2006.8　p247-251
◎参考文献「冷戦後の日本外交―安全保障政策の国内政治過程」（信田智人）　ミネルヴァ書房　2006.9　p201-221
◎参考文献「江戸時代のロビンソン―七つの漂流譚」（岩尾龍太郎）　弦書房　2006.11　p205-206
◎参考文献「ニッポン青春外交官―国際交渉から見た明治の国づくり」（犬塚孝明）　NHK出版　2006.12　p215-218
◎参考文献「日本外交史ハンドブック―解説と資料　新版」（増田弘ほか）　有信堂高文社　2007.3　p268-273
○文献目録（柴田明穂ほか）「国際法外交雑誌　106.2」（国際法学会）　2007.8　p220-271

開国
◎文献目録「開国―幕末維新論集　2」（井上勝生ほか）　吉川弘文館　2002.4　p330-338
◎参考文献「開国日本と横浜中華街」（西川武臣、伊藤泉美）　大修館書店　2002.10　p222-226
◎参考文献「黒船―ペリー来航150周年記念　特別展」（神奈川県立歴史博物館）　神奈川県立歴史博物館　2003.4　p132-133
◎参考文献「ペリー来航百五十年―開国から帝国議会開設まで―特別展」（衆議院憲政記念館）　衆議院憲政記念館　2003.5　p81-86
◎参考文献「ペリー来航」（三谷博）　吉川弘文館　2003.10　p274-285
◎参考文献「幕末外交と開国」（加藤浩三）　筑摩書房　2004.1　p1-4b
◎参考文献「幕末源流―日米開国秘話」（青木健）　河出書房新社　2004.10　p227-228
◎参考文献「黒船異聞―日本を開国したのは捕鯨船だ」（川澄哲夫）　有隣堂　2004.12　p240-242

外国映画
○書誌稿（田澤恭二）「文献探索　2001」（文献探索研究会）　2002.7　p305-311

外国会社
◎参考文献「図解外国企業・海外事業の仕組みと常識―英国企業にPresidentはいない」（山本隆三）　講談社　2002.12　p193-195
◎文献「チャイナ・ドリーム―世界最大の市場に魅せられた企業家たちの挫折　下」（J.スタッドウェル）　早川書房　2003.2　p272-275
◎参考文献「海外子会社研究序説―カナダにおける日・米企業」（榎本悟）　御茶の水書房　2004.4　p162-165
◎参考文献「中国における日系企業の経営現地化」（古田秋太郎）　税務経理協会　2004.4　p241-245
◎文献一覧「日本系企業の海外立地展開と戦略―都市圏・地域圏スケールにおける地理学的分析」（平篤志）　古今書院　2005.3　p181-191
◎参考文献「海外立地選択の行動経済学」（水戸康夫）　創成社　2005.4　p177-183
◎参考文献ほか「日系企業が中国で成功する為に―異文化経営が直面する課題」（周宝玲）　晃洋書房　2007.2　p159-163

外国為替
◎参考文献「外国為替のオプション」（D.F.デローザ）　東洋経済新報社　2000.11　p203-212
◎参考文献「為替レートの経済学」（ピーター・アイザルド）　東洋経済新報社　2001.6　p285-316
◎参考文献「円・ドル・元為替を動かすのは誰か」（加藤隆俊）　東洋経済新報社　2002.2　p285-286
◎文献「国際金融・外為市場―実務と理論の基礎　トラディショナル・インストゥルメンツ篇」（佐久間潮）　財経詳報社　2002.8　p201-203
◎文献「ヨーヨー円―日本経済の破壊者」（B.ブラウン）　東洋経済新報社　2003.1　p1-4b
◎参考文献「為替オーバーレイ―CFA institute（CFA協会）コンフェレンス議事録」（森谷博之）　パンローリング　2004.8　p257-263
◎参考文献「為替オーバーレイ入門―戦略的為替リスク・マネジメント」（中窪文男）　東洋経済新報社　2004.10　p265-269

かいこく

◎参考文献「現代外国為替論」（平島真一）　有斐閣　2004.12　prr
◎参考文献「外国為替の基礎知識」（小林一広）　東京経済情報出版　2005.5　p263-266
◎参考文献「外貨建取引・通貨関連デリバティブの会計実務　2版」（伊藤眞）　中央経済社　2005.7　p499-502
◎参考文献「国際金融システムの制度設計—通貨危機後の東アジアへの教訓」（福田慎一ほか）　東京大出版会　2006.2　prr

外国関係
◎参考文献「日本の内と外」（伊藤隆）　中央公論新社　2001.1　p453-458
◎参考文献「日本外交官、韓国奮闘記」（道上尚史）　文藝春秋　2001.3　p195-198
◎文献目録「アジアにおける文明の対抗—攘夷論と守旧論に関する日本、朝鮮、中国の比較研究」（藤田雄二）　御茶の水書房　2001.10　p461-471
◎参考文献（M.コトラー）「「無条件勝利」のアメリカと日本の選択」（ロナルド・A.モース）　時事通信社　2002.1　p306-320
◎引用参考文献「ペリーの白旗—150年目の真実」（岸俊光）　毎日新聞社　2002.11　p236-234
◎参考文献「黒船—ペリー来航150周年記念　特別展」（神奈川県立歴史博物館）　神奈川県立歴史博物館　2003.4　p132-133
◎参考文献「ペリー来航」（三谷博）　吉川弘文館　2003.10　p274-285
◎注「日本のアジア政策—アジアから見た不信と期待」（猪口孝）　NTT出版　2003.12　prr
◎「外務省関係者図書目録　平成16年3月31日現在」（外務省図書館）　外務省図書館　2004.3　162p A4
◎参考文献「アジアの帝国国家　日本の時代史23」（小風秀雅）　吉川弘文館　2004.4　p291-307
◎引用文献ほか「日本の安全保障」（赤根谷達雄ほか）　有斐閣　2004.4　prr
◎注「長崎出島オランダ異国事情」（西和夫）　角川書店　2004.9　p214-222
◎参考文献「条約改正問題と明治立憲制の成立—日本の近代における対外関係史の研究」（本牧公夫）〔本牧公夫〕　2005.1　p144-146
◎参考文献「江戸の外国公使館—開国150周年記念資料集」（港区立港郷土資料館）　港区立港郷土資料館　2005.3　p154-155
◎参考文献「日本の外交と国際社会—日本は世界にどう向き合ってきたのか」（東海大学教養学部国際学科）　東海大学出版会　2005.3　prr
◎参考文献「アフリカ「発見」—日本におけるアフリカ像の変遷」（藤田みどり）　岩波書店　2005.5　p1-22b
◎参考資料「日本・欧米間、戦時下の旅—第二次世界大戦下、日本人往来の記録」（泉孝英）　淡交社　2005.8　p360-371
◎基本文献案内「アジア/日本」（米谷匡史）　岩波書店　2006.11　p167-186

外国銀行
◎参考文献「在日外国銀行百年史　1900〜2000」（立脇和夫）　日本経済評論社　2002.1　p423-428
◎参考文献「外国銀行と日本—在日外銀一四〇年の興亡」（立脇和夫）　蒼天社出版　2004.6　p315-321

外国語
◎参考文献「古代日本人と外国語」（湯沢質幸）　勉誠出版　2001.3　p229-233
◎「近代雑誌目次文庫45　外国語・外国文学編」（ゆまに書房）　ゆまに書房　2001.5　304p B5
◎「「外国語」の本全情報　2000-2004」（日外アソシエーツ）　日外アソシエーツ　2005.2　796p A5

外国語教育
◎「SLA研究と外国語教育—文献紹介」（JACET SLA研究会）　リーベル出版　2000.11　198p A5
◎参考文献「外国語教育リサーチマニュアル」（H.W.セリガーほか）　大修館書店　2001.3　p284-293
◎参考文献「バイリンガル教育の方法—12歳までに親と教師ができること　増補改訂版」（中島和子）　アルク　2001.5　p230-239
◎参考文献「日本語教師のための外国語教育学—ホリスティック・アプローチとカリキュラム・デザイン」（縫部義憲）　風間書房　2001.10　p403-423
◎参考目「第2言語クラスルーム研究」（クレイグ・ショードロン）　リーベル出版　2002.4　p251-271
◎文献「「グローカル化」時代の言語教育政策—「多様化」の試みとこれからの日本」（岡戸浩子）　くろしお出版　2002.10　p205-213
◎文献「より良い外国語学習法を求めて—外国語学習成功者の研究」（竹内理）　松柏社　2003.11　p259-299
◎参考文献「世界の外国語教育政策—日本の外国語教育の再構築にむけて」（大谷泰照ほか）　東信堂　2004.2　prr
◎参考文献「外国語コミュニケーションの情意と動機—研究と教育の視点」（八島智子）　関西大学出版部　2004.3　p178-192
◎参考文献「外国語教育　2　外国語の学習、教授、評価のためのヨーロッパ共通参照枠」（J. Trimほか）　朝日出版社　2004.9　p209-216
◎参考文献「外国語学習に成功する人、しない人—第二言語習得論への招待」（白井恭弘）　岩波書店　2004.10　p117-124
◎参考文献「日本語教師のための新しい言語習得概論」（小柳かおる）　スリーエーネットワーク　2004.10　p217-253
◎参考文献「外国語学習に影響を及ぼす親と子のコミュニケーション—外国語学習・認知能力・親子言語相互交渉」（林桂子）　風間書房　2004.11　p157-166
◎参考文献ほか「第二言語習得研究の現在—これからの外国語教育への視点」（小池生夫ほか）　大修館書店　2004.12　prr
◎引用文献「言語学習と学習ストラテジー—自律学習に向けた応用言語学からのアプローチ」（尾関直子ほか）　リーベル出版　2005.6　p177-193
◎文献一覧「文献から見る第二言語習得研究」（JACET SLA研究会）　開拓社　2005.7　p268-295
◎参考文献「第二言語コミュニケーション力に関する理論的考察—英語教育内容への指針」（柳瀬陽介）　渓水社　2006.2　p333-339
◎参考文献「第二言語習得研究入門—生成文法からのアプローチ」（若林茂則）　新曜社　2006.2　p233-246
◎参考文献「バイリンガル・ファミリー—子どもをバイリンガルに育てようとする親のための手引」（E.ハーディング=エッシュほか）　明石書店　2006.3　p305-317

◎参考文献「世界の言語テキスト」(国立国語研究所)　くろしお出版　2006.3　p343-346
◎引用文献「第二言語習得における束縛原理―その利用可能性」(白畑知彦)　くろしお出版　2006.7　p273-299
◎references「外国語教育学のための質問紙調査入門」(Z. ドルニェイ)　松柏社　2006.9　p175-181
◎引用文献「教育言語学論考―文法論へのアンチテーゼと意味創りの教育」(宇都宮裕章)　風間書房　2006.10　p299-307
◎引用文献「外国語学習者の動機づけを高める理論と実践」(廣森友人)　多賀出版　2006.11　p121-139
◎参考文献「第二言語テキスト理解と読み手の知識」(柴崎秀子)　風間書房　2006.11　p169-181
◎参考文献「世界の言語教授・指導法―アプローチ&メソッド」(J. C. リチャーズほか)　東京書籍　2007.10　prr

外国資本
◎文献「中国ビジネスと商社―巨大市場へのあくなき挑戦」(関志雄)　東洋経済新報社　2003.4　p256-257
◎参考文献「中国ビジネスのケーススタディ―早稲田大学オープンカレッジテキスト」(吉田健司)　PHP研究所　2004.1　p262-263
◎参考文献「日本企業の東アジア戦略―インタビュー・サーベイを通して見た日本企業」(中垣昇)　文眞堂　2004.3　p317-321
◎参考文献「対日直接投資と日本経済」(深尾京司ほか)　日本経済新聞社　2004.5　p289-299
◎文献目録「日本経済と外国資本　1858-1939」(S. J. O. バイスウェイ)　刀水書房　2005.3　p272-300
◎参考文献「クロスボーダーM&Aの実際と対処法―三角合併解禁後、日本の会社はどうなるか」(淵邊善彦)　ダイヤモンド社　2007.5　p259-268

外国人
◎注文献「外国人の人権と市民権」(近藤敦)　明石書店　2001.9　prr
◎関連著述「外国人と社会保障法」(高藤昭)　明石書店　2001.12　p404-412
◎注文献「外国人の法的地位と人権擁護」(近藤敦ほか)　明石書店　2002.5　prr
◎参考文献「在日外国人医療におけるコミュニケーションギャップの現状調査と改善策の研究―調査報告書」(KDDI総研)　KDDI総研　2004.3　p303-305
◎文献「小学校JSLカリキュラム「解説」―文部科学省の「学校教育におけるJSLカリキュラムの開発について」対応」(佐藤郡衛ほか)　スリーエーネットワーク　2005.4　p171-173
◎参考文献「共に生きる社会を目指して―多文化社会へ向けた政策課題　NIRA公共政策研究セミナー第3回」総合研究開発機構　2005.6　p63-66
◎参考引用文献「ニューカマーの子どもたち―学校と家族の間の日常世界」(清水睦美)　勁草書房　2006.9　p346-354
◎研究書紹介ほか「「移動する子どもたち」と日本語教育―日本語を母語としない子どもへのことばの教育を考える」(川上郁雄)　明石書店　2006.10　p262-288
◎文献一覧「他者の権利―外国人・居留民・市民」(S. ベンハビブ)　法政大出版局　2006.12　p230-242
◎参考文献「外国人住民への言語サービス」(河原俊昭ほか)　明石書店　2007.1　prr
◎参考文献「母語を活用した内容重視の教科学習支援方法の構築に向けて」(清田淳子)　ひつじ書房　2007.2　p187-203
◎参考文献「エトランジェのフランス史―国民・移民・外国人」(渡辺和行)　山川出版社　2007.6　p192-197
◎文献目録「日本で学ぶアジア系外国人―研修生・技能実習生・留学生・就学生の生活と文化変容　増補版」(浅野慎一)　大学教育出版　2007.10　p465-482, 530

外国人学校
◎注「世界の外国人学校」(福田誠治ほか)　東信堂　2005.5　prr

外国人教育
◎引用参考文献「外国人生徒のためのカリキュラム―学校文化の変容の可能性を探る」(清水睦美ほか)　嵯峨野書院　2006.4　p243-245
◎参考文献「外国人の子どもの不就学―異文化に開かれた教育とは」(佐久間孝正)　勁草書房　2006.9　p275-283

外国人居留地
◎参考文献「築地外国人居留地―明治時代の東京にあった「外国」」(川崎晴朗)　雄松堂出版　2002.10　p235-242

外国人参政権
◎文献「外国人参政権と国籍　新版」(近藤敦)　明石書店　2001.4　p183-196

外国人犯罪
◎参考文献「外国人犯罪者―彼らは何を考えているのか」(岩男壽美子)　中央公論新社　2007.8　p233-234

外国人労働者
◎参照文献「外国人労働者新時代」(井口泰)　筑摩書房　2001.3　p203-205
◎文献「外国人労働者の人権と地域社会　日本の現状と市民の意識・活動」(鐘ヶ江晴彦)　明石書店　2001.8　prr
◎文献抄録「グローバル化時代を迎えた日本経済と外国人労働者政策―現状と課題」(中本博皓)　税務経理協会　2001.12　p195-206
◎参考文献「国際労働移動のマクロ経済学分析」(島田章)　五絃舎　2003.11　p203-206
◎引用参照文献「日系人の労働市場とエスニシティ―地方工業都市に就労する日系ブラジル人」(大久保武)　御茶の水書房　2005.6　p265-284
◎参考文献「虚栄の帝国ロシア―闇に消える「黒い」外国人たち」(中村逸郎)　岩波書店　2007.10　p1-3b
◎参考文献ほか「越境する雇用システムと外国人労働者」(丹野清人)　東京大出版会　2007.12　p297-312

外国文化
◎参考文献「異国憧憬―戦後海外旅行外史」(前川健一)　JTB　2003.12　p217-220

外国文学
◎「近代雑誌目次文庫46　外国語・外国文学編」(ゆまに書房)　ゆまに書房　2001.8　222p B5

外国法
◎「外国法文献の調べ方」(板寺一太郎)　信山社出版　2002.5　451p A5

介護福祉
- ◎参考文献「ケア学―越境するケアへ」（広井良典）　医学書院　2000.9　p252-261
- ◎参考文献「イラストでみる介護福祉用語事典　第2版」（「用語事典」編集委員会）　福祉教育カレッジ　2002.11　p382-383
- ◎文献「介護財政の国際的展開―イギリス・ドイツ・日本の現状と課題」（舟場正富ほか）　ミネルヴァ書房　2003.1　p319-325
- ◎文献「高齢社会と家族介護の変容―韓国・日本の比較研究」（金貞任）　法政大学出版局　2003.2　p235-244
- ◎参考文献「介護福祉エッセンシャルズ　1」（藤野信行ほか）　建帛社　2003.3　prr
- ◎参考文献「新・介護福祉概論」（成清美治）　学文社　2003.4　prr
- ◎参考文献「介護福祉概論　新版」（岩橋成子）　建帛社　2003.5　prr
- ◎参考文献「介護福祉のための訪問介護実習」（訪問介護実習研究会）　中央法規出版　2003.9　1pb
- ◎参考文献「事例で考える介護職と医療行為」（大平滋子ほか）　NCコミュニケーションズ　2004.4　p222-224
- ◎参考文献「介護・保育サービス市場の経済分析―ミクロデータによる実態解明と政策提言」（清水谷諭ほか）　東洋経済新報社　2004.6　p261-274
- ◎参考文献「介護殺人―司法福祉の視点から」（加藤悦子）　クレス出版　2005.2　p285-295
- ◎参考図書「介護する人の健康をまもるQ&A」（車谷典男）　ミネルヴァ書房　2005.5　p215-218
- ◎引用文献「ケアする人だって不死身ではない―ケアギヴァーの負担を軽くするためのセルフケア」（L. M. ブラマーほか）　北大路書房　2005.8　prr
- ◎文献「家族介護者のサポート―カナダにみる専門職と家族の協働」（P. オルゼックほか）　筒井書房　2005.10　p160-173
- ◎参考文献「ケアのゆくえ科学のゆくえ」（広井良典）　岩波書店　2005.11　p257-260
- ◎参考文献「介護福祉の基礎知識　5訂　下」（中島紀恵子ほか）　中央法規出版　2006.3　prr
- ◎参考文献「介護ビジネス　2006」（小野瀬由一ほか）　同友館　2006.10　p306-308
- ◎引用文献「ケアとサポートの社会学」（三井さよほか）　法政大出版局　2007.3　prr
- ◎引用文献「在宅介護家族のストレスとソーシャルサポートに関する健康心理学的研究」（石川利江）　風間書房　2007.3　p129-139
- ◎引用参考文献「小規模多機能ケア実践の理論と方法」（平野隆之ほか）　全国コミュニティライフサポートセンター　2007.5　p189-190
- ◎参考文献「働きすぎる若者たち―「自分探し」の果てに」（阿部真大）　NHK出版　2007.5　p199-203
- ◎参考文献「介護マーケティング」（真野俊樹）　日本評論社　2007.7　p201-205

介護保険
- ◎参考資料「使ってみた介護保険―利用のための知恵袋」（安宅温）　ミネルヴァ書房　2001.3　p247-252
- ◎参考文献「あすは我が身の介護保険」（沖藤典子）　新潮社　2001.4　p282-283
- ◎参考文献「介護保険を問いなおす」（伊藤周平）　筑摩書房　2001.6　p229-233
- ◎文献「訪問看護管理マニュアル」（川村佐和子, 島内節, 日本訪問看護振興財団）　日本看護協会出版会　2002.3　p354-355
- ◎文献「介護保険見直しの争点―政策過程からみえる今後の課題」（増田雅暢）　法律文化社　2003.7　p199-201
- ◎参考文献「要介護認定とは何か」（住居広士）　一橋出版　2004.1　prr
- ◎参考文献「地方分権と高齢者福祉―地方自治の展開過程」（小林良彰ほか）　慶應義塾大出版会　2004.8　p285-287
- ◎参考文献「介護保険と21世紀型地域福祉―地方から築く介護の経済学」（山田誠）　ミネルヴァ書房　2005.4　p223-232
- ◎参考文献「介護保険制度の政策過程―日本・ドイツ・ルクセンブルク国際共同研究」（和田勝）　東洋経済新報社　2007.9　p583-586
- ◎参考文献「ドイツ社会保障論　3　介護保険」（松本勝明）　信山社出版　2007.11　p211-215

介護予防
- ◎文献「介護予防のねらいと戦略」（辻一郎）　社会保険研究所　2006.1　p193-195
- ◎参考文献「地域ですすめる閉じこもり予防・支援―効果的な介護予防の展開に向けて」（安村誠司）　中央法規出版　2006.11　p174-176
- ◎参考文献「地域回想法ハンドブック―地域で実践する介護予防プログラム」（シルバー総合研究所）　河出書房新社　2007.1　p267-270

海事史
- ○文献目録（山田廸生, 小川博）「海事史研究　58」（日本海事史学会）　2001.9　p121-133
- ○文献目録（山田廸生, 小川博）「海事史研究　59」（日本海事史学会）　2002.9　p85-99
- ○海事史文献目録（小川博ほか）「海事史研究　60」（日本海事史学会）　2003.9　p110-124
- ○文献目録（小川博ほか）「海事史研究　61」（日本海事史研究会）　2004.9　p80-92
- ○文献目録（小川博ほか）「海事史研究　63」（日本海事史学会）　2006.11　p148-156
- ○文献目録（小川博ほか）「海事史研究　64」（日本海事史学会）　2007.12　p114-124

華夷思想
- ◎参考文献「朝鮮からみた華夷思想」（山内弘一）　山川出版社　2003.8　p92-94

海事法
- ◎参考文献「海事法　3版」（海事法研究会）　海文堂出版　2003.3　prr

会社
- ◎参考文献「株主代表訴訟―日本の会社はどう変わるか」（渡部喬一）　平凡社　2002.1　p245-254
- ◎参考資料「会社人間が会社をつぶす―ワーク・ライフ・バランスの提案」（J. S. J. パク）　朝日新聞社　2002.7　p191-190
- ◎参考文献「日本版LLC―新しい会社のかたち」（経済産業省産業組織課ほか）　金融財政事情研究会　2004.7　p243-246
- ◎推薦図書「誰のための会社にするか」（R. ドーア）　岩波書店　2006.7　p1-4b

会社更生法
- ◎参考文献「倒産処理法入門」（山本和彦） 有斐閣 2003.4 prr
- ◎参考文献「財産評定等ガイドラインとQ&A・事例分析」（日本公認会計士協会） 商事法務 2007.8 p303-305

会社史
- ◎参考文献「会社はなぜ事件を繰り返すのか—検証・戦後会社史」（奥村宏） NTT出版 2004.9 p270-273
- ◎「中央大学企業研究所所蔵社史目録 2005年3月末現在」（中央大学企業研究所） 中央大企業研究所 2005.10 267p B5

会社組織
- ◎参考文献「ラーニング組織の再生—蓄積・学習する社会vs流動・学習しない組織」（根本孝） 同文舘出版 2004.9 p258-245

会社分割
- ◎文献「会社分割税制の基本構造」（中江博行） 税務経理協会 2003.5 p183-189

会社法
- ◎参考文献「会社法 2 第2版補訂版」（吉原和志ほか） 有斐閣 2001.1 p309-310
- ◎参考文献ほか「会社法 新訂第7版」（加美和照） 勁草書房 2001.4 p14-27f
- ◎参考文献「現代会社法講義 第4版」（青竹正一） 中央経済社 2001.4 p297-298
- ◎参考文献「リーガルマインド会社法 第6版」（弥永真生） 有斐閣 2002.2 p26-27b
- ◎参考文献「会社法 2 4版」（吉原和志ほか） 有斐閣 2003.4 p331-332
- ◎参考文献「会社法要説 8版」（田辺光政） 税務経理協会 2003.4 p503」
- ◎文献「現代株式会社法」（坂本延夫） 嵯峨野書院 2003.5 p395-396
- ◎文献「小説で読む会社法—ドラマ・企業法務最前線 改訂版」（菅原貴与志） 法学書院 2003.6 p256-257
- ◎参考文献「会社法 新訂8版」（加美和照） 勁草書房 2003.10 p14-17f
- ◎参考文献「日米比較でわかる米国ビジネス法実務ハンドブック」（八代英輝） 中央経済社 2003.12 p345-346
- ○文献目録（伊藤紀彦）「中京法学 38.1」（中京大） 2003 p67-114
- ◎参考文献「会社法 8版」（森淳二朗ほか） 有斐閣 2004.4 p313-315
- ◎参考文献「会社法 5版」（神田秀樹） 弘文堂 2004.10 p304-305
- ◎参考文献「会社法実務ハンドブック—定款変更・各種議事録モデル付」（高野一郎） 中央経済社 2006.10 p1-4f
- ◎参考文献「会社法 9版」（神田秀樹） 弘文堂 2007.3 p338-339
- ◎参考文献「現代会社法理論と「法と経済学」」（徐治文） 晃洋書房 2007.3 p187-193
- ◎参考文献「新会社法と会計」（大倉雄次郎） 税務経理協会 2007.4 p297-302
- ◎参考文献ほか「会社法 新訂9版」（加美和照） 勁草書房 2007.8 p14-17f
- ◎参考文献「ケーススタディ会社法総則・商法総則」（吉田直） 中央経済社 2007.11 p4-5f

怪獣
- ◎参考文献「ガメラ完全化読本」（野真典和ほか） パラダイム 2001.1 p214」

外傷後ストレス障害
- ◎引用文献「PTSDの医療人類学」（アラン・ヤング） みすず書房 2001.2 p9-29b
- ◎文献「トラウマティック・ストレス PTSDおよびトラウマ反応の臨床と研究のすべて」（B. A. ヴァン・デア・コルクほか） 誠信書房 2001.9 prr
- ◎文献「緊急事態ストレス・PTSD対応マニュアル—危機介入技法としてのディブリーフィング」（J. T. ミッチェル, G. S. エヴァリー） 金剛出版 2002.10 p296-310
- ◎引用文献「PTSD ポスト・トラウマティック・カウンセリング」（久留一郎） 駿河台出版社 2003.2 p238-248
- ◎文献「PTSD診断と賠償—臨床医によるPTSD診断と賠償及び補償の留意点」（黒木宣夫） 自動車保険ジャーナル 2003.2 p220-222
- ◎文献「喪失体験とトラウマ—喪失心理学入門」（J. H. ハーヴェイ） 北大路書房 2003.9 p281-297
- ◎文献「PTSD（心的外傷後ストレス障害）」（金吉晴ほか） 星和書店 2004.2 p233-245
- ◎参考文献「惨事ストレスケア—緊急事態ストレス管理の技法」（G. S. エヴァリーほか） 誠信書房 2004.2 p201-219

海上自衛隊
- ◎参考文献「海の友情—米国海軍と海上自衛隊」（阿川尚之） 中央公論新社 2001.2 p302-303
- ◎参考文献「海上自衛隊はこうして生まれた 「Y文書」が明かす創設の秘密」（NHK報道局「自衛隊」取材班） NHK出版 2003.7 p302-303
- ◎参考文献「ネイビーブルー77—今に生きる日本海軍の教育」（大半寒男） 早稲田出版 2005.8 p267-269
- ◎文献「ペルシャ湾の軍艦旗—海上自衛隊掃海部隊の記録」（碇義朗） 光人社 2005.8 p258-259
- ◎参考文献「日本海軍はなぜ滅び、海上自衛隊はなぜ蘇ったのか」（是本信義） 幻冬舎 2005.10 p279-282

海上保安
- ◎参考文献「船舶安全学概論 改訂版」（船舶安全学研究会） 成山堂書店 2001.3 p209-213
- ◎参考文献「船舶安全学概論 改訂増補版」（船舶安全学研究会） 成山堂書店 2003.4 p221-226
- ◎参考文献「現代の海賊—ビジネス化する無法社会」（土井全二郎） 交通研究協会 2004.8 p207-209

外食産業
- ◎参考文献「外食産業の経営展開と食材調達」（小田勝己） 農林統計協会 2004.5 p175-178
- ◎参考文献「外食産業を創った人びと—時代に先駆けた19人」（編集委員会） 日本フードサービス協会 2005.5 p271」

介助犬
- ◎参考文献「介助犬を知る—肢体不自由者の自立のために」（高柳哲也） 名古屋大学出版会 2002.11 prr

外人墓地
- ◎参考文献「赤いポピーは忘れない—横浜もう一つの外人墓地」（遠藤雅子） グラフ社 2002.9 p236-239

外国人労働者
- ◎参考文献「外国人労働者流入と経済厚生」(島田章) 五絃舎 2006.2 p159-162

海水
- ◎参考資料「海洋深層水利用学—基礎から応用・実践まで」(藤田大介ほか) 成山堂書店 2006.11 p198-201

貝塚
- ◎参考文献「吉備の縄文貝塚」(河瀬正利) 吉備人出版 2006.6 p159-166
- ◎参考文献「貝が語る縄文海進—南関東、+2℃の世界」(松島義章) 有隣堂 2006.12 p2-3b

偕成社
- ○書誌(根本正義)「東京学芸大学紀要 第二部門 人文科学 54」(東京学芸大) 2003.2 p283-300

懐石
- ◎参考文献「懐石の研究—わび茶の食礼」(筒井紘一) 淡交社 2002.9 p255-257

海戦
- ◎参考文献「死闘の海 第一次世界大戦海戦史」(三野正洋ほか) 新紀元社 2001.3 p177」
- ◎参考文献「呪われた海—ドイツ海軍戦闘記録」(カーユス・ベッカー) 中央公論新社 2001.4 p519-524
- ◎参考文献「ニッポン海戦史」(宇田川武久) 実業之日本社 2003.3 1pb
- ◎参考資料「日英蘭奇跡の出会い—海に眠る父を求めて」(鶴亀彰) 学習研究社 2007.7 p418-419

海草
- ○文献「日本海草図譜」(大場達之ほか) 北海道大出版会 2007.2 p107-111

海藻
- ◎参考資料「海の森の物語」(横浜康継) 新潮社 2001.7 4pb
- ◎参考図書「海藻の食文化」(今田節子) 成山堂書店 2003.3 p181-186
- ◎参考文献「相模湾の海藻」(松浦正郎) 夢工房 2004.5 p211-214
- ◎参考文献「海藻の栄養学—若さと健康の素」(大房剛) 成山堂書店 2007.3 p147-148

階層
- ◎参考文献「現代中国の階層変動」(園田茂人) 中央大学出版部 2001.11 p1-6b
- ○文献目録ほか「金持ちの誕生—中世ヨーロッパの人と心性」(宮松浩憲) 刀水書房 2004.3 p668-620
- ◎参考文献「アフター・アメリカ—ボストニアンの軌跡と〈文化の政治学〉」(渡辺靖) 慶應義塾大出版会 2004.5 p1-19b
- ◎参考文献「格差社会の結末—富裕層の傲慢・貧困層の怠慢」(中野雅至) ソフトバンククリエイティブ 2006.8 p266-271
- ○文献「学歴と格差・不平等—成熟する日本型学歴社会」(吉川徹) 東京大出版会 2006.9 p5-13b
- ○ブックガイド「下流同盟—格差社会とファスト風土」(三浦展) 朝日新聞社 2006.12 p239-242

回想法
- ○文献「おしゃべり心療回想法—認知症予防のための「脳環境」づくり」(小林幹児) 論創社 2007.6 p220-221

海賊
- ◎参考書目「女海賊大全」(J.スタンリー) 東洋書林 2003.7 p4-5b
- ◎参考文献(後藤淳一)「海賊の歴史—カリブ海、地中海から、アジアの海まで」(P.ジャカン) 創元社 2003.12 1pb
- ◎参考文献「中国の海商と海賊」(松浦章) 山川出版社 2003.12 p88-90
- ◎参考文献「現代の海賊—ビジネス化する無法社会」(土井全二郎) 交通研究協会 2004.8 p207-209
- ◎参考文献「海賊の掟」(山田吉彦) 新潮社 2006.8 p184-188
- ◎参考文献「海賊」(森村宗冬) 新紀元社 2007.4 p250-253
- ◎参考文献「海賊」(よねもとひとし) 近代文芸社 2007.10 p168」

海賊版
- ◎参考文献「「海賊版」の思想—18世紀英国の永久コピーライト闘争」(山田奨治) みすず書房 2007.12 p8-16b

海村社会
- ◎参考引用文献「スリランカ海村社会の女性たち—文化人類学的研究」(高桑史子) 八千代出版 2004.4 p337-349

開拓
- ◎参考文献「カリフォルニアを目指せ—幌馬車隊三二〇〇キロの旅」(杉崎和子) 彩流社 2004.2 p269-266
- ◎参考文献「大久保利通と安積開拓—開拓者の群像」(立岩寧) 青史出版 2004.5 p407-410
- ◎文献「裂かれた大地—京都満州開拓民—記録なき歴史」(二松啓紀) 京都新聞出版センター 2005.7 p236-237
- ◎参考文献「もうひとつの知床—戦後開拓ものがたり」(菊地慶一) 北海道新聞社 2005.9 p194-195
- ◎参考文献ほか「原始林は「拓かれて」残された。」(仙北富志和) 柏艪舎 2007.7 p215-219
- ◎参考文献「知床開拓スピリット—栂嶺レイ写真集」(栂嶺レイ) 柏艪舎 2007.12 p251」

怪談
- ◎参考文献「日本の皿屋敷伝説」(伊藤篤) 海鳥社 2002.5 p229-233
- 註「お岩と伊右衛門—「四谷怪談」の深層」(高田衛) 洋泉社 2002.9 prr
- ○年表(三浦正雄)「川口短大紀要 19」(川口短大) 2005.12 p39-60
- ◎参考文献「怪談—民俗学の立場から」(今野圓輔) 中央公論新社 2005.12 p227-236
- ◎参考文献ほか「江戸の怪奇譚—人はこんなにも恐ろしい」(氏家幹人) 講談社 2005.12 p238-244

階段
- ◎参考書誌(鈴木圭介)「階段 室内のメタモルフォーゼ」(E.ペレ=クリスタン) 白揚社 2003.7 p201-211

害虫
- ◎参考文献「サネモリ起源考—日中比較民俗誌」(伊藤清司) 青土社 2001.10 p341-345
- ○文献「生活害虫の事典」(佐藤仁彦) 朝倉書店 2003.12 prr

◎文献「日本の有害節足動物―生態と環境変化に伴う変遷 新版」(加納六郎ほか) 東海大学出版会 2003.12 p367-378
◎参考文献「「ただの虫」を無視しない農業の生物多様性管理」(桐谷圭治) 築地書館 2004.3 p170-178

害虫獣
◎参考文献「住環境の害虫獣対策 追補版」(田中生男ほか) 日本環境衛生センター 2001.11 p386-396

害虫防除
◎参考文献「博物館の害虫防除ハンドブック」(杉山真紀子) 雄山閣出版 2001.1 p213-216

海底資源
◎参考文献「海洋をめぐる世界と日本」(村田良平) 成山堂書店 2001.10 p326-331

貝毒
◎参考文献「貝毒の謎―食の安全と安心」(野口玉雄ほか) 成山堂書店 2004.8 p130-131
◎文献「貝毒研究の最先端―現状と展望」(今井一郎ほか) 恒星社厚生閣 2007.3 prr

懐徳堂
◎参考文献「自由学問都市大坂―懐徳堂と日本的理性の誕生」(宮川康子) 講談社 2002.2 p217」
○研究文献提要「懐徳 71」(懐徳堂記念会) 2003.1 p68-71
○文献提要「懐徳 72」(懐徳堂記念会) 2004.1 p72-78
○文献提要「懐徳 73」(懐徳堂記念会) 2005.1 p70-78
○文献簡介(井上了)「懐徳堂センター報 2005」(大阪大) 2005.2 p183-203
○資料目録(湯城吉信)「中国研究集刊 37」(大阪大) 2005.6 p1-27b
○文献提要「懐徳 74」(懐徳堂記念会) 2006.1 p53-60
○文献提要「懐徳 75」(懐徳堂記念会) 2007.1 p44-52

海難
◎参考文献「海難の世界史」(大内建二) 交通研究協会 2002.1 p197-198
◎参考文献「駿河湾に沈んだディアナ号」(奈木盛雄) 元就出版社 2005.1 p665-669
◎参考文献「東の太陽、西の新月―日本・トルコ友好秘話「エルトゥールル号」事件」(山田邦紀ほか) 現代書館 2007.9 p221-222

開発
◎参考資料「開発と健康 ジェンダーの視点から」(青山温子ほか) 有斐閣 2001.9 p209-213
◎参考文献(久木田由貴子)「マネジメント・開発・NGO「学習する組織」BRACの貧困撲滅戦略」(G. H. ラヴェル) 新評論 2001.10 p301-396
◎参考文献「雲南の「西部大開発」―日中共同研究の視点から」(波平元辰) 九州大学出版会 2004.1 prr
◎参照文献「開発のディレンマ」(J. トーイ) 同文館 2005.2 p377-393
◎引用参考文献「「ジェンダーと開発」論の形成と展開―経済学のジェンダー化への試み」(村松安子) 未来社 2005.5 p14-34b

開発援助
◎参考文献「開発援助プロジェクトの最前線―開発エコノミスト30年の記録」(延原敬) 同友館 2001.11 p259-260

◎文献目録ほか「先住民社会と開発援助―インドネシアイリアン・ジャヤ州ドミニ集落の事例」(川合信司) 明石書店 2002.2 p177-186
◎参考文献「開発援助における内在的限界―理論と実践の体系的解明に向けて」(元田結花) 東京大 2005.9 p247-298

開発学
◎推薦図書「開発学を学ぶ人のために」(菊地京子) 世界思想社 2001.9 p209-213

開発金融
◎参考文献「開発金融論」(奥田英信ほか) 日本評論社 2006.4 p221-237

開発経済
◎参考文献「開発経済学入門」(渡辺利夫) 東洋経済新報社 2001.5 p259-260
◎文献「開発経済学の新展開」(高木保興) 有斐閣 2002.5 p211-215
◎文献「開発経済学―貧困削減へのアプローチ」(黒崎卓ほか) 日本評論社 2003.5 p205-223
◎参考文献「ゼロ成長の社会システム―開発経済からの離陸 増補版」(須藤正親) 新泉社 2004.3 p303-313
◎参考文献「開発経済学概論」(G. M. マイヤー) 岩波書店 2006.9 p277-306

開発社会学
◎参考文献「開発社会学―理論と実践」(恩田守雄) ミネルヴァ書房 2001.11 p413-430

開発政策
◎文献目録ほか「戦乱下の開発政策」(世界銀行) シュプリンガーV東京 2004.8 p177-197

海浜生物
◎文献「砂浜海岸の生態学」(A. Mclachlan, A. C. Brown) 東海大学出版会 2002.9 p315-347, 422-427
◎文献「海岸地帯の環境科学―生態・保全・計画」(F. J. ヴァンバーグほか) 古今書院 2003.10 p154-180
◎引用参考文献「伊豆須崎海岸草木列伝」(近田文弘) トンボ出版 2007.6 p266-268

懐風藻
◎文献目録(小林渚ほか)「懐風藻―漢字文化圏の中の日本古代漢詩」(辰巳正明) 笠間書院 2000.11 p1-16b

怪物
◎参考文献「幻想図像集 怪物篇」(八坂書房) 八坂書房 2001.1 p167-168
◎参考文献ほか「犬人怪物の神話」(D. G. ホワイト) 工作舎 2001.3 p383-401
◎参考文献「世界の怪物・神獣事典」(C. ローズ) 原書房 2004.12 p486-489
◎引用参考文献「図説ヨーロッパ怪物文化誌事典」(松平俊久) 原書房 2005.3 p323-333
◎文献「よくわかる「世界の幻獣」事典―ドラゴン、ゴブリンからスフィンクス、天狗まで」(「世界の幻獣」を研究する会) 廣済堂出版 2007.4 p269-271
◎参考資料「アンデッド」(久保田悠羅ほか) 新紀元社 2007.4 p205-206

回文
○文献(古田美咲)「文献探索 2001」(文献探索研究会) 2002.7 p612-615

怪文書
◎参考文献「怪文書」(六角弘) 光文社 2001.10 p244」

海兵隊
◎参考文献「トム・クランシーの海兵隊 下」(T. クランシー) 東洋書林 2006.8 p3-13b

海法
○文献目録(日本海法会)「海法会誌 復45通74」(勁草書房) 2001.12 p89-100
○文献目録「海法会誌 復刊48 通巻77」(日本海法会) 2004.12 p161-177
○文献目録「海法会誌 復刊50.通巻79」(日本海法会) 2006.12 p139-148

海防
◎参考文献「房総の幕末海防始末」(山形紘) 崙書房 2003.12 p231-234

解剖図
◎著者書名「人体解剖図—人体の謎を探る500年史」(B.A. リフキンほか) 二見書房 2007.12 p334」

界面活性剤
◎参考資料「わかりやすい界面活性剤」(日本産業洗浄協議会) 工業調査会 2003.9 p180-184

回遊魚
◎参考文献「磯採集ガイドブック—死滅回遊魚を求めて」(荒俣宏ほか) 阪急コミュニケーションズ 2004.8 p250-251

海洋
◎参考文献「海洋をめぐる世界と日本」(村田良平) 成山堂書店 2001.10 p326-331
◎参考文献「ニシンが築いた国オランダ—海の技術史を読む」(田口一夫) 成山堂書店 2002.1 p253-265
◎参考文献「海洋観測入門」(柳哲雄) 恒星社厚生閣 2002.2 p97-99
◎文献「東京湾の水環境—東京湾パンフレット」(東京都環境局環境評価部広域監視課) 東京都環境局環境評価部広域監視課 2002.3 p46-47
◎参考文献「海洋観光学入門 マリーンツーリズムの開発・影響・管理」(M. オラムス) 立教大学出版会 2003.3 p157-178
◎文献「宇宙から深海底へ—図説海洋概論 改訂」(東海大学海洋学部) 講談社 2003.4 p146-147
○関連図書「海の研究 12.5」(日本海洋学会) 2003.9 p539-540
○関連図書「海の研究 13.5」(日本海洋学会) 2004.9 p514-515
◎文献「流出油の海洋生態系への影響—ナホトカ号の事例を中心に」(大和田紘一ほか) 恒星社厚生閣 2005.4 prr
○関連図書「海の研究 14.5」(日本海洋学会) 2005.9 p622-623
◎参考文献「海からの世界史」(宮崎正勝) 角川学芸出版 2005.9 p278-282
◎参考文献「海洋環境アセスメント—数値モデルとその限界 改訂版」(関根義彦) 成山堂書店 2005.10 p103-105
◎参考文献「海が日本の将来を決める」(村田良平) 成山堂書店 2006.1 p341-346
◎参考図書「海の環境100の危機」(東京大学海洋研究所DOBIS編集委員会) 東京書籍 2006.7 p214-217
○関連図書「海の研究 15.5」(日本海洋学会) 2006.9 p444-445
◎参考資料一覧「針路を海にとれ—海洋国家日本のかたち」(大山高明) 産経新聞出版 2006.10 p241-246
◎参考文献「"風力よ"エタノール化からトウモロコシを救え—風力発電による海洋資源回収と洋上工場」(村原正隆ほか) パワー社 2007.12 p170-178
◎参考文献「海洋問題入門—海洋の総合的管理を学ぶ」(海洋政策研究財団) 丸善 2007.12 p231-238

海洋気象
◎参考文献「海洋気象のABC 4訂版」(福谷恒男) 成山堂書店 2002.5 p163」

海洋事故
◎参考文献「ヒューマンエラーに基づく海洋事故」(福地信義) 海文堂出版 2007.4 p157-162

海洋生物
◎参考文献「日本の海大百科」(倉沢栄一) TBSブリタニカ 2001.4 p222-223
◎参考文献「海洋危険生物—沖縄の浜辺から」(小林照幸) 文藝春秋 2002.2 p236-238
◎文献「南極海 極限の海から」(永延幹男) 集英社 2003.4 p196-203
◎文献「海の集団生物学」(渡辺精一) 成山堂書店 2003.6 p193-199
◎文献「海の生き物100不思議」(東京大学海洋研究所) 東京書籍 2003.7 p216-218
◎参考文献「大阪湾の生きもの図鑑」(新野大) 東方出版 2004.5 p200-201
○文献「海の生物資源—生命は海でどう変動しているか」(渡邊良朗) 東海大学出版会 2005.5 prr
◎参考文献「南の島の自然誌—沖縄と小笠原の海洋生物研究のフィールドから」(矢野和成) 東海大学出版会 2005.11 prr
◎参考文献「深海の生物学」(P. ヘリング) 東海大出版会 2006.1 p397-415
◎引用文献「海の生物多様性」(大森信ほか) 築地書館 2006.8 p218-228
◎引用文献「海のミネラル学—生物との関わりと利用」(大越健嗣) 成山堂書店 2007.4 prr
◎参考文献「深海生物の謎—彼らはいかにして闇の世界で生きることを決めたのか」(北村雄一) ソフトバンククリエイティブ 2007.8 p202-204

海陽亭
◎文献「海陽亭—三代目女将が語る」(宮松芳子) 小樽本店海陽亭 2003.3 p271-273

海洋動物
◎参考文献「ペンギンもクジラも秒速2メートルで泳ぐ—ハイテク海洋動物学への招待」(佐藤克文) 光文社 2007.8 p290-298

海洋微生物
◎参考文献ほか「海洋微生物の分子生態学入門—生態学の基礎から分子まで」(石田祐三郎) 培風館 2001.4 p165-170
◎参考図書「海洋微生物と共生—サンゴ礁・海底熱水孔の生き物たち」(石田祐三郎) 成山堂書店 2007.11 p162-163

海洋物理
- ◎参考文献「海洋環境水理学」(和田明) 丸善 2007.11 p322-324

海洋文学
- ◎「世界の海洋文学総解説 改訂増補版」(小島敦夫) 自由国民社 2001.12 404p A5

海洋法
- ◎「海洋法ライブラリー図書目録」 海上保安大学校図書館 〔2001〕 1冊 A4
- ◎参考文献「現代の海洋法」(水上千之) 有信堂 2003.5 prr
- ◎参考文献「海洋法テキストブック」(島田征夫ほか) 有信堂高文社 2005.4 p201-204
- ◎参考文献「国際海事条約における外国船舶に対する管轄権枠組の変遷に関する研究」(国土交通省国土交通政策研究所) 国土交通省 2007.7 p135-139

海洋民族
- ◎参考文献「ヴァイキングの暮らしと文化」(R.ボワイエ) 白水社 2001.11 p1-3b

外来語
- ◎参考文献「外来語の総合的研究」(石綿敏雄) 東京堂出版 2001.3 p313-323
- ◎参考文献「外来語とは何か―新語の由来・外来語の役割」(田中建彦) 鳥影社 2002.3 p313-320
- ◎引用文献「外来語と小説」(山田雄一郎) 広島修道大学総合研究所 2002.5 p65-66
- ◎参考文献「日英外来語の発音」(小林泰秀) 渓水社 2005.2 p177-178
- ◎引用参考文献「外来語の社会言語学―日本語のグローカルな考え方」(陣内正敬) 世界思想社 2007.6 p159-166

外来種
- ◎文献リスト「外来種ハンドブック」(日本生態学会) 地人書館 2002.9 p367-370
- ◎文献「ブラックバス・ブルーギルが在来生物群集及び生態系に与える影響と対策」(環境省自然環境局野生生物課ほか) 自然環境研究センター 2004.7 p201-226
- ◎文献「外来生物が日本を襲う!」(池田透) 青春出版社 2007.2 p204-205

外来生物
- ◎参考文献「外来生物―つれてこられた生き物たち 第11回企画展示」(中井克樹ほか) 滋賀県立琵琶湖博物館 2003.7 p149-151

快楽
- ◎引用参考文献「快楽の脳科学―「いい気持ち」はどこから生まれるか」(広中直行) NHK出版 2003.8 p238-247

解離性障害
- ◎参考文献「解離性障害―多重人格の理解と治療」(岡野憲一郎) 岩崎学術出版社 2007.8 p201-208
- ◎参考文献「解離性障害―「うしろに誰かいる」の精神病理」(柴山雅俊) 筑摩書房 2007.9 p217-220

貝類
- ◎文献「貝類・甲殻類・ウニ類・藻類」(森勝義) 恒星社厚生閣 2005.10 prr

会話
- ◎参考文献「英語スピーチ・コミュニケーションのすすめ―国際時代の話学」(中島弘) 鷹書房弓プレス 2001.12 p202-214
- ◎参考文献ほか「談話と文脈 言語の科学7」(田窪行則ほか) 岩波書店 2004.10 p167-179

ガヴァネス
- ◎参考文献「ガヴァネス―ヴィクトリア時代の〈余った女〉たち」(川本静子) みすず書房 2007.11 p202-205

カウラ
- ◎参考文献「カウラの風」(土屋康夫) KTC中央出版 2004.2 p292-294

カウンセリング
- ◎参考文献「醜い感情の心理―見たくない自分の克服」(村尾泰弘) 大日本図書 2001.1 p189-190
- ◎参考文献「留学生の異文化間心理学―文化受容と援助の視点から」(井上孝代) 玉川大学出版部 2001.2 p295-323
- ◎参考文献「学校教育相談心理学」(中山巌) 北大路書房 2001.3 p295-304
- ◎文献「発達の危機とカウンセリング―先生のためのやさしい発達論とかかわり論」(鳴澤實) ほんの森出版 2001.3 p164-167
- ◎文献「これからの心の援助―役に立つカウンセリングの基礎と技法」(川瀬正裕ほか) ナカニシヤ出版 2001.4 p167-171
- ◎参考文献「人間関係に活かすカウンセリング」(小山望, 河村茂雄) 福村出版 2001.4 p204-212
- ◎おすすめ文献「こころを聞く―カウンセリング入門」(崎尾英子) 大修館書店 2001.6 p249-250
- ◎参考文献「カウンセリングの技法―臨床の知を身につける」(平木典子, 袰岩秀章) 北樹出版 2001.6 p219-221
- ◎文献「被害者のトラウマとその支援」(藤森和美) 誠信書房 2001.6 p231-244
- ◎参考文献「福祉カウンセリング」(袴田俊一) 久美KK 2001.10 prr
- ◎参考文献「カウンセリング練習帳―人間関係システム視点」(水野修次郎) ブレーン出版 2001.11 p159-162
- ◎文献「学校を変えるカウンセリング―解決焦点化アプローチ」(トーマス・E.デービス, シンシア・J.オズボーン) 金剛出版 2001.11 p195-204
- ◎参考文献「カウンセラーは何をするのか―その能動性と受動性」(氏原寛) 創元社 2002.1 p262-266
- ◎参考文献「少年非行とカウンセリング」(黒川昭登, 上田三枝子) 朱鷺書房 2002.1 p224-225
- ◎文献「精神保健相談のすすめ方Q&A―PSW・カウンセラー・保健婦のための実践ガイド」(田辺等) 金剛出版 2002.1 p197-198
- ◎文献「IT時代の人間関係とメンタルヘルス・カウンセリング」(小川憲治) 川島書店 2002.2 p161-164
- ◎参考文献「ひきこもる心のカルテ―心の扉をひらくカウンセリング」(井上敏明) 朱鷺書房 2002.2 p236-237
- ◎参考文献「学校現場で生かすカウンセリング―教師カウンセラーの目から」(上野和久) 朱鷺書房 2002.2 p230-233

◎引用文献「キャリアカウンセリング」（宮城まり子）　駿河台出版社　2002.4　p273-274
◎参考文献「ライフキャリアカウンセリング―カウンセラーのための理論と技術」（ノーマン・C. ガイスバース, メアリー・J. ヘプナー, ジョセフ・A. ジョンストン）　生産性出版　2002.4　prr
◎References「中学校・高校でのブリーフカウンセリング」（J. F. マーフィー）　二瓶社　2002.4　p219-223
◎文献「物語としての面接―ミメーシスと自己の変容」（森岡正芳）　新曜社　2002.4　p7-21b
◎文献「産業カウンセリング」（石田邦雄）　駿河台出版社　2002.5　p206-207
◎参考文献「スクールカウンセラーの仕事」（伊藤美奈子）　岩波書店　2002.6　p165」
◎参考資料「カウンセラーのためのアサーション」（平木典子ほか）　金子書房　2002.7　p191-193
◎文献「カップルと家族のカウンセリング―パーソナル・スタンダード・アプローチ」（C. J. オリーリ）　金剛出版　2002.8　p203-208
◎文献「フォーカシングで身につけるカウンセリングの基本」（近田輝行）　コスモス・ライブラリー　2002.11　p147-154
◎参考文献「自殺の危機とカウンセリング」（下園壮太）　金剛出版　2002.11　p244」
◎文献「癒しのカウンセリング―中絶からの心の回復」（C. デュ・ピュイ）　平凡社　2003.1　p268-275
◎参考文献「「なおす」生徒指導「育てる」生徒指導―カウンセリングによる生徒指導の再生」（飯野哲朗）　図書文化社　2003.2　p228-232
◎文献「地域に生きる心理臨床」（藤土圭三ほか）　北大路書房　2003.3　p265-270
◎文献「看護カウンセリング　2版」（広瀬寛子）　医学書院　2003.4　p273-283
◎文献「わかれからの再出発―見捨てられ傷ついた心をいやす5つのステップ」（S. アンダーソン）　星和書店　2003.6　p450-458
◎文献「自分を見つめるカウンセリング・マインド―ヘルスケア・ワークの基本と展開」（五十嵐透子）　医歯薬出版　2003.6　p132-138
◎参考文献「児童虐待へのブリーフセラピー」（宮田敬一）　金剛出版　2003.7　prr
◎参考文献「カウンセリングとは何か　実践編」（池田久剛）　ナカニシヤ出版　2003.8　p217-229
◎文献「創作とカウンセリング」（村田進）　ナカニシヤ出版　2003.8　p197-202
◎文献「カウンセリング・スキルを学ぶ―個人心理療法と家族療法の統合」（平木典子）　金剛出版　2003.9　prr
◎参考文献「カウンセリングと学校」（生越達美）　ナカニシヤ出版　2003.9　prr
◎引用参考文献「カウンセリングを学ぶ人のために」（播磨俊子ほか）　世界思想社　2003.10　prr
◎文献「生活分析的カウンセリングの理論と技法」（松原達哉）　培風館　2003.10　p175-185
◎文献「家族療法的カウンセリング」（亀口憲治）　駿河台出版社　2003.11　p214-216
◎参考図書「学校臨床心理学・入門―スクールカウンセラーによる実践の知恵」（伊藤美奈子ほか）　有斐閣　2003.12　p251-255

◎引用参考文献ほか「鋼鉄のシャッター―北アイルランド紛争とエンカウンター・グループ」（P. ライス）　コスモス・ライブラリー　2003.12　p155-157
◎文献「教育の臨床エスノメソドロジー研究―保健室の構造・機能・意味」（秋葉昌樹）　東洋館出版社　2004.2　p223-233
◎参考文献「カウンセリングテクニック入門」（大谷彰）　二瓶社　2004.3　p151-157
◎文献「多文化間カウンセリングの物語」（S. マーフィ重松）　東京大学出版会　2004.3　p5-12b
◎参考文献「学校心理士による心理教育的援助サービス」（石隈利紀ほか）　北大路書房　2004.4　p271-277
◎推薦図書「教師が使えるカウンセリング」（水野治久ほか）　ぎょうせい　2004.4　p200-207
◎引用参考文献「心理援助の専門職になるために―臨床心理士・カウンセラー・PSWを目指す人の基本テキスト　臨床心理学レクチャー」（M. コーリィほか）　金剛出版　2004.4　p275-287
◎参考文献「学校心理学ハンドブック―「学校の力」の発見」（福沢周亮ほか）　教育出版　2004.5　p242-249
◎参考文献「カウンセリングとジェンダー」（L. A. ギルバートほか）　新水社　2004.6　p227-238
◎参考文献「キャリア・ガイダンスとカウンセリング―英国にみる理論と実践　11歳以上の全ての人たちのための有効で効率的なガイダンスとカウンセリングのあり方を探る」（M. ジャヤシンゲ）　同友館　2004.6　p231-240
◎文献紹介「ブリーフ学校カウンセリング―解決焦点化アプローチ」（宇田光ほか）　ナカニシヤ出版　2004.6　p123-129
◎引用文献「間主観カウンセリング―「生きがい」の心理学」（鶴田一郎）　西日本法規出版　2004.6　p320-352
◎引用参考文献「心を商品化する社会―「心のケア」の危うさを問う」（小沢牧子ほか）　洋泉社　2004.6　p217-222
◎本のリスト（小林司ほか）「カウンセリング大事典」（小林司）　新曜社　2004.7　p726-863
◎文献「学校ベースのプレイセラピー―現代を生きる子どもの理解と支援」（A. A. ドゥルーズほか）　北大路書房　2004.7　p355-382
◎推薦図書「自殺のポストベンション―遺された人々への心のケア」（高橋祥友ほか）　医学書院　2004.8　p187-188
◎References「マイクロカウンセリングの理論と実践」（福原真知子ほか）　風間書房　2004.9　p537-548
◎引用参考文献「学校に生かすカウンセリング―学びの関係調整とその援助　2版」（渡辺三枝子ほか）　ナカニシヤ出版　2004.9　p237-242
◎引用参考文献「心理援助の専門職として働くために―臨床心理士・カウンセラー・PSWの実践テキスト」（M. コーリィ）　金剛出版　2004.9　p219-231
◎文献「人間関係を良くするカウンセリング―心理、福祉、教育、看護、保育のために」（武田建）　誠信書房　2004.9　p219-224
◎引用文献「アクティブカウンセリング入門―森田療法を取り入れた新しい面接技法」（石山一舟ほか）　誠信書房　2004.10　p171-175

◎推薦図書「スクール・カウンセリングの国家モデル—米国の能力開発型プログラムの枠組み」(米国スクール・カウンセラー協会) 学文社 2004.10 p152-158
◎参考文献「ピア・カウンセリング—高齢者ピア・カウンセラー養成の試み」(斎藤利郎) 現代書林 2004.10 p170-173
◎文献「高齢者のカウンセリングとケアマネジメント」(B. インガソル=デイトンほか) 誠信書房 2004.10 prr
◎引用文献ほか「カウンセリング/心理療法の4つの源流と比較」(W. ドライデンほか) 北大路書房 2005.3 p251-256
◎「カウンセリング基本図書ガイドブック—カウンセリング関連文献リストつき」(瀧本孝雄ほか) ブレーン出版 2005.5 5, 217p A5
◎「カウンセラーのための基本104冊」(氏原寛ほか) 創元社 2005.6 268p 46s
◎参考文献「神学と牧会カウンセリング」(J. B. カブ) 日本キリスト教団出版局 2005.6 p155-157
◎参考文献「適応障害とカウンセリング」(井上敏明) 朱鷺書房 2005.6 p269-272
◎参考文献「問題解決的/成長促進的援助—カウンセリング、生徒指導実践への基本的視点」(増田實) ナカニシヤ出版 2005.8 prr
◎参考引用文献「カウンセリングの治療ポイント」(平井孝男) 創元社 2005.9 p308-310
◎参考文献「心のケアのためのカウンセリング大事典」(松原達哉ほか) 培風館 2005.9 prr
◎参考文献「よくわかるカウンセリング倫理」(水野修次郎) 河出書房新社 2005.10 p6-12b
◎文献「パーソンセンタード・エンカウンターグループ」(伊藤義美) ナカニシヤ出版 2005.10 prr
◎文献「学校教育の言語論的転回」(中井孝章) 西田書店 2005.11 p238-247
◎文献「非対面心理療法の基礎と実際—インターネット時代のカウンセリング」(岩本隆茂ほか) 培風館 2005.12
◎引用文献「問題意識性を目標とするファシリテーション—研修型エンカウンター・グループの視点」(中田行重) 関西大学出版部 2005.12 p225-231
◎文献「エンカウンター・グループ—仲間関係のファシリテーション」(安部恒久) 九州大出版会 2006.3 p195-202
◎文献リスト「カウンセリングへの招待」(瀧本孝雄) サイエンス社 2006.3 p144-149
◎参考文献「キャンパスのカウンセリング—相談事例から見た現代の青年期心性と壮年期心性」(鳥山平三) 風間書房 2006.5 p239-250
◎初出一覧「哲学カウンセリング—理論と実践」(P. B. ラービ) 法政大出版局 2006.5 p50-60b
◎参考文献「コミュニティ・カウンセリング—地域・教育・医療のための新しいパラダイム」(J. A. Lewisほか) ブレーン出版 2006.7 prr
◎引用文献「臨床心理学の倫理をまなぶ」(金沢吉展) 東京大出版会 2006.9 p275-294
◎文献「〈大切なもの〉を失ったあなたに—喪失をのりこえるガイド」(R. A. ニーメヤー) 春秋社 2006.10 p320-322
○文献案内(北浦壮一朗)「現代のエスプリ 471」(至文堂) 2006.10 p221-222
◎引用文献「協働性にもとづく学校カウンセリングの構築—高校における学校組織特性に着目して」(瀬戸健一) 風間書房 2006.10 p329-339
◎引用文献「心理療法・カウンセリングにおける認知方略—その理論と実際」(江川玟成) ブレーン出版 2006.10 p145-148
◎参考文献「教育カウンセリングと臨床心理学の対話」(稲垣應顕ほか) 文化書房博文社 2006.11 prr
◎文献案内「新しい実践を創造する学校カウンセリング入門」(国立大学教育実践研究関連センター協議会教育臨床部会) 東洋館出版社 2007.1 p175-181
◎著作目録「エンカウンター・グループ—人間信頼の原点を求めて 新版」(C. R. ロジャーズ) 創元社 2007.2 p234-235
◎引用文献「構成的グループエンカウンター研究—SGEが個人の成長におよぼす影響」(片野智治) 図書文化社 2007.2 p224-232
◎文献ほか「やさしいカウンセリング講義—もっと自分らしくなれる、純粋な癒しの関係を育むために」(古宮昇) 創元社 2007.3 p273-266
◎参考文献「ユング派の学校カウンセリング—癒しをもたらす作文指導」(J. ベルトイア) 昭和堂 2007.3 p288-292
◎引用参考文献「学校心理学ガイドブック 2版」(学校心理士資格認定委員会) 風間書房 2007.3 p159-168
◎文献「臨床実践のための質的研究法入門」(J. マクレオッド) 金剛出版 2007.3 p269-290
◎引用文献「カウンセリング心理学」(C. J. ジェルソーほか) ブレーン出版 2007.4 prr
◎参考文献「援助を求めないクライエントへの対応—虐待・DV・非行に走る人の心を開く」(C. トロッター) 明石書店 2007.4 p225-237
◎文献「大学教職員のための大学生のこころのケア・ガイドブック—精神科と学生相談からの15章」(福田真也) 金剛出版 2007.4 prr
◎引用文献「カウンセリングを学ぶ—理論・体験・学習」(佐治守夫ほか) 東京大出版会 2007.5 p271-286
◎引用文献「ケア現場における心理臨床の質的研究—高齢者介護施設利用者の生活適応プロセス—グラウンデッド・セオリー・アプローチ」(小倉啓子) 弘文堂 2007.5 p266-268
◎引用参考文献「実践"ロールレタリング"—いじめや不登校から生徒を救え!!」(岡本泰弘) 北大路書房 2007.6 p139-141
◎文献「カウンセリングと宗教—魂の居場所を求めて」(東山紘久ほか) 創元社 2007.7 p220-227
◎参考文献「マイクロカウンセリング技法—事例場面から学ぶ」(福原眞知子) 風間書房 2007.7 p213-214
◎参考文献「メンタルケア用語事典」(メンタルケア協会) メンタルケア協会 2007.8 p258-259
◎文献「APA倫理規準による心理学倫理問題事例集」(T. F. ネイギー) 創元社 2007.9 p426-430
◎文献「スクールカウンセリングの新しいパラダイム—MEASURE法による全校参加型支援」(C. B. ストーンほか) 風間書房 2007.9 prr
◎引用参考文献「産業カウンセリング入門—産業カウンセラーになりたい人のために 改訂版」(杉渓一言ほか) 日本文化科学社 2007.9 p289-294
◎文献「保育カウンセリングへの招待」(冨田久枝ほか) 北大路書房 2007.9 p201-203

◎引用文献「臨床心理のコラボレーション─統合的サービス構成の方法」（藤川麗）　東京大出版会　2007.9　p213-218
◎引用参考文献「カウンセリングとソーシャルサポート─つながり支えあう心理学」（水野治久ほか）　ナカニシヤ出版　2007.10　prr
◎文献「インターネット・カウンセリング─Eメール相談の理論と実践」（B.クナッツほか）　ほんの森出版　2007.12　p236-237
◎文献「エンパワーメントのカウンセリング─共生的社会支援の基礎」（井上孝代）　川島書店　2007.12　prr
◎引用参考文献「カウンセリング・心理療法の基礎─カウンセラー・セラピストを目指す人のために」（金沢吉展）　有斐閣　2007.12　p245-264
◎参考文献「カウンセリングで何ができるか」（信田さよ子）　大月書店　2007.12　p173-174

替歌
◎参考文献「替歌研究」（有馬敲）　京都文学研究所　2000.11　p723-725
◎参考資料「時代を生きる替歌・考─諷刺・笑い・色気」（有馬敲）　人文書院　2003.9　p257-259

カエデ
◎参考資料「カエデの本─日本野生のカエデ　カエデの園芸品種」（矢野正善）　日本楓刊行会　2003.4　p350-365

カエル
◎参考文献「カエル─水辺の隣人」（松井正文）　中央公論新社　2002.6　p194-192
◎参考文献「カエルを釣る、カエルを食べる─両生類の雑学ノート」（周達生）　平凡社　2004.3　p206-209

顔
◎文献「顔の特徴情報を探る実験的研究─表情・性・年齢情報を中心に」（山口真美）　風間書房　2002.2　p127-134
◎参考文献「不美人論」（陶智子）　平凡社　2002.5　p221-223
◎引用文献「「顔」研究の最前線」（竹原卓真）　北大路書房　2004.9　p201-224
◎参考文献「「見た目」依存の時代─「美」という抑圧が階層社会に拍車を掛ける」（石井政之ほか）　原書房　2005.11　p386-388
◎参考文献「顔の文化誌」（村澤博人）　講談社　2007.2　p281-285
◎参考引用文献「顔立ちとパーソナリティ─相貌心理学からみた日本人」（須賀哲夫）　北大路書房　2007.12　p117-118

花王
◎参考文献「花王流通コラボレーション戦略」（山田泰造）　ダイヤモンド社　2001.8　p175-177
◎参考文献「花王「百年・愚直」のものづくり」（高井尚之）　日本経済新聞出版社　2007.3　p265-267

カオス
◎文献「カオスと秩序─複雑系としての生命」（フリードリッヒ・クラマー）　学会出版センター　2001.8　p284-292
◎参考文献「脳とカオス」（林初男）　裳華房　2001.11　p229-239

◎文献「カオスと時系列」（松本隆）　培風館　2002.11　p169-181

香り
◎参考資料「香りの薬効とその秘密」（山本芳郎）　丸善　2003.1　p121-123
◎参考文献「香りの百科事典」（谷田貝光克ほか）　丸善　2005.1　prr
◎参考文献「日本の香り」（コロナ・ブックス編集部）　平凡社　2005.9　p126」
◎引用文献「「食べ物」香り百科事典」（日本香料協会）　朝倉書店　2006.2　prr
◎参考引用文献「においかおり─実践的な知識と技術」（堀内哲嗣郎）　フレグランスジャーナル社　2006.2　p350-352

画家
◎文献「画家と自画像　描かれた西洋の精神」（田中英道）　講談社　2003.3　p257-260
◎参考文献「巴里憧憬─エコール・ド・パリと日本の画家たち」（徳島県立近代美術館ほか）　美術館連絡協議会　c2006　p178-181

価格
◎参考文献「価格・資金調達と分配の理論─代替モデルと日本経済　増補」（金尾敏寛）　日本経済評論社　2001.10　p282-290
◎参考文献「消費者の価格判断のメカニズム─内的参照価格の役割」（白井美由里）　千倉書房　2005.2　p1-17b
◎参考文献「クレジット・デリバティブ─モデルと価格評価」（P.J.シェーンブッハー）　東洋経済新報社　2005.3　p491-505
◎文献「野菜の価格形成分析」（菊地哲夫）　筑波書房　2005.5　p147-153
◎参考文献「おまけより割引してほしい─値ごろ感の経済心理学」（徳田賢二）　筑摩書房　2006.11　p219-221
◎参考文献「このブランドに、いくらまで払うのか」（白井美由里）　日本経済新聞社　2006.11　p219-224
◎参考文献「資産価格とマクロ経済」（齊藤誠）　日本経済新聞出版社　2007.6　p335-351

化学
◎参考文献「化学のことば」（中川邦明ほか）　朝倉書店　2001.11　p161-163
◎さらに学習するために「岩波講座現代化学への入門17　分子理論の展開」（永瀬茂,平尾公彦）　岩波書店　2002.2　p159-160
◎参考図書ほか「化学とバイオテクノロジーの特許明細書の書き方読み方─研究者と特許担当者のための手引書　6版」（渡邉睦雄）　発明協会　2007.12　p419-422

科学
◎「読んでみない?科学の本─しらべてみようこんなこと」（子どもと科学をつなぐ会）　連合出版　2000.7　204p　A5
◎引用文献「科学計量学の挑戦─コミュニケーションの自己組織化」（ルート・ライデスドルフ）　玉川大学出版部　2001.1　p283-297
◎参考文献「図説科学で読むイスラム文化」（ハワード・R.ターナー）　青土社　2001.1　p8-14b
◎参考文献「科学と社会─歴史に学んで、夢と希望をおおらかに」（石田惠一）　青山社　2001.3　p174-175

◎リファレンス図書「たのしい知の技術」（板倉聖宣ほか）　仮説社　2001.8　p166-173
◎ブックガイド「理科が面白くなる12話」（山口幸夫）　岩波書店　2001.8　prr
◎参考文献「ラビリンス―科学の隠された意味を探る」（ピーター・ペジック）　三交社　2001.10　p215-218
◎「最新科学・技術関係図書目録　1996-2001.6　上下」（中野不二男）　TRC　2002.4　1716p A4
◎「最新科学・技術図書目録　1996-2001.6　上巻」（中野不二男, 図書館流通センター企画編集室）　図書館流通センター　2002.4　958p A4
◎「子どもと楽しむ科学の絵本850」　子どもと科学をつなぐ会　2002.4　136p A5
◎参考文献「西欧近代科学―その自然観と構造　新版」（村上陽一郎）　新曜社　2002.5　p303-304
◎「科学を読む愉しみ　現代科学を知るためのブックガイド」（池内了）　洋泉社　2003.1　244, 7p ss
◎文献「疑似科学と科学の哲学」（伊勢田哲治）　名古屋大学出版会　2003.1　p263-273
◎引用文献ほか「科学と宗教」（A. E. マクグラス）　教文館　2003.3　p4-23b
◎参考文献ほか「美しくなければならない　現代科学の偉大な方程式」（G. ファーメロ）　紀伊国屋書店　2003.5　p430-409
◎文献「自然をつかむ7話」（木村竜治）　岩波書店　2003.6　p181-185
◎参考文献「宇宙のたくらみ」（J. D. バロー）　みすず書房　2003.9　p9-32b
◎「科学書をめぐる100の冒険」（田端到）　本の雑誌社　2003.10　261p B6
◎関連書リスト「これだけは読んでおきたい科学の10冊」（池内了ほか）　岩波書店　2004.1　prr
◎参考文献「トンデモ科学の見破りかた―もしかしたら本当かもしれない9つの奇説」（R. アーリック）　草思社　2004.2　p258-261
◎参考文献「宇宙・物質・生命―進化への物理的アプローチ　増補版」（髙橋光一）　吉岡書店　2004.2　p223-226
◎参考文献「制作行為と認識の限界―行為としての自然科学」（P. ヤニッヒ）　国文社　2004.5　p254-256
◎参考文献「投影された宇宙―ホログラフィック・ユニヴァースへの招待　新装版」（M. タルボット）　春秋社　2005.4　p1-24b
◎参考文献「宇宙はなぜ美しいのか―科学と感受性」（K. J. レイドラー）　青土社　2005.8　p21-25b
◎参考図書「わくわく科学あそび」（小野操子と科学とあそびの会）　連合出版　2005.10　p185-187
◎参考文献「メタマジック・ゲーム―科学と技術のジグソーパズル　新装版」（D. R. ホフスタッター）　白揚社　2005.10　p797-781
◎参考文献「ロシアの科学者―ソ連崩壊の衝撃を超えて」（小林俊哉）　東洋書店　2005.10　p58-63
◎参考文献「99.9%は仮説―思いこみで判断しないための考え方」（竹内薫）　光文社　2006.2　p245-250
◎文献ほか「科学の真実」（J. ザイマン）　吉岡書店　2006.2　p37-76b
◎参考文献「偶然の本質―パラサイコロジーを訪ねて」（A. ケストラー）　筑摩書房　2006.7　p1-6b
◎文献リストほか「系統樹思考の世界―すべてはツリーとともに」（三中信宏）　講談社　2006.7　p273-291

◎引用元一覧「オックスフォード・サイエンス・ガイド」（N. コールダー）　築地書館　2007.3　p1-28b
◎参考文献「科学論の実在―パンドラの希望」（B. ラトゥール）　産業図書　2007.4　p416-420
◎参考文献「トランス・サイエンスの時代―科学技術と社会をつなぐ」（小林傳司）　NTT出版　2007.6　p283-285
◎参考資料ほか「知っておきたい法則の事典」（遠藤謙一）　東京堂出版　2007.7　p251-252
◎参考文献「街角の科学誌」（金子務）　中央公論新社　2007.8　p266-270

雅楽
◎文献「雅楽縹渺」（東儀俊美）　邑心文庫　2002.2　p238-243
◎資料一覧「平安朝の雅楽―古楽譜による唐楽曲の楽理的研究」（遠藤徹）　東京堂出版　2005.2　p521-529
◎参考文献「古代音楽の世界」（荻美津夫）　高志書院　2005.3　p185-188
◎参考文献「図説雅楽入門事典」（遠藤徹ほか）　柏書房　2006.9　p238」
◎参考文献「雅楽　時空を超えた遥かな調べ」（鳥居本幸代）　春秋社　2007.12　p273-279

科学英語
◎参考文献ほか「ポイントで学ぶ科学英語論文の書き方」（小野義正）　丸善　2001.3　p95-100
◎文献「はじめての科学英語論文　2版」（R. A. Day）　丸善　2001.7　p353-355
◎参考図書「理科系のための英語力強化法」（志村史夫）　ジャパンタイムズ　2002.3　p277-279
◎参考文献ほか「本当に役立つ科学技術英語の勘どころ」（小野義正）　日刊工業新聞社　2007.9　p170-173

科学器具
◎文献「科学大博物館―装置・器具の歴史事典」（橋本毅彦ほか）　朝倉書店　2005.3　prr

科学技術
◎読書案内「新コペルニクス的転回」　岩波書店　2001.3　p1-26b
◎参考文献「先端技術と人間―21世紀の生命・情報・環境」（加藤尚武）　NHK出版　2001.5　p211-216
◎参考文献「エレクトロニクスを中心とした年代別科学技術史　第5版」（城阪俊吉）　日刊工業新聞社　2001.11　p344-345
◎関連書籍「理工系学生のためのキャリアガイド―職業選びに失敗しないために」（米国科学アカデミーほか）　化学同人　2002.3　p117-125
◎参考文献「科学技術の発達と環境問題―科学技術の発展が人類にもたらした光と影　2訂版」（井上尚之）　東京書籍　2002.4　p203-205
◎資料文献「知の失敗と社会―科学技術はなぜ社会にとって問題か」（松本三和夫）　岩波書店　2002.5　p9-29b
◎文献目録「占領軍の科学技術基礎づくり―占領下日本―1945-1952」（B. C. ディーズ）　河出書房新社　2003.2　p373-377
◎参考図書「風土が育む日本の技術知―地球社会的知への止揚」（尾坂芳夫）　東北大学出版会　2003.4　p245-252

◎参考文献「専門知と公共性　科学技術社会論の構築へ向けて」（藤垣裕子）　東京大学出版会　2003.5　p7-19b
◎参考文献「科学技術の倫理を学ぶ人のために」（新田孝彦ほか）　世界思想社　2005.7　prr
◎注「科学技術の国際競争力—アメリカと日本相剋の半世紀」（中山茂）　朝日出版社　2006.2　p8-15b
◎文献解題（松林公蔵ほか）「実学としての科学技術　岩波講座「帝国」日本の学知7」　岩波書店　2006.10　p2-56b
◎参考文献ほか「科学技術文明再生論—社会との共進化関係を取り戻せ」（鳥井弘之）　日本経済新聞出版社　2007.1　p288-289
◎参考文献「科学技術とリスクの社会学」（小島剛）　御茶の水書房　2007.10　p377-385
◎読書案内「はじめよう!科学技術コミュニケーション」（北海道大学科学技術コミュニケーター養成ユニット）　ナカニシヤ出版　2007.12　p199-200

科学技術情報
◎文献「歴史のなかの科学コミュニケーション」（B.C.ヴィッカリー）　勁草書房　2002.12　p239-252

科学技術政策
◎参考文献「ネオ・テクノ・ナショナリズム—グローカル時代の技術と国際関係」（山田敦）　有斐閣　2001.3　p301-320
◎参考文献ほか「科学技術とジェンダー—EUの女性科学技術者政策」（H.リュープザーメン＝ヴァククマンほか）　明石書店　2004.11　p87-91
◎参考文献「政治は技術にどうかかわってきたか—人間を真に幸せにする「社会の技術」」（森谷正規）　朝日新聞社　2004.11　p225-227
◎文献「21世紀を支える科学と教育—変革期の科学技術政策」（井村裕夫）　日本経済新聞社　2005.10　prr
◎引用参考文献「アメリカの政治と科学—ゆがめられる「真実」」（M.ガフ）　昭和堂　2007.3　p3-16b
◎参考文献「国家百年の計—未来への先行投資のために—文部科学省若手官僚の政策提言!」（文部科学省未来研究会）　ぎょうせい　2007.11　p244-251

科学教育
◎引用文献「概念地図法による知識獲得支援の研究」（皆川順）　風間書房　2001.11　p137-140
◎参考書「はかってなんぼ　学校編」（日本分析化学会近畿支部）　丸善　2002.3　prr
◎参考文献「科学領域における共同学習に関する研究」（鈴木真理子）　風間書房　2006.2　prr
◎主要文献「日本における幼児期の科学教育史・絵本史研究」（瀧川光治）　風間書房　2006.2　p313-315
◎引用参考文献「科学と教育のはざまで—科学教育の現代的諸問題」（小川正賢）　東洋館出版社　2006.3　p153-156
◎参考文献「エレキテルの魅力—理科教育と科学史」（東徹）　裳華房　2007.3　p163-167
◎引用参考文献「科学技術時代の教育」（北垣郁雄ほか）　ミネルヴァ書房　2007.4　p6-16b
◎巻末文献「理科の先生のための新しい評価方法入門—高次の学力を育てるパフォーマンス課題、その実例集」（R.トランほか）　北大路書房　2007.4　p266-271

科学計量
◎参考文献「研究評価・科学論のための科学計量学入門」（藤垣裕子ほか）　丸善　2004.3　p191-204

科学言説
◎文献「ボディー・ポリティクス—女と科学言説」（M.ジャコーバスほか）　世界思想社　2003.4　p316-321

化学工業
◎参考図書「よく分かる生産現場用語」（浅見芳男ほか）　高圧ガス保安協会　2007.3　p231-232

化学史
○文献リスト「化学史研究　32.4」（化学史学会）　2005　p257-262
◎文献ほか「痛快化学史」（A.グリーンバーグ）　朝倉書店　2006.6　p299-314
◎参考文献「日本の化学の開拓者たち」（芝哲夫）　裳華房　2006.10　p135-139
◎文献解題「化学の歴史　2」（W.H.ブロック）　朝倉書店　2006.12　p514-546
○文献（吉本秀之）「化学史研究　34.4」（化学史学会）　2007　p205-330

科学史
◎注「科学の社会史　上　戦争と科学」（広重徹）　岩波書店　2002.12　p233-255
◎参考文献「おらんだ正月—新編」（森銑三）　岩波書店　2003.1　p347-366
◎参考図書「近代科学を築いた人々　上」（長田好弘）　新日本出版社　2003.4　p241-246
◎注「磁力と重力の発見　2　ルネサンス」（山本義隆）　みすず書房　2003.5　p1-18b
◎参考図書案内「東国科学散歩」（西條敏美）　裳華房　2004.3　p172-164
◎参考文献「錬金術とストラディヴァリ—歴史のなかの科学と音楽装置」（T.レヴェンソン）　白揚社　2004.7　p424-413
◎参考文献「知識革命の系譜学—古代オリエントから17世紀科学革命まで」（大出晁）　岩波書店　2004.8　p227-234
◎参考文献「天体力学のパイオニアたち—カオスと安定性をめぐる人物史　上」（F.ディアクほか）　シュプリンガーV東京　2004.9　p194-202
◎参考文献「「発明力」の時代—夢を現実に変えるダイナミズム」（志村幸雄）　麗澤大学出版会　2004.10　p269-272
◎参考文献「たのしい講座を開いた科学者たち」（永田英治）　星の環会　2004.12　p1-15b
◎参考文献ほか「一七世紀科学革命」（J.ヘンリー）　岩波書店　2005.5　p33-66b
◎文献案内「失われた発見—バビロンからマヤ文明にいたる近代科学の源泉」（D.テレシ）　大月書店　2005.6　p46-54b
◎参考文献「韓国科学史—技術的伝統の再照明」（全相運）　日本評論社　2005.10　p479-480
◎文献「理科教育と科学史」（西條敏美）　大学教育出版　2005.10　p199-204
◎文献一覧「自然の占有—ミュージアム、蒐集、そして初期近代イタリアの科学文化」（P.フィンドレン）　ありな書房　2005.11　p721-752
◎参考文献「神と自然の科学史」（川崎謙）　講談社　2005.11　p211-216

◎参考文献「江戸人物科学史」(金子務) 中央公論新社 2005.12 p320-329
◎参考図書ほか「数学と自然法則―科学と言語の開発」(J. タバク) 青土社 2005.12 p15-22b
◎文献「図説科学・技術の歴史―ピラミッドから進化論まで 前約3400年―1900年頃 新装版」(平田寛) 朝倉書店 2006.1 p391-400
◎参考文献「人類が知っていることすべての短い歴史」(B. ブライソン) NHK出版 2006.3 p10-22b
◎文献「見て楽しむ江戸のテクノロジー」(鈴木一義) 数研出版 2006.5 p202-203
◎文献案内「中世における科学の基礎づけ―その宗教的、制度的、知的背景」(E. グラント) 知泉書館 2007.1 p6-29b
◎文献「一六世紀文化革命 2」(山本義隆) みすず書房 2007.4 p27-76b
◎参考文献「明末西洋科学東伝史―『天学初函』器編の研究」(安大玉) 知泉書館 2007.8 p285-294
◎参考文献「教科書にでてくる物理学者小伝―ギリシア自然哲学者から20世紀物理学者まで」(並木雅俊) シュプリンガー・ジャパン 2007.10 p243-246

化学式
◎参考文献「マンガ化学式に強くなる―さようなら、「モル」アレルギー」(高松正勝) 講談社 2001.6 p266-267

化学実験
◎参考図書「実験データを正しく扱うために」(化学同人編集部) 化学同人 2007.12 p111-113

化学者
◎参考文献「化学者の倫理―こんなときどうする?研究生活のルール」(J. コヴァック) 化学同人 2005.3 p149-155

科学者
◎参考文献「心にしみる天才の逸話20―天才科学者の人柄、生活、発想のエピソード」(山田大隆) 講談社 2001.2 p3-8b
◎参考文献「異星人伝説―20世紀を創ったハンガリー人」(マルクス・ジョルジュ) 日本評論社 2001.12 p306-308
◎参考文献「「異脳」流出―独創性を殺す日本というシステム」(岸宣仁) ダイヤモンド社 2002.1 p259-262
◎参考文献「科学者の不正行為―捏造・偽造・盗用」(山崎茂明) 丸善 2002.3 p179-184
◎参考資料「早すぎた発見、忘れられし論文―常識を覆す大発見に秘められた真実」(大江秀房) 講談社 2004.11 p288-292
◎参考文献ほか「探究のあしあと―霧の中の先駆者たち―日本人科学者」(結城千代子ほか) 東京書籍 2005.4 p89-94
◎参考文献「北の科学者群像―「理学モノグラフ」1947-1950」(杉山滋郎) 北海道大図書刊行会 2005.6 p211-227
◎参考資料「科学史から消された女性たち―ノーベル賞から見放された女性科学者の逸話」(大江秀房) 講談社 2005.12 p265-262
◎参考文献ほか「ヘウレーカ!ひらめきの瞬間―誰も知らなかった科学者の逸話集」(W. グラットザー) 化学同人 2006.5 p336-350
◎参考文献「科学好事家列伝―科学者たちの生きざま―過去と現在」(佐藤満彦) 東京図書出版会 2006.7 p276-279
◎参考資料「背信の科学者たち―論文捏造、データ改ざんはなぜ繰り返されるのか」(W. ブロード) 講談社 2006.11 p354-347
◎参考文献ほか「異色と意外の科学者列伝」(佐藤文隆) 岩波書店 2007.1 p1-4b
◎参考文献「自分の体で実験したい―命がけの科学者列伝」(L. A. デンディほか) 紀伊國屋書店 2007.2 p215-208
◎参考文献「奇想科学の冒険―近代日本を騒がせた夢想家たち」(長山靖生) 平凡社 2007.6 p224-226
◎参考文献「ニッポン天才伝―知られざる発明・発見の父たち」(上山明博) 朝日新聞社 2007.9 p261-279
◎参考文献「パブリッシュ・オブ・ペリッシュ―科学者の発表倫理」(山崎茂明) みすず書房 2007.11 p8-13b
◎参考文献「恋する天才科学者」(内田麻理香) 講談社 2007.12 p251-253

科学ジャーナリズム
◎略年譜「科学ジャーナリズムの世界―真実に迫り、明日をひらく」(日本科学技術ジャーナリスト会議ほか) 化学同人 2004.7 p305-313
◎参考文献「仮説の検証―科学ジャーナリストの仕事」(小出五郎) 講談社 2007.9 p251-253

化学繊維産業
◎参考文献「企業間システムの選択―日本化学繊維産業の分析」(李亨五) 信山社出版 2002.2 p219-225, 237-238

価格戦略
◎参考文献「ケースで学ぶ価格戦略入門」(上田隆穂) 有斐閣 2003.5 prr

科学捜査
◎参考文献「科学捜査の事件簿―証拠物件が語る犯罪の真相」(瀬田季茂) 中央公論新社 2001.12 p264-267
◎参考図書「科学捜査 図解雑学」(長谷川聖治) ナツメ社 2004.10 p223」

科学的管理
◎参考文献「ドイツ科学的管理発達史論」(井藤正信) 東京経済情報出版 2002.8 p241-252

科学哲学
◎参考文献「科学哲学の歴史―科学的認識とは何か 復刊版」(ジョン・プライス・ロゼー) 紀伊國屋書店 2001.6 p259-279
◎参考文献「科学哲学のすすめ」(高橋昌一郎) 丸善 2002.1 p185-190
◎参考文献「新しい科学的精神」(ガストン・バシュラール) 筑摩書房 2002.1 p352
◎引用文献「科学はいかにつくられたか 歴史から入る科学哲学」(落合洋文) ナカニシヤ出版 2003.6 p183-185
◎参考文献「知的創造のための思考学―科学の方法とその認知的構造」(福澤義晴) 郁朋社 2003.6 p145-150
◎文献「テクノシステム時代の人間の責任と良心―現代応用倫理学入門」(H. レンク) 東信堂 2003.10 p241-249

かかくふ

◎文献「暗黙知の次元」（P. ポランニー）　筑摩書房　2003.12　p170-175
◎文献案内「科学の哲学」（西脇与作）　慶應義塾大出版会　2004.6　p467-486
◎読書案内「科学哲学の冒険—サイエンスの目的と方法をさぐる」（戸田山和久）　NHK出版　2005.1　p285-287
◎参考文献「科学哲学」（D. ルクール）　白水社　2005.8　p5-17b
◎注「科学の解釈学」（野家啓一）　筑摩書房　2007.1　p439-473

化学物質
◎引用文献「化学物質の健康リスク評価」（International Programme on Chemical Safety）　丸善　2001.3　p79-89

化学兵器
◎参考文献ほか「生物化学兵器の真実」（E. クロディー）　シュプリンガーV東京　2003.4　p1-28b
◎引用参考文献「化学兵器犯罪」（常石敬一）　講談社　2003.12　p276-277
◎参考文献「ベトナム戦争におけるエージェントオレンジ—歴史と影響」（レ・カオ・ダイ）　文理閣　2004.4　p142-145
◎参考文献「驚異の戦争—古代の生物化学兵器」（A. メイヤー）　講談社　2006.5　p372-387

科学方法論
◎参考文献「方法　4　観念」（エドガール・モラン）　法政大学出版局　2001.2　p11-20b

化学療法
◎参考文献「「がんをくすりで治す」とは？—役に立つ薬理学」（丸義朗）　朝日新聞社　2007.1　p7-11b

科学倫理
◎参考文献「科学の倫理学—現代社会の倫理を考える6」（内井惣七）　丸善　2002.4　p165-172
◎参考文献「工学の歴史と技術の倫理」（村上陽一郎）　岩波書店　2006.6　p173-174

科学論文
◎参考文献「うまい！と言われる科学論文の書き方—ジャーナルに受理される論文作成のコツ」（Gustavii, B）　丸善　2005.3　p150-157

鏡
◎文献「鏡という謎—その神話・芸術・科学」（リチャード・グレゴリー）　新曜社　2001.3　p9-24b
◎文献目録「兵庫県の出土古鏡」（櫃本誠一）　学生社　2002.4　p430-452
◎原注「鏡の文化史」（S. メルシオール＝ボネ）　法政大学出版局　2003.9　p1-26b
◎参考文献「三角縁神獣鏡と邪馬台国—古代国家成立と陰陽道」（碓井洸）　交友印刷（印刷）　2006.6　p319-327
◎参考文献「鏡の歴史」（M. ペンダーグラスト）　河出書房新社　2007.1　p471-465
◎文献「鏡と初期ヤマト政権」（辻田淳一郎）　すいれん舎　2007.10　p375-417

加賀見山旧錦絵
◎参考資料一覧「七福神神宝の入舩・絵本太功記・鳴響安宅新関・加賀見山旧錦絵—第一四三回文楽公演」（国立劇場調査養成部調査資料課）　日本芸術文化振興会　2003.5　p239-263
◎参考資料一覧「加賀見山旧錦絵—第二三九回歌舞伎公演」（国立劇場調査養成部調査資料課）　日本芸術文化振興会　2004.3　p156-186

香川県
◎参考文献「香川県の百年　県民100年史」（伊丹正博ほか）　山川出版社　2003.8　p21-29b
◎参考文献「中世の讃岐」（唐木裕志ほか）　美巧社　2005.7　p318-323
◎文献目録「香川県財政の百年の歩み」（西山一郎）　香川県　2006.3　p519-527
◎参考文献「四国地方の民俗芸能　1」（瀬戸内海歴史民俗資料館）　海路書院　2006.10　p459-463

香川県　讃岐
◎参考文献「讃岐と金毘羅道」（木原溥幸，和田仁）　吉川弘文館　2001.4　p26-28b

香川県　塩飽諸島
◎参考文献「海賊」（よねもとひとし）　近代文芸社　2007.10　p168」

香川県　善通寺
◎参考文献「善通寺—創建1200年空海誕生の地　至宝が織りなす歴史ものがたり　特別展」（香川県歴史博物館）　香川県歴史博物館　2006.3　p148-149

牡蠣
◎参考文献「牡蠣礼讚」（畠山重篤）　文藝春秋　2006.11　p277-278

花卉
◎文献「国際化時代の地域農業振興—その理論と実践方策」（小島豪）　日本経済評論社　2003.9　p223-226

柿
◎参考文献「柿の民俗誌—柿と柿渋　2版」（今井敬潤）　初芝文庫　2003.1　prr
◎引用文献「柿渋　ものと人間の文化史115」（今井教潤）　法政大学出版局　2003.10　p251-265

華僑
◎参考文献「日本華僑における伝統の再編とエスニシティ—祭祀と芸能を中心に…」（王維）　風響社　2001.2　p363-381
◎文献「華人ディアスポラ—華商のネットワークとアイデンティティ」（陳天璽）　明石書店　2001.12　p313-332
◎参考文献「国家と移民—東南アジア華人世界の変容」（田中恭子）　名古屋大学出版会　2002.6　p6-17b
◎文献「華僑のいま—日中の文化のはざまで」（広田寿子）　新評論　2003.5　p268-269
◎参考文献「フィリピン—華僑ビジネス不道徳講座」（浅井壮一郎）　朱鳥社　2005.1　p254-255
◎文献一覧「帝国日本と華僑—日本・台湾・朝鮮」（安井三吉）　青木書店　2005.7　p287-307
◎参考文献「東南アジアにおける新華人事情」（橋廣治）　近代文芸社　2005.11　p271-272

家業
◎参考文献「家業と役割　日本家族史論集11」（永原和子）　吉川弘文館　2003.3　p366-368

歌曲
○記事抄録（宇田川真紀）「文献探索　2000」（文献探索研究会）　2001.2　p82-85
◎参考文献「ドイツ・リートへの誘い―名曲案内からドイツ語発音法・実践まで」（梶木喜代子）　音楽之友社　2004.9　p360-365
◎参考文献「歌うイタリア語ハンドブック―歌唱イタリア語の発音と名曲選」（森田学）　ショパン　2006.3　p245-250

家具
◎参考文献「室内と家具の歴史」（小泉和子）　中央公論新社　2005.10　p445-446
◎参考文献「英国家具の愉しみ―その歴史とマナハウスの家具を訪ねて」（高橋守）　東京書籍　2006.4　p133」

学位
◎参考文献「米国博士号をとるコツ―あなたの都合にあわせてくれる米国大学院の利用術」（並木伸晃）　創成社　2007.11　p173-174
◎参考文献「学位商法―ディプロマミルによる教育汚染」（小島茂）　九天社　2007.12　p248-249

格技
◎参考文献「図説間接技」（高平鳴海）　新紀元社　2006.6　p260-261

核軍縮
◎注「21世紀の核軍縮―広島からの発信」（広島平和研究所）　法律文化社　2002.9　prr

学芸員
◎参考文献「博物館学を学ぶ人のためのミュージアムスタディガイド―学習目標と学芸員試験問題　改訂増補」（水嶋英治ほか）　アム・プロモーション　2004.11　p141-146

格言
◎文献「翼のある言葉」（紀田順一郎）　新潮社　2003.12　p184-190

格差社会
◎参考文献「日本の不平等―格差社会の幻想と未来」（大竹文雄）　日本経済新聞社　2005.5　p288-299

核実験
◎参考資料「ビキニ事件の真実　いのちの岐路で」（大石又七）　みすず書房　2003.7　p262-263

学習
◎引用文献「学習経験と人脳半球機能差に関する研究」（吉崎一人）　風間書房　2002.12　p165-181
◎引用文献「筆記説明が構成的学習に与える影響」（伊東昌子）　風間書房　2004.9　p95-101

学習支援
◎引用参考文献「学習支援を「トータル・プロデュース」する―ユニバーサル化時代の大学教育」（谷川裕稔ほか）　明治図書出版　2005.9　p170-174
◎引用参照文献「知的障害のある成人の学習支援論―成人学習論と障害学の出会い」（津田英二）　学文社　2006.12　p229-237

学習指導
◎参考文献「大学授業のフィールドワーク―京都大学公開実験授業」（京都大学高等教育教授システム開発センター）　玉川大学出版部　2001.3　p212-218
◎参考文献「21世紀を拓く教授学」（柴田義松）　明治図書出版　2001.4　p305-307
◎参考文献「成長するティップス先生―授業デザインのための秘訣集」（池田輝政ほか）　玉川大学出版部　2001.4　p182-183
◎参考文献「授業改善のための授業分析の手順と考え方」（田島薫）　黎明書房　2001.7　p196-197
◎参考文献「学生参加型の大学授業―協同学習への実践ガイド」（D. W. ジョンソンほか）　玉川大学出版部　2001.12　p239-251
◎引用文献ほか「授業分析における量的手法と質的手法の統合に関する研究」（柴田好章）　風間書房　2002.2　p169-173
◎文献「学ぶ意欲の処方箋―やる気を引き出す18の視点」（鈴木誠）　東洋館出版社　2002.8　p179-184
◎参考文献「学習指導と学校図書館」（堀川照代）　樹村房　2002.12　p152-153
◎参考文献「学習指導・調べ学習と学校図書館」（大串夏身）　青弓社　2003.12　prr
◎文献「効果のある学校―学力不平等を乗り越える教育」（鍋島祥郎）　部落解放・人権研究所　2003.12　p151-155
◎参考文献「授業研究と教師の成長」（木原俊行）　日本文教出版　2004.2　p265-273
◎参考文献「授業方法・技術と実践理念―授業構造の解明のために」（H. マイヤー）　北大路書房　2004.4　p331-350
◎引用文献「「反省的考察家」としての教師の学習指導力の形成過程」（藤澤伸介）　風間書房　2004.12　p189-194
◎文献一覧「子どもの創造的思考力を育てる―16の発問パターン」（江川玟成）　金子書房　2005.2　p226-228
◎文献「小学校JSLカリキュラム「解説」―文部科学省の「学校教育におけるJSLカリキュラムの開発について」対応」（佐藤郡衛ほか）　スリーエーネットワーク　2005.4　p171-173
◎文献一覧「行為する授業―授業のプロジェクト化をめざして」（H. グードヨンス）　ミネルヴァ書房　2005.7　p203-212
◎文献「学校教育の言語論的転回」（中井孝章）　西田書店　2005.11　p238-247
◎引用参考文献「ジェンダー/セクシュアリティの教育を創る―バッシングを超える知の経験」（浅井春夫ほか）　明石書店　2006.4　prr
◎引用参考文献「日本のティーチング・アシスタント制度―大学教育の改善と人的資源の活用」（北野秋男）　東信堂　2006.6　p205-211
◎参考文献「クリティカル・シンキングと教育―日本の教育を再構築する」（鈴木健ほか）　世界思想社　2006.11　prr
◎参考文献「初年次教育―歴史・理論・実践と世界の動向」（濱名篤ほか）　丸善　2006.11　prr
◎推薦参考書「学力低下を克服する本―小学生でできること中学生でできること」（陰山英男ほか）　文藝春秋　2006.12　p302-310

◎参考文献「母語を活用した内容重視の教科学習支援方法の構築に向けて」(清田淳子) ひつじ書房 2007.2 p187-203
◎文献「授業改革の方法」(宇田光ほか) ナカニシヤ出版 2007.6 prr
◎参考文献「個別化していく教育」(OECD教育研究革新センター) 明石書店 2007.7 prr

学習指導要領
◎引用参考文献「「学習指導要領」の現在」(小林恵) 学文社 2007.10 p301-316

学習障害 ⇒ LD をも見よ
◎参考文献「LDの教育―学校におけるLDの判断と指導」(上野一彦ほか) 日本文化科学社 2001.7 p271-273
◎文献「学習障害研究における人間精神学の展開―新仮説の提唱および学習適応性尺度の構成」(中塚善次郎,小川敦) 風間書房 2001.9 p227-236
◎引用文献「学習障害児の内発的動機づけ―その支援略を求めて」(川村秀忠) 東北大学出版会 2002.2 p201-211
◎文献「ADHD, LD, HFPDD, 軽度MR児保健指導マニュアル―ちょっと気になる子どもたちへの贈りもの」(小枝達也,加我牧子ほか) 診断と治療社 2002.6 p152-153
◎参考文献「学習障害(LD)―理解とサポートのために」(柘植雅義) 中央公論新社 2002.6 p179-184
◎文献「学習者の多様なニーズと教育政策―LD・ADHD・高機能自閉症への特別支援教育」(柘植雅義) 勁草書房 2004.10 p6-12b
◎参考図書「〈教室で気になる子〉LD、ADHD、高機能自閉症児への手だてとヒント」(黒川君江) 小学館 2005.6 p109-110
◎引用文献「認知機能に軽度な障害をもつ児童の記憶の制御困難」(島田恭仁) 風間書房 2005.11 p185-193
◎引用参考文献「学習障害の予防教育への探求―読み・書き入門教育プログラムの開発」(天野清) 中央大出版部 2006.2 p327-330
◎参考文献「LD・学習障害事典」(C. ターキントンほか) 明石書店 2006.7 p347-351
◎参考文献「LD〈学習障害〉とディスレクシア〈読み書き障害〉―子どもたちの「学び」と「個性」」(上野一彦) 講談社 2006.12 p184-186
◎参考文献「発達障害の子どもたち」(杉山登志郎) 講談社 2007.12 p235-238

学習新聞
○細目 1927-(小松聡子)「国際児童文学館紀要 15」(大阪国際児童文学館) 2000.3 p62-82

学習心理
◎引用文献「グラフィック学習心理学―行動と認知」(山内光哉,春木豊) サイエンス社 2001.3 p275-287
◎読書案内「学ぶ意欲の心理学」(市川伸一) PHP研究所 2001.9 p249-251
◎引用文献「素朴理論の修正ストラテジー」(進藤聡彦) 風間書房 2002.2 p267-272
◎文献「授業を変える―認知心理学のさらなる挑戦」(米国学術研究推進会議) 北大路書房 2002.10 p291-318
◎参考文献「学習科学とテクノロジ」(三宅なほみ) 放送大学教育振興会 2003.3 p202-209
◎文献「学力低下をどう克服するか―子どもの目線から考える」(吉田甫) 新曜社 2003.3 p5-9b
◎引用文献「脳と知覚学習―環境心理学の再出発」(三谷恵一) ブレーン出版 2003.3 p187-203
◎文献「認識と文化 1 共同行為としての学習・発達―社会文化的アプローチの視座」(田島信元ほか) 金子書房 2003.4 p261-273
◎文献「学習心理学における古典的条件づけの理論―パヴロフから連合学習研究の最先端まで」(中島定彦) 培風館 2003.6 p179-201
◎文献「知識獲得過程についての理解の発達」(長田瑞恵) 風間書房 2003.10 p155-160
◎文献「知識獲得としての文章理解―読解過程における図の役割」(岩槻恵子) 風間書房 2003.11 p213-220
◎文献「学習効果の認知心理学」(水野りか) ナカニシヤ出版 2003.12 p157-163
◎参考文献「社会文化的アプローチの実際―学習活動の理解と変革のエスノグラフィー」(石黒広昭ほか) 北大路書房 2004.8 p209-223
◎引用文献「行動と学習の心理学―日常生活を理解する」(伊藤正人) 昭和堂 2005.4 p211-231
◎引用参考文献「新しい学習心理学―その臨床的適用」(G. シュタイナー) 北大路書房 2005.5 p237-249
◎引用文献「強化系列学習に関する認知論的研究」(水原幸夫) 北大路書房 2005.6 p139-145
◎参考文献「学習スタイルの概念と理論及びそれに基づく測定方法―欧米の研究から日本独自の研究への考察」(青木久美子) メディア教育開発センター 2005.10 p24-36
◎参考引用文献「ロボット化する子どもたち―「学び」の認知科学」(渡部信一) 大修館書店 2005.11 p236-239
◎引用文献「自己調整学習の理論」(B.J. ジマーマン) 北大路書房 2006.9 p307-345
◎引用文献「学習者の誤った知識をどう修正するか―ル・バー修正ストラテジーの研究」(麻柄啓一) 東北大出版会 2006.10 p315-328
◎参考文献「脳と心と教育」(J.P. バーンズ) 玉川大出版部 2006.10 p242-259
◎引用参考文献「発達・学習の心理学」(多鹿秀継ほか) 学文社 2007.3 prr
◎参考文献「学習のエスノグラフィー―タンザニア、ネパール、日本の仕事場と学校をフィールドワークする」(川床靖子) 春風社 2007.5 p329-338
◎引用文献「インストラクショナルデザインの原理」(R.M. ガニェほか) 北大路書房 2007.8 p431-449
◎文献「自己調整学習の実践」(D.H. シャンクほか) 北大路書房 2007.9 p238-260
◎引用文献「教育の方法―心理学をいかした指導のポイント」(井上智義ほか) 樹村房 2007.10 p163-166

学習組織
◎参考文献「学習する組織―現場に変化のタネをまく」(高間邦男) 光文社 2005.5 p241-242

学習到達度
◎参考文献「PISA2003年調査評価の枠組み―OECD生徒の学習到達度調査」 ぎょうせい 2004.5 p175-179

学習評価
◎文献「学習評価基本ハンドブック―指導と評価の一体化を目指して　改訂増補」（辰野千壽）　図書文化社　2001.6　p138-139
◎参考文献「アメリカ社会科学習評価研究の史的展開―学習評価にみる社会科の理念実現過程」（棚橋健治）　風間書房　2002.2　p335-348
◎引用文献「英語教師のための新しい評価法」（松沢伸二）　大修館書店　2002.4　p273-279
◎参考文献「情報教育の学習評価―観点と規準」（岡本敏雄ほか）　丸善　2004.2　prr

学習法
◎ブックガイド「勉強のやり方がわかる。」　朝日新聞社　2004.4　p158-163
◎類書ガイド「大学生の学び・入門―大学での勉強は役に立つ！」（溝上慎一）　有斐閣　2006.3　p147-151
◎文献「実践・LTD話し合い学習法」（安永悟）　ナカニシヤ出版　2006.11　p121-124

学術
◎参考文献「日本の計画―学術により駆動される情報循環社会へ」（日本学術会議）　財務省印刷局　2003.1　p115-116

学術コミュニケーション
◎参考文献「電子図書館と電子ジャーナル―学術コミュニケーションはどう変わるか」（根岸正光ほか）　丸善　2004.5　prr

学術情報
◎引用文献「学術情報と知的所有権―オーサシップの市場化と電子化」（名和小太郎）　東京大学出版会　2002.5　p14-34b

格付会社
◎文献「よくわかる格付けの実際知識」（山沢光太郎）　東洋経済新報社　2003.6　p231-233

学生
◎文献「現代キャンパスことば辞典―岡山大学編」（中東靖恵）　吉備人出版　2002.12　p360-370
◎文献「どうする就職―歩きながら考える"就活法"」（根本孝）　TAC出版事業部　2005.1　p260-267
◎参考文献「キャンパスのカウンセリング―相談事例からみた現代の青年期心性と壮年期心性」（鳥山平三）　風間書房　2006.5　p239-250
◎参考文献「女子大学生の就職意識と行動」（李尚波）　御茶の水書房　2006.6　p273-294
◎文献「大学教職員のための大学生のこころのケア・ガイドブック―精神科と学生相談からの15章」（福田真也）　金剛出版　2007.4　prr
◎参考資料「学生による教育再生会議」（東京学生教育フォーラム）　平凡社　2007.7　p222-224
◎参考文献「Let's "社会人"―若者の就職意識の現状＆職業意識改革への提言」（三木佳光ほか）　イワキ・プランニング・ジャパン　2007.10　p183-185

学生運動
◎参考文献「60年安保―6人の証言」（森川友義）　同時代社　2005.8　p302-303
◎引用文献「安田講堂　1968-1969」（島泰三）　中央公論新社　2005.11　p345-342

覚醒剤
◎文献「薬物依存の理解と援助―「故意に自分の健康を害する」症候群」（松本俊彦）　金剛出版　2005.10　p234-247
◎参考文献「覚醒剤の社会史―ドラッグ・ディスコース・統治技術」（佐藤哲彦）　東信堂　2006.4　p3-16b
◎参考文献「白の真実―警察腐敗と覚醒剤汚染の源流へ」（曽我部司）　エクスナレッジ　2007.2　p351-353

学生指導
◎参考文献「精神的諸問題から見た新入学生指導クラスアワー（クラス担任制）―長崎総合科学大学の教育実践報告」（尾崎節子）　長崎文献社　2005.1　p239-244
◎参考文献「初年次教育ハンドブック―学生を「成功」に導くために」（M. L. Upcraftほか）　丸善出版事業部　2007.7　p245-300

学生生活
◎注「キャンパスライフの今」（武内清）　玉川大学出版部　2003.10　prr

学生相談
○研究動向（道又紀子）「学生相談研究　22.3」（日本学生相談学会）　2001.11　p338-349

学生文化
◎文献「教養主義の没落―変わりゆくエリート学生文化」（竹内洋）　中央公論新社　2003.7　p251-274

核戦略
◎参考文献ほか「ソ連・ロシアの核戦略形成」（仙洞田潤子）　慶応義塾大学出版会　2002.4　p8-14b
◎文献「「核兵器使用計画」を読み解く―アメリカ新核戦略と日本」（新原昭治）　新日本出版社　2002.9　p1-7b

学童疎開
◎参考文献「学童疎開」（内藤幾次）　同成社　2001.12　p177-179
◎参考文献等「戦火を逃れて　新潟・山形へ―江東区学童集団疎開50周年記念誌　増補改訂版」（江東区教育委員会）　江東区教育委員会　2002.3　p235-238
◎文献目録「学童疎開―写真・絵画集成　3」（逸見勝亮）　日本図書センター　2003.3　p118-132
◎参考文献「青南国民学校の神代村疎開―僕らの疎開は京王線に乗って」（古橋研一）　調布市郷土博物館　2004.8　p110-112

学童保育
○文献リスト（石原剛志）「学童保育研究　3」（学童保育指導員専門性研究会）　2002.11　p54-56
○文献リスト（石原剛志）「学童保育研究　4」（学童保育指導員専門性研究会）　2003.11　p142-145
○文献リスト（石原剛志）「学童保育研究　8」（かもがわ出版）　2007.11　p141-144

学徒勤労動員
◎参考文献「21世紀のひめゆり」（小林照幸）　毎日新聞社　2002.11　p403-408
◎参考文献「滋賀県学徒勤労動員の記録―あの日銃後も戦場でした」（水谷孝信）　ウインかもがわ　2005.8　p194-195
◎参考文献「学徒兵の精神誌―「与えられた死」と「生」の探求」（大貫恵美子）　岩波書店　2006.2　p1-6b

核燃料
- ◎参考文献「むつ小川原開発の経済分析―「巨大開発」と核燃サイクル事業」（秋元健治）　創風社　2003.5　p259-261
- ◎参考文献「核の軛―英国はなぜ核燃料再処理から逃れられなかったのか」（W. ウォーカー）　七つ森書館　2006.2　p280-283
- ◎参考文献「核燃料サイクルの闇―イギリス・セラフィールドからの報告」（秋元健治）　現代書館　2006.7　p256-257
- ◎参考文献「ロッカショ―2万4000年後の地球へのメッセージ」（STOP-ROKKASHOプロジェクト）　講談社　2007.12　p118-122

角筆
- ◎著書ほか「角筆文献研究導論　別巻　資料篇」（小林芳規）　汲古書院　2005.6　p157-199

楽譜
- ◎文献「消えたオペラ譜―楽譜出版にみるオペラ400年史」（水谷彰良）　音楽之友社　2003.3　p19-21b
- ◎引用文献「楽譜表記の神経心理学的研究」（緑川晶）　風間書房　2005.2　p177-182

額縁
- ◎参考文献「額縁と名画―絵画ファンのための鑑賞入門」（N. ペニー）　八坂書房　2003.9　p111-113

核兵器
- ◎参考文献「原爆から水爆へ―東西冷戦の知られざる内幕　下」（リチャード・ローズ）　紀伊國屋書店　2001.6　p25-39b
- ◎参考文献「米国「秘密」基地ミサワ―核と情報戦の真実」（斉藤光政）　同時代社　2002.3　p224-225
- ◎参考文献「核兵器撤廃への道」（杉江栄一）　かもがわ出版　2002.4　p188-190
- ◎参考文献ほか「核・細菌・毒物戦争―大量破壊兵器の恐怖」（J. スターン）　講談社　2002.6　p292-263
- ◎参考文献「核の闇市場」（R. W. リー）　連合出版　2004.5　p253-261
- ◎参考文献「東京に核兵器テロ!」（高田純）　講談社　2004.7　p257-263
- ◎参考文献「核を追う―テロと闇市場に揺れる世界」（吉田文彦）　朝日新聞社　2005.12　p38-49b
- ◎参考文献「検証非核の選択―核の現場を追う」（杉田弘毅）　岩波書店　2005.12　p246-250
- ◎参考ほか「アメリカの核支配と日本の核武装―独占金融資本がつくり出す戦争」（吉田義久）　編集工房朔　2007.3　p327-332
- ◎参考文献「核爆発災害―そのとき何が起こるのか」（高田純）　中央公論新社　2007.4　p271-274

角兵衛獅子
- ◎参考文献「逆立ちする子供たち―角兵衛獅子の軽業を見る、聞く、読む」（阿久根巌）　小学館　2001.4　p180-183

革命
- ◎参考文献「世界革命物語―世界主要国の革命の道程」（井田信宏）　鳥影社　2002.4　p438-442

学名
- ◎参考文献「植物の学名を読み解く―リンネの「二名法」」（田中学）　田中学　2007.6　p205-210

学問
- ◎参考文献「学問と「世間」」（阿部謹也）　岩波書店　2001.6　p173-175
- ◎原注「知の挑戦―科学的知性と文化的知性の統合」（E. O. ウィルソン）　角川書店　2002.12　p1-31b
- ◎関連文献「宗教と学問　歴史学事典11」（岸本美緒）　弘文堂　2004.2　prr
- ◎文献一覧「学び住むものとしての人間―「故郷喪失」と「学びのニヒリズム」を超えて」（吉村文男）　春風社　2006.7　p243-249
- ◎文献解題（谷川穣ほか）「空間形成と世界認識　岩波講座「帝国」日本の学知8」　岩波書店　2006.10　p2-45b
- ◎参考文献「学問力のすすめ―"活きた"学問を楽しむために」（大場裕之ほか）　麗澤大出版会　2007.3　p206-211

格融合
- ◎参考文献ほか「英語格融合の研究」（岸田隆之）　学習院大　2001.11　p455-469

神楽
- ◎刊行本一覧「神と仏の民俗」（鈴木正崇）　吉川弘文館　2001.2　p341-344
- ◎参考文献ほか「筑前神楽考―遠賀御殿神楽」（波多野学）　渓水社　2003.1　p335-337
- ◎文献「高千穂夜神楽の健康心理学的研究―神と人のヘルスケア・システム」（福島明子）　風間書房　2003.3　p453-464
- ◎参考文献「玉敷神社神楽」　民俗文化センター　2004.3　p112-113
- ◎註「霜月神楽の祝祭学」（井上隆弘）　岩田書院　2004.9　prr
- ◎参考文献「広島の神楽探訪」（三村泰臣）　南々社　2004.11　p248-250
- ◎引用参考文献「豊前国神楽考」（橋本幸作）　海鳥社　2005.6　p351-357
- ◎文献一覧「里神楽ハンドブック―福島・関東・甲信越」（三田村佳子）　おうふう　2005.7　p551-583

攪乱物質
- ◎参考文献「環境ホルモン　人心を「攪乱」した物質」（西川洋三）　日本評論社　2003.7　prr

確率
- ◎参考文献「ファイナンスの確率積分―伊藤の公式, Girsanovの定理, Black-Scholesの公式」（津野義道）　共立出版　2001.3　p297-298
- ◎参考文献「確率で言えば―日常に隠された数学」（ジョン・A. パウロス）　青土社　2001.3　p249-251
- ◎参考文献「確率とデタラメの世界―偶然の数学はどのように進化したか」（デボラ・J. ベネット）　白揚社　2001.3　p232-244
- ◎参考書「理工系確率統計―データ解析のために」（中村忠, 山本英二）　サイエンス社　2002.1　p147-148
- ◎文献「ランダム―数学における偶然と秩序」（エドワード・ベルトラミ）　青土社　2002.6　p19-23b
- ◎参考文献「マルチンゲールによる確率論」（D. ウィリアムズ）　培風館　2004.2　p237-239
- ◎参考文献「確率の哲学理論」（D. ギリース）　日本経済評論社　2004.11　p327-336
- ◎参考文献「多期間確率的在庫モデルの研究」（坂口通則ほか）　広島修道大　2006.6　p127-130

◎参考文献「確率統計要論―確率モデルを中心にして」（尾畑伸明）　牧野書店　2007.1　p239-240
◎参考文献ほか「土木・建築のための確率・統計の基礎　改訂」（A. H. S. Ang）　丸善　2007.1　prr
◎参考文献「数理ファイナンス」（関根順）　培風館　2007.7　p277-282

確率過程
◎参考文献「ファイナンス確率過程と数値解析―基礎から学ぶ金融工学を完全に理解したい読者のための独習テキスト」（西田真二）　シグマベイスキャピタル　2001.12　p467-471
◎参考文献「確率解析と伊藤過程」（小川重義）　朝倉書店　2005.9　p174-176

確率分布
◎文献「統計分布ハンドブック」（蓑谷千凰彦）　朝倉書店　2003.6　p707-709

学力
◎引用文献「英語テスト作成の達人マニュアル」（靜哲人）　大修館書店　2002.4　p287」
◎参考文献「学力低下論争」（市川伸一）　筑摩書房　2002.8　p249-252
◎引用参考文献「学力問題へのアプローチ―マイノリティと階層の視点から」（原田彰）　多賀出版　2003.1　p361-372
◎参考文献「評価・評定と学力問題を読み解く」（水越敏行）　明治図書出版　2003.8　prr
◎引用参考文献「学力の社会学―調査が示す学力の変化と学習の課題」（刈谷剛彦ほか）　岩波書店　2004.12　prr
◎引用参考文献「学力論争とはなんだったのか」（山内乾史ほか）　ミネルヴァ書房　2005.1　p1-6b
◎参考文献「キー・コンピテンシー―国際標準の学力をめざして」（D. S. ライチェンほか）　明石書店　2006.5　p229-244
◎参考文献「日本学力回復の方程式―日米欧共通の試み」（釣島平三郎）　ミネルヴァ書房　2006.8　p211-212
◎文献「学力問題・ゆとり教育」（山内乾史ほか）　日本図書センター　2006.11　p381-293
◎文献「移民の子どもと学力―社会的背景が学習にどんな影響を与えるのか」（OECD）　明石書店　2007.10　p175-183
◎文献「誰がバカをつくるのか?―「学力低下」の真相を探る」（河本敏浩）　ブックマン社　2007.10　p286-287
◎文献「学力とトランジッションの危機―閉ざされた大人への道」（耳塚寛明ほか）　金子書房　2007.12　prr

学歴
◎文献リスト「学歴社会のローカル・トラック―地方からの大学進学」（吉川徹）　世界思想社　2001.9　p242-244
◎引用参考文献「学歴・選抜・学校の比較社会学―教育からみる日本と韓国」（中村高康ほか）　東洋館出版社　2002.2　p257-270
◎注「学歴の社会史―教育と日本の近代」（天野郁夫）　平凡社　2005.1　prr
◎文献「学歴と格差・不平等―成熟する日本型学歴社会」（吉川徹）　東京大出版会　2006.9　p5-13b
◎文献「学歴社会・受験競争」（本田由紀ほか）　日本図書センター　2007.2　p379-391

◎参考文献「学歴社会の法則―教育を経済学から見直す」（荒井一博）　光文社　2007.12　p264-269

かくれキリシタン
◎参考文献「カクレキリシタン―オラショ―魂の通奏低音」（宮崎賢太郎）　長崎新聞社　2001.10　p294-295

隠れ念仏
◎引用文献「ダンナドン信仰―薩摩修験と隠れ念仏の地域民俗学的研究」（森田清美）　岩田書院　2001.5　p359-363

賭け
◎参考文献「賭けに勝つ人嵌る人―ラスベガスと日本人」（松井政就）　集英社　2002.3　p215-216

家系
◎参考文献「日本の有名一族―近代エスタブリッシュメントの系図集」（小谷野敦）　幻冬舎　2007.9　p236-254

家計
◎参考文献「女性の選択と家計貯蓄」（松浦克己, 滋野由紀子）　日本評論社　2001.10　p191-199
◎参考文献「家計からみる日本経済」（橘木俊詔）　岩波書店　2004.1　p211-213
◎参考文献「変わりゆく社会と家計の消費行動―AI需要システムによる分析」（橋本紀子）　関西大学出版部　2004.3　p213-227
◎参考文献「日本の家計行動のダイナミズム　1」（樋口美雄）　慶應義塾大出版会　2005.8　prr
◎文献「家計研究へのアプローチ―家計調査の理論と方法」（御船美智子）　ミネルヴァ書房　2007.3　prr
◎参考文献「西の牛肉、東の豚肉―家計簿から見た日本の消費」（金子優子）　日本評論社　2007.7　p161」

歌劇
◎文献「オペラの運命　十九世紀を魅了した一夜の夢」（岡田暁生）　中央公論新社　2001.4　p203-206

歌劇場
◎参考文献「ベルリン三大歌劇場―激動の公演史〈1900-45〉」（菅原透）　アルファベータ　2005.5　p27-31b

駆込寺
◎引用参考文献「駈込寺と村社会」（佐藤孝之）　吉川弘文館　2006.5　p258-266

蜻蛉日記
◎参考文献「蜻蛉日記　新装版」（上村悦子）　明治書院　2001.3　p317-322
◎参考文献「蜻蛉日記の表現と構造」（長戸千恵子）　風間書房　2005.10　p237-267
◎論文ほか「蜻蛉日記　日記文学研究叢書2」（津本信博）　クレス出版　2006.11　p252-258

かご
◎参考文献「世界のかご文化図鑑―自然を編む民族の知恵と技術」（B. センテンス）　東洋書林　2002.11　p211」

駕籠
◎参考文献「駕籠　ものと人間の文化史141」（櫻井芳昭）　法政大出版局　2007.10　p269-275

加工食品
◎文献「水産物の安全性　生鮮品から加工食品まで」（牧之段保夫ほか）　恒星社厚生閣　2001.11　prr

かこしま

鹿児島県
- ◎「研究所叢書・南日本文化掲載論文目録」（鹿児島短期大学付属南日本文化研究所）　同研究所　2001.1　36p B5
- ◎参考文献「鹿児島の伝統製法食品」（蟹江松雄ほか）　春苑堂出版　2001.3　p220-226
- ◎参考文献「薩摩秘話」（五代夏夫）　南方新社　2002.3　p271-272
- ◎文献「かごしまの野鳥—第56回愛鳥週間「全国野鳥保護のつどい」記念誌」（鹿児島県環境技術協会ほか）　鹿児島県環境生活部環境保護課　2002.5　p156-157
- ◎文献「残しておきたい鹿児島弁」（橋口満）　高城書房　2002.7　p263-264
- ◎参考文献「鹿児島の湊と薩南諸島—街道の日本史55」（松下志朗,下野敏見）　吉川弘文館　2002.11　p20-23b
- ◎文献目録稿「近世薩摩における大名文化の総合的研究」（中山右尚ほか）　鹿児島大　2003.3　p9-91b
- ◎参考文献「かごしま・民話の世界」（有馬英子）　春苑堂出版　2003.10　p222-226
- ◎参考文献「歴史の道大口筋白銀坂保存整備報告書」（鹿児島県姶良町教育委員会）　姶良町教育委員会　2004.3　p160-161
- ◎参考文献「鹿児島県地誌の起稿年次と編纂者」（内山美成）　高城書房　2005.3　p203-204
- ◎参考文献「残しておきたい鹿児島弁　Part-4」（橋口満）　高城書房　2005.7　p268-269
- ◎参考文献「鹿児島県の歴史散歩」（鹿児島県高等学校歴史部会）　山川出版社　2005.10　p305-307
- ◎参考文献「鹿児島近代社会運動史」（川嵜兼孝ほか）　南方新社　2005.12　p353-356
- ◎参考文献「鹿児島ことばの泉」（橋口満）　高城書房　2006.4　p205-208
- ◎参考文献「祈りのかたち—中世南九州の仏と神　黎明館企画特別展」（鹿児島県ほか）　「祈りのかたち」実行委員会　2006.9　p216-218
- ◎参考文献「鹿児島の伝統産業と職人ことば」（福田陽子）　海鳥社　2006.9　p209-218
- ◎参考文献「残しておきたい鹿児島弁　Part-5」（橋口満）　高城書房　2007.3　p266-268

鹿児島県　奄美諸島
- ◎参考文献「奄美の針突—消えた入墨習俗」（山下文武）　まろうど社　2003.1　p235-237
- ◎文献「軍政下奄美の密航・密貿易」（佐竹京子）　南方新社　2003.1　p272-273
- ◎文献「戦後奄美経済社会論—開発と自立のジレンマ」（皆村武一）　日本経済評論社　2003.7　p221-226
- ◎文献「奄美返還と日米関係—戦後アメリカの奄美・沖縄占領とアジア戦略」（R.D.エルドリッヂ）　南方新社　2003.8　p309-327
- ◎引用参考文献「ヤコウガイの考古学」（高梨修）　同成社　2005.5　p261-287
- ◎参考文献「奄美の多層圏域と離島政策—島嶼圏市町村分析のフレームワーク」（山田誠）　九州大学出版会　2005.7　p177-180
- ◎参考文献「奄美しちもんにゃ?」（制作実行委員会）　高城書房　2006.3　p251-253
- ◎参考文献「奄美の債務奴隷ヤンチュ」（名越護）　南方新社　2006.9　p296-302
- ◎引用文献「琉球王国誕生—奄美諸島史から」（吉成直樹ほか）　森話社　2007.12　p334-344

鹿児島県　出水街道
- ◎参考文献「薩摩と出水街道　街道の日本史54」（三木靖ほか）　吉川弘文館　2003.7　p21-23b

鹿児島県　上野原遺跡
- ◎参考文献「南九州に栄えた縄文文化・上野原遺跡」（新東晃一）　新泉社　2006.6　p93」

鹿児島県　沖永良部島
- ◎文献目録「境界性の人類学—重層する沖永良部島民のアイデンティティ」（高橋孝代）　弘文堂　2006.12　p396-371

鹿児島県　加計呂麻島
- ◎参考文献「奄美加計呂麻島のノロ祭祀」（松原武実）　岩田書院　2004.3　p479-482

鹿児島県　笠沙
- ◎参考文献「古事記に笠沙が載ったわけ」（八代新一）　高城書房出版　2001.1　p337-342

鹿児島県　川辺町
- ◎推薦図書ほか「川辺町風土記—川辺・勝目の歴史、行事、祭り、暮らし、自然を訪ねて」（青屋昌興）　南方新社　2006.8　p369-372

鹿児島県　甑島列島
- ◎文献「甑島移住史」（橋口満）　高城書房　2002.5　p322-324

鹿児島県　薩南諸島
- ◎参考文献「鹿児島の湊と薩南諸島—街道の日本史55」（松下志朗,下野敏見）　吉川弘文館　2002.11　p20-23b

鹿児島県　薩摩
- ◎参考文献「薩摩と出水街道　街道の日本史54」（三木靖ほか）　吉川弘文館　2003.7　p21-23b

鹿児島県　薩摩川内市
- ◎文献「入来文書」（朝河貫一）　柏書房　2005.8　p595-605

鹿児島県　志布志湾
- ◎参考文献「本土決戦の真実　米軍九州上陸作戦と志布志湾」（太佐順）　学習研究社　2001.10　p369-372

鹿児島県　トカラ列島
- ◎参考文献「村落共同体崩壊の構造—トカラの島じまと臥蛇島無人島への歴史」（皆村武一）　南方新社　2006.3　p212-214

鹿児島県　十島村
- ◎参考文献「村落共同体崩壊の構造—トカラの島じまと臥蛇島無人島への歴史」（皆村武一）　南方新社　2006.3　p212-214

鹿児島県　日置市
- ◎参考文献「東市来町誌」（東市来町誌編さん委員会）　東市来町　2005.4　p1107-1111

鹿児島県　屋久島
- ◎参考文献「世界遺産の森　屋久島」（青山潤三）　平凡社　2001.8　p251-254
- ◎参考文献「屋久島、もっと知りたい　自然編」（中田隆昭）　南方新社　2004.1　p253-256

◎参考文献「サルと歩いた屋久島」(山極寿一) 山と溪谷社 2006.4 p226-227
◎文献「世界遺産屋久島―亜熱帯の自然と生態系」(大澤雅彦) 朝倉書店 2006.10 prr
◎参考文献「屋久島の森のすがた―「生命の島」の森林生態学」(金谷整一ほか) 文一総合出版 2007.7 p247-238

鹿児島県 与路島
◎参考引用文献「奄美与路島の「住まい」と「空間」」(石原清光) 第一書房 2006.2 p264-273

傘
◎原註「アンブレラ―傘の文化史」(T. S. クローフォード) 八坂書房 2002.8 p9-20b

火災
◎参考文献「消防団の源流をたどる―二一世紀の消防団の在り方」(後藤一蔵) 近代消防社 2001.1 p194-206
◎参考文献「火と水の文化史―消防よもやま話」(白井和雄) 近代消防社 2001.4 p320-321
◎注ほか「火―その創造性と破壊性」(S. J. パイン) 法政大学出版局 2003.9 p21-41b
◎参考文献「都市の大火と防火計画―その歴史と対策の歩み」(菅原進一) 日本建築防災協会 2003.11 prr
◎参考文献「考証江戸の火災は被害が少なかったのか?」(西田幸夫) 住宅新報社 2006.9 p182-186
◎参考文献「はじめて学ぶ建物と火災」(日本火災学会) 共立出版 2007.11 prr

火砕流
◎文献「群発する崩壊―花崗岩と火砕流」(千木良雅弘) 近未来社 2002.8 p221-228

かさこじぞう
○実践文献目録(吉原英夫)「札幌国語教育研究 6」(北海道教育大) 2003.4 p61-78

カザフスタン
◎参考文献ほか「中央アジア少数民族社会の変貌―カザフスタンの朝鮮人を中心に」(李愛俐娥) 昭和堂 2002.2 p233-239
◎文献「人口問題を基礎とした農業・農村開発調査―カザフスタン共和国―アルマティ州、アスタナ州を中心として」(アジア人口・開発協会) アジア人口・開発協会 2002.3 p114-115
◎参考文献「カザフスタン」(C. プジョル) 白水社 2006.9 p1-3b

家産
◎参考文献「相続と家産 日本家族史論集9」(永原和子ほか) 吉川弘文館 2003.1 p371-373

火山
◎参考文献「自然災害と国際協力―フィリピン・ピナトゥボ大噴火と日本」(津田守,田巻松雄) 新評論 2001.5 p264-276
◎本の紹介「火山はすごい―日本列島の自然学」(鎌田浩毅) PHP研究所 2002.6 p238-239
◎ブックガイド「地震がわかる。」(朝日新聞社) 朝日新聞社 2002.11 p152-159
◎文献「噴火のこだま―ピナトゥボ・アエタの被災と新生をめぐる文化・開発・NGO」(清水展) 九州大学出版会 2003.2 p341-350
◎文献「火山に魅せられた男たち 噴火予知に命がけで挑む科学者の物語」(D. トンプソン) 地人書館 2003.3 p430-421
◎本ほか「火山に強くなる本 見る見るわかる噴火と災害」(火山防災用語研究会) 山と溪谷社 2003.7 p186-189
◎文献「新編火山灰アトラス―日本列島とその周辺」(町田洋ほか) 東京大学出版会 2003.9 p297-322
◎文献「シラス学―九州南部の巨大火砕流堆積物」(横山勝三) 古今書院 2003.10 p164-172
◎文献「シリーズ環境と地質 2 地震と火山と侵食」(B. W. ピプキンほか) 古今書院 2003.11 prr
◎推薦図書ほか「クラカトアの大噴火―世界の歴史を動かした火山」(S. ウィンチェスター) 早川書房 2004.1 p1-12b
◎本の紹介「地球は火山がつくった―地球科学入門」(鎌田浩毅) 岩波書店 2004.4 p192-193
◎文献「三宅島噴火避難のいばら道―あれから4年の記録」(村栄) 文芸社 2005.2 p356-357
◎参考文献「日本の火山性地震と微動」(西村太志ほか) 京都大学術出版会 2006.2 prr
◎文献「シーケンス層序と水中火山岩類」(保柳康一ほか) 共立出版 2006.7 p157-169
◎参考文献「北海道の活火山」(勝井義雄ほか) 北海道新聞社 2007.1 p207-219
◎参考文献「火山の熱システム―九重火山の熱システムと火山エネルギーの利用」(江原幸雄) 櫂歌書房 2007.6 p188-193

菓子
◎参考文献「和菓子ものがたり」(中山圭子) 朝日新聞社 2001.1 p318-320
◎参考文献「洋菓子はじめて物語」(吉田菊次郎) 平凡社 2001.12 p218-220
◎参考文献「古きよきアメリカン・スイーツ 」(岡部史) 平凡社 2004.7 p212-213
◎参考文献「菓子の文化誌」(赤井達郎) 河原書店 2005.6 p287
◎参考文献「お菓子の歴史」(M. トゥーサン=サマ) 河出書房新社 2005.10 p454-453
◎参考文献「西洋諸國お菓子語り」(吉田菊次郎) 時事通信出版局 2005.12 p216-217
◎参考文献「事典和菓子の世界」(中山圭子) 岩波書店 2006.2 p23-24b
◎参考文献「西洋菓子彷徨始末―洋菓子の日本史 増補改訂」(吉田菊次郎) 朝文社 2006.2 p378-381
◎文献「ドラジェ〈糖衣掛菓子〉の秘密―Panコーティング技術のすべて」(望月恵三) 光琳 2007.4 p265-266

火事
◎参考文献「江戸の放火―火あぶり放火魔群像」(永寿日郎) 原書房 2007.5 p300-302

カーシェアリング
◎参考文献「カーシェアリングが地球を救う―環境保護としてのニュービジネス」(村上敦) 洋泉社 2004.12 p198-200

かしつ

果実
- ◎参考文献「FAO―野菜・果実等換金作物の環境・社会基準，認証および表示」（国際連合食糧農業機関）　国際食糧農業協会　2005.9　p170-176

貸付
- ◎参考文献「プロジェクトファイナンスの実務―プロジェクトの資金調達とリスク・コントロール」（加賀隆一）　金融財政事情研究会　2007.12　p317-323

カジノ
- ◎参考文献「カジノが日本にできるとき―「大人社会」の経済学」（谷岡一郎）　PHP研究所　2002.9　p1-4b
- ◎参考文献「カジノ大全―最高のゲームを楽しむために」（S.ウォンほか）　ダイヤモンド社　2005.2　p393-394

貸本屋
- ○注文献（浅岡邦雄）「日本出版史料　6」（日本エディタースクール出版部）　2001.4　p137-140

貸家
- ◎参考文献「世界の借家人運動―あなたは住まいのセーフティネットを信じられますか?」（高島一夫）　東信堂　2007.5　p112-113

果樹
- ◎参考図書「図説熱帯の果樹」（岩佐俊吉）　養賢堂　2001.1　p583-587
- ◎文献「果樹園流動化論」（桂明宏）　農林統計協会　2002.11　p402-409
- ◎参考引用文献「戦後日本における柑橘産地の展開と再編」（川久保篤志）　農林統計協会　2007.5　p270-279

歌集
- ○歌集歌書総覧「短歌研究　58.12」（短歌研究社）　2001.12　p86-99
- ○総覧「短歌　50.1.647」（角川書店）　2003.1　p308-320

画集
- ◎「画集写真集全情報　1997-2001」（日外アソシエーツ）　日外アソシエーツ　2002.7　924p　A5
- ◎「画集写真集全情報　2002-2006」（日外アソシエーツ）　日外アソシエーツ　2007.4　69,882p　A5

歌書
- ○総覧「短歌　50.1.647」（角川書店）　2003.1　p308-320
- ◎「日本大学総合学術情報センター所蔵古典籍資料目録歌書編1-2」（貴重書・古典籍資料調査プロジェクト）　日本大　2003.3　100p　A4
- ◎刊行年表「元禄和歌史の基礎構築」（上野洋三）　岩波書店　2003.10　p289-366
- ◎「古典籍資料目録―日本大学綜合学術情報センター所蔵　4　歌書編2」（古典籍資料目録編集委員会）　日本大綜合学術情報センター　2006.3　70p　A4
- ◎「北海道歌書年表　増補版」（坂田資宏）〔坂田資宏〕　2007.5　141,27,45p　B5

過食
- ◎参考文献「拒食と過食の社会学」（加藤まどか）　岩波書店　2004.3　p199-207

歌人
- ◎文献目録「現代短歌と天皇制」（内野光子）　風媒社　2001.1　p10-12

華人
- ◎参考文献「マレーシアの政治とエスニシティ　華人政治と国民統合」（金子芳樹）　晃洋書房　2001.3　p6-20b
- ◎文献「東南アジア華人社会と中国僑郷―華人・チャイナタウンの人文地理学的考察」（山下清海）　古今書院　2002.7　prr
- ◎書籍案内「華人社会がわかる本―中国から世界へ広がるネットワークの歴史、社会、文化」（山下清海）　明石書店　2005.4　p230-233

数
- ◎引用文献「幼児・児童における数表象の構造」（栗山和広）　北大路書房　2002.1　p125-133
- ◎参考文献「「数」の日本史　われわれは数とどう付き合ってきたか」（伊達宗行）　日本経済新聞社　2002.6　p322-326
- ◎文献「基礎からわかる数量と単位の英語―豊富な文型と用例」（銀林浩,銀林純）　日興企画　2002.7　p214-215
- ◎参考文献「数の論理―マイナスかけるマイナスはなぜプラスか?」（保江邦夫）　講談社　2002.12　1pb
- ◎参考文献「数の不思議・数の歴史―片手で56まで、両手で1024まで数えられますか?」（小関孝和）　広文社　2003.4　p187-188

春日権現験記
- ◎引用文献「春日権現験記絵注解」（神戸説話研究会）　和泉書院　2005.2　p349-350

ガス事業
- ◎参考文献「エネルギー産業の変革　日本の産業システム1」（植草益）　NTT出版　2004.1　prr

ガスタービン
- ◎参考文献「純国産ガスタービン開発物語―ガスタービン事業の誕生」（大槻幸雄）　理工評論出版　2006.5　p607-615

カースト
- ◎参考文献「ホモ・ヒエラルキクス―カースト体系とその意味」（ルイ・デュモン）　みすず書房　2001.6　p20-46b
- ◎文献「歴史のなかのカースト―近代インドの〈自画像〉」（藤井毅）　岩波書店　2003.4　p6-17b
- ◎文献一覧「「女神の村」の民族誌―現代インドの文化資本としての家族・カースト・宗教」（杉本星子）　風響社　2006.3　p263-283
- ◎参考文献「インド社会とカースト」（藤井毅）　山川出版社　2007.12　p88-90
- ◎参考文献「ネパールの被抑圧者集団の教育問題―タライ地方のダリットとエスニック・マイノリティ集団の学習阻害/促進要因をめぐって」（畠博之）　学文社　2007.12　p467-480

カストラート
- ◎文献目録「ナポリ　バロック都市の興亡」（田之倉稔）　筑摩書房　2001.1　p205-206

霞会館
- ◎参考文献「霞会館百三十年の歩み―創立百三十周年記念」（霞会館華族資料調査委員会）　霞会館　2004.6　p74-75

絣

◎参考文献「絣―ものと人間の文化史　105」（福井貞子）　法政大学出版局　2002.4　p281-283

風

◎参考文献「風の名前」（高橋順子）　小学館　2002.5　p173」

◎参考文献「風・風車のQ&A120―何ゆえロマン風・風車」（松本文雄）　パワー社　2002.6　p253-254

◎引用参考文献「風で読む地球環境」（真木太一）　古今書院　2007.2　p165-168

◎参考文献「偏西風の気象学」（田中博）　成山堂書店　2007.4　p173-174

火星

◎参考文献「火星地球化計画―火星探査とテラフォーミングの真実」（竹内薫）　実業之日本社　2004.7　prr

◎参考文献「恐るべき旅路―火星探査機「のぞみ」のたどった12年」（松浦晋也）　朝日ソノラマ　2005.5　p437-438

家政学

◎引用参考文献「家政学実習ノート　第2版」（佐々井啓）　誠信書房　2000.4　p173-174

◎「生活・家政学図書目録　2001年版」　家政学図書目録刊行会　2000.11　372p A5

◎参考文献「新・家政学概論」（佐々井啓）　誠信書房　2002.5　p217-220

◎文献「家政学未来への挑戦―全米スコッツデイル会議におけるホーム・エコノミストの選択」（日本家政学会家政学原論部会）　建帛社　2002.6　p271-278

◎参考文献「家政学再考―アメリカ合衆国における女性と専門職の歴史」（S. ステイジほか）　近代文芸社　2002.8　p381-386

◎参考文献「ジェンダーフリーの時代へ―家政学原論・生活経営学　増補版」（百瀬靖子）　創成社　2002.10　p233-236

◎文献「家政学事典　新版」（日本家政学会）　朝倉書店　2004.7　prr

◎参考文献「アメリカ・ホーム・エコノミクス哲学の歴史」（V. B. ヴィンセンティ）　近代文芸社　2005.6　p189-202

◎参考文献「男が家事をしない本当の理由―幸せな家庭の条件」（淵上勇次郎）　東京図書出版会　2005.10　p244-248

◎参考文献「図解メイド」（池上良太）　新紀元社　2006.5　p234-235

◎引用文献「20世紀のアメリカ家政学研究」（アメリカ家政学研究会）　家政教育社　2006.12　prr

◎文献「家事と家族の日常生活―主婦はなぜ暇にならなかったのか」（品田知美）　学文社　2007.11　p167-175

課税システム

◎参考文献「インターネットと課税システム」（渡辺智之）　東洋経済新報社　2001.6　p197-208

化石

◎参考文献「岩石・化石の顕微鏡観察」（井上勤）　地人書館　2001.3　p299-301

◎文献「北海道化石が語るアンモナイト」（早川浩司）　北海道新聞社　2003.2　p242」

◎精選文選「恐龍を追った人びと―ダーウィンへの道を開いた化石研究者たち」（C. マガウワン）　古今書院　2004.12　p310-308

◎参考図書「化石革命―世界を変えた発見の物語」（D. パーマー）　朝倉書店　2005.3　p213-214

◎参考文献「化石はタイム・マシーン―恐竜と古生物をもとめて」（M. ノヴァチェック）　青土社　2005.7　p1-27b

◎参考文献「恐竜と生命の大進化―中国雲南5億年の旅解説書」　豊橋市自然史博物館　2006.7　p85-86

◎文献「クビナガリュウ発見!―伝説のサラリーマン化石ハンターが伝授する化石採集のコツ」（宇都宮聡）　築地書館　2007.2　p150-151

◎参考文献「ゾルンホーフェン化石図譜　1　植物・無脊椎動物ほか」（K. A. フリックヒンガー）　朝倉書店　2007.5　p181-198

◎参考文献「脊椎動物・生痕化石ほか」（K. A. フリックヒンガー）　朝倉書店　2007.7　p157-174

◎参考文献「熱河生物群化石図譜―羽毛恐竜の時代」（張弥曼）　朝倉書店　2007.11　p165-172

寡占

◎参考文献「ゲーム理論と寡占」（田中靖人）　中央大学出版部　2001.9　p225-232

河川

◎参考文献「自然再生の河川工学」（P. C. Klingeman）　山海堂　2003.7　p99-101

◎参考文献「図説河川堤防」（中島秀雄）　技報堂出版　2003.9　p225-228

◎参考文献「舟運と河川技術―琵琶湖・淀川舟運～近世から現代～」（国土交通省近畿地方整備局河川部ほか）　国土交通省　2004.3　p98-99

◎参考文献「水の警鐘―世界の河川・湖沼問題を歩く」（渡辺斉）　水曜社　2004.8　p252-254

◎参考文献「河川計画論―潜在自然概念の展開」（玉井信行）　東京大学出版会　2004.10　prr

◎参考書「洪水の水理と河道の設計法―治水と環境の調和した川づくり」（福岡捷二）　森北出版　2005.1　p426-428

◎参考文献「阿武隈川の舟運」（竹内重男）　歴史春秋出版　2005.5　p195-197

◎参考文献「古地理で探る越中・加賀の変遷―古地理に関する調査―黒部川・常願寺川・神通川・庄川・小矢部川・手取川・梯川」　国土交通省北陸地方整備局・国土交通省国土地理院　2006　p108-122

◎原註「生命の川」（S. ポステルほか）　新樹社　2006.3　p291-314

◎参考文献「流域学事典―人間による川と大地の変貌」（新谷融ほか）　北海道大出版会　2006.7　p209-216

◎参考文献「河川の水質と生態系―新しい河川環境創出に向けて」（河川環境管理財団）　技報堂出版　2007.5　prr

過疎

◎参考文献「過疎自治体財政の研究―「小さくても輝く」ための条件」（桑田但馬）　自治体研究社　2006.9　p193-205

家相

◎参考文献「家相の民俗学」（宮内貴久）　吉川弘文館　2006.4　p287-299

火葬
- ◎参考文献「火葬と古代社会—死をめぐる文化の受容」（上高津貝塚ふるさと歴史の広場）　上高津貝塚ふるさと歴史の広場　2006.3　p71」
- ◎参考文献「火葬後拾骨の東と西」（日本葬送文化学会）　日本経済評論社　2007.3　p303-310

下層階級
- ◎ブックリスト「タリーズコーナー　黒人下層階級のエスノグラフィ」（E. リーボウ）　東信堂　2001.4　p1-4b

画像処理
- ◎参考文献「映像情報符号化」（酒井善則, 吉田俊之）　オーム社　2001.12　p215-219
- ◎文献「画像認識論講義」（出口光一郎）　昭晃堂　2002.6　p178-180
- ◎文献「コンピュータビジョン」（D. A. Forsyth）　共立出版　2007.1　p729-760

家族
- ◎文献「リフレクティング・プロセス—会話における会話と会話」（トム・アンデルセン）　金剛出版　2001.2　p163-167
- ◎注文献「家族の闇をさぐる　現代の親子関係」（斎藤学）　小学館　2001.3　prr
- ◎文献「家族評価—ボーエンによる家族探究の旅」（マイケル・E. カー, マレー・ボーエン）　金剛出版　2001.3　p403-404
- ◎文献「社会構造—核家族の社会人類学　新版」（G. P. マードック）　新泉社　2001.3　p9-35b
- ○「家族本40—歴史をたどることで危機の本質が見えてくる」（山田昌弘）　平凡社　2001.4　350p B6
- ◎参考文献「家族臨床心理学の基礎—問題解決の鍵は家族の中に」（村尾泰弘）　北樹出版　2001.4　p170-171
- ◎参考文献「家族時間と産業時間　新装版」（タマラ・K. ハレーブン）　早稲田大学出版部　2001.5　p7-33b
- ◎参考文献「ソーシャルワーク実践における家族エンパワーメント—ハイリスク家族の保全を目指して」（リーサ・カプラン, ジュディス・L. ジラルド）　中央法規出版　2001.11　p205-249
- ◎参考文献「フランス新・男と女—幸福探し、これからのかたち」（ミュリエル・ジョリヴェ）　平凡社　2001.12　p196-200
- ◎文献「グローバリゼーションと家族・コミュニティ」（後藤澄江ほか）　文化書房博文社　2002.1　prr
- ◎文献「家族はこんなふうに変わる—新日本家族十景」（吉川悟, 村上雅彦, 東豊）　昭和堂　2002.2　p277-287
- ◎学習文献案内「自立と甘えの社会学」（畠中宗一ほか）　世界思想社　2002.2　p239-252
- ◎文献「日米映像文学に見る家族」（濱野成生ほか）　日本優良図書出版会　2002.3　p346-341
- ○読書案内（東谷暁）「文藝春秋　80.5　家族の絆」（文藝春秋）　2002.4　p230-233
- ◎文献「ゆれ動く若者と家族—現代芸術からのメッセージ」（飯田紀彦）　関西大学出版部　2002.7　p198-203
- ◎文献「変わる家族と変わる住まい—〈自在家族〉のための住まい論」（篠原聡子）　彰国社　2002.8　p250-251
- ◎註「家族観の変遷—日本家族史論集 6」（片倉比佐子）　吉川弘文館　2002.10　prr
- ◎文献紹介「家族と職業—競合と調整」（石原邦雄）　ミネルヴァ書房　2002.12　p291-302

- ◎参考文献「家族の復権」（林道義）　中央公論新社　2002.12　p186-189
- ◎参考引用文献「スウェーデン人がみた日本の家族とケア」（E. アンベッケン）　中央法規出版　2003.1　p205-208
- ◎参考文献「父　家族概念の再検討に向けて」（寺本貢ほか）　早稲田大学出版部　2003.1　prr
- ◎原注「家族、積みすぎた方舟　ポスト平等主義のフェミニズム法理論」（M. A. ファインマン）　学陽書房　2003.2　p1-65b
- ◎引用参考文献「墓と家族の変容」（井上治代）　岩波書店　2003.2　p1-6b
- ◎原注「家族に何が起こっているのか」（S. クーンツ）　筑摩書房　2003.3　p1-47b
- ◎文献「人類史のなかの人口と家族」（木下太志ほか）　晃洋書房　2003.4　p191-210
- ◎文献「ライフコースとジェンダーで読む家族」（岩上真珠）　有斐閣　2003.7　p201-210
- ◎文献「家族のイメージ」（亀口憲治）　システムパブリカ　2003.7　p187-190
- ○「きょうだい関係とその関連領域の文献集成　1総合目録編」（白佐俊憲）　川島書店　2003.9　8, 456p A5
- ◎参考文献「家族と国籍—国際化の進むなかで　補訂版」（奥田安弘）　有斐閣　2003.9　p202-204
- ◎参考文献「家族の「遊び力」—変わりゆく家族と子育てのはなし」（野々山久也）　ミネルヴァ書房　2003.9　p269-271
- ◎引用文献「家族支援論—なぜ家族は支援を必要とするのか」（畠中宗一）　世界思想社　2003.11　prr
- ◎文献「保育者のための家族援助論」（阿部和子）　萌文書林　2003.12　p229-232
- ◎参考文献「家族崩壊と子どものスティグマ—家族崩壊後の子どもの社会化研究」（田中理絵）　九州大学出版会　2004.2　p177-180
- ◎参考文献「変貌する東アジアの家族」（佐藤康行ほか）　早稲田大学出版部　2004.2　prr
- ◎参考文献「〈家の中〉を認知科学する—変わる家族・モノ・学び・技術」（野島久雄ほか）　新曜社　2004.3　p1-11b
- ◎参考文献「変貌するアジアの家族—比較・文化・ジェンダー」（山中美由紀）　昭和堂　2004.3　prr
- ◎注「21世紀家族へ—家族の戦後体制の見かた、越えかた　3版」（落合恵美子）　有斐閣　2004.4　p258-283
- ◎引用参考文献「家族のライフスタイルを問う」（神原文子）　勁草書房　2004.4　p11-19b
- ◎参考文献「家族革命」（清水浩昭ほか）　弘文堂　2004.4　prr
- ◎引用参考文献「中国社会の人類学—親族・家族からの展望」（瀬川昌久）　世界思想社　2004.4　p229-241
- ◎引用参考文献「生活と家族」（石川實ほか）　コロナ社　2004.5　p193-202
- ◎引用参考文献「住まいと家族をめぐる物語—男の家、女の家、性別のない部屋」（西川祐子）　集英社　2004.10　p210-222
- ◎参考文献「17世紀イングランドの家族と政治思想」（金屋平三）　晃洋書房　2004.12　p237-244
- ◎参考文献「家族の構造と心—就寝形態論」（篠田有子）　世織書房　2004.12　p345-357

◎参考文献「現代日本の社会意識―家族・子ども・ジェンダー」（渡辺秀樹）　慶應義塾大出版会　2005.3　prr
◎参考文献「いっしょに暮らす」（長山靖生）　筑摩書房　2005.4　p229-230
◎参考文献「家族とこころ―ジェンダーの視点から」（浅川千尋ほか）　世界思想社　2005.4　prr
◎注「唐宋時代の家族・婚姻・女性―婦は強く」（大澤正昭）　明石書店　2005.4　prr
◎ブックガイド「未知なる家族―The family and beyond」（日本経済新聞社）　日本経済新聞社　2005.9　p251-253
◎文献ガイド「ネットワークとしての家族」（吉田あけみほか）　ミネルヴァ書房　2005.12　p272-283
◎文献「発展する家族社会学―継承・摂取・創造」（森岡清美）　有斐閣　2005.12　p319-338
◎文献「迷走する家族―戦後家族モデルの形成と解体」（山田昌弘）　有斐閣　2005.12　p259-270
◎参考文献「精神障害者―家族の相互関係とストレス」（南山浩二）　ミネルヴァ書房　2006.2　p267-286
◎参考文献「家族福祉原論」（鶴野隆浩）　ふくろう出版　2006.3　p210-228
◎参考文献「不確実な家族と現代」（夏刈康男ほか）　八千代出版　2006.3　prr
◎引用文献「ジェンダー家族を超えて」（牟田和恵）　新曜社　2006.4　p161-169
◎参考文献「家族ライフスタイルの社会学」（D. J. チール）　ミネルヴァ書房　2006.6　p267-300
◎参考文献「商人家族のエスノグラフィー―零細小売商における顧客関係と家族従業」（坂田博美）　関西学院大出版会　2006.6　p234-245
◎引用参考文献「家族の関わりから考える生涯発達心理学」（尾形和男）　北大路書房　2006.9　p205-217
◎文献「長寿社会における高齢期きょうだい関係の家族社会学的研究」（吉原千賀）　学文社　2006.9　p177-188
◎引用文献「家族の心理―家族への理解を深めるために」（平木典子ほか）　サイエンス社　2006.10　p171-179
◎文献「家族の変遷・女性の変化」（佐藤宏子）　日本評論社　2007.2　p253-268
◎参考文献「現代家族のパラダイム革新―直系制家族・夫婦制家族から合意制家族へ」（野々山久也）　東京大出版会　2007.4　p289-298
◎参考文献「家族社会学のパラダイム」（目黒依子）　勁草書房　2007.6　p297-311
◎文献一覧「リスク・ファミリー―家事調停の現場から見た現代家族」（井上眞理子）　晃洋書房　2007.7　p181-186
◎引用参考文献「ライフコースとジェンダーで読む家族　改訂版」（岩上真珠）　有斐閣　2007.10　p207-216
◎引用参考文献「家族の倫理学」（志水紀代子）　丸善　2007.11　p174-179

華族
◎文献「華族社会の「家」戦略」（森岡清美）　吉川弘文館　2002.1　p439-456
◎文献一覧「明治・大正・昭和華族事件録」（千田稔）　新潮社　2005.11　p526-531
◎参考文献ほか「華族―近代日本貴族の虚像と実像」（小田部雄次）　中央公論新社　2006.3　p313-321

家族援助
◎文献「心理臨床としての家族援助」（下坂幸三）　金剛出版　2001.9　prr
◎参考文献「家族援助論―新現代家族の創造と共育」（小田豊）　光生館　2003.4　prr
◎引用参考文献「家族援助論」（小田豊ほか）　北大路書房　2005.3　p173-175
◎引用参考文献「家族援助論―児童の福祉を支える」（吉田眞理）　萌文書林　2006.11　p240-244

家族関係
◎参考文献「家族システム援助論」（十島雍蔵）　ナカニシヤ出版　2001.3　p171-177
◎引用文献「乳幼児を持つ父母における仕事と家庭の多重役割」（福丸由佳）　風間書房　2003.2　p163-174
◎参考文献「これからの家族関係学」（土屋葉）　角川学芸出版　2003.4　prr
◎参考文献「イジメと家族関係」（中田洋二郎）　信山社出版　2003.7　prr
◎参考文献「ケータイを持ったサル―「人間らしさ」の崩壊」（正高信男）　中央公論新社　2003.9　p187-186
◎文献「心理、福祉のファミリーサポート」（京都ノートルダム女子大心理臨床センター）　金子書房　2003.9　prr
◎文献解説「家族関係学入門―ケースで学んだ家族のライフコース」（瓜生武）　日本評論社　2004.2　p161-167
◎文献「私は親のようにならない―嗜癖問題とその子どもたちへの影響　改訂版」（C. ブラック）　誠信書房　2004.7　p298-301
◎参考文献「教師と親のコラボレーション―障害のある子どものよりよい生活のために」（L. ポーターほか）　田研出版　2005.12　p255-270
◎参考書「家族というストレス―家族心理士のすすめ」（岡堂哲雄）　新曜社　2006.11　p231-235
◎参考文献「発達精神病理学―子どもの精神病理の発達と家族関係」（E. M. カミングスほか）　ミネルヴァ書房　2006.12　p489-547
◎引用文献「家族システムにおける父親の役割に関する研究―幼児、児童とその家族を対象として」（尾形和男）　風間書房　2007.1　p243-258
◎引用文献「シンボル配置技法による家族関係認知の研究」（築地典絵）　風間書房　2007.2　p187-199
◎引用参考文献「家族臨床心理学の視点―家族と結婚についての臨床心理学」（井村たね子）　北樹出版　2007.10　p199-204

家族看護
◎参考文献「子どもの病気・障害経過における「夫婦の体験」に関する研究」（星直子）　こうち書房　2004.3　p230-239

家族間暴力
◎参考文献「家族間暴力防止の基礎理論」（K. ブラウンほか）　明石書店　2004.11　p332-364
◎文献一覧「家族間暴力のカウンセリング」（日本家族心理学会）　金子書房　2005.5　p170-195

家族計画
◎文献ほか「「近代家族」とボディ・ポリティクス」（田間泰子）　世界思想社　2006.12　p271-292

◎文献「家族計画指導の実際—少子社会における家族形成への支援　2版」（木村好秀ほか）　医学書院　2007.6　p171-173

家族史
◎参考文献「家族史の方法—日本家族史論集　1」（佐々木潤之助ほか）　吉川弘文館　2002.5　p363-365
◎参考文献「家族史の展望—日本家族史論集　2」（大日方純夫）　吉川弘文館　2002.6　p354-356
◎参考文献「婚姻と家族・親族—日本家族史論集　8」（義江明子）　吉川弘文館　2002.11　p380-382
◎参考文献「親族と祖先—日本家族史論集　7」（義江明子）　吉川弘文館　2002.11　p359-361
◎参考文献「家業と役割　日本家族史論集11」（永原和子）　吉川弘文館　2003.3　p366-368
◎参考文献「家族と住居・地域　日本家族史論集12」（坂田聡）　吉川弘文館　2003.4　p378-380
◎参考文献「民族・戦争と家族　日本家族史論集13」（大日方純夫）　吉川弘文館　2003.5　p371-373
◎参照文献「歴史人口学と家族史」（速水融）　藤原書店　2003.11　p530-505
◎参考文献「名前と社会—名づけの家族史　新装版」（上野和男ほか）　早稲田大出版部　2006.6　prr

家族心理
◎文献「学校臨床における家族への支援」（日本家族心理学会）　金子書房　2001.6　p184-203
◎文献一覧「子育て臨床の理論と実際」（日本家族心理学会）　金子書房　2002.6　p193-208
◎引用参考文献「家族心理学　社会変動・発達・ジェンダーの視点」（柏木惠子）　東京大学出版会　2003.4　p317-341
◎文献一覧「家族カウンセリングの新展開　家族心理学年報　21」（日本家族心理学会）　金子書房　2003.6　p213-227
◎引用参考文献「家族心理学特論」（横山知行ほか）　放送大教育振興会　2006.3　prr

家族制度
◎参考文献ほか「継承の人口社会学—誰が「家」を継いだか」（坪内玲子）　ミネルヴァ書房　2001.3　p239-244
◎参考文献「日本古代の家族・親族—中国との比較を中心として」（成清弘和）　岩田書院　2001.4　p181-192
◎参考文献「中国湖北農村の家族・宗族・婚姻」（秦兆雄）　風響社　2005.2　p319-332
◎参考文献「東インドネシアの家社会—スンバの親族と儀礼」（小池誠）　晃洋書房　2005.11　p259-267
◎参考文献「近世村落社会の家と世帯継承—家族類型の変動と回帰」（岡田あおい）　知泉書館　2006.1　p317-337
◎文献「王朝貴族の婚姻と家族」（佐藤良雄）　システムファイブ　2006.6　p811-812
◎文献一覧「先祖祭祀と家の確立—「半檀家」から一家一寺へ」（森本一彦）　ミネルヴァ書房　2006.10　p295-318
◎参考文献「純潔の近代—近代家族と親密性の比較社会学」（D. ノッター）　慶應義塾大出版会　2007.11　p5-32b

家族福祉
◎参考文献「家族福祉論—全体としての家族へのサポート」（相沢譲治ほか）　勁草書房　2002.4　prr
◎参考文献「家族・児童福祉　改訂版」（庄司洋子ほか）　有斐閣　2002.9　prr

家族法
◎文献目録「イスラーム家族法—婚姻・親子・親族」（柳橋博之）　創文社　2001.2　p769-786
◎参考文献「「在日」の家族法Q&A」（「定住外国人と家族法」研究会）　日本評論社　2001.5　p355-363
◎参考文献「家族のジェンダーと法」（三木妙子ほか）　成文堂　2003.2　prr
◎参考文献「やさしい家族法」（久々湊晴夫ほか）　成文堂　2003.3　p377-378
◎文献「家族法概論　新版」（有地亨）　法律文化社　2003.3　p457-460
○主要文献目録（西希代子ほか）「日仏法学　23」（日仏法学会）　2004　p306-333
◎参考文献「現代ムスリム家族法」（柳橋博之）　日本加除出版　2005.2　prr
◎参考文献「「在日」の家族法Q&A　2版」（西山慶一ほか）　日本評論社　2006.1　p409-419
◎参考文献「家族法—law school　新版」（平田厚）　日本加除出版　2006.5　p351-373
◎参考文献「家族法」（半田吉信ほか）　法律文化社　2006.11　p349-352
◎参考文献「家族と法—個人化と多様化の中で」（二宮周平）　岩波書店　2007.10　p7-11b

家族療法
◎文献「心理療法の統合を求めて—精神分析・行動療法・家族療法」（P. ワクテル）　金剛出版　2002.1　p475-501
◎文献「事例で学ぶ家族療法・短期療法・物語療法」（若島孔文ほか）　金子書房　2002.4　p185-191
◎文献「カップルと家族のカウンセリング—パーソナル・スタンダード・アプローチ」（C. J. オリーリ）　金剛出版　2002.8　p203-208
◎文献「教育カウンセリングと家族システムズ—特別なニーズのある子どもを理解するために」（ローズマリー・ラムビー, デビ・ダニエルズ＝モーリング）　現代書林　2002.9　p495-508
◎文献「家族療法的カウンセリング」（亀口憲治）　駿河台出版社　2003.11　p214-216
◎文献「ファミリー中心アプローチの原則とその実際」（L. レアル）　学苑社　2005.9　p115-117
◎参考文献「子どもと家族を援助する—統合的心理療法のアプローチ」（E. F. ワクテル）　星和書店　2007.9　p437-446

ガソリン
◎参考文献「ガソリンの時代—その20世紀の軌跡」（熊崎照）　オイル・リポート社　2001.8　p798-799

片思い
◎参考文献「片思いの発見」（小谷野敦）　新潮社　2001.9　p192-197

敵討ち
◎参考文献「かたき討ち—復讐の作法」（氏家幹人）　中央公論新社　2007.2　p269-276

かたち
◎参考文献「かたちのパノラマ」（宮崎興二）　丸善　2003.3　p183-194

刀狩
　◎参照文献「刀狩り―武器を封印した民衆」(藤木久志)　岩波書店　2005.8　p240-243
語り
　◎参考文献「「語り」の記号論―日英比較物語文分析」(山岡實)　松柏社　2001.1　p202-211
カタリ派
　◎参考文献「ヨーロッパ異端の源流　カタリ派とボゴミール派」(Y. ストヤノフ)　平凡社　2001.11　p449-433
語り物
　○文献目録「軍記と語り物　37」(軍記・語り物研究会)　2001.3　p100-122
　○文献総目録(研究会)「軍記と語り物　42」(軍記・語り物研究会)　2006.3　p146-161
価値
　◎文献「市場経済と価値―価値論の新機軸」(飯田和人)　ナカニシヤ出版　2001.7　p393-405
家畜
　◎参考文献「環境に調和した家畜の生産・管理技術　改訂版」(小林茂樹)　筑波書房　2001.6　p205-209
　◎参考文献「ムギとヒツジの考古学」(藤井純夫)　同成社　2001.9　p315-331
　◎引用文献「酪農における家畜ふん尿処理と地域利用―循環型農業をめざして」(志賀一一ほか)　酪農総合研究所　2001.10　p127-130
　◎参考文献「アニマルテクノロジー」(佐藤英明)　東京大学出版会　2003.11　p203-209
　◎文献「動物の飼料」(唐澤豊)　文永堂出版　2004.12　p305-308
　◎文献「子どもにうつる動物の病気―なぜうつる?どう防ぐ!!」(神山恒夫ほか)　真興交易　2005.3　p253-254
　◎文献「新編家畜比較発生学」(加藤嘉太郎ほか)　養賢堂　2005.3　p239-282
　◎文献「豚は月夜に歌う―家畜の感情世界」(J. M. マッソン)　バジリコ　2005.3　p304-305
　◎参考文献「アニマルウェルフェア―動物の幸せについての科学と倫理」(佐藤衆介)　東京大学出版会　2005.6　p190-194
　◎参考文献「獣医公衆衛生学　2版」(植田富貴子ほか)　学窓社　2005.9　p403-406
　◎参考文献「世界家畜品種事典」(畜産技術協会)　東洋書林　2006.1　p391-393
価値創造
　◎参考文献「価値創造学―知のマーケットを創造する技術経営」(福田収一)　丸善　2005.2　p177-184
カツオ
　◎参考図書「カツオの産業と文化」(若林良和)　成山堂書店　2004.2　p181-182
　◎引用参考文献「カツオ漁　ものと人間の文化史127」(川島秀一)　法政大学出版局　2005.8　p327-337
学会
　○刊行物「学会名鑑　2001-3年版」(日本学術協力財団)　日本学術協力財団　2001.1　prr
楽器
　◎文献「歴史的楽器の保存学」(ロバート・L. バークレー)　音楽之友社　2002.1　p186-194
　◎参考文献「楽器の物理学」(N. H. フレッチャー)　シュプリンガー・フェアラーク東京　2002.10　prr
　◎参考文献「宇宙を叩く―火焔太鼓・曼荼羅・アジアの響き」(杉浦康平)　工作舎　2004.10　p338-341
　◎参考文献「ラテンアメリカ楽器紀行」(山本紀夫)　山川出版社　2005.11　p163-166
学級
　○記事抄録(藤縄剛三)「文献探索　2000」(文献探索研究会)　2001.2　p473-479
　◎引用文献「学級再生」(小林正幸)　講談社　2001.7　p254」
　◎参考文献「学級経営の悩み相談―ハンドブック」(小島宏)　教育出版　2005.4　p192-193
　◎引用文献「個に応じた学習集団の編成」(J. アイルソンほか)　ナカニシヤ出版　2006.4　p219-231
学校
　◎ブックガイド「サーフィン型学校が子どもを救う!―「やり直し可能」な教育システムへ」(永山彦三郎)　平凡社　2001.2　p201-212
　◎参考文献「スクール・セクハラ防止マニュアル」(田中早苗)　明石書店　2001.4　p156-161
　◎文献「アメリカの学校文化日本の学校文化―学びのコミュニティの創造」(臼井博)　金子書房　2001.6　p291-303
　◎文献「あなたの子どもが学校生活で必ず成功する法―なぜ、この学校には落ちこぼれが一人もいないのか?」(W. グラッサー)　アチーブメント出版　2001.7　p309-317
　◎文献「学校を変えるカウンセリング―解決焦点化アプローチ」(トーマス・E. デービス, シンシア・J. オズボーン)　金剛出版　2001.11　p195-204
　◎参考文献「学校現場に役立つ臨床心理学―事例から学ぶ」(菅佐和子, 木之下隆夫)　日本評論社　2001.11　p226-228
　◎参考文献「学校現場で生かすカウンセリング―教師カウンセラーの目から」(上野和久)　朱鷺書房　2002.2　p230-233
　◎参考文献「学校の社会力―チカラのある子どもの育て方」(門脇厚司)　朝日新聞社　2002.7　p258-263
　◎参考文献「学校文化の比較社会学―日本とイギリスの中等教育」(志水宏吉)　東京大学出版会　2002.9　p323-343
　◎引用参考文献「学校ソーシャルワーク入門」(内田光司)　中央法規出版　2002.10　prr
　◎「学校沿革史誌目録―財団法人野間教育研究所所蔵　国・公立高等教育機関編　2002年3月現在」(野間教育研究所日本教育史研究部門学校沿革史研究会)　野間教育研究所　2002.10　189p B5
　◎文献「スクールソーシャルワーク―学校における新たな子ども支援システム」(山下英三郎ほか)　学苑社　2003.8　p164-174
　◎文献「学校が泣いている―文教都市国立からのレポート」(石井昌浩)　産経新聞ニュースサービス　2003.8　p206-209
　◎参考文献「カウンセリングと学校」(生越達美)　ナカニシヤ出版　2003.9　prr
　◎参考図書「学校臨床心理学・入門―スクールカウンセラーによる実践の知恵」(伊藤美奈子ほか)　有斐閣　2003.12　p251-255

かつこう

◎参考文献「滋賀の学校史―地域が育む子どもと教育」（木全清博）　文理閣　2004.2　p254-259
◎参考文献「新しいタイプの公立学校―コミュニティ・スクール立案過程と選択による学校改革」（黒崎勲）同時代社　2004.2　p159-161
◎参考文献「地域社会における学校の拠点性」（酒川茂）古今書院　2004.2　p279-295
◎参考文献「学校評価の「問題」を読み解く―学校の潜在力の解発」（木岡一明）　教育出版　2004.9　p170-176
◎参考文献「管理から自律へ―戦後ドイツの学校改革」（遠藤孝夫）　勁草書房　2004.9　p4-10b
◎参考文献「学校のない社会への招待―〈教育〉という〈制度〉から自由になるために」（M. S. プラカシュほか）　現代書館　2004.10　p231-241
◎注「学校の構造　教育の文化史1」（佐藤秀夫）　阿吽社　2004.12　prr
◎参考文献「校旗の誕生」（水崎雄文）　青弓社　2004.12　p274-277
◎参考文献「〈学級〉の歴史学―自明視された空間を疑う」（柳治男）　講談社　2005.3　p220-226
○注「学校と人間形成―学力・カリキュラム・市民形成」（佐貫浩）　法政大学出版局　2005.3　p214-222
○「学校沿革史誌目録」（野間教育研究所）　野間教育研究所　2005.3　2冊　B5
◎参考文献「学校ストレスとサポートシステム」（徳重雅弘）　文芸社　2005.5　p124-126
○手記目録（槻木瑞生）「同朋大学佛教文化研究所紀要25」（同朋大）　2006.3　p274-217
◎参考文献「生徒の学校への関わり―帰属意識と参加―PISA 2000年調査の結果から」（経済協力開発機構）技術経済研究所　2006.4　p83-87
◎引用文献「学校を考えるっておもしろい!!―教養としての教育学―TAと共に授業を創る」（水原克敏）東北大出版会　2006.7　p312-315
◎引用参考文献「データが語る　1　学校の課題―学力向上・学級の荒れ・いじめを徹底検証」（河村茂雄）図書文化社　2007.2　p108-109
◎参考文献「教室の環境と学習効率」（村上周三ほか）建築資料研究社　2007.10　p194-203
◎ブックガイド「学校現場で役立つ子ども虐待対応の手引き―子どもと親への対応から専門機関との連携まで」（玉井邦夫）　明石書店　2007.12　p321-326

学校安全
◎参考文献「学校安全の研究」（石毛昭治）　文化書房博文社　2002.3　p119」
◎文献「子どもの危機管理の実態とその改善方策に関する調査研究」（子どもの危機管理研究会）　伊藤忠記念財団　2004.1　p372-374
◎参考文献「「学校の危機管理」研修」（上地安昭）教育開発研究所　2005.3　prr
◎参考文献「必携!教師のための学校危機への予防・対応マニュアル―危機管理をどうするか」（新福知子）教育出版　2005.7　p136-138
◎参考文献「学校の安全と危機管理―世界の事例と教訓に学ぶ」（OECD）　明石書店　2005.10　prr
◎文献「学校心理学による問題対応マニュアル―学校で起きる事件・事故・災害にチームで備え、対処する」（S. E. ブロックほか）　誠信書房　2006.6　p299-320

◎参考文献「学校と法」（藤井俊夫）　成文堂　2007.6　p266-268
◎参考文献「学校での危機介入―すべての職員が支援者となるために」（M. A. Heath）　ナカニシヤ出版　2007.9　p167-170

学校カウンセリング
◎References「中学校・高校でのブリーフカウンセリング」（J. F. マーフィー）　二瓶社　2002.4　p219-223
◎参考文献「学校心理士による心理教育的援助サービス」（石隈利紀ほか）　北大路書房　2004.4　p271-277
◎文献「学校心理士の実践　中学校・高等学校編」（岡田守弘ほか）　北大路書房　2004.4　p185-191
◎文献紹介「ブリーフ学校カウンセリング―解決焦点化アプローチ」（宇田光ほか）　ナカニシヤ出版　2004.6　p123-129
◎引用参考文献「学校に生かすカウンセリング―学びの関係調整とその援助　2版」（渡辺三枝子ほか）ナカニシヤ出版　2004.9　p237-242
◎文献「スクールカウンセラーとしての導入期実践―基盤となる発想を求めて」（中島義実）　風間書房　2006.3　p247-257
◎文献「学校心理学による問題対応マニュアル―学校で起きる事件・事故・災害にチームで備え、対処する」（S. E. ブロックほか）　誠信書房　2006.6　p299-320
◎文献案内（北浦壮一朗）「現代のエスプリ　471」（至文堂）　2006.10　p221-222
◎引用文献「協働性にもとづく学校カウンセリングの構築―高校における学校組織特性に着目して」（瀬戸健一）　風間書房　2006.10　p329-339

学校給食
◎参考文献「学校給食が子どもと地域を育てる　続」（竹下登志成）　自治体研究社　2005.8　p133-135
◎参考文献「栄養教諭ってどんな仕事―職務に必要な基礎知識」（小西文子）　明治図書出版　2007.6　p198-199

学校教育
○記事抄録（藤縄剛三）「文献探索　2000」（文献探索研究会）　2001.2　p473-479
◎参照文献「フランスの移民と学校教育」（池田賢市）明石書店　2001.2　p228-238
◎文献「学校教育と医療的ケア―学校そして教師は医療的ケアにどう向き合うか」（古屋義博）　新読書社　2001.7　p113-118
◎参考文献「民俗学運動と学校教育―民俗の発見とその国民化」（小国喜弘）　東京大学出版会　2001.12　p241-204
◎参考文献「ヨーロッパ成立期の学校教育と教養」（ピエール・リシェ）　知泉書館　2002.8　p72-105b
◎参考文献「子どもたちの近代―学校教育と家庭教育」（小山静子）　吉川弘文館　2002.8　p181-183
◎文献「未来の学校教育」（経済協力開発機構）　技術経済研究所　2002.12　p239-241
◎参考文献「心をささえる生徒指導　生徒支援の理論と実践」（原田信之）　ミネルヴァ書房　2003.1　prr
◎参考文献「民俗芸能で広がる子どもの世界―学校における体験活動の学習素材として取り入れるために　文化庁平成14年度報告書」（編集委員会ほか）　同編集委員会　2003.3　p158-159

◎Bibliography「日本統治下の台湾の学校教育—開発と文化問題の歴史分析」（林茂生）　拓殖大　2004.1　p199-205
◎参考文献「明日の学校教育のシナリオ—Education and skills」（OECD）　協同出版　2004.3　p116-122, 284-295
◎参考引用文献「ITの先進的な教育利用—IT・新世紀型理数科系教育の挑戦　確かな学力を育てる」（木村捨雄ほか）　東洋館出版社　2004.9　prr
◎引用文献ほか「現代アメリカの学校改革—教育政策・教育実践・学力」（R.F.エルモア）　同時代社　2006.6　p298-307
◎文献「学校教育のメタフィジックス」（中井孝章）　日本教育センター　2006.8　p1225-1286
◎引用参考文献「グローバル化と学校教育」（嶺井正也）　八千代出版　2007.4　p205-211

学校経営
◎参考文献「教育経営」（甲斐規雄）　育英堂　2001.9　p123-127
◎参考文献「学校経営と学校図書館」（古賀節子）　樹村房　2002.6　p171」
◎引用参考文献「学校経営研究における臨床的アプローチの構築—研究-実践の新たな関係性を求めて」（小野由美子ほか）　北大路書房　2004.6　p152-160
◎文献「学校組織の心理学」（淵上克義）　日本文化科学社　2005.2　p187-198
◎参考文献「21世紀に於ける学校経営のモデル化」（豊増秋男）　新風舎　2005.3　p229-237
◎参考文献「学校経営の戦略と手法」（天笠茂）　ぎょうせい　2006.5　p374-376
◎文献リスト「ステップ・アップ学校組織マネジメント—学校・教職員がもっと"元気"になる開発プログラム」（木岡一明）　第一法規　2007.3　p294-296
◎参考文献「オーストラリア教育改革に学ぶ—学校変革プランの方法と実際」（佐藤博志）　学文社　2007.5　p292-298
◎参考文献「教職員理解が学校経営力を高める—学校で働く人たちのチームワークをどう活かすか」（藤原文雄）　学事出版　2007.8　p186-187
◎引用参考文献「「学校の自律性」と校長の新たな役割—アメリカの学校経営改革に学ぶ」（浜田博文）　一藝社　2007.11　p317-339
◎参照文献「「学校協議会」の教育効果に関する研究—「開かれた学校づくり」のエスノグラフィー」（平田淳）　東信堂　2007.12　p401-419

学校建築
◎文献「建築設計資料集成　教育・図書」（日本建築学会）　丸善　2003.3　p182-186
◎参考資料「岡山の木造校舎」（河原馨）　日本文教出版　2007.7　p151」
◎参考文献「学び舎拝見」（内田青蔵ほか）　河出書房新社　2007.7　p143」

学校事故
◎参考文献「学校トラウマと子どもの心のケア—実践編」（藤森和美）　誠信書房　2005.9　p221-226
◎参考文献「学校の中の事件と犯罪—シリーズ　3　1973〜2005（戦後教育の検証）」（柿沼昌芳ほか）　批評社　2005.12　p156-159

学校心理
◎文献「学校の心理学—教育への心理学的支援」（塩見邦雄）　ナカニシヤ出版　2002.4　prr
◎引用参考文献「学校心理士と学校心理学」（松浦宏ほか）　北大路書房　2004.3　p272-279
◎文献「学校臨床心理学」（倉光修）　誠信書房　2004.5　prr
◎参考文献「新訂学校臨床心理学」（滝口信子）　放送大教育振興会　2005.3　prr
◎引用文献「学校心理学—社会心理学的パースペクティブ」（F.J.メッドウェイほか）　北大路書房　2005.8　p228-253
◎引用参考文献「学校心理学ガイドブック」（学校心理士資格認定委員会）　風間書房　2006.3　p155-164

学校伝道
◎参考文献「キリスト教学校の形成とチャレンジ」（学校伝道研究会ほか）　聖学院大出版会　2006.4　p30-31b

学校図書館
◎「学校図書館基本図書目録　2001年版」（全国学校図書館協議会基本図書目録編集委員会）　同協議会　2001.3　973p A5
◎参考図書「新学校図書館入門—子どもと教師の学びをささえる」（黒澤浩）　草土文化　2001.3　p206-207
◎参考文献「学校図書館はどうつくられ発展してきたか—岡山を中心に」　教育史料出版会　2001.7　p207-211
◎参考図書「子どもが生き生きする学校図書館づくり」（渡辺暢恵）　黎明書房　2002.1　p126-128
◎参考文献「学校経営と学校図書館—メディア専門職養成シリーズ　1」（山本順一ほか）　学文社　2002.5　prr
◎参考文献「学校経営と学校図書館」（古賀節子）　樹村房　2002.6　p171」
◎注「学校図書館の検閲と選択　第3版」（H.ライヒマン）　京都大学図書館情報学研究会　2002.10　p225-239
◎参考文献「学校図書館メディアの構成」（小田光宏）　樹村房　2002.11　p159」
◎参考文献「学習指導と学校図書館」（堀川照代）　樹村房　2002.12　p152-153
◎参考文献「学校図書館論　補訂2版」（塩見昇）　教育史料出版会　2003.4　p211-216
◎参考文献「司書教諭のための学校経営と学校図書館」（渡辺重夫）　学文社　2003.5　p209」
◎参考文献「インフォメーション・パワーが教育を変える！—学校図書館の再生から始まる学校改革」（アメリカ公教育ネットワーク）　高陵社書店　2003.8　prr
◎参考文献「学習指導・調べ学習と学校図書館」（大串夏身）　青弓社　2003.12　prr
○記事索引「学校図書館　639」（全国学校図書館協）　2004.1　p56-64
◎引用参考文献「学校図書館の運営」（柿沼隆志）　日本図書館協会　2004.3　prr
◎参考文献「教育改革の中の学校図書館—生きる力・情報化・開かれた学校」（坂田仰）　八千代出版　2004.5　prr
◎参考文献（渡辺重夫）「学校図書館・司書教諭講習資料　4版」（全国学校図書館協議会）　全国学校図書館協　2004.6　p239-242

かつこう

◎文献一覧「学校図書館五〇年史」（全国学校図書館協議会『学校図書館五〇年史』編集委員会）　全国学校図書館協　2004.7　p560-563
◎参考文献「学校経営と学校図書館、その展望」（北克一）　青弓社　2004.10　prr
◎参考文献「学校図書館論　補訂2版」（塩見昇）　教育史料出版会　2004.10　p211-216
◎References「学校図書館利用教育に関する実証的研究」（原勝子）　風間書房　2004.12　p139-141
◎参考文献「読書と豊かな人間性の育成」（天道佐津子）　青弓社　2005.1　prr
◎掲出図書一覧「子どもの読書力を育てる学校図書館活用法―1年～6年」（渡辺暢恵）　黎明書房　2005.5　p113-116
◎参考文献「学校教育と学校図書館」（塩見昇）　教育史料出版会　2005.7　p225-229
◎参考文献「学校図書館メディアと読書教育」（塩見昇ほか）　教育史料出版会　2007.4　p211-214
◎参考文献ほか「学校図書館で育む情報リテラシー―すぐ実践できる小学校の情報活用スキル」（堀田龍也ほか）　全国学校図書館協議会　2007.7　p120-123
◎参考文献「学校教育と図書館―司書教諭科目のねらい・内容とその解説」（志保田務）　第一法規　2007.9　prr
◎参考文献「学校図書館の光と影―司書教諭を目指すあなたへ」（坂田仰ほか）　八千代出版　2007.10　prr

学校保健

◎注「学校保健の近代」（船橋治）　不二出版　2004.9　p63-70
◎文献「学校保健概論」（松岡弘編）　光生館　2005.10　prr

活字

◎文献「教科書体変遷史」（板倉雅宣）　朗文堂　2003.3　p192-201
◎参照引用文献「秀英体研究」（片塩二朗）　大日本印刷　2004.12　p727-729
○書誌目録（松原孝俊）「韓国言語文化研究　8」（九州大）　2005.3　p85-112

活性酸素

◎参考文献「活性酸素と老化制御―多細胞社会の崩壊と長寿へのシナリオ」（大柳善彦, 井上正康）　共立出版　2001.3　p161-185

カッセル国民文庫

◎刊行書目（田村道美）「絶版文庫嬉遊曲」（田村道美ほか）　青弓社　2002.2　p220-231

合戦

◎参考文献「謎とき日本合戦史」（鈴木真哉）　講談社　2001.9　p1-5b
◎注文献「鎌倉武士の実像―合戦と暮らしのおきて」（石井進）　平凡社　2002.11　prr
◎参考文献「戦国15大合戦の真相―武将たちはどう戦ったか」（鈴木真哉）　平凡社　2003.8　p250-252
◎参考文献「合戦の文化史」（二木謙一）　講談社　2007.6　p257-262

活断層

◎文献「神奈川県活断層（神縄・国府津-松田断層帯）調査事業成果報告書」（神奈川県）　神奈川県防災局防災消防課　2002.3　p125-127

◎文献「北海道活断層図　No.4　当別断層および南方延長部―活断層図とその解説」（北海道立地下資源調査所）　北海道立地質研究所　2002.3　p90-91
◎文献「日本海東縁の活断層と地震テクトニクス」（大竹政和, 平朝彦, 太田陽子）　東京大学出版会　2002.5　p187-195
◎参考文献「いま活断層が危ない―中部の内陸直下型地震」（安藤雅孝ほか）　中日新聞社　2006.10　p27-28

甲冑

◎参考文献「武器甲冑図鑑」（市川定春）　新紀元社　2004.9　p423-433
◎参考文献「武装―大阪城天守閣収蔵武具展―テーマ展」（大阪城天守閣）　大阪城天守閣特別事業委員会　2007.3　p104」

ガット

◎参考文献ほか「コメは政なれど……―ウルグアイ・ラウンド異聞」（望月迪洋）　オンブック　2007.11　p299-300

葛藤

◎引用文献「多文化社会の葛藤解決と教育価値観」（加賀美常美代）　ナカニシヤ出版　2007.2　p155-164

河童

○文献「歴史民俗学　23」（歴史民俗学研究会）　2004.2　p120-137
◎参考引用文献「河童伝承大事典」（和田寛）　岩田書院　2005.6　p762」

合併

◎参考文献「合併行動と企業の寿命―企業行動への新しいアプローチ」（清水剛）　有斐閣　2001.9　p151-163
◎参考文献「地域主権への市町村合併―大都市化・分都市化時代の国土戦略」（戸所隆）　古今書院　2004.1　p169-171
◎参考文献「M&A・企業再編の実務Q&A　2版」（プライスウォーターハウスクーパースほか）　中央経済社　2007.9　p353-354

活用

◎参考文献「日本語活用体系の変遷」（坪井美樹）　笠間書院　2001.4　p212-217

桂離宮

◎参考文献「月と日本建築―桂離宮から月を観る」（宮元健次）　光文社　2003.8　p227-230

割礼

◎参考文献「ドキュメント女子割礼」（内海夏子）　集英社　2003.9　p202-204

家庭

◎出典一覧「昭和・平成家庭史年表　1926-2000」（下川耿史ほか）　河出書房新社　2001.4　p653-657
◎文献「生活の経営と福祉」（長嶋俊介）　朝倉書店　2003.3　p185-194
◎参考文献「現代生活経済とパーソナル・ファイナンス」（内田滋）　ミネルヴァ書房　2003.10　prr
◎引用参考文献「〈女中〉イメージの家庭文化史」（清水美知子）　世界思想社　2004.6　p227-231
◎参考文献「スクールホーム―「ケア」する学校」（J. R. マーティン）　東京大出版会　2007.5　p268-274
◎参考文献「規制改革と家庭経済の再構築」（日本家政学会家庭経済学部会）　建帛社　2007.5　prr

家庭科
- ◎引用文献「教科と教師のジェンダー文化―家庭科を学ぶ・教える女と男の現在」(堀内かおる) ドメス出版 2001.7 p177-191
- ◎参考文献「現代アメリカ家庭科カリキュラムに関する研究―生活実践知形成」(林未和子) 風間書房 2002.2 p351-379
- ◎引用参考文献「家庭科におけるキャリア教育の開発に関する研究」(河崎智恵) 風間書房 2004.2 p259-267
- ◎参考文献「現代日本女子教育文献集 23」(真橋美智子) 日本図書センター 2005.5 p220-224
- ◎引用参考文献「現代家庭科教育法―他人・家族・地域社会のウェルビーイング向上をめざして」(E. J. ヒッチほか) 大修館書店 2005.11 prr
- ◎参考文献「住環境リテラシーを育む―家庭科から広がる持続可能な未来のための教育」(妹尾理子) 萌文社 2006.4 p198-202

家庭介護
- ◎参考文献「高齢社会と家族介護の変容―韓国・日本の比較研究 新装版」(金貞任) 法政大学出版局 2004.9 p235-244
- ◎文献「家族介護者のサポート―カナダにみる専門職と家族の協働」(P. オルゼックほか) 筒井書房 2005.10 p160-173

家庭教育
- ◎参考文献「子どもたちの近代―学校教育と家庭教育」(小山静子) 吉川弘文館 2002.8 p181-183
- ◎参考文献「〈お話〉と家庭の近代」(重信幸彦) 久山社 2003.1 p126-124
- ◎文献「絆を深める親子遊び―子育て支援のための新しいプログラム」(R. ヴァンフリート) 風間書房 2004.6 p131-133
- ◎参考文献「家庭教育の再生」(林道義ほか) 学事出版 2005.9 p234-238
- ◎引用文献「真っ当な日本人の育て方」(田下昌明) 新潮社 2006.6 p252-253
- ◎文献「子育て・しつけ」(広田照幸) 日本図書センター 2006.11 p367-374
- ◎参考文献「子育て文化のフロンティア―伝えておきたい子育ての知恵」(中谷彪) 晃洋書房 2006.11 p107-111

家庭教師
- ◎参考文献「ガヴァネス―ヴィクトリア時代の〈余った女〉たち」(川本静子) みすず書房 2007.11 p202-205

家庭裁判所
- ◎文献「司法臨床の方法」(廣井亮一) 金剛出版 2007.5 p190-196

家庭内暴力
- ◎参考文献「ドメスティック・バイオレンスと家族の病理」(中村正) 作品社 2001.5 p251-254
- ◎文献・論文「ドメスティック・バイオレンスの法―アメリカ法と日本法の挑戦」(小島妙子) 信山社出版 2002.10 p496-504
- ◎注「アメリカの家庭内暴力と虐待―社会学的視点でひもとく人間関係」(熊谷文枝) ミネルヴァ書房 2005.8 prr
- ◎参考文献「家庭内で起こる暴力とファミリーサポート―市民サポーターのエンパワメント」(山西裕美) 中央法規出版 2005.10 p158-162

家庭薬
- ◎参考図書「懐かしの家庭薬大全」(町田忍) 角川書店 2003.5 p187-188

カテドラル
- ◎文献「イギリス大聖堂・歴史の旅」(石原孝哉ほか) 丸善 2005.6 p246-248

ガーデニング
- ◎参考文献「園芸福祉のすすめ」(日本園芸福祉普及協会) 創森社 2002.3 p179-180

カードマジック
- ◎参考文献「魅惑のトリックカード・マジック」(松田道弘) 東京堂出版 2005.2 prr

カドミウム
- ◎引用文献「カドミウムと土とコメ」(比留間柏子) アグネ技術センター 2005.12 p135-144

カトリック
- ◎参考文献「アメリカ意外史―カリフォルニア・ミッションを辿って」(岡本孝司) オーク出版サービス 2001.10 p175-176
- ◎参考文献「司祭の霊性―宣教する教会の中で」(ホアン・エスケルダ・ビフェト) サンパウロ 2001.11 p1-6b
- ○文献一覧「カトリック教育研究 19」(日本カトリック教育学会) 2002 p100-104
- ◎参考文献ほか「東洋思想とカトリック神学」(M. ハインリッヒス) サンパウロ 2004.4 p1-23b
- ◎参考文献「典礼の精神」(J. ラッツィンガー) サンパウロ 2004.10 p246-255
- ◎参考文献「典礼奉仕への招き―ミサ・集会祭儀での役割」(オリエンス宗教研究所) オリエンス宗教研究所 2005.1 p211-215
- ◎参考文献「三位一体の神と救い―現代人のための一論考」(鳥巣義文) 新世社 2005.3 p273-308
- ◎参考文献「宗教vs.国家―フランス〈政教分離〉と市民の誕生」(工藤庸子) 講談社 2007.1 p203-206
- ◎参考文献ほか「教皇と魔女―宗教裁判の機密文書より」(R. デッカー) 法政大出版局 2007.11 p15-25b

カトリック教会
- ◎参考文献「和歌山・名古屋に流された浦上キリシタン」(三俣俊二) 聖母の騎士社 2004.6 p264-269
- ◎注「女性はなぜ司祭になれないのか―カトリック教会における女性の人権」(J. ワインガーズ) 明石書店 2005.5 p271-309
- ◎参考文献「神とともにある生活―キリスト教典礼の内的風景」(石井祥裕) パピルスあい 2005.11 p212-215
- ◎参考文献「西海の天主堂路」(井手道雄) 新風舎 2006.7 p392-395
- ◎参考図書「教会ラテン語・文法のあらまし」(江澤増雄) サンパウロ 2006.9 p165-166
- ◎参考文献「カトリシズムとは何か―キリスト教の歴史をとおして」(Y. ブリュレ) 白水社 2007.2 p1b」
- ◎参考文献「バチカン・エクソシスト」(T. ウイルキンソン) 文藝春秋 2007.5 p224-227

かな

ガーナ
　◎参照文献「精霊たちのフロンティア―ガーナ南部の開拓移民社会における〈超常現象〉の民族誌」（石井美保）　世界思想社　2007.2　p318-335

金尾文淵堂
　◎刊行書目ほか「金尾文淵堂をめぐる人びと」（石塚純一）　新宿書房　2005.2　p270-291

金型
　◎参考文献「中国企業のもの造り―参与観察にもとづいて」（潘志仁）　白桃書房　2007.10　p249-252

神奈川県
　◎「神奈川県立図書館地域資料目録　1999年版」　神奈川県立図書館　2001.3　150p A4
　◎参考文献「ランドマークが語る神奈川の100年」（読売新聞社横浜支局）　有隣堂　2001.4　p152-157
　◎参考文献「神奈川県の不思議事典」（小市和雄ほか）　新人物往来社　2001.4　p224-228
　◎文献「神奈川県活断層（神縄・国府津-松田断層帯）調査事業成果報告書」（神奈川県）　神奈川県防災局防災消防課　2002.3　p125-127
　◎文献「神奈川県地下構造調査成果報告書　〔2002〕」（神奈川県）　神奈川県　2002.3　p33-34
　◎「神奈川県地方史関係雑誌記事目録　1」（神奈川県立図書館）　神奈川県立図書館　2003.3　98p A4
　◎「神奈川県立図書館地域資料目録　2001年版」（神奈川県立図書館）　神奈川県立図書館　2003.3　68, 22, 22p A4
　◎参考文献「津久井歴史ウオーク」（前川清治）　東京新聞出版局　2003.3　1pb
　◎参考文献「子どもたちに伝えたい日本の童謡　神奈川」（池田小百合）　有楽出版社　2003.6　prr
　◎参考引用文献「神奈川の自然をたずねて」（編集委員会）　築地書館　2003.8　p251-257
　◎書誌（堀込静香）「鶴林紫苑―鶴見大学短期大学部国文科創立五十周年記念論集」（鶴見大学短期大学部国文学会）　風間書房　2003.11　p27-58
　◎参考図書「伊豆・小笠原弧の衝突―海から生まれた神奈川」（藤岡換太郎ほか）　有隣堂　2004.3　p8-9b
　◎参考文献「生きもの豊かな神奈川をめざして―生物多様性の保全と再生」（神奈川県自治総合研究センター）　自治総合研究センター　2004.3　p173-175
　◎参考文献「かながわの三匹獅子舞―獅子頭の世界特別展」（神奈川県立歴史博物館）　神奈川県立歴史博物館　2005.1　p70-71
　◎参考文献「時代を拓いた女たち―かながわの131人」（江刺昭子ほか）　神奈川新聞社　2005.4　p281-293
　◎参考文献「神奈川県の歴史散歩　上　川崎・横浜・北相模・三浦半島」（神奈川県高等学校教科研究会社会科部会歴史分科会）　山川出版社　2005.5　p302-304
　◎文献目録「論叢古代相模―相模の古代を考える会10周年記念論集」　相模の古代を考える会　2005.5　p161-173
　◎文献「画・文で描く祖父母が若かった頃―西相模の明治・大正・昭和」（鷹野良宏）　鷹野良宏　2007.7　p138-139

神奈川県　海老名市史
　◎「海老名市史資料所在目録　14　新聞記事目録VI　神奈川新聞昭和31年1月～昭和46年12月」（海老名市教育委員会）　海老名市教委　2004.3　125p A4

神奈川県　大磯町
　◎「大磯町史新聞記事目録　2横浜貿易新報大正編」（大磯町教育委員会, 大磯町立図書館町史編さん班）　大磯町　2005.11　193p A4

神奈川県　小田原市
　◎参考文献「小田原空襲」（井上弘）　夢工房　2002.2　p118」
　◎参考文献「小田原の梅―歴史背景の謎を追う」（石井啓文）　夢工房　2005.12　p163-164

神奈川県　鎌倉御家人
　◎参考文献「鎌倉御家人平子氏の西遷・北遷」（横浜市歴史博物館）　横浜市歴史博物館　2003.10　p261」

神奈川県　鎌倉市
　◎参考文献「〈古都〉鎌倉案内―いかにして鎌倉は死都から古都になったか」（加藤理）　洋泉社　2002.9　p218-219
　◎参考文献「鎌倉・横浜と東海道―街道の日本史　21」（神崎彰利ほか）　吉川弘文館　2002.12　p23-26b
　◎参考資料「図説鎌倉伝説散歩」（原田寛）　河出書房新社　2003.10　p104」
　◎関連文献「鎌倉の交通社会実験―市民参加の交通計画づくり」（高橋洋二ほか）　勁草書房　2004.1　p269-270
　◎参考文献「中世の鎌倉を語る」（安西篤子監修）　平凡社　2004.7　p384-387
　◎参考文献「鎌倉の古建築　増補」（関口欣也）　有隣堂　2005.11　p230-235
　◎参考文献「深く歩く鎌倉史跡散策　下」（神谷道倫）　かまくら春秋社　2006.7　p259-263
　◎参考文献「鎌倉の庭園―鎌倉・横浜の名園をめぐる」（宮元健次）　神奈川新聞社　2007.4　p338-339

神奈川県　鎌倉やぐら
　○記事抄録（小野弓子）「文献探索　2000」（文献探索研究会）　2001.2　p152-155

神奈川県　川崎市
　◎参考文献「自治体における企画と調整―事業部局と政策分野別基本計画」（打越綾子）　日本評論社　2004.3　p279-295
　◎参考文献「多文化共生教育とアイデンティティ」（金侖貞）　明石書店　2007.9　p239-253

神奈川県　相模川
　◎文献「伊豆弧衝突帯八景を知る―野外巡検と講演会の記録集2005.3～2007.2」（平塚市博物館）　平塚市博物館　2007.2　p163-164

神奈川県　相模湾
　◎参考文献「相模湾の海藻」（松浦正郎）　夢工房　2004.5　p211-214

神奈川県　寒川町
　○関連文献（事務局）「寒川町史研究　14」（神奈川県寒川町）　2001.3　p83-85
　◎「寒川町史新聞記事目録　第11集」（寒川町企画部町史編さん課）　神奈川県寒川町　2001.3　105p B5
　○50冊（涌井有希子ほか）「寒川町史研究　19」（寒川町）　2006.3　p25-51

神奈川県　三溪園
　◎参考引用文献「三溪園　100周年原三溪の描いた風景」（三溪園保勝会）　神奈川新聞社　2006.6　p182-183

神奈川県　湘南
　◎文献「湘南20世紀物語」(高木規矩郎)　有隣堂　2003.7　p162-163

神奈川県　丹沢山
　◎参考文献「丹沢山麓里山・田んぼ物語―伝統的景観復元と地域再生マニュアル」(岡進)　夢工房　2004.12　p131-132
　◎参考文献「丹沢の行者道を歩く」(城川隆生)　白山書房　2005.12　p174-183

神奈川県　茅ヶ崎市史
　○文献目録(平山孝通)「茅ヶ崎市史研究　26」(茅ヶ崎市)　2002.3　p69-78
　○文献目録(平山孝通)「茅ヶ崎市史研究　27」(茅ヶ崎市)　2003.3　p65-71

神奈川県　津久井
　◎参考文献「津久井歴史ウオーク」(前川清治)　東京新聞出版局　2003.3　1pb

神奈川県　東慶寺
　○書誌(小野弓子)「文献探索　2001」(文献探索研究会)　2002.7　p541-550

神奈川県　箱根
　◎参考文献「箱根人の箱根案内　歩いてみたい徹底ディープな箱根百色」(山口由美)　新潮社　2000.1　3pb
　◎参考文献「箱根の民話と伝説」(安藤正平,古口和夫)　夢工房　2001.4　p304-309
　◎文献「伊豆と黒潮の道　街道の日本史22」(仲田正之)　吉川弘文館　2001.5　p22-23b
　○文献目録(国松春紀)「文献探索　2001」(文献探索研究会)　2002.7　p163-172
　○関係文献抄録(国松春紀)「文献探索　2003」(文献探索研究会)　2003.12　p143-147
　◎「箱根関係文献目録」(神奈川県立図書館)　神奈川県立図書館　2004.3　109, 17, 17p A4
　◎参考文献「戦時下の箱根」(井上弘ほか)　夢工房　2005.11　p133-134

神奈川県　箱根湯本温泉
　◎文献「箱根湯本・塔之沢温泉の歴史と文化―箱根湯本温泉旅館組合創立五〇周年記念誌」(箱根湯本温泉旅館組合)　夢工房　2000.12　p394-396

神奈川県　秦野市
　◎「新聞記事目録　第7集　神奈川新聞　昭和51年1月―昭和60年12月」(秦野市総務部情報課)　秦野市　2001.3　260p A4
　◎「新聞記事目録　6　神奈川新聞　昭和41年1月―昭和50年12月」(秦野市総務部文書法制課市史編さん班)　秦野市　2003.3　310p A4
　○蔵書目録「秦野市史研究　26」(秦野市史編さん委員会)　2007.3　p109-127

神奈川県　藤沢市
　◎文献「ふじさわの大地―人々の暮らしと自然」(藤沢の自然編集委員会)　藤沢市教育文化センター　2002.3　p156-158
　○「藤沢市史新聞記事目録　横浜貿易新報　昭和元年―昭和5年」(藤沢市史編さん委員会)　藤沢市文書館　2007.3　85p A4

神奈川県　三浦市
　◎参考資料「年表でたどる上宮田　増補新訂」(長島文夫)　長島文夫　2005.10　p134-138

神奈川県　妙本寺
　◎文献目録「中世東国日蓮宗寺院の研究」(佐藤博信)　東京大学出版会　2003.11　p39-44b

神奈川県　山北町
　◎文献「山北町の自然」(山北町)　山北町　2002.3　各章末

神奈川県　大和市史
　◎参考引用文献「大和市史―ダイジェスト版」(大和市)　大和市　2006.3　p422-431

神奈川県　横須賀市
　◎参考文献「自治体の政策形成とその実践　横須賀市の挑戦」(金安岩男ほか)　ぎょうせい　2003.3　prr

神奈川県　横浜市
　○文献「横浜の古墳と副葬品―企画展」　横浜市歴史博物館　2001.1　p58-61
　◎参考文献「絵とき　横浜ものがたり」(宮野力哉)　東京堂出版　2001.9　p234-236
　◎参考資料ほか「横浜の壊滅―昭和二十年　第一部=8」(鳥居民)　草思社　2002.3　p317-328
　◎文献「横浜ベイサイドヒストリー47景」(山田一広)　街と暮らし社　2002.3　p226-229
　◎参考文献「絵とき横浜ものがたり」(宮野力哉)　東京堂出版　2002.3　p234-236
　◎参考文献「赤いポピーは忘れない―横浜もう一つの外人墓地」(遠藤雅子)　グラフ社　2002.9　p236-239
　◎参考文献「横浜港と京浜臨海工業地帯―横浜マリタイムミュージアム開館15周年記念「企画展」」(横浜マリタイムミュージアム)　横浜マリタイムミュージアム　2003.10　p42-44
　◎参考文献「新羽史」(新羽史編集委員会)　ニイサンマルクラブ　2004.3　p191-192
　◎文献「横浜・長崎教会建築史紀行―祈りの空間をたずねて」(横浜都市発展記念館)　発展記念館　2004.5　p46-47
　◎文献「横浜山手公園物語―公園・テニス・ヒマラヤスギ」(鳴海正泰ほか)　有隣堂　2004.5　p180-181
　◎参考文献「横浜船と港ものがたり」(宮野力哉)　東京堂出版　2004.9　p195-197
　◎参考文献「横浜開港と交通の近代化―蒸気船・鉄道・馬車をめぐって」(西川武臣)　日本経済評論社　2004.11　p189-191
　◎参考文献「横浜大桟橋物語」(客船とみなと遺産の会)　JTB　2004.12　p170」
　◎参考文献「近代横浜の都市形成」(塚田景)　〔塚田景〕　2005.3　p191-199
　◎参考図書「横浜・ハマことば辞典」(伊川公司)　暁印書館　2005.10　p268-274
　◎参考文献「都市横浜の半世紀―震災復興から高度成長まで」(高村直助)　有隣堂　2006.3　p260-262
　◎参考文献「ハマの海づくり」(海をつくる会)　成山堂書店　2006.4　p7-12b
　◎参考文献「横浜港の七不思議―象の鼻・大桟橋・新港埠頭」(松信裕)　有隣堂　2007.9　p234-236

神奈川県　横浜市金沢区
　◎参考文献「図説かなざわの歴史」（金沢区制五十周年記念事業実行委員会）　同実行委員会　2001.1　p280-283

神奈川県　横浜中華街
　◎参考文献「開国日本と横浜中華街」（西川武臣、伊藤泉美）　大修館書店　2002.10　p222-226

仮名草子
　◎注「仮名草子研究―説話とその周辺」（花田富二夫）新典社　2003.9　prr
　◎「仮名草子研究文献目録」（深沢秋男ほか）和泉書院　2004.12　299p A5

カナダ
　◎参考文献「カナダのNGO　政府との「創造的緊張」をめざして」（高柳彰夫）　明石書店　2001.3　p271-288
　◎参考文献「モザイクの狂気―カナダ多文化主義の功罪」（レジナルド・W.ビビー）　南雲堂　2001.4　p338-350
　◎参考文献「カナダ連邦政治―外様性と統一への模索」（加藤普章）　東京大学出版会　2002.1　p1-14b
　◎参考文献「カヌーとビーヴァーの帝国―カナダの毛皮交易」（木村和男）　山川出版社　2002.9　p194-198
　◎参考文献「誰も知らなかった賢い国カナダ」（櫻田大造）　講談社　2003.5　p219-214
　◎参考文献「カナダの旗の下で―第二次世界大戦におけるカナダ軍の戦い」（D.J.バーカンソン）　彩流社　2003.8　p23-27b
　◎参考文献「ミュージアムの政治学―カナダの多文化主義と国民文化」（溝上智恵子）　東海大学出版会　2003.12　p254-246
　◎引用文献「現代カナダの都市地域構造」（林上）　原書房　2004.10　p273-280
　◎参考資料「カナダのセクシュアル・マイノリティたち―人権を求めつづけて」（サンダース宮松敬子）　教育史料出版会　2005.4　p213-214
　◎参考文献「北アメリカ―アメリカ　カナダ―ニュースを現代史から理解する　2版」（阿部齊ほか）　自由国民社　2005.11　p483-487
　◎参考文献「アメリカ・カナダ　朝倉世界地理講座13」（小塩和人ほか）　朝倉書店　2006.10　p403-406
　◎参考文献「カナダの歴史がわかる25話」（細川道久）　明石書店　2007.8　p189-195
　◎参考文献「カナダ銀行史―草創期から20世紀初頭まで」（杉本公彦）　昭和堂　2007.12　p220-224

カナダ　外交
　◎参考文献「カナダはなぜイラク戦争に参戦しなかったのか」（吉田健正）　高文研　2005.2　p263-266
　◎参考文献「カナダ・ナショナリズムとイギリス帝国」（細川道久）　刀水書房　2007.10　p237-260

カナダ　教育
　◎引用参考文献「カナダの教育　2　21世紀にはばたくカナダの教育」（小林順子ほか）　東信堂　2003.9　p251-263
　◎参考文献「カナダの継承語教育―多文化・多言語主義をめざして」（J.カミンズほか）　明石書店　2005.5　p147-154
　◎引用文献「多様社会カナダの「国語」教育―高度国際化社会の経験から日本への示唆」（関口礼子ほか）　東信堂　2006.8　prr

カナダ　経済
　◎参考文献「カナダの経済発展と日本―米州地域経済圏誕生と日本の北米戦略」（高橋俊樹）　明石書店　2005.11　p228-231
　◎文献一覧「カナダ金融経済の形成―中央銀行の成立過程から見た」（河村一）　御茶の水書房　2007.11　p361-373

カナダ　警察
　◎参考文献「カナダ騎馬警察―アングロサクソン諸国の中のカナダ」（加藤元）　叢文社　2006.9　p182-185

カナダ　ケベック州
　◎参考文献「黒豹たちの教室―いじめられっこ文化人類学」（Y.サマルカンド）　星の環会　2004.9　p282-285
　◎書誌「ケベックの生成と「新世界」―「ネイション」と「アイデンティティ」をめぐる比較史」（G.ブシャール）　彩流社　2007.4　p41-83b

カナダ　文学
　○邦訳書籍（山岸真）「SFマガジン　42.8.544」（早川書房）　2001.8　p47-49
　◎文献「ケベック文学研究―フランス系カナダ文学の変容」（小畑精和）　御茶の水書房　2003.2　p343-346

仮名手本忠臣蔵
　◎テキスト一覧「仮名手本忠臣蔵―五段目・六段目」（国立劇場調査養成部調査資料課）　日本芸術文化振興会　2002.7　p69-75
　◎文献「仮名手本忠臣蔵」（国立劇場調査養成部調査資料課）　日本芸術文化振興会　2002.12　p177-282
　◎参考文献「仮名手本忠臣蔵」（上村以和於）　慶應義塾大出版会　2005.10　p165-167

金十丸
　◎参考文献「金十丸、奄美の英雄伝説―戦火をくぐった疎開船の数奇な運命」（前橋松造）南方新社　2004.8　p381-383

カニ
　◎参考文献「エビ・カニガイドブック―伊豆諸島・八丈島の海から」（加藤昌一、奥野淳兒）　TBSブリタニカ　2001.5　p154-157
　◎文献「エビ・カニガイドブック　2　沖縄・久米島の海から―Shrimps and crabs of Kume Island, Okinawa」（川本剛志ほか）　阪急コミュニケーションズ　2003.7　p164-167

カニバリズム
　◎参考文献「カニバリズムの系譜―なぜ、ヒトはヒトを喰うのか。」（池田智子）　メタ・ブレーン　2005.7　p156-159

鐘
　◎参考文献「長生の梵鐘と鋳工」（仲村美彦）　崙書房出版　2007.5　p123-124

ガーネット
　◎参考文献「青いガーネットの秘密―"シャーロック・ホームズ"で語られなかった未知の宝石の正体」（奥山康子）　誠文堂新光社　2007.11　p235-234

噂音菊柳澤騒動
　◎参考資料一覧「噂音菊柳澤騒動―通し狂言　第二四一回歌舞伎公演」（国立劇場調査養成部調査資料課）日本芸術文化振興会　2004.11　p80-83

カネボウ
- ◎参考文献ほか「カネボウ凋落―「日本的経営」の終焉」（山川猛）　文理閣　2006.6　p210-213

カネミ油症事件
- ◎参考文献「検証・カネミ油症事件」（川名英之）　緑風出版　2005.1　p307-310

狩野派
- ◎研究文献目録「狩野派の十九世紀―江戸城を彩る」（東京都歴史文化財団ほか）　都歴史文化財団　2004.3　p21-118
- ○参考文献「別冊太陽　131」（平凡社）　2004.10　p167」
- ○参考文献「狩野派決定版　別冊太陽」　平凡社　2004.10　p167」

カバヤ文庫
- ◎総目録「文庫びっくり箱」（則枝忠彦）　青弓社　2001.9　p59-70

カバラ
- ◎文献「カバラ―心理学―ユダヤ教神秘主義入門」（E.ホフマン）　人文書院　2006.8　p340-355

歌碑
- ◎参考文献「全國萬葉歌碑」（三井治枝）　渓声出版　2005.6　p568-577

かび
- ◎参考資料「かび検査マニュアルカラー図譜」（高鳥浩介）　テクノシステム　2002.3　p521-529
- ◎参考文献「食品のカビ汚染と危害」（宇田川俊一ほか）　幸書房　2004.2　p231-232

過敏性腸症候群
- ◎参考文献「内臓感覚―能と腸の不思議な関係」（福士審）　NHK出版　2007.9　p231-242

寡婦
- ◎参考文献「やもめぐらし―寡婦の文化人類学」（椎野若菜）　明石書店　2007.5　prr

楽府
- ◎論著目録「六朝楽府文学史研究」（佐藤大志）　渓水社　2003.2　p299-386

カフェイン
- ◎参考書「カフェインの科学―コーヒー、茶、チョコレートの薬理作用」（栗原久）　学会出版センター　2004.4　p177-178
- ◎参考文献「カフェイン大全―コーヒー・茶・チョコレートの歴史から、ダイエット・ドーピング・依存症の現状まで」（B. A. ワインバーグほか）　八坂書房　2006.2　p54-60b

株価変動
- ◎参考文献「バブル経済の発生と展開―日本とドイツの株価変動の比較研究」（佐藤俊幸）　新評論　2002.10　p179-184

歌舞伎
- ◎参考文献「近江のお兼・人情噺文七元結」　日本芸術文化振興会　2001.7　p85-137
- ◎文献「平家女護島―俊寛」（国立劇場調査養成部調査資料課）　日本芸術文化振興会　2002.6　p83-86
- ◎注「歌舞伎文化の享受と展開―観客と劇場の内外」（神楽岡幼子）　八木書店　2002.7　prr
- ◎参考資料一覧「双蝶々曲輪日記―通し狂言　第二三三回歌舞伎公演」（国立劇場調査養成部調査資料課）　日本芸術文化振興会　2003.1　p226-265
- ◎文献「衣裳による歌舞伎の研究―歌舞伎衣裳の形成と庶民服飾との関わり」（森タミエ）　源流社　2003.2　p277-283
- ◎年表「図説江戸の演劇書　歌舞伎篇」（赤間完）　八木書店　2003.2　p224-227
- ◎参考文献「明治歌舞伎の成立と展開」（漆沢その子）　慶友社　2003.2　p303-315
- ◎文芸作品「江戸歌舞伎文化論」（服部幸雄）　平凡社　2003.6　p324-337
- ◎参考資料一覧「与話情浮名横櫛―第六二回歌舞伎鑑賞教室公演」（国立劇場調査養成部調査資料課）　日本芸術文化振興会　2003.6　p152-200
- ◎参考資料一覧「卅三間堂棟由来―第六三回歌舞伎鑑賞教室公演」（国立劇場調査養成部調査資料課）　日本芸術文化振興会　2003.7　p76-82
- ◎参考文献「時代のなかの歌舞伎―近代歌舞伎批評家論」（上村以和於）　慶應義塾大学出版会　2003.9　p283-295
- ◎参考文献「3日でわかる歌舞伎」（野上圭）　ダイヤモンド社　2003.10　p231-232
- ◎参考資料一覧「競伊勢物語―通し狂言　第二三五回歌舞伎公演」（国立劇場調査養成部調査資料課）　日本芸術文化振興会　2003.10　p178-183
- ◎参考資料一覧「天衣紛上野初花―河内山と直侍　通し狂言　第二三六回歌舞伎公演」（国立劇場調査養成部調査資料課）　日本芸術文化振興会　2003.11　p159-216
- ○寄贈図書目録（恵光院白）「文献探索　2003」（文献探索研究会）　2003.12　p72-79
- ◎文献「歌舞伎と六法」（小室金之助）　三修社　2003.12　p189-190
- ◎参考資料一覧「二蓋笠柳生実記―通し狂言　第二三七回歌舞伎公演」（国立劇場調査養成部調査資料課）　日本芸術文化振興会　2003.12　p86-91
- ◎参考文献「歌舞伎と人形浄瑠璃」（田口章子）　吉川弘文館　2004.2　p191-193
- ◎掲載メディア「秋川歌舞伎」（秋川歌舞伎保存会）　たましん地域文化財団　2004.1　p128-133
- ◎参考資料一覧「浮世柄比翼稲妻・戻橋―第二三八回歌舞伎公演」（国立劇場調査養成部調査資料課）　日本芸術文化振興会　2004.1　p72-83
- ◎参考資料一覧「加賀見山旧錦絵―第二三九回歌舞伎公演」（国立劇場調査養成部調査資料課）　日本芸術文化振興会　2004.3　p156-186
- ○書誌（山本正子）「文献探索　2004」（文献探索研究会）　2004.4　p565-569
- ◎参考資料一覧「鳴神―第六四回歌舞伎鑑賞教室公演」（国立劇場調査養成部調査資料課）　日本芸術文化振興会　2004.6　p61-92
- ◎参考資料一覧「傾城反魂香―第六五回歌舞伎鑑賞教室公演」（国立劇場調査養成部調査資料課）　日本芸術文化振興会　2004.7　p164-199
- ◎参考文献ほか「江戸歌舞伎の残照」（吉田弥生）　文芸社　2004.9　p333-342
- ◎参考資料一覧「伊賀越道中双六―通し狂言　第二四〇回歌舞伎公演」（国立劇場調査養成部調査資料課）　日本芸術文化振興会　2004.10　p242-280

◎参考資料一覧「噂音菊柳澤騒動―通し狂言 第二四一回歌舞伎公演」（国立劇場調査養成部調査資料課） 日本芸術文化振興会 2004.11 p80-83
◎参考資料一覧「花雪恋手鑑・勧進帳―第二四二回歌舞伎公演」（国立劇場調査養成部調査資料課） 日本芸術文化振興会 2004.12 p57-62
◎参考資料一覧「御ひいき勧進帳―第二四三回歌舞伎公演」（国立劇場調査養成部調査資料課） 日本芸術文化振興会 2005.1 p66-73
◎入門書リスト「社会人のための歌舞伎入門―美しき女形の世界へ」（国立劇場事業部宣伝課） 日本芸術文化振興会 2005.3 p51-54
◎参考資料「通し狂言本朝廿四孝 国立劇場上演資料集476―歌舞伎公演 第244回」（国立劇場調査養成部調査資料課） 日本芸術文化振興会 2005.3 p204-248
◎参考資料一覧「義経千本桜―第六七回歌舞伎鑑賞教室公演」（国立劇場調査養成部調査資料課） 日本芸術文化振興会 2005.7 p127-174
◎参考文献「大坂歌舞伎展―日英交流 上方役者絵と都市文化 1780-1830」（大阪歴史博物館ほか） 大阪歴史博物館 2005.10 p298-301
◎参考資料「通し狂言絵本太功記 国立劇場上演資料集483―歌舞伎公演 第246回」（国立劇場調査養成部調査資料課） 日本芸術文化振興会 2005.11 p279-324
◎参考文献「歌舞伎囃子方の楽師論的研究―近世上方を中心として 研究篇」（武内恵美子） 和泉書院 2006.2 p639-657
◎注「近代演劇の来歴―歌舞伎の「一身二生」」（神山彰） 森話社 2006.3 prr
◎芸談他一覧（寺田詩麻）「歌舞伎登場人物事典」（古井戸秀夫） 白水社 2006.5 p899-937
◎参考文献「歌舞伎の近代」（中村哲郎） 岩波書店 2006.6 p513-525
◎関係書一覧「歌舞伎ハンドブック 3版」（藤田洋） 三省堂 2006.11 p295-298
◎年表「歌舞伎座」（金子明雄） ゆまに書房 2006.12 p760-808

株式
◎参考文献「自己株式会計論」（桝田龍三） 白桃書房 2001.9 p289-306
◎文献「ボリンジャーバンド入門―相対性原理が解き明かすマーケットの仕組み」（ジョン・A. ボリンジャー） パンローリング 2002.1 p347-349
◎引用文献「株式持合と日本型経済システム」（岡部光明） 慶応義塾大学出版会 2002.1 p157-162
◎文献「自己株式・新株予約権の実務と活用」（山田徳昭） 中央経済社 2003.6 p373-375
◎参考文献「日本経済再生のために―実務者からの提言」（野上浩三） 丸善プラネット 2003.6 p327-328
◎参考文献「社会責任投資とは何か―いい会社を長く応援するために」（秋山をね） 生産性出版 2003.11 p163-164
◎参考文献「株式投資のための定量分析入門―企業評価から経営戦略論の応用まで」（吉野貴晶） 日本経済新聞社 2003.12 p300-304
◎参考文献「「資本の部」の実務―改正商法・会計・税務新版」（中東正文ほか） 新日本法規出版 2004.3 p9-19f
◎参考文献「条件付新株発行の会計」（野口晃弘） 白桃書房 2004.3 p167-181
◎参考文献「タイ株投資完全マニュアル 入門編」（石田和靖） パンローリング 2006.4 p197-199
◎参考文献「資本制度の会計問題―商法・会社法に関連して」（酒井治郎） 中央経済社 2006.10 p239-244

株式会社
◎参考文献「株式会社監査論」（原征士） 白桃書房 2001.4 p257-258
◎参考文献「株主の力と責任―「英国流コーポレートガバナンス」を問う」（J. チャーカム, A. シンプソン） 日本経済新聞社 2001.4 p371-374
◎参考文献「市場の不確実性と資本のシステム」（松田正彦） ナカニシヤ出版 2002.5 p226-230
◎文献「株式会社監査論 2版」（原征士） 白桃書房 2003.4 p318-320
◎文献「現代株式会社法」（坂本延夫） 嵯峨野書院 2003.5 p395-396
◎参考文献「日本企業のガバナンス改革―なぜ株主重視の経営が実現しないのか」（大村敬一ほか） 日本経済新聞社 2003.6 p223-226
◎引用文献「ESOP株価資本主義の克服」（本山美彦） シュプリンガーV東京 2003.12 p197-203
◎文献案内「会社入門」（上田泰ほか） 多賀出版 2004.7 p157-159
◎参考文献「株式会社新論―コーポレート・ガバナンス序説」（中條秀治） 中京大 2005.2 p211-215
◎参考文献「株式会社とは何か―社会的存在としての企業」（高橋俊夫） 中央経済社 2006.3 p185-188
◎引用参考文献「コーポレート・パワーの理論と実際」（細井浩一） 同文舘出版 2006.4 p229-232
◎引用参考文献「株式会社の権力とコーポレート・ガバナンス―アメリカにおける議論の展開を中心として」（今西宏次） 文眞堂 2006.6 p275-288
◎ブックガイド（高尾義明）「株式会社」（J. ミクルスウェイトほか） ランダムハウス講談社 2006.10 p266-268
◎参考文献「そもそも株式会社とは」（岩田規久男） 筑摩書房 2007.3 p219-222

株式公開買付
◎参考文献「詳解公開買付けの実務」（清原健） 中央経済社 2007.7 p436-439

株式市場
◎参考文献「投機バブル根拠なき熱狂―アメリカ株式市場、暴落の必然」（ロバート・J. シラー） ダイヤモンド社 2001.1 p327-339
◎参考文献「株式市場への公的介入―市場原理対政策論理」（神木良三） 千倉書房 2001.9 p205-209
◎文献「株価モデルとレヴィ過程」（宮原孝夫） 朝倉書店 2003.6 p111-114
◎参考文献「株式相場のテクニカル分析 3版」（合實郁太郎ほか） 日本経済新聞社 2006.12 p371-372
◎参考文献「バリュー投資―株の本当の価値を問う」（C. H. ブラウン） 日経BP社 2007.12 p212-214

株式相場
◎参考文献「相場の心理学―愚者は雷同し、賢者はチャートで勝負する」（ラース・トゥヴェーデ） ダイヤモンド社 2001.1 p396-404
◎参考文献「あなたもマーケットタイミングは読める！―リスク回避型の保守的長期投資家のためのバイブ

ル」（B. スタインほか）　パンローリング　2004.4　p209-211
◎参考文献「スイングトレード入門―短期トレードを成功に導く最高のテクニック」（A. ファーレイ）　パンローリング　2004.10　p679-680

家父長制
◎参考文献「中国女性の20世紀　近現代家父長制研究」（白水紀子）　明石書店　2001.4　p261-265

カブトムシ
◎参考文献「外国産クワガタ・カブトムシ飼育大図鑑」（鈴木知之）　世界文化社　2005.6　p247-249

株主資本主義
◎註「株主資本主義の誤算―短期の利益追求が会社を衰退させる」（A. ケネディ）　ダイヤモンド社　2002.4　p306-294
◎参考文献「アングロサクソン・モデルの本質―株主資本主義のカルチャー　貨幣としての株式、法律、言語」（渡部亮）　ダイヤモンド社　2003.2　p477-487

株主代表訴訟
◎参考文献「株主代表訴訟―日本の会社はどう変わるか」（渡部喬一）　平凡社　2002.1　p245-254
◎参考文献「株主代表訴訟と企業統治」（北沢義博, 相沢光江ほか）　清文社　2002.7　p428-431

花粉
◎参考文献「花粉分析と考古学」（松下まり子）　同成社　2004.10　p123-132

花粉症
◎参考文献「ここまで進んだ花粉症治療法」（佐橋紀男ほか）　岩波書店　2002.2　p181-187
◎参考文献「花粉症治療とセルフケアQ&A―西洋・漢方療法から予防まで」（橋本浩）　ミネルヴァ書房　2004.2　p210-211
◎参考文献「花粉症の科学　新版」（斎藤洋三ほか）　化学同人　2006.3　p170-176
◎参考文献「花粉症」（仙頭正四郎）　農文協　2007.12　p245」

貨幣
◎参考文献「エコマネーの新世紀―"進化"する21世紀の経済と社会」（加藤敏春）　勁草書房　2001.2　p351-357
◎参考文献「現代貨幣論の構造」（坂口明義）　多賀出版　2001.4　p265-271
◎参考文献「中近世日本貨幣流通史―取引手段の変化と要因」（浦長瀬隆）　勁草書房　2001.6　p273-276
◎引用文献「貨幣の生態学―単一通貨制度の幻想を超えて」（リチャード・ダウスウェイト）　北斗出版　2001.7　p135-139
◎参考文献「インド貨幣史―古代から現代まで」（P. L. グプタ）　刀水書房　2001.10　p286-291
◎参考文献「貨幣・金融の政治経済学」（伊藤誠, C. ラパヴィツァス）　岩波書店　2002.1　p309-324
◎文献「エコマネーはマネーを駆逐する―環境に優しい「エコマネー資本主義」へ」（加藤敏春）　勁草書房　2002.8　p421-424
◎参考文献「古貨幣七十話」（利光三津夫）　慶応義塾大学出版会　2002.9　p303-306
◎参考文献「貨幣システムの世界史　〈非対称性〉をよむ」（黒田明伸）　岩波書店　2003.1　p1-13b

◎ブックガイド（原田信男）「人とモノと道と　いくつもの日本Ⅲ」（赤坂憲雄ほか）　岩波書店　2003.5　p6-9b
◎参考文献「江戸の銭と庶民の暮らし」（吉原健一郎）　同成社　2003.7　p195」
◎参考文献「芸術と貨幣」（M. シュル）　みすず書房　2004.1　p1-33b
◎註「清代貨幣史考」（市古尚三）　鳳書房　2004.3　prr
◎参考文献「貨幣・利子および資本―貨幣的経済理論入門」（C. ロジャーズ）　日本経済評論社　2004.6　p345-365
◎参考文献「貨幣帝国主義論」（美馬佑造）　晃洋書房　2004.9　p215-218
◎参考文献「中世初期における貨幣鋳造権の所在をめぐって」（樋口困彦）　日本文学館　2004.9　p125-126
◎参考文献「ロビンソン・クルーソーは炭焼小五郎だった」（河村望）　人間の科学新社　2005.5　p242-245
◎参考文献「貨幣経済の動学的一般均衡分析」（近藤豊将）　三菱経済研究所　2005.11　p241-245
◎文献一覧「貨幣と精神―生成する構造の謎」（中野昌宏）　ナカニシヤ出版　2006.3　p242-229
◎文献「ふくしまのお金―福島県における貨幣の移り変わり」（鈴木正敏）　歴史春秋出版　2006.11　p188-191
◎文献「貨幣と銀行―貨幣理論の再検討」（服部茂幸）　日本経済評論社　2007.10　p195-200
◎参考文献「貨幣の地域史―中世から近世へ」（鈴木公雄）　岩波書店　2007.11　prr

貨幣価値変動
◎引用文献「貨幣価値変動会計」（中居文治）　有斐閣　2001.4　p293-303

貨幣金融制度
◎参考文献「貨幣金融制度と経済発展―貨幣と制度の政治経済学」（藪下史郎）　有斐閣　2001.9　p373-385

貨幣数量説
◎参考文献「貨幣数量説の黄金時代」（デビット・レイドラー）　同文舘出版　2001.2　p215-224

壁紙
◎参考文献「壁紙のジャポニスム」（松村恵理）　思文閣出版　2002.2　p9-21b

カーボン
◎参考文献「日本発ナノカーボン革命」（武末高裕）　日本実業出版社　2002.12　p253-254

鎌倉大草紙
○伝本目録（田口寛）「古典遺産　53」（古典遺産の会）　2003.9　p33-46
○伝本書誌目録（田口寛）「古典遺産　54」（古典遺産の会）　2004.9　p79-91

鎌倉時代
◎参考文献「北条得宗家の興亡」（岡田清一）　新人物往来社　2001.4　p270-274
◎注文献「鎌倉武士の実像―合戦と暮らしのおきて」（石井進）　平凡社　2002.11　prr
◎参考文献「京・鎌倉の王権　日本の時代史8」（五味文彦）　吉川弘文館　2003.1　p273-284
◎参考文献「鎌倉北条氏の興亡」（奥富敬之）　吉川弘文館　2003.8　p225-226

かまくら

○参考文献「鎌倉時代の彫刻　日本の美術459」（至文堂）2004.8　p85」
◎参考文献「鎌倉幕府　改版　日本の歴史7」（石井進）中央公論新社　2004.11　p550-555
◎参考文献「蒙古襲来　改版　日本の歴史8」（黒田俊雄）中央公論新社　2004.12　p565-568
◎参考文献「花ひらく王朝文化―平安・鎌倉時代」淡交社　2007.1　p106-107
◎参考文献「源氏と坂東武士」（野口実）　吉川弘文館　2007.7　p192-194

鎌倉仏教
◎参考文献「鎌倉仏教と魂―日蓮・道元時間数と周期波動で説く」（田上晃彩）　たま出版　2002.2　p236-237

カーマスートラ
◎参考文献「性愛奥義―官能の『カーマ・スートラ』解読」（植島啓司）　講談社　2005.8　p215-217

かまど
◎注「かまど　ものと人間の文化史117」（狩野敏次）法政大学出版局　2004.1　prr

かまぼこ
◎文献「技術革新による水産食品の産業発展とグローバル化―カニ風味蒲鉾を中心として」（辻雅司）　水産タイムズ社　2004.6　p172-176
◎参考文献「小田原蒲鉾のあゆみ」（本多康宏）　夢工房　2004.12　p86-87

紙
◎文献リスト（竹田理恵子）「紙の大百科」　美術出版社　2001.4　p174-177
◎参考文献「紙　基礎造形・芸術・デザイン」（朝倉直巳）芸術出版社　2001.8　p271」
◎引用参考文献「墨と硯と紙の話」（為近磨巨）　木耳社　2003.12　p280-282
◎参考文献「お札の紙から見た紙の世界」（森本正和）印刷朝陽会　2004.4　p188-189
◎参考図書「紙とパルプの科学」（山内龍男）　京都大術出版会　2006.11　p187-188
◎文献目録「中国の紙と印刷の文化史」（銭存訓）　法政大出版局　2007.3　p379-415
◎参考文献「紙のなんでも小事典―パピルスからステンレス紙まで」（紙の博物館）　講談社　2007.6　p232-230
◎参考文献「ペーパーレスオフィスの神話―なぜオフィスは紙であふれているのか？」（A. J. Sellenほか）創成社　2007.11　p261-265

神
◎参考文献「ギリシャ正教　無限の神」（落合仁司）講談社　2001.9　p191-197
◎原注文献「冒瀆の歴史―言葉のタブーに見る近代ヨーロッパ」（A. カバントゥ）白水社　2001.9　p285-238
◎参考文献「神になった人びと」（小松和彦）　淡交社　2001.10　p233-237
◎注文献ほか「ヨーロッパの人間像―「神の像」と「人間の尊厳」の思想史的研究」（金子晴勇）　知泉書館　2002.3　p227-248
◎ブックガイド「神々のいる風景　いくつもの日本7」（赤坂憲雄ほか）　岩波書店　2003.3　p6-9b
◎参考文献「カミの現象学　身体から見た日本文化論」（梅原賢一郎）　角川書店　2003.8　p274-280

◎参考文献「それでも神は実在するのか？―「信仰」を調べたジャーナリストの記録」（L. P. ストロベル）いのちのことば社　2005.6　p451-454
◎文献「ヒトが神になる条件―ヒトはなぜ、ヒトを神さまとして祀るのか」（井上宏生）　リヨン社　2007.10　p221-223

髪
◎参考文献「黒髪の文学」（矢野裕子）　朱鳥社　2004.9　p192-193

神隠し
◎参考文献「神隠しと日本人」（小松和彦）　角川書店　2002.7　p235-238

神風
◎参考資料「神風　KAMIKAZE」（石丸元章）　飛鳥新社　2001.11　2pb

髪型
◎参考文献「ヘアスタイルと美容師の歴史」（P. ジェルボ）　日本美容専門学校　2004.6　p395-396
◎参考文献「ヘアモードの時代―ルネサンスからアールデコの髪型と髪飾り」　ポーラ文化研究所　2005.1　p71」

上方俳壇
◎年表「近世中期の上方俳壇」（深沢了子）　和泉書院　2001.12　p245-348

紙芝居
◎参考文献ほか「メディアとしての紙芝居」（鈴木常勝）久山社　2005.1　p103-113, 117-121
○年表（石山幸弘）「風文学紀要　10」（土屋文明記念文学館）　2006　p104-83
◎文献「紙芝居がやってきた！」（鈴木常勝）　河出書房新社　2007.2　p134-135

紙漉き
◎参考文献「尾張藩紙漉文化史」（河野徳吉）　中日出版社　2005.6　p381-383

神棚
◎参考文献「家庭の祭祀事典―神棚と敬神行事」（西牟田崇生）　国書刊行会　2005.9　p243-245

過密過疎
◎文献「過疎政策と住民組織―日韓を比較して」（金科哲）　古今書院　2003.2　p239-245

雷
◎参考文献「雷さんと私」（宅間正夫）　三月書房　2006.12　p235-238
◎参考文献「雷の民俗」（青柳智之）　大河書房　2007.12　p238-239

神の国
◎参考文献「死と神の国―パラダイス・ゲット　人生の最終到達目標」（中島總一郎）　イーグレープ　2006.3　p538-545

カメ
◎引用文献「亀の古代学」（千田稔ほか）　東方出版　2001.4　prr
◎参考文献「カメのきた道―甲羅に秘められた2億年の生命進化」（平山廉）　NHK出版　2007.10　p196-202

甕棺
◎注「甕棺と弥生時代年代論」(橋口達也)　雄山閣　2005.10　prr

カメムシ
◎引用文献「カメムシはなぜ群れる?—離合集散の生態学」(藤崎憲治)　京都大学学術出版会　2001.2　p241-253
◎引用文献「カメムシ上科の卵と幼虫—形態と生態」(小林尚ほか)　中央農業総合研究センター　2004.3　p313-323

カメラ
◎参考文献「コニカカメラの50年—コニカ1型からヘキサーRFへ」(宮崎繁幹)　朝日ソノラマ　2003.12　p180-182
◎参考文献「トプコンカメラの歴史—カメラ設計者の全記録」(白澤章茂)　朝日ソノラマ　2007.4　p187」

ガメラ
◎参考文献「ガメラ完全化読本」(野真典和ほか)　パラダイム　2001.1　p214」

カメラ・オブスクラ
○文献(伊藤猛士)「文献探索　2001」(文献探索研究会)　2002.7　p64-66

カメルーン
◎文献「共在感覚—アフリカの二つの社会における言語的相互行為から」(木村大治)　京都大学学術出版会　2003.11　p313-321
◎文献「北部カメルーン・フルベ族の民間説話集—アーダマーワ地方とベヌエ地方の話」(江口一久)　国立民族学博物館　2003.12　p656-658
◎引用文献「アフリカ都市の民族誌—カメルーンの「商人」バミレケのカネと故郷」(野元美佐)　明石書店　2005.2　p301-293
◎参考文献「民族文化の環境デザイン—アフリカ、ティカール王制社会の環境論的研究」(下休場千秋)　古今書院　2005.12　p175-178

仮面
◎文献「仮面—そのパワーとメッセージ」(勝又洋子ほか)　里文出版　2002.4　pr
◎参考文献「神と人との交響楽—中国仮面の世界」(稲畑耕一郎)　農文協　2003.10　p200-201
◎参考文献「モンゴルの仮面舞儀礼チャム—伝統文化の継承と創造の現場から」(木村理子)　風響社　2007.11　p61-64

仮面劇
◎引用文献「イギリスの宮廷仮面劇—バロックの黎明」(山田昭広)　英宝社　2004.9　p9-15
◎参考文献「韓国仮面劇—その歴史と原理」(田耕旭)　法政大学出版局　2004.10　p467-474

仮面舞踊
◎文献「ジャワの仮面舞踊」(福岡まどか)　勁草書房　2002.2　p195-204

カモシカ
◎文献「北アルプスカモシカ保護地域特別調査報告書—平成16・17年度」(新潟県教育委員会ほか)　新潟県教育委員会　2006.3　p67-68

貨物船
◎参考文献「コンテナ船の話」(渡辺逸郎)　成山堂書店　2006.12　p157-158

貨物保管
◎参考文献「貨物保管の地域分析」(安積紀雄)　大明堂　2001.10　p365-367

火薬
◎引用文献「火薬と爆薬の化学」(T. L. デービス)　東海大出版会　2006.3　prr
◎文献「中国火薬史—黒色火薬の発明と爆竹の変遷」(岡田登)　汲古書院　2006.8　prr

カヤック
◎参考文献「シーカヤッキング—長距離カヤック航海の世界」(J. ダウド)　山と渓谷社　2002.5　p348-349

カヤツリグサ
◎文献「岡山県カヤツリグサ科植物図譜—カヤツリグサ属からシンジュガヤ属まで」(星野卓二ほか)　山陽新聞社　2003.6　p224-227

歌謡
◎私の本棚「詩と民謡と和太鼓と」(佐藤文夫)　筑波書房　2001.5　p217-230
○文献目録(宮岡薫)「甲南大学古代文学研究　8」(甲南大)　2003.3　p136-155
○文献目録(宮岡薫)「甲南大学古代文学研究　8」(甲南大)　2003.3　p89-135
○文献目録(記紀歌謡研究会)「古代研究　37」(早稲田古代研究会)　2004.2　p65-91
◎著書ほか(飯泉健司)「歌謡の時空　日本歌謡研究大系下」(日本歌謡学会)　和泉書院　2004.5　p523-624
◎引用参照文献「ローカル歌謡の人類学—パプアニューギニア都市周辺村落における現代音楽の聴取と民衆意識」(諏訪淳一郎)　弘前大学出版会　2005.6　p272-280
◎参考図書「古代歌謡と南島歌謡—歌の源泉を求めて」(谷川健一)　春風社　2006.2　p300-303
○文献目録(記紀歌謡研究会)「古代研究　40」(早稲田大)　2007.2　p35-41
◎引用文献「古代歌謡の終焉と変容」(飯島一彦)　おうふう　2007.3　p317-320
◎参考文献「ビルマ古典歌謡の旋律を求めて—書承と口承から創作へ」(井上さゆり)　風響社　2007.11　p53-56

歌謡曲
◎註「どうにもとまらない歌謡曲—七〇年代のジェンダー」(舌津智之)　晶文社　2002.11　prr
◎参考文献「増補にほんのうた—戦後歌謡曲史」(北中正和)　平凡社　2003.12　p303-301
◎引用参考文献「歌謡曲はどこへ行く?—流行歌と人々の暮らしの昭和二〇~四〇年」(阿子島たけし)　つくばね舎　2005.2　p230-231
◎参考文献「進駐軍クラブから歌謡曲へ—戦後日本ポピュラー音楽の黎明期」(東谷護)　みすず書房　2005.4　p5-13b

歌謡史
◎年表参考文献「絵の語る歌謡史」(小野恭靖)　和泉書院　2001.10　p223-232

カラー
- ◎参考文献「カラーイメージ」（日本色彩学会）　朝倉書店　2004.6　p185-194
- ◎参考文献「カラーサイエンス」（日本色彩学会）　朝倉書店　2004.6　p143-148

カラオケ
- ◎参考文献「カラオケ文化産業論―21世紀の「生きがい社会」をつくる」（野口恒）　PHP研究所　2005.3　p252-260

からくり人形
- ◎参考文献「からくり人形の夢―人間・機械・近代ヨーロッパ」（竹下節子）　岩波書店　2001.2　p228-230
- ◎参考文献「図説からくり人形の世界」（千田靖子）　法政大学出版局　2005.11　p495-499

カラス
- ◎参考文献「カラスとかしこく付き合う法」（杉田昭栄）　草思社　2002.12　p239-238
- ◎参考文献「カラスなぜ遊ぶ」（杉田昭栄）　集英社　2004.3　p235-237
- ◎参考文献「カラス狂騒曲―行動と生態の不思議」（今泉忠明）　東京堂出版　2004.7　p213-215
- ◎引用参考文献「カラスはなぜ東京が好きなのか」（松田道生）　平凡社　2006.10　p310-317
- ◎引用参考文献「カラスの常識」（柴田佳秀）　子どもの未来社　2007.2　p236-239
- ◎参考文献「カラスはホントに悪者か」（大田眞也）　弦書房　2007.6　p266-267

ガラス
- ◎参考文献「トコトンやさしいガラスの本」（作花済夫ほか）　日刊工業新聞社　2004.7　p156」
- ◎参考文献「ガラスの技術史」（黒川高明）　アグネ技術センター　2005.7　p321-326
- ◎文献「あそぶかたち―20世紀の香水瓶」（津田紀代）　ポーラ文化研究所　2005.9　p70-71
- ◎参考文献「ガラス瓶の考古学」（桜井準也）　六一書房　2006.5　p143-147
- ◎関連書「シルクロードのガラス―時空を超えた魅惑の輝き」（平山郁夫シルクロード美術館）　山川出版社　2007.7　p125」
- ◎参考文献「ラルテ・ヴェトラリア―17世紀初頭のガラス製造術」（A. ネリ）　春風社　2007.12　p182-183

体
- ◎参考文献「絵でわかる体のしくみ」（松村讓兒）　講談社　2002.12　p177-178

からだことば
- ◎参考文献「からだことば―日本語から読み解く身体」（立川昭二）　早川書房　2002.10　p1-3b

ガラパゴス諸島
- ◎文献一覧「ガラパゴス諸島―世界遺産　エコツーリズム　エルニーニョ」（伊藤秀三）　角川書店　2002.8　p1-5b

樺太日日新聞
- ○関係記事（山田伸一）「北海道開拓記念館調査報告46」（北海道開拓記念館）　2007.3　p117-178

唐物語
- ◎研究文献目録「唐物語」（小林保治）　講談社　2003.6　p399-402

伽藍
- ◎註「韓国古代伽藍の形成と展開の研究」（李興範）　山喜房仏書林　2003.2　prr

カリキュラム
- ◎参考文献「旧東ドイツ地域のカリキュラム変革―体制の変化と学校の変化」（大野亜由未）　協同出版　2001.12　p204-223
- ◎参考文献「過去のカリキュラム・未来のカリキュラム―学習の批判理論に向けて」（M. F. D. ヤング）　東京都立大学出版会　2002.2　p267-282
- ◎注「大学のカリキュラム改革」（有本章）　玉川大学出版部　2003.9　prr
- ◎注「現代カリキュラム研究―学校におけるカリキュラム開発の課題と方法　2版」（山口満）　学文社　2005.4　prr
- ◎引用参考文献「高校生の選択制カリキュラムへの適応過程―「総合学科」のエスノグラフィー」（岡部善平）　風間書房　2005.10　p285-294
- ◎引用参考文献「外国人生徒のためのカリキュラム―学校文化の変容の可能性を探る」（清水睦美ほか）　嵯峨野書院　2006.4　p243-245
- ◎文献「カリキュラム評価の方法―ゴール・フリー評価論の応用」（根津朋実）　多賀出版　2006.10　p306-318
- ◎引用参考文献「スクール・ベースト・アプローチによるカリキュラム評価の研究」（有本昌弘）　学文社　2007.2　p335-389

カリタスジャパン
- ◎参考文献「カリタスジャパンと世界―武力なき国際ネットワーク構築のために」（菊地功）　サンパウロ　2005.8　p268-275

カリブ
- ◎参考文献「シンコペーション　ラティーノ/カリビアンの文化実践」（杉浦勉ほか）　エディマン　2003.2　prr
- ◎参考文献「タイノ人―コロンブスが出会ったカリブの民」（I. ラウス）　法政大学出版局　2004.12　p22-36b

カリブ海
- ◎文献「ニグロ、ダンス、抵抗―17～19世紀カリブ海地域奴隷制史」（ガブリエル・アンチオープ）　人文書院　2001.7　p308-314

カリブ文学
- ◎ブックガイド「越境するクレオール―マリーズ・コンデ講演集」（三浦信孝）　岩波書店　2001.9　p251-255
- ◎引用参考文献「カリブ文学研究入門」（山本伸）　世界思想社　2004.4　p252-246
- ◎参考文献「カリブの風―英語文学とその周辺」（風呂本惇子）　鷹書房弓プレス　2004.10　p271-254

迦陵頻伽
- ◎参考引用文献「人面をもつ鳥―迦陵頻伽の世界　日本の美術481」（勝木言一郎）　至文堂　2006.6　p85-86

カルタ
- ◎参考文献「岩波いろはカルタ辞典」（時田昌瑞）　岩波書店　2004.11　p75-76b
- ◎参考文献「いろはカルタの文化史」（時田昌瑞）　NHK出版　2004.12　p196-197

カルチュラル・スタディーズ
◎参考文献「カルチュラル・スタディーズへの招待」(本橋哲也)　大修館書店　2002.2　prr

カール・ツァイス社
◎文献「ツァイス企業家精神　2版」(野藤忠)　九州大学出版会　2003.9　p421-427

軽業
◎参考文献「逆立ちする子供たち―角兵衛獅子の軽業を見る、聞く、読む」(阿久根巌)　小学館　2001.4　p180-183

カレー
◎参考文献「カレーライスの誕生」(小菅桂子)　講談社　2002.6　p221-227
◎本「アジア・カレー大全―アジア中のカレーを食べ尽くしたい!―インド、ネパール、タイ、カンボジア、中国など、アジア中のカレーを網羅!」(旅行人編集部)　旅行人　2007.5　p164-165

カロテノイド
◎参考図書「エビ・カニはなぜ赤い―機能性色素カロテノイド」(松野隆男)　成山堂書店　2004.8　p150-151

歌論
◎参考文献(小山定美)「講座平安文学論究　15」(平安文学論究会)　風間書房　2001.2　p315-384
◎参考文献「和歌の詩学」(山中桂一)　大修館書店　2003.3　p295-298

川
◎文献「よみがえれふるさとの川と魚たち」(加藤憲司)　リベルタ出版　2001.3　p218-220
◎参考文献「「川」が語る東京　人と川の環境史」(松井吉昭ほか)　山川出版社　2001.12　p223-231
◎参考文献「淀川の文化と文学」(大阪成蹊短大国文学科研究室)　和泉書院　2001.12　p267-269
◎参考文献「川と文化―欧米の歴史を旅する」(秋山紀一)　玉川大学出版部　2004.9　prr

川崎重工業
◎参考文献「純国産ガスタービン開発物語―ガスタービン事業の誕生」(大槻幸雄)　理工評論出版　2006.5　p607-615

為替政策
◎参考文献「人民元は世界の脅威か―円・ドル・元の競争と戦略」(菊地悠二)　時事通信出版局　2005.4　p217-220
◎参考文献「ドル円相場の政治経済学―為替変動にみる日米関係」(加野忠)　日本経済評論社　2006.9　p389-399

為替相場
◎参考文献「国際通貨―外国為替レートと為替相場制度の理論と実際」(ポール・デ・グラウウェ)　東洋経済新報社　2001.3　p331-346
◎参考文献「為替オーバーレイ―CFA institute(CFA協会)コンファレンス議事録」(森谷博之)　パンローリング　2004.8　p257-263

為替レート
◎参考文献「為替レートの経済学」(ピーター・アイザルド)　東洋経済新報社　2001.6　p285-316

河出書房
◎略年表「文学全集の黄金時代―河出書房の1960年代」(田坂憲二)　和泉書院　2007.11　p129-132

川中島の戦
◎参考文献「〈異説〉もうひとつの川中島合戦―紀州本「川中島合戦図屏風」の発見」(高橋修)　洋泉社　2007.3　p193-195

瓦
◎参考文献「瓦」(森郁夫)　法政大学出版局　2001.6　p281-285
◎注「古代関東の須恵器と瓦」(酒井清治)　同成社　2002.3　prr
◎註「古代瓦と横穴式石室の研究」(山崎信二)　同成社　2003.11　prr
◎文献目録(中村友一)「古代学研究所紀要　3」(明治大)　2006　p45-69

瓦工
○文献目録(田村信成)「歴史考古学　49」(歴史考古学研究会)　2001.12　p4-61

瓦版
◎参考文献「錦絵のちから―幕末の時事的錦絵とかわら版」(富澤達三)　文生書院　2004.2　p169-174

がん
◎参考文献「がんを病む人、癒す人―あたたかな医療へ」(比企寿美子)　中央公論新社　2001.10　p231-233
◎文献「癌との闘い―"シグナル"療法と"遺伝子"療法」(丸田浩)　共立出版　2001.12　p206-210
◎文献「がん―進化の遺産」(メル・グリーブス)　コメディカルエディター　2002.9　p290-293
◎参考文献「がんとこころのケア」(明智龍男)　NHK出版　2003.7　p244-248
◎引用文献「雁よ渡れ」(呉地正行)　どうぶつ社　2006.2　prr
◎参考文献「「がんをくすりで治す」とは?―役に立つ薬理学」(丸義朗)　朝日新聞社　2007.1　p7-11b
◎参考文献「がんは8割防げる」(岡田正彦)　祥伝社　2007.6　p229-231
◎文献「「がんに効く」民間療法のホント・ウソ―補完代替医療を検証する」(住吉義光ほか)　中央法規出版　2007.7　p223-228
◎文献「健康遺伝子が目覚めるがんのSAT療法」(宗像恒次ほか)　春秋社　2007.7　p183-186
◎参考文献ほか「がんの在宅ホスピスケアガイド―ただいまおかえりなさい」(吉田利康)　日本評論社　2007.12　p225-227
◎参考図書「がんはなぜ生じるか―原因と発生のメカニズムを探る」(永田親義)　講談社　2007.12　p257-258

カンアオイ属
○文献資料一覧(石川佳宏)「ホシザキグリーン財団研究報告　8」(ホシザキグリーン財団)　2005.3　p13-23

簡易裁判所
◎参考文献「少額訴訟ガイダンス　新版」(日本司法書士会連合会)　青林書院　2002.1　p309-310

寛永版
◎「寛永版目録」(太田正弘)　太田正弘　2003.5　6,149p　A5

◎「寛永版書目并図版」（後藤憲二）　青裳堂書店　2003.6　281p A5

漢易術数論
◎注「漢易術数論研究—馬王堆から『太玄』まで」（辛賢）　汲古書院　2002.12　prr

感化院
◎参考文献「感化院の記憶」（鈴木明子, 勝山敏一）　桂書房　2001.2　p371-372

感覚
◎参考文献「身体医文化論—感覚と欲望」（石塚久郎ほか）　慶応義塾大学出版会　2002.5　p1-15b
◎文献一覧「感覚学としての美学」（G. ベーメ）　勁草書房　2005.10　p9-18b
◎文献「状況の認知的枠組みとしての自体軸」（干川隆）　風間書房　2006.1　p157-169
◎引用文献ほか「共感覚—もっとも奇妙な知覚世界」（J. E. ハリソン）　新曜社　2006.5　p15-18b
◎引用文献「脳が作る感覚世界—生体にセンサーはない」（小林茂夫）　コロナ社　2006.5　p186-189
◎参考文献「視覚系の中期・高次機能」（塩入諭）　朝倉書店　2007.9　prr
◎文献「新編感覚・知覚心理学ハンドブック　Part2」（大山正ほか）　誠信書房　2007.9　prr
◎参考文献「知覚と感性の心理学」（三浦佳世）　岩波書店　2007.10　p209-218

漢学者
◎参考文献「明治の漢学者と中国—安繹・天囚・湖南の外交論策」（陶徳民）　関大出版部　2007.3　p297-308

柑橘類
◎参考引用文献「戦後日本における柑橘産地の展開と再編」（川久保篤志）　農林統計協会　2007.5　p270-279

環境
◎「環境本100」（石弘之ほか）　平凡社　2001.3　229p A5
◎参考文献「資源論入門—地球環境の未来を考える」（佐々木信行）　コロナ社　2001.3　p159-160
◎「必読!環境本100」（石弘之ほか）　平凡社　2001.3　229p A5
◎参考文献「ポスト福祉国家の総合対策　経済・福祉・環境への対応」（丸尾直美ほか）　ミネルヴァ書房　2001.5　prr
◎参考文献「ムツゴロウの遺言」（三輪節生）　石風社　2001.5　p283-284
◎参考文献「市民と新しい経済学—環境・コミュニティ」（福士正博）　日本経済評論社　2001.8　p282-302
◎参考文献「エネルギー環境学」（濱川圭弘ほか）　オーム社　2001.9　p123-125
◎参考文献「環境土壌物理学—耕地生産力の向上と地球環境の保全　3　環境問題への土壌物理学の応用」（ダニエル・ヒレル）　農林統計協会　2001.9　p253-307
◎文献案内「自然と文学　環境論の視座から」（柴田陽弘ほか）　慶應義塾大学出版会　2001.10　prr
◎参考書「人間環境学—環境と福祉の接点」（遠山益）　裳華房　2001.11　p166-168
◎参考文献「生物と環境」（江戸謙顕, 東正剛）　三共出版　2002.1　prr
◎参考文献「途上国支援と環境ガイドライン」（国際環境NGO FoE-Japan）　緑風出版　2002.5　prr

◎文献「環境学講義—環境対策の光と影」（瀬戸昌之）　岩波書店　2002.10　p2-4b
◎参考文献「環境評価—都市・文化・住宅・景観」（E. H. ズービ）　西村書店　2002.10　p159-162
◎参考文献「基礎環境学　循環型社会をめざして」（田中修正）　共立出版　2003.1　prr
◎参考文献「酸性雨—誰が森林を傷めているのか?」（畠山史郎）　日本評論社　2003.2　prr
◎参考文献「集団と環境の生物学」（松本忠夫）　放送大学教育振興会　2003.3　p248-252
○雑誌記事「環境管理　39.4」（産業環境管理協会）　2003.4　p399-402
◎「スローで行こう　「自然環境」を考える44冊」（乳井昌史）　NHK出版　2003.7　239p B6
◎参考文献「植物の生長と環境　新しい視点と環境調節の課題」（高倉直）　農文協　2003.7　p189-193
◎参考文献「裏切られた発展—進歩の終わりと未来への共進化ビジョン」（R. B. ノーガード）　勁草書房　2003.8　p333-361
◎文献「環境認知の発達心理学—環境とこころのコミュニケーション」（加藤孝義）　新曜社　2003.9　p5-10b
◎文献「環境」（諸富徹）　岩波書店　2003.10　p115-128
◎「環境問題資料集成　索引」（日本科学者会議）　旬報社　2003.10　262p B5
◎参考文献「環境と心性の文化史　下」（増尾伸一郎ほか）　勉誠出版　2003.11　prr
◎参照文献「産業化と環境共生　講座社会変動2」（今田高俊）　ミネルヴァ書房　2003.12　prr
○記事目録「環境管理　40.1」（産業環境管理協会）　2004.1　p97-101
◎引用参考文献「ヒトは環境を壊す動物である」（小田亮）　筑摩書房　2004.1　p203-206
◎参考文献「リスク、環境および経済」（池田三郎）　勁草書房　2004.1　prr
◎引用参考文献「食料と環境」（大賀圭治）　岩波書店　2004.4　p191-194
◎原注「世界の環境の歴史—生命共同体における人間の役割」（D. ヒューズ）　明石書店　2004.5　p480-421
◎参考文献「生命と環境の共鳴」（高橋隆雄）　九州大学出版会　2004.5　prr
◎文献案内（結城正美）「越境するトポス—環境文学論序説」（野田研一ほか）　彩流社　2004.7　p308-302
○雑誌記事目録「環境管理　41.1」（産業環境管理協会）　2005.1　p120-124
◎参考文献「これからの環境論—つくられた危機を超えて」（渡辺正）　日本評論社　2005.1　prr
◎文献「ランドアートと環境アート」（J. カストナー）　ファイドン　2005.1　p198-200
◎引用参考文献「沙漠化とその対策—乾燥地帯の環境問題」（赤木祥彦）　東京大学出版会　2005.1　p193-199
◎参考図書「環境学研究ソースブック—伊勢湾流域圏の視点から」（名古屋大学環境学研究科）　藤原書店　2005.12　p236-238
◎参考文献「環境再生　環境経済・政策学会年報10」（環境経済・政策学会）　東洋経済新報社　2005.12　prr
○雑誌記事目録「環境管理　42.1」（産業環境管理協会）　2006.1　p102-106
◎参考文献ほか「環境生物科学—人の生活を中心とした改訂版」（松原聰）　裳華房　2006.9　p219-223
◎参考図書「環境と生態」　朝倉書店　2007.2　p169」

環境アセスメント

- ◎文献「海洋環境アセスメント―数値モデルとその限界」（関根義彦）　成山堂書店　2002.7　p103-105
- ◎参考文献「環境アセスメントはヘップ（HEP）でいきる―その考え方と具体例」（日本生態系協会）　ぎょうせい　2004.6　p195-200
- ◎参考文献「海洋環境アセスメント―数値モデルとその限界　改訂版」（関根義彦）　成山堂書店　2005.10　p103-105
- ◎参考文献「HEP入門―〈ハビタット評価手続き〉マニュアル」（田中章）　朝倉書店　2006.10　p237-257
- ◎参考文献「ライフサイクル産業連関分析」（中村愼一郎）　早稲田大出版局　2007.10　prr
- ◎参考文献「海洋環境水理学」（和田明）　丸善　2007.11　p322-324
- ◎原注「環境リスクと合理的意思決定―市民参加の哲学」（K. シュレーダー＝フレチェット）　昭和堂　2007.11　p13-92b

環境医学

- ◎参考文献「環境医学入門―環境リスク要因と人の健康の相互関係」（L. メラー）　中央法規出版　2003.10　p407-412

環境運動

- ◎参考文献「韓国環境運動の社会学―正義に基づく持続可能な社会のために」（具度完）　法政大学出版局　2001.11　p293-299

環境衛生

- ◎引用文献「化学物質の健康リスク評価」（International Programme on Chemical Safety）　丸善　2001.3　p79-89
- ◎文献「環境と健康データ―リスク評価のデータサイエンス」（柳川堯）　共立出版　2002.6　p195-198
- ◎参考文献「「水」の安心生活術」（中臣昌広）　集英社　2004.3　p204-205
- ◎引用参考文献「磁場の生体への影響・その後―1991年から2003年までの総説」（志賀健）　てらぺいあ　2004.8　p204-220

環境エネルギー

- ◎参考文献「環境エネルギー革命」（金子勝ほか）　アスペクト　2007.7　p270-265

環境汚染

- ◎参考図書「地球環境汚染―経済成長との関連において」（菅谷章）　八潮出版社　2001.2　p206-209
- ◎参考文献「環境汚染の最適制御」（塩田尚樹）　勁草書房　2001.3　p136-141
- ◎引用文献「農業と環境汚染―日本と世界の土壌環境政策と技術」（西尾道徳）　農文協　2005.3　p415-432
- ◎文献「未来世代への「戦争」が始まっている―ミナマタ・ベトナム・チェルノブイリ」（綿貫礼子ほか）　岩波書店　2005.7　p1-11b
- ◎参考文献「海ゴミ―拡大する地球環境汚染」（小島あずさほか）　中央公論新社　2007.7　p227-232

環境音楽

- ◎参考文献「音のデザイン―感性に訴える音をつくる」（岩宮眞一郎）　九州大出版会　2007.5　p169-176

環境会計

- ◎参考文献「ドイツ環境会計―環境原価と環境負荷の統合に向けて」（湯田雅夫）　中央経済社　2001.5　p315-322
- ◎参考文献「環境会計論」（阪智香）　東京経済情報出版　2001.6　p279-297
- ◎参考文献「環境コストマネジメントの実務」（中央青山監査法人）　中央経済社　2001.8　p187-189
- ◎参考文献「統合的環境会計論」（宮崎修行）　創成社　2001.11　p861-904
- ◎文献「企業評価のための環境会計」（水口剛）　中央経済社　2002.10　p195-204
- ◎文献「統合的環境会計論　第2版」（宮崎修行）　創成社　2002.11　p861-904
- ◎文献「持続可能な発展のための環境会計」（石津寿惠）　白桃書房　2003.3　p245-256
- ◎文献「日本企業の環境会計―信頼性の確立に向けて」（宮地晃輔）　創成社　2003.3　p215-221
- ◎文献「現代環境会計―問題・概念・実務」（S. シャルテガーほか）　五絃舎　2003.4　p511-538
- ◎文献「会計とアカウンタビリティ―企業社会環境報告の変化と挑戦」（R. グレイほか）　白桃書房　2003.7　p401-435
- ◎文献「社会環境会計論―社会と地球環境への会計アプローチ」（向山敦夫）　白桃書房　2003.10　p221-236
- ◎参考文献「環境経営会計の基礎理論と実践―エンヴァイロメンタルマネジメントアキャンティングの生成と展開」（柳田仁）　夢工房　2004.9　p250-256
- ◎参考文献「環境会計の新しい展開」（山上達人ほか）　白桃書房　2005.4　prr
- ◎参考文献「日本企業の環境会計―信頼性の確立に向けて　増補版」（宮地晃輔）　創成社　2005.10　p227-233
- ◎参考文献「環境報告の発展と環境会計の役割」（牟禮恵美子）　兵庫県立大　2006.5　p26-27
- ◎参考文献「環境経営・会計」（國部克彦ほか）　有斐閣　2007.3　prr

環境外交

- ◎文献目録「地球環境外交と国内政策―京都議定書をめぐるオランダの外交と政策」（蟹江憲史）　慶應義塾大学出版会　2001.12　p289-312

環境開発

- ◎参考文献「環境と開発　シリーズ国際開発2」（井村秀文ほか）　日本評論社　2004.12　prr

環境化学

- ◎文献「環境化学」（小倉紀雄, 一國雅巳）　裳華房　2001.11　p136-137
- ◎参考文献「環境と化学―グリーンケミストリー入門」（柘植秀樹, 荻野和子, 竹内茂彌）　東京化学同人　2002.4　prr
- ◎参考文献「人類の未来のための環境化学」（G. Fellenberg）　丸善　2002.9　p213-214

環境科学

- ◎参考文献「やさしい環境科学　新版」（保田仁資）　化学同人　2003.3　prr
- ◎もっと知りたい人のために「暮らしと環境科学」（日本化学会）　東京化学同人　2003.6　p187-189

環境管理

- ◎参考文献「ISO 14001内部環境監査員の実務入門」（テクノファ）　日刊工業新聞社　2001.1　p191-192
- ◎参考図書「ISO 14001を学ぶ人のために―環境マネジメント・環境監査入門」（黒澤正一）　ミネルヴァ書房　2001.4　p307-308
- ◎参考文献「パワー・オブ・ワン―次なる産業革命への7つの挑戦　ひとりの力」（レイ・アンダーソン）　海象社　2002.2　p252-253
- ◎参考文献「環境管理会計入門―理論と実践」（国部克彦）　産業環境管理協会　2004.4　p276-278
- ◎参考文献「環境マネジメントハンドブック」（真船洋之）　日本工業新聞社　2005.1　p80-82
- ◎参考文献「ISO14000入門　2版」（吉沢正）　日本経済新聞社　2005.5　p213-217
- ◎参考引用文献「環境ファイナンス―社会的責任投資と環境配慮促進法」（江ье泰穂ほか）　環境新聞社　2005.6　p146-154
- ◎参考文献「「環境監査論」講義の現場報告」（石井薫）　創成社　2005.9　p225-227
- ◎引用参考文献ほか「グリーン共創流通」（齋藤實男）　同文舘出版　2005.11　p171-176
- ◎参考文献「環境経営の分析」（金原達夫ほか）　白桃書房　2005.12　p179-186
- ◎文献「マネジメントの生態学―生態文化・環境回復・環境経営・資源循環」（鈴木邦雄）　共立出版　2006.2　prr
- ◎参照文献「環境経営のルーツを求めて―「環境マネジメントシステム」という考え方の意義と将来」（倉田健児）　産業環境管理協会　2006.4　p332-346
- ◎参考文献「トリプルボトムライン―3つの決算は統合できるか?」（A.ヘンリクスほか）　創成社　2007.4　p233-246
- ◎参考文献「環境戦略」（勝田悟）　中央経済社　2007.6　p201-202
- ◎参考文献「戦略的環境経営―環境と企業競争力の実証分析」（豊澄智己）　中央経済社　2007.10　p238-240

環境教育

- ◎引用文献「環境学と環境教育」（鈴木紀雄と環境教育を考える会）　かもがわ出版　2001.1　p180-181
- ◎参考文献「環境教育がわかる事典―世界のうごき・日本のうごき」（日本生態系協会）　柏書房　2001.4　p403-410
- ◎参考文献「環境のための教育―批判的カリキュラム理論と環境教育」（ジョン・フィエン）　東信堂　2001.8　p173-189
- ◎書誌（米倉恭平）「文献探索　2001」（文献探索研究会）　2002.7　p636-639
- ◎参考文献「子どもたちから地球への発信―だれでもできる総合環境学習」（上石しょう子）　農文協　2002.8　p213-214
- ◎参考文献「小学校環境教育実践試論―子どもを行動主体に育てるために」（大森享）　創風社　2004.5　p157-159
- ◎参考引用文献「新しい環境教育の実践」（朝岡幸彦）　高文堂出版社　2005.4　p167-171
- ◎参考文献「環境教育と心理プロセス―知識から行動へのいざない」（小池俊雄ほか）　山海堂　2005.9　p237-246
- ◎参考文献「住環境リテラシーを育む―家庭科から広がる持続可能な未来のための教育」（妹尾理子）　萌文社　2006.4　p198-202
- ◎引用文献「人間の自然認知特性とコモンズの悲劇―動物行動学から見た環境教育」（小林朋道）　ふくろう出版　2007.2　p135-140
- ◎参考文献「山城中学校のエコな挑戦―学ぶ力・教師力・学校力を育てるエネルギー環境教育」（京都府木津川市立山城中学校）　国土社　2007.8　p183-186
- ◎参考文献「プラットフォーム環境教育」（今村光章ほか）　東信堂　2007.11　prr

環境行政

- ◎参考文献等「環境施策成果シミュレーション調査報告書」（町田市環境部環境保全課）　町田市環境部環境保全課　2002.3　p4-5b
- ◎参考文献ほか「地球環境問題と環境政策」（生野正剛ほか）　ミネルヴァ書房　2003.4　prr
- ◎文献「サステイナブルシティ―EUの地域・環境戦略」（岡部明子）　学芸出版社　2003.9　p259-265
- ◎参考文献「CDMによる環境改善と温暖化抑制―中国山西省を事例として」（張興和）　創風社　2005.2　p197-202
- ◎参考資料「アジアの主要国におけるCDMに関する取り組みの現況」　日本貿易振興機構　2005.3　prr
- ◎参考文献「中国の環境政策―制度と実効性」（竹歳一紀）　晃洋書房　2005.12　p177-181
- ◎文献目録「イギリス帝国からみる環境史―インド支配と森林保護」（水野祥子）　岩波書店　2006.3　p5-14b
- ◎原註「生命の川」（S.ポステルほか）　新樹社　2006.3　p291-314
- ◎参考文献「スウェーデンの持続可能なまちづくり―ナチュラル・ステップが導くコミュニティ改革」（S.ジェームズほか）　新評論　2006.9　p257-266
- ◎参考文献「地球環境問題の比較政治学―日本・ドイツ・アメリカ」（M.A.シュラーズ）　岩波書店　2007.11　p275-299

環境経営

- ◎参考文献「検証!環境経営への軌跡」（山口民雄）　日刊工業出版プロダクション　2001.3　p276-278
- ◎参考文献「実践環境経営論―戦略論的アプローチ」（堀内行蔵ほか）　東洋経済新報社　2006.2　prr

環境経済

- ◎参考文献「環境経済学入門」（C.D.コルスタッド）　有斐閣　2001.7　p151-163
- ◎参考文献「環境を守るほど経済は発展する―ゴミを出さずにサービスを売る経済学」（倉阪秀史）　朝日新聞社　2002.6　p1-7b
- ◎引用文献「入門環境経済学―環境問題解決へのアプローチ」（日引聡,有村俊秀）　中央公論新社　2002.7　p217」
- ◎参考文献「環境経済システムの計算理論」（山本秀一）　勁草書房　2003.4　p171-175
- ◎参考文献「環境経済学の新世紀」（室田武ほか）　中央経済社　2003.4　prr
- ◎参考文献「環境経済研究―環境と経済の統合に向けて」（天野明弘）　有斐閣　2003.4　prr
- ◎参考文献「投入産出分析と最適制御の環境保全への応用」（中山惠子）　勁草書房　2003.4　p143-148

◎文献「環境経済の理論と実践―エコロジーのための意思決定」（西村一彦）　オーム社　2003.5　p163-170
◎参考文献「循環型社会の制度と政策　岩波講座環境経済・政策学7」（細田衛士ほか）　岩波書店　2003.5　prr
◎参考文献「新しい環境経済政策―サステイナブル・エコノミーへの道」（寺西俊一）　東洋経済新報社　2003.11　prr
◎参考文献「地球環境と内生的経済成長―マクロ動学による理論分析」（伊ケ崎大理）　九州大学出版会　2004.3　p229-233
◎参考文献「環境経済論」（古林英一）　日本経済評論社　2005.1　p244-247
◎参考文献「入門廃棄物の経済学」（R. C. ポーター）　東洋経済新報社　2005.2　p361-390
◎参考文献「ごみの環境経済学」（坂田裕輔）　晃洋書房　2005.4　p177-179
◎参考文献「環境経済学」（H. ジーベルト）　シュプリンガーV東京　2005.4　p325-346
◎参考文献「はじめての環境経済学」（G. M. ヒール）　東洋経済新報社　2005.5　p263-270
◎参考文献「持続可能な発展の経済学」（H. E. デイリー）　みすず書房　2005.11　p11-14b
◎参考文献「環境と経済を再考する」（倉阪秀史）　ナカニシヤ出版　2006.3　p205-213
◎参考文献「環境経済学」（岡敏弘）　岩波書店　2006.4　p297-308
◎参考文献「環境経済・政策学の基礎知識」（環境経済・政策学会）　有斐閣　2006.7　prr
◎参考文献「持続可能な社会への2つの道―産業連関表で読み解く環境と社会・経済」（C. シュターマー）　ミネルヴァ書房　2006.10　p235-249
◎参考文献「環境投資と規制の経済分析」（大内田康徳）　九州大出版会　2007.1　p181-185
◎参考文献ほか「協働と環境の社会経済論―生活と事業体の「持続可能性」を求めて」（藤田暁男）　晃洋書房　2007.2　p271-281
◎引用参考文献「地域コミュニティの環境経済学―開発途上国の草の根民活論と持続可能な開発」（鳥飼行博）　多賀出版　2007.2　p391-399
◎文献案内「環境経済学」（細田衛士ほか）　有斐閣　2007.3　p349-351
◎参考文献「弱者のための「エントロピー経済学」入門」（槌田敦）　ほたる出版　2007.9　p1-4b
◎参考文献「環境と開発の政治経済学―持続可能な発展と社会的能力」（村上一真）　多賀出版　2007.11　p255-268
◎参考文献「サステイナビリティの経済学―人間の福祉と自然環境」（P. ダスグプタ）　岩波書店　2007.12　p363-394

環境工学
◎参考文献「これからのエネルギーと環境―水・風・熱の有効利用」（阿部剛久）　共立出版　2005.2　p76-179
◎参考文献「バイオ環境工学」（藤田正憲ほか）　シーエムシー出版　2006.1　p138-143
◎引用文献「自然・社会と対話する環境工学」（土木学会環境工学委員会「自然・社会と対話する環境工学」編集W. G.）　土木学会　2007.3　p176-179
◎参考文献「化学環境学」（御園生誠）　裳華房　2007.9　p220-224

環境考古
◎文献「平野の環境考古学」（高橋学）　古今書院　2003.7　p262-303
◎文献「環境考古学ハンドブック」（安田喜憲）　朝倉書店　2004.2　prr
◎引用参考文献「平野の環境歴史学」（古田昇）　古今書院　2005.8　prr
◎引用参考文献「遺跡の環境復原―微地形分析、花粉分析、プラント・オパール分析とその応用」（外山秀一）　古今書院　2006.10　p295-332

環境史
○文献目録（椎名則明ほか）「史叢　69」（日本大）　2003.9　p126-94
◎資料出典一覧ほか「環境史年表　明治・大正編」（下川耿史）　河出書房新社　2003.11　p381-387
◎資料出典一覧ほか「環境史年表　昭和・平成編」（下川耿史）　河出書房新社　2004.1　p537-543
○文献目録（椎名則明ほか）「史叢　71・72」（日本大）　2005.3　p202-181
○文献目録「史叢　74」（日本大学史学会）　2006.3　p112-107
◎参考文献「環境の歴史―ヨーロッパ、原初から現代まで」（R. ドロールほか）　みすず書房　2007.1　p9-18b
◎参考文献「ドイツ環境史―19世紀と20世紀における自然と人間の共生の歴史」（F. J. ブリュックゲマイアーほか）　リーベル出版　2007.3　p140-155

環境思想
◎文献一覧「アメリカの環境主義―環境思想の歴史アンソロジー」（R. F. ナッシュ）　同友館　2004.7　p483-499
◎主要著作（須藤自由児）「環境の思想家たち　上　古代・近代編」（J. A. パルマー）　みすず書房　2004.9　prr
◎参考文献「ディープ・エコロジーの原郷―ノルウェーの環境思想」（尾崎和彦）　東海大出版会　2006.1　p313-315
◎参考文献「環境思想と社会―思想史的アプローチ」（三浦永光）　御茶の水書房　2006.4　p11-19b

環境社会
◎文献「環境社会学のすすめ」（飯島伸子）　丸善　2003.12　p127-128
◎参考文献「環境共生社会学」（東洋大学国際共生社会研究センター）　朝倉書店　2004.2　prr
◎参考文献「環境社会学の視点と論点」（久郷明秀）　インデックス出版　2004.6　p185-188
◎参考文献「環境社会学―生活者の立場から考える」（鳥越皓之）　東京大学出版会　2004.10　prr
◎参考文献「社会環境学のアイデンティティ―持続可能な経済社会システムの実現」（野上健治）　学文社　2004.10　p243-246
◎引用文献「環境社会学への招待―グローバルな展開」（満田久義）　朝日新聞社　2005.5　prr
◎参考文献「環境社会学―社会構築主義的観点から」（J. A. ハニガン）　ミネルヴァ書房　2007.10　p271-303

環境心理
◎参考文献「建築空間のヒューマナイジング　環境心理による人間空間の創造」（日本建築学会）　彰国社　2001.9　prr

◎文献「環境心理学の新しいかたち」(南博文) 誠信書房 2006.3 prr
◎参考文献「構築環境の意味を読む」(A. ラポポート) 彰国社 2006.6 p383-407
◎参考文献「ひとは、なぜ、そこにいるのか―「固有の居場所」の環境行動学」(山田あすか) 青弓社 2007.2 p243-248
◎文献「環境心理学」(佐古順彦ほか) 朝倉書店 2007.4 prr

環境人類学
◎読書案内(岸上伸啓)「環境人類学を学ぶ人のために」(P. K. タウンゼンド) 世界思想社 2004.2 p173-197

環境税
◎文献「環境関連税制―その評価と導入戦略」(OECD) 有斐閣 2002.6 p209-217
◎文献「地域環境税」(和田尚久) 日本評論社 2002.6 p323-328
◎参考文献「環境税の政治経済学」(OECD) 中央法規出版 2006.8 p213-243

環境政策
◎文献「地球環境政策過程―環境のグローバリゼーションと主権国家の変容」(横田匡紀) ミネルヴァ書房 2002.7 p175-198
◎参考文献「環境政策の基礎 岩波講座環境経済・政策学3」(植田和弘ほか) 岩波書店 2003.3 prr
◎参考文献「地球環境政策」(亀山康子) 昭和堂 2003.4 prr
◎参考文献「環境政策論―環境政策の歴史及び原則と手法」(倉阪秀史) 信山社出版 2004.1 p336-348
◎参考文献「まちづくりと政策形成―景観・環境分野における市民参加の展開と課題」 総合研究開発機構 2004.3 p132-140
◎資料・参考文献一覧「日欧エネルギー・環境政策の現状と展望―環境史との対話」(田北広道) 九州大学出版会 2004.7 p261-270
◎参考文献「質を保障する時代の公共性―ドイツの環境政策と福祉政策」(豊田謙二) ナカニシヤ出版 2004.9 p314-321
◎文献「環境補助金の理論と実際―日韓の制度分析を中心に」(李秀澈) 名古屋大学出版会 2004.11 p241-251
◎参考文献「環境政策と一般均衡」(鷲田豊明) 勁草書房 2004.12 p295-298
◎参考文献「地域と環境政策―環境再生と「持続可能な社会」をめざして」(礒野弥生ほか) 勁草書房 2006.11 prr
◎参考文献「環境政策学のすすめ」(松下和夫) 丸善 2007.11 p173-176
◎参考文献「地域発!ストップ温暖化ハンドブック―戦略的政策形成のすすめ」(水谷洋一ほか) 昭和堂 2007.11 p143-144

環境生理
◎参考文献「環境生理学」(本間研一ほか) 北海道大出版会 2007.2 prr

環境地質学
◎文献「環境地質学入門―地球をシステムとして見た」(鞠子正) 古今書院 2002.11 p251-256

環境調査
◎参考文献「生物による環境調査事典」(内山裕之ほか) 東京書籍 2003.8 prr
◎参考引用文献「地球環境調査計測事典 3 沿岸域編」(竹内均) フジ・テクノシステム 2003.11 p1270-1271

環境地理
◎参考文献「環境地理学の視座―〈自然と人間〉関係学をめざして」(朴恵淑ほか) 昭和堂 2003.8 prr

環境デザイン
◎参考文献ほか「環境デザイン講義」(仙田満) 彰国社 2006.6 p250-262

環境統計学
◎学ぶために「環境統計学入門」(片谷教孝ほか) オーム社 2003.4 p151-154

環境犯罪
◎参考文献「環境犯罪―七つの事件簿から」(杉本裕明) 風媒社 2001.8 p368-369
◎参考文献「こうすれば犯罪は防げる―環境犯罪学入門」(谷岡一郎) 新潮社 2004.3 p207-214

環境微生物
◎参考文献「環境微生物の測定と評価」(山崎省二) オーム社 2001.12 prr

環境法
◎参考文献「環境法政策―日本・EU・英国にみる環境配慮の法と政策」(柳憲一郎) 清文社 2001.4 p345-347
◎参考文献「環境法と条例―ISO 14000環境マネジメントシステム 改訂第2版」(笹徹) 日科技連出版社 2001.5 p287-288
◎参考文献「国際環境法入門―地球環境と法」(渡部茂己) ミネルヴァ書房 2001.7 p178-186
◎参考文献「検証しながら学ぶ環境法入門―その可能性と課題 全訂版」(山村恒年) 昭和堂 2001.10 p295-299
注「循環共存型社会の環境法」(坂口洋一) 青木書店 2002.1 p213-222
◎参考文献「環境法」(大塚直) 有斐閣 2002.11 prr
◎参考文献「環境法入門 新版」(畠山武道ほか) 日本経済新聞社 2003.5 p227-230
◎参考文献「検証しながら学ぶ環境法入門―その可能性と課題 全訂2版」(山村恒年) 昭和堂 2004.5 p305-309
◎参考文献ほか「ヨーロッパ環境法」(岡村堯) 三省堂 2004.9 p18-44b
◎参考文献「環境保護制度の基礎」(勝田悟) 法律文化社 2004.9 p183-185
◎引用参考文献「国際環境法における事前協議制度―執行手続としての機能の展開」(児矢野マリほか) 有信堂高文社 2006.2 p315-339
◎参考文献「検証しながら学ぶ環境法入門―その可能性と課題 全訂3版」(山村恒年) 昭和堂 2006.3 p313-317
◎参考文献「環境法 2版」(大塚直) 有斐閣 2006.4 prr
◎参考文献「緑のイタリア史―農村部における風景保護・イタリア環境法の息吹」(鶴見圭祐) 〔鶴見圭祐〕 2006.5 p156-159

◎参考文献「環境法入門　3版」(畠山武道ほか)　日本経済新聞出版社　2007.5　p229-232
◎文献一覧「国際環境法」(P. バーニーほか)　慶應義塾大出版会　2007.6　p859-875

環境保護
◎参考文献「環境保護主義の時代　アメリカにおける環境思想の系譜」(J. E. ド・スタイガー)　多賀出版　2001.6　p237-245
◎参考文献「環境保護と排出権取引―OECD諸国における国内排出権取引の現状と展望」(経済協力開発機構)　技術経済研究所　2002.3　各章末
◎参考文献「中国の環境保護とその歴史」(袁清林)　研文出版　2004.3　p359-377

環境保全
◎参考文献「中山間地域等への直接支払いと環境保全」(合田素行)　家の光協会　2001.6　p248-251
◎参考図書「水と水質環境の基礎知識」(武田育郎)　オーム社　2001.11　p177-181
◎文献「社会開発と環境保全―開発途上国の地域コミュニティを対象とした人間環境論」(鳥飼行博)　東海大学出版会　2002.3　p343-351
◎関連図書「自然環境復元の展望」(杉山恵一)　信山社サイテック　2002.10　p179-197
◎文献「海外民間環境保全団体の実態等に関する調査報告書　平成13年度エチオピア」(環境事業団地球環境基金部企画振興課)　環境事業団地球環境基金部企画振興課　2002.11　p37-39
◎文献「環境配慮の社会心理学」(杉浦淳吉)　ナカニシヤ出版　2003.2　p177-185
◎参考文献「新・地球環境ビジネス　2003-2004」(エコビジネスネットワーク)　産学社　2003.2　p490-491
◎文献「環境立国日本の選択―道州制・生活大国への挑戦」(鵜謙一)　海象社　2003.4　p158-159
◎文献「ランドスケープGIS―環境情報の可視化と活用プロジェクト」(鈴木雅和)　ソフトサイエンス社　2003.6　p261-263
◎関連文献ほか「環境保全キーポイント」(原田実)　山海堂　2003.10　p373-374
◎文献「持続可能な開発」(J. エリオット)　古今書院　2003.10　p232-243
◎参考文献「環境保全学の理論と実践　4」(森誠一)　信山社サイテック　2004.3　prr
◎参考文献「コモンプールの公共政策―環境保全と地域開発」(藪田雅弘)　新評論　2004.5　p255-265
◎参考文献「環境材料学―地球環境保全に関わる腐食・防食工学」(長野博夫ほか)　共立出版　2004.5　prr
◎参考文献「森林と地球環境保全」(藤森隆郎)　丸善　2004.8　p132-138
◎参考文献「都市保全計画―歴史・文化・自然を活かしたまちづくり」(西村幸夫)　東京大学出版会　2004.9　p821-844
◎文献「宮川環境読本―真の循環型社会を求めて」(太田猛彦)　東京農業大出版会　2005.2　p199-201
◎参考文献「緑地環境のモニタリングと評価」(恒川篤史)　朝倉書店　2005.9　p231-235
◎参考文献「民族文化の環境デザイン―アフリカ、ティカール王制社会の環境論的研究」(下休場千秋)　古今書院　2005.12　p175-178

◎参考文献「都市のエコロジカルネットワーク　2　計画づくりと自然環境情報の整備・活用ガイド」(都市緑化技術開発機構)　ぎょうせい　2006.10　p233-234
◎文献「地球環境保護への制度設計」(清野一治ほか)　東京大出版会　2007.1　prr
◎参考文献「「成長の限界」からカブ・ヒル村へ―ドネラ・H・メドウズと持続可能なコミュニティ」(D. H. メドウズほか)　生活書院　2007.5　p315-316
◎参考文献ほか「私たちは本当に自然が好きか」(塚本正司)　鹿島出版会　2007.5　p289-292

環境ホルモン
◎参考文献(John Peterson Myers)「環境ホルモン　1」(藤原書店)　2001.1　p269-298
◎参考文献「ホルモン・カオス―「環境エンドクリン仮説」の科学的・社会的起源」(シェルドン・クリムスキー)　藤原書店　2001.9　p383-397
◎参考文献「ホルモン発達のなぞ―環境ホルモンを理解する近道」(江口保暢)　医歯薬出版　2002.9　p183-192
◎参考図書ほか「環境から身体を見つめる―環境ホルモンと21世紀の日本社会」(村松秀)　国士舘大　2003.3　p119-120
◎参考文献「環境ホルモンと人類の未来」(吉沢逸雄ほか)　三共出版　2003.6　prr
◎参考文献「環境ホルモン　人心を「攪乱」した物質」(西川洋三)　日本評論社　2003.7　prr
◎参考文献「忘れてはならない環境ホルモンの恐怖」(三好佐真子)　大学教育出版　2003.11　p170-176
◎参考文献「WHO環境ホルモンアセスメント―内分泌攪乱化学物質の科学的現状と国際的評価」(T. Damstraほか)　NTS　2004.5　p277-344
◎参考書「環境ホルモンとダイオキシン―人間と自然生態系の共存のために」(彼谷邦光)　裳華房　2004.9　p152-153
◎主要業績「環境生殖学入門―毒か薬か環境ホルモン」(堤治)　朝日出版社　2005.5　p1-13b
◎参考文献「ビスフェノールA」(中西準子ほか)　丸善　2005.11　p243-264

環境マネジメント
◎参考図書「ISO 14001を学ぶ人のために―環境マネジメント・環境監査入門」(黒澤正一)　ミネルヴァ書房　2001.4　p307-308
◎参考文献「環境マネジメント―地球環境時代を生きる哲学」(石井薫)　創成社　2003.1　prr
◎文献「環境経営への挑戦―Eco-Ecoマネジメントのすすめ方」(JMAC日本能率協会コンサルティング)　日本工業新聞社　2003.4　p365-374
◎引用参考文献「環境経営戦略事典」(「環境経営戦略事典」編集委員会)　産業調査会事典出版センター　2003.5　prr
◎参考文献「環境リスクマネジメントハンドブック」(中西準子ほか)　朝倉書店　2003.6　prr
◎文献目録(上野継義)「京都マネジメント・レビュー　4」(京都産業大)　2003.12　p109-114

環境問題
◎読書案内「環境と人間」　岩波書店　2000.11　p1-29b
◎参考文献「データで検証!地球の資源ウソ・ホント―エネルギー、食糧から水資源まで」(井田徹治)　講談社　2001.1　p264-265

◎参考文献「写真で見る環境問題」(長谷川三雄) 成文堂 2001.2 p422-425
◎ブックガイド「ディープ・エコロジー—生き方から考える環境の思想」(アラン・ドレングソン, 井上有一) 昭和堂 2001.3 p284-288
◎「環境問題情報事典 第2版」(日外アソシエーツ) 日外アソシエーツ 2001.3 477p B6
◎参考文献「環境緑化のすすめ」(丸田頼一) 丸善 2001.3 p187-189
◎参考文献「グリーン・ケミストリー—ゼロ・エミッションの化学をめざして」(吉村忠与志ほか) 三共出版 2001.4 p135-136
◎文献「フライブルク環境レポート」(今泉みね子) 中央法規出版 2001.4 p286-287
◎参考文献「東アジアの開発と環境問題—日本の地方都市の経験と新たな挑戦」(勝原健) 勁草書房 2001.4 p217-236
◎引用文献「環境問題における少数者の影響過程—シミュレーション・ゲーミングによる実験的検証」(野波寛) 晃洋書房 2001.5 p171-178
◎参考文献「越境汚染の動学的分析」(井上知子) 勁草書房 2001.6 p159-163
◎文献表「破壊されゆく地球—エコロジーの経済史」(ジョン・ベラミー・フォスター) こぶし書房 2001.6 p222-235
◎文献リスト「エコフィロソフィーの現在—自然と人間の対立をこえて」(尾関周二) 大月書店 2001.7 p1-6b
◎参考文献「環境の地球政治学」(ロレイン・エリオット) 法律文化社 2001.7 p295-332
◎参考文献「環境問題へのアプローチ」(石村多門, 白川直樹) 東京電機大学出版局 2001.7 p138-142
◎参考文献「実践原価企画—環境経営に対応した理想ライフサイクルコストの追求」(小川正樹) 税務経理協会 2001.7 p293-295
◎参考書「海と環境—海が変わると地球が変わる」(日本海洋学会) 講談社 2001.9 p235-236
◎文献ほか「森林の環境・森林と環境—地球環境問題へのアプローチ」(吉良竜夫) 新思索社 2001.9 p321-336
◎参考文献「科学と環境—科学で環境問題が救えるか」(上草貞雄) 日新出版 2001.10 p145-147
◎参考文献「緑の政治思想—エコロジズムと社会変革の理論」(A. ドブソン) ミネルヴァ書房 2001.10 p342-349
◎参考文献「地球環境問題入門—地球は泣いています」(飯井基彦) ナカニシヤ出版 2001.11 p257-260
◎参考文献「物質文明を超えて—資源・環境革命の21世紀」(佐伯康治) コロナ社 2001.11 p151-154
◎原注「エコ・エコノミー」(L. R. ブラウン) 家の光協会 2002.1 p410-361
◎参考文献「協働型市民立法—環境事例にみる市民参加のゆくえ」(高橋秀行) 公人社 2002.1 prr
◎文献「農業の環境評価分析」(寺脇拓) 勁草書房 2002.1 p223-235
◎参考文献「環境革命の時代—21世紀の環境概論」(地球環境戦略研究機関(IGES)) 東京書籍 2002.2 p271-272
◎さらに勉強するために「環境学入門 3 地球生態学」(和田英太郎) 岩波書店 2002.3 p165-166

◎参考文献「科学技術の発達と環境問題—科学技術の発展が人類にもたらした光と影 2訂版」(井上尚之) 東京書籍 2002.4 p203-205
◎参考書「環境の科学—われらの地球、未来の地球 改訂版」(山口勝三, 菊地立, 斎藤紘一) 培風館 2002.4 p193-196
◎参考文献「自然と人間の経済学—共存と進化と同化」(高瀬浄) 論創社 2002.4 p437-445
◎文献・年表「環境先進的社会とは何か—ドイツの環境思想と環境政策を事例に」(平子義雄) 世界思想社 2002.5 p219-227
◎文献「環境を平和学する!—「持続可能な開発」からサブシステンス志向へ」(戸崎純, 横山正樹) 法律文化社 2002.6 p217-220
◎文献「環境問題と経済成長理論」(柳瀬明彦) 三菱経済研究所 2002.6 p149-158
◎文献「循環社会論—環境産業と自然欲望をキーワードに」(龍世祥) 晃洋書房 2002.6 p165-168
◎参考文献「身近な実験で学ぶ地球環境」(早川信一) 丸善 2002.7 p159-160
◎参考書「はかってなんぼ 環境編」(日本分析化学会近畿支部) 丸善 2002.8 prr
◎参考文献「環境再生—川崎から公害地域の再生を考える」(永井進ほか) 有斐閣 2002.9 prr
◎引用参考文献「人と環境」(中根芳一) コロナ社 2002.9 p189-195
◎文献「環境問題チャレンジブック 5 はて・なぜ・どうしてクイズエネルギーとくらし」(江川多喜雄, 鷹取健) 合同出版 2002.10 p132-133
◎引用文献「地球環境再生への挑戦」(山口務) 時事通信社 2002.12 p197-198
◎参考文献「図解企業のための環境問題 2版」(井熊均) 東洋経済新報社 2003.1 p196-198
◎文献「地球文明の未来学—脱開発へのシナリオと私たちの実践」(W. ザックス) 新評論 2003.1 p274-283
◎文献「環境リスク心理学」(中谷内一也) ナカニシヤ出版 2003.2 p169-175
◎参考文献「環境へのアプローチ—グローバルな視点から」(正田誠) 化学同人 2003.3 p171-173
◎参考文献「環境問題の「ほんとう」を考える」(山下正和) 化学同人 2003.3 p213-214
◎基本文献「差別と環境問題の社会学」(桜井厚ほか) 新曜社 2003.3 p208-211
◎参考文献ほか「自然再生事業 生物多様性の回復をめざして」(鷲谷いづみほか) 築地書館 2003.3 p366-364
◎参考文献「環境の評価とマネジメント 岩波講座環境経済・政策学8」(吉田文和ほか) 岩波書店 2003.4 prr
◎文献「環境運動と新しい公共圏—環境社会学のパースペクティブ」(長谷川公一) 有斐閣 2003.4 p259-279
◎参考文献「世界の森林破壊を追う 緑と人の歴史と未来」(石弘之) 朝日新聞社 2003.4 prr
◎文献「アジアにおける森林の消失と保全」(井上真) 中央法規出版 2003.5 prr
◎参考文献「ISO14000入門」(吉沢正) 日本経済新聞社 2003.6 p197-200
◎注「環境危機をあおってはいけない—地球環境のホントの実態」(B. ロンボルグ) 文藝春秋 2003.6 p671-586

◎参考文献「公共事業と環境問題」(小林好宏) 中央経済社 2003.6 p173-175
◎参考文献「等身大の地球学」(小林徹) 学文社 2003.6 p185-187
◎参考文献「21世紀の子どもたちと地球のためにお母さんができること―娘に、そしてまだ見ぬ孫へ贈る22通の手紙」(坂下栄) メタモル出版 2003.7 p195-198
◎読書案内「環境学と平和学」(戸田清) 新泉社 2003.7 p247-253
◎「環境問題文献目録 2000-2002」(日外アソシエーツ) 日外アソシエーツ 2003.7 16, 818p B5
◎文献「生命の政治学―福祉国家・エコロジー・生命倫理」(広井良典) 岩波書店 2003.7 p265-272
◎参考図書「地球の化学像と環境問題」(北野康) 裳華房 2003.8 p175-187
◎文献「地球買いモノ白書」(どこからどこへ研究会) コモンズ 2003.8 prr
◎文献「農学から地域環境を考える」(地域環境を考える会) OMUP 2003.8 p203-207
◎文献「環境時代の構想」(武内和彦) 東京大学出版会 2003.9 p223-225
◎参考文献「「環境」と「高齢化」の産業化―日本企業の戦略と行動」(伊丹敬三ほか) NTT出版 2003.10 p331-345
◎文献「環境対応商品の市場性―「商品企画七つ道具」の活用」(長沢伸也ほか) 晃洋書房 2003.10 p237-241
◎参考文献「社会的ジレンマの処方箋―都市・交通の環境問題のための心理学」(藤井聡) ナカニシヤ出版 2003.10 p271-281
◎文献「シリーズ環境と地質 1 環境と地質」(B. W. ピプキンほか) 古今書院 2003.11 prr
◎参考文献「地球環境問題の人類学―自然資源へのヒューマンインパクト」(池谷和信) 世界思想社 2003.11 prr
◎参考文献「環境力―日本再生の分かれ道」(加藤三郎) ごま書房 2003.12 p276-277
◎参考文献「地球の環境問題」(河村哲也) インデックス出版 2003.12 p135-136
◎参考文献「やさしい環境化学実験」(早川信一ほか) オーム社 2004.2 p165-166
◎参考文献「地球温暖化をめぐる法政策」(大塚直) 昭和堂 2004.2 prr
◎参考文献「地球環境学のすすめ」(京都大学地球環境学研究会) 丸善 2004.2 p249-255
◎参考文献「エネルギー・環境・社会―現代技術社会論」(京都大学大学院エネルギー科学研究科) 丸善 2004.3 p185-192
◎参考文献「グリーンファクトリー―環境保全で勝てる経営」(木全晃) 日本経済新聞社 2004.3 p269-271
◎参考文献「環境科学要論―現状そして未来を考える 2版」(世良力) 東京化学同人 2004.3 p231-232
◎参考図書ほか「環境政治学入門―地球環境問題の国際的解決へのアプローチ」(蟹江憲史) 丸善 2004.3 p139-145
◎参考文献「地球マネジメント入門―"私"から地球を変える哲学 2版」(石井薫) 創成社 2004.3 p267-271
◎参考文献「変化する地球環境」(木村龍治) 放送大教育振興会 2004.3 p228-232

◎参考文献「北東アジアの環境戦略―エネルギー・ソリューション」(NIRA北東アジア環境配慮型エネルギー利用研究会ほか) 日本経済評論社 2004.3 p258-261
◎参考文献「環境保護と排出権取引 2 排出権取引制度の政策設計」(経済協力開発機構) 技術経済研究所 2004.5 p169-176
◎参考文献「秩父環境の里宣言」(久喜邦康) 創森社 2004.5 p230-235
◎参考文献「パンドラの毒―塩素と健康そして環境の新戦略」(J. ソーントン) 東海大学出版会 2004.6 p393-447
◎参考文献「脱「開発」へのサブシステンス論―環境を平和する! 2」(郭洋春ほか) 法律文化社 2004.6 p209-219
◎参考文献「開発と環境の政治経済学」(石見徹) 東京大学出版会 2004.7 p221-229
◎参考文献「環境論―環境問題は文明問題」(岸根卓郎) ミネルヴァ書房 2004.7 p327-337
◎参考文献「岡山の自然と環境問題」(岡山ユネスコ協会) 大学教育出版 2004.8 prr
◎参考文献「エコロジカル・フットプリント―地球環境持続のための実践プランニング・ツール」(M. ワケナゲル) 合同出版 2004.9 p282-285
◎参考文献「都市交通と環境―課題と政策」(中村英夫ほか) 運輸政策研究機構 2004.9 p607-629
◎参考文献「明日の環境と人間―地球をまもる科学の知恵 3版」(川合真一郎ほか) 化学同人 2004.9 p261-264
◎参考文献「グリーンマーケティングとグリーン流通」(斎藤実男) 同文舘出版 2004.10 p151-154
◎参考文献「環境問題を考えるヒント」(水野理) アサヒビール 2004.10 p463-468
◎参考文献「ホメオスタシスのゆくえ―環境問題の読み解き」(菅野孝彦ほか) 東海大学出版会 2004.11 p217-218
◎参考文献「やさしい環境講座」(溝口次夫) 環境新聞社 2004.12 p155-157
◎参考文献「環境情報の公開と評価―環境コミュニケーションとCSR」(勝田悟) 中央経済社 2004.12 p167-169
◎参考図書ほか「国際資源・環境論」(高坂節三) 都市出版 2005.1 p238-255
◎参考文献「環境と健康」(森田昌敏ほか) 岩波書店 2005.3 p219-225
◎参考文献「持続可能な世界論」(深井慈子) ナカニシヤ出版 2005.3 p245-263
◎参考文献「新・地球環境ビジネス 2005-2006」(エコビジネスネットワーク) 産学社 2005.3 p490-491
◎文献「地球環境科学概説 普及版」(新藤静夫ほか) 朝倉書店 2005.3 prr
◎参考図書ほか「環境学入門」(井上堅太郎) 大学教育出版 2005.4 p151-154
◎文献「地球環境の教科書10講」(左巻健男ほか) 東京書籍 2005.4 p249-254
◎参考文献「「悪魔のサイクル」へ挑む―地球にはCO$_2$を急増させる仕掛けが隠されていた!!」(西沢潤一ほか) 東洋経済新報社 2005.5 p255-257
◎参考文献「エコブームを問う―東大生と学ぶ環境学」(東京大学環境三四郎「環境の世紀」編集プロジェクト) 学芸出版社 2005.5 p249-253

◎文献案内「環境思想キーワード」（尾関周二ほか）　青木書店　2005.5　p183-202
◎基本文献「環境問題の経営学」（高橋由明ほか）　ミネルヴァ書房　2005.5　prr
◎文献「予防原則―人と環境の保護のための基本理念」（大竹千代子ほか）　合同出版　2005.5　p250-255
◎参考文献「環境に拡がる心―生態学的哲学の展望」（河野哲也）　勁草書房　2005.6　p5-16b
◎引用参考文献「ニューエコロジー―美への気づき醜への気づき」（井口博貴）　東京法経学院出版　2005.7　p237-240
◎参考文献「環境の思想と倫理―環境の哲学、思想、歴史、運動、政策」（金子光男ほか）　人間の科学新社　2005.7　prr
◎参考文献「環境思想―歴史と体系」（海上知明）　NTT出版　2005.8　p264-282
◎参考文献「「環境マネジメント」講義の現場報告」（石井薫）　創成社　2005.10　p235-239
◎参考文献ほか「水の星―地球環境を考える」（片瀬隆雄ほか）　アイ・ケイコーポレーション　2005.10　p94-105
◎参考文献「地球環境条約―生成・展開と国内実施」（西井正弘）　有斐閣　2005.10　p447-465
◎参考文献「入門・資源危機―国益と地球益のジレンマ」（谷口正次）　新評論　2005.10　p277-283
◎参考文献「オゾン・コネクション―国境を越えた環境保護の連帯はなぜ可能になったか」（P.キャナンほか）　日本評論社　2005.11　p376-392
◎参考文献「世界の環境問題　1　ドイツと北欧」（川名英之）　緑風出版　2005.12　p440-454
◎参考文献「暴走する文明―「進歩の罠」に落ちた人類のゆくえ」（R.ライト）　NHK出版　2005.12　p204-215
◎参考文献「環境共同体としての日中韓」（東アジア環境情報発信所）　集英社　2006.1　p239-250
◎引用参考文献「川は誰のものか―人と環境の民俗学」（菅豊）　吉川弘文館　2006.1　p222-224
◎文献目録「地球環境ガバナンスとレジームの発展プロセス―ワシントン条約とNGO・国家」（阪口功）　国際書院　2006.2　p301-320
◎参考文献「環境の理解―地球環境と人間生活」（渡辺紀元ほか）　三共出版　2006.4　p183-187
◎参考文献「地域と環境の公共性―日本型コモンズを考える」（家木成夫）　梓出版社　2006.4　p5-13b
◎参考文献「日本近世環境史料演習」（根崎光男）　同成社　2006.4　p185-187
◎「環境問題文献目録　2003-2005」（日外アソシエーツ）　日外アソシエーツ　2006.5　16, 795p B5
◎参考文献「戦争って、環境問題と関係ないと思ってた」（田中優）　岩波書店　2006.5　p2-7b
◎参考文献「地球環境を守るために―図表と解説入門編」（才木義夫）　神奈川新聞社　2006.5　p197-199
◎引用文献「フィールド科学への招待」（北海道大学北方生物圏フィールド科学センター）　三共出版　2006.6　p191-198
◎引用参考文献「環境条例」（笹徹）　日科技連出版社　2006.6　p269-272
◎参考文献「生きる視点から考える環境問題―環境ホルモンからアスベストまで身近に潜む危険」（三好恵真子）　ヒューマンウィングスLLP　2006.6　p145-151

◎参考文献「ロハス・マーケティングのスヽメ」（相原正道）　木楽舎　2006.7　p151-153
◎参考図書「海の環境100の危機」（東京大学海洋研究所DOBIS編集委員会）　東京書籍　2006.7　p214-217
◎参考文献「世界の湖沼と地球環境」（熊谷道夫ほか）　古今書院　2006.8　p205-218
◎引用参考文献「地球環境問題の現場検証―インドネシアに見る社会と環境のダイナミズム」（池田寛二）　八千代出版　2006.8　p211-217
◎参考文献「日本環境史概説」（井上堅太郎）　大学教育出版　2006.8　p213-222
◎参考文献「エネルギー・環境・経済システム論」（山地憲治）　岩波書店　2006.9　p175-177
◎推薦図書「ガイアの復讐」（J.ラブロック）　中央公論新社　2006.10　p271-276
◎参考文献「グッド・ニュース―持続可能な社会はもう始まっている」（D.スズキ）　ナチュラルスピリット　2006.10　p557-559
◎参考文献「化学の目でみる地球の環境―空・水・土　改訂版」（北野康）　裳華房　2006.10　p175-180
◎文献一覧「環境政治理論」（丸山正次）　風行社　2006.10　p8-24b
◎ブックガイド「エコシフト―チャーミングに世界を変える方法」（マエキタミヤコ）　講談社　2006.11　p251-254
◎参考文献「シチズンシップと環境」（A.ドブソン）　日本経済評論社　2006.12　p8-20b
◎参考文献「世界の環境問題　2　西欧」（川名英之）　緑風出版　2007.1　p451-458
◎引用文献「人はどのような環境問題解決を望むのか―社会的ジレンマからのアプローチ」（大沼進）　ナカニシヤ出版　2007.2　p177-191
◎引用参考文献「風で読む地球環境」（真木太一）　古今書院　2007.2　p165-168
◎文献「環境―設計の思想」（松永澄夫）　東信堂　2007.3　prr
◎「地球の悲鳴―環境問題の本100選」（陽捷行）　アサヒビール　2007.3　282p A5
◎引用参考文献「破局―人類は生き残れるか」（粟屋かよ子）　海鳴社　2007.3　p209-214
◎参考図書ほか「エコハウス私論―建てて住む。サスティナブルに暮らす家」（小林光）　木楽舎　2007.4　p308-313
◎参考文献「ホメオスタシスのゆくえ―環境問題の読み解き　増補版」（菅野孝彦ほか）　東海大出版会　2007.4　p235-236
◎文献「環境に配慮したい気持ちと行動―エゴから本当のエコへ」（和田安彦ほか）　技報堂出版　2007.4　prr
◎文献「公害湮滅の構造と環境問題」（畑明郎ほか）　世界思想社　2007.4　p241-255
◎参考図書「地球環境学―地球環境を調査・分析・診断するための30章」（松岡憲知ほか）　古今書院　2007.4　p122-124
◎文献案内ほか「異常気象は家庭から始まる―脱・温暖化のライフスタイル」（D.レイ）　日本教文社　2007.5　p2-13b
◎参考文献（櫻井次郎）「中国環境ハンドブック　2007-2008年版」（中国環境問題研究会）　蒼蒼社　2007.5　p508-528

◎文献「エコロジーとポストモダンの終焉」(G. マイアソン) 岩波書店 2007.7 p97-99
◎参考文献「水とごみの環境問題 新装改訂」(伊与亨ほか) TOTO出版 2007.7 p284-285
◎参考文献「地球の政治学―環境をめぐる諸言説」(J. S. ドライゼク) 風行社 2007.7 p10-34b
◎引用文献ほか「排出権取引ビジネスの実践―CDM(クリーン開発メカニズム)の実態を知る」(排出権取引ビジネス研究会) 東洋経済新報社 2007.7 p294-296
◎参考文献「環境協定の研究」(松村弓彦) 成文堂 2007.8 p257-277
◎文献「あなたの暮らしが世界を変える―持続可能な未来がわかる絵本」(阿部治ほか) 山と渓谷社 2007.9 p126-127
◎関連文献「共生する世界―仏教と環境」(嵩満也) 法藏館 2007.9 p235-240
◎参考文献「脱炭素社会と排出量取引―国内排出量取引を中心としたポリシー・ミックス提案」(諸富徹ほか) 日本評論社 2007.10 p187-200
◎参考文献ほか「環境批評の未来―環境危機と文学的想像力」(L. l. ビュエル) 音羽書房鶴見書店 2007.11 p277-248
◎参考文献ほか「生物圏の環境」(有田正光) 東京電機大出版局 2007.11 prr
◎参考文献「地球化学講座 7 環境の地球化学」(蒲生俊敬) 培風館 2007.11 prr
◎参考文献「環境被害の責任と費用負担」(除本理史) 有斐閣 2007.12 p205-225
◎参考文献ほか「中国環境報告―苦悩する大地は甦るか 増補改訂版」(藤野彰) 日中出版 2007.12 p352-355

環境倫理
◎ブックガイド「異議あり! 生命・環境倫理学」(岡本裕一朗) ナカニシヤ出版 2002.12 p262-277
◎参考文献「環境の倫理学」(山内廣隆) 丸善 2003.3 p167-171
◎文献ガイド「はじめて学ぶ生命・環境倫理 「生命圏の倫理学」を求めて」(徳永哲也) ナカニシヤ出版 2003.5 p247-260
◎文献「環境思想を問う」(高田純) 青木書店 2003.8 p203-205
◎参考文献「環境の世紀を歩む―人間・環境・文明」(三村泰臣) 北樹出版 2004.10 p194-198
◎文献案内「環境倫理学―環境哲学入門」(J. R. デ・ジャルダン) 出版研 2005.2 prr
◎参考文献「自然と和解への道 上」(K. マイヤー=アービッヒ) みすず書房 2005.6 p1-13b
◎参考文献「環境倫理と風土―日本的自然観の現代化の視座」(亀山純生) 大月書店 2005.7 p1-4b
◎参考文献「新・環境倫理学のすすめ」(加藤尚武) 丸善 2005.8 p213-215
◎参考文献「環境と倫理―自然と人間の共生を求めて 新版」(加藤尚武) 有斐閣 2005.11 prr
◎参考文献「自然との和解への道 下」(K. M. マイヤー=アービッヒ) みすず書房 2006.1 p8-20b
◎引用文献「実践の環境倫理学―肉食・タバコ・クルマ社会へのオルタナティヴ」(田上孝一) 時潮社 2006.8 p194-199
◎文献一覧「環境倫理学入門―風景論からのアプローチ」(菅原潤) 昭和堂 2007.4 p228-232

環境歴史学
◎註「環境歴史学の視座」(橋本政良ほか) 岩波書店 2002.1 prr
◎参考文献「環境歴史学とはなにか」(飯沼賢司) 山川出版社 2004.9 4pb

玩具
◎文献「おもちゃと遊びのリアル―「おもちゃ王国」の現象学」(松田恵示) 世界思想社 2003.7 p214-218
◎注「創作玩具―玩具と文化と教育を考える」(春日明夫) 日本文教出版 2003.12 p331-334
◎参考文献「江戸からおもちゃがやって来た」(千葉惣次) 晶文社 2004.3 1pb
◎参考文献「図説いま・むかしおもちゃ大博覧会」(兵庫県立歴史博物館) 河出書房新社 2004.5 p140-141

関係概念
◎引用文献「関係概念の発達―時間、距離、速さ概念の獲得過程と算数「速さ」の授業改善」(松田文子) 北大路書房 2002.9 p215-224

観月
◎参考文献「月と日本建築―桂離宮から月を観る」(宮元健次) 光文社 2003.8 p227-230

勧化本
○刊行略年表(後小路薫)「国文学 49.5」(学燈社) 2004.4 p110-129

漢語
◎参考文献「漢語の語源ものがたり―ことばのルーツの再発見」(諏訪原研) 平凡社 2002.5 p238-239
◎参考文献「現代日本語の漢語動名詞の研究」(小林英樹) ひつじ書房 2004.2 p353-362
◎参考文献「現代に生きる幕末・明治初期漢語辞典」(佐藤亨) 明治書院 2007.6 p934-936

看護
◎文献「小児の看護アセスメント」(ジョイス・エンゲル) 医学書院 2001.2 p269-274
◎文献「語りかける身体―看護ケアの現象学」(西村ユミ) ゆみる出版 2001.3 p235-254
◎文献「看護のための症候学」(塩見文俊, 能川ケイ) 学習研究社 2001.4 p250-251
◎文献一覧「精神科看護のためのhow toフォーカスチャーティング」(川上千英子ほか) 精神看護出版 2001.12 p120-121
◎文献「看護情報学への招待」(キャサリン・J. ハンナ, マリオン・J. ボール, マーガレット・J. A. エドワーズ) 中山書店 2002.1 p315-330
◎参考文献「看護の力女性の力―ジョアン・アシュレイ論文・講演選集」(カレン・アン・ウルフ) 日本看護協会出版会 2002.2 p1-14b
◎参考文献「看護の倫理学―現代社会の倫理を考える 1」(石井トク) 丸善 2002.2 p179-181
◎「日本看護関係文献集 第29巻(1996)」(林滋子) タケダメディカル出版部 2002.3 2冊 B5
◎文献「訪問看護管理マニュアル」(川村佐和子, 島内節, 日本訪問看護振興財団) 日本看護協会出版会 2002.3 p354-355
◎「老人看護文献集 2000年―2001年」(東京都老人総合研究所看護・ヘルスケア部門) 東京都老人総合研究所看護・ヘルスケア部門 2002.3 117p B5

◎文献「看護カウンセリング　2版」(広瀬寛子)　医学書院　2003.4　p273-283
◎参考文献「看護史　7版」(杉田暉道ほか)　医学書院　2005.2　p217-230
◎文献「看護とヘルスケアの社会学」(A. ペリー)　医学書院　2005.11　prr
◎参考文献「凛として看護」(久松シソノ)　春秋社　2005.11　p142-143
◎文献目録「ケアリングの現在―倫理・教育・看護・福祉の境界を越えて」(中野啓明ほか)　晃洋書房　2006.4　p209-214
◎参考文献「看護の法的側面」(B. ダイモンド)　ミネルヴァ書房　2006.5　p359-362
◎参考文献「知っているときっと役に立つ看護の禁句・看護の名句」(増田樹郎ほか)　黎明書房　2006.8　p228-234
◎参考文献「患者の声を聞く―現象学的アプローチによる看護の研究と実践」(S. P. トーマス)　エルゼビア・ジャパン　2006.12　p363-382
◎文献「看護学の学的方法論に関する研究―科学的抽象の方法とその意義について　新装版」(三瓶眞貴子)　ブイツーソリューション　2007.3　p109-115
◎文献「精神看護学―ナーシング・ポケットマニュアル」(田中美恵子ほか)　医歯薬出版　2007.3　p225-238
◎参考文献ほか「災害看護―心得ておきたい基本的な知識」(小原真理子ほか)　南山堂　2007.5　p217-220
◎文献ほか(E.J.ハロラン)「ヴァージニア・ヘンダーソン選集―看護に優れるとは」(V. ヘンダーソン)　医学書院　2007.7　p305-362

観光

◎参考文献「ホスピタリティ・観光事典」(山上徹, 堀野正人)　白桃書房　2001.3　p344-345
◎参考文献「観光の経済学」(M. T. シンクレア, M. スタブラー)　学文社　2001.4　p276-302
◎参考文献「交通と観光の経済学」(S. ページ)　日本経済評論社　2001.5　p401-431
◎文献「観光―新時代をつくる社会現象　社会学で読み解く」(安村克己)　学文社　2001.8　p245-262
◎参考文献「海外観光旅行の誕生」(有山輝雄)　吉川弘文館　2002.1　p229-230
◎参考文献「観光文化の振興と地域社会」(井口貢ほか)　ミネルヴァ書房　2002.5　prr
◎文献「観光につける薬―サスティナブル・ツーリズム理論」(島川崇)　同友館　2002.6　p173-177
◎参考文献「海洋観光学入門　マリーンツーリズムの開発・影響・管理」(M. オラムス)　立教大学出版会　2003.3　p157-178
◎参考引用文献「観光学　基本と実践」(溝尾良隆)　古今書院　2003.7　prr
◎文献「オーストラリアの観光と食文化　改訂版」(朝水宗彦)　学文社　2003.10　p3-7b
◎引用文献「パッケージ観光論―その英国と日本の比較研究」(玉村和彦)　同文舘出版　2003.11　p233-241
◎参考引用文献「アーバンツーリズム―都市観光論」(淡野明彦)　古今書院　2004.2　p138-140
◎参考文献「観光のマーケティング」(L. ラムズドン)　多賀出版　2004.4　p289-302
◎参考文献「「観光学」論考―都市型観光関連施設の需要構造について」(岡野英伸)　MESSA　2004.6　p239-252
◎参考文献「貧困克服のためのツーリズム―グローバリゼーション研究　Pro-poor tourism」(高寺奎一郎)　古今書院　2004.6　p212-213
◎参考文献「観光読本　2版」(日本交通公社ほか)　東洋経済新報社　2004.7　p281-284
◎参考文献「観光社会学―ツーリズム研究の冒険的試み」(須藤広ほか)　明石書店　2005.4　prr
◎基本文献「総合的現象としての観光」(江口信清)　晃洋書房　2005.5　p181-184
◎参考文献「観光都市江戸の誕生」(安藤優一郎)　新潮社　2005.6　p198-199
◎参考文献ほか「環境と観光の経済評価―国立公園の維持と管理」(栗山浩一ほか)　勁草書房　2005.10　p253-270
◎参考図書(浦達雄)「観光学入門」(中尾清ほか)　晃洋書房　2006.5　p184-185
◎文献一覧「観光デザイン学の創造」(桑田政美)　世界思想社　2006.11　p193-197
◎文献「観光と文化―旅の民族誌」(E. M. ブルーナー)　学文社　2007.5　p371-392
◎文献一覧「観光学大事典」(香川眞)　木楽舎　2007.11　p384-388
◎参考文献「観光文化学」(山下晋司)　新曜社　2007.12　prr

観光開発史

◎参考文献「富士北麓観光開発史研究」(内藤嘉昭)　学文社　2002.3　p179-186

観光経営

◎参考文献「観光経営」(白澤恵一)　高文堂出版社　2001.5　p107-114

観光事業

◎参考文献「観光事業論」(北川宗忠)　ミネルヴァ書房　2001.3　p279-285
◎文献「チロルのアルム農業と山岳観光の共生」(池永正人)　風間書房　2002.11　p175-179
◎文献「現代ツーリズム研究の諸相」(小西康生ほか)　神戸大学経済経営研究所　2003.2　prr
◎文献「観光とジェンダー」(石森秀三ほか)　国立民族学博物館　2003.3　prr
◎文献「観光と環境の社会学」(古川彰ほか)　新曜社　2003.8　p282-285
◎参考文献「観光の新たな潮流」(総合観光学会)　同文舘出版　2003.11　prr
◎文献「植民地台湾と近代ツーリズム」(曽山毅)　青弓社　2003.11　p331-342
◎参考文献「売れる旅行商品の作り方」(太田久雄)　同友館　2003.11　p145-146
◎参考文献「コトラーのホスピタリティ&ツーリズム・マーケティング」(P. コトラー)　ピアソン・エデュケーション　2003.12　prr
◎参考文献「国際観光学を学ぶ人のために」(堀川紀年ほか)　世界思想社　2003.12　prr
◎参考文献「観光・娯楽産業論」(米浪信男)　ミネルヴァ書房　2004.1　p229-232
◎参考文献「グリーン・ツーリズムの現状と課題」(山崎光博)　筑波書房　2004.4　p51-55
◎参考文献「観光経済学の原理と応用」(河村誠治)　九州大学出版会　2004.4　p257-259

◎参考文献「観光文化論」(北川宗忠) ミネルヴァ書房 2004.6 prr
◎参考文献「自然保護とサステイナブル・ツーリズム—実践的ガイドライン」(P. F. J. イーグルズ) 平凡社 2005.4 p362-354
◎参考文献「やさしい国際観光」(岐部武ほか) 国際観光サービスセンター 2006.1 p186-189
◎文献「観光まちづくりの力学—観光と地域の社会学的研究」(安村克己) 学文社 2006.1 p159-162
◎参考文献「観光大国中国の未来」(国松博ほか) 同友館 2006.2 p169-170
◎参考文献「観光と地域社会」(吉田春生) ミネルヴァ書房 2006.3 p257-263
◎引用文献「観光の社会心理学—ひとこともの-3つの視点から」(小口孝司) 北大路書房 2006.3 p235-246
◎参考文献「観光政策・制度入門」(寺前秀一) ぎょうせい 2006.4 p263-266
◎参考文献「国際観光論—平和構築のためのグローバル戦略」(高寺奎一郎) 古今書院 2006.5 p233-234
◎参考引用文献「ツーリズムと文化体験—〈場〉の価値とそのマネジメントをめぐって」(安福恵美子) 流通経済大出版会 2006.6 p171-189
◎参考図書「日中観光産業の現状と未来」(呉継紅) 日本僑報社 2006.6 p217-219
◎参考文献「中国における風景観の変遷と観光地形成に関する研究」(朱専法) 雄松堂出版 2006.8 p222-228
◎文献「観光のラビリンス」(M. ボワイエ) 法政大出版局 2006.9 p339-340
◎文献リスト「観光・環境・共生—比較思想文化論集」(朱涼東) 三一書房 2006.10 p191-206
◎引用文献「観光旅行の心理学」(佐々木土師二) 北大路書房 2007.3 p225-229
◎参考文献「日本を変える観光力—地域再生への道を探る」(堀川紀年) 昭和堂 2007.3 p179-180
◎参考文献「観光まちづくり現場からの報告—新治村・佐渡市・琴平町・川越市」(溝尾良隆) 原書房 2007.6 prr
◎参考文献「民族の幻影—中国民族観光の行方」(高山陽子) 東北大出版会 2007.6 p264-289
◎参考文献「都市観光のマーケティング」(B. M. コルブ) 多賀出版 2007.7 p187-192
◎参照文献「観光経営戦略—戦略策定から実行まで」(J. トライブ) センゲージラーニング 2007.9 p245-250
◎文献「地域からみる観光学」(小松原尚) 大学教育出版 2007.10 p143-147

観光資源
◎参考文献「海外観光資源ハンドブック」(勝岡只) 中央書院 2001.2 p237-238

観光政策
◎参考文献「まちづくりと共感、協育としての観光—地域に学ぶ文化政策」(井口貢) 水曜社 2007.3 p266-269
◎文献「文化・景観・ツーリズム—イタリア観光再生計画の現在」(G. メランドリ) シーライトパブリッシング 2007.8 p230-231
◎参考文献「新しい観光政策—21世紀の観光振興戦略」(梶亨) 沖縄タイムス社 2007.9 p266-268

観光地
◎参考文献「現代観光地理学」(ダグラス・ピアス) 明石書店 2001.4 p479-509
◎参考著書ほか「富嶽旅百景—観光地域史の試み」(青柳周一) 角川書店 2002.2 p227-230
◎参考文献「観光地の賞味期限—「暮らしと観光」の文化論」(古池嘉和) 春風社 2007.9 p206-211

官公庁刊行物
◎「九州官公庁刊行物目録 1999年度」 専門図書館九州地区協議会 2001.1 70p B5

勧工場
◎文献「勧工場の研究—明治文化とのかかわり」(鈴木英雄) 創英社 2001.3 p313-437

看護教育
◎文献「PBLテュートリアル教育研究—プロフェッショナルを目指す看護教育」(森美智子) 風間書房 2007.11 p439-443

韓国 ⇒ 朝鮮 韓国 を見よ

監獄
◎注文献「図説世界の監獄史」(重松一義) 柏書房 2001.4 p313-319
◎原注「図説監獄の歴史—監禁・勾留・懲罰」(N. ジョンストン) 原書房 2002.12 p27-48b
◎注「図説世界監獄史事典」(重松一義) 柏書房 2005.9 p313-319

監獄法
◎文献案内「刑務所改革のゆくえ—監獄法改正をめぐって」(刑事立法研究会) 現代人文社 2005.4 p252-262

看護師
◎文献「家庭を持つ看護師と母子関係の形成」(伊藤栄子) 医療文化社 2002.7 p208-210
◎参考文献「黙して、励め—病院看護を拓いた看護修道女たちの19世紀」(S. ネルソン) 日本看護協出版会 2004.5 p355-370
◎参考文献「ケアの社会学—臨床現場との対話」(三井さよ) 勁草書房 2004.8 p4-14b

看護職
◎参考文献「看護職とは何か」(C. D. フレズネほか) 白水社 2005.12 p1-6b
◎参考文献「看護職の社会学」(佐藤典子) 専修大出版局 2007.3 p235-243

看護倫理
◎参考文献「看護と人権—職業倫理の再考」(J. マクヘイル) エルゼビア・ジャパン 2006.12 p266-274
◎参考文献「看護倫理 3」(D. ドゥーリー) みすず書房 2007.1 p8-35b
◎参考文献「看護の倫理資料集—看護関連倫理規定/綱領/宣言の解説 2版」(石井トクほか) 丸善 2007.5 p415-416

冠婚葬祭
◎参考文献「冠婚葬祭—故事来歴と日本の伝承文化 新訂増補」(矢田貝紘雄) 北海道教育社 2001.2 p254-255
◎参考文献「ふくしまの冠婚葬祭」(田母野公彦ほか) 歴史春秋出版 2003.6 p167-168

かんさ

◎ブックガイドほか「冠婚葬祭のひみつ」(斎藤美奈子)　岩波書店　2006.5　p210-222

監査
◎参考文献「システム監査」(宇佐美博)　愛知大学経営総合科学研究所　2001.2　p244-248
◎参考文献「会計情報監査制度の研究―日本型監査の転換」(川北博)　有斐閣　2001.9　p325-339
◎参考文献「監査問題と特記事項」(盛田良久)　中央経済社　2002.5　p181-187
◎参考文献「制度としての監査システム　監査の経済的機能と役割」(伊豫田隆俊)　同文舘出版　2003.5　p207-213
◎参考文献「会計基準の法的位置づけ―財務書類の真実性と会計・監査基準」(安達巧)　税務経理協会　2004.7　p103-128

関西大学新報
◎記事一覧「葦跡―関西大学新報が綴る二部の戦後史1948-1984」(「葦跡」集委員会)　関西大新報社OB会　2004.10　p2-58b

関西地方
◎引用参考文献「関西方言の広がりとコミュニケーションの行方」(陣内正敬ほか)　和泉書院　2005.12　prr

関西地方　大和川
◎参考文献「河内木綿と大和川」(山口之夫)　清文堂出版　2007.4　p301-308
◎参考文献ほか「大和川の自然」(大阪市立自然史博物館)　東海大出版会　2007.6　p125-129

関西電力
◎文献「関西電力五十年史」(関西電力五十年史編纂事務局)　関西電力　2002.3　p1265-1271

観察
◎邦語文献ほか「自己観察の技法―質的研究法としてのアプローチ」(N. ロドリゲスほか)　誠信書房　2006.9　p127-135
◎参考文献「参加観察の方法論―心理臨床の立場から」(台利夫)　慶應義塾大出版会　2007.8　p210-217

冠詞
◎参考文献「わかりやすい英語冠詞講義」(石田秀雄)　大修館書店　2002.3　p235-240
◎参考文献「英語冠詞の世界―英語の「もの」の見方と示し方」(織田稔)　研究社　2002.11　p155-157
◎参考文献「例解現代英語冠詞事典」(樋口昌幸)　大修館書店　2003.11　p479-480

漢詩
◎文献目録(小林渚ほか)「懐風藻―漢字文化圏の中の日本古代漢詩」(辰巳正明)　笠間書院　2000.11　p1-16b
◎注「漢詩―美の在りか」(松浦友久)　岩波書店　2002.1　p245-254
◎引用書目「壺中天酔歩―中国の飲酒詩を読む」(沓掛良彦)　大修館書店　2002.4　p290-293
◎参考文献「瀟湘八景―詩歌と絵画に見る日本化の様相」(堀川貴司)　臨川書店　2002.5　p204-215
◎注「平安朝文学と漢詩文」(新間一美)　和泉書院　2003.2　prr
◎論著目録「六朝楽府文学史研究」(佐藤大志)　渓水社　2003.2　p299-386
○目録(久保尾俊郎)「早稲田大学図書館紀要　50」(早稲田大)　2003.3　p167-187
◎文献目録「「福井県関係漢詩集、橋本左内、橘曙覧」文献資料の研究」(前川幸雄)　福井大　2003.3　p23-33
◎関係書ほか「煎茶文化考―文人茶の系譜」(大槻幹郎)　思文閣出版　2004.2　p12-22b
○目録(浅埜晴子ほか)「中央大学国文　47」(中央大)　2004.3　p37-48
◎参考書目「漢詩の歴史―古代歌謡から清末革命詩まで」(宇野直人)　東方書店　2005.2　p469-471
◎引用文献「平安朝の漢詩と「法」―文人貴族の貴族制構想の成立と挫折」(桑原朝子)　東京大学出版会　2005.3　p481-489
○「中村真一郎江戸漢詩文コレクション」(国文学研究資料館普及・連携活動事業部)　国文学研究資料館　2007.1　162p A5
◎必読書リスト「心がなごむ漢詩フレーズ108選」(渡部英喜)　亜紀書房　2007.7　p267-269
◎参考文献「明代詩文　増補」(入矢義高)　平凡社　2007.7　p298-300

漢字
◎参考文献「漢字文明にひそむ中華思想の呪縛」(黄文雄)　集英社　2001.1　p253-254
◎参考文献「和製漢語の形成とその展開」(陳力衛)　汲古書院　2001.2　p425-445
◎参考文献「字源物語　続」(加藤道理)　明治書院　2001.5　p194-195
◎参考文献「オンナの漢字」(北嶋広敏)　太陽企画出版　2002.2　p254-255
◎参考文献「漢字文化の成り立ちと展開」(新川登亀男)　山川出版社　2002.7　2pb
◎注「漢字と中国人　文化史をよみとく」(大島正二)　岩波書店　2003.1　p229-234
◎註「漢字論　不可避の他者」(子安宣邦)　岩波書店　2003.5　p197-218
◎参考文献「漢字の世界―中国文化の原点　2」(白川静)　平凡社　2003.7　p311-320
◎参考文献「研究資料漢文学　10　語法・句法，漢字・漢語　新装版」(國金海二ほか)　明治書院　2003.9　p342-346
◎文献「現代の漢字　朝倉漢字講座　3」(前田富祺)　朝倉書店　2003.10　prr
◎文献「漢字の未来　朝倉漢字講座　5」(前田富祺)　朝倉書店　2004.4　prr
◎参考論文「日本語と漢字」(森岡健二)　明治書院　2004.5　p290-292
◎参考文献「漢字文化の回路―東アジアとは何か」(李相哲)　凱風社　2004.9　p407-420
◎参考文献「漢字音韻学の理解」(李敦柱)　風間書房　2004.12　p397-401
◎文献「漢字と日本語　朝倉漢字講座1」(前田富祺ほか)　朝倉書店　2005.3　prr
◎参考文献「人名用漢字の戦後史」(円満字二郎)　岩波書店　2005.7　p221-222
◎ブックガイド「漢字圏の近代―ことばと国家」(村田雄二郎ほか)　東京大学出版会　2005.9　p209-214
◎参考文献「呉音漢音の対応関係の研究―文明本『節用集』三内撥音・入声字の母音を通して」(侯鋭)　勉誠出版　2006.12　p200-202

◎文献「国字の位相と展開」(笹原宏之) 三省堂 2007.3 p861-880
◎参考文献「漢字がつくった東アジア」(石川九楊) 筑摩書房 2007.4 p280-285
◎参考書目「金代字書の研究」(大岩本幸次) 東北大出版会 2007.6 p231-236
◎参考文献「昭和を騒がせた漢字たち―常用漢字の事件簿」(円満字二郎) 吉川弘文館 2007.10 p200-202
◎参考文献「朝鮮漢字音研究 本文篇」(伊藤智ゆき) 汲古書院 2007.10 p269-272
◎参考文献「動物の漢字語源辞典」(加納喜光) 東京堂出版 2007.11 p390-395

監視社会
　参考文献ほか「監視社会」(D. ライアン) 青土社 2002.11 p297-290

漢字処理
　◎読書ガイド「図解でわかる文字コードのすべて―異体字・難漢字からハングル・梵字まで」(清水哲郎) 日本実業出版社 2001.4 p346-351
　◎文献「CJKV日中韓越情報処理―Chinese, Japanese, Korean & Vietnamese computing」(ケン・ランディ) オライリー・ジャパン 2002.12 p1083-1104
　◎参考文献「構造化4バイトコードによる多言語漢字の符号化」(斎藤秀紀) 早稲田出版 2005.10 p226-232
　◎参考文献「文字符号の歴史 欧米と日本編」(安岡孝一ほか) 共立出版 2006.2 p263-280

患者
　◎参考文献「患者さんへの図書サービスハンドブック」(全国患者図書サービス連絡会) 大活字 2001.4 prr
　◎参考文献「医者と患者」(吉松和哉) 岩波書店 2001.6 p328-334
　◎参考文献「ペイシェンツ・アイズ 患者中心の医療・介護をすすめる七つの視点」(M. ガータイスほか) 日経BP社 2001.11 prr
　◎参考文献「死、それは成長の最終段階―続死ぬ瞬間」(エリザベス・キューブラー・ロス) 中央公論新社 2001.11 p340-349
　◎参考文献「患者満足度―コミュニケーションと受療行動のダイナミズム」(前田泉ほか) 評論社 2003.9 p159-164
　◎文献「患者中心のケア―ケースブック」(J. B. ブラウン) 診断と治療社 2004.8 p209-219
　◎推薦図書ほか「患者の生き方―よりよい医療と人生の「患者学」のすすめ」(加藤眞三) 春秋社 2004.11 p223-227
　◎参考文献「患者の声を聞く―現象学的アプローチによる看護の研究と実践」(S. P. トーマス) エルゼビア・ジャパン 2006.12 p363-382

干渉
　◎文献「人道的干渉の法理論」(望月康恵) 国際書院 2003.3 p279-305

感情
　◎文献「感情と認識」(猪原健弘) 勁草書房 2002.2 p203-209
　◎参照文献ほか「感情の社会生理心理学」(R. バック) 金子書房 2002.3 p743-825
　◎文献「感情と心理学―発達・生理・認知・社会・臨床の接点と新展開」(高橋雅延, 谷口高士) 北大路書房 2002.4 p204-240
　◎参考文献「感情を知る―感情学入門」(福田正治) ナカニシヤ出版 2003.5 p126-136
　◎文献「認知と感情の関連性―気分の効果と調整過程」(富山尚子) 風間書房 2003.12 p235-242
　◎引用文献「感情・感覚・行動に及ぼす否定形暗示文の作用過程」(宮下敏恵) 風間書房 2004.2 p201-208
　◎文献「怒りをコントロールできる人、できない人―理性感情行動療法(REBT)による怒りの解決法」(A. エリスほか) 金子書房 2004.6 p214-200
　◎文献「「心の時代」と自己―感情社会学の視座」(崎山治男) 勁草書房 2005.1 p9-27b
　◎引用文献「感情状態が認知過程に及ぼす影響―気分一致効果を巡って」(伊藤美加) 風間書房 2005.9 p129-143
　◎読書案内ほか「感情 1冊でわかる」(D. エヴァンズ) 岩波書店 2005.12 p7-18b
　◎参考文献「感情社会学の展開」(船津衛) 北樹出版 2006.1 prr
　◎参考文献「感じる情動・学ぶ感情―感情学序説」(福田正治) ナカニシヤ出版 2006.11 p197-213
　◎引用参考文献「感情研究の新展開」(北村英哉ほか) ナカニシヤ出版 2006.11 prr
　◎引用文献「感情コンピテンスの発達」(C. サーニ) ナカニシヤ出版 2006.12 p405-442
　◎参考文献「ジョナサン・ターナー感情の社会学 1 感情の起源―自律と連帯の緊張関係」(J. H. ターナー) 明石書店 2007.2 p259-284

灌頂
　◎史料出典「中世王権と即位灌頂―聖教のなかの歴史叙述」(松本郁代) 森話社 2005.12 p379-383

環状集落
　◎引用文献「環状集落と縄文社会構造」(谷口康浩) 学生社 2005.3 p268-293

感情心理学
　◎引用文献「感情心理学への招待―感情・情緒へのアプローチ」(濱治世ほか) サイエンス社 2001.12 p257-277
　◎引用参考文献「感情心理学パースペクティブズ―感情の豊かな世界」(畑山俊輝) 北大路書房 2005.2 p196-214
　◎文献「感情心理学」(鈴木直人) 朝倉書店 2007.9 prr

勧進帳
　◎参考資料一覧「花雪恋手鑑・勧進帳―第二四二回歌舞伎公演」(国立劇場調査養成部調査資料課) 日本芸術文化振興会 2004.12 p221-319

関数解析
　◎参考文献「関数解析とフォン・ノイマン環」(生西明夫ほか) 岩波書店 2007.4 p261-262

感性
　◎文献表「感性論―エステティックス―開かれた経験の理論のために」(岩城見一) 昭和堂 2001.4 p9-13b
　◎参考文献「感性の起源―ヒトはなぜ苦いものが好きになったか」(都甲潔) 中央公論新社 2004.11 p201-205

かんせい

◎引用参考文献「美と感性の心理学―ゲシュタルト知覚の新しい地平」（野口薫）　日本大　2007.6　p424-461
◎参考文献「感性と情報―新しいモノづくりのために」（長島知正ほか）　森北出版　2007.8　p150-155
◎参考文献「知覚と感性の心理学」（三浦佳世）　岩波書店　2007.10　p209-218

関税
◎参考文献「米国関税の政策と制度―伸縮関税条項史からの1930年スムート・ホーリー法再解釈」（小山久美子）　御茶の水書房　2006.1　p7-17b

漢籍
○目録（和泉新ほか）「漢籍　10」（漢籍研究会）　2001　p1-7
○「古書目録―漢籍篇・國書篇」（高橋良政）　〔高橋良政〕　2002.1　36, 46p B5
○「小川環樹文庫漢籍目録―京都産業大學圖書館所藏」（京都産業大學圖書館）　京都産業大學圖書館　2002.3　226, 8, 76p B5
◎「田村文庫目録」（京都女子大学図書館）　京都女子大学図書館　2002.9　224, 64p B5
◎「東京大学東洋文化研究所夕嵐草堂文庫目録　（東洋学研究情報センター叢刊　2）」（山之内正彦）　東京大学東洋文化研究所附属東洋学研究情報センター　2003.3　125p B5
◎「東陵文庫目録」（東京成徳短期大学附属図書館）　東京成徳短大附属図書館　2003.9　40, 28p B5
◎「暫定目録（井上ラ）「懐徳堂センター報　2004」（大阪大）　2004.2　p61-78
◎「金沢市立玉川図書館近世史料館蔵漢籍目録」（井上進ほか）　金沢市立玉川図書館　2004.3　168p B5
◎「北九州市立中央図書館所蔵国書・漢籍目録　3」（北九州市立中央図書館）　市立中央図書館　2004.3　47, 15p B5
○書目（山口謠司）「中国文学報　68」（中国文学会）　2004.10　p134-146
◎「佐伯藩政資料漢籍目録　平成16年度」（高山節也ほか）　佐伯市教育委員会　2004.12　88p A4
◎「戸田浩暁博士旧蔵書目録―大東文化大学図書館所蔵」（大東文化大学図書館）　大東文化大図書館　2005.2　1冊　A4
○分類目録（山口謠司）「大東文化大学漢学会誌　44」（大東文化大）　2005.3　p267-289
◎「猿投神社聖教典籍目録」（豊田市遺跡調査会）　豊田市教育委員会　2005.3　379p B5
◎「増補琉球関係漢籍目録―近世琉球における漢籍の収集・流通・出版についての総合的研究」（高津孝ほか）斯文堂（印刷）　2005.3　55, 9, 2p A4
◎「漢籍解題　復刻版」（桂五十郎）　明治書院　2005.5　1冊　A5
○書目（山口謠司）「中國文學報　70」（中国文学会）　2005.10　p126-133
◎「京都大學人文科學研究所漢籍分類一覽―部―類―屬―目―例」（井波陵一著）　京都大　2005.11　123, 15p A4
○目録（横尾文子ほか）「佐賀女子短期大学研究紀要　40」（佐賀女子短大）　2006　p23-34
○目録解題（住吉朋彦）「斯道文庫論集　41」（慶応義塾大斯道文庫）　2006　p201-270
◎参考文献「日本古代史を学ぶための漢文入門」（池田温）　吉川弘文館　2006.1　p251-317

○漢籍目録（井上泰山）「関西大学中国文学会紀要　27」（関西大）　2006.3　p15-30
◎「中央大学図書館所蔵漢籍目録」（中央大学図書館）中央大図書館　2006.3　183, 13p B5
◎「和刻本漢籍分類目録　増補補正版」（長澤規矩也）汲古書院　2006.3　24, 360p B5
○分類目録（山口謠司）「大東文化大学漢学会誌　46」（大東文化大）　2007.3　p217-246
○目録（根ヶ山徹）「東アジア研究　5」（山口大）　2007.3　p134-118

岩石
◎参考文献「岩石・化石の顕微鏡観察」（井上勤）　地人書館　2001.3　p299-301
◎文献「岩石学概論　上　記載岩石学―岩石学のための情報収集マニュアル」（周藤賢治, 小山内康人）　共立出版　2002.2　p239-247
◎文献「山梨の奇岩と奇石―石のロマンを追って」（石田高）　山梨日日新聞社　2002.9　p261-266
◎文献「岩石学辞典」（鈴木淑夫）　朝倉書店　2005.3　p671-721
◎文献「伊豆弧衝突帯八景を知る―野外巡検と講演会の記録集2005.3～2007.2」（平塚市博物館）　平塚市博物館　2007.2　p163-164

関節
◎文献「手の関節の動き・運動の理解」（矢崎潔）　メディカルプレス　2005.6　p163-172

感染症
◎参考文献「限られた資源でできる感染防止」（パトリシア・リンチほか）　日本看護協会出版会　2001.6　p209-216
◎参考文献「これだけは知っておきたい食中毒・感染症の基礎知識」（橋本秀夫）　中央法規出版　2002.7　p249-251
◎参考文献「疫病は警告する―人間の歴史を動かす感染症の魔力」（濱田篤郎）　洋泉社　2004.8　p232-238
◎参考文献「感染症とどう闘うか」（清水文七）　東京化学同人　2004.12　p147-148
◎参考文献「微生物vs.人類―感染症とどう戦うか」（加藤延夫）　講談社　2005.1　p280-284
◎参考文献「感染症ワールド―免疫力・健康・環境」（町田和彦）　早稲田大学出版部　2005.12　p158-163
◎参考資料ほか「BSE・凶悪ウイルスに勝つ―新技術バイオ-ITとは」（市村武美）　小学館スクウェア　2006.6　p226-231
◎参考文献「図説病の文化史―虚妄の怖れを料す」（久保井規夫）　柘植書房新社　2006.12　p238-240
◎参考文献「感染症と免疫のしくみ―はしか・結核から新型インフルエンザまで」（生田哲）　日本実業出版社　2007.7　p174-175
◎参考文献「感染症ワールド―免疫力・健康・環境」（町田和彦）　早稲田大出版局　2007.7　p161-166
○原註「疫病と世界史」（W. H. マクニール）　中央公論新社　2007.12　p232-288

贋造
◎参考文献「偽造・贋作・ニセ札と闇経済」（門倉貴史）講談社　2004.3　p205-206
◎参考文献「銀座の怪人」（七尾和晃）　講談社　2006.5　p332-341

◎参考文献「偽ブランド狂騒曲―なぜ消費者は嘘を買うのか」(S. マッカートニー)　ダイヤモンド社　2006.10　p227-228

乾燥地帯
◎参考文献「乾燥地の自然と緑化―砂漠化地域の生態系修復に向けて」(吉川賢ほか)　共立出版　2004.4　p213-225

環太平洋地域
◎引用文献ほか「文化人類学研究―環太平洋地域文化のダイナミズム」(江渕一公)　放送大学教育振興会　2002.3　prr

干拓
◎参考文献「海を売った人びと―韓国・始華干拓事業」(ハン・ギョングほか)　日本湿地ネットワーク　2001.2　p271-274

干拓地
○文献解題(山野明男)「愛知学院大学短期大学部研究紀要　10」(愛知学院大)　2002.3　p126-138
◎引用参考文献「日本の干拓地」(山野明男)　農林統計協会　2006.2　p220-225

ガンダーラ美術
◎参考文献「ガンダーラ佛教美術」(田辺勝美)　講談社　2007.11　p298-299

官庁
◎参考文献「内務省　名門官庁はなぜ解体されたか」(百瀬孝)　PHP研究所　2001.4　p190-196

灌頂
◎文献目録「灌頂」　智山伝法院　2001.3　p233-277

官庁会計
◎参考文献「政府管理会計―政府マネジメントへの挑戦」(小林麻理)　敬文堂　2002.1　p283-290
◎文献「公会計の理論―税をコントロールする公会計」(吉田寛)　東洋経済新報社　2003.4　p271-275
◎文献「公共契約の経済理論」(三浦功)　九州大学出版会　2003.11　p237-250
◎参考文献「政府・自治体・パブリックセクターの公監査基準」(鈴木豊)　中央経済社　2004.2　p455-467
◎参考文献「公会計改革論―ドイツ公会計研究と資理論的公会計の構築」(亀井孝文)　白桃書房　2004.3　p675-696
◎参考文献「公会計―国家の意思決定とガバナンス」(桜内文城)　NTT出版　2004.12　p299-304
◎文献紹介「公会計」(稲沢克祐)　同文舘出版　2005.5　p147-149
◎参考文献「「政府会計」改革のビジョンと戦略―会計なき予算、予算なき会計は虚妄」(山本清)　中央経済社　2005.7　prr
◎参考文献「明治国づくりのなかの公会計」(亀井孝文)　白桃書房　2006.3　p246-253
◎参考文献「地方自治体会計改革論―わが国と諸外国及び国際公会計基準との比較」(石田晴美)　森山書店　2006.7　p253-265
◎参考文献「公会計と政策情報システム」(柴健次)　多賀出版　2007.3　prr
◎参考文献「公会計複式簿記の計算構造」(宮本幸平)　中央経済社　2007.9　p145-147

◎参考文献ほか「自治体のクレジット収納―導入・活用の手引き」(柏木恵)　学陽書房　2007.11　p189-190

官庁出版物
◎「官庁資料要覧　2004」(政府資料等普及調査会・資料センター)　政府資料等普及調査会　2004.4　525p A4

カンディード
◎読書案内「『カンディード』〈戦争〉を前にした青年」(水林章)　みすず書房　2005.7　p157-164

関東管領
◎参考文献「関東管領、上杉一族」(七宮幸三)　新人物往来社　2002.6　p299-301

関東公方
◎参考文献「関東公方足利氏四代―基氏・氏満・満兼・持氏」(田辺久子)　吉川弘文館　2002.9　p185-188
◎史料一覧ほか「戦国期関東公方の研究」(阿部能久)　思文閣出版　2006.2　p280-289

関東軍
◎参考文献「関東軍兵士はなぜシベリアに抑留されたのか」(E. カタソノワ)　社会評論社　2004.10　p339-347

関東地方
◎参考文献「東京大都市圏の地域システム」(橋本雄一)　大明堂　2001.2　p244-257
◎参考文献「関東戦国史　全」(千野原靖方)　崙書房　2006.2　p303-305
◎参考文献「今よみがえる中世の東国―平成18年度春季企画展」(栃木県立博物館)　栃木県立博物館　2006.4　p86-87
◎参考文献「近世山村史の研究―江戸地廻り山村の成立と展開」(加藤衛拡)　吉川弘文館　2007.2　p287-297
◎参考文献「森林観察ガイド―森のふしぎを知る―驚きと発見の関東近郊10コース」(渡辺一夫)　築地書館　2007.4　p201-204

関東地方　荒川
◎参考図書目録「利根川荒川事典」(利根川文化研究会)　国書刊行会　2004.6　p441-461

関東地方　江戸川
◎参考文献「江戸川の社会史」(松戸市立博物館)　同成社　2005.1　prr

関東地方　関東大震災
◎参考文献「関東大震災　大東京圏のゆれを知る」(武村雅之)　鹿島出版会　2003.5　p137-139
◎文献「都市基盤の整備と土地価格の評価―震災・戦災の事例に学ぶ」(小野宏哉)　麗澤大学出版会　2003.6　p178-183
◎参考文献「関東大震災と戒厳令」(松尾章一)　吉川弘文館　2003.9　p191-196
◎文献「関東大震災時の朝鮮人虐殺―その国家責任と民衆責任」(山田昭次)　創史社　2003.9　p212-218
◎参考文献「関東大震災―消防・医療・ボランティアから検証する」(鈴木淳)　筑摩書房　2004.12　p229-232
◎参考書「正午二分前―外国人記者の見た関東大震災」(N. F. ブッシュ)　早川書房　2005.8　p280-283
◎参考文献「関東大震災　コレクション・モダン都市文化26」(和田博文)　ゆまに書房　2007.6　p673-675

関東地方　東国
- ◎引用文献「古代東国の考古学的研究」（高橋一夫）　六一書房　2003.9　prr

関東地方　東国文学
- ○研究文献目録抄（小山利彦）「国文学解釈と鑑賞　67.11」（至文堂）　2002.11　p156-166

関東地方　利根川
- ◎参考図書目録「利根川荒川事典」（利根川文化研究会）　国書刊行会　2004.6　p441-461
- ◎参考文献「川と地域再生―利根川と最上川流域の町の再生」（佐藤寛ほか）　丸善プラネット　2007.3　p257-265

関東地方　武蔵野
- ◎文献「武蔵野扇状地の地形発達―地形・地質と水理・遺跡環境」（羽鳥謙三）　地学団体研究会　2004.7　p43-45

関東地方　武蔵国
- ◎参考文献「中山道　武州・西上州・東信州」（山田忠雄）　吉川弘文館　2001.11　p22-24b
- ◎文献目録「古代王権と武蔵国の考古学」（増田逸朗）　慶友社　2002.2　p404-407

関東取締出役
- ◎文献目録「関東取締出役」（関東取締出役研究会）　岩田書院　2005.10　p1-14b

広東語
- ◎参考文献「東方広東語辞典」（千島英一）　東方書店　2005.7　p1243-1250

観念論
- ◎参考文献「方法　4　観念」（エドガール・モラン）　法政大学出版局　2001.2　p11-20b
- ◎引用文献「ドイツ観念論の実践哲学研究」（入江幸男）　弘文堂　2001.12　p333-334
- ◎文献「ドイツ観念論における超越論的自我論―大文字の〈私〉」（松本正男）　創文社　2002.2　p25-31b
- ◎参考文献「ドイツ観念論への招待」（久保陽一）　放送大学教育振興会　2003.3　p291-294
- ◎文献「構築と解体　ドイツ観念論の研究」（寄川条路）　晃洋書房　2003.3　p227-238
- ◎参考文献「反映と創造」（池田昌昭）　創風社　2004.1　p345-349
- ◎文献案内（寄川条路）「ドイツ観念論を学ぶ人のために」（大橋良介）　世界思想社　2006.1　p305-313

官能小説
- ◎「この官能小説がスゲェ!―ベストセレクション」（高橋源一郎ほか）　ベストセラーズ　2002.1　176p A5

観音
- ◎文献「観音変容譚」（弥永信美）　法蔵館　2002.7　p23-35b
- ◎参考文献ほか「補陀落―観音信仰への旅」（川村湊）　作品社　2003.11　p216-222
- ◎参考文献「観音霊場と巡礼の記録―企画展」（沼津市歴史民俗資料館）　沼津市歴史民俗資料館　2006.3　p54-55

看板
- ◎参考文献「看板　ものと人間の文化史136」（岩井宏實）　法政大出版局　2007.3　p241-244

岩盤
- ◎参考文献ほか「技術者に必要な岩盤の知識」（日比野敏）　鹿島出版会　2007.9　p163-166

漢文学
- ◎参考文献「漢文力」（加藤徹）　中央公論新社　2004.8　p286-289
- ◎注「平安前期歌語の和漢比較文学的研究―付貫之集歌語・類型表現事典」（中野方子）　笠間書院　2005.1　prr
- ◎参考文献「漢文脈と近代日本―もう一つのことばの世界」（斎藤希史）　NHK出版　2007.2　p228-232

漢文教育
- ○文献目録（吉原英夫）「札幌国語教育研究　11」（北海道教育大）　2005.9　p13-90
- ○文献目録（塚田勝郎）「漢文教育の諸相―研究と教育の視座から」（田部井文雄）　大修館書店　2005.12　p1-34b

漢方医学
- ◎「関場理堂文庫・和漢医籍目録および注解」（鮫島夏樹）　鮫島夏樹　2006.7　169p A5

寛保水害
- ◎参考文献「天、一切ヲ流ス　江戸期最大の寛保水害・西国大名による手伝い普請」（高崎哲郎）　鹿島出版会　2001.10　p232-233

漢方薬
- ◎参考文献「ハーブ・スパイス・漢方薬―シルクロードくすり往来」（本多義昭）　丸善　2001.11　p103-104
- ◎文献「新訂原色牧野和漢薬草大図鑑」（和田浩志ほか）　北隆館　2002.10　p821-822
- ◎参考文献「傷寒・金匱薬物事典」（根本幸夫ほか）　万来舎　2006.6　p332-334
- ◎文献「現代医学における漢方製剤の使い方―医家のための東洋医学入門」（水嶋丈雄）　三和書籍　2006.7　p161-163
- ◎参考文献ほか「薬学生のための漢方医薬学」（山田陽城ほか）　南江堂　2007.4　p355-360
- ◎参考文献「漢方読みの漢方知らず―西洋医が見た中国の伝統薬」（吉田荘人）　化学同人　2007.5　p203-204

カンボジア
- ◎参考文献「新生カンボジア」（駒井洋）　明石書店　2001.9　p253-250
- ◎参考文献「禁じられた稲―カンボジア現代史紀行」（清野真巳子）　連合出版　2001.11　p276-285
- ◎参考文献「カンボジア　地の民」（和田博幸）　社会評論社　2001.12　p250-255
- ◎文献「カンボジアの農民―自然・社会・文化」（J.デルヴェール）　風響社　2002.11　p700-706
- ◎参考文献「激動のカンボジアを生きぬいて」（ヌオン・パリー）　たちばな出版　2005.3　p165-164
- ◎参考文献「カンボジアを知るための60章」（上田広美ほか）　明石書店　2006.6　p393-404

カンボジア　アンコールワット
- ◎参考文献「アンコール・ワット旅の雑学ノート―森と水の神話世界」（樋口英夫）　ダイヤモンド社　2001.4　p260-261
- ◎注文献「アンコール遺跡と社会　文化　発展」（坪内善明）　連合出版　2001.4　p271-282

◎参考文献「アンコール遺跡の建築学」（片桐正夫）
連合出版　2001.7　p339-346
◎参考文献「アンコールからのメッセージ」（石沢良昭ほか）　山川出版社　2002.5　p162-164
◎参考文献「アンコール遺跡を楽しむ」（波田野直樹）
連合出版　2003.4　p275-276
◎参考文献「アンコール・王たちの物語─碑文・発掘成果から読み解く」（石澤良昭）　NHK出版　2005.7
p266-268
◎参考文献「アンコールの近代─植民地カンボジアにおける文化と政治」（笹川秀夫）　中央公論新社　2006.11　p275-300
◎参考文献「アンコール・ワット─密林に眠っていた巨大遺跡　4版」（谷克二ほか）　日経BP企画　2007.7　p458」

カンボジア　経済
◎注「カンボジア経済入門─市場経済化と貧困削減」（広畑伸雄）　日本評論社　2004.1　prr

カンボジア　政治
◎参考文献「ポル・ポト〈革命〉史─虐殺と破壊の四年間」（山田寛）　講談社　2004.7　p222-224

カンボジア　歴史
◎参考文献「カンボジア史再考」（北川香子）　連合出版
2006.10　p227-236
◎参考文献「アンコールの近代─植民地カンボジアにおける文化と政治」（笹川秀夫）　中央公論新社　2006.11　p275-300

看聞日記
◎年表「室町時代の一皇族の生涯─「看聞日記」の世界」（横井清）　講談社　2002.11　p398-410

慣用語
◎文献「研究社─ロングマンイディオム英和辞典　普及版」（東信行ほか）　研究社　2003　p563-565

慣用表現
◎参考文献ほか「日本語と韓国語の慣用表現の差異─比較言語文化学の立場から」（李明玉）　笠間書院
2007.9　p243-247

観覧車
◎参考文献「観覧車物語─110年の歴史をめぐる」（福井優子）　平凡社　2005.1　p342-343

管理会計
◎文献「管理会計─価値創出をめざして」（上埜進）
税務経理協会　2001.3　p417-424
◎文献目録「イギリス管理会計の発展」（鈴木一道）
森山書店　2001.5　p231-239
◎文献「管理会計のパースペクティブ」（伊藤嘉博）
上智大学出版会　2001.8　p307-325
◎参考文献「政府管理会計─政府マネジメントへの挑戦」（小林麻理）　敬文堂　2002.1　p283-290
◎参考文献「企業戦略評価の理論と会計情報」（山本達司）　中央経済社　2002.3　p203-210
◎参考文献「日本的管理会計の展開─「原価企画」への歴史的視座　第2版」（岡野浩）　中央経済社　2002.5
p181-207
◎参考文献「管理会計の知見　第2版」（田中隆雄）
森山書店　2002.9　p379-393

◎文献「行動管理会計論─アメリカ管理会計論における「人間要素」の析出とその学説系譜　2版」（内田昌利）
森山書店　2003.1　p271-288
◎文献「業績管理会計の環境適合の比較制度分析」（寺戸節郎）　多賀出版　2003.2　p331-349
◎参考文献「管理会計　新訂」（佐藤紘光ほか）　放送大学教育振興会　2003.3　p277-278
◎文献「グローバル企業の管理会計」（宮本寛爾）　中央経済社　2003.7　p257-265
◎文献「関係性のパターンと管理会計」（木村彰吾）
税務経理協会　2003.10　p181-188
◎文献「情報化社会における管理会計の役割─現代競争市場へのアプローチとなる2つの前提をふまえて」（河野充央）　税務経理協会　2003.12　p471-488
◎参考文献「資源ベースの企業行動と会計情報」（高橋邦丸）　同文舘出版　2004.4　p171-176
◎参考文献「成功する管理会計システム─その導入と進化」（谷武幸ほか）　中央経済社　2004.4　p261-271
◎文献「管理会計─価値創出をめざして　2版」（上埜進）
税務経理協会　2004.5　p419-426
◎参考文献「管理会計のグローバル化」（中川優）　森山書店　2004.10　p287-297
◎参考文献「アメリカ管理会計生成史─投資利益率に基づく経営管理の展開」（高梠真一）　創成社　2004.12
p355-370
◎参考文献「トヨタシステムと管理会計─全体最適経営システムの再構築をめざして」（河田信）　中央経済社
2004.12　p201-210
◎参考文献「研究開発投資の会計処理と市場の評価」（劉恭和）　同文舘出版　2005.3　p221-229
◎文献「管理会計の基礎─理論と実践」（上埜進）　税務経理協会　2005.4　p327-333
◎参考文献「戦略管理会計研究」（新江孝）　同文舘出版
2005.9　p223-238
◎参考文献「フィードフォワード・コントロールと管理会計」（丸田起大）　同文舘出版　2005.10　p153-172
◎参考文献「シェアードサービスの管理会計」（園田智昭）　中央経済社　2006.2　p247-256
◎参考文献「現代ドイツ管理会計制度論」（石川祐二）
森山書店　2006.4　p287-292
◎参考文献「管理会計概論」（宮本寛爾ほか）　中央経済社　2006.6　p345-349
◎参考文献「組織の会計論」（吉村文雄）　森山書店
2006.8　p395-407
◎文献目録「アジアにおける企業経営・管理会計」（西村明）　中央経済社　2006.10　p335-398
◎参考文献「経営管理会計の基礎」（山田庫平ほか）
東京経済情報出版　2006.10　p266-271
◎参考文献「管理会計の進化─日本企業にみる進化の過程」（挽文子）　森山書店　2007.1　p315-328
◎参考文献「ケーススタディ戦略の管理会計─新たなマネジメント・システムの構築」（伊藤和憲）　中央経済社　2007.2　p220-231
◎参考文献「銀行管理会計」（谷守正行）　専修大出版局
2007.2　p205-209
◎参考文献「日本の多国籍企業の管理会計実務─郵便質問票調査からの知見」（上埜進）　日本管理会計学会
2007.6　prr

◎参考文献「組織を活かす管理会計―組織モデルと業績管理会計との関係性」（伊藤克容）　生産性出版　2007.8　p265-293
◎参考文献「管理会計論」（中村彰良）　創成社　2007.10　p209-211

管理者
◎参考文献「管理者活動研究史論」（川端久夫）　文眞堂　2001.10　p264-270

管理職
◎参考文献「管理職層の人的資源管理―労働市場論的アプローチ」（八代充史）　有斐閣　2002.8　p241-249

管理通貨制度
◎文献「管理通貨制度の機構分析　アメリカ編」（掛下達郎）　松山大学総合研究所　2002.3　p141-154

官僚
◎参考文献「技術官僚―その権力と病理」（新藤宗幸）　岩波書店　2002.3　p205-210
◎参考文献ほか「政党と官僚の近代―日本における立憲統治構造の相克」（清水唯一朗）　藤原書店　2007.1　p288-297
◎参考文献「高級官僚　影の権力者の昭和史1」（本所次郎）　大和書房　2007.7　p323-326

官僚技官
◎参考文献「官僚技官―霞が関の隠れたパワー」（西川伸一）　五月書房　2002.2　p233-236

官僚社会主義
◎参考文献解題ほか「官僚社会主義―日本を食い物にする自己増殖システム」（北沢栄）　朝日新聞社　2002.11　p307-309

官僚制
◎参考文献「現代中国の支配と官僚制―体制変容の文化的ダイナミックス」（李明伍）　有信堂高文社　2001.2　p233-241
◎参考文献「日本と韓国の官僚制度―その成立と変遷」（中名生正昭ほか）　南雲堂　2004.11　p242-245
◎参考文献「ゲームとしての官僚制」（曽我謙悟）　東京大学出版会　2005.3　p293-310
◎参考文献「日本官僚制の連続と変化」（中道實）　ナカニシヤ出版　2007.2　prr

官僚組織
◎参考文献「官僚組織の病理学」（草野厚）　筑摩書房　2001.9　p225-226

関連性理論
◎参考文献「関連性理論の新展開　認知とコミュニケーション　英語学モノグラフシリーズ2」（東森勲ほか）　研究社　2003.2　p195-209

緩和ケア
◎参考文献「家族指向グリーフセラピー―がん患者の家族をサポートする緩和ケア」（D. キセインほか）　コスモス・ライブラリー　2004.10　p273-290

漢和辞典
◎参考文献「字鏡集　4（巻16～巻20）」（菅原為長）　八木書店　2001.5　p33-34b

【 き 】

鬼一法眼三略巻
◎参考資料「鬼一法眼三略巻・新版歌祭文　国立劇場上演資料集485文楽鑑賞教室公演　第37回」（国立劇場調査養成部調査資料課）　日本芸術文化振興会　2005.12　p17-19

紀伊半島
◎参考文献「文人たちの紀伊半島―近代文学の余波と創造」（半田美永）　皇學館出版部　2005.3　p243-246

議院内閣制
◎参考文献「日本の統治構造―官僚内閣制から議院内閣制へ」（飯尾潤）　中央公論新社　2007.7　p240-248

議員立法
◎参考文献「地方議会における議員立法」（秋葉賢也）　文芸社　2001.4　p188-192

記憶
◎参考文献「記憶力を強くする―最新脳科学が語る記憶のしくみと鍛え方」（池谷裕二）　講談社　2001.1　p268-269
◎引用文献「潜在記憶と行為の記憶に関する研究」（藤田哲也）　風間書房　2001.1　p133-145
◎引用文献「自伝的記憶の時間的体制化―テレスコーピングとFOGを中心として」（下島裕美）　風間書房　2001.2　p151-159
◎参考文献「なぜ、「あれ」が思い出せなくなるのか―記憶と脳の7つの謎」（ダニエル・L. シャクター）　日本経済新聞社　2002.4　p265-267
◎文献「ワーキングメモリ―脳のメモ帳」（苧阪満里子）　新曜社　2002.7　p193-208
◎文献「記憶と脳―過去・現在・未来をつなぐ脳のメカニズム」（久保田競）　サイエンス社　2002.9　p185-199
◎文献「記憶力を伸ばす技術―記憶力の世界チャンピオンが明かす画期的なテクニック」（ドミニク・オブライエン）　産調出版　2002.9　p154-155
◎文献「記憶の持続自己の持続」（松島恵介）　金子書房　2002.11　p216-219
◎文献リスト「過去と記憶の社会学　自己論からの展開」（片桐雅隆）　世界思想社　2003.2　p8-19b
◎引用参考文献「生み出された物語　目撃証言・記憶の変容・冤罪に心理学はどこまで迫れるか」（山本登志哉）　北大路書房　2003.5　p214-217
◎文献「し忘れの脳内メカニズム」（梅田聡）　北大路書房　2003.9　p113-125
◎注釈「記憶の比喩―心の概念に関する歴史」（D. Draaisma）　ブレーン出版　2003.11　prr
◎文献「音楽と記憶―認知心理学と情報理論からのアプローチ」（B. スナイダー）　音楽之友社　2003.12　p282-297
◎引用文献「行為としての時間―生成の心理学へ」（大橋靖史）　新曜社　2004.4　p221-230
◎引用文献「確信度評定のメカニズムと理論的問題」（妻藤真彦）　風間書房　2004.6　p145-151
◎引用文献「画像の記憶における言語的符号化の影響」（北神慎司）　風間書房　2004.9　p129-139

◎参考文献「記憶の不確定性―社会学的探究」(松浦雄介) 東信堂 2005.3 p252-262
◎引用文献「記憶・歴史・忘却 下」(P. リクール) 新曜社 2005.5 p353-338
◎引用参考文献「記憶の心理学と現代社会」(太田信夫) 有斐閣 2006.3 p293-312
◎参考文献「証言の心理学―記憶を信じる、記憶を疑う」(高木光太郎) 中央公論新社 2006.5 p199-202
◎引用文献「記憶・思考・脳」(横山詔一ほか) 新曜社 2007.5 p134-132
◎引用文献「プライミング効果を手がかりとした知識検索の効率性に関する研究」(岡直樹) 北大路書房 2007.9 p97-102
◎文献「覚える―覚えたことがなぜ思い出せなくなるのだろう」(岡市広成) 二瓶社 2007.9 p49-50
◎書誌ノート「想起の空間―文化的記憶の形態と変遷」(A. アスマン) 水声社 2007.12 p553-554
◎引用文献「抑制に基づく記憶検索理論の構成」(月元敬) 風間書房 2007.12 p181-193

記憶装置
◎参考文献「情報ストレージ技術」(奥田治雄ほか) コロナ社 2007.3 p197-200

記憶法
○おわりに「速読法と記憶法―パワーアップ編」(栗田昌裕) ベストセラーズ 2002.12 p234-237

祇園信仰
◎文献目録「祇園信仰事典」(真弓常忠) 戎光祥出版 2002.4 p449-457

幾何
◎文献「不思議おもしろ幾何学事典」(D. ウェルズ) 朝倉書店 2002.3 p222-232
◎文献「折紙の数学―ユークリッドの作図法を超えて」(ロベルト・ゲレトシュレーガー) 森北出版 2002.4 p197-200
◎参考文献「黄金分割」(ハンス・ヴァルサー) 日本評論社 2002.9 p181-183
◎文献「21世紀の数学―幾何学の未踏峰」(宮岡礼子ほか) 日本評論社 2004.7 p414-429
◎文献案内「形と動きの数理―工学の道具としての幾何学」(杉原厚吉) 東京大出版会 2006.9 p195-203
◎参考文献「モスクワの数学ひろば 2 幾何篇―面積・体積・トポロジー」 海鳴社 2007.3 p161-163
◎参考文献「幾何学―現代数学から見たユークリッド原論 1」(R. ハーツホーン) シュプリンガー・ジャパン 2007.10 p289-296
◎参考文献「幾何学いろいろ―距離と合同からはじめる大学幾何学入門」(井ノ口順一) 日本評論社 2007.11 p196-201

帰化
◎参考文献「近代日本と帰化制度」(浅川晃広) 渓水社 2007.9 p257-263

飢餓
◎参考文献「飢餓と戦争の戦国を行く」(藤木久志) 朝日新聞社 2001.11 p221-228

機械
◎参考書「若い技術者のための機械・金属材料 第2版」(矢島悦次郎) 丸善 2002.3 p363-365
◎参考文献「水車・風車・機関車―機会文明発生の歴史」(坂井洲二) 法政大出版局 2006.2 p343-346

議会
◎文献「議会制度と日本政治―議事運営の計量政治学」(増山幹高) 木鐸社 2003.9 p254-268
◎参考文献「憲法と議会制度」(杉原泰雄ほか) 法律文化社 2007.5 p419-423

機械工業
◎「機械工業経済研究報告書目録―昭和30年度～平成17年度」 機械振興協会経済研究所 2006.5 112p A4

機械工作
◎参考文献ほか「材料加工層―完全表面への道」(江田弘) 養賢堂 2007.4 p327-332

機械産業
◎文献リスト「クラフト的規制の起源―19世紀イギリス機械産業」(小野塚知二) 有斐閣 2001.2 p395-415

議会政治
◎文献「比較議会政治論―ウェストミンスターモデルと欧州大陸型モデル」(大山礼子) 岩波書店 2003.7 p257-276
◎文献「立法の復権―議会主義の政治哲学」(J. ウォルドロン) 岩波書店 2003.10 p3-13b

議会制民主主義
◎参考文献「議会制民主主義の行方」(岩崎正洋) 一藝社 2002.3 p192-174

機械設計
◎参考文献「初歩から学ぶ設計手法―多彩なツールにふり回されないための、戦略的設計開発の考え方」(大富浩一) 工業調査会 2007.5 p165-169

器械体操
◎参考文献「体操競技写真大鑑―アテネへの軌跡」(日体スワロー) アイオーエム 2007.7 p344-345

議会法
◎参考文献「議会法」(大石眞) 有斐閣 2001.12 prr
○文献案内(原田一明)「議会政治研究 61」(議会政治研究会) 2002.3 p52-58
○文献案内(原田一明)「議会政治研究 65」(議会政治研究会) 2003.3 p40-45

規格
◎参考文献「ASTM規格の基礎知識」(日本規格協会) 日本規格協会 2002.5 p196-197
◎参考引用文献「世界の規格・基準・認証ガイドブック」(日本規格協会) 日本規格協会 2004.3 p645-646
◎参考文献「対訳ISO 22000:2005食品安全マネジメントシステム―フードチェーンのあらゆる組織に対する要求事項 ポケット版」(日本規格協会) 日本規格協会 2007.3 p212-215
◎参考文献「ISO/IEC 20000-1:2005〈JIS Q 20000-1:2007〉情報技術―サービスマネジメント第1部―仕様要求事項の解説」(塩田貞夫ほか) 日本規格協会 2007.12 p275-277

帰化植物
◎文献「日本帰化植物写真図鑑―Plant invader 600種」(清水矩宏ほか) 全国農村教育協会 2001.7 p554-555

きかせい

◎参考文献「しなの帰化植物図鑑」(横内文人ほか) 信濃毎日新聞社 2007.11 p218」

帰化生物
◎参考文献「外来生物―つれてこられた生き物たち 第11回企画展示」(中井克樹ほか) 滋賀県立琵琶湖博物館 2003.7 p149-151
◎文献「外来生物が日本を襲う!」(池田透) 青春出版社 2007.2 p204-205

記紀
◎注「記紀の神話伝説研究」(福島秋穂) 同成社 2002.10 prr

聞き書き
◎引用参考文献「記憶すること・記録すること―聞き書き論ノート」(香月洋一郎) 吉川弘文館 2002.10 p189-197

危機管理 ⇒ リスクマネジメント をも見よ
◎参考文献ほか「ロールプレーイングマニュアルbook―災害時の危機管理訓練」(災害危機管理研究会) 災害危機管理研究会 2001.5 p131-135
◎参考文献「危機管理学研究」(大泉光一) 文眞堂 2001.10 p219-223
◎参考文献「いますぐ始める危機管理―くらしに潜む危険をキャッチしろ!」(暮らしの危機管理研究会) 数研出版 2002.1 p186」
◎参考文献「図解よくわかる自治体防災危機管理のしくみ」(鍵屋一) 学陽書房 2003.9 p181-182
◎参考文献「危機管理・セキュリティ用語事典」(大泉常長ほか) 立花書房 2004.7 p387-394
◎参考文献「危機管理術―自治体職員が知っておきたい」(大塚康男) ぎょうせい 2004.9 2pb
◎参考文献「未然防止の原理とそのシステム―品質危機・組織事故撲滅への7ステップ」(鈴木和幸) 日科技連出版社 2004.11 p219-222
◎参考文献「防災の経済分析―リスクマネジメントの施策と評価」(多々納裕一ほか) 勁草書房 2005.6 p352-365
◎参考文献「学校の安全と危機管理―世界の事例と教訓に学ぶ」(OECD) 明石書店 2005.10 prr
◎参考文献「リスク社会を見る目」(酒井泰弘) 岩波書店 2006.9 p217-223
◎参考文献「リスク行政の法的構造―不確実性の条件下における行政決定の法的制御に関する研究」(下山憲治) 敬文堂 2007.1 p203-224
◎参考文献「高信頼性組織の条件―不測の事態を防ぐマネジメント」(中西晶) 生産性出版 2007.1 p171-176
◎参考文献「災害危機管理のすすめ―事前対策とその実践 改訂」(高見尚武) 近代消防社 2007.1 p355-357
◎参考文献「事業継続マネジメントBCM―訓練デザインマニュアル」(T.K.ギリス) NTT出版 2007.3 p171-174
◎参考文献「組織不祥事―組織文化論による分析」(間嶋崇) 文眞堂 2007.3 p181-188
◎文献「医療現場のリスク・マネジメント―感性と実務―Art & Science」(祖慶実) 第一法規 2007.5 p211-213
◎引用参考文献「企業倒産論―危機管理各論として」(奈良武) 産業能率大出版部 2007.10 p208-210

気球
◎書籍年表ほか「飛行の夢1783-1945―熱気球から原爆投下まで」(和田博文) 藤原書店 2005.5 p373-395

企業
◎参考文献「経済価値を超えて―健全な経営行動の提案」(海老澤栄一) 同友館 2001.2 p203-213
◎参考文献「現代日本企業の人事戦略―21世紀のヒトと組織を考える」(澤野雅彦) 千倉書房 2001.2 p203-207
◎参考文献「ソニーが挑んだ復讐戦」(郡山史郎) プラネット出版 2001.3 1pb
◎参考文献「企業体制論―シュタインマン学派の学説」(万仲脩一) 白桃書房 2001.3 p236-244
◎文献「400年ぶりに日本を変える企業革命」(井原哲夫) 東洋経済新報社 2001.7 p231-232
◎引用文献「現代の企業―ゲームの理論からみた法と経済」(青木昌彦) 岩波書店 2001.11 p8-21b
◎参考文献「組織と制度の経済学―ゲーム的進化論から多国籍企業まで」(マイケル・ローリンソン) 文眞堂 2001.11 p353-373
◎引用文献「株式持合と日本型経済システム」(岡部光明) 慶応義塾大学出版会 2002.1 p157-162
◎参考文献「日本的経営の変革―持続する強みと問題点」(河野豊弘, S.クレグ) 有斐閣 2002.1 p271-296
◎参考文献「連邦型ネットワークの経営」(西村友幸) 多賀出版 2002.2 p165-173
◎文献「台湾の企業成長とネットワーク」(富川盛武) 白桃書房 2002.3 p273-289
◎文献「「社格」の研究―企業経営の成熟度を探る」(坂本重泰) 東洋経済新報社 2002.5 p301-317
◎文献「企業は、小さく、平たく、迅速で、透明になる?―新しい組織と経営戦略」(佐々木スミス三根子ほか) 東洋経済新報社 2002.6 p1-9b
◎文献「現代企業の課題―行動と組織」(佐々木一彰) 税務経理協会 2002.6 p149-156
◎文献「日本企業の競争原理―同質的行動の実証分析」(浅羽茂) 東洋経済新報社 2002.6 p197-206
◎参考文献「「浜松企業」強さの秘密」(竹内宏) 東洋経済新報社 2002.8 p268-272
◎参考文献「企業を高めるブランド戦略」(田中洋) 講談社 2002.9 p1-5b
◎文献「企業支配力の制御―戦後日本企業の経営者-資金提供者関係」(田中一弘) 有斐閣 2002.9 p201-208
◎註「現代多国籍企業のグローバル構造」(関下稔) 文真堂 2002.9 prr
◎文献「テクノ・インキュベータ成功法―計画・運営・評価のための実践マニュアル」(ルスタム・ラルカカ) 日本経済評論社 2002.11 p267-271
◎文献「企業社会のリコンストラクション」(谷本寛治) 千倉書房 2002.11 p427-445
◎参考文献「図解企業のための環境問題 2版」(井熊均) 東洋経済新報社 2003.1 p196-198
◎参考文献「ケースに学ぶ企業の文化」(遠山正朗) 白桃書房 2003.3 prr
◎参考文献「日本企業システムの再編」(大阪市立大学経済研究所) 大阪市立大学経済研究所 2003.3 prr
◎参考文献「企業論 2版」(小椋康宏ほか) 学文社 2003.4 p267-271
◎文献「情報技術と差別化経済」(萩野誠) 九州大学出版会 2003.4 p263-272

◎文献「日本企業と経営者の役割」(中垣昇) 税務経理協会 2003.4 p195-202
◎文献「変容期の企業と社会―現代日本社会の再編」(木田融男ほか) 八千代出版 2003.4 p277-279
◎文献「沖縄企業活性化論―経営理念と人的資源管理の視座」(上間隆則) 森山書店 2003.5 p301-309
◎文献「講座ミクロ統計分析 4 企業行動の変容―ミクロデータによる接近」(松田芳郎ほか) 日本評論社 2003.5 p339-351
◎文献「中国上場企業―内部者支配のガバナンス」(川井伸一) 創土社 2003.6 p253-266
◎参考文献「日本の組織―社縁文化とインフォーマル活動」(中牧弘允ほか) 東方出版 2003.7 prr
◎文献「ベストプラクティス企業―絶えまない進化と活力の創造」(長田洋) 日科技連出版社 2003.9 p261-263
◎参考文献「日本企業モラルハザード史」(有森隆) 文藝春秋 2003.9 p270-274
◎文献「時間と空間の戦略―市場は企業革命の夢舞台」(寺東寛治) 同友館 2003.10 p361-364
◎参考引用文献「経営者のための企業広報―松下幸之助などに学ぶ原点と時代感覚」(杉田芳夫) 丸善 2003.11 p208-212
◎文献「企業の社会戦略とNPO―社会的価値創造にむけての協働型パートナーシップ」(横山恵子) 白桃書房 2003.12 p231-245
◎参考文献「企業の地震対策と危機管理」(小林誠ほか) シュプリンガーV東京 2004.2 p200-201
◎参考文献「企業システムの経済学」(宮本光晴) 新世社 2004.3 p351-355
◎参考文献「アジアにおける日本企業の成功物語―市場戦略と非市場戦略の分析」(V. K. アガワル) 早稲田大学出版部 2004.5 prr
◎参考文献「地域企業論―地域産業ネットワークと地域発ベンチャーの創造」(田中史人) 同文舘出版 2004.7 p251-261
◎参考文献「産業政策と企業統治の経済史―日本経済発展のミクロ分析」(宮島英昭) 有斐閣 2004.9 p489-504
◎参考文献「企業制度の理論―ケイパビリティ・取引費用・組織境界」(R. ラングロワほか) NTT出版 2004.10 p267-286
◎参考文献「ザ・コーポレーション―わたしたちの社会は「企業」に支配されている」(J. ベイカン) 早川書房 2004.11 p235-223
◎参考文献「企業の組織」(稲葉元吉) 八千代出版 2005.3 prr
◎参考文献「日本企業の人事改革」(都留康ほか) 東洋経済新報社 2005.3 p241-250
◎参考文献「日本企業への成果主義導入―企業内「共同体」の変容」(守屋貴司) 森山書店 2005.3 p211-215
◎参考文献「日本企業のリストラクチャリング―純粋持株会社・分社化・カンパニー制と多角化」(大坪稔) 中央経済社 2005.4 p243-253
◎参考文献「ケースブック日本のスタートアップ企業」(米倉誠一郎) 有斐閣 2005.5 p303-312
◎参考文献「日本の新規開業企業」(忽那憲治) 白桃書房 2005.6 p253-266

◎参考文献「東アジアの国際分業と日本企業―新たな企業成長への展望」(天野倫文) 有斐閣 2005.8 p315-321
◎参考文献「エージェント理論による企業行動分析―遺伝的プログラミング・アプローチ」(時永祥三ほか) 白桃書房 2005.10 p223-234
◎参考文献ほか「経営は十年にして成らず」(三品和広) 東洋経済新報社 2005.11 p1-15b
◎参考文献「現代企業の組織デザイン―戦略経営の経済学」(J. ロバーツ) NTT出版 2005.11 p275-285
◎参考文献「戦略とイノベーション リーディングス日本の企業システムII-3」(伊丹敬之ほか) 有斐閣 2006.1 prr
◎参考文献「ソーシャル・エンタープライズ―社会的企業の台頭」(谷本寛治) 中央経済社 2006.2 p281-290
◎参考文献「グローバル・レビュー 現代日本企業3」(工藤章ほか) 有斐閣 2006.3 prr
◎参考文献「企業論 新版補訂版」(三戸浩ほか) 有斐閣 2006.3 prr
◎参考文献「企業の境界と組織アーキテクチャ―企業制度論序説」(谷口和弘) NTT出版 2006.6 p293-316
◎参考文献「動機付けの仕組としての企業―インセンティブ・システムの法制度論」(宍戸善一) 有斐閣 2006.9 p415-438
◎文献解説「企業社会への社会学的接近」(岩城完之ほか) 学文社 2006.10 p201-222
◎参考文献「企業の政治経済学―コンヴァンシオン理論からの展望」(F. エイマール=デュヴルネ) ナカニシヤ出版 2006.12 p113-121
◎参考文献「企業支配論の統一的パラダイム―「構造的支配」概念の提唱」(坂本雅則) 文眞堂 2007.2 p251-264
◎文献「なるほど!元気な名古屋の企業100社」(岩田憲明) ソフトバンククリエイティブ 2007.4 p325-327
◎参考文献「企業論 3版」(小椋康宏ほか) 学文社 2007.4 p276-281
◎引用文献「日本企業とM&A―変貌する金融システムとその評価」(岡部光明) 東洋経済新報社 2007.5 p341-360
◎参考文献「企業不祥事事典―ケーススタディ150」(日外アソシエーツ) 日外アソシエーツ 2007.7 prr
◎参考文献「現代企業論―責任と統治」(菊池敏夫) 中央経済社 2007.9 p199-209
◎参考文献「戦後日本の企業社会と経営思想―CSR経営を語る一つの文脈」(谷口照三) 文眞堂 2007.9 p208-214

起業
◎参考文献「大学からの新規ビジネス創出と地域経済再生―TLOとビジネスインキュベータの役割」(坂田一郎ほか) 経済産業調査会出版部 2001.7 p237-240
◎参考文献「起業家育成と現代マネジメント研究」(岡田広司) あるむ 2003.3 p209-210
◎参考文献「世紀転換期の起業家たち―百年企業への挑戦」(武田晴人) 講談社 2004.4 p250-252
◎参考文献「起業学の基礎―アントレプレナーシップとは何か」(高橋徳行) 勁草書房 2005.3 p369-374
◎参考文献「起業モデル―アントレプレナーの学習」(越出均) 創成社 2005.4 p223-229

◎参考図書「技術者のための起業マニュアル―プロジェクト提案からベンチャー企画まで」(平野真) 創風社 2005.4 p287-296
◎参考文献「起業教育論―起業教育プログラムの実践」(寺岡寛) 信山社出版 2007.2 p270-275
◎参考文献「新規開業企業の成長と撤退」(樋口美雄ほか) 勁草書房 2007.10 p261-267
◎参考文献ほか「成功の瞬間―なぜ起業家に運と直感が不可欠なのか」(主藤孝司) 講談社 2007.11 p210-212

企業家
◎参考文献「企業家と市場とはなにか」(I. M. カーズナー) 日本経済評論社 2001.3 p162-164
◎参考文献「日本経営理念史」(土屋喬雄) 麗澤大学出版会 2002.2 p648-649
◎参考文献「日本の企業家史―ケース・スタディー」(宇田川勝ほか) 文真堂 2002.3 prr
◎参考文献「企業家とはなにか―市場経済と企業家機能」(池本正純) 八千代出版 2004.9 p281-283

企業会計
◎文献「企業会計と法 第2版」(弥永真生) 新世社 2001.3 p199-203
◎参考文献「現代会計・財政講義」(岩崎健久) 中央経済社 2001.4 p277-280
◎参考文献「会計制度とキャッシュ・フロー―アメリカにおけるキャッシュ・フロー計算書の制度化プロセス」(牧田正裕) 文理閣 2002.1 p209-229
◎文献「会計基準形成の論理」(津守常弘) 森山書店 2002.2 p413-464
◎参考書「概説企業情報提供会計 第3版」(神森智, 森本三義) 同文舘出版 2002.4 p307-309
◎参考文献「国際的会計概念フレームワークの構築―英国会計の概念フレームワークを中心として」(菊谷正人) 同文舘出版 2002.4 p173-183
◎参考文献「会計が変わる―企業経営のグローバル革命」(冨塚嘉一) 講談社 2002.6 p220-222
◎推薦図書「アカウンティング―現代会計入門 改訂版」(松尾聿正) 同文舘出版 2002.9 p183-187
◎文献「企業会計とディスクロージャー 2版」(斎藤静樹) 東京大学出版会 2003.3 p287-290
◎参考文献「国際企業経営の基本問題 国際企業論の入門」(国久義雄) 成文堂 2003.4 p173-174
◎文献「新しい企業会計法の考え方」(片木晴彦) 中央経済社 2003.9 p185-188
◎参考文献「よくわかる企業結合会計基準」(松岡寿史) 中央経済社 2004.1 p219-220
◎参考文献「引当金会計制度の国際的調和化―日本・アメリカ合衆国の会計基準およびIASにおける引当金規定の計上論拠にみる変遷を手掛かりとして」(望月香苗) アリーフ一葉舎 2004.2 p250-260
◎引用参考文献「ドイツ会計国際化論」(稲見亨) 森山書店 2004.3 p191-207
◎参考文献「アカウンティング―企業経営と会計情報」(佐藤誠二ほか) 税務経理協会 2004.6 p235-237
◎参考文献「新会計基準の仕組と処理」(岩崎勇) 税務経理協会 2004.6 p287-289
◎参考文献「スウェーデン近代会計の動向―スウェーデン型混合経済の台頭・形成期におけるその役割」(大野文子) 白桃書房 2004.8 p639-678

◎参考文献「国際財務報告―IFRSの受入れに向けて」(粥川和枝) 創成社 2004.12 p247-260
◎参考文献「時価評価会計論」(高橋良造) 中京大商学会 2004.12 p343-363
◎参考文献「会計改革とリスク社会」(沢邉紀生) 岩波書店 2005.2 p205-223
◎参考文献「アメリカにおける財務報告の展開」(渡邊和矩) 黎明出版 2005.9 p156-169
◎参考文献「企業会計とディスクロージャー 3版」(斎藤静樹) 東京大出版会 2006.2 p287-290
◎参考文献「「会計ビッグバン」の意義と評価―実証分析によるアプローチ」(辻正雄) 早稲田大 2006.3 p131-137
◎参考文献「企業価値会計論」(大倉雄次郎) 中央経済社 2006.4 p167-171
◎参考文献「新会社法会計の考え方と処理方法」(岩崎勇) 税務経理協会 2006.7 p185-188
◎参考文献「会社法の計算詳解―株式会社の計算書類から組織再編行為まで」(郡谷大輔ほか) 中央経済社 2006.8 p651-655
◎参考文献「Q&A資本取引等をめぐる会計と税務」(日本公認会計士協会京滋会) 清文社 2007.3 p599-603
◎参考文献「新会社法と会計」(大倉雄次郎) 税務経理協会 2007.4 p297-302
◎参考文献「キーワードでわかるリースの法律・会計・税務 2訂版」(井上雅彦) 税務研究会出版局 2007.7 p622-623
◎参考文献「ビークル〈事業体〉の会計・税務」(東京共同会計事務所) 中央経済社 2007.11 p315-316

企業会計原則
◎参考文献「金融商品会計の実務 第2版」(朝日監査法人) 東洋経済新報社 2001.3 p298-299
◎参考文献「国際会計基準―日本的経営へのインパクト」(岩崎勇) 一橋出版 2001.6 p229-233
◎参考文献「アメリカ会計基準論―国際的調和の動向」(米山祐司) 同文舘出版 2001.7 p203-218
◎参考文献「国際会計基準と日本の会計実務―比較分析/仕訳・計算例/決算処理」(神戸大学IASプロジェクト, 朝日監査法人IASプロジェクト) 同文舘出版 2001.8 p505-506
◎参考文献「すぐわかる新会計基準」(岩崎勇) 一橋出版 2001.10 p246-247
◎参考文献「入門新会計基準の会計と税務」(大倉雄次郎) 税務経理協会 2003.4 p203-204
◎参考文献「国際会計基準を考える―変わる会計と経済」(小栗崇資ほか) 大月書店 2003.6 prr
◎文献「退職給付の財務報告―利害調整と信頼性付与の構造」(中村文彦) 森山書店 2003.10 p265-295
◎文献「業績報告と包括利益」(佐藤信彦) 白桃書房 2003.12 p214-240
◎参考文献「企業結合会計基準ガイドブック―「意見書」の総合解説と実務適用」(中央青山監査法人研究センター) 中央経済社 2004.3 p245-247
◎参考文献「最新日本の会計基準Q&A」(あずさ監査法人) 清文社 2004.3 p728-732
◎参考文献「年金会計とストック・オプション」(伊藤邦雄ほか) 中央経済社 2004.12 p220-222
◎引用参考文献「フランス会計原則の史的展開―基本原則の確立と変遷」(吉岡正道) 森山書店 2005.4 p265-274

◎参考文献「イギリス会計基準設定の研究」(齊野純子) 同文舘出版 2006.3 p185-199
◎参考文献「1株当り利益会計基準の研究」(久保淳司) 同文舘出版 2007.3 p213-226

企業合併
◎参考文献「企業合併」(箭内昇) 文藝春秋 2001.4 p234-236

企業金融
◎参考文献「ベンチャービジネスのファイナンス―変革期の企業金融を考える 第3版」(田中讓) 金融財政事情研究会 2001.4 p222-223
◎参考文献「企業金融の経済理論」(辻幸民) 創成社 2002.2 p425-435
◎参考文献「財務からみる企業行動―資金剰余下の企業金融とコーポレート・ガバナンス」(林原行雄) 魁星出版 2006.12 p172-175

企業経営
◎文献「企業経営と倫理監査―企業評価3つのアプローチ」(貫井陵雄) 同文舘出版 2002.3 p226-227
○参考文献「季刊未来経営 5」(フジタ未来経営研究所) 2002.4 p71-72
◎文献「企業経営の普遍性と地域性」(福永晶彦) 酒井書店 2002.4 p105-112
◎参考文献「経営の再生 戦略の時代・組織の時代 新版」(高橋伸夫) 有斐閣 2003.3 prr
◎読書のすすめ「組織戦略の考え方 企業経営の健全性のために」(沼上幹) 筑摩書房 2003.3 p219-220
◎参考文献「日本企業のグループ経営と学習」(藤井耐ほか) 同文舘出版 2004.2 prr
◎参考文献「グリーンファクトリー―環境保全で勝てる経営」(木全晃) 日本経済新聞社 2004.3 p269-271
○発行図書一覧「経営実務 561」(企業経営協会) 2004.4 p81-83
◎参考文献「企業経営とビジネスエシックス」(広島大学大学院マネジメント専攻) 法律文化社 2004.4 p157-162
◎参考文献「企業経営の社会性研究―社会貢献・地球環境・高齢化への対応 2版」(丹下博文) 中央経済社 2005.4 prr
◎文献「日本の企業統治―神話と実態」(吉村典久) NTT出版 2007.1 p311-335
◎参考文献「死に至る会社の病―ワンマン経営と企業統治」(大塚将司) 集英社 2007.3 p258-261

企業経理
◎文献「企業不正支出とコーポレート・ガバナンス」(宮本幸平) 中央経済社 2002.6 p191-196

企業系列
◎文献「子会社は叫ぶ―この国でいま、起きていること」(島本慈子) 筑摩書房 2002.6 p233-234
◎文献「企業グループ経営と出向転籍慣行」(稲上毅) 東京大学出版会 2003.2 p265-268
◎文献「企業紐帯と業績の研究―組織間関係の理論と実証」(境新一) 文眞堂 2003.10 p234-239
◎文献「メインバンク制の歴史的生成過程と戦後日本の企業成長」(勝又寿良) 東海大学出版会 2003.12 p631-642
◎参考文献「役員ネットワークからみる企業相関図」(菊地浩之) 日本経済評論社 2006.11 p187-190

◎参考文献「日本企業における連結経営―21世紀の子会社政策・所有政策」(藤野哲也) 税務経理協会 2007.4 p163-167

企業構造改革
◎参考文献「リストラクチャリング―成長へ向けた企業構造改革」(水留浩一, 宮崎真澄) 東洋経済新報社 2001.11 p297-300

企業行動
◎参考文献「企業行動論」(石井耕) 八千代出版 2004.5 p233-247

企業合同
◎参考文献「巨大企業の世紀―20世紀アメリカ資本主義の形成と企業合同」(谷口明丈) 有斐閣 2002.3 p437-458

企業再生
◎参考文献「コーポレート・ガバナンス―日本企業再生への道」(田村達也) 中央公論新社 2002.2 p196-198
◎参考文献「企業再建手続運営プロセスの法理―倒産処理における関係人自治」(河崎祐子) 信山社 2004.3 p450-466
◎参考文献「財務リストラクチャリングA to Z」(諸藤史朗) 金融財政事情研究会 2006.2 p377-380
◎参考文献「企業再生の計量分析」(丸山宏) 東洋経済新報社 2007.10 p159-167

企業再編
◎参考文献「企業再編の実務」(第一勧銀総合研究所) 東洋経済新報社 2002.1 p265-269

企業財務
◎参考文献「企業財務の機能と変容」(内田交謹) 創成社 2001.11 p239-251
◎参考文献「入門企業財務―理論と実践 第2版」(津森信也) 東洋経済新報社 2002.8 p371-372
◎参考文献「企業財務行動の要因と展開」(室本誠二) 五絃舎 2004.3 p287-297

企業集団
◎参考文献「企業集団の形成と解体―社長会の研究」(菊地浩之) 日本経済評論社 2005.10 p416-428

企業集中
◎参考文献「合併行動と企業の寿命―企業行動への新しいアプローチ」(清水剛) 有斐閣 2001.9 p151-163
◎文献「企業合併と「異文化」―企業文化の衝突」(海野素央, 鈴木了符子) 学文社 2002.5 p167-168
◎参考文献「企業組織再編の会計」(伊藤眞) 東京経済情報出版 2003.4 prr
◎参考文献「経営統合戦略マネジメント」(松江英夫) 日本能率協会マネジメントセンター 2003.7 p290-291
◎文献「M&Aマネジメントと競争優位」(中村公一) 白桃書房 2003.9 p283-301
◎参考文献「M&Aで狙われる上場企業95社―これが投資ファンドの正体だ」(島野清志) エール出版社 2005.7 p183-184
◎参考文献「M&Aとガバナンス―企業価値最大化のベスト・プラクティス」(渡辺章博ほか) 中央経済社 2005.8 p293-297

◎参考文献「会社乗取り―株を買占められた会社防衛に成功した会社」(佐藤朝泰)　日新報道　2005.8　p269-271
◎参考文献「新会社法で変わる敵対的買収」(藤田勉ほか)　東洋経済新報社　2005.9　p197-200
◎参考文献「乗っ取り屋と用心棒」(三宅伸吾)　日本経済新聞社　2005.12　p285-290
◎参考文献「現代企業のM&A投資戦略」(安田義郎)　創成社　2006.4　p265-271
◎参考文献「戦略的デューデリジェンスの実務―M&Aによる成長を実現する」(KPMG FAS)　中央経済社　2006.5　p520-521
◎参考文献「商品差別化と合併の経済分析」　Competition Policy Research Center　2006.10　p136-142

企業情報
◎注「企業情報の開示―次世代ディスクロージャーモデルの提案」(R. エクレスほか)　東洋経済新報社　2002.6　p238-248
◎参考文献「企業情報ディスクロージャーの変容」(藤原博彦)　日本評論社　2005.11　p193-206

企業史料協議会
◎参考文献「企業史料協議会20年史」(企業史料協議会纂)　企業史料協議会　2004.3　p232」

企業スポーツ
◎注「企業スポーツの栄光と挫折」(澤野雅彦)　青弓社　2005.6　prr

企業責任
◎参考文献「CSR実践ガイド―内部統制から報告書作成まで」(中央青山監査法人)　中央経済社　2004.8　p222-227
◎参考文献「企業の社会的責任―OECD加盟国の理念と現状」(OECD)　技術経済研究所　2004.10　p221-223
◎参考文献「ボーダレス化するCSR―企業とNPOの境界を越えて」(原田勝広ほか)　同文舘出版　2006.9　prr
◎参考文献「トリプルボトムライン―3つの決算は統合できるか?」(A. ヘンリクスほか)　創成社　2007.4　p233-246
◎参考文献「企業改革へのCSR実践論―リスクを乗り越えるコンプライアンス経営」(清川佑二)　日経BP企画　2007.12　p267-269

企業提携
◎文献「企業間提携の戦略と組織」(石井真一)　中央経済社　2003.12　p168-176
◎参考文献「日本企業のネットワークと信頼―企業間関係の新しい経済社会学的分析」(若林直樹)　有斐閣　2006.4　p273-293
◎参考文献「組織間関係のダイナミズムと競争優位―バーチャル・プロジェクト・カンパニーのビジネスモデル」(伊佐田文彦)　中央経済社　2007.2　p199-207
◎参考文献ほか「企業間アライアンスの理論と実証」(牛丸元)　同文舘出版　2007.9　p195-205

企業倒産
◎参考資料「条解国際倒産関係規則」(最高裁判所事務総局民事局)　法曹会　2001.6　p131-183
◎文献「企業倒産予知モデル」(白田佳子)　中央経済社　2003.3　p273-281
◎文献「再生か倒産か―大倒産時代の航海術」(奈良武)　金融財政事情研究会　2003.10　p257-262
◎参考文献「企業の倒産と再生」(太田三郎)　同文舘出版　2004.7　p285-296
◎引用参考文献「企業倒産論―危機管理各論として」(奈良武)　産業能率大出版部　2007.10　p208-210

企業内教育
◎参考文献「e-ラーニング―日本企業のオープン学習コミュニティー戦略」(根本孝)　中央経済社　2001.1　p191-201
◎参考文献「eラーニング―実践的なスキルの習得技法」(山崎将志)　ダイヤモンド社　2001.1　p202-203
◎参考文献「期待モデルによる企業人学習意欲の研究」(釼地邦秀)　白桃書房　2001.9　p254-260
◎参考図書「自分を活かし、人と共に生きる―20余年の企業内教育の仕事から学んだこと」(畑彩土)　文芸社　2002.1　p226-228
◎参考文献「日本の企業と同和問題―企業内同和研修のあり方を考える」(古山知己)　明石書店　2002.1　p227-229
◎参考文献「スキルの競争力―強いモノづくり継承のために」(浅井紀子)　中央経済社　2002.3　p176-184
◎文献「E-人材開発―学習アーキテクチャーの構築」(根本孝)　中央経済社　2002.5　p165-177
◎文献「派遣MBAの退職―日本企業における米国MBA派遣制度の研究」(金雅美)　学文社　2002.8　p177-184
◎文献「組織のなかのキャリアづくり」(森雄繁)　東方出版　2003.5　p191-197
◎文献「メンタリング―会社の中の発達支援関係」(K. E. クラム)　白桃書房　2003.6　p289-298
◎文献「組織と技能―技能伝承の組織論」(松本雄一)　白桃書房　2003.11　p251-262
◎参考文献「Aクラス人材の育成戦略―教育力競争時代をどう乗り越えるか」(関島康雄)　日本経団連出版　2004.7　p255-257
◎参考文献「「経験知」を伝える技術―ディープスマートの本質　(Harvard business school press)」(D. レナードほか)　ランダムハウス講談社　2005.6　p1-16b
◎文献「eラーニングの発展と企業内教育」(菅原良)　大学教育出版　2005.9　p117-136
◎参考文献「経験からの学習―プロフェッショナルへの成長プロセス」(松尾睦)　同文舘出版　2006.6　p243-263
◎参考文献「マネジャーのキャリアと学習―コンテクスト・アプローチによる仕事経験分析」(谷口智彦)　白桃書房　2006.10　p337-351

企業年金
◎参考文献「企業年金の未来」(中北徹)　筑摩書房　2001.2　p188-189
◎文献「キャッシュバランスのすべて―最新企業年金戦略」(浅野幸弘, 山口修)　日本経済新聞社　2002.8　p187-188
◎文献「キャッシュバランスプラン入門―企業年金の新しい潮流」(三井アセット信託銀行年金研究会)　東洋経済新報社　2002.10　p171-172
◎文献「企業年金の資産運用―アセット・アロケーションからマネージャー・ストラクチャーまで」(浅野幸弘ほか)　中央経済社　2003.9　p209-213

◎参考文献「年金資産運用　シリーズ年金マネジメント 2」（田中周二ほか）　朝倉書店　2004.3　p247-251
◎ブックガイド「わかりやすい企業年金」（久保知行）　日本経済新聞社　2004.5　p228-229
◎参考文献「年金マネジメント・イノベーション—プランスポンサーによる年金ALM」（A. S. ムラリダール）　金融財政事情研究会　2005.5　p327-334

企業買収
◎参考文献「M&Aは儲かるのかなぜ企業買収に失敗するのか」（R. F. ブルーナー）　一灯舎　2006.11　p8-31b
◎参考文献「M&Aを成功に導くBSC活用モデル」（西山茂）　白桃書房　2007.5　p265-273
◎参考文献「クロスボーダーM&Aの実際と対処法—三角合併解禁後、日本の会社はどうなるか」（淵邊善彦）　ダイヤモンド社　2007.5　p259-268
◎参考文献「三角合併とTOBのすべて—変貌する世界のM&A法制」（藤田勉ほか）　金融財政事情研究会　2007.7　p289-293
◎参考文献「M&A・企業再編の実務Q&A　2版」（プライスウォーターハウスクーパースほか）　中央経済社　2007.9　p353-354
◎参考文献「M&A法制の羅針盤—TOB、三角合併、金融商品取引法施行を踏まえたM&A手法と防衛策」（奈良輝久ほか）　青林書院　2007.10　p9-10f

企業博物館
◎文献リスト「企業博物館の経営人類学」（中牧弘允ほか）　東方出版　2003.3　p431-432

企業犯罪
◎参考文献「企業犯罪に関する「法と経済学」による分析」　法務総合研究所　2006　p64-66

企業評価
◎参考文献「企業評価論—財務分析と企業評価　第3版」（田中恒夫）　創成社　2001.4　p330-307
◎参考文献「企業評価入門」（大倉雄次郎）　中央経済社　2001.6　p229-230
◎参考文献「企業評価と知的資産」（岡田依里）　税務経理協会　2002.2　p241-248
◎文献「企業評価と知的資産　改訂版」（岡田依里）　税務経理協会　2003.4　p241-248
◎references「AIによる企業評価—人工知能を活かした知識モデルの試み」（岡本大輔）　中央経済社　2004.5　p219-231
◎参考文献「企業評価+企業倫理—CSRへのアプローチ」（岡本大輔ほか）　慶應義塾大出版会　2006.9　p233-246
◎参考文献「企業評価の組織論的研究—経営資源と組織能力の測定」（藤田誠）　中央経済社　2007.12　p297-319

企業福祉
◎参考文献「企業福祉の制度改革—多様な働き方へ向けて」（橘木俊詔ほか）　東洋経済新報社　2003.9　prr

企業文化
◎文献「組織文化　経営文化　企業文化」（梅沢正）　同文舘出版　2003.10　p223-226
◎参考文献「組織文化のマネジメント—行為の共有と文化」（出口将人）　白桃書房　2004.2　p163-171
◎参考文献「企業文化—生き残りの指針」（E. H. シャイン）　白桃書房　2004.9　p197-199

企業法
◎参考文献「企業法概論」（道廣泰倫）　法律文化社　2003.5　p113-114
◎参考文献「法と経済学—企業関連法のミクロ経済学的考察」（宍戸善一）　有斐閣　2004.4　p171-174
◎参考文献「グローバル企業法会計」（塩原一郎ほか）　税務経理協会　2005.9　p289-293
◎文献「現代企業法入門　4版」（淺木愼一ほか）　中央経済社　2006.4　p243-249
◎参考文献「法と企業行動の経済分析」（柳川範之）　日本経済新聞社　2006.11　p372-383
◎参考文献ほか「国際経営法学—コーポレート・ガバナンス、米国企業改革法、内部統制、企業防衛策ならびに金融コングロマリット・金融商品取引法など国際的企業経営をめぐる法制度の現代的課題と実践」（藤川信夫）　信山社　2007.1　p815-819
◎文献目録「ビジネス・トラスト法の研究」（工藤聡一）　信山社出版　2007.2　p14-25b
◎参考文献「米国ビジネス法」（杉浦秀樹）　中央経済社　2007.6　p495-496

企業倫理
◎文献「企業倫理とコーポレートガバナンス—知的資産の有効活用」（安達巧）　創成社　2002.9　p105-113
◎参考文献「共創社会におけるコンプライアンス　今なぜコンプライアンスが必要とされるのか」（大国亨）　日本図書刊行会　2003.3　p333-340
◎基本文献「実践ビジネスエシックス　企業倫理定着のための具体策」（中村葉志生ほか）　ミネルヴァ書房　2003.6　p187-194
◎文献「リスクマネジメントと企業倫理—パーソナルハザードをめぐって」（中林真理子）　千倉書房　2003.11　p149-156
◎文献「企業は倫理的になれるのか」（宮坂純一）　晃洋書房　2003.11　p248-253
◎参考文献「企業倫理と企業統治—国際比較」（中村瑞穂）　文眞堂　2003.11　prr

戯曲
◎「戯曲・シナリオ集内容綜覧—現代日本文学綜覧シリーズ　24」（日外アソシエーツ）　日外アソシエーツ　2002.5　1120p A5
◎参考文献「現代戯曲の展開—20世紀の戯曲　2」（日本近代演劇史研究会）　社会評論社　2002.7　p468-462
◎参考文献「日本戯曲初演年表—1945-1975」（日本劇団協議会）　あづき　2003.7　p8-10f
◎書目（黄仕忠）「東洋文化研究所紀要　144」（東京大）　2003.12　p1-79
◎参考文献「劇作は愉し—名作戯曲に作劇を学ぶ」（斎藤憐）　日本劇作家協会　2006.3　p5-6b

飢饉
◎注「飢饉から読む近世社会」（菊池勇夫）　校倉書房　2003.10　prr
◎引用著作「日本飢饉誌」（司法省刑事局）　海路書院　2004.10　p5-7f
◎文献一覧「飢饉と救済の社会史」（高橋孝助）　青木書店　2006.2　p297-317

ききんそ

文献目録「悲しみの収穫　ウクライナ大飢饉—スターリンの農業集団化と飢饉テロ」（R. コンクエスト）　恵雅堂出版　2007.4　p638-637

貴金属
◎参考文献「貴金属の科学」（貴金属と文化研究会）　日刊工業新聞社　2007.8　p143-144

義経記
○研究展望（利根川清）「軍記と語り物　39」（軍記・語り物研究会）　2003.3　p108-118

喜劇
◎参考文献「喜劇百年—喜劇百年記念誌　曽我廼家劇から松竹新喜劇」（新生松竹新喜劇文芸部ほか）　松竹関西演劇部　2004.2　p38」

危険管理
◎参考文献「企業の震災危機対応　上　事業所の震災応急対策」（竹内吉平）　近代消防社　2001.6　p236-237

季語
◎参考文献「季語の底力」（櫂未知子）　NHK出版　2003.5　p212-216
◎参考文献「日本人が大切にしてきた季節の言葉」（復本一郎）　青春出版社　2007.11　p186-187

気候
◎参考文献「京都議定書—21世紀の国際気候政策」（S. オーバーテュアー, H. E. オット）　シュプリンガー・フェアラーク東京　2001.7　p423-438
◎参考文献「歴史を変えた気候大変動」（B. フェイガン）　河出書房新社　2001.12　p319-304
◎参考図書「やさしい気候学」（仁科淳司）　古今書院　2003.7　p113-116
◎参考文献「夏が来なかった時代—歴史を動かした気候変動」（桜井邦朋）　吉川弘文館　2003.9　p209-223
◎参考文献「全地球凍結」（川上紳一）　集英社　2003.9　p203-201
◎参考文献「気候変動—多角的視点から」（W. J. バローズ）　シュプリンガーV東京　2003.12　p354-360
◎文献「植生と大気の4億年—陸域炭素循環のモデリング」（D. J. ベアリングほか）　京都大学学術出版会　2003.12　p413-450
◎あとがきほか（戸田清）「気候変動—水没する地球」（D. ゴドレージュ）　青土社　2004.5　p199-202
◎参考文献「気候気象の災害・影響・利用を探る　日本の気候2」（気候影響・利用研究会ほか）　二宮書店　2004.11　p299-320
◎参考文献「気候のフィールド調査法」（西澤利栄）　古今書院　2005.1　prr
◎原注「古代文明と気候大変動—人類の運命を変えた二万年史」（B. フェイガン）　河出書房新社　2005.6　p366-351
◎文献「気候と文明の盛衰　普及版」（安田喜憲）　朝倉書店　2005.7　prr
◎文献「水と気候の風景」（新井正）　古今書院　2005.8　p183-192
◎参考文献「気候変動　+2℃」（山本良一）　ダイヤモンド社　2006.4　p138-139
◎文献「気候学の歴史—古代から現代まで」（吉野正敏）　古今書院　2007.6　prr
◎参考文献ほか「地球温暖化と気候変動」（横山裕道）　七つ森書館　2007.10　p228-230

気功
◎参考文献「〈気〉の心理臨床入門」（黒木賢一）　星和書店　2006.9　p219-227
◎文献「気功・太極拳」（班目健夫）　金芳堂　2007.8　p124-125

紀行
◎参考文献「迷宮のインド紀行」（武澤秀一）　新潮社　2001.9　p260-268
○「紀行・案内記全情報　1997-2001」（日外アソシエーツ）　日外アソシエーツ　2002.4　930p A5
○「歴史と民俗の旅—読書案内・紀行編」（日外アソシエーツ）　日外アソシエーツ　2002.10　456p A5
○「自然と冒険の旅—読書案内・紀行編」（日外アソシエーツ）　日外アソシエーツ　2002.11　438p A5
○「芸術と文学の旅—読書案内・紀行編」（日外アソシエーツ）　日外アソシエーツ　2002.12　441p A5

記号
◎参照文献「芸術という言葉—芸術とコミュニケーションとの関係についての序説」（オマル・カラブレーゼ）　而立書房　2001.3　p238-280
◎参考文献「都市・記号の肖像」（森常治）　早稲田大学出版部　2001.11　p13-37b
◎参考文献「記号と意味」（加藤蔵）　勁草書房　2003.3　p1-3b
◎参考文献「物語における読者　新装版」（U. エーコ）　青土社　2003.4　p4-13b
◎引用参照文献「カントとカモノハシ　下」（U. エーコ）　岩波書店　2003.7　p15-46b
◎書誌ほか「記号の知／メディアの知—日常生活批判のためのレッスン」（石田英敬）　東京大学出版会　2003.10　p369-382
◎参考文献「デザインと記号の魔力」（高橋揚一）　勁草書房　2004.2　p197-202
◎参考文献「記号論と社会学」（亘明志）　ハーベスト社　2004.12　p10-22b
◎参考文献「意味を生み出す記号システム—情報哲学試論」（加藤雅人）　世界思想社　2005.10　p201-209
◎参考文献「生命記号論—宇宙の意味と表象」（J. ホフマイヤー）　青土社　2005.11　p5-13b
◎参考文献「言語記号系と主体—一般文化学のための註釈的止観」（前野佳彦）　言叢社　2006.3　p54-74b

記号学
◎参考文献「記号学大事典」（坂本百大ほか）　柏書房　2002.5　p439-462
◎注「プラグマティズムと記号学」（笠松幸一ほか）　勁草書房　2002.6　p155-168
◎参考文献「音楽記号学　新装版」（J. J. ナティエ）　春秋社　2005.4　p1-27b
◎参考文献「記号学を越えて—テクスト、文化、テクノロジー」（N. ルーシー）　法政大学出版局　2005.12　p21-26b

気候地名
◎参考文献「気候地名集成」（吉野正敏）　古今書院　2001.12　prr

記号論理
◎参考書「数理論理学　復刊」（松本和夫）　共立出版　2001.8　p191-192

◎参考文献「よくわかる記号論理」(藤村龍雄) 勁草書房 2005.11 p215-220
◎参考書「記号論理入門 新装版」(前原昭二) 日本評論社 2005.12 p179-180
◎参考文献「確かさを求めて—数学の基礎についての哲学論考」(M. ジャキント) 培風館 2007.1 p309-323
◎引用文献「述語論理・入門—基礎からプログラムの理論へ」(上江洲忠弘) 遊星社 2007.4 p195-196

妓生
◎参考文献「妓生 「もの言う花」の文化誌」(川村湊) 作品社 2001.9 p239-252

吉士
◎注文献「吉士と西漢氏 渡来氏族の実像」(加藤謙吉) 白水社 2001.2 p191-210

義肢
◎文献「日本における義肢装着者の生活援護史研究」(坪井良子) 風間書房 2002.2 p211-215

儀式
◎文献「礼拝とは何か」(J. E. バークハート) 日本キリスト教団出版局 2003.2 p193-195
◎文献「教会暦—祝祭日の歴史と現在」(K. H. ビーリッツ) 教文館 2003.9 p1-4b
◎参考文献「道教儀礼文書の歴史的研究」(丸山宏) 汲古書院 2004.12 p597-641
◎参考文献「典礼奉仕への招き—ミサ・集会祭儀での役割」(オリエンス宗教研究所) オリエンス宗教研究所 2005.1 p211-215
◎参考文献「神とともにある生活—キリスト教典礼の内的風景」(石井祥裕) パピルスあい 2005.11 p212-215

記事索引
◎「大宅壮一文庫雑誌記事索引CD-ROM版—for Windows 2006」(大宅壮一文庫) 紀伊國屋書店 2007.3 CD-ROM1枚

木地師
◎参考文献「会津の木地師」(滝沢洋之) 歴史春秋出版 2001.8 p162-163

騎士道
◎関係文献「フランス騎士道—中世フランスにおける騎士道理念の慣行」(シドニー・ペインター) 松柏社 2001.3 p209-217

木地屋集落
◎参考文献ほか「木地屋集落—系譜と変遷」(田畑久夫) 古今書院 2002.8 p303-327

寄宿舎
◎参考文献「女子高等教育における学寮—日本女子大学学寮の100年」(日本女子大学学寮100年研究会) ドメス出版 2007.11 p227-229

奇術
◎「日本奇術書目録(江戸・明治・大正・昭和・平成) 2001年」(河合勝) 河合勝 2001.11 255p B5横
◎参考文献ほか「松田道弘のカードマジック 改訂新版」(松田道弘) 東京堂出版 2007.4 p241-242

技術
◎参考文献「IT時代の産業技術博物館構想—技術の保存継承が拓く21世紀のモノづくり」(馬渕浩一) 玉川大学出版部 2001.2 p205-210
◎参考文献ほか「ペルシアの伝統技術—風土・歴史・職人」(ハンス・E. ヴルフ) 平凡社 2001.5 p315-339
◎参考文献「都市の技術」(東京都立大学土木工学教室) 技報堂出版 2001.5 prr
◎参考文献「迷路のなかのテクノロジー」(H. コリンズ, T. ピンチ) 化学同人 2001.5 p256-258
◎参考文献ほか「世界文明における技術の千年史 「生存の技術」との対話に向けて」(A. パーシーほか) 新評論 2001.6 p326-334
◎参考文献「技術立国・日本の原点—「技術は文化なり」の時代を創る」(志村幸雄) アスペクト 2001.7 p281-284
◎参考文献「国際ライセンスビジネスの実務—交渉から契約書作成まで」(大貫雅晴) 同文舘出版 2001.12 p245-246
◎「最新科学・技術関係図書目録 1996-2001.6 上下」(中野不二男) TRC 2002.4 1716p A4
◎「最新科学・技術図書目録 1996-2001.6 上巻」(中野不二男, 図書館流通センター企画編集室) 図書館流通センター 2002.4 958p A4
◎文献「日本物質文明論序説—人間生態的アプローチをめざして」(田中譲) 五絃舎 2003.12 p275-283
◎参考文献「技術への問い」(A. フィーンバーグ) 岩波書店 2004.3 p15-32b
◎参考文献「技術社会関係論 改訂版」(森谷正規) 放送大教育振興会 2004.3 p193-194
◎参考文献「政治は技術にどうかかわってきたか—人間を真に幸せにする「社会の技術」」(森谷正規) 朝日新聞社 2004.11 p225-227
◎参考資料「プロフェッショナルな修理」(足立紀尚) 中央公論新社 2007.3 p255-256
◎参考文献「市場経済と技術価値論—持続可能型市場システムの構図」(永井四郎) 麗澤大出版会 2007.6 p228-235

技術移転
◎参考文献「TLOとライセンス・アソシエイト—新産業創生のキーマンたち技術移転機関」(渡部俊也, 隅藏康一) ビーケイシー 2002.4 p303-310
◎文献「経営技術の国際移転と人材育成—日タイ合弁自動車企業の実証分析」(植木真理子) 文真堂 2002.4 p176-181
◎ブックガイド「理工系のための特許・技術移転入門」(渡部俊也) 岩波書店 2003.1 p187-198
◎参考文献「大学の知を事業化する」(藤川昇) 新風舎 2004.2 p199-200
◎参考文献「中国の産業発展と国際分業—対中投資と技術移転の検証」(範建亭) 風社 2004.6 p236-247
◎文献ノート「進歩の触手—帝国主義時代の技術移転」(D. R. ヘッドリク) 日本経済評論社 2005.2 p373-377
◎参考文献「文明随想継承と移転—日本の底力を読む」(小林達也) 思文閣出版 2005.9 p188-196
◎参考文献「技術移転・発展と中核能力形成に関する研究—中国における日系企業の実態と展望」(欒斌) 大学教育出版 2007.2 p394-404
◎参考文献「経営資源の国際移転—日本型経営資源の中国への移転の研究」(董光哲) 文眞堂 2007.3 p280-288

◎注「技術移転と国家安全―技術進歩もう一つの側面」（川口博也） 勁草書房 2007.5 p201-221

技術援助
◎文献「開発援助の経済学―「共生の世界」と日本のODA 3版」（西垣昭ほか） 有斐閣 2003.4 p359-364
◎参考文献「開発支援における小型武器問題への取り組みと有用な開発支援のための要件の考察―東アフリカにおけるSALIGADプロジェクトを事例に」（西川由紀子） 国際協力機構国際協力総合研修所 2004.6 p92-98

技術開発
◎参考文献「漸進的改良型イノベーションの背景」（明石芳彦） 有斐閣 2002.2 p219-235
◎参考文献「知財戦略経営―イノベーションが生み出す企業価値」（岡田依里） 日本経済新聞社 2003.10 p257-261
◎参考文献「イノベーションと産業組織―企業間コーディネーションの視点」（田中悟） 多賀出版 2005.6 p208-216
◎参考文献「技術経営論」（藤末健三） 生産性出版 2005.10 p457-464
◎参考文献「技術競争力白書―技術開発の構造化戦略とナレッジネットワーキング」（波多野徹） PHP研究所 2006.9 p230-234
◎参考文献「収益エンジンの論理―技術を収益化する仕組みづくり」（井上達彦） 白桃書房 2006.11 p253-262
◎参考文献ほか「スモールビジネスの技術学―Engineering & Economics」（寺岡寛） 信山社出版 2007.1 p175-179
◎参考文献「企業化戦略」（渡辺孝ほか） オーム社 2007.4 p223-224
◎参考文献「中小企業の技術マネジメント―競争力を生み出すモノづくり」（弘中史子） 中央経済社 2007.5 p175-185
◎参考文献「汎用・専用技術の経済分析―新たなイノベーション・モデルの構築」（原田勉） 白桃書房 2007.5 p293-303
◎参考文献「技術経済システム」（渡辺千仭） 創成社 2007.12 p257-262

技術革新
◎参考文献「技術革新と経済構造」（秋本耕二） 九州大学出版会 2001.12 p279-284
◎註「明治農政と技術革新」（勝部真人） 吉川弘文館 2002.12 prr
◎参考文献「技術革新と経済発展―非線形ダイナミズムの解明」（弘岡正明） 日本経済新聞社 2003.6 p351-363
◎文献「イノベーション破壊と共鳴」（山口栄一） NTT出版 2006.3 p299-306
◎参考文献ほか「イノベーション・プロセスの動力学―共組織化する技術と社会」（三藤利雄） 芙蓉書房出版 2007.1 p179-192
◎参考文献「グローバル・イノベーションのマネジメント―日本企業の海外研究開発活動を中心として」（岩田智） 中央経済社 2007.5 p279-291
◎文献「イノベーション普及過程論」（青池愼一） 慶應義塾大出版会 2007.7 prr
◎参考文献「なぜ組織は「イノベーション」をつぶすのか?」（A. ブラウン） ファーストプレス 2007.8 p212-213
◎参考文献ほか「イノベーションの神話」（S. Berkun） オライリー・ジャパン 2007.10 p173-186
◎参考文献「イノベーションの普及」（E. M. ロジャーズ） 翔泳社 2007.10 p486-526

技術家庭科
◎文献「ものづくり学習の構想設計における生徒の思考過程」（岳野公人） 風間書房 2005.10 p153-159
◎参考引用文献「学習者の思考内容に基づいたものづくり学習の構想設計」（上田邦夫） 風間書房 2007.12 p185-192

技術官僚
◎参考文献「技術官僚―その権力と病理」（新藤宗幸） 岩波書店 2002.3 p205-210

技術教育
◎参考文献「スキルの競争力―強いモノづくり継承のために」（浅井紀子） 中央経済社 2002.3 p176-184
◎参考文献「技術教育における作業段取りの教育的効果」（土井康作） 風間書房 2004.3 p205-211
◎引用文献「学生・技術者育成の研修システム―自主性・創造性喚起の具体的手法」（島田彌） 大阪大学出版会 2005.12 p373-384
◎参考文献「道南地域の青年学校と技術教育」（井上平治） 学文社 2006.10 prr
◎参考図書「わざの伝承―ビジネス技術 ものづくりからマーケティングまで」（柴田亮介） 日外アソシエーツ 2007.5 p243-246
◎参考引用文献「工手学校―旧幕臣たちの技術者教育」（茅原健） 中央公論新社 2007.6 p340-345

技術経営
◎参考文献「技術経営とは何か―MOTテキスト」（桑原裕） 丸善 2004.2 p103-107
◎参考文献「技術経営の挑戦」（寺本義也ほか） 筑摩書房 2004.9 prr
◎参考文献「価値創造学―知のマーケットを創造する技術経営」（福田収一） 丸善 2005.2 p177-184

技術史
◎参考文献「技術のあゆみ」（兵藤友博, 雀部晶） ムイスリ出版 2001.4 p166-168
◎参考文献「新体系日本史 11 産業技術史」（中岡哲郎ほか） 山川出版社 2001.8 p25-32b
◎参考文献「技術のあゆみ 増補版」（兵藤友博ほか） ムイスリ出版 2003.4 p191-194
◎参考文献「近代技術と社会」（種田明） 山川出版社 2003.8 p78-81
◎参考文献「古代の技術史 中」（フォーブス） 朝倉書店 2004.9 prr
◎文献「進化人間学の技術論―森を忘れない人間の物語」（川又淳司） 文理閣 2006.3 p235-249
◎参考文献「もっと長い橋、もっと丈夫なビル―未知の領域に挑んだ技術者たちの物語」（H. ペトロスキー） 朝日新聞社 2006.8 p9-21b
◎参照文献「日本近代技術の形成―〈伝統〉と〈近代〉のダイナミックス」（中岡哲郎） 朝日新聞社 2006.11 p15-24b

◎参考文献「日本産業技術史事典」（日本産業技術史学会）　思文閣出版　2007.7　prr

技術者
◎文献「技術者倫理と法工学」（清水克彦）　共立出版　2003.2　p181-182
◎文献「技術者の転職と労働市場」（村上由紀子）　白桃書房　2003.9　p197-215
◎文献「技術者の倫理―信頼されるエンジニアをめざして」（今村遼平）　鹿島出版会　2003.12　p166-168
◎参考文献「技術者たちの敗戦」（前間孝則）　草思社　2004.7　p265-269
◎参考文献「グローバルエンジニア―世界で活躍する技術者になるには」（古屋興二）　日経BP企画　2005.12　p249-252
◎参考文献「基礎からの技術者倫理―わざを生かす眼と心」（松木純也）　電気学会　2006.3　p167-171
◎参考図書「工学/技術者の倫理」（島本進）　産業図書　2006.4　p153-156
◎参考文献「技術の倫理学」（村田純一）　丸善　2006.7　p171-174
◎参考文献「そのとき、エンジニアは何をするべきなのか―物語で読む技術者の倫理と社会的責任」（A. S. Gunn）　森北出版　2007.11　prr
◎参考文献「戦時体制下の語られざる技術者たち」（本山聡毅）　鳥影社　2007.11　p327-349

奇書
◎「奇書!奇書!奇書の達人」（歴史と文学の会）　勉誠出版　2000.11　198p　ks

稀書
◎「日本体育大学図書館所蔵稀覯書目録」　日体大図書館　2000.9　252p B5
◎「静嘉堂文庫の古典籍　第4回」（静嘉堂文庫）　静嘉堂文庫　2000.12　56, 8p A5

気象
◎参考文献「沖縄天気ことわざ―気象季語から旧暦まで」（石島英, 正木譲）　琉球新報社　2001.3　p174-175
◎文献「人間空間の気象学」（近藤裕昭）　朝倉書店　2001.6　p144-153
◎参考文献「昆虫と気象」（桐谷圭治）　成山堂書店　2001.9　p175-176
◎references「北国の街づくりと景観―気候に結びつけた都市デザイン」（N. プレスマン）　北海道大学図書刊行会　2002.1　p197-201
◎参考文献「気象が勝敗を決めた―近現代戦に見る自然現象と戦争」（熊谷直）　光人社　2002.2　p237-238
◎参考文献「気象予報士の天気学　改訂版」（西本洋相）　成山堂書店　2002.2　p157」
◎参考図書「百万人の天気教室　7訂版」（白木正規）　成山堂書店　2002.3　p197-198
◎参考文献「昆虫と気象　改訂版」（桐谷圭治）　成山堂書店　2002.7　p175-176
◎参考図書「百万人の天気教室」（白木正規）　成山堂書店　2003.9　p197-198
◎参考文献「ビジネスと気象情報―最前線レポート」（編集委員会）　東京堂出版　2004.4　prr
◎参考文献「局地気象学」（堀口郁夫ほか）　森北出版　2004.11　p229-240
◎参考文献「気象と大気のレーダーリモートセンシング」（深尾昌一郎ほか）　京都大学術出版会　2005.3　p443-468
◎参考文献「気象ハンドブック　3版」（新田尚ほか）　朝倉書店　2005.9　prr
◎参考文献「天候リスクの戦略的経営―EaRとリスクスワップ」（刈屋武昭ほか）　朝倉書店　2005.12　p177-178
◎参考文献「気象と地球の環境科学　改訂2版」（二宮光三）　オーム社　2006.1　p225-226
◎参考文献「面白いほどよくわかる気象のしくみ―風、雲、雨、雪…摩訶不思議な天気の世界」（大宮信光）　日本文芸社　2007.4　p272-273
◎参考文献「気象予報のための前線の知識」（山岸米二郎）　オーム社　2007.12　p181-191

気象災害
◎参考文献「気候気象の災害・影響・利用を探る　日本の気候2」（気候影響・利用研究会ほか）　二宮書店　2004.11　p299-320

気象台
◎参考文献「特攻に殉ず―地方気象台の沖縄戦」（田村洋三）　中央公論新社　2004.6　p281-284

魏志倭人伝
◎参考文献「卑弥呼誕生―『魏志』倭人伝の誤解からすべてが始まった」（遠山美都男）　洋泉社　2001.11　p219-221
◎注文献「魏志倭人伝二〇〇〇字に謎はない」（相見英咲）　講談社　2002.10　p192-198

奇人
○文献目録（かわじ・もとたか）「文献探索　2000」（文献探索研究会）　2001.2　p177-189
◎参考文献「江戸奇人伝　旗本・川路家の人びと」（氏家幹人）　平凡社　2001.5　p256-257
◎参考文献「新編越佐奇人伝」（大星光史）　野島出版　2002.5　p212-213

鬼神
◎注「鬼神論―神と祭祀のディスクール　新版」（子安宣邦）　白澤社　2002.11　p208-217

キス
◎参考文献「接吻の博物誌」（立木鷹志）　青弓社　2004.2　prr

絆
◎読書案内（樫尾直樹）「岩波講座宗教　6　絆」（池上良正ほか）　岩波書店　2004.6　p272-295

規制改革
◎参考文献「規制改革下のチャンスとリスク」（ウィリス・M. エモンズ）　ユー・エム・ディー・エス研究所　2001.8　p291-296
◎参考文献「規制改革と日本経済―何が行われ、何が生じ、何が問題か」（江藤勝）　日本評論社　2002.3　p211-223

擬声語・擬態語
◎参考文献「犬は『ピヨ』と鳴いていた―日本語は擬音語・擬態語が面白い」（山口仲美）　光文社　2002.8　p268-272

きせいち

◎関係文献「オノマトペ《擬音語・擬態語》を考える—日本語音韻の心理学的研究」（丹野眞智俊）　あいり出版　2005.8　p168-171
◎文献「「擬音語・擬態語」使い分け帳—似ているようで微妙に違う!—愛の告白は「どきどき」した?「はらはら」した?」（山口仲美ほか）　山海堂　2006.11　p181-183
◎参考文献「擬聲語の研究」（大坪併治）　風間書房　2006.11　p565-592
◎参考文献「日本語オノマトペ語彙における形態的・音韻的体系性について」（角岡賢一）　くろしお出版　2007.2　p265-271
◎参考文献「へんな言葉の通になる—豊かな日本語、オノマトペの世界」（得猪外明）　祥伝社　2007.9　p250-251

寄生虫
◎参考文献「フィールドの寄生虫学—水族寄生虫学の最前線」（長沢和也ほか）　東海大学出版会　2004.1　p329-344
◎文献「魚類寄生虫学」（小川和夫）　東京大学出版会　2005.2　p199-207
◎書籍「獣医寄生虫学・寄生虫病学　1　総論/原虫　改訂」（今井壯一ほか）　講談社　2007.11　p21-23b
◎文献「人類とパラサイト」（石井明）　悠飛社　2007.11　p186-188

亀占
◎文献目録「亀卜—歴史の地層に秘められたうらないの技をほりおこす」（東アジア恠異学会）　臨川書店　2006.5　p259-262

奇想小説
○小説（横田順彌）「SFマガジン　43.1」（早川書房）　2002.1　p153-201

貴族
◎参考文献「ヨーロッパの貴族—歴史にみる特権」（M. L. ブッシュ）　刀水書房　2002.11　p7-28b
◎参考文献「やんごとなき姫君たちの結婚」（桐生操）　角川書店　2005.10　p282-286
◎参考文献「貧乏貴族と金持貴族」（M. L. ブッシュ）　刀水書房　2005.12　p244-268

貴族院
◎注「大正デモクラシーの時代と貴族院」（西尾林太郎）　成文堂　2005.2　prr

貴族政
◎主要文献「ギリシア「貴族政」論」（芝川治）　晃洋書房　2003.9　p1-14b

ギター
◎参考文献「ギターは日本の歌をどう変えたか—ギターのポピュラー音楽史」（北中正和）　平凡社　2002.6　p191-194

北アメリカ大陸
◎参考書目「北アメリカ大陸歴史地図—大陸別世界歴史地図　3」（P. デイヴィスほか）　東洋書林　2002.9　p160-161

季題
◎収録文献「初期俳諧季題総覧」（小林祥次郎）　勉誠出版　2005.2　p4-9

擬態
◎参考文献「似せてだます擬態の不思議な世界」（藤原晴彦）　化学同人　2007.1　p199-201

北太平洋
◎参考文献「環北太平洋の環境と文化」（北海道立北方民族博物館）　北海道大出版会　2006.6　prr
◎参考文献「北太平洋の「発見」—毛皮交易とアメリカ太平洋岸の分割」（木村和男）　山川出版社　2007.4　p6-15b

北朝鮮　⇒　朝鮮　北朝鮮　を見よ

北前船
◎参考文献「北前船—寄港地と交易の物語」（加藤貞仁）　無明舎出版　2002.10　p232-236
◎参考文献「海の総合商社北前船」（加藤貞仁）　無明舎出版　2003.3　p364-366

義太夫
◎参考文献「江戸東京娘義太夫の歴史」（水野悠子）　法政大学出版局　2003.3　p11-20b

義太夫節稽古本
○目録（鎌倉惠子）「芸能の科学　31」（東京文化財研究所）　2004.3　p184-153

奇譚クラブ
◎略年譜「「奇譚クラブ」の人々」（北原童夢ほか）　河出書房新社　2003.4　p266-274

基地移設
◎参考文献「沖縄の基地移設と地域振興」（高橋明善）　日本経済評論社　2001.2　p467-468

貴重書
○「小樽商科大学附属図書館所蔵の貴重図書—展示資料解説書」　小樽商科大学附属図書館　2001.3　64p A4
○「岩崎文庫貴重書書誌解題　4」（東洋文庫日本研究班）　東洋文庫　2004.3　96p B5
○「貴重図書目録—東北大学附属図書館本館所蔵　洋書篇　新訂」（東北大学附属図書館貴重書等目録編集プロジェクト）　東北大附属図書館　2004.3　109p A5
◎文庫目録（位藤邦生ほか）「広島大学蔵古代中世文学貴重資料集—翻刻と目録」（位藤邦生）　笠間書院　2004.10　p252-448
○「国立音楽大学附属図書館所蔵貴重書解題目録」（国立音楽大学附属図書館）　国立音楽大　2007.2　73p B5
○解説目録（細井敦子ほか）「成蹊大学文学部紀要　42」（成蹊大）　2007.3　p67-84
○「岩崎文庫貴重書書誌解題　5」（東洋文庫日本研究班）　東洋文庫　2007.3　193p B5

喫煙
◎参考文献「万能の薬か高貴な毒か—16世紀のたばこ論争」（サラ・オーガスタ・ディクソン）　山愛書院　2002.3　p286-298
◎文献「喫煙と健康—喫煙と健康問題に関する検討会報告書　新版」　保健同人社　2002.6　p383-435
◎参考文献「女性とたばこの害—若い女性よ！たばこをやめて美しく生きよう」（中野哲）　東京図書出版会　2004.1　p1-4b
◎参考文献「たばこ喫みの弁明—喫煙規制に見る現代社会」（本島進）　慧文社　2004.4　p233-236
◎引用参考文献「ホモ・フーマンス—喫煙するヒトの由来」（青木芳夫）　山愛書院　2005.1　p213-228

喫煙（承前）
- ◎文芸作品一覧「煙に巻かれて」（G. カブレラ＝インファンテ）　青土社　2006.5　p503-513
- ◎初出一覧「けむりの居場所」（野坂昭如）　幻戯書房　2006.9　1pb
- ◎文献「喫煙科学研究の歩み―1996年から2005年」（三須良實ほか）　喫煙科学研究財団　2007.2　prr
- ◎参考資料「喫煙の心理学」（K. イヴィングス）　産調出版　2007.5　p209-210
- ◎参考文献「まだ、タバコですか?」（宮島英紀）　講談社　2007.6　p254-252

吃音
- ◎参考資料「論理療法と吃音―自分とうまくつき合う発想と実践」（石隈利紀, 伊藤伸二）　芳賀書店　2001.6　p253-261
- ◎文献「吃音　シリーズ言語臨床事例集9」（盛由紀子ほか）　学苑社　2004.3　prr
- ◎参考資料「やわらかに生きる―論理療法と吃音に学ぶ」（石隈利紀ほか）　金子書房　2005.5　p245-251
- ◎参考文献「吃音の基礎と臨床―統合的アプローチ」（B. ギター）　学苑社　2007.9　p437-458

橘花
- ◎参考文献「橘花　海軍特殊攻撃機　日本初のジェットエンジン・ネ20の技術検証」（石沢和彦）　三樹書房　2001.7　p215-218

切手
- ◎「蔵書目録　no.8」　切手の博物館　2003.3　121p B5
- ◎参考文献「数学の切手コレクション」（R. J. ウィルソン）　シュプリンガーV東京　2003.7　p167-168
- ◎参考文献「これが戦争だ!―切手で読みとく」（内藤陽介）　筑摩書房　2006.3　p251-254
- ◎参考文献「満洲切手」（内藤陽介）　角川書店　2006.9　p264-269

狐
- ◎文献「狐の日本史　古代・中世篇」（中村禎里）　日本エディタースクール出版部　2001.6　p311-337
- ◎文献「狐の日本史」（中村禎里）　日本エディタースクール出版部　2003.10　p427-443

祈禱
- ◎参考文献「ベリー公のいとも美しき時禱書」（フランソワ・ベスフルグ, エバーハルト・ケーニヒ）　岩波書店　2002.1　p268-269
- ◎文献「主の祈り―イエスの祈りから弟子たちの祈りへ」（M. フィロネンコ）　新教出版社　2003.11　p141-154

絹
- ◎注「事典絹と木綿の江戸時代」（山脇悌二郎）　吉川弘文館　2002.6　prr

絹織物
- ◎参考文献「経済発展と産地・市場・制度―明治期絹織物業の近代とダイナミズム」（橋野知子）　ミネルヴァ書房　2007.2　p211-220
- ◎引用参考文献「手仕事の現在―多摩の織物をめぐって」（田中優子）　法政大出版局　2007.5　p343-346
- ◎参考文献「世界の絹織物文化図鑑―東洋から西洋へ、民族が紡いだ驚異の糸の物語」（P. スコット）　柊風社　2007.9　p247-249

絹工業
- ◎文献「フランス近代絹工業史論」（松原建彦）　晃洋書房　2003.2　p291-310

杵家
- ◎参考図書「杵家史」（杵家会杵家史編集委員会）　杵家会　2003.4　p305-306

記念碑
- ◎注文献「記念碑の語るアメリカ」（K. E. フット）　名古屋大学出版会　2002.8　p11-27
- ◎参考文献「日本の鉄道碑」（網谷りょういち）　日本経済評論社　2005.5　p287-289

記念日
- ◎ブックガイド「記念日の創造」（小関隆）　人文書院　2007.5　p167-171

機能性食品
- ◎参考文献「機能性食品の事典」（荒井綜一ほか）　朝倉書店　2007.8　prr

機能文法
- ◎参考文献「機能文法概説―ハリデー理論への誘い」（M. A. K. ハリデー）　くろしお出版　2001.6　p653-665

帰納法
- ◎文献「帰納論証の評価と決定方略―その運用と獲得過程」（住吉チカ）　風間書房　2001.2　p217-222
- ◎文献「カテゴリーに基づく帰納推論の認知過程」（岩男卓実）　風間書房　2005.2　p163-167

きのこ
- ◎参考文献「キノコを科学する―シイタケからアガリクス・ブラゼイまで」（岩橋祐司ほか）　地人書館　2001.5　p205-209
- ◎参考文献「キノコは安全な食品か」（小川真）　築地書館　2003.1　p262-263
- ◎参考文献「きのこ博物館」（根田仁）　八坂書房　2003.9　p232-235
- ◎文献「カラーアトラス有毒きのこ」（A. Bresinsky）　広川書店　2003.9　p269-288
- ◎参考文献「都会のキノコ―身近な公園キノコウォッチングのすすめ」（大舘一夫）　八坂書房　2004.6　p230-231
- ◎参考文献「毒きのこ今昔―中毒症例を中心にして」（奥沢康正ほか）　思文閣出版　2004.12　p352-353
- ◎参考文献「北陸のきのこ図鑑」（池田良幸）　橋本確文堂　2005.7　p353-357
- ◎参考文献「きのこを利用する―病気の治療・予防から環境改善まで」（江口文陽）　地人書館　2006.4　p159-158
- ◎参考文献「きのこ博士入門―たのしい自然観察」（相田仁ほか）　全国農村教育協会　2006.4　p156-157
- ◎文献「森のきのこたち―種類と生態」（柴田尚）　八坂書房　2006.8　p195-197
- ◎参考文献「兵庫のキノコ」（兵庫きのこ研究会）　神戸新聞総合出版センター　2007.12　p188-189

騎馬警察
- ◎参考文献「カナダ騎馬警察―アングロサクソン諸国の中のカナダ」（加藤元）　叢文社　2006.9　p182-185

騎馬民族
◎文献「騎馬民族は来た!?　来ない?!　―「激論」江上波夫vs佐原真」（江上波夫ほか）　小学館　2003.5　p273-280

規範意識
◎文献「現代高校生の規範意識―規範の崩壊かそれとも変容か」（友枝敏雄ほか）　九州大学出版会　2003.11　prr

吉備大臣入唐絵巻
◎参考文献「吉備大臣入唐絵巻の謎」（黒田日出男）　小学館　2005.10　p205-206

黄表紙
○文献（大久保歩）「文献探索　2006」（文献探索研究会）　2006.11　p241-244

岐阜県
○文献情報「地域経済　23」（岐阜経済大）　2004.3　p105-108
◎参考文献「農山村地域生活者の思想―事例による実証的研究」（上久保達夫）　御茶の水書房　2004.3　p261-266
◎参考文献「加賀・越前と美濃街道　街道の日本史28」（隼田嘉彦）　吉川弘文館　2004.5　p27-30b
○文献情報「地域経済　24」（岐阜経済大）　2005.3　p279-284
◎参考文献「長良川鉄道物語」（井爪謙治）　文芸社　2005.8　p106-107
○文献情報「地域経済　26」（岐阜経済大）　2007.3　p83-86
○新刊書目録ほか「郷土研究岐阜　106」（岐阜県郷土資料研究協議会）　2007.6　p15-28

岐阜県　御岳信仰
◎註「木曾御嶽信仰」（菅原壽清）　岩田書院　2002.7　prr

岐阜県　各務原
◎参考文献「民具で見る各務原のくらし　日常生活編」（各務原市歴史民俗資料館）　同資料館　2001.3　prr

岐阜県　可児市
◎参考文献「可児市史　4民俗編」（可児市）　可児市　2007.3　p438-441

岐阜県　岐阜市
◎参考文献「ちょっと昔の…―合本」（ちょっと昔の探検隊）　岐阜新聞社　2006.3　p126-127
◎文献「人口減少時代の地方都市再生―岐阜市にみるサステナブルなまちづくり」（富樫幸一ほか）　古今書院　2007.10　prr

岐阜県　郡上藩
◎参考文献「郡上藩宝暦騒動史」（白石博男）　岩田書院　2005.8　p582-586
◎参考文献「郡上宝暦騒動の研究」（高橋教雄）　名著出版　2005.11　p404-410

岐阜県　白川町
◎参考文献「近世の民俗的世界―濃州山間農家の年中行事と生活」（林英一）　岩田書院　2001.3　p264-269

岐阜県　白川村
◎引用文献ほか「床下からみた白川郷―焔硝生産と食文化から」（馬路泰藏ほか）　風媒社　2007.8　p344-363

岐阜県　関ヶ原の戦
◎参考文献「敗者から見た関ヶ原合戦」（三池純正）　洋泉社　2007.5　p257-261
◎参考文献「関ヶ原合戦と大坂の陣　戦争の日本史17」（笠谷和比古）　吉川弘文館　2007.11　p315-316

岐阜県　谷汲線
◎参考文献「谷汲線―その歴史とレール」（大島一朗）　岐阜新聞社　2005.2　p254-255

岐阜県　飛騨
○内容細目（大佐古恵）「文献探索　2000」（文献探索研究会）　2001.2　p101-104
◎参考文献「西ヶ洞廃寺跡・中野山越遺跡・中野大洞平遺跡・大洞平5号古墳」（岐阜県教育文化財団文化財保護センター）　岐阜県教育文化財団文化財保護センター　2006.3　p111-112

岐阜県　昼飯大塚古墳
◎参考文献「昼飯大塚古墳」（中井正幸）　同成社　2007.5　p185-188

岐阜県　御嵩町
◎参考文献「御嵩の亜炭鉱―この負の遺産をどうするのか」（ひろたみを）　リヨン社　2002.2　p207」

岐阜県　美濃
◎参考文献「室町期美濃刀工の研究」（鈴木卓夫ほか）　里文出版　2006.5　p375」

岐阜県　美濃焼
◎参考文献「美濃桃山陶―意匠と魅力」（土岐市美濃陶磁歴史館）　土岐市美濃陶磁歴史館　2002.3　p66-67

岐阜県　美濃窯
◎参考文献「江戸時代の瀬戸・美濃窯」（瀬戸市埋蔵文化財センター）　埋蔵文化財センター　2004.7　p81」

岐阜県　歴史
◎参考文献「岐阜県史　考古史料」（岐阜県）　岐阜県　2003.3　p1072-1091
◎参考文献「名古屋・岐阜と中山道　街道の日本史29」（松田之利）　吉川弘文館　2004.4　p19-21b
◎参考文献「岐阜県の歴史散歩」（岐阜県高等学校教育研究）　山川出版社　2006.8　p302-304

ギフチョウ属
○文献資料一覧（石川佳宏）「ホシザキグリーン財団研究報告　8」（ホシザキグリーン財団）　2005.3　p13-23

キプロス島
◎参考文献「キプロス島歴史散歩」（澁澤幸子）　新潮社　2005.5　p249-250

偽文書
◎文献目録「偽文書学入門」（久野俊彦ほか）　柏書房　2004.5　p300-282

詭弁
◎引用文献「論より詭弁―反論理的思考のすすめ」（香西秀信）　光文社　2007.2　p184-193

基本的人権
◎文献「基本的人権」（古川純）　小学館　2001.3　p376-382

君が代
◎文献目録「現代短歌と天皇制」（内野光子）　風媒社　2001.1　p10-12

義民
◎典拠「近世義民年表」(保坂智)　吉川弘文館　2004.12　prr

きもの
◎参考文献「かざられたきものー寛文小袖―展図録」　平塚市美術館　2001.2　p104-107
◎参考文献「キモノ文様事典」(藤原久勝)　淡交社　2001.5　p205-207

疑問表現
◎参考文献「現代日本語の疑問表現―疑いと確認要求」(宮崎和人)　ひつじ書房　2005.2　p209-214

格
◎注「日本古代の格と資財帳」(川尻秋生)　吉川弘文館　2003.2　prr

逆説
◎文献「パラドックス大全―世にも不思議な逆説パズル」(W.パウンドストーン)　青土社　2004.10　p8-11b

虐待
◎参考文献「虐待された子どもたちの逆襲」(佐藤万作子)　明石書店　2001.6　p332-334
◎参考文献「児童虐待リスクアセスメント」(加藤曜子)　中央法規出版　2001.6　p255-267
◎参考文献「〈子どもの虐待〉を考える」(玉井邦夫)　講談社　2001.9　p252-253
◎参考文献「高齢者虐待　日本の現状と課題」(多々良紀夫)　中央法規出版　2001.9　prr
◎参考文献「続・施設内虐待―克服への新たなる挑戦」(市川和彦)　誠信書房　2002.11　prr
◎参考文献「まずは子どもを抱きしめて―親子を虐待から救うネットワークの力」(加藤曜子)　朝日新聞社　2002.12　p1-3b
◎References「子ども虐待問題の理論と研究」(C.L.M.ミラー=ベリン)　明石書店　2003.2　p504-465
◎参考文献「幼児虐待―実態とその後の発達段階における精神療法の実際」(堀啓)　昭和堂　2004.4　p1-8b

脚本
◎本「脚本を書こう!」(原田佳夏)　青弓社　2004.12　p205-219

客観報道
◎参考文献「「客観報道」とは何か―戦後ジャーナリズム研究と客観報道論争」(中正樹)　新泉社　2006.4　p8-22b

キャッシュ・フロー
◎参考文献「会計制度とキャッシュ・フロー―アメリカにおけるキャッシュ・フロー計算書の制度化プロセス」(牧田正裕)　文理閣　2002.1　p209-229
◎文献「キャッシュフロー会計の枠組み―包括的業績報告システムの構築」(小西範幸)　岡山大　2004.3　p281-291
◎参考文献「キャッシュ・フロー会計と企業評価」(桜井久勝ほか)　中央経済社　2004.7　p229-231
◎参考文献「キャッシュ・フロー会計と企業評価　2版」(桜井久勝ほか)　中央経済社　2006.8　p233-235

キャッチフレーズ
◎参考文献「時代を映したキャッチフレーズ事典」(深川英雄ほか)　電通　2005.9　p406-408
◎文献「売れるキャッチコピーがスラスラ書ける本」(酒井とし夫)　日本能率協会マネジメントセンター　2007.12　p260-261

キヤノン
◎参考文献「キヤノン特許部隊」(丸島儀一)　光文社　2002.2　1pb

キャバレー
◎参考文献「昭和キャバレー秘史」(福富太郎)　文藝春秋　2004.3　p364-365

キャラクター
◎参考文献「図解でわかるキャラクターマーケティング―これがキャラクター活用のマーケティング手法だ!」(キャラクターマーケティングプロジェクト)　日本能率協会マネジメントセンター　2002.1　p234-236

キャリア
◎参考文献「キャリア発達論―青年期のキャリア形成と進路指導の展開」(柳井修)　ナカニシヤ出版　2001.10　p195-201
◎参考文献「働くひとのためのキャリア・デザイン」(金井寿宏)　PHP研究所　2002.1　p1-6b
◎文献「キャリア・デザイン・ガイド―自分のキャリアをうまく振り返り展望するために」(金井寿宏)　白桃書房　2003.7　p165-181
◎参考文献「女性のキャリア・マネージメント―企業を変える」(金谷千慧子)　中央大学出版部　2003.10　p183-188
◎文献紹介「キャリア形成に生涯学習をいかした女性たち」(国立女性教育会館)　国立女性教育会館　2004.3　p144-148
◎参考文献「語りとしてのキャリア―メタファーを通じたキャリアの構成」(加藤一郎)　白桃書房　2004.12　p259-267
◎文献紹介「キャリア形成に生涯学習をいかした女性たち　改訂版」(国立女性教育会館)　国立女性教育会館　2005.6　p150-154
◎文献「女性の自在開発」(川喜多喬)　ナカニシヤ出版　2006.11　p223-226
◎参考文献「働く意味とキャリア形成」(谷内篤博)　勁草書房　2007.2　p1-10b
◎参考文献「大学におけるキャリア教育のこれから」(梅澤正)　学文社　2007.3　p180-182
◎参考文献「キャリアの社会学―職業能力と職業経歴からのアプローチ」(辻勝次)　ミネルヴァ書房　2007.4　prr
◎参考文献「女性のキャリアデザイン―働き方・生き方の選択　新版」(青島祐子)　学文社　2007.4　p252-253
◎参考資料「18歳からのキャリアプランニング―これからの人生をどう企画するのか」(大久保功ほか)　北大路書房　2007.8　p116-117

キャリアオイル
◎文献「アロマセラピーとマッサージのためのキャリアオイル事典」(レン・プライスほか)　東京堂出版　2001.3　p219-221

キャリアカウンセリング
◎引用文献「キャリアカウンセリング入門　人と仕事の橋渡し」（E. L. ハー）　ナカニシヤ出版　2001.9　p185-191

木遣り唄
◎参考文献「森の仕事と木遣り唄」（山村基毅）　晶文社　2001.4　p341-347

ギャンブル依存症
◎参考文献「ギャンブル依存症とたたかう」（帚木蓬生）　新潮社　2004.11　p195-192

ギャンブル小説
◎Best100「絶体絶命―ギャンブル・アンソロジー　ゲーム篇」（結城信孝）　早川書房　2006.4　p372-387

給
○文献目録（山田忠司）「文学部紀要　19.1」（文教大）　2005.9　p131-139

休暇
◎参考文献「大真面目に休む国ドイツ」（福田直子）　平凡社　2001.5　p207-210
◎文献「日本人の年休取得行動―年次有給休暇に関する経済分析」（小倉一哉）　日本労働研究機構　2003.3　p262-268

嗅覚
◎References「味とにおい―感覚の科学―味覚と嗅覚の22章」（G. ベルほか）　フレグランスジャーナル社　2002.6　prr

救急医療
◎文献「ドクターヘリ安全の手引き―ガイドライン」（日本航空医療学会安全推進委員会）　へるす出版　2007.11　p70-71

吸血鬼
◎参考文献「図解吸血鬼」（森瀬繚ほか）　新紀元社　2006.7　p217-219

救済
◎「救済　〔別冊〕　解説・総目次・索引　1911（明治44）年8月～1919（大正8）年2月　復刻版」　不二出版　2001.10　99p A5

九州地方
◎参考文献「「北九州の文学」私記―火野葦平とその周辺」（星加輝光）　梓書院　2000.2　p316-317
◎参考文献「九州美術史年表―古代・中世篇」（平田寛）　九州大学出版会　2001.2　p839-872
◎文献「日本の地形　7　九州・南西諸島」（町田洋ほか）　東京大学出版会　2001.12　p327-347
◎参考文献「九州のキリシタン墓碑―十字架に祈りて」（荒木英市）　出島文庫（長崎）　2002.10　p287-289
◎文献「北部九州における弥生時代墓制の研究」（高木暢亮）　九州大学出版会　2003.2　p255-260
◎文献「九州弥生文化の特質」（中園聡）　九州大学出版会　2004.2　p611-628
◎参考文献「近世九州の差別と周縁民衆」（松下志朗）　海鳥社　2004.4　p265-270
◎文献「不知火海と琉球弧」（江口司）　弦書房　2006.8　p247-254
◎参考文献ほか「景行天皇と巡る西海道歴史紀行―わが国の起源を求めて九州を歩こう」（榊原英夫）　海鳥社　2006.12　p373-375
◎参照参考文献「九州西部方言動詞テ形における形態音韻現象の研究」（有元光彦）　ひつじ書房　2007.2　p265-271
◎参考文献「山と人百話―九州の登山史」（松尾良彦）　弦書房　2007.5　p262-265
◎参考文献「「弥五郎どん」は何者か―南九州の「大人」人形行事の民俗的背景をさぐる」（山口保明）　鉱脈社　2007.7　p276-282

九州地方　有明海
◎参考文献「有明海はなぜ荒廃したのか―諫早干拓かノリ養殖か」（江刺洋司）　藤原書店　2003.11　p248-249
◎文献「有明海の生態系再生をめざして」（日本海洋学会）　恒星社厚生閣　2005.9　p192-206
◎参考文献「有明海の自然と再生」（宇野木早苗）　築地書館　2006.4　p254-258

給食
◎参考書「給食経営管理論」（外山健二ほか）　講談社　2003.4　p173
◎参考文献「給食経営管理論―給食の運営と実務」（豊瀬恵美子）　学建書院　2003.9　p241-243
◎参考文献「給食経営管理論―給食の運営と実務　2版」（豊瀬恵美子）　学建書院　2005.3　p243-245
◎参考図書「給食マネジメント論　2版」（鈴木久乃ほか）　第一出版　2005.4　p314-315
◎参考書「給食経営管理論―新しい時代のフードサービスとマネジメント」（中山玲子ほか）　化学同人　2005.7　p185-186
◎文献「大量調理―品質管理と調理の実際　改訂新版」（殿塚婦美子）　学建書院　2006.3　p245-247
◎参考図書「給食マネジメント論　3版」（鈴木久乃ほか）　第一出版　2006.4　p314-315
◎参考文献「給食経営管理論」（山本辰芳ほか）　メイツ出版　2007.4　p253-254
◎文献「給食経営管理論」（鈴木久乃ほか）　南江堂　2007.5　p208-210
◎文献「エッセンシャル給食経営管理論―給食のトータルマネジメント　2版」（富岡和夫）　医歯薬出版　2007.11　p253-254

旧制高等教育機関
◎参考文献「地方における旧制高等教育機関利用層の比較分析―新潟高等学校と新潟医科大学・専門部を事例に」（藤村正司ほか）　広島大学高等教育研究開発センター　2003.3　p85-88

旧制中学校
◎「茨城県旧制中等学校教育史料―新聞雑誌記事表題目録」（〔海老原恒久〕）　〔海老原恒久〕　〔2004〕　231p B5

急性中毒
◎参考図書「急性中毒情報ファイル　第3版」（吉村正一郎）　広川書店　2002.2　p735-738

旧石器遺跡
◎研究解題（小田静夫）「前期旧石器遺跡捏造事件の真相を語る」（編集部）　勉誠出版　2001.7　p176-190

◎文献「前期旧石器問題とその背景―いったい、あの捏造事件はなんだったのか…!?」(段木一行, 法政大学文学部博物館学講座)　ミュゼ　2002.3　p176-193

旧石器時代
◎出典一覧「旧石器考古学辞典　増補改訂」(旧石器文化談話会)　学生社　2001.3　p213-221
○文献紹介「旧石器考古学　62」(旧石器文化談話会)　2001.11　p107-111
◎参考文献「ヨーロッパの旧石器社会」(C. ギャンブル)　同成社　2001.12　p396-449
◎文献「日本の旧石器文化」(小田静夫)　同成社　2003.5　p627-657
◎文献紹介「旧石器考古学　65」(旧石器文化懇話会)　2004.1　p104-106
◎参考引用文献「印旛の原始・古代―旧石器時代編」(印旛郡市文化財センター)　印旛郡市文化財センター　2004.3　p116-118
◎参考文献「韓国の旧石器文化」(金正培)　六一書房　2005.10　p324-331
◎引用参考文献「旧石器時代の日本列島と世界」(小野昭)　同成社　2007.9　p247-267

宮廷芸能
◎引用文献「今様の時代―変容する宮廷芸能」(沖本幸子)　東京大出版会　2006.2　p303-307

宮都
◎註「日本古代宮都構造の研究」(小沢毅)　青木書店　2003.5　prr

弓道
◎参考文献「弓道人名大事典」(小野崎紀男)　日本図書センター　2003.5　p595-596
◎参照文献「備前日置当流探訪」(守田勝彦)　太陽書房　2005.10　p176-177

牛肉
◎引用文献「牛肉のフードシステム―欧米と日本の比較分析」(新山陽子)　日本経済評論社　2001.2　p388-397
◎参考文献「牛肉と政治不安の構図」(中村靖彦)　文藝春秋　2005.3　p227-228
◎参考文献「家族に伝える牛肉問題―グローバル経済が加速させる「食の歪み」　アメリカ産牛肉輸入再開!」(白井和宏)　光文社　2006.6　p229-230

牛乳
◎文献「牛乳には危険がいっぱい?」(F. オスキー)　東洋経済新報社　2003.4　p2-6b
○文献リスト「ミルクサイエンス　55.1」(日本酪農科学会)　2006.4　p63-77

給排水設備
◎引用参考文献「100万人の給排水衛生設備」(小川正晃)　オーム社　2005.9　p253-254

救貧制度
◎参考文献「救貧のなかの日本近代―生存の義務」(冨江直子)　ミネルヴァ書房　2007.2　p5-19b

休眠
◎引用文献「休眠の昆虫学―季節適応の謎」(田中誠二ほか)　東海大学出版会　2004.3　prr

旧約聖書
◎参考文献「ルツ記」(K. D. サーケンフェルド)　日本基督教団出版局　2001.12　p160-164
◎参考文献(遠藤ゆかり)「モーセの生涯」(T. レーメ ル)　創元社　2003.7　1pb
◎参考文献「コヘレトの言葉」(W. P. ブラウン)　日本キリスト教団出版局　2003.8　p245-250
◎参考文献「シネマで読む旧約聖書」(栗林輝夫)　日本キリスト教団出版局　2003.9　p201-205

給与
◎参考文献「世界の公務員の成果主義給与」(OECD)　明石書店　2005.8　p109-113
◎参考資料「独身手当―給与明細でわかるトンデモ「公務員」の実態」(若林亜紀)　東洋経済新報社　2007.8　p236-239

旧暦
◎参考文献「旧暦スローライフ歳時記」(吉岡安之)　幻冬舎　2003.11　p244-246

キューバ
◎ブックガイド「キューバ―情熱みなぎるカリブの文化大国」(WCG編集室)　トラベルジャーナル　2001.7　p186-187
◎参考文献「キューバは今」(後藤政子)　御茶の水書房　2001.7　p62-63
◎参考文献「キューバ・現代美術の流れ」(加藤薫)　プロモ・アルテ　2002.1　p323-332
◎参考文献「200万都市が有機野菜で自給できるわけ―都市農業大国キューバ・リポート」(吉田太郎)　築地書館　2002.8　p404-405
◎参考文献「キューバを知るための52章」(後藤政子ほか)　明石書店　2002.12　prr
◎文献「対潜海域―キューバ危機幻の核戦争」(P. ハクソーゼン)　原書房　2003.5　p402-405
◎参考文献「ゲバラの国の日本人―キューバに生きた、赴いた日本人100年史」(R. アルバレスほか)　VIENT　2005.1　p243-246
◎参考文献「キューバ革命の時代を生きた四人の男―スラムと貧困現代キューバの口述史」(O. ルイス)　明石書店　2007.4　p778-772
◎参考文献「世界がキューバ医療を手本にするわけ」(吉田太郎)　築地書館　2007.9　p255-264

キュビズム
◎参考文献「キュビズム　岩波世界の美術」(N. コックス)　岩波書店　2003.4　p438-441
◎参考文献「アジアのキュビズム―境界なき対話」(東京国立近代美術館ほか)　東京国立近代美術館　2005　p194-200

教育
◎参考文献「教育の方法・技術　新訂」(松平信久, 横須賀薫)　教育出版　2000.4　prr
○文献目録(山岸みどり)「異文化間教育　14」(アカデミア出版会)　2000.6　p183-199
◎「畠山哲也収集北方教育関係文献・資料目録―北方教育文庫　八竜町教育委員会所蔵」　北方教育研究会　2000.11　48p B5
◎ブックガイド「サーフィン型学校が子どもを救う!―「やり直し可能」な教育システムへ」(永山彦三郎)　平凡社　2001.2　p201-212

きようい

- ◎文献「私の教育維新―脳からみた新しい教育」（岸根卓郎）　ミネルヴァ書房　2001.2　p493-503
- ◎参考文献「障害者の心理と支援―教育・福祉・生活」（田中農夫男ほか）　福村出版　2001.2　p7-15b
- ◎文献目録「東南アジア諸国の国民統合と教育―多民族社会における葛藤」（村田翼夫）　東信堂　2001.2　p314-326
- ◎参考文献「外国語教育リサーチマニュアル」（H. W. セリガーほか）　大修館書店　2001.3　p284-293
- ◎注文献「教育言説の歴史社会学」（広田照幸）　名古屋大学出版会　2001.3　prr
- ○「教育文献目録　25（平成12年度）」（千葉市教育センター教育広報部門）　千葉市教育センター　2001.3　62p A4
- ◎参考文献「幼児理解促進のための教師教育に関する研究」（志賀智江）　風間書房　2001.3　p209-214
- ◎参考文献「生と死の教育」（アルフォンス・デーケン）　岩波書店　2001.4　p179-180
- ◎参考文献「教師の現職教育と職能開発―OECD諸国の事例比較」（OECD）　ミネルヴァ書房　2001.5　p213-215
- ○文献目録（川崎誠司）「異文化間教育　15」（アカデミア出版会）　2001.6　p242-260
- ○文献リスト「オーストラリア・ニュージーランドの教育」（石附実, 笹森健）　東信堂　2001.6　p240-241
- ◎文献「あなたの子どもが学校生活で必ず成功する法―なぜ、この学校には落ちこぼれが一人もいないのか?」（W. グラッサー）　アチーブメント出版　2001.7　p309-317
- ◎関連文献「開発と教育―国際協力と子どもたちの未来」（江原裕美）　新評論　2001.7　p359-366
- ◎参考文献「階層化日本と教育危機―不平等再生産から意欲格差社会へ」（苅谷剛彦）　有信堂高文社　2001.7　p4-8b
- ◎参考文献「歴史のなかの教師―近代イギリスの国家と民衆文化」（松塚俊三）　山川出版社　2001.7　p5-15b
- ◎参考文献「イギリス教育　歴史との対話」（R. オルドリッチ）　玉川大学出版部　2001.9　p248-242
- ○文献リスト「学歴社会のローカル・トラック―地方からの大学進学」（吉川徹）　世界思想社　2001.9　p242-244
- ○「教育研究論文索引　2000年版」（国立教育政策研究所）　東京法令出版　2001.9　350p B5
- ◎参考文献「「日教組」という名の十字架―戦後教育の源流をたどる」（小林正）　善本社　2001.10　p254-255
- ○読書案内「テクノロジーと教育のゆくえ」（吉川弘之）　岩波書店　2001.10　p163-165
- ◎「教育本44―転換期の教育を考える」（佐藤学）　平凡社　2001.10　338p B6
- ◎参考文献「パンケーキの国で―子どもたちと見たデンマーク」（伊藤美好）　平凡社　2001.11　p2914-295
- ◎注「「子育て」の教育論　日本の家庭における女性役割の変化を問う」（真橋美智子）　ドメス出版　2002.2　prr
- ○「近代日本のアジア教育認識―明治後期教育雑誌所収中国・韓国・台湾関係記事　資料篇　第9巻」（近代アジア教育史研究会）　龍渓書舎　2002.2　432p B5
- ◎参考文献「新説教育の原理」（三井善止）　玉川大学出版部　2002.2　p199-203
- ◎参考文献「幼児期からの人権教育―参加体験型の学習活動事例集」（R. ペットマン）　明石書店　2002.2　p263-266
- ◎参考文献「プラグマティズムと教育―デューイからローティへ」（柳沼良太）　八千代出版　2002.3　p239-250
- ○「教科教育学に関する研究総目録　第16集」　日本教育大学協会第二常置委員会　2002.3　254, 17p A4
- ◎参考文献「男女平等教育今まで、これから」（櫛田真澄）　ドメス出版　2002.3　p207-209
- ◎文献「生きること・働くこと・学ぶこと―「教育」の再検討」（田中万年）　燭台舎　2002.4　p241-246
- ◎参考文献「中国の近代教育と明治日本　第2版」（阿部洋）　龍渓書舎　2002.6　p250-253
- ◎文献「判例法学と教育・スポーツ事故論」（北川均）　探究社　2002.6　p238-240
- ◎文献「英国の教育」（榎本剛）　自治体国際化協会　2002.7　p180-184
- ◎文献「教育の条件―人間・時間・言葉」（沼田裕之）　東北大学出版会　2002.7　p151-155
- ◎文献「癒しと励ましの臨床教育学」（庄井良信）　かもがわ出版　2002.7　p198-202
- ◎参考文献「ヨーロッパ成立期の学校教育と教養」（ピエール・リシェ）　知泉書館　2002.8　p72-105b
- ○「教育学論説資料索引　創刊号―第19号」　論説資料保存会　2002.8　CD-ROM1枚　12cm
- ◎参考図書「視聴覚メディアと教育」（佐賀啓男）　樹村房　2002.10　p151」
- ◎参考文献「新教育事典」（坂本辰朗ほか）　勉誠出版　2002.10　prr
- ◎文献「教育の理想」（村井実）　慶応義塾大学出版会　2002.11　p313-316
- ◎notes「「人格教育」のすすめ　アメリカ教育改革の新しい潮流」（T. ディヴァイン）　コスモトゥーワン　2003.2　p1-40b
- ◎参考文献「新・教育原理　改訂版」（柴田義松）　有斐閣　2003.3　prr
- ◎文献「〈近代教育〉の社会理論」（森重雄ほか）　勁草書房　2003.4　prr
- ○雑誌記事索引「学校図書館　630」（全国学校図書館協議会）　2003.4　p58-68
- ◎引用参考文献「ジェンダーで学ぶ教育」（天野正子ほか）　世界思想社　2003.4　prr
- ◎参考文献「教育学をひらく―自己解放のために」（鈴木敏正）　青木書店　2003.4　p254-257
- ◎文献リスト「教育学がわかる事典―読みこなし使いこなし活用自在」（田中智志）　日本実業出版社　2003.5　p10-23b
- ◎註「教育原理」（寺下明）　ミネルヴァ書房　2003.5　p172-179
- ◎参考文献「「農業」から教育を拓く」（佐野明）　実教出版　2003.6　p263-268
- ◎ブックガイド「教育学がわかる。　新版」　朝日新聞社　2003.6　p146-152
- ○「教育研究論文索引　2002年版」（国立教育政策研究所）　東京法令出版　2003.7　325p B5
- ◎参考文献「児童生徒のための教育改革―教育現場の取組」（飛松博）　新生出版　2003.7　p293-294
- ○「教育学論説資料索引　創刊号-20」　論説資料保存会　2003.8　CD-ROM1枚　12cm

◎参考文献「人種差別をこえた教育―差別のない社会を目指して」(G. J. S. デイ) 明石書店 2003.8 p282-259
◎引用参考文献「カナダの教育 2 21世紀にはばたくカナダの教育」(小林順子ほか) 東信堂 2003.9 p251-263
◎参考文献「現代教育概論 第一次改訂版」(佐藤晴雄) 学陽書房 2003.9 prr
◎文献「「教えない」教育―徒弟教育から学びのあり方を考える」(野村幸正) 二瓶社 2003.10 p189-192
◎参考文献「教育と経済発展―途上国における貧困削減に向けて」(大塚啓二郎ほか) 東洋経済新報社 2003.10 prr
◎参考文献「親と子の社会力―非社会化時代の子育てと教育」(門脇厚司) 朝日新聞社 2003.12 p241-249
◎関連文献「内発的発展と教育―人間主体の社会変革とNGOの地平」(江原裕美) 新評論 2003.12 p441-448
◎文献一覧「ジェンダーと教育―男女別学・共学論争を超えて」(H. ファウルシュティッヒ=ヴィーラント) 青木書店 2004.1 p236-260
◎引用参考文献「一九世紀スコットランドの教育」(田口仁久) 北樹出版 2004.2 p207-224
◎引用参考文献「活動理論と教育実践の創造―拡張的学習へ」(山﨑勝広) 関西大学出版部 2004.3 p364-352
◎参考文献「教育学 補訂版」(中野光ほか) 有斐閣 2004.3 prr
◎参考文献「教育大変革――一人の教師から始まった生徒も先生も変わる画期的方法」(百瀬昭次) エコー出版 2004.3 p242-243
◎「近代日本のアジア教育認識―明治後期教育雑誌所収中国・韓国・台湾関係記事 資料篇 附巻 3」(近代アジア教育史研究会) 龍溪書舎 2004.3 317p B5
◎引用参考文献「教育原理」(小田豊ほか) 北大路書房 2004.4 p163-167
◎参照文献「公教育の原理―多文化社会の公教育」(中村清) 東洋館出版社 2004.4 p277-279
◎基本文献案内「教育」(広田照幸) 岩波書店 2004.5 p101-110
◎参考文献「メディアの教育学―「教育」の再定義のために」(今井康雄) 東京大学出版会 2004.6 p293-311
◎「教育学論説資料索引 創刊号-21号」 論説資料保存会 2004.7 CD-ROM1枚 12cm
◎「教育研究論文索引 2003年版」(国立教育政策研究所) 東京法令出版 2004.7 314p B5
◎参考文献「現代教育の原理と方法」(安彦忠彦ほか) 勁草書房 2004.7 p207-209
◎参考文献「黒豹たちの教室―いじめられっこ文化人類学」(Y. サマルカンド) 星の環会 2004.9 p282-285
◎参考文献「学校のない社会への招待―〈教育〉という〈制度〉から自由になるために」(M. S. プラカシュほか) 現代書館 2004.10 p231-241
◎「教育・文化・宗教団体関係図書目録 1999-2003」(日外アソシエーツ) 日外アソシエーツ 2004.10 50, 428p A5
◎参考文献「教育の平等と正義」(K. R. ハウ) 東信堂 2004.10 p215-230
○雑誌記事索引「学校図書館 651」(全国学校図書館協議会) 2005.1 p81-87

◎引用参照文献「教育研究ハンドブック」(立田慶裕) 世界思想社 2005.2 p259-271
◎ブックリスト「ホリスティック教育入門 復刻・増補版」(日本ホリスティック教育協会) せせらぎ出版 2005.3 p158-176
◎文献一覧「ホリスティック臨床教育学―教育・心理療法・スピリチュアリティ」(中川吉晴) せせらぎ出版 2005.3 p1-15b
◎注「学校と人間形成―学力・カリキュラム・市民形成」(佐貫浩) 法政大学出版局 2005.3 p214-222
◎参考文献「国民の形成―タイ東北小学校における国民文化形成のエスノグラフィー」(野津隆志) 明石書店 2005.3 p271-282
◎参考文献(京都府)「戦後公教育の成立―京都における中等教育」(小山静子ほか) 世織書房 2005.3 p401-411
◎「全教委関係資料目録―北海道大学・東京大学所蔵」(藤田祐介) 国立教育政策研究所 2005.3 139p B5
◎文献案内「「未来の学び」をデザインする―空間・活動・共同体」(美馬のゆりほか) 東京大学出版会 2005.4 p211-226
◎参考文献「現代日本女子教育文献集 29」(真橋美智子) 日本図書センター 2005.5 p224-228
◎参考文献「オルタナティブ教育―国際比較に見る21世紀の学校づくり」(永田佳之) 新評論 2005.6 p362-335
◎参考文献「義務教育を問いなおす」(藤田英典) 筑摩書房 2005.8 p311-318
◎参考文献「戦後教育で失われたもの」(森口朗) 新潮社 2005.8 p196-198
◎注「共通の土台を求めて―多元化社会の公教育」(D. B. タイヤック) 同時代社 2005.9 p4-39b
◎参考文献「地方公立校でも「楽園」だった―再生のためのモデルケース」(川村美紀) 中央公論新社 2005.9 p306-315
◎文献「21世紀を支える科学と教育―変革期の科学技術政策」(井村裕夫) 日本経済新聞社 2005.10 prr
◎参考文献「沖縄/教育権力の現代史」(藤澤健一) 社会評論社 2005.10 p269-273
◎文献紹介「教育とジェンダー形成―葛藤・錯綜/主体性」(望月重信ほか) ハーベスト社 2005.10 p214-219
◎文献表「人格形成概念の誕生―近代アメリカの教育概念史」(田中智志) 東信堂 2005.11 p337-300
◎参考文献「図表でみる教育―OECDインディケータ 2005年版」(OECD) 明石書店 2005.11 p451-452
◎参考文献「アメリカ進歩主義教授理論の形成過程」(宮本健市郎) 東信堂 2005.12 p341-365
◎参考文献「教育文化学への挑戦―多文化交流からみた学校教育と生涯学習」(同志社大学教育文化学研究室) 明石書店 2005.12 prr
◎参考文献「比較教育学―伝統・挑戦・新しいパラダイムを求めて」(M. ブレイ) 東信堂 2005.12 prr
◎参考文献「現代アジアの教育計画 上」(山内乾史ほか) 学文社 2006.1 prr
○記事索引「学校図書館 664」(全国学校図書館協議会) 2006.2 p52-64
◎参考文献「近代沖縄における教育と国民統合」(近藤健一郎) 北海道大出版会 2006.2 p309-324

きょうい

◎引用参考文献「ニューカマーの子どもと学校文化―日系ブラジル人生徒の教育エスノグラフィー」（児島明）勁草書房　2006.3　p225-233
◎文献「教育の分配論―公正な能力開発とは何か」（宮寺晃夫）　勁草書房　2006.3　p9-15b
◎参考文献「教育学の基礎と展開」（相澤伸幸）　ナカニシヤ出版　2006.3　p111-113
◎引用参考文献「現代ドイツ教育学の思惟構造」（林忠幸）　東信堂　2006.3　p231-238
◎「文部省職員著作目録―戦後教育法制の形成過程に関する実証的調査研究資料2　平成14年度―17年度国立教育政策研究所調査研究等特別推進経費研究報告書」（山中秀幸）　国立教育政策研究所　2006.3　90p　A4
◎基本文献「教育学基礎資料　3版」（新井郁男ほか）　樹村房　2006.4　p165-167
◎参考文献「人間教育の探究」（渡邊弘）　東洋館出版社　2006.4　p330-337
◎参考資料ほか「戦後愛知の民間教育研究運動の歩み」（村田徹也）　風媒社　2006.6　p192-195
○文献資料（岐阜大学総合情報メディアセンター）「教育情報研究　22.1」（日本教育情報学会）　2006.7　p31-126
◎文献「学校教育のメタフィジックス」（中井孝章）　日本教育センター　2006.8　p1225-1286
◎参考文献「学校再発見!―子どもの生活の場をつくる」（岡崎勝）　岩波書店　2006.8　p183-185
◎参考引用文献「ニューカマーの子どもたち―学校と家族の間の日常世界」（清水睦美）　勁草書房　2006.9　p346-354
◎参考文献「図表でみる教育―OECDインディケータ2006」（OECD教育研究革新センター）　明石書店　2006.10　p465-466
◎引用文献ほか「インプロ教育―即興演劇は創造性を育てるか?」（高尾隆）　フィルムアート社　2006.12　p356-359
○記事一覧(朱鵬)「中国文化研究　23」（天理大）　2007　p135-148
◎参考文献「子どもの脳を育てる教育―家庭と学校の脳科学」（永江誠司）　河出書房新社　2007.1　p269-271
◎引用参考文献「人間性と人間形成の教育学」（青木秀雄）　明星大出版部　2007.2　prr
◎日本語文献「クリシュナムルティの教育原論―心の砂漠化を防ぐために」（J.クリシュナムルティ）　コスモス・ライブラリー　2007.3　p219-222
◎参考文献「コミュニティ教育学への招待」（高田一宏）　部落解放・人権研究所　2007.3　p208-215
◎参考文献「リスクとしての教育―システム論的接近」（石戸教嗣）　世界思想社　2007.3　p209-203
◎参考文献ほか「公立炎上―これでも子供を通わせますか?」（上田小次郎）　光文社　2007.3　p219-221
◎参考文献「オートポイエーシスの教育―新しい教育のあり方」（山下和也）　近代文芸社　2007.4　p236-238
◎参考文献「資料でみる教育学―改革と心の時代に向けての」（篠田弘）　福村出版　2007.5　p207-216
◎文献「先生ってなにする人?―考える力とやさしさが育ったW学級の6年間」（守屋慶子ほか）　金子書房　2007.6　p327-329
◎参考文献「子どもたちのアイデンティティー・ポリティックス―ブラジル人のいる小学校のエスノグラフィー」（森田京子）　新曜社　2007.7　p1-8b

◎参考文献「ラテンアメリカの教育改革」（牛田千鶴）　行路社　2007.8　prr
◎参考文献「学校におけるケアの挑戦―もう一つの教育を求めて」（N.ノディングズ）　ゆみる出版　2007.8　p350-343
◎参考文献「教育学の基礎と展開　2版」（相澤伸幸）　ナカニシヤ出版　2007.9　p119-121
◎参考文献「教育の政治経済分析―日本・韓国における学校選択と教育財政の課題」（中神康博ほか）　シーエーピー出版　2007.11　prr
◎参考文献「概説戦後学校教育―東京都における学校経営システムの検証」（土屋敬之ほか）　展転社　2007.12　p99-102
◎参考文献「学歴社会の法則―教育を経済学から見直す」（荒井一博）　光文社　2007.12　p264-269
◎参考資料「子どもをナメるな―賢い消費者をつくる教育」（中島隆信）　筑摩書房　2007.12　p212-213

教育委員会
◎参考文献「市町村の教育改革が学校を変える―教育委員会制度の可能性」（小川正人）　岩波書店　2006.6　p147-150

教育逸脱
◎参考文献「不良・ヒーロー・左傾―教育と逸脱の社会学」（稲垣恭子ほか）　人文書院　2002.4　p315-342

教育援助
◎参考文献「国際教育協力論」（内海成治）　世界思想社　2001.12　p177-181

教育会
○文献目録（梶山雅史ほか）「東北大学大学院教育学研究科研究年報　53.2」（東北大）　2005.3　p301-327
○所蔵一覧（梶山雅史ほか）「東北大学大学院教育学研究科研究年報　54.2」（東北大）　2006.6　p445-487

教育改革
◎参考文献「これでいいのか教育改革―学校再生のための12章」（中島栄一）　同時代社　2002.1　p228-235
◎参考文献「教育改革の幻想」（苅谷剛彦）　筑摩書房　2002.1　p221-222
◎「菅野誠文庫目録　戦後教育改革資料17」（国立教育政策研究所ほか）　国立教育政策研究所　2003.2　106p　B5
◎参考文献「国民のための教育改革とは―英国の「カリキュラム改革と教師の対応」に学ぶ」（G.マックロッホほか）　学文社　2003.12　p213-222
◎引用文献「教育改革の社会学―市場、公教育、シティズンシップ」（G.ウィッティー）　東京大学出版会　2004.1　p11-35b
◎引用参考文献「教育改革のながれを読む」（黒上晴夫）　関西大学出版部　2004.3　prr
◎文献目録「韓国の戦後教育改革」（阿部洋）　龍渓書舎　2004.11　p390-341
◎参考文献「市町村の教育改革が学校を変える―教育委員会制度の可能性」（小川正人）　岩波書店　2006.6　p147-150

教育開発
◎参考文献「アメリカの教育開発援助―理念と現実」（佐藤眞理子）　明石書店　2005.12　p261-276

教育カウンセリング
- ◎文献「教師をめざす人のための教育カウンセリング」（楠本恭久ほか） 日本文化科学社 2003.5 p185-190
- ◎参考文献「教育カウンセリングと臨床心理学の対話」（稲垣應顕ほか） 文化書房博文社 2006.11 prr

教育課程
- ◎参考文献「過去のカリキュラム・未来のカリキュラム―学習の批判理論に向けて」（M. F. D. ヤング） 東京都立大学出版会 2002.2 p267-282
- ◎文献「教育課程の理論―保育におけるカリキュラム・デザイン」（磯部裕子） 萌文書林 2003.1 p180-182
- ◎引用文献「教育課程総論―保育内容」（小田豊ほか） 北大路書房 2003.9 p163-164
- ◎引用参考文献「機能的感性に関する教育課程経営研究」（山崎保寿） 風間書房 2005.1 p301-319
- ◎読書案内「新しい時代の教育課程」（田中耕治ほか） 有斐閣 2005.4 p303-307
- ◎Further reading「PBL世界の大学での小グループ問題基盤型カリキュラム導入の経験に学ぶ」（P. Schwartzほか） 篠原出版新社 2007.12 p230-232

教育危機
- ◎参考文献「今の教育危機は文明によるものだ―その歴史的解明付脱出法」（霜鳥保） 〔京成社〕 2001.5 p282-285

教育基本法
- ◎文献「教育基本法を考える―その本質と現代的意義 改訂版」（浪本勝年, 中谷彪） 北樹出版 2001.1 p98-100
- ◎文献「教育基本法を考える―その本質と現代的意義 再改訂版」（浪本勝年, 中谷彪） 北樹出版 2002.10 p98-100
- ◎注「教育基本法の成立―「人格の完成」をめぐって」（杉原誠四郎） 文化書房博文社 2003.6 prr
- ◎参考文献「教育基本法改正論批判」（大内裕和） 白澤社 2003.6 p149-150
- ◎主要参考文献「教育基本法の世界―教育基本法の精神と改正論批判」（中谷彪） 渓水社 2003.10 p113-114
- ◎文献「教育基本法を考える―その本質と現代的意義 3改訂版」（浪本勝年ほか） 北樹出版 2003.10 p98-100
- ◎参考文献「教育基本法「改正」とは何か―自由と国家をめぐって」（岡村達雄） インパクト出版会 2004.5 p280-281
- ○文献解題（宮盛邦友）「人間と教育 45」（旬報社） 2005 p138-141
- ◎引用参照文献「《愛国心》のゆくえ―教育基本法改正という問題」（広田照幸） 世織書房 2005.9 p235-244
- ◎参考文献「教育基本法のフロンティア」（中谷彪ほか） 晃洋書房 2006.4 prr
- ◎文献「教育基本法」（市川昭午） 日本図書センター 2006.11 p373-381
- ○関連図書「本の窓 30.3」（小学館） 2007.3 p12-13
- ◎文献「「改正」教育基本法を考える―逐条解説」（三上昭彦ほか） 北樹出版 2007.7 p111-114
- ◎参考文献「教育基本法の理念と課題―戦後教育改革と内外事項区分論」（佐藤修司） 学文社 2007.8 p277-295

教育行政
- ◎参考文献「教育行政と労使関係」（中村圭介, 岡田真理子） エイデル研究所 2001.5 p270-271
- ◎参考文献「学校評議会制度における政策決定―現代アメリカ教育改革・シカゴの試み」（山下晃一） 多賀出版 2002.2 p255-270
- ◎文献「学校が泣いている―文教都市国立からのレポート」（石井昌浩） 産経新聞ニュースサービス 2003.8 p206-209
- ◎参考文献「日本近代公教育の支配装置―教員処分体制の形成と展開をめぐって 改訂版」（岡村達雄） 社会評論社 2003.10 p608-612
- ◎参考図書「教育行政と学校・教師 3版」（高橋靖直ほか） 玉川大学出版部 2004.2 prr
- ◎参考文献「教育行政の政府間関係」（青木栄一） 多賀出版 2004.2 p333-347
- ◎文献一覧「1930年代アメリカ教育行政学研究―ニューディール期民主的教育行政学の位相」（中谷彪） 晃洋書房 2005.2 p493-500
- ◎参考文献「現代イギリスの教育行政改革」（清田夏代） 勁草書房 2005.9 p7-31b
- ◎関係図書「七生養護学校事件―検証―性教育攻撃と教員大量処分の真実」（金崎満） 群青社 2005.10 p231-232
- ◎「鹿内瑞子旧蔵資料目録」（丸山剛史ほか） 国立教育政策研究所 2006.3 172p B5
- ◎参考文献ほか「イギリス視学制度に関する研究―第三者による学校評価の伝統と革新」（高妻紳二郎） 多賀出版 2007.1 p270-276
- ◎参考文献「公教育制度における教員管理規範の創出―「品行」規範に着目して」（尾崎公子） 学術出版会 2007.8 p277-288

教育協力
- ◎参考文献「アフリカの開発と教育―人間の安全保障をめざす国際教育協力」（沢村信英） 明石書店 2003.12 prr
- ◎引用参考文献「開発と教育協力の社会学」（山内乾史） ミネルヴァ書房 2007.3 prr

教育経営
- ◎参考文献「教育経営」（甲斐規雄） 育英堂 2001.9 p123-127

教育経済
- ◎参考文献「教育改革の経済学 シリーズ・現代経済研究22」（伊藤隆敏ほか） 日本経済新聞社 2003.7 prr

教育史
- ◎参考文献「教育社会史―新体系日本史 16」（辻本雅史ほか） 山川出版社 2002.5 p13-20b
- ◎注「アメリカ教育史の中の女性たち―ジェンダー、高等教育、フェミニズム」（坂本辰朗） 東信堂 2002.10 prr
- ◎参考文献「日中比較教育史」（佐藤尚子, 大林正夫） 春風社 2002.12 prr
- ◎参考文献「敦賀市教育史 通史編 下」（敦賀市教育史編さん委員会） 敦賀市教育委員会 2003.5 p7-9b
- ◎参考文献「ヨーロッパ教育歴史と展望」（久野弘幸） 玉川大学出版部 2004.2 p332-350
- ◎参考文献「アパルトヘイト教育史」（J. ヘイスロップ） 春風社 2004.3 p367-356

きようい

◎参考文献「水上学校の昭和史―船で暮らす子どもたち」(石井昭示) 隅田川文庫 2004.3 p204-205
◎参考文献「ヨーロッパ中世末期の学識者」(J. ヴェルジェ) 創文社 2004.12 p47-49b
◎注「学歴の社会史―教育と日本の近代」(天野郁夫) 平凡社 2005.1 prr
◎参考文献「教育史からみる学校・教師・人間像」(山田恵吾ほか) 梓出版社 2005.1 prr
◎参考文献「〈学級〉の歴史学―自明視された空間を疑う」(柳治男) 講談社 2005.3 p220-226
◎引用参考文献「新堀通也の日本教育歴年史 1979-2004」(安東由則) 北大路書房 2005.3 p257-258
◎参考文献「信州教育史再考―教育と文化をめぐる通史の試み」(伴野敬一) 龍鳳書房 2005.10 p328-332
◎参考文献「図説江戸の学び」(市川宣明ほか) 河出書房新社 2006.2 p124-125
◎参考文献ほか「戦後愛知の教育運動史―地域から綴る運動と教師群像」(香川克己) 風媒社 2006.4 p210-211
◎文献「大正自由教育期における社会系教科授業改革の研究―初等教育段階を中心に」(永田忠道) 風間書房 2006.12 p211-225
◎参考文献「近代公教育の成立と社会構造―比較社会論的視点からの考察」(清川郁子) 世織書房 2007.2 p791-806
◎引用参考文献「教育と子どもの社会史」(小針誠) 梓出版社 2007.5 p226-234
◎参考文献「教育の歴史」(J. ヴィアル) 白水社 2007.10 p5-6b
◎参考文献ほか「「江戸の子育て」読本―世界が驚いた!「読み・書き・そろばん」と「しつけ」」(小泉吉永) 小学館 2007.12 p189
○文献目録(勝岡寛次)「戦後教育史研究 21」(明星大) 2007.12 p161-188
◎参考文献「江戸の教育力」(高橋敏) 筑摩書房 2007.12 p205-206

教育思想
◎文献「ドイツ教育思想の源流―教育哲学入門」(ルドルフ・ラサーン) 東信堂 2002.6 p225-226

教育実習
◎参考文献「英語科教育実習ハンドブック 改訂版」(米山朝二, 杉山敏, 多田茂) 大修館書店 2002.2 p266-267
◎参考文献「21世紀における新しい教育実習の探究―教育実習の体系化を目指して」(加澤恒雄) 学術図書出版社 2005.4 prr

教育者
◎引用参考文献「未来を開く教育者たち―シュタイナー・クリシュナムルティ・モンテッソーリ」(岩間浩ほか) コスモス・ライブラリー 2005.9 p247-253
◎参考文献「日本を教育した人々」(齋藤孝) 筑摩書房 2007.11 p203-205

教育社会学
◎参考文献ほか「子ども支援の教育社会学」(南本長穂, 伴恒信) 北大路書房 2002.9 p165-173
○文献目録「教育社会学研究 71」(日本教育社会学会) 2002 p199-235
◎文献「近代日本の教育機会と社会階層」(菊池城司) 東京大学出版会 2003.1 p371-382

○文献目録「教育社会学研究 75」(日本教育社会学会) 2004 p149-178
◎参考文献「教育の比較社会学」(原清治ほか) 学文社 2004.1 prr
◎参考文献「家庭・学校と地域社会―地域教育社会学 改訂版」(岡崎友典) 放送大教育振興会 2004.3 p315-321
◎参考文献「社会文化的アプローチの実際―学習活動の理解と変革のエスノグラフィー」(石黒広昭ほか) 北大路書房 2004.8 p209-223
○文献目録「教育社会学研究 77」(東洋館出版社) 2005 p105-135
◎参考文献「教育社会学―第三のソリューション」(A. H. ハルゼーほか) 九州大学出版会 2005.2 prr
◎参考文献「多元化する「能力」と日本社会―ハイパー・メリトクラシー化のなかで」(本田由紀) NTT出版 2005.11 p277-280
○文献目録「教育社会学研究 81」(東洋館出版社) 2007 p127-150
◎参考引用文献「新説教育社会学」(加野芳正ほか) 玉川大出版部 2007.10 prr

教育心理学
◎参考文献「教育心理学通論―人間の本性と教育」(永野重史) 放送大学教育振興会 2001.3 p257-261
◎引用文献「教育心理学―「生きる力」を身につけるために」(多鹿秀継) サイエンス社 2001.11 p165-170
◎参考文献「教育と福祉のための教育心理学エクササイズ」(会田元明) 新曜社 2002.4 p240-244
◎文献「新教職課程の教育心理学 第3版」(中西信男, 三川俊樹) ナカニシヤ出版 2002.4 p181-186
◎文献「生徒支援の教育心理学」(前原武子) 北大路書房 2002.7 p188-201
◎文献「教育心理学 新版」(子安増生ほか) 有斐閣 2003.3 p227-232
◎引用文献「読んでわかる教育心理学 3版」(前田基成ほか) 紫峰図書 2003.4 p198-201
◎文献「多元的知能の世界―MI理論の活用と可能性」(H. Gardne) 日本文教出版 2003.9 p257-286
◎文献「たのしく学べる最新教育心理学―教職にかかわるすべての人に」(桜井茂男) 図書文化社 2004.1 p224-231
◎引用文献「学習科学」(波多野誼余夫ほか) 放送大教育振興会 2004.3 prr
◎参考文献「情緒障害児のアセスメントと臨床の教育心理学的研究」(石井正春) 日本図書センター 2004.3 prr
◎参考文献「学校心理学ハンドブック―「学校の力」の発見」(福沢周亮ほか) 教育出版 2004.5 p242-249
◎引用文献「教育心理学」(無藤隆ほか) 北大路書房 2004.7 p153-158
◎文献「教育心理学の新しいかたち」(鹿毛雅治) 誠信書房 2005.2 prr
◎引用文献「やさしい教育心理学 改訂版」(鎌原雅彦ほか) 有斐閣 2005.4 p277-284
◎引用文献「創造性と学校―構築主義的アプローチによる言説分析」(夏堀睦) ナカニシヤ出版 2005.4 p209-214
◎文献リスト「教育心理学講義」(L. S. ヴィゴツキー) 新読社 2005.8 p7-9b

◎引用参考文献「学校心理学ガイドブック」（学校心理士資格認定委員会）　風間書房　2006.3　p155-164
◎文献「教育心理学—教職を目指す人への入門書　新版」（河野義章）　川島書店　2006.3　prr
◎文献「教育心理学」（鹿毛雅治）　朝倉書店　2006.4　prr
◎引用文献「教育心理学エッセンシャルズ」（西村純一ほか）　ナカニシヤ出版　2006.5　p171-179
◎文献「授業を支える心理学」（S. ベンサム）　新曜社　2006.6　p11-28b
◎文献「精選コンパクト教育心理学—教師になる人のために」（北尾倫彦ほか）　北大路書房　2006.9　p141-149
◎参考文献「学習する自由　3版」（C. R. ロジャーズほか）　コスモス・ライブラリー　2006.10　prr
◎文献「物語論的転回」（中井孝章）　日本教育研究センター　2006.10　p141-148
◎引用参考文献「発達と教育の心理学—子どもは「ひと」の原点」（麻生武）　培風館　2007.2　p277-286
◎引用参考文献「学校心理学ガイドブック　2版」（学校心理士資格認定委員会）　風間書房　2007.3　p159-168
◎お薦めの図書「教育・学習編」（秋田喜代美ほか）　東京図書　2007.7　p380-386

教育政策
◎参考文献「エリート教育　近代ヨーロッパの探究4」（橋本伸也ほか）　ミネルヴァ書房　2001.1　p1-27b
○ブックガイド（古藤晃）「別冊　環　2」（藤原書店）　2001.3　p247-255
◎参考文献「人口半減—日本経済の活路」（松山幸弘）　東洋経済新報社　2002.4　p289-292
◎注「日本の教育政策過程—1970～80年代教育改革の政治システム」（L. J. ショッパ）　三省堂　2005.9　p173-199
◎参考文献「ポスト福祉社会の教育—学校選択，生涯教育，階級・ジェンダー」（S. トムリンソン）　学文社　2005.12　p231-250
◎参考文献「教育における自由と国家—フランス公教育法制の歴史的・憲法的研究」（今野健一）　信山社出版　2006.7　p357-372
◎参考文献「アメリカ都市教育政治の研究—20世紀におけるシカゴの教育統治改革」（小松茂久）　人文書院　2006.8　p367-395
◎参考文献「日本学力回復の方程式—日米欧共通の試み」（釣島平三郎）　ミネルヴァ書房　2006.8　p211-212
◎文献「学力問題・ゆとり教育」（山内乾史ほか）　日本図書センター　2006.11　p381-293
◎参考文献「戦前文部省の治安機能—「思想統制」から「教学錬成」へ」（荻野富士夫）　校倉書房　2007.7　p447-459
◎引用参考文献「教育再生の条件—経済学的考察」（神野直彦）　岩波書店　2007.10　p193-197
◎引用参考文献「国家百年の計—未来への先行投資のために—文部科学省若手官僚の政策提言!」（文部科学省未来研究会）　ぎょうせい　2007.11　p244-251

教育制度
◎文献「教育の制度設計とシティズンシップ・エデュケーションの可能性」　総合研究開発機構　2004.3　p98-102
◎参考文献「現代教育制度」（佐藤順一）　学文社　2004.10　prr
◎参考資料「変えよう!日本の学校システム—教育に競争はいらない」（古山明男）　平凡社　2006.6　p229-231
◎参考文献「教育の政治経済学　増補版」（黒崎勲）　同時代社　2006.12　p370-378
◎参考文献「カリフォルニア州学校選択制度研究」（佐々木司）　風間書房　2007.12　p249-282

教育相談
◎参考文献「学校教育相談心理学」（中山巌）　北大路書房　2001.3　p295-304
◎文献「学級教育相談入門」（有村久春）　金子書房　2001.6　p194-195
◎参考文献「発達の臨床からみた心の教育相談　発達心理学の基礎と臨床　3」（平山諭ほか）　ミネルヴァ書房　2003.4　prr
◎引用文献「図説子どものための適応援助—生徒指導・教育相談・進路指導の基礎」（小泉令三）　北大路書房　2006.9　p186-193
◎参考引用文献「教師のための教育相談の技術」（吉田圭吾）　金子書房　2007.4　p253-255
◎文献「ガイドライン発達学習・教育相談・生徒指導」（二宮克美ほか）　ナカニシヤ出版　2007.10　p162-172

教育測定
◎引用文献「項目反応理論　理論編　テストの数理」（豊田秀樹）　朝倉書店　2005.6　p209-215
◎文献「基礎から深く理解するラッシュモデリング—項目応答理論とは似て非なる測定のパラダイム」（靜哲人）　関西大出版部　2007.3　p369-372

教育長
◎引用参考文献「市町村教育長の専門性に関する研究」（佐々木幸寿）　風間書房　2006.2　p247-256

教育調査法
◎参考文献「質的調査法入門—教育における調査法とケース・スタディ」（S. B. メリアム）　ミネルヴァ書房　2004.12　p7-29b

教育哲学
◎文献「学びへの学習—新しい教育哲学の試み」（J. H. ギル）　青木書店　2003.10　p362-364
◎参考文献ほか「教育哲学のすすめ」（山崎英則）　ミネルヴァ書房　2003.10　prr
◎参考文献「ポリスとしての教育—教育的統治のアルケオロジー」（白水浩信）　東京大学出版会　2004.2　p315-325
◎参考文献「教育の哲学—ソクラテスから〈ケアリング〉まで」（N. ノディングス）　世界思想社　2006.10　p6-14b
◎参考文献「現代アメリカの生涯教育哲学」（鶴田義男）　新風舎　2006.10　p187-201

教育投資
◎参考文献「教育を経済学で考える」（小塩隆士）　日本評論社　2003.2　p227-230
◎参考文献「教育の公共経済学的分析」（古松紀子）　岡山大　2006.3　p147-151

教育と社会
◎参考文献「学校・地域・大学のパートナーシップ—ウェスト・フィラデルフィア改善組織（WEPIC）の事例研究」（赤星晋作）　学文社　2001.5　p205-220

きょうい

◎文献「地方改良運動期における小学校と地域社会—「教化ノ中心」としての小学校」（笠間賢二）　日本図書センター　2003.11　p6-12b
◎文献案内「教育コミュニティの創造—新たな教育文化と学校づくりのために」（高田一宏）　明治図書出版　2005.4　p103-106

教育人間学
◎文献「教育人間学入門」（クリストフ・ヴルフ）　玉川大学出版部　2001.4　p185-203
◎参考文献「経験のメタモルフォーゼ—〈自己変成〉の教育人間学」（高橋勝）　勁草書房　2007.8　p9-18b

教育評価
◎参考文献「新しい評価を求めて—テスト教育の終焉」（キャロライン・V. ギップス）　論創社　2001.7　p262-274
◎Bibliography「ポートフォリオをデザインする—教育評価への新しい挑戦」（B. D. シャクリーほか）　ミネルヴァ書房　2001.9　p153-155
◎文献「描写レヴューで教師の力量を形成する—子どもを遠くまで観るために」（M. ヒムレイ, P. F. カリーニ）　ミネルヴァ書房　2002.10　p259-267
◎文献「大学教員「教育評価」ハンドブック」（L. キーグほか）　玉川大学出版部　2003.1　p167-181
◎参考文献「教育評価法概説　2003年改訂版　応用教育研究所編」（橋本重治）　図書文化社　2003.6　p228-229
◎文献「教育評価の基礎」（渋谷憲一）　教育出版　2003.8　p110-111
◎参考文献「評価・評定と学力問題を読み解く」（水越敏行）　明治図書出版　2003.8　prr
◎参考書籍ガイド「英語教師のための教育データ分析入門—授業が変わるテスト・評価・研究」（前田啓朗ほか）　大修館書店　2004.4　p147-152
◎参考文献「これからの英語学力評価のあり方—英語教師支援のために」（野呂忠司ほか）　教育出版　2005.8　p251-266
◎文献「カリキュラム評価の方法—ゴール・フリー評価論の応用」（根津朋実）　多賀出版　2006.10　p306-318
◎引用参考文献「確信度テスト法と項目反応理論—新たなモデルと実践的応用」（張一平）　東京大出版会　2007.1　p153-163
◎引用参考文献「スクール・ベースト・アプローチによるカリキュラム評価の研究」（有本昌弘）　学文社　2007.2　p335-389
◎引用文献「マイクロステップ計測法による英単語学習の個人差の測定」（寺澤孝文ほか）　風間書房　2007.2　prr
◎巻末文献「理科の先生のための新しい評価方法入門—高次の学力を育てるパフォーマンス課題、その実例集」（R. トランほか）　北大路書房　2007.4　p266-271
◎引用文献「PISA　評価の枠組み—OECD生徒の学習到達度調査　2006年調査」（国立教育政策研究所）　ぎょうせい　2007.7　p111-115

教育文化
◎注「学校の構造　教育の文化史1」（佐藤秀夫）　阿吽社　2004.12　prr
◎参考文献「アジアの子どもと教育文化—人類学的視覚と方法」（坂元一光）　九州大出版会　2006.2　p247-262

教育法
◎注文献「教育法学の展開と21世紀の展望　講座現代教育法1」（日本教育法学会）　三省堂書店　2001.6　prr
◎参考文献「現代教育法概説」（平原春好ほか）　学陽書房　2001.9　p203-204
◎参考文献「中華人民共和国教育法に関する研究—現代中国の教育改革と法」（篠原清昭）　九州大学出版会　2001.10　p407-410
○文献目録（蔵田幸三, 小島優生）「季刊教育法　132」（エイデル研究所）　2002.3　p125-108
○文献目録「季刊教育法　136」（エイデル研究所）　2003.3　p125-100
○文献解題（片山等）「国士舘法学　36」（国士舘大）　2004　p41-54
○参考文献「現代教育法概説　改訂版」（平原春好ほか）　学陽書房　2004.2　p230-231
○文献目録「季刊教育法　140」（エイデル研究所）　2004.3　p119-125
○文献目録（大日方真史ほか）「季刊教育法　144」（エイデル研究所）　2005.3　p118-125
○文献目録（大日方真史ほか）「季刊教育法　148」（エイデル研究所）　2006.3　p118-125
○文献目録（大日方真史ほか）「季刊教育法　152」（エイデル研究所）　2007.3　p118-125
◎参考文献「学校と法」（藤井俊夫）　成文堂　2007.6　p266-268

教育方法
◎参考文献「教育の方法と技術」（西之園晴夫ほか）　ミネルヴァ書房　2004.4　prr
◎参考文献「現代教育方法事典」（日本教育方法学会）　図書文化社　2004.10　prr
◎引用参考文献「教育の方法と技術」（平沢茂）　図書文化社　2006.2　p178-183

教育問題
◎引用文献「学級再生」（小林正幸）　講談社　2001.7　p254」
◎「教育問題情報事典　第2版」（日外アソシエーツ）　日外アソシエーツ　2002.2　460p B6
◎文献ノート「経済学で読み解く教育問題」（永谷敬三）　東洋経済新報社　2003.2　p205-207

教育臨床
◎参考文献「教育臨床への学校ソーシャルワーク導入に関する研究」（岩崎久志）　風間書房　2001.10　p207-218

教育臨床心理
◎注「教育臨床心理学—愛・いやし・人権・そして恢復」（横湯園子）　東京大学出版会　2002.9　p269-283

共依存
◎文献「共依存とアディクション　心理・家族・社会」（清水新二ほか）　培風館　2001.4　prr

教員
◎参考文献「教育における演劇的知　21世紀の授業像と教師の役割」（渡部淳）　柏書房　2001.2　p245-252
◎参考文献「教師の現職教育と職能開発—OECD諸国の事例比較」（OECD）　ミネルヴァ書房　2001.5　p213-215

◎文献「教師のライフヒストリー―「実践」から「生活」の研究へ」（アイヴァー・F. グッドソン）　晃洋書房　2001.7　p2-10b
◎参考文献「女性教師たちのライフヒストリー」（塚田守）　青山社　2002.1　p217-218
◎文献「教師が主役―鍛える指導の扉をひらく」（井谷善則）　学陽書房　2002.2　prr
◎参考文献「教師の歴史社会学―戦前における中等教員の階層構造」（山田浩之）　晃洋書房　2002.3　p240-249
◎References「英語にとって「教師」とは何か」（寺島隆吉）　あすなろ社　2002.4　p213-216
◎文献「学校の窓から見える近代日本―「協調」の起源と行方」（中村牧子）　勁草書房　2002.9　p5-13b
◎文献「教師論の現在―文芸からみた子どもと教師」（原田彰）　北大路書房　2003.6　p198-202
◎注「教職概論―教師を目指す人のために　第一次改訂版」（佐藤晴雄）　学陽書房　2003.9　prr
◎参考文献「日本近代公教育の支配装置―教員処分体制の形成と展開をめぐって　改訂版」（岡村達雄）　社会評論社　2003.10　p608-612
◎参考文献「東京教員生活史研究」（門脇厚司）　学文社　2004.2　p327-338
◎参考文献「マンガが語る教師像―教育社会学が読み解く熱血のゆくえ」（山田浩之）　昭和堂　2004.10　p268-280
◎引用文献「「反省的考察家」としての教師の学習指導力の形成過程」（藤澤伸介）　風間書房　2004.12　p189-194
◎引用参考文献「教師の葛藤対処様式に関する研究」（安藤知子）　多賀出版　2005.2　p233-246
◎註「近代日本中等教員養成に果たした私学の役割に関する歴史的研究」（船寄俊雄ほか）　学文社　2005.2　prr
◎参考文献「日本の教師再生戦略―全国の教師100万人を勇気づける」（千々布敏弥）　教育出版　2005.6　p168-173
◎引用参考文献「教員評価・人事考課のための授業観察国際指標―教員へのフィードバックによる学校の活性化」（有本昌弘）　学文社　2006.3　p159-161
◎引用参考文献「教師の仕事とは何か―スキルアップへのファースト・ステップ」（作田良三ほか）　北大路書房　2006.4　p183-187
◎引用参考文献「新しい時代の教職入門」（秋田喜代美ほか）　有斐閣　2006.4　p261-265
◎参考文献「ライフヒストリーの教育学―実践から方法論まで」（グッドソンIほか）　昭和堂　2006.5　p184-198
◎参考文献「明治中等音楽教員の研究―『田舎教師』とその時代」（坂本麻実子）　風間書房　2006.12　p277-289
◎参考文献「小学校教諭をめざす人のための専門科目・関連科目学習参考例」（中島恒雄）　ミネルヴァ書房　2007.6　p277-285
◎参考文献「教職員理解が学校経営力を高める―学校で働く人たちのチームワークをどう活かすか」（藤原文雄）　学事出版　2007.8　p186-187

教員研修
◎参考文献ほか「現代米国教員研修改革の研究―教員センター運動を中心に」（牛渡淳）　風間書房　2002.1　p626-660
◎引用参考文献「臨床的教師研修―教師のためのコンサルテーション・わかちあい・子ども理解」（小島勇）　北大路書房　2004.1　p161-167
◎参考文献「戦後日本教員研修制度成立過程の研究」（久保富三夫）　風間書房　2005.2　p423-434

教員検定試験
◎参考書一覧「「文検」試験問題の研究―戦前中等教員に期待された専門・教職教養と学習」（寺崎昌男ほか）　学文社　2003.2　p517-525

教員処分
◎参考文献「日本近代公教育の支配装置―教員処分体制の形成と展開をめぐって」（岡村達雄）　社会評論社　2002.1　p608-612
◎参考文献「教員の処分と手続制度」（入江彰）　多賀出版　2005.2　p293-313

教員人事政策
○文献リスト（青木栄一）「東京大学大学院教育学研究科教育行政学研究室紀要　25」（東京大）　2006.3　p103-106

教員養成
◎文献目録「「大学における教員養成」の歴史的研究―戦後「教育学部」史研究」（TEES研究会）　学文社　2001.2　p465-477
◎参考文献「世界の教員養成　2　欧米オセアニア編」（日本教育大学協会）　学文社　2005.9　prr
◎参考文献「近代中国における中等教員養成史研究」（経志江）　学文社　2005.12　p257-262
◎参考文献「総合演習の理論と実践」（森山賢一）　学文社　2007.4　p201-202
◎引用参考文献「明日の教師を育てる―インターネットを活用した新しい教員養成」（鈴木真理子ほか）　ナカニシヤ出版　2007.4　prr

狂歌
◎参考図書「落首がえぐる江戸の世相」（秋道博一）　文芸社　2002.4　p150-152
○和本書目（石川了）「大妻女子大学紀要　文系　35」（大妻女子大）　2003.3　p75-102
○「中央大学所蔵狂歌関係書解題目録」（中央大学図書館）　中央大図書館　2005.3　4, 52, 37p A5

境界
◎論文解題（香川雅信）「境界　怪異の民俗学8」（小松和彦）　河出書房新社　2001.6　p427-435
◎原注文献「境界を生きた女たち」（N.Z. デーヴィス）　平凡社　2001.9　p298-425
◎文献索引「境界の発生」（赤坂憲雄）　講談社　2002.6　p329-352
◎引用参考文献「「しきり」の文化論」（柏木博）　講談社　2004.5　p278-280
◎引用参考文献「境界の現場―フォークロアの歴史学」（鯨井千佐登）　辺境社　2006.5　p238-253

教会
◎参考文献「平和革命と宗教―東ドイツ社会主義体制に対する福音主義教会」（清水望）　冬至書房　2005.9　p644-632

きょうか

◎原注「西欧中世の社会と教会―教会史から中世を読む」(R. W. サザーン) 八坂書房 2007.4 p23-43b

教誨
◎引用参考文献「宗教教誨と浄土真宗―その歴史と現代への視座」(徳岡秀雄) 同朋舎 2006.3 p236-242

教会音楽
◎参考文献「ミサ曲・ラテン語・教会音楽ハンドブック―ミサとは・歴史・発音・名曲選」(三ヶ尻正) ショパン 2001.6 p204-211

教会会議
◎参考文献「教会会議の歴史―ニカイア会議から第2バチカン公会議まで」(N. P. タナー) 教文館 2003.8 p169-176

教会建築
◎参考文献「パリのノートルダム」(馬杉宗夫) 八坂書房 2002.6 p225-229
◎文献「プロテスタントの宗教建築―歴史・特徴・今日的問題」(B. レモン) 教文館 2003.6 p11-17b
◎参考文献「メキシコ先住民社会と教会建築―植民地期タラスコ地域の村落から」(横山和加子) 慶應義塾大出版会 2004.2 p15-30b
◎参考文献「ル・コルビュジエの宗教建築と「建築的景観」の生成」(千代章一郎) 中央公論美術出版 2004.2 p273-286
◎文献「横浜・長崎教会建築史紀行―祈りの空間をたずねて」(横浜都市発展記念館) 発展記念館 2004.5 p46-47
◎参考文献「シトー会建築のプロポーション」(西田雅嗣) 中央公論美術出版 2006.3 p413-431
◎関連図書「アルメニア共和国の建築と風土」(篠野志郎) 彩流社 2007.11 p10-11b

教会スラブ語
◎文献「古代教会スラブ語入門 新装版」(木村彰一) 白水社 2003.10 p10-11

境界性人格障害
◎参考文献「弁証法的行動療法実践マニュアル―境界性パーソナリティ障害への新しいアプローチ」(M. M. リネハン) 金剛出版 2007.9 p299-300

教会法
◎「A catalogue of the reformation and the canon law collection」(関西学院大学図書館) Kwansei Gakuin University Library 2002.3 173p A4

教会暦
◎文献表「教会暦―祝祭日の歴史と現在」(K. H. ビーリッツ) 教文館 2004.4 p1-4b

教科教育
◎「教科教育学に関する研究総目録 第16集」 日本教育大学協会第二常置委員会 2002.3 254, 17p A4

侠客
◎参考文献「中国任侠列伝―天子恐るるに足らず!!」(島崎晋) PHPエディターズ・グループ 2003.10 p210-213
◎参考文献「サムライとヤクザ―「男」の来た道」(氏家幹人) 筑摩書房 2007.9 p253-259

教科書
◎年譜「歴史教科書とナショナリズム 歪曲の系譜」(和仁廉夫) 社会評論社 2001.3 p245-248
◎引用文献「哲学の教科書」(中島義道) 講談社 2001.4 p366-371
◎「「歴史・公民」全教科書を検証する 教科書改善白書」(三浦朱門) 小学館 2001.7 348p A6
◎関連図書「どうちがうの? 新しい歴史教科書VSいままでの教科書」(編集部) 夏目書房 2001.7 p201-200
○「歴史教科書大論争 別冊歴史読本87」(新人物往来社) 2001.9 182p B5
◎参考文献「ドキュメント日韓歴史教育のいま―教科書問題と教育実践交流」(北澤卓也) 桐書房 2001.11 p154-156
◎参考文献「歴史教科書の歴史」(小山常実) 草思社 2001.11 p282-289
○年表・資料(伊香俊哉)「歴史教科書問題未来のへの回答 東アジア共通の歴史観は可能か 別冊世界」(岩波書店) 2001.12 p178-196
◎文献「国民史の変貌―日米歴史教科書とグローバル時代のナショナリズム」(岡本智周) 日本評論社 2001.12 p253-270
◎文献「『ジャックアンドベティ』を社会学的に読む」(岩本茂樹) 関西学院大学出版会 2002.4 p60-62
◎「教科書目録 平成15年度使用 県立高等学校用」 愛媛県教育委員会 2002.8 32p A4
◎ブックガイド「〈コンパッション〉は可能か?―歴史認識と教科書問題を考える」(『〈コンパッション〉は可能か?』対話集会実行委員会) 影書房 2002.11 p178-247
○文献目録(前田均)「日本語・日本文化研究 10」(京都外語大) 2003.3 p127-150
○目録(長沢雅春)「佐賀女子短期大学研究紀要 38」(佐賀女子短大) 2004 p97-108
◎参考文献「英語教科書の歴史的研究」(小篠敏明ほか) 辞游社 2004.8 p173-177
◎参考文献「教科書から見た日露戦争―これでいいのか、日本の教科書」(古賀俊昭ほか) 展転社 2004.11 p182-189
◎文献「アジアの教科書に見る子ども」(塘利枝子) ナカニシヤ出版 2005.2 p201-212
○「日本語教科書目録集成」(前田均) 〔前田均〕 2005.3 546p A4
◎一覧ほか「「読本」の研究―近代日本の女子教育」(眞有澄香) おうふう 2005.6 p414-469
◎参考文献「公民教科書は何を教えてきたのか」(小山常実) 展転社 2005.7 p283-291
○「理系明治期教科書―和装本―の目録―群馬大学総合情報メディアセンター図書館所蔵」 「群馬県における明治期科学教育の検証」研究者グループ 2005.12 79p A4
○目録「成城学園教育研究所 28」(成城学園) 2006.3 p17-49
◎参考文献「アメリカの教科書に書かれた日本の戦争」(越田稜) 梨の木舎 2006.4 p371-376
◎参考文献「日本と中国「歴史の接点」を考える―教科書にさぐる歴史認識」(夏坂真澄ほか) 角川学芸出版 2006.7 p300-306

◎参考文献「近代日本の教科書のあゆみ―明治期から現代まで」(滋賀大学附属図書館)　サンライズ出版　2006.10　p263-267
◎参考文献「『新しい歴史教科書』の〈正しい〉読み方―国の物語を超えて」(ひらかれた歴史教育の会)　青木書店　2007.3　p333-337

教科書訴訟
○文庫目録「人文学報　348」(都立大)　2004.3　p90-268

教科書体
◎文献「教科書体変遷史」(板倉雅宣)　朗文堂　2003.3　p192-201

共感
◎文献「共感と道徳性の発達心理学―思いやりと正義とのかかわりで」(M. L. ホフマン)　川島書店　2001.10　p331-350
◎文献「描画における共感性に関する臨床心理学的研究」(橋本秀美)　風間書房　2004.9　p211-224

共感覚
◎註ほか「共感覚者の驚くべき日常―形を味わう人、色を聴く人」(R. E. シトーウィック)　草思社　2002.4　p334-320
◎参考文献「ねこは青、子ねこは黄緑―共感覚者が語る不思議な世界」(P. L. ダフィー)　早川書房　2002.7　p220-216
◎引用文献ほか「共感覚―もっとも奇妙な知覚世界」(J. E. ハリソン)　新曜社　2006.5　p15-18b

供犠
◎参考文献「狩猟と供犠の文化誌」(中村生雄ほか)　森話社　2007.6　prr

狂牛病 ⇒ 牛海綿状脳症 を見よ

凶区
○関連年譜(渡辺武信)「現代詩手帖　46.7」(思潮社)　2003.7　p123-133

狂言
◎参考文献「謡曲・狂言集　新装版」(古川久, 小林責)　明治書院　2001.3　p338-340
◎台本「狂言変遷考」(永井猛)　三弥井書店　2002.3　p19-23
◎参考文献「太郎冠者、まかりとおる」(藤原成一)　法藏館　2003.3　p271-272
◎参考文献「狂言画学の世界―影印・作品解説・装束の着付・装束の構成」(安東伸元ほか)　和泉書院　2005.7　p171-174
◎参考文献「日本の仮面―能と狂言」(F. ペルツィンスキー)　法政大出版局　2007.5　p531-533

狂言事件
○新聞記事(内田智子)「文献探索　2001」(文献探索研究会)　2002.7　p521-523

狂犬病
◎参考文献「東京狂犬病流行誌」(上木英人)　時空出版　2007.2　p227-229

教護院
◎参考文献「感化院の記憶」(鈴木明子, 勝山敏一)　桂書房　2001.2　p371-372
◎文献「児童自立支援施設の実践理論」(岩本健一)　関西学院大学出版会　2003.3　p122-125

恐慌
◎原注「グローバリゼーションの終焉―大恐慌からの教訓」(H. ジェイムズ)　日本経済新聞社　2002.7　p352-324
◎参考文献「昭和恐慌の研究」(岩田規久男ほか)　東洋経済新報社　2004.4　p303-317
◎References「大恐慌を見た経済学者11人はどう生きたか」(R. E. パーカー)　中央経済社　2005.1　p280-290
◎引用参考文献「恐慌と不況」(中村泰治)　御茶の水書房　2005.3　p1-6b
◎文献「恐慌論の形成―ニューエコノミーと景気循環の衰滅」(大内秀明)　日本評論社　2005.7　p313-317
◎参考文献「経済失政はなぜ繰り返すのか―メディアが伝えた昭和恐慌」(中村宗悦)　東洋経済新報社　2005.1　p203-208

行幸啓
◎注文献「可視化された帝国　近代日本の行幸啓」(原武史)　みすず書房　2001.7　p385-431

教材
◎参考文献「教材設計マニュアル―独学を支援するために」(鈴木克明)　北大路書房　2002.4　p185-186

共産主義
◎文献目録「共産主義の黒書考」(小林宏晨)　政光プリプラン　2003.4　p149-151
◎参考文献「コミンテルン・システムとインドシナ共産党」(栗原浩英)　東京大学出版会　2005.4　p283-306
◎文献「ネオ共産主義論」(的場昭弘)　光文社　2006.4　p248-253
◎注「共産主義黒書　コミンテルン・アジア篇」(S. クルトワほか)　恵雅堂出版　2006.7　p368-402

行事
◎註「日本の「行事」と「食」のしきたり」(新谷尚紀)　青春出版社　2004.11　prr

教室
◎文献「教室空間における着席位置の意味」(北川歳昭)　風間書房　2003.2　p139-149
◎参考文献「教室の環境と学習効率」(村上周三ほか)　建築資料研究社　2007.10　p194-203

教授法
◎参考文献「21世紀を拓く教授学」(柴田義松)　明治図書出版　2001.4　p305-307
◎文献「効果のある学校―学力不平等を乗り越える教育」(鍋島祥郎)　部落解放・人権研究所　2003.12　p151-155
◎参考文献「大学授業を活性化する方法」(杉江修治ほか)　玉川大学出版部　2004.3　prr
◎参考文献「授業方法・技術と実践理念―授業構造の解明のために」(H. マイヤー)　北大路書房　2004.4　p331-350
◎推薦図書「シカゴ大学教授法ハンドブック」(A. ブリンクリほか)　玉川大学出版部　2005.5　p167-174
◎参考文献「他者との出会いを仕掛ける授業―傷つくことからひらかれる」(島田博司)　人文書院　2006.10　p234-237
◎著書目録「大学授業入門」(宇佐美寛)　東信堂　2007.2　p180-183

きょうし

◎参考文献「大学教育を変える教育業績記録―ティーチング・ポートフォリオ作成の手引」（P. セルディン）　玉川大出版部　2007.10　p377-379

行商
◎参考文献「反魂丹の文化史―越中富山の薬売り　日本アウトロー烈傳―玉川信明セレクション3」（玉川信明）　社会評論社　2005.12　p278-281

共生
◎参考文献「あなたがペットと生きる理由―人と動物の共生の科学」（A. ベック, A. キャッチャー）　ペットライフ社　2002.10　p387-354
◎参考文献「「共生」に学ぶ―生き物の知恵」（山本真紀）　裳華房　2005.8　p165-166
◎参考図書「海洋微生物と共生―サンゴ礁・海底熱水孔の生き物たち」（石田祐三郎）　成山堂書店　2007.11　p162-163

矯正
○文献（藤野京子）「刑政　113.12」（矯正協会）　2002.12　p56-63
○文献（桑山龍次）「刑政　114.12」（矯正協会）　2003.12　p38-44
○文献（出口保行）「刑政　115.12」（刑務協会）　2004.12　p120-128
○文献（小澤政治）「刑政　116.12」（刑務協会）　2005.12　p104-118

行政
◎引用文献「「行政経営品質」とは何か―住民本位の改革と評価基準」（淡路富男）　生産性出版　2001.3　p300-303
◎参考文献「講義現代日本の行政」（新藤宗幸）　東京大学出版会　2001.3　p217-219
◎参考文献「行政・地方自治」（秋月謙吾）　東京大学出版会　2001.4　p193-202
◎参考文献「行政学　新版」（西尾勝）　有斐閣　2001.4　p407-417
◎参考文献「日本行財政コンパクト事典　2001年改訂」（行財政事典編集部）　ときわ総合サービス　2001.4　p333-334
◎参考文献「現代日本の政治と行政」（本田雅俊）　北樹出版　2001.7　prr
◎参考文献「行政学教科書―現代行政の政治分析　第2版」（村松岐夫）　有斐閣　2001.12　p285-302
◎参考文献「電子政府最前線―こうすればできる便利な社会」（白井均）　東洋経済新報社　2002.2　p277-278
◎「政治・行政問題の本全情報　1995-2001」（日外アソシエーツ）　日外アソシエーツ　2002.3　932p A5
◎参考文献「オンブズマン制度―日本の行政と公的オンブズマン」（林屋礼二）　岩波書店　2002.10　p229-232
◎推薦図書「行政の新展開」（福田耕治ほか）　法律文化社　2002.12　prr
◎「図書・資料目録　平成14年10月1日―平成15年9月30日」　徳島県行政資料室　〔2003〕　70p A4
◎参考文献「公共経営学―市民・行政・企業のパートナーシップ」（松行康夫ほか）　丸善　2004.3　p198-205
◎参考文献「「政策評価」の理論と技法　増補改訂版」（竜慶昭ほか）　多賀出版　2004.6　p211-215
◎参考文献「政策評価入門―結果重視の業績測定」（H. P. ハトリー）　東洋経済新報社　2004.7　p295-303
◎参考文献「官の詭弁学―誰が規制を変えたくないのか」（福井秀夫）　日本経済新聞社　2004.8　p265-268
◎参考文献「行政サービスの決定と自治体労使関係」（中村圭介ほか）　明石書店　2004.9　p278-279
◎参考文献「政策評価―費用便益分析から包絡分析法まで」（中井達）　ミネルヴァ書房　2005.10　p229-248
◎参考文献「行政経営のための意思決定―AHPを使った難問打開の新手法」（木下栄蔵ほか）　ぎょうせい　2005.12　p183-187
◎参考文献「ネットワークによるガバナンス―公共セクターの新しいかたち」（S. ゴールドスミス）　学陽書房　2006.5　p229-235
◎参考文献「現代行政のフロンティア」（土岐寛ほか）　北樹出版　2007.2　prr
◎参考引用文献「日本の裏金　上　首相官邸・外務省編」（古川利明）　第三書館　2007.2　p340-354
◎参考文献ほか「行政における「実験」の機能・方法と限界―構造改革特区・モデル事業・交通社会実験等、方法的に厳密でない「実験」の研究」（白取耕一郎）　東京大　2007.3　p194-199
◎読書案内「政治学・行政学の基礎知識　2版」（堀江湛）　一藝社　2007.8　p330-331

行政委員会
◎文献「日本型行政委員会制度の形成―組織と制度の行政史」（伊藤正次）　東京大学出版会　2003.7　p269-282

行政改革
◎推薦図書「自治体DNA革命―日本型組織を超えて」（石井幸孝, 上山信一）　東洋経済新報社　2001.9　p335-346
◎参考文献「世界の行政改革―21世紀型政府のグローバル・スタンダード」（OECD）　明石書店　2006.10　p267-282
◎参考文献「自治体改革ビジョン―戦略計画・行政評価・公会計制度改革を中心に」（佐藤隆）　御茶の水書房　2007.5　p3-8b
◎参考文献「ニュージーランドの公的部門改革―New Public Managementの検証」（和田明子）　第一法規　2007.10　p211-224

行政監査
◎参考文献「公共部門評価の理論と実際」（古川俊一, 北大路信郷）　日本加除出版　2001.12　p299-302
◎参考文献「自治体経営と行政評価制度」（中地宏）　ぎょうせい　2003.4　p176-178
◎文献「政策評価トレーニング・ブック―7つの論争と7つの提案」（佐々木亮）　多賀出版　2003.7　p213-214
◎参考文献「公共部門評価の理論と実際―政府から非営利組織まで　新版」（古川俊一ほか）　日本加除出版　2004.6　p359-365
◎参考文献「自治体の財務報告と行政評価」（宮本幸平）　中央経済社　2004.9　p173-177
◎参考文献「公共部門の業績評価―官と民の役割分担を考える」（井堀利宏）　東京大学出版会　2005.1　prr
◎参考文献「日本型政策評価としての事務事業評価」（窪田好男）　日本評論社　2005.2　p157-163
◎文献案内「政策評価ミクロモデル」（金本良嗣ほか）　東洋経済新報社　2006.3　p295-300

行政強制
◎引用参考文献「間接行政強制制度の研究」(西津政信) 信山社出版 2006.4 p213-223

行政研修
◎参考文献「行政人材革命—"プロ"を育てる研修・大学院の戦略」(上山信一ほか) ぎょうせい 2003.9 p262-265
◎参考文献「海外の地方公務員研修機関」 自治体国際化協会 2006.7 p124-125

行政事件訴訟法
◎参考文献「改正行政事件訴訟法—改正法の要点と逐条解説」(宇賀克也) 青林書院 2004.7 p9-16f
◎文献「改正行政事件訴訟法—改正法の要点と逐条解説 補訂版」(宇賀克也) 青林書院 2006.3 p8-16f

強制執行
◎参考文献「民事執行法 増補新訂5版」(中野貞一郎) 青林書院 2006.4 p809-814
◎参考文献「民事執行の実務 下 総則 強制執行における救済 非金銭執行 補訂版」(深沢利一) 新日本法規出版 2007.2 p1-3f

強制執行法
◎参考文献「フランスのアストラント—第二次世界大戦後の展開」(大浜しのぶ) 信山社出版 2004.8 p513-519
◎参考文献「金銭債権の国際化と民事執行—フランス法,EU法における債務名義の価値回復」(小梁吉章) 信山社出版 2004.8 p341-355

強制収容所
◎参考文献「聖地ソロフキの悲劇—ラーゲリの知られざる歴史をたどる」(内田義雄) NHK出版 2001.6 p260-262
◎参考文献「ぼくたちは10歳から大人だった—オランダ人少年抑留と日本文化教科書に書かれなかった戦争 part 37」(ハンス・ラウレンツ・ズヴィッツァー) 梨の木舎 2001.11 p53-61b
◎文献「オーストラリア日系人強制収容の記録—知られざる太平洋戦争」(永田由利子) 高文研 2002.12 p234-237
◎参考文献「アルザスの小さな鐘—ナチスに屈しなかった家族の物語」(M. L. ロート=ツィマーマン) 法政大学出版局 2004.7 p5-9b
◎文献ほか「グラーグ—ソ連集中収容所の歴史」(A. アプルボーム) 白水社 2006.7 p8-25b
◎参考文献ほか「救出への道—シンドラーのリスト・真実の歴史」(M. ペンパー) 大月書店 2007.1 p1-6b
◎References「強制収容とアイデンティティ・シフト—日系二世・三世の「日本」と「アメリカ」」(野崎京子) 世界思想社 2007.9 p221-229

共生循環
◎参考文献「自然学—自然の「共生循環」を考える」(藤原昇ほか) 東海大学出版会 2004.11 prr

行政組織
◎文献「行政法 3 第2版」(塩野宏) 有斐閣 2001.2 p320-323

行政組織法
◎参考書「行政組織法 新版」(藤田宙靖) 良書普及会 2001.6 p377-380

行政訴訟
◎参考文献「行政訴訟改革」(橋本博之) 弘文堂 2001.9 p195-196

行政評価
◎文献「行政評価導入マニュアルQ&A」(トーマツ) 中央経済社 2001.11 p187-188
◎参考文献「日本の行政評価—総括と展望」(上山信一) 第一法規出版 2002.1 p216-220
◎参考文献「入門ミュージアムの評価と改善—行政評価や来館者調査を戦略的に活かす」(村井良子) ミュゼ 2002.2 p176-177

行政法
◎参考文献「行政法—現代行政過程論」(大橋洋一) 有斐閣 2001.3 p24-26
◎参考文献「行政法 第2版」(山下淳ほか) 有斐閣 2001.4 p252-253
◎参考文献「新現代行政法入門 1 基本原理・行政作用・行政救済」(室井力) 法律文化社 2001.11 p369-372
◎参考文献「現代行政法 第5版」(成田頼明) 有斐閣 2002.5 p324-325
◎参考文献「行政法 1 総論 4版」(藤田宙晴) 青林書院 2003.3 p523-526
◎文献「行政法 4版」(南博方) 有斐閣 2003.3 p271-273
◎文献「対話で学ぶ行政法 行政法と隣接法分野との対話」(宇賀克也ほか) 有斐閣 2003.4 prr
◎参考文献「行政法 2版補訂」(山下淳ほか) 有斐閣 2003.5 p262-263
◎参考文献「政策法学講座」(阿部泰隆) 第一法規出版 2003.8 p7-8f
◎参考文献「新現代行政法入門 1 基本原理・行政作用・行政救済 補訂版」(室井力) 法律文化社 2005.3 p385-389
◎参考文献「行政法」(櫻井敬子ほか) 弘文社 2007.3 p392-394
◎参考文献「フランス行政法—判例行政法のモデル」(P. ウェールほか) 三省堂 2007.8 p139-140
◎文献「行政法講義 下3」(小早川光郎) 弘文堂 2007.8 p5-6f

矯正保護
◎参考文献「非行と犯罪の精神科臨床—矯正施設の実践から」(野村俊明ほか) 星和書店 2007.4 prr

強制労働
◎参考文献「中国人強制連行の生き証人たち」(鈴木賢士) 高文研 2003.8 p156」
◎文献目録「花岡事件の人たち—中国人強制連行の記録」(野添憲治) 文元社 2004.2 p262-280
◎参考文献「ナチス・ドイツの外国人—強制労働の社会史」(矢野久) 現代書館 2004.12 p227-248
◎参考文献「朝鮮人戦時労働動員」(山田昭次ほか) 岩波書店 2005.8 prr

きょうせ

◎引用参考文献（鉱山労働）「大江山鉱山─中国人拉致・強制労働の真実」（和久田薫）　ウインかもがわ　2006.8　p230-232

業績評価
◎参考文献「業績評価マネジメント─ミッションを実現する戦略的手法　改訂版」（アーサーアンダーセンビジネスコンサルティング）　生産性出版　2001.3　p282-292

京セラ
◎文献「アメーバ経営論─ミニ・プロフィットセンターのメカニズムと導入」（三矢裕）　東洋経済新報社　2003.4　p249-256

競争
◎参考文献「収穫逓増と不完全競争の貿易理論」（菊地徹）　勁草書房　2001.8　p121-132
◎注「競争戦略論講義」（P. ゲマワット）　東洋経済新報社　2002.10　prr
◎参考文献「産業組織と競争政策」（柳川隆）　勁草書房　2004.3　p229-236
◎読書案内「競争の戦略と政策」（柳川隆ほか）　有斐閣　2006.6　p339-341
◎文献「競争の社会的構造─構造的空隙の理論」（R. S. バート）　新曜社　2006.10　p293-306
◎引用文献「ライバル関係の心理学」（太田伸幸）　ナカニシヤ出版　2007.2　p197-204
◎参考文献ほか「たたかいの社会学─悲喜劇としての競争社会　増補新版」（ましこひでのり）　三元社　2007.9　p307-319

鏡像
◎引用文献「鏡の中の左利き─鏡像反転の謎」（志村浩一）　ナカニシヤ出版　2004.4　p169-171

きょうだい
◎「きょうだい関係とその関連領域の文献集成　1総合目録編」（白佐俊憲）　川島書店　2003.9　8, 456p A5
◎「きょうだい関係とその関連領域の文献集成　2-3」（白佐俊憲）　川島書店　2004.3　2冊　A5
◎「きょうだい関係とその関連領域の文献集成　4」（白佐俊憲）　川島書店　2005.3　474p A5
○文献目録（白佐俊憲）「浅井学園大学短期大学部研究紀要　44」（浅井学園大）　2006 p153-168

協調会
◎参考文献「協調会の研究」（法政大学大原社会問題研究所）　柏書房　2004.2　p295-369

経典
○典籍文書目録（武内孝善）「高野山大学論叢　40」（高野山大）　2005.2　p85-184
○「真言宗智山派所属寺院聖教撮影目録　1」（真言宗智山派宗務庁）　真言宗智山派宗務庁　2007.3　346p B5

郷土
◎注「郷土　表象と実践」（「郷土」研究会）　嵯峨野書院　2003.6　prr

協働
◎参考文献「協働のデザイン　パートナーシップを拓く仕組みづくり、人づくり」（世古一穂）　学芸出版社　2001.2　p182-184

協同組合
◎参考文献「ドイツの協同組合制度─歴史・構造・経済的潜在力　新版」（G. アシュホフ, E. ヘニングセン）　日本経済評論社　2001.6　p207-231
◎参考文献「イタリア社会的経済の地域展開」（田中夏子）　日本経済評論社　2004.10　p253-258
◎参考文献「協同組合の軌跡とビジョン」（鈴木俊彦）　農林統計協会　2006.9　p160-162
◎引用参考文献「アソシエーティブ・デモクラシー─自立と連帯の統合へ」（佐藤慶幸）　有斐閣　2007.5　p169-174

共同体
◎関連文献「歴史学事典　10　身分と共同体」（尾形勇）　弘文堂　2003.2　prr
◎参考文献「コミュニティは創られる」（A. P. コーエン）　八千代出版　2005.3　p193-202

京都学派
◎引用文献「物語「京都学派」」（竹田篤司）　中央公論新社　2001.10　p301-304
◎文献目録「京都学派と日本海軍　新史料「大島メモ」をめぐって」（大橋良介）　PHP研究所　2001.12　p343-349
◎総合年表（米田俊秀）「京都学派の思想─種々の像と思想のポテンシャル」（大橋良介）　人文書院　2004.2　p266-297

郷土玩具
◎参考文献「江戸からおもちゃがやって来た」（千葉惣次）　晶文社　2004.3　1pb
◎参考文献「近江の玩具」（近江郷土玩具研究会ほか）　サンライズ出版　2004.9　p277-278

郷土教育
◎文献「地域に根ざした学校づくりの源流─滋賀県島小学校の郷土教育」（木全清博）　文理閣　2007.10　p249-253

郷土芸能
◎文献リスト「演者たちの「共同体」─東京エイサーシンカをめぐる民族誌的説明」（小林香代）　風間書房　2001.3　p219-233
◎参考資料「阿波人形浄瑠璃─国指定重要無形民俗文化財　財団法人阿波人形浄瑠璃振興会設立50周年記念誌」　阿波人形浄瑠璃振興会　2005.6　p48-49b
◎参考文献「比較芸能論─思考する身体」（宮尾慈良）　彩流社　2006.4　p250-254
◎参考文献「芸能の〈伝承現場〉論─若者たちの民俗的学びの共同体」（大石泰夫）　ひつじ書房　2007.9　p451-460

郷土史
◎「地方史文献年鑑─郷土史研究雑誌目次総覧　1999」（飯澤文夫）　岩田書院　2001.2　572p A5
○雑誌目次速報（飯澤文夫）「地方史情報　035」（岩田書院）　2001.5　p2-43
◎「防長郷土史料目録」　マツノ書店　2001.7　123p B5
◎「全国地方史誌関係図書目録─国立国会図書館納本非流通図書　2000」（クオリ）　クオリ　2001.10　167p B5
◎「地方史文献年鑑─郷土史研究雑誌目次総覧　2000」（飯澤文夫）　岩田書院　2002.4　607p A5

郷土史家
- ◎文献「郷土史家人名事典―地方史を掘りおこした人々」（日外アソシエーツ）　日外アソシエーツ　2007.12　prr

郷土資料
- ◎「市立函館図書館蔵郷土資料　分類・目録　第17分冊　著作目録」（市立函館図書館）　市立函館図書館　2001.1　101p B5
- ◎「地域研究・郷土資料図書目録―平成大合併版」（図書館流通センター）　図書館流通センター　2006.10　32, 1501p A4

京都人文学園
- ◎参考文献「京都人文学園成立をめぐる戦中・戦後の文化運動」（山嵜雅子）　風間書房　2002.1　p317-326

京都大学キリスト教青年会
- ◎文献「地塩洛水―京都大学YMCA百年史」（京都大学キリスト教青年会百周年記念事業委員会）　京都大学キリスト教青年会　2003.3　p183-184b

京都府
- ◎参考文献「京都史跡事典　コンパクト版」（石田孝喜）　新人物往来社　2001.10　p265-268
- ◎参考文献「京都学への招待」（村井康彦）　角川書店　2001.12　p184-186
- ◎参考文献「京の鴨川と橋―その歴史と生活」（門脇禎二ほか）　思文閣出版　2002.1　prr
- ◎参考文献「京都「五七五」あるき―旅ゆけば俳句日和」（池本健一）　実業之日本社　2002.2　p304-306
- ◎参考文献「京都学への招待」（村井康彦）　角川書店　2002.4　p184-186
- ◎出典一覧「京都府方言辞典」（中井幸比古）　和泉書院　2002.7　p10-16
- ◎参考文献「京都と京街道　京都・丹波・丹後―街道の日本史　32」（水木邦彦）　吉川弘文館　2002.10　p20-22b
- ◎参考図書「京都暮らしの大百科―まつり・伝承・しきたり12ヶ月」（梅原猛ほか）　淡交社　2002.11　p471」
- ◎主要参考文献「京都の不思議」（黒田正子）　光村推古書院　2002.12　p272-275
- ◎参考文献「百鬼夜行の見える都市」（田中優子）　筑摩書房　2002.12　p275-283
- ◎参考文献「京の医学　慈仁の系譜と府立医大の草創」（川端真一）　人文書院　2003.3　p230-231
- ◎参考文献「京都フィールドワークのススメ　あるくみるきくよむ」（鵜飼正樹ほか）　昭和堂　2003.3　prr
- ◎参考文献「女たちの幕末京都」（辻ミチ子）　中央公論新社　2003.4　p247-250
- ◎参考文献「古写真で語る京都―映像資料の可能性」（京都映像資料研究会）　淡交社　2004.3　p278」
- ◎参考文献「京都の自然史」（横山卓雄）　京都自然史研究所　2004.6　p226-230
- ◎参考文献「京都・滋賀の力石　2版」（高島愼助）　岩田書院　2004.7　p104-111
- ◎参考文献「電信の歴史と京都電報局の歴史を年表に見る―改訂版」（土山年雄）　土山年雄　2004.9　p104-106
- ◎参考文献「あのころ京都の暮らし―写真が語る百年の暮らしの変化」（中村治）　世界思想社　2004.12　p137-139
- ◎参考文献「京都の地名検証―風土・歴史・文化をよむ」（京都地名研究会）　勉誠出版　2005.4　p418-422
- ◎参考文献「台風23号災害と水害環境―2004年京都府丹後地方の事例」（植村善博）　海青社　2005.9　p101-102
- ◎参考文献「京都経済の探究―変わる生活と産業」（岡田知弘）　高菅出版　2006.6　p354-356
- ◎参考文献「京都の地名検証―風土・歴史・文化をよむ 2」（京都地名研究会）　勉誠出版　2007.1　p348-359
- ◎参考文献「近畿地方の民俗芸能　2」（京都府教育委員会）　海路書院　2007.2　p341-364
- ◎参考文献「京文化と生活技術―食・職・農と博物館」（印南敏秀）　慶友社　2007.7　p475-478

京都府　天橋立
- ◎参考文献「天橋立物語―その文化と歴史と保全」（岩垣雄一）　技報堂出版　2007.7　p303-310

京都府　宇治遺跡群
- ◎参考文献「宇治遺跡群　日本の遺跡6」（杉本宏）　同成社　2006.1　p167-170

京都府　宇治市
- ◎参考文献「日本茶の魅力を求めて―ほんもののお茶・宇治茶とこれから」（小西茂毅）　大河書房　2005.9　p223-227

京都府　亀岡市史
- ◎参考文献「新修亀岡市史　本文編2」（亀岡市史編さん委員会）　亀岡市　2004.3　p24-36b

京都府　鴨川
- ◎参考文献「京の鴨川と橋―その歴史と生活」（門脇禎二ほか）　思文閣出版　2002.1　prr

京都府　賀茂御祖神社
- ◎参考文献「神游の庭―世界文化遺産・京都　賀茂御祖神社〈下鴨神社〉」（新木直人）　経済界　2007.4　p236-237

京都府　京都市
- ◎参考文献ほか「三条界隈のやきもの屋」（土岐市美濃陶磁歴史館）　同歴史館　2001.2　p59-60
- ◎註「京都町共同体成立史の研究」（五島邦治）　岩田書院　2004.11　prr
- ◎参考文献「御土居堀ものがたり」（中村武生）　京都新聞出版センター　2005.10　p272-280
- ◎参考資料「京都の地名由来辞典」（源城政好ほか）　東京堂出版　2005.12　p232-234
- ◎参考文献「芸術創造拠点と自治体文化政策―京都芸術センターの試み」（松本茂章）　水曜社　2006.1　p269-275
- ◎参考文献「近代京都の改造―都市経営の起源1850-1918年」（伊藤之雄）　ミネルヴァ書房　2006.4　p327-338
- ◎参考文献「京都の明治文学―伝統の継承と変革」（河野仁昭）　白川書院　2007.1　p270-275
- ◎参考文献ほか「「伝承」で歩く京都・奈良―古都の歴史を訪ねて」（本島進）　慧文社　2007.2　p489-493
- ◎参考文献「バーチャル京都―過去・現在・未来への旅―京の"時空散歩"」（矢野桂司ほか）　ナカニシヤ出版　2007.3　p158-159
- ◎参考文献「京に学ぶ―追大ブランディングチームの挑戦」（辻幸恵）　アスカ文化出版　2007.3　p117-119
- ◎参考文献「西陣―織のまち・京町家」（片方信也）　つむぎ出版　2007.4　p237-238

きょうと

◎参考文献「京都異国遺産」(鶴岡真弓) 平凡社 2007.6 p214-215
◎参考文献「京都の寺社505を歩く―決定版 上 洛東・洛北(東域)・洛中編」(槇野修) PHP研究所 2007.7 p384-385
◎参考文献「京都の門前町と地域自立」(河村能夫) 晃洋書房 2007.7 p7-17
◎参考文献「近世京都の歴史人口学的研究―都市町人の社会構造を読む」(浜野潔) 慶應義塾大出版会 2007.8 p247-253
◎参考文献「京都花街の経営学」(西尾久美子) 東洋経済新報社 2007.9 p247-249

京都府　京都見廻組
◎文献「京都見廻組史録」(菊地明) 新人物往来社 2005.12 p206-207

京都府　京焼
◎参考文献「永楽家京焼の精華」(永楽善五郎) 淡交社 2005.1 p109
◎参考文献「京焼―みやこの意匠と技 特別展覧会」(京都国立博物館) 京都国立博物館 2006.10 p352-353

京都府　高山寺
◎参考文献「高山寺経蔵古目録　続」(綜合調査団) 東京大学出版会 2002.3 p7-8

京都府　広隆寺
◎論著目録「広隆寺史の研究」(林南寿) 中央公論美術出版 2003.2 p281-288

京都府　醍醐寺
◎文献「醍醐寺大観　第2巻」(有賀祥隆ほか) 岩波書店 2002.5 p101-105
◎「醍醐寺文書聖教目録　2」(総本山醍醐寺) 勉誠出版 2005.8 589p A4

京都府　高瀬川
◎参考文献「京都高瀬川―角倉了以・素庵の遺産」(石田孝喜) 思文閣出版 2005.8 p9-10b

京都府　丹後地震
◎参考文献「昭和二年北丹後地震―家屋の倒壊と火災の連鎖」(蒲田文雄) 古今書院 2006.3 p210-215

京都府　丹後半島
◎参考文献「丹後半島歴史紀行―浦島太郎伝説探訪」(瀧音能之、三舟隆之) 河出書房新社 2001.7 p101-102

京都府　長岡京
◎参考文献「長岡京研究序説」(山中章) 塙書房 2001.4 p427-457

京都府　二条城
◎文献目録「二條城庭園の歴史」(内田仁) 東京農業大出版会 2006.5 p13-15

京都府　東本願寺
◎参考文献「東本願寺三十年紛争」(田原由紀雄) 白馬社 2004.12 p319-322

京都府　福知山市
◎参考文献「丹波ののぼり祭り―三岳山をめぐる歴史と民俗」(園田学園女子大学歴史民俗学会) 岩田書院 2006.1 p109-111

京都府　平安京
◎参考文献「平安京の暮らしと行政　日本史リブレット10」(中村修也) 山川出版社 2001.7 1pb
◎文献ほか「今昔物語集の人―平安京篇」(中村修也) 思文閣出版 2004.11 p195-198
◎参考文献「平安京のニオイ」(安田政彦) 吉川弘文館 2007.2 p216-220

京都府　本能寺の変
◎参考文献「真説本能寺」(桐野作人) 学習研究社 2001.3 p355-365

京都府　舞鶴港
◎文献「港の景観―民俗地理学の旅」(出口晶子ほか) 昭和堂 2005.6 p287-288

京都府　松尾大社
◎参考文献「松尾大社」(松尾大社) 学生社 2007.2 p210-211

京都府　峰山町
◎参考文献「わがまち峰山　峰山郷土史現代編」 峰山町 2004.3 p262-263

京都府　宮津市
◎参考文献「天橋立物語―その文化と歴史と保全」(岩垣雄一) 技報堂出版 2007.7 p303-310

京都府　室町教会
◎文献「日本キリスト教団室町教会百年史――八八九年～一九九四年」(室町教会百年史編集委員会) 日本基督教団室町教会 2002.7 p239-240

京都府　物集女城
◎参考文献「京都乙訓・西国の戦国時代と物集女城」(中井均ほか) 文理閣 2005.9 p192-195

京都府　八坂神社
◎文献目録「祇園信仰事典」(真弓常忠) 戎光祥出版 2002.4 p449-457

京都府　山科本願寺
◎文献一覧(吉井克信)「掘る・読む・あるく本願寺と山科二千年」(山科本願寺・寺内町研究会) 法藏館 2003.4 p229-237

京都府　龍安寺石庭
◎参考文献「龍安寺石庭を推理する」(宮元健次) 集英社 2001.8 p184-188

郷土舞踊
◎参考文献「朝鮮通信使と文化伝播―唐子踊り・唐人踊りと祭礼行列を中心に」(任東權) 第一書房 2004.8 p226-235

強迫観念
◎参考文献「対人恐怖・強迫観念から脱出する方法―全人的自己肯定、正の攻撃心、自我確立を中心として」(清野宗佐) 日本図書刊行会 2001.4 p253-255
◎文献「強迫性障害―病態と治療」(成田善弘) 医学書院 2002.3 p138-152
◎参考文献「強迫観念の治療―認知行動療法―科学と実践」(S.ラックマン) 世論時報社 2007.2 p192-196

共犯
◎文献「正犯・共犯論の基礎理論」(島田聡一郎) 東京大学出版会 2002.3 p7-21b

恐怖
◎参考文献「恐怖の歴史―牧神からメン・イン・ブラックまで」（P. ニューマン） 三交社 2006.11 p383-378

教父
◎参考文献「教父と古典解釈―予型論の射程」（秋山学） 創文社 2001.2 p49-63b
◎参考文献「砂漠の師父の言葉―ミーニュ・ギリシア教父全集より」（谷隆一郎ほか） 知泉書館 2004.4 p424-425

共謀罪
◎参考文献「共謀罪とは何か」（海渡雄一ほか） 岩波書店 2006.10 p71」

享保の改革
◎参考文献「享保改革と社会変革　日本の時代史16」（大石学） 吉川弘文館 2003.9 p330-346

教養
○100冊（坪内祐三）「鳩よ！ 19.12.212」（マガジン・ハウス） 2001.12 p24-33
◎参考文献「明治人の教養」（竹田篤司） 文藝春秋 2002.12 p195-198
◎文献「教養主義の没落―変わりゆくエリート学生文化」（竹内洋） 中央公論新社 2003.7 p251-274
◎引用参照文献「グロテスクな教養」（高田里惠子） 筑摩書房 2005.6 p237-253
◎参考文献「移りゆく「教養」」（苅部直） NTT出版 2007.10 p225-241

教理
◎文献「現代人のための教理史ガイド―教理を擁護する」（棚村重行） 教文館 2001.2 p1-4b

恐竜
◎ブックガイド（高橋祐司, 金子隆一）「恐竜学がわかる。」（編集部） 朝日新聞社 2001.2 p168-175
◎参考図書「恐竜大百科事典」（J. O. Farlow, M. K. Brett-Surman） 朝倉書店 2001.2 p611-612
◎参考文献ほか「恐竜の世界をもとめて」（D. キャドバリー） 無名舎 2001.6 p379-418
◎参考文献「恐竜が動き出す　デジタル古生物入門」（笹沢教一） 中央公論新社 2001.7 p159-163
◎参考文献「白亜紀に夜がくる―恐竜の絶滅と現代地質学」（ジェームズ・ローレンス・パウエル） 青土社 2001.8 p7-29b
◎参考文献「恐竜を掘りにいく―謎だらけの生態を解き明かす最新恐竜学」（浜田隆士） 青春出版社 2002.6 p189」
◎精選文選「恐龍を追った人びと―ダーウィンへの道を開いた化石研究者たち」（C. マガウワン） 古今書院 2004.12 p310-308
◎参考文献「スー―史上最大のティラノサウルス発掘」（P. ラーソンほか） 朝日新聞社 2005.3 p11-16b
◎文献目録「恐竜の発見」（E. H. コルバート） 早川書房 2005.10 p417-426
◎引用文献「恐竜ホネホネ学」（犬塚則久） NHK出版 2006.6 p236-242
◎参考文献「恐竜学―進化と絶滅の謎」（D. E. Fastovskyほか） 丸善 2006.7 prr

◎参考文献「ドラゴンハンター―ロイ・チャップマン・アンドリューズの恐竜発掘記」（C. ガレンカンプ） 技術評論社 2006.9 p410-413
◎参考図書「図説恐竜の時代」（T. ヘインズ） 岩崎書店 2006.10 p284」

橋梁建築
◎参考文献「新版日本の橋―鉄・鋼橋のあゆみ」（日本橋梁建築協会） 朝倉書店 2004.5 p203-206
◎参考文献「近代日本の橋梁デザイン思想―三人のエンジニアの生涯と仕事」（中井祐） 東京大学出版会 2005.7 p579-599

行列
◎参考文献「統計のための行列代数　下」（D. A. ハーヴィル） シュプリンガー・ジャパン 2007.6 p339-342

共和主義
◎参考文献「近代共和主義の源流―ジェイムズ・ハリントンの生涯と思想」（淺沼和典） 人間の科学新社 2001.5 p482-491

漁業
◎参考文献「栽培漁業と統計モデル分析」（北田修一） 共立出版 2001.2 p303-326
◎文献「熱帯アジアの海を歩く」（北窓時男） 成山堂書店 2001.8 p173-174
◎文献「最新・漁業権読本―漁協実務必携―漁業権の正確な理解と運用のために」（田中克哲） まな出版企画 2002.11 p468-469
◎注「水産の社会史」（後藤雅知ほか） 山川出版社 2002.11 prr
◎参考文献「江戸前貝類漁業小史―東京の干潟に生きた貝類漁師の覚書」（塩屋照雄ほか） 東京都内湾漁業環境整備協会 2003.3 p188-190
◎文献「環境漁協宣言―矢作川漁協100年史」（矢作川漁協100年史編集委員会） 矢作川漁業協同組合 2003.12 p426-431
◎参考文献「密漁の海で―正史に残らない北方領土」（本田良一） 凱風社 2004.6 p386-387
◎参考文献「瀬戸内海―魚類研究と養殖漁業の歴史展　特別資料展」（東かがわ市歴史民俗資料館） 歴史民俗資料館 2004.12 p67-68
◎参考文献「豆州内浦漁民史料と内浦の漁業―開館30周年記念特別展」（沼津市歴史民俗資料館） 沼津市歴史民俗資料館 2005.2 p59-60
◎文献「ベントスと漁業」（林勇夫ほか） 恒星社厚生閣 2005.4 prr
◎参考文献「漁業経済研究の成果と展望」（漁業経済学会） 成山堂書店 2005.5 prr
◎参考文献「漁業資源―なぜ管理できないのか　2訂版」（川崎健） 成山堂書店 2005.7 p229-236
◎参考文献「サバがトロより高くなる日―危機に立つ世界の漁業資源」（井田徹治） 講談社 2005.8 p278-280
◎参考文献「八戸の漁業・近代編」（山根勢五） 八戸市 2006.1 p195-196
◎参考文献「近代福岡県漁業史―1878-1950」（三井田恒博） 海鳥社 2006.8 p993-1000
◎参考図書「沿岸漁業の歴史」（山口徹） 成山堂書店 2007.4 p191-193
◎参考文献「ニシンの近代史―北海道漁業と日本資本主義」（D. L. Howell） 岩田書院 2007.9 p241-262

きよきよ

虚業家
◎参考文献「「虚業家」による泡沫会社乱造・自己破綻と株主リスク―大正期"会社魔"松島肇の事件を中心に」（小川功）　滋賀大　2006.2　p221-229

漁具
◎参考文献「漁具物理学」（松田皎）　成山堂書店　2001.4　p217-220
◎文献「テレメトリー―水生動物の行動と漁具の運動解析」（山本樟郎ほか）　恒星社厚生閣　2006.10　prr

極東国際軍事裁判
◎文献「東京裁判の国際関係―国際政治における権力と規範」（日暮吉延）　木鐸社　2002.11　p21-50b
◎参考文献「東京裁判がよくわかる本」（太平洋戦争研究会）　PHP研究所　2002.12　p328-329
◎「東京裁判―英文文献・研究ガイド」（J. M. ウェルチ）　現代史料出版　2005.5　255p A4
◎参考文献「東京裁判の謎を解く―極東国際軍事裁判の基礎知識」（別宮暖朗ほか）　光人社　2007.3　p374-377
◎参考文献「東京裁判早わかり」（福島雄一）　朱鳥社　2007.12　p110-111

巨樹
◎引用文献「巨木と鳥竿」（諏訪春雄ほか）　勉誠出版　2001.6　prr
◎文献目録（中谷真裕美ほか）「鳥取大学農学部演習林研究報告　28」（鳥取大）　2004.3　p43-63
◎参考文献「クスノキと日本人―知られざる古代巨樹信仰」（佐藤洋一郎）　八坂書房　2004.10　p237-238

居住環境
◎参考文献「住まいと街を科学する―健康と快適環境を創る先端技術」（住まいの科学研究会）　彰国社　2002.10　p229-231

居住空間
◎参考文献「南イタリア都市の居住空間―アマルフィ、レッチェ、シャッカ、サルディーニャ」（陣内秀信）　中央公論美術出版　2005.4　p529-531

挙証責任
◎参考文献「真偽と証明―正義は一つか」（竜崎喜助）　尚学社　2004.5　p488-500

拒食症
◎参考文献「拒食と過食の社会学」（加藤まどか）　岩波書店　2004.3　p199-207
◎文献「アノレクシア・ネルヴォーザ論考」（下坂幸三）　金剛出版　2007.4　prr

巨石
◎参考文献「縄文の循環文明―ストーンサークル」（左合勉）　叢文社　2005.10　p186-187
◎参考文献「巨石―イギリス・アイルランドの古代を歩く」（山田英春）　早川書房　2006.6　p286-287

漁村
◎文献「マニラへ渡った瀬戸内漁民―移民送出母村の変容」（武田尚子）　御茶の水書房　2002.2　p1-14b
◎参考文献「海の呼び声、地の果ての声」（松田建一）　高知新聞社　2003.2　p212-214
◎参考文献「都市と漁村―新しい交流ビジネス」（日高健）　成山堂書店　2007.3　p141-142

巨大建造物
◎参考文献「よみがえる古代大建設時代―巨大建造物を復元する」（大林組プロジェクトチーム）　東京書籍　2002.8　p323」

巨大建築
◎参考文献「新宗教と巨大建築」（五十嵐太郎）　講談社　2001.12　p231-233

巨峰
◎参考文献ほか「巨峰物語―巨峰を愛し守り続けた田主丸の人びと　その涙と苦闘の半世紀」（巨峰開植50周年記念実行委員会）　巨峰開植50周年記念実行委員会　2007.9　p251-253

漁法
◎参考文献「石干見―最古の漁法　ものと人間の文化史135」（田和正孝）　法政大出版局　2007.2　p297-305

漁民
◎引用文献「移住漁民の民俗学的研究」（野地恒有）　吉川弘文館　2001.12　p344-358
◎参考文献「海域世界の民族誌―フィリピン島嶼部における移動・生業・アイデンティティ」（関恒樹）　世界思想社　2007.2　p356-340

魚油
◎文献「〈実用〉水産油脂事典」（日本水産油脂協会）　日本水産油脂協会　2005.2　p218-221

許容限界
◎文献「人間の許容限界事典」（山崎昌廣ほか）　朝倉書店　2005.10　prr

魚雷艇
◎参考文献「日本魚雷艇物語―日本海軍高速艇の技術と戦歴」（今村好信）　光人社　2002.12　p232」

居留地
◎参考文献「神戸と居留地―多文化共生都市の原像」（神戸外国人居留地研究会）　神戸新聞総合出版センター　2005.4　p252-255

魚類
◎参考文献「稚魚の自然史―千変万化の魚類学」（千田哲資ほか）　北海道大学図書刊行会　2001.1　p279-294
◎引用文献「サメへの道　サメ研究30年の成果」（手島和之）　文芸社　2001.5　p124-135
◎引用文献「魚類の社会行動　1」（桑村哲生, 狩野賢司）　海游舎　2001.11　p195-204
◎参考図書「Q&A食べる魚の全疑問　魚屋さんもビックリその正体」（高橋素子）　講談社　2003.4　p228-230
◎文献「魚類の免疫系」（渡辺翼）　恒星社厚生閣　2003.4　prr
◎文献「知床の魚類」（斜里町立知床博物館）　北海道新聞社　2003.6　p237-238
◎参考文献「東大講座すしネタの自然史」（大場秀章ほか）　NHK出版　2003.11　p280-284
◎参考図書「魚の卵のはなし」（平井明夫）　成山堂書店　2003.12　p173-174
◎参考文献「魚類の受精」（岩松鷹司）　培風館　2004.4　p175-187
◎参考文献「性転換する魚たち」（桑村哲生）　岩波書店　2004.9　p203-205
◎参考文献「南極の自然史―ノトセニア魚類の世界から」（川口弘一）　東海大学出版会　2005.1　p233-235

◎文献「魚学入門」（岩井保）　恒星社厚生閣　2005.3　prr
◎参考文献「魚の形を考える」（松浦啓一）　東海大学出版会　2005.8　prr
◎参考文献「新訂原色魚類大図鑑　解説編」（多紀保彦ほか）　北隆館　2005.12　p118-124
◎参考文献「魚類環境生態学入門―渓流から深海まで、魚と棲みかのインターアクション」（猿渡敏郎）　東海大出版会　2006.5　prr
◎参考文献「東京湾魚の自然誌」（東京海洋大学魚類学研究室）　平凡社　2006.7　p251-231
◎参考文献「魚はなぜ群れで泳ぐか」（有元貴文）　大修館書店　2007.3　p229-232
◎参考文献「宍道湖と中海の魚たち」（日本シジミ研究所）　山陰中央新報社　2007.3　p204-205
◎参考文献「さかな随談」（金田禎之）　成山堂書店　2007.5　p205-207
◎参考文献「魚の地震予知」（小田淳）　叢文社　2007.7　p103」

魚類寄生虫
◎文献「魚類寄生虫学」（小川和夫）　東京大学出版会　2005.2　p199-207

漁撈
◎参考文献「漁撈伝承　ものと人間の文化史109」（川島秀一）　法政大学出版局　2003.1　p311-318
◎参考文献「近代の漁撈技術と民俗」（池田哲夫）　吉川弘文館　2004.6　p260-277
◎参考文献「黒潮の文化誌」（日高旺）　南方新社　2005.1　p287-291
◎参考文献「海の民俗文化―漁撈習俗の伝播に関する実証的研究」（小島孝夫）　明石書店　2005.3　prr
◎参考文献「東南アジアの魚とる人びと」（田和正孝）　ナカニシヤ出版　2006.2　p188-191

ギリシア
◎参考文献「ギリシア紀行―歴史・宗教・文学」（川島重成）　岩波書店　2001.11　p375-378
◎参考文献「ギリシア・ローマ世界における他者」（地中海文化を語る会）　彩流社　2003.9　p401-408
◎参考文献「ギリシア人が来た道」（T. ケイヒル）　青土社　2005.2　p380-390
◎参考文献「癒しの民間信仰―ギリシアの古代と現代」（馬場恵二）　東洋書林　2006.8　p543-559

ギリシア　アテナイ
◎参考文献「アルカイック期アテナイと党争―分析のための史料検討を中心として」（高橋秀樹）　多賀出版　2001.2　p253-259
◎文献リスト「伝クセノポン「アテーナイ人の国制」の研究」（真下英信）　慶應義塾大学出版会　2001.2　p323-336
◎参考文献「古典期アテナイ民衆の宗教」（J. D. マイケルソン）　法政大学出版局　2004.4　p52-56b

ギリシア　古代
◎参考文献「アルカイック期アテナイと党争―分析のための史料検討を中心として」（高橋秀樹）　多賀出版　2001.2　p253-259
◎文献案内「ソクラテスの最後の晩餐―古代ギリシャ細見」（塚田孝雄）　筑摩書房　2002.2　p199-200
◎参考文献「図説古代ギリシアの戦い」（V. D. ハンセン）　東洋書林　2003.2　p292-295
◎参考文献「スポーツ学のルーツ―古代ギリシアローマのスポーツ思想」（高橋幸一）　明和出版　2003.12　prr
◎関連文献「古代ギリシアの歴史―ポリスの興亡と衰退」（伊藤貞夫）　講談社　2004.7　p296-300
◎参考文献「古代ギリシア遺跡事典」（周藤芳幸ほか）　東京堂出版　2004.9　p256-257
◎参考文献「図説古代ギリシア」（J. キャンプほか）　東京書籍　2004.9　p324-320
◎参考文献「古代ギリシア史における帝国と都市―ペルシア・アテナイ・スパルタ」（中井義明）　ミネルヴァ書房　2005.3　p19-31b
◎参考文献「黒いアテナ―古代文明のアフロ・アジア的ルーツ　下」（M. バナール）　藤原書店　2005.11　p1107-1036
◎参考文献「訴えられた遊女ネアイラ―古代ギリシャのスキャンダラスな裁判騒動」（D. ハメル）　草思社　2006.8　p257-265
◎文献「古代ギリシア地中海への展開」（周藤芳幸）　京都大学学術出版会　2006.10　p398-412
◎参考文献「アレクサンドロスの征服と神話」（森谷公俊）　講談社　2007.1　p356-351
◎文献案内「ギリシア・ローマ文化誌百科―ヴィジュアル版　下」（N. J. スパイヴィーほか）　原書房　2007.3　p264-266
◎参考文献「ブラック・アテナ―古代ギリシア文明のアフロ・アジア的ルーツ―1. 古代ギリシアの捏造1785-1985」（M. バナール）　新評論　2007.5　p607-641
◎原注「ギリシア・ローマ時代の書物」（H. ブランク）　朝文社　2007.10　p269-290
◎参考文献「地中海世界を彩った人たち―古典にみる人物像」（柳沼重剛）　岩波書店　2007.11　p283-294
◎文献表「古代ギリシアの同性愛　新版」（K. J. ドーヴァー）　青土社　2007.12　p13-18b

ギリシア　サントリーニ島
◎文献「海のなかの炎―サントリーニ火山の自然史とアトランティス伝説」（ワルター L フリードリヒ）　古今書院　2002.6　p205-213

ギリシア　思想
◎原注「ギリシア人の運命意識」（V. P. ゴラン）　風行社　2002.9　p391-425
◎参考文献「ギリシア思想とアラビア文化―初期アッバース朝の翻訳運動」（D. グダス）　勁草書房　2002.12　p220-242
◎文献「デモクラシーの古典的基礎」（木庭顕）　東京大学出版会　2003.10　p893-913

ギリシア　宗教
◎参考文献「古典期アテナイ民衆の宗教」（J. D. マイケルソン）　法政大学出版局　2004.4　p52-56b

ギリシア　数学
◎参考文献「ギリシア数学の探訪」（上垣渉）　亀書房　2007.5　p267-270

ギリシア　正教会
◎参考文献「ギリシャ正教　無限の神」（落合仁司）　講談社　2001.9　p191-197

◎参考文献「フィロカリア―東方キリスト教霊性の精華 3」(マクシモス) 新世社 2006.9 p403-405
◎二次資料「東方キリスト教世界の精神―600-1700年」(J. ペリカン) 教文館 2006.11 p411-432

ギリシア　政治
◎主要文献「ギリシア「貴族政」論」(芝川治) 晃洋書房 2003.9 p1-14b

ギリシア　戦争
◎参考文献「古代ギリシア人の戦争―合戦事典」(市川定春) 新紀元社 2003.1 p376-380

ギリシア　彫刻
◎参考文献「ロドス島の古代彫刻」(芳賀京子) 中公美術出版 2006.2 p607-633

ギリシア　哲学
◎文献案内「アリストテレス入門」(山口義之) 筑摩書房 2001.7 p207-210
◎参考文献「ギリシャ哲学―哲学の原点＝「知恵の愛求」としての哲学　改訂版」(天野正幸) 放送大学教育振興会 2003.3 p268-269
◎文献表「ヘレニズム哲学―ストア派、エピクロス派、懐疑派」(A. A. ロング) 京都大学学術出版会 2003.6 p411-437
◎ブックガイド「ギリシア・ローマの奇人たち―風変わりな哲学入門」(R. P. ドロワ) 紀伊國屋書店 2003.12 p223-228
◎読書案内ほか「古代哲学」(J. アナス) 岩波書店 2004.9 p1-9b
◎ブックガイド「現代思想としてのギリシア哲学」(古東哲明) 筑摩書房 2005.4 p332-334
◎出典一覧「ギリシア哲学と主観性―初期ギリシア哲学研究」(日下部吉信) 法政大学出版局 2005.9 p375-411
◎参考文献「ソフィストとは誰か？」(納富信留) 人文書院 2006.9 p295-300
◎文献一覧「ソクラテス以前の哲学者たち」(G. S. カークほか) 京都大学術出版会 2006.11 p573-588
◎引照文献「イデアへの途」(小池澄夫) 京都大学術出版会 2007.9 p353-357
◎文献案内「ヘレニズムの思想家」(岩崎允胤) 講談社 2007.9 p401-403

ギリシア　陶器
◎文献目録「ギリシアの陶画家クレイティアスの研究―紀元前6世紀前半におけるアッティカ黒像式陶器の展開」(平山東子) 中央公論美術出版 2005.4 p322-343

ギリシア　悲劇
◎参考文献「ギリシア悲劇」(呉茂一) 文元社 2004.2 p278-279
◎参考文献「悲劇の哲学―ギリシャ悲劇に現れた悲劇的人間の探究」(中丸岩曽生) 近代文芸社 2005.9 p299-306

ギリシア　美術史
◎参考文献「ギリシャ美術史―芸術と経験」(J. J. ポリット) ブリュッケ 2003.11 p293-283

ギリシア　文学
◎文献「ムーサよ、語れ―古代ギリシア文学への招待」(川島重成ほか) 三陸書房 2003.4 p7-13b

◎参考文献「ギリシャ・ローマ文学必携」(宮城徳也) 早稲田大 2006.2 p246-253

ギリシア　料理
◎参考図書「古代ギリシア・ローマの料理とレシピ」(A. ドルビーほか) 丸善 2002.7 p226-221

ギリシア　歴史
◎参考文献「西洋古代史料集　第2版」(古山正人ほか) 東京大学出版会 2002.4 p278-297
◎参考文献「物語古代ギリシア人の歴史―ユートピア史観を問い直す」(岡藤芳幸) 光文社 2004.7 p280-283
◎参考文献「ギリシア史」(桜井万里子) 山川出版社 2005.3 p36-63b
◎文献案内「ギリシャ・ローマの戦争」(H. サイドボトム) 岩波書店 2006.3 p1-20b

ギリシア　ロードス島
◎参考文献「ロドス島の古代彫刻」(芳賀京子) 中公美術出版 2006.2 p607-633

ギリシア語
◎文献「ギリシア文法　改訳新版」(C. ギロー) 白水社 2003.12 p172-173
◎参考文献「新約聖書ギリシア語入門」(大貫隆) 岩波書店 2004.12 p215-218

ギリシア人
◎参考文献「古代ギリシア人　自己と他者の肖像」(P. カートリッジ) 白水社 2001.9 p11-40b

ギリシア神話
◎参考文献「ギリシア神話の悪女たち」(三枝和子) 集英社 2001.1 p228-229
◎文献「オルフェウス教」(R. ソレル) 白水社 2003.7 p25-31b
◎本の案内「ガイアのたくらみ―ギリシャ神話の「いつわり」と「真実」」(梁瀬光世) 新水社 2004.2 p242-244
◎参考文献「お話文芸思潮―ヨーロッパ文化の源泉」(中島公子) 青山社 2004.3 p356-358
◎読書案内(大久保博)「ギリシア・ローマ神話―完訳　上　増補改訂版」(T. ブルフィンチ) 角川書店 2004.5 p442-458
◎ブックガイド「ギリシア神話―神々と英雄に出会う」(西村賀子) 中央公論新社 2005.5 p262-267
◎邦訳書一覧「ギリシア神話を学ぶ人のために」(高橋宏幸) 世界思想社 2006.3 p315-317
◎引用文献ほか「ギリシア神話の世界―ビジュアル版」(R. バクストン) 東洋書林 2007.3 p246-257

キリシタン
○会員新刊案内(清水紘一ほか)「キリスト教史学　55」(キリスト教史学会) 2001.7 p199-229
◎参考文献「南蛮のバテレン　新装版」(松田毅一) 朝文社 2001.9 p269-272
◎参考文献「キリシタン禁制と民衆の宗教」(村井早苗) 山川出版社 2002.7 3pb
◎注「隠れユダヤ教徒と隠れキリシタン」(小岸昭) 人文書院 2002.10 p351-372
◎参考文献「九州のキリシタン墓碑―十字架に祈りて」(荒木英市) 出島文庫(長崎) 2002.10 p287-289
◎註「日本キリシタン史の研究」(五野井隆史) 吉川弘文館 2002.11 prr

○文献(手塚裕美)「文献探索 2003」(文献探索研究会) 2003.12 p252-258
◎参考文献「会津キリシタン研究 1」(小堀千明) 歴史春秋出版 2004.6 p310-303
◎参考文献「和歌山・名古屋に流された浦上キリシタン」(三俣俊二) 聖母の騎士社 2004.6 p264-269
◎参考文献(柴田篤)「天主実義」(M. リッチ) 平凡社 2004.7 p338-342
◎文献表「洋楽渡来考―キリシタン音楽の栄光と挫折」(皆川達夫) 日本基督教団出版局 2004.11 p613-621
◎参考文献「キリシタン史の謎を歩く」(森禮子) 教文館 2005.11 p253-255
◎参考文献「会津キリシタン研究 2 消えたキリシタンの謎」(小堀千明) 歴史春秋出版 2007.9 p301-310

キリスト教
◎文献「ベギン運動とブラバントの霊性」(國府田武) 創文社 2001.1 p26-56b
◎関連図書「科学者は神を信じられるか―クォーク、カオスとキリスト教のはざまで」(ジョン・ポーキングホーン) 講談社 2001.1 p165-167
◎文献目録「ベギン運動の展開とベギンホフの形成―単身女性の西欧中世」(上條敏子) 刀水書房 2001.2 p304-314
◎文献「現代人のための教理史ガイド―教理を擁護する」(棚村重行) 教文館 2001.2 p1-4b
◎参考文献「宣教のパラダイム転換 下巻 啓蒙主義から21世紀に向けて」(D. ボッシュ) 東京ミッション研究所 2001.3 p24-56b
◎参考文献「悲劇と福音―原始キリスト教における悲劇的なるもの」(佐藤研) 清水書院 2001.3 p178-183
◎参考文献「キリスト教と日本人」(井上章一) 講談社 2001.5 p222-224
◎文献案内「アウグスティヌス時代の日常生活 上」(アダルベール・アマン) リトン 2001.6 p8-10
◎参考文献「神は何のために動物を造ったのか―動物の権利の神学」(A. リンゼイ) 教文館 2001.6 p302-308
◎参考文献「キリスト教からみた生命と死の医療倫理」(浜口吉隆) 東信堂 2001.10 p273-279
◎参考文献「新キリスト教ガイドブック―キリスト教のことがよくわかる本」(関栄二) 日本教会新報社 2001.11 p598-600
◎引用文献「キリスト教と現代―終末思想の歴史的展開」(芦名定道, 小原克博) 世界思想社 2001.12 p247-257
◎参考文献「キリスト教大研究」(八木谷涼子) 新潮社 2001.12 p360-350
◎参考文献「ドイツ近世の聖性と権力―民衆・巡礼・宗教運動」(下田淳) 青木書店 2001.12 p1-15b
◎参考文献「異教としてのキリスト教」(松原秀一) 平凡社 2001.12 p290-296
◎参考文献「荒井献著作集 1 イエスその言葉と業」(荒井献) 岩波書店 2001.12 p563-576
◎文献・年譜「蒔かれた「西洋の種」―宣教師が伝えた洋風生活」(川崎裕子) ドメス出版 2002.3 p237-241, 248-254
◎史料・文献「神の御業の物語―スペイン中世の人・聖者・奇跡」(杉谷綾子) 現代書館 2002.3 p344-361

◎参考文献「キリスト教と天皇(制)―キリスト教界を揺るがす爆弾発言!」(笹井大庸) マルコーシュ・パブリケーション 2002.4 p295-299
◎文献「共同体のキリスト教的基礎」(D. ファーガソン) 教文館 2002.7 p6-18b
◎ブックガイド「知の教科書―キリスト教」(竹下節子) 講談社 2002.9 p226-233
◎文献「総説現代福音主義神学」(宇田進) いのちのことば社 2002.10 p475-498
◎注「女性キリスト者と戦争」(富坂キリスト教センター) 行路社 2002.12 prr
◎文献「礼拝とは何か」(J. E. バークハート) 日本キリスト教団出版局 2003.2 p193-195
◎参考文献「キリスト教という神話―起源・論理・遺産」(B. L. マック) 青土社 2003.3 p2-16b
◎参考図書「自然科学とキリスト教」(J. ポーキングホーン) 教文館 2003.5 p5-18
◎文献「信仰とテロリズム―1605年火薬陰謀事件」(A. フレイザー) 慶応義塾大学出版会 2003.5 p398-409
◎文献「キリスト教とイスラーム」(K. ハーゲマン) 知泉書館 2003.6 p7-26b
◎参考文献「悪魔と世界終末の幻影―ヨーロッパ史万華鏡」(遠藤龍雄) MBC21 2003.7 p312-318
◎参考文献「十字架の謎―キリスト教の核心」(A. E. マクグラス) 教文館 2003.7 p255-256
◎参考文献ほか「天を仰ぎ地を歩む―ローマ帝国におけるキリスト教世界の構造」(C. マルクシース) 教文館 2003.7 p1-41b
◎参考文献「教会会議の歴史―ニカイア会議から第2バチカン公会議まで」(N. P. タナー) 教文館 2003.8 p169-176
◎文献「教会暦―祝祭日の歴史と現在」(K. H. ビーリッツ) 教文館 2003.9 p1-4b
◎参考文献「理性と信仰」(R. ホーイカースほか) すぐ書房 2003.10 p335-337
◎参考文献「キリスト教のことが面白いほどわかる本―この一冊で二千年のドラマがわかる!」(鹿嶋春平太) 中経出版 2003.11 p363-363
◎参考文献「キリスト教歳時記―知っておきたい教会の文化」(八木谷涼子) 平凡社 2003.11 p260-264
◎文献「主の祈り―イエスの祈りから弟子たちの祈りへ」(M. フィロネンコ) 新教出版社 2003.11 p141-154
◎文献案内「神々にあふれる世界 下」(K. ホプキンズ) 岩波書店 2003.11 p14-29b
◎引用文献ほか「ローマ帝政初期のユダヤ・キリスト教迫害」(保坂高殿) 教文館 2003.12 p514-553
◎文献「改宗と亡命の社会史―近世スイスにおける国家・共同体・個人」(踊共二) 創文社 2003.12 p13-32b
◎欧文文献「古代キリスト教探訪―キリスト教の春を生きた人びとの思索」(土井健司) 新教出版社 2003.12 p183-185
○書誌(手代木俊一)「東京女子大学比較文化研究所紀要 65」(東京女子大) 2004.1 p93-176
◎文献「宗教の系譜 ―キリスト教とイスラムにおける権力の根拠と訓練」(T. アサド) 岩波書店 2004.1 p11-31b
◎引用参照文献「「聖女」信仰の成立と「語り」に関する人類学的研究」(藤原久仁子) すずさわ書店 2004.2 p403-437

- ◎参考図書「教会ラテン語・事始め」(江澤増雄)　サンパウロ　2004.2　p132-134
- ◎参考文献「ヨーロッパの巡礼地」(R. クリスほか)　文楫堂　2004.3　p324-325
- ◎参考文献「古代キリスト教と平和主義―教父たちの戦争・軍隊・平和観」(木寺廉太)　立教大学出版会　2004.3　p185-201
- ◎参考文献「宗教改革の真実―カトリックとプロテスタントの社会史」(永田諒一)　講談社　2004.3　p223-225
- ◎文献表「インドネシア教会の宣教と神学―開発と対話と解放の神学の間で」(木村公一)　新教出版社　2004.4　p363-377
- ◎参考文献「砂漠の師父の言葉―ミーニュ・ギリシア教父全集より」(谷隆一郎ほか)　知泉書館　2004.4　p424-425
- ◎引用文献「アジア神学講義」(森本あんり)　創文社　2004.5　p215-225
- ◎参考文献「イングランドの宗教―アングリカニズムの歴史とその特質」(塚田理)　教文館　2004.7　p13-19b
- ◎文献ほか「科学が宗教と出会うとき―四つのモデル」(I. G. バーバー)　教文館　2004.8　p10-34b
- ◎文献表「現代アメリカ神学思想―平和・人権・環境の理念」(宮平望)　新教出版社　2004.8　prr
- ◎参考文献「宗教的価値観の衝突―21世紀日本外交の独自性を考える」(杉本尚司)　新風舎　2004.8　p139-142
- 「近代日本キリスト教名著選集　第1～4期解説・解題・エッセイ集」(日本図書センター)　日本図書センター　2004.11　1冊　A5
- ◎参考文献「ヨーロッパ統合とキリスト教―平和と自由の果てしなき道程」(坂本進)　新評論　2004.12　p310-324
- ◎参考文献「私はパレスチナ人クリスチャン」(M. ラヘブ)　日本基督教団出版局　2004.12　p246-250
- ◎参考文献「日本と西洋キリスト教―文明の衝突を超えて」(R. リー)　東京ミッション研究所　2005.1　p229-240
- ◎「高橋慶旧蔵図書目録」(国際日本文化センター)　国際日本文化センター　2005.3　524p　B5
- ◎文献「暴力を考える―キリスト教の視点から」(前島宗甫ほか)　関西学院大出版会　2005.3　prr
- ◎注「プロテスタント教会の礼拝―その伝統と展開」(J. F. ホワイト)　日本キリスト教団出版局　2005.5　p406-428
- ◎参考文献「メイド・イン・ジャパンのキリスト教」(M. R. マリンズ)　トランスビュー　2005.5　p333-338
- ◎参考文献「それでも神は実在するのか？―「信仰」を調べたジャーナリストの記録」(L. P. ストロベル)　いのちのことば社　2005.6　p451-454
- ◎文献「原始キリスト教」(波多野精一)　岩波書店　2005.6　p227-233
- ◎文献表「宗教と科学―ユダヤ教とキリスト教の間」(上山安敏)　岩波書店　2005.7　p1-19b
- ◎参考文献「カリタスジャパンと世界―武力なき国際ネットワーク構築のために」(菊地功)　サンパウロ　2005.8　p268-275
- ◎文献「神学生活入門」(渡辺俊彦)　イーグレープ　2005.8　p252-255
- ◎参考文献「アメリカのキリスト教原理主義と政治支援団体」(大関敏明)　文芸社　2005.11　p112-114
- ◎文献「明治期長崎のキリスト教―カトリック復活とプロテスタント伝道」(坂井信生)　長崎新聞社　2005.12　p219-220
- ◎原注「シンボルコードの秘密」(T. ウォレス＝マーフィー)　原書房　2006.1　p1-13b
- ◎引用出典ほか「キリスト教の霊性」(A. E. マクグラス)　教文館　2006.2　p4-14b
- ◎注「キリスト教のスピリチュアリティ―その二千年の歴史」(マーセルGほか)　新教出版社　2006.4　p399-405
- ◎参考文献「キリスト教学校の形成とチャレンジ」(学校伝道研究会ほか)　聖学院大出版会　2006.4　p30-31b
- ◎文献案内「アメリカ・キリスト教史―理念によって建てられた国の軌跡」(森本あんり)　新教出版社　2006.5　p165-171
- ◎参考文献「イエスの時」(大貫隆)　岩波書店　2006.5　p11-15b
- ◎引用文献「自由主義、社会主義、キリスト教」(W. E. v. ケテラー)　晃洋書房　2006.6　p217-220
- ◎参考文献「イエスの現場―苦しみの共有」(滝澤武人)　世界思想社　2006.7　p256-260
- ◎参考文献「語源で探るユダヤ・キリストの逆コード」(奥田継夫)　彩流社　2006.7　p331-339
- ◎二次資料「公同的伝統の出現(100-600年)　キリスト教の伝統1」(J. ペリカン)　教文館　2006.7　p469-493
- ◎主要文献「美と真実―近代日本の美術とキリスト教」(竹中正夫)　新教出版社　2006.7　p321-327
- ◎参考文献「キリスト教の天国―聖書・文学・芸術で読む歴史」(A. E. マクグラス)　キリスト新聞社　2006.9　p1-7b
- ◎文献表「いま、アメリカの説教学は―説教のレトリックをめぐって」(平野克己)　キリスト新聞社　2006.11　p197-205
- ◎文献目録「ドイツ語説教集」(M. エックハルト)　創文社　2006.11　p4-12b
- ◎二次資料「東方キリスト教世界の精神―600-1700年」(J. ペリカン)　教文館　2006.11　p411-432
- ◎参考文献「場所論としての宗教哲学―仏教とキリスト教の交点に立って」(八木誠一)　法蔵館　2006.12　p309-315
- ◎参考文献「ヨーロッパ中世の宗教運動」(池上俊一)　名古屋大出版会　2007.2　p21-91b
- ◎参考文献ほか「禁教国日本の報道―『ヘラルド』誌(1825年-1873年)より」(塩野和夫)　雄松堂出版　2007.2　p11-15b
- ◎文献表「自然神学再考―近代世界とキリスト教」(芦名定道)　晃洋書房　2007.2　p9-35b
- ◎二次資料「中世神学の成長―600-1300年」(J. ペリカン)　教文館　2007.3　p425-441
- ◎典拠資料「教会教育の歩み―日曜学校から始まるキリスト教教育史」(NCC教育部歴史編纂委員会)　教文館　2007.5　p254-256
- ◎ブックガイド「キリスト教」(B. ウィルソン)　春秋社　2007.7　p252-253

キリスト教会

- ◎文献「使徒的共同体―美徳なき時代に」(芳賀力)　教文館　2004.2　p1-9b

◎参考文献「ドメスティック・バイオレンス―そのとき教会は」(A. マイルズ) 日本キリスト教団出版局 2005.8 p256-258
◎参考文献「長老教会の歴史」(J. H. スマイリー) 教文館 2006.9 p12-13b

キリスト教教父
◎文献「キリスト教教父事典」(H. クラフト) 教文館 2002.5 p452-458

キリスト教史
○会員新刊案内(清水紘一ほか)「キリスト教史学 55」(キリスト教史学会) 2001.7 p199-229
◎原注「神の河―キリスト教起源史」(G. J. ライリー) 青土社 2002.10 p369-375
◎文献「明治のキリスト教」(高橋昌郎) 吉川弘文館 2003.2 p219-228
◎参考文献「日本プロテスタント・キリスト教史 5版」(土肥昭夫) 新教出版社 2004.11 p480-513
◎参考文献「中世キリスト教の歴史」(出村彰) 日本キリスト教団出版局 2005.1 p379-395
◎参考図書「描かれなかった十字架―初期キリスト教の光と闇」(秦剛平) 青土社 2005.6 p1-4b
◎文献「明治キリスト教会形成の社会史」(森岡清美) 東京大学出版会 2005.6 p10-27b
◎参考文献「キリスト教史」(菊地栄三ほか) 教文館 2005.10 p26-36b
◎引用参考文献「多文化空間のなかの古代教会」(保坂高殿) 教文館 2005.10 p1-13b
◎参考文献「きりしたん史再考―信仰受容の宗教学」(東馬場郁生) 天理大 2006.3 prr
○記事抄録(手塚裕美)「文献探索 2005」(文献探索研究会) 2006.5 p198-205
◎文献目録「中国キリスト教史研究 増補改訂版」(山本澄子) 山川出版社 2006.6 p27-54b
○「本のはなし―明治期のキリスト教書」(秋山憲兄) 新教出版社 2006.6 329p A5
◎参考文献「総説キリスト教史 2」(出村彰) 日本キリスト教団出版局 2006.9 p241-245
◎参考文献「キリシタン禁制の地域的展開」(村井早苗) 岩田書院 2007.2 p5-11b
◎参考文献「総説キリスト教史 1」(荒井献ほか) 日本キリスト教団出版局 2007.2 prr
◎二次資料「キリスト教の伝統―教理発展の歴史4」(J. ペリカン) 教文館 2007.8 p535-558

キリスト教神学
◎引用文献「キリスト教神学入門」(A. E. マクグラス) 教文館 2002.1 p18-33b
◎参考文献「キリスト教神学用語辞典」(D. K. マッキム) 日本キリスト教団出版局 2002.12 p491-492
◎文献「キリスト教神学事典」(A. リチャードソンほか) 教文館 2005.1 prr
◎参考文献「キリスト教神学資料集 上」(A. E. マクグラス) キリスト新聞社 2007.4 p889-909

キリスト教美術
◎参考文献「マグダラのマリア―エロスとアガペーの聖女」(岡田温司) 中央公論新社 2005.1 p238-239
◎参考文献「「聖ヒエロニムス」図像研究――聖者表現のさまざまなかたちと意味」(久保尋二) すぐ書房 2005.6 p9-10b

◎参考文献「ユトレヒト詩篇挿絵研究―言葉の織りなしたイメージをめぐって」(鼓みどり) 中央公論美術出版 2006.2 p471-524
◎参考文献「処女懐胎―描かれた「奇跡」と「聖家族」」(岡田温司) 中央公論新社 2007.1 p274-264
◎参考文献「南米キリスト教美術とコロニアリズム」(岡田裕成ほか) 名古屋大出版会 2007.2 p9-32b
◎参考文献「旧約聖書を美術で読む」(秦剛平) 青土社 2007.5 p16-17b

キリスト教文学
◎読書案内「キリスト教文学を学ぶ人のために」(安森敏隆ほか) 世界思想社 2002.9 p298-302
◎参考文献「イギリスのカトリック文芸復興―体制文化批判者としてのカトリック知識人」(野谷啓二) 南窓社 2006.12 p25-35b

キリスト教倫理
◎文献「「レズビアン」という生き方―キリスト教の異性愛主義を問う」(堀江有里) 新教出版社 2006.9 p251-260
◎文献表「イエスと非暴力―第三の道」(W. ウィンク) 新教出版社 2006.11 p107-110

キリバス
◎引用文献「窮乏の民族誌―中部太平洋・キリバス南部環礁の社会生活」(風間計博) 大学教育出版 2003.2 p312-325

キリン
◎参考文献「キリン伝来考」(B. ラウファー) 早川書房 2005.12 p184-181

麒麟麦酒
◎参考文献「新キリン宣言 キリンビール復活のシナリオ」(山田泰造) ダイヤモンド社 2003.4 p195-196

キルギス
◎参照文献「中央アジア農村の親族ネットワーク―クルグズスタン・経済移行の人類学的研究」(吉田世津子) 風響社 2004.2 p345-368

儀礼
◎文献「儀礼にみる日本の仏教―東大寺・興福寺・薬師寺」(奈良女子大学古代学学術研究センター設立準備室) 法藏館 2001.3 p242-249
◎参考文献「三三九度 日本的契約の民俗誌」(神崎宣武) 岩波書店 2001.10 p215-218
◎参考文献「秩序の方法―ケニア海岸地方の日常生活における儀礼的実践と語り」(浜本満) 弘文堂 2001.12 p407-411
◎文献「天皇の人生儀礼」(所功) 小学館 2002.1 p292-294
◎文献「ネパール、ビャンスおよび周辺地域における儀礼と社会範疇に関する民族誌的研究―もう一つの〈近代〉の布置」(名和克郎) 三元社 2002.2 p402-427
◎文献「ヴァールブルク著作集 7 蛇儀礼―北アメリカ、プエブロ・インディアン居住地域からのイメージ」(A. ヴァールブルク) ありな書房 2003.3 p113-118
◎参考文献「暮らしの中の民俗学 1 一日」(新谷尚紀ほか) 吉川弘文館 2003.3 p241-251
◎文献一覧「イニシエーション―儀礼的"越境"をめぐる通文化的研究」(J. S. ラ・フォンテイン) 弘文堂 2006.6 p9-16b

◎参考文献「儀礼のオントロギー——人間社会を再生産するもの」（今村真介ほか）　講談社　2007.3　p280-286

記録
◎引用参考文献「記憶すること・記録すること——聞き書き論ノート」（香月洋一郎）　吉川弘文館　2002.10　p189-197

記録映画
◎引用文献「ドキュメンタリーは嘘をつく」（森達也）　草思社　2005.3　p261-262

記録史料
◎参考文献「記録史料記述の国際標準」（アーカイブス・インフォメーション研究会）　北海道大学図書刊行会　2001.2　p153-158

記録文学
◎参考文献「明治下層記録文学」（立花雄一）　筑摩書房　2002.5　p313-318

議論
◎参考文献「議論のレッスン」（福沢一吉）　NHK出版　2002.4　p210-214
◎参考文献「実践!　反論×反撃法——議論で絶対負けない天使と悪魔の心理テクニック」（内藤誼人）　PHPエディターズグループ　2004.4　3pb
◎読書案内「だまされない〈議論力〉」（吉岡友治）　講談社　2006.8　p231-237

金
◎参考文献「ゴールド　金と人間の文明史」（P. バーンスタイン）　日本経済新聞社　2001.1　p504-494
◎参考文献「黄金と生命——時間と錬金の人類史」（鶴岡真弓）　講談社　2007.4　p462-475
◎参考文献「金・銀・銅の日本史」（村上隆）　岩波書店　2007.7　p213-219

金印国家群
◎参考文献「交流する弥生人——金印国家群の時代の生活誌」（高倉洋彰）　吉川弘文館　2001.8　p217-218

禁煙
◎参考文献「子供たちにタバコの真実を——37万人の禁煙教育から」（平間敬文）　かもがわ出版　2002.8　p170」
◎参考図書ほか「大学生のための禁煙講座——21世紀禁煙化社会から取り残されないために」（中井祐之）　牧歌舎　2006.7　p108-109
◎参考文献「禁煙学」（日本禁煙学会）　南山堂　2007.2　p222-226

銀河
◎参考書「生れたての銀河を探して——ある天文学者の挑戦」（谷口義明）　裳華房　2001.11　p13-105
◎参考書「銀河もウルトラをめざす——赤外線銀河の謎を追う」（塩谷泰広ほか）　裳華房　2002.10　p136-137

近畿地方
◎参考文献「関西の鉄道史——蒸気車から電車まで」（作間芳郎）　成山堂書店　2003.1　p259-260
◎参考文献「関西縄文時代の集落・墓地と生業」（関西縄文文化研究会）　六一書房　2003.12　prr
◎註「古代近畿と物流の考古学」（石野博信）　学生社　2003.12　prr

◎文献「近畿・中国・四国　日本の地形6」（太田陽子ほか）　東京大学出版会　2004.6　p353-376
◎文献一覧「京から出土する土器の編年的研究——日本律令的土器様式の成立と展開、7世紀～19世紀」（小森俊寛）　京都編集工房　2005.11　p99-102
◎文献「近畿圏　日本の地誌8」（金田章裕ほか）　朝倉書店　2006.4　prr
○文献一覧ほか（藤井伸二ほか）「分類　6.2」（日本植物分類学会）　2006.8　p139-150
○ガイドブック1（藤津滋人）「山書月報　526」（山書の会）　2006.11　p12-19

緊急生活援護
◎引用論文ほか「緊急生活援護事業の研究——1945-46」（百瀬孝）　百瀬孝　2006.7　p284-295

金魚
◎引用文献「科學と趣味から見た金魚の研究　復刻版」（松井佳一）　成山堂書店　2006.12　prr
◎参考文献「金魚のすべて　増補改訂版」（川田洋之助ほか）　エムピージェー　2007.10　p126」

近現代史
◎参考文献「人物で読む近現代史　上」（歴史教育者協議会）　青木書店　2001.1　prr

金工
◎参考文献（大野松彦）「聖杯——中世の金工美術」（田辺幹之助ほか）　国立西洋美術館　2004　p300-311

銀行
◎参考文献「日本の銀行行動」（小藤康夫）　八千代出版　2001.1　p199-202
◎参考文献「転換期の銀行論　新版」（宮坂恒治）　創成社　2001.4　p195-197
◎参考文献「100万人を破滅させた大銀行の犯罪」（椎名麻紗枝）　講談社　2001.10　p327-329
◎文献「都市銀行のガバナンス——ソニー流経営モデルへの取り組み」（青野正道）　中央経済社　2001.12　p234-240
◎参考文献「在日外国銀行百年史　1900～2000」（立脇和夫）　日本経済評論社　2002.1　p423-428
◎文献「メインバンク制の変容」（山中宏）　税務経理協会　2002.7　p147-154
◎参照文献「メガバンクの誤算——銀行復活は可能か」（箭内昇）　中央公論新社　2002.7　p284-282
◎文献「オペレーショナルリスク管理」（ジャック・L. キング）　シグマベイスキャピタル　2002.12　p307-312
◎文献「検証銀行危機——数値が示す経営実態」（深尾光洋）　日本経済新聞社　2003.2　p235-243
◎参考文献「メガバンク決算　日・米・欧、どこが違うのか?」（三神万里子）　角川書店　2003.4　p250-251
◎参考文献「信頼できる銀行ってこんなに簡単にわかるんだ——経済学者が教えてくれた!」（家森信善）　中央経済社　2003.4　p203-204
◎文献「リレーションシップ・バンキング入門——地域金融機関と顧客・地域社会との互恵的関係のために」（由里宗之）　金融財政事情研究会　2003.6　p214-219
◎参考文献「銀行経営戦略論——日本の銀行を甦らせる逆転の経営思想」（本島康史）　日本経済新聞社　2003.7　p333-334

◎参考文献「儲かる銀行をつくる　収益革命を必ず起こせる」(山本真司)　東洋経済新報社　2003.8　p301-303
◎参考文献「統合リスク管理」(新日本監査法人)　金融財政事情研究会　2003.9　prr
◎文献「フィリピン銀行史研究―植民地体制と金融」(永野善子)　御茶の水書房　2003.12　p13-31b
◎文献「メインバンク制の歴史的生成過程と戦後日本の企業成長」(勝又寿良)　東海大学出版会　2003.12　p631-642
◎引用文献ほか「銀行合併の波―銀行統合の経済要因と社会的帰結」(G.ディムスキ)　日本経済評論社　2004.1　p251-270
◎参考文献「金融変貌と銀行の未来」(村井睦男)　大学教育出版　2004.2　p190-211
◎参考文献「新銀行論」(三井哲ほか)　晃洋書房　2004.3　p233-237
◎参考文献「金融機関のCS入門―苦情対応体制(JIS Z 9920)の構築と金融サービス向上」(蔵田隆之ほか)　金融財政事情研究会　2004.7　p132-136
◎参考文献「銀行の戦略転換―日本版市場型間接金融への道」(高田創ほか)　東洋経済新報社　2004.7　p242-243
◎参考文献「サフォーク・システム―フリーバンキング制か、中央銀行制か」(大森拓磨)　日本評論社　2004.10　p236-243
◎参考文献「BSCによる銀行経営革命―金融機関の価値創造フレームワーク」(谷守正行)　金融財政事情研究会　2005.1　p190-193
◎参考文献「外資系投資銀行の現場　改訂」(西村信勝)　日経BP社　2005.2　p360-363
◎参考文献「銀行の機能と法制度の研究」(木下信行)　東洋経済新報社　2005.2　p283-294
◎参考文献「金融業における競争と効率性―歴史的視点による分析」(筒井義郎)　東洋経済新報社　2005.6　p343-352
◎参考文献ほか「銀行業新規参入の実務」(伊藤信雄)　シグマベイスキャピタル　2005.8　p376-381
◎参考文献「銀行業の会計における認識と開示―有価証券の公正価値情報における検証」(長野史麻)　森山書店　2006.1　p221-228
◎参考文献「銀行再生とIT・IC戦略」(宮崎正博)　中央公論事業出版　2006.1　p220-222
◎参考文献「銀行の法律知識」(階猛ほか)　日本経済新聞社　2006.7　p203-207
◎引用文献「両大戦間期における銀行合同政策の展開」(白鳥圭志)　八朔社　2006.10　p467-479
◎参考文献「よくわかる金融実務のPDCA」(中村裕昭)　金融財政事情研究会　2007.11　p228-229
◎参考文献ほか「イギリス多国籍銀行史―1830〜2000年」(G.ジョーンズ)　日本経済評論社　2007.11　p629-640
◎参考文献「カナダ銀行史―草創期から20世紀初頭まで」(杉本公彦)　昭和堂　2007.12　p220-224

銀行会計
◎図書案内「金融機関の時価会計―背景・役割・影響」(星野一郎)　東洋経済新報社　2003.9　p343-346
◎参考文献「金融自由化の諸問題と金融機関の会計ディスクロージャー制度」(西村勝志)　愛媛大　2004.5　p156-161
◎参考文献「銀行管理会計」(谷守正行)　専修大出版局　2007.2　p205-209

銀行貸出
◎参考文献「銀行貸出の経済分析」(堀江康煕)　東京大学出版会　2001.7　p269-280

銀行貸付
◎参考文献「金融機関役員の融資決裁責任」(神吉正三)　酒井書店　2005.5　p313-316
◎参考文献「銀行貸出取引の研究」(山本則文)　ストーク　2006.4　p437-468
◎参考文献ほか「わかりやすい融資実務マニュアル」(黒木正人)　商事法務　2007.2　p5-6f
◎参考文献「銀行経営と貸倒償却」(中井稔)　税務経理協会　2007.2　p193-194

金工技術
○参考文献「金工技術　日本の美術443」(至文堂)　2003.4　p79-80

金鉱業
◎文献「南アフリカ金鉱業史―ラント金鉱発見から第二次世界大戦勃発まで」(佐伯尤)　新評論　2003.4　p331-336
◎参考文献「南アフリカ金鉱業の新展開―1930年代新鉱床探査から1970年まで」(佐伯尤)　新評論　2004.4　p434-439

金工芸
◎参考文献「皇室の饗宴とボンボニエール」(扇子忠)　思文閣出版　2005.11　p179-182
◎引用文献「唐代金銀器文様の考古学的研究」(冉万里)　雄山閣　2007.5　p289-305

銀行法
◎参考文献「米国銀行法」(高月昭年)　金融財政事情研究会　2001.8　p261-262
◎参考文献「詳解銀行法」(小山嘉昭)　金融財政事情研究会　2004.5　p496-499

均衡論
◎文献「レギュラシオンの社会理論」(アラン・リピエッツ)　青木書店　2002.11　p9-17b

銀細工
◎Bibliography「ホピ銀細工―ネイティブ・アメリカンの美術工芸品」(M.ライト)　バベル・プレス　2003.6　p136-137

銀座木村屋
◎参考文献「銀座木村屋あんぱん物語」(大山真人)　平凡社　2001.7　p204-206

禁止本
◎参考文献ほか「アメリカ公共図書館で禁じられた図書―1876-1939年文化変容の研究」(E.ゲラー)　京都大学図書館情報学研究会　2003.9　p257-292
◎文献「現代中国の禁書―民主、性、反日」(鈴木孝昌)　講談社　2005.6　p217-219
◎「ゴードン・W・プランゲ文庫教育図書目録―メリーランド大学図書館所蔵　占領期検閲教育関係図書1945-1949」(野田朱実ほか)　文生書院　2007.1　20,983p A4
◎「GHQの没収を免れた本―図書目録」(占領史研究會)　サワズ&出版　2007.5　470p A5

近親姦

- ◎解説文献「父―娘近親姦―「家族」の闇を照らす」（ジュディス・L. ハーマン） 誠信書房 2000.12 p364-365
- ◎参考文献「インセスト幻想―人類最後のタブー」（原田武） 人文書院 2001.11 p217-223
- ○参照ブックリスト「近親性交とそのタブー―文化人類学と自然人類学のあらたな地平」（川田順造） 藤原書店 2001.12 p234-239
- ◎参考文献「親族による性的虐待―近親姦の実態と病理」（石川義之） ミネルヴァ書房 2004.3 p307-321
- ◎参考文献「文学と禁断の愛―近親姦の意味論」（原田武） 青山社 2004.6 p216-230

近世

- ◎参考文献「支配をささえる人々」（久留島浩） 吉川弘文館 2000.10 prr
- ◎参考文献「日本政治思想史―近世を中心に 改訂版」（平石直昭） 放送大学教育振興会 2001.3 p169-180
- ◎参考文献「朝鮮実学者の見た近世日本」（河宇鳳） ぺりかん社 2001.8 p428-433
- ◎注文献「コスモロジーの「近世」 岩波講座近代日本の文化史2」（小森陽一ほか） 岩波書店 2001.12 prr
- ◎参考文献「近世の三大改革」（藤田覚） 山川出版社 2002.3 2pb
- ◎註「近世国家史の研究―幕藩制と領国体制」（藤野保） 吉川弘文館 2002.12 prr
- ◎註「日本近世ジェンダー論 「家」経営体・身分・国家」（長野ひろ子） 吉川弘文館 2003.1 prr
- ◎註「近世都市空間の原景 村・館・市・宿・寺・社と町場の空間形成」（伊藤裕久） 中央公論美術出版 2003.2
- ◎註「近世日本社会と儒教」（黒住真） ぺりかん社 2003.4 prr
- ◎参考文献「近世日本の経済社会」（速水融） 麗澤大学出版会 2003.5 p197-210
- ○目録（渡辺守邦）「実践国文学 64」（実践国文学会） 2003.10 p18-44
- ◎注「飢饉から読む近世社会」（菊池勇夫） 校倉書房 2003.10 prr
- ◎注「近世日本の世界像」（川村博忠） ぺりかん社 2003.12 p265-276
- ◎参考文献「奇想の系譜―又兵衛-国芳」（辻惟雄） 筑摩書房 2004.9 p250-256
- ○文献リスト「近世社会 展望日本歴史15」（藪田貫ほか） 東京堂出版 2004.10 p439-429

近世以前日記

- ○〔解題連載〕（馬場萬夫）「日本古書通信 66.1-66.12」（日本古書通信社） 2001.1-2001.12 p14-15

近世語

- ◎注「近世武家言葉の研究」（諸星美智直） 清文堂出版 2004.5 prr
- ◎参考文献「近世日本語の進化」（N. A. スィロミャートニコフ） 松香堂 2006.12 p333-339

近世史

- ◎注文献「近世民衆史の史料学」（林基） 青木書店 2001.2 prr
- ◎参考文献「生きることの近世史―人命環境の歴史から」（塚本学） 平凡社 2001.8 p284-293
- ◎参考文献「天下泰平―日本の歴史 16」（横田冬彦） 講談社 2002.3 p385-390
- ◎参考文献「成熟する江戸―日本の歴史 17」（吉田伸之） 講談社 2002.4 p372-376
- ◎参考文献ほか「生きることの近世史―人命環境の歴史から」（塚本学） 平凡社 2002.4 p284-293
- ◎文献リスト「海禁と鎖国―展望日本歴史 14」（紙屋敦之ほか） 東京堂出版 2002.9 p459-445
- ◎注「史料が語る日本の近世」（大野瑞男） 吉川弘文館 2002.9 prr
- ◎註「近世日本の宗教社会史」（有元正雄） 吉川弘文館 2002.10 prr
- ◎注「近世公家社会の研究」（橋本政宣） 吉川弘文館 2002.12 prr
- ◎参考文献「近世村人のライフサイクル」（大藤修） 山川出版社 2003.1 4pb
- ◎文献「将軍権力と天皇―秀吉・家康の神国観」（高木昭作） 青木書店 2003.5 p231-238
- ◎参考文献「草山の語る近世」（水本邦彦） 山川出版社 2003.7 3pb
- ◎参考文献「琉球と日本・中国」（紙屋敦之） 山川出版社 2003.8 3pb
- ◎資料状況「亀の碑と正統―領域国家の正統主張と複数の東アジア冊封体制観」（平勢隆郎） 白帝社 2004.2 p195-174
- ◎「日本史図書目録 1998-2003 古代・中世・近世」（日外アソシエーツ） 日外アソシエーツ 2004.4 22,814p A5
- ◎注「近世の土地制度と在地社会」（牧原成征） 東京大学出版会 2004.12 prr
- ◎参考文献「日本近世史の可能性」（藪田貫） 校倉書房 2005.7 prr
- ◎参考文献「性と生殖の近世」（沢山美果子） 勁草書房 2005.9 p7-19b
- ◎文献解説「近世の庶民文化―付「京都・堺・博多」」（高尾一彦） 岩波書店 2006.12 p329-335

近世思想

- ◎参考文献「自由学問都市大坂―懐徳堂と日本的理性の誕生」（宮川康子） 講談社 2002.2 p217」
- ◎文献リスト「展望日本歴史 16 近世の思想・文化」（青木美智男, 若尾政希） 東京堂出版 2002.4 p469-483
- ◎研究文献一覧「思想としての中国近世」（伊東貴之） 東京大学出版会 2005.6 p8-25b

近世小説

- ○蔵書解題（佐伯和香子ほか）「図書の譜―明治大学図書館紀要 9」（明治大） 2005.3 p229-236
- ○「日本大学総合学術情報センター所蔵古典籍資料目録 6（近世小説編）」（古典籍資料目録編集委員会） 日本大総合学術情報センター 2006.3 80p A4

金星の小冊子

- ◎参考文献「〈偽〉ジョン・ディーの『金星の小冊子』―テクストの校訂と翻訳、そしてこのテクストの注釈のために必要なキリスト教カバラおよび後期アテナイ学派の新プラトン主義の研究」（森正樹） リーベル出版 2004.5 p637-657

近世文学

- ◎略年表「近世福岡地方女流文芸集」（前田淑） 葦書房 2001.2 p349-356

◎俳書一覧「近世俳句俳文集　新編日本古典文学全集72」（雲英末雄ほか）　小学館　2001.3　p617-623
◎文献目録「元禄文学を学ぶ人のために」（井上敏幸ほか）　世界思想社　2001.4　p246-260
○研究の軌跡（金井圭太郎、磯部敦）「解釈と鑑賞　66.9」（至文堂）　2001.9　p161-171
○目録（北川博子）「近松研究所紀要　13」（園田学園女子大）　2002.12　p43-56
○文献目録（飯島満）「近松研究所紀要　14」（園田学園女子大）　2003.12　p41-107
◎注「江戸詩歌史の構想」（鈴木健一）　岩波書店　2004.3　prr
○刊行略年表（後小路薫）「国文学　49.5」（学燈社）　2004.4　p110-129
◎「江戸川乱歩旧蔵江戸文学作品展図録」（立教大学図書館）　立教大図書館　2005.6　127p B5
◎「近世文学研究事典　新版」（岡本勝ほか）　おうふう　2006.2　498p A5
略年表（田中仁）「江戸の詩歌と小説を知る本」（鈴木健一）　笠間書院　2006.3　p128-147
◎参考文献ほか「江戸女流文学の発見―光ある身こそぞくるしき思ひなれ　新版」（門玲子）　藤原書店　2006.3　p358-362
◎参考文献「江戸時代の朝鮮通信使と日本文学」（朴賛基）　臨川書店　2006.10　p243-245

金石文
◎参考文献「金石文に見る百済武寧王の世界」（蘇鎮轍）　彩流社　2001.12　p199-207
◎参考文献「千曲川石にきざまれた願い」（千曲川・犀川治水史研究会）　信濃毎日新聞社　2005.4　p149-150

金属器
◎参考文献「古代東アジアの金属製容器　1　中国編」（毛利光俊彦）　奈良文化財研究所　2004.3　p97-107
◎参考文献「国土を築いた金物たち」（大阪府立狭山池博物館）　大阪府立狭山池博物館　2007.10　p94」

金属材料
◎参考書「若い技術者のための機械・金属材料　第2版」（矢島悦次郎）　丸善　2002.3　p363-365

金属疲労
◎参考文献「金属疲労のおはなし」（西島敏）　日本規格協会　2007.11　p175」

近代
◎文献目録「展望・日本歴史　20　帝国主義と植民地」（柳沢遊、岡部牧夫）　東京堂出版　2001.2　p49-423
◎参考文献「ヨーロッパと近代世界　改訂版」（川北稔）　放送大学教育振興会　2001.3　p141-142
◎参考文献「近代世界と民衆運動」（柴田三千雄）　岩波書店　2001.7　p437-443
◎書誌的注記「近代とは何か―その隠されたアジェンダ」（S.トゥールミン）　法政大学出版局　2002.1　p17-28b
○ブックリスト「I feel 12.3」（紀伊国屋書店）　2002.8　p12-13

近代化
◎注文献「日本の近代化と経済学―ボン大学講義」（松野尾裕）　日本経済評論社　2002.9　prr
◎原注「日本の近代化とスコットランド」（O.チェックランド）　玉川大学出版部　2004.4　p211-191

◎参考文献「再帰的近代社会―リフレクシブに変化するアイデンティティや感性、市場と公共性」（中西眞知子）　ナカニシヤ出版　2007.3　p169-176

近代建築
◎参考文献「現代建築のコンテクスチュアリズム入門―環境の中の建築/環境をつくる建築」（秋元馨）　彰国社　2002.4　p274-268
◎参考文献「近代建築　1　図説世界建築史 15」（M.タフーリほか）　本の友社　2002.10　p272-275
◎文献「近代建築　2　図説世界建築史16」（M.タフーリほか）　本の友社　2003.12　p223-226
◎参考文献「モダニズム建築―その多様な冒険と創造」（P.ブランデル=ジョーンズ）　建築思潮研究所　2006.5　p450-457

近代史
◎文献「近代日本と戦争違法化体制―第一次世界大戦から日中戦争へ」（伊香俊哉）　吉川弘文館　2002.7　p331-335
◎文献「日本の歴史　25　日本はどこへ行くのか」（C.グラックほか）　講談社　2003.1　p356-371
◎参考文献「外国人が見た日本の一世紀」（佐伯修）　洋泉社　2003.6　prr
◎註「皇后の近代」（片野真佐子）　講談社　2003.11　p212-226
◎参考文献「日本人はどこで歴史を誤ったのか」（永沢道雄）　光人社　2003.11　p266-267
◎参考文献「近代社会を生きる」（大門正克ほか）　吉川弘文館　2003.12　p299-309
◎註「近代帝国日本のセクシュアリティ」（中村茂樹）　明石書店　2004.1　prr
◎参考文献「モノが語る日本の近現代生活―近現代考古学のすすめ」（桜井準也）　慶應義塾大　2004.3　p70-75
◎参考文献「日露戦争が変えた世界史―「サムライ」日本の一世紀」（平間洋一）　芙蓉書房　2004.4　p291-298
◎引用作品一覧「明治維新の再創造―近代日本の〈起源神話〉」（宮沢誠一）　青木書店　2005.2　p236-257
◎参考文献「ミカドの肖像」（猪瀬直樹）　小学館　2005.4　p856-879
◎参考文献「絵はがきで見る日本近代」（富田昭次）　青弓社　2005.6　p253-260
◎注「戦争の論理―日露戦争から太平洋戦争まで」（加藤陽子）　勁草書房　2005.6　prr
◎文献「驕れる白人と闘うための日本近代史」（松原久子）　文藝春秋　2005.8　p234-237
◎文献一覧「帝国と暗殺―ジェンダーからみる近代日本のメディア編成」（内藤千珠子）　新曜社　2005.10　p408-395
◎参考文献「近代日本戦争史事典」（古賀牧人）　光陽出版社　2006.4　p607-614
◎参考文献「日本の戦争封印された言葉」（田原総一朗）　アスコム　2006.8　p264-267
◎ブックガイド（加藤陽子）「近代日本の誕生」（I.ブルマ）　ランダムハウス講談社　2006.10　p220-222
◎参考文献「時間意識の近代―「時は金なり」の社会史」（西本郁子）　法政大出版局　2006.10　p402-392
◎参考文献「日本の200年―徳川時代から現代まで」（A.ゴードン）　みすず書房　2006.10　p40-52b

きんたい

◎参考文献「軍神―近代日本が生んだ「英雄」たちの軌跡」（山室建徳）　中央公論新社　2007.7　p350-353
◎参考文献「戦争遺産探訪　日本編」（竹内正浩）　文藝春秋　2007.7　p253-254

近代日本
◎参考文献「近代日本とアイヌ社会」（麓慎一）　山川出版社　2002.11　1pb

近代美術
◎参考文献「日本近代美術史論」（高階秀爾）　筑摩書房　2006.6　p425-432
◎主要文献「美と真実―近代日本の美術とキリスト教」（竹中正夫）　新教出版社　2006.7　p321-327

近代文学
◎「近代戦争文学事典　6」（矢野貫一）　和泉書院　2000.6　295p A5
◎参考文献「近代の日本文学　〔新訂〕」（野山嘉正, 安藤宏）　放送大学教育振興会　2001.3　p229-237
◎年表ほか「古代の幻―日本近代文学の〈奈良〉」（浅田隆, 和田博文）　世界思想社　2001.4　p221-269
◎「日本近代文学の名作」（吉本隆明）　毎日新聞社　2001.4　187p 46s
◎引用文献「青春という亡霊―近代文学の中の青年」（古屋健三）　NHK出版　2001.10　p313-316
◎参考文献「近代文学の〈朝鮮〉体験」（南富鎮）　勉誠出版　2001.11　p287-299
◎参考文献「写生の変容―フォンタネージから子規、そして直哉へ」（松井貴子）　明治書院　2002.2　p395-423
◎参考・引用文献「東京文学探訪―明治を見る、歩く　上」（井上謙）　NHK出版　2002.3　p214-220
◎参考文献「現代日本文学「盗作疑惑」の研究―「禁断の木の実」を食べた文豪たち」（竹山哲）　PHP研究所　2002.4　3pb
◎参考文献「明治下層記録文学」（立花雄一）　筑摩書房　2002.5　p313-318
◎略年表（石原千秋ほか）「発禁・近代文学誌」（国文学編集部）　学燈社　2002.11　p205-212
○文献案内（遠藤興一）「明治学院論叢　690」（明治学院大）　2003.3　p197-277
◎注「一葉以後の女性表現―文体・メディア・ジェンダー」（関礼子）　翰林書房　2003.11　prr
◎参考文献「近代日本の象徴主義」（木股知史ほか）　おうふう　2004.3　p210-218
◎参考文献「明治文芸館　3」（上田博ほか）　嵯峨野書院　2004.3　p117-120
◎参考文献「〈朝鮮〉表象の文化誌―近代日本と他者をめぐる知の植民地化」（中根隆行）　新曜社　2004.4　p366-385
◎100年史（曾根博義）「名短篇―新潮創刊一〇〇周年記念　通巻一二〇号記念」（荒川洋治）　新潮社　2005.1　p426-461
◎参考文献「はじめて学ぶ日本女性文学史　近現代編」（岩淵宏子ほか）　ミネルヴァ書房　2005.2　p409-414
◎参考文献「文人たちの紀伊半島―近代文学の余波と創造」（半田美永）　皇學館出版部　2005.3　p243-246
◎「京都戦後文学史ノート」（賀川真也子）　ウインかもがわ　2005.4　142p B6
◎目録「原爆は文学にどう描かれてきたか」（黒古一夫）　八朔社　2005.8　p160-166
◎文献「明治大正翻訳ワンダーランド」（鴻巣友季子）　新潮社　2005.10　p195-204
◎引用参照文献「戦争体験の社会学―「兵士」という文体」（野上元）　弘文堂　2006.2　p277-284
◎参考文献「戦中文学青春譜―「こをろ」の文学者たち」（多田茂治）　海鳥社　2006.2　p266-269
◎文献「都市テクスト論序説」（田口律男）　松籟社　2006.2　p467-472
◎「日本近代文学書誌書目抄」（大屋幸世）　日本古書通信社　2006.3　283p A5
◎「文藝時評大系　明治篇　別巻（索引）」（中島国彦ほか）　ゆまに書房　2006.5　190, 371p A5
◎参考文献「口絵名作物語集」（山田奈々子）　文生書院　2006.11　p301-302
◎参考文献「京都の明治文学―伝統の継承と変革」（河野仁昭）　白川書院　2007.1　p270-275
◎参考文献「社会文学事典」（『社会文学事典』刊行会）　冬至書房　2007.1　prr
◎参考文献「作家の誕生」（猪瀬直樹）　朝日新聞社　2007.6　p241-244
◎参考文献「大日本帝国のクレオール―植民地期台湾の日本語文学」（F.Y.クリーマン）　慶應義塾大出版会　2007.11　p6-32b

公忠集
◎参考文献「公忠集全釈」（新藤協三ほか）　風間書房　2006.5　p227-231

キンダーブック
◎全表紙「ひらひらはなびら―キンダーブック昭和の童謡童画集」（武鹿悦子）　フレーベル館　2007.12　p152ほか

緊張
◎文献「"あがり"とその対処法」（有光興記）　川島書店　2005.3　p131-145

均等配分行動
◎引用文献「幼児における均等配分行動に関する発達的研究」（山名裕子）　風間書房　2005.3　p167-170

金の船
◎略年譜「金の船・金の星―野口雨情・山本鼎生誕120年―今に生きる大正児童文化の世界―北区飛鳥山博物館平成14年度企画展」（北区飛鳥山博物館）　東京都北区教育委員会　2002.7　p48-49

金の星
◎略年譜「金の船・金の星―野口雨情・山本鼎生誕120年―今に生きる大正児童文化の世界―北区飛鳥山博物館平成14年度企画展」（北区飛鳥山博物館）　東京都北区教育委員会　2002.7　p48-49

金瓶梅
◎文献（土屋英明）「金瓶梅　下」（笑笑生）　徳間書店　2007.8　p628-630

勤務成績評価
◎参考文献「21世紀の評価制度―評価・処遇システムの新展開」（廣石忠司ほか）　社会経済生産性本部　2004.1　prr
◎参考文献「地方公共団体における人事評価システムのあり方」（地方公共団体人事評価システム研究会）　第一法規　2004.6　p241-245

◎引用参考文献「教員評価・人事考課のための授業観察 国際指標―教員へのフィードバックによる学校の活性化」（有本昌弘） 学文社　2006.3　p159-161

金融

◎参考文献「ドイツ・ユニバーサルバンキングの展開」（大矢繁夫） 北海道大学図書刊行会　2001.2　p225-239
◎参考文献「設備投資と金融市場―情報の非対称性と不確実性」（鈴木和志） 東京大学出版会　2001.2　p183-191
◎参考文献「ファイナンスの確率積分―伊藤の公式, Girsanovの定理, Black-Scholesの公式」（津野義道） 共立出版　2001.3　p297-298
◎参考文献「現代の金融システム:理論と構造」（山口重克ほか） 東洋経済新報社　2001.3　p285-288
◎参考文献「投資工学のための金融・証券論」（米村浩） 東洋経済新報社　2001.3　p217-220
◎参考文献「すぐわかる金融商品会計基準―設例による逐条解説」（大野智弘） 一橋出版　2001.5　p192-193
◎参考文献「デリバティブの基礎理論―金融市場への数学的アプローチ」（塚田弘志） 名古屋大学出版会　2001.5　p296-302
◎「支那金融に関する主要文献目録　4　第一邦文および欧文の部　第二華文の部　雑誌記事索引集成　専門書誌編　48戦後・中国」 皓星社　2001.5　285p B5
◎参考文献「投資信託を読む」（菊池誠一） 日経BP社　2001.5　p241-243
◎参考文献「クレジット・リスク・モデル―評価モデルの実用化とクレジット・デリバティブへの応用」（楠岡成雄ほか） 金融財政事情研究会　2001.6　p155-156
◎参考文献「金融の権力」（A. オルレアン） 藤原書店　2001.6　p312-304
◎参考文献「金融バブルの経済学―行動ファイナンス入門」（A. シュレイファー） 東洋経済新報社　2001.6　p265-277
◎参考文献「図説よくわかる金融ネット―銀行・証券・保険サービスはこう変わる!」（眞壁修） PHP研究所　2001.6　p186-187
◎参考文献「オプションプライシングの数理―基礎理論と専門書のブリッジテキスト」（山下司） 金融財政事情研究会　2001.7　p335-337
◎文献「ファイナンスへの数学―金融デリバティブの基礎　第2版」（S. N. ネフツィ） 朝倉書店　2001.7　p491-493
◎参考文献「銀行貸出の経済分析」（堀江康熙） 東京大学出版会　2001.7　p269-280
◎参考文献「日本国債の研究」（富田俊基） 東洋経済新報社　2001.7　p329-331
◎参考文献「アメリカ金融システムの転換―21世紀に公正と効率を求めて」（ディムスキほか） 日本経済評論社　2001.8　p43-433
◎参考文献「時価革命と金融工学」（櫻井豊） ISコム　2001.9　p178-179
◎参考文献「金融危機と経済主体」（松浦克己ほか） 日本評論社　2001.10　p217-227
◎参考文献「金融」（筒井義郎） 東洋経済新報社　2001.11　p379-386
◎リーディングリスト「金融グローバル化の危機―国際金融規制の経済学」（J. L. イートウェル, L. J. テイラー） 岩波書店　2001.12　p9-13b
◎参考文献「貨幣・金融の政治経済学」（伊藤誠, C. ラパヴィツァス） 岩波書店　2002.1　p309-324
◎参考文献ほか「行動ファイナンス―市場の非合理性を解き明かす新しい金融理論」（ヨアヒム・ゴールドベルグ, リュディガー・フォン・ニーチェ） ダイヤモンド社　2002.1　p206-220
◎参考文献「アメリカ決済システムの展開」（川合研） 東洋経済新報社　2002.2　p227-238
◎参考文献「金融の未来学―小さなセーフティネットをめざして」（翁百合） 筑摩書房　2002.2　p171-173
◎参考文献「国際金融のしくみ　新版」（秦忠夫, 本田敬吉） 有斐閣　2002.3　p263-264
◎文献「現代金融論」（塩沢修平） 創文社　2002.4　p209-212
◎参考文献「入門現代日本の金融」（玉木勝） シグマベイスキャピタル　2002.4　p287-289
◎文献「金融危機の経済分析」（桜川昌哉） 東京大学出版会　2002.6　p267-274
◎文献「アジア中国日本―企業と金融の改革」（古島義雄） シグマベイスキャピタル　2002.9　p207-227
◎文献「日本の「大停滞」が終わる日」（原田泰） 日本評論社　2003.1　p263-270
◎文献「金融ビッグバンの政治経済学―金融と公共政策策定における制度変化」（戸矢哲朗） 東洋経済新報社　2003.2　p379-389
◎参考文献「戦後ドイツ金融とリテール・バンキング―銀行の大衆化と金融商品の価格」（清田匡） 勁草書房　2003.2　p283-290
◎文献「投資資金調達と経済変動」（渡辺和則） 多賀出版　2003.2　p295-303
◎文献「日本の金融問題―検証から解決へ」（林敏彦ほか） 日本評論社　2003.3　p407-430
◎文献「日本の長期金融」（福田慎一） 有斐閣　2003.3　p241-255
◎文献「メキシコ経済の金融不安定性―金融自由化・開放化政策の批判的研究」（安原毅） 新評論　2003.5　p275-292
◎参考文献「新版国際金融論　グローバル企業危機の構造」（尾上修悟） ミネルヴァ書房　2003.5　prr
◎参考文献「現代金融サービス入門―ゼロから学ぶ金融の役割」（岩坂健志） 白桃書房　2003.6　p146-147
◎参考文献「新しい金融理論　金融取引のミクロ的基礎から金融システムの設計へ」（酒井良清ほか） 有斐閣　2003.7　p207-214
◎文献「資産市場の経済理論」（前田章） 東洋経済新報社　2003.8　p243-252
◎文献「金融ビジネスの歴史―金融技術の制度化と再構築」（青野正道） 中央経済社　2003.9　p209-221
◎文献「金融構造改革の誤算」（大崎貞和） 東洋経済新報社　2003.9　p268-270
◎文献「トービン金融論」（J. トービン） 東洋経済新報社　2003.10　p385-394
◎文献「リスクマネー・チェンジ」（真壁昭夫ほか） 東洋経済新報社　2003.10　p273-278
◎文献「現代金融の経済学」（堀江康熙） 日本評論社　2003.10　p243-252
◎文献「新しい金融論―信用と情報の経済学」（J. E. スティグリッツほか） 東京大学出版会　2003.10　p319-337

◎参考文献「金融不況脱出―日本経済のバランスシート再生」（高田創ほか）　日本経済新聞社　2003.12　p219-220
◎文献「通貨・金融の歴史と現状―金融政策の視点」（新宅彰）　日経事業出版センター　2003.12　p1-4b
◎参考文献「テキスト現代金融」（土田寿孝）　ミネルヴァ書房　2004.1　p297-303
◎参考文献「新しい金融秩序―来るべき巨大リスクに備える」（R. J. シラー）　日本経済新聞社　2004.2　p444-469
◎参考文献「〈入門〉経済物理学―暴落はなぜ起こるのか?」（D. ソネット）　PHP研究所　2004.3　p334-362
◎参考文献「はじめて学ぶ金融論」（中北徹）　筑摩書房　2004.3　p186-187
◎参考文献「オプション価格の計量分析」（三井秀俊）　税務経理協会　2004.3　p161-173
◎推薦図書ほか「ビジネスマンのためのファイナンス入門―55のキーワードで基礎からわかる」（山澤光太郎）　東洋経済新報社　2004.3　p265-269
◎関連図書「金融システムの経済学」（酒井良清ほか）　東洋経済新報社　2004.3　p187-193
◎文献「数理ファイナンスの基礎」（西岡國雄）　東京都立大出版会　2004.3　p109-111
◎参考文献「ファイナンス入門」（新井啓）　慶應義塾大出版会　2004.4　p273-277
◎参考文献「金融自由化の諸問題と金融機関の会計ディスクロージャー制度」（西村勝志）　愛媛大　2004.5　p156-161
◎参考文献「国際金融読本」（国際通貨研究所）　東洋経済新報社　2004.5　p235-276
◎参考文献「金融と審判の日―21世紀の穏やかな恐慌を生き延びるために」（W. ボナーほか）　パンローリング　2004.6　p425-431
◎参考文献「マイクロファイナンスへのJICAの支援事例分析」（吉田秀美ほか）　国際協力機構　2004.7　p99-101
◎参考文献「金融論―初心者にもわかるやさしい金融論」（中塚晴雄）　税務経理協会　2004.7　p209-211
◎参考文献「経済学とファイナンス　2版」（大村敬一ほか）　東洋経済新報社　2004.7　p583-587
◎参考文献「現代の金融と経済」（糸井重夫）　中央大学出版部　2004.7　p211-218
◎参考文献「新デリバティブ・ドキュメンテーション―デリバティブ取引の契約書実務」（植木雅広）　近代セールス社　2004.8　p515-517
◎参考文献「行動ファイナンス　2　例題と用語集で読み解く非合理の謎」（角田康夫）　金融財政事情研究会　2004.12　p180-184
◎参考文献「金融立国試論」（桜川昌哉）　光文社　2005.1　p228-225
◎参考文献「金融論」（西村和志）　晃洋書房　2005.1　prr
◎参考文献「リレーションシップ・バンキングと金融システム」（村本孜）　東洋経済新報社　2005.2　p213-224
◎参考文献「金融派生商品の価格付けに関する戦略的考察」（足立光生）　多賀出版　2005.2　p133-138
◎文献案内「金融論　2版」（晝間文彦）　新世社　2005.2　p269-271
◎参考文献「オーストラリアの金融・経済の発展」（石田高生）　日本経済評論社　2005.3　p407-420

◎参考文献「新しい時代の金融システム」（鐘ケ江毅ほか）　勁草書房　2005.3　prr
◎参考文献「ファイナンシャル・モデリング」（S. ベニンガ）　清文社　2005.4　p707-715
◎参考資料「近江商人の金融活動と滋賀金融小史」（渕上清二）　サンライズ出版　2005.4　p259-268
◎参考文献「現代日本の金融取引入門」（神木良三）　晃洋書房　2005.4　p240-244
◎参考文献「信用リスクモニタリングと日米比較金融システム論―英和対照」（鈴木泰）　唯学書房　2005.4　p233-240
◎参考文献「地域金融と企業の再生」（堀江康煕）　中央経済社　2005.5　p241-250
◎参考文献「現代ファイナンス理論」（野口悠紀雄）　東洋経済新報社　2005.6　p233-237
◎参考文献「行動ファイナンスの実践―投資家心理が動かす金融市場を読む」（J. モンティア）　ダイヤモンド社　2005.9　p261-272
◎参考文献「道具としてのファイナンス」（石野雄一）　日本実業出版社　2005.9　p284-286
◎原注「マネーを生みだす怪物―連邦準備制度という壮大な詐欺システム」（G. E. グリフィン）　草思社　2005.10　p734-704
◎参考文献「新アジア金融アーキテクチャ―投資・ファイナンス・債券市場」（永野護）　日本評論社　2005.10　p211-220
◎参考文献「中国の金融はこれからどうなるのか―その現状と改革の行方」（玉置知己ほか）　東洋経済新報社　2005.10　p249-253
◎参考文献「金融システムとモニタリングの研究―制度論的アプローチによる日本の金融長期停滞要因分析」（鈴木泰）　唯学書房　2005.11　p231-238
◎参考文献「現代金融と信用理論」（信用理論研究学会）　大月書店　2006.1　p325-330
◎参考文献「アジア金融システムの経済学」（宿輪純一）　日本経済新聞社　2006.2　p266-272
◎参考文献「ソーシャル・キャピタルと金融変革」（戸井佳奈子）　日本評論社　2006.2　p213-219
◎参考文献「実務者からみた金融機関行動と不良債権問題」（新保芳栄）　八朔社　2006.2　p177-182
◎文献「金融教育のマニフェスト」（山根栄次）　明治図書出版　2006.3　p169-172
◎参考文献「実験経済学入門―完璧な金融市場への挑戦」（R. M. ミラー）　日経BP社　2006.3　p418-429
◎参考文献「銀行貸出取引の研究」（山本則文）　ストーク　2006.4　p437-468
◎参考文献「開発主義の暴走と保身―金融システムと平成経済」（池尾和人）　NTT出版　2006.6　p305-308
◎引用文献「日本金融システム進化論」（星岳雄）　日本経済新聞社　2006.7　p462-483
◎参考文献「闇の系譜―ヤクザ資本主義の主役たち」（有森隆ほか）　講談社　2006.8　p278-280
◎参考文献「金融はこれからどう変わるのか」（高橋琢磨）　金融財政事情研究会　2006.8　p383-393
◎参考文献「金融不安定性の経済分析」（植田宏文）　晃洋書房　2006.10　p255-272
◎文献案内「金融論をつかむ」（前多康男ほか）　有斐閣　2006.12　p297-300

◎参考文献「レクイエム―「日本型金融哲学」に殉じた銀行マンたち」（伯野卓彦）　NHK出版　2007.1　p266-267
◎参考文献「東アジアの通貨・金融協力―欧州の経験を未来に活かす」（村瀬哲司）　勁草書房　2007.2　p317-321
◎参考文献「アジアの経済発展と金融システム　東北アジア編」（寺西重郎ほか）　東洋経済新報社　2007.3　prr
◎引用文献「日本企業とM&A―変貌する金融システムとその評価」（岡部光明）　東洋経済新報社　2007.5　p341-360
◎参考文献「実感なき景気回復に潜む金融恐慌の罠―このままでは日本の経済システムが崩壊する」（菊池英博）　ダイヤモンド社　2007.6　p290-291
◎参考文献「数理ファイナンス」（関根順）　培風館　2007.7　p277-282
◎参考文献ほか「新時代の日本の金融」（鈴木博）　同文舘出版　2007.8　p204-206
◎参考文献「1997年―世界を変えた金融危機」（竹森俊平）　朝日新聞社　2007.10　p241-245
◎参考文献ほか「長期不況下での金融機能の検証―金融システムのあり方を巡って」（渡辺善次）　三菱経済研究所　2007.10　p85-87
◎文献一覧「カナダ金融経済の形成―中央銀行の成立過程から見た」（河村一）　御茶の水書房　2007.11　p361-373
◎参考文献「平成金融危機への対応―預金保険はいかに機能したか」（預金保険機構）　金融財政事情研究会　2007.11　p558-562
◎参考文献「クレジットリスクモデリング入門」（C. ブルームほか）　シグマベイスキャピタル　2007.12　p295-303
◎参考文献「プロジェクトファイナンスの実務―プロジェクトの資金調達とリスク・コントロール」（加賀隆一）　金融財政事情研究会　2007.12　p317-323
◎参考文献「マイクロクレジットの文化人類学―中東・北アフリカにおける金融の民主化にむけて」（鷹木恵子）　世界思想社　2007.12　p384-401

金融改革
◎参考文献「キーワードでわかる「金融改革」」（茨木豊彦）　中央公論新社　2003.4　p212-213

金融会計
◎文献「ドイツ金融会計論―未決取引会計の探究」（本田良巳）　税務経理協会　2003.3　p279-293

金融緩和政策
◎参考文献「日銀は死んだのか？　超金融緩和政策の功罪」（加藤出）　日本経済新聞社　2001.11　p230-234

金融機関
◎文献「オペレーショナル・リスクのすべて」（三菱信託銀行オペレーショナル・リスク研究会）　東洋経済新報社　2002.3　p211-212
◎文献「リレーションシップ・バンキング入門―地域金融機関と顧客・地域社会との互恵的関係のために」（由里宗之）　金融財政事情研究会　2003.6　p214-219
◎参考文献「リスクマネジメント」（M. Crouhy）　共立出版　2004.3　p571-585
◎参考文献「現代の地域金融―「分権と自立」に向けての金融システム」（木村温人）　日本評論社　2004.3　p227-232
◎参考文献「米国金融機関のリテール戦略―「コストをかけないカスタマイズ化」をどう実現するか」（前田真一郎）　東洋経済新報社　2004.4　p254-257
◎参考文献「金融アンバンドリング戦略」（大垣尚司）　日本経済新聞社　2004.10　p377-381
◎参考文献「金融機関の経営と株式市場」（小林毅）　中京大　2005.3　p101-103
◎参考文献「リスクマネジメントの術理―新BIS時代のERMイノベーション」（樋渡淳二ほか）　金融財政事情研究会　2005.7　prr
◎参考文献「金融コングロマリット化と地域金融機関」（小藤康夫）　八千代出版　2006.5　p221-223
◎参考文献「よくわかる金融実務のPDCA」（中村裕昭）　金融財政事情研究会　2007.11　p228-229

金融恐慌
◎参考文献「金融恐慌のマクロ経済学」（二宮健史郎）　中央経済社　2006.12　p207-215

金融経済
◎参考文献「金融経済論」（里麻克彦）　税務経理協会　2001.1　p241-244
◎参考文献「ダウ・ジョーンズに学ぶ金融経済学―100年に一度のチャンスを見逃すな！」（工藤富夫）　総合法令出版　2002.1　p254-255

金融工学
◎文献「金融工学と最適化」（枇々木規雄）　朝倉書店　2001.3　p211-215
◎参考文献「電力自由化の金融工学―Financial engineering in new electricity markets」（山田聡）　東洋経済新報社　2001.6　p183-184
◎参考文献「金融工学辞典」（野村證券金融研究所）　東洋経済新報社　2001.10　p279-282
◎参考文献「ファイナンス確率過程と数値解析―基礎から学ぶ金融工学を完全に理解したい読者のための独習テキスト」（西田真二）　シグマベイスキャピタル　2001.12　p467-471
◎参考文献「金融工学・数理キーワード60」（興銀第一フィナンシャルテクノロジー）　金融財政事情研究会　2001.12　p231-236
◎参考文献「金融工学プログラミング」（Les Clewlow, Chris Stricland）　エコノミスト社　2002.4　p375-380
◎参考文献ほか「金融工学入門」（刈屋武昭, 小暮厚之）　東洋経済新報社　2002.4　p197-201
◎参考文献「金融工学入門」（田畑吉雄）　エコノミスト社　2002.4　p321-324
◎参考文献「金融工学入門」（D. G. ルーエンバーガー）　日本経済新聞社　2002.4　prr
◎文献「金融工学」（木島正明）　日本経済新聞社　2002.5　p208-209
◎参考文献「企業財務のための金融工学」（葛山康典）　朝倉書店　2003.4　p161-163
◎参考引用文献ほか「図説金融工学とリスクマネジメント―市場リスクと考える視点」（吉藤茂）　金融財政事情研究会　2005.12　p239-242
◎参考文献「ゲームとしての確率とファイナンス」（G. シェイファー）　岩波書店　2006.7　p395-418

金融史
- ◎参考文献「ドイツ金融史研究―ドイツ型金融システムとライヒスバンク」（居城弘） ミネルヴァ書房 2001.2 p479-497
- ◎文献「近代イラン金融史研究―利権/銀行/英露の角逐」（水田正史） ミネルヴァ書房 2003.7 p191-202
- ◎文献目録（吉置賢一）「工学院大学共通課程研究論叢 Feb-41」（工学院大） 2004 p77-89
- ◎参考文献「金貸しの日本史」（水上宏明） 新潮社 2004.12 p215-220

金融市場
- ◎参考文献「国際金融の市場」（尾田温俊） 晃洋書房 2001.3 prr
- ◎参考文献「はじめてのデリバティブ―複雑なテクニックを排し、発想の原点を学ぶ」（P. ボイルほか） 日本経済新聞社 2002.5 p273-277
- ◎参考文献「行動ファイナンス―理論と実証」（加藤英明） 朝倉書店 2003.4 p181-192
- ◎参考文献「バリュー・アット・リスクのすべて―The new benchmark for managing financial risk 新版」（P. ジョリオン） シグマベイスキャピタル 2003.11 p613-622
- ◎文献「金融商品会計論―キャッシュフローとリスクの会計」（吉田康英） 税務経理協会 2003.11 p343-350
- ◎参考文献「行動ファイナンスと投資の心理学」（H. シェフリン） 東洋経済新報社 2005.4 p322-344
- ◎参考文献「セイヴィングキャピタリズム」（R. G. ラジャンほか） 慶應義塾大出版会 2006.1 p465-449
- ◎参考文献「アービトラージ入門―裁定理論からマーケットが見える」（R. S. ビリングスレイ） 日経BP社 2007.3 p225-227
- ◎参考文献「日本経済のリスク・プレミアム―「見えざるリターン」を長期データから読み解く」（山口勝業） 東洋経済新報社 2007.3 p1-14b

金融システム
- ◎参考文献「信用と信頼の経済学―金融システムをどう変えるか」（竹田茂夫） NHK出版 2001.6 p253-258
- ◎文献「金融システムの動態―構造と機能の変容、および制度と規制の変革」（岩佐代市） 関西大学出版部 2002.10 p425-440

金融商品会計
- ◎参考文献「金融商品会計の実務 第2版」（朝日監査法人） 東洋経済新報社 2001.3 p298-299
- ◎参考文献「金融商品会計入門―図解+設例でわかる」（岩崎勇） 税務経理協会 2001.4 p247-248

金融商品取引法
- ◎参考文献「詳解公開買付けの実務」（清原健） 中央経済社 2007.7 p436-439
- ◎参考文献「不動産ビジネスのための金融商品取引法入門 改訂版」（田村幸太郎） 丸善出版事業部 2007.9 p316-317

金融商品販売法
- ◎参考文献「金融商品販売法―逐条解説」（岡田則之, 高橋康文） 金融財政事情研究会 2001.2 p188-193
- ◎参考文献「図解・イラストによる金融商品販売法消費者契約法早わかり 第2版」（松本恒雄） BSIエデュケーション 2001.2 p172-174

金融政策
- ◎参考文献「資産効果と財政金融政策―資産効果に関するマクロ経済理論および実証分析」（廣江満郎） 関西大学出版部 2001.1 p271-280
- ◎引用文献「日本銀行金融政策史」（石井寛治） 東京大学出版会 2001.2 p223-252
- ◎参考文献「金融政策の有効性と限界―90年代日本の実証分析」（細野薫ほか） 東洋経済新報社 2001.3 p221-227
- ◎参考文献「株式市場への公的介入―市場原理対政策論理」（神木良三） 千倉書房 2001.9 p205-209
- ◎参考文献「100万人を破滅させた大銀行の犯罪」（椎名麻紗枝） 講談社 2001.10 p327-329
- ◎文献「戦後日本の資金配分―産業政策と民間銀行」（岡崎哲二） 東京大学出版会 2002.3 p431-437
- ◎参考文献「欧州中央銀行金融政策」（欧州中央銀行） 東洋経済新報社 2002.7 p185-189
- ◎参考文献「電子マネー・電子商取引と金融政策」（館龍一郎） 東京大学出版会 2002.7 p197-201
- ◎参考文献「金融政策の政治経済学 下 日本の金融政策と中央銀行制度」（伊藤隆敏ほか） 東洋経済新報社 2002.12 p177-185
- ◎参考文献「金融政策の政治経済学 上 戦後日本の金融政策の検証」（T. F. カーギルほか） 東洋経済新報社 2002.12 p237-252
- ◎文献「信用秩序政策の再編―枠組み移行期としての1990年代」（佐藤隆文） 日本図書センター 2003.2 p327-330
- ◎参考文献「大不況の経済分析―日本経済長期低迷の解明」（小川一夫） 日本経済新聞社 2003.4 p247-256
- ◎文献「円安再生―成長回復への道筋」（河野竜太郎） 東洋経済新報社 2003.5 p260-268
- ◎文献「金融規制はなぜ始まったのか―大恐慌と金融制度の改革」（安部悦生） 日本経済評論社 2003.12 p197-210
- ◎参考文献「リフレと金融政策」（B. バーナンキ） 日本経済新聞社 2004.1 prr
- ◎参考文献「「大停滞」脱却の経済学―デフレに勝つことが構造改革だ!」（原田泰） PHP研究所 2004.2 p252-255
- ◎参考文献「新しい物価理論―物価水準の財政理論と金融政策の役割」（渡辺努ほか） 岩波書店 2004.2 p231-238
- ◎参考文献「不良債権処理と企業再生―市場主義を超えて共生社会を目指す」（黒田朗） 同友館 2004.2 p271-278
- ◎文献「通貨金融危機と国際マクロ経済学」（石山嘉英） 日本評論社 2004.4 p205-211
- ◎文献「アジア金融再生―危機克服の戦略と政策」（高安健一） 勁草書房 2005.1 p351-377
- ◎参考文献「長期金利と中央銀行―日本における金利の期間構造分析」（伊藤隆康） 日本評論社 2005.10 p165-177

◎引用文献「ゼロ金利との闘い―日銀の金融政策を総括する」（植田和男）　日本経済新聞社　2005.12　p203-197
◎参考文献「インフレ目標と金融政策」（伊藤隆敏ほか）　東洋経済新報社　2006.3　p255-265
◎参考文献「マクロ金融政策の時系列分析―政策効果の理論と実証」（宮尾龍蔵）　日本経済新聞社　2006.6　p258-272
◎参考文献「デフレ下の賃金変動―名目賃金の下方硬直性と金融政策」（黒田祥子ほか）　東京大出版会　2006.9　p245-256
◎参考文献「マレーシア通貨危機と金融政策」（中川利香）　青磁書房　2006.9　p147-153
◎参考文献「金融自由化と金融政策・銀行行動」（斉藤美彦）　日本経済評論社　2006.9　p245-251
◎参考文献「日本の金融政策―レジームシフトの計量分析」（田中敦）　有斐閣　2006.9　p209-219
◎引用文献「両大戦間期における銀行合同政策の展開」（白鳥圭志）　八朔社　2006.10　p467-479
◎参考文献「アメリカの金融政策―金融危機対応からニュー・エコノミーへ」（地主敏樹）　東洋経済新報社　2006.11　p309-318
◎参考文献「情報化社会における中央銀行―情報集合の誤認という視点から」（島本哲朗）　有斐閣　2007.3　p311-314
◎参考文献「アメリカの政策金融システム」（山城秀市）　国際書院　2007.9　p265-276
◎文献「貨幣と銀行―貨幣理論の再検討」（服部茂幸）　日本経済評論社　2007.10　p195-200
◎参考文献「現代日本の金融危機管理体制―日本型TBTF政策の検証」（米田貢）　中央大出版部　2007.11　p491-500
◎参考文献「波乱の時代　下　世界と経済のゆくえ」（A. グリーンスパン）　日本経済新聞出版社　2007.11　p342-350

金融制度
◎参考文献「アメリカ金融制度改革の長期的展望」（高木仁）　原書房　2001.3　p297-302
◎文献「日本の金融制度改革」（西村吉正）　東洋経済新報社　2003.12　p430-440
◎参考文献「金融制度と組織の経済分析―不良債権問題とポストバブルの金融システム」（藤原賢哉）　中央経済社　2006.3　p225-237
◎参考文献「アメリカの金融制度―比較社会文化による問題接近をめざして　改訂版」（高木仁）　東洋経済新報社　2006.6　p331-344

金融統計
◎参考文献「金融データの統計分析」（蓑谷千凰彦）　東洋経済新報社　2001.10　p281-287
◎文献「ファイナンス統計学ハンドブック」（G. S. Maddalaほか）　朝倉書店　2004.9　prr

金融取引
◎参考文献「入門現代の金融取引」（広江満郎ほか）　晃洋書房　2002.5　p223-228

金融ネット
◎参考文献「図説よくわかる金融ネット」（真壁修）　かもがわ出版　2001.6　p186-187

金融被害
◎参考文献「その印鑑、押してはいけない！―金融被害の現場を歩く」（北健一）　朝日新聞社　2004.8　p281-284

金利
◎参考文献「金利史観―金利5つの常識の再検討」（平山賢一）　ISコム　2001.4　p170-173
◎参考文献「日米長期金利の変動要因と推計に関する調査研究報告書」　総務省郵政研究所　2001.7　p170-173
◎参考文献「長期金利と中央銀行―日本における金利の期間構造分析」（伊藤隆康）　日本評論社　2005.10　p165-177

筋力トレーニング
◎文献「シニアのための筋力トレーニング―安全で効果的な運動指導ガイド」（W. L. Westcott, T. R. Baechle）　ナップ　2001.7　p209-217
◎引用参考文献「高齢者のための筋力トレーニング―骨密度を高め、白い筋肉をつくる」（鈴木正之）　黎明書房　2005.10　p145-147
◎参考文献「筋力トレーニング法100年史」（窪田登）　保育とスポーツ出版社　2007.3　p216-219

菌類
◎文献「日本野生植物寄生・共生菌類目録」（月星隆雄）　農業環境技術研究所　2002.3　p135-140
◎参考文献「菌類の森」（佐藤憲生）　東海大学出版会　2004.5　p186-181

勤労意欲
◎参考文献「勤労意欲の科学―活力と生産性の高い職場の実現」（國澤英雄）　成文堂　2006.4　p325-332

【　く　】

グアテマラ
◎ブックガイド「マヤ　グアテマラ&ベリーズ」（辻丸純一）　雷鳥社　2001.3　2pb
◎文献「マヤ先住民族自治と自決をめざすプロジェクト」（IMADR-MJPグァテマラプロジェクトチーム）　反差別国際運動日本委員会　2003.5　p246-247
◎参考図書「グアテマラの織」（A. ヘクト）　デザインエクスチェンジ　2003.7　p84-85
◎参考文献「農村―都市労働移動におけるグアテマラ先住民の特異性―先住民社会の経済再編の歴史過程」（藤井嘉祥）　上智大　2004.3　p52-57
◎参考文献ほか「グァテマラの染織―マヤ文明後継者たちの生活」（角山幸洋）　関西大学出版部　2004.11　p531-607
◎ブックガイド「グアテマラを知るための65章」（桜井三枝子）　明石書店　2006.9　p347-359

クアハウス
◎参考文献「自然と共生の健康づくり―日本・アイスランドにおける健康づくりのための温泉利用施設」（榎本和子）　行路社　2006.6　p107-110

クイズ番組
◎引用参考文献「クイズ文化の社会学」（石田佐恵子ほか）　世界思想社　2003.3　p292-272

空
◎参考文献「空入門　新装版」（梶山雄一）　春秋社　2003.10　p223-225

空間
◎参考文献「空間　アジアへの問い―アジア新世紀1」（青木保ほか）　岩波書店　2002.11　prr
◎参考文献ほか「建築・都市計画のための空間学事典　改訂版」（日本建築学会）　井上書院　2005.4　p248-268
◎文献「空間の政治地理」（水内俊雄）　朝倉書店　2005.7　prr
◎参考文献「世界の尺度―中世における空間の表象」（P. ズムトール）　法政大出版局　2006.10　p18-27b
◎参考文献「ひとは、なぜ、そこにいるのか―「固有の居場所」の環境行動学」（山田あすか）　青弓社　2007.2　p243-248
◎参考文献「空間・時間・物質　下」（H. ワイル）　筑摩書房　2007.4　p251-271

空間知覚
◎参考文献「方向オンチの科学―迷いやすい人・迷いにくい人はどこが違う?」（新垣紀子, 野島久雄）　講談社　2001.8　p5-10
◎References「空間認知研究ハンドブック」（ナイジェル・フォアマン, ラファエル・ジレット）　二瓶社　2001.12　p218-241
◎参考文献「方向オンチの謎がわかる本―人はなぜ地図を回すのか?」（村越真）　集英社　2003.4　p235-238
◎参考文献「野生のナヴィゲーション―民族誌から空間認知の科学へ」（野中健一）　古今書院　2004.10　prr
◎引用文献「空間的視点取得の生涯発達に関する研究」（渡部雅之）　風間書房　2006.9　p131-145
◎文献「ハンディキャップと都市空間―地理学と心理学の対話」（岡本耕平ほか）　古今書院　2006.12　prr

空間デザイン
◎引用文献「空間デザイン事典」（日本建築学会）　井上書院　2006.7　p203-205

空間認識
◎参考文献「日本の空間認識と景観構成　ランドスケープとスペースオロジー」（宇杉和夫）　古今書院　2003.2　prr

空気調和
◎原論文「建築空間の空気・熱環境計画」（繪内正道）　北海道大出版会　2006.2　p213-249

空軍
◎文献「エア・パワー―その理論と実践」（石津朋之ほか）　芙蓉書房出版　2005.6　p333-346

空港
◎参考文献「空港と鉄道―アクセスの向上をめざして」（佐藤芳彦）　交通研究協会　2004.6　p163-166

空襲
◎参考文献「1945.6.22水島空襲―「米軍資料」の33のキーワード」（日笠俊男）　岡山空襲資料センター　2001.5　p47-49
◎参考文献「小田原空襲」（井上弘）　夢工房　2002.2　p118
◎参考文献「昭島にも空襲があった」（多摩地区の空襲犠牲者を確認・調査する会）　昭島市　2002.7　p162-164
◎参考文献「なぜ都市が空襲されたのか」（永沢道雄）　光人社　2003.1　p238-239
◎参考文献「八王子空襲―ブックレット」（八王子市郷土資料館ほか）　八王子市教育委員会　2005.7　p128-129
◎文献「米軍資料から読み解く愛媛の空襲」（今治明徳高等学校矢田分校平和学習実行委員会）　創風社出版　2005.8　p228-229
◎参考文献「米軍資料から見た浜松空襲」（阿部聖）　あるむ　2006.3　p66-67
◎引用参考文献「戦略爆撃の思想―ゲルニカ、重慶、広島」（前田哲男）　凱風社　2006.8　p578-592
◎参考文献「反空爆の思想」（吉田敏浩）　NHK出版　2006.8　p295-305
◎引用参考文献「あの日、火の雨の下にいた―私の横浜空襲」（加藤修弘）　社会評論社　2006.12　p257-260
◎参考文献「大空襲と原爆は本当に必要だったのか」（A. C. グレイリング）　河出書房新社　2007.2　p422-419
◎参考資料「写真で伝える東京大空襲の傷あと・生き証人」（鈴木賢士）　高文研　2007.3　p170-171
◎参考文献「東京を爆撃せよ―米軍作戦任務報告書は語る　新版」（奥住喜重ほか）　三省堂　2007.7　p166-167
◎参考文献「語りつぐ北海道空襲」（菊地慶一）　北海道新聞社　2007.8　p352-359

空想科学
◎参考文献「空想科学読本　4」（柳田理科雄）　メディアファクトリー　2002.4　p254-255

空母
◎参考文献「空母瑞鶴」（神野正美）　光人社　2001.11　p445-447
◎参考文献「トム・クランシーの空母　下」（T. クランシー）　東洋書林　2006.2　p343-323

クォーク
◎参考文献「クォークの不思議―素粒子物理学の神秘と革命」（R. M. バーネットほか）　シュプリンガーV東京　2005.11　p291-295

傀儡子
◎参考文献「女性芸能の源流　傀儡子・曲舞・白拍子」（脇田晴子）　角川書店　2001.10　p223-226

クー・クラックス・クラン
◎参考文献「クー・クラックス・クラン―革命とロマンス」（T. ディクソン）　水声社　2006.3　p400-411

グーグル
◎参考文献ほか「グーグルGoogle―既存のビジネスを破壊する」（佐々木俊尚）　文藝春秋　2006.4　p246-248

公家社会
◎注「近世公家社会の研究」（橋本政宣）　吉川弘文館　2002.12　prr
◎参考文献「幕末の公家社会」（李元雨）　吉川弘文館　2005.8　p192-201

久下文庫
○和漢書目録（大沼晴暉）「斯道文庫論集　36」（慶應義塾大）　2001　p447-486

草木染
- ◎参考文献「植物染めのサイエンス—万葉の色を化学する」（増井幸夫ほか）　裳華房　2007.6　p134-136

草双紙
- ◎「東京大学所蔵草雙紙目録　4編」（近世文学読書会）　青裳堂書店　2001.2　546p　A5
- ◎参考文献「江戸滑稽化物尽くし」（A. カバット）　講談社　2003.3　p241-244
- ◎「草双紙研究資料叢書　7」（中村正明）　クレス出版　2006.6　644, 2p　A5
- ◎「草双紙事典」（叢の会）　東京堂出版　2006.8　6, 388p　A5
- ◎参考文献「ももんがあ対見越入道—江戸の化物たち」（A. カバット）　講談社　2006.11　p258-260
- ◎「東京大学所蔵草雙紙目録　補編」（近世文学読書会）　青裳堂書店　2006.12　628p　A5

楔形文字
- ◎参考図書ほか「楔形文字を書いてみよう読んでみよう—古代メソポタミアへの招待」（池田潤）　白水社　2006.3　p125-127

句集
- ○総覧（編集部）「俳句研究　70.1」（富士見書房）　2003.1　p274-295

苦情処理
- ◎参考文献「金融機関のCS入門—苦情対応体制（JIS Z 9920）の構築と金融サービス向上」（蔵田隆之ほか）　金融財政事情研究会　2004.7　p132-136

九条殿師輔集
- ◎参考文献「小野宮殿実頼集・九条殿師輔集全釈」（片桐洋一ほか）　風間書房　2002.12　p346-350

クジラ
- ◎参考文献「くじら取りの系譜—概説日本捕鯨史」（中園成生）　長崎新聞社　2001.1　p217-221
- ◎知りたい人のために「クジラ・ウォッチングガイドブック」（水口博也）　TBSブリタニカ　2002.11　p142」
- ◎参考文献「イルカ・クジラ学—イルカとクジラの謎に挑む」（村山司ほか）　東海大学出版会　2002.12　p257-263
- ◎文献「日本海のクジラたち」（本間義治）　考古堂書店　2003.9　p90-100
- ◎参考文献「街にクジラがいた風景—オホーツクの捕鯨文化と庶民の暮らし」（菊地慶一）　寿郎社　2004.6　p376-377
- ◎参考文献「江戸東京湾くじらと散歩—東京湾から房総・三浦半島を訪ねて」（小松正之）　ごま書房　2004.7　p116-118
- ◎参考文献「瀬戸内海をクジラが泳いだ—特別展」（香川県歴史博物館）　香川県歴史博物館　2007.7　p62」
- ◎参考文献「第63回特別展「鯨」」（北海道開拓記念館）　北海道開拓記念館　2007.7　p47」
- ◎参考文献「歴史と文化探訪　日本人とくじら」（小松正之）　ごま書房　2007.9　p202-205

鯨尺
- ◎参考文献「鯨尺の法則—日本の暮らしが生んだかたち」（長町美和子）　ラトルズ　2006.1　p152-155

楠川文庫
- ○蔵書目録（伊海孝充）「能楽研究　29」（法政大）　2005.5　p53-85

クスノキ
- ◎参考文献「クスノキと日本人—知られざる古代巨樹信仰」（佐藤洋一郎）　八坂書房　2004.10　p237-238
- ◎参考文献「クスノキと樟脳—藤澤樟脳の100年」（服部昭）　牧歌舎　2007.9　p297-300

薬
- ◎参考文献「古代エジプトの秘薬—ピラミッドを考案した人たちが作りゾサー王やツタンカーメンも使った薬」（大澤彌生）　エンタプライズ　2002.3　p299-300
- ◎参考図書「懐かしの家庭薬大全」（町田忍）　角川書店　2003.5　p187-188
- ◎文献「薬の品質—本草書からGMPまで」（服部昭）　新風舎　2003.7　p158-162
- ◎参考文献「日本の伝承薬—江戸売薬から家庭薬まで」（鈴木昶）　薬事日報社　2005.3　p426-427
- ◎参考資料「薬が効かない！」（三瀬勝利）　文藝春秋　2005.8　p195-198
- ◎参考文献「正倉院薬物の世界—日本の薬の源流を探る」（鳥越泰義）　平凡社　2005.10　p257-260

薬売り
- ◎文献「毒消し売りの社会史—女性・家・村」（佐藤康行）　日本経済評論社　2002.11　p283-289

救世観音
- ◎参考文献「救世観音像封印の謎」（倉西裕子）　白水社　2007.10　p234-237

クソムシ
- ◎文献「日本列島フン虫記」（塚本珪一）　青土社　2003.9　p217-225

果物
- ◎引用参考文献「くだもの・やさいの文化誌」（今井敬潤）　文理閣　2006.9　p220-224

口絵
- ◎参考文献「木版口絵総覧—明治・大正期の文学作品を中心として」（山田奈々子）　文生書院　2005.12　p227-231

グッピー
- ◎参考書ほか「グッピーの楽しい飼い方」（和泉克雄）　東京書店　2002.7　p229-230

クーデター
- ◎参考文献「現代アフリカ・クーデター全史」（片山正人）　叢文社　2005.8　p530-533

国絵図
- ◎文献リスト（喜多祐子）「国絵図の世界」（国絵図研究会）　柏書房　2005.7　p353-368

グノーシス派
- ◎参考文献「グノーシス—古代末期の一宗教の本質と歴史」（クルト・ルドルフ）　岩波書店　2001.12　p11-35b
- ◎文献案内「グノーシス—古代キリスト教の「異端思想」」（筒井賢治）　講談社　2004.10　p223-226

くふんし

区分所有法
　◎文献目録「コンメンタールマンション区分所有法 2版」（稲本洋之助ほか）　日本評論社　2004.10　p683-704

クマ
　◎参考文献「よいクマわるいクマ―見分け方から付き合い方まで」（萱野茂ほか）　北海道新聞社　2006.1　p255-256

クマ送り
　◎引用参考文献「クマ祭りの起源」（天野哲也）　雄山閣　2003.11　prr
　◎引用文献「アイヌのクマ送りの世界」（木村英明ほか）　同成社　2007.3　prr

クマノミ
　◎文献「クマノミガイドブック」（ジャック・T. モイヤー）　TBSブリタニカ　2001.7　p130-131

熊本県
　◎参考文献「火の国と不知火海　街道の日本史51」（松本寿三郎ほか）　吉川弘文館　2005.6　p20-23b
　◎参考文献「九州の苗字を歩く　熊本編」（岬茫洋）　梓書院　2006.5　p271-272
　◎典拠文献「近代熊本女性史年表　追補」（近代熊本女性史年表刊行会）　熊本出版文化会館　2007.1　p329-332
　◎参考文献「変容する熊本の労働」（荒井勝彦）　梓出版社　2007.3　p391-395
　◎参考文献「九州地方の民俗芸能　2」（長崎県教育委員会ほか）　海路書院　2007.7　p586-606
　◎参考文献「新《トピックスで読む》熊本の歴史」（岩本税ほか）　弦書房　2007.7　p352-354

熊本県　阿蘇
　◎参考文献「阿蘇火山の生い立ち―地質が語る大地の鼓動」（渡辺一徳）　一の宮町　2001.3　p233-238
　◎参考文献「阿蘇の博物誌」（大田真也）　葦書房　2002.9　p248-249
　◎参考文献「阿蘇神社」（阿蘇惟之）　学生社　2007.1　p243
　◎参考文献「阿蘇に学ぶ」（須藤靖明）　櫂歌書房　2007.8　p303-318

熊本県　天草の乱
　◎参考文献「天草・島原の乱―徳川幕府を震撼させた百二十日」（八代市立博物館未来の森ミュージアム）　八代市立博物館未来の森ミュージアム　2002.10　p232-233
　◎参考文献「天草島原の乱とその前後」（鶴田倉造）　熊本県上天草市　2005.3　p343-345

熊本県　須恵村
　◎参考書「日本の村―須恵村」（J. F. エンブリー）　日本経済評論社　2005.4　p274-277

熊本県　曽畑貝塚
　◎引用参考文献「豊饒の海の縄文文化―曽畑貝塚」（木崎康弘）　新泉社　2004.7　p89-91

組踊
　◎参考文献「組踊の世界―私の見方・楽しみ方」（勝連繁雄）　ゆい出版　2003.12　p300-301

クモ
　◎引用参考文献「クモ学―摩訶不思議な八本足の世界」（小野展嗣）　東海大出版会　2002.6　p215-208
　◎参考文献「蜘蛛―ものと人間の文化史　107」（斎藤慎一郎）　法政大学出版局　2002.9　p293-308
　◎参考文献「クモの巣と網の不思議―多様な網とクモの面白い生活」（池田博明）　文葉社　2003.12　p178-182
　◎参考文献「クモはなぜ糸から落ちないのか―自然から学ぶ〈安全〉と〈信頼〉の法則」（大崎茂芳）　PHP研究所　2004.3　p209-211
　◎参考文献「日本のクモ」（新海栄一）　文一総合出版　2006.11　p318-326

天衣紛上野初花
　◎参考資料一覧「天衣紛上野初花―河内山と直侍　通し狂言　第二三六回歌舞伎公演」（国立劇場調査養成部調査資料課）　日本芸術文化振興会　2003.11　p159-216
　◎参考資料一覧「天衣紛上野初花―通し狂言　国立劇場上演資料集484」（国立劇場調査養成部調査資料課）　日本芸術文化振興会　2005.12　p228-288

倉石文庫
　○書目（黄仕忠）「東洋文化研究所紀要　144」（東京大）　2003.12　p1-79

クライン派
　◎文献「対象関係論の基礎―クライニアン・クラシックス」（松木邦裕）　新曜社　2003.9　p247-250

クラゲ
　◎参考文献「神秘のベニクラゲと海洋生物の歌―"不老不死の夢"を歌う」（久保田信）　不老不死研究会　2005.5　p95-99
　◎参考引用文献「クラゲのふしぎ―海を漂う奇妙な生態」（ジェーフィッシュ）　技術評論社　2006.9　p251-253
　◎参考図書「エチゼンクラゲとミズクラゲ―その正体と対策」（安田徹）　成山堂書店　2007.9　p165-166

クラブ
　◎参考文献「クラブが創った国アメリカ　結社の世界史 5」（綾部恒雄）　山川出版社　2005.4　p8-21b

グラフィックデザイン
　◎文献「グラフィックデザイナーになるには」（武正秀治, 渡部千春）　ぺりかん社　2002.7　p164-165
　◎書物「graphic design―視覚伝達デザイン基礎」（新島実）　武蔵野美大出版局　2004.5　p180-187
　◎参考文献「グラフィック・デザイン&デザイナー事典」（A. リヴィングストンほか）　晃洋書房　2005.5　p270-273

グラフ理論
　◎参考文献「グラフの理論　1」（C. ベルジュ）　サイエンス社　2002.4　p179-187

グラミン銀行
　◎参考文献「グラミン銀行を知っていますか」（坪井ひろみ）　東洋経済新報社　2006.2　p167-173

グランドデザイン
　◎もっと知りたい人のために「22世紀のグランドデザイン」（竹村真一）　慶應義塾大学出版会　2001.10　2pb

クリエイティヴアクション
- ◎文献「日常を変える!クリエイティヴ・アクション—住む、遊ぶ、祈る、旅する…日常の瞬間にアートを感じますか」(プラクティカ・ネットワーク) フィルムアート社 2006.7 p156-157

クリシュナ
- ◎参考資料「ミラバイ訳詩集—クリシュナ讃美歌集」(ミラバイ) ブイツーソリューション 2005.8 p340-341

クリスマス
- ◎参考文献「サンタクロースの謎」(賀来周一) 講談社 2001.11 p196-198
- ◎文献「クリスマスおもしろ事典」(クリスマスおもしろ事典刊行委員会) 日本キリスト教団出版局 2003.10 p173-177
- ◎参考文献「クリスマスの文化史」(若林ひとみ) 白水社 2004.12 p1-4b
- ◎引用参考文献「ローマ史のなかのクリスマス—異教とキリスト教1」(保坂高殿) 教文館 2005.9 p25-32b
- ◎作品「名作に描かれたクリスマス」(若林ひとみ) 岩波書店 2005.11 p1-6b

クリスマス消費
- ◎参考文献「構築主義の消費論—クリスマス消費を通したプロセス分析」(木村純子) 千倉書房 2001.12 p1-4b

クリティカルシンキング
- ◎参考文献「MBAクリティカル・シンキング」(グロービス・マネジメント・インスティテュート) ダイヤモンド社 2001.3 1pb
- ◎文献案内「哲学思考トレーニング」(伊勢田哲治) 筑摩書房 2005.7 p245-261
- ◎文献「クリティカルシンキング 研究論文篇」(J. メルフォフ) 北大路書房 2005.9 p155-158
- ◎文献案内「クリティカル・シンキング入門」(A. フィッシャー) ナカニシヤ出版 2005.12 p294-295
- ◎参考文献「クリティカル・シンキングと教育—日本の教育を再構築する」(鈴木健ほか) 世界思想社 2006.11 prr

クリティバ
- ◎文献「人間都市クリチバ—環境・交通・福祉・土地利用を統合したまちづくり」(服部圭郎) 学芸出版社 2004.4 p193-194

クリーニング業
- ◎参考文献「よくわかるクリーニング講座 クリーニング師編 改訂」(全国生活衛生営業指導センター) ERC出版 2007.6 p258-259

グリフィン
- ◎参考文献「グリフィンの飛翔—聖獣からみた文化交流」(林俊雄) 雄山閣 2006.7 p245-260

グリム童話
- ◎注文献「グリム童話と魔女—魔女裁判とジェンダーの視点から」(野口芳子) 勁草書房 2002.2 p229-250
- ◎参考引用文献「グリム童話〈受容〉の社会学—翻訳者の意識と読者の読み」(須田康之) 東洋館出版社 2003.2 p185-203
- ◎参考文献「日本の近代化とグリム童話—時代による変化を読み解く」(奈倉洋子) 世界思想社 2005.4 p271-281

クリュニー修道院
- ◎参考文献「クリュニー修道制の研究」(関口武彦) 南窓社 2005.2 p591-620

グリーンツーリズム
- ◎参考文献「ドイツのグリーンツーリズム」(山崎光博) 農林統計協会 2005.3 p196-197

クリーンルーム
- ◎参考文献「クリーンルームのおはなし」(環境科学フォーラム) 日本規格協会 2001.3 p195-199
- ◎参考文献「クリーンルーム入門—初心者のための2版」(クリーンテクノロジー編集委員会) 日本工業出版 2007.2 p167-168

クール
- ◎参考文献「クール・ルールズ—クールの文化誌」(D. パウンテン) 研究社 2003.5 p275-279

クルアーン
- ◎参考文献「聖典「クルアーン」の思想—イスラームの世界観」(大川玲子) 講談社 2004.3 p236-231

クルップ社
- ◎参考文献「ドイツ企業社会の形成と変容—クルップ社における労働・生活・統治」(田中洋子) ミネルヴァ書房 2001.12 p9-31b

クルド人
- ◎参考文献「クルド・国なき民族のいま」(勝又郁子) 新評論 2001.11 p307-309
- ◎参考文献「クルド人とクルディスタン—拒絶される民族 クルド学序説」(中川喜与志) 南方新社 2001.12 p501-508
- ◎参考文献「新月の夜が明けるとき—北クルディスタンの人びと」(中島由佳利) 新泉社 2003.12 p303-305

グループウェア
- ◎参考文献「グループウェア—Web時代の協調作業支援システム」(速水治夫) 森北出版 2007.10 p190-194

グループ・ダイナミックス
- ◎引用文献「コミュニティのグループ・ダイナミックス」(杉万俊夫) 京都大学学術出版会 2006.1 prr
- ◎引用文献「組織性逸脱行為過程—社会心理学的視点から」(本間道子) 多賀出版 2007.1 p164-168

グループ療法
- ◎引用文献「問題意識性を目標とするファシリテーション—研修型エンカウンター・グループの視点」(中田行重) 関西大学出版部 2005.12 p225-231
- ◎参考文献「グループ対人関係療法—うつ病と摂食障害を中心に」(D. ウィルフリィほか) 創元社 2006.1 p208-211

グループワーク
- ◎参考文献「グループワーク入門—あらゆる場で役に立つアイデアと活用法」(R. W. トーズランド) 中央法規出版 2003.9 p333-349
- ◎引用参考文献「グループワーク—理論とその導き方」(大利一雄) 勁草書房 2003.10 prr
- ◎文献「グループミーティングメソッド—精神障害者を支える 作業所・デイケアでスタッフのできること」(中村正利) 金剛出版 2007.2 p203-206

車いす
- ◎参考資料「車いすの選び方」（ピーター・アクセルソンほか）　医学書院　2001.8　p107-110

クルマエビ
- ◎「クルマエビ類文献目録集」　水産総合研究センター　〔2007〕　215p A4

グルメ
- ◎注文献「レストランの誕生　パリと現代グルメ文化」（R. L. スパング）　青土社　2001.12　p1-72b

クレアレポート
- ◎「クレアレポート総目録―海外の地方行財政に関するレポート　第1号―第222号」（自治体国際化協会）　自治体国際化協会　2002.2　455p A4

クレオール
- ◎ブックガイド「越境するクレオール―マリーズ・コンデ講演集」（三浦信孝）　岩波書店　2001.9　p251-255

クレジットカード
- ◎参考文献「クレジット・スコアリング」（エリザベス・メイズ）　シグマベイスキャピタル　2001.7　p349-351
- ◎参考文献（末藤高義）「月刊消費者信用　20.10」（金融財政事情研究会）　2002.1　p58-63
- ◎文献「クレジットカード犯罪・トラブル対処法―カードの基礎知識から現下の諸課題まで」（末藤高義）　民事法研究会　2003.2　p345-354
- ◎参考資料「クレサラ整理実務必携―救済実務のための法令・判例・論点検索　2005」（井上元）　民事法研究会　2004.10　p202-220
- ◎参考文献「クレジットカード犯罪　トラブル対処編　改訂増補版」（末藤高義）　民事法研究会　2005.7　p404-414
- ◎参考文献「クレサラ整理実務必携―救済実務のための法令・判例・論点検索　2006」（井上元）　民事法研究会　2005.12　p246-248
- ◎参考文献「クレジットカード用語事典」（末藤高義）　民事法研究会　2006.9　p229-238
- ◎参考文献ほか「自治体のクレジット収納―導入・活用の手引き」（柏木恵）　学陽書房　2007.11　p189-190

クレジットデリバティブ
- ◎参考文献ほか「クレジット・デリバティブのすべて　2版」（河合祐子ほか）　財経詳報社　2007.8　p358-359

クレディ・モビリエ
- ◎文献目録「暴力なき社会主義?―フランス第二帝政下のクレディ・モビリエ」（中川洋一郎）　学文社　2004.6　p176-187

クロアチア　ダルマチア
- ◎参考文献「ダルマチアにおける国民統合過程の研究」（石田信一）　刀水書房　2004.3　p302-260

黒砂糖
- ◎あとがき「沖縄・奄美の文献から見た黒砂糖の歴史」（名嘉正八郎）　ボーダーインク　2003.12　p201-202

黒潮
- ◎参考文献「黒潮の考古学　ものが語る歴史シリーズ　5」（橋口尚武）　同成社　2001.7　p267-276
- ◎参考文献「黒潮の文化誌」（日高旺）　南方新社　2005.1　p287-291

グロテスク
- ◎参考文献（永沢峻）「グロテスクの系譜」（A. シャステル）　筑摩書房　2004.4　p172-168

グローバリズム
- ◎参考文献「グローバリズムの衝撃」（本山美彦）　東洋経済新報社　2001.4　prr
- ◎参考文献「現代の資本主義制度　グローバリズムと多様性」（C. クラウチほか）　NTT出版　2001.7　p285-274
- ◎注「世界を不幸にしたグローバリズムの正体」（J. E. スティグリッツ）　徳間書店　2002.5　p1-13b

グローバリゼーション
- ◎文献一覧「グローバル化の遠近法―新しい公共空間を求めて」（姜尚中, 吉見俊哉）　岩波書店　2001.2　p221-226
- ◎参考図書「暴走する世界　グローバリゼーションとは何をどう変えるのか」（A. ギデンズ）　ダイヤモンド社　2001.10　p191-207
- ◎参考文献「グローバル資本主義　危機か繁栄か」（R. ギルピン）　東洋経済新報社　2001.11　p357-366
- ◎文献「グローバリゼーションと家族・コミュニティ」（後藤澄江ほか）　文化書房博文社　2002.1　prr
- ◎参考文献「グローバリゼーションと医療・福祉―現代社会学の基礎知識　グローバリゼーションと日本の社会　4」（平川毅彦ほか）　文化書房博文社　2002.4　prr
- ◎文献「グローバリゼーションと情報・コミュニケーション」（河村則竹）　文化書房博文社　2002.7　prr
- ◎参考文献「グローバリゼーションとは何か―液状化する世界を読み解く」（伊豫谷登士翁）　平凡社　2002.8　p199-204
- ◎参照文献「グローバリゼーションと福祉国家の変容―国際比較の視点」（N. ジョンソン）　法律文化社　2002.11　p305-330
- ◎注「総力戦体制からグローバリゼーションへ」（山之内靖ほか）　平凡社　2003.1　prr
- ◎参考文献「公益のためのグローバル化」（K. モフィッド）　ドン・ボスコ社　2003.4　p162-166
- ◎文献リストほか「グローバル化とジェンダー表象」（V. マッキーほか）　御茶の水書房　2003.11　p4-16b
- ◎文献「グローバル化と反グローバル化」（D. ヘルドほか）　日本経済評論社　2003.11　p189-204
- ◎参考文献「グローバル社会の情報論」（佐藤守ほか）　早稲田大学出版部　2004.1　prr
- ◎注「ひとつのNO!たくさんのYES!―反グローバリゼーション最前線」（P. キングノース）　河出書房新社　2005.2　p273-278
- ◎参考文献「グローバル化する世界と文化の多元性」（奥邦寿ほか）　上智大　2005.2　p1-21b
- ◎参考文献「発展神話の仮面を剥ぐ―グローバル化は世界を豊かにするのか?」（O. d. リベロ）　古今院　2005.3　p219-225
- ◎参考文献ほか「グローバリゼーション　1冊でわかる」（M. B. スティーガー）　岩波書店　2005.6　p1-20b
- ○関連文献「日本の社会教育　49」（東洋館出版社）　2005.9　p279-283
- ○文献目録「Sociologica 30.1」（創価大）　2005.12　p185-302
- ◎参考文献「グローバル化と日本の課題」（高橋伸彰）　岩波書店　2005.12　p193-198

◎参考文献「"グローバル化"をめぐる論点・争点と授業づくり」（木村博一）　明治図書出版　2006.3　p165-171
○文献目録（吉野良子）「Sociologica　30.2」（創価大）　2006.3　p151-179
○文献目録（遠藤美純）「Sociologica　30.2」（創価大）　2006.3　p181-208
○文献一覧（加藤信行）「Sociologica　30.2」（創価大）　2006.3　p209-213
◎参考文献「グローバリゼーションと日本農業の基礎構造」（玉真之介）　筑波書房　2006.3　p205-218
◎参考文献「ポストグローバル社会の可能性」（J.カバナほか）　緑風出版　2006.11　p519-534
◎参考文献「グローバリゼーションと文化変容—音楽、ファッション、労働からみる世界」（遠藤薫）　世界思想社　2007.3　prr
◎参考文献「〈反転〉するグローバリゼーション」（鈴木謙介）　NTT出版　2007.5　p1-10b
◎参考文献「グローバル対話社会—力の秩序を超えて」（遠藤誠治）　明石書店　2007.9　prr
◎出典一覧ほか「グローバリゼーションを生きる—国際政治経済学と想像力」（小野塚佳光）　萌書房　2007.10　p163-168

グローバル・ガバナンス
◎参考文献「情報とグローバル・ガバナンス　インターネットから見た国家」（土屋大洋）　慶應義塾大学出版会　2001.4　p173-184

グローバル経済
◎引用・参考文献「グローバリゼーションと中国経済」（唱新）　新評論　2002.1　p245-252
◎参考文献「新しい経済政策論—グローバル経済下の理論と課題」（西野万里, 丸谷冷史）　有斐閣　2002.12　prr
◎参考文献「グローバリゼーションと経済開発」（世界銀行）　シュプリンガーV東京　2004.9　p187-196
◎参考文献「経済のグローバル化とは何か」（J.アダ）　ナカニシヤ出版　2006.3　p14-25b

黒船来航
◎参考文献「黒船来航と音楽」（笠原潔）　吉川弘文館　2001.6　p175-179

黒本
○書誌（山上琢巳）「東京成徳国文　26」（東京成徳国文の会）　2003.3　p138-146

クローン
◎参考文献「遺伝子革命と人権—クローン技術とどうつきあっていくか」（リチャード・ドーキンスほか）　DHC　2001.3　p287-289
◎原注文献「神を忘れたクローン技術の時代」（R.ハインバーグ）　原書房　2001.12　18pb
◎参考文献「クローンのはなし—応用と倫理をめぐって」（下村徹）　技報堂出版　2002.3　p195-196
◎参考文献「クローン人間誕生以後—世界の経済と社会は超変化する」（戸来優次）　徳間書店　2002.5　p268-269
◎参考文献「クローン人間」（響堂新）　新潮社　2003.14pb
◎文献ほか「クローン人間の倫理」（上村芳郎）　みすず書房　2003.1　p10-35b

桑
○文献目録（菊池裕子ほか）「栃木県立博物館研究紀要　自然　21」（栃木県立博物館）　2004　p51-60

クワガタムシ
◎文献「世界のクワガタムシ生態と飼育—クワガタムシこれほど人を引きつける昆虫はほかにない」（鈴木知之, 福家武晃）　環境調査研究所　2002.7　p176-180
◎参考文献「外国産クワガタ・カブトムシ飼育大図鑑」（鈴木知之）　世界文化社　2005.6　p247-249

軍歌
◎参考文献「戦争歌が映す近代」（堀雅昭）　葦書房　2001.3　p419-424

軍艦
◎参考文献「海軍装甲技術史—戦艦富士・三笠から大和まで」（寺西英之）　慶友社　2007.3　p141-142

軍記
○文献目録「軍記と語り物　37」（軍記・語り物研究会）　2001.3　p100-122
○研究文献目録「軍記と語り物　38」（軍記・語り物研究会）　2002.3　p110-125
○注「軍記物語形成史序説—転換期の歴史意識と文学」（栃木孝惟）　岩波書店　2002.4　prr
○註「軍記物語の窓　2」（関西軍記物語研究会）　和泉書院　2002.12　prr
○文献総目録（研究会）「軍記と語り物　42」（軍記・語り物研究会）　2006.3　p146-161
○文献総目録「軍記と語り物　43」（軍記・語り物研究会）　2007.3　p188-203

軍事
◎参考資料「知っておきたい現代軍事用語—解説と使い方」（高井三郎）　アリアドネ企画　2006.9　p243-245

軍事遺跡
◎参考文献「TOKYO軍事遺跡」（飯田則夫）　交通新聞社　2005.8　p174-175

軍事援護
◎参考文献「軍事援護の世界—軍隊と地域社会」（郡司淳）　同成社　2004.3　p225-231

軍事科学
◎注「冷戦と科学技術—旧ソ連邦1945〜1955年」（市川浩）　ミネルヴァ書房　2007.1　prr

軍事革命
◎参考文献「軍事革命(RMA)〈情報〉が戦争を変える」（中村好寿）　中央公論新社　2001.8　p174-175
◎参考文献「軍事革命とRMAの戦略史—軍事革命の史的変遷1300〜2050年」（M.ノックスほか）　芙蓉書房出版　2004.6　p316-317

軍事基地
◎参考文献「米国「秘密」基地ミサワ—核と情報戦の真実」（斉藤光政）　同時代社　2002.3　p224-225
◎文献「砂川闘争50年それぞれの思い」（星紀市）　けやき出版　2005.10　p241-242
◎参考文献「軍用地と都市・民衆」（荒川章二）　山川出版社　2007.10　3pb

軍事行政
◎参考文献「近代日本政軍関係の研究」（纐纈厚）　岩波書店　2005.3　p413-438

軍事裁判
◎参考文献「東京裁判がよくわかる本」(太平洋戦争研究会)　PHP研究所　2002.12　p328-329

軍事史
○文献紹介(佐藤和夫ほか)「季刊・軍事史学　37.1.145」(錦正社)　2001.6　p107-103
○研究動向(阪口修本)「史学雑誌　110.6」(東京大学出版会)　2001.6　p84-103
◎参考文献「日本軍事史」(高橋典幸)　吉川弘文館　2006.2　p417-430

軍事指導者
◎註「現代中国の軍事指導者」(平松茂雄)　勁草書房　2002.12　prr

軍事小説
◎「軍事小説50冊—このミリタリーノベルスがおもしろい!」(アリアドネ企画編集部)　アリアドネ企画　2007.12　207p B6

軍事郵便
◎参考文献「軍事郵便」(玉木淳一)　日本郵趣協会　2005.7　p170-171

軍縮
◎研究案内「軍縮問題入門　新版」(黒沢満)　東信堂　2005.9　p231-245

軍需産業
◎参考文献「軍需産業と女性労働　第二次世界大戦下の日米比較」(佐藤千登勢)　彩流社　2003.3　p9-30b
◎参考文献「近代日本の軍産学複合体—海軍・重工業界・大学」(畑野勇)　創文社　2005.1　p15-38b
◎文献リスト「日英兵器産業史—武器移転の経済史的研究」(奈倉文二ほか)　日本経済評論社　2005.2　p424-440
◎参考文献「軍産複合体のアメリカ—戦争をやめられない理由」(宮田律)　青灯社　2006.12　p230-233
◎参考文献「秘密保護の法的枠組みと具体的対策」防衛調達基盤整備協会　2006.3　p101-103

君主政治
◎文献一覧ほか「女王陛下の影法師」(君塚直隆)　筑摩書房　2007.7　p1-4b

群書類従
◎「木版群書類従目録」(温故学会)　桜雲会　2007.6　95p B5

軍人
◎参考文献「軍神—近代日本が生んだ「英雄」たちの軌跡」(山室建徳)　中央公論新社　2007.7　p350-353

軍制史
◎参考文献「近代日本軍制概説」(三浦裕史)　信山社出版　2003.2　p223-236

軍装
◎文献「日本海軍軍装図鑑—幕末・明治から太平洋戦争まで」(柳生悦子)　並木書房　2003.7　p305-308
◎参考文献「米陸軍軍装入門—第二次大戦から現代まで」(小貝哲夫)　イカロス出版　2005.6　p186-191

軍隊
◎参考文献「〈玉砕〉の軍隊、〈生還〉の軍隊—日米兵士が見た太平洋戦争」(河野仁)　講談社　2001.1　p277-283
◎参考文献「戦争の世界史—技術と軍隊と社会」(W.マクニール)　刀水書房　2002.4　p4-35b
◎参考文献「図説古代ローマの戦い」(A.ゴールズワーシー)　東洋書林　2003.5　p277-279
◎参考文献「明治・大正・昭和軍隊マニュアル—人はなぜ戦場へ行ったのか」(一ノ瀬俊也)　光文社　2004.7　p215-217
◎文献目録「軍事組織と社会」(S.アンジェイエフスキー)　新曜社　2004.11　p245-253
◎参考文献「五千日の軍隊—満洲国軍の軍官たち」(牧南恭子)　創林社　2004.12　p294-295
◎文献「古代ローマ軍団大百科」(A.ゴールズワージー)　東洋書林　2005.11　p217-218
◎参考文献「文化と国防—戦後日本の警察と軍隊」(P.J.カッツェンスタイン)　日本経済評論社　2007.5　p394-356
◎参考文献「「命令違反」が組織を伸ばす」(菊澤研宗)　光文社　2007.8　p268-270

軍閥
◎註「昭和の軍閥」(高橋正衛)　講談社　2003.5　p315-316

軍備
◎参考文献「検証非核の選択—核の現場を追う」(杉田弘毅)　岩波書店　2005.12　p246-250
◎参考資料ほか「外注される戦争—民間軍事会社の正体」(菅原出)　草思社　2007.3　p255-261

群馬県
◎参考文献「信仰の道—上毛三山を中心に　歴史の道調査報告書」(群馬県教育委員会文化財保護課)　群馬県教育委員会　2001.3　p178-179
◎参考文献「群馬県の絶滅のおそれのある野生生物—群馬県レッドデータブック　動物編」(群馬県環境生活部自然環境課)　群馬県　2002.2　p189-190
◎参考文献「両毛と上州諸街道—街道の日本史　16」(峰岸純夫,田中康雄,能登健)　吉川弘文館　2002.3　p20-23b
◎文献「群馬の古建築—寺社建築・民家・近代化遺産・その他」(村田敬一)　みやま文庫　2002.7　p191-201
◎参考文献「群馬の里山の植物」(松澤篤郎)　みやま文庫　2003.8　p188-190
◎参考文献「上州路散歩24コース」(群馬県歴史教育者協議会)　山川出版　2004.1　p209-210
◎文献目録(唯木雅剛)「地域から社会福祉を切り開く—関東地域の社会福祉研究」(田代国次郎)　本の泉社　2007.5　p305-315

群馬県　伊勢崎市
◎参考文献「平成くらし歳時記」(板橋春夫)　岩田書院　2004.2　p160-161

群馬県　姥山古墳
◎参考文献「縄文の社会構造をのぞく・姥山古墳」(堀越正行)　新泉社　2005.9　p91-92

群馬県　太田市
◎参考文献「ふるさと事典太田」(茂木晃)　あかぎ出版　2006.3　p292-293

群馬県　御巣鷹山
◎参考文献「インターネットで解くJAL123便事件」(池田昌昭)　文芸社　2001.7　p286-289

群馬県　尾瀬
　◎参考文献「尾瀬アヤメ平の40年―裸地化した湿原の植生回復への取り組み」（菊地慶四郎）　上毛新聞社　2004.4　p115-117

群馬県　桐生市
　◎出版物一覧「桐生市歴史年表」（図書館ボランティアの会年表部会）　桐生市教育委員会　2002.3　p159-166
　◎参考文献「西の西陣、東の桐生　続」（岡田幸夫）　上毛新聞社出版局　2005.11　p179-186

群馬県　下触牛伏遺跡
　◎参考文献「赤城山麓の三万年前のムラ・下触牛伏遺跡」（小菅将夫）　新泉社　2006.9　p91」

群馬県　上州
　◎参考文献「上州路散歩24コース」（群馬県歴史教育者協議会）　山川出版　2004.1　p209-210

群馬県　高崎
　◎参考文献「よみがえる紅―高崎の絹と染工場」　たかさき紅の会　2005.3　p76-77

群馬県　館林市
　◎参考文献「館林とツツジ　館林市史　特別編1」（館林市史さん委員会）　館林市　2004.3　p490-493
　◎参考文献「絵図と地図にみる館林」（館林市史編さん委員会）　館林市　2006.3　p478-480
　◎参考文献「館林市史　資料編2中世　佐貫荘と戦国の館林」（館林市史編さん委員会）　館林市史編さん委員会　2007.3　p573-575

群馬県　谷川岳
　◎文献「谷川岳の自然」（斎藤晋）　上毛新聞社　2004.2　p299-300
　◎参考文献「谷川岳に逝ける人びと」（安川茂雄ほか）　平凡社　2005.1　p237-238

群馬県　富岡製糸場
　◎参考文献「日本のシルクロード―富岡製糸場と絹産業遺産群」（佐滝剛弘）　中央公論新社　2007.10　p229-233

群馬県　藤枝市
　◎参考文献「藤枝市史　別編　民俗」（藤枝市史編さん委員会）　藤枝市　2002.3　p813-816

群馬県　文学
　◎年表ほか（林桂ほか）「群馬県文学全集　20」　群馬県立土屋文明記念文学館　2003.3　p333-631
　◎略年譜「群馬の詩人―近現代詩の革新地から　第16回企画展」（群馬県立土屋文明記念文学館）　土屋文明記念文学館　2004.10　p66-69

群馬県　三ツ寺遺跡
　◎参考文献「古墳時代の地域社会復元・三ツ寺I遺跡」（若狭徹）　新泉社　2004.2　p90-92

群馬県　歴史
　◎文献「総選挙でみる群馬の近代史」（手島仁）　みやま文庫　2002.7　p228-229
　◎年表・文献「ぐんまの昭和史　上」（石原征明）　みやま文庫　2003.8　p175-200
　◎文献「日露戦争と群馬県民」（前沢哲也）　煥乎堂　2004.3　p355-368
　○研究動向「群馬文化　280」（地域文化研究協）　2004.10　p1-71
　◎引用参考文献「群馬の遺跡　7　中世～近代」（群馬県埋蔵文化財調査事業団）　上毛新聞社　2005.3　p193-196
　◎参考文献「ぐんまの昭和史　下」（石原征明）　みやま文庫　2005.8　p249-256
　◎参考文献「群馬県の歴史散歩」（群馬県高等学校教育研究会歴史部会）　山川出版社　2005.12　p278-279
　◎参考文献「北武蔵・西上州の秘史」（川鍋巌）　川鍋巌　2006.10　p516-517
　○動向（松田猛ほか）「信濃　59.6.689」（信濃史学会）　2007.6　p463-473
　◎参考文献「近世上野神話の世界―在地縁起と伝承者」（佐藤喜久一郎）　岩田書院　2007.10　p365-383

軍用機
　◎参考文献「間に合わなかった軍用機―知られざる第二次大戦傑作機」（大内建二）　光人社　2004.4　p375-376
　◎参考文献「破壊された日本軍機―TAIU（米航空技術情報部隊）の記録・写真集」（R.C.ミケシュ）　三樹書房　2004.4　p198-199
　◎参考文献「陰で支えた軍用機―知られざる第二次大戦傑作機」（大内建二）　光人社　2004.9　p377-378

軍用通信
　◎参考文献「防衛用ITのすべて」（防衛技術ジャーナル編集部）　防衛技術協会　2006.4　p225-232

群論
　◎文献「リーマンからポアンカレにいたる線型微分方程式と群論」（J.J.グレイ）　シュプリンガー・フェアラーク東京　2002.12　p409-441
　◎参考書「群論」（寺田至ほか）　岩波書店　2006.8　p277-280
　◎参考文献「なぜこの方程式は解けないか?―天才数学者が見出した「シンメトリー」の秘密」（M.リヴィオ）　早川書房　2007.1　p374-400
　◎参考文献「対称性からの群論入門」（M.A.アームストロング）　シュプリンガー・ジャパン　2007.11　p207-208

【け】

ケア
　◎参考文献「ケア学―越境するケアへ」（広井良典）　医学書院　2000.9　p252-261
　◎参考引用文献「スウェーデン人がみた日本の家族とケア」（E.アンベッケン）　中央法規出版　2003.1　p205-208
　◎引用参考文献ほか「地域ケアシステム」（太田貞司）　有斐閣　2003.4　prr
　◎引用参考文献「在宅ホスピス緩和ケア―ケアマネジャー実務入門―在宅ターミナルのケアマネジメント」（井形昭弘ほか）　日総研出版　2007.8　p115-116

ゲイ
　◎年表「ゲイという「経験」」（伏見憲明）　ポット出版　2002.3　p302-316

慶安の触書
　◎参考文献「慶安の触書は出されたか」(山本英二)　山川出版社　2002.7　2pb

経営
　◎参考文献「経営学要論—現代の経営」(持本志行, 荒深友良)　白桃書房　2001.3　p209-217
　◎文献目録「現代ドイツ経営学」(海道ノブチカ)　森山書店　2001.3　p189-199
　◎引用文献「ホワイトカラーと経営革新—プロフェッショナルズによる変化適応戦略」(田中丈夫)　白桃書房　2001.4　p291-301
　◎参考文献「トヨタ式最強の経営」(柴田昌治, 金田秀治)　日本経済新聞社　2001.6　p257-258
　◎参考文献「英知結集のマネジメント—経営学における認知科学的アプローチ」(阿部香)　文眞堂　2001.6　p230-236
　◎参考文献「データサイエンス入門　経営に活かすデータ解析の基礎知識」(杉浦司)　日本実業出版社　2001.7　p180-181
　◎参考文献「最強の経営学」(島田隆)　講談社　2001.7　p213-214
　◎参考文献「日本的経営の変革—持続する強みと問題点」(河野豊弘, S. クレグ)　有斐閣　2002.1　p271-296
　◎文献「経営学の多角的視座」(藤井耐, 松崎和久ほか)　創成社　2002.3　p217-231
　◎参考文献「最強の『ジャパンモデル』—『知恵と和』で築く絶対優位の経営」(柳原一夫, 大久保隆弘)　ダイヤモンド社　2002.3　p273-274
　◎文献紹介「経営学入門　下」(榊原清則)　日本経済新聞社　2002.4　p190-203
　◎「経営図書総目録　2002年版」　法律書・経済書・経営書目録刊行会　2002.4　528p A5
　◎参考文献「現代企業経営学の基礎」(松本芳男)　同文舘出版　2002.4　p317-325
　◎参考文献「オープンパートナーシップ経営」(根来龍之ほか)　PHP研究所　2002.5　p180-182
　◎参考文献「会計が変わる—企業経営のグローバル革命」(冨塚嘉一)　講談社　2002.6　p220-222
　◎参考文献「脱グローバリズム宣言—パクス・アメリカーナを超えて」(P. ボワィエほか)　藤原書店　2002.9　p260-255
　◎文献「欧米式ビジネスマナーをスマートに身につける本—英日対訳」(Ann Marie Sabath)　スリーエーネットワーク　2002.10　p370-372
　◎参考文献「会社を変える戦略　超MBA流改革トレーニング」(山本真司)　講談社　2003.1　p297-296
　◎参考文献「現代経営学辞典　三訂版」(岡本康雄)　同文舘出版　2003.1　prr
　◎文献「ゼミナール経営学入門　3版」(伊丹敬之ほか)　日本経済新聞社　2003.2　p582-586
　◎参考文献「経営の再生　戦略の時代・組織の時代　新版」(高橋伸夫)　有斐閣　2003.3　prr
　◎参考文献「経営学」(佐々木弘ほか)　放送大学教育振興会　2003.3　prr
　◎参考文献「経営学の構図」(斉藤毅憲)　学文社　2003.3　prr
　◎読書のすすめ「組織戦略の考え方　企業経営の健全性のために」(沼上幹)　筑摩書房　2003.3　p219-220
　◎文献「アメーバ経営論—ミニ・プロフィットセンターのメカニズムと導入」(三矢裕)　東洋経済新報社　2003.4　p249-256
　◎参考文献「経営学—企業と経営の理論」(作新学院大学経営学研究グループ)　白桃書房　2003.4　prr
　◎参考文献「経営管理の理論と実際　新版」(柴田悟一ほか)　東京経済情報出版　2003.4　prr
　◎参考文献「現代の企業と経営」(釜賀雅史)　学文社　2003.4　prr
　◎文献「現代企業論—経営と法律の視点　2版」(境新一)　文眞堂　2003.4　p358-363
　◎参考文献「経営学の新展開—組織と個人の未来像」(藤井耐)　ミネルヴァ書房　2003.5　prr
　◎参考文献「現代経営セミナー」(宮崎産業経営大学経営学部経営学会)　創成社　2003.6　prr
　◎参考文献「脱工業化社会と職業意識」(佐々木武夫)　恒星社厚生閣　2003.6　prr
　◎参考文献「ファミリー企業の経営学」(倉科敏材)　東洋経済新報社　2003.7　p244-246
　◎文献「時間と空間の戦略—場は企業革命の夢舞台」(寺東寛治)　同友館　2003.10　p361-364
　◎参考文献「日本語で考える経営」(竹内倫樹)　ビーケイシー　2003.11　p285-286
　◎文献「ドイツ経営経済学」(森哲彦)　千倉書房　2003.12　p1-25b
　◎参考文献「企業間パートナーシップの経営」(張淑梅)　中央経済社　2004.3　p175-192
　◎参考文献「企業経営のフロンティア　経営教育研究7」　学文社　2004.3　prr
　◎参考文献「戦略経営の発想法—ビジネスモデルは信用するな」(木村剛)　ダイヤモンド社　2004.3　p415-427
　◎参考文献「創造経営の戦略—知識イノベーションとデザイン」(紺野登)　筑摩書房　2004.3　p5-6b
　◎参考文献「テキストマネジメント」(藤原徹三ほか)　学文社　2004.4　p165-167
　◎参考文献「経営学概論—アメリカ経営学と日本の経営」(大津誠)　創成社　2004.4　p247-248
　◎参考文献「事例で学ぶ経営学」(今口忠政)　白桃書房　2004.4　p215-221
　◎参考文献「MOTの経営学」(松島克守)　日経BP社　2004.5　p272-275
　◎参考文献「新版逆転の競争戦略」(山田英夫)　生産性出版　2004.5　p279-285
　◎参考文献「多様性の経営学」(矢野正晴)　白桃書房　2004.5　p147-156
　◎「あらすじで読む世界のビジネス名著—the 28 business bible」(グローバルタスクフォース)　総合法令出版　2004.8　195p A5
　◎参考文献「社長になる人のための経営問題集」(相葉宏二)　日本経済新聞社　2004.8　p226-229
　○文献案内(島田雄大)「経済　108」(新日本出版社)　2004.9　p47-53
　◎文献「経営コンサルティング　4版」(ILOほか)　生産性出版　2004.9　p479-485
　◎参考文献「事業構想と経営—アントレプレナーとベンチャー・ビジネスの理論と実践」(梅木晃ほか)　嵯峨野書院　2004.10　p177-179
　◎参考文献「経営哲学研究序説—経営学的経営哲学の構想」(小笠原英司)　文眞堂　2004.11　p369-380

◎参考引用文献「スロー・ビジネス宣言!」(阪本啓一) 日本経済新聞社　2005.1　p246-249
◎原注「バリュー・マネジメント—価値観と組織文化の経営革新」(R. バレット)　春秋社　2005.2 p283-296
◎参考文献「起業学の基礎—アントレプレナーシップとは何か」(高橋徳行)　勁草書房　2005.3　p369-374
◎参考文献「サービス経営戦略—モノづくりからサービスづくりへ」(小山周三)　NTT出版　2005.4　p234-236
◎参考文献「起業モデル—アントレプレナーの学習」(越出均)　創成社　2005.4　p223-229
◎参考文献「経営の経済学」(丸山雅祥)　有斐閣　2005.4　p261-271
◎参考文献「法と経営学序説—企業のリスクマネジメント研究」(境新一)　文眞堂　2005.4　p211-218
◎参考引用文献「場づくりのマネジメント—ネットワークを活かすビジネス・プロデュース」(阿部香)　白桃書房　2005.7　p211-218
◎原注「同族経営はなぜ強いのか?」(D. ミラーほか)　ランダムハウス講談社　2005.7　p1-38b
◎注記「アテンション!—経営とビジネスのあたらしい視点」(T. H. ダベンポートほか)　シュプリンガーV東京　2005.9　p251-258
◎参考文献「トライアド経営の論理」(松崎和久)　同文舘出版　2005.10　p195-207
◎参考文献「はじめて経営学を学ぶ」(田尾雅夫ほか)　ナカニシヤ出版　2005.11　p265-276
◎参考文献「不均衡発展の60年—低収益経営システムの盛衰と新時代の幕開け」(井手正介)　東洋経済新報社　2005.11　p285-291
◎参考文献「場の論理とマネジメント」(伊丹敬之)　東洋経済新報社　2005.12　p409-411
◎参考文献「グローバル・レビュー　現代日本企業3」(工藤章ほか)　有斐閣　2006.3　prr
◎原注「経営理論偽りの系譜—マネジメント思想の巨人たちの功罪」(J. フープス)　東洋経済新報社　2006.3　p6-36b
◎参考文献「現代企業経営学の基礎　改訂版」(松本芳男)　同文舘出版　2006.3　p321-329
◎参考文献「日本的経営は海を越えられたか!?—スリランカ日系企業を歩いて、見て、聞いてきました」(J. A. T. D. にしゃんた)　ふくろう出版　2006.3　p136-141
◎参考文献「未来社会をつくる女性の経営マネージメント」(金谷千慧子)　中央大出版部　2006.3　p235-238
◎参考文献「経営学の新紀元を招いた思想家たち—1930年代ハーバードを舞台に」(吉原正彦)　文眞堂　2006.4　p452-464
◎文献「企業モデルの多様化と経営理論—21世紀を展望して」(経営学史学会)　文眞堂　2006.5　p173-183
◎文献ガイド「経営情報論ガイダンス　2版」(佐原寛二)　中央経済社　2006.5　p231-255
◎参考文献「やさしい経営学」(金原達夫)　文眞堂　2006.9　p241-246
◎参考文献「日本の企業統治—神話と実態」(吉村典久)　NTT出版　2007.1　p311-335
◎文献「反経営学の経営」(常盤文克ほか)　東洋経済新報社　2007.2　p239-243
◎参考文献「経営学への招待　3版」(坂下昭宣)　白桃書房　2007.3　p267-279
◎参考文献「新グローバル経営論」(安室憲一)　白桃書房　2007.3　p315-334
◎参照文献「経営学概論—アメリカ経営学と日本の経営　2版」(大津誠)　創成社　2007.4　p247-248
◎参考文献ほか「パレート・ファームズ—企業の興亡とつながりの科学」(青山秀明ほか)　日本経済評論社　2007.5　p357-360
◎参考文献「美徳の経営」(野中郁次郎ほか)　NTT出版　2007.6　p241-245
◎参考文献「戦後日本の企業社会と経営思想—CSR経営を語る一つの文脈」(谷口照三)　文眞堂　2007.9　p208-214
◎参考文献「逆説の経営学—成功・失敗・革新」(寺岡寛)　税務経理協会　2007.10　p221-228
◎参考文献「新規開業企業の成長と撤退」(樋口美雄ほか)　勁草書房　2007.10　p261-267
◎参考文献「魅力ある経営—パラドックスの効用」(海老澤栄一)　学文社　2007.10　p199-207
◎参考文献「急成長現代企業の経営学」(宮脇敏哉)　大阪経済法科大出版部　2007.11　p259-268

経営学史

◎文献「組織・管理研究の百年」　文眞堂　2001.5　p227-241
◎文献目録「見えざる手の反逆—チャンドラー学派批判」(レズリー・ハンナ, 和田一夫)　有斐閣　2001.6　p19-47b
◎文献「現代経営と経営学史の挑戦—グローバル化・地球環境・組織と個人」(経営学史学会)　文眞堂　2003.5　p225-234
◎文献「経営学を創り上げた思想」　文眞堂　2004.5　p221-233
◎参考文献「経営学の進化—進化論的経営学の提唱」(福永文美夫)　文眞堂　2007.3　p285-300

経営管理

◎文献「パッション・カンパニー」(リチャード・チャン)　春秋社　2001.2　p241-242
◎参考文献「経済価値を超えて—健全な経営行動の提案」(海老澤栄一)　同友館　2001.2　p203-213
◎参考文献「日本産業の経営効率—理論・実証・国際比較」(鳥居昭夫)　NTT出版　2001.3　p367-377
◎参考文献「適応力のマネジメント—アダプティブ・エンタープライズ」(スティーブ・ヘッケル)　ダイヤモンド社　2001.6　p305-310
◎文献目録「ナレッジ・イネーブリング—知識創造企業への五つの実践」(ゲオルク・フォン・クローほか)　東洋経済新報社　2001.9　p13-25b
◎参考文献「危機管理学研究」(大泉光一)　文眞堂　2001.10　p219-223
◎参考文献「アントレプレナーマネジメント・ブック—MBAで教える成長の戦略的マネジメント」(イボンヌ・ランドル, エリック・G. フラムホルツ)　ダイヤモンド社　2001.11　p450-456
◎参考文献「MBAマネジメント・ブック　新版」(グロービス・マネジメント・インスティテュート)　ダイヤモンド社　2002.2　p285-288
◎文献「企業進化論—情報創造のマネジメント」(野中郁次郎)　日本経済新聞社　2002.2　p299-307
◎参考文献「実践ビジネス・リスク・マネジメント」(土田義憲)　大蔵財務協会　2002.3　p233-234

◎参考文献「働きやすい組織」(奥林康司) 日本労働研究機構 2002.3 prr

◎参考文献「マネジメント—通勤大学MBA 1」(青井倫一) 総合法令出版 2002.7 p215-216

◎文献「経営革命大全—世界をリードする79人のビジネス思想」(ジョセフ・ボイエット, ジミー・ボイエット) 日本経済新聞社 2002.7 p617-635

◎文献「「組織力」の経営—日本のマネジメントは有効か」(慶応戦略経営研究グループ) 中央経済社 2002.10 p184-189

◎文献「プロジェクト・リスクマネジメント—リスクを未然に防ぐプロアクティブ・アプローチ」(ポール・S.ロイヤー) 生産性出版 2002.12 p145-146

◎文献「危機対応のエフィカシー・マネジメント—「チーム効力感」がカギを握る」(高田朝子) 慶応義塾大学出版会 2003.1 p179-185

◎参考文献「価値創造システムとしての企業」(永田晃也) 学文社 2003.3 prr

◎文献「顧客組織化のビジネスモデル—小規模事業集団の経営」(清家彰敏) 中央経済社 2003.4 p179-181

◎文献「知識創造の方法論—ナレッジワーカーの作法」(野中郁次郎ほか) 東洋経済新報社 2003.4 p5-11b

◎文献「ナレッジ・マネジメント5つの方法—課題解決のための「知」の共有」(N. M. ディクソン) 生産性出版 2003.5 p267-270

◎文献「リスク・マネジメントの心理学—事故・事件から学ぶ」(岡本浩一ほか) 新曜社 2003.6 p9-23b

◎文献「コンサルタントの道具箱—勇気と自信がもてる16の秘密」(G. M. ワインバーグ) 日経BP社 2003.7 p256-258

◎文献「企業再生マネジメント」(安田隆二) 東洋経済新報社 2003.7 p294-298

◎文献「トータル・リスクマネジメント—企業価値を高める先進経営モデルの構築」(竹谷仁宏) ダイヤモンド社 2003.9 p219-223

◎文献「マネジメント思想の進化」(D. A. レン) 文眞堂 2003.9 p496-501

◎参考文献「経営品質の理論—実践との相互進化を求めて」(寺本義也ほか) 生産性出版 2003.9 prr

◎参考文献「企業価値創造型リスクマネジメント—その概念と事例」(上田和勇) 白桃書房 2003.10 prr

◎文献「再生か倒産か—大倒産時代の航海術」(奈良武) 金融財政事情研究会 2003.10 p257-262

◎文献「事業再生要諦—志と経営力—日本再生の十年に向けて」(越純一郎) 商事法務 2003.10 p288-289

◎文献「知識創造経営の実践—ナレッジマネジメント実践マニュアル」(河崎健一郎ほか) PHP研究所 2003.10 p257-259

◎文献「グローバル経営入門」(浅川和宏) 日本経済新聞社 2003.11 p326-342

◎参考文献「ブレークスルー・マネジメント」(司馬正次) 東京経済新報社 2003.11 p279-281

◎文献「収益を作る戦略的リスクマネジメント—米国優良企業の成功事例」(T. L. バートンほか) 東洋経済新報社 2003.12 p281-284

◎参考文献「マネジメントの本質—思索するリーダーのための実践的経営論」(関根次郎) 東洋経済新報社 2004.2 p245-248

◎参考文献「現場力を鍛える—「強い現場」をつくる7つの条件」(遠藤功) 東洋経済新報社 2004.2 p196-198

◎参考文献「MBAエッセンシャルズ実践演習問題集」(内田学ほか) 東洋経済新報社 2004.3 prr

◎参考文献「サプライチェーン・マネジメントに関する実証研究—企業間調整行動の視点から」(秋川卓也) プレアデス出版 2004.3 p261-275

◎参考文献「業績評価の理論と実務—事業を成功に導く 専門領域の障壁を越えて」(A. ニーリーほか) 東洋経済新報社 2004.4 p417-452

◎参考文献「資源ベースの企業行動と会計情報」(高橋邦丸) 同文舘出版 2004.4 p171-176

◎参考文献「事業システム戦略—事業の仕組みと競争優位」(加護野忠男ほか) 有斐閣 2004.4 p295-300

◎参考文献「アメリカ経営管理論生成史」(今井斉) 文眞堂 2004.6 p232-238

◎参考文献「イノベーション要論」(岸川善光ほか) 同文舘出版 2004.7 p247-262

◎参考文献「トータル・パフォーマンス・スコアカード—組織の成長と個人の能力開発を実現する」(H. ランパサッド) 生産性出版 2004.10 p343-348

◎参考文献「見えざる資産の戦略と論理」(伊丹敬之ほか) 日本経済新聞社 2004.11 p313-318

◎参考文献「戦略的事業リスク経営—ノーリスク・ノーマネジメント」(P. L. ウォーカーほか) 東洋経済新報社 2004.11 p207-211

◎参考文献「ビジネス価値を創造するIT経営の進化」(角埜恭央) 日科技連出版社 2004.12 p163-169

◎参考文献「リメイド・イン・アメリカ—日本的経営システムの再文脈化」(J. K. ライカーほか) 中央大学出版部 2005.3 prr

◎参考文献「経営戦略論の発展」(中橋國藏) 兵庫県立大 2005.3 p279-298

◎参考文献「ITにお金を使うのは、もうおやめなさい」(N. G. カー) ランダムハウス講談社 2005.4 p18-31b

◎参考文献「バイアブル・ビジョン—実現可能なビジョン」(G. I. ケンドール) 日本工業新聞社 2005.4 p261-265

◎参考文献「IT投資効果メカニズムの経済分析—IT活用戦略とIT化支援政策」(実積寿也) 九州大学出版会 2005.8 p219-234

◎参考文献「異文化間のビジネス戦略—多様性のビジネスマネジメント」(F. トロンペナールスほか) 白桃書房 2005.10 p317-319

◎参考文献「情報・知識共有を基礎としたマネジメント・モデル」(山下洋史) 東京経済情報出版 2005.10 p269-277

◎参考文献「ホスピタリティ・マネジメント学原論—新概念としてのフレームワーク」(服部勝人) 丸善 2006.1 p338-342

◎参考文献「入門eマネジメントの戦略—ビジネス視点で説く」(古川勝) 日刊工業新聞社 2006.3 p337-340

◎参考文献「ミッションマネジメントの理論と実践—経営理念の実現に向けて」(田中雅子) 中央経済社 2006.4 p189-203

◎参考文献「経営システムと経営情報―情報ネットワーク化時代の基本組織」（森川信男）　学文社　2006.5　p296-303
◎参考資料「プロジェクト・マネジメント危機からの脱出マニュアル―失敗ケースで学ぶ」（D. ニクソンほか）　ダイヤモンド社　2006.7　p211-215
◎参考文献「企業革新のマネジメント―破壊的決定は強い企業文化を変えられるか」（河合篤男）　中央経済社　2006.10　p251-262
◎参考文献「統合的業績評価マネジメント―CPMによる企業価値向上」（ベリングポイントCPMコンソーシアム）　生産性出版　2007.4　p297-300
◎参考文献「ITプロジェクトの「見える化」　上流工程編」（日経コンピュータ）　日経BP社　2007.5　p204-206
◎参考文献「顧客満足経営事典」（常盤猛男）　ファーストプレス　2007.5　p232-233
◎参考文献ほか「海外経営の鉄則」（山崎克雄）　講談社　2007.7　p248-250
◎参考文献「リスクベースで進める実践的ITプロジェクトマネジメント―不確実なプロジェクトを成功に導く，新たなフレームワーク」（後田廣）　日刊工業新聞社　2007.10　p183-185
◎参考文献「ケースで学ぶ経営管理」（廣岡久生ほか）　中央経済社　2007.12　p240-243
◎参考文献「ビジネスシステムのシミュレーション」（鷹田憲久ほか）　コロナ社　2007.12　p170-172

経営計画
◎参考文献「ビジネス・アーキテクチャ―製品・組織・プロセスの戦略的設計」（藤本隆宏ほか）　有斐閣　2001.4　p299-309
◎参考文献「戦略構築と組織設計のマネジメント」（今口忠政）　中央経済社　2001.8　p170-174
◎文献「バランス・スコアカードのベストプラクティス」（アンダーセン）　東洋経済新報社　2001.9　p195-199
◎参考文献「プロジェクト発想法―物・事・人のつくり方」（金安岩男）　中央公論新社　2002.2　p219-220
◎文献「ウイニング・バランス・スコアカード―MB賞基準による業績評価」（マーク・グラハム・ブラウン）　生産性出版　2002.3　p303-304
◎参考文献「戦略ナビゲーション―変革実行の技術」（舟崎隆之）　東洋経済新報社　2002.4　p296-297
◎文献「個を活かし企業を変える―絶えざる企業変革を促す3つの"I"」（グロービス・マネジメント・インスティテュート）　東洋経済新報社　2002.7　p236-238
◎文献「戦略の経済学」（デイビッド・ドラノブ，デイビッド・ベサンコ，マーク・シャンリー）　ダイヤモンド社　2002.12　p707-709
◎文献「競争戦略論」（青島矢一ほか）　東洋経済新報社　2003.3　p274-278
◎参考文献「経営戦略」（佐久間賢）　中央経済社　2003.11　prr
◎文献「常勝企業の経営戦略」（西塚宏）　玉川大学出版部　2003.11　p274-277
◎参考文献「経営の構想力―構想力はどのように磨くか」（西浦裕二）　東洋経済新報社　2004.2　p212-214
◎参考文献「現代経営戦略の論理と展開―持続的成長のための経営戦略」（合力知工）　同友館　2004.3　p335-344

◎参考文献「最新「経営戦略」とケース分析―経営学修士号取得のためのコア・コース基礎講座　MBA」（大石達也）　秀和システム　2004.3　p244-247
◎参考文献「日経で学ぶ経営戦略の考え方」（山根節ほか）　日本経済新聞社　2004.4　p203-205
◎参考文献「ダイナミック戦略論―ポジショニング論と資源論を超えて」（河合忠彦）　有斐閣　2004.5　p365-378
◎参考文献「経営戦略の経済学」（浅羽茂）　日本評論社　2004.9　p219-234
◎参考文献「戦略不全の論理―慢性的な低収益の病からどう抜け出すか」（三品和広）　東洋経済新報社　2004.9　p301-304
◎参考文献「価値共創の未来へ―顧客と企業のco-creation」（C. K. プラハラードほか）　ランダムハウス講談社　2004.10　p1-18b
◎参考図書「技術者のための起業マニュアル―プロジェクト提案からベンチャー企画まで」（平野真）　創風社　2005.4　p287-296
◎35冊の名著「今日から即使えるビジネス戦略50―明快!図解講義」（中野明）　朝日新聞社　2005.4　p105-109
◎参考文献「ステップアップ式MBA経営戦略入門」（バルーク・ビジネス・コンサルティング）　ダイヤモンド社　2005.5　p166-174
◎参考文献「ブルー・オーシャン戦略―競争のない世界を創造する」（W. C. キムほか）　ランダムハウス講談社　2005.6　p1-8b
◎引用文献「経営戦略の探究―ポジション・資源・能力の統合理論」（白石弘幸）　創成社　2005.9　p243-252
◎参考文献「経営戦略要論」（岸川善光）　同文舘出版　2006.3　p273-290
◎参考文献「経営戦略論」（十川廣國）　中央経済社　2006.4　p205-213
◎Bibliography「経営戦略―論理性・創造性・社会性の追求　新版」（大滝精一ほか）　有斐閣　2006.5　p325-335
◎参考文献「トップ・マネジメントのための経営品質講座―意思決定への新たな視座」（早稲田大学経営品質研究所）　生産性出版　2006.7　p245-252
◎参考文献ほか「イノベーションと異文化マネジメント―新たなコンセプトを創り出す経営戦略」（林ゼミナール）　唯学書房　2006.10　p161-168
◎参考文献「戦略の実学―際立つ個人・際立つ企業」（谷口和弘）　NTT出版　2006.12　p268-260
◎参考文献ほか「カーブアウト経営革命―新事業切り出しによるイノベーション戦略」（木嶋豊）　東洋経済新報社　2007.2　p198-202
◎参考文献「組織間関係のダイナミズムと競争優位―バーチャル・プロジェクト・カンパニーのビジネスモデル」（伊佐田文彦）　中央経済社　2007.2　p199-207
◎参考文献「経営品質入門―効果的なセルフ・アセスメントの実践　新版」（岡本正耿）　生産性出版　2007.6　p221-222
◎参考文献「アンゾフ戦略経営論―新訳」（H. I. アンゾフ）　中央経済社　2007.7　p329-334
◎参考文献「なぜ新しい戦略はいつも行き詰まるのか？」（清水勝彦）　東洋経済新報社　2007.8　p216-219
◎参考文献ほか「企業戦略を考える―いかにロジックを組み立て、成長するか」（淺羽茂ほか）　日本経済新聞出版社　2007.9　p239-241

経営

◎参考文献ほか「「情報消費社会」のビジネス戦略―モノビジネスから、情報ビジネスの時代へ」(佐藤典司) 経済産業調査会 2007.11 p238-241

◎参考引用文献「ブレインライティング―短時間で大量のアイデアを叩き出す「沈黙の発想会議」」(高橋誠) 東洋経済新報社 2007.11 p218-219

◎参考文献「新しい戦略マネジメント―戦略・組織・組織間関係」(山倉健嗣) 同文舘出版 2007.11 p183-200

◎参考文献ほか「撤退の研究―時機を得た戦略の転換」(森田松太郎ほか) 日本経済新聞出版社 2007.11 p366-370

◎参考文献ほか「バリューイノベーション―顧客価値・事業価値創造の考え方と方法」(産業能率大学総合研究所バリューイノベーション研究プロジェクト) 産業能率大出版部 2007.12 p293-295

◎参照文献「戦略不全の因果―1013社の明暗はどこで分かれたのか」(三品和広) 東洋経済新報社 2007.12 p295-298

経営財務

◎参考図書「入門経営財務」(亀川雅人) 新世社 2002.2 p301-302

◎参考文献「入門企業財務―理論と実践 第2版」(津森信也) 東洋経済新報社 2002.8 p371-372

◎文献「企業財務の機能と変容 2版」(内田交謹) 創成社 2003.4 p247-259

◎参考文献「経営財務を知る本―コーポレート・ファイナンス入門」(中井誠) 創成社 2003.5 p196-197

◎参考文献「経営財務入門 ビジネス・ゼミナール 2版」(井手正介ほか) 日本経済新聞社 2003.6 p571-572

◎参考図書「これならわかる! 仕事に使える「数学」」(土屋晴仁) PHP研究所 2004.11 p204-206

経営史

◎文献目録「経営史講義 第2版」(大河内暁男) 東京大学出版会 2001.2 p199-213

◎参考文献「ケースブックアメリカ経営史」(安部悦生, 壽永欣三郎, 山口一臣) 有斐閣 2002.2 p339-344

◎参考文献「日本経営理念史」(土屋喬雄) 麗澤大学出版会 2002.2 p648-649

◎学習用文献「日本経営史―江戸時代から21世紀へ 新版」(宮本又郎ほか) 有斐閣 2007.10 p395-398

経営者

◎参考文献「経営者育成の理論的基盤―経営技能の習得とケース・メソッド」(辻村宏和) 文眞堂 2001.6 p320-337

◎参考文献「大企業の絶滅―経営責任者たちの敗北の歴史」(ロバート・ソーベル) ピアソンエデュケーション 2001.6 p525-536

◎文献「創業者百人百語―生きる知恵成功の秘訣」(谷沢永一) 海竜社 2001.11 p231-238

◎文献「日本企業と経営者の役割」(中垣昇) 税務経理協会 2003.4 p195-202

◎参考文献「経営者のオーナーシップとコーポレート・ガバナンス―ファイナンス理論による実証的アプローチ」(手嶋宣之) 白桃書房 2004.3 p112-121

◎参考文献「企業家とはなにか―市場経済と企業家機能」(池本正純) 八千代出版 2004.9 p281-283

◎参考文献「社長の値打ち―「難しい時代」にどうあるべきか」(長田貴仁) 光文社 2007.10 p268-270

経営書

◎「MBA 100人が選んだベスト経営書」(東洋経済新報社) 東洋経済新報社 2001.2 207p A5

経営情報

◎参考文献「eコミュニティがビジネスを変える」(チャールズ・グランサム) 東洋経済新報社 2001.2 p3-10b

◎参考文献「情報技術と組織変化―情報共有モードの日米比較」(岡部曜子) 日本評論社 2001.2 p157-163

◎参考文献「ITソリューションへの挑戦―21世紀の「勝ち組」企業となるために」(NTTコミュニケーションズ・ソリューション事業部) NTT出版 2001.9 p188-189

◎参考文献「経営情報システム 改訂版」(島田達巳, 高原康彦) 日科技連出版社 2001.9 p315-320

◎参考文献「異文化の情報技術システム―技術の組織的利用パターンに関する日英比較」(上林憲雄) 千倉書房 2001.11 p443-470

◎文献「知的経営の真髄―知的資本を市場価値に転換させる手法」(パトリック・サリヴァン) 東洋経済新報社 2002.5 p273-274

◎文献「経営情報の活用モデル」(石川弘道) 中央経済社 2002.12 p197-202

◎参考文献「現代経営情報システム開発論」(立川丈夫) 創成社 2003.3 prr

◎参考文献「経営情報論」(遠山曉ほか) 有斐閣 2003.4 p277-287

◎文献「情報と知識のマネジメント」(越出均) 創成社 2003.4 p279-287

◎文献「知識マネジメント」(大澤幸生) オーム社 2003.9 p199-205

◎文献「組織ナレッジと情報―メタナレッジによるダイナミクス」(白石弘幸) 千倉書房 2003.10 p1-13b

◎文献「成功企業のIT戦略―強い会社はカスタマイゼーションで累積的に進化する」(W.ラップ) 日経BP社 2003.12 p359-362

◎参考文献「サプライチェーン流通革命―ブレードコンピュータの時代へ」(井上春樹) リックテレコム 2004.2 p196-199

◎参考文献「データマイニングと組織能力」(矢田勝俊) 多賀出版 2004.2 p219-227

◎参考文献「オープンネットワークと電子商取引」(時永祥三ほか) 白桃書房 2004.3 p240-248

◎参考文献「オープン・ソリューション社会の構想」(国領二郎) 日本経済新聞社 2004.7 p228-231

◎参考文献「情報資産のリスクマネジメント」(小見志郎) ぎょうせい 2004.10 p193-194

◎参考文献「情報システムの運営」(杉野隆) 共立出版 2005.3 p137-140

◎参考文献「経営情報システム論―その歴史的展開と展望」(立川丈夫) 創成社 2005.4 prr

◎引用参考文献「経営管理情報マネジメント―行動変革のための統合的情報活用」(ベリングポイント) 生産性出版 2005.6 p231-236

◎参考文献「意思決定を支えるビジネスインテリジェンス―企業情報を見える化する実践的アプローチ」(E. Vittほか) 日経BPソフトプレス 2007.4 p197-198

◎参考文献「経営情報システム論」(上山俊幸) 日本理工出版会 2007.4 p202-203

◎参考文献ほか「情報セキュリティ教本―組織の情報セキュリティ対策実践の手引き」(情報処理推進機構) 実教出版 2007.4 p340-344
◎文献「企業情報の基礎理論」(船本修三) 中央経済社 2007.5 p159-165
◎参考文献「実践情報システム」(秋山哲男) 中央経済社 2007.5 p263-266
◎参考文献「IT投資で伸びる会社、沈む会社」(平野雅章) 日本経済新聞出版社 2007.8 p228-230
◎参考文献「CIOのITマネジメント―Chief Information Officer」(NTTデータ経営研究所) NTT出版 2007.12 p281-283
◎参考文献「情報システムと競争優位」(平本健太) 白桃書房 2007.12 p135-141

経営診断
◎参考文献「マネジリアル・コンサルテーション―構造変革期の経営診断」(新井信裕) 同友館 2001.6 p230-237
◎参考文献ほか「経営診断要論」(岸川善光) 同文舘出版 2007.10 p327-343
◎参考文献「企業評価の組織論的研究―経営資源と組織能力の測定」(藤田誠) 中央経済社 2007.12 p297-319

経営数学
◎参考文献「経済学・経営学のための数学」(岡田章) 東洋経済新報社 2001.10 p275-277
◎参考文献「企業の意思決定のためのやさしい「数学」」(山本隆三) 講談社 2002.2 p191-193

経営戦略
◎参考文献「経営戦略としての情報セキュリティ―ネットワーク社会で勝ち残るための警鐘」(大木栄二郎) 工業調査会 2001.7 p262-265
◎参考文献「フランス企業の経営戦略とリスクマネジメント 新版」(亀井克之) 法律文化社 2001.9 p515-538
◎参考文献「「情報消費社会」の経営戦略―モノの経営から情報の経営へ」(佐藤典司) 経済産業調査会 2002.1 p308-313
◎参考文献「ストラテジ経営戦略―通勤大学MBA 7」(青井倫一) 総合法令出版 2002.10 3pb
◎参考文献「ベンチャー企業の経営戦略」(柳在相) 中央経済社 2003.7 p241-244

経営組織
◎参考文献「組織学習と組織内地図」(安藤史江) 白桃書房 2001.1 p195-205
◎参考文献「現代経営組織論 第2版」(森本三男) 学文社 2001.8 p269-275
◎参考文献「戦略構築と組織設計のマネジメント」(今口忠政) 中央経済社 2001.8 p170-174
◎参考文献「経営組織」(角野信夫) 新世社 2001.12 p259-264
◎参考文献「組織と個人―キャリアの発達と組織コミットメントの変化」(鈴木竜太) 白桃書房 2002.2 p225-233
◎参考文献「連邦型ネットワークの経営」(西村友幸) 多賀出版 2002.2 p165-173
◎参考文献「コーポレート・カルチャーショック―組織異動からのサバイバル」(エイドリアン・ファーナム) 同文舘出版 2002.4 p218-220
◎文献「デジタル時代の組織設計―会社員の組織コミットメントの研究」(板倉宏昭) 白桃書房 2002.4 p209-221
◎文献「経営の自己組織化論―「装置」と「行為空間」」(牧野丹奈子) 日本評論社 2002.4 p255-261
◎文献「創発型組織モデルの構築―構造によって支配された静態的秩序から、人間の意志によって支配された動態的秩序へ」(唐沢昌敬) 慶応義塾大学出版会 2002.5 p627-632
◎参考文献「入門経営組織」(鈴木秀一) 新世社 2002.6 prr
◎文献「できる社員は「やり過ごす」」(高橋伸夫) 日本経済新聞社 2002.7 p258-261
◎参考文献「グローバル企業の組織設計」(ジェイ・R. ガルブレイス) 春秋社 2002.9 p1-5b
◎参考文献「組織設計のマネジメント―競争優位の組織づくり」(ジェイ・R. ガルブレイス) 生産性出版 2002.9 p217-218
◎文献「組織行動研究の展開」(上田泰) 白桃書房 2003.1 p353-371
◎文献「求む、仕事人! さよなら、組織人」(太田肇) 日本経済新聞社 2003.2 p268-272
◎文献「社会的組織学習―市民社会と企業社会の共創的知識創造に向けて」(工藤剛治) 白桃書房 2003.5 p255-265
◎参考文献「ソシオビジネス革命―コンテクスト創造型経営モデルの時代」(原田保) 同友館 2003.6 prr
◎参考文献「経営組織」(大月博司ほか) 学文社 2003.9 prr
◎文献「組織の心理的側面―組織コミットメントの探求」(高木浩人) 白桃書房 2003.10 p209-232
◎参考文献「組織文化のマネジメント―行為の共有と文化」(出口将人) 白桃書房 2004.2 p163-171
◎参考文献「企業システムの経済学」(宮本光晴) 新世社 2004.3 p351-355
◎参考文献「組織の変化と組織間関係―結びつきが組織を変える」(吉田孟史) 白桃書房 2004.5 p241-251
◎参考文献「ベスト・プラクティス競争戦略―グローバル化とITをめぐる作業システムの変革」(E. アペルバームほか) 八千代出版 2004.6 p221-238
◎参考文献「組織デザイン」(沼上幹) 日本経済新聞社 2004.6 p305-308
◎参考文献「学習する組織とチームの進化」(上田利男) 人間の科学新社 2004.7 p152-156
◎参考文献「実践アクションラーニング入門―問題解決と組織学習がリーダーを育てる」(M. J. マーコード) ダイヤモンド社 2004.7 p243-250
◎参考文献「組織変革のビジョン」(金井寿宏) 光文社 2004.8 p249-254
◎参考文献「ラーニング組織の再生―蓄積・学習する社会vs流動・学習しない組織」(根本孝) 同文舘出版 2004.9 p258-245
◎注「制度と文化―組織を動かす見えない力」(佐藤郁哉ほか) 日本経済新聞社 2004.9 p326-317
◎参考文献「組織と自発性―新しい相互浸透関係に向けて」(高尾義明) 白桃書房 2005.3 p163-174
◎参考文献ほか「組織のパワーとリズム」(林徹) 中央経済社 2005.3 p195-206

◎文献「経営組織論研究—クルマ社会から国民福祉へ」（影山僖一）　白桃書房　2005.6　p243-251
◎参考文献「洗脳するマネジメント—企業文化を操作せよ」（G. クンダ）　日経BP社　2005.8　p421-429
◎参考文献「ダイバシティ・マネジメント—多様性をいかす組織」（谷口真美）　白桃書房　2005.9　p415-454
◎参考文献「組織変革とパラドックス　改訂版」（大月博司）　同文舘出版　2005.9　p227-245
◎参考文献「ポストモダン組織論」（岩内亮一ほか）　同文舘出版　2005.12　p241-263
◎参考文献「現代経営組織論」（岸田民樹）　有斐閣　2005.12　p275-288
◎参考文献「ネットワーク社会の企業組織—個を活かし、組織を活かすマネジメントの土壌を求めて」（前野芳子）　清文社　2006.3　p163-176
◎引用参考文献「属人思考の心理学—組織風土改善の社会技術」（岡本浩一ほか）　新曜社　2006.3　p5-7b
◎参考文献「経営組織と環境適応」（岸田民樹）　白桃書房　2006.4　p373-389
◎参考文献「経営組織論」（十川廣國）　中央経済社　2006.4　p203-212
◎参考文献「組織行動論—マクロ・アプローチ」（鵜野好文ほか）　中央経済社　2006.4　p233-236
◎参考文献「組織シンボリズム—メタファーの組織論　増補版」（高橋正泰）　同文舘出版　2006.5　p213-236
◎参考文献「変革のマネジメント—組織と人をめぐる理論・政策・実践」（内野崇）　生産性出版　2006.8　p355-367
◎参考文献「ポジティブ・チェンジ—主体性と組織力を高めるAI」（D. K. ホイットニー）　ヒューマンバリュー　2006.9　p261-265
◎参考文献「組織自律力—マネジメント像の転換」（佐藤剛）　慶應義塾大出版会　2006.9　p225-231
◎参考文献「組織変革ファシリテーター—「ファシリテーション能力」実践講座」（堀公俊）　東洋経済新報社　2006.9　p224-226
◎基本文献「組織の経済学入門」（菊澤研宗）　有斐閣　2006.10　p275-281
◎参考文献「〈入門〉チーム・ビルディング—1+1が2以上になる最強組織の作り方」（インタービジョンコンソーシアム）　PHP研究所　2007.1　p204-205
◎参考文献「組織市民行動」（D. W. オーガンほか）　白桃書房　2007.1　p265-283
◎引用文献ほか「シャドーワーク—知識創造を促す組織戦略」（一條和生ほか）　東洋経済新報社　2007.2　p253-254
◎参考文献「組織進化論—企業のライフサイクルを探る」（H. E. オルドリッチ）　東洋経済新報社　2007.3　p375-439
◎参考文献「組織不祥事—組織文化論による分析」（間嶋崇）　文眞堂　2007.3　p181-188
◎参考文献「現代組織文化論研究—経営学における組織文化論の過去・現在・展望」（小原久美子）　白桃書房　2007.4　p197-202
◎参考文献「入門組織行動論」（開本浩矢）　中央経済社　2007.4　p233-241
◎文献「新制度派経済学による組織入門—市場・組織・組織間関係へのアプローチ」（A. ピコーほか）　白桃書房　2007.5　p420-439

◎参考文献「組織革新の認知的研究—認知変化・知識の可視化と組織科学へのテキストマイニングの導入」（喜田昌樹）　白桃書房　2007.6　p155-164
◎ブックガイド「チーム・ビルディング—人と人を「つなぐ」技法」（堀公俊ほか）　日本経済新聞出版社　2007.7　p215-216
◎参考文献「「命令違反」が組織を伸ばす」（菊澤研宗）　光文社　2007.8　p268-270
◎参考文献「個を活かす企業—自己変革を続ける組織の条件　新装版」（C. A. バートレット）　ダイヤモンド社　2007.8　p395-401
◎参考文献「組織の〈重さ〉—日本的企業組織の再点検」（沼上幹ほか）　日本経済新聞出版社　2007.8　p255-259
◎文献一覧「ストーリーテリングが経営を変える—組織変革の新しい鍵」（J. S. Brownほか）　同文舘出版　2007.9　p239-242
◎参考文献「組織の経済学入門　3版」（S. W. ダウマほか）　文眞堂　2007.9　p379-388
◎参考文献「多元的ネットワーク社会の組織と人事」（南雲道朋）　ファーストプレス　2007.10　p240-244

経営分析

◎参考文献「企業評価論—財務分析と企業評価　第3版」（田中恒夫）　創成社　2001.4　p330-307
◎参考文献「企業評価入門」（大倉雄次郎）　中央経済社　2001.6　p229-230
◎参考文献「倒産回避の経営分析—財務安全性の考え方と調べ方」（井端和男ほか）　東林出版社　2001.8　p197-198
◎参考文献「経営・会計の実証分析入門—SPSSによる企業モデル分析」（門田安弘）　中央経済社　2003.1　p218-222
◎文献「企業倒産予知モデル」（白田佳子）　中央経済社　2003.3　p273-281
◎文献「ケースと図解で学ぶ企業価値評価」（渡辺茂）　日本経済新聞社　2003.5　p214-215
◎文献「企業価値評価—勝者の呪いに打ち克つために」（K. R. フェリスほか）　ピアソン・エデュケーション　2003.10　p203-209
◎参考文献「業種別「超」把握法—目利きに役立つ」（味香興郎ほか）　金融ブックス　2004.5　prr
◎参考文献「キャッシュ・フロー会計と企業評価」（桜井久勝ほか）　中央経済社　2004.7　p229-231
◎参考文献「経営分析のやり方・考え方—図解+設例でわかる」（岩崎勇）　税務経理協会　2005.4　p267-269
◎参考文献「経営分析」（大橋英五）　大月書店　2005.10　p215-221
◎文献「アメリカの経営分析論—経営管理分析の研究」（渋谷武夫）　中央経済社　2005.12　p291-295
◎参考文献「リスク・リターンの経営手法—ケースでみる定量的評価・計画の実践」（小林啓孝）　中央経済社　2006.4　p270-272
◎参考文献「経営分析と企業評価」（秋本敏男）　創成社　2006.10　p245-249
◎参考文献「日米企業の利益率格差」（伊丹敬之）　有斐閣　2006.11　p223-226
◎参考文献ほか「ゼミナール企業価値評価」（伊藤邦雄）　日本経済新聞出版社　2007.3　p653-654
◎参考文献ほか「格付け講義」（黒沢義孝）　文眞堂　2007.3　prr

◎引用参考文献「景気循環の原理的研究」（星野富一）　富山大出版会　2007.6　p249-260
◎参考文献「企業再生の計量分析」（丸山宏）　東洋経済新報社　2007.10　p159-167
◎参考文献「企業価値と会計・監査―会計とファイナンスの接点を探る」（日本公認会計士協会東京会）　税務協会出版局　2007.12　p227-228

経営立地
◎参考文献「多国籍企業の立地論」（鈴木洋太郎ほか）　原書房　2005.11　p195-205
◎参考文献「立地管理と経済経営環境論の研究」（渡辺利得）　嵯峨野書院　2005.11　prr
◎文献一覧「営業倉庫の立地分析　続」（安積紀雄）　古今書院　2007.12　p275-276

経営倫理
◎参考文献「経営倫理論」（金元鉢）　大阪経済法科大学出版部　2001.5　p231-241
◎参考文献「ビジネスの倫理学―現代社会の倫理を考える 3」（梅津光弘）　丸善　2002.6　p170-178
◎参考文献「セルフ・ガバナンスの経営倫理」（水尾順一）　千倉書房　2003.3　p285-297
◎文献「経営倫理」（水谷雅一）　同文舘出版　2003.9　p235-240
◎文献「コンプライアンスの知識」（高巌）　日本経済新聞社　2003.12　p213-217
◎文献案内「企業倫理入門―企業と社会との関係を考える」（出見世信之）　同文舘出版　2004.1　p191-202
◎参考文献「わたしたちの企業倫理学―CSR時代の企業倫理の再構築」（南村博二）　創成社　2004.2　p161-162
◎参考文献「企業倫理学―シュタインマン学派の学説」（万仲脩一）　西日本法規出版　2004.7　p236-248
◎参考文献「CSR実践ガイド―内部統制から報告書作成まで」（中央青山監査法人）　中央経済社　2004.8　p222-227
◎参考文献「知りながら害をなすな―優良企業はCSRで生き残る」（佐久間健ほか）　ダイヤモンド社　2004.10　p286-287
◎参考文献「富士ゼロックスの倫理・コンプライアンス監査」（吉田邦雄）　東洋経済新報社　2004.10　p240-242
◎参考文献「ISO社会的責任（SR）規格はこうなる―生き残るためのCSRマネジメント」（森哲郎）　日科技連出版社　2004.11　p176-178
◎参考文献「ビジネス倫理学―哲学的アプローチ」（田中朋弘ほか）　ナカニシヤ出版　2004.11　p287-301
◎参考文献「環境情報の公開と評価―環境コミュニケーションとCSR」（勝田悟）　中央経済社　2004.12　p167-169
◎参考文献「図解よくわかるCSR―企業の社会的責任」（米山秀隆）　日刊工業新聞社　2004.12　p178-180
◎参考文献「コンプライアンスの考え方―信頼される企業経営のために」（浜辺陽一郎）　中央公論新社　2005.2　p224-227
◎文献案内「組織健全化のための社会心理学・違反・事故・不祥事を防ぐ社会技術」（岡本浩一ほか）　新曜社　2006.7　p9-65b
◎参考文献「企業評価＋企業倫理―CSRへのアプローチ」（岡本大輔ほか）　慶應義塾大出版会　2006.9　p233-246

◎参考文献「ビジネスの法哲学―市場経済にモラルを問う」（森末伸行）　昭和堂　2006.10　p256-263
◎参考文献「日本の企業倫理―企業倫理の研究と実践―Business Ethics and CSR」（企業倫理研究グループ）　白桃書房　2007.6　p177-187
◎文献案内「ビジネス倫理学」（中谷常二）　晃洋書房　2007.10　p1-14b

慶應義塾大学
◎参考文献「証言太平洋戦争下の慶應義塾」（白井厚ほか）　慶応義塾大学出版会　2003.11　p316-317
◎参考引用文献「三田の政官界人列伝」（野村英一）　慶應義塾大出版会　2006.4　p323-325

慶應義塾大学メディアセンター
○書誌「Medianet 13」（慶應義塾大）　2006　p73」

京王電鉄
◎文献「鉄道事業経営研究試論―京王電鉄を中心として」（島原琢）　八朔社　2003.7　p195-203

軽音楽
◎文献「ローカル・ミュージック―音楽の現地へ」（昼間賢）　インスクリプト　2005.10　p218-220
◎参考文献「ロックを生んだアメリカ南部―ルーツ・ミュージックの文化的背景」（J. M. バーダマン）　NHK出版　2006.11　p293-297

系外惑星
◎参考文献「異形の惑星―系外惑星形成理論から」（井田茂）　NHK出版　2003.4　p254-257

景観
◎文献「景観哲学への歩み―景観・環境・聖なるものの思索」（角田幸彦）　文化書房博文社　2001.4　p315-323
◎注文献「ランドスケープ批評宣言」（landscape network 901）　INAX出版　2002.3　prr
◎注「失われた景観―戦後日本が築いたもの」（松原隆一郎）　PHP研究所　2002.11　p223-225
◎参考文献「日本の空間認識と景観構成　ランドスケープとスペースオロジー」（宇杉和夫）　古今書院　2003.2　prr
◎文献「地形環境と歴史景観―自然と人間の地理学」（日下雅義）　古今書院　2004.1
◎参考文献「風景の経験―景観の美について」（J. アプルトン）　法政大学出版局　2005.12　p20-35b
◎引用文献「ランドスケープエコロジー」（武内和彦）　朝倉書店　2006.10　p229-239
◎論文一覧「ランドスケープ研究　70.4」（日本造園学会）　2007.2　p287-291
◎文献リスト「景観用語事典　増補改訂版」（篠原修）　彰国社　2007.3　p338-344

景観計画
◎参考文献「建築とまちなみ景観」（建築とまちなみ景観編集委員会）　ぎょうせい　2005.1　p204-206
◎参考引用文献「景観行政とまちづくり―美しい街並みをめざして」（土岐寛）　時事通信出版局　2005.3　p190-193
◎参考文献「フランスの景観を読む―保存と規制の現代都市計画」（和田幸信）　鹿島出版会　2007.5　p268-269

景観工学
　◎参考文献「景観工学」（日本まちづくり協会）　理工図書　2001.10　p259-260

景観地理
　◎参考文献「写真・工業地理学入門」（石井實, 井出策夫, 北村嘉行）　大明堂　2002.3　p92-93
　◎参考文献「景観生態学—生態学からの新しい景観理論とその応用」（M. G. ターナー）　文一総合出版　2004.9　p339-394
　◎文献「農山漁村の〈空間分類〉—景観の秩序を読む」（今里悟之）　京都大学術出版会　2006.2　p271-295

景観デザイン
　◎引用文献「自治体発の政策革新—景観条例から景観法へ」（伊藤修一郎）　木鐸社　2006.4　p275-285
　◎引用参考文献「景観デザイン—総合的な空間のデザインをめざして」（市坪誠ほか）　コロナ社　2006.5　p187-188

景観保護
　◎文献「地生態学入門—景観の分析と保護のための」（横山秀司）　古今書院　2002.2　prr

景気
　◎参考文献「ゼミナール景気循環入門」（金森久雄ほか）　東洋経済新報社　2002.4　prr
　◎文献「景気循環でみる戦前の日本経済」（寺本益英）　晃洋書房　2003.1　p83-84
　◎文献「実践・景気予測入門」（嶋中雄二）　東洋経済新報社　2003.7　p277-282
　◎文献「景気循環の理論—非線型動学アプローチ」（吉田博之）　名古屋大学出版会　2003.9　p203-217
　◎参考文献「景気循環論入門」（内上誠）　晃洋書房　2004.3　p227-230
　◎参考文献「ゴールデン・サイクル—「いざなぎ超え」の先にあるもの」（嶋中雄二）　東洋経済新報社　2006.5　p241-243
　◎参考文献「景気変動と時間—循環・成長・長期波動」（加藤雅）　岩波書店　2006.12　p207-212
　◎参考文献「アジア経済動態論—景気サイクルの連関と地域経済統合」（高橋克秀）　勁草書房　2007.4　p231-234

芸妓
　◎参考文献「京都舞妓と芸妓の奥座敷」（相原恭子）　文藝春秋　2001.10　p229-230
　◎参考文献「未知の京都—舞妓と芸妓」（相原恭子）　弘文堂　2007.7　1pb

敬虔主義
　◎参考文献「敬虔主義—そのルーツからの新しい発見」（D. W. ブラウン）　キリスト新聞社　2006.10　p243-246

敬語
　◎参考文献「敬語で解く日本の平等・不平等」（浅田秀子）　講談社　2001.4　p228-232
　◎参考文献「日韓両国語における敬語の対照研究」（賈惠京）　白帝社　2001.8　p153-155
　◎文献「日本の敬語論—ポライトネス理論からの再検討」（滝浦真人）　大修館書店　2005.6　p303-312
　◎参考文献「「敬語」論—ウタから敬語へ」（浅田秀子）　勉誠出版　2005.9　p135-137
　◎参考文献「言語行動における「配慮」の諸相」（国立国語研究所）　くろしお出版　2006.3　p164-166
　◎参考文献「敬語表現教育の方法」（蒲谷宏ほか）　大修館書店　2006.7　p183-185

経済
　◎参考文献「地球化時代の日本経済—企業の国際化の視点から」（原正行）　文眞堂　2001.1　p164-167
　◎参考文献「悪女と紳士の経済学」（森永卓郎）　日本経済新聞社　2001.3　p282-287
　◎参考文献「香港経済研究序説—植民地制度下の自由放任主義政策」（閻和平）　御茶の水書房　2001.3　p11-17b
　◎参考文献「生活経済論」（富田洋三）　八千代出版　2001.3　p315-320
　◎参考文献「日本経済のドラマ—経済小説で読み解く1945-2000」（堺憲一）　東洋経済新報社　2001.3　p363-367
　◎参考文献「経済の本質—自然から学ぶ」（ジェイン・ジェイコブズ）　日本経済新聞社　2001.4　p234-235
　◎参考文献「現代日本経済入門—「バランスシート不況」の正しい見方・考え方」（北坂真一）　東洋経済新報社　2001.8　p305-315
　◎参考文献「二兎を得る経済学—景気回復と財政再建」（神野直彦）　講談社　2001.8　p201-206
　◎文献リスト「マクロ経済学はどこまで進んだか—トップエコノミスト12人へのインタビュー」（B. スノードン, H. R. ヴェイン）　東洋経済新報社　2001.9　p317-331
　◎参考文献「現代ヨーロッパ経済」（田中素香ほか）　有斐閣　2001.9　prr
　◎参考文献「日本経済非常事態宣言」（斎藤精一郎）　日本経済新聞社　2001.9　p437-440
　◎参考文献「日本経済論の誤解」（三輪芳朗ほか）　東洋経済新報社　2001.9　p413-420
　◎参考文献「金融危機と経済主体」（松浦克己ほか）　日本評論社　2001.10　p217-227
　◎参考文献「脱物質化社会」（ダイアン・コイル）　東洋経済新報社　2001.10　p324-331
　◎参考文献「日米財界人会議40年史　1961-2001」（日米財界人会議40年史編纂委員会）　日米経済協議会　2001.10　p245-247
　◎参考文献「月光仮面の経済学—さらば、無責任社会よ」（金子勝）　NHK出版　2001.11　p213-214
　◎参考文献「市場対国家—世界を作り変える歴史的攻防　下」（ダニエル・ヤーギン, ジョゼフ・スタニスロー）　日本経済新聞社　2001.11　p44-426
　◎参考文献「女とオトコの経済学」（加藤敏明）　寿郎社　2001.11　p274-275
　◎参考文献「世界経済の20世紀—われわれは「賢く」なったか」（小浜裕久, 浦田秀次郎）　日本評論社　2001.11　p188-204
　◎引用文献「ソーラー地球経済」（ヘルマン・シェーア）　岩波書店　2001.12　p1-12b
　◎参考文献「技術革新と経済構造」（秋本耕二）　九州大学出版会　2001.12　p279-284
　◎参考文献「誤解だらけの構造改革」（小野善康）　日本経済新聞社　2001.12　p233-235
　○文献目録「季刊経済研究　25」（大阪市立大）　2002.1　p1-28

◎原注「エコ・エコノミー」(L. R. ブラウン) 家の光協会 2002.1 p410-361
◎参考文献「ハードランディングを求める日本経済―公正で透明な市場メカニズムを構築せよ」(鹿野嘉昭) 東洋経済新報社 2002.1 p289-291
◎参考文献「日本経済の経済学 第2版」(大杉由香ほか) 学文社 2002.1 prr
◎参考文献「90年代ブラジルのマクロ経済の研究」(西島章次, Eduardo K. Tonooka) 神戸大学経済経営研究所 2002.2 p223-232
◎参考文献「マクロ経済学入門講義」(田中宏) 慶応義塾大学出版会 2002.2 p209-210
◎参考文献「世界恐慌―日本経済最後の一手」(米山秀隆) ダイヤモンド社 2002.2 p180-182
◎参考文献「日本「地下経済」白書―23.2兆円! 驚異のアングラ・マネー」(門倉貴史) 祥伝社 2002.2 p249-252
◎引用文献「日本の経済発展 第3版」(南亮進) 東洋経済新報社 2002.2 p311-332
◎参考文献「安心の経済学―ライフサイクルのリスクにどう対処するか」(橘木俊詔) 岩波書店 2002.3 p277-285
◎参考文献「規制改革と日本経済―何が行われ、何が生じ、何が問題か」(江藤勝) 日本評論社 2002.3 p211-223
◎参考文献「経済学の考え方・学び方」(岡村宗二) 同文舘出版 2002.3 p263-264
◎参考文献「経済学の第一歩」(喜田栄次郎, 田中勝次) 同文舘出版 2002.3 p277-279
◎参考文献「経済用語の基礎知識」(第一勧銀総合研究所) ダイヤモンド社 2002.3 3pb
◎参考文献「阪神ファンの経済効果」(国定浩一) 角川書店 2002.3 1pb
◎参考文献「市場・貿易・分配・貨幣」(吉沢昌恭) 晃洋書房 2002.3 p187-194
◎文献「地域から見た日本経済と財政政策」(土居丈朗) 三菱経済研究所 2002.3 p111-112, 156-157
◎参考文献「地球温暖化の経済学」(W. D. ノードハウス) 東洋経済新報社 2002.3 p211-217
◎参考文献「複雑系経済学へのアプローチ」(吉田和男ほか) 東洋経済新報社 2002.3 p181-191
◎参考文献「オーストリアの経済社会と政策形成」(内山隆夫) 晃洋書房 2002.4 p211-226
◎文献「大反転する世界―地球・人類・資本主義」(ミシェル・ボー) 藤原書店 2002.4 p397-409
◎参考文献「日本経済論」(正村公宏ほか) 東洋経済新報社 2002.4 p337-344
◎文献「マクロ経済の理論と政策」(片山尚平) 晃洋書房 2002.5 p179-183
◎文献「現代日本経済―バブルとポスト・バブルの軌跡」(田中隆之) 日本評論社 2002.5 p355-361
◎引用・参考文献「日本経済の論点」(小林正雄ほか) 学文社 2002.5 prr
◎「仕事ができる人の実戦ビジネス読書術―経済の明日を読む〈厳選一〇一冊〉」(桜井直行) ベストセラーズ 2002.6 230p B6
◎文献「日本経済失敗の構造」(ウィリアム・W. グライムス) 東洋経済新報社 2002.6 p382-390

◎引用文献「入門環境経済学―環境問題解決へのアプローチ」(日引聡, 有村俊秀) 中央公論新社 2002.7 p217
◎文献「対日経済戦争 1939-1941」(土井泰彦) 中央公論事業出版 2002.8 p293-300
◎文献「日本のバブル」(衣川恵) 日本経済評論社 2002.8 p255-259
◎参考文献「韓国NIES化の苦悩―経済開発と民主化のジレンマ 増補2版」(朴一) 同文舘出版 2002.9 p258-274
◎注文献「日本の近代化と経済学―ボン大学講義」(松野尾裕) 日本経済評論社 2002.9 prr
◎参考文献「文化経済学入門―創造性の探究から都市再生まで」(D. スロスビー) 日本経済新聞社 2002.9 p289-264
◎参考文献「経済論戦は甦る」(竹森俊平) 東洋経済新報社 2002.10 p285-290
◎文献「2025年の日本経済―知的資産活用で蘇る日本」(宮川努, 日本経済研究センター) 日本経済新聞社 2002.11 p203-206
◎文献「OECD日本経済白書 2002」(OECD) 中央経済社 2002.11 p215-219
◎参考文献「デモクラシーの経済学―なぜ政治制度は効率的なのか」(D. ウィットマン) 東洋経済新報社 2002.11 p225-248
◎文献「レギュラシオンの社会理論」(アラン・リピエッツ) 青木書店 2002.11 p9-17b
◎参考文献「慣習と規範の経済学―ゲーム理論からのメッセージ」(松井彰彦) 東洋経済新報社 2002.12 p261-268
◎文献「起業特区で日本経済の復活を!」(デイビッド・J. ブルナー, エドワード・A. ファイゲンバウム) 日本経済新聞社 2002.12 p161-163
◎参考文献「経済理論と政策の基礎構造」(石田昌夫) 中央経済社 2002.12 p191-192
◎参考文献「新版 1940年体制―さらば戦時経済」(野口悠紀雄) 東洋経済新報社 2002.12 p236-241
◎参考文献「地域・都市・交通分析のためのミクロ経済学」(太田博史) 東洋経済新報社 2002.12 p291-292
◎文献「スッキリ! 日本経済入門―現代社会を読み解く15の法則」(岩田規久男) 日本経済新聞社 2003.1 p269-270
◎文献「景気循環でみる戦前の日本経済」(寺本益英) 晃洋書房 2003.1 p83-84
◎参考文献「構造改革とデフレ不況―やさしく、ふかく、現代日本経済入門」(二宮厚美) 萌文社 2003.1 p257-259
◎文献「収益逓増と経路依存―複雑系の経済学」(W. B. アーサー) 多賀出版 2003.1 p281-288
◎文献「日本の経済システム」(寺西重郎) 岩波書店 2003.1 p9-25b
◎参照文献「経済学者たちの闘い」(若田部昌澄) 東洋経済新報社 2003.2 p291-309
◎参考文献「経済時系列の統計 その数理的基礎」(刈屋武昭ほか) 岩波書店 2003.2 p311
◎「経済大論戦 1冊で50冊の経済書を読む」(朝日新聞社) 朝日新聞社 2003.2 265p B6
◎参考文献「東アジア市場経済―多様性と可能性」(山口重克) 御茶の水書房 2003.2 prr

けいさい

◎文献案内「基本経済学」(久保田義弘ほか)　八千代出版　2003.3　p219-220
◎おすすめの本「現代の日本経済を学ぶ」(吉田秀明)　法律文化社　2003.3　prr
◎おすすめの本「現代経済学を学ぶ」(黒坂真)　法律文化社　2003.3　prr
◎文献「日本経済とその長期波動—21世紀の新体制へ」(渡辺健一)　多賀出版　2003.3　p369-377
◎文献「ゼミナール日本経済入門　2003年度版」(三橋規宏ほか)　日本経済新聞社　2003.4　p579-584
◎参考文献「テキストブック21世紀アジア経済」(今井宏ほか)　勁草書房　2003.4　prr
◎参考文献「経済用語の総合的研究—日英独仏伊西露波中韓　3版」(木村武雄)　創成社　2003.4　p123-124
◎文献「進化と経済学—経済学に生命を取り戻す」(G. M. ホジソン)　東洋経済新報社　2003.4　p411-483
◎参考文献「大不況の経済分析—日本経済長期低迷の解明」(小川一夫)　日本経済新聞社　2003.4　p247-256
◎文献案内「経済学オープン・セサミ—人生に得する15の奥義」(山崎好裕)　ナカニシヤ出版　2003.5　p194-195
◎参考文献「資産デフレで読み解く日本経済—深まる縮小均衡の危機」(第一生命経済研究所)　日本経済新聞社　2003.5　p225-229
◎文献「政府貨幣発行で日本経済が蘇る—世界を代表する経済学者たちの提言に耳を傾けよ　改訂版」(小野盛司)　ナビ出版　2003.5　p218-220
◎参考文献ほか「長期不況論—信頼の崩壊から再生へ」(松原隆一郎)　NHK出版　2003.5　p243-250
◎参考文献「佐高流経済学入門—私の出発点」(佐高信)　晶文社　2003.6　p258-261
◎文献「日本はデフレではない—インフレ目標論批判」(小菅伸彦)　ダイヤモンド社　2003.6　p202-204
◎参考文献「日本経済再生のために—実務者からの提言」(野上浩三)　丸善プラネット　2003.6　p327-328
◎参考文献「日本再生への処方箋—成長神話の終焉と新たな挑戦」(野村総合研究所)　野村総合研究所広報部　2003.6　prr
◎文献「不平等、貧困と歴史」(G. G. ウィリアムソン)　ミネルヴァ書房　2003.6　p1-7b
◎参考文献「教育改革の経済学　シリーズ・現代経済研究22」(伊藤隆敏ほか)　日本経済新聞社　2003.7　prr
◎参考文献「反常識の日本経済再生法」(益田安良)　日本評論社　2003.7　p263-267
◎参考文献「平成大停滞と昭和恐慌—プラクティカル経済学入門」(田中秀臣ほか)　NHK出版　2003.8　p201-204
◎参考文献「進化的経済学—シュンペーターを超えて」(E. S. アンデルセン)　シュプリンガーV東京　2003.9　p363-389
◎註「デフレとバランスシート不況の経済学」(R. クー)　徳間書店　2003.10　p478-483
◎参考文献「開放マクロ経済学と日本経済—開放経済下における経済政策の効果」(横山将義)　成文堂　2003.10　p365-372
◎参考文献「基礎から学ぶ教養の経済学」(相馬敦ほか)　八千代出版　2003.10　prr
◎参考文献「経済学」(塩澤修平)　新世社　2003.10　p327-328

◎文献「経済学と実在」(T. ローソン)　日本評論社　2003.10　p374-392
◎書誌データ「経済学への道」(佐和隆光)　岩波書店　2003.10　p191-200
◎註「私は、経済学をどう読んできたか」(R. L. ハイルブローナー)　筑摩書房　2003.10　p537-549
◎参考文献「ミクロ経済学　2版」(伊藤元重)　日本評論社　2003.11　p397-398
◎参考文献ほか「基礎からわかるミクロ経済学」(家森信善ほか)　中央経済社　2003.11　p189-190
◎文献「行動経済学入門」(多田洋介)　日本経済新聞社　2003.12　p227-232
◎参考文献「静かなるデフレ—クリーピング・デフレと仲良くつきあう方」(山田伸二)　東洋経済新報社　2003.12　p269-271
◎参考文献「日本型資本主義—どうなるどうする戦略と組織と人材」(宮本又郎ほか)　有斐閣　2003.12　prr
◎参考文献「籠城より野戦で挑む経済改革」(熊野英生)　東洋経済新報社　2003.12　p290-293
◎参考文献「家計からみる日本経済」(橘木俊詔)　岩波書店　2004.1　p211-213
◎文献「経済学という教養」(稲葉振一郎)　東洋経済新報社　2004.1　p295-296
◎参考文献「経済学とユートピア—社会経済システムの制度主義分析」(G. M. ホジソン)　ミネルヴァ書房　2004.1　p18-73b
◎参考文献「月光仮面の経済学—さらば、無責任社会よ」(金子勝)　朝日新聞社　2004.1　p260-261
◎参考文献「森嶋通夫著作集　1　動学的経済理論」(森嶋通夫)　岩波書店　2004.1　p345-351
◎参考文献「「大停滞」脱却の経済学—デフレに勝つことが構造改革だ!」(原田泰)　PHP研究所　2004.2　p252-255
◎参考文献「コア・テキスト経済学入門」(吹春俊隆)　新世社　2004.2　p289-292
◎参考文献「生活の経済」(重川純子)　放送大教育振興会　2004.3　prr
◎参考文献「怠け者の日本人とドイツ人—停滞を生んだ国民性」(手塚和彰)　中央公論新社　2004.3　p174-176
◎文献ガイド「入門経済学」(森田雅憲)　ミネルヴァ書房　2004.3　p252-256
○教科書(福田公正ほか)「経済セミナー　591」(日本評論社)　2004.4　p16-39
◎参考文献「ゼミナール日本経済入門　2004年度版」(三橋規宏ほか)　日本経済新聞社　2004.4　p589-594
◎参考文献「デフレの終わりと経済再生」(米山秀隆)　ダイヤモンド社　2004.4　p264-268
◎参考文献「入門社会経済学—資本主義を理解する」(宇仁宏幸ほか)　ナカニシヤ出版　2004.4　p333-338
◎参考文献「法と経済学—企業関連法のミクロ経済学的考察」(宍戸善一)　有斐閣　2004.4　p171-174
◎参考文献「情報技術革新と日本経済—「ニュー・エコノミー」の幻を超えて」(西村清彦ほか)　有斐閣　2004.5　p221-226
◎引用文献「比較政治経済学」(新川敏光ほか)　有斐閣　2004.5　p307-322
◎参考文献「基礎からのミクロ経済学」(河野正道)　晃洋書房　2004.7　p231-234

◎参考文献「長期不況はなぜ繰り返すのか」(平田潤) 東洋経済新報社 2004.9 p195-198
◎参考文献「暮らしの経済学」(高木信久) 八千代出版 2004.9 p194-198
◎「経済・政治・公共団体関係図書目録 1999-2003」(日外アソシエーツ) 日外アソシエーツ 2004.10 28, 401p A5
◎参考文献「現代経済学の潮流 2004」(岩田規久男ほか) 東洋経済新報社 2004.10 prr
◎参考文献「日本経済 停滞から成熟へ」(原正彦) 日本経済評論社 2004.10 p217-224
◎参考文献「環境政策と一般均衡」(鷲田豊明) 勁草書房 2004.12 p295-298
◎文献案内「日本経済を学ぶ」(岩田規久男) 筑摩書房 2005.1 p268-269
◎参考文献「デフレは終わるのか」(安達誠司) 東洋経済新報社 2005.2 p279-286
◎参考文献「パターナリズムと経済学」(小林好宏) 現代図書 2005.2 p177-183
◎参考文献「期待と不確実性の経済学—デフレ経済のミクロ実証分析」(清水谷諭) 日本経済新聞社 2005.2 p311-331
◎参考文献「ITイノベーションの実証分析—日本経済のパフォーマンスはどう変化したか」(元橋一之) 東洋経済新報社 2005.3 p199-206
◎参考文献「戦後日本のマクロ経済分析」(貞廣彰) 東洋経済新報社 2005.7 p301-306
◎参考文献「動学的一般均衡のマクロ経済学—有効需要と貨幣の理論」(大瀧雅之) 東京大学出版会 2005.9 p239-244
◎参考書「経済学の基礎」(市村真一) 創文社 2005.10 p363-370
◎参考文献「経済論戦—いま何が問われているのか」(川北隆雄) 岩波書店 2005.10 p1-5b
◎参考文献「少子高齢化の死角—本当の危機とは何か」(高橋伸彰) ミネルヴァ書房 2005.10 p197-200
◎参考文献「日本経済失敗学—何が日本人に欠けているために第二の敗戦を喫したのか?」(原島求) ブイツーソリューション 2005.10 p215-217
◎参考文献「グローバル化と日本の課題」(高橋伸彰) 岩波書店 2005.12 p193-198
◎参考文献「経済学的思考のセンス」(大竹文雄) 中央公論新社 2005.12 p227-232
◎参考文献「長期停滞の経済学—グローバル化と産業構造の変容」(宮川努) 東京大学出版会 2005.12 p321-342
◎参考文献ほか「分断される経済—バブルと不況が共存する時代」(松原隆一郎) NHK出版 2005.12 p253-266
◎参考文献「マクロ経済分析とサーベイデータ」(加納悟) 岩波書店 2006.2 p213-220
◎参考文献「世界経済論—グローバル化を超えて」(本山美彦) ミネルヴァ書房 2006.2
◎文献リスト「法学部生のための経済学入門」(工藤和久) 東洋経済新報社 2006.3 p351-354
◎参考文献「基礎から学ぶ経済学」(下田健人) 麗澤大出版会 2006.3 p180-184
◎参考文献「実験経済学入門—完璧な金融市場への挑戦」(R. M. ミラー) 日経BP社 2006.3 p418-429

◎参考文献「日本経済の構造変動」(小峰隆夫) 岩波書店 2006.3 p249-252
◎文献目録「現代日本経済論—市民社会と企業社会の間」(松葉正文) 晃洋書房 2006.4 p205-221
◎学習ガイド「社会経済学—資本主義を知る」(八木紀一郎) 名古屋大出版会 2006.4 p227-234
◎参考文献「日本の経済学」(池尾愛子) 名古屋大出版会 2006.4 p311-346
◎参考文献「魔女の目でみた暮らしと経済」(松田宣子) ドメス出版 2006.4 p256-264
◎参考文献「利他性の経済学—支援が必然となる時代へ」(舘岡康雄) 新曜社 2006.4 p11-24b
◎文献解説「現代日本に生きるケインズ—モラル・サイエンティストとしての経済理論」(伊東光晴) 岩波書店 2006.5 p1-3b
◎参考文献「行動経済学—経済は「感情」で動いている」(友野典男) 光文社 2006.5 p394-381
◎参考文献「新・日本の時代—結実した穏やかな経済革命」(S. K. ヴォーゲル) 日本経済新聞社 2006.5 p367-354
◎参考文献「京都経済の探究—変わる生活と産業」(岡田知弘) 高菅出版 2006.6 p354-356
◎参考文献「国家再生—日本復活への4つの鍵」(J. キングストン) 早川書房 2006.7 p420-408
◎文献「日本の経済システム改革」(鶴光太郎) 日本経済新聞社 2006.7 p374-353
◎読書案内「物語現代経済学—多様な経済思想の世界へ」(根井雅弘) 中央公論新社 2006.7 p183-203
◎参考文献「これも経済学だ!」(中島隆信) 筑摩書房 2006.8 p231-234
◎参考文献「悪夢のサイクル—ネオリベラリズム循環」(内橋克人) 文藝春秋 2006.10 p233-235
◎参考文献「金融不安定性の経済分析」(植田宏文) 晃洋書房 2006.10 p255-272
◎参考文献「人口減少時代の日本経済 人口学ライブラリー5」(大淵寛ほか) 原書房 2006.10 prr
◎参考文献「コンヴァンシオン理論の射程—政治経済学の復権」(P. バティフリエ) 昭和堂 2006.11 p396-413
◎文献案内「新講経済原論 2版」(丸山徹) 岩波書店 2006.12 p365-367
◎参考文献「なぜ日本の政治経済は混迷するのか」(小島祥一) 岩波書店 2007.1 p201-207
◎参考文献「開放マクロ経済分析」(松本直樹) 日本評論社 2007.2 p191-202
◎文献情報「地域経済 26」(岐阜経済大) 2007.3 p83-86
◎参考文献「円の足枷—日本経済「完全復活」への道筋」(安達誠司) 東洋経済新報社 2007.3 p271-275
◎引用文献「経済学の使い方—実証的日本経済入門」(J. M. ラムザイヤー) 日本評論社 2007.3 p337-343
◎参考文献「日本経済のリスク・プレミアム—「見えざるリターン」を長期データから読み解く」(山口勝業) 東洋経済新報社 2007.3 p1-14b
◎参考文献「ゼミナール日本経済入門 2007年度版」(三橋規宏) 日本経済新聞出版社 2007.4 p613-618
◎基本文献ほか「入門制度経済学」(B. シャバンス) ナカニシヤ出版 2007.4 p151-159ほか

◎文献「「団塊老人」は勝ち逃げできない―若者がひたすら損をする社会の始まり」（岩崎博充）　扶桑社　2007.7　p244-246
◎参考文献「日本経済の深層メカニズム―日本固有の経済現象の源泉」（原嶋耐治）　大学教育出版　2007.7　p217-227
◎参考文献「社会保障と日本経済―「社会市場」の理論と実証」（京極高宣）　慶應義塾大出版会　2007.8　p404-415
◎参考文献「共生社会のための経済学入門」（緒方俊雄ほか）　日本評論社　2007.9　p177-178
◎引用文献ほか「法と経済学―ケースからはじめよう―法の隠れた機能を知る」（福井秀夫）　日本評論社　2007.9　p254-256
◎参考文献「より高度の知識経済化で一層の発展をめざす日本―諸外国への教訓」（柴田勉ほか）　一灯舎　2007.10　p16-36b
◎参考文献ほか「日本経済がわかる経済学」（菊本義治ほか）　桜井書店　2007.10　p275-276
◎参考文献「「宝くじは、有楽町チャンスセンター1番窓口で買え！」は本当か？―お金で後悔しないための経済学」（山本御稔）　ソフトバンククリエイティブ　2007.12　p251-255

経済援助

◎参考文献「開発援助プロジェクトの最前線―開発エコノミスト30年の記録」（延原敬）　同友館　2001.11　p259-260
◎文献；年表「開発戦略と世界銀行―50年の歩みと展望」（秋山孝允ほか）　知泉書館　2003.1　p175-186
◎「開発援助の新しい潮流：文献紹介2002」（国際開発高等教育機構国際開発研究センター）　国際開発高等教育機構国際開発研究センター　2003.3　154p A5
◎参考文献「貧困国の民間セクター開発における貿易・投資が経済成長に及ぼす効果」（白井早由里）　国際協力機構　2004.3　p133-141
◎参考文献「援助協調事例研究―ウズベキスタン共和国カラカルパクスタン自治共和国の経験から」（湊直信ほか）　国際開発研究センター　2005.3　p64-66
◎引用参考文献「マクロ開発経済学―対外援助の新潮流」（白井早由里）　有斐閣　2005.10　p329-338
◎参考文献「北東アジア経済協力の研究―開発銀行構想・開発ビジョン・地域連携」（千葉康弘）　春秋社　2005.10　p211-265
◎参考文献「日本の国際貢献」（小浜裕久）　勁草書房　2005.11　p277-293
◎参考文献「新ODAの世界―グローバル化時代の「人間の安全保障」グッド・ガバナンス論と日本の外交戦略を考える」（佐藤秀雄）　青山社　2006.2　p385-395
◎参考文献「フューチャー・ポジティブ―開発援助の大転換」（M.エドワーズ）　日本評論社　2006.5　p9-85b
◎参考文献「雇用機会創出によるpro-poor growth―タイとケニアの農産品加工業発展の比較」（国際協力銀行開発金融研究所）　国際協力銀行開発金融研究所　2006.8　p120-125
◎参考文献「国益奪還」（前田充浩）　アスキー　2007.3　p230-231
◎お薦めの本ほか「日本はなぜ地球の裏側まで援助するのか」（草野厚）　朝日新聞社　2007.11　p268

経済学

◎著作目録「ヘルダー・ドルナイヒの経済システム理論」（永合位行）　勁草書房　2001.2　p230-254
◎文献「意味世界のマクロ経済学」（中込正樹）　創文社　2001.2　p261-276
◎参考文献「開発のミクロ経済学―理論と応用」（黒崎卓）　岩波書店　2001.2　p239-252
◎参考文献「経済学方法論の形成―理論と現実との相剋 1776-1875」（佐々木憲介）　北海道大学図書刊行会　2001.2　p329-340
◎関連文献「IT時代のマクロ経済学」（浅利一郎）　実教出版　2001.3　p251-252
◎文献解説「はじめての経済学」（辻村江太郎）　岩波書店　2001.3　p239-245
◎参考文献「現代経済学」（新飯田宏）　放送大学教育振興会　2001.3　p279-280
◎参考文献「分配的正義の理論―経済学と倫理学の対話」（ジョン・E.ローマー）　木鐸社　2001.3　p375-383
◎参考文献「マクロ経済学と日本経済」（松川周二）　中央経済社　2001.4　p247-250
◎参考文献「経済学の基礎」（二村重博，森田雅憲）　三和書房　2001.4　p203-205
◎参考文献「数理経済学」（武隈愼一）　新世社　2001.4　p272-274
◎スタディーガイド「テキストブック入門経済学」（黒田昌裕，中島隆信）　東洋経済新報社　2001.5　p371-378
◎参考文献「人口経済学入門」（加藤久和）　日本評論社　2001.5　p267-275
◎参考文献「ミクロ経済学基礎と演習」（今泉博国ほか）　東洋経済新報社　2001.6　p417-418
◎参考文献「租税国家のレギュラシオン―政治的秩序における経済体制」（ブルーノ・テレ）　世界書院　2001.6　p257-266
◎参考文献「比較制度分析に向けて」（青木昌彦）　NTT出版　2001.6　p435-468
◎参考文献「市民と新しい経済学―環境・コミュニティ」（福士正博）　日本経済評論社　2001.8　p282-302
◎参考文献「21世紀のマルクス経済学」（小島仁）　創成社　2001.9　p167-169
◎参考文献「アマルティア・セン―経済学と倫理学」（鈴村興太郎，後藤玲子）　実教出版　2001.9　p303-326
◎参考文献「キーワード入門経済学―理論にアクセスするためのパスワード」（河村朗ほか）　嵯峨野書院　2001.9　p342-347
◎リーディングリスト「ミクロ経済学の応用」（矢野誠）　岩波書店　2001.9　p419-424
◎リーディングリスト「国際経済学　第2版」（若杉隆平）　岩波書店　2001.9　p247-250
◎リーディングリスト「ミクロ経済学　第2版」（西村和雄）　岩波書店　2001.10　p263-265
◎参考文献「オリーブの風と経済学―イタリア人の考え方」（松浦保）　日本経済評論社　2001.11　p248-249
◎リーディングリスト「マクロ経済学　第2版」（吉川洋）　岩波書店　2001.11　p259-262
◎参考文献「社会保障の経済学　第2版」（小塩隆士）　日本評論社　2001.11　p261-265
◎参考文献「組織と制度の経済学―ゲーム的進化論から多国籍企業まで」（マイケル・ローリンソン）　文眞堂　2001.11　p353-373

◎参考文献「デフレの経済学」(岩田規久男) 東洋経済新報社 2001.12 p381-389
◎参考文献「思想としての経済学 市場主義批判」(竹田茂夫) 青土社 2001.12 p194-201
◎文献一覧「自己組織化と創発の経済学—「日本的システム」に未来はあるか」(富森慶児) シュプリンガー・フェアラーク東京 2001.12 p239-244
◎参考文献「進化経済学のすすめ—「知識」から経済現象を読む」(江頭進) 講談社 2002.6 p1-3b
◎文献「経済用語の総合的研究—日英独仏伊西露波中韓 第2版」(木村武雄) 創成社 2002.9 p123-124
◎文献ノート「経済学で読み解く教育問題」(永谷敬三) 東洋経済新報社 2003.2 p205-207
◎文献「オーストリア学派の経済学—体系的序説」(尾近裕幸ほか) 日本経済評論社 2003.3 p383-393
◎注「現代経済学ビジョンの危機」(R. ハイルブローナーほか) 岩波書店 2003.6 prr
◎参考文献「経済予測—新しいパースペクティブ」(岡部光明) 日本評論社 2003.8 p145-150
◎参照文献「ウィーンの経済思想—メンガー兄弟から20世紀へ」(八木紀一郎) ミネルヴァ書房 2004.4 p263-279
◎文献「イギリス正統派経済学の系譜と財政論」(大淵三洋) 学文社 2005.1 p4-28b
◎文献目録「アメリカ新古典派経済学の成立」(田中敏弘) 名古屋大出版会 2006.2 p379-409
◎文献案内「現代経済学の誕生—ケンブリッジ学派の系譜」(伊藤宣広) 中央公論新社 2006.4 p242-224
◎引用参考文献「新古典派経済学の批判—現代の形而上学」(小澤勝徳) 新生出版 2006.12 p384-387
◎文献「社会経済システムの制度分析—マルクスとケインズを超えて 新版」(植村博恭ほか) 名古屋大出版会 2007.9 p419-448
◎参考文献「実験経済学」(川越敏司) 東京大出版会 2007.10 p245-261
◎参考文献「ケンブリッジ学派のマクロ経済分析—マーシャル・ピグー・ロバートソン」(伊藤宣広) ミネルヴァ書房 2007.12 p236-250
◎文献一覧「経済学と知—ポスト/モダン・合理性・フェミニズム・贈与」(S. カレンバーグほか) 御茶の水書房 2007.12 p479-506

経済学史
◎文献案内「経済学の歴史—市場経済を読み解く」(中村達也ほか) 有斐閣 2001.11 p321-334
◎参考文献「経済学者物語—時代をリードした俊英たち」(石沢芳次郎) 産業経済研究協会 2003.3 p9-41b
◎文献「ライブ・経済学の歴史—〈経済学の見取り図〉をつくろう」(小田中直樹) 勁草書房 2003.10 p6-12b
◎参考文献「経済思想史」(金子光男) 八千代出版 2004.4 prr
◎文献リスト「新版・おもしろ経済学史—歴史を通した現代経済学入門」(山崎好裕) ナカニシヤ出版 2004.4 p164-168
◎参考文献「経済学史24の謎」(根岸隆) 有斐閣 2004.10 prr
◎参考文献「経済学史研究の課題」(桜井毅) 御茶の水書房 2004.12 p229-236
◎参考文献「通史・日本経済学—経済民俗学の試み」(寺岡寛) 信山社出版 2004.12 p478-489

◎文献目録「欲求と秩序—18世紀フランス経済学の展開」(米田昇平) 昭和堂 2005.12 p11-26b
◎文献一覧「フランス経済学史—ケネーからワルラスへ」(御崎加代子) 昭和堂 2006.11 p164-173
◎書目一覧「経済分析の歴史 下」(J. A. シュンペーター) 岩波書店 2006.11 p88-91

経済学者
◎文献案内「ノーベル賞経済学者に学ぶ—現代経済思想」(M. H. マッカーティ) 日経BP社 2002.7 p560-553
◎参照文献「ノーベル賞経済学者の大罪」(D. N. マクロスキー) 筑摩書房 2002.10 p178-174
◎References「大恐慌を見た経済学者11人はどう生きたか」(R. E. パーカー) 中央経済社 2005.1 p280-290
◎参考文献「理性ある人びと力ある言葉—大内兵衛グループの思想と行動」(L. E. ハイン) 岩波書店 2007.7 p7-24b

経済教育
◎文献解題「グローバル時代の経済リテラシー—新しい経済教育を創る」(魚住忠久ほか) ミネルヴァ書房 2005.3 p188-190

経済協力
◎参考文献「開発と向き合う人びと—ソロモン諸島における「開発」概念とリーダーシップ」(関根久雄) 東洋出版 2001.12 p284-310
◎参考文献「インド経済と開発」(沢田貴之) 創成社 2002.1 p237-250
◎参考文献「徹底検証! 日本型ODA—非軍事外交の試み」(金熙徳) 三和書籍 2002.4 p331-334
◎文献「韓国の構造改革と日韓・東アジアの経済協力」(金奉吉ほか) 神戸大学経済経営研究所 2003.2 prr
◎文献「開発援助の経済学—「共生の世界」と日本のODA 3版」(西垣昭ほか) 有斐閣 2003.4 p359-364
◎学習案内「テキストブック開発経済学 新版」(ジェトロ・アジア経済研究所) 有斐閣 2004.1 p319-322
◎文献「開発途上国におけるガバナンスの諸課題—理論と実際」(黒岩郁雄) アジア経済研究所 2004.2 prr
◎参考文献「開発経済学のアイデンティティ」(野上裕生) アジア経済研究所 2004.3 prr
◎参考文献「開発援助の社会学」(佐藤寛) 世界思想社 2005.11 p254-260
◎文献案内「アジアのガバナンス」(下村恭民) 有斐閣 2006.12 p245-248
◎参考文献ほか「知的実践としての開発援助—アジェンダの興亡を超えて」(元田結花) 東京大出版会 2007.2 p263-300
◎参考文献「ODA(政府開発援助)—日本に何ができるか 再版」(渡辺利夫ほか) 中央公論新社 2007.4 p193-201
◎参考文献「人間の安全保障—貧困削減の新しい視点」(国際協力機構) 国際協力出版会 2007.4 p253-274
◎参考文献「開発NGOとパートナーシップ」(下澤嶽) コモンズ 2007.8 p176-179
◎参考文献「マイクロクレジットの文化人類学—中東・北アフリカにおける金融の民主化にむけて」(鷹木恵子) 世界思想社 2007.12 p384-401

経済言語学

- ◎参考文献「日本語は生き残れるか　経済言語学の視点から」（井上史雄）　PHP研究所　2001.8　1pb

経済史

- ◎文献「経済史への招待―歴史学と経済学のはざまへ」（カルロ・マリア・チポッラ）　国文社　2001.4　p9-24b
- ◎参考文献「現代日本経済史年表　新訂」（矢部洋三ほか）　日本経済評論社　2001.4　p5-6
- ◎「経済史文献解題　2000（平成12）年版」（日本経済史研究所経済史文献編集委員会）　思文閣出版　2001.8　716p B6
- ◎文献目録「西洋経済史学」（馬場哲，小野塚知二）　東京大学出版会　2001.8　p377-385
- ◎参考文献「取引制度の経済史」（岡崎哲二）　東京大学出版会　2001.9　prr
- ◎文献「お江戸の経済事情」（小沢詠美子）　東京堂出版　2002.5　p252-257
- ◎参考文献「経済大国興亡史　1500-1990　下」（C. P. キンドルバーガー）　岩波書店　2002.8　p15-53b
- ◎参考文献「現代日本経済史　新版」（森武麿）　有斐閣　2002.9　p305-322
- ◎文献「概説日本経済史―近現代　第2版」（三和良一）　東京大学出版会　2002.11　p243-254
- ◎「経済史文献解題　2001（平成13）年版」（日本経済史研究所経済史文献編集委員会）　思文閣出版　2002.12　622p B6
- ◎注「日本経済史　3　両大戦間期」（石井寛治）　東京大学出版会　2002.12　prr
- ◎文献「日本経済史―太閤検地から戦後復興まで」（老川慶喜，仁木良和，渡邉恵一）　税務経理協会　2002.12　p189-194
- ◎註「アメリカ経済史の新潮流」（岡田泰男ほか）　慶応義塾大学出版会　2003.3　prr
- ◎参考文献「概説インドネシア経済史」（宮本謙介）　有斐閣　2003.5　p307-323
- ◎参考文献「近世日本の経済社会」（速水融）　麗澤大学出版会　2003.5　p197-210
- ◎参考文献「日本経済史　新訂」（山崎志郎）　放送大学教育振興会　2003.5　p297-302
- ◎「経済史文献解題　2002」（日本経済史研究所経済史文献編集委員会）　思文閣出版　2003.12　647p B6
- ◎参考文献「中世人の経済感覚―「お買い物」からさぐる」（本郷恵子）　NHK出版　2004.1　p273-275
- ◎参考文献ほか「資本主義と奴隷制―経済史から見た黒人奴隷制の発生と崩壊」（E. ウィリアムズ）　明石書店　2004.2　p390-310
- ◎参考文献「日本経済論再考―歴史的分析再考と理論的考察」（白鳥重幸）　東京図書出版会　2004.2　p181-185
- ◎参考文献「なぜ日本は行き詰ったか」（森嶋通夫）　岩波書店　2004.3　p1-5b
- ◎参考文献「欧米経済史―資本主義と世界経済の発展　改訂新版」（藤瀬浩司）　放送大教育振興会　2004.3　p271-284
- ◎参考文献「経済史へのアプローチ」（金哲雄）　大阪経法大出版部　2004.10　p181-188
- ◎「経済史文献解題　2003（平成15）年版」（日本経済史研究所経済史文献編集委員会）　思文閣出版　2004.10　728p B6
- ◎参考文献「途上国ニッポンの歩み―江戸から平成までの経済発展」（大野健一）　有斐閣　2005.2　p229-232
- ◎文献目録「日本経済と外国資本　1858-1939」（S. J. O. バイスウェイ）　刀水書房　2005.3　p272-300
- ◎参考文献「図説西洋経済史」（飯田隆）　日本経済評論社　2005.6　p279-281
- ◎参考文献「西洋経済史―大国の興隆と衰退の物語」（大和正典）　文眞堂　2005.6　p199-202
- ◎参考文献「戦後日本経済の構造と転換―IT化・グローバル化を超えて」（久保新一）　日本経済評論社　2005.7　p259-269
- ◎参考文献「長期波動からみた世界経済史―コンドラチエフ波動と経済システム」（安宅川佳之）　ミネルヴァ書房　2005.9　p297-304
- ◎文献案内「コア・テキスト経済史」（岡崎哲二）　新世社　2005.11　p173-176
- ◎参考文献「日本資本主義百年の歩み―安政の開国から戦後改革まで」（大石嘉一郎）　東京大学出版会　2005.11　p233-239
- ◎「経済史文献解題　2004（平成16）年版」（日本経済史研究所経済史文献解題編集委員会）　思文閣出版　2005.12　772p B6
- ◎参考文献「日本経済の二千年　改訂版」（太田愛之ほか）　勁草書房　2006.3　p351-369
- ◎参考文献「脱デフレの歴史分析―「政策レジーム」転換でたどる近代日本」（安達誠司）　藤原書店　2006.5　p317-311
- ◎原注「「豊かさ」の誕生―成長と発展の文明史」（W. バーンスタイン）　日本経済新聞社　2006.8　p475-460
- ◎文献解題（岸田真ほか）「「帝国」の経済学　岩波講座「帝国」日本の学知2」　岩波書店　2006.9　p2-45b
- ◎参考文献「経済史入門―システム論からのアプローチ」（神武庸四郎）　有斐閣　2006.12　p229-240
- ◎文献「経済成長の世界史」（E. L. ジョーンズ）　名古屋大出版会　2007.1　p9-30b
- ◎「経済史文献解題　2005（平成17）年版」（日本経済史研究所経済史文献解題編集委員会）　思文閣出版　2007.4　762p B6
- ◎参考文献「近現代日本経済史要覧」（三和良一ほか）　東京大出版会　2007.9　p234-243

経済思想

- ◎参考文献「経済思想」（松原隆一郎）　新世社　2001.7　p345-358
- ◎読書案内「入門経済思想史　世俗の思想家たち」（R. L. ハイルブローナー）　筑摩書房　2001.12　p525-532
- ◎参考文献「アメリカの経済思想―建国期から現代まで」（田中敏弘）　名古屋大学出版会　2002.2　p230-242
- ◎参考文献「ヴィクトリア時代の経済像―企業家・労働・人間開発そして大学・教育拡充」（西岡幹雄ほか）　萌書房　2002.4　p9-13b
- ◎参考文献「自由と秩序の経済思想史」（高哲男）　名古屋大学出版会　2002.4　p321-328
- ◎文献案内「ノーベル賞経済学者に学ぶ―現代経済思想」（M. H. マッカーティ）　日経BP社　2002.7　p560-553
- ◎参考文献「近世日本の「重商主義」思想研究―貿易思想と農政」（矢嶋道文）　御茶の水書房　2003.2　p459-476

◎参考文献「現代アメリカ経済思想の起源―プラグマティズムと制度経済学」（高哲男）　名古屋大学出版会　2004.2　p243-259
◎参考文献「経済学の古典的世界　2　経済思想5」（大森郁夫）　日本経済評論社　2005.7　prr
◎読書案内「福祉の経済思想家たち―How Did Economists Deal with Welfare?」（小峯敦）　ナカニシヤ出版　2007.4　p291-293

経済指標
◎参考文献「経済動向指標の再検討」（内閣府経済社会総合研究所）　財務省印刷局　2001.5　p199-208
◎参考文献「経済指標のかんどころ　改訂23版」（富山県統計調査課）　富山県統計協会　2006.1　p202-204

経済社会学
◎参考文献「路地の経済社会学　タイのインフォーマルセクターについて」（不二牧駿）　めこん　2001.12　p153-157
◎参考文献「自然と人間の経済学―共存と進化と同化」（高瀬浄）　論創社　2002.4　p437-445
◎文献「文化と固有価値の経済学」（池上惇）　岩波書店　2003.7　p237-246
◎参考文献「文化経済論」（金武創ほか）　ミネルヴァ書房　2005.12　prr
◎読書案内「制度と再帰性の社会学」（筒井淳也）　ハーベスト社　2006.5　p173-185

経済書
○ブックガイド「東洋経済　5798」（東洋経済新聞社）　2002.12　p102-111

経済小説
◎「経済小説がおもしろい　日本の未来を解く30冊」（斎藤貴男）　日経BP社　2001.6　209p　A5

経済人
◎「日本の実業家―近代日本を創った経済人伝記目録」（日外アソシエーツ）　日外アソシエーツ　2003.7　13, 328p　B5

経済数学
◎参考文献「オークションの理論」（遠藤妙子）　三菱経済研究所　2001.3　p97-99
◎参考文献「経済学・経営学のための数学」（岡田章）　東洋経済新報社　2001.10　p275-277
◎参考文献「進化経済学の数理入門　経済社会の数理科学9」（有賀裕二）　共立出版　2004.3　p211-218

経済政策
◎参考文献「1930年代の「日本型民主主義」―高橋財政下の福島県農村」（栗原るみ）　日本経済評論社　2001.2　p349-360
◎文献目録「大恐慌期のフランス経済政策―1932～1936年」（ジュリアン・ジャクスン）　大阪経済法科大学出版部　2001.3　p366-382
◎参考文献「日本経済の罠―なぜ日本は長期低迷を抜け出せないのか」（小林慶一郎, 加藤創太）　日本経済新聞社　2001.3　p423-426
◎参考文献「パックス・アメリカーナと日本―国際システムの視点からの検証」（坂本正弘）　中央大学出版部　2001.4　p287-293
◎文献目録「移行の経済学―社会主義経済から市場経済へ」（マリー・ラヴィーニュ）　日本評論社　2001.4　p351-372
◎参考文献「世界の経済・財政改革」（第一勧銀総合研究所）　東洋経済新報社　2001.4　p207-212
◎参考文献「バランスシート再建の経済学」（深尾光洋ほか）　東洋経済新報社　2001.6　p16-17b
◎参考文献「現代日本経済政策論」（植草一秀）　岩波書店　2001.9　p323-327
◎参考文献「転換期の中国・日本と台湾―1970年代中日民間経済外交の経緯」（李恩民）　御茶の水書房　2001.11　p315-325
◎参考文献「日本経済再生の視点―経済政策形成の現場から」（小峰隆夫ほか）　岩波書店　2001.12　p215-222
◎文献「貧困の克服―アジア発展の鍵は何か」（アマルティア・セン）　集英社　2002.1　p189」
◎文献「新生日本の総合経済政策―IT革命による「新・日本型統合システム」の構想」（桜井等玉）　中央経済社　2002.6　p317-329
◎文献「21世紀日本の再構築―ニュージーランドに学ぶ」（高橋文利）　晃洋書房　2002.7　p189-194
◎文献紹介「市場経済移行論」（溝端佐登史, 吉井昌彦）　世界思想社　2002.7　p259-269
◎参考文献「経済論戦は甦る」（竹森俊平）　日本経済新聞社　2002.10　p285-290
◎参考文献「フランス発ポスト「ニュー・エコノミー」―内側からみたフランス型資本主義の変貌」（瀬藤澄彦）　彩流社　2002.12　p1-3b
◎参考文献「新しい経済政策論―グローバル経済下の理論と課題」（西野万里, 丸谷冷史）　有斐閣　2002.12　prr
◎文献「ラテンアメリカにおける政策改革の研究」（西島章次ほか）　神戸大学経済経営研究所　2003.2　prr
◎参考文献「経済安全保障を考える　海洋国家日本の選択」（村山裕三）　NHK出版　2003.2　p243-248
◎文献「規制改革―「法と経済学」からの提言」（八代尚宏）　有斐閣　2003.3　p289-292
◎参考文献「経済理論と政策の基礎構造」（石田昌夫）　中央経済社　2003.3　p191-192
◎参考文献「現代経済政策論」（西野義彦）　明星大学出版部　2003.3　p137-139
◎参考文献「入門経済政策―日本経済の再生を求めて」（星川順一）　大阪経済法科大学出版部　2003.3　p165-171
◎文献「虚構の終焉―マクロ経済「新パラダイム」の幕開け―フィクション・エコノミクス」（R. A. ヴェルナー）　PHP研究所　2003.4　p331-355
◎文献「協調の失敗とマクロ経済政策」（永田長生）　三菱経済研究所　2003.5　p105-107
◎参考文献「市場経済移行諸国の理想と現実―グローバリゼーション下の可能性」（今井正幸ほか）　彩流社　2003.5　prr
◎文献「規制改革等実施産業における雇用等変化の分析と90年代の失業増大によるマクロ的コスト等の試算」（日本労働研究機構研究所）　日本労働研究機構　2003.6　p68-69, 168-169
◎文献「中米諸国の開発戦略」（国際協力銀行開発金融研究所）　国際協力銀行開発金融研究所　2003.8　p156-159
◎文献「国連非軍事的制裁の法的問題」（吉村祥子）　国際書院　2003.9　p393-427
◎参考文献「経済大転換―反デフレ・反バブルの政策学」（金子勝）　筑摩書房　2003.10　p202-204

◎文献「構造改革と日本経済」（吉川洋）　岩波書店　2003.10　p163-168
◎参考文献「政治としての経済計画」（総合研究開発機構）　日本経済評論社　2003.11　p609-631
◎参考文献「逃避の代償―物価下落と経済危機の解明」（小林慶一郎）　日本経済新聞社　2003.11　p377-383
◎参考文献「マクロ経済政策の「技術」―インフレ・ターゲティングと財政再建ルール」（林伴子）　日本評論社　2003.12　p207-211
◎参考文献「金融不況脱出―日本経済のバランスシート再生」（高田創ほか）　日本経済新聞社　2003.12　p219-220
◎文献「日本再生に「痛み」はいらない」（岩田規久男ほか）　東洋経済新報社　2003.12　p243-247
◎文献「民の試みが失敗に帰したとき―究極のリスクマネジャーとしての政府」（D. A. モスほか）　野村総合研究所広報部　2003.12　p550-591
◎参考文献「ミレニアム・デフレ不況の構造―経済政策はなぜ失敗するのか」（明里帷大）　中央経済社　2004.4　p266-273
◎文献ガイド「経済政策入門」（正村公宏ほか）　東洋経済新報社　2004.4　p253-258
◎参考文献「高齢化社会と財政再建の政策シミュレーション」（本田豊）　有斐閣　2004.4　p251-256
◎参考文献「現代日本の市場主義と設計主義」（小谷清）　日本評論社　2004.5　p219-226
◎参考文献「移行経済の理論」（宮本勝浩）　中央経済社　2004.9　p229-245
◎参考文献「経済失政はなぜ繰り返すのか―メディアが伝えた昭和恐慌」（中村宗悦）　東洋経済新報社　2005.1　p203-208
◎参考文献「歴代首相の経済政策全データ」（草野厚）　角川書店　2005.1　p256-259
◎参考文献「「ショック」から「真の療法」へ―ポスト社会主義諸国の体制移行からEU加盟へ」（G. W. コウォトコ）　三恵社　2005.3　p358-373
◎参考文献「ブッシュのアメリカ改造計画―オーナーシップ社会の構想」（小野亮ほか）　日本経済新聞社　2005.3　p276-282
◎参考文献「期待形成の異質性とマクロ経済政策」（竹田陽介ほか）　東洋経済新報社　2005.6　p321-339
◎参考文献「デフレから復活へ―「出口」は近いのか」（伊藤隆敏）　東洋経済新報社　2005.11　p231-237
◎参照文献「改革の経済学―回復をもたらす経済政策の条件」（若田部昌澄）　ダイヤモンド社　2005.11　p358-370
◎参考文献「日本経済の生産性革新」（宮川努）　日本経済新聞社　2005.11　p244-240
◎参考文献「中国・改革開放の政治経済学」（三宅康之）　ミネルヴァ書房　2006.2　p221-236
◎文献「人類社会経営論」（藤井隆）　東洋経済リサーチセンター　2006.4　p461-466
◎参考文献「経済政策を担う人々―官の構造改革」（北坂真一）　日本評論社　2006.6　p289-293
◎参考文献「格差社会の結末―富裕層の傲慢・貧困層の怠慢」（中野雅至）　ソフトバンククリエイティブ　2006.8　p266-271
◎ブックリスト「経済政策を歴史に学ぶ」（田中秀臣）　ソフトバンククリエイティブ　2006.8　p216-223

◎参考文献「開発政策の合理性と脆弱性―レント効果とレント・シーキングの研究」（鈴木泰）　晃洋書房　2006.11　p185-189
◎参考文献「投資，成長と経済政策」（片山尚平）　晃洋書房　2006.11　p171-175
◎参考文献「「陰」と「陽」の経済学―我々はどのような不況と戦ってきたのか」（R. クー）　東洋経済新報社　2007.1　p354-362
◎参考文献「「健全な市場社会」への戦略―カナダ型を目指して」（八代尚宏）　東洋経済新報社　2007.1　p331-335
◎参考文献「大正デモクラシーの政治経済学」（望月和彦）　芦書房　2007.1　p263-271
◎参考文献「現代中国の経済改革」（呉敬璉）　NTT出版　2007.3　prr
◎参照文献「新自由主義―その歴史的展開と現在」（D. ハーヴェイ）　作品社　2007.3　p352-365
◎参考文献「中国はこれからどうなるのか?―世界銀行報告」（S. Yusuf）　一灯舎　2007.3　p10-34b
◎参考文献「現代経済政策」（栗林世ほか）　文眞堂　2007.4　p373-376
◎参考文献「若者を喰い物にし続ける社会」（立木信）　洋泉社　2007.6　p249-250
◎参考文献「市場経済移行諸国の企業経営―ベルリンの壁から万里の長城まで」（M. ウォーナーほか）　昭和堂　2007.7　p245-270
◎参考文献「経済政策論の基礎」（福島久一）　勁草書房　2007.9　p221-224
◎参考文献ほか「検証現代中国の経済政策決定―近づく改革開放路線の臨界点」（田中修）　日本経済新聞出版社　2007.9　p497-499
◎参考図書「中国経済近代化と体制改革」（唐木圀和）　慶應義塾大　2007.10　p294-300
◎参考文献「現代中国の対外経済関係」（馬成三）　明石書店　2007.11　p357-359

経済成長

◎参考文献「経済成長の決定要因―クロス・カントリー実証研究」（R. J. バロー）　九州大学出版会　2001.4　p101-109
◎参考文献「経済成長の「質」」（V. トーマスほか）　東洋経済新報社　2002.4　p239-270
◎文献「環境問題と経済成長理論」（柳瀬明彦）　三菱経済研究所　2002.6　p149-158
◎文献「成長と分配」（T. R. マイクル, D. K. フォーリー）　日本経済評論社　2002.10　p329-338
◎文献「経済成長分析の方法―イノベーションと人的資本のマクロ動学分析」（大住圭介）　九州大学出版会　2003.4　p303-313
◎文献「経済成長の本質―各国の経済パフォーマンスを理解するための新しい枠組み」（A. P. サールウォール）　学文社　2003.9　p83-88
◎参考文献「地球環境と内生的経済成長―マクロ動学による理論分析」（伊ケ崎大理）　九州大学出版会　2004.3　p229-233
◎参考文献「経済成長論―OECD諸国における要因分析」（OECD）　中央経済社　2005.3　p164-173
◎参考文献「経済成長と所得分配」（池田毅）　日本経済評論社　2006.2　p231-241

◎参考文献「経済成長は、もういらない—ゼロ成長でも幸せな国」(佐藤典司) PHP研究所 2006.9 p300-303
◎参考文献ほか「ニュー・エコノミーの研究—21世紀型経済成長とは何か」(E. ボワイエ) 藤原書店 2007.6 p318-336

経済地理
◎参考文献「東アジアの企業・都市ネットワーク—韓日間の国際的都市システムの視点」(朴倧玄) 古今書院 2001.8 p254-270
◎文献「都市経済地理学」(林上) 大明堂 2002.4 p292-305
◎文献一覧「立地論入門」(松原宏) 古今書院 2002.4 p151-162
◎参考文献「経済・社会の地理学—グローバルに、ローカルに、考えそして行動しよう」(水岡不二雄) 有斐閣 2002.12 prr
◎文献リスト「都市経済論」(杉浦章介) 岩波書店 2003.2 p209-220
◎参考文献「経済地理学の成果と課題 6」(経済地理学会) 大明堂 2003.6 prr
◎文献「空間経済学の基礎理論」(石川利治) 中央大学出版部 2003.12 p207-214
◎参考文献「経済空間論—立地システムと地域経済」(柳井雅人ほか) 原書房 2004.3 p120-124
◎参考文献「立地管理と経済経営環境論の研究」(渡辺利得) 嵯峨野書院 2005.11 prr
◎参考文献「地域と産業—経済地理学の基礎 新版」(富田和暁) 原書房 2006.2 p135-141
◎文献「経済地理学—立地・地域・都市の理論」(松原宏) 東京大出版会 2006.10 p291-324
◎参考文献「集積の経済と都市の成長・衰退」(亀山嘉大) 大学教育出版 2006.12 p282-294
◎引用参考文献「経済地理学のすすめ」(子安増生ほか) 有斐閣 2007.12 p287-308

経済統計
◎参考文献「経済分析のための統計学入門—統計的推測の論理と数理」(原田明信) 創成社 2001.6 p199-201
◎文献「入門経済統計—統計的事実と経済実態」(小巻泰之) 日本評論社 2002.4 p199-205
◎文献「東アジア長期経済統計 別巻 2 台湾」(文大宇) 勁草書房 2002.5 p367-374
◎文献「東アジア長期経済統計 別巻3 環境」(原嶋洋平, 島崎洋一) 勁草書房 2002.11 p205-209
◎参考文献「「経済図表・用語」早わかり」(滝川好夫) PHP研究所 2002.12 p243-244
◎文献「統計的経済分析・経済計算の方法と課題」(岩崎俊夫) 八朔社 2003.3 p234-243
◎文献「経済統計の活用と論点」(梅田雅信ほか) 東洋経済新報社 2003.5 p287-291
◎参考文献「経済統計で見る世界経済2000年史」(A. マディソン) 柏書房 2004.11 p419-436
◎参考文献「資本の測定—日本経済の資本深化と生産性」(野村浩二) 慶應義塾大出版会 2004.11 p611-620
◎参考文献「経済・経営のための統計学」(牧厚志ほか) 有斐閣 2005.3 p313-319
◎参考文献「経済統計の活用と論点 2版」(梅田雅信ほか) 東洋経済新報社 2006.4 p285-289
◎参考文献「まちがいだらけのサーベイ調査—経済・社会・経営・マーケティング調査のノウハウ」(G. イアロッシ) 一灯舎 2006.10 p264-271
◎参考文献「統計数字を疑う—なぜ実感とズレるのか?」(門倉貴史) 光文社 2006.10 p274-275

経済統合
◎参照文献「新東亜論」(原洋之助) NTT出版 2002.3 p239-244
◎参考文献「東アジア共同体—経済統合のゆくえと日本」(谷口誠) 岩波書店 2004.11 p225-231
◎参考文献「地域経済統合と重層的ガバナンス—ラテンアメリカ、カリブの事例を中心に」(松本八重子) 中央公論事業出版 2005.2 p253-277
◎参考文献「東アジア経済統合への途」(向山英彦) 日本評論社 2005.7 p179-194
◎参考文献「東アジア経済戦略—文明の中の経済という視点から」(原洋之介) NTT出版 2005.10 p1-6b
◎参考文献「ASEANとAPEC—東アジアの経済統合」(吉野文雄) 鳳書房 2007.3 p239-250
◎参照文献「EU経済統合の地域的次元—クロスボーダー・コーペレーションの最前線」(若森章孝ほか) ミネルヴァ書房 2007.11 p333-350

経済発展
◎参考文献「産業集積と経済発展—収穫逓増下の地理的パターン形成」(松尾昌宏) 多賀出版 2001.1 p189-196
◎参考文献「貨幣金融制度と経済発展—貨幣と制度の政治経済学」(藪下史郎) 有斐閣 2001.9 p373-385
◎参考文献「日韓経済システムの比較制度分析 経済発展と開発主義のわな」(池尾和人ほか) 日本経済新聞社 2001.10 p239-250
◎参考文献「人口成長と経済発展—少子高齢化と人口爆発の共存」(山口三十四) 有斐閣 2001.11 p295-305
◎参考文献「経済開発論—インドの構造調整計画とグローバリゼーション」(佐藤隆広) 世界思想社 2002.1 p265-289
◎文献「雁行型経済発展論 1 日本経済・アジア経済・世界経済」(小島清) 文眞堂 2003.5 p333-344
◎参考文献「技術革新と経済発展—非線形ダイナミズムの解明」(弘岡正明) 日本経済新聞社 2003.6 p351-363
◎参考文献「長期経済発展の実証分析—成長メカニズムを機能させる制度は何か」(石井菜穂子) 日本経済新聞社 2003.6 p225-236
◎参考文献「雁行型経済発展論 2 アジアと世界の新秩序」(小島清) 文眞堂 2004.3 p330-347
◎参考文献「グローバリゼーションと経済開発」(世界銀行) シュプリンガーV東京 2004.9 p187-196
◎参考文献「東アジアの経済発展、生産性の計量分析」(大坂仁) 多賀出版 2005.2 p227-248
◎参考文献「中東の経済開発戦略—新時代へ向かう湾岸諸国」(細井長) ミネルヴァ書房 2005.3 p221-230
◎文献「アジア産業発展の神秘性」(M. A. チョウドリ) 創成社 2005.10 p229-243
◎参考文献「日出ずる国の復権—「アジアの世紀」を主導するシナリオ」(山下義通) ダイヤモンド社 2007.4 p183-186
◎参考文献「近代経済成長を求めて—開発経済学への招待」(浅沼信爾ほか) 勁草書房 2007.11 p205-216

経済犯罪
- ◎参考文献「日本企業モラルハザード史」（有森隆） 文藝春秋 2003.9 p270-274
- ◎参考文献「黒い経済人―「政・官・財・暴」のマネーゲーム」（有森隆ほか） 講談社 2003.12 p282-284
- ◎日本語文献「日中比較経済犯罪」（西原春夫） 成文堂 2004.8 p333-335
- ◎参考文献「詐欺師と虚業家の華麗な稼ぎ方―人はこうして騙される」（山崎和邦） 中経出版 2005.11 p202-206
- ◎参考文献「検証「国策逮捕」―経済検察はなぜ、いかに堀江・村上を葬ったのか」（東京新聞特別取材班） 光文社 2006.9 p423-424

経済分析
- ◎参考文献「マクロ経済分析の視座」（岡村宗二） 勁草書房 2001.2 p181-197
- ◎参考文献「ネットワーク時代の経済分析」（小川雅弘ほか） 法律文化社 2002.4 prr
- ◎文献「日本における社会資本の生産力効果」（中東雅樹） 三菱経済研究所 2003.3 p93-95
- ◎参考文献「経済解析 展開篇」（宇沢弘文） 岩波書店 2003.7 prr
- ◎文献「都市成長管理とゾーニングの経済分析」（佐々木公明） 有斐閣 2003.8 p227-232
- ◎文献「人間行動の経済学―実験および実証分析による経済合理性の検証」（塚原康博） 日本評論社 2003.12 p175-184
- ◎参考文献「エージェント理論による企業行動分析―遺伝的プログラミング・アプローチ」（時永祥三ほか） 白桃書房 2005.10 p223-234
- ◎参考文献「経済時系列分析」（廣松毅ほか） 多賀出版 2006.6 p389-399
- ◎参考文献「応用経済学のための時系列分析」（市川博也） 朝倉書店 2007.2 p162-165
- ◎参考文献「情報量経済分析―統計実務における有用性」（福田公正） 日本評論社 2007.3 p235-249

経済変動
- ◎文献「総効用減耗と経済変動」（田村英朗） 田村英朗 2002.10 p309-311
- ◎文献「経済変動理論」（野村紘彦） 中央経済社 2003.3 p181-191
- ◎参考文献「経済変動の進化理論」（R. R. ネルソンほか） 慶應義塾大出版会 2007.10 p483-502

経済法
- ◎参考文献「経済法―独占禁止法と競争政策 第3版補訂」（岸井大太郎ほか） 有斐閣 2001.2 p357-361
- ◎参考文献「判例経済刑法大系 2 経済法関連」（佐々木史朗） 日本評論社 2001.2 p9-10
- ◎参考文献「経済法 第3版」（根岸哲, 杉浦市郎） 法律文化社 2002.5 p309-317
- ◎参考文献「新現代経済法入門 第2版」（丹宗暁信, 厚谷襄児） 法律文化社 2002.5 p289-298
- ◎参考文献「経済法」（厚谷襄児） 放送大教育振興会 2004.3 p354-357
- ◎参考文献「企業犯罪に関する「法と経済学」による分析」 法務総合研究所 2006 p64-66
- ◎参考文献「新現代経済法入門 3版」（丹宗暁信ほか） 法律文化社 2006.4 p311-319
- ◎参考文献「経済法 4版」（根岸哲ほか） 法律文化社 2006.6 p289-298
- ◎参考文献ほか「市場と法―いま何が起きているのか」（三宅伸吾） 日経BP社 2007.10 p327-329

経済倫理
- ◎文献「経済学の再生―道徳哲学への回帰」（アマルティア・セン） 麗澤大学出版会 2002.5 p164-206
- ◎参考文献「経済の倫理学―現代社会の倫理を考える 8」（山脇直司） 丸善 2002.9 p155-166
- ◎参考文献「功利主義は生き残るか―経済倫理学の構築に向けて」（松嶋敦茂） 勁草書房 2005.5 p7-16b
- ◎参考文献ほか「経済・生命・倫理―ヒトと人の間で」（大塚友美） 文眞堂 2007.9 p209-212

警察
- ◎参考文献「被告人は警察―警察官職権濫用事件」（三上孝孜） 講談社 2001.3 p216-217
- ◎参考文献「日本の警察 安全と平和の崩壊連鎖」（川邊克朗） 集英社 2001.5 p249-252
- ◎文献目録「イギリス近代警察の誕生―ヴィクトリア朝ボビーの社会史」（林田敏子） 昭和堂 2002.3 p4-13b
- ◎文献「だいじょうぶ? 日本の警察―検証警察改革」（日本弁護士連合会） 日本評論社 2003.10 p456-459
- ◎参考引用文献「拉致はなぜ防げなかったのか―日本警察の情報敗戦」（川辺克明） 筑摩書房 2004.4 p204-200
- ◎参考文献「追及・北海道警「裏金」疑惑」（北海道新聞取材班） 講談社 2004.8 p482-483
- ◎参考文献「ウィーン警察官教育の法と命令―法化社会オーストリアの執行組織」（今村哲也） 関東学院大学出版会 2005.6 p263-265
- ◎参考文献「白の真実―警察腐敗と覚醒剤汚染の源流へ」（曽我部司） エクスナレッジ 2007.2 p351-353
- ◎参考文献「文化と国防―戦後日本の警察と軍隊」（P. J. カッツェンスタイン） 日本経済評論社 2007.5 p394-356

警察史
- ◎参考文献「沖縄県警察史 第3巻（昭和後編）」（沖縄県警察史編さん委員会） 〔沖縄県〕警察本部 2002.3 p1485-1488
- ◎参考文献「宮崎県警察史 2」（宮崎県警察史纂委員会） 宮崎県警察本部 2004.3 p1025-1029
- ◎参考文献「外務省警察史―在留民保護取締と特高警察機能」（荻野富士夫） 校倉書房 2005.11 p931-943

警察小説
- ○ヒーローたち（杉江松恋ほか）「ミステリマガジン 45.7.532」（早川書房） 2000.7 p234-223

警察法
- ◎参考文献「今日における警察行政法の基本的な考え方」（田村正博） 立花書房 2007.4 p137-138

計算学習
- ◎参考文献「数の石垣―ドイツからやってきた計算学習」（山本信也） 東洋館出版社 2006.11 p90」

計算機
- ◎参考文献「コンピュータ開発史―歴史の誤りをただす「最初の計算機」をたずねる旅」（大駒誠一） 共立出版 2005.11 p169-171

計算法
　◎参考文献「図説数の文化史―世界の数字と計算法」(K. メニンガー)　八坂書房　2001.4　p399-408

刑事学
　◎参考文献「犯罪学原論」(藤本哲也)　日本加除出版　2003.4　prr

形式語
　◎参考文献「形式語の研究―文法化の理論と応用」(日野資成)　九州大学出版会　2001.7　p119-120

形式名詞
　◎参考文献「形式名詞がこれでわかる」(吉川武時)　ひつじ書房　2003.8　p199-205

形而上学
　◎文献「哲学的冒険―形而上学へのイニシアシオン」(佐藤一郎)　丸善　2002.3　p193-196
　◎文献「アリストテレスの形而上学―自然学と倫理学の基礎」(坂下浩司)　岩波書店　2002.12　p7-13b
　◎文献表「形而上学の克服―近代哲学の終焉について」(W. シュヴァイドラー)　晃洋書房　2005.12　p1-3b

刑事政策
　◎参考文献「刑事政策概論」(木村裕三, 平田紳)　成文堂　2001.5　p262-263
　◎参照文献「司法改革への警鐘―刑務所がビジネスに」(ニルス・クリスティーエ)　信山社出版　2002.1　p266-275
　○文献月報「刑政　113.2」(矯正協会)　2002.2　p129-128
　◎参考文献「刑事政策　改訂版」(岩井宜子)　尚学社　2002.5　p1-5f
　◎文献「人格障害犯罪者と社会治療―高度に危険な犯罪者に対する刑事政策は如何にあるべきか」(加藤久雄)　成文堂　2002.5　p339-369
　◎文献「犯罪被害の回復―対案・損害回復」(ドイツ対案グループ)　成文堂　2002.10　p190-197
　◎文献「刑事政策」(斎藤静敬)　創成社　2003.4　p356-357
　◎参考文献「刑事政策のすすめ―法学的犯罪学」(前野育三ほか)　法律文化社　2003.5　p208-213
　◎参考文献「刑事政策　3版」(岩井宜子)　尚学社　2005.4　p1-5f

KGB
　◎文献一覧「KGB帝国―ロシア・プーチン政権の闇」(H. ブラン)　創元社　2006.2　p365-369

刑事法
　○文献データ「刑事弁護　28」(現代人文社)　2001.1　p175-170
　◎参考文献「刑事訴訟法　新版補訂」(渥美東洋)　有斐閣　2001.3　p16-21f
　◎文献「刑事訴訟法　第2版」(白取祐司)　日本評論社　2001.11　p17-19f
　◎文献「日中比較過失論」(西原春夫)　成文堂　2001.12　p212-216
　○文献データ「刑事弁護　29」(現代人文社)　2002.1　p140-143
　◎文献案内「基礎から学ぶ刑事法　第2版」(井田良)　有斐閣　2002.4　p287-289
　◎文献「共犯理論と組織犯罪」(西原春夫)　成文堂　2003.1　p251-254
　◎参考文献「いちばんやさしい刑事法入門」(佐久間修ほか)　有斐閣　2003.4　prr
　◎参考文献「ハンドブック刑事弁護」(武井康年ほか)　現代人文社　2005.4　p450-464
　◎参考文献「コンメンタール公判前整理手続」(大阪弁護士会裁判員制度実施大阪本部)　現代人文社　2005.11　p232-236
　◎参考文献「危険犯と危険概念」(西原春夫)　成文堂　2005.11　p243-245
　◎文献ガイド「刑事法入門」(赤池一将ほか)　法律文化社　2006.1　p219-222
　◎参考文献「刑事責任能力の本質とその判断」(安田拓人)　弘文堂　2006.7　p189-201
　◎参考文献「11時間―お腹の赤ちゃんは「人」ではないのですか」(江花優子)　小学館　2007.7　2pb
　◎参考文献「刑事訴訟法　新訂版」(川端博ほか)　創成社　2007.11　p381-384

芸者
　◎参考文献「芸者論―神々に扮することを忘れた日本人」(岩下尚史)　雄山閣　2006.10　p264-265
　◎参考文献ほか「名妓の資格―細書・新柳夜咄」(岩下尚史)　雄山閣　2007.3　p270-271
　◎参考引用文献「芸者と遊び―日本的サロン文化の盛衰」(田中優子)　学習研究社　2007.6　p212-217
　◎参考文献「京都花街の経営学」(西尾久美子)　東洋経済新報社　2007.9　p247-249

芸術
　◎参照文献「芸術という言葉―芸術とコミュニケーションとの関係についての序説」(オマル・カラブレーゼ)　而立書房　2001.3　p238-280
　◎「書評年報　文学・芸術・児童編　2000年」(書評年報刊行会)　書評年報刊行会　2001.5　187p B5
　◎参考文献「芸術受容の近代的パラダイム―日本における見る欲望と価値観の形成」(河原啓子)　美術年鑑社　2001.7　p260-267
　◎書誌的エッセイ「快楽戦争　ブルジョワジーの経験」(P. ゲイ)　青土社　2001.10　p1-42b
　◎文献表「芸術の逆説―近代美学の成立」(小田部胤久)　東京大学出版会　2001.11　p11-22b
　◎参考文献「アート―"芸術"が終った後の"アート"」(松井みどり)　朝日出版社　2002.2　p236-232
　◎参考文献「テクストからイメージへ―文学と視覚芸術のあいだ」(吉田城)　京都大学学術出版会　2002.3　p268-269
　◎文献「芸術哲学入門」(ジャン・ラコスト)　白水社　2002.5　p4-7b
　◎参考文献「美学事始―芸術学の日本近代」(神林恒道)　勁草書房　2002.9　p2-4b
　◎参考文献「現代思想芸術事典」(A. エドガーほか)　青土社　2002.11　p9-58b
　◎文献「アート、デザイン、ヴィジュアル・カルチャー―社会を読み解く方法論」(マルコム・バーナード)　アグネ承風社　2002.12　p212-219
　◎「芸術と文学の旅―読書案内・紀行編」(日外アソシエーツ)　日外アソシエーツ　2002.12　441p A5
　◎参考文献「創造者たち　下　芸術の誕生」(D. J. ブアスティン)　集英社　2002.12　p31-74b
　◎註「モダニズム/ナショナリズム　1930年代日本の芸術」(五十殿利治ほか)　せりか書房　2003.1　prr

◎文献一覧「デーモンと迷宮―ダイアグラム・デフォルメ・ミメーシス」（M. ヤンポリンスキー）　水声社　2005.8　p439-463
◎参考文献「現代芸術の交通論―西洋と日本の間にさぐる」（篠原資明）　丸善　2005.9　p155-160
◎引用参考文献「美の歴史」（U. エーコ）　東洋書林　2005.11　p430-434
◎文献表「芸術の条件―近代美学の境界」（小田部胤久）　東京大出版会　2006.1　p10-20b
◎参考文献「芸術の理論と歴史」（青山昌文）　放送大教育振興会　2006.3　p331-341
◎文献「芸術をめぐる言葉　2」（谷川渥）　美術出版社　2006.3　p303-311
◎注「芸術と生政治―現代思想の問題圏」（岡田温司）　平凡社　2006.4　p247-280
◎文献「日常を変える！クリエイティヴ・アクション―住む、遊ぶ、祈る、旅する…日常の瞬間にアートを感じますか」（プラクティカ・ネットワーク）　フィルムアート社　2006.7　p156-157
◎諸誌目録「美のバロキスム―芸術学講義」（谷川渥）　武蔵野美術大出版局　2006.12　p277-288
◎文献リストほか（阿部成樹）「西洋美術研究　13」（三元社）　2007　p216-228
◎参考文献「戦争と表象/美術―20世紀以後　記録集」（長田謙一）　美学出版　2007.2　p502-515
◎参考文献「作ることの哲学―科学技術時代のポイエーシス」（伊藤徹）　世界思想社　2007.3　p193-200
◎ブック・ガイド「芸術の設計―見る/作ることのアプリケーション」（岡崎乾二郎）　フィルムアート社　2007.5　p248-249
◎推奨図書ほか「でも、これがアートなの？―芸術理論入門」（C. フリーランド）　ブリュッケ　2007.7　p248-260
◎参考文献「死想の血統―ゴシック・ロリータの系譜学」（樋口ヒロユキ）　冬弓舎　2007.7　p316-325

芸術教育
◎参考文献「芸術による教育」（ハーバート・リード）　フィルムアート社　2001.10　p376-386
◎文献「子どもは美をどう経験するか―美的人間形成の根本問題」（クラウス・モレンハウアー）　玉川大学出版部　2001.12　p209-219

芸術社会学
◎参考文献「絵画社会学素描　4」（倉橋重史）　晃洋書房　2001.5　p243-245
◎参考文献「ギフト―エロスの交易」（ルイス・ハイド）　法政大学出版会　2002.2　p1-5b
◎参考文献「芸術社会学」（J. ウルフ）　玉川大学出版部　2003.5　p254-233
◎リファレンス「身体化される知―パフォーマンス研究」（高橋雄一郎）　せりか書房　2005.4　p202-210
◎参考文献「芸術心理学　新訳版」（L. S. ヴィゴツキー）　学文社　2006.8　p357-363
◎参考文献「金と芸術―なぜアーティストは貧乏なのか？」（H. アビング）　グラムブックス　2007.1　p524-533

芸術政策
◎参考文献「ミュージアムの思想」（松宮秀治）　白水社　2003.12　p269-272

芸術療法
◎参考文献「芸術療法入門」（スナイダー）　角川書店　2002.4　p167-190
◎参考文献「ダンスセラピー　芸術療法実践講座5」（飯森眞喜雄ほか）　岩崎学術出版社　2004.7　prr
◎参考文献「芸術療法入門」（J. P. クライン）　白水社　2004.11　p1-2b
◎参考文献「福祉のための芸術療法の考え方―絵画療法を中心に」（安原青児）　大学教育出版　2006.6　p187-198
◎参考文献「芸術療法」（星野良一）　金芳堂　2006.9　p97-99
◎参考文献「イメージとアート表現による自己探求」（神田久男）　ブレーン出版　2007.4　p179-186
◎参考文献ほか「芸術療法の理論と実践―美術教育との関わりから」（今井真理）　晃洋書房　2007.5　p201-210

傾城反魂香
◎参考資料一覧「傾城反魂香―第六五回歌舞伎鑑賞教室公演」（国立劇場調査養成部調査資料課）　日本芸術文化振興会　2004.7　p164-199

契情倭荘子
◎参考資料一覧「国立劇場上演資料集　490」　日本芸術文化振興会　2006.5　p173-175

珪素
◎参考文献「シリコンの科学」（松本信雄ほか）　電子情報通信学会　2004.6　p130-131

珪藻
◎参考文献「淡水珪藻生態図鑑―群集解析に基づく汚濁指数DAIpo，pH耐性能」（渡辺仁治）　内田老鶴圃　2005.5　p81-100f

計測
◎参考文献「計測工学」（前田良昭ほか）　コロナ社　2001.3　p198-200
◎参考文献「なんでも測定団が行く―はかれるものはなんでもはかろう」（武蔵工業大学）　講談社　2004.8　p252-255

計測システム工学
◎参考文献「計測システム工学の基礎―豊富な例題とCプログラム（Web掲載）で学ぶ」（西原主計, 山藤和男）　森北出版　2001.11　p183-184

携帯電話
◎引用文献「ケータイ学入門―メディア・コミュニケーションから読み解く現代社会」（岡田朋之ほか）　有斐閣　2002.4　prr
◎参考文献「絶え間なき交信の時代―ケータイ文化の誕生」（J. E. カッツほか）　NTT出版　2003.6　p522-503
◎参考文献「ハイデガーとハバーマスと携帯電話」（G. マイアソン）　岩波書店　2004.2　p100-102
◎文献「ケータイは世の中を変える―携帯電話先進国フィンランドのモバイル文化」（T. コポマー）　北大路書房　2004.9　p129-137ほか
◎参考文献ほか「ケータイ・リテラシー―子どもたちの携帯電話・インターネットが危ない！」（下田博次）　NTT出版　2004.12　p342-343
◎参考文献「モバイルコミュニケーション―携帯電話の会話分析」（山崎敬一）　大修館書店　2006.4　p219-233

◎参考文献「ワンセグ入門」(隅倉正隆)　インプレスR&D　2006.9　p143-146
◎文献「ケータイのある風景—テクノロジーの日常化を考える」(松田美佐ほか)　北大路書房　2006.10　p247-259
◎文献「iPhone—衝撃のビジネスモデル」(岡嶋裕史)　光文社　2007.5　p211-212
◎参考文献「モバイル社会の現状と行方—利用実態にもとづく光と影」(小林哲生ほか)　NTT出版　2007.5　p209-214
◎参考文献「携帯電話はなぜつながるのか—知っておきたいモバイル音声&データ通信の基礎知識」(中嶋信生ほか)　日経BP社　2007.7　p260-261
◎参考文献「iPhoneショック—ケータイビジネスまで変える驚異のアップル流ものづくり」(林信行)　日経BP社　2007.12　p257-259

慶長遣欧使節
◎参考文献「伊達政宗の黒船—ねつ造された歴史の告白」(須藤光興)　文芸社ビジュアルアート　2006.9　p260-262

芸能
◎参考文献「女性芸能の源流　傀儡子・曲舞・白拍子」(脇田晴子)　角川書店　2001.10　p223-226
◎参考文献「歌い踊る民—遊学叢書　23」(星野紘ほか)　勉誠出版　2002.1　p203-210
◎文献「江戸東京芸能地図大鑑—CD-ROM BOOK」(エーピーピーカンパニー)　エーピーピーカンパニー　2002.12　p32-35b
◎「郡司正勝氏旧蔵芸能関係資料目録」(札幌大学図書館)　札幌大学図書館　2003.3　13, 1134p A5
◎参考文献「天野の歴史と芸能—丹生郡比売神社と天野の名宝」(和歌山県立博物館)　和歌山県立博物館　2003.10　p198-201
◎参考文献「日本の伝統文化・芸能事典」(日本文化いろは事典プロジェクトスタッフ)　汐文社　2006.2　p154-157
◎参考文献「音をかたちへ—ベトナム少数民族の芸能調査とその記録化」(月溪恒子ほか)　醍醐書房　2006.3　p175-177
◎引用参考文献「中世の旅芸人—奇術師・詩人・楽士」(W. ハルトゥング)　法政大出版局　2006.11　p11-26b
◎参考引用文献「日本の「わざ」をデジタルで伝える」(渡部信一)　大修館書店　2007.7　p173-174

芸能人
◎参考文献「噂を学ぶ—学問としてのスキャンダル」(梨元勝)　角川書店　2001.6　p217-218
◎文献「人気者の社会心理史」(市川孝一)　学陽書房　2002.1　p249-252
◎参考資料「芸人その世界」(永六輔)　岩波書店　2005.5　p329-349
◎参考資料「役者その世界」(永六輔)　岩波書店　2006.6　p311-340
◎参考文献「昭和芸能奇・偉人伝」(江本弘志)　新風舎　2006.7　p234-236

芸能ビジネス
◎参考文献「「新編」エンタテインメントの罠—アメリカ映画・音楽・演劇ビジネスと契約マニュアル」(福井健策)　すばる舎　2003.6　p318-319

競馬
◎参考文献「大井競馬のあゆみ　特別区競馬組合50年史」(特別区競馬組合)　特別区競馬組合　2001.9　1pb
◎参考文献「競馬の血統学—サラブレッドの進化と限界」(吉沢譲治)　NHK出版　2001.10　p314-315
◎文献「日本の古式競馬—1300年の歴史を辿る」(長塚孝)　神奈川新聞社　2002.1　p109」
◎「人生副読本—競馬篇400冊」(片平丁二)　文芸社　2002.9　262p A5
◎参照文献「文久元年の万馬券—日本競馬事始め」(岳真也)　祥伝社　2003.11　p384-385
◎参考文献「競馬の文化誌—イギリス近代競馬のなりたち」(山本雅男)　松柏社　2005.3　p279-283
◎文献「明治馬券始末」(大江志乃夫)　紀伊國屋書店　2005.3　p243-247
◎参考文献「増補競馬学への招待」(山本一生)　平凡社　2005.5　p305-313
◎文献「競馬よ!—夢とロマンを取り戻せ」(野元賢一)　日本経済新聞社　2005.6　p269-270

刑罰
◎引用文献「図説刑罰具の歴史」(重松一義)　明石書店　2001.1　p304-310
◎参考文献「世界拷問刑罰史—どこまで人は残酷になれるのか!?」(晨永光彦)　日本文芸社　2002.9　2pb
◎参考文献「図説拷問全書」(秋山裕美)　筑摩書房　2003.4　p416-417
◎参考文献「人はどこまで残酷になれるのか」(桐生操)　中央公論新社　2005.1　p233-237
◎文献「民衆から見た罪と罰—民間学としての刑事法学の試み」(村井敏邦)　花伝社　2005.4　p317-324
◎文献一覧「過酷な司法—比較史で読み解くアメリカの厳罰化」(J. Q. ウィットマン)　レクシスネクシス・ジャパン　2007.6　p404-444

経費
◎参考引用文献「日本の裏金　上　首相官邸・外務省編」(古川利明)　第三書館　2007.2　p340-354

経皮毒
◎参考文献「「経皮毒」からの警告—皮膚から浸入する有害物質の恐怖」(稲津教久ほか)　宝島社　2006.12　p221-222

芸備日々新聞
○関連記事(勝部眞人ほか)「内海文化研究紀要　34」(広島大)　2006　p1-33

系譜
◎参考文献「新家系図集成　1」(本多修)　本多修　2003.7　p211-214
◎参考文献「新家系図集成　4　有名331家の女性中心新系図」(本多修)　中央公論事業出版　2004.9　p120-121
◎参考文献「新家系図集成　5　女性が主人公—有名328家の新系図」(本多修)　中央公論事業出版　2005.3　p141-142
◎参考文献「日本の有名一族—近代エスタブリッシュメントの系図集」(小谷野敦)　幻冬舎　2007.9　p236-254

刑法
◎参考文献「訳注明史刑法志」(野口鐵郎)　風響社　2001.1　p377-384

◎参考文献「刑法」(西田典之) 放送大学教育振興会 2001.3 p245-246
◎参考文献「刑法各論」(斎藤信治) 有斐閣 2001.4 p411-414
◎参考文献「レヴィジオン刑法 2 未遂犯論・罪数論」(中山研一, 浅田和茂, 松宮孝明) 成文堂 2002.2 p5-6f
◎参考文献「刑法総論 第4版」(斎藤信治) 有斐閣 2002.3 p379-382
◎文献「刑法講義各論 新版 追補版」(大谷実) 成文堂 2002.4 p5-8f
○文献情報「現代刑事法 5.1」(現代法律出版) 2003.1 p101-120
◎文献「刑法各論概要 3版」(川端博) 成文堂 2003.3 p12-15f
◎参考文献「刑法総論講義 3版」(三原憲三ほか) 成文堂 2003.3 p7-9f
◎参考文献「刑法学への誘い 新訂」(松村格) 八千代出版 2003.4 p275-278
◎参考文献「刑法総論 5版」(斎藤信治) 有斐閣 2003.4 p387-390
◎文献「刑法各論 2版」(斎藤信治) 有斐閣 2003.6 p435-438
◎参考文献「刑法各論」(堀内捷三) 有斐閣 2003.11 prr
◎参照文献「ケース&プロブレム刑法総論」(山口厚) 弘文堂 2004.12 p376-377
◎文献「刑法概説—総論 3版増補版」(大塚仁) 有斐閣 2005.3 p14-26f
◎参考文献「刑法総論講義 2版」(川端博) 成文堂 2006.2 p7-11f
◎参考文献「刑法各論」(佐久間修) 成文堂 2006.9 p423-426
◎参考文献「刑法各論 4版」(西田典之) 弘文堂 2007.3 p14-15f
◎参考文献「刑法各論講義」(川端博) 成文堂 2007.3 p5-8f
◎文献表「刑法各論 2版」(林幹人) 東京大出版会 2007.10 p487-494

刑務所
◎参照文献「司法改革への警鐘—刑務所がビジネスに」(ニルス・クリスティーエ) 信山社出版 2002.1 p266-275
◎原注「図説監獄の歴史—監禁・勾留・懲罰」(N. ジョンストン) 原書房 2002.12 p27-48b
◎参考文献「東京拘置所死刑囚物語—獄中20年と死刑囚の仲間たち」(澤地和夫) 彩流社 2006.3 p204-205

啓蒙主義
◎参考文献「ニュートン主義とスコットランド啓蒙—不完全な機械の喩」(長尾伸一) 名古屋大学出版会 2001.2 p10-21b
◎「スコットランド啓蒙コレクション目録」(関西学院大学図書館) 同図書館 2001.3 48p A4
◎文献目録「深層のフランス啓蒙思想—ケネー ディドロ ドルバック ラ・メトリ コンドルセ」(森岡邦泰) 晃洋書房 2002.3 p7-28b
◎原注「啓蒙主義の哲学 上」(E. カッシーラー) 筑摩書房 2003.4 p317-340
◎文献「深層のフランス啓蒙思想—ケネー ディドロ ドルバック ラ・メトリ コンドルセ 増補版」(森岡邦泰) 晃洋書房 2003.4 p9-33b
◎参考文献「啓蒙の世紀と文明観」(弓削尚子) 山川出版社 2004.6 p88-90
◎参考文献ほか「啓蒙主義」(R. ポーター) 岩波書店 2004.12 p13-36b
◎参考文献「啓蒙運動とフランス革命—革命家バレールの誕生」(山崎耕一) 刀水書房 2007.2 p424-431

契約
◎文献「通信と近代契約法」(野田龍一) 九州大学出版会 2001.3 p18-26b
◎参考文献「民法 6 契約各論 第4版増補版」(遠藤浩ほか) 有斐閣 2001.4 p293-295
◎参考文献「契約と組織の理論—取引費用と取引関係のガバナンス」(津曲正俊) 三菱経済研究所 2001.7 p177-187
◎参考文献「民法 6 第4版増補補訂版」(遠藤浩) 有斐閣 2002.9 p292-294
◎文献「契約の経済理論」(伊藤秀史) 有斐閣 2003.4 p401-416
◎文献「公共契約の経済理論」(三浦功) 九州大学出版会 2003.11 p237-250
◎参考文献「不完備契約理論の応用研究」(中泉拓也) 関東学院大出版会 2004.5 p129-133
◎引用文献一覧「契約責任の法学的構造」(森田修) 有斐閣 2006.9 p543-556
◎参考文献「国際取引のためのイギリス法」(島田真琴) 慶應義塾大出版会 2006.10 p303-305
◎文献一覧「ヨーロッパ契約法原則 1・2」(O. ランドーほか) 法律文化社 2006.12 p489-520
◎参考文献「新民法大系 4 契約法」(加藤雅信) 有斐閣 2007.4 p575-583
◎参考文献「契約法講義」(加賀山茂) 日本評論社 2007.11 p577-580
◎参考文献「実務契約法講義 3版」(佐藤孝幸) 民事法研究会 2007.11 p533-536

契約書
◎参考文献「取引・交渉の現場で役立つ英文契約書の読み方—リスクや盲点を見抜いて相手と対等に渡り合う!」(佐藤孝幸) かんき出版 2003.6 p286-287

計量学
◎引用文献「科学計量学の挑戦—コミュニケーションの自己組織化」(ルート・ライデスドルフ) 玉川大学出版部 2001.1 p283-297

計量経済
◎文献「計量経済学 2版」(蓑谷千凰彦) 多賀出版 2003.4 p503-505
◎文献「実戦計量経済学入門」(山澤成康) 日本評論社 2004.3 p289-291
◎参考文献「経済データの回帰分析」(小原堯) 桜門書房出版部 2005.2 p191-193
◎参考文献「統計学から始める計量経済学」(北坂真一) 有斐閣 2005.4 p265-268
◎参考文献「入門パネルデータによる経済分析」(樋口美雄ほか) 日本評論社 2006.7 p175-179
◎参考文献「計量経済学大全」(蓑谷千凰彦) 東洋経済新報社 2007.2 p937-962

計量経済学（続）
- ◎参考文献「例題で学ぶ初歩からの計量経済学　2版」（白砂堤津耶）　日本評論社　2007.3　p291-292
- ◎参考文献「ミクロ計量経済学の方法—パネル・データ分析」（C. シャオ）　東洋経済新報社　2007.12　p347-376

計量言語学
- ◎参考文献「計量言語学入門」（伊藤雅光）　大修館書店　2002.4　prr
- ◎参考文献「コーパス言語学—言語構造と用法の研究」（D. Biberほか）　南雲堂　2003.10　p260-266

計量史
- ○文献目録（日本計量史学会）「計量史研究　24.1」（日本計量史学会）　2002　p81-84
- ○文献目録（日本計量史学会）「計量史研究　25.1」（日本計量史学会）　2003　p117-123
- ○文献目録「計量史研究　26.1」（日本計量史学会）　2004.6　p83-91
- ○文献目録（日本計量史学会）「計量史研究　27.1」（日本計量史学会）　2005　p67-71

計量社会学
- ◎参考文献「計量社会学の誕生」（A. L. ボウリー）　文化書房博文社　2001.2　p319-320
- ◎参考文献「社会の見方・測り方—計量社会学への招待」（与謝野有紀ほか）　勁草書房　2006.7　p373-382

計量地理
- ◎参考文献「地理情報システムを用いた空間データ分析」（張長平）　古今書院　2001.8　p184-190
- ○文献紹介「地理空間分析」（杉浦芳夫）　朝倉書店　2003.9　p197-198

ケインズ経済学
- ◎参考文献「ケインズ革命とマクロ経済学」（鈴木康夫）　昭和堂　2003.3　prr

毛織物工業
- ◎参考文献「西欧低地諸邦毛織物工業史—技術革新と品質管理の経済史」（佐藤弘幸）　日本経済評論社　2007.7　p213-248

外科
- ◎参考文献「外科の歴史」（W. J. ビショップ）　時空出版　2005.8　p232-237
- ◎参考文献「近代医学のあけぼの—外科医の世紀」（J. トールヴァルド）　へるす出版　2007.4　p505-521

穢れ
- ◎注「女性と穢れの歴史」（成清弘和）　塙書房　2003.9　prr

毛皮
- ◎後注「毛皮と人間の歴史」（西村二郎）　紀伊國屋書店　2003.2　p366-383
- ◎参考文献「毛皮交易が創る世界—ハドソン湾からユーラシアへ」（木村和男）　岩波書店　2004.9　p6-15b
- ◎注ほか「毛皮と皮革の文明史—世界フロンティアと略奪のシステム」（下山晃）　ミネルヴァ書房　2005.1　p18-67b

華厳宗
- ◎参考文献「澄観華厳思想の研究」（張文良）　山喜房仏書林　2006.1　p253-260
- ◎引用文献目録「唯識説を中心とした初期華厳教学の研究—智儼・義湘から法蔵へ」（大竹晋）　大蔵出版　2007.6　p502-507

袈裟丸山
- ◎参考文献「袈裟丸山—自然と歴史・民俗」（増田宏）　七月堂　2002.4　p188-190

ゲシュタルト心理学
- ◎引用参考文献「美と感性の心理学—ゲシュタルト知覚の新しい地平」（野口薫）　日本大　2007.6　p424-461

化粧
- ◎「化粧史文献史料年表　増補改訂版」（村沢博人ほか）　ポーラ文化研究所　2001.12　342p B5
- ◎文献「ストレスと化粧の社会生理心理学」（阿部恒之）　フレグランスジャーナル社　2002.9　p211-223
- ◎参考文献「お化粧大研究—すてきな自分になるために」（石田かおり）　PHP研究所　2003.11　p114-115
- ◎参考文献「江戸美人の化粧術」（陶智子）　講談社　2005.12　p190-191
- ◎参考文献「電車の中で化粧する女たち—コスメフリークという「オタク」」（米澤泉）　ベストセラーズ　2006.1　p177-179

化粧品
- ◎文献「私の知っているリップスティックのすべて教えます」（ジェシカ・パリンストン）　アップリンク　2002.12　p279-285
- ◎書籍情報ほか「化粧品事典」（日本化粧品技術者協会）　丸善　2003.12　p297-298
- ◎文献「新有用性化粧品の開発」（鈴木正人）　シーエムシー出版　2004.9　prr
- ◎参考文献「美粧の座標—資生堂大船工場物語」（浅利茂樹ほか）　求龍堂　2004.11　p414-416
- ◎参考資料「化粧品と美容の用語事典」（竹村功）　あむすく　2005.3　p5-10
- ◎文献「夢と欲望のコスメ戦争」（三田村蕗子）　新潮社　2005.3　p182-183
- ◎参考文献「流通系列化と独占禁止法—化粧品業界を手掛かりとして」（藤澤憲）　白桃書房　2007.4　p327-346
- ◎参考文献「夢の50年史—高級化粧品アルビオンの歩み—1956-2006」（アルビオン夢の50年史編纂委員会）　アルビオン　2007.7　p206」

ゲージ理論
- ◎参考文献「超対称ゲージ理論と幾何学—非摂動的アプローチ」（佐古彰史）　日本評論社　2007.9　p282-288

下水処理
- ◎参考文献「下水処理と原生動物」（盛下勇）　山海堂　2004.3　p141-145

下水道
- ◎文献「下水道管路の維持・管理と保全」（D. シュタイン）　技報堂出版　2006.4　p1013-1090

下駄
- ◎注文献「下駄　神のはきもの—ものと人間の文化史104」（秋田裕毅）　法政大学出版局　2002.3　p259-291

血液
- ◎参考文献「血液6000キロの旅—ワンダーランドとしての人体」（坂井建雄）　講談社　2001.9　p240-243

けつえき

◎参考文献「血液の知識―しくみと働き」(宮地勇人)　東海大学出版会　2002.4　p139-140
◎参考文献「絵でわかる血液のはたらき」(八幡義人)　講談社　2004.1　p166-170
◎文献「血液の事典」(平井久丸ほか)　朝倉書店　2004.8　prr

血液型

◎参考文献「パラサイト式血液型診断」(藤田紘一郎)　新潮社　2006.5　p189-190

結核

◎参考文献「結核という文化―病の比較文化史」(福田眞人)　中央公論新社　2001.11　p268-269
◎参考文献「結核の歴史　日本社会との関わりその過去、現在、未来」(青木正和)　講談社　2003.2　p268-274
◎参考文献「サナトリウム残影―結核の百年と日本人」(高三啓輔)　日本評論社　2004.1　p324-329
◎文献「結核対策史」(青木正和)　結核予防会　2004.5　p101-106
◎文献「結核　4版」(冨岡洋海)　医学書院　2006.4　p441-454

月経

◎引用参考文献「月経と犯罪―女性犯罪論の真偽を問う」(田中ひかる)　批評社　2006.3　p152-165

結婚　⇒　婚姻　をも見よ

決済

◎参考文献「アメリカ決済システムの展開」(川合研)　東洋経済新報社　2002.2　p227-238

決算

◎参考文献「地方議員のための予算・決算書読本」(山崎正)　勁草書房　2004.4　p285-286

結社

◎参考文献「フランス革命と結社」(竹中幸史)　昭和堂　2005.2　p5-17b
◎参考文献「クラブが創った国アメリカ　結社の世界史5」(綾部恒雄)　山川出版社　2005.4　p8-21b
◎参考文献「結社が描く中国近現代　結社の世界史2」(野口鐵郎)　山川出版社　2005.7　p5-13b
◎参考文献「結社のイギリス史―クラブから帝国まで　結社の世界史4」(川北稔)　山川出版社　2005.8　p8-19b
◎文献一覧「アソシアシオンへの自由―〈共和国〉の論理」(高村学人)　勁草書房　2007.2　p329-347

結衆

◎参考文献「結衆・結社の日本史　結社の世界史1」(福田アジオ)　山川出版社　2006.7　p8-18b

結晶

◎書籍雑誌「結晶成長学事典」(砂川一郎ほか)　共立出版　2001.7　p319-328

結晶光学

◎参考文献「フォトニック結晶入門」(迫田和彰)　森北出版　2004.1　p216-217

決闘

◎参考文献「決闘の話」(藤野幸雄)　勉誠出版　2006.5　p223-222
◎参考文献「決闘裁判―世界を変えた法廷スキャンダル」(E. ジェイガー)　早川書房　2007.11　p307-300

結露

◎参考文献「住宅の結露防止―防露手法の基礎から防露設計法まで」(防露設計研究会)　学芸出版社　2004.3　p204-205

ゲテ食

◎文献「「ゲテ食」大全」(北寺尾ゲンコツ堂)　データハウス　2005.12　p243-245

ケナフ

◎「ケナフ情報集　2000年版」　ユニ出版　2000.8　57p　A4
◎参考文献「ちょっと待ってケナフ!これでいいのビオトープ?―よりよい総合的な学習、体験活動をめざして」(上赤博文)　地人書館　2001.11　p177-180

ケニア

◎参考文献「秩序の方法―ケニア海岸地方の日常生活における儀礼的実践と語り」(浜本満)　弘文堂　2001.12　p407-411
◎文献「呪医の末裔―東アフリカ・オデニョ一族の二十世紀」(松田素二)　講談社　2003.12　p284-286
◎引用文献「牧畜二重経済の人類学―ケニア・サンブルの民族誌的研究」(湖中真哉)　世界思想社　2006.12　p296-310
◎引用文献「開発フロンティアの民族誌―東アフリカ・灌漑計画のなかに生きる人びと」(石井洋子)　御茶の水書房　2007.2　p8-19b

ケニア　政治

◎参考文献「ケニアにおけるジェンダーと政治闘争―1948-1998・女性史に関する議論―過去と現在―タンザニアの場合」(C. A. プレスリー)　国立民族学博物館　2003.7　p29-30, 43-44

毛抜

◎参考資料一覧「歌舞伎十八番の内毛抜　国立劇場上演資料集479」(国立劇場調査養成部調査資料課)　日本芸術文化振興会　2005.6　p58-83

ゲノム

◎参考文献「ゲノムは人生を決めるか」(福田哲也)　新日本出版社　2001.4　p188-190
◎参考文献「タンパク質の生命科学―ポスト・ゲノム時代の主役」(池内俊彦)　中央公論新社　2001.12　p207-209
◎参考文献「実践バイオインフォマティクス―ゲノム研究のためのコンピュータスキル」(Per Jambeck, Cynthia Gibas)　オライリー・ジャパン　2002.1　p405-410

ゲノムビジネス

◎参考文献「図解ゲノムビジネス」(近藤佳大)　中央経済社　2001.3　p180-181
◎参考文献「ポスト・ゲノムビジネスのすべて」(森健)　アスカ　2001.7　p208-213

ケブカトラカミキリ

○文献目録(臼井陽介ほか)「森林防疫　56.3」(全国森林病虫獣害防除協会)　2007　p75-84

ケーブルテレビ

◎参考資料「ケーブルテレビ・未来の記憶―放送と通信を駆ける」(佐野匡男)　サテマガ・ビー・アイ　2005.5　p226-229

ゲーム産業
- ◎参考文献「ゲーム産業の経済分析―コンテンツ産業発展の構造と戦略」（新宅純二郎ほか）東洋経済新報社 2003.3 p371-378

ゲーム理論
- ◎文献ガイド「ゲーム理論入門」（武藤滋夫）日本経済新聞社 2001.1 p229-234
- ◎参考文献「比較制度分析に向けて」（青木昌彦）NTT出版 2001.6 p435-468
- ◎参考文献「ゲーム理論と寡占」（田中靖人）中央大学出版部 2001.9 p225-232
- ◎文献「合理性と柔軟性」（猪原健弘）勁草書房 2002.2 p255-260
- ◎参考文献「ゲーム理論の新展開」（今井晴雄ほか）勁草書房 2002.4 prr
- ◎文献「進化的意思決定」（石原英樹, 金井雅之）朝倉書店 2002.4 p188-194
- ◎参考文献「慣習と規範の経済学―ゲーム理論からのメッセージ」（松井彰彦）東洋経済新報社 2002.12 p261-268
- ◎文献「ゲーム理論入門　新装版」（鈴木光男）共立出版 2003.2 p261-266
- ◎参考図書「ゲーム理論トレーニング―あなたの頭を「勝負頭脳」に切り換える」（逢沢明）かんき出版 2003.3 p292-295
- ◎文献「儀式は何の役に立つか―ゲーム理論のレッスン」（M.S.Y.チュェ）新曜社 2003.9 p5-18b
- ◎参考文献「ゲーム理論と進化ダイナミクス―人間関係に潜む複雑系」（生天目章）森北出版 2004.4 p266-273
- ◎文献「ゲーム理論の基礎とその応用―企業と経済システム」（松本直樹）松山大 2004.6 p83-85
- ◎参考文献「演習ゲーム理論」（船木由喜彦）新世社 2004.7 p211-213
- ◎参考文献「非協力ゲームの交渉理論と制度分析」（赤羽根靖雅）三菱経済研究所 2004.12 p115-117
- ◎引用文献「社会的交換における協力生起過程―囚人のジレンマを用いた実験研究による検討」（森久美子）風間書房 2006.3 p151-158
- ◎参考文献「オークション理論の基礎―ゲーム理論と情報科学の先端領域」（横尾真）東京電機大出版局 2006.6 p141-143
- ◎参考文献「ゲームとしての確率とファイナンス」（G.シェイファー）岩波書店 2006.7 p395-418
- ◎参考文献「実験経済学」（川越敏司）東京大出版会 2007.10 p245-261
- ◎参考文献「社会を展望するゲーム理論―若き研究者へのメッセージ」（鈴木光男）勁草書房 2007.10 p7-16b
- ◎文献一覧「オークション理論とデザイン」（P.ミルグロム）東洋経済新報社 2007.11 p379-387

ゲラント
- ◎参考文献「ゲラントの塩物語　未来の生態系のために」（K.コバヤン）岩波書店 2001.5 p1-3b

ケルズの書
- ◎文献「ケルズの書」（バーナード・ミーハン）創元社 2002.4 p95, 102

ケルト
- ◎注文献「ケルト復興」（中央大学人文科学研究所）中央大学出版部 2001.3 prr
- ◎参考文献「ケルト事典」（ベルンハルト・マイヤー）創元社 2001.9 p264-307
- ◎参考文献「ケルト美術」（鶴岡真弓）筑摩書房 2001.12 p401-423
- ◎参考文献「ケルト文化事典」（J.マルカル）大修館書店 2002.7 p223-230
- ◎参考文献「アイルランド夢随想」（花田久徳）論創社 2003.1 p266-267
- ◎参考書目「ケルト歴史地図」（J.ヘイウッド）東京書籍 2003.2 p140」
- ◎参考文献（遠藤ゆかり）「ケルト文明とローマ帝国―ガリア戦記の舞台」（F.ベックほか）創元社 2004.3 p180-181
- ◎参考文献「ウェールズ「ケルト」紀行―カンブリアを歩く」（武部好伸）彩流社 2004.7 p1b」
- ◎参考文献「ケルト神話・伝説事典」（M.J.グリーン）東京書籍 2006.8 p274-282
- ◎参考文献「ケルトの水脈」（原聖）講談社 2007.7 p352-348

ゲルマン語
- ◎参考文献「ゲルマン語への招待―ヨーロッパ言語文化史入門」（河崎靖）現代書館 2006.2 p186-215

権威
- ◎文献「現代社会と権威主義―フランクフルト学派権威論の再構成」（保坂稔）東信堂 2003.12 p272-284

検閲
- ◎注「学校図書館の検閲と選択　第3版」（H.ライヒマン）京都大学図書館情報学研究会 2002.10 p225-239
- ◎文献ほか「米国のメディアと戦時検閲―第二次世界大戦における勝利の秘密」（M.S.スウィーニ）法政大学出版局 2004.4 p19-71b
- ◎参考文献「占領下の児童書検閲―プランゲ文庫の児童読み物に探る　資料編」（谷暎子）新読書社 2004.5 p210」
- ◎「GHQに没収された本」（澤龍）サワズ出版 2005.9 439p B6
- ◎引用文献「シークレット・ミュージアム―猥褻と検閲の近代」（W.M.ケンドリック）平凡社 2007.3 p403-393

遣欧使節
- ◎参考文献「天正遣欧使節　新装版」（松田毅一）朝文社 2001.9 p353-358
- ◎参考文献「幕末遣欧使節団」（宮永孝）講談社 2006.3 p374-377

原価管理
- ◎参考文献「実践原価企画―環境経営に対応した理想ライフサイクルコストの追求」（小川正樹）税務経理協会 2001.7 p293-295
- ◎参考文献「ITコストの管理」（セバスティアン・ノークス）東洋経済新報社 2001.9 p312-315
- ◎引用文献「環境を重視する品質コストマネジメント」（伊藤嘉博）中央経済社 2001.10 p193-200
- ◎文献「ABCによる原価管理研究」（吉田康久）中央経済社 2002.2 p293-300

◎文献「持続的競争優位をもたらす原価企画能力」(吉田栄介) 中央経済社 2003.2 p239-255
◎参考文献「プロジェクト・コストマネジメント─PM必須知識 見積もりモデル・進捗管理手法」(P. F. ラッド) 生産性出版 2004.7 p161-163
◎文献案内「ライフサイクル・コスティング─イギリスにおける展開」(岡野憲治) 松山大総合研究所 2005.3 p115-122
◎文献目録「ライフサイクル・コストマネジメントの理論と応用」(竹森一正) 創成社 2005.5 p257-264

幻覚
◎参考関連図書「試してナットク! 錯視図典─古典的名作から新発見まで全体験!」(馬場雄二ほか) 講談社 2004.12 p196-198
◎文献「統合失調症者のヌミノース体験─臨床心理学的アプローチ」(松田真理子) 創元社 2006.9 p205-213

玄学
◎ブックガイド「神仙道の本─秘教玄学と幽冥界への参入」 学習研究社 2007.3 p179-182

原価計算
◎文献「図解コストマネジメント」(KPMGコンサルティング) 東洋経済新報社 2002.8 p240-244
◎文献「原価計算の基礎─理論と計算」(上埜進) 税務経理協会 2003.4 p329-334
◎文献「日本原価計算理論形成史研究」(建部宏明) 同文舘出版 2003.9 p343-367
◎参考文献「ライフサイクル・コスティング─戦略的コスト・マネジメントへのアプローチ」(岡野憲治) 松山大総合研究所 2004.3 p75-84
◎参考文献「ライフサイクル・コスティングの研究─ドイツ・ライフサイクル・コスティングを視野に入れて」(岡野憲治) 松山大総合研究所 2005.2 p192-197
◎引用文献「活動原価会計の研究─ABC・ABMアプローチ」(吉田康久) 中央経済社 2005.10 p237-242
◎参照文献「長崎造船所原価計算生成史」(豊島義一) 同文舘出版 2006.2 p387-391

減価償却
◎文献「加速償却の研究─戦後アメリカにおける減価償却制度」(小森瞭一) 有斐閣 2002.3 p325-334
◎引用参考文献「法人税における減価償却費の史的研究」(濱沖典之) 泉文堂 2005.9 p165-188

堅果食
◎参考文献「日韓における堅果食文化」(和田稔三) 第一書房 2007.7 p336-340

研究開発
◎参考文献「研究開発戦略の会計情報」(西村優子) 白桃書房 2001.2 p317-333
◎参考文献「研究開発の国際マネジメント」(中原秀登) 文眞堂 2001.4 p172-180
◎書籍紹介(小樽商科大ビジネス創造センター)「社会科学系大学院生のための研究の進め方─修士・博士論文を書くまえに」(D. レメニイほか) 同文舘出版 2002.9 p145-149
◎文献「挑戦する地域─コーディネーターとリエゾン組織が地域を変えた6つの事例」(長平彰夫) ぎょうせい 2003.3 p205-208

◎参考文献「知的財産制度とイノベーション」(後藤晃ほか) 東京大学出版会 2003.6 prr
◎参考文献「研究開発従事者のマネジメント」(三崎秀央) 中央経済社 2004.5 p195-208
◎参考文献「研究開発投資の会計処理と市場の評価」(劉恭和) 同文舘出版 2005.3 p221-229
◎参考文献「知財ポートフォリオ経営─研究開発戦略の評価と知財M&Aの考え方」(三宅将之) 東洋経済新報社 2005.4 p224-226
◎文献「研究開発投資のマクロ経済分析─経済モデル分析からのアプローチ」(秋本耕二) 勁草書房 2006.1 p211-216
◎参考文献「研究開発の組織行動─研究開発技術者の業績をいかに向上させるか」(開本浩矢) 中央経済社 2006.4 p221-242
◎参考文献「研究開発戦略と組織能力」(金子秀) 白桃書房 2006.9 p237-249
◎ブックガイド「技術マネジメント入門」(三澤一文) 日本経済新聞出版社 2007.3 p189-192
◎参考文献「グローバル・イノベーションのマネジメント─日本企業の海外研究開発活動を中心として」(岩田智) 中央経済社 2007.5 p279-291
◎参考文献「研究開発技術者の人事管理」(福谷正信) 中央経済社 2007.11 p274-278

研究管理
◎参考文献「漸進的改良型イノベーションの背景」(明石芳彦) 有斐閣 2002.2 p219-235
◎参考文献「イノベーションへの解─利益ある成長に向けて」(C. クリステンセンほか) 翔泳社 2003.12 p369-373
◎参考文献「科学経営のための実践的MOT─技術主導型企業からイノベーション主導型企業へ」(H. チルキー) 日経BP社 2005.1 p385-390
◎参考文献「イノベーションと産業組織─企業間コーディネーションの視点」(田中悟) 多賀出版 2005.6 p208-216
◎参考文献「技術経営論」(藤末健三) 生産性出版 2005.10 p457-464
◎参考文献「収益エンジンの論理─技術を収益化する仕組みづくり」(井上達彦) 白桃書房 2006.11 p253-262
◎参考文献「技術経済システム」(渡辺千仭) 創成社 2007.12 p257-262

研究社
◎出版物年譜「研究社百年の歩み」(研究社社史編纂室) 研究社 2007.11 p113-378

研究者
◎参考文献ほか「基礎研究者の職務関与と人的資源管理」(義村敦子) 慶應義塾大出版会 2007.7 p177-189

研究集会
◎注文献「ワークショップ 新しい学びと創造の場」(中野民夫) 岩波書店 2001.1 p213-218

研究助成
◎文献「戦後国立大学における研究費補助」(阿曽沼明裕) 多賀出版 2003.2 p411-430

研究戦略
- ◎参考文献「世界最強企業の研究戦略」(ロバート・ブーデリ) 日本経済新聞社 2001.4 p568-582

研究調査機関
- ◎参考文献ほか「日本に「民主主義」を起業する―自伝的シンクタンク論」(鈴木崇弘) 第一書林 2007.5 p310-314

研究評価
- ◎参考文献「研究評価・科学論のための科学計量学入門」(藤垣裕子ほか) 丸善 2004.3 p191-204

言語
- ◎参考図書「言葉とは何か 改訂新版」(丸山圭三郎) 夏目書房 2001.4 p156-162
- ◎文献「消えゆく言語たち 失われることば、失われる世界」(D.ネトルほか) 新曜社 2001.5 p25-38b
- ◎参考文献「言語の興亡」(R. M. W. ディクソン) 岩波書店 2001.6 p1-13b
- ◎参考文献「子供は言語をどう獲得するのか」(スーザン・H.フォスター=コーエン) 岩波書店 2001.7 p295-307
- ◎参考文献「運動と言語」 岩波書店 2001.9 p227-243
- ◎参考文献「ことばのエクササイズ」(青木三郎) ひつじ書房 2002.1 p183-185
- ◎参考文献「映像の言語学―日本語教育学シリーズ6」(城生佰太郎ほか) おうふう 2002.1 prr
- ◎略年譜「言語表現の起源をめぐって―モーペルテュイ、テュルゴ、メーヌ・ド・ビラン」(ロナルド・グリムズリ) 北樹出版 2002.3 p175-178
- ◎参考文献「計量言語学入門」(伊藤雅光) 大修館書店 2002.4 prr
- ◎「言語学図書総目録 2002」 言語学出版社フォーラム 2002.4 156p B5
- ◎参考文献「言語研究入門―生成文法を学ぶ人のために」(大津由紀雄ほか) 研究社 2002.4 p295-310
- ○重要文献解題「言語 31.6別冊」(大修館書店) 2002.5 p199-255
- ◎文献ほか「言語と脳―神経言語学入門」(L. K. オブラーほか) 新曜社 2002.6 p12-31b
- ◎文献「落語の言語学」(野村雅昭) 平凡社 2002.6 p305-313
- ◎引用文献「言語の脳科学―脳はどのようにことばを生みだすか」(酒井邦嘉) 中央公論新社 2002.7 prr
- ◎参考文献「消滅の危機に瀕した世界の言語―ことばと文化の多様性を守るために」(宮岡伯人ほか) 明石書店 2002.7 p377-400
- ◎文献「現代言語学入門 3 単語と文の構造」(郡司隆男) 岩波書店 2002.9 p241-248
- ◎参照文献「情報のなわ張り理論 続」(神尾昭雄) 大修館書店 2002.9 p139-146
- ◎参考文献「単語と文の構造―現代言語学入門 3」(郡司隆男) 岩波書店 2002.9 p241-248
- ◎参考文献「認知言語学キーワード事典」(辻幸夫) 研究社 2002.11 p270-297
- ◎参考文献「認知言語学」(大堀寿夫) 東京大学出版会 2002.12 p257-276
- ◎参考文献「視覚言語の世界」(斉藤くるみ) 彩流社 2003.1 p169-178
- ◎文献「言語のレシピ―多様性にひそむ普遍性をもとめて」(M. C. ベイカー) 岩波書店 2003.2 p315-329
- ◎参考文献「言語学的にいえば…」(L.バウアーほか) 研究社 2003.2 p243-249
- ◎参考文献「現代言語学の潮流」(山梨正明ほか) 勁草書房 2003.3 prr
- ◎文献「保育と言葉―保育者と子どもの心の架け橋を求めて」(曽和信一) 明石書店 2003.3 p119-120
- ◎参考文献「ことばと共生 言語の多様性と市民社会の課題」(桂木隆夫) 三元社 2003.4 prr
- ◎参考文献「応用言語学事典」(小池生夫ほか) 研究社 2003.4 p845-923
- ◎文献「なぜ言葉は変わるのか―日本語学と言語学へのプロローグ」(柿木重宜) ナカニシヤ出版 2003.5 p165-167
- ◎参考文献「オートマトン・言語理論の基礎」(米田政明ほか) 近代科学社 2003.5 p213-216
- ◎文献「消滅の危機に瀕した言語の研究の現状と課題」(崎山理編) 国立民族学博物館 2003.6 prr
- ◎文献「言語行動 朝倉日本語講座9」(荻野綱男) 朝倉書店 2003.7 prr
- ◎参考文献「認知言語学への招待 シリーズ認知言語学入門1」(辻幸夫) 大修館書店 2003.7 p263-278
- ◎読書案内「情報科学のための自然言語学入門―ことばで探る脳のしくみ」(畠山雄二) 丸善 2003.8 prr
- ◎参考文献「コーパス言語学―言語構造と用法の研究」(D. Biberほか) 南雲堂 2003.10 p260-266
- ◎参考書目「一般言語学入門 2版」(E. コセリウ) 三修社 2003.10 p281-284
- ◎文献「ターミノロジー学の理論と応用―情報学・工学・図書館学」(岡谷大ほか) 東京大学出版会 2003.11 p177-184
- ◎参考文献「言語学の基礎概念と研究動向 2版」(H. ギッパー) 三修社 2003.11 p271-286
- ◎文献「地球時代の言語表現―聴く・話す・対話力を高める」(多田孝志) 東洋館出版社 2003.11 p207-208
- ◎参考文献「現代言語学の諸問題 2版」(C. フックスほか) 三修社 2003.12 prr
- ◎文献「世界諸言語の地理的・系統的語順分布とその変遷」(山本秀樹) 渓水社 2003.12 p143-186
- ◎参考文献「ことばの科学ハンドブック」(郡司隆男ほか) 研究社 2004.2 p235-237
- ◎references「コーパスに基づく言語研究―文法化を中心に」(秋元実治ほか) ひつじ書房 2004.3 p153-156
- ◎参考文献「音声パターンと表現力―ことばの美しさとは何か」(R. ツール) 鳳書房 2004.3 p199-205
- ◎引用文献「言語学的文法構築の方法」(原誠) 近代文芸社 2004.3 p383-395
- ◎参考文献「絶滅していく言語を救うために―ことばの死とその再生」(宮谷啓介) 白水社 2004.3 p10-16b
- ◎文献一覧「ことばとは何か―言語学という冒険」(田中克彦) 筑摩書房 2004.4 p227-230
- ◎参考文献「言語の科学入門 言語の科学1」(松本裕治ほか) 岩波書店 2004.4 p177-182
- ◎「言語学図書総目録 2004」 言語学出版社フォーラム 2004.4 168p A4
- ◎読書案内「心のパターン―言語の認知科学入門」(R.ジャッケンドフ) 岩波書店 2004.4 p271-284

けんこ

◎参考文献「言語・思考・権威—言葉の罠と自分で考えること」（A. ゲッシン）　未知谷　2004.5　p239-241
◎参考文献ほか「意味　言語の科学4」（郡司隆男ほか）　岩波書店　2004.7　p171-184
◎参考文献「対照言語学の新展開」（佐藤滋ほか）　ひつじ書房　2004.7　prr
◎参考文献ほか「文法　言語の科学5」（益岡隆志ほか）　岩波書店　2004.8　p161-172
◎引用文献「画像の記憶における言語的符号化の影響」（北神慎司）　風間書房　2004.9　p129-139
◎参考文献「言語学　2版」（風間喜代三ほか）　東京大学出版会　2004.9　prr
◎参考文献「言語的近代を超えて—〈多言語状況〉を生きるために」（山本真弓ほか）　明石書店　2004.9　p316-323
◎参考文献ほか「生成文法　言語の科学6」（田窪行則ほか）　岩波書店　2004.9　p215-227
◎参考文献ほか「談話と文脈　言語の科学7」（田窪行則ほか）　岩波書店　2004.10　p167-179
◎参考文献「ことばの認知空間」（山梨正明）　開拓社　2004.11　p191-198
◎参考文献「ジェンダーの言語学」（K. A. レイノルズ）　明石書店　2004.11　prr
◎参考文献ほか「言語の数理　言語の科学8」（長尾真ほか）　岩波書店　2004.11　p199-218
◎参考文献「消滅する言語—人類の知的遺産をいかに守るか」（D. クリスタル）　中央公論新社　2004.11　p271-258
◎参考文献「ことばとアイデンティティ」（小野原信善ほか）　三元社　2004.12　prr
◎参考文献「はじめての認知言語学」（吉村公宏）　研究社　2004.12　p177-180
◎おすすめ図書「言語学入門—これから始める人のための入門書」（佐久間淳一ほか）　研究社　2004.12　p156-158
◎文献「説明文理解の心理学」（岸学）　北大路書房　2004.12　p147-155
◎参考文献ほか「言語の獲得と喪失」（橋田浩一ほか）　岩波書店　2005.1　p169-188
◎参考文献「世界言語文化図鑑—世界の言語の起源と伝播　新訂」（B. コムリーほか）　東洋書林　2005.1　p219-220
◎参考文献「言語科学と関連領域」（大津由紀雄ほか）　岩波書店　2005.2　p189-200
◎参考文献「事態概念の記号化に関する認知言語学的研究」（谷口一美）　ひつじ書房　2005.2　p351-358
◎参考文献「ことばの生態系—コミュニケーションは何でできているか」（井上逸兵）　慶應義塾大出版会　2005.3　p91-94
◎参考文献「ことばの習得と喪失—心理言語学への招待」（伊藤克敏）　勁草書房　2005.4　p7-24b
◎参考文献「比較言語学の視点—テキストの読解と分析」（吉田和彦）　大修館書店　2005.4　p168-175
◎参考文献「言語にとって「人為性」とはなにか—言語構築と言語イデオロギー・ケルノウ語・ソルブ語を事例として」（木村護郎C）　三元社　2005.6　p554-579
◎参考文献ほか「言語の事典」（中島平三）　朝倉書店　2005.6　prr
◎文献「テクスト言語学序説」（K. アダムツィク）　同学社　2005.9　p241-254

◎引用文献「言語類型の起源と系譜」（近藤健二）　松柏社　2005.12　p469-480
◎文献「ことばの意味とは何か—字義主義からコンテクスト主義へ」（F. レカナティ）　新曜社　2006.1　p350-336
◎参考文献「心とことばの起源を探る—文化と認知」（M. トマセロ）　勁草書房　2006.2　p14-38b
◎参考文献「言語学とジェンダー論への問い—丁寧さとはなにか」（S. ミルズ）　明石書店　2006.3　p335-357
◎文献「言語進化とはなにか—ことばが生物学と出会うとき」（S. ピンカーほか）　大学教育出版　2006.3　p103-115
◎参考文献「第二言語理解の認知メカニズム—英語の書きことばの処理と音韻の役割」（門田修平）　くろしお出版　2006.3　p216-225
◎引用文献ほか「聴覚・ことば」（重野純）　新曜社　2006.3　p138-131
◎出典「「消えゆくことば」の地を訪ねて」（M. エイブリー）　白水社　2006.4　p1-17b
◎ブックガイド「ことば」（加賀野井秀一ほか）　プチグラパブリッシング　2006.4　p134-141
◎書誌「言語学への扉」（星浩司）　慶應義塾大出版会　2006.4　p185-193
◎参考引用文献「対談心とことばの脳科学」（山鳥重ほか）　大修館書店　2006.4　p231-222
◎参考文献「ことばは生きている—選択体系機能言語学序説」（龍城正明）　くろしお出版　2006.5　p159-163
◎文献「オセアニアのことば・歴史—ナウル島ノーフォーク島ニューギニアオーストラリア」（岡村徹）　溪水社　2006.5　p196-202
◎参考文献「文法の原理　上」（O. イェスペルセン）　岩波書店　2006.5　p17-24
◎参考文献「フロムキンの言語学」（V. フロムキン）　トムソンラーニング　2006.6　prr
◎参考文献「実例で学ぶ認知言語学」（D. リー）　大修館書店　2006.6　p295-301
◎文献「言語の基盤—脳・意味・文法・進化」（R. S. ジャッケンドフ）　岩波書店　2006.7　p515-549
◎参考文献「言語科学の百科事典」（鈴木良次）　丸善　2006.7　prr
◎原注「西欧言語の歴史」（H. ヴァルテール）　藤原書店　2006.9　p514-550
◎文献「表現と意味—言語行為論研究」（J. R. サール）　誠信書房　2006.9　p289-291
◎参考文献「文法を描く—フィールドワークに基づく諸言語の文法スケッチ　1」（中山俊秀ほか）　東京外国語大　2006.9　prr
◎参考文献「ヒト・ことば・社会」（児玉徳美）　開拓社　2006.10　p219-226
◎参考文献「ヨーロッパの言語と国民」（D. バッジオーニ）　筑摩書房　2006.10　p435-443
◎引用文献「教育言語学論考—文法論へのアンチテーゼと意味創りの教育」（宇都宮裕章）　風間書房　2006.10　p299-307
◎参考文献「言語類型論入門—言語の普遍性と多様性」（L. J. ウェイリー）　岩波書店　2006.10　p287-302
◎参考文献「ヒトはいかにヒトになったか—ことば・自我・知性の誕生」（正高信男）　岩波書店　2006.11　p227-230

◎参考文献「言語基礎論の構築へ向けて」(峰岸真琴) 東京外国語大 2006.12 prr
◎文献案内「ことばの科学」(加藤重広) ひつじ書房 2007.3 p127-130
◎参考文献「言語学の諸相―赤塚紀子教授記念論文集」(久野暲ほか) くろしお出版 2007.4 prr
◎参考文献「言葉を使うサル―言語の起源と進化」(R. バーリング) 青土社 2007.4 p8-25b
◎参考文献「脳がほぐれる言語学―発想の極意」(金川欣二) 筑摩書房 2007.8 p216-218
◎参考文献「ことばは壊れない―失語症の言語学」(久保田正人) 開拓社 2007.10 p191-193

健康

◎参考文献「生活と健康―健康で快適な生活環境を求めて」(森田みゆきほか) 三共出版 2001.1 p101-103
◎文献「ライフスタイルと健康の科学」(戎利光,戎弘志) 不昧堂出版 2001.4 p181-189
◎参考文献「健康観にみる近代」(鹿野政直) 朝日新聞社 2001.7 p191-197
◎参考文献「放射線と健康」(舘野之男) 岩波書店 2001.8 p1-5b
◎参考資料「開発と健康 ジェンダーの視点から」(青山温子ほか) 有斐閣 2001.9 p209-213
○読書案内(東谷暁)「文藝春秋 79.15」(文藝春秋) 2001.12 p228-238
◎文献「喫煙と健康―喫煙と健康問題に関する検討会報告書 新版」 保健同人社 2002.6 p383-435
◎文献「健康病―健康社会はわれわれを不幸にする」(上杉正幸) 洋泉社 2002.12 p214-215
◎引用文献「ジェンダーで読む健康/セクシュアリティ 健康とジェンダーII」(根村直美) 明石書店 2003.2 prr
◎参考文献「食の健康科学 食品の機能性と健康」(橋本直樹) 第一出版 2003.2 p211-212
◎参考文献「健康帝国ナチス」(K. N. プロクター) 草思社 2003.9 p1-18b
◎「健康・食事の本全情報 1993-2004」(日外アソシエーツ) 日外アソシエーツ 2004.11 12, 799p A5
◎参考文献「老いない魔法の心理テクニック―120歳まで現役宣言!」(内藤誼人) 河出書房新社 2006.6 p1-7b
◎文献「病気にならない人は知っている」(K. トルドー) 幻冬舎 2006.11 p274-285

剣豪

◎参考文献「剣豪―その流派と名刀」(牧秀彦) 光人社 2002.12 p292」
◎文献「戦国の兵法者―剣豪たちの源流とその系譜」(牧秀彦) 学習研究社 2007.7 p250-252

元寇

◎参考文献「モンゴル襲来の衝撃 日本の中世9」(佐伯弘次) 中央公論新社 2003.1 p250-257
◎参考文献「蒙古襲来 改版 日本の歴史8」(黒田俊雄) 中央公論新社 2004.12 p565-568
◎参考文献「蒙古襲来 戦争の日本史7」(新井孝重) 吉川弘文館 2007.5 p268-274

健康管理

◎参考図書「ライフステージと健康」(早川浩,杉下知子) 中外医学社 2000.3 p157-158

◎文献「ヘルスプロモーションの経済評価―先進的事例に見る POD版」(J. P. Opatz) サイエンティスト社 2003.2 p240-268
◎参考文献「予防と健康の事典―セルフ・メディカ」(栗原毅ほか) 小学館 2007.5 p670-671
◎参考文献「これからの健康科学 改訂3版」(森下玲児) 金芳堂 2007.9 p227-230

健康教育

◎文献「健康教育概論」(日本健康心理学会) 実務教育出版 2003.9 prr
◎文献一覧「実践ヘルスプロモーション―PRECEDE-PROCEEDモデルによる企画と評価」(L. W. グリーンほか) 医学書院 2005.11 p267-357

健康サービス

◎文献「健康サービス研究入門―保健・医療の調査と評価」(原野悟) 新興医学出版社 2002.7 p97-98

健康支援

◎文献「健康支援学入門―健康づくりの新たな方法と展開」(日本健康支援学会) 北大路書房 2001.4 p201-209

健康食品

◎参考文献「伝統的な健康食材の旅」(秋場龍一) 角川書店 2001.11 p216-217
◎参考文献「健康食品百科 改訂版」(健康食品の適正使用を考える会) ブレーン出版 2003.3 p462-467

健康心理

◎引用文献「女性の健康心理学」(大竹恵子) ナカニシヤ出版 2004.3 p133-157
◎引用文献「身体活動の健康心理学―決定因・安寧・介入」(S. J. H. ビドルほか) 大修館書店 2005.4 p290-317
◎参考文献「健康心理学」(菅佐和子ほか) 丸善 2005.9 p184-186
◎文献「健康心理学入門」(A. J. カーティス) 新曜社 2006.2 p9-22b
◎引用参考文献「健康心理学 新版」(野口京子) 金子書房 2006.9 p177-183
◎引用文献「健康の心理学―心と身体の健康のために」(春木豊ほか) サイエンス社 2007.9 p223-239

健康政策

◎参考文献「根拠に基づく健康政策のすすめ方―政策疫学の理論と実際」(R. A. スパソフ) 医学書院 2003.10 p271-287

健康法

◎参考文献「養生の楽しみ」(瀧澤利行) 大修館書店 2001.6 p187-192
◎文献「食と健康―情報のウラを読む」(村上明,森光康次郎) 丸善 2002.11 p288-300
◎文献「健康長寿のための食生活―腸内細菌と機能性食品」(光岡知足) 岩波書店 2002.12 p165-168
◎ブックガイド「健康学がわかる。」 朝日新聞社 2003.8 p138-146
◎参考図書「表の体育裏の体育―日本の近代化と古の伝承の間に生まれた身体観・鍛練法」(甲野善紀) PHP研究所 2004.3 p338-345
◎参考文献「ほどほど養生訓―がん・脳卒中・心臓病・糖尿病は自分で防げる」(岡田正彦) 日本評論社 2007.8 p235-236

健康保険
- ◎文献「福祉社会における医療と政治―診療報酬をめぐる関係団体の動き」(結城康博) 本の泉社 2004.10 p253-262
- ◎参考文献「医療保険・診療報酬制度」(池上直己ほか) 勁草書房 2005.3 prr
- ◎参考文献「日本の医療保険制度と費用負担」(小松秀和) ミネルヴァ書房 2005.4 p137-141
- ◎参考文献「医療と介護の世代間格差―現状と改革」(田近栄治ほか) 東洋経済新報社 2005.9 prr
- ◎啓蒙書「わが国の医療保険制度 3版」(竹下昌三) 大学教育出版 2006.10 p223-227

原稿料
- ◎参照文献「売文生活」(日垣隆) 筑摩書房 2005.3 p248-265

言語学
- ◎文献「コトバ―音と文字の間」(戸村幸一) 創英社 2001.4 p146-148
- ◎注文献「二十世紀の言語学 新装復刊」(ジョルジュ・ムーナン) 白水社 2001.6 p292-336
- ◎参考文献「応用社会言語学を学ぶ人のために」(D. ロング) 世界思想社 2001.10 prr
- ◎参考文献「言語学のしくみ」(町田健) 研究社 2001.11 p225-228
- ◎参考文献「差別語からはいる言語学入門」(田中克彦) 明石書店 2001.11 p186-187
- ◎参考文献「現代ドイツ言語学入門―生成・認知・類型のアプローチから」(吉田光演ほか) 大修館書店 2001.12 p205-215
- ◎参考文献「談話・テクストの展開のメカニズム―接続表現と談話標識の認知的考察」(甲田直美) 風間書房 2001.12 p271-290

言語学習
- ◎引用文献「ことばはどこで育つか」(藤永保) 大修館書店 2001.2 p315-323
- ◎参考文献「子どもはことばをからだで覚える―メロディから意味の世界へ」(正高信男) 中央公論新社 2001.4 p186-189
- ◎文献「ことばの発達入門」(秦野悦子) 大修館書店 2001.10 p219-226
- ◎文献「児童期後期における読解力の発達に関する研究」(西垣順子) 北大路書房 2003.8 p159-165
- ◎参考文献「言語学習の心理 講座・日本語教育学3」(迫田久美子) スリーエーネットワーク 2006.9 prr
- ◎参考文献「レキシコンの構築―子どもはどのように語と概念を学んでいくのか」(今井むつみほか) 岩波書店 2007.7 p243-257

言語教育
- ◎参考文献「日本語学と言語教育」(上田博人) 東京大学出版会 2002.12 prr
- ◎参考文献「言語教育学入門―応用言語学を言語教育に活かす」(山内進) 大修館書店 2003.12 prr
- ◎参考文献「言語テスティング概論」(T. F. マクナマラ) スリーエーネットワーク 2004.8 p142-153
- ◎参考文献「カナダの継承語教育―多文化・多言語主義をめざして」(J. カミンズほか) 明石書店 2005.5 p147-154
- ◎文献「幼児の語彙学習を促す要因に関する研究」(田村隆宏) 風間書房 2005.9 p191-196
- ◎参考文献「世界の言語テキスト」(国立国語研究所) くろしお出版 2006.3 p343-346
- ◎文献「変貌する言語教育―多言語・多文化社会のリテラシーズとは何か」(佐々木倫子ほか) くろしお出版 2007.10 prr

言語サービス
- ◎参考文献「外国人住民への言語サービス」(河原俊昭ほか) 明石書店 2007.1 prr

言語社会
- ◎参考文献「社会言語学」(ルイ=ジャン・カルヴェ) 白水社 2002.1 p6-7b
- ◎参考文献「ことばの政治社会学」(ましこひでのり) 三元社 2002.12 p244-259
- ◎文献「地方語と共通語における借用語の動態関係―アフリカとインドネシアの場合」(梶茂樹) 大阪学院大 2003.3
- ◎参考文献「認知と相互行為の社会言語学―ディスコース・ストラテジー」(J. ガンパーズ) 松柏社 2004.5 p287-296
- ◎文献「論力の時代―言葉の魅力の社会学」(宮原浩二郎) 勁草書房 2005.1 p183-184
- ◎参考文献「第二言語習得とアイデンティティ―社会言語学的適切性習得のエスノグラフィー的ディスコース分析」(窪田光男) ひつじ書房 2005.3 p213-218
- ◎参考文献「社会言語学の調査と研究の技法―フィールドワークとデータ整理の基本」(中井精一) おうふう 2005.4 p156-159
- ◎参照文献「電磁波は〈無害〉なのか―ケータイ化社会の言語政治学」(菊池久一) せりか書房 2005.7 p220-225
- ◎文献「社会言語学の展望」(真田信治) くろしお出版 2006.3
- ◎参考文献「言語行動と社会・文化 講座・日本語教育学2」(町博光) スリーエーネットワーク 2006.9 prr
- ◎引用参考文献「言語相互行為の理論のために―「当たり前」の分析」(丸井一郎) 三元社 2006.9 p270-285
- ◎参考文献「文化と状況的学習―実践、言語、人工物へのアクセスのデザイン」(上野直樹ほか) 凡人社 2006.10 prr
- ◎参考文献「〈悪口〉という文化」(山本幸司) 平凡社 2006.11 p211-217
- ◎参考文献「ことば/権力/差別―言語権からみた情報弱者の解放」(ましこひでのり) 三元社 2006.12 prr
- ◎参考文献「言語態分析―コミュニケーション的思考の転換」(原宏之) 慶應義塾大出版会 2007.4 p425-431
- ◎文献表「言語の屋根と階層構造」(田原憲和) ブイツーソリューション 2007.5 p172-184
- ◎参考文献「海外の日本語の新しい言語秩序―日系ブラジル・日系アメリカ人社会における日本語による敬意表現」(山下暁美) 三元社 2007.8 p217-242
- ◎参考文献「日本人と外国人のビジネス・コミュニケーションに関する実証研究」(近藤彩) ひつじ書房 2007.9 p195-208
- ◎参考文献「「性」と日本語―ことばがつくる女と男」(中村桃子) NHK出版 2007.10 p242-247
- ◎文献「会話分析・ディスコース分析―ことばの織りなす世界を読み解く」(鈴木聡志) 新曜社 2007.11 p7-16b

言語習得
- ◎参考文献「言語獲得から言語習得へ―思春期をめぐる脳の言語機能」(ジュディス・R. ストローザー) 松柏社 2001.10 p298-365
- ◎引用文献「第2言語習得における第1言語の関与―日本語学習者の作文産出から」(石橋玲子) 風間書房 2002.1 p131-139
- ◎参考文献「第2言語習得のメカニズム」(R. エリス) 筑摩書房 2003.4 p218-238

言語障害
- ◎文献「ことばの障害入門」(西村辨作) 大修館書店 2001.10 p233-240
- ◎文献「言語臨床の「人間交差点」―ことばと心が交差する場」(手束邦洋ほか) 学苑社 2004.1 prr
- ◎文献「言語コミュニケーション障害の新しい視点と介入理論」(笹沼澄子) 医学書院 2005.9 prr
- ◎参考文献「ことばに障害がある人の歴史をさぐる」(山本正志) 文理閣 2005.11 p127-129
- ◎参考文献「コミュニケーション支援の情報科学」(高橋亘) 現代図書 2007.4 p273-275
- ◎参考文献「場面緘黙児への支援―学校で話せない子を助けるために」(A. E. McHolmほか) 田研出版 2007.7 p183-185

言語情報処理
- ◎文献「危機言語のコーパスの構築のために」(千葉庄寿) 大阪学院大 2003.3 p110-113
- ◎文献「自動要約」(I. Mani) 共立出版 2003.6 p261-275
- ◎参考文献「自然言語処理ことはじめ―言葉を覚え会話のできるコンピュータ」(荒木健治) 森北出版 2004.6 p138-142
- ◎参考文献「シェークスピアは誰ですか?―計量文献学の世界」(村上征勝) 文藝春秋 2004.10 p196-199
- ◎参考文献ほか「言語情報処理 言語の科学9」(長尾真ほか) 岩波書店 2004.12 p203-213
- ◎参考文献「テキスト自動要約―知の科学」(奥村学ほか) オーム社 2005.3 p145-155
- ◎参考文献「言語・知識・信念の論理」(東条敏) オーム社 2006.3 p191-193
- ◎引用参考文献「意見分析エンジン―計算言語学と社会学の接点」(大塚裕子ほか) コロナ社 2007.10 p202-216
- ◎参考文献「自然言語処理」(宇津呂武仁ほか) オーム社 2007.10 p175-177

言語心理
- ◎引用文献「言語表現の状況的使い分けに関する社会心理学的研究」(岡本真一郎) 風間書房 2000.12 p195-201
- ◎引用文献「ことばの社会心理学 第2版」(岡本真一郎) ナカニシヤ出版 2001.10 p23-226
- ◎文献「接触場面における共生的学習の可能性―意識面と発話内容面からの考察」(一二三朋子) 風間書房 2002.11 p155-167
- ◎文献「言語伝達説と言語認識説の系譜」(酒井優子) リーベル出版 2002.12 p227-240
- ◎参考文献「言葉と病い―その起源と発達論」(豊永武盛) 日本評論社 2003.7 p195-196
- ◎引用文献「感情・感覚・行動に及ぼす否定形暗示文の作用過程」(宮下敏恵) 風間書房 2004.2 p201-208
- ◎参考文献「プラトンと考えることばの獲得―成長する文法・計算する言語器官」(野村泰幸) くろしお出版 2004.5 p227-245
- ◎参考文献「ことばと心理―言語の認知メカニズムを探る」(石川圭一) くろしお出版 2005.10 p141-148
- ◎文献「言語心理学」(針生悦子) 朝倉書店 2006.4 prr
- ◎引用文献「ことばの社会心理学 3版」(岡本真一郎) ナカニシヤ出版 2006.5 p215-241
- ◎参考引用文献「ことばのコミュニケーション―対人関係のレトリック」(岡本真一郎) ナカニシヤ出版 2007.10 prr

言語政策
- ◎参考文献「あふれる言語, あふれる文字―インドの言語政策」(鈴木義里) 右文書院 2001.1 p263-284
- ◎参考文献「シンガポールの言葉と社会―多言語社会における言語政策 改訂版」(大原始子) 三元社 2002.2 p219-229
- ◎文献目録「日本軍政下のマラヤにおける日本語教育」(松永典子) 風間書房 2002.2 p227-247
- ◎文献「「グローカル化」時代の言語教育政策―「多様化」の試みとこれからの日本」(岡戸浩子) くろしお出版 2002.10 p205-213
- ◎参考文献「世界の言語政策―多言語社会と日本」(河原俊昭) くろしお出版 2002.10 prr
- ◎文献「植民地支配と日本語―台湾, 満洲国, 大陸占領地における言語政策 増補版」(石剛) 三元社 2003.1 p246-251
- ◎文献「近現代中国における言語政策―文字改革を中心に」(藤井(宮西)久美子) 三元社 2003.2 p227-232
- ◎参考文献「言語政策としての英語教育」(山口雄一郎) 渓水社 2003.6 p255-268
- ◎参考文献「英語支配とは何か―私の国際言語政策論」(津田幸男) 明石書店 2003.12 prr
- ◎参考文献「多言語社会がやってきた―世界の言語政策Q&A」(河原俊昭ほか) くろしお出版 2004.6 p221-236
- ◎参考文献「日本の植民地言語政策研究」(石剛) 明石書店 2005.3 p342-351
- ◎引用文献「多様社会カナダの「国語」教育―高度国際化社会の経験から日本への示唆」(関口礼子ほか) 東信堂 2006.8 prr
- ◎参考引用文献「日本の言語政策と英語教育―「英語が使える日本人」は育成されるのか?」(奥野久) 三友社出版 2007.7 p200-203
- ◎参考文献「アイデンティティの危機―アルザスの運命」(E. フィリップス) 三元社 2007.8 p1-7b
- ◎参考文献「言語権の理論と実践」(渋谷謙次郎ほか) 三元社 2007.10 prr
- ◎参考文献ほか「ポストコロニアル国家と言語―フランス語公用語国セネガルの言語と社会」(砂野幸稔) 三元社 2007.12 p79-92b

言語哲学
- ◎参照文献「パウロの言語哲学」(清水哲郎) 岩波書店 2001.2 p280-286
- ◎参考文献「言語哲学を学ぶ人のために」(野本和幸ほか) 世界思想社 2002.8 prr
- ◎参考文献「言語哲学入門」(服部裕幸) 勁草書房 2003.3 p215-225

◎参考文献「共同性の現代哲学―心から社会へ」（中山康雄）　勁草書房　2004.11　p7-12b
◎参考文献「ことばの元を探る―知恵と文字の仕込み」（末延岑生）　天理大　2005.3　p236-239
◎文献一覧「言語哲学―入門から中級まで」（W. G. ライカン）　勁草書房　2005.12　p333-343
◎参考文献「意味と目的の世界―生物学の哲学から」（R. G. ミリカン）　勁草書房　2007.1　p9-18b
◎文献「言葉と心―全体論からの挑戦」（中山康雄）　勁草書房　2007.1　p7-14b
◎注「アメリカ言語哲学入門」（冨田恭彦）　筑摩書房　2007.5　p281-313
◎文献「言語行為と発話解釈―コミュニケーションの哲学に向けて」（飯野勝己）　勁草書房　2007.5　p7-12b
◎参考文献「残響の中国哲学―言語と政治」（中島隆博）　東京大出版会　2007.9　p9-29b

言語文化
◎参考文献「ゲルマン語への招待―ヨーロッパ言語文化史入門」（河崎靖）　現代書館　2006.2　p186-215
◎関連文献「日本語教育は何をめざすか―言語文化活動の理論と実践」（細川英雄）　明石書店　2002.1　p340-327

ゲンゴロウ
◎文献「図説日本のゲンゴロウ　改訂版」（森正人、北山昭）　文一総合出版　2002.2　p200-221

検察
◎参考文献「特捜検察の闇」（魚住昭）　文藝春秋　2001.5　p245-247
◎参考文献「アメリカ人のみた日本の検察制度―日米の比較考察」（D. T. ジョンソン）　シュプリンガーV東京　2004.7　p399-424
◎参考文献「指揮権発動―造船疑獄と戦後検察の確立」（渡邉文幸）　信山社出版　2005.7　p226-227

県史
◎「CD県史誌　1」（日外アソシエーツ）　日外アソシエーツ　2006.10　CD-ROM1枚　12cm
◎「CD県史誌　3（近畿・東海―近世（通史資料）編）」（日外アソシエーツ）　日外アソシエーツ　2007.9　CD-ROM1枚

原始キリスト教
◎参考文献「悲劇と福音―原始キリスト教における悲劇的なるもの」（佐藤研）　清水書院　2001.3　p178-183
◎欧文文献「古代キリスト教探訪―キリスト教の春を生きた人びとの思索」（土井健司）　新教出版社　2003.12　p183-185
◎文献「原始キリスト教」（波多野精一）　岩波書店　2005.6　p227-233
◎文献表「イエスとパウロの間」（M. ヘンゲル）　教文館　2005.8　p251-259

原始芸術
◎参考文献「洞窟へ―心とイメージのアルケオロジー」（港千尋）　せりか書房　2001.7　p283-285

原始建築
◎参考文献（ロナルド・フォーサイス・ミレン）「原始建築―図説世界建築史　1」（E. グイドーニ）　本の友社　2002.2　p247-257

原始時代
◎文献「列島考古学の再構築―旧石器から弥生までの実像」（板橋旺爾）　学生社　2003.4　p308-319
◎文献リスト「原始社会　展望日本歴史3」（石川日出志ほか）　東京堂出版　2004.2　p411-397
◎参考文献「先祖考」（児玉圀昭）　西日本新聞社　2004.10　p385-387
◎参考文献「列島創世記　全集日本の歴史1」（松本武彦）　小学館　2007.11　p355-353

原始宗教
◎引用文献「巨木と鳥竿」（諏訪春雄ほか）　勉誠出版　2001.6　prr

原子爆弾
◎参考文献「さようなら原爆　水素エネルギーこんにちは」（山本寛）　東洋経済新報社　2001.5　2pb
◎参考図書「"放射能"は怖いのか　放射線生物学の基礎」（佐藤満彦）　文藝春秋　2001.6　p238
◎図書リスト「ほんはともだち―子どもの心を育てる良書目録　2002（2000年4月～2002年3月）」（広島市よい本をすすめる母の会）　広島市こども図書館　2003.2　p80-102
◎引用参考文献ほか「ヒロシマはどう記録されたか　NHKと中国新聞の原爆報道」（NHK出版）　NHK出版　2003.7　p368-369, 396-397
◎参考文献「原爆と寺院―ある真宗寺院の社会史」（新田光子）　法蔵館　2004.5　p201-216
◎「原爆文献大事典」（文献情報研究会）　日本図書センター　2004.6　3,608p B5
◎参考文献「物理学史と原子爆弾―核廃絶への基礎知識」（斉藤三夫）　新風舎　2004.9　p121-123
◎参考文献「マーシャル諸島核の世紀―1914-2004　下」（豊崎博光）　日本図書センター　2005.5　prr
◎「原爆小文庫目録―西東京市図書館所蔵　平成17年3月末現在」（西東京市ひばりが丘図書館）　西東京市ひばりが丘図書館　2005.6　129p A4
◎「子どもたちへ原爆を語りつぐ本―総集版　2005」（広島市こども図書館）　広島市こども図書館　2005.6　109, 8p A4
◎情報源「カウントダウン、ヒロシマ」（S. ウォーカー）　早川書房　2005.7　p438-429
◎参考文献「原爆と写真」（徳川喜雄）　御茶の水書房　2005.7　p196-200
◎参考文献「きのこ雲の下から明日へ」（斉藤とも子）　ゆいぽおと　2005.8　p305-309
◎参考文献「戦後日本と戦争死者慰霊―シズメとフルイのダイナミズム」（西村明）　有志舎　2006.12　p205-220
◎参考文献（A. ウェラー）「ナガサキ昭和20年夏―GHQが封印した幻の潜入ルポ」（G. ウェラー）　毎日新聞社　2007.7　p275-277
◎参考文献ほか「世界を不幸にする原爆カード―ヒロシマ・ナガサキが歴史を変えた」（金子敦郎）　明石書店　2007.7　p338-346

原始仏教
◎参考書「原始仏教思想論　木村泰賢全集3」（木村泰賢）　大法輪閣　2004.3　p459-462

原子物理学
◎文献「ミクロ世界の物理学―生命・常温核融合・原子転換」（高橋良二）　朱鳥社　2002.1　p133-136

源氏物語

- ◎参考文献「源氏物語　空間読解」(安原盛彦)　鹿島出版会　2000.5　p211-212
- ○文献目録ほか(金鐘徳、井爪康之、五十嵐正貴ほか)「解釈と鑑賞　65.12」(至文堂)　2000.12　p134-167
- ◎文献『『源氏物語』教材化の調査研究」(一色恵里)　溪水社　2001.3　p655-663
- ◎注文献「源氏物語=性の迷宮へ」(神田龍身)　講談社　2001.7　p228-236
- ◎参考文献「平安貴族の婚姻慣習と源氏物語」(胡潔)　風間書房　2001.8　p429-439
- ◎「源氏物語注釈書・享受史事典」(伊井春樹)　東京堂出版　2001.9　829p B5
- ◎注文献「源氏物語成立研究　執筆順序と執筆時期」(斎藤正昭)　笠間書院　2001.10　prr
- ◎注「源氏物語の思考」(高木和子)　風間書房　2002.3　prr
- ◎テキスト一覧ほか「源氏物語事典」(林田孝和ほか)　大和書房　2002.5　p53-68
- ◎注「源氏物語歌織物」(宗雪修三)　世界思想社　2002.8　prr
- ◎注〈みやび〉異説―『源氏物語』という文化」(吉井美弥子)　森話社　2002.11　prr
- ◎文献目録補遺(久保田孝夫)「紫式部の方法—源氏物語・紫式部集・紫式部日記」(南波浩ほか)　笠間書院　2002.11　p515-532
- ○文献目録(村井利彦)「むらさき　39」(紫式部学会)　2002.12　p113-130
- ◎文献「源氏物語版本の研究」(清水婦久子)　和泉書院　2003.3　p579-584
- ○文献ガイド(吉野誠)「源氏研究　8」(翰林書房)　2003.4　p191-196
- ◎注「源氏物語の人物と表現—その両義的展開」(原岡文子)　翰林書房　2003.5　prr
- ◎参考書ほか「源氏物語と生涯学習—平成から源氏をよむ」(田中正明)　出島文庫　2003.9　p290-298
- ○文献(太田善之)「必携源氏物語を読むための基礎百科　別冊国文学56」(学燈社)　2003.11　p152-155
- ○文献ガイド(三村友希)「源氏研究　9」(翰林書房)　2004　p177-182
- ◎注「源氏物語論―その生活と文化」(日向一雅)　中央公論美術出版　2004.2　prr
- ◎研究文献目録(安藤徹)「源氏物語と帝」(高橋亨ほか)　森話社　2004.6　p295-325
- ○文献目録(西山美香ほか)「国文学解釈と鑑賞　69.8」(至文堂)　2004.8　p167-173
- ◎注「源氏物語の語り・言説・テクスト」(東原伸明)　おうふう　2004.10　prr
- ◎註ほか「色は匂へど―『源氏物語』と中国の情艶文学」(吉田とよ子)　上智大　2004.10　p322-336
- ◎参考文献「図説源氏物語」(石井正己)　河出書房新社　2004.10　p134」
- ◎注「源氏物語の話声と表現世界」(陣野英則)　勉誠出版　2004.11　prr
- ◎参考図書「源氏物語百華―五十四帖すべての謎を解く」(左方郁子ほか)　三修社　2004.11　p269-271
- ◎参考文献「隠れ歌詠みによる源氏物語の真相解析」(四季が岳太郎)　杉並けやき出版　2005.3　p344-346
- ◎資料案内「源氏文化の時空」(立石和弘ほか)　森話社　2005.4　p296-305
- ◎研究文献目録「源氏物語の老女房」(外山敦子)　新典社　2005.10　p200-224
- ◎文献目録(岩田行展)「源氏物語　宇治十帖の企て」(関根賢司)　おうふう　2005.12　p356-378
- ○梗概書関連書籍(上野英子)「年報　25」(実践女子大)　2006.3　p9-49
- ◎文献ガイド「描かれた源氏物語」(三田村雅子ほか)　翰林書房　2006.10　p207-217
- ◎参考文献「源氏物語の端役たち」(加藤宏文)　溪水社　2006.12　p332-337
- ◎参考文献「源氏物語の時代――一条天皇と后たちのものがたり」(山本淳子)　朝日新聞社　2007.4　p278-281
- ◎参考文献「青木慎一」「源氏物語と和歌を学ぶ人のために」(加藤睦ほか)　世界思想社　2007.10　p310-327
- ◎参考文献「源氏物語と東アジア世界」(河添房江)　NHK出版　2007.11　p282-289
- ◎参考文献「源氏物語「みやびの世界」序章」(細木郁代)　書肆フローラ　2007.12　p249-251

源氏物語絵巻

- ◎引用文献「だれが源氏物語絵巻を描いたのか」(皆本二三江)　草思社　2004.9　p207-214

研修

- ◎参考文献「戦後日本教員研修制度成立過程の研究」(久保富三夫)　風間書房　2005.2　p423-434

拳銃

- ◎文献「ドイツの小銃拳銃機関銃―歩兵兵器の徹底研究」(広田厚司)　光人社　2002.5　p329-330

剣術

- ◎参考文献「名刀伝―剣技・剣術　3」(牧秀彦)　新紀元社　2002.8　p446-497

現象学

- ◎訳注文献(木田元ほか)「人間の科学と現象学」(メルロ=ポンティ)　みすず書房　2001.4　p249-277
- ◎参考文献「身体―内面性についての試論」(マルク・リシール)　ナカニシヤ出版　2001.11　p145-146
- ◎ブックガイド(武内大ほか)「現象学　現代思想29.17」(青土社)　2001.12　p44-55
- ◎参考文献「現象学ことはじめ―日常に目覚めること」(山口一郎)　日本評論社　2002.1　p303-306
- ◎文献「理由の空間の現象学―表象的志向性批判」(門脇俊介)　創文社　2002.1　p9-14b
- ◎文献表「現象学を超えて」(D.フランク)　萌書房　2003.5　p195-198
- ◎参考文献「他性の境界」(水野和久)　勁草書房　2003.10　p1-11b
- ◎文献「心という場所―「享受」の哲学のために」(斎藤慶典)　勁草書房　2003.11　p7-11b
- ◎参考文献「現象学の基礎」(千田義光)　放送大教育振興会　2004.3　p188-189
- ◎文献「環境と身の現象学―環境哲学入門」(小川侃)　晃洋書房　2004.5　prr
- ◎文献案内「自己意識の現象学―生命と知をめぐって」(新田義弘ほか)　世界思想社　2005.6　p245-248
- ◎文献表「現象学の転回―「顕現しないもの」に向けて」(永井晋)　知泉書館　2007.2　p15-22b

懸賞小説

- ◎注「投機としての文学　活字・懸賞・メディア」(紅野謙介)　新曜社　2003.3　p380-401

原子力
- ◎引用文献「JCO事故後の原子力世論」(岡本浩一ほか) ナカニシヤ出版　2004.4　prr
- ◎参考文献「核の闇市場」(R. W. リー)　連合出版　2004.5　p253-261
- ◎参考資料「ブライター・トゥモロー―原子力新時代の幕明け」(P. V. ドメニチほか)　ERC出版　2005.3　p355-369
- ◎参考文献「欧州原子力と国民理解の深層―賛否世論はいかに形成されるか」(福澤義晴)　郁朋社　2007.6　p227-230

原子力災害
- ◎本ほか「東海村臨界事故の街から―1999年9月30日事故体験の証言」(臨界事故の体験を記録する会)　旬報社　2001.10　p302-305
- ◎参考文献「東海村臨界事故への道―払われなかった安全コスト」(七沢潔)　岩波書店　2005.8　p255-258
- ◎参考文献「朽ちていった命―被曝治療83日間の記録」(東海村臨界事故取材班)　新潮社　2006.10　p213-214
- ◎参考文献「核爆発災害―そのとき何が起こるのか」(高田純)　中央公論新社　2007.4　p271-274

原子力施設
- ◎参考資料ほか「日本の原子力施設全データ―どこに何があり、何をしているのか」(北村行孝, 三島勇)　講談社　2001.9　p239-240

原子力潜水艦
- ◎文献「K-19」(ピーター・ハクソーゼン)　角川書店　2002.11　p1-9b

原子力発電
- ◎参考文献「原発被曝　東海村とチェルノブイリの教訓」(広河隆一)　講談社　2001.4　p345-348
- ◎参考文献「「原発」革命」(古川和男)　文藝春秋　2001.8　p232-233
- ◎文献「エコロジストブルーノ・コンビ原子力を語る―環境の立場から見た原子力発電への確かなアプローチ」(ブルーノ・コンビ)　ERC出版　2002.4　p276-282
- ◎参考文献「データが語る原子力の世論―10年にわたる継続調査」(原子力安全システム研究所ほか)　プレジデント社　2004.4　p215-218
- ◎文献「脱原子力の運動と政治―日本のエネルギー政策の転換は可能か」(本田宏)　北海道大図書刊行会　2005.2　p301-309
- ◎参考文献ほか「「青森・東通」と原子力との共栄―世界一の原子力平和利用センターの出現」(渡部行)　東洋経済新報社　2007.3　p306-307
- ◎参考文献「ためされた地方自治―原発の代理戦争にゆれた能登半島・珠洲市民の13年」(山秋真)　桂書房　2007.5　p266-268

原子論
- ◎参考文献「論理的原子論の哲学」(B. ラッセル)　筑摩書房　2007.9　p240-247

県人会
- ◎文献「都市同郷団体の研究」(鯵坂学)　法律文化社　2005.3　p187-213

犬人怪物
- ◎参考文献ほか「犬人怪物の神話」(D. G. ホワイト)　工作舎　2001.3　p383-401

原人論
- ◎参考文献「原人論を読む―人間性の真実を求めて」(小林圓照)　ノンブル社　2007.8　p200-202

原水爆禁止運動
- ◎参考資料「被爆動員学徒の生きた時代―広島の被爆者運動」(小畑弘道)　たけしま出版　2007.4　p207-211

原生動物
- ◎参考文献「下水処理と原生動物」(盛下勇)　山海堂　2004.3　p141-145
- ◎参考文献「応用原生動物学」(盛下勇)　山海堂　2004.9　p453-461

建設業
- ◎参考文献「建設―問われる脱公共事業産業化への課題」(椎名恒, 野中郁江)　大月書店　2001.9　p266-267
- ◎参考文献「建設業許可Q&A―新規・更新・追加・変更等の手続きから、経営戦略まで　第3版」(全国建設関係行政書士協議会)　日刊建設通信新聞社　2001.11　p271-272
- ◎参考文献「ゼネコン自壊―ドキュメント」(高橋篤史)　東洋経済新報社　2002.2　p327-328
- ◎参考リスト「これだけは知っておきたい!中小建設企業のIT化99のツボ」(平智之)　建通新聞社　2005.5　p192-199
- ◎参考文献「建設外注費の理論」(新川正子)　森山書店　2006.1　p319-328
- ◎参考文献ほか「海外に学ぶ建設業のパートナリングの実際―win-winを達成するためのプロジェクト・マネジメント」(海外建設協会)　鹿島出版会　2007.3　p358-359

建設事業史
- ◎参考文献「土木遺産―世紀を越えて生きる叡智の結晶　ヨーロッパ編」(建設コンサルタンツ協会『Consultant』編集部)　ダイヤモンド社　2005.6　p194-195

建設投資
- ◎参考文献「建設投資の経済学―投資のメカニズムを探る」(長谷部俊治)　日刊建設通信新聞社　2004.4　p201-203

源泉課税
- ◎文献「サラリーマン税制に異議あり!」(斎藤貴男)　NTT出版　2001.2　p222-226

元素
- ◎参考文献「元素の百科事典」(J. Emsley)　丸善　2003.7　p685-690
- ◎文献「元素大百科事典」(P. Enghag)　朝倉書店　2007.11　prr

幻想絵画
- ◎参考文献「ヨーロッパ幻想の系譜―19-20　centuries」(姫路市立美術館ほか)　姫路市立美術館　2004　p94-95

幻想動物
- ◎参考文献「天翔けるシンボルたち―幻想動物の文化誌」(張競)　農山漁村文化協会　2002.12　p206」

幻想文学
- ○ベストブック(相沢啓三ほか)「幻想文学　60」(アトリエOCAT)　2001.3　p21-66

◎「中国科学幻想文学館　上」（武田雅哉, 林久之）　大修館書店　2001.12　2冊　B6
◎年表「日本幻想文学史」（須永朝彦）　平凡社　2007.9　p323-351
◎参考資料案内（高山宏）「知っ得幻想文学の手帖」（国文学編集部）　学燈社　2007.10　p217-226
◎「知っ得幻想文学の劇場」（國文學編集部）　学燈社　2007.12　222p　A5

減損会計
◎参考文献「減損会計―配分と評価」（米山正樹）　森山書店　2001.7　p203-213
◎参考文献「減損会計―配分と評価　増補版」（米山正樹）　森山書店　2003.12　p239-249
◎文献リスト「減損会計の税務論点」（齋藤真哉）　中央経済社　2007.4　p303-314

献体
◎参考文献「流通する「人体」―献体・献血・臓器提供の歴史」（香西豊子）　勁草書房　2007.7　p7-28b

現代戯曲
◎参考文献「現代戯曲の展開―20世紀の戯曲　2」（日本近代演劇史研究会）　社会評論社　2002.7　p468-462

現代建築
◎知るための本「現代建築の冒険―「形」で考える―日本1930-2000」（越後島研一）　中央公論新社　2003.11　p239-243

現代史
◎「現代史図書目録　1945-1999　3」（日外アソシエーツ）　日外アソシエーツ　2001.1　989p　A5
◎参考文献「「なぜ？」がわかる激動の世界現代史　下」（木村光男）　講談社　2002.4　p196-201
◎参考文献「陰謀の世界史―コンスピラシー・エイジを読む」（海野弘）　文藝春秋　2002.7　p537-546
◎参考文献「そうだったのか！　現代史　パート2」（池上彰）　ホーム社　2003.3　p242-245
◎「現代史図書目録　2000-2004」（日外アソシエーツ）　日外アソシエーツ　2006.1　912p　A5
◎書籍「1968―世界が揺れた年　後編」（M. カーランスキー）　ソニー・マガジンズ　2006.3　2pb

現代思想
◎参考文献「現代思想フォーカス88」（木田元）　新書館　2001.1　prr
○「現代思想を読む230冊　現代思想臨増　29.15」（青土社）　2001.11　254p　A5
◎注ほか「ポスト・モダンの左旋回」（仲正昌樹）　状況出版　2002.4　prr
◎引用参考文献「寝ながら学べる構造主義」（内田樹）　文藝春秋　2002.6　p203-207
◎参考文献ほか「現代思想とスポーツ文化」（稲垣正浩）　叢文社　2002.9　p226-248
◎参考文献「力としての現代思想―崇高から不気味なものへ」（宇波彰）　論創社　2002.12　prr
◎年表（矢代梓）「現代思想の源流―マルクス・ニーチェ・フロイト・フッサール」（今村仁司ほか）　講談社　2003.6　p295-386
◎ブックガイド60「現代思想　32.11」（青土社）　2004.9　p8-254
◎ブックガイド「世界をよくする現代思想入門」（高田明典）　筑摩書房　2006.1　p217-248
◎参考文献「現代思想のキイ・ワード　増補」（今村仁司）　筑摩書房　2006.5　p262-264
◎ブックガイド「現代思想の使い方」（高田明典）　秀和システム　2006.10　p227-297

現代社会理論
○総目次「現代社会理論　11」（人間の科学新社）　2001.11　p334-351

現代政治
◎古典案内「現代政治がわかる古典案内―マキアベリから漱石まで」（野上浩太郎）　中央公論新社　2002.6　p182-180

現代哲学
◎ブックガイト（須田朗ほか）「現代哲学がわかる。」　朝日新聞社　2002.2　p169-175
◎参考文献「現代哲学入門」（西脇与作）　慶応義塾大学出版会　2002.10　p331-332

現代美術
◎参考文献「快読・現代の美術―絵画から都市へ」（神原正明）　勁草書房　2002.1　p239-242
◎文献「現代美術を知るクリティカル・ワーズ」（暮沢剛巳）　フィルムアート社　2002.8　p266-271
◎参考文献「アウトサイダー・アート―現代美術が忘れた「芸術」」（服部正）　光文社　2003.9　p234-237
◎参考文献「コピーの時代―デュシャンからウォーホル、モリムラへ　開館20周年記念展」（滋賀県立近代美術館）　県立近代美術館　2004　p216-217
◎参考文献「美学と現代美術の距離―アメリカにおけるその乖離と接近をめぐって」（金悠美）　東信堂　2004.2　p204-185

現代文学
○必読50冊「ミステリマガジン　46.6.543」（早川書房）　2001.6　p12-17
◎作品年表「現代文学鑑賞辞典」（栗坪良樹）　東京堂出版　2002.3　p7-17
◎会員著書年譜（編集部）「日本現代詩選　31」（日本現代詩選編集委員会）　日本詩人クラブ　2002.11　p480-488
◎参考文献「座談会昭和文学史　6」（井上ひさしほか）　集英社　2004.2　p88-95b
◎「日本現代小説大事典」（浅井清ほか）　明治書院　2004.7　8, 41, 1613p　A5
◎「日本文学研究文献要覧　現代日本文学　2000-2004」（日外アソシエーツ）　日外アソシエーツ　2005.7　26, 806p　B5

検地
◎註「近世の検地と地域社会」（中野達哉）　吉川弘文館　2005.2　prr

建築
◎参照文献「生きられた家―経験と象徴」（多木浩二）　岩波書店　2001.2　p241-247
◎「国宝を知る本　建造物編　読書案内」（日外アソシエーツ）　日外アソシエーツ　2001.3　370p　A5
◎参考文献「日本の伝統美とヨーロッパ―南蛮美術の謎を解く」（宮元健次）　世界思想社　2001.3　p214-223
◎参考文献「ランドマークが語る神奈川の100年」（読売新聞社横浜支局）　有隣堂　2001.4　p152-157
◎参考文献「近代建築の証言」（ジョン・ピーター）　TOTO出版　2001.4　p28-33b

けんちく

◎参考文献「建築とユニバーサルデザイン」(古瀬敏) オーム社 2001.6 p175-176
◎参考文献「アンコール遺跡の建築学」(片桐正夫) 連合出版 2001.7 p339-346
◎文献一覧ほか「世界宗教建築事典」(中川武) 東京堂出版 2001.9 p359-376
◎Bibliography「テクトニック・カルチャー──19-20世紀建築の構法の詩学」(K.フランプトン) TOTO出版 2002.1 p627-606
◎参考文献「ドイツ史蹟建造物図集成」(ドイツ史蹟建造物図集成刊行会) 遊子館 2002.1 p8-11f
◎参考文献(ロナルド・フォーサイス・ミレン)「原始建築──図説世界建築史 1」(E.グイドーニ) 本の友社 2002.2 p247-257
◎注「近代の神々と建築──靖国神社からソルトレイクシティまで」(五十嵐太郎) 廣済堂出版 2002.3 p226-235
◎文献「建築に夢をみた」(安藤忠雄) NHK出版 2002.4 p266-267
◎参考文献「現代建築のコンテクスチュアリズム入門──環境の中の建築/環境をつくる建築」(秋元馨) 彰国社 2002.4 p274-268
◎参考文献「ヴィジュアル版建築入門 3 建築の構造」(同書編集委員会, 神田順) 彰国社 2002.7 p233-234
◎文献「群馬の古建築──寺社建築・民家・近代化遺産・その他」(村田敬一) みやま文庫 2002.7 p191-201
◎文献「ハンディブック建築 改訂2版」(渡辺仁史) オーム社 2002.9 p449-451
◎参考文献「近代建築 1 図説世界建築史 15」(M.タフーリほか) 本の友社 2002.10 p272-275
◎参考文献「カタチの歴史 建築とファッションのただならぬ関係」(今井和也) 新曜社 2003.2 p224-229
◎参考文献「ここまで変わった木材・木造建築」(林知行) 丸善 2003.3 p193-196
◎参考文献「建築概論──建築・環境のデザインを学ぶ」(本多友常ほか) 学芸出版社 2003.3 prr
◎参考文献「建築と都市」(ヴィジュアル版建築入門編集委員会) 彰国社 2003.4 p221-222
◎註(野村悦子)「建築における「日本的なもの」」(磯崎新) 新潮社 2003.4 p308-324
◎参考文献「後期バロック・ロココ建築 図説世界建築史 12」(C.ノルベルグ=シュルツ) 本の友社 2003.4 p248-250
◎参考文献「中華中毒 中国的空間の解剖学」(村松伸) 筑摩書房 2003.6 p1-22b
◎ノートほか「この先の建築」(ギャラリー・間) TOTO出版 2003.7 p356-362
◎引用参考文献「地震に強い建物 図解雑学」(安震技術研究会) ナツメ社 2003.7 p222」
◎註「戦争と建築」(五十嵐太郎) 晶文社 2003.9 prr
○参考文献「近代の住宅建築 日本の美術449」(至文堂) 2003.10 p84」
◎参考文献「建築家・吉田鉄郎の『日本の建築』」(吉田鉄郎) 鹿島出版会 2003.10 1pf
○参考文献「近代和風建築 日本の美術450」(至文堂) 2003.11 p84-85
◎参考文献「建築と工学 ヴィジュアル建築入門9」(神田順) 彰国社 2003.11 p222-225

◎知るための本「現代建築の冒険──「形」で考える──日本1930-2000」(越後島研一) 中央公論新社 2003.11 p239-243
◎文献「近代建築 2 図説世界建築史16」(M.タフーリほか) 本の友社 2003.12 p223-226
◎注「日本古代正倉建築の研究」(富山博) 法政大学出版局 2004.2 prr
◎参考文献「ウッドエンジニアリング入門──木の強さを活かす」(林知行) 学芸出版社 2004.3 p221-222
◎参考文献「東京建築散歩24コース」(志村直愛ほか) 山川出版社 2004.5 p198-199
◎引用文献「建築の形態と比例の研究──古代ギリシアから現代へ」(浅野捷郎) 中央公論美術出版社 2004.7 p307-315
◎ブックガイド「建築学がわかる。 新版」 朝日新聞社 2004.8 p165-169
◎参考文献「建築環境のデザインと設備」(藤井修二) 市ヶ谷出版社 2004.9 prr
◎参考文献「建築の21世紀──専門者論理からの脱却」(村田麟太郎) 日刊建設通信新聞社 2004.10 p271-274
◎ブックナビゲーション「建築を拓く──建築・都市・環境を学ぶ次世代オリエンテーション」(日本建築学会) 鹿島出版会 2004.10 p232-235
◎読んでおきたい本「建築を知る──はじめての建築学 新版」(建築学教育研究会) 鹿島出版会 2004.11 5pb
◎100冊(五十嵐太郎ほか)「職業は建築家──君たちが知っておくべきこと」(R.ハーゲンバーグ) 柏書房 2004.11 p166-177
◎参考文献「グラウンド・ゼロ再生への始動──ニューヨークWTC跡地建築コンペティション選集」(S.スティーブンス) エクスナレッジ 2004.12 p222-223
○ブックガイド(岡部友彦ほか)「10+1 38」(INAX出版) 2005 p136-139
◎参考文献「パリ都市建築の意味-歴史性──建築の記号論・テクスト論から現象学的都市建築論へ」(松政貞治) 中央公論美術出版 2005.1 p551-583
◎文献「アール・デコの建築──合理性と官能性の造形」(吉田鋼市) 中央公論新社 2005.2 p172-173
◎参考文献「巨匠たちのディテール v.1(1879-1948) 普及版」(E.R.フォード) 丸善 2005.3 p364-366
◎参考文献「世界のイスラーム建築」(深見菜緒子) 講談社 2005.3 p282-285
◎参考文献「アカデミーと建築オーダー」(土居義岳) 中央公論美術出版 2005.4 p1-4b
◎参考文献ほか「建築・都市計画のための空間学事典 改訂版」(日本建築学会) 井上書院 2005.4 p248-268
◎参考文献「建築遺産の保存その歴史と文化」(J.ヨキレット) アルヒーフ 2005.4 p481-513
◎参考文献「模倣と創造の空間史──西洋に学んだ日本の近・現代建築 新訂版」(初田亨) 彰国社 2005.4 p257-256
○参考文献「長崎居留地 日本の美術472」(至文堂) 2005.9 p85」
◎文献「あったかもしれない日本──幻の都市建築史」(橋爪紳也) 紀伊國屋書店 2005.11 p243-247
○参考文献「函館と北海道の開拓都市 日本の美術475」(至文堂) 2005.12 p86」

◎参考図書「可能性の建築―空間・時間・人間が創る建築の未来」（岡部憲明）　NHK出版　2005.12　p270-273
◎書誌「皇室建築―内匠寮の人と作品」（刊行委員会）　建築画報社　2005.12　p392-398
◎Bibliography「世界の木造建築」（W. プライス）　グラフィック社　2005.12　p314-317
◎参考文献「イタリア十六世紀の建築」（C. ロワほか）　六耀社　2006.1　p392-399
◎文献「言葉と建築―語彙体系としてのモダニズム」（A. フォーティー）　鹿島出版会　2006.1　p22-36b
◎参考文献「港区の歴史的建造物―港区歴史的建造物所在調査報告書」（港区教育委員会事務局）　港区教育委員会　2006.3　p221-223
◎ガイド35「建築家の仕事」（アトリエ・ワン）　平凡社　2006.6　p144-157
◎参考文献「構築環境の意味を読む」（A. ラポポート）　彰国社　2006.6　p383-407
◎参考文献「サイドウェイ建築への旅」（廣部剛司）　TOTO出版　2006.7　p280-283
◎引用文献「空間デザイン事典」（日本建築学会）　井上書院　2006.7　p203-205
◎参考文献「建築記録アーカイブズ管理入門」（国際アーカイブズ評議会）　書肆ノワール　2006.7　p280-289
◎参考文献「もっと長い橋、もっと丈夫なビル―未知の領域に挑んだ技術者たちの物語」（H. ペトロスキー）　朝日新聞社　2006.8　p9-21b
◎文献「スケート・ボーディング、空間、都市―身体と建築」（I. ボーデン）　新曜社　2006.8　p77-94b
◎参考文献「太平洋を渡った日本建築」（柳田由紀子）　NTT出版　2006.8　p201-208
◎ブックガイド「建築探偵桜井京介館を行く」（篠田真由美）　講談社　2006.11　p148-150
◎参考文献「現代建築に関する16章―空間、時間、そして世界」（五十嵐太郎）　講談社　2006.11　p266-269
◎参考文献「五一C白書―私の建築計画学戦後史」（鈴木成文）　住まいの図書館出版局　2006.11　p432-437
◎参考文献「建築を読む―アーバン・ランドスケープ Tokyo-Yokohama」（梅本洋一）　青土社　2006.12　p241-243
◎参考文献「建築のすべてがわかる本」（藤谷陽悦）　成美堂出版　2007.1　p191」
◎参考文献「写真でたどるヨーロッパ建築インテリア大事典」（田島恭子）　柏書房　2007.2　p261-264
◎参考文献「近代化遺産探訪―知られざる明治・大正・昭和」（清水慶一）　エクスナレッジ　2007.3　p226-230
◎参考文献「鳥取県の近代和風建築―鳥取県近代和風建築総合調査報告書」（奈良国立文化財研究所）　鳥取県教委　2007.3　p347-350
◎文献「近代、あるいは建築のゆくえ―京都・神宮道と大阪・中之島をあるく」（呉谷充利）　創元社　2007.4　p266-271
◎参考引用文献「現代建築解体新書」（富永讓）　彰国社　2007.4　p96-97
○ブックガイド「エスクァイア日本版　21.9」（エスクァイア マガジン ジャパン）　2007.9　p106-111
◎参考文献ほか「巨大建築という欲望―権力者と建築家の20世紀」（D. スジック）　紀伊國屋書店　2007.9　p504-506
◎75冊「環境建築ガイドブック」（日本建築学会環境行動委員会）　企業組合ジャーナル　2007.11　p370-371

◎注「時代精神と建築―近・現代イギリスにおける様式思想の展開」（近藤存志）　知泉書館　2007.12　p13-42b

建築意匠
◎参考文献「古建築の装飾―京都の近世社寺細見」（京都市文化市民局文化部文化財保護課）　京都市　2004.2　p74-75
◎参考文献「建築意匠論」（香山寿夫）　放送大教育振興会　2004.3　p155-159

建築衛生
◎参考文献「住居医学　1」（筏義人）　米田出版　2007.6　prr
◎参考文献「健康的で快適な住環境をつくる―住まいと暮らしのカレンダー」（菊浦吉蔵）　オーム社　2007.11　p193-194

建築音響
◎参考文献「コンサートホールとオペラハウス―音楽と空間の響きと建築」（L. L. ベラネク）　シュプリンガーV東京　2005.11　p640-644

建築家
◎参考文献「現代建築家ガイド111人―安藤からズントーまで」（K. Rattenburyほか）　丸善　2004.8　p230-235
◎参考文献「カリスマ建築家偉人伝―20世紀を動かした12人」（矢代眞己）　彰国社　2007.11　p244」

建築環境
◎参考文献「人工環境デザインハンドブック」（編集委員会）　丸善　2007.12　prr

建築基準法
◎参考文献「建築空間の容積移転とその活用―都市再生を目指して」（容積率研究会, 日端康雄）　清文社　2002.4　p253-254

建築計画
◎参考文献「建築の配置計画―環境へのレスポンス」（宮元健次）　学芸出版社　2002.4　p125-126
◎文献「建築デザイン計画―新しい建築計画のために」（服部岑生）　朝倉書店　2002.6　p199-201
◎引用参考文献「建築計画」（長澤泰）　市ヶ谷出版社　2005.10　p302-311
◎引用参考文献「建築地理学―新しい建築計画の試み」（長澤泰ほか）　東京大出版会　2007.5　p7-17b
◎参考文献ほか「建築構法計画資料　新版」（大野隆司）　市ヶ谷出版社　2007.10　p212-216

建築史
◎参考文献「西洋建築史」（桐敷真次郎）　共立出版　2001.3　p174-177
◎参考文献「近代建築史」（桐敷真次郎）　共立出版　2001.7　p274-278
◎出典「図説日本建築年表」（編集委員会）　彰国社　2002.5　p287」
◎註「職人たちの西洋建築」（初田亨）　筑摩書房　2002.11　p316-336
◎参考文献「現代建築史」（K. フランプトン）　青土社　2003.1　p10-31b
◎参考文献「日本建築史　建築学の基礎6」（後藤治）　共立出版　2003.7　p277-283
◎注「パラレル―建築史・西東」（西洋建築史研究会）　本の友社　2003.10　prr

◎参考文献「図説建築の歴史―西洋・日本・近代」（西田雅嗣ほか）　学芸出版社　2003.11　p172-175
◎参考文献「日本建築技術史の研究―大工道具の発達史」（渡邉晶）　中央公論美術出版　2004.2　p405-413
◎参考文献「建築オーダーの意味―古代・中世・ルネサンスの古典オーダー」（J. オナイアンズ）　中央公論美術出版　2004.9　p373-380
◎参考文献「図説西洋建築史」（陣内秀信ほか）　彰国社　2005.4　p179-185
◎文献「思想としての日本近代建築」（八束はじめ）　岩波書店　2005.6　p571-623
◎参考文献「鎌倉の古建築　増補」（関口欣也）　有隣堂　2005.11　p230-235
◎参考文献「建築の歴史」（藤井恵介ほか）　中央公論新社　2006.1　p393-399
◎参考文献「復元思想の社会史」（鈴木博之）　建築資料研究社　2006.6　prr

建築設計
◎参考文献「サイバード・スペースデザイン論」（渡邊朗子）　慶應義塾大学出版会　2001.9　p151-154
◎文献リスト「建築設計資料集成　居住」（日本建築学会）　丸善　2001.10　p188-193
◎参考文献「建築図学　第2版」（佐藤平）　理工学社　2002.3　p167-168
◎文献リスト「建築設計資料集成　集会・市民サービス」（日本建築学会）　丸善　2002.9　p174-177
◎文献リスト「建築設計資料集成　業務・商業」（日本建築学会）　丸善　2004.4　p130-133

建築設備
◎参考文献「建築設備学教科書　新訂版」（建築設備学教科書研究会）　彰国社　2002.4　p260-262

建築物維持管理
◎参考文献「建物のライフサイクルと維持保全―地球環境世紀のビル保全学入門」（建築・設備維持保全推進協会）　建築・設備維持保全推進協会　2005.5　p150-152

剣道
◎参考引用文献「剣道の科学的上達法」（恵土孝吉）　スキージャーナル　2007.3　p278-279

幻灯
◎参考文献「幻灯の世紀―映画前夜の視覚文化史」（岩本憲児）　森話社　2002.2　p254-267

遣唐使
◎参考文献「遣唐使の見た中国」（古瀬奈津子）　吉川弘文館　2003.5　p225-227
◎参考文献「遣唐使の見た中国と日本―新発見「井真成」から何がわかるか」（専修大学・西北大学共同プロジェクト）　朝日新聞社　2005.7　p352-355
◎参考文献「遣唐使全航海」（上田雄）　草思社　2006.12　p322-323
◎引用参照文献「遣唐使」（東野治之）　岩波書店　2007.11　p195-201

原爆文学
◎目録「原爆は文学にどう描かれてきたか」（黒古一夫）　八朔社　2005.8　p160-166

鍵盤音楽
◎参考文献「バッハの鍵盤音楽」（デイヴィッド・シューレンバーグ）　小学館　2001.7　p688-710

顕微鏡
◎文献「ビデオ顕微鏡―その基礎と活用法」（K. R. Spring, S. Inoue）　共立出版　2001.9　p650-664

ケンブリッジ学派
◎文献案内「現代経済学の誕生―ケンブリッジ学派の系譜」（伊藤宣広）　中央公論新社　2006.4　p242-224
◎引用参考文献「新古典派経済学の批判―現代の形而上学」（小澤勝徳）　新生出版　2006.12　p384-387
◎参考文献「ケンブリッジ学派のマクロ経済分析―マーシャル・ピグー・ロバートソン」（伊藤宣広）　ミネルヴァ書房　2007.12　p236-250

源平合戦
◎参考文献「源平合戦と北陸―義経伝説を育んだふるさと」（石川県立歴史博物館）　石川県立歴史博物館　2005.7　p104-105
◎参考文献「源平の争乱」（上杉和彦）　吉川弘文館　2007.3　p258-259

遣米使節
◎参考文献「万延元年の遣米使節」（宮永孝）　講談社　2005.3　p344-348

源平布引滝
◎参考資料一覧「源平布引滝・伊賀越道中双六・嫗山姥・壇浦兜軍記・卅三間堂棟由来―第一五〇回文楽公演」（国立劇場調査養成部調査資料課）　日本芸術文化振興会　2005.2　p27-44

憲法
◎参考文献「現代憲法体系　改訂第3版」（越路正巳）　学陽書房　2001.1　p307-312
◎参考文献「戦後政治にゆれた憲法九条―内閣法制局の自信と強さ　「武力行使と一体化論」の総仕上げ　第2版」（中村明）　中央経済社　2001.1　p331-332
◎文献「基本的人権」（古川純）　小学館　2001.3　p376-382
◎参考文献「立憲主義と日本国憲法」（高橋和之）　放送大学教育振興会　2001.3　p318-320
◎参考文献「憲法講義」（和知賢太郎）　南窓社　2001.4　p183-184
◎注文献「地方自治の憲法学」（小林武）　晃洋書房　2001.4　prr
◎参考文献ほか「日本国憲法・検証1945-2000資料と論点　7」（竹前栄治ほか）　小学館　2001.6　p395-397
◎「憲法本41―改憲・護憲をいうまえに学んでおくべきこと」（長谷部恭男）　平凡社　2001.7　340p B6
◎参考文献「アメリカ憲法綱要―ケース・メソッド」（高野幹久）　信山社出版　2001.10　p277-278
◎参考文献「アメリカの憲法が語る自由―合衆国憲法制定200年が生み出したもの」（ジョン・セクストン, ナット・ブラント）　第一法規出版　2001.11　p409-414
◎参考文献「日本国憲法概論―ケース・メソッド」（高野幹久）　信山社出版　2001.11　p327-328
◎参考文献「憲法」（川岸令和）　青林書院　2002.4　p5-6f
◎参考文献「地方自治の憲法論―「充実した地方自治」を求めて」（杉原泰雄）　勁草書房　2002.4　p261-264
◎参考文献「市民の憲法」（五十嵐敬喜）　早川書房　2002.5　p300-309

◎参考文献「市民主権の可能性—21世紀の憲法・デモクラシー・ジェンダー」(辻村みよ子) 有信堂高文社 2002.5 p10-29b
◎注「憲法と政治思想の対話—デモクラシーの広がりと深まりのために」(飯島昇蔵ほか) 新評論 2002.7 prr
◎参考文献「日本国憲法 第2版」(松井茂記) 有斐閣 2002.7 p573-574
◎参考文献「インターネットの憲法学」(松井茂記) 岩波書店 2002.9 p367-368
◎文献「憲法 第3版」(芦部信喜) 岩波書店 2002.9 p371-381
◎文献「「日本国憲法」無効論」(小山常実) 草思社 2002.11 p263-268
◎参考文献「はじめての憲法」(大杉秀介ほか) 成文堂 2003.3 prr
◎文献「比較憲法」(辻村みよ子) 岩波書店 2003.3 p237-245
◎参考文献「象徴天皇制は誰がつくったか—生き続ける起草者の思想と信念」(中村明) 中央経済社 2003.4 p349-350
◎参考文献「新・スタンダード憲法」(古野豊秋) 尚学社 2003.4 p14-15f
◎参考文献「ヒロシマと憲法 4版」(水島朝穂) 法律文化社 2003.5 prr
◎引用参考文献「憲法・法学—学説・判例を学ぶ 改訂版」(木村実) 八千代出版 2003.5 p247-250
◎参考文献「現代憲法論 改訂版」(藤田尚則ほか) 北樹出版 2003.5 p333-334
◎参考文献「日本国憲法の二〇〇日」(半藤一利) プレジデント社 2003.5 p318-322
◎参考文献「日本国憲法論 3版」(吉田善明) 三省堂 2003.5 p545-548
◎参考文献「憲法—人権論への誘い」(福岡英明) 八千代出版 2003.7 p150-151
◎参考文献「憲法と国際人権を学ぶ」(小林武) 晃洋書房 2003.9 p319-322
◎文献「「憲法九条」国民投票」(今井一) 集英社 2003.10 p231-233
◎参考文献「憲法入門 3版」(大沢秀介) 成文堂 2003.10 p5-6f
◎文献「日本国憲法と政治 新版」(藤岡進) 大学教育出版 2003.11 p256-259
◎参考文献「北朝鮮憲法を読む—知られざる隣国の法律」(保田剛) リイド社 2003.12 p184」
◎参考文献「日本国憲法制定の系譜 Volume1 戦争終結まで」(原秀成) 日本評論社 2004.3 p563-580
◎参考文献「平和と人権—憲法から考える 改訂版」(田代菊雄ほか) 法律文化社 2004.3 p247-250
◎文献解題「憲法と平和を問いなおす」(長谷部恭男) 筑摩書房 2004.4 p182-202
○「憲法文献大事典 1945-2002年」(文献情報研究会) 日本図書センター 2004.6 3,563p B5
◎資料文献「日本を誤らせた国連教と憲法信者」(加瀬英明) 展転社 2004.7 p244-246
◎参考文献「日本国憲法の危機」(佐藤毅) 河出書房新社 2005.2 p276-278
◎参考書「日本憲法史 2版」(大石真) 有斐閣 2005.3 p389-393
◎参考文献「日本国憲法制定の系譜 Volume2 戦後米国で」(原秀成) 日本評論社 2005.3 p853-866
◎参考文献「憲法と国際社会 2版」(藤井俊夫) 成文堂 2005.5 p422-425
◎参考図書紹介「憲法の本」(浦野法穂) 共栄書房 2005.5 p191-192
◎参考文献「文明史と「日本国のかたち」—憲法教養学序説」(塚本潔) 世界思想社 2005.5 p267-276
◎参照文献ほか「憲法九条の戦後史」(田中伸尚) 岩波書店 2005.6 p1-3b
◎参考文献「日本国憲法」(上田正一) 高文堂出版社 2005.6 p339-342
◎参考文献「比較憲法学」(塩津徹) 成文堂 2005.9 p303-307
○書誌(高見勝利ほか)「参考書誌研究 63」(国立国会図書館) 2005.10 p59-179
◎文献ほか「憲法はむずかしくない」(池上彰) 筑摩書房 2005.11 p164-170
◎参考文献「日本国憲法要論」(廣田健次) 南窓社 2006.1 p233-237
◎参考文献「憲法無効論とは何か—占領憲法からの脱却」(小山常実) 展転社 2006.2 p169-170
◎参考文献「文化戦争と憲法理論—アイデンティティの相克と模索」(志田陽子) 法律文化社 2006.2 p301-311
◎参照文献「日本国憲法制定の系譜 Volume3 戦後日本で」(原秀成) 日本評論社 2006.4 p915-934
◎読書案内「「日本国憲法」まっとうに議論するために」(樋口陽一) みすず書房 2006.7 p175-177
◎文献ガイド「憲法が変わっても戦争にならないと思っている人のための本」(高橋哲哉ほか) 日本評論社 2006.7 p209-213
◎「文献目録 憲法論の10年—1996～2005」(日外アソシエーツ) 日外アソシエーツ 2006.7 672p A5
◎参考文献「踊りおどろか「憲法音頭」—その消えた謎の戦後」(和田登) 本の泉社 2006.7 p254-255
◎文献「憲法国家の実現—保障・安全・共生」(石村修) 尚学社 2006.9 p316-318
◎参考文献「女性と憲法の構造」(大西祥世) 信山社出版 2006.10 p341-376
◎参考文献「国家の読み解き方—憲法学という教養」(原田武夫) 勁草書房 2007.2 p213-217
◎参考文献「憲法 4版」(芦部信喜) 岩波書店 2007.3 p383-393
◎参考資料ほか「憲法九条と靖国神社」(河相一成) 光陽出版社 2007.3 p206-207
◎参考文献「憲法と議会制度」(杉原泰雄ほか) 法律文化社 2007.5 p419-423
◎参考文献「憲法と地方自治」(小林武ほか) 法律文化社 2007.5 p339-342
◎引用文献ほか「憲法9条の思想水脈」(山室信一) 朝日新聞社 2007.6 p283-287
◎参考文献「平和主義の倫理性—憲法9条解釈における倫理的契機の復権」(麻生多聞) 日本評論社 2007.6 p275-288
◎参考文献「新・検証日本国憲法 3版」(小栗実) 法律文化社 2007.9 p2-5b
◎参考文献「国際平和と「日本の道」—東アジア共同体と憲法九条」(望田幸男ほか) 昭和堂 2007.10 p3-4b

けんほう

　◎参考文献「日本国憲法」（藤田尚則）　北樹出版　2007.10　p264-266
　◎参考文献「日本国憲法　3版」（松井茂記）　有斐閣　2007.12　p599-600

拳法
　◎文献「Flow—韓氏意拳の哲学」（尹雄大）　冬弓舎　2006.10　p217-218

憲法改正
　◎読書案内「憲法改革の構想」（加藤秀治郎）　一芸社　2003.10　p223-229
　◎参考文献「二十一世紀日本国憲法私案—新しい時代にあった国づくりのために」（江口克彦ほか）　PHP研究所　2004.11　p192-195
　◎読書案内「憲法改革の政治学　増補改訂版」（加藤秀治郎）　一藝社　2005.2　p257-265
　◎参考文献「改憲という名のクーデタ—改憲論の論点を斬る」（ピープルズ・プラン研究所）　現代企画室　2005.5　p115-117
　◎文献「改憲論を診る」（水島朝穂）　法律文化社　2005.5　p223-226
　◎参考文献「Q&A国民投票法案—憲法改悪への突破口」（菅沼一王ほか）　大月書店　2005.11　p79-80
　◎引用文献「改憲問題」（愛敬浩二）　筑摩書房　2006.4　p254-250

憲法裁判
　◎文献「概観ドイツ連邦憲法裁判所」（ホルスト・ゼッカー）　信山社出版　2002.3　p5-6b
　◎転載文献「憲法Cases and Materials憲法訴訟」（初宿正典ほか）　有斐閣　2007.5　p32-36f
　◎参考文献「市民と憲法訴訟」（遠藤比呂通）　信山社出版　2007.5　p266-273

憲法十七条
　○文献目録（所功）「産大法学　40.3・4」（京都産業大）2007.3　p918-932

幻滅
　◎参考文献「幻滅論」（北山修）　みすず書房　2001.4　prr

権利
　◎参考文献「関係的権利論—子どもの権利から権利の再構成へ」（大江洋）　勁草書房　2004.3　p5-16b

原理主義
　◎参考文献「「イスラム原理主義」とは何か」（山内昌之）　岩波書店　2001.10　p14-25b
　◎参考文献「イスラム原理主義　神は恐ろしい教えを下したのか」（岡倉徹志）　明石書店　2001.11　p225-224
　◎参考文献「原理主義—確かさへの逃避」（W.フート）　新教出版社　2002.6　p314-326
　◎参考文献「原理主義とは何か　アメリカ中東から日本まで」（小川忠）　講談社　2003.6　p271-269
　◎注「帰依する世紀末—ドイツ近代の原理主義者群像」（竹中亨）　ミネルヴァ書房　2004.3　prr
　◎参考文献「アメリカの原理主義」（河野博子）　集英社　2006.7　p222-219
　◎文献案内「原理主義から世界の動きが見える—キリスト教・イスラーム・ユダヤ教の真実と虚像」（小原克博ほか）　PHP研究所　2006.10　p1-4b

権利擁護
　◎参考文献「これからの権利擁護—「対話」「信頼」「寛容」を築く」（平田厚）　筒井書房　2001.11　p159-167
　◎文献一覧「ケアマネジャーのための権利擁護実践ガイド」（谷川ひとみほか）　中央法規出版　2006.3　p102-103

権力
　◎参考文献「金融の権力」（A.オルレアン）　藤原書店　2001.6　p312-304
　◎参考文献「自由論　現在性の系譜学」（酒井隆史）　青土社　2001.7　p420-444

元禄時代
　◎注「元禄浄瑠璃の展開」（鳥居フミ子）　勉誠出版　2003.2　prr
　◎参考文献「元禄の社会と文化　日本の時代史15」（高埜利彦）　吉川弘文館　2003.8　p311-324

元禄忠臣蔵
　◎参考資料一覧「国立劇場上演資料集　494」　日本芸術文化振興会　2006.10　p257-300

元禄文学
　◎文献目録「元禄文学を学ぶ人のために」（井上敏幸ほか）　世界思想社　2001.4　p246-260
　◎刊行年表「元禄和歌史の基礎構築」（上野洋三）　岩波書店　2003.10　p289-366

言論
　○タネ本15（宮崎哲弥ほか）「論座　85」（朝日新聞社）2002.6　p182-230

言論統制
　◎文献「朝鮮言論統制史—日本統治下朝鮮の言論統制」（李錬）　信山社出版　2002.3　p497-527

言論の自由
　◎参考文献「言論の自由に関する社会的判断の発達」（長谷川真里）　風間書房　2004.12　p177-185

健和会
　◎引用文献ほか「地域医療・福祉の50年—東京下町・柳原そして三郷　通史編」（健和会）　ドメス出版　2001.9　p356-363

【こ】

古アイスランド語
　◎参考文献「古アイスランド語入門—序説・文法・テキスト・訳注・語彙」（下宮忠雄ほか）　大学書林　2006.1　p5-8

恋
　◎関連作品「江戸の恋—「粋」と「艶気」に生きる」（田中優子）　集英社　2002.4　p201-206

語彙
　◎参考文献「語彙範疇　2　名詞・形容詞・前置詞」（丸田忠雄、平田一郎）　研究社　2001.9　p169-179
　◎参考文献「語の仕組みと語形成—英語学モノグラフシリーズ　16」（伊藤たかねほか）　研究社　2002.10　p201-208

◎参考文献「英語の語彙指導―理論と実践の統合をめざして」（林洋和）　渓水社　2002.12　p369-384
◎参考文献「英語語彙の指導マニュアル」（望月正道ほか）　大修館書店　2003.10　p231-241
◎参考文献「屋号語彙の総合的研究」（岡野信子）　武蔵野書房　2003.10　p271-276
◎参考文献「語彙論的語構成論」（斎藤倫明）　ひつじ書房　2004.2　p269-273
◎参考文献「文化言語学序説―世界観と環境」（室山敏昭）　和泉書院　2004.8　p573-587
◎引用文献「屋号語彙の開く世界」（岡野信子）　和泉書院　2005.3　p221-227
◎参考文献「現代英語語彙の多義構造―認知論的視点から　理論編」（松中完二）　白桃書房　2005.3　p283-319
◎参考文献「語彙探究法」（小池清治ほか）　朝倉書店　2005.3　prr
◎References「英語教師のためのボキャブラリー・ラーニング」（I. S. P. ネーション）　松柏社　2005.4　p495-526
◎参考文献「現代英語語彙の多義構造―認知論的視点から　実証編」（松中完二）　白桃書房　2006.3　p279-328
◎参考文献「英語語彙指導ハンドブック」（門田修平ほか）　大修館書店　2006.12　p311-322
◎参考文献「プラスチック・ワード―歴史を喪失したことばの蔓延」（U. ペルクゼン）　藤原書店　2007.9　p230-225

小泉改革
◎参考資料「郵政最終戦争―小泉改革と財政投融資」（塩田潮）　東洋経済新報社　2002.8　p317-321

恋女房染分手綱
◎参考資料一覧「双蝶々曲輪日記・花競四季寿・恋女房染分手綱―第一四四回文楽公演」（国立劇場調査養成部調査資料課）　日本芸術文化振興会　2004.9　p201-228

後院
○研究文献目録（所京子）「藝林 52.2」（藝林会）　2003.10　p167-186
◎研究文献目録（稿）「平安朝『所・後院・俗別当』の研究」（所京子）　勉誠出版　2004.4　p290-299

公安警察
◎参考文献「公安警察の手口」（鈴木邦男）　筑摩書房　2004.10　p204-206

行為
◎文献「行為の心理学―認識の理論-行為の理論」（野村幸正）　関西大学出版部　2002.10　p207-216
◎引用文献「行為論的思考―体験選択と社会学」（高橋由典）　ミネルヴァ書房　2007.7　p7-13b

広域行政
◎文献「環境立国日本の選択―道州制・生活大国への挑戦」（鵜謙一）　海象社　2003.4　p158-159
◎参考文献「都道府県改革論―政府規模の実証研究」（野田遊）　晃洋書房　2007.7　p229-289

皇位継承
◎参考文献「古代の皇位継承―天武系皇統は実在したか」（遠山美都男）　吉川弘文館　2007.11　p221-222

合意形成
◎文献一覧「正当化の理論―偉大さのエコノミー」（L. ボルタンスキーほか）　新曜社　2007.2　p490-474

行為障害
◎文献「行為障害―キレる子の診断と治療・指導・処置」（J. マーク・エディ）　金子書房　2002.5　p80-90

公営企業
◎文献「近代日本公営交通成立史」（高寄昇三）　日本経済評論社　2005.1　p355-358

公営住宅
◎参考文献「五一C白書―私の建築計画学戦後史」（鈴木成文）　住まいの図書館出版局　2006.11　p432-437

紅衛兵
◎参考文献「よいこの文化大革命―紅小兵の世界」（武田雅哉）　廣済堂出版　2003.1　p245-247

紅衛兵新聞
◎「紅衛兵新聞目録」（鱒澤彰夫）　不二出版　2005.35, 602p　22×31cm

交易
◎参考文献「異文化間交易の世界史」（P. D. カーティン）　NTT出版　2002.7　p365-342

公益
◎参考文献「市民社会と公益学」（小松隆二）　不磨書房　2002.12　prr

公益事業
◎参考文献「公益事業規制のモデル分析」（水野敬三）　税務経理協会　2001.3　p205-211
◎参考文献「公益の時代―市場原理を超えて」（小松隆二）　論創社　2002.3　prr
◎参考文献「規制改革の経済学―インセンティブ規制, 構造規制, フランチャイズ入札」（山本哲三）　文眞堂　2003.11　prr
◎文献「ネットワーク産業の経済分析―公益事業の料金規制理論」（江副憲昭）　勁草書房　2003.12　p249-256
◎参考文献「ネットワーク・ビジネスの新展開―公益事業入門」（ネットワーク・ビジネス研究会）　八千代出版　2004.4　prr
◎参考文献「公益とは何か」（小松隆二）　論創社　2004.6　p309-316
◎参考文献「公益事業の生産性分析」（衣笠達夫）　中央経済社　2005.3　p125-133
◎参考文献「インフラストラクチャーの改革―民営化と規制と競争の経済学」（Kessides, IN）　シュプリンガーV東京　2005.5　p279-297
◎参考文献「日本の公益事業―変革への挑戦」（公益事業学会）　白桃書房　2005.5　prr
◎参考文献「『官製市場』改革」（八代尚宏）　日本経済新聞社　2005.6　prr
◎参考文献「公益と公共性―公益は誰に属するか」（小坂直人）　日本経済評論社　2005.11　p207-211
◎参考文献「ソーシャル・エンタープライズ―社会的企業の台頭」（谷本寛治）　中央経済社　2006.2　p281-290
◎参考文献「市場自由化と公益事業―市場自由化を水平的に比較する」（藤原淳一郎）　政策科学研究所　2007.11　p343-350

広益俗説弁
◎諸本ほか（湯浅佳子）「広益俗説弁続編」（白石良夫ほか）　平凡社　2005.2　p399-404

公益法人
- ◎参考文献「非営利法人の税務と会計 改訂新版」（中田ちず子） 大蔵財務協会 2003.4 p338-339
- ◎参考文献「公益法人制度改革と新たな非営利法人制度—法律・税制・会計の抜本改革のすべて」（市川拓也ほか） 財経詳報社 2005.11 p222-226
- ◎参考文献「非営利組織会計概念形成論—FASB概念フレームワークを中心に」（池田享誉） 森山書店 2007.7 p177-181
- ◎参考文献ほか「新公益法人移行手続の実務」（羽生正宗） 大蔵財務協会 2007.10 p536-537

公園
- ◎参考文献「コミュニティガーデン—市民が進める緑のまちづくり」（越川秀治） 学芸出版社 2002.6 p187-189
- ◎参考文献「公園の誕生」（小野良平） 吉川弘文館 2003.7 p215-216
- ◎参考文献「都市公園政策形成史—協働型社会における緑とオープンスペースの原点」（申竜徹） 法政大学出版局 2004.2 p317-329
- ◎文献「横浜山手公園物語—公園・テニス・ヒマラヤスギ」（鳴海正泰ほか） 有隣堂 2004.5 p180-181
- ◎参考文献「東京の公園と原地形」（田中正大） けやき出版 2005.6 p340-343
- ◎参考文献「湿地転生の記—風景学の挑戦」（中村良夫） 岩波書店 2007.2 p251-252
- ◎文献「LANDSCAPE DESIGN—場を創る」（上山良子） 美術出版社 2007.9 p220-222

黄禍
- ◎注「イエロー・ペリルの神話—帝国日本と「黄禍」の逆説」（飯倉章） 彩流社 2004.7 p7-31b

公害
- ◎「公害関係図書目録 追録 24」（全国市有物件災害共済会防災専門図書館） 同図書館 2001.3 146p A4
- ◎「公害関係図書目録 追録 25」（全国市有物件災害共済会防災専門図書館） 全国市有物件災害共済会防災専門図書館 2002.2 248p A4
- ◎参考文献「環境再生—川崎から公害地域の再生を考える」（永井進ほか） 有斐閣 2002.9 prr
- ◎「公害関係図書目録 追録 27」（全国市有物件災害共済会防災専門図書館） 全国市有物件災害共済会防災専門図書館 2003.12 197p A4
- ◎「公害関係図書目録 追録 28」（全国市有物件災害共済会防災専門図書館） 防災専門図書館 2004.12 206p A4
- ◎「公害関係図書目録 追録 29」（防災専門図書館） 全国市有物件災害共済会防災専門図書館 2006.2 171p A4
- ◎「公害文献大事典—1947（昭和22）年～2005（平成17）年」（文献情報研究会） 日本図書センター 2006.6 516p B5
- ◎参考文献「土呂久からアジアへ—広がる砒素汚染深まるネットワーク」（上野登） 鉱脈社 2006.11 p358-363
- ◎文献「公害湮滅の構造と環境問題」（畑明郎ほか） 世界思想社 2007.4 p241-255

郊外
- ◎参考文献「ファスト風土化する日本—郊外化とその病理」（三浦展） 洋泉社 2004.9 p220-221
- ◎文献案内「都市と郊外—リーディングズ 比較文化論への通路」（今橋映子） NTT出版 2004.12 p3-14b
- ◎参考文献「郊外の社会学—現代を生きる形」（若林幹夫） 筑摩書房 2007.3 p227-231
- ◎ブックガイド「地方を殺すな！—ファスト風土化から"まち"を守れ！」 洋泉社 2007.11 p222-223

号外
- ◎「中谷コレクション 1号外関係」（大阪商業大学商業史博物館） 大阪商業大 2005.3 170p A4

公会計
- ◎参考文献「明治国づくりのなかの公会計」（亀井孝文） 白桃書房 2006.3 p246-253

航海術
- ◎「日本航海学会研究会論文レビュー」（日本航海学会） 日本航海学会 2002.3 129p A4
- ◎著者注「航海術の歴史—交易と冒険を変えた」（J. B. ヒューソン） 海文堂出版 2007.3 p315-328

公害測定
- ◎参考文献「やさしい環境化学実験」（早川信一ほか） オーム社 2004.2 p165-166

公害訴訟
- ◎参考文献「医学者は公害事件で何をしてきたのか」（津田敏秀） 岩波書店 2004.6 p253-256
- ◎引用文献「私説カドミウム中毒の過去・現在・未来—イタイイタイ病を中心として」（松波淳一） 桂書房 2007.9 p138-141

公害防止産業
- ◎参考文献「新・地球環境ビジネス 2005-2006」（エコビジネスネットワーク） 産学社 2005.3 p490-491

光化学
- ◎参考文献「光化学の驚異—日本がリードする「次世代技術」の最前線」（光化学協会） 講談社 2006.8 p230-232

工学
- ◎ガイドブック「はじめての工学倫理」（齊藤了文,坂下浩司） 昭和堂 2001.4 p228-237
- ◎参考文献「岩波講座現代工学の基礎 技術連関系1 工学の歴史」（村上陽一郎） 岩波書店 2001.7 p159-160
- ◎「金沢工業大学—「工学の曙」文庫所蔵目録」（竺覚暁） 金沢工業大学ライブラリーセンター 2002.4 65p 28cm
- ◎参考文献「工学の歴史と技術の倫理」（村上陽一郎） 岩波書店 2006.6 p173-174
- ◎「学術研究要覧 6刊」（徳島大学工学部自己点検・評価委員会） 徳島大 2007.6 337p A4

高額所得者
- ◎参考文献「日本のお金持ち研究」（橘木俊詔ほか） 日本経済新聞社 2005.3 p223-227

甲殻類
- ◎参考文献「甲殻類学 エビ・カニとその仲間の世界」（朝倉彰） 東海大学出版会 2003.6 p279-287

光化コンピュータ
- ◎引用参考文献「分子ナノシステム—光化コンピュータと太陽エネルギー変換への応用」（吉村徹三） コロナ社 2007.4 p170-178

合巻
◎「江戸の合巻の世界」(佐藤至子) ぺりかん社 2001.11 321p A5

校旗
◎参考文献「校旗の誕生」(水崎雄文) 青弓社 2004.12 p274-277

公企業
◎参考文献「民営化という虚妄―「国営=悪」の感情論が国を滅ぼす」(東谷暁) 祥伝社 2005.3 p214-220
◎「公企業会計関係資料目録―東京大学経済学部所蔵特別資料」(東京大学経済学部資料室) 東京大経済学部図書館 2007.3 108p A4
◎参考文献「公的セクターの改革と信用リスク分析」(柿本与子) 金融財政事情研究会 2007.4 p229-234
◎参考文献ほか「混合寡占市場における公企業の民営化と経済厚生」(山崎将太) 三菱経済研究所 2007.10 p89-93

後宮
◎文献目録「日本後宮史」(佐藤良雄) システムファイブ 2006.2 p995-997
◎参考文献「後宮の世界―仰天!歴史のウラ雑学」(堀江宏樹) 竹書房 2006.7 1pb

孝経
◎引用文献「「孝」思想の宗教学的研究 古代・中国における祖先崇拝の思想的発展」(池澤優) 東京大学出版会 2002.1 p389-405
○和漢書目録(石川泰成)「九州産業大学国際文化学部紀要 25」(九州産業大) 2003.8 p1-27
◎引用参考文献「孝経―全訳注 大文字版」(加地伸行) 講談社 2007.6 p15-17

工業
◎文献「工業発展」(川畑康治) 勁草書房 2001.5 p491-496
◎参考文献「戦後日本の産業発展」(小浜裕久) 日本評論社 2001.9 p209-221
◎参考文献「資料日本工業教育史」(小林一也) 実教出版 2001.11 p641-646
◎参考文献「日本製造業復活の戦略―メイド・イン・チャイナとの競争と共存」(日本政策投資銀行産業問題研究会) ジェトロ 2003.2 p233-237
◎原注「メイド・インチャイナ戦略 新しい世界工場「中国」」(S.バーガーほか) 日刊工業新聞社 2003.3 p395-420
◎文献「近代日本のイノベーション―特許と経済発展」(関権) 風行社 2003.3 p209-218
◎参考文献「空洞化はまだ起きていない―日本企業の戦略と行動」(伊丹敬之ほか) NTT出版 2004.6 p263-265
◎書籍ほか「メイド・イン・大田区―ものづくり、ITに出会う」(奥山睦) サイビズ 2005.4 p202-209
◎参考文献「日本ものづくり優良企業の実力―新しいコーポレート・ガバナンスの論理」(土屋勉男) 東洋経済新報社 2006.11 p235-239
◎参考文献ほか「ものづくり日本の復活―グローバル競争を勝ち抜く「クリエイティブマネジメント革命」」(野口恒) 産業能率大出版部 2007.11 p233-234

公教育
◎参考文献「日本近代公教育の支配装置―教員処分体制の形成と展開をめぐって」(岡村達雄) 社会評論社 2002.1 p608-612
◎参考文献「アメリカ公教育思想形成の史的研究―ボストンにおける公教育普及と教育統治」(北野秋男) 風間書房 2003.10 p285-300
◎参照文献「公教育の原理―多文化社会の公教育」(中村清) 東洋館出版社 2004.4 p277-279
◎参考文献「近代公教育の成立と社会構造―比較社会論的視点からの考察」(清川郁子) 世織書房 2007.2 p791-806

孔教運動
◎参考資料「清朝末期の孔教運動」(蕭橘) 中国書店 2004.12 p205-216

工業英語
◎参考文献「特許の英語表現・文例集」(W.C.ローランドほか) 講談社 2004.5 p242-246
◎参考文献「必携―技術英文の書き方55のルール」(片岡英樹) 創元社 2004.6 p260-262

工業規格
◎文献「新世界標準ISOマネジメント―品質(第一世代)、環境(第二世代)から社会的責任(第三世代)へ」(矢野友三郎ほか) 日科技連出版社 2003.10 p215-218
◎参考文献「デファクト・スタンダードの競争戦略」(山田英夫) 白桃書房 2004.9 p377-387
◎参考文献「中小企業のためのISO9001―何をなすべきか―ISO/TC176からの助言」(ISO) 日本規格協会 2005.3 p187-192
◎参考文献「超ISO企業実践シリーズ 3 TQMの基本的考え方―超ISO企業の羅針盤」(超ISO企業研究会ほか) 日本規格協会 2005.7 p121-122

交響曲
◎参考文献「交響曲の生涯―誕生から成熟へ、そして終焉」(石多正男) 東京書籍 2006.4 p344-350

公共経済
◎リーディングリスト「公共経済学 第2版」(奥野信宏) 岩波書店 2001.11 p245-246
◎参考文献「公共経済学 第2版」(常木淳) 新世社 2002.2 p215-219
◎文献「公共経営の制度設計」(竹内佐和子) NTT出版 2002.11 p219-224
◎参考文献「入門公共経済学」(土居丈朗) 日本評論社 2002.11 p385-386
◎参考文献「公共経営論」(宮脇淳) PHP研究所 2003.8 p233-235
◎参考文献「公共経済学入門」(西垣泰幸) 八千代出版 2003.9 p193-197
◎文献「ピークロード料金の経済分析―理論・実証・政策」(松川勇) 日本評論社 2003.10 p263-276
◎参考文献「公共部門の経済学―政府の失敗」(惣宇利紀男) 阿吽社 2003.11 prr
◎参考文献「公共部門の業績評価―官と民の役割分担を考える」(井堀利宏) 東京大学出版会 2005.1 prr
◎引用文献「国際公共経済学―国際公共財の理論と実際」(飯田幸裕ほか) 創成社 2006.5 p177-180

◎参考文献「公共の役割は何か」(奥野信宏) 岩波書店 2006.8 p159-164

公共圏
◎文献「公共圏の社会学—デジタル・ネットワーキングによる公共圏構築へ向けて」(干川剛史) 法律文化社 2001.4 p153-160
◎参考文献「自立した地域経済のデザイン—生産と生活の公共空間」(神野正彦) 有斐閣 2004.3 prr

公共広告
◎参考文献「公共広告の研究」(植條則夫) 日経広告研究所 2005.6 p439-446

公共工事契約
◎参考文献「公共工事契約と新履行保証制度—考え方と実際」(草刈耕造) 日本評論社 2001.1 p133-134

公共事業
◎文献「実用重視の事業評価入門」(マイケル・クイン・パットン) 清水弘文堂書房 2001.3 p263-282
◎参考文献「公共事業の正しい考え方—財政赤字の病理」(井堀利宏) 中央公論新社 2001.5 p205-206
◎参考文献「入札談合の研究—その実態と防止策」(鈴木満) 信山社出版 2001.7 p325-326
◎参考文献「建設—問われる脱公共事業産業化への課題」(椎名恒, 野中郁江) 大月書店 2001.9 p266-267
◎参考文献「あなたは公共事業が好きになる」(佐藤正則) 日刊建設工業新聞社 2002.1 p205-206
◎参考文献「現代の公共事業—国際経済と日本」(金沢史男ほか) 日本経済評論社 2002.2 prr
◎参考文献「公共事業と財政—戦後日本の検証」(山田明) 高菅出版 2003.2 p163-166
◎参考文献「公共事業と環境問題」(小林好宏) 中央経済社 2003.6 p173-175
◎参考文献「行政マンのための自治体PFI相談室」(三井真) 東洋経済新報社 2004.8 p227-229
◎参考文献「社会資本整備と政策評価—NPMからPFIまで」(川口和英) 山海堂 2004.12 prr
◎参考文献「あなたの町は住みよいか—公共サービス市民満足度向上マニュアル」(大島章嘉) ぎょうせい 2006.3 p192-195
◎参考文献「社会資本整備の合意形成円滑化のためのメディエーション導入に関する研究」(国土交通政策研究所) 国土交通省国土交通政策研究所 2006.7 p147-149
◎原注「社会が変わるマーケティング—民間企業の知恵を公共サービスに活かす」(P.コトラーほか) 英治出版 2007.9 p421-408

公共施設
◎文献リスト「建築設計資料集成 集会・市民サービス」(日本建築学会) 丸善 2002.9 p174-177
◎参考文献「参加による公共施設のデザイン まちづくり教科書3」(日本建築学会) 丸善 2004.3 p110-111

工業所有権
◎文献「電子政府と知的財産—ペーパーレスシステムの技術と開発」(石井正) 経済産業調査会 2003.10 p1-14b
◎文献目録「産業財産権者の権利行使の制限」(村林隆一) 経済産業調査会 2005.11 p1-3

公共政策
◎参考文献「公共部門評価の理論と実際」(古川俊一, 北大路信郷) 日本加除出版 2001.12 p299-302
◎参考文献「公共政策と情報—外部性・自然独占・保険」(羽田亨) 八千代出版 2002.2 p207-215
◎注「現代福祉と公共政策」(小野秀生) 文理閣 2002.10 prr
◎注「生活の公共性化と地域社会再生」(北爪真佐夫ほか) アーバンプロ出版センター 2003.1 prr
◎参考文献「公共政策学」(足立幸男ほか) ミネルヴァ書房 2003.5 prr
◎参考文献「財政学と公共選択—国家の役割をめぐる大激論」(R.A.マスグレイブほか) 勁草書房 2003.10 p6-12b
◎参考文献「概説日本の公共政策」(新藤宗幸) 東京大学出版会 2004.2 p269-274
◎参考文献「公共政策の基礎」(I.M.D.リトル) 木鐸社 2004.10 p206-211
○文献案内(中村匡忠ほか)「公共選択の研究 43」(勁草書房) 2004.12 p72-75
◎参考文献「公共政策決定の理論」(Y.ドロア) ミネルヴァ書房 2006.8 p23-63b
◎推奨文献「グローバル公共政策」(庄司真理子ほか) 晃洋書房 2007.5 prr
◎文献「公共政策の社会学—社会的現実との格闘」(武川正吾ほか) 東信堂 2007.11 prr

工業地域
◎文献「環境変化と工業地域」(竹内淳彦) 原書房 2004.4 prr

工業地理
◎参考文献「写真・工業地理学入門」(石井實, 井出策夫, 北村嘉行) 大明堂 2002.3 p92-93
◎参考文献「工業団地の造成と地域変貌—東京・上海両大都市圏における地理学的考察」(季増民) 古今書院 2007.1 p258-266

工業デザイン
◎文献「デザイン論」(田中央) 岩波書店 2005.3 p141-143
◎参考文献「ニッポン・プロダクト—デザイナーの証言、50年!」(日本インダストリアルデザイナー協会) 美術出版社 2006.2 p173-174

公共哲学
◎参考文献「公共哲学とは何か」(山脇直司) 筑摩書房 2004.5 p227-234
◎参考文献「公共哲学とはなんだろう—民主主義と市場の新しい見方」(桂木隆夫) 勁草書房 2005.9 p5-13b

公共投資
◎参考文献ほか「公的資本形成の政策評価—パブリック・マネジメントの実践に向けて」(田中宏樹) PHP研究所 2001.3 p266-277
◎参考文献「みなとの役割と社会経済評価」(港湾投資評価研究会) 東洋経済新報社 2001.4 p215-217
◎参考文献「公共投資と道路政策」(長峰純一, 片山泰輔) 勁草書房 2001.6 prr

公共図書館
◎参考文献「理想の公共図書館サービスのために—IFLA/UNESCOガイドライン」(国際図書館連盟公

共図書館分科会）　日本図書館協会　2003.12　p139-146
◎文献一覧「メディアとしての図書館―アメリカ公共図書館論の展開」（吉田右子）　日本図書館協会　2004.10　p347-383
◎参考文献「公共図書館の自己評価入門」（神奈川県図書館協会図書館評価特別委員会）　日本図書館協会　2007.10　p137-138

工業標準化
◎参考文献「グローバルスタンダードと国家戦略」（坂村健）　NTT出版　2005.10　p271-272

工業窯炉
◎参考文献「炉の歴史物語―省エネルギー・環境対策の発展に学ぶ」（杉田清）　成山堂書店　2007.3　p17-24b

工業立地
◎参考文献「産業集積と経済発展―収穫逓増下の地理的パターン形成」（松尾昌宏）　多賀出版　2001.1　p189-196
◎参照文献「産業立地の経済学―ロジスティクス-費用接近」（フィリップ・マッカン）　流通経済大学出版会　2002.3　p277-289
◎参考文献「海外立地選択の行動経済学」（水戸康夫）　創成社　2005.4　p177-183
◎文献「日本工業地域論―グローバル化と空洞化の時代」（北川博史）　海青社　2005.11　p213-224
◎References「企業立地行動の経済学―都市・産業クラスターと現代企業行動への視角」（P. マッカン）　学文社　2007.2　prr
◎文献「立地戦略と空間的分業―エレクトロニクス企業の地理学」（近藤章夫）　古今書院　2007.2　p165-181

口腔衛生
◎参考文献「在宅介護以前　忘れられている口腔ケアと摂食・嚥下リハビリ」（桐原仁子）　日本評論社　2003.4　p179-182
◎文献「歯医者さんにかかると寿命が延びる」（茂木伸夫）　愛育社　2007.10　p155-160

航空機
◎参考文献「YS-11が飛んだ空―全182機それぞれの生涯」（青木勝）　朝日新聞社　2007.12　p396-397

航空技術
◎参考文献「戦時期航空機工業と生産技術形成―三菱航空エンジンと深尾淳二」（前田裕子）　東京大学出版会　2001.6　p223-236
◎参考資料「ものがたり日本の航空技術」（杉浦一機）　平凡社　2003.12　p201-203
◎参考文献「橘花―日本初のジェットエンジン・ネ20の技術検証―海軍特殊攻撃機　増補新訂版」（石澤和彦）　三樹書房　2006.2　p264-267

航空産業
○記事（大塚恭平）「文献探索　2000」（文献探索研究会）　2001.2　p108-116
◎文献「国産旅客機が世界の空を飛ぶ日」（前間孝則）　講談社　2003.10　p387-389
◎参考文献「米国低コスト航空企業の経営革新」（永井昇）　内外出版　2006.4　p203-210

航空史
◎参考文献「朝日新聞訪欧大飛行　下」（前田孝則）　講談社　2004.8　p303-309
◎参考引用文献「神風―朝日新聞社訪欧機―東京-ロンドン間国際記録飛行の全貌」（山崎明夫）　三樹書房　2005.1　p437-443
◎参考文献「愛媛の航空」（高田英夫）　愛媛新聞社　2007.2　p361-362

航空事故
◎文献「墜落　1　驚愕の真実」（加藤寛一郎）　講談社　2001.2　p263-264
◎参考文献「エアライン・クライシス―なぜ信じられない事故が起こるのか」（杉浦一機）　平凡社　2002.4　p205-206
◎引用参考文献「壊れた尾翼―日航ジャンボ機墜落の真実」（加藤寛一郎）　講談社　2004.6　p405-409
◎参考文献「御巣鷹の謎を追う―日航123便事故20年」（米田憲司）　宝島社　2005.7　p284-285
◎参考文献「航空事故の過失理論―刑事過失の限界」（池内宏）　成山堂書店　2005.7　p184-188

航空写真
◎引用文献「地すべり地形の判読法―空中写真をどう読み解くか」（大八木規夫）　近未来社　2007.10　p304-308

航空政策
◎参考文献「米国航空政策の研究―規制政策と規制緩和の展開」（塩見英治）　文眞堂　2006.4　p425-452
◎参考文献「公共政策の変容と政策科学―日米航空輸送産業における2つの規制改革」（秋吉貴雄）　有斐閣　2007.1　p275-292

航空法
○文献目録（関口雅夫ほか）「駒澤法学　4.3」（駒澤大）　2005.3　p232-79

航空母艦
◎参考文献「トム・クランシーの空母　下」（T. クランシー）　東洋書林　2006.2　p343-323

航空輸送
◎参考文献「21世紀の国際物流―航空運送が創る新しい流通革命」（小林晃ほか）　文真堂　2002.3　prr
◎文献「21世紀の航空ビジネス」（R. ドガニス）　中央経済社　2003.5　p300-303
◎参考文献「危機のマネジメント―事故と安全　チームワークによる克服」（E. サラスほか）　ミネルヴァ書房　2007.4　p283-316
◎参考文献ほか「現代の航空輸送事業」（三田譲ほか）　同友館　2007.4　p178-179
◎参考文献「日本の空を問う―なぜ世界から取り残されるのか」（伊藤元重ほか）　日本経済新聞出版社　2007.8　p177-179

工芸
◎参考文献「漆―その工芸に魅せられた人たち」（灰野昭郎）　講談社　2001.9　p268-273
○「日本美術作品レファレンス事典―工芸篇」（日外アソシエーツ）　日外アソシエーツ　2002.3　9,991p B5
◎文献「工芸の世紀―名作200余点でたどる―明治の置物から現代のアートまで」（横溝廣子ほか）　朝日新聞社　2003.10　p232-235

◎参考文献「工芸産業の地域」（北村嘉行）　原書房　2006.10　p211-218

攻撃性
◎参考文献「攻撃性の心理」（岡田督）ナカニシヤ出版　2001.8　prr
◎文献「すぐカッとなる人びと—日常生活のなかの攻撃性」（クリスチャン・ザジック）　大月書店　2002.3　p257-267
◎引用文献ほか「攻撃の心理学」（B. クラーエ）　北大路書房　2004.4　p223-253
◎参考文献「なぜ攻撃してしまうのか—人間の攻撃性」（Geen, RG）　ブレーン出版　2005.7　p219-243
◎引用文献「攻撃行動とP-Fスタディ」（S. ローゼンツァイク）　北大路書房　2006.5　p97-153

高血圧
◎文献「高血圧とスポーツ—運動療法による高血圧の改善」（Wilfried Kindermann, Richard Rost）　杏林書院　2002.5　p135-140

後見
◎文献「成年後見と社会福祉—実践的身上監護システムの課題」（池田恵利子）　信山社出版　2002.3　p135-136

貢献
◎参考文献「貢献する気持ち　ホモ・コントリビューエンス」（滝久雄）　紀伊國屋書店　2001.5　1pb

膠原病
◎参考引用文献「難病患者福祉の形成—膠原病系疾患患者を通して」（堀内啓子）　時潮社　2006.10　p210-216

考古
◎文献「中国考古学概論」（飯島武次）　同成社　2003.2　p439-458
◎文献「石器の見方」（竹岡俊樹）　勉誠出版　2003.3　p207-228
◎参考文献（高木智見）「中国考古の重要発見」（黄石林ほか）　日本エディタースクール出版部　2003.4　p358-361
○「月刊考古学ジャーナル　502」（ニュー・サイエンス社）　2003.5　160p A4
◎引用文献「古代東国の考古学的研究」（高橋一夫）　六一書房　2003.9　prr
◎注「考古学と暦年代」（西川寿勝ほか）　ミネルヴァ書房　2003.10　prr
◎註「古代近畿と物流の考古学」（石野博信）　学生社　2003.12　prr
○文献解題（松本直子）「月刊考古学ジャーナル　512」（ニューサイエンス社）　2004.2　p24-27
◎文献「環境考古学ハンドブック」（安田喜憲）　朝倉書店　2004.2　prr
○文献目録「福島考古　45」（福島県考古学会）　2004.3　p74-83
◎文献目録「考古学と歴史」（白石太一郎）　放送大教育振興会　2004.3　p259-261
◎ブックガイド「生態考古学でみる歴史の復原」（岡内三眞）　早稲田大　2004.3　p98-102
○「月刊考古学ジャーナル　516」（ニューサイエンス社）　2004.5　160p B5
◎文献「現代考古学事典」（安斎正人）　同成社　2004.5　prr

◎参考文献「日本考古学を学ぶ人のために」（泉森皎）　世界思想社　2004.6　p273-279
◎古文献解題「日本考古学用語辞典　改訂新版」（斎藤忠）　学生社　2004.9　p469-475
◎参考文献「花粉分析と考古学」（松下まり子）　同成社　2004.10　p123-132
◎参考文献「入門現代考古学」（C. ギャンブル）　同成社　2004.10　p325-340
◎参考文献「社会考古学の試み」（岡内三眞ほか）　同成社　2005.3　prr
◎文献「食糧獲得社会の考古学　現代の考古学2」（佐藤宏之）　朝倉書店　2005.10　prr
◎「森貞次郎先生寄贈資料目録　1」（福岡大学人文学部考古学研究室）　福岡大　2005.12　143p A4
○文献目録「福島考古　46」（福島県考古学会）　2006.3　p163-173
◎参考文献「入門者のための考古学教室　改訂版」（山岸良二）　同成社　2006.9　p221-224
○文献目録（今村佳子ほか）「中国考古学　6」（日本中国考古学会）　2006.12　p229-238
◎参考文献「実践考古学GIS—先端技術で歴史空間を読む」（宇野隆夫）　NTT出版　2006.12　p405-420

皇后
◎注文献「皇后の肖像　昭憲皇太后の表象と女性の国民化」（若桑みどり）　筑摩書房　2001.12　p433-455
◎参考文献「初期天皇后妃の謎—欠史八代、失われた伝承の復元」（大山元）　きこ書房　2003.2　p310-313
◎註「皇后の近代」（片野真佐子）　講談社　2003.11　p212-226
◎参考文献「女人抄—美智子皇后の70年」（藤原佑好）　イースト・プレス　2004.2　p268-269
◎参考文献「古代日本の女帝とキサキ」（遠山美都男）　角川書店　2005.1　p275-278

鉱工業
◎「『支那鉱工業に関する主要文献目録　第1邦文の部』」皓星社　2001.5　481p B5

高校生
◎文献「現代高校生の規範意識—規範の崩壊かそれとも変容か」（友枝敏雄ほか）　九州大学出版会　2003.11　prr
◎参考引用文献「夢の行方—高校生の教育・職業アスピレーションの変容」（片瀬一男）　東北大学出版会　2005.10　p303-324

光合成
◎文献「水圏の生物生産と光合成」（J. T. O. カーク）　恒星社厚生閣　2002.4　p325-378
◎ブックガイド「植物が地球を変えた!」（葛西奈津子）　化学同人　2007.3　p161-163
◎参考文献「光合成の科学」（東京大学光合成教育研究会）　東京大出版会　2007.6　p280-282

高校野球
◎参考文献「高校野球の観方を変えよう—女子大生の高校野球への問いかけ　スポーツ史的アプローチ」（松尾順一）　現代図書　2003.4　p156-158
◎参考図書ほか「甲子園球場物語」（玉置通夫）　文藝春秋　2004.7　p183」

好古家
◎参考文献「好古家たちの19世紀―幕末明治における《物》のアルケオロジー」(鈴木広之) 吉川弘文館 2003.10 p220-227

考古学
◎参考文献「チンギス=カンの考古学」(白石典之) 同成社 2001.1 p218-225
◎参考文献ほか「食と考古学―食いしんぼうの時間旅行」 福島県立博物館 2001.3 p91-92
◎引用文献「民族考古学」(後藤明) 勉誠出版 2001.3 p131-139
◎参考文献「図説江戸考古学研究事典」(江戸遺蹟研究会) 柏書房 2001.4 p66-120
◎参考文献「人はなぜ戦うのか―考古学からみた戦争」(松木武彦) 講談社 2001.5 p252-254
◎参考文献「黒潮の考古学 ものが語る歴史シリーズ 5」(橋口尚武) 同成社 2001.7 p267-276
◎関連書籍「考古学のためのGIS入門」(金田明大) 古今書院 2001.8 p199-218
◎参考文献「宇宙考古学―人工衛星で探る遺跡と古環境」(坂田俊文) 丸善 2002.1 p203-204
◎参考文献「図説―江戸考古学研究事典」(江戸遺跡研究会) 柏書房 2002.3 p66-120
◎「青森県考古学関係文献目録―青森考古学会30周年記念」 青森県考古学会 2002.3 201p B5
◎「東北大学附属図書館所蔵伊東文庫目録」(東北大学大学院文学研究科考古学専攻分野,東北大学大学院連携大学院分野文化財科学) 東北大学大学院文学研究科 2002.3 179p A4
◎文献「石の考古学」(奥田尚) 学生社 2002.5 p239-240
◎参考文献「文化としての石器づくり」(大沼克彦) 学生社 2002.5 p171-179
◎参考文献「考古学キーワード 改訂版」(安蒜政雄) 有斐閣 2002.6 p222-228
◎引用文献「オホーツクの考古学―ものが語る歴史 7」(前田潮) 同成社 2002.7 p209-222
◎参考文献「日本の考古学―ドイツで開催された「曙光の時代」展」(奈良文化財研究所) 小学館 2005.4 p261-258
◎文献「考古学はどう検証したか」(春成秀爾) 学生社 2006.9 prr
○文献目録「福島考古 48」(福島県考古学会) 2007.3 p66-78
◎参考文献「日本の考古学―ドイツ展記念概説 上」(奈良文化財研究所) 学生社 2007.4 prr
◎文献「東アジア考古学辞典」(西谷正) 東京堂出版 2007.5 prr
◎参考文献「考古学―理論・方法・実践」(C.レンフルーほか) 東洋書林 2007.8 p596-641
◎ブックガイド「考古学の教室―ゼロからわかるQ&A65」(菊池徹夫) 平凡社 2007.8 p230-231
◎文献「現代社会の考古学」(岩崎卓也ほか) 朝倉書店 2007.9 prr
◎引用文献「信濃国の考古学」(川崎保) 雄山閣 2007.9 prr
◎文献「近世・近現代考古学入門―「新しい時代の考古学」の方法と実践」(鈴木公雄ゼミナール) 慶應義塾大出版会 2007.10 prr

◎参考文献「掘れ掘れ読本―考古学ギョーカイと発掘の愉快なお話」(秋田麻早子) バジリコ 2007.10 p156-159
◎文献「鑑識眼の科学―認知心理学的アプローチによる考古学者の技能研究」(時津裕子) 青木書店 2007.12 p183-191

広告
◎「広告関係論文レファレンス―広告関係論文及び広告関係図書目録 平成13年版」(日経広告研究所) 日経広告研究所 2001.5 119p B5
◎参考文献「アテンション・マーケティング―消費者の関心を引きつける新しい広告手法」(ケン・サカリン) ダイヤモンド社 2001.11 p289-294
◎参考文献「ブランド広告」(内田東) 光文社 2002.9 p225-227
◎文献「うわさとくちコミマーケティング 2版」(二瓶喜博) 創成社 2003.4 p217-223
◎「広告関係論文レファレンス―広告関係論文及び広告関係図書目録 平成15年版」(日経広告研究所) 日経広告研究所 2003.5 116p A4
◎文献「広告と情報」(横内清光) 創成社 2003.6 p261-265
◎文献「広告会社への報酬制度―フェアな取引に向けて」(日本広告主協会) 日経広告研究所 2003.6 p89-90
◎参考文献「広報・広告・プロパガンダ 叢書現代のメディアとジャーナリズム 6」(津金沢聡広) ミネルヴァ書房 2003.10 prr
◎参考文献「広告の学び方、つくり方―広告・広報の基礎理論と実際」(藤澤武夫) 昭和堂 2004.3 p296-298
◎参考文献「統合広告論―実践秩序へのアプローチ」(水野由多加) ミネルヴァ書房 2004.3 p361-388
◎参考文献「現代マーケティング・コミュニケーション入門―はじめて学ぶ広告・広報戦略」(三宅隆之) 慶應義塾大出版会 2004.7 p243-245
◎参考文献「ブランドと広告ビジネス―ブランディングを基軸とした広告会社の評価システム」(東英作) 早稲田大学出版部 2005.4 p389-404
◎参考図書「広告コピー概論 増補版」(植條則夫) 宣伝会議 2005.4 p481-488
◎参考文献「時代を映したキャッチフレーズ事典」(深川英雄ほか) 電通 2005.9 p406-408
◎文献「メディア時代の広告と音楽―変容するCMと音楽化社会」(小川博司ほか) 新曜社 2005.11 p245-241
◎広告「広告は語る―アド・ミュージアム東京収蔵作品集」(吉田秀雄記念事業財団) 吉田秀雄記念事業財団 2005.11 p174-175
◎参考文献「広告 ものと人間の文化史130」(八巻俊雄) 法政大出版局 2006.2 p245-259
◎参考文献「中国の広告と広告業に関する研究―高度成長期を中心に」(宮麗穎) 雄松堂出版 2006.4 p247-252
◎「広告関係論文レファレンス―広告関係論文及び広告関係図書目録 平成18年版」(日経広告研究所) 日経広告研究所 2006.9 162p B5
◎参考文献「広告法規 新訂版」(岡田米蔵ほか) 商事法務 2006.12 p359-365
○文献一覧「社会と倫理 21」(南山大) 2007 p152-154

◎参考文献「脳科学から広告・ブランド論を考察する」（山田理英）　評言社　2007.1　prr
◎参考文献「広告入門　5版」（梶山皓）　日本経済新聞出版社　2007.9　p219-223
◎参考文献「広告倫理―広告と倫理の復権」（岡田米蔵）　商事法務　2007.12　p230-233
◎文献「売れるキャッチコピーがスラスラ書ける本」（酒井とし夫）　日本能率協会マネジメントセンター　2007.12　p260-261

黄砂
◎参考文献「黄砂の科学」（甲斐憲次）　成山堂書店　2007.6　p141-146
◎引用文献「世界の黄砂・風成塵」（成瀬敏郎）　築地書館　2007.7　p162-167

公債
◎文献「自治体改革と地方債制度―マーケットとの協働」（稲生信男）　学陽書房　2003.11　p172-176
◎参考文献「日本の国債・地方債と公的金融」（代田純）　税務経理協会　2007.2　p197-200

交際文化
◎文献ほか「美と礼節の絆―日本における交際文化の政治的起源」（池上英子）　NTT出版　2005.6　p528-485

工作
◎参考文献「こんなものまでつくれるの?―身近な材料を使ったものづくり」（日本機械学会ほか）　技報堂出版　2006.10　p216-219

工作機械産業
◎参考文献「工作機械産業の職場史　1889-1945―「職人わざ」に挑んだ技術者たち」（山下充）　早稲田大学出版部　2002.2　p233-239
◎参考文献「工作機械産業の職場史1889-1945―「職人わざ」に挑んだ技術者たち　新装版」（山下充）　早稲田大学出版部　2004.5　p233-239

鉱山災害
◎参考文献「御嵩の亜炭鉱―この負の遺産をどうするのか」（ひろたみを）　リヨン社　2002.2　p207」

高山植物
◎引用文献「北海道高山植生誌」（佐藤謙）　北海道大出版会　2007.2　p621-638

鉱山労働
◎参考文献「満鉄撫順炭鉱の労務管理史」（庚炳富）　九州大学出版会　2004.12　p243-249
◎参考文献「ドイツで働いた日本人炭鉱労働者―歴史と現実」（森廣正）　法律文化社　2005.6　p231-233

麹
◎参考文献「麹　ものと人間の文化史138」（一島英治）　法政大出版局　2007.7　p195-209

孝子説話集
◎研究資料目録「孝子説話集の研究―二十四孝を中心に　近世篇」（〔徳田進〕）　クレス出版　2004.10　p695-751
◎研究資料目録「孝子説話集の研究―二十四孝を中心に　中世篇」（〔徳田進〕）　クレス出版　2004.10　p385-404

皇室
◎参考文献「ミカドと女官　菊のカーテンの向こう側」（小田部雄次）　恒文社　2001.7　p221-222
◎注文献「可視化された帝国　近代日本の行幸啓」（原武史）　みすず書房　2001.7　p385-431
◎参考文献「「皇室・王室」がきちんとわかる本」（広岡裕児）　オーエス出版　2002.1　p238-239
◎文献「天皇家の財布」（森暢平）　新潮社　2003.6　p206-207
◎参考文献「平成の天皇と皇室」（高橋紘）　文藝春秋　2003.12　p220-222
◎参考文献「岩波天皇・皇室辞典」（原武史ほか）　岩波書店　2005.3　prr
◎参考文献「皇室切手」（内藤陽介）　平凡社　2005.10　p272-274
◎参考文献「皇室の饗宴とボンボニエール」（扇子忠）　思文閣出版　2005.11　p179-182
◎書誌「皇室建築―内匠寮の人と作品」（刊行委員会）　建築画報社　2005.12　p392-398
◎文献目録「日本後宮史」（佐藤良雄）　システムファイブ　2006.2　p995-997
◎参考文献「皇太子誕生」（奥野修司）　講談社　2006.10　p396-400
◎参考文献「母宮貞明皇后とその時代―三笠宮両殿下が語る思い出」（工藤美代子）　中央公論新社　2007.7　p249-253
◎引用参考文献「愛子さまと悠仁さま―本家のプリンセスと分家のプリンス」（大島真生）　新潮社　2007.9　p204-205
◎引用参考文献「皇室制度を考える」（園部逸夫）　中央公論新社　2007.9　p351-368
◎参考文献「天皇・皇室を知る事典」（小田部雄次）　東京堂出版　2007.10　p372-378

皇室法
◎参考文献「皇室法概論―皇室制度の法理と運用」（園部逸夫）　第一法規出版　2002.4　p634-639

公衆衛生
◎参考図書ほか「シンプル衛生公衆衛生学　改訂第9版増補」（鈴木庄亮, 久道茂）　南江堂　2001.3　p333-335
◎文献「国際保健学講座」（バッシュ）　じほう　2001.3　p515-533
◎参考図書「シンプル衛生公衆衛生学　2002年版」（鈴木庄亮, 久道茂）　南江堂　2002.3　p333-335
◎参考文献「21世紀の健康づくり10の提言―社会環境と健康問題」（M. マーモットほか）　日本医療企画　2002.10　p239-267
◎参考図書「シンプル衛生公衆衛生学　2003」（鈴木庄亮ほか）　南江堂　2003.3　p349-351
◎「東京市衛生試験所研究業績目録」（東京都立衛生研究所）　東京都立衛生研究所　2003.3　109p A4
◎参考図書ほか「シンプル衛生公衆衛生学　2004」（鈴木庄亮ほか）　南江堂　2004.3　p347-350
◎参考文献「不平等が健康を損なう」（I. カワチほか）　日本評論社　2004.10　p177-190
◎参考文献「公衆衛生学―社会保障制度と生活者の健康　5版」（松木秀明）　金原出版　2005.2　prr
◎参考図書ほか「シンプル衛生公衆衛生学　2005」（鈴木庄亮ほか）　南江堂　2005.3　p349-352

◎参考文献「保健・医療・福祉ネットワークのすすめ—ヒューマンサービスの実践　実践のすすめ」（宮崎徳子ほか）　ミネルヴァ書房　2005.4　p188-190
◎文献「公衆衛生におけるインフォームド・コンセント—齲歯予防と水道水中のフッ化物」（二宮一枝）　慧文社　2005.6　p79-88
◎参考文献「地域診断のすすめ方—根拠に基づく生活習慣病対策と評価　2版」（水嶋春朔）　医学書院　2006.10　p175-179
◎参考図書ほか「シンプル衛生公衆衛生学　2007」（鈴木庄亮ほか）　南江堂　2007.3　p345-348
◎参考書「衛生化学・公衆衛生学　改訂4版」（早津彦哉ほか）　南江堂　2007.4　p449-450
◎参考図書「社会・環境と健康　改訂2版」（田中平三ほか）　南江堂　2007.4　p321-324
◎References「国際保健の優先課題」（D. T. Jamison）　保健同人社　2007.8　p193-195
◎参考文献「コミットメントの力—人と人がかかわるとき」（三砂ちづる）　NTT出版　2007.9　p240-244
◎文献「ステータス症候群—社会格差という病」（M. マーモット）　日本評論社　2007.10　p319-331
◎参考文献ほか「健康の天才たち」（山崎光夫）　新潮社　2007.10　p219-220
◎参考文献「保健・医療・福祉ネットワークのすすめ—ヒューマンサービスの実践　2版」（宮崎徳子ほか）　ミネルヴァ書房　2007.10　p188-190

甲州街道
◎参考文献「多摩と甲州道中　街道の日本史18」（新井勝紘ほか）　吉川弘文館　2003.5　p16-18b

広州本田汽車有限公司
◎参考文献「中国ホンダ経営会議—躍進する「広州ホンダ」バイブル」（加藤鉱）　ビジネス社　2004.4　p229-230
◎参考文献「中国企業における業績主義の導入」（唐伶）　雄松堂出版　2005.8　p131-135

工手学校
◎参考引用文献「工手学校—旧幕臣たちの技術者教育」（茅原健）　中央公論新社　2007.6　p340-345

交渉
◎注文献「ビジネス交渉と意思決定」（印南一路）　日経新聞社　2001.3　p231-237
◎文献「ハーバード流思考法で鍛えるグローバル・ネゴシエーション」（御手洗昭治）　総合法令出版　2003.2　p367-372
◎参考文献「交渉ハンドブック—理論・実践・教養」（日本交渉学会）　東洋経済新報社　2003.9　p54-56b
◎参考文献「交渉の戦略—思考プロセスと実践スキル」（田村次朗）　ダイヤモンド社　2004.3　p201-202
◎参考文献「交渉とミディエーション—協調的問題解決のためのコミュニケーション」（鈴木有香ほか）　三修社　2004.7　p231-234
◎参考文献「交渉ケースブック」（太田勝造ほか）　商事法務　2005.4　prr
◎参考文献「大学講義　交渉システム学入門」（木嶋恭一）　丸善　2005.4　p145-150
◎読者のために「新ハーバード流交渉術—感情をポジティブに活用する」（R. フィッシャーほか）　講談社　2006.6　p295-283

◎参考文献「ビジネス・ネゴシエーション入門—「聞き上手」な日本的交渉術」（麻殖生健治）　中央経済社　2006.10　p157-159
◎参考文献「交渉力入門　3版」（佐久間賢）　日本経済新聞出版社　2007.5　p201-202
◎参考文献「交渉学入門」（一色正彦ほか）　日本経済新聞出版社　2007.11　p144-145

豪商
◎参考文献「豪商列伝」（宮本又次）　講談社　2003.9　prr

口承文学
◎文献「オグズナーメ—中央アジア・古代トルコ民族の英雄の物語」（長谷川太洋）　創英社　2006.12　p92-93
◎参考文献「ナシ（納西）族宗教経典音声言語の研究—口頭伝承としての「トンバ（東巴）経典」」（黒澤直道）　雄山閣　2007.2　p197-214

庚申
◎「東京都庚申文献目録」（石川博司）　庚申資料刊行会　2003.7　72p A5

後進国開発
◎参考文献「開発のミクロ経済学—理論と応用」（黒崎卓）　岩波書店　2001.2　p239-252

庚申塔
◎参考文献「流山庚申塔探訪」（流山市教育委員会ほか）　流山市教委　2007.3　p320」

香辛料
◎文献資料「スパイスとブッダの不思議な物語」（井上宏生）　佼成出版社　2004.9　p204-211

香水
◎参考文献「パヒュームレジェンド—世界名香物語」（M. エドワーズ）　フレグランスジャーナル社　2005.2　p296-299
◎文献「あそぶかたち—20世紀の香水瓶」（津田紀代）　ポーラ文化研究所　2005.9　p70-71

洪水
◎参考文献「寛保2年の千曲川大洪水「戌の満水」を歩く」（信濃毎日新聞社出版局）　信濃毎日新聞社　2002.8　p202-204
◎参考書「洪水の水理と河道の設計法—治水と環境の調和した川づくり」（福岡捷二）　森北出版　2005.1　p426-428
◎参考文献「諸国洪水・川々満水—カスリーン台風の教訓」　葛飾区郷土と天文の博物館　2007.3　p144」

抗ストレス食品
◎文献「抗ストレス食品の開発と展望」（横越英彦）　シーエムシー出版　2006.10　prr

厚生行政
◎参考文献「自然と共生の健康づくり—日本・アイスランドにおける健康づくりのための温泉利用施設」（榎本和子）　行路社　2006.6　p107-110

構成主義
◎参考文献「構成主義とマヴォ　コレクション・モダン都市文化29」（滝沢恭司）　ゆまに書房　2007.6　p796-797

厚生省
◎註「厚生省の誕生―医療はファシズムをいかに推進したか」（藤野豊）　かもがわ出版　2003.8　prr
◎参考文献「誰も書かなかった厚生省」（水野肇）　草思社　2005.7　p224-227

向精神薬
◎参考文献「「うつ」を克服する最善の方法―抗うつ薬SSRIに頼らず生きる」（生田哲）　講談社　2005.11　p210-213
◎参考文献「精神医療の静かな革命―向精神薬の光と影」（田島治）　勉誠出版　2006.7　p191-195

更生保護
◎引用文献「関係性のなかの非行少年―更生保護施設のエスノグラフィーから」（松嶋秀明）　新曜社　2005.11　p9-21b
◎文献「更生保護制度改革のゆくえ―犯罪をした人の社会復帰のために」（掲示立法研究会）　現代人文社　2007.6　p352-359

構造改革
◎文献目録「構造改革下の地域振興　まちおこしと地場産業」（下平尾勲）　藤原書店　2001.10　p280-300
◎参考文献「財政危機「脱却」　財政構造改革への第1歩」（本間正明）　東洋経済新報社　2001.11　p281-284
◎参考文献「誤解だらけの構造改革」（小野善康）　日本経済新聞社　2001.12　p233-235
◎参考文献「社会政策―構造改革の新展開とセーフティネット　新版」（石畑良太郎ほか）　ミネルヴァ書房　2003.6　prr
◎参考文献「構造改革評価報告書　4」（内閣府）　国立印刷局　2005.8　p139-141

高層建築
◎参考文献「摩天楼とアメリカの欲望―バビロンを夢見たニューヨーク」（T. A. P. レーウェン）　工作舎　2006.9　p345-362

構造主義
◎引用参考文献「寝ながら学べる構造主義」（内田樹）　文藝春秋　2002.6　p203-207
◎文献ほか「ポスト構造主義　1冊でわかる」（C. ベルジー）　岩波書店　2003.12　p1-11b
◎主要文献（伊東守男）「構造主義とは何か―そのイデオロギーと方法」（J. M. ドムナック）　平凡社　2004.8　p335-338
◎引用文献「構造構成主義とは何か―次世代人間科学の原理」（西條剛央）　北大路書房　2005.3　p237-244
◎参考文献ほか「構造主義がよ〜くわかる本―ポケット図解―人間と社会を縛る構造を解き明かす」（高田明典）　秀和システム　2007.4　p217-229

構造物
◎参考文献「構造物の技術史―構造物の資料集成・事典」（藤本盛久）　市ケ谷出版社　2001.10　p1276-1291

皇族
◎参考文献「皇太子誕生」（奥野修司）　文藝春秋　2001.11　p335-340
◎参考文献「歴史のなかの皇女たち」（服藤早苗）　小学館　2002.12　p280-281
◎引用参考文献「闘う皇族―ある宮家の三代」（浅見雅男）　角川書店　2005.10　p303-308
◎文献「語られなかった皇族たちの真実―若き末裔が初めて明かす「皇室が2000年続いた理由」」（竹田恒泰）　小学館　2006.1　p252-255
◎参考文献「皇室外交とアジア」（佐藤考一）　平凡社　2007.2　p221-225

豪族
◎文献「漢代の豪族社会と国家」（五井直弘ほか）　名著刊行会　2001.5　prr
◎参考文献「豪閥　地方豪族のネットワーク」（佐藤朝泰）　立風書房　2001.7　p522-523

小唄
◎参考文献「昭和小唄　その1」（木村菊太郎）　演劇出版社　2003.11　p526-528

好太王碑文
◎註「好太王碑拓本の研究」（徐建新）　東京堂出版　2006.2　prr

皇太子妃
◎参考文献「プリンセス・マサコ―完訳―菊の玉座の囚われ人」（B. ヒルズ）　第三書館　2007.9　p350-351

講談社
◎年表「緑なす音羽の杜に　III　講談社と私たちの九十年」（講談社友会）　講談社友会　2000.12　p374-384
◎参考文献「音羽の杜の遺伝子　国民の圧倒的支持をうけたメディアはいかに誕生したか」（森彰英）　リヨン社　2003.5　p260-261

構築主義
◎参考文献「構築主義を再構築する」（赤川学）　勁草書房　2006.11　p9-18b

高知県
◎参考文献「土佐国石塔・石仏巡礼　1」（高知県立歴史民俗資料館）　歴史民俗資料館　2004.3　p63」
◎参考文献「魂よびのうた―土佐―珠玉の民俗」（岩井信子）　高知新聞企業　2005.12　p252-253
◎参考文献「土佐と南海道　街道の日本史47」（秋澤繁ほか）　吉川弘文館　2006.12　p20-22b
◎文献「土佐の祭りと呪詛―物部村のいざなぎ流」（福島義之）　文芸社　2007.4　p245-246

高知県　高知海軍航空隊
◎参考文献「高知海軍航空隊白菊特別攻撃隊」（三国雄史）　群青社　2001.11　p268-269

高知県　高知城
◎参考文献「高知城を歩く」（岩崎義郎）　高知新聞社　2001.1　p199-204

高知県　大正町
◎参考文献「大正町史　通史編」（大正町史編集会議）　大正町　2006.3　2pb

高知県　歴史
◎参考文献「高知県の歴史　県史39」（荻慎一郎ほか）　山川出版社　2001.2　p37-42b
◎参考文献「高知県の不思議事典」（谷是）　新人物往来社　2006.8　p224-229
◎参考文献「高知県の歴史散歩」（高知県高等学校教育研究会歴史部会）　山川出版社　2006.8　p313-317

耕地整理
- ◎参考文献「富山県石田耕地整理事業史—大正末期・昭和の土地改良事業について」（下坂義夫） 白桃書房 2006.8 p209-212

紅茶
- ◎文献「紅茶の世界　新訂」（荒木安正） 柴田書店 2001.4 p291-293
- ◎参考文献「紅茶の事典」（荒木安正ほか） 柴田書店 2002.4 p309-311
- ◎参考書目「イギリス紅茶事典—文学にみる食文化」（三谷康之） 日外アソシエーツ 2002.5 p253-254
- ◎文献「20世紀の日本紅茶産業史」（日本紅茶協会） 日本紅茶協会 2003.1 p298-299
- ◎参考文献「ハーブティーバイブル」（V. ザック） 東京堂出版 2004.11 p267-268
- ◎参考文献「一杯の紅茶の世界史」（磯淵猛） 文藝春秋 2005.8 p196-198

甲虫類
- ◎参考文献「森と水辺の甲虫誌」（丸山宗利） 東海大出版会 2006.10 p299-317

公聴
- ◎参考文献「分権時代の広聴入門—理論と実際」（土橋幸男） ぎょうせい 2006.2 p195-198

校長
- ◎関連文献「女性校長の登用とキャリアに関する研究—戦前期から1980年代までの公立小学校を対象として」（高野良子） 風間書房 2006.8 p296-299
- ◎文献一覧「教育管理職人事と教育政治—だれが校長人事を決めてきたのか」（荒井文昭） 大月書店 2007.9 p259-266

甲鳥書林
- ◎関連出版目録「古本デッサン帳」（林哲夫） 青弓社 2001.7 p171-197

交通
- ◎参考文献「信仰の道—上毛三山を中心に　歴史の道調査報告書」（群馬県教育委員会文化財保護課） 群馬県教育委員会 2001.3 p178-179
- ◎参考文献「交通と観光の経済学」（S. ページ） 日本経済評論社 2001.5 p401-431
- ◎参考文献「交通」（荒井秀規ほか） 東京堂出版 2001.6 p328-337
- ◎関連図書「季刊輸送展望　261」（日通総合研究所） 2001.11 p117
- ◎文献「運輸と経済　62.1」（運輸調査局） 2002.1 p94-98
- ◎参考文献「新版—国際交通論」（吉田茂ほか） 世界思想社 2002.3 p252-258
- ◎参考文献「誰でもわかる交通のバリアフリー」（和平好弘） 成山堂書店 2002.3 p285-287
- ◎文献「運輸と経済　63.1」（運輸調査局） 2003.1 p88-92
- ◎文献「長崎街道」（福岡県教育委員会） 福岡県教育委員会 2003.3 p266-267
- ◎注「持続可能な交通へ　シナリオ・政策・運動」（上岡直見） 緑風出版 2003.7 prr
- ◎文献ほか「日本の離島と高速船交通」（奥野一生） 竹林館 2003.9 p124-168
- ◎文献「運輸と経済　64.1」（運輸調査局） 2004.1 p92-96
- ◎参考文献「交通学の視点　改訂版」（生田保夫） 流通経済大出版会 2004.5 p303-312
- ◎参考文献「露領アジア交通地理」（E. チール） 大空社 2004.6 p1-20b
- ◎参考文献「移動の制約の解消が社会を変える—誰もが利用しやすい公共交通がもたらすクロスセクターベネフィット」（A. フォークスほか） 近代文芸社 2004.7 p118-123
- ◎文献リスト（鳥牧昭夫）「交通科学　36.1」（大阪交通科学研究会） 2005 p47-48
- ◎文献「運輸と経済　65.1」（運輸調査局） 2005.1 p84-88
- ◎参考文献「埼玉・歴史の道50話」（埼玉県立博物館） 埼玉新聞社 2005.10 p172-178
- ◎「交通科学ライフサイエンス文献リスト　平成16年度（2000年度—2004年度文献）」（日本交通科学協議会） 日本交通科学協議会 2005.12 98p A4
- ◎文献「運輸と経済　66.1」（運輸調査局） 2006.1 p74-82
- ◎既往文献一覧「交通容量データブック　2006」（交通工学研究会） 交通工学研究会 2006.2 p633-642
- ◎参考文献「地域交通の未来—ひと・みち・まちの新たな絆」（森野美徳） 日経BP社 2006.4 p186-188
- ◎参考文献「広島・福山と山陽道　街道の日本史41」（頼祺一） 吉川弘文館 2006.8 p12-16b
- ◎参考文献「交通工学　2版」（元田良孝ほか） 森北出版 2006.11 p221-224
- ◎参考文献ほか「近代交通体系と清帝国の変貌—電信・鉄道ネットワークの形成と中国国家統合の変容」（千葉正史） 日本経済評論社 2006.12 p408-424
- ◎参考文献「土佐と南海道　街道の日本史47」（秋澤繁ほか） 吉川弘文館 2006.12 p20-22b
- ◎文献「運輸と経済　67.1」（運輸調査局） 2007.1 p90-98
- ◎注「峠の歴史学—古道をたずねて」（服部英雄） 朝日新聞社 2007.9 p314-323
- ◎参考文献「近江の峠道—その歴史と文化」（木村至宏） サンライズ出版 2007.11 p186-187
- ◎「交通科学ライフサイエンス文献リスト　平成18年度（2004年度—2006年度文献）」（日本交通科学協議会） 日本交通科学協議会 2007.12 89p A4

交通安全
- ◎「交通科学ライフサイエンス文献リスト—国内のみ　平成13年度」（日本交通科学協議会） 日本交通科学協議会 2002.9 137p A4
- ◎「交通科学ライフサイエンス文献リスト　平成14年度」（日本交通科学協議会） 日本交通科学協議会 2003.9 116p A4

交通科学
- ◎「交通科学ライフサイエンス文献リスト—国内のみ　平成11年度」（日本交通科学協議会） 日本交通科学協議会 2000.9 121p A4
- ◎「交通科学ライフサイエンス文献リスト　平成15年度」（日本交通科学協議会） 日本交通科学協 2004.9 123p A4
- ◎「交通科学ライフサイエンス文献リスト　平成17年度」（日本交通科学協議会） 日本交通科学協議会 2006.11 100p A4

こうつう

交通計画
- ◎関連文献「鎌倉の交通社会実験―市民参加の交通計画づくり」(高橋洋二ほか) 勁草書房 2004.1 p269-270

交通経済
- ◎文献「交通経済学」(土井正幸,坂下昇) 東洋経済新報社 2002.12 p329-343
- ◎参考文献「交通と経済―風土・時間・国家」(片山邦雄) 八千代出版 2005.1 p187-203

交通工学
- ◎参考文献「交通工学」(元田良孝ほか) 森北出版 2001.10 p208-211

交通行動
- ◎文献「交通行動の分析とモデリング―理論/モデル/調査/応用」(北村隆一,森川高行ほか) 技報堂出版 2002.5 p297-320

交通混雑
- ◎参考文献「交通混雑の経済分析 ロード・プライシング研究」(山田浩之) 勁草書房 2001.9 p309-325

交通史
- ◎参考文献「大井川に橋がなかった理由」(松村博) 創元社 2001.12 prr
- ◎参考文献「街道・宿駅・助郷」(丸井佳寿子) 歴史春秋出版 2003.4 p183-184
- ◎参考文献「探訪日本の歴史街道」(楠戸義昭) 三修社 2003.5 p313-317
- ◎文献「最盛期の駅逓制度を探る―明治末期から大正期にライトを当てる」(宇川隆雄) 響文社 2003.7 p199-200
- ◎参考文献「世界一周の誕生 グローバリズムの起源」(園田英弘) 文藝春秋 2003.7 p216-221
- ◎参考文献「横浜開港と交通の近代化―蒸気船・鉄道・馬車をめぐって」(西川武臣) 日本経済評論社 2004.11 p189-191
- ◎「近・現代交通史調査ハンドブック」(三木理史) 古今書院 2004.11 6, 193p A5
- ◎文献目録「駅家と在地社会」(文化財研究所奈良文化財研究所) 奈良文化財研究所 2004.12 p224-281
- ◎参考文献「中世のみちと都市」(藤原良章) 山川出版社 2005.9 2pb
- ◎参考文献「大名の旅―本陣と街道」(松戸市立博物館) 松戸市立博物館 2007.10 p78」

交通事故
- ◎参考文献「概説交通事故賠償法 新版」(藤村和夫ほか) 日本評論社 2003.7 p350-352
- ◎文献ほか「事故と心理―なぜ事故に好かれてしまうのか」(吉田信彌) 中央公論新社 2006.8 p246-252
- ◎註「交通事故はなぜなくならないか―リスク行動の心理学」(G. J. S. ワイルド) 新曜社 2007.2 p6-49b

交通政策
- ◎参考文献「都市公共交通政策―民間供給と公的規制」(正司健一) 千倉書房 2001.5 p1-10b
- ◎参考文献「明日の都市交通政策」(杉山雅洋ほか) 成文堂 2003.6 prr
- ◎参考文献「海外における交通分析手法の開発動向に関する研究」 道路経済研究所 2004.2 prr
- ◎参考文献「ルーラル地域の公共交通―持続的維持方策の検討」(福田晴仁) 白桃書房 2005.12 p217-227
- ◎参考文献「交通混雑の理論と政策―時間・都市空間・ネットワーク」(文世一) 東洋経済新報社 2005.12 p209-219
- ◎引用参考文献「日本の都市と路面公共交通」(西村幸格) 学芸出版社 2006.12 p252-255
- ◎参考文献「交通政策の未来戦略―まちづくりと交通権保障とで脱「クルマ社会」の実現を」(土居靖範) 文理閣 2007.1 p394-397
- ◎文献一覧「脱クルマ社会の交通政策―移動の自由から交通の自由へ」(西村弘) ミネルヴァ書房 2007.4 p297-309

交通投資
- ◎参考文献「日本における地域間計量モデル分析の系譜―交通投資の社会経済効果測定のために」(佐々木公明ほか) 東北大出版会 2007.5 p211-216

公的扶助
- ◎文献リスト「公的扶助論」(『新版・社会福祉学習双書』編集委員会) 全国社会福祉協議会 2001.3 p255-259
- ◎註「雇用政策と公的扶助の交錯 日独比較 公的扶助における稼働能力の活用を中心に」(布川日佐史ほか) 御茶の水書房 2002.2 prr
- ◎参考文献「アメリカ所得保障政策の成立と展開―公的扶助制度を中心とする所得保障政策の動向分析 諸外国の生活保護制度に関する調査研究事業・研究報告書」 厚生労働省社会・援護局保護課 2002.3 p139-148
- ◎文献「スウェーデンにおける公的扶助制度に関する調査報告書―平成14年度諸外国の生活保護制度に関する調査研究による報告書」 厚生労働省 2003.2 p132-134
- ◎文献リスト「公的扶助論 新版・社会福祉学習双書2004 6 改訂3版」(編集委員会) 全国福祉協議会 2004.2 p266-270
- ◎参考文献「公的扶助論 2版」(中川健太朗ほか) 学文社 2004.3 prr
- ◎文献リスト「公的扶助論 改訂5版」 全国社会福祉協議会 2006.2 p289-293
- ◎引用論文ほか「緊急生活援護事業の研究―1945-46」(百瀬孝) 百瀬孝 2006.7 p284-295
- ◎文献リスト「生活保護改革の視点―三位一体と生活保護制度の見直し」(京極高宣) 全国社会福祉協議会 2006.10 p132-138

黄土
- ◎引用文献「風成塵とレス」(成瀬敏郎) 朝倉書店 2006.7 p163-190

行動
- ◎参考文献「幼児の行動とその理解―ヒト以外の霊長類の動物の子と比べた園児の行動学的研究」(W. C. マクグルー) 家政教育社 2001.8 p312-329
- ◎引用文献「ことばと行動」(日本行動学会) ブレーン出版 2001.9 prr
- ◎参考文献「ヒューマン・エソロジー―人間行動の生物学」(アイブル・アイベスフェルト) ミネルヴァ書房 2001.11 p853-942
- ◎引用参考文献「行動科学序説―「行動の科学」としての心理学 新版」(藤田勉ほか) 世音社 2003.4 p261-270

◎文献「日常生活の行動原理—学習理論からのヒント」（J.D.ボールドウィン）　ブレーン出版　2003.7　p503-556
◎文献「人間行動コントロール論」（春木豊）　川島書店　2004.7　p381-399
◎参考文献「人間の本性を考える—心は「空白の石版」か　下」（S.ピンカー）　NHK出版　2004.9　p1-22b
◎引用文献「行動と学習の心理学—日常生活を理解する」（伊藤正人）　昭和堂　2005.4　p211-231
◎引用文献「行動の基礎—豊かな人間理解のために」（小野浩一）　培風館　2005.5　p351-356
◎参考文献「行動を説明する—因果の世界における理由」（F.ドレツキ）　勁草書房　2005.10　p7-18b
◎References「行動変容法入門」（R.G.ミルテンバーガー）　二瓶社　2006.1　p465-480
◎参考文献「行動の神経生物学」（G.K.H.ツーパンク）　シュプリンガー・ジャパン　2007.9　p239-246

香道
◎参考文献「香と香道　増補改訂版」（香道文化研究会）　雄山閣　2002.6　p277-283
◎参考文献「香道への招待」（北小路功光ほか）　淡交社　2004.8　p235-237
◎参考文献「香道具—典雅と精緻」（小池富雄）　淡交社　2005.5　p253」
◎文献「香道の作法と組香　3版」（宮田哲男）　雄山閣　2006.8　p278-281

行動遺伝学
◎参考文献「心と遺伝子」（山元大輔）　中央公論新社　2006.4　p254-252
◎参考文献「行動はどこまで遺伝するか—遺伝子・脳・生命の探求」（山元大輔）　ソフトバンククリエイティブ　2007.7　p203-204
◎引用文献ほか「精神疾患の行動遺伝学—何が遺伝するのか」（K.L.ジャン）　有斐閣　2007.10　p229-251

合同会社
◎参考文献「合同会社・LLPの法務と税務」（根田正樹ほか）　学陽書房　2005.9　p281-283
◎参考文献「LLCとは何か—新会社法と合同会社」（山崎茂雄）　税務経理協会　2006.3　p121-124

行動科学
◎参考文献「行動科学への招待—現代心理学のアプローチ」（米谷淳,米澤好史）　福村出版　2001.4　p220-232
◎参考文献「行動科学序説—「行動の科学」としての心理学」（藤田勉,藤田直子）　世音社　2001.5　p237-244
◎参考文献「他領域で学ぶ人のための行動科学入門」（磯博行）　二瓶社　2002.4　p155-157
◎文献「行動経済学入門」（多田洋介）　日本経済新聞社　2003.12　p227-232
◎引用文献「行動科学のための推計学入門」（篠原弘幸）　ブレーン出版　2004.5　p315-317
◎参考文献「タイプAの行動とスピリチュアリティ」（大石和男）　専修大学出版局　2005.6　prr

高等学校
◎文献「日本の名門高校ベスト100—建学の源流を訪ねて　公立高校編」（新生通信）　新生通信　2002.6　p626-627
◎文献リスト「学校のエスノグラフィー—事例研究から見た高校教育の内側」（古賀正義ほか）　嵯峨野書院　2004.5　p201-203
◎参考文献「高大連携とは何か—高校教育から見た現状・課題・展望」（勝野頼彦）　学事出版　2004.9　p188-190
◎参考文献（京都府）「戦後公教育の成立—京都における中等教育」（小山静子ほか）　世織書房　2005.3　p401-411
◎文献「名門高校人脈」（鈴木隆祐）　光文社　2005.8　p445-446
◎引用参考文献「高校生の選択制カリキュラムへの適応過程—「総合学科」のエスノグラフィー」（岡部善平）　風間書房　2005.10　p285-294
◎引用文献「入試改革の社会学」（中澤渉）　東洋館出版社　2007.2　p281-293
◎参考文献「中等教育と高等教育とのアーティキュレーション」（兼松儀郎）　学術出版会　2007.4　p135-142

高等教育
○雑誌記事（大佐古紀雄）「文献探索　2000」（文献探索研究会）　2001.2　p97-100
◎文献「成人の生涯教育ニーズと高等教育機関の交差可能性」（大庭宣尊）　広島修道大学総合研究所　2002.5　prr
◎文献「日本の高等教育システム—変革と創造」（天野郁夫）　東京大学出版会　2003.2　p341-347
「高等教育資料—喜多村和之教授・奥島孝康総長寄贈」（早稲田大学大学史資料センター）　早稲田大学大学史資料センター　2003.3　179p A4
◎引用参考資料「高等教育とIT—授業改善へのメディア活用とFD」（山地弘起）　玉川大学出版部　2003.10　prr
◎文献「戦後オーストラリアの高等教育改革研究」（杉本和弘）　東信堂　2003.12　p339-356
◎注「アジア・オセアニアの高等教育」（馬越徹）　玉川大学出版部　2004.9　prr
◎文献ほか（小川佳万）「私学高等教育の潮流」（P.G.アルトバックほか）　玉川大学出版部　2004.10　p223-251
◎参考文献「大正期女子高等教育の歴史—京阪神を中心にして」（畑中理恵）　風間書房　2004.12　p261-269
◎参考引用文献「高等教育概論—大学の基礎を学ぶ」（有本章ほか）　ミネルヴァ書房　2005.5　prr
◎参考文献「アジアの高等教育改革」（P.G.アルトバックほか）　玉川大出版部　2006.9　prr
◎参考文献「ヨーロッパの高等教育改革」（U.タイヒラー）　玉川大出版部　2006.10　prr
◎参考文献「障害ある学生を支える—教員の体験談を通じて教育機関の役割を探る」（B.M.ホッジほか）　文理閣　2006.12　p215-218
◎参考文献「中国の民営高等教育機関—社会ニーズとの対応」（鮑威）　東信堂　2006.12　p299-308

行動経済
◎参考文献「人生と投資のパズル」（角田康夫）　文藝春秋　2004.2　p216-218
◎参考文献「行動経済学—経済は「感情」で動いている」（友野典男）　光文社　2006.5　p394-381

行動障害
◎文献「自閉症と行動障害─関係障害臨床からの接近」（小林隆児）　岩崎学術出版社　2001.9　p151-154

行動心理
◎文献「ごみ捨て行動のパターンとその対応策─心理的手法の提案」（高橋直）　協同出版　2003.11　p141-144
◎引用文献「食べることの心理学─食べる，食べない，好き，嫌い」（今田純雄）　有斐閣　2005.8　p236-241
◎参考文献「行動心理学─社会貢献への道」（岩本隆茂ほか）　勁草書房　2006.6　prr

行動調節機能
◎引用文献「行動調節機能の加齢変化─抑制機能を中心とした検討」（土田宣明）　北大路書房　2005.8　p77-83

行動分析
◎文献「心理療法と行動分析─行動科学的面接の技法」（ピーター・スターミー）　金剛出版　2001.12　p284-293
◎参考文献「はじめての応用行動分析　日本語版2版」（P. A. アルバート）　二瓶社　2004.5　p366-393

高度情報化
◎参考文献「高度情報化社会のガバナンス」（坂井利之ほか）　NTT出版　2003.3　prr

高度成長
◎参考文献「産業政策論の誤解─高度成長の真実」（三輪芳朗, J. M. ラムザイヤー）　東洋経済新報社　2002.12　p523-533

公認会計士
◎文献目録「公認会計士の外見的独立性の測定─その理論的枠組みと実証研究」（鳥羽至英ほか）　白桃書房　2001.2　p316-350

更年期
◎参考文献「明るく乗りきる男と女の更年期」（赤塚祝子）　講談社　2002.2　p169-168
◎引用文献「更年期の真実」（G. グリア）　パンドラ　2005.5　p1-8b
◎参考文献「女性と男性の更年期Q&A─お互いの心身の変化を理解するために」（後山尚久）　ミネルヴァ書房　2005.6　p202-209
◎参考文献「更年期─日本女性が語るローカル・バイオロジー」（M. ロック）　みすず書房　2005.9　p7-34b
◎文献「更年期の臨床─暖かい医療への道を拓く─「複雑系宇宙」を癒す「心身一如」の考え方」（後山尚久）　診断と治療社　2006.12　p137-144

コウノトリ
◎参考文献「蘇るコウノトリ─野生復帰から地域再生へ」（菊地直樹）　東京大出版会　2006.8　p255-263

購買管理
◎参考文献「購買革新のマネジメント─企業間取引における信頼の形成」（神田善郎）　中央経済社　2006.9　p159-166

幸福
◎ブックリスト「幸福論　フランス式人生の楽しみ」（斎藤一郎）　平凡社　2001.6　p190-196
◎参考文献「不幸の心理幸福の哲学─人はなぜ苦悩するのか」（岸見一郎）　唯学書房　2003.12　p229-232

工部省
◎注「工部省とその時代」（鈴木淳）　山川出版社　2002.11　prr

鉱物
◎参考文献「鉱物論」（A. マグヌス）　朝倉書店　2004.12　p162-164
◎参考文献「川原の石から宝石まで鉱物の楽しみ」（西川勢津子）　三水社　2005.11　p164-166

鉱物資源
◎参考文献「グローカルネットワーク─資源開発のディレンマと開発暴力からの脱却を目指して」（栗田英幸）　晃洋書房　2005.11　p253-264

構文
◎参考文献ほか「国語引用構文の研究」（藤田保幸）　和泉書院　2000.12　p625-646
◎参考文献「英語指定文の構造と意味」（関茂樹）　開拓社　2001.2　p269-278
◎参考文献「構文文法論─英語構文への認知的アプローチ」（A. E. ゴールドバーグ）　研究社出版　2001.4　p339-362
◎参考文献「「最新」英語構文事典」（中島平三）　大修館書店　2001.5　p845-907
◎文献「現代言語学入門　3　単語と文の構造」（郡司隆男）　岩波書店　2002.9　p241-248
◎文献「英語構文のカテゴリー形成─認知言語学の視点から」（早瀬尚子）　勁草書房　2002.11　p252-262
◎文献「現代英語の等位構造─その形式と意味機能」（岡田禎之）　大阪大学出版会　2002.12　p320-331
◎参考文献「英語統語論の基礎」（福島富士郎）　西日本法規出版　2003.4　p130-132
◎文献「係結びと係助詞─「こそ」構文の歴史と用法」（半藤英明）　大学教育出版　2003.9　p145-148
◎参考文献「英語の構造と移動現象─生成理論とその科学性」（畠山雄二）　鳳書房　2004.2　p343-383
◎参考文献「「XはYが+述語形容詞」構文の認知論的意味分析─「花は桜がいい」構文の意味分析を中心に」（豊地正枝）　慧文社　2004.6　p215-235
◎参考文献「英語の構文　英語学入門講座9」（田中智之ほか）　英潮社　2004.9　p260-283
◎参考文献「アスペクト解釈と統語現象」（三原健一）　松柏社　2004.11　p273-288
◎参考文献「統語構造と文法関係」（岸本秀樹）　くろしお出版　2005.2　p298-316
◎参考文献「右方移動と焦点化」（田子内健介）　研究社　2005.3　p175-187
◎参考文献「分詞句の談話分析─意識の表現技法としての考察」（山岡實）　英宝社　2005.9　p169-176
◎参考文献「現代英語の語彙的・構文的事象」（村田勇三郎）　開拓社　2005.10　p269-276
◎言及文献「日本語の題目文」（丹羽哲也）　和泉書院　2006.1　p347-357
◎参照文献「発話行為的引用論の試み─引用されたダイクシスの考察」（中園篤典）　ひつじ書房　2006.3　p231-244
◎引用文献「日本語機能的構文研究」（高見健一ほか）　大修館書店　2006.9　p281-285
◎参考文献「モダリティ」（澤田治美）　開拓社　2006.10　p485-505

◎参考文献「言語分析の技法―統語論を学ぶ人のために」（G. M. グリーンほか）　東京大出版会　2006.12　p211-228
◎参考文献「主語と動詞の諸相―認知文法・類型論的視点から」（二枝美津子）　ひつじ書房　2007.1　p195-202
◎参考文献「日本語の格と文型―結合価理論にもとづく新提案」（小泉保）　大修館書店　2007.2　p309-315
◎引用参考文献「日中対照研究ヴォイス―自・他の対応・受身・使役・可能・自発」（中島悦子）　おうふう　2007.4　p173-178
◎参考文献「日本語モダリティ探究」（益岡隆志）　くろしお出版　2007.5　p293-302
◎参照文献「日本語条件文と時制節性」（有田節子）　くろしお出版　2007.5　p191-199
◎引用文献「英語の構文とその意味―生成文法と機能的構文論」（久野暲ほか）　開拓社　2007.6　p313-318
◎参考文献「言語現象とことばのメカニズム―日英語対照研究への機能論的アプローチ」（安武知子）　開拓社　2007.6　p227-241
◎参考文献「結果構文研究の新視点」（小野尚之）　ひつじ書房　2007.9　prr
◎引用参考文献「条件表現の研究」（中島悦子）　おうふう　2007.9　p316-322
◎参考文献「引用表現の習得研究―記号論的アプローチと機能的統語論に基づいて」（杉浦まそみ子）　ひつじ書房　2007.10　p287-298
◎参考文献「日本語におけるテキストの結束性の研究」（庵功雄）　くろしお出版　2007.10　p229-235
◎参考文献「英語否定文の統語論研究―素性照合と介在効果」（西岡宜明）　くろしお出版　2007.11　p273-286

公文書
◎参考文献「近現代史料の管理と史料認識」（鈴江英一）　北海道大学図書刊行会　2002.2　p561-577

構文論
◎参考文献「日本語の情報構造と統語構造」（カレル・フィアラ）　ひつじ書房　2000.7　p455-491
◎文献「共時的アプローチによる英語関係節の習得研究」（伊藤彰浩）　リーベル出版　2001.6　p119-127
◎参考文献「文の構造」（立石浩一, 小泉政利）　研究社　2001.7　p193-199

合弁会社
◎参考文献ほか「国際合弁企業と知識創造」（平野実）　晃洋書房　2007.10　p137-145

酵母
◎参考文献「酵母のすべて―系統、細胞から分子まで」（大隅良典ほか）　シュプリンガー・ジャパン　2007.9　prr

広報
◎参考文献「デジタル時代の広報戦略」（林利隆ほか）　早稲田大学出版部　2002.4　p207-210
◎参考文献「図書館広報実践ハンドブック―広報戦略の全面展開を目指して」（私立大学図書館協会東地区部会研究部企画広報研究分科会）　私立大学図書館協会東地区部会研究部企画広報研究分科会　2002.8　p230-231
◎参考文献「広報・広告・プロパガンダ　叢書現代のメディアとジャーナリズム　6」（津金沢聡広）　ミネルヴァ書房　2003.10　prr
◎参考引用文献「経営者のための企業広報―松下幸之助などに学ぶ原点と時代感覚」（杉田芳夫）　丸善　2003.11　p208-212
◎参考文献「広告の学び方、つくり方―広告・広報の基礎理論と実際」（藤澤正夫）　昭和堂　2004.3　p296-298
◎参考文献「広報・パブリックリレーションズ入門」（猪狩誠也）　宣伝会議　2007.1　p298-299

公民科
◎参考文献ほか「中等公民的教科目内容編成の研究―社会科公民の理念と方法」（桑原敏典）　風間書房　2004.2　p377-398
◎参考文献「公民教科書は何を教えてきたのか」（小山常実）　展転社　2005.7　p283-291

公民館
◎注文献「世界の社会教育施設と公民館　草の根の参加と学び」（小林文人, 佐藤一子）　エイデル研究所　2001.9　prr
◎文献「千葉県公民館史　2　創立50周年記念」（千葉県公民館連絡協議会創立50周年記念事業実行委員会）　千葉県公民館連絡協議会　2002.3　p506-520
◎注「戦後初期公民館の実像―愛知・岐阜の初期公民館」（益川浩一）　大学教育出版　2005.4　prr

公民教育
◎参考文献「欧州統合とシティズンシップ教育―新しい政治学習の試み」（C. ロラン=レヴィ）　明石書店　2006.3　p264-282

公民権
◎参考資料「アメリカの黒人と公民権法の歴史」（大谷康夫）　明石書店　2002.6　p225-227
◎参考文献「グローバル時代のシティズンシップ―新しい社会理論の地平」（G. デランティ）　日本経済評論社　2004.10　p303-328
◎註「アメリカ政治とマイノリティ―公民権運動以降の黒人問題の変容」（松岡泰）　ミネルヴァ書房　2006.1　p241-280
◎参考文献「シチズンシップと環境」（A. ドブソン）　日本経済評論社　2006.12　p8-20b
◎文献一覧「他者の権利―外国人・居留民・市民」（S. ベンハビブ）　法政大出版局　2006.12　p230-242
◎参考文献「シティズンシップと多文化国家―オーストラリアから読み解く」（飯笹佐代子）　日本経済評論社　2007.1　p12-28b
◎参考文献「EU市民権と市民意識の動態」（鈴木規子）　慶應義塾大出版会　2007.11　p275-285
◎引用参考文献「境界線上の市民権―日米戦争と日系アメリカ人」（村川庸子）　御茶の水書房　2007.11　p39-82b

公務員
◎参考文献「新時代における公務員の人材育成―国の形を創る人々を育てるために」（福山圭一）　ぎょうせい　2004.9　p198-200
◎参考文献「世界の公務員の成果主義給与」（OECD）　明石書店　2005.8　p109-113
◎参考文献「戦後日本の公務員制度史―「キャリア」システムの成立と展開」（川手摂）　岩波書店　2005.11　p211-217
◎参考文献「国際公務員法の研究」（黒神直純）　信山社出版　2006.5　p313-331

こうめい　　　　　　　　　　　　　　　　　　　　　　　　　　　　主題書誌索引 2001-2007

◎参考文献「間違いだらけの公務員制度改革—なぜ成果主義が貫けないのか」(中野雅至)　日本経済新聞社　2006.9　p265-269
◎参考文献「公務員倫理講義—信頼される行政のために」(原田三朗)　ぎょうせい　2007.6　p225-226
◎参考資料「独身手当—給与明細でわかるトンデモ「公務員」の実態」(若林亜紀)　東洋経済新報社　2007.8　p236-239

光明電気鉄道
◎参考文献「光明電気鉄道—廃線跡を訪ねて」(静岡県立磐田西高等学校)　静岡県立磐田西高等学校社会部　2006.3　p186-192

コウモリ
◎引用文献「日本コウモリ研究誌—翼手類の自然史」(前田喜四雄)　東京大学出版会　2001.8　p185-197
◎参考文献「コウモリ観察ブック」(熊谷さとし)　人類文化社　2002.2　p298-301
◎参考文献「コウモリの世界」　柏崎市立博物館　2004.7　p115」
◎文献「コウモリのふしぎ—逆さまなのにもワケがある」(船越公威ほか)　技術評論社　2007.7　p225-230

拷問
◎参考文献「世界拷問刑罰史—どこまで人は残酷になれるのか!?」(晨永光彦)　日本文芸社　2002.9　2pb
◎参考文献「図説拷問全書」(秋山裕美)　筑摩書房　2003.4　p416-417
◎参考文献「人はどこまで残酷になれるのか」(桐生操)　中央公論新社　2005.1　p233-237
◎参考文献「拷問と処刑の西洋史」(浜本隆志)　新潮社　2007.12　p232-236

校友会雑誌
◎関連年譜「旧制一高の文学」(稲垣眞美)　国書刊行会　2006.3　p248-264

効用
◎文献「総効用減耗と経済変動」(田村英朗)　田村英朗　2002.10　p309-311

紅葉
◎参考文献「箱根人の箱根案内　歩いてみたい徹底ディープな箱根百色」(山口由美)　新潮社　2000.1　3pb

行楽
◎参考文献「江戸庶民の信仰と行楽」(池上真由美)　同成社　2002.4　p207-209

小売業
◎文献「新小売進化論—企業戦略のスパイラル循環」(原田保ほか)　大学教育出版　2003.9　p214-215
◎参考文献「中国・アジアの小売業革新—全球化のインパクト」(矢作敏行)　日本経済新聞社　2003.11　prr
◎文献「日本中小商業問題の解析」(坂本秀夫)　同友館　2004.4　p387-396
◎参考文献「スモールビジネス・マーケティング—小規模を強みに変えるマーケティング・プログラム」(岩崎邦彦)　中央経済社　2004.5　p148-156
◎参考文献「現代商業の機能と革新事例」(森田克徳)　多賀出版　2004.5　p228-229
◎参考文献「現代の小売流通」(小宮路雅博)　同文舘出版　2005.3　prr
◎参考文献「日本の小売業と流通政策」(南方建明)　中央経済社　2005.3　p229-241
◎参考文献「ブランドキャリア世代が求める「店舗力」とは何か」(店舗システム協会)　繊研新聞社　2005.9　p270-272
◎参考文献「小売業の外部性とまちづくり」(石原武政)　有斐閣　2006.3　p243-250
◎参考文献「商人家族のエスノグラフィー—零細小売商における顧客関係と家族従業」(坂田博美)　関西学院大出版会　2006.6　p234-245
◎参考文献「経営目的からみる小零細小売業の課題」(李東勲)　専修大出版局　2007.2　p215-219
◎参考文献「近代日本の日用品小売市場」(廣田誠)　清水堂出版　2007.3　p261-265
◎参考文献「現代中国の小売業—日本・アメリカとの比較研究」(柯麗華)　創成社　2007.3　p217-225
◎参考文献「小売国際化プロセス—理論とケースで考える」(矢作敏行)　有斐閣　2007.3　p360-373
◎参考文献「先端流通企業の成長プロセス」(橋元理恵)　白桃書房　2007.11　p192-194

功利主義
◎参考文献「功利主義は生き残るか—経済倫理学の構築に向けて」(松嶋敦茂)　勁草書房　2005.5　p7-16b
◎文献一覧「統治と功利—功利主義リベラリズムの擁護」(安藤馨)　勁草書房　2007.5　p295-303

合理主義
◎注「合理性とシニシズム—現代理性批判の迷宮」(J.ブーヴレス)　法政大学出版局　2004.3　p1-17b
◎参考文献「合理的とはどういうことか—愚かさと弱さの哲学」(岡部勉)　講談社　2007.5　p202-205

交流分析
◎参考文献「ロールレタリングに関する臨床教育学的研究」(岡本茂樹)　風間書房　2003.1　p164-169
◎文献「日本における交流分析の発展と実践」(繁田千恵)　風間書房　2003.12　p329-333
◎文献「交流分析による人格適応論—人間理解のための実践的ガイドブック」(V.ジョインズほか)　誠信書房　2007.9　p509-499
◎参考文献「交流分析—心理療法における関係性の視点」(H.ハーガデンほか)　日本評論社　2007.11　p285-292

香料
◎参考文献「香料入門—香りを学びプロを目指すための養成講座」(吉儀英記)　フレグランスジャーナル社　2002.2　p482-483
◎文献「微生物と香り—ミクロ世界のアロマの力」(井上重治)　フレグランスジャーナル社　2002.8　p296-336
◎文献「合成香料—化学と商品知識　増補改訂版」(印藤元一)　化学工業日報社　2005.3　p764-771
◎参考文献「みどりの香り—植物の偉大なる知恵」(畑中顯和)　丸善　2005.11　p166-172
○書籍目録(延明美)「香料　234」(日本香料協会)　2007.5　p220-237

小売流通経営
◎参考文献「小売流通経営—戦略決定と実行」(D.ウォルターズ)　同文舘出版　2002.11　p377-379

交隣須知
- ◎文献「『交隣須知』の日本語」(斉藤明美)　至文堂　2002.7　p225-232

高齢化社会
- ◎参考文献「超高齢社会と向き合う」(田尾雅夫ほか)　名古屋大学出版会　2003.4　prr
- ◎参考文献「高齢社会—どう変わる、どう生きる」(二塚信ほか)　九州大学出版会　2003.5　prr
- ◎参考文献「高齢社会と生活の質—フランスと日本の比較から」(佐々木交賢ほか)　専修大学出版局　2003.10　prr
- ◎参考文献「高齢化社会と財政再建の政策シミュレーション」(本田豊)　有斐閣　2004.4　p251-256
- ◎参考文献「高齢社会の雇用政策」(OECD)　明石書店　2005.6　p140-143
- ◎参考文献「少子化する高齢社会」(金子勇)　NHK出版　2006.2　p207-211
- ◎文献「変化する社会の不平等—少子高齢化にひそむ格差」(白波瀬佐和子)　東京大出版会　2006.2　prr
- ◎参照文献「社会調査から見た少子高齢社会」(金子勇)　ミネルヴァ書房　2006.4　p11-17b
- ◎参考文献「世界の高齢化と雇用政策—エイジ・フレンドリーな政策による就業機会の拡大に向けて」(OECD)　明石書店　2006.4　p149-153
- ◎参考文献「超高齢社会は高齢者が支える—年齢差別を超えて創造的老いへ」(藤田綾子)　大阪大出版会　2007.4　p192-197

高齢者
- ◎文献「よくわかる高齢者の心理」(近藤勉)　ナカニシヤ出版　2001.3　p137-140
- ◎参考文献「高齢者とのコミュニケーション・スキル—ここからはじめる看護と介護」(田中キミ子)　中央法規出版　2001.9　p171-172
- ◎参考文献「高齢者の現代史—21世紀・新しい姿へ」(河畠修)　明石書店　2001.10　p229-234
- ◎参考文献「高齢者生活年表　1925-2000年」(河畠修ほか)　日本エディタースクール出版部　2001.11　p201-203
- ◎参考文献ほか「エイジズム—高齢者差別の実相と克服の展望」(E. B. パルモア)　明石書店　2002.9　p405-341
- ◎参考文献「サクセスフル・エイジングの研究」(小田利勝)　学文社　2004.2　p443-458
- ◎引用文献「高齢期の夫婦関係に関する発達心理学的研究」(宇都宮博)　風間書房　2004.2　p101-108
- ◎参考文献「団塊世代生き残り戦略」(熊本秀樹)　文芸社　2005.3　p207-209
- ◎「高齢者問題の本全情報　2000-2004」(日外アソシエーツ)　日外アソシエーツ　2005.5　14, 784p A5
- ◎参考引用文献「高齢者の栄養管理—寝たきり解消の栄養学」(杉山みち子ほか)　日本医療企画　2005.6　p163-170
- ◎参考文献「アクティブ・エイジングの社会学—高齢者・仕事・ネットワーク」(前田信彦)　ミネルヴァ書房　2006.5　p241-263
- ◎参考文献「老年学—高齢社会への新しい扉をひらく」(工藤由貴子)　角川学芸出版　2006.5　p231-233
- ◎参考文献「教育老年学の展開」(堀薫夫)　学文社　2006.9　p231-234
- ◎文献「長寿社会における高齢期きょうだい関係の家族社会学的研究」(吉原千賀)　学文社　2006.9　p177-188
- ◎参考文献「事例研究の革新的方法—阪神大震災被災高齢者の五年と高齢化社会の未来像」(大谷順子)　九州大出版会　2006.11　p301-327
- ◎参考文献「高齢化社会と日本人の生き方—岐路に立つ現代中年のライフストーリー」(小倉康嗣)　慶應義塾大出版会　2006.12　p1-11b
- ◎引用文献「高齢女性のパーソナル・ネットワーク」(野邊政雄)　御茶の水書房　2006.12　p323-328
- ◎引用文献「高齢ドライバー・激増時代—交通社会から日本を変えていこう」(所正文)　学文社　2007.6　p161-164
- ◎文献「シニア・ユーモリストが時代を啓く—「老年学」と「笑い学」の遭遇」(小向敦子)　学文社　2007.8　p207-211
- ◎文献「生きがいを測る—生きがい感てなに?」(近藤勉)　ナカニシヤ出版　2007.9　p143-152

高齢者医学
- ◎文献「高齢者のヘルスアセスメント—自立生活支援への評価と解釈」(M. D. メゼイほか)　西村書店　2004.1　p216-231
- ◎参考文献「高齢者の運動と行動変容—トランスセオレティカル・モデルを用いた介入」(Burbank, PMほか)　ブックハウス・エイチディ　2005.3　p187-221
- ◎参考文献「高齢者の機能アップ運動マニュアル—疾病・障害のある高齢者にも安全なエクササイズ」(Best-Martini, E)　ナップ　2005.8　p219-222
- ◎引用参考文献「高齢者のための筋力トレーニング—骨密度を高め、白い筋肉をつくる」(鈴木正之)　黎明書房　2005.10　p145-147
- ◎参考文献「高齢者医療ハンドブック—今日の診療のために」(酒井章)　日経メディカル開発　2007.5　p115-124

高齢者虐待
- ◎参考文献「高齢者虐待　日本の現状と課題」(多々良紀夫)　中央法規出版　2001.9　prr
- ◎引用文献「高齢者虐待—専門職が出会った虐待・放任」(寝たきり予防研究会)　北大路書房　2002.10　prr
- ◎文献「世界の高齢者虐待防止プログラム—アメリカ、オーストラリア、カナダ、ノルウェー、ラテン・アメリカ諸国における取り組みの現状」(P. ブラウネルほか)　明石書店　2004.9　prr

高齢者雇用
- ◎文献「高齢者就労の社会心理学」(田尾雅夫ほか)　ナカニシヤ出版　2001.1　p163-173
- ◎参考文献「生涯現役社会の創造—高齢者の雇用創出とコミュニティ・プロジェクト老いも若きも共に生き生き活動できる」(東北産業活性化センター)　日本地域社会研究所　2001.11　p189-190
- ◎参考文献「定年制廃止計画—エイジフリー雇用のすすめ」(横溝雅夫, 北浦正行)　東洋経済新報社　2002.3　p229-232
- ◎参考文献「高齢者就業の経済学」(清家篤ほか)　日本経済新聞社　2004.10　p237-244

高齢者住宅
- ◎参考文献「高齢者が自立できる住まいづくり―安心生活を支援する住宅改造と工夫」（児玉桂子ほか）　彰国社　2003.5　p154-155

高齢者心理
- ◎文献「エイジレスの時代　高齢者のこころ」（長谷川和夫ほか）　星和書房　2001.6　prr
- ◎参考文献「老いのこころと向き合う音楽療法」（北本福美）　音楽之友社　2002.8　prr
- ◎参考文献「地域回想法ハンドブック―地域で実践する介護予防プログラム」（シルバー総合研究所）　河出書房新社　2007.1　p267-270
- ◎引用文献「老化とストレスの心理学―対人関係論的アプローチ」（福川康之）　弘文堂　2007.12　p176-194

高齢者福祉
- ◎参考文献「高齢者福祉論」（太田貞司ほか）　光生館　2001.3　prr
- ◎参考文献「中国の高齢者社会保障―制度と文化の行方」（王文亮）　白帝社　2001.4　p271-274
- ◎参考文献「幸福に老いるために―家族と福祉のサポート」（直井道子）　勁草書房　2001.5　p203-209
- ◎参考文献「二十一世紀の高齢者福祉―日本とアメリカ　第2版」（中島恒雄）　ミネルヴァ書房　2001.9　p203-211
- ◎参考文献「高齢者福祉の開発と経営―政策科学的アプローチによる分析」（石川彪）　川島書店　2001.10　p163-170
- ◎参考文献「地域福祉・介護サービスQ&A―介護保険時代の高齢者ケア実践のポイント　改訂」（久田則夫ほか）　中央法規出版　2001.10　p245-249
- ◎参考文献「行財政からみた高齢者福祉―措置制度から介護保険へ」（山本恵子）　法律文化社　2002.6　p201-203
- ◎参考文献「ボランタリズムと農協―高齢者福祉事業の開く扉」（田淵直子）　日本経済評論社　2003.3　p177-182
- ◎参考文献「高齢者福祉論　生活・政策・サービスからのアプローチ」（浅野仁ほか）　放送大学教育振興会　2003.3　prr
- ◎注「高齢者福祉と地方自治体」（横山純一）　同文舘出版　2003.4　prr
- ◎文献「高齢者への家族介護に関する心理学的研究」（石井京子）　風間書房　2003.12　p171-179
- ◎参考文献「介護基盤の不足と営利企業の参入」（鎌田繁則）　久美　2004.1　p247-252
- ◎参考文献「なぜ老人を介護するのか―スウェーデンと日本の家と死生観」（大岡頼光）　勁草書房　2004.2　p8-27b
- ◎参考文献「高齢者福祉の基本体系」（井村圭壯ほか）　勁草書房　2004.2　prr
- ◎参考文献「高齢者ケアの心理学入門―老いと痴呆に向き合う心」（本莊繁）　朱鷺書房　2004.3　p217-219
- ◎参考引用文献「二十一世紀の高齢者福祉と医療―日本とアメリカ　改訂版」（中島恒雄）　ミネルヴァ書房　2004.3　p203-211
- ◎参考文献「老い衰えゆく自己の/と自由―高齢者ケアの社会学的実践論・当事者論」（天田城介）　ハーベスト社　2004.3　p366-389
- ◎参考文献「痴呆性高齢者の介護のためのモデルケアプラン」（R. Fleming）　ワールドプランニング　2004.7　p327-345
- ◎参考文献「地方分権と高齢者福祉―地方自治の展開過程」（小林良彰ほか）　慶應義塾大出版会　2004.8　p285-287
- ◎参考文献「高齢社会と家族介護の変容―韓国・日本の比較研究　新装版」（金貞任）　法政大学出版局　2004.9　p235-244
- ◎参考文献「ピア・カウンセリング―高齢者ピア・カウンセラー養成の試み」（斎藤利郎）　現代書林　2004.10　p170-173
- ◎文献「高齢者のカウンセリングとケアマネジメント」（B. インガソル＝デイトンほか）　誠信書房　2004.10　prr
- ◎参考文献「高齢者福祉論―事例で学ぶ」（伏見幸子ほか）　学文社　2004.10　prr
- ◎参考文献「五島列島の高齢者と地域社会の戦略」（叶堂隆三）　九州大学出版会　2004.12　prr
- ◎参考文献「高齢者福祉サービスの市場化・IT化・人間化―福祉ミックスによる高齢者福祉改革」（川野辺裕幸ほか）　ぎょうせい　2005.1　prr
- ◎参考文献「高齢者の生死と福祉―ファイナルステージにおけるホスピスケア」（浅賀薫）　創言社　2005.2　p155-157
- ◎文献「高齢者施設における介護職の高齢者理解を援助する面接法」（吉岡久美子）　風間書房　2005.2　p155-160
- ◎参考文献「現代日本の政策形成と住民意識―高齢者福祉の展開過程」（佐々木寿美）　慶應義塾大出版会　2005.3　p153-172
- ◎引用文献「地域と高齢者福祉―介護サービスの需給空間」（杉浦真一郎）　古今書院　2005.3　p253-260
- ◎参考文献「英国年金生活者の暮らし方―事例調査から見た高齢者の生活」（染谷俶子）　ミネルヴァ書房　2005.4　p144-150
- ◎参考文献「高齢者福祉論―基本と事例」（高谷よね子）　学文社　2005.4　prr
- ◎注「高齢者福祉論　改訂版」（永和良之助）　高菅出版　2005.5　prr
- ◎原註一覧「スウェーデンの高齢者福祉―過去・現在・未来」（P. ブルメーほか）　新評論　2005.6　p181-180
- ◎参考文献ほか「デンマークの高齢者福祉と地域居住―最期まで住み切る住宅力・ケア力・地域力」（松岡洋子）　新評論　2005.10　p358-354
- ◎参考文献「少子高齢化の死角―本当の危機とは何か」（高橋伸彰）　ミネルヴァ書房　2005.10　p197-200
- ◎参考文献「シルバーサービス論」（川村匡由）　ミネルヴァ書房　2005.11　prr
- ◎参考文献「高齢社会と医療・福祉政策」（塚原康博）　東京大学出版会　2005.11　p219-226
- ◎論文リスト「高齢社会に生きる―住み続けられる施設と街のデザイン」（上野淳）　鹿島出版会　2005.11　p176-178
- ◎参考文献「介護ビジネス　2006」（小野瀬由一ほか）　同友館　2006.10　p306-308
- ◎引用参考文献「高齢者へのICT支援学―その心理と環境調整」（小川晃子）　川島書店　2006.11　p145-158
- ◎関連書籍ほか「老後を動物と生きる」（M. ゲングほか）　みすず書房　2006.11　p237-240

◎主要論文ほか（大藪元康）「高齢者福祉の財政課題—分権型福祉の財源を展望する　増補版」（武田宏）　あけび書房　2006.12　p268-283
◎引用文献「在宅介護家族のストレスとソーシャルサポートに関する健康心理学的研究」（石川利江）　風間書房　2007.3　p129-139
◎参考文献「図表で学ぶ高齢者福祉」（黄京性）　中央法規出版　2007.4　p174-176
◎参考引用文献「二十一世紀の高齢者福祉と医療—日本とアメリカ　3版」（中島恒雄）　ミネルヴァ書房　2007.4　p203-211
◎引用参考文献「小規模多機能ケア実践の理論と方法」（平野隆之ほか）　全国コミュニティライフサポートセンター　2007.5　p189-190
◎「戦後高齢社会基本文献集　別冊」（岡本多喜子ほか）　日本図書センター　2007.5　159p　A5
◎引用参考文献「スウェーデンの高齢者ケア—その光と影を追って」（西下彰俊）　新評論　2007.7　p232-239
◎参考文献「健康長寿エンパワメント—介護予防とヘルスプロモーション技法への活用」（安梅勅江）　医歯薬出版　2007.8　p118-123
◎参考文献「福祉政策論—高齢者施策の現状分析と問題解決」（佐々木寿美）　学陽書房　2007.9　p124-149

抗老期
　◎年譜「抗老期　体力・気力・記憶力と闘う」（上坂冬子）　講談社　2001.3　p221-235

紅楼夢
　◎註ほか「色は匂へど—『源氏物語』と中国の情艶文学」（吉田とよ子）　上智大　2004.10　p322-336

幸若舞曲
　◎文献目録（藤井奈都子）「幸若舞曲研究　別巻　事典・総索引」（福田晃ほか）　三弥井書店　2004.6　p17-49

港湾
　◎参考文献「みなとの役割と社会経済評価」（港湾投資評価研究会）　東洋経済新報社　2001.4　p215-217
　◎参考文献「海港と文明—近世フランスの港町」（深沢克己）　山川出版社　2002.10　p9-22b
　◎文献「港湾と地域の経済学」（土井正幸）　多賀出版　2003.11　p415-422
　◎参考文献「東南アジアの港市世界—地域社会の形成と世界秩序」（弘末雅士）　岩波書店　2004.5　p1-17b
　◎参考文献「世界のみなと物語」（港湾空間高度化環境研究センター）　港湾空間高度化環境研究センター　2007.11　p114-115

声
　◎References「音声生成の科学—発生とその障害」（I. R. Titze）　医歯薬出版　2003.3　prr
　◎文献「声のふしぎ百科」（鈴木誠史）　丸善　2005.9　p157-158
　◎参考文献「歌声の科学」（J. スンドベリ）　東京電機大出版局　2007.3　p198-206

御詠歌
　◎文献案内「精選仏教讃歌集」（武石彰夫）　佼成出版社　2004.9　p240-242

古往来
　◎注「寺院文化圏と古往来の研究」（三保サト子）　笠間書院　2003.2　prr

氷
　◎文献「氷の科学　新版」（前野紀一）　北大図書刊行会　2004.11　p219-227

こをろ
　○年表（初稿）（花田俊典）「文献探究　40」（九州大）　2002.8　p11-30

コオロギ
　◎参考文献「闘蟋—中国のコオロギ文化」（瀬川千秋）　大修館書店　2002.10　p253-255
　◎文献「バッタ・コオロギ・キリギリス大図鑑」（日本直翅類学会）　北海道大出版会　2006.9　p623-668

子会社
　◎文献「子会社は叫ぶ—この国でいま、起きていること」（島本慈子）　筑摩書房　2002.6　p233-234

語学
　◎「英語をモノにするためのカタログ　2002年版」（アルク）　アルク　2001.4　531p　B5

語学教育
　◎参考文献「英語講座の誕生　メディアと教養が出会う近代日本」（山口誠）　講談社　2001.6　p235-251

コーカサス
　◎註「旧ソ連地域と紛争—石油・民族・テロをめぐる地政学」（廣瀬陽子）　慶應義塾大出版会　2005.9　p372-339
　◎参考文献「コーカサスを知るための60章」（北川誠一ほか）　明石書店　2006.4　p325-332

小鍛冶
　◎参考資料一覧「国立劇場上演資料集　488」　日本芸術文化振興会　2006.2　p175-179

古活字版
　◎書誌解題「太平記と古活字版の時代」（古秋元段）　新典社　2006.10　p241-321

五感
　◎参考文献「感性の起源—ヒトはなぜ苦いものが好きになったか」（都甲潔）　中央公論新社　2004.11　p201-205

小切手法
　◎参考文献「手形法小切手法概論　第2版」（丸山秀平）　中央経済社　2001.3　p1-6f
　◎参考文献「手形・小切手法　第2版」（川村正幸）　新世社　2001.11　p350-351

呼吸
　◎参考文献「声の呼吸法—美しい響きをつくる」（米山文明）　平凡社　2003.2　p228-229
　◎文献「息の人間学」（斎藤孝）　世織書房　2003.3　p300-314
　◎参考文献「『阿修羅』の呼吸と身体—身体論の彼方へ」（勇崎賀雄）　現代書林　2006.1　p417-430
　◎文献「呼吸の事典」（有田秀穂）　朝倉書店　2006.1　prr
　◎参考文献「腹式呼吸の誤解を解く—呼吸法」（田渕英三）　新生出版　2006.1　p112-114
　◎参考文献「「密息」で身体が変わる」（中村明一）　新潮社　2006.5　p180-184

古記録
- ◎一覧「日本文化史ハンドブック」（阿部猛ほか）　東京堂出版　2002.4　p388-397
- ○解題目録（馬場万夫）「日本古書通信　67.8」（日本古書通信社）　2002.8　p26-27
- ◎参考文献「中世の日記の世界」（尾上陽介）　山川出版社　2003.5　2pb
- ◎参考文献ほか「古記録入門」（高橋秀樹）　東京堂出版　2005.11　p84-86, 223-235

古今和歌集
- ◎参考文献ほか「古今集新古今集の方法」（浅田徹ほか）　笠間書院　2004.10　p354-376
- ○「古今集注釈書伝本書目」（慶應義塾大学斯道文庫）　勉誠出版　2007.2　512p A4
- ○参考文献「文学史の古今和歌集」（森正人ほか）　和泉書院　2007.7　p229-248

國學院大學日本文化研究所
- ◎出版活動「國學院大學日本文化研究所概要—設立50周年記念」（國學院大日本文化研究所）　國學院大　2006.2　p78-83

国語
- ◎参考文献「なぜ国語を学ぶのか」（村上慎一）　岩波書店　2001.9　p1-3b
- ◎参考文献「イデオロギーとしての「日本」—「国語」「日本史」の知識社会学　増補版」（ましこひでのり）　三元社　2001.12　p304-363
- ◎参考文献「国語要説　5訂版」（和田利政ほか）　大日本図書　2003.1　p158-163
- ◎文献「国語年鑑　2003年版」（国立国語研究所）　大日本図書　2003.12　p35-369
- ○学界動向「文学・語学　178」（全国大学国語国文学会）　2004.3　p25-150
- ◎文献「国語年鑑　2004年版」（国立国語研究所）　大日本図書　2004.11　p39-340
- ◎参考文献「国語意識史研究」（佐田智明）　おうふう　2004.12　p387-388

国語学
- ◎参考文献「日本語学のしくみ」（加藤重広）　研究社　2001.10　p195-198
- ○総目録「語源研究　20周年記念特別号」（日本語源研究所）　2001.11　p336-349
- ○展望（田中章夫ほか）「国語学　35.4.211」（国語学会）　2002.10　p1-123

国語教育
- ◎参考文献「話しことば教育の研究—討議指導を中心に」（楢原理恵子）　渓水社　2001.1　p233-236
- ◎参考文献「「同化」の同床異夢　日本統治下台湾の国語教育史再考」（陳培豊）　三元社　2001.2　p361-373
- ◎文献「『源氏物語』教材化の調査研究」（一色恵里）　渓水社　2001.3　p655-663
- ◎「広島県戦後国語教育実践研究文献目録　第1集」（安田女子大学言語文化研究所）　安田女子大学言語文化研究所　2001.3　179p A5
- ◎文献「日本語教育年鑑　2003」（国立国語研究所）　くろしお出版　2003.8　p265-543
- ◎目録「国語科教育実践への探究」（堀泰樹）　渓水社　2004.6　p613-647
- ◎文献目録「国語科教育実践学への探究」（堀泰樹）　渓水社　2004.6　p613-647
- ◎年表「国語教育指導用語辞典　3版」（田近洵一ほか）　教育出版　2004.6　p362-371
- ◎執筆目録ほか「小学校国語科教育の実践・研究」（神田和正）　渓水社　2004.8　p525-542
- ◎文献「説明文理解の心理学」（岸学）　北大路書房　2004.12　p147-155
- ◎基本文献「あたらしい国語科指導法　改訂版」（柴田義松ほか）　学文社　2005.4　p179-183
- ◎文献「国語教室のマッピング—個人と共同の学びを支援する」（塚田泰彦）　教育出版　2005.8　p265-268
- ◎引用参考文献「「対話」による説明的文章の学習指導—メタ認知の内面化の理論提案を中心に」（河野順子）　風間書房　2006.2　p503-519
- ◎参考資料「「国語力」観の変遷—戦後国語教育を通して」（桝井英人）　渓水社　2006.3　p479-494
- ◎参考文献「言葉の教養—躾の変遷と現代の問題点　しつけ」（宇野義方）　クレス出版　2006.5　p215-222
- ◎引用参考文献「文学の読みと交流のナラトロジー」（松本修）　東洋館出版社　2006.7　p134-140
- ◎「国語教育研究　朝倉国語教育講座6」（倉澤栄吉）　朝倉書店　2006.9　13, 259p A5
- ◎文献「「創造的読み」の支援方法に関する研究」（鹿内信善）　風間書房　2007.2　p353-365
- ◎参照文献ほか「明治初期国語教育の研究」（望月久貴）　渓水社　2007.2　p518-583
- ◎参考文献「クリティカルな思考を育む国語科学習指導」（濱田秀行）　渓水社　2007.11　p159-160

国語国字問題
- ◎参考文献「占領下日本の表記改革—忘れられたローマ字による教育実験」（J. マーシャル・アンガー）　三元社　2001.10　p187-195
- ◎参考引用文献「「国語」の近代史—帝国日本と国語学者たち」（安田敏朗）　中央公論新社　2006.12　p268-278

国語辞典
- ◎「裏読み深読み国語辞書」（石山茂利夫）　草思社　2001.2　254p　46s
- ◎おわりに「辞書と日本語—国語辞典を解剖する」（倉島節尚）　光文社　2002.12　p239-243
- ◎文献「だから言葉は面白い」（榊原昭二）　三省堂　2003.10　p260-261

国語審議会
- ◎引用参考文献「国語審議会—迷走の60年」（安田敏朗）　講談社　2007.11　p279-283

国語政策
- ◎参考文献「国語政策の戦後史」（野村敏夫）　大修館書店　2006.11　p285-287

国債
- ◎参考文献「日本国債の研究」（富田俊基）　東洋経済新報社　2001.7　p329-331
- ◎文献「イギリス国債市場と国債管理」（須藤時仁）　日本経済評論社　2003.2　p263-273
- ◎参考文献「日本の国債市場と情報」（釜江広志）　有斐閣　2005.2　p269-277
- ◎参考文献「国債の歴史—金利に凝縮された過去と未来」（富田俊基）　東洋経済新報社　2006.6　p520-535

国際移転価格
◎参考文献「国債管理政策の新展開—日米英の制度比較」（須藤時仁） 日本経済評論社 2007.8 p299-308

国際移転価格
◎参考文献「国際移転価格の経営学—多国籍企業の国際戦略と合衆国租税裁判12ケース」（中村雅秀） 清文社 2006.12 p500-502

国際援助
◎関連図書「学び・未来・NGO NGOに携わるとは何か」（若井晋ほか） 新評論 2001.4 p334-333

国際会計
◎参考文献「国際会計の教室」（山本昌弘） PHP研究所 2001.3 p208-213
◎参考文献「国際会計基準—日本的経営へのインパクト」（岩崎勇） 一橋出版 2001.6 p229-233

国際会計基準
◎参考文献「国際会計基準と日本の会計実務—比較分析/仕訳・計算例/決算処理」（神戸大学IASプロジェクト、朝日監査法人IASプロジェクト） 同文舘出版 2001.8 p505-506
◎参考文献「どうなってる!?国際会計」（冨塚嘉一） 中央経済社 2007.2 p217-222

国際開発
◎参考文献「環境と開発 シリーズ国際開発2」（井村秀文ほか） 日本評論社 2004.12 prr

国際開発金融
◎参考文献「入門国際開発金融—途上国への公的融資の仕組みと実施機関」（今井正幸） 亜紀書房 2001.3 p229-231

国際河川
◎文献「水の世紀—貧困と紛争の平和的解決にむけて」（村上雅博） 日本経済評論社 2003.3 p201-215

国際環境法
◎参考文献「国際環境法」（水上千之ほか） 有信堂 2001.5 prr
◎引用参考文献「国際環境法における事前協議制度—執行手続としての機能の展開」（児矢野マリほか） 有信堂高文社 2006.2 p315-339

国際関係
◎参考文献「国際関係学講義 新版」（原彬久） 有斐閣 2001.3 p317-333
◎参考文献「現代国際関係論」（西川吉光） 晃洋書房 2001.4 p275-277
◎参考文献「ベーシック国際関係論」（上村信幸） 北樹出版 2001.7 p149-154
◎「国際関係図書目録 1995-2000 1 日本対欧米・南米・アフリカ」（日外アソシエーツ） 日外アソシエーツ 2001.12 691p A5
◎文献案内「ヨーロッパ関係国際史—繁栄と凋落、そして再生」（渡辺啓貴ほか） 有斐閣 2002.4 p299-310
◎引用文献「21世紀の日本と世界—国際関係論入門」（木村英亮） 山川出版社 2002.5 p251-257
◎文献一覧ほか「国際関係研究入門 増補版」（岩田一正ほか） 東京大学出版会 2003.9 p269-318
◎参考文献「国際関係法入門」（桜井雅夫） 有信堂 2004.11 p179-183
◎引用文献「国際関係論」（吉川直人ほか） 勁草書房 2006.8 p353-365

◎「国際関係図書目録 2001-2005」（日外アソシエーツ） 日外アソシエーツ 2006.9 3冊 A5
◎参考文献「ヨーロッパ国際関係史」（西川吉光） 学文社 2007.3 p233-235

国際機関
◎「国際機関資料検索ガイド」（川鍋道子） 東信堂 2003.7 209p A5

国際企業会計
◎参考文献「国際企業経営の基本問題 国際企業論の入門」（国久義雄） 成文堂 2003.4 p173-174

国際機構
◎参考文献「国際機構論 2版」（最上敏樹） 東京大出版会 2006.3 p341-356

国際行政
◎参考文献「国際行政学 国際公益と国際公共政策」（福田耕治） 有斐閣 2003.5 prr

国際協力
◎参考文献「地方自治体の国際協力—地域住民参加型のODAを目指して」（吉田均） 日本評論社 2001.1 p165-167
◎参考文献「道路整備・維持管理の政策・制度改善に向けての課題」（国際協力銀行開発金融研究所） 国際協力銀行開発金融研究所 2001.2 p77-78
◎関連文献「開発と教育—国際協力と子どもたちの未来」（江原裕美） 新評論 2001.7 p359-366
◎推薦図書「開発学を学ぶ人のために」（菊地京子） 世界思想社 2001.9 p209-213
◎文献「中・東欧の広域インフラ整備をめぐる地域協力」（国際協力銀行開発金融研究所） 国際協力銀行開発金融研究所 2002.3 p61-64
◎Booklist「開発とジェンダー—エンパワーメントの国際協力」（田中由美子ほか） 国際協力出版会 2002.9 p324-328
◎文献「「平和構築」とは何か—紛争地域の再生のために」（山田満） 平凡社 2003.4 p216-219
◎文献リスト「国際協力プロジェクト評価」（アーユス） 国際開発ジャーナル社 2003.9 p204-211
◎文献「紛争から平和構築へ」（稲田十一ほか） 論創社 2003.12 p271-273
◎参考文献「プロジェクト評価の実践的手法—考え方と使い方」（国際協力機構企画・評価部評価監理室） 国際協力出版会 2004.3 p218-225
◎参考文献「国境を越えた医師」（T. キダー） 小学館プロダクション 2004.5 p421-433
◎参考文献「国際協力学」（高木保興） 東京大学出版会 2004.6 prr
◎参考文献「国際協力論を学ぶ人のために」（内海成治） 世界思想社 2005.2 prr
◎参考文献「NGOの発展の軌跡—国際協力NGOの発展とその専門性」（重田康博） 明石書店 2005.3 prr
◎参考文献「国際開発論—ミレニアム開発目標による貧困削減」（斎藤文彦） 日本評論社 2005.4 p277-295
◎参考文献「日本の国際貢献」（小浜裕久） 勁草書房 2005.11 p277-293
◎引用参考文献「国際協力成功への発想—アジア・アフリカの農村から」（廣瀬昌平） 農林統計協会 2006.2 p199-209

◎参考文献「国際援助機関並びに二国間援助機関によるキャパシティ・ディベロップメント支援の動向―平成17年度キャパシティ・ディベロップメント研究報告書」(町田陽子ほか)　国際開発高等教育機構　2006.3　p68-71
◎ブックガイド「海外で輝く―シニアのための国際ボランティアガイド」(国際協力出版会)　国際協力出版会　2006.4　p110-114
◎参考文献「フューチャー・ポジティブ―開発援助の大転換」(M. エドワーズ)　日本評論社　2006.5　p9-85b
◎参考文献ほか「人道支援―ボランティアの心得」(野々山忠致)　集英社　2007.1　p217-221
◎文献案内ほか「平和構築論―開発援助の新戦略」(大門毅)　勁草書房　2007.4　p181-188
◎参考文献「法整備支援論―制度構築の国際協力入門」(香川孝三ほか)　ミネルヴァ書房　2007.4　p261-275
◎参考文献「コミットメントの力―人と人がかかわるとき」(三砂ちづる)　NTT出版　2007.9　p240-244
◎ブックガイド「国際協力NGOのフロンティア―次世代の研究と実践のために」(金敬黙ほか)　明石書店　2007.10　p286-298

国際金融
◎参考文献「全地球化するマネー―ドル・円・ユーロを読む」(石見徹)　講談社　2001.2　p215-218
◎参考文献「国際金融の市場」(尾田温俊)　晃洋書房　2001.3　prr
◎引用文献「国際金融から世界金融へ―金融市場の無国籍性」(宅和公志)　エルコ　2001.7　p210-216
◎参考文献「国際金融―理論と政策」(岡田義昭)　法律文化社　2001.11　p207-221
◎参考文献「国際金融論―生活経済学的アプローチ」(清水徹)　東京図書出版会　2001.11　p242-246
◎リーディングリスト「金融グローバル化の危機―国際金融規制の経済学」(J. L. イートウェル, L. J. テイラー)　岩波書店　2001.12　p9-13b
◎リーディングガイド「国際金融入門」(小川英治)　日本経済新聞社　2002.2　p202-205
◎参考文献「国際金融のしくみ　新版」(秦忠夫, 本田敬吉)　有斐閣　2002.3　p263-264
◎参考文献「入門現代の国際金融―検証経済危機と為替制度」(白井早由里)　東洋経済新報社　2002.3　p271-281
◎文献「グローバル・アクターの条件―国際金融危機と日本」(片田さおり)　有斐閣　2002.7　p185-194
◎文献「サイバー・ウォー―アメリカが仕掛けるもう一つの戦争」(若林勉)　アルファポリス　2002.7　p222-226
◎文献「国際金融・外為市場―実務と理論の基礎　トラディショナル・インストゥルメンツ篇」(佐久間潮)　財経詳報社　2002.8　p201-203
◎文献「変革期の国際金融システム―金融グローバル化の影響と政策対応」(打込茂子)　日本評論社　2003.3　p243-256
◎参考文献「新版国際金融論　グローバル企業危機の構造」(尾上修悟)　ミネルヴァ書房　2003.5　prr
◎文献「国際金融アーキテクチャ―ポスト通貨危機の金融システム改革」(B. アイケングリーン)　東洋経済新報社　2003.12　p5-26b
◎参考文献「国際金融読本」(国際通貨研究所)　東洋経済新報社　2004.5　p235-276

◎参考文献「経済学とファイナンス　2版」(大村敬一ほか)　東洋経済新報社　2004.7　p583-587
◎参考文献「国際金融危機の政治経済学―グローバル・ファイナンス・リスクへの対応」(砂村賢)　日本経済新聞社　2004.12　p301-323
◎参考文献「国際資金循環分析の理論と展開」(張南)　ミネルヴァ書房　2005.11　p251-258
◎参考文献「金融グローバリゼーションの理論」(信用理論研究学会)　大月書店　2006.2　p321-325
◎参考文献「国際金融システムの制度設計―通貨危機後の東アジアへの教訓」(福田慎一ほか)　東京大出版会　2006.2　prr
◎参考文献「新しい国際金融」(久保田勇夫)　有斐閣　2006.4　p248-251
◎参考文献ほか「コア・テキスト国際金融論」(藤井英次)　新世社　2006.10　p313-319
◎参考文献「国際金融の新たな枠組み」(岡田義昭)　成文堂　2006.12　p259-271
◎引用参考文献「国際金融史」(上川孝夫ほか)　有斐閣　2007.2　prr
◎参考文献「国際金融の理論」(P. R. クルーグマン)　文眞堂　2007.5　p265-268
◎引用参考文献「MBAのための国際金融」(小川英治ほか)　有斐閣　2007.8　p253-257
◎参考文献「拡大するイスラーム金融」(糠谷英輝)　蒼天社出版　2007.9　p195-196
◎参考文献「国際金融のしくみ　3版」(秦忠夫ほか)　有斐閣　2007.9　p273-274
◎参考文献「国際金融危機の経済学」(J. ティロール)　東洋経済新報社　2007.11　p11-28b
◎参考文献「世界を席巻するイスラム金融」(糠谷英輝)　かんき出版　2007.12　p218-220

国際軍事裁判
◎参考文献「『文明の裁き』をこえて―対日戦犯裁判読解の試み」(牛村圭)　中央公論新社　2001.1　p353-372
◎参考図書「太平洋戦争―東京裁判…あれから60年」(茂田滄海)　近代文芸社　2006.5　p293-297

国際経営
◎参考文献「国際経営を学ぶ人のために」(根本孝ほか)　世界思想社　2001.12　prr
◎Bibliography「国際経営論への招待」(吉原英樹)　有斐閣　2002.2　p322-333
◎参考文献「国際経営―日本企業の国際化と東アジアへの進出　増補版」(伊藤賢次)　創成社　2002.3　p275-287
◎参考文献「ケースブック国際経営」(吉原英樹ほか)　有斐閣　2003.4　p307-312
◎引用参考文献「国際情報論」(折笠和文)　同文舘出版　2003.7　p173-175

国際経済
◎引用文献「国際経済の理論と現実」(佐藤秀夫)　ミネルヴァ書房　2001.3　p267-285
◎参考文献「国際マクロ経済学―理論・政策・応用」(グラハム・バード)　文眞堂　2001.9　p191-193
◎参考文献「グローバル・エコノミー―効率と不平等、繁栄と貧困のコントラスト」(高橋克秀)　東洋経済新報社　2001.12　p1-12b
◎参考文献「現代の公共事業―国際経済と日本」(金沢史男ほか)　日本経済評論社　2002.2　prr

◎参考文献「世界恐慌―日本経済最後の一手」(米山秀隆) ダイヤモンド社 2002.2 p180-182
◎参考文献「現代国際経済の構造―覇権への挑戦」(岩田勝雄) 新評論 2002.3 p225-230
◎参考文献「世界経済を読む―現状・歴史・理論・政策入門」(清水嘉治) 新評論 2002.4 p188-189
◎文献「グローバル化シンドローム―変容と抵抗」(ジェームズ・H. ミッテルマン) 法政大学出版局 2002.6 p329-351
◎参考文献「世界システム論の方法」(I. ウォーラーステインほか) 藤原書店 2002.9 p203-191
◎参考文献「国際政治経済資料集 2版」(滝田賢治ほか) 有信堂高文社 2003.3 p231-235
◎参考文献「国際経済開発論」(廣田政一ほか) 学文社 2003.4 p170-171
◎参考文献「国際経済理論」(中西訓嗣ほか) 有斐閣 2003.4 p349-359
◎参考文献「国民国家システムの再編」(岡本英男ほか) 御茶の水書房 2003.9 prr
◎文献案内「私たちの国際経済―見つめよう、考えよう、世界のこと」(東京経済大学国際経済グループ) 有斐閣 2003.9 prr
◎文献表「グローバリゼーションとはなにか」(W. エルウッド) こぶし書房 2003.10 p203-206
◎原註「富の独裁者―驕る経済の覇者:飢える民族の反乱」(A. チェア) 光文社 2003.10 p462-418
◎文献「グローバル化と反グローバル化」(D. ヘルドほか) 日本経済評論社 2003.11 p189-204
◎文献案内「国際経済学」(澤田康幸) 新世社 2003.12 p311-315
◎注「ポストデフレ社会」(R. ブートル) 東洋経済新報社 2004.4 p1-43b
◎参考文献「脱グローバル化―新しい世界経済体制の構築へ向けて」(W. F. ベロー) 明石書店 2004.4 p208-214
◎参考文献「現代世界経済システム―グローバル市場主義とアメリカ・ヨーロッパ・東アジアの対応」(立石剛ほか) 八千代出版 2004.10 p261-268
◎参考文献「国際経営学の誕生 2 社会経営学の視座」(B. トインほか) 文眞堂 2004.10 p293-297
◎参考文献「グローバル空間の政治経済学―都市・移民・情報化」(S. サッセン) 岩波書店 2004.12 p9-37b
◎基本文献「グローバル戦略の新世紀パラダイム」(中村雅秀ほか) 晃洋書房 2004.12 prr
◎文献一覧「現代世界経済の基層―ゆるやかな変容過程」(高良倉成) 大学教育出版 2005.3 p206-221
◎参考文献「世界経済論再考―歴史的分析再考と理論的考察」(白鳥重幸) 東京図書出版会 2005.3 p201-207
◎参考文献「世界経済論―グローバル化を超えて」(本山美彦) ミネルヴァ書房 2006.2 prr
◎参考文献「経済のグローバル化とは何か」(J. アダ) ナカニシヤ出版 2006.3 p14-25b
◎参考文献「現代国際経済分析論」(岩田勝雄) 晃洋書房 2006.3 p193-197
◎推薦図書「東西逆転―アジア・30億人の資本主義者たち」(C. プレストウィッツ) NHK出版 2006.3 p20-21b
◎参考文献「貿易・貨幣・権力―国際経済学批判」(田淵太一) 法政大出版局 2006.3 p221-240

◎引用文献「国際公共経済学―国際公共財の理論と実際」(飯田幸裕ほか) 創成社 2006.5 p177-180
◎参考文献「相互依存の経済学」(岡地勝二) 晃洋書房 2006.5 p227-231
◎参考文献「国際開発論―地域主義からの再構築」(武石礼司) 幸書房 2006.9 p221-226
◎参考文献「ポストグローバル社会の可能性」(J. カバナほか) 緑風出版 2006.11 p519-534
◎参考文献ほか「人々はなぜグローバル経済の本質を見誤るのか」(水野和夫) 日本経済新聞出版社 2007.3 p363-373
◎引用参考文献「入門・国際政治経済の分析―ゲーム理論で解くグローバル世界」(石黒馨) 勁草書房 2007.4 p211-221
◎参考文献「グローバル・エコノミー」(岩本武和ほか) 有斐閣 2007.7 prr
◎参考文献「グローバル資本主義を考える」(石見徹) ミネルヴァ書房 2007.8 p221-228
◎文献案内「国際経済学をつかむ」(石川城太ほか) 有斐閣 2007.10 p255-259

国際経済学
◎学習文献案内「アジアに学ぶ国際経済学」(小浜裕久ほか) 有斐閣 2001.4 p309-314
◎基本文献「国際経済学」(上野秀夫ほか) ミネルヴァ書房 2001.5 p333-338
◎リーディングリスト「国際経済学 第2版」(若杉隆平) 岩波書店 2001.9 p247-250

国際経済法
◎参考文献「国際経済法」(中川淳司ほか) 有斐閣 2003.4 prr
◎文献「ゼミナール国際経済法入門」(小室程夫) 日本経済新聞社 2003.7 p768-773
◎参考文献ほか「国際経済法 新版」(小室程夫) 東信堂 2007.6 p840-842

国際刑事裁判所
◎文献「国際刑事裁判所の理念」(安藤泰子) 成文堂 2002.1 p1-62b
◎引用参考文献「国際刑事裁判所―法と実務」(東澤靖) 明石書店 2007.8 p320-323

国際結婚
◎注文献「国際結婚の誕生」(嘉本伊都子) 新曜社 2001.4 p233-203
◎参考文献「アメリカに渡った戦争花嫁―日米国際結婚パイオニアの記録」(安冨成良) 明石書店 2005.1 p281-284
◎参考文献「異文化結婚―境界を越える試み」(R. ブレーガーほか) 新泉社 2005.4 p6-29b
◎参考文献「国際結婚ハンドブック 5版」(国際結婚を考える会) 明石書店 2005.9 prr
◎参考文献「フィリピン-日本国際結婚―移住と多文化共生」(佐竹眞明ほか) めこん 2006.5 p165-169

国際貢献
◎参考文献「あなたも国際貢献の主役になれる―いまNGOにできること」(小川秀樹) 日本経済新聞社 2001.10 p252-254

国際交通
◎参考文献「新版―国際交通論」(吉田茂ほか) 世界思想社 2002.3 p252-258

国際公務員法
- ◎参考文献「国際公務員法の研究」(黒神直純) 信山社出版 2006.5 p313-331

国際交流
- ◎引用文献ほか「青少年の国際交流」(吉澤柳子) 丸善 2002.3 p1-6b
- ◎参考文献「主要先進諸国における国際交流機関調査報告書」(国際交流基金) 国際交流基金 2003.3 prr
- ◎参考文献「草の根の国際交流と国際協力 国際交流・協力活動入門講座11」(毛受敏浩) 明石書店 2003.7 prr
- ◎参考文献「大学事務職員のための日中留学交流の手引き」(切通しのぶほか) 関西学院大出版会 2005.4 prr

国際子ども図書館
- ◎所蔵リスト(江口磨希)「平成17年度国際子ども図書館児童文学連続講座講義録「日本児童文学の流れ」」国際子ども図書館 2006.10 p150-153

国際裁判
- ◎参考文献ほか「国際裁判の動態」(李禎之) 信山社 2007.7 p171-179

国際私法
- ◎参考文献「国際私法概論 第3版補訂版」(木棚照一ほか) 有斐閣 2001.7 p298-301
- ◎注「比較国際私法の動向」(西賢) 晃洋書房 2002.5 prr
- ○文献目録(田中美穂, 多田望)「国際法外交雑誌 101.2」(国際法学会) 2002.8 p345-359
- ◎文献「国際私法 新版」(山田鐐一) 有斐閣 2003.6 p595-610
- ◎参考文献「国際私法 3版」(山田鐐一) 有斐閣 2004.12 p597-612
- ○文献目録(北澤安紀ほか)「国際法外交雑誌 104.2」(有斐閣) 2005.9 p338-352
- ○文献目録(神前禎ほか)「国際法外交雑誌 105.2」(国際法学会) 2006.8 p304-313
- ◎参考文献「解説 法の適用に関する通則法—新しい国際私法」(神前禎) 弘文堂 2006.9 p201-204
- ◎参考文献「国際私法概論 5版」(木棚照一ほか) 有斐閣 2007.6 p365-369
- ◎文献目録「国際関係私法入門—国際私法・国際民事手続法・国際取引法」(松岡博) 有斐閣 2007.11 p411-412

国際資本移動
- ◎参照文献「国際過剰資本の誕生」(板木雅彦) ミネルヴァ書房 2006.3 p426-441
- ◎参考文献ほか「ドルはどこへ行くのか—国際資本移動のメカニズムと展望」(B.ブラウン) 春秋社 2007.4 p1-5b

国際社会保障
- ◎参考文献「グローバリゼーションと国際社会福祉」(仲村優一ほか) 中央法規出版 2002.9 prr
- ◎参考文献「国際社会保障論」(岡伸一) 学文社 2005.2 p197」

国際自由化
- ◎注文献「コメをめぐる国際自由化交渉 日本はどう対応するか」(綿谷赴夫) 農林統計協会 2001.10 prr

国際証券財務
- ◎参考文献「グローバルファイナンス—国際証券財務と地域経済政策の展開」(中井誠) 同友館 2001.5 p181-188

国際商事仲裁
- ◎参考文献「国際商事仲裁入門」(中村達也) 中央経済社 2001.6 p180-181

国際商事法
- ◎文献「国際商取引法」(高桑昭) 有斐閣 2003.2 p315-317
- ◎参考文献「中国国際商事仲裁の実務」(梶田幸雄) 中央経済社 2004.4 p227-232
- ◎参考文献「国際取引法—契約のルールを求めて」(絹巻康史) 同文舘出版 2004.10 p355-357
- ◎参考文献「ビジネスマンのための国際法務読本」(川口敏郎ほか) 商事法務 2005.12 p288-294
- ◎参考文献「国際商取引法」(高桑昭) 有斐閣 2006.12 p349-353

国際商取引
- ◎参考文献「国際商取引入門」(亀田尚己ほか) 文眞堂 2004.3 p329-333
- ◎参考文献「国際商取引契約—英国法にもとづく分析」(中村秀雄) 有斐閣 2004.7 p23-27f
- ◎参考文献「現代国際商取引論—貿易実務と国際電子商取引」(荒畑治雄) 慶應義塾大出版会 2006.5 p285-288

国際人権法
- ◎文献「テキストブック国際人権法 第2版」(阿部浩己, 今井直, 藤本俊明) 日本評論社 2002.2 p274-285
- ◎文献「国際人権の逸脱不可能性—緊急事態が照らす法・国家・個人」(寺谷広司) 有斐閣 2003.2 p379-420
- ◎注「国際人権法入門 国連人権NGOの実践から」(戸塚悦朗) 明石書店 2003.5 prr
- ◎文献「国際人道法 新版 再増補」(藤田久一) 有信堂高文社 2003.6 p321-328

国際人道法
- ◎参考文献「国際人道法—戦争にもルールがある」(小池政行) 朝日新聞社 2002.1 p205-208
- ◎文献「戦後補償と国際人道法—個人の請求権をめぐって」(申惠丰ほか) 明石書店 2005.10 p366-307

国際政治
- ◎注文献「アンゴラ内戦と国際政治の力学」(青木一能) 芦書房 2001.2 prr
- ◎参考文献「環境の地球政治学」(ロレイン・エリオット) 法律文化社 2001.7 p295-332
- ◎文献「グローバル・ガバナンスの世紀—国際政治経済学からの接近」(毛利勝彦) 東信堂 2002.4 p179-184
- ◎参考文献「世界政治の原理と変動—地球の規模の問題群と平和」(星野昭吉) 同文舘出版 2002.4 p321-333
- ○文献目録(岡田晃枝, 山元菜々)「国際法外交雑誌 101.2」(国際法学会) 2002.8 p360-382
- ◎原注「アメリカへの警告—21世紀国際政治パワー・ゲーム」(S.J.ナイ) 日本経済新聞社 2002.9 p317-285
- ◎参考文献「国際政治のキーワード」(西川恵) 講談社 2002.9 p222-224

◎文献「現代国際政治理論　増補改訂版」(石井貫太郎)　ミネルヴァ書房　2002.10　p3-27b
◎参考文献「現代国際関係史　3　デタントの時代」(西川吉光)　晃洋書房　2002.11　p277-286
◎参考文献ほか「地球政治の構想」(猪口孝)　NTT出版　2002.11　p201-221
◎文献「変容する国際政治」(佐古丞)　晃洋書房　2003.1　p185-187
◎文献「20世紀の国際政治―二度の世界大戦と冷戦の時代　改訂増補版」(松岡完)　同文舘出版　2003.3　p405-428
◎文献「国際関係学原論」(百瀬宏)　岩波書店　2003.3　p231-240
◎文献「国際政治とは何か　地球社会における人間と秩序」(中西寛)　中央公論新社　2003.3　p283-287
◎参考文献「国際政治経済資料集　2版」(滝田賢治ほか)　有信堂高文社　2003.3　p231-235
◎参考文献「国際学のすすめ―グローバル時代を生きる人のために」(東海大学教養学部)　東海大学出版会　2003.4　prr
◎文献紹介「国際関係論のフロンティア」(石井貫太郎)　ミネルヴァ書房　2003.4　p261-268
◎文献「国際政治論　再改訂版」(高村忠成)　北樹出版　2003.4　p291-296
◎文献「アクセス国際政治経済論」(河野勝ほか)　日本経済評論社　2003.5　p235-277
◎文献「テキスト国際政治経済学―多様な視点から「世界」を読む」(清水耕介)　ミネルヴァ書房　2003.6　p303-317
◎参考文献「冷戦史　その起源・展開・終焉と日本」(松岡完ほか)　同文舘出版　2003.6　p343-332
◎文献「チャレンジ国際関係―ニュールネサンスからメタモダンへ」(角田勝彦)　中央公論事業出版　2003.10　p367-372
◎文献「国際関係研究へのアプローチ―歴史学と政治学の対話」(C. エルマンほか)　東京大学出版会　2003.11　p329-364
◎参考文献「変容する民主主義―グローバル化のなかで」(A. マッグルー)　日本経済評論社　2003.11　prr
◎参考文献「冷たい戦争―歴史・人間・運命」(山上正太郎)　文元社　2003.12　p228-231
◎「上智大学国際関係研究所1969-2003出版物・索引」　上智大学国際関係研究所　〔2003〕　70p A5
◎参考図書ほか「環境政治学入門―地球環境問題の国際的解決へのアプローチ」(蟹江憲史)　丸善　2004.3　p139-145
◎参考文献「国際安全保障の系譜学―現代国際関係理論と権力知」(南山淳)　国際書院　2004.5　p255-291
◎読書案内「国際学入門」(細谷雄一ほか)　創文社　2004.5　p214-229
◎注「安全保障の国際政治学―焦りと傲り」(土山実男)　有斐閣　2004.7　prr
◎文献案内「新・国際政治経済の基礎知識」(田中明彦ほか)　有斐閣　2004.7　p287-300
◎文献リスト「フェミニズムで探る軍事化と国際政治」(C. エンロー)　御茶の水書房　2004.9　p5-11b
◎参考文献「現代国際関係史　4　新冷戦～冷戦の終焉」(西川吉光)　晃洋書房　2004.10　p255-261

◎文献「グローバル社会民主政の展望―経済・政治・法のフロンティア」(D. ヘルド)　日本経済評論社　2005.1　p235-245
○文献目録(井上実佳ほか)「国際法外交雑誌　104.2」(有斐閣)　2005.9　p353-367
◎参考文献「グローバル民主主義の地平―アイデンティティと公共圏のポリティクス」(川村暁雄)　法律文化社　2005.12　p223-239
◎ブックガイド「帝国論」(山下範久)　講談社　2006.1　p239-244
◎参考文献「国際関係学講義　3版」(原彬久)　有斐閣　2006.3　p317-334
◎参照文献「グローバル・トランスフォーメーションズ―政治・経済・文化」(D. ヘルドほか)　中央大出版部　2006.4　p707-777
◎参考文献「越境する近代―覇権、ヘゲモニー、国際関係論」(野崎孝弘)　国際書院　2006.4　p234-249
◎参考図書「グローバリズム」(水岡不二雄)　八朔社　2006.5　p233-237
○文献目録(和田龍太ほか)「国際法外交雑誌　105.2」(国際法学会)　2006.8　p314-329
◎文献リスト「「帝国」の国際政治学―冷戦後の国際システムとアメリカ」(山本吉宣)　東信堂　2006.10　p385-419
◎参考文献「諸文明の内なる衝突」(D. ゼンクハース)　岩波書店　2006.11　p5-8b
◎参考文献「グローバル権力とホモソーシャリティ―暴力と文化の国際政治経済学」(清水耕介)　御茶の水書房　2006.12　p5-18b
◎引用参考文献「グローバル社会の国際関係論」(山田高敬ほか)　有斐閣　2006.12　p259-270
◎参考文献「ネットワーク・パワー―情報時代の国際政治」(土屋大洋)　NTT出版　2007.1　p205-212
◎参考文献「国際関係とメディアクライシス―地球共生コミュニケーションの座標軸」(山本武信)　晃洋書房　2007.1　p7-11b
◎参考文献「国際安全保障論　1　転換するパラダイム」(佐島直子)　内外出版　2007.3　p42-60b
◎参考文献ほか「覇権と地域協力の国際政治学」(西川吉光)　学文社　2007.3　p255-257
◎引用参考文献「入門・国際政治経済の分析―ゲーム理論で解くグローバル世界」(石黒馨)　勁草書房　2007.4　p211-221
◎推奨文献「グローバル公共政策」(庄司真理子ほか)　晃洋書房　2007.5　prr
◎参考文献ほか「冷戦―その歴史と問題点」(J. L. ガディス)　彩流社　2007.6　p333-344
◎参考文献「国際理論―三つの伝統」(M. ワイト)　日本経済評論社　2007.7　p369-389
◎参考文献「グローバル対話社会―力の秩序を超えて」(遠藤誠治)　明石書店　2007.9　prr
◎参考文献「国際社会の秩序」(篠田英朗)　東京大出版会　2007.9　p239-253
◎参考文献「世界の小国―ミニ国家の生き残り戦略」(田中義晧)　講談社　2007.9　p207-215
◎参考文献ほか「国際政治経済」(飯田敬輔)　東京大出版会　2007.10　p215-241
◎参考文献「冷戦とイデオロギー1945～1947―冷戦起源論の再考」(新谷卓)　つなん出版　2007.11　p303-311

◎参考文献ほか「国際関係論の系譜」(猪口孝) 東京大出版会 2007.12 p225-245

国際政治経済学
◎参考文献「開発の国際政治経済学―構造主義マクロ経済学とメキシコ経済」(石黒馨) 勁草書房 2001.8 p245-263
◎参考文献「市民派のための国際政治経済学―多様性と緑の社会の可能性」(清水耕介) 社会評論社 2002.2 p241-248
◎引用参考文献「国際政治経済学・入門 新版」(野村健ほか) 有斐閣 2003.3 prr

国際政治史
○文献目録(服部龍二)「人文・自然・人間科学研究 6」(拓殖大) 2001.1 p93-65
◎文献「台湾戦後国際政治史」(戴天昭) 行人社 2001.2 p726-753
◎文献「現代国際政治史 下」(斎藤直樹) 北樹出版 2002.10 p577-590
◎文献「近現代国際政治史」(本橋正) 日本図書センター 2003.2 p333-335
◎参考文献「世紀転換期の国際政治史」(福田茂夫ほか) ミネルヴァ書房 2003.5 prr
◎参考文献「国際政治史の道標―実践的入門」(服部竜二) 中央大学出版部 2004.4 p115-185

国際政治論
◎参考文献「国際政治論 改訂版」(高村忠成) 北樹出版 2001.3 p257-261

国際税制
○主要目次1998「国際税制研究 7」(清文社) 2001.11pb

国際組織
◎参考文献「国際機構論 新版」(横田洋三) 国際書院 2001.3 p431-435
◎リーディングリスト「現代ヨーロッパ国際政治」(植田隆子) 岩波書店 2003.3 prr
◎文献「国際組織と国際関係―地球・地域・ひと」(辰巳浅嗣ほか) 成文堂 2003.6 p305-317
◎参考文献「国際組織と国際政治」(中沢和男ほか) 北樹出版 2004.5 p191-197
◎参考文献「新国際機構論」(横田洋三) 国際書院 2005.1 p447-450

国際租税法
◎引用文献「国際租税原則と日本の国際租税法―国際的事業活動と独立企業原則を中心に」(赤松晃) 税務研究会 2001.11 p455-473

国際通貨
◎参考文献「国際通貨―外国為替レートと為替相場制度の理論と実際」(ポール・デ・グラウウェ) 東洋経済新報社 2001.3 p331-346
◎参考文献「ドル本位制の通貨危機―国際資金ポンプとしての米国」(片岡尹) 勁草書房 2001.4 p185-195
◎参考文献「欧州中央銀行の金融政策―新たな国際通貨ユーロの登場」(羽森直子) 中央経済社 2002.4 p205-211
◎文献「銀行原理と国際通貨システム」(松井均) 勁草書房 2002.4 p171-178
◎関連書リスト「円は誰のものか―国際通貨競争の覇者へ」(菊地悠二) 中央公論新社 2002.6 p223-222
◎文献「国際通貨制度の改革」(田中五郎) 日本評論社 2002.7 p119-131
◎文献「ユーロとイギリス―欧州通貨統合をめぐる二大政党の政治制度戦略」(力久昌幸) 木鐸社 2003.3 p347-362
◎参考文献ほか「基軸通貨の政治経済学」(根本忠宣) 学文社 2003.3 p253-276
◎参考文献「ユーロと国際通貨システム」(田中素香ほか) 蒼天社出版 2003.5 prr
◎参考文献「アジア共通通貨戦略―日本「再生」のための国際政治学」(近藤健彦) 彩流社 2003.10 p219-218
◎参考文献「国際通貨体制の経済学―ユーロ・アジア・日本」(嘉治佐保子) 日本経済新聞社 2004.2 p308-315
◎参考文献「ドルリスク―国際資本移動とアメリカ経済」(吉川雅幸) 日本経済新聞社 2004.9 p206-210
◎文献「アジア共通通貨―実現への道しるべ」(大西義久) 蒼社 2005.1 p301-302
◎参考文献「エマージング市場経済における通貨危機の分析」(田中勝次) 岡山商科大 2005.3 p288-303
◎参考文献「ユーロ時代のフランス経済―経済通貨統合下の経済政策の枠組みと運営」(栗原毅) 清文社 2005.7 p481-486
◎参考文献「国際通貨制度の選択―東アジア通貨圏の可能性」(J. ウィリアムソン) 岩波書店 2005.8 p187-195
◎参考文献「EU通貨統合の新展開」(松浦一悦) ミネルヴァ書房 2005.10 prr
◎参考文献「東アジアの通貨・金融協力―欧州の経験を未来に活かす」(村瀬哲司) 勁草書房 2007.2 p317-321
◎参考文献ほか「最適通貨圏としてのユーロエリア―ユーロへの新規参加をめぐって」(川野祐司) 三菱経済研究所 2007.9 p104-106
◎参考文献「ユーロ時代の企業経営―在ドイツ日系企業の実態調査」(中島要) 白桃書房 2007.11 p289-299

国際通貨基金
◎参考文献「グローバリゼーションとIMF・世界銀行」(毛利良一) 大月書店 2001.2 p363-376
◎参考文献「メガバンク危機とIMF経済政策―ホットマネーにあぶり出された国際機関の欠陥と限界」(白井早由里) 角川書店 2002.12 p271-272

国際テロ組織
◎参考文献「国際テロネットワーク―アルカイダに狙われた東南アジア」(竹田いさみ) 講談社 2006.1 p253-246

国際投資
◎参考文献「海外直接投資論」(高中公男) 勁草書房 2001.2 p229-280
◎参考文献「アジア経済と直接投資促進論」(三木敏夫) ミネルヴァ書房 2001.4 p285-288
◎参考文献「国際商取引―商学と法学の学際的ビジネス論」(絹巻康史) 文眞堂 2001.9 p238-242
◎主要関連参考文献「国際ビジネス形態と中国の経済発展」(杉田俊明) 中央経済社 2002.6 p209-211
◎「中国ビジネス資料情報ガイド―2003」(ジェトロ・ビジネスライブラリー) ジェトロ・ビジネスライブラリー 2003.3 195p B5

◎文献「中小企業の中国投資行動―経営行動と成果の関連分析」（鷲尾紀吉）　同友館　2003.9　p171-176
◎参考文献「グローバル時代の貿易と投資」（板垣文夫ほか）　桜井書店　2003.10　prr
◎参考文献「中国ビジネスのケーススタディ―早稲田大学オープンカレッジテキスト」（吉田健司）　PHP研究所　2004.1　p262-263
◎参考文献「ロシア市場参入戦略」（富山栄子）　ミネルヴァ書房　2004.2　p324-348
◎参考文献「日本企業の東アジア戦略―インタビュー・サーベイを通して見た日本企業」（中垣昇）　中京大　2004.2　p317-321
◎参考文献「日本企業の東アジア戦略―インタビュー・サーベイを通して見た日本企業」（中垣昇）　文眞堂　2004.3　p317-321
◎参考文献「中国における日系企業の経営現地化」（古田秋太郎）　税務経理協会　2004.4　p241-245
◎文献「シンガポールの経済発展と日本」（清水洋）　コモンズ　2004.5　p230-237
◎参考文献「対日直接投資と日本経済」（深尾京司ほか）　日本経済新聞社　2004.5　p289-299
◎参考文献「投資協定における投資の保護―現地子会社の取り扱いを中心に」（岩瀬真央美）　大学教育出版　2004.12　p217-232
◎参考文献「南洋日系栽培社の時代」（柴田善雅）　日本経済評論社　2005.2　p579-593
◎文献一覧「日本系企業の海外立地展開と戦略―都市圏・地域圏スケールにおける地理学的分析」（平篤志）　古今書院　2005.3　p181-191
◎文献ガイド「グローバル経済下のアメリカ日系工場」（河村哲二）　東洋経済新報社　2005.4　p383-390
◎参考文献「ベトナム現地化の国際経営比較―日系・欧米系・現地企業の人的資源管理、戦略を中心として」（丹野勲ほか）　文眞堂　2005.4　p243-249
◎参考文献「巨大化する中国経済と日系ハイブリッド工場」（上山邦雄ほか）　有楽出版社　2005.4　p402-405
◎参考文献「東アジアの国際分業と日本企業―新たな企業成長への展望」（天野倫文）　有斐閣　2005.8　p315-321
◎参考文献「韓日企業のアジア進出からみたアジアの国際的都市システム」（朴倧玄）　古今書院　2006.2　p241-243
◎「中国ビジネス情報源ガイド―2006」（ジェトロ・ビジネスライブラリー）　日本貿易振興機構　2006.3　383p B5
◎参考文献「循環資源大国ブラジルビジネス入門」（小野瀬由一）　同友館　2006.6　p273-275
◎参考文献「国境の錬金術―国家はいかにして利益を手に入れるのか」（高野仁）　日刊工業新聞社　2006.11　p217-221
◎参考文献「経営資源の国際移転―日本型経営資源の中国への移転の研究」（董光哲）　文眞堂　2007.3　p280-288
◎参考文献「小売国際化プロセス―理論とケースで考える」（矢作敏行）　有斐閣　2007.3　p360-373
◎文献「中国商い要注意マニュアル」（谷本真由美）　マイクロマガジン社　2007.10　p219-223

国際取引法
◎参考文献「国際取引法」（國生一彦）　有斐閣　2005.8　p295-296
◎参考文献「国際取引法」（木棚照一）　成文堂　2006.3　p366-367

国際博覧会
◎参考文献「国際博覧会を考える―メガ・イベントの政策学」（名古屋学院大学総合研究所）　晃洋書房　2005.4　prr

国際標準
◎文献「国際標準と戦略提携―新しい経営パラダイムを求めて」（竹田志郎ほか）　中央経済社　2001.9　p240-260

国際復興開発銀行
◎文献;年表「開発戦略と世界銀行―50年の歩みと展望」（秋山孝允ほか）　知泉書館　2003.1　p175-186
◎参考文献「世界銀行とNGOs―ナルマダ・ダム・プロジェクト中止におけるアドボカシーNGOの影響力」（段家誠）　築地書館　2006.3　p193-203

国際物流
◎参考文献「21世紀の国際物流―航空運送が創る新しい流通革命」（小林晃ほか）　文真堂　2002.3　prr

国際文化交流
◎参考文献「「対支文化事業」の研究―戦前期日中教育文化交流の展開と挫折」（阿部洋）　汲古書院　2004.1　p1027-1060
◎参考文献「グローカリゼーションの人類学―国際文化・開発・移民」（前川啓治）　新曜社　2004.1　p206-195
◎参考文献「多文化共生のジレンマ―グローバリゼーションのなかの日本」（加藤秀俊）　明石書店　2004.3　p151-152
◎参考文献ほか「旅の歳時記―異文化交流論集」（鹿島英一）　白沙ヶ濱　2004.10　p539-591
○ブックガイド「インターカルチュラル　103」（アカデミア出版会）　2005　p166-181
◎参考文献「日米文化交流史―彼らが変えたものと残したもの」（波多野勝）　学陽書房　2005.5　p213-216
◎引用文献「日本＝ザクセン文化交流史研究」（松尾展成）　大学教育出版　2005.10　p321-346
◎参考文献「教育文化学への挑戦―多文化交流からみた学校教育と生涯学習」（同志社大学教育文化学研究室）　明石書店　2005.12　prr

国際分業
◎参考文献「国際分業論と現代世界―蓄積論から環境論・文化論へ」（前田芳人）　ミネルヴァ書房　2006.2　p293-307
◎参考文献「垂直的国際分業の理論」（蓬田守弘）　三菱経済研究所　2006.8　p87-91
◎参考文献ほか「産業集積と新しい国際分業―グローバル化が進む中国経済の新たな分析視点」（本多光雄ほか）　文眞堂　2007.3　p203-209

国際紛争
◎参考文献「世界の領土・境界紛争と国際裁判―外交交渉と司法的解決の併用を目指して」（金子利喜男）　明石書店　2001.5　p13-14
◎参考文献「現代紛争史」（山崎雅弘）　学習研究社　2001.11　p314-316
◎文献（田中明彦ほか）「国際紛争―理論と歴史」（J.S.ナイ）　有斐閣　2002.7　p285-288
◎注「国際紛争と予防外交」（納家政嗣）　有斐閣　2003.5　prr

◎文献「国際紛争―理論と歴史」（J. S. ナイ）　有斐閣　2003.12　p319-323
◎文献案内「紛争と復興支援―平和構築に向けた国際社会の対応」（稲田十一）　有斐閣　2004.5　p283-288
◎参考本「世界はなぜ仲良くできないの?―暴力の連鎖を解くために」（竹中千春）　阪急コミュニケーションズ　2004.6　p253-264
◎文献紹介（田中明彦ほか）「国際紛争―理論と歴史　原書5版」（J. S. ナイ）　有斐閣　2005.4　p331-336
◎参考文献「国際紛争―理論と歴史」（J. S. ナイ）　有斐閣　2007.4　p351-356

国際法
◎文献「国家の非公然活動と国際法―秘密という幻想」（W. マイケル・リースマン, ジェームス・E. ベーカー）　中央大学出版部　2001.6　p13-26b
◎参考文献「国際法概説　第4版」（香西茂ほか）　有斐閣　2001.6　p311-322
◎参考文献「国際環境法入門―地球環境と法」（渡部茂己）　ミネルヴァ書房　2001.7　p178-186
◎参考文献「国際法上の死刑存置論」（中野進）　信山社出版　2001.7　p129-143
◎参考文献「国際法　第4版」（松井芳郎）　有斐閣　2002.4　p329-336
○文献目録（浜本正太郎, 山田卓平）「国際法外交雑誌　101.2」（国際法学会）　2002.8　p310-344
◎文献「国際「合意」論序説―法的拘束力を有しない国際「合意」について」（中村耕一郎）　東信堂　2002.10　p189-202
◎文献「人道的干渉の法理論」（望月康恵）　国際書院　2003.3　p279-305
◎文献「戦争の法から平和の法へ―戦間期のアメリカ国際法学者」（篠原初枝）　東京大学出版会　2003.5　p287-302
○主要文献目録「国際法外交雑誌　102.2」（国際法学会）　2003.8　p243-325
◎参考文献「国際人権・刑事法概論」（尾崎久仁子）　信山社出版　2004.1　p1-4b
◎参考文献「国際人権基準の法的性格」（滝沢美佐子）　国際書院　2004.2　p292-314
◎参考文献「国際法から世界を見る―市民のための国際法入門　2版」（松井芳郎）　東信堂　2004.3　prr
◎注「フェミニズム国際法学の構築」（山下泰子ほか）　中央大学出版部　2004.6　prr
○文献目録（西村弓）「国際法外交雑誌　103.2」（国際法学会）　2004.8　p145-205
◎Bibliography「フェミニズム国際法―国際法の境界を問い直す」（H. チャールズワースほか）　尚学社　2004.10　p447-487
◎参考文献「国際法　3版補正版」（島田征夫）　弘文堂　2005.4　p337-342
○文献目録（西村弓ほか）「国際法外交雑誌　104.2」（有斐閣）　2005.9　p308-337
◎文献表「安全保障と国際犯罪」（山口厚ほか）　東京大学出版会　2005.9　prr
◎参考文献「国際法―はじめて学ぶ人のための」（大沼保昭）　東信堂　2005.9　p617-631
◎参考文献「国際法　4版」（島田征夫）　弘文堂　2006.4　p336-341
◎参考文献「国際法上の自決権　増訂新版」（中野進）　信山社　2006.4　p197-218

◎参考文献「講義国際法入門　新版」（月川倉夫ほか）　嵯峨野書院　2006.5　p313-323
◎参考文献「マイノリティの国際法―レスプブリカの身体からマイノリティへ」（窪誠）　信山社　2006.6　p381-402
○文献目録（柴田明穂ほか）「国際法外交雑誌　105.2」（国際法学会）　2006.8　p277-303
◎参考文献「国際法　5版」（松井芳郎ほか）　有斐閣　2007.3　p337-344
◎文献一覧「国際環境法」（P. バーニーほか）　慶應義塾大出版会　2007.6　p859-875
○文献目録（柴田明穂ほか）「国際法外交雑誌　106.2」（国際法学会）　2007.8　p220-271

国際貿易
◎参考文献「国際貿易の理論と開発政策」（梅村清英）　中京大　2006.3　p185-192
◎参考文献「現代の国際貿易―ミクロデータ分析」（若杉隆平）　岩波書店　2007.10　p259-271

国際ボランティア
◎200冊「国際ボランティアNGOガイドブック―いっしょにやろうよ　新版」（NGO情報局）　三省堂　2001.11　p174-182

国際摩擦
◎参考文献「歴史をかえた誤訳」（鳥飼玖美子）　新潮社　2001.5　p289-296

国際民事訴訟法
◎参考文献「新・裁判実務大系　3　国際民事訴訟法（財産法関係）」（高桑昭, 道垣内正人）　青林書院　2002.3　prr

国際養子
◎参考文献ほか「赤ちゃんの値段」（高倉正樹）　講談社　2006.6　p246-247

国際理解
◎参考図書「異文化コミュニケーション教育におけるヒーロー」（青木順子）　大学教育出版　2001.3　p193-207
◎参考文献「創造する対話力―多文化共生社会の航海術」（川村千鶴子）　税務経理協会　2001.4　p213-216
◎参考図書「地球市民への入門講座―グローバル教育の可能性」（小関一也ほか）　三修社　2001.5　p163-164
◎参考文献「異文化コミュニケーションキーワード　新版」（石井敏ほか）　有斐閣　2001.10　p259-264
◎文献「異文化経営学―異文化コミュニケーションのビジネス」（佐々木晃彦）　東海大学出版会　2002.4　p165-170
◎参考文献「「異文化理解」のディスコース　文化本質主義の落し穴」（馬渕仁）　京都大学学術出版会　2002.12　p317-333
◎注「国際対話能力―英語レトリカル・コミュニケーションのすゝめ」（橋本満弘）　北樹出版　2003.10　prr
◎参考文献「国際文化学序説」（幸泉哲紀ほか）　多賀出版　2004.11　p138-143
◎参考文献「「異文化理解」のディスコース―文化本質主義の落とし穴」（馬渕仁）　京都大学術出版会　2005.3　p317-333
◎文献「多文化と自文化―国際コミュニケーションの時代」（竹下裕子ほか）　森話社　2005.9　p276-279

◎参考文献「ドイツで見つけた異文化理解の鍵」(西村真理) 文芸社 2006.8 p254-258
◎文献「国際コミュニケーション論」(楠根重和) 信山社 2007.2 prr
◎参考文献「子どもたちへの開発教育—世界のリアルをどう教えるか」(西岡尚也) ナカニシヤ出版 2007.4 p138-142
◎参考文献「多文化共生と生涯学習」(矢野泉) 明石書店 2007.10 prr

国際理解教育
◎注文献「国際理解教育 多文化共生社会の学校づくり」(佐藤郡衛) 明石書店 2001.3 prr
◎参考文献「異文化との出会い! 子どもの発達と心理—国際理解教育の視点から」(井上智義) ブレーン出版 2002.4 p198-205
◎文献「国際化と教育—異文化間教育学の視点から 改訂新版」(佐藤郡衛) 放送大学教育振興会 2003.3 p249-252
◎参考文献「民主主義と多文化教育—グローバル化時代における市民性教育のための原則と概念」(J. A. バンクス) 明石書店 2006.1 p137-144
◎参考文献「多文化間の教育と近接領域 講座・日本語教育学5」(倉地暁美) スリーエーネットワーク 2006.9 prr
◎ブックガイド「グローバル・クラスルーム—教室と地球をつなぐアクティビティ教材集」(D. セルビーほか) 明石書店 2007.12 p300-313

国際連合
◎参考文献「国際機構論—二一世紀の国連の再生に向けて 新版」(斎藤直樹) 北樹出版 2001.7 p296-299
◎参考文献「国連のナゾQ&A」(中見利男) NHK出版 2002.5 p216-218
◎文献「国連非軍事的制裁の法的問題」(吉村祥子) 国際書院 2003.9 p393-427
◎文献「国連改革—「幻想」と「否定論」を超えて」(吉田康彦) 集英社 2003.12 p244-249
◎参考文献「国際連合と民主化—民主的世界秩序をめぐって」(杉浦功一1) 法律文化社 2004.2 p233-238
○参考文献「ひょうご部落解放 112」(ひょうご部落解放人権研究所) 2004.3 p98-92
◎資料文献「日本を誤らせた国教と憲法信者」(加瀬英明) 展転社 2004.7 p244-246
◎参考文献「国連とアメリカ」(最上敏樹) 岩波書店 2005.3 p1-6b
◎参考文献「国連システムと調達行政」(坂根徹) 東京大 2005.3 p162-170
◎参考文献「日本と国際連合」(塩崎弘明) 吉川弘文館 2005.9 p301-316
◎参考文献「国連中国代表権問題をめぐる国際関係—1961-1971」(張紹鐸) 国際書院 2007.12 p269-287

国際連合難民高等弁務官
◎参考文献「難民問題への新しいアプローチ?—アジアの難民本国における国際連合難民高等弁務官事務所の活動」(小尾尚子) 国際書院 2004.7 p269-288

国史
◎「国史大系書目解題 下」(皆川完一, 山本信吉) 吉川弘文館 2001.11 916p B5

国字
◎文献「国字の位相と展開」(笹原宏之) 三省堂 2007.3 p861-880

黒死病
◎参考文献「黒死病—疫病の社会史」(N. F. カンター) 青土社 2002.11 p10-18

国書
◎「古書目録—漢籍篇・國書篇」(高橋良政) 〔高橋良政〕 2002.1 36, 46p B5

黒人
◎文献「黒人アスリートはなぜ強いのか?—その身体の秘密と苦闘の歴史に迫る」(J. エンタイン) 創元社 2003.4 p426-427
◎参考図書ほか「大英帝国の黒人」(P. フライヤー) 本の泉社 2007.1 p174-212
◎原註「ゲットーを捏造する—アメリカにおける都市危機の表象」(R. D. G. ケリー) 彩流社 2007.4 p9-43b
◎原注「イスラームの黒人奴隷—もう一つのブラック・ディアスポラ」(R. シーガル) 明石書店 2007.5 p374-353
◎参考文献ほか「黒人差別とアメリカ公民権運動—名もなき人々の戦いの記録」(J. M. バーダマン) 集英社 2007.5 p250-253
◎註「アメリカの奴隷制と黒人—五世代にわたる捕囚の歴史」(I. バーリン) 明石書店 2007.10 p509-419

黒人音楽
◎文献「スウィート・ソウル・ミュージック—リズム・アンド・ブルースと南部の自由への夢」(P. ギュラルニック) シンコーミュージック・エンタテイメント 2005.4 p34-42b

黒人下層階級
◎ブックリスト「タリーズコーナー 黒人下層階級のエスノグラフィ」(E. リーボウ) 東信堂 2001.4 p1-4b

黒人差別
◎註「サンボ—アメリカの人種偏見と黒人差別」(J. ボスキン) 明石書店 2004.7 p354-380

黒人指導者
◎追加文献表「20世紀のアメリカ黒人指導者」(J. H. フランクリンほか) 明石書店 2005.4 p621-637

国勢調査
◎参考文献ほか「国勢調査と日本近代」(佐藤正広) 岩波書店 2002.2 p279-282
◎参考文献「国勢調査の文化人類学—人種・民族分類の比較研究」(青柳真智子) 古今書院 2004.2 prr

国籍
◎文献「外国人参政権と国籍 新版」(近藤敦) 明石書店 2001.4 p183-196
◎参考文献「家族と国籍—国際化の進むなかで 補訂版」(奥田安弘) 有斐閣 2003.9 p202-204
◎文献紹介「在日コリアンに権利としての日本国籍を」(在日コリアンの日本国籍取得権確立協議会) 明石書店 2006.2 p177-185
◎参考引用文献「日本の国籍制度とコリア系日本人」(佐々木乙子) 明石書店 2006.9 p183-190

国籍法
- ◎参考文献「イギリス近代国籍法史研究―憲法学・国民国家・帝国」（柳井健一）　日本評論社　2004.3　p299-308
- ◎参考文献「フランスとドイツの国籍とネーション―国籍形成の比較歴史社会学」（R.ブルーベイカー）　明石書店　2005.10　p419-451
- ◎参考文献「近代日本と帰化制度」（浅川晃広）　渓水社　2007.9　p257-263

国性爺合戦
- ◎参考資料一覧「国性爺合戦・曽根崎心中・仮名手本忠臣蔵―第一四六回文楽公演」（国立劇場調査養成部調査資料課）　日本芸術文化振興会　2004.2　p58-108
- ◎参考資料一覧「国立劇場上演資料集　491」　日本芸術文化振興会　2006.6　p149-186

国鉄長期債務
- ◎参考文献「「政府の失敗」の社会学―整備新幹線建設と旧国鉄長期債務問題」（舩橋晴俊ほか）　ハーベスト社　2001.11　p259-272

国電
- ◎参考文献「首都圏の国電―戦後の発展史」（佐藤信之）　グランプリ出版　2005.6　p231-232

国土
- ◎参考文献「これからの国土・定住地域圏づくり―都市と農業の共生空間をめざして」（都市・農業共生空間問題研究会）　鹿島出版会　2002.2　prr
- ◎参考文献「国土の未来―アジアの時代における国土整備プラン」（国土の未来研究会ほか）　日本経済新聞社　2005.3　prr
- ◎参考文献「国土学事始め」（大石久和）　毎日新聞社　2006.3　p237-239

国内総生産
- ◎参考文献「GDPとは何か―経済統計の見方・考え方」（武野秀樹）　中央経済社　2004.3　p159-161

告発
- ◎参考資料「内部告発の時代―組織への忠誠か社会正義か」（宮本一子）　共栄書房　2002.5　p231-230

国府
- ◎文献一覧「古代武蔵国府」（府中市郷土の森博物館）　府中市郷土の森博物館　2005.2　p4-7b

国文学
- ○〔論文連載〕「国文学　45.1-45.14」（学燈社）　2000.1-2000.12　p170-181
- ◎「土岐武治文庫和書目録」（花園大学国文学科）　花園大　2001.10　105p A5
- ◎目録「国文学年鑑　平成13年」（国文学研究資料館）　至文堂　2003.7　p3-439
- ◎単行本論文目録「国文学年鑑　平成14年」（国文学研究資料館）　至文堂　2004.8　p3-457
- ◎「総目録　新日本古典文学大系」　岩波書店　2005.11　175p A5

国分寺
- ◎参考図書「下野国分寺展―発掘25年の成果」（栃木県立しもつけ風土記の丘資料館）　栃木県立しもつけ風土記の丘資料館　2007.3　p151-152

国宝
- ◎「国宝を知る本　建造物編　読書案内」（日外アソシエーツ）　日外アソシエーツ　2001.3　370p A5
- ◎注文献「国宝仁清の謎」（岡佳子）　角川書店　2001.7　p242-248
- ◎「国宝を知る本　絵画編　読書案内」（日外アソシエーツ）　日外アソシエーツ　2001.11　364p A5
- ◎「国宝を知る本　彫刻編　読書案内」（日外アソシエーツ）　日外アソシエーツ　2001.11　362p A5

国防
- ◎参照文献「マジノ線物語―フランス興亡100年」（栗栖弘臣）　K&Kプレス　2001.4　p531-539
- ◎参考文献（M.コトラー）「「無条件勝利」のアメリカと日本の選択」（ロナルド・A.モース）　時事通信社　2002.1　p306-320
- ◎参考文献「日本を滅ぼした国防方針」（黒野耐）　文藝春秋　2002.5　p239-241
- ◎ブックリスト「有事法制のシナリオ―戦争する国へ」（渡辺治ほか）　旬報社　2002.11　p185-186
- ◎参考文献「都市は戦争できない―現代危機管理論」（五十嵐敬喜ほか）　公人の友社　2003.1　p233-235
- ◎参考文献「有事から住民を守る―自治体と国民保護法制」（国民保護法制運用研究会）　東京法令出版　2004.3　p251-253
- ◎参考文献「軍事帝国中国の最終目的―そのとき、日本は、アメリカは…」（杉山徹宗）　祥伝社　2005.12　p303-308
- ◎参考文献「米軍再編と在日米軍」（森本敏）　文藝春秋　2006.9　p240-246
- ◎参考文献「反戦軍事学」（林信吾）　朝日新聞社　2006.12　p239-242
- ◎参考文献「ミサイル防衛―日本は脅威にどう立ち向かうのか」（能勢伸之）　新潮社　2007.2　p184-186
- ◎参考文献「米国におけるインサイダー脅威への取り組み」（〔防衛調達基盤整備協会〕）　防衛調達基盤整備協会　2007.3　p157-159
- ◎参考文献「幻の防衛道路―官僚支配の「防衛政策」」（樋口恒晴）　かや書房　2007.10　p206-211
- ◎参考文献「戦争の経済学」（P.ポースト）　バジリコ　2007.11　p417-426

国民軍
- ◎文献案内ほか「国民軍の神話　兵士になるということ」（原田敬一）　吉川弘文館　2001.9　p5-12b

国民経済計算
- ◎参考文献「国民経済計算入門」（武野秀樹）　有斐閣　2001.11　p177-180
- ◎参考文献「持続可能な社会への2つの道―産業連関表で読み解く環境と社会・経済」（C.シュターマー）　ミネルヴァ書房　2006.10　p235-249

国民性
- ◎参考文献「要領がいい日本人の国民性のルーツ」（大谷一男）　文芸社　2004.2　p210-211
- ○文献ほか「統計数理　53.1」（統計数理研究所）　2005　p159-182

国民像
- ◎註「近代日本の国民像と天皇像」（小股憲明）　大阪公立大共同出版会　2005.3　p509-592

国民体育大会
- ◎参考文献「国民体育大会の研究―ナショナリズムとスポーツ・イベント」（権学俊）　青木書店　2006.11　p405-423

国民統合
- ◎注「帝国主義と国民統合」（W. J. モムゼンほか）　未来社　2002.6　prr

国民投票
- ◎参考文献「Q&A国民投票法案―憲法改悪への突破口」（菅沼一王ほか）　大月書店　2005.11　p79-80
- ◎参考文献「国民投票制」（福井康佐）　信山社出版　2007.3　p279-293

国民文化
- ◎注文献「雑誌『太陽』と国民文化の形成」（鈴木貞美ほか）　思文閣出版　2001.7　prr

国民保護法
- ◎引用参考文献「監視社会の未来―共謀罪・国民保護法と戦時動員体制」（纐纈厚）　小学館　2007.9　p273-285

穀物
- ◎文献「アメリカのアグリフードビジネス―現代穀物産業の構造分析」（磯田宏）　日本経済評論社　2001.4　p266-274
- ◎引用文献「雑穀の社会史」（増田昭子）　吉川弘文館　2001.12　p313-322
- ◎引用参考文献「遺伝子組換え作物と穀物フードシステムの新展開―農業・食料社会学的アプローチ」（立川雅司）　農文協　2003.12　p267-279
- ◎参考文献「雑穀博士ユーラシアを行く」（阪本寧男）　昭和堂　2005.7　p259-261
- ◎参考文献「EU穀物価格政策の経済分析」（古内博行）　農林統計協会　2006.12　p286-303

穀物取引
- ◎参考文献「アメリカの穀物輸出と穀物メジャーの発展」（茅野信行）　中央大学出版部　2004.12　p265-269
- ◎参考文献「アメリカの穀物輸出と穀物メジャーの発展　改訂版」（茅野信行）　中央大出版部　2006.10　p287-291

黒曜石
- ◎引用参考文献「黒曜石3万年の旅」（堤隆）　NHK出版　2004.10　p225-233
- ◎引用参考文献「黒燿石の原産地を探る・鷹山遺跡群」（大竹幸恵）　新泉社　2004.10　p93」
- ◎参考文献「北の黒曜石の道―白滝遺跡群」（木村英明）　新泉社　2005.2　p92」

小倉進平文庫
- ○旧登録本（福井玲）「韓国朝鮮文化研究　10」（東京大）　2007.3　p130-105

国立公園
- ◎文献「アメリカの国立公園―自然保護運動と公園政策」（上岡克己）　築地書館　2002.12　p204-211
- ◎注「国立公園成立史の研究―開発と自然保護の確執を中心に」（村串仁三郎）　法政大学出版局　2005.4　p373-404
- ◎参考文献ほか「環境と観光の経済評価―国立公園の維持と管理」（栗山浩一ほか）　勁草書房　2005.10　p253-270

国立民族学博物館
- ◎文献案内「世界を集める―研究者の選んだみんぱくコレクション―国立民族学博物館開館30周年記念企画展」（実行委員会）　国立民族学博物館　2007.7　p149-151

国力
- ◎参考資料「昭和二十年　第一部　9　国力の現状と民心の動向」（鳥居民）　草思社　2001.12　p343-365

コケ
- ◎文献「魅力あるコケの世界」（樋口利雄, 湯沢陽一）　歴史春秋出版　2002.8　p159-160
- ◎参考文献「苔の話」（秋山弘之）　中央公論新社　2004.10　p212」

語形成
- ◎参考文献「現代日本語の複合語形成論」（石井正彦）　ひつじ書房　2007.2　p471-478

語源
- ◎参考文献「三字熟語語源小辞典」（加納喜光）　講談社　2001.10　p253-254
- ◎参考文献「世界地名語源辞典　3訂版」（蟻川明男）　古今書院　2003.3　p469-472
- ◎参考文献「世界で一番小さな辞典」（一瀬高帆）　東京図書出版会　2004.6　p264-266
- ◎資料年表「語源海」（杉本つとむ）　東京書籍　2005.3　p798-813
- ◎出典解説「日本語源大辞典」（前田富祺）　小学館　2005.4　p1187-1258
- ◎参考文献「ラテン語と日本語の語源的関係」（与謝野達）　サンパウロ　2006.12　p581-584
- ◎参考文献（土居文人ほか）「日本語の語源を学ぶ人のために」（吉田金彦）　世界思想社　2006.12　p285-336
- ◎参考文献「語源で楽しむ英単語―その意外な関係を探る」（遠藤幸子）　NHK出版　2007.3　p190-193
- ◎参考文献「根ほり葉ほり―草木・造園ことば」（清水博史）　文芸社　2007.11　p170-174

ココア
- ◎参考文献「チョコレート・ココアの科学と機能」（福場博保ほか）　アイ・ケイコーポレーション　2004.11　prr

心
- ◎文献情報「心の進化―人間性の起源をもとめて」（松沢哲郎, 長谷川寿一）　岩波書店　2000.11　p257-264
- ◎「こころの傷を読み解くための800冊の本―総解説」（赤木かん子）　自由国民社　2001.6　305p　A5
- ◎読書案内「心は機械で作れるか」（ティム・クレイン）　勁草書房　2001.9　p307-314
- ◎注文献「ロボットの心　7つの哲学物語」（柴田正良）　講談社　2001.12　prr
- ◎参考文献「脳と心の謎に挑む―神の領域にふみこんだ人たち」（高田明和）　講談社　2002.5　p251」
- ◎註「「心の病」発病メカニズムと治療法の基礎　精神保健福祉学序説」（宇野弘三）　国書刊行会　2003.4　prr
- ○文献展望（富田昌平）「山口芸術短期大学研究紀要　35」（山口芸術短大）　2003　p27-44
- ◎引用参考文献「心を商品化する社会―「心のケア」の危うさを問う」（小沢牧子ほか）　洋泉社　2004.6　p217-222

こころし

◎文献「心の解剖学―錬金術的セラピー原論」（E. F. エディンガー）　新曜社　2004.7　p300-294
◎文献「シリーズ心の哲学　III　翻訳篇」（信原幸弘）　勁草書房　2004.8　prr

子殺し

◎注「わが子を殺す母親たち」（C. マイヤーほか）　勁草書房　2002.12　p239-257

誤差

◎参考書「測定誤差の統計解析」（J. L. ジェイク）　丸善プラネット　2007.3　p221-222

五山文学

◎研究史「五山文学の研究」（兪慰慈）　汲古書院　2004.2　p265-316

故紙

◎文献「複雑現象を量る―紙リサイクル社会の調査」（羽生和紀, 岸野洋久）　朝倉書店　2001.9　p147-148

古事記

○研究年表（大舘真晴ほか）「古事記年報　44」（古事記学会）　2001　p160-226
○研究年報（松田信彦, 大舘直晴）「古事記年報　43」（古事記学会）　2001.1　p156-229
◎参考文献「記紀神話と王権の祭り　新訂版」（水林彪）　岩波書店　2001.10　p525-552
◎文献「中国少数民族と日本文化―古代文学の古層を探る」（工藤隆）　勉誠出版　2002.7　p11-15b
○研究年表（小林真美ほか）「古事記年報　45」（古事記学会）　2003.1　p109-208
◎「古事記研究文献目録　単行書篇II・雑誌論文篇II」（古事記学会）　国書刊行会　2003.6　2冊　B5
◎引用文献「古事記講義」（三浦佑之）　文藝春秋　2003.7　p271-274
◎注「記紀神話伝承の研究」（泉谷康夫）　吉川弘文館　2003.8　prr
◎注「古事記神話論」（松本直樹）　新典社　2003.10　prr
◎注「『古事記』成立の背景と構想」（遠山一郎）　笠間書院　2003.11　prr
○研究年表（小林真美ほか）「古事記年報　46」（古事記学会）　2004.1　p239-341
◎文献表「古事記の宇宙論」（北沢方邦）　平凡社　2004.11　p209-210
○研究年表（小林真美ほか）「古事記年報　47」（古事記学会）　2005.1　p140-269
◎参考文献「「作品」として読む古事記講義」（山田永）　藤原書店　2005.2　p272-279
◎引用論文「古事記の表現と解釈」（山口佳紀）　風間書房　2005.2　prr
◎参考文献「『古事記』異端の神々」（原田実）　ビイング・ネット・プレス　2005.7　p238-247
◎参考文献「古事記の真実　空の巻」（二宮陸雄）　愛育社　2005.11　p950-956
◎児童向作品目録（田中千晶）「神戸常盤短期大学紀要　28」（神戸常盤短大）　2006　p54-46
○研究年表（小林真美ほか）「古事記年報　48」（古事記学会）　2006.1　p386-506
◎参考文献「古事記注釈　8」（西郷信綱）　筑摩書房　2006.6　p252-258
◎参考文献「古事記―口語訳　人代篇」（三浦佑之）　文藝春秋　2006.12　p434-446
○研究年表「古事記年報　49」（古事記学会）　2007.1　p143-250
◎参考文献「天皇の誕生―映画的『古事記』」（長部日出雄）　集英社　2007.3　p235-237
◎参考文献「古事記のひみつ―歴史書の成立」（三浦佑之）　吉川弘文館　2007.4　p214-217

古式競馬

◎文献「日本の古式競馬―1300年の歴史を辿る」（長塚孝）　神奈川新聞社　2002.1　p109」

故事熟語

◎引用文献「心にしみる四字熟語」（円満字二郎）　光文社　2007.10　p211-213

古事談

◎文献目録（小林保治）「古事談　下」（源顕兼）　現代思潮新社　2006.5　p264-269

ゴシック建築

◎参考文献「ヴィラール・ド・オヌクール画帖の研究　2」（藤本康雄）　中央公論美術出版　2001.2　p236-245
◎書誌「ゴシック・リバイバル」（M. ルーイス）　英宝社　2004.8　p237-242
◎参考文献「ゴシックとは何か―大聖堂の精神史」（酒井健）　筑摩書房　2006.5　p297-308

ゴシック小説

◎文献「テクノゴシック」（小谷真理）　ホーム社　2005.8　p293-298
◎参考文献「ゴシック入門―123の視点」（M. マルヴィ＝ロバーツ）　英宝社　2006.3　p364-369

ゴシック美術

◎文献「ゴシック・リヴァイヴァル」（C. ブルックス）　岩波書店　2003.8　p435-438
◎参考文献「ゴシック美術―サン・ドニからの旅立ち」（馬杉宗夫）　八坂書房　2003.10　p241-250

ゴシップ

◎引用文献「ゴシップと醜聞　三面記事の研究」（玉木明）　洋泉社　2001.3　p205」

古書

◎「マンガ古書マニア―漫画お宝コレクション　1946-2002」（江下雅之）　インターメディア　2002.2　232p　46s
◎「明治古典会古書大入札会目録　平成15年」　明治古典会　2003.7　395p　A4
○目録稿（久保田啓一ほか）「日本文学研究　39」（梅光学院大）　2004.1　p142-155
○暫定目録（池田光子）「懐徳堂センター報　2004」（大阪大）　2004.2　p3-60b
◎「川越市立中央図書館収蔵和漢古書目録　平成15年度版」（川越市立中央図書館）　市立中央図書館　2004.3　47, 5p　A4
◎「漢學の里諸橋轍次記念館藏古書目録」（金子芳雄ほか）　高橋良政　2004.9　60p　B5
◎「日本大学総合学術情報センター所蔵古典籍資料目録　3（中古・中世散文編）」（中世文学）　日本大　2004.10　109p　A4
○目録（久保田啓一ほか）「日本文学研究　40」（梅光学院大）　2005.1　p37-49

◎「近代科学の黎明―コペルニクス、ニュートン、そしてキルヒャー 第18回慶應義塾図書館貴重書展示会」（西脇与作ほか）慶應義塾図書館 2005.1 205p B5
◎「懐徳堂文庫の研究―共同研究報告書 2005」（湯浅邦弘）大阪大 2005.2 134p B5
◎旧蔵書目一覧「近世朝廷と垂加神道」（磯前順一ほか）ぺりかん社 2005.2 p301-352
◎「戸田浩暁博士旧蔵書目録―大東文化大学図書館所蔵」（大東文化大学図書館）大東文化大図書館 2005.2 1冊 A4
◎「真福寺古目録集 2」臨川書店 2005.2 717, 52p A5
○目録（高橋良政）「実践国文学 67」（実践国文学会）2005.3 p67-107
◎「木曽須原定勝寺所蔵和古書および大般若波羅蜜多経目録」（鈴木俊幸ほか）中央大近世文学ゼミナール 2005.3 124p A4
◎「身延文庫典籍目録 下」（身延文庫典籍目録編集委員会）身延山久遠寺 2005.4 680p A4
◎「松平定信蔵書目録 1-2」（高倉一紀）ゆまに書房 2005.6 2冊 A5
◎「近世版目録集成 往来物編1」（小泉吉永）岩田書院 2005.8 383p A5
◎「近世三河・尾張文化人蔵書目録」（藤井隆）ゆまに書房 2005.12 8冊 A5
◎「古義堂文庫目録 復刻版」（天理図書館）八木書店 2005.12 380p B5
◎「丹羽長右衛門家蔵古典籍仮目録」（岡野明彦）岡野明彦 2006.1 104p B5
◎「国立国会図書館所蔵貴重書解題 5-10」（国立国会図書館）フジミ書房 2006.1-9 11冊 A5
○典籍文書目録（武内孝善）「高野山大学論叢 41」（高野山大）2006.2 p51-149
○蔵書目録（神道宗紀）「帝塚山学院大学日本文学研究 37」（帝塚山学院大）2006.2 p53-70
◎「貴重図書目録―東北大学附属図書館本館所蔵 和漢書篇 平成17年度」（東北大学附属図書館）東北大附属図書館 2006.3 32p B5
◎「小千谷市平成町大滝家所蔵和古書目録―小千谷文庫受託」（中央大学近世文学ゼミナール）中央大 2006.3 34p A5
◎「小千谷市吉谷佐藤家所蔵和古書目録」（中央大学近世文学ゼミナール）中央大 2007.3 30p A5
◎「石巻市図書館和漢古書目録」（石巻市図書館）石巻市図書館 2007.3 156p B5
◎写本目録（野世渓朝）「節談椿原流の説教者―野世渓真了和上芳躅」（直林不退）永田文昌堂 2007.3 p171-186
◎「新潟縣中越地區和漢古書目録三種」（高橋良政）高橋良政 2007.5 211, 15p B5

湖沼
◎参考文献「水の警鐘―世界の河川・湖沼問題を歩く」（渡辺斉）水曜社 2004.8 p252-254
◎文献「東アジアモンスーン域の湖沼と流域」（坂本充）名古屋大出版会 2006.2 prr
◎参考文献「世界の湖沼と地球環境」（熊谷道夫ほか）古今書院 2006.8 p205-218

古浄瑠璃
◎文献ほか「岩佐又兵衛―伝説の浮世絵開祖」（松尾知子）千葉市美術館 2004.10 p198-200

御所言葉
◎研究文献目録「御所ことば 新装版」（井之口有一ほか）雄山閣 2005.1 p240-243

御所桜堀川夜討
◎参考資料一覧「国立劇場上演資料集 488」日本芸術文化振興会 2006.2 p74-92

古書店
◎参考文献「早稲田古本屋街」（向井透史）未來社 2006.10 p246-247
◎参考文献「植民地時代の古本屋たち―樺太・朝鮮・台湾・満洲・中華民国―空白の庶民史」（沖田信悦）寿郎社 2007.12 p183-184

ゴジラ
◎関連書籍「「ゴジラの時代 since Godzilla」展」（川崎市岡本太郎美術館）川崎市岡本太郎美術館 2002.4 p49」
◎註「ゴジラとアメリカの半世紀」（W. M. ツツイ）中央公論新社 2005.10 prr

誤審
◎参考文献「えん罪入門」（小田中聡樹ほか）日本評論社 2001.7 p154-155

古人骨
◎参考文献「考古学のための古人骨調査マニュアル」（谷畑美帆ほか）学生社 2004.5 p161-163

個人主義
◎文献「個人主義と集団主義―2つのレンズを通して読み解く文化」（H. C. トリアンディス）北大路書房 2002.3 p224-251
◎引用文献「日本の個人主義」（小田中直樹）筑摩書房 2006.6 p195-199

個人情報保護法
◎注「個人情報保護法と人権―プライバシーと表現の自由をどう守るか」（田島泰彦）明石書店 2002.12 prr
◎参考文献「解説個人情報の保護に関する法律」（宇賀克也）第一法規出版 2003.7 p195-200
◎参考文献「個人情報保護法への企業の実務対応―モデル規程によるマネジメントシステムの構築と運用のポイント」（島田裕次）日科技連出版社 2003.11 p237-238
◎参考文献「図書館のための個人情報保護ガイドブック」（藤倉恵一）日本図書館協会 2006.3 p141-142
◎参考文献「電子的個人データ保護の方法」（橋本誠志）信山社出版 2007.9 p231-246
◎参考文献「個人情報保護条例と自治体の責務」（夏井高人ほか）ぎょうせい 2007.10 p367-368

個人全集
◎「全集/個人全集・内容綜覧 IV期」（日外アソシエーツ）日外アソシエーツ 2004.4 15, 933p A5
◎「全集/個人全集・作家名綜覧 IV期」（日外アソシエーツ）日外アソシエーツ 2004.5 2冊 A5

個人著作集
◎「個人著作集内容総覧 1997-2001 下 社会・科学・芸術・文学」（日外アソシエーツ）日外アソシエーツ 2002.2 941p A5

こすたり

◎「個人著作集内容総覧　1997-2001　上　総記・人文」（日外アソシエーツ）　日外アソシエーツ　2002.2　883p A5

コスタリカ
◎参考文献「コスタリカを知るための55章」（国本伊代）　明石書店　2004.4　p263-268
◎参考文献「戦争する国、平和する国―ノーベル平和賞受賞者現コスタリカ大統領オスカル・アリアス・サンチェス氏と語る」（小出五郎）　佼成出版社　2007.9　p252-253

牛頭天王
◎参考文献ほか「牛頭天王と蘇民将来伝説―消された異神たち」（川村湊）　作品社　2007.9　p389-397

コストマネジメント
◎参考文献「コストマネジメント入門」（伊藤嘉博）　日本経済新聞社　2001.10　p190-191

コスモロジー
◎注文献「コスモロジーの「近世」　岩波講座近代日本の文化史2」（小森陽一ほか）　岩波書店　2001.12　prr

瞽女
◎文献目録ほか「瞽女と瞽女唄の研究　研究篇」（G. グローマー）　名古屋大出版会　2007.2　p7-123b

個性
◎参考文献「個性はどう育つか」（菅原ますみ）　大修館書店　2003.6　p221-223

古生植物
◎文献「被子植物の起源と初期進化」（高橋正道）　北海道大出版会　2006.2　p433-487

古生動物
◎関連図書「眼の誕生―カンブリア紀大進化の謎を解く」（A. パーカー）　草思社　2006.3　p380-381

古生物
◎ブックガイド（高橋祐司, 金子隆一）「恐竜学がわかる。」（編集部）　朝日新聞社　2001.2　p168-175
◎参考文献ほか「恐竜の世界をもとめて」（D. キャドバリー）　無名舎　2001.6　p379-418
◎参考文献「恐竜が動き出す　デジタル古生物入門」（笹沢教一）　中央公論新社　2001.7　p159-163
◎参考文献「絶滅哺乳類図鑑」（冨田幸光）　丸善　2002.3　p216-218
◎参考文献ほか「マンモスの運命　化石ゾウが語る古生物学の歴史」（C. コーエン）　新評論　2003.4　p374-336
◎参考図書「生命と地球の進化アトラス　II　デボン紀から白亜紀」（D. ディクソン）　朝倉書店　2003.10　p139」
◎読書案内「地球生物学―地球と生命の進化」（池谷仙之ほか）　東京大学出版会　2004.2　p216-218
◎文献「古生物の進化　古生物の科学4」（瀬戸口烈司ほか）　朝倉書店　2004.8　prr
◎引用文献「絶滅古生物学」（平野弘道）　岩波書店　2006.2　p223-248
◎参考文献「哺乳類天国―恐竜絶滅以後、進化の主役たち」（D. R. ウォレス）　早川書房　2006.7　p431-453

◎参考文献「ドラゴンハンター―ロイ・チャップマン・アンドリューズの恐竜発掘記」（C. ガレンカンプ）　技術評論社　2006.9　p410-413
◎参考文献「生命進化の物語」（R. サウスウッド）　八坂書房　2007.2　p10-12b
◎参考文献「脊椎動物・生痕化石ほか」（K. A. フリックヒンガー）　朝倉書店　2007.7　p157-174
◎参考文献「熱河生物群化石図譜―羽毛恐竜の時代」（張弥曼）　朝倉書店　2007.11　p165-172

戸籍
◎参考文献「渉外戸籍法リステイトメント」（佐藤やよひほか）　日本加除出版　2007.8　p13-14b

古銭
◎参考文献「中国の埋められた銭貨」（三宅俊彦）　同成社　2005.1　p237-240

古川柳
◎参考資料「武玉川・とくとく清水―古川柳の世界」（田辺聖子）　岩波書店　2002.6　p209-211

子育て
◎参考文献「親子不全＝〈キレない〉子どもの育て方」（水島広子）　講談社　2001.2　p202」
◎注「「子育て」の教育論　日本の家庭における女性役割の変化を問う」（真橋美智子）　ドメス出版　2002.2　prr
◎註「少子社会の子育て支援」（国立社会保障・人口問題研究所）　東京大学出版会　2002.2　prr
◎文献一覧「子育て臨床の理論と実際」（日本家族心理学会）　金子書房　2002.6　p193-208
◎参考文献「江戸の子育て」（中江和恵）　文藝春秋　2003.4　p203-206
◎文献「子育ての知恵は竹林にあった」（増山均）　柏書房　2003.4　p149-152
◎文献「子育ては、いま―変わる保育園、これからの子育て支援」（前田正子）　岩波書店　2003.4　p217-220
◎参考文献「世界に学ぼう！　子育て支援―デンマーク・スウェーデン・フランス・ニュージーランド・カナダ・アメリカに見る子育て環境」（汐見稔幸ほか）　フレーベル館　2003.7　p206-207
◎文献「都市環境と子育て―少子化・ジェンダー・シティズンシップ」（矢沢澄子ほか）　勁草書房　2003.7　p211-222
◎参考文献「親と子の社会力―非社会化時代の子育てと教育」（門脇厚司）　朝日新聞社　2003.12　p241-249
◎参考文献「子育てしやすい社会―保育・家庭・職場をめぐる育児支援策」（前田正子）　ミネルヴァ書房　2004.4　p194-206
◎引用文献「〈子育て法〉革命」（品田知美）　中央公論新社　2004.9　p198-201
◎参考文献「子育て世帯の社会保障」（国立社会保障・人口問題研究所）　東京大学出版会　2005.4　prr

子育て支援
◯文献（岩崎朋子）「文献探索　2005」（文献探索研究会）　2006.5　p46-50

小袖
◎参考文献「かざられたきもの―寛文小袖―展図録」（深井人詩）　平塚市美術館　2001.2　p104-107

コソボ
　◎原注「新世代は一線を画す　コソボ・東ティモール・西欧的スタンダード」（N. チョムスキー）　こぶし書房　2003.1　p195-221

固体
　◎参考文献「固体物理学入門　下」（フック, ホール）　丸善　2002.2　p535-538

古代
　◎参考文献「海でむすばれた人々―古代東アジアの歴史とくらし　新版」（門田誠一）　昭和堂　2001.4　p269-287
　◎参考文献「日本古代の家族・親族―中国との比較を中心として」（成清弘和）　岩田書院　2001.4　p181-192
　◎参考文献「古代の出雲事典」（瀧音能之）　新人物往来社　2001.10　p308-310
　◎参考文献「古代寺院の成立と展開」（岡本東三）　山川出版社　2002.1　2pb
　◎参考文献「よみがえる古代大建設時代―巨大建造物を復元する」（大林組プロジェクトチーム）　東京書籍　2002.8　p323」
　◎註「日本古代宮都構造の研究」（小沢毅）　青木書店　2003.5　prr

古代王権
　◎参考文献「東アジア編　古代王権の誕生　1」（初期王権研究委員会）　角川書店　2003.1　prr
　◎参考文献「東南アジア・南アジア・アメリカ大陸編　古代王権の誕生　2」（初期王権研究会）　角川書店　2003.3　prr

古代オリンピック
　◎参考文献「古代オリンピック」（桜井万里子ほか）　岩波書店　2004.7　p3-4b

古代学
　◎引用文献「亀の古代学」（千田稔ほか）　東方出版　2001.4　prr

古代歌謡
　○文献目録（宮岡薫）「甲南大学古代文学研究　8」（甲南大）　2003.3　p89-135

古代語
　◎参考文献「日本の古代語を探る―詩学への道」（西郷信綱）　集英社　2005.3　p199-202
　◎引用文献「古代語構文の研究」（小田勝）　おうふう　2006.12　p311-318

古代史
　○研究年報（松田信彦, 大館直晴）「古事記年報　43」（古事記学会）　2001.1　p156-229
　◎参考文献「「邪馬台国」と日本人」（小路田泰直）　平凡社　2001.1　p187-190
　◎参考文献「古事記に笠沙が載ったわけ」（八代新一）　高城書房出版　2001.1　p337-342
　◎「古代史論争歴史大事典　別冊歴史読本」（斎藤実ほか）　新人物往来社　2001.1　300p A5
　◎参考文献（瀧音能之ほか）「大王から天皇へ　日本の歴史03」（熊谷公男）　講談社　2001.1　p358-365
　◎参考文献「埋もれた港」（千田稔）　小学館　2001.2　p302-307
　◎報告書一覧「木簡が語る古代史　下　国家の支配としくみ」（平野邦雄, 鈴木靖民）　吉川弘文館　2001.2　p217-244
　◎参考文献「卑弥呼の幻像」（富田徹郎）　NHK出版　2001.3　p277-280
　◎参考文献「謎の大王継体天皇」（水谷千秋）　文藝春秋　2001.9　p228」
　◎参考文献「隼人の古代史」（中村明蔵）　平凡社　2001.12　p257-258
　◎注「七世紀の古代史―王宮・クラ・寺院」（平林章仁）　白水社　2002.2　p247-269
　◎参考資料「天皇制批判と日本古代・中世史―中規模国家多元論の視点」（草野善彦）　本の泉社　2002.3　p441-446
　◎参考文献「歪められた古代史」（植月宏）　鳥影社　2002.3　p326-327
　◎参考文献「倭国誕生―日本の時代史　1」（白石太一郎）　吉川弘文館　2002.6　p312-325
　◎参考文献「倭国と東アジア―日本の時代史　2」（鈴木靖民）　吉川弘文館　2002.7　p308-324
　◎参考文献「倭国から日本へ―日本の時代史　3」（森公章）　吉川弘文館　2002.8　p324-343
　◎参考文献「古代日本における中国年中行事の受容」（劉暁峰）　桂書房　2002.9　p219-230
　◎文献「政権交替―古墳時代前期後半のヤマト―秋季特別展」（奈良県立橿原考古学研究所附属博物館）　奈良県立橿原考古学研究所附属博物館　2002.10　p84-86
　◎参考文献「争乱と謀略の平城京―称徳女帝と怪僧・道鏡の時代」（小林恵子）　文藝春秋　2002.10　p262-270
　◎参考文献「謎とき「日本」誕生」（高森明勅）　筑摩書房　2002.11　p230-235
　◎参考文献「放射性炭素年代測定と日本古代史学のコペルニクス的転回」（草野善彦）　本の泉社　2003.1　p283-287
　◎参考文献「初期天皇后妃の謎―欠史八代、失われた伝承の復元」（大山元）　きこ書房　2003.2　p310-313
　◎注「日本古代の格と資財帳」（川尻秋生）　吉川弘文館　2003.2　prr
　◎文献「騎馬民族は来た!?　来ない?!　―「激論」江上波夫vs佐原真」（江上波夫ほか）　小学館　2003.5　p273-280
　◎参考引用文献「縄文人はるかなる旅の謎　失われた世界大移動線を探る」（前田良一）　毎日新聞社　2003.5　p362-354
　◎注「日本書紀の真実　紀年論を解く」（倉西裕子）　講談社　2003.5　p188-196
　◎参考文献「前方後円墳国家」（広瀬和雄）　角川書店　2003.7　p247-255
　◎参考図書「古代水辺民の物語―太陽の生まれる楽土を求めて」（倉富春成）　彩流社　2003.8　p234-238
　◎参考資料「水辺の古代史」（小野寺公）　彩図社　2003.10　p253-254
　◎参考文献「西都原古代文化を探る―東アジアの観点から」（日高正晴）　鉱脈社　2003.10　p294-296
　◎注「倭国の謎―知られざる古代日本国」（相見英咲）　講談社　2003.10　p264-268
　◎文献「朝日の直刺す国、夕日の日照る国―古代の謎・北緯35度21分の聖線」（池田潤）　郁朋社　2003.11　p292-295

こたいし

◎参考文献「女帝と譲位の古代史」(水谷千秋) 文藝春秋 2003.12 p216-221
○研究年表(小林真美ほか)「古事記年報 46」(古事記学会) 2004.1 p239-341
◎参考文献「一三〇〇年間解かれなかった日本書紀の謎」(竹田晃暉) 徳間書店 2004.1 p310-312
◎文献リスト「原始社会 展望日本歴史3」(石川日出志ほか) 東京堂出版 2004.2 p411-397
◎註「箸墓は卑弥呼の墓か」(大和岩雄) 大和書房 2004.2 prr
◎参考文献「蝦夷の地と古代国家」(熊谷公男) 山川出版社 2004.3 3pb
◎参考文献「大和誕生と水銀―土ぐもの語る古代史の光と影」(田中八郎) 彩流社 2004.3 p381-382
◎参考文献「改訂日本古代史新講」(梅村喬ほか) 梓出版社 2004.4 prr
◎参考文献「天武・持統朝―その時代と人々 春季特別展」 橿原考古学研究所 2004.4 p86-87
◎「日本史図書目録 1998-2003 古代・中世・近世」(日外アソシエーツ) 日外アソシエーツ 2004.4 22,814p A5
◎参考文献「古代国家の成立 改版 日本の歴史2」(直木孝次郎) 中央公論新社 2004.6 p487-493
◎参考文献「抹殺された倭王たち―日本古代史へのこころみ」(武蔵義弘) 理想社 2004.6 p224-226
◎注「古代熊野の史的研究」(寺西貞弘) 塙書房 2004.7 prr
◎参考文献「扶桑国王蘇我一族の真実―飛鳥ゾロアスター教伝来秘史」(渡辺豊和) 新人物往来社 2004.7 p349-352
◎参考文献「日本超古代地名解―地名から解く日本語の語源と古代日本の原像」(古川純一) 彩流社 2004.8 p492-494
◎参考文献「古代の技術史 中」(フォーブス) 朝倉書店 2004.9 prr
◎著書論文「古代文化回廊日本」(山口博) おうふう 2004.10 p713-727
◎参考文献「律令国家の展開―9世紀前後における下野国」(栃木県立しもつけ風土記の丘資料館) 栃木県教育委員会 2004.10 p68-69
○研究年表(小林真美ほか)「古事記年報 47」(古事記学会) 2005.1 p140-269
◎参考文献「空白の四世紀」(嶋北富明) 成文堂 2005.3 p280-284
◎参考文献「古代史の基礎知識」(吉村武彦) 角川書店 2005.3 p334-336
◎参考文献「鳥栖市誌 2 原始・古代編」(鳥栖市教育委員会) 鳥栖市 2005.3 p434-447
◎参考文献「古代日本の国家形成」(吉田晶) 新日本出版社 2005.4 p259-271
◎文献目録「論叢古代相模―相模の古代を考える会10周年記念論集」 相模の古代を考える会 2005.5 p161-173
◎図書案内「神話から歴史へ 改版 日本の歴史1」(井上光貞) 中央公論社 2005.6 p560-568, 573-581
◎文献目録「日本国誕生の風景―神武・崇神・タケル伝」(角林文雄) 塙書房 2005.6 p247-258
◎文献「シンポジウム新潟県における高地性集落の解体と古墳の出現 2」(シンポジウム実行委員会) 新潟県考古学会 2005.7 p469-470

◎参考文献「女帝の古代史」(成清弘和) 講談社 2005.7 p244-247
◎文献「日本古代史事典」(阿部猛) 朝倉書店 2005.9 prr
◎引用参考文献「暮らしと生業 列島の古代史2」 岩波書店 2005.10 prr
◎参考文献「太古日本の史実を考古学で探る」(舩越長遠) 冬青社 2005.11 p79-80
◎参考文献「火葬と古代社会―死をめぐる文化の受容」(上高津貝塚ふるさと歴史の広場) 上高津貝塚ふるさと歴史の広場 2006.3 p71」
◎参考文献「女帝の世紀―皇位継承と政争」(仁藤敦史) 角川学芸出版 2006.3 p239-247
◎参考文献「新古代学の視点―「かたち」から考える日本の「こころ」」(辰巳和弘) 小学館 2006.4 p238-239
◎参考文献「古代日本海文明交流圏―ユーラシアの文明変動の中で」(小林道憲) 世界思想社 2006.8 p259-268
◎参考文献「九州王朝と日本の古代―古代史の真実を求めて」(田口利明) 三一書房 2006.11 p212-216
◎参考文献「古代出雲」(前田晴人) 吉川弘文館 2006.11 p276-282
◎参考文献「東アジアの動乱と倭国」(森公章) 吉川弘文館 2006.12 p262-264
○研究年表「古事記年報 49」(古事記学会) 2007.1 p143-250
◎文献「古代国家成立過程と鉄器生産」(村上恭通) 青木書店 2007.3 p313-316
◎参考文献「渡来遺物からみた古代日韓交流の考古学的研究」(和田清吾) 和田清吾 2007.3 p241-248
◎参考文献「百済武寧王の世界 海洋大国・大百済」(蘇鎮轍) 彩流社 2007.3 p271-282
◎参考文献ほか「大王家の柩―継体と推古をつなぐ謎」(板橋旺爾) 海鳥社 2007.5 p245-250
◎注ほか「古代日本国家形成の考古学」(菱田哲郎) 京都大学術出版会 2007.6 p281-304
◎参考文献「神々と肉食の古代史」(平林章仁) 吉川弘文館 2007.6 p232-238
◎参考文献「南アジア史 1 先史・古代」(山崎元一ほか) 山川出版社 2007.6 p56-93b
◎関連文献「古代の風景へ」(千田稔) 東方出版 2007.7 p189-191
◎参考文献「縄文人はるかなる旅路」(前田良一) 日本経済新聞出版社 2007.7 p421-430
◎註「加耶と倭―韓半島と日本列島の考古学」(朴天秀) 講談社 2007.10 p169-174
◎文献「鏡と初期ヤマト政権」(辻田淳一郎) すいれん舎 2007.10 p375-417
◎文献「フェニキア人」(G. E. マーコウ) 創元社 2007.11 p288-284
◎参考引用文献「日本古代鉄器生産の考古学的研究」(安間拓巳) 渓水社 2007.11 p275-287
◎参考文献「継体天皇と即位の謎」(大橋信弥) 吉川弘文館 2007.12 p193-199

個体識別
◎文献「司法的同一性の誕生―市民社会における個体識別と登録」(渡辺公三) 言叢社 2003.2 p12-27b
◎参考文献「指紋は知っていた」(C. セングープタ) 文藝春秋 2004.9 p259-274

古代思想史
◎参考文献「古代日本の生命倫理と疾病観」(大星光史) 思文閣出版 2005.5 p454-455

古代信仰
◎引用文献「アマテラスの原風景―原始日本の呪術と信仰」(角林文雄) 塙書房 2003.9 p266-278

古代天皇制
◎参考文献「古代天皇制を考える 日本の歴史08」(大津透ほか) 講談社 2001.6 p342-351

古代道路
◎注「日本古代道路事典」(古代交通研究会) 八木書店 2004.5 prr

古代都市
○文献目録「条里制古代都市研究 17」(条里制古代都市研究会) 2001 p174-177
◎参考文献「古代都市平城京の世界 日本史リブレット7」(舘野和己) 山川出版社 2001.7 2pb
○文献目録「条里制古代都市研究 19」(条里制古代都市研究会) 2003 p174-180
○文献目録「条里制古代都市研究 20」(条里制古代都市研) 2004 p147-153
○文献目録「条里制古代都市研究 21」(条里制古代都市研究会) 2005 p201-208

古代七王国
◎参考文献「古代七王国の謎」(中江克己) 学習研究社 2001.10 p287-289

古代美術
◎「美術作品レファレンス事典 先史・古代美術」(日外アソシエーツ) 日外アソシエーツ 2007.6 13,910p B5

古代文化
◎引用文献「環オホーツク海古代文化の研究」(菊池俊彦) 北大図書刊行会 2004.3 p259-268
◎注「神話と古代文化」(古賀登) 雄山閣 2004.9 prr

古代文学
◎文献目録「書くことの文学」(西條勉) 笠間書院 2001.6 p1-67b
◎文献「古代日本文字のある風景―金印から正倉院文書まで」(国立歴史民俗博物館) 朝日新聞社 2002.3 p201-202
◎「高岡市万葉歴史館所蔵文献目録 研究論文篇 平成14年度追補」(高岡市万葉歴史館) 高岡市万葉歴史館 2003.3 50p B5
◎参考文献「日本の原風景を求めて―古典文学への旅」(工藤廣) 新風舎 2005.10 p468-471

古代文明
◎参考文献「キーワードで探る四大文明」(吉村作治ほか) NHK出版 2001.2 p210-211
◎文献「地上から消えた謎の文明」(吉村作治) 東京書籍 2001.8 p245-246
◎出典「古代文明の謎はどこまで解けたか 3 捏造された歴史とオカルト考古学篇」(P.ジェイムズほか) 太田出版 2004.12 p232-227
◎参考文献「世界の古代文明 図説世界文化地理大百科別巻」 朝倉書店 2004.12 p200-202
◎参考引用文献「岩波アメリカ大陸古代文明事典」(関雄二ほか) 岩波書店 2005.5 p323-357
◎原注「古代文明と気候大変動―人類の運命を変えた二万年史」(B.フェイガン) 河出書房新社 2005.6 p366-351

コーチ
◎参考文献「コーチングの技術 上司と部下の人間学」(菅原裕子) 講談社 2003.3 p202-203
◎引用文献「コーチングマニュアル」(J. L. Rogersほか) 出版芸術社 2004.3 p251-253
◎引用参考文献「トップパフォーマンスへの挑戦」(早稲田大学スポーツ科学学術院) ベースボール・マガジン社 2007.3 p150-151
◎参考文献「武田建のコーチングの心理学」(武田建) 創元社 2007.7 p221-224

古地図
○カタログ・目録(高木崇世芝)「北の文庫 32」(北の文庫の会・札幌) 2002.2 p27-30
◎「蘆田文庫目録 古地図編―明治大学人文科学研究所創設40周年記念」(蘆田文庫編纂委員会) 明治大 2004.3 329p A4

国家
◎参考文献「国家学のすすめ」(坂本多加雄) 筑摩書房 2001.9 p1-2b
◎参考文献「季刊未来経営 4」(フジタ未来経営研究所) 2002.1 p75-74
◎文献「国家・政治・市民社会―クラウス・オッフェの政治理論」(田村哲樹) 青木書店 2002.2 p7-24b
◎参考文献「かわりゆく国家」(岩崎正洋) 一藝社 2002.7 p248-229
◎参考文献「現代国家の正統性と危機」(木村靖二ほか) 山川出版社 2002.7 prr
◎参考文献「地球の子供たち―人間はみな〈きょうだい〉か?」(M.シェル) みすず書房 2002.12 p60-81b
◎参考文献「「国民」意識とグローバリズム―政治文化の国際分析」(猪口孝) NTT出版 2004.3 p187-195
◎関連文献「歴史学事典 12 王と国家」(黒田日出男) 弘文堂 2005.3 prr
◎参考文献「国家論のクリティーク」(J.バーテルソン) 岩波書店 2006.8 p1-29b
◎参考文献「所有と国家のゆくえ」(稲葉振一郎ほか) NHK出版 2006.8 p295-297
◎参考文献「国家・グローバル化・帝国主義」(J.ヒルシュ) ミネルヴァ書房 2007.10 p255-278

国会
◎参考文献「議会法」(大石眞) 有斐閣 2001.12 prr
◎参考文献「新・国会事典―日誌による国会新解説」(浅野一郎) 有斐閣 2003.7 p257-267
◎参考文献「日本の国会制度と政党政治」(川人貞史) 東京大学出版会 2005.9 p275-283
◎参考文献「立法の制度と過程」(福元健太郎) 木鐸社 2007.2 p208-219
◎参考文献「立法学―序論・立法過程論 新版」(中島誠) 法律文化社 2007.10 p305-313

国会議員
◎参考文献「議員行動の政治経済学―自民党支配の制度分析」(建林正彦) 有斐閣 2004.12 p225-233

こつかき

◎文献リスト「昭和の代議士」（楠精一郎）　文藝春秋　2005.1　p205-207

国家企業
◎参考文献「情報化と国家企業」（石井寛治）　山川出版社　2002.9　2pb

国家緊急権
◎参考文献「立憲独裁―現代民主主義国家における危機政府」（C. ロシター）　未知谷　2006.11　p486-483

国家主義
◎原注文献「ナショナリズムの歴史と現在」（E. J. ホブズボーム）　大月書店　2001.3　p13-34b

国家神道
◎参考文献「民衆宗教と国家神道」（小沢浩）　山川出版社　2004.6　3pb
◎註「国家と祭祀―国家神道の現在」（子安宣邦）　青土社　2004.7　p194-213
◎参考文献「国家神道とは何だったのか　新版」（葦津珍彦）　神社新報社　2006.7　p222-271
◎参考文献「国家神道と民衆宗教」（村上重良）　吉川弘文館　2006.7　p275-279

国家総動員
◎参考文献「総力戦と女性兵士」（佐々木陽子）　青弓社　2001.10　p179-186
◎参考文献「帝国日本と総力戦体制―戦前戦後の連続とアジア」（小林英夫）　有志舎　2004.10　p215-225

国旗
◎参考文献「「日の丸」「ヒノマル」　国旗の正しい理解のために」（三浦朱門, 吹浦忠正）　海竜社　2001.1　p286-284
◎参考文献「国旗で読む世界地図」（吹浦忠正）　光文社　2003.6　p272-275

骨器
◎文献リスト「打製骨器論―旧石器時代の探求」（小野昭）　東京大学出版会　2001.1　p255-272

国境
◎参考文献「国境の誕生―大宰府から見た日本の原形」（ブルース・バートン）　NHK出版　2001.8　p259-277
◎注「新版　日露国境交渉史―北方領土返還への道」（木村汎）　角川学芸出版　2005.10　p344-311
◎参考文献「不法越境を試みる人々―米国・メキシコ国境地帯の生と死」（K. エリングウッド）　パーソナルケア出版部　2006.3　p364-361
◎参考文献「世界飛び地大全―不思議な国境線の舞台裏」（吉田一郎）　社会評論社　2006.8　p431-426

国境なき記者団
◎参考文献「闘うジャーナリストたち―国境なき記者団の挑戦」（R. メナール）　岩波書店　2004.10　p255-261

骨粗しょう症
◎参考文献「骨粗しょう症　改訂新版」（廣田憲二ほか）　保健同人社　2007.9　p180-181

骨董
◎参考文献「美術商の百年―東京美術倶楽部百年史」（東京美術倶楽部百年史編纂委員会）　東京美術倶楽部　2006.2　p1304-1309

固定費
◎文献目録「ドイツ固定費理論」（深山明）　森山書店　2001.10　p229-240

古典
◎参考文献「教父と古典解釈―予型論の射程」（秋山学）　創文社　2001.2　p49-63b
◎参考文献ほか「伊勢物語の江戸―古典イメージの受容と創造」（鈴木健一）　森話社　2001.9　p182-187
○研究文献目録抄（小山利彦）「国文学解釈と鑑賞　67.2」（至文堂）　2002.2　p156-166
◎参考文献「古典文学作中人物事典」（西沢正史）　東京堂出版　2003.9　prr
○文献目録「西洋古典学研究　51」（日本西洋古典学会）　2003　p187-207
◎「お厚いのがお好き？」　フジテレビ出版　2004.6　303p A5
◎「なおかつ、お厚いのがお好き？」　フジテレビ出版　2004.10　311p A5
○文献目録「西洋古典学研究　53」（岩波書店）　2005　p191-213
◎「日本古典文学全集・作品名綜覧」（日外アソシエーツ）　日外アソシエーツ　2005.4　8, 544p A5
◎「日本古典文学全集・内容綜覧」（日外アソシエーツ）　日外アソシエーツ　2005.4　8, 871p A5
○文献目録「西洋古典学研究　54」（岩波書店）　2006　p191-216
○研究文献（大内瑞恵ほか）「国文学　解釈と鑑賞　71.12」（至文堂）　2006.12　p175-186
○文献目録「西洋古典学研究　55」（日本西洋古典学会）　2007　p207-236
◎「図解世界の名著がわかる本」（久恒啓一ほか）　三笠書房　2007.6　99p B5

古典芸能
○書籍「本の窓　30.7」（小学館）　2007.8　p18-21

古典主義
◎参考文献「ヨーロッパの装飾芸術　2」（アラン・グルベール）　中央公論新社　2001.3　p484-487

古典籍
◎「米国議会図書館蔵日本古典籍目録」（日本古典籍目録刊行会）　八木書店　2003.2　19, 562, 32p B5
◎「日本大学総合学術情報センター所蔵古典籍資料目録　歌書編1-2」（貴重書・古典籍資料調査プロジェクト）　日本大　2003.3　100p A4
◎「日本大学総合学術情報センター所蔵古典籍資料目録　中古散文編　1」（貴重書・古典籍資料調査プロジェクト）　日本大学総合学術情報センター　2003.3　66p A4
◎「龍谷大学大宮図書館和漢古典籍分類目録　歴史之部（漢籍史部・叢書部）　索引」（龍谷大学大宮図書館）　龍谷大　2003.3　1冊　B5
◎「明治古典会古書大入札会目録　平成15年」　明治古典会　2003.7　395p A4
◎「古典籍展観大入札会目録」　東京古典会　2003.11　519, 78p B5
◎「龍谷大學大宮圖書館和漢古典籍分類目録　歴史之部（国書）」（龍谷大学大宮図書館）　龍谷大　2004.3　91, 8, 19p B5

主題書誌索引 2001-2007 / こども

◎文庫目録（位藤邦生ほか）「広島大学蔵古代中世文学貴重資料集―翻刻と目録」（位藤邦生） 笠間書院 2004.10 p252-448

◎「田藩文庫目録と研究―田安徳川家伝来古典籍　日本書誌学大系94」（国文学研究資料館） 青裳堂書店 2006.3 16, 511p A5

◎「魚沼神社所蔵古典籍目録」（鈴木俊幸ほか） 魚沼神社 2007.1 40p A5

◎「日本大学総合学術情報センター所蔵古典籍資料目録7（草双紙編）」（古典籍資料目録集委員会） 日本大総合学術情報センター 2007.3 80p A4

古典文庫
◎「古典文庫総目録　続」（倉島須美子） 古典文庫 2003.6 320p A5

古典名著
◎「中国の古典名著―総解説　改訂新版」 自由国民社 2001.6 406p A5

◎「日本の古典名著―総解説　改訂新版」 自由国民社 2001.6 463p A5

◎「世界の古典名著―総解説　改訂新版」 自由国民社 2001.8 459p A5

コード
◎参考文献「構造化4バイトコードによる多言語漢字の符号化」（斎藤秀紀） 早稲田出版 2005.10 p226-232

琴
◎参考文献ほか「邦楽箏始め―今日からの授業のために」（山口修, 田中健次） カワイ出版 2002.4 p178-179

鼓童
○記事目録（山口康子）「文献探索　2003」（文献探索研究会） 2003.12 p402-408

ことば
◎著作「言葉にのって」（J.デリダ） 筑摩書房 2001.1 p250-253

◎参考文献「ことばとジェンダー」（中村桃子） 勁草書房 2001.2 p5-22b

◎参考図書「言葉とは何か　改訂新版」（丸山圭三郎） 夏目書房 2001.4 p156-162

◎引用文献ほか「ことばの歴史　アリのことばからインターネットのことばまで」（S. R. フィッシャー） 研究社 2001.7 p311-333

◎引用文献「ことばと行動」（日本行動学会） ブレーン出版 2001.9 prr

◎引用文献「ことばの社会心理学　第2版」（岡本真一郎） ナカニシヤ出版 2001.10 p23-226

◎参考文献「万葉ことば事典」（青木生子, 橋本達雄） 大和書房 2001.10 p40-59b

◎参考文献「国文学　解釈と教材の研究　47.11」（学燈社） 2002.9 p128-129

◎文献「ことばの発達と認知の心理学」（鹿取廣人） 東京大学出版会 2003.1 p235-245

◎文献一覧「ことばとは何か―言語学という冒険」（田中克彦） 筑摩書房 2004.4 p227-230

ことば遊び
◎参考文献「日本のことば遊び」（小林祥次郎） 勉誠出版 2004.8 p294-295

◎参考文献「物語・信州ことば遊び事典」（中田敬三） 郷土出版社 2007.5 p290-291

◎引用参考文献「図説ことばあそび遊辞苑」（荻生待也） 遊子館 2007.10 p374-383

寿柱立万歳
◎参考資料一覧「国立劇場上演資料集　490」 日本芸術文化振興会 2006.5 p9-10

子ども
○文献展望（生塩詞子ほか）「心理教育相談研究　18」（広島大） 2001 p229-240

◎「子ども―過去・現在・未来―21世紀の子どものために」 横浜市中央図書館 2001.2 38p A4

◎参考文献「子どもの社会力」（門脇厚司） 岩波書店 2001.4 p209-213

◎参考文献「虐待された子どもたちの逆襲」（佐藤万作子） 明石書店 2001.6 p332-334

◎引用文献「子どもと性被害」（吉田タカコ） 集英社 2001.8 p247-248

◎参考文献「自閉症の子どもたち―心は本当に閉ざされているのか」（酒木保） PHP研究所 2001.8 p185-187

◎参考文献「〈子どもの虐待〉を考える」（玉井邦夫） 講談社 2001.9 p252-253

◎参考文献「街角の子ども文化」（畑中圭一） 久山社 2002.1 p113-115

◎参考文献「アメリカ史のなかの子ども」（藤本茂生） 彩流社 2002.3 p7-21b

◎参考文献ほか「子どもの文化を学ぶ人のために」（川端有子ほか） 世界思想社 2002.4 prr

◎「子どもの本―この1年を振り返って　おすすめの本200選　2001年」（図書館の学校） 図書館の学校 2002.4 250p A5

◎索引「駄菓子屋楽校」（松田道雄） 新評論 2002.7 p589-578

◎引用参考文献「子供の認知はどう発達するのか」（田中敏隆） 金子書房 2002.9 p103-107

◎参考文献「フィールド・ノート―子どもの権利と育つ力」（安藤博） 三省堂 2002.10 prr

◎参考文献「子供とカップルの美術史―中世から18世紀へ」（森洋子） NHK出版 2002.10 p308-327

◎注「子どもの中世史」（斉藤研一） 吉川弘文館 2003.3 p215-257

◎参考文献「歴史のなかの子どもたち」（森良和） 学文社 2003.3 prr

◎文献リスト「子ども論を読む」（小谷敏） 世界思想社 2003.6 p267-254

◎引用参考文献「子どものエンパワメントと子どもオンブズパーソン」（吉永省三） 明石書店 2003.8 p289-296

◎参考文献「こどもたちのライフハザード」（瀧井宏臣） 岩波書店 2004.1 p246-248

◎参考文献「家族崩壊と子どものスティグマ―家族崩壊後の子どもの社会化研究」（田中理絵） 九州大学出版会 2004.2 p177-180

◎文献案内「文学の子どもたち」（柴田陽弘） 慶應義塾大出版会 2004.2 prr

◎注「平安王朝の子どもたち―王権と家・童」（服藤早苗） 吉川弘文館 2004.6 prr

◎文献「アジアの教科書に見る子ども」（塘利枝子） ナカニシヤ出版 2005.2 p201-212

子ども買春
- ◎参考文献ほか「ケーススタディ　子ども買春と国外犯処罰法」（J. シーブルック）　明石書店　2001.12　p203-213

子ども史
- ◎参考文献「日本子ども史」（森山茂樹, 中江和恵）　平凡社　2002.5　p328-336

子どもの権利
- ○総合文献目録「子どもの権利研究　2」（子どもの権利条約総合研究所）　2003.2　p112-114
- ○論文一覧（金勝権ほか）「子どもの権利研究　7」（日本評論社）　2005.7　p107-111
- ◎文献「児童の権利条約――逐条解説　改訂版」（波多野里望）　有斐閣　2005.11　p6-15b
- ◎文献目録「子どもの権利研究　8」（子どもの権利条約総合研究所）　2006.2　p105-108
- ◎文献目録「子どもの権利研究　11」（子どもの権利条約総合研究所）　2007.7　p111-114

子ども博物館
- ○文献リスト（小笠原喜康）「子ども博物館楽校　1」（チルドレンズミュージアム研究会）　2001.7　p59-76

子ども服
- ◎注「アリスの服が着たい――ヴィクトリア朝児童文学と子供服の誕生」（坂井妙子）　勁草書房　2007.7　p1-18b

子ども文化
- ◎参考文献「子どもファミリー文化の心理学――21世紀への歩みとルーツを探る」（中村圭吾ほか）　近代文芸社　2003.9　prr
- ○総目録「子どもの文化　37.3」（子どもの文化研究所）　2005.3　p43-47

子ども兵
- ◎参考文献「世界の子ども兵――見えない子どもたち」（R. ブレットほか）　新評論　2002.7　p275-268

ことわざ
- ◎参考文献「年寄り・若者＆日本人」（穴田義孝）　人間の科学新社　2001.5　p322-325
- ◎文献「インドネシア語ことわざ用法辞典」（左藤正範, エディ・プリヨノ）　大学書林　2001.11　p322-323
- ◎参考文献「沖縄天気ことわざ」（石島英ほか）　琉球新報社　2002.4　p174-175
- ◎文献「現代英語ことわざ辞典」（戸田豊）　リーベル出版　2003.5　p811-812
- ◎参考文献「ことわざの謎――歴史に埋もれたルーツ」（北村孝一）　光文社　2003.12　p266-267
- ◎参考文献「「いろはことわざ」による現代若者気質――『ことわざ社会心理学』の新視点」（穴田義孝）　文化書房博文社　2004.7　p336-337
- ◎参考文献「英語のことわざ・名言―比較文化的考察ノート」（児玉実英ほか）　広島女学院大　2004.12　p161-162
- ◎参考文献「モンゴル語ことわざ用法辞典」（塩谷茂樹ほか）　大学書林　2006.2　p353-356
- ◎引用参考文献「知的大人となるためのことわざ社会心理学――日本の常識・「日本人道」を極める」（穴田義孝）　文化書房博文社　2006.9　p393-399

粉
- ◎参考文献「粉　ものと人間の文化史125」（三輪茂雄）　法政大学出版局　2005.6　p283-285

コニカ
- ◎参考文献「コニカカメラの50年―コニカ1型からヘキサーRFへ」（宮崎繁幹）　朝日ソノラマ　2003.12　p180-182

古ノルド語
- ◎参考文献「古アイスランド語入門―序説・文法・テキスト・訳注・語彙」（下宮忠雄ほか）　大学書林　2006.1　p5-8

古版
- ◎「松会版書目」（柏崎順子）　青裳堂書店　2002.10　132p A5

コーヒー
- ◎参考文献「コーヒー博物誌　新装版」（伊藤博）　八坂書房　2001.10　p300-312
- ◎参考資料「コーヒーの事典」（日本コーヒー文化学会）　柴田書店　2001.12　p297-300
- ◎参考文献「コーヒーの歴史」（M. ペンダーグラスト）　河出書房新社　2002.12　p542-528
- ◎参考文献「増補　コーヒー談義」（広瀬幸雄ほか）　人間の科学社　2003.4　p220」
- ◎参考文献「コーヒーに憑かれた男たち」（嶋中労）　中央公論新社　2005.1　p258-262
- ◎参考文献「コーヒーとフェアトレード」（村田武）　筑波書房　2005.2　p62-63
- ◎引用文献「コーヒーの科学と機能」（グュエン・ヴァン・チュエン）　アイ・ケイコーポレーション　2006.11　prr
- ◎参考文献「コーヒー学入門」（広瀬幸雄ほか）　人間の科学新社　2007.5　p275」
- ◎文献「珈琲一杯の薬理学」（岡希太郎）　医薬経済社　2007.5　p109-111
- ◎参考文献「もっと知りたいコーヒー学――工学屋が探究する焙煎・抽出・粉砕・鑑定etc.」（広瀬幸雄）　旭屋出版　2007.8　p196」

コピー
- ◎参考図書「広告コピー概論　増補版」（植條則夫）　宣伝会議　2005.4　p481-488

御ひいき勧進帳
- ◎参考資料一覧「御ひいき勧進帳―第二四三回歌舞伎公演」（国立劇場調査養成部調査資料課）　日本芸術文化振興会　2005.1　p66-73

古美術
- ◎参考文献「古美術を科学する―テクノロジーによる新発見」（三浦定俊）　廣済堂出版　2001.11　p201-205

コーヒーハウス
- ◎参考文献「コーヒー・ハウス　都市の生活史　18世紀ロンドン」（小林章夫）　講談社　2001.10　p276-286

古武道
- ◎名著聖典「古武道の本」（増田秀光）　学習研究社　2002.9　p212-222

古墳
- ◎文献「横浜の古墳と副葬品―企画展」　横浜市歴史博物館　2001.1　p58-61

◎参考文献・注文献「前方後円墳に学ぶ」（近藤義郎）　山川出版社　2001.1　prr
◎引用報告書「百舌鳥・古市古墳群の研究」（田中晋作）　学生社　2001.6　p452-474
◎参考文献「古墳私疑—アマにはアマの視点・疑問がある」（井戸清一）　浪速社　2001.11　p244-246
◎参考文献「古墳の思想—象徴のアルケオロジー」（辰巳和弘）　白水社　2002.1　p267-278
◎参考文献「山陰地方における古墳群と地域社会」（門脇俊彦）　島根県古代文化センター　2002.3　prr
◎参考文献「未盗掘古墳の世界—埋葬時のイメージを探る　平成14年度春季特別展」（大阪府立近つ飛鳥博物館）　大阪府立近つ飛鳥博物館　2002.4　p122-125
◎文献「政権交替—古墳時代前期後半のヤマト—秋季特別展」（奈良県立橿原考古学研究所附属博物館）　奈良県立橿原考古学研究所附属博物館　2002.10　p84-86
◎参考文献「高句麗残照—積石塚古墳の謎」（備仲臣道）　批評社　2002.12　p211-213
◎ブックガイド「巨大古墳を造る　倭王の誕生　史話日本の古代4」（大塚初重）　作品社　2003.2　p252-254
◎参考文献「日本全国古墳学入門」（土生田純之）　学生社　2003.3　prr
◎引用報告書「古墳築造の研究—墳丘からみた古墳の地域性」（青木敦）　六一書房　2003.9　p229-232
◎引用文献「初期古墳と大和の考古学」（石野博信）　学生社　2003.12　prr
◎参考文献「古墳時代の地域社会復元・三ツ寺I遺跡」（若狭徹）　新泉社　2004.2　p90-92
◎参考文献「古墳から奈良時代墳墓へ—古代律令国家の墓制　平成16年度春季特別展」（大阪府立近つ飛鳥博物館）　近つ飛鳥博物館　2004.4　p143-147
◎参考文献「久慈川流域の前期・中期古墳—採集資料集」（多久那研究会）　多久那研究会　2004.7　p40-42
◎参考文献「未盗掘石室の発見—雪野山古墳」（佐々木憲一）　新泉社　2004.8　p90-91
◎参考文献「前方後方墳—もう一人の主役　秋季特別展」　橿原考古学研究所　2004.10　p94-95
◎引用参考文献「東日本における古墳の出現—第9回東北・関東前方後円墳研究会研究大会《シンポジウム》東日本における古墳出現について開催記録」（東北・関東前方後円墳研究会）　六一書房　2005.5　p308-312
◎注「大王墓と前方後円墳」（一瀬和夫）　吉川弘文館　2005.7　prr
◎文献「武蔵府中熊野神社古墳調査概報—上円下方墳」（府中市教育委員会ほか）　学生社　2005.7　p70-71
◎参考文献「百舌鳥古墳群と黒姫山古墳—堺市・美原町合併記念秋季特別展」（堺市博物館）　堺市博物館　2005.10　p118-119
◎参考文献「大和の古墳　II」（河上邦彦）　近畿日本鉄道　2006.1　prr
◎引用参考文献「西日本の終末期古墳」（下原幸裕）　中国書店　2006.3　p458-490
◎参考文献「あすか時代の古墳—検証!府中発見の上円下方墳」（府中市郷土の森博物館）　府中市郷土の森博物館　2006.4　p61-60
◎参考文献「東京の古墳を考える」（品川歴史館）　雄山閣　2006.7　prr
◎参考文献「河内の古道と古墳を学ぶ人のために」（泉森皎）　世界思想社　2006.8　p264-274
◎文献「東北古墳研究の原点・会津大塚山古墳」（辻秀人）　新泉社　2006.9　p91-92
◎参考文献「両宮山古墳」（宇垣匡雅）　同成社　2006.9　p179-183
◎参考文献「常陸の古墳」（茂木雅博）　同成社　2007.2　p269-279
◎参考文献「有度山麓における後期古墳の研究　1」（静岡大学人文学部考古学研究室）　六一書房　2007.3　p106」
◎参考文献「「前方後方墳」出現社会の研究」（植田文雄）　学生社　2007.5　p296-313
◎参考文献「古墳の成立と葬送祭祀」（古屋紀之）　雄山閣　2007.5　p245-267
◎参考文献ほか「大王家の柩—継体と推古をつなぐ謎」（板橋旺爾）　海鳥社　2007.5　p245-250
◎参考文献「〈前方後方墳〉の謎」（植田文雄）　学生社　2007.10　p226-235
◎文献「横穴式石室誕生—黄泉国の成立—平成19年度秋季特別展」　大阪府立近つ飛鳥博物館　2007.10　p127-129

古墳時代
◎文献「玉座の系譜—弥生・古墳時代における古代の椅子」（福田彰浩）　西日本法規出版　2003.4　p125-137
◎文献「ふくしまの古墳時代」（辻秀人）　歴史春秋出版　2003.10　p199-207
◎文献ガイド「古墳時代の日本列島」（大塚初重ほか）　青木書店　2003.10　p333-344
◎引用参考文献「古墳出現期土器の研究」（川村浩司）　高志書院　2003.12　prr
◎注「古墳時代の政治構造」（広瀬和雄ほか）　青木書店　2004.5　prr
◎参考文献「出羽の古墳時代」（川崎利夫）　高志書院　2004.9　prr
◎文献一覧「同型鏡とワカタケル—古墳時代国家論の再構築」（川西宏幸）　同成社　2004.11　p316-344
◎註「東国の埴輪と古墳時代後期の社会」（杉山晋作）　六一書房　2006.9　prr
◎参考文献「日本列島の戦争と初期国家形成」（松木武彦）　東京大出版会　2007.1　p311-358

語法
◎参考文献「Deonticからepistemicへの普遍性と相対性—モダリティの日英語対照研究」（黒滝真理子）　くろしお出版　2005.11　p235-251

コーポレートガバナンス
◎参考文献「中小企業におけるコーポレートガバナンス—成長企業にみる経営システムと情報開示」（中小企業総合事業団）　中小企業総合事業団　2002.3　p164-165
◎引用参考文献「コーポレート・コントロールとコーポレート・ガバナンス」（貞松茂）　ミネルヴァ書房　2004.3　p185-192
◎文献「世界のコーポレート・ガバナンス原則—原則の体系化と企業の実践」（小島大徳）　文眞堂　2004.6　p200-214
◎参考文献「コーポレートガバナンスの研究」（河端真一）　信山社出版　2004.7　p184-187
◎参考文献「コーポレート・ガバナンスの理論と実務—商法改正とその対応」（藤川信夫）　信山社　2004.8　p1-24b

こほれと

- ◎参考文献「比較コーポレート・ガバナンス論―組織の経済学アプローチ」（菊沢研宗）　有斐閣　2004.11　p281-290
- ◎文献目録「コーポレート・ガバナンスと取締役会―最も効果的な手法」（PricewaterhouseCoopers LLP）　シュプリンガーV東京　2005.5　p161-164
- ◎参考文献「コーポレート・ガバナンスと人的資本―雇用関係からみた企業戦略」（小佐野広）　日本経済新聞社　2005.9　p213-221
- ◎文献目録「ドイツの企業体制―ドイツのコーポレート・ガバナンス」（海道ノブチカ）　森山書店　2005.9　p189-199
- ◎参考文献「比較コーポレート・ガバナンス研究―日本・英国・中国の分析」（仲田正機）　中央経済社　2005.9　prr
- ◎参考文献「アジアのコーポレート・ガバナンス」（佐久間信夫）　学文社　2005.10　prr
- ◎参考文献「コーポレート・ガバナンスの国際比較―米、英、独、仏、日の企業と経営」（高橋俊夫）　中央経済社　2006.3　p222-226
- ◎引用参考文献「株式会社の権力とコーポレート・ガバナンス―アメリカにおける議論の展開を中心として」（今西宏次）　文眞堂　2006.6　p275-288
- ◎参考文献「コーポレートガバナンスとアカウンタビリティー」（関孝哉）　商事法務　2006.8　p274-279
- ◎参考文献「コーポレート・ガバナンスと企業理論」（渡辺智子）　慶應義塾大出版会　2006.10　p193-204
- ◎参考文献「コーポレートガバナンスの評価に基づいた投資のすすめ―銘柄選択の新潮流」（A．フラッチャー）　東洋経済新報社　2006.10　p183-186
- ◎参考文献「日本ものづくり優良企業の実力―新しいコーポレート・ガバナンスの論理」（土屋勉男）　東洋経済新報社　2006.11　p235-239
- ◎文献目録「日米コーポレート・ガバナンスの歴史的展開」（新保博彦）　中央経済社　2006.12　p209-219
- ◎参考文献ほか「コーポレート・ガバナンスと内部統制―信頼される経営のために」（経済産業省企業行動課）　経済産業調査会　2007.1　p349-351
- ◎参考文献「企業統治の多様化と展望」（神田秀樹ほか）　金融財政事情研究会　2007.3　prr
- ◎参考文献「現代企業論―責任と統治」（菊池敏夫）　中央経済社　2007.9　p199-209
- ◎文献「市民社会とコーポレート・ガバナンス」（小島大徳）　文眞堂　2007.11　p259-264

コーポレートファイナンス

- ◎参考文献「コーポレート・ファイナンス戦略と応用」（A．ダモダラン）　東洋経済新報社　2001.11　p73-709
- ◎引用参考文献「日本企業のコーポレートファイナンス」（砂川伸幸ほか）　日本経済新聞社　2007.3　p351-353

狛犬

- ◎参考文献「狛犬探訪―埼玉の阿・吽たち　ウォッチング・ガイド」（久保田和幸）　さきたま出版会　2003.5　p169」
- ◎参考文献「新潟の参道狛犬」（新田純家）　新潟日報事業社　2005.5　p250-251

コマーシャル

- ◎文献「メディア時代の広告と音楽―変容するCMと音楽化社会」（小川博司ほか）　新曜社　2005.11　p245-241
- ◎参考文献「文化としてのテレビ・コマーシャル」（山田奨治）　世界思想社　2007.3　prr

ごみ

- ◎参考文献「リサイクル社会への道」（寄本勝美）　岩波書店　2003.10　p199-203
- ◎参考文献「ゴミ問題とライフスタイル―こんな暮らしは続かない」（高月紘）　日本評論社　2004.3　prr
- ◎参考文献「海ゴミ―拡大する地球環境汚染」（小島あずさほか）　中央公論新社　2007.7　p227-232

後水尾院御集

- ◎注ほか「後水尾院御集」（鈴木健一）　明治書院　2003.10　p266-272

コミック

- ◎「Comic catalog 2003」（福家書店）　福家書店　2002.11　973p　A5
- ◎雑誌一覧「漫画家人名事典」（まんがseekほか）　日外アソシエーツ　2003.2　p467-481
- ◎「読んでから死ね！現代必読マンガ101」（中条省平）　文藝春秋　2003.6　213p　B6
- ◎「Comic catalog 2004」（福家書店）　福家書店　2003.11　943p　A5
- ◎参考文献「マンガ産業論」（中野晴行）　筑摩書房　2004.7　p258-259
- ○作品リスト（堺三保）「SFマガジン　45.8」（早川書房）　2004.8　p87-86
- ◎参考文献「マンガが語る教師像―教育社会学が読み解く熱血のゆくえ」（山田浩之）　昭和堂　2004.10　p268-280
- ◎参考文献「マンガ学への挑戦―進化する批評地図」（夏目房之介）　NTT出版　2004.10　p226-235
- ◎「Comic catalog 2005」（福家書店）　福家書店　2004.11　996p　A5
- ◎主要文献リスト「マンガ表現学入門」（竹内オサム）　筑摩書房　2005.6　p273-283
- ◎作品年表（ヤマダトモコ）「少女まんがの系譜」（二上洋一）　ぺんぎん書房　2005.6　p226-284
- ◎「Comic catalog 2006」（福家書店）　福家書店　2005.11　1056p　A5
- ◎「このマンガを読め 2006」　フリースタイル　2006.1　95p　A5
- ◎「Comic catalog 2007」（福家書店）　福家書店（発売）　2006.11　1117p　A5

コ・ミュージックセラピー

- ◎引用参考文献ほか「音と人をつなぐコ・ミュージックセラピー」（中島恵子ほか）　春秋社　2002.10　p259-263

コミュニケーション

- ◎引用文献「姿勢としぐさの心理学」（P．ブュル）　北大路書房　2001.1　p182-186
- ◎参考図書「異文化コミュニケーション教育におけるヒーロー」（青木順子）　大学教育出版　2001.3　p193-207
- ◎参考文献「メディア空間―コミュニケーション革命の構造」（中野収）　勁草書房　2001.4　p6-7b
- ◎参考文献「音声言語とコミュニケーション」（中村萬里, 永淵道彦）　双文社出版　2001.4　p152-159
- ◎参考文献「多文化世界の意味論」（濱本秀樹）　松柏社　2001.5　p261-273

◎参考文献「認知科学の新展開 2 コミュニケーションと思考」(波多野誼余夫ほか) 岩波書店 2001.6 p235-249
◎参考文献「それは「情報」ではない。―無情報爆発時代を生き抜くためのコミュニケーション・デザイン」(リチャード・S. ワーマン) エムディエヌコーポレーション 2001.9 p406-408
◎注文献「コミュニケーションの社会史」(前川和也ほか) ミネルヴァ書房 2001.9 prr
◎参考文献「コミュニケーション行動発達史―特に文字成立を中心として」(宮司正男) 日本図書センター 2001.9 p283-314
◎参考文献「高齢者とのコミュニケーション・スキル―ここからはじめる看護と介護」(田中キミ子) 中央法規出版 2001.9 p171-172
◎文献「対人援助とコミュニケーション―主体的に学び、感性を磨く」(諏訪茂樹) 中央法規出版 2001.9 p206-207
◎文献「コミュニケーション・メディア―分離と結合の力学」(正村俊之) 世界思想社 2001.10 p211-219
◎引用文献「多文化共生にひらく対話―その心理学的プロセス」(倉八順子) 明石書店 2001.10 p213-215
◎参考文献「コミュニケーション・ケアの方法―「思い出語り」の活動」(フェイス・ギブソン) 筒井書房 2002.2 p163-167
◎文献「よい説明とは何か―認知主義の説明研究から社会的構成主義を経て」(比留間太白) 関西大学出版部 2002.3 p143-150
◎参考文献「イメージの心理学―心の動きと脳の働き」(J. T. E. リチャードソン) 早稲田大学出版部 2002.3 p175-190
◎参考文献「コミュニケーションを科学する―チューリングテストを超えて」(石井健一郎) NTT出版 2002.3 p4-11b
◎引用文献「ケータイ学入門―メディア・コミュニケーションから読み解く現代社会」(岡田朋之ほか) 有斐閣 2002.4 prr
◎邦文献一覧「意識通信―ドリーム・ナヴィゲイターの誕生」(森岡正博) 筑摩書房 2002.7 p1-14b
◎参考文献「オーラル・コミュニケーションの理論と実践」(JACEほか) 三修社 2002.8 prr
◎引用文献「異文化間コミュニケーション入門―日米間の相互理解のために」(西田司ほか) 丸善 2002.8 prr
◎参考引用文献「コミュニケーションプロセス」(西川一廉ほか) 二瓶社 2002.9 p188-196
◎引用文献「ビジュアル・コミュニケーション―効果的な視覚プレゼンの技法」(R. E. ワイルマン) 北大路書房 2002.9 prr
◎文献「接触場面における共生的学習の可能性―意識面と発話内容面からの考察」(一二三朋子) 風間書房 2002.11 p155-168
◎引用文献「世界コミュニケーション」(N. ボルツ) 東京大学出版会 2002.12 p5-15b
◎文献「歴史のなかの科学コミュニケーション」(B. C. ヴィッカリー) 勁草書房 2002.12 p239-252
◎BOOKリスト「心に届く日本語」(重松清ほか) 新潮社 2003.1 p293-296

◎文献「リフレクティブ・フロー――マーケティング・コミュニケーション理論の新しい可能性」(栗木契) 白桃書房 2003.2 p215-231
◎参考文献「通じ合うことの心理臨床 保育・教育のための臨床コミュニケーション論」(肥後功一) 同成社 2003.2 p183-184
◎参考文献「ともに生きる―人間関係とコミュニケーション」(W. キッペス) サンパウロ 2003.3 p460-469
◎文献「組織の電子コミュニケーション―コンピュータ・コミュニケーションと人間行動」(中村雅章) 中央経済社 2003.4 p247-264
◎参考文献「親密圏のポリティクス」(齋藤純一) ナカニシヤ出版 2003.8 prr
◎参考文献「ケータイを持ったサル―「人間らしさ」の崩壊」(正高信男) 中央公論新社 2003.9 p187-186
◎著者文献ほか「非言語的パフォーマンス―人間関係をつくる表情・しぐさ」(佐藤綾子) 東信堂 2003.9 p180-200
◎文献「パワー・オブ・タッチ」(P. K. デイヴィス) メディカ出版 2003.10 p235-246
◎注「国際対話能力―英語レトリカル・コミュニケーションのすゝめ」(橋本満弘) 北樹出版 2003.10 prr
◎文献「若者の感性とリスク―ベネフィットからリスクを考える」(土田昭司ほか) 北大路書房 2003.10 p137-141
◎参考文献「共創のコミュニケーション」(小林末男) 創英社 2003.11 p152-153
◎引用文献ほか「コミュニケーション力をみがく―日本語表現の戦略」(森山卓郎) NHK出版 2003.12 p249-252
◎参考文献「自己表現の技法―文章表現・コミュニケーション・プレゼンテーション 専門基礎ライブラリー」(畑山浩昭ほか) 実教出版 2004.1 p200-201
◎ブックガイド50「コミュニケーション学がわかる。」(伊藤守ほか) 朝日新聞社 2004.2 p163-169
◎参考文献「ハイデガーとハーバマスと携帯電話」(G. マイアソン) 岩波書店 2004.2 p100-102
◎引用文献「第二言語コミュニケーションと異文化適応―国際的対人関係の構築をめざして」(八島智子) 多賀出版 2004.2 p219-228
◎参考文献「0歳〜5歳児までのコミュニケーションスキルの発達と診断―子ども・親・専門家をつなぐ」(B. バックレイ) 北大路書房 2004.3 p288-298
◎参考文献「外国語コミュニケーションの情意と動機―研究と教育の視点」(八島智子) 関西大学出版部 2004.3 p178-192
◎参考文献「人間尊重のコミュニケーション」(小林末男) 鳥影社 2004.3 p290-292
◎参考文献「多文化共生時代のコミュニケーション力」(御手洗昭治) ゆまに書房 2004.4 p257-264
◎参考図書ほか「多文化共生社会の保育者―ぶつかってもだいじょうぶ」(J. ゴンザレス=メーナ) 北大路書房 2004.4 p127-146
◎参考文献「コミュニケーションの美学」(J. コーヌ) 白水社 2004.5 p1-6b
◎参考文献「ホスピタリティ学原論」(服部勝人) 内外出版 2004.5 p241-246
◎文献「人とうまく話せますか―ネゴシエーションとディスカッション」(中村万里) 双文社出版 2004.5 p122-124

◎参考文献「認知と相互行為の社会言語学―ディスコース・ストラテジー」(J. ガンパーズ) 松柏社 2004.5 p287-296
◎引用文献「不確実性の論理―対人コミュニケーション学の新視点」(西田司) 創元社 2004.5 prr
◎参考文献「メディアコミュニケーション学への招待」(三上俊治) 学文社 2004.6 prr
◎参考図書「異文化コミュニケーション教育における「正義」の扱い」(青木順子) 大学教育出版 2004.6 p156-164
◎文献「心理療法家の言葉の技術―治療的なコミュニケーションをひらく」(P. L. ワクテル) 金剛出版 2004.6 p352-359
◎参考文献「交渉とミディエーション―協調的問題解決のためのコミュニケーション」(鈴木有香ほか) 三修社 2004.7 p231-234
◎参考文献「グローバルメディアの世紀―新しいコミュニケーションの課題と展望」(山本武信) 日本図書センター 2004.9 p307-312
◎参考文献「サステナブル時代のコミュニケーション戦略」(宮田穣) 同友館 2004.10 p209-218
◎参考文献「笑いの本地、笑いの本願―無知の知のコミュニケーション」(谷泰) 以文社 2004.11 p242-244
◎引用文献「協調か対決か―コンピューターコミュニケーションの社会心理学」(佐々木美加) ナカニシヤ出版 2005.2 p173-177
◎参考文献「きずなをつなぐメディア―ネット時代の社会関係資本」(宮田加久子) NTT出版 2005.3 p204-217
◎参考文献「ことばの生態系―コミュニケーションは何でできているか」(井上逸兵) 慶應義塾大出版会 2005.3 p91-94
◎本棚「メディア・ビオトープ―メディアの生態系をデザインする」(水越伸) 紀伊國屋書店 2005.3 p1-3b
◎文献「動物園における親子コミュニケーション―チンパンジー展示利用体験の比較」(並木美砂子) 風間書房 2005.5 p233-244
◎文献「アメリカ―コミュニケーション研究の源流」(E. デニスほか) 春風社 2005.7 p258-272
◎引用文献「社会的スキル向上を目指す対人コミュニケーション」(大坊郁夫) ナカニシヤ出版 2005.8 p173-186
◎参考文献「メディア・コミュニケーション―その構造と機能」(石坂悦男ほか) 法政大学出版局 2005.9 prr
◎文献「読む目・読まれる目―視線理解の進化と発達の心理学」(遠藤利彦) 東京大学出版会 2005.11 prr
◎文献一覧「乳児の音声における非言語情報に関する実験的研究」(志村洋子) 風間書房 2005.12 p155-164
◎参考文献「異文化間コミュニケーションにおける相互作用管理方略―文化スキーマ分析的アプローチ」(佐々木由美) 風間書房 2006.3 p429-447
◎引用文献「非言語行動の心理学―対人関係とコミュニケーション理解のために」(V. P. リッチモンドほか) 北大路書房 2006.3 p292-309
◎参考文献「コミュニケーションと社会心理」(船津衛) 北樹出版 2006.4 p195-198
◎引用参照文献「コミュニケーション研究 2版」(大石裕) 慶應義塾大出版会 2006.4 p291-302

◎参考文献「モバイルコミュニケーション―携帯電話の会話分析」(山崎敬一) 大修館書店 2006.4 p219-233
◎引用文献一覧「現代コミュニケーション学」(池田理知子) 有斐閣 2006.4 p261-271
◎参考文献「対人関係構築のためのコミュニケーション入門―日本語教師のために」(徳井厚子ほか) ひつじ書房 2006.4 p171-177
◎参考文献「科学としての異文化コミュニケーション―経験主義からの脱却」(C. B. プリブル) ナカニシヤ出版 2006.9 prr
◎参考文献「日本語会話におけるターン交替と相づちに関する研究」(大浜るい子) 渓水社 2006.9 p261-271
◎文献「ケータイのある風景―テクノロジーの日常化を考える」(松田美佐ほか) 北大路書房 2006.10 p247-259
◎引用参考文献「数学学習におけるコミュニケーション連鎖の研究」(江森英世) 風間書房 2006.12 p328-347
◎文献「国際コミュニケーション論」(楠根重和) 信山社 2007.2 prr
◎文献「青年期の親子間コミュニケーション」(平石賢二) ナカニシヤ出版 2007.2 p231-243
◎参考文献「「情報」を学び直す」(石井健一郎) NTT出版 2007.4 p220-221
◎引用参考文献「デジタルメディア・トレーニング―情報化時代の社会学的思考法」(富田英典ほか) 有斐閣 2007.4 p273-282
◎文献「リスク社会を生き抜くコミュニケーション力」(内田伸子ほか) 金子書房 2007.4 prr
◎参考文献「言語態分析―コミュニケーション的思考の転換」(原宏之) 慶應義塾大出版会 2007.4 p425-431
◎参考文献「日本語教師の「衣」再考―多文化共生への課題」(徳井厚子) くろしお出版 2007.4 p223-227
◎文献「言語行為と発話解釈―コミュニケーションの哲学に向けて」(飯野勝己) 勁草書房 2007.5 p7-12b
◎引用参考文献「メディア・コミュニケーション論」(矢島敬士) コロナ社 2007.7 p162-164
◎参考文献ほか「噂の拡がり方―ネットワーク科学で世界を読み解く」(林幸雄) 化学同人 2007.7 p181-188
◎文献「患者と医師のコミュニケーション―より良い関係作りの科学的根拠」(D. L. Roter) 篠原出版新社 2007.7 p166-195
◎引用参考文献「〈畳長さ〉が大切です」(山内志朗) 岩波書店 2007.9 p149-152
◎文献「コミュニケーションスキル・トレーニング―患者満足度の向上と効果的な診療のために」(松村真司ほか) 医学書院 2007.9 p167-169
◎文献一覧「ストーリーテリングが経営を変える―組織変革の新しい鍵」(J. S. Brownほか) 同文舘出版 2007.9 p239-242
◎参考文「人間コミュニケーションの語用論―相互作用パターン、病理とパラドックスの研究 2版」(P. ワツラヴィックほか) 二瓶社 2007.9 p277-286
◎参考文献「日本人と外国人のビジネス・コミュニケーションに関する実証研究」(近藤彩) ひつじ書房 2007.9 p195-208

◎参考引用文献「ことばのコミュニケーション—対人関係のレトリック」（岡本真一郎）　ナカニシヤ出版　2007.10　prr
◎参考文献「「言語技術」が日本のサッカーを変える」（田嶋幸三）　光文社　2007.11　p234-235
◎参考文献ほか「コミュニケーションと日常社会の心理」（中島純一）　金子書房　2007.11　p161-154
◎読書案内「はじめよう!科学技術コミュニケーション」（北海道大学科学技術コミュニケーター養成ユニット）　ナカニシヤ出版　2007.12　p199-200
◎参考文献「グローバル・コミュニケーション論—メディア社会の共生・連帯をめざして」（小野善邦）　世界思想社　2007.12　prr
◎参考文献「ソフトパワー・コミュニケーション—フランスからみえる新しい日本」（綿貫健治）　学文社　2007.12　p211-213
◎参考引用文献「対人コミュニケーション入門　上」（藤田依久子）　ナカニシヤ出版　2007.12　p139-141
◎参考文献「翻訳行為と異文化間コミュニケーション—機能主義的翻訳理論の諸相」（藤濤文子）　松籟社　2007.12　p168-171

コミュニケーション障害
◎文献ほか「コミュニケーション障害入門」（E. プラントほか）　大修館書店　2005.7　prr
◎参考文献「子どものコミュニケーション障害」（L. ダノン＝ボワロー）　白水社　2007.7　p1-2b

コミュニタリアニズム
◎文献一覧「現代のコミュニタリアニズムと「第三の道」」（菊池理夫）　風行社　2004.3　p9-38b

コミュニティ
◎参考文献「地域を元気にするコミュニティ・ビジネス—人間性の回復と自律型の地域社会づくり」（細内信孝）　ぎょうせい　2001.3　p195-196
◎関係文献目録（渡辺武男）「新版　現代コミュニティワーク論—21世紀、地域福祉をともに創る」（松永俊文ほか）　中央法規出版　2002.10　p316-322
◎参考文献「福祉コミュニティ論」（井上英晴）　小林出版　2003.1　p313-315
◎参考文献「コミュニティ・イノベーション—魅力と活力のある地域をデザインする」（NTTデータ・コミュニティ・プロデュース）　NTT出版　2003.12　p208-209
◎参考文献「サービスコミュニティのデザイン」（辻朋子）　白桃書房　2005.10　p143-145
◎参考文献「実践コミュニティワーク　地域が変わる社会が変わる」（B. リー）　学文社　2005.12　p312-324
◎参考文献「コミュニティ・ガバナンス—伝統からパブリック参加へ」（大内田鶴子）　ぎょうせい　2006.7　p177-179

コミュニティ心理学
◎参考文献「臨床心理学的地域援助の展開　コミュニティ心理学の実践と今日的課題」（山本和郎ほか）　培風館　2001.9　prr
◎参考文献「コミュニティ心理学—個人とコミュニティを結ぶ実践人間科学」（J. ダルトンほか）　トムソンラーニング　2007.6　p564-596
◎引用文献「コミュニティ心理学入門」（植村勝彦）　ナカニシヤ出版　2007.6　prr

ゴム
◎文献「ゴムの事典」（奥山通夫ほか）　朝倉書店　2000.11　prr
◎参考文献「20世紀を拓いたゴム材料—発展の100年」（浅井治海）　フロンティア出版　2004.11　p219-237

小麦
◎参考文献「コムギの食文化を知る事典」（岡田哲）　東京堂出版　2001.7　p257-271
◎文献「「アメリカ小麦戦略」と日本人の食生活」（鈴木猛夫）　藤原書店　2003.2　p250-252

小麦粉
◎引用文献「「粉もん」庶民の食文化」（熊谷真菜）　朝日新聞社　2007.9　p252-253

虚無僧
◎「月海文庫所蔵目録—尺八・虚無僧関係」（小菅大徹ほか）　法身寺　2005.9　80p B5

小村汽船
◎参考文献「現代内航船主経営史の研究」（千須和富士夫）　多賀出版　2002.2　p545-560

米
◎参考文献「中国黒龍江省のコメ輸出戦略—中国のWTO加盟のもとで」（福岡県稲作経営者協議会）　家の光協会　2001.6　p193-196
◎注文献「コメをめぐる国際自由化交渉　日本はどう対応するか」（綿林赳夫）　農林統計協会　2001.10　prr
◎参考文献「米の事典—稲作からゲノムまで」（石谷孝佑ほか）　幸書房　2002.6　prr
◎資料「牛丼を変えたコメ—北海道「きらら397」の挑戦」（足立紀尚）　新潮社　2004.8　p190-191
◎参考図書「Q&Aご飯とお米の全疑問—お米屋さんも知りたかったその正体」（高橋素子）　講談社　2004.10　p205-208
◎参考文献「歴史のなかの米と肉—食物と天皇・差別」（原田信男）　平凡社　2005.6　p325-361
◎参考文献「コメを選んだ日本の歴史」（原田信男）　文藝春秋　2006.5　p252-262
◎参考文献「お米と食の近代史」（大豆生田稔）　吉川弘文館　2007.2　p230-231

米騒動
◎参考文献「米騒動の理論的研究」（紙谷信雄）　柿丸舎　2004.3　p1-5b
◎参考文献「図説米騒動と民主主義の発展」（歴史教育者協議会）　民衆社　2004.12　prr
◎参考図書「米がつくった明治国家」（山内景樹）　かんぽうサービス　2004.12　p216-220

媼山姥
◎参考資料一覧「源平布引滝・伊賀越道中双六・媼山姥・壇浦兜軍記・卅三間堂棟由来—第一五〇回文楽公演」（国立劇場調査養成部調査資料課）　日本芸術文化振興会　2005.2　p163-178

子守唄
◎文献「守り子と女たちのこもりうた」（川原井泰江）　ショパン　2003.7　p176-181
◎参考文献「「子守唄」の謎—懐かしい調べに秘められた意味」（西舘好子）　祥伝社　2004.2　p202-204
◎参考文献「子守り唄の誕生」（赤坂憲雄）　講談社　2006.1　p212-215

コモロ諸島
- ◎参考文献「コモロ諸島」(H. シャニューほか) 白水社 2001.8 p1-3b

古文書
- ◎資料一覧「古文書で読み解く忠臣蔵」(吉田豊ほか) 柏書房 2001.12 p300-301
- ◎参考文献「古文書を読む」(京都造形芸術大学) 角川書店 2002.4 p170-171

コモンズ
- ◎文献「コモンズの人類学―文化・歴史・生態」(秋道智彌) 人文書院 2004.9 p226-238

誤訳
- ◎参考文献「歴史をかえた誤訳」(鳥飼玖美子) 新潮社 2001.5 p289-296
- ◎参考文献「歴史をかえた誤訳」(鳥飼久美子) 新潮社 2004.4 p289-296

雇用
- ◎参考文献「雇用の未来」(P. キャペリ) 日本経済新聞社 2001.8 p406-382
- ◎参考文献「文化・組織・雇用制度―日本的システムの経済分析」(荒井一博) 有斐閣 2001.12 p243-263
- ◎文献「人材の最適配置のための新たな職業の基盤情報システムに関する研究―企業・個人ニーズ調査、諸外国のシステム、翻訳実験版の開発、他」(日本労働研究機構研究所) 日本労働研究機構 2003.1 p490-491
- ◎文献「「身分の取引」と日本の雇用慣行―国鉄の事例分析」(禹宗杬) 日本経済評論社 2003.2 p391-410
- ◎参考文献「雇用構造の転換と新しい労働の形成―大失業時代における非営利協同、ワーカーズ・コープの展開」(大黒聰) こうち書房 2003.3 p239-246
- ◎参考文献「雇用・就労変革の人的資源管理」(菊野一雄ほか) 中央経済社 2003.4 prr
- ◎参考文献「正社員ルネサンス 多様な雇用から多様な正社員へ」(久本憲夫) 中央公論新社 2003.4 p208-211
- ◎文献「規制改革等実施産業における雇用等変化の分析と90年代の失業増大によるマクロ的コスト等の試算」(日本労働研究機構研究所) 日本労働研究機構 2003.6 p68-69, 168-169
- ◎文献「情報技術革新と雇用・人事管理の変化―ホワイトカラー労働者の仕事と職場に与える影響」(日本労働研究機構) 日本労働研究機構 2003.9 p231-233
- ◎参考文献「変化のなかの雇用システム」(仁田道夫) 東京大学出版会 2003.9 prr
- ◎参考文献「失業と雇用をめぐる法と経済」(有田謙司ほか) 成文堂 2003.11 prr
- ◎参考文献「ジョブ・クリエイション」(玄田有史) 日本経済新聞社 2004.3 p350-360
- ◎参考文献「現代若者の就業行動―その理論と実践」(河野員博) 学文社 2004.3 p181-182
- ◎参考文献「地域社会で支える精神障害者の就労訓練」(立石宏昭) 西日本法規出版 2004.6 p201-206
- ◎文献「障害者就業支援におけるカウンセリングの技法と障害への配慮」(高齢・障害者雇用支援機構) 構障害者職業総合センター 2005.3 p152-161
- ◎参考文献「ジョブレス・リカバリー―不完全雇用のマクロ経済学」(井本友文) 日本評論社 2005.4 p199-202
- ◎参考文献「高齢化問題の解決と企業経営―企業・国家を活性化させ日本経済の衰退を防ぐ具体策」(慶松勝太郎) 東京リーガルマインド 2005.4 p190-193
- ◎参考文献「ザ・ベスト―有能な人材をいかに確保するか」(J. ロスマン) 翔泳社 2005.9 p379-382
- ◎「労働・雇用問題文献目録 1990-2004」(日外アソシエーツ) 日外アソシエーツ 2005.10 10, 965p B5
- ◎参考文献「正社員時代の終焉―多様な働き手のマネジメント手法を求めて」(大久保幸夫) 日経BP社 2006.2 p255-259
- ◎参考文献「雇用システムと女性のキャリア」(武石恵美子) 勁草書房 2006.4 p213-222
- ◎参考文献「労働ダンピング―雇用の多様化の果てに」(中野麻美) 岩波書店 2006.10 p1-5b
- ◎参考文献「高年齢者雇用の制度設計―意欲と生産性を高める」(みずほ総合研究所) 中央経済社 2007.3 p231-233
- ◎文献「ミッド・キャリア層の再就職支援―新たなガイダンス・ツールの開発」(労働政策研究・研修機構) 労働政策研究・研修機構 2007.4 p220-223
- ◎参考引用文献「地域雇用創出の新潮流―統計分析と実態調査から見えてくる地域の実態」(労働政策研究・研修機構) 労働政策研究・研修機構 2007.4 p266-273
- ◎参考文献「雇用融解―これが新しい「日本型雇用」なのか」(風間直樹) 東洋経済新報社 2007.5 p299-304
- ◎参考文献「格差社会ニッポンで働くということ―雇用と労働のゆくえをみつめて」(熊沢誠) 岩波書店 2007.6 p257-260
- ◎参考文献「雇用システムの理論―社会的多様性の比較制度分析」(D. マースデン) NTT出版 2007.6 p352-373
- ◎引用文献「日本的雇用慣行―全体像構築の試み」(野村正實) ミネルヴァ書房 2007.8 p433-442
- ◎文献「精神障害者雇用支援ハンドブック―現場で使える」(相澤欽一) 金剛出版 2007.11 p206-208

御用金
- ◎注文献「江戸幕府御用金の研究」(賀川隆之) 法政大学出版局 2002.3 prr

雇用政策
- ◎註「雇用政策と公的扶助の交錯 日独比較 公的扶助における稼働能力の活用を中心に」(布川日佐史ほか) 御茶の水書房 2002.2 prr
- ◎文献「沖縄企業(法人)と中核人材に関する調査」(日本労働研究機構研究所) 日本労働研究機構 2002.3 p301-302
- ◎文献「学校から職業への迷走―若年者雇用保障と職業教育・訓練」(中野育男) 専修大学出版局 2002.9 p259-264
- ◎参考文献「雇用の政策と法」(高橋保) ミネルヴァ書房 2004.10 p405-407
- ◎参考文献「高齢社会の雇用政策」(OECD) 明石書店 2005.6 p140-143
- ◎参考文献「日本のニート・世界のフリーター―欧米の経験に学ぶ」(白川一郎) 中央公論新社 2005.11 p232-235
- ◎参考文献「世界の高齢化と雇用政策―エイジ・フレンドリーな政策による就業機会の拡大に向けて」(OECD) 明石書店 2006.4 p149-153

◎参考文献「これからの雇用戦略―誰もが輝き活力あふれる社会を目指して―我が国における雇用戦略の在り方に関する研究」（労働政策研究・研修機構）労働政策研究・研修機構　2007.3　p358-372
◎参考文献「日本の企業と雇用―長期雇用と成果主義のゆくえ―企業の経営戦略と人事処遇制度等の総合的分析に関する研究」（労働政策研究・研修機構）労働政策研究・研修機構　2007.3　p334-343
◎参考文献ほか「世界の労働市場改革OECD新雇用戦略―雇用の拡大と質の向上，所得の増大をめざして」（OECD）　明石書店　2007.6　p275-291
◎参考引用文献「ワーク・フェア―雇用劣化・階層社会からの脱却」（山田久）　東洋経済新報社　2007.7　p279-284

語用論
◎参考文献「語用論への招待」（今井邦彦）　大修館書店　2001.2　p224-228
◎参考文献「入門語用論研究―理論と応用」（小泉保）研究社　2001.10　p224-238
◎参考文献「談話・テクストの展開のメカニズム―接続表現と談話標識の認知的考察」（甲田直美）　風間書房　2001.12　p271-290
◎文献「「順序づけ」と「なぞり」の意味論・語用論」（山本英一）　関西大学出版部　2002.3　p262-269
◎文献「語用論と英語の進行形」（長谷川存古）　関西大学出版部　2002.3　p218-224
◎参照文献「情報のなわ張り理論　続」（神尾昭雄）大修館書店　2002.9　p139-146
◎文献「プラグマティックスの展開」（高原脩，林宅男，林礼子）　勁草書房　2002.11　p205-218
◎参考文献「日本語名詞句の意味論と語用論―指示的名詞句と非指示的名詞句」（西山佑司）　ひつじ書房　2003.9　p425-437
○文献集（関良子）「文献探索　2004」（文献探索研究会）2004.4　p458-462
◎参考文献「日本語語用論のしくみ」（加藤重広）　研究社　2004.7　p272-273
◎参考文献「情報と意味と概念と―発話を考える」（伊藤善啓）　現代図書　2005.8　p277-284
◎参考文献「批判的社会語用論入門―社会と文化の言語」（J. L. メイ）　三元社　2005.10　p521-536
◎参考文献「わきまえの語用論」（井出祥子）　大修館書店　2006.11　p229-234
◎References「意味の推定―新グライス学派の語用論」（S. C. レヴィンソン）　研究社　2007.7　p577-602

暦
◎参考文献「暦と星座のはじまり」（坂上務）　河出書房新社　2001.9　p140-141
◎文献「続々と，旧暦と暮らす」（松村賢治ほか）　ビジネス社　2005.11　p260-261
◎参考文献「暦を知る事典」（岡田芳朗ほか）　東京堂出版　2006.5　p225-228
◎参考文献「旧暦読本―現代に生きる「こよみ」の知恵」（岡田芳朗）　創元社　2006.12　p296」

娯楽
◎参考文献「大衆娯楽と文化」（関口進）　学文社　2001.12　prr
◎参考文献「江戸庶民の娯楽　図説江戸　5」（竹内誠）学習研究社　2003.6　p127」

◎参考文献「観光・娯楽産業論」（米浪信男）　ミネルヴァ書房　2004.1　p229-232
◎引用参考文献「明治東京庶民の楽しみ」（青木宏一郎）中央公論新社　2004.5　p317-319
◎参考文献「江戸庶民の楽しみ」（青木宏一郎）　中央公論新社　2006.5　p317-324

娯楽小説
◎「パルプマガジン　娯楽小説の殿堂」（荒俣宏）　平凡社　2001.4　254p A5

コラーゲン
◎参考文献「コラーゲンの話―健康と美をまもる高分子」（大崎茂芳）　中央公論新社　2007.10　p188-182

コラージュ療法
◎文献「コラージュ療法・造形療法」（高江洲義英ほか）岩崎学術出版社　2004.10　p145-153

コーラン
◎文献（医王秀行）「コーラン入門」（R. ベル）　筑摩書房　2003.9　p483-490
◎参考文献「図説コーランの世界―写本の歴史と美のすべて」（大川玲子）　河出書房新社　2005.3　p127」
◎文献「コーラン　1冊でわかる」（M. クック）　岩波書店　2005.9　p217-220

ゴリラ
◎注（山極寿一）「霧のなかのゴリラ―マウンテン・ゴリラとの13年」（D. フォッシーほか）　平凡社　2002.4　p444-446
◎参考文献「ゴリラ」（山極寿一）　東京大学出版会　2005.5　p1-28b
◎参考文献「ゴリラの子育て日記―サンディエゴ野生動物公園のやさしい仲間たち」（中道正之）　昭和堂　2007.11　p226-228

コルセット
◎参考文献「コルセットの文化史」（古賀令子）　青弓社　2004.5　p183-184

ゴールド
◎参考文献「ゴールド　金と人間の文明史」（P. バーンスタイン）　日本経済新聞社　2001.8　p504-494

ゴルフ
◎引用文献「ゴルフを知らない日本人　遊びと公共性の文化史」（市村操一）　PHP研究所　2001.4　4pb
◎参考文献「ゴルフ千年―タイガー・ウッズまで」（大塚和徳）　中央公論新社　2002.4　p258-256
◎引用参考文献「ゴルフの街を行く―英・米・日のゴルフ文化比較」（大沢啓蔵）　春風社　2004.4　p249-252
◎参考文献「日本のゴルフ100年」（久保田誠一）　日本経済新聞社　2004.7　p390-399
◎文献「大統領のゴルフ」（D. ヴァン・ナッタ）　NHK出版　2004.9　p321-325
◎参考文献「Q&Aでわかるゴルフ会員権の会計と税務」（長岡勝美）　税務研究会出版局　2006.2　p155-157
◎参考文献「ゴルフのルーツを探る」（井山登志夫）中央公論事業出版　2007.11　p161-163

ゴーレム伝説
○関連文献（春山清純）「Libra　5」（神戸薬科大）　2003　p41-84

コレラ
- ◎参考文献ほか「幕末狂乱―コレラがやって来た!」(高橋敏) 朝日新聞社 2005.11 p228-230
- ◎書誌「感染地図―歴史を変えた未知の病原体」(S. ジョンソン) 河出書房新社 2007.12 p283-279

コロニアリズム
- ◎文献案内(本山謙二ほか)「ポストコロニアリズム思想読本 4」(姜尚中) 作品社 2001.11 p201-204
- ◎参考文献「英文学の内なる外部―ポストコロニアリズムと文化の混交」(山崎弘行) 松柏社 2003.3 p393-397

コロンビア
- ◎文献「コロンビア内戦―ゲリラと麻薬と殺戮と」(伊高浩昭) 論創社 2003.10 p336-341

婚姻
- ◎注文献「ユダヤ人の婚姻」(山本祐策) 近代文芸社 2001.3 prr
- ◎注文献「国際結婚の誕生」(嘉本伊都子) 新曜社 2001.4 p233-203
- ◎文献案内「アンシアン・レジーム期の結婚生活」(フランソワ・ルブラン) 慶應義塾大学出版会 2001.5 p1-15b
- ◎参考文献「イギリス式結婚狂騒曲―駆け落ちは馬車に乗って」(岩田託子) 中央公論新社 2002.4 p202-196
- ◎参考文献「婚姻と家族・親族―日本家族史論集 8」(義江明子) 吉川弘文館 2002.11 p380-382
- ◎参考文献「現代に生きるイスラームの婚姻論―ガザーリーの「婚姻作法の書」訳注・解説」(青柳かおる) 東京外国語大学アジア・アフリカ言語文化研究所 2003.8 p134-151
- ◎参考文献「恋愛と結婚の燃えつきの心理―カップルバーンアウトの原因と治療」(A. M. パインズ) 北大路書房 2004.3 p1-11b
- ◎略年譜「明治の結婚小説」(上田博) おうふう 2004.9 p222-223
- ◎文献「結婚と離婚の法と経済学」(A. W. ドゥネスほか) 木鐸社 2004.11 pr
- ◎参考文献「国際結婚ハンドブック 5版」(国際結婚を考える会) 明石書店 2005.9 prr
- ◎本の案内ほか(古澤夕起子)「大正の結婚小説」(上田博) おうふう 2005.9 p217-218
- ◎参考文献「結婚式―幸せを創る儀式」(石井研士) NHK出版 2005.12 p208-216
- ◎参考文献「魂よびのうた―土佐―珠玉の民俗」(岩井信子) 高知新聞企業 2005.12 p252-253
- ◎参考文献ほか「徳川将軍家の結婚」(山本博文) 文藝春秋 2005.12 p208-212
- ◎参考文献「明治の結婚明治の離婚―家庭内ジェンダーの原点」(湯沢雍彦) 角川学芸出版 2005.12 p243-251
- ◎参考文献「結婚観の歴史人類学―近代イギリス・1600年～現代」(J. R. ギリス) 勁草書房 2006.2 p16-43b
- ◎引用文献「日本人女性の結婚と成熟」(難波淳子) 風間書房 2006.3 p203-212
- ◎文献「王朝貴族の婚姻と家族」(佐藤良雄) システムファイブ 2006.6 p811-812
- ◎ブックガイド「結婚」(板本洋子ほか) プチグラパブリッシング 2006.6 p136-141
- ◎引用参考文献「家族臨床心理学の視点―家族と結婚についての臨床心理学」(井村たね子) 北樹出版 2007.10 p199-204
- ◎参考文献「多民族混住地域における民族意識の再創造―モンゴル族と漢族の族際婚姻に関する社会学的研究」(温都日娜) 渓水社 2007.10 p319-329

婚姻法
- ◎参考文献「不倫のリーガル・レッスン」(日野いつみ) 新潮社 2003.4 p189-190

コンクリート
- ◎文献「微生物が家を破壊する―コンクリートの腐食と宅地の盤膨れ」(山中健生) 技報堂出版 2004.8 p107-111
- ◎参考文献「コンクリートの文明誌」(小林一輔) 岩波書店 2004.10 p5-12b

混血児
- ◎参考文献「アメラジアンの子供たち―知られざるマイノリティ問題」(S. マーフィ重松) 集英社 2002.5 p234-237

金剛頂経
- ◎参考文献「『金剛頂経』入門―即身成仏への道」(頼富本宏) 大法輪閣 2005.5 p386-388

根栽農耕
- ◎参考文献「イモとヒト―人類の生存を支えた根栽農耕」(吉田集而) 平凡社 2003.8 prr

コンサートホール
- ◎参考文献「コンサートホールとオペラハウス―音楽と空間の響きと建築」(L. L. ベラネク) シュプリンガーV東京 2005.11 p640-644

コンサルタント
- ◎参考文献「プロセス・コンサルテーション―援助関係を築くこと」(E. H. シャイン) 白桃書房 2002.3 p339-343
- ◎参考文献「コンサルタントの時代―21世紀の知識労働者」(鴨志田晃) 文藝春秋 2003.6 p201-203
- ◎文献「経営コンサルティング 4版」(ILOほか) 生産性出版 2004.9 p479-485
- ◎参考文献ほか「最新コンサル業界の動向とカラクリがよ～くわかる本―業界人、就職、転職に役立つ情報満載 2版」(廣川州伸) 秀和システム 2007.12 p252-253

今昔物語集
- ◎研究文献(鈴木彰)「今昔物語集を学ぶ人のために」(小峯和明) 世界思想社 2003.1 p335-339
- ◎文献ほか「今昔物語集の人―平安京篇」(中村修也) 思文閣出版 2004.11 p195-198
- ◎引用文献「『今昔物語集』本朝部の研究―その構成と論理を中心に」(李市埈) 大河書房 2005.12 p246-253
- ◎参考文献「『今昔物語集』を楽しむ」(榎本重男) 榎本重男 2006.7 p343-349

コンジョイント分析
- ◎関連文献「郵送調査法 増補版」(林英夫) 関西大出版部 2006.3 p379-386

コンセプチュアル・アート
- ◎参考文献「コンセプチュアル・アート」(トニー・ゴドフリー) 岩波書店 2001.7 p438-440

昆虫
- ◎参考文献「ハエ学　多様な生活と謎を探る」（篠永哲ほか）　東海大学出版会　2001.3　p339-353
- ◎文献「森林インストラクター——森の動物・昆虫学のすすめ　改訂版」（西口親雄）　八坂書房　2001.5　p155-158
- ◎参考文献「昆虫と気象」（桐谷圭治）　成山堂書店　2001.9　p175-176
- ◎参考文献「昆虫探偵——シロコパκ氏の華麗なる推理」（鳥飼否宇）　世界文化社　2002.3　p334-335
- ◎文献「虫たちの生き残り戦略」（安ango和男）　中央公論新社　2002.5　p189-190
- ◎文献「絶滅昆虫データファイル」（猪又敏男）　祥伝社　2002.6　p199-204
- ◎参考文献「昆虫と気象　改訂版」（桐谷圭治）　成山堂書店　2002.7　p175-176
- ◎文献「水田の昆虫誌——イネをめぐる多様な昆虫たち」（矢野宏二）　東海大学出版会　2002.9　p163-172
- ◎参考文献「虫たちの化学戦略——盗む・欺く・殺す」（W.アゴスタ）　青土社　2002.12　p283-289
- ◎文献リスト（堀繁久）「知床の昆虫」（斜里町立知床博物館）　北海道新聞社　2003.12　p236-238
- ◎参考文献「日本産昆虫の英名リスト——附主要外国種の英名」（矢野宏二ほか）　東海大学出版会　2004.2　p9-10b
- ◎引用文献「休眠の昆虫学——季節適応の謎」（田中誠二ほか）　東海大学出版会　2004.3　prr
- ◎参考文献「飛ぶ昆虫、飛ばない昆虫の謎」（藤崎憲治ほか）　東海大学出版会　2004.3　prr
- ◎参考文献「ふくしま昆虫探検」（熊倉正昭）　歴史春秋出版　2004.5　p151-154
- ◎参考文献「昆虫たちの森」（鎌田直人）　東海大学出版会　2005.3　p318-309
- ◎参考文献「水生昆虫アルバム　新装版」（島崎憲司郎）　フライの雑誌社　2005.11　p280-281
- ◎引用文献「民族昆虫学——昆虫食の自然誌」（野中健一）　東京大学出版会　2005.11　p187-194
- ◎「岐阜県の昆虫に関する文献目録——1889年～1999年」（田中正弘）　岐阜県昆虫分布研究会　2006.3　2冊　B5
- ◎参考文献「昆虫——驚異の微小脳」（水波誠）　中央公論新社　2006.8　p291-288
- ◎参考文献ほか「ファーブル昆虫記——完訳　4下」（J.H.ファーブル）　集英社　2007.3　p353-355
- ◎文献「昆虫生態学」（河野義明ほか）　朝倉書店　2007.3　prr
- ◎参考文献「世界珍虫図鑑　改訂版」（川上洋一）　柏書房　2007.6　p217
- ◎参考文献「糞虫たちの博物誌」（塚本珪一）　青土社　2007.6　p247-255
- ◎参考文献「虫食む人々の暮らし」（野中健一）　NHK出版　2007.8　p208-213
- ◎参考文献「昆虫この小さきものたちの声——虫への愛、地球への愛」（J.E.ローク）　日本教文社　2007.10　p10-23b

コンテナ輸送
- ◎参考文献「国際複合一貫運送序説」（北川正）　酒井書店　2001.9　p109-110
- ◎参考文献「外航海運とコンテナ輸送」（森隆行）　鳥影社　2003.2　p242-243
- ◎参考文献「コンテナ船の話」（渡辺逸郎）　成山堂書店　2006.12　p157-158
- ◎参考文献「コンテナ物語——世界を変えたのは「箱」の発明だった」（M.レビンソン）　日経BP社　2007.1　p421-441

コンテンツビジネス
- ◎参考文献「図解でわかるコンテンツビジネス　新版」（コンテンツビジネス研究会）　日本能率協会マネジメントセンター　2001.1　p255-256
- ◎参考文献「図解でわかるコンテンツビジネス　最新版」（コンテンツビジネス研究会）　日本能率協会マネジメントセンター　2002.11　p251-252
- ◎参考文献「コンテンツマーケティング——物語型商品の市場法則を探る」（新井範子ほか）　同文舘出版　2004.6　p250-253
- ◎参考文献「日本発イット革命——アジアに広がるジャパン・クール」（奥野卓司）　岩波書店　2004.12　p237-239
- ◎参考文献「踊るコンテンツ・ビジネスの未来」（畠山けんじ）　小学館　2005.1　p252-253
- ◎参考文献「デジタルコンテンツマネジメント」（戒野敏浩）　同文舘出版　2007.3　prr
- ◎参考文献「コンテンツビジネスマネジメント」（トーマツ）　日本経済新聞出版社　2007.4　3pb

こんにゃく
- ◎参考文献「こんにゃくの中の日本史」（武内孝夫）　講談社　2006.3　p204-206
- ◎引用文献「こんにゃくのフードシステム」（神代英昭）　農林統計協会　2006.9　p150-153

コンビニエンス・ストア
- ◎参考文献「コンビニエンス・ストア業態の革新」（金顕哲）　有斐閣　2001.10　p151-157

コンピュータ
- ◎参考文献「コンピュータ音楽——歴史・テクノロジー・アート」（C.Roads）　東京電機大学出版局　2001.1　p923-1014
- ◎参考文献「人はなぜコンピューターを人間として扱うか——「メディアの等式」の心理学」（バイロン・リーブス、クリフォード・ナス）　翔泳社　2001.4　p5-31b
- ◎参考文献ほか「コンピュータとは何だろうか　第2版」（綾皓二郎、藤井亀）　森北出版　2001.5　p195-199
- ◎参考文献「エニアック——世界最初のコンピュータ開発秘話」（スコット・マッカートニー）　パーソナルメディア　2001.8　p273-281
- ◎文献「ヒューメイン・インタフェース——人に優しいシステムへの新たな指針」（ジェフ・ラスキン）　ピアソン・エデュケーション　2001.9　p249-254
- ◎参考文献「未来をつくった人々——ゼロックス・パロアルト研究所とコンピュータエイジの黎明」（マイケル・ヒルツィック）　毎日コミュニケーションズ　2001.10　p558-561
- ◎参考文献「ソフトウエア再利用の神話——ソフトウェア再利用の制度化に向けて」（ウィル・トレイツ）　ピアソンエデュケーション　2001.11　p213-226
- ◎参考図書「ITビジネス英語辞典——1000語でわかる」（小牟田康彦）　研究社　2002.1　p277-279
- ◎参考図書「情報の表現とコンピュータの仕組み　第2版」（青木征男）　ムイスリ出版　2002.2　p130-131
- ◎さらに勉強するために「コンピュータシステム」（都倉信樹）　岩波書店　2002.4　p223-227

こんひゆ

◎文献「インターフェイス―コンピューターと対峙する時」(関口久雄) ひつじ書房 2002.12 p221-250
◎文献「コンピュータ―写真で見る歴史」(クリスチャン・ワースター) タッシェン・ジャパン 2002.12 p324-325
◎引用文献「コンピュータ倫理学」(D. G. ジョンソン) オーム社 2002.12 p329-334
◎参考文献「認証技術 パスワードから公開鍵まで」(R. E. Smith) オーム社 2003.4 p419-446
◎文献「脳とコンピュータはどう違うか―究極のコンピュータは意識をもつか」(茂木健一郎ほか) 講談社 2003.5 p206-207
○文献目録「法とコンピュータ 21」(法とコンピュータ学会) 2003.7 p163-212
◎「コンピュータの名著・古典100冊―若きエンジニア〈必読〉のブックガイド」(石田晴久) インプレスネットビジネスカンパニー 2003.11 254p A5
◎文献「コンピュータを疑う―文化・教育・生態系が壊されるとき」(C. A. バウアーズ) 新曜社 2003.12 p11-19b
○文献目録「法とコンピュータ 22」(法とコンピュータ学会) 2004.7 p105-193
◎参考文献「そこからパソコンがはじまった!―栄光と激動のコンピュータ1980年代史」(藤広哲也) すばる舎 2004.8 p226-227
◎参考文献「図説・現代哲学で考える〈心・コンピュータ・脳〉」(宮原勇) 丸善 2004.9 p151-154
◎参考文献「人工知能のパラドックス―コンピュータ世界の夢と現実」(S. ウィリアムズ) 工業図書 2004.12 p212-213
○文献目録「法とコンピュータ 23」(法とコンピュータ学会) 2005.7 p127-202
◎参考文献「コンピュータ開発史―歴史の誤りをただす「最初の計算機」をたずねる旅」(大駒誠一) 共立出版 2005.11 p169-171
◎文献「計算機屋かく戦えり 新装版」(遠藤諭) アスキー 2005.11 p484-485
◎参考文献「コンピュータが計算機と呼ばれた時代」(C&C振興財団) アスキー 2005.12 p221-224
◎「コンピュータの名著・古典100冊―若きエンジニア〈必読〉のブックガイド 改訂新版」(石田晴久) インプレスジャパン 2006.9 269p A5
◎参考文献「情報化時代の基礎知識」(守屋政平) 弓箭書院 2007.4 p145-146
○文献目録「法とコンピュータ 25」(法とコンピュータ学会) 2007.7 p153-207
◎参考文献「パソコン創世「第3の神話」―カウンターカルチャーが育んだ夢」(J. マルコフ) NTT出版 2007.10 p419-422

コンピュータ教育
◎参考図書「情報科教育法」(本村猛能ほか) 学術図書出版社 2003.3 p182-184
◎引用参考文献「実践情報モラル教育―ユビキタス社会へのアプローチ」(加納寛子) 北大路書房 2005.3 p213-217
◎参考引用文献「コンピュータが連れてきた子どもたち―ネットの世界でいま何が起こっているのか」(戸塚清登) 小学館 2005.12 p318-319
◎引用文献「視聴覚メディアと教育方法―認知心理学とコンピュータ科学の応用実践のために」(井上智義) 北大路書房 2006.3 prr
◎参考文献「教師とテクノ・リテラシー」(C. ランクシアほか) 海文堂出版 2007.1 p169-176

コンピュータ・グラフィックス
◎参考文献「コンピュータグラフィックス理論と実践」(James D. Foleyほか) オーム社 2001.3 p1115-1166
◎参考文献ほか「情報の可視化」(岸野文郎ほか) 岩波書店 2001.3 p195-205
◎文献「MOTIONGRAPHICS大学」(cafe@franken VJ workshop) 河出書房新社 2002.7 p121-125
◎関連図書「フォトンマッピング―実写に迫るコンピュータグラフィックス」(Henrik Wann Jensen) オーム社 2002.7 p195-208
◎参考文献「メディアは透明になるべきか」(J. D. ボルター) NTT出版 2007.4 p257-261

コンピュータセキュリティ
◎参考文献「ブロードバンド時代のインターネットセキュリティ」(山口英) 岩波書店 2002.3 p142」
◎文献「ハックアタック完全防御」(John Chirillo) ソフトバンクパブリッシング 2002.4 p451-452
◎文献「情報セキュリティ技術大全―信頼できる分散システム構築のために」(Ross Anderson) 日経BP社 2002.9 p545-583
◎参考文献ほか「ネット社会の自由と安全保障―サイバーウォーの脅威」(原田泉ほか) NTT出版 2005.3 prr
◎参考文献ほか「情報セキュリティ教本―組織の情報セキュリティ対策実践の手引き」(情報処理推進機構) 実教出版 2007.4 p340-344
◎参考文献ほか「ウェブ時代の暗号―ネットセキュリティの挑戦」(熊谷直樹) 筑摩書房 2007.12 p11-15b

コンピュータネットワーク
◎参考書ほか「コンピュータ通信 第2版」(松永俊雄, 木ノ内康夫, 水谷正大) 丸善 2002.7 p181-184
◎参考文献「ストレージネットワーキング」(喜連川優) オーム社 2002.7 p217-221
◎参考文献「情報通信システムの基礎」(諏訪敬祐ほか) 丸善 2006.1 p171-173
◎参考文献「ネットワーク・パワー―情報時代の国際政治」(土屋大洋) NTT出版 2007.1 p205-212
◎引用参考文献「コミュニケーションネットワークと国際貿易―貿易理論の新展開」(菊地徹) 有斐閣 2007.6 p207-234

金毘羅信仰
◎参考文献「山形県の金毘羅信仰」(野口一雄) 原人舎 2004.11 p220-221

金毘羅道
◎参考文献「讃岐と金毘羅道」(木原溥幸, 和田仁) 吉川弘文館 2001.4 p26-28b

コンブ
◎参考文献「コンブは地球を救う―水産資源倍増で一兆円産業おこし」(境一郎) 水産社 2001.10 p221-223

コンプライアンス
◎参考文献「共創社会におけるコンプライアンス 今なぜコンプライアンスが必要とされるのか」(大国亨) 日本図書刊行会 2003.3 p333-340
◎参考文献「コンプライアンスと企業文化を基軸としたやわらかい内部統制」(水尾順一ほか) 日本規格協会 2007.3 p177-180
◎参考文献「社会福祉におけるコンプライアンス New Edition」(梶村慎吾) 太陽出版 2007.3 p87-90

コンペイトウ
◎文献「いろはにコンペイトウ—Kurihara toy bottle collection」(栗原英次) にじゅうに 2005.2 p156」

【 さ 】

差異
◎文献一覧「差異の政治学」(上野千鶴子) 岩波書店 2002.2 p311-338

菜園
◎文献案内「森と海を結ぶ菜園家族—21世紀の未来社会論」(小貫雅男ほか) 人文書院 2004.10 p423-438

災害
◎文献「自然災害と防災の科学」(水谷武司) 東京大学出版会 2002.6 p197-202
◎本ほか「火山に強くなる本 見る見るわかる噴火と災害」(火山防災用語研究会) 山と渓谷社 2003.7 p186-189
○文献リスト(鳥牧昭夫)「交通科学 36.1」(大阪交通科学研究会) 2005 p47-48
◎「災害・防災の本全情報—1995-2004」(日外アソシエーツ) 日外アソシエーツ 2005.4 822p A5
◎文献「巨大都市と変貌する災害—メガシティは災害を産み出すツボである」(J. K. ミッチェル) 古今書院 2006.1 prr
◎参考文献「資料保存と防災対策」(全国歴史資料保存利用機関連絡協議会) 全国歴史資料保存利用機関連絡協議会資料保存委員会 2006.3 p89-108
◎参考図書「災害の心理—隣に待ち構えている災害とあなたはどう付き合うか」(清水将之) 創元社 2006.8 p220-224
◎参考文献「人はなぜ危険に近づくのか」(広瀬弘忠) 講談社 2006.10 p183-185
◎参考文献「日本災害史」(北原糸子) 吉川弘文館 2006.10 p426-447
◎参考文献「災害の人類学—カタストロフィと文化」(S. M. ホフマンほか) 明石書店 2006.11 p299-327
◎参考文献「生と死の極限心理—サバイバルの限界を考察する」(広瀬弘忠) 講談社 2006.11 p238-243
◎文献「自然災害の事典」(岡田義光) 朝倉書店 2007.2 prr
◎参考文献「ものの壊れ方—巨大災害の破壊力」(小川雄二郎ほか) 山海堂 2007.11 p239-246

財界
◎参考文献「財界とは何か」(菊池信輝) 平凡社 2005.10 p327-332

災害救助
◎参考文献「自然災害と国際協力—フィリピン・ピナトゥボ大噴火と日本」(津田守, 田巻松雄) 新評論 2001.5 p264-276
◎参考文献「心の断層—阪神・淡路大震災の内面をたずねて」(藤本幸也) みすず書房 2002.3 p266-269
◎参考文献ほか「災害看護—心得ておきたい基本的な知識」(小原真理子ほか) 南山堂 2007.5 p217-220

災害情報
◎参考文献「災害情報と社会心理」(広井脩) 北樹出版 2004.5 prr

災害心理
◎文献「災害の心理学とその周辺—北海道南西沖地震の被災地へのコミュニティ・アプローチ」(若林佳史) 多賀出版 2003.5 p375-388

再開発
○文献等リスト「再開発研究 22」(再開発コーディネーター協会) 2006 p105-110

災害復興
◎引用文献「不完全都市 神戸・ニューヨーク・ベルリン」(平山洋介) 学芸出版社 2003.8 p357-374

災害予防
◎参考文献ほか「ロールプレーイングマニュアルbook—災害時の危機管理訓練」(災害危機管理研究会) 災害危機管理研究会 2001.5 p131-135
◎参考文献「都市は戦争できない—現代危機管理論」(五十嵐敬喜ほか) 公人の友社 2003.1 p233-235
◎参考文献「"地域防災力"強化宣言—進化する自治体の震災対策」(鍵屋一) ぎょうせい 2003.10 p209-211
◎参考文献「人はなぜ逃げおくれるのか—災害の心理学」(広瀬弘忠) 集英社 2004.1 p234-238
◎参考文献「災害危機管理のすすめ—事前対策とその実践」(高見尚武) 近代消防社 2004.6 p308-310
◎参考文献「諸外国における防犯・防災対策の実態—保険犯罪防止を中心として」 損害保険事業総合研究所 2005.3 p297-305
◎文献「"地域防災力"強化宣言—進化する自治体の震災対策 増補」(鍵屋一) ぎょうせい 2005.5 p237-240
◎参考文献「防災の経済分析—リスクマネジメントの施策と評価」(多々納裕一ほか) 勁草書房 2005.6 p352-365
◎参考文献「災害危機管理のすすめ—事前対策とその実践 改訂」(高見尚武) 近代消防社 2007.1 p355-357
◎参考文献「ローマに学ぶ防災先進都市の条件」(金芳外城雄) 晃洋書房 2007.9 p253-254
◎参考文献ほか「防災行政と都市づくり—事前復興計画論の構想」(三井康壽) 信山社 2007.9 p367-374
◎参考文献ほか「災害防衛論」(広瀬弘忠) 集英社 2007.11 p249-252

雑賀衆
◎参考文献「戦国鉄砲・傭兵隊—天下人に逆らった紀州雑賀衆」(鈴木真哉) 平凡社 2004.8 p226-221

細菌
◎参考書「環境にかかわる微生物学入門」(山中健生) 講談社 2003.4 p123-124
◎参考文献「人体常在菌のはなし—美人は菌でつくられる」(青木皐) 集英社 2004.9 p204-205

さいきん

◎出典ほか「人と細菌―17-20世紀」（P. ダルモン）　藤原書店　2005.10　p785-735
◎引用参考文献「菌類・細菌・ウイルスの多様性と系統」（杉山純多）　裳華房　2005.11　p413-435

細菌戦
◎参考文献「中国民衆の戦争記憶―日本軍の細菌戦による傷跡」（聶莉莉）　明石書店　2006.12　p368-376

斎宮
◎文献一覧「明和町史　斎宮編」（明和町史編さん委員会）　明和町　2005.10　p343-362
◎参考文献「伊勢斎宮跡―今に蘇える斎王の宮殿」（泉雄二）　同成社　2006.4　p183」

債券
◎参考文献「債券投資のリスクマネジメント」（ベネット・W. ゴルブ，リオ・M. ティルマン）　金融財政事情研究会　2001.2　p334-341
◎参考文献「実例にみる債券格付けの方法」（岡東務ほか）　税務経理協会　2003.4　p185-190
◎文献「新・債券運用と投資戦略　改訂版」（太田智之）　金融財政事情研究会　2003.10　p476-477
◎文献「年金運用と債券投資戦略―ALMの新潮流」（三井アセット信託銀行年金運用研究会）　東洋経済新報社　2003.10　p183-185
◎参考文献「日本の債券格付」（岡東務）　税務経理協会　2004.4　p245-256
◎参考文献「日本のクレジット市場―その誕生、発展と課題」（島義夫）　シグマベイスキャピタル　2006.9　p295-298

債権
◎文献「債権流動化の理論構造―証券市場の機能とその将来」（深浦厚之）　日本評論社　2003.11　p269-276
◎参考文献「金銭債権の国際化と民事執行―フランス法，EU法における債務名義の価値回復」（小梁吉章）　信山社出版　2004.8　p341-355
◎参考文献「債権流動化の法務と実務」（みずほ信託銀行）　金融財政事情研究会　2005.3　p434-435

債権者取消権
◎文献目録「詐害行為取消訴訟」（飯原一乗）　悠々社　2006.6　p551-558

債権法
◎参考文献「講説民法　債権総論」（吉川日出男ほか）　不磨書房　2001.4　p12-13f
◎参考文献「民法　4　債権各論　第2版補訂」（藤岡康宏）　有斐閣　2002.4　p461-463
◎参考文献「債権各論　2版」（大島俊之ほか）　法律文化社　2003.3　p236-238
◎参考文献「債権総論　2版」（小野幸二）　八千代出版　2003.3　p327-330
◎参考文献「民法　3　債権総論　2版補訂2版」（野村豊弘ほか）　有斐閣　2003.4　p266-267
◎参考文献「契約・不法行為入門―債権各論」（河原格）　泉文堂　2005.4　p213-215
◎文献案内「民法　2　債権各論　2版」（内田貴）　東京大出版会　2007.1　p17-19f

最高裁判所
◎参考文献「サイコーですか?最高裁!」（長嶺超輝）　光文社　2007.12　p332-338

在庫管理
◎参考文献「多期間確率的在庫モデルの研究」（坂口通則ほか）　広島修道大　2006.9　p127-130
◎参考文献「インベントリー・マネジメント―新しい在庫の考え方と発注方式の設計」（星野琪二）　日経BP企画　2006.9　p189-197

菜根譚
◎注釈書「「菜根譚」の裏を読む―現代版日本人のための人生の智恵」（谷沢永一ほか）　ビジネス社　2003.12　p244-246

財産権
◎文献「財産権・所有権の経済分析―プロパティー・ライツへの新制度派的アプローチ」（Y. バーゼル）　白桃書房　2003.5　p195-199
◎参考文献「財産権の領分―経済的自由の憲法理論」（中島徹）　日本評論社　2007.3　p215-228

財産罪
◎文献「クレジットカード犯罪・トラブル対処法―カードの基礎知識から現下の諸課題まで」（末藤高義）　民事法研究会　2003.2　p345-354

財産法
◎参考文献「財産法概論　3版」（井上英治）　中央大学出版部　2001.1　p459-461
◎参考文献「取引社会と民法　改訂版」（清水元）　北樹出版　2003.4　p213-214

財産目録
◎文献「現代財産目録論」（五十嵐邦正）　森山書店　2002.8　p237-241

祭祀
◎参考文献「弥生時代の祭祀と信仰―小さな銅鐸が使われていたころ」　小山市立博物館　2001.4　p50-52
◎注「鬼神論―神と祭祀のディスクール　新版」（子安宣邦）　白澤社　2002.11　p208-217
◎参考文献「奄美加計呂麻島のノロ祭祀」（松原武実）　岩田書院　2004.3　p479-482
◎参考文献ほか「古典インドの祭式行為論―Sabarabhasya & Tantravarttika ad 2.1.1-4　原典校訂・訳注研究」（片岡啓）　山喜房佛書林　2004.5　p213-230
◎参考文献「祭祀空間の伝統と機能」（黒田一充）　清文堂出版　2004.12　p545-547
◎参考文献「中国古代王権と祭祀」（岡林秀典）　学生社　2005.1　p470-494
◎引用参考文献「琉球祭祀空間の研究―カミとヒトの環境学」（伊従勉）　中央公論美術出版　2005.4　p682-707
◎参考文献「家庭の祭祀事典―神棚と敬神行事」（西牟田崇生）　国書刊行会　2005.9　p243-245

祭祀遺跡
◎参考文献「水にうつる願い―平成18年度特別展」（大阪府立狭山池博物館）　大阪府立狭山池博物館　2006.10　p61-63

歳時記
◎参考文献「犬たちの歳時記」（笠井俊弥）　平凡社　2001.2　p270」

祭祀儀礼
◎引用参考文献「在日朝鮮人社会における祭祀儀礼―チェーサの社会学的分析」(梁愛舜) 晃洋書房 2004.3 p1-5b

歳時習俗
◎原注「韓国の歳時習俗」(張籌根) 法政大学出版局 2003.4 prr

採種
◎参考図書「自家採種ハンドブック―「たねとりくらぶ」を始めよう」(ミシェル・ファントン, ジュード・ファントン) 現代書館 2002.2 p238-240

採集
◎注文献「採集 ブナ林の恵み ものと人間の文化史103」(赤羽正春) 法政大学出版局 2001.11 prr
◎文献「縄文時代の植物採集活動―野生根茎類食料化の民俗考古学的研究」(山本直人) 渓水社 2002.11 p239-246

再就職支援
◎引用文献「失業者の求職行動と意識―再就職支援のあり方を探る」(奥津眞里) 風間書房 2007.9 p277-282

最勝四天王院障子和歌
◎参考文献「最勝四天王院障子和歌全釈」(渡邉裕美子) 風間書房 2007.10 p511-516

菜食
◎参照文献ほか「肉食タブーの世界史」(F.J.シムーンズ) 法政大学出版局 2001.12 p120-199b

差異心理学
◎文献「ジェンダーの発達心理学」(伊藤裕子) ミネルヴァ書房 2000.11 prr
◎文献「子どもの性役割態度の形成と発達」(相良順子) 風間書房 2002.12 p119-127
◎文献「未知なるものに揺れる心―不確定志向性理論からみた個人差」(R.M.ソレンティノ) 北大路書房 2003.3 p191-204

財政
◎参考文献「財政と宗教」(川崎昭典) 霞出版社 2000.10 p256-262
◎文献「予算・財政監督の法構造」(甲斐素直) 信山社出版 2001.3 p495-500
◎参考文献「日本行財政コンパクト事典 2001年改訂」(行財政事典編集会) ときわ総合サービス 2001.4 p333-334
◎参考文献「公共事業の正しい考え方―財政赤字の病理」(井堀利宏) 中央公論新社 2001.5 p205-206
◎参考文献「大名の財政」(長谷川正次) 同成社 2001.5 p267-268
◎参考文献「財政負担の経済分析―税制改革と年金政策の評価」(上村敏之) 関西学院大学出版会 2001.8 p235-249
◎参考文献「二兎を得る経済学―景気回復と財政再建」(神野直彦) 講談社 2001.8 p201-206
◎リーディングリスト「財政 第2版」(井堀利宏) 岩波書店 2001.9 p233-234
◎参考文献「財政の法学的研究」(櫻井敬子) 有斐閣 2001.9 p262-277
◎参考文献「財政再建団体―何を得て、何を失うのか赤池町財政再建プロセスの検証」(橋本行史) 公人の友社 2001.10 p85-86
◎参考文献「バランスシートで見る日本の財政―政策評価のための財務諸表の作成」(赤井伸郎ほか) 日本評論社 2001.11 p131-134
◎参考文献「財政危機「脱却」 財政構造改革への第1歩」(本間正明) 東洋経済新報社 2001.11 p281-284
◎参考文献「現代中国の政府間財政関係」(張忠任) 御茶の水書房 2001.12 p215-225
◎参考文献「日本の財政―国の財政と地方財政の連関分析 増補改訂版」(大川政三ほか) 創成社 2001.12 p259-260
◎参考文献「戦時日本の特別会計」(柴田善雅) 日本経済評論社 2002.2 p361-371
◎参考文献「基本財政学 第4版」(橋本徹) 有斐閣 2002.4 p289-295
◎参考文献「新財政学 改訂版」(里中恒志, 八巻節夫) 文真堂 2002.4 p282-286
◎文献「人間回復の経済学」(神野直彦) 岩波書店 2002.5 p189-191
◎参考文献「公共事業と財政―戦後日本の検証」(山田明) 高菅出版 2003.2 p163-166
◎参考文献「財政学 3版」(貝塚啓明) 東京大学出版会 2003.3 p279-289
◎参考文献「財政学講義 政府部内の経済分析」(加藤久和) 文眞堂 2003.4 p268-272
◎文献案内「入門財政」(橋本恭之) 税務経理協会 2003.4 p299-301
◎参考文献「地方交付税何が問題か 財政調整制度の歴史と国際比較」(神野直彦ほか) 東洋経済新報社 2003.7 prr
◎参考文献「財政学と公共選択―国家の役割をめぐる大激論」(R.A.マスグレイブほか) 勁草書房 2003.10 p6-12b
◎参考文献「グローバル化と福祉国家財政の再編」(林健久ほか) 東京大学出版会 2004.1 prr
◎参考文献「現代財政学の基礎」(川瀬雄也) 新評論 2004.3 p235-240
◎参考文献「財政学 改訂版」(小林威) 創成社 2004.4 p359-368
◎参考文献「ガバナンスと行財政システム改革」(兼村高文) 税務経理協会 2004.11 p141-143
◎参考文献「日本の財政赤字」(井堀利宏ほか) 岩波書店 2004.12 p225-235
◎「財政問題記事索引 1990-2004」(日外アソシエーツ) 日外アソシエーツ 2005.1 515p B5
◎参考文献「財政学」(金澤史男) 有斐閣 2005.4 prr
◎参考文献「財政赤字の力学」(金子勝ほか) 税務経理協会 2005.6 p301-277
◎文献目録「香川県財政の百年の歩み」(西山一郎) 香川県 2006.3 p519-527
◎参考文献「財政学 改訂版」(神野直彦) 有斐閣 2007.4 p373-380

再生医療
◎参考文献「再生医療とはなにか 改訂版」(上田実) メディア 2004.3 p189-191
◎参考図書「医療革命―ゲノム解読は何をもたらすのか」(N.ウェイド) 岩波書店 2004.6 p283-189

◎参考文献「人体ビジネス―臓器製造・新薬開発の近未来」（瀧井宏臣） 岩波書店 2005.10 p253-255
◎参考文献「患者のための再生医療」（筏義人） 米田出版 2006.6 p183-187
◎原注「ES細胞の最前線」（C.T.スコット） 河出書房新社 2006.8 p267-252
◎参考文献「よみがえる心臓―人工臓器と再生医療」（東嶋和子） オーム社 2007.4 p274-275

財政政策
◎参考資料「財政政策への視点―財政再建策の回顧と模索」（尾崎護） 大蔵財務協会 2001.2 p476-478
◎参考文献「世界の経済・財政改革」（第一勧銀総合研究所） 東洋経済新報社 2001.4 p207-212
◎参考文献「財政政策の効果と効率性」（貝塚啓明） 東洋経済新報社 2001.7 prr
◎文献「地域から見た日本経済と財政政策」（土居丈朗） 三菱経済研究所 2002.3 p111-112, 156-157
◎参考文献「公共政策としてのマクロ経済政策―財政赤字の発生と制御のメカニズム」（大塚耕平） 成文堂 2004.2 p342-361
◎参考文献「財政赤字と日本経済―財政健全化への理論と政策」（貝塚啓明ほか） 有斐閣 2005.4 prr
◎引用参考文献「連邦国家インドの財政改革の研究」（山本盤男） 九州大出版会 2007.1 p305-319
◎参考文献「日本財政破綻回避への戦略」（A.O.クルーガー） 日本経済新聞出版社 2007.5 p219-228

財政投融資
◎文献「民業補完とは何か―ディレギュレーション時代の公的金融」（西垣鳴人） 岡山大 2003.3 p200-204
◎参考文献「財政投融資」（新藤宗幸） 東京大出版会 2006.5 p217-219
◎参考文献「財投改革の経済学」（高橋洋一） 東洋経済新報社 2007.10 p247-253

罪責意識
◎原注「罪と恐れ―西欧における罪責意識の歴史/十三世紀から十八世紀」（J.ドリュモー） 新評論 2004.12 p1168-1061

在宅勤務
◎参考文献「SOHOビジネスの動向調査―SOHO事業者及び支援機関の日米比較 平成12年度中小企業動向等調査」（中小企業総合事業団調査・国際部調査第二課） 中小企業総合事業団 2001.3 p172-173

在宅福祉
◎参考文献「痴呆性高齢者の在宅介護―その基礎知識と社会的介護への連携 新訂版」（馬場純子） 一橋出版 2002.8 p147-148
◎参考文献「在宅介護以前 忘れられている口腔ケアと摂食・嚥下リハビリ」（桐原仁子） 日本評論社 2003.4 p179-182
◎参考文献「実践地域リハビリテーション私論―ユニバーサル社会への道標」（澤村誠志） 三輪書店 2005.6 p407-410
◎引用参考文献「在宅ホスピス緩和ケア―ケアマネジャー実務入門―在宅ターミナルのケアマネジメント」（井形昭弘ほか） 日総研出版 2007.8 p115-116
◎参考文献ほか「がんの在宅ホスピスケアガイド―ただいまおかえりなさい」（吉田利康） 日本評論社 2007.12 p225-227

埼玉県
◎文献「民俗の原風景―埼玉イエのまつり・ムラの祭り」（大舘勝治） さいたま民俗文化研究所 2001.12 p235-236
◎文献目録「埼玉の餅搗踊り」（石川博司） ともしび会 2002.6 p45-53
◎文献「武蔵武士―事跡と地頭の赴任地を訪ねて―郷土の英雄 上」（成迫政則） まつやま書房 2002.7 p320-323
◎文献「埼玉俳諧人名辞典」（内野勝裕） さきたま出版会 2003.3 p190-196
◎参考引用文献「城郭資料集成中世北武蔵の城」（梅沢太久夫） 岩田書院 2003.5 p241-245
◎参考文献「埼玉のことば―県北版」（篠田勝夫） さきたま出版会 2004.3 p538-539
◎「県政資料コーナー資料目録―分類番号順総目録 平成17年2月末日現在」 埼玉県総務部県政情報センター 〔2005〕 391p A4
◎参考文献「歴史ロマン埼玉の城址30選」（西野博道） 埼玉新聞社 2005.6 p159-169

埼玉県　上尾市
◎文献目録「上尾市を歩く」（石川博司） ともしび会 2002.5 p19-20, 30-31

埼玉県　稲荷山古墳
◎参考文献（吉村武彦）「ワカタケル大王とその時代 埼玉稲荷山古墳」（小川良祐ほか） 山川出版社 2003.5 p229-230

埼玉県　入間川
◎主要参考文献「入間川再発見!―身近な川の自然・歴史・文化をさぐって 入間川4市1村合同企画展」（埼玉県西部地域博物館入間川展合同企画協議会） 合同企画協議会 2004.9 p134-135

埼玉県　大宮市
◎「大宮市新聞記事目録 3」（大宮市企画財政部統計資料課） 同統計資料課 2001.3 104p A4

埼玉県　川口市
◎参考文献「赤山陣屋跡遺跡」（埼玉県川口市遺跡調査会） 埼玉県川口市遺跡調査会 2005.3 p211-212

埼玉県　児玉党
◎文献「児玉党出自考」（田島三郎） 児玉地域史研究会 2003.9 p232-233

埼玉県　児玉町
◎文献「長濱町のあゆみ」（長濱町のあゆみ集委員会） 編集委員会 2004.10 p221」

埼玉県　さいたま市
◎参考文献「さいたま市の力石」（高島愼助ほか） 岩田書院 2005.7 p340-345

埼玉県　埼玉古墳群
◎参考文献「鉄剣銘一一五文字の謎に迫る・埼玉古墳群」（高橋一夫） 新泉社 2005.6 p91-92

埼玉県　幸手市史
◎文献「幸手市史 考古資料編」（生涯学習課市史編さん室） 幸手市教育委員会 2002.3 p254-255

埼玉県　玉敷神社
◎参考文献「玉敷神社神楽」 民俗文化センター 2004.3 p112-113

埼玉県　秩父
　◎参考文献「図説秩父の歴史」(井上勝之助)　郷土出版社　2001.10　p247-248
　◎参考文献「秩父環境の里宣言」(久喜邦康)　創森社　2004.5　p230-235
　◎地区別資料一覧「秩父の伝説─語り継ぐふるさとへの想い」(秩父の伝説編集委員会)　秩父市教委　2007.3　p413-417

埼玉県　秩父事件
　◎文献「新説・秩父事件」(米長保)　米長保　2002.5　p227-231
　◎文献「秩父事件─農民蜂起の背景と思想」(若狭蔵之助)　埼玉新聞社　2003.11　p135-141
　◎参考資料「秩父困民党のふるさと─"ぼうと"と呼ばれたひとびと　鎮魂の旅」(鯉沼龍雄)　甌岩書房　2004.2　p252-254
　◎参考文献「秩父困民党群像」(井出孫六)　文元社　2004.2　p247-249
　◎参考文献「秩父事件─圧制ヲ変ジテ自由ノ世界ヲ」(秩父事件研究顕彰協議会)　新日本出版社　2004.8　p236-237
　◎参考文献「秩父困民党群像　新装版」(井出孫六)　新人物往来社　2005.5　p258-261

埼玉県　戸田市
　◎「戸田市地図目録」　戸田市立郷土博物館　2005.3　44p　A4

埼玉県　富士見市
　◎「富士見市関係新聞記事目録　2002年」(富士見市立中央図書館)　富士見市立中央図書館　2003.1　53p　A4
　◎「富士見市関係新聞記事目録　2003年」(富士見市立中央図書館)　市立中央図書館　2004.1　59p　A4
　◎「富士見市関係新聞記事目録　2004年」(富士見市立中央図書館)　富士見市立中央図書館　2005.1　54p　21×30cm

埼玉県　見沼代用水
　◎参考文献「環境保護の市民政治学　2　見沼田んぼからの伝言」(村上明夫)　幹書房　2003.2　p224-226

埼玉県　宮代町
　◎参考文献「宮代町史─通史編」(宮代町教育委員会)　宮代町　2002.3　p648-653
　◎文献「宮代町史　民俗編」(宮代町教育委員会)　宮代町　2003.3　p759-761

埼玉県　寄居町史
　◎参考文献「鉢形城開城─北条氏邦とその時代」(寄居町教育委員会鉢形城歴史館)　鉢形城歴史館　2004.10　p78」

埼玉県　歴史
　○文献ほか「埼玉地方史　45」(埼玉県地方史研究会)　2002.1　p51-33
　◎参考図書「みて学ぶ埼玉の歴史」(編集委員会)　山川出版社　2002.2　p179-181
　○文献目録稿(重田正夫ほか)「埼玉地方史　51」(埼玉地方史研究会)　2004.2　p65-56
　◎参考文献「埼玉県の歴史散歩」(埼玉県高等学校社会科教育研究会歴史部会)　山川出版社　2005.2　p315-316
　◎参考文献「埼玉・歴史の道50話」(埼玉県立博物館)　埼玉新聞社　2005.10　p172-178
　◎参考文献「埼玉県史料叢書　7上」(埼玉県教育委員会)　埼玉県　2006.3　p32-33
　◎参考文献「北武蔵・西上州の秘史」(川鍋巌)　川鍋巌　2006.10　p516-517
　◎参考文献「武蔵武士─郷土の英雄　続　源頼朝の子孫吉見氏、本田氏、安達氏、大串氏など十四氏の業績と赴任地を探る」(成迫政則)　まつやま書房　2007.2　p331-333
　○動向(石坂俊郎ほか)「信濃　59.6.689」(信濃史学会)　2007.6　p409-420
　◎文献一覧「埼玉の弥生時代」(埼玉・弥生土器観会)　六一書房　2007.12　p399-456

最適化
　◎文献「金融工学と最適化」(枇々木規雄)　朝倉書店　2001.3　p211-215

在日外国人
　○証言(岡崎正樹)「文献探索　2000」(文献探索研究会)　2001.2　p127-133
　◎参考文献「越境する家族　在日ベトナム系住民の生活世界」(川上郁夫)　明石書店　2001.2　p8-19b
　◎参考文献「マイノリティの権利と普遍的人権概念の研究─多文化的市民権と在日コリアン」(金泰明)　トランスビュー　2004.2　p339-347
　◎引用参考文献「在日朝鮮人社会における祭祀儀礼─チェーサの社会学的分析」(梁愛舜)　晃洋書房　2004.3　p1-5b
　◎注「在日、感動の百年」(金賛汀)　朝日新聞社　2004.4　p209-224
　○目録(梁永厚)「関西大学人権問題研究室紀要　50」(関西大)　2005.3　p39-70
　◎参考文献「コリアン・ディアスポラ─在日朝鮮人とアイデンティティ」(S. リャン)　明石書店　2005.3　prr
　○略年表(佐川亜紀)「在日コリアン詩選集　一九一六年～二〇〇四年」(森田進ほか)　土曜美術社　2005.5　p496-503
　◎参考文献「「在日」の家族法Q&A　2版」(西山慶一ほか)　日本評論社　2006.1　p409-419
　◎文献紹介「在日コリアンに権利としての日本国籍を」(在日コリアンの日本国籍取得権確立協議会)　明石書店　2006.2　p177-185
　◎参考文献「差別を生きる在日朝鮮人」(李光奎ほか)　第一書房　2006.3　p244-259
　◎参考文献「差別と抵抗の現象学─在日朝鮮人の〈経験〉を基点に」(郭基煥)　新泉社　2006.6　p1-9b
　◎参考引用文献「日本の国籍制度とコリア系日本人」(佐々木乙子)　明石書店　2006.9　p183-190

才能教育
　◎文献「子どものスポーツと才能教育」(宮下充正)　大修館書店　2002.12　p169-172
　◎文献「アメリカの才能教育─多様な学習ニーズに応える特別支援」(松村暢隆)　東信堂　2003.9　p200-217

栽培
　◎参考文献「栽培システム工学」(稲村達也)　朝倉書店　2005.11　prr

栽培漁業
　◎参考文献「栽培漁業と統計モデル分析」(北田修一)　共立出版　2001.2　p303-326

栽培植物
- ◎参考文献「栽培植物の自然史―野生植物と人類の共進化」（山口裕文, 島本義也） 北海道大学図書刊行会 2001.6 p219-233

財閥
- ◎参考文献「財閥解体―GHQエコノミストの回想」（E. M. ハドレー） 東洋経済新報社 2004.7 p273-271
- ◎参考文献「企業集団の形成と解体―社長会の研究」（菊地浩之） 日本経済評論社 2005.10 p416-428
- ◎参考文献「韓国財閥史の研究―分断体制資本主義と韓国財閥」（鄭章淵） 日本経済評論社 2007.2 p403-415

サイバー法
- ◎参考文献「インターネットと法 3版」（高橋和之ほか） 有斐閣 2004.5 p337-338
- ◎参考文献「情報セキュリティと法制度」（東倉洋一ほか） 丸善 2005.3 prr

催馬楽
- ◎参考文献「新編日本古典文学全集 42 神楽歌・催馬楽・梁塵秘抄・閑吟集」（臼田甚五郎ほか） 小学館 2000.12 p529-532

裁判
- ◎文献案内「現代の裁判 第2版」（市川正人ほか） 有斐閣 2001.5 p265-269
- ◎参考文献「現代の裁判 2版補訂」（市川正人ほか） 有斐閣 2003.4 p275-278
- ◎文献案内「裁判とは何か―市民のための裁判法講話」（萩原金美） 御茶の水書房 2003.4 p61-62
- ◎文献案内「現代の裁判 3版」（市川正人ほか） 有斐閣 2004.4 p277-282
- ◎参考文献「ゼミナール裁判官論」（加藤新太郎） 第一法規 2004.6 p283-285
- ◎参考文献「裁判員制度」（丸田隆） 平凡社 2004.7 p204-206
- ◎参考文献「現代の裁判 4版」（市川正人ほか） 有斐閣 2005.7 p287-292
- ◎参考文献「訴えられた遊女ネアイラ―古代ギリシャのスキャンダラスな裁判騒動」（D. ハメル） 草思社 2006.8 p257-265
- ◎注「裁判と社会―司法の「常識」再考」（D. H. フット） NTT出版 2006.10 p322-295
- ◎参考文献ほか「裁判官の爆笑お言葉集」（長嶺超輝） 幻冬舎 2007.3 p218-219

裁判精神医学
- ◎参考文献「人格障害をめぐる冒険」（大泉実成） 草思社 2005.12 p263-265

細胞
- ◎参考文献「細胞の共生進化―始生代と原生代における微生物群集の世界 下 2版」（L. Margulis） 学会出版センター 2004.2 p455-487
- ◎文献「化学進化・細胞進化 シリーズ進化学3」（石川統ほか） 岩波書店 2004.8 p237-243
- ◎参考文献「細胞の世界」（W. M. ベッカーほか） 西村書店 2005.7 p821-834
- ◎参考文献「細胞の中の水」（P. マントレ） 東京大出版会 2006.3 prr
- ◎原注「ES細胞の最前線」（C. T. スコット） 河出書房新社 2006.8 p267-252

細胞
- ◎参考図書「細胞生物学」（永田和宏ほか） 東京化学同人 2006.12 p225-226
- ◎参考図書「これだけは知っておきたい図解細胞周期」（江島洋介） オーム社 2007.10 p192-202
- ◎文献「細胞の代謝システム―システム生命科学による統合的代謝制御解析」（清水和幸） コロナ社 2007.10 prr

細密画
- ◎参考文献「細密画が描かれた王国と細密画の発展の歴史」（浅原昌明） 新風舎 2006.9 p397-402

催眠療法
- ◎文献「新催眠の誘導技法―心理臨床の幅を広げる」（G. ガフナーほか） 誠信書房 2005.12 p195-198

財務
- ◎参考文献「実践コーポレート・ファイナンス―企業価値を高める戦略的財務」（高橋文郎） ダイヤモンド社 2001.5 p215-216
- ◎参考文献「経営財務入門 ビジネス・ゼミナール 2版」（井手正介ほか） 日本経済新聞社 2003.6 p571-572

財務会計
- ◎参考文献「イントロダクション財務会計 3訂版」（中村宣一朗） 同文舘出版 2002.4 prr
- ◎参考文献「財務会計・法人税法論文の書き方・考え方―論文作法と文献調査」（中田信正） 同文舘出版 2004.6 p179-182
- ◎参考文献「ドイツ財務会計論の系譜」（G. ザイヒト） 中央経済社 2004.8 p229-240
- ◎参考文献「現代の会計と財務諸表分析―基礎と展開」（平岡秀福） 創成社 2005.4 p319-330
- ◎参考文献「財務会計の世界―基礎から個別論点まで」（安永利啓） 税務経理協会 2005.6 p279-281

財務管理
- ◎参考文献「財務管理論の基礎 第4版」（中垣昇） 創成社 2001.3 p165-171
- ◎参考文献「企業財務の機能と変容」（内田交謹） 創成社 2001.11 p239-251
- ◎参考図書「入門経営財務」（亀川雅人） 新世社 2002.2 p301-302
- ◎文献「日系多国籍企業の財務戦略と取引費用―金融子会社, 移転価格, タックス・ヘイブンをめぐって」（王忠毅） 九州大学出版会 2002.11 p219-224
- ◎文献「ファイナンシャル・マネジメント・ハンドブック」（徳崎進） 東洋経済新報社 2002.12 p273-277
- ◎参考文献「企業財務のための金融工学」（葛山康典） 朝倉書店 2003.4 p161-163
- ◎文献「財務管理と会計―基礎と応用 2版」（藤井則彦） 中央経済社 2003.4 p217-219
- ◎参考文献「財務からみた大学経営入門」（W. リード） 東洋経済新報社 2003.10 prr
- ◎参考文献「現代の財務管理」（榊原茂樹ほか） 有斐閣 2003.11 prr
- ◎参考文献「財務管理概論」（牧浦健二） 税務経理協会 2003.11 prr
- ◎参考文献「企業財務行動の要因と展開」（室本誠二） 五絃舎 2004.3 p287-297
- ◎参考文献「大学経営戦略―財務会計・格付け・資金管理の基礎知識」（川原淳次） 東洋経済新報社 2004.6 prr

◎参考文献「経営財務の基礎　3版」（室本誠二ほか）　五絃舎　2005.4　p173-176
◎参考文献「経営財務論―不確実性，エージェンシー・コストおよび日本的経営　新訂版」（小山明宏）　創成社　2005.5　p277-281
◎参考文献「企業価値創造の不動産戦略」（M. ウェザーヘッド）　東洋経済新報社　2005.10　p347-354
◎参考文献「財務マネジメント―企業価値とリスクの評価」（西村慶一ほか）　中央経済社　2005.10　p263-267
◎参考文献「企業・家計・銀行の財務管理モデル」（熊野雅之）　税務経理協会　2006.5　p197-200
◎参考文献「戦略的コーポレートファイナンス―企業価値と財務判断」（朝岡大輔）　NTT出版　2006.8　p305-309
◎参考文献「資本と知識と経営者―虚構から現実へ」（亀川雅人）　創成社　2006.9　p215-221
◎引用参考文献「ものづくりに役立てる!!　MBAファイナンス」（村中健一郎）　近代セールス社　2006.10　p195-204
◎参考文献「財務管理と会計―基礎と応用　3版」（藤井則彦）　中央経済社　2006.10　p217-219
◎参考文献「財務からみる企業行動―資金剰余下の企業金融とコーポレート・ガバナンス」（林原行雄）　魁星出版　2006.12　p172-175
◎参考文献「経営財務の基礎理論」（中垣昇）　税務経理協会　2007.5　p219-229
◎参考文献ほか「ケースでわかる実践CRE戦略」（森平爽一郎）　東洋経済新報社　2007.7　prr
◎文献「ベンチャー企業のファイナンス戦略―会社法の徹底活用」（安達巧ほか）　白桃書房　2007.7　p171-172

財務諸表
◎参考文献「キャッシュ・フロー会計情報の有用性」（百合草裕康）　中央経済社　2001.3　p293-308
◎参考文献「最新財務諸表会計　第3版」（郡司健）　中央経済社　2001.9　p209-212
◎文献「財務諸表の理論と制度」（高山朋子）　森山書店　2002.5　p359-371
◎文献「現代財産目録論」（五十嵐邦正）　森山書店　2002.8　p237-241
◎文献「連結会計基準論」（川本淳）　森山書店　2002.12　p197-202
◎文献「連結財務諸表の比較可能性―会計基準の国際的統一に向けて」（向伊知郎）　中央経済社　2003.4　p303-311
◎引用参照文献「財務諸表監査の変革」（内藤文雄）　税務経理協会　2003.8　p247-252

財務報告
◎参考文献「財務報告制度の国際比較と分析」（武田安弘）　税務経理協会　2001.2　p581-604
◎参考文献「アメリカにおける財務報告の展開」（渡邊和矩）　黎明出版　2005.9　p156-169

材木
◎参考文献「木材なんでも小事典―秘密に迫る新知識76」（木質科学研究所木悠会）　講談社　2001.11　p9-12b

西遊記
◎注「中国四大奇書の世界　『西遊記』『三国志演義』『水滸伝』『金瓶梅』を語る」（懐徳堂記念会）　和泉書院　2003.1　prr
◎関係書「西遊記　10」（中野美代子）　岩波書店　2005.6　p505-514
◎参考文献「西遊記キャラクターファイル」（三猿舎）　新紀元社　2007.9　p215」

柴窯
◎参考文献「幻の至宝柴窯発見―なぜ、伝説の陶磁器が日本にあったのか」（對中如雲）　祥伝社　2006.12　p226-227

材料試験
◎参考文献「硬さ試験の理論とその利用法―材料流れから硬さを解き明かす」（中村雅勇）　工業調査会　2007.6　p187-188

祭礼
◎参考文献「金砂大祭礼の歴史」（志田諄一）　茨城新聞社　2002.5　p291-292
◎参考文献「まつり・祭・津まつり―ニューヨークから里帰り「津八幡宮祭礼絵巻」」（まつり・祭・津まつり展実行委員会）　実行委員会　2004.9　p118-119
◎参考文献「三遠南信россиянам紀行」（味岡伸太郎）　春夏秋冬叢書　2004.11　p252-253
◎参考文献「小倉祇園太鼓の都市人類学―記憶・場所・身体」（中野紀和）　古今書院　2007.2　p337-349
◎参考文献ほか「中世の祝祭―伝説・神話・起源」（P. ヴァルテール）　原書房　2007.4　p26-34b
◎文献一覧「天下祭読本―幕末の神田明神祭礼を読み解く」（都市と祭礼研究会）　雄山閣　2007.4　p255-258
◎文献「土佐の祭りと呪詛―物部村のいざなぎ流」（福島義之）　文芸社　2007.4　p245-246
◎文献「岸和田だんじり讀本」（泉田祐志ほか）　ブレーンセンター　2007.9　p340-341

サイン計画
◎参考文献「サイン計画デザインマニュアル―医療・福祉施設を事例として」（西川潔）　学芸出版社　2002.2　p158

サウジアラビア
◎文献リスト「サウディ・アラビアの総合的研究」日本国際問題研究所　2001.3　p193-206
◎参考文献「不思議の国サウジアラビア―パラドクス・パラダイス」（竹下節子）　文藝春秋　2001.7　p203-204
◎参考文献「サウディアラビア王国―伝統ある若き近代国家」　サウディアラビア王国文化・情報省　2004.3　p230-232
◎原注「サウジアラビア中東の鍵を握る王国」（A. バスブース）　集英社　2004.12　p219-215
◎参考文献「投資銀行家が見たサウジ石油の真実」（M. R. シモンズ）　日経BP社　2007.3　p568-585
◎文献案内「サウジアラビアを知るための65章」（中村覚）　明石書店　2007.7　p372-378

サウンドスケープ
◎原注「世界の調律　サウンドスケープとはなにか」（R. M. シェーファー）　平凡社　2006.5　prr

サガ
◎文献「サガとエッダの世界―アイスランドの歴史と文化」（山室静）　文元社　2004.2　p254-258

佐賀県
- ◎参考文献「さがの女性史」（佐賀県女性と生涯学習財団）　佐賀新聞社　2001.3　p574-585
- ◎文献「地域農業再生の論理―佐賀農業における実証的研究」（長安六）　九州大学出版会　2002.6　p253-254
- ◎参考文献「佐賀・島原と長崎街道　街道の日本史50」（長野暹）　吉川弘文館　2003.9　p19-22b
- ◎参考文献「九州地方の民俗芸能　1」（福岡県教育委員会ほか）　海路書院　2007.4　p452-457

佐賀県　佐賀藩
- ◎文献一覧「小城鍋島藩と島原の乱―小城鍋島文庫に見る」　佐賀大　2004.8　p115-118

佐賀県　鳥栖市
- ◎参考文献「鳥栖市誌　2　原始・古代編」（鳥栖市教育委員会）　鳥栖市　2005.3　p434-447

佐賀県　松浦半島
- ◎参考文献「壱岐・対馬と松浦半島　街道の日本史49」（佐伯弘次）　吉川弘文館　2006.4　p23-25b

佐賀県　吉野ヶ里遺跡
- ◎参考文献「吉野ヶ里遺跡」（七田忠昭）　同成社　2005.9　p181-184
- ◎参考文献「弥生人躍動す―池上曽根と吉野ヶ里　平成18年秋季特別展」（大阪府立弥生文化博物館）　大阪府立弥生文化博物館　2006.10　p85-87

サカ語
- ◎参考文献「コータン出土8-9世紀のコータン語世俗文書に関する覚え書き」（吉田豊）　神戸市外国語大　2006.3　p162-166

サーカス
- ◎参考文献「ボリショイサーカス」（大島幹雄）　東洋書店　2006.10　p62-63
- ◎参考文献「韓国サーカスの生活誌―移動の人類学への招待」（林史樹）　風響社　2007.10　p239-248

魚
- ◎文献「よみがえれふるさとの川と魚たち」（加藤憲司）　リベルタ出版　2001.3　p218-220
- ◎参考文献「海の歌　人と魚の物語」（C. サフィナ）　共同通信社　2001.3　p1-7b
- ◎参考文献「魚のエピソード―魚類の多様性生物学」（尼岡邦夫）　東海大学出版会　2001.6　p262-266
- ◎参考文献「サシミ文化が世界を動かす」（堀武昭）　新潮社　2001.12　3pb
- ◎参考文献「日本人とさかなの出会い―縄文遺跡に見る源流」（河井智康）　角川書店　2001.12　p243-244
- ◎参考文献「野球と魚のリトルサイエンス進化論」（磯部卓也）　文芸社　2002.1　p228-231
- ◎参考文献「旬の魚はなぜうまい」（岩井保）　岩波書店　2002.9　p4-6b
- ◎参考文献「日本の魚―系図が明かす進化の謎」（上野輝弥ほか）　中央公論新社　2004.2　p212-208
- ◎参考文献「磯採集ガイドブック―死滅回遊魚を求めて」（荒俣宏ほか）　阪急コミュニケーションズ　2004.8　p250-251
- ◎参考文献「魚の名前」（川崎洋）　いそっぷ社　2004.12　p253」
- ◎文献「魚学入門」（岩井保）　恒星社厚生閣　2005.3　prr
- ◎参考文献「図説魚と貝の事典」（魚類文化研究会）　柏書房　2005.5　p8-11
- ◎文献「魚の科学事典」（谷内透）　朝倉書店　2005.11　prr

酒場
- ◎引用文献ほか「さらば銀座文壇酒場」（峯島正行）　青蛙房　2005.8　p210-211

盛り場
- ◎引用参考文献「盛り場の都市社会学」（照井恒衛）　碧天舎　2005.2　p121-127

サガレン新聞
- ○関係記事（田村将人）「北海道開拓記念館調査報告46」（北海道開拓記念館）　2007.3　p179-188

詐欺
- ◎参考文献「詐欺とペテンの大百科　新装版」（C. シファキス）　青土社　2001.10　p1-3b
- ◎参考文献「偽造・贋作・ニセ札と闇経済」（門倉貴史）　講談社　2004.3　p205-206
- ◎参考文献「詐病」（牧潤二）　日本評論社　2006.12　p245-247

裂織
- ◎参考文献「裂織―木綿生活誌　ものと人間の文化史128」（佐藤利夫）　法政大学出版局　2005.10　p274-275

詐欺罪
- ◎参考文献「詐欺師と虚業家の華麗な稼ぎ方―人はこうして騙される」（山崎和邦）　中経出版　2005.11　p202-206

先嶋新聞
- ◎記事目録（久田千春）「史料編集室紀要　32」（沖縄県教委）　2007.3　p57-74

先物取引
- ◎文献「先物世界の構図―21世紀グローバル市場のスケッチ」（高橋弘）　商事法務　2002.6　p205-206
- ◎参考文献「エネルギーデリバティブ―プライシングとリスク管理」（L. クルーロー）　シグマベイスキャピタル　2004.2　p311-314
- ◎参考文献「先物価格分析入門―商品先物を中心に」（小山良）　近代文芸社　2004.3　p237-250

作業療法
- ◎文献「人間作業モデル―理論と応用　改訂3版」（G. Kielhofner）　協同医書出版社　2007.7　p607-614

錯視
- ◎論文一覧「錯視の科学ハンドブック」（後藤倬男ほか）　東京大学出版会　2005.2　p557-583

作中人物
- ◎参考文献「古典文学作中人物事典」（西沢正史）　東京堂出版　2003.9　prr

作文
- ◎参考文献「文章力をつける!―心が届くちょっとしたコツ」（永崎一則）　PHP研究所　2001.5　p233-235
- ◎参考文献「自己表現の技法―文章表現・コミュニケーション・プレゼンテーション　専門基礎ライブラリー」（畑山浩昭ほか）　実教出版　2004.1　p200-201

作文教育
- ◎文献「作文指導における言語連想法の効果―その心理学的分析」（平山祐一郎）　風間書房　2002.11　p125-129
- ◎引用文献ほか「大正昭和初期における生活表現の綴り方の研究―東京高師付属小学校教師の実践と理論」（高森邦明）　高文堂出版社　2002.11　p629-652
- ◎参考文献「作文教育における文章化過程指導の研究」（大西道雄）　渓水社　2004.10　p295-296
- ◎引用参考文献「「説得するために書く」作文指導のあり方」（摺田誉美）　渓水社　2004.11　p207-214
- ◎参考文献「ユング派の学校カウンセリング―癒しをもたらす作文指導」（J.ベルトイア）　昭和堂　2007.3　p288-292
- ◎文献一覧「ライティング・ワークショップ―「書く」ことが好きになる教え方・学び方」（J.ポータルピ）　新評論　2007.3　p161-165

作物
- ◎参考文献「呼吸と作物の生産性」（J. S. Amthor）　学会出版センター　2001.10　p197-232
- ◎文献「土壌と生産環境」（長谷川和久）　養賢堂　2002.1　p173-175
- ◎引用文献「作物の健康　農薬の害から植物をまもる」（F.シャブスー）　八坂書房　2003.5　p5-30b
- ◎参考図書「植物生産技術学」（秋田重誠ほか）　文永堂出版　2006.7　p243-246

桜
- ◎参考文献「サクラを救え―「ソメイヨシノ寿命60年説」に挑む男たち」（平塚晶人）　文藝春秋　2001.3　p250-251
- ◎文献「花をたずねて吉野山―その歴史とエコロジー」（鳥越皓之）　集英社　2003.2　p200-205
- ◎文献「現代日本生物誌　8　ツバキとサクラ―海外に進出する植物たち」（林良博）　岩波書店　2003.3　p1-4b
- ◎文献目録「桜の文学史」（小川和佑）　文藝春秋　2004.2　p280-285
- ◎がいどぶっく「桜が創った「日本」―ソメイヨシノ起源への旅」（佐藤俊樹）　岩波書店　2005.2　p217-224
- ◎文献「日本のサクラが死んでゆく」（平塚晶人）　新風舎　2005.2　p323-324
- ◎参考文献「桜　2　ものと人間の文化史137-2」（有岡利幸）　法政大出版局　2007.3　p369-379

櫻井書店
- ◎出版目録ほか「戦中戦後の出版と桜井書店―作家からの手紙・企業整備・GHQ検閲」（山口邦子）　慧文社　2007.5　p259-282

サクラソウ
- ◎引用文献「サクラソウの分子遺伝生態学―エコゲノム・プロジェクトの黎明」（鷲谷いづみ）　東京大出版会　2006.1　prr
- ◎参考文献「サクラソウの目―繁殖と保全の生態学　2版」（鷲谷いづみ）　地人書館　2006.5　p229-231

サークル活動
- ◎参考文献「ファミリテーション革命―参加型の場づくりの技法」（中野民夫）　岩波書店　2003.4　p1-3b
- ◎参考引用文献「「つきあい」の戦後史―サークル・ネットワークの拓く地平」（天野正子）　吉川弘文館　2005.4　p273-282
- ◎参考文献「ワークショップ入門―実践とプロセスアプローチ」（山本克彦）　久美　2006.3　p84-85

サケ
- ◎文献「サケの世界市場―アグリビジネス化する養殖業」（佐野雅昭）　成山堂書店　2003.4　p253-256
- ◎参考文献「サケ・マスの生態と進化」（前川光司）　文一総合出版　2004.5　p328-329
- ◎Bibliography（浦和茂彦）「さけ・ます資源管理センター研究報告　7」（さけ・ます資源管理センター）　2005.3　p123-128
- ◎Bibliography（浦和茂彦）「さけ・ます資源管理センター研究報告　8」（さけ・ます資源管理センター）　2006.3　p47-52
- ◎注「鮭・鱒　2　ものと人間の文化史133-2」（赤羽正春）　法政大出版局　2006.4　prr

酒
- ◎参考文献「日本の酒―その起源と歴史」（市川次郎）　東亜文物懇話会　2002.2　p747-789
- ◎文献「世界のお酒とおもしろ文化―お国変われば、酒変わる」（デュワイト・B.ヒース）　たる出版　2002.8　p369-388
- ◎参考文献ほか「日本の酒文化総合辞典」（荻生待也）　柏書房　2005.11　p739-760
- ◎文献「酒の日本文化―知っておきたいお酒の話」（神崎宣武）　角川学芸出版　2006.9　p239-243
- ◎参考文献「君当に酔人を怨すべし―中国の酒文化」（蔡毅）　農文協　2006.11　p206
- ◎文献「知っておきたい「酒」の世界史」（宮崎正勝）　角川学芸出版　2007.6　p219-221

鎖国
- ◎文献リスト「海禁と鎖国―展望日本歴史　14」（紙屋敦之ほか）　東京堂出版　2002.9　p459-445
- ◎註「長崎貿易と寛永鎖国」（木崎弘美）　東京堂出版　2003.8　prr
- ◎参考文献「鎖国と国境の成立」（武田万里子）　同成社　2005.8　p179-184

狭衣物語
- ◎注「狭衣物語の新研究―頼通の時代を考える」（久下裕利）　新典社　2003.7　prr

挿絵
- ◎参考文献ほか「挿絵画家の時代　ヴィクトリア朝の出版文化」（清水一嘉）　大修館書店　2001.7　p283-260
- ◎文献「線描の芸術―西欧初期中世の写本を見る」（越宏一）　東北大学出版会　2001.10　p10-14b
- ◎参考文献「挿絵本のたのしみ―近代西洋の彩り」（うらわ美術館）　うらわ美術館　2005　p133」
- ◎参考文献「「子どもの本」黄金時代の挿絵画家たち」（R.ダルビー）　西村書店　2006.8　p166」
- ◎参考文献「口絵名作物語集」（山田奈々子）　文生書院　2006.11　p301-302
- ◎文献「大衆の心に生きた昭和の画家たち」（中村嘉人）　PHP研究所　2007.3　p183-185

座敷舞
- ◎参考資料紹介「舞の会―京阪の座敷舞」　日本芸術文化振興会　2006.11　p337-342

サシミ文化
◎参考文献「サシミ文化が世界を動かす」（堀武昭）　新潮社　2001.12　3pb

座席予約
◎注ほか「みどりの窓口を支える「マルス」の謎―世界最大の座席予約システムの誕生と進化」（杉浦一機）　草思社　2005.10　p225-228

サソリ
◎文献「タランチュラ&サソリ」（相原和久ほか）　誠文堂新光社　2007.1　p174-175

作家
◎参考資料「文壇挽歌物語」（大村彦次郎）　筑摩書房　2001.5　p482-485
○ベストセレクション20冊（柿川鮎子）「作家と犬　文芸別冊」（河出書房新社）　2001.11　p185-191
◎「最新海外作家事典　新訂3版」（日外アソシエーツ）　日外アソシエーツ　2002.1　26, 874p A5
◎ブックガイドほか「戦後文壇畸人列伝」（石田健夫）　藤原書店　2002.1　p216-238
◎「読書案内日本の作家―伝記と作品」（日外アソシエーツ）　日外アソシエーツ　2002.5　415p A5
◎「読書案内世界の作家―伝記と作品」（日外アソシエーツ）　日外アソシエーツ　2002.7　362p A5
◎「新訂―作家・小説家人名事典」（日外アソシエーツ）　日外アソシエーツ　2002.10　811p A5
◎注「ペンをとる女性たち」（フェリス女学院大学）　翰林書房　2003.2　prr
◎参考資料「文士の生きかた」（大村彦次郎）　筑摩書房　2003.10　p220-222
◎参考文献「漱石が聴いたベートーヴェン―音楽に魅せられた文豪たち」（滝井敬子）　中央公論新社　2004.2　p223-228
◎参考文献「ロシアの十大作家」（松下裕）　水声社　2004.9　p225-231
◎「年譜集成　1　現代の作家」（日外アソシエーツ）　日外アソシエーツ　2005.3　7, 632p A5
◎引用文献ほか「さらば銀座文壇酒場」（峯島正行）　青蛙房　2005.8　p210-211
◎参考文献「数学を愛した作家たち」（片野善一郎）　新潮社　2006.5　p189-191

サッカー
◎参考文献「サッカーの歴史」（アルフレッド・ヴァール）　創元社　2002.1　p158
◎参考文献「サッカーの情念（パッション）―サポーターとフーリガン」（パトリック・ミニョン）　社会評論社　2002.3　p318-320
◎参考文献「情熱のブラジルサッカー―華麗・独創・興奮」（沢田啓明）　平凡社　2002.3　p220-222
◎参考文献「サッカーを知的に愉しむ」（林信吾ほか）　光文社　2002.4　p264」
◎文献「フランスサッカーの真髄―ブルーたちからのメッセージ―Voyage au coeur du football francais」（ローラン・ランヌ, 山本三春）　本の泉社　2002.4　p301-302
◎注ほか「フィレンツェのサッカー―カルチョの図像学」（H. ブレーデカンプ）　法政大学出版局　2003.11　p1-56b
◎文献「日本式サッカー革命―決断しない国の過去・現在・未来」（S. モフェット）　集英社インターナショナル　2004.7　p364-367
◎文献「アヤックスの戦争―第二次世界大戦と欧州サッカー」（S. クーパー）　白水社　2005.2　p1-7b
◎参考文献「フーリガンの社会学」（D. ボダン）　白水社　2005.11　p1-2b
◎参考文献「サッカー「王国」ブラジル―ペレ、ジーコからロナウジーニョまで」（矢持善和）　東洋書店　2006.4　p311-312
◎参考文献「ナチス第三帝国とサッカー―ヒトラーの下でピッチに立った選手たちの運命」（G. フィッシャー）　現代書館　2006.4　p229-233
◎文献「サッカーのこと知ってますか?」（加納正洋）　新潮社　2006.5　p186-189
◎参考資料「フチボウ―美しきブラジルの蹴球」（A. ベロス）　ソニー・マガジンズ　2006.5　p18-24b
◎参考文献「栄光のドイツサッカー物語」（明石真和）　大修館書店　2006.6　p281-286
◎文献「VIVA!サッカー探究―サポーターズ・アイ」（牛木素吉郎ほか）　中央公論事業出版　2006.7　p176-179
◎参考文献「砂糖をまぶしたパス―ポルトガル語のフットボール」（市之瀬敦）　白水社　2006.12　p201-206
◎参考文献「日本サッカー史―日本代表の90年」（後藤健生）　双葉社　2007.1　p387-392
◎参考文献「「言語技術」が日本のサッカーを変える」（田嶋幸三）　光文社　2007.11　p234-235

錯覚
◎文献「錯覚の世界―古典からCG画像まで」（J. ニニオ）　新曜社　2004.2　p203-210
◎参考関連図書「試してナットク!　錯視図典―古典的名作から新発見まで全体験!」（馬場雄二ほか）　講談社　2004.12　p196-198
◎文献「不可能な世界―2 in 1」（B. エルンスト）　Taschen c2006　p94-95
◎参考文献「だまされる視覚―錯視の楽しみ方」（北岡明佳）　化学同人　2007.1　p191-194

作曲
◎略年譜「ショスタコーヴィチの証言　改版」（ソロモン・ヴォルコフ）　中央公論新社　2001.6　p554-582
◎参照文献「西洋音楽演奏史論序説―ベートーヴェンピアノ・ソナタの演奏史研究」（渡辺裕）　春秋社　2001.6　p95-105b
◎参考文献「チェコ音楽の魅力―スメタナ・ドヴォルジャーク・ヤナーチェク」（内藤久子）　東洋書店　2007.1　p281-290

作曲家
◎参考文献「音楽の悪魔　デーモンに魅入られた作曲家たち」（喜多尾道冬）　音楽之友社　2001.3　p4-7b
◎参考文献「我、汝に為すべきことを教えん―作曲家が霊感を得るとき」（A. M. アーベル）　春秋社　2003.9　p20-25b
◎参考文献「音楽と病―病歴にみる大作曲家の姿　新装版」（J. オシエー）　法政大出版局　2007.11　p15-43b

雑穀
◎参考文献「雑穀―畑作農耕論の地平」（木村茂光）　青木書店　2003.5　prr

◎引用参考文献「雑穀の自然史 その起源と文化を求めて」(山口裕文ほか) 北海道大学図書刊行会 2003.9 p225-239
◎文献「雑穀―11種の栽培・加工・利用―ヒエ、アワ、キビ、モロコシ(タカキビ)、アマランサス、ハトムギ、エゴマ、ゴマ、シコクビエ、キノア、トウジンビエ」(及川一也) 農文協 2003.10 p280-284
◎参考文献「雑穀 2 ものから見る日本史」(木村茂光) 青木書店 2006.5 prr

雑誌
◎参考文献「モダン都市の読書空間」(永嶺重敏) 日本エディタースクール出版部 2001.3 p256-258
◎「マガジンデータ 85社・792誌」 日本雑誌協会 2001.5 140p A4
◎「近代雑誌目次文庫45 外国語・外国文学編」(ゆまに書房) ゆまに書房 2001.5 304p B5
◎「雑誌新聞総かたろぐ 2001年版」(メディア・リサーチ・センター) メディア・リサーチ・センター 2001.5 2233p A4
◎「近代雑誌目次文庫 48 外国語・外国文学編 第24巻(So〜Z)」(目次文庫編集委員会) ゆまに書房 2002.2 133, 13p B5
◎「雑誌の目次大百科」(久野寧子) ピエ・ブックス 2003.2 607p B6
◎参考文献「アメリカ雑誌をリードした人びと」(桑名淳二) 風濤社 2003.12 p212」
◎「山口県文書館蔵雑誌文庫目録―近代」(山口県文書館) 山口県文書館 2004.2 214p B5
◎「政府定期刊行物目次総覧 第3集 第2期」(政府定期刊行物目次刊行会) 文化図書 2004.2 5冊 B5
◎「仙台文学館所蔵資料目録―雑誌 平成15年12月31日現在」(仙台文学館) 仙台文学館 2004.3 98p A5
◎参考文献「女性誌の源流―女の雑誌、かく生まれ、かく競い、かく死せり」(浜崎廣) 出版ニュース社 2004.4 p418-419
◎「神田外語大学附属図書館所蔵新聞・雑誌・紀要一覧 2004年8月1日現在」 神田外語大 2004.10 51p A4
◎「書籍雑誌商資料―内地・植民地/1937-41 1」(大久保久雄ほか) 金沢文圃閣 2004.11 371p B5
◎目録「財団法人松ケ岡文庫研究年報 19」(松ケ岡文庫) 2005 p1-36
◎「近代雑誌目次文庫 49 外国語・外国文学編25(執筆者名索引 1)」(目次文庫編集委員会) ゆまに書房 2005.3 384, 26p B5
◎「逐次刊行物目録・増加図書目録 2005」 機械振興協会経済研究所 2005.3 212p B5
◎「東京都立中央図書館・多摩図書館新聞・雑誌目録 2005年2月末現在 1(新聞・雑誌(上))」(東京都立中央図書館編) 東京都立中央図書館 2005.3 784p A4
◎「東京文化財研究所蔵書目録 5 和雑誌」(東京文化財研究所) 東京文化財研究所 2005.3 2冊 A4
◎「播但図書館連絡協議会雑誌・新聞総合目録 2005」(播但図書館連絡協議会) 播但図書館連絡協議会 2005.3 111, 6p A4
◎「日本雑誌総目次要覧 1994-2003」(深井人詩ほか) 日外アソシエーツ 2005.7 513p A5
◎「福島鑄郎所蔵占領期雑誌目録―1945年8月〜1952年3月 鑄人文庫」(福島鑄郎) 文生書院 2005.9 222p A5
◎参考文献「週刊誌風雲録」(高橋呉郎) 文藝春秋 2006.1 p242-244
◎「重山文庫雑誌目録」(新村記念財団) 新村出記念財団 2006.5 176p B5
◎目次集覧(藤元直樹)「参考書誌研究 65」(国立国会図書館) 2006.10 p1-154
◎参考文献「雑誌のカタチ―編集者とデザイナーがつくった夢」(山崎浩一) 工作舎 2006.10 p164-165
◎「近代雑誌目次文庫 63 社会学 13(げっ)」(目次文庫編集委員会) ゆまに書房 2007.3 272, 3p B5
◎「東京都立中央図書館・多摩図書館新聞・雑誌目録 2007年2月末現在 1(新聞・雑誌(上))」(東京都立中央図書館) 東京都立中央図書館 2007.3 888p A4
◎「奈良県内公共図書館等雑誌・新聞タイトル目録 2007年版」 奈良県図書館協会 2007.3 139p A4

雑誌記事
◎「大宅壮一文庫雑誌記事索引CD-ROM版―for Windows 2001」(大宅壮一文庫) 紀伊国屋書店 2002.3 CD-ROM1枚 12cm
◎「国立国会図書館雑誌記事索引DVD-ROM版 1948-2001」(国立国会図書館) 紀伊国屋書店 2002.6 DVD-ROM1枚 12cm
◎「近代雑誌目次文庫 51 社会学 1-3」(目次文庫編集委員会) ゆまに書房 2003.3 3冊 B5
◎「大宅壮一文庫雑誌記事索引CD-ROM版―for Windows 2002」(大宅壮一文庫) 紀伊國屋書店 2003.3 CD-ROM1枚 12cm
◎「大宅壮一文庫雑誌記事索引CD-ROM版―for Windows 2003」(大宅壮一文庫) 紀伊國屋書店 2004.3 CD-ROM1枚 12cm
◎「大宅壮一文庫雑誌記事索引CD-ROM版」(大宅壮一文庫) 紀伊國屋書店 2005.3 CD-ROM1枚 12cm
◎「大宅壮一文庫雑誌記事索引CD-ROM版―for Windows 2005」(大宅壮一文庫) 紀伊國屋書店 2006.3 CD-ROM1枚 12cm

雑誌創刊号
◎目録「三猿文庫展図録 諸橋元三郎と文庫の歩み」(いわき市立草野心平記念文学館) 同文学館 2001.10 p44-54
◎「宮崎公立大学716田中薫研究室所蔵雑誌創刊号目録―創刊号に見る戦後日本の雑誌 増補改定版」(田中薫) 書肆緑人館 2002.6 151p B5

殺人
○記事抄録(古田美咲)「文献探索 2000」(文献探索研究会) 2001.2 p489-493
◎引用文献「20世紀にっぽん殺人事典」(福田洋) 社会思想社 2001.8 p831-833
◎参考文献「介護殺人―司法福祉の視点から」(加藤悦子) クレス出版 2005.2 p285-295
◎文献「殺人プロファイリング入門」(R. M. ホームズほか) 日本評論社 2005.2 p189-198
◎参考文献「攻撃と殺人の精神分析」(片田珠美) トランスビュー 2005.6 p301-293
◎文献「現代殺人論」(作田明) PHP研究所 2005.12 p231-233
◎参考文献「なぜ、バラバラ殺人事件は起きるのか?―殺人+死体損壊を生む心の闇を解き明かす」(作田明) 辰巳出版 2007.5 p222-223

雑草
- ◎参考文献「道端植物園―都会で出逢える草花たちの不思議」（大場秀章）　平凡社　2002.5　p237-240
- ◎文献「身近な雑草のゆかいな生き方」（稲垣栄洋）草思社　2003.7　p245-246
- ◎参考文献「雑草の逆襲―除草剤のもとで生き抜く雑草の話」（伊藤一幸）　全国農村教育協会　2003.11　p100-99
- ◎参考図書「校庭の雑草図鑑」（上赤博文）　佐賀県生物部会　2003.12　p184-185
- ◎文献「雑草生態学」（根本正之）　朝倉書店　2006.4　prr

殺虫剤
- ◎参考文献「蚊遣り豚の謎―近代日本殺虫史考」（町田忍）　新潮社　2001.6　p206-207

雑俳
- ◎文献「不思議な日本語段駄羅―言葉を変身させる楽しさ」（木村功）　踏青社　2003.7　p248-250
- ◎「雑俳史料解題」（宮田正信）　青裳堂書店　2003.8　104, 501p A5

さつまいも
- ◎文献「日本甘藷栽培史―甘藷の伝来から伝播、その栽培法の変遷!」（中馬克己）　高城書房　2002.3　p340-352
- ◎参考文献「戦中・戦後甘藷増産史研究」（前田寿紀）学文社　2006.3　p261-267
- ◎参考文献「サツマイモの遍歴―野生種から近代品種まで」（塩谷格）　法政大出版局　2006.8　p335-355

薩摩切子
- ◎参考文献「薩摩切子―黎明館企画特別展」（鹿児島県歴史資料センター黎明館）　薩摩切子実行委員会　2004.10　p197-198

薩摩修験
- ◎引用文献「ダンナドン信仰―薩摩修験と隠れ念仏の地域民俗学的研究」（森田清美）　岩田書院　2001.5　p359-363

砂糖
- ◎文献「砂糖百科」（高田明和ほか）　糖業協会　2003.3　prr
- ◎文献「砂糖の科学」（橋本仁ほか）　朝倉書店　2006.11　prr

茶道
- ◎参考文献「侘びの世界」（渡辺誠一）　論創社　2001.5　p352-354
- ◎参考文献「日常に生かす「茶の湯」の知恵」（福良弘一郎）　PHP研究所　2003.3　p230-231
- ◎参考文献「茶の精神」（千玄室）　講談社　2003.10　p206-211
- ◎文献目録「茶道と日常生活の美学―「自由」「平等」「同胞の精神」の一つの形」（幸津国生）　共栄書房　2003.12　p177-188
- ◎参考書「わかりやすい茶の湯の文化」（谷晃）　淡交社　2005.4　p177-181
- ◎参考書目「茶の湯と易と陰陽五行」（関根宗ين）　淡交社　2006.2　p152-153
- ◎文献「男たちの数寄の魂」（井尻千男）　清流出版　2007.5　p274-275

里親
- ◎注文献「養子と里親　日本・外国の未成年養子制度と斡旋の問題」（湯沢雍彦）　日本加除出版　2001.1　prr
- ◎引用文献「フォスターケア―里親制度と里親養育」（庄司順一）　明石書店　2003.10　prr
- ◎注「里親制度の国際比較」（湯沢雍彦）　ミネルヴァ書房　2004.5　prr
- ◎参考文献「Q&A里親教育を知るための基礎知識」（庄司順一）　明石書店　2005.8　p323-325
- ◎参考文献「里親とは何か―家族する時代の社会学」（和泉広恵）　勁草書房　2006.3　p5-12b

里神楽
- ◎文献一覧「里神楽ハンドブック―福島・関東・甲信越」（三田村佳子）　おうふう　2005.7　p551-583

里川
- ◎ブックガイド「里川の可能性―利水・治水・守水を共有する」（鳥越皓之）　新曜社　2006.10　p265-275

里山
- ◎参考文献「里山の環境学」（武内和彦ほか）　東京大学出版会　2001.11　p239-249
- ◎引用文献「里山の生態学―その成り立ちと保全のあり方」（広木詔三）　名古屋大学出版会　2002.3　p299-324
- ◎参考文献「里山　II　ものと人間の文化史118-II」（有岡利幸）　法政大学出版局　2004.3　p251-260
- ○文献目録「科学eyes 49.1」（神奈川県立川崎図書館）　2007.10　p18-21

サナトリウム
- ◎参考文献「サナトリウム残影―結核の百年と日本人」（高三啓輔）　日本評論社　2004.1　p324-329

サバ
- ◎参考文献「サバがトロより高くなる日―危機に立つ世界の漁業資源」（井田徹治）　講談社　2005.8　p278-280

サバイバー
- ◎注ほか「サバイバーと心の回復力―逆境を乗り越えるための七つのリジリアンス」（S. J. ウォーリンほか）金剛出版　2002.5　p254-265

サバイバル
- ◎参考文献ほか「災害防衛論」（広瀬弘忠）　集英社　2007.11　p249-252

砂漠化
- ◎引用参考文献「沙漠化とその対策―乾燥地帯の環境問題」（赤木祥彦）　東京大学出版会　2005.1　p193-199

砂漠植物
- ◎参考文献「生きぬく―乾燥地の植物たち」（淡輪俊）信山社　2003.3　p107-108

砂漠緑化
- ◎参考文献「乾燥地の自然と緑化―砂漠化地域の生態系修復に向けて」（吉川賢ほか）　共立出版　2004.4　p213-225

サパティスタ運動
- ◎文献「インターネットを武器にした〈ゲリラ〉―反グローバリズムとしてのサパティスタ運動」（山本純一）慶応義塾大学出版会　2002.9　p347-368

サービス
- ◎参考文献「サービス経営戦略―モノづくりからサービスづくりへ」（小山周三） NTT出版 2005.4 p234-236
- ◎参考文献「ホスピタリティ・マネジメント学原論―新概念としてのフレームワーク」（服部勝人） 丸善 2006.1 p338-342
- ◎主要文献「サービス・ストラテジー―価値優位性のポジショニング」（J. トゥボール） ファーストプレス 2007.3 p280-285
- ◎参考文献ほか「ホスピタリティ・マインド実践入門」（石川英夫） 研究社 2007.4 p236-239
- ◎参考文献「顧客満足経営事典」（常盤猛男） ファーストプレス 2007.5 p232-233
- ◎文献「ITサービスマネジメント構築の実践―ISO20000とITILの内部統制整備への活用」（KPMGビジネスアシュアランス） 日科技連出版社 2007.9 p233-234
- ◎註「サービス・マネジメント入門―ものづくりから価値づくりの視点へ 3版」（近藤隆雄） 生産性出版 2007.12 p258-265

サービス産業
- ◎参考文献「経済のサービス化と産業政策」（松本源太郎） 北海道大学図書刊行会 2001.7 p159-195
- ◎参考文献「サービス大国への挑戦―斜陽製造王国のゆくえ」（浅羽良昌） ミネルヴァ書房 2002.9 p183-189
- ◎参考文献「ホスピタリティ・マネジメント入門」（服部勝人） 丸善 2004.6 p189-194
- ◎参考文献「サービス経済と産業組織 改訂版」（羽田昇史ほか） 同文舘出版 2005.4 p287-297
- ◎引用文献「都市サービス地域論」（林上） 原書房 2005.9 p301-311

サブカルチャー
- ◎参考文献ほか「動物化するポストモダン―オタクから見た日本社会」（東浩紀） 講談社 2001.11 p187-191
- ◎参考文献「日本発イット革命―アジアに広がるジャパン・クール」（奥野卓司） 岩波書店 2004.12 p237-239
- ◎参考文献「〈男らしさ〉という病?―ポップ・カルチャーの新・男性学」（熊田一雄） 風媒社 2005.9 p215-221
- ◎参考文献「サブカルチャー神話解体―少女・音楽・マンガ・性の変容と現在 増補」（宮台真司ほか） 筑摩書房 2007.2 p501-508
- ◎参考文献「ゲーム的リアリズムの誕生」（東浩紀） 講談社 2007.3 p327-330

サプライチェーンマネジメント
- ◎参考文献「サプライチェーン流通革命―ブレードコンピュータの時代へ」（井上春樹） リックテレコム 2004.2 p196-199
- ◎文献「マネージング・ザ・サプライ・チェイン」（D. スミチ・レビほか） 朝倉書店 2005.9 p149-152
- ◎文献「サプライ・チェイン最適化ハンドブック」（久保幹雄） 朝倉書店 2007.10 p481-488

サプリメント
- ◎参考文献「すぐに役立つサプリメント活用事典―元気ときれいに一直線」（古田裕子） 法研 2002.1 p197-199
- ◎参考文献「最新サプリメント・ガイド」（板倉弘重） 日本評論社 2006.4 p279-307
- ◎文献「栄養補助食品」（糸川嘉則） 金芳堂 2006.9 p175-180
- ◎参考文献「ハーブ＆サプリメント―natural standardによる有効性評価」（C. E. ウルブリヒトほか） 産調出版 2007.1 prr

差別
- ◎参考文献「文明開化と差別」（今西一） 吉川弘文館 2001.10 p1-5b
- ◎ブックガイド（中村生雄）「排除の時空を超えて いくつもの日本5」（赤坂憲雄ほか） 岩波書店 2003.4 p6-9b
- ◎参考文献「アイデンティティの権力―差別を語る主体は成立するか」（坂本佳鶴恵） 新曜社 2005.4 p10-23b
- ◎引用参考文献「被差別の食卓」（上原善広） 新潮社 2005.6 p203-204
- ◎参考文献「差別論―偏見理論批判」（佐藤裕） 明石書店 2005.12 p267-270
- ◎参考文献「「表現の自由」の社会学―差別的表現と管理社会をめぐる分析」（伊藤高史） 八千代出版 2006.2 p237-252
- ◎参考文献「ことば/権力/差別―言語権からみた情報弱者の解放」（ましこひでのり） 三元社 2006.12 prr
- ◎文献案内「差別言論―「わたし」のなかの権力とつきあう」（好井裕明） 平凡社 2007.4 p203-210
- ◎参考文献「偏見と差別の解剖」（E. ヤング＝ブルーエル） 明石書店 2007.8 p715-744

差別表現
- ◎引用文献「憎悪表現とは何か―〈差別表現〉の根本問題を考える」（菊池久一） 勁草書房 2001.1 p4-12b
- ◎参考資料「差別表現の検証―マスメディアの現場から」（西尾秀和） 講談社 2001.3 p205-207
- ◎参考文献「差別語からはいる言語学入門」（田中克彦） 明石書店 2001.11 p186-187
- ◎文献「実例・差別表現―糾弾理由から後始末まで、情報発信者のためのケーススタディ」（堀田貢得） 大村書店 2003.7 p227-228

砂防
- ◎参考文献「土砂災害の警戒・避難システム」（小川滋ほか） 九州大出版会 2006.1 prr

作法書
- ◎「近代日本礼儀作法書誌事典」（陶智子ほか） 柏書房 2006.7 652p B5

砂防林
- ◎参考文献「海岸林をつくった人―白砂青松の誕生」（小田隆則） 北斗出版 2003.11 p244-247

サボテン
- ◎参考文献「サボテンライフ」（飯島健太郎） 山海堂 2006.8 p125」

三星
- ◎参考文献「三星の技術能力構築戦略―グローバル企業への技術学習プロセス」（曹斗燮ほか） 有斐閣 2005.5 p257-262

サメ
- ◎引用文献「サメへの道 サメ研究30年の成果」（手島和之） 文芸社 2001.5 p124-135

さよく

◎文献「サメのおちんちんはふたつ─ふしぎなサメの世界」（仲谷一宏）　築地書館　2003.8　p224-225

左翼

◎参照文献「新左翼の遺産─ニューレフトからポストモダンへ」（大嶽秀夫）　東京大出版会　2007.3　p273-284

更紗

◎参考文献一覧「更紗今昔物語─ジャワから世界へ」（国立民族学博物館）　千里文化財団　2006.9　p126-127

サラダ野菜

◎参考文献「サラダ野菜の植物史」（大場秀章）　新潮社　2004.5　p230-231

サラリーマン

◎引用文献「生活時間と生活意識─東京・ソウルのサラリーマン夫妻の調査から」（水野谷武志ほか）　光生館　2001.1　p125-130
◎参考文献「日本・中国・アメリカ働く者の意識3ケ国比較」（川久保美智子）　かんぽう　2002.1　p204-205
◎参考文献「何がサラリーマンを駆りたてるのか」（桜井純理）　学文社　2002.3　p1-9b
◎参考文献「日本型サラリーマンは復活する」（田中秀臣）　NHK出版　2002.6　p239-244
◎参考資料「会社人間が会社をつぶす─ワーク・ライフ・バランスの提案」（J.S.J.パク）　朝日新聞社　2002.7　p191-190
◎参考文献「「月給百円」サラリーマン─戦前日本の「平和」な生活」（岩瀬彰）　講談社　2006.9　p265-269

サラリーマン税制

◎文献「サラリーマン税制に異議あり！」（斎藤貴男）　NTT出版　2001.2　p222-226

ザリガニ

◎参考文献「世界のザリガニ飼育図鑑」（ジャパンクレイフィッシュクラブ）　エムピージェー　2002.4　p115-117
◎参考引用文献「ザリガニの博物誌─里川学入門」（川井唯史）　東海大出版会　2007.2　p155-162

猿

◎参考文献「狩りをするサル─肉食行動からヒト化を考える」（クレイグ・B.スタンフォード）　青土社　2001.4　p235-249
◎参考文献「感情の猿＝人」（菅原和孝）　弘文堂　2002.8　p348-357
◎読書案内ほか「里のサルとつきあうには─野生動物の被害管理」（室山泰之）　京都大学学術出版会　2003.5　p234-243
◎引用文献「インドサル学紀行─2種の分布の境界を探る」（小山直樹）　東海大学出版会　2005.2　p182-186
◎参考文献「サルと人間の環境問題─ニホンザルをめぐる自然保護と獣害のはざまから」（丸山康司）　昭和堂　2006.2　p257-268
◎参考文献「サルと歩いた屋久島」（山極寿一）　山と溪谷社　2006.4　p226-227
◎引用文献ほか「サバンナを駆けるサル─パタスモンキーの生態と社会」（中川尚史）　京都大学術出版会　2007.4　p262-273
◎参考文献「驚きの猿文化─世界の猿文化紀行」（上島亮）　三重大出版会　2007.12　p250-269

猿田彦

◎注「猿田彦と椿」（古賀登）　雄山閣　2006.4　p428-452

サレジオ学院

○記事抄録（古田美咲）「文献探索　2000」（文献探索研究会）　2001.2　p489-493

サロン

◎参考文献「サロンの思想史─デカルトから啓蒙思想へ」（赤木昭三ほか）　名古屋大学出版会　2003.9　p16-22b

澤柳文庫

○洋書目録「成城学園教育研究所研究年報　27」（成城学園）　2005.3　p67-155

三・一独立運動

○参考文献「日本の朝鮮統治と国際関係─朝鮮独立運動とアメリカ1910-1922」（長田彰文）　平凡社　2005.2　p484-504

山陰地方

◎参考文献「山陰地方における古墳群と地域社会」（門脇俊彦）　島根県古代文化センター　2002.3　prr

サンカ

◎文献123「サンカ学入門」（礫川全次）　批評社　2003.10　p147-159
◎関連文献「サンカ─幻の漂泊民を探して」　河出書房新社　2005.6　p198-199

参加型医療

◎参考文献「参加型医療と患者─生きるために結び合う患者たち」（藤田礎史郎）　晃洋書房　2001.6　p199-207

山岳

◎文献「越中山河覚書　1」（橋本広）　桂書房　2002.4　p268-269
○図書目録（日本山岳図書委員会）「山岳　97」（日本山岳会）　2002　pA82-92
◎文献「山と里を活かす─自然と人の共存戦略」（信州大学山岳科学総合研究所）　信濃毎日新聞社　2003.5　p4-7b
○図書目録（日本山岳会図書委員会）「山岳　98」（日本山岳会）　2003　p15-23
○図書目録（日本山岳会図書委員会）「山岳　99」（日本山岳会）　2004　pA38-46
○引用文献「房総山岳志」（内田栄一）　崙書房出版　2005.9　p337-343
○参考文献「立山の三代目平蔵と日本百名山」（佐伯元信）　新風舎　2005.9　p464-465
○参考図書「新日本山岳誌」（日本山岳会）　ナカニシヤ出版　2005.11　p1879-1926

算額

◎関連図書ほか「だから楽しい江戸の算額─和算絵馬「算額」の魅力がいっぱい」（小寺裕）　研成社　2007.9　p103-104

産学協同

◎文献「産学連携─「中央研究所の時代」を超えて」（西村吉雄）　日経BP社　2003.3　p283-300
◎文献「高等教育支援のあり方─大学間・産学連携」（国際協力銀行開発金融研究所）　国際協力銀行開発金融研究所　2003.5　p151-152

◎参考文献「近代日本の軍産学複合体―海軍・重工業界・大学」(畑野勇) 創文社 2005.1 p15-38b
◎参考文献「産学連携の実証研究」(馬場靖憲ほか) 東京大出版会 2007.5 prr
◎参考文献「日本の産学連携」(玉井克哉ほか) 玉川大出版部 2007.5 prr
◎参考文献「プロパテント政策と大学」(宮田由紀夫) 世界思想社 2007.10 p249-226

山岳修験
○文献目録(岩田博)「山岳修験 27」(日本修験道学会) 2001.3 p108-95
○文献目録(岩田博)「山岳修験 29」(岩田書院) 2002.3 p80-71
○文献目録「山岳修験 31」(日本山岳修験学会) 2003.3 p110-100
○文献目録(日本山岳修験学会)「山岳修験 33」(山岳修験学会) 2004.3 p96-87

山岳崇拝
◎参考文献「女人禁制」(鈴木正崇) 吉川弘文館 2002.3 p1-4b
◎文献「山の霊力―日本人はそこに何を見たか」(町田宗鳳) 講談社 2003.2 p225-226
◎注「山岳信仰と考古学」(山の考古学研究会) 同成社 2003.10 prr
◎参考文献「霊山と日本人」(宮家準) NHK出版 2004.2 p251-253
◎参考文献「名山へのまなざし」(齋藤潮) 講談社 2006.7 p240-248
◎文献資料「立山信仰と布橋大灌頂法会―加賀藩芦峅寺衆徒の宗教儀礼と立山曼荼羅」(福江充) 桂書房 2006.9 p289-293
◎参考文献「昔話にみる山の霊力―なぜお爺さんは山へ柴刈りに行くのか」(狩野敏次) 雄山閣 2007.3 p199-207
◎参考文献「山の神と山の仏―山岳信仰の起源をさぐる」(奈良県立橿原考古学研究所附属博物館) 奈良県立橿原考古学研究所 2007.4 p85-87

三角縁神獣鏡
◎参考文献「三角縁神獣鏡の研究」(福永伸哉) 大阪大学出版会 2005.8 p329-338

産学連携
◎参考文献「アメリカの産学連携―日本は何を学ぶべきか」(宮田由紀夫) 東洋経済新報社 2002.5 p227-241
◎注「産学連携と科学の堕落」(S.クリムスキー) 海鳴社 2006.6 p239-257

三月革命
◎文献「市民社会と協会運動―交差する1848/49年革命研究と市民社会論」(村上俊介) 御茶の水書房 2003.7 p15-31b

産業
◎参考文献「創造都市への挑戦 産業と文化の息づく街へ」(佐々木雅幸) 岩波書店 2001.6 p223-227
◎参考文献「グローバル・シフト―変容する世界経済地図 下」(P.ディッケン) 古今書院 2001.9 p618-643
◎参考文献「戦後日本の産業発展」(小浜裕久) 日本評論社 2001.9 p209-221
◎参考文献「メイド・イン・チャイナ」(黒田篤郎) 東洋経済新報社 2001.11 p290-294
◎参考文献「産業融合 産業組織の新たな方向」(植草益) 岩波書店 2001.12 p195-200
◎参考文献「中国沿海部の産業発展と雇用問題」(小林謙一) 第三文明社 2002.1 p369-373
◎参考文献「産業ビッグバン」(吉田邦夫) 丸善 2002.3 p243-245
◎参考文献「産業集積の地域研究」(井出策夫) 大明堂 2002.3 prr
◎「蔵書目録 2003」 福井県産業支援センター 2003.3 147,8p A4
◎参考文献「都市型産業と地域零細サービス業」(高崎経済大学附属産業研究所) 日本経済評論社 2003.3 prr
◎参考文献「都市デザイン」(竹内佐和子) NTT出版 2003.11 prr
◎参照文献「産業化と環境共生 講座社会変動2」(今田高俊) ミネルヴァ書房 2003.12 prr
○文献情報「地域経済 23」(岐阜経済大) 2004.3 p105-108
◎参考文献「世界の産業再編成」(森谷正規) 放送大教育振興会 2004.3 p209-212
◎参考文献「日韓経済比較論」(鄭承衍) 金沢大経済学部 2004.3 p183-194
◎文献「アジアの裾野産業―調達構造と発展段階の定量化および技術移転の観点より」(馬場敏幸) 白桃書房 2005.3 p225-234
◎注ほか「シャドウ・ワーク―生活のあり方を問う」(I.イリイチ) 岩波書店 2005.7 p227-274

産業安全
◎参考文献「新しい時代の安全管理のすべて 2版」(大関親) 中央労働災害防止協会 2004.4 p829-835
◎参考文献「安全管理の現場力―スタッフへのアドバイス」(樋口勲) 中央労働災害防止協会 2004.7 p258-259
◎参考文献「ヒューマンファクターと事故防止―"当たり前"の重なりが事故を起こす」(E.ホルナゲル) 海文堂出版 2006.3 p235-241

産業革命
◎参考文献「近代スイス経済の形成―地域主権と高ライン地域の産業革命」(黒沢隆文) 京都大学学術出版会 2002.2 p519-539
◎参考文献「制御工学の考え方―産業革命は「制御」からはじまった」(木村英紀) 講談社 2002.12 p232-233
◎文献表「ドイツ産業革命―成長原動力としての地域」(H.キーゼヴェター) 晃洋書房 2006.5 p329-334

産業技術史
◎参考文献「新体系日本史 11 産業技術史」(中岡哲郎ほか) 山川出版社 2001.8 p25-32b

産業技術博物館
◎参考文献「IT時代の産業技術博物館構想―技術の保存継承が拓く21世紀のモノづくり」(馬渕浩一) 玉川大学出版部 2001.2 p205-210

産業組合
- ◎参考文献「近代流通組織化政策の史的展開—埼玉における産地織物業の同業組合・産業組合分析」（白戸伸一） 日本経済評論社 2004.4 p277-283

産業クラスター
- ◎引用文献「食料産業クラスターと地域ブランド—食農連携と新しいフードビジネス」（斎藤修） 農文協 2007.3 p313-315

産業構造
- ◎参考文献「日本産業構造論」（鶴田俊正, 伊藤元重） NTT出版 2001.10 p389-397
- ◎文献「参入・退出と多角化の経済分析—工業統計データに基づく実証理論研究」（清水雅彦ほか） 慶応義塾大学出版会 2003.3 p221-223
- ◎参考文献「産業経済論—寡占経済と産業展開」（安喜博彦） 新泉社 2007.4 p219-224

産業財
- ◎参考文献「産業財マーケティング—大競争時代のマネジメント革新 増補改訂版」（藤井昌樹） 東洋経済新報社 2002.7 p247-248

産業財産権
- ◎文献目録「産業財産権者の権利行使の制限」（村林隆一） 経済産業調査会 2005.11 p1-3

産業史
- ◎参考文献「日米実業史競」（渋沢史料館ほか） 渋沢史料館 c2004 p81-83
- ◎参考文献「日本産業経営史」（村田修造） 大学教育出版 2004.4 p216-219
- ◎註「産業化の歴史と景観」（木元富夫） 晃洋書房 2004.10 p181-209
- ◎文献「イノベーション破壊と共鳴」（山口栄一） NTT出版 2006.3 p299-306
- ◎参考文献「日本産業技術史事典」（日本産業技術史学会） 思文閣出版 2007.7 prr

産業資本主義
- ◎原注「産業資本主義の法と政治」（I. マウス） 法政大学出版局 2002.3 p369-483

産業社会
- ◎参考文献「ポスト産業社会—構造転換のダイナミックス」（徳永勇） 勁草書房 2001.3 p163-178
- ◎引用参照文献「仕事の社会学」（佐藤博樹ほか） 有斐閣 2004.12 p193-205
- ◎文献「ポスト工業化と企業社会」（稲上毅） ミネルヴァ書房 2005.5 p291-306
- ◎文献解説「企業社会への社会学的接近」（岩城完之ほか） 学文社 2006.10 p201-222

産業心理
- ◎参考文献「仕事とライフ・スタイルの心理学」（NIP研究会） 福村出版 2001.4 p253-259
- ◎文献「メンタルワークロードの理論と測定」（芳賀繁） 日本出版サービス 2001.6 p143-164
- ◎参考文献「暗黙知の解剖—認知と社会のインターフェイス」（福島真人） 金子書房 2001.11 p181-186
- ◎文献「働く者の生涯発達—働くことと生きること」（所正文） 白桃書房 2002.5 p203-208
- ◎文献「キャリアの心理学—働く人の理解〈発達理論と支援への展望〉」（渡辺三枝子） ナカニシヤ出版 2003.11 prr
- ◎参考文献「日本企業のキャリアシステム—機会と公正の社会心理学」（小林裕） 白桃書房 2004.2 p255-265
- ◎参考文献「産業・組織心理学エッセンシャルズ 増補改訂版」（外島裕ほか） ナカニシヤ出版 2004.4 prr
- ◎参考文献「職務満足感と心理的ストレス—組織と個人のストレスマネジメント」（島津美由紀） 風間書房 2004.4 p127-140
- ◎参考文献「バーンアウトの心理学—燃え尽き症候群とは」（久保真人） サイエンス社 2004.6 p202-212
- ◎参考文献「産業・組織心理学」（岡村一成ほか） 白桃書房 2005.9 p295-316
- ◎「ワーク・コミットメントとストレスに関する研究」（鷲見克典） 風間書房 2006.1 p191-214
- ◎引用文献「産業・組織心理学—経営とワークライフに生かそう！」（山口裕幸ほか） 有斐閣 2006.4 p237-250
- ◎参考文献「産業心理臨床入門」（CPI研究会ほか） ナカニシヤ出版 2006.5 p241-246

産業政策
- ◎参考文献「「シリコンバレー」のつくり方—テクノリージョン型国家をめざして」（東一眞） 中央公論新社 2001.3 p235-241
- ◎参考文献「経済のサービス化と産業政策」（松本源太郎） 北海道大学図書刊行会 2001.7 p159-195
- ◎参考文献「規制改革下のチャンスとリスク」（ウィリス・M. エモンズ） ユー・エム・ディー・エス研究所 2001.8 p291-296
- ◎参考文献「大学発ベンチャーの育成戦略—大学・研究機関の技術を直接ビジネスへ」（近藤正幸） 中央経済社 2002.3 p191-194
- ◎参考文献「産業政策論の誤解—高度成長の真実」（三輪芳朗, J. M. ラムザイヤー） 東洋経済新報社 2002.12 p523-533
- ◎注「台湾の産業政策」（劉進慶） 勁草書房 2003.1 prr
- ◎文献「日米EUの独禁法と競争政策—グローバル経済下の企業競争ルール 2版」（滝川敏明） 青林書院 2003.3 p325-331
- ◎文献「日本の経済発展における政府の役割—産業政策の展開過程の分析」（雷新軍） 専修大学出版局 2003.3 p395-414
- ◎参考文献「北東アジア諸国における産業再生政策に関する調査報告書」 日本リサーチ総合研究所 2004.3 p109-110
- ◎参考文献「産業組織論」（春名章二） 中央経済社 2004.7 p223-228
- ◎参考文献「産業政策と企業統治の経済史—日本経済発展のミクロ分析」（宮島英昭） 有斐閣 2004.9 p489-504
- ◎参考文献「消費者主権の産業政策—市民中心の行政改革」（影山僖一） 中央経済社 2006.11 p265-274
- ◎参考文献ほか「人財立国論——人ひとりがチャレンジできる社会を目指して」（鈴木隆史ほか） 経済産業調査会 2007.1 p257-258

◎参考文献「アジア産業クラスター論―フローチャート・アプローチの可能性」（朽木昭文）　書籍工房早山　2007.6　p251-253

産業組織
◎参考文献「現代産業組織論　〔新訂〕」（井手秀樹, 廣瀬弘毅）　放送大学教育振興会　2001.3　p177-179
◎参考文献「新しい産業組織論―理論・実証・政策」（小田切宏之）　有斐閣　2001.9　p275-280
◎参考文献「産業組織と競争政策」（柳川隆）　勁草書房　2004.3　p229-236

産業転換期
◎参考文献「産業空洞化の克服　産業転換期の日本とアジア」（小林英夫）　中央公論新社　2003.2　p174-176

産業連関
◎参考文献「中国経済の産業連関」（滕鑑）　溪水社　2001.2　p593-600
◎参考文献「ドイツ産業連関分析論」（良永康平）　関西大学出版部　2001.3　p371-394
◎参考文献「経済発展の産業連関分析―総投下労働量と労働の付加価値生産性を中心に」（中島章子）　日本評論社　2001.5　p167-171
◎参考文献「産業連関分析入門　7版」（宮沢健一）　日本経済新聞社　2002.6　p232-235
◎参考文献「産業連関分析入門―ExcelとVBAでらくらくIO分析」（藤川清史）　日本評論社　2005.6　p283-286
◎参考文献「産業連関計算の新しい展開」（朝倉啓一郎）　九州大出版会　2006.5　prr

参勤交代
◎参考文献「参勤交代道中記　加賀藩史料を読む」（忠田敏男）　平凡社　2003.4　p294-297
◎参考文献「はるかなり江戸・鹿児島の旅―黎明館企画特別展」（鹿児島県ほか）　同鹿児島の旅実行委員会　2005.10　p122-124
◎参考文献「参勤交代」（丸山雍成）　吉川弘文館　2007.7　p269-270

参詣
◎参考文献ほか「近世寺社参詣の研究」（原淳一郎）　思文閣出版　2007.9　p364-386

サンゴ
◎文献「サンゴとマングローブ―生物が環境をつくる」（茅根創, 宮城豊彦）　岩波書店　2002.11　p1-4b
◎引用文献「日本のサンゴ礁」（環境省ほか）　自然環境センター　2004.8　p357-372
◎文献「風化サンゴの生理的効用」（周起煥ほか）　風塵社　2005.8　p161-166

参考図書
○リスト（村上清子）「参考書誌研究　55」（国立国会図書館）　2001.1　p54-87
◎「年刊参考図書解説目録　2000」（日外アソシエーツ）　日外アソシエーツ　2001.8　494p A5
◎「邦語文献を対象とする参考調査便覧」（片山喜八郎, 太田映子）　書誌研究の会　2002.1　429p A4
◎「年刊参考図書解説目録　2001」（日外アソシエーツ）　日外アソシエーツ　2002.3　500p A5
◎「辞書の図書館―所蔵9,811冊」（清久尚美）　駿河台出版社　2002.8　729p A5
◎「日本の参考図書　第4版」（編集委員会）　日本図書館協会　2002.9　1081p A4
◎「調査研究・参考図書目録　改訂新版」（図書館流通センター）　図書館流通センター　2002.12　3冊　A4
◎「年刊参考図書解説目録　2002」（日外アソシエーツ編集部）　日外アソシエーツ　2003.4　534p A5
◎「邦語文献を対象とする参考調査便覧」（片山喜八郎ほか）　書誌研究の会　2004　219, 1237, 317p B5
◎「情報源としてのレファレンスブックス　新版」（長澤雅男ほか）　日本図書館協会　2004.5　11, 244p A5
◎「文献調査法―調査・レポート・論文作成必携（情報リテラシー読本）」（毛利和弘）　毛利和弘　2004.9　202p B5
◎「使えるレファ本150選」（日垣隆）　筑摩書房　2006.1　262p ss
◎「新・どの本で調べるか―調べたい本がかならず探せる　2006年版」（図書館流通センター）　リブリオ出版　2006.5　1111p A4
◎「文献調査法―調査・レポート・論文作成必携　2版」（毛利和弘）　毛利和弘　2006.7　214p B5

山菜採集
◎参考文献「山菜採りの社会誌―資源利用とテリトリー」（池谷和信）　東北大学出版会　2003.12　p185-200

三猿文庫
◎「三猿文庫展図録　諸橋元三郎と文庫の歩み」（小野浩, 富岡真由美）　いわき市立草野心平記念文学館　2001.10　60p A4

3次元画像
◎参考文献「3次元ディジタル画像処理」（鳥脇純一郎）　昭晃堂　2002.7　prr

3次元視
◎引用文献「3次元視研究の展開」（林部敬吉）　酒井書店　2004.3　p315-343

三字熟語
◎参考文献「三字熟語語源小辞典」（加納喜光）　講談社　2001.10　p253-254

サンシモン主義
◎文献目録「暴力なき社会主義?―フランス第二帝政下のクレディ・モビリエ」（中川洋一郎）　学文社　2004.6　p176-187

卅三間堂棟由来
◎参考資料一覧「卅三間堂棟由来―第六三回歌舞伎鑑賞教室公演」（国立劇場調査養成部調査資料課）　日本芸術文化振興会　2003.7　p76-82
◎参考資料一覧「源平布引滝・伊賀越道中双六・嫗山姥・壇浦兜軍記・卅三間堂棟由来―第一五〇回文楽公演」（国立劇場調査養成部調査資料課）　日本芸術文化振興会　2005.2　p284-300

三十年戦争
◎文献一覧「ヴェストファーレン条約と神聖ローマ帝国―ドイツ帝国諸侯としてのスウェーデン」（佐藤宏二）　九州大学出版会　2005.12　p185-194

三十六歌仙
◎注「三十六歌仙叢考」（新藤協三）　新典社　2004.5　prr

三十六歌仙絵巻
- ◎参考文献「三十六歌仙絵巻の流転―幻の秘宝と財界の巨人たち」（高嶋光雪，井上隆史）　日本経済新聞社　2001.6　p248-250

三種の神器
- ◎参考引用文献「三種の神器―謎めく天皇家の秘宝」（稲田智宏）　学習研究社　2007.6　p216-221

山書
- ◎「山書散策―埋もれた山の名著を発掘する」（河村正之）　東京新聞出版局　2001.3　294p B6

散所
- ◎文献目録（宇那木隆司ほか）「散所・声聞師・舞々の研究」（世界人権問題研究センターほか）　思文閣出版　2004.12　p88-106

算数
- ◎引用文献「関係概念の発達―時間、距離、速さ概念の獲得過程と算数「速さ」の授業改善」（松田文子）　北大路書房　2002.9　p215-224
- ◎文献「学力低下をどう克服するか―子どもの目線から考える」（吉田甫）　新曜社　2003.3　p5-9b
- ◎参考文献「頭がよみがえる算数練習帳」（竹内薫）　筑摩書房　2006.9　p189-190
- ◎参考文献「数の石垣―ドイツからやってきた計算学習」（山本信也）　東洋館出版社　2006.11　p90」

算数書
- ◎参考文献「張家山漢簡『算数書』の総合的研究―プロジェクト共同研究」　大阪産業大　2007.2　p242-244

算数パズル
- ◎文献「算数パズル「出しっこ問題」傑作選―解けて興奮、出して快感!」（仲田紀夫）　講談社　2001.12　p152-153

酸性雨
- ◎参考文献「酸性雨―誰が森林を傷めているのか?」（畠山史郎）　日本評論社　2003.2　prr

酸素
- ◎参考文献「生と死の自然史―進化を統べる酸素」（N.レーン）　東海大出版会　2006.3　p536-515

山村
- ◎注「山村地域開発論　増補版」（西野寿章）　大明堂　2003.4　prr
- ◎参考文献「世界遺産の自然と暮らし」（今井一郎）　春風社　2004.4　p201-208
- ◎参考文献「知られざる日本―山村の語る歴史世界」（白水智）　NHK出版　2005.5　p287-289
- ◎参考文献「山間地域の崩壊と存続　公共圏の構想1」（山中進ほか）　九州大学出版会　2005.6　prr
- ◎参考文献「地域社会と「近代化」―柳田国男主導「山村調査」「海村調査」の追跡調査から」（高橋泉）　まほろば書房　2005.7　p221-225
- ◎参考文献「近世山村史の研究―江戸地廻り山村の成立と展開」（加藤衛拡）　吉川弘文館　2007.2　p287-297

山村留学
- ◎参考文献「山村留学と子ども・学校・地域―自然がもたらす生きる力の育成」（川前あゆみほか）　高文堂出版社　2005.1　p161-163

三体詩
- ○阿佐井野版諸本（久保尾俊郎）「早稲田大学図書館紀要　53」（早稲田大図書館）　2006.3　p59-72

三代集
- ◎引用文献「天皇と和歌―三代集の時代の研究」（今野厚子）　新典社　2004.10　p356-366

サンタクロース
- ◎参考文献「サンタクロースの謎」（賀来周一）　講談社　2001.11　p196-198
- ◎書誌データ一覧「サンタクロースを探し求めて」（暉峻淑子）　岩波書店　2003.11　p177-183

山東牛
- ○文献資料目録（河端正規）「立命館経済学　56.1」（立命館大）　2007.5　p77-94

ザンビア
- ◎参考文献「現代アフリカ農村―変化を読む地域研究の試み」（島田周平）　古今書院　2007.10　p169-177

讃美歌
- ◎変遷「賛美歌・唱歌ものがたり　2　「大きな古時計」と賛美歌」（大塚野百合）　創元社　2003.12　p2-3f
- ◎参考文献「賛美歌―その歴史と背景　新版」（原恵ほか）　日本基督教団出版局　2004.1　p271-273
- ◎文献「こころに残る賛美歌物語100」（李重台ほか）　ヨベル　2005.5　p335-342

産婦人科
- ◎参考文献「女の皮膚の下　十八世紀のある医師とその患者たち　新版」（B.ドゥーデン）　藤原書店　2001.10　p314-295
- ◎文献「イブに生まれて―こんなに違う女の医療と男の医療」（M.レガト）　健学社　2005.9　p251-253

サンフランシスコ講和条約
- ◎参考文献「サンフランシスコ平和条約の盲点―アジア太平洋地域の冷戦と「戦後未解決の諸問題」」（原貴美恵）　渓水社　2005.6　p320-306

サンボ
- ◎参考資料「サンボ―ユーラシアに生まれた格闘技」（古賀徹）　東洋書店　2006.10　p62-63

参謀本部
- ◎参考文献「ドイツ参謀本部　新装版」（B.リーチ）　原書房　2001.1　p261」
- ◎参考文献「参謀本部と陸軍大学校」（黒野耐）　講談社　2004.3　p259-262

サンマイクロシステムズ社
- ◎参考文献「サン―ネットワーク・ソリューションを実現する」（D.スタウファー）　三修社　2004.3　p191-204

三昧聖
- ◎文献目録（吉井克信）「三昧聖の研究」（細川涼一）　碩文社　2001.3　p523-538

三位一体
- ◎参考文献「三位一体の神と救い―現代人のための一論考」（鳥巣義文）　新世社　2005.3　p273-308
- ◎参考文献「三位一体論的神学の可能性―あるべき「社会」のモデルとしての三一神」（松見俊）　新教出版社　2007.1　p260-269

三面大黒天
◎参考引用文献「三面大黒天信仰」（三浦あかね） 雄山閣 2006.2 p220-223

山陽道
◎参考文献「播州と山陽道」（三浦俊明, 馬田綾子） 吉川弘文館 2001.10 p19-21b
◎参考文献「吉備と山陽道 街道の日本史40」（土井作治ほか） 吉川弘文館 2004.10 p23-26b
◎参考文献「山陽道駅家跡」（岸本道昭） 同成社 2006.5 p179-182

三陸海岸
◎参考文献「三陸海岸と浜街道 街道の日本史5」（瀧本寿史ほか） 吉川弘文館 2004.12 p16-18b

山林
◎参考文献「草山の語る近世」（水本邦彦） 山川出版社 2003.7 3pb

【し】

死
◎参考文献「死ぬ瞬間 死とその過程について」（E. キューブラー・ロス） 中央公論新社 2001.1 p468-456
◎参考文献「ひとが死ぬとき」（C. ミムス） 青土社 2001.4 p14-19b
◎参考文献「死の起源 遺伝子からの問いかけ」（田沼靖一） 朝日新聞社 2001.6 p221-224
◎参考文献「死、それは成長の最終段階―続死ぬ瞬間」（エリザベス・キューブラー・ロス） 中央公論新社 2001.11 p340-349
◎文献「死別―遺された人たちを支えるために 改訂」（コリン・マレイ・パークス） メディカ出版 2002.2 p434-451
◎参考文献「癒しとしての死の哲学 新版」（小浜逸郎） 王国社 2002.3 2pb
◎参考文献「死ぬ瞬間の心理」（R. カステンバウム） 西村書店 2002.9 p1-17b
◎参考文献「ホスピスという力―死のケアとは何か」（米沢慧） 日本医療企画 2002.10 p228-229
◎文献「死と老化の生物学」（A. クラルスフェルドほか） 新思索社 2003.5 p308-311
◎参考文献「死者たちの中世」（勝田至） 吉川弘文館 2003.7 p246-251
◎文献「日本人の死のかたち―伝統儀礼から靖国まで」（波平恵美子） 朝日新聞社 2004.7 p213-218

詩
◎引用文献「「詩の授業」の現象学」（田端健人） 川島書店 2001.2 p274-281
◎参考文献「偏向する勁さ―反戦詩の系譜」（井之川巨） 一葉社 2001.12 p376-381
◎参考文献「日本鉄道詩紀行」（きむらけん） 集英社 2002.4 1pb
◎年譜「サトウハチローのこころ」（長田暁二ほか） 佼成出版社 2002.10 4pb
◎会員著書年譜（編集部）「日本現代詩選 31」（日本現代詩選編集委員会） 日本詩人クラブ 2002.11 p480-488
◎参照文献「ダダの詩」（K. リーハ） 関西大学出版部 2004.5 p323-326
◎参考文献「中世ヨーロッパの歌」（P. ドロンケ） 水声社 2004.7 p553-599
◎参考文献「詩学」（W. シェーラー） 近代文芸社 2004.8 p364-372
◎読書案内「現代詩作マニュアル―詩の森に踏み込むために」（野村喜和夫） 思潮社 2005.1 p193-197
◎会員著書年譜（編集部）「日本現代詩選 32」（『日本現代詩選』編集委員会） 日本詩人クラブ 2005.2 p521-533
◎参考文献「文学と教育―詩を体験する」（H. G. ウィドゥソン） 英宝社 2005.3 p273-276
◎略年表（佐川亜紀）「在日コリアン詩選集 一九一六年～二〇〇四年」（森田進ほか） 土曜美術社 2005.5 p496-503
◎参考文献「認知詩学入門」（P. ストックウェル） 鳳書房 2006.3 p259-277
◎「現代詩1920-1944―モダニズム詩誌作品要覧」（日外アソシエーツ） 日外アソシエーツ 2006.10 1164p A5
◎「中部の戦後詩誌―1945年12月～2006年5月」 中日詩人会 2006.11 186p B5
◎詩論書ほか（編集長）「詩界 250」（日本詩人クラブ） 2007.3 p160-162

CIA
◎参考文献「CIA失敗の研究」（落合浩太郎） 文藝春秋 2005.6 p233-240

シアノバクテリア
◎文献「飲料水に忍びよる有毒シアノバクテリア」（彼谷邦光） 裳華房 2001.6 p130-145

シーア派
◎文献「イスマーイール派の神話と哲学―イスラーム少数派の思想史的研究」（菊地達也） 岩波書店 2005.12 p7-19b
◎参考文献「シーア派―台頭するイスラム少数派」（桜井哲子） 中央公論新社 2006.10 p234-238
◎参考文献「シーア派聖地参詣の研究」（守川知子） 京都大学術出版会 2007.2 p384-398
◎引用文献略号「シーア派の自画像―歴史・思想・教義」（M. H. タバータバーイー） 慶應義塾大出版会 2007.3 p283-287
◎参考文献「シーア派イスラーム―神話と歴史」（嶋本隆光） 京都大学術出版会 2007.4 p217-221

CRM
◎参考文献「顧客見える化―なぜ、CS向上が企業の成長につながらないのか?」（匠英一） 同友館 2007.9 p227-229

自慰
◎原注文献「自慰 抑圧と恐怖の精神史」（J. スタンジェほか） 原書房 2001.4 p1-34b

詩歌
◎「日本の詩歌全情報 1996-2000」（日外アソシエーツ） 日外アソシエーツ 2001.3 750p A5
◎参考文献「心に染みいる日本の詩歌―諳んじたい名作一八二選」（塩田丸男） グラフ社 2002.12 p220-221

◎「世界文学詩歌全集・内容綜覧 (世界文学綜覧シリーズ 14)」(日外アソシエーツ) 日外アソシエーツ 2003.1 2冊 A5

◎「世界文学詩歌全集・作家名綜覧 (世界文学綜覧シリーズ 15)」(日外アソシエーツ) 日外アソシエーツ 2003.5 2冊 A5

◎「世界文学詩歌全集・作品名綜覧 (世界文学綜覧シリーズ 16)」(日外アソシエーツ) 日外アソシエーツ 2003.5 2冊 A5

◎注「江戸詩歌史の構想」(鈴木健一) 岩波書店 2004.3 prr

◎「作品名から引ける日本文学詩歌・俳人個人全集案内 第2期」(日外アソシエーツ) 日外アソシエーツ 2005.6 13,841p A5

◎「日本の詩歌全情報 2001-2005」(日外アソシエーツ) 日外アソシエーツ 2006.3 7,818p A5

寺院

◎参考文献「古代寺院の成立と展開」(岡本東三) 山川出版社 2002.1 2pb

◎参考文献「百寺巡礼 1 奈良」(五木寛之) 講談社 2003.6 p248-253

◎注「中世寺院と民衆」(井原今朝男) 臨川書店 2004.1 prr

◎参考文献「中世の都市と寺院」(吉井敏幸ほか) 高志書院 2005.4 prr

◎参考引用文献「河内古代寺院巡礼」(大阪府立近つ飛鳥博物館) 大阪府立近つ飛鳥博物館 2007.4 p146-147

◎参考文献「須坂・中野・飯山の社寺―北信濃の信仰と文化」 郷土出版社 2007.4 p236-237

◎参考文献「京都の寺社505を歩く―決定版 上 洛東・洛北(東域)・洛中編」(槇野修) PHP研究所 2007.7 p384-385

◎引用参考文献「飛鳥の宮と寺」(黒崎直) 山川出版社 2007.12 3pb

寺院建築

◎参考文献「古建築の装飾―京都の近世社寺細見」(京都市文化市民局文化部文化財保護課) 京都市 2004.2 p74-75

◎参考文献「塔と仏堂の旅―寺院建築から歴史を読む」(山岸常人) 朝日新聞社 2005.3 p293-301

◎参考文献「社寺曼陀羅―社寺修復塗師覚え書き」(家入博信) 文芸社 2006.4 p283-285

寺院文化圏

◎注「寺院文化圏と古往来の研究」(三保サト子) 笠間書院 2003.2 prr

シヴァ

◎参考文献「シヴァと女神たち」(立川武蔵) 山川出版社 2002.9 p165-166

CVM

◎関連文献「郵送調査法 増補版」(林英夫) 関西大出版部 2006.3 p379-386

地唄

◎参考文献「地歌における曲種の生成」(野川美穂子) 第一書房 2006.2 p307-323

JR

◎参考文献「JRは2020年に存在するか」(角本良平) 流通経済大学出版会 2001.6 p154-155

◎参考文献「国鉄・JR列車名大事典」(寺本光照) 中央書院 2001.7 1pb

◎参考文献「国鉄最後のダイヤ改正―JRスタートへのドキュメント」(進士友貞) 交通新聞社 2007.12 p336-337

自営業

◎文献「日本の自営業層―階層的独自性の形成と変容」(鄭賢淑) 東京大学出版会 2002.11 p177-188

自衛権

◎参考文献「テロ、戦争、自衛―米国等のアフガニスタン攻撃を考える」(松井芳郎) 東信堂 2002.2 p94-96

◎参考文献「集団的自衛権とは何か」(豊下楢彦) 岩波書店 2007.7 p1-2b

自衛隊

◎参考文献「大人の参考書「自衛隊」がわかる!」(編集委員会) 青春出版社 2001.12 1pb

◎参考文献「自衛隊は誰のものか」(植村秀樹) 講談社 2002.1 p207-209

◎参考文献「海上自衛隊はこうして生まれた 「Y文書」が明かす創設の秘密」(NHK報道局「自衛隊」取材班) NHK出版 2003.7 p302-303

◎参考文献「そのとき自衛隊は戦えるか」(井上和彦) 扶桑社 2004.3 p316-318

◎参考文献「ミリダスJ―自衛隊・自己防衛キーワード事典」(大波篤司) 新紀元社 2004.3 p596-598

◎参考文献「学校で教えない日本陸軍と自衛隊―巨大組織の実像」(荒木肇) 並木書房 2004.6 p208-210

◎文献「日本にとってのイラク自衛隊派遣問題―歴史的前例を参考にしての分析」(窪田明) 新生出版 2004.11 p148-153

◎参考文献「軍事組織とジェンダー―自衛隊の女性たち」(佐藤文香) 慶應義塾大出版会 2004.12 p478-441

◎参考文献「自衛隊の誕生―日本の再軍備とアメリカ」(増田弘) 中央公論新社 2004.12 p260-263

◎参考文献「国防の真実こんなに強い自衛隊」(井上和彦) 双葉社 2007.2 p286-287

GHQ

◎参考文献「GHQの人びと―経歴と政策」(竹前栄治) 明石書店 2002.6 p314-315

ジェスチャー

◎参考文献「ジェスチャー―考えるからだ」(喜多壮太郎) 金子書房 2002.3 p176-183

ジェット機

◎参考資料「飛行機物語 羽ばたき機からジェット旅客機まで」(鈴木真二) 中央公論新社 2003.4 p261-259

CNN

◎注文献「CNN 世界を変えたニュースネットワーク」(D.M.フラノイ,山根啓史ほか) NTT出版 2001.3 p339-316

ジェノサイド

◎文献「忘れ去られたアルメニア人虐殺―ジェノサイド犯罪の防止及び処罰に関する事例研究」(瀬川博義) 三恵社(発売) 2004.8 p126-131

シェルター

◎参考文献「シェルター」(ロイド・カーン) ワールドフォトプレス 2001.10 p172-173

ジェンダー
- ◎文献「ジェンダーの発達心理学」（伊藤裕子）　ミネルヴァ書房　2000.11　prr
- ◎参考文献「男性のジェンダー形成―〈男らしさ〉の揺らぎのなかで」（多賀太）　東洋館出版社　2001.1　p193-201
- ◎参考文献「ことばとジェンダー」（中村桃子）　勁草書房　2001.2　p5-22b
- ◎参考文献ほか「ジェンダー秩序」（江原由美子）　勁草書房　2001.4　p1-16b
- ◎参考文献「主婦とジェンダー――現代的主婦像の解明と展望」（国広陽子）　尚学社　2001.4　p279-295
- ◎参考文献「セクシュアル・ヴィジョン　近代医科学におけるジェンダー図像学」（L. ジョーダノヴァ）　白水社　2001.6　p25-43b
- ◎引用文献「教科と教師のジェンダー文化―家庭科を学ぶ・教える女と男の現在」（堀内かおる）　ドメス出版　2001.7　p177-191
- ◎参考文献「ジェンダーと暴力――イギリスにおける社会学的研究」（J. ハマー, M. メイナード）　明石書店　2001.10　p325-346
- ◎引用文献「彷徨するワーキング・ウーマン」（諸井克英）　北樹出版　2001.10　prr
- ◎参考文献「日米のシングルファーザーたち―父子世帯が抱えるジェンダー問題」（中田照子ほか）　ミネルヴァ書房　2001.11　p221-227
- ◎文献「お笑いジェンダー論」（瀬地山角）　勁草書房　2001.12　p2-3b
- ◎参考文献「月と太陽と魔女―ジェンダーによるアンデス世界の統合と支配」（A. シルバーブラット）　岩波書店　2001.12　p7-28b
- ◎参考文献ほか「ジェンダーは科学を変える？」（L. シービンガー）　工作舎　2002.1　p292-281
- ◎文献リスト「『グローバル化とジェンダー規範』に関する研究報告書―2000（平成12）〜2001（平成13）年度重点研究プロジェクト」（お茶の水女子大学「グローバル化とジェンダー規範」に関する研究会）　お茶の水女子大学「グローバル化とジェンダー規範」に関する研究会　2002.3　p171-331
- ○文献案内（平田さくら）「図書の譜　6」（明治大）　2002.3　p132-155
- ◎註「『青鞜』という場―文学・ジェンダー・〈新しい女〉」（飯田祐子）　森話社　2002.4　prr
- ◎ブックガイド「ジェンダーがわかる。」　朝日新聞社　2002.4　p153-159
- ◎文献「ジェンダーの地理学」（神谷浩夫ほか）　古今書院　2002.4　prr
- ◎参考文献「韓国社会とジェンダー」（趙惠貞）　法政大学出版局　2002.4　p291-305
- ◎参考文献「比較文化―ジェンダーの視点から」（原ひろ子）　放送大学教育振興会　2002.4　prr
- ◎参考文献「エスニシティ・ジェンダーからみる日本の歴史」（黒田弘子ほか）　吉川弘文館　2002.6　prr
- Booklist「開発とジェンダー――エンパワーメントの国際協力」（田中由美子ほか）　国際協力出版会　2002.9　p324-328
- ◎註「どうにもとまらない歌謡曲―七〇年代のジェンダー」（舌津智之）　晶文社　2002.11　prr
- ◎書誌情報「ジェンダー白書　1　女性に対する暴力」（北九州市立男女共同参画センター"ムーブ"）　明石書店　2003.1　p162-181
- ◎註「日本近世ジェンダー論　「家」経営体・身分・国家」（長野ひろ子）　吉川弘文館　2003.1　prr
- ◎参考文献「「女の仕事」のエスノグラフィ　バリ島の布・儀礼・ジェンダー」（中谷文美）　世界思想社　2003.2　p276-264
- ◎引用文献「はじめてのジェンダー・スタディーズ」（森永康子ほか）　北大路書房　2003.2　p1-3b
- ◎引用文献「ジェンダーで読む健康/セクシュアリティ　健康とジェンダーII」（根村直美）　明石書店　2003.2　prr
- ◎参考文献「家族のジェンダーと法」（三木妙子ほか）　成文堂　2003.2　prr
- ◎ブックガイド「女の領域・男の領域　いくつもの日本　6」（赤坂憲雄ほか）　岩波書店　2003.2　p6-9b
- ◎文献一覧「労働市場とジェンダー―雇用労働における男女不公平の解消に向けて」（村尾祐美子）　東洋館出版社　2003.2　p177-184
- ◎参考文献「ジェンダーの社会学　改訂新版」（江原由美子ほか）　放送大学教育振興会　2003.3　prr
- ◎注「生育儀礼の歴史と文化　子どもとジェンダー」（服藤早苗ほか）　森話社　2003.3　prr
- ◎参考文献「Study guideメディア・リテラシー　ジェンダー編」（鈴木みどり）　リベルタ出版　2003.4　p180-182
- ◎引用参考文献「ジェンダーで学ぶ教育」（天野正子ほか）　世界思想社　2003.4　prr
- ◎参考文献「異性間の共生――ジェンダーの視点から」（工藤由貴子）　角川学芸出版　2003.4　p173-174
- ◎引用参考文献「家族心理学　社会変動・発達・ジェンダーの視点」（柏木恵子）　東京大学出版会　2003.4　p317-341
- ◎参考文献「〈新しい女〉の系譜―ジェンダーの言説と表象」（武田美保子）　彩流社　2003.5　p21-36b
- ◎参考文献「ジェンダー・セクシュアリティ・制度　性の社会政策」（小松満貴子）　ミネルヴァ書房　2003.5　prr
- ◎関連文献案内「美術とジェンダー―非対称の視線　新装版」（鈴木杜幾子ほか）　ブリュッケ　2003.5　p381-385
- ◎参考文献「お姫様とジェンダー――アニメで学ぶ男と女のジェンダー学入門」（若桑みどり）　筑摩書房　2003.6　p203-204
- ◎参考文献「ケニアにおけるジェンダーと政治闘争―1948-1998・女性史に関する議論――過去と現在―タンザニアの場合」（C. A. プレスリー）　国立民族学博物館　2003.7　p29-30, 43-44
- ◎文献案内「ライフストーリーとジェンダー」（桜井厚）　せりか書房　2003.7　p1-6b
- ◎参考文献「この道は丘へと続く―日米比較ジェンダー、仕事、家族」（A. チャンほか）　共同通信社　2003.9　p377-366
- ◎文献リストほか「グローバル化とジェンダー表象」（V. マッキーほか）　御茶の水書房　2003.11　p4-16b
- ◎文献「知っていますか？　ジェンダーと人権一問一答」（船橋邦子）　解放出版社　2003.11　p101-102
- ◎文献一覧「ジェンダーと教育―男女別学・共学論争を超えて」（H. ファウルシュティッヒ＝ヴィーラント）　青木書店　2004.1　p236-260

◎文献「都市空間とジェンダー」（影山穂波）　古今書院　2004.2　p181-194
◎参考文献「ジェンダー化する社会—労働とアイデンティティの日独比較史」（姫岡とし子）　岩波書店　2004.3　p1-11b
◎書誌情報「ジェンダー白書2—女性と労働」（北九州市立男女共同参画センター"ムーブ"）　明石書店　2004.3　p272-295
◎引用文献ほか「女性とジェンダーの心理学ハンドブック」（R. K. アンガー）　北大路書房　2004.3　p503-606
◎引用参考文献「性と文化」（山本真鳥）　法政大学出版局　2004.3　p221-231
◎参考文献「少子化のジェンダー分析」（目黒依子ほか）　勁草書房　2004.5　p220-226
◎参考文献「福祉社会のジェンダー構造」（杉本貴代栄）　勁草書房　2004.5　p182-189
◎参考文献ほか「イスラームとジェンダ—現代イランの宗教論争」（Z. ミール＝ホセイニー）　明石書店　2004.6　p662-633
◎参考文献「「伝統的ジェンダー観」の神話を超えて—アメリカ駐在員夫人の意識変容」（山田礼子）　東信堂　2004.6　p240-264
◎文献「スポーツ・ジェンダー学への招待」（飯田貴子ほか）　明石書店　2004.7　p319-330
◎参考文献「パステルカラーの罠—ジェンダーのデザイン史」（P. スパーク）　法政大学出版局　2004.11　p30-55b
◎ブックガイド（中谷文美）「ジェンダーで学ぶ文化人類学」（田中雅一ほか）　世界思想社　2005.1　p308-313
◎参考文献「ジェンダーと交差する健康／身体」（根村直美）　明石書店　2005.2　prr
◎引用参考文献「「ジェンダーと開発」論の形成と展開—経済学のジェンダー化への試み」（村松安子）　未来社　2005.5　p14-34b
◎参考文献（千葉慶）「交差する視線　美術とジェンダー2」（鈴木杜幾子ほか）　ブリュッケ　2005.11　p397-409
◎参考文献「生き延びるための思想—ジェンダー平等の罠」（上野千鶴子）　岩波書店　2006.2　p257-269
◎引用参考文献「ジェンダー／セクシュアリティの教育を創る—バッシングを超える知の経験」（浅井春夫ほか）　明石書店　2006.4　prr
◎文献「ジェンダー心理学」（福富護）　朝倉書店　2006.6　prr
◎引用参考文献ほか「ジェンダーと社会理論」（江原由美子ほか）　有斐閣　2006.12　p277-296
○関連文献「日本統計研究所報　35」（法政大）　2007.2　p193-203
◎文献「身体／セックスの政治—BODY/SEX/GENDER/PROSTITUTION/PLEASURE/HETEROSEXISM/PORNOGRAPHY/LOVE」（山本哲士）　三交社　2007.2　p302-305

ジェントリ

◎参考文献「ジェントリから見た中世後期イギリス社会」（新井由紀夫）　刀水書房　2005.2　p363-379

塩

◎参考図書「塩の科学—塩づくり・塩と人間とのかかわり」（杉田静雄）　海游舎　2001.1　p176-177
◎参考文献「ゲランドの塩物語　未来の生態系のために」（K. コバヤン）　岩波書店　2001.5　p1-3b
◎文献「食塩と健康の科学—減塩だけがよいわけではない!」（伊藤敬一）　講談社　2001.7　p186-187
◎文献「塩の科学」（橋本寿夫ほか）　朝倉書店　2003.6　prr
◎参考引用文献「備讃瀬戸の土器製塩」（岩本正二ほか）　吉備人出版　2007.2　p158-165

シカ

◎文献「世界遺産をシカが喰う　シカと森の生態学」（湯本貴和ほか）　文一総合出版　2006.3　p208-203
◎引用文献「シカの生態誌」（高槻成紀）　東京大出版会　2006.6　p442-466
◎引用文献ほか「エゾシカの保全と管理」（梶光一ほか）　北海道大出版会　2006.11　p231-244

歯科

◎文献「世界の歯科事情と安心ガイド—海外派遣労働者のために」（日本歯科医師会）　日本歯科医師会　2002.7　p284-285
◎「日本歯科医師会蔵書目録　歯科関係編　和書　平成18年12月」（日本歯科医師会（調査室））　日本歯科医師会　2007.1　295, 279p A4

自我

◎文献「自己への物語論的接近—家族療法から社会学へ」（浅野智彦）　勁草書房　2001.6　p5-18b
◎文献「自我の起源—愛とエゴイズムの動物社会学」（真木悠介）　岩波書店　2001.9　p153-157
◎参考文献「〈わたし〉の発達—乳幼児が語る〈わたし〉の世界」（岩田純一）　ミネルヴァ書房　2001.12　p221-228
◎参考文献「心を生みだす脳のシステム—「私」というミステリー」（茂木健一郎）　NHK出版　2001.12　p267-273
◎文献「自我が揺らぐとき—脳はいかにして自己を創りだすのか」（トッド・E. ファインバーグ）　岩波書店　2002.11　p11-32b
◎文献ほか「〈私〉という謎—自我体験の心理学」（渡辺恒夫ほか）　新曜社　2004.5　p3-10b
◎文献「自己意識心理学概説」（鈴木敏昭）　北樹出版　2004.10　p316-332
◎参考文献「トランスパーソナルとは何か—自我の確立から超越へ　増補改訂版」（吉福伸逸）　新泉社　2005.1　p347-359
◎文献案内「自己意識の現象学—生命と知をめぐって」（新田義弘ほか）　世界思想社　2005.6　p245-248
◎引用文献「自己高揚過程における能力の自己査定に関する研究」（越良子）　北大路書房　2005.8　p95-102
◎参考文献「超超自我と〈精神の三権分立〉モデル—対人恐怖と論語から人工精神へ」（高橋英之）　昭和堂　2005.12　p287-290
◎参考引用文献「対話的自己—デカルト／ジェームズ／ミードを超えて」（H. J. M. ハーマンスほか）　新曜社　2006.9　p259-272
◎文献「〈自分〉のありか」（山田邦男）　世界思想社　2006.10　p294-297
◎参考引用文献「自分らしさのシステム思考—自我自律性の仮説実験授業」（竹村哲）　ナカニシヤ出版　2007.5　p153-156
◎参考文献「「わたし」を探険する」（村田純一）　岩波書店　2007.10　p103-105

市街地
- ◎文献「近代ドイツの市街地形成―公的介入の生成と展開」（大場茂男）　ミネルヴァ書房　2003.3　p247-258
- ◎参考文献「中心市街地の再生―メインストリートプログラム」（安達正範ほか）　学芸出版社　2006.11　p204」

死海文書
- ◎出典および注記「死海文書の謎を解く」（R. フェザー）　講談社　2002.3　p386-374
- ◎参考文献「はじめての死海写本」（土岐健治）　講談社　2003.11　p281-283
- ◎文献「死海文書大百科―ビジュアル版」（P. R. デイヴィスほか）　東洋書林　2003.11　p208-210

耳科学
- ◎参考文献「耳科学―難聴に挑む」（鈴木淳一, 小林武夫）　中央公論新社　2001.7　p216-217

視覚
- ◎文献「鏡という謎―その神話・芸術・科学」（リチャード・グレゴリー）　新曜社　2001.3　p9-24b
- ◎文献紹介「脳と視覚―グレゴリーの視覚心理学」（リチャード・L. グレゴリー）　ブレーン出版　2001.3　p332-350
- ◎引用文献「脳は美をいかに感じるか―ピカソやモネが見た世界」（セミール・ゼキ）　日本経済新聞社　2002.2　p423-435
- ◎文献「視対象知覚における結合問題」（高木敬雄, 吉本美穂）　広島修道大学総合研究所　2002.5　p102-111
- ◎引用文献「ビジュアル・コミュニケーション―効果的な視覚プレゼンの技法」（R. E. ワイルマン）　北大路書房　2002.9　prr
- ◎参考文献「視覚言語の世界」（斉藤くるみ）　彩流社　2003.1　p169-178
- ◎文献「視覚の文法―脳が物を見る法則」（D. D. ホフマン）　紀伊国屋書店　2003.3　p282-318
- ◎参考文献「赤ちゃんの顔をよむ―視覚と心の発達学」（山口真美）　紀伊国屋書店　2003.5　p154-155
- ◎文献案内「視覚迷宮―両眼視が生み出すイリュージョン」（中沢幸夫）　ブレーン出版　2003.6　prr
- ◎引用文献「視覚シンボルの心理学」（清水寛之）　ブレーン出版　2003.10　p160-168
- ◎文献「視覚の認知神経科学」（M. J. ファーラー）　協同出版　2003.11　p357-397
- ◎文献「錯覚の世界―古典からCG画像まで」（J. ニニオ）　新曜社　2004.2　p203-210
- ◎引用文献「3次元視研究の展開」（林部敬吉）　酒井書店　2004.3　p315-343
- ◎引用文献「視覚脳が生まれる―乳児の視覚と脳科学」（J. アトキンソン）　北大路書房　2005.9　p249-274
- ◎参考文献「視覚言語の世界　改訂増補」（斉藤くるみ）　彩流社　2005.11　p177-186
- ◎参考文献「視覚世界の謎に迫る―脳と視覚の実験心理学」（山口真美）　講談社　2005.11　p188-190
- ◎文献「読む目・読まれる目―視線理解の進化と発達の心理学」（遠藤利彦）　東京大学出版会　2005.11　prr
- ◎引用文献「運動現象のタキソノミー―心理学は"動き"をどう捉えてきたか」（吉村浩一）　ナカニシヤ出版　2006.2　p247-263
- ◎引用文献「視覚　キーワード心理学1」（石口彰）　新曜社　2006.2　p142-137
- ◎引用文献「視空間認知と効率分析」（田中美帆）　風間書房　2006.2　p161-167
- ◎引用文献「視覚誘導性自己運動知覚の実験心理学」（中村信次）　北大路書房　2006.3　p161-169
- ◎参考文献ほか「「見る」とはどういうことか―脳と心の関係をさぐる」（藤田一郎）　化学同人　2007.5　p213-216
- ◎参考文献「視覚系の構造と初期機能」（篠森敬三）　朝倉書店　2007.9　prr
- ◎参考文献「視覚系の中期・高次機能」（塩入諭）　朝倉書店　2007.9　prr

史学
- ○〔目録連載〕「史学雑誌　109.1-109.12」（東京大学史学会）　2001.1-2001.12　p1-186

視覚障害者
- ◎文献「視覚障害幼児における潜在能力の開発と補償機能の形成に関する研究」（新谷守）　風間書房　2001.3　p367-382
- ◎文献「ロービジョンのための生活便利帳―見えにくい・見えなくなってきた人へ」（弱視者問題研究会, 中途視覚障害者の復職を考える会（タートルの会）, 日本網膜色素変性症協会）　大活字　2002.8　p192-205
- ◎文献「視覚認知障害のリハビリテーション」（武田克彦, 宮森孝史）　診断と治療社　2002.10　p145-150
- ◎文献「視覚障害者の自立と音楽―アメリカ盲学校音楽教育成立史」（関典子）　風間書房　2004.3　p265-272
- ◎基礎文献「視覚障害教育に携わる方のために　3訂版」（香川邦生ほか）　慶應義塾大出版会　2005.6　p259-267
- ◎参考文献「イギリスの視覚障害児特別支援教育―シェーピング・ザ・フューチャープロジェクト報告書」（英国盲人協会）　明石書店　2005.8　prr
- ◎引用参考文献「視覚障害児・者の理解と支援」（芝田裕一）　北大路書房　2007.5　p160-168
- ◎参考文献「視覚障害者と鍼治療―施術における衛生保持確立は可能か？」（全英美）　生活書院　2007.10　p178-184

資格制度
- ◎文献「諸外国における職業能力評価制度の比較調査、研究　アメリカ」（日本労働研究機構研究所）　日本労働研究機構　2003.5　p403-408
- ◎文献「イギリスにおける「資格制度」の研究」（柳田雅明）　多賀出版　2004.2　p313-355

視覚表現
- ◎掲出図書一覧「絵本の視覚表現　そのひろがりとはたらき」（中川素子ほか）　日本エディタースクール出版部　2001.12　p235-242

滋賀県
- ◎文献「滋賀の20世紀―ひと・もの・こと」（滋賀の20世紀編集委員会）　サンライズ出版　2001.3　p252-253
- ◎参考文献「韓国より渡り来て―古代国家の形成と渡来人　平成十三年度春季特別展」　滋賀県立安土城考古博物館　2001.4　p94-95
- ◎参考文献「滋賀のなかの朝鮮―歩いて知る朝鮮と日本の歴史」（朴鐘鳴）　明石書店　2003.7　p187-188
- ◎参考文献「企画展近江の神道美術」（栗東歴史民俗博物館）　栗東歴史民俗博物館　〔2004〕　p103」

◎参考文献「近江商人の道―近江歴史回廊」(淡海文化を育てる会) 淡海文化を育てる会 2004.1 p236-237
◎参考文献「近江の玩具」(近江郷土玩具研究会ほか) サンライズ出版 2004.9 p277-278
◎参考文献「近江やきものがたり―湖国に育まれた美と技の魅力をつづる…」(滋賀県立陶芸の森) 京都新聞出版センター 2007.3 p357-362
◎参考文献(藤野滋)「彦根藩士族の歳時記」(高橋敬吉) サンライズ出版 2007.11 p312-315

滋賀県　愛荘町
◎参考文献「秦荘の歴史　2」(秦荘町史編集委員会) 愛荘町 2006.11 p19-20b

滋賀県　安土城
◎参考文献「よみがえる安土城」(木戸雅寿) 吉川弘文館 2003.12 p199-201
◎参考文献「天下布武の城・安土城」(木戸雅寿) 新泉社 2004.2 p90-91
◎文献目録「図説安土城を掘る―発掘調査15年の軌跡」(滋賀県安土城郭調査研究所ほか) サンライズ出版 2004.10 p88-94
◎参考文献「よみがえる真説安土城―徹底復元・覇王信長の幻の城」(三浦正幸) 学習研究社 2006.3 p142-143
◎註「復元安土城」(内藤昌) 講談社 2006.12 p314-340

滋賀県　穴太遺跡
◎参考資料「穴太の石積み」(平野隆彰) あうん社 2007.2 p222」

滋賀県　永源寺町
◎参考文献「永源寺町史　通史編」(編さん委員会) 東近江市 2006.11 p4-14b

滋賀県　延暦寺
◎参考文献「最澄と天台の国宝」(京都国立博物館ほか) 読売新聞社 2005.10 p361-363

滋賀県　近江八幡市
◎参考文献「近江八幡の歴史　3祈りと祭り」(近江八幡市史編集委員会) 近江八幡市 2007.3 p297-296

滋賀県　大津事件
◎文献「政治制度としての陪審制―近代日本の司法権と政治」(三谷太一郎) 東京大学出版会 2001.9 p297-300

滋賀県　県立近江学園
◎関連資料「要求で育ちあう子ら―近江学園の実践記録―発達保障の芽生え」(「要求で育ちあう子ら」編集委員会) 大月書店 2007.4 p317-327

滋賀県　甲賀市
◎参考文献「甲賀市史　1古代の甲賀」(甲賀市史編さん委員会) 甲賀市 2007.12 p26-33b

滋賀県　島小学校
◎文献「地域に根ざした学校づくりの源流―滋賀県島小学校の郷土教育」(木全清博) 文理閣 2007.10 p249-253

滋賀県　高月町
◎参考文献「高月の主要古墳　1」(高月町教育委員会) 高月町教育委員会 2005.3 p156-159

滋賀県　長浜市
◎参考文献「近世城下町のルーツ・長浜―秀吉の城と城下町　特別展覧会」(市立長浜城歴史博物館) 市立長浜城歴史博物館 2002.2 p94-95

滋賀県　秦荘町
◎参考文献「秦荘の歴史　2」(秦荘町史編集委員会) 愛荘町 2006.11 p19-20b

滋賀県　琵琶湖
◎参考文献「知ってますかこの湖を―びわ湖を語る50章」(琵琶湖百科編集委員会) サンライズ出版 2001.11 p354-355
○文献目録「滋賀県琵琶湖研究所所報　19」(滋賀県琵琶湖研究所) 2002.1 p144-157
○文献目録「滋賀県琵琶湖研究所所報　20」(滋賀県琵琶湖研究所) 2003.2 p190-203
◎引用文献「環琵琶湖地域論」(西川幸治ほか) 思文閣出版 2003.12 prr
○文献目録ほか「滋賀県琵琶湖研究所所報　22」(滋賀県琵琶湖研究所) 2005.3 p377-395
◎引用文献「内湖からのメッセージ―琵琶湖周辺の湿地再生と生物多様性保全」(西野麻知子ほか) サンライズ出版 2005.12 p246-253

滋賀県　雪野山古墳
◎参考文献「未盗掘石室の発見―雪野山古墳」(佐々木憲一) 新泉社 2004.8 p90-91

滋賀県　歴史
◎参考文献「近江・若狭と湖の道　街道の日本史31」(藤井譲治) 吉川弘文館 2003.1 p20-22b
◎参考文献「滋賀の学校史―地域が育む子どもと教育」(木全清博) 文理閣 2004.2 p254-259
◎参考引用文献「王権と木製威信具―華麗なる古代木匠の世界」 滋賀県立安土城考古博物館 2005.4 p104-105
◎参考資料「近江商人の金融活動と滋賀金融小史」(渕上清二) サンライズ出版 2005.4 p259-268
◎参考文献「幻の都大津京を掘る」(林博通) 学生社 2005.9 p257-259
◎参考文献「遺跡が語る近江の古代史―暮らしと祭祀」(田中勝弘) サンライズ出版 2007.7 p247-258
◎参考文献「近江の峠道―その歴史と文化」(木村至宏) サンライズ出版 2007.11 p186-187

自画像
◎文献「画家と自画像　描かれた西洋の精神」(田中英道) 講談社 2003.3 p257-260
◎文献「自画像の美術史」(三浦篤) 東京大学出版会 2003.3 p7-8b
◎参考文献「藝大生の自画像」(河邑厚徳) NHK出版 2007.8 p235-236

シーカヤッキング
◎参考文献「シーカヤッキング―長距離カヤック航海の世界」(J.ダウド) 山と渓谷社 2002.5 p348-349

紫香楽宮
◎参考文献「聖武天皇と紫香楽宮の時代」(小笠原好彦) 新日本出版社 2002.1 p205-206
◎参考文献「大仏造立の都―紫香楽宮」(小笠原好彦) 新泉社 2005.10 p92」

信楽焼
- ◎文献「信楽焼の考古学的研究」（畑中英二）　サンライズ出版　2003.12　p348-359
- ◎参考文献「信楽焼の考古学的研究　続」（畑中英二）　サンライズ出版　2007.1　p210-224
- ◎文献「信楽汽車土瓶」（畑中英二）　サンライズ出版　2007.10　p194-196

時間
- ◎原注文献「小説における時間と時空間の諸形式　1930年代以降の小説ジャンル論」（M. バフチン）　水声社　2001.4　p531-554
- ◎50の文献「遅刻の誕生―近代日本における時間意識の形成」（橋本毅彦）　三元社　2001.8　p345-361
- ◎文献「〈希望〉の心理学―時間的展望をどうもつか」（白井利明）　講談社　2001.11　p172-175
- ◎参考資料「「時」の国際バトル」（織田一朗）　文藝春秋　2002.6　p210-212
- ◎参考文献「時間とは何か」（C. H. ホランド）　青土社　2002.12　p7-13b
- ◎文献表「時間論の構築」（中山康雄）　勁草書房　2003.1　p5-9b
- ◎注「アカツキの研究　平安人の時間」（小林賢章）　和泉書院　2003.2　prr
- ◎文献「法と時間」（千葉正士）　信山社出版　2003.3　p221-249
- ◎参考文献「億万年を探る　時間の始まりへの旅」（M. ゴースト）　青土社　2003.4　p12-15b
- ◎文献「タイムマシンをつくろう!」（P. デイヴィス）　草思社　2003.6　p186-189
- ◎ブックガイド「時間の分子生物学―時計と睡眠の遺伝子」（粂和彦）　講談社　2003.10　p205-202
- ◎引用文献「時間を作る時間を生きる―心理的時間入門」（松田文子）　北大路書房　2004.3　p1-5b
- ◎参考文献「あなたの人生の残り時間は?―時計と時間のウンチク話」（織田一朗）　草思社　2004.6　p227-230
- ◎参考文献「時間の不思議」（田井正博）　東京図書　2005.6　p144-148
- ◎文献「空間の謎・時間の謎―宇宙の始まりに迫る物理学と哲学」（内井惣七）　中央公論新社　2006.1　p261-257
- ◎文献「中国と日本における時間―異文化を流れる『時差』」（池田理知子ほか）　国際基督教大　2006.3　p105-109
- ◎参考文献解説「時間はどこで生まれるのか」（橋元淳一郎）　集英社　2006.12　p166-183
- ◎参考文献「空間・時間・物質　下」（H. ワイル）　筑摩書房　2007.4　p251-271
- ◎文献「時間的展望研究ガイドブック」（都筑学ほか）　ナカニシヤ出版　2007.4　p257-329
- ◎参考文献「20世紀文学と時間―プルーストからガルシア=マルケスまで」（岡本正明）　近代文芸社　2007.9　p178-184
- ◎参考文献「四次元主義の哲学―持続と時間の存在論」（T. サイダー）　春秋社　2007.10　p10-25b

時間意識
- ◎引用文献「自伝的記憶の時間的体制化―テレスコーピングとFOGを中心として」（下島裕美）　風間書房　2001.2　p151-159
- ◎文献「共同の時間と自分の時間―生活史に見る時間意識の日独比較」（伊藤美登里）　文化書房博文社　2003.11　p249-258
- ◎参考文献「希望の心理学」（都筑学）　ミネルヴァ書房　2004.10　prr
- ◎参考文献「時間意識の近代―「時は金なり」の社会史」（西本郁子）　法政大出版局　2006.10　p402-392
- ◎参考文献「大人になると、なぜ1年が短くなるのか?」（一川誠ほか）　宝島社　2006.12　p218-222

時間生物学
- ◎参考文献「時間生物学とは何か」（A. レンベール）　白水社　2001.10　p7-9b

時間表現
- ◎参考文献「日本語の時間表現」（中村ちどり）　くろしお出版　2001.12　p197-201

史記
- ○実践文献目録（吉原英夫）「札幌国語教育研究　5」（北海道教育大）　2002.1　p1-64
- ◎文献目録「史記の事典」（青木五郎, 中村嘉弘）　大修館書店　2002.7　p50-55
- ◎参考文献「史記・春秋戦国人物事典」（小出文彦ほか）　新紀元社　2005.10　p296-297
- ◎参考文献「史記・貨殖列伝を読み解く―富豪への王道」（林田愼之助）　講談社　2007.7　p274-275
- ◎参考文献「史記の「正統」」（平勢隆郎）　講談社　2007.12　p335-344

磁気
- ◎引用参考文献「磁場の生体への影響・その後―1991年から2003年までの総説」（志賀健）　てらぺいあ　2004.8　p204-220

敷石住居址
- ◎引用参考文献ほか「敷石住居址の研究」（山本暉久）　六一書房　2002.10　p326-395

式王子
- ◎参考文献「いざなぎ流式王子　呪術探究」（斎藤英喜）　新紀伝社　2000.5　p236-237

色覚
- ◎参考文献「カラー・ヴィジョン―色の知覚と反対色説」（L. M. ハーヴィッチ）　誠信書房　2002.9　prr
- ◎参考図書「知っていますか?　色覚問題と人権一問一答」（尾家宏昭ほか）　解放出版社　2004.7　p105-106

指揮官
- ◎参考文献「指揮官たちの特攻」（城山三郎）　新潮社　2001.8　p190-194
- ◎参考文献「指揮官の決断　その一瞬が勝敗を分けた」（三野正洋）　新潮社　2001.9　p261-263

色彩
- ◎文献「色彩学概説」（千々岩英彰）　東京大学出版会　2001.4　p220-228
- ◎参考文献「色彩工学　第2版」（大田登）　東京電機大学出版局　2001.9　p267-275
- ◎註「古来の文様と色彩の研究」（丹沢巧）　源流社　2002.8　prr
- ◎文献「よくわかる色彩用語ハンドブック」（内田洋子, 宇田川千英子）　早稲田教育出版　2002.12　p400-401

しきしや

◎参考書目「ビレン色彩学の謎を解く　人類の福祉向上のための色彩心理学と色彩療法」（F. ビレン）　青娥書房　2003.2　p218-219
◎文献「色彩用語事典」（日本色彩学会）　東京大学出版会　2003.3　p511-564
◎参考文献「色彩の世界地図」（21世紀研究会）　文藝春秋　2003.4　p246」
◎文献「色彩の認知心理―その事実と概念の研究」（高木敬雄ほか）　広島修道大学総合研究所　2003.6　p161-168
◎参考文献「カラーサイエンス」（日本色彩学会）　朝倉書店　2004.6　p143-148
◎参考文献「どうして色は見えるのか―色彩の科学と色覚」（池田光男ほか）　平凡社　2005.8　p289-285
◎参考図書「色の百科事典」（日本色彩研究所）　丸善　2005.9　p593-601
◎参考文献「青の歴史」（M. パストゥロー）　筑摩書房　2005.9　p204-212
◎文献「カラーインライフ」（日本色彩学会）　朝倉書店　2006.3　p199-201
◎参考図書「色彩学貴重書図説―ニュートン・ゲーテ・シュヴルール・マンセルを中心に」（北畠耀）　日本塗料工業会　2006.4　p99-101
◎参考文献「「色彩と心理」おもしろ事典」（松岡武）　三笠書房　2006.5　p216-219
◎参考文献「誕生色事典―「色の秘密」366日」（野村順一）　文藝春秋　2006.5　p226-227
◎参考文献「日本の伝統色―その色名と色調　新版」（長崎盛輝）　青幻舎　2006.6　p321-325
◎参考文献ほか「花の色図鑑―和の花色・洋の花色・中国の花色」（福田邦夫）　講談社　2007.3　p174-175
◎参考文献「色彩工学入門」（篠田博之ほか）　森北出版　2007.5　p206-207
◎参考文献ほか「クロモフォビア―色彩をめぐる思索と冒険」（D. バチェラー）　青土社　2007.7　p7-10b
◎参考文献「色の法則―衣食住に秘められたラッキーカラー」（桶村久美子）　河出書房新社　2007.11　p226-227

指揮者
◎年譜「評伝チェリビダッケ　新装版」（クラウス・ヴァイラー）　春秋社　2001.5　p1-7b

色素
◎参考図書「エビ・カニはなぜ赤い―機能性色素カロテノイド」（松野隆男）　成山堂書店　2004.8　p150-151

色道
◎参考文献「江戸男色考　色道篇」（柴山肇）　批評社　2001.11　p220-230

食封
◎註「日本古代の食封と出挙」（水野柳太郎）　吉川弘文館　2002.8　prr

子宮がん
◎関連本「子宮がん・卵巣がん全書」（野澤志朗ほか）　法研　2005.11　p767-771

詩経
○文献目録（西口智也）「詩経研究　28」（日本詩経学会）　2003.12　p1-10
○目録（江口尚純）「中国古典研究　48」（中国古典学会）　2003.12　p1-13b
○文献目録（江口尚純）「詩経研究　30」（日本詩経学会）　2006.2　p1-11b
◎参考文献「古代歌謡における愛の表現技法　詩経2」（加納喜光）　汲古書院　2006.6　p297-307
◎注「東アジア文化圏と詩経」（徐送迎）　明治書院　2006.12　prr

字鏡
◎参考文献「字鏡集　4（巻16～巻20）」（菅原為長）　八木書店　2001.5　p33-34b

事業評価
◎文献「実用重視の事業評価入門」（マイケル・クイン・パットン）　清水弘文堂書房　2001.3　p263-282

しきり
◎引用参考文献「「しきり」の文化論」（柏木博）　講談社　2004.5　p278-280

資金管理
◎文献ガイドほか「リアル・オプション―経営戦略の新しいアプローチ」（マーサ・アムラム, ナリン・クラティラカ）　東洋経済新報社　2001.12　p263-283
◎文献「プロジェクト・ファイナンス―ベンチャーのための金融工学」（J. D. フィナーティ）　朝倉書店　2002.10　p263-268
◎参考文献「売掛債権資金化の新型資金調達法―ファクタリングの導入・活用の手引き」（志村和次郎ほか）　中央経済社　2004.10　p202-204
◎参考文献「不動産保有の意味を問う―オフバランスによる企業価値の創出」（三菱UFJ信託銀行不動産コンサルティング部）　東洋経済新報社　2007.2　p217-218
◎参考引用資料「中小企業のための動産・債権担保による資金調達Q&A―ABL活用のメリットはこれだ！」（粟田口太郎ほか）　ぎょうせい　2007.4　p317-318
◎参考文献「アクティブ・デリバティブ戦略―企業価値を高める新しい経営手法」（福島良治）　日本経済新聞出版社　2007.7　p209-214

資金循環
◎文献「資金循環分析―基礎技法と政策評価」（辻村和佑, 溝下雅子）　慶応義塾大学出版会　2002.6　p231-236
◎参考文献「国際資金循環分析の理論と展開」（張南）　ミネルヴァ書房　2005.11　p251-258

資金洗浄
○関係文献（宮澤浩一）「法学研究　77.4」（慶応義塾大）　2004.4　p154-102

シク教
◎ブックガイド「シク教」（G. S. マン）　春秋社　2007.2　p200」

しぐさ
◎引用文献「姿勢としぐさの心理学」（P. ブゥル）　北大路書房　2001.1　p182-186
◎著者文献ほか「非言語的パフォーマンス―人間関係をつくる表情・しぐさ」（佐藤綾子）　東信堂　2003.9　p180-200

ジークフリート伝説
◎参考文献「ジークフリート伝説―ワーグナー『指環』の源流」（石川栄作）　講談社　2004.12　p291-298

死刑
- ◎文献目録「死刑廃止の研究　第3版」（三原憲三）　成文堂　2001.2　p601-660
- ◎参考文献「国際法上の死刑存置論」（中野進）　信山社出版　2001.7　p129-143
- ◎文献目録「死刑存廃論の系譜　第4版」（三原憲三）　成文堂　2001.9　p404-464
- ○文献（辻本衣佐）「NCCD Japan　24」（全国犯罪非行協議会）　2002.3　p48-49
- ◎文献目録「死刑に関する資料集　続」（三原憲三）　朝日大　2003.3　p305-307
- ◎文献「死刑百科事典」（M.グロスマン）　明石書店　2003.4　p349-373
- ◎文献目録「死刑存廃論の系譜　5版」（三原憲三）　成文堂　2003.12　p479-542
- ○文献（辻本衣佐）「NCCD Japan　30」（全国犯罪非行協）　2004.4　p65-66
- ◎参考文献「死刑囚—極限状況を生きる」（三國隆三）　展望社　2004.6　p299-300
- ◎文献「Q&A死刑問題の基礎知識」（菊田幸一）　明石書店　2004.8　p123-124
- ◎文献案内（前田朗）「無実の死刑囚たち　年報・死刑廃止2004」（年報・死刑廃止編集委員会）　インパクト出版会　2004.9　p252-261
- ◎文献目録「死刑廃止の研究　4版」（三原憲三）　成文堂　2005.2　p637-701
- 年表「死刑文学を読む」（池田浩士ほか）　インパクト出版会　2005.2　p1-5b
- ○文献（辻本衣佐）「NCCD Japan　33」（全国犯罪非行協議会）　2005.3　p54-58
- ◎参考文献「東京拘置所死刑囚物語—獄中20年と死刑囚の仲間たち」（澤地和夫）　彩流社　2006.3　p204-205
- ○文献（辻本衣佐）「NCCD Japan　36」（全国犯罪非行協議会）　2006.9　p68-72
- ◎文献目録「死刑廃止の研究　5版」（三原憲三）　成文堂　2006.9　p653-721
- ◎参考文献「処刑台から見た世界史」（桐生操）　あんず堂　2006.11　p279-285
- ◎基本文献「宗教者が語る死刑廃止」（「死刑を止めよう」宗教者ネットワーク）　現代書館　2006.12　p225-227
- ◎資料「東アジアの死刑廃止論考」（鈴木敬夫）　成文堂　2007.2　p251-257
- ◎「死刑問題文献目録」（宮崎産業経営大学法学会）　宮崎産業経営大学法学会　2007.3　260p B5
- ◎参考文献「拷問と処刑の西洋史」（浜本隆志）　新潮社　2007.12　p232-236

時系列
- ◎参考文献「時系列解析における揺動散逸原理と実験数学」（岡部靖範）　日本評論社　2002.2　p341-354
- ◎文献「カオスと時系列」（松本隆）　培風館　2002.11　p169-181
- ◎参考文献「時系列解析とその応用」（竹安数博）　大阪府立大　2004.6　prr
- ◎参考文献「応用経済学のための時系列分析」（市川博也）　朝倉書店　2007.2　p162-165
- ◎参考文献「長期記憶過程の統計—自己相似な時系列の理論と方法」（松葉育雄）　共立出版　2007.11　p341-353

資源
- ◎参考文献「データで検証!地球の資源ウソ・ホント—エネルギー、食糧から水資源まで」（井田徹治）　講談社　2001.1　p264-265
- ◎基本文献「コモンズの社会学—森・川・海の資源共同管理を考える」（井上真, 宮内泰介）　新曜社　2001.3　p240-243
- ◎参考文献「資源論入門—地球環境の未来を考える」（佐々木信行）　コロナ社　2001.3　p159-160
- ◎文献「物質循環のエコロジー」（室田武）　晃洋書房　2001.5　p9-29b
- ◎参考文献「物質文明を超えて—資源・環境革命の21世紀」（佐伯康治）　コロナ社　2001.11　p151-154
- ◎文献「新石油文明論—砂漠化と寒冷化で終わるのか」（槌田敦）　農山漁村文化協会　2002.6　p162-170
- ◎参考図書ほか「国際資源・環境論」（高坂節三）　都市出版　2005.1　p238-255
- ◎引用文献「社会化される生態資源—エチオピア絶え間なき再生」（福井勝義）　京都大学術出版会　2005.3　p373-362
- ◎参考文献「入門・資源危機—国益と地球益のジレンマ」（谷口正次）　新評論　2005.10　p277-283
- ◎参考文献「発展途上国の資源政治学—政府はなぜ資源を無駄にするのか」（W.アッシャー）　東京大出版会　2006.1　p281-293
- ◎引用文献「環境と資源利用の人類学—西太平洋諸島の生活と文化」（印東道子）　明石書店　2006.3　prr

事件
- ◎参考文献「昭和天皇下の事件簿」（佐藤友之）　現代書館　2001.4　p671」
- ◎引用文献「20世紀にっぽん殺人事典」（福田洋）　社会思想社　2001.8　p831-833
- ◎参考文献「真相はこれだ!—不可思議8大事件の核心を撃つ」（祝康成）　新潮社　2001.10　p220-221

次元
- ◎参考文献「次元の秘密—自然単位系からDブレーンまで」（竹内薫）　工学社　2002.1　p155-157
- ◎推薦図書「パラレルワールド—11次元の宇宙から超空間へ」（M.カク）　NHK出版　2006.1　p10-12b

C言語
- ◎文献「見てわかるC言語入門—独習ソフトによる画期的勉強法」（板谷雄二）　講談社　2001.10　p274-277
- ◎参考文献「C言語入門—文法とプログラミング」（広内哲夫）　ピアソン・エデュケーション　2002.2　p367-368

事故
- ◎参考図書「実験室の笑える?笑えない!事故実例集」（田中陵二, 松本英之）　講談社　2001.5　p111」
- ◎参考文献「事故は、なぜ繰り返されるのか—ヒューマンファクターの分析」（石橋明）　中央労働災害防止協会　2003.4　p161-162
- ◎参考文献「ヒューマンエラーの科学—なぜ起こるか、どう防ぐか、医療・交通・産業事故」（大山正ほか）　麗澤大学出版会　2004.4　prr
- ◎注「テクノリテラシーとは何か—巨大事故を読む技術」（斉藤了文）　講談社　2005.2　p246-258
- ◎参考文献「事故は、なぜ繰り返されるのか—ヒューマンファクターの分析」（石橋明）　中央労働災害防止協会　2006.1　2pb

しこ

◎文献「アクシデント　事故と文明」（P. ヴィリリオ）　青土社　2006.2　p189-192
◎参考文献「人はなぜ危険に近づくのか」（広瀬弘忠）　講談社　2006.10　p183-185
◎参考文献「生と死の極限心理―サバイバルの限界を考察する」（広瀬弘忠）　講談社　2006.11　p238-243
◎引用文献「事故と安全の心理学―リスクとヒューマンエラー」（三浦利章ほか）　東京大出版会　2007.8　prr

自己
◎参考文献「自己意識研究の現在」（梶田叡一）　ナカニシヤ出版　2002.3　prr
◎文献リスト「過去と記憶の社会学　自己論からの展開」（片桐雅隆）　世界思想社　2003.2　p8-19b
◎注釈「うぬぼれる脳―「鏡のなかの顔」と自己意識」（J. P. キーナンほか）　NHK出版　2006.3　p331-318
◎参考文献「「本当の自分」の現象学」（山竹伸二）　NHK出版　2006.10　p231-234

自己愛
◎参考文献「自己愛障害の臨床―見捨てられと自己疎外」（カトリン・アスパー）　創元社　2001.1　p293-300
◎引用文献「満たされない自己愛　現代人の心理と対人葛藤」（大渕憲一）　筑摩書房　2003.4　p208-210

思考
◎引用文献「あなたの思考をガイドする40の原則　入門篇」（E. B. ゼックミスタ）　北大路書房　2001.4　p27-36b
◎参考文献「日本人の思考作法―ときには論理的に考えよう」（大野徇郎）　日科技連出版社　2001.8　p175-180
◎文献「思考障害―評価法と基礎」（畑哲信）　新興医学出版社　2002.3　p231-233
◎参考文献「戦略的思考の技術―ゲーム理論を実践する」（梶井厚志）　中央公論新社　2002.9　p275-276
◎参考文献「実践ロジカル・シンキング入門―日本語論理トレーニング」（野内良三）　大修館書店　2003.2　p192-198
◎文献「考具」（加藤昌治）　TBSブリタニカ　2003.4　p238-239
◎文献「思考の発達についての総合的研究」（田中俊也）　関西大学出版部　2004.3　p201-211
◎参考文献「ロジカル・シンキング入門」（茂木秀昭）　日本経済新聞社　2004.7　p168-169
◎引用文献「クリティカルシンキング―不思議現象篇」（T. シックほか）　北大路書房　2004.9　p9-20b
◎参考図書「「考える」を考える」（北原辰義）　碧天舎　2005.6　p255-256
◎参考文献「ヒトはいかにして知恵者となったのか―思考の進化論」（P. ヤーデンオフォシュ）　研究社　2005.6　p15-29b
◎参考文献「知識の構造化と知の戦略」（斎藤雄志）　専修大学出版局　2005.8　p241-247

嗜好品
◎参考文献「世界嗜好品百科」（松浦いねほか）　山愛書院　2004.3　p313-323
◎参考文献「現代都市と嗜好品」（嗜好品文化研究会ほか）　ドメス出版　2005.2　p265-266

地獄
◎参考文献「天国と地獄の事典」（M. ヴァン・スコット）　原書房　2006.5　p416-426
◎参考文献「宗教地獄絵残虐地獄絵」（吉田八岑ほか）　大和書房　2006.7　p204-206
◎参考文献「図解天国と地獄」（草野巧）　新紀元社　2007.5　p234-235

四国地方
◎文献「中国・四国　日本の地誌9」（森川洋ほか）　朝倉書店　2005.3　prr
◎参考文献「四国の力石」（高島愼助）　岩田書院　2005.4　p291-302
◎参考文献「四国・食べ物民俗学　続　現代に生きる食べ物と食習俗」（近藤日出男）　アトラス出版　2005.8　p227-228

四国地方　赤石山系
◎参考文献「四国赤石山系物語」（安森滋）　安森滋　2006.1　p1021-1027

四国地方　遍路
◎参考文献「四国遍路の宗教学的研究―その構造と近現代の展開」（星野英紀）　法蔵館　2001.11　p387-408
◎「四国遍路関係資料　1」（愛媛県歴史文化博物館）　愛媛県歴史文化博物館　2005.3　91p A4

四国地方　歴史
○文献目録（石尾和仁ほか）「四国中世史　6」（四国中世史研究会）　2001.8　p126-133
○文献目録（石尾和仁ほか）「四国中世研究　9」（四国中世史研究会）　2007.8　p67-72

時刻表
◎参考文献「幻の時刻表」（曽田英夫）　光文社　2005.1　p280-278

自己決定権
◎参考文献「知的障害者の自己決定権　増補版」（平田厚）　エンパワメント研究所　2002.9　p165-172

自己心理学
◎文献「自己心理学入門―コフート理論の実践」（アーネスト・S. ウルフ）　金剛出版　2001.10　p200-205
◎文献「母子画の臨床応用―対象関係論と自己心理学」（ジャクリーン・ジレスピー）　金剛出版　2001.12　p166-169

自己組織化
◎参考文献「自己組織化マップ―理論・設計・応用」（マークM. ヴァン・フッレ）　海文堂出版　2001.3　p267-283
◎参考文献「創発―蟻・脳・都市・ソフトウェアの自己組織化ネットワーク」（S. ジョンソン）　ソフトバンクパブリッシング　2004.3　p304-321
◎参考文献「オートポイエーシスの倫理―新しい倫理の考え方」（山下和也）　近代文芸社　2005.12　p225-227

自己組織性
◎文献「自己組織性と社会」（今田高俊）　東京大学出版会　2005.3　p275-285

仕事
◎引用文献「キャリアカウンセリング入門　人と仕事の橋渡し」（E. L. ハー）　ナカニシヤ出版　2001.9　p185-191

◎注「窒息するオフィス　仕事に強迫されるアメリカ人」（J. A. フレイザー）　岩波書店　2003.5　p11-27b

仕事文
◎参考文献「短く書く仕事文の技術　削り方、磨き方、仕上げ方」（高橋昭男）　講談社　2001.12　p198-199
◎引用参考文献「仕事文をみがく」（高橋昭男）　岩波書店　2002.7　p191-193

自己破壊
◎参考文献ほか「方法としての自己破壊—〈現実的可能性〉を求めて」（A. O. ハーシュマン）　法政大学出版局　2004.1　p15-39b

事故防止
◎文献「子どもの危機管理の実態とその改善方策に関する調査研究」（子どもの危機管理研究会）　伊藤忠記念財団　2004.1　p372-374

ジゴマ
◎参考文献「怪盗ジゴマと活動写真の時代」（永嶺重敏）　新潮社　2006.6　p187-189

司祭
◎参考文献「司祭の霊性—宣教する教会の中で」（ホアン・エスケルダ・ビフェト）　サンパウロ　2001.11　p1-6b

持衰
◎参考引用資料「持衰」（篠崎紘一）　郁朋社　2002.3　p265-269

自殺
◎推薦図書「自殺者のこころ—そして生きのびる道」（E. S. シュナイドマン）　誠信書房　2001.3　p237-239
◎文献ほか「自殺の文学史」（グリゴーリイ・チハルチシヴィリ）　作品社　2001.8　p304-373
○文献目録「自殺予防と危機介入　23.1」（日本自殺予防学会）　2002.3　p98-99
◎参考文献「自殺の危機とカウンセリング」（下園壮太）　金剛出版　2002.11　p244」
◎文献「自殺企図—その病理と予防・管理」（樋口輝彦）　永井書店　2003.4　prr
◎推薦図書「中高年自殺　その実態と予防のために」（高橋祥友）　筑摩書房　2003.5　p213-215
◎文献「自殺、そして遺された人々」（高橋祥友）　新興医学出版社　2003.8　p215-217
○文献目録「自殺予防と危機介入　25.1」（日本自殺予防学会）　2004.3　p102-104
◎推薦図書「自殺のポストベンション—遺された人々への心のケア」（高橋祥友ほか）　医学書院　2004.8　p187-188
◎文献「自ら逝ったあなた、遺された私—家族の自死と向きあう」（グリーフケア・サポートプラザほか）　朝日新聞社　2004.11　p250-253
◎「日本自殺関連文献目録　2（2004）」（日本自殺予防学会）　いのちの電話　2004.12　128p B5
◎文献「アーサーはなぜ自殺したのか」（E. S. シュナイドマン）　誠信書房　2005.5　p205-207
◎文献「シュナイドマンの自殺学—自己破壊行動に対する臨床的アプローチ」（E. S. シュナイドマン）　金剛出版　2005.5　prr
◎文献集「自殺は予防できる—ヘルスプロモーションとしての行動計画と心の健康づくり活動」（本橋豊ほか）　すぴか書房　2005.10　p199-202
◎文献「自殺の危険—臨床的評価と危機介入　新訂増補」（高橋祥友）　金剛出版　2006.1　p331-346
◎参考文献「自殺予防事典」（G. エヴァンズほか）　明石書店　2006.5　p293-296
◎文献「アメリカの自殺—予防のための心理社会的アプローチ」（H. ヘンディン）　明石書店　2006.9　p341-320
◎推薦図書「あなたの「死にたい、でも生きたい」を助けたい」（高橋祥友）　講談社　2007.3　p216-218
◎参考文献「若者たちはなぜ自殺するのか」（渋井哲也）　長崎出版　2007.3　p285」
◎推薦図書「自殺で遺された人たちのサポートガイド—苦しみを分かち合う癒やしの方法」（A. スモーリンほか）　明石書店　2007.8　p5-7b
◎参考文献「友だちに「死にたい」といわれたとき、きみにできること—大切な人の自殺を食い止める方法」（R. E. ネルソンほか）　ゴマブックス　2007.8　p238-239
◎参考文献「自殺したい人に寄り添って」（斉藤弘子）　三一書房　2007.12　p345-347

資産会計
◎文献「資産動態論の構築」（川口順一）　森山書店　2003.11　p157-163

資産金融
◎文献「アセット・ファイナンス—資産金融の理論と実際」（内藤伸浩）　ダイヤモンド社　2003.6　p241-243

資産形成
◎参考文献「インターネット資本論　21世紀型の資産形成」（S. デイビスほか）　富士通経営研究所　2001.4　p234-224
◎参考文献「人口減少時代の資産形成」（西澤隆）　東洋経済新報社　2005.8　p283-287

資産効果
◎参考文献「資産効果と財政金融政策—資産効果に関するマクロ経済理論および実証分析」（廣江満郎）　関西大学出版部　2001.1　p271-280

資産評価
◎文献「公正価値会計」（浦崎直浩）　森山書店　2002.6　p359-387
◎参考文献「財産評定等ガイドラインとQ&A・事例分析」（日本公認会計士協会）　商事法務　2007.8　p303-305

資産流動化法
◎参考文献「資産流動化法—改正SPC法・投信法の解説と活用法」（山崎和哉）　金融財政事情研究会　2001.4　p204-205

詩誌
◎「戦前の詩誌・半世紀の系譜」（志賀英夫）　詩画工房　2002.1　285p A5
○一覧「現代詩手帖　45.12」（思潮社）　2002.12　p325-348
◎略年譜「群馬の詩人—近現代詩の革新地から　第16回企画展」（群馬県立土屋文明記念文学館）　土屋文明記念文学館　2004.10　p66-69
○詩誌一覧「現代詩手帖　47.12」（思潮社）　2004.12　p324-339
○一覧「現代詩手帖　48.12」（思潮社）　2005.12　p324-348

しししん

○一覧ほか「現代詩手帖　49.12」（思潮社）　2006.12　p369-392
◎「戦後詩誌総覧　1　戦後詩のメディア　1（現代詩手帖・日本未来派）」（和田博文ほか）　日外アソシエーツ　2007.12　769p A5

時事新報
◎「時事新報目録　文芸篇　大正期」（池内輝雄）　八木書店　2004.12　380, 88p A5

脂質
◎参考文献「食品機能学―脂質」（和田俊ほか）　丸善　2004.3　p216-220
◎文献「脂質栄養と健康」（宮澤陽夫ほか）　建帛社　2005.5　prr

獅子舞
◎参考文献「三匹獅子舞の研究」（笹原亮二）　思文閣出版　2003.3　p310-321
◎文献目録補遺「青梅獅子舞再訪　2」（石川博司）　多摩獅子の会　2003.10　p54-61
◎「あきる野獅子舞文献目録―付西多摩獅子舞文献目録」（石川博司）　多摩獅子の会　2004.1　66p A5
◎「奥多摩獅子舞文献目録」（石川博司）　多摩獅子の会　2004.1　60p A5
◎「青梅獅子舞文献目録」（石川博司）　多摩獅子の会　2004.1　34p A5
◎参考文献「かながわの三匹獅子舞―獅子頭の世界特別展」（神奈川県立歴史博物館）　神奈川県立歴史博物館　2005.1　p70-71
◎文献目録「平溝の太神楽獅子」（石川博司）　多摩獅子の会　2005.1　p32-40
◎文献目録「狭間の獅子舞を訪ねる」（石川博司）　多摩獅子の会　2005.9　p33-36
◎文献目録「四谷龍頭の舞を訪ねる」（石川博司）　多摩獅子の会　2005.9　p38-42
◎文献目録「石川龍頭の舞を訪ねる」（石川博司）　多摩獅子の会　2005.9　p55-58
◎文献目録「東浅川獅子舞を訪ねる」（石川博司）　多摩獅子の会　2005.9　p32-34
◎文献目録「今熊の獅子舞を訪ねる」（石川博司）　多摩獅子の会　2005.10　p25-28
◎文献目録「田守の獅子舞を訪ねる」（石川博司）　多摩獅子の会　2005.10　p34-36
◎文献目録「南沢の獅子舞を訪ねる」（石川博司）　多摩獅子の会　2005.10　p32-34

寺社縁起
◎注「寺社縁起の文化学」（堤邦彦ほか）　森話社　2005.11　prr

磁石
◎参考文献「磁石は地球を救う―省エネ時代のエース」（篠原肇ほか）　ケイ・ディー・ネオブック　2005.11　p85-87
◎参考文献「永久磁石―材料科学と応用」（佐川眞人ほか）　アグネ技術センター　2007.9　prr

刺繍
◎文献「中国ミャオ族の織」（G. コリガン）　デザインエクスチェンジ　2003.10　p84-85

時宗
◎文献目録（長島尚道）「一遍上人全集　新装版」（橘俊道, 梅谷繁樹）　春秋社　2001.7　p305-316

○刊行物紹介（小野沢真ほか）「時宗教学年報　30」（時宗教学研究所）　2002.3　p1-24b
◎参考文献「時宗教団史―時衆の歴史と文化」（高野修）　岩田書院　2002.3　p221
○関係文献（小野澤眞ほか）「時宗教学年報　31」（時宗教学研究所）　2003.3　p1-29
○文献刊行物紹介（小野沢真ほか）「時宗教学年報　32」（時宗教学研究所）　2004.3　p190-164
○関係文献（小野澤眞ほか）「時宗教学年報　33」（時宗教学研究所）　2005.3　p1-64
○文献紹介（小野澤眞ほか）「時宗教学年報　35」（時宗研究所）　2007.3　p52-84b

私塾
◎注「塾の水脈」（小久保明治）　武蔵野美術大　2004.4　p201-222

思春期
◎参考文献「自信力はどう育つか　思春期の子ども世界　4都市調査からの提言」（河地和子）　朝日新聞社　2003.4　p280-283
◎参照文献「変わりゆく思春期の心理と病理―物語れない・生き方がわからない若者たち」（鍋田恭孝）　日本評論社　2007.3　p229-233

司書
◎参考文献ほか「図書館運動は何を残したか―図書館員の専門性」（薬袋秀樹）　勁草書房　2001.5　p224-241
◎参考文献「司書職の出現と政治―アメリカ図書館協会1876-1917年」（W. A. ウィーガンド）　京都大学図書館情報学研究会　2007.3　p381-413
◎参考文献「司書職と正当性―公立図書館調査（Public Library Inquiry）のイデオロギー」（D. レイバー）　京都大図書館　2007.9　p181-186

詩書
○一覧「現代詩手帖　46.12」（思潮社）　2003.12　p289-314
○一覧「現代詩手帖　47.12」（思潮社）　2004.12　p314-323
○一覧「現代詩手帖　48.12」（思潮社）　2005.12　p324-348
○一覧ほか「現代詩手帖　49.12」（思潮社）　2006.12　p369-392
○一覧「現代詩手帖　50.12」（思潮社）　2007.12　p346-367

辞書
○関連記事抄録（尾川文枝）「文献探索　2000」（文献探索研究会）　2001.2　p138-140
◎「裏読み深読み国語辞書」（石山茂利夫）　草思社　2001.2　254p　46s
◎注「中世辞書の基礎的研究」（木村晟）　汲古書院　2002.5　prr
◎「辞書の図書館―所蔵9，811冊」（清久尚美）　駿河台出版社　2002.8　729p A5
◎文献「辞書学辞典」（R. R. K. ハートマン）　研究社　2003.7　p171-190
◎参考文献「単語と辞書　言語の科学3」（松本裕治ほか）　岩波書店　2004.6　p199-212
◎参考文献「英語辞書学への招待」（H. ジャクソン）　大修館書店　2004.9　p259-263

主題書誌索引 2001-2007　　　　ししん

◎参考図書「英和辞書とバイリンガリズム—語義としての対応語・訳語を中心として」（大谷喜明）　小学館スクウェア　2005.2　p196-199
◎「辞書・事典全情報 1998-2005」（日外アソシエーツ）　日外アソシエーツ　2006.5　14, 816p A5
◎参考文献「辞書とアメリカ—英語辞典の200年」（本吉侃）　南雲堂　2006.6　p382-397

市場
◎参考文献「企業家と市場とはなにか」（I. M. カーズナー）　日本経済評論社　2001.3　p162-164
◎参考文献「新しい産業組織論—理論・実証・政策」（小田切宏之）　有斐閣　2001.9　p275-280
◎参考文献「市場の不確実性と資本のシステム」（松田正彦）　ナカニシヤ出版　2002.5　p226-230
◎情報源「人工市場—市場分析の複雑系アプローチ」（和泉潔）　森北出版　2003.7　p198-204
◎文献「ポストモダンの経済学—資本主義のコモンセンスをどう読むか」（E. ワトキンズ）　ダイヤモンド社　2003.10　p345-350
◎参考文献「市民社会と市場のはざま—公共理念の再生に向けて」（中谷猛ほか）　晃洋書房　2004.4　p171-180
◎参考文献「報道の経済的影響—市場のゆらぎ増幅効果」（駒橋恵子）　御茶の水書房　2004.5　p437-462
◎参考文献「産業組織論」（春名章二）　中央経済社　2004.7　p223-228
◎文献「アジア市場のコンテキスト—グローバリゼーションの現場から　東南アジア編」（川端基夫）　新評論　2005.10　p246-249
◎参考文献「市場と資本の経済学」（飯田和人）　ナカニシヤ出版　2006.3　p184-189
◎参考文献「自治体の市場化テスト」（稲沢克祐）　学陽書房　2006.6　p169-173
◎文献「競争の社会的構造—構造的空隙の理論」（R. S. バート）　新曜社　2006.10　p293-306
◎参考文献「市場を創る—バザールからネット取引まで」（J. マクミラン）　NTT出版　2007.3　p342-358
◎参考文献「産業経済論—寡占経済と産業展開」（安喜博彦）　新泉社　2007.4　p219-224

市場経済
◎参考文献「中国における市場分断」（王保林）　日本経済評論社　2001.2　p213-220
◎参考文献「現代産業組織論　〔新訂〕」（井手秀樹, 廣瀬弘毅）　放送大学教育振興会　2001.3　p177-179
◎関連図書「図解市場経済の理論とその応用—市場の効率性と公正」（仙波憲一）　CAB出版　2001.4　p309-312
◎参考文献「インセンティブ契約と市場競争」（石橋孝次）　三菱経済研究所　2001.5　p133-136
◎文献「市場経済と価値—価値論の新機軸」（飯田和人）　ナカニシヤ出版　2001.7　p393-405
◎参考文献「思想としての経済学　市場主義批判」（竹田茂夫）　青土社　2001.12　p194-201
◎参考文献「インターネット・エコノミー—新たな市場法則と企業戦略」（A. ツェルディック）　NTT出版　2002.4　p257-265
◎参考文献「先を見よ、今を生きよ—市場と政策の経済学」（斉藤誠）　日本評論社　2002.6　p283-285
◎文献「市場経済の神話とその変革—〈社会的なこと〉の復権」（佐藤良一）　法政大学出版局　2003.3　p437-470
◎参考文献「幕末維新期長崎の市場構造」（小山幸伸）　御茶の水書房　2006.1　p327-337
◎参考文献「市場と取引—実務家のためのマーケット・マイクロストラクチャー　下」（L. ハリス）　東洋経済新報社　2006.4　p951-967
◎参考文献「戦略的マス・カスタマイゼーション研究—国際市場戦略の新視角」（臼井哲也）　文眞堂　2006.5　p236-244
◎参考文献「市場社会とは何か—ヴィジョンとデザイン」（平井俊顕）　上智大出版　2007.5　prr

自傷行為
◎参考文献「自傷行為—実証的研究と治療指針」（B. W. ウォルシュほか）　金剛出版　2005.2　p266-273
◎文献「自傷行為治療ガイド」（B. W. ウォルシュ）　金剛出版　2007.3　p305-313
◎引用参考文献「リストカット—自傷行為をのりこえる」（林直樹）　講談社　2007.10　p185-190

私小説
◎研究文献目録「〈自己表象〉の文学史—自分を書く小説の登場」（日比嘉高）　翰林書房　2002.5　p249-274

司書教諭
◎参考文献「司書教諭のための学校経営と学校図書館」（渡辺重夫）　学文社　2003.5　p209」
◎参考文献「学校教育と図書館—司書教諭科目のねらい・内容とその解説」（志保田務）　第一法規　2007.9　prr

詩人
◎参考文献「死んでなお生きる詩人」（北川朱実）　思潮社　2001.3　p224-228
◎引用参考文献「〈日本の戦争〉と詩人たち」（石川逸子）　影書房　2004.7　p262-265
◎参考文献「吟遊詩人」（上尾信也）　新紀元社　2006.8　p251-277

地震
◎文献「地震学　第3版」（宇津徳治）　共立出版　2001.7　p331-358
◎参考文献「地震—"なまず"の活動史」（寒川旭）　大巧社　2001.9　p166-168
◎参考文献「地震学　下巻」（T. レイ, T. C. ウォレス）　古今書院　2002.1　prr
◎参考文献「地震と防災—糸魚川—静岡構造線」（塚原弘昭）　信濃毎日新聞社　2002.2　p5-7b
◎文献「濃尾地震と根尾谷断層帯—内陸最大地震と断層の諸性質」（村松郁栄, 松田時彦, 岡田篤正）　古今書院　2002.3　p331-340
◎文献「地震発生の物理学」（大中康譽, 松浦充宏）　東京大学出版会　2002.9　p355-366
◎ブックガイド「地震がわかる。」（朝日新聞社）　朝日新聞社　2002.11　p152-159
◎文献「リアルタイム地震学」（菊地正幸）　東京大学出版会　2003.1　p215-218
◎文献「地震発生と水—地球と水のダイナミクス」（笠原順三ほか）　東京大学出版会　2003.3　p359-383
◎参考文献「東海地震はいつ起こるのか　地球科学と噴火地震予測」（木村政昭）　論創社　2003.4　p292-293

373

◎参考文献「日本被害地震総覧―最新版 「416」-2001」（宇佐美龍夫） 東京大学出版会 2003.4 p11-12
◎参考文献「関東大震災 大東京圏のゆれを知る」（武村雅之） 鹿島出版会 2003.5 p137-139
◎引用参考文献「地震に強い建物 図解雑学」（安震技術研究会） ナツメ社 2003.7 p222」
◎文献「シリーズ環境と地質 2 地震と火山と侵食」（B.W. ピプキンほか） 古今書院 2003.11 prr
◎参考文献「地震学―定量的アプローチ」（安芸敬一ほか） 古今書院 2004.8 p843-879
◎参考文献「安政江戸地震―災害と政治権力」（野口武彦） 筑摩書房 2004.12 p283-282
◎参考文献「液状化現象―巨大地震を読み解くキーワード」（國生剛治） 山海堂 2005.7 5pb
◎参考文献「日本の火山性地震と微動」（西村太志ほか） 京都大学学術出版会 2006.2 prr
◎引用参考文献「スロー地震とは何か―巨大地震予知の可能性を探る」（川崎一朗） NHK出版 2006.3 p257-263
◎参考文献「昭和二年北丹後地震―家屋の倒壊と火災の連鎖」（蒲田文雄） 古今書院 2006.3 p210-215
◎文献「濃尾震災―明治24年内陸最大の地震」（村松郁栄） 古今書院 2006.5 p128-131
◎引用参考文献「地震の揺れを科学する―みえてきた強震動の姿」（山中浩明） 東京大出版会 2006.7 p5-8b
◎参考引用文献「三河地震―直下型地震の恐怖」（安城市歴史博物館） 安城市歴史博物館 2006.9 p110-111
◎参考文献「いま活断層が危ない―中部の内陸直下型地震」（安藤雅孝ほか） 中日新聞社 2006.10 p27-28
○書誌（生出仁美）「文献探索 2006」（文献探索研究会） 2006.11 p228-240
◎推薦図書「世界の果てが砕け散る―サンフランシスコ大地震と地質学の大発展」（S. ウィンチェスター） 早川書房 2006.12 p466-478
◎参考文献「明治・大正の日本の地震学―「ローカル・サイエンス」を越えて」（金凡性） 東京大出版会 2007.1 p147-172
◎参考文献「地震の日本史―大地は何を語るのか」（寒川旭） 中央公論新社 2007.11 p261-263

地震災害
◎参考文献「企業の震災危機対応 上 事業所の震災応急対策」（竹内吉平） 近代消防社 2001.6 p236-237
◎文献「災害の心理学とその周辺―北海道南西沖地震の被災地へのコミュニティ・アプローチ」（若林佳史） 多賀出版 2003.5 p375-388
◎参考文献「地震災害論 防災学講座2」（京都大学防災研究所） 山海堂 2003.9 prr
◎参考文献「"地域防災力"強化宣言―進化する自治体の震災対策」（鍵屋一） ぎょうせい 2003.10 p209-211
◎参考文献「企業の地震対策と危機管理」（小林誠ほか） シュプリンガーV東京 2004.2 p200-201
◎引用文献ほか「図書館が危ない! 地震災害編」（神谷優） エルアイユー 2005.3 p106-109
◎文献「"地域防災力"強化宣言―進化する自治体の震災対策 増補」（鍵屋一） ぎょうせい 2005.5 p237-240

地震予知
◎参考文献「地震予知研究の新展開」（長尾年恭） 近未来社 2001.2 p195-208

◎参考文献「地震予知はできる」（上田誠也） 岩波書店 2001.6 p119-120
◎引用参考文献「地震予知の科学」（日本地震学会地震予知検討委員会） 東京大出版会 2007.5 p6-9b
◎参考文献「魚の地震予知」（小田淳） 叢文社 2007.7 p103」
◎参考文献「地震予知の最新科学―発生のメカニズムと予知研究の最前線」（佃為成） ソフトバンククリエイティブ 2007.10 p228-232

静岡県
◎文献「中部地方の民俗芸能 4 静岡・愛知」（三隅治雄ほか） 海路書院 2006.7 p268-279
○文献目録（多々良典秀ほか）「静岡県民俗学会誌 25」（静岡県民俗学会） 2007.3 p87-88
◎参考引用文献「えーらしぞーか―静岡方言誌」（富山昭） 静岡新聞社 2007.4 p206-208
◎文献「中部地方の民俗芸能 4」（静岡県教育委員会ほか） 海路書院 2007.7 p268-279

静岡県 伊豆
◎文献「伊豆と黒潮の道 街道の日本史22」（仲田正之） 吉川弘文館 2001.5 p22-23b
◎参考文献「伊豆と世界史 豆州国際化事始め 」（桜井祥行） 批評社 2002.4 prr
◎参考文献「伊豆と黒潮―街道の日本史 22」（仲田正之ほか） 吉川弘文館 2002.6 p22-23b
◎引用参考文献「伊豆須崎海岸草木列伝」（近田文弘） トンボ出版 2007.6 p266-268

静岡県 磐田市
◎参考文献「目で見る磐田・袋井の100年」（小杉達） 郷土出版社 2002.7 p146」

静岡県 川根町
◎「川根町関係新聞記事索引」（上白石実） 川根町 2005.6 94p A4

静岡県 湖西市
◎参考引用文献「大知波峠廃寺跡」（後藤建一） 同成社 2007.6 p185-190

静岡県 中川根町
◎参考文献「中川根村の満洲移民 中川根町史近現代資料編付録」（編さん委員会） 中川根町（静岡県） 2005.3 p170-171
◎参考文献「中川根町史 近現代通史編」（編さん委員会） 川根本町（静岡県） 2006.3 p964-970

静岡県 沼津市
◎参考文献「豆州内浦漁民史料と内浦の漁業―開館30周年記念特別展」（沼津市歴史民俗資料館） 沼津市歴史民俗資料館 2005.2 p59-60

静岡県 沼津兵学校
◎参考文献「旧幕臣の明治維新―沼津兵学校とその群像」（樋口雄彦） 吉川弘文館 2005.11 p203-206

静岡県 浜松市
◎参考文献「「浜松企業」強さの秘密」（竹内宏） 東洋経済新報社 2002.8 p268-272
◎参考文献「米軍資料から見た浜松空襲」（阿部聖） あるむ 2006.3 p66-67

静岡県　袋井市
　◎参考文献「目で見る磐田・袋井の100年」（小杉達）　郷土出版社　2002.7　p146」

静岡県　藤岡市史
　◎参考文献「多野藤岡史帖」（関口正己）　みやま文庫　2004.2　p217-230

静岡県　焼津市
　◎参考文献「焼津市史　資料編　1　考古」（焼津市史編さん委員会）　焼津市　2004.3　p489-497
　◎参考文献「焼津市史　民俗編」（焼津市史編さん委員会）　焼津市　2007.7　p17-21b

静岡県　竜洋町
　◎参考文献「竜洋町史　民俗編」（編さん委員会）　竜洋町　2005.3　p638-641

静岡県　歴史
　◎文献「静岡県の横穴式石室」（静岡県考古学会）　静岡県考古学会　2003.4　p271-280
　◎参考文献「静岡県の歴史散歩」（静岡県日本史教育研究会）　山川出版社　2006.8　p342-343
　◎参考文献「有度山麓における後期古墳の研究　1」（静岡大学人文学部考古学研究室）　六一書房　2007.3　p106」

静岡鉄道
　◎文献「軽便の思い出―日本一の軽便鉄道・静岡鉄道駿遠線」（阿形昭）　阿形昭　2005.4　p155-156

シスコ
　◎原注「シスコ―E-コマースで世界を制覇」（D. スタウファー）　三修社　2002.8　p245-264

閑谷学校
　◎参考文献「閑谷学校ゆかりの人々」（特別史跡旧閑谷学校顕彰保存会）　山陽新聞社　2003.10　p1-3b

システム
　◎参考図書「社会システム概論―システム論でみる現代社会」（黒木貞夫）　文芸社　2001.7　p291-292
　◎参考文献「システムの思想」（河本英夫）　東京書籍　2002.7　p270-273
　◎参考文献「システムとメディアの社会学」（松本和良ほか）　恒星社厚生閣　2003.3　prr
　◎関連図書「生命複雑系からの計算パラダイム―アントコロニー最適化法・DNAコンピューティング・免疫システム」（大内東ほか）　森北出版　2003.8　prr
　◎参考文献「システム学の基礎」（高橋真吾）　培風館　2007.12　p183-188

システム開発
　◎文献「「とにかく早く」って言われてもねぇ―大規模ソフトウェア開発保守の現場」（山村吉信）　三元社　2003.3　p171-173
　◎文献「熊とワルツを―リスクを愉しむプロジェクト管理」（T. デマルコほか）　日経BP社　2003.12　p217-223
　◎参考文献「ITプロジェクトの「見える化」　上流工程編」（日経コンピュータ）　日経BP社　2007.5　p204-206
　◎参考文献ほか「要求開発ワークショップの進め方―ユーザー要求を引き出すファシリテーション」（E. ゴッテスディーナー）　日経BP社　2007.7　p309-319

システム監査
　◎参考文献「システム監査」（宇佐美博）　愛知大学経営総合科学研究所　2001.2　p244-248
　◎文献「情報システム監査」（吉田洋）　税務経理協会　2002.6　p253-264
　◎参考文献「情報セキュリティ監査公式ガイドブック」（日本セキュリティ監査協会）　日科技連出版社　2007.12　p281-283

地すべり
　◎文献「地すべりと地質学」（藤田崇）　古今書院　2002.8　p218-232
　◎文献「斜面防災都市―都市における斜面災害の予測と対策」（釜井俊孝，守随治雄）　理工図書　2002.10　p188-192
　◎引用文献「地すべり地形の判読法―空中写真をどう読み解くか」（大八木規夫）　近未来社　2007.10　p304-308
　◎参考文献「崩壊の場所―大規模崩壊の発生場所予測」（千木良雅弘）　近未来社　2007.10　p251-256

死生
　◎参考文献「「死に方」科学読本」（藤沢晴彦）　徳間書店　2001.5　p232-235
　◎参考文献「死生観を問いなおす」（広井良典）　筑摩書房　2001.11　p222-220
　◎引用文献「覚悟としての死生学」（難波紘二）　文藝春秋　2004.5　p211-222

磁性体
　◎参考文献「磁性入門―スピンから磁石まで」（志賀正幸）　内田老鶴圃　2007.4　p203-205

資生堂
　◎参考文献「美粧の座標―資生堂大船工場物語」（浅利茂樹ほか）　求龍堂　2004.11　p414-416

時制論
　◎文献「Beauzéeの時制論について―18世紀百科全書の項目〈Tems〉」（太治和子）　駿河台出版社　2002.3　p120-135

史跡
　◎参考文献「怨霊史跡考」（稲岡彰）　敬文堂　2001.5　p141-145
　◎参考文献「京都史跡事典　コンパクト版」（石田孝喜）　新人物往来社　2001.10　p265-268
　◎参考文献「日本の史跡―保護の制度と行政」（仲野浩）　名著刊行会　2004.9　prr

施設解体
　◎参考文献「ヨーロッパにおける施設解体―スウェーデン・英・独と日本の現状」（河東田博ほか）　現代書館　2002.11　prr

施設内虐待
　◎参考文献「続・施設内虐待―克服への新たなる挑戦」（市川和彦）　誠信書房　2002.11　prr

視線
　◎参照文献「視線の歴史―〈窓〉と西洋文明」（荻野昌利）　世界思想社　2004.6　p11-16b

自然
　◎引用文献「アルパイン・フラヌール―イギリス自然意識の原像」（神尾美津雄）　鷹書房弓プレス　2001.7

p8-18
◎参考文献「自然学の未来　自然への共感―シリーズ現代の地殻変動を読む　5」（黒田末寿）　弘文堂　2002.1　p248-252
◎参考文献「自然との和解の美学―序説―西洋近代美学における芸術と自然」（村田誠一）　晃洋書房　2002.2　p3-8b
◎文献案内「文明と自然―対立から統合へ」（伊東俊太郎）　刀水書房　2002.3　p255-256
◎参考文献「西欧近代科学―その自然観と構造　新版」（村上陽一郎）　新曜社　2002.5　p303-304
◎「自然と冒険の旅―読書案内・紀行編」（日外アソシエーツ）　日外アソシエーツ　2002.11　438p A5
◎文献「交感と表象―ネイチャーライティングとは何か」（野田研一）　松柏社　2002.6　p264-276
◎「スローで行こう　『自然環境』を考える44冊」（乳井昌史）　NHK出版　2003.7　239p B6
◎参考引用文献「神奈川の自然をたずねて」（編集委員会）　築地書館　2003.8　p251-257
◎文献リスト「自然詩の系譜―20世紀ドイツ詩の水脈」（神品芳夫）　みすず書房　2004.6　p10-21b
◎参考文献「日本文学から「自然」を読む」（川村晃生）　勉誠出版　2004.6　p221-223
◎「地球・自然環境の本全情報　1999-2003」（日外アソシエーツ）　日外アソシエーツ　2004.8　13, 673p A5
◎文献「日本人の宗教的自然観―意識調査による実証研究」（西脇良）　ミネルヴァ書房　2004.10　p327-340
◎参考文献「自然学―自然の「共生循環」を考える」（藤原昇ほか）　東海大学出版会　2004.11　prr
◎参考文献「神と自然の科学史」（川崎謙）　講談社　2005.11　p211-216
◎参考文献「「岬」の比較文学―近代イギリス文学と近代日本文学の自然描写をめぐって」（河村民部）　英宝社　2006.3　p322-327
◎参考文献「あなたの子どもには自然が足りない」（R. ループ）　早川書房　2006.7　p351-348
◎参考文献ほか「私たちは本当に自然が好きか」（塚本正司）　鹿島出版会　2007.5　p289-292
◎文献リスト「自然を感じるこころ―ネイチャーライティング入門」（野田研一）　筑摩書房　2007.8　p153-158

自然エネルギー
◎参考文献「エネルギー―風と太陽へのソフトランディング」（小島紀徳）　日本評論社　2003.12　prr

自然科学
◎邦語文献（伊藤功）「啓蒙主義から実証主義に至るまでの自然科学の歴史意識」（D. v. エンゲルハルト）　理想社　2003.5　p2-4b
◎参考文献「北の科学者群像―「理学モノグラフ」1947-1950」（杉山滋郎）　北海道大図書刊行会　2005.6　p211-227

自然史
◎参考文献「自然史概説」（西田孝ほか）　朝倉書店　2003.9　prr
◎参考文献「標本学―自然史標本の収集と管理」（松浦啓一）　東海大学出版会　2003.10　prr
◎文献リスト「ナチュラルヒストリーの時間」（大学出版部協会）　大学出版部協会　2007.6　p131-143

自然誌
◎原注文献「水の自然誌」（E. C. ピルー）　河出書房新社　2001.2　p311-316

自然資源
◎引用文献「自然資源管理の経済学」（河田幸視）　大学教育出版　2007.10　p189-201

自然住宅
◎参考図書「あなたもできる自然住宅」（船瀬俊介）　築地書館　2001.10　4pb

自然神学
◎文献表「自然神学再考―近代世界とキリスト教」（芦名定道）　晃洋書房　2007.2　p9-35b

自然崇拝
◎注ほか「太陽神の研究　下」（松村一男ほか）　リトン　2003.3　prr
◎参考文献「日本の自然崇拝西洋のアニミズム　宗教と文明　非西洋的な宗教理解への誘い」（保坂幸博）　新評論　2003.3　p353-357

自然地理
◎参考文献「大学テキスト自然地理学　下」（大山正雄）　古今書院　2004.10　prr
◎文献「日本地誌1　自然編　日本の地誌1」（中村和郎ほか）　朝倉書店　2005.11　prr
◎参考文献「風景のなかの自然地理　改訂版」（杉谷隆）　古今書院　2005.12　p133-137
◎参考図書ほか「自然地理学―自然環境の過去・現在・未来」（松原彰子）　慶應義塾大出版会　2006.5　p165-170

自然淘汰
◎参考文献「盲目の時計職人―自然淘汰は偶然か？」（R. ドーキンス）　早川書房　2004.3　p529-522
◎参考文献「クジャクの雄はなぜ美しい？　増補改訂版」（長谷川眞理子）　紀伊國屋書店　2005.9　p232-238

自然法則
◎参考文献「宇宙に法則はあるのか」（J. D. バロウ）　青土社　2004.6　p10-25b

自然保護
◎参考文献「絵本の中の都市と自然」（高橋理喜男）　東方出版　2001.5　p135-140
◎参考文献「日本の自然保護」（石川徹也）　平凡社　2001.9　p255-258
◎参考文献「ちょっと待ってケナフ！これでいいのビオトープ？―よりよい総合的な学習、体験活動をめざして」（上赤博文）　地人書館　2001.11　p177-180
◎引用文献「里山の生態学―その成り立ちと保全のあり方」（広木詔三）　名古屋大学出版会　2002.3　p299-324
◎刊行物一覧「自然保護NGO半世紀のあゆみ―日本自然保護協会五〇年誌　下　一九八三～二〇〇二」　平凡社　2002.12　p330-334
◎文献「水田の生物をよみがえらせる―農村のにぎわいはどこへ」（下田路子）　岩波書店　2003.1　p1-7b
◎参考文献「環境保護の市民政治学　2　見沼田んぼからの伝言」（村上明夫）　幹書房　2003.2　p224-226
◎参考文献「ルポ・日本の生物多様性―保全と再生に挑む人びと」（平田剛士）　地人書館　2003.3　prr

◎参考文献ほか「自然再生事業 生物多様性の回復をめざして」(鷲谷いづみほか) 築地書館 2003.3 p366-364
◎文献「山と里を活かす―自然と人の共存戦略」(信州大学山岳科学総合研究所) 信濃毎日新聞社 2003.5 p4-7b
◎参考文献「鳥たちに明日はあるか 景観生態学に学ぶ自然保護」(R. A. アスキンズ) 文一総合出版 2003.6 p394-360
◎参考文献「自然再生の河川工学」(P. C. Klingeman) 山海堂 2003.7 p99-101
◎参考文献「保全生物学―生物多様性のための科学と実践」(A. S. Pullin) 丸善 2004.3 p351-367
◎参考文献「尾瀬アヤメ平の40年―裸地化した湿原の植生回復への取り組み」(菊地慶四郎) 上毛新聞社 2004.4 p115-117
◎文献「都市に自然を回復するには」(野村圭佑) どうぶつ社 2004.6 p250-257
◎文献リスト「報告日本における〈自然の権利〉運動 2」(自然の権利セミナー報告書作成委員会ほか) 〈自然の権利〉セミナー 2004.6 p354-358
◎参考文献「自然環境保全における住民参加―熱帯沿岸における海洋保護区を例に」(中谷誠治) 国際協力機構 2004.7 p115-128
◎参考文献「ダム建設をめぐる環境運動と地域再生―対立と協働のダイナミズム」(帯谷博明) 昭和堂 2004.10 p309-321
◎参考文献「河川計画論―潜在自然概念の展開」(玉井信行) 東京大学出版会 2004.10 prr
◎参考文献「海辺の環境学―大都市臨海部の自然再生」(小野佐和子ほか) 東京大学出版会 2004.11 p253-262
◎参考文献「丹沢山麓里山・田んぼ物語―伝統的景観復元と地域再生マニュアル」(岡進) 夢工房 2004.12 p131-132
◎注「国立公園成立史の研究―開発と自然保護の確執を中心に」(村串仁三郎) 法政大学出版局 2005.4 p373-404
◎参考文献「自然保護とサステイナブル・ツーリズム―実践的ガイドライン」(P. F. J. イーグルズ) 平凡社 2005.4 p362-354
◎読書案内「自然保護の夜明け―デイヴィッド・ソローからレイチェル・カーソンへ」(P. ブルックス) 新思索社 2006.2 p20-28b
◎参考文献「アユ百万匹がかえってきた―いま多摩川でおきている奇跡」(田辺陽一) 小学館 2006.4 p236-239
◎参考文献「エコロジーの歴史」(P. マターニュ) 緑風出版 2006.8 p282-301
◎引用参考文献「生態環境リスクマネジメントの基礎―生態系をなぜ、どうやって守るのか」(浦野紘平ほか) オーム社 2007.3 prr
◎参考文献「よみがえれ自然―自然再生事業ガイドライン」(自然環境共生技術協会) 自然環境共生技術協会 2007.11 p94-96
◎参考文献「自然保護―その生態学と社会学」(吉田正人) 地人書館 2007.11 p143-145

自然保護法
◎参考文献「自然保護法講義」(畠山武道) 北海道大学図書刊行会 2001.6 p297-307
◎参考文献「自然保護法講義 2版」(畠山武道) 北大図書刊行会 2004.4 p311-322

思想
◎参考文献「現代思想フォーカス88」(木田元) 新書館 2001.1 prr
◎「年表で読む哲学・思想小事典」(D. フォルシェー, 菊地伸二) 白水社 2001.2 402p 46s
◎年譜(編集部)「2001年哲学の旅」(池田晶子) 新潮社 2001.3 p192-201
◎「思想哲学書全情報 1945-2000 2」(日外アソシエーツ) 日外アソシエーツ 2001.5 842p A5
◎「哲学・思想図書総目録 2001年版」 人文図書目録刊行会 2001.6 347p A5
◎参考文献「中国思想文化事典」(溝口雄三ほか) 東京大学出版会 2001.7 prr
○「現代思想を読む230冊 現代思想臨増 29.15」(青土社) 2001.11 254p A5
◎「20世紀日本の思想―Book guide」(成田龍一, 吉見俊哉) 作品社 2002.2 197, 8p A5
◎参考文献「現代思想芸術事典」(A. エドガーほか) 青土社 2002.11 p9-58b
○ブックガイド60「現代思想 32.11」(青土社) 2004.9 p8-254

地蔵
◎文献目録「一四巻本地蔵菩薩霊験記 下」(榎本千賀ほか) 三弥井書店 2003.8 p471-500
◎参考文献「歴史探索の手法―岩船地蔵を追って」(福田アジオ) 筑摩書房 2006.5 p201-204

思想家
◎参考文献「ニュージーランドの思想家たち」(ニュージーランド研究同人会) 論創社 2001.3 prr
◎「日本の思想家―時代の潮流を創った思想家・伝記目録」(日外アソシエーツ) 日外アソシエーツ 2005.11 11, 393p B5

思想史
◎参考文献「体系日本史叢書 22 思想史 1」(安藤良雄ほか) 山川出版社 2001.3 p16-19b
◎註「思想世界を旅する―東西思想史ノート」(河村敬一) 遊タイム出版 2002.1 prr
◎参考文献「日本倫理思想史」(佐藤正英) 東京大学出版会 2003.3 p213-214

自尊心
◎文献「恥と自尊心―その起源から心理療法へ」(M. ヤコービ) 新曜社 2003.9 p7-13b

死体
◎参考文献「死体はみんな生きている」(M. ローチ) NHK出版 2005.1 p344-349

時代劇
◎注「「殺陣」という文化―チャンバラ時代劇映画を探る」(小川順子) 世界思想社 2007.4 prr

時代小説
◎「遍歴と興亡 二十一世紀時代小説論」(中島誠) 講談社 2001.1 406p 46s
◎「歴史・時代小説スト113」(大衆文学研究会) 中央公論新社 2001.1 487p A6
◎「歴史・時代小説登場人物索引 単行本篇」(DBジャパン) DBジャパン 2001.4 847p A5

◎参考文献「時代小説巡遊記」（小川和佑） 光芒社 2002.7 p199-200
◎「歴史・時代小説登場人物索引 遡及版・アンソロジー篇 1946-1989 附文庫本(1946-1999)」（DBジャパン） DBジャパン 2003.7 95,806p A5
◎参考文献「時代小説用語辞典」（歴史群像編集部） 学習研究社 2005.4 p302-303
◎参考資料「時代小説盛衰史」（大村彦次郎） 筑摩書房 2005.11 p520-523
◎「読んで悔いなし!平成時代小説」（縄田一男ほか） 辰巳出版 2005.11 191p B5
◎参考資料「おじさんはなぜ時代小説が好きか―ことばのために」（関川夏央） 岩波書店 2006.2 p231-239
◎年表「時代小説人物事典」（歴史群像編集部） 学習研究社 2007.4 p278-285
◎ブックガイド「時代小説に会う!―その愉しみ、その怖さ、そのきらめきへ」（高橋敏夫） 原書房 2007.12 p320-324

時代風俗
◎考証一覧「時代風俗考証事典 新版」（林美一） 河出書房新社 2001.1 p699-701

肢体不自由
◎引用文献「講座・臨床動作学 2 肢体不自由動作法」（成瀬悟策） 学苑社 2001.5 p237-240
◎引用文献「中途肢体障害者における「障害の意味」の生涯発達的変化―脊髄損傷者が語るライフストーリーから」（田垣正晋） ナカニシヤ出版 2007.10 p101-104

下請代金支払遅延等防止法
◎参考文献一覧「下請法の実務―改正下請法の逐条解説とQ&A」（粕渕功） 公正取引協会 2006.7 p330-333

下着
◎参考文献「パンツが見える。―羞恥心の現代史」（井上章一） 朝日新聞社 2002.5 p385-386
◎参考文献「コルセットの文化史」（古賀令子） 青弓社 2004.5 p183-184

設楽合戦
◎注「徹底検証長篠・設楽原の戦い」（小林芳春） 吉川弘文館 2003.8 prr

七王国
◎参考文献「古代七王国の謎」（中江克己） 学習研究社 2001.10 p287-289

七支刀
◎参考文献「復元七支刀―古代東アジアの鉄・象嵌・文字」（鈴木勉ほか） 雄山閣 2006.12 p267-273

自治体
◎参考文献「自治体と福祉改革―少子・超高齢社会に向けて」（加藤良重） 公人の友社 2001.2 p202-205
◎参考文献「自治体のための文書管理ガイドライン―情報公開対応の文書管理の在り方」（廣田傳一郎） 第一法規出版 2001.3 p257-258
◎参考文献「分権時代の自治体文化政策―ハコモノづくりから総合政策評価に向けて」（中川幾郎） 勁草書房 2001.4 p147-152
◎注「現代自治体再編論―市町村合併を超えて」（室井力） 日本評論社 2002.11 prr
◎参考文献「自治体ITガバナンス 「情報化」から「進化情報化」へ」（美馬正司） ぎょうせい 2003.6 p167-169
◎本「政策形成の基礎知識―分権時代の自治体職員に求められるもの」（田村秀） 第一法規 2004.10 p285-290

自治体財政
◎参考文献「自治体財政破綻か再生か―減量経営から構造改革へ」（高寄昇三） 学陽書房 2001.11 p189-190
◎参考文献「自治体破産―再生の鍵は何か 増補改訂版」（白川一郎） NHK出版 2007.3 p262-263

自治体政策
◎参考文献「自治体政策過程の動態―政策イノベーションと波及」（伊藤修一郎） 慶応義塾大学出版会 2002.4 p317-336
◎参考文献「自治体の政策形成とその実践 横須賀市の挑戦」（金安岩男ほか） ぎょうせい 2003.3 prr
◎文献「自治体の政策形成力」（森啓） 時事通信社 2003.5 p184-186

自治体防災
◎参考文献「図解よくわかる自治体防災危機管理のしくみ」（鍵屋一） 学陽書房 2003.9 p181-182

七福神宝の入舩
◎参考資料一覧「七福神宝の入舩・絵本太功記・鳴響安宅新関・加賀見山旧錦絵―第一四三回文楽公演」（国立劇場調査養成部調査資料課） 日本芸術文化振興会 2003.5 p12-14

市長
◎参考文献「市長の履歴書―誰が市長に選ばれるのか」（田村秀） ぎょうせい 2003.10 p222-226

視聴覚教育
◎文献「聴覚障害児の字幕の読みに関する実験的研究」（四日市章） 風間書房 2002.2 p159-166
◎参考文献「メディアとコミュニケーションの教育」（水越敏行, 情報コミュニケーション教育研究会(ICTE)） 日本文教出版 2002.3 prr
◎参考図書「視聴覚メディアと教育」（佐賀啓男） 樹村房 2002.10 p151
◎参考文献「メディアとのつきあい方学習―「情報」と共に生きる子どもたちのために」（堀田龍也） ジャストシステム 2004.6 p228-229
◎引用文献「視聴覚メディアと教育方法―認知心理学とコンピュータ科学の応用実践のために」（井上智義） 北大路書房 2006.3 prr

市町村合併
◎参考文献「市町村合併」（佐々木信夫） 筑摩書房 2002.7 p220
◎文献「市町村合併と都市地域構造」（片柳勉） 古今書院 2002.9 p164-169
◎参考文献「地域主権への市町村合併―大都市化・分都市化時代の国土戦略」（戸所隆） 古今書院 2004.1 p169-171

視聴率
◎参考文献「全記録テレビ視聴率50年戦争―そのとき一億人が感動した」（引田惣弥） 講談社 2004.4 p265-266

失業
- ◎引用文献「失業の社会学―フランスにおける失業との闘い」（ディディエ・ドマジエール）　法律文化社　2002.2　p167-178
- ◎参考文献「高失業社会への移行―統計から見た実態」（白石栄司）　日本労働研究機構　2003.9　p165-166
- ◎参考文献「都市失業問題への挑戦」（玉井金五ほか）　法律文化社　2003.9　prr
- ◎参考文献「失業と雇用をめぐる法と経済」（有田謙司ほか）　成文堂　2003.11　prr
- ◎参考文献「失業保障制度の国際比較」（岡伸一）　学文社　2004.1　p264-265
- ◎参考文献「日本のニート・世界のフリーター―欧米の経験に学ぶ」（白川一郎）　中央公論新社　2005.11　p232-235
- ◎文献「失業のキャリアカウンセリング―再就職支援の現場から」（廣川進）　金剛出版　2006.6　p224-227
- ◎引用文献「失業者の求職行動と意識―再就職支援のあり方を探る」（奥津眞里）　風間書房　2007.9　p277-282

実業家
- ◎参考文献「日本の企業家群像 2 革新と社会貢献」（佐々木聡）　丸善　2003.3　prr
- ◎「日本の実業家―近代日本を創った経済人伝記目録」（日外アソシエーツ）　日外アソシエーツ　2003.7　13, 328p B5
- ◎参考文献「世紀転換期の起業家たち―百年企業への挑戦」（武田晴人）　講談社　2004.4　p250-252

シックハウス
- ◎参考文献「シックハウス症候群とその対策―シックハウス・シックスクールを防ぐために」（吉川敏一）　オーム社　2005.9　p139-140
- ◎参考文献「シックハウスでもう泣かない!―事例で学ぶ対策と解決への手引き」（柘植満）　日刊工業新聞社　2007.4　p195-197

しつけ
- ◎参考文献「イギリスのいい子日本のいい子―自己主張とがまんの教育学」（佐藤淑子）　中央公論新社　2001.3　p184-191
- ◎推薦図書ほか「子どものしつけと自律」（G. G. ベアほか）　風間書房　2005.11　p301-338
- ◎文献一覧「巨視的しつけ法・しつけ」（松田道雄ほか）　クレス出版　2006.5　p329-348
- ◎参考文献「言葉の教養―躾の変遷と現代の問題点　しつけ」（宇野義方）　クレス出版　2006.5　p215-222
- ◎文献「子育て・しつけ」（広田照幸）　日本図書センター　2006.11　p367-374

実験
- ◎参考図書「実験室の笑える?笑えない!事故実例集」（田中陵二, 松本英之）　講談社　2001.5　p111」
- ◎参考図書「実験データを正しく扱うために」（化学同人編集部）　化学同人　2007.12　p111-113

実験器具
- ◎参考文献「物のかたちをした知識―実験機器の哲学」（D. ベアード）　青土社　2005.9　p8-30b

実験計画法
- ◎引用文献「実験計画法特論―フィッシャー, タグチ, そしてシャイニンの合理的な使い分け」（宮川雅巳）　日科技連出版社　2006.11　p305-309

実験心理学
- ◎参考文献「心理学実験ノート　4版」（心理学実験ノート纂委員会）　二瓶社　2004.4　p143-145
- ◎参考文献「実験心理学の新しいかたち」（廣中直行）　誠信書房　2004.12　prr
- ◎引用文献「実験心理学―こころと行動の科学の基礎」（大山正）　サイエンス社　2007.4　p217-228

実験動物
- ◎文献「実験動物の管理と使用に関する労働安全衛生指針　1997年」（米国実験動物資源協会）　アドスリー　2002.11　p141-152
- ◎参考文献「実験動物の技術と応用　実践編」（日本実験動物協会ほか）　アドスリー　2004.6　p378-382
- ◎参考文献「動物実験の生命倫理―個体倫理から分子倫理へ」（大上泰弘）　東信堂　2005.1　p336-344
- ◎引用参考文献「実験動物の微生物モニタリングマニュアル」（日本実験動物協会ほか）　アドスリー　2005.11　p89-90

失語症
- ◎文献「失語症言語治療の基礎―診断法から治療理論まで」（紺野加奈江）　診断と治療社　2001.9　p188-191
- ◎文献「超皮質性失語」（Marcelo Berthier）　新興医学出版社　2002.3　p237-262
- ◎参考文献「失語の症候学」（相馬芳明ほか）　医学書院　2003.9　p99-101
- ◎文献「言語臨床の「人間交差点」―ことばと心が交差する場」（手束邦洋ほか）　学苑社　2004.1　prr
- ◎参考文献「言語と脳」（杉下守弘）　講談社　2004.8　p249-260
- ◎参考文献ほか「言語の獲得と喪失」（橋田浩一ほか）　岩波書店　2005.1　p169-188
- ◎参考文献「臨床失語症学」（D. F. ベンソンほか）　西村書店　2006.3　p407-461
- ◎文献「失語症―治療へのアプローチ」（A. Basso）　中外医学社　2006.4　p301-334
- ◎参考文献「ことばは壊れない―失語症の言語学」（久保田正人）　開拓社　2007.10　p191-193

実在
- ◎文献表「道徳的実在論の擁護」（菅豊彦）　勁草書房　2004.6　p9-17b
- ◎文献「実在と現実―リアリティの消尽点へ向けて」（山本幾生）　関西大学出版部　2005.3　p1-6b

疾走能力
- ◎文献「疾走能力の発達」（宮丸凱史）　杏林書院　2001.3　p201-207

嫉妬
- ◎参考文献ほか「男の嫉妬―武士道の論理と心理」（山本博文）　筑摩書房　2005.10　p212-216
- ◎引用文献「子どもの妬み感情とその対処―感情心理学からのアプローチ」（澤田匡人）　新曜社　2006.2　p161-169

室内楽
- ◎参考文献「Aをください―ピアニストと室内楽の幸福な関係」（練木繁夫）　春秋社　2003.10　p284-286

室内装飾
- ◎参考文献「ロシアの秘宝「琥珀の間」伝説」(重延浩) NHK出版 2003.9 p284-285
- ◎参考文献「室内と家具の歴史」(小泉和子) 中央公論新社 2005.10 p445-446
- ◎参考文献「写真でたどるヨーロッパ建築インテリア大事典」(田島恭子) 柏書房 2007.2 p261-264

失敗
- ◎参考文献「日本政治「失敗」の研究」(坂野潤治) 光芒社 2001.7 p251-252
- ◎引用文献「失敗に関する心理学的研究―個人要因と状況要因の検討」(山田尚子) 風間書房 2007.4 p243-253

実名報道
- ◎参考文献「実名報道の犯罪」(東山麟太郎) 近代文芸社 2001.5 p147-148

質問紙法
- ◎references「外国語教育学のための質問紙調査入門」(Z.ドルニェイ) 松柏社 2006.9 p175-181

私鉄
- ◎参考文献「大手民鉄のホテル戦略―所有・経営・運営の事業形態」(柳田義男) 交通新聞社 2002.5 p197-207

市電
- ◎文献「路面電車ルネッサンス」(宇都宮浄人) 新潮社 2003.9 p204-205

事典
- ◎注「大英帝国の大事典作り」(本田毅彦) 講談社 2005.11 p259-263
- ◎「辞書・事典全情報 1998-2005」(日外アソシエーツ) 日外アソシエーツ 2006.5 14, 816p A5

自伝
- ◎案内「人間っておもしろい―シリーズ「人間の記録」ガイド」(「人間の記録」編集室ほか) 日本図書センター 2004.12 p351-364
- ◎参考文献「私たちの中にある物語―人生のストーリーを書く意義と方法」(R.アトキンソン) ミネルヴァ書房 2006.3 p4-11b

紫電改
- ◎引用文献「紫電改―三四三航空隊本土防空奮戦記」(松田十刻) 幻冬舎 2002.6 p241-242

自転車
- ◎参考書「自転車入門―晴れた日にはスポーツバイクに乗って」(河村健吉) 中央公論新社 2007.12 p225-228

私道
- ◎参考文献「私道の法律問題 第4版」(安藤一郎) 三省堂 2002.2 p687-696
- ◎参考文献「私道の法律問題 5版」(安藤一郎) 三省堂 2005.11 p724-733

児童
- ◎参考文献「子どもと若者の文化 改訂版」(本田和子) 放送大学教育振興会 2001.3 p168-170
- ◎作品一覧「現代日本文学に見るこどもと教育」(前島康男) 創風社 2001.11 p137-140
- ◎文献ほか「子どもはもういない 〔2001年〕改訂」(ニール・ポストマン) 新樹社 2001.12 p223-237
- ◎参考文献「情緒的虐待/ネグレクトを受けた子ども 発見・アセスメント・介入」(D.イワニエク) 明石書店 2003.5 p361-346
- ○文献展望(富田昌平)「山口芸術短期大学研究紀要35」(山口芸術短大) 2003 p27-44
- ◎参考文献「子どもの初航海―遊び空間と探検行動の地理学」(寺本潔ほか) 古今書院 2004.4 p158-161
- ◎参考文献「チビッコ三面記事―子どもの事件簿」(串間努) 筑摩書房 2004.7 p230-232
- ◎文献「「子ども」の誕生と消滅」(中井孝章) 日本教育研究センター 2004.9 p160-169
- ◎参考文献「子どもたちのアフリカ―〈忘れられた大陸〉に希望の架け橋を」(石弘之) 岩波書店 2005.4 p13-20b
- ◎「「日本児童問題文献」解説」(津曲裕次) 学術出版会 2005.5 3冊 A5
- ◎引用文献「子どもエスノグラフィー入門―技法の基礎から活用まで」(柴山真琴) 新曜社 2006.2 p205-212
- ◎参考文献「子どもたちのフロンティア―独立建国期のアメリカ文化史」(藤本茂生) ミネルヴァ書房 2006.5 p9-18b
- ◎参考文献ほか「意味が躍動する生とは何か―遊ぶ子どもの人間学」(矢野智司) 世織書房 2006.6 p125-135
- ◎引用参考文献「教育と子どもの社会史」(小針誠) 梓出版社 2007.5 p226-234
- ◎参考文献ほか「子ども観の戦後史 増補改訂版」(野本三吉) 現代書館 2007.8 p547-559
- ◎参考文献「子どもが忌避される時代―なぜ子どもは生まれにくくなったのか」(本田和子) 新曜社 2007.10 p305-314
- ◎参考文献「子どもと学校の世紀―18世紀フランスの社会文化史」(天野智恵子) 岩波書店 2007.10 p8-16b
- ◎参考文献「女と男と子どもの近代」(長谷川まゆ帆) 山川出版社 2007.12 p88-89

児童画
- ◎参考文献「危機にある子を見つける―描画スクリーニング法」(L. W. ピーターソン, M. E. ハーディン) 講談社 2001.4 p135-138
- ○文献「子どもの絵を読む―潜伏期の子どもの121枚の絵」(J. H. ディ・レオ) 誠信書房 2002.8 p227-231
- ○文献「子どもの絵の心理学入門」(フィリップ・ワロン) 白水社 2002.9 p5-6b
- ◎参考文献「子どもの絵と精神発達」(T. ワルツ) 鳥影社 2003.2 p196-197
- ◎参考文献「子どもが絵を描くとき」(磯部錦司) 一芸社 2006.4 p151-152
- ◎研究文献「日本の童画家たち」(上笙一郎) 平凡社 2006.8 p256-257
- ◎参考文献「自然・子ども・アート―いのちとの会話」(磯部錦司) フレーベル館 2007.2 p202-203

児童館
- ◎参考文献「幼稚園・保育所/児童館 建築計画・設計シリーズ10」(高木幹朗ほか) 市ヶ谷出版 2003.3 p126」

児童虐待
- ◎解説文献「父―娘近親姦―「家族」の闇を照らす」(ジュディス・L. ハーマン) 誠信書房 2000.12 p364-365
- ◎参考文献「子ども虐待ケース・マネジメント・マニュアル」(芝野松次郎) 有斐閣 2001.1 p207-210
- ◎参考文献「厚生省子ども虐待対応の手引き 平成12年11月改定版」(母子愛育会・日本子ども家庭総合研究所) 有斐閣 2001.4 p292-295
- ◎参考文献「児童虐待リスクアセスメント」(加藤曜子) 中央法規出版 2001.6 p255-267
- ◎参考文献「虐待と離婚の心的外傷」(棚瀬一代) 朱鷺書房 2001.8 p209-220
- ◎参考文献「児童性的虐待」(デイヴィッド・ジョーンズ) 世論時報社 2001.9 p11-119
- ◎参考文献「性的虐待を受けた人のポジティブ・セックス・ガイド」(ステイシー・ヘインズ) 明石書店 2001.10 p397-398
- ◎文献「虐待サバイバーの心理療法―成育史に沿った包括的アプローチ」(L. エッセン, F. G. クルーズ) 金剛出版 2001.12 p185-190
- ◎参考文献「子どもを虐待から守る制度と介入手法―イギリス児童虐待防止制度から見た日本の課題」(峯本耕治) 明石書店 2001.12 p287-289
- ◎参考文献「児童虐待時代の福祉臨床学―子ども家庭福祉のフィールドワーク」(上野加代子ほか) 明石書店 2002.2 prr
- ◎参考文献「子どもをいじめるな」(梶山寿子) 文藝春秋 2002.4 p206-207
- ◎文献「子ども保護のためのワーキング・トゥギャザー―児童虐待対応のイギリス政府ガイドライン」(イギリス保健省,内務省,教育雇用省) 医学書院 2002.6 p149-151
- ◎文献「児童虐待と共依存―自己喪失の病」(ピア・メロディ) そうろん社 2002.8 p336-337
- ◎参考文献「子ども虐待問題百科事典」(R. E. クラーク) 明石書店 2002.9 p314-325
- ◎文献「被虐待児のアートセラピー―絵からきこえる子どものメッセージ」(キャシー・マルキオディ) 金剛出版 2002.10 p233-243
- ◎参考文献「まずは子どもを抱きしめて―親子を虐待から救うネットワークの力」(加藤曜子) 朝日新聞社 2002.12 p1-3b
- ◎注「わが子を殺す母親たち」(C. マイヤーほか) 勁草書房 2002.12 p239-257
- ◎文献「児童虐待とネグレクト―学際的アプローチの実際」(マーク・A. ウィントン, バーバラ・A. マラ) 筒井書房 2002.12 p321-359
- ◎参考文献「魂の殺害 虐待された子どもの心理学」(L. シェンゴールド) 青土社 2003.1 p7-15b
- ◎References「子ども虐待問題の理論と研究」(C. L. M. ミラーニペリン) 明石書店 2003.2 p504-465
- ◎文献「子どもを病人にしたてる親たち―代理によるミュンヒハウゼン症候群」(坂井聖二) 明石書店 2003.3 p135-137
- ◎参考文献「児童虐待へのブリーフセラピー」(宮田敬一) 金剛出版 2003.7 prr
- ◎推薦図書「児童虐待の発見と防止―親や先生のためのハンドブック」(J. A. モンテリオン) 慶應義塾大学出版会 2003.8 prr
- ◎文献「新凍りついた瞳」(椎名篤子) 集英社 2003.9 p261-262
- ◎文献「〈児童虐待〉の構築―捕獲される家族」(上野加代子ほか) 世界思想社 2003.10 p219-229
- ◎参考文献「虐待された子ども―ザ・バタード・チャイルド」(M. E. ヘルファほか) 明石書店 2003.12 prr
- ◎参考文献「子ども虐待の解決―専門家のための援助と面接の技法」(I. K. バーグほか) 金剛出版 2004.1 p264-267
- ◎参考文献「安全のサインを求めて―子ども虐待防止のためのサインズ・オブ・セイフティ・アプローチ」(A. ターネルほか) 金剛出版 2004.3 p229-234
- ○ブックガイド「そだちの科学 2」(日本評論社) 2004.4 p117-121
- ◎参考文献「闇からの目覚め―虐待の連鎖を断つ」(A. ミラー) 新曜社 2004.4 p207-211
- ◎文献「虐待と非行臨床」(橋本和明) 創元社 2004.8 p228-230
- ◎参考文献「子どもの面接法―司法手続きにおける子どものケア・ガイド」(M. アルドリッジほか) 北大路書房 2004.10 p260-267
- ◎参考文献「Q&Aドメスティック・バイオレンス法児童虐待防止法解説 2版」(山田秀雄ほか) 三省堂 2004.11 p13-14f
- ◎文献「傷ついた生命を育む―虐待の連鎖を防ぐ新たな社会的養護」(金子龍太郎) 誠信書房 2004.12 p229-242
- ◎文献「子ども虐待の臨床―医学的診断と対応」(坂井聖二ほか) 南山堂 2005.1 prr
- ◎参考文献「少年への性的虐待―男性被害者の心的外傷と精神分析治療」(R. B. ガートナー) 作品社 2005.3 p479-458
- ◎文献「ファミリー・バイオレンス―子ども虐待発生のメカニズム」(井上真理子) 晃洋書房 2005.5 p186-193
- ◎注「児童虐待と動物虐待」(三島亜紀子) 青弓社 2005.6 prr
- ◎引用参考文献「虐待親への接近―家裁調査官の目と技法」(飯田邦男) 民事法研究会 2005.8 p221-225
- ◎参考文献「子どもが虐待で死ぬとき―虐待死亡事例の分析」(P. レイダーほか) 明石書店 2005.9 p215-226
- ◎参考文献「子どもの性虐待―スクールカウンセラーと教師のための手引き」(石川瞭子) 誠信書房 2005.9 p263-268
- ◎参考資料「子ども虐待対応ハンドブック―通告から調査・介入そして終結まで」(H. ドゥボヴィッツほか) 明石書店 2005.9 prr
- ◎参考文献「家庭内で起こる暴力とファミリーサポート―市民サポーターのエンパワメント」(山西裕美) 中央法規出版 2005.10 p158-162
- ◎参考文献「子どもの虐待防止とNGO―国際比較調査研究」(桐野由美子) 明石書店 2005.10 prr
- ◎注「児童虐待のポリティクス―「こころ」の問題から「社会」の問題へ」(上野加代子) 明石書店 2006.2 prr
- ◎注記「イギリスの児童虐待防止とソーシャルワーク」(田邉泰美) 明石書店 2006.5 prr

◎学習案内文献「被虐待児童への支援論を学ぶ人のために」（加茂陽）　世界思想社　2006.5　p273-282
◎参考文献「20世紀児童福祉の展開―イギリス児童虐待防止の動向を探る」（田澤あけみ）　ドメス出版　2006.7　p339-350
◎参考文献「9人の児童性虐待者」（P. D. シュルツ）　牧野出版　2006.8　p1-14b
◎参考文献「児童虐待―現場からの提言」（川崎二三彦）　岩波書店　2006.8　p227-228
◎参考資料「DV・虐待にさらされた子どものトラウマを癒す―お母さんと支援者のためのガイド」（L. バンクロフト）　明石書店　2006.12　p355-374
◎参考文献「ディープ・ブルー―虐待を受けた子どもたちの成長と困難の記録」（粟津美穂）　太郎次郎社エディタス　2006.12　p1-10b
◎参考文献「被虐待児の精神分析的心理療法―タビストック・クリニックのアプローチ」（M. ボストンほか）　金剛出版　2006.12　p195-199
◎引用文献「子ども虐待の理解と対応―子どもを虐待から守るために　改訂新版」（庄司順一）　フレーベル館　2007.1　p204-205
◎参考文献「子ども虐待と発達障害―発達障害のある子ども虐待への援助手法」（渡辺隆）　東洋館出版社　2007.2　p159-164
◎参考文献「子ども虐待の予防とネットワーク―親子の支援と対応の手引き」（徳永雅子）　中央法規出版　2007.2　p281-283
◎参考文献「性犯罪者から子どもを守る―メーガン法の可能性」（松井茂記）　中央公論新社　2007.3　p262-265
◎参考文献「子ども虐待という第四の発達障害」（杉山登志郎）　学習研究社　2007.5　p176-178
◎文献「虐待サバイバーとアディクション」（K. エバンズほか）　金剛出版　2007.11　p242-250
◎ブックガイド「学校現場で役立つ子ども虐待対応の手引き―子どもと親への対応から専門機関との連携まで」（玉井邦夫）　明石書店　2007.12　p321-326
◎文献「日本の子ども虐待―戦後日本の「子どもの危機的状況」に関する心理社会的分析」（保坂亨）　福村出版　2007.12　p469-513

児童虐待防止法
◎参考文献「Q&Aドメスティック・バイオレンス法児童虐待防止法解説」（山田秀雄）　三省堂　2001.12　p11-12f

児童教育
◎「児童教育の本全情報　1992-2005」（日外アソシエーツ）　日外アソシエーツ　2006.1　11, 1066p A5

児童公園
◎参考文献「遊び場の安全ハンドブック」（荻須隆雄ほか）　玉川大学出版部　2004.9　p257-266

児童雑誌
◎「児童雑誌「小国民」解題と細目」（鳥越信）　風間書房　2001.1　519p A5
◎文献ほか「乙女のロマンス手帖」（堀江あき子）　河出書房新社　2003.9　p119-127
◎参考文献「こどもパラダイス―1920～30年代絵雑誌に見るモダン・キッズらいふ」（堀江あき子ほか）　河出書房新社　2005.10　1pb

児童サービス
◎参考文献「児童サービス論　改訂」（中多泰子）　樹村房　2004.3　p176-179
◎参考文献「児童サービス論　補訂2版」（佐藤涼子）　教育史料出版会　2004.4　p234-235
◎参考文献「児童サービス論　新訂版」（堀川照代）　日本図書館協会　2005.3　p151-152

児童嗜愛
◎参考文献「少女愛」（宮島鏡）　作品社　2005.5　p207-210

自動詞構文
◎文献「日英語の自動詞構文―生成文法分析の批判と機能的解析」（高見健一, 久野暲）　研究社　2002.1　p443-456

自動車
◎参考文献「都市と車の共生」（尾島俊雄, 高橋信之）　早稲田大学出版部　2001.1　p187-190
◎参考資料「いつまでも自動車少年」（串田正明）　文芸社　2003.8　p234-235
◎参考文献「カーシェアリングが地球を救う―環境保護としてのニュービジネス」（村上敦）　洋泉社　2004.12　p198-200
◎参考資料「日本自動車史　2」（佐々木烈）　三樹書房　2005.5　p285-287
◎参考文献「スピードとエレガンス―1930年代の車たち」（和田英次郎）　文芸社　2005.6　p235-237
◎参考文献「自動車エンジン基本ハンドブック―知っておきたい基礎知識のすべて」（長山勲）　山海堂　2007.1　p318-319
◎書誌「クルマが語る人間模様―二十世紀アメリカ古典小説再訪」（丹羽隆昭）　開文社出版　2007.3　p305-309
◎参考文献「クリーンカー・ウォーズ」（長谷川洋三）　中央公論新社　2007.4　p220-221
◎文献一覧「脱クルマ社会の交通政策―移動の自由から交通の自由へ」（西村弘）　ミネルヴァ書房　2007.4　p297-309
◎参考文献「ダイハツによるスモールカー工学」（ダイハツ工業技術研究会）　山海堂　2007.11　p299-301

自動車運送
◎参考文献「生き残る物流」（佐藤冬樹）　毎日新聞社　2001.7　p197-198
◎参考文献「トラック輸送業・内航海運業における構造改革―全要素生産性（TFP）変化率を用いた分析」（木村達也）　白桃書房　2002.8　p193-199

自動車運転
◎文献「初心運転者の心理学」（松浦常夫）　企業開発センター　2005.11　p277-288
◎引用文献「高齢ドライバー・激増時代―交通社会から日本を変えていこう」（所正文）　学文社　2007.6　p161-164

自動車産業
◎参考文献「自動車流通の国際比較―フランチャイズ・システムの再革新をめざして」（塩地洋）　有斐閣　2002.2　p475-505
◎文献リスト「〈労働の人間化〉への視座―アメリカ・スウェーデンのQWL検証」（今村寛治）　ミネルヴァ書房　2002.3　p187-196

◎文献「経営技術の国際移転と人材育成─日タイ合弁自動車企業の実証分析」（植木真理子）文真堂　2002.4　p176-181
◎文献「自動車産業勝者の戦略ガイドブック」（ローランド・ベルガー・アンド・パートナー・ジャパン自動車戦略チーム）日刊自動車新聞社　2002.7　p238-239
◎参考文献「最新・日本自動車産業の実力─なぜ自動車だけが強いのか」（土屋勉男）ダイヤモンド社　2002.10　p275-277
◎文献「リーン生産方式の労働─自動車工場の参与観察にもとづいて」（大野威）岡山大　2003.3　p193-205
◎文献「自動車ディーラー・システムの国際比較─アメリカ、日本と中国を中心に」（孫飛舟）晃洋書房　2003.3　p241-247
◎参考文献「東アジアの生産ネットワーク─自動車・電子機器を中心として」（座間紘一ほか）ミネルヴァ書房　2003.3　prr
◎文献「分業と競争─競争優位のアウトソーシング・マネジメント」（武石彰）有斐閣　2003.4　p273-286
◎参考文献「能力構築論争　日本の自動車産業はなぜ強いのか」（藤本隆宏）中央公論新社　2003.6　p396-395
◎参考文献「日本の自動車・部品産業と中国戦略─勝ち組を目指すシナリオ」（小林英夫）工業調査会　2004.7　p207-210
◎文献「製造現場から見たリコールの内側─日本のクルマは安全か？」（五代領）日本実業出版社　2005.2　prr
◎参考文献「日本自動車産業の発展　下巻」（桜井清）白桃書房　2005.3　p1335-1350
◎参考文献「グローバル変革に向けた日本の自動車部品産業」（小林英夫ほか）工業調査会　2005.4　p291-296
◎参考文献「製品開発の組織能力─国際自動車産業の実証研究」（黒川文子）中央経済社　2005.5　p265-275
◎参考文献「アジア自動車産業の実力─世界を制する「アジア・ビッグ4」をめぐる戦い」（土屋勉男ほか）ダイヤモンド社　2006.1　p237-239
◎参考文献「日本車躍進の軌跡─自動車王国アメリカにおけるクルマの潮流」（長田滋）三樹書房　2006.9　p172-177
◎参考文献ほか「日本自動車産業の地域集積」（藤原貞雄）東洋経済新報社　2007.3　p257-266
◎参考文献「転換期の中国自動車流通」（塩地洋ほか）蒼蒼社　2007.6　p262-264
◎参考文献「世界自動車メーカーどこが一番強いのか？─5年後のナンバーワン企業を見抜く」（土屋勉男ほか）ダイヤモンド社　2007.11　p288-289
◎文献「日韓企業戦争─国際市場で激突する宿命のライバル」（林廣茂）阪急コミュニケーションズ　2007.11　p297-302

自動車事故
◎文献ほか「事故と心理─なぜ事故に好かれてしまうのか」（吉田信彌）中央公論新社　2006.8　p246-252

自動車税
◎参考文献「地球環境世紀の自動車税制」（鹿島茂）勁草書房　2003.10　p177-186

児童書検閲
◎参考文献「占領下の児童書検閲─プランゲ文庫の児童読み物に探る　資料編」（谷暎子）新読書社　2004.5　p210」

児童自立支援施設
◎文献「児童自立支援施設の実践理論」（岩本健一）関西学院大学出版会　2003.3　p122-125
◎参考文献「児童自立支援施設の実践理論　改訂版」（岩本健一）関西学院大　2007.8　p156-159

児童新聞
○細目 1927-（小松聡子）「国際児童文学館紀要　15」（大阪国際児童文学館）　2000.3　p62-82

児童心理
◎参考文献「危機にある子を見つける─描画スクリーニング法」（L. W. ピーターソン, M. E. ハーディン）講談社　2001.4　p135-138
◎引用文献「幼児・児童における数表象の構造」（栗山和広）北大路書房　2002.1　p125-133
◎文献「幼児期・児童期におけるソーシャルサポートと達成動機に関する研究」（森和代）風間書房　2002.4　p131-146
◎引用文献「子どもの発達とテレビ」（村野井均）かもがわ出版　2002.7　p138-140
◎文献「子どもの絵を読む─潜伏期の子ども121枚の絵」（J. H. ディ・レオ）誠信書房　2002.8　p227-231
◎引用文献「関係概念の発達─時間、距離、速さ概念の獲得過程と算数「速さ」の授業改善」（松田文子）北大路書房　2002.9　p215-224
◎文献「子どもの絵の心理学入門」（フィリップ・ワロン）白水社　2002.9　p5-6b
◎文献「子どもの性役割態度の形成と発達」（相良順子）風間書房　2002.12　p119-127
◎参考文献「魂の殺害　虐待された子どもの心理学」（L. シェンゴールド）青土社　2003.1　p7-15b
◎引用文献「子どもの道徳的自律の発達」（首藤敏元）風間書房　2003.2　p257-268
◎引用文献「子どもの発達心理学を学ぶ人のために」（吉田直子ほか）世界思想社　2003.4　p265-283
◎参考文献「自信力はどう育つか　思春期の子ども世界4都市調査からの提言」（河地和子）朝日新聞社　2003.4　p280-283
◎参考文献「子どものこころ─児童心理学入門」（桜井茂男ほか）有斐閣　2003.8　p274-287
◎文献「子ども社会の心理学─親友・悪友・いじめっ子」（M. トンプソンほか）創元社　2003.9　p283-285
◎関連本「子どものこころとことばの育ち」（中川信子）大月書店　2003.10　p132-135
◎参考文献「挑発場面における児童の社会的コンピテンス」（浜口佳和）風間書房　2004.2　p285-293
◎参考文献「児童心理学への招待─学童期の発達と生活　改訂版」（小嶋秀夫ほか）サイエンス社　2004.10　p259-271
◎引用文献「パーソナリティ特性推論の発達過程─幼児期・児童期を中心とした他者理解の発達モデル」（清水由紀）風間書房　2005.2　p165-170
◎文献「対人的信頼感の発達─児童期から青年期へ」（酒井厚）川島書店　2005.2　p171-178
◎文献「子どものロールシャッハ法」（小川俊樹ほか）金子書房　2005.3　prr

◎引用参考文献「子どもの心理臨床入門」（永井撤）　金子書房　2005.4　p195-199
◎参考文献「子どもの心理臨床―関係性を育む」（武藤安子ほか）　建帛社　2005.5　prr
◎引用文献「子どもの妬み感情とその対処―感情心理学からのアプローチ」（澤田匡人）　新曜社　2006.2　p161-169
◎参考文献「こどもの精神分析―クライン派・対象関係論からのアプローチ」（木部則雄）　岩崎学術出版社　2006.8　p227-232
◎参考文献「子どもの社会認識の発達と形成に関する実証的研究―経済認識の変容を手がかりとして」（加藤寿朗）　風間書房　2007.1　p207-216
◎参考文献「離婚と子ども―心理臨床家の視点から」（棚瀬一代）　創元社　2007.1　p181-193
◎参考文献ほか「つなぐ心と心理臨床」（前川あさ美）　有斐閣　2007.3　p269-272
◎文献「子どもの発達危機の理解と支援―漂流する子ども」（酒井朗ほか）　金子書房　2007.9　prr
◎参考文献「離婚家庭の子どもの援助」（S. シュトロバッハ）　同文書院　2007.11　p159-160
◎文献「学力とトランジッションの危機―閉ざされた大人への道」（耳塚寛明ほか）　金子書房　2007.12　prr

児童精神医学
◎文献「子ども臨床―二一世紀に向けて」（清水將之）　日本評論社　2001.3　p186-198
◎引用・参考文献「子どものスクイグル―ウィニコットと遊び」（白川佳代子）　誠信書房　2001.6　p191-193
◎文献「学校で役立つDSM-4―DSM-4-TR対応最新版」（A. E. ハウス）　誠信書房　2003.2　p219-237
◎参考文献「児童精神科臨床と育児支援」（小片富美子）　筒井書房　2003.4　p163-171
◎文献「心的外傷を受けた子どもの治療―愛着を巡って」（B. ジェームズ）　誠信書房　2003.4　p347-352
◎文献「思春期のメンタルヘルス」（倉本英彦）　北大路書房　2003.6　p181-186
◎文献「子どもの心と精神病理―力動精神医学の臨床　改訂」（高橋哲郎）　岩崎学術出版社　2003.10　p149-158, 189-192
◎参考文献「子どものうつ　心の叫び」（傳田健三）　講談社　2004.11　p200-202
◎参考文献「悲しみの子どもたち」（岡田尊司）　集英社　2005.5　p274-278
◎参考書紹介「発達相談と援助―新版K式発達検査2001を用いた心理臨床」（川畑隆ほか）　ミネルヴァ書房　2005.9　p192-197
◎文献「自分自身をみる能力の喪失について―統合失調症と自閉症の発達心理学による説明」（R. レンプ）　星和書店　2005.11　p211-219
◎参考文献「わかりやすい子どもの精神科薬物療法ガイドブック」（T. E. ウィレンズ）　星和書店　2006.4　p406-418
◎参考文献「児童青年精神医学」（M. ラターほか）　明石書店　2007.3　prr
◎引用参考文献「子どもの精神保健学」（三好環）　ふくろう出版　2007.4　p198-202
◎参考文献「インフォドラッグ―子どもの脳をあやつる情報」（生田哲）　PHP研究所　2007.5　p208-211
◎参考文献「子どもの心療内科」（小柳憲司）　新興医学出版社　2007.6　p103-104

◎原注「妖精のささやき―子どもの心と「打たれる強さ」」（B. シリュルニク）　彩流社　2007.8　p241-253
◎参考文献「こどものこころのアセスメント―乳幼児から思春期の精神分析アプローチ」（M. ラスティンほか）　岩崎学術出版社　2007.10　prr
◎参考文献「乳幼児と親のメンタルヘルス―乳幼児精神医学から子育て支援を考える」（本間博彰）　明石書店　2007.12　p219-220

児童相談所
◎引用参考文献「児童相談所援助活動の実際」（町田清ほか）　ミネルヴァ書房　2002.3　prr

児童図書
◎「こころを育てる子どもの本100+α」（中村順子）　いのちのことば社（発売）　2000.2　143p A6
◎「児童図書総目録　小学校用　第49号(2001年度)」（日本児童図書出版協会）　日本児童図書出版協会　2001.4　1冊 B5
◎「子どもの本　この1年を振り返って　2000年」（NPO図書館の学校）　リブリオ出版　2001.5　135p A5
◎「子どもの本の歴史　写真とイラストでたどる」（P. ハント）　柏書房　2001.10　479p B5大
◎「グランマの本棚から　親と子の100冊」（山崎慶子）　NHK出版　2001.11　222p ss
◎「はじめて学ぶ日本の絵本史　1」（鳥越信）　ミネルヴァ書房　2001.12　362p 46s
◎「子どもの本―この1年を振り返って　おすすめの本200選　2001年」（図書館の学校）　図書館の学校　2002.4　250p A5
◎「絵本・子どもの本―総解説　第5版」（赤木かん子）　自由国民社　2002.7　352p A5
◎「キッズだけにじゃもったいないブックス」（NJFKコミッティ）　ペイパーウェイト・ブックス　2002.12　285p A5
◎出版目録「新訂―子どものための伝記の本」（矢野四年生）　のべる出版　2002.12　p244-406
◎参考文献「ヨーロッパの子どもの本　300年の歩み　下」（B. ヒューリマン）　筑摩書房　2003.3　p351-349
◎「子どもの本―この1年を振り返って　おすすめの本200選　2002年」（図書館の学校）　図書館の学校　2003.4　184p A5
◎「こんなに楽しい子どもの本―小学生が好きになる216さつ　ある母娘3世代が選びました」（まとりょーしか）　メイツ出版　2003.6　160p B6
◎「すてきな絵本たのしい童話」（向井元子）　中央公論新社　2003.7　362p A6
◎「子どもが選んだ子どもの本　新版」（鳥越信）　創元社　2003.9　290p 46s
◎「よい絵本―全国学校図書館協議会選定　第22回」（全国学校図書館協議会絵本委員会）　全国学校図書館協議会　2003.11　81p B5
◎「モデル児童図書目録―初級　小学1・2年生に読んでほしい本」（福岡市総合図書館）　福岡市総合図書館　2003.11　83p B6
◎「障害者サービスコーナー蔵書目録　あなたにこの本を!　第12集　こどものほんだな　2002」　大阪市立中央図書館　〔2003〕　CD-ROM1枚　12cm
◎「子どもの本―この1年を振り返って　おすすめの本200選　2003年」（図書館の学校）　図書館の学校　2004.4　203p A5

◎「えほん―子どものための300冊　『えほん子どものための500冊』続編」（日本子どもの本研究会絵本研究部）　一声社　2004.7　205p A5
◎「本がいっぱい」（木佐景子）　新風舎　2004.7　105p A5
◎「子どもに読んでほしい84冊」（東京新聞編集局）　東京新聞出版局　2004.9　191p A5
◎「子どもの本のリスト―「こどもとしょかん」新刊あんない1990〜2001セレクション」（東京子ども図書館）　東京子ども図書館　2004.11　211p A5
◎「本の探偵事典　いろの手がかり編」（あかぎかんこ）　フェリシモ　2005.2　110p B6
◎「子どもの本―この1年を振り返って　2004年」（NPO図書館の学校）　NPO図書館の学校　2005.4　203p A5
◎「金原瑞人監修による12歳からの読書案内」　すばる舎　2005.12　229p A5
◎「子どもの本展示会展示目録　37回」〔宮城県図書館〕〔2006〕　58p A4
◎「子どもにおくるいっさつの本」（鈴木喜代春）　らくだ出版　2006.1　125p B6
◎「ヤングアダルト図書総目録　2006年版」　ヤングアダルト図書総目録刊行会　2006.2　37, 305p A5
◎「たのしもう!かがくのほん―司書たちが選んだ科学読み物　平成16・17年度「子どもと読書」研修会研究講座から」（福岡県立図書館企画協力課〈子ども図書館〉）　福岡県立図書館　2006.3　37p A4
◎「日本児童図書研究文献目次総覧　1945-1999」（佐藤苑生ほか）　遊子館　2006.3　2冊　B5
◎「子どもの本―この1年を振り返って　おすすめの本200選　2005年」（図書館の学校）　図書館の学校　2006.4　155p A5
◎「児童図書総目録　小学校用　2006年度」（「児童図書総目録」編集委員会）　日本児童図書出版協会　2006.4　1冊　B5
◎「児童図書総目録　中学校用　2006年度」（「児童図書総目録」編集委員会）　日本児童図書出版協会　2006.4　1冊　B5
◎参考文献ほか「子どもと本の架け橋に―児童図書館にできること」（高鷲志子）　角川学芸出版　2006.10　prr
◎「杉の子図書館蔵書目録―2005年12月31日現在　児童図書篇　分冊1」（杉の子図書館）　杉の子図書館　2006.10　93枚　A4
◎「心に残る「子どもの本」100選―子どもたち・友だちにすすめる100冊の本」　埼玉県教育委員会　2006.11　54p A4
◎「絵本・子どもの本総解説―読んでほしい読んであげたいいっしょに読みたい子どもの本」（赤木かん子）　自由国民社　2007.1　317p A5
◎「楽しもう!本の世界を」（大分県立図書館）　大分県立図書館　2007.1　70p A5
◎「児童図書総目録・小学校用　2007年度(55)」（「児童図書総目録」編集委員会）　日本児童図書出版協会　2007.4　1冊　B5
◎「児童図書総目録・中学校用　2007年度(55)」（日本児童図書出版協会）　日本児童図書出版協会　2007.4　1冊　B5

児童図書館
◎「児童図書館サービスヤングアダルトサービス文献目録」　図書館情報大学赤星研究室　2002.3　1冊　A4
◎文献「児童サービス論　補訂版」（佐藤涼子）　教育史料出版会　2003.3　p233-238
◎研究会出版物一覧「児童図書館のあゆみ―児童図書館研究会50年史」（児童図書館研究会）　教育史料出版会　2004.3　p416-420
◎引用文献「児童サービスの歴史―戦後日本の公立図書館における児童サービスの発展」（汐崎順子）　創元社　2007.6　p198-205

児童の権利条約
◎文献「児童の権利条約―逐条解説　改訂版」（波多野里望）　有斐閣　2005.11　p6-15b

児童福祉
◎文献「児童福祉要論」（井上肇ほか）　建帛社　2001.3　p191-192
◎参考文献「社会的共同親と養護児童―イギリス・マンチェスターの児童福祉実践」（ボブ・ホルマン）　明石書店　2001.7　p346-348
◎注「新児童福祉論―保護型から自立・参加型児童福祉へ」（田沢あけみほか）　法律文化社　2002.2　p247-253
◎註「児童福祉学―〈子ども主体〉への学際的アプローチ」（網野武博）　中央法規出版　2002.4　prr
◎参考文献「家族・児童福祉　改訂版」（庄司洋子ほか）　有斐閣　2002.9　prr
◎参考文献「子ども家庭支援員マニュアル―地域の子育て支援と児童虐待防止のために」（桐野由美子ほか）　明石書店　2003.12　prr
◎引用参考文献「児童福祉の新展開」（網野武博）　同文書院　2004.1　prr
◎参考文献「関係的権利論―子どもの権利から権利の再構成へ」（大江洋）　勁草書房　2004.3　p5-16b
◎参考文献「みんなで育て合う地域の子育て支援の実際と課題」（佐々加代子）　犀書房　2004.7　p205-210
◎参考文献「Early childhood developmentの支援に関する基礎研究」（三輪千明）　国際協力機構　2004.8　p125-133
◎「児童福祉関係図書目録　1995-2004」（日外アソシエーツ）　日外アソシエーツ　2005.3　9, 716p A5
◎参考文献「児童福祉論」（山縣文治）　ミネルヴァ書房　2005.3　prr
◎参考文献「現代児童福祉論」（加藤俊二）　ミネルヴァ書房　2005.4　prr
◎参考文献「児童福祉論」（西尾祐吾）　晃洋書房　2005.4　prr
◎参考文献「養護原理」（松原康雄）　同文書院　2005.4　prr
◎文献「子育ち支援の創造―アクション・リサーチの実践を目指して」（小木美代子ほか）　学文社　2005.9　p322-326
◎参考文献「ぼくは13歳職業、兵士。―あなたが戦争のある村で生まれたら」（鬼丸昌也ほか）　合同出版　2005.11　p134-137
◎参考文献「ファミリー・グループ・カンファレンス―子ども家庭ソーシャルワーク実践の新たなモデル」（M.コノリーほか）　有斐閣　2005.12　p193-203

◎引用参考文献「児童福祉学」(網野武博) 日本図書センター 2006.2 p247-253
◎引用参考文献「現代児童福祉論 7版」(柏女霊峰) 誠信書房 2006.3 prr
◎注「新児童福祉論―保護型から自立・参加型児童福祉へ 改訂版」(田澤あけみほか) 法律文化社 2006.4 p247-252
◎参考文献「子育て支援のすすめ―施設・家庭・地域をむすぶ」(北野幸子ほか) ミネルヴァ書房 2006.10 p225-228
◎引用参考文献「家族援助論―児童の福祉を支える」(吉田眞理) 萌文書林 2006.11 p240-244
◎引用参考文献「現代児童福祉論 8版」(柏女霊峰) 誠信書房 2007.3 prr
◎参考図書「児童養護 7 養護施設運営要領 復刻」(厚生省児童局) 日本図書センター 2007.4 p199-201
◎参考文献「近代児童福祉のパイオニア」(B. ホルマン) 法律文化社 2007.8 p161-168
◎文献「要保護児童養子斡旋の国際比較」(湯沢雍彦) 日本加除出版 2007.9 prr

児童文化

◎参考文献「街角の子ども文化」(畑中圭一) 久山社 2002.1 p113-115
◎「鈴木道太文庫目録」(宮城県子ども総合センター) 宮城県子ども総合センター 2002.3 217p A4
◎参考文献ほか「子どもの文化を学ぶ人のために」(川端有子ほか) 世界思想社 2002.4 prr
◎参考文献「少年ブーム―昭和レトロの流行もの」(串間努) 晶文社 2003.2 p366-369
◎参考文献「文化と子ども―子どもへのアプローチ」(浅岡靖央ほか) 建帛社 2003.5 prr
◎参考文献「子どもファミリー文化の心理学―21世紀への歩みとルーツを探る」(中村圭吾ほか) 近代文芸社 2003.9 prr
◎参考文献「戦後ヒーローの肖像―『鐘の鳴る丘』から『ウルトラマン』へ」(佐々木守) 岩波書店 2003.9 p237-238
◎参考文献「児童文化」(原昌ほか) 建帛社 2004.4 p236-239
◎参考文献「児童文化とは何であったか」(浅岡靖央) つなん出版 2004.7 p215-220
◎参考引用文献「モノと子どもの戦後史」(天野正子ほか) 吉川弘文館 2007.3 p284-296

児童文学

◎「ほんとなかよし―文庫からのおすすめの本」(佐賀市子ども文庫連絡会) 同連絡会 2000.6 85p B6
◎「フランスの子どもの本 「眠りの森の美女」から「星の王子様」へ」(私市保彦) 白水社 2001.2 308p 46s
◎「児童文学書全情報 1996-2000」(日外アソシエーツ) 日外アソシエーツ 2001.3 745p A5
◎「英語圏の児童文学賞・受賞作品とその翻訳」(安藤紀子ほか) 安藤紀子 2001.4 59p B5
◎参考文献「英米児童文学ガイド―作品と理論」(日本イギリス児童文学会) 研究社出版 2001.4 prr
◎「英米児童文学辞典」(定松正ほか) 研究社 2001.4 562p A5
◎「アンソロジー内容総覧―児童文学」(日外アソシエーツ) 日外アソシエーツ 2001.5 979p A5

◎引用文献「大人になるためのステップ―少年社会学序説」(奥井智之) 弘文堂 2001.9 p283-289
◎「童話の国イギリス―マザー・グースからハリー・ポッターまで」(P. ミルワード) 中央公論新社 2001.10 293p ss
◎「CD児童文学全集綜覧 EPWING版」(日外アソシエーツ) 日外アソシエーツ 2002.2 CD-ROM1枚 12cm
○受賞作品目録(上野陽子)「国際児童文学館紀要 17」(国際児童文学館) 2002.3 p1-19b
◎参考文献「英米児童文学の宇宙―子どもの本への道しるべ」(本多英明ほか) ミネルヴァ書房 2002.4 prr
◎作家年譜「新日本児童文学論」(堀尾幸平) 中部日本教育文化会 2002.4 p199-219
◎出版年表「図説子どもの本・翻訳の歩み事典」(子どもの本・翻訳の歩み研究会) 柏書房 2002.4 p295-318
◎年表「世界児童文学ノート」(安藤美紀夫) てらいんく 2002.5 p449-468
◎文献「ねむり姫がめざめるとき―フェミニズム理論で児童文学を読む」(ロバータ・シーリンガー・トリッツ) 阿吽社 2002.7 p258-281
◎参考文献「本を読む少女たち―ジョー、アン、メアリーの世界」(S. フォスターほか) 柏書房 2002.9 p429-424
◎「国際児童文庫協会の小林悠紀子が子ども達に薦める630冊の本」(小林悠紀子) マナハウス 2002.12 201p B5
◎ブックリスト「赤ちゃんの本棚―0歳から6歳まで」(D. バトラー) のら書店 2002.12 p9-47b
○研究文献解題(河野孝之)「児童文学研究 35」(日本児童文学学会) 2002 p110-105
○研究文献解題(三宅興子)「児童文学研究 35」(日本児童文学学会) 2002 p124-111
◎参考文献ほか「ファンタジーと歴史的危機 英国児童文学の黄金時代」(女藤聡) 彩流社 2003.1 p11-38b
◎ブックリスト「みんなで話そう、本のこと 子どもの読書を変える新しい試み」(A. チェインバーズ) 柏書房 2003.2 p238-227
◎テキスト「英語圏の新しい児童文学 〈クローディア〉から〈ハリー・ポッター〉まで」(英語圏児童文学研究会) 彩流社 2003.2 prr
◎「鈴木三重吉・赤い鳥文庫目録」(神奈川文学振興会) 神奈川近代文学館 2003.3 73p B5
◎著作ほか「世界児童・青少年文学情報大事典 11」(藤野幸雄) 勉誠出版 2003.11 prr
◎「児童文学テーマ全集内容総覧 世界編」(日外アソシエーツ) 日外アソシエーツ 2003.12 11, 616p A5
◎「児童文学テーマ全集内容総覧 日本編」(日外アソシエーツ) 日外アソシエーツ 2003.12 12, 1066p A5
○研究文献解題(三宅興子)「児童文学研究 36」(日本児童文学学会) 2003 p91-80
○研究文献目録(向川幹雄ほか)「児童文学研究 36」(日本児童文学学会) 2003 p98-92
○研究文献解題(多田昌美ほか)「児童文学研究 37」(日本児童文学学会) 2004 p105-93
○文献目録(向川幹雄ほか)「児童文学研究 37」(日本児童文学学会) 2004 p128-106
◎参考文献「はじめて学ぶ英米児童文学史」(桂宥子ほか) ミネルヴァ書房 2004.1 p282-286

◎「日本の児童文学登場人物索引　アンソロジー篇」（DBジャパン）　DBジャパン　2004.2　96, 1079p A5
◎引用文献「アメリカ文学のなかの子どもたち―絵本から小説まで」（高田賢一）　ミネルヴァ書房　2004.3　p260-273
○著作一覧（森田梨里）「文献探索　2004」（文献探索研究会）　2004.4　p556-560
◎「たのしく読める日本児童文学　戦後編」（鳥越信）ミネルヴァ書房　2004.4　12, 241, 6p A5
◎「たのしく読める日本児童文学　戦前編」（鳥越信）ミネルヴァ書房　2004.4　12, 241, 6p A5
◎編纂出版物一覧（加藤理）「児童文学研究の現代史―日本児童文学学会の40年」（日本児童文学学会）　小峰書店　2004.4　p433-443
◎参考文献（土居安子）「新・こどもの本と読書の事典」（黒沢浩ほか）　ポプラ社　2004.4　p449-461
◎参考文献「世界児童・青少年文学情報大事典　14」（藤野幸雄）　勉誠出版　2004.5　prr
◎書誌目録「もうひとつのイギリス児童文学史―「パンチ」誌とかかわった作家・画家を中心に」（三宅興子）翰林書房　2004.7　p297-306
◎ブックリスト「子どもの未来をひらく自由読書―関心をひきだす読書指導のコツ」（笹倉剛）　北大路書房　2004.10　p3-16b
◎「日本の児童文学登場人物索引　単行本篇　上・下」（DBジャパン）　DBジャパン　2004.10　2冊　A5
◎「児童文学全集・作家名綜覧　第2期」（日外アソシエーツ）　日外アソシエーツ　2004.11　394p A5
◎「児童文学全集・内容綜覧作品名綜覧　第2期」（日外アソシエーツ）　日外アソシエーツ　2004.11　540p A5
◎参考文献「永遠の少年少女―アンデルセンからハリー・ポッターまで」（A. ルーリー）　晶文社　2004.12　p1-20b
◎「児童文学個人全集・内容綜覧作品名綜覧」（日外アソシエーツ）　日外アソシエーツ　2004.12　18, 565p A5
○文献解題（大竹聖美ほか）「児童文学研究　38」（日本児童文学学会）　2005　p89-71ほか
◎「子どもの本　日本の名作童話6000」（日外アソシエーツ）　日外アソシエーツ　2005.2　8, 374p A5
○研究・評論史年表（白川幹雄）「国際児童文学館紀要18」（大阪国際児童文学館）　2005.3　p71-103
◎「ロシア児童文学の世界―昔話から現代の作品まで　国立国会図書館国際子ども図書館展示会」（国際子ども図書館）　国際子ども図書館　2005.3　80p A4
◎参考文献「日常からの文化社会学―私らしさの神話」（河原和枝）　世界思想社　2005.3　p253-265
◎引用文献「英米児童文学の黄金時代―子どもの本の万華鏡」（桂宥子ほか）　ミネルヴァ書房　2005.4　prr
◎「子ども時間の本たち」（久保慧栞）〔久保慧栞〕2005.4　107p A5
◎「世界の児童文学登場人物索引　アンソロジーと民話・昔話集篇」（DBジャパン）　DBジャパン　2005.6　68, 767p A5
◎「占領下の文壇作家と児童文学」（根本正義）　高文堂出版社　2005.7　601p A5
◎「子どもの本　現代日本の創作5000」（日外アソシエーツ）　日外アソシエーツ　2005.8　8, 547p A5
◎「子どもの本　世界の児童文学7000」（日外アソシエーツ）　日外アソシエーツ　2005.8　9, 555p A5

◎「児童文学翻訳作品総覧　3」（川戸道昭ほか）　大空社　2005.9　461p B5
○文献解題（多田昌美ほか）「児童文学研究　39」（日本児童文学学会）　2006　p75-63
◎参考文献「児童文学に見る平和の風景」（佐々木赫子）てらいんく　2006.2　p452-456
◎参考文献「少女たちの冒険―ヒロインをジェンダーで読む」（康岡糸子ほか）　燃焼社　2006.3　p338-340
◎「世界の児童文学登場人物索引　単行本篇」（DBジャパン）　DBジャパン　2006.3　2冊　A5
◎「児童文学書全情報　2001-2005」（日外アソシエーツ）日外アソシエーツ　2006.4　8, 914p A5
◎参考文献「少女小説から世界が見える―ペリーヌはなぜ英語が話せたか」（川端有子）　河出書房新社　2006.4　p230-231
◎邦訳書リスト「中国の児童文学」（中由美子）　久山社　2006.5　p129-131
◎参考文献「「子どもの本」黄金時代の挿絵画家たち」（R. ダルビー）　西村書店　2006.8　p166」
◎引用文献「行きて帰りし物語―キーワードで解く絵本・児童文学」（斎藤次郎）　日本エディタースクール出版部　2006.8　p295-304
◎「作品名から引ける　世界児童文学全集案内」（日外アソシエーツ）　日外アソシエーツ　2006.8　761p A5
◎「作品名から引ける　日本児童文学全集案内」（日外アソシエーツ）　日外アソシエーツ　2006.8　1032p A5
◎参考文献「子どもの本を読みなおす―世界の名作ベストセレクト28」（C. フレイほか）　原書房　2006.10　p1-6b
○年表（カスチョールの会）「Костер　24」（「カスチョール」編集部）　2006.12　p94-111
○文献解題ほか（多田昌美ほか）「児童文学研究　40」（日本児童文学学会）　2007　p85-62
◎「作家名から引ける世界児童文学全集案内」（日外アソシエーツ）　日外アソシエーツ　2007.2　43, 712p A5
◎「作家名から引ける日本児童文学全集案内」（日外アソシエーツ）　日外アソシエーツ　2007.2　73, 1042p A5
◎「ガイドページ―児童文学への招待状　ベスト・セレクション」（こころにミルク編集部）　こころにミルク編集部　2007.3　138p A5
◎文献一覧「宇宙をかきみだす―思春期文学を読みとく」（R. S. トライツ）　人文書院　2007.3　p272-289
◎「子どもの本―この1年を振り返って　おすすめの本200選　2006年」（図書館の学校）　リブリオ出版　2007.5　164p B5
◎翻訳年表「図説児童文学翻訳大事典　4」（編集委員会）大空社　2007.6　p430-440
◎注「アリスの服が着たい―ヴィクトリア朝児童文学と子供服の誕生」（坂井妙子）　勁草書房　2007.7　p1-18b
○年表（田中友子ほか）「Костер　25」（カスチョール同人）　2007.12　p98-109

児童養護施設

◎参考文献「児童養護施策の動向と自立支援・家族支援―自尊感情の回復と家族の協働」（林浩康）　中央法規出版　2004.9　prr
◎文献「日本の児童養護―児童養護学への招待」（R. グッドマン）　明石書店　2006.4　p405-383

しとうよ

- ◎参考文献「児童養護施設と被虐待児―施設内心理療法家からの提言」（森田喜治）　創元社　2006.9　p281-283
- ◎文献一覧「児童養護施設の援助実践」（長谷川眞人ほか）　三学出版　2007.6　p330-333

自動要約
- ◎文献「自動要約」（I. Mani）　共立出版　2003.6　p261-275
- ◎参考文献「テキスト自動要約―知の科学」（奥村学ほか）　オーム社　2005.3　p145-155

児童労働
- ◎参考文献「世界の児童労働―実態と根絶のための取り組み」（OECD）　明石書店　2005.5　p129-135
- ◎参考文献「連邦制と社会改革―20世紀初頭アメリカ合衆国の児童労働規制」（平体由美）　世界思想社　2007.6　p231-243
- ◎参考文献「わたし8歳、カカオ畑で働きつづけて。―児童労働者とよばれる2億1800万人の子どもたち」（岩附由香ほか）　合同出版　2007.11　p170-173

使徒言行録
- ◎文献表「ロゴス・エートス・パトス―使徒言行録の演説の研究」（原口尚彰）　新教出版社　2005.12　p238-253

シトー修道会
- ◎参考文献「シトー会建築のプロポーション」（西田雅嗣）　中央公論美術出版　2006.3　p413-431

支那事変
- ◎参考文献「満州事変と支那事変　昭和の戦争記念館1」（名越二荒之助）　展転社　2001.2　p202」

死神
- ◎参考文献「落語「死神」の世界」（西本晃一）　青蛙房　2002.11　p348-344

地主支配
- ◎参考文献「地主支配と農民運動の社会学」（高橋満）　御茶の水書房　2003.2　p213-219

自白
- ◎参考文献「〈うそ〉を見抜く心理学―「供述の世界」から」（浜田寿美男）　NHK出版　2002.3　p273-275

地場産業
- ◎文献目録「構造改革下の地域振興　まちおこしと地場産業」（下平尾勲）　藤原書店　2001.10　p280-300
- ◎参考文献「グローカル時代の地域づくり」（恩田守雄）　学文社　2002.3　p169-172
- ◎参考文献「産業集積の地域研究」（井出策夫）　大明堂　2002.3　prr
- ◎参考文献「コミュニティ・ビジネス戦略―地域市民のベンチャー事業」（藤江俊彦）　第一法規出版　2002.12　p188-190
- ◎文献「在来工業地域論―輪島と井波の存続戦略」（須山聡）　古今書院　2004.2　p249-259
- ◎参考文献「地域産業発達史―歴史に学ぶ新産業起こし」（坂本光司ほか）　同友館　2005.8　p329-338
- ◎参考資料「よみがえる地財産業―農業、石炭、繊維、漁業、林業、鉱業の復活」（大西正曹）　同友館　2005.11　p191-193
- ◎文献一覧「地場産業産地の革新」（上野和彦）　古今書院　2007.10　p95-110

支払
- ◎参考文献「決済システムのすべて　2版」（中島真志ほか）　東洋経済新報社　2005.3　p325-331

地盤
- ◎資料紹介「住宅をつくるための「住宅基礎の地盤」がわかる本」（直井正之）　建築技術　2002.1　p202-207
- ◎文献ほか「地盤診断―不同沈下しない家づくり診断のコツと補強法」（高安正道）　日経BP社　2006.9　p195-197

地盤災害
- ◎文献「シリーズ環境と地質　3　水環境と地盤災害」（B. W. ピプキンほか）　古今書院　2003.11　prr

自費出版
- ◎参考文献「自費出版　出版活動のもう一つの側面を考える」（田中薫）　書肆緑人館・浦和　2001.3　prr
- ◎注「歴史のなかの「自費出版」と「ゾッキ本」」（大島一雄）　芳賀書店　2002.1　prr
- ◎「自費出版年鑑　2002」（自費出版ネットワーク）　自費出版ネットワーク　2002.7　418p A5
- ◎「本を出したい人のための徹底研究」（編集部）　彩図社　2002.12　248p B6
- ◎「自費出版年鑑　2003」（サンライズ出版）　サンライズ出版　2003.7　271p A5

地拍子
- ◎研究書「謡リズムの構造と実技―能…地拍子と技法」（横道万里雄）　桧書店　2002.3　p236-237

シビルソサエティ
- ◎参考文献「国境を超える市民ネットワーク　トランスナショナル・シビルソサエティ」（目加田説子）　東洋経済新報社　2003.3　p209-222

ジプシー　⇒　ロマ民族　を見よ

死物学
- ◎参考文献「死物学の観察ノート　身近な哺乳類のプロファイリング」（川口敏）　PHP研究所　2001.6　3pb

事物起源
- ◎参考文献「事物起源辞典―衣食住編　新装版」（朝倉治彦ほか）　東京堂出版　2001.9　p412-415

ジブリ
- ◎新聞広告「ナウシカの「新聞広告」って見たことありますか。―ジブリの新聞広告18年史」（スタジオジブリ）　徳間書店　2002.7　p444-449

自分史
- ◎参考文献「出版される前に」（田中薫）　沖積舎　2003.10　p263-269
- ◎「北海道自分史友の会刊行物総目録　2005」（創立十周年記念行事実行委員会）　北海道自分史友の会　2005.8　61p B5

紙幣
- ◎参考文献「贋札の世界史」（植村峻）　NHK出版　2004.6　p220-221
- ◎参考文献「日本の顔と桜―紙幣のCM」（谷口倉太郎）　創栄出版　2006.2　p278-281

自閉症
- ◎文献「幼児自閉症の研究」（L. カナー）　黎明書房　2001.1　p321-328

◎引用文献「自閉症幼児の他者理解」(別府哲)　ナカニシヤ出版　2001.2　p169-178
◎参考文献「自閉症の子どもたち—心は本当に閉ざされているのか」(酒木保)　PHP研究所　2001.8　p185-187
◎本のリスト「あした天気になあれ!—続・自閉症の謎解き」(坂本春樹)　愛生社　2001.9　p167-182
◎文献「自閉症と行動障害—関係障害臨床からの接近」(小林隆児)　岩崎学術出版社　2001.9　p151-154
◎参考文献「高機能自閉症・アスペルガー症候群入門」(内山登紀夫, 水野薫, 吉田友子)　中央法規出版　2002.3　p223-225
◎参考文献「自閉症とマインド・ブラインドネス」(S. バロン=コーエン)　青土社　2002.6　p5-21b
◎文献「自閉症児の臨床と教育」(氏森英亜)　田研出版　2002.6　p201-219
◎参考文献「自閉症ハンドブック」(M. アーロンズほか)　明石書店　2002.10　p208-205
◎references「自閉症児の発達と教育—積極的な相互交渉をうながし, 学習機会を改善する方略」(R. L. ケーゲルほか)　二瓶社　2002.10　p278-312
◎文献「自閉症児の「きょうだい」のために—お母さんへのアドバイス」(S. ハリス)　ナカニシヤ出版　2003.2　p131-133
◎文献「自閉症への親の支援—TEACCH入門」(E. ショプラー)　黎明書房　2003.3　p240-249
◎文献「自閉症へのABA入門—親と教師のためのガイド」(S. リッチマン)　東京書籍　2003.9　p168-170
◎参考文献「自閉症とことばの成り立ち—関係発達臨床からみた原初的コミュニケーションの世界」(小林隆児)　ミネルヴァ書房　2004.3　p209-214
◎参考図書「ADHDと自閉症の関連がわかる本」(D. M. ケネディ)　明石書店　2004.5　p164-165
◎文献「自閉症教育実践ガイドブック—今の充実と明日への展望」(国立特殊教育総合研究所)　ジアース教育新社　2004.6　p106-113
◎参考文献「壁のむこうへ—自閉症の私の人生」(S. ショア)　学習研究社　2004.10　p315-312
◎参考文献「教師のためのアスペルガー症候群ガイドブック」(V. クミンほか)　中央法規出版　2005.3　p149-153
◎参考文献「自閉症の子を持って」(武部隆)　新潮社　2005.5　p202-205
◎参考図書「〈教室で気になる子〉LD, ADHD, 高機能自閉症児への手だてとヒント」(黒川君江)　小学館　2005.6　p109-110
◎参考文献「自閉症の子どもたち—間主観性の発達心理学からのアプローチ」(C. トレヴァーセン)　ミネルヴァ書房　2005.6　p345-392
◎文献「虹の架け橋—自閉症・アスペルガー症候群の心の世界を理解するために」(P. サットマリ)　星和書店　2005.7　p368-376
◎文献「自閉症を克服する—行動分析で子どもの人生が変わる」(L. K. ケーゲルほか)　NHK出版　2005.10　p1-5b
◎参考文献「自閉症・アスペルガー症候群の子どもの教育—診断, 学校選びから自立に向けての指導法」(G. ジョーンズ)　明石書店　2005.11　p165-178

◎文献「自閉症の本質を問う—自閉症児への最適な個別支援を求めて」(中塚善次郎)　風間書房　2005.11　p339-363
◎参考文献「自閉症児の親を療育者にする教育—応用行動分析学による英国の実践と成果」(M. キーナンほか)　二瓶社　2005.11　p219-223
◎References「自閉症と小児精神病」(F. タスティン)　創元社　2005.12　p211-214
◎文献「発達障害児の仲間同士の相互交渉促進に関する研究—社会的スキル訓練における集団随伴性の有効性」(涌井恵)　風間書房　2006.2　p177-186
◎参考文献「自閉症—その概念と治療に関する再検討」(M. ラターほか)　黎明書房　2006.3　p568-633
◎文献「自閉症に働きかける心理学　1」(深谷澄男)　北樹出版　2006.4　p341-351
◎知りたい方へ「自閉症児の心を育てる—その理解と療育　2版」(石井哲夫)　明石書店　2006.7　p274-277
◎参考文献「テドックスで治す自閉症」(G. ゴードンほか)　中央アート出版社　2006.9　p209-200
◎参考文献「自閉症とパーソナリティ」(A. アルヴァレズほか)　創元社　2006.9　p359-366
◎参考文献「軽度発達障害と思春期—理解と対応のハンドブック」(古荘純一)　明石書店　2006.10　p196-198
◎文献「「心の理論」以前の自閉症の障害評価と支援の基礎的研究」(黒田吉孝)　風間書房　2006.12　p199-212
◎参考資料ほか「自閉症の君は世界一の息子だ」(P. コリンズ)　青灯社　2007.1　p337-357
◎参考文献「TEACCHとは何か—自閉症スペクトラム障害の人へのトータル・アプローチ」(G. B. メジボフほか)　エンパワメント研究所　2007.3　p289-314
◎読書案内「自閉症—「からだ」と「せかい」をつなぐ新しい理解と療育」(藤居学)　新曜社　2007.5　p213-223
◎文献リスト「自閉症論の原点—定型発達者との分断線を超える」(高岡健)　雲母書房　2007.5　p216-218
◎文献「自閉症者が語る人間関係と性」(G. ガーランド)　東京書籍　2007.7　p253-259
◎文献「アスペルガー障害とライフステージ—発達障害臨床からみた理解と支援」(古荘純一)　診断と治療社　2007.12　p212-213

シベリア出兵
◎参考文献「初期シベリア出兵の研究—「新しき救世軍」構想の登場と展開」(井竿富雄)　九州大学出版会　2003.2　p195-207
◎参考文献「シベリア出兵の史的研究」(細谷千博)　岩波書店　2005.1　p1-8b

シベリア抑留
◎参考文献「関東軍兵士はなぜシベリアに抑留されたのか」(E. カタソノワ)　社会評論社　2004.10　p339-347
◎参考文献「シベリア・グルジア抑留記考—「捕虜」として, 「抑留者」として」(清水昭三)　彩流社　2005.7　p229-232
◎文献目録「シベリア強制抑留の実態—日ソ両国資料からの検証」(阿部軍治)　彩流社　2005.10　p625-636

詩篇
◎文献表「旧約詩篇の文学的研究—第1ダビデ詩篇を中心として」(飯謙)　新教出版社　2006.2　p290-300

私法
- ◎文献「法と社会的権力―「私法」の再編成」（浅野有紀）　岩波書店　2002.6　p391-400

死亡広告
- ◎参考文献「黒枠広告物語」（舟越健之輔）　文藝春秋　2002.12　p258-259

司法心理
- ◎参考文献「司法心理療法―犯罪と非行への心理学的アプローチ」（C. Cordessほか）　星和書店　2004.12　p311-337

司法制度
- ◎文献略解「帝政ロシア司法制度史研究―司法改革とその時代」（高橋一彦）　名古屋大学出版会　2001.2　p399-409
- ◎文献「司法が活躍する民主主義―司法介入の急増とフランス国家のゆくえ」（アントワーヌ・ガラポン）　勁草書房　2002.2　p288-292
- ◎参考文献「法曹の比較法社会学」（広渡清吾）　東京大学出版会　2003.3　prr
- ◎文献「修復的司法とは何か―応報から関係修復へ」（H. ゼア）　新泉社　2003.6　p10-19b
- ◎参考文献「中国の裁判の構図―公論と履歴管理の狭間で進む司法改革」（季衛東）　神戸大　2004.11　p246-265
- ◎参考文献「フランス旧制度の司法―司法官職と売官制」（鈴木教司）　成文堂　2005.2　p341-348
- ◎参考文献「日本司法の逆説―最高裁事務総局の「裁判しない裁判官」たち」（西川伸一）　五月書房　2005.5　p265-270
- ◎文献「被害者と加害者の対話による回復を求めて―修復的司法におけるVOMを考える」（藤岡淳子）　誠信書房　2005.6　p228-239
- ◎参考文献「修復司法の根本を問う」（G. ジョンストン）　成文堂　2006.5　p231-244
- ◎参考文献「司法政策の法と経済学」（福井秀夫）　日本評論社　2006.12　p271-278
- ◎文献「入門・アメリカの司法制度―陪審裁判の理解のために」（丸山徹）　現代人文社　2007.6　p270-273

資本
- ◎参考文献「「資本の部」の実務―改正商法・会計・税務　新版」（中東正文ほか）　新日本法規出版　2004.3　p9-19f
- ◎基本文献案内「資本　思考のフロンティア」（崎山政毅）　岩波書店　2004.7　p145-149
- ◎参考文献「市場と資本の経済学」（飯田和人）　ナカニシヤ出版　2006.3　p184-189

資本会計
- ◎文献「「資本」の会計―商法と会計基準の概念の相違」（弥永真生）　中央経済社　2003.9　p211-226
- ◎参考文献「Q&A資本会計の実務ガイド　2版」（あずさ監査法人）　中央経済社　2006.9　p347-349
- ◎参考文献「資本制度の会計問題―商法・会社法に関連して」（酒井治郎）　中央経済社　2006.10　p239-244

資本コスト
- ◎参考文献「資本コストの理論と実務―新しい企業価値の探求」（マイケル・エアハルト）　東洋経済新報社　2001.2　p207-228

資本市場
- ◎参考文献「日本の資本市場」（氏家純一）　東洋経済新報社　2002.1　p439-443
- ◎注「検証アメリカの資本市場改革」（淵田康之ほか）　日本経済新聞社　2002.10　p263-253
- ◎文献「ベンチャーキャピタル・サイクル―ファンド設立から投資回収までの本質的理解」（P. ゴンパース, J. ラーナー）　シュプリンガー・フェアラーク東京　2002.12　p321-334
- ◎文献「資産市場の経済理論」（前田章）　東洋経済新報社　2003.8　p243-252
- ◎参考文献ほか「市場と法―いま何が起きているのか」（三宅伸吾）　日経BP社　2007.10　p327-329

資本主義
- ◎読書案内「欲望の解放」　岩波書店　2001.1　p1-15b
- ◎参考文献「資本主義の発展と崩壊―長期波動論研究序説」（市原健志）　中央大学出版部　2001.3　p319-326
- ◎参考文献ほか「病める資本主義」（ジョン・マクマートリー）　シュプリンガー・フェアラーク東京　2001.6　p355-400
- ◎参考文献「現代の資本主義制度　グローバリズムと多様性」（C. クラウチほか）　NTT出版　2001.7　p285-274
- ◎参考文献「自然資本の経済―「成長の限界」を突破する新産業革命」（ポール・ホーケンほか）　日本経済新聞社　2001.10　p548-582
- ◎参考文献「グローバル資本主義　危機か繁栄か」（R. ギルピン）　東洋経済新報社　2001.11　p357-366
- ◎註「株主資本主義の誤算―短期の利益追求が会社を衰退させる」（A. ケネディ）　ダイヤモンド社　2002.4　p306-294
- ◎参考文献「資本主義を見つけたのは誰か」（重田澄男）　桜井書店　2002.4　p289-296
- ○ブックガイド（加藤哲郎）「エコノミスト　80.50」（毎日新聞社）　2002.11　p36-39
- ◎文献「現代資本主義の構造改革―危機をいかに克服するか」（相沢幸悦）　ミネルヴァ書房　2002.11　p203-205
- ◎参考文献「アングロサクソン・モデルの本質―株主資本主義のカルチャー　貨幣としての株式、法律、言語」（渡部亮）　ダイヤモンド社　2002.12　p477-487
- ◎引用文献「オルタナティブ・ソサエティ―時間主権の回復」（佐々木政憲）　現代企画室　2003.3　p245-254
- ◎文献「近代資本主義の組織―製糸業の発展における取引の統治と生産の構造」（中林真幸）　東京大学出版会　2003.6　p491-518
- ◎注・参考文献「海と資本主義」（川勝平太ほか）　東洋経済新報社　2003.7　prr
- ◎文献「階級・ジェンダー・再生産―現代資本主義社会の存続メカニズム」（橋本健二）　東信堂　2003.7　p207-216
- ◎文献「世界経済の構造と動態」（河村哲二ほか）　御茶の水書房　2003.7　prr
- ◎参考文献「国民国家システムの再編」（岡本英男ほか）　御茶の水書房　2003.9　prr
- ◎文献「ポストモダンの経済学―資本主義のコモンセンスをどう読むか」（E. ワトキンズ）　ダイヤモンド社　2003.10　p345-350

◎参考文献「経済学とユートピア―社会経済システムの制度主義分析」（G. M. ホジソン）　ミネルヴァ書房　2004.1　p18-73b
◎参考文献「性愛と資本主義　増補新版」（大沢真幸）　青土社　2004.10　p235-241, 286
◎参考文献「資本主義vs資本主義―制度・変容・多様性」（R. ボワイエ）　藤原書店　2005.1　p310-336
◎参考文献「"資本主義経済"をめぐる論点・争点と授業づくり」（池野範男）　明治図書出版　2005.2　p170-176
◎参考文献「五つの資本主義―グローバリズム時代における社会経済システムの多様性」（B. アマーブル）　藤原書店　2005.9　p316-329
◎参考文献「日本資本主義百年の歩み―安政の開国から戦後改革まで」（大石嘉一郎）　東京大学出版会　2005.11　p233-239
◎参考文献「セイヴィングキャピタリズム」（R. G. ラジャンほか）　慶應義塾大出版会　2006.1　p465-449
◎文献「幻滅の資本主義」（伊藤誠）　大月書店　2006.3　p257-262
◎引用参照文献「類型論の諸問題」（山口重克）　御茶の水書房　2006.4　p251-252
◎参考文献「市場社会とは何か―ヴィジョンとデザイン」（平井俊顕）　上智大出版　2007.5　prr
◎引用文献「資本主義黒書―市場経済との訣別　上」（R. クルツ）　新曜社　2007.5　p598-608
◎参考文献「グローバル資本主義を考える」（石見徹）　ミネルヴァ書房　2007.8　p221-228
◎参考文献「資本主義の多様性―比較優位の制度的基礎」（P. A. ホールほか）　ナカニシヤ出版　2007.8　p243-290
◎参考文献「狂奔する資本主義―格差社会から新たな福祉社会へ」（A. グリン）　ダイヤモンド社　2007.9　p281-298
◎参考文献「国家・グローバル化・帝国主義」（J. ヒルシュ）　ミネルヴァ書房　2007.10　p255-278
◎ブックガイド「まんが反資本主義入門―グローバル化と新自由主義への対抗運動のススメ」（E. アダモフスキ）　明石書店　2007.11　p172-175

島
　◎参考文献「離島研究―瀬戸内の社会学」（中桐規碩）　高文堂出版社　2004.3　p165-166
　◎参考図書五十選「ニッポン有人全島完渡の旅」（山岸博）　叢文社　2007.9　p206-209

島根県
　◎参考文献「SS概論―島根システム概論」（成崧, 原田勝孝）　ハーベスト出版　2001.9　p235-237
　◎参考文献「島根の地名辞典―あなたのまちの地名考」（白石昭臣）　ワン・ライン　2001.9　p203
　◎参考文献（森山一止）「金屋子神信仰の基礎的研究」（鉄の道文化圏推進協議会ほか）　岩田書院　2004.3　p517-522
　○文献目録（淀江賢一郎ほか）「ホシザキグリーン財団研究報告　7」（ホシザキグリーン財団）　2004.4　p1-27
　◎参考文献「中国地方の民俗芸能　1鳥取・島根」（島根県教育委員会）　海路書院　2007.9　p453-458

島根県　出雲
　◎参考文献「古代出雲の世界」（瀧音能之）　歴研　2001.7　p190」
　◎参考文献「古代の出雲事典」（瀧音能之）　新人物往来社　2001.10　p308-310
　◎参考文献「出雲地方における玉髄・瑪瑙製石器の研究―恩田清氏採集資料と島根県出土の玉髄・瑪瑙製石器」（島根県教育委員会古代文化センターほか）　古代文化センター　2004.3　p95-98
　◎参考文献「出雲と石見銀山街道　街道の歴史38」（道重哲男ほか）　吉川弘文館　2005.10　p16-22b
　◎参考文献「古代出雲」（前田晴人）　吉川弘文館　2006.11　p276-282

島根県　出雲市
　◎参考文献「乙立郷土誌」（乙立郷土誌編纂委員会）　乙立自治協会　2005.3　p570-571

島根県　石見銀山
　◎参考文献「石見銀山―研究論文篇」（石見銀山歴史文献調査団）　思文閣出版　2002.12　prr
　◎参考文献「石見銀山―年表・編年史料綱目篇」（石見銀山歴史文献調査団）　思文閣出版　2002.12　p162-164
　◎参考文献「出雲と石見銀山街道　街道の歴史38」（道重哲男ほか）　吉川弘文館　2005.10　p16-22b

島根県　木次町
　◎参考文献「新修木次町誌」（新修木次町誌編纂委員会）　木次町教育委員会　2004.1　1pb

島根県　宍道湖
　◎参考文献「宍道湖と中海の魚たち」（日本シジミ研究所）　山陰中央新報社　2007.3　p204-205

島根県　浜田市
　◎参考文献「伝説の地方紙「石見タイムズ」―山陰の小都市浜田のもうひとつの戦後史」（吉田豊明）　明石書店　2004.9　p230-233

島根県　水若酢神社
　◎文献「水若酢神社」（水若酢神社）　学生社　2005.6　p185-186

島根県　歴史
　◎参考文献「島根県歴史大年表」（藤岡大拙）　郷土出版社　2001.3　p659-668
　◎参考文献「絵図でたどる島根の歴史―三館合同企画」（島根県立博物館）　島根県立博物館　2004.6　p56-57
　◎参考文献「島根県の歴史」（松尾寿ほか）　山川出版社　2005.4　p51-60b
　◎参考文献「弥生王墓誕生―出雲に王が誕生したとき―島根県立古代出雲歴史博物館企画展」（島根県立古代出雲歴史博物館）　ハーベスト出版　2007.10　p56-57

清水一角
　◎参考資料「それぞれの忠臣蔵―堀部弥兵衛・清水一角・秀山十種の内松浦の太鼓―第257回歌舞伎公演」（国立劇場）　日本芸術文化振興会　2007.12　p72-76

シミュレーション
　◎情報源「人工市場―市場分析の複雑系アプローチ」（和泉潔）　森北出版　2003.7　p198-204
　◎文献「認知過程のシミュレーション入門」（伊藤尚枝）　北樹出版　2005.7　p202-204
　◎読書案内「人工社会構築指南―artisocによるマルチエージェント・シミュレーション入門」（山影進）　書籍工房早山　2007.1　p430-435

しみん

◎引用参考文献「複雑系のシミュレーション―Swarmによるマルチエージェント・システム」（伊庭斉志）　コロナ社　2007.2　p192-194

市民
◎引用参考文献「ヨーロッパ市民の誕生―開かれたシティズンシップへ」（宮島喬）　岩波書店　2004.12　p1-3b
◎参考文献「日本における新しい市民意識―ニュー・ポリティカル・カルチャーの台頭」（中谷美穂）　慶應義塾大出版会　2005.3　p233-252

市民活動
○参考文献ほか（平川千宏）「山梨英和短期大学紀要 37」（山梨英和短大）　2002.3　p26-32
◎参考文献「ハンドブック市民の道具箱」（目加田説子）　岩波書店　2002.11　p223-226
◎参考文献「国境を超える市民ネットワーク　トランスナショナル・シビルソサエティ」（目加田説子）　東洋経済新報社　2003.3　p209-222
◎参考文献「市民活動論―持続可能で創造的な社会に向けて」（後藤和子ほか）　有斐閣　2005.4　prr

市民教育
◎文献「市民教育とは何か―ボランティア学習がひらく」（長沼豊）　ひつじ書房　2003.3　p219-221

市民権
◎参考文献「市民権とは何か」（D. ヒーター）　岩波書店　2002.8　p9-15b

市民社会
◎注文献（河田潤一）「哲学する民主主義　伝統と改革の市民的構造」（R. D. パットナム）　NTT出版　2001.3　p302-258
◎注文献「戦後日本の〈市民社会〉」（村山光信）　みすず書房　2001.6　prr
◎参考文献「アメリカに学ぶ市民が政治を動かす方法」（B. R. ルービン）　日本評論社　2002.2　p303-310
◎引用参考文献「市民社会とアソシエーション―構想と経験」（村上俊介ほか）　社会評論社　2004.2　prr
◎参考文献「市民社会と市場のはざま―公共理念の再生に向けて」（中谷猛ほか）　晃洋書房　2004.4　p171-180
◎文献「市民社会論―NGO・NPOを超えて」（入山映）　明石書店　2004.12　p207-213
◎参考文献「EUと市民」（田中俊郎ほか）　慶應義塾大出版会　2005.3　prr
◎文献「市民参加型社会とは―愛知万博計画過程と公共圏の再創造」（野村敬志ほか）　有斐閣　2005.7　prr
◎参考文献「帝国を超えて―グローバル市民社会論序説」（斉藤日出治）　大村書店　2005.8　p236-245
◎参考文献「途上国の試練と挑戦―新自由主義を超えて」（松下冽）　ミネルヴァ書房　2007.9　p251-277

市民文庫
○総目録（吉田勝栄）「文献探索　2003」（文献探索研究会）　2003.12　p416-428

事務管理
◎参考文献「事務管理・不当利得・不法行為―テキストブック　第3版」（澤井裕）　有斐閣　2001.4　p7-10f
◎参考文献「事務管理・不当利得・不法行為」（加藤雅信）　有斐閣　2002.3　p441-448
◎参考文献「入門事務・文書管理―現代のオフィス・マネジメント　2版」（高橋光男ほか）　嵯峨野書院　2005.4　p283-297

事務所
◎参考文献「オフィスと人のよい関係―オフィスを変える50のヒント」（浅田晴之ほか）　日経BP社　2007.10　p219-221

シーメンス事件
◎文献「日英兵器産業とジーメンス事件―武器移転の国際経済史」（奈倉文二ほか）　日本経済評論社　2003.7　p291-303

霜月神楽
◎註「霜月神楽の祝祭学」（井上隆弘）　岩田書院　2004.9　prr

下山事件
◎参考文献「下山事件―最後の証言」（柴田哲孝）　祥伝社　2005.7　p451-452
◎文献「歴史と時代の産物としての帝銀・下山両事件ほか―真実は隠しとおせない」（佐藤正）　新生出版　2005.12　p393-400
◎参考文献ほか「葬られた夏―追跡下山事件」（諸永裕司）　朝日新聞社　2006.7　p403-412

指紋
◎文献「司法的同一性の誕生―市民社会における個体識別と登録」（渡辺公三）　言叢社　2003.2　p12-27b
◎参考文献「指紋は知っていた」（C. セングープタ）　文藝春秋　2004.9　p259-274
◎参考文献「指紋認証技術―バイオメトリクス・セキュリティ」（画像電子学会）　東京電機大出版局　2005.6　prr

ジャイナ教
◎文献案内「ジャイナ教―非所有・非暴力・非殺生―その教義と実生活」（渡辺研二）　論創社　2005.12　p347-366
◎文献案内「ジャイナ教入門」（渡辺研二）　現代図書　2006.8　p253-263

社会
◎参考文献「「希望の島」への改革―分権型社会をつくる」（神野直彦）　NHK出版　2001.1　p213-216
◎参考文献ほか「動物化するポストモダン―オタクから見た日本社会」（東浩紀）　講談社　2001.11　p187-191
◎参考文献「不安な時代、そして文明の衰退―われわれはどう生きるのか」（小林道憲）　NHK出版　2001.11　p216-219
○文献月報「大原社会問題研究所雑誌　520」（法政大）　2002.3　p67-74
◎引用文献「現代社会のゆらぎとリスク」（山口節郎）　新曜社　2002.4　p267-277
◎参考文献「21世紀の健康づくり10の提言―社会環境と健康問題」（M. マーモットほか）　日本医療企画　2002.10　p239-267
◎文献一覧「ソーシャルパワー―社会的な〈力〉の世界歴史　I」（M. マン）　NTT出版　2002.10　p625-592
◎参考文献「21世紀の法と社会―そのキーワードを解く」（気賀沢洋文）　風濤社　2003.1　prr
◎文献「進化と経済学―経済学に生命を取り戻す」（G. M. ホジソン）　東洋経済新報社　2003.4　p411-483

◎文献「グラウンデッド・セオリー・アプローチの実践—質的研究への誘い」（木下康仁）　弘文堂　2003.8　p253-255
○文献「大原社会問題研究所雑誌　538・539」（法政大）　2003.9　p138-146
◎参考文献「承認をめぐる闘争—社会的コンフリクトの道徳的文法」（A. ホネット）　法政大学出版局　2003.9　p5-25b
◎文献「間主観性と公共性—社会生成の現場」（N. クロスリー）　新泉社　2003.10　p4-21b
◎参考文献「魂の労働—ネオリベラリズムの権力論」（渋谷望）　青土社　2003.11　p261-285
◎文献「世界リスク社会論—テロ、戦争、自然破壊」（U. ベック）　平凡社　2003.11　p169-177
○文献月録（法政大学大原社会問題研究所）「大原社会問題研究所雑誌　543」（法政大）　2004.2　p81-92
◎参考文献「協調会の研究」（法政大学大原社会問題研究所）　柏書房　2004.2　p295-369
◎参考文献「ゼロ成長の社会システム—開発経済からの離陸　増補版」（須藤正親）新泉社　2004.3　p303-313
◎参考文献「現代社会論　新版」（古城利明ほか）　有斐閣　2004.3　p231-243
◎文献「社会理論としてのエスノメソドロジー」（山崎敬一）　ハーベスト社　2004.3　p223-227
◎参考文献「社会学への道案内」（山田實）　芦書房　2004.6　prr
◎参考文献「「曖昧な生きづらさ」と社会—クレイム申し立ての社会学」（草柳千早）　世界思想社　2004.8　p239-256
◎参考文献「イギリス発日本人が知らないニッポン」（緑ゆうこ）　岩波書店　2004.8　p191-193
◎参考文献「社会理論の基礎　上」（J. コールマン）　青木書店　2004.9　p14-24b
○100冊「NIRA政策研究　18.1」（総合研究開発機構）　2005.1　p6-102
○文献目録「大原社会問題研究所雑誌　554」（法政大）　2005.1　p72-78
◎典拠文献「ソーシャルパワー—社会的な〈力〉の世界歴史　2　階級と国民国家の「長い19世紀」　下」（M. マン）　NTT出版　2005.2　p458-500
◎参考文献「ヒト・社会のインターフェース—身体から社会を読む」（小林修一）　法政大学出版局　2005.4　p209-220
◎文献「社会的選択理論—集団の意思決定と個人の判断の分析枠組み」（J. クラーヴェン）　勁草書房　2005.4　p193-197
◎注ほか「シャドウ・ワーク—生活のあり方を問う」（I. イリイチ）　岩波書店　2005.7　p227-274
○文献目録「大原社会問題研究所雑誌　566」（法政大）　2006.1　p75-85
◎文献一覧「社会理論の基礎　下」（J. コールマン）　青木書店　2006.4　p13-32b
◎参考文献「歴史学と社会理論」（P. バーク）　慶應義塾大出版会　2006.4　p339-379
◎文献一覧「富の未来　上」（A. トフラー）　講談社　2006.6　p37-50b
◎文献案内「社会　思考のフロンティア」（市野川容孝）　岩波書店　2006.10　p225-234
◎引用文献「何が社会的に構成されるのか」（I. ハッキング）　岩波書店　2006.12　p1-23b

○文献目録（法政大学大原社会問題研究所）「大原社会問題研究所雑誌　578」（法政大出版局）　2007.1　p62-71
◎参考文献「コミュニティ教育学への招待」（高田一宏）　部落解放・人権研究所　2007.3　p208-215
◎文献一覧「排除型社会—後期近代における犯罪・雇用・差異」（J. ヤング）　洛北出版　2007.3　p520-534
◎文献「ライブ講義M-GTA—実践的質的研究法—修正版グラウンデッド・セオリー・アプローチのすべて」（木下康仁）　弘文堂　2007.4　p304-306
◎参考文献「エスノメソドロジー—人びとの実践から学ぶ」（岡田光弘ほか）　新曜社　2007.8　p13-29b
◎参考文献「ネオリベラリズムの精神分析—なぜ伝統や文化が求められるのか」（樫村愛子）　光文社　2007.8　p323-328
◎参考文献「ライフスタイルとアイデンティティ—ユートピア的生活の現在、過去、未来」（渡辺潤）　世界思想社　2007.11　p249-257
◎参考文献「ソシオロジカル・スタディーズ—現代日本社会を分析する」（張江洋直ほか）　世界思想社　2007.12　p282-297

社会安全
　◎参考文献「社会安全システム—社会，まち，ひとの安全とその技術」（中野潔）　東京電機大出版局　2007.2　prr

社会医学
　◎参考文献「病気と医療の社会学」（田口宏昭）　世界思想社　2001.5　p283-292
　◎文献「社会格差と健康—社会疫学からのアプローチ」（川上憲人ほか）　東京大出版会　2006.8　prr

社会移動
　◎参考文献「棄民の文化人類学」（中村茂樹）　明石書店　2002.1　prr
　◎参考文献「社会移動の歴史社会学—生業/職業/学校」（佐藤（粒来）香ほか）　東洋館出版社　2004.2　p297-312
　◎参考文献「階層・移動と社会・文化変容」（奥山眞知ほか）　文化書房博文社　2005.4　p175-179

社会運動
　◎文献「新しい社会運動論—全共闘世代のトラウマを通して」（野々垣友枝）　実践社　2001.4　p158-170
　◎参考文献「現代韓国の社会運動—民主化後・冷戦後の展開」（金栄鎬）　社会評論社　2001.5　p245-262
　◎基本文献「社会運動　講座社会学　15」（矢沢修次郎）　東京大学出版会　2003.4　p237-240
　◎読書案内「社会運動の社会学」（大畑裕嗣ほか）　有斐閣　2004.4　p289-304
　◎文献「日本アナキズム運動人名事典」（日本アナキズム運動人名事典集委員会）　ぱる出版　2004.4　p9-11
　◎文献リスト「社会運動研究入門—社会運動研究の理論と技法」（帯刀治ほか）　文化書房博文社　2004.12　p249-276
　◎参照文献「帝国への挑戦—世界社会フォーラム」（J. センほか）　作品社　2005.2　p444-459
　◎参考引用文献「「つきあい」の戦後史—サークル・ネットワークの拓く地平」（天野正子）　吉川弘文館　2005.4　p273-282
　◎参考文献「鹿児島近代社会運動史」（川嵜兼孝ほか）　南方新社　2005.12　p353-356

◎文献「社会運動の力―集合行為の比較社会学」（S. G. タロー）　彩流社　2006.5　p15-39b

社会化
◎参考文献「子どもの社会力」（門脇厚司）　岩波書店　2001.4　p209-213
◎文献「人の社会性とは何か―社会心理学からの接近」（永和良昭）　ミネルヴァ書房　2003.7　p212-231
◎文献「社会脳―人生のカギをにぎるもの」（岡田尊司）　PHP研究所　2007.7　p283-286

社会科
◎基本文献「社会科教育の基底―生涯学習としての教育実践」（大友秀明，田村均）　梓出版社　2001.2　p185-189
◎参考文献「社会科における役割体験学習論の構想」（井門正美）　NSK出版　2002.2　p349-360
◎参考文献ほか「中等公民的教科目内容編成の研究―社会科公民の理念と方法」（桑原敏典）　風間書房　2004.2　p377-398
◎注「社会科歴史教科書成立史―占領期を中心に」（梅野正信）　日本図書センター　2004.12　prr
◎参考文献「"資本主義経済"をめぐる論点・争点と授業づくり」（池野範男）　明治図書出版　2005.2　p170-176
◎参考文献「"民主政治"をめぐる論点・争点と授業づくり」（片上宗二）　明治図書出版　2005.5　p168-173
◎参考文献「"グローバル化"をめぐる論点・争点と授業づくり」（木村博一）　明治図書出版　2006.3　p165-171
◎文献「金融教育のマニフェスト」（山根栄次）　明治図書出版　2006.3　p169-172
◎文献「大正自由教育期における社会系教科授業改革の研究―初等教育段階を中心に」（永田忠道）　風間書房　2006.12　p211-225
◎参考文献「日本社会科の成立理念とカリキュラム構造」（木村博一）　風間書房　2006.12　p563-587

社会階層
◎文献「機会と結果の不平等―世代間移動と所得・資産格差」（鹿又伸夫）　ミネルヴァ書房　2001.4　p238-251
◎参考文献「階層化日本と教育危機―不平等再生産から意欲格差社会へ」（苅谷剛彦）　有信堂高文社　2001.7　p4-8b
◎文献「都市コミュニティと階級・エスニシティ―ボストン・バックベイ地区の形成と変容　1850-1940」（川島浩平）　御茶の水書房　2002.9　p219-237
◎引用参考文献「学力問題へのアプローチ―マイノリティと階層の視点から」（原田彰）　多賀出版　2003.1　p361-372
◎文献「近代日本の教育機会と社会階層」（菊池城司）　東京大学出版会　2003.1　p371-382
◎参考文献「ファミリー・ビジネス？―国際的ビジネス・エリートの創出」（J. マルソー）　文眞堂　2003.6　p335-350
◎参考文献「日本の所得格差と社会階層」（樋口美雄ほか）　日本評論社　2003.12　prr
◎参考文献「機会不平等」（斎藤貴男）　文藝春秋　2004.2　p355-361
◎参考文献「封印される不平等」（橘木俊詔ほか）　東洋経済新報社　2004.7　p231-232

◎文献目録「希望格差社会―「負け組」の絶望感が日本を引き裂く」（山田昌弘）　筑摩書房　2004.11　p247-251
◎文献「東アジアの階層比較」（園田茂人）　中央大学出版部　2005.3　p1-10b
◎参考文献「しのびよるネオ階級社会―"イギリス化"する日本の格差」（林信吾）　平凡社　2005.4　p217-218
◎文献ガイド「下流社会―新たな階層集団の出現」（三浦展）　光文社　2005.9　p274-279
◎文献「社会階層と集団形成の変容―集合行為と「物象化」のメカニズム」（丹辺宣彦）　東信堂　2006.1　p487-530
◎文献目録「新平等社会―「希望格差」を超えて」（山田昌弘）　文藝春秋　2006.9　p279-284
◎参考文献「ネオ階級社会を待望する人々」（林信吾）　ベストセラーズ　2007.3　p212-214
◎文献「ステータス症候群―社会格差という病」（M. マーモット）　日本評論社　2007.10　p319-331
◎文献一覧「新しい階級社会新しい階級闘争―〈格差〉ですまされない現実」（橋本健二）　光文社　2007.10　p236-239
◎参考文献ほか「階層化する社会意識―職業とパーソナリティの計量社会学」（吉川徹）　勁草書房　2007.11　p180-195
◎参考文献「格差のメカニズム―数理社会学的アプローチ」（浜田宏）　勁草書房　2007.11　p235-240

社会開発
◎参考文献「開発社会学―理論と実践」（恩田守雄）　ミネルヴァ書房　2001.11　p413-430
◎文献「社会開発と環境保全―開発途上国の地域コミュニティを対象とした人間環境論」（鳥飼行博）　東海大学出版会　2002.3　p343-351
◎文献「社会開発の福祉学―社会福祉の新たな挑戦」（J. ミッジリィ）　旬報社　2003.8　p230-241
◎文献リスト「援助と住民組織化」（佐藤寛）　アジア経済研究所　2004.3　prr
◎文献目録「脱オリエンタリズムと日本における内発的発展―東アジアの視点から」（中村則弘）　東京経済情報出版　2005.1　p175-180
◎参照文献「開発論―こころの知性―社会開発と人間開発」（田中拓男）　中央大出版部　2006.12　p293-298
◎注記「幸福論―〈共生〉の不可能と不可避について」（宮台真司ほか）　NHK出版　2007.3　p311-327
◎基本的文献「テキスト社会開発―貧困削減への新たな道筋」（佐藤寛ほか）　日本評論社　2007.4　p245-254

社会科学
◎参考文献「ニュートン主義とスコットランド啓蒙―不完全な機械の喩」（長尾伸一）　名古屋大学出版会　2001.2　p10-21b
◎参考文献「歴史社会学の作法―戦後社会科学批判」（佐藤健二）　岩波書店　2001.8　p287-303
◎「近代欧米名著解題―倫理・心理・宗教・教育・社会学・哲学　第1巻」（中島力造）　ゆまに書房　2002.8　500p A5
◎中国語訳文献目録「甦る河上肇　近代中国の知の源泉」（三田剛史）　藤原書店　2003.1　p476-413
◎「国際交流基金日米センター助成成果文献目録―日本語文献　1991-2002」（国際交流基金日米センター）　国際交流基金日米センター　2003.3　64p A4

◎参考文献「複雑系社会理論の新地平」(吉田雅明)　専修大学出版局　2003.3　prr
◎参考文献「社会科学リテラシーの確立に向けて」(西堀文隆)　日本評論社　2003.4　prr
◎参考文献「社会科学のリサーチ・デザイン—定性的研究における科学的推論」(G. キングほか)　勁草書房　2004.1　p273-284
◎基本文献「入門社会のしくみ—複雑な世の中を理解するための道具箱」(杏林大学総合政策学部)　丸善　2004.10　p343-355
◎参考文献「社会デザインのシミュレーション&ゲーミング」(兼田敏之)　共立出版　2005.7　p291-299
◎文献「質的研究の設計と戦略」(N.K. デンジンほか)　北大路書房　2006.1　p285-313
◎参考文献「自然主義の可能性—現代社会科学批判」(R. バスカー)　晃洋書房　2006.6　p7-16b
◎文献「質的研究ハンドブック 1」(N.K. デンジンほか)　北大路書房　2006.7　p357-413
◎ブックガイド「入門・世界システム分析」(I. ウォーラーステイン)　藤原書店　2006.10　p246-254
◎読書案内「人工社会構築指南—artisocによるマルチエージェント・シミュレーション入門」(山影進)　書籍工房早山　2007.1　p430-435
◎参考文献「ソシオダイナミクス—社会経済システムの物理学的方法」(W. ワイドリッヒ)　森北出版　2007.8　p352-361

社会学
◎注文献「探偵小説の社会学」(内田隆三)　岩波書店　2001.1　p233-253
◎文献「公共圏の社会学—デジタル・ネットワーキングによる公共圏構築へ向けて」(干川剛史)　法律文化社　2001.4　p153-160
◎引用文献「社会学への道標」(池田勝晃ほか)　福村出版　2001.4　prr
◎参考文献「生活問題の社会学　新版」(矢島正見)　学文社　2001.4　prr
◎参照文献「「近代」との対決—社会学的思考の展開　増補改訂版」(千石好郎)　法律文化社　2001.5　p276-285
◎文献「身体・メディア・権力」(亘明志)　創土社　2001.5　p215-221
◎文献「実践感覚 2 新装」(ピエール・ブルデュ)　みすず書房　2001.6　p1-5b
◎文献ほか「グローバル時代の社会学」(マーティン・オルブロウ)　日本経済評論社　2001.10　p245-257
◎文献「意味の文明学序説—その先の近代」(今田高俊)　東京大学出版会　2001.10　p8-17b
○総目次「現代社会理論 11」(人間の科学新社)　2001.11　p334-351
◎参考文献「インタビューの社会学—ライフストーリーの聞き方」(桜井厚)　せりか書房　2002.1　p1-10b
◎参考文献「リスク—制御のパラドクス」(土方透ほか)　新泉社　2002.1　p3-24b
◎文献解題「グローバル化時代の社会学」(ニール・J. スメルサー)　晃洋書房　2002.2　p2-19b
◎文献「社会学とその周辺—パーソンズ理論から児童虐待まで」(石川義之)　大学教育出版　2002.4　prr
◎参考文献「日本の社会学入門　新版」(酒井俊二, 酒井出)　久美　2002.4　p243-249

◎文献「日本社会学の挑戦—〈変革〉を読み解く研究と文献」(庄司興吉)　有斐閣　2002.11　p309-369
◎参考文献「社会学」(小林修一)　建帛社　2003.2　prr
◎参考文献「「心理学化する社会」の臨床社会学」(樫村愛子)　世織書房　2003.3　prr
◎「近代雑誌目次文庫　51　社会学 1-3」(目次文庫編集委員会)　ゆまに書房　2003.3　3冊　B5
◎文献「現代社会学における歴史と批判　下巻　近代資本制と主体性」(片桐新自ほか)　東信堂　2003.3　prr
◎参考文献「現代社会学への誘い」(満田久義)　朝日新聞社　2003.3　prr
◎参考文献「ライフ・イベントの社会学」(片瀬一男)　世界思想社　2003.8　p222-225
◎文献一覧「シカゴ学派の社会学」(中野正大ほか)　世界思想社　2003.11　p352-371
◎文献「日本社会学の頽廃を悲しむ—新しい学問の玉依姫は今や訪い来たって彼が柴の戸を叩いているのである」(河村望)　人間の科学新社　2003.11　p339-345
◎引用参考文献「みらいを拓く社会学—看護・福祉を学ぶ人のために」(早坂裕子ほか)　ミネルヴァ書房　2004.3　prr
◎「近代雑誌目次文庫　54-56　社会学4-6」(目次文庫編集委員会)　ゆまに書房　2004.3-11　3冊　B5
◎参考文献「社会学の新生」(P. アンサール)　藤原書店　2004.4　p333-346
◎文献案内「21世紀の現実—社会学の挑戦」(宮台真司ほか)　ミネルヴァ書房　2004.5　p263-264
◎参考文献「言語/性/権力—橋爪大三郎社会学論集」(橋爪大三郎)　春秋社　2004.5　p3-6b
◎読書案内「社会学」(奥井智之)　東京大学出版会　2004.7　p269-275
◎引用文献ほか「社会学の方法」(新睦人)　有斐閣　2004.10　p332-355
◎参考文献「記号論と社会学」(亘明志)　ハーベスト社　2004.12　p10-22b
◎文献「社会学 4版」(A. ギデンズ)　而立書房　2004.12　p36-53b
◎著作年表「戦後日本の社会学——一つの同時代学史」(富永健一)　東京大学出版会　2004.12　p445-464
◎参考文献「中国社会学史」(韓明謨)　行路社　2005.3　p250-255
◎参考文献「現代社会学　改訂版」(宮島喬)　有斐閣　2005.4　prr
◎文献一覧「「新版」新しい世紀の社会学中辞典」(N. アバークロンビー)　ミネルヴァ書房　2005.6　p472-552
◎文献「〈社会〉への知/現代社会学の理論と方法　下」(盛山和夫ほか)　勁草書房　2005.8　prr
◎引用文献「零度の社会—詐欺と贈与の社会学」(荻野昌弘)　世界思想社　2005.10　p201-196
◎参考文献「波状言論S改—社会学・メタゲーム・自由」(東浩紀ほか)　青土社　2005.11　p341-347
◎参考文献「反社会学の不埒な研究報告」(P. マッツァリーノ)　二見書房　2005.11　p313-317
◎参考文献「「あたりまえ」を疑う社会学—質的調査のセンス」(好井裕明)　光文社　2006.2　p252-259
◎文献案内「モダニティの社会学—ポストモダンからグローバリゼーションへ」(厚東洋輔)　ミネルヴァ書房　2006.2　p177-195

しゃかい

◎ブックガイド「基礎社会学　新訂版」（片相新自ほか）　世界思想社　2006.3　prr
◎「近代雑誌目次文庫　60-62　社会学　10-12」（目次文庫編集委員会）　ゆまに書房　2006.3　3冊　B5
◎参考文献「社会学　図解雑学」（栗田宣義）　ナツメ社　2006.4　p230-231
◎参考文献「社会学入門―人間と社会の未来」（見田宗介）　岩波書店　2006.4　p203-206
◎引用文献「構築主義の社会学―実在論争を超えて」（平英美ほか）　世界思想社　2006.5　p362-329
◎参考文献「社会を越える社会学―移動・環境・シチズンシップ　」（J. アーリ）　法政大出版局　2006.5　p47-72b
◎文献リスト「認知社会学の構想―カテゴリー・自己・社会」（片桐雅隆）　世界思想社　2006.7　p229-240
◎引用文献「日常生活のクリティカル・シンキング―社会学的アプローチ」（木村邦博）　河出書房新社　2006.8　p153-166
◎文献案内「畏怖する近代―社会学入門」（左古輝人）　法政大出版局　2006.9　p179-180
◎引用参照文献「新しい社会学のあゆみ」（新睦人）　有斐閣　2006.12　p306-336
◎参考文献「身体技法と社会学的認識」（倉島哲）　世界思想社　2007.2　p281-288
◎参考文献「エスノメソドロジーの可能性―社会学者の足跡をたどる」（椎野信雄）　春風社　2007.3　p347-365
◎引用参照文献「テキスト社会学」（星野潔ほか）　学文社　2007.3　p213-230
◎引用参照文献「Do!ソシオロジー―現代日本を社会学で診る」（友枝敏雄ほか）　有斐閣　2007.4　p277-282
◎参考文献「社会学―原典で読む「規格化」と「多様化」」（碓井嵩）　ミネルヴァ書房　2007.4　p475-497
◎参考文献ほか「境界領域への旅―岬からの社会学的探求」（新原道信）　大月書店　2007.7　p282-295
◎引用文献「行為論的思考―体験選択と社会学」（高橋由典）　ミネルヴァ書房　2007.7　p7-13b
◎参考文献「反社会学講座」（P. マッツァリーノ）　筑摩書房　2007.7　p369-381
◎引用参照文献「社会学」（長谷川公一ほか）　有斐閣　2007.11　p543-567
◎文献ほか「社会学のエッセンス―世の中のしくみを見ぬく　新版」（友枝敏雄ほか）　有斐閣　2007.11　prr
◎文献「社会学へのアリーナへ―21世紀社会を読み解く」（友枝敏雄ほか）　東信堂　2007.11　prr
◎参考文献「社会学史概説」（新明正道）　岩波書店　2007.11　p227-234

社会技術
◎参考文献「問題解決のための「社会技術」―分野を越えた知の協働」（堀井秀之）　中央公論新社　2004.3　p162-166
◎引用参考文献「社会技術概論」（小林信一ほか）　放送大教育振興会　2007.4　prr

社会教育
◎「社会教育・生涯教育関係文献目録　1999.4～2000.3」（国立教育会館社会教育研究所）　同研究所　2001.3　231p　A5
◎参考文献「国家・市民社会と成人教育―生涯学習の政治学に向けて」（ピーター・ジャービス）　明石書店　2001.6　p255-266
◎注文献「世界の社会教育施設と公民館　草の根の参加と学び」（小林文人, 佐藤一子）　エイデル研究所　2001.9　prr
◎参考文献「成人教育の現代的実践―ペダゴジーからアンドラゴジーへ」（マルカム・ノールズ）　鳳書房　2002.2　p515-546
◎文献「生涯学習時代の成人教育学―学習者支援へのアドヴォカシー」（渡辺洋子）　明石書店　2002.9　p327-336
◎参考文献「成人教育は社会を変える」（E. ハミルトン）　玉川大学出版部　2003.1　p251-234
◎文献案内「社会教育の現代的課題」（高島秀樹ほか）　明星大学出版部　2003.2　p271-278
◎「生涯学習・社会教育関係文献目録」（国立教育政策研究所社会教育実践研究センター）　国立教育政策研究所　2003.3　276p　A4
◎注「生涯学習と社会教育　シリーズ生涯学習社会における社会教育　1」（鈴木真理ほか）　学文社　2003.4　prr
◎参考文献「近代日本社会教育史論」（山本悠三）　下田出版　2003.9　p303-311
○記事索引（中村紀久二）「社会教育　59.1」（全日本社会教育連）　2004.1　p90-92
◎文献「ドイツ福祉国家の変容と成人継続教育」（高橋満）　創風社　2004.2　p217-223
◎参考文献「おとなの学びを創る―専門職の省察的実践をめざして」（P. A. クラントン）　鳳書房　2004.3　p337-319
◎「生涯学習・社会教育関係文献目録　2002.4-2003.3」（国立教育政策研究所社会教育実践研究センター）　教育政策研究所　2004.3　243p　A4
◎参考文献「生涯学習と地域社会教育」（末本誠ほか）　春風社　2004.6　p257-260
◎注「成人の学習と生涯学習の組織化」（日本社会教育学会）　東洋館出版社　2004.9　prr
◎参考文献「社会教育計画ハンドブック」（今西幸蔵）　八千代出版　2004.10　prr
◎注「生涯学習の遺産―近代日本社会教育史論」（宮坂広作）　明石書店　2004.10　prr
◎参考文献「近代日本社会教育の成立」（松田武雄）　九州大学出版会　2004.11　p365-369
○記事ほか（中村紀久二）「社会教育　60.1」（全日本社会教育連合会）　2005.1　p90-92
◎文献リスト「産学連携による大学・大学院等における社会人向け訓練コース設定の推進」　職業能力開発総合大学校　2005.3　p153-155
◎「生涯学習・社会教育関係文献目録　2003.4-2004.3」（国立教育政策研究所）　国立教育政策研究所　2005.3　254p　A4
○基本文献紹介（尾崎正峰）「月刊社会教育　49.4」（国土社）　2005.4　p61-64
○記事論文索引「社会教育　60.4」（全日本社会教育連合会）　2005.4　p88-90
◎注「生涯学習・社会教育の理念と施策」（益川浩一）　大学教育出版　2005.4　prr
◎参考文献「成人期の学習―理論と実践」（S. B. メリアムほか）　鳳書房　2005.5　p575-497
◎参照文献「学びのメディアとしての放送―放送利用個人学習の研究」（藤岡英雄）　学文社　2005.8　p293-300

○関連文献「日本の社会教育　49」（東洋館出版社）　2005.9　p279-283
○記事・論文索引「社会教育　61.1」（全日本社会教育連合会）　2006.1　p88-90
◎参考文献「ワークショップ入門―実践とプロセスアプローチ」（山本克彦）　久美　2006.3　p84-85
◎参考文献「生涯学習と自己実現　新訂」（堀薫夫ほか）放送大教育振興会　2006.3　p234-238
◎参照文献「現代社会教育学―生涯学習社会への道程」（佐藤一子）　東洋館出版社　2006.9　p191-199
◎文献リスト（李正連ほか）「韓国の社会教育・生涯学習―市民社会の創造に向けて」（黄宗建ほか）　エイデル研究所　2006.10　p417-422
◎参考文献「社会教育の規範理論―リベラルな正義論との対話」（小林建一）　文化書房博文社　2006.12　p247-260
◎記事・論文索引「社会教育　62.1」（全日本社会教育連合会）　2007.1　p82-83
◎参考文献「アメリカ成人教育史」（H. W. スタブルフィールドほか）　明石書店　2007.2　p383-412
◎参考文献ほか「シリアスゲーム―教育・社会に役立つデジタルゲーム」（藤本徹）　東京電機大出版局　2007.2　p122-128
◎参考文献「市民主体の地域社会教育―社会教育を志す人たちへ」（川野佐一郎）　国土社　2007.4　p184-186
◎「生涯学習・社会教育関係資料一覧　2005.4-2006.3」（国立教育政策研究所社会教育実践研究センター）国立教育政策研究所　2007.4　123p A4
◎文献案内「表現・文化活動の社会教育学―生活のなかで感性と知性を育む」（畑潤ほか）　学文社　2007.4　p237-240

社会教育関連法
○参考文献「日本の社会教育　47」（日本社会教育学会）　2003.9　p227-239

社会経済史
◎注文献「ローマ帝国社会経済史　下」（M. ロストフツェフ）　東洋経済新報社　2001.7　p277-280
◎注文献「ローマ帝国社会経済史　上」（M. ロストフツェフ）　東洋経済新報社　2001.7　p3-273b

社会経済システム
◎参考文献「現代の社会経済システム」（武井昭）　日本経済評論社　2003.3　p325-339

社会契約説
◎参考文献「社会契約」（飯島昇藏）　東京大学出版会　2001.10　p187-203

社会言語学
◎参考文献「応用社会言語学を学ぶ人のために」（D. ロング）　世界思想社　2001.10　prr
◎参考文献「社会言語学」（ルイ=ジャン・カルヴェ）　白水社　2002.1　p6-7b
◎参考文献「社会言語学の調査と研究の技法―フィールドワークとデータ整理の基本」（中井精一）　おうふう　2005.4　p156-159

社会考古
◎参考文献「社会考古学の試み」（岡内三眞ほか）　同成社　2005.3　prr

社会構成主義
◎参考文献「社会構成主義の理論と実践―関係性が現実をつくる」（K. J. ガーゲン）　ナカニシヤ出版　2004.5　p442-407

社会史
◎文献一覧「先史からヨーロッパ文明の形成へ―ソーシャルパワー　1」（M. マン）　NTT出版　2002.10　p623-592

社会事業
◎参考文献「近世・近代沖縄の社会事業史」（末吉重人）榕樹書林　2004.3　p237-245
◎文献目録「韓国社会事業史―成立と展開」（朴貞蘭）ミネルヴァ書房　2007.11　p243-249

社会思想
◎参考文献「「近代」を支える思想―市民社会・世界史・ナショナリズム」（植村邦彦）　ナカニシヤ出版　2001.3　p287-296
◎引用文献「〈法〉から解放される権力―犯罪、狂気、貧困、そして大正デモクラシー」（芹沢一也）　新曜社　2001.9　p270-280
◎参考文献「反グローバリズム―新しいユートピアとしての博愛」（ジャック・アタリ）　彩流社　2001.12　p1-3b
◎文献「人間は進歩してきたのか―現代文明論　上―「西欧近代」再考」（佐伯啓思）　PHP研究所　2003.10　p268-269
◎引用参考文献「市民社会とアソシエーション―構想と経験」（村上俊介ほか）　社会評論社　2004.2　prr
◎参考文献「明治四十三年の転轍―大逆と殉死のあいだ」（河田宏）　文元社　2004.2　p237-239
◎参考文献「「戦間期」の思想家たち―レヴィ=ストロース・ブルトン・バタイユ」（桜井哲夫）　平凡社　2004.3　p252-260
◎ブックガイド「1968」（絓秀実）　作品社　2005.1　p212-217
◎文献「理性の使用―ひとはいかにして市民となるのか」（富永茂樹）　みすず書房　2005.1　p1-10b
◎参考文献「幕末・明治の士魂―啓蒙と抵抗の思想的系譜　飯田鼎著作集7」（飯田鼎）　御茶の水書房　2005.8　p7-11b
◎文献「貧困と共和国―社会的連帯の誕生」（田中拓道）人文書院　2006.1　p267-290
◎参考文献「技術と身体―日本「近代化」の思想」（木岡伸夫ほか）　ミネルヴァ書房　2006.3　p373-389
◎参考文献「占領下パリの思想家たち―収容所と亡命の時代」（桜井哲夫）　平凡社　2007.1　p283-294

社会資本
◎文献「国の福利人的資本及び社会的資本の役割」（Sylvain Cote, Tom Healy）　日本経済調査協議会　2002.3　p174-187
◎文献「日本における社会資本の生産力効果」（中東雅樹）　三菱経済研究所　2003.3　p93-95
◎参考文献「社会資本整備と政策評価―NPMからPFIまで」（川口和英）　山海堂　2004.12　prr
◎参考文献「社会資本整備の合意形成円滑化のためのメディエーション導入に関する研究」（国土交通政策研究所）　国土交通省国土交通政策研究所　2006.7　p147-149

◎参考文献「日本の社会資本 2007」（内閣府政策統括官） 国立印刷局 2007.3 p228-231
◎参考文献「ソーシャル・キャピタル―「信頼の絆」で解く現代経済・社会の諸課題」（稲葉陽二） 生産性出版 2007.5 p214-222

社会シミュレーション
◎文献「社会シミュレーションの技法 政治・経済・社会をめぐる思考技術のフロンティア」（N. ギルバート） 日本評論社 2003.2 p279-289

社会集団
◎参考文献解題「つながりの中の癒し―セラピー文化の展開」（田邉信太郎ほか） 専修大学出版局 2002.5 p299-310
◎文献「大集団のジレンマ―集合行為と集団規模の数理」（木村邦博） ミネルヴァ書房 2002.5 p141-155
◎文献「国家・コーポラティズム・社会運動―制度と集合行動の比較政治学」（桐谷仁） 東信堂 2002.11 p410-442
◎文献「アソシエーション革命へ―理論・構想・実践」（田畑稔ほか） 社会評論社 2003.3 p1-11b
◎文献「連帯の条件―合理的選択理論によるアプローチ」（M. ヘクター） ミネルヴァ書房 2003.7 p251-282

社会主義
◎文献リスト「資料フランス初期社会主義―二月革命とその思想 〔POD版〕」（河野健二） 平凡社 2001.2 p468-476
◎文献「左派の挑戦―理論的刷新からニュー・レイバーへ」（近藤康史） 木鐸社 2001.9 p318-327
○文献目録（志村正昭, 神谷昌史）「初期社会主義研究 14」（不二出版） 2001.12 p220-226
◎参考文献「アカ」（川上徹） 筑摩書房 2002.2 p228-230
◎文献紹介「市場経済移行論」（溝端佐登史, 吉井昌彦） 世界思想社 2002.7 p259-269
○文献目録（志村正昭ほか）「初期社会主義研究 16」（初期社会主義研究会） 2003.11 p298-304
◎参考文献「山川均・向坂逸郎外伝―労農派1925〜1985 下」（上野建一ほか） 社会主義協会 2004.5 p1-11
○文献目録（志村正昭ほか）「初期社会主義研究 17」（初期社会主義研究会） 2004.11 p262-267
◎参考文献「社会主義の世紀―「解放」の夢にツカれた人たち」（熊野直樹ほか） 法律文化社 2004.11 p219-227
○文献目録（志村正昭ほか）「初期社会主義研究 18」（不二出版） 2005 p302-308
◎参考文献「中国は社会主義で幸せになったのか」（北村稔） PHP研究所 2005.8 p252-253
◎参照文献「社会主義はなぜ大切か―マルクスを超える展望」（村岡到） 社会評論社 2005.11 prr
○文献目録（志村正昭ほか）「初期社会主義研究 19」（初期社会主義研究会） 2006 p222-225
○文献目録（志村正昭）「初期社会主義研究 20」（初期社会主義研究会） 2007 p211-215
◎文献目録「社会主義インターナショナルの群像1914-1923」（西川正雄） 岩波書店 2007.1 p14-41b
◎ブックガイド「まんが反資本主義入門―グローバル化と新自由主義への対抗運動のススメ」（E. アダモフスキ） 明石書店 2007.11 p172-175

社会主義経済
◎文献目録「移行の経済学―社会主義経済から市場経済へ」（マリー・ラヴィーニュ） 日本評論社 2001.4 p351-372
◎参考文献「市場経済移行諸国の理想と現実―グローバリゼーション下の可能性」（今井正幸ほか） 彩流社 2003.5 prr
◎参考文献「「ショック」から「真の療法」へ―ポスト社会主義諸国の体制移行からEU加盟へ」（G. W. コウォトコ） 三恵社 2005.3 p358-373
◎参考文献「EU加盟と移行の経済学」（田中宏） ミネルヴァ書房 2005.4 prr
◎参照文献「21世紀社会主義化の時代―過渡期としての現代」（榎本正敏） 社会評論社 2006.2 p223-227 ほか
◎参考文献「市場経済移行諸国の企業経営―ベルリンの壁から万里の長城まで」（M. ウォーナーほか） 昭和堂 2007.7 p245-270

社会情報
◎参考文献「パラダイムとしての社会情報学」（伊藤守ほか） 早稲田大学出版部 2003.5 prr
◎ブックリスト「社会情報学ハンドブック」（吉見俊哉ほか） 東京大学出版会 2004.3 p282-294
◎参考文献「社会情報学への招待」（三上俊治） 学文社 2005.8 prr
◎引用文献「社会情報学―情報技術と社会の共変」（石井和平） 学術出版会 2007.10 p213-219

社会心理学
◎文献「高齢者就労の社会心理学」（田尾雅夫ほか） ナカニシヤ出版 2001.1 p163-173
◎引用文献「説得におけるリアクタンス効果の研究―自由侵害の社会心理学」（今城周造） 北大路書房 2001.1 p191-195
◎引用文献「無意図的模倣の発達社会心理学―同化行動の理論と実証研究」（内藤哲雄） ナカニシヤ出版 2001.2 p221-229
◎引用文献「社会的認知の心理学―社会を描く心のはたらき」（唐沢穣ほか） ナカニシヤ出版 2001.6 p215-271
◎引用文献「福祉の社会心理学―みんなで幸せになる方法」（土肥伊都子, 諸井克英） ナカニシヤ出版 2001.7 p129-139
◎参考文献「心を測る―個と集団の意識の科学」（吉野諒三） 朝倉書店 2001.9 p112-115
◎文献「防災の社会心理学 社会を変え政策を変える心理学」（林理） 川島書房 2001.10 prr
◎引用文献「臨床社会心理学の進歩―実りあるインターフェイスをめざして」（R. M. コワルスキ, M. R. リアリー） 北大路書房 2001.10 p441-442
◎文献「人気者の社会心理史」（市川孝一） 学陽書房 2002.1 p249-252
◎参考文献「アナトミア社会心理学―社会心理学のこれまでとこれから」（吉森護） 北大路書房 2002.2 p328-336
◎引用文献「ステレオタイプの社会心理学―偏見の解消に向けて」（上瀬由美子） サイエンス社 2002.2 p180-172
◎参照文献ほか「感情の社会生理心理学」（R. バック） 金子書房 2002.3 p743-825

◎参考文献「紛争解決のモードとは何か―協働的問題解決へむけて」(名嘉憲夫) 世界思想社 2002.3 p154-160
◎引用文献「説得と影響―交渉のための社会心理学」(榊博文) ブレーン出版 2002.5 p479-501
◎引用文献「リーダーシップの社会心理学」(淵上克義) ナカニシヤ出版 2002.9 p225-251
◎増補文献一覧「社会心理学小辞典―増補版」(古畑和孝ほか) 有斐閣 2002.9 p341-346
◎参考文献「集合行動の社会心理学」(田中淳ほか) 北樹出版 2003.1 prr
◎文献「ネガティブ思考と抑うつ―絶望感の臨床社会心理学」(高比良美詠子) 学文社 2003.2 p159-165
◎文献「環境配慮の社会心理学」(杉浦淳吉) ナカニシヤ出版 2003.2 p177-185
◎参考文献「エイジングの社会心理学」(辻正二ほか) 北樹出版 2003.6 prr
◎引用文献「臨床社会心理学―その実践的展開をめぐって」(田中共子ほか) ナカニシヤ出版 2003.6 prr
◎references「グローバル化時代の社会心理学」(P. B. スミスほか) 北大路書房 2003.7 p369-434
◎文献「社会的アイデンティティ理論による黒い羊効果の研究」(大石千歳) 風間書房 2003.9 p211-217
◎文献「喪失体験とトラウマ―喪失心理学入門」(J. H. ハーヴェイ) 北大路書房 2003.9 p281-297
◎参考文献「ひとの目に映る自己―「印象管理」の心理学入門」(菅原健介ほか) 金子書房 2004.1 p217-231
◎引用文献「ゼロリスク評価の心理学」(中谷内一也) ナカニシヤ出版 2004.2 p125-129
◎文献「新宗教とアイデンティティ―回心と癒しの宗教社会心理学」(杉山幸子) 新曜社 2004.2 p183-199
◎文献「臨床心理的コミュニティ援助論」(金沢吉展) 誠信書房 2004.2 prr
◎文献ほか「パーソナルな関係の社会心理学」(W. イックスほか) 北大路書房 2004.4 p275-303
◎参考引用文献「認知の社会心理学」(大島尚ほか) 北樹出版 2004.4 prr
◎文献「レジャーの社会心理学」(R. C. マンネル) 世界思想社 2004.5 p316-370
◎引用参考文献「現代社会心理学―心理・行動・社会」(青池慎一ほか) 慶應義塾大出版会 2004.5 prr
◎参考文献「災害情報と社会心理」(広井脩) 北樹出版 2004.5 prr
◎参考文献「社会構成主義の理論と実践―関係性が現実をつくる」(K. J. ガーゲン) ナカニシヤ出版 2004.5 p442-407
◎文献「社会心理学の新しいかたち」(竹村和久) 誠信書房 2004.9 prr
◎引用文献「恥の発生―対処過程に関する社会心理学的研究」(樋口匡貴) 北大路書房 2004.9 p67-69
◎参考文献「はじめての臨床社会心理学―自己と対人関係から読み解く臨床心理学」(坂本真士ほか) 有斐閣 2004.10 p252-268
◎参考文献「「日本人らしさ」の発達社会心理学―自己・社会の比較・文化」(高田利武) ナカニシヤ出版 2004.12 p223-245
◎文献「「心の時代」と自己―感情社会学の視座」(崎山治男) 勁草書房 2005.1 p9-27b

◎引用文献「インターネットの社会心理学―社会関係資本の視点から見たインターネットの機能」(宮田加久子) 風間書房 2005.2 p577-610
◎引用文献「協調か対決か―コンピューターコミュニケーションの社会心理学」(佐々木美加) ナカニシヤ出版 2005.2 p173-177
◎参考文献「記憶の不確定性―社会学的探究」(松浦雄介) 東信堂 2005.3 p252-262
◎文献目録「精神・自我・社会 復刻版」(G. H. ミード) 青木書店 2005.3 p16-20b
◎参考文献「アイデンティティの権力―差別を語る主体は成立するか」(坂本佳鶴恵) 新曜社 2005.4 p10-23b
◎文献「コミュニティ心理学」(J. A. スキレッピほか) ミネルヴァ書房 2005.4 p345-357
◎引用文献「バイオレンス―攻撃と怒りの臨床社会心理学」(湯川進太郎) 北大路書房 2005.8 p124-139
◎引用文献「自己高揚過程における能力の自己査定に関する研究」(越良子) 北大路書房 2005.8 p95-102
◎引用文献「社会心理学が描く人間の姿」(Burr, V) ブレーン出版 2005.10 p199-209
◎レビュー文献ガイド「朝倉心理学講座 7 社会心理学」(唐沢かおり) 朝倉書店 2005.10 p178-184
◎参考文献「「見た目」依存の時代―「美」という抑圧が階層社会に拍車を掛ける」(石井政之ほか) 原書房 2005.11 p386-388
◎参考文献「感情社会学の展開」(船津衛) 北樹出版 2006.1 prr
◎引用文献「社会的交換における協力生起過程―囚人のジレンマを用いた実験研究による検討」(森久美子) 風間書房 2006.3 p151-158
◎参考文献「コミュニケーションと社会心理」(船津衛) 北樹出版 2006.4 p195-198
◎引用文献「他者を知る―対人認知の心理学」(山本眞理子ほか) サイエンス社 2006.4 p224-217
◎参考文献「ガイド社会心理学」(田之内厚三) 北樹出版 2006.5 prr
◎参考文献「リスクのモノサシ―安全・安心生活はありうるか」(中谷内一也) NHK出版 2006.7 p245-248
◎参考文献「報酬分配場面における公正認知に関する研究」(原田耕太郎) 大学教育出版 2006.7 p89-93
◎引用文献「依頼と説得の心理学―人は他者にどう影響を与えるか」(今井芳昭) サイエンス社 2006.9 p257-274
◎邦語文献ほか「自己観察の技法―質的研究法としてのアプローチ」(N. ロドリゲスほか) 誠信書房 2006.9 p127-135
◎引用参考文献「知的大人となるためのことわざ社会心理学―日本の常識・「日本人道」を極める」(穴田義孝) 文化書房博文社 2006.9 p393-399
◎文献「人種接触の社会心理学―日本人移民をめぐって」(J. F. スタイナー) ハーベスト社 2006.10 p224-241
◎引用参考文献「日本人の自己呈示の社会心理学的研究―ホンネとタテマエの実証的研究」(齊藤勇) 誠信書房 2006.10 p281-297
◎引用文献「新心理学的社会心理学―社会心理学の100年」(中村陽吉) ブレーン出版 2006.12 p381-403

◎参考文献「ジョナサン・ターナー感情の社会学　1　感情の起源—自律と連帯の緊張関係」（J. H. ターナー）　明石書店　2007.2　p259-284

◎引用文献「ステレオタイプとは何か—「固定観念」から「世界を理解する"説明力"」へ」（C. マクガーティほか）　明石書店　2007.2　p254-283

◎参考文献ほか「社会と人間関係の心理学」（松井豊ほか）　岩波書店　2007.2　p221-238

◎引用文献「社会心理学概説」（潮村公弘ほか）　北大路書房　2007.2　p239-264

◎引用文献「人はどのような環境問題解決を望むのか—社会的ジレンマからのアプローチ」（大沼進）　ナカニシヤ出版　2007.2　p177-191

◎引用文献「よくわかる社会心理学」（山田一成ほか）　ミネルヴァ書房　2007.3　p204-222

◎文献「スポーツ社会心理学—エクササイズとスポーツへの社会心理学的アプローチ」（M. ハガーほか）　北大路書房　2007.3　p257-284

◎文献案内「臨床社会心理学」（坂本真士ほか）　東京大出版会　2007.7　p247-249

◎文献「セラピー文化の社会学—ネットワークビジネス・自己啓発・トラウマ」（小池靖）　勁草書房　2007.8　p7-18b

◎参考文献「人間行動に潜むジレンマ—自分勝手はやめられない?」（大浦宏邦）　化学同人　2007.11　p226-221

◎参考文献「「世間体」の構造—社会心理史への試み」（井上忠司）　講談社　2007.12　p271-280

社会人類学

◎文献「社会構造—核家族の社会人類学　新版」（G. P. マードック）　新泉社　2001.3　p9-35b

◎参考文献「社会人類学入門—異民族の世界」（J. ヘンドリー）　法政大学出版局　2002.8　prr

◎参考文献「生き方の人類学　実践とは何か」（田辺繁治）　講談社　2003.3　p259-255

社会政策

◎参考文献「ケアリング・ワールド—福祉世界への挑戦」（Organisation for Economic Co-operation and Development）　黎明書房　2001.4　p150-157

◎参考文献「社会政策論の転換—本質—必然主義から戦略—関係主義へ」（池田信）　ミネルヴァ書房　2001.7　p199-204

◎文献「EU社会政策と市場経済」（中野聡）　創土社　2002.5　p304-313

◎文献「総説現代社会政策」（成瀬竜夫）　桜井書店　2002.9　p223-226

◎参考文献「ジェンダー・セクシュアリティ・制度　性の社会政策」（小松満貴子）　ミネルヴァ書房　2003.5　prr

◎参考文献「社会政策—構造改革の新展開とセーフティネット　新版」（石畑良太郎ほか）　ミネルヴァ書房　2003.6　prr

◎参考文献「高度成長のなかの社会政策—日本における労働家族システムの誕生」（玉井金五ほか）　ミネルヴァ書房　2004.2　prr

◎参考文献「ニュージーランド福祉国家の再設計—課題・政策・展望」（J. ボストンほか）　法律文化社　2004.12　p367-394

◎参考文献「世界の社会政策の動向—能動的な社会政策による機会の拡大に向けて」（OECD）　明石書店　2005.6　p215-222

◎参照文献「社会政策の産業平和機能」（渡部恒夫）　学術出版会　2005.12　p613-622

◎参考文献「社会政策の基礎」（吉澤昌恭）　法律文化社　2006.1　p125-127

◎参考文献「EU社会政策の展開」（佐藤進）　法律文化社　2006.8　p193-198

◎参考文献「東アジアにおける社会政策学の展開」（社会政策学会）　法律文化社　2006.10　prr

◎文献案内「社会政策を学ぶ人のために　3訂」（玉井金五ほか）　世界思想社　2007.9　p272-279

◎参考文献「NPOと公共サービス—政府と民間のパートナーシップ」（L. M. サラモン）　ミネルヴァ書房　2007.12　p293-308

社会生物学

◎参考文献「ヒューマン・エソロジー—人間行動の生物学」（アイブル・アイベスフェルト）　ミネルヴァ書房　2001.11　p853-942

◎参考文献「社会生物学の勝利—批判者たちはどこで誤ったか」（J. オルコック）　新曜社　2004.1　p13-36b

◎参考文献「社会生物学論争史—誰もが真理を擁護していた　2」（U. セーゲルストローレ）　みすず書房　2005.2　p9-51b

社会組織

◎参考文献「センスメーキングインオーガニゼーションズ」（カール・E. ワイク）　文眞堂　2001.4　p262-285

◎文献「日本人固有の組織観—偏差値ヒエラルキーとムラ社会の病理」（田中政彦）　丸善プラネット　2001.11　p151-153

◎引用文献「囲い込み症候群—会社・学校・地域の組織病理」（太田肇）　筑摩書房　2001.12　p187-189

◎参考文献「韓日社会組織の比較」（伊藤亞人ほか）　慶応義塾大学出版会　2002.2　prr

◎参考文献「プロセス・コンサルテーション—援助関係を築くこと」（E. H. シャイン）　白桃書房　2002.3　p339-343

◎文献「組織シンボリズム論—論点と方法」（坂下昭宣）　白桃書房　2002.4　p227-238

◎10の本（高重治香）「市民・組織・英知」（水越伸）　NHK出版　2002.11　p278-281

◎文献「ネットワーク組織論」（朴容寛）　ミネルヴァ書房　2003.3　p309-339

◎参考文献「社会ネットワーク分析の基礎—社会的関係資本論にむけて」（金光淳）　勁草書房　2003.12　p289-307

◎参考文献「共同性の現代哲学—心から社会へ」（中山康雄）　勁草書房　2004.11　p7-12b

◎参考文献「現代組織と制度—制度理論の展開」（横山知玄）　文眞堂　2005.7　p322-333

◎文献「ネットワーク・ダイナミクス—社会ネットワークと合理的選択」（佐藤嘉倫ほか）　勁草書房　2005.9　prr

◎参考文献「アソシアシオンで読み解くフランス史　結社の世界史3」（福井憲彦）　山川出版社　2006.3　p9-22b

◎参考文献「結衆・結社の日本史　結社の世界史1」（福田アジオ）　山川出版社　2006.7　p8-18b

◎文献「リーディングス　ネットワーク論―家族・コミュニティ・社会関係資本」（野沢慎司）　勁草書房　2006.8　prr

社会調査
◎参考文献「社会調査の基礎　改訂版」（岩永雅也ほか）　放送大学教育振興会　2001.3　p274-279
◎参考文献「社会調査論―フィールドワークの方法」（原田勝弘ほか）　学文社　2001.4　p235-240
◎参考文献「例解調査論」（佐井至道）　大学教育出版　2001.4　p184-186
◎参考文献「心を測る―個と集団の意識の科学」（吉野諒三）　朝倉書店　2001.9　p112-115
◎参考文献「実践はじめての社会調査」（白谷秀一, 朴桐椎）　自治体研究社　2002.3　p189-190
◎文献「ライフヒストリー研究の基礎―個人の「語り」にみる現代日本のキリスト教」（川又俊則）　創風社　2002.4　p1-15b
◎参考文献「調査・リサーチ活動の進め方」（酒井隆）　日本経済新聞社　2002.5　p231-232
◎文献「質的研究入門―〈人間の科学〉のための方法論」（ウヴェ・フリック）　春秋社　2002.10　p361-390
◎参考文献「社会調査ハンドブック」（林知己夫）　朝倉書店　2002.11　prr
◎文献「社会調査法　1　基礎と準備編」（E. バビー）　培風館　2003.12　p221-224
◎文献「社会調査演習　2版」（原純輔ほか）　東京大学出版会　2004.1　p215-218
◎参考文献「社会調査―社会学の科学的研究法　改訂2版」（高島秀樹）　明星大学出版部　2004.3　p222-225
◎参考文献「郵送調査法」（林英夫）　関西大学出版部　2004.3　p266-289
◎参考文献「ソーシャルワーカーのためのリサーチ・ワークブック」（武田丈）　ミネルヴァ書房　2004.7　p171-173
◎文献紹介「社会調査法入門」（盛山和夫）　有斐閣　2004.9　p306-310
◎参考文献「アクティヴ・インタビュー―相互行為としての社会調査」（J. ホルスタインほか）　せりか書房　2004.10　p202-208
◎引用参考文献「近代ドイツ社会調査史研究―経験的社会学の生成と脈動」（村上文司）　ミネルヴァ書房　2005.2　p303-324
◎145冊「社会調査へのアプローチ―論理と方法　2版」（大谷信介ほか）　ミネルヴァ書房　2005.2　p347-354
◎参考文献「社会調査入門―量的調査と質的調査の活用」（K. K. パンチ）　慶應義塾大出版会　2005.2　p407-428
◎参考文献「政治老年学序説―胎動するニューシニア」（神江伸介）　成文堂　2005.2　p223-224
◎文献「やさしい調査のコツ　新版」（森靖雄）　大月書店　2005.3　p242-246
◎参考文献「社会調査」（原純輔, ほか）　放送大教育振興会　2005.3　p240-242
◎引用文献「社会調査法　2　実施と分析編」（E. バビー）　培風館　2005.3　p245-250
◎文献一覧「社会調査の考え方―論点と方法」（T. メイ）　世界思想社　2005.5　p323-366
◎参考文献「アジア・バロメーター都市部の価値観と生活スタイル―アジア世論調査（2003）の分析と資料」（猪口孝ほか）　明石書店　2005.7　prr

◎基本文献「社会調査の基礎理論―仮説づくりの詳細なガイドライン」（新睦人）　川島書店　2005.7　p227-232
◎参考文献「インタビュー調査への招待」（河西宏祐）　世界思想社　2005.10　p225-226
◎参考文献「ライフストーリー・インタビュー―質的研究入門」（桜井厚ほか）　せりか書房　2005.12　p5-9b
◎引用参考文献「郵送調査法　増補版」（林英夫）　関西大出版部　2006.3　p344-378
◎参考引用文献「よくわかる社会調査法―基礎から統計分析まで」（黒田宣代）　大学教育出版　2006.4　p99-100
◎参考文献「まちがいだらけのサーベイ調査―経済・社会・経営・マーケティング調査のノウハウ」（G. イアロッシ）　一灯舎　2006.10　p264-271
◎引用参考文献「社会調査で何が見えるか―歴史と実例による社会調査入門」（平松貞実）　新曜社　2006.11　p287-291
◎文献ガイドほか「フィールドワーク―書を持って街へ出よう　増訂版」（佐藤郁哉）　新曜社　2006.12　p13-32b
◎引用文献「マス・コミュニケーションの調査研究法」（鈴木裕久ほか）　創風社　2006.12　p209-211
◎参考文献「社会知能システム入門―内閣支持率は予測できるか?」（上村龍太郎ほか）　東海大出版会　2007.2　prr
◎引用文献「マス・コミュニケーション調査の手法と実際」（島崎哲彦ほか）　学文社　2007.3　prr
◎参考文献「データはウソをつく―科学的な社会調査の方法」（谷岡一郎）　筑摩書房　2007.5　p167-169
◎引用参考文献「国際社会調査―中国・旅の調査学」（高橋五郎）　農林統計協会　2007.5　p251-254
◎推薦図書「社会調査士のための多変量解析法」（小杉考司）　北大路書房　2007.5　p179-182
◎参考文献「ガイドブック社会調査」（森岡清志）　日本評論社　2007.9　p361-367
◎引用参考文献「意見分析エンジン―計算言語学と社会学の接点」（大塚裕子ほか）　コロナ社　2007.10　p202-216
◎参考文献「市民シンクタンクのすすめ―みんなの調査力・情報力で地域を変えよう!」（高原稔）　日本地域社会研究所　2007.12　p317-320

社会的差別
◎引用文献「憎悪表現とは何か―〈差別表現〉の根本問題を考える」（菊池久一）　勁草書房　2001.1　p4-12b
◎参考文献「社会的排除/包摂と社会政策」（福原宏幸）　法律文化社　2007.12　prr

社会的相互作用
◎参考文献「心と行為―エスノメソドロジーの視点」（西阪仰）　岩波書店　2001.2　p245-256
◎文献「実践ネットワーク分析―関係を解く理論と技法」（安田雪）　新曜社　2001.10　p177-182
◎文献「共在感覚―アフリカの二つの社会における言語的相互行為から」（木村大治）　京都大学学術出版会　2003.11　p313-321
◎引用文献「相互行為秩序と会話分析―「話し手」と「共-成員性」をめぐる参加の組織化」（串田秀也）　世界思想社　2006.12　p347-364

◎参考文献「遠距離交際と近所づきあい─成功する組織ネットワーク戦略」（西口敏宏）　NTT出版　2007.1　p410-439
◎参考文献「社会ネットワーク分析の発展」（L. C. フリーマン）　NTT出版　2007.5　p175-195

社会的認知
◎参考文献ほか「社会的認知ハンドブック」（山本眞理子ほか）　北大路書房　2001.10　p287-310
◎引用文献「社会的認知研究のパースペクティブ─心と社会のインターフェイス」（岡隆）　培風館　2004.5　p233-269

社会的費用
◎参考文献「環境被害の責任と費用負担」（除本理史）　有斐閣　2007.12　p205-225

社会哲学
◎参考文献「社会哲学を学ぶ人のために」（加茂直樹）　世界思想社　2001.5　prr
◎参照文献「社会性の哲学」（今村仁司）　岩波書店　2007.7　p555-560

社会統計
◎参考文献「社会統計学へのアプローチ」（天野徹）　ミネルヴァ書房　2006.4　p219-223
◎参考文献「社会統計学」（片瀬一男）　放送大教育振興会　2007.4　p309-312

社会道徳
◎参考文献「自由と意味─戦後ドイツにおける社会秩序観の変容」（城達也）　世界思想社　2001.3　p286-294
◎文献案内「ネクスト─善き社会への道」（A. エツィオーニ）　麗澤大学出版会　2005.3　p237-245
◎参考文献ほか「社会システムと倫理」（岩尾雄四郎）　電気書院　2007.8　p123-137

社会病理
◎引用参考文献「逸脱とコントロールの社会学─社会病理学を超えて」（宝月誠）　有斐閣　2004.5　p263-274
◎引用文献「社会病理のリアリティ」（山元公平ほか）　学文社　2006.10　prr
○研究動向（崎山治男）「社会学評論　57.4.228」（日本社会学会）　2007.3　p804-820
◎参考文献「日本の狂気」（J. S. ビヴェン）　日本評論社　2007.11　p245-246

社会不安障害
◎ブックガイド「森田療法で読む社会不安障害とひきこもり」（北西憲二ほか）　白揚社　2007.3　p275-277

社会福祉　⇒　福祉　をも見よ
○文献紹介「社会福祉研究　82」（鉄道弘済会社会福祉部）　2001.1　p127-134
◎参考文献「現代社会福祉用語の基礎知識」（成清美治ほか）　学文社　2001.4　p241-246
◎参考文献「社会福祉の運営─組織と過程」（古川孝順）　有斐閣　2001.4　p281-283
◎参考文献「社会福祉要説─レポート・試験はこう書く　社会福祉を学ぶ人の専門科目・関連科目学習ガイド　改訂版」（中島恒雄）　ミネルヴァ書房　2001.4　p941-956
◎参考文献「福祉行政学」（武智秀之）　中央大学出版部　2001.4　p207-217
◎参考文献「社会福祉学要論」（榎本和子）　行路社　2001.5　p206-208
◎参考図書「初めての社会福祉」（櫻井慶一）　学文社　2001.5　p139-143
◎参考文献「新・社会福祉とは何か　改訂版」（一番ヶ瀬康子）　ミネルヴァ書房　2001.5　p206-211
◎参考文献「社会福祉の援助観─ストレングス視点・社会構成主義・エンパワメント」（狭間香代子）　筒井書房　2001.7　p193-197
◎引用文献「福祉の社会心理学─みんなで幸せになる方法」（土肥伊都子, 諸井克英）　ナカニシヤ出版　2001.7　p129-139
◎参考文献「ヒューマン・サービスにおけるグループインタビュー法─科学的根拠に基づく質的研究法の展開」（安梅勅江）　医歯薬出版　2001.10　p78-82
◎注「「社会福祉」の成立　解釈の変遷と定着過程」（百瀬孝）　ミネルヴァ書房　2002.1　prr
◎参考文献「初めて学ぶ現代社会福祉」（馬場茂樹ほか）　学文社　2002.1　prr
◎学習のために「ソーシャルワーカーのための法学」（秋元美世, 本沢巳代子）　有斐閣　2002.2　p311-312
◎学習のために「ソーシャルワーク実習─社会福祉援助技術現場実習」（岡田まり）　有斐閣　2002.2　p215-216
◎学習のために「ソーシャルワーク実践の基礎理論─社会福祉援助技術論　上」（北島英治）　有斐閣　2002.2　p345-347
◎参考文献「社会福祉援助技術現場実習指導・現場実習」（福山和女, 米本秀仁）　ミネルヴァ書房　2002.2　prr
◎参考文献「社会福祉原論　新版」（星野貞一郎）　有斐閣　2002.4　p303-309
◎参考文献「社会福祉実習　3訂　第3版」（宮田和明）　中央法規出版　2002.4　p320-321
◎参考文献「新少子・高齢社会の社会福祉」（田代菊雄ほか）　学文社　2002.4　prr
◎参考文献「社会福祉援助技術論　上」（北島英治, 白沢政和, 米本秀仁）　ミネルヴァ書房　2002.5　prr
◎参考文献「援助するということ─社会福祉実践を支える価値規範を問う」（古川孝順）　有斐閣　2002.6　prr
◎参考文献「グローバリゼーションと国際社会福祉」（仲村優一ほか）　中央法規出版　2002.9　prr
◎参考文献「社会福祉の基本体系　3版」（相沢譲治）　勁草書房　2002.11　prr
◎文献「社会福祉実践モデル開発の理論と実際─プロセティック・アプローチに基づく実践モデルのデザイン・アンド・ディベロップメント」（芝野松次郎）　有斐閣　2002.11　p234-243
◎文献「福祉と医療の法律学!　新版」（梶原洋生）　インデックス出版　2002.12　p233-235
◎参考文献「仲村優一社会福祉著作集1」　旬報社　2003.1　p307-311
◎文献「日本社会福祉の歴史─制度・実践・思想」（菊池正治ほか）　ミネルヴァ書房　2003.1　p300-306
◎参考文献「アメリカ社会福祉の女性史」（杉本貴代栄）　勁草書房　2003.2　p226-243
◎参考文献「社会福祉の研究入門　計画立案から論文執筆まで」（久田則夫）　中央法規出版　2003.2　prr
◎ブックガイド「社会福祉学がわかる。　新版」（朝日新聞社）　朝日新聞社　2003.2　p164-170

○文献案内（遠藤興一）「明治学院論叢　690」（明治学院大）　2003.3　p197-277
◎参考文献「現代社会福祉学」（竹原健二）　学文社　2003.3　prr
◎参考文献「考察仏教福祉」（清水海隆）　大東出版社　2003.3　p162-163
◎参考文献「社会福祉とコミュニティ―共生・共同・ネットワーク」（園田恭一）　東信堂　2003.3　prr
◎引用文献「社会福祉における資源配分の研究」（坂田周一）　立教大学出版会　2003.3　p205-216
◎参考図書「初めての社会福祉　2版」（櫻井慶一）　学文社　2003.3　p139-143
◎文献「生活の経営と福祉」（長嶋俊介）　朝倉書店　2003.3　p185-194
○文献紹介「社会福祉研究　86」（鉄道弘済会）　2003.4　p120-126
◎参考文献「現代社会福祉用語の基礎知識　3版」（成清美治ほか）　学文社　2003.4　p247-253
◎参考引用文献「社会福祉への招待」（岡本栄一）　ミネルヴァ書房　2003.4　prr
◎文献「社会福祉原論」（古川孝順）　誠信書房　2003.4　p409-411
◎参照文献「福祉国家のガヴァナンス」（武智秀之）　ミネルヴァ書房　2003.4　prr
◎文献「イギリスの福祉行財政―政府間関係の視点」（山本隆）　法律文化社　2003.5　p371-385
◎参考文献「レクリエーション援助法　新版」（川廷宗之ほか）　建帛社　2003.5　prr
◎参考文献「社会福祉実習」（藤松素子）　高菅出版　2003.5　prr
◎文献「福祉の総合政策　新訂版」（駒村康平）　創成社　2003.5　p335-338
◎参考文献「社会福祉概論」（川村匡由ほか）　ミネルヴァ書房　2003.6　prr
◎引照参考文献「社会福祉三つのモデル　福祉原理論の探究」（R．ピンカー）　黎明書房　2003.6　p333-361
◎文献「社会ケアサービス―スカンジナビア福祉モデルを解く鍵」（J．シピラ）　本の泉社　2003.7　prr
◎参考文献「福祉政策の現代的潮流―福祉政策学研究序説」（阿部實）　第一法規出版　2003.7　p211-223
◎文献「社会開発の福祉学―社会福祉の新たな挑戦」（J．ミッジリィ）　旬報社　2003.8　p230-241
◎引用参考文献「イギリスの社会福祉と政策研究―イギリスモデルの持続と変化」（平岡公一）　ミネルヴァ書房　2003.9　p328-348
◎著作目録「社会福祉と日本の宗教思想―仏教・儒教・キリスト教の福祉思想」（吉田久一）　勁草書房　2003.9　p347-353
◎参考文献「社会福祉の理念と技法」（中久郎）　行路社　2003.9　prr
◎参考文献「社会福祉へのアプローチ」（大橋孝雄）　中央法規出版　2003.10　prr
◎参考文献「東アジアの福祉システム構築」（上村泰裕）　東京大学社会科学研究所　2003.10　prr
◎文献「ヒューマンサービスと信頼―福祉NPOの理論と実証」（宮垣元）　慶応義塾大学出版会　2003.11　p279-291
◎参考文献「社会福祉を志す人のための法学」（宇山勝儀ほか）　光生館　2003.11　prr

◎注「社会福祉内発的発展論―これからの社会福祉原論」（高田真治）　ミネルヴァ書房　2003.11　prr
◎文献「共生社会とマイノリティへの支援―日本人ムスリマの社会的対応から」（寺田貴美代）　東信堂　2003.12　p244-259
◎文献「社会福祉の歴史―文学を通してみた他者援助」（R．H．ブレムナー）　相川書房　2003.12　p263-277
◎参考文献「社会福祉リサーチ―調査手法を理解するために」（坂田周一）　有斐閣　2003.12　p306-309
◎参考文献「現代社会福祉用語の基礎知識　4版」（成清美治ほか）　学文社　2004.1　p256-262
◎参考文献「イギリス社会福祉運動史」（市瀬幸平）　川島書店　2004.2　p265-278
◎参考文献「ノーマライゼーションが生まれた国・デンマーク」（野村武夫）　ミネルヴァ書房　2004.2　p215-218
◎文献リスト「公的扶助論　新版・社会福祉学習双書2004　6　改訂3版」（編集委員会）　全国福祉協議会　2004.2　p266-270
◎参考文献「社会福祉の思想と歴史―魔女裁判から福祉国家の選択まで」（朴光駿）　ミネルヴァ書房　2004.2　p299-310
◎参考文献「福祉のまちづくりキーワード事典―ユニバーサル社会の環境デザイン」（田中直人）　学芸出版社　2004.2　p190-191
◎参考文献「望みの朝を待つときに―共に生きる世界を」（小暮修也）　いのちのことば社　2004.2　p75-76
◎参考文献「フェミニスト福祉政策原論―社会福祉の新しい研究視角を求めて」（杉本貴代栄）　ミネルヴァ書房　2004.3　prr
◎引用参考文献「社会福祉概論」（宇山勝儀ほか）　光生館　2004.3　prr
◎引用参考文献「社会福祉概論　改訂3版」　全国社会福祉協　2004.3　prr
◎引用参考文献「社会福祉協議会活動論　改訂3版」　全国社会福祉協　2004.3　prr
◎引用参考文献「社会福祉調査入門」（畠中宗一ほか）　ミネルヴァ書房　2004.3　p159-161
◎参考文献「社会福祉入門　改訂版」（岡本民夫ほか）　放送大教育振興会　2004.3　p302-311
◎参考文献「図説日本の社会福祉」（真田是ほか）　法律文化社　2004.3　p219-223
◎参考文献「福祉市民社会を創る―コミュニケーションからコミュニティへ」（加藤春恵子）　新曜社　2004.3　p11-18b
◎参考文献「ソーシャルワーカーのためのリサーチ・ワークブック」（武田丈）　ミネルヴァ書房　2004.7　p171-173
◎参考文献「ケアの社会学―臨床現場との対話」（三井さよ）　勁草書房　2004.8　p4-14b
◎引用文献「社会福祉」（片山義弘ほか）　北大路書房　2004.8　p151-153
◎参考文献「セルフヘルプ・グループとサポート・グループ実施ガイド―始め方・続け方・終わり方」（高松里）　金剛出版　2004.9　p135-137
◎参考図書「初めての社会福祉　3版」（櫻井慶一）　学文社　2004.9　p139-143
◎参考文献「現代社会福祉年表―社会福祉士、介護福祉士のために」（建部久美子）　明石書店　2004.10　p189-190

◎引用文献「社会福祉の思想・理論と今日的課題」（秋山智久ほか）　筒井書房　2004.10　prr
◎引用文献「社会福祉の先駆者たち」（井垣章二ほか）　筒井書房　2004.10　prr
◎参考文献「社会福祉普遍化への視座―平和と人権を基軸にした人間科学の構築」（川村匡由）　ミネルヴァ書房　2004.10　prr
◎参考文献「福祉コミュニティ論　改訂」（井上英晴）　小林出版　2004.10　p328-330
◎文献「「福祉とコミュニティ」と地域社会」（平川毅彦）　世界思想社　2004.11　prr
◎参考文献「社会福祉原論　2版」（古川孝順）　誠信書房　2005.1　p411-413
◎資料文献「資料で読み解く社会福祉」（岩崎晋也）　有斐閣　2005.3　prr
◎文献「社会福祉援助技術演習」（坂本道子ほか）　建帛社　2005.3　p178-180
◎注「社会福祉原論―人間福祉と生命倫理の統合を哲学する」（中山愈）　弘文堂　2005.3　prr
◎参考文献「社会福祉思想の革新―福祉国家・セン・公共哲学」（山脇直司）　かわさき市民アカデミー出版部　2005.3　p75-77
◎参考図書「社会福祉実習　4訂」（宮田和明ほか）　中央法規出版　2005.4　p340-342
◎引用文献「人間らしく生きる福祉学―はじめて学ぶ人の社会福祉入門」（加藤正樹ほか）　ミネルヴァ書房　2005.4　prr
◎文献「福祉社会開発学の構築」（日本福祉大学COE推進委員会）　ミネルヴァ書房　2005.4　prr
◎参考文献「福祉の総合政策　新訂3版」（駒村康平）　創成社　2005.5　p287-290
◎参考文献「社会福祉思想としての母性保護論争―"差異"をめぐる運動史」（今井小の実）　ドメス出版　2005.7　p394-408
◎参照文献「日本型福祉レジームの発展と変容」（新川敏光）　ミネルヴァ書房　2005.7　p395-423
◎参考文献「医療・福祉PFIの進化・発展」（森下正之）　西日本法規出版　2005.8　p215-221
◎参考文献「現代社会と社会福祉―福祉社会学の視点から」（松下育夫）　学文社　2005.9　p132-134
◎引用参考文献「コミュニティケアと社会福祉の展望」（渡邉洋一）　相川書房　2005.10　p271-277
◎文献「欧米のケアワーカー―福祉国家の忘れられた人々」（三富紀敬）　ミネルヴァ書房　2005.11　p337-354
◎文献目録「社会福祉のあゆみ―社会福祉思想の軌跡」（金子光一）　有斐閣　2005.12　p265-285
◎文献ほか「戦後社会福祉基礎構造改革の原点―占領期社会事業と軍政」（田中壽）　筒井書房　2005.12　p313-320
◎参考文献「被占領期社会福祉分析」（菅沼隆）　ミネルヴァ書房　2005.12　p279-287
◎参考文献「韓国福祉国家性格論争」（金淵明）　流通経済大出版会　2006.1　prr
◎参考文献「家族福祉原論」（鶴野隆浩）　ふくろう出版　2006.3　p210-228
◎文献「福祉レジームの日韓比較―社会保障・ジェンダー・労働市場」（武川正吾ほか）　東京大出版会　2006.3　prr

◎文献目録「ケアリングの現在―倫理・教育・看護・福祉の境界を越えて」（中野啓明ほか）　晃洋書房　2006.4　p209-214
◎参考文献「現代社会福祉概論」（鈴木幸雄）　中央法規出版　2006.4　prr
◎参考文献「現代社会福祉用語の基礎知識　6版」（成清美治ほか）　学文社　2006.4　p273-279
◎引用参考文献「入門―地域福祉論」（斉藤千鶴ほか）　八千代出版　2006.4　prr
◎引用参考文献「ピープルズセキュリティ―住民がつくるコミュニティの生活安全保障システム」（石田路子）　ふくろう出版　2006.5　p248-255
◎引用参考文献「人物でよむ近代日本社会福祉のあゆみ」（室田保夫）　ミネルヴァ書房　2006.5　prr
◎「福祉の時代を読む―介護、医療、環境から子育て、災害まで2005年新刊の203冊　介護・医療からの新刊読書エッセイ」（小川吉造）　本の泉社　2006.5　254p　46s
◎参考文献「福祉史を歩く―東京・明治」（河畠修）　日本エディタースクール出版部　2006.5　p204-207
◎参考文献「フィンランド福祉国家の形成―社会サービスと地方分権改革」（山田眞知子）　木鐸社　2006.6　p262-278
◎参考文献「中国型ワークフェアの形成と展開―福祉資本主義と市場社会主義における福祉レジームの可能性」（孫暁冬）　昭和堂　2006.8　p303-323
◎参考文献「社会福祉概論」（小田兼三ほか）　勁草書房　2006.10　prr
◎引用参照文献「新しい社会福祉の法と行政　4版」（宇山勝儀）　光生館　2006.10　p307-309
◎参考引用文献「難病患者福祉の形成―膠原病系疾患患者を通して」（堀内啓子）　時潮社　2006.10　p210-216
◎参考文献「アメリカの福祉改革」（根岸毅宏）　日本経済評論社　2006.11　p209-220
◎引用参考文献ほか「社会福祉研究法―現実世界に迫る14レッスン」（岩田正美ほか）　有斐閣　2006.11　p329-339
◎関連文献「社会福祉理念の研究―史的政策分析による21世紀タイプの究明」（永山誠）　游藝館　2006.12　p269-281
◎参考文献「日本社会福祉史―明治期から昭和戦前期までの分野別形成史」（井村圭壯ほか）　勁草書房　2007.2　prr
◎引用文献「ケアとサポートの社会学」（三井さよほか）　法政大出版局　2007.3　prr
◎参考文献「社会福祉講義」（松下育夫ほか）　学文社　2007.3　prr
◎参考図書「社会福祉実習　5訂」（富田和明ほか）　中央法規出版　2007.3　p362-364
◎引用参照文献「帝国日本の植民地社会事業政策研究―台湾・朝鮮」（大友昌子）　ミネルヴァ書房　2007.4　p453-460
◎参考文献「園芸福祉入門」（日本園芸福祉普及協会）　創森社　2007.5　p222-223
◎参考引用文献「社会福祉学の理論と実践」（田澤あけみほか）　法律文化社　2007.5　p213-220
◎参考文献「新・社会福祉とは何か　3版」（一番ヶ瀬康子）　ミネルヴァ書房　2007.5　p209-214
◎参考文献「図説日本の社会福祉」（真田是ほか）　法律文化社　2007.5　p221-225

◎文献目録(唯木雅剛)「地域から社会福祉を切り開く―関東地域の社会福祉研究」(田代国次郎)　本の泉社　2007.5　p305-315
◎参考文献「東アジアの福祉資本主義―教育、保健医療、住宅、社会保障の動き」(I. ホリデイほか)　法律文化社　2007.5　p213-238
◎参考文献「市町村合併と地域福祉―「平成の大合併」全国実態調査からみた課題」(川村匡由)　ミネルヴァ書房　2007.6　p267-274
◎参考文献「たてなおしの福祉哲学―哲学的知恵を実践的提言に!」(徳永哲也)　晃洋書房　2007.10　p186-191
◎参考文献「社会福祉政策　改訂版」(坂田周一)　有斐閣　2007.11　p283-289
◎参考文献「エンサイクロペディア社会福祉学」(岡本民夫ほか)　中央法規出版　2007.12　prr
◎参考文献「情報福祉論」(川村匡由)　ミネルヴァ書房　2007.12　prr
◎参考文献「人口減少時代の社会福祉学」(小田兼三ほか)　ミネルヴァ書房　2007.12　prr
◎文献「地域福祉における住民参加の検証―住民参加活動を中心として」(渡邉敏文)　相川書房　2007.12　p103-104

社会福祉援助技術
◎参考文献「事例で学ぶ社会福祉援助技術　新版」(古川繁子)　学文社　2003.4　prr
◎参考文献「社会福祉援助技術」(川村匡由)　ミネルヴァ書房　2003.5　prr

社会福祉教育
◎参考文献「新・社会福祉要説―レポート・試験はこう書く」(中島恒雄)　ミネルヴァ書房　2005.6　p697-708
◎参考文献「福祉教育のすすめ―理論・歴史・実践　実践のすすめ」(新崎国広ほか)　ミネルヴァ書房　2006.4　p244-246
◎文献「高校生のボランティア学習―学校と地域社会における支援のあり方」(林幸克)　学事出版　2007.8　p227-237

社会福祉協議会
◎参考文献「社会福祉協議会理論の形成と発展」(山口稔)　八千代出版　2000.5　p299-307
◎文献「地域福祉新時代の社会福祉協議会」(山本主税ほか)　中央法規出版　2003.5　prr

社会福祉士
◎参考文献「社会福祉専門職の研究」(秋山智久)　ミネルヴァ書房　2007.10　p287-297

社会福祉施設
◎文献リスト「建築設計資料集成　福祉・医療」(日本建築学会)　丸善　2002.9　p176-179
◎参考文献「社会福祉法人の会計と税務の要点―基礎と事例」(中川健蔵)　税務経理協会　2003.11　p205-206
◎参考文献ほか「ヘルスケア・マネジメント―医療福祉経営の基本的視座」(中島明彦)　同友館　2007.1　p389-405
◎引用参考文献「「居場所のない人びと」の共同体の民族誌―障害者・外国人の織りなす対抗文化」(山本直美)　明石書店　2007.2　p263-267
◎参考文献「社会福祉におけるコンプライアンス　New Edition」(梶村慎吾)　太陽出版　2007.3　p87-90

◎参考文献「社会福祉法人の会計と税務の要点―基礎と事例　改訂版」(中川健蔵)　税務経理協会　2007.8　p227-228

社会福祉法
◎文献「社会福祉法の解説」(社会福祉法令研究会)　中央法規出版　2001.10　4pb
◎参考文献「社会福祉法制要説　第4版」(桑原洋子)　有斐閣　2002.4　p369-372
◎参考文献「社会福祉を志す人のための法学」(宇山勝儀ほか)　光生館　2003.11　prr

社会変動
◎参考文献「マクドナルド化の世界―そのテーマは何か?」(ジョージ・リッツア)　早稲田大学出版部　2001.5　p348-369
◎参考文献「グローバル・ソシオロジー　2　ダイナミクスと挑戦」(R. コーエン)　平凡社　2003.2　p251-273
◎参考文献「自己愛型社会―ナルシスの時代の終焉」(岡田尊司)　平凡社　2005.5　p236-238
◎文献「孤独なボウリング―米国コミュニティの崩壊と再生」(R.D. パットナム)　柏書房　2006.4　p581-583
◎参考文献「〈反転〉するグローバリゼーション」(鈴木謙介)　NTT出版　2007.5　p1-10b
◎参考文献「イノベーションの普及」(E. M. ロジャーズ)　翔泳社　2007.10　p486-526

社会保障
◎文献案内「これからの社会保障」(鎌田繁則)　久美　2001.4　p235-237
◎参考文献「社会保障論　第4版」(一圓光彌)　誠信書房　2001.4　p203-204
◎参考文献「社会保障論　新版」(古賀昭典)　ミネルヴァ書房　2001.5　p301-303
◎参考文献「定常型社会―新しい「豊かさ」の構想」(広井良典)　岩波書店　2001.6　p181-184
◎参考文献「現代中国社会保障論」(張紀潯)　創成社　2001.9　p573-586
◎参考文献「社会保障入門　何が変わったかこれからどうなるか」(竹本善次)　講談社　2001.10　p246-248
◎参考文献「社会保障の経済学　第2版」(小塩隆士)　日本評論社　2001.11　p261-265
◎参考文献「新版―現代日本の社会保障」(坂脇昭吉ほか)　ミネルヴァ書房　2002.2　prr
◎参考文献「安心の経済学―ライフサイクルのリスクにどう対処するか」(橘木俊詔)　岩波書店　2002.3　p277-285
◎文献「「構造改革」と社会保障―介護保険から医療制度改革へ」(伊藤周平)　萌文社　2002.11　p201-209
◎引用文献「社会保障の制度と行財政」(秋元美世ほか)　有斐閣　2002.12　prr
◎参考文献「ドイツ社会保障論　1　医療保険」(松本勝明)　信山社出版　2003.1　p231-238
◎文献「高福祉・高負担国家スウェーデンの分析―21世紀型社会保障のヒント」(井上誠一)　中央法規出版　2003.3　p346-349
◎参考書「社会保障概説　4版」(佐口卓ほか)　光生館　2003.3　p239-240
◎参考文献「社会保障を問い直す」(植村尚史)　中央法規出版　2003.4　3pb
◎文献「税制・社会保障の基本構想」(日本総合研究所)　日本評論社　2003.4　p263-272

しやかい

◎参考文献「各国の社会保障　3版」（足立正樹）　法律文化社　2003.10　prr
◎参考文献「現代中国の社会保障制度」（田多英範）　流通経済大出版会　2004.2　prr
◎参考文献「福祉の総合政策　新訂2版」（駒村康平）　創成社　2004.4　p287-290
◎参考文献「ドイツ社会保障論　2　年金保険」（松本勝明）　信山社出版　2004.5　p243-249
◎参考文献「マネジメントケアとは何か─社会保障における市場原理の開放と統制」（R. A. ボールダー）　ミネルヴァ書房　2004.10　p143-146
◎参考文献「国際社会保障論」（岡伸一）　学文社　2005.2　p197」
◎参考文献ほか「社会保障の経済学　3版」（小塩隆士）　日本評論社　2005.2　p265-274
◎手引き「安心社会の課題」（下田直樹）　形相　2005.4　p139-143
◎参考文献「子育て世帯の社会保障」（国立社会保障・人口問題研究所）　東京大学出版会　2005.4　prr
◎参考文献「自由と保障─ベーシック・インカム論争」（T. フィッツパトリック）　勁草書房　2005.5　p233-254
◎参考文献「社会保障の動学分析─世代重複モデルによる基礎的研究」（前田純一）　広島修道大　2005.8　p93-96
◎転載文献「社会保障法Cases and Materials」（西村健一郎ほか）　有斐閣　2005.9　p30-32f
◎参考文献「人口減少時代の社会保障改革」（小塩隆士）　日本経済新聞社　2005.9　p277-283
◎参考文献「高齢社会と医療・福祉政策」（塚原康博）　東京大学出版会　2005.11　p219-226
◎参考文献「社会保障制度改革─日本と諸外国の選択」（国立社会保障・人口問題研究所）　東京大学出版会　2005.12　prr
◎参考文献「フランスの社会保障システム─社会保護の生成と発展」（J. C. バルビエほか）　ナカニシヤ出版　2006.4　p133-137
◎参考書「社会保障概説　5版」（佐口卓ほか）　光生館　2006.4　p253-254
◎参考文献「社会保障とその周辺」（福田孝雄ほか）　中央法規出版　2006.9　p269-271
◎参考文献「階層化する労働と生活」（本間照光ほか）　日本経済評論社　2006.10　prr
◎参考文献「社会保障の明日─日本と世界の潮流と課題」（西村淳）　ぎょうせい　2006.10　p244-247
◎参考文献「新しい社会保障の設計」（芝田英昭）　文理閣　2006.10　p233-253
◎参考文献「福祉経済論─暮らしの経済分析」（後藤昭八郎）　創成社　2006.11　p241-243
◎引用文献「現代日本の生活保障システム」（大沢真理）　岩波書店　2007.3　p227-247
◎参考文献「福祉の経済学─21世紀の年金・医療・失業・介護」（N. バー）　光生館　2007.3　p215-229
◎参考文献「医療ソーシャルワーカーのための社会保障論─こころとからだと社会保障」（木原和美）　勁草書房　2007.4　p236-237
◎参考文献「雇用・社会保障とジェンダー」（嵩さやかほか）　東北大出版会　2007.5　prr
◎参考文献「社会保障法」（加藤智章ほか）　有斐閣　2007.5　p366-370

◎参考文献「社会保障と日本経済─「社会市場」の理論と実証」（京極高宣）　慶應義塾大出版会　2007.8　p404-415
◎参考文献「非典型労働と社会保障」（古郡鞆子）　中央大出版部　2007.9　prr
◎参考文献ほか「ベーシック・インカム─基本所得のある社会へ」（G. W. ヴェルナー）　現代書館　2007.11　p215-216

社会保障法
◎参考文献「社会保障法制概論─少子・高齢・国際化時代を視座に　第2版」（高藤昭）　龍星出版　2001.3　p318-322
◎参考文献「社会保障法」（加藤智章ほか）　有斐閣　2001.5　p298-301
◎関連著述「外国人と社会保障法」（高藤昭）　明石書店　2001.12　p404-412
◎参考文献「社会保障法　第5版」（西原道雄）　有斐閣　2002.3　p356-359
◎参考文献「社会保障法読本　第3版」（荒木誠之）　有斐閣　2002.4　p293-294
◎参考文献「社会保障法　2版」（加藤智章ほか）　有斐閣　2003.12　p324-327
◎参考文献「トピック社会保障法」（本沢巳代子ほか）　不磨書房　2006.4　p250-253

社会民主主義
◎文献案内「第三の道とその批判」（A. ギデンズ）　晃洋書房　2003.11　p9-20b
◎参照文献「幻視のなかの社会民主主義」（新川敏光）　法律文化社　2007.12　p249-266

社会民主党
◎文献リストほか「社会主義の誕生─社会民主党100年」（「社会民主党百年」資料刊行会）　論創社　2001.5　p509-522

じゃがいも
◎参考文献「じゃがいもが世界を救った　ポテトの文化史」（L. ザッカーマン）　青土社　2003.4　p1-10b
◎参考文献「ジャガイモとインカ帝国─文明を生んだ植物」（山本紀夫）　東京大学出版会　2004.2　p313-335

借地借家法
◎参考文献「権利金・更新料の判例総合解説」（石外克喜）　信山社　2003.4　p225-227
◎文献目録「コンメンタール借地借家法　2版」（稲本洋之助ほか）　日本評論社　2003.10　p368-410

尺八
◎文献「古管尺八の楽器学」（志村哲）　出版芸術社　2002.6　p137-149
◎「月海文庫所蔵目録─尺八・虚無僧関係」（小菅大徹ほか）　法身寺　2005.9　80p B5

シャコ
◎文献「シャコの生物学と資源管理」（浜野龍夫）　日本水産資源保護協会　2005.3　p197-208

社交
◎参考文献「社交する人間　ホモ・ソシアビリス」（山崎正和）　中央公論新社　2003.4　p313-315
◎文献「ケアと社交─家族とジェンダーの社会学」（天木志保美）　ハーベスト社　2007.10　p154-156

社交ダンス
- ◎参考文献「踊りませんか?―社交ダンスの世界」（浅野素女）　集英社　2004.6　p204-205
- ◎参考文献「コレクション・モダン都市文化　04　ダンスホール　復刻」（永井良和ほか）　ゆまに書房　2004.12　p701-703
- ◎参考書籍「私がほしかったダンス用語集―初めての人にもよくわかる―世界一やさしい"英和対訳"!」（金児昭）　中経出版　2007.8　p290-291

社債
- ◎参考文献「実例にみる債券格付けの方法」（岡東務ほか）　税務経理協会　2003.4　p185-190
- ◎参考文献「現代社債投資の実務―社債市場の現在を考える　新版」（徳島勝幸）　財経詳報社　2004.4　p320-321
- ◎参考文献「信用リスク分析ハンドブック」（後藤文人）　中央経済社　2007.2　p319-321

邪視
- ◎参考文献「邪視の話」（亀井俊郎）　朱鳥社　2007.8　p84-86

社寺造営
- ◎注「社寺造営の政治史」（山本信吉ほか）　思文閣出版　2002.12　prr

写真
- ◎参考文献「フォト・ジャーナリズム　いま写真に何ができるか」（徳山喜雄）　平凡社　2001.3　p217-219
- ◎参考書籍ほか「写真のキーワード―技術・表現・歴史」（ジル・モラ）　昭和堂　2001.6　p185-188
- ◎参考文献「カメラ・オブスキュラの時代」（中川邦昭）　筑摩書房　2001.8　p273-279
- ◎参考文献「明るい部屋の謎―写真と無意識」（セルジュ・ティスロン）　人文書院　2001.8　p217-223
- ◎参考文献「キヤノン特許部隊」（丸島儀一）　光文社　2002.2　1pb
- ◎参考文献「〈パリ写真〉の世紀」（今橋映子）　白水社　2003.6　p16-54b
- ◎参考文献「士―日本のダンディズム」（東京都歴史文化財団ほか）　二玄社　2003.10　p16-17b
- ○文献(伊藤猛士)「文献探索　2003」（文献探索研究会）　2003.12　p59-67
- ◎参考文献「デジグラフィ―デジタルは写真を殺すのか?」（飯沢耕太郎）　中央公論社　2004.1　p233-237
- ◎参考文献ほか「銀塩写真」　ナツメ社　2004.5　p204-207
- ◎参考文献「写真について話そう」（京都造形芸術大）　角川書店　2004.5　p1-4b
- ◎文献目録ほか（C.クックマン）「アンリ・カルティエ＝ブレッソン写真集成」（R.デルピール）　岩波書店　2004.7　p398-427
- ◎参考文献「写真を〈読む〉視点」（小林美香）　青弓社　2005.7　p225-227
- ◎参考文献「都市の視線―日本の写真1920-30年代　増補」（飯沢耕太郎）　平凡社　2005.10　p288-298
- ◎「写真レファレンス事典　人物・肖像篇」（日外アソシエーツ）　日外アソシエーツ　2006.3　12, 866p B5
- ◎参考文献「写真の手入れ，取り扱い，保存―国際図書館連盟資料保存コア活動2003年」（M.ルーサ）　日本図書館協会　2006.4　p33-40
- ○文献(伊藤猛士)「文献探索　2005」（文献探索研究会）　2006.5　p39-50
- ○書誌(伊藤猛士)「文献探索　2006」（文献探索研究会）　2006.11　p14-22
- ◎関係書籍「MAGNUM MAGNUM―With 413 photographs in colour and duotone」（Magnum Photos）　青幻舎　2007.11　p566-567
- ◎参考図書「写真を愉しむ」（飯沢耕太郎）　岩波書店　2007.11　p209-212
- ◎27冊の本「新世代写真術―世界を拓くフォトグラファー」（犬伏雅一ほか）　フィルムアート社　2007.12　p209-214

写真集
- ◎「写真集をよむ―ベスト338完全ガイド　2」（リテレール編集部）　メタローグ　2000.12　245p A5
- ◎「画集写真集全情報　1997-2001」（日外アソシエーツ）　日外アソシエーツ　2002.7　924p A5
- ◎ガイド50「フォトグラファーの仕事」（佐内正史ほか）　平凡社　2004.7　p111-131
- ◎「画集写真集全情報　2002-2006」（日外アソシエーツ）　日外アソシエーツ　2007.4　69, 882p A5

写真測量
- ◎参考文献「写真測量」（秋山実）　山海堂　2001.4　p261-266

ジャズ
- ◎参考文献「ブルーノート・ジャズ―アルフレッド・ライオンと50人のジャズメン」（小川隆夫）　平凡社　2003.10　p249-250
- ○書誌(利根川樹美子)「文献探索　2003」（文献探索研究会）　2003.12　p263-282
- ◎ブックガイド(諸岡敏行)「ジャズ・ヒストリー」（J.F.スウェッド）　青土社　2004.3　p333-353
- ○書誌(吉野敦子)「文献探索　2004」（文献探索研究会）　2004.4　p570-576
- ◎参考文献「ブルーノートの真実」（小川隆夫）　東京キララ社　2004.8　p564-565
- ◎文献一覧「ジャズ・マンとその時代―アフリカン・アメリカンの苦難の歴史と音楽」（丸山繁雄）　弘文堂　2006.6　p396-400
- ◎参考文献「ジャズ―熱い混血の音楽」（W.サージェント）　法政大出版局　2007.11　p289-296

社是
- ◎参考文献「できる会社の社是・社訓」（千野信浩）　新潮社　2007.4　p186-190

写生
- ◎参考文献「写生の変容―フォンタネージから子規、そして直哉へ」（松井貴子）　明治書院　2002.2　p395-423

沙石集
- ◎略年譜ほか「沙石集　新編日本古典文学全集52」（小島孝之）　小学館　2001.8　p635-638

社説
- ◎「社説の大研究―新聞はこんなに違う!」（産経新聞論説委員室）　産経新聞ニュースサービス　2002.6　343p 46s

社叢
- ◎文献「探究「鎮守の森」―社叢学への招待」(上田正昭) 平凡社 2004.11 p250-252

シャチ
- ◎参考文献「オルカ―海の王シャチと風の物語」(水口博也) 早川書房 2007.6 p277-288

蛇頭
- ◎参考文献「蛇頭と人蛇 中国人密航ビジネスの闇」(森田靖郎) 集英社 2001.7 p177-186

ジャーナリスト
- ◎参考文献「反骨のジャーナリスト」(鎌田慧) 岩波書店 2002.10 p223-227
- ◎学ぶために「実践ジャーナリスト養成講座」(花田達朗ほか) 平凡社 2004.2 prr
- ◎参考文献「戦場の現在―戦闘地域の最前線をゆく」(加藤健二郎) 集英社 2005.3 p200-202

ジャーナリズム
- ◎参考文献「ジャーナリズムの科学」(門奈直樹) 有斐閣 2001.3 p339-348
- ◎「マスコミ・ジャーナリズムの本全情報 1996-2001」(日外アソシエーツ) 日外アソシエーツ 2001.10 576p A5
- ◎わかる50冊(浅岡隆裕ほか)「新マスコミ学がわかる。」(朝日新聞社) 朝日新聞社 2001.11 p163-169
- ◎文献「マスメディアの周縁、ジャーナリズムの核心」(林香里) 新曜社 2002.6 p424-447
- ◎参考文献「叩かれる女たち―テクスチュアル・ハラスメントとは何か」(長谷川清美) 廣済堂出版 2002.6 p244-246
- ◎原注「ジャーナリズムの原則」(B. コヴァッチほか) 日本経済評論社 2002.12 p314-300
- ◎注「「新しい戦争」とメディア 9・11以後のジャーナリズムを検証する」(内藤正典) 明石書店 2003.4 p235-237
- ◎文献ガイド「コミュニケーション学入門 進路とキャリア設計のために」(田村紀雄) NTT出版 2003.5 prr
- ◎文献「報道危機―リ・ジャーナリズム論」(徳山喜雄) 集英社 2003.6 p203-206
- ◎参考文献「サイバージャーナリズム論―インターネットによって変容する報道」(前川徹ほか) 東京電機大学出版局 2003.10 p241-243
- ◎参考文献「現代の戦争報道」(門奈直樹) 岩波書店 2004.3 p218-222
- ◎参考文献(吉岡至)「現代ジャーナリズムを学ぶ人のために」(田村紀雄) 世界思想社 2004.5 p324-343
- ◎参考引用文献「捏造と盗作―米ジャーナリズムに何を学ぶか」(高浜賛) 潮出版社 2004.10 p244-245
- ◎引用参考文献「ジャーナリズムとメディア言説」(大石裕) 勁草書房 2005.10 p3-12b
- ◎参考文献「〈世界〉を書く技術と思想―21世紀のメディア表現」(山本武信) ミネルヴァ書房 2006.1 p285-290
- ◎参考文献「ジャーナリズムの起源」(別府三奈子) 世界思想社 2006.2 p424-445
- ◎文献「ジャーナリズムの社会学」(B. マクネア) リベルタ出版 2006.3 p5-10b
- ◎参考文献「戦後ジャーナリズムの思想と行動」(林利隆) 日本評論社 2006.3 p269-274
- ◎参考引用文献「報道とマスメディア」(各務英明) 酒井書店 2006.5 p167-169
- ◎参考文献「日本型メディアシステムの興亡―瓦版からブログまで」(柴山哲也) ミネルヴァ書房 2006.6 p343-351
- ◎参考資料「ブログがジャーナリズムを変える」(湯川鶴章) NTT出版 2006.7 p281-285
- ◎参考文献「唯今戦争始め候。明治十年のスクープ合戦」(黄民基) 洋泉社 2006.9 p219-222
- ◎参考文献「ジャーナリズムと権力」(大石裕) 世界思想社 2006.12 prr
- ◎「マスコミジャーナリズムの本全情報」(日外アソシエーツ) 日外アソシエーツ 2007.1 14,581p A5
- ◎参考文献「サイバージャーナリズム論―「それから」のマスメディア」(歌川令三ほか) ソフトバンククリエイティブ 2007.7 p277-279
- ◎参考文献「パブリック・ジャーナリスト宣言。」(小田光康) 朝日新聞社 2007.11 p217-222

Java
- ◎文献「Javaプログラミングのエッセンス―Webアプリケーションを作って学ぶJava入門」(モニカ・ポーラン) ピアソン・エデュケーション 2002.2 p341-342
- ◎参考文献「Javaプログラムデザイン 第3版」(戸松豊和) ソフトバンクパブリッシング 2002.2 p345-347
- ◎参考書籍「最新サーバサイドJava(ジャヴァ)がわかる」(藤田一郎) 技術評論社 2002.3 p230-233
- ◎関連図書「例題で学ぶJava言語」(加藤暘, 溝淵昭二, 白川洋充) 近代科学社 2002.10 p235-236
- ◎参考文献「Java言語 上 基本プログラミング編」(広内哲夫) ピアソン・エデュケーション 2002.11 p315-316

ジャパニメーション
- ◎注「アメリカで日本のアニメはどう見られてきたか?」(草薙聡志) 徳間書店スタジオジブリ事業本部 2003.7 p1-10b
- ◎引用参考文献「日本アニメーションの力―85年の歴史を貫く2つの軸」(津堅信之) NTT出版 2004.3 p243-246

ジャポニスム
- ◎参考文献「壁紙のジャポニスム」(松村恵理) 思文閣出版 2002.2 p9-21b
- ○文献紹介「ジャポニスム研究 23」(ジャポニスム学会) 2003 p57-58
- ◎参考文献「ジャポニスム―幻想の日本 新装版」(馬淵明子) ブリュッケ 2004.7 p268-271
- ◎文献「ドイツにおける〈日本=像〉―ユーゲントシュティールからバウハウスまで」(C. デランク) 思文閣出版 2004.7 p14-48b
- ◎参考文献「唯美主義とジャパニズム」(谷田博幸) 名古屋大学出版会 2004.9 p8-23b
- ◎参考文献ほか「ジャポニズム小説の世界 アメリカ編」(羽田美也子) 彩流社 2005.2 p259-267
- ◎参考文献「ジャポニスムから見たロシア美術」(上野理恵) 東洋書店 2005.6 p59-61
- ◎参考文献「太平洋を渡った日本建築」(柳田由紀子) NTT出版 2006.8 p201-208

写本
- ◎文献「線描の芸術―西欧初期中世の写本を見る」(越宏一) 東北大学出版会 2001.10 p10-14b

出版ニュース社　2004.9　p326-333
◎参考文献「中世ヨーロッパの書物—修道院出版の九〇〇年」（箕輪成男）　出版ニュース社　2006.10　p236-242

シャーマニズム
◎文献案内「シャーマニズムの文化学—日本文化の隠れた水脈」（岡部隆志ほか）　森話社　2001.7　p246-251
◎文献「シャーマンズボディ—心身の健康・人間関係・コミュニティを変容させる新しいシャーマニズム」（アーノルド・ミンデル）　コスモス・ライブラリー　2001.8　p301-305
◎参考文献「彼岸の時間—〈意識〉の人類学」（蛭川立）　春秋社　2002.11　p8-26b
◎参考文献「北アジアの文化の力—天と地をむすぶ偉大な世界観のもとで」（佐藤正衛）　新評論　2004.3　p288-293
◎文献目録「シャーマニズム—古代的エクスタシー技術　下」（M. エリアーデ）　筑摩書房　2004.4　p455-382
◎文献「巫女の人類学—「神語り」の記録と伝達」（平山真）　日本図書センター　2005.2　p315-348
◎参考文献「アンデス・シャーマンとの対話—宗教人類学者が見たアンデスの宇宙観」（実松克義）　現代書館　2005.4　p259-269
◎参考文献「ヒミコの系譜と祭祀—日本シャーマニズムの古代」（川村邦光）　学生社　2005.4　p273-280
◎参考文献「シャーマニズムと想像力—ディドロ、モーツァルト、ゲーテへの衝撃」（G. フラハティ）　工作舎　2005.8　p348-364

ジャム
◎参考文献ほか「ジャム—ジャム25種・ペクチンの手づくりから販売まで」（小清水正美）　農文協　2004.7　p176-178

舎利
◎主要文献ほか「仏塔の研究—アジア仏教文化の系譜をたどる」（斎藤忠）　第一書房　2002.3　p318-324

舎利荘厳
○文献一覧「シルクロード学研究　21」（シルクロード学研究センター）　2004　p167-172

JAL123便
◎参考文献「インターネットで解くJAL123便事件」（池田昌昭）　文芸社　2001.7　p286-289

シャルラタン
◎引用文献「シャルラタン　歴史と諧謔の仕掛人たち」（蔵持不三也）　新評論　2003.7　p453-436

ジャンク・フィクション
◎ブックリストほか「ジャンク・フィクション・ワールド」（風間賢二）　新書館　2001.7　p239-253

シャンソン
◎参考文献「聴かせてよ愛の歌を—日本が愛したシャンソン100」（蒲田耕二）　清流出版　2007.9　p439-441

朱印船
◎参考文献「朱印船　日本歴史叢書　新装版」（永積洋子）　吉川弘文館　2001.10　p242-247

銃
◎原注ほか「ミリタリー・スナイパー—見えざる敵の恐怖」（M. ペグラー）　大日本絵画　2006.12　p276-279

自由
◎参考文献「自由のパラドックスと弁証法」（牧野広義）　青木書店　2001.1　p213-217
◎参考文献「自由論　現在性の系譜学」（酒井隆史）　青土社　2001.7　p420-444
◎文献「自由主義に先立つ自由」（クェンティン・スキナー）　聖学院大出版会　2001.11　p131-151
◎参考文献「自由の平等—簡単で別な姿の世界」（立岩真也）　岩波書店　2004.1　p12-41b
◎参考文献「自由を耐え忍ぶ」（T. モーリス＝スズキ）　岩波書店　2004.10　p1-6b
◎基本文献「自由」（齋藤純一）　岩波書店　2005.12　p131-140
◎文献表「自由論」（尾高朝雄）　ロゴス社　2006.10　p224-236
◎本「自由は人間を幸福にするか」（長谷川三千子ほか）　ポット出版　2007.5　p157-163
◎参考文献「「自由・平等」への異議申立て人は—疎かにされてきた「愛」」（粕谷友介）　上智大学出版　2007.9　p194-199
◎参考文献「自由に生きるとはどういうことか—戦後日本社会論」（橋本努）　筑摩書房　2007.11　p263-269

獣医
◎参考文献「お苦しみはこれからだ—オキナワの動物病性鑑定記」（又吉正直）　ボーダーインク　2007.6　p300-305

自由意志
◎参考文献「自由は進化する」（D. C. デネット）　NTT出版　2005.6　p474-464

秀英体
◎参照引用文献「秀英体研究」（片塩二朗）　大日本印刷　2004.12　p727-729

修学旅行
◎参考文献「生きる力を育てる修学旅行—いのちの森サラワクで学ぶ」（野中春樹）　コモンズ　2004.5　p260-262

重加算税
◎参考文献「事例からみる重加算税の研究　新訂増補」（八ッ尾順一）　清文社　2002.7　p327-328

住環境
◎参考文献「住環境—評価方法と理論」（浅見泰司）　東京大学出版会　2001.11　prr
◎参考文献「住環境の害虫獣対策　追補版」（田中生男ほか）　日本環境衛生センター　2001.11　p386-396
◎参考文献「福祉・住環境用語辞典」（青木務）　保育社　2003.4　p308-309

週刊誌
◎参考文献「週刊誌風雲録」（高橋呉郎）　文藝春秋　2006.1　p242-244
◎参考文献「何が週刊誌を凋落させたのか!」（堀田貢得）　大村書店　2006.4　p339-341

自由間接話法
○文献一覧（鈴木康志）「言語と文化　16」（愛知大）　2007.1　p211-227

臭気
- ○文献「におい・かおり環境学会誌　34.1」（臭気対策研究協会）　2003.1　p20-22
- ○文献「におい・かおり環境学会誌　36.5」（においかおり環境協会）　2005.9　p299-301
- ○文献「におい・かおり環境学会誌　37.1」（におい・かおり環境協会）　2006.1　p45-46

十牛図
- ◎引用文献「仏教と『十牛図』―自己を見つめる」（佐藤裕之ほか）　角川学芸出版　2005.5　p266-268

19世紀
- ◎文献案内「路地裏の大英帝国―イギリス都市生活史」（角山榮, 川北稔）　平凡社　2001.2　p352-359
- ◎参考文献「帝国主義」（A. N. ポーター）　岩波書店　2006.3　p8-40b

住居
- ◎参考図書「住計画論」（本間博文ほか）　放送大学教育振興会　2002.3　p267-269
- ◎参考文献「台所空間学事典―女性たちが手にしてきた台所とそのゆくえ」（北浦かほるほか）　彰国社　2002.4　p191-193
- ◎参考文献「家族と住居・地域　日本家族史論集12」（坂田聡）　吉川弘文館　2003.4　p378-380
- ◎参考図書「住居学」（後藤久ほか）　朝倉書店　2003.6　p185-187
- ◎参考文献「日本文学における住まい」（島内裕子）　放送大教育振興会　2004.3　p256-263
- ◎引用参考文献「住まいと家族をめぐる物語―男の家、女の家、性別のない部屋」（西川祐子）　集英社　2004.10　p210-222
- ◎参考文献「癒しのイエ」（藤原成一）　法蔵館　2005.3　p338-340
- ◎図版出典ほか「西洋住居史―石の文化と木の文化」（後藤久）　彰国社　2005.9　p275-279
- ◎参考文献「世界住居誌」（布野修司）　昭和堂　2005.12　p375-386
- ◎参考引用文献「奄美与路島の「住まい」と「空間」」（石原清光）　第一書房　2006.2　p264-273
- ◎参考文献「日本住居史」（小沢朝江ほか）　吉川弘文館　2006.3　p379-391
- ◎文献案内「ヒト　家をつくるサル」（榎本知郎）　京都大学術出版会　2006.5　p177-188
- ◎引用文献「私たちの住居学―サスティナブル社会の住まいと暮らし」（中根芳一）　理工学社　2006.10　p149-150
- ◎ブックガイド「住まい」（萩原修）　プチグラパブリッシング　2006.11　p138-143
- ◎註「平安京の住まい」（西山良平ほか）　京都大学術出版会　2007.2　prr
- ◎参考文献「日本人の住まい―生きる場のかたちとその変遷」（宮本常一）　農文協　2007.3　p163」
- ◎参考文献「地中海世界の都市と住居」（陣内秀信）　山川出版社　2007.5　p89-90
- ◎引用文献「目でみる〔住生活と〕住まいのデザイン」（中野明）　建帛社　2007.9　p173-176

宗教
- ◎参考文献「財政と宗教」（川崎昭典）　霞出版社　2000.10　p256-262
- ○文献資料「福神　6」（太田出版）　2001.5　p200-211
- ◎参考文献「宗教の歴史地図」（井上順孝）　青春出版社　2001.12　1pb
- ◎文献「ジャワの宗教と社会―スハルト体制下インドネシアの民族誌的メモワール」（福島真人）　ひつじ書房　2002.2　p404-424
- ◎文献「供犠世界の変貌―南アジアの歴史人類学」（田中雅一）　法蔵館　2002.2　p351-386
- ◎文献目録ほか「宗教に揺れるアメリカ―民主政治の背後にあるもの」（蓮見博昭）　日本評論社　2002.2　p369-344
- ◎参考文献「日本の宗教文化　下」（遠日出典）　高文堂出版社　2002.2　prr
- ◎参考文献「無と宗教経験―禅の比較宗教学的考察」（冲永宜司）　創文社　2002.2　p21-29b
- ◎参考文献「世界の諸宗教　2　変容と共生」（N. スマート）　教文館　2002.3　p267-269
- ◎参考文献「原理主義―確かさへの逃避」（W. フート）　新教出版社　2002.6　p314-326
- ◎参考文献「中世出羽の宗教と民衆」（伊藤清郎ほか）　高志書院　2002.12　prr
- ◎参考文献「東洋神名事典」（山北篤）　新紀元社　2002.12　p559-563
- ◎注「近代日本の宗教言説とその系譜―宗教・国家・神道」（磯前順一）　岩波書店　2003.2　p255-324
- ◎文献「現代社会とスピリチュアリティ―現代人の宗教意識の社会学的探究」（伊藤雅之）　渓水社　2003.3　p177-186
- ◎文献「脳はいかにして〈神〉を見るか―宗教体験のブレイン・サイエンス」（A. ニューバーグほか）　PHPエディターズ・グループ　2003.3　p1-11b
- ◎参考文献「シネマの宗教美学」（服部弘一郎ほか）　フィルムアート社　2003.4　p198-199
- ◎文献「樹木と文化、そして宗教」（伊達興治）　日本図書刊行会　2003.4　p263-272
- ◎文献「グローバル時代の宗教とテロリズム―いま、なぜ神の名で人の命が奪われるのか」（M. ユルゲンスマイヤー）　明石書店　2003.7　p464-488
- ◎参考文献「ビジュアル版世界宗教地図」（N. スマート）　東洋書林　2003.8　p226」
- ◎著作目録「社会福祉と日本の宗教思想―仏教・儒教・キリスト教の福祉思想」（吉田久一）　勁草書房　2003.9　p347-353
- ◎参考文献「シルクロードの宗教―古代から15世紀までの通商と文化交流」（R. C. フォルツ）　教文館　2003.11　p20-38b
- ◎文献「現代日本の「宗教」を問いなおす―唯物論の新しい視座から」（亀山純生）　青木書店　2003.12　p223-227
- ◎読書案内「宗教とはなにか　岩波講座宗教1」（池上良正ほか）　岩波書店　2003.12　p273-293
- ◎参考文献「宗教の倫理学」（関根清三）　丸善　2003.12　p169-173
- ◎参考文献「〈宗教〉再考」（島薗進ほか）　ぺりかん社　2004.1　prr
- ◎読書案内「宗教への視座　岩波講座宗教2」（池上良正ほか）　岩波書店　2004.1　p281-303
- ◎関連文献「宗教と学問　歴史学事典11」（岸本美緒）　弘文堂　2004.2　prr

◎読書案内（月本昭男）「宗教史の可能性　岩波講座宗教3」（池上良正ほか）　岩波書店　2004.2　p280-299
◎参考文献「文明間の対話」（M. テヘラニアンほか）　潮出版社　2004.2　p25-47b
◎参考文献「混在するめぐみ―ポストコロニアル時代の宗教とフェミニズム」（川橋範子ほか）　人文書院　2004.5　p188-207
◎参考文献「日本の聖地―日本宗教とは何か」（久保田展弘）　講談社　2004.5　p349-355
◎参考文献「輪廻転生論―各宗教に問う」（中野隆昭）　文芸社　2004.7　p287-290
◎参考文献「荒野の宗教・緑の宗教―報復から共存へ」（久保田展弘）　PHP研究所　2004.9　p272-275
◎読書案内（西村明）「暴力　岩波講座宗教8」（池上良正ほか）　岩波書店　2004.9　p280-299
◎「教育・文化・宗教団体関係図書目録　1999-2003」（日外アソシエーツ）　日外アソシエーツ　2004.10　50, 428p A5
◎文献「日本人の宗教的自然観―意識調査による実証研究」（西脇良）　ミネルヴァ書房　2004.10　p327-340
○文献（瀧澤信彦ほか）「宗教法　24」（宗教法学会）　2005　p301-365
◎参考文献「現代宗教事典」（井上順孝）　弘文堂　2005.1　prr
◎参照文献「バリ宗教と人類学―解釈学的認識の冒険」（吉田竹也）　風媒社　2005.3　p318-303
◎研究100選（沈美瑛ほか）「宗教学入門」（棚次正和ほか）　ミネルヴァ書房　2005.3　p247-251
◎参考文献「福音と現代―宣教学の視点から　第1巻　諸宗教と諸文化圏とのさまざまな出会い」（M. シーゲル）　サンパウロ　2005.3　p335-341
◎引用参考文献「霊性の文学誌」（鎌田東二）　作品社　2005.3　p296-300
◎文献表「宗教史の発見―宗教学と近代」（H. G. キッペンベルク）　岩波書店　2005.5　p9-39b
◎参考文献「宗教に分裂するアメリカ―キリスト教国家から多宗教共生国家へ」（D. L. エック）　明石書店　2005.6　p742-731
◎参考文献「宗教の授業」（大峯顯）　法藏館　2005.9　p213-216
◎引用参考文献「共存の哲学―複数宗教からの思考形式」（濱田陽）　弘文堂　2005.12　p264-275
◎「宗教の本全情報　2000-2005」（日外アソシエーツ）　日外アソシエーツ　2006.2　16, 842p A5
○文献一覧（加藤信行）「Sociologica　30.2」（創価大）　2006.3　p209-213
◎文献表「啓蒙と霊性―近代宗教言説の生成と変容」（深澤英隆）　岩波書店　2006.5　p7-24b
◎参考文献「世界秘儀秘教事典」（E. マソン）　原書房　2006.6　p513-519
◎読書案内「対話する宗教―戦争から平和へ」（星川啓慈）　大正大出版会　2006.6　p187-191
◎引用文献「見つめ直す日本人の宗教心」（加藤智見）　原書房　2006.8　p250-255
◎引用参照文献「宗教学キーワード」（島薗進ほか）　有斐閣　2006.9　p285-297
◎参考文献「ケンブリッジ世界宗教百科―ヴィジュアル版」（J. ボウカー）　原書房　2006.10　p321-327
◎文献「東南アジアにおける宗教事情」（橋廣治）　近代文芸社　2006.12　p270-276

◎Bookガイド（小島伸之）「宗教と現代がわかる本2007」（渡邊直樹）　平凡社　2007.3　p314-321
◎参考文献「データブック現代日本人の宗教　増補改訂版」（石井研士）　新曜社　2007.4　p195-203
◎文献目録「神は妄想である―宗教との決別」（R. ドーキンス）　早川書房　2007.5　p557-565
◎参考文献「人類は「宗教」に勝てるか――一神教文明の終焉」（町田宗鳳）　NHK出版　2007.5　p256-259
◎参考文献「となりの神さま―ニッポンにやって来た異国の神々の宗教現場」（裵昭）　扶桑社　2007.7　p229-230
◎参考文献「スピリチュアルの冒険」（富岡幸一郎）　講談社　2007.7　p237-238
◎引用参考文献「ジェンダーで学ぶ宗教学」（田中雅一ほか）　世界思想社　2007.10　prr
◎「宗教学文献事典」（島薗進ほか）　弘文堂　2007.12　55, 557p A5
◎参考文献「新世界の悪魔―カトリック・ミッションとアンデス先住民宗教」（谷口智子）　大学教育出版　2007.12　p154-187
◎ブックガイド「日本の宗教」（遊佐道子）　春秋社　2007.12　p228-229

自由教育
◎参考文献「ドルトン・プランにおける「自由」と「協同」の教育的構造」（伊藤朋子）　風間書房　2007.2　p189-199

就業意識
◎参考文献「自由の代償/フリーター―現代若者の就業意識と行動」（小杉礼子）　日本労働研究機構　2002.12　prr

宗教音楽
◎参考文献「宗教音楽対訳集成」（井形ちづるほか）　国書刊行会　2007.12　p333-337

宗教改革
○文献抄録（森田安一）「日本女子大学紀要　文学部49」（日本女子大学）　2001.3　p31-53
◎文献目録「宗教改革と社会」（渡邊伸）　京都大学学術出版会　2001.12　p426-454
◎「A catalogue of the reformation and the canon law collection」（関西学院大学図書館）　Kwansei Gakuin University Library　2002.3　173p A4
◎参考文献「宗教改革の真実―カトリックとプロテスタントの社会史」（永田諒一）　講談社　2004.3　p223-225
◎参考文献「総説キリスト教史　2」（出村彰）　日本キリスト教団出版局　2006.9　p241-245

宗教教育
◎参考文献「現代英国の宗教教育と人格教育（PSE）」（柴沼晶子, 新井浅浩）　東信堂　2001.2　p273-282
◎図書「戦後日本の道徳教育関係資料に関する基礎的調査研究」（貝塚茂樹）　国立教育政策研究所　2003.3　p241-253
◎参考文献「仏教が救う日本の教育」（宮坂宥洪）　角川書店　2003.11　p265-267
◎主要文献図書「日本の宗教教育と宗教文化」（松原誠四郎ほか）　文化書房博文社　2004.7　p346-350
◎参考文献「ミッション・スクール―あこがれの園」（佐藤八寿子）　中央公論新社　2006.9　p229-238

宗教空間
- ◎参照文献「日本の宗教空間」（松井圭介）　古今書院　2003.2　p269-284

宗教建築
- ◎文献一覧ほか「世界宗教建築事典」（中川武）　東京堂出版　2001.9　p359-376
- ◎注「近代の神々と建築―靖国神社からソルトレイクシティまで」（五十嵐太郎）　廣済堂出版　2002.3　p226-235
- ◎参考文献「新編新宗教と巨大建築」（五十嵐太郎）　筑摩書房　2007.6　p352-354

宗教裁判
- ◎参考文献ほか「教皇と魔女―宗教裁判の機密文書より」（R.デッカー）　法政大出版局　2007.11　p15-25b

宗教史
- ◎文献解題「世界宗教史　1　石器時代からエレウシスの密儀まで　上」（M.エリアーデ）　筑摩書房　2001.3　p1-73b
- ◎参考文献「日本史の中の天皇　宗教学から見た天皇制」（村上重良）　講談社　2003.2　p283-285
- ◎参照文献「宗教学的回心研究―新島襄・清沢満之・内村鑑三・高山樗牛」（徳田幸雄）　未来社　2005.2　p446-454
- ◎参考文献「長良川鉄道物語」（井爪謙治）　文芸社　2005.8　p106-107
- ◎引用参照文献「起請文の精神史―中世世界の神と仏」（佐藤弘夫）　講談社　2006.4　p197-199
- ◎参考文献「日本宗教史」（末木文美士）　岩波書店　2006.4　p233-240

宗教社会
- ◎参考文献「祭りと宗教の現代社会学」（芦田徹郎）　世界思想社　2001.4　p327-335
- ◎入門書ガイド「宗教社会学のすすめ」（井上順孝）　丸善　2002.2　p203-204
- ◎原注「宗教の社会学―東洋と西洋を比較して」（B.ウィルソン）　法政大学出版局　2002.9　p11-26b
- ◎註「近世日本の宗教社会史」（有元正雄）　吉川弘文館　2002.10　prr
- ◎参考文献「スピリチュアリティの社会学―現代世界の宗教性の探求」（伊藤雅之ほか）　世界思想社　2004.11　p9-22b
- ◎注「〈公共宗教〉の光と影」（津城寛文）　春秋社　2005.6　p278-312
- ◎文献目録（隈元正樹）「ライフヒストリーの宗教社会学―紡がれる信仰と人生」（川又俊則ほか）　ハーベスト社　2006.6　p202-220
- ◎参考文献「宗教社会学入門」（J.P.ヴィレーム）　白水社　2007.3　p1-11b

宗教人類学
- ◎参考文献「宗教人類学入門」（関一敏ほか）　弘文堂　2004.12　prr

宗教哲学
- ◎参照文献「フランス・スピリチュアリスムの宗教哲学」（岩田文昭）　創文社　2001.12　p14-20b
- ◎文献目録「スウェーデン・ウプサラ学派の宗教哲学―絶対観念論から価値ニヒリズムへ」（尾崎和彦）　東海大学出版会　2002.3　p782-770
- ◎文献目録「スウェーデン・ウプサラ学派の宗教哲学―絶対観念論から価値ニヒリズムへ」（尾崎和彦）　東海大学出版会　2003.3　p770-782
- ◎参考文献「聖なるものと〈永遠回帰〉―バタイユ・ブランショ・デリダから発して」（湯浅博雄）　筑摩書房　2004.3　p285-292
- ◎参考文献「場所論としての宗教哲学―仏教とキリスト教の交点に立って」（八木誠一）　法藏館　2006.12　p309-315
- ◎参考文献ほか「「神」という謎―宗教哲学入門　2版」（上枝美典）　世界思想社　2007.4　p283-290
- ◎参考書類「宗教学の諸分野の形成　2　宗教哲学概論　復刻」（帆足理一郎）　クレス出版　2007.11　p1-5b

宗教テロ
- ◎注文献「オウム　なぜ宗教テロリズムを生んだのか」（島田裕巳）　トランスビュー　2001.7　p504-536

宗教と科学
- ◎関連図書「科学者は神を信じられるか―クォーク、カオスとキリスト教のはざまで」（ジョン・ポーキングホーン）　講談社　2001.1　p165-167
- ◎引用文献ほか「科学と宗教」（A.E.マクグラス）　教文館　2003.3　p4-23b
- ◎文献「宗教と科学のあいだ」（武田竜精）　法藏館　2003.4　p253-260
- ◎参考図書「自然科学とキリスト教」（J.ポーキングホーン）　教文館　2003.5　p5-18
- ◎参考文献「理性と信仰」（R.ホーイカースほか）　すぐ書房　2003.10　p335-337
- ◎文献案内「科学時代を生きる宗教―過去と現在、そして未来へ」（芦名定道ほか）　北樹出版　2004.4　prr
- ◎文献ほか「科学が宗教と出会うとき―四つのモデル」（I.G.バーバー）　教文館　2004.8　p10-34b
- ◎引用参考文献「科学と宗教―合理的自然観のパラドクス」（J.H.ブルック）　工作舎　2005.12　p374-383
- ◎参考文献「創造と進化」（J.H.ブルックほか）　すぐ書房　2006.4　p333-336
- ◎関連文献「宗教者と科学者の対話―媒介する「新しい哲学」を求めて」（武田龍精）　法藏館　2007.11　p357-374

宗教と政治
- ◎注「現代の宗教と政党―比較のなかのイスラーム」（日本比較政治学会）　早稲田大学出版部　2002.6　prr
- ◎参考文献「戦後日本の宗教と政治」（中野毅）　大明堂　2003.3　p232-244
- ◎参考文献「日本における宗教と政治」（善家幸敏）　成文堂　2004.6　p283-297
- ◎参考文献「玉串料裁判を裁判する―英霊に捧げる鎮魂の祈り」（若林徹雄）　東京図書出版会　2005.5　p204-205
- ◎参考文献「信教の自由と政治参加」（竹内重年）　第三文明社　2005.5　p155-157
- ◎参照文献「宗教は国家を越えられるか―近代日本の検証」（阿満利麿）　筑摩書房　2005.6　p258-266
- ◎主要文献解題「政教分離の法―フランスにおけるライシテと法律・憲法・条約」（小泉洋一）　法律文化社　2005.9　p220-225
- ◎引用文献「国家と宗教」（保坂俊司）　光文社　2006.10　p227-229

◎参考文献「天皇制国家と宗教」(村上重良) 講談社 2007.8 p288-291
◎参考文献「国家・個人・宗教―近現代日本の精神」(稲垣久和) 講談社 2007.12 p220-222

宗教美術
◎参考文献「宗教地獄絵残虐地獄絵」(吉田八岑ほか) 大和書房 2006.7 p204-206

宗教紛争
◎ブックガイド「図説世界の宗教紛争―地図で読む〈神をめぐる戦い〉のすべて」(市川裕ほか) 学習研究社 2002.4 p231
◎文献「宗教紛争と差別の人類学―現代インドで〈周辺〉を〈境界〉に読み替える」(関根康正) 世界思想社 2006.12 p346-333

宗教法
○文献目録(小泉洋一)「宗教法 22」(宗教法学会) 2003.11 p231-262
○文献目録(松波克英)「宗教法 23」(宗教法学会) 2004.11 p243-276
○文献目録(田近肇)「宗教法 25」(宗教法学会) 2006.11 p205-227
○文献目録「宗教法 26」(宗教法学会) 2007 p167-171

宗教民族学
◎参考文献「左手のシンボリズム―「聖」-「俗」:「左」-「右」の二項対置の認識の重要性 新版」(松永和人) 九州大学出版会 2001.3 p259-267
◎参考文献「右手の優越―宗教的両極性の研究」(ロベール・エルツ) 筑摩書房 2001.6 p1-22b
◎文献「宗教民俗論の展開と課題」(伊藤唯真) 法蔵館 2002.10 p494-497
◎参考文献「「精霊の仕業」と「人の仕業」―ボルネオ島カリス社会における災い解釈と対処法」(奥野克巳) 春風社 2004.2 p296-312
◎参考文献「供犠と権力」(臼田乃里子) 白地社 2006.12 p374-383

住居址
◎参考文献「縄文のムラと住まい」(村田文夫) 慶友社 2006.3 p259-271

住居表示
◎参考文献「住所と地名の大研究」(今尾恵介) 新潮社 2004.3 p269-271

重金属汚染
◎参考文献「土壌・地下水汚染―広がる重金属汚染」(畑明郎) 有斐閣 2001.10 p221-228

従軍慰安婦
◎文献目録「日本の軍隊慰安所制度と朝鮮人軍隊慰安婦」(尹明淑) 明石書店 2003.2 p441-450
◎引用参考文献「戦場の「慰安婦」―拉孟全滅戦を生き延びた朴永心の軌跡」(西野瑠美子) 明石書店 2003.12 p226-230

集合行動
◎参考文献「集合行動の社会心理学」(田中淳ほか) 北樹出版 2003.1 prr

集合住宅
◎参考文献「団地再生―甦る欧米の集合住宅」(松村秀一) 彰国社 2001.7 p204-205
◎文献「ハウジング・コンプレックス―集住の多様な展開」(井出建, 元倉真琴) 彰国社 2001.10 p186-187
◎関連文献「ヒルサイドテラス+ウエストの世界―都市・建築・空間とその生活」(槇文彦) 鹿島出版会 2006.4 p136-137
◎参考文献ほか「集合住宅の時間」(大月敏雄) 王国社 2006.10 p218-222
◎参考文献「集合住宅と日本人―新たな「共同性」を求めて」(竹井隆人) 平凡社 2007.10 p292-297

15年戦争
◎参考文献「国家を超えられなかった教会―15年戦争下の日本プロテスタント教会」(原誠) 日本キリスト教団出版局 2005.12 p323-333
◎参考文献「一少年の十五年戦争」(神成洋) 牧歌舎 2006.2 p428-430

修辞
◎参考文献「文章読本さん江」(斎藤美奈子) 筑摩書房 2002.2 p260-261
◎文献目録「レトリック小辞典」(脇阪豊) 同学社 2002.9 p153-171
◎関係文献「レトリック入門―修辞と論証」(野内良三) 世界思想社 2002.12 p253-258
◎引用参考文献「レトリック探究法」(柳沢浩哉) 朝倉書店 2004.5 prr
◎書誌ほか「旧修辞学―便覧 新装版」(R. バルト) みすず書房 2005.1 p6-21b
◎参考文献「日本語修辞辞典」(野内良三) 国書刊行会 2005.8 p377-378
◎読書案内「レトリックのすすめ」(野内良三) 大修館書店 2007.12 p219-220

習字
◎参考文献「国民学校「芸能科習字」」(信廣友江) 出版芸術社 2006.11 p289-295

十字軍
◎参考資料「アラブが見た十字軍」(A. マアルーフ) 筑摩書房 2001.2 p465-479
○文献(東真貴子)「文献探索 2001」(文献探索研究会) 2002.7 p609-611
◎文献案内(伊藤敏樹)「コンスタンチノープル征服記 第4回十字軍」(G. d. ヴィルアルドゥワン) 講談社 2003.8 p370-365
◎参考文献「NHKスペシャル文明の道 4 イスラムと十字軍」(NHK「文明の道」プロジェクトほか) NHK出版 2004.1 p246-250
◎文献案内「十字軍の精神」(J. リシャール) 法政大学出版局 2004.6 p200-204
◎文献「十字軍大全―年代記で読むキリスト教とイスラームの対立」(E. ハラム) 東洋書林 2006.11 p640-642
◎引用文献ほか「第四の十字軍―コンスタンティノポリス略奪の真実」(J. フィリップス) 中央公論新社 2007.4 p489-468

収集
◎参考文献「愉悦の蒐集ヴンダーカンマーの謎」(小宮正安) 集英社 2007.9 p217-220

自由主義
- ◎参考文献「自由はどこまで可能か—リバタリアニズム入門」（森村進）　講談社　2001.2　p213-216
- ◎文献目録「自由主義論」（ジョン・グレイ）　ミネルヴァ書房　2001.7　p11-14b
- ◎文献「リベラリズムの再生—可謬主義による政治理論」（施光恒）　慶応義塾大学出版会　2003.8　p341-354
- ◎文献「責任と正義—リベラリズムの居場所」（北田暁大）　勁草書房　2003.10　p9-36b
- ◎文献案内「自由のためのメカニズム—アナルコ・キャピタリズムへの道案内」（D. フリードマン）　勁草書房　2003.11　p9-18b
- ◎文献「自由の倫理学—リバタリアニズムの理論体系」（M. ロスバード）　勁草書房　2003.11　p59-80b
- ◎参考文献「自由主義とは何か—その政治的、経済的、哲学的原理」（青木育志）　新風舎　2004.2　p187-189
- ◎参考文献「自己所有権・自由・平等」（G. A. コーエン）　青木書店　2005.1　p9-17b
- ◎参考文献「法と支援型社会—他者志向的な自由主義へ」（菅富美枝）　武蔵野大出版会　2006.1　p185-199
- ◎参考文献「リバタリアン宣言」（蔵研也）　朝日新聞社　2007.2　p225-226

重症急性呼吸器症候群
- ◎ノート「史上最悪のウイルス—そいつは、中国奥地から世界に広がる」（K. T. グリーンフェルド）　文藝春秋　2007.1　p1-23b

重商主義
- ◎参考文献「近世日本の「重商主義」思想研究—貿易思想と農政」（矢嶋道文）　御茶の水書房　2003.2　p459-476

就職
- ◎参考文献「雇用の未来」（P. キャペリ）　日本経済新聞社　2001.8　p406-382
- ◎参考文献「大学生の就職と採用—学生1、143名、企業658社、若手社員211名、244大学の実証分析」（永野仁ほか）　中央経済社　2004.1　p191-199
- ◎参考文献「現代若者の就業行動—その理論と実践」（河野員博）　学文社　2004.3　p181-182
- ◎文献「どうする就職—歩きながら考える"就活法"」（根本孝）　TAC出版事業部　2005.1　p260-267
- ◎引用文献「若者と仕事—「学校経由の就職」を越えて」（本田由紀）　東京大学出版会　2005.4　p207-216
- ◎文献「失業のキャリアカウンセリング—再就職支援の現場から」（廣川進）　金剛出版　2006.6　p224-227
- ◎参考文献「女子大学生の就職意識と行動」（李尚波）　御茶の水書房　2006.6　p273-294
- ◎参考文献「Let's "社会人"—若者の就職意識の現状&職業意識改革への提言」（三木佳光ほか）　イワキ・プランニング・ジャパン　2007.10　p183-185

終助詞
- ○文献目録(冨樫純一)「筑波日本語研究　9」（筑波大）　2004.11　p69-90

修身
- ◎参考文献「ヨク　マナビ　ヨク　アソベ　「修身」を抹消した日本人の後遺症」（水口義朗）　インターメディア出版　2001.12　p166」

囚人
- ◎参考文献「死刑囚—極限状況を生きる」（三國隆三）　展望社　2004.6　p299-300

就寝形態
- ◎参考文献「家族の構造と心—就寝形態論」（篠田有子）　世織書房　2004.12　p345-357

秋水（戦闘機）
- ◎参考文献「最終決戦兵器「秋水」設計者の回想—未発表資料により解明する究極のメカニズム」（牧野育雄）　光人社　2006.2　p246-247

習性
- ◎References「刻印づけと嗜癖症のアヒルの子—社会的愛着の原因をもとめて」（H. S. ホフマン）　二瓶社　2007.2　p149-153

修正主義
- ◎文献案内「歴史/修正主義　思考のフロンティア」（高橋哲哉）　岩波書店　2001.1　p111-116

集積回路
- ◎参考文献「日本IC産業の発展史—共同開発のダイナミズム」（金容度）　東京大出版会　2006.6　p237-249

終戦
- ◎年譜・年表「天皇観の相剋　1945年前後」（武田清子）　岩波書店　2001.11　p381-404
- ◎引用文献「八月十五日の神話—終戦記念日のメディア学」（佐藤卓己）　筑摩書房　2005.7　p271-278

10代
- ◎「荒れる10代—ひきこもり・ネット中毒・凶悪犯罪から少年法改正論議まで　最新文献ガイド」（日外アソシエーツ）　日外アソシエーツ　2001.5　233p A5

住宅
- ◎註「日本中世住宅の研究—新訂」（川上貢）　中央公論美術出版　2002.5　prr
- ◎参考文献「独身者の住まい」（竹山聖）　廣済堂出版　2002.8　p283-282
- ◎文献「変わる家族と変わる住まい—〈自在家族〉のための住まい論」（篠原聡子）　彰国社　2002.8　p250-251
- ◎参考文献「住まいと街を科学する—健康と快適環境を創る先端技術」（住まいの科学研究会）　彰国社　2002.10　p229-231
- ◎文献「木材の住科学—木造建築を考える」（有馬孝礼）　東京大学出版会　2003.2　p186-189
- ◎参考文献「少子高齢化社会のライフスタイルと住宅—持家資産の福祉的選択」（倉田剛）　ミネルヴァ書房　2004.8　p283-288
- ◎ブックガイド30(山本喜美恵)「「51C」家族を容れるハコの戦後と現在」（鈴木成文ほか）　平凡社　2004.10　p176-181
- ◎参考文献「「間取り」で楽しむ住宅読本」（内田吉哉）　光文社　2005.1　p222-225
- ◎参考文献「タイの住まい」（田中麻里）　圓津喜屋　2006.2　p274-279
- ◎参考文献「ドイツの労働者住宅」（相馬保夫）　山川出版社　2006.10　p89-90
- ◎参考文献「シックハウスでもう泣かない!—事例で学ぶ対策と解決への手引き」（柘植満）　日刊工業新聞社　2007.4　p195-197

◎文献案内「20世紀名住宅建築選集」(C. Davies) 丸善　2007.6　p234」

住宅金融
◎文献「現代アメリカの住宅金融システム―金融自由化・証券化とリーテイルバンキング・公的部門の再編」(井村進哉)　東京大学出版会　2002.2　p377-389
◎参考文献「住宅ローン証券化のすべて―ローン市場と資本市場の融合」(大類雄司)　格付投資情報センター　2006.2　p319-323
◎参考文献「サブプライムの実相―詐欺と略奪のメカニズム」(大澤和人)　商事法務　2007.12　p307-314
◎参考文献「サブプライム金融危機―21世紀型経済ショックの深層」(みずほ総合研究所)　日本経済新聞出版社　2007.12　p221-222

住宅建築
◎参考文献「高齢者が自立できる住まいづくり―安心生活を支援する住宅改造と工夫」(児玉桂子ほか)　彰国社　2003.5　p154-155
〇参考文献「近代の住宅建築　日本の美術449」(至文堂)　2003.10　p84」
◎参考文献「住宅の結露防止―防露手法の基礎から防露設計法まで」(防露設計研究会)　学芸出版社　2004.3　p204-205
◎文献「リフォームを真剣に考える―失敗しない業者選びとプランニング」(鈴木隆)　光文社　2004.6　p218-227
◎参考文献「福祉住環境」(大野隆司ほか)　市ヶ谷出版社　2004.8　p242-244
◎参考文献「イングランド住宅史―伝統の形成とその背景」(大橋竜太)　中央公論美術出版　2005.2　p64-83b
◎参考文献「凶器になる家ならない家」(金谷年展)　日経BP社　2005.3　p244-246
◎本「人生の教科書「家づくり」」(藤原和博)　筑摩書房　2005.11　p308-309
◎参考文献「世界で一番やさしい家づくりガイド」エクスナレッジ　2006.9　p237-236
◎文献ほか「地盤診断―不同沈下しない家づくり診断のコツと補強法」(高安正道)　日経BP社　2006.9　p195-197
◎「建築・住宅問題文献目録」(日外アソシエーツ)　日外アソシエーツ　2006.10　9, 663p B5
◎関連論文リスト「日本の住宅におけるエネルギー消費」(日本建築学会)　日本建築学会　2006.10　p127-129
◎参考文献「イラストでみる認知症高齢者のためのしつらえ―ユニットケアと小規模多機能施設」(坂本啓治)　学芸出版社　2007.1　p150-151
◎文献「品質を守る設計図の見方・つくり方」(力石眞一)　井上書院　2007.3　p103-104
◎参考図書ほか「エコハウス私論―建てて住む。サスティナブルに暮らす家」(小林光)　木楽舎　2007.4　p308-313
◎参考文献「住居医学　1」(筏義人)　米田出版　2007.6　prr
◎参考文献「健康的で快適な住環境をつくる―住まいと暮らしのカレンダー」(菊浦吉蔵)　オーム社　2007.11　p193-194

住宅政策
◎文献「都市住宅政策の経済分析―都市の差別・リスクに関する実験・実証的アプローチ」(中川雅之)　日本評論社　2003.3　p218-223
◎文献ほか「戦後住宅政策の検証」(本間義人)　信山社出版　2004.3　p328-364
◎参考文献「住宅喪失」(島本慈子)　筑摩書房　2005.1　p215-219
◎参考文献「イギリス住宅政策と非営利組織」(堀田祐三子)　日本経済評論社　2005.3　p213-218
◎参考資料「亡国マンション―日本の住宅政策は「国家詐欺」」(平松朝彦)　光文社　2006.1　p288-291
◎文献「日本の居住政策と障害をもつ人」(大本圭野)　東信堂　2006.4　p61-65
◎文献「制定!住生活基本法変わるぞ住宅ビジネス&マーケット!」(米山秀隆)　日刊工業新聞社　2006.5　p157-160
◎参考文献「スウェーデン陶器の町の歩み―グスターブスベリィの保存と再生」(小川信子ほか)　ドメス出版　2006.12　p187-190
◎参考文献「ドイツ住宅改革運動―19世紀の都市化と市民社会」(北村昌史)　京都大学術出版会　2007.5　p489-509
◎参考文献「21世紀のハウジング―「居住政策」の構図」(住田昌二)　ドメス出版　2007.7　p208-212

住宅問題
◎文献「住みごこちの心理学―快適居住のために　復刻版」(加藤義明)　都立大学出版会　2001.9　p209-211
◎参考文献「土地と住宅の経済分析」(青野勝広)　清文社　2002.8　p225-229
◎参考文献「脱・持ち家神話のすすめ―〈住む〉ための哲学を求めて」(山下和之)　平凡社　2003.6　p229-230
◎参考文献ほか「人は住むためにいかに闘ってきたか―欧米住宅物語　新装版」(早川和男)　東信堂　2005.11　p304-306
◎文献「居住福祉法学の構想」(吉田邦彦)　東信堂　2006.6　p81-97
◎参考文献「消費者のための欠陥住宅判例　4」(欠陥住宅被害全国連絡協議会)　民事法研究会　2006.11　p556-559
◎参考文献「居住福祉と生活資本の構築―社会と暮らしをつむぐ居住」(岡本祥浩)　ミネルヴァ書房　2007.5　p209-218
◎参考文献「世界の借家人運動―あなたは住まいのセーフティネットを信じられますか?」(高島一夫)　東信堂　2007.5　p112-113

集団
◎参考文献「人間理解のグループ・ダイナミックス」(吉田道雄)　ナカニシヤ出版　2001.11　p149-151
◎参考文献「ウェブ炎上―ネット群集の暴走と可能性」(荻上チキ)　筑摩書房　2007.10　p220-221

集団遺伝
◎文献「増養殖水産生物の集団遺伝学研究―生物多様性保護とつくる漁業の進路」(藤野和男)　恒星社厚生閣　2001.7　p96-104
◎文献「保全遺伝学入門」(R. Frankhamほか)　文一総合出版　2007.3　p689-731
◎教科書「初歩からの集団遺伝学」(安田徳一)　裳華房　2007.11　p260-262

集団営農
- ◎参考文献「集団営農の日本的展開―朝日農業賞36年の軌跡」（酒井富夫）　朝日新聞社文化企画局　2001.3　p354-356

集団教育
- ◎参考文献「先生のためのアイディアブック―協同学習の基本原則とテクニック」（G. ジェイコブズほか）　日本協同教育学会　2005.11　p190-192
- ◎参考文献「科学領域における共同学習に関する研究」（鈴木真理子）　風間書房　2006.2　prr

集団幻想
- ◎出典「食物中毒と集団幻想」（M. K. マトシアン）　パピルス　2004.7　p10-31b

集団主義
- ◎文献「個人主義と集団主義―2つのレンズを通して読み解く文化」（H. C. トリアンディス）　北大路書房　2002.3　p224-251

集団療法
- ◎文献「エンカウンターによる"心の教育"―ふれあいのエクササイズを創る」（山本銀次）　東海大学出版会　2001.5　p199-201
- ◎文献「パーソンセンタード・エンカウンターグループ」（伊藤義美）　ナカニシヤ出版　2005.10　prr
- ◎引用文献「問題意識性を目標とするファシリテーション―研修型エンカウンター・グループの視点」（中田行重）　関西大出版部　2005.12　p225-231
- ◎参考資料「パーソンセンタード・アプローチの最前線―PCA諸派のめざすもの」（P. サンダース）　コスモス・ライブラリー　2007.12　prr

羞恥
- ◎参考文献「パンツが見える。―羞恥心の現代史」（井上章一）　朝日新聞社　2002.5　p385-386
- ◎引用文献「恥の発生―対処過程に関する社会心理学的研究」（樋口匡貴）　北大路書房　2004.9　p67-69
- ◎文献「羞恥心はどこへ消えた?」（菅原健介）　光文社　2005.11　p188-190
- ◎文献目録「秘めごとの文化史　新装版」（H. P. デュル）　法政大出版局　2006.7　p17-77b
- ◎文献目録「裸体とはじらいの文化史　新装版」（H. P. デュル）　法政大出版局　2006.7　p15-57b
- ◎引用参考文献「羞恥―女子専門学生が体験した看護・教育・保育・介護場面」（坂口哲史）　ナカニシヤ出版　2007.9　p241-244

袖珍文庫
- ○総目録（吉田勝栄）「文献探索　2005」（文献探索研究会）　2006.5　p344-354

柔道
- ◎参考文献「講道館柔道対プロレス初対決―大正十年・サンテル事件　異種格闘技の原点」（丸島隆雄）　島津書房　2006.2　p235-236
- ◎引用文献「柔道の歴史と文化」（藤堂良明）　不昧堂出版　2007.9　prr

修道院
- ◎参考文献「天使のような修道士たち―修道院と中世社会に対するその意味」（ルドー・J. R. ミリス）　新評論　2001.3　p364-376
- ◎文献「16世紀ロシアの修道院と人々―ヨシフ・ヴォロコラムスキー修道院の場合」（細川滋）　信山社出版　2002.3　p207-211
- ◎註「修道院の歴史―砂漠の隠者からテゼ共同体まで」（K. S. フランク）　教文館　2002.8　p221-241
- ◎文献「中世初期の所領経済と市場」（丹下栄）　創文社　2002.10　p23-38b
- ◎参考文献「イギリスの修道院―廃墟の美への招待」（志子田光雄ほか）　研究社　2002.11　p225-228
- ◎参考文献「黙して、励め―病院看護を拓いた看護修道女たちの19世紀」（S. ネルソン）　日本看護協出版会　2004.5　p355-370
- ◎参考文献「中世修道院の世界―使途の模倣者たち」（M. H. ヴィケール）　八坂書房　2004.9　p167-170
- ◎原註「修道院文化入門―学問への愛と神への希求」（J. ルクレール）　知泉書館　2004.10　p15-67b
- ◎参考文献「クリュニー修道制の研究」（関口武彦）　南窓社　2005.2　p591-620
- ◎文献目録「12世紀の修道院と社会　改訂版」（杉崎泰一郎）　原書房　2005.6　p297-306
- ◎参考文献「ヨーロッパ中世の修道院文化」（杉崎泰一郎）　NHK出版　2006.4　p247-249
- ◎参考文献「中世ヨーロッパの書物―修道院出版の九〇〇年」（箕輪成男）　出版ニュース社　2006.10　p236-242
- ◎年譜（旦敬介）「知への賛歌―修道女フアナの手紙」（ソル・フアナ）　光文社　2007.10　p224-228

重度障害者
- ◎参考文献「ジョブコーチ入門　重度障害者の就労支援のための」（小川浩）　筒井書房　2001.7　p144-145

十二支
- ◎参考文献「中国の十二支動物誌」（鄭高詠）　白帝社　2005.3　p382」

12世紀
- ◎参考文献「入門十二世紀ルネサンス」（ジャック・ヴェルジェ）　創文社　2001.4　p19-35b
- ◎参考書目「十二世紀ルネサンス」（伊東俊太郎）　講談社　2006.9　p289-292

自由の森学園
- ◎参考文献「森からの復興―自由の森学園、十九年の歩み」（自由の森学園十五周年記念誌編集委員会）　自由の森学園　2004.3　p348」

18世紀
- ◎参考文献ほか「十八世紀フランス文学を学ぶ人のために」（植田祐次）　世界思想社　2003.3　p339-356
- ◎参考文献「啓蒙の世紀と文明観」（弓削尚子）　山川出版社　2004.6　p88-90
- ◎参考文献「猫はなぜ絞首台に登ったのか」（東ゆみこ）　光文社　2004.6　p210-214
- ○書誌（田島松二ほか）「言語文化論　21」（九州大）　2006　p125-145

修復的司法
- ◎参考文献「修復司法の根本を問う」（G. ジョンストン）　成文堂　2006.5　p231-244
- ◎参考文献「人が人を裁くとき―裁判員のための修復的司法入門」（N. クリスティ）　有信堂高文社　2006.12　p175-180

◎文献「被害者-加害者調停ハンドブック―修復的司法実践のために」（M. S. アンブライト）　誠信書房　2007.9　p300-306

繍仏
　◎参考文献「繍仏　日本の美術470」（至文堂）　2005.7　p86-87

醜聞
　◎引用文献「ゴシップと醜聞　三面記事の研究」（玉木明）　洋泉社　2001.3　p205」
　◎原注文献「市長の娘　中世ドイツの一都市に起きた醜聞」（S. オズメント）　白水社　2001.3　p260-297

住文化
　◎参考文献「世界の住文化図鑑」（P. オリバー）　東洋書林　2004.11　p276-283

自由貿易協定
　◎参考文献「FTA（自由貿易協定）が創る日本とアジアの未来」（藤末健三ほか）　オープンナレッジ　2005.12　p226-234

自由貿易地域
　◎参考文献「東アジア市場統合への道―FTAへの課題と挑戦」（渡辺利夫）　勁草書房　2004.2　prr

終末期古墳
　◎引用参考文献「西日本の終末期古墳」（下原幸裕）　中国書店　2006.3　p458-490

終末思想
　◎引用文献「キリスト教と現代―終末思想の歴史的展開」（芦名定道, 小原克博）　世界思想社　2001.12　p247-257
　◎参考文献「悪魔と世界終末の幻影―ヨーロッパ史万華鏡」（遠藤龍雄）　MBC21　2003.7　p312-318

宗密
　◎参考文献「原人論を読む―人間性の真実を求めて」（小林圓照）　ノンブル社　2007.8　p200-202

住民運動
　◎参考文献「協働型市民立法―環境事例にみる市民参加のゆくえ」（高橋秀行）　公人社　2002.1　prr
　◎参考文献「瀑流」（山田和）　文藝春秋　2002.2　p412-415
　◎文献「環境運動と新しい公共圏―環境社会学のパースペクティブ」（長谷川公一）　有斐閣　2003.4　p259-279
　◎参考文献「市民シンクタンクのすすめ―みんなの調査力・情報力で地域を変えよう！」（高原稔）　日本地域社会研究所　2007.12　p317-320

自由民権運動
　○文献情報（町田市立自由民権資料館）「自由民権　14」（町田市教育委員会）　2001.3　p124-131
　◎参考文献「明治地方財政史　3　自由民権と財政運営」（高寄昇三）　勁草書房　2003.1　p392-395
　○文献情報「自由民権　16」（町田市立自由民権資料館）　2003.3　p122-130
　◎文献「秩父事件―農民蜂起の背景と思想」（若狭蔵之助）　埼玉新聞社　2003.11　p135-141
　◎参考文献「千葉県の自由民権運動―郷土資料館企画展図録」（茂原市立美術館・郷土資料館）　市立美術館・郷土資料館　2004.1　p82-83

　○文献情報「自由民権　17」（自由民権資料館）　2004.3　p151-162
　◎参考文献「自由民権と近代社会　日本の時代史22」（新井勝紘）　吉川弘文館　2004.3　p273-274
　◎参考文献「民権と憲法」（牧原憲夫）　岩波書店　2006.12　p8-13b

住民参加
　◎参考図書「住民参加のみちづくり―バリアフリーを目ざした湘南台の実践から」（秋山哲男ほか）　学芸出版社　2001.6　p219-220

自由民主党
　◎参考文献「自民党の研究」（間渕悦夫）　間渕悦夫　2001.12　p222-223
　◎参考文献「議員行動の政治経済学―自民党支配の制度分析」（建林正彦）　有斐閣　2004.12　p225-233
　◎参考文献「満州と自民党」（小林英夫）　新潮社　2005.11　p189-191

住民税
　◎参考文献「法人住民税のしくみと実務」（吉川宏延）　税務経理協会　2007.12　p217-222

住民投票
　◎文献「住民投票運動とローカルレジーム―新潟県巻町と根源的民主主義の細道、1994-2004」（中澤秀雄）　ハーベスト社　2005.10　p267-273

集落
　◎参考文献ほか「木地屋集落―系譜と変遷」（田畑久夫）　古今書院　2002.8　p303-327
　◎引用参考文献「縄文時代集落の研究」（鈴木保彦）　雄山閣　2006.3　p237-250
　◎参考文献「ムラと地域の考古学」（林謙作）　同成社　2006.12　prr
　◎引用文献ほか「弥生大形農耕集落の研究」（秋山浩三）　青木書店　2007.6　p827-880

自由律俳句
　○書誌（藤津滋生）「文献探索　2005」（文献探索研究会）　2006.5　p267-273
　○書誌（藤津滋生）「文献探索　2006」（文献探索研究会）　2006.11　p139-153

自由律俳人
　○書誌（藤津滋生）「文献探索　2000」（文献探索研究会）　2001.2　p465-472
　○作品（藤津滋生）「文献探索　2001」（文献探索研究会）　2002.7　p401-408
　○書誌（藤津滋生）「文献探索　2003」（文献探索研究会）　2003.12　p345-356

重力波
　◎参考図書ほか「一般相対論の世界を探る―重力波と数値相対論」（柴田大）　東京大出版会　2007.1　p173-176

受益者負担
　◎参考文献「政策公共圏と負担の社会学―ごみ処理・債務・新幹線建設を素材として」（湯浅陽一）　新評論　2005.4　p277-283

儒学
　◎文献案内「儒学のかたち」（関口順）　東京大学出版会　2003.10　p191-216

◎研究書一覧「朝鮮儒学史」(裴宗鎬) 知泉書館 2007.1 p341-346
◎参考文献「風水思想を儒学する」(水口拓寿) 風響社 2007.11 p62-64

儒家神道
◎文献目録「近世儒学研究の方法と課題」(土田健次郎) 汲古書院 2006.2 p152-162

主観性
◎原注「個人の時代―主観性の歴史」(A. ルノー) 法政大学出版局 2002.6 p5-56b

修行
◎参考文献「修験道 その歴史と修行」(宮家準) 講談社 2001.4 p362-364
◎注文献「日常生活のなかの禅 修行のすすめ」(南直哉) 講談社 2001.4 p252-256

儒教
◎参考文献「朝鮮儒教の二千年」(姜在彦) 朝日新聞社 2001.1 p499-500
◎参考文献「よくわかる論語 やさしい現代語訳」(永井輝) 明窓出版 2001.2 p218-222
◎ブックガイド「儒教の本」 学習研究社 2001.3 p224」
◎注「江戸儒教と近代の「知」」(中村春作) ぺりかん社 2002.10 p241-264
◎参考文献「儒教の知恵 矛盾の中に生きる」(串田久治) 中央公論新社 2003.2 p214-219
◎註「近世日本社会と儒教」(黒住真) ぺりかん社 2003.4 prr
◎参考文献「東アジアの儒教と礼」(小島毅) 山川出版社 2004.10 p88-90
◎参考文献「儒教哲学の研究」(鈴木利定) 明治書院 2005.6 p211-213
◎註「儒教と近代国家―「人倫」の日本、「道徳」の韓国」(朴倍暎) 講談社 2006.7 p188-199
◎参考文献「郭店楚簡儒教の研究―儒系三篇を中心にして」(李承律) 汲古書院 2007.11 p605-630

授業
◎参考文献「教育における演劇的知 21世紀の授業像と教師の役割」(渡部淳) 柏書房 2001.2 p245-252
◎参考文献「授業改善のための授業分析の手順と考え方」(田島薫) 黎明書房 2001.7 p196-197
◎引用文献「授業デザインの最前線―理論と実践をつなぐ知のコラボレーション」(髙垣マユミ) 北大路書房 2005.3 p225-232
◎文献一覧「行為する授業―授業のプロジェクト化をめざして」(H. グードヨンス) ミネルヴァ書房 2005.7 p203-212
◎文献「授業改革の方法」(宇田光ほか) ナカニシヤ出版 2007.6 prr

塾
◎注「塾の水脈」(小久保明治) 武蔵野美術大 2004.6 p201-222

祝祭
◎文献「オーストリアの祝祭と信仰」(窪明子) 第一書房 2000.8 p1-9b

祝祭日
◎文献表「教会暦―祝祭日の歴史と現在」(K. H. ビーリッツ) 教文館 2004.4 p1-4b
◎参考文献「ヨーロッパ祝祭日の謎を解く」(A. F. アヴェニ) 創元社 2006.12 p281-276
◎ブックガイド「記念日の創造」(小関隆) 人文書院 2007.5 p167-171

粛清
◎参考文献「赤軍大粛清」(R. シュトレビンガー) 学習研究社 2001.4 p407-401

宿場町
◎参考文献「街道と宿場町」(アクロス福岡文化誌編纂委員会) アクロス福岡文化誌編纂委員会 2007.1 p158-159

熟練技能
◎文献「組織と技能―技能伝承の組織論」(松本雄一) 白桃書房 2003.11 p251-262
◎参考文献「熟練技能伝承システムの研究―生産マネジメントからMOTへの展開」(山本孝) 白桃書房 2004.9 p163-173

手芸
◎参考文献「近代日本の「手芸」とジェンダー」(山崎明子) 世織書房 2005.10 p355-372

主権
◎参考文献「市民主権の可能性―21世紀の憲法・デモクラシー・ジェンダー」(辻村みよ子) 有信堂高文社 2002.5 p10-29b

受験指導
◎参考引用文献「プロ家庭教師の技」(丸谷馨) 講談社 2003.8 p228-229

修験道
◎参考文献「神子と修験の宗教民俗学的研究」(神田より子) 岩田書院 2001.2 p15-31b
○文献目録(岩田博)「山岳修験 27」(日本修験道学会) 2001.3 p108-95
◎参考文献「修験道 その歴史と修行」(宮家準) 講談社 2001.4 p362-364
◎古典ガイド「役小角読本」(藤巻一保) 原書房 2001.5 p282-289
◎参考文献「鬼人役行者小角」(志村有弘) 角川書店 2001.8 p244-260
○文献目録(岩田博)「山岳修験 29」(岩田書院) 2002.3 p80-71
○文献目録「山岳修験 31」(日本山岳修験学会) 2003.3 p110-100
○文献目録(日本山岳修験学会)「山岳修験 33」(山岳修験学会) 2004.3 p96-87
○文献目録(日本山岳修験学会)「山岳修験 35」(岩田書院) 2005.3 p116-110
◎参考文献「修験の世界―始原の生命宇宙」(久保田展弘) 講談社 2005.3 p318-322
◎参考文献「修験と念仏―中世信仰世界の実像」(上田さち子) 平凡社 2005.9 prr
◎参考文献「丹沢の行者道を歩く」(城川隆生) 白山書房 2005.12 p174-183
○文献目録(日本山岳修験学会)「山岳修験 37」(岩田書院) 2006.3 p92-83

◎参考文献「大峯奥駈道七十五靡」（森沢義信）　ナカニシヤ出版　2006.7　p272-279
○文献目録（日本山岳修験学会）「山岳修験　39」（日本山岳修験学会）　2007.3　p86-77
◎注「鬼と修験のフォークロア」（内藤正敏）　法政大出版局　2007.3　prr
◎参考文献「神道と修験道―民俗宗教思想の展開」（宮家準）　春秋社　2007.11　p519-522

ジュゴン
◎参考文献「ジュゴンデータブック」（倉沢栄一）　TBSブリタニカ　2002.9　p87」

珠算
◎「珠算研究論文・資料目録集　10」（全国珠算教育連盟珠算教育研究所）　全国珠算教育連盟　2004.6　47p B5

種子
◎「野菜の種子に関する文献集（野菜茶業研究所研究資料　第2号）」（農業技術研究機構野菜茶業研究所）農業技術研究機構野菜茶業研究所　2003.7　97p A4
◎文献「日本植物種子図鑑　改訂版」（中山至大ほか）　東北大学出版会　2004.4　p633-636
◎参考文献「アグリビジネスにおける集中と環境―種子および食肉加工産業における集中と競争力」（三石誠司）　アサヒビール　2007.2　p216-218

樹脂
◎文献「合成素材と博物館資料」（園田直子）　国立民族学博物館　2003.2　prr

朱子学
◎参考文献「朱子学と陽明学」（小島毅）　放送大教育振興会　2004.3　p181-187
◎参考文献「朱子学の新研究―近世士大夫の思想史的地平」（吾妻重二）　創文社　2004.9　p41-52b
◎文献目録「近世儒学研究の方法と課題」（土田健次郎）汲古書院　2006.2　p85-111

呪術
◎参考文献「いざなぎ流王子　呪術探究」（斎藤英喜）新紀伝社　2000.5　p236-237
◎参考文献「憑依と呪いのエスノグラフィー」（梅屋潔ほか）　岩田書院　2001.10　p221-236
◎参考文献「中国の呪術」（松本浩一）　大修館書店　2001.12　p242-243
◎参考文献「魔術師大全―古代から現代まで究極の秘術を求めた人々」（森下一仁）　双葉社　2002.6　p243-249
◎注「呪術の知とテクネー　世界と主体の変容」（斎藤英喜）　森話社　2003.5　prr
◎引用文献「アマテラスの原風景―原始日本の呪術と信仰」（角林文雄）　塙書房　2003.9　p266-278
◎参考文献「呪術探究　巻の3　忍び寄る魔を退ける結界法」（呪術探究集部）　原書房　2004.4　p199-201
◎引用参考文献「呪殺・魔境論」（鎌田東二）　集英社　2004.9　5pb
◎参考文献「畏きものたち―東海地方のまじないと文化」（安城市歴史博物館）　安城市歴史博物館　2005　p100-101
◎参考文献「魔術と狂気」（酒井明夫）　勉誠出版　2005.5　prr
◎文献目録「神像呪符「甲馬子」集成―中国雲南省漢族・白族民間信仰誌」（川野明正）　東方出版　2005.10　p357-370

◎参照文献「精霊たちのフロンティア―ガーナ南部の開拓移民社会における〈超常現象〉の民族誌」（石井美保）　世界思想社　2007.2　p318-335
◎参考文献「邪視の話」（亀井俊郎）　朱鳥社　2007.8　p84-86

首相
◎参考文献「歴代首相物語」（御厨貴）　新書館　2003.3　p280-286

首相公選
◎参考文献「首相公選は日本を変えるか―アメリカ議会のダイナミズムに学ぶ」（今成勝彦）　いしずえ　2001.6　p212-216
◎文献表「首相公選を考える―その可能性と問題点」（大石真ほか）　中央公論新社　2002.12　p205-201

首相補佐官
◎引用参考文献「首相補佐官―国家プロジェクトに賭けた男たち」（中貝利男）　NHK出版　2003.4　p285-286

受精
◎参考文献「魚類の受精」（岩松鷹司）　培風館　2004.4　p175-187

酒造業
◎文献「近代酒造業の地域的展開」（青木隆浩）　吉川弘文館　2003.12　p239-251

酒造史
◎参考文献「酒造りの歴史　新装版」（柚木学）　雄山閣　2005.4　p349-365

主体感覚
◎文献「主体感覚とその賦活化―体験過程療法からの出発と展開」（吉良安之）　九州大学出版会　2002.11　p177-181

シュタイナー教育
◎参考文献「人間を育てる―シュナイター学校の先生の仕事」（H. エラー）　トランスビュー　2003.2　p247-248
◎書籍紹介「日本の『シュタイナー』その現場から―教育・建築・農業・医療ほか」（白樺図書）　イザラ書房　2006.6　p219-221
◎参考文献「音楽による人間形成―シュタイナー学校の授業」（W. ヴェンシュ）　風濤社　2007.1　p220-222

出産
◎文献「子どもという価値―少子化時代の女性の心理」（柏木惠子）　中央公論新社　2001.5　p233-236
◎文献「助産の文化人類学」（ブリジット・ジョーダン）日本看護協会出版会　2001.5　p263-282
◎参考文献「皇太子誕生」（奥野修司）　文藝春秋　2001.11　p335-340
◎文献「知っていますか？　出生前診断一問一答」（優生思想を問うネットワーク）　解放出版社　2003.2　p104-105
◎文献「妊娠と出産のためのクリニカル・アロマセラピー」（D. ティラン）　フレグランスジャーナル社　2003.7　p161-177
◎参考文献「「産まない」時代の女たち―チャイルド・フリーという生き方」（J. バートレット）　とびら社　2004.3　p1-7b
◎参考引用文献「お産椅子への旅―ものと身体の歴史人類学」（長谷川まゆ帆）　岩波書店　2004.11　p241-250

419

出生児
◎参考文献「出生児数決定のメカニズム」(平松紀代子) ナカニシヤ出版　2007.2　p109-115

出生率
◎文献「少子化の流行―その原因と対策」(三浦悌二) 同時代社　2006.5　p77-80
◎参考文献「出生率の回復とワークライフバランス―少子化社会の子育て支援策」(丸尾直美ほか)　中央法規出版　2007.12　prr

出土資料
◎参考文献「出土遺物の応急処置マニュアル」(D.ワトキンソンほか)　柏書房　2002.11　p166-170
○文献提要(黒田秀教)「中国研究集刊　37」(大阪大) 2005.6　p75-84
○文献目録(嶋谷和彦)「出土銭貨　25」(出土銭貨研究会)　2006.10　p108-115

出入国管理
◎文献「入管実務マニュアル　3版」(入管実務研究会) 現代人文社　2004.10　p236-238
◎文献「入管実務マニュアル　改訂2版」(入管実務研究会)　現代人文社　2007.6　p241-243

出版
○文献目録(出村文理)「文献探索　2000」(文献探索研究会)　2001.2　p380-383
○会員著作目録「出版研究　31」(日本出版学会)　2001.3　p177-187
○関係文献年表(大久保久雄)「出版研究　31」(日本出版学会)　2001.3　p83-121
◎参考文献「自費出版　出版活動のもう一つの側面を考える」(田中薫)　資肆緑人館・浦和　2001.3　prr
◎「出版年鑑　2001年版　2　書籍目録・雑誌目録　3　索引」(編集部)　出版ニュース社　2001.5　1冊　B6
○文献資料「出版ニュース　1908」(出版ニュース社) 2001.7　p19-15
◎「出版動乱　ルポルタージュ・本をつくる人々」(清丸恵三郎)　東洋経済新報社　2001.7　416p　46s
◎「「図書館・出版・読書論」基本図書総目次・索引集成　2001年版　上巻(あ―さ行)」(中西敏夫)　出版文化研究会　2001.9　544p　B5
◎「江戸文学と出版メディア　近世前期小説を中心に」(冨士昭雄)　笠間書院　2001.11　418p　A5
◎参考文献「出版女性史―出版ジャーナリズムに生きる女性たち」(池田恵美子)　世界思想社　2001.11　p304-309
○文献資料「出版ニュース　1926」(出版ニュース社) 2002.1　p52-48
◎文献目録補遺3「書籍文化史　3」(鈴木俊幸)　鈴木俊幸　2002.1　p1-43b
○文献目録1(古山悟由)「出版研究　32」(出版ニュース社)　2002.3　p45-92
○研究(吉田則昭)「出版研究　32」(出版ニュース社) 2002.3　p23-43
◎註「明治の出版文化」(国文学研究資料館)　臨川書店 2002.3　prr
◎「本と人を糧に」(川口正)　編集工房ノア　2002.5 258p　46s
◎「自費出版年鑑　2002」(自費出版ネットワーク) 自費出版ネットワーク　2002.7　418p　A5
◎「本を出したい人のための徹底研究」(編集部)　彩図社　2002.12　248p　B6
○雑誌文献目録稿(古山悟由)「出版研究　33」(日本出版学会)　2003.3　p49-105
◎註「出版と知のメディア論―エディターシップの歴史と再生」(長谷川一)　みすず書房　2003.5　p281-359
◎「「図書館・出版・読書論」基本図書総目次・索引集成　下巻　総索引編」(中西敏夫)　出版文化研究会 2003.7　207p　B5
◎「自費出版年鑑　2003」(サンライズ出版)　サンライズ出版　2003.7　271p　A5
◎目録(渡辺守邦)「実践国文学　64」(実践国文学会) 2003.10　p18-44
◎「日本出版関係書目　1868-1996」(浅岡邦雄ほか) 日本エディタースクール出版部　2003.12　7,400p　B5
○文献目録(鈴木俊幸)「書籍文化史　5」(鈴木俊幸) 2004.1　p1-44b
○雑誌文献目録稿(古山悟由)「出版研究　34」(日本出版学会)　2004.3　p123-198
◎出版物一覧「近世前期文学研究―伝記・書誌・出版」(塩村耕)　若草書房　2004.3　p342-392
◎参考文献「新現場からみた出版学」(植田康夫)　学文社　2004.4　prr
◎参考文献「ブラジル民衆本の世界―コルデルにみる詩と歌の伝承　増補版」(J.M.ルイテン)　御茶の水書房　2004.7　p289-294
◎参考文献「マンガ産業論」(中野晴行)　筑摩書房 2004.7　p258-259
◎参考文献「書店ルネッサンス―進化・祝祭・未来・出版営業・電子ペーパー」(青田恵一)　青田コーポレーション　2004.8　p309-312
○文献資料「出版ニュース　2028」(出版ニュース社) 2005.1.下旬　p53-49
○文献目録(鈴木俊幸)「書籍文化史　6」(鈴木俊幸) 2005.1　p1-32b
○文献資料「出版ニュース　2062」(出版ニュース社) 2006.1　p57-53
◎註「モンゴル時代の出版文化」(宮紀子)　名古屋大出版会　2006.1　prr
◎研究文献目録(鈴木俊幸)「書籍文化史　7」(鈴木俊幸)　鈴木俊幸　2006.1　p1-32b
◎「近世書籍研究文献目録　増補改訂」(鈴木俊幸) ぺりかん社　2007.3　798p　A5
◎文献「出版経営入門―その合理性と非合理性　新装版」(H.S.ベイリー)　出版メディアパル　2007.5　p235-240
◎参考文献「出版と社会」(小尾俊人)　幻戯書房　2007.9　p651-653
◎参考文献「続和本入門―江戸の本屋と本づくり」(橋口侯之介)　平凡社　2007.10　p262-265

出版史
◎参考文献「パピルスが伝えた文明―ギリシア・ローマの本屋たち」(箕輪成男)　出版ニュース社　2002.5 p228-231
◎書誌目録「中国出版史話」(方厚枢)　新曜社　2002.11　p396-444
◎参考文献「紙と羊皮紙・写本の社会史」(箕輪成男) 出版ニュース社　2004.9　p326-333

◎参考引用文献「ヨーロッパの出版文化史」(戸叶勝也) 朗文社 2004.10 p198-199

出版社
◎年表「緑なす音羽の杜に　Ⅲ　講談社と私たちの九十年」(講談社社友会)　講談社社友会　2000.12　p374-384
◎刊行書目一覧「東京大学出版会50年の歩み」(東京大学出版会)　東京大学出版会　2001.5　p170-340
◎刊行物ほか「ペヨトル興亡史　ボクが出版をやめたわけ」(今野裕一)　冬弓舎　2001.7　p231-242
◎「本は死なず　売れる出版社の戦略に迫る」(塩沢実信)　展望社　2001.8　254p　46s
◎参考文献・刊行書「オリンピア・プレス物語　ある出版社のエロティックな旅」(J. ディほか)　河出書房新社　2001.9　p1-10b
◎年表「舎史ものがたり　無明舎創立30年のあゆみ」(あんばいこう)　無明舎出版　2003.1　33pb
◎参考文献「音羽の杜の遺伝子　国民の圧倒的支持をうけたメディアはいかに誕生したか」(森彰英)　リヨン社　2003.5　p260-261
○出版物(出村文理)「北の文庫　40」(北の文庫の会)　2005.3　p19-33

出版ニュース社
◎刊行図書目録「出版ニュース社の五十年」(出版ニュース社)　出版ニュース社　2000.12　p88-95

出版目録
◎「近世蔵版目録集成　往来物編　索引」(小泉吉永)　岩田書院　2006.1　124p A5
◎「中国書籍総目録(全国総書目)　124-127(2002年7-10)」　不二出版　2006.4　4冊　B5
◎「文化資源学に関する文献一覧」　科学書院　2006.5　169p A4
◎「中国書籍総目録(全国総書目)　128-132(2003年1-5)」　不二出版　2006.11　5冊　B5
◎「山形県内出版物目録　平成17・18年版」(山形県立図書館)　山形県立図書館　2007.2　117p A4

首都移転
◎注「首都移転論」(大坂健)　日本経済評論社　2002.4　prr

ジュネーブ条約
◎参考文献「赤十字のふるさと　ジュネーブ条約をめぐって」(北野進)　雄山閣　2003.7　p230-231

主婦
◎参考文献「主婦とジェンダー——現代的主婦像の解明と展望」(国広陽子)　尚学社　2001.4　p279-295

寿命
◎参考文献「ヒトはどうして老いるのか——老化・寿命の科学」(田沼靖一)　筑摩書房　2002.12　1pb

シュメール文明
◎参考文献「メソポタミアの王・神・世界観——シュメール人の王権観」(前田徹)　山川出版社　2003.10　p6-13b
◎参考文献「シュメル——人類最古の文明」(小林登志子)　中央公論新社　2005.10　p293-290
◎参考文献「五〇〇〇年前の日常——シュメル人たちの物語」(小林登志子)　新潮社　2007.2　p245-250

樹木
◎参考文献「森と樹と蝶と——日本特産種物語」(西口親雄)　八坂書房　2001.4　p251-254
◎引用・参考文献「みやざき巨樹の道——歴史とロマンを訪ねる　2　県南の巻」(池田隆範)　鉱脈社　2002.3　p228-229
◎参考図書「図解樹木の診断と手当て　木を診る　木を読む　木と語る」(堀大才ほか)　農文協　2002.9　p170-171
◎文献「樹木と文化、そして宗教」(伊達興治)　日本図書刊行会　2003.4　p263-272
◎文献「樹木生理生態学」(小池孝良)　朝倉書店　2004.6　prr
◎参考文献「資料日本植物文化誌」(有岡利幸)　八坂書房　2005.4　p501-507
◎参考文献「図説花と樹の事典」(植物文化研究会ほか)　柏書房　2005.5　p9-11
◎参考文献「とやま巨木探訪」(泉治夫ほか)　桂書房　2005.6　p285-287
◎参考文献「森と樹木と人間の物語——ヨーロッパなどに伝わる民話・神話を集めて」(浅井治海)　フロンティア出版　2006.6　p485-491
◎参考文献「樹木にまつわる物語——日本の民話・伝説などを集めて」(浅井治海)　フロンティア出版　2007.7　p288-289

樹木画テスト
◎参考文献「樹木画テストの読みかた——性格理解と解釈」(L. フェルナンデス)　金剛出版　2006.8　p143-145

需要
◎参考文献「数量調整の経済理論——品切回避行動の動学分析」(森岡真史)　日本経済評論社　2005.10　p291-298

狩猟
◎文献「狩る——北の地に獣を追え——第17回特別展」(北海道立北方民族博物館)　北海道立北方民族博物館　2002.7　p59-61
◎参考文献「狩猟民俗研究——近世猟師の実像と伝承」(永松敦)　法藏館　2005.2　p355-357
◎文献案内「日本の狩猟採集文化——野生生物とともに生きる」(池谷和信ほか)　世界思想社　2005.7　p257-264
◎参考文献「会津の狩りの民俗」(石川純一郎)　歴史春秋出版　2006.10　p162-166
◎参考文献「図説食肉・狩漁の文化史——殺生禁断から命を生かす文化へ」(久保井規夫)　柘植書房新社　2007.3　p298-300
◎参考文献「狩猟と供犠の文化誌」(中村生雄ほか)　森話社　2007.6　prr

シュルレアリスム
◎参考文献「シュールレアリスムの美術と批評」(五十殿利治)　本の友社　2001.7　p409-413
◎注「ダダ・シュルレアリスムの時代」(塚原史)　筑摩書房　2003.9　p330-353
◎文献一覧「シュルレアリスムと性」(X. ゴーチエ)　平凡社　2005.8　p403-412
◎参考文献「シュルレアリスムと手」(松田和子)　水声社　2006.12　p451-472

手話
- ◎文献「聴覚障害者福祉・教育と手話通訳」(植村英晴) 中央法規出版 2001.4 p213-231
- ◎参考文献「視覚言語の世界 改訂増補」(斉藤くるみ) 彩流社 2005.11 p177-186
- ◎文献「聴覚障害者の日本語指導における手話の使用に関する研究」(長南浩人) 風間書房 2006.1 p155-164
- ◎引用参考文献「日本語─手話同時通訳の評価に関する研究」(白澤麻弓) 風間書房 2006.2 p243-255

春画
- ◎参考文献「肉麻図譜 中国春画論序説」(中野美代子) 作品社 2001.11 p282-278
- ◎「絵入春画艶本目録」(白倉敬彦) 平凡社 2007.6 253p A4

循環型社会
- ◎注「循環共存型社会の環境法」(坂口洋一) 青木書店 2002.1 p213-222
- ◎参考文献「基礎環境学 循環型社会をめざして」(田中修正) 共立出版 2003.1 prr
- ◎参考文献「循環型社会の制度と政策 岩波講座環境経済・政策学7」(細田衛士ほか) 岩波書店 2003.5 prr
- ◎参考文献「資源・エネルギーと循環型社会」(北野大ほか) 三共出版 2003.6 prr
- ◎注「循環型社会─接続可能な未来への経済学」(吉田文和) 中央公論新社 2004.4 p263-253

春香伝
- ◎原注ほか「春香伝の世界─その通時的研究」(薛盛璟) 法政大学出版局 2002.12 p5255-598

純資産会計
- ◎参考文献「純資産会計の考え方と処理方法─新会計制度解説!」(岩崎勇) 税務経理協会 2007.8 p265-270

春闘
- ◎文献「変わる春闘─歴史的総括と展望」(高梨昌) 日本労働研究機構 2002.10 p125-127

準動詞
- ◎参考文献「英語不定詞の通時的研究─英語聖書四福音書を言語資料として」(佐藤勝) 英宝社 2006.9 p165-170

巡礼
- ◎参考文献「四国遍路の宗教学的研究─その構造と近現代の展開」(星野英紀) 法蔵館 2001.11 p387-408
- ◎文献一覧(小嶋博巳)「巡礼論集2 六十六部巡国巡礼の諸相」(巡礼研究会) 岩田書院 2003.1 p223-234
- ◎参考資料「お遍路入門 人生ころもがえの旅」(加賀山耕一) 筑摩書房 2003.4 p1-6b
- ◎参考文献「へんろ功徳記と巡拝習俗」(浅井証善) 朱鷺書房 2004.1 p303-308
- ◎参考文献「ヨーロッパの巡礼地」(R.クリスほか) 文椿堂 2004.3 p324-325
- ◎原注「巡礼の文化史」(N.オーラー) 法政大学出版局 2004.5 p7-25b
- ◎参考文献「六十六部廻国供養塔─「石に聴く」宮崎県の大塔探訪記」(長曽我部光義ほか) 岩田書院 2004.5 p355-359
- ◎註「遍路と巡礼の社会学」(佐藤久光) 人文書院 2004.8 p237-257
- ◎参考文献「巡礼・遍路がわかる事典─読む・知る・愉しむ」(中山和久) 日本実業出版社 2004.11 p262-266
- ○研究文献目録(金任仲)「国文学解釈と鑑賞 70.5」(至文堂) 2005.5 p185-195
- ◎参考文献「スペイン巡礼史─「地の果ての聖地」を辿る」(関哲行) 講談社 2006.2 p241-246
- ◎参考文献「ルルド傷病者巡礼の世界」(寺田淳子) 知泉書館 2006.2 p515-548
- ◎参考文献「観音霊場と巡礼の記録─企画展」(沼津市歴史民俗資料館) 沼津市歴史民俗資料館 2006.3 p54-55
- ◎書目「遍路と巡礼の民俗」(佐藤久光) 人文書院 2006.6 p250-289
- ◎引用参考文献「四国遍路と世界の巡礼」(四国遍路と世界の巡礼研究会) 法蔵館 2007.5 p224-231

書
- ◎参考文献「天皇の詩歌と消息─宸翰にみる書式 藤井永観文庫所蔵」(J.T.カーペンター) 立命館大学21世紀COEプログラム「京都アート・エンタテインメント創成研究」 2006.3 p178-183
- ◎参考文献「中国宋代禅林高僧墨蹟の研究」(胡建明) 春秋社 2007.11 p363-367

攘夷思想
- ◎参考文献「徳川後期の攘夷思想と「西洋」」(星山京子) 風間書房 2003.3 p169-181

省エネルギー
- ◎文献「省エネ対策の考え方・進め方─いますぐ始められる」(高田秋一ほか) オーム社 2007.9 prr

荘園
- ◎文献リスト「荘園公領制 展望日本歴史 8」(木村茂光ほか) 東京堂出版 2000.1 p417-408
- ◎参考文献「荘園の考古学」(宇野隆夫) 青木書店 2001.6 p197-208
- ◎文献「荘園制と中世村落」(島田次郎) 吉川弘文館 2001.8 prr
- ○研究動向(森本芳樹)「比較文化研究 31」(久留米大) 2003.3 p153-183
- ◎参考文献「武士と荘園世界」(服部英雄) 山川出版社 2004.9 2pb
- ◎参考文献「四国・九州地方の荘園 講座日本荘園史10」(網野善彦ほか) 吉川弘文館 2005.2 prr

唱歌
- ◎参考文献「大きな古時計の謎」(「みんなの歌」研究会) 飛鳥社 2002.12 1pb
- ◎参考文献「愛唱歌とっておきの話 歌い継ぎたい日本の心」(吹浦忠正) 海竜社 2003.4 p298-303
- ◎参考文献「菜の花夕焼け里の秋─唱歌・童謡のふるさと信州」(長野県立歴史館ほか) 郷土出版社 2004.6 p226-227
- ◎参考文献「唱歌『コヒノボリ』『チューリップ』と著作権─国文学者藤村作と長女近藤宮子とその時代」(大家重夫) 全音楽譜出版社 2004.9 p128-131
- ◎引用参考文献ほか「学校音楽教育とヘルバルト主義─明治期における唱歌教材の構成理念にみる影響を中心に」(杉田政夫) 風間書房 2005.3 p278-299

生涯学習
- ◎「社会教育・生涯教育関係文献目録　1999.4～2000.3」（国立教育会館社会教育研究所）　同研究所　2001.3　231p A5
- ◎参考文献「生涯学習論の新展開—21世紀社会の不安と危機へのスタンス　新版」（斎藤清三）大学教育出版　2001.4 p230-236
- ◎参考文献「国家・市民社会と成人教育—生涯学習の政治学に向けて」（ピーター・ジャービス）明石書店　2001.6 p255-266
- ◎参考文献「大人たちの学校—生涯学習を愉しむ」（山本思外里）中央公論新社　2001.8 p175-180
- ◎参考文献「21世紀の宝・生涯学習—市民社会へのパスポート」（今西幸蔵）澪標　2001.11 p201-204
- ◎注「現代世界の生涯学習」（新海英行ほか）大学教育出版　2002.3 prr
- ◎文献「成人の生涯教育ニーズと高等教育機関の交差可能性」（大庭宣尊）広島修道大学総合研究所　2002.5 prr
- ◎文献「現代イギリスの継続教育論—その生涯学習の動向」（黒柳修一）大空社　2002.7 p241-254
- ◎注ほか「ドイツの生涯学習—おとなの学習と学習支援」（三輪建二）東海大学出版会　2002.9 p209-229
- ◎参考文献「生涯学習の企画・実践」（由利忠四郎）日常出版　2002.9 prr
- ○文献目録「日本生涯教育学会年報　23」（日本生涯教育学会）　2002 p125-142
- ◎「生涯学習・社会教育関係文献目録」（国立教育政策研究所社会教育実践研究センター）国立教育政策研究所　2003.3　276p A4
- ◎注「生涯学習と社会教育　シリーズ生涯学習社会における社会教育　1」（鈴木真理ほか）学文社　2003.4 prr
- ◎参考文献「生涯学習概論」（新海英行ほか）勉誠出版　2003.5 prr
- ○文献目録「日本生涯教育学会年報　24」（日本生涯教育学会）　2003.11 p217-232
- ◎参考文献「生涯学習まちづくりの方法—市民が主役のまちづくりへのアプローチ」（福留強）日常出版　2003.11 p225-229
- ◎注「住民参加型福祉と生涯学習—福祉のまちづくりへの主体形成を求めて」（辻浩）ミネルヴァ書房　2003.12 prr
- ○記事索引（中村紀久二）「社会教育　59.1」（全日本社会教育連）　2004.1 p90-92
- ◎参考文献「遠隔教育—生涯学習社会への挑戦」（M. G. ムーアほか）海文堂出版　2004.2 p317-334
- ◎文献紹介「キャリア形成に生涯学習をいかした女性たち」（国立女性教育会館）国立女性教育会館　2004.3 p144-148
- ◎「生涯学習・社会教育関係文献目録　2002.4-2003.3」（国立教育政策研究所社会教育実践研究センター）教育政策研究所　2004.3　243p A4
- ◎参考文献「人生を変える生涯学習の力」（小宮山博仁ほか）新評論　2004.5 prr
- ◎参考文献「生涯学習「eソサエティ」ハンドブック—地域で役立つメディア活用の発想とポイント」（山本恒夫ほか）文憲堂　2004.5 p225-226
- ◎参考文献「生涯学習と新しい教育体制」（J. フィールド）学文社　2004.6 p252-274
- ◎参考文献「生涯学習と地域社会教育」（末本誠ほか）春風社　2004.6 p257-260
- ◎10冊の本「生涯学習理論を学ぶ人のために」（赤尾勝己）世界思想社　2004.7 p264-275
- ◎注「成人の学習と生涯学習の組織化」（日本社会教育学会）東洋館出版社　2004.9 prr
- ◎注「生涯学習の遺産—近代日本社会教育史論」（宮坂広作）明石書店　2004.10 prr
- ○記事ほか（中村紀久二）「社会教育　60.1」（全日本社会教育連合会）　2005.1 p90-92
- ◎「生涯学習・社会教育関係文献目録　2003.4-2004.3」（国立教育政策研究所）国立教育政策研究所　2005.3　254p A4
- ○基本文献紹介（尾崎正峰）「月刊社会教育　49.4」（国土社）　2005.4 p61-64
- ○記事論文索引「社会教育　60.4」（全日本社会教育連合会）　2005.4 p88-90
- ◎注「生涯学習・社会教育の理念と施策」（益川浩一）大学教育出版　2005.4 prr
- ○記事・論文索引「社会教育　61.1」（全日本社会教育連合会）　2006.1 p88-90
- ◎参考文献「生涯学習概論」（伊藤俊夫）文憲堂　2006.1 p142-146
- ◎参考文献「生涯学習と自己実現　新訂」（堀薫夫ほか）放送大教育振興会　2006.3 p234-238
- ◎参考文献「教育老年学の展開」（堀薫夫）学文社　2006.9 p231-234
- ◎参照文献「現代社会教育学—生涯学習社会への道程」（佐藤一子）東洋館出版社　2006.9 p191-199
- ◎参考文献「現代アメリカの生涯教育哲学」（鶴田義男）新風舎　2006.10 p187-201
- ○記事・論文索引「社会教育　62.1」（全日本社会教育連合会）　2007.1 p82-83
- ◎「生涯学習・社会教育関係資料一覧　2005.4-2006.3」（国立教育政策研究所社会教育実践研究センター）国立教育政策研究所　2007.4　123p A4
- ◎引用文献「家庭・学校・社会で育む発達資産—新しい視点の生涯学習」（立田慶裕ほか）北大路書房　2007.5 p179-186
- ◎参考文献「多文化共生と生涯学習」（矢野泉）明石書店　2007.10 prr

障害児
- ◎参考文献「子どものリハビリテーション」（石田三郎）同成社　2002.4 p195-196
- ◎文献「障害児の音楽療法—ノードフ-ロビンズ音楽療法の質的リサーチ」（ケネス・エイゲン）ミネルヴァ書房　2002.12 p331-333
- ◎参考文献「クララは歩かなくてはいけないの？　少女小説にみる死と障害と治癒」（L. キース）明石書店　2003.4 p313-320
- ◎参考文献「情緒障害児のアセスメントと臨床の教育心理学的研究」（石井正春）日本図書センター　2004.3 prr
- ◎参考文献「視覚・聴覚・言語障害児の医療・療育・教育」（今野正良ほか）金芳堂　2005.4 prr
- ◎参考文献「声・身体・コミュニケーション—障害児の音楽療法」（土野研治）春秋社　2006.2 p213-223

障害児教育　⇒　特別支援教育　をも見よ
- ◎参考文献「教育のバリアフリー」（鈴木陽子）八千代出版　2001.3 p331-342

- ◎「障害児教育図書総目録　2001年版」　教育図書総目録刊行会　2001.3　174p A5
- ◎参考文献「インクルーシブ教育の真実―アメリカ障害児教育リポート」（安藤房治）　学苑社　2001.9　p221-222
- ◎文献「インクルージョン教育への道」（ピーター・ミットラー）　東京大学出版会　2002.3　p251-263
- ◎文献「スウェーデンのインテグレーションの展開に関する歴史的研究」（石田祥代）　風間書房　2003.2　p271-294
- ◎文献「障害、人権と教育」（L. バートン）　明石書店　2003.5　p410-434
- ◎引用参考文献「障害児教育の歴史」（中村満紀男ほか）　明石書店　2003.10 prr
- ◎主要文献「図説特別な教育的ニーズ論―その基礎と応用」（真城知己）　文理閣　2003.10　p174-179
- ◎参考文献「地域に生きるということ―私たちの教育臨床の「立場」とその歩み」（柚木馥）　コレール社　2003.12　p193-194
- ◎文献「知的障害児のためのラーニング・ボックス学習法」（立川勲）　春風社　2004.3　p247-254
- ◎文献ほか「日本の障害児教育―写真・絵画集成3」（津曲裕次ほか）　日本図書センター　2004.3　p120-133
- ◎参考文献「発達教育論―自我発達と教育的支援」（守屋国光）　風間書房　2004.6　p135-140
- ◎参考文献「共通教育と特別教育」（小川克正）　角川学芸出版　2005.5　p237-241
- ◎引用文献「子どもに障害をどう説明するか―すべての先生・お母さん・お父さんのために」（相川恵子ほか）　ブレーン出版　2005.5　p138-141
- ○文献目録（高橋智ほか）「障害者問題史研究紀要　40」（精神薄弱問題史研究会）　2005.6　p79-110
- ◎参考文献「障害児の発達理解と教育指導―「重症心身障害」から「軽度発達障害」まで」（玉村公二彦）　三学出版　2005.8　p208-211
- ◎参考引用文献「発達障害児教育実践論―占領期の教育職員再教育講習会等の「特殊教育講座」の検討」（市澤豊）　学術出版会　2005.10　p267-273
- ◎参考図書ほか「発達に遅れのある子の就学相談―いま、親としてできること」（海津敦子）　日本評論社　2005.11　p228-229
- ◎参考文献「教師と親のコラボレーション―障害のある子どものよりよい生活のために」（L. ポーターほか）　田研出版　2005.12　p255-270
- ◎参考引用文献「発達障害児教育実践史研究―戦前の北海道における特別教育の成立と教育理念・目標・内容・方法」（市澤豊）　多賀出版　2006.1　p375-394
- ◎参考引用文献「ぼくも、みんなといっしょに。―特別な教育的支援を必要とする子らの対応と教員養成系大学の役割」（池田勝昭ほか）　学術図書出版社　2006.3　p134-135
- ◎引用文献「特別支援児の心理学―理解と支援」（梅谷忠勇ほか）　北大路書房　2006.3　p183-197
- ◎引用参考文献「特別支援教育の授業づくり―より良い授業を求めて」（冨永光昭）　ミネルヴァ書房　2006.4　p176-179
- ◎入門書「学級経営力・特別支援教育の展望」（堀裕嗣ほか）　明治図書出版　2006.5　p153-155
- ◎参考文献「みんなの自立支援を目指すやさしい応用行動分析学―「支援ツール」による特別支援教育から福祉、小・中学校通常教育への提案」（高畑庄蔵）　明治図書出版　2006.6　p143-145
- ◎参考文献「音楽療法士のためのABA入門―発達障害児への応用行動分析学的アプローチ」（中山晶世ほか）　春秋社　2006.7　p131-133
- ◎参考図書「発達障害のある子とお母さん・先生のための思いっきり支援ツール―ポジティブにいこう！」（武藏博文ほか）　エンパワメント研究所　2006.8　p226-227
- ◎参考文献「障害ある学生を支える―教員の体験談を通じて教育機関の役割を探る」（B. M. ホッジほか）　文理閣　2006.12　p215-218
- ◎参考文献「スウェーデンにおける統一学校構想と補助学級改革の研究」（是永かな子）　風間書房　2007.2　p371-394
- ◎「特別支援教育のための100冊―ADHD、高機能自閉症・アスペルガー症候群、LDなど」（愛知教育大）　創元社　2007.2　236p B6
- ◎文献「発達障害のある子どもの自己を育てる―内面世界の成長を支える教育・支援」（田中道治ほか）　ナカニシヤ出版　2007.3 prr
- ◎関連情報「フロスティッグのムーブメント教育・療法―理論と実際」（M. フロスティッグ）　日本文化科学社　2007.6　p267-269
- ◎文献「障害児の発達臨床　2　感覚と運動の高次化による発達臨床の実際」（宇佐川浩）　学苑社　2007.6　p222-229
- ◎参考文献「場面緘黙児への支援―学校で話せない子を助けるために」（A. E. McHolmほか）　田研出版　2007.7　p183-185

障害児保育

- ◎参考文献「障害児保育」（佐藤泰正ほか）　学芸図書　2002.4 prr
- ◎注「障害をもつ子どもの保育実践」（水田和江ほか）　学文社　2004.4 prr
- ◎引用参考文献「障害児保育」（渡部信一ほか）　北大路書房　2005.1　p159-162

障害者

- ◎参考文献「障害者の心理と支援―教育・福祉・生活」（田中農夫男ほか）　福村出版　2001.2　p7-15b
- ◎参考文献「ジョブコーチ入門　重度障害者の就労支援のための」（小川浩）　筒井書房　2001.7　p144-145
- ◎年表「日本文学のなかの障害者像―近・現代篇」（花田春兆ほか）　明石書店　2002.3　p360-362
- ◎資料「障害者サービス　補訂版」（日本図書館協会障害者サービス委員会）　日本図書館協会　2003.9　p277-282
- ◎文献「私たちぬきで私たちのことは何も決めるな―障害をもつ人に対する抑圧とエンパワーメント」（J. I. チャールトン）　明石書店　2003.10　p323-350
- ◎引用参考文献「障害者とスポーツ」（高橋明）　岩波書店　2004.6　p195-196
- ◎参考文献「老いと障害の質的社会学―フィールドワークから」（山田富秋）　世界思想社　2004.9　p259-270
- ◎文献リスト「漂泊と自立―障害者旅行の社会学」（根橋正一ほか）　流通経済大出版会　2005.6　p199-207
- ◎文献「障害と文化―非欧米世界からの障害観の問いなおし」（B. イングスタッドほか）　明石書店　2006.2　p538-513

◎参考文献「障害の政治―イギリス障害学の原点」（M. オリバー）　明石書店　2006.6　p246-264
◎引用参照文献「知的障害のある成人の学習支援論―成人学習論と障害学の出会い」（津田英二）　学文社　2006.12　p229-237
◎文献「障害とは何か―ディスアビリティの社会理論に向けて」（星加良司）　生活書院　2007.2　p6-19b
◎文献「障害学―理論形成と射程」（杉野昭博）　東京大出版会　2007.6　p271-283

障害者家族
◎参考文献「障害者家族を生きる」（土屋葉）　勁草書房　2002.6　p7-22b

障害者教育
◎文献「障害教育の新しい地平線」（守屋国光）　風間書房　2003.2　prr

障害者差別
◎参考文献「障害者差別禁止法とソーシャルワーク」（J. T. パーデック）　中央法規出版　2003.5　p173-174

障害者心理
◎引用文献「老人・障害者の心理　改訂版」（中野善達ほか）　福村出版　2006.3　p190-198

障害者政策
◎参考文献「図表でみる世界の障害者政策」（OECD）　明石書店　2004.9　p226-231

障害者福祉
◎文献「障害をもつ人たちのエンパワーメント―支援・援助者も視野に入れて」（伊藤智佳子）　一橋出版　2002.5　p146-147
◎参考文献「現代の障害者福祉　改訂版」（定藤丈弘）　有斐閣　2003.4　prr
◎参考文献「障害者福祉概論」（近藤久史ほか）　明石書店　2003.9　prr
◎参考文献「高齢者・障害者のための都市・交通計画」（清水浩志郎）　山海堂　2004.7　p222-233
◎参考文献「障害者福祉実践マニュアル―アメリカの事例・本人中心のアプローチ」（カリフォルニア州発達障害局）　明石書店　2004.10　p295-296
◎「障害者福祉関係図書目録　2000-2004」（日外アソシエーツ）　日外アソシエーツ　2005.4　751p　A5
◎文献紹介「障害理解―心のバリアフリーの理論と実践」（徳田克己ほか）　誠信書房　2005.4　p293-303
◎参考文献「障害をもつ人たちの自立生活とケアマネジメント」（谷口明広）　ミネルヴァ書房　2005.10　p211-214
◎文献ほか「障害者運動と価値形成―日英の比較から」（田中耕一郎）　現代書館　2005.11　p269-303
◎参考文献「障害者の自立支援とパーソナル・アシスタンス、ダイレクト・ペイメント―英国障害者福祉の変革」（小川喜道）　明石書店　2005.12　p139-143
◎参考文献「障害者の経済学」（中島隆信）　東洋経済新報社　2006.2　p211-213
◎文献「行動変容アプローチによる問題解決実践事例―障害者福祉への導入を目標に」（三原博光）　学苑社　2006.3　p167-176
◎参考文献「障害者福祉の世界　3版」（佐藤久夫ほか）　有斐閣　2006.4　p235-238
◎引用参考文献「障害者自立支援法とケアの自律―パーソナルアシスタンスとダイレクトペイメント」（岡部耕典）　明石書店　2006.6　p149-161
◎文献「社会リハビリテーションの理論と実際」（奥野英子）　誠信書房　2007.3　p239-244
◎文献「障害児者へのサポートガイド」（新井英靖）　中央法規出版　2007.3　p186-189
◎参考文献「社会リハビリテーション論」（相澤譲治ほか）　三輪書店　2007.4　prr
◎業績一覧「障害のある人の社会福祉学」（竹原健二）　学文社　2007.4　p255-280

生涯スポーツ
◎参考文献「生涯スポーツの理論と実際―豊かなスポーツライフを実現するために」（日下裕弘ほか）　大修館書店　2001.4　p224-229
◎参考文献「生涯スポーツ概論」（黒川国児ほか）　中央法規出版　2001.10　prr

傷害保険
◎参考文献「アメリカの民間医療保険」（中浜隆）　日本経済評論社　2006.6　p246-268
◎参考文献「就業不能―「働けないリスク」に企業はどう向き合うか」（鳥越慎二）　ダイヤモンド・ビジネス企画　2007.12　p210-211

障害臨床学
◎文献「障害臨床学」（中村義行ほか）　ナカニシヤ出版　2003.4　prr
◎文献「障害臨床学　増補版」（中村義行ほか）　ナカニシヤ出版　2005.2　prr

唱歌教育
◎参考文献「近代朝鮮の唱歌教育」（高仁淑）　九州大学出版会　2004.12　p303-310
◎参考文献ほか「植民地下の台湾における学校唱歌教育の成立と展開」（劉麟玉）　雄山閣　2005.2　p199-252
◎参考文献「植民地台湾における公学校唱歌教育」（岡部芳広）　明石書店　2007.2　p185-192

城郭
◎参考引用文献「城郭資料集成中世北武蔵の城」（梅沢太久夫）　岩田書院　2003.5　p241-245
○文献リスト（関口和也）「中世城郭研究　17」（中世城郭研究会）　2003.7　p344-357
○論文目録（阿部和彦）「城郭史研究　23」（日本城郭史学会）　2003.8　p129-136
◎参考文献「東葛の中世城郭」（千野原靖方）　崙書房　2004.2　p296-301
○文献リスト（関口和也）「中世城郭研究　18」（中世城郭研究会）　2004.7　p337-344
○文献リスト（関口和也）「中世城郭研究　21」（中世城郭研究会）　2007.7　p364-376

小学館
◎参考文献「小学館の80年―1922～2002」（小学館総務局社史纂室）　小学館　2004.5　p442-444

奨学金政策
◎文献「アメリカ連邦政府による大学生経済支援政策」（犬塚典子）　東信堂　2006.11　p239-253

小学校
- ◎参考文献「小学校でなぜ英語?―学校英語教育を考える」(大津由紀雄, 鳥飼玖美子)　岩波書店　2002.3　p68-70
- ◎参考文献「東京の近代小学校―「国民」教育制度の成立過程」(土方苑子)　東京大学出版会　2002.4　p199-142
- ◎参考文献「国民学校の子どもたち―戦時下の「神の国」教育」(坪内広清)　彩流社　2003.7　p195-196
- ◎文献「地方改良運動期における小学校と地域社会―「教化ノ中心」としての小学校」(笠間賢二)　日本図書センター　2003.11　p6-12b
- ◎執筆目録ほか「小学校国語科教育の実践・研究」(神田和正)　渓水社　2004.8　p525-542
- ◎書籍「中国人と小学校教師のための学校生活まるごとガイド―中国語訳つき」(須藤とみゑほか)　スリーエーネットワーク　2005.3　p187-197
- ◎参考文献「「小学校英語」指導法ハンドブック」(J.ブルースターほか)　玉川大学出版部　2005.12　p355-362
- ◎参考文献「危うし!小学校英語」(鳥飼玖美子)　文藝春秋　2006.6　p219-223
- ◎参考文献「まぼろし小学校　ものへん　大増補版」(串間努)　筑摩書房　2006.8　p390-394

城下町
- ◎参考文献「図説城下町都市」(佐藤滋ほか)　鹿島出版会　2002.4　p176-181
- ◎文献目録「図説安土城を掘る―発掘調査15年の軌跡」(滋賀県安土城郭調査研究所ほか)　サンライズ出版　2004.10　p88-94

唱歌遊戯
- ◎参考文献「唱歌遊戯作品における身体表現の変遷」(名須川知子)　風間書房　2004.12　p369-375

傷寒論
- ◎関連医書年表「宋以前傷寒論考」(岡田研吉ほか)　東洋学術出版社　2007.6　p10-12f

将棋
- ◎参考文献「将棋の駒はなぜ五角形なのか―西遊記で解く将棋の謎」(永松憲一)　新風舎　2003.3　p262-269
- ◎参考文献「将軍家「将棋指南役」―将棋宗家十二代の「大橋家文書」を読む」(増川宏一)　洋泉社　2005.2　p202-203
- ◎参考資料「将棋駒の世界―カラー版」(増山雅人)　中央公論新社　2006.10　p190」
- ◎参考文献「東洋の将棋」(岡野伸)　大阪商業大　2007.3　p185-188

蒸気機関車
- ◎参考引用文献「蒸気機関車誕生物語」(水島とほる)　グランプリ出版　2004.5　p223-224

蒸気船
- ◎参考文献「幕末の蒸気船物語」(元綱数道)　成山堂書店　2004.4　p196-199

彰義隊
- ◎参考文献「彰義隊遺聞」(森まゆみ)　新潮社　2004.11　p280-282
- ◎参考文献「彰義隊―われら義に生きる」(星亮一)　三修社　2007.12　p320-321

商業
- ◎参考文献「東京大都市圏の地域システム」(橋本雄一)　大明堂　2001.2　p244-257
- ◎参考資料「流通経済論―生活創造と商の原理探究の道」(市川浩平)　晃洋書房　2001.4　p235-240
- ◎「『支那商業に関する主要文献目録　第1邦文および欧文の部』」　皓星社　2001.5　107p B5
- ◎参考文献「店舗・立地の戦略と診断　新版」(石居正雄ほか)　同友館　2001.6　p261-262
- ◎文献案内「ベーシック流通と商業―現実から学ぶ理論と仕組み」(原田英生, 向山雅夫, 渡辺達朗)　有斐閣　2002.2　p291-296
- ◎参考文献「新・流通と商業　改訂版 第2補訂」(鈴木安昭)　有斐閣　2002.4　p232-233
- ◎文献「現代商業学」(高嶋克義)　有斐閣　2002.11　p265-266
- ◎「日本大学商学部研究のあゆみ―研究総目録・総索引」(日本大学商学部創設100周年記念論文集・資料刊行委員会)　資料刊行委員会　2004.11　174p A5
- ◎参考文献「いま流通消費都市の時代―福岡モデルでみた大都市の未来」(阿部真也)　中央経済社　2006.5　p300-306
- ◎参考文献「商業経営論　改訂版」(山本久義)　泉文堂　2007.7　p235-238

商業教育
- ◎参考文献「商業教育の歩み―現状の課題と展望」(笈川達男)　実教出版　2001.10　p204-205
- ◎参考文献「明治期における商業教育の教育課程の形成と展開」(森川治人)　雄松堂出版　2004　p1-7b

商業史
- ◎文献「イスラームと商業の歴史人類学―西アフリカの交易と知識のネットワーク」(坂井信三)　世界思想社　2003.3　p471-493
- ◎参考文献「日本流通マーケティング史―現代流通の史的諸相」(小原博)　中央経済社　2005.11　p257-262
- ◎引用文献「嘘と貪欲―西欧中世の商業・商人観」(大黒俊二)　名古屋大出版会　2006.2　p9-18b
- ◎参考引用文献「図説大江戸おもしろ商売」(北嶋廣敏)　学習研究社　2006.3　p249-255
- ◎参考文献「豪商たちの時代―徳川三百年は「あきんど」が創った」(脇本祐一)　日本経済新聞社　2006.10　p275-277

商業資本
- ◎参考文献「商業資本論の射程―商業資本論の展開と市場機構論」(清水真志)　ナカニシヤ出版　2006.4　p321-330

商業通信
- ◎文献「英語通信文の歴史―英国の英文レターマニュアルに見る商用通信文(ビジネスレター)の移り変わり」(稲津一芳)　同文舘出版　2001.3　p435-440
- ◎参考文献「国際ライセンスビジネスの実務―交渉から契約書作成まで」(大貫雅晴)　同文舘出版　2001.12　p245-246

商業登記
- ◎参考文献ほか「会社の目的と適格性―その判断をめぐる理論と実務」(広島民事法務研究会)　民事法研究会　2002.1　p308-312

上宮聖徳法王帝説
◎研究文献「上宮聖徳法王帝説　注釈と研究」（沖森卓也）　吉川弘文館　2005.3　p201-203

将軍
◎参考文献「遊びをする将軍―踊る大名」（山本博文）　教育出版　2002.6　p186-189

象形文字
◎参考文献「聖なる文字ヒエログリフ」（P. ウィルソン）　青土社　2004.5　p213-215

証券
◎「証券関係文献目録　2000年」　日本証券経済研究所　2001.5　234p　B5
◎引用文献ほか「証券に関する12章」（杉江雅彦）　萌書房　2001.7　p221-223
◎文献「証券経済論」（安達智彦）　岩波書店　2003.3　p223-234
◎文献一覧「ドイツ証券市場史―取引所の地域特性と統合過程」（山口博教）　北海道大出版会　2006.2　p277-288
◎参考文献「資産の価格付けと測度変換」（木島正明ほか）　朝倉書店　2007.6　p198-200

証券金融
◎文献「債権流動化の理論構造―証券市場の機能とその将来」（深浦厚之）　日本評論社　2003.11　p269-276
◎文献「実践証券化入門」（江川由紀雄）　シグマベイスキャピタル　2004.2　p140-142
◎参考文献「証券化の法と経済学」（高橋正彦）　NTT出版　2004.6　p265-279
◎参考文献「証券化キーワード辞典」（三国仁司ほか）　日本経済新聞社　2004.6　p196-201
◎参考文献ほか「サブプライム問題の教訓―証券化と格付けの精神」（江川由紀雄）　商事法務　2007.12　p228-229

証券決済
◎参考文献「証券決済」（中島真志ほか）　東洋経済新報社　2002.2　p343-350

証券市場
◎参考文献「エンジェルファイナンス―リスクマネー投資によるジャパニーズドリームの実現」（G. A. Benjamin, J. B. Margulis）　オーム社　2001.8　p361-364
◎参考文献「実践ヘッジファンド投資―成功するリスク管理」（バージニア・レイノルズ・パーカー）　日本経済新聞社　2001.8　p420-422
◎参考文献ほか「ウォールストリートの歴史」（チャールズ・R. ガイスト）　フォレスト出版　2001.10　p453-460
◎参考文献「証券決済システムのすべて」（中島真志, 宿輪純一）　東洋経済新報社　2002.2　p343-350
◎参考文献「アナリストの仕事」（近藤一仁）　日本能率協会マネジメントセンター　2002.4　p198-199
◎文献「日本の株式市場と外国人投資家」（代田純）　東洋経済新報社　2002.4　p199-200
◎文献「市場のアノマリーと行動ファイナンス」（城下賢吾）　千倉書房　2002.9　p179-188
◎文献「入門現代証券市場　2版」（川村雄介）　財経詳報社　2003.2　p253-255
◎参考文献「証券市場　2003」（証券広報センター）　中央経済社　2003.3　p244-248
◎文献「証券市場の真実―101年間の目撃録」（E. ディムソン）　東洋経済新報社　2003.7　p457-470
◎参考資料「入門中国の証券市場」（徐燁聡）　東洋経済新報社　2003.7　p157-162
◎文献「金融構造改革の誤算」（大崎貞和）　東洋経済新報社　2003.9　p268-270
◎参考文献「証券市場と行動ファイナンス」（俊野雅司）　東洋経済新報社　2004.3　p201-209
◎参考文献「証券アナリストのための企業分析―定量・定性分析と投資価値評価　3版」（日本証券アナリスト協会）　東洋経済新報社　2004.7　p195-198
◎参考文献「戦略的アセットアロケーション―長期投資のための資産配分の考え方」（J. Y. キャンベルほか）　東洋経済新報社　2005.2　p239-254
◎参考文献「証券市場　2005」（証券広報センター）　中央経済社　2005.3　p224-228
◎参考文献「最新証券市場―基礎から発展」（川村雄介）　財経詳報社　2006.4　p269-271
◎参考図書「テキスト株式・債券投資」（川北英隆）　中央経済社　2006.10　p237-240
◎参考文献「金融工学と日本の証券市場―金融技術革新の影響と今後の課題」（渡辺信一）　日本評論社　2007.6　prr
◎参考文献「中国株式市場の真実―政府・金融機関・上場企業による闇の構造」（張志雄ほか）　ダイヤモンド社　2007.6　p505-508

条件付け
◎文献「学習心理学における古典的条件づけの理論―パヴロフから連合学習研究の最先端まで」（中島定彦）　培風館　2003.6　p179-201

証券投資
◎参考文献「証券投資分析　改訂版」（藤林宏ほか）　金融財政事情研究会　2001.11　p263-264
◎文献「αを探せ！―最強の証券投資理論―マーコヴィッツからカーネマンまで」（B. ウォーウィック）　日経BP社　2003.8　p239-246
◎参考文献「証券投資の思想革命　普及版」（P. L. バーンスタイン）　東洋経済新報社　2006.12　p13-25b

証券取引法
◎参考文献「会計国際化と資本市場統合―ドイツにおける証券取引開示規制と商法会計法との連繋」（佐藤誠二）　森山書店　2001.10　p192-202
◎参考文献「ディスクロージャー実務用語事典」（内山正次ほか）　税務研究会出版局　2004.7　p428-429
◎参考文献「アメリカ証券取引法　2版」（黒沼悦郎）　弘文堂　2004.12　p240-243

証拠
◎参考文献「証言の心理学―記憶を信じる、記憶を疑う」（高木光太郎）　中央公論新社　2006.5　p199-202

商行為法
◎文献案内「基本講義商法総則・商行為法」（片木晴彦）　新世社　2001.7　p167-168
◎文献「商行為法　4版」（蓮井良憲ほか）　法律文化社　2006.4　p1-5b

小国民
◎「児童雑誌「小国民」解題と細目」（鳥越信）　風間書房　2001.1　519p　A5

証拠保全
◎文献「証拠保全の実務」（東京地裁証拠保全研究会）　金融財政事情研究会　2006.8　p4-8f

上座部
◎参考文献「小乗仏教思想論　木村泰賢全集5」（木村泰賢）　大法輪閣　2004.3　p702-703

硝酸塩
◎文献「硝酸塩は本当に危険か―崩れた有害仮説と真実」（J. リロンデル）　農山漁村文化協会　2006.12　p207-244

情死
◎参考文献「にっぽん心中考」（佐藤清彦）　文藝春秋　2001.2　p289-291

少子化
◎注文献「少子化をのりこえたデンマーク」（湯沢雍彦）　朝日新聞社　2001.12　prr
◎註「少子社会の子育て支援」（国立社会保障・人口問題研究所）　東京大学出版会　2002.2　prr
◎文献「都市の少子社会―世代共生をめざして」（金子勇）　東京大学出版会　2003.9　p221-235
◎参考文献「少子化のジェンダー分析」（目黒依子ほか）　勁草書房　2004.5　p220-226
◎参考文献「少子高齢化社会のライフスタイルと住宅―持家資産の福祉的選択」（倉田剛）　ミネルヴァ書房　2004.8　p283-288
◎参考文献「少子化の人口学」（大淵寛ほか）　原書房　2004.10　prr
◎引用参考文献「アジアの少子高齢化と社会・経済発展」（店田廣文）　早稲田大学出版部　2005.2　prr
◎文献「少子高齢社会のみえない格差」（白波瀬佐和子）　東京大学出版会　2005.2　p193-202
◎参考文献「少子化の社会経済学」（大淵寛ほか）　原書房　2005.4　prr
◎参考文献「少子化の政策学」（大淵寛ほか）　原書房　2005.10　prr
◎参考文献「人口減少社会は怖くない」（原田泰ほか）　日本評論社　2005.12　p191-194
◎参考文献「少子化する高齢社会」（金子勇）　NHK出版　2006.2　p207-211
◎文献「変化する社会の不平等―少子高齢化にひそむ格差」（白波瀬佐和子）　東京大出版会　2006.2　prr
◎書誌情報「女性と少子化」（北九州市立男女共同参画センター"ムーブ"）　明石書店　2006.3　p277-299
◎参考文献「少子化と日本の経済社会―2つの神話と1つの真実」（樋口美雄）　日本評論社　2006.3　prr
◎参照文献「社会調査から見た少子高齢社会」（金子勇）　ミネルヴァ書房　2006.4　p11-17b
◎文献「少子化の流行―その原因と対策」（三浦悌二）　同時代社　2006.5　p77-80
◎参考文献「少子化の経済分析」（高山憲之ほか）　東洋経済新報社　2006.12　prr
◎参考文献「少子化社会―もうひとつの格差のゆくえ」（山田昌弘）　岩波書店　2007.4　p225-232
◎参考文献「人口減・少子化社会の未来―雇用と生活の質を高める」（小峰隆夫ほか）　明石書店　2007.5　prr
◎参考文献「人口学への招待―少子・高齢化はどこまで解明されたか」（河野稠果）　中央公論新社　2007.8　p282-273

商社
◎参考文献「IT革命と商社の未来像―eマーケットプレースへの挑戦」（中谷巌）　東洋経済新報社　2001.4　p348-349
◎参考文献「総合商社の経営管理」（守屋貴司）　森山書店　2001.9　p203-207
◎引用参考文献「総合商社の非総合性研究」（政岡勝治）　晃洋書房　2006.2　p185-189

小銃
◎文献「ドイツの小銃拳銃機関銃―歩兵兵器の徹底研究」（広田厚司）　光人社　2002.5　p329-330

少女
◎参考文献「「少女」の社会史」（今田絵里香）　勁草書房　2007.2　p233-239
◎参考文献「〈少女〉像の誕生―近代日本における「少女」規範の形成」（渡部周子）　新泉社　2007.12　p348-371

少女雑誌
◎文献ほか「乙女のロマンス手帖」（堀江あき子）　河出書房新社　2003.9　p119-127

少女小説
◎参考文献「クララは歩かなくてはいけないの？　少女小説にみる死と障害と治癒」（L. キース）　明石書店　2003.4　p313-320
◎リスト「女学生手帖―大正・昭和乙女らいふ」（弥生美術館）　河出書房新社　2005.4　p122-123
◎参考文献「少女小説から世界が見える―ペリーヌはなぜ英語が話せたか」（川端有子）　河出書房新社　2006.4　p230-231

情緒的虐待
◎参考文献「情緒的虐待/ネグレクトを受けた子ども　発見・アセスメント・介入」（D. イワニエク）　明石書店　2003.5　p361-346

少女マンガ
◎「20世紀少女マンガ天国」（エンターブレイン）　エンターブレイン　2001.7　191p A5
◎作品年表（ヤマダトモコ）「少女まんがの系譜」（二上洋一）　ぺんぎん書房　2005.6　p226-284
◎年表「戦後少女マンガ史」（米沢嘉博）　筑摩書房　2007.8　p338-379

昇進
◎引用文献「昇進の研究―キャリア・プラトー現象の観点から　改訂版」（山本寛）　創成社　2001.5　p285-297
◎文献「昇進の研究―キャリア・プラトー現象の観点から　3訂版」（山本寛）　創成社　2003.4　p285-297
◎参考文献「ホワイトカラーのキャリア形成―人事データに基づく昇進と異動の実証分析」（上原克仁）　社会経済生産性本部　2007.4　p107-109

正信偈
◎注釈書刊記集成「中世の文学と学問」（大取一馬）　思文閣出版　2005.11　p460-492

精進料理
◎参考文献「精進料理と日本人」（鳥居本幸代）　春秋社　2006.4　p249-258

浄水
- ◎参考文献「新しい浄水技術—産官学共同プロジェクトの成果」（水道技術研究センター） 技報堂出版 2005.3 prr
- ◎参考文献「おいしい水のつくり方—生物浄化法」（中本信忠） 築地書館 2005.8 p166-171

少数者
- ◎引用文献「環境問題における少数者の影響過程—シミュレーション・ゲーミングによる実験的検証」（野波寛） 晃洋書房 2001.5 p171-178
- ◎引用文献「少数者のために」（徳留新一郎） 東洋出版 2001.12 p410-413
- ◎参考文献「法と少数者の権利」（萩原重夫） 明石書店 2002.11 p173-176

少数民族
- ◎参考文献「中国の市場経済化と民族法制—少数民族の持続可能な発展と法制度の変革」（小林正典） 法律文化社 2002.3 p320-339
- ◎参考文献「ラオス少数民族の教育問題」（乾美紀） 明石書店 2004.2 p211-218
- ◎参照文献「南ラオス村落社会の民俗誌—民族混在状況下の『連帯』と闘争」（中田友子） 明石書店 2004.2 p329-324
- ◎参考文献「グローバル時代の先住民族—『先住民族の10年』とは何だったのか」（藤岡美恵子ほか） 法律文化社 2004.9 p4-6b
- ◎参考文献「北米　講座世界の先住民族07」（富田虎男ほか） 明石書店 2005.5 prr
- ◎参考文献「オセアニア　講座世界の先住民族09」（前川啓治ほか） 明石書店 2005.9 prr
- ◎参考文献「タイ山地一神教徒の民族誌—キリスト教徒ラフの国家・民族・文化」（片岡樹） 風響社 2006.2 p355-379
- ◎出典「『消えゆくことば』の地を訪ねて」（M. エイブリー） 白水社 2006.4 p1-17b
- ◎参考文献「文法を描く—フィールドワークに基づく諸言語の文法スケッチ　1」（中山俊秀ほか） 東京外国語大 2006.9 prr
- ◎参考文献「トラウマ的記憶の社会史—抑圧の歴史を生きた民衆の物語」（松野明久ほか） 明石書店 2007.9 prr
- ◎引用文献「東南アジア年代記の世界—黒タイの『クアム・トー・ムオン』」（樫永真佐夫） 風響社 2007.11 p62-64
- ◎引用文献「文化の政治と生活の詩学—中国雲南省徳宏タイ族の日常的実践」（長谷千代子） 風響社 2007.12 p347-366

小説
- ◎「遍歴と興亡　二十一世紀時代小説論」（中島誠） 講談社 2001.1 406p 46s
- ○「新恋愛小説読本　別冊本の雑誌14」（本の雑誌社） 2001.2 173p A5
- ○書誌（石山洋）「文献探索　2000」（文献探索研究会） 2001.2 p55-60
- ◎参考文献ほか「メタフィクションの思想」（巽孝之） 筑摩書房 2001.3 p1-24b
- ◎原注文献「小説における時間と時空間の諸形式　1930年代以降の小説ジャンル論」（M. バフチン） 水声社 2001.4 p531-554
- ◎「経済小説がおもしろい　日本の未来を解く30冊」（斎藤貴男） 日経BP社 2001.6 209p A5
- ◎「短編小説12万作品名目録」（日外アソシエーツ） 日外アソシエーツ 2001.7 1613p B5
- ○研究の軌跡（金井昌太郎、磯原敦）「解釈と鑑賞　66.9」（至文堂） 2001.9 p161-171
- ◎「翻訳小説全情報　1998-2000」（日外アソシエーツ） 日外アソシエーツ 2001.9 749p A5
- ○小説（横田順弥）「SFマガジン　43.1」（早川書房） 2002.1 p153-201
- ◎引用文献「外来語と小説」（山田雄一郎） 広島修道大学総合研究所 2002.5 p65-66
- ◎文献「一億三千万人のための小説教室」（高橋源一郎） 岩波書店 2002.6 p185-187
- ◎引用文献「小説教室—一億三千万人のための」（高橋源一郎） 岩波書店 2002.6 p185-187
- ◎参考文献「時代小説巡遊記」（小川和佑） 光芒社 2002.7 p199-200
- ◎ノート文献「小説のなかに見る異文化—近代ロシア、アメリカ、カナダ文学を比較する」（B. H. ゲルファント） 玉川大学出版部 2002.7 p1-75b
- ◎「文芸年鑑　2002　平成14年版」（日本文芸家協会） 新潮社 2002.7 670p A5
- ◎引用文献「短編小説のレシピ」（阿刀田高） 集英社 2002.11 p244-249
- ◎参考文献「ファンタジーの魔法空間」（井辻朱美） 岩波書店 2002.12 p255-267
- ◎文献「ユートピア文学論　徹夜の魂」（沼野充義） 作品社 2003.2 prr
- ◎「日本の小説全情報　2000-2002」（日外アソシエーツ） 日外アソシエーツ 2003.2 994p A5
- ◎参考文献「物語における読者　新装版」（U. エーコ） 青土社 2003.4 p4-13b
- ◎文献「物語のなかの女たち—アイデンティティをめぐって」（N. エニック） 青山社 2003.4 p415-420
- ◎「打ちのめされるようなすごい小説」（富岡幸一郎） 飛鳥新社 2003.6 301p 46s
- ◎「日本の小説101」（安藤宏） 新書館 2003.6 226p A5
- ◎「日本現代小説大事典」（浅井清ほか） 明治書院 2004.7 8, 41, 1613p A5
- ◎掲載作品目録「文藝年鑑　平成16年版」（日本文藝家協会） 新潮社 2004.7 p117-242
- ◎略年譜「明治の結婚小説」（上田博） おうふう 2004.9 p222-223
- ◎参考文献「身体で読むファンタジー—フランケンシュタインからもののけ姫まで」（吉田純子ほか） 人文書院 2004.12 p229-242
- ◎「翻訳小説全情報　2001-2003」（日外アソシエーツ） 日外アソシエーツ 2004.12 7, 985p A5
- ◎注「小説の維新史—小説はいかに明治維新を生き延びたか」（山本良） 風間書房 2005.2 prr
- ◎参考文献「やおい小説論—女性のためのエロス表現」（永久保陽子） 専修大学出版局 2005.3 p336-337
- ◎参考文献「芥川賞の若者の深層心理—"綿矢・金原・白岩玄世代"と"石原・村上世代"間の断層」（阪井敏郎） 文芸社 2005.5 p196-198
- ◎引用文献リスト「小説の自由」（保坂和志） 新潮社 2005.6 p353-355

しようせ

◎「文芸雑誌小説初出総覧　1945-1980」（勝又浩）　日外アソシエーツ　2005.7　39, 1294p B5
◎参考文献「小説のはじめ—書き出しに学ぶ文章テクニック」（佐藤健児）　雷鳥社　2005.8　p302-307
◎本の案内ほか（古澤夕起子）「大正の結婚小説」（上田博）　おうふう　2005.9　p217-218
◎文献「現実を語る小説家たち—バルザックからシムノンまで」（J. デュボア）　法政大学出版局　2005.12　p9-24b
◎参考文献「可能世界・人工知能・物語理論」（M. L. ライアン）　水声社　2006.1　p451-464
◎参考文献「オリジナル・パラダイス—原作小説の映画館」（高橋いさを）　論創社　2006.2　p222-224
◎「短編小説クイックレファレンス—デスクで調べるCD」（日外アソシエーツ）　日外アソシエーツ　2006.2　CD-ROM1枚　12cm
◎「日本の小説全情報　2003-2005」（日外アソシエーツ）　日外アソシエーツ　2006.2　5, 1065p A5
◎年表稿（西井弥生子）「幻想文学、近代の魔界へ」（一柳廣孝ほか）　青弓社　2006.5　p213-246
◎「文芸雑誌小説初出総覧　1981-2005」（日外アソシエーツ）　日外アソシエーツ　2006.7　1442p B5
◎作家別作品一覧（武田昌憲）「茨城女子短期大学紀要　34」（茨城女子短大）　2007　p1-11
◎引用文献「ニッポンの小説—百年の孤独」（高橋源一郎）　文藝春秋　2007.1　p447-451
◎「アンソロジー内容総覧—日本の小説・外国の小説　1997-2006」（日外アソシエーツ）　日外アソシエーツ　2007.4　33, 780p A5
◎参考文献「小説の方法—ポストモダン文学講義」（真銅正宏）　萌書房　2007.4　p1-7b
○英訳本リスト（早川書房編集部）「ミステリマガジン　52.6.616」（早川書房）　2007.7　p46-50
◎「文芸雑誌小説初出総覧　作品名篇」（日外アソシエーツ）　日外アソシエーツ　2007.7　1166p B5
◎「翻訳小説全情報　2004-2006」（日外アソシエーツ）　日外アソシエーツ　2007.7　1067p A5
◎ガイドブック「ライトノベル作家のつくりかた—実践!ライトノベル創作講座」（ライトノベル研究会）　青心社　2007.9　p193-199
◎参考文献「食通小説の記号学」（真銅正宏）　双文社出版　2007.11　p255-264

小説家
◎「新訂—作家・小説家人名事典」（日外アソシエーツ）　日外アソシエーツ　2002.10　811p A5
◎「年譜集成　1　現代の作家」（日外アソシエーツ）　日外アソシエーツ　2005.3　7, 632p A5
◎参考文献「作家の誕生」（猪瀬直樹）　朝日新聞社　2007.6　p241-244

商船
◎参考文献「日本商船・船名考」（松井邦夫）　海文堂出版　2006.8　p341-343
◎参考文献ほか「海の墓標—戦時下に襲われた日本の商船」（三輪祐児）　展望社　2007.2　p258-262

商船学校
◎参考文献「海洋教育史　改訂版」（中谷三男）　成山堂書店　2004.6　p368-369

醸造
◎参考文献「醸造・発酵食品の事典」（吉沢淑ほか）　朝倉書店　2002.1　prr
◎文献「発酵と醸造　1　味噌・醤油の生産ラインと分析の手引き」（東和男）　光琳　2002.3　p381-382

肖像画
◎文献「自画像の美術史」（三浦篤）　東京大学出版会　2003.3　p7-8b
◎註「日本肖像画史—奈良時代から幕末まで、特に近世の女性・幼童像を中心として」（成瀬不二雄）　中央公論美術出版社　2004.7　p141-143
◎参考文献「肖像の眼差し」（J. L. ナンシー）　人文書院　2004.11　p190-193
◎参考文献「中国の肖像画文学」（小川陽一）　研文出版　2005.3　p181-182
◎「美術作品レファレンス事典　人物・肖像篇」（日外アソシエーツ）　日外アソシエーツ　2007.2　12, 658p B5
◎文献一覧「オランダ集団肖像画」（A. リーグル）　中央公論美術出版　2007.11　p474-481

肖像権
◎文献「パブリシティ権—判例と実務」（金井重彦ほか）　経済産業調査会　2003.3　p186-189
◎参考文献「肖像権　新版」（大家重夫）　太田出版　2007.3　p286-293
◎参考文献「スナップ写真のルールとマナー」（日本写真家協会）　朝日新聞社　2007.8　p204-205

正倉建築
◎註「日本古代正倉建築の研究」（富山博）　法政大学出版局　2004.2　prr

肖像写真
◎参考文献「肖像写真—時代のまなざし」（多木浩二）　岩波書店　2007.7　p185-187

装束
◎参考文献「装束の日本史—平安貴族は何を着ていたのか」（近藤好和）　平凡社　2007.1　p222-224

上代文学
◎研究年報「論集上代文学　25」（万葉七曜会）　笠間書院　2002.11　p130-229
◎「古事記研究文献目録　単行書篇II・雑誌論文篇II」（古事記学会）　国書刊行会　2003.6　2冊　B5
◎「高岡市万葉歴史館所蔵文献目録　研究論文篇　平成15年度追補」（高岡市万葉歴史館）　高岡市万葉歴史館　2004.3　46p B5
◎参考文献「上代の日本文学　改訂新版」（多田一臣）　放送大教育振興会　2004.3　p200-204
◎研究年報「論集上代文学　26」（万葉七曜会）　笠間書院　2004.3　p215-340
◎研究年報（万葉七曜会）「論集上代文学　27」（万葉七曜会）　笠間書院　2005.7　p195-334
◎「海外における上代文学」（伊藤鉄也）　伊藤鉄也　2006.2　213p A5
◎年報「論集上代文学　28」（万葉七曜会）　笠間書院　2006.5　p177-257

◎研究年報「論集上代文学 29」（万葉七曜会） 笠間書院 2007.4 p193-284

松竹新喜劇
◎参考文献「喜劇百年―喜劇百年記念誌 曽我廼家劇から松竹新喜劇」（新生松竹新喜劇文芸部ほか） 松竹関西演劇部 2004.2 p38」

焼酎
◎参考文献「南のくにの焼酎文化」（豊田謙二） 高城書房 2005.4 p219-220
◎参考文献「壱岐焼酎―蔵元が語る麦焼酎文化私論」（山内賢明） 長崎新聞社 2007.11 p217-218

象徴主義
◎参考文献「近代日本の象徴主義」（木股知史ほか） おうふう 2004.3 p210-218
◎訳注（山形和美）「完訳象徴主義の文学運動」（A. シモンズ） 平凡社 2006.3 p318-343

商店
◎文献リスト「建築設計資料集成 業務・商業」（日本建築学会） 丸善 2004.4 p130-133

商店街
◎参考文献「変わる商店街」（中沢孝夫） 岩波書店 2001.3 p183-184
◎参考文献「市民のための都市再生―商店街活性化を科学する」（池沢寛） 学芸出版社 2002.2 p204-205
◎参考文献「大型店立地と商店街再構築―地方都市中心市街地の再生に向けて」（山川充夫） 八朔社 2004.7 p258-263
◎参考引用文献「大阪「鶴橋」物語―ごった煮商店街の戦後史」（藤田綾子） 現代書館 2005.12 p201-203

情動
◎参考文献「エモーショナル・ブレイン 情動の脳科学」（J. ルドゥー） 東京大学出版会 2003.4 p1-40b
◎文献「大感動！」（近藤勝重） 新潮社 2003.7 p268-269
◎文献「エモーショナル・インテリジェンス―日常生活における情動知能の科学的研究」（J. チャロキーほか） ナカニシヤ出版 2005.2 p257-278
◎文献「基盤としての情動―フラクタル感情論理の構想」（L. チオンピ） 学樹書院 2005.7 p387-398
◎文献「動機づけと情動」（D. A. デカタンザロ） 協同出版 2005.8 p404-456

浄土教
◎参考文献「欲望の哲学―浄土教世界の思索」（長谷正當） 法藏館 2003.6 p322-323

浄土宗
◎文献「カウンセリングと宗教―魂の居場所を求めて」（東山紘久ほか） 創元社 2007.7 p220-227

浄土信仰
◎文献「民衆宗教遺跡の研究」（唐沢至朗） 高志書院 2003.12 p1-10b

浄土真宗
◎参考文献「親鸞の生涯」（松本章男） 学習研究社 2001.2 p319-321
◎註「真宗入門」（K. タナカ） 法藏館 2003.4 p248-258

◎引用参考文献「宗教教誨と浄土真宗―その歴史と現代への視座」（徳岡秀雄） 同朋舎 2006.3 p236-242

小児
◎文献「小児の看護アセスメント」（ジョイス・エンゲル） 医学書院 2001.2 p269-274

小児衛生
◎参考図書「小児栄養学」（武藤静子） 朝倉書店 2003.2 p130-131

小児科
◎参考文献「小児科診察室―シュタイナー教育・医学からの子育て読本」（グレックラーほか） 水声社 2006.10 p555-563
◎参考文献ほか「小児・思春期糖尿病管理の手びき 改訂2版」（日本糖尿病学会） 南江堂 2007.6 prr

小児精神病
◎References「自閉症と小児精神病」（F. タスティン） 創元社 2005.12 p211-214

小児保健
◎引用参考文献「小児保健」（高野陽ほか） 北大路書房 2003.9 p151-152
◎参考文献「小児保健実習セミナー 改訂」（野原八千代ほか） 建帛社 2004.3 p197-198

商人
◎参考文献「異郷を結ぶ商人と職人―日本の中世 18」（笹本正治） 中央公論新社 2002.4 p271-277
◎文献紹介「テヘラン商売往来―イラン商人の世界」（岩崎葉子） 日本貿易振興機構 2004.7 p209-211
◎参考文献「近江商人学入門―CSRの源流「三方よし」」（末永國紀） サンライズ出版 2004.9 p198-200
◎参考文献「博多商人―鴻臚館から現代まで」（読売新聞西部本社ほか） 海鳥社 2004.11 p124-125
◎参考文献「明治物売図聚」（三谷一馬） 中央公論新社 2007.11 p424-427
◎参考文献「江戸奉公人の心得帖―呉服白木屋の日常」（油井宏子） 新潮社 2007.12 p204-206

承認
◎参考文献「承認をめぐる闘争―社会的コンフリクトの道徳的文法」（A. ホネット） 法政大学出版局 2003.9 p5-25b

使用人
◎原注「ヴィクトリアン・サーヴァント」（P. ホーン） 英宝社 2005.5 p335-348

承認欲求
◎参考文献「承認欲求―「認められたい」をどう活かすか？」（太田肇） 東洋経済新報社 2007.10 p235-237

少年鑑別所
◎参考文献「非行少年へのまなざし 少年鑑別所の現場から」（高橋由伸） 朱鷺書房 2003.5 p216-218

少年教護
◎参考文献「司法福祉論 増補版」（山口幸男） ミネルヴァ書房 2005.10 p220-232

少年刑法
◎参照文献「ドイツ少年刑法改革のための諸提案」（ドイツ少年裁判所・少年審判補助者連合） 現代人文社 2005.12 p140-150

少年誌
- ◎年表「少年画報大全─20世紀冒険活劇の少年世界昭和23年─昭和46年」（本間正幸）　少年画報社　2001.8　p154-158

少年社会学
- ◎引用文献「大人になるためのステップ─少年社会学序説」（奥井智之）　弘文堂　2001.9　p283-289

少年少女小説
- ○書誌（根本正義）「学芸国語教育研究　21」（東京学芸大）　2003.12　p42-56

少年犯罪
- ◎参考文献「少年犯罪　ほんとうに多発化、凶悪化しているのか」（鮎川潤）　平凡社　2001.3　p209-217
- ◎参考文献「自己を失った少年たち─自己確認型犯罪を読む」（影山任佐）　講談社　2001.12　p201-207
- ◎参考文献「少年犯罪と向きあう」（石井小夜子）　岩波書店　2001.12　p219-221
- ◎文献「少年の凶悪犯罪・問題行動はなぜ起きるのか─事件から学ぶ学校・家庭・地域の役割とネットワークづくり」（玉井正明,玉井康之）　ぎょうせい　2002.4　p226-229
- ◎文献「〈非行少年〉の消滅─個性神話と少年犯罪」（土井隆義）　信山社出版　2003.12　p6-14b
- ◎参考文献「少年犯罪と地下経済─5,000億円のアングラ・マネーの全貌」（門倉貴史）　PHP研究所　2004.8　p218-219
- ◎文献「少年犯罪─からだの声を聴かなくなった脳」（瀬口豊廣）　農文協　2005.9　p207-211
- ◎参考文献「重大触法事件の実証的研究─11歳から13歳までの少年による殺人,放火を中心として」　裁判所職員総合研修所　〔2006〕　p79-81
- ◎参考文献「ホラーハウス社会─法を犯した「少年」と「異常者」たち」（芹沢一也）　講談社　2006.1　p221-224
- ◎参考図書「少年犯罪の心的ストーリー」（三原芳一）　北大路書房　2006.1　p140-143
- ◎参考文献「ホームレス暴行死事件から読み解く現代非行─非行臨床心理学入門」（村尾泰弘）　ブレーン出版　2006.7　p189-191
- ◎参考文献「こんな子どもが親を殺す」（片田珠美）　文藝春秋　2007.1　p198-204
- ◎文献「非行・少年犯罪」（北澤毅）　日本図書センター　2007.2　p373-380
- ◎引用参考文献「犯罪・非行の心理学」（藤岡淳子）　有斐閣　2007.3　p251-266
- ◎参考文献「戦前の少年犯罪」（管賀江留郎）　築地書館　2007.10　p30-33b

少年非行
- ◎文献「クラスでできる非行予防エクササイズ─子どもたちの後悔しない人生のために」（押切久遠）　図書文化社　2001.6　p155-156
- ◎文献「非行少年の加害と被害─非行心理臨床の現場から」（藤岡淳子）　誠信書房　2001.9　p263-269
- ◎参考文献「少年非行とカウンセリング」（黒川昭登,上田三枝子）　朱鷺書房　2002.1　p224-225
- ◎文献「非行と社会病理学理論」（高原正興）　三学出版　2002.10　p212-217
- ◎文献「非行の語りと心理療法」（河野荘子）　ナカニシヤ出版　2003.2　p145-151
- ◎参考文献「非行臨床の焦点」（生島浩）　金剛出版　2003.4　prr
- ◎参考文献「非行少年へのまなざし　少年鑑別所の現場から」（高橋由伸）　朱鷺書房　2003.5　p216-218
- ◎文献「少年非行─青少年の問題行動を考える」（藤岡淳子ほか）　星和書店　2004.2　p210-220
- ◎引用文献「関係性のなかの非行少年─更生保護施設のエスノグラフィーから」（松嶋秀明）　新曜社　2005.11　p9-21b
- ◎文献「司法臨床の方法」（廣井亮一）　金剛出版　2007.5　p190-196

少年法
- ◎文献目録「注釈少年法　改訂版」（田宮裕,廣瀬健二）　有斐閣　2001.6　p7-31f
- ◎文献「子どもの法律入門─臨床実務家のための少年法手引き」（廣瀬健二）　金剛出版　2005.9　p155-158

少年マガジン
- ◎参考文献「実録!少年マガジン名作漫画編集奮闘記」（宮原照夫）　講談社　2005.12　p542-543

樟脳
- ◎参考文献「クスノキと樟脳─藤澤樟脳の100年」（服部昭）　牧歌舎　2007.9　p297-300

常磐線
- ◎参考文献「東北・常磐線120年の歩み」（三宅俊彦）　グランプリ出版　2004.2　p232」

消費
- ◎参考文献「都市と消費の社会学─現代都市・日本」（J.クラマー）　ミネルヴァ書房　2001.4　p8-20b
- ◎引用文献「「快楽消費」の追究」（堀内圭子）　白桃書房　2001.7　p225-237
- ◎参考文献「構築主義の消費論─クリスマス消費を通したプロセス分析」（木村純子）　千倉書房　2001.12　p1-4b
- ◎参考文献「消費文化─ダウンシフター」（藤井英映）　兵庫ジャーナル社　2003.3　p170-174
- ◎関連文献「家計・仕事・暮らしと女性の現在─平成15年版」（家計経済研究所）　国立印刷局　2003.10　p141-143
- ◎文献「消費文化とポストモダニズム　上巻　改訂」（M.フェザーストン）　恒星社厚生閣　2003.10　p151-165
- ◎参考文献「変わりゆく社会と家計の消費行動─AI需要システムによる分析」（橋本紀子）　関西大学出版部　2004.3　p213-227
- ◎参考文献「心が消費を変える─消費者心理の変化と消費増減の関係を探る」（佐野美智子）　多賀出版　2004.12　p173-177
- ◎参考文献「都市と消費社会との出会い─再魔術化する仙台」（高橋英博）　御茶の水書房　2007.3　p320-324
- ◎文献「第三の消費文化論─モダンでもポストモダンでもなく」（間々田孝夫）　ミネルヴァ書房　2007.12　p277-290

消費金融
- ◎参考文献「クレジット・スコアリング」（エリザベス・メイズ）　シグマベイスキャピタル　2001.7　p349-351

消費空間
- ◎参考引用文献「現代日本の消費空間─文化の仕掛けを読み解く」（関口英里）　世界思想社　2004.10　p198-214

消費経済
- ◎参考文献「消費経済理論　消費経済学体系1」（石橋春男）　慶應義塾大出版会　2005.10　prr

消費者
- ◎文献「「成熟消費社会」の構想―消費者はどこに向かうか」（粟田房穂）　流通経済大学出版会　2002.7　p225-227
- ◎文献「消費者行動の理論と分析」（塩田静雄）　中京大学商学会商学研究叢書編集委員会　2002.7　p283-290
- ◎参考文献「北欧の消費者教育―「共生」の思想を育む学校でのアプローチ」（北欧閣僚評議会）　新評論　2003.11　p156-157
- ◎参考文献「消費者の価格判断のメカニズム―内的参照価格の役割」（白井美由里）　千倉書房　2005.2　p1-17b
- ◎参考文献「消費者行動論」（北原明彦）　創成社　2005.5　p181-190
- ◎参考文献「サイコグラフで「買う気にさせる」心理戦術」（内藤誼人）　洋泉社　2005.6　p204-206
- ◎参考文献「消費者の認知世界―ブランドマーケティング・パースペクティブ」（新倉貴士）　千倉書房　2005.9　p1-19b
- ◎参考文献「消費者問題」（呉世煌）　慶應義塾大出版会　2005.10　prr
- ◎「消費者問題文献目録　1975-2004」（日外アソシエーツ）　日外アソシエーツ　2006.2　10, 685p B5
- ◎参考文献「おまけより割引してほしい―値ごろ感の経済心理学」（徳田賢二）　筑摩書房　2006.11　p219-221
- ◎参考文献「ヒット商品を最初に買う人たち」（森行生）　ソフトバンククリエイティブ　2007.3　p158-159
- ◎参考文献「プレミアム戦略」（遠藤功）　東洋経済新報社　2007.12　p234-235

消費者運動
- ◎参考文献「暮らしをわが手に―草の根運動に学ぶ」（冨田昌志）　燦葉出版社　2005.12　p252-261

消費社会
- ◎参考文献「中国の大衆消費社会―市場経済化と消費者行動」（李海峰）　ミネルヴァ書房　2004.2　p233-242
- ◎参考文献「消費とアメリカ社会―消費大国の社会史」（常松洋ほか）　山川出版社　2005.5　p9-12b

消費者金融
- ◎参考文献「消費者金融―実態と救済」（宇都宮健児）　岩波書店　2002.4　p202
- ◎参考資料「クレサラ整理実務必携―救済実務のための法令・判例・論点検索　2005」（井上元）　民事法研究会　2004.10　p202-220
- ◎参考文献「クレサラ整理実務必携―救済実務のための法令・判例・論点検索　2006」（井上元）　民事法研究会　2005.12　p246-248
- ◎参考文献「多重債務者を救え!―貸金業市場健全化への処方箋」（石川和男）　PHP研究所　2006.2　p159-161
- ◎参考資料「下流喰い―消費者金融の実態」（須田慎一郎）　筑摩書房　2006.9　p217-219
- ◎参考文献「サラ金崩壊―グレーゾーン金利撤廃をめぐる300日戦争」（井手壮平）　早川書房　2007.3　p192-193

消費者契約法
- ◎参考文献「図解・イラストによる金融商品販売法消費者契約法早わかり　第2版」（松本恒雄）　BSIエデュケーション　2001.2　p172-174
- ◎文献「消費者契約の法理論」（後藤巻則）　弘文堂　2002.12　p7-19b

消費者物価指数
- ◎参考文献「消費者物価指数マニュアル―理論と実践」（国際労働機関）　日本統計協会　2005.3　p821-851

消費者法
- ◎参考文献「新しい時代の消費者法」（国民生活センター）　中央法規出版　2001.3　p309-312
- ○文献リスト「クレジット研究　34」（日本クレジット産業協会）　2005.3　p258-262

消費者保護
- ○文献リスト「クレジット研究　31」（日本クレジット産業協会クレジット研究所）　2003.12　p338-346
- ◎参考文献「悪質商法を撃退する」（川本敏）　岩波書店　2003.12　p178-180
- ◎参考文献ほか「先物取引被害救済の手引　7訂版」（日本弁護士連合会消費者問題対策委員会）　民事法研究会　2004.4　p184-187
- ◎参考文献「消費者政策―消費生活論」（鈴木深雪）　尚学社　2004.5　p334-336
- ◎参考文献「アクセス消費者法」（後藤巻則ほか）　日本評論社　2005.3　prr
- ◎文献「消費者政策の形成と評価―ドイツの食品分野」（工藤春代）　日本経済評論社　2007.1　p205-213
- ◎参考文献ほか「消費者政策―消費生活論　4版」（鈴木深雪）　尚学社　2007.6　p341-343

消費税
- ◎参考文献「累進消費税―活力を生む新税制」（L. S. シードマン）　文眞堂　2004.5　p187-191
- ◎参考文献「消費税15%による年金改革」（橘木俊詔）　東洋経済新報社　2005.9　p215-220

商標
- ◎参考文献「商標　第6版」（網野誠）　有斐閣　2002.6　p979-987
- ◎文献「ブランド価値共創」（和田充夫）　同文舘出版　2002.7　p265-266
- ◎参考文献「改正中国商標法―WTO加盟に伴う中国商標実務の変化」（岩井智子訳）　経済産業調査会出版部　2003.5　p504-505
- ◎文献「ブランディング・カンパニー―成功する9つの法則　"らしさ"の経営」を実現する!」（竹生孝夫）　経林書房　2004.5　p218-221
- ◎参考文献「米国ブランド知的財産の法と会計」（田中敏行）　日本評論社　2007.2　p237-247

商品
- ◎文献「新・商品学の創造」（栗原史郎）　白桃書房　2003.4　p277-279
- ◎文献「地球買いモノ白書」（どこからどこへ研究会）　コモンズ　2003.8　prr
- ◎参考文献「ランドマーク商品の研究―商品史からのメッセージ」（石川健次郎）　同文舘出版　2004.12　prr
- ◎参考文献「商品開発とビジネス戦略」（岡田広司）　あるむ　2005.10　p263-266

しようひ

◎参考文献「偽ブランド狂騒曲—なぜ消費者は嘘を買うのか」（S. マッカートニー）　ダイヤモンド社　2006.10　p227-228
◎参考文献「商品差別化と合併の経済分析」　Competition Policy Research Center　2006.10　p136-142

商品先物取引

◎参考文献「中欧の経済改革と商品先物市場」（森田憲）多賀出版　2002.2　p337-348
◎参考文献「オルタナティブ投資のリスク管理」（L. イェーガー）　東洋経済新報社　2005.6　p294-304
◎参考文献ほか「先物取引被害救済の手引　8訂版」（日本弁護士連合会）　民事法研究会　2006.3　p227-230
◎参考文献「商品先物の実話と神話—資産運用における商品投資の有効性について」（G. ゴートンほか）日経BP社　2006.11　p84-86
◎引用文献ほか「国際商品市場リポート—繁栄する米欧、沈滞する日本」（倉沢章夫）　同友館　2007.2　p203-210
◎参考文献ほか「コモディティ・ファイナンス」（H. ジュマン）　日経BP社　2007.7　p491-495

商品取引所

◎参考文献ほか「先物取引被害救済の手引　7訂版」（日本弁護士連合会消費者問題対策委員会）　民事法研究会　2004.4　p184-187
◎参考文献「日本の商品取引所」（為田俊明）　新風舎　2004.4　p347-349

商品流通

◎参考文献「現代物流概論　改訂版」（国領英雄）　成山堂書店　2002.4　p217-228
◎注「商品流通の近代史」（中西聡ほか）　日本経済評論社　2003.8　prr
◎参考文献「現代の小売流通」（小宮路雅博）　同文舘出版　2005.3　prr
◎参考文献「商品流通と駄賃稼ぎ」（増田広美）　同成社　2005.4　p209-210
◎参考文献「近代日本流通史」（石井寛治）　東京堂出版　2005.9　p268-273
◎引用参考文献ほか「グリーン共創流通」（齋藤實男）同文舘出版　2005.11　p171-176

娼婦

◎参考文献「娼婦の肖像—ロマン主義的クルチザンヌの系譜」（村田京子）　新評論　2006.12　p344-335

障壁画

◎研究文献目録「狩野派の十九世紀—江戸城を彩る」（東京都歴史文化財団ほか）　都歴史文化財団　2004.3　p21-118
◎参考文献「重要文化財名古屋城障壁画—本丸御殿の至宝」（名古屋城管理事務所）　名古屋市本丸御殿PRイベント実行委員会　2007.4　p162」

商法

◎参考文献「商法　新版」（浜田道代）　岩波書店　2001.3　p325-328
◎文献案内「基本講義商法総則・商行為法」（片木晴彦）　新世社　2001.7　p167-168
◎「文献商法学　続　第5巻」（服部榮三）　商事法務研究会　2002.1　262p B5
◎参考文献「企業法概論」（道廣泰倫）　法律文化社　2003.5　p113-114

◎文献案内「基本講義商法総則・商行為法　2版」（片木晴彦）　新世社　2003.5　p167-168
◎参考文献「商法　3版」（浜田道代）　岩波書店　2003.10　p391-394
◎参考文献「現代中国ビジネス法」（徐治文）　法律文化社　2005.8　p215-217
◎文献「現代企業法入門　4版」（淺木愼一ほか）　中央経済社　2006.4　p243-249
◎参考文献「商法改正の変遷とその要点—その創設から会社法の成立まで　新訂版」（秋坂朝則）　一橋出版　2006.9　p245-247

消防

◎参考文献「火と水の文化史—消防よもやま話」（白井和雄）　近代消防社　2001.4　p320-321
◎「海外消防情報データリスト　平成13年12月末現在　1:各国・北米・中南米・アフリカ　2:アジア・欧州・オセアニア・独立国家共同体(CIS)」　海外消防情報センター　2002.2　2冊　A4
◎参考文献「国民の財産!消防団—世界に類を見ない地域防災組織」（後藤一蔵）　近代消防社　2006.10　p194-195
◎参考図書「消防行政管理—職場のリスクマネジメント」（高見尚武）　近代消防社　2007.1　p432-434

情報

◎参考文献「情報学—情報科学・認知・コミュニケーション」（本村猛能ほか）　学術図書出版社　2000.2　p241-247
◎参考文献「メディア学の現在　新版」（山口功二ほか）世界思想社　2001.4　p305-312
◎参考文献「情報とグローバル・ガバナンス　インターネットから見た国家」（土屋大洋）　慶應義塾大学出版会　2001.4　p173-184
◎参考文献「それは「情報」ではない。—無情報爆発時代を生き抜くためのコミュニケーション・デザイン」（リチャード・S. ワーマン）　エムディエヌコーポレーション　2001.9　p406-408
◎邦訳著作「情報エネルギー化社会—現実空間の解体と速度が作り出す空間」（P. ヴィリリオ）　新評論　2002.3　p230-233
◎文献「情報のエコロジー—情報社会のダイナミズム　新版」（吉井博明）　北樹出版　2002.6　p269-277
◎参考文献「情報学事典」（北川高嗣ほか）　弘文堂　2002.6　prr
◎注「文化情報学—人類の共同記憶を伝える」（安沢秀一ほか）　北樹出版　2002.6　prr
◎参考文献「情報と職業」（近藤勲）　丸善　2002.9　prr
◎参考文献「映像情報論」（今村庸一）　丸善　2003.1　p171-172
◎参考文献「パラダイムとしての社会情報学」（伊藤守ほか）　早稲田大学出版部　2003.5　prr
◎引用参考文献「国際情報論」（折笠和文）　同文舘出版　2003.7　p173-175
◎参考文献「21世紀の学問のすすめ—ユビキタス社会を生きるために」（夏木好文）　ひつじ書房　2003.10　p94-99
◎参考文献「グローバル社会の情報論」（佐藤守ほか）早稲田大学出版部　2004.1　prr
◎参考文献「江戸の情報力—ウェブ化と知の流通」（市村佑一）　講談社　2004.1　p214-222

◎ブックリスト「社会情報学ハンドブック」(吉見俊哉ほか)　東京大学出版会　2004.3　p282-294
◎参考文献「知識の社会史―知と情報はいかにして商品化したか」(P. バーク)　新曜社　2004.8　p386-348
◎参考文献「入門講座デジタルネットワーク社会」(桜井哲夫ほか)　平凡社　2005.1　prr
◎参考図書「情報映像学入門」(佐々木成明)　オーム社　2005.2　p246-249
○目次情報「アジア情報室通報　3.1」(国立国会図書館関西館)　2005.3　p19-22
◎文献案内(根本彰)「図書館情報学の地平50のキーワード」(根本彰ほか)　日本図書館協会　2005.3　p331-338
◎参考資料「江戸びとの情報活用術」(中田節子)　教育出版　2005.8　p191-196
◎参考文献「意味を生み出す記号システム―情報哲学試論」(加藤雅人)　世界思想社　2005.10　p201-209
◎文献「図書館・情報学研究入門」(三田図書館・情報学会)　勁草書房　2005.10　prr
◎原注「量子が変える情報の宇宙」(H. C. フォン＝バイヤー)　日経BP社　2006.3　p334-325
◎引用文献「情報処理心理学―情報と人間の関わりの認知心理学」(中島義明)　サイエンス社　2006.6　p239-246
○研究動向(土橋臣吾)「社会学評論　57.2.226」(日本社会学会)　2006.9　p419-435
◎引用文献「社会情報学―情報技術と社会の共変」(石井和平)　学術出版会　2007.10　p213-219
◎文献紹介(関誠)「インテリジェンスの20世紀―情報史から見た国際政治」(中西輝政ほか)　千倉書房　2007.12　p299-318
◎参考文献「情報福祉論」(川村匡由)　ミネルヴァ書房　2007.12　prr

情報圧縮技術
◎参考文献「情報圧縮技術　IDG基礎から学ぶ」(亀山渉ほか)　IDGジャパン　2003.4　p265-266

情報化
◎参考文献「情報化はなぜ遅れたか　日本企業の戦略と行動」(伊丹敬之ほか)　NTT出版　2001.10　p321-330
◎参考文献「情報化と国家企業」(石井寛治)　山川出版社　2002.9　2pb
◎参照文献「情報化と文化変容　講座社会変動　6」(正村俊之)　ミネルヴァ書房　2003.10　prr

情報科
◎参考文献「情報科教育法」(大岩元ほか)　オーム社　2001.5　p182-183
◎参考図書「情報科教育法」(本村猛能ほか)　学術図書出版社　2003.3　p182-184

情報科学
◎参考文献「ザ・情報化社会への情報科学」(沢勲, 富川国広)　大阪経済法科大学出版部　2001.4　p294-296
◎参考文献「情報社会と科学思想―現代社会を牽引する情報の科学と技術」(柳瀬優二ほか)　東海大学出版会　2002.4　p195-200
◎参考文献「「記録・情報・知識」の世界―オントロジ・アルゴリズムの研究」(斉藤孝)　中央大学出版部　2004.3　p295-307
◎参考文献「入門情報システム学」(飯島淳一)　日科技連出版社　2005.4　prr

◎参考文献ほか「マルチメディア情報学概論」(田上博司)　二瓶社　2006.1　p303-305
◎参考文献「コミュニケーション支援の情報科学」(高橋亘)　現代図書　2007.4　p273-275

情報化支援
◎参考文献「開発途上国における情報化の進展とICT支援政策―中東アラブ諸国の事例を中心に」(山本達也)　国際協力機構　2004.6　p89-91

情報化社会
◎参考文献「「情報社会」を読む」(フランク・ウェブスター)　青土社　2001.8　p8-32b
◎参考文献「人間交際術―コミュニティ・デザインのための情報学入門」(桂英史)　平凡社　2001.12　p204-208
◎参考文献「情報文明学の構想―高度情報化社会と文明の共存」(吉沢英成ほか)　以文社　2002.2　prr
◎「情報社会を読む143冊の本」(NTT出版)　NTT出版　2002.3　237p B6
◎文献「iモード社会の「われとわれわれ」―情報倫理学の試み」(小原信)　中央公論新社　2002.4　p286-289
◎参考文献「なぜITは社会を変えないのか」(J. S. ブラウン)　日本経済新聞社　2002.4　p363-347
◎参考文献「高度情報化社会の諸相―歴史・学問・人間・哲学・文化　改訂増補版」(折笠和文)　同文舘出版　2002.4　p217-222
◎参考文献「創発革命―あなたと情報社会を楽しくするゼロサムの競争社会からカオスの縁の創発社会へ」(渡部慶二)　鳥影社　2002.4　p175-181
◎文献「デジタル・カルチャー―大衆娯楽のコンテンツをめぐって」(アンドリュー・ダーリー)　晃洋書房　2002.5　p296-306
◎参考文献「IT経済学入門―IT革命とは経済システム革命である」(吉田和男)　有斐閣　2002.12　p207-214
◎参考文献「高度情報化社会のガバナンス」(坂井利之ほか)　NTT出版　2003.3　prr
◎参考文献「情報社会の基盤　基礎技術から職業、倫理まで」(小国力)　丸善　2003.3　2pb
◎文献「情報技術と差別化経済」(萩野誠)　九州大学出版会　2003.4　p263-272
◎参考文献「ITの国際政治経済学―交錯する先進国・途上国関係」(関下稔ほか)　晃洋書房　2004.2　prr
◎参考文献「効率化から価値創造へ―ITプロフェッショナルからの提言」(青木利晴ほか)　NTT出版　2004.3　p253-258
◎参考文献「デジタル・ヘル―サイバー化「監視社会」の闇」(古川利明)　第三書館　2004.4　p536-542
◎文献ガイド「情報化社会と情報倫理　2版　情報がひらく新しい世界3」(辰己丈夫)　共立出版　2004.4　p145-146
◎参考文献「情報社会を知るクリティカル・ワーズ」(田畑暁生ほか)　フィルムアート社　2004.4　p234-239
◎参考文献「情報社会論の展開」(田畑暁生)　北樹出版　2004.4　prr
◎参考文献「情報社会と法　2版」(藤井俊夫)　成文堂　2004.5　p404-408
◎参考文献「情報社会学序説―ラストモダンの時代を生きる」(公文俊平)　NTT出版　2004.10　p328-338
◎注「新・情報社会の現在」(飯田良明ほか)　学文社　2004.10　prr

しようほ

◎参考文献「ディジタル環境論―ディジタル環境が及ぼす人間生活への影響」（松原伸一）　ナカニシヤ出版　2004.12　p115-119
◎参考文献「システムと情報―情報ネットワーク化時代の基本思考」（森川信男）　学文社　2005.3　p330-334
◎参考文献ほか「ネット社会の自由と安全保障―サイバーウォーの脅威」（原田泉ほか）　NTT出版　2005.3　prr
◎参考文献「情報社会と福祉国家―フィンランド・モデル」（M.カステルほか）　ミネルヴァ書房　2005.3　p187-204
◎引用参考文献「インターネット・コミュニティと日常世界」（池田謙一）　誠信書房　2005.10　p229-236
◎参考文献「情報政治学講義」（高瀬淳一）　新評論　2005.12　p225-231
◎原註「サイボーグ化する私とネットワーク化する世界」（W. J. ミッチャル）　NTT出版　2006.1　p301-357
◎参考文献「情報批判論―情報社会における批判理論は可能か」（S.ラッシュ）　NTT出版　2006.1　p411-399
◎参考文献「ネットワーク社会における情報の活用と技術　改訂版」（岡田正ほか）　実教出版　2006.3　p255-257
◎参考文献「ネットワーク社会の企業組織―個を活かし、組織を活かすマネジメントの土壌を求めて」（前野芳子）　清文社　2006.3　p163-176
◎参考文献「デジタルな生活―ITがデザインする空間と意識」（小川克彦）　NTT出版　2006.4　p327-338
◎文献「情報社会の構造―IT・メディア・ネットワーク」（犬塚先）　東京大出版会　2006.4　p231-239
◎引用文献「情報社会のビジョン―現実と仮想のコミュニケーション」（寺島信義）　文芸社　2006.6　p222-227
◎参考文献「情報社会とはいかなる社会か?」（戸田光彦）　新潟日報事業社　2007.2　p69-70
◎引用参考文献「デジタルメディア・トレーニング―情報化時代の社会学的思考法」（富田英典ほか）　有斐閣　2007.4　p273-282
◎引用参考文献「メディアエコロジーと社会」（吉井博明）　北樹出版　2007.4　p231-241
◎参考文献「情報化時代の基礎知識」（守屋政平）　弓箭書院　2007.4　p145-146
◎文献「iPhone―衝撃のビジネスモデル」（岡嶋裕史）　光文社　2007.5　p211-212
◎引用参考文献「ウェブ社会をどう生きるか」（西垣通）　岩波書店　2007.5　p179-182
◎参考文献「モバイル社会の現状と行方―利用実態にもとづく光と影」（小林哲生ほか）　NTT出版　2007.5　p209-214
◎参考文献「組織と情報の社会学」（津村修）　文化書房博文社　2007.5　prr
◎参考文献ほか「フラット革命」（佐々木俊尚）　講談社　2007.8　p284-286
◎参考文献「リンク格差社会―ウェブ新時代の勝ち組と負け組の条件」（江下雅之）　毎日コミュニケーションズ　2007.8　p237-243
◎参考文献「情報環境論集　東浩紀コレクション8」（東浩紀）　講談社　2007.8　p425-431
◎注「コンピュータ社会における人・生命・倫理と法」（野村豊）　レクシスネクシス・ジャパン　2007.10　prr
◎文献案内「サイバーリテラシー概論―IT社会をどう生きるか」（矢野直明）　知泉書館　2007.12　p178-181

情報管理
◎文献「ビジュアルナレッジマネジメント入門」（紺野登）　日本経済新聞社　2002.6　p163-164
◎文献「記憶のゆくたて―デジタル・アーカイヴの文化経済」（武邑光裕）　東京大学出版会　2003.2　p1-6b
◎文献「情報と知識のマネジメント」（越出均）　創成社　2003.4　p279-287
◎参考文献「江戸幕府と情報管理」（大友一雄）　臨川書店　2003.9　p191-192
◎参考文献「知識の構造化と知の戦略」（斎藤雄志）　専修大学出版局　2005.8　p241-247
◎引用参考文献「IT統制に活かすセキュリティリスクマネジメント入門―企業の内部統制構築の第一歩」（関竜司）　日科技連出版社　2007.4　p169-171
◎お薦め書籍「効率が10倍アップする新・知的生産術―自分をグーグル化する方法」（勝間和代）　ダイヤモンド社　2007.12　p6-15b

情報機関
◎関係資料一覧「情報国家のすすめ」（吉野準）　中央公論新社　2004.4　p251-254
◎参考文献「北朝鮮情報機関の全貌―独裁政権を支える巨大組織の実態」（清水惇）　光人社　2004.6　p265-268
◎参考文献「イギリスの情報外交―インテリジェンスとは何か」（小谷賢）　PHP研究所　2004.11　p248-256
◎参考文献「北朝鮮に潜入せよ」（青木理）　講談社　2006.4　p240-242
◎参考引用文献「インテリジェンスの歴史―水晶玉を覗こうとする者たち」（北岡元）　慶應義塾大出版会　2006.9　p277-281

情報技術
◎参考文献「ITエコノミー―情報技術革新はアメリカ経済をどう変えたか」（熊坂有三, 峰滝和典）　日本評論社　2001.7　p173-178
◎参考文献「異文化の情報技術システム―技術の組織的利用パターンに関する日英比較」（上林憲雄）　千倉書房　2001.11　p443-470

情報教育
◎参考文献「情報新教育法」（岡本敏雄ほか）　丸善　2002.3　prr
◎文献「学校における情報活用教育」（ジェームス・E.ヘリング）　日本図書館協会　2002.9　p186-188
◎参考文献「実践に学ぶ情報教育―これからの学習を変える」（赤堀侃司）　ジャストシステム　2002.11　p246-248
◎文献「高校の情報教育―メディアリテラシーを学ぶ」（小川吉造ほか）　黎明書房　2002.12　p154-155
◎参考文献「情報教育の学習評価―観点と規準」（岡本敏雄ほか）　丸善　2004.2　prr
◎参考文献「デジタル・デバイドの現状と課題の考察―情報化教育の内外比較　調査報告書」（KDDI総研）　KDDI総研　2004.3　p249-271
◎参考文献「これからの情報とメディアの教育―IT教育の最前線」（水越敏行ほか）　図書文化　2005.4　prr

◎参考文献ほか「学校図書館で育む情報リテラシー—すぐ実践できる小学校の情報活用スキル」(堀田龍也ほか) 全国学校図書館協議会 2007.7 p120-123

情報経済
◎参考文献「情報経済新論—D&N革命を読む」(秋山哲) ミネルヴァ書房 2001.4 p223-227
◎参考文献「入門情報の経済学」(永谷敬三) 東洋経済新報社 2002.3 p195-196
◎参考文献「進化するネットワーキング—情報経済の理論と展開」(林紘一郎ほか) NTT出版 2006.10 p283-297

情報源
◎「調べごと解決! 情報源2003」(生活情報センター編集部) 生活情報センター 2003.1 238p B6

情報検索
◎文献「情報整理・検索に活かすインデックスのテクニック」(藤田節子) 共立出版 2001.11 p188-190
◎文献「情報検索アルゴリズム」(北研二、津田和彦、獅々堀正幹) 共立出版 2002.1 p195-208
◎参考文献「情報検索とエージェント—インターネットの知的情報技術」(河野浩之) 東京電機大学出版局 2002.3 prr
◎注「情報検索のスキル—未知の問題をどう解くか」(三輪眞木子) 中央公論新社 2003.9 p208-211
◎引用参考文献ほか「パスファインダー・LCSH・メタデータの理論と実践—図書館員のための主題検索ツール作成ガイド」(愛知淑徳大学図書館) 愛知淑徳大図書館 2005.2 p150-164
◎参考文献「キーワード検索がわかる」(藤田節子) 筑摩書房 2007.10 p179-181

情報公開
◎文献目録「情報公開訴訟執務資料」(最高裁判所事務総局行政局) 法曹会 2001.5 p269-282

情報コミュニケーション
◎文献「グローバリゼーションと情報・コミュニケーション」(河村則竹) 文化書房博文社 2002.7 prr
◎参考文献「ICTと教育改革」 教育政策研究所 2004.5 p119-122

情報財
◎参考文献「情報財の経済分析—大企業と小企業の競争、ネットワーク、協力」(藤山英樹) 昭和堂 2005.11 p285-297

情報サービス
◎参考文献「図書館情報サービス論」(金沢みどり) 勉誠出版 2003.4 prr
◎参考文献「情報サービス—概説とレファレンスサービス演習 2版」(志保田務ほか) 学芸図書 2005.4 p192-196
◎参考文献「情報サービス論 補訂2版」(阪田蓉子) 教育史料出版会 2006.4 p241-246
◎引用文献「学術情報流通とオープンアクセス」(倉田敬子) 勁草書房 2007.8 prr

情報産業
◎参考文献「図解でわかるコンテンツビジネス 新版」(コンテンツビジネス研究会) 日本能率協会マネジメントセンター 2001.1 p255-256
◎参考文献ほか「IT文明論—いまこそ基本から考える」(玉置彰宏, 浜田淳司) 平凡社 2001.3 p185-192
◎参考文献「リナックスの革命—ハッカー倫理とネット社会の精神」(ペッカ・ヒマネン) 河出書房新社 2001.5 p1-10b
◎参考文献「図解でわかるコンテンツビジネス 最新版」(コンテンツビジネス研究会) 日本能率協会マネジメントセンター 2002.11 p251-252
◎文献「情報産業論」(阿部耕一朗) 渓水社 2003.4 p173-174
◎参考文献「情報経済システム」(林敏彦) NTT出版 2003.6 prr
◎文献「情報技術革新の経済効果—日米経済の明暗と逆転」(篠崎彰彦) 日本評論社 2003.7 p271-291
◎文献目録「台湾IT産業の経営戦略—エイサーを中心に」(荘幸美) 創成社 2004.3 p227-232
◎参考文献「デザイン・ルール—モジュール化パワー」(C. Y. ボールドウィンほか) 東洋経済新報社 2004.4 p497-536
◎参考文献ほか「IT知財と法務—ビジネスモデル&コンプライアンスプログラムの構築」(IT企業法務研究所ほか) 日刊工業新聞社 2004.8 p684-689
◎参考文献「情報産業の統合とモジュール化」(浅井澄子) 日本評論社 2004.12 p225-234
◎文献「裏から見たIT業界」(島野清志) エール出版社 2005.5 p185-186
◎参考文献「ザ・ベスト—有能な人材をいかに確保するか」(J. ロスマン) 翔泳社 2005.9 p379-382
◎参考文献「中国のIT産業—経済成長方式転換の中での役割」(中川涼司) ミネルヴァ書房 2007.3 p337-351
◎文献「ITサービスマネジメント構築の実践—ISO20000とITILの内部統制整備への活用」(KPMGビジネスアシュアランス) 日科技連出版社 2007.9 p233-234
◎文献「最新インターネット業界のカラクリがよくわかる本—業界人、就職、転職に役立つ情報満載」(中野明) 秀和システム 2007.11 p205-206
◎参考文献「ISO/IEC 20000-1:2005〈JIS Q 20000-1:2007〉情報技術—サービスマネジメント第1部—仕様要求事項の解説」(塩田貞夫ほか) 日本規格協会 2007.12 p275-277

情報産業法令
◎参考文献「情報メディア法」(林紘一郎) 東京大学出版会 2005.4 p307-322

情報収集
◎参考文献「レポートの作り方—情報収集からプレゼンテーションまで」(江下雅之) 中央公論新社 2003.10 p250-247

情報処理
◎参考文献「脳の記号情報処理—知のメカニズム」(赤羽旗一) 文芸社 2001.4 p354-358
◎文献「岩波講座現代工学の基礎 情報系 6 情報の管理と処理」(上林弥彦) 岩波書店 2002.1 p175-178
◎参考文献「ネットワーク時代の経済分析」(小川雅弘ほか) 法律文化社 2002.4 prr
◎参考文献「情報活用のための情報処理論」(村田育也) 大学教育出版 2002.8 p181-184
◎参考文献「情報処理概論—予測とシミュレーション」(篠本滋) 岩波書店 2002.12 prr

しょうほ

◎参考文献「情報システムの運営」（杉野隆）　共立出版　2005.3　p137-140
◎参考文献「脳型情報処理—非ノイマン処理への道」（小杉幸夫ほか）　森北出版　2006.4　p91-96

情報処理技術者
◎文献「ソフトウェア技術者のキャリア・ディベロップメント—成長プロセスの学習と行動」（三輪卓己）　中央経済社　2001.12　p286-294

情報政策
◎注「図書館情報政策」（金容媛）　丸善　2003.3　prr

情報セキュリティ
◎参考文献「経営戦略としての情報セキュリティ—ネットワーク社会で勝ち残るための警鐘」（大木栄二郎）　工業調査会　2001.7　p262-265
◎参考文献「情報セキュリティ・マネジメントの理論と実践」（井戸田博樹）　白桃書房　2004.3　p197-205
◎参考文献「情報ハイディングの基礎—ユビキタス社会の情報セキュリティ技術」（松井甲子雄ほか）　森北出版　2004.6　p192-195
◎参考文献ほか「新・情報セキュリティ対策ガイドブック—NTTコミュニケーションズ　.com security master」（NTTコミュニケーションズ編）　NTTコミュニケーションズ　2004.9　p249-251
◎参考文献「情報セキュリティと法制度」（東倉洋一ほか）　丸善　2005.3　prr
◎文献「情報セキュリティプロフェッショナル総合教科書」（日本ネットワークセキュリティ協会）　秀和システム　2005.5　p552-559
◎引用文献「情報セキュリティ—理念と歴史」（名和小太郎）　みすず書房　2005.10　p272-292
◎参考文献「情報セキュリティの理論と技術—暗号理論からICカードの耐タンパー技術まで」（神永正博ほか）　森北出版　2005.10　p211-214
◎参考文献「情報セキュリティ概論」（瀬戸洋一ほか）　日本工業出版　2007.10　prr
◎参考文献「情報セキュリティ監査公式ガイドブック」（日本セキュリティ監査協会）　日科技連出版社　2007.12　p281-283

情報戦略
◎文献「ネット・ポリティックス—9・11以降の世界の情報戦略」（土屋大洋）　岩波書店　2003.6　p239-247
◎注「情報戦争—9・11以降のアメリカにおけるプロパガンダ」（N.スノー）　岩波書店　2004.11　p9-18b

消防団
◎参考文献「消防団の源流をたどる—二一世紀の消防団の在り方」（後藤一蔵）　近代消防社　2001.1　p194-206

情報探索
◎もっと知りたい人のために「図書館活用術—探す・調べる・知る・学ぶ　新訂」（藤田節子）　日外アソシエーツ　2002.6　p199-211
○探索手引（秋谷治）「一橋論叢　129.4.750」（一橋大）　2003.4　p138-154
◎参考文献ほか「自分で調べる技術—市民のための調査入門」（宮内泰介）　岩波書店　2004.7　p193-195
◎「How to find?—変わりつつある情報探索　大学図書館問題研究会第14回オープンカレッジ報告集」（大学図書館問題研究会）　大学図書館問題研究会　2005.12　64p B5

情報通信
◎参考文献「明治電信電話ものがたり　情報通信社会の原風景」（松田裕之）　日本経済評論社　2001.4　p301-310
◎文献ガイド「情報がひらく新しい世界　4　情報通信ネットワークとLAN」（長坂康史）　共立出版　2001.6　p169-170

情報デザイン
◎参考文献「情報デザイン—分かりやすさの設計」（IID.j情報デザインアソシエイツ）　グラフィック社　2002.2　p218-223

情報と社会
◎参考文献「ゼロから学ぶ情報化社会とIT革命—マネジメントガバナンスを変える新しい経営情報システム論」（久保田正道ほか）　ぎょうせい　2003.4　p214-215
◎参考文献「入門情報社会の社会科学」（H.マッケイ）　NTT出版　2003.10　p158-163

情報ネットワーク法
○文献動向「Netlaw forum　16」（第一法規）　2006.2　p14-19

情報ネットワークマンション
○学術論文ほか（横田隆司ほか）「マンション学　21」（日本マンション学会）　2005.Spr p142-147

情報編集
◎注文献「情報編集の技術」（矢野直明）　岩波書店　2002.5　p1-3b

情報メディア
◎参考文献ほか「情報メディア入門」（高橋参吉）　実教出版　2002.2　p184-186
◎引用参考文献「情報メディア論—メディアの系譜と開発原理」（香取淳子）　北樹出版　2002.5　prr
◎参考文献「地域社会システムと情報メディア　改訂版」（村上則夫）　税務経理協会　2002.5　p173-183
◎注「情報メディアの社会システム—情報技術・メディア・知的財産」（児玉晴男）　日本教育訓練センター　2003.4　prr
◎参考文献「情報メディアと現代社会—「現実世界」と「メディア世界」」（井上宏）　関西大学出版部　2004.3　prr
◎必読書「情報メディア学入門」（伊藤俊治）　オーム社　2006.8　p229-238

情報リテラシー
◎参考文献「情報リテラシー—メディアを手中におさめる基礎能力」（菊沢正裕ほか）　森北出版　2001.9　p175-178
◎文献「情報リテラシー」（海野敏, 田村恭久）　オーム社　2002.10　p223-228
◎参考文献「情報リテラシー　2版」（山川修ほか）　森北出版　2007.1　p161-163

情報理論
◎参考文献「自己組織化マップ—理論・設計・応用」（マークM.ヴァン・フッセ）　海文堂出版　2001.3　p267-283
◎参考文献「「情報」を学び直す」（石井健一郎）　NTT出版　2007.4　p220-221

◎参考文献「宇宙を復号する―量子情報理論が解読する、宇宙という驚くべき暗号」（C. サイフェ）　早川書房　2007.9　p347-357

情報倫理
◎参考文献「IT社会の情報倫理」（J. M. キッザ）　日本経済評論社　2001.8　prr
◎文献「情報の倫理学」（水谷雅彦）　丸善　2003.9　p163-166
◎参考文献「情報倫理―インターネット時代の人と組織」（村田潔）　有斐閣　2004.12　p14-24b
◎参考文献「情報倫理」（福田収）　おうふう　2005.5　p153-155
◎文献「メディアと倫理―画面は慈悲なき世界を救済できるか」（和田伸一郎）　NTT出版　2006.1　p5-7b
◎参考文献「情報倫理の思想」（西垣通ほか）　NTT出版　2007.5　prr

照明
◎文献「舞台・テレビジョン照明　基礎編」（日本照明家協会）　日本照明家協会　2003.4　p208-211
◎参考文献「都市と光―照らされたパリ」（石井リーサ明理）　水曜社　2005.1　p176-179
○文献ガイド「照明学会誌　89.11」（照明学会）　2005.11　p803-804
◎参考資料「「白い光」のイノベーション―ガス灯・電球・蛍光灯・発光ダイオード」（宮原諄二）　朝日新聞社　2005.12　p273-279
○文献ガイド「照明学会誌　90.1」（照明学会）　2006.1　p62-63
◎年表「モダン都市の電飾」（西村将洋）　ゆまに書房　2006.12　p868-896

証明
◎文献「「合理的疑いを超える」証明とはなにか―英米証明理論の史的展開」（B. J. シャピロ）　日本評論社　2003.7　p343-366

鐘銘
◎参考文献「江戸東京梵鐘銘文集」（眞鍋孝志, 花房健次郎）　ビジネス教育出版社　2001.10　p333-334

上毛新聞
○記事リスト（市川祥子）「群馬県立女子大学紀要　26」（群馬県立女子大）　2005.2　p37-68
○記事リスト（市川祥子）「群馬県立女子大学紀要　27」（群馬県立女子大）　2006.2　p1-17

縄文語
◎参考文献「古代日本史と縄文語の謎に迫る―知ってびっくり!」（大山元）　きこ書房　2001.7　p220-225

縄文時代
◎参考文献「遮光器土偶と縄文社会」（金子昭彦）　同成社　2001.2　p239-259
◎参考文献「縄文社会の考古学」（林謙作）　同成社　2001.3　p553-579
◎参考文献「縄文文化の扉を開く―三内丸山遺跡から縄文列島へ」　国立歴史民俗博物館　2001.3　p94-95
○文献目録（長岡史起）「縄文時代　12」（縄文時代文化研究会）　2001.5　p225-318
◎参考文献「縄文時代の生業と集落―古奥東京湾沿岸の社会」（小川岳人）　ミュゼ　2001.5　p140-150
◎参考文献「縄文土偶と女神信仰」（渡辺仁）　同成社　2001.5　p351-375

◎参考文献「日本人とさかなの出会い―縄文遺跡に見る源流」（河井智康）　角川書店　2001.12　p243-244
◎参考・関連図書「海が育てた森の王国―NHKスペシャル日本人はるかな旅　3」（NHKスペシャル「日本人」プロジェクト）　NHK出版　2002.4　4pb
◎引用文献「縄文文化と日本人」（佐々木高明）　講談社　2002.4　prr
◎参考文献「縄文時代の渡来文化―刻文付有孔石斧とその周辺」（浅川利一ほか）　雄山閣　2002.10　prr
◎文献「縄文社会論究」（春成秀爾）　塙書房　2002.10　p481-519
◎引用参考文献ほか「敷石住居址の研究」（山本暉久）　六一書房　2002.10　p326-395
◎参考文献「縄文の生活誌―日本の歴史　01　改訂版」（岡村道雄）　講談社　2002.11　p362-367
◎参考文献「縄文の豊かさと限界」（今村啓爾）　山川出版社　2002.11　2pb
◎文献「縄文時代の植物採集活動―野生根茎類食料化の民俗考古学的研究」（山本直人）　渓水社　2002.11　p239-246
◎文献「縄文のくらしを掘る」（阿部芳郎）　岩波書店　2002.12　p215-216
◎参考文献「縄文論争」（藤尾慎一郎）　講談社　2002.12　p235-238
◎文献「縄文のマツリと暮らし」（小杉康）　岩波書店　2003.2　p131-132
○文献目録「縄文時代　14」（縄文時代文化研究会）　2003.5　p244-374
◎文献「縄文時代貯蔵穴の研究」（坂口隆）　アム・プロモーション　2003.6　p147-176
◎参考文献「続縄文・オホーツク文化」（野村崇ほか）　北海道新聞社　2003.7　p223-233
◎参考文献「続縄文・オホーツク文化」（野村崇ほか）　北海道新聞社　2003.7　p223-234
◎参考文献「物流理論が縄文の常識を覆す―遮光器土偶はインド文明の遺物」（藤田英夫）　東洋出版　2003.11　p170-173
◎参考文献「関西縄文時代の集落・墓地と生業」（関西縄文文化研究会）　六一書房　2003.12　prr
◎参考文献「縄文文化研究の最前線」（高橋竜三郎）　早稲田大　2004.3　p142-147
◎参考文献「縄文人の知恵と力―第46回企画展図録」（小山市立博物館）　小山市立博物館　2004.4　p53-54
○文献目録「縄文時代　15」（縄文時代文化研究会）　2004.5　p267-381
◎引用参考文献「豊饒の海の縄文文化―曽畑貝塚」（木﨑康弘）　新泉社　2004.7　p89-91
◎参考文献「縄紋社会研究の新視点―炭素14年代測定の利用」（小林謙一）　六一書房　2004.10　p244-272
◎注「縄紋時代史　II」（林謙作）　雄山閣　2004.12　prr
◎文献「縄文ランドスケープ」（小林達雄）　アム・プロモーション　2005.2　p307-321
◎引用参考文献「縄文土器の技法」（可児通宏）　同成社　2005.2　p139-145
◎引用文献「環状集落と縄文社会構造」（谷口康浩）　学生社　2005.3　p268-293
◎参考文献「山野を駆ける土偶―その移り変わりと祈りの道具　第10回特別展」（上高津貝塚ふるさと歴史

の広場） 上高津貝塚ふるさと歴史の広場　2005.3　p74-75
- ◎引用文献「生の緒―縄文時代の物質・精神文化」（N.ナウマン）　言叢社　2005.3　p311-332
- ◎参考文献「縄文のイエとムラの風景―御所野遺跡」（高田利徳）　新泉社　2005.5　p92」
- ◎参考文献「石にこめた縄文人の祈り―大湯環状列石」（秋元信夫）　新泉社　2005.7　p91-92
- ◎参考文献「縄文の社会構造をのぞく・姥山古墳」（堀越正行）　新泉社　2005.9　p91-92
- ◎参考文献「縄文の循環文明―ストーンサークル」（左合勉）　叢文社　2005.10　p186-187
- ◎参考文献「縄文のムラと住まい」（村田文夫）　慶友社　2006.3　p259-271
- ◎引用参考文献「縄文時代集落の研究」（鈴木保彦）　雄山閣　2006.3　p237-250
- ○文献目録「縄文時代　17」（縄文時代文化研究会）　2006.5　p267-349
- ◎参考文献「南九州に栄えた縄文文化・上野原遺跡」（新東晃一）　新泉社　2006.6　p93」
- ◎参考引用文献「縄紋時代中・後期の編年学研究―列島における小細別編年網の構築をめざして」（柳澤清一）　千葉大　2006.8　p881-915
- ○書誌探訪（藤岡智子）「文献探索　2006」（文献探索研究会）　2006.11　p393-398
- ◎引用参考文献「縄文の動物考古学―西日本の低湿地遺跡からみえてきた生活像」（内山純蔵）　昭和堂　2007.2　p217-226
- ◎参考文献「縄文の音　増補新版」（土取利行）　青土社　2007.4　p12-20b
- ◎参考文献「縄文人はるかなる旅路」（前田良一）　日本経済新聞出版社　2007.7　p421-430
- ◎参考文献「ものづくり―道具製作の技術と組織　縄文時代の考古学6」（小杉康ほか）　同成社　2007.8　prr

縄文土器
- ◎参考文献「北日本の縄文後期土器編年の研究」（鈴木克彦）　雄山閣出版　2001.6　p210-228
- ◎参考文献「亀ケ岡文化遺物実測図集」（藤沼邦彦ほか）　弘前大　2004.3　p213-214
- ◎参考文献「十日町市の縄文土器」（十日町市博物館）　十日町市博物館友の会　2007.8　p63」
- ○引用参考文献「縄文土器前期　日本の美術496」（至文堂）　2007.9　p97-98

生薬
- ◎文献「生薬学　改訂第6版」（指田豊,山崎和男）　南江堂　2002.4　p359-362
- ◎文献「パートナー生薬学」（指田豊ほか）　南江堂　2007.4　p375-376
- ◎参考文献「生薬単―語源から覚える植物学・生薬学名単語集―ギリシャ語・ラテン語」（伊藤美千穂）　エヌ・ティー・エス　2007.11　p312-315

条約
- ◎参考文献「環境協定の研究」（松村弓彦）　成文堂　2007.8　p257-277

醤油
- ◎注「関東の醤油と織物　一八～一九世紀を中心として」（林玲子）　吉川弘文館　2003.2　prr
- ◎文献「しょうゆを科学する」　しょうゆ情報センター　2004.1　p44」
- ◎参考文献「日本の味醤油の歴史」（林玲子ほか）　吉川弘文館　2005.4　p200-202
- ◎参考文献「しょうゆの不思議―世界を駆ける調味料」　日本醤油協会　2005.12　p208-209
- ◎参考文献「平安時代の醤油を味わう」（松本忠久）　新風舎　2006.10　prr

照葉樹林文化
- ◎文献「照葉樹林文化の成立と現在」（田畑久夫）　古今書院　2003.5　p197-205
- ◎参考文献「照葉樹林文化とは何か―東アジアの森が生み出した文明」（佐々木高明）　中央公論新社　2007.11　p315-322

条里制
- ○文献目録「条里制古代都市研究　17」（条里制古代都市研究会）　2001　p174-177
- ○文献目録「条里制古代都市研究　19」（条里制古代都市研究会）　2003　p174-180
- ○文献目録「条里制古代都市研究　20」（条里制古代都市研）　2004　p147-153
- ◎注「古代都城制条里制の実証的研究」（井上和人）　学生社　2004.5　prr
- ○文献目録「条里制古代都市研究　21」（条里制古代都市研究会）　2005　p201-208
- ○文献目録「条里制古代都市研究　23」（条里制古代都市研究会）　2007　p124-129

生類憐みの令
- ◎参考文献「生類憐みの世界」（根岸光男）　同成社　2006.4　p231-236

浄瑠璃
- ◎文献「宮古路節の研究」（根岸正海）　南窓社　2002.2　p367-370
- ○目録（黒石陽子ほか）「年報　21」（実践女子大）　2002.3　p133-162
- ○所蔵目録（深谷大）「帝京国文学　9」（帝京大）　2002.9　p177-235
- ○目録（谷昌子）「近松研究所紀要　13」（園田学園女子大）　2002.12　p45-97
- ◎注「元禄浄瑠璃の展開」（鳥居フミ子）　勉誠出版　2003.2　prr
- ○目録稿（深谷大）「帝京国文学　10」（帝京大）　2003.9　p117-213
- ○目録（深谷大）「帝京国文学　11」（帝京大）　2004.9　p99-293
- ◎「今井義夫文庫目録―大阪外国語大学附属図書館所蔵」（大阪外国語大学附属図書館）　大阪外国語大附属図書館　2005.3　10,437p B5
- ◎「浄瑠璃本」（南あわじ市淡路人形浄瑠璃資料館）　南あわじ市淡路人形浄瑠璃資料館　2005.4　153p B5
- ○目録稿（深谷大）「帝京国文学　12」（帝京大）　2005.9　p215-252
- ◎「竹内道敬寄託文庫目録」（根岸正海ほか）　国立音楽大学　2006.3　363p A4
- ○目録稿（深谷大）「帝京国文学　13」（帝京大）　2006.9　p189-202
- ○目録（乾安代ほか）「近松研究所紀要　17」（園田学園大）　2006.12　p35-62

条例
　　◎参考文献「条例と規則　最新地方自治法講座2」(門山泰明)　ぎょうせい　2003.9　prr

昭和
　　◎出典一覧「昭和・平成家庭史年表　1926-2000」(下川耿史ほか)　河出書房新社　2001.4　p653-657

笑話
　　◎参考文献「必笑小咄のテクニック」(米原万里)　集英社　2005.12　p202-205

昭和恐慌
　　◎参考資料「バブル興亡史　昭和経済恐慌からのメッセージ」(塩田潮)　日本経済新聞社　2001.7　p423-433
　　◎参考文献「平成大停滞と昭和恐慌―プラクティカル経済学入門」(田中秀臣ほか)　NHK出版　2003.8　p201-204
　　◎参考文献「昭和恐慌の研究」(岩田規久男ほか)　東洋経済新報社　2004.4　p303-317

昭和時代
　　◎参考文献「現代風俗史年表―昭和20年(1945)～平成12年(2000)　増補2版」(世相風俗観察会)　河出書房新社　2001.2　p534-540
　　◎参考文献「レポート「昭和大飢饉」―その時、日本は何を決断し、どう行動したか」(栗山正博)　近代文芸社　2001.4　p128-129
　　◎引用文献「戦後政治史―一九四五―六〇」(堀幸雄)　南窓社　2001.4　p321-324
　　◎参考文献「戦争・占領・講和―1941～1955」(五百旗頭真)　中央公論新社　2001.4　p415-421
　　◎参考文献「戦後沖縄の社会変動と近代化―米軍支配と大衆運動のダイナミズム」(与那国暹)　沖縄タイムス社　2001.9　p311-317
　　◎参考文献「真相はこれだ!―不可思議8大事件の核心を撃つ」(祝康成)　新潮社　2001.10　p220-221
　　◎参考文献「日本政治外交史論―敗戦～吉田ドクトリン神話の形成　下」(西川吉光)　晃洋書房　2002.1　p179-181
　　◎参考文献「昭和戦前期の国家と農村」(南相虎)　日本経済評論社　2002.2　p253-261
　　◎注「ラジオの時代―ラジオは茶の間の主役だった」(竹山昭子)　世界思想社　2002.7　prr
　　◎注「総力戦下の知と制度―岩波講座近代日本の文化史7」(酒井直樹ほか)　岩波書店　2002.9　prr
　　◎参考文献「戦後と高度成長の終焉―日本の歴史　24」(河野康子)　講談社　2002.12　p347-358
　　◎参考文献「少年ブーム―昭和レトロの流行もの」(串間努)　晶文社　2003.2　p366-369
　　◎註「昭和の軍閥」(高橋正衛)　講談社　2003.5　p315-316
　　◎参考文献「昭和史発掘　幻の特務機関「ヤマ」」(斎藤充功)　新潮社　2003.7　p181-182
　　◎参考文献「昭和史の怪物たち」(畠山武)　文藝春秋　2003.8　p183-185
　　◎参考文献「日本の戦後―私たちは間違っていたか　上」(田原総一朗)　講談社　2003.9　p372-381
　　◎参考文献「昭和精神史　戦後篇」(桶谷秀昭)　文藝春秋　2003.10　p554-563
　　◎文献「戦後経験を生きる」(大門正克ほか)　吉川弘文館　2003.12　p315-324
　　◎参考文献「大日本帝国の崩壊　日本の時代史25」(山室建德)　吉川弘文館　2004.6　p261-268
　　◎参考文献「戦後改革と逆コース　日本の時代史26」(吉田裕)　吉川弘文館　2004.7　p271-287
　　◎参考文献「高度成長と企業社会　日本の時代史27」(渡辺治ほか)　吉川弘文館　2004.8　p289-299
　　◎文献目録(大西比呂志)「歴史の中の現在　展望日本歴史23」(三宅明正ほか)　東京堂出版　2004.9　p391-386
　　◎注「占領とデモクラシーの同時代史」(同時代史学会)　日本経済評論社　2004.12　prr
　　◎参考文献「「前衛の女性1950-1975」展」　栃木県立美術館　2005　p179-186
　　◎参考文献「「挫折」の昭和史　上」(山口昌男)　岩波書店　2005.3　p291-299
　　◎参考文献「占領と平和―〈戦後〉という経験」(道場親信)　青土社　2005.4　p1-32b
　　◎参考文献「世界史のなかの一九四五年　戦後日本占領と戦後改革　新装版1」(中村政則ほか)　岩波書店　2005.5　prr
　　◎参考文献「昭和なつかし博物学―「そういえばあったね!」を探検する」(周達生)　平凡社　2005.6　p237-241
　　◎参考文献「日本の戦後　下　定年を迎えた戦後民主主義」(田原総一朗)　講談社　2005.7　p420-425
　　◎参考文献「ぐんまの昭和史　下」(石原征明)　みやま文庫　2005.8　p249-256
　　◎参考文献「「昭和の美術1945年まで―〈目的芸術〉の軌跡」展図録」(新潟県立近代美術館)　新潟県立近代美術館　2005.11　p193-196
　　◎参考文献「昭和戦後史―歴史エンタテインメント　上　復興と挑戦」(古川隆久)　講談社　2006.2　p269-273
　　◎参考文献「昭和陸軍の研究　下」(保阪正康)　朝日新聞社　2006.2　p627-629
　　◎参考文献「戦中文学青春譜―「こをろ」の文学者たち」(多田茂治)　海鳥社　2006.2　p266-269
　　◎引用参考文献「赤い夕陽の満州にて―「昭和」への旅」(高橋健男)　新風舎　2006.3　p593-604
　　◎「昭和史の謎を解く名著60冊」(千葉仁志)　清流出版　2006.5　326p　46s
　　◎参考文献「ファシズムへの道」(大内力)　中央公論新社　2006.8　p545-551
　　◎参考文献「昭和史の総括と宿題」(深水宗一)　展転社　2006.9　p281-287
　　◎「読書案内「昭和」を知る本　1-3」(日外アソシエーツ)　日外アソシエーツ　2006.9-11　3冊　A5
　　◎参考文献「よみがえる日本　改版」(蠟山政道)　中央公論新社　2006.10　p542-546
　　◎参考文献「プレイバック1980年代」(村田晃嗣)　文藝春秋　2006.11　p320-324
　　◎参考文献「昭和動乱の真相」(安倍源基)　中央公論新社　2006.12　p535-540
　　◎参考文献「謀略の昭和裏面史」(黒井文太郎)　宝島社　2007.2　p410-413
　　◎参考文献「戦前の日本を知っていますか?―しくみから読み解く昔の日本」(昭和研究グループ)　はまの出版　2007.3　p188-189

しようわ

◎ブックガイド「「過去の克服」と愛国心　歴史と向き合う2」（朝日新聞取材班）　朝日新聞社　2007.4　p327-341
◎読書案内「昭和史入門」（保阪正康）　文藝春秋　2007.4　p225-244
◎参考文献「カラーで蘇るあの時代の日々」（D.ボリア）　アーカイブス出版　2007.7　p190-191
◎参考資料「昭和30年代―「奇跡」と呼ばれた時代の開拓者たち」（塩田潮）　平凡社　2007.7　p312-318
◎参考文献「昭和史残日録―1926-45」（半藤一利）　筑摩書房　2007.7　p358-359
◎参考文献「日中戦争下の日本」（井上寿一）　講談社　2007.7　p199-201
◎参考文献「自由に生きるとはどういうことか―戦後日本社会論」（橋本努）　筑摩書房　2007.11　p263-269
◎引用文献「敗戦の記憶―身体・文化・物語1945-1970」（五十嵐恵邦）　中央公論新社　2007.12　p415-433

昭和二十年
◎参考資料「昭和二十年　第一部　7　東京の焼尽」（鳥居民）　草思社　2001.7　p321-328
◎参考資料「昭和二十年　第一部　9　国力の現状と民心の動向」（鳥居民）　草思社　2001.12　p343-365
◎参考資料ほか「国力の現状と民心の動向―昭和二十年　第一部＝9」（鳥居民）　草思社　2002.1　p343-365
◎参考資料ほか「横浜の壊滅―昭和二十年　第一部＝8」（鳥居民）　草思社　2002.3　p317-328

女学校
◎参考文献「女学校と女学生―教養・たしなみ・モダン文化」（稲垣恭子）　中央公論新社　2007.2　p230-246

書簡
○50選解題（平岡敏夫ほか）「国文学　45.13」（学燈社）　2000.11　p112-137

初期社会主義
○文献目録（志村正昭, 神谷昌史）「初期社会主義研究　14」（不二出版）　2001.12　p220-226

初期文明
◎参考文献「初期文明の比較考古学」（B.G.トリッガー）　同成社　2001.8　p238-239

ジョギング
◎文献「マラソン・ジョギングQ&A―初心者から中級ランナーまで」（山際哲夫）　ミネルヴァ書房　2002.11　p175-177

食
◎参考文献「食―とる・つくる・たべる」　長野県立歴史館　2001.3　p58-59
◎参考文献ほか「食と考古学―食いしんぼうの時間旅行」　福島県立博物館　2001.3　p91-92
◎「食の安全性―O157・遺伝子組み換えから異物混入・食中毒事件まで　最新文献ガイド」（日外アソシエーツ）　日外アソシエーツ　2001.5　236p　A5
◎参考文献「動物の「食」に学ぶ」（西田利貞）　女子栄養大学出版部　2001.8　p210-215
◎文献「食と文化の謎」（マーヴィン・ハリス）　岩波書店　2001.10　p1-18b
◎文献「食の366日話題事典」（西東秋男）　東京堂出版　2001.12　p319-322
◎参考史料「日本・食・歴史地図」（吉川誠次ほか）　NHK出版　2002.1　p210-206

○ブックリスト「I feel 12.1」（紀伊国屋書店）　2002.2　p12-13
◎文献「なぜ食べるのか―聖書と食」（奥田和子）　日本キリスト教団出版局　2002.5　p169-170
◎原注「飢えたる魂―食の哲学」（L.R.カス）　法政大学出版局　2002.9　p11-17b
◎参考文献「文人暴食」（嵐山光三郎）　マガジンハウス　2002.9　p426-431
◎参考文献「大名の暮らしと食」（江後迪子）　同成社　2002.11　p231-233
◎参考文献「食の世界にいま何がおきているか」（中村靖彦）　岩波書店　2002.12　p243-245
◎参考文献「食をコーディネートする」（金子佳代子）　丸善　2003.5　prr
◎文献「食と大地」（原田信男）　ドメス出版　2003.10　p258-263
◎参考文献「現代の食とアグリビジネス」（大塚茂ほか）　有斐閣　2004.5　p318-319
◎参考文献「食の世界地図」（21世紀研究会）　文藝春秋　2004.5　p329-331
◎註「日本の「行事」と「食」のしきたり」（新谷尚紀）　青春出版社　2004.11　prr
◎参考文献「食の民俗考古学」（橋口尚武）　同成社　2006.1　p207-210

ジョーク
◎参考文献「世界のジョーク事典」（松田道弘）　東京堂出版　2006.4　p279-289
◎参考文献「日本の戦時下ジョーク集　太平洋戦争篇」（早坂隆）　中央公論新社　2007.7　p207-212
◎参考文献「爆笑!大江戸ジョーク集」（笛吹明生）　中央公論新社　2007.11　p270-272

食育
◎参考引用文献「食農で教育再生―保育園・学校から社会教育まで」（菊池陽子ほか）　農文協　2007.2　p243-245

食塩
◎文献「食塩と健康の科学―減塩だけがよいわけではない!」（伊藤敬一）　講談社　2001.7　p186-187

職業
◎参考文献「ライフキャリアカウンセリング―カウンセラーのための理論と技術」（ノーマン・C.ガイスバース, メアリー・J.ヘプナー, ジョセフ・A.ジョンストン）　生産性出版　2002.4　prr
◎文献「上海職業さまざま」（菊池敏夫, 日本上海史研究会）　勉誠出版　2002.8　p188-191
◎参考文献「情報と職業」（近藤勲）　丸善　2002.9　prr
◎文献紹介「家族と職業―競合と調整」（石原邦雄）　ミネルヴァ書房　2002.12　p291-302
◎参考文献「社会移動の歴史社会学―生業／職業／学校」（佐藤（粒来）香ほか）　東洋館出版社　2004.2　p297-312
◎参考文献「女性の就業と親子関係―母親たちの階層戦略」（本田由紀）　勁草書房　2004.5　p187-196
◎参考文献「語りとしてのキャリア―メタファーを通じたキャリアの構成」（加藤一郎）　白桃書房　2004.12　p259-267

◎引用文献「職業的使命感のマネジメント—ノブレス・オブリジェの社会技術」（岡本浩一ほか）　新曜社　2006.6　p9-11b
◎参考文献「団塊フリーター計画」（島内晴美）　NHK出版　2007.1　p206-208
◎参考文献「キャリアの社会学—職業能力と職業経歴からのアプローチ」（辻勝次）　ミネルヴァ書房　2007.4　prr
◎参考文献「人材コンサルタントに騙されるな!」（山本直治）　PHP研究所　2007.7　p231-232
◎参考文献ほか「階層化する社会意識—職業とパーソナリティの計量社会学」（吉川徹）　勁草書房　2007.11　p180-195

職業意識
◎参考引用文献「大学生の職業意識の発達　最近の調査データの分析から」（東清和ほか）　学文社　2003.3　prr
◎参考文献「脱工業化社会と職業意識」（佐々木武夫）　恒星社厚生閣　2003.6　prr
◎参考文献「女子大生・OLの職業意識—日中比較」（川久保美智子）　かんぽう　2004.7　p260-266

職業教育
◎参考文献「中国の職業教育拡大政策—背景・実現過程・帰結」（劉文君）　東信堂　2004.3　p274-278
◎参考文献「大学生の職業意識とキャリア教育」（谷内篤博）　勁草書房　2005.7　p1-5b
◎参考文献ほか「人財立国論——一人ひとりがチャレンジできる社会を目指して」（鈴木隆史ほか）　経済産業調査会　2007.1　p257-258

職業訓練
◎文献「ブラジル　海外の人づくりハンドブック27」（二宮正人）　海外職業訓練協会　2006.3　p134-135
◎引用参考文献「日本の職業能力開発と教育訓練基盤の整備—職業能力開発に関する労働市場の基盤整備の在り方に関する研究」（労働政策研究・研修機構）　労働政策研究・研修機構　2007.3　p279-282

職業指導
◎引用文献「キャリアカウンセリング」（宮城まり子）　駿河台出版社　2002.4　p273-274
◎文献「キャリア・デザイン・ガイド—自分のキャリアをうまく振り返り展望するために」（金井寿宏）　白桃書房　2003.7　p165-181
◎参考文献「キャリア・ガイダンスとカウンセリング—英国にみる理論と実践　11歳以上の全ての人たちのための有効で効率的なガイダンスとカウンセリングのあり方を探る」（M. ジャヤシンゲ）　同友館　2004.6　p231-240
◎引用文献「高卒労働市場の変貌と高校進路指導・就職斡旋における構造と認識の不一致—高卒就職を切り拓く」（筒井美紀）　東洋館出版社　2006.2　p220-226

職業選択
◎関連書籍「理工系学生のためのキャリアガイド—職業選びに失敗しないために」（米国科学アカデミーほか）　化学同人　2002.3　p117-125
◎文献「若者はなぜ「決められない」か」（長山靖生）　筑摩書房　2003.9　p235-237
◎文献「転職とキャリアの研究—組織間キャリア発達の観点から」（山本寛）　創成社　2005.5　p273-294
◎参考引用文献「夢の行方—高校生の教育・職業アスピレーションの変容」（片瀬一男）　東北大学出版会　2005.10　p303-324

職業適性
◎文献「新しい職業適性の概念とその測定・評価—神経心理学の立場から」（日本労働研究機構研究所）　日本労働研究機構　2002.3　p170-178

職業道徳
◎文献「科学技術者の倫理—その考え方と事例　第2版」（Charles E. Harris Jr., Michael J. Rabins, Michael S. Pritchard）　丸善　2002.3　p407-415
◎参考文献「職業の倫理学—現代社会の倫理を考える5」（田中朋弘）　丸善　2002.6　p172-178
◎文献「技術者倫理と法工学」（清水克彦）　共立出版　2003.2　p181-182
◎文献「技術者の倫理—信頼されるエンジニアをめざして」（今村遼平）　鹿島出版会　2003.12　p166-168
◎参考文献「科学技術の倫理を学ぶ人のために」（新田孝彦ほか）　世界思想社　2005.7　prr
◎参考文献「よくわかるカウンセリング倫理」（水野修次郎）　河出書房新社　2005.10　p6-12b
◎参考文献「基礎からの技術者倫理—わざを生かす眼と心」（松木純也）　電気学会　2006.3　p167-171
◎参考図書「工学/技術者の倫理」（島本進）　産業図書　2006.4　p153-156
◎参考文献「技術の倫理学」（村田純一）　丸善　2006.7　p171-174
◎引用文献「臨床心理学の倫理をまなぶ」（金沢吉展）　東京大出版会　2006.9　p275-294
◎参考文献ほか「社会システムと倫理」（岩尾雄四郎）　電気書院　2007.8　p123-137
◎文献「APA倫理規準による心理学倫理問題事例集」（T. F. ネイギー）　創元社　2007.9　p426-430
◎参考文献「そのとき、エンジニアは何をするべきなのか—物語で読む技術者の倫理と社会的責任」（A. S. Gunn）　森北出版　2007.11　prr
◎参考文献「パブリッシュ・オブ・ペリッシュ—科学者の発表倫理」（山崎茂明）　みすず書房　2007.11　p8-13b

職業能力
◎文献「職業能力開発促進法　新訂版」（厚生労働省職業能力開発局）　労務行政　2002.12　p649-652

職業病
◎文献「石綿関連疾患—予防・診断・労災補償　4版」（森永謙二）　産業医学振興財団　2006.12　p211-226

食材
◎参考図書ほか「食べ物としての動物たち—牛、豚、鶏たちが美味しい食材になるまで」（伊藤宏）　講談社　2001.8　p264-265
◎参考文献「伝統的な健康食材の旅」（秋場龍一）　角川書店　2001.11　p216-217

贖罪
◎参考文献「贖罪—新約聖書におけるその教えの起源」（M. ヘンゲル）　教文館　2006.8　p1-9b

食餌療法
◎参考文献「中医食療方—病気に効く薬膳」（瀬尾港二ほか）　東洋学術出版社　2003.4　p329-331
◎文献「食品の効きめ事典—特定保健用食品からサプリメント，ハーブまで　糖尿病，がん，肥満など24

しょくせ

疾患」（清水俊雄）　真興交易医書出版部　2003.8　p226-227
◎文献「世界が認めた和食の知恵―マクロビオティック物語」（持田鋼一郎）　新潮社　2005.2　p186-190
◎文献「食事と心疾患」（M. Ashwell）　第一出版　2007.1　p171-189

植生

◎引用文献「地形植生誌」（菊池多賀夫）　東京大学出版会　2001.7　p202-213
◎参考文献「図説日本の植生」（沼田真ほか）　講談社　2002.2　p309-297
◎参考文献「図説日本の植生」（福嶋司ほか）　朝倉書店　2005.9　p139-148

食生活

◎参考文献「日本人のひるめし」（酒井伸雄）　中央公論新社　2001.3　p204-212
◎参考文献「なんでも食べるゾ信州人」（中田敬三）　郷土出版社　2002.1　p246-247
◎参考文献「食と日本人の知恵」（小泉武夫）　岩波書店　2002.1　p297-299
◎参考文献「フードスペシャリスト論―改訂」（日本フードスペシャリスト協会）　建帛社　2002.3　p177-178
◎参考文献「食事計画論―QOLを高める食を求めて　新版」（山口蒼生子）　家政教育社　2002.5　prr
◎参考文献「戦下のレシピ―太平洋戦争下の食を知る」（斎藤美奈子）　岩波書店　2002.8　p6-8b
◎参考文献「沖縄ぬちぐすい事典」（尚弘子）　プロジェクト・シュリ　2002.11　p232-235
◎文献「食・農・からだの社会学」（桝潟俊子, 松村和則）　新曜社　2002.11　p261-266
◎文献「健康長寿のための食生活―腸内細菌と機能性食品」（光岡知足）　岩波書店　2002.12　p165-168
◎参考文献「香港・広州菜遊記　粤のくにの胃袋気質」（日野みどり）　凱風社　2003.1　p254-255
◎文献「食べるアメリカ人」（加藤裕子）　大修館書店　2003.1　p234-235
◎文献「「アメリカ小麦戦略」と日本人の食生活」（鈴木猛夫）　藤原書店　2003.2　p250-252
◎参考文献「フードコーディネート論　新版」（日本フードスペシャリスト協会）　建帛社　2003.3　p173-174
◎参考文献「子供たちは何を食べればいいのか―子供のからだは家族が守る!」（松田麻美子）　グスコー出版　2003.7　p256-257
◎原註「食べる人類誌　火の発見からファーストフードの蔓延まで」（F. フェルナンデス＝アルメスト）　早川書房　2003.7　p416-394
◎文献「本物を伝える日本のスローフード」（金丸弘美）　岩波書店　2003.8　p177-178
◎参考文献「食生活論―「人と食」のかかわりから　改訂2版」（遠藤金次ほか）　南江堂　2003.9　prr
◎文献「台所の考古学―食をめぐる知恵の歴史―名古屋市博物館特別展展示図録」（名古屋市博物館）　名古屋市博物館　2003.10　p92-95
◎参考文献ほか「江戸の食生活」（原田信男）　岩波書店　2003.11　p1-19b
◎文献「中高年健康常識を疑う」（柴田博）　講談社　2003.12　p202-207
◎参考文献「食事調査方法・評価のまとめ方」（山口蒼生子ほか）　家政教育社　2004.3　prr

◎参考文献「食生活デザイン」（川端品子ほか）　家政教育会　2004.3　p141-143
◎参考引用文献「お米が主食でなくなる日」（幸田亮介）　イースト・プレス　2004.5　p214-217
◎参考文献「江戸の料理と食生活―日本ビジュアル生活史」（原田信男）　小学館　2004.6　p167-166
◎参考文献「東アジアにみる食とこころ―中国・台湾・モンゴル・韓国・日本」（國學院大學日本文化研究所）　おうふう　2004.10　prr
◎「健康・食事の本全情報　1993-2004」（日外アソシエーツ）　日外アソシエーツ　2004.11　12, 799p A5
◎関連文献「考える胃袋―食文化探検紀行　」（石毛直道ほか）　集英社　2004.12　p205-206
◎文献「ふくしま食の民俗」（近藤栄昭ほか）　歴史春秋出版　2005.1　p204-207
◎参考文献「やんごとなき姫君たちの饗宴」（桐生操）　角川書店　2005.1　p208-211
◎注「フード・ポリティクス―肥満社会と食品産業」（M. ネスル）　新曜社　2005.1　p19-71b
◎参考文献「世界の食文化　4　ベトナム・カンボジア・ラオス・ミャンマー」（大塚滋ほか）　農文協　2005.1　p280-281
◎参考文献「ヒトはなぜペットを食べないか」（山内昶）　文藝春秋　2005.4　p189-193
◎参考文献「韓国食生活文化の歴史」（尹瑞石）　明石書店　2005.5　prr
◎引用参考文献「中華文人食物語」（南条竹則）　集英社　2005.5　p213-218
◎参考文献「世界のフードシステム　フードシステム学全集8」（堀口健治ほか）　農林統計協会　2005.6　prr
◎引用参考文献「被差別の食卓」（上原善広）　新潮社　2005.6　p203-204
◎参考文献「四国・食べ物民俗学　続　現代に生きる食べ物と食習俗」（近藤日出男）　アトラス出版　2005.8　p227-228
◎引用文献「食べることの心理学―食べる，食べない，好き，嫌い」（今田純雄）　有斐閣　2005.8　p236-241
◎参考文献「文学に見る食文化」（大本泉）　角川学芸出版　2005.8　p240-244
◎文献「名作の食卓―文学に見る食文化」（大本泉）　角川学芸出版　2005.8　p240-244
◎参考文献「大和の食文化―日本の食のルーツをたずねて」（冨岡典子）　奈良新聞社　2005.9　p134-136
◎参考文献ほか「食の歴史　1」（J. L. フランドランほか）　藤原書店　2006.1　p428-401
◎参考文献「スローフードな日本!」（島村菜津）　新潮社　2006.2　p266-269
◎参考文献「ロシア　世界の食文化19」（沼野充義ほか）　農山漁村文化協会　2006.3　p292-295
◎文献「ロンドン食の歴史物語―中世から現代までの英国料理」（A. ホープ）　白水社　2006.3　p302-303
◎文献「日本人の食事摂取基準（2005年版）完全ガイド」（田中平三）　医歯薬出版　2006.3　p194-199
◎参考文献「中国の食文化研究」（横田文良）　辻学園調理製菓専門学校　2006.4　p226-228
◎参考文献「トチ餅は東京産―その味は遙かなる縄文とのきずな」（濱屋悦次）　批評社　2006.5　p200-204
◎参考文献「食の環境変化―日本社会の農業的課題」（元木靖）　古今書院　2006.5　p169-183

◎参考書「江戸の俳諧にみる魚食文化」（磯直道） 成山堂書店　2006.6　p167-169
◎参考文献「フランス美食の世界」（鈴木謙一） 世界文化社　2006.7　p346-347
◎文献「知っておきたい「食」の世界史」（宮崎正勝） 角川学芸出版　2006.10　p233-236
○文献目録（森咲子）「文献探索　2006」（文献探索研究会）　2006.11　p485-489
◎引用文献ほか「食からの異文化理解—テーマ研究と実践」（河合利光）　時潮社　2006.11　p1-11b
◎参考文献「お米と食の近代史」（大豆生田稔） 吉川弘文館　2007.2　p230-231
◎参考文献「ごはんとパンの考古学」（藤本強） 同成社　2007.2　p187」
◎参考文献ほか「韓国の和食日本の韓食—文化の融合・変容」（中村欽哉） 柘植書房新社　2007.2　p201-204
◎参考文献「にっぽん食探見」（長友麻希子） 京都新聞出版センター　2007.3　p153-159
◎参考文献「中国の食文化研究　山東編」（横田文良） 辻学園調理・製菓専門学校　2007.4　p218-219
◎参考文献「「飲食」というレッスン—フランスと日本の食卓から」（福田育弘） 三修社　2007.5　p270-281
◎文献「ニッポンの縁起食—なぜ「赤飯」を炊くのか」（柳原一成ほか） NHK出版　2007.6　p230」
◎参考文献「食文化あきた考」（あんばいこう） 無明舎出版　2007.7　p299-302
◎参考文献「日韓における堅果食文化」（和田稜三） 第一書房　2007.7　p336-340
◎参考文献「科学が証明する新・朝食のすすめ」（香川靖雄） 女子栄養大出版部　2007.8　2pb
◎参考文献ほか「検定「晴れの国おかやまの食」公式テキスト」（岡山県食品衛生協会） 吉備人出版　2007.8　p148-149
◎引用文献ほか「床下からみた白川郷—焔硝生産と食文化から」（馬路泰藏ほか） 風媒社　2007.8　p344-363
◎参考文献「虫食む人々の暮らし」（野中健一） NHK出版　2007.8　p208-213
◎引用文献「「粉もん」庶民の食文化」（熊谷真菜） 朝日新聞社　2007.9　p252-253
◎参考文献「世界たべものことわざ辞典」（西谷裕子） 東京堂出版　2007.9　p335-336
◎参考文献「信長のおもてなし—中世食べもの百科」（江後迪子） 吉川弘文館　2007.10　p186-193
◎引用参照文献「カナダ・イヌイットの食文化と社会変化」（岸上伸啓） 世界思想社　2007.11　p297-334
◎参考文献「食事崩壊と心の病」（大沢博） 第三文明社　2007.11　p217-219
◎参考文献「食通小説の記号学」（真銅正宏） 双文社出版　2007.11　p255-264

食虫植物
◎引用論文「カラー版食虫植物図鑑」（近藤勝彦ほか） 家の光協会　2006.7　p239-236

食中毒
◎参考文献「これだけは知っておきたい食中毒・感染症の基礎知識」（橋本秀夫） 中央法規出版　2002.7　p249-251
◎引用文献「食の安全考—食中毒と狂牛病を中心に」（篠田純男） 東京図書出版会　2005.5　p211-213

食肉市場
◎文献「輸入自由化と食肉市場再編」（長沢真史） 筑波書房　2002.4　p133-141

続日本紀
○文献目録（宮岡薫）「甲南大学古代文学研究　8」（甲南大）　2003.3　p136-155

職人
◎参考文献「江戸職人図聚」（三谷一馬） 中央公論新社　2001.12　p486-501
◎註「職人たちの西洋建築」（初田亨） 筑摩書房　2002.11　p316-336
◎参考資料「プロフェッショナルな修理」（足立紀尚） 中央公論新社　2007.3　p255-256
◎文献ほか「若者職人の社会と文化—14-17世紀ドイツ」（佐久間弘展） 青木書店　2007.9　p337-347

職能民
◎参考文献「都市と職能民の活動　日本の中世6」（網野善彦ほか） 中央公論新社　2003.2　p342-351
◎注「日本中世の百姓と職能民」（網野善彦） 平凡社　2003.6　prr

職場不適応
◎文献「職場不適応と心理的ストレス」（島津明人） 風間書房　2003.9　p97-103

食費
◎参考文献「家計における食料消費構造の解明—年齢階層別および世帯類型別アプローチによる」（石橋喜美子） 中央農業総合研究センター　2006.3　p118-121

食品
◎参考文献「フードシステムの経済学　第2版」（時子山ひろみ, 荏開津典生） 医歯薬出版　2000.12　p181-182
◎参考文献「遺伝子組み換え食品の「リスク」」（三瀬勝利） NHK出版　2001.3　p251-252
◎「食品・栄養の本全情報　1992-2001」（日外アソシエーツ） 日外アソシエーツ　2002.9　883p A5
◎参考文献「食品学各論—食べものと健康　2」（高野克己） 樹村房　2002.9　p160」
◎参考書「新食品学総論・各論」（青木正） 朝倉書店　2002.10　p283-286
◎参考文献「食と健康—情報のウラを読む」（村上明, 森光康次郎） 丸善　2002.11　p288-300
◎文献「畜産食品の事典」（細野明義ほか） 朝倉書店　2002.11　prr
◎文献「食品とからだ　免疫・アレルギーのしくみ」（上野川修一） 朝倉書店　2003.1　prr
◎参考文献「生活習慣病と食品の機能」（永井毅ほか） 水産社　2003.1　prr
◎参考文献「食の健康科学　食品の機能性と健康」（橋本直樹） 第一出版　2003.2　p211-212
◎引用文献「食用マメ類の科学—現状と展望」（海妻矩彦ほか） 養賢堂　2003.3　prr
◎文献「食品の安全性評価と確認」（一色賢司ほか） サイエンスフォーラム　2003.6　prr
◎引用文献「食品と味」（伏木亨） 光琳　2003.9　prr
◎引用文献「食品と劣化」（津志田藤二郎） 光琳　2003.11　prr
◎文献「食品の生体調節機能に関する研究」（農林水産技術会議事務局） 農林統計協会　2004.3　prr

しょくひ

◎参考文献「食品―医薬品相互作用ハンドブック」（Boullata, J）　丸善　2005.3　prr
◎参考文献「健康食品全書」（長坂達夫）　ブレーン出版　2005.4　p467-472
◎関連文献「食品と低温」　流通システム研究センター　2005.5　p129-146
◎引用文献「食品の機能性分析―野菜・果実・きのこの成分と生理機能研究の現状」　流通システム研究センター　2005.7　prr
◎引用文献「「食べ物」香り百科事典」（日本香料協会）　朝倉書店　2006.2　prr
◎参考文献「要説食品学総論 3訂」（廣田才之）　建帛社　2006.3　p208-209
◎参考図書「最新食品学　総論・各論　3版」（渡辺忠雄ほか）　講談社　2006.4　p181-182
◎参考文献「健康と長寿への挑戦―食品栄養科学からのアプローチ」（木苗直秀）　南山堂　2006.11　p153-159
◎参考文献「フードスペシャリスト論 3訂」（日本フードスペシャリスト協会）　建帛社　2007.3　p182-183
◎参考図書「食品の科学と技術　食べ物と健康1」（菅野道廣ほか）　南江堂　2007.3　p303-304
◎参考文献「医薬品と飲食物・サプリメントの相互作用とマネジメント――一目でわかる　改訂版」（大西憲明）　フジメディカル出版　2007.4　p197-202
◎文献「日本の伝統食品事典」（日本伝統食品研究会）　朝倉書店　2007.10　prr

食品衛生
◎参考資料「食品の安全管理と情報の伝達」（国際連合食糧農業機関（FAO），世界保健機関（WHO））　国際食糧農業協会　2001.3　p73-74
◎参考文献「Q&A食品の不安解消の手引―食べられる？食べられない？」（食品の苦情・相談事例研究会）　ぎょうせい　2001.4　p279-281
◎参考文献「食品の安全性」（日本フードスペシャリスト協会）　建帛社　2001.7　p183-184
◎参考書「食品衛生学―食品の安全性と衛生管理」（緒方正名ほか）　朝倉書店　2002.2　p177-179
◎参考文献「雪印の落日―食中毒事件と牛肉偽装事件」（藤原邦達）　緑風出版　2002.3　p318-319
◎参考文献「一般食品衛生学　新版 第3版」（宮沢文雄，金井美恵子）　三共出版　2002.4　p305-306
◎参考図書「最新食品衛生学　新版」（小笠原和夫）　三共出版　2002.4　p303-305
◎参考図書「新訂―原色食品衛生図鑑」（細貝祐太郎ほか）　建帛社　2002.4　p212-214
◎文献「食品の安全と品質―自由貿易をめぐる最近の話題」（経済協力開発機構）　技術経済研究所　2002.6　p116-123
◎参考文献「食のリスクを問いなおす―BSEパニックの真実」（池田正行）　筑摩書房　2002.8　p202-204
◎文献「食卓に毒菜がやってきた」（滝井宏臣）　コモンズ　2002.8　p204-206
◎参考文献「包装食品の安全戦略―HACCP導入と危機管理」（横山理雄ほか）　日報出版　2002.10　prr
◎文献「その食べ物が危ない！」（佐々木英二）　扶桑社　2003.3　p196-197
◎年譜「食の安全システムをつくる事典―BSE問題以後の課題」（藤原邦達）　農文協　2003.3　p284-316
◎文献「食の未来を考える」（大沢勝次ほか）　岩波書店　2003.6　p149-150

◎参考文献「21世紀の子どもたちと地球のためにお母さんができること―娘に、そしてまだ見ぬ孫へ贈る22通の手紙」（坂下栄）　メタモル出版　2003.7　p195-198
◎参考文献「子供たちは何を食べればいいのか―子供のからだは家族が守る！」（松田麻美子）　グスコー出版　2003.7　p256-257
◎参考図書「天然モノは安全なのか？―有機野菜やハーブもあぶない」（J. P. コールマン）　丸善　2003.9　p233-236
◎参考文献「食品のカビ汚染と危害」（宇田川俊一ほか）　幸書房　2004.2　p231-232
◎引用文献「食品安全問題の経済分析」（中嶋康博）　日本経済評論社　2004.2　p225-232
◎参考文献「食品の安全性を考える」（嘉田良平）　放送大学教育振興会　2004.3　p248-252
◎参考文献「食品安全システムの実践理論」（新山陽子）　昭和堂　2004.3　prr
◎参考文献「食の安全とリスクアセスメント」（熊谷進ほか）　中央法規出版　2004.4　prr
◎参考図書ほか「食品衛生学―「食の安全」の科学」（菊川清見ほか）　南江堂　2004.4　p327-331
◎文献「食品のストレス環境と微生物―その挙動・制御と検出」（伊藤武ほか）　サイエンスフォーラム　2004.5　prr
◎引用参考文献「安全食品農薬を知ろう！」（鈴木啓介）　文芸社　2004.6　p333-354
◎参考文献「これでいいのか食料貧国ニッポン―私たちの安全な食を守るには」（J. R. シンプソン）　家の光協会　2004.8　p257-254
◎参考文献「食の安全と安心の経済学」（中嶋康博）　コープ出版　2004.8　p219-223
◎参考文献「悲しいマグロ―放射線と水銀問題を考える」（滝澤行雄）　キクロス出版　2004.10　p301-303
◎参考文献「品質求道―食産業の現場から」（竹田正興）　東洋経済新報社　2005.2　p209-211
◎参考文献「リスク眼力」（小島正美）　北斗出版　2005.3　p249-253
◎参考文献「牛肉と政治不安の構図」（中村靖彦）　文藝春秋　2005.3　p227-228
◎参考文献「食品の安全性　改訂」（日本フードスペシャリスト協会）　建帛社　2005.4　p185-187
◎参考文献「畜産物と健康―卵・牛乳・肉の生産から考える」（加藤武市）　科学堂　2005.6　p241-249
◎文献「食品リスク―BSEとモダニティ」（神里達博）　弘文堂　2005.10　p378-370
◎参考文献「あぶない肉」（西沢江美子）　めこん　2006.2　p282-284
◎参考文献「食品の安全と品質確保―日米欧の制度と政策」（高橋悌二ほか）　農山漁村文化協会　2006.3　p246-252
◎参考文献「家族に伝える牛肉問題―グローバル経済が加速させる「食の歪み」　アメリカ産牛肉輸入再開！」（白井和宏）　光文社　2006.6　p229-230
◎参考文献「食環境科学入門―食の安全を環境問題の視点から」（山口英昌）　ミネルヴァ書房　2006.9　prr
◎参考文献「牛丼　焼き鳥　アガリクス」（中村靖彦）　文藝春秋　2007.1　p257-259
◎文献「消費者政策の形成と評価―ドイツの食品分野」（工藤春代）　日本経済評論社　2007.1　p205-213

◎参考文献「対訳ISO 22000:2005食品安全マネジメントシステム―フードチェーンのあらゆる組織に対する要求事項 ポケット版」(日本規格協会) 日本規格協会 2007.3 p212-215
◎参考文献「食品・農業バイオテロへの警鐘―ボーダーレスの大規模犠牲者時代に備えて」(松延洋平) 日本食糧新聞社 2007.4 p540-548
◎参考資料「食品不安―安全と安心の境界」(橋本直樹) NHK出版 2007.4 p220-221
◎参考文献「食品安全経済学―世界の食品リスク分析」(松木洋一ほか) 日本経済評論社 2007.6 prr
◎参考引用文献「食品安全性をめぐるWTO通商紛争―ホルモン牛肉事件からGMO事件まで」(藤岡典夫) 農文協 2007.11 p251-254

食品化学
◎文献「食品学実験」(中谷延二ほか) 光生館 2007.4 p159-160

食品加工
◎文献「食品加工技術の展開 普及版」(藤田哲ほか) シーエムシー出版 2007.5 prr

食品機能
◎参考文献「食品機能学―脂質」(和田俊ほか) 丸善 2004.3 p216-220

食品工学
◎参考文献「食品の機能性向上技術の開発―機能性食品素材の実用化・応用化にむけて」(ニューフードクリエーション技術研究組合) 恒星社厚生閣 2004.11 prr

食品工業
◎参考文献「アメリカ食品製造業発展史―独占規制と環境規制の展開」(山口一臣) 千倉書房 2003.3 p1-24b
◎文献「食品工業における科学・技術の進歩 10」(日本食品工学会) 光琳 2003.8 prr
◎注「フード・ポリティクス―肥満社会と食品産業」(M.ネスル) 新曜社 2005.1 p19-71b
◎参考引用文献「新食品開発論」(中村豊郎) 光琳 2005.9 p201-205
◎参考文献「食品製造業の経営展開と構造変化―食品市場の競争構造化と経営行動」(野島直人) 農林統計協会 2007.6 p167-168
◎参考文献「現場で役立つ食品工場ハンドブック―キーワード365」(月刊食品工場長編集部) 日本食糧新聞社 2007.7 p239-241

食品小売業
◎引用文献「アメリカ巨大食品小売業の発展」(中野安) 御茶の水書房 2007.2 p331-345

食品香料
◎参考文献「フレーバー―おいしさを演出する香りの秘密」(広山均) フレグランスジャーナル社 2005.2 p319-320

食品産業
◎引用文献「食品産業における企業行動とフードシステム フードシステム学全集4」(中島正道ほか) 農林統計協会 2004.4 prr

食品市場
◎参考文献「食品市場の展開と地域フードビジネス」(美土路知之) 東京農大出版会 2004.4 p192-194

食品成分
◎文献「食品成分のはたらき」(山田耕路) 朝倉書店 2004.3 prr

食品貯蔵
◎文献「縄文時代貯蔵穴の研究」(坂口隆) アム・プロモーション 2003.6 p147-176

食品添加物
◎参考文献「食品添加物のはなし」(東京都消費生活総合センター活動支援課) 東京都消費生活総合センター 2001.3 p69」
◎参考文献「汚染される身体―食品添加物・環境ホルモン・食物アレルギー」(山本弘人) PHP研究所 2004.9 p251-253
◎文献「食品の乳化―基礎と応用」(蒔田哲) 幸書房 2006.2 prr

食品微生物
◎引用文献「食品微生物 1(基礎編) 食品微生物の科学」(清水潮) 幸書房 2001.2 p179-192
◎参考図書「現場で役立つ食品微生物Q&A」(小久保彌太郎) 中央法規出版 2005.7 p229-231
◎参考図書「現場で役立つ食品微生物Q&A」(小久保彌太郎) 中央法規出版 2007.6 p229-231

食品包装
◎文献「必携・食品包装設計ガイドブック」(大塚雄三ほか) サイエンスフォーラム 2005.11 prr

食品リサイクル
◯書籍一覧「月刊廃棄物 28」(日報アイ・ビー) 2002.11 p85-87

植物
◎参考文献「植物のこころ」(塚谷裕一) 岩波書店 2001.5 p1-6b
◎文献「草木スケッチ帳 3」(柿原申人) 東方出版 2002.5 p239-241
◎文献「中国砂漠・沙地植物図鑑 木本編」(中国科学院蘭州沙漠研究所, 劉媖心) 東方書店 2002.5 p494-495
◎参考文献「雲南の植物」(森和男) トンボ出版 2002.6 p233-235
◎文献「花を愉しむ事典―神話伝説・文学・利用法から花言葉・占い・誕生花まで」(J.アディソン) 八坂書房 2002.6 p436-437
◎文献「雪山の生態学―東北の山と森から」(梶本卓也, 大丸裕武, 杉田久志) 東海大学出版会 2002.6 p255-279
◎文献「定本インド花綴り」(西岡直樹) 木犀社 2002.9 p514-515
◎文献「北方植生の生態学」(沖津進) 古今書院 2002.12 p187-200
◯文献目録(村上浩)「植物の生長調節 37.2」(植物化学調節学会) 2002 p231-240
◎文献「サラソウジュの木の下で―インド植物ものがたり」(西岡直樹) 平凡社 2003.2 p268-269
◎文献「植物育種学―交雑から遺伝子組換えまで」(鵜飼保雄) 東京大学出版会 2003.3 p409-441

しよくふ

◎参考文献「生きぬく―乾燥地の植物たち」(淡輪俊) 信山社 2003.3 p107-108
◎参考図書「和漢古典植物考」(寺山宏) 八坂書房 2003.3 p675-683
◎文献「草木スケッチ帳 4」(柿原申人) 東方出版 2003.4 p239-241
◎参考文献「ふしぎの植物学―身近な緑の知恵と仕事」(田中修) 中央公論新社 2003.7 p204-206
◎参考文献「植物の生長と環境 新しい視点と環境調節の課題」(高倉直) 農文協 2003.7 p189-193
◎参考文献「群馬の里山の植物」(松澤篤郎) みやま文庫 2003.8 p188-190
◎文献一覧「植物学と植物画」(大場秀章) 八坂書房 2003.11 p290-283
◎文献「植物育種学各論―作物の特性と育種」(日向康吉ほか) 文永堂出版 2003.12 p317-321
◎収録図鑑一覧「植物レファレンス事典」(日外アソシエーツ) 日外アソシエーツ 2004.1 p13-11f
◎文献「民族植物学―原理と応用」(C. M. コットン) 八坂書房 2004.1 p353-377
◎参考文献「植物詩の世界―日本のこころドイツのこころ」(冨岡悦子) 神奈川新聞社 2004.3 p73-76
◎注「有用植物 ものと人間の文化史119」(菅洋) 法政大学出版局 2004.4 prr
◎参考文献「植物生活史図鑑 1 春の植物 No.1」(大原雅ほか) 北大図書刊行会 2004.5 p95-101
◎参考文献「奈良公園の植物」(北川尚史ほか) トンボ出版 2004.5 p205-209
◎「動物・植物の本全情報 1999-2003」(日外アソシエーツ) 日外アソシエーツ 2004.10 14, 738p A5
◎参考文献「植物の観察と実験を楽しむ―光と植物のくらし」(松田仁志) 裳華房 2004.11 p151-155
◎参考文献「ヒマラヤに花を追う―秘境ムスタンの植物」(大場秀章ほか) 緑育成財団 2005.1 p241-242
◎参考引用文献「新版図集植物バイテクの基礎知識」(大洋勝次ほか) 農文協 2005.3 p250-254
◎参考文献「クイズ植物入門――粒のコメは何粒の実りになるか」(田中修) 講談社 2005.4 p212-215
◎参考文献「資料日本植物文化誌」(有岡利幸) 八坂書房 2005.4 p501-507
◎参考文献「図説花と樹の事典」(植物文化研究会ほか) 柏書房 2005.5 p9-11
◎参考文献「アイヌと北の植物民族学―たべる・のむ・うむ」(北海道立北方民族博物館) 北海道立北方民族博物館 2005.7 p56-59
◎引用文献「津軽半島の植物」(井上守) 青森県文芸協会出版部 2005.9 p304-308
◎参考文献「250年前の植物群像―享保二〇年内田家文書「日記」より」(須田直之) 筑波書林 2005.11 p196-197
◎文献リスト「知床の植物 1 」(斜里町立知床博物館) 北海道新聞社 2005.11 p234-238
◎参考文献「亜熱帯沖縄の花―花ごよみ」(屋比久壮実) アクアコーラル企画 2006.2 p199」
◎参考文献「今市市の植物」(今市市歴史民俗資料館) 今市市歴史民俗資料館 2006.2 p165-166
◎文献「豊の国大分の植物誌―大分の自然に生きる植物 増補」(荒金正憲)〔荒金正憲〕 2006.5 p474-476
◎参考文献「聖書植物大事典」(W. スミス) 国書刊行会 2006.9 p521-522

◎参考文献「蝶々はなぜ菜の葉にとまるのか―日本人の暮らしと身近な植物」(稲垣栄洋) 草思社 2006.10 p227-229
◎参考文献「植物成分と熱―生成物の特性と利用」(逆瀬川三有生) 八十一出版 2006.12 p57-61
◎文献リスト「知床の植物 2」(斜里町立知床博物館) 北海道新聞社 2007.1 p235-238
◎参考文献「暮らしを支える植物の事典―衣食住・医薬からバイオまで」(A. レウィントン) 八坂書房 2007.1 p34-37b
◎参考文献「根室半島植物分布調査報告書」 根室市教委 2007.3 p75-77
◎参考文献「自然を染める―植物染色の基礎と応用」(木村光雄ほか) 木魂社 2007.4 p149」
◎著作「植物文化人物事典―江戸から近現代・植物に魅せられた人々」(大場秀章) 日外アソシエーツ 2007.4 prr
◎図書一覧「映画のなかの草木花」(飯島朋子) 日本図書刊行会 2007.6 p109-116
◎参考文献「植物の学名を読み解く―リンネの「二名法」」(田中学) 田中学 2007.6 p205-210
◎文献「植物生活史図鑑 3 夏の植物 No.1」(河野昭一ほか) 北海道大出版会 2007.6 p99-103
◎参考文献「奇妙な植物散歩―身近な自然百話」(山川哲弘) 岐阜新聞社 2007.7 p228-231
◎参考文献「植物が語る放射線の表と裏」(鵜飼保雄) 培風館 2007.7 p242-245
◎参考文献「植物学とオランダ」(大場秀章) 八坂書房 2007.7 p240-241
◎引用参考文献「これでナットク!植物の謎―植木屋さんも知らないたくましいその生き方」(日本植物生理学会) 講談社 2007.8 p263-264
◎参考引用文献「山形県「植物方言」誌」(鹿間廣治) 東北出版企画 2007.8 p400-407
◎参考文献「根ほり葉ほり―草木・造園ことば」(清水博史) 文芸社 2007.11 p170-174
◎参考文献「生薬単―語源から覚える植物学・生薬学名単語集―ギリシャ語・ラテン語」(伊藤美千穂) エヌ・ティー・エス 2007.11 p312-315

植物園
◎参考文献「日本の植物園」(岩槻邦男) 東京大学出版会 2004.6 p241-243

植物化学
◎参考文献「みどりの香り―植物の偉大なる知恵」(畑中顯和) 丸善 2005.11 p166-172

植物化石
◎参考文献「埋木の特性―有機地球素材への展望」(成田廣枝) 八十一出版 2006.5 p57-61

植物形態
◎参考文献「植物の木部構造と水移動様式」(M. T. タイリーほか) シュプリンガー・ジャパン 2007.12 p259-278

植物採集
◎参考文献「プラントハンター」(白幡洋三郎) 講談社 2005.11 p289-293
◎参考文献(遠山茂樹)「プラントハンター東洋を駆ける―日本と中国に植物を求めて」(A. M. コーツ) 八坂書房 2007.9 p10-12b

植物生化学
- ◎参考文献「植物抽出成分の特性とその利用」（谷田貝光克）　八十一出版　2006.3　p59-61

植物生態学
- ◎文献「植物の耐寒戦略―寒極の森林から熱帯雨林まで」（酒井昭）　北海道大学図書刊行会　2003.3　p5-13b
- ◎文献「植物生態学―基礎と応用」（林一六）　古今書院　2003.3　p191-224
- ◎参考引用文献「光と水と植物のかたち　植物生理生態学入門」（種生物学会）　文一総合出版　2003.5　prr
- ◎文献「植生と大気の4億年―陸域炭素循環のモデリング」（D. J. ベアリングほか）　京都大学学術出版会　2003.12　p413-450
- ◎参考文献「植物生態生理学　2版」（W. ラルヘル）　シュプリンガーV東京　2004.6　p309-344
- ◎参考文献「植物生態学」（甲山隆司）　朝倉書店　2004.12　p393-420
- ◎文献「葉の寿命の生態学―個葉から生態系へ」（菊沢喜八郎）　共立出版　2005.3　p171-195

植物生理学
- ◎参考書「植物生理学入門　3訂版」（桜井英博ほか）　培風館　2001.6　p321-323
- ◎参考文献「呼吸と作物の生産性」（J. S. Amthor）　学会出版センター　2001.10　p197-232
- ◎参考図書「植物生理生化学入門―植物らしさの由来を探る」（佐藤満彦）　恒星社厚生閣　2002.4　p198-199
- ◎参考引用文献「光と水と植物のかたち　植物生理生態学入門」（種生物学会）　文一総合出版　2003.5　prr
- ◎参考文献「植物生理学」（L. テイツほか）　培風館　2004.6　prr
- ◎参考図書「植物の栄養30講」（平澤栄次）　朝倉書店　2007.10　p177-179

植物病学
- ◎参考文献「植物のウイルス病物語―始まりからバイオテクノロジーまで」（都丸敬一）　全国農村教育協会　2001.3　p181-185
- ◎参考図書ほか「植物病理学」（大木理）　東京化学同人　2007.10　p155-156

植物病理
- ◎参考文献「最新植物病理学」（奥田誠一ほか）　朝倉書店　2004.9　p215-220

植物分布
- ○文献一覧ほか（藤井伸二ほか）「分類　6.2」（日本植物分類学会）　2006.8　p139-150

植物ホルモン
- ◎参考引用文献「植物ホルモンの分子細胞生物学―成長・分化・環境応答の制御機構」（小柴共一ほか）　講談社　2006.9　prr

植物民俗
- ◎参考文献「イギリス植物民俗事典」（ロイ・ヴィカリー）　八坂書房　2001.7　p508-524
- ◎参考文献「植物民俗」（長澤武）　法政大学出版局　2001.10　p307-309

食文化
- ◎参考文献「コムギの食文化を知る事典」（岡田哲）　東京堂出版　2001.7　p257-271
- ◎「食文化に関する文献目録　学術論文　大学紀要　1995-2000」　味の素食の文化センター　2001.8　83p A4
- ◎「食文化に関する文献目録　学術論文　農産物」　味の素食の文化センター　2002.2　83p A4
- ◎文献「スズメバチを食べる―昆虫食文化を訪ねて」（松浦誠）　北海道大学図書刊行会　2002.3　p7-9b
- ◎参考引用文献「近現代の食文化」（石川寛子ほか）　弘栄出版　2002.4　prr
- ◎「食文化に関する文献目録　学術論文　水産物」　味の素食の文化センター　2002.8　49p A4
- ◎参考文献「そば学大全―日本と世界のソバ食文化」（俣野敏子）　平凡社　2002.9　p220-222
- ◎参考文献「インターネットが教える日本人の食卓」（東京農大生活科学研究所）　東京農大出版会　2002.10　p173-174
- ◎参考文献「韓国の食文化―朝鮮半島と日本・中国の食と交流」（佐々木道雄）　明石書店　2002.10　p275-287
- ◎参考文献「旅と食―食の文化フォーラム20」（神崎宣武ほか）　ドメス出版　2002.10　prr
- ◎註「アメリカ食文化　味覚の境界線を越えて」（D. R. ガバッチア）　青土社　2003.3　p9-33b
- ◎参考図書「海藻の食文化」（今田節子）　成山堂書店　2003.3　p181-186
- ◎参考文献「沖縄の神と食の文化」（赤嶺政信）　青春出版社　2003.4　1pb
- ◎参考文献「韓国を食べて韓国を知ろう　韓国の食文化と日本」（中村欽哉）　つげ書房新社　2003.5　p228-232
- ◎文献「イタリア　世界の食文化　15」（池上俊一）　農文協　2003.10　p265-266
- ◎註「ドイツ　世界の食文化　18」（南直人）　農文協　2003.10　prr
- ◎参考文献「食文化入門―百問百答」（岡田哲）　東京堂出版　2003.11　p1-4b
- ◎参考文献「中国　世界の食文化2」（周達生）　農文協　2004.1　p277-280
- ◎参考文献「日本の食文化」（原田信男）　放送大教育振興会　2004.3　p173-178
- ◎参考文献「アメリカ　世界の食文化12」（本間千枝子ほか）　農文協　2004.4　p255-258
- ◎参考文献「新・食文化入門」（森枝卓士ほか）　弘文堂　2004.10　prr
- ◎書誌一覧ほか「南蛮から来た食文化」（江後迪子）　弦書房　2004.10　p204-219
- ◎註「極北　世界の食文化30」（岸上伸啓ほか）　農文協　2005.3　prr
- ◎引用参考文献「日本食文化人物事典―人物で読む日本食文化史」（西東秋男）　筑波書房　2005.4　p378-384
- ◎参考文献「モンゴル　世界の食文化3」（小長谷有紀）　農文協　2005.6　p274-275
- ◎参考文献「栃と餅―食の民俗構造を探る」（野本寛一）　岩波書店　2005.6　p293-295
- ◎参考文献「『まつり』の食文化」（神崎宣武）　角川学芸出版　2005.9　p238-241
- ◎文献「韓国　世界の食文化1」（朝倉敏夫）　農文協　2005.9　p267
- ◎参考文献「スペイン　世界の食文化14」（立石博高）　農文協　2007.3　p279-284

しよくほ

◎参考文献「古代ローマの食卓」(P. ファース) 東洋書林 2007.5 p20-21b

織豊政権

◎参考文献「織豊政権と江戸幕府 日本の歴史 15」(池上裕子) 講談社 2001.2 p381-384

植民地

◎参考文献「韓国併合への道」(呉善花) 文藝春秋 2001.1 p222-225
◎基本文献案内「ポストコロニアル」(小森陽一) 岩波書店 2001.4 p135-140
◎注文献「先住民族の「近代史」 植民地主義を超えるために」(上村英明) 平凡社 2001.4 prr
◎参考文献「植民地支配と環境破壊 覇権主義は超えられるか」(古川久雄) 弘文堂 2001.5 p267-274
◎文献「ポストコロニアル理論入門」(アーニャ・ルーンバ) 松柏社 2001.6 p311-346
◎注文献「インド植民地官僚 大英帝国の超エリートたち」(本田毅彦) 講談社 2001.7 p206-214
◎参考文献「植えつけられた都市―英国植民都市の形成」(ロバート・ホーム) 京都大学学術出版会 2001.7 p353-381
◎参考文献「植民地朝鮮の地方制度」(姜再鎬) 東京大学出版会 2001.7 p285-294
◎引用文献「日本の植民地支配 肯定・賛美論を検証する」(水野直樹ほか) 岩波書店 2001.11 p60-63
◎参考文献「岩波講座東南アジア史 6 植民地経済の繁栄と凋落」(池端雪浦ほか) 岩波書店 2001.12 prr
◎引用文献「表象の植民地帝国―近代フランスと人文諸科学」(竹沢尚一郎) 世界思想社 2001.12 p308-330
◎参考文献「フランス植民地主義の歴史―奴隷制廃止から植民地帝国の崩壊まで」(平野千果子) 人文書院 2002.1 p358-344
◎注「「植民地朝鮮」の研究 謝罪するいわれは何もない」(杉本幹夫) 展転社 2002.6 prr
◎参考文献「植民地朝鮮の日本人」(高崎宗司) 岩波書店 2002.6 p208-222
◎文献「「君が代少年」を探して―台湾人と日本語教育」(村上政彦) 平凡社 2002.10 p260-262
◎文献「植民地支配と日本語―台湾、満洲国、大陸占領地における言語政策 増補版」(石剛) 三元社 2003.1 p246-251
◎引用文献「人類学と脱植民地化」(太田好信) 岩波書店 2003.3 p261-270
◎文献「天皇制国家形成と朝鮮植民地支配」(朴慶相) 人間の科学新社 2003.3 p226-235
◎文献一覧「ヨーロッパ文明批判序説―植民地・共和国・オリエンタリズム」(工藤庸子) 東京大学出版会 2003.4 p8-16b
◎「東亜研究所刊行物 64-65」(東亜研究所) 龍溪書舎 2003.7 2冊 A5
◎「南方植史文献目録 復刻版」(東亜研究所) 龍溪書舎 2003.7 2冊 A5
◎資料目録「侵略神社―靖国思想を考えるために」(辻子実) 新幹社 2003.9 p278-295
◎参考文献「日本の植民地の真実―台湾朝鮮満州」(黄文雄) 扶桑社 2003.10 p478-471
◎日本語文献「生活の中の植民地主義」(水野直樹) 人文書院 2004.1 p161-170

◎参考文献ほか「日本帝国の申し子―高敞の金一族と韓国資本主義の植民地起源 1876-1945」(C. J. エッカート) 草思社 2004.1 p438-342
◎参考文献「海を渡った日本語―植民地の「国語」の時間」(川村湊) 青土社 2004.4 p290-296
◎引用文献「ポストコロニアル文学の現在」(木村茂雄ほか) 晃洋書房 2004.6 p219-228
◎参考目録ほか「植民地朝鮮における朝鮮語奨励政策―朝鮮語を学んだ日本人」(山田寛人) 不二出版 2004.6 p233-240
◎ブックガイド「ポストコロニアリズム」(本橋哲也) 岩波書店 2005.1 p223-232
◎参考文献「植民地と戦争責任 戦争・暴力と女性3」(早川紀代) 吉川弘文館 2005.2 p227-230
◎主要文献「植民地神社と帝国日本」(青井哲人) 吉川弘文館 2005.2 p320-339
◎邦訳文献「文化の場所―ポストコロニアリズムの位相」(H. K. バーバ) 法政大学出版局 2005.2 p34-39b
◎参考文献「ポストコロニアリズム」(R. J. C. ヤング) 岩波書店 2005.3 p1-23b
◎参考文献「日本の植民地言語政策研究」(石剛) 明石書店 2005.3 p342-351
◎参考文献「日本の植民地図書館―アジアにおける日本近代図書館史」(加藤一夫ほか) 社会評論社 2005.5 p368-404
○回想記リストほか「韓国言語文化研究 9」(九州大) 2005.6 p33-116
◎文献一覧「マラリアと帝国―植民地医学と東アジアの広域秩序」(飯島渉) 東京大学出版会 2005.6 p16-52b
◎参考文献「植民地主義とは何か」(J. オースタハメル) 論創社 2005.10 p254-258
◎参考文献「外務省警察史―在留民保護取締と特高警察機能」(荻野富士夫) 校倉書房 2005.11 p931-943
◎参考文献「植民地の鉄道」(高成鳳) 日本経済評論社 2006.1 p235-242
◎文献解題(酒井哲哉ほか)「「帝国」編成の系譜 岩波講座「帝国」日本の学知1」 岩波書店 2006.2 p2-41b
◎参考文献「日本植民地教育の展開と朝鮮民衆の対応」(佐野道夫) 社会評論社 2006.2 p393-434
○目録「成城学園教育研究所 28」(成城学園) 2006.3 p17-49
◎引用参考文献「日本の朝鮮統治―「一視同仁」の建前と実相」(鈴木譲二) 学術出版会 2006.4 p257-267
◎引用参照文献「「植民地」支配の史的研究―戦間期日本に関する英国外交報告からの検証」(梶居佳広) 法律文化社 2006.11 p213-219
◎引用参照文献「帝国日本の植民地社会事業政策研究―台湾・朝鮮」(大友昌子) ミネルヴァ書房 2007.4 p453-460
◎文献ほか「帝国とプロパガンダ―ヴィシー政権期フランスと植民地」(松沼美穂) 山川出版社 2007.11 p7-27b
◎参考文献「植民地時代の古本屋たち―樺太・朝鮮・台湾・満洲・中華民国―空白の庶民史」(沖田信悦) 寿郎社 2007.12 p183-184

職務発明
- ◎注「特許はだれのものか―職務発明の帰属と対価」(竹田和彦) ダイヤモンド社 2002.7 prr

食物
- ◎参考文献「東南アジア市場図鑑 魚貝篇」(河野博) 弘文堂 2001.7 p234-237
- ◎参考図書「新しい食物学―食生活と健康を考える」(加藤陽治,長沼誠子) 南江堂 2001.10 p133-136
- ◎参考文献「たべもの起源事典」(岡田哲) 東京堂出版 2003.1 p489-508
- ◎参考文献「食物科学概論」(的場輝佳) 朝倉書店 2003.11 p177-179
- ◎文献「ケンブリッジ世界の食物史大百科事典 2」(K. F. Kipleほか) 朝倉書店 2004.9 prr
- ◎参考文献「世界たべもの起源事典」(岡日哲) 東京堂出版 2005.4 p439-446
- ◎文献「ケンブリッジ世界の食物史大百科事典 1 祖先の食・世界の食」(Kiple, KFほか) 朝倉書店 2005.11 prr
- ◎参考文献「食物と愛―日常生活の文化誌」(J. グッディ) 法政大学出版局 2005.12 p9-26b
- ◎参考文献「文人暴食」(嵐山光三郎) 新潮社 2006.1 p563-570
- ◎参考文献「食べる西洋美術史―「最後の晩餐」から読む」(宮下規久朗) 光文社 2007.1 p259-262

食物中毒
- ◎出典「食物中毒と集団幻想」(M. K. マトシアン) パピルス 2004.7 p10-31b

食料
- ◎注「戦時体制期 戦後日本の食料・農業・農村1」(野口公夫) 農林統計協会 2003.6 prr
- ◎文献「山菜採りの社会誌―資源利用とテリトリー」(池谷和信) 東北大学出版会 2003.12 p185-200
- ◎参考文献「食と農の経済学―現代の食料・農業・農村を考える」(橋本卓爾) ミネルヴァ書房 2004.3 prr
- ◎引用参考文献「食料と環境」(大賀圭治) 岩波書店 2004.4 p191-194
- ◎参考資料「食料の世界地図」(E. ミルストーン) 丸善 2005.10 p120-125

食糧
- ◎参考文献「食糧確保の人類学―フード・セキュリティー」(J. ポチエ) 法政大学出版局 2003.12 p7-29b
- ◎「刊行物目次総覧」(食料・農業政策研究センター) 食料・農業政策研究センター 2005.3 255p A5
- ◎参考文献「FTAと食料―評価の論理と分析枠組」(鈴木宣弘) 筑波書房 2005.7 prr

食料産業
- ◎引用文献「食料産業クラスターと地域ブランド―食農連携と新しいフードビジネス」(斎藤修) 農文協 2007.3 p313-315

食糧政策
- ◎参考文献「レポート「昭和大飢饉」―その時、日本は何を決断し、どう行動したか」(栗山正博) 近代文芸社 2001.4 p128-129
- ◎参考文献「統制経済と食糧問題―第一次大戦期におけるポズナン市食糧政策」(松家仁) 成文社 2001.12 p289-299
- ◎文献「日本麦需給政策史論」(横山英信) 八朔社 2002.11 p416-423

食料品
- ◎文献「「ヒット食品」人気のカラクリ!―いつものあの味にそんなヒミツがあったなんて!」((秘)情報取材班) 青春出版社 2005.4 p236-237

食糧問題
- ◎参考文献「フードシステムの経済学 第2版」(時子山ひろみ,荏開津典生) 医歯薬出版 2000.12 p181-182
- ◎文献「これでいいのか日本の食料―アメリカ人研究者の警告」(ジェームス・R. シンプソン) 家の光協会 2002.7 p215-220
- ◎参考文献「食料経済入門―経済学から見た現代食料問題」(日暮賢司) 東京書籍 2002.10 p165」
- ◎文献「日本の食料問題を考える―生産者と消費者の政治経済学」(伊藤元重,伊藤研究室) NTT出版 2002.10 p433-448
- ◎文献「世界を養う―環境と両立した農業と健康な食事を求めて」(V. スミル) 食料・農業政策研究センター 2003.2 p341-375
- ◎参考文献「新訂 食料経済」(小林哲郎) 中央法規出版 2003.5 prr
- ◎史料と文献「パンと民衆―19世紀プロイセンにおけるモラル・エコノミー」(山根徹也) 山川出版社 2003.11 p9-27b
- ◎参考文献「食料経済―フードシステムからみた食料問題 3版」(高橋正郎) 理工学社 2005.2 p232-235
- ◎原注「フード・セキュリティーだれが世界を養うのか」(L. R. ブラウン) ワールドウォッチジャパン 2005.4 p341-306
- ◎引用文献「遺伝子組換え作物―世界の飢餓とGM作物をめぐる論争」(P. ピンストラップ-アンダーセンほか) 学会出版センター 2005.4 p179-186
- ◎参考文献「ジュネーブの食卓―ルソーの時代の食料・農業・農村と食糧安全保障」(林正徳) 農林統計協会 2005.5 p374-383
- ◎引用参考文献「朝鮮半島の食料システム―南の飽食、北の飢餓」(三浦洋子) 明石書店 2005.7 p411-426
- ◎「食糧・農業問題の本全情報 1995-2004」(日外アソシエーツ) 日外アソシエーツ 2005.10 15, 774p A5
- ◎引用文献「100億人への食糧―人口増加と食糧生産の知恵」(L. T. Evans) 学会出版センター 2006.7 p255-268
- ◎参考文献「フード・レジーム―食料の政治経済学」(H. フリードマン) こぶし書房 2006.10 p10-20b
- ◎原注「食糧テロリズム―多国籍企業はいかにして第三世界を飢えさせているか」(V. シヴァ) 明石書店 2006.12 p202-192
- ◎参考文献「毀された「日本の食」を取り戻す」(滝澤昭義) 筑波書房 2007.5 p171-172
- ◎参考文献「食糧争奪―日本の食が世界から取り残される日」(柴田明夫) 日本経済新聞社 2007.7 p261-262
- ◎引用文献「バイオエタノールと世界の食料需給」(小泉達治) 筑波書房 2007.9 p223-228

諸国物産帳
- ◎「江戸後期諸国産物帳集成 21」(安田健) 科学書院 2005.7 859p B5

しょさん

助産
- ◎文献「助産の文化人類学」(ブリジット・ジョーダン) 日本看護協会出版会 2001.5 p263-282

書誌
- ◎「日本全国書誌 2001-21 NO.2330」(国立国会図書館) 財務省印刷局 2001.6 202p B5
- ◎「書誌年鑑 2001」(深井人詩, 中西裕) 日外アソシエーツ 2001.12 521p A5
- ◎「書誌年鑑 2002」(深井人詩, 中西裕) 日外アソシエーツ 2002.12 549p A5
- ◎入門文献「日本近代書誌学細見」(谷沢永一) 和泉書院 2003.11 p334-339
- ◎「書誌年鑑 2003」(中西裕, 深井人詩) 日外アソシエーツ 2003.12 7, 499p A5
- ◎「日本書誌総覧」(日外アソシエーツ) 日外アソシエーツ 2004.4 15, 881p B5
- ◎「書誌年鑑 2004」(中西裕) 日外アソシエーツ 2004.12 513p A5
- ◎「書誌年鑑 2005」(中西裕) 日外アソシエーツ 2005.12 7, 519p A5
- ◎「日本書誌の書誌—社会科学編 主題編3」(天野敬太郎) 金沢文圃閣 2006.9 324p A5
- ◎「書誌年鑑 2006」(中西裕) 日外アソシエーツ 2006.12 7, 508p A5
- ◎「書誌年鑑 2007」(中西裕) 日外アソシエーツ 2007.12 7, 498p

助詞
- ◎参考文献「現代日本語における「は」と「が」の意味と機能」(浅山友貴) 第一書房 2004.2 p384-397
- ◎参考文献「条件法研究—いわゆる接続助詞をめぐって」(伊藤勲) 近代文芸社 2005.3 prr
- ◎参考文献「日本語の助詞と機能範疇」(青柳宏) ひつじ書房 2006.3 p191-198
- ◎参考文献「日本語助詞の文法」(半藤英明) 新典社 2006.6 p283-292
- ◎参考文献「「のだ」の文法化と機能別必須性」(崔眞姫) 〔チェクサラン〕 2006.12 p189-197
- ◎引用参考文献「日本語助詞シカに関わる構文構造史的研究—文法史構築の一試論」(宮地朝子) ひつじ書房 2007.2 p201-208
- ◎参考文献「日本語の助詞は二列—外国人に日本語を数える現場から提案する日本語文法の助詞の見方」(江副隆秀) 創拓社出版 2007.5 2pb
- ◎参考文献「複合助詞がこれでわかる」(東京外国語大学留学生日本語教育センターグループKANAME) ひつじ書房 2007.5 p213-217
- ◎引用文献「「を」「に」の謎を解く」(竹村一志) 笠間書院 2007.6 p240-247
- ◎参考文献「現代日本語における「とりたて助詞」の研究」(澤田美恵子) くろしお出版 2007.12 p185-190

書肆アクセス
- ◎文献目録(根岸哲也)「書肆アクセスという本屋があった—神保町すずらん通り1976-2007」(岡崎武志ほか) 『書肆アクセスの本』をつくる会 2007.12 p214-231

書誌学
- ◎文献「書誌学 改訂版」(杉浦克己) 放送大学教育振興会 2003.3 p251-253

女子学生
- ○文献目録(安東由則ほか)「武庫川女子大学教育研究所研究レポート 35」(武庫川女子大) 2006.3 p73-111

女子教育
- ◎参考文献「愛知県近代女子教育史」(結城陸郎) 愛知県郷土資料刊行会 2000.7 p619-621
- ◎参考文献「インドネシアの近代女子教育—イスラーム改革運動のなかの女性」(服部美奈) 勁草書房 2001.2 p7-23b
- ◎「近代日本女子教育文献集 第1〜3期解説集」(日本図書センター) 日本図書センター 2004.11 1冊 A5
- ◎研究文献目録(中嶋邦)「日本の女子教育 現代日本女子教育文献集 II 11」 日本図書センター 2004.11 p172-187
- ◎注「大学教育とジェンダー—ジェンダーはアメリカの大学をどう変革したか」(ホーン川嶋瑤子) 東信堂 2004.12 prr
- ◎参考文献「大正期女子高等教育の歴史—京阪神を中心にして」(畑中理恵) 風間書房 2004.12 p261-269
- ◎文献一覧「現代日本女子教育文献集 別巻」(真橋美智子) 日本図書センター 2005.5 p263-268
- ◎引用参考文献「植民地期朝鮮の教育とジェンダー—就学・不就学をめぐる権力関係」(金富子) 世織書房 2005.5 p349-368

女子教育史
- ◎注「エカテリーナの夢ソフィアの旅—帝制期ロシア女子教育の社会史」(橋本伸也) ミネルヴァ書房 2004.5 prr
- ◎一覧ほか「「読本」の研究—近代日本の女子教育」(眞有澄香) おうふう 2005.6 p414-469

書誌情報処理
- ◎参考文献「談話と対話」(石崎雅人, 伝康晴) 東京大学出版会 2001.3 p227-239

女子大学
- ○文献目録(安東由則ほか)「武庫川女子大学教育研究所研究レポート 35」(武庫川女子大) 2006.3 p73-111

諸子百家
- ◎文献「『淮南子』と諸子百家思想」(向井哲夫) 朋友書店 2002.6 p451-455
- ◎文献案内「諸子百家〈再発見〉—掘り起こされる古代中国思想」(浅野裕一ほか) 岩波書店 2004.8 p232-239

女子マネージャー
- ◎参考文献解説「女子マネージャーの誕生とメディア—スポーツ文化におけるジェンダー形成」(高井昌吏) ミネルヴァ書房 2005.4 prr

書誌ユーティリティ
- ◎参考文献「図書館ネットワーク—書誌ユーティリティの世界」(宮沢彰) 丸善 2002.3 p177-181

書肆ユリイカ
- ◎出版総目録「詩人たち ユリイカ抄」(伊達得夫) 平凡社 2005.11 p171-224

処女懐胎
- ◎参考文献「神話としての創世記」(E. リーチ) 筑摩書房 2002.4 p178-181

女性
- ○関連書物（堀真理子ほか）「国文学　45.4」（学燈社）2000.3　p14-95
- ◎「20世紀のベストセラーを読み解く　女性・読者・社会の100年」（江種満子, 井上理恵）学芸書林　2001.3　302p　46s
- ◎参考文献「近現代日本女性人名事典」（編集委員会）ドメス出版　2001.3　p397-413
- ◎「女性情報ガイド　VI　伝記編　東京女性財団東京ウイメンズプラザ図書資料室所蔵資料目録2000度年版」（編集部）東京女性財団　2001.3　235p A5
- ◎「東京ウィメンズプラザ所蔵資料目録女性情報ガイド6（2000年度版）」東京ウィメンズプラザ図書資料室　2001.3　235p A5
- ◎参考文献「地球のおんなたち　2」（大阪外国語大学女性研究者ネットワーク）嵯峨野書院　2001.5　p335-348
- ◎参考文献「ドイツ女性の歩み」（河合節子ほか）三修社　2001.6　p398-388
- ◎引用文献「女性のライフデザインの心理　1」（柏木惠子ほか）大日本図書　2001.6　p193-197
- ◎「女性と社会―図書雑誌文献目録」（日外アソシエーツ）日外アソシエーツ　2001.7　650p A5
- ◎参考文献「太古、ブスは女神だった」（大塚ひかり）マガジンハウス　2001.8　p226-231
- ◎原注「女性が母親になるとき」（H. レーナー）誠信書房　2001.9　p339-346
- ◎参考文献「総力戦と女性兵士」（佐々木陽子）青弓社　2001.10　p179-186
- ◎「中国女性文献研究分類目録」（小林徹行）汲古書院　2001.11　127p A5
- ◎文献「シングル女性の都市空間」（若林芳樹）大明堂　2002.3　prr
- ◎参考文献「聖書を彩る女性たち―その文化への反映」（小塩節）毎日新聞社　2002.4　prr
- ◎参考文献「現代女性と法」（中川淳）世界思想社　2002.5　p289-294
- ◎参考文献「女人、老人、子ども―日本の中世　4」（田端泰子ほか）中央公論新社　2002.5　p293-298
- ◎参考文献「中世を生きる女性たち―ジャンヌ・ダルクから王妃エレアノールまで」（A. ホプキンズ）原書房　2002.5　p333-346
- ◎参考文献「だいじょうぶ！　ひとりでも生きられる」（H. フェルビンガー）講談社　2002.10　p229-231
- ◎文献「女たちが日本を変えていく」（日本経済新聞社）日本経済新聞社　2003.1　p324-334
- ◎文献「男はなぜ悪女にひかれるのか―悪女学入門」（堀江珠喜）平凡社　2003.1　p221-226
- ◎ブックガイド「女の領域・男の領域　いくつもの日本 6」（赤坂憲雄ほか）岩波書店　2003.2　p6-9b
- ◎「古書発見　女たちの本を追って」（久保覚）影書房　2003.4　234, 20p　46s
- ◎文献「物語のなかの女たち―アイデンティティをめぐって」（N. エニック）青山社　2003.4　p415-420
- ◎参考文献「〈新しい女〉の系譜―ジェンダーの言説と表象」（武田美保子）彩流社　2003.5　p21-36b
- ◎参考文献「女性と仏教　通説を見なおす」（鶴岡瑛）朝日新聞社　2003.5　p283-285
- ◎引用文献「女性編集者の時代―アメリカ女性誌の原点」（P. オッカー）青土社　2003.5　p80-20b
- ◎文献「女性と信用取引」（W. C. ジョーダン）法政大学出版局　2003.6　p33-56b
- ◎引用参考文献「国際女性デーは大河のように」（伊藤セツ）御茶の水書房　2003.8　p12-17b
- ◎原注ほか「女性と中国のモダニティ」（R. チョウ）みすず書房　2003.8　p313-367
- ◎参考文献「イスラーム世界の女性たち」（白須英子）文藝春秋　2003.9　p232-234
- ◎引用文献ほか「女たちは帝国を破壊したか―ヨーロッパ女性とイギリス植民地」（シュトローベル）知泉書館　2003.9　p6-26b
- ◎「女性・婦人問題の本全情報　1999-2002」（日外アソシエーツ）日外アソシエーツ　2003.9　12, 667p A5
- ◎注「女性と穢れの歴史」（成清弘和）塙書房　2003.9　prr
- ◎文献「福祉国家とジェンダー・ポリティックス」（深沢和子）東信堂　2003.9　p151-161
- ◎参考文献「女性のキャリア・マネージメント―企業を変える」（金谷千慧子）中央大学出版部　2003.10　p183-188
- ◎参考文献「オトメの行方―近代女性の表象と闘い」（川村邦光）紀伊国屋書店　2003.12　p307-314
- ◎文献案内「モダンガール論」（斎藤美奈子）文藝春秋　2003.12　p304-309
- ◎文献「シンガポールの女性たち―資本主義とアジア的価値観のはざまで」（風野寿美子）風野書房　2003　p215-223
- ◎参考文献「天才に尽くした女たち」（F. ヴァイセンシュタイナー）阪急コミュニケーションズ　2004.1　p275-278
- ◎参考文献「インドの発展とジェンダー―女性NGOによる開発のパラダイム転換」（喜多村百合）新曜社　2004.3　p5-13b
- ◎参考文献「マルタとマリア―イエスの世界の女性たち」（山口里子）新教出版社　2004.3　p291-317
- ◎引用文献ほか「女性とジェンダーの心理学ハンドブック」（R. K. アンガー）北大路書房　2004.3　p503-606
- ◎引用文献「女性の健康心理学」（大竹恵子）ナカニシヤ出版　2004.3　p133-157
- ◎参考文献「仏教のなかの男女観―原始仏教から法華経に至るジェンダー平等の思想」（植木雅俊）岩波書店　2004.3　p387-394
- ◎註「仏教と女の精神史」（野村育世）吉川弘文館　2004.4　p187-208
- ◎参考文献「女性の就業と親子関係―母親たちの階層戦略」（本田由紀）勁草書房　2004.5　p187-196
- ◎参考文献「聖書は女性をどう見るか―神のかたちとして造られた人」（稲垣緋紗子）いのちのことば社　2004.5　p110-111
- ◎関連文献「北アメリカ社会を眺めて―女性軸とエスニシティ軸の交差点から」（田中きく代ほか）関西学院大出版会　2004.5　prr
- ○文献目録抄（金任仲）「国文学解釈と鑑賞　69.6」（至文堂）2004.6　p161-170
- ◎参考文献「カウンセリングとジェンダー」（L. A. ギルバートほか）新水社　2004.6　p227-238
- ◎参考引用文献「女性の性のはなし」（富永国比古）悠飛社　2004.6　p180-165

◎参考文献「聖書のヒロインたち」（生田哲） 講談社 2004.7 p209-210
◎文献「中国・シルクロードの女性と生活」（岩崎雅美） 東方出版 2004.8 prr
◎参考文献「美学とジェンダー—女性の旅行記と美の言説」（E. A. ボールズ） ありな書房 2004.8 p417-434
◎注「女たちの戦争責任」（岡野幸江ほか） 東京堂出版 2004.9 prr
◎参考文献「アメリカを揺り動かしたレディたち」（猿谷要） NTT出版 2004.10 p258-251
◎注「ジェンダーで読む日本政治—歴史と政策」（進藤久美子） 有斐閣 2004.10 p345-365
◎Bibliography「フェミニズム国際法—国際法の境界を問い直す」（H. チャールズワースほか） 尚学社 2004.10 p447-487
◎参考文献「紛争下のジェンダーと民族—ナショナルアイデンティティをこえて」（C. コウバーン） 明石書店 2004.10 p384-373
◎参考文献「女を描く—ヨーロッパ中世末期からルネサンスの美術に見る女のイメージ」（C. グレシンジャー） 三元社 2004.11 p1-6b
◎参考文献「女性福祉とは何か—その必要性と提言」（林千代） ミネルヴァ書房 2004.11 prr
◎参考文献「戦の中の女たち 戦争・暴力と女性1」（西村汎子） 吉川弘文館 2004.12 p221-225
◎参考文献「マクミラン版世界女性人名大辞典」（J. S. アグロウ） 国書刊行会 2005.1 p573-581
◎参考文献「軍国の女たち」（早川紀代） 吉川弘文館 2005.1 p225-228
◎参考文献「女性のデータブック—性・からだから政治参加まで 4版」（井上輝子ほか） 有斐閣 2005.1 p300-308
◎参考文献「アボリジニ社会のジェンダー人類学—先住民・女性・社会変化」（窪田幸子） 世界思想社 2005.2 p248-237
◎文献目録「ジェンダーの法史学—近代ドイツの家族とセクシュアリティ」（三成美保） 勁草書房 2005.2 p303-322
◎文献目録「フェミニズムの歴史と女性の未来—後戻りさせない」（E. フリードマン） 明石書店 2005.2 p593-692
◎文献「現代農村における「家」と女性—庄内地方に見る歴史の連続と断絶」（永野由紀子） 刀水書房 2005.2 p248-255
◎参考文献「女性たちのイギリス小説」（M. ウィリアムズ） 南雲堂 2005.2 p336-338
◎引用文献「働く女性の介護生活—在宅介護者の支援へのアプローチ」（橋爪裕美） 風間書房 2005.2 p161-167
◎参考文献目録「イスラームの性と文化」（加藤博） 東京大学出版会 2005.3 prr
◎参考文献「ジェンダーと法」（辻村みよ子） 不磨書房 2005.3 p313-321
◎書誌情報（田部井世志子ほか）「ジェンダー白書 3 女性とメディア」（北九州市立男女参画センター"ムーブ"） 明石書店 2005.3 p322-342
◎文献「ジェンダー法学・政治学の可能性—東北大学COE国際シンポジウム・日本学術会議シンポジウム」（辻村みよ子ほか） 東北大学出版会 2005.4 p309-322

◎参考文献「時代を拓いた女たち—かながわの131人」（江刺昭子ほか） 神奈川新聞社 2005.4 p281-293
◎文献「女たちの絆」（D. コーネル） みすず書房 2005.5 p7-17b
◎注「女性はなぜ司祭になれないのか—カトリック教会における女性の人権」（J. ワインガーズ） 明石書店 2005.5 p271-309
◎参考文献「女性を消費する文化」（越智和弘） 鳥影社・ロゴス企画部 2005.5 p396-388
◎参考文献「能楽のなかの女たち—女舞の風姿」（脇田晴子） 岩波書店 2005.5 p229-238
◎文献資料（河野貴代美ほか）「女性のメンタルヘルスの地平—新たな支援システムとジェンダー心理学」（河野貴代美） コモンズ 2005.6 p230-239
◎参考文献「ブス論」（大塚ひかり） 筑摩書房 2005.7 p273-283
◎引用参考文献「ジェンダーと政治参加—The impact of women in politics」（大海篤子） 世織書房 2005.8 p209-218
◎参考文献「「女人禁制」Q&A」（源淳子） 解放出版社 2005.9 p241-244
◎参考文献「大きい女の存在証明—もしシンデレラの足が大きかったら」（デイ多佳子） 彩流社 2005.9 p11-13
◎参考文献「ジェンダーの視点からみる日韓近現代史」（日韓「女性」共同歴史教材編纂委員会） 梨の木舎 2005.10 p321-336
◎文献紹介「教育とジェンダー形成—葛藤・錯綜/主体性」（望月重信ほか） ハーベスト社 2005.10 p214-219
◎参考文献「近代日本の「手芸」とジェンダー」（山崎明子） 世織書房 2005.10 p355-372
◎引用参考文献「女性の身体と人権—性的自己決定権への歩み」（若尾典子） 学陽書房 2005.10 p301-309
◎参考文献「音楽史を彩る女性たち—五線譜のばら2」（萩谷由喜子） ショパン 2005.12 p284-290
◎参考資料「科学史から消された女性たち—ノーベル賞から見放された女性科学者の逸話」（大江秀房） 講談社 2005.12 p265-262
◎参考文献「おきなわ女性学事始」（勝方=稲福恵子） 新宿書房 2006.2 p210-220
◎文献一覧「シングル—自立する女たちと王子様幻想」（J. C. コフマン） 昭和堂 2006.2 p2-15b
◎参考文献「ジェンダーの比較法史学—近代法秩序の再検討」（三成美保） 大阪大出版会 2006.2 prr
◎参考文献「現代女性と法 改訂版」（中川淳） 世界思想社 2006.3 p295-301
◎参考文献「言語学とジェンダー論への問い—丁寧さとはなにか」（S. ミルズ） 明石書店 2006.3 p335-357
◎引用文献「女詐欺師たちのアメリカ—十九世紀女性作家とジャーナリズム」（山口ヨシ子） 彩流社 2006.3 p11-22b
◎書誌情報「女性と少子化」（北九州市立男女共同参画センター"ムーブ"） 明石書店 2006.3 p277-299
◎引用文献「ジェンダー家族を超えて」（牟田和恵） 新曜社 2006.4 p161-169
◎参考文献「韓国フェミニズムの潮流」（P. チャン） 明石書店 2006.4
◎参考文献「深き夢みし—女たちの抵抗史」（井上とし） ドメス出版 2006.4 p293-294

◎参考文献「魔女の目でみた暮らしと経済」(松田宣子) ドメス出版 2006.4 p256-264
◎引用文献「フェミニスト倫理学は可能か?」(A. ピーパー) 知泉書館 2006.5 p9-15b
◎参考文献「Q&A男女共同参画/ジェンダーフリー・バッシング—バックラッシュへの徹底反論」(日本女性学会ジェンダー研究会) 明石書店 2006.6 p197-201
◎参考文献「田端文士・芸術家村と女たち—もうひとつの北区史」(北区子ども家庭部) ドメス出版 2006.6 p241-247
◎参考文献「日本語とジェンダー」(日本語ジェンダー学会) ひつじ書房 2006.6 p177-217
◎文献一覧「表象としての母性」(平林美都子) ミネルヴァ書房 2006.6 p8-18b
◎参考文献「〈女らしさ〉の文化史—性・モード・風俗」(小倉孝誠) 中央公論新社 2006.8 p284-292
◎関連文献「女性校長の登用とキャリアに関する研究—戦前期から1980年代までの公立小学校を対象として」(高野良子) 風間書房 2006.8 p296-299
◎参考文献「女性と憲法の構造」(大西祥世) 信山社出版 2006.10 p341-376
○文献「女性参政六十年特別展」(衆議院憲政記念館) 衆議院憲政記念館 2006.10 p83-86
◎参考文献「民俗誌・女の一生—母性の力」(野本寛一) 文藝春秋 2006.10 p232-234
○文献「韓国の軍事文化とジェンダー」(權仁淑) 御茶の水書房 2006.11 p8-27b
○研究文献(大内瑞恵ほか)「国文学 解釈と鑑賞 71.12」(至文堂) 2006.12 p175-186
◎引用文献「高齢女性のパーソナル・ネットワーク」(野邊政雄) 御茶の水書房 2006.12 p323-328
◎参考文献「メキシコ・ワステカ先住民農村のジェンダーと社会変化—フェミニスト人類学の視座」(山本昭代) 明石書店 2007.2 p403-388
○文献「家族の変遷・女性の変化」(佐藤宏子) 日本評論社 2007.2 p253-268
◎参考文献「少女マンガジェンダー表象論—〈男装の少女〉の造形とアイデンティティ」(押山美知子) 彩流社 2007.2 p288-292
◎参考資料「大江戸百華繚乱—大奥から遊里まで54のおんなみち」(森実与子) 学習研究社 2007.2 p306-309
◎参考文献「ウーマンウォッチング」(D. モリス) 小学館 2007.3 p395-410
○文献「ウーマンズヘルス—女性のライフステージとヘルスケア」(久米美代子ほか) 医歯薬出版 2007.3 prr
◎参考文献「政治参画とジェンダー」(川人貞史ほか) 東北大出版会 2007.3 prr
◎参考文献ほか「オバサンの経済学」(中島隆信) 東洋経済新報社 2007.5 p179-181
◎「女性・婦人問題の本全情報 2003-2006」(日外アソシエーツ) 日外アソシエーツ 2007.5 12, 744p A5
◎参考文献「植物と帝国—抹殺された中絶薬とジェンダー」(L. L. シービンガー) 工作舎 2007.5 p365-379
○文献「宰相と怪妻・猛妻・女傑の戦後史—政治の裏に女の力あり」(小林吉弥) 大和書房 2007.7 p316-317
◎参考文献「ジェンダーの基礎理論と法」(辻村みよ子) 東北大出版会 2007.9 prr

◎参考文献「中世ヨーロッパにおける女と男」(水田英実ほか) 渓水社 2007.9 prr
◎参考文献「明日を紡ぐラオスの女性—暮らしの実態と変化のゆくえ」(風野寿美子) めこん 2007.9 p154-158
◎文献「ケアと社交—家族とジェンダーの社会学」(天木志保美) ハーベスト社 2007.10 p154-156
◎参考文献「農家女性の社会学—農の元気は女から」(靍理恵子) コモンズ 2007.10 p242-250
◎参考文献「消費生活と女性—ドイツ社会史(1920-70)の側面」(斎藤哲) 日本経済評論社 2007.11 p303-336
◎参考文献「〈少女〉像の誕生—近代日本における「少女」規範の形成」(渡部周子) 新泉社 2007.12 p348-371
◎参考文献「女と男と子どもの近代」(長谷川まゆ帆) 山川出版社 2007.12 p88-89

女性解放
◎参考文献「「青鞜」人物事典 110人の群像」(らいてう研究会) 大修館書店 2001.5 p240-253
○注「草の根の女性解放運動史」(伊藤康子) 吉川弘文館 2005.5 prr
◎参考文献「女性解放をめぐる占領政策」(上村千賀子) 勁草書房 2007.2 p235-248

女性画家
◎参考文献「鏡の中の女たち—女性画家の自画像」(堀尾真紀子) 文化出版局 2002.12 2pb

女性科学者
◎参考文献ほか「科学技術とジェンダー—EUの女性科学技術者政策」(H. リュープザーメン=ヴァククマンほか) 明石書店 2004.11 p87-91

女性学
○文献リスト(千野香織)「大航海 39」(新書館) 2001.7 p208-209
◎参考文献「読む事典・女性学」(H. ヒラータほか) 藤原書店 2002.10 p436-411
◎参考文献「女性学との出会い」(水田宗子) 集英社 2004.5 p216-220

女性虐待
◎参考文献「国家は女性虐待を救えるか—スウェーデンとアメリカの比較」(E. エルマン) 文化書房博文社 2002.6 p193-207

女性教師
◎参考文献「女性教師たちのライフヒストリー」(塚田守) 青山社 2002.1 p217-218

女性語
◎参考文献「「女ことば」はつくられる」(中村桃子) ひつじ書房 2007.7 p324-342
○文献一覧「女ことばはどこへ消えたか?」(小林千草) 光文社 2007.7 p311-315
◎参考文献「「性」と日本語—ことばがつくる女と男」(中村桃子) NHK出版 2007.10 p242-247

女性工場監督職
◎参考文献「イギリス女性工場監督職の史的研究—性差と階級」(大森真紀) 慶應義塾大学出版会 2001.5 p245-253

女性作家

- ◎注「ペンをとる女性たち」（フェリス女学院大学）　翰林書房　2003.2　prr
- ◎参考文献ほか「女の東と西—日英女性作家の比較研究」（榎本義子）　南雲堂　2003.3　p211-223
- ◎著書ほか「アメリカ女流作家論拾遺」（稲沢秀夫）　稲沢秀夫　2003.8　p187-189
- ◎参考文献「英国女性作家の世界」（吉田良夫）　大阪教育図書　2004.2　p295-305
- ◎参考文献「在日朝鮮人女性文学論」（金壎我）　作品社　2004.8　p248-253
- ◎参考文献ほか「江戸女流文学の発見—光ある身こそくるしき思ひなれ　新版」（門玲子）　藤原書店　2006.3　p358-362

女性雑誌

- ○目録（斉藤美穂）「文献探索　2001」（文献探索研究会）　2002.7　218-226
- ◎「占領期女性雑誌事典—解題目次総索引　第1巻（文圃文献類従　5-1)」（吉田健二）　金沢文圃閣　2003.6　260p　A5

女性差別

- ○文献「国際女性　21」（国際女性の地位協会）　2007.12　p182-183

女性差別撤廃条約

- ◎参考図書ほか「女性の権利—ハンドブック女性差別撤廃条約　新版」（国際女性の地位協会）　岩波書店　2005.7　p43-46b
- ○文献「国際女性　19」（尚学社）　2005.12　p188」
- ○文献「国際女性　20」（国際女性の地位協会）　2006.12　p188-189

女性史

- ◎参考文献「女と男の時空—日本女性史再考　13　溶解する女と男　現代　下」（山下悦子）　藤原書店　2001.1　p699-726
- ◎参考文献「さがの女性史」（佐賀県女性と生涯学習財団）　佐賀新聞社　2001.3　p574-585
- ◎参考文献「学びあう女と男の日本史」（歴史教育者協議会）　青木書店　2001.3　p227-235
- ◎文献目録「地域女性史入門」（折井美耶子）　ドメス出版　2001.9　p153-207
- ◎参考文献「近代台湾女性史—日本の植民統治と「新女性」の誕生」（洪郁如）　勁草書房　2001.11　p8-14b
- ◎参考文献「出版女性史—出版ジャーナリズムに生きる女性たち」（池田恵美子）　世界思想社　2001.11　p304-309
- ◎文献一覧「差異の政治学」（上野千鶴子）　岩波書店　2002.2　p311-338
- ◎参考文献「日本女性史事典—コンパクト版」（女性史事典編集委員会）　新人物往来社　2002.8　p235-243
- ◎注「製糸工女のエートス　日本近代化を担った女性たち」（山崎益吉）　日本経済新聞社　2003.2　prr
- ◎「日本女性史研究文献目録　4　1992-1996」（女性史総合研究会）　東京大学出版会　2003.3　9, 415p　A5
- ◎参考文献「世界女性史年表」（K. グリーンスパン）　明石書店　2003.7　p498-500
- ◎原注「歴史の沈黙—語られなかった女たちの記録」（M. ペロー）　藤原書店　2003.8　p482-555
- ◎「地域女性史文献目録」（折井美那子）　ドメス出版　2003.9　132p　A5
- ◎年表;文献「小金井の女性たち—時代をつなぐ　聞き書き集」（小金井女性史を作る会）　こがねい女性ネットワーク　2003.12　p132-133
- ◎参考文献「ベルリンのモダンガール——一九二〇年代を駆け抜けた女たち」（田丸理砂ほか）　三修社　2004.1　p281-292
- ◎参考文献「ヨーロッパ中世を変えた女たち」（福本秀子）　NHK出版　2004.3　p241-246
- ◎参考文献「八千代の女たち—激動の昭和を生きていま聞き書き」（八千代市女性研修センター八千代の女たち編集委員会）　八千代市　2004.3　p286-287
- ◎参考文献「南アフリカの女たち—闘争と亡命の語り　南部アフリカにおける女たちの声—歴史の書き換え」（T. ラヴェル＝ピントほか）　国立民族学博物館　2004.4　p22-23
- ◎注「現代日本女性史—フェミニズムを軸として」（鹿野政直）　有斐閣　2004.6　p217-264
- ◎Bibliography「英国レディになる方法」（岩田託子ほか）　河出書房新社　2004.9　p125-124
- ◎文献リスト「アフリカ史再考—女性・ジェンダーの視点から」（I. バーガーほか）　未来社　2004.10　p11-38b
- ◎参考文献ほか「楽器と身体—市民社会における女性の音楽活動」（F. ホフマン）　春秋社　2004.12　p10-21b
- ◎研究案内「中国女性史入門—女たちの今と昔」（関西中国女性史研究会）　人文書院　2005.3　prr
- ◎参考文献「ジェンダーからみた日本女性の歴史」（ねりま24条の会）　明石書店　2005.8　p82-84
- ◎参考文献「大江戸の姫さま—ペットからお輿入れまで」（関口すみ子）　角川学芸出版　2005.8　p173-176
- ◎参考文献「乳母の力—歴史を支えた女たち」（田端泰子）　吉川弘文館　2005.8　p213-216
- ◎参考文献「近世の女旅日記事典」（柴桂子）　東京堂出版　2005.9　prr
- ◎引用参考文献「アメリカのジャンヌ・ダルクたち—南北戦争とジェンダー」（大井浩二）　英宝社　2005.10　p171-177
- ◎文献一覧「帝国と暗殺—ジェンダーからみる近代日本のメディア編成」（内藤千珠子）　新曜社　2005.10　p408-395
- ◎推薦文献「アメリカの女性の歴史—自由のために生まれて　2版」（S. M. エヴァンズ）　明石書店　2005.11　p605-597
- ◎参考文献「音楽サロン—秘められた女性文化史」（V. ベーチ）　音楽之友社　2005.11　p17-22b
- ◎参考文献「おんなの軌跡・北九州—北九州女性の100年史」（北九州市女性史編纂実行委員会）　ドメス出版　2005.12　p539-558
- ◎文献目録「ドイツ人女性たちの〈誠実〉—ナチ体制下ベルリン・ローゼンシュトラーセの静かなる抗議」（幸津國生）　花伝社　2005.12　p223-227
- ◎参考文献「ジェンダーの西洋史　改訂版」（井上洋子）　法律文化社　2006.2　prr
- ◎文献案内「イギリス近現代女性史研究入門」（河村貞枝ほか）　青木書店　2006.5　p25-34b
- ◎参考文献ほか「共和国の女たち—自伝が語るフランス近代」（長谷川イザベル）　山川出版社　2006.7　p191-195
- ◎参考文献「恋愛結婚の成立—近世ヨーロッパにおける女性観の変容」（前野みち子）　名古屋大出版会　2006.10　p11-27b

◎参考文献「東アジアの良妻賢母論―創られた伝説」(陳姃湲)　勁草書房　2006.11　p258-282
◎典拠文献「近代熊本女性史年表　追補」(近代熊本女性史年表刊行会)　熊本出版文化会館　2007.1　p329-332
◎参考文献「中央区女性史―いくつもの橋を渡って」(江刺昭子)　ドメス出版　2007.3　p299-304
◎参考文献「近代日本女性史講義」(石月静恵)　世界思想社　2007.4　p161-168

女性誌
◎参考文献「女性誌の源流―女の雑誌、かく生まれ、かく競い、かく死せり」(浜崎廣)　出版ニュース社　2004.4　p418-419
○創刊年一覧表(前山加奈子)「近きに在りて　48」(汲古書院)　2005.12　p86-108

女性心理
◎参考図書「新・女性のためのライフサイクル心理学」(岡本祐子, 松下美知子)　福村出版　2002.3　p244-247
◎引用文献「日本人女性の結婚と成熟」(難波淳子)　風間書房　2006.3　p203-212
◎参考文献「おんなの浮気」(堀江珠喜)　筑摩書房　2006.8　p219-222
◎参考文献ほか「ロマンチックウイルス―ときめき感染症の女たち」(島村麻里)　集英社　2007.3　p234-235
◎引用文献「母親が子どもに抱く罪障感の心理学的研究」(石野陽子)　風間書房　2007.3　p171-181
◎文献「女性の発達臨床心理学」(園田雅代ほか)　金剛出版　2007.9　prr

女性生活史
◎参考文献「植民地台湾の日本女性生活史　4(昭和篇下)」(竹中信子)　田畑書店　2001.10　p459-483

女性政策
◎文献「戦後日本の女性政策」(横山文野)　勁草書房　2002.5　p419-431
◎引用文献「現代政治と女性政策」(堀江孝司)　勁草書房　2005.2　p383-421

女性天皇
◎参考文献「女性天皇」(瀧浪貞子)　集英社　2004.10　p236-237

女性農業
◎引用文献「戦後日本の女性農業者の地位―男女平等の生活文化の創造へ」(天野寛子)　ドメス出版　2001.1　p338-364

女性表現
◎注「一葉以後の女性表現―文体・メディア・ジェンダー」(関礼子)　翰林書房　2003.11　prr

女性文学
◎略年表(西田りか)「短編女性文学　近代　続」(渡辺澄子)　おうふう　2002.9　p229-251
◎参考文献「はじめて学ぶ日本女性文学史　近現代編」(岩淵宏子ほか)　ミネルヴァ書房　2005.2　p409-414
◎文献「20世紀女性文学を学ぶ人のために」(児玉実英)　世界思想社　2007.3　p315-319
◎参考文献「アメリカ・マイノリティ女性文学と母性―キングストン、モリスン、シルコウ」(杉山直子)　彩流社　2007.6　p9-22b

女性兵士
◎参考文献「総力戦と女性兵士」(佐々木陽子)　青弓社　2002.2　p179-186

女性問題
◎参考文献「男と女の過去と未来」(倉地克直, 沢山美果子)　世界思想社　2000.10　p265-273
◎参考文献「女たちの近代批判―家族・性・友愛」(佐藤和夫)　青木書店　2001.1　p179-185
◎参考文献ほか「ジェンダー秩序」(江原由美子)　勁草書房　2001.4　p1-16b
◎文献「子どもという価値―少子化時代の女性の心理」(柏木惠子)　中央公論新社　2001.5　p233-236
◎「女性問題図書総目録　2001年版」　同目録刊行会　2001.5　247p　A5
◎参考資料「女性への暴力―妻や恋人への暴力は犯罪」(いのうえせつこ)　新評論　2001.6　p188-189
◎文献「家族に潜む権力―スウェーデン平等社会の理想と現実」(ユーラン・アーネ, クリスティーン・ロマーン)　青木書店　2001.8　p255-265
◎文献「ラディカルに語れば…―上野千鶴子対談集」(上野千鶴子)　平凡社　2001.10　p1-5b
◎文献「お笑いジェンダー論」(瀬地山角)　勁草書房　2001.12　p2-3b
◎文献「ジェンダー化される身体」(荻野美穂)　勁草書房　2002.2　p6-40b
◎「女性問題関係・図書・文献解題目録―名古屋市立大学総合情報センター所蔵」　女性問題関係文献目録刊行会　2002.3　CD-ROM1枚　12cm
◎「東京ウィメンズプラザ所蔵資料目録女性情報ガイド7」(東京ウィメンズプラザ)　東京ウィメンズプラザ図書資料室　2002.3　173p　A4
◎「フェミニズムの名著50」(江原由美子ほか)　平凡社　2002.7　528p　B6
◎文献「愛について―アイデンティティと欲望の政治学」(竹村和子)　岩波書店　2002.10　p328-351
◎「「ジェンダーと開発」に関する日本語文献データベース」(お茶の水女子大学「グローバル化とジェンダー規範」に関する研究会)　お茶の水女子大　2003.3　56p　A4
◎文献「ボディー・ポリティクス―女と科学言説」(M.ジャコーバスほか)　世界思想社　2003.4　p316-321
◎参考文献「異性間の共生―ジェンダーの視点から」(工藤由貴子)　角川学芸出版　2003.4　p173-174
◎文献案内「女は男に従うもの？　―近世イギリス女性の日常生活」(S. W. ハル)　刀水書房　2003.5　p276-263
◎「占領期女性雑誌事典―解題目次総索引　第1巻　(文圃文献類従　5-1)」(吉田健二)　金沢文圃閣　2003.6　260p　A5
◎「女性・婦人問題の本全情報　1999-2002」(日外アソシエーツ)　日外アソシエーツ　2003.9　12,667p　A5
◎文献「知っていますか？　ジェンダーと人権一問一答」(船橋邦子)　解放出版社　2003.11　p101-102
◎参考文献「女性学との出会い」(水田宗子)　集英社　2004.5　p216-220
◎参考文献「伝統的ジェンダー観」の神話を超えて―アメリカ駐在員夫人の意識変容」(山田礼子)　東信堂　2004.6　p240-264
◎参考引用文献「女性をめぐる法と政策」(高橋保)　ミネルヴァ書房　2004.10　p421-425

◎参考文献「ジェンダーの言語学」(K. A. レイノルズ)　明石書店　2004.11　prr
◎引用参考文献「私と中国とフェミニズム」(秋山洋子)　インパクト出版会　2004.11　p1-9b
◎参考文献「軍事組織とジェンダー——自衛隊の女性たち」(佐藤文香)　慶應義塾大出版会　2004.12　p478-441
◎参照文献「地図でみる世界の女性——An economic, social and political survey」(J. シーガー)　明石書店　2005.2　p118-125
◎ブックガイド「ジェンダー　図解雑学」(加藤秀一ほか)　ナツメ社　2005.3　p220-227
◎参考文献「現代日本の社会意識——家族・子ども・ジェンダー」(渡辺秀樹)　慶應義塾大出版会　2005.3　prr
◎文献「女性の自立とエンパワーメント——学際的研究をふまえて」(神谷治美ほか)　ミネルヴァ書房　2005.3　p221-236
◎参考文献「アート&フェミニズム」(H. レキット)　ファイドン　2005.6　p198-200
◎引用参考文献「ジェンダー研究が拓く地平」(「原ゼミの会」編集委員会)　文化書房博文社　2005.6　prr
◎参考文献「生き延びるための思想——ジェンダー平等の罠」(上野千鶴子)　岩波書店　2006.2　p257-269
◎「ジェンダー生と性を考える50冊」(神田外語大学異文化コミュニケーション研究所)　神田外語大学附属図書館　2006.3　122p　46s
◎参考文献「未妊——「産む」と決められない」(河合蘭)　NHK出版　2006.4　p217-216
◎参考文献「育児のジェンダー・ポリティクス」(舩橋恵子)　勁草書房　2006.5　p248-256
◎参考文献「近代アジアのフェミニズムとナショナリズム」(K. ジャヤワルダネ)　新水社　2006.5　p328-334
◎参考文献「現代韓国と女性」(春木育美)　新幹社　2006.7　p190-216
◎原注「逃走フェミニズム——これでいいのか女と男」(E. バダンテール)　新曜社　2006.8　p200-186
◎参考文献「オーストラリア・女性たちの脱施設化——知的障害と性のディスコース」(K. ジョンソン)　相川書房　2006.10　p258-276
◎参考文献「とびこえよ、その囲いを——自由の実践としてのフェミニズム教育」(B. フックス)　新水社　2006.11　p241-244
◎引用参考文献ほか「ジェンダーと社会理論」(江原由美子ほか)　有斐閣　2006.12　p277-296
◎参考文献「アジアの家族とジェンダー」(落合恵美子ほか)　勁草書房　2007.2　prr
◎参考文献「中国「女権」概念の変容——清末民初の人権とジェンダー」(須藤瑞代)　研文出版　2007.2　p29-45b
◎引用参考文献「欲望問題——人は差別をなくすためだけに生きるのではない」(伏見憲明)　ポット出版　2007.2　p189-186
◎参考文献「リプロダクティブ・ライツとリプロダクティブ・ヘルス」(谷口真由美)　信山社出版　2007.4　p185-193
◎「女性・婦人問題の本全情報　2003-2006」(日外アソシエーツ)　日外アソシエーツ　2007.5　12, 744p A5
◎「女性問題図書目録　2007年版」　女性問題図書総目録刊行会　2007.5　204p A5
◎参考文献「フェミニストが語るタイ現代史——一〇・一四事件と私の闘い」(S. チャイヤロット)　明石書店　2007.7　p511-532

女性労働

◎参考文献「女性のキャリアデザイン——働き方・生き方の選択」(青島祐子)　学文社　2001.4　p237-238
◎参考文献「ジェンダー・マネジメント——21世紀型男女共創企業に向けて」(佐野陽子ほか)　東洋経済新報社　2001.5　p352-353
◎参考文献「女性の選択と家計貯蓄」(松浦克己, 滋野由紀子)　日本評論社　2001.10　p191-199
◎文献「男性職場への女性労働者の進出に関する研究——男女混合職化の意義」(日本労働研究機構研究所)　日本労働研究機構　2003.3　prr
◎引用文献「ワーキング・ウーマンの現状」(藤原千賀)　角川学芸出版　2003.4　p198-199
◎参考文献「テレワーク社会と女性の就業」(堀真由美)　中央大学出版部　2003.6　p153-159
◎参考文献「女性労働とマネジメント」(木本喜美子)　勁草書房　2003.6　p219-228
◎参考文献「統合される男女の職場」(首藤若菜)　勁草書房　2003.12　p283-293
○掲載原稿一覧ほか「女性労働　26」(婦人労働研究会)　2004　p288-301
◎書誌情報「ジェンダー白書2——女性と労働」(北九州市立男女共同参画センター"ムーブ")　明石書店　2004.3　p272-295
◎参考文献「女性と労働——雇用・技術・家庭の英独日比較史研究」(吉田恵子ほか)　日本経済評論社　2004.3　p287-289
◎参考文献「女性たちの平成不況——デフレで働き方・暮らしはどう変わったか」(樋口美雄ほか)　日本経済新聞社　2004.4　p301-307
◎参考文献「女子大生・OLの職業意識——日中比較」(川久保美智子)　かんぽう　2004.7　p260-266
◎参考文献「男女協働の職場づくり——新しい人材マネジメント」(渡辺峻ほか)　ミネルヴァ書房　2004.8　p223-225
◎参考文献「労働法とジェンダー」(浅倉むつ子)　勁草書房　2004.9　p220-229
◎文献「働く女性の都市空間」(由井義道ほか)　古今書院　2004.10　prr
◎参考文献「女性と経済——主婦化・農民化する世界」(C. v. ヴェールホフ)　日本経済評論社　2004.12　p258-249
◎参考文献「雇用労働とケアのはざまで——20ヵ国母子ひとり親政策の国際比較」(M. キルキー)　ミネルヴァ書房　2005.4　p299-317
◎文献紹介「キャリア形成に生涯学習をいかした女性たち　改訂版」(国立女性教育会館)　国立女性教育会館　2005.6　p150-154
◎文献目録「戦後女性労働基本文献集　3」(藤原千賀ほか)　日本図書センター　2005.6　p302-307
◎参考文献「市場とジェンダー——理論・実証・文化」(原伸子)　法政大学出版局　2005.7　prr
◎参考文献「実践リーダーをめざすひとの仕事術」(M. ウィリアムズほか)　新水社　2005.9　p153-156
◎参考文献「世界の女性労働」(柴山恵美子ほか)　ミネルヴァ書房　2005.9　prr

◎参考文献「現代女性の労働・結婚・子育て―少子化時代の女性活用政策」（橘木俊詔）　ミネルヴァ書房　2005.10　prr
◎参考文献「女性の仕事環境とキャリア形成」（櫻本晃裕）　税務経理協会　2006.3　prr
◎参考文献「未来社会をつくる女性の経営マネージメント」（金谷千慧子）　中央大出版部　2006.3　p235-238
◎参考文献「雇用システムと女性のキャリア」（武石恵美子）　勁草書房　2006.4　p213-222
◎参考文献「女性事務職のキャリア拡大と職場組織」（浅海典子）　日本経済評論社　2006.5　p249-255
◎文献一覧「戦後女性労働基本文献集　別冊（解説・解題）」（藤原千賀ほか）　日本図書センター　2006.5　p209-212
◎参考文献「迷走する両立支援―いま、子どもをもって働くということ」（萩原久美子）　エディタス　2006.7　p295-298
◎引用文献「ダイバーシティ・マネジメントの観点からみた企業におけるジェンダー」（杉田あけみ）　学文社　2006.9　p247-262
◎文献「女性の自在開発」（川喜多喬）　ナカニシヤ出版　2006.11　p223-226
◎参考文献「中高年女性のライフサイクルとパートタイム―スーパーで働く女たち」（乙部由子）　ミネルヴァ書房　2006.11　p255-264
◎年表「セクシュアリティ」（菅聡子）　ゆまに書房　2006.12　p677-709
◎文献「占領下の女性労働改革―保護と平等をめぐって」（豊田真穂）　勁草書房　2007.1　p239-255
◎参考文献「対等な夫婦は幸せか」（永井暁子ほか）　勁草書房　2007.1　p145-153
◎参考文献「看護職の社会学」（佐藤典子）　専修大出版局　2007.3　p235-243
◎文献「夢をかたちにした女性たち―将来のキャリアを考えたいあなたへ」（国立女性教育会館）　朝陽会　2007.3　p110-119
◎引用参考文献「「働く女性」のライフイベント―そのサポートの充実をめざして」（馬場房子ほか）　ゆまに書房　2007.4　prr
◎参考文献「仕事と生活―体系的両立支援の構築に向けて」（労働政策研究・研修機構）　労働政策研究・研修機構　2007.4　p336-350
◎参考文献「女性のキャリアデザイン―働き方・生き方の選択　新版」（青島祐子）　学文社　2007.4　p252-253
◎参考文献「雇用・社会保障とジェンダー」（嵩さやかほか）　東北大出版会　2007.5　prr

書籍商
◎参考文献「ABC青山ブックセンターの再生」（浅井輝久）　新風舎　2007.4　p217-220

書籍目録
◎「出版年鑑　2001年版　2　書籍目録・雑誌目録　3　索引」（編集部）　出版ニュース社　2001.5　1冊　B6

女装
◎注「楊貴妃になりたかった男たち―「衣服の妖怪」の文化誌」（武田雅哉）　講談社　2007.1　p252-273

書体
◎参考引用文献「欧文書体百花事典」（組版工学研究会）　朗文堂　2003.7　p538-542
◎参考文献「欧文書体―その背景と使い方」（小林章）　美術出版社　2005.7　p150-153

女中
◎引用参考文献「〈女中〉イメージの家庭文化史」（清水美知子）　世界思想社　2004.6　p227-231

食器
◎文献「台所の考古学―食をめぐる知恵の歴史―名古屋市博物館特別展展示図録」（名古屋市博物館）　名古屋市博物館　2003.10　p92-95
◎参考図書「食の器の事典」（荻野文彦）　柴田書店　2005.6　p287-288

職権濫用事件
◎参考文献「被告人は警察―警察官職権濫用事件」（三上孝孜）　講談社　2001.3　p216-217

職工
◎参考文献「八幡製鉄所―職工たちの社会誌」（金子毅）　草風館　2003.3　p207-211

女帝
◎参考文献「日本の女帝―混乱の時代が求める女王たちの謎」（梅沢恵美子）　ベストセラーズ　2002.1　p222」
◎参考文献「日本の女性天皇　十代八人の知られざる素顔」（荒木敏夫）　主婦と生活社　2003.3　p198-199
◎参考文献「女帝と譲位の古代史」（水谷千秋）　文藝春秋　2003.12　p216-221

書店
◎参考文献「パピルスが伝えた文明―ギリシア・ローマの本屋たち」（箕輪成男）　出版ニュース社　2002.5　p228-231
◎「劇場としての書店」（福嶋聡）　新評論　2002.7　224p　B6
◎参考文献「書店の近代　本が輝いていた時代」（小田光雄）　平凡社　2003.5　p195-203
◎参考文献「ヨーロッパ本と書店の物語」（小田光雄）　平凡社　2004.7　p218-225
◎参考文献「書店ルネッサンス―進化・祝祭・未来・出版営業・電子ペーパー」（青田恵一）　青田コーポレーション　2004.8　p309-312

初等教育
◎文献「納得の構造―日米初等教育に見る思考表現のスタイル」（渡辺雅子）　東洋館出版社　2004.9　p252-259
◎Bibliography「イギリスの初等学校カリキュラム改革―1945年以降の進歩主義的理想の普及」（P.カニンガム）　つなん出版　2006.7　p395-401

書道史
◎参考文献「書道藝術　別巻　第3　中国書道史　新装」（中田勇次郎）　中央公論新社　2001.10　p231-233
◎参考文献「書道藝術　別巻　第4　日本書道史　新装」（中田勇次郎）　中央公論新社　2001.10　p193-195
◎参考文献「古筆への誘い」（国文学研究資料館）　三弥井書店　2005.3　p9-10

助動詞
◎文献「英語助動詞の語法」（柏野健次）　研究社　2002.4　p213-219
◎参考文献「「ように」の意味・用法」（前田直子）　笠間書院　2006.11　p115-121

しょとく

◎参考文献「「のだ」の文法化と機能別必須性」（崔眞姫）〔チェクサラン〕 2006.12 p189-197
◎参考文献「ノダの意味・機能—関連性理論の観点から」（名嶋義直） くろしお出版 2007.1 p309-319

所得格差
◎参考文献「中国の地域間所得格差—産業構造・人口・教育からの分析」（林燕平） 日本経済評論社 2001.11 p238-244

所得税
◎参考文献「所得税の理論と思想」（宮本憲一，鶴田廣巳） 税務経理協会 2001.9 p315-325
◎参考文献「法人税法・所得税法の経済学」（河野惟隆） 税務経理協会 2004.1 p255-258
◎参考文献「カーター報告の研究—包括的所得税の原理と現実」（栗林隆） 五絃舎 2005.2 p249-254
◎関連図書「動学的最適所得税論」（古谷泉生） 九州大学出版会 2005.6 p157-161
◎参考文献ほか「公平な所得税制をもとめて」（谷川喜美江） 財経詳報社 2007.10 p265-274

所得分配
◎参考文献「日本の所得分配と格差」（宮島洋ほか） 東洋経済新報社 2002.10 prr
◎参考文献「日本の所得格差と社会階層」（樋口美雄ほか） 日本評論社 2003.12 prr
◎参考文献「日本の不平等—格差社会の幻想と未来」（大竹文雄） 日本経済新聞社 2005.5 p288-299
◎参考文献「日本の所得分配—格差拡大と政策の役割」（小塩隆士ほか） 東京大出版会 2006.11 prr

書評
◎「書評年報　人文・社会・自然編　2000年」（書評年報刊行会） 書評年報刊行会 2001.5 245p B5
◎「書評年報　文学・芸術・児童編　2000年」（書評年報刊行会） 書評年報刊行会 2001.5 187p B5
◎「独立書評愚連隊　天の巻/地の巻」（大月隆寛） 国書刊行会 2001.6 2冊 46s

庶民信仰
◎参考文献「江戸庶民の信仰と行楽」（池上真由美） 同成社 2002.4 p207-209
◎注「庶民信仰と現世利益」（宮本袈裟雄） 東京堂出版 2003.9 prr

書物
◎「江戸時代の書物と読書」（長友千代治） 東京堂出版 2001.3 396p ks
◎参考文献「書物史のために」（宮下志朗） 晶文社 2002.4 p216-224

書物展望社
◎本「書痴斎藤昌三と書物展望社」（八木福次郎） 平凡社 2006.1 p147-168

所有
◎関連文献「所有と生産　歴史学事典13」（川北稔） 弘文堂 2006.4 prr
◎参考文献「所有と国家のゆくえ」（稲葉振一郎ほか） NHK出版 2006.8 p295-297
◎参考文献「日本中世の所有構造」（西谷正浩） 塙書房 2006.11 p13-39b

所有権
◎参考文献「勝手に使うな！　知的所有権のトンデモ話」（稲森謙太郎） 講談社 2000.12 p195-194
◎参考文献「「所有権」の誕生」（加藤雅信） 三省堂 2001.2 p194-203
◎文献「財産権・所有権の経済分析—プロパティー・ライツへの新制度派的アプローチ」（Y. バーゼル） 白桃書房 2003.5 p195-199

地雷
◎参考文献「オタワプロセス—対人地雷禁止レジームの形成」（足立研幾） 有信堂高文社 2004.9 p247-262

白樺派
◎参考文献「ジェンダーの視点からみた白樺派の文学—志賀、有島、武者小路を中心として」（石井三恵） 新水社 2005.3 p399-412

白樺文書
◎刊行文献一覧「白樺の手紙を送りました—ロシア中世都市の歴史と日常生活」（V. L. ヤーニン） 山川出版社 2001.5 p309-310

白菊特別攻撃隊
◎参考文献「高知海軍航空隊白菊特別攻撃隊」（三国雄史） 群青社 2001.11 p268-269

シラス
◎文献「シラス学—九州南部の巨大火砕流堆積物」（横山勝三） 古今書院 2003.10 p164-172

シラッパディハーラム
◎参考文献ほか「シラッパディハーラム—アンクレット物語　タミル叙事詩」（彦坂周訳注） きこ書房 2003.3 p379-381

白露
◎文献「中世王朝物語『白露』詳注」（中島正二ほか） 笠間書院 2006.1 p229-230

白拍子
◎参考文献「白拍子静御前」（森本繁） 新人物往来社 2005.12 p245-246

尻
◎参考文献「お尻とその穴の文化史」（J. ゴルダンほか） 作品社 2003.8 p265-264

シリア
◎引用文献「ハラフ文化の研究—西アジア先史時代への新視角」（常木晃） 同成社 2004.11 p255-278
◎引用文献「現代シリアの国家変容とイスラーム」（末近浩太） ナカニシヤ出版 2005.12 p327-346

シリコン
◎参考文献「シリコンの科学」（松本信雄ほか） 電子情報通信学会 2004.6 p130-131

自立
◎学習文献案内「自立と甘えの社会学」（畠中宗一ほか） 世界思想社 2002.2 p239-252

私立学校
◎註「近代日本中等教員養成に果たした私学の役割に関する歴史的研究」（船寄俊雄ほか） 学文社 2005.2 prr

私立大学
- ◎参考文献「私大改革の条件を問う」(岩内亮一) 学文社 2002.3 p265-268
- ◎文献ほか(小川佳万)「私学高等教育の潮流」(P. G. アルトバックほか) 玉川大学出版部 2004.10 p223-251

史料
- ◎参考文献「記録史料記述の国際標準」(アーカイブス・インフォメーション研究会) 北海道大学図書刊行会 2001.2 p153-158
- ○文献案内(編集出版委員会)「記録と史料 11」(全国歴史資料保存利用機関連絡協議会) 2001.3 p83-91
- ◎注「史料が語る日本の近世」(大野瑞男) 吉川弘文館 2002.9 prr
- ◎参考文献「歴史と素材 日本の時代史30」(石上英一) 吉川弘文館 2004.11 p387-418

資料組織化
- ◎参考文献「資料組織概説 新訂版」(柴田正美) 日本図書館協会 2001.5 p259-260
- ◎参考文献「資料組織概説 改訂」(大城善盛ほか) 樹村房 2002.3 p202-203
- ◎参考文献「資料組織法 第5版 志保田務,高鷲忠美〔改訂〕」(木原通夫,志保田務,高鷲忠美) 第一法規出版 2002.4 p309-310
- ◎参考引用文献「資料組織演習」(平井尊士ほか) 勉誠出版 2003.4 p149-150
- ◎引用文献「図書館目録とメタデータ―情報の組織化における新たな可能性」(日本図書館情報学会研究委員会) 勉誠出版 2004.10 prr
- ◎参考文献「資料組織演習」(吉田憲一) 日本図書館協会 2007.1 p265」
- ◎参考文献「資料組織概説 3訂」(田窪直規ほか) 樹村房 2007.3 p188-189
- ◎参考文献「資料組織法 6版」(木原通夫ほか) 第一法規 2007.3 p307-308

史料保存
- ◎参考文献「地域と歩む史料保存活動」(越佐歴史資料調査会) 岩田書院 2003.11 p146-148

資料保存
- ◎参考文献「IFLA図書館資料の予防的保存対策の原則」(E. P. アドコック) 日本図書館協会 2003.7 p132-143
- ○記事ほか(竹内秀樹)「ネットワーク資料保存 75」(日本図書館協会) 2005.2 p14-15
- ◎参考文献「防ぐ技術・治す技術―紙資料保存マニュアル」(編集ワーキンググループ) 日本図書館協会 2005.3 p109-111
- ○記事・論文索引(竹内秀樹)「ネットワーク資料保存 79」(日本図書館協会) 2006.1 p9-11
- ○記事・論文索引(竹内秀樹)「ネットワーク資料保存 82」(日本図書館協会) 2007.1 p10-12

資料目録法
- ◎参考文献ほか「知識資源のメタデータ」(谷口祥一ほか) 勁草書房 2007.5 p241-243

シルクロード
- ◎参考文献「唐・シルクロード十話」(S. ウィットフィールド) 白水社 2001.2 p266-270
- ◎文献「NHKスペシャル文明の道 3 海と陸のシルクロード」(NHK「文明の道」プロジェクトほか) NHK出版 2003.10 p254-258
- ◎参考文献「シルクロードの宗教―古代から15世紀までの通商と文化交流」(R. C. フォルツ) 教文館 2003.11 p20-38b
- ◎参考文献「オアシス国家とキャラヴァン交易」(荒川正晴) 山川出版社 2003.12 p80-82
- ○文献一覧「シルクロード学研究 21」(シルクロード学研究センター) 2004 p167-172
- ◎参考文献「シルクロードの民族と文化」(津金幹彦) 文芸社 2004.1 p177-181
- ◎参考書目「シルクロード―詩と紀行」(秋吉久紀夫) 石風社 2004.8 p284-291
- ◎注「流沙の記憶をさぐる―シルクロードと中国古代文明」(林梅村) NHK出版 2005.3 prr
- ◎参考文献「草原の道―風の民、タクラマカン―西域のモナリザ」(NHK「新シルクロード」プロジェクト) NHK出版 2005.4 p226-227
- ◎参考文献「青海―天空をゆく、カラホト―砂に消えた西夏」(NHK「新シルクロード」プロジェクト) NHK出版 2005.10 p258-259
- ◎参考文献「NHKスペシャル新シルクロード5 カシュガル・西安」(NHK「新シルクロード」プロジェクト) NHK出版 2005.12 p274-275
- ◎参考文献「平安貴族のシルクロード」(山口博) 角川学芸出版 2006.8 p203-206
- ◎引用参考文献「漢代以前のシルクロード―運ばれた馬とラピスラズリ」(川又正智) 雄山閣 2006.10 p143-154
- ◎参考文献「玄奘取経の交通路に関する地理学的研究―CORONA衛星写真と現地踏査を基に」(安田順惠) 東方出版 2006.12 p177-183
- ◎参考文献「シルクロードの風―山と遺跡とオアシス」(内田嘉弘) ナカニシヤ出版 2007.1 p265-266
- ◎参考文献「シルクロードと唐帝国 興亡の世界史5」(森安孝夫) 講談社 2007.2 p374-362
- ◎参考文献「シルクロードの光と影」(野口信彦) めこん 2007.2 p251-252

シルバー産業
- ◎参考文献「高齢者介護ビジネスの社会的責任」(山口厚江) 文眞堂 2005.11 p215-221

城
- ◎参考文献「鹿沼の城と館」(鹿沼市史編さん委員会) 鹿沼市 2002.3 p132-134
- ◎参考文献「城」(池上正太とORGほか) 新紀元社 2003.9 p262-265
- ◎参考文献「中世ヨーロッパの城の生活」(J. ギースほか) 講談社 2005.6 p295-297
- ◎参考文献「歴史ロマン埼玉の城址30選」(西野博道) 埼玉新聞社 2005.6 p159-169
- ◎参考文献「日本の城の基礎知識 新装版」(井上宗和) 雄山閣 2005.12 p193-194
- ◎参考文献「図説茨城の城郭」(茨城城郭研究会) 国書刊行会 2006.8 p286-288
- ◎参考文献「中世武士の城」(齋藤慎一) 吉川弘文館 2006.10 p207-211
- ◎参考文献「戦国の城」(小和田哲男) 学習研究社 2007.6 p260-261

白馬岳

◎参考文献「探訪信州の古城—城跡と古戦場を歩く」（湯本軍一）　郷土出版社　2007.11　p290-291

白馬岳

◎参考文献「白馬岳の百年—近代登山発祥の地と最初の山小屋」（菊地俊朗）　山と溪谷社　2005.7　p236-237

白木屋呉服店

◎参考文献「江戸奉公人の心得帖—呉服商白木屋の日常」（油井宏子）　新潮社　2007.12　p204-206

塵埃処理

◎文献「ごみ捨て行動のパターンとその対応策—心理的手法の提案」（高橋直）　協同出版　2003.11　p141-144

新異国叢書

◎「新異国叢書総索引—第1輯-第3輯」（雄松堂出版編集部）　雄松堂出版　2005.8　309p A5

秦王国

◎参考文献「「秦王国」と後裔たち　日本列島秦氏族史」（牧野登ほか）　歴史調査研究所　2001.7　p315-337

進化

◎文献情報「心の進化—人間性の起源をもとめて」（松沢哲郎, 長谷川寿一）　岩波書店　2000.11　p257-264

◎参考文献「進化ゲームと微分方程式」（シグムンド, ホッフバウアー）　現代数学社　2001.4　p375-402

◎参考文献「進化発生学—ボディプランと動物の起源」（ブライアン・K. ホール）　工作舎　2001.5　p741-814

◎文献ほか「動物の発育と進化—時間がつくる生命の形」（ケネス・J. マクナマラ）　工作舎　2001.5　p373-388

◎参考文献「認知発達と進化」　岩波書店　2001.5　p197-210

◎参考文献「生物進化とハンディキャップ原理—性選択と利他行動の謎を解く」（アモツ・ザハヴィ, アヴィシャグ・ザハヴィ）　白揚社　2001.6　p386-402

◎関連図書「生命進化8つの謎」（J. メイナード・スミス）　朝日新聞社　2001.12　2pb

◎参考文献「岩波講座物理の世界—遺伝的アルゴリズムと進化のメカニズム」（伊庭斉志）　岩波書店　2002.1　p77-79

◎文献「ホメオボックス・ストーリー—形づくりの遺伝子と発生・進化」（ワルター・J. ゲーリング）　東京大学出版会　2002.3　p15-21b

◎参考文献「ルーシーの膝—人類進化のシナリオ」（Y. コパン）　紀伊国屋書店　2002.4　p1-4b

◎補注ほか「プロメテウスの子供たち—加速する人類の進化」（C. ウィルズ）　青土社　2002.6　p4-28b

◎文献「脊椎動物デザインの進化」（Leonard B. Radinsky）　海游舎　2002.6　p189-191

◎参考文献「ゾウの耳はなぜ大きい?—「代謝エンジン」で読み解く生命の秩序と多様性」（C. レイヴァーズ）　早川書房　2002.7　p287-274

◎文献「恋人選びの心—性淘汰と人間性の進化　2」（ジェフリー・F. ミラー）　岩波書店　2002.7　p11-36b

◎参考文献「カウフマン　生命と宇宙を語る　複雑系から見た進化の仕組み」（S. カウフマン）　日本経済新聞社　2002.9　p450-451

◎文献「哺乳類の進化」（遠藤秀紀）　東京大学出版会　2002.12　p319-363

◎参考引用文献「生物の形と多様性と進化　遺伝子から生態学まで」（岡村利朗ほか）　裳華房　2003.6　p331-342

◎文献目録「フルハウス—生命の全容—四割打者の絶滅と進化の逆説」（S. J. グールド）　早川書房　2003.11　p413-420

◎参考文献「動物進化形態学」（倉谷滋）　東京大学出版会　2004.1　p542-591

◎参考文献「生命の起源—「物質の進化」から「生命の進化」へ」（伏見譲）　丸善　2004.2　prr

◎参考文献「日本の魚—系図が明かす進化の謎」（上野輝弥ほか）　中央公論新社　2004.2　p212-208

◎参考文献「盲目の時計職人—自然淘汰は偶然か?」（R. ドーキンス）　早川書房　2004.3　p529-522

◎参考文献「人間化の現象学—類人猿の生命活動から人間の社会生活へ」（須藤泰秀）　鶏鳴出版　2004.4　p249-251

◎参考文献「5万年前に人類に何が起きたか?—意識のビッグバン」（R. G. クラインほか）　新書館　2004.6　p303-314

◎参考図書「生物進化の謎を解く—人類の進化までを含めた解説」（猪貴義）　アドスリー　2004.6　p213-215

◎文献「発生と進化　シリーズ進化学4」（佐藤矩行ほか）　岩波書店　2004.6　p225-232

◎文献「化学進化・細胞進化　シリーズ進化学3」（石川統ほか）　岩波書店　2004.8　p237-243

◎引用文献「はだかの起原—不適者は生きのびる」（島泰三）　木楽舎　2004.9　p2-8b

◎参考文献「ゲノムと進化—ゲノムから立ち昇る生命」（斎藤成也）　新曜社　2004.9　p7-9b

◎文献「カブトムシと進化論—博物学の復権」（河野和男）　思索社　2004.11　p327-346

◎参考文献「人類の進化史—20世紀の総括」（埴原和郎）　講談社　2004.11　p322-325

◎参考文献「直立歩行—進化への鍵」（C. スタンフォード）　青土社　2004.11　p12-26b

◎参考文献「マクロ進化と全生物の系統分類」（佐藤矩行ほか）　岩波書店　2004.12　p209-217

◎参考文献「生命の進化と精神の進化—人生いかに生きるべきか」（望月清文）　水曜社　2004.12　p348-350

◎文献「心の発生と進化—チンパンジー、赤ちゃん、ヒト」（D. プレマックほか）　新曜社　2005.5　p13-37b

◎参考文献「ヒトはいかにして知恵者となったのか—思考の進化論」（P. ヤーデンオフォシュ）　研究社　2005.6　p15-29b

◎参考文献「自然界と人間の運命　再装版」（K. ローレンツ）　新思索社　2005.6　p499-509

◎文献案内ほか「進化　1冊でわかる」（B. チャールズワース）　岩波書店　2005.6　p1-5b

◎参考文献「生命最初の30億年—地球に刻まれた進化の足跡」（A. H. ノール）　紀伊國屋書店　2005.7　p379-355

◎参考図書ほか「地球四十六億年の進化—元素の生成からヒトの誕生まで」（今井弘）　関西大学出版部　2005.11　p229-230

◎文献「遺伝子とゲノムの進化」（斎藤成也ほか）　岩波書店　2006.3　p259-279

◎関連図書「眼の誕生—カンブリア紀大進化の謎を解く」（A. パーカー）　草思社　2006.3　p380-381

◎参考文献「生と死の自然史—進化を統べる酸素」（N. レーン） 東海大出版会 2006.3 p536-515
◎文献「共生という生き方—微生物がもたらす進化の潮流」（T. ウェイクフォード） シュプリンガー東京 2006.4 p186-189
◎参考文献「創造と進化」（J. H. ブルックほか） すぐ書房 2006.4 p333-336
◎参考文献ほか「動物の本質—ルドルフ・シュタイナーの動物進化論」（K. ケーニッヒ） ホメオパシー出版 2006.5 p181-192
◎文献「行動・生態の進化」（長谷川眞理子ほか） 岩波書店 2006.6 p237-250
◎参考文献「人はなぜレイプするのか—進化生物学が解き明かす」（R. ソーンヒルほか） 青灯社 2006.7 p374-410
◎文献「ヒトの進化」（斎藤成也ほか） 岩波書店 2006.8 p211-225
◎参考文献「ヒトはいかにヒトになったか—ことば・自我・知性の誕生」（正高信男） 岩波書店 2006.11 p227-230
◎参照文献「「退化」の進化学—ヒトにのこる進化の足跡」（犬塚則久） 講談社 2006.12 p194-198
◎参考図書「なぜヒトの脳だけが大きくなったのか—人類進化最大の謎に挑む」（濱田穣） 講談社 2007.1 p249-250
◎文献「進化の特異事象—あなたが生まれるまでに通った関所」（C. ド・デューブ） 一灯舎 2007.1 p232-243
◎参考文献「人類はどのように進化したか—生物人類学の現在」（内田亮子） 勁草書房 2007.1 p15-41b
◎参考文献「生命進化の物語」（R. サウスウッド） 八坂書房 2007.2 p10-12b
◎引用参考文献「進化で読み解くふしぎな生き物—シンカのかたち」（北海道大学CoSTEPサイエンスライターズ） 技術評論社 2007.5 p212-215
◎読書案内「霊長類進化の科学」（京都大学霊長類研究所） 京都大学術出版会 2007.6 p489-492
◎参考文献「この6つのおかげでヒトは進化した—つま先、親指、のど、笑い、涙、キス」（C. ウォルター） 早川書房 2007.8 p381-390
◎参考文献「ニッチ構築—忘れられていた進化過程」（F. J. Odling-Smeeほか） 共立出版 2007.9 p343-378

深海生物
◎参考文献「深海生物の謎—彼らはいかにして闇の世界で生きることを決めたのか」（北村雄一） ソフトバンククリエイティブ 2007.8 p202-204

進化学
◎参考図書「現代進化学入門」（C. パターソン） 岩波書店 2001.9 p261-269

神学
◎参考書「希望と十字架—新しい組織神学的試み 1 神への問い」（蓮見和男） 新教出版社 2001.11 p3-12b
◎引用文献「キリスト教神学入門」（A. E. マクグラス） 教文館 2002.1 p18-33b
◎参考文献「神のドラマトゥルギー——自然・宗教・歴史・身体を舞台として」（小原克博） 教文館 2002.1 p197-202
◎参考文献「キリスト教神学用語辞典」（D. K. マッキム） 日本キリスト教団出版局 2002.12 p491-492
◎参考文献「十字架の謎—キリスト教の核心」（A. E. マクグラス） 教文館 2003.7 p255-256
◎参考文献「〈第三世界〉神学事典」（V. ファベリアほか） 日本キリスト教団出版局 2007.2 prr
◎文献一覧「シンボル理論と伝統思想—プラトン的キリスト教思想の意味世界」（L. トルファシュ） 大河書房 2007.2 p276-272
◎文献目録「行為と存在—組織神学における超越論哲学と存在論」（D. ボンヘッファー） 新教出版社 2007.3 p3-13b
◎参考文献「キリスト教神学資料集 上」（A. E. マクグラス） キリスト新聞社 2007.4 p889-909

人格
◎参考文献「子供の異文化体験 人格形成過程の心理人類学的研究 増補改訂版」（箕浦康子） 新思索社 2003.2 p365-383
◎参考文献「シナプスが人格をつくる—脳細胞から自己の総体へ」（J. ルドゥー） みすず書房 2004.10 p19-42b
◎参考文献「超超自我と〈精神の三権分立〉モデル—対人恐怖と論語から人工精神へ」（高橋英之） 昭和堂 2005.12 p287-290
◎引用文献「P-Fスタディの理論と実際」（秦一士） 北大路書房 2007.9 p227-238
◎文献「交流分析による人格適応論—人間理解のための実践的ガイドブック」（V. ジョインズほか） 誠信書房 2007.9 p509-499

人格権
◎参考文献「情報とプライバシーの権利—サイバースペース時代の人格権」（船越一幸） 北樹出版 2001.1 p246-250

人格障害
◎文献「人格障害とは何か」（鈴木茂） 岩波書店 2001.3 p241-244
◎文献「人格障害犯罪者と社会治療—高度に危険な犯罪者に対する刑事政策は如何にあるべきか」（加藤久雄） 成文堂 2002.5 p339-369
◎文献「重症人格障害の臨床研究—パーソナリティの病理と治療技法」（狩野力八郎） 金剛出版 2002.10 p271-284
◎文献「人格障害の臨床評価と治療」（林直樹） 金剛出版 2002.10 p270-282
◎引用文献「人格障害論の虚像 ラベルを貼ること剥がすこと」（高岡健） 雲母書房 2003.1 p230-232
◎文献「人格障害とその治療」（町沢静夫） 創元社 2003.9 prr
◎参考文献「人格障害の時代」（岡田尊司） 平凡社 2004.6 p212-214
◎参考文献「パーソナリティ障害—いかに接し、どう克服するか」（岡田尊司） PHP研究所 2004.7 p295-298
◎文献「パーソナリティ障害—いかに捉え、いかに対応するか」（林直樹ほか） 新興医学出版社 2005.5 p91-97
◎引用参考文献「ボーダーラインの人々—多様化する心の病」（織田尚生） ゆまに書房 2005.9 prr
◎参考文献「人格障害をめぐる冒険」（大泉実成） 草思社 2005.12 p263-265

◎参考文献「自傷行為とつらい感情に悩む人のために―ボーダーライン・パーソナリティ障害（BPD）のためのセルフヘルプ・マニュアル」（L. ベル）　誠信書房　2006.1　p287-296
◎文献「境界性人格障害＝BPD実践ワークブック―はれものにさわるような毎日をすごしている方々のための具体的対処法」（R. クリーガーほか）　星和書店　2006.2　p302-303
◎文献「境界性パーソナリティ障害―クリニカル・ガイド」（J. G. ガンダーソン）　金剛出版　2006.3　p323-356
◎参考文献「人間学的境界例論―苦悩する人たちとの対話から」（田中誉樹）　かもがわ出版　2006.3　p111-112
◎参考文献「パーソナリティ障害が分かる本―「障害」を「個性」に変えるために」（岡田尊司）　法研　2006.5　p224-225
◎文献「境界性パーソナリティ障害の精神療法―日本版治療ガイドラインを目指して」（成田善弘）　金剛出版　2006.9　p177-187
◎文献「境界性パーソナリティ障害最新ガイド―治療スタッフと家族のために」（J. G. ガンダーソンほか）　星和書店　2006.10　p273-286
◎参考文献「境界性パーソナリティ障害臨床ガイドブック―BPDの治療・ケアの基礎知識」（R. クローウィッツほか）　日本評論社　2007.2　p177-191
◎文献「パーソナリティ障害」（J. F. マスターソン）　星和書店　2007.5　p385-391
◎推薦図書ほか「境界性パーソナリティ障害の弁証法的行動療法―DBTによるBPDの治療」（M. M. リネハン）　誠信書房　2007.6　p699-725
◎文献「パーソナリティ障害とむきあう―社会・文化現象と精神科臨床」（林直樹）　日本評論社　2007.8　p293-301
◎文献「パーソナリティ障害治療ガイド―「自己」の成長を支えるアプローチ」（J. F. マスターソンほか）　金剛出版　2007.10　p227-231

人格発達心理
◎引用文献「人格発達心理学」（西川隆茂ほか）　ナカニシヤ出版　2004.4　prr

進化経済学
◎参考文献「進化経済学のすすめ―「知識」から経済現象を読む」（江頭進）　講談社　2002.6　p1-3b

進化心理学
◎参考文献（小林司）「超図説目からウロコの進化心理学入門」（D. エヴァンス）　講談社　2003.2　p178-181
◎文献「進化心理学入門」（J. H. カートライト）　新曜社　2005.6　p9-17b

進化生態
◎参考文献「生命の意味　進化生態からみた教養の生物学」（桑村哲生）　裳華房　2001.11　p167-168

シンガポール
◎参考文献「シンガポールを知るための60章」（田村慶子）　明石書店　2001.10　prr
◎参考文献「シンガポールの言葉と社会―多言語社会における言語政策　改訂版」（大原始子）　三元社　2002.2　p219-229
◎文献「シンガポールの女性たち―資本主義とアジア的価値観のはざまで」（風野寿美子）　風響書房　2003　p215-223
◎参考文献「シンガポールから学んだこと―南洋に20年生きて」（小竹裕一）　明石書店　2004.4　p289-291
◎文献「シンガポールの経済発展と日本」（清水洋）　コモンズ　2004.5　p230-237
◎文献リスト「シンガポール国家の研究―「秩序と成長」の制度化・機能・アクター」（岩崎育夫）　風響社　2005.9　p341-351
◎参考文献「海の十字路の交流誌―欧米に翻弄された東南アジア」（矢延洋泰）　勁草書房　2006.1　p229-237
◎参考文献「シンガポール華僑粛清―日本軍はシンガポールで何をしたのか」（林博史）　高文研　2007.6　p253-258
◎文献「マレー半島美しきプラナカンの世界」（イワサキチエほか）　産業編集センター　2007.6　p144-145
◎参考文献「アジア二都物語―シンガポールと香港」（岩崎育夫）　中央公論新社　2007.11　p313-319

進化論
◎参考文献「絵でわかる進化論」（徳永幸彦）　講談社　2001.6　p166-167
◎文献目録「ダ・ヴィンチの二枚貝―進化論と人文科学のはざまで　下」（S. J. グールト）　早川書房　2002.3　p1-9b
◎ブックガイド「進化論という考えかた」（佐倉統）　講談社　2002.3　p1-11b
◎参考文献「グルメなサル香水をつけるサル―ヒトの進化戦略」（上野吉一）　講談社　2002.8　p201-206
◎参考書案内「ドーキンスvsグールド―適応へのサバイバルゲーム」（K. ステルレルニー）　筑摩書房　2004.10　p1-12b
◎参考図書「マンガ「種の起源」―ダーウィンの進化論」（田中一規）　講談社　2005.5　p204-205
◎文献「進化学の方法と歴史」（長谷川眞理子ほか）　岩波書店　2005.5　p171-175

新幹線
◎参考文献「新幹線と地域振興―新幹線をより有効に活用するために」（平石和昭）　交通新聞社　2002.2　p189-190
◎参考文献ほか「地域振興と整備新幹線―「はやて」の軌跡と課題」（櫛引素夫）　弘前大出版会　2007.5　p128-136

神祇信仰
◎目録一覧（伊藤聡）「神道―日本史小百科」（伊藤聡ほか）　東京堂出版　2002.2　p279-302

針灸
◎参考文献「針灸医学の科学的視点」（清水蓮）　たにぐち書店　2004.5　p210-211
◎参考文献「視覚障害者と鍼治療―施術における衛生保持確立は可能か?」（全英美）　生活書院　2007.10　p178-184

信教の自由
◎文献「合祀はいやです。―こころの自由を求めて」（田中伸尚）　樹花舎　2003.12　p421-423
◎参考文献「信教の自由と政治参加」（竹内重年）　第三文明社　2005.5　p155-157

神曲
- ◎文献一覧「ダンテ『神曲』講義」（今道友信） みすず書房 2002.11 p1-5b
- ◎文献「ダンテ『神曲』講義 改訂普及版」（今道友信） みすず書房 2004.5 p1-7b

寝具
- ◎参考文献「ねむり衣の文化誌 眠りの装いを考える」（吉田集而ほか） 冬青社 2003.3 prr

真空
- ◎参考文献「トコトンやさしい真空の本」（麻蒔立男） 日刊工業新聞社 2002.1 p156-157

真空管
- ◎参考文献「真空管70年の歩み—真空管の誕生から黄金期まで」（J. W. ストークス） 誠文堂新光社 2006.4 prr

ジンクス
- ◎文献（迷信）「ジンクス事典 恋愛・結婚篇」（荒俣宏） 長崎出版 2005.5 p254-255

シンクタンク
- ◎参考文献ほか「日本に『民主主義』を起業する—自伝的シンクタンク論」（鈴木崇弘） 第一書林 2007.5 p310-314

シングルウーマン
- ◎参考文献「シングルウーマン白書」（T. ゴードン） ミネルヴァ書房 2001.10 p257-270

シングルマザー
- ◎応援する本「シングルマザーに乾杯! 離婚・非婚を子どもとともに」（しんぐるまざあずふぉーらむ） 現代書館 2001.7 p181-183

シングルライフ
- ◎参考文献「アメリカ女性のシングルライフ—メディアでたどる偏見の100年史」（B. イズリアル） 明石書店 2004.8 p409-433

シンクロナス・マネジメント
- ◎参考文献「シンクロナス・マネジメント—制約理論（TOC）は21世紀を切り拓く」（M. L. スリカンス, M. M. アンブル） ラッセル社 2001.2 p309-314

神経
- ◎文献「神経発生生物学」（深田恵子） 産業図書 2006.10 p189-219
- ◎参考文献ほか「ベアー コノーズ パラディーソ神経科学—脳の探求—カラー版」（M. F. ベアーほか） 西村書店 2007.6 p643-660

神経言語学
- ◎文献ほか「言語と脳—神経言語学入門」（L. K. オブラーほか） 新曜社 2002.6 p12-31b

神経症
- ◎参考文献「神経症 2」（V. E. フランクル） みすず書房 2002.11 p14-16b
- ◎文献「不安と葛藤—神経症性障害と身体表現性障害」（田代信雄） 九州大学出版会 2004.2 prr
- ◎文献ほか「不安からあなたを解放する10の簡単な方法—不安と悩みへのコーピング」（E. J. ボーンほか） 星和書店 2004.10 p219-229
- ◎参考文献ほか「戦争ストレスと神経症」（A. カーディナー） みすず書房 2004.12 p1-6b
- ◎参考文献「神経症の行動療法—新版行動療法の実際」（J. ウォルピ） 黎明書房 2005.3 p472-497
- ◎参考文献「不安症を治す—対人不安・パフォーマンス恐怖にもう苦しまない」（大野裕） 幻冬舎 2007.1 p188-189

神経心理学
- ◎参考図書「脳の彼方へ—神経心理学の旅」（P. ブロックス） 青土社 2005.7 p287-300

神経生理学
- ◎参考文献「運動の生物学—臨床家のための運動学入門」（塚本芳久） 協同医書出版社 2001.11 p117-122
- ◎文献「心の神経生理学入門—神経伝達物質とホルモン」（K. シルバー） 新曜社 2005.9 p11-15b
- ◎参考文献「行動の神経生物学」（G. K. H. ツーバンク） シュプリンガー・ジャパン 2007.9 p239-246
- ◎文献「体性-自律神経反射の生理学—物理療法、鍼灸、手技療法の理論」（佐藤昭夫ほか） シュプリンガー・ジャパン 2007.10 p195-228

人権
- ◎文献「外国人労働者の人権と地域社会 日本の現状と市民の意識・活動」（鐘ヶ江晴彦） 明石書店 2001.8 prr
- ◎注文献「外国人の人権と市民権」（近藤敦） 明石書店 2001.9 prr
- ◎参考文献「人権用語辞典」（H. ビクター・コンデ） 明石書店 2001.9 p362-363
- ◎参考文献「これからの権利擁護—『対話』『信頼』『寛容』を築く」（平田厚） 筒井書房 2001.11 p159-167
- ◎「部落解放・人権図書目録 NO.19 2002」（同書刊行会） トーハン 2001.12 157p A5
- ◎参考文献「ハンドブック国際化のなかの人権問題 第3版」（上田正昭ほか） 明石書店 2002.1 p360-364
- ◎参考文献「新世紀の人権論」（浅川千尋） 晃洋書房 2002.1 prr
- ◎参考文献「それぞれの人権—くらしの中の自由と平等 第2版」（憲法教育研究会） 法律文化社 2002.2 p235-238
- ◎文献「テキストブック国際人権法 第2版」（阿部浩己, 今井直, 藤本俊明） 日本評論社 2002.2 p274-285
- ◎参考文献「人はなぜ『権利』を学ぶのか—フィリピンの人権教育」（阿久沢麻理子） 解放出版社 2002.2 p88-90
- ◎参考文献「幼児期からの人権教育—参加体験型の学習活動事例集」（R. ペットマン） 明石書店 2002.2 p263-266
- ◎参考文献「人権の確立と女性のあゆみ」（上田市誌編さん委員会） 上田市 2002.3 p227-233
- ◎参考文献「人権百科事典」（E. ローソンほか） 明石書店 2002.4 prr
- ◎文献「人権保障の新局面—ヨーロッパ人権条約とイギリス憲法の共生」（江島晶子） 日本評論社 2002.5 p306-318
- ◎参考文献「フィールド・ノート—子どもの権利と育つ力」（安藤博） 三省堂 2002.10 prr
- ◎参考文献「法と少数者の権利」（萩原重夫） 明石書店 2002.11 p173-176

◎注「個人情報保護法と人権―プライバシーと表現の自由をどう守るか」（田島泰彦）　明石書店　2002.12　prr
◎文献「CSCE人権レジームの研究―「ヘルシンキ宣言」は冷戦を終わらせた」（宮脇昇）　国際書院　2003.2　p309-321
◎文献「平等取扱の権利」（西原博史）　成文堂　2003.2　p355-361
◎文献「障害、人権と教育」（L. バートン）　明石書店　2003.5　p410-434
◎文献「国際人道法　新版　再増補」（藤田久一）　有信堂高文社　2003.6　p321-328
◎参考文献「憲法―人権論への誘い」（福岡英明）　八千代出版　2003.7　p150-151
◎参考文献「憲法と国際人権を学ぶ」（小林武）　晃洋書房　2003.9　p319-322
◎参考文献「現代人権事典」（W. E. ラングリー）　明石書店　2003.9　prr
◎文献「被害者のための正義―国連被害者人権宣言関連ドキュメント」（諸沢英道）　成文堂　2003.10　p274-279
◎参考文献「日本における権利のかたち―権利意識の歴史と発展」（E. A. フェルドマン）　現代人文社　2003.12　p184-188
◎参考文献「国際人権・刑事法概論」（尾崎久仁子）　信山社出版　2004.1　p1-4b
◎参考文献「多民族・多文化の共生する社会をめざして―外国人の人権基本法を制定しよう」（日本弁護士連合会）　日本弁護士連合会　2004.1　p507-518
◎参考文献「マイノリティの権利と普遍的人権概念の研究―多文化的市民権と在日コリアン」（金泰明）　トランスビュー　2004.2　p339-347
◎参考文献「国際人権基準の法的性格」（滝沢美佐子）　国際書院　2004.2　p292-314
◎参考文献「ひょうご部落解放　112」（ひょうご部落解放人権研究所）　2004.3　p98-92
◎文献リスト「平和・人権・NGO―すべての人が安心して生きるために」（三好亜矢子ほか）　新評論　2004.3　p405-411
◎参考文献「ハンドブック国際化のなかの人権問題　4版」（上田正昭）　明石書店　2004.10　p376-380
◎参考文献「北朝鮮の人権―世界人権宣言に照らして」（ミネソタ弁護士会国際人権委員会ほか）　連合出版　2004.10　p280-292
◎書籍目録「同和問題総点検―差別を助長する同和運動の真相」（同和文献保存会）　同和文献保存会　2004.12　p616-637
◎参考文献「人権教育のための世界プログラム―解説と実践」（平沢安政）　部落解放・人権研究所　2005.12　p102-105
◎参考文献「知っていますか?ハンセン病と人権一問一答」（神美知宏ほか）　解放出版社　2005.12　p127-126
◎参考文献ほか「人間の安全保障」（A. セン）　集英社　2006.1　p194-203
◎参考文献「フィリピンの人権教育―ポスト冷戦期における国家・市民社会・国際人権レジームの役割と関係性の変化を軸として」（阿久澤麻理子）　解放出版社　2006.12　p163-166
◎参考文献「看護と人権―職業倫理の再考」（J. マクヘイル）　エルゼビア・ジャパン　2006.12　p266-274

◎参考文献「報道被害」（梓澤和幸）　岩波書店　2007.1　p217-224
◎文献「緊急事態と人権―テロを例に」（初川満）　信山社　2007.2　p306-311
◎参考文献「人権の変遷」（石埼学）　日本評論社　2007.3　p190-198
◎参考文献「リプロダクティブ・ライツとリプロダクティブ・ヘルス」（谷口真由美）　信山社出版　2007.4　p185-193
◎参考文献「自然主義の人権論―人間の本性に基づく規範」（内藤淳）　勁草書房　2007.4　p243-256

新語
◎参考文献「外来語とは何か―新語の由来・外来語の役割」（田中建彦）　鳥影社　2002.3　p313-320
◎参考文献「新語はこうして作られる―もっと知りたい!日本語」（窪薗晴夫）　岩波書店　2002.7　p165-166

信仰
◎参考文献「信心の世界・遁世者の心―日本の中世　3」（大隅和雄）　中央公論新社　2002.3　p269-271

信号
◎参考文献「MATLABによるディジタル信号とシステム」（足立修一）　東京電機大学出版局　2002.2　p251-253

人口
◎文献「近代ドイツの人口と経済―1800～1914年」（桜井健吾）　ミネルヴァ書房　2001.4　p279-296
◎文献「イギリスと日本―マルサスの罠から近代への跳躍」（アラン・マクファーレン）　新曜社　2001.6　p15-35b
◎参考文献「人口成長と経済発展―少子高齢化と人口爆発の共存」（山口三十四）　有斐閣　2001.11　p295-305
◎参考文献「歴史人口学のフロンティア」（速水融ほか）　東洋経済新報社　2001.11　prr
◎引用文献「近代化以前の日本の人口と家族―失われた世界からの手紙」（木下太志）　ミネルヴァ書房　2002.2　p263-281
◎文献「数理人口学」（稲葉寿）　東京大学出版会　2002.3　p379-404
◎注文献「近代移行期の人口と歴史」（速水融）　ミネルヴァ書房　2002.4　prr
○業績目録「人口学研究　30」（古今書院）　2002.5　p131-138
◎文献「人類史のなかの人口と家族」（木下太志ほか）　晃洋書房　2003.4　p191-210
◎参考文献「失われる子育ての時間―少子化社会脱出への道」（池本美香）　勁草書房　2003.7　p1-6b
◎参考文献「人口でみる世界―各国人口の規模と構造」（大友篤）　古今書院　2003.7　p153-154
◎文献「都市の少子社会―世代共生をめざして」（金子勇）　東京大学出版会　2003.9　p221-235
◎参照文献「歴史人口学と家族史」（速水融）　藤原書店　2003.11　p530-505
◎参考文献「少子高齢社会の未来学」（毎日新聞社人口問題調査会）　論創社　2003.12　prr
◎参考文献「アジアの人口―グローバル化の波の中でアジアを見る眼」（早瀬保子）　アジア経済研究所　2004.3　p257-280
○業績目録「人口学研究　34」（日本人口学会）　2004.5　p64-71

◎参考文献「首都圏人口の将来像―都心と郊外の人口地理学」（江崎雄治）　専修大出版局　2006.3　p169-171
◎文献リスト「アジアにおける人口転換―11ヵ国の比較研究」（楠本修）　明石書店　2006.9　p295-320
◎参考文献「人口減少時代の日本経済　人口学ライブラリー5」（大淵寛ほか）　原書房　2006.10　prr
◎参考文献「人口変動とその要因」（大友篤）　古今書院　2006.11　p219-222
◎参考文献「日本の将来社会・人口構造分析―マイクロ・シミュレーションモデル（INAHSIM）による推計」（稲垣誠一）　日本統計協会　2007.1　p85-87
◎参考文献「人口減・少子化社会の未来―雇用と生活の質を高める」（小峰隆夫ほか）　明石書店　2007.5　prr
◎参考文献「近世京都の歴史人口学的研究―都市町人の社会構造を読む」（浜野潔）　慶應義塾大出版会　2007.8　p247-253
◎参考文献「人口学への招待―少子・高齢化はどこまで解明されたか」（河野稠果）　中央公論新社　2007.8　p282-273
◎引用文献「人口減少と地域―地理学的アプローチ」（石川義孝）　京都大学術出版会　2007.9　p321-337
◎参考文献ほか「老いるアジア―超長期予測―変貌する世界人口・経済地図」（小峰隆夫ほか）　日本経済新聞出版社　2007.10　p239-243
◎参考文献ほか「人口経済学」（加藤久和）　日本経済新聞出版社　2007.11　p216-218
◎参考文献「現代人口学の射程」（稲葉寿）　ミネルヴァ書房　2007.12　prr

人口移動
　◎引用文献「人口移動転換の研究」（石川義孝）　京都大学術出版会　2001.11　p283-295
　◎文献「日本の人口移動―ライフコースと地域性」（荒井良雄ほか）　古今書院　2002.6　prr
　◎参考文献「国際人口移動の新時代」（吉田良生ほか）　原書房　2006.5　prr

人工衛星
　◎参考文献「人工衛星と宇宙探査機」（木田隆ほか）　コロナ社　2001.9　p253-258

人口経済学
　◎参考文献「人口経済学入門」（加藤久和）　日本評論社　2001.5　p267-275

信仰告白
　◎参考文献「一致信条書―ルーテル教会信条集」（信条集専門委員会）　教文館　2006.6　p1075-1077

人口社会学
　◎参考文献ほか「継承の人口社会学―誰が「家」を継いだか」（坪内玲子）　ミネルヴァ書房　2001.3　p239-244

人工臓器
　◎参考文献「よみがえる心臓―人工臓器と再生医療」（東嶋和子）　オーム社　2007.4　p274-275

人工知能
　◎関連図書「人工知能概論」（新田克己）　培風館　2001.7　p199-200
　◎参考文献「計算論的学習」（榊原康文ほか）　培風館　2001.10　p201-209
　◎参考文献「知の創成―身体性認知科学への招待」（C. Scheier, R. Pfeifer）　共立出版　2001.11　p669-695
　◎参考文献「コミュニケーションを科学する―チューリングテストを超えて」（石井健一郎）　NTT出版　2002.3　p4-11b
　◎文献「心の影―意識をめぐる未知の科学を探る　2」（ロジャー・ペンローズ）　みすず書房　2002.4　p239-261
　◎参考文献「ロボットと人工知能」（三浦宏文）　岩波書店　2002.12　p129-132
　◎文献「マルチエージェント学習―相互作用の謎に迫る」（高玉圭樹）　コロナ社　2003.4　p163-181
　◎参考文献「人工知能のパラドックス―コンピュータ世界の夢と現実」（S. ウィリアムズ）　工業図書　2004.12　p212-213
　◎参考文献「知能機械入門」（馬場鎭一ほか）　森北出版　2004.12　p122-126
　◎参考文献「知識工学」（小川均）　共立出版　2005.10　p143-146
　◎参考文献「人工知能学事典」（人工知能学会）　共立出版　2005.12　prr
　◎参考文献「可能世界・人工知能・物語理論」（M. L. ライアン）　水声社　2006.1　p451-464
　◎参考文献「言語・知識・信念の論理」（東条敏）　オーム社　2006.3　p191-193
　◎参考文献「人工知能入門―歴史，哲学，基礎・応用技術」（J. フィンレーほか）　サイエンス社　2006.7　p310-313
　◎参考引用文献「知性の創発と起源」（鈴木宏昭）　オーム社　2006.7　prr
　◎参考文献「ブースティング―学習アルゴリズムの設計技法」（金森敬文ほか）　森北出版　2006.9　p199-204
　◎参考文献「身体を持つ知能―脳科学とロボティクスの共進化」（土井利忠ほか）　シュプリンガー・ジャパン　2006.9　prr
　◎原注「ポスト・ヒューマン誕生―コンピュータが人類の知性を超えるとき」（R. カーツワイル）　NHK出版　2007.1　p1-65b
　◎引用参考文献「知能科学―ロボットの"知"と"巧みさ"」（有本卓）　コロナ社　2007.1　p169-174
　◎引用参考文献「複雑系のシミュレーション―Swarmによるマルチエージェント・システム」（伊庭斉志）　コロナ社　2007.2　p192-194
　◎参考文献「創造活動支援の理論と応用」（堀浩一）　オーム社　2007.9　p139-144
　◎参考文献「創発とマルチエージェントシステム」（上田完次）　培風館　2007.9　prr
　◎参考文献ほか「人とロボットの〈間〉をデザインする」（山田誠二）　東京電機大出版局　2007.12　prr

人口統計
　○露語文献リスト（村知稔三）「長崎大学教育学部紀要　教育科学　67」（長崎大）　2004.6　p29-45
　○文献リスト（村知稔三）「長崎大学教育学部紀要　教育科学　68」（長崎大）　2005.3　p43-68
　◎参考文献「人口データの蓄積と分析」（常盤洋一）　慧文社　2005.12　p172-176

新興美術
　◎文献資料一覧「大正期新興美術資料集成」（五十殿利治ほか）　国書刊行会　2006.12　p6-35b

しんこう

人口問題
- ◎参考文献「少子化の人口学」（大淵寛ほか）　原書房　2004.10　prr
- ◎文献「少子高齢社会のみえない格差」（白波瀬佐和子）　東京大学出版会　2005.2　p193-202
- ◎参考文献「少子化の社会経済学」（大淵寛ほか）　原書房　2005.4　prr
- ◎引用文献「100億人への食糧―人口増加と食糧生産の知恵」（L. T. Evans）　学会出版センター　2006.7　p255-268

人工林
- ◎参考文献「人工林ハンドブック　1　理論編」（林進）　日本林業調査会　2007.10　p151-152

新古今和歌集
- ◎参考文献ほか「古今集新古今集の方法」（浅田徹ほか）　笠間書院　2004.10　p354-376

人骨
- ◎参考文献「考古学のための古人骨調査マニュアル」（谷畑美帆ほか）　学生社　2004.5　p161-163

新古典主義
- ◎参考文献「新古典主義」（デーヴィッド・アーウィン）　岩波書店　2001.11　p436-438

真言宗
- ◎「醍醐寺文書聖教目録　2」（総本山醍醐寺）　勉誠出版　2005.8　589p A4
- ◎「真言宗智山派所属寺院聖教撮影目録　1」（真言宗智山派宗務庁）　真言宗智山派宗務庁　2007.3　346p B5
- ◎「正智院聖教目録　下巻」（山本信吉）　吉川弘文館　2007.3　718, 29p B5
- ◎参考文献ほか「新義真言宗の歴史と思想」（平澤照尊）　ノンブル社　2007.7　p11-12

真言密教
- ◎引用参考文献「真言密教の霊魂観」（佐伯泉澄）　朱鷺書房　2004.11　p233-239

人材開発
- ◎引用文献「人材開発論　知力人材開発の論理と方策」（川端大二）　学文社　2003.8　p263-266

人事異動
- ◎参考文献「人事異動」（徳岡晃一郎）　新潮社　2004.9　p186-187

人事管理
- ◎参考文献「組織内プロフェッショナル―新しい組織と人材のマネジメント」（宮下清）　同友館　2001.4　p187-197
- ◎参考文献「ジェンダー・マネジメント―21世紀型男女共創企業に向けて」（佐野陽子ほか）　東洋経済新報社　2001.5　p352-353
- ◎文献「「コンピテンシー」企業改革―会社を変える36のコンピテンシー」（マイケル・ズウェル）　東洋経済新報社　2001.12　p411-412
- ◎参考文献「よくわかるビジネス・コーチング入門」（本田勝嗣, 石川洋）　日本能率協会マネジメントセンター　2002.1　p228-229
- ◎参考文献「サッカー型人事戦略―勝ち組企業が実践する複雑系人事戦略」（佐藤修）　日経BP企画　2002.3　p232-233
- ◎参考文献「図解コンピテンシーマネジメント」（アンダーセン）　東洋経済新報社　2002.3　p170」
- ◎文献「人事管理入門」（今野浩一郎, 佐藤博樹）　日本経済新聞社　2002.5　p308-309
- ◎参考文献「管理職層の人的資源管理―労働市場論的アプローチ」（八代充史）　有斐閣　2002.8　p241-249
- ◎文献「チェーンストアの人材開発―日本と西欧」（本田一成）　千倉書房　2002.10　p1-19b
- ◎文献「国際経営下の人事管理論」（竹内規浩）　税務経理協会　2002.10　p157-162
- ◎文献「人材の最適配置のための新たな職業の基盤情報システムに関する研究―企業・個人ニーズ調査、諸外国のシステム、翻訳実験版の開発、他」（日本労働研究機構研究所）　日本労働研究機構　2003.1　p490-491
- ◎文献「日本企業の業績評価と報酬システム―理論と実証」（星野優太）　白桃書房　2003.2　p237-246
- ◎文献「新しい人事労務管理　新版」（佐藤博樹ほか）　有斐閣　2003.3　p267-274
- ◎参考文献「人事労務管理の歴史分析」（佐口和郎ほか）　ミネルヴァ書房　2003.3　prr
- ◎文献「初めてリーダーとなる人のコーチング―チームの力を引き出し、個人を活かす23章」（P. J. マッケナ）　日経BP社　2003.4　p332-333
- ◎文献紹介「人的資源管理概論」（佐護誉）　文眞堂　2003.4　p258-260
- ◎文献一覧「入門人的資源管理」（奥林康司）　中央経済社　2003.5　p255-272
- ◎引用「成果と公平の報酬制度」（奥林康司）　中央経済社　2003.7　prr
- ◎参考文献「新しい時代の人材開発論―今市場で求められている人材」（國部茂）　京都総合研究所　2003.10　p201-202
- ◎文献「グローバル競争時代の人的資源管理―コスト生産性による管理会計的アプローチ」（木下徹弘）　晃洋書房　2003.11　p191-195
- ◎参考文献「虚妄の成果主義―日本型年功制復活のススメ」（高橋伸夫）　日経BP社　2004.1　p238-244
- ◎参考文献「人事マネジメントハンドブック」（人事マネジメントハンドブック制作委員会）　日本労務研究会　2004.1　p1227-1240
- ◎参考文献「マネジメントの本質―思索するリーダーのための実践的経営論」（関根次郎）　東洋経済新報社　2004.2　p245-248
- ◎ブックガイド「人材マネジメント入門」（守島基博）　日本経済新聞社　2004.2　p201-202
- ◎参考文献「日本企業のキャリアシステム―機会と公正の社会心理学」（小林裕）　白桃書房　2004.2　p255-265
- ◎参考文献「目標管理のコンティンジェンシー・アプローチ」（奥野明子）　白桃書房　2004.2　p223-240
- ◎参考文献「研究開発従事者のマネジメント」（三崎秀央）　中央経済社　2004.5　p195-208
- ◎参考文献「キャリア開発と人事戦略」（奥林康司ほか）　中央経済社　2004.6　prr
- ◎参考文献「ベスト・プラクティス競争戦略―グローバル化とITをめぐる作業システムの変革」（E. アペルバームほか）　八千代出版　2004.6　p221-238
- ◎引用文献「友情と私利―香港―日系スーパーの人類学的研究」（王向華）　風響社　2004.6　p409-426

◎参考文献「Aクラス人材の育成戦略―教育力競争時代をどう乗り越えるか」（関島康雄）　日本経団連出版　2004.7　p255-257
◎参考文献「新時代における公務員の人材育成―国の形を創る人々を育てるために」（福山圭一）　ぎょうせい　2004.9　p198-200
◎参考文献「小さなチームは組織を変える―ネイティブ・コーチ10の法則」（伊藤守）　講談社　2004.10　p211-213
◎参考文献「アメリカ人事管理・人的資源管理史」（岡田行正）　同文舘出版　2004.12　p291-301
◎参考文献「経営戦略と人的資源管理」（松山一紀）　白桃書房　2005.3　p161-175
◎参考文献「日本企業の人事改革」（都留康ほか）　東洋経済新報社　2005.3　p241-250
◎参考文献「日本企業への成果主義導入―企業内「共同体」の変容」（守屋貴司）　森山書店　2005.3　p211-215
◎参考文献「〈育てる経営〉の戦略―ポスト成果主義への道」（高橋伸夫）　講談社　2005.4　p206-210
◎参考文献「人事アセスメント論―個と組織を生かす心理学の知恵」（二村英幸）　ミネルヴァ書房　2005.7　p219-227
◎参考文献「人事マネジメントの理論と実践」（村上良三）　学文社　2005.8　p359-360
◎参考文献「中国企業における業績主義の導入」（唐伶）　雄松堂出版　2005.8　p131-135
◎参考文献「コーポレート・ガバナンスと人的資本―雇用関係からみた企業戦略」（小佐野広）　日本経済新聞社　2005.9　p213-221
◎参考文献「ダイバシティ・マネジメント―多様性をいかす組織」（谷口真美）　白桃書房　2005.9　p415-454
◎参考引用文献「個の主体性尊重のマネジメント」（馬場杉夫）　白桃書房　2005.10　p192-206
◎参考文献「HRMマスターコース―人事スペシャリスト養成講座」（須田敏子）　慶應義塾大出版会　2005.12　p331-342
◎参考文献「正社員時代の終焉―多様な働き手のマネジメント手法を求めて」（大久保幸夫）　日経BP社　2006.2　p255-259
◎参考文献「成果主義の真実」（中村圭介）　東洋経済新報社　2006.3　p227-231
◎引用参考文献（企業内教育）「MBAが会社を滅ぼす―マネジャーの正しい育て方」（H. ミンツバーグ）　日経BP社　2006.7　p539-554
◎参考文献「人事労務管理制度の形成過程―高度成長と労使協議」（岩田憲治）　学術出版会　2006.7　p267-276
◎引用参考文献「日本型人事管理―進化型の発生プロセスと機能性」（平野光俊）　中央経済社　2006.7　p253-267
◎引用文献「ダイバーシティ・マネジメントの観点からみた企業におけるジェンダー」（杉田あけみ）　学文社　2006.9　p247-262
◎参考文献「国際人的資源管理の比較分析―「多国籍内部労働市場」の視点から」（白木三秀）　有斐閣　2006.12　p283-288
◎参考文献ほか「お金より名誉のモチベーション論―〈承認欲求〉を刺激して人を動かす」（太田肇）　東洋経済新報社　2007.1　p283-285
◎参考文献「MBA講義生中継人材マネジメント戦略」（村中靖）　TAC出版事業部　2007.4　p207-210
◎参考文献「実践!自治体の人事評価―「評価される側」からのアプローチ」（中村圭介）　ぎょうせい　2007.4　p206-208
◎参考文献「新しい人事労務管理　3版」（佐藤博樹ほか）　有斐閣　2007.4　p285-293
◎参考文献「業績管理の変容と人事管理―電機メーカーにみる成果主義・間接雇用化」（佐藤厚）　ミネルヴァ書房　2007.5　prr
◎文献「雇用形態の多様化と人材開発」（奥西好夫ほか）　ナカニシヤ出版　2007.5　p221-223
◎参考文献「MBAのキャリア研究―日本・韓国・中国の比較分析」（金雅美）　中央経済社　2007.7　p258-264
◎参考文献「ホワイトカラーの生産性を飛躍的に高めるマネジメント―HPTの実践マニュアル」（坂本裕司）　産業能率大出版部　2007.7　p172-175
◎参考文献ほか「ワークライフバランス―考え方と導入法―新しい人事戦略」（小室淑恵）　日本能率協会マネジメントセンター　2007.7　p264-265
◎参考文献ほか「基礎研究者の職務関与と人的資源管理」（義村敦子）　慶應義塾大出版会　2007.7　p177-189
◎文献「トヨタ愚直なる人づくり―知られざる究極の「強み」を探る」（井上久男）　ダイヤモンド社　2007.9　p211-215
◎参考文献「承認欲求―「認められたい」をどう活かすか?」（太田肇）　東洋経済新報社　2007.10　p235-237
◎参考文献「プロジェクト・マネジャーの人間術」（S. W. Flannesほか）　アイテック　2007.11　p160-163
◎参考文献「研究開発技術者の人事管理」（福谷正信）　中央経済社　2007.11　p274-278
◎文献「国際化と人材開発」（小池和男）　ナカニシヤ出版　2007.11　p237-239
◎参考書ほか「はじめての人的資源マネジメント」（佐野陽子）　有斐閣　2007.12　p243-245

人事戦略
◎参考文献「現代日本企業の人事戦略―21世紀のヒトと組織を考える」（澤野雅彦）　千倉書房　2001.2　p203-207

寝室
◎参考文献「ベッドの文化史―寝室・寝具の歴史から眠れぬ夜の過ごしかたまで」（L. ライト）　八坂書房　2002.12　p10-14b

人事評価
◎参考文献「成果主義と人事評価」（内田研二）　講談社　2001.10　p205-206
◎参考文献「逆転発想の人事評価―元気な自治体をつくる―岸和田方式・「人材育成型」制度のつくり方と運用法」（小堀喜康）　ぎょうせい　2007.8　p174-175

神社
◎文献「古代の神社と祭り」（三宅和民）　吉川弘文館　2001.2　p195-196
◎参考文献「神になった人びと」（小松和彦）　淡交社　2001.10　p233-237
◎資料目録「侵略神社―靖国思想を考えるために」（辻子実）　新幹社　2003.9　p278-295
◎参考図書ほか「長崎県の神社を訪ねて―本土編」（林田秀晴）　出島文庫　2004.4　p301-303

しんしや

- ◎文献「探究「鎮守の森」―社叢学への招待」（上田正昭）　平凡社　2004.11　p250-252
- ◎主要文献「植民地神社と帝国日本」（青井哲人）　吉川弘文館　2005.2　p320-339
- ◎参考文献「沈黙の神々」（佐藤洋二郎）　松柏社　2005.11　p267-270
- ◎参考文献「神さまと神社―日本人なら知っておきたい八百万の世界」（井上宏生）　祥伝社　2006.3　p250-252
- ◎参考文献「古代技芸神の足跡と古社」（菅田正昭）　新人物往来社　2006.10　p182-183
- ◎参考資料「ニッポン神社紀行―いま神さまがおもしろい」（大野芳）　講談社　2007.7　p190-191

神社建築
- ◎参考文献「社寺曼陀羅―社寺修復塗師覚え書き」（家入博信）　文芸社　2006.4　p283-285
- ◎参考文献「神社建築史研究　1　稲垣栄三著作集1」（稲垣栄三）　中央公論美術出版　2006.10　p425-427

真珠
- ◎参考文献「美しき真珠戦争―そのグローバリゼーション」（西村盛親）　成山堂書店　2001.3　p216-217
- ◎参考図書「真珠の博物誌」（松月清郎）　研成社　2002.3　p191-193

人種
- ◎注「ブラック―人種と視線をめぐる闘争」（萩原弘子）　毎日新聞社　2002.6　prr
- ◎参考文献「民族幻想論―あいまいな民族つくられた人種」（S.ヘンリ）　解放出版社　2002.6　p200-202
- ◎文献「ストリート・ワイズ―人種/階層/変動にゆらぐ都市コミュニティに生きる人びとのコード」（E.アンダーソン）　ハーベスト社　2003.5　p10-17b
- ◎参考文献「歴史のなかの人種―アメリカが創り出す差異と多様性」（中條献）　北樹出版　2004.3　p206-210
- ◎参考文献「アメリカ史のなかの人種」（山田史郎）　山川出版社　2006.6　p89-90

真宗
- ◎参考文献「真宗民俗の再発見―生活に生きる信仰と行事」（蒲池勢至）　法藏館　2001.10　p236-239
- ◎註「真宗入門」（K.タナカ）　法藏館　2003.4　p248-258
- ◎参考文献「「節談」はよみがえる―やはり説教は七五調」（谷口幸璽ほか）　白馬社　2004.3　p157-159
- ○研究論文目録「真宗学　111・112」（龍谷大）　2005.3　p39-65
- ○論文目録「真宗学　114」（龍谷大）　2006.3　p34-56
- ◎参考文献「中世浄土教者の伝道とその特質―真宗伝道史研究・序説」（高山秀嗣）　永田文昌堂　2007.3　p369-411

心中
- ◎参考文献「にっぽん心中考」（佐藤清彦）　文藝春秋　2001.2　p289-291
- ◎参考文献「ネット心中」（渋井哲也）　NHK出版　2004.2　p214」
- ◎参考文献「純愛心中―「情死」はなぜ人を魅了するのか」（堀江珠喜）　講談社　2006.1　p211-217

真宗学
- ○論文目録稿「真宗学　109・110」（龍谷大）　2004.3　p25-51f
- ○論文目録「真宗学　115」（龍谷大）　2007.3　p1-22

信州川中島合戦
- ◎参考資料「信州川中島合戦・新版歌祭文―第161回文楽公演」（国立劇場）　日本芸術文化振興会　2007.12　p95-102

新宗教
- ◎参考文献「ブラジル日系新宗教の展開―異文化布教の課題と実践」（渡辺雅子）　東信堂　2001.10　p539-548
- ◎参考文献「新宗教と巨大建築」（五十嵐太郎）　講談社　2001.12　p231-233
- ◎文献「新宗教とアイデンティティ―回心と癒しの宗教社会心理学」（杉山幸子）　新曜　2004.2　p183-199
- ◎参考文献「カルト宗教―性的虐待と児童虐待はなぜ起きるのか」（紀藤正樹ほか）　アスコム　2007.3　p302-303
- ◎参考文献「現代日本新宗教論―入信過程と自己形成の視点から」（渡辺雅子）　御茶の水書房　2007.3　p7-18b
- ◎参考文献「新編新宗教と巨大建築」（五十嵐太郎）　筑摩書房　2007.6　p352-354
- ◎参考文献「日本の10大新宗教」（島田裕巳）　幻冬舎　2007.11　p214-215

真宗史
- ◎文献「史料大浜騒動」（同朋大学仏教研究所）　法藏館　2003.2　p309-310

新自由主義
- ◎参照文献「新自由主義―その歴史的展開と現在」（D.ハーヴェイ）　作品社　2007.3　p352-365
- ◎参考文献「新自由主義の嘘」（竹内章郎）　岩波書店　2007.12　p157-158

真宗美術
- ◎参考文献「中世真宗の美術　日本の美術488」（津田徹英）　至文堂　2007.1　p85-86

人種差別
- ◎参考文献「文学と人種偏見―19世紀アメリカ文学史に見る」（御手洗博）　大阪教育図書　2001.4　p329-342
- ◎参考文献「メディア＆フェミニズムリテラシー―沈黙より提言を批判する力」（平野よう子）　鳥影社　2001.8　p219-221
- ◎参考文献「人種差別をこえた教育―差別のない社会を目指して」（G.J.S.デイ）　明石書店　2003.8　p282-293
- ◎註「サンボ―アメリカの人種偏見と黒人差別」（J.ボスキン）　明石書店　2004.7　p354-380
- ◎参考文献「人種差別の帝国―アメリカ人の醜い「白人至上主義」日本人のおぞましい「外国人差別」」（矢部武）　光文社　2004.10　p308-312
- ◎註「ハワイの日本人移民―人種差別事件が語る、もうひとつの移民像」（山本英政）　明石書店　2005.6　prr
- ◎References「子どもと偏見」（F.アブード）　ハーベスト社　2005.6　p199-210
- ◎参考文献「アメリカニズムと「人種」」（川島正樹）　名古屋大学出版会　2005.8　prr
- ◎基本文献案内「レイシズム」（小森陽一）　岩波書店　2006.9　p117-122

◎参考文献「とびこえよ、その囲いを―自由の実践としてのフェミニズム教育」（B. フックス）　新水社　2006.11　p241-244
◎註「オリエンタルズ―大衆文化のなかのアジア系アメリカ人」（R. G. リー）　岩波書店　2007.5　p1-27b
◎参考文献「黄色に描かれる西洋人―思想史としての西洋の人種主義」（北原惇）　共栄書房　2007.10　p200-209
◎引用文献「レイシズムの変貌―グローバル化がまねいた社会の人種化・文化の断片化」（M. ヴィヴィオルカ）　明石書店　2007.11　p1-8b

人種問題
◎文献「多文化主義とは何か」（A. センプリーニ）　白水社　2003.4　p1-2b
◎引用文献「近代日本における人種・民族ステレオタイプと偏見の形成過程」（坂西友秀）　多賀出版　2005.1　p317-325
◎原註「アメリカにおける白人意識の構築―労働者階級の形成と人種」（D. R. ローディガー）　明石書店　2006.8　p369-312
◎文献「ぼくにだってできるさ―アメリカ低収入地区の社会不平等の再生産」（J. マクラウド）　北大路書房　2007.5　p5-11b
◎資料「〈アメリカ人〉の境界とラティーノ・エスニシティ―「非合法移民問題」の社会文化史」（村田勝幸）　東京大出版会　2007.6　p11-39b
◎引用参考文献「現代イギリスの人種問題―有色移民と白系イギリス人の多様な人種関係」（巻口勇次）　信山社出版　2007.7　p255-264
◎引用参考文献「紛争後社会と向き合う―南アフリカ真実和解委員会」（阿部利洋）　京都大学術出版会　2007.12　p360-348

真珠湾攻撃
◎参考文献「パール・ハーバー　その運命の一日」（J. ブラッカイマーほか）　角川書店　2001.6　1pb
◎参考資料「パールハーバー　アメリカが震撼した日」（D. ヴァン・ダーヴァッド）　光文社　2001.6　p172」
◎参考文献「真珠湾の日」（半藤一利）　文藝春秋　2001.7　3pb
◎参考文献「日米開戦の真実―パール・ハーバーの陰謀」（新井喜美夫）　講談社　2001.7　p236-238
◎主要参考文献「運命の夜明け―真珠湾攻撃全真相」（森史朗）　光人社　2003.8　p478-482
◎註「記憶としてのパールハーバー」（細谷千博ほか）　ミネルヴァ書房　2004.5　p441-534
◎参考文献「真珠湾〈奇襲〉論争」（須藤眞志）　講談社　2004.6　p247-249
◎文献「真珠湾攻撃気になる若干の事柄」（窪田明）　冬至書房　2005.1　p212-217
◎参考文献「運命の夜明け―真珠湾攻撃全真相」（森史朗）　文藝春秋　2006.12　p553-558
◎文献一覧「アメリカは忘れない―記憶のなかのパールハーバー」（E. S. ローゼンバーグ）　法政大出版局　2007.2　p296-278

新書
○「この新書がすごい！21世紀新書の〈定番〉100冊」（浅羽通明ほか）　洋泉社　2001.2　173p A5
○「新書総合目録　2001年版」（新書総合目録刊行会）　北斗企画　2001.4　1001p A5
○30年代新書「sumus　6」（sumus同人）　2001.5　p2-36
○「文庫、新書の海を泳ぐ」（小田光雄）　編書房　2002.11　203p　46s
○「新書総合目録　2004年版」（新書総合目録刊行会）　総合目録刊行会　2004.3　972p A5
○「使える新書　21世紀の論点編」（斎藤哲也）　WAVE出版　2004.11　291, 9p ss
○「新書マップ―知の窓」（新書マップレス）　日経BP社　2004.11　1054p A5
○「新書365冊」（宮崎哲弥）　朝日新聞社　2006.10　360, 6p B6

心身医療
◎参考文献「異文化ストレスと心身医療」（筒井末春, 牧野真理子）　新興医学出版社　2002.1　p88-90
◎文献「プライマリケアと心身医療」（大谷純）　新興医学出版社　2002.2　p115-119

心身関係
◎読書案内「心は機械で作れるか」（ティム・クレイン）　勁草書房　2001.9　p307-314
◎文献「想像―心と身体の接点」（月本洋ほか）　ナカニシヤ出版　2003.12　p201-210
◎作品ガイド「心脳問題―「脳の世紀」を生き抜く」（山本貴光ほか）　朝日出版社　2004.6　p307-353
◎参考文献「肉中の哲学―肉体を具有したマインドが西洋の思考に挑戦する」（G. レイコフほか）　哲学書房　2004.10　p656-674
◎参考文献「行動を説明する―因果の世界における理由」（F. ドレツキ）　勁草書房　2005.10　p7-18b
◎参考文献「〈心〉はからだの外にある―「エコロジカルな私」の哲学」（河野哲也）　NHK出版　2006.2　p256-263
◎読書案内「マインド　心の哲学」（J. R. サール）　朝日出版社　2006.3　p8-15b
◎参考文献「物理世界のなかの心―心身問題と心的因果」（J. キム）　勁草書房　2006.7　p6-14b
◎参考文献「意味と目的の世界―生物学の哲学から」（R. G. ミリカン）　勁草書房　2007.1　p9-18b
◎参考文献ほか「心の哲学入門」（金杉武司）　勁草書房　2007.8　p205-216
◎参考文献「心の哲学への誘い」（河村次郎）　萌書房　2007.10　p167-173
◎文献「心を自然化する」（F. I. ドレツキ）　勁草書房　2007.10　p7-22b
◎文献「心と身体の相互性に関する理解の発達」（外山紀子）　風間書房　2007.11　p155-161

心身症
◎文献「心はなぜ腰痛を選ぶのか―サーノ博士の心身症治療プログラム」（J. E. サーノ）　春秋社　2003.10　p1-8b

心身障害児
◎文献「障害児の心理的理解―幼少期のリハビリテーション保育の理念」（深津時吉, 岸勝利）　ブレーン出版　2001.1　p199-202
◎文献「障害動作法」（成瀬悟策）　学苑社　2002.5　p239-247
◎文献「重症心身障害児における定位・探索行動の形成」（細淵富夫）　風間書房　2003.2　p223-235
◎ブックガイド「発達障害の子どもたち―いきいきとしたその世界」（細川徹）　中央法規出版　2003.5　prr

しんしん

◎参考文献「心身障害児の絵画療法」（E. クレイマー）　黎明書房　2004.12　p247-252
◎本ほか「どう活かすあなたの支援「基本のキ」―誰のため何のため　『障害』のある学齢期の子どもとともに」（中野敏子ほか）　大揚社　2005.5　p90-93
◎参考文献ほか「クシュラの奇跡―140冊の絵本との日々」（D. バトラー）　のら書房　2006.3　p1-14b
◎文献「発達支援発達援助―療育現場からの報告」（古田直樹）　ミネルヴァ書房　2006.4　p197-198
◎引用文献「重傷児の身体と世界」（遠藤司）　風間書房　2006.10　p299-304

壬申の乱

◎引用参考文献「大海人皇子、吉野を発つ―壬申の乱を旅する　平成16年度特別展」（香芝市二上山博物館）　香芝市教育委員会　2004.10　p55-57
◎参考文献「壬申の乱」（倉本一宏）　吉川弘文館　2007.2　p285-290
◎参考文献ほか「壬申の乱を歩く」（倉本一宏）　吉川弘文館　2007.7　p229-232

心身論

◎参考文献「身体―内面性についての試論」（マルク・リシール）　ナカニシヤ出版　2001.11　p145-146

人生

◎出典一覧「魂を揺さぶる人生の名文」（川村湊）　光文社　2002.9　p222-225
◎読書案内「よく生きる」（岩田靖夫）　筑摩書房　2005.11　p279-284

新世紀

◎関連作品「新世紀未来科学」（金子隆一）　八幡書店　2001.2　p324-335

新生銀行

◎参考文献「セイビング・ザ・サン―リップルウッドと新生銀行の誕生」（G. テット）　日本経済新聞社　2004.4　p438-443

新生児

◎文献「新生児脳波入門」（渡辺一功）　新興医学出版社　2002.2　p180-205

人生論

◎参考文献「何もしない贅沢―自分だけの時間を持つシンプルな方法」（V. ヴィエン）　光文社　2002.4　p93-94
◎参考文献「退屈論」（小谷野敦）　弘文堂　2002.6　p263-268
◎「結論で読む人生論―トルストイから江原啓之まで」（勢古浩爾）　草思社　2006.5　221p　46s

新石器時代

○研究現状（岸本義彦）「古代文化　52.3」（古代学協会）　2002.5　p9-13

神仙

◎参考文献「中国の神さま―神仙人気者列伝」（二階堂善弘）　平凡社　2002.3　p195-197
◎参考文献「古代庭園の思想―神仙世界への憧憬」（金子裕之ほか）　角川書店　2002.6　prr

新撰亀相記

◎文献目録「新撰亀相記の基礎的研究―古事記に依拠した最古の亀卜書」（工藤浩）　日本エディタースクール出版部　2005.2　p313-322

新選組

◎参考文献「新選組・池田屋事件顛末記」（富成博）　新人物往来社　2001.7　p253-255
◎参考文献「真説新選組」（山村竜也）　学習研究社　2001.8　p341-342
◎参考文献「新選組日誌　コンパクト版　下」（菊地明ほか）　新人物往来社　2003.2　p330-334
◎注「新選組」（松浦玲）　岩波書店　2003.9　p216-232
◎ブックガイド「新選組興亡史―幕末に青春を賭けた若者たちの軌跡」（NHK取材班）　KTC中央出版　2003.9　p167-169
◎年表;文献「新撰組の謎〈徹底検証〉」（加来耕三）　講談社　2003.10　p504-505
◎参考文献「新選組は京都で何をしていたか」（伊東成郎）　KTC中央出版　2003.10　p306-307
◎参考文献「新選組紀行」（中村彰彦）　文藝春秋　2003.10　p260-261
◎参考文献「幕末維新新選組（新選）」新選社　2003.10　p319」
◎文学作品一覧ほか（岸睦子ほか）「新選組事典」（歴史と文学の会）　勉誠出版　2003.12　p243-255
◎参考文献「多摩『新選組』の小道」（清水克悦）　けやき出版　2003.12　p180-181
◎参考文献「京都新選組案内―物語と史跡」（武山峯久）　創元社　2004.1　p222-227
◎参考文献「新選組一番隊沖田総司」（結城しはや）　新人物往来社　2004.3　p276-277
◎史料「新選組情報館」（大石学）　教育出版　2004.3　p252-262
◎注「歴史のなかの新選組」（宮地正人）　岩波書店　2004.3　p205-218
◎書籍目録（藤堂利寿）「新選組のすべて　増補版」（新人物往来社）　新人物往来社　2004.5　p337-347
◎本一覧「新選組原論」（新人物往来社）　新人物往来社　2004.5　p166-169
◎参考文献「新選組、敗れざる武士達」（山川健一）　ダイヤモンド社　2004.8　p286-288
◎参考文献「新選組の遠景」（野口武彦）　集英社　2004.8　p338-346
◎参考文献ほか「新選組」（大石学）　中央公論新社　2004.11　p271-303
○書誌ほか（國場仁美）「成蹊国文　39」（成蹊大）　2006.3　p111-128
◎参考文献「新選組残日録」（伊東成郎）　新人物往来社　2007.6　p263-265

新撰菟玖波集

◎参考文献「新撰菟玖波集全釈　6」（奥田勲ほか）　三弥井書店　2005.1　p11-16f
◎文献「新撰菟玖波集全釈　7」（奥田勲ほか）　三弥井書店　2006.2　p12-18f
◎引用文献一覧「新撰菟玖波集全釈　8」（奥田勲ほか）　三弥井書店　2007.2　p11-15f

新撰万葉集

◎文献「新撰万葉集―諸本と研究」（乾善彦ほか）　和泉書院　2003.9　p324-337

腎臓移植

◎参考図書「腎臓移植最前線―いのちと向き合う男たち」（青山淳平）　光人社　2007.6　p246-247

心臓疾患
◎文献「食事と心疾患」(M. Ashwell) 第一出版 2007.1 p171-189

深層水
◎文献「海洋深層水―ニュービジネス―沿岸水域振興のパイロットリーダー」(中谷三男) 水産社 2002.4 p220-221
◎参考資料「海洋深層水利用学―基礎から応用・実践まで」(藤田大介ほか) 成山堂書店 2006.11 p198-201

親族
◎参考文献「親族と祖先―日本家族史論集 7」(義江明子) 吉川弘文館 2002.11 p359-361
◎参考文献「地球の子供たち―人間はみな〈きょうだい〉か?」(M. シェル) みすず書房 2002.12 p60-81b
◎参照文献「中央アジア農村の親族ネットワーク―クルグズスタン・経済移行の人類学的研究」(吉田世津子) 風響社 2004.2 p345-368

親族法
◎参考文献「親族法・相続法 第2版」(小野幸二) 八千代出版 2001.4 p559-562
◎文献「生物学的出自と親子法―ドイツ法・フランス法の比較法的考察」(トビアス・ヘルムス) 中央大学出版部 2002.9 p243-266, 272-275
◎文献「概説オーストリア親子法」(松倉耕作) 嵯峨野書院 2003.3 p6-10
◎参考文献「親族法への誘い 2版」(岡部喜代子) 八千代出版 2003.3 p213-215
◎読書案内「民法―親族・相続」(松川正毅) 有斐閣 2004.1 prr
◎参考文献「民法 8 親族 4版増補訂版」(遠藤浩ほか) 有斐閣 2004.5 p338-340

身体
◎書誌「人間の身体と精神の関係―コペンハーゲン論考 1811年 新装版」(メーヌ・ド・ビラン) 早稲田大学出版部 2001.1 p19-23b
◎参考文献「交叉する身体と遊び―あいまいさの文化社会学」(松田恵示) 世界思想社 2001.5 p1-6b
◎文献目録「身体の中世」(池上俊一) 筑摩書房 2001.11 p369-383
◎注文献「一九三〇年代のメディアと身体」(吉見俊哉ほか) 青弓社 2002.3 prr
◎注「描かれた身体」(小池寿子) 青土社 2002.4 p279-289
◎参考文献「からだことば―日本語から読み解く身体」(立川昭二) 早川書房 2002.10 p1-3b
◎文献「身体組成学―健康行動の科学・栄養・運動・健康」(小宮秀一, 中尾武平) 技報堂出版 2002.11 p145-156
◎参考文献「絵でわかる体のしくみ」(松村譲児) 講談社 2002.12 p177-178
◎参考文献「〈からだ〉の文明誌―フランス身体史講義」(高木勇夫) 叢文社 2003.4 p204-223
◎文献「肉体不平等―ひとはなぜ美しくなりたいのか?」(石井政之) 平凡社 2003.5 p194-197
◎参考文献「モードと身体」(成実弘至) 角川学芸出版 2003.6 prr
◎文献「運動+(反)成長―身体医文化論 2」(武藤浩史ほか) 慶応義塾大学出版会 2003.11 p329-347
◎ブックガイド「拡張される身体―自己の再定義のために」(酒井紀幸) 早稲田大 2004.2 p248-255
◎参考文献ほか「身体論―スポーツ学的アプローチ」(稲垣正浩) 叢文社 2004.2 p236-271
◎参考文献「講義・身体の現象学―身体という自己」(B. ヴァルデンフェルス) 知泉書館 2004.4 p425-437
◎参考文献「エロス身体論」(小浜逸郎) 平凡社 2004.5 p293-298
◎文献「外見とパワー」(K. K. P. ジョンソンほか) 北大路書房 2004.7 p223-248
◎参考文献「文化を生きる身体―間文化現象学試論」(山口一郎) 知泉書館 2004.9 p10-20b
◎参考文献「腐敗と再生」(小菅隼人ほか) 慶應義塾大出版会 2004.11 p5-14b
◎参考文献「ジェンダーと交差する健康/身体」(根村直美) 明石書店 2005.2 prr
◎参考引用文献「からだの文化人類学―変貌する日本人の身体観」(波平恵美子) 大修館書店 2005.3 p199-202
◎参考文献「ヒト・社会のインターフェース―身体から社会を読む」(小林修一) 法政大学出版局 2005.4 p209-220
◎参考文献「身体論のすすめ」(菊地暁) 丸善 2005.4 p184-189
◎引用参考文献「女性の身体と人権―性的自己決定権への歩み」(若尾典子) 学陽書房 2005.10 p301-309
◎参考文献「技術と身体―日本「近代化」の思想」(木岡伸夫ほか) ミネルヴァ書房 2006.3 p373-389
◎参考文献「中世の身体」(五味文彦) 角川学芸出版 2006.5 p295-297
◎文献「中世の身体」(J. ル・ゴフ) 藤原書店 2006.6 p296-287
◎引用文献ほか「身体表現の考古学」(光本順) 青木書店 2006.7 p249-277
◎参考文献「ボディ・クリティシズム―啓蒙時代のアートと医学における見えざるもののイメージ化」(B. M. スタフォード) 国書刊行会 2006.12 p1-41b

人体
◎参考文献「人体バイオテクノロジー」(粥川準二) 宝島社 2001.7 p242-254
◎参考文献「血液6000キロの旅―ワンダーランドとしての人体」(坂井建雄) 講談社 2001.9 p240-243
◎文献「身体から発達を問う―衣食住のなかのからだとこころ」(根ヶ山光一ほか) 新曜社 2003.3 p7-21b
◎原註「盗まれた手の事件―肉体の法制史」(J. P. ボー) 法政大学出版局 2004.7 p13-35b
◎文献「人間の許容限界事典」(山崎昌廣ほか) 朝倉書店 2005.10 prr
◎参照文献「「退化」の進化学―ヒトにのこる進化の足跡」(犬塚則久) 講談社 2006.12 p194-198
◎参考文献「ウーマンウォッチング」(D. モリス) 小学館 2007.3 p395-410

身体運動
◎参考文献「「気づき」の構造」(伴義孝) 関西大学出版部 2005.1 p331-339

人体改造
◎参考文献「人体改造―あくなき人類の欲望」(寺園慎一) NHK出版 2001.1 p236-237

しんたい

身体技法
◎参考文献「たたずまいの美学―日本人の身体技法」（矢田部英正）　中央公論新社　2004.3　p184-196

人体計測
◎文献「人体計測マニュアル」（J. A. ローバック）　朝倉書店　2003.4　p163-171

身体障害者
◎参考文献「森のユニバーサルデザイン―自然を生かす人を生かす」（太田猛彦）　日本林業調査会　2001.2　p237-238

◎文献「機能障害をもつ人の余暇―スウェーデンのレクリエーション」（コニー＝マグヌッソン, ヒルド＝ロレンツィ）　明石書店　2002.9　p210-216

◎参考文献「ディスアビリティ・スタディーズ―イギリス障害学概論」（C. バーンズ）　明石書店　2004.3　p295-326

◎参考文献「セックスボランティア」（河合香織）　新潮社　2004.6　p236-238

◎引用文献「マレーシアにおける障害者―市民権とソーシャルワーク」（D. ジャヤソーリア）　日本文学館　2004.12　p331-360

◎文献「障害者就業支援におけるカウンセリングの技法と障害への配慮」（高齢・障害者雇用支援機構　構障害者職業総合センター　2005.3　p152-161

◎参考文献「ボディ・サイレント」（R. F. マーフィー）　平凡社　2006.2　p394-397

◎参考文献「セックスボランティア」（河合香織）　新潮社　2006.11　p257-260

◎参考文献「決してあきらめない　あきらめさせない―障害者、難病患者の日常を克明に追いかけたドキュメント」（清水哲男）　道出版　2007.6　p266-267

◎引用文献「中途肢体障害者における「障害の意味」の生涯発達的変化―脊髄損傷者が語るライフストーリーから」（田垣正晋）　ナカニシヤ出版　2007.10　p101-104

身体障害者福祉
◎文献「自立生活運動と障害文化―当事者からの福祉論」（全国自立生活センター協議会）　全国自立生活センター協議会　2001.5　p439-470

◎文献「日本における義肢装着者の生活援護史研究」（坪井良子）　風間書房　2002.2　p211-215

◎参考文献「身体障害者補助犬法を知っていますか」（有馬もと）　大月書店　2003.6　p138-140

◎参考文献「障害者福祉の世界　改訂版」（佐藤久夫ほか）　有斐閣　2003.12　p223-225

◎引用参考文献「障害者福祉論　改訂3版」　全国社会福祉協　2004.3　prr

◎参考文献「ユニバーサルサービス―すべての人が響きあう社会へ」（井上滋樹）　岩波書店　2004.5　p193-194

◎参考文献「移動の制約の解消が社会を変える―誰もが利用しやすい公共交通がもたらすクロスセクターベネフィット」（A. フォークスほか）　近代文芸社　2004.7　p118-123

◎参考文献「福祉住環境」（大野隆司ほか）　市ヶ谷出版社　2004.8　p242-244

◎参考文献「道のバリアフリー　続」（鈴木敏）　技報堂出版　2004.11　p191-192

身体心理
◎参考文献「痛みと身体の心理学」（藤見幸雄）　新潮社　2004.5　3pb

◎参考文献「皮膚感覚の不思議―「皮膚」と「心」の身体心理学」（山口創）　講談社　2006.10　p226-223

身体像
◎参考文献「身体技法と社会学的認識」（倉島哲）　世界思想社　2007.2　p281-288

人体測定
◎参考文献「人体を測る―寸法・形状・運動」（持丸正明ほか）　東京電機大出版局　2006.11　p133-140

身体表現
◎参考文献「唱歌遊戯作品における身体表現の変遷」（名須川知子）　風間書房　2004.12　p369-375

身体表現性障害
◎文献「不安と葛藤―神経症性障害と身体表現性障害」（田代信雄）　九州大学出版会　2004.2　prr

身体変工
○書誌（東間未希）「文献探索　2006」（文献探索研究会）　2006.11　p315-325

神代文字
◎参考文献「太古日本の史実を考古学で探る」（舩越長遠）　冬青社　2005.11　p79-80

信託
◎参考文献「ファミリーウェルス―ファミリーの財産とは　欧米の知恵に学ぶ資産保全」（J. E. ヒューズ）　文園社　2003.1　p196-198

◎文献「信託の法務と実務　4訂版」（三菱信託銀行信託研究会）　金融財政事情研究会　2003.9　p741-743

◎参考文献「THE資産管理専門銀行―その実務のすべて　2版」（日本トラスティ・サービス信託銀行）　金融財政事情研究会　2006.10　p505-510

◎文献目録「ビジネス・トラスト法の研究」（工藤聡一）　信山社出版　2007.2　p14-25b

◎引用参考文献「新しい信託の活用と税務・会計」（平川忠雄）　ぎょうせい　2007.11　p340-341

信託法
◎参考文献「信託法理論の形成と応用」（星野豊）　信山社出版　2004.3　p335-345

◎参考文献「信託制度と預り資産の倒産隔離」（岸本雄次郎）　日本評論社　2007.9　p275-280

◎引用参考文献「新信託法と信託実務」（田中和明）　清文社　2007.10　p464-465

神智学
◎参考文献「シークレット・ドクトリンを読む」（ヘレナ・P. ブラヴァツキー）　出帆新社　2001.5　p336-339

◎引用文献「神智学大全　4」（A. E. パウエル）　出帆新社　2003.9　1pb

人智学
◎文献「健康と病気について―精神科学的感覚教育の基礎―ドルナッハ・ゲーテアヌム建設労働者への18連続講演　1922年10月19日～1923年2月10日　新装改訂版」（R. シュタイナー）　ホメオパシー出版　2007.11　p506-507

新着雑誌
◎参考文献「『新着雑誌』1650年、世界最古の日刊新聞」（大友展也）　三元社　2004.11　p618-621

身長
◎参考文献「大きい女の存在証明—もしシンデレラの足が大きかったら」（デイ多佳子）　彩流社　2005.9　p11-13

新潮社
◎「新潮文庫全作品目録　1914-2000」（新潮社）　新潮社　2002.7　1441p　46s
◎100年史（曾根博義）「名短篇—新潮創刊一〇〇周年記念　通巻一二〇号記念」（荒川洋治）　新潮社　2005.1　p426-461
◎年譜「新潮社一〇〇年」（新潮社）　新潮社　2005.11　p431-644

新勅撰和歌集
◎文献「和歌文学大系　6　新勅撰和歌集」（中川博夫）　明治書院　2005.6　p404-411

心的外傷後ストレス障害
◎文献「心的外傷の危機介入—短期療法による実践」（H. J. パラドほか）　金剛出版　2003.9　prr
◎文献「PTSD（心的外傷後ストレス障害）」（金吉晴ほか）　星和書店　2004.2　p233-245

人的資源
◎文献「国の福利人的資本及び社会的資本の役割」（Sylvain Cote, Tom Healy）　日本経済調査協議会　2002.3　p174-187
◎参考文献「雇用・就労変革の人的資源管理」（菊野一雄ほか）　中央経済社　2003.4　prr

神殿
◎参考文献「古代エジプト神殿大百科」（R. H. ウィルキンソン）　東洋書林　2002.9　p246-250

寝殿造
◎註「寝殿造の空間と儀式」（川本重雄）　中央公論美術出版　2005.6　prr

神道
◎参考文献「神道史概説　新訂」（筥崎博生）　おうふう　2001.5　p257-260
◎目録一覧（伊藤聡）「神道—日本史小百科」（伊藤聡ほか）　東京堂出版　2002.2　p279-302
◎論文目録「神社本庁教学研究所紀要　5」（神社本庁教学研究所）　2002.3　p301-311
◎文献「神道縁起物語　2」（大島由紀夫）　三弥井書店　2002.3　p336-339
◎註「近代日本の宗教言説とその系譜—宗教・国家・神道」（磯前順一）　岩波書店　2003.2　p255-324
◎論文目録「神社本庁教学研究所紀要　8」（神社本庁）　2003.3　p235-251
◎文献目録「神葬祭大事典　縮刷版」（加藤隆久）　戎光祥出版　2003.4　p496-505
◎参考文献「中世の神と仏」（末木文美士）　山川出版社　2003.5　4pp
◎論文目録「神社本庁教学研究所紀要　9」（神社本庁）　2004.3　p351-372
◎参考文献「こんなに身近な日本の神—神道と私達の文化は、どうかかわっているのか」（安蘇谷正彦）　毎日新聞社　2004.10　p219-221
◎論文目録「神社本庁教学研究所紀要　10」（神社本庁教学研究所）　2005.3　p639-660
◎論文目録「神社本庁教学研究所紀要　11」（神社本庁教学研究所）　2006.3　p433-447
◎引用参考文献「神国日本」（佐藤弘夫）　筑摩書房　2006.4　p229-232
◎参考文献「神国論の系譜」（鍛代敏雄）　法藏館　2006.5　p193-198
◎参考文献「国家神道とは何だったのか　新版」（葦津珍彦）　神社新報社　2006.7　p222-271
◎参考図書「目からウロコの日本の神々と神道」（三橋健）　学習研究社　2006.9　p215」
◎参考文献（庄田元男）「アーネスト・サトウ神道論」（E. サトウ）　平凡社　2006.11　p304-308
◎論文目録「神社本庁教学研究所紀要　12」（神社本庁教学研究所）　2007.3　p437-467
◎参考文献「天皇制国家と宗教」（村上重良）　講談社　2007.8　p288-291

振動
◎文献「振動と波動」（吉岡大二郎）　東京大学出版会　2005.7　p219-221
◎参考文献「振動の学び方」（佐藤勇一）　オーム社　2007.11　p193-194

人道行動
◎文献案内「世界難民白書　人道行動の50年史」（時事通信社）　時事通信社　2001.5　p328-334

人頭税
◎文献目録（下地和宏ほか）「近世琉球の租税制度と人頭税」（沖縄国際大学南島文化研究所）　日本経済評論社　2003.7　p289-298

人道的介入
◎参考文献「人道的介入　正義の武力行使はあるか」（最上敏樹）　岩波書店　2001.10　p1-6b

神道美術
◎参考文献「企画展近江の神道美術」（栗東歴史民俗博物館）　栗東歴史民俗博物館　〔2004〕　p103」

新日本古典文学大系
◎「総目録　新日本古典文学大系」　岩波書店　2005.11　175p　A5

新日本製鉄
◎文献（新井孝男）「新日鉄君津物語—房総の夜明け」（杉浦明）　うらべ書房　2002.10　p203-206

真如苑
◎参考文献「霊能のリアリティへ—社会学、真如苑に入る」（秋庭裕ほか）　新曜社　2004.6　p327-340
◎参照文献リスト「仏のまなざし、読みかえられる自己—回心のミクロ社会学」（芳賀学ほか）　ハーベスト社　2006.12　p325-335

新版歌祭文
◎参考資料一覧「鬼一法眼三略巻・新版歌祭文　国立劇場上演資料集　485」（国立劇場調査養成部調査資料課）　日本芸術文化振興会　2005.12　p137-179
◎参考資料一覧「国立劇場上演資料集　501」　日本芸術文化振興会　2007.7　p93-145
◎参考資料「信州川中島合戦・新版歌祭文—第161回文楽公演」（国立劇場）　日本芸術文化振興会　2007.12　p151-152

神秘学
- ◎参考引用文献「もっと哲学がわかる神秘学入門」（富増章成）　洋泉社　2003.5　p253-252

神秘主義
- ◎参考文献「カバラー―今日の世界のための序説と解明」（チャールズ・ポンセ）　創樹社　2001.5　p265-272
- ◎参考文献「神秘主義」（G．パリンダー）　講談社　2001.12　p345-339
- ◎参考文献「〈偽〉ジョン・ディーの『金星の小冊子』―テクストの校訂と翻訳、そしてこのテクストの注釈のために必要なキリスト教カバラおよび後期アテナイ学派の新プラトン主義の研究」（森正樹）　リーベル出版　2004.5　p637-657
- ◎参考文献「イスラームの神秘主義と聖者信仰　イスラーム地域研究叢書7」（赤堀雅幸ほか）　東京大学出版会　2005.1　prr
- ◎参考文献「人間の文化と神秘主義」（頼住光子ほか）　北樹出版　2005.4　p225-227
- ◎参考文献「世界秘儀秘密事典」（E．マソン）　原書房　2006.6　p513-519
- ◎文献目録「ドイツ語説教集」（M．エックハルト）　創文社　2006.11　p4-12b
- ◎文献「ドイツにおける神秘的・敬虔的思想の諸相―神学的・言語的考察」（芝田豊彦）　関西大出版部　2007.3　p325-337
- ◎参考文献「源信とパウロ―『往生要集』と『書簡』における神秘主義の比較」（高見伊三男）　春風社　2007.10　p223-230

人物
- ◎参考文献「人物で読む近現代史　上」（歴史教育者協議会）　青木書店　2001.1　prr
- ◎「人物文献目録　1995-2001」（日外アソシエーツ）　日外アソシエーツ　2004.7　3冊　B5
- ◎「人物文献目録　2002-2004」（日外アソシエーツ）　日外アソシエーツ　2005.12　2冊　B5
- ◎「日本人物文献索引　文学　1991-2005」（日外アソシエーツ）　日外アソシエーツ　2006.4　22, 1276p B5
- ◎「日本人物文献索引　政治・経済・社会1991-2005」（日外アソシエーツ）　日外アソシエーツ　2006.7　1273p B5

人物画
- ◎「美術作品レファレンス事典　人物・肖像篇」（日外アソシエーツ）　日外アソシエーツ　2007.2　12, 658p B5

神仏習合
- ◎註「神仏習合像の研究―成立と伝播の背景」（長坂一郎）　中央公論美術出版　2004.12　prr
- ◎参考文献「八幡神と神仏習合」（逵日出典）　講談社　2007.8　p252-255

新聞
- ◎参考文献「横浜から新聞を創った人々」（山室清）　神奈川新聞社　2000.10　p282-283
- ◎「雑誌新聞総かたろぐ　2001年版」（メディア・リサーチ・センター）　メディア・リサーチ・センター　2001.5　2233p A4
- ◎参考文献「現場からみた新聞学―取材・報道を中心に　新版」（天野勝文ほか）　学文社　2002.4　prr
- ◎文献・解説「新聞ジャーナリズム」（ピート・ハミル）　日経BP社　2002.4　p197-198, 201-225
- ◎「明治のジャーナリズム精神―幕末・明治の新聞事情」（秋山勇造）　五月書房　2002.5　266p　46s
- ◎「社説の大研究―新聞はこんなに違う！」（産経新聞論説委員室）　産経新聞ニュースサービス　2002.6　343p　46s
- ◎参考文献「ドイツ新聞学事始―新聞ジャーナリズムの歴史と課題」（E．シュトラスナー）　三元社　2002.10　p248-266
- ◎参考文献「大衆紙の源流―明治期小新聞の研究」（土屋礼子）　世界思想社　2002.12　p284-277
- ◎文献「新聞附録万華鏡―"おまけ"にみる明治・大正・昭和」（ニュースパーク）　ニュースパーク　2003.3　p104-105
- ◎注「新聞は生き残れるか」（中馬清福）　岩波書店　2003.4　prr
- ◎参照文献「本と新聞の情報革命―文字メディアの限界と未来」（秋山哲）　ミネルヴァ書房　2003.9　p243-247
- ◎文献（谷川愛ほか）「プロパガンダ1904-1945―新聞紙・新聞誌・新聞史」（西野嘉明）　東京大　2004.5　p199-221
- ◎「神田外語大学附属図書館所蔵新聞、雑誌、紀要一覧　2004年8月1日現在」　神田外語大　2004.10　51p A4
- ◎「東京都立中央図書館・多摩図書館新聞・雑誌目録　2005年2月末現在　1（新聞・雑誌（上））」（東京都立中央図書館編）　東京都立中央図書館　2005.3　784p A4
- ◎「播但図書館連絡協議会雑誌・新聞総合目録　2005」（播但図書館連絡協議会）　播但図書館連絡協議会　2005.3　111, 6p A4
- ◎参考文献「三面記事の栄光と悲惨―近代フランスの犯罪・文学・ジャーナリズム」（L．シュヴァリエ）　白水社　2005.5　p207-208
- ◎参照文献「新聞がなくなる日」（歌川令三）　草思社　2005.9　p199-203
- ◎「アジア経済研究所図書館新聞マイクロフィルム所蔵目録―2005年10月現在」（アジア経済研究所図書館）　アジア経済研究所　2005.12　55p A4
- ◎参考文献「シアトル日刊邦字紙の100年」（有馬純達）　築地書館　2005.12　p218-222
- ◎参考文献「新聞を知る新聞で学ぶ―家庭・学校・社会で役立つNIE」（妹尾彰ほか）　晩成書房　2006.3　p194-196
- ◎参考文献「唯今戦争始め候。明治十年のスクープ合戦」（黄民基）　洋泉社　2006.9　p219-222
- ◎参考文献「新聞の未来を展望する―電子ペーパーは救世主となれるか」（水越伸ほか）　新聞通信調査会　2006.12　prr
- ◎参考資料「新聞の時代錯誤」（大塚将司）　東洋経済新報社　2007.3　p261-262
- ◎「東京都立中央図書館・多摩図書館新聞・雑誌目録　2007年2月末現在　1（新聞・雑誌（上））」（東京都立中央図書館）　東京都立中央図書館　2007.3　888p A4
- ◎「奈良県内公共図書館等雑誌・新聞タイトル目録　2007年版」　奈良県図書館協会　2007.3　139p A4
- ◎参考文献ほか「太平洋戦争と新聞」（前坂俊之）　講談社　2007.5　p418-439
- ◎「新聞記事ファイル目録」（福島県立図書館資料情報サービス部逐次刊行資料チーム）　福島県立図書館　2007.8　44p A4

人文科学
- ◎「近代欧米名著解題—倫理・心理・宗教・教育・社会学・哲学 第1巻」(中島力造) ゆまに書房 2002.8 500p A5
- ◎文献一覧「人間諸科学の形成と制度化—社会諸科学との比較研究」(長谷川幸一) 東信堂 2006.3 p220-236
- ◎読書案内ほか「実践的研究のすすめ—人間科学のリアリティ」(小泉潤二ほか) 有斐閣 2007.7 p270-289

新聞記者
- ◎註「制度化される新聞記者—その学歴・採用・資格」(河崎吉紀) 柏書房 2006.7 prr

新聞広告
- ◎参考文献「黒枠広告物語」(舟越健之輔) 文藝春秋 2002.12 p258-259

新聞史
- ○関連文献(芝田正夫)「文献探索 2001」(文献探索研究会) 2002.7 p260-264
- ◎参考文献「日本新聞通史 1861年-2000年 4訂版」(春原昭彦) 洋泉社 2003.5 p384-387
- ◎参考文献「日本の新聞におけるアフリカ報道—マクブライド委員会報告の今日的検証」(鈴木正行) 学文社 2005.10 p373-374

人文社会
- ◎「書評年報 人文・社会・自然編 2000年」(書評年報刊行会) 書評年報刊行会 2001.5 245p B5

人文社会科学
- ◎「必読書150」(柄谷行人ほか) 太田出版 2002.4 221p B6

人文主義
- ◎参考文献「人文主義と国民形成」(曽田長人) 知泉書館 2005.2 p33-62b

人文地理
- ◎文献案内「場所をめぐる問題—人文地理学の再構築のために」(ロン・J.ジョンストン) 古今書院 2002.2 p268-270
- ◎参考文献「人文地理学概論 上 改定増補」(今井清一) 晃洋書房 2003.5 p149」
- ◎引用文献「人文地理発想法入門—頸城野からの発信」(大嶽幸彦) 大明堂 2003.6 prr
- ◎文献紹介「地域研究 シリーズ・人文地理学 2」(村山祐司) 朝倉書店 2003.9 p193-195
- ◎文献紹介「空間の社会地理 シリーズ人文地理学5」(水内俊雄) 朝倉書店 2004.6 p167-170
- ◎「地理学文献目録 11」(人文地理学会文献目録編集委員会) 古今書院 2004.7 10, 450p B5
- ◎文献「人文地理学の発展—英語圏とドイツ語圏との比較研究」(森川洋) 古今書院 2004.9 p189-208
- ◎引用参考図書「人文地理学—その主題と課題」(杉浦章介ほか) 慶應義塾大出版会 2005.4 prr
- ◎参考文献「人類地理学」(F.ラッツェル) 古今書院 2006.2 p379-385

新聞投書欄
- ○記事抄録(佐野眞)「文献探索 2000」(文献探索研究会) 2001.2 p322-325

新聞漫画
- ◎参考文献「新聞漫画の眼—人政治社会 企画展」(ニュースパーク) ニュースパーク(日本新聞博物館) 2003.11 p158-159

新聞倫理
- ◎文献「マスコミの倫理学—現代社会の倫理を考える 9」(柏倉康夫) 丸善 2002.10 p159-162

親米
- ◎参考文献「新しい日米同盟 親米ナショナリズムへの戦略」(田久保忠衛) PHP研究所 2001.5 1pb

シンボリズム
- ◎参考文献「左手のシンボリズム—「聖」-「俗」:「左」-「右」の二項対置の認識の重要性 新版」(松永和人) 九州大学出版会 2001.3 p259-267

シンボル
- ◎参考文献「原初の風景とシンボル」(金光仁三郎) 大修館書店 2001.6 p323-324
- ◎参考文献「イメージ連想の文化誌—髑髏・男根・キリスト・ライオン」(山下主一郎) 新曜社 2001.9 p214-217
- ◎参考文献「天翔けるシンボルたち—幻想動物の文化誌」(張競) 農山漁村文化協会 2002.12 p206」
- ◎参考文献「中国シンボル・イメージ図典」(王敏ほか) 東京堂出版 2003.4 p203-207
- ◎原注「シンボルコードの秘密」(T.ウォレス=マーフィー) 原書房 2006.1 p1-13b
- ◎文献一覧「シンボル理論と伝統思想—プラトン的キリスト教思想の意味世界」(L.トルファシュ) 大河書房 2007.2 p276-272

人名
- ◎参考文献「人名の世界地図」(21世紀研究会) 文藝春秋 2001.2 p308-309
- ◎参考文献「近現代日本女性人名事典」(編集委員会) ドメス出版 2001.3 p397-413
- ◎参考文献「人名の世界地図」(21世紀研究会) 文藝春秋 2001.3 p308-309
- ◎参考文献「ポーランド人の姓名—ポーランド固有名詞学研究序説」(渡辺克義) 西日本法規出版 2005.11 p106-110

人命環境
- ◎参考文献「生きることの近世史—人命環境の歴史から」(塚本学) 平凡社 2001.8 p284-293
- ◎参考文献ほか「生きることの近世史—人命環境の歴史から」(塚本学) 平凡社 2002.4 p284-293

申命記
- ◎文献表「ヘブライズム法思想の源流」(鈴木佳秀) 創文社 2005.12 p30-41b

人名事典
- ◎2冊「「人名辞典」大事典」(人名情報研究会) 日本図書センター 2007.6 B5

人名用漢字
- ◎参考文献「人名用漢字の戦後史」(円満字二郎) 岩波書店 2005.7 p221-222

シンメトリー
- ◎参考文献「シンメトリー」(H.ヴァルサー) 日本評論社 2003.9 p127-131

新約聖書
- ◎参考文献「叢書新約聖書神学 12 ヘブル書の神学」（J. D. G. ダン） 新教出版社 2002.1 p177-179
- ◎参考文献「新約聖書―歴史・文学・宗教」（G. タイセン） 教文館 2003.2 p275-278

信用
- ◎参考文献「信用と信頼の経済学―金融システムをどう変えるか」（竹田茂夫） NHK出版 2001.6 p253-258
- ◎文献目録「信用理論史」（大友敏明） 慶應義塾大学出版会 2001.11 p421-432
- ◎参考文献「現代金融と信用理論」（信用理論研究学会） 大月書店 2006.1 p325-330
- ◎参考文献「公的セクターの改革と信用リスク分析」（柿本与子） 金融財政事情研究会 2007.4 p229-234
- ◎参考文献「信用リスクモデル入門―バーゼル合意とともに」（D. R. デヴェンター） 東洋経済新報社 2007.4 p299-302
- ◎参考文献「信用リスク計測とCDOの価格付け」（室町幸雄） 朝倉書店 2007.9 p199-202

信用金庫法
- ◎参考文献「逐条解説信用金庫法」（内藤加代子ほか） 金融財政事情研究会 2007.10 p479-480

信用調査
- ◎文献「よくわかる格付けの実際知識」（山沢光太郎） 東洋経済新報社 2003.6 p231-233
- ◎参考文献「企業価値創造ファイナンス」（企業価値創造実務研究会） 金融財政事情研究会 2004.8 prr
- ◎参考文献「信用リスクモニタリングと日米比較金融システム論―英和対照」（鈴木泰） 唯学書房 2005.4 p233-240
- ◎参考文献「信用リスク分析ハンドブック」（後藤文人） 中央経済社 2007.2 p319-321
- ◎参考文献ほか「格付け講義」（黒沢義孝） 文眞堂 2007.3 prr
- ◎参考文献「格付会社の研究―日本の5社の特徴とその比較」（黒沢義孝） 東洋経済新報社 2007.12 p179-180

信用取引
- ◎文献「女性と信用取引」（W. C. ジョーダン） 法政大学出版局 2003.6 p33-56b

信用リスク
- ◎参考文献「信用リスクの測定手法のすべて―VARへの新しいアプローチ」（アンソニー・サウンダース） 金融財政事情研究会 2001.8 p213-215

信頼性
- ◎参考文献「品質保証のための信頼性入門」（真壁肇, 鈴木和幸, 益田昭彦） 日科技連出版社 2002.3 p269-271

心理学
- ◎もっと知りたい人のために「エッセンシャル臨床心理学―30章で学ぶこころの謎」（氏原寛, 東山紘久） ミネルヴァ書房 2000.10 prr
- ◎参考文献「醜い感情の心理―見たくない自分の克服」（村尾泰弘） 大日本図書 2001.1 p189-190
- ◎読書案内「日常生活からの心理学入門」（鈴木由紀生, 小川俊樹） 教育出版 2001.1 prr
- ◎文献「よくわかる医療系の心理学 1」（西村良二） ナカニシヤ出版 2001.3 p219-220
- ◎文献「よくわかる高齢者の心理」（近藤勉） ナカニシヤ出版 2001.3 p137-140
- ◎文献「現代臨床心理学講座―心理臨床から臨床心理学へ」（長尾博） ナカニシヤ出版 2001.3 p145-153
- ◎文献「心理学ラボの内外―課題研究のためのガイドブック」（辻敬一郎） ナカニシヤ出版 2001.3 p217-230
- ◎参考文献「行動科学への招待―現代心理学のアプローチ」（米谷淳, 米澤好史） 福村出版 2001.4 p220-232
- ◎文献「写真で読むアメリカ心理学のあゆみ」（J. A. ポップルストーン, M. W. マクファーソン） 新曜社 2001.4 p157-169
- ◎参考文献「心理学 新しい教養のすすめ」（菅佐和子） 昭和堂 2001.4 prr
- ◎参考文献「心理学ワールド入門」（桜井茂男） 福村出版 2001.4 p183-192
- ◎参考文献「行動科学序説―「行動の科学」としての心理学」（藤田勉, 藤田直子） 世音社 2001.5 p237-244
- ◎文献案内「コネクショニストモデルと心理学―脳のシミュレーションによる心の理解」（守一雄ほか） 北大路書房 2001.6 p205-209
- ◎参考文献「語りからみる原風景―心理学からのアプローチ」（呉宣児） 萌文社 2001.6 p248-253
- ◎「心理図書総目録 2001年版」 人文図書目録刊行会 2001.6 287p A5
- ◎文献「人間学的心理学」（池田豊應） ナカニシヤ出版 2001.6 p313-327
- ◎参考文献「「欲望」の心理戦術―金銭欲、色欲、名誉欲「活用の法則」」（内藤誼人） 講談社 2001.7 p241-246
- ◎引用文献「文化と心理学―比較文化心理学入門」（D. マツモト） 北大路書房 2001.7 p217-237
- ◎引用文献「21世紀の心理学に向かって―京都大学の現状と未来」（京都大学心理学教官連絡会） ナカニシヤ出版 2001.8 p227-230
- ◎参考図書「意識の闇、無意識の光―アリアドネの糸をたずねて」（亀節子） 創元社 2001.9 p270-279
- ◎文献「現代心理学〔理論〕事典」（中島義明ほか） 朝倉書店 2001.10 prr
- ◎参考文献「心理学におけるフィールド研究の現場」（尾身康博ほか） 北大路書房 2001.10 prr
- ◎引用文献「大学生の自己と生き方―大学生固有の意味世界に迫る大学生心理学」（溝上慎一） ナカニシヤ出版 2001.10 p214-220
- ◎参考文献「臨床心理学と心理学を学ぶ人のための心理学基礎事典」（上里一郎） 至文堂 2001.10 p379-405
- ◎文献「〈希望〉の心理学―時間的展望をどうもつか」（白井利明） 講談社 2001.11 p172-175
- ◎文献「マンガ脳科学入門―心はどこにある?」（アングス・ゲラトゥリ, オスカー・サラーティ） 講談社 2001.11 p197-199
- ◎引用文献ほか「心理学の考え方と扱い方―Q&Aで学ぶ基礎」（深谷澄男） 北樹出版 2002.1 p206-210
- ◎参考文献「〈うそ〉を見抜く心理学―「供述の世界」から」（浜田寿美男） NHK出版 2002.3 p273-275
- ◎参考文献「イメージの心理学―心の動きと脳の働き」（J. T. E. リチャードソン） 早稲田大学出版部 2002.3 p175-190
- ◎引用文献「異文化と関わる心理学―グローバリゼーションの時代を生きるために」（渡辺文夫） サイエンス社 2002.3 p82-80

◎参考文献「心理学の7人の開拓者」(R. フラー) 法政大学出版局 2002.3 p9-21b
◎ブックガイド「心理学ナヴィゲータ」(神田義浩) 北大路書房 2002.3 p202-207
◎引用文献「心理学研究の基礎」(原岡一馬) ナカニシヤ出版 2002.3 p150-152
◎引用参考文献「こころへの挑戦—心理学ゼミナール」(藤田主一) 福村出版 2002.4 p182-187
◎引用参考文献「最新心理学序説」(久保田圭伍ほか) 金子書房 2002.4 prr
◎文献「調査的面接の技法」(鈴木淳子) ナカニシヤ出版 2002.4 p179-184
◎文献「心理学の哲学」(渡辺恒夫, 村田純一, 高橋澪子) 北大路書房 2002.7 p361-379
◎参考文献「死ぬ瞬間の心理」(R. カステンバウム) 西村書店 2002.9 p1-17b
◎文献「日本における心理学の受容と展開」(佐藤達哉) 北大路書房 2002.9 prr
◎文献「行為としての心」(J. V. ワーチ) 北大路書房 2002.10 p205-216
◎文献「行為の心理学—認識の理論-行為の理論」(野村幸正) 関西大学出版部 2002.10 p207-216
◎引用参考文献「心理学の新しいかたち—方法への意識」(下山晴彦ほか) 誠信書房 2002.10 p256-265
◎文献「心理学基礎事典」(岩崎庸男ほか) 至文堂 2002.11 p405-379
◎文献「臨床心理学と心理学を学ぶ人のための心理学基礎事典」(上里一郎) 至文堂 2002.11 p379-406
◎参考文献(小林司)「超図説目からウロコの進化心理学入門」(D. エヴァンス) 講談社 2003.2 p178-181
◎「日本心理学者事典」(大泉溥) クレス出版 2003.2 1316p A5
◎引用文献「留学生の被援助志向性に関する心理学的研究」(水野治久) 風間書房 2003.2 p113-123
◎参考文献「「心理学化する社会」の臨床社会学」(樫村愛子) 世織書房 2003.3 prr
◎引用参考文献「あなたのこころを科学する Ver.3」(古城和敬ほか) 北大路書房 2003.3 p248-252
◎読書案内「やさしい心理学—心の不思議を考える」(都筑学) ナカニシヤ出版 2003.3 prr
◎引用文献「バリアフリー時代の心理・福祉工学」(鈴木浩明) ナカニシヤ出版 2003.3 p171-183
◎参考文献「はじめて学ぶ人の臨床心理学」(渡辺映子ほか) 中央法規出版 2003.4 prr
◎文献「基礎から学ぶ心理学」(角山剛ほか) ブレーン出版 2003.4 p249-259
◎引用参考文献「行動科学序説—「行動の科学」としての心理学 新版」(藤田勉ほか) 世音社 2003.4 p261-270
◎文献「心の科学」(生和秀敏) 北大路書房 2003.4 p189-201
◎推薦図書ほか「心理学の基礎 3訂版」(今田寛ほか) 培風館 2003.4 p261-271
◎引用参考文献「心理学をはじめよう—こころのナビゲート65」(川島眞ほか) 世音社 2003.4 p151-153
◎ブックガイド「心理学がわかる。 新版」(朝日新聞社) 朝日新聞社 2003.5 p166-175
◎参考文献ほか「心理学 1冊でわかる」(G. バトラー) 岩波書店 2003.6 p1-10b

◎「心理学の本全情報 1998-2002」(日外アソシエーツ) 日外アソシエーツ 2003.7 956p A5
◎参考引用文献「ひとに〈取り入る〉心理学—好かれる行動の技法」(有倉巳幸) 講談社 2003.9 p217-216
◎文献目録ほか「エンサイクロペディア心理学研究方法論」(W. J. レイ) 北大路書房 2003.9 p352-360, 370-374
◎文献「心理学のための質的研究法入門—創造的な探求に向けて」(C. ウィリッグ) 培風館 2003.9 p265-273
◎参考文献「社会的ジレンマの処方箋—都市・交通の環境問題のための心理学」(藤井聡) ナカニシヤ出版 2003.10 p271-281
◎引用参考文献「流れを読む心理学史—世界と日本の心理学」(サトウタツヤほか) 有斐閣 2003.10 p215-226
◎注釈「記憶の比喩—心の概念に関する歴史」(D. Draaisma) ブレーン出版 2003.11 prr
◎引用文献「メディアと人間の発達—テレビ、テレビゲーム、インターネット、そしてロボットの心理的影響」(坂本章) 学文社 2003.12 prr
◎引用文献「心理学 3版」(岩下豊彦) 金子書房 2003.12 p885-935
◎参考文献「不幸の心理幸福の哲学—人はなぜ苦悩するのか」(岸見一郎) 唯学書房 2003.12 p229-232
◎参考書「わたしそしてわれわれ—現代に生きる人のための・心理学テキストブック ミレニアムバージョン 3版」(大坊郁夫) 北大路書房 2004.1 prr
◎文献「新しく学ぶ心理学」(野村幸正) 二瓶社 2004.1 p221-229
◎引用文献ほか「インターネットにおける行動と心理」(A. N. ジョインソン) 北大路書房 2004.2 p216-234
◎参考図書「心理学研究法—心を見つめる科学のまなざし」(高野陽太郎ほか) 有斐閣 2004.2 prr
◎引用文献「ワークショップ人間関係の心理学」(藤本忠明ほか) ナカニシヤ出版 2004.3 prr
◎参考文献「幸福否定の構造」(笠原敏雄) 春秋社 2004.3 p292-301
◎引用文献「時間を作る時間を生きる—心理的時間入門」(松田文子) 北大路書房 2004.3 p1-5b
◎引用文献「心理学」(無藤隆ほか) 有斐閣 2004.3 p549-573
◎参考図書「心理学のための英語案内」(D. W. ラッカム) サイエンス社 2004.3 p107-109
◎参考文献「心理学辞典」(A. M. Colman) 丸善 2004.3 p799-802
◎参考文献「心理学物語—テーマの歴史」(R. C. ボールズ) 北大路書房 2004.3 p465-480
◎文献「ガイドライン自分でできる心理学」(宮沢秀次ほか) ナカニシヤ出版 2004.4 p146-156
◎引用文献「スーパーエッセンス心理学」(石田潤ほか) 北大路書房 2004.4 p185-194
◎引用文献ほか「攻撃の心理学」(B. クラーエ) 北大路書房 2004.4 p223-253
◎参考文献「心理臨床大事典 改訂版」(氏原寛ほか) 培風館 2004.4 prr
◎参考文献「生活から問う現代心理学」(生月誠) ナカニシヤ出版 2004.4 p151-164
◎引用文献「福祉の時代の心理学」(今城周造) ぎょうせい 2004.4 prr

◎文献ほか「〈私〉という謎―自我体験の心理学」（渡辺恒夫ほか）　新曜社　2004.5　p3-10b
◎文献「臨床心理査定技法　1」（下仲順子）　誠信書房　2004.5　prr
◎参考文献「ギブソン心理学論集　直接知覚論の根拠」（J. J. ギブソン）　勁草書房　2004.9　p375-387
◎読書ガイド「パーソナル・コンピュータによる心理学実験入門―誰でもすぐできるコンピュータ実験」（北村英哉ほか）　ナカニシヤ出版　2004.9　p162-166
◎参考文献「質的心理学―創造的に活用するコツ」（無藤隆ほか）　新曜社　2004.9　p11-24b
◎文献「入門・マインドサイエンスの思想―心の科学をめぐる現代哲学の論争」（石川幹人ほか）　新曜社　2004.11　p19-37b
◎引用文献「最新スポーツ心理学」（日本スポーツ心理学会）　大修館書店　2004.12　prr
◎参考文献「新・心理学の基礎知識」（中島義明ほか）　有斐閣　2005.1　prr
◎引用参考文献「発達心理学」（無藤隆ほか）　北大路書房　2005.1　p157-163
◎参考文献「心を名づけること―心理学の社会的構成　下」（K. ダンジガー）　勁草書房　2005.2　p9-45b
◎引用参考文献「図説心理学入門」（斉藤勇）　誠信書房　2005.3　p237-249
◎引用文献「動きながら識る関わりながら考える―心理学における質的研究の実践」（伊藤哲司ほか）　ナカニシヤ出版　2005.3　p249-253
◎引用参考文献「臨床心理学」（無藤隆ほか）　北大路書房　2005.3　p149-152
◎引用参考文献「はじめて学ぶメンタルヘルスと心理学―「こころ」の健康をみつめて」（吉武光世）　学文社　2005.4　p221-229
◎参考図書「心理学による人間行動の理解」（中村章人）　大学教育出版　2005.4　p221-222
◎文献「心理学への異議―誰による、誰のための研究か」（P. バニアード）　新曜社　2005.4　p11-21b
◎引用文献「心理学をまなぶ」（浅井千秋）　東海大学出版会　2005.4　prr
◎文献「心理学研究法入門」（A. サール）　新曜社　2005.4　p271-274
◎引用文献「心理学者、大学教育への挑戦」（溝上慎一ほか）　ナカニシヤ出版　2005.4　prr
◎引用参考文献「心理学入門―快体心書」（鈴木晶夫ほか）　川島書店　2005.4　p217-229
◎引用参考文献「法と心理学のフロンティア　1」（菅原郁夫ほか）　北大路書房　2005.4　prr
◎「ブックガイド〈心の科学〉を読む」（岩波書店編集部）　岩波書店　2005.5　4, 126p B6
◎文献「教養としてのスポーツ心理学」（徳永幹雄）　大修館書店　2005.5　prr
◎参考文献「子どもの心理臨床―関係性を育む」（武藤安子ほか）　建帛社　2005.5　prr
◎文献「心理学研究法―心の科学への招待」（中瀬惇）　金子書房　2005.5　p125-127
◎文献「心理学論の新しいかたち」（下山晴彦）　誠信書房　2005.5　prr
◎引用参考文献「理論からの心理学入門」（森正義彦）　培風館　2005.5　p261-272
◎参考文献「だます心だまされる心」（安斎育郎）　岩波書店　2005.6　p191-194

◎参考文献「タイプAの行動とスピリチュアリティ」（大石和男）　専修大学出版局　2005.6　prr
◎文献「進化心理学入門」（J. H. カートライト）　新曜社　2005.6　p9-17b
◎引用文献「比較文化の心理学―カルチャーは海を越えるのか」（三井宏隆）　ナカニシヤ出版　2005.6　prr
◎文献・年表「臨床心理学―心の理解と援助のために」（森谷寛之）　サイエンス社　2005.6　p215-220
◎参考文献「エピソード記述入門―実践と質的研究のために」（鯨岡峻）　東京大学出版会　2005.8　p263-266
◎引用文献「学校心理学―社会心理学的パースペクティブ」（F. J. メッドウェイほか）　北大路書房　2005.8　p228-253
◎文献「理論心理学の方法―論理・哲学的アプローチ」（A. クークラ）　北大路書房　2005.8　p222-231
◎引用文献ほか「コンピタンス心理学―教育・福祉・ビジネスに活かす」（勝俣暎史）　培風館　2005.9　p195-199
◎引用文献「心理学―こころの不思議を解き明かす」（内田伸子）　光生館　2005.9　p321-338
◎参考文献「父と娘の心理学―見えない心を見る」（林部敬吉）　酒井書店　2005.10　p211-213
◎引用参考文献「臨床心理学キーワード　補訂版」（坂野雄二）　有斐閣　2005.10　p252-257
◎引用文献「心理学研究法―データ収集・分析から論文作成まで」（大山正ほか）　サイエンス社　2005.11　p278-282
◎引用文献「認知心理学」（海保博之）　朝倉書店　2005.11　prr
◎参考文献「成人期の危機と心理臨床―壮年期に灯る危険信号とその援助」（岡本祐子ほか）　ゆまに書房　2005.12　prr
◎引用文献「脳神経心理学」（利島保）　朝倉書店　2006.1　prr
◎参考文献「〈心〉はからだの外にある―「エコロジカルな私」の哲学」（河野哲也）　NHK出版　2006.2　p256-263
◎文献「心理学研究法の新しいかたち」（吉田寿夫）　誠信書房　2006.3　prr
◎文献「サイコ・ナビ心理学案内」（山岡重行）　ブレーン出版　2006.4　p351-382
◎参考図書「心理学を学ぼう」（水野りか）　ナカニシヤ出版　2006.4　p153-158
◎引用参考文献「心の探究―エビデンスと臨床」（熊倉伸宏）　誠信書房　2006.5　p164-169
◎文献「論争のなかの心理学―どこまで科学たりうるか」（A. ベル）　新曜社　2006.5　p11-15b
◎文献「ジェンダー心理学」（福富護）　朝倉書店　2006.6　prr
◎引用文献「心理学概論」（岡市廣成ほか）　ナカニシヤ出版　2006.6　p377-395
◎引用文献「ポジティブ心理学―21世紀の心理学の可能性」（島井哲志）　ナカニシヤ出版　2006.7　prr
◎参考文献「急いでいるときにかぎって信号が赤になるのはなぜ?―〈あるある体験〉の心理学」（S. シコッティ）　東京書籍　2006.7　p276-295
◎引用参考文献「心理学の切り口―身近な疑問をどう読み解くか」（森正義彦）　培風館　2006.7　p323-330

◎参考文献「心理査定実践ハンドブック」(氏原寛ほか) 創元社 2006.9 prr
◎引用参考文献「新・はじめて学ぶこころの世界」(山崎晃ほか) 北大路書房 2006.9 p235-243
◎引用文献「心理学研究法入門―行動研究のための研究計画とデータ解析」(伊藤正人) 昭和堂 2006.10 p262-270
◎引用参考文献「心理学論文の書き方―おいしい論文のレシピ」(都筑学) 有斐閣 2006.12 p243-244
◎引用文献「「心」をめぐる知のグローバル化と自律的個人像―「心」の聖化とマネジメント」(山田陽子) 学文社 2007.1 p189-197
◎引用文献「社会的動機づけの心理学―他者を裁く、心と道徳的感情」(B. ワイナー) 北大路書房 2007.3 p209-224
◎引用文献「喪失の語り―生成のライフストーリー」(やまだようこ) 新曜社 2007.3 p9-20b
◎参考文献ほか「脳科学と心の進化」(渡辺茂ほか) 岩波書店 2007.3 p225-233
◎引用文献「失敗に関する心理学的研究―個人要因と状況要因の検討」(山田尚子) 風間書房 2007.4 p243-253
◎文献「心を科学する心理学」(神田信彦ほか) 河出書房新社 2007.4 p285-298
◎文献「臨床心理学」(桑原知子) 朝倉書店 2007.4 prr
◎推薦図書案内「はじめての質的研究法―事例から学ぶ 医療・看護編」(高橋都ほか) 東京図書 2007.5 p214-216
◎文献「発達心理学」(南徹弘) 朝倉書店 2007.5 prr
◎引用文献「現代心理学 新版」(八田武志) 培風館 2007.6 p153-162
◎参考文献「心理学を変えた40の研究―心理学の"常識"はこうして生まれた」(R. R. ホック) ピアソン・エデュケーション 2007.6 prr
◎引用参考文献「心理学研究法―科学の本質から考える」(森正義彦ほか) 培風館 2007.6 p275-279
◎お薦めの図書「教育・学習編」(秋田喜代美ほか) 東京図書 2007.7 p380-386
◎引用文献「生涯発達編 はじめての質的研究法」(遠藤利彦ほか) 東京図書 2007.7 prr
◎引用参考文献「質的心理学の方法―語りをきく」(やまだようこ) 新曜社 2007.9 prr
◎文献ガイド(渡邊芳之)「心理学方法論」(渡邊芳之) 朝倉書店 2007.9 p179-183
◎文献「心理学教育再考―教養課程の心理学とは」(鈴木晶夫ほか) 川島書店 2007.10 prr

心理劇療法
◎参考文献「サイコドラマ―集団精神療法とアクションメソッドの原点」(J. L. モレノ) 白揚社 2006.12 p297-300
◎引用文献「ドラマセラピーのプロセス・技法・上演―演じることから現実へ」(R. エムナー) 北大路書房 2007.3 p349-354
◎参考引用文献「発達障害のための心理劇―想から現に」(高原朗子) 九州大出版会 2007.3 p157-169

心理言語
◎参考文献「ことばの習得と喪失―心理言語学への招待」(伊藤克敏) 勁草書房 2005.4 p7-24b

心理戦
◎参考文献「心理戦の勝者―歴史が教える65の絶対法則」(内藤誼人, 伊東明) 講談社 2001.2 p236-244

心理統計学
◎引用参考文献「心理統計の技法」(渡部洋) 福村出版 2002.5 p260-264
◎引用文献「心理統計学の基礎―統合的視野のために」(南風原朝和) 有斐閣 2002.6 p365-366
◎読書案内ほか「よくわかる心理統計」(山田剛史ほか) ミネルヴァ書房 2004.9 p230-231, 240-241

心理物理学
◎引用文献「心理物理学―方法・理論・応用 上」(G. A. ゲシャイダー) 北大路書房 2002.5 p171-187
◎引用文献「心理物理学―方法・理論・応用 下」(G. A. ゲシャイダー) 北大路書房 2003.8 p179-195

心理面接
◎参考文献「雰囲気としての心理面接―そこにある10の雰囲気」(高良聖) 日本評論社 2005.7 p183-182

侵略
◎参考文献「侵略の世界史―この500年、白人は世界で何をしてきたか」(清水馨八郎) 祥伝社 2001.11 p314-317

診療情報
◎参考文献「診療情報の法的保護の研究」(増成直美) 成文堂 2004.1 p233-239

心療内科
◎文献ガイド「心療内科の時代」(江花昭一) 筑摩書房 2002.5 p167-169

診療報酬
◎参考文献「医療の値段―診療報酬と政治」(結城康博) 岩波書店 2006.1 p205-207

心理療法
◎文献「SQ―魂の知能指数」(ダナー・ゾーハー, イアン・マーシャル) 徳間書店 2001.2 p1-6b
◎参考文献「心理療法入門―理論統合による基礎と実践」(古宮昇) 創元社 2001.2 p390-396
◎参考文献「ガイドブック心理療法」(S. パルマー) 日本評論社 2001.3 p231-237
◎文献「「治療不能」事例の心理療法―治療の現実に根ざした臨床の知」(バリー・L. ダンカンほか) 金剛出版 2001.6 p227-232
◎文献「トランスパーソナル心理療法入門」(諸富祥彦ほか) 日本評論社 2001.7 prr
◎参考文献「メタスキル―心理療法の鍵を握るセラピストの姿勢」(エイミー・ミンデル) コスモス・ライブラリー 2001.7 p221-227
◎主要文献「性非行少年の心理療法」(針間克己) 有斐閣 2001.7 p187-189
◎文献「シングル・セッション・セラピー」(モーシィ・タルモン) 金剛出版 2001.11 p184-188
◎文献「会話・言語・そして可能性―コラボレイティヴとは?セラピーとは?」(H. アンダーソン) 金剛出版 2001.11 p1-22
◎文献「虐待サバイバーの心理療法―成育史に沿った包括的アプローチ」(L. エッセン, F. G. クルーズ) 金剛出版 2001.12 p185-190

◎文献「心理療法と行動分析―行動科学的面接の技法」（ピーター・スターミー）　金剛出版　2001.12　p284-293

◎参考文献「魂から奏でる―心理療法としての音楽療法入門」（ハンス＝ヘルムート・デッカー＝フォイクト）　人間と歴史社　2002.1　p466-473

◎文献「心理療法の統合を求めて―精神分析・行動療法・家族療法」（P. ワクテル）　金剛出版　2002.1　p475-501

◎文献「家族はこんなふうに変わる―新日本家族十景」（吉川悟、村上雅彦、東豊）　昭和堂　2002.2　p277-287

◎参考文献「昏睡状態の人と対話する―プロセス指向心理学の新たな試み」（A. ミンデル）　NHK出版　2002.5　p226-219

◎原注「意味への意志」（V. E. フランクル）　春秋社　2002.7　p228-280

◎文献「月光のプリズム―心理療法からみた心の諸相」（石坂好樹）　星和書店　2002.10　p210-226

◎文献「悲しみに言葉を―喪失とトラウマの心理学」（J. H. ハーヴェイほか）　誠信書房　2002.11　p385-370

◎参考文献「最新心理療法―EMDR・催眠・イメージ法・TFTの臨床例」（M. フィリップス）　春秋社　2002.12　p14-19b

◎参考文献「ロールプレイング　新訂」（台利夫）　日本文化科学社　2003.2　p173-175

◎文献「精神分裂病者に対する心理療法の臨床心理学的研究―重篤な精神病者への心理療法的援助技法と心理療法の基本視座の考察」（渡辺雄三）　晃洋書房　2003.2　p279-292

◎文献「非行の語りと心理療法」（河野荘子）　ナカニシヤ出版　2003.2　p145-151

◎文献案内ほか「〈癒す知〉の系譜―科学と宗教のはざま」（島薗進）　吉川弘文館　2003.3　p6-19b

◎文献「心理療法の構造―アメリカ心理学会による12の理論の解説書」（G. R. ヴァンデンボスほか）　誠信書房　2003.3　p455-458

◎文献「認知行動療法の科学と実践」（D. M. Clark）　星和書店　2003.4　p249-278

◎文献「箱庭療法―イギリス・ユング派の事例と解釈」（J. ライス・メニューヒン）　金剛出版　2003.4　p154-155

◎文献「セラピストのためのフォーカシング入門」（日笠摩子）　金剛出版　2003.5　p212-215

◎文献「言葉の深みへ―心理臨床の言葉についての一考察」（山愛美）　誠信書房　2003.6　p171-173

◎文献「精神分析とブリーフセラピ―時間への疑問と挑戦」（A. モルノス）　川島書店　2003.6　p127-152

◎文献「家族のイメージ」（亀口憲治）　システムパブリカ　2003.7　p187-190

◎文献「創作とカウンセリング」（村田進）　ナカニシヤ出版　2003.8　p197-202

◎文献「カウンセリング・スキルを学ぶ―個人心理療法と家族療法の統合」（平木典子）　金剛出版　2003.9 prr

◎文献「恥と自尊心―その起源から心理療法へ」（M. ヤコービ）　新曜社　2003.9　p7-13b

◎ブックガイド「表現療法」（山中康裕）　ミネルヴァ書房　2003.9　p203-204

◎ブックガイド「来談者中心療法」（東山紘久）　ミネルヴァ書房　2003.9　p209-217

◎文献「心理療法としての仏教―禅・瞑想・仏教への心理学的アプローチ」（安藤治）　法蔵館　2003.10　p7-22b

◎参考文献「あやまちから学ぶ―精神分析と心理療法での教義を超えて」（P. ケースメント）　岩崎学術出版社　2004.5　p194-198

◎文献「心理療法家の言葉の技術―治療的なコミュニケーションをひらく」（P. L. ワクテル）　金剛出版　2004.6　p352-359

◎文献「セラピーをスリムにする!―ブリーフセラピー入門」（吉川悟）　金剛出版　2004.9　p179-186

◎参考図書「唯識と論理療法―仏教と心理療法・その統合と実践」（岡野守也）　佼成出版社　2004.10　p253-258

◎引用文献「ナラティヴの臨床社会学」（野口裕二）　勁草書房　2005.1　p4-9b

◎文献「回想法―高齢者の心理療法」（黒川由紀子）　誠信書房　2005.1　p217-224

◎参考文献「ZEN心理療法」（安藤治）　駿河台出版社　2005.2　p251-261

◎参考文献「心って何だろう―しあわせの心理学　増補改訂版」（石田勝正）　麗澤大学出版会　2005.2　p209-213

◎引用文献ほか「カウンセリング/心理療法の4つの源流と比較」（W. ドライデンほか）　北大路書房　2005.3　p251-256

◎主要文献「カウンセリングと心理療法　ロジャーズ主要著作集1」（C. R. ロジャーズ）　岩崎学術出版社　2005.3　p407-411

◎参考文献「少年への性的虐待―男性被害者の心的外傷と精神分析治療」（R. B. ガートナー）　作品社　2005.3　p479-458

◎参考文献ほか「心理療法としての内観」（真栄城輝明）　朱鷺書房　2005.3　p283-327

◎引用参考文献「子どもの心理臨床入門」（永井撤）　金子書房　2005.4　p195-199

◎参考資料「やわらかに生きる―論理療法と吃音に学ぶ」（石隈利紀ほか）　金子書房　2005.5　p245-251

◎文献「〈傷つきやすい子ども〉という神話―トラウマを超えて」（U. ヌーバー）　岩波書店　2005.7　p11-14b

◎文献「ブリーフセラピーの再創造―願いを語る個人コンサルテーション」（J. L. ウォルターほか）　金剛出版　2005.7　p238-243

◎参考文献「人生のリ・メンバリング―死にゆく人と遺される人との会話」（L. ベッキほか）　金剛出版　2005.7　p169-179

◎引用参考文献「心理療法を終えるとき―終結をめぐる21のヒントと事例」（丹治光浩）　北大路書房　2005.8　p209-212

◎参考文献「描画による診断と治療」（G. D. オスターほか）　黎明書房　2005.9　p179-181

◎文献「サイコセラピーの部屋―心理療法の理解と実践のために」（忠井俊明）　ナカニシヤ出版　2005.11　p193-198

◎文献「自己変容から世界変容へ―プロセスワークによる地域変革の試み」（G. リース）　コスモス・ライブラリー　2005.11　p297-302

◎参考文献「ライフレビューブック―高齢者の語りの本づくり」（志村ゆず）　弘文堂　2005.12　p134-135

◎参考文献「愛着障害と修復的愛着療法―児童虐待への対応」(T. M. リヴィーほか) ミネルヴァ書房 2005.12 p411-433
◎文献「実践家のための認知行動療法テクニックガイド―行動変容と認知変容のためのキーポイント」(鈴木伸一ほか) 北大路書房 2005.12 p169-174
◎引用参考文献「老年臨床心理学―老いの心に寄りそう技術」(黒川由紀子ほか) 有斐閣 2005.12 p195-203
◎References「行動変容法入門」(R. G. ミルテンバーガー) 二瓶社 2006.1 p465-480
◎参考文献「間主観性の軌跡―治療プロセス理論と症例のアーティキュレーション」(丸田俊彦ほか) 岩崎学術出版社 2006.2 p148-152
◎参考文献「NLPハンドブック―神経言語プログラミングの基本と応用」(L. M. ホール) 春秋社 2006.4 p398-405
◎参考文献「身体症状に〈宇宙の声〉を聴く―癒しのプロセスワーク」(A. ミンデル) 日本教文社 2006.4 p16-23b
◎文献案内「24時間の明晰夢―夢見と覚醒の心理学 新装版」(A. ミンデル) 春秋社 2006.5 p3-6b
◎参考文献「エコ心理療法―関係生態学的治療」(J. ヴィリイ) 法政大出版局 2006.6 p7-18b
◎文献「感情に働きかける面接技法―心理療法の統合的アプローチ」(L. S. グリーンバーグほか) 誠信書房 2006.7 p412-398
◎参考文献「内観法―実践の仕組みと理論」(長山恵一ほか) 日本評論社 2006.7 p487-496
◎引用参考文献「SAT療法」(宗像恒次) 金子書房 2006.8 p232-233
◎文献「子どもと若者のための認知行動療法ワークブック―上手に考え，気分はスッキリ」(P. スタラード) 金剛出版 2006.8 p204-207
◎文献「パーソン・センタード・セラピー―フォーカシング指向の観点から」(C. パートン) 金剛出版 2006.9 p261-270
◎文献「構成主義的心理療法ハンドブック」(M. F. ホイト) 金剛出版 2006.9 p315-330
◎引用文献「心理療法・カウンセリングにおける認知方略―その理論と実際」(江川玟成) ブレーン出版 2006.10 p145-148
◎参考文献「夢が語るこころの深み―心理療法と超越性」(渡辺雄三) 岩波書店 2006.11 p283-286
◎参考文献「ケースの見方・考え方―精神分析的ケースフォーミュレーション」(N. マックウィリアムズ) 創元社 2006.12 p261-280
◎文献「自己牢獄を超えて―仏教心理学入門」(C. ブレイジャー) コスモス・ライブラリー 2006.12 p395-399
◎引用文献「シンボル配置技法による家族関係認知の研究」(築地典絵) 風間書房 2007.2 p187-199
◎文献「ナラティヴ・プラクティスとエキゾチックな人生―日常生活における多様性の掘り起こし」(M. ホワイト) 金剛出版 2007.2 prr
◎参考図書「生きる勇気と癒す力―性暴力の時代を生きる女性のためのガイドブック 新装改訂版」(E. バスほか) 三一書房 2007.2 p22-36b
◎参考文献ほか「つなぐ心と心理臨床」(前川あさ美) 有斐閣 2007.3 p269-272

◎引用参考文献「物語りとしての心理療法―ナラティヴ・セラピィの魅力」(J. マクレオッド) 誠信書房 2007.3 p324-305
◎文献「機能分析心理療法」(R. J. コーレンバーグほか) 金剛出版 2007.6 p234-238
◎参考文献「すべてあるがままに―フォーカシング・ライフを生きる」(A. W. コーネル) コスモス・ライブラリー 2007.8 p357-360
◎文献「喪失と悲嘆の心理療法―構成主義による意味の探究」(R. A. ニーマイアー) 金剛出版 2007.8 p296-318
◎文献「心理療法・失敗例の臨床研究―その予防と治療関係の立て直し方」(岩壁茂) 金剛出版 2007.9 p267-277
◎参考文献「精神分析的心理療法の現在―ウィニコットと英国独立派の潮流」(S. ジョンソンほか) 岩崎学術出版社 2007.9 p157-170
◎文献「説得と治療―心理療法の共通要因」(J. D. フランクほか) 金剛出版 2007.9 p343-365
◎参考文献「こどものこころのアセスメント―乳幼児から思春期の精神分析アプローチ」(M. ラスティンほか) 岩崎学術出版社 2007.10 prr
◎引用参考文献「アタッチメントと臨床領域」(数井みゆきほか) ミネルヴァ書房 2007.10 prr
◎参考文献「交流分析―心理療法における関係性の視点」(H. ハーガデンほか) 日本評論社 2007.11 p285-292
◎引用参考文献「カウンセリング・心理療法の基礎―カウンセラー・セラピストを目指す人のために」(金沢吉展) 有斐閣 2007.12 p245-264
◎引用文献「新行動療法入門」(宮下照子ほか) ナカニシヤ出版 2007.12 p159-162

心理臨床
◎文献「心理臨床―カウンセリングコースで学ぶべき心理学」(E. A. キャンベル, J. D. ウィルキンソン) 垣内出版 2001.9 p322-346
◎文献「心理臨床としての家族援助」(下坂幸三) 金剛出版 2001.9 prr
◎注ほか「風景構成法の事例と展開―心理臨床の体験知」(皆藤章ほか) 誠信書房 2002.2 p369-374
◎文献「心理臨床への手びき―初心者の問いに答える」(田中千穂子) 東京大学出版会 2002.3 prr
◎引用文献「心理臨床の認知心理学―感覚障害の認知モデル」(A. ウェルズほか) 培風館 2002.9 p370-414
◎参考文献「通じ合うことの心理臨床 保育・教育のための臨床コミュニケーション論」(肥後功一) 同成社 2003.2 p183-184
◎参考文献「21世紀の心理臨床」(森田美弥子) ナカニシヤ出版 2003.6 prr
◎文献「心理臨床家アイデンティティの育成」(川畑直人) 創元社 2005.3 prr
◎参考文献「心理臨床学のコア」(山中康裕) 京都大学術出版会 2006.7 p275-281
◎参考文献「心理臨床へのまなざし―経験の意味を支えるコンテクストと理念」(小川恵) 日本評論社 2006.8 p277-283

森林
◎参考文献「森と樹と蝶と―日本特産種物語」(西口親雄) 八坂書房 2001.4 p251-254

しんりん

◎文献「森林インストラクター―森の動物・昆虫学のすすめ 改訂版」（西口親雄） 八坂書房 2001.5 p155-158
◎文献ほか「森林の環境・森林と環境―地球環境問題へのアプローチ」（吉良竜夫） 新思索社 2001.9 p321-336
◎参考文献「里山の環境学」（武内和彦ほか） 東京大学出版会 2001.11 p239-249
◎参考図書「森に学ぶ101のヒント」（日本林業技術協会） 東京書籍 2002.2 p218-225
◎参考文献「日本人と木の文化」（鈴木三男） 八坂書房 2002.2 p246-251
◎参考文献「森の力―日本列島は森林博物館だ!」（矢部三雄） 講談社 2002.9 p234-235
◎参考文献「アマチュア森林学のすすめ ブナの森への招待」（西口親雄） 八坂書房 2003.5 p208-212
◎参考図書「「自分の森」で元気になる」（荒川じんぺい） 朝日新聞社 2004.3 p238-239
◎参考文献「森の時間に学ぶ森づくり」（谷本丈夫） 全国林業改良普及協会 2004.3 p206-208
◎参考文献「森のスケッチ」（中静透） 東海大学出版会 2004.4 p223-230
◎文献「森林生態系の落葉分解と腐植形成」（C.バーグほか） シュプリンガーV東京 2004.4 p259-279
◎参考引用文献「森の文化史」（只木良也） 講談社 2004.6 p262-263
◎参考文献「シベリアの森林―ロシアと日本のアプローチ」（阿部信行ほか） 日本林業調査会 2004.7 p219-238
◎参考文献「森林と地球環境保全」（藤森隆郎） 丸善 2004.8 p132-138
◎引用文献「緑のダム―森林・河川・水環境・防災」（蔵治光一郎ほか） 築地書館 2004.12 prr
◎参考文献「消える森の謎を追う―インドネシアの消えゆく森を訪ねて」（内田道雄） 創栄出版 2005.5 p203-206
◎引用文献「森林社会デザイン学序説」（北尾邦伸） 日本林学調査会 2005.5 prr
◎文献「いつまでも残しておきたい日本の森―森を守ることは人類を救うこと」（福嶋司） リヨン社 2005.8 p286-287
◎参考文献「森のフォークロア―ドイツ人の自然観と森林文化」（A.レーマン） 法政大学出版局 2005.10 p41-51b
◎参考文献「千島森林誌―千島の国有林」（帯広営林局） 大空社 2005.11 p342-344
◎参考文献「森林環境 2006」（森林環境研究会） 森林文化協会 2006.2 prr
◎文献「世界遺産をシカが喰う シカと森の生態学」（湯本貴和ほか） 文一総合出版 2006.3 p208-203
◎参考文献「森づくりの明暗―スウェーデン・オーストリアと日本」（内田健一） 川辺書林 2006.5 p306-309
◎引用参考文献「森林入門―ビジネスマンのためのエコロジー基礎講座」（豊島裏） 八坂書房 2006.8 p219-222
◎参考文献「魂の森を行け―3000万本の木を植えた男」（一志治夫） 新潮社 2006.11 p244」
◎参考文献「森林水文学―森林の水のゆくえを科学する」（森林水文学編集委員会） 森北出版 2007.3 prr

◎参考文献「森林観察ガイド―森のふしぎを知る―驚きと発見の関東近郊10コース」（渡辺一夫） 築地書館 2007.4 p201-204
◎参考文献「森林からのニッポン再生」（田中淳夫） 平凡社 2007.6 p236-238
◎文献「森を育てる技術」（内田健一） 川辺書林 2007.7 p418-421

森林組合
◎参考文献「森林組合論―地域協同組合運動の展開と課題」（小川三四郎） 日本林業調査会 2007.8 p207-213

森林計画
◎文献「森林計画学」（木平勇吉） 朝倉書店 2003.10 prr

森林経済
◎参考文献「日本の林業と森林環境問題」（黒滝秀久） 八朔社 2005.2 p395-405

森林政策
◎引用参考文献「タイの森林消失―1990年代の民主化と政治的メカニズム」（倉島孝行） 明石書店 2007.12 p282-293
◎参考文献「地球温暖化問題と森林行政の転換」（滑志田隆） 論創社 2007.12 p336-344

森林生態
◎文献「熱帯生態学」（長野敏英） 朝倉書店 2004.2 prr
◎参考文献「森の動態を考える」（西口親雄） 八坂書房 2004.3 p260-264
◎参考文献「昆虫たちの森」（鎌田直人） 東海大学出版会 2005.3 p318-309

森林総合利用施設
◎参考文献「森のユニバーサルデザイン―自然を生かす人を生かす」（太田猛彦） 日本林業調査会 2001.2 p237-238

森林測量
◎参考文献「森林リモートセンシング―基礎から応用まで」（加藤正人ほか） 日本林業調査会 2004.4 p244-254
◎引用参考文献「森林リモートセンシング―基礎から応用まで 改訂」（加藤正人） 日本林業調査会 2007.4 p314-331

森林鉄道
◎文献「木曽谷の森林鉄道 改訂新版」（西裕之） ネコ・パブリッシング 2006.11 p318-319

森林保護
◎文献「里山の人と履歴」（犬井正） 新思索社 2002.5 p343-348
◎文献「稀少資源のポリティクス―タイ農村にみる開発と環境のはざま」（佐藤仁） 東京大学出版会 2002.6 p225-244
◎参考文献「ロシア森林大国の内実」（柿沢宏昭ほか） 日本林業調査会 2003.1 prr
◎参考文献「世界の森林破壊を追う 緑と人の歴史と未来」（石弘之） 朝日新聞社 2003.4 prr
◎文献「アジアにおける森林の消失と保全」（井上真） 中央法規出版 2003.5 prr

◎文献「いのちを守るドングリの森」（宮脇昭） 集英社 2005.1 p188-190
◎参考文献「破壊される世界の森林―奇妙なほど戦争に似ている」（D. ジェンセンほか） 明石書店 2006.8 p225-237
◎参考文献「木を植えよ!」（宮脇昭） 新潮社 2006.11 p217-220
◎参考文献「割り箸はもったいない?―食卓からみた森林問題」（田中淳夫） 筑摩書房 2007.5 p202-203
◎参考文献「環境と分権の森林管理―イギリスの経験・日本の課題」（岡田久仁子） 日本林業調査会 2007.7 p259-273

森林利用
○文献ほか「森林利用学会誌 20.1」（森林利用学会） 2005 p54-57

人類
◎参考文献「人類誕生の考古学」（木村有紀） 同成社 2001.5 p201-203
◎参考文献「宇宙未知への大紀行 2 宇宙人類の誕生」（NHK「宇宙」プロジェクト） NHK出版 2001.6 p230-232
◎文献「服を着たネアンデルタール人―現代人の深層をさぐる」（江原昭善） 雄山閣出版 2001.7 p204-206
◎参考文献「文化インフォマティックス―遺伝子・人種・言語」（ルイジ・ルカ・キャヴァリ=スフォルツア） 産業図書 2001.9 p262-267
◎参考文献「ルーシーの膝―人類進化のシナリオ」（Y. コパン） 紀伊国屋書店 2002.4 p1-4b
◎補注ほか「プロメテウスの子供たち―加速する人類の進化」（C. ウィルズ） 青土社 2002.6 p4-28b
◎参考文献「人間性の起源と進化」（西田正規ほか） 昭和堂 2003.9 prr
◎参考文献「5万年前に人類に何が起きたか?―意識のビッグバン」（R. G. クラインほか） 新書館 2004.6 p303-314
◎文献「マキャベリ的知性と心の理論の進化論 2 新たなる展開」（A. ホワイトゥンほか） ナカニシヤ出版 2004.10 p413-491
◎文献注「98%チンパンジー―分子人類学から見た現代遺伝学」（J. マークス） 青土社 2004.11 p5-20b
◎参考文献「人類の進化史―20世紀の総括」（埴原和郎） 講談社 2004.11 p322-325
◎参考文献「直立歩行―進化への鍵」（C. スタンフォード） 青土社 2004.11 p12-26b
◎参考文献「人類がたどってきた道―"文化の多様化"の起源を探る」（海部陽介） NHK出版 2005.4 p323-328
◎文献「幼児化するヒト―「永遠の子供」進化論」（C. ブロムホール） 河出書房新社 2005.4 p1-3b
◎文献「歴史的人間学事典 2」（C. ヴルフ） 勉誠出版 2005.9 prr
◎文献「人類遺伝学 2 普及版」（F. フォーゲルほか） 朝倉書店 2005.11 p675-736
◎参考文献「稜線に立つホモ・サピエンス」（江原昭善） 京都大学術出版会 2005.11 p260-263
◎参考文献「歌うネアンデルタール―音楽と言語から見たヒトの進化」（S. ミズン） 早川書房 2006.6 p434-397
◎文献「ヒトの進化」（斎藤成也ほか） 岩波書店 2006.8 p211-225
◎参考文献「人類はどのように進化したか―生物人類学の現在」（内田亮子） 勁草書房 2007.1 p15-41b
◎参考文献「言葉を使うサル―言語の起源と進化」（R. バーリング） 青土社 2007.4 p8-25b
◎参考文献「人間性はどこから来たか―サル学からのアプローチ」（西田利貞） 京都大学術出版会 2007.8 p342-313

人類学
◎文献「異種混淆の近代と人類学」（古谷嘉章） 人文書院 2001.3 p307-295
◎参考文献「人類学の読み方」（渡辺直経） 雄山閣 2001.3 prr
◎注文献「文化の想像力 人類学的理解のしかた」（加藤泰） 東海大学出版会 2001.3 p311-321
◎引用文献「人類学と脱植民地化」（太田好信） 岩波書店 2003.3 p261-270
◎参考文献「生き方の人類学 実践とは何か」（田辺繁治） 講談社 2003.3 p259-255
◎原注ほか「人類学の挑戦―旧い出会いと新たな旅立ち」（R. フォックス） 法政大学出版局 2003.12 p29-54b
◎参考文献「グローカリゼーションの人類学―国際文化・開発・移民」（前川啓治） 新曜社 2004.1 p206-195
◎引用参照文献「現代人類学のプラクティス―科学技術時代をみる視座」（山下晋司ほか） 有斐閣 2005.11 p285-294
◎参考図書「自然人類学入門―ヒトらしさの原点」（真家和生） 技報堂出版 2007.4 p155-156
◎参考文献「小原秀雄著作集 4 人間学の展望」（小原秀雄） 明石書店 2007.12 p540-546

人類学者
◎引用参考文献「帝国日本と人類学者―1884-1952年」（坂野徹） 勁草書房 2005.4 p7-29b

人類紀
◎引用文献「人類紀自然学―地層に記録された人間と環境の歴史」（編集委員会） 共立出版 2007.3 prr

人類史
◎参考文献「人間化の現象学―類人猿の生命活動から人間の社会生活へ」（須藤泰秀） 鶏鳴出版 2004.4 p249-251
◎参考文献「われら以外の人類―猿人からネアンデルタール人まで」（内村直之） 朝日新聞社 2005.9 p285-292
◎註「人類史のなかの定住革命」（西田正規） 講談社 2007.3 p261-266

心霊
◎文献ガイド「エリアーデ・オカルト事典」（M. エリアーデ） 法蔵館 2002.4 prr
◎文献案内ほか「〈癒す知〉の系譜―科学と宗教のはざま」（島薗進） 吉川弘文館 2003.3 p6-19b
◎参考文献「宇宙意識」（R. M. バック） ナチュラルスピリット 2004.2 p157-162
◎参考文献「進化する魂」（J. レッドフィールド） 角川書店 2004.3 p260-306
◎参考文献「統合心理学への道―「知」の眼から「観想」の眼へ」（K. ウィルバー） 春秋社 2004.4 p1-16b
◎参考文献「「リング」・シュレーディンガーを超えて」（上井一利） 新風舎 2004.6 p106-111

しんろし

◎引用文献「クリティカルシンキング—不思議現象篇」（T. シックほか）　北大路書房　2004.9　p9-20b
◎註ほか「フィールド響き合う生命・意識・宇宙」（L. マクタガート）　インターシフト　2004.11　p330-371
◎参考文献「投影された宇宙—ホログラフィック・ユニヴァースへの招待　新装版」（M. タルボット）　春秋社　2005.4　p1-24b
◎参考文献「生きがいの創造—スピリチュアルな科学研究から読み解く人生のしくみ—決定版」（飯田史彦）　PHP研究所　2006.10　p652-655
◎参考文献「スピリチュアリティの興隆—新霊性文化とその周辺」（島薗進）　岩波書店　2007.1　p7-17b
◎参考図書「聖なるハワイイ—ハワイアンのスピリチュアリティー」（Hiroshi Makaula Nakae）　書肆侃侃房　2007.2　p184-185
◎参考文献「〈スピリチュアル〉はなぜ流行るのか」（磯村健太郎）　PHP研究所　2007.3　p202-206
◎原注「幽霊を捕まえようとした科学者たち」（D. ブラム）　文藝春秋　2007.5　p1-29b
◎「世界のスピリチュアル50の名著—エッセンスを知る」（T. パトラー＝ボードン）　ディスカヴァー・トゥエンティワン　2007.9　403p A5
◎参考文献「フランス「心霊科学」考—宗教と科学のフロンティア」（稲垣直樹）　人文書院　2007.10　p383-375
◎参考文献「クンダリーニ大全—歴史、生理、心理、スピリチャリティ」（B. グリーンウェル）　ナチュラルスピリット　2007.11　p412-427
◎参考文献「テレビ霊能者を斬る—メディアとスピリチュアルの蜜月」（小池靖）　ソフトバンククリエイティブ　2007.12　p175-180
◎ブックガイド（川崎公平ほか）「霊はどこにいるのか」（一柳廣孝ほか）　青弓社　2007.12　p228-236

進路指導

◎参考文献「キャリア発達論—青年期のキャリア形成と進路指導の展開」（柳井修）　ナカニシヤ出版　2001.10　p195-201
◎読書案内ほか「最新生徒指導・進路指導論—ガイダンスとキャリア教育の理論と実践」（吉田辰雄）　図書文化社　2006.1　p217-225
◎参考文献「進学支援の教育臨床社会学—商業高校におけるアクションリサーチ」（酒井朗）　勁草書房　2007.3　p6-11b
◎参考資料「18歳からのキャリアプランニング—これからの人生をどう企画するのか」（大久保功ほか）　北大路書房　2007.8　p116-117
◎引用文献「進路形成に対する「在り方生き方指導」の功罪—高校進路指導の社会学」（望月由起）　東信堂　2007.12　p173-184

進路選択

◎引用文献「大学生の進路選択と時間的展望—縦断的調査にもとづく検討」（都筑学）　ナカニシヤ出版　2007.2　p161-164

神話

◎参考文献「ギリシア神話の悪女たち」（三枝和子）　集英社　2001.1　p228-229
◎参考文献「原初の風景とシンボル」（金光仁三郎）　大修館書店　2001.6　p323-324

◎ブックガイド（三浦佑之ほか）「日本神話がわかる。」（編集部）　朝日新聞社　2001.8　p133-140
◎参考文献「記紀神話と王権の祭り　新訂版」（水林彪）　岩波書店　2001.10　p525-552
◎文献「歴史を問う　1　神話と歴史の間で」（上村忠男）　岩波書店　2002.3　p245-265
◎註「生と死の北欧神話」（水野知明）　松柏社　2002.6　prr
◎ブックガイド「世界の神話伝説総解説—改訂増補版」（吉田敦彦ほか）　自由国民社　2002.7　10pb
◎注「記紀の神話伝説研究」（福島秋穂）　同成社　2002.10　prr
◎注「神話に学ぶこと」（吉田敦彦）　青土社　2002.12　p198-200
◎参考文献「東洋神名事典」（山北篤）　新紀元社　2002.12　p559-563
◎参考文献「中国の神話」（A. ビレル）　丸善　2003.1　1pb
◎参考文献「東南アジアの建国神話」（弘末雅士）　山川出版社　2003.4　p88-90
◎注「太陽の神話と祭り」（吉田敦彦）　青土社　2003.6　p238-248
◎注「記紀神話伝承の研究」（泉谷康夫）　吉川弘文館　2003.8　prr
◎文献「クソマルの神話学」（東ゆみこ）　青土社　2003.10　p259-274
◎注「古事記神話論」（松本直樹）　新典社　2003.10　prr
◎参考文献「日本神話—神々の壮麗なるドラマ」（戸部民夫ほか）　新紀元社　2003.10　p248-249
◎原注「北欧神話の世界—神々の死と復活」（A. オルリック）　青土社　2003.11　p260-282
◎参考文献「ロシアの神話」（E. ワーナー）　丸善　2004.2　p5-6b
◎参考文献「神話学と日本の神々」（平藤喜久子）　弘文堂　2004.3　p9-19b
◎参考文献「エジプトの神々」（池上正太）　新紀元社　2004.4　p253-255
◎ブックガイド（編集部）「世界の神々の事典—神・精霊・英雄の神話と伝説」（松村一男）　学習研究社　2004.5　p276-278
◎注「神話と古代文化」（古賀登）　雄山閣　2004.9　prr
◎参考文献「アスガルドの秘密—北欧神話冒険比較」（W. ハンゼン）　東海大学出版会　2004.11　p339」
◎参考文献「世界神話事典」（大林太良ほか）　角川書店　2005.3　p467-477
◎参考文献「バイキングと北欧神話」（武田龍夫）　明石書店　2005.12　p172-173
◎注「猿田彦と椿」（古賀登）　雄山閣　2006.4　p428-452
◎文献「生のものと火を通したもの　神話論理1」（C. レヴィ＝ストロース）　みすず書房　2006.4　p20-34b
◎参考文献「ツォゼルグの物語—トンバが語る雲南ナシ族の洪水神話」（黒澤直道）　雄山閣　2006.6　p152-155
◎参考文献「韓国神話集成」（金厚蓮ほか）　第一書房　2006.6　p434-438
◎参考文献「オリエントの神々」（池上正太）　新紀元社　2006.12　p307-309

◎参考引用文献「ラルース世界の神々・神話百科―ヴィジュアル版」(F.コント) 原書房 2006.12 p559-562
◎参考文献「読み替えられた日本神話」(斎藤英喜) 講談社 2006.12 p221-232
◎文献「神話論理 2 蜜から灰へ」(C.レヴィ=ストロース) みすず書房 2007.1 p24-42b
◎参考文献「日本神話の神々」(井上宏生) 祥伝社 2007.1 p234-236
◎参照文献「プラトンのミュートス」(國方栄二) 京都大学術出版会 2007.2 p318-329
◎参考文献「宮崎の神話伝承―その舞台55ガイド」(甲斐亮典) 鉱脈社 2007.3 p214-215
◎参考文献「世界の神話文化図鑑」(S.ゴロウィンほか) 東洋書林 2007.3 p292-293
◎参考文献「日本神話の源流」(吉田敦彦) 講談社 2007.5 p229-231
◎参考文献ほか「図解北欧神話」(池上良太) 新紀元社 2007.7 p238-239
◎原注「原初の女神からギリシア神話まで 図説世界女神大全1」(A.ベアリングほか) 原書房 2007.10 p1-11b

【 す 】

図案
◎参考文献「西洋装飾文様事典 普及版」(城一夫) 朝倉書店 2006.6 p523-527
◎参考文献「アイヌ文様の美―線のいのち、息づくかたち」(北海道立近代美術館ほか) アイヌ文化振興・研究推進機構 2006.9 p202-203
◎参考文献「日本の文様その歴史」(樹下龍児) 筑摩書房 2006.11 p371-380
◎参考文献「風雅の図像―和風文様とはなにか」(樹下龍児) 筑摩書房 2007.1 p392-396

水泳
◎文献「スイミング・ファステスト」(E.W.マグリシオ) ベースボール・マガジン社 2005.12 p859-894

水害
◎参考文献「天、一切ヲ流ス 江戸期最大の寛保水害・西国大名による手伝い普請」(高崎哲郎) 鹿島出版会 2001.10 p232-233
◎参考文献「台風23号災害と水害環境―2004年京都府丹後地方の事例」(植村善博) 海青社 2005.9 p101-102
◎引用文献「昭和二八年有田川水害」(藤田崇) 古今書院 2006.12 p222-224
◎本「被災地からおくる防災・減災・復旧ノウハウ―水害現場でできたこと、できなかったこと」(水害サミット実行委員会事務局) ぎょうせい 2007.6 p172-173

瑞鶴
◎参考文献「空母瑞鶴」(神野正美) 光人社 2001.11 p445-447

水銀
◎参考文献「口の中に潜む恐怖―アマルガム水銀中毒からの生還」(D.スタインバーグ) マキノ出版 2002.6 p229-221

◎参考文献「大和誕生と水銀―土ぐもの語る古代史の光と影」(田中八郎) 彩流社 2004.3 p381-382

水軍
◎参考文献「戦国水軍の興亡」(宇田川武久) 平凡社 2002.10 p250-255
◎参考文献「瀬戸内水軍散歩24コース」(編集委員会) 山川出版社 2002.12 p188-190

推計学
◎参考文献「統計的推測の漸近理論」(前園宜彦) 九州大学出版会 2001.10 p229-238
◎参考文献「変量効果の推定とBLUP法」(佐々木義之) 京都大学術出版会 2007.2 p411-422

出挙
◎註「日本古代の食封と出挙」(水野柳太郎) 吉川弘文館 2002.8 prr

水滸伝
◎参考文献「水滸伝 図解雑学」(松村昂ほか) ナツメ社 2005.4 p251-254

水彩画
◎参考文献「水彩画の歴史」(板橋秀文) 美術出版社 2001.3 p202-203
◎参考文献ほか「水彩学―よく学びよく描くために」(出口雄大) 東京書籍 2007.9 p237-241

水産
◎注「水産の社会史」(後藤雅知ほか) 山川出版社 2002.11 prr
◎文献「水産大百科事典」(水産総合研究センター) 朝倉書店 2006.6 prr

水産教育
◎参考文献「海洋教育史 改訂版」(中谷三男) 成山堂書店 2004.6 p368-369

水産資源
◎参考文献「水産資源学を語る」(田中昌一) 恒星社厚生閣 2001.1 p145-149
◎参考文献「紛争の海―水産資源管理の人類学」(秋道智弥ほか) 人文書院 2002.2 prr
◎参考文献「水産資源管理学」(北原武) 成山堂書店 2003.3 prr
◎文献「海の集団生物学」(渡辺精一) 成山堂書店 2003.6 p193-199
◎文献「海の生物資源―生命は海でどう変動しているか」(渡邊良朗) 東海大学出版会 2005.5 prr
◎参考文献「漁業資源―なぜ管理できないのか 2訂版」(川崎健) 成山堂書店 2005.7 p229-236
◎文献「レジームシフトと水産資源管理」(青木一郎ほか) 恒星社厚生閣 2005.10 prr
◎参考文献「里海論」(柳哲雄) 恒星社厚生閣 2006.2 p97-100
◎参考文献「飽食の海―世界からSUSHIが消える日」(C.クローバー) 岩波書店 2006.4 p4-9b
◎参考書ほか「水産資源解析の基礎」(赤嶺達郎) 恒星社厚生閣 2007.1 p106-107ほか
◎参考文献「水産資源解析学 改訂版」(山田作太郎ほか) 成山堂書店 2007.4 p141-145

水産食品
◎文献「水産食品栄養学―基礎からヒトへ」(鈴木平光ほか) 技報堂出版 2004.5 prr

すいさん

◎文献「技術革新による水産食品の産業発展とグローバル化—カニ風味蒲鉾を中心として」（辻雅司）　水産タイムズ社　2004.6　p172-176
◎参考文献「水産食品デザイン学—新製品と美味しさの創造」（渡邊悦生）　成山堂書店　2004.7　p216-219
◎引用文献「水産食品の加工と貯蔵」（小泉千秋ほか）　恒星社厚生閣　2005.5　prr

水産生物
◎文献「海洋・増養殖水産生物集団遺伝学研究50年の軌跡—国際漁業の新秩序・生物多様性保全の戦略模索に向けて」（藤野和男）　文芸社　2003.2　p211-227
◎参考文献「水圏の環境微生物学」（前田昌調）　講談社　2005.9　p182-196

水産動物
◎文献「水産動物の性と行動生態」（中園明信）　恒星社厚生閣　2003.4　prr
◎引用文献「水産無脊椎動物学入門」（林勇夫）　恒星社厚生閣　2006.9　p274-275

水産被害
◎参考資料「川の吐息、海のため息—ルポ黒部川ダム排砂」（角幡唯介）　桂書房　2006.5　p301-302

水産物
◎文献「水産物の安全性　生鮮品から加工食品まで」（牧之段保夫ほか）　恒星社厚生閣　2001.11　prr
◎「食文化に関する文献目録　学術論文　水産物」　味の素食の文化センター　2002.8　49p A4
◎文献「水産物の原料・産地判別」（福田裕ほか）　恒星社厚生閣　2006.3　prr

水産物理学
◎参考文献「漁具物理学」（松田皎）　成山堂書店　2001.4　p217-220

水産養殖
◎文献「貝類・甲殻類・ウニ類・藻類」（森勝義）　恒星社厚生閣　2005.10　prr

水質
◎参考図書「水と水質環境の基礎知識」（武田育郎）　オーム社　2001.11　p177-181
◎参考文献「「水」の安心生活術」（中臣昌広）　集英社　2004.3　p204-205
◎参考文献「世界の水質管理と環境保全」（経済協力開発機構ほか）　明石書店　2004.6　p142-144
◎参考文献「河川の水質と生態系—新しい河川環境創出に向けて」（河川環境管理財団）　技報堂出版　2007.5　prr

水質汚濁
◎原注「ウォーター・ウォーズ　水の私有化、汚染そして利益をめぐって」（V. シヴァ）　緑風出版　2003.3　p242-231
◎文献リスト「湖の水質保全を考える—霞ケ浦からの発信」（田渕俊雄）　技報堂出版　2005.8　p191-194
◎文献「アオコが消えた諏訪湖—人と生き物のドラマ」（信州大学山岳科学総合研究所）　信濃毎日新聞社　2005.10　p8-16b
◎参考文献「土壌・地下水汚染の情報公開50のポイント」（相澤渉）　工業調査会　2005.11　p206-208
◎参考文献「土壌・地下水汚染—循環共生をめざした修復と再生」（土壌・地下水汚染診断・修復支援システム開発研究会）　オーム社　2006.5　p217-224
◎参考文献「水とごみの環境問題　新装改訂」（伊与亨ほか）　TOTO出版　2007.7　p284-285

水質保全
◎参考文献「炭素—微生物と水環境をめぐって」（大谷杉郎ほか）　東海大学出版会　2004.12　p209-220

水車
◎参考文献「水車・風車・機関車—機会文明発生の歴史」（坂井洲二）　法政大出版局　2006.2　p343-346

水上生活者
◎参考文献「家船の民族誌　現代日本に生きる海の民」（金柄徹）　東京大学出版会　2003.7　p229-240
◎参考文献「水上学校の昭和史—船で暮らす子どもたち」（石井昭示）　隅田川文庫　2004.3　p204-205

スイス
○文献抄録（森田安一）「日本女子大学紀要　文学部49」（日本女子大学）　2001.3　p31-53
◎文献「改宗と亡命の社会史—近世スイスにおける国家・共同体・個人」（踊共二）　創文社　2003.12　p13-32b
◎参考文献「黒いスイス」（福原直樹）　新潮社　2004.3　p204-206
◎参考文献「現代スイスの都市と自治—チューリヒ市の都市政治を中心として」（岡本三彦）　早稲田大学出版部　2005.4　p269-281
◎参考文献「スイスの地方自治」（自治体国際化協会）　自治体国際化協会　2006.7　p133-138
◎読書案内「スイス」（森田安一ほか）　河出書房新社　2007.11　p252-255

スイス　アスコーナ
◎参考文献「アスコーナ　文明からの逃走　ヨーロッパ菜食者コロニーの光芒」（関根伸一郎）　三元社　2002.7　p180-183

スイス　経済
◎参考文献「近代スイス経済の形成—地域主権と高ライン地域の産業革命」（黒沢隆文）　京都大学学術出版会　2002.2　p519-539

スイス　憲法
◎文献「スイス歴史が生んだ異色の憲法」（美根慶樹）　ミネルヴァ書房　2003.3　p8-15b

スイス　農業
◎参考文献「ジュネーブの食卓—ルソーの時代の食料・農業・農村と食糧安全保障」（林正徳）　農林統計協会　2005.5　p374-383

水生生物
◎参考文献「泳ぐDNA」（猿渡敏郎）　東海大出版会　2007.12　p257-281

水生動物
◎文献「テレメトリー—水生動物の行動と漁具の運動解析」（山本樟郎ほか）　恒星社厚生閣　2006.10　prr

吹奏楽
◎参考文献「質の高いバンドを目指すには—生涯学習を見据えた吹奏楽の在り方　様式別作品配列を視点として」（有道惇）　文芸社　2004.3　p164-166

水素エネルギー
- ◎参考文献「さようなら原爆　水素エネルギーこんにちは」（山本寛）　東洋経済新報社　2001.5　2pb
- ◎参考文献「水素エコノミー―エネルギー・ウェブの時代」（J. リフキン）　NHK出版　2003.4　p20-23b
- ◎参考文献「幻の水素社会―「環境問題」に踊らされるピエロたち」（藤井耕一郎）　光文社　2005.3　p262-263
- ◎参考引用文献「水素エネルギーがわかる本―水素社会と水素ビジネス」（市川勝）　オーム社　2007.2　p142-148

水族館
- ◎参照文献「水族館　ものと人間の文化史113」（鈴木克美）　法政大学出版局　2003.7　p277-280
- ◎参考文献「水族館学―水族館の望ましい発展のために」（鈴木克美ほか）　東海大学出版会　2005.2　p414-419
- ○文献リスト（鈴木克美ほか）「東海大学博物館研究報告　8」（東海大）　2006.3　p37-60

水素爆弾
- 参考文献「原爆から水爆へ―東西冷戦の知られざる内幕　下」（リチャード・ローズ）　紀伊國屋書店　2001.6　p25-39b

水田
- ◎参考文献「メダカが田んぼに帰った日」（金丸弘美）　学習研究社　2002.4　p170-171
- ◎参考文献「「田んぼの学校」まなび編」（湊秋作ほか）　農文協　2002.8　p237-244
- ◎文献「水田の生物をよみがえらせる―農村のにぎわいはどこへ」（下田路子）　岩波書店　2003.1　p1-7b
- ◎参考文献「田んぼの教室」（稲垣栄洋ほか）　家の光協会　2003.6　p196-197

水道
- ◎参考文献「世界の水道―安全な飲料水を求めて」（海賀信好）　技報堂出版　2002.4　p243-249
- ◎参考文献「生でおいしい水道水―ナチュラルフィルターによる緩速ろ過技術」（中本信ール）　築地書館　2002.5　p194-185
- ◎参考文献「都市水管理の先端分野―行きづまりか希望か」（C. Maksimovic）　技報堂出版　2003.6　prr
- ◎文献「日本の水道事業の効率性分析」（中山徳良）　多賀出版　2003.11　p129-136
- ◎文献「近代日本公営水道成立史」（高寄昇三）　日本経済評論社　2003.12　p221-223
- ○文献目録「水道協会雑誌　73.1」（日本水道協会）　2004.1　p61-68
- ○文献目録「水道協会雑誌　74.1」（日本水道協会）　2005.1　p58-63
- ◎参考文献「セーヌに浮かぶパリ　新装版」（尾田栄章）　東京図書出版会　2005.2　p233-235
- ○文献目録「水道協会雑誌　75.3」（日本水道協会）　2006.3　p44-45
- ○文献目録「水道協会雑誌　76.1」（日本水道協会）　2007.1　p38-42

スイートピー
- ◎文献「スイートピーをつくりこなす―連続採花による安定生産技術の実際」（井上知昭）　農文協　2007.1　p233-248

水爆実験
- ◎引用参考文献「母と子でみるA34水爆ブラボー―3月1日ビキニ環礁・第五福竜丸」（豊崎博光ほか）　草の根出版会　2004.2　p141-143

随筆
- ◎「日本の随筆全情報　1996-2002」（日外アソシエーツ）　日外アソシエーツ　2003.4　970p　A5
- ◎「アンソロジー内容総覧　評論・随筆」（日外アソシエーツ）　日外アソシエーツ　2006.7　1201p　A5

水分補給
- ◎注「水分補給―代謝と調節」（栄養学レビュー編集委員会）　建帛社　2006.4　prr

水平社
- ◎註記「水平社の原像　部落・差別の解放・運動・組織・人間」（朝治武）　解放出版社　2001.10　p283-302

水辺林
- ◎引用文献「水辺林の生態学」（崎尾均ほか）　東京大学出版会　2002.8　prr

水墨画
- ◎文献「日本の美術水墨画」（草森紳一ほか）　美術年鑑社　2002.5　p700-702
- ◎参考文献「瀟湘八景―詩歌と絵画に見る日本化の様相」（堀川貴司）　臨川書店　2002.5　p204-215
- ◎参考文献「関東水墨画―型とイメージの系譜」（相澤正彦ほか）　国書刊行会　2007.5　p482-491

睡眠
- ◎ブックリスト（睡眠文化研究所）「眠りの文化論」（吉田集而）　平凡社　2001.2　p240-245
- ◎ブックガイド「時間の分子生物学―時計と睡眠の遺伝子」（粂和彦）　講談社　2003.10　p205-202
- ◎参照文献「眠りと文学―プルースト、カフカ、谷崎は何を描いたか」（根本美作子）　中央公論新社　2004.6　p232-229
- ◎引用文献「入眠状態に関する生理心理学的研究」（広重佳治）　風間書房　2006.2　p187-196
- ◎文献「眠りを科学する」（井上昌次郎）　朝倉書店　2006.11　prr

睡眠時無呼吸症候群
- ◎参考文献「睡眠時無呼吸症候群」（安間文彦）　文藝春秋　2003.9　p190-187

水文学
- ◎文献「水と女神の風土」（樒根勇）　古今書院　2002.11　p302-318
- ◎参考文献「森林水文学―森林の水のゆくえを科学する」（森林水文学編集委員会）　森北出版　2007.3　prr

推理
- ◎文献「帰納論証の評価と決定方略―その運用と獲得過程」（住吉チカ）　風間書房　2001.2　p217-222

推理小説
- ○ベスト10（池上冬樹）「本の雑誌　223」（本の雑誌社）　2001.1　p112-115
- ◎「バカミスの世界　史上空前のミステリガイド」（小山正ほか）　美術出版社　2001.2　225p　A5
- ◎「翻訳ミステリー小説登場人物索引」（DBジャパン）　DBジャパン　2001.9　2冊　A5

すいりよ

◎「ミステリ美術館　ジャケット・アートでみるミステリの歴史」（森英俊）　国書刊行会　2001.11　167p B5
◎「このミステリーがすごい!　2002年版」（宝島社）　宝島社　2001.12　175p A5
◎「絶対ミステリーが好き!」（松田孝宏ほか）　ぶんか社　2001.12　175p A5
◎「推理小説の源流—ガボリオからルブランへ」（小倉孝誠）　淡交社　2002.3　222p　46s

水力発電

◎参考文献「小水力発電—21世紀のクリーンな発電として—原理から応用まで」（逸見次郎）　パワー社　2007.10　p123-124

水路

◎参考文献「生きている水路—その造形と魅力」（渡部一二）　東海大学出版会　2003.4　p183-184

水路誌

◎「水路図誌目録—航空図を含む」（海上保安庁水路部）　海上保安庁　2002.3　69,2p　30×42cm

推論

◎文献「カテゴリーに基づく帰納推論の認知過程」（岩男卓実）　風間書房　2005.2　p163-167

数

◎参考文献「図説数の文化史—世界の数字と計算法」（K. メニンガー）　八坂書房　2001.4　p399-408
◎参考文献「数は科学の言葉」（T. ダンツィクほか）　日経BP社　2007.2　p327-334
◎参考文献「数が世界をつくった—数と統計の楽しい教室」（I. B. コーエン）　青土社　2007.10　p17-27b

スウェーデン

◎参考文献「福祉活動のフィールド学　スウェーデンと日本、アメリカの試みから」（橋本義郎）　明石書店　2001.4　prr
◎文献「家族に潜む権力—スウェーデン平等社会の理想と現実」（ユーラン・アーネ, クリスティーン・ロマーン）　青木書店　2001.8　p255-265
◎文献リスト「スウェーデンの福祉制度改革と政治戦略—付加年金論争における社民党の選択」（渡辺博明）　法律文化社　2002.2　p7-18b
◎参考文献「スウェーデン・スペシャル　1　高福祉高負担政策の背景と現状」（藤井威）　新評論　2002.6　p251-252
◎文献「スウェーデンにおける公的扶助制度に関する調査報告書—平成14年度諸外国の生活保護制度に関する調査研究による報告書」　厚生労働省　2003.2　p132-134
◎文献「高福祉・高負担国家スウェーデンの分析—21世紀型社会保障のヒント」（井上誠一）　中央法規出版　2003.3　p346-349
◎文献「スウェーデンの修復型まちづくり—知識集約型産業を基軸とした「人間」のための都市再生」（伊藤和良）　新評論　2003.9　p274-277
◎参考文献「物語スウェーデン史—バルト大国を彩った国王、王女たち」（武田竜夫）　新評論　2003.10　p231-232
◎文献「スウェーデン・スペシャル　3　福祉国家における地方自治」（藤井威）　新評論　2003.12　p226-227
◎参考文献「スウェーデンハンドブック　2版」（岡沢憲芙）　早稲田大学出版部　2004.7　p319-327
◎参考文献「スウェーデン近代会計の動向—スウェーデン型混合経済の台頭・形成期におけるその役割」（大野文子）　白桃書房　2004.8　p639-678
◎参考文献「日本におけるスウェーデン研究」（猿田正機）　ミネルヴァ書房　2005.5　p299-310
◎原註一覧「スウェーデンの高齢者福祉—過去・現在・未来」（P. ブルメーほか）　新評論　2005.6　p181-180
◎参考文献「スウェーデン絶対王政研究」（入江幸二）　知泉書館　2005.12　p15-30b
◎参考文献「スウェーデンの知的障害者福祉の実践—コミュニティでの暮らしを支えるサービスと支援」（田代幹康）　久美　2006.4　p83-85
◎参考文献「スウェーデンの持続可能なまちづくり—ナチュラル・ステップが導くコミュニティ改革」（S. ジェームズほか）　新評論　2006.9　p257-266
◎参考文献「スウェーデン陶器の町の歩み—グスターブスベリィの保存と再生」（小川信子ほか）　ドメス出版　2006.12　p187-190
◎引用参考文献「スウェーデンの高齢者ケア—その光と影を追って」（西下彰俊）　新評論　2007.7　p232-239

スウェーデン　教育

◎参考文献「スウェーデンにおける統一学校構想と補助学級改革の研究」（是永かな子）　風間書房　2007.2　p371-394

スウェーデン　貿易

◎注「近世スウェーデンの貿易と商人」（L. ミュラー）　嵯峨野書院　2006.3　prr

数学

◎参考書「数学とは何か—考え方と方法への初等的接近　原書第2版」（R. クーラント, H. ロビンズ）　岩波書店　2001.2　p568-577
◎参考文献「ネクタイの数学」（トマス・フィンク, ヨン・マオ）　新潮社　2001.5　p250-251
◎参考文献「素数の世界　その探索と発見　第2版」（吾郷孝視）　共立出版　2001.10　p203-228
◎参考文献「大学でどのような数学を学ぶのか」（数学セミナー編集部）　日本評論社　2002.2　p188-191
◎引用文献「楽しもう!　数学を—高校数学への再挑戦」（河添健, 林邦彦）　日本評論社　2002.4　p248-250
◎文献案内「数の体系と超準モデル」（田中一之）　裳華房　2002.4　p251-255
◎文献「数学の創造者—ユークリッド原論の数学」（B. アルトマン）　シュプリンガー・フェアラーク東京　2002.11　p306-313
◎文献「セクシーな数学—ゲーデルから芸術・科学まで」（G. J. チャイティン）　岩波書店　2003.7　p215-220
◎参考文献「ヒルベルトの挑戦—世紀を超えた23の問題」（J. グレイ）　青土社　2003.12　p8-24b
◎参考文献「数学的思考の本質—数理の窓から世界を見る」（河田直樹）　PHP研究所　2004.1　p204-206
◎参考引用文献「知性の織りなす数学美—定理づくりの実況中継」（秋山仁）　中央公論新社　2004.5　p228-235
◎参考文献ほか「数学」（T. ガウアーズ）　岩波書店　2004.6　p15-161, 175-181
◎文献「21世紀の数学—幾何学の未踏峰」（宮岡礼子ほか）　日本評論社　2004.7　p414-429

◎推薦図書「数学はインドのロープ魔術を解く―楽しさ本位の数学世界ガイド」（D. アチソン）　早川書房　2004.7　p197-199
◎参考書「現代数学の流れ2　現代数学への入門」（青本和彦ほか）　岩波書店　2004.10　p169-174
◎参考文献「数学の不思議―数の意味と美しさ　新装版」（C. C. クロースン）　青土社　2005.5　p398-403
◎参考文献「カッツ数学の歴史」（J. カッツ）　共立出版　2005.6　3pb
◎「ブックガイド「数学」を読む」（岩波書店編集部）　岩波書店　2005.11　4, 120p B6
◎「この数学書がおもしろい」（数学書房編集部）　数学書房　2006.4　176p A5
◎参考図書案内「数学と論理をめぐる不思議な冒険」（J. メイザー）　日経BP社　2006.4　p375-384
◎参考文献「数学を愛した作家たち」（片野善一郎）　新潮社　2006.5　p189-191
◎読書案内ほか「負の数学―マイナスかけるマイナスはマイナスになれるか?」（A. A. マルティネス）　青土社　2006.12　p318-323
◎参考文献「数学する遺伝子―あなたが数を使いこなし、論理的に考えられるわけ」（K. J. デブリン）　早川書房　2007.1　p377-391
◎参考文献「数をめぐる50のミステリー―数学夜話」（G. G. スピロ）　青土社　2007.2　p13-16b
◎参考文献「数学する精神―正しさの創造、美しさの発見」（加藤文元）　中央公論新社　2007.9　p242-244
◎参考文献「数学の楽しみ―身のまわりの数学を見つけよう」（T. パパス）　筑摩書房　2007.10　p298-311

数学オリンピック
◎あとがき「世界の数学オリンピック」（安藤哲哉）　日本評論社　2003.6　p221-223

数学基礎論
◎参考文献「知の限界」（G. J. チャイティン）　エスアイビー・アクセス　2001.9　p133-141

数学教育
◎文献「学校数学の一斉授業における数学的活動の社会的構成」（大谷実）　風間書房　2002.2　p410-431
◎参考文献「数学史をどう教えるか―算数・数学の授業における数学史活用の目的・方法と実践」（塚原久美子）　東洋書店　2002.4　p259-271
○文献目録（中西正治）「数学教育史研究　4」（日本数学教育史学会）　2004.9　p35-41
◎文献「数学教育における内省的記述表現活動に関する研究」（二宮裕之）　風間書房　2005.2　p385-399
○文献目録（中西正治）「数学教育史研究　5」（日本数学教育史学会）　2005.9　p44-56
◎引用参考文献「数学学習におけるコミュニケーション連鎖の研究」（江森英世）　風間書房　2006.12　p328-347
◎参考文献「数学教育学の成立と展望」（岩崎秀樹）　ミネルヴァ書房　2007.2　p217-227
◎引用参考文献「算数・数学教育における思考指導の方法」（清水美憲）　東洋館出版社　2007.12　p359-375

数学史
◎参考文献「数学史をどう教えるか―算数・数学の授業における数学史活用の目的・方法と実践」（塚原久美子）　東洋書店　2002.4　p259-271

◎文献「近世以前における日本の社会と数学―社会変動の視点から」（井上文夫）　八千代出版　2002.9　p155-159
◎参考文献「数学の切手コレクション」（R. J. ウィルソン）　シュプリンガーV東京　2003.7　p167-168
◎参考文献「数学の歴史―和算と西欧数学の発展　講座数学の考え方　24」（小川束ほか）　朝倉書店　2003.10　p266-270
◎参考図書「会津藩農民の数学」（歌川初之輔）　歴史春秋社　2003.12　p336-337
◎書誌「コレクション数学史　4　アラビア数学の展開」（佐々木力ほか）　東京大学出版会　2004.8　p315-332
◎参考文献「そして数は遥かな海へ…東アジアの数理科学史」（佐藤賢一）　北樹出版　2005.4　p142-146
◎参考文献「数学のあゆみ　上」（J. スティルウェル）　朝倉書店　2005.7　p236-259
◎参考図書ほか「数学と自然法則―科学と言語の開発」（J. タバク）　青土社　2005.12　p15-22b
◎文献「ブルバキ数学史　下」（N. ブルバキ）　筑摩書房　2006.3　p265-301
◎文献「数学へのいざない　下」（D. C. ベンソン）　朝倉書店　2006.4　p11-14b
◎手引き（鈴木武雄）「東洋数学史への招待―藤原松三郎数学史論文集　影印」（藤原松三郎）　東北大出版会　2007.3　p4-6f
◎参考文献「ギリシア数学の探訪」（上垣渉）　亀書房　2007.5　p267-270

数学者
◎参考文献「天才数学者はこう解いた、こう生きた―方程式四千年の歴史」（木村俊一）　講談社　2001.11　p221-222
◎注記「「無限」に魅入られた天才数学者たち」（A. D. アクゼル）　早川書房　2002.9　p286-258
◎参考文献「素顔の数学者たち―数学史に隠れた152のエピソード」（片野善一郎）　裳華房　2005.4　p167-181
◎参考文献「数学者列伝―オイラーからフォン・ノイマンまで　2」（I. ジェイムズ）　シュプリンガー・ジャパン　2007.12　p244-249

数学遊戯
◎文献「算数パズル「出しっこ問題」傑作選―解けて興奮、出して快感!」（仲田紀夫）　講談社　2001.12　p152-153
◎文献「パズルでめぐる奇妙な数学ワールド」（I. スチュアート）　早川書房　2006.1　p295-300

数詞
◎参考文献「分配を表す数量詞の日英比較」（坂口真理）　ふくろう出版　2006.10　p218-226

数値計算
◎参考文献「数値計算のつぼ」（二宮市三ほか）　共立出版　2004.1　p159-166
◎引用参考文献「数値計算の基礎―解法と誤差」（高倉葉子）　コロナ社　2007.4　p225-226

数理
○研究動向（数土直紀）「社会学評論　57.2.226」（日本社会学会）　2006.9　p436-453

数理科学
◎参考文献「メジャーリーグの数理科学　下」（J. アルバートほか）　シュプリンガーV東京　2004.9　p216-219

数理計画
◎参考書「基礎数理講座　1　数理計画」（刀根薫）　朝倉書店　2007.9　p220-224

数理経済学
◎参考文献「数理経済学」（武隈愼一）　新世社　2001.4　p272-274
◎参考文献「数理経済学の新展開―正則経済の理論」（永田良）　早稲田大学出版部　2001.9　p235-242
◎参考文献「経済解析　展開篇」（宇沢弘文）　岩波書店　2003.7　prr
◎参考文献「経済物理学の発見」（高安秀樹）　光文社　2004.9　p276-278

数理社会学
◎文献「社会を〈モデル〉でみる―数理社会学への招待」（土場学ほか）　勁草書房　2004.3　prr
◎参考文献「社会学の古典理論―数理で蘇る巨匠たち」（三隅一人）　勁草書房　2004.6　prr
◎文献「数理社会学入門」（数土直紀ほか）　勁草書房　2005.2　prr
◎参考文献「社会学におけるフォーマル・セオリー―階層イメージに関するFKモデル　改訂版」（高坂健次）　ハーベスト社　2006.1　p237-251
◎参考文献「格差のメカニズム―数理社会学的アプローチ」（浜田宏）　勁草書房　2007.11　p235-240

数理心理
◎引用参考文献「数理心理学―心理表現の論理と実際」（吉野諒三）　培風館　2007.6　p257-274

数理生理
◎参考文献「数理生理学　下　システム生理学」（Keener, Jほか）　日本評論社　2005.2　p371-472

数理哲学
◎参考文献「ゲーデル、エッシャー、バッハ―あるいは不思議の環　20周年記念版」（D. R. ホフスタッター）　白揚社　2005.10　p755-743
◎参考文献「メタマジック・ゲーム―科学と技術のジグソーパズル　新装版」（D. R. ホフスタッター）　白揚社　2005.10　p797-781
◎参考文献「古代ギリシアの数理哲学への旅―知の構造の探求」（河田直樹）　現代数学社　2006.1　p229-230
◎参考文献「確かさを求めて―数学の基礎についての哲学論考」（M. ジャキント）　培風館　2007.1　p309-323
◎参考文献「メタマス！―オメガをめぐる数学の冒険」（G. J. チャイティン）　白揚社　2007.9　p279-287

数理統計学
◎参考文献「データの科学」（栗原考次）　放送大学教育振興会　2001.3　p271-273
◎参考文献「データサイエンス・シリーズ　1　データリテラシー」（柴田里程）　共立出版　2001.5　p163-164
◎文献解題「データの科学」（林知己夫）　朝倉書店　2001.6　p121-127
◎学習ガイド「データ分析入門―JMP日本語版/JMP IN対応　第3版」（慶應SFCデータ分析教育グループ）　慶應義塾大学出版会　2001.6　p262-264
◎参考書「理工系確率統計―データ解析のために」（中村忠, 山本英二）　サイエンス社　2002.1　p147-148
◎参考文献「計量分析のための統計解析技法」（内山敏典）　晃洋書房　2002.3　p171-172
◎学習ガイド「データ分析入門―JMP日本語版/JMP IN日本語版対応　第4版」（慶応SFCデータ分析教育グループ）　慶応義塾大学出版会　2002.5　p262-264
◎参考文献「AMOS，EQS，CALISによるグラフィカル多変量解析―目で見る共分散構造分析」（狩野裕, 三浦麻子）　現代数学社　2002.6　p283-289
◎文献「ランク回帰と冗長性分析―理論と応用」（斎藤堯幸）　森北出版　2002.6　p107-110
◎参考文献「統計的証拠とその解釈　増補版」（細谷雄三）　牧野書店　2002.7　p195-202
◎参考文献「カテゴリカルデータ解析入門」（A. Agresti）　サイエンティスト社　2003.2　p395-397
◎文献「地球統計学」（H. Wackernagel）　森北出版　2003.5　p247-262
◎参考文献「統計分布ハンドブック」（蓑谷千凰彦）　朝倉書店　2003.6　p707-709
◎参考文献「初学者のための統計教室」（安藤洋美ほか）　現代数学社　2004.3　p176-177
◎参考文献「統計学入門　新装合本」（蓑谷千凰彦）　東京図書　2004.12　p403-404
◎参考文献「統計学とその応用」（田栗正章）　放送大教育振興会　2005.3　p395-397
◎参考文献「文科系学生のための新統計学」（小野寺孝義ほか）　ナカニシヤ出版　2005.10　prr
◎参考文献「統計学を拓いた異才たち―経験則から科学へ進展した一世紀」（D. サルツブルグ）　日本経済新聞社　2006.3　p407-423
◎文献「数理統計学ハンドブック」（R. V. Hogg）　朝倉書店　2006.7　p703-705
◎参考文献「社会環境情報の計数データの実践的解析法」（淺野長一郎ほか）　共立出版　2006.8　p252-256
◎文献「数理統計学」（吉田朋広）　朝倉書店　2006.8　p275-278
◎参考文献「入門はじめての統計解析」（石村貞夫）　東京図書　2006.11　p298-299
◎参考文献「確率統計要論―確率モデルを中心にして」（尾畑伸明）　牧野書店　2007.1　p239-240
◎参考文献ほか「土木・建築のための確率・統計の基礎　改訂」（A. H. S. Ang）　丸善　2007.1　prr
◎参考文献「社会科学のための統計学」（野口博司ほか）　日科技連出版社　2007.3　p199-200
◎参考文献「やさしい統計入門―視聴率調査から多変量解析まで」（田栗正章ほか）　講談社　2007.6　p281-282
◎文献「統計データ科学事典」（杉山高一ほか）　朝倉書店　2007.6　p719-762
◎参考文献ほか「統計数理は隠された未来をあらわにする―ベイジアンモデリングによる実世界イノベーション」（樋口知之）　東京電機大出版局　2007.6　prr
◎参考図書案内「SPSSで学ぶ医療系データ解析」（対馬栄輝）　東京図書　2007.9　p256-259
◎参考文献ほか「統計処理による品質管理と信頼性の基礎」（川井五作ほか）　電気書院　2007.10　p112-113
◎参考文献「入門統計解析　医学・自然科学編」（松原望）　東京図書　2007.10　p340-349

◎参考文献「すぐわかるSPSSによる分散分析」(内田治ほか)　東京図書　2007.11　p216-217

数理ファイナンス
◎参考文献「数理ファイナンス入門―離散時間モデル」(S. R. Pliska)　共立出版　2001.3　p281-285

数理物理学
◎参考文献「複雑さの数理」(レモ・バディイ, アントニオ・ポリティ)　産業図書　2001.6　p357-374

数量調整
◎参考文献「数量調整の経済理論―品切回避行動の動学分析」(森岡真史)　日本経済評論社　2005.10　p291-298

数理論理学
◎参考書「数理論理学　復刊」(松本和夫)　共立出版　2001.8　p191-192

須恵器
◎文献目録「土師器と須恵器」(中村浩, 望月幹夫)　雄山閣出版　2001.6　p147-148
◎注「古代関東の須恵器と瓦」(酒井清治)　同成社　2002.3　prr
◎参考文献「年代のものさし―陶邑の須恵器　平成17年度冬季企画展」(大阪府立近つ飛鳥博物館)　大阪府立近つ飛鳥博物館　2006.1　p80-81
◎文献「泉北丘陵に広がる須恵器窯・陶邑遺跡群」(中村浩)　新泉社　2006.8　p91-92

頭蓋骨
◎参考文献「肖像頭蓋骨―環太平洋民族誌にみる」(小林眞)　里文出版　2006.8　p283-298

図学
○文献リスト「図学研究　41」(日本図学会)　2007.5　p139-151

図画工作
◎参考文献「図画工作・美術教育研究　新訂」(藤澤英昭ほか)　教育出版　2000.4　p172-176

巣鴨信用金庫
◎参考文献「ホスピタリティ―CS向上をめざす巣鴨信用金庫の挑戦―喜ばれることに喜びを」(巣鴨信用金庫創合企画部)　金融財政事情研究会　2007.6　p222-223

菅原伝授手習鑑
◎参考資料一覧「菅原伝授手習鑑―第一四九回文楽公演」(国立劇場調査養成部調査資料課)　日本芸術文化振興会　2004.12　p82-91

図鑑
◎「便覧図鑑年表全情報　1990-1999」(日外アソシエーツ)　日外アソシエーツ　2001.2　747p A5

スカンジナビア
◎文献「社会ケアサービス―スカンジナビア福祉モデルを解く鍵」(J. シピラ)　本の泉社　2003.7　prr

杉
◎参考文献「秋田杉を運んだ人たち―詳記東北林業の文化・労働史」(野添憲治)　社会評論社　2006.9　p306-309

スキタイ
◎参考文献「スキタイと匈奴―遊牧の文明　興亡の世界史2」(林俊雄)　講談社　2007.6　p360-355

数奇屋
◎参考文献「近代の茶室と数奇屋―茶の湯室内の伝承と展開」(桐浴邦夫)　淡交社　2004.6　p146-148

スクールカウンセラー
◎参考文献「スクールカウンセラーの仕事」(伊藤美奈子)　岩波書店　2002.6　p165」

スクール・トラウマ
◎文献「スクール・トラウマとその支援―学校における危機管理ガイドブック」(W. ユール, A. ゴールド)　誠信書房　2001.11　p75-76b

スゲ
◎文献「岡山県スゲ属植物図譜」(星野卓二, 正木智美)　山陽新聞社　2002.4　p226-227
◎引用参考文献「日本のスゲ」(勝山輝男)　文一総合出版　2005.12　p365-368

図形
◎参考文献「かたちのパノラマ」(宮崎興二)　丸善　2003.3　p183-194

スケートボード
◎文献「スケート・ボーディング、空間、都市―身体と建築」(I. ボーデン)　新曜社　2006.8　p77-94b

スコッチ
◎引用文献「スコッチウイスキーの歴史」(J. R. ヒュームほか)　国書刊行会　2004.1　p104-119b

スコラ哲学
◎文献表「中世思想史」(K. リーゼンクーバー)　平凡社　2003.12　p458-432
◎文献表「水とワイン―西欧13世紀における哲学の諸概念」(川添信介)　京都大学学術出版会　2005.2　p214-226

双六
◎一覧ほか「絵すごろく―生いたちと魅力」(山本正勝)　芸艸堂　2004.1　p242-288

スサノオ信仰
◎文献目録「スサノオ信仰事典」(大林太良ほか)　戎光祥出版　2004.5　p353-366

すし
◎参考文献「すしの事典」(日比野光敏)　東京堂出版　2001.5　p353-358
◎参考文献「日本人は寿司のことを何も知らない」(美しい日本の常識を再発見する会)　学習研究社　2003.7　p190」
◎参考文献「東大講座すしネタの自然史」(大場秀章ほか)　NHK出版　2003.11　p280-284

逗子開成学園
◎参考文献ほか「逗子開成百年史」(百年誌編纂委員会)　逗子開成学園　2003.4　p897-910

鈴木
◎参考文献「日本に「鈴木」はなぜ多い?―日本最多の「姓」に秘められた逸話」(秋場龍一)　角川書店　2001.6　p182-184

スズメバチ
◎文献「スズメバチを食べる―昆虫食文化を訪ねて」(松浦誠)　北海道大学図書刊行会　2002.3　p7-9b

すすり

◎参考文献「スズメバチ―都会進出と生き残り戦略 増補改訂版」（中村雅雄）　八坂書房　2007.7　p237-238

硯

◎著述「ようこそ『端硯』の世界へ」（劉演輝）　文芸社　2001.10　p266-276

硯箱

◎参考文献「硯箱の美―蒔絵の精華」（内田篤呉）　淡交社　2006.3　p148-149

図像

◎参考文献「新千年図像晩会」（武田雅哉）　作品社　2001.7　p265-268

◎参考文献「タロット―こころの図像学」（鏡リュウジ）　河出書房新社　2002.5　p222-221

◎「図像研究文献目録―人類文化研究のための非文字資料の体系化」（人類文化研究のための非文字資料の体系化第1班）　神奈川大　2005.9　137p A4

◎参考文献一覧「イメージ・リテラシー工場―フランスの新しい美術鑑賞法」（J. C. フォザほか）　フィルムアート社　2006.2　p331-333

◎文献一覧「バロックのイメージ世界―綺想主義研究」（M. プラーツ）　みすず書房　2006.6　p1-12b

◎参考文献「西洋名画の読み方　1　14世紀から19世紀初期の傑作177点」（P. d. リンク）　創元社　2007.6　p364-368

◎参考文献「時代の目撃者―資料としての視覚イメージを利用した歴史研究」（P. バーク）　中央公論美術出版　2007.10　p275-286

◎文献案内「綺想の表象学―エンブレムへの招待」（伊藤博明）　ありな書房　2007.12　p485-510

スタジアム

◎参考文献「スタジアムの戦後史―夢と欲望の60年」（阿部珠樹）　平凡社　2005.7　p206-209

スタジオジブリ

○書誌（北折いずみ）「文献探索　2006」（文献探索研究会）　2006.11　p272-279

スター・トレック

○ノヴェルシリーズほか（堺三保）「SFマガジン　44.5」（早川書房）　2003.5　p234-250

スターリニズム

◎参考文献「スターリニズム」（G. ギル）　岩波書店　2004.11　p5-29b

スーダン

◎参考文献「近代スーダンにおける体制変動と民族形成」（栗田禎子）　大月書店　2001.2　p721-760

◎参考文献「スーダン―もうひとつの「テロ支援国家」」（富田正史）　第三書館　2002.8　p302-304

頭痛

◎参考書籍「ようこそ頭痛外来へ」（北見公一）　青海社　2005.10　p247-249

スッタニパータ

◎参考文献「真理の灯籠―ブッダの言葉・30講」（可藤豊文）　晃洋書房　2004.11　p223-227

ステレオタイプ

◎引用文献「ステレオタイプとは何か―「固定観念」から「世界を理解する"説明力"」へ」（C. マクガーティほか）　明石書店　2007.2　p254-283

ステンドグラス

◎参考文献「ステンドグラスの絵解き」（志田政人）　日貿出版社　2001.12　p214

◎参考文献「世界ステンドグラス文化図鑑」（V. C. ラガンほか）　東洋書林　2005.7　p283-286

ストア派

◎著作目録「初期ストア派断片集　2　クリュシッポス」（クリュシッポス）　京都大学学術出版会　2002.2　p17-30

ストーカー

◎参考文献「Q&Aセクシュアル・ハラスメントストーカー規制法解説」（山田秀雄）　三省堂　2001.7　p11-13f

◎引用文献ほか「ストーカーの心理―治療と問題の解決に向けて」（P. E. ミューレンほか）　サイエンス社　2003.8　p356-344

◎参考文献「ストーカーの日本史―神話時代から江戸時代まで」（川口素生）　ベストセラーズ　2005.7　p226-229

ストラテジ

◎参考文献「ストラテジ経営戦略―通勤大学MBA　7」（青井倫一）　総合法令出版　2002.10　3pb

ストーリーテリング

◎参考文献「むかし話ワールドへようこそ!―5分で語る」（末吉正子）　一声社　2005.8　p173-176

◎参考文献「ストーリーテリング入門―お話を学ぶ・語る・伝える」（M. R. マクドナルド）　一声社　2006.11　p422-400

◎ブックガイドほか（多比羅拓）「子どもに昔話を!」（石井正己）　三弥井書店　2007.6　p169-182

ストレス

◎文献「リラクセーション反応」（ミリアム・Z. クリッパー, ハーバート・ベンソン）　星和書店　2001.6　p188-212

◎引用文献「ストレス対処の心理・生理的反応に及ぼす影響に関する研究」（鈴木伸一）　風間書房　2002.1　p169-178

◎引用文献「中学生の学校生活における心理的ストレスに関する研究」（三浦正江）　風間書房　2002.2　p301-317

◎文献「ストレスと化粧の社会生理心理学」（阿部恒之）　フレグランスジャーナル社　2002.9　p211-223

◎文献「単身赴任と心理的ストレス―家族分離についての実証的考察」（田中佑子）　ナカニシヤ出版　2002.12　p175-192

◎文献「運動とストレス科学」（竹宮隆ほか）　杏林書院　2003.3　prr

◎参考引用文献「ストレスと人間関係」（嶋信宏）　三恵社　2003.4　p113-118

◎文献「ストレス対処から見た心配の認知的メカニズム」（杉浦義典）　風間書房　2003.9　p117-125

◎参考引用文献「フランス式「うつ」「ストレス」完全撃退法」（D. S. シュレベール）　アーティストハウスパブリッシャーズ　2003.9　p301-319

◎文献「職場不適応と心理的ストレス」（島津明人）　風間書房　2003.9　p97-103
◎文献「ストレスが脳をだめにする―心と体のトラウマ関連障害」（J. D. ブレムナー）　青土社　2003.12　p10-32b
◎引用参考文献「仕事人間のバーンアウト」（横山敬子）　白桃書房　2003.12　p193-201
◎引用文献「幼児期のレジリエンス」（小花和W. 尚子）　ナカニシヤ出版　2004.2　p131-139
◎参考文献「職務満足感と心理的ストレス―組織と個人のストレスマネジメント」（島津美由紀）　風間書房　2004.4　p127-140
◎参考引用文献「臨床心理学とストレス科学」（佐藤隆）　エイデル研究所　2004.4　p198-205
◎参考文献「ストレスと情動の心理学―ナラティブ研究の視点から」（R. S. ラザルス）　実務教育出版　2004.5　p351-391
◎参考文献「バーンアウトの心理学―燃え尽き症候群とは」（久保真人）　サイエンス社　2004.6　p202-212
◎参考文献「学校、職場、地域におけるストレスマネジメント実践マニュアル」（嶋田洋徳ほか）　北大路書房　2004.9　p181-187
◎文献「〈傷つきやすい子ども〉という神話―トラウマを超えて」（U. ヌーバー）　岩波書店　2005.7　p11-14b
◎引用文献「ストレスと対人関係」（橋本剛）　ナカニシヤ出版　2005.9　p237-260
◎参考引用文献「ストレスの事典」（河野友信ほか）　朝倉書店　2005.10　prr
◎参考文献「ワーク・コミットメントとストレスに関する研究」（鷲見克典）　風間書房　2006.1　p191-214
◎引用文献「感情心理学からの文化接触研究―在豪日本人留学生と在日アジア系留学生との面接から」（小柳志津）　風間書房　2006.2　p209-215
◎引用文献「ストレスの心理学―その歴史と展望」（C. L. クーパーほか）　北大路書房　2006.3　p141-158
◎References「ジェンダーとストレスに関する心理学的研究」（廣川空美）　ふくろう出版　2006.12　p9-25b
◎文献「ストレスを低減する認知的スキルの研究」（杉浦知子）　風間書房　2007.2　p149-160
◎引用文献「対人ストレス過程における対人ストレスコーピング」（加藤司）　ナカニシヤ出版　2007.2　p233-277
◎ブックガイド「ストレスマネジメント入門」（島悟ほか）　日本経済新聞出版社　2007.4　p203-205
◎参考文献「「社会的脱落層」とストレスサイン」（平塚儒子）　時潮社　2007.9　p173-179

ストレスケア
◎参考文献「惨事ストレスケア―緊急事態ストレス管理の技法」（G. S. エヴァリーほか）　誠信書房　2004.2　p201-219

ストレス障害
◎BOOKガイド（浅野弘毅）「トラウマ―心の痛手の精神医学」（藤沢敏雄）　批評社　2002.1　p149-154

ストレスマネジメント
◎参考文献「ストレス・マネジメント入門―自己診断と対処法を学ぶ」（中野敬子）　金剛出版　2005.11　p174-182

ストレッチング
◎参考文献「パートナーストレッチング　スポーツ編」（伊藤マモル）　山海堂　2004.7　p212-213

砂
◎文献「鳴り砂ノート―鳴り砂が奏でるロマンと魅力」（川村國夫ほか）　北國新聞社　2004.7　p170-176

砂川闘争
◎文献「砂川闘争50年それぞれの思い」（星紀市）　けやき出版　2005.10　p241-242

ズニ族
◎参考文献「ズニ族の謎」（N. Y. デーヴィス）　筑摩書房　2004.9　p470-437

スヌーピー
○書誌（石毛久美子）「文献探索　2004」（文献探索研究会）　2004.4　p370-373

頭脳流出
◎参考文献「「異脳」流出―独創性を殺す日本というシステム」（岸宣仁）　ダイヤモンド社　2002.1　p259-262

スパイ
◎文献「スパイの世界史」（海野弘）　文藝春秋　2003.11　p517-528
◎文献「北朝鮮抑留―第十八富士山丸事件の真相」（西村秀樹）　岩波書店　2004.3　p293-294
◎参考引用文献「インテリジェンスの歴史―水晶玉を覗こうとする者たち」（北岡元）　慶應義塾大出版会　2006.9　p277-281
◎参考文献ほか「紳士の国のインテリジェンス」（川成洋）　集英社　2007.7　p244-253

スパイ小説
○全ガイド（編集部）「ミステリマガジン　45.11.536」（早川書房）　2000.11　p38-46
○厳選（小山正）「ミステリマガジン　45.11.536」（早川書房）　2000.11　p6-9

スーパーマーケット
◎引用文献「友情と私利―香港一日系スーパーの人類学的研究」（王向華）　風響社　2004.6　p409-426
◎参考文献「争覇の流通イノベーション―ダイエー・イトーヨーカ堂・セブン-イレブン・ジャパンの比較経営行動分析」（森田克徳）　慶應義塾大出版会　2004.10　p291-293

スバル360
◎参考文献「スバルは何を創ったか　スバル360とスバル1000、"独創性"の系譜」（影山夙）　山海堂　2003.2　p300」

スピリチュアル
◎「スピリチュアル・データブック　2003」（Book Club Kai）　ブッククラブ回　2003.4　395p A5

スプリント
○文献情報（有川秀之）「スプリント研究　11」（日本スプリント学会）　2001.12　p50-55
○文献情報（有川秀之）「スプリント研究　14」（日本スプリント学会）　2004.11　p137-142

スペイン
◎読書案内「ドン・キホーテの独り言」（木村栄一）　岩波書店　2001.6　prr

◎文献案内「スペイン・ポルトガルを知る事典　新訂増補」(池上岑夫ほか)　平凡社　2001.10　p486-500
◎文献リスト「スペインの社会・家族・心性—中世盛期に源をもとめて」(芝紘子)　ミネルヴァ書房　2001.10　p335-361
◎参考文献「スペインスクーター旅」(弘英正)　どらねこ工房　2001.10　p176-209
◎史料・文献「神の御業の物語—スペイン中世の人・聖者・奇跡」(杉谷綾子)　現代書館　2002.3　p344-361
◎文献「スペイン」(関哲行)　山川出版社　2002.11　p181-182
◎参考文献「スペインのユダヤ人」(関哲行)　山川出版社　2003.4　p96-98
◎文献「銀河を辿る—サンティアゴ・デ・コンポステラへの道」(清水芳子)　新評論　2003.6　p328-329
◎文献「近世スペイン農業—帝国の発展と衰退の分析」(芝修身)　昭和堂　2003.10　p8-35b
◎参考文献「スペイン語世界のことばと文化」(京都外国語大学イスパニア語学科)　行路社　2003.11　prr
◎参考文献「スペイン・ユダヤ民族史—寛容から不寛容へいたる道」(近藤仁之)　刀水書房　2004.1　p209-204
◎邦語文献「スペイン歴史散歩—多文化多言語社会の明日に向けて」(立石博高)　行路社　2004.2　p152-153
◎参考文献「スペインのロマネスク教会—時空を超えた光と影」(桜井義夫)　鹿島出版会　2004.5　p172」
◎参考文献「現代スペインの歴史—激動の世紀から飛躍の世紀へ」(碇順治)　彩流社　2005.5　p279-283
◎参考文献「寛容の文化—ムスリム、ユダヤ人、キリスト教徒の中世スペイン」(マリア・ロサ・メノカル)　名古屋大学出版会　2005.8　p8-15b
◎「スペイン関係文献目録」(坂東省次)　行路社　2005.11　396p B5
◎参考文献「スペイン巡礼史—「地の果ての聖地」を辿る」(関哲行)　講談社　2006.2　p241-246
◎文献一覧「黄金の川　別巻」(H. トーマス)　大月書店　2006.2　p25-47
○文献目録(遠藤百純)「Sociologica 30.2」(創価大)　2006.3　p181-208
◎参考文献「石も夢みるスペインロマネスク」(村田栄一)　社会評論社　2007.3　p384-385
◎参考文献「未知の国スペイン—バスク・カタルーニャ・ガリシアの歴史と文化」(大泉陽一)　原書房　2007.4　p214-222
◎参考文献ほか「真説レコンキスタ—〈イスラームVSキリスト教〉史観をこえて」(芝修身)　書肆心水　2007.5　p239-244
◎参考文献「現代スペイン情報ハンドブック　改訂版」(坂東省次ほか)　三修社　2007.10　prr

スペイン　演劇
◎参考文献「スペイン黄金世紀の大衆演劇」(佐竹謙一)　三省堂　2001.4　p1-21b
◎作品一覧ほか(佐竹謙一)「スペイン黄金世紀演劇集」(牛島信明)　名古屋大学出版会　2003.6　p9-13b

スペイン　音楽
◎参考資料ほか「粋と情熱—スペイン・ピアノ作品への招待」(上原由記音)　ショパン　2004.11　p321-318

スペイン　革命
◎著作「スペイン革命のなかのドゥルーティ」(A. パス)　れんが書房新社　2001.10　p374-379

スペイン　カタルーニャ
◎参考文献「カタルーニャの歴史と文化」(M. ジンマーマンほか)　白水社　2006.2　p5-6b

スペイン　カナリア諸島
◎参考文献「VIVA!カナリア」(船越博)　創土社　2005.10　p254-255

スペイン　継承戦争
◎参考文献「スペイン継承戦争—マールバラ公戦記とイギリス・ハノーヴァー朝誕生記」(友清理士)　彩流社　2007.2　p399」

スペイン　国立図書館
○漢籍目録(井上泰山)「関西大学中国文学会紀要　27」(関西大)　2006.3　p15-30

スペイン　女性
◎参考文献「スペインの女性群像—その生の軌跡」(高橋博幸ほか)　行路社　2003.5　prr

スペイン　彫刻
◎参考文献「スペインロマネスク彫刻研究—サンティアゴ巡礼の時代と美術」(浅野ひとみ)　九州大学出版会　2003.2　p327-389

スペイン　トラファルガー海戦
◎参考文献「トラファルガル海戦物語　下」(R. アドキンズ)　原書房　2005.11　p7-12b

スペイン　内戦
◎参考文献「スペイン歴史の旅」(川成洋)　人間社　2002.11　prr
○注「フランス人とスペイン内戦　不干渉と宥和」(渡辺和行)　ミネルヴァ書房　2003.4　prr
◎参考文献「スペイン戦争青春の墓標—ケンブリッジの義勇兵たちの肖像」(川成洋)　東洋書林　2003.7　p364-336
◎参考文献「バスクとスペイン内戦」(狩野美智子)　彩流社　2003.11　p17-33b
◎参考文献「スペイン市民戦争とアジア—遥かなる自由と理想のために」(石川捷治ほか)　九州大出版会　2006.9　p161-164

スペイン　バスク
◎参考文献「バスクとスペイン内戦」(狩野美智子)　彩流社　2003.11　p17-33b
◎参考文献「バスクとバスク人」(渡部哲郎)　平凡社　2004.4　p218-215

スペイン　美術
◎文献目録(遠山景子)「よみがえる須磨コレクション—スペイン美術の500年」(大高保二郎)　長崎県美術館　c2005　p307-309

スペイン　プラド美術館
◎Bibliography「プラド美術館展—スペインの誇り、巨匠たちの殿堂」(国立プラド美術館)　読売新聞東京本社　c2006　p276-282

スペイン　モリスコ史
◎「モリスコ史資料研究文献目録—アルハミアを中心に」(愛場百合子)　東京外国語大　2004.3　132p B5
◎「モリスコ史資料研究文献目録—アルハミアを中心に 2」(愛場百合子)　東京外国語大　2005.12　64p B5

スペイン　料理
- ◎参考文献「スペイン　世界の食文化14」（立石博高）　農文協　2007.3　p279-284

スペイン風邪
- ◎注「日本を襲ったスペイン・インフルエンザ—人類とウイルスの第一次世界戦争」（速水融）　藤原書院　2006.2　prr

スペイン語
- ◎文献「現代スペイン語における"se"をともなう中間構文についての研究—機能的観点による日本語との類型論的比較研究—意味と形式の関係を求めて」（石崎優子）　芸林書房　2003.4　p253-263
- ◎参考文献「スペイン語世界のことばと文化」（京都外国語大学イスパニア語学科）　行路社　2003.11　prr
- ◎文献「ラテンアメリカのスペイン語—言語・社会・歴史」（J. M. リプスキ）　南雲堂フェニックス　2003.12　p370-431
- ◎参考文献「タスクで作ろう、活気ある教室—初級スペイン語授業の改善を目指して」（大森洋子ほか）　芸林書房　2004.4　p134-136
- ◎推薦図書「スペイン語の贈り物」（福嶌教隆）　現代書館　2004.8　p290-292
- ◎参考文献「スペイン語と日本語のモダリティ—叙法とモダリティの接点」（和佐敦子）　くろしお出版　2005.11　p197-207
- ◎参考文献「概説アメリカ・スペイン語」（三好準之助）　大学書林　2006.4　p205-216
- ◎資料「4次元認識の文構造—スペイン語の場合」（酒井優子）　リーベル出版　2006.5　p191-196
- ◎参考文献「セルバンテスの仲間たち—スペイン語の話者の歴史」（J. R. ロドレス）　柳原出版　2006.8　p242-249
- ◎引用文献「スペイン語創出文法」（原誠）　近代文芸社　2007.2　p594-602

スペイン人
- ◎文献目録「スペイン人—16-19世紀の行動と心性」（B. ベナサール）　彩流社　2003.7　p307-310

スペクタクル
- ◎書誌ほか（木下誠）「スペクタクルの社会」（G. ドゥボール）　筑摩書房　2003.1　p253-275

スペースデザイン
- ◎参考文献「サイバード・スペースデザイン論」（渡邊朗子）　慶應義塾大学出版会　2001.9　p151-154

スペリング
- ◎References「L2学習者のスペリング能力とリーディング能力の関係」（森千鶴）　溪水社　2007.11　p105-113

スポーツ
- ◎参考文献「ボディ・ランゲージ—現代スポーツ文化論」（アンドリュー・ブレイク）　日本エディタースクール出版部　2001.3　p330-333
- ◎引用・参考書「運動とスポーツの生理学」（北川薫）　市村出版　2001.4　p98-99
- ◎参考文献「生涯スポーツの理論と実際—豊かなスポーツライフを実現するために」（日下裕弘ほか）　大修館書店　2001.4　p224-229
- ◎引用文献「メディアスポーツの視点—疑似環境の中のスポーツと人」（神原直幸）　学文社　2001.5　p161-167
- ◎文献「ドーピングの社会学—近代競技スポーツの臨界点」（カール-ハインリッヒ・ベッテ、ウヴェ・シマンク）　不昧堂出版　2001.6　p296-309
- ◎参照文献「フェミニズム・スポーツ・身体」（アン・ホール）　世界思想社　2001.8　p259-281
- ◎参考文献「生涯スポーツ概論」（黒川国児ほか）　中央法規出版　2001.10　prr
- ◎参考文献「スポーツと政治」（坂上康博）　山川出版社　2001.11　3pb
- ◎「体育資料事典　1　第1巻」　日本図書センター　2002.2　832p B5
- ◎参考文献ほか「スポーツ文化の〈現在〉を探る」（稲垣正浩ほか）　叢文社　2002.4　prr
- ◎文献「スポーツイベントの経済学—メガイベントとホームチームが都市を変える」（原田宗彦）　平凡社　2002.6　p220-222
- ◎文献「伝記文学のなかにスポーツ文化を読む」（稲垣正浩）　叢文社　2002.6　p250-251
- ◎参考文献「スポーツ語源クイズ55」（田代靖尚）　講談社　2002.11　p234-231
- ◎引用参考文献「現代メディアスポーツ論」（橋本純一）　世界思想社　2002.12　prr
- ◎文献「子どものスポーツと才能教育」（宮下充正）　大修館書店　2002.12　p169-172
- ◎注「人間とスポーツの歴史」（渡部憲一）　高菅出版　2003.2　prr
- ◎「スポーツの本全情報　1998-2002」（日外アソシエーツ）　日外アソシエーツ　2003.3　830p A5
- ◎文献「現代スポーツ社会学序説」（海老原修）　杏林書院　2003.3　p234-249
- ◎文献「スポーツ運動学入門—スポーツの正しい動きとは何か」（U. ゲーナー）　不昧堂出版　2003.4　p241-249
- ◎文献「黒人アスリートはなぜ強いのか？—その身体の秘密と苦闘の歴史に迫る」（J. エンタイン）　創元社　2003.4　p426-427
- ◎参考文献「テレビスポーツ50年　オリンピックとテレビの発展」（杉山茂ほか）　角川インタラクティブ・メディア　2003.7　p350-351
- ◎参考引用文献「ワールドカップのメディア学」（牛木素吉郎）　大修館書店　2003.10　p255-261
- ◎参考文献ほか「身体論—スポーツ学的アプローチ」（稲垣正浩）　叢文社　2004.2　p236-271
- ◎引用文献「スポーツ・テレビ・ファンの心理学—スポーツが変わる、スポーツを変える、世界が変わる」（三井宏隆ほか）　ナカニシヤ出版　2004.4　prr
- ◎参考文献「スポーツ・ボランティアへの招待—新しいスポーツ文化の可能性」（山口泰雄）　世界思想社　2004.4　prr
- ◎参考文献「年齢に応じた運動のすすめ—わかりやすい身体運動の科学」（宮下充正）　杏林書院　2004.4　p103-105
- ◎参考文献「身体活動科学における研究方法」（J. R. Thomasほか）　ナップ　2004.5　p449-459
- ◎参考文献「問題としてのスポーツ—サッカー・暴力・文明化」（E. ダニング）　法政大学出版局　2004.5　p21-33b
- ◎引用参考文献「障害者とスポーツ」（高橋明）　岩波書店　2004.6　p195-196

◎文献「スポーツ・ジェンダー学への招待」（飯田貴子ほか）　明石書店　2004.7　p319-330
◎文献目録「スポーツと人間―文化的・教育的・倫理的側面」（O. グルーペ）　世界思想社　2004.11　p259-268
◎参考文献「スポーツ文学評論」（荒川和民）　新風舎　2005.2　p364-365
◎文献「モンゴル国の伝統スポーツ―相撲、競馬、弓射」（井上邦子）　叢文社　2005.2　p226-237
◎参考図書ほか「スポーツ・マネジメント入門―24のキーワードで理解する」（広瀬一郎）　東洋経済新報社　2005.4　p198-200
◎文献案内（細越淳二ほか）「教養としての体育原理―現代の体育・スポーツを考えるために」（友添秀則ほか）　大修館書店　2005.4　p155-164
◎参考文献解説「女子マネージャーの誕生とメディア―スポーツ文化におけるジェンダー形成」（高井昌吏）　ミネルヴァ書房　2005.4　prr
◎注「企業スポーツの栄光と挫折」（澤野雅彦）　青弓社　2005.6　prr
◎「時枝実旧蔵明治・大正・昭和前半期刊行スポーツ関係図書目録」（福島図書館研究所）　福島図書館研究所　2005.7　38p B5
◎参考文献「スポーツを楽しむ―フロー理論からのアプローチ」（S. A. ジャクソンほか）　世界思想社　2005.9　p261-268
◎引用文献「子どもスポーツの意味解釈―子どものスポーツ的社会化に関する研究」（山本清洋）　日本評論社　2005.12　p316-323
◎参考文献「スポーツの行政学」（中村祐司）　成文堂　2006.1　p431-444
◎参考文献「雪国の生活と身体活動」（須田力）　北海道大出版会　2006.2　p169-178
◎文献「実践に生かすスポーツ教養―スポーツのあるライフスタイルのすすめ」（加藤知己）　東京電機大出版局　2006.3　p160-162
◎参考文献ほか「スポーツ科学からスポーツ学へ」（藤井英嘉ほか）　叢文社　2006.4　p209-248
◎参考文献「近代スポーツ文化とはなにか」（西山哲郎）　世界思想社　2006.5　p205-193
◎参考文献「スポーツ解体新書」（玉木正之）　朝日新聞社　2006.11　p303-306
◎参考文献「スポート・マーケティングの基礎」（B. G. ピッツ）　白桃書房　2006.11　p513-530
◎参考文献「健康スポーツのすすめ―からだをメンテナンスする時代」（沢井史穂）　日本評論社　2006.12　prr
◎引用参考文献「トップパフォーマンスへの挑戦」（早稲田大学スポーツ科学学術院）　ベースボール・マガジン社　2007.3　p150-151
◎参考文献「ボクシングはなぜ合法化されたのか―英国スポーツの近代史」（松井良明）　平凡社　2007.4　p269-274
◎参考文献「地方自治体のスポーツ立法政策論」（吉田勝光）　成文堂　2007.4　p167-170
◎引用参考文献「健康・スポーツ科学のための研究方法―研究計画の立て方とデータ処理方法」（出村愼一）　杏林書院　2007.6　p300-301
◎文献「体育・スポーツ指導のための動きの質的分析入門」（D. V. Knudsonほか）　ナップ　2007.8　p220-237

スポーツ医学
◎文献「勝利をつかむコンディショニングbook」（坂詰真二）　ベースボール・マガジン社　2005.6　p288-290
◎文献「トレーナーズ・バイブル　新版」（W. E. Prenticeほか）　医道の日本社　2007.3　p568-593
◎参考文献「健康寿命をのばすための運動処方」（清岡智）　学文社　2007.10　p147-149

スポーツ教育
◎文献「変貌する英国パブリック・スクール―スポーツ教育から見た現在」（鈴木秀人）　世界思想社　2002.5　p228-243

スポーツ経営
◎引用参考文献「スポーツ経営学　改訂版」（山下秋二）　大修館書店　2006.2　prr

スポーツ史
〇文献書誌（中房敏朗, 松井良明, 鈴木純子）「スポーツ史研究　15」（スポーツ史学会）　2002　p101-127
◎参考文献「スポーツ学のルーツ―古代ギリシアローマのスポーツ思想」（高橋幸一）　明和出版　2003.12　prr
◎文献書誌（松井良明ほか）「スポーツ史研究　16」（スポーツ史学会）　2003　p87-89
◎参考文献「身体の国民化―多極化するチェコ社会と体操運動」（福田宏）　北海道大出版会　2006.2　p227-246
◎参考文献「神戸スポーツはじめて物語」（高木應光）　神戸新聞総合出版センター　2006.4　p247-251

スポーツ事故
◎文献「判例法学と教育・スポーツ事故論」（北川均）　探究社　2002.6　p238-240

スポーツ施設
◎引用参考文献「公共スポーツ施設のマネジメント」（間野義之）　体育施設出版　2007.5　p197-200

スポーツ障害
◎参考文献「スポーツリハビリテーション―最新の理論と実践」（G. S. コルトほか）　西村書店　2006.2　p460-515

スポーツ心理
◎文献「今すぐ使えるメンタルトレーニング　コーチ用」（高妻容一）　ベースボール・マガジン社　2003.12　p283-291
◎引用文献「最新スポーツ心理学」（日本スポーツ心理学会）　大修館書店　2004.12　prr
◎文献「教養としてのスポーツ心理学」（徳永幹雄）　大修館書店　2005.5　prr
◎文献「スポーツ心理学入門」（M. ジャーヴィス）　新曜社　2006.7　p11-22b
◎文献「スポーツ社会心理学―エクササイズとスポーツへの社会心理学的アプローチ」（M. ハガーほか）　北大路書房　2007.3　p257-284
◎参考文献「武田建のコーチングの心理学」（武田建）　創元社　2007.7　p221-224

スポーツ人類学
◎文献「スポーツ人類学」（宇佐美隆憲）　明和出版　2004.9　p173-197

スポーツ選手
　◎注「プロスポーツ選手の法的地位」（川井圭司）　成文堂　2003.6　prr
　◎参考文献「アメリカのスポーツと人種―黒人身体能力の神話と現実」（J. ホバマン）　明石書店　2007.5　p19-52b

スポーツ動作法
　◎文献「講座・臨床動作学　6　スポーツ動作法」（成瀬悟策）　学苑社　2001.10　p232-236

スポーツニュース
　◎参考引用文献「スポーツニュースは恐い―刷り込まれる〈日本人〉」（森田浩之）　NHK出版　2007.9　p200-206

スポーツ文化
　◎参考文献ほか「現代思想とスポーツ文化」（稲垣正浩）　叢文社　2002.9　p226-248

スポーツ法
　◎参照文献「スポーツ法学序説」（千葉正士）　信山社出版　2001.3　p197-215
　◎文献目録「フランススポーツ基本法の形成　下」（齋藤健司）　成文堂　2007.2　p1079-1087

スポーツマネジメント
　◎参考文献「図解スポーツマネジメント」（山下秋二ほか）　大修館書店　2005.4　p205-207

スポーツ力学
　◎文献ほか「スポーツ・バイオメカニクス入門―絵で見る講義ノート　3版」（金子公宥）　杏林書院　2006.4　p109-114

スポーツ倫理
　◎文献案内「スポーツ倫理学講義」（川谷茂樹）　ナカニシヤ出版　2005.4　p242-249

炭
　◎参考図書「炭のかがく　炭のすべてがよくわかる」（柳沼力夫）　誠文堂新光社　2003.7　p143」

墨
　◎引用参考文献「墨と硯と紙の話」（為近磨巨）　木耳社　2003.12　p280-282

住みごこち
　◎文献「住みごこちの心理学―快適居住のために　復刻版」（加藤義明）　都立大学出版会　2001.9　p209-211

スミソニアン
　◎原注「スミソニアンは何を展示してきたか」（A. ヘンダーソンほか）　玉川大学出版部　2003.5　p307-278

スミレ
　◎文献「原色日本のスミレ　増補」（浜栄助）　誠文堂新光社　2002.7　p47-49b

相撲
　◎引用参考書目録「史料集成江戸時代相撲名鑑　上」（飯田昭一）　日外アソシエーツ　2001.9　p9-11
　◎参考文献「相撲大事典」（金指基）　現代書館　2002.1　p443-445
　◎文献「草相撲のスポーツ人類学―東アジアを事例とする動態的民族誌」（宇佐美隆憲）　岩田書院　2002.2　p13-28b
　◎文献「大相撲の経済学」（中島隆信）　東洋経済新報社　2003.10　p203-204
　◎参考文献「相撲節会―大相撲の源流」（飯田道夫）　人文書院　2004.1　p206-209
　◎参考文献「相撲大事典　2版」（金指基）　現代書館　2007.1　p447-448

スモッグ
　◎参考文献「煙が水のように流れるとき」（D. デイヴィス）　ソニー・マガジンズ　2003.12　22pb

スラヴ
　◎文献目録「中世前期北西スラヴ人の定住と社会」（市原宏一）　九州大学出版会　2005.12　p215-226
　◎参考文献「スラヴ語の小径―スラヴ言語学入門」（山田勇）　大学教育出版　2006.5　p195-206

スラム
　◎注文献「大阪のスラムと盛り場―近代都市と場所の系譜学」（加藤政洋）　創元社　2002.4　prr
　◎参考文献「タイ都市スラムの参加型まちづくり研究」（秦辰也）　明石書店　2005.9　prr

受領制
　◎参考文献「受領と地方社会」（佐々木恵介）　山川出版社　2004.2　2pb
　◎註「受領制の研究」（寺内浩）　塙書房　2004.2　prr

スリランカ
　◎文献「発展途上国の聴覚障害児早期教育への援助に関する研究―わが国のスリ・ランカに対する援助を中心に」（古田弘子）　風間書房　2001.2　p295-329
　◎文献「スリランカの仏教」（ガナナート・オベーセーカラ, リチャード・ゴンブリッチ）　法蔵館　2002.8　p28-37b
　◎参考文献「スリランカの農林業―現状と開発の課題　2004年版」（国際農林業協力協会）　国際農林業協力協会　2004.3　p175-176
　◎参考引用文献「スリランカ海村社会の女性たち―文化人類学的研究」（高桑史子）　八千代出版　2004.4　p337-349
　◎参考文献「スリランカ巨大仏の不思議―誰が・いつ・何のために」（楠元香代子）　法蔵館　2004.9　p208-209
　◎注「スリランカと民族―シンハラ・ナショナリズムの形成とマイノリティ集団」（川島耕司）　明石書店　2006.2　prr
　◎参考文献「日本的経営は海を越えられたか!?―スリランカ日系企業を歩いて、見て、聞いてきました」（J. A. T. D. にしゃんた）　ふくろう出版　2006.3　p136-141

スールー諸島
　◎参考文献「フィリピン・スールーの海洋民―バジャウ社会の変化」（H. A. ニモ）　現代書館　2005.11　p209」

スロバキア
　◎参考文献「チェコとスロヴァキアを知るための56章」（薩摩秀登）　明石書店　2003.4　p302-308
　◎参考文献「図説チェコとスロヴァキア」（薩摩秀登）　河出書房新社　2006.11　p127」

スロバキア語
　◎参考文献「スロヴァキア語文法」（長與進）　大学書林　2004.4　p461-472

スローフード
  ◎文献「本物を伝える日本のスローフード」(金丸弘美) 岩波書店 2003.8 p177-178
スローライフ
  ◎参考文献「スローライフな未来が見える」(真柴隆弘) インターシフト 2004.2 p244-249
  ○文献(千葉立也)「地域社会研究 14」(都留文科大) 2004.3 p23-25

【 せ 】

姓
  ◎参考文献「日本に「鈴木」はなぜ多い?―日本最多の「姓」に秘められた逸話」(秋場龍一) 角川書店 2001.6 p182-184
性
  ◎参考文献「性を司る脳とホルモン」(山内兄人,新井康允) コロナ社 2001.2 p182-212
  ◎参考文献「男はなぜ新しい女が好きか?―男と女欲望の解剖学」(サイモン・アンドレアエ) 原書房 2001.2 p1-20b
  ◎文献リスト「日本と中国の青少年の性意識・性教育―北海道浅井学園大学・北海道浅井学園大学短期大学部哈爾浜学院/日中学術交流成果報告書」(白佐俊憲ほか) 山藤印刷出版部 2001.3 p168-212
  ◎文献「こころとからだの性科学」(深津亮ほか) 星和書房 2001.6 prr
  ◎文献リスト「誰が誰に何を売るのか? 援助交際にみる性・愛・コミュニケーション」(円田浩二) 関西学院大学出版会 2001.6 p293-284
  ◎注文献「源氏物語=性の迷宮へ」(神田龍身) 講談社 2001.7 p228-236
  ◎文献「ジェンダー化される身体」(荻野美穂) 勁草書房 2002.2 p6-40b
  ◎文献目録「挑発する肉体―文明化の過程の神話 4」(ハンス・ペーター・デュル) 法政大学出版局 2002.4 p25-93b
  ◎参考文献「歴史はSEXでつくられる」(R.ゴードン) 時空出版 2002.7 p1-4b
  ◎文献「恋人選びの心―性淘汰と人間性の進化 2」(ジェフリー・F.ミラー) 岩波書店 2002.7 p11-36b
  ◎注「王朝の性と身体―逸脱する物語」(小嶋菜温子) 森話社 2002.9 prr
  ◎文献「愛について―アイデンティティと欲望の政治学」(竹村和子) 岩波書店 2002.10 p328-351
  ◎文献「老いをあざむく―〈老化と性〉への科学の挑戦」(R.ゴスデン) 新曜社 2003.2 p17-29b
  ◎図書リスト「セクシュアルマイノリティ 同性愛、性同一障害、インターセックスの当事者が語る人間の多様な性」(セクシュアルマイノリティ教職員ネットワーク) 明石書店 2003.3 p211-217
  ◎文献「レイプの政治学 レイプ神話と「性=人格原則」」(杉ħ聡) 明石書店 2003.5 p271-286
  ◎参考文献「日本の童貞」(渋谷知美) 文藝春秋 2003.5 p264-269
  ◎年表「性と愛の日本語講座」(小谷野敦) 筑摩書房 2003.6 p1-7b
  ◎文献「オトコの進化論―男らしさの起源を求めて」(山極寿一) 筑摩書房 2003.8 p235-238
  ◎文献「女と男の日本語辞典 下巻」(佐々木瑞枝) 東京堂出版 2003.12 p7-19
  ◎参考文献「ドクター・タチアナの男と女の生物学講座―セックスが生物を進化させた」(O.ジャドソン) 光文社 2004.2 p324-371
  ◎引用参考文献「性と文化」(山本真鳥) 法政大学出版局 2004.3 p221-231
  ◎参考文献「セックス依存症―その理解と回復・援助」(P.カーンズ) 中央法規出版 2004.4 p267-270
  ◎参考文献「セックスボランティア」(河合香織) 新潮社 2004.6 p236-238
  ◎参考引用文献「女性の性のはなし」(富永国比古) 悠飛社 2004.6 p180-165
  ◎参照文献「性家族の誕生」(川村邦光) 筑摩書房 2004.7 p243-251
  ◎参考文献「性愛と資本主義 増補新版」(大沢真幸) 青土社 2004.10 p235-241,286
  ◎参考文献「麗しき貴婦人たちのスカートの下―愛と性の歴史トリビア」(桐生操) 大和書房 2005.2 p225-230
  ◎参考文献「やおい小説論―女性のためのエロス表現」(永久保陽子) 専修大学出版局 2005.3 p336-337
  ◎参考文献「性なる聖なる生―セクシュアリティと魂の交叉」(虎井まさ衛ほか) 緑風出版 2005.3 p235-237
  ◎参考文献「Woman女性のからだの不思議 下」(N.アンジェ) 綜合社 2005.5 p231-214
  ◎参考文献「〈見えない〉欲望へ向けて―クィア批評との対話」(村山敏勝) 人文書院 2005.7 p230-241
  ◎文献一覧「シュルレアリスムと性」(X.ゴーチエ) 平凡社 2005.8 p403-412
  ◎参考文献「性と生殖の近世」(沢山美果子) 勁草書房 2005.9 p7-19
  ◎引用文献「脳の性分化」(山内兄人ほか) 裳華房 2006.1 p346-419
  ◎参考文献「10代の性行動と日本社会―そしてWYSH教育の視点」(木原雅子) ミネルヴァ書房 2006.2 p162-165
  ◎推薦図書「セクシュアルマイノリティ―同性愛、性同一性障害、インターセックスの当事者が語る人間の多様な性 2版」(セクシュアルマイノリティ教職員ネットワーク) 明石書店 2006.3 p273-277
  ◎参考文献「フィンランドにおける性的ライフスタイルの変容―3世代200の自分史による調査研究」(E.ハーヴィオ=マンニラほか) 大月書店 2006.6 p262-266
  ◎参考文献(寺田由美)「性と生の主体者としての学習―青年期と性」("人間と性"教育研究協議会) 大月書店 2006.6 p193-196
  ◎文献「体位の文化史」(A.アルテールほか) 作品社 2006.6 p418-419
  ◎参考文献「オルガスムの歴史」(R.ミュッシャンブレ) 作品社 2006.8 p445-464
  ◎参考文献「セックスボランティア」(河合香織) 新潮社 2006.11 p257-260
  ◎参考文献「セクシュアリティ基本用語事典」(J.イーディー) 明石書店 2006.12 p337-381

◎参考図書「生きる勇気と癒す力―性暴力の時代を生きる女性のためのガイドブック　新装改訂版」（E. バスほか）　三一書房　2007.2　p22-36b
◎注「占領と性―政策・実態・表象」（恵泉女学園大学平和文化研究所）　インパクト出版会　2007.5　prr
◎参考文献「思春期のからだとこころ」（岩瀬佳代子ほか）　金子書房　2007.6　p124-127
◎参考書「性のこと、わが子と話せますか？」（村瀬幸浩）集英社　2007.8　p237-238
◎参考文献「西洋中世の男と女―聖性の呪縛の下で」（阿部謹也）　筑摩書房　2007.10　p289-296
◎引用文献「「セックスワーカー」とは誰か―移住・性労働・人身取引の構造と経験」（青山薫）　大月書店　2007.12　p1-25b
◎引用文献「性と生殖」（安部眞一）　培風館　2007.12　prr

性愛
◎注「恋愛と性愛―シリーズ比較家族　第2期　5」（服藤早苗）　早稲田大学出版部　2002.11　prr
◎参考文献「道教の房中術　古代中国人の性愛秘法」（土屋英明）　文藝春秋　2003.5　p203-205
○文献目録（柴佳世乃）「国文学解釈と鑑賞　70.3」（至文堂）　2005.3　p183-194

生育儀礼
◎注「生育儀礼の歴史と文化　子どもとジェンダー」（服藤早苗ほか）　森話社　2003.3　prr

生化学
◎読書案内「生化学をつくった人々」（丸山工作）　裳華房　2001.5　p152-153
◎文献「カラー生化学」（C. K. マシューズほか）　西村書店　2003.5　p944-965
◎文献「運動生化学ハンドブック」（M. E. Houston）ナップ　2004.1　p199-201
◎文献「イラストレイテッドハーパー・生化学」（H. A. ハーパー）　丸善　2007.1　prr
◎参考文献「生化学・分子生物学　3版」（W. H. Elliottほか）　東京化学同人　2007.2　prr
◎参考文献ほか「シンプル生化学　改訂5版」（林典夫ほか）　南江堂　2007.4　p369-371

性格
◎文献「タイプA行動の診断と治療」（メイヤー・フリードマン）　金子書房　2001.11　p155-158
◎引用文献「性格の心理―ビッグファイブと臨床からみたパーソナリティ」（丹野義彦）　サイエンス社　2003.4　p237-244
◎引用文献「性格心理学への招待―自分を知り他者を理解するために　改訂版」（詫摩武俊ほか）　サイエンス社　2003.10　p249-257
◎参考文献「スナップ・ジャッジメント―瞬間読心術」（内藤誼人）　光文社　2004.8　p216-220
◎参考文献「人間の本性を考える―心は「空白の石版」か　中」（S. ピンカー）　NHK出版　2004.8　p1-23b
◎参考文献「人間の本性を考える―心は「空白の石版」か　下」（S. ピンカー）　NHK出版　2004.9　p1-22b
◎引用文献「グラフィック性格心理学」（戸田まりほか）　サイエンス社　2005.8　p301-312
◎参考引用文献「顔立ちとパーソナリティ―相貌心理学からみた日本人」（須賀哲夫）　北大路書房　2007.12　p117-118

声楽
◎参考文献「声楽家のための本番力―最高のパフォーマンスを引き出すメンタル・トレーニング」（S. エモンズほか）　音楽之友社　2007.2　p411-414

西学東漸
○文献ほか（J.Kurtz）「或問　6」（近代東西言語文化接触研究会）　2003.5　p133-136
○文献ほか（J.Kurtz）「或問　7」（近代東西言語文化接触研究会）　2004.3　p119-126

青果市場
◎文献「国際化時代の地域農業振興―その理論と実践方策」（小島豪）　日本経済評論社　2003.9　p223-226
◎参考文献「現代の青果物購買行動と産地マーケティング」（大浦裕二）　農林統計協会　2007.3　p135-140

成果主義
◎参考文献「成果主義と人事評価」（内田研二）　講談社　2001.10　p205-206
◎参考文献「成果主義とメンタルヘルス」（天笠崇）　新日本出版社　2007.5　p169-172

聖画像
◎引用参考文献「岡山のイコン」（植田心壮）　日本文教出版　2005.2　p155-156

生活
○「生活・健康・栄養図書総目録　2005年版」　図書目録刊行会　2004.11　373p A5

生活科学
◎参考文献「生活の科学」（中根芳一）　コロナ社　2003.2　p233-237

生活環境
◎参考文献「生活と健康―健康で快適な生活環境を求めて」（森田みゆきほか）　三共出版　2001.1　p101-103
◎参考文献「生活環境論」（江口文陽ほか）　地人書館　2003.4　p181-184
◎参考文献「村の生活環境史」（古川彰）　世界思想社　2004.3　p305-312

生活協同組合
◎参考書籍「生協法読本　2訂版」（福田繁）　コープ出版　2001.12　p224-226
◎文献一覧「現代日本生協運動史　上巻」（日生協創立50周年記念歴史編纂委員会）　日本生活協同組合連合会　2002.6　p347-361
◎文献「生活福祉と生活協同組合福祉―福祉NPOの可能性」（朝倉美江）　同時代社　2002.9　p245-255
◎主要文献目録(単行本)「戦後日本生活協同組合論史―主要書籍を読み解く」（相馬健次）　日本経済評論社　2002.9　p263-269

生活経済
◎参考文献「生活経済論」（富田洋三）　八千代出版　2001.3　p315-320
◎文献「現代の生活経済」（長田真澄）　朝倉書店　2002.5　prr
◎文献「生活経済学の考え方―実感のある経済学への模索」（吉川紀夫）　明星大学出版部　2003.4　p251-254
◎参考文献「生活の経済」（重川純子）　放送大教育振興会　2004.3　prr

生活圏
- ◎引用文献「図説日本の生活圏」（伊藤喜栄）　古今書院　2004.11　p156-159

生活構造
- ◎参考文献「生活構造の日独比較」（家計経済研究所）　財務省印刷局　2003.3　p159-164

生活時間
- ◎引用文献「生活時間と生活意識―東京・ソウルのサラリーマン夫妻の調査から」（水野谷武志ほか）　光生館　2001.1　p125-130
- ◎引用文献「生活時間と生活福祉」（伊藤セツほか）　光生館　2005.3　p201-208
- ◎参考文献「雇用労働者の労働時間と生活時間―国際比較統計とジェンダーの視角から」（水野谷武志）　御茶の水書房　2005.10　p289-310
- ◎参考文献「時間と規律―日本統治期台湾における近代的時間制度導入と生活リズムの変容」（呂紹理）　交流協会　2006.3　p187-197
- ◎文献「家事と家族の日常生活―主婦はなぜ暇にならなかったのか」（品田知美）　学文社　2007.11　p167-175

生活指導
- ◎参考文献「キーワードで学ぶ特別活動生徒指導・教育相談」（有村久春）　金子書房　2003.10　p159-160

生活習慣病
- ◎参考文献「生活習慣病と食品の機能」（永井毅ほか）　水産社　2003.1　prr
- ◎引用文献「克服できるか生活習慣病　糖尿病から癌まで」（田上幹樹）　丸善　2003.7　p209-210

生活情報紙
- ◎最新データ「新・生活情報紙　フリーペーパーのすべて」（山中茉莉）　電通　2001.1　p319-241

生活福祉
- ◎文献「生活福祉と生活協同組合福祉―福祉NPOの可能性」（朝倉美江）　同時代社　2002.9　p245-255

生活文化
- ◎文献「日本生活文化史―近現代の移り変り」（小池三枝, 柴田美惠）　光生館　2002.3　p81-83, 147-148
- ◎参考図書「生活文化論」（佐々井啓ほか）　朝倉書店　2002.4　p172-176
- ◎参考文献「生活文化を考える」（川崎衿子）　光生館　2002.9　p149-152
- ◎引用参考文献「生活文化論ノート」（松本誠一）　高志書院　2004.2　prr

生活保護
- ◎参考文献「光を求めて―生活保護と人権」（青木みつお）　本の泉社　2005.2　p209-212
- ◎参考文献「救貧のなかの日本近代―生存の義務」（冨江直子）　ミネルヴァ書房　2007.2　p5-19b

生活問題
- ◎参考文献「生活問題の社会学　新版」（矢島正見）　学文社　2001.4　prr
- ◎「国民生活センター刊行物目録」（国民生活センター情報資料館）　国民生活センター情報資料館　2006.3　171p A4
- ◎文献ほか「ピークフリー社会―人口減時代の新ライフスタイル」（電通消費者研究センター）　丸善プラネット　2006.9　p167-169

- ◎参考文献「ライフスタイルとアイデンティティ―ユートピア的生活の現在、過去、未来」（渡辺潤）　世界思想社　2007.11　p249-257

征韓論
- ◎注「明治維新と征韓論―吉田松陰から西郷隆盛へ」（吉野誠）　明石書店　2002.12　prr

正義
- ◎参考文献「社会契約」（飯島昇藏）　東京大学出版会　2001.10　p187-203
- ◎参考文献「人道的介入　正義の武力行使はあるか」（最上敏樹）　岩波書店　2001.10　p1-6b
- ◎参考文献「正義を疑え!」（山口意友）　筑摩書房　2002.8　p218-222

生業
- ◎参考文献「中世民衆の生業と技術」（網野善彦）　東京大学出版会　2001.2　prr
- ◎ブックガイド（中村生雄）「さまざまな生業―いくつもの日本　IV」（赤坂憲雄ほか）　岩波書店　2002.11　p6-9b
- ◎参考文献「生業の考古学」（藤本強）　同成社　2006.10　prr

性教育
- ◎参考文献「話してみようよ! エッチ・愛・カラダ―学ぶ! 教える! リプロダクティブ・ヘルスライツ」（劔陽子）　明石書店　2004.2　p113-114
- ◎参考文献「新・国民の油断―「ジェンダーフリー」「過激な性教育」が日本を亡ぼす」（西尾幹二ほか）　PHP研究所　2005.1　p361-368
- ◎文献紹介（田代美江子ほか）「性教育のあり方展望―日本と世界、つながりひろがる」（"人間と性"教育研究協議会）　大月書店　2006.2　p219-221
- ◎参考文献（小林みゆき）「性教育のネットワークQ&A―性の自立・健康・人権」（"人間と性"教育研究協議会）　大月書店　2006.3　p171-173
- ◎参考文献「いのちとからだ・健康の学習―児童と性」（"人間と性"教育研究協議会）　大月書店　2006.4　p219-220
- ◎文献「子どもと性」（浅井春夫）　日本図書センター　2007.6　p399-408

政教分離
- ◎参考文献「続・実例に学ぶ「政教分離」―こんなことまで憲法違反?」（政教関係を正す会）　展転社　2002.6　p249-250

制御工学
- ◎参考文献「制御工学の考え方―産業革命は「制御」からはじまった」（木村英紀）　講談社　2002.12　p232-233

整形外科
- ◎参考資料「江戸の骨つぎ昭和編―整形外科「名倉」の人びと」（名倉公雄）　中央公論事業出版　2007.11　p246-247

成蹊大学図書館
- ○解説目録（細井敦子ほか）「成蹊大学文学部紀要　42」（成蹊大）　2007.3　p67-84

製鋼
- ◎文献「海軍製鋼技術物語　続　米海軍「日本技術調査報告書」を読む」(堀川一男)　アグネ技術センター　2003.7　p93-94

精興社
- ◎参考文献「活版印刷技術調査報告書—青梅市文化財総合調査報告　改訂版」(森啓)　青梅市郷土資料室　2004.8　p324-325

成功法
- ◎参考文献「「人生の成功者」になれる人—自分の夢をつかみ実現する方法」(R. ルービン)　大和書房　2003.10　p215-220
- ◎「世界の成功哲学50の名著エッセンスを解く」(T. バトラー＝ボードン)　ディスカヴァー・トゥエンティワン　2005.8　381p A5
- ◎「自分を磨け!」(宮崎伸治)　海竜社　2006.5　237p 46s

セイコーエプソン
- ◎参考文献「セイコーエプソン物語—内陸工業史研究ノート」(伊藤岩廣)　郷土出版社　2005.5　p230-231

性差
- ◎参考文献「女の能力、男の能力　性差について科学者が答える」(D. キムラ)　新曜社　2001.6　p19-39b
- ◎文献「性差医学入門—女と男のよりよい健康と医療のために」(T. M. Wizemannほか)　じほう　2003.1　p233-276
- ◎参考文献「共感する女脳、システム化する男脳」(S. バロン＝コーエン)　NHK出版　2005.4　p1-29b
- ◎引用文献「男と女の対人心理学」(和田実)　北大路書房　2005.4　p198-217
- ◎原注「男のイメージ—男性性の創造と近代社会」(G. L. モッセ)　作品社　2005.4　p337-314

星座
- ◎参考文献「暦と星座のはじまり」(坂上務)　河出書房新社　2001.9　p140-141

政策
- ◎文献案内「「日本再生」へのトータルプラン—政策課題2001　決定版」(竹中平蔵)　朝日新聞社　2001.7　p7-13b
- ◎参考文献「文化政策学　法・経済・マネジメント」(後藤和子)　有斐閣　2001.8　prr
- ◎参考文献「政策科学入門　第2版」(宮川公男)　東洋経済新報社　2002.4　p315-324
- ◎参考文献「経済理論と政策の基礎構造」(石田昌夫)　中央経済社　2002.12　p191-192
- ◎注「良い政策悪い政策　1990年代アメリカの教訓」(A. S. ブラインダー)　日経BP社　2002.12　p171-156
- ◎参考文献「知識国家論序説—新たな政策過程のパラダイム」(野中郁次郎ほか)　東洋経済新報社　2003.3　prr
- ◎参考文献「政策づくりの基本と実践」(岡本義行)　法政大学出版局　2003.12　prr
- ◎本「政策形成の基礎知識—分権時代の自治体職員に求められるもの」(田村秀)　第一法規　2004.10　p285-290
- ◎200冊ほか「政策研究のメソドロジー—戦略と実践」(北川正恭ほか)　法律文化社　2005.9　p327-344
- ◎参考文献「公の鳥瞰　1」(海野和之)　五絃舎　2005.12　p1-16b
- ◎参考文献「政治のデザイン—政策構想論序説」(中道寿一)　南窓社　2007.10　p249-256
- ◎文献「公共政策の社会学—社会的現実との格闘」(武川正吾ほか)　東信堂　2007.11　prr

政策公共圏
- ◎参考文献「政策公共圏と負担の社会学—ごみ処理・債務・新幹線建設を素材として」(湯浅陽一)　新評論　2005.4　p277-283

政策評価
- ◎文献案内「政策評価ミクロモデル」(金本良嗣ほか)　東洋経済新報社　2006.3　p295-300
- ◎参考文献「政策評価の実践とその課題—アカウンタビリティのジレンマ」(山谷清志)　萌書房　2006.5　p289-297

性差心理
- ◎引用参考文献「フェミニスト心理学をめざして—日本心理学会シンポジウムの成果と課題」(青野篤子ほか)　かもがわ出版　2006.3　p170-177
- ◎引用参考文献「ジェンダーの心理学—心と行動への新しい視座」(鈴木淳子ほか)　培風館　2006.7　p229-244
- ◎References「ジェンダーとストレスに関する心理学的研究」(廣川空美)　ふくろう出版　2006.12　p9-25b
- ◎文献「女が男を厳しく選ぶ理由」(A. S. ミラーほか)　阪急コミュニケーションズ　2007.8　p238-267

性差別
- ◎参考引用文献「日本の性差別賃金—同一価値同一労働同一賃金原則の可能性」(森ます美)　有斐閣　2005.6　p307-323

静坐法
- ◎参考文献「坐のはなし—坐りからみた日本の生活文化」(森義明)　相模書房　2005.6　p157-158

生産
- ◎関連文献「所有と生産　歴史学事典13」(川北稔)　弘文堂　2006.4　prr

生産管理
- ◎参考文献「シンクロナス・マネジメント—制約理論(TOC)は21世紀を切り拓く」(M. L. スリカンス, M. M. アンブル)　ラッセル社　2001.2　p309-314
- ◎参考文献「生産管理」(朝尾正ほか)　共立出版　2001.2　prr
- ◎参考文献「生産情報システム　新訂2版」(石田俊広)　同友館　2001.4　p259-260
- ◎参考文献「サプライチェーンコラボレーション—原材料調達・生産・物流・販売システム最適化の追求」(C. C. Poirier, S. E. Reiter)　中央経済社　2001.10　p267-268
- ◎文献「サプライ・チェーンの設計と管理—コンセプト・戦略・事例」(D. スミチ・レビ, E. スミチ・レビ, P. カミンスキ)　朝倉書店　2002.1　p331-336
- ◎参考文献「工作機械産業の職場史　1889-1945—「職人わざ」に挑んだ技術者たち」(山下充)　早稲田大学出版部　2002.2　p233-239

せいさん

◎参考文献「在庫が減る！ 利益が上がる！ 会社が変わる！―会社たて直しの究極の改善手法TOC」（村上悟, 石田忠由） 中経出版 2002.3 p174-175
◎参考文献「生産管理用語辞典」（日本経営工学会） 日本規格協会 2002.3 p489-493
◎文献「生産マネジメント」（徳山博于, 曹徳弼, 熊本和浩） 朝倉書店 2002.4 p194-196
◎文献「おはなし生産管理」（野口博司） 日本規格協会 2002.9 p181-183
◎文献「生産管理論」（西尾篤人） 創成社 2002.11 p247-253
◎参考文献「生産システムの基本構想―ローコスト仕組みづくりへの展開」（泉英明） 建帛社 2003.1 prr
◎文献「リーン生産方式の労働―自動車工場の参与観察にもとづいて」（大野博） 岡山大 2003.3 p193-205
◎文献「制約が市場にあるとき―サプライチェーンをTOCで最適化する」（E. シュラーゲンハイムほか） ラッセル社 2003.6 p411-413
◎参考文献「モノづくりの仕組みとマネジメント手法―モノづくりの管理監督者のための」（辻本攻） 筑波書房 2004.10 p241-243
◎参考文献「入門・生産と品質の管理―基礎から知的財産権, リサイクルまで」（富士明良） 山海堂 2005.2 p237-241
◎参考文献「モノづくりのマネジメント―人を育て企業を育てる」（浅井紀子） 中京大 2006.3 p197-202
◎参照文献「現代の分業と標準化―フォード・システムから新トヨタ・システムとボルボ・システムへ」（野原光） 高菅出版 2006.11 p417-429
◎参考文献ほか「IE手法入門―サービス業にも役立つ仕事の隠れ技」（永井一志ほか） 日科技連出版社 2007.4 p136-137

生産経済史
◎参考文献「生産組織の経済史」（岡崎哲二） 東京大学出版会 2005.9 prr

生産財
◎参考文献「生産財マーケティング」（高嶋克義ほか） 有斐閣 2006.11 p197-200

生産システム
◎参考文献「中国に生きる日米生産システム―半導体生産システムの国際移転の比較分析」（苑志佳） 東京大学出版会 2001.2 p226-230

生産性
◎参考文献「日本産業の経営効率―理論・実証・国際比較」（鳥居昭夫） NTT出版 2001.3 p367-377
◎参考文献「日本経済の生産性分析 データによる実証的接近」（中島隆信） 日本経済新聞社 2001.6 p243-251
◎参考文献「情報社会の生産性向上要因―ホワイトカラー研究の視点から」（古川靖洋） 千倉書房 2006.9 p149-167
◎参考文献「ホワイトカラーは給料ドロボーか？」（門倉貴史） 光文社 2007.6 p231-233
◎参考文献「ホワイトカラーの生産性を飛躍的に高めるマネジメント―HPTの実践マニュアル」（坂本裕司） 産業能率大出版部 2007.7 p172-175

生産マネジメント
◎参考文献「生産マネジメント入門 1」（藤本隆宏） 日本経済新聞社 2001.6 p373-377

姓氏
◎参考文献「東北人の苗字―多姓と難読姓からみた」（鈴木常夫） 本の森 2001.1 p137-139
◎文献「姓の継承と絶滅の数理生態学―Galon-Watson分枝過程によるモデル解析」（佐藤葉子ほか） 京都大学学術出版会 2003.3 p219-228

生死
◎参考文献「死生観を問いなおす」（広井良典） 筑摩書房 2001.11 p222-220
◎文献「死別―遺された人たちを支えるために 改訂」（コリン・マレィ・パークス） メディカ出版 2002.2 p434-451
◎注「生と死の倫理学―よく生きるためのバイオエシックス入門」（篠原駿一郎ほか） ナカニシヤ出版 2002.3 prr
◎文献「〈私の死〉の謎―世界観の心理学で独我を超える」（渡辺恒夫） ナカニシヤ出版 2002.7 p238-242
◎参考文献「生命の持ち時間は決まっているのか―「使い捨ての体」老化理論が開く希望の地平」（T. カークウッド） 三交社 2002.7 p361-371
◎文献「死と唯物論」（河野勝彦） 青木書店 2002.10 p185-187
◎引用参考文献「生と死の美術館」（立川昭二） 岩波書店 2003.2 p339-343
◎参考文献「自分でえらぶ往生際」（大沢周子） 文藝春秋 2003.9 p211-212
◎文献「死を生きるということ―生と死の社会学」（寺田篤弘） 武田書店 2003.10 p152-159
◎参考文献「あなたが選ぶ人生の終焉―家族で考える悔いなき最期」（L. ノーランダーほか） メディカ出版 2004.2 p155-157
◎参考文献「死生論」（浜田恂子） 未知谷 2004.5 p151-165
◎参考文献「「あの世」からの帰還―臨死体験の医学的研究 新版」（M.B. セイボム） 日本教文社 2005.2 p373-376ほか
◎文献「立派な死」（正木晃） 文藝春秋 2005.5 p248-252
◎参考文献「人生のリ・メンバリング―死にゆく人と遺される人との会話」（L. ベツキほか） 金剛出版 2005.7 p169-179
◎参考文献「中世の死―生と死の境界から死後の世界まで」（N. オーラー） 法政大学出版局 2005.7 p9-20b
◎引用文献「人生の終焉―老年学・心理学・看護学・社会福祉学からのアプローチ」（B. ドゥ・フリース） 北大路書房 2005.9 p241-261
◎文献「死の文化の比較社会学」（中筋由紀子） 梓出版社 2006.2 p1-9b
◎参考文献「死と神の国―パラダイス・ゲット 人生の最終到達目標」（中島總一郎） イーグレープ 2006.3 p538-545
◎参考文献ほか「科学は臨死体験をどこまで説明できるか」（S. パーニア） 三交社 2006.5 p218-229
◎引用参考文献「文化としての生と死」（立川昭二） 日本評論社 2006.5 p202-205
◎参考文献「死の人類学」（内堀基光ほか） 弘文堂 2006.8 p301-310

◎文献「〈大切なもの〉を失ったあなたに―喪失をのりこえるガイド」(R. A. ニーメヤー) 春秋社 2006.10 p320-322
◎参考文献「死を見つめる美術史」(小池寿子) 筑摩書房 2006.10 p229-237
◎参考文献「死のまぎわに見る夢」(K. バルクリーほか) 講談社 2006.12 p198-205
◎文献一覧「人間らしい死と自己決定―終末期における事前指示 ドイツ連邦議会審議会中間答申」(ドイツ連邦議会「現代医療の倫理と法」審議会) 知泉書館 2006.12 p195-208
◎参考文献ほか「生と死の現在―生命はどこへ向かうのか」(佐藤幸治) 晃洋書房 2007.3 p1-5b
◎引用文献「喪失の語り―生成のライフストーリー」(やまだようこ) 新曜社 2007.3 p9-20b
◎引用文献「命の終わり―死と向き合う7つの視点」(大町公) 法律文化社 2007.7 p163-166
◎参考文献「ひとり誰にも看取られず―激増する孤独死とその防止策」(NHKスペシャル取材班ほか) 阪急コミュニケーションズ 2007.8 p234-235
◎文献「死の人間学」(袖井孝子) 金子書房 2007.8 prr
◎文献「喪失と悲嘆の心理療法―構成主義による意味の探究」(R. A. ニーマイアー) 金剛出版 2007.8 p296-318
◎参考文献「誕生と死の民俗学」(板橋春夫) 吉川弘文館 2007.8 p301-312
◎参考文献「子どもと死について」(E. キューブラー・ロス) 中央公論新社 2007.10 p400-433
◎参考文献ほか「「死」の教科書―なぜ人を殺してはいけないか」(産経新聞大阪社会部) 産経新聞出版 2007.12 p326-330
◎参考文献「いのちの力」(帯津良一ほか) 経済界 2007.12 p210-211
◎参考文献「死の文化史」(D. J. デイヴィス) 教文館 2007.12 p10-15b

精子
◎参考文献ほか「精子の話」(毛利秀雄) 岩波書店 2004.5 p1-3b
◎参考資料「日本人の精子力」(矢沢潔) 学習研究社 2007.9 p236-237

製紙
◎参考文献「お札の紙から見た紙の世界」(森本正和) 印刷朝陽会 2004.4 p188-189
◎参考文献「尾張藩紙漉文化史」(河野徳吉) 中日出版社 2005.6 p381-383

政治
◎本文注文解「現代戦略論 戦争は政治の手段か」(道下徳成ほか) 勁草書房 2000.12 p187-217
○学界展望(日本政治学会文献委員会)「日本政治学会年報政治学 2001」(岩波書店) 2001 p171-196
◎引用文献「55年体制下の政治と経済―時事世論調査データの分析」(三宅一郎ほか) 木鐸社 2001.2 p214-220
◎注文献「戦後日本政治学史」(田口富久治) 東京大学出版会 2001.2 prr
◎参考文献「アジア政治を見る眼 開発独裁からの市民社会へ」(岩崎育夫) 中央公論新社 2001.4 p228-224
◎参考文献「現代日本の政治と行政」(本田雅俊) 北樹出版 2001.7 prr
◎文献「社会科学の理論とモデル 11 比較政治」(小野耕二) 東京大学出版会 2001.7 p173-184
◎参考文献「日本の選挙 増補版」(福岡政行) 早稲田大学出版部 2001.7 p277-278
◎参考文献「日本政治失敗の研究 中途半端好みの国民の行方」(坂野潤治) 光芒社 2001.7 p250-251
◎参考文献「博物館の政治学」(金子淳) 青弓社 2001.8 p193-199
◎基本文献「現代臨床政治学叢書 2 比較政治学とデモクラシーの限界 臨床政治学の展開」(岡野加穂留, 大六野耕作) 東信堂 2001.9 p404-410
◎参考文献「政治の隘路―多元主義論の20世紀」(早川誠) 創文社 2001.9 p6-25b
◎参考文献「政治学へのアプローチ35講」(大東文化大学国際比較政治研究所) 有信堂高文社 2001.10 p279-282
◎参考文献「日本の政治 第2版」(村松岐夫ほか) 有斐閣 2001.10 p283-310
◎参考文献「スポーツと政治」(坂上康博) 山川出版社 2001.11 3pb
◎参考文献「時代を動かす政治のことば―尾崎行雄から小泉純一郎まで…」(読売新聞政治部) 東信堂 2001.11 p225-231
◎参考文献「サイバーポリティクス IT社会の政治学」(岩崎正洋) 一芸社 2001.12 p173-185
◎文献「現代の実践哲学―倫理と政治」(O. ヘッフェ) 風行社 2001.12 p192-196
◎参考文献「アクセス比較政治学」(河野勝, 岩崎正洋) 日本経済評論社 2002.3 p197-231
◎参考文献「イスラエルの政治文化とシチズンシップ」(奥山眞知) 東信堂 2002.3 p217-233
◎「政治・行政問題の本全情報 1995-2001」(日外アソシエーツ) 日外アソシエーツ 2002.3 932p A5
◎文献「偶発性・ヘゲモニー・普遍性―新しい対抗政治への対話」(ジュディス・バトラー, エルネスト・ラクラウ, スラヴォイ・ジジェク) 青土社 2002.4 p440-441
◎参考文献「現代政治学 第2版」(堀江湛, 岡沢憲芙) 法学書院 2002.4 prr
◎読書案内「政治学の基礎 新版」(加藤秀治郎) 一藝社 2002.4 p254-265
◎文献「政治が終わるとき?―グローバル化と国民国家の運命」(A. ギャンブル) 新曜社 2002.6 p3-8b
◎参考文献「国際政治のキーワード」(西川恵) 講談社 2002.9 p222-224
◎文献「40代宰相論」(古賀純一郎) 東洋経済新報社 2002.10 p257-259
◎参考文献「流動期の日本政治―「失われた十年」の政治学的検証」(樋渡展洋ほか) 東京大学出版会 2002.11 prr
○文献情報「法律時報 74.13」(日本評論社) 2002.12 p343-321
◎読書案内「はじめて出会う政治学 フリー・ライダーを超えて 新版」(北山俊哉ほか) 有斐閣 2003.2 prr
◎参考文献「現代政治学 新版」(加茂利男ほか) 有斐閣 2003.2 prr

- ◎読み解く50冊「新版　政治学がわかる。」　朝日新聞社　2003.3　p152-158
- ◎参考文献「政治学入門　改訂新版」（阿部齊ほか）　放送大学教育振興会　2003.3　p205-207
- ◎参考文献「戦後日本の宗教と政治」（中野毅）　大明堂　2003.3　p232-244
- ◎参考文献「日本の選挙　何を変えれば政治が変わるのか」（加藤秀治郎）　中央公論新社　2003.3　p212-210
- ◎参考文献「政治学原論―選挙民利益団体マス・メディア政党国会内閣行政官僚」（龍円恵喜二）　北樹出版　2003.5　p173-175
- ◎文献「北欧の政治　デンマーク・フィンランド・アイスランド・ノルウェー・スウェーデン　新装版」（O.ペタション）　早稲田大学出版部　2003.6　p249-260
- ◎引用参考文献「戦後政治の実像―舞台裏で何が決められたのか」（五十嵐仁）　小学館　2003.8　p324-331
- ◎参考文献「日本型ポピュリズム―政治への期待と幻滅」（大嶽秀夫）　中央公論新社　2003.8　p293-300
- ◎文献「議会制度と日本政治―議事運営の計量政治学」（増山幹高）　木鐸社　2003.9　p254-268
- ◎文献「日本政治の特異と普遍」（猪口孝）　NTT出版　2003.9　p227-254
- ◎引用文献「ポリティカル・サイエンス事始め　新版」（伊藤光利）　有斐閣　2003.10　p264-267
- ◎注「ヨーロッパ思想史における〈政治〉の位相」（半沢孝麿）　岩波書店　2003.10　p341-377
- ◎参考文献「政治学のすすめ―政治と市民」（名古忠行）　法律文化社　2003.10　p165-170
- ◎参考文献「戦後日本の防衛と政治」（佐道明広）　吉川弘文館　2003.11　p365-377
- ◎参考文献「シティズンシップの政治学―国民・国家主義批判」（岡野八代）　白澤社　2003.12　p241-255
- ◎引用文献「政治学」（久米郁男ほか）　有斐閣　2003.12　p503-518
- ◎文献「転換期の戦後政治と政治学―社会党の動向を中心として」（木下真志）　敬文堂　2003.12　p223-227
- ◎ブックガイド「来るべき〈民主主義〉―反グローバリズムの政治哲学」（三浦信孝）　藤原書店　2003.12　p369-366
- ◎参考文献「市民の政治学」（篠原一）　岩波書店　2004.1　p205-210
- ◎参考文献「「国民」意識とグローバリズム―政治文化の国際分析」（猪口孝）　NTT出版　2004.3　p187-195
- ◎参考文献「改革はなぜ進まないか―小泉政権批判論」（栗原猛）　NCコミュニケーションズ　2004.3　p231-234
- ◎参考文献「リーダーシップの政治学」（石井貫太郎）　東信堂　2004.4　p155-164
- ◎参考文献「誇りと抵抗―権力政治を葬る道のり」（A.ロイ）　集英社　2004.6　p173-153
- ◎「経済・政治・公共団体関係図書目録　1999-2003」（日外アソシエーツ）　日外アソシエーツ　2004.10　28, 401p A5
- ◎参考文献「政治不信の構造―「代表制の危機」を克服するために」（佐々木孝明）　日本評論社　2004.10　p197-205
- ◎文献録「検証・小泉政治改革―近代日本政治発展史における小泉内閣の地位」（窪田明）　碧天舎　2004.12　p248-255
- ○文献月報「法律時報　77.3」（日本評論社）　2005.3　p153-131
- ◎参考文献「日本における新しい市民意識―ニュー・ポリティカル・カルチャーの台頭」（中谷美穂）　慶應義塾大出版会　2005.3　p233-252
- ◎読書案内「政治学」（加藤秀次郎）　芦書房　2005.4　p298-308
- ◎参照引用文献「かかわりの政治学」（平井一臣）　法律文化社　2005.9　p179-184
- ◎参考文献「概説現代日本の政治と地方自治」（三田清）　学術図書出版社　2005.10　prr
- ◎参考文献「日本の連立政権」（田村重信ほか）　振学出版　2005.10　p273-276
- ◎参考文献「武器としての〈言葉政治〉―不利益分配時代の政治手法」（高瀬淳一）　講談社　2005.10　p222-224
- ◎参考文献「現代政治理論　新版」（W.キムリッカ）　日本経済評論社　2005.11　p30-95b
- ◎参考文献「「失われた10年」を超えて　Ⅱ　小泉改革への時代」（東京大学社会科学研究所）　東京大出版会　2006.2　prr
- ◎参考文献「比較政治学」（S.R.リード）　ミネルヴァ書房　2006.2　p255-276
- ○文献月報「法律時報　78.3」（日本評論社）　2006.3　p141-118
- ◎引用参考文献「現代政治理論」（川崎修ほか）　有斐閣　2006.3　p298-307
- ◎参考文献「政治発展と民主化の比較政治学」（岩崎正洋）　東海大出版会　2006.4　p181-198
- ◎参考文献「日本の政治学　シリーズ日本の政治1」（大塚桂）　法律文化社　2006.4　prr
- ◎参考文献「日本政治と合理的選択―寡頭政治の制度的ダイナミクス1868-1932」（M.ラムザイヤーほか）　勁草書房　2006.4　p225-239
- ◎参考文献「日本政治の転換点　3版」（小野耕二）　青木書店　2006.4　p223-228
- ◎参考文献「首相支配―日本政治の変貌」（竹中治堅）　中央公論新社　2006.5　p277-280
- ◎参考文献「テレビ政治―国会報道からTVタックルまで」（星浩ほか）　朝日新聞社　2006.6　p244-246
- ◎参考文献「政治メディアの「熟慮誘発機能」―「マニフェスト」時代の効果研究」（小川恒夫）　八千代出版　2006.10　p203-210
- ◎読書案内「政治学　2版」（加藤秀治郎）　芦書房　2006.10　p313-324
- ◎参考文献「政治診断学への招待」（将基面貴巳）　講談社　2006.11　p210-214
- ◎参考文献「政治学は何を考えてきたか」（佐々木毅）　筑摩書房　2006.12　p382-387
- ○文献月報「法律時報　79.1」（日本評論社）　2007.1　p186-162
- ◎引用参考資料「市民社会領域をとりまく公的政策―従属化・管理化・脱平和への途」（阿部敦）　大阪公立大共同出版会　2007.1　p163-169
- ◎引用文献「政治のリアリティと社会心理―平成小泉政治のダイナミックス」（池田謙一）　木鐸社　2007.1　p290-306
- ◎参考文献「平和―核開発の時代に問う」（原口一博）　ゴマブックス　2007.1　p413-415

◎参考文献「政治参画とジェンダー」（川人貞史ほか）　東北大出版会　2007.3　prr
◎「政治学の名著30」（佐々木毅）　筑摩書房　2007.4　222p ss
◎参考文献「政治学入門」（小林良彰ほか）　放送大教育振興会　2007.4　prr
◎参考文献「マキァヴェッリの子どもたち―日伊の政治指導者は何を成し遂げ、何を残したか」（R. J. サミュエルズ）　東洋経済新報社　2007.5　p12-52b
◎参考文献ほか「新制度論」（B. G. ピータース）　芦書房　2007.6　p238-267
◎読書案内「政治学・行政学の基礎知識　2版」（堀江湛）　一藝社　2007.8　p330-331
◎文献「国家は、いらない」（蔵研也）　洋泉社　2007.12　p244-245
◎参考文献ほか「政治を考えたいあなたへの80問―朝日新聞3000人世論調査から」（高木文哉ほか）　朝日新聞社　2007.12　p28-31b

政治家
◎注文献「近代イギリス政治家列伝」（塚田富治）　みすず書房　2001.4　prr
◎参考文献「日本を決めた政治家の名言・妄言・失言」（土屋繁）　角川書店　2001.11　p244-248
◎書名索引ほか「政治家の本棚」（早野透）　朝日新聞社　2002.5　p1-6b
◎註「明治天皇と政治家群像―近代国家形成の推進者たち」（沼田哲）　吉川弘文館　2002.6　prr
◎参考文献「政治家の生き方」（古川隆久）　文藝春秋　2004.9　p229-233
◎推薦図書「開発途上国の政治的リーダーたち―祖国の建設と再建に挑んだ14人」（石井貫太郎）　ミネルヴァ書房　2005.12　p357-364
◎参考引用文献「三田の政官界人列伝」（野村英一）　慶應義塾大出版会　2006.4　p323-325
◎参考文献「言語学者が政治家を丸裸にする」（東照二）　文藝春秋　2007.6　p252-253
◎参考文献「ポリティカル・アニマル―「政治家」という奇妙な種族の生態学」（J. パックスマン）　丸善出版事業部　2007.9　p514-536

政治学者
◎注文献「近代日本の政治学者群像　政治概念論争をめぐって」（大塚桂）　勁草書房　2001.12　p325-344

政治機構
◎文献「制度」（河野勝）　東京大学出版会　2002.9　p195-212
◎参考文献「日本の統治構造―官僚内閣制から議院内閣制へ」（飯尾潤）　中央公論新社　2007.7　p240-248

製糸業
◎注「製糸工女のエートス　日本近代化を担った女性たち」（山崎益吉）　日本経済新聞社　2003.2　prr
◎文献「近代資本主義の組織―製糸業の発展における取引の統治と生産の構造」（中林真幸）　東京大学出版会　2003.6　p491-518

政治教育
◎参考文献「現代における政治教育の研究」（阪上順夫）　第一学習社　2000.6　p293-309

政治行政
◎参考文献「SS概論―島根システム概論」（成崇, 原田勝孝）　ハーベスト出版　2001.9　p235-237

政治経済学
◎参考文献「金融政策の政治経済学　上　戦後日本の金融政策の検証」（T. F. カーギルほか）　東洋経済新報社　2002.12　p237-252
◎参考文献「幸福の政治経済学―人びとの幸せを促進するものは何か」（B. S. フライほか）　ダイヤモンド社　2005.1　p288-269

政治献金
◎参考文献「政治献金―実態と論理」（古賀純一郎）　岩波書店　2004.5　p207-209

政治コミュニケーション
◎参考文献「リーディングス政治コミュニケーション」（谷藤悦史ほか）　一藝社　2002.4　prr

政治参加
◎引用参考文献「ジェンダーと政治参加―The impact of women in politics」（大海篤子）　世織書房　2005.8　p209-218

政治史
◎引用文献「戦後政治史―一九四五―六〇」（堀幸雄）　南窓社　2001.4　p321-324
◎参考文献「戦前日本における民主化の挫折―民主化途上体制崩壊の分析」（竹中治堅）　木鐸社　2002.2　p10-29b
◎註「「大東京」空間の政治史　1920～30年代」（大西比呂志, 梅田定宏）　日本経済評論社　2002.11　prr
◎注「ジェンダーで読む日本政治―歴史と政策」（進藤久美子）　有斐閣　2004.10　p345-365
◎参考文献「明治の外交と議会政治特別展―日露講和百年」（衆議院憲政記念館）　衆議院憲政記念館　2005.5　p69-72
◎参考資料「出処進退の研究―政治家の本質は"退き際"に表れる」（塩田潮）　PHP研究所　2005.7　p418-422
◎参考文献「日本政治―過去と現在の対話」（多胡圭一）　大阪大学出版会　2005.10　p294-301
◎参考引用文献「大正・昭和前期　近代日本政治史2」（黒川貢三郎ほか）　南窓社　2006.10　prr

政治思想
◎文献「自由主義に先立つ自由」（クェンティン・スキナー）　聖学院大出版会　2001.11　p131-151
◎参考文献「反「暴君」の思想史」（将基面貴巳）　平凡社　2002.3　p235-240
◎年表「二十世紀の政治思想家たち―新しい秩序像を求めて」（富沢克ほか）　ミネルヴァ書房　2002.6　p279-283
◎注「憲法と政治思想の対話―デモクラシーの広がりと深まりのために」（飯島昇蔵ほか）　新評論　2002.7　prr
◎注文献「アーレント政治思想集成　1」（J. コーン）　みすず書房　2002.10　prr
◎文献一覧「現代のコミュニタリアニズムと「第三の道」」（菊池理夫）　風行社　2004.3　p9-38b
◎参考引用文献「現代ドイツの政治思想家―ウェーバーからルーマンまで」（C. ソーンヒル）　岩波書店　2004.10　p15-59b

せいしし

◎引用文献「イギリス人の国家観・自由観」（名古忠行）　丸善　2005.2　p227-233
◎参考文献「アイデンティティの政治学」（M. ケニー）　日本経済評論社　2005.11　p6-31b
◎参考文献「「文明」「開化」「平和」―日本と韓国」（朴忠錫ほか）　慶應義塾大出版会　2006.3　p396-399
◎参考文献「ヨーロッパ政治理念の展開　普及版」（大塚桂）　信山社出版　2006.7　p505-512
◎読書案内「思想としての「共和国」―日本のデモクラシーのために」（R. ドゥブレ）　みすず書房　2006.7　p273-276
◎参考文献「政治思想のデッサン―思想と文化の間」（中道寿一）　ミネルヴァ書房　2006.9　p285-292
◎文献「近代日本精神史―福沢諭吉から丸山真男まで」（南原一博）　大学教育出版　2006.11　p252-253
◎参考文献「パトリオティズムとナショナリズム―自由を守る祖国愛」（M. ヴィローリ）　日本経済評論社　2007.1　p341-330
◎文献「政治理論史　新装版」（南原繁）　東京大出版会　2007.2　p1-9b
◎参考文献「日本政治思想」（米原謙）　ミネルヴァ書房　2007.3　p289-300
◎文献「帝国の条件―自由を育む秩序の原理」（橋本努）　弘文堂　2007.4　p480-496
◎参考文献「アメリカン・ナショナリズムの系譜―統合の見果てぬ夢」（小林清一）　昭和堂　2007.6　p376-392
◎参考文献ほか「旅と政治―思想家の異文化体験」（山本周次）　晃洋書房　2007.11　p242-250

政治思想史
◎参考文献「西洋政治思想史―視座と論点」（川出良枝, 山岡龍一）　放送大学教育振興会　2001.3　p216-225
◎参考文献「日本政治思想史―近世を中心に　改訂版」（平石直昭）　放送大学教育振興会　2001.3　p169-180
◎参考文献解題ほか（柴田平三郎）「中世の政治思想」（J. B. モラル）　平凡社　2002.6　p219-238
◎参考文献「西洋政治思想史―視座と論点　改訂版」（川出良枝ほか）　放送大教育振興会　2005.3　p219-229
◎参考文献「日本政治思想史―「自由」の観念を軸にして」（宮村治雄）　放送大教育振興会　2005.5　p315-322
◎参考文献「近代日本政治思想小史―明治維新より昭和まで」（石田圭介）　翔雲社　2006.11　p172-181

政治指導者
◎参考文献「戦後世界の政治指導者50人」（大東文化大学戦後史研究会）　自由国民社　2002.8　prr

政治社会
◎参考文献「情報政治学講義」（高瀬淳一）　新評論　2005.12　p225-231

政治心理
◎参考文献「世論の政治心理学―政治領域における意見と行動」（D. R. キンダー）　世界思想社　2004.12　p238-307
◎参考文献「政治心理学」（O. フェルドマン）　ミネルヴァ書房　2006.2　p309-323

政治地理
◎文献「日本の政治地理学」（高木彰彦）　古今書院　2002.11　p232-255

◎参考文献「地政学―アメリカの世界戦略地図　新版」（奥山真司）　五月書房　2004.10　p322-323
◎文献「空間の政治地理」（水内俊雄）　朝倉書店　2005.7　prr

政治哲学
◎参考文献「現代政治理論」（W. キムリッカ）　日本経済評論社　2002.2　p461-482
◎文献「公共の哲学」（片岡寛光）　早稲田大学出版部　2002.10　p227-244
◎参考文献「近代政治哲学入門」（A. パルッツィ）　法政大学出版局　2002.11　p40-48b
◎文献「多元的世界の政治哲学―ジョン・ロールズと政治哲学の現代的復権」（伊藤恭彦）　有斐閣　2002.12　p277-295
◎文献「公と私の系譜学」（R. ゴイス）　岩波書店　2004.2　p1-7b
◎参考文献「政治哲学へ―現代フランスとの対話」（宇野重規）　東京大学出版会　2004.4　p6-14b
◎参考文献「自己所有権・自由・平等」（G. A. コーエン）　青木書店　2005.1　p9-17b
◎文献案内「政治哲学　1冊でわかる」（D. ミラー）　岩波書店　2005.3　p1-13b
◎参考文献ほか「例外状態」（G. アガンベン）　未來社　2007.10　p1-4b

政治文化
◎参考文献「現代アメリカの政治文化―多文化主義とポストコロニアリズムの交錯」（辻内鏡人）　ミネルヴァ書房　2001.12　p207-208

清酒
◎参考文献「日本の酒―その起源と歴史」（市川次郎）　東亜文物懇話会　2002.2　p747-789

青春小説
◎文献「たのしく読める英米青春小説―作品ガイド120」（高田賢一, 中村邦生）　ミネルヴァ書房　2002.11　p259-262

聖書
◎参考文献解題「叢書新約聖書神学　15　ヨハネ黙示録の神学」（R. ボウカム）　新教出版社　2001.2　p230-228
◎参考図書「聖書ヘブライ語文法」（小脇光男）　青山社　2001.4　p310-312
◎参考文献「聖書がわかればアメリカが読める」（鹿嶋春平太）　PHP研究所　2001.9　p238-239
◎参考文献「英文聖書を読む―「ルカ福音書」でたどるイエスの生涯注解付き」（牧内勝）　教文館　2001.10　p14-16
◎参考文献「叢書新約聖書神学　12　ヘブル書の神学」（J. D. G. ダン）　新教出版社　2002.1　p177-179
◎文献「ガラテア人への手紙」（山内真）　日本キリスト教団出版局　2002.2　p752-767
◎参考文献「教典になった宗教」（土屋博）　北海道大学図書刊行会　2002.2　p5-24b
◎文献「ヤコブの手紙」（辻学）　新教出版社　2002.3　p273-291
◎文献表「英語聖書の歴史を知る事典」（A. ギルモア）　教文館　2002.3　p224-228
◎文献「旧約聖書ヘブライ語独習」（谷川政美）　キリスト新聞社　2002.4　p474-475

◎参考文献「神話としての創世記」（E. リーチ）　筑摩書房　2002.4　p178-181
◎参考文献「聖書を彩る女性たち―その文化への反映」（小塩節）　毎日新聞社　2002.4　prr
◎文献「なぜ食べるのか―聖書と食」（奥田和子）　日本キリスト教団出版局　2002.5　p169-170
◎参考文献「コリントの信徒への手紙　1」（R. B. ヘイズ）　日本キリスト教団出版局　2002.5　p475-480
◎文献「ヨハネ福音書の神学」（D. M. スミス）　新教出版社　2002.5　p245-249
◎文献「ヘブライ人への手紙」（T. G. ロング）　日本キリスト教団出版局　2002.7　p277-279
◎参考文献「聖書の探索へ―フェミニスト聖書注解」（E. シュスラー・フィオレンツァ）　日本キリスト教団出版局　2002.7　prr
◎参考文献「ボルソ・デステの聖書―Ms.Lat.422-4232」　岩波書店　2002.10　p139-157
◎参考文献「聖書動物大事典」（W. スミス）　国書刊行会　2002.10　p514
◎文献「古代イスラエルの世界―社会学・人類学・政治学からの展望」（R. E. クレメンツ）　リトン　2002.11　p598-649
◎文献「徹底解明欽定英訳聖書初版マタイ福音書―解説・原文・註解・文法」（苅部恒徳）　研究社　2002.12　p251-259
◎参考文献「新約聖書―歴史・文学・宗教」（G. タイセン）　教文館　2003.2　p275-278
◎参考書目ほか「聖書翻訳の歴史―英訳聖書を中心に」（浜島敏）　創言社　2003.3　p343-359
◎文献「叢書新約聖書神学　13　公同書簡の神学」（J. D. G. ダン）　新教出版社　2003.7　p228-229
◎文献「図説聖書の大地」（R. L. ハリス）　東京書籍　2003.8　p298-302
◎参考文献「シネマで読む旧約聖書」（栗林輝夫）　日本キリスト教団出版局　2003.9　p201-205
◎文献「総説新約聖書　新版」（大貫隆ほか）　日本キリスト教団出版局　2003.11　p481-505
◎文献「聖書英訳物語」（B. ボブリック）　柏書房　2003.12　p1-11b
◎参考文献「ガラテヤ人への手紙　現代新約注解全書別巻」（原口尚彰）　新教出版社　2004.1　p243-270
◎文献案内「古代イスラエルの思想―旧約の預言者たち」（関根正雄）　講談社　2004.1　p397-404
◎文献案内「聖書の歴史図鑑―書物としての聖書の歴史」（C. ド・ハメル）　東洋書林　2004.1　p330-340
◎引用文献「聖書は動物をどう訳してきたか―日本語訳聖書に見る動物名称の変遷」（水谷顕一ほか）　キリスト新聞社　2004.2　p254-258
◎参考文献「お話文芸思潮―ヨーロッパ文化の源泉」（中島公子）　青山社　2004.3　p356-358
◎参考文献「マルタとマリア―イエスの世界の女性たち」（山口里子）　新教出版社　2004.3　p291-317
◎参考文献「新約聖書概説」（原口尚彰）　教文館　2004.3　p7-8
◎文献「ガラテヤの信徒への手紙　ニューセンチュリー聖書注解」（D. ガスリ）　日本基督教団出版局　2004.4　p276-278
◎参考文献「ヨハネによる福音書―ケセン語訳新約聖書」（山浦玄嗣）　イー・ピックス　2004.5印刷　p410-411

◎引用文献「ヨハネ福音書注解」（伊吹雄）　知泉書館　2004.5　p253-258
◎参考文献「聖書は女性をどう見るか―神のかたちとして造られた人」（稲垣緋紗子）　いのちのことば社　2004.5　p110-111
◎参考文献「ヘブライ人への手紙―聖書註解」（川村輝典）　一麦出版社　2004.7　p353-363
◎参考文献「マタイによる福音書　18-25章」（U. ルツ）　教文館　2004.7　p12-15
◎参考文献「聖書のヒロインたち」（生田哲）　講談社　2004.7　p209-210
◎資料文献「聖書の使信―私訳・注釈・説教　14　ヘブル書　ヤコブ書」（蓮見和男）　新教出版社　2004.7　p195-196
◎参考文献「マルコの福音書」（R. A. コール）　いのちのことば社　2004.8　p8-10
◎文献「旧約聖書―歴史・文学・宗教」（C. レヴィン）　教文館　2004.8　p202-218
◎参考文献「論考・マタイによる福音書」（野々目晃三）　聖公会出版　2004.9　p203-204
◎参考文献「新約聖書ギリシア語入門」（大貫隆）　岩波書店　2004.12　p215-218
◎参考文献「聖書　1冊でわかる」（J. リッチズ）　岩波書店　2004.12　p1-5b
◎参考文献「走れ、イエス！―ケセン語訳聖書から見えてきたもの　ふるさとのイエス　続」（山浦玄嗣）　キリスト新聞社　2004.12　p294-296
◎参考文献「エレミヤ書　再版」（R. E. クレメンツ）　日本キリスト教団出版局　2005.1　p349-354
◎参考文献「キリスト教聖書としての七十人訳―その前史と正典としての問題」（M. ヘンゲル）　教文館　2005.2　p9-12
◎文献抄「十戒―旧約倫理の枠組の中で」（W. H. シュミット）　教文館　2005.2　p6-31b
◎参考文献「シネマで読む新約聖書」（栗林輝夫）　日本キリスト教団出版局　2005.3　p201-205
◎文献表「ヨハネの福音書」（R. ブルトマン）　日本キリスト教団出版局　2005.3　p1014-1021
◎文献表「失われた福音書―Q資料と新しいイエス像　新装版」（B. L. マック）　青土社　2005.3　p10-16b
◎文献「聖書と易学―キリスト教二千年の封印を解く」（水上薫）　五月書房　2005.4　p263-265
◎参考文献「聖書文化との接点」（渡辺正雄）　新教出版社　2005.4　p136-137
◎文献「新約聖書概説」（前田護郎）　岩波書店　2005.6　p33-50b
◎文献「聖書の使信―私訳・注釈・説教　13　テモテ書　テトス書　ピレモン書」（蓮見和男）　新教出版社　2005.6　p121-122
◎参考文献「ヨハネ福音書文学的解剖」（R. A. カルペッパー）　日本キリスト教団出版局　2005.7　p336-351
◎参考文献「聖書アラム語語彙・用例集―古期&帝政アラム語及びクムラン死海文書による」（古代語研究会）　いのちのことば社　2005.7　p1-2f
◎参考文献「新約聖書入門」（R. ビュルネ）　白水社　2005.10　p1-2b
◎参考文献「ユトレヒト詩篇挿絵研究―言葉の織りなしたイメージをめぐって」（鼓みどり）　中央公論美術出版　2006.2　p471-524

せいしょ

◎文献表「旧約詩篇の文学的研究—第1ダビデ詩篇を中心として」(飯謙)　新教出版社　2006.2　p290-300
◎参考文献「アブラハム物語を読む—文藝批評的アプローチ」(小野隆一)　新教出版社　2006.3　p440-454
◎参考文献「ヨシュア記」(J. F. D. クリーチ)　日本キリスト教団出版局　2006.3　p239-244
◎文献解題「聖書は誰のものか?—聖書とその解釈の歴史」(J. ペリカン)　教文館　2006.3　p361-372
◎参考文献「あまのじゃく聖書学講義」(秦剛平)　青土社　2006.5　p1-6b
◎文献「シェバの女王—伝説の変容と歴史との交錯」(蔀勇造)　山川出版社　2006.5　p187-189
◎文献表「主の祈りと山上の説教—新たな解釈の試み」(佐藤泰將)　日本キリスト教会大森教会　2006.5　p94-100
◎資料文献一覧「聖書の使信—私訳・注釈・説教　16　ヨハネの黙示録」(蓮見和男)　新教出版社　2006.5　p187-188
◎参考文献「原典ユダの福音書」(R. カッセルほか)　日経ナショナルジオグラフィック社　2006.6　p18-22b
◎文献「マタイによる福音書—私訳と解説」(宮平望)　新教出版社　2006.9　p14-18
◎参考文献「ヤコブと放蕩息子」(K. E. ベイリー)　教文館　2006.9　p6-11b
◎文献目録「原始キリスト教史の一断面—福音書文学の成立　新装版」(田川建三)　勁草書房　2006.9　p355-365
◎参考文献「聖書植物大事典」(W. スミス)　国書刊行会　2006.9　p521-522
◎引用文献「「ヨハネの手紙一」の研究—聖書本文の帰納的研究」(津村春英)　聖学院大出版会　2006.12　p198-205
◎参考文献「乗っ取られた聖書」(秦剛平)　京都大学学術出版会　2006.12　p334-350
◎研究文献概観「新約聖書神学　1　上」(F. ハーン)　日本キリスト教団出版局　2006.12　p486-527
◎参考文献「ヨハネ福音書注解　2」(伊吹雄)　知泉書館　2007.1　p405-416
◎文献「歴代誌上・下」(H. G. M. ウィリアムソン)　日本キリスト教団出版局　2007.1　p17-22ほか
◎参考文献「エステル記」(C. M. ベクテル)　日本キリスト教団出版局　2007.3　p189-191
◎参照文献「欽定訳聖書の動詞研究」(盛田義彦)　あるむ　2007.3　p207-210
◎参考文献「新版総説旧約聖書」(池田裕ほか)　日本キリスト教団出版局　2007.3　p512-533
◎参考文献ほか「総説旧約聖書　新版」(池田裕ほか)　日本キリスト教団出版局　2007.3　p512-533
◎参考文献「ナホム書、ハバクク書、ゼパニヤ書」(D. W. ベーカー)　いのちのことば社　2007.4　p11-14
◎文献概観「新約聖書神学　1下」(F. ハーン)　日本キリスト教団出版局　2007.4　p482-513
◎参考文献「旧約聖書を美術で読む」(秦剛平)　青土社　2007.5　p16-17b
◎文献「使徒言行録」(W. ニール)　日本キリスト教団出版局　2007.7　p345-349
◎参考文献「新約聖書を美術で読む」(秦剛平)　青土社　2007.9　p18-22b
◎文献抄「聖書を読む技法—ポストモダンと聖書の復権」(E. F. デイヴィスほか)　新教出版社　2007.9　p411-415
◎参考文献「ルカ福音書の集中構造」(森彬)　キリスト新聞社　2007.11　p183-192

西廂記

○論著目録(黄冬柏)「中国文学論集　30」(九州大)　2001　p84-104

青少年

◎参考文献「子どもと若者の文化　改訂版」(本田和子)　放送大学教育振興会　2001.3　p168-170
◎文献リスト「日本と中国の青少年の性意識・性教育—北海道浅井学園大学・北海道浅井学園大学短期大学部哈爾浜学院/日中学術交流成果報告書」(白佐俊憲ほか)　山藤印刷出版部　2001.3　p168-212
◎引用文献ほか「青少年の国際交流」(吉澤柳子)　丸善　2002.3　p1-6b
◎参考文献「「いろはことわざ」による現代若者気質—『ことわざ社会心理学』の新視点」(穴田義孝)　文化書房博文社　2004.7　p336-337
◎文献「検証・若者の変貌—失われた10年の後に」(浅野智彦)　勁草書房　2006.2　prr
◎文献「子どもとニューメディア」(北田暁大ほか)　日本図書センター　2007.6　p389-396

青少年教育

◎文献(新谷周平)「子ども・若者の参画—R.ハートの問題提起に応えて」(朝倉景樹ほか)　萌文社　2002.11　p191-194
◎参考文献「体験活動に必要な作物—グリーンアドベンチャー作物編」(調査研究委員会)　国立信州高遠少年自然の家　2005.2　p226-228
◎参考文献「沖縄の「シマ社会」と青年会活動」(山城千秋)　エイデル研究所　2007.3　p277-292

青少年心理

◎文献「ひきこもる青少年の心—発達臨床心理学的考察」(岡本祐子ほか)　北大路書房　2003.3　p129-132
◎引用文献「もろい青少年の心—自己愛の障害　発達臨床心理学的考察」(上地雄一郎ほか)　北大路書房　2004.9　p133-140

青少年問題

◎「子ども—過去・現在・未来—21世紀の子どものために」　横浜市中央図書館　2001.2　38p A4
◎文献リスト「子ども・若者の居場所の構想—「教育」から「関わりの場」へ」(田中治彦)　学陽書房　2001.4　p241-244
◎「荒れる10代—ひきこもり・ネット中毒・凶悪犯罪から少年法改正論議まで　最新文献ガイド」(日外アソシエーツ)　日外アソシエーツ　2001.5　233p A5
◎参考文献「子どもと悪の人間学—子どもの再発見のために」(亀山佳明)　以文社　2001.11　p271-280
◎文献「教育的ケアリングの研究」(中野啓明)　樹村房　2002.6　p201-209
◎文献「教育カウンセリングと家族システムズ—特別なニーズのある子どもを理解するために」(ローズマリー・ラムビー, デビ・ダニエルズ=モーリング)　現代書林　2002.9　p495-508
◎「青少年問題の本全情報　1997-2002」(日外アソシエーツ)　日外アソシエーツ　2002.10　636p B5

- ◎「有害図書と青少年問題―大人のオモチャだった"青少年"」(橋本健午) 明石書店 2002.11 475p 46s
- ◎文献「子どもを支える―子どもの発達臨床の今とこれから」(深谷和子) 北大路書房 2003.6 p183-184
- ◎文献「思春期のメンタルヘルス」(倉本英彦) 北大路書房 2003.6 p181-186
- ◎文献「心理、福祉のファミリーサポート」(京都ノートルダム女子大心理臨床センター) 金子書房 2003.9 prr
- ◎文献「子ども(人間)の本当のこころ―こころの恢復」(松坂清俊) 近代文芸社 2003.11 p243-248
- ◎参考文献「いじめ・いじめられる青少年の心―発達臨床心理学的考察」(坂西友秀ほか) 北大路書房 2004.3 p138-146
- ◎文献一覧「怒りをコントロールできない子の理解と援助―教師と親のかかわり」(大河原美以) 金子書房 2004.7 p187-190
- ◎参考文献「さまよえる青少年の心―アイデンティティの病理 発達臨床心理学的考察」(谷冬彦ほか) 北大路書房 2004.9 p137-144
- ◎参考文献「傷つけ傷つく青少年の心―関係性の病理 発達臨床心理学的考察」(伊藤美奈子ほか) 北大路書房 2004.9 p133-138
- ◎参考文献「正しい大人化計画―若者が「難民」化する時代に」(小浜逸郎) 筑摩書房 2004.9 p182-184
- ◎参考文献ほか「ケータイ・リテラシー―子どもたちの携帯電話・インターネットが危ない!」(下田博次) NTT出版 2004.12 p342-343
- ◎参考文献「非行臨床から家庭教育支援へ―ラボラトリー・メソッドを活用した方法論的研究」(山本智也) ナカニシヤ出版 2005.2 p197-202
- ◎引用参考文献「排除される若者たち―フリーターと不平等の再生産」(部落解放・人権研究所) 部落解放・人権研究所 2005.4 p213-217
- ◎文献「自己を追いつめる青少年の心―発達臨床心理学的考察」(石田弓) 北大路書房 2005.9 p122-133
- ◎文献「少年犯罪―からだの声を聴かなくなった脳」(瀬口豊廣) 農文協 2005.9 p207-211
- ◎文献「人をあやめる青少年の心―発達臨床心理学的考察」(河野荘子) 北大路書房 2005.9 p128-137
- ◎文献「無気力な青少年の心―発達臨床心理学的考察」(大芦治ほか) 北大路書房 2005.9 p140-153
- ◎参考引用文献「コンピュータが連れてきた子どもたち―ネットの世界でいま何が起こっているのか」(戸塚清登) 小学館 2005.12 p318-319
- ◎参考文献「10代の性行動と日本社会―そしてWYSH教育の視点」(木原雅子) ミネルヴァ書房 2006.2 p162-165
- ◎参考文献「若者が働くとき―「使い捨てられ」も「燃えつき」もせず」(熊沢誠) ミネルヴァ書房 2006.2 p217-220
- ◎参考文献「フリーターとニートの社会学」(太郎丸博) 世界思想社 2006.12 p199-210
- ◎引用文献「中学生における問題行動の要因と心理教育的介入」(安藤美華代) 風間書房 2007.2 p331-347
- ◎文献「問題行動と学校の荒れ」(加藤弘通) ナカニシヤ出版 2007.2 p157-166
- ◎参考文献「友だちに「死にたい」といわれたとき、きみにできること―大切な人の自殺を食い止める方法」(R. E. ネルソンほか) ゴマブックス 2007.8 p238-239
- ◎参考文献「「社会的脱落層」とストレスサイン」(平塚儒子) 時潮社 2007.9 p173-179
- ◎「青少年問題の本全情報 2002-2007」(日外アソシエーツ) 日外アソシエーツ 2007.10 792p A5
- ◎引用文献「問題対処の教師行動」(西口利文) 学文社 2007.11 p181-183

生殖
- ◎文献「水産動物の性と行動生態」(中園明信) 恒星社厚生閣 2003.4 prr
- ◎文献「乱交の生物学―精子競争と性的葛藤の進化史」(T. バークヘッド) 新思索社 2003.7 p329-347
- ◎参考文献「生物が子孫を残す技術―生物界の大胆な愛と性」(吉野孝一) 講談社 2007.6 p166-169
- ◎引用文献「性と生殖」(安部眞一) 培風館 2007.12 prr

生殖医療
- ◎文献「生殖医療―試験管ベビーから卵子提供・クローン技術まで」(菅沼信彦) 名古屋大学出版会 2001.5 p243-245
- ◎文献「操られるいのち―生殖医療、進む差別・選別」(保条朝郎) 中日新聞社(発売) 2002.2 p302-303

生殖器
- ◎参考文献「ヴァギナの文化史」(J. ドレント) 作品社 2005.5 p512-522
- ◎参考文献「ヴァギナ―女性器の文化史」(C. ブラックリッジ) 河出書房新社 2005.12 p433-442

生殖細胞
- ◎引用文献「生殖細胞のドン―LHRH細胞の生涯」(大黒成夫) 理工学社 2001.9 p145-184

聖女信仰
- ◎引用参照文献「「聖女」信仰の成立と「語り」に関する人類学的研究」(藤原久仁子) すずさわ書店 2004.2 p403-437

精神
- ◎書誌「人間の身体と精神の関係―コペンハーゲン論考 1811年 新装版」(メーヌ・ド・ビラン) 早稲田大学出版部 2001.1 p19-23b

精神医学
- ◎参考文献「治療文化論―精神医学的再構築の試み」(中井久夫) 岩波書店 2001.5 p209-218
- ◎文献「図説精神医学入門 第2版」(C. カトナ, M. ロバートソン) 日本評論社 2001.9 p143-147
- ◎文献「精神医学事典 縮刷版」(加藤正明ほか) 弘文堂 2001.11 p925-1009
- ◎参考文献「精神医学入門」(柄澤昭秀) 中央法規出版 2001.11 p185-186
- ◎文献一覧「診断・指導に活かすPOMS事例集」(横山和仁, 下光輝一, 野村忍) 金子書房 2002.1 p146-154
- ◎文献「思考障害―評価法と基礎」(畑哲信) 新興医学出版社 2002.3 p231-233
- ◎参考文献「日本精神病治療史」(八木剛平, 田辺英) 金原出版 2002.4 p1-10b
- ◎注「近代精神医学の成立―「鎖解放」からナチズムへ」(古俣和一郎) 人文書院 2002.5 p188-203
- ◎文献「老年精神医学入門」(B. ピット) みすず書房 2002.10 prr

◎文献「絵とき精神医学の歴史」（A. ジャッカル, G. マッセ, M. シアルディ）　星和書店　2002.11　p100-104
◎「精神医学の名著50」（福本修ほか）　平凡社　2003.2　562p A5
◎文献「心の健康と文化」（江畑敬介）　星和書店　2003.3　p110-117
◎文献「精神医学の現在」（西園昌久）　中山書店　2003.3　p352-361
◎文献「自殺企図—その病理と予防・管理」（樋口輝彦）　永井書店　2003.4　prr
◎参考文献「瞑想の精神医学—トランスパーソナル精神医学序説」（安藤治）　春秋社　2003.4　p9-23b
◎「精神医学文献事典」（松下正明ほか）　弘文堂　2003.5　4, 606p A5
◎文献「心配はいらない、必ず生きる道はある—精神疾患に対処できる本」（押川剛）　新潮社　2003.7　p282-285
◎参考文献「ようこそ精神医学へ—基礎と精神疾患13の物語」（忠井俊明）　ミネルヴァ書房　2003.10　p187-199
◎参考文献「〈次世代を育む心〉の危機—ジェネラティビティ・クライシスをめぐって」（小此木啓吾ほか）　慶應義塾大出版会　2004.4　p169-171
◎参考文献「魔術と狂気」（酒井明夫）　勉誠出版　2005.5　prr
◎参考書「精神医学の歴史」（小俣和一郎）　第三文明社　2005.6　p238-239
◎文献「精神病とは何か—臨床精神医学の基本構造」（G. フーバー）　新曜社　2005.10　p211-218
◎参考文献「非行精神医学—青少年問題行動への実践的アプローチ」（奥村雄介ほか）　医学書院　2006.2　prr
◎参考図書「精神医学　新訂」（仙波純一ほか）　放送大教育振興会　2006.3　p245-251
◎参考文献「精神医療の静かな革命—向精神薬の光と影」（田島治）　勉誠出版　2006.7　p191-195
◎参考図書「災害の心理—隣に待ち構えている災害とあなたはどう付き合うか」（清水将之）　創元社　2006.8　p220-224
◎文献案内「狂気　1冊でわかる」（R. ポーター）　岩波書店　2006.11　p1-12b
◎参考文献「現場に活かす精神科チーム連携の実際—精神科医、心理士、精神科ソーシャルワーカーのより良い連携を求めて」（藤本修）　創元社　2006.12　p250-257
◎参考文献「アメリカ精神科ER—緊急救命室の患者たち」（R. J. マラー）　新興医学出版社　2007.3　p252-263
◎参考文献「身体拘束・隔離の指針」（日本総合病院精神医学会教育・研究委員会）　星和書店　2007.3　p69-72
◎文献「精神看護学—ナーシング・ポケットマニュアル」（田中美恵子ほか）　医歯薬出版　2007.3　p225-238
◎参考文献ほか「西欧古典に描かれた狂気」（酒井明夫）　時空出版　2007.3　p127-136
◎文献「精神科臨床ノート」（青木省三）　日本評論社　2007.10　p265-267
◎引用文献ほか「精神疾患の行動遺伝学—何が遺伝するのか」（K. L. ジャン）　有斐閣　2007.10　p229-251
◎文献「逸脱の精神史」（酒井明夫）　日本評論社　2007.11　p318-286

◎参考文献「食事崩壊と心の病」（大沢博）　第三文明社　2007.11　p217-219

精神衛生
◎参考文献「メンタルヘルス実践大系—教育編　10　索引　新装増補版」（メンタルヘルス研究会）　日本図書センター　2002.1　p93-101
◎参考文献・資料「保健・医療・栄養関係者のための精解衛生法規　6版」（野崎貞彦, 大井田隆）　第一出版　2002.4　p308-309
◎文献「精神保健とKJ法」（丸山晋）　啓明出版　2003.3　prr
◎文献一覧「実践! ここから始めるメンタルヘルス—予防から復職まで」（芦原睦）　中央労働災害防止協会　2004.1　p266-272
◎引用参考文献「教師の葛藤対処様式に関する研究」（安藤知子）　多賀出版　2005.2　p233-246
◎文献集「自殺は予防できる—ヘルスプロモーションとしての行動計画と心の健康づくり活動」（本橋豊ほか）すぴか書房　2005.10　p199-202
◎参考文献「産業心理臨床入門」（CPI研究会ほか）　ナカニシヤ出版　2006.5　p241-246
◎引用参考文献「子どもの精神保健学」（三好環）　ふくろう出版　2007.4　p198-202

精神音楽
◎参考文献「音楽療法と精神音楽技法　フランスにおける実践」（J. ジョスト）　春秋社　2001.12　p195-193

精神科
◎参考文献「生物学的アプローチによる精神科ケア」（森則夫ほか）　南江堂　2001.12　p251-253
◎文献一覧「精神科看護のためのhow toフォーカスチャーティング」（川上千英子ほか）　精神看護出版　2001.12　p120-121
◎参考文献「精神科医になる—患者を〈わかる〉ということ」（熊木徹夫）　中央公論新社　2004.5　p176-183
◎参考文献「精神科デイケアQ&A」（日本デイケア学会）　中央法規出版　2005.10　p228-229

精神科学
◎文献「〈こころ〉の病を考える—心を病む人々との共生をめざして」（佐々木時雄）　弘文堂　2002.11　p208-213

精神鑑定
◎文献「精神鑑定実践マニュアル—臨床から法廷まで」（林幸司）　金剛出版　2001.1　p248-252
◎参考文献「刑事精神鑑定の実際」（西山詮）　新興医学出版社　2004.2　prr
◎参考文献「ドキュメント精神鑑定」（林幸司）　洋泉社　2006.3　p280-285
◎参考文献「精神鑑定医の事件簿」（風祭元）　日本評論社　2006.5　p287-294
◎参考文献「被告人との対話—精神鑑定　裁判員制度導入と医療観察法」（清田一民）　熊本出版文化会館　2007.4　p243-244

精神検査
◎参考文献「シンボル配置技法の理論と実際」（八田武志）　ナカニシヤ出版　2001.11　p165-173
◎参考文献「バウムテスト活用マニュアル—精神症状と問題行動の評価」（ドゥニーズ・ドゥ・カスティーラ）　金剛出版　2002.3　p221-223

◎引用参考文献「臨床心理アセスメントの実際―カウンセリングと連想テスト」（小林俊雄）　関西看護出版　2004.3　p171-173
◎文献「樹木心理学の提唱と樹木画法への適用」（中園正身）　北樹出版　2005.10　p154-157
◎引用文献「攻撃行動とP-Fスタディ」（S. ローゼンツァイク）　北大路書房　2006.5　p97-153
◎参考文献「樹木画テストの読みかた―性格理解と解釈」（L. フェルナンデス）　金剛出版　2006.8　p143-145
◎参考文献「心理査定実践ハンドブック」（氏原寛ほか）　創元社　2006.9　prr
◎文献「基礎から深く理解するラッシュモデリング―項目応答理論とは似て非なる測定のパラダイム」（靜哲人）　関西大出版部　2007.3　p369-372
◎文献「心理査定フィードバック面接マニュアル―MMPIで学ぶ」（S. E. フィン）　金剛出版　2007.5　p125-126
◎引用文献「P-Fスタディの理論と実際」（秦一士）　北大路書房　2007.9　p227-238
◎引用文献「文章完成法を応用したテストSCT-Bに関する研究」（小林哲郎）　風間書房　2007.10　p255-259
◎引用文献「臨床心理査定アトラス法への招待」（佐藤忠司）　培風館　2007.11　prr

精神史
◎注「日本の夢信仰―宗教学から見た日本精神史」（河東仁）　玉川大学出版部　2002.2　p526-571

精神障害
◎文献「入門・問題行動の機能的アセスメントと介入」（デイビッド・A. ワイルダー, ジェームズ・E. カー）　二瓶社　2002.4　p44-47
◎注ほか「明治の精神異説―神経病・神経衰弱・神がかり」（渡会好一）　岩波書店　2003.3　p261-287
◎参考文献「ディスアビリティ・スタディーズ―イギリス障害学概論」（C. バーンズ）　明石書店　2004.3　p295-326
◎参考文献「精神障害をもつ人たちのワーキングライフ―IPS―チームアプローチに基づく援助付き雇用ガイド」（D. R. ベッカー）　金剛出版　2004.11　p241-249
◎参考文献「司法心理療法―犯罪と非行への心理学的アプローチ」（C. Cordessほか）　星和書店　2004.12　p311-337
◎引用文献「日本帝国陸軍と精神障害兵士」（清水寛）　不二出版　2006.12　p1-6b
◎引用文献「日本帝国陸軍と精神障害兵士　2版」（清水寛）　不二出版　2007.4　p1-6b
◎参考図書「精神障害Q&A―生活支援ハンドブック3訂」（藤本豊ほか）　中央法規出版　2007.9　p219-221
◎文献「精神障害者雇用支援ハンドブック―現場で使える」（相澤欽一）　金剛出版　2007.11　p206-208

精神障害者
◎文献「精神障害者のホームヘルプサービス―そのニーズと展望」（大島巌ほか）　中央法規出版　2001.11　p235-238
◎文献「精神障害者等を中心とする職業リハビリテーション技法に関する総合的研究―中間報告書」（日本障害者雇用促進協会障害者職業総合センター）　日本障害者雇用促進協会障害者職業総合センター　2002.11　p98-102
◎関連図書「「図説」精神障害リハビリテーション」（野中猛）　中央法規出版　2003.5　p142-149
◎参考文献「精神障害者の生活支援Q&A」（吉川武彦ほか）　全国社会福祉協議会　2003.7　p161-165
◎文献「優生学と障害者」（中村満紀男）　明石書店　2004.2　prr
◎参考文献「精神障害者生活支援研究―生活支援モデルにおける関係性の意義」（藤井達也）　学文社　2004.6　p233-249
◎参考文献「地域社会で支える精神障害者の就労訓練」（立石宏昭）　西日本法規出版　2004.6　p201-206
◎参考文献「精神障害者―家族の相互関係とストレス」（南山浩二）　ミネルヴァ書房　2006.2　p267-286

精神障害者福祉
◎参考文献「精神障害者の地域生活支援―統合的生活モデルとコミュニティソーシャルワーク」（田中英樹）　中央法規出版　2001.6　p269-289
◎参考文献「精神障害者地域リハビリテーション実践ガイド」（久保紘章, 長山恵一, 岩崎晋也）　日本評論社　2002.2　prr
◎参考文献「精神保健福祉論」（相澤讓治, 篠原由利子）　久美　2002.4　prr
◎参考文献「精神保健福祉援助演習」（相澤讓治, 篠原由利子編）　久美　2003.3　prr
◎文献「脱入院化時代の地域リハビリテーション」（江畑敬介）　星和書店　2003.9　p107-115
◎文献「参加から始める知的障害のある人の暮らし―支援を高めるアクティブサポート」（E. ジョーンズほか）　相川書房　2003.10　p159-161
◎参考文献「障害者福祉の世界　改訂版」（佐藤久夫ほか）　有斐閣　2003.12　p223-225
◎参考文献「精神保健福祉援助演習―実践力を育てるためのワークブック」（岩間文雄ほか）　相川書房　2004.2　p174-176
◎参考文献「ACT入門―精神障害者のための包括型地域生活支援プログラム」（西尾雅明）　金剛出版　2004.3　p177-182
◎引用参考文献「障害者福祉論　改訂3版」　全国社会福祉協　2004.3　prr
◎参考文献「精神障害者福祉と司法　増補改訂版」（岩井宜子）　尚学社　2004.3　p7-23b
◎参考文献「精神保健福祉援助演習」　中央法規出版　2004.3　prr
◎参考文献「知的障害者の加齢とソーシャルワークの課題」（植田章）　高菅出版　2004.7　p297-306
◎参考文献「精神科デイケアの始め方・進め方」（窪田彰）　金剛出版　2004.9　p253-254
◎引用参考文献「ソーシャルワーク実践の相互変容関係過程の研究―知的障害者の就労支援における交互作用分析」（村社卓）　川島書店　2005.3　p195-211
◎参考文献「精神保健に問題を抱える人への介入の構造化―効果的な実践のために」（Corcoran, K）　西日本法規出版　2005.6　p258-280
◎文献目録「ソーシャルワーク実践スキルの実証的研究―精神障害者の生活支援に焦点をあてて」（福島喜代子）　筒井書房　2005.10　p259-271
◎文献「生活技能訓練基礎マニュアル―対人的効果訓練―自己主張と生活技能改善の手引き　ハンディ版」（R. P. リバーマンほか）　新樹会創造出版　2005.10　p131-145

せいしん

◎引用文献「青年期を生きる精神障害者へのケアリング─縦断的narration分析をとおして」(葛西康子) 北海道大出版会 2006.2 p237-240
◎参考文献ほか「精神保健福祉相談ハンドブック」(全国精神保健福祉相談員会) 中央法規出版 2006.8 p235-237
◎引用参考文献「「居場所のない人びと」の共同体の民族誌─障害者・外国人の織りなす対抗文化」(山本直美) 明石書店 2007.2 p263-267
◎文献「グループミーティングメソッド─精神障害者を支える 作業所・デイケアでスタッフのできること」(中村正利) 金剛出版 2007.2 p203-206
◎文献「精神保健福祉士のための地域生活支援活動モデル─対人援助職の成長プロセス」(住友雄資) 金剛出版 2007.6 p185-188

精神神経科学
◎文献「精神・心理症状学ハンドブック 2版」(北村俊則) 日本評論社 2003.2 p317-340

精神身体医学
◎文献「タイプA行動の診断と治療」(メイヤー・フリードマン) 金子書房 2001.11 p155-158
◎文献「プライマリケアと心身医療」(大谷純) 新興医学出版社 2002.2 p115-119
◎文献「医療に活かす癒し術─コ・メディカルのための医療心理入門」(芦原睦ほか) 医療科学社 2005.4 p229-234
◎参考文献「ボディマインド・シンフォニー─心身の再統合へ向かう先端医学」(E. M. スターンバーグ) 日本教文社 2006.1 p1-14b
◎参考文献「笑いの免疫学─笑いの「治療革命」最前線」(船瀬俊介) 花伝社 2006.7 p272-274
◎参考文献「身体の哲学─精神医学からのアプローチ」(野間俊一) 講談社 2006.12 p251-255

聖人崇拝
◎文献目録「聖人崇拝─コンパクト・ヒストリー」(L. S. カニンガム) 教文館 2007.3 p17-23b

精神世界
◎「スピリチュアル・データブック 2003」(Book Club Kai) ブッククラブ回 2003.4 395p A5

精神測定
◎引用参考文献「計量心理学─心の科学的表現をめざして」(岡本安晴) 培風館 2006.7 p269-278
◎引用文献「心理尺度のつくり方」(村上宣寛) 北大路書房 2006.9 p129-134

精神遅滞児
◎文献「関係のなかで開かれる知的障害児・者の内的世界」(田中真理) ナカニシヤ出版 2003.2 p183-188

精神病学
◎文献「わが国の精神科医療を考える」(風祭元) 日本評論社 2001.5 p277-290
◎引用文献「脳から心の地図を読む─精神の病いを克服するために」(N. C. アンドリアセン) 新曜社 2004.9 p23-31b

精神病理学
◎参考文献「文脈病─ラカン/ベイトソン/マトゥラーナ 新装版」(斎藤環) 青土社 2001.3 p405-416

◎文献「精神病理学臨床講義」(浜田秀伯) 弘文堂 2002.5 p297-312
◎文献「精神病理学の認識論的基礎─解釈学的立場からのアプローチ」(総田純次) 晃洋書房 2003.3 p269-278
◎参考文献「脳と人間─大人のための精神病理学」(計見一雄) 講談社 2006.8 p382-396
◎文献「侵入思考─雑念はどのように病理へと発展するのか」(D. A. クラーク) 星和書店 2006.10 p372-335
◎参考文献「発達精神病理学─子どもの精神病理の発達と家族関係」(E. M. カミングスほか) ミネルヴァ書房 2006.12 p489-547
◎参考文献「戦争する脳─破局への病理」(計見一雄) 平凡社 2007.12 p232-237

精神物理
◎引用文献「心理物理学─方法・理論・応用 上」(G. A. ゲシャイダー) 北大路書房 2002.5 p171-187

精神分析
◎文献目録「恥─社会関係の精神分析」(セルジュ・ティスロン) 法政大学出版局 2001.3 p4-12b
◎文献「「甘え」の構造 新装版」(土居健郎) 弘文堂 2001.4 p264-271
◎文献目録「「正常さ」という病い」(アルノ・グリューン) 青土社 2001.4 p14-21b
◎文献「治療の行き詰まりと解釈─精神分析療法における治療的/反治療的要因」(H. ローゼンフェルト) 誠信書房 2001.6 p323-329
◎文献「自己心理学入門─コフート理論の実践」(アーネスト・S. ウルフ) 金剛出版 2001.10 p200-205
◎参考文献「精神分析理論の展開─〈欲動〉から〈関係〉へ」(J. R. グリーンバーグ, S. A. ミッチェル) ミネルヴァ書房 2001.10 p541-554
◎参考文献「フェミニズムと精神分析事典」(E. ライトほか) 多賀出版 2002.1 prr
◎註「エディプス・コンプレックス論争─性をめぐる精神分析史」(妙本浩之) 講談社 2002.3 p242-247
◎参考文献「精神分析事典」(小此木啓吾ほか) 岩崎学術出版社 2002.3 p571-611
◎文献「信念と想像─精神分析のこころの探求」(R. ブリトン) 金剛出版 2002.7 p252-261
◎文献「中立性と現実─新しい精神分析理論 2」(岡野憲一郎) 岩崎学術出版社 2002.10 p227-231
◎文献「分析臨床での発見─転移・解釈・罪悪感」(松木邦裕) 岩崎学術出版社 2002.10 p171-179
◎参考文献「超図説目からウロコの精神分析学入門─進化した解釈から最新の精神療法まで」(I. ワード) 講談社 2003.4 p178-179
◎文献「分裂病の心理 新装版」(C. G. ユング) 青土社 2003.4 p1-7b
◎文献「精神分析とブリーフセラピ─時間への疑問と挑戦」(A. モルノス) 川島書店 2003.6 p127-152
◎文献「精神分析における未構成の経験─解離から想像力へ」(D. B. スターン) 誠信書房 2003.6 p323-341
◎原註「歴史と精神分析 科学と虚構の間で」(M. d. セルトー) 法政大学出版局 2003.6 p207-228
◎文献「精神分析という営み─生きた空間をもとめて」(藤山直樹) 岩崎学術出版社 2003.8 p198-201
◎文献「対象関係論の基礎─クライニアン・クラシックス」(松木邦裕) 新曜社 2003.9 p247-250

◎基本文献案内「精神分析」（十川幸司）　岩波書店　2003.11　p115-122
◎参考文献「闇からの目覚め―虐待の連鎖を断つ」（A. ミラー）　新曜社　2004.4　p207-211
◎参考文献「あやまちから学ぶ―精神分析と心理療法での教義を超えて」（P. ケースメント）　岩崎学術出版社　2004.5　p194-198
◎引用文献「精神分析と社会学―二項対立と無限の理論」（竹中均）　明石書店　2004.7　p229-233
◎参考文献「精神分析という経験―事物のミステリー」（C. ボラス）　岩崎学術出版社　2004.10　p273-275
◎文献ガイド「ソンディ・テスト入門」（内田裕之ほか）　ナカニシヤ出版　2004.11　p226-228
◎参考文献「精神分析学を学ぶ人のために」（新宮一成ほか）　世界思想社　2004.11　prr
◎文献「無意識の思考―心的世界の基底と臨床の空間」（I. マテ＝ブランコ）　新曜社　2004.11　p381-385
◎参考文献「内核型と外殻型―生得論から見た個の形成と文化」（中嶋崇）　近代文芸社　2005.3　p213-216
◎文献「トラウマの内なる世界―セルフケア防衛のはたらきと臨床」（D. カルシェッド）　新曜社　2005.9　p322-330
◎参考文献「哲学による精神分析入門」（R. サミュエルズ）　夏目書房　2005.9　p250-253
◎文献「精神分析における言葉の活用」（妙木浩之）　金剛出版　2005.11　p231-242
◎参考文献「時代が病むということ―無意識の構造と美術」（鈴木國文）　日本評論社　2006.1　p226-216
◎文献「転位分析―理論と技法」（M. M. ギル）　金剛出版　2006.5　p182-191
◎文献「自己心理学の臨床と技法―臨床場面におけるやり取り」（J. D. リヒテンバーグほか）　金剛出版　2006.7　p285-294
◎参考文献「脳と無意識―ニューロンと可塑性」（F. アンセルメほか）　青土社　2006.7　p1-12b
◎文献「こどもの精神分析―クライン派・対象関係論からのアプローチ」（木部則雄）　岩崎学術出版社　2006.8　p227-232
◎参考文献「もの想いと解釈―人間的な何かを感じとること」（T. H. オグデン）　岩崎学術出版社　2006.9　p177-185
◎文献「分析の経験―フロイトから対象関係論へ」（N. シミントン）　創元社　2006.9　p319-322
◎参考文献「精神分析入門講座―英国学派を中心に」（J. ミルトン）　岩崎学術出版社　2006.10　p238-247
◎参考文献「ケースの見方・考え方―精神分析的ケースフォーミュレーション」（N. マックウィリアムズ）　創元社　2006.12　p261-280
◎文献表「フロイト全集　4　1900年―夢解釈　1」（S. フロイト）　岩波書店　2007.3　p1-23b
◎文献「「甘え」の構造　増補普及版」（土居健郎）　弘文堂　2007.5　p277-284
◎参考文献「精神分析的心理療法の現在―ウィニコットと英国独立派の潮流」（S. ジョンソンほか）　岩崎学術出版社　2007.9　p157-170
◎文献「抑うつの精神分析的アプローチ―病理の理解と心理療法による援助の実際」（松木邦裕ほか）　金剛出版　2007.9　prr

◎参考文献「ひきこもりはなぜ「治る」のか?―精神分析的アプローチ」（斎藤環）　中央法規出版　2007.10　p211-214
◎文献「精神分析的診断面接のすすめかた」（守屋直樹ほか）　岩崎学術出版社　2007.10　p216-227

精神保健

◎文献「まちづくりの中の精神保健・福祉―居宅型支援システムの歩みと思想」（岡村正幸）　高菅出版　2002.5　p129-131
◎註「「心の病」発病メカニズムと治療法の基礎　精神保健福祉学序説」（宇野弘三）　国書刊行会　2003.4　prr
◎引用参考文献「精神保健」（松橋有子ほか）　北大路書房　2003.9　p145-147
◎参考文献「世界の精神保健―精神障害、行動障害の新しい理解」（WHO）　明石書店　2004.12　p195-209
◎参考文献「精神保健」（内山源）　同文書院　2005.5　prr

精神保健相談

◎文献「精神保健相談のすすめ方Q&A―PSW・カウンセラー・保健婦のための実践ガイド」（田辺等）　金剛出版　2002.1　p197-198

精神保健福祉

◎参考図書「精神保健福祉ボランティア―精神保健と福祉の新たな波」（石川到覚）　中央法規出版　2001.8　p191-192

精神保健福祉士

◎読書ガイド「精神保健福祉士の仕事」（住友雄資ほか）　朱鷺書房　2001.7　p7-9b
◎図書「社会人のための精神保健福祉士―PSWの魅力探究、精神保健福祉援助実習テキストそして、自己実現として」（青木聖久）　学文社　2007.11　p11-20b

精神薬理

◎文献「心の病気はなぜ起こるか―うつ病と脳内物質」（高田明和）　朝日新聞社　2001.2　p1-3
◎参考文献「わかりやすい子どもの精神科薬物療法ガイドブック」（T. E. ウィレンズ）　星和書店　2006.4　p406-418

精神療法

◎文献「リフレクティング・プロセス―会話における会話と会話」（トム・アンデルセン）　金剛出版　2001.2　p163-167
◎参考文献「家族システム援助論」（十島雍蔵）　ナカニシヤ出版　2001.3　p171-177
◎文献「家族評価―ボーエンによる家族探究の旅」（マイケル・E. カー, マレー・ボーエン）　金剛出版　2001.3　p403-404
◎参考文献「ブリーフ・セラピーの原則―実践応用のためのヒント集」（J. F. クーパー）　金剛出版　2001.6　p187-200
◎文献「絵が語る秘密―ユング派分析家による絵画療法の手引き」（グレッグ・M. ファース）　日本評論社　2001.6　p151-167
◎文献「自己への物語論的接近―家族療法から社会学へ」（浅野智彦）　勁草書房　2001.6　p5-18b
◎文献「難事例のブリーフセラピー―MRIミニマルシンキング」（リチャード・フィッシュ, カリーン・シュランガー）　金子書房　2001.6　p169-170

◎参考文献「メタスキル―心理療法の鍵を握るセラピストの姿勢」(エイミー・ミンデル) コスモス・ライブラリー 2001.7 p221-227
◎文献「シャーマンズボディ―心身の健康・人間関係・コミュニティを変容させる新しいシャーマニズム」(アーノルド・ミンデル) コスモス・ライブラリー 2001.8 p301-305
◎文献「プリセラピー―パーソン中心/体験過程療法から分裂病と発達障害への挑戦」(ゲリー・プラウティ) 日本評論社 2001.9 p147-155
◎文献「コラージュ制作過程の研究」(佐藤静) 風間書房 2001.10 p149-160
◎文献案内「24時間の明晰夢―夢見と覚醒の心理学」(アーノルド・ミンデル) 春秋社 2001.11 p3-6b
◎文献「ナラティヴ・セラピー入門」(高橋規子,吉川悟) 金剛出版 2001.11 p161-169
◎文献「ドリームボディ―自己を明らかにする身体」(A. ミンデル) 誠信書房 2002.4 p18-21f, 219-226
◎参考文献「芸術療法入門」(スナイダー) 角川書店 2002.4 p167-190
◎文献「「意味」の臨床―現実をめぐる病理」(李敏子) 新曜社 2002.5 p203-216
◎参考文献「昏睡状態の人と対話する―プロセス指向心理学の新たな試み」(A. ミンデル) NHK出版 2002.5 p226-219
◎文献「思いの理論と対話療法」(小山充道) 誠信書房 2002.5 p235-236
◎原注「意味への意志」(V. E. フランクル) 春秋社 2002.7 p228-280
◎文献「月光のプリズム―心理療法からみた心の諸相」(石坂好樹) 星和書店 2002.10 p210-226
◎文献「認知療法への招待 改訂3版」(井上和臣) 金芳堂 2002.10 p210-222
◎文献「被虐待児のアートセラピー―絵からきこえる子どものメッセージ」(キャシー・マルキオディ) 金剛出版 2002.10 p233-243
◎文献「こころの再生を求めて―ポスト・クライン派による子どもの心理療法」(アン・アルヴァレズ) 岩崎学術出版社 2002.11 p311-323
◎文献「精神療法家の仕事―面接と面接者」(成田善弘) 金剛出版 2003.4 p225-231
◎文献「集団精神療法の基礎用語」(北西憲二) 金剛出版 2003.9 p206-228
◎参考文献「セラピストの人生という物語」(M. ホワイト) 金子書房 2004.3 p356-361
◎参考文献「幸福否定の構造」(笠原敏雄) 春秋社 2004.3 p292-301
◎文献「間主観的アプローチ臨床入門―意味了解の共同作業」(P. バースキーほか) 岩崎学術出版社 2004.8 p179-187
◎参考文献「心理療法「幕の内弁当」方式のすすめ―各流派を使いこなすためのごちゃまぜ心理学」(村上勝彦) アニマ2001 2004.8 p235-239
◎参考文献「禅セラピー―仏教から心理療法への道」(D. ブレイジャー) コスモス・ライブラリー 2004.9 p363-370
◎参考文献「神経症の行動療法―新版行動療法の実際」(J. ウォルピ) 黎明書房 2005.3 p472-497

◎文献「幼児期～青年期までのメンタルヘルスの早期介入―発達に応じた8つの効果的なプログラム」(S. I. パイファーほか) 北大路書房 2005.8 prr
◎文献「とけあい動作法―心と身体のつながりを求めて」(今野義孝) 学苑社 2005.10 p213-222
◎参考文献「中年期うつと森田療法」(北西憲二) 講談社 2006.6 p231-233
◎文献「実践・精神分析的精神療法―個人療法そして集団療法」(相田信男) 金剛出版 2006.9 p252-259
◎文献「統合失調症の早期発見と認知療法―発症リスクの高い状態への治療的アプローチ」(P. Frenchほか) 星和書店 2006.10 p161-167
◎引用文献「動作のこころ」(成瀬悟策) 誠信書房 2007.1 p199-200
◎参考文献「精神療法家として生き残ること―精神分析的精神療法の実践」(N. コルタート) 岩崎学術出版社 2007.2 p160-161
◎参考文献「実戦―心理療法」(村上伸治) 日本評論社 2007.3 p255-256
◎文献「健康遺伝子が目覚めるがんのSAT療法」(宗像恒次ほか) 春秋社 2007.7 p183-186
◎参考文献「方法としての行動療法」(山上敏子) 金剛出版 2007.7 p224-229
◎文献「セラピー文化の社会学―ネットワークビジネス・自己啓発・トラウマ」(小池靖) 勁草書房 2007.8 p7-18b
◎参考文献「こころの整理学―自分でできる心の手当て」(増井武士) 星和書店 2007.9 p229-231
◎参考文「人間コミュニケーションの語用論―相互作用パターン、病理とパラドックスの研究 2版」(P. ワツラヴィックほか) 二瓶社 2007.9 p277-286
◎引用参考文献「精神療法の第一歩 新訂増補」(成田善弘) 金剛出版 2007.9 p199-201
◎参考文献ほか「プレゼントモーメント―精神療法と日常生活における現在の瞬間」(D. N. スターン) 岩崎学術出版社 2007.10 p8-27b
◎参考文献「森田療法と精神分析的精神療法」(北西憲二ほか) 誠信書房 2007.10 p369-386
◎文献「不安障害―精神療法の視点から」(中村敬) 星和書店 2007.10 prr
◎文献「ゆるしの選択―怒りから解放されるために」(R. D. エンライト) 河出書房新社 2007.11 p356-364
◎文献「虐待サバイバーとアディクション」(K. エバンズほか) 金剛出版 2007.11 p242-250

整数
○参考文献「整数の分割」(G. E. アンドリュースほか) 数学書房 2006.5 p168-173

税制
○主要目次1998「国際税制研究 7」(清文社) 2001.1 1pb
○参考文献「日本の税制 グローバル時代の「公平」と「活力」」(森信茂樹) PHP研究所 2001.1 p1-2b
○参考文献「税制ウォッチング―「公平・中立・簡素」を求めて」(石弘光) 中央公論新社 2001.6 p251-252
○文献「税制・社会保障の基本構想」(日本総合研究所) 日本評論社 2003.4 p263-272
○参考図書「日本が生まれ変わる税制改革」(森信茂樹) 中央公論新社 2003.9 p265-269

◎参考文献「中国財政・税制の現状と展望―「全面的な小康社会実現」に向けた改革」（大西靖） 大蔵財務協会 2004.12 p164-166

生成文法
◎参考文献「生成文法の新展開―ミニマリスト・プログラム」（中村捷ほか） 研究社出版 2001.5 p287-291
◎参考文献「言語研究入門―生成文法を学ぶ人のために」（大津由紀雄ほか） 研究社 2002.4 p295-310
◎文献「生成文法の企て」（N. チョムスキー） 岩波書店 2003.11 p19-34b
◎文献「生成文法の方法―英語統語論のしくみ」（長谷川欣佑） 研究社 2003.12 p285-295
◎参考文献ほか「生成文法 言語の科学6」（田窪行則ほか） 岩波書店 2004.9 p215-227
◎参考文献「生成文法を学ぶ人のために」（中井悟ほか） 世界思想社 2004.10 p250-265
◎参考文献「内核型と外殻型―生得論から見た個の形成と文化」（中嶌崇） 近代文芸社 2005.3 p213-216
◎文献「明日に架ける生成文法」（中島平三ほか） 開拓社 2005.3 p274-286
◎参考文献「ミニマリストプログラム序説―生成文法のあらたな挑戦」（渡辺明） 大修館書店 2005.4 p123-130
◎参照文献「日本語からみた生成文法」（黒田成幸） 岩波書店 2005.10 p333-340
◎参考文献「第二言語習得研究入門―生成文法からのアプローチ」（若林茂則） 新曜社 2006.2 p233-246
◎引用文献「第二言語習得における束縛原理―その利用可能性」（白畑知彦） くろしお出版 2006.7 p273-299

製造
◎参考文献「サービス大国への挑戦―斜陽製造王国のゆくえ」（浅羽良昌） ミネルヴァ書房 2002.9 p183-189

聖像画論争
◎参考文献「聖像画論争とイスラーム」（若林啓史） 知泉書館 2003.5 p32-39b

製造業
◎参考文献「日本再見 モノづくり企業のイノベーション」（早稲田大学ビジネススクール） 生産性出版 2003.8 prr

製造者責任
◎参考文献「米国の巨額PL訴訟を解剖する―クラスアクションの脅威とその対策」（杉野文俊） 商事法務 2004.5 p371-386
◎文献「不祥事を防ぐ市場対応ハンドブック―情報開示からリコール実施まで」（久新大四郎） 唯学書房 2007.9 p293-294

製造物責任
◎参考文献「あなたの会社の評判を守る法」（久新大四郎） 講談社 2007.10 p244-242

生態
◎参考文献「生物と環境」（江戸謙顕, 東正剛） 三共出版 2002.1 prr
◎参考文献「「悪魔のサイクル」へ挑む―地球にはCO2を急増させる仕掛けが隠されていた!!」（西沢潤一ほか） 東洋経済新報社 2005.5 p255-257
◎引用文献「水圏生態系の物質循環」（T. アンダーセン） 恒星社厚生閣 2006.2 p199-216
◎参考文献「東ユーラシアの生態環境史」（上田信） 山川出版社 2006.4 p89-90
◎参考文献「トンデモない生き物たち―南極の魚はなぜ凍らないのか!?」（白石拓） 宝島社 2006.6 p206-207
◎参考文献ほか「環境生物科学―人の生活を中心とした 改訂版」（松原聰） 裳華房 2006.9 p219-223
◎引用文献「ランドスケープエコロジー」（武内和彦） 朝倉書店 2006.10 p229-239
◎参考図書「環境と生態」 朝倉書店 2007.2 p169」
◎文献ほか「湖と池の生物学―生物の適応から群集理論・保全まで」（C. Bronmarkほか） 共立出版 2007.6 p287-309
◎参考文献ほか「生物圏の環境」（有田正光） 東京電機大出版局 2007.11 prr

生態学
◎参考文献「生態学キーノート」（A. Mackenzieほか） シュプリンガー・フェアラーク東京 2001.2 p308-317
◎引用文献「群集生態学の現在」（佐藤宏明ほか） 京都大学学術出版会 2001.3 p387-417
◎参考文献ほか「海洋微生物の分子生態学入門―生態学の基礎から分子まで」（石田祐三郎） 培風館 2001.4 p165-170
◎参考文献一覧「放浪するアリ―生物学的侵入をとく」（ベルンハルト・ケーゲル） 新評論 2001.7 p351-361
◎さらに勉強するために「環境学入門 3 地球生態学」（和田英太郎） 岩波書店 2002.3 p165-166
◎引用文献「コンピュータで学ぶ応用個体群生態学―希少生物の保全を目指して」（H. レシット・アクチャカヤ, レフ・R. ギンズバーグ, マーク・A. バーグマン） 文一総合出版 2002.4 p311-319
◎引用文献「森のねずみの生態学―個体数変動の謎を探る」（斉藤隆） 京都大学学術出版会 2002.7 p253-247
◎引用文献「水辺林の生態学」（崎尾均ほか） 東京大学出版会 2002.8 prr
◎引用文献「川と森の生態学―中野繁論文集」（中野繁） 北海道大学図書刊行会 2003.1 p291-329
◎文献「群集生態学」（宮下直ほか） 東京大学出版会 2003.2 p169-182
◎文献「生態学―個体・個体群・群集の科学」（M. ベゴン） 京都大学学術出版会 2003.3 p1155-1235
◎参考図書「生態学入門」（日本生態学会） 東京化学同人 2004.8 p261-262
◎参考文献「景観生態学―生態学からの新しい景観理論とその応用」（M. G. ターナー） 文一総合出版 2004.9 p339-394
◎「国際生態学センター業績目録 1（平成5年10月―16年10月）」（国際生態学センター） 国際生態学センター 2005.3 59p A4
◎参考文献「エコ心理療法―関係生態学的治療」（J. ヴィリイ） 法政大出版局 2006.6 p7-18b
◎参考文献「個体群生態学入門―生物の人口論」（J. H. Vandermeerほか） 共立出版 2007.3 p251-262
◎参考文献「ニッチ構築―忘れられていた進化過程」（F. J. Odling-Smeeほか） 共立出版 2007.9 p343-378
◎参考文献「自然保護―その生態学と社会学」（吉田正人） 地人書館 2007.11 p143-145

生体肝移植
◎参考文献「生体肝移植―京大チームの挑戦」（後藤正治） 岩波書店 2002.9 p217-219

生態系
- ◎参考文献「生態系を蘇らせる」（鷲谷いづみ）　NHK出版　2001.5　p223-225
- ◎文献「生態系」（生物の多様性分野の環境影響評価技術検討会）　自然環境研究センター　2002.10　p276-277
- ◎引用文献「フィールド科学への招待」（北海道大学北方生物圏フィールド科学センター）　三共出版　2006.6　p191-198
- ◎参考文献「生態系ってなに?―生きものたちの意外な連鎖」（江崎保男）　中央公論新社　2007.11　p197-199

生体工学
- ◎引用参考文献「生体工学概論」（村上輝夫）　コロナ社　2006.4　p219-229

生態工学
- ◎文献目録「生態工学の基礎―生きた建築材料を使う土木工事」（H. M. シヒテル）　築地書館　2004.10　p217-228

生態心理学
- ◎ブックガイド「アフォーダンスと行為」（佐々木正人ほか）　金子書房　2001.11　p198-200
- ◎参考文献「アフォーダンスの認知意味論―生態心理学から見た文法現象」（本多啓）　東京大学出版会　2005.2　p301-323

聖地
- ◎参考文献「ヒンドゥー聖地と思索の旅」（宮本久義）　山川出版社　2003.4　p238
- ◎参考文献「日本の聖地―日本宗教とは何か」（久保田展弘）　講談社　2004.5　p349-355
- ○研究文献目録（金任仲）「国文学解釈と鑑賞　70.5」（至文堂）　2005.5　p185-195

成長
- ◎参考文献「ヒトの成長と発達」（D. Sinclair, P. Dangerfield）　メディカル・サイエンス・インターナショナル　2001.5　p267-268

性的虐待
- ◎参考文献「児童性的虐待」（デイヴィッド・ジョーンズ）　世論時報社　2001.9　p11-119
- ◎参考文献「性的虐待を受けた人のポジティブ・セックス・ガイド」（ステイシー・ヘインズ）　明石書店　2001.10　p397-398
- ◎参考文献「親族による性的虐待―近親姦の実態と病理」（石川義之）　ミネルヴァ書房　2004.3　p307-321
- ◎引用参考文献「子どものころに性虐待を受けた女性のためのガイド」（グループ・ヴィズネス）　明石書店　2005.6　p188-192

製鉄
- ◎参考文献「たたら製鉄の近代史」（渡辺ともみ）　吉川弘文館　2006.3　p301-305

性転換
- ◎参考文献「性転換する魚たち」（桑村哲生）　岩波書店　2004.9　p203-205

静電気
- ◎参考文献「静電気がわかる本」（高橋雄造）　工業調査会　2007.5　p185-187

政党
- ◎引用文献「現代の政党と選挙」（川人貞史ほか）　有斐閣　2001.2　prr
- ◎参考文献ほか「選挙制度と政党システム」（川人貞史）　木鐸社　2004.1　p275-283
- ◎参考文献ほか「政党と官僚の近代―日本における立憲統治構造の相克」（清水唯一朗）　藤原書店　2007.1　p288-297

製糖
- ◎文献「インド製糖協同組合の発展と思想―マハラシュトラ州の事例」（杉野実）　筑波書房　2005.6　p117-124

青鞜
- ◎参考文献「「青鞜」人物事典　110人の群像」（らいてう研究会）　大修館書店　2001.5　p240-253
- ◎注「『青鞜』という場―文学・ジェンダー・〈新しい女〉」（飯田祐子）　森話社　2002.4　prr
- ◎略年譜「文学としての『青鞜』」（岩田ななつ）　不二出版　2003.4　p266-269
- ◎読書案内ほか「青鞜文学集」（岩田ななつ）　不二出版　2004.9　p249-255

聖堂
- ◎参考文献「ゴシックとは何か―大聖堂の精神史」（酒井健）　筑摩書房　2006.5　p297-308

性同一性障害
- ◎参考文献（大島俊之）「性同一性障害と法律」（石原明ほか）　晃洋書房　2001.5　p277-280
- ◎参考文献「性同一性障害と法」（大島俊之）　日本評論社　2002.1　p355-358
- ◎参考文献「セックス・チェンジズ―トランスジェンダーの政治学」（P. カリフィアほか）　作品社　2005.7　p605-594
- ◎文献リスト「心に性別はあるのか?―性同一性障害のよりよい理解とケアのために」（中村美亜）　医療文化社　2005.9　p111-120
- ◎推薦図書「セクシュアルマイノリティ―同性愛、性同一性障害、インターセックスの当事者が語る人間の多様な性　2版」（セクシュアルマイノリティ教職員ネットワーク）　明石書店　2006.3　p273-277
- ◎参考文献「性同一性障害の社会学」（佐倉智美）　現代書館　2006.5　p206-208

青銅器文化
- ◎参考文献「寧夏回族自治区における古代の民族と青銅器文化の考古学的研究」（横田禎昭ほか）　渓水社　2002.12　p256-261
- ◎参考文献「中国北方系青銅器―東京国立博物館所蔵」（東京国立博物館）　竹林舎　2005.7　p319-336
- ◎引用文献「東北アジアの青銅器文化と社会」（甲元眞之）　同成社　2006.3　p267-281

政党政治
- ◎参考文献「政党政治と天皇―日本の歴史　22」（伊藤之雄）　講談社　2002.9　p385-390
- ◎参考文献「日本の国会制度と政党政治」（川人貞史）　東京大学出版会　2005.9　p275-283

性道徳
- ◎文献「性の倫理学　現代社会の倫理を考える12」（田村公江）　丸善　2004.11　p159-172

制度経済学
- ◎参考文献「制度経済学のフロンティア―理論・応用・政策」（磯谷明徳）　ミネルヴァ書房　2004.10　p255-286
- ◎基本文献ほか「入門制度経済学」（B. シャバンス）　ナカニシヤ出版　2007.4　p151-159ほか

生と死
- ◎参考文献「生と死のおきて―生命倫理の基本問題を考える」（難波紘二）　渓水社　2001.4　p297-304
- ◎参考文献「生と死の教育」（アルフォンス・デーケン）　岩波書店　2001.4　p179-180
- ◎読書案内「生きること/死ぬこと」　岩波書店　2001.5　p1-19b

生徒指導
- ◎参考文献「心をささえる生徒指導　生徒支援の理論と実践」（原田信之）　ミネルヴァ書房　2003.1　prr
- ◎参考文献「「なおす」生徒指導「育てる」生徒指導―カウンセリングによる生徒指導の再生」（飯野哲朗）　図書文化社　2003.2　p228-232
- ◎参考文献「生徒指導　改訂版」（秦政春）　放送大学教育振興会　2003.3　p335-340
- ◎参考文献「生徒指導法を学ぶ―教職入門」（吉田卓司）　三学出版　2004.9　p188-191
- ◎引用文献「生きる力を育む生徒指導」（宮下一博ほか）　北樹出版　2005.4　prr
- ◎参考文献「問題解決的/成長促進的援助―カウンセリング、生徒指導実践への基本的視点」（増田實）　ナカニシヤ出版　2005.8　prr
- ◎参考文献「学校心理学が変える新しい生徒指導―一人ひとりの援助ニーズに応じたサポートをめざして」（山口豊一ほか）　学事出版　2005.10　p190-194
- ◎推薦図書ほか「子どものしつけと自律」（G. G. ベアほか）　風間書房　2005.11　p301-338
- ◎読書案内ほか「最新生徒指導・進路指導論―ガイダンスとキャリア教育の理論と実践」（吉田辰雄）　図書文化社　2006.1　p217-225
- ◎文献リスト「生徒指導・教育相談・進路指導」（仙崎武ほか）　田研出版　2006.3　p275-280
- ◎参考文献「ピア・サポート―豊かな人間性を育てる授業づくり「実例付」」（中野良顯）　図書文化社　2006.4　p148-150
- ◎引用文献「図説子どものための適応援助―生徒指導・教育相談・進路指導の基礎」（小泉令三）　北大路書房　2006.9　p186-193
- ◎引用文献「問題対処の教師行動」（西口利文）　学文社　2007.11　p181-183

制度理論
- ◎参考文献「現代組織と環境の組織化―組織行動の変容過程と「制度理論」のアプローチ」（横山知玄）　文眞堂　2001.3　p290-296

青南国民学校
- ◎参考文献「青南国民学校の神代村疎開―僕らの疎開は京王線に乗って」（古橋研一）　調布市郷土博物館　2004.8　p110-112

西南の役
- ◎「西南の役研究文献目録　22版」（菖蒲和弘）　菖蒲由美ほか　2006.8　22p A3横
- ◎「西南の役関係文献目録稿　50版」（菖蒲和弘）　菖蒲由美ほか　2006.11　59p A4

盛年
- ◎「盛年　老いてますます…」（樋口恵子）　学陽書房　2001.6　205p　46s

青年
- ◎引用文献「青春という亡霊―近代文学の中の青年」（古屋健三）　NHK出版　2001.10　p313-316
- ◎文献「若者はなぜ大人になれないのか―家族・国家・シティズンシップ　第2版」（G. ジョーンズ, C. ウォーレス）　新評論　2002.11　p250-266
- ◎参考文献「ポスト青年期と親子戦略―大人になる意味と形の変容」（宮本みち子）　勁草書房　2004.2　p267-278
- ◎参考文献「フツーをつくる仕事・生活術―28歳編」（新しい生き方基準をつくる会）　青木書店　2007.6　p229-231

青年海外協力隊
- ◎参考図書「地球市民をめざして」（栗木千惠子）　中央公論新社　2001.3　p266-268
- ◎出版本紹介「やってみよう国際協力―青年海外協力隊ベストガイド」（協力隊を育てる会ほか）　明石書店　2003.10　p218-221

青年学校
- ◎参考文献「道南地域の青年学校と技術教育」（井上平治）　学文社　2006.10　prr

青年期
- ◎参考文献「ひきこもる心のカルテ―心の扉をひらくカウンセリング」（井上敏明）　朱鷺書房　2002.2　p236-237
- ◎参考文献ほか「青年期の本質」（J. コールマンほか）　ミネルヴァ書房　2003.10　p302-334
- ◎文献「青年期の親子間コミュニケーション」（平石賢二）　ナカニシヤ出版　2007.2　p231-243

成年後見制度
- ◎参考文献「成年後見ハンドブック―市民と行政書士の青年後見制度入門」（粂智仁）　文芸社　2004.12　p228-229
- ◎参考文献「成年後見の法律相談　改訂版」（鬼丸かおるほか）　学陽書房　2007.4　p307-308
- ◎参考文献ほか「知的障害者の成年後見の原理―「自己決定と保護」から新たな関係の構築へ」（細川瑞子）　信山社　2007.9　p311-334

青年心理
- ◎引用文献「認知発達の心理学―U字型発達曲線の解釈に見る青年前期の認知特性」（青木多寿子）　九州大学出版会　2002.2　p111-118
- ◎引用文献「やさしい青年心理学」（白井利明, 都筑学, 森陽子）　有斐閣　2002.4　p213-225
- ◎引用文献「青年の心理学　改訂版」（落合良行ほか）　有斐閣　2002.4　p263-273
- ◎文献「娘が女子高生になった時読む本―女子高生の心理」（舩木雅哉）　ハーベスト出版　2002.7　p230-231
- ◎文献「思春期・青年期の理論と実像―米国における実態研究を中心に」（D. C. キンメル, I. B. ワイナー）　ブレーン出版　2002.11　p665-744
- ◎引用文献「青年期の友人関係の発達的変化　友人関係における活動・感情・欲求と適応」（榎本淳子）　風間書房　2003.2　p161-167

◎文献「心のライフデザイン―自分探しの旅へのマニュアル」（渡辺利夫）　ナカニシヤ出版　2003.10　p203-208
◎引用文献「自己愛の青年心理学」（小塩真司）　ナカニシヤ出版　2004.2　p191-202
◎参考文献「青年期の自己表明に関する研究―中学・高校生の友人関係を対象として」（柴橋祐子）　風間書房　2004.4　p153-158
◎参考文献「希望の心理学」（都筑学）　ミネルヴァ書房　2004.10　prr
◎参考文献「学校ストレスとサポートシステム」（徳重雅弘）　文芸社　2005.5　p124-126
◎参考文献「青年期の自我発達上の危機状態に関する研究」（長尾博）　ナカニシヤ出版　2005.5　prr
◎引用文献「自己評価に関する発達心理学的研究―児童期から青年期までの検討」（眞榮城和美）　風間書房　2005.12　p187-197
◎引用文献「女子青年のアイデンティティ探求―関係性の観点から見た2年間の縦断研究」（杉村和美）　風間書房　2005.12　p155-166
◎参考文献「若者の心理と文化」（A. H. エスマ）　富士書店　2006.3　p130-136
◎引用参考文献「教師をめざす人のための青年心理学」（伊藤直樹）　学陽書房　2006.4　p185-197
◎文献「つまずく若者たち―思春期臨床の現場から」（倉本英彦）　日本評論社　2007.1　p170-176
◎文献「青年期の対人恐怖―自己試練の苦悩から人格成熟へ」（福井康之）　金剛出版　2007.1　p229-241
◎引用文献「自己形成の心理学」（中間玲子）　風間書房　2007.3　p193-217
◎参照文献「変わりゆく思春期の心理と病理―物語れない・生き方がわからない若者たち」（鍋田恭孝）　日本評論社　2007.3　p229-233
◎参考文献ほか「現代青年の心理学―若者の心の虚像と実像」（岡田努）　世界思想社　2007.10　p172-187

青年団
◎文献目録「山形県連合青年団史―メディアでたどるやまがたの子ども・若者・女性」（山形県青年団OB会）　萌文社　2004.5　p84-100

青年宿
◎引用参考文献「近代日本の青年宿―年齢と競争原理の民俗」（中野泰）　吉川弘文館　2005.1　p236-257

聖杯
◎参考文献（大野松彦）「聖杯―中世の金工美術」（田辺幹之助ほか）　国立西洋美術館　2004　p300-311

正派若柳会
◎文献「舞踊正派若柳流史―第2期」（丸茂祐佳）　正派若柳会　2003.9　p252-255

製版
◎参考文献「編集者の組版ルール基礎知識」（野村保惠）　日本エディタースクール出版部　2004.2　p176-177

性犯罪
◎文献「暴力被害と女性―理解・脱出・回復」（村本邦子）　昭和堂　2001.12　p215-221
◎参考文献「子どもの性虐待―スクールカウンセラーと教師のための手引き」（石川瞭子）　誠信書房　2005.9　p263-268
◎参考文献「人はなぜレイプするのか―進化生物学が解き明かす」（R. ソーンヒルほか）　青灯社　2006.7　p374-410
◎文献目録「性と暴力の文化史　新装版」（H. P. デュル）　法政大出版局　2006.7　p17-87b
◎文献「性暴力の理解と治療教育」（藤岡淳子）　誠信書房　2006.7　p287-291
◎参考文献「9人の児童性虐待者」（P. D. シュルツ）　牧野出版　2006.8　p1-14b
◎参考文献「性犯罪の心理―あなたは性犯罪の実態をどこまで知っているのか?」（作田明）　河出書房新社　2006.9　p236-238
◎参考文献「カルト宗教―性的虐待と児童虐待はなぜ起きるのか」（紀藤正樹ほか）　アスコム　2007.3　p302-303
◎参考文献「性犯罪者から子どもを守る―メーガン法の可能性」（松井茂記）　中央公論新社　2007.3　p262-265

性被害
◎引用文献「子どもと性被害」（吉田タカコ）　集英社　2001.8　p247-248

性非行
◎主要文献「性非行少年の心理療法」（針間克己）　有斐閣　2001.7　p187-189

性病
◎文献「王様も文豪もみな苦しんだ性病の世界史」（B. アダム）　草思社　2003.1　p252-253
◎参考文献「日本梅毒史の研究―医療・社会・国家」（福田眞人ほか）　思文閣出版　2005.6　p353-363

製品開発
◎参考文献「ラジカル・イノベーション戦略―新市場を切り拓くプロダクト革新」（織畑基一）　日本経済新聞社　2001.5　p218-227
◎参考文献「製品アーキテクチャと製品開発―自動車部品開発のケース」（韓美京）　信山社出版　2002.2　p171-176
◎文献「製品アーキテクチャの進化論―システム複雑性と分断による学習」（柴田友厚, 玄場公規, 児玉文雄）　白桃書房　2002.6　p179-185
◎文献「環境対応商品の市場性―「商品企画七つ道具」の活用」（長沢伸也ほか）　晃洋書房　2003.10　p237-241
◎文献「新製品開発マネジメント―会社を変革する戦略と実行」（河野豊弘）　ダイヤモンド社　2003.11　p293-300
◎文献「グローバル戦略会計―製品開発コストマネジメントの国際比較」（岡野浩）　有斐閣　2003.12　p193-206
◎参考文献「実践・リスクマネジメント―製品開発の不確実性をコントロールする5つのステップ」（P. G. スミス）　生産性出版　2003.12　prr
◎参考文献「顧客志向の新製品開発―マーケティングと技術のインタフェイス」（川上智子）　有斐閣　2005.8　p255-268
◎参考引用文献「新食品開発論」（中村豊郎）　光琳　2005.9　p201-205
◎参考文献「独創の条件―画期的商品はいかに生まれたか」（石井正道）　NTT出版　2005.11　p161-169

◎参考文献「ヒット商品連発にみるプロダクト・イノベーション―キリン「ファイア」「生茶」「聞茶」「アミノサプリ」ブランド・マネジャーの言葉に学ぶ」(長沢伸也ほか) 晃洋書房 2006.1 p157-160
◎参考文献「競争的共創論―革新参加社会の到来」(小川進) 白桃書房 2006.6 p205-223
◎参考文献「おはなし新商品開発―事例で分かるCRTや新商品開発スコアカードの威力!」(圓川隆夫ほか) 日本規格協会 2007.1 p157-159

製品計画
◎参考文献「環境調和型製品のモノづくり戦略と設計」(山際康之) 日刊工業新聞社 2002.4 p178-179
◎参考文献「デファクト・スタンダードの競争戦略」(山田英夫) 白桃書房 2004.9 p377-387
◎参考文献「アーキテクチュアル・イノベーション―ハイテク企業のジレンマ克服」(田路則子) 白桃書房 2005.12 p159-164
◎参考文献「民主化するイノベーションの時代―メーカー主導からの脱皮」(E. v. ヒッペル) ファーストプレス 2006.1 p239-249
◎参考文献「ものづくり経営学―製造業を超える生産思想」(藤本隆宏ほか) 光文社 2007.3 p560-564
◎参考文献「ヒット商品を最初に買う人たち」(森行生) ソフトバンククリエイティブ 2007.3 p158-159
◎文献「ペルソナ戦略―マーケティング、製品開発、デザインを顧客志向にする」(J. プルーイットほか) ダイヤモンド社 2007.3 p320-321
◎参考文献「売れる商品デザインの法則」(木全賢) 日本能率協会マネジメントセンター 2007.12 p234-235

製品戦略
◎文献「現代製品戦略論―現代マーケティングにおける製品戦略の形成と展開」(米谷雅之) 千倉書房 2001.2 p1-13b

性風俗
◎文献「AV産業――兆円市場のメカニズム」(いのうえせつこ) 新評論 2002.9 p189-190
◎文献「江戸の性談―男は死ぬまで恋をする」(氏家幹人) 講談社 2003.8 p230-237
◎文献「ゴーゴーバーの経営人類学―バンコク中心部におけるセックスツーリズムに関する微視的研究」(市野沢潤平) めこん 2003.12 p285-301
◎参考文献「世界性生活大全―「愛」と「欲望」と「快楽」の宴」(桐生操) 文藝春秋 2004.6 p283-286
◎文献「中国の性愛テクノロジー」(大沢昇) 青弓社 2006.7 p201-205
◎文献目録「秘めごとの文化史 新装版」(H. P. デュル) 法政大出版局 2006.7 p17-77b
◎文献目録「裸体とはじらいの文化史 新装版」(H. P. デュル) 法政大出版局 2006.7 p15-57b

政府会計
◎文献「政府会計の改革―国・自治体・独立行政法人会計のゆくえ」(山本清) 中央経済社 2001.7 p285-298

政府金融機関
◎参考文献「財投改革の経済学」(高橋洋一) 東洋経済新報社 2007.10 p247-253

征服
◎引用文献「ヨーロッパの形成 950年-1350年における征服、植民、文化変容」(R. バートレット) 法政大学出版局 2003.4 p140-182

生物
○文献目録「南紀生物 43.2」(南紀生物同好会) 2001.12 p175-179
◎参考書「生物講義―大学生のための生命理学入門」(岩槻邦男) 裳華房 2002.3 p162-165
◎参考文献「「田んぼの学校」まなび編」(湊秋作ほか) 農文協 2002.8 p237-244
◎参考文献「生き物をめぐる4つの「なぜ」」(長谷川真理子) 集英社 2002.11 p220-221
○文献目録「南紀生物 44.2」(南紀生物同好会) 2002.12 p174-179
◎参考文献「ルポ・日本の生物多様性―保全と再生に挑む人びと」(平田剛士) 地人書館 2003.3 prr
◎文献「青森県史 自然編 生物」(青森県史編さん自然部会) 青森県 2003.3 p731-760
◎参考文献「生物による環境調査事典」(内山裕之ほか) 東京書籍 2003.8 prr
◎参考文献「絵でわかる生物の不思議」(太田次郎) 講談社 2003.11 p166-169
○文献目録「南紀生物 46.2」(南紀生物同好会) 2004.12 p177-180
◎引用参考文献「いのちの森―生物親和都市の理論と実践」(森本幸裕ほか) 京都大学術出版会 2005.3 prr
○文献目録「南紀生物 47.2」(南紀生物同好会) 2005.12 p197-200
○文献目録「南紀生物 48.2」(南紀生物同好会) 2006.12 p178-183
◎引用参考文献「進化で読み解くふしぎな生き物―シンカのかたち」(北海道大学CoSTEPサイエンスライターズ) 技術評論社 2007.5 p212-215
◎参考文献ほか「大和川の自然」(大阪市立自然史博物館) 東海大出版会 2007.6 p125-129
◎引用文献「自然資源管理の経済学」(河田幸視) 大学教育出版 2007.10 p189-201
◎参考文献ほか「生物を科学する事典」(市石博ほか) 東京堂出版 2007.10 prr
○文献目録「南紀生物 49.2」(南紀生物同好会) 2007.12 p206-210

生物エネルギー
◎引用文献「バイオマスハンドブック」(日本エネルギー学会) 日本エネルギー学会 2002.9 prr

生物学
◎参考図書「生物科学への招待―生物学をはじめて学ぶ人へ」(森谷常生) 培風館 2001.4 p127-129
◎参考文献一覧「放浪するアリ―生物学的侵入をとく」(ベルンハルト・ケーゲル) 新評論 2001.7 p351-361
◎参考書「形から見た生物学―形態と機能のかかわり」(中村運) 培風館 2001.10 p203-206
◎参考文献「時間生物学とは何か」(A. レンベール) 白水社 2001.10 p7-9b
◎参考図書「好きになる生物学―12カ月の楽しいエピソード」(吉田邦久) 講談社 2001.11 p244-246
◎参考文献「生命の意味 進化生態からみた教養の生物学」(桑村哲生) 裳華房 2001.11 p167-168

せいぶつ

◎引用文献「生物学の旗手たち」（長野敬） 講談社 2002.1 p355-350
◎参考書「多様性からみた生物学」（岩槻邦男） 裳華房 2002.2 p131-132
◎文献「分子生物学への招待」（鈴木範男, 矢沢洋一, 田中勲） 三共出版 2002.3 p213-221
◎引用文献「生物学! 新しい科学革命」（J. クレスほか） 築地書館 2003.5 prr
◎読書案内「ケイン生物学」（M. Cainほか） 東京化学同人 2004.1 p687-690
◎参考引用文献「ろくろ首の首はなぜ伸びるのか―遊ぶ生物学への招待」（武村政春） 新潮社 2005.12 p219-222
◎文献「身のまわりで学ぶ生物のしくみ―ポケット図解―スーパーマーケットでやさしく学ぶ、生物学のイロハ」（青野裕幸ほか） 秀和システム 2006.7 p229-231
◎文献「生物記号論―主体性の生物学」（川出由己） 京都大学術出版会 2006.11 p323-335
◎参考図書「細胞生物学」（永田和宏ほか） 東京化学同人 2006.12 p225-226
◎参考文献「理論生物学入門」（関村利朗ほか） 現代図書 2007.2 p313-318
◎参考図書「基礎分子生物学 3版」（田村隆明ほか） 東京化学同人 2007.9 p243-244

生物形態

◎参考文献「生物多様性科学のすすめ―生態学からのアプローチ」（大串隆之） 丸善 2003.3 p181-184
◎参考引用文献「生物の形と多様性と進化 遺伝子から生態学まで」（岡村利朗ほか） 裳華房 2003.6 p331-342

生物工学

◎参考書「生物化学工学 新版」（海野肇ほか） 講談社 2004.1 p244-246
◎参考文献「バイオ環境工学」（藤田正憲ほか） シーエムシー出版 2006.1 p138-143
◎参考文献「バイオテクノロジーの経済学―「越境するバイオ」のための制度と戦略」（小田切宏之） 東洋経済新報社 2006.7 p291-302
◎参考文献「ヤモリの指―生きもののスゴい能力から生まれたテクノロジー」（P. フォーブズ） 早川書房 2007.3 p368-364

生物誌

○文献「現代日本生物誌 9 ネコとタケ 手なずけた自然にひそむ野生」（小方宗次, 柴田昌三） 岩波書店 2001.1 p1-3b
○文献「現代日本生物誌 7 イネとスギ」（稲村達也, 中川重年） 岩波書店 2001.3 p1-6b
○文献「現代日本生物誌 5 タンポポとカワラノギク 人工化と植物の生きのび戦略」（小川潔, 倉本宣） 岩波書店 2001.7 p1-7b
○文献「現代日本生物誌 12 サンゴとマングローブ―生物が環境をつくる」（茅根創, 宮城豊彦） 岩波書店 2002.11 p1-4b

生物資源

◎文献「生物資源とその利用 第2版」（天野卓） 三共出版 2002.10 p191-193

◎参考文献「バイオマス産業社会―「生物資源（バイオマス）」利用の基礎知識」（原後雄太ほか） 築地書館 2002.11 p296-297
◎引用参考文献「バイオマス―生物資源と環境」（木谷収） コロナ社 2004.12 p165-169

生物数学

◎文献「生命に隠された秘密―新しい数学の探究」（イアン・スチュアート） 愛智出版 2000.10 p272-276
◎参考文献「進化ゲームと微分方程式」（シグムンド, ホッフバウアー） 現代数学社 2001.4 p375-402
◎参考文献「個体群生態学入門―生物の人口論」（J. H. Vandermeerほか） 共立出版 2007.3 p251-262
◎参考文献「数理生物学―個体群動態の数理モデリング入門」（瀬野裕美） 共立出版 2007.6 p291-320

生物測定学

◎文献「実践統計学入門」（足立堅一） 篠原出版新社 2001.6 p295-299
◎引用文献「コンピュータで学ぶ応用個体群生態学―希少生物の保全を目指して」（H. レシット・アクチャカヤ, レフ・R. ギンズバーグ, マーク・A. バーグマン） 文一総合出版 2002.4 p311-319

生物多様性

◎引用参考文献「生物多様性キーワード事典」（生物多様性政策研究会） 中央法規出版 2002.9 p239-236
◎参考文献「「ただの虫」を無視しない農業の生物多様性管理」（桐谷圭治） 築地書館 2004.2 p170-178
◎参考文献「生きもの豊かな神奈川をめざして―生物多様性の保全と再生」（神奈川県自治総合研究センター） 自治総合研究センター 2004.3 p173-175
◎参考文献「生物多様性の保護か、生命の収奪か―グローバリズムと知的財産権」（V. シヴァ） 明石書店 2005.11 p183-181
◎参考文献「生物多様性という名の革命」（D. タカーチ） 日経BP社 2006.3 p408-418
◎引用文献「海の生物多様性」（大森信ほか） 築地書館 2006.8 p218-228
◎文献「保全遺伝学入門」（R. Frankhamほか） 文一総合出版 2007.3 p689-731
◎引用文献ほか「生物の多様性ってなんだろう?―生命のジグソーパズル」（京都大総合博物館ほか） 京都大学術出版会 2007.8 p294-303

生物時計

◎文献「時間生物学の基礎」（富岡憲治ほか） 裳華房 2003.9 p212-214
◎参考文献「生物時計はなぜリズムを刻むのか」（R. フォスターほか） 日経BP社 2006.1 p377-362
◎参考文献「きちんとわかる時計遺伝子」（産業技術総合研究所） 白日社 2007.12 p268-255

生物反応工学

◎参考書「生物反応工学 第3版」（山根恒夫） 産業図書 2002.4 p323-327

生物物理

◎参考文献「生命の起源―「物質の進化」から「生命の進化」へ」（伏見譲） 丸善 2004.2 prr
◎文献「生物物理学ハンドブック」（石渡信一ほか） 朝倉書店 2007.4 prr

生物分類
- ◎文献「生物体系学」（直海俊一郎）　東京大学出版会　2002.5　p303-327

生物兵器
- ◎参考文献「悪魔の生物学―日米英・秘密生物兵器計画の真実」（エド・レジス）　河出書房新社　2001.7　p320-327
- ◎注文献「世界生物兵器地図―新たなテロに対抗できるか」（W. バーナビー）　NHK出版　2002.4　p1-17b
- ◎参考文献ほか「生物化学兵器の真実」（E. クロディー）　シュプリンガーV東京　2003.4　p1-28b
- ◎参考文献「驚異の戦争―古代の生物化学兵器」（A. メイヤー）　講談社　2006.5　p372-387
- ◎文献「バイオテロリズム―心理学的および公衆衛生学的視点から」（R. J. ウルサノ）　シュプリンガー東京　2006.7　p13-51b
- ◎参考文献「食品・農業バイオテロへの警告―ボーダーレスの大規模犠牲者時代に備えて」（松延洋平）　日本食糧新聞社　2007.4　p540-548

生物保護
- ◎参考文献「保全生物学―生物多様性のための科学と実践」（A. S. Pullin）　丸善　2004.3　p351-367
- ◎引用文献「内湖からのメッセージ―琵琶湖周辺の湿地再生と生物多様性保全」（西野麻知子ほか）　サンライズ出版　2005.12　p246-253

聖母
- ◎参考文献「心の誕生―マリアの微笑みと幼子の成長」（大西俊輝）　東洋出版　2004.2　p145-154
- ◎注「聖母のルネサンス―マリアはどう描かれたか」（石井美樹子）　岩波書店　2004.9　prr

税法
- ◎参考文献「税法講義―税法と納税者の権利義務　第2版」（山田二郎）　信山社出版　2001.5　p24-30f
- ◎参考文献「税法講義」（岩崎健久）　税務経理協会　2004.10　p209-211

性暴力
- ◎ブックリスト「サバイバーズ・ハンドブック―性暴力被害回復への手がかり　改訂版」（性暴力を許さない女の会）　新水社　2002.4　p214-218
- ◎引用参考文献「性暴力を生き抜いた少年と男性の癒しのガイド」（グループ・ウィズネス）　明石書店　2005.7　p160-161

性ホルモン
- ◎文献「脳を活性化する性ホルモン―記憶・学習と性ホルモンの意外な関係」（鬼頭昭三）　講談社　2003.4　p171-174

税務会計
- ◎参考文献「税務会計入門―理論と税務処理」（大倉雄次郎）　森山書店　2001.5　p231-232
- ◎参考文献「税法会計制度の研究―税務財務諸表独立性の論理」（柳裕治）　森山書店　2001.10　p241-249
- ◎文献「税務会計の論点」（小畠信史）　税務経理協会　2001.10　p167-170
- ◎文献「実践国際税務マネジメント」（大河原健）　中央経済社　2003.11　p153-159
- ◎参考文献「企業組織再編における税務会計問題の研究」（木村吉孝）　雄松堂出版　2004　p138-145
- ◎参考文献「税務会計論―理論と実務」（大倉雄次郎）　森山書店　2004.10　p197-200
- ◎参考文献「Q&Aでわかるゴルフ会員権の会計と税務」（長岡勝美）　税務研究会出版局　2006.2　p155-157
- ○文献ほか「税務会計研究　17」（税務会計研究会）　2006.9　p16-25b
- ◎文献「独立行政法人等、公共・公益法人の税実務」（独立行政法人等、公共・公益法人の税実務研究会）　大成出版社　2006.11　p255-258
- ◎参考文献「Q&A資本取引等をめぐる会計と税務」（日本公認会計士協会京滋会）　清文社　2007.3　p599-603
- ◎文献リスト「減損会計の税務論点」（齋藤真哉）　中央経済社　2007.4　p303-314
- ◎引用参考文献「新しい信託の活用と税務・会計」（平川忠雄）　ぎょうせい　2007.11　p340-341

税務訴訟
- ◎参考文献「よくわかる税務訴訟入門―裁判例にみる税法の解釈から訴訟手続まで」（小林真一ほか）　中央経済社　2004.12　p246-251

生命
- ◎参考書「生物講義―大学生のための生命理学入門」（岩槻邦男）　裳華房　2002.3　p162-165
- ◎参考文献「生命の認識」（ジョルジュ・カンギレム）　法政大学出版局　2002.4　p33-40b
- ◎参考書「宇宙のエンドゲーム―生命と物質　永遠に繰り返される「終焉」のものがたり」（F. アダムスほか）　徳間書店　2002.7　p23-33b
- ◎参考文献「カウフマン　生命と宇宙を語る　複雑系から見た進化の仕組み」（S. カウフマン）　日本経済新聞社　2002.9　p450-451
- ◎ブックガイド「異議あり！　生命・環境倫理学」（岡本裕一朗）　ナカニシヤ出版　2002.12　p262-277
- ◎参考書「生命と遺伝子―宇宙船地球劇場の生命の物語」（山岸秀夫）　裳華房　2003.5　p245-246
- ◎文献「生命の政治学―福祉国家・エコロジー・生命倫理」（広井良典）　岩波書店　2003.7　p265-272
- ◎勉学案内「生命科学入門」（丸山工作ほか）　東京教学社　2003.7　prr
- ◎関連図書「生命複雑系からの計算パラダイム―アントコロニー最適化法・DNAコンピューティング・免疫システム」（大内東ほか）　森北出版　2003.8　prr
- ◎文献「生命とは何か―複雑系生命論序説」（金子邦彦）　東京大学出版会　2003.10　p413-426
- ◎文献「生理学思想論―生命現象の哲学的考察」（元木沢文昭）　東京図書出版会　2003.10　p212-213
- ◎文献目録「フルハウス―生命の全容―四割打者の絶滅と進化の逆説」（S. J. グールド）　早川書房　2003.11　p413-420
- ◎文献「生命の不思議」（柳澤桂子）　集英社　2003.11　p211-217
- ◎原注「生命の未来」（E. O. ウィルソン）　角川書店　2003.12　p1-23b
- ◎参考文献「創造する宇宙―生命は星から生まれてきたのか」（C. A. ピックオーバー）　主婦の友社　2004.1　p398-403
- ◎参考文献「絵でわかる生命のしくみ」（黒谷明美）　講談社サイエンティフィク　2004.6　p156-157
- ◎参考文献「生命最初の30億年―地球に刻まれた進化の足跡」（A. H. ノール）　紀伊國屋書店　2005.7　p379-355

◎参考文献「生命記号論―宇宙の意味と表象」(J. ホフマイヤー) 青土社 2005.11 p5-13b
◎参考図書ほか「地球四十六億年の進化―元素の生成からヒトの誕生まで」(今井弘) 関西大学出版部 2005.11 p229-230
◎参照文献ほか「中国における妊娠・胎発生論の歴史」(中村禎里) 思文閣出版 2006.3 p167-180ほか
◎参考文献「祖先の物語―ドーキンスの生命史 下」(R. ドーキンス) 小学館 2006.9 p437-431
◎参考文献「やわらかな生命の時間」(井上愼一) 秀和システム 2006.10 p243-245
◎参考文献「生命と自己―生命の教養学2」(慶應義塾大学教養研究センター) 慶應義塾大出版会 2007.4 p246-247
◎書目一覧「生命観の探究―重層する危機のなかで」(鈴木貞美) 作品社 2007.5 p851-890
◎引用参照文献「〈個〉からはじめる生命論」(加藤秀一) NHK出版 2007.9 p236-242
◎参考文献「動きが生命をつくる―生命と意識への構成論的アプローチ」(池上高志) 青土社 2007.9 p5-10b

生命科学
◎参考文献「バイオ研究室の表と裏―エッグ&エゴ」(J. M. W. スラック) 新思索社 2001.6 p327-329
◎参考文献「ポストゲノムのゆくえ 新しい生命科学とバイオビジネス」(宮木幸一) 角川書店 2001.6 p173-170
◎文献「カオスと秩序―複雑系としての生命」(フリードリッヒ・クラマー) 学会出版センター 2001.8 p284-292
◎読書案内「生命科学の近現代史」(広野喜幸ほか) 勁草書房 2002.10 p365-375
◎参考文献「バイオテクノロジーと社会」(軽部征夫) 放送大教育振興会 2005.3 p279-283
◎学習するために「生命科学への展開 岩波講座現代化学への入門15」(上村大輔ほか) 岩波書店 2006.4 p211-213
◎引用文献「バイオとナノの融合 1 新生命科学の基礎」(北海道大学COE研究成果編集委員会) 北海道大出版会 2007.3 prr
◎参考文献「バイオサイエンス」(バイオサイエンス研究会) オーム社 2007.5 p345-351
◎文献「アースダンス―進化のステップを踏みつづける地球。その先にあるのは人類の自滅か?存続か?」(E. サトゥリス) バベル・プレス 2007.8 p528-555

生命学
◎文献「生命学に何ができるか―脳死・フェミニズム・優生思想」(森岡正博) 勁草書房 2001.11 p1-17b

生命元素
◎参考文献「生命元素事典」(桜井弘) オーム社 2006.3 prr

生命進化
◎関連図書「生命進化8つの謎」(J. メイナード・スミス) 朝日新聞社 2001.12 2pb

生命体
◎引用文献「方法としての生命体科学 生き延びるための理論」(西山賢一) 批評社 2003.6 p236-237

生命表
◎参考文献「生存余命と定期金賠償―統計を用いた人の寿命と定期金支払いによる損害賠償」(吉本智信ほか) 自動車保険ジャーナル 2005.5 p199-206

生命保険
◎参考文献「生保危機の本質」(小藤康夫) 東洋経済新報社 2001.6 p225-226
◎参考文献「誰も書かなかった生保のカラクリ」(伊藤雄一郎) 講談社 2001.7 p238-241
◎参考文献ほか「生命保険犯罪 歴史・事件・対策」(月足一清) 東洋経済新報社 2001.10 p6-19b
◎文献「生命保険会社による情報開示」(江沢雅彦) 成文堂 2002.3 p226-238
◎参考文献「予定利率引下げ問題と生保業の将来」(茶野努) 東洋経済新報社 2002.3 p197-208
◎参考文献「生保危機は終わらない―監督行政の検証」(堀尾光洋ほか) 東洋経済新報社 2002.4 p211-213
◎文献「生保危機の真実―民保が弱く簡保が強いのはなぜか」(深尾光洋ほか) 東洋経済新報社 2003.2 p219-221
◎文献「生命保険ダイナミクス―環境変化と将来展望」(久保英也) 財経詳報社 2003.4 p208-209
◎注「資本主義と近代生命保険学」(佐藤保久) 千倉書房 2003.5 prr
◎参考文献「生保のビジネスモデルが変わる」(植村信保) 東洋経済新報社 2003.8 p242-244
◎参考文献「生命保険再生の指針―生命保険規制体系のあり方 保険業法研究会報告書」(浅谷輝雄) 金融財政事情研究会 2004.3 prr
◎参考文献「金融業における競争と効率性―歴史的視点による分析」(筒井義郎) 東洋経済新報社 2005.6 p343-352
◎参考文献「生命保険業の新潮流と将来像」(久保英也) 千倉書房 2005.10 p229-233
◎参考文献「生命保険数学」(H. U. ゲルバー) シュプリンガー・ジャパン 2007.6 p225-226

生命倫理
◎参考図書「生命倫理への招待」(塩野寛) 南山堂 2001.1 p177-178
◎文献表「生命倫理学」(ジャック・J. ローゼンベルグ) 駿河台出版社 2001.1 p263-294
◎文献「市民のための生命倫理―生命操作の現在」(伊坂青司) 御茶の水書房 2001.4 p56-57
◎参考文献「生と死のおきて―生命倫理の基本問題を考える」(難波紘二) 渓水社 2001.4 p297-304
◎参考文献「キリスト教からみた生命と死の医療倫理」(浜口吉隆) 東信堂 2001.10 p273-279
◎参考図書「生と死の振り子―生命倫理とは何か」(高橋祥友) 日本評論社 2001.11 p225-227
◎参考文献「生命と医療の倫理学」(伊藤道哉) 丸善 2002.3 p180-188
◎参考文献「クローン人間誕生以後―世界の経済と社会は超変化する」(戸来優次) 徳間書店 2002.5 p268-269
◎註「人体市場―商品化される臓器・細胞・DNA」(L. アンドルーズほか) 岩波書店 2002.8 p13-70b
◎文献「生命倫理とは何か」(市野川容孝ほか) 平凡社 2002.8 prr
◎参照文献「操作される生命―科学的言説の政治学」(林真理) NTT出版 2002.9 p322-310

◎文献一覧「生命倫理事典」（近藤均ほか）　太陽出版　2002.12　p841-847
◎文献「臨床の知としての生命倫理」（大崎博,吉利味江子）　サイエンティスト社　2002.12　p273-278
◎文献ほか「クローン人間の倫理」（上村芳郎ほか）　みすず書房　2003.1　p10-35b
◎参考本「新・動物実験を考える　生命倫理とエコロジーをつないで」（野上ふさ子）　三一書房　2003.3　p274-278
◎文献ガイド「はじめて学ぶ生命・環境倫理　「生命圏の倫理学」を求めて」（徳永哲也）　ナカニシヤ出版　2003.5　p247-260
◎参考文献ほか「生命倫理ハンドブック—生命科学の倫理的、法的、社会的問題」（菱山豊）　築地書館　2003.7　p155-162
◎文献「遺伝子工学時代における生命倫理と法」（龍谷大学「遺伝子工学と生命倫理と法」研究会）　日本評論社　2003.8　p562-581
◎参考図書「生命倫理への招待　改訂2版」（塩野寛）　南山堂　2003.9　p187-188
◎文献「はじめての生命倫理」（T. シュランメ）　勁草書房　2004.1　p5-10b
◎参考文献「生命と環境の共鳴」（高橋隆雄）　九州大学出版会　2004.5　prr
◎文献「生命医学倫理ノート」（松田一郎）　日本評論社　2004.5　p203-211
◎文献「人間の尊厳と遺伝子情報—ドイツ連邦議会審議会答申」（ドイツ連邦共和国議会）　知泉書館　2004.7　p197-211
◎読書案内（安藤泰至）「生命　岩波講座宗教7」（池上良正ほか）　岩波書店　2004.8　p290-311
◎参考文献「いのちの法と倫理　3版」（葛生栄二郎ほか）　法律文化社　2004.10　prr
◎文献ガイド「看護のための生命倫理」（小林亜津子）　ナカニシヤ出版　2004.11　p242-247
◎文献表「いのちの平等論—現代の優性思想に抗して」（竹内章郎）　岩波書店　2005.2　p1-16b
◎参考文献「生命倫理学入門　2版」（今井道夫）　産業図書　2005.2　p181-190
◎注「社会福祉原論—人間福祉と生命倫理の統合を哲学する」（中山愈）　弘文堂　2005.3　prr
◎参考文献「生命操作は人を幸せにするのか—蝕まれる人間の未来」（L. R. カス）　日本教文社　2005.4　p1-7b
◎参考文献「誰でもわかる生命倫理—現代社会と人の尊厳」（片岡陽子）　丸善プラネット　2005.10　p87-90
◎引用文献「生命倫理学と功利主義」（伊勢田哲治ほか）　ナカニシヤ出版　2006.5　p258-245
◎参考文献「生殖医療の何が問題か」（伊藤晴夫）　緑風出版　2006.11　p200-204
◎参考文献「遺伝子研究と社会—生命倫理の実証的アプローチ」（山中浩司ほか）　昭和堂　2007.2　prr
◎参考文献「人類最後のタブー—バイオテクノロジーが直面する生命倫理とは」（L. M. シルヴァー）　NHK出版　2007.3　p1-23b
◎注「コンピュータ社会における人・生命・倫理と法」（野村豊）　レクシスネクシス・ジャパン　2007.10　prr
◎引用参照文献「正義と境を接するもの—責任という原理とケアの倫理」（品川哲彦）　ナカニシヤ出版　2007.10　p304-318
◎文献表「エンハンスメント—バイオテクノロジーによる人間改造と倫理」（生命環境倫理ドイツ情報センター）　知泉書館　2007.11　p11-35b

製薬業
◎参考文献「製薬・医療産業の未来戦略—新たなビジネスモデルの探求」（根来龍之,小川佐千代）　東洋経済新報社　2001.3　p212-214
◎参考文献「医薬品企業の経営戦略—企業倫理による企業成長と大型合併による企業成長」（宮重徹也）　慧文社　2005.6　p143-150

西洋
◎参考文献「なぜ太平洋戦争になったのか　西洋のエゴイズムに翻弄された日本の悲劇」（北原淳）　TBSブリタニカ　2001.12　p225-233

西洋　医学
◎参考文献「幕末から廃藩置県までの西洋医学」（吉良枝郎）　築地書館　2005.5　p232-236

西洋　音楽史
◎参考文献「西洋音楽の歴史　改訂版」（笠原潔）　放送大教育振興会　2001.3　p344-350
◎文献「新西洋音楽史　下」（D. J. グラウトほか）　音楽之友社　2001.11　prr

西洋　絵画
◎参考文献「ベリー公のいとも美しき時禱書」（フランソワ・ベスフルグ,エバーハルト・ケーニヒ）　岩波書店　2002.1　p268-269
◎参考文献「西洋の誘惑—印象派からシュルレアリスムまで　近代美術館の収集とその検証」（群馬県立近代美術館）　県立近代美術館　2004　p144-145

西洋　経済史
◎文献目録「西洋経済史学」（馬場哲,小野塚知二）　東京大学出版会　2001.8　p377-385

西洋　建築史
◎参考文献「西洋建築史」（桐敷真次郎）　共立出版　2001.3　p174-177
◎参考文献「図説西洋建築史」（陣内秀信ほか）　彰国社　2005.4　p179-185

西洋　古典
○文献目録「西洋古典学研究　50」（日本西洋古典学会）　2002　p153-175
○文献目録「西洋古典学研究　52」（日本西洋古典学会）　2004　p161-184
○解説目録（細井敦子ほか）「成蹊大学文学部紀要　41」（成蹊大）　2006.3　p49-80

西洋　思想
◎文献「西洋思想の日本的展開—福澤諭吉からジョン・ロールズまで」（西洋思想受容研究会）　慶応義塾大学出版会　2002.9　prr
◎読書案内「ヨーロッパ思想入門」（岩田靖夫）　岩波書店　2003.7　p1-2b

西洋　職人
◎参考文献「西洋職人図集　17世紀オランダの日常生活」（J. ライケンほか）　八坂書房　2001.8　p251-255

西洋　書体
　◎参考文献「西洋書体の歴史―古典時代からルネサンスへ」（スタン・ナイト）　慶應義塾大学出版会　2001.4　p112-114

西洋　政治思想史
　◎参考文献「西洋政治思想史―視座と論点」（川出良枝, 山岡龍一）　放送大学教育振興会　2001.3　p216-225

西洋　哲学
　◎参考文献「ロゴスを超えて」（菅野孝彦）　芸林書房　2003.3　p188-189
　◎「池田美恵文庫目録―法政大学図書館所蔵」（法政大学図書館）　法政大学図書館　2003.3　398p A4

西洋　美術
　◎参考文献「西洋美術の歴史」（H. W. ジャンソン, アンソニー・F. ジャンソン）　創元社　2001.5　p508-513
　◎文献「衣を脱ぐヴィーナス―西洋美術史における女性裸像の源流」（C. M. ハヴロック）　アルヒーフ　2002.9　p191-201
　◎参考文献「西洋美術への招待」（田中英道）　東北大学出版会　2002.9　p385-394
　◎参考文献「カラー版西洋美術史　増補新装」　美術出版社　2002.12　p219-223

西洋　文明
　◎参照文献「視線の歴史―〈窓〉と西洋文明」（荻野昌利）　世界思想社　2004.6　p11-16b

西洋　法制史
　◎基本文献（屋敷二郎）「概説西洋法制史」（勝田有恒ほか）　ミネルヴァ書房　2004.10　p345-350

西洋　歴史
　◎参考文献「エロイカの世紀―近代をつくった英雄たち」（樺山紘一）　講談社　2002.1　p218-219
　◎「東洋史・西洋史図書目録　1998-2003」（日外アソシエーツ）　日外アソシエーツ　2004.7　19, 809p A5
　◎文献一覧「西洋近現代史研究入門　3版」（望田幸男ほか）　名古屋大出版会　2006.8　p384-536
　◎参考文献「大学で学ぶ西洋史　古代・中世」（服部良久ほか）　ミネルヴァ書房　2006.8　p331-344
　◎ブックガイド（竹下和亮）「民族と帝国」（A. パグデン）　ランダムハウス講談社　2006.10　p249-253
　◎参考文献「恐怖の歴史―牧神からメン・イン・ブラックまで」（P. ニューマン）　三交社　2006.11　p383-378
　○文献目録「史学雑誌　116.1」（山川出版社）　2007.1　p148-130
　◎参考文献「教養のための西洋史入門」（中井義明ほか）　ミネルヴァ書房　2007.5　p291-297
　◎参考文献「黄色に描かれる西洋人―思想史としての西洋の人種主義」（北原惇）　共栄書房　2007.10　p200-209
　◎参考文献「中世西欧文明」（J. ル・ゴフ）　論創社　2007.12　p1-3b

生理学
　◎文献「医科生理学展望」（William F. Ganong）　丸善　2002.3　prr
　◎文献「カラー基本生理学」（R. M. バーンほか）　西村書店　2003.5　p581-592
　◎文献「生理学思想論―生命現象の哲学的考察」（元木沢文昭）　東京図書出版会　2003.10　p212-213
　◎参考文献「数理生理学　下　システム生理学」（Keener, Jほか）　日本評論社　2005.2　p371-472

生理休暇
　◎注「生理休暇の誕生」（田口亜紗）　青弓社　2003.4　prr

税理士
　◎参考文献「税理士の戦略マップ―成功する事務所の作り方」（松原恭司郎）　中央経済社　2007.11　p195-196

生理心理学
　◎文献「課題困難度と瞬目活動に関する研究」（小孫康平）　風間書房　2002.1　p133-142
　◎引用文献「楽譜表記の神経心理学的研究」（緑川晶）　風間書房　2005.2　p177-182
　◎引用文献「生理心理学―脳のはたらきから見た心の世界」（岡田隆ほか）　サイエンス社　2005.12　p227-237

清涼飲料
　◎参考文献「ヒット商品連発にみるプロダクト・イノベーション―キリン「ファイア」「生茶」「聞茶」「アミノサプリ」ブランド・マネジャーの言葉に学ぶ」（長沢伸也ほか）　晃洋書房　2006.1　p157-160
　◎参考文献「ビジネス・ダイナミックスの研究―戦後わが国の清涼飲料事業」（村山貴俊）　まほろば書房　2007.3　p506-511

世界　経済
　◎文献「世界経済のミッシング・リンク労働移動」（大西威人）　阿吽社　2001.6　p180-187
　◎参考文献「グローバル・シフト―変容する世界経済地図　下」（P. ディッケン）　古今書院　2001.9　p618-643
　◎参考文献「市場対国家―世界を作り変える歴史的攻防　下」（ダニエル・ヤーギン, ジョゼフ・スタニスロー）　日本経済新聞社　2001.11　p44-426
　◎参考文献「過渡期世界経済論の課題と方法―マルクス＝宇野経済学の再構築とグローバル・ソーシャリズムの史観」（松木和日子）　学文社　2002.2　p242-244
　◎参考文献「世界経済を読む―現状・歴史・理論・政策入門」（清水嘉治）　新評論　2002.4　p188-189
　◎参考文献「脱グローバリズム宣言―パクス・アメリカーナを超えて」（P. ボワィエほか）　藤原書店　2002.9　p260-255
　◎参考文献「世界経済のニュースが面白いほどわかる本」（小泉祐一郎）　中経出版　2002.11　p362-374
　◎文献「世界経済の構造と動態」（河村哲二ほか）　御茶の水書房　2003.7　prr

世界　地理
　◎参考文献「一冊で世界地理と日本地理をのみこむ本」（目崎茂和）　東京書籍　2001.4　p300-301
　◎文献一覧「図説世界の地域問題」（漆原和子ほか）　ナカニシヤ出版　2007.10　p163-170

世界　文学
　◎「世界文学の名作と主人公―総解説　改訂新版」　自由国民社　2001.6　351p A5
　◎「集英社世界文学事典」（同事典編集委員会）　集英社　2002.2　2550p B5
　◎注「世界文学空間―文学資本と文学革命」（P. カサノヴァ）　藤原書店　2002.12　p444-501
　◎「作家名から引ける世界文学全集案内　第II期」（日外アソシエーツ）　日外アソシエーツ　2004.2　69, 605p A5

◎リスト「ヘッセの読書術」（H. ヘッセ）　草思社　2004.10　p124-162
◎「世界文学あらすじ大事典　2」（横山茂雄ほか）　国書刊行会　2005.12　8, 682p B5
◎「世界文学全集/個人全集・作品名綜覧　3期」（日外アソシエーツ）　日外アソシエーツ　2006.1　640p A5
◎「世界文学ワンダーランド」（牧眞司）　本の雑誌社　2007.3　397p　46s
◎「世界文学あらすじ大事典　4」（横山茂雄ほか）　国書刊行会　2007.5　9, 709p B5

世界　歴史
○回顧と展望（樺山紘一ほか）「史学雑誌　109.5」（東京大学史学会）　2000.5　p1-390
◎参考文献ほか「地域への展望」（木村靖二, 長沢栄治）　山川出版社　2000.12　p1-12b
◎読書案内「欲望の解放」　岩波書店　2001.1　p1-15b
○回顧と展望（樺山紘一ほか）「史学雑誌　110.5」（東京大学史学会）　2001.5　p1-422
◎参考文献「馬の世界史」（木村凌二）　講談社　2001.7　p1-4b
◎読書案内「溶けたユートピア」　岩波書店　2001.7　p1-20b
◎参考文献「世界史」（ウィリアム・H. マクニール）　中央公論新社　2001.10　p648-656
◎参考文献「世界史としての日露戦争」（大江志乃夫）　立風書房　2001.10　p708-719
◎参考文献「鉄道地図から読みとく秘密の世界史」（宮崎正勝）　青春出版　2001.10　2pb
◎参考文献「侵略の世界史—この500年、白人は世界で何をしてきたか」（清水馨八郎）　祥伝社　2001.11　p314-317
◎参考文献「世界史の意識と理論」（成瀬治）　岩波書店　2001.11　p327-328
◎読書案内「20世紀の定義　4　越境と難民の世紀」（樺山紘一ほか）　岩波書店　2001.12　p1-14b
◎参考文献「ヒンジ・ファクター—幸運と愚行は歴史をどう変えたか」（E. ドゥルシュミート）　東京書籍　2002.2　p419-422
◎参考文献「文明ネットワークの世界史」（宮崎正勝）　原書房　2003.4　p352-348
◎参考文献「新物語世界史の旅　1」（大江一道）　山川出版社　2003.7　prr
◎註「世界史とヨーロッパ—ヘロドトスからウォーラーステインまで」（岡崎勝世）　講談社　2003.10　prr
◎参考文献「奇想の20世紀」（荒俣宏）　NHK出版　2004.1　p316-317
◎参照文献「嫉妬の世界史」（山内昌之）　新潮社　2004.11　p199-203
◎読書案内「世界文明一万年の歴史」（M. クック）　柏書房　2005.7　p13-20b
◎参考文献「海からの世界史」（宮崎正勝）　角川学芸出版　2005.9　p278-282
◎参考文献「人間ものがたり—石器時代から現代までのわたしたちの歴史」（J. C. デイヴィス）　NHK出版　2005.9　p597-612
◎引用文献「世界史の教室から」（小田中直樹）　山川出版社　2007.6　p175-179
◎参考文献「世界史なんていらない?」（南塚信吾）　岩波書店　2007.12　p69-70

世界遺産
◎参考文献「世界遺産と都市」（奈良大学文学部世界遺産コース）　風媒社　2001.6　p240-244
◎参考文献「世界遺産の森　屋久島」（青山潤三）　平凡社　2001.8　p251-254
◎参考文献「世界遺産Q&A　世界遺産の基礎知識　2001年版」（21世紀総合研究所）　シンクタンクせとうち総合研究機構　2001.9　p118-119
◎参考文献「世界遺産の自然と暮らし」（今井一郎）　春風社　2004.4　p201-208
◎参考文献「旅する前の「世界遺産」」（佐滝剛弘）　文藝春秋　2006.5　p242-244
◎参考文献「世界遺産ガイド　世界遺産条約とオペレーショナル・ガイドラインズ編」（世界遺産総合研究所）　シンクタンクせとうち総合研究機構　2007.12　p119-121

世界観
◎註「数量化革命—ヨーロッパ覇権をもたらした世界観の誕生」（A. W. クロスビー）　紀伊国屋書店　2003.11　p344-309

世界企業
◎参考文献「海外直接投資論」（高中公男）　勁草書房　2001.2　p229-280
◎文献リスト「英語で経営する時代—日本企業の挑戦」（吉原英樹ほか）　有斐閣　2001.9　p205-210
◎参考文献「基礎概念と研究領域」（B. トイン, D. ナイ）　文眞堂　2001.11　p262-270
◎文献目録「IT革命と各国のコーポレート・ガバナンス」（新保博彦）　ミネルヴァ書房　2001.12　p249-258
◎文献「グローバリズムと日本企業—組織としての多国籍企業」（洞口治夫）　東京大学出版会　2002.1　p245-265
◎Bibliography「国際経営論への招待」（吉原英樹）　有斐閣　2002.2　p322-333
◎参考文献「国際経営—日本企業の国際化と東アジアへの進出　増補版」（伊藤賢次）　創成社　2002.3　p275-287
◎文献「異文化経営学—異文化コミュニケーションのビジネス」（佐々木晃彦）　東海大学出版会　2002.4　p165-170
◎参考文献「グローバル企業の組織設計」（ジェイ・R. ガルブレイス）　春秋社　2002.9　p1-5b
◎文献「国際経営下の人事管理理論」（竹内規浩）　税務経理協会　2002.10　p157-162
◎参考文献「ラテンアメリカ多国籍企業論—変革と脱民族化の試練」（堀坂浩太郎）　日本評論社　2002.11　p283-219
◎文献「日系多国籍企業の財務戦略と取引費用—金融子会社, 移転価格, タックス・ヘイブンをめぐって」（王忠毅）　九州大学出版会　2002.11　p219-224
◎参考文献「ケースブック国際経営」（吉原英樹ほか）　有斐閣　2003.4　p307-312
◎参考文献「グローカル国際経営論」（麻殖生健治）　ナカニシヤ出版　2003.6　p106-108
◎文献「日本企業の地域戦略と組織—地域統括本社制についての理論的・実証的研究」（森樹男）　文眞堂　2003.9　p253-258
◎文献「21世紀多国籍企業の新潮流」（多国籍企業研究会）　ダイヤモンド社　2003.11　p246-276

せかいき

- ◎文献「グローバル経営入門」（浅川和宏）　日本経済新聞社　2003.11　p326-342
- ◎文献「進化する多国籍企業―いま、アジアでなにが起きているのか?」（末広昭）　岩波書店　2003.11　p153-156
- ◎参考文献「グローカル経営―国際経営の進化と深化 Global & local」（根本孝ほか）　同文舘出版　2004.4　p283-292
- ◎参考文献「海外子会社研究序説―カナダにおける日・米企業」（榎本悟）　御茶の水書房　2004.4　p162-165
- ◎基本文献「グローバル戦略の新世紀パラダイム」（中村雅秀ほか）　晃洋書房　2004.12　prr
- ◎参考文献「国際経営論」（吉原英樹）　放送大教育振興会　2005.3　p247-249
- ◎文献ガイド「グローバル経済下のアメリカ日系工場」（河村哲二）　東洋経済新報社　2005.4　p383-390
- ◎文献「グローバル企業のトップマネジメント―本社の戦略的要件とグローバルリーダーの育成」（高橋浩夫）　白桃書房　2005.5　p203-210
- ◎参考文献「多国籍企業の立地論」（鈴木洋太郎ほか）　原書房　2005.11　p195-205
- ◎参考文献ほか「国際経営法学―コーポレート・ガバナンス、米国企業改革法、内部統制、企業防衛策ならびに金融コングロマリット・金融商品取引法など国際的企業経営をめぐる法制度の現代的課題と実践」（藤川信夫）　信山社　2007.1　p815-819

世界救世教
- ◎参考文献「ブラジル人と日本宗教―世界救世教の布教と受容」（松岡秀明）　弘文堂　2004.12　p3-10b

世界共同体構想
- ◎参考文献「グローバリズムの衝撃」（本山美彦）　東洋経済新報社　2001.4　prr

世界基督教統一神霊協会
- ◎文献「脱会」（神保タミ子）　駿河台出版社　2001.12　p208-209

世界銀行
- ◎参考文献「グローバリゼーションとIMF・世界銀行」（毛利良一）　大月書店　2001.2　p363-376
- ◎参考文献「貧困削減と世界銀行―9月11日米国多発テロ後の大変化」（朽木昭文）　アジア経済研究所　2004.9　p177-183

世界システム
- ◎参考文献「世界システム論の方法」（I. ウォーラーステインほか）　藤原書店　2002.9　p203-191

世界像
- ◎注「近世日本の世界像」（川村博忠）　ぺりかん社　2003.12　p265-276

世界地誌
- ◎参考文献「日本からみた世界の諸地域―世界地誌概説」（河上税, 田村俊和）　大明堂　2001.3　p189-194

世界地図
- ◎参考文献「人名の世界地図」（21世紀研究会）　文藝春秋　2001.3　p308-309
- ◎参照文献「「世界地図」の誕生―地図は語る」（応地利明）　日本経済新聞出版社　2007.1　p272-275
- ◎参照文献「モンゴル帝国が生んだ世界図」（宮紀子）　日本経済新聞出版社　2007.6　p297-299

世界文学全集
- ◎略年表「文学全集の黄金時代―河出書房の1960年代」（田坂憲二）　和泉書院　2007.11　p129-132

世界貿易機関
- ◎原注文献「誰のためのWTOか?」（パブリック・シティズンほか）　緑風出版　2001.11　p329-288

関口大砲製造所
- ◎参考資料「関口大砲製造所」（大松騏一）　東京文献センター　2005.2　p144-145

赤軍大粛清
- ◎参考文献「赤軍大粛清」（R. シュトレビンガー）　学習研究社　2001.4　p407-401

石材
- ◎参考資料「長崎石物語―石が語る長崎の生いたち」（布袋厚）　長崎文献社　2005.6　p204-205

赤十字社
- ◎参考文献「戦争と救済の文明史　赤十字と国際人道法のなりたち」（井上忠男）　PHP研究所　2003.5　p264-268
- ◎参考文献「赤十字のふるさと　ジュネーブ条約をめぐって」（北野進）　雄山閣　2003.7　p230-231
- ◎著書目録「解説赤十字の基本原則―人道機関の理念と行動規範」（J. ピクテ）　東信堂　2006.7　p114」

関所
- ◎参考文献「関所抜け江戸の女たちの冒険」（金森敦子）　晶文社　2001.8　p280-283

石人
- ◎参考文献「ユーラシアの石人」（林俊雄）　雄山閣　2005.3　p219-232

石造美術
- ◎参考文献「古代飛鳥「石」の謎」（奥田尚）　学生社　2006.8　3pb
- ◎参考文献「京石工芸石大工の手仕事―西村石灯呂店作品集1995-2006」（西村金造）　現代書林　2007.3　p95」

石造物
- ◎参考文献「石造物が語る中世職能集団」（山川均）　山川出版社　2006.8　3pb

石炭産業
- ◎文献「ドイツ資本主義とエネルギー産業―工業化過程における石炭業・電力業」（田野慶子）　東京大学出版会　2003.12　p241-259
- ◎参考文献「中国のエネルギー産業の地域的分析―山西省の石炭産業を中心に」（時臨雲ほか）　渓水社　2005.3　p179-182
- ◎参考文献「ドイツで働いた日本人炭鉱労働者―歴史と現実」（森廣正）　法律文化社　2005.6　p231-233

脊椎動物
- ◎文献「脊椎動物の起源」（H. ジー）　培風館　2001.2　p313-322
- ◎文献「脊椎動物デザインの進化」（Leonard B. Radinsky）　海游舎　2002.6　p189-191
- ◎参考書目録ほか「コルバート脊椎動物の進化　原著5版」（E. H. コルバート）　築地書館　2004.10　p519-537

◎引用文献「脊椎動物の多様性と系統」（松井正文）　裳華房　2006.9　p356-371

石庭
◎参考文献「龍安寺石庭を推理する」（宮元健次）　集英社　2001.8　p184-188

石塔
◎参考文献「土佐国石塔・石仏巡礼　1」（高知県立歴史民俗資料館）　歴史民俗資料館　2004.3　p63」

関取千両幟
参考資料一覧「国立劇場上演資料集　488」　日本芸術文化振興会　2006.2　p145-153

責任
◎文献表「責任と自由」（成田和信）　勁草書房　2004.5　p7-14b

石斧
参考文献「縄文時代の渡来文化―刻文付有孔石斧とその周辺」（浅川利一ほか）　雄山閣　2002.10　prr

石仏
◎文献「越後・佐渡石仏の里を歩く」（新潟県石仏の会）　高志書院　2002.10　p200-202
◎文献「房総の馬乗り馬頭観音」（町田茂）　たけしま出版　2004.7　p257-258

積分方程式
◎文献「積分方程式―逆問題の視点から」（上村豊）　共立出版　2001.10　p297-286

石油
◎参考文献「石油神話　時代は天然ガスへ」（藤和彦）　文藝春秋　2001.1　p198-195
◎引用参考文献「新石油文明論―砂漠化と寒冷化で終わるのか」（槌田敦）　農文協　2002.6　p162-170
◎参考文献「石油危機から30年　エネルギー政策の検証」（エネルギー産業研究会）　エネルギーフォーラム　2003.12　prr
原注「ピーク・オイル―石油争乱と21世紀経済の行方」（L. マクウェイグ）　作品社　2005.9　p353-364
◎参考文献「中国石油メジャー―エネルギーセキュリティの主役と国際石油戦略」（郭四志）　文眞堂　2006.3　p438-447
◎参考文献「石油の歴史―ロックフェラーから湾岸戦争後の世界まで」（E. ダルモンほか）　白水社　2006.8　p1-2b
◎参考文献「躍動する中国石油石化―海外資源確保と中下流発展戦略」（横井陽一ほか）　化学工業日報　2007.2　p208-212
◎参考文献「投資銀行家が見たサウジ石油の真実」（M. R. シモンズ）　日経BP社　2007.3　p568-585
◎参考文献「石油の隠された貌」（E. ローラン）　緑風出版　2007.6　p437-443
◎参考文献「石油もう一つの危機」（石井彰）　日経BP社　2007.7　p236-237
◎文献「安価な石油に依存する文明の終焉―蘇る文明と社会」（若林宏明）　流通経済大出版会　2007.10　prr
◎参考文献「石油ピークが来た―崩壊を回避する「日本のプランB」」（石井吉徳）　日刊工業新聞社　2007.10　p232-236

石油産業
◎文献「ロシア石油企業のビジネス戦略」（中津孝司）　同文舘出版　2001.9　p253-259
◎文献「中東石油利権と政治リスク―イラン石油産業国有化紛争史研究」（梅野巨利）　多賀出版　2002.6　p397-401
◎文献「中国の石油と天然ガス」（神原達）　日本貿易振興会アジア経済研究所　2002.12　p233-240
◎文献「石油流通システム」（小嶌正稔）　文眞堂　2003.2　p438-450
◎参考文献「北樺太石油コンセッション1925-1944」（村上隆）　北大図書刊行会　2004.7　p403-413
◎参考文献「中国の石油戦略―石油石化集団の経営改革と石油安全保障」（横井陽一）　化学工業日報社　2005.2　p185-189
◎参考文献「石油最終争奪戦―世界を震撼させる「ピークオイル」の真実」（石井吉徳）　日刊工業新聞社　2006.7　p243-246
◎文献リスト「ロシア資源産業の「内部」」（塩原俊彦）　アジア経済研究所　2006.10　p211-217
◎参考文献「アラビア太郎と日の丸原油」（庄司太郎）　エネルギーフォーラム　2007.9　p217-221
◎文献リスト「パイプラインの政治経済学―ネットワーク型インフラとエネルギー外交」（塩原俊彦）　法政大出版局　2007.12　p251-259

セキュリティ
◎文献「PKI公開鍵基盤―電子署名法時代のセキュリティ入門」（トム・オースティン）　日経BP企画　2001.8　p440-447
◎引用文献ほか「ネット情報セキュリティ」（DenningDE）　オーム社　2002.4　p405-446
◎参考文献「インターネット・セキュリティとは何か」（板倉正俊）　日経BP社　2002.5　p415-425

セクシー雑誌
○セクシー雑誌（赤田祐一）「あかまつ　別冊01」（まんだらけ出版）　2001.10　p1-376

セクシャル・ハラスメント
◎文献「ドメスティック・バイオレンス　セクシュアル・ハラスメント―相談対応マニュアル」（東京弁護士会両性の平等に関する委員会）　商事法務研究会　2001.2　p148-155
◎文献「セクシュアル・ハラスメントの実態と法理―タブーから権利へ」（水谷英夫）　信山社出版　2001.3　p482-490
◎参考文献「スクール・セクハラ防止マニュアル」（田中早苗）　明石書店　2001.4　p156-161
◎参考文献「知事のセクハラ私の闘い」（田中萌子）　角川書店　2001.6　p222-223
◎参考文献「Q&Aセクシュアル・ハラスメントストーカー規制法解説」（山田秀雄）　三省堂　2001.7　p11-13f
◎文献目録「セクシュアル・ハラスメントの法理―職場におけるセクシュアル・ハラスメントに関するフランス・イギリス・アメリカ・日本の比較法的検討　改訂版」（山崎文夫）　労働法令　2004.10　p480-510
◎参考文献「職場におけるセクシュアル・ハラスメント問題―日米判例研究　企業法務の視点でとらえた雇用主の責任と対策」（吉川英一郎）　レクシスネクシス・ジャパン　2004.12　p279-296

◎図書リスト「セクハラ相談の基本と実際―疑問スッキリ!―被害者の立場 加害者への対応 再発をふせぐパワハラ&アカハラ」(周藤由美子) 新水社 2007.10 p132」

セクシュアリティ
◎註「近代帝国日本のセクシュアリティ」(中村茂樹) 明石書店 2004.1 prr

セクシュアル・ヴィジョン
◎参考文献「セクシュアル・ヴィジョン 近代医科学におけるジェンダー図像学」(L. ジョーダノヴァ) 白水社 2001.6 p25-43b

セクシュアル・マイノリティ
◎図書リスト「セクシュアルマイノリティ 同性愛、性同一障害、インターセックスの当事者が語る人間の多様な性」(セクシュアルマイノリティ教職員ネットワーク) 明石書店 2003.3 p211-217

世間体
◎参考文献「武士と世間 なぜ死に急ぐのか」(山本博文) 中央公論新社 2003.6 p212-213

世間話
○文献目録(山田厳子)「世間話研究 12」(世間話研究会) 2002.10 p155-158

セシール
◎参考文献「セシール30年の歩み―愛と信頼をお届けして」(セシール社史編纂事務局) セシール 2003.4 p369-391

世代
◎引用文献「団塊世代・新論―〈関係的自立〉をひらく」(天野正子) 有信堂高文社 2001.2 p227-236
◎参考文献「世代間衡平性の論理と倫理」(鈴村興太郎) 東洋経済新報社 2006.7 prr
◎文献「「団塊老人」は勝ち逃げできない―若者がひたすら損をする社会の始まり」(岩崎博充) 扶桑社 2007.7 p244-246

雪害
◎参考文献「雪国学―地域づくりに活かす雪国の知恵」(沼野夏生) 現代図書 2006.10 p207-209

摂関政治
◎参考文献「摂関政治と王朝文化―日本の時代史 6」(加藤友康) 吉川弘文館 2002.11 p299-319

石器
◎出典一覧「旧石器考古学辞典 増補改訂」(旧石器文化談話会) 学生社 2001.3 p213-221
○文献紹介「旧石器考古学 62」(旧石器文化談話会) 2001.11 p107-111
◎参考文献「文化としての石器づくり」(大沼克彦) 学生社 2002.5 p171-179
◎文献「石器の見方」(竹岡俊樹) 勉誠出版 2003.3 p207-228
◎参考文献「出雲地方における玉髄・瑪瑙製石器の研究―恩田清氏採集資料と島根県出土の玉髄・瑪瑙製石器」(島根県教育委員会古代文化センターほか) 古代文化センター 2004.3 p95-98
◎引用文献「日本列島の槍先形尖頭器」(藤野次史) 同成社 2004.3 p509-540
◎参考文献「石器実測法―情報を描く技術」(田中英司) 雄山閣 2004.9 p81-83
◎引用参考文献「黒曜石3万年の旅」(堤隆) NHK出版 2004.10 p225-233
◎参考文献「石器使用痕の研究」(御堂島正) 同成社 2005.3 p359-375
◎文献目録「北海道における細石刃石器群の研究」(山田哲) 六一書房 2006.12 p227-244

石器時代
◎参考文献「捏造遺跡その真相と原人の実体―講座」(太田浩, アートブック編集部) アートブック本の森 2002.2 p124-125
◎文献「前期旧石器問題とその背景―いったい、あの捏造事件はなんだったのか…!?」(段木一行, 法政大学文学部博物館学講座) ミュゼ 2002.3 p176-193
◎文献「仰韶文化の研究―黄河中流域の関中地区を中心に」(王小慶) 雄山閣 2003.3 p227-234
◎参考図書「古代水辺民の物語―太陽の生まれる楽土を求めて」(倉富春成) 彩流社 2003.8 p234-238
◎引用参考文献「旧石器から日向へ―大きく変わった環境と文化」(山形県立うきたむ風土記の丘考古資料館) 山形県立うきたむ風土記の丘考古資料館 2006.10 p96-104
◎引用参考文献「日本列島における後期旧石器時代の地域構造」(比田井民子) 六一書房 2006.12 p239-250

説教
◎参考文献「「節談」はよみがえる―やはり説教は七五調」(谷口幸璽ほか) 白馬社 2004.3 p157-159
◎文献表「いま、アメリカの説教学は―説教のレトリックをめぐって」(平野克己) キリスト新聞社 2006.11 p197-205
◎書籍一覧「仏教文学芸能―関山和夫喜寿記念論集」(喜寿記念論集刊行会) 記念論集刊行会 2006.11 p987-1008

説経
◎文献ほか「岩佐又兵衛―伝説の浮世絵開祖」(松尾知子) 千葉市美術館 2004.10 p198-200

説教節
◎引用参考文献「小栗往還記」(松本徹) 文藝春秋 2007.9 p245-247

セックス&ヴァイオレンス
○ブックガイド(古山裕樹)「ミステリマガジン 47.4」(早川書房) 2002.4 p19-23

設計
◎参考文献「橋はなぜ落ちたのか 設計の失敗学」(H. ペトロスキー) 朝日新聞社 2001.12 p1-14b
◎文献「品質を守る設計図の見方・つくり方」(力石眞一) 井上書院 2007.3 p103-104

石けん
◎参考文献「石けん・洗剤100の知識」(稲山ますみ, 大矢勝) 東京書籍 2001.4 p230-231

接辞
◎参考文献「英語接辞研究」(西川盛雄) 開拓社 2006.10 p281-284

摂州合邦辻
- ◎参考資料「奥州安達原・摂州合邦辻・妹背山婦女庭訓—第158回文楽公演」(国立劇場) 日本芸術文化振興会 2007.2 p73-82
- ◎参考資料「摂州合邦辻 通し狂言—第256回歌舞伎公演」(国立劇場) 日本芸術文化振興会 2007.11 p72-95

摂食障害
- ◎参考文献「「やせ願望」の精神病理 摂食障害からのメッセージ」(水島広子) PHP研究所 2001.4 p249-250
- ◎文献「摂食障害者への援助—見立てと治療の手引き」(ロバート・L.パーマー) 金剛出版 2002.4 p255-277
- ◎文献「摂食障害治療ハンドブック」(D. M. ガーナーほか) 金剛出版 2004.2 p474-530
- ◎文献「誰が摂食障害をつくるのか—女性の身体イメージとからだビジネス」(S. ヘス=バイバー) 新曜社 2005.4 p326-303
- ◎文献集「食と身体の臨床心理学—摂食障害の発達心理学」(井原成男) 山王出版 2006.4 p205-219
- ◎引用文献「社会病理としての摂食障害—若者を取り巻く痩せ志向文化」(牧野有可里) 風間書房 2006.9 p187-200
- ◎文献「摂食・嚥下リハビリテーション 2版」(鎌倉やよいほか) 医歯薬出版 2007.9 p413-437

接続詞
- ○文献一覧(馬場俊臣)「札幌国語研究 12」(北海道教育大) 2007 p1-24
- ○引用参考文献「条件表現の研究」(中島悦子) おうふう 2007.9 p316-322

節足動物
- ◎文献「日本の有害節足動物—生態と環境変化に伴う変遷 新版」(加納六郎ほか) 東海大学出版会 2003.12 p367-378

絶対主義
- ◎参考文献「スウェーデン絶対王政研究」(入江幸二) 知泉書館 2005.12 p15-30b

接着
- ◎参考文献「トコトンやさしい接着の本」(三刀基郷) 日刊工業新聞社 2003.5 2pb

雪中行軍
- ◎参考文献「雪の八甲田で何が起こったのか—資料に見る"雪中行軍"百年目の真実」(川口泰英) 北方新社 2001.1 p293-296

説得
- ◎引用文献「説得におけるリアクタンス効果の研究—自由侵害の社会心理学」(今城周造) 北大路書房 2001.1 p191-195
- ◎参考文献「心理戦の勝者—歴史が教える65の絶対法則」(内藤誼人,伊東明) 講談社 2001.2 p236-244
- ◎引用文献「説得と影響—交渉のための社会心理学」(榊博文) ブレーン出版 2002.5 p479-501
- ◎参考文献「「説得上手」の科学」(内藤誼人) 日本経済新聞社 2005.11 p254-244
- ◎引用文献「説得に対する防衛技法としての警告技法の開発に関する研究」(深田博己) 北大路書房 2006.7 p201-207
- ◎引用文献「依頼と説得の心理学—人は他者にどう影響を与えるか」(今井芳昭) サイエンス社 2006.9 p257-274

絶版文庫
- ◎「絶版文庫四重奏」(田村道美ほか) 青弓社 2001.9 267p B6

設備管理
- ◎引用参考文献「ライフサイクル・メンテナンス—LCCを最適化する論理的・合理的設備管理」(高田祥三) JIPMソリューション 2006.4 p172-173

接尾語
- ◎文献「中古接尾語論考」(南芳公) おうふう 2002.10 p340-344
- ◎参考文献「現代日本語の接尾辞研究」(黄其正) 溪水社 2004.10 p265-269

設備投資
- ◎参考文献「設備投資と金融市場—情報の非対称性と不確実性」(鈴木和志) 東京大学出版会 2001.2 p183-191
- ◎文献「設備投資行動の理論」(中村保) 東洋経済新報社 2003.2 p209-217
- ◎参考文献「IT投資効果メカニズムの経済分析—IT活用戦略とIT化支援政策」(実積寿也) 九州大学出版会 2005.8 p219-234

切腹
- ◎文献「切腹—日本人の責任の取り方」(山本博文) 光文社 2003.5 p245-246

説明責任
- ◎参考文献「アカウンタビリティ入門—説明責任と説明能力」(碓氷悟史) 中央経済社 2001.7 p317-321

説文解字
- ◎文献要目「白川静著作集 別巻 説文解字8」(白川静) 平凡社 2003.3 p1-50b

説話文学
- ◎文献目録「芸能の表現—説話とのかかわり」(馬渕和夫,田口和夫) 笠間書院 2001.5 p147-215
- ○参考文献(小峰和明ほか)「国文学 46.10.673」(学燈社) 2001.8 p132-139
- ○文献目録(田中幸江ほか)「説話文学研究 37」(説話文学会) 2002.6 p139-141
- ◎参考図書ほか「院政期音楽説話の研究」(磯水絵) 和泉書院 2003.2 p364-372
- ○文献目録抄(井黒佳穂子)「説話文学研究 38」(説話文学会) 2003.6 p200-203
- ○注「漂泊する神と人」(花部英雄) 三弥井書店 2004.1 prr
- ○文献目録抄(高津希和子)「説話文学研究 39」(説話文学会) 2004.6 p133-135
- ◎引用典籍一覧「中世仏教説話論考」(野村卓美) 和泉書院 2005.2 p379-383
- ◎参考文献「ロビンソン・クルーソーは炭焼小五郎だった」(河村望) 人間の科学新社 2005.5 p242-245
- ◎参考書目「運命の女神—その説話と民間信仰 新装復刊」(R. W. ブレードニヒ) 白水社 2005.6 p5-23b
- ○研究目録抄(高津希和子)「説話文学研究 40」(説話文学会) 2005.7 p169-170

せとうち

○文献目録抄（森沢真直）「国文学　解釈と鑑賞　71.5」（至文堂）　2006.5　p179-188
◎参考文献「日本仏教説話集の源流」（小林保治）　勉誠出版　2007.2　p329-334
◎参考文献「樹木にまつわる物語—日本の民話・伝説などを集めて」（浅井治海）　フロンティア出版　2007.7　p288-289

瀬戸内地方

◎参考文献「瀬戸内近代海運草創史」（山崎善啓）　創風社出版　2006.4　p236-237
◎参考引用文献「備讃瀬戸の土器製塩」（岩本正二ほか）　吉備人出版　2007.2　p158-165

瀬戸内海

◎参考文献「街道の日本史　42　瀬戸内諸島と海の道」（山口徹）　吉川弘文館　2001.9　p22-25b
◎註「海と風土—瀬戸内海地域の生活と交流」（地方史研究協議会）　雄山閣　2002.10　prr
◎参考文献「瀬戸内水軍散歩24コース」（編集委員会）　山川出版社　2002.12　p188-190
◎文献「瀬戸内の被差別部落—その歴史・文化・民俗」（沖浦和光）　解放出版社　2003.7　p310-315
◎参考文献「中世瀬戸内海の旅人たち」（山内譲）　吉川弘文館　2004.1　p188-189
◎参考文献「離島研究—瀬戸内の社会学」（中桐規碩）　高文堂出版社　2004.3　p165-166
◎参考文献「瀬戸内海—魚類研究と養殖漁業の歴史展特別資料展」（東かがわ市歴史民俗資料館）　歴史民俗資料館　2004.12　p67-68

銭

◎参考文献「銭の考古学」（鈴木公雄）　吉川弘文館　2002.5　p213-214

セネガル

◎参考文献ほか「ポストコロニアル国家と言語—フランス語公用語国セネガルの言語と社会」（砂野幸稔）　三元社　2007.12　p79-92b

セブンイレブン

◎参考文献「セブン-イレブンおでん部会—ヒット商品開発の裏側」（吉岡秀子）　朝日新聞社　2007.3　p236-237

セメント

◎文献ほか「エコセメントのおはなし」（大住真雄）　日本規格協会　2003.7　p121-123

セラピー

◎参考文献「ミュージックセラピイ　対話のエチュード」（稲田雅美）　ミネルヴァ書房　2003.5　p205-210
◎文献「心の解剖学—錬金術的セラピー原論」（E. F. エディンガー）　新曜社　2004.7　p300-294

セルフコントロール

◎引用文献「セルフ・コントロールの実験臨床心理学」（杉若弘子）　風間書房　2003.2　p101-107

セルフヘルプグループ

◎文献一覧「セルフヘルプ社会—超高齢社会のガバナンス対応」（田尾雅夫）　有斐閣　2007.11　p343-363

ゼロ

◎参考文献「無の科学—ゼロの発見からストリング理論」（K. C. コール）　白揚社　2002.11　p335-324

零戦

◎文献「ゼロ戦—もっとも美しかった戦闘機、栄光と凋落」（碇義朗）　光人社　2001.10　p243-244
◎参考文献「零戦　零式艦上戦闘機」（野原茂）　グリーンアロー出版社　2003.7　1pb

ゼロックス・パロアルト研究所

◎参考文献「未来をつくった人々—ゼロックス・パロアルト研究所とコンピュータエイジの黎明」（マイケル・ヒルツィック）　毎日コミュニケーションズ　2001.10　p558-561

禅

◎注文献「日常生活のなかの禅　修行のすすめ」（南直哉）　講談社　2001.4　p252-256
◎文献「禅と戦争　禅仏教は戦争に協力したか」（B. ヴィクトリア）　光人社　2001.5　p291-300
◎参考文献「禅の歴史」（伊吹敦）　法蔵館　2001.11　p361-363
○雑誌論文目録（瀧瀬純ほか）「禪學研究　82」（禪學研究會）　2004.1　p49-61
◎文献「禅セラピー—仏教から心理療法への道」（D. ブレイジャー）　コスモス・ライブラリー　2004.9　p363-370
○雑誌論文目録（篠原豊和ほか）「禪學研究　83」（禪學研究會）　2005.1　p55-66
◎参考文献「ZEN心理療法」（安藤治）　駿河台出版社　2005.2　p251-261
◎参考文献「禅　図解雑学」（中尾良信）　ナツメ社　2005.6　p253-255
○論文目録（福岡秀爾）「禪學研究　84」（花園大）　2006.2　p51-70b
◎基本文献「禅と京都哲学　京都哲学撰書別巻」（北野裕通ほか）　燈影舎　2006.8　p448-460
○論文目録「禪學研究　85」（禪學研究會）　2007.2　p41-52
◎参考文献ほか「禅の世界」（奈良康明ほか）　東京書籍　2007.9　p406-410

繊維

◎参考文献「繊維総合辞典」（編集委員会）　繊研新聞社　2002.10　p51-56b
◎引用参考文献「図解繊維がわかる本」（平井東幸）　日本実業出版　2004.3　2pb
◎参考文献「やさしい繊維の基礎知識」（繊維学会）　日刊工業新聞社　2004.5　prr

繊維産業

◎参考文献「日本の繊維産業なぜ、これほど弱くなってしまったのか」（伊丹敬之, 伊丹研究室）　NTT出版　2001.4　p292-296
◎参考文献「企業間システムの選択—日本化学繊維産業の分析」（李亨五）　信山社出版　2002.2　p219-225, 237-238
◎参考文献「多角的繊維協定（MFA）撤廃による南西アジア繊維産業への影響に関する調査」　日本貿易振興機構　2004.3　p49-50
◎引用参考文献「"ファイバー"スーパーバイオミメティックス—近未来の新技術創成」（赤池敏宏ほか）　エヌ・ティー・エス　2006.10　prr

禅院
- 註「禅院の建築―禅僧のすまいと祭享　新訂」（川上貢）　中央公論美術出版　2005.9　prr

前衛芸術
- 参考文献ほか（西垣尚子）「日本のアヴァンギャルド」（和田博文）　世界思想社　2005.5　p260-279

銭貨
- 研究文献（嶋谷和彦）「季刊考古学　78」（雄山閣出版）　2002.2　p76-78

尖閣諸島
- 史料・書籍「尖閣諸島・琉球・中国―分析・資料・文献 日中国際関係史」（浦野起央）　三和書籍　2002.12　p1-20b
- 文献「尖閣諸島・琉球・中国―分析・資料・文献―日中国際関係史　増補版」（浦野起央）　三和書籍　2005.5　p1-20b

全学連運動
- 参考文献「60年安保―6人の証言」（森川友義）　同時代社　2005.8　p302-303

戦間期
- 註「日本経済史　3　両大戦間期」（石井寛治）　東京大学出版会　2002.12　prr

1980年代
- 参考文献「プレイバック1980年代」（村田晃嗣）　文藝春秋　2006.11　p320-324

1968年
- ブックガイド「重力　02」（「重力」編集会議）　同編集会議　2003.4　p167-202

選挙
- 引用文献「現代の政党と選挙」（川人貞史ほか）　有斐閣　2001.2　prr
- 引用文献「選挙制度変革と投票行動」（三宅一郎）　木鐸社　2001.6　p231-233
- 参考文献「日本の選挙　増補版」（福岡政行）　早稲田大学出版部　2001.7　p277-278
- 参考文献「日本の選挙　何を変えれば政治が変わるのか」（加藤秀治郎）　中央公論新社　2003.3　p212-210
- 参照文献「各国の選挙―変遷と実状」（西平重喜）　木鐸社　2003.9　p565-580
- 文献「新しい選挙制度―理論とテクノロジーに裏付けられた」（松本保美）　木鐸社　2003.9　p176-179
- 文献目録「選挙学会紀要　2」（日本選挙学会）　2004　p87-115
- 参考引用文献「現代日本の選挙政治―選挙制度改革を検証する」（谷口将紀）　東京大学出版会　2004.1　p181-187
- 参考文献ほか「選挙制度と政党システム」（川人貞史）　木鐸社　2004.1　p275-283
- 参考文献「新版　比較選挙政治―21世紀初頭における先進6ヵ国の選挙」（梅津実）　ミネルヴァ書房　2004.3　prr
- 参考文献ほか「大都市圏における選挙・政党・政策―大阪都市圏を中心に」（大都市圏選挙研究班）　関西大　2004.3　prr
- 文献「中傷と陰謀 アメリカ大統領選狂騒史」（有馬哲夫）　新潮社　2004.10　p252-255
- 文献目録「選挙学会紀要　4」（慶應義塾大出版会）　2005　p79-114
- 参考文献「現代イギリスの選挙政治」（西川敏之）　敬文堂　2005.1　p183-195
- 参考文献「日本の総選挙　1946-2003」（田中善一郎）　東京大学出版会　2005.1　p315-319
- 参考文献「現代日本の投票行動」（谷口尚子）　慶應義塾大出版会　2005.3　p179-189
- 参考文献「市民社会における制度改革―選挙制度と候補者リクルート」（浅野正彦）　慶應義塾大出版会　2006.5　p289-295
- 参考文献「政治的情報と選挙過程」（境家史郎）　木鐸社　2006.6　p199-212
- 文献目録「選挙学会紀要　8」（慶應義塾大出版会）　2007　p71-101
- 参考文献「選挙協力と無党派」（河崎曽一郎）　NHK出版　2007.1　p253-254
- 参考文献「フランスの選挙―その制度的特色と動態の分析」（山下茂）　第一法規　2007.3　p225-226
- 参考文献「選挙の民俗誌―日本的政治風土の基層」（杉本仁）　梟社　2007.4　p275-286
- 引用文献「変容する日本の社会と投票行動」（平野浩）　木鐸社　2007.5　p196-199
- 参考文献「日本人の選択―総選挙の戦後史」（林信吾ほか）　平凡社　2007.6　p231-235
- 参考文献「選挙違反の歴史―ウラからみた日本の100年」（季武嘉也）　吉川弘文館　2007.7　p230-231

宣教師
- 参考文献「宣教師マザーテレサの生涯―スコピエからカルカッタへ」（工藤裕美ほか）　上智大出版　2007.1　p355-362

前九年・後三年役
- 参考文献「東北の争乱と奥州合戦―「日本国」の成立」（関幸彦）　吉川弘文館　2006.11　p260-264

線形経済学
- 参考文献「線形経済学―非負解の存在・双対性をめぐって」（井上博夫）　白桃書房　2001.5　p225-228

選鉱
- 「選鉱技術文献（表題・著者・原典）データベース―原典：国内刊行物および国際選鉱会議論文集　1926～2000年」（選鉱技術の歴史的検討とその応用に関する調査研究委員会）　選鉱技術の歴史的検討とその応用に関する調査研究委員会　2002.3　185p A4

善光寺白馬鉄道
- 参考文献「思い出で包む善白鉄道」（柏企画）　柏企画　2006.2　p125」

戦後関係史
- 参考文献「日米戦後関係史1951-2001」（入江昭ほか）　講談社インターナショナル　2001.9　prr

戦後教育史
- 文献目録（勝岡寛次）「戦後教育史研究　18」（明星大）　2004.12　p145-159

戦国
- 参考文献「飢餓と戦争の戦国を行く」（藤木久志）　朝日新聞社　2001.11　p221-228
- 参考文献「戦国のコミュニケーション―情報と通信」（山口邦明）　吉川弘文館　2002.1　p267-274

戦国合戦
- ◎参考文献「鉄砲と戦国合戦」（宇田川武久）　吉川弘文館　2002.11　p209-211
- ◎参考文献「戦国15大合戦の真相―武将たちはどう戦ったか」（鈴木真哉）　平凡社　2003.8　p250-252

全国共済農業協同組合連合会
- ◎文献「全共連五十年史　資料編」（全共連五十年史編纂委員会）　全国共済農業協同組合連合会　2002.3　p449-456

戦国史
- ◎論文目録「戦国史研究　43」（戦国史研究会）　2002.2　p36-41, 12
- ◎論文目録「戦国史研究　47」（戦国史研究会）　2004.2　p36-42
- ◎論文目録「戦国史研究　49」（吉川弘文館）　2005.2　p34-40, 12, 25
- ◎論文目録「戦国史研究　51」（戦国史研究会）　2006.2　p34-40, 13

戦国時代
- ◎参考文献「戦国乱世を生きる力―日本の中世　11」（神田千里）　中央公論新社　2002.8　p294-301
- ◎参考文献「戦国水軍の興亡」（宇田川武久）　平凡社　2002.10　p250-255
- ◎参考文献「戦国の地域国家　日本の時代史12」（有光友学）　吉川弘文館　2003.5　p319-337
- ◎参考文献「鉄砲隊と騎馬軍団　真説・長篠合戦」（鈴木真哉）　洋泉社　2003.5　p240-246
- ◎関係論著目録「郭店楚簡の研究　5」（大東文化大學郭店楚簡研究班ほか）　大東文化大　2004.3　p8-23
- ◎参考文献「戦国関東謀反人伝―或いは究極の忠義話」（川村掃部）　文芸社　2004.8　p277-278
- ◎参考引用文献「陸奥国の戦国社会」（大石直正ほか）　高志書院　2004.8　prr
- ◎参考文献「下剋上の時代　改版　日本の歴史10」（永原慶二）　中央公論新社　2005.2　p564-569
- ◎註「戦国大名今川氏と領国支配」（久保田昌希）　吉川弘文館　2005.2　prr
- ◎関係論著目録「郭店楚簡の研究　6」（大東文化大學郭店楚簡研究班）　大東文化大　2005.3　p9-23
- ◎文献「戦国大名と信濃の合戦―信州史ノート」（笹本正治）　一草舎　2005.3　p235-241
- ◎参考文献「「本能寺の変」本当の謎―叛逆者は二人いた」（円堂晃）　並木書房　2005.5　p361-363
- ◎参考文献「戦国時代の終焉―「北条の夢」と秀吉の天下統一」（斎藤慎一）　中央公論新社　2005.8　p225-226
- ◎参考文献「京都乙訓・西国の戦国時代と物集女城」（中井均ほか）　文理閣　2005.9　p192-195
- ◎参考文献「戦国人名辞典」（編集委員会）　吉川弘文館　2006.1　prr
- ◎参考文献「関東戦国史　全」（千野原靖方）　崙書房　2006.2　p303-305
- ◎参考文献「実録・戦国時代の民衆たち―歴史の闇に消えた」（笹本正治）　一草舎出版　2006.6　p285-288
- ◎注「土一揆と城の戦国を行く」（藤木久志）　朝日新聞社　2006.10　p263-285
- ◎参考文献「戦国争乱を生きる―大名・村、そして女たち」（舘鼻誠）　NHK出版　2006.12　p311-313
- ◎論文目録「戦国史研究　53」（戦国史研究会）　2007.2　p34-40
- ◎参考文献「戦国の城」（小和田哲男）　学習研究社　2007.6　p260-261
- ◎参考文献「西国の戦国合戦　戦争の日本史12」（山本浩樹）　吉川弘文館　2007.7　p289-291
- ◎参考文献「〈負け組〉の戦国史」（鈴木眞哉）　平凡社　2007.9　p238-243
- ◎参考文献「室町・戦国期研究を読みなおす」（中世後期研究会）　思文閣出版　2007.10　prr
- ◎参考文献「戦国南予風雲録―乱世を語る南予の名品」（愛媛県歴史文化博物館）　愛媛県歴史文化博物館　2007.10　p111-112

戦国社会
- ◎文献目録「展望・日本歴史　12　戦国社会」（池上裕子, 稲葉継陽）　東京堂出版　2001.8　p402-431

全国書誌
- ◎「日本全国書誌　2001-21　NO.2330」（国立国会図書館）　財務省印刷局　2001.6　202p B5

戦国大名
- ◎参考文献「戦国大名と天皇　室町幕府の解体と王権の逆襲」（今谷明）　講談社　2001.1　p245-247
- ◎参考文献「一揆と戦国大名　日本の歴史13」（久留島典子）　講談社　2001.11　p347-356
- ◎参考文献「戦国大名　改版　日本の歴史11」（杉山博）　中央公論新社　2005.3　p563-567
- ◎引用参考文献「戦国大名の危機管理」（黒田基樹）　吉川弘文館　2005.10　p197-198
- ◎参考文献「百姓から見た戦国大名」（黒田基樹）　筑摩書房　2006.9　p217-219

戦国武将
- ◎参考文献「戦国武将と能」（曽我孝司）　雄山閣　2006.7　p172-173

戦後史
- ◎参考文献年表「日経小説で読む戦後日本」（小野俊太郎）　筑摩書房　2001.4　p199-204
- ◎原注文献「歴史としての戦後日本　下」（A.ゴードン）　みすず書房　2001.12　p17-37b
- ◎参考文献「迷路の道標―私の戦後史と日本共産党論」（中井津之助）　文芸社　2002.4　p340-343
- ◎参考引用文献「戦後アメリカニゼーションの原風景―『ブロンディ』と投影されたアメリカ像」（岩本茂樹）　ハーベスト社　2002.11　p170-174
- ◎引用参照文献「戦後政治の実像―舞台裏で何が決められたのか」（五十嵐仁）　小学館　2003.8　p324-331
- ◎参考文献「日本の戦後―私たちは間違っていたか　上」（田原総一朗）　講談社　2003.9　p372-381
- ◎参考文献「高度成長の光と影―政治と文学の窓をとおして」（篠原一ほか）　かわさき市民アカデミー出版部　2003.11　p211-214
- ◎参考文献「戦後改革と逆コース　日本の時代史26」（吉田裕）　吉川弘文館　2004.7　p271-287
- ◎参考文献「抵抗者たち―証言・戦後史の現場から」（米田綱路）　講談社　2004.8　p283-289
- ◎参考文献「戦後史」（中村政則）　岩波書店　2005.7　p23-30b
- ◎文献解題（古関彰一ほか）「戦後史大事典　増補新版」（佐々木毅ほか）　三省堂　2005.7　p1055-990

洗骨
◎参考文献ほか「洗骨改葬の比較民俗学的研究」（蔡文高）　岩田書院　2004.10　p425-440

戦後補償
◎参考文献「戦後補償から考える日本とアジア」（内海愛子）　山川出版社　2002.1　3pb
◎注文献「日韓の相互理解と戦後補償」（池明観ほか）　日本評論社　2002.3　prr
◎文献「戦後補償と国際人道法―個人の請求権をめぐって」（申惠丰ほか）　明石書店　2005.10　p366-307

センサ
◎参考文献「センサの原理と応用」（塩山忠義）　森北出版　2002.2　p163-166

洗剤
◎参考文献「石けん・洗剤100の知識」（稲山ますみ，大矢勝）　東京書籍　2001.4　p230-231
◎文献「洗剤・洗浄百科事典」（皆川基ほか）　朝倉書店　2003.10　prr

潜在力
◎文献「心の潜在力プラシーボ効果」（広瀬弘忠）　朝日新聞社　2001.7　p1-7b

戦時
◎参考文献「戦時議会　日本歴史叢書」（古川隆久）　吉川弘文館　2001.2　p264-268
◎参考文献「戦時日本の特別会計」（柴田善雅）　日本経済評論社　2002.2　p361-371
◎文献「対日経済戦争 1939-1941」（土井泰彦）　中央公論事業出版　2002.8　p293-300
◎参考文献「新版 1940年体制―さらば戦時経済」（野口悠紀雄）　東洋経済新報社　2002.12　p236-241
◎文献ほか「米国のメディアと戦時検閲―第二次世界大戦における勝利の秘密」（M.S.スウィーニ）　法政大学出版局　2004.4　p19-71b

先史学
◎推薦文献「先史の観念」（G.ダニエル，C.レンフルー）　京都大　2001.3　p273-294

先史考古学
◎参考文献「シベリア先史考古学」（小畑弘己）　中国書店　2001.4　p477-495

戦死者
◎参考文献「戦死者霊魂のゆくえ　戦争と民俗」（岩田重則）　吉川弘文館　2003.4　p198-205

戦車
◎文献「ヘルマン・ゲーリング戦車師団史　下」（F.クロヴスキー）　大日本絵画　2007.8　p272-278

全集
◎「全集/個人全集・内容綜覧　IV期」（日外アソシエーツ）　日外アソシエーツ　2004.4　15,933p A5
◎「全集/個人全集・作家名綜覧　IV期」（日外アソシエーツ）　日外アソシエーツ　2004.5　2冊　A5
◎「全集講座内容綜覧　2000-2004」（日外アソシエーツ）　日外アソシエーツ　2005.3　16,928p A5
◎「全集・叢書総目録　1999-2004　1・6」（日外アソシエーツ）　日外アソシエーツ　2005.7　2冊　A5
○一覧「大航海　64」（新書館）　2007　p187-186
◎「全集・叢書総目録　明治・大正・昭和戦前期」（日外アソシエーツ）　日外アソシエーツ　2007.10　2冊　A5

禅宗
○文献目録（宗学研究部門）「宗学研究紀要　14」（曹洞宗総合研究センター）　2001.3　p1-33b
○文献目録（宗学研究部門）「宗学研究紀要　15」（曹洞宗総合研究センター）　2002.9　p1-30b
◎文献目録（徳重寛道）「神会の語録　壇語」（唐代語録研究班）　禅文化研究所　2006.6　p333-362

専修大学
◎「読売新聞記事索引―明治7年11月2日～昭和35年12月31日」（内山宏）　専修大学史資料研究会　2006.9　62p A5

先住民族
◎参考文献「ネイティブ・タイム―先住民の目」（北山耕平）　地湧社　2001.2　p907-925
◎引用文献「インディアンという生き方」（R.アードス）　グリーンアロー出版社　2001.3　p165」
◎注文献「先住民族の「近代史」　植民地主義を超えるために」（上村英明）　平凡社　2001.4　prr
◎参考文献「東南アジア　講座世界の先住民族02」（林行夫ほか）　明石書店　2005.3　prr
◎参考文献「講座世界の先住民族―ファースト・ピープルズの現在　08」（綾部恒雄）　明石書店　2007.1　prr

占術
◎参考文献「図説世界占術大全―魔術から科学へ」（A.S.ライオンズ）　原書房　2002.11　p35-37b

戦術
◎参考資料「SAS実戦敵地脱出マニュアル」（W.ファウラー）　原書房　2007.11　p9-10b

選出公理
◎参考文献「選択公理と数学―発生と論争，そして確立への道　増訂版」（田中尚夫）　遊星社　2005.10　p247-251

洗浄
◎参考文献「トコトンやさしい洗浄の本」（日本産業洗浄協議会）　日刊工業新聞社　2006.9　p154-155

扇状地
◎文献「世界の扇状地」（斉藤享治）　古今書院　2006.8　p257-287

染織
○文献（浜田裕木子）「月刊染織α　272」（染織と生活社）　2003.11　p78」
◎参考文献ほか「グァテマラの染織―マヤ文明後継者たちの生活」（角山幸洋）　関西大学出版部　2004.11　p531-607
◎参考文献「染織　ものと人間の文化史123」（福井貞子）　法政大学出版局　2004.12　p269-271
○文献データ（浜田裕木子ほか）「月刊染織α　286」（染織と生活社）　2005.1　p64」
◎文献「染・織　普及版」（岩本秀雄ほか）　朝倉書店　2005.3　p204-205

◎参考文献「インド・ラバーリー社会の染織と儀礼—ラクダとともに生きる人びと」（上羽陽子）　昭和堂　2006.7　p9-14b
◎参考文献「布がつくる社会関係—インド絞り染め布とムスリム職人の民族誌」（金谷美和）　思文閣出版　2007.2　p30-46b
◎参考文献「タイの染織」（S. コンウェイ）　めこん　2007.6　p190-191
◎参考文献「図説着物柄にみる戦争」（乾淑子）　インパクト出版会　2007.7　p15-16

染色
◎参考文献「蘇った古代文明の色」（西山和恆）　文芸社　2001.11　p418-422
◎参考文献「紅花　ものと人間の文化史121」（竹内淳子）　法政大学出版局　2004.7　p327-335
◎文献「学振版染色機能加工要論　2版」（日本学術振興会繊維）　日本学術振興会　2004.12　prr
◎参考文献「よみがえる紅—高崎の絹と染工場」　たかさき紅の会　2005.3　p76-77
◎参考文献一覧「更紗今昔物語—ジャワから世界へ」（国立民族学博物館）　千里文化財団　2006.9　p126-127
◎参考文献「自然を染める—植物染色の基礎と応用」（木村光雄ほか）　木魂社　2007.4　p149」

全真教南宗
○文献目録ほか（松下道信）「中国哲学研究　22」（東京大）　2007　p52-77

洗心文庫
○目録（杏雨書屋）「杏雨　5」（杏雨書屋）　2002　p249-304

潜水医学
◎文献「新しい潜水医学」（大岩弘典）　水中造形センター　2003.4　p330-331

潜水艦
◎参考文献「潜水艦隊」（井浦祥三郎）　学習研究社　2001.6　p446-448
◎参考文献「図説帝国海軍特殊潜航艇全史」（奥本剛）　学習研究社　2005.9　p344-349

占星術
◎参考文献「星占いの文化交流史」（矢野道雄）　勁草書房　2004.11　p207-210
◎参考文献「古代占星術—その歴史と社会的機能」（T. バートン）　法政大学出版局　2004.12　p41-48b
◎引用文献略解「星占い星祭り　新装版」（金指正三）　青蛙房　2007.3　p296-308
◎参考文献「ウェヌスの子どもたち—ルネサンスにおける美術と占星術」（G. A. トロッテン）　ありな書房　2007.9　p295-310

禅籍
◎一覧（淡交社編集部）「茶席の禅話句集」（朝山一玄）　淡交社　2003.2　p388-390

前線
◎参考文献「気象予報のための前線の知識」（山岸米二郎）　オーム社　2007.12　p181-191

戦前期
◎参考文献「戦前日本における民主化の挫折—民主化途上体制崩壊の分析」（竹中治堅）　木鐸社　2002.2　p10-29b

◎文献目録「戦前期日本と東南アジア—資源獲得の視点から」（安達宏昭）　吉川弘文館　2002.12　p235-249

戦争
◎参考文献「戦争を記憶する　広島・ホロコーストと現在」（藤原帰一）　講談社　2001.2　p1-5b
◎参考文献「人はなぜ戦うのか—考古学からみた戦争」（松木武彦）　講談社　2001.5　p252-254
◎文献「禅と戦争　禅仏教は戦争に協力したか」（B. ヴィクトリア）　光人社　2001.5　p291-300
◎参考文献「ベトナム戦争　誤算と誤解の戦場」（松岡完）　中央公論新社　2001.7　p315-303
◎文献「戦争論—レクラム版」（カール・フォン・クラウゼヴィッツ）　芙蓉書房出版　2001.7　p13-17b
◎参考文献「20世紀大日本帝国」（読売新聞20世紀取材班）　中央公論新社　2001.8　p234-235
◎「戦争に強くなる本　入門・太平洋戦争—どの本を読み、どんな知識を身につけるべきか」（林信吾）　経済界　2001.8　254p　46s
◎参考文献「日本人は戦争に強かったのか弱かったのか」（日本雑学能力協会）　新講社　2001.11　p235-236
◎参考文献「気象が勝敗を決めた—近現代戦に見る自然現象と戦争」（熊谷直）　光人社　2002.2　p237-238
◎参考文献「戦争の日本近現代史—征韓論から太平洋戦争まで」（加藤陽子）　講談社　2002.3　prr
◎文献「日米映像文学は戦争をどう見たか」（濱野成生ほか）　日本優良図書出版会　2002.3　p430-425
◎参考文献「戦争の世界史—技術と軍隊と社会」（W. マクニール）　刀水書房　2002.4　p4-35b
◎「こんなご時世戦争論を読む」（荒岱介）　実践社　2002.8　170p　46s
◎推薦図書「戦争倫理学」（加藤尚武）　筑摩書房　2003.1　p215-216
◎参考図書ほか「テロリズムと戦争」（H. ジン）　大月書店　2003.2　p129-142
◎参考文献「図説古代ギリシアの戦い」（V. D. ハンセン）　東洋書林　2003.2　p292-295
◎参考文献「ニッポン海戦史」（宇田川武久）　実業之日本社　2003.3　1pb
◎参考文献「戦争と救済の文明史　赤十字と国際人道法のなりたち」（井上忠男）　PHP研究所　2003.5　p264-268
◎参考文献「民族・戦争と家族　日本家族史論集13」（大日方純夫）　吉川弘文館　2003.5　p371-373
◎註「戦争と建築」（五十嵐太郎）　晶文社　2003.9　prr
◎文献「戦争の科学—古代投石器からハイテク・軍事革命にいたる兵器と戦争の歴史」（E. ヴォルクマン）　主婦の友社　2003.9　p453-477
◎注「帝国を壊すために—戦争と正義をめぐるエッセイ」（A. ロイ）　岩波書店　2003.9　p1-16b
◎参考文献「戦争の本質と軍事力の諸相」（石津朋之）　彩流社　2004.2　p309-317
◎参考文献ほか「「平和」の歴史—人類はどう築き、どう壊してきたか」（吹浦忠正）　光文社　2004.5　p298-300
◎参考文献ほか「戦争ストレスと神経症」（A. カーディナー）　みすず書房　2004.12　p1-6b
◎参考文献「戦争の常識」（鍛冶俊樹）　文藝春秋　2005.2　p226-230

◎参考文献「戦場の現在―戦闘地域の最前線をゆく」(加藤健二郎) 集英社 2005.3 p200-202
◎参考文献ほか「メディアは戦争にどうかかわってきたか―日露戦争から対テロ戦争まで」(木下和寛) 朝日新聞社 2005.6 p355-359
◎参考文献「「戦争学」概論」(黒野耐) 講談社 2005.9 p296-301
◎引用参照文献「戦争体験の社会学―「兵士」という文体」(野上元) 弘文堂 2006.2 p277-284
◎参考文献「これが戦争だ!―切手で読みとく」(内藤陽介) 筑摩書房 2006.3 p251-254
◎文献案内「ギリシャ・ローマの戦争」(H. サイドボトム) 岩波書店 2006.3 p1-20b
◎引用参考文献「「正しい戦争」という思想」(山内進) 勁草書房 2006.4 p21-31b
◎参考文献「戦争って、環境問題と関係ないと思ってた」(田中優) 岩波書店 2006.5 p2-7b
◎参考文献「トラウマの声を聞く―共同体の記憶と歴史の未来」(下河辺美知子) みすず書房 2006.6 p231-244
◎参考文献「戦争で死ぬ、ということ」(島本慈子) 岩波書店 2006.7 p204-226
◎文献案内「ちゃんと知りたい!日本の戦争ハンドブック」(歴史教育者協議会) 青木書店 2006.8 p211-214
◎参考文献「日本の戦争封印された言葉」(田原総一朗) アスコム 2006.8 p264-267
◎原注ほか「ミリタリー・スナイパー―見えざる敵の恐怖」(M. ペグラー) 大日本絵画 2006.12 p276-279
◎参考文献「戦争と表象/美術―20世紀以後 記録集」(長田謙一) 美学出版 2007.2 p502-515
◎参考文献「現代世界の戦争と平和」(栗原優) ミネルヴァ書房 2007.6 p267-274
◎参考文献「図説着物柄にみる戦争」(乾淑子) インパクト出版会 2007.7 p15-16
◎参考文献「新・戦争論―積極的平和主義への提言」(伊藤憲一) 新潮社 2007.9 p181-187
◎参考文献「戦争する脳―破局への病理」(計見一雄) 平凡社 2007.12 p232-237

戦争遺跡
◎文献目録「しらべる戦争遺跡の事典」(十菱駿武ほか) 柏書房 2002.6 p404-416
◎参考図書「戦争遺跡から学ぶ」(戦争遺跡保存全国ネットワーク) 岩波書店 2003.6 p10-13b
◎参考文献ほか「日本の戦争遺跡―保存版ガイド」(戦争遺跡保存全国ネットワーク) 平凡社 2004.9 p342-349
◎参考文献「戦争遺産探訪 日本編」(竹内正浩) 文藝春秋 2007.7 p253-254

戦争遺族
◎参考文献「銃後の社会史―戦死者と遺族」(一ノ瀬俊也) 吉川弘文館 2005.12 p226-227

戦争歌
◎参考文献「戦争歌が映す近代」(堀雅昭) 葦書房 2001.3 p419-424

戦争画
◎参考文献(河田明久)「戦争と美術―1937-1945」(針生一郎ほか) 国書刊行会 2007.12 p272-269

戦争学
◎「名将たちの戦争学」(松村劭) 文藝春秋 2001.6 211p ss

戦争犠牲者
◎参考文献「樺太朝鮮人の悲劇―サハリン朝鮮人の現在」(崔吉城) 第一書房 2007.5 p275-282

戦争協力拒否
◎参考文献「ルポ戦争協力拒否」(吉田敏浩) 岩波書店 2005.1 p223-225

戦争経済
◎参考文献「戦争の経済学」(P. ポースト) バジリコ 2007.11 p417-426

戦争史
◎参考文献「イデオロギーの文化装置―人類にとって戦いとは 5」(福井勝義, 新谷尚紀) 東洋書林 2002.11 prr
◎参考文献「戦争・事変―全記録 最新版 新装版」(溝川徳二) 名鑑社 2004.4 p1073-1077
◎参考文献「千葉県の戦争遺跡をあるく―戦跡ガイド&マップ」(千葉県歴史教育者協議会) 国書刊行会 2004.8 p273-278
◎参考文献「戦の中の女たち 戦争・暴力と女性1」(西村汎子) 吉川弘文館 2004.12 p221-225
◎注「戦争の論理―日露戦争から太平洋戦争まで」(加藤陽子) 勁草書房 2005.6 prr
◎参考文献「戦略の本質―戦史に学ぶ逆転のリーダーシップ」(野中郁次郎ほか) 日本経済新聞社 2005.8 p366-375
◎参考文献「近代日本戦争史事典」(古賀牧人) 光陽出版社 2006.4 p607-614
◎参考文献「空の帝国アメリカの20世紀」(生井英考) 講談社 2006.11 p360-354

戦争責任
◎参考文献「日本の「戦争責任」とは何か」(高濱賛) アスキー 2001.5 p241-246
◎参考文献「忘れられた戦争責任―カーニコバル島事件と台湾人軍属」(木村宏一郎) 青木書店 2001.12 p335-340
◎注「女たちの戦争責任」(岡野幸江ほか) 東京堂出版 2004.9 prr
◎参考文献「植民地と戦争責任 戦争・暴力と女性3」(早川紀代) 吉川弘文館 2005.2 p227-230
◎参照文献「戦争責任論」(荒井信一) 岩波書店 2005.6 p1-8b

戦争犯罪
◎参考文献「心果つるまで―日本の戦犯にされた四人の台湾のお友だち」(福永美知子) 文芸社 2002.2 p267-269
◎参考文献「世界戦争犯罪事典」(秦郁彦ほか) 文藝春秋 2002.8 prr
◎引用参考文献「化学兵器犯罪」(常石敬一) 講談社 2003.12 p276-277
◎参考文献「BC級戦犯裁判」(林博史) 岩波書店 2005.6 p1-7b
◎参考文献「戦後和解―日本は「過去」から解き放たれるのか」(小菅信子) 中央公論新社 2005.7 p222-215

せんそう

◎参考文献「南十字星に抱かれて―凛として死んだBC級戦犯の「遺言」」（福冨健一）　講談社　2005.7　p267-270
◎関連文献「戦時医学の実態―旧満洲医科大学の研究」（軍医学校跡地で発見された人骨問題を究明する会）　樹花舎　2005.10　p63-66
◎参考文献「検証戦争責任　1」（読売新聞戦争責任検証委員会）　中央公論新社　2006.7　p335-345

戦争文学
◎「近代戦争文学事典　6」（矢野貫一）　和泉書院　2000.6　295p A5
◎書目年代順一覧「近代戦争文学事典」（矢野貫一）　和泉書院　2002.5　p343-398
◎参考文献「戦争文学試論」（野呂邦暢）　芙蓉書房出版　2002.8　p301-310
◎「きみには関係ないことか―戦争と平和を考えるブックリスト'97〜'03」（京都家庭文庫地域文庫連絡会）　かもがわ出版　2004.4　118p A5
◎「近代戦争文学事典　6」（矢野貫一）　和泉書院　2004.6　417p A5
◎「近代戦争文学事典　9」（矢野貫一）　和泉書院　2005.11　497p A5

戦争放棄
◎引用文献ほか「憲法9条の思想水脈」（山室信一）　朝日新聞社　2007.6　p283-287

戦争報道
◎参考文献「現代の戦争報道」（門奈直樹）　岩波書店　2004.3　p218-222

喘息
◎文献「気管支喘息へのアプローチ―国際的ガイドラインをも踏まえて　3版」（浅本仁）　先端医学社　2006.3　p287-303
◎文献「プライマリケアのための喘息治療―外来マネジメント」（東田有智）　医薬ジャーナル社　2007.8　p111-114

先代旧事本紀
◎参考文献ほか「先代旧事本紀―訓註」（大野七三）　批評社　2001.3　p304-305

全体主義
◎注「全体主義―観念の（誤）使用について」（S.ジジュク）　青土社　2002.6　p305-326
◎文献「壁の向うの狂気―東ヨーロッパから北朝鮮へ」（西尾幹二）　恒文社21　2003.5　p1-4b
◎参考文献「悪の記憶、善の誘惑―20世紀から何を学ぶか」（T.トドロフ）　法政大出版局　2006.6　p453-473

蘚苔類
○文献目録（岩月善之助, 樋口正信）「Hikobia 13.4」（ヒコビア会）　2002.12　p751-755
○文献目録（岩月善之助ほか）「Hikobia 14.2」（ヒコビア会）　2004.12　p223-227
○文献目録（岩月善之助ほか）「Hikobia 14.3」（ヒコビア会）　2005.12　p351-355
○文献目録（岩月善之助ほか）「Hikobia 15.1」（ヒコビア会）　2007.12　p121-124

先端技術
◎参考文献「先端技術と人間―21世紀の生命・情報・環境」（加藤尚武）　NHK出版　2001.5　p211-216

前置詞
◎参照文献「英語前置詞の意味論」（A.タイラーほか）　研究社　2005.7　p333-341

線虫
○文献目録「日本線虫学会誌　31.1・2」（日本線虫学会）　2001.12　p63-85
○文献「線虫の生物学」（石橋信義）　東京大学出版会　2003.6　prr
○文献目録（荒城雅昭ほか）「日本線虫学会誌　34.1」（日本線虫学会）　2004.6　p43-72
○文献目録（荒城雅昭ほか）「日本線虫学会誌　35.1」（日本線虫学会）　2005.6　p31-60
○文献目録（荒城雅昭ほか）「日本線虫学会誌　37.2」（日本線虫学会）　2007.12　p121-150

選定図書
◎「選定図書総目録　2001年版」　日本図書館協会　2001.4　856p A5

先天異常
◎文献「未来世代への「戦争」が始まっている―ミナマタ・ベトナム・チェルノブイリ」（綿貫礼子ほか）　岩波書店　2005.7　p1-11b
◎参考文献「受精卵からヒトになるまで―基礎的発生学と先天異常　5版」（K. L. Mooreほか）　医歯薬出版　2007.7　p455-459

戦闘機
◎参考文献「幻の高高度戦闘機キ94―B29迎撃機の開発秘録」（山﨑明夫）　三樹書房　2002.9　p242-243
◎参考文献「日本初のロケット戦闘機「秋水」―液体ロケットエンジン機の誕生」（松岡久光）　三樹書房　2004.3　p238-239

全日本自動車産業労働組合日産自動車分会
◎参考文献「査定規制と労使関係の変容―全自の賃金原則と日産分会の闘い」（吉田誠）　大学教育出版　2007.3　p190-193

千人同心
◎参考文献「八王子千人同心」（吉岡孝）　同成社　2002.12　p199-203
◎引用参考文献「千人のさむらいたち―八王子千人同心」（八王子市郷土資料館）　八王子市教育委員会　2003.3　p126」

洗脳
◎文献「洗脳の世界―だまされないためにマインドコントロールを科学する」（K.テイラー）　西村書店　2006.11　p391-376

船舶
◎参考文献「船舶安全学概論　改訂版」（船舶安全学研究会）　成山堂書店　2001.3　p209-213
◎文献目録（山田廸生, 小川博）「海事史研究　58」（日本海事史学会）　2001.9　p121-133
◎参考文献「船舶工学概論　改訂版」（面田信昭）　成山堂書店　2002.3　p212」
◎参考文献「幕末の蒸気船物語」（元綱数道）　成山堂書店　2004.4　p196-199
◎参考文献「横浜大桟橋物語」（客船とみなと遺産の会）　JTB　2004.12　p170」

◎参考文献「船この巨大で力強い輸送システム―船の世界史を知って現代の船を理解する本」（野澤和男）　大阪大出版会　2006.9　p239-242

戦犯
◎参考文献「「文明の裁き」をこえて―対日戦犯裁判読解の試み」（牛村圭）　中央公論新社　2001.1　p353-372

前方後円墳
◎参考文献・注文献「前方後円墳に学ぶ」（近藤義郎）　山川出版社　2001.1　prr
◎参考文献「大和前方後円墳集成」（奈良県立橿原考古学研究所）　学生社　2001.9　p420-440
◎参考文献「前方後円墳国家」（広瀬和雄）　角川書店　2003.7　p247-255
◎参考文献「日は人作り、夜は神作る―前方後円墳の出現と展開　平成16年度春季特別展」（滋賀県立安土城考古博物館）　安土城考古博物館　2004.4　p137-139
◎文献一覧「前方後円墳の起源を考える」（近藤義郎）　青木書店　2005.3　p279-286
◎注「大王墓と前方後円墳」（一瀬和夫）　吉川弘文館　2005.7　prr

前方後方墳
◎参考文献「前方後方墳―もう一人の主役　秋季特別展」　橿原考古学研究所　2004.10　p94-95

戦没者
◎原注文献「英霊―創られた世界大戦の記憶」（J. L. モッセ）　柏書房　2002.5　p8-27b
◎参考文献「戦後日本と戦争死者慰霊―シズメとフルイのダイナミズム」（西村明）　有志舎　2006.12　p205-220

専門情報機関
◎参考文献「情報収集・問題解決のための図書館ナレッジガイドブック―類縁機関名簿　2003」（東京都立中央図書館）　ひつじ書房　2003.10　1pb

専門職
◎文献「専門職論再考―保健医療観の自律性の変容と保健医療専門職の自律性の変質」（時井聰）　学文社　2002.5　p223-232
◎参考文献「家政学再考―アメリカ合衆国における女性と専門職の歴史」（S. ステイジほか）　近代文芸社　2002.8　p381-386
◎参考文献「おとなの学びを創る―専門職の省察的実践をめざして」（P. A. クラントン）　鳳書房　2004.3　p337-319
◎参考文献「専門職の転職構造―組織準拠性と移動」（藤本昌代）　文眞堂　2005.3　p217-226

占有権
◎文献一覧「不動産侵奪行為における「被害者側の占有」と「加害者側の占有」」（山口喜久雄）　中央大出版部　2006.10　p111-113

戦乱
◎注文献「中世災害・戦乱の社会史」（峰岸純夫）　吉川弘文館　2001.6　prr

戦略
◎本文注文解「現代戦略論　戦争は政治の手段か」（道下徳成ほか）　勁草書房　2000.12　p187-217
◎参考文献「戦略思考ができない日本人」（中山治）　筑摩書房　2001.7　p205-206

◎文献「国際標準と戦略提携―新しい経営パラダイムを求めて」（竹田志郎ほか）　中央経済社　2001.9　p240-260
◎参考文献「戦略的思考の技術―ゲーム理論を実践する」（梶井厚志）　中央公論新社　2002.9　p275-276
◎参考文献ほか「撤退の研究―時機を得た戦略の転換」（森田松太郎ほか）　日本経済新聞出版社　2007.11　p366-370

戦略物資
◎注「太平洋戦争と石油―戦略物資の軍事と経済」（三輪宗弘）　日本経済評論社　2004.1　prr

川柳
◎年表「江戸語に遊ぶ」（新井益太郎）　三樹書房　2002.11　p186-196
◎参考文献「江戸川柳で読む忠臣蔵」（阿部達二）　文藝春秋　2002.11　p211-213
◎参考文献「江戸川柳で読む忠臣蔵物語」（北嶋広敏）　グラフ社　2002.11　p365-366

染料
◎参考文献「完璧な赤―「欲望の色」をめぐる帝国と密偵と大航海の物語」（A. B. グリーンフィールド）　早川書房　2006.10　p349-375

占領期
◯文献目録（出村文理）「文献探索　2000」（文献探索研究会）　2001.2　p380-383

占領教育
◎参考文献「知っておきたい戦争の歴史―日本占領下インドネシアの教育」（百瀬侑子）　つくばね舎　2003.3　p234-242

占領行政
◎文献「北海道開発局とは何か―GHQ占領下における「二重行政」の始まり」（伴野昭人）　寿郎社　2003.10　p322-323

占領時代
◎参考文献「占領の記憶―戦後沖縄・日本とアメリカ」（M. モラスキー）　青土社　2006.3　p8-29b
◎参考文献「図説占領下の東京」（佐藤洋一）　河出書房新社　2006.7　p143」
◎注「占領と性―政策・実態・表象」（恵泉女学園大学平和文化研究所）　インパクト出版会　2007.5　prr
◎参考文献「占領期―首相たちの新日本」（五百旗頭真）　講談社　2007.7　p443-451
◎参考文献「アメリカ占領期の民主化政策―ラジオ放送による日本女性再教育プログラム」（岡原都）　明石書店　2007.10　p211-234

染料植物
◎参考文献「植物染めのサイエンス―万葉の色を化学する」（増井幸夫ほか）　裳華房　2007.6　p134-136

占領政策
◎文献「アメリカ映画と占領政策」（谷川建司）　京都大学学術出版会　2002.6　p478-491
◎文献目録「占領軍の科学技術基礎づくり―占領下日本―1945-1952」（B. C. ディーズ）　河出書房新社　2003.2　p373-377
◎参考文献「日本国憲法の二〇〇日」（半藤一利）　プレジデント社　2003.5　p318-322

◎文献「占領下の女性労働改革―保護と平等をめぐって」（豊田真穂）　勁草書房　2007.1　p239-255

【 そ 】

ゾウ
　◎参考文献「ゾウの耳はなぜ大きい?―「代謝エンジン」で読み解く生命の秩序と多様性」（C. レイヴァーズ）　早川書房　2002.7　p287-274

躁うつ病
　◎文献「抗うつ薬の時代―うつ病治療薬の光と影」（D. ヒーリー）　星和書店　2004.1　p347-383
　◎文献「高齢者におけるうつ病の診断と治療」（M. Briley）　星和書店　2004.10　p53-66
　◎引用文献「老化とストレスの心理学―対人関係論的アプローチ」（福川康之）　弘文堂　2007.12　p176-194

造園
　◎参考文献「エクステリア・ガーデンデザイン用語辞典」（猪狩達夫、E&Gアカデミー用語辞典編集委員会）　彰国社　2002.2　p150」
　◎引用参考文献「造園施工管理用語辞典　2版」（編集委員会）　山海堂　2003.4　p370-371
　◎参考引用文献「造園・緑地工学がわかる本」（河口智志）　新風舎　2004.4　p125-127
　◎引用参考文献「緑化・植栽マニュアル―計画・設計から施工・管理まで」（中島宏）　経済調査会　2004.8　p525-528
　◎参考図書「生活と園芸―ガーデニング入門」（松井孝）　玉川大学出版部　2004.11　p217-221
　◎文献「無農薬で庭づくり―オーガニック・ガーデン・ハンドブック」（ひきちガーデンサービス）　築地書館　2005.7　p164-167
　◎参考文献ほか「造園がわかる本―造園の仕事をめざす学生や仕事を始めた社会人必携の知識ガイドブック!」（赤坂信）　彰国社　2006.12　p251-253
　○論文一覧「ランドスケープ研究　70.4」（日本造園学会）　2007.2　p287-291

憎悪
　◎参考文献「人はなぜ「憎む」のか」（R. W. ドージア, Jr.）　河出書房新社　2003.7　p328-324

騒音
　◎参考図書「騒音防止ガイドブック　誰にもわかる音環境の話　改訂2版」（前川純一ほか）　共立出版　2003.2　p190-191
　◎文献「近所がうるさい!―騒音トラブルの恐怖」（橋本典久）　ベストセラーズ　2006.7　p254-259

創価学会
　○文献資料「福神　6」（太田出版）　2001.5　p200-211
　◎参考文献「創価学会」（島田裕巳）　新潮社　2004.6　p187-189
　◎参考文献「宗教はだれのものか　新装改訂版」（青山樹人）　鳳書院　2006.10　p252-253

ゾウガメ
　◎参考文献「ひとりぼっちのジョージ―最後のガラパゴスゾウガメからの伝言」（H. ニコルズ）　早川書房　2007.4　p261-278

総管信仰
　◎文献目録「総管信仰―近世江南農村社会と民間宗教」（濱島敦俊）　研文出版　2001.5　p241-251

葬儀
　◎参考文献「大往生の値段　改訂版」（二村祐輔）　近代文芸社　2002.4　p224-225
　◎参考文献「葬儀と墓の現在―民俗の変容」（国立歴史民俗博物館）　吉川弘文館　2002.12　prr
　◎参考文献「葬儀と仏壇―先祖祭祀の民俗学的研究」（J. ボクホベン）　岩田書院　2005.10　p285-293
　◎参考文献「友人葬の現在―変わりゆく葬送儀礼」（東洋哲学研究所）　東洋哲学研究所　2006.2　p233-237
　◎参考文献「自分らしい逝き方」（二村祐輔）　新潮社　2006.10　p201-204
　◎参考文献「現代日本の死と葬儀―葬祭業の展開と死生観の変容」（山田慎也）　東京大出版会　2007.9　p327-345

臓器移植
　◎注文献「臓器は「商品」か　移植される心」（出口顕）　講談社　2001.4　p196-203
　◎参照文献ほか「脳死・臓器移植何が問題か　「死ぬ権利と生命の価値」論を軸に」（篠原睦治）　現代書館　2001.11　prr
　◎註「人体市場―商品化される臓器・細胞・DNA」（L. アンドルーズほか）　岩波書店　2002.8　p13-70b
　◎参考文献「脳死・臓器移植の本当の話」（小松美彦）　PHP研究所　2004.6　p410-424
　◎参考文献「脳死と臓器移植の医療人類学」（M. ロック）　みすず書房　2004.6　p6-53b

雑木林
　◎参考文献「雑木林に出かけよう―ドングリのなる木のツリーウオッチング」（八田洋章）　朝日新聞社　2002.5　p219-220

創業支援策
　◎参考文献「主要国における創業支援策の実際―英国、フランス、ドイツ、韓国　平成12年度ベンチャー関連情報収集・提供・調査事業」（中小企業総合事業団調査・国際部第二課）　中小企業総合事業団　2001.3　p157-158

創業者
　◎文献「創業者百人百語―生きる知恵成功の秘訣」（谷沢永一）　海竜社　2001.11　p231-238

箏曲
　◎文献「筑紫箏音楽史の研究」（宮崎まゆみ）　同成社　2003.2　p901-906

造形
　◎参考文献「紙　基礎造形・芸術・デザイン」（朝倉直巳）　芸術出版社　2001.8　p271」
　◎参考文献「越境する造形―近代の美術とデザインの十字路」（永井隆則）　晃洋書房　2003.11　p235-243
　◎引用参考文献「造形学概論」（金子伸二）　武蔵野美大出版局　2004.4　p145-149

◎参考文献「造形の構造」(加藤茂) 晃洋書房 2006.5 p209-212

草原
◎参考文献「草原と馬とモンゴル人」(楊海英) 日本放送出版会 2001.5 p189-190
◎参考文献「草原の科学への招待」(中村徹) 筑波大出版会 2007.10 p117-122

奏讞書
◎著作目録ほか(矢沢悦子, 板垣明)「奏讞書—中国古代の裁判記録」(池田雄一) 刀水書房 2002.11 p223-232

創元推理文庫
◎「初期創元推理文庫書影&作品目録」(奈良泰明) 湘南探偵倶楽部 2005.4 128p B5

倉庫
◎参考文献「貨物保管の地域分析」(安積紀雄) 大明堂 2001.10 p365-367
◎文献一覧「営業倉庫の立地分析」(安積紀雄) 古今書院 2005.2 p279-280
◎文献一覧「営業倉庫の立地分析 続」(安積紀雄) 古今書院 2007.12 p275-276

総合学習
◎参考図書「ことばの生まれ育つ教室—子どもの内面を耕す授業」(浅川陽子) 金子書房 2006.1 p171-174

総合研究開発機構
◎出版物一覧「総合研究開発の歩み—NIRA30年史」(総合研究開発機構) 総合研究開発機構 2004.3 p316-350

総合誌記事
◎「総合誌記事索引 1998-2000」(日外アソシエーツ) 日外アソシエーツ 2001.5 728p B5
◎「総合誌記事索引 2001/2003」(日外アソシエーツ) 日外アソシエーツ 2004.5 62, 779p B5
◎「総合誌記事索引 2004-2006」(日外アソシエーツ) 日外アソシエーツ 2007.8 735p B5

総合商社
◎参考文献「総合商社の経営管理」(守屋貴司) 森山書店 2001.9 p203-207
◎引用参考文献「総合商社の非総合性研究」(政岡勝治) 晃洋書房 2006.2 p185-189

創作文学
◎注文献「民間伝承と創作文学 人間像・主題設定・形式努力」(M. リューティ) 法政大学出版局 2001.11 p353-384

捜査心理
◎引用参考文献「捜査心理学」(渡辺昭一) 北大路書房 2004.2 p252-263

捜査面接
◎引用文献「取調べの心理学—事実聴取のための捜査面接法」(R. ミルン) 北大路書房 2003.8 p244-268

叢書
◎「全集・叢書総目録 1999-2004 1・6」(日外アソシエーツ) 日外アソシエーツ 2005.7 2冊 A5
◎「個人著作集内容総覧 2002-2006」(日外アソシエーツ) 日外アソシエーツ 2007.1 2冊 A5
◎「全集・叢書総目録 明治・大正・昭和戦前期」(日外アソシエーツ) 日外アソシエーツ 2007.10 2冊 A5

蔵書印
◎典拠文献「新編蔵書印譜」(渡辺守邦, 後藤憲二) 青裳堂書店 2001.1 p533-536
◎参考文献「書物愛蔵書票の世界」(日本書票協会) 平凡社 2002.1 p224-225
◎「人と蔵書と蔵書印—国立国会図書館所蔵本から」(国立国会図書館) 雄松堂出版 2002.10 15, 331p A5
○文献目録(阿部千春)「文献探索 2005」(文献探索研究会) 2006.5 p11-20

装飾
◎参考文献「ヨーロッパの装飾芸術 1」(アラン・グルベール) 中央公論新社 2001.3 p483-487
◎参考文献「装飾スタイル事典—すぐに使える世界の伝統文様」(アレクサンダー・シュペルツ) 東京美術 2001.7 p647-649
◎参考文献「「装飾」の美術文明史—ヨーロッパ・ケルト、イスラームから日本へ」(鶴岡真弓) NHK出版 2004.9 p303-310
◎参考文献「謎解きアクセサリーが消えた日本史」(浜本隆志) 集英社 2004.11 p227-225
◎文献補遺ほか「英国におけるエンブレムの伝統—ルネサンス視覚文化の一面」(K. J. ヘルトゲン) 慶應義塾大出版会 2005.9 p296-276
◎参考文献「西洋装飾文様事典 普及版」(城一夫) 朝倉書店 2006.6 p523-527

装飾古墳
◎関連文献抄「東アジアの装飾古墳を語る 季刊考古学・別冊13」(大塚初重) 雄山閣 2004.2 p93-97

蔵書目録
◎「図書・資料目録 平成18年度版」 埼玉県議会図書室 〔2006〕 173, 162p A4
◎「小菓田淳記念文庫目録」(丸岡町民図書館) 丸岡町民図書館 2006.1 489p A4
◎「パリ東洋語図書館蔵日本書籍目録—1912年以前」(国文学研究資料館) 国文学研究資料館 2006.3 169p B5
◎「藤田圭雄文庫目録—特別資料」(神奈川文学振興会) 県立神奈川近代文学館 2006.3 68p B5
◎「本岡文庫目録」(金沢市立玉川図書館近世史料館) 金沢市立玉川図書館近世史料館 2006.3 80p B5
◎「増加図書目録 2006年年次目録」(川崎市議会図書室) 川崎市議会図書室 2006.4 12p A4
◎「杉の子図書館蔵書目録—2005年12月31日現在 児童図書篇 分冊1」(杉の子図書館) 杉の子図書館 2006.10 93枚 A4
◎「西谷文庫目録—高知県佐川町立青山文庫」(村端五郎ほか) 高知大 2006.12 323p A4
◎「図書・資料目録 平成19年度版」 埼玉県議会図書室 〔2007〕 209, 232p A4
◎「魚沼神社所蔵古典籍目録」(鈴木俊幸ほか) 魚沼神社 2007.1 40p A5
◎「萩藩明倫館の洋学」(蕗永秀夫) 蕗永秀夫 2007.2 68, 10p A5
◎「橋本文庫資料目録」(氷見市立図書館) 氷見市立図書館 2007.3 194p B5

◎「小千谷市吉谷佐藤家所蔵和古書目録」（中央大学近世文学ゼミナール）　中央大　2007.3　30p A5
◎「石巻市図書館和漢古書目録」（石巻市図書館）　石巻市図書館　2007.3　156p B5
◎「陳コレクション図書等目録　上」（滋賀県立大学人間文化学部地域文化学科ほか）　滋賀県立大　2007.3 6, 203p A4横
◎「新潟縣中越地區和漢古書目録三種」（高橋良政）　高橋良政　2007.5　211, 15p B5
◎「杉の子図書館蔵書目録—2007年7月31日現在　児童図書篇　分冊10（図鑑・地図）」（杉の子図書館作成）　杉の子図書館　2007.9　78枚　A4
◎「大賀文庫目録　改訂版」（府中市立図書館）　府中市教委　2007.12　312p A4

装身具
◎参考文献「指輪の文化史」（浜本隆志）　白水社　2004.4　p5-8b

葬制
◎文献目録（吉井克信）「三昧聖の研究」（細川涼一）　碩文社　2001.3　p523-538
◎文献目録「神葬祭大事典　縮刷版」（加藤隆久）　戎光祥出版　2003.4　p496-505
◎文献「日本人の死のかたち—伝統儀礼から靖国まで」（波平恵美子）　朝日新聞社　2004.7　p213-218
◎引用参考文献「江戸の町は骨だらけ」（鈴木理生）　筑摩書房　2004.8　p263-267
◎参考文献「墓と埋葬の江戸時代」（江戸遺跡研究会）　吉川弘文館　2004.8　prr
◎注「日本中世の墓と葬送」（勝田至）　吉川弘文館　2006.4　prr
◎参考文献「「お墓」の誕生—死者祭祀の民俗誌」（岩田重則）　岩波書店　2006.11　p203-208
◎参考文献「火葬後拾骨の東と西」（日本葬送文化学会）　日本経済評論社　2007.3　p303-310
◎参考文献「ホネになったらどこへ行こうか」（内藤理恵子）　ゆいぽおと　2007.12　p154-156

捜聖記
◎参考文献「捜聖記」（中山市朗, 木原浩勝）　角川書店　2001.12　p437-447

造船
◎参考文献「船舶解体—鉄リサイクルから見た日本近代史」（佐藤正之）　共栄書房　2004.11　p300-302
◎参考文献「造船技術の進展—世界を制した専用船」（吉識恒夫）　成山堂書店　2007.10　p294-296

造船疑獄
◎参考文献「指揮権発動—造船疑獄と戦後検察の確立」（渡邉文幸）　信山社出版　2005.7　p226-227

総選挙
◎参考文献「日本の総選挙　1946-2003」（田中善一郎）　東京大学出版会　2005.1　p315-319

想像
◎参考文献「マインドサイト—イメージ・夢・妄想」（C.マッギン）　青土社　2006.11　p6-8b

葬送儀礼
◎引用史料ほか「日本喪服史　古代篇—葬式儀礼と装い」（増田美子）　源流社　2002.2　p263-270
◎引用参考文献ほか「大涼山彝族における葬送儀礼と霊魂観を通してみた帰属集団意識の形成」（樊秀麗）　勉誠出版　2004.2　p243-272

葬送祭祀
◎参考文献「古墳の成立と葬送祭祀」（古屋紀之）　雄山閣　2007.5　p245-267

創造者
◎参考文献「創造者たち　下　芸術の誕生」（D. J. ブアスティン）　集英社　2002.12　p31-74b

創造性
◎参考文献「知的創造のための思考学—科学の方法とその認知的構造」（福澤義晴）　朝郁社　2003.6　p145-150
◎書籍紹介（松原達哉）「知能」（I. J. ディアリ）　岩波書店　2004.12　p175-177
◎参考図書ほか「創造的問題解決—なぜ問題が解決できないのか?」（B. ミラーほか）　北大路書房　2006.9　p113-115
◎読書案内「哲学、脳を揺さぶる—オートポイエーシスの練習問題」（河本英夫）　日経BP社　2007.2　p296-301
◎参考文献ほか「創造的リーダーシップ—ファシリテーションの極意をつかめ!」（B. ミラーほか）　北大路書房　2007.8　p101-104

創造的破壊
◎参考文献「クリエイティブディストラクション—創造的破壊が変える競争のルール」（L. W. マックナイト）　東洋経済新報社　2002.11　p299-317

創造美育
◎図書目録（島崎清海）「久保貞次郎美術教育論集　下巻　児童画の世界・増補版児童画と教師」（久保貞次郎）　創風社　2007.11　p348-355

創造力
◎文献一覧「子どもの創造的思考力を育てる—16の発問パターン」（江川玟成）　金子書房　2005.2　p226-228

想像力
◎原注「メロドラマ的想像力」（P. ブルックス）　産業図書　2002.1　p279-310

相続
◎参考文献「相続と家産　日本家族史論集9」（永原和子ほか）　吉川弘文館　2003.1　p371-373

相続税
◎文献「21世紀における相続税改革」（小野塚久枝）　税務経理協会　2003.9　p229-239
◎参考文献「中小企業のための事業承継—いまそしてこれからのあるべき事業承継を求めて　第39回研究報告」（全国女性税理士連盟）　全国女性税理士連盟　2006.7　p173-176

相続法
◎参考文献「親族法・相続法　第2版」（小野幸二）　八千代出版　2001.4　p559-562
◎参考文献「相続の承認・放棄の実務」（雨宮則夫ほか）　新日本法規出版　2003.9　p1-4f
◎文献「民法典相続法と農民の戦略—19世紀フランスを対象に」（伊丹一浩）　御茶の水書房　2003.12　p229-237

◎読書案内「民法―親族・相続」（松川正毅）　有斐閣　2004.1　prr
◎引用参考文献「Q&A相続登記の手引き―旧法・韓国・中国関係　新版」（高妻新）　日本加除出版　2007.8　p2-3f

相対性理論
◎参考文献「マクスウェル理論の基礎―相対論と電磁気学」（太田浩一）　東京大学出版会　2002.7　p301-326
◎文献「一般相対性理論」（P. A. M. ディラック）　筑摩書房　2005.12　p161-163
◎参考書「相対論がプラチナを触媒にする」（村田好正）　岩波書店　2006.11　p111-112
◎参考図書ほか「一般相対論の世界を探る―重力波と数値相対論」（柴田大）　東京大出版会　2007.1　p173-176
◎参考文献「相対論のABC―たった二つの原理ですべてがわかる　新装版」（福島肇）　講談社　2007.7　p225-234

宗長日記
◎研究文献目録（岸田依子）「中世日記紀行文学全評釈集成　7」（高橋良雄ほか）　勉誠出版　2004.12　p421-425

装丁
○「本の造形」（山本美智代）　青幻舎　2003.2　96, 47p　25×25cm
◎文献「本と装幀　新装版」（田中薫）　沖積舎　2003.11　p272-278
◎書物「graphic design―視覚伝達デザイン基礎」（新島実）　武蔵野美大出版局　2004.5　p180-187
◎参考文献「古典籍の装幀と造本」（吉野敏武）　印刷学会出版部　2006.5　p167-170
◎「装丁家で探す本―古書目録に見た装丁家たち」（かわじもとたか）　杉並けやき出版　2007.6　337p A5

総動員
◎注文献「総動員帝国　満州と戦時帝国主義と文化」（L. ヤング）　岩波書店　2001.2　p299-344

曹洞宗
○文献目録（宗学研究部門）「宗学研究紀要　14」（曹洞宗総合研究センター）　2001.3　p1-33b
○文献目録（宗学研究部門）「宗学研究紀要　15」（曹洞宗総合研究センター）　2002.9　p1-30b
○文献目録「宗学研究紀要　17」（曹洞宗総合研究センター）　2004.3　p272-243
◎「曹洞宗関係文献目録　2」（曹洞宗総合研究センター・宗学研究部門）　曹洞宗総合研究センター　2004.12　470p A5
○文献「宗学研究紀要　19」（曹洞宗綜合研究センター）　2006.3　p3-89b

遭難
◎参考文献「谷川岳に逝ける人びと」（安川茂雄ほか）　平凡社　2005.1　p237-238
◎参考文献「梅里雪山―十七人の友を探して」（小林尚礼）　山と渓谷社　2006.1　p297」
◎参照資料「ひび割れた晩鐘―山岳遭難・両足切断の危機を乗り越えて」（亀山健太郎）　本の泉社　2007.6　p292-294

奏法
◎参考文献「バロックから初期古典派までの音楽の奏法―当時の演奏習慣を知り、正しい解釈をするために」（松本英二）　音楽之友社　2005.11　p346-352

造本
◎参考文献「本づくりの常識・非常識　2版」（野村保恵）　印刷学会出版部　2007.9　p245-243

相馬製鉄遺跡群
◎参考文献「律令国家の対蝦夷政策・相馬の製鉄遺跡群」（飯村均）　新泉社　2005.11　p91-92

宗谷
◎文献「奇跡の船「宗谷」―昭和を走り続けた海の守り神」（桜林美佐）　並木書房　2006.11　p187-188

贈与
◎参考文献「ギフト―エロスの交易」（ルイス・ハイド）　法政大学出版会　2002.2　p1-5b
◎原注「贈与の文化史―16世紀フランスにおける」（N. Z. デーヴィス）　みすず書房　2007.7　p1-46b

総理大臣
◎参考文献「総理の値打ち」（福田和也）　文藝春秋　2002.4　p181-182
◎参考文献「総理大臣とメディア」（石澤靖治）　文藝春秋　2002.9　p212-214
◎参考文献「小説戦後宰相列伝」（大下永治）　ぶんか社　2004.6　p446」
◎参考資料「出処進退の研究―政治家の本質は"退き際"に表れる」（塩田潮）　PHP研究所　2005.7　p418-422
◎参考文献「首相支配―日本政治の変貌」（竹中治堅）　中央公論新社　2006.5　p277-280
◎引用文献「歴代首相の言語力を診断する」（東照二）　研究社　2006.7　p213-216
◎参考文献「歴代総理大臣伝記叢書　別巻　解題」（御厨貴）　ゆまに書房　2007.1　p269-280
◎参考文献「宰相たちのデッサン―幻の伝記で読む日本のリーダー」（御厨貴）　ゆまに書房　2007.6　p263-275
○文献「宰相と怪妻・猛妻・女傑の戦後史―政治の裏に女の力あり」（小林吉弥）　大和書房　2007.7　p316-317

僧侶
◎年譜「貞慶講式集」（山田昭全, 清水宥聖）　山喜房佛書林　2000.8　p356-363
◎参考文献「木喰」（立松和平）　小学館　2002.3　p284-285
◎文献「「お坊さん」の日本史」（松尾剛次）　NHK出版　2002.9　p196-199
◎参考文献「慈雲の正法思想」（沈仁慈）　山喜房仏書林　2003.9　p205-212
◎参考文献「教如上人と東本願寺創立―本願寺の東西分派」（教学研究所）　真宗大谷派宗務所出版部　2004.8　p120-122
◎参考文献「忍性―慈悲ニ過ギタ」（松尾剛次）　ミネルヴァ書房　2004.11　p203-209
◎参考文献「叡尊・忍性―持戒の聖者」（松尾剛次）　吉川弘文館　2004.12　p208-210
◎参考文献「別所栄厳和上伝」（浅井証善）　東方出版　2005.2　p309-312
◎参考文献「夢窓疎石―日本庭園を極めた禅僧」（枡野俊明）　NHK出版　2005.4　p253-255

◎参考文献「月性―人間到る処青山有り」(海原徹) ミネルヴァ書房 2005.9 p317-322
◎参考文献「泥と蓮白隠禅師を読む―坐禅和讃・毒語心経・隻手音声」(沖本克己) 大法輪閣 2007.5 p349-350
◎参考文献「江戸の漂泊聖たち」(西海賢二) 吉川弘文館 2007.6 p182-185
◎略年譜「清骨の人古月禅材―その年譜から近世禅宗史を読む」(能仁晃道) 禅文化研究所 2007.6 p325-331
◎参考文献「潙山―潙仰の教えとは何か」(尾崎正善) 臨川書店 2007.9 p273-278

造林
◎参考文献「長伐期林の実際―その効果と取り扱い技術」(桜井尚武) 林業科学技術振興所 2002.6 p160-170
◎参考文献「木を植えよ!」(宮脇昭) 新潮社 2006.11 p217-220
◎参考文献「人工林ハンドブック 1 理論編」(林進) 日本林業調査会 2007.10 p151-152

相隣関係
◎参考文献「私道の法律問題 第4版」(安藤一郎) 三省堂 2002.2 p687-696

藻類
◎参考書「人も環境も藻類から」(石川依久子) 裳華房 2002.2 p187-188
◎参考文献「藻類30億年の自然史―藻類からみる生物進化」(井上勲) 東海大出版会 2006.1 p439-460
◎参考文献「藻類30億年の自然史―藻類から見る生物進化・地球・環境 2版」(井上勲) 東海大出版会 2007.11 p589-624

疎開
◎文献目録「学童疎開―写真・絵画集成 3」(逸見勝亮) 日本図書センター 2003.3 p118-132

曽我梅菊念力弦
◎参考資料一覧「国立劇場上演資料集 487」 日本芸術文化振興会 2006.1 p106-110

曽我物語
◎参考文献「曽我物語の史実と虚構」(坂井孝一) 吉川弘文館 2000.12 p206-208

即位式
◎史料出典「中世王権と即位灌頂―聖教のなかの歴史叙述」(松本郁代) 森話社 2005.12 p379-383

続古事談
◎研究文献一覧(小林保治)「続古事談」(播摩光寿) おうふう 2002.9 p200-202
◎文献「続古事談 改訂版」(播摩光寿ほか) おうふう 2006.9 p200-202

俗信
◎参考文献「伝説と俗信の世界―口承文芸の研究 II」(常光徹) 角川書店 2002.8 p235-246
◎資料一覧「しぐさの民俗学―呪術の世界と心性」(常光徹) ミネルヴァ書房 2006.9 p315-321

測地
◎参考文献「地球が丸いってほんとうですか?―測地学者に50の質問」(大久保修平) 朝日新聞社 2004.5 p275-277

ゾクチェン
◎参考文献「ダライ・ラマゾクチェン入門」(ダライ・ラマ14世) 春秋社 2003.5 p2-9b

測定
◎参考文献「なんでも測定団が行く―はかれるものはなんでもはかろう」(武蔵工業大学) 講談社 2004.8 p252-255
◎参考書「測定誤差の統計解析」(J. L. ジェイク) 丸善プラネット 2007.3 p221-222

速読法
◎おわりに「速読法と記憶法―パワーアップ編」(栗田昌裕) ベストセラーズ 2002.12 p234-237

測量
◎参考文献「写真測量」(秋山実) 山海堂 2001.4 p261-266
◎参考文献「わかる最新測量学」(内山一男) 日本理工出版会 2002.4 p248-249
◎参考文献「山の高さ 新版」(鈴木弘道) 古今書院 2002.4 p261-262
◎参考文献「教程基準点測量 3訂」(斉藤博ほか) 山海堂 2005.9 p399-401
◎参考文献「測量―その基礎と要点 2版」(駒村正治ほか) 共立出版 2007.2 p183-184
◎参考文献ほか「「地図」が語る日本の歴史―大東亜戦争終結前後の測量・地図史秘話」(菊地正浩) 暁印書館 2007.4 p242-243
◎参考文献「行列で最小二乗法を理解しよう―測量技術読本」(小白井亮一) 山海堂 2007.7 p365-368

蔬菜
◎参考図書「自家採種ハンドブック―「たねとりくらぶ」を始めよう」(ミシェル・ファントン, ジュード・ファントン) 現代書館 2002.2 p238-240
◎文献案内「森と海を結ぶ菜園家族―21世紀の未来社会論」(小貫雅男ほか) 人文書院 2004.10 p423-438

楚辞
◎註「楚辞新研究」(石川三佐男) 汲古書院 2002.12 prr
◎論文目録稿(前川正名)「懐徳堂文庫の研究―共同研究報告書」 大阪大学大学院文学研究科 2003.2 p152-167

組織
◎文献「日本人固有の組織観―偏差値ヒエラルキーとムラ社会の病理」(田中政彦) 丸善プラネット 2001.11 p151-153
◎参考資料「組織の中で成功する人の考え方」(A. ダウンズ) きこ書房 2002.8 p189-190
◎注「異端パワー 「個の市場価値」を活かす組織革新」(林吉郎ほか) 日本経済新聞社 2003.5 prr
◎参考文献「日本の組織―社縁文化とインフォーマル活動」(中牧弘允ほか) 東方出版 2003.7 prr
◎引用文献「選別主義を超えて―「個の時代」への組織革命」(太田肇) 中央公論新社 2003.9 p209-212
◎文献「組織文化 経営文化 企業文化」(梅沢正) 同文舘出版 2003.10 p223-226
◎引用文献「ホンネで動かす組織論」(太田肇) 筑摩書房 2004.4 p197-198

組織

◎参考文献「リーダーシップ・サイクル―教育する組織をつくるリーダー」(N. M. ティシーほか) 東洋経済新報社 2004.12 p9-21b
◎参考文献「企業の組織」(稲葉元吉) 八千代出版 2005.3 prr

組織異動

◎参考文献「コーポレート・カルチャーショック―組織異動からのサバイバル」(エイドリアン・ファーナム) 同文舘出版 2002.4 p218-220

組織行動

◎参考文献「現代組織と環境の組織化―組織行動の変容過程と「制度理論」のアプローチ」(横山知玄) 文眞堂 2001.3 p290-296
◎文献「組織行動研究の展開」(上田泰) 白桃書房 2003.1 p353-371
◎参考文献「組織行動の考え方―ひとを活かし組織力を高める9つのキーコンセプト」(金井壽宏ほか) 東洋経済新報社 2004.4 p258-276

組織心理

◎引用参考文献「属人思考の心理学―組織風土改善の社会技術」(岡本浩一ほか) 新曜社 2006.3 p5-7b
◎参考文献「組織市民行動」(D. W. オーガンほか) 白桃書房 2007.1 p265-283

組織内プロフェッショナル

◎参考文献「組織内プロフェッショナル―新しい組織と人材のマネジメント」(宮下清) 同友館 2001.4 p187-197

組織犯罪

◎参考文献「日中比較組織犯罪論」(張凌) 成文堂 2004.1 p325-331
◎関係文献(宮澤浩一)「法学研究 77.4」(慶応義塾大) 2004.4 p154-102

咀嚼

◎文献「よくわかる摂食・嚥下のメカニズム」(山田好秋) 医歯薬出版 2004.9 p136-137

ソーシャルキャピタル

◎参考文献「ソーシャル・キャピタルと金融変革」(戸井佳奈子) 日本評論社 2006.2 p213-219
◎文献「孤独なボウリング―米国コミュニティの崩壊と再生」(R. D. パットナム) 柏書房 2006.4 p581-583
◎参考文献「格差不安時代のコミュニティ社会学―ソーシャルキャピタルの処方箋」(金子勇) ミネルヴァ書房 2007.11 p7-14b

ソーシャルパワー

◎文献一覧「ソーシャルパワー―社会的な〈力〉の世界歴史 I」(M. マン) NTT出版 2002.10 p625-592

ソーシャルワーク

◎引用文献「ソーシャルワーク・アセスメント―利用者の理解と問題の把握」(J. ミルナー, P. オバーン) ミネルヴァ書房 2001.2 p209-222
◎参考文献「学校におけるソーシャルワークサービス」(ポーラ・アレン・ミアーズほか) 学苑社 2001.7 p515-547
◎参考文献「ソーシャルワークの価値と倫理」(フレデリック・G. リーマー) 中央法規出版 2001.8 p278-292
◎参考文献「教育臨床への学校ソーシャルワーク導入に関する研究」(岩崎久志) 風間書房 2001.10 p207-218
◎参考文献「ソーシャルワーク実践と課題中心モデル―わが国における適用をめざして」(伊藤冨士江) 川島書店 2001.11 p181-191
◎参考文献「ソーシャルワーク実践における家族エンパワーメント―ハイリスク家族の保全を目指して」(リーサ・カプラン, ジュディス・L. ジラルド) 中央法規出版 2001.11 p205-249
◎参考文献「ソーシャルワーカーのためのアタッチメント理論―対人関係理解の「カギ」」(デビッド・ハウ) 筒井書房 2001.12 p229-243
◎学習のために「ソーシャルワーク実習―社会福祉援助技術現場実習」(岡田まり) 有斐閣 2002.2 p215-216
◎学習のために「ソーシャルワーク実践の基礎理論―社会福祉援助技術論 上」(北島英治) 有斐閣 2002.2 p345-347
◎参考文献「社会福祉援助技術現場実習指導・現場実習」(福山和女, 米本秀仁) ミネルヴァ書房 2002.2 prr
◎文献「解決志向ケースワーク―臨床実践とケースマネジメント能力向上のために」(ダナ・N. クリスチャンセン, ウィリアム・C. バレット, ジェフリー・トダール) 金剛出版 2002.4 p237-241
◎参考文献「社会福祉援助技術論 上」(北島英治, 白沢政和, 米本秀仁) ミネルヴァ書房 2002.5 prr
◎引用参考文献「学校ソーシャルワーク入門」(内田光司) 中央法規出版 2002.10 prr
◎参考文献「ソーシャルワーク演習 下」(黒木保博) 有斐閣 2003.1 p301-304
◎文献「ソーシャルワークと社会福祉―イギリス地方自治体ソーシャルワークの成立と展開」(津崎哲雄) 明石書店 2003.2 p301-310
◎文献「ソーシャルワークの社会的構築―優しさの名のもとに」(L. マーゴリン) 明石書店 2003.3 p428-444
◎参考文献「社会福祉援助活動のパラダイム―転換期の実践理論」(山崎美貴子ほか) 相川書房 2003.3 prr
◎学習文献案内「日常性とソーシャルワーク」(加茂陽) 世界思想社 2003.4 p211-215
◎参考文献「障害者差別禁止法とソーシャルワーク」(J. T. パーデック) 中央法規出版 2003.5 p173-174
◎文献「対人援助の福祉エートス―ソーシャルワークの原理とスピリチュアリティ」(木原活信) ミネルヴァ書房 2003.6 p197-214
◎文献「スクールソーシャルワーク―学校における新たな子ども支援システム」(山下英三郎ほか) 学苑社 2003.8 p164-174
◎参考図書「成長するソーシャルワーカー―11人のキャリアと人生」(保正友子ほか) 筒井書房 2003.9 p184-185
◎文献「生活再生にむけての支援と支援インフラ開発―グラウンデッド・セオリー・アプローチに基づく退院援助モデル化の試み」(三毛美予子) 相川書房 2003.10 p233-242
◎参考文献「ソーシャルワークとは何か―基礎と展望」(N. ソンプソン) 晃洋書房 2004.3 p227-234

そしよう

◎参考文献「社会福祉援助技術」(松本寿昭) 同文書院 2004.4 prr
◎参考文献「ジェネラリスト・ソーシャルワーク」(L. C. ジョンソンほか) ミネルヴァ書房 2004.6 prr
◎参考文献「ソーシャルワークの技能—その概念と実践」(岡本民夫ほか) ミネルヴァ書房 2004.8 prr
◎参考文献「エンパワメントのケア科学—当事者主体チームワーク・ケアの技法」(安梅勅江) 医歯薬出版 2004.9 p118-125
◎引用文献ほか「社会福祉援助技術」(片山義弘ほか) 北大路書房 2004.9 p151-154
◎参考文献「相談援助職のためのケースマネジメント入門」(B. J. ホルト) 中央法規出版 2005.1 p223-226
◎引用参考文献「ソーシャルワーク実践の相互変容関係過程の研究—知的障害者の就労支援における交互作用分析」(村社卓) 川島書店 2005.3 p195-211
◎参考文献「新・ケースワーク要論—構造・主体の理論的統合化」(小野哲郎) ミネルヴァ書房 2005.3 p270-278
◎引用参考文献「ソーシャルワーカー理論を実践に—現場からみたソーシャルワーカーの仕事」(上原文) ブレーン出版 2005.7 p147-148
◎参考文献「ソーシャルワークの面接技術—実践者のために」(M. シューベルト) 相川書房 2005.9 p165-172
◎参考文献「社会福祉援助技術論—ジェネラリスト・アプローチの視点から」(副田あけみ) 誠信書房 2005.9 p229-232
◎文献目録「ソーシャルワーク実践スキルの実証的研究—精神障害者の生活支援に焦点をあてて」(福島喜代子) 筒井書房 2005.10 p259-271
◎文献「欧米のケアワーカー—福祉国家の忘れられた人々」(三富紀敬) ミネルヴァ書房 2005.11 p337-354
◎参考文献「ファミリー・グループ・カンファレンス—子ども家庭ソーシャルワーク実践の新たなモデル」(M. コノリーほか) 有斐閣 2005.12 p193-203
◎文献「ケースワークの原則—援助関係を形成する技法 新訳改訂版」(F. P. バイステック) 誠信書房 2006.3 p217-224
◎引用参照文献「ソーシャルワークの基礎理論—人間行動と社会システム」(R. R. グリーン) みらい 2006.3 prr
◎参考文献「ソーシャルワーク記録」(J. D. ケーゲル) 相川書房 2006.4 p263-274
◎注記「イギリスの児童虐待防止とソーシャルワーク」(田邉泰美) 明石書店 2006.5 prr
◎参考文献「リハビリテーションとソーシャルワーク—対人援助技術の統合化」(平岡一雅) 武蔵野大出版会 2006.9 prr
◎文献「ケースマネジメントの技術」(A. J. フランケルほか) 金剛出版 2006.12 p193-200
◎引用文献「ホームビジティング—訪問型福祉の理論と実際」(B. H. ワシックほか) ミネルヴァ書房 2006.12 p249-272
◎参考文献「社会福祉講義」(松下育夫ほか) 学文社 2007.3 prr
◎文献一覧「占領期社会事業従事者養成とケースワーク」(小池桂) 学術出版会 2007.3 p153-163
◎参考文献「医療ソーシャルワーカーのための社会保障論—こころとからだと社会保障」(木原和美) 勁草書房 2007.4 p236-237
◎参考文献「援助を求めないクライエントへの対応—虐待・DV・非行に走る人の心を開く」(C. トロッター) 明石書店 2007.4 p225-237
◎参考文献ほか「マクロからミクロのジェネラリストソーシャルワーク実践の展開」(K. K. Kirst-Ashman) 筒井書房 2007.5 p232-240
◎参考文献「アジアのソーシャルワーク教育—ソーシャルワーカーを取り巻く現状と課題」(日本社会事業大学社会事業研究所) 学苑社 2007.7 prr
◎引用参考文献「ソーシャルワークにおけるアドボカシー—HIV/AIDS患者支援と環境アセスメントの視点から」(小西加保留) ミネルヴァ書房 2007.10 p217-226
◎参考文献「社会福祉学の〈科学〉性—ソーシャルワーカーは専門職か?」(三島亜紀子) 勁草書房 2007.11 p4-36b
◎参考文献「福祉・介護に求められる生活アセスメント」(生活アセスメント研究会) 中央法規出版 2007.12 p237-239

訴訟

◎引用文献「中国古代訴訟制度の研究」(籾山明) 京都大学術出版会 2006.2 p309-322

訴訟法

◎参考文献「新・裁判実務大系 3 国際民事訴訟法(財産法関係)」(高桑昭, 道垣内正人) 青林書院 2002.3 prr

疎水

◎参考文献「心やすらぐ日本の風景疏水百選」(疏水ネットワーク) PHP研究所 2007.10 p251-252

素数

◎参考文献「素数の世界 その探索と発見 第2版」(吾郷孝視) 共立出版 2001.10 p203-228
◎参考文献「素数大百科」(C. K. Caldwell) 共立出版 2004.2 p321-335

租税

◎引用文献「国際租税原則と日本の国際租税法—国際的事業活動と独立企業原則を中心に」(赤松晃) 税務研究会 2001.11 p455-473
◎参考文献「事例からみる重加算税の研究 新訂増補」(八ッ尾順一) 清文社 2002.7 p327-328
◎文献「税制と経済—OECD諸国の比較検討」(OECD) 日本経済調査協議会 2002.9 p142-145
◎文献「アメリカ連邦税法—所得概念から法人・パートナーシップ・信託まで 第2版」(伊藤公哉) 中央経済社 2002.12 p637-641
◎参考文献「課税の経済理論」(井堀利宏) 岩波書店 2003.11 prr
◎文献「新税—法定外税」(斎藤武史) 三重大学出版会 2003.11 p249-254
◎参考文献「租税・地方財政・マクロ財政政策」(J. E. スティグリッツ) 東洋経済新聞社 2004.1 p1021-1034
◎「租税史料目録 昭和編 1(昭和2年-昭和10年)」(国税庁税務大学校租税史料館) 税務大学校 2004.3 99p A4

◎参考文献「カーター報告の研究―包括的所得税の原理と現実」（栗林隆）　五絃舎　2005.2　p249-254
◎「租税史料目録　昭和編　2（昭和11年―昭和20年）」（国税庁税務大学校租税史料館）　税務大学校　2005.3　188p A4
◎参考文献「政府の役割と租税」（速水昇）　学文社　2005.4　prr
◎引用参考文献「税金の西洋史」（Adams, C）　ライフリサーチプレス　2005.11　p517-548
◎参考文献「課税主義の財政学」（玉岡雅之）　勁草書房　2006.3　p169-178
◎文献「現代の租税」（根岸欣司）　白桃書房　2006.6　p419-422
◎参考文献「税と正義」（L. B. マーフィーほか）　名古屋大出版会　2006.11　p5-13b
◎参考文献「投資ファンドと税制―集団投資スキーム課税の在り方　新版」（田邊昇）　弘文堂　2006.11　p307-312
◎参考文献「国際移転価格の経営学―多国籍企業の国際戦略と合衆国租税裁判12ケース」（中村雅秀）　清文社　2006.12　p500-502

租税回避
◎参照文献「タックスヘイブン―グローバル経済を動かす闇のシステム」（C. シャヴァニューほか）　作品社　2007.5　p165-169

租税制度
◎参考文献「ドイツの住宅・不動産税制」（日本住宅総合センター研究部）　日本住宅総合センター　2005.6　p121-122
◎文献「大増税のカラクリ―サラリーマン税制の真相」（斎藤貴男）　筑摩書房　2006.2　p274-278
◎文献ほか「欧州連合の投資税制」（佐藤正典）　成文堂　2007.1　p163-164

租税争訟法
◎参考文献「租税争訟法―異議申立てから訴訟までの理論と実務　新版」（松沢智）　中央経済社　2001.8　p553-558

租税法
◎参考文献「国際租税法　改訂新版」（本庄資）　大蔵財務協会　2001.4　p462-464
◎参考文献「租税法　第8版」（金子宏）　弘文堂　2001.4　p752-761
◎参考文献「租税法全説」（前川邦生、菊谷正人）　同文舘出版　2001.4　p303-306
◎参考文献「アメリカ連邦税法―所得概念から法人・パートナーシップ・信託まで」（伊藤公哉）　中央経済社　2001.8　p587-591
◎参考文献「国際租税法　3訂版」（本庄資）　大蔵財務協会　2002.7　p516-520
◎文献「現代税法の基礎知識　5訂版」（岸田貞夫ほか）　ぎょうせい　2003.4　prr
◎文献「税法　6版」（清永敬次）　ミネルヴァ書房　2003.5　p327-331
◎文献「税法学原論　5版」（北野弘久）　青林書院　2003.6　p527-532
◎文献「税法入門ゼミナール」（福浦幾巳）　創成社　2003.6　p257-258
◎参考文献「税法入門　5版」（金子宏ほか）　有斐閣　2004.3　p202-206
◎参考文献「税法概論　3訂版」（図子善信）　大蔵財務協会　2004.4　p241-244
◎参考文献「租税法　9版増補版」（金子宏）　弘文堂　2004.4　p833-843
◎参考文献「租税法原論」（斎藤奏）　税務経理協会　2004.5　p317-318
◎文献「現代税法の基礎知識　6訂版」（新井益太郎）　ぎょうせい　2005.4　prr
◎参考文献「現代税法講義　4訂版」（北野弘久）　法律文化社　2005.4　p411-425
◎参考文献「租税法　10版」（金子宏）　弘文堂　2005.4　p841-852
◎参考文献「国際租税法　4訂版」（本庄資）　大蔵財務協会　2005.5　p586-570
◎文献「アメリカ連邦税法―所得概念から法人・パートナーシップ・信託まで　3版」（伊藤公哉）　中央経済社　2005.9　p643-647
◎Reference「ベーシック税法」（岡村忠生ほか）　有斐閣　2006.4　p293-299
◎参考文献「税法概論　4訂版」（図子善信）　大蔵財務協会　2006.4　p242-245
◎参考文献「税法　7版」（清永敬次）　ミネルヴァ書房　2007.2　p333-338
◎参考文献「租税法　12版」（金子宏）　弘文堂　2007.4　p783-796
◎参考文献ほか「民法と税法の接点―基本法から見直す租税実務　新訂」（益子良一ほか）　ぎょうせい　2007.9　p375-376
◎参考文献「税法学原論　6版」（北野弘久）　青林書院　2007.12　p543-549

ソーセージ
◎参考文献「ハム・ソーセージ図鑑」　伊藤記念財団　2001.9　p200」

祖先崇拝
◎引用文献「現代日本における先祖祭祀」（孝本貢）　御茶の水書房　2001.3　p261-269
◎引用文献「「孝」思想の宗教学的研究　古代・中国における祖先崇拝の思想的発展」（池澤優）　東京大学出版会　2002.1　p389-405
◎注「寺・墓・先祖の民俗学」（福田アジオ）　大河書房　2004.10　prr
◎参考文献「葬儀と仏壇―先祖祭祀の民俗学的研究」（J. ボクホベン）　岩田書院　2005.10　p285-293
◎参考文献「位牌祭祀と祖先観」（中込睦子）　吉川弘文館　2005.11　p253-261
◎参考文献「肖像頭蓋骨―環太平洋民族誌にみる」（小林眞）　里文出版　2006.8　p283-298
◎文献一覧「先祖祭祀と家の確立―「半檀家」から一家一寺へ」（森本一彦）　ミネルヴァ書房　2006.10　p295-318

措置制度
◎参考引用文献「戦後「措置制度」の成立と変容」（北場勉）　法律文化社　2005.4　p303-309

速記教本
○書誌（渡辺敦美）「文献探索　2006」（文献探索研究会）　2006.11　p509-516

ゾッキ本
◎注「歴史のなかの「自費出版」と「ゾッキ本」」（大島一雄）　芳賀書店　2002.1　prr

即興劇
- ◎参考文献「プレイバックシアター入門―脚本のない即興劇」（宗像佳代）　明石書店　2006.8　p199-200

卒業論文
- ◎参考文献「卒業論文の手引　新版新装版」（慶應義塾大学通信教育部）　慶應義塾大学出版会　2003.6　p160-166

ソナタ
- ◎参考文献「バロック・ソナタの音楽史―ガブリエリからバッハまで」（田中武夫）　文芸社　2001.3　p465-466

ソニー
- ◎参考文献「ソニーと松下―二十一世紀を生き残るのはどちらだ!」（立石泰則）　講談社　2001.1　p371-372
- ◎参考文献「ソニーが挑んだ復讐戦」（郡山史郎）　プラネット出版　2001.3　1pb
- ◎文献「都市銀行のガバナンス―ソニー流経営モデルへの取り組み」（青野正道）　中央経済社　2001.12　p234-240
- ◎参考文献「ソニーが危ない！―Sony神話崩壊の危機」（荻正道）　彩図社　2003.12　p252-253
- ◎参考文献「なぜ、ホンダが勝ち、ソニーは負けたのか?」（荻正道）　彩図社　2004.12　p269-270
- ◎参考文献「もう一つのソニー自叙伝―ソニーにおける労働者のたたかいと記録」（川上允）　本の泉社　2005.5　p249-251
- ◎参考文献「ソニーとSONY」（日本経済新聞社）　日本経済新聞社　2005.11　p323-324
- ◎参考文献「ソニースピリット―成長神話を支えた精髄」（塩路忠彦）　NTT出版　2006.8　p316-317

曽根崎心中
- ◎参考資料一覧「国性爺合戦・曽根崎心中・仮名手本忠臣蔵―第一四六回文楽公演」（国立劇場調査養成部調査資料課）　日本芸術文化振興会　2004.2　p157-236

そば
- ◎参考文献「「そば」が語る伝統の味―日本の食文化が育んだ蕎麦」（小林尚人）　文芸社　2002.1　p200-202
- ◎参考文献「そば学大全―日本と世界のソバ食文化」（俣野敏子）　平凡社　2002.9　p220-222
- ◎参考文献「風流大名蕎麦」（笠井俊弥）　中央公論新社　2003.5　p220-221
- ◎参考文献「日本人は蕎麦のことを何も知らない」（山縣基与志）　学習研究社　2003.10　p190」
- ◎参考文献「江戸っ子はなぜ蕎麦なのか?」（岩﨑信也）　光文社　2007.6　p387-388

ソフィスト
- ◎参考文献「ソフィストと哲学者の間―プラトン『ソフィスト』を読む」（納富信留）　名古屋大学出版会　2002.2　p11-28b
- ◎参考文献「ソフィスト列伝」（G.ロメイエ=デルベ）　白水社　2003.6　p1-3b
- ◎参考文献「ソフィストとは誰か?」（納富信留）　人文書院　2006.9　p295-300

ソフトウェア
- ◎参考文献「ソフトウェア再利用の神話―ソフトウェア再利用の制度化に向けて」（ウィル・トレイツ）　ピアソンエデュケーション　2001.11　p213-226
- ◎文献「ソフトウェア技術者のキャリア・ディベロップメント―成長プロセスの学習と行動」（三輪卓己）　中央経済社　2001.12　p286-294
- ◎参考文献「CMMガイドブック―ソフトウェア能力成熟度モデル」（Kenneth M. Dymond）　日刊工業新聞社　2002.3　p211-212
- ◎文献「「とにかく早く」って言われてもねぇ―大規模ソフトウェア開発保守の現場」（山村吉信）　三元社　2003.3　p171-173
- ◎参考文献「ソフトウェア開発」（小泉寿男ほか）　オーム社　2003.8　p203-206
- ◎文献「シナリオに基づく設計―ソフトウェア開発プロジェクト成功の秘訣」（J. M. Carroll）　共立出版　2003.10　p291-309
- ◎参考文献「ソフトウェア入門」（黒川利明）　岩波書店　2004.1　p191-194
- ◎参考文献「ソフトウェア工学の基礎」（玉井哲雄）　岩波書店　2004.3　p261-266
- ◎文献「インドのソフトウェア産業―高収益復活をもたらす戦略的ITパートナー」（小島眞）　東洋経済新報社　2004.4　p243-246
- ◎参考文献「ソフトウェア開発の持つべき文化」（K. E. ウィーガーズ）　翔泳社　2005.6　p371-378
- ◎「ソフトウェア開発の名著を読む」（柴田芳樹）　技術評論社　2006.8　197p B6
- ◎参考文献「成功する要求仕様失敗する要求仕様」（A. M. デービス）　日経BP社　2006.11　p253-268
- ◎文献「情報技術計測―ソフトウェア開発組織の明日のために」（International Function Point Users Group）　構造計画研究所　2007.2　p473-488
- ◎参考文献「品質指向ソフトウェアマネジメント―高品質ソフトウェア開発のためのプロジェクトマネジメント」（山田茂ほか）　森北出版　2007.3　p127-131
- ◎文献目録「デジタル・コンテンツ著作権の基礎知識」（金井重彦）　ぎょうせい　2007.4　p305-317
- ◎参考文献「コード・クオリティ―コードリーディングによる非機能特性の識別技法」（D. Spinellis）　毎日コミュニケーションズ　2007.6　p531-553
- ◎参考文献ほか「ソフトウェア工学の人間的側面」（J. E. Tomaykoほか）　構造計画研究所　2007.6　p251-263
- ◎参考文献ほか「要求開発ワークショップの進め方―ユーザー要求を引き出すファシリテーション」（E. ゴッテスディーナー）　日経BP社　2007.7　p309-319
- ◎参考文献ほか「実践ユーザビリティテスティング―「利用品質」を忘れていませんか」（C. M. バーナム）　翔泳社　2007.8　p17-18f

SOHO
- ◎参考文献「SOHOビジネスの動向調査―SOHO事業者及び支援機関の日米比較　平成12年度中小企業動向等調査」（中小企業総合事業団調査・国際部調査第二課）　中小企業総合事業団　2001.3　p172-173

素朴理論
- ◎引用文献「素朴理論の修正ストラテジー」（進藤聡彦）　風間書房　2002.2　p267-272

ソメイヨシノ
- ◎参考文献「サクラを救え―「ソメイヨシノ寿命60年説」に挑む男たち」（平塚晶人）　文藝春秋　2001.3　p250-251

ソーラー
◎引用文献「ソーラー地球経済」（ヘルマン・シェーア）　岩波書店　2001.12　p1-12b

素粒子
◎参考文献「次元の秘密―自然単位系からDブレーンまで」（竹内薫）　工学社　2002.1　p155-157

ゾルゲ事件
◎文献「ゾルゲ団と別系統の共産主義者組織」（佐藤正）　哲学研究会　2002.6　p267-276

ソルブ語
◎文献「ソルブ語辞典」（三谷惠子）　大学書林　2003.3　p8-9f

ゾロアスター教
◎参考文献「宗祖ゾロアスター」（前田耕作）　筑摩書房　2003.7　p236-237
◎参考文目「ゾロアスター教」（P.R.ハーツ）　青土社　2004.12　p15」
◎参考文献「ゾロアスター教の興亡―サーサーン朝ペルシアからムガル帝国へ」（青木健）　刀水書房　2007.1　p323-338

ソロモン諸島
◎参考文献「開発と向き合う人びと―ソロモン諸島における「開発」概念とリーダーシップ」（関根久雄）　東洋出版　2001.12　p284-310
◎参考文献「女ひとり玉砕の島を行く」（笹幸恵）　文藝春秋　2007.5　p274-277

損益計算
◎文献「利益会計論―公正価値評価と業績報告」（草野真樹）　森山書店　2005.2　p193-213
◎参考文献「損益計算の進化」（渡邉泉）　森山書店　2005.4　p221-226

損害賠償
◎参考文献「命の値段」（山本善明）　講談社　2001.5　p211-212
◎参考文献「概説交通事故賠償法　新版」（藤村和夫ほか）　日本評論社　2003.7　p350-352
◎参考文献「生存余命と定期金賠償―統計を用いた人の寿命と定期金支払いによる損害賠償」（吉本智信ほか）　自動車保険ジャーナル　2005.5　p199-206

損害保険
◎参考文献「企業価値創造の保険経営―保険金支払漏れに見る経営課題」（岩瀬泰弘）　千倉書房　2007.10　p179-180

存在
◎参考文献「天使の記号学」（山内志朗）　岩波書店　2001.2　p235-238
◎文献「住まうこととさすらうこと」（ウーテ・グッツォーニ）　晃洋書房　2002.5　p1-4b
◎註「存在の季節―ハヤトロギア（ヘブライ的存在論）の誕生」（宮本久雄）　知泉書館　2002.11　p283-300
◎文献「存在そのものへ―真実を解明のプリンキピア」（中里存仁）　哲学書房　2003.7　p240-242
◎参考文献「ヴァーチャルとは何か?―デジタル時代におけるリアリティ」（P.レヴィ）　昭和堂　2006.3　p9-18b
◎引用参考文献「〈畳長さ〉が大切です」（山内志朗）　岩波書店　2007.9　p149-152

ソンディテスト
◎文献ガイド「ソンディ・テスト入門」（内田裕之ほか）　ナカニシヤ出版　2004.11　p226-228

村落
◎参考文献「沖縄の家・門中・村落」（北原淳, 安和守茂）　第一書房　2001.2　p8-18b
◎参考文献「近世村人のライフサイクル」（大藤修）　山川出版社　2003.1　4pb
◎参考文献「村の生活環境史」（古川彰）　世界思想社　2004.3　p305-312
◎参考文献「江戸時代村社会の存立構造」（平野哲也）　御茶の水書房　2004.12　p491-497
◎文献「農山漁村の〈空間分類〉―景観の秩序を読む」（今里悟之）　京都大学学術出版会　2006.2　p271-295
◎参考文献「朝鮮村落社会史の研究」（李海濬）　法政大出版局　2006.3　p365-371
◎参考文献「互助社会論―ユイ、モヤイ、テツダイの民俗社会学」（恩田守雄）　世界思想社　2006.5　p485-500
◎文献「村落と地域」（蓮見音彦）　東京大出版会　2007.5　prr

村落開発
◎参考引用文献「村落開発支援は誰のためか―インドネシアの参加型開発協力にみる理論と実践」（小国和子）　明石書店　2003.9　p277-283

【 た 】

タイ
◎参考文献「東アジアの持続的発展への課題―タイ・マレーシアの中小企業支援策」（国際協力銀行開発金融研究所）　国際協力銀行開発金融研究所　2001.1　p145-147
◎引用文献「死をめぐる実践宗教―南タイのムスリム・仏教徒関係へのパースペクティヴ」（西井凉子）　世界思想社　2001.4　p255-266
◎参考文献「路地の経済社会学　タイのインフォーマルセクターについて」（不二牧駿）　めこん　2001.12　p153-157
◎参考文献「タイの歴史―世界の教科書シリーズ　6」（中央大政策研）　明石書店　2002.3　p345」
◎文献「稀少資源のポリティクス―タイ農村にみる開発と環境のはざま」（佐藤仁）　東京大学出版会　2002.6　p225-244
○文献(高橋康敏)「タイ国情報　36.4」（日本タイ協会）　2002.7　p29-33
◎文献「地域文化と学校―三つのタイ農村における「進学」の比較社会学」（尾中文哉）　北樹出版　2002.10　p173-183
◎文献「エスニシティ〈創生〉と国民国家ベトナム―中越国境地域タイー族・ヌン族の近代」（伊藤正子）　三元社　2003.10　p300-314
◎文献「地図がつくったタイ―国民国家誕生の歴史」（T.ウィニッチャクン）　明石書店　2003.11　p374-402
◎参考文献「家屋とひとの民族誌―北タイ山地民アカと住まいの相互構築誌」（清水郁郎）　風響社　2005.2　p395-414

たい

- ◎参考文献「国民の形成—タイ東北小学校における国民文化形成のエスノグラフィー」(野津隆志) 明石書店 2005.3 p271-282
- ◎参考文献「東北タイの開発と文化再編」(櫻井義秀) 北海道大図書刊行会 2005.5 p5-17b
- ◎参考文献「タイ都市スラムの参加型まちづくり研究」(秦辰也) 明石書店 2005.9 prr
- ◎参考文献「タイの住まい」(田中麻里) 圓津喜屋 2006.2 p274-279
- ◎参考文献「タイ山地一神教徒の民族誌—キリスト教徒ラフの国家・民族・文化」(片岡樹) 風響社 2006.2 p355-379
- ◎参考文献ほか「歴史叙述とナショナリズム—タイ近代史批判序説」(小泉順子) 東京大出版会 2006.2 p259-289
- ◎参考文献「現代タイにおける仏教運動—タンマガーイ式瞑想とタイ社会の変容」(矢野秀武ほか) 東信堂 2006.3 p320-335
- ◎参考文献「タイ株投資完全マニュアル 入門編」(石田和靖) パンローリング 2006.4 p197-199
- ◎参考文献「タイ国—近現代の経済と政治」(P. パースックほか) 刀水書房 2006.11 p638-661
- ◎参考文献「タイの染織」(S. コンウェイ) めこん 2007.6 p190-191
- ◎参考文献「フェミニストが語るタイ現代史—一〇・一四事件と私の闘い」(S. チャイヤロット) 明石書店 2007.7 p511-532
- ◎参考文献ほか「タイにおける教育発展—国民統合・文化・教育協力」(村田翼夫) 東信堂 2007.9 p335-355
- ◎参考文献「異文化理解から見る市民意識とエスニシティの動態」(石井香世子) 慶應義塾大出版会 2007.9 p251-267
- ◎参考文献「物語タイの歴史—微笑みの国の真実」(柿崎一郎) 中央公論新社 2007.9 p305-300
- ◎引用参考文献「タイの森林消失—1990年代の民主化と政治的メカニズム」(倉島孝行) 明石書店 2007.12 p282-293

鯛
- ◎文献「瀬戸内海東部海域におけるマダイの資源管理」(島本信夫) 日本水産資源保護協会 2006.3 p78-84

タイ 医療
- ◎参考文献「タイ・マッサージの民族誌—「タイ式医療」生成過程における身体と実践」(飯田淳子) 明石書店 2006.2 p312-321

タイ 開発僧
- ◎関連図書「仏教・開発・NGO タイ開発僧に学ぶ共生の智恵」(西川潤ほか) 新評論 2001.11 p304-302

タイ 企業
- ◎参考文献「ファミリービジネス論—後発工業化の担い手」(末廣昭) 名古屋大出版会 2006.12 p330-358

タイ 行政法
- ◎文献「タイ行政法」(鈴木康二) ジェトロ 2002.4 p224-225

タイ 政治
- ◎参考文献「民主化の虚像と実像 タイ現代政治変動のメカニズム」(玉田芳史) 京都大学学術出版会 2003.7 p345-357

タイ タイ語
- ◎参考図書「タイ語のかたち」(山田均) 白水社 2002.3 p111」
- ◎参考文献「統語構造を中心とした日本語とタイ語の対照研究」(田中寛) ひつじ書房 2004.2 p673-691

タイ 農業
- ◎参考文献「イサーンの百姓たち—NGO東北タイ活動記」(松尾康範) めこん 2004.1 p212-213

タイ バンコク
- ◎文献「バンコク土地所有史序説」(田坂敏雄) 日本評論社 2003.7 p293-318
- ◎文献「ゴーゴーバーの経営人類学—バンコク中心部におけるセックスツーリズムに関する微視的研究」(市野沢潤平) めこん 2003.12 p285-301
- ◎参考文献「仏都バンコクを歩く」(桑野淳一) 彩流社 2007.6 p231-232

体育
- ◎「体育資料事典 1 第1巻」 日本図書センター 2002.2 832p B5
- ◎注「人間とスポーツの歴史」(渡部憲一) 高菅出版 2003.2 prr
- ◎文献「スタビライゼーション—ボディバランスを獲得する—身体能力を著しく向上させる実戦的トレーニング—基本理論と〈レベル別〉〈競技別〉プログラムを徹底図解!」(小林敬和) 山海堂 2003.9 p220-221
- ◎参考文献「身体活動科学における研究方法」(J. R. Thomasほか) ナップ 2004.5 p449-459
- ◎文献「体力づくりからフィットネス教育へ—アメリカの体育教育と身体づくりへの責任」(井谷恵子) 明石書店 2005.2 prr
- ○研究目録(荻浩三)「日本体育大学体育研究所雑誌 30.1」(日本体育大) 2005.3 p15-20
- ◎文献「身体活動を通した責任の教育」(D. R. ヘリスン) 青山社 2005.3 p135-142
- ◎文献案内(細越淳二ほか)「教養としての体育原理—現代の体育・スポーツを考えるために」(友添秀則ほか) 大修館書店 2005.4 p155-164
- ◎参考文献「体育科・健康教育法」(桝岡義明ほか) 佛教大 2006.3 p343-352
- ◎参考図書(中村民雄)「日本の武道—日本武道協議会設立30周年記念」(日本武道館) 日本武道館 2007.4 p508-518

体育施設
- ◎参考文献「地域プロデューサーの時代—地域密着型スポーツクラブ展開への理論と実践」(松野将宏) 東北大学出版会 2005.2 p187-190
- ◎引用参考文献「公共スポーツ施設のマネジメント」(間野義之) 体育施設出版 2007.5 p197-200

体育心理学
- ◎参考文献「やさしいメンタルトレーニング—試合で最高の力を発揮するために」(新畑茂充, 関矢寛史) 黎明書房 2001.5 p224-226

第一高等学校文芸部
- ◎関連年譜「旧制一高の文学」(稲垣眞美) 国書刊行会 2006.3 p248-264

第一次世界大戦
- ◎参考文献「第一次世界大戦 下」(L. ハート) 中央公論新社 2001.1 p345-344

- ◎参考文献「死闘の海　第一次世界大戦海戦史」(三野正洋ほか)　新紀元社　2001.3　p177」
- ◎文献「魔性の煙霧―第一次世界大戦の毒ガス攻防戦史」(ルッツ・F. ハーバー)　原書房　2001.10　p647-655
- ◎原注文献「英霊―創られた世界大戦の記憶」(J. L. モッセ)　柏書房　2002.5　p8-27b
- ◎参考文献「イギリスと第一次世界大戦―歴史論争をめぐる考察」(B. ボンド)　芙蓉書房出版　2006.2　p117-119
- ◎参考文献「青島から来た兵士たち―第一次大戦とドイツ兵俘虜の実像」(瀬戸武彦)　同学社　2006.6　p185-192
- ◎参考文献ほか「青野原俘虜収容所の世界―第一次世界大戦とオーストリア捕虜兵」(大津留厚ほか)　山川出版社　2007.10　p163-168

第一生命保険
- ◎参考文献「第一生命百年史」(第一生命保険相互会社)　第一生命保険　2004.3　p915-917

第一生命ホール
- ◎参考文献「ホールに音が刻まれるとき―第一生命ホールの履歴書」(渡辺和)　ぎょうせい　2001.11　p250-253

ダイエット
- ◎参考文献ほか「絶対にリバウンドしない!抗ストレス・ダイエット」(生田哲)　講談社　2007.4　p208-211
- ◎文献「やせる―肥満とダイエットの心理」(今田純雄)　二瓶社　2007.9　p71-72
- ◎参考文献「ダイエットがやめられない―日本人のカラダを追跡する」(片野ゆか)　新潮社　2007.9　p266-270

大王
- ◎参考文献「大王と地方豪族」(篠川賢)　山川出版社　2002.4　2pb

ダイオキシン
- ◎参考文献「みんなの松葉ダイオキシン調査」(池田こみち)　合同出版　2002.11　p107-108
- ◎参考文献「ダイオキシン―神話の終焉」(渡辺正ほか)　日本評論社　2003.1　prr
- ◎参考書「環境ホルモンとダイオキシン―人間と自然生態系の共存のために」(彼谷邦光)　裳華房　2004.9　p152-153

ダイオード
- ◎参考・引用・文献リスト「青の奇跡―日亜化学はいかにして世界一になったか」(小山稔)　白日社　2003.5　p270-273
- ◎参考引用文献「青色発光ダイオードは誰のものか」(谷光太郎)　日刊工業新聞社　2006.1　p170-183

対外関係
- ◎文献ほか「バンドン会議と日本のアジア復帰―アメリカとアジアの狭間で」(宮城大蔵)　草思社　2001.1　p203-229

体格
- ◎参考引用文献「日本人の体格体型―データによる」(太田裕造ほか)　大学教育出版　2007.4　prr

大学
- ◎参考文献「なぜアメリカの大学は一流なのか　キャンパスを巡る旅」(川本卓史)　丸善　2001.1　p231-234
- ◎文献目録「「大学における教員養成」の歴史的研究―戦後「教育学部」史研究」(TEES研究会)　学文社　2001.2　p465-477
- ◎参考文献「大学授業のフィールドワーク―京都大学公開実験授業」(京都大学高等教育教授システム開発センター)　玉川大学出版部　2001.3　p212-218
- ◎参考文献「成長するティップス先生―授業デザインのための秘訣集」(池田輝政ほか)　玉川大学出版部　2001.4　p182-183
- ◎参考文献「学生参加型の大学授業―協同学習への実践ガイド」(D. W. ジョンソンほか)　玉川大学出版部　2001.12　p239-251
- ◎参考文献「大学はどこへ行く」(石弘之)　講談社　2002.2　p197-198
- ◎参考文献「私大改革の条件を問う」(岩内亮一)　学文社　2002.3　p265-268
- ◎参考文献「「勝ち組」大学ランキング　どうなる東大一人勝ち」(中井浩一)　中央公論新社　2002.4　p197-198
- ◎文献「中国における民営大学の発展と政府の政策」(夏立憲)　渓水社　2002.9　p244-254
- ◎文献案内「イギリスの大学改革―1809-1914」(M. サンダーソン)　玉川大学出版部　2003.1　p167-175
- ◎文献補遺ほか(J.R.テリン)「アメリカ大学史」(F. ルドルフ)　玉川大学出版部　2003.2　p518-444
- ◎文献「戦後国立大学における研究費補助」(阿曽沼明裕)　多賀出版　2003.2　p411-430
- ◎「高等教育資料―喜多村和之教授・奥島孝康総長寄贈」(早稲田大学大学史資料センター)　早稲田大学大学史資料センター　2003.3　179p A4
- ◎参考文献「地方における旧制高等教育機関利用層の比較分析―新潟高等学校と新潟医科大学・専門部を事例に」(藤村正司ほか)　広島大学高等教育研究開発センター　2003.3　p85-88
- ◎文献「高等教育支援のあり方―大学間・産学連携」(国際協力銀行開発金融研究所)　国際協力銀行開発金融研究所　2003.5　p151-152
- ◎注「大学のカリキュラム改革」(有本章)　玉川大学出版部　2003.9　prr
- ◎注「キャンパスライフの今」(武内清)　玉川大学出版部　2003.10　prr
- ◎参考文献「財務からみた大学経営入門」(W. リード)　東洋経済新報社　2003.10　prr
- ○図書目録(大佐古紀雄)「文献探索　2003」(文献探索研究会)　2003.12　p95-98
- ○ブックガイド(岩下誠)「Inter communication　13.2」(NTT出版)　2004　p92-99
- ◎参考文献「大学・大学院通信教育の設置・運営マニュアル―21Cの生涯学習・社会人教育を拓く」(通信・遠隔教育研究会)　地域科学研究会　2004.1　p314-315
- ◎参考文献「大学の知を事業化する」(藤川昇)　新風舎　2004.2　p199-200
- ◎参考文献「大学授業を活性化する方法」(杉江修治ほか)　玉川大学出版部　2004.3　prr
- ◎ブックガイド「勉強のやり方がわかる。」　朝日新聞社　2004.4　p158-163

◎参考文献「大学経営戦略─財務会計・格付け・資金管理の基礎知識」(川原淳次)　東洋経済新報社　2004.6　prr
◎参考文献「リベラル教育とアメリカの大学」(松井範惇)　西日本法規出版　2004.7　p144-146
◎参考文献「高大連携とは何か─高校教育から見た現状・課題・展望」(勝野頼彦)　学事出版　2004.9　p188-190
◎参考文献「世界の大学危機」(潮木守一)　中央公論新社　2004.9　p232-238
◎参考文献「大学と日本の国際化─知的国際貢献の試み」(阿部清司)　ジアース教育新社　2004.11　prr
◎文献案内「文化政策の時代と新しい大学教育─臨地まちづくりと知的財産形成による人づくり」(中谷武雄ほか)　晃洋書房　2005.3　p189-199
◎「名古屋大学大学文書資料室保存資料目録　5」(名古屋大学大学文書資料室)　名古屋大　2005.3　161p A4
◎文献解題「「大学評価」を評価する」(大学評価学会年報編集委員会)　大学評価学会　2005.5　p227-247
◎文献「大学講義の改革─BRD(当日レポート方式)の提案」(宇田光)　北大路書房　2005.5　p144-147
◎文献目録「地域社会に貢献する大学」(OECD)　玉川大学出版部　2005.5　p175-177
◎参考文献「WebCT─大学を変えるeラーニングコミュニティ」(エミットジャパン)　東京電機大出版局　2005.7　p192-198
◎参考文献「知識・構造化ミッション　大学は表現する」(藤原毅夫)　日経BP社　2005.8　p275-281
◎参考文献「大学の戦略的マネジメント─経営戦略の導入とアメリカの大学の事例」(龍慶昭ほか)　多賀出版　2005.9　p219-221
◎参考文献「アメリカの大学─ガヴァナンスから教育現場まで」(谷聖美)　ミネルヴァ書房　2006.2　p239-246
◎引用参考文献「日本のティーチング・アシスタント制度─大学教育の改善と人的資源の活用」(北野秋男)　東信堂　2006.6　p205-211
◎参考文献「私の大学教育論─慶應義塾大学湘南藤沢キャンパスでの実践」(岡部光明)　慶應義塾大出版会　2006.10　p247-249
◎参考文献「他者との出会いを仕掛ける授業─傷つくことからひらかれる」(島田博司)　人文書院　2006.10　p234-237
◎参考文献「初年次教育─歴史・理論・実践と世界の動向」(濱名篤ほか)　丸善　2006.11　prr
◎著書目録「大学授業入門」(宇佐美寛)　東信堂　2007.2　p180-183
◎参考文献「大学におけるキャリア教育のこれから」(梅澤正)　学文社　2007.3　p180-182
◎参考文献「日本の産学連携」(玉井克哉ほか)　玉川大出版部　2007.5　prr
◎参考文献「初年次教育ハンドブック─学生を「成功」に導くために」(M. L. Upcraftほか)　丸善出版事業部　2007.7　p245-300
◎参考文献「最高学府はバカだらけ─全入時代の大学「崖っぷち」事情」(石渡嶺司)　光文社　2007.9　p250-251
◎引用文献「大学の教育力─何を教え、学ぶか」(金子元久)　筑摩書房　2007.9　p201-205
◎参考文献「プロパテント政策と大学」(宮田由紀夫)　世界思想社　2007.10　p249-226

◎参考文献「大学教育を変える教育業績記録─ティーチング・ポートフォリオ作成の手引」(P. セルディン)　玉川大出版部　2007.10　p377-379
◎参考文献「地域再生と大学」(濱田康行)　中央公論新社　2007.10　p231-237
◎参考文献「大学卒業制度の崩壊─策は「大学設置基準」第三十二条の廃止にあり」(藤田整)　文芸社　2007.11　p123-127
◎参考文献「米国博士号をとるコツ─あなたの都合にあわせてくれる米国大学院の利用術」(並木伸晃)　創成社　2007.11　p173-174
◎Further reading「PBL世界の大学での小グループ問題基盤型カリキュラム導入の経験に学ぶ」(P. Schwartzほか)　篠原出版新社　2007.12　p230-232
◎参考文献ほか「イタリアの中世大学─その成立と変容」(児玉善仁)　名古屋大出版会　2007.12　p12-23b

大学院
◎参考文献ほか「大学院教育の国際比較」(B. R. クラーク)　玉川大学出版部　2002.11　p331-294
◎参考文献「行政人材革命─"プロ"を育てる研修・大学院の戦略」(上山信一ほか)　ぎょうせい　2003.9　p262-265

大学革命
○ブックガイド(古藤晃)「別冊　環　2」(藤原書店)　2001.3　p247-255

大学管理
◎参考文献「大学マネージメントの理論と実際─競争的環境の中で個性輝く大学を創るために」(太田和良幸)　黎明書房　2003.6　p181-182

大学基準
◎文献「アメリカの大学基準成立史研究─「アクレディテーション」の原点と展開」(前田早苗)　東信堂　2003.1　p211-216

大学教育
○文献「大衆社会における大学教育─オレゴン州ポートランド地域のケース」(波多野進)　晃洋書房　2002.7　p231-239
◎参考文献「問題解決能力の育成をめざした授業の設計と実践─開発したワークブックを用いて」(石桁正士)　広島大　2004.1　p59-61
◎参考文献「アメリカの大学教育の現状─日本の大学教育はどうあるべきか」(橘由加)　三修社　2004.8　p236-243
◎参考文献「現代大学教育論─学生・授業・実施組織」(山内乾史)　東信堂　2004.12　prr
◎注「大学教育とジェンダー─ジェンダーはアメリカの大学をどう変革したか」(ホーン川嶋瑤子)　東信堂　2004.12　prr
○文献探訪(飯吉弘子)「大学教育　2.1」(大阪市立大)　2005　p69-71
◎参照文献「これからの大学英語教育」(竹蓋幸生ほか)　岩波書店　2005.2　p235-248
◎推薦図書「シカゴ大学教授法ハンドブック」(A. ブリンクリほか)　玉川大学出版部　2005.5　p167-174
◎参考引用文献「高等教育概論─大学の基礎を学ぶ」(有本章ほか)　ミネルヴァ書房　2005.5　prr

◎引用参考文献「学習支援を「トータル・プロデュース」する―ユニバーサル化時代の大学教育」（谷川裕稔ほか）　明治図書出版　2005.9　p170-174
◎引用文献「大学におけるリメディアル教育への提言―英語のつまずきに関して」（中村朋子）　大学教育出版　2005.10　p135-146
◎参考文献「一年次（導入）教育の日米比較」（山田礼子）　東信堂　2005.12　p179-191
◎「「大学教育」関係図書目録―"学問の府"はいま　1989-2005」（日外アソシエーツ）　日外アソシエーツ　2006.9　11, 684p A5

大学教員
◎文献「大学教員「教育評価」ハンドブック」（L. キーグほか）　玉川大学出版部　2003.1　p167-181
◎文献「大学教授は虚業家か―学園のいびつな素顔」（古谷浩）　早稲田出版　2003.7　p276-278
◎参考書「大学教授とFD―アメリカと日本」（有本章）　東信堂　2005.3　p261-282
◎参考文献「大学教授の職業倫理」（別府昭郎）　東信堂　2005.4　p197-200

大学経営
○ブックガイド「桜美林シナジー　3」（桜美林大）　2004　p77-83
◎文献「私立大学倒産時代における再建手法と破産処理についての研究」（岩崎保道）　ジアース教育新社　2005.3　p166-174

大学財政
◎参考文献ほか「大学財政―世界の経験と中国の選択」（呂煒）　東信堂　2007.5　p240-245

大学史
◎参考文献「アメリカ大学史とジェンダー」（坂本辰朗）　東信堂　2002.1　p269-319
◎「皇學館大学所蔵大学史目録」（皇學館館史編纂室）　皇學館館史編纂室　2005.3　117p B5

大学生
◎引用文献「大学生の自己と生き方―大学生固有の意味世界に迫る大学生心理学」（溝上慎一）　ナカニシヤ出版　2001.10　p214-220
◎参考図書「大学生の常識」（鈴木雄雅）　新潮社　2001.11　p172-175
◎参考文献「大学生論―戦後大学生論の系譜をふまえて」（溝上慎一ほか）　ナカニシヤ出版　2002.10　prr
◎参考引用文献「大学生の職業意識の発達　最近の調査データの分析から」（東清和ほか）　学文社　2003.3　prr
◎注「大学生とボランティアに関する実証的研究」（佐々木直道）　ミネルヴァ書房　2003.6　prr
◎参考引用文献「現代大学生論―ユニバーシティ・ブルーの風に揺れる」（溝上慎一）　NHK出版　2004.4　p237-246
◎参考文献「大学生の職業意識とキャリア教育」（谷内篤博）　勁草書房　2005.7　p1-5b
◎参考文献ほか「大学生が変わる」（新村洋史）　新日本出版社　2006.6　p241-250
◎引用文献「大学生の進路選択と時間的展望―縦断的調査にもとづく検討」（都筑学）　ナカニシヤ出版　2007.2　p161-164

大学政策
◎参考文献「戦後大学政策の展開　新版」（黒羽亮一）　玉川大学出版部　2001.1　p287-293

大学制度
◎註「近代日本大学制度の成立」（中野実）　吉川弘文館　2003.10　prr

大学図書館
◎引用文献「デジタル時代の大学と図書館　21世紀における学術情報資源マネジメント」（B. L. ホーキンスほか）　玉川大学出版部　2002.3　p337-354
◎参考文献「図書館利用教育ハンドブック　大学図書館版」（日本図書館協会図書館利用教育委員会）　日本図書館協会　2003.3　p197-202
◎注ほか「変わりゆく大学図書館」（逸村裕ほか）　勁草書房　2005.7　prr
◎参考文献「知っておきたい大学図書館の仕事」（大学図書館の仕事制作委員会）　エルアイユー　2006.4　prr

大学年史
○目録「大学基準協会会報　83」（大学基準協会）　2001.11　p149-174

大学評価
◎参考文献「大学は生まれ変われるか―国際化する大学評価のなかで」（喜多村和之）　中央公論新社　2002.3　p175-179
◎文献「大学評価ハンドブック」（A. I. フローインスティン）　玉川大学出版部　2002.9　p181-190

大活字本
○「大活字本目録　平成18年度版　書名順」　調布市立図書館　2006.10　43p A4

大化改新
◎参考文献「偽りの大化改新」（中村修也）　講談社　2006.6　p236-238

代官
◎参考文献「幕府の地域支配と代官」（和泉清司）　同成社　2001.10　p269-271
◎参考文献「幕府の地域支配と代官」（和泉清司）　同成社　2002.4　p269-271
◎参考引用文献「代官の日常生活―江戸の中間管理職」（西沢淳男）　講談社　2004.11　p232-238
◎論文「江戸の転勤族―代官所手代の世界」（高橋章則）　平凡社　2007.7　p267-268

大気
◎参考文献「大気科学とその周辺」（田中浩）　現代図書　2004.2　p601-615

大気汚染
◎参考文献「煙が水のように流れるとき」（D. デイヴィス）　ソニー・マガジンズ　2003.12　22pb

代議士
◎文献リスト「昭和の代議士」（楠精一郎）　文藝春秋　2005.1　p205-207
◎文献ほか「大政翼賛会に抗した40人―自民党源流の代議士たち」（楠精一郎）　朝日新聞社　2006.7　p241-245

大逆事件
　◎参考文献「小説大逆事件」（佐木隆三）　文藝春秋　2001.1　p401-402
　◎注文献「「帝国」の文学　戦争と「大逆」の間」（絓秀実）　以文社　2001.7　p343-360
　◎参考文献「松本平からみた大逆事件」（小松芳郎）　信毎書籍出版センター　2001.11　p163-166

大業雑記
　◎引用文献「大業雑記の研究」（中村裕一）　汲古書院　2005.11　p529-536

太極拳
　◎文献「現代太極拳攷—自分を開く」（高橋清治）　TK出版　2002.12　p513-516
　◎文献「気功・太極拳」（班目健夫）　金芳堂　2007.8　p124-125

大工
　◎参考文献「大工魂　匠の技と心意気」（前場幸治）　冬青社　2001.10　2pb

大工道具
　◎参考文献「大工道具から世界が見える—みんなで語ろう建築・民俗・歴史そして文化」（西和夫ほか）　五月書房　2001.3　p209-214
　◎参考文献「日本建築技術史の研究—大工道具の発達史」（渡邉晶）　中央公論美術出版　2004.2　p405-413
　◎参考文献「大工道具の日本史」（渡邉晶）　吉川弘文館　2004.11　p204-206

体験学習
　◎参考文献「社会科における役割体験学習論の構想」（井門正美）　NSK出版　2002.2　p349-360

体験過程療法
　◎文献「主体感覚とその賦活化—体験過程療法からの出発と展開」（吉良安之）　九州大学出版会　2002.11　p177-181
　○文献リスト（坂中正義）「福岡教育大学心理教育相談研究　9」（福岡教育大）　2005　p17-36
　○文献リスト（坂中正義）「福岡教育大学心理教育相談研究　10」（福岡教育大）　2006　p1-24
　○文献リスト（坂中正義）「福岡教育大学心理教育相談研究　11」（福岡教育大）　2007　p1-20

体験話法
　○文献一覧（鈴木康志）「言語と文化　16」（愛知大）　2007.1　p211-227

太鼓
　◎文献「日本の太鼓、アジアの太鼓」（山本宏子）　青弓社　2002.6　p241-243
　◎参考文献「入門日本の太鼓　民俗の伝統そしてニューウェーブ」（茂木仁史）　平凡社　2003.4　p196-199
　◎参考文献「太鼓という楽器」（小野美枝子）　浅野太鼓文化研究所　2005.3　p214-215

大航海時代
　◎文献「大航海時代と日本」（五野井隆史）　渡辺出版　2003.2　p174-175
　◎参考文献「大航海時代」（森村宗冬）　新紀元社　2003.9　p268-271

大黒天信仰
　◎参考引用文献「三面大黒天信仰」（三浦あかね）　雄山閣　2006.2　p220-223

第五福竜丸事件
　◎参考資料「ビキニ事件の真実　いのちの岐路で」（大石又七）　みすず書房　2003.7　p262-263
　◎引用参考文献「母と子でみるA34水爆ブラボー—3月1日ビキニ環礁・第五福竜丸」（豊崎博光ほか）　草の根出版会　2004.2　p141-143
　◎文献案内「隠されたヒバクシャ—検証＝裁きなきビキニ水爆被災」（高橋博子ほか）　凱風社　2005.6　p384-392

大斎院御集
　◎文献「大斎院前の御集注釈」（石井文夫, 杉谷寿郎）　貴重本刊行会　2002.9　p505-510
　◎参考文献「大斎院御集全注釈」（石井文夫ほか）　新典社　2006.5　p296-302

第三世界
　◎参考文献「第三世界の政治—パレスチナ問題の展開〔新版〕」（高橋和夫）　放送大学教育振興会　2001.3　p335-338

第三帝国
　○notes「第三帝国と音楽家たち　歪められた音楽」（M. H. ケイター）　アルファベータ　2003.6　p346-277
　◎文献資料リスト「虚構のナチズム—「第三帝国」と表現文化」（池田浩士）　人文書院　2004.4　p397-380
　◎参考文献「第三帝国の要塞—第二次世界大戦におけるドイツの防衛施設および防衛体制」（J. E. カウフマンほか）　大日本絵画　2006.8　p349-351

胎児
　◎参考文献「胎児の複合汚染—子宮内環境をどう守る」（森千里）　中央公論新社　2002.4　p204-201
　◎参考文献「11時間—お腹の赤ちゃんは「人」ではないのですか」（江花優子）　小学館　2007.7　2pb

体脂肪
　◎文献「肥満は万病のもと—体脂肪を知る」（今川正良）　丸善　2001.3　p101-103

大衆演芸
　◎参考資料「寄席の人たち—現代寄席人物列伝」（秋山真志）　創美社　2007.4　p317-318

大衆演劇
　◎参考文献「浅草フランス座の時間」（井上ひさし, こまつ座）　文春ネスコ　2001.1　p252-253

大衆芸能
　◎引用参考文献「中世の旅芸人—奇術師・詩人・楽士」（W. ハルトゥング）　法政大出版局　2006.11　p11-26b

大衆娯楽
　◎参考文献「大衆娯楽と文化」（関口進）　学文社　2001.12　prr
　◎文献「デジタル・カルチャー—大衆娯楽のコンテンツをめぐって」（アンドリュー・ダーリー）　晃洋書房　2002.5　p296-306

大衆紙
　◎参考文献「大衆紙の源流—明治期小新聞の研究」（土屋礼子）　世界思想社　2002.12　p284-277

大衆児童文学
- ○書誌（根本正義）「東京学芸大学紀要　第二部門　人文科学　54」（東京学芸大）　2003.2　p283-300

大衆社会
- ◎参考文献「大衆社会　20世紀」（読売新聞）　中央公論新社　2002.2　p295-297
- ◎文献一覧「大衆社会とデモクラシー―大衆・階級・市民」（山田竜作）　風行社　2004.11　p10-26b

大衆小説
- ◎参照文献ほか「アメリカ大衆小説の誕生　1850年代の女性作家たち」（進藤鈴子）　彩流社　2001.11　p13-27b
- ◎年表「真珠夫人　注解・考説編」（菊池寛研究会）　翰林書房　2003.8　p222-223
- ◎「大衆小説・文庫〈解説〉名作選―あらすじ付」（斎藤慎爾）　メタローグ　2004.12　301p A5

大衆心理
- ◎References「マス・オーディエンスの未来像―情報革命と大衆心理の相剋」（W. R. ニューマン）　学文社　2002.8　p291-305

大衆文学
- ◎年譜・著作目録（田辺貞夫）「大衆文学論」（尾崎秀樹）　講談社　2001.5　p471-485

対称
- ◎参考文献「なぜこの方程式は解けないか?―天才数学者が見出した「シンメトリー」の秘密」（M. リヴィオ）　早川書房　2007.1　p374-400
- ◎参考文献「対称性からの群論入門」（M. A. アームストロング）　シュプリンガー・ジャパン　2007.11　p207-208

対象関係論
- ◎参照文献「内的世界と外的現実―対象関係論の応用」（O. F. カーンバーグ）　文化書房博文社　2002.4　p433-448

大正期美術
- ◎文献資料一覧「大正期新興美術資料集成」（五十殿利治ほか）　国書刊行会　2006.12　p6-35b

大正琴
- ◎文献「大正琴図鑑」（金子敦子）　全音楽譜出版社　2003.7　p215-217

大乗止観法門
- ◎参考文献「『大乗止観法門』の研究」（松田未亮）　山喜房仏書林　2004.5　p520-540

大正時代
- ◎参考文献「大正期日本外交における中国認識―日貨排斥運動とその対応を中心に」（沈海濤）　雄山閣出版　2001.8　p178-186
- ◎「大正文芸書集成総目録」（早稲田大学図書館）　早稲田大学図書館　2002.3　217p B5
- ◎参考文献「政党政治と天皇―日本の歴史　22」（伊藤之雄）　講談社　2002.9　p385-390
- ◎参考文献「大正社会と改造の潮流　日本の時代史24」（季武嘉也）　吉川弘文館　2004.5　p291-304
- ◎参考文献「政党内閣制の成立一九一八～二七年」（村井良太）　有斐閣　2005.1　p325-346
- ◎注「大正デモクラシーの時代と貴族院」（西尾林太郎）　成文堂　2005.2　prr
- ◎参考文献「大正ロマン東京人の楽しみ」（青木宏一郎）　中央公論新社　2005.5　p323-324
- ◎参考文献「「敗者」の精神史　上」（山口昌男）　岩波書店　2005.6　p443-458
- ◎参考文献「大正デモクラシー　改版」（今井清一）　中央公論新社　2006.7　p566-573
- ◎参考引用文献「大正・昭和前期　近代日本政治史2」（黒川貢三郎ほか）　南窓社　2006.10　prr
- ◎参考文献「大正デモクラシーの政治経済学」（望月和彦）　芦書房　2007.1　p263-271
- ◎参考文献「大正デモクラシー」（成田龍一）　岩波書店　2007.4　p9-14b
- ◎参考文献「大帝没後―大正という時代を考える」（長山靖生）　新潮社　2007.7　p203-205

対称性
- ◎文献「イメージの現象学―対称性の破れと知覚のメカニズム」（ジュゼッペ・カリオーティ）　白揚社　2001.6　p169-171

大正知識人
- ◎注文献「消費される恋愛論　大正知識人と性」（菅野聡美）　青弓社　2001.8　prr

大正文化
- ◎参考文献「大正文化帝国のユートピア―世界史の転換期と大衆消費社会の形成」（竹村民郎）　三元社　2004.2　p262-268

大正文学史
- ◎参考文献・年表「大正文学史」（上田博ほか）　晃洋書房　2001.11　p250-255

退職
- ◎参考文献「辞めてはいけない―キーワードで読むリストラ」（中森勇人）　岩波書店　2002.9　p7-8b

退職金
- ◎文献「退職給付の財務報告―利害調整と信頼性付与の構造」（中村文彦）　森山書店　2003.10　p265-295
- ◎参考文献「年金会計とストック・オプション」（伊藤邦雄ほか）　中央経済社　2004.12　p220-222

退職年金
- ◎参考文献「年金ALMとリスク・バジェッティング　シリーズ年金マネジメント3」（田中周二ほか）　朝倉書店　2004.3　p177-179
- ◎参考文献「年金資産運用　シリーズ年金マネジメント2」（田中周二ほか）　朝倉書店　2004.3　p247-251

対人援助
- ◎文献「対人援助とコミュニケーション―主体的に学び、感性を磨く」（諏訪茂樹）　中央法規出版　2001.9　p206-207

対人葛藤
- ◎引用文献「満たされない自己愛　現代人の心理と対人葛藤」（大渕憲一）　筑摩書房　2003.4　p208-210

対人関係
- ◎引用文献「対人ストレス過程における対人ストレスコーピング」（加藤司）　ナカニシヤ出版　2007.2　p233-277

対人恐怖
- ◎参考文献「対人恐怖・強迫観念から脱出する方法―全人的自己肯定、正の攻撃心、自我確立を中心として」（清野宗佐）　日本図書刊行会　2001.4　p253-255
- ◎参考文献「社会不安障害とシャイネス―発達心理学と神経科学的アプローチ」（L. A. シュミットほか）　日本評論社　2006.9　prr
- ◎文献「青年期の対人恐怖―自己試練の苦悩から人格成熟へ」（福井康之）　金剛出版　2007.1　p229-241

耐震構造
- ◎参考文献「性能規定型耐震設計―現状と課題」（日本地震工学会）　鹿島出版会　2006.6　p237-245
- ◎引用文献「目でみる木造住宅の耐震性」（宮澤健二）　東洋書店　2007.1　p323-326
- ◎参考文献「考え方・進め方建築耐震・設備耐震―Q&A」（建築耐震研究会）　オーム社　2007.3　p211-216

対人情報処理
- ◎引用文献「情緒的対人情報処理と内的ワーキングモデル」（久保恵）　風間書房　2003.2　p145-150

対人心理
- ◎参考文献「反常識の対人心理学」（相川充）　NHK出版　2001.12　p218-219
- ◎引用文献「対面場面の心理的過程―分類的観点からの接近」（中村陽吉）　ブレーン出版　2002.7　prr

代数学
- ◎参考文献「代数学とは何か」（I. R. シャファレヴィッチ）　シュプリンガー・フェアラーク東京　2001.7　p340-350
- ◎文献「代数学の基本定理」（Gerhard Rosenberger, Benjamin Fine）　共立出版　2002.2　p238-240

代数幾何
- ◎文献ノート「幾何的モデル理論入門―モデル理論の代数，数論幾何への応用」（板井昌典）　日本評論社　2002.9　p270-277

大政翼賛会
- ◎注文献「大政翼賛会　国民動員をめぐる相剋」（G. M. バーガー）　山川出版社　2001.10　p257-290
- ◎文献ほか「大政翼賛会に抗した40人―自民党源流の代議士たち」（楠精一郎）　朝日新聞社　2006.7　p241-245

堆積
- ◎文献「堆積学―新しい地球科学の成立」（岡田博有）　古今書院　2002.5　p178-213
- ◎文献「堆積学の潮流―地球科学の基礎分野」（岡田博有）　古今書院　2006.7　p158-168

体操
- ◎文献「男子体操競技―その成立と技術の展開」（市場俊之）　中央大学出版部　2005.9　p319-324

大蔵経
- ○研究文献目録（野沢佳美）「東洋史論集　15」（立正大）　2003　p19-34
- ◎「南伝大蔵経総目録―パーリ原典対照」（大蔵出版編集部）　大蔵出版　2004.4　9, 616p B6
- ◎「後水尾法皇下賜正明寺蔵初刷『黄檗版大蔵経』目録」（佛教大学総合研究所）　佛教大総合研究所　2004.12　269, 10p B5
- ◎「大正新脩大蔵経総目録」（大蔵出版編集部）　大蔵出版　2007.9　542p A5

胎蔵図像
- ◎文献「胎蔵図像の研究」（八田幸雄）　法蔵館　2002.2　p226」

タイ族
- ◎引用文献「文化の政治と生活の詩学―中国雲南省徳宏タイ族の日常的実践」（長谷千代子）　風響社　2007.12　p347-366

代替医療
- ◎参考文献「代替医療―効果と利用法」（蒲原聖可）　中央公論新社　2002.8　p194-193
- ◎文献「「がんに効く」民間療法のホント・ウソ―補完代替医療を検証する」（住吉義光ほか）　中央法規出版　2007.7　p223-228

タイタニック号
- ◎参考文献「なぜタイタニックは沈められたのか」（R. ガーディナー）　集英社　2003.1　p358-356

大智度論
- ◎参考文献「大智度論の研究」（武田浩学）　山喜房仏書林　2005.10　p399-408

対中東戦略
- ◎参考文献「冷戦下・ソ連の対中東戦略」（ガリア・ゴラン）　第三書館　2001.7　p480-488

体調予報
- ◎参考文献「体調予報―天気予報でわかる翌日のからだ」（河合薫）　講談社　2001.2　p184-185

大東亜共栄圏
- ◎参考文献「大東亜共栄圏　20世紀」（読売新聞社）　中央公論新社　2001.9　p241-245
- ◎書籍一覧「大東亜共栄圏の時代―興亜を目指した日本とアジアの歴史」（エス・ビー・ビー）　政治・経済研究会　2006.5　p616-621

大道芸
- ◎文献「望郷子守唄―バナちゃん節のルーツを探る」（松永武）　海鳥社　2005.10　p173-176

大東文化大学
- ○分類目録（山口謠司）「大東文化大学漢学会誌　46」（大東文化大）　2007.3　p217-246

大同薬室
- ◎「大同薬室文庫蔵書目録」（内藤記念くすり博物館）　同博物館　2001.3　510p A4

大統領
- ◎参考文献「大統領とメディア」（石沢靖治）　文藝春秋　2001.2　p204-206
- ◎参考文献「韓国歴代大統領とリーダーシップ」（金浩鎮）　柘植書房新社　2007.12　p372-379

台所
- ◎参考文献「台所空間学事典―女性たちが手にしてきた台所とそのゆくえ」（北浦かほるほか）　彰国社　2002.4　p191-193
- ◎引用文献ほか「キッチンスペシャリストハンドブック　改訂新版」　インテリア産業協会　2007.3　p349-351

タイトル
◎文献案内「タイトルの魔力　作品・人名・商品のなまえ学」（佐々木健一）　中央公論新社　2001.11　p274-299

第二言語習得
◎参考文献「日本語教育に生かす第二言語習得研究」（迫田久美子）　アルク　2002.2　p221-227
◎参考文献「第2言語習得のメカニズム」（R. エリス）　筑摩書房　2003.4　p218-238
◎文献一覧「文献から見る第二言語習得研究」（JACET SLA研究会）　開拓社　2005.7　p268-295

第二言語喪失
○文献（富山真知子, 山本貴美枝）「教育研究　国際基督教大学学報　1-A　国際基督教大学学報　01　A 44」（国際基督教大）　2002.3　p177-187

第二次世界大戦
◎参考文献「第二次世界大戦　現代世界への転換点」（木畑洋一）　吉川弘文館　2001.2　p205-207
◎注文献「敗北を抱きしめて―第二次大戦後の日本人　上」（J. ダワー）　岩波書店　2001.3　p373-400
◎参考文献「捕虜―誰も書かなかった第二次大戦ドイツ人虜囚の末路」（P. カレル, G. ベデカー）　学習研究社　2001.11　p1-6b
◎参考文献「総力戦と女性兵士」（佐々木陽子）　青弓社　2002.2　p179-186
◎文献目録「諜報戦争―語られなかった第二次世界大戦」（W. B. ブロイアー）　主婦の友社　2002.10　p383-372
◎文献「電撃戦という幻　下」（K. H. フリーザー）　中央公論新社　2003.2　p305-324
◎参考文献「軍需産業と女性労働　第二次世界大戦下の日米比較」（佐藤千登勢）　彩流社　2003.3　p9-30b
◎参考文献「ノルウェーと第二次世界大戦」（J. Andenaesほか）　東海大学出版会　2003.5　p197-193
◎参考文献「カナダの旗の下で―第二次世界大戦におけるカナダ軍の戦い」（D. J. バーカソン）　彩流社　2003.8　p23-27b
◎文献「ベルリン陥落1945」（A. ビーヴァー）　白水社　2004.8　p13-24b
◎参考文献「無条件降伏は戦争をどう変えたか」（吉田一彦）　PHP研究所　2005.1　p246-251
◎参考資料「日本・欧米間、戦時下の旅―第二次世界大戦下、日本人往来の記録」（泉孝英）　淡交社　2005.8　p360-371
◎参考文献「母さんもう一度会えるまで―あるドイツ少年兵の記録」（W. ティレマンほか）　毎日新聞社　2005.8　p315-317, 334-335
◎参考文献ほか「救出への道―シンドラーのリスト・真実の歴史」（M. ペンバー）　大月書店　2007.1　p1-6b
◎参考文献「大空襲と原爆は本当に必要だったのか」（A. C. グレイリング）　河出書房新社　2007.2　p422-419
◎文献「完全分析独ソ戦史―死闘1416日の全貌」（山崎雅弘）　学習研究社　2007.3　p372-382
◎参考文献「Uボート戦士列伝―激戦を生き抜いた21人の証言」（M. ウィギンズ）　早川書房　2007.4　p296-299
◎参考文献「第二次世界大戦と日独伊三国同盟―海軍とコミンテルンの視点から」（平間洋一）　錦正社　2007.5　p338-360
◎文献「ヘルマン・ゲーリング戦車師団史　下」（F. クロヴスキー）　大日本絵画　2007.8　p272-278

対日政策
◎資料目録「中国国民政府の対日政策―1931-1933」（鹿錫俊）　東京大学出版会　2001.1　p263-270
◎参考文献・年表「米国の対日政策―覇権システムと日米関係　改訂版」（川上高司）　同文舘出版　2001.12　p299-304

第二地方銀行協会
◎文献「第二地方銀行協会50年史」（第二地方銀行協会）　第二地方銀行協会　2002.3　p1-3b

第二氷川丸
◎参考文献「海軍病院船はなぜ沈められたか　第二氷川丸の船跡」（三神国隆）　芙蓉書房出版　2001.8　p312-317

タイノ人
◎参考文献「タイノ人―コロンブスが出会ったカリブの民」（I. ラウス）　法政大学出版局　2004.12　p22-36b

体罰史
◎参照文献「イギリス学校体罰史―「イーストボーンの悲劇」とロック的構図」（寺崎弘昭）　東京大学出版会　2001.12　p285-295

大般若経
◎参考文献「水主神社所蔵大般若波羅蜜多経調査報告書」（東かがわ市歴史民俗資料館）　東かがわ市歴史民俗資料館　2005.3　p104-105
◎「奈良県所在近世の版本大般若経調査報告書　資料篇」（奈良県教育委員会事務局文化財保存課）　奈良県教育委員会　2005.3　559p　A4

堆肥
◎参考文献「生ごみ堆肥リサイクル」（岩田進午, 松崎敏英）　家の光協会　2001.6　p223-225

台風
◎参考文献「諸国洪水・川々満水―カスリーン台風の教訓」　葛飾区郷土と天文の博物館　2007.3　p144」

タイプフェイス
◎文献「タイプフェイスの法的保護と著作権」（大家重夫）　成文堂　2000.8　p226-234

太平記
◎参考文献「太平記の時代　日本の歴史11」（新田一郎）　講談社　2001.9　p342-346
◎参考文献「太平記―鎮魂と救済の史書」（松尾剛次）　中央公論新社　2001.10　p165-168
◎書誌解題「太平記と古活字版の時代」（古秋元段）　新典社　2006.10　p241-321
◎参考文献「完訳太平記　4」（鈴木邑）　勉誠出版　2007.3　p443-445

太平記秘伝理尽鈔
◎研究文献目録「太平記秘伝理尽鈔　2」（今井正之助ほか）　平凡社　2003.11　p393-411

太平広記
◎参考文献「訳注太平広記婦人部」（塩卓悟ほか）　汲古書院　2004.7　p325-346

太平天国
◎参考文献「太平天国にみる異文化受容」（菊池秀明）　山川出版社　2003.6　p89-90

太平洋

- ◎引用文献「太平洋のラスプーチン ヴィチ・カンパニ運動の歴史人類学」(春日直樹) 世界思想社 2001.2 p477-462
- ◎参考文献「APEC早期自由化協議の政治過程—共有されなかったコンセンサス」(岡本次郎) アジア経済研究所 2001.12 p367-382
- ◎「財団法人アジア太平洋センター図書目録 2001」(アジア太平洋センター) アジア太平洋センター 2002.7 84p A4
- ◎引用文献「窮乏の民族誌—中部太平洋・キリバス南部環礁の社会生活」(風間計博) 大学教育出版 2003.2 p312-325
- ◎「財団法人アジア太平洋センター図書目録 2002」(アジア太平洋センター) アジア太平洋センター 2003.7 76p A4
- ◎参考文献「ヨーロッパからみた太平洋」(山中速人) 山川出版社 2004.4 p87-89
- ◎参考文献「自然環境保全における住民参加—熱帯沿岸における海洋保護区を例に」(中谷誠治) 国際協力機構 2004.7 p115-128
- ◎参考文献「太平洋—開かれた海の歴史」(増田義郎) 集英社 2004.12 p235-236
- ◎参考文献「太平洋世界の文化とアメリカ—多文化主義・土着・ジェンダー」(瀧口佳子) 彩流社 2005.2 prr
- ◎参考文献「サンフランシスコ平和条約の盲点—アジア太平洋地域の冷戦と「戦後未解決の諸問題」」(原貴美恵) 渓水社 2005.6 p320-306

太平洋 経済

- ◎参考文献「アジア太平洋経済入門」(山沢逸平) 東洋経済新報社 2001.12 p223-229
- ◎参照文献「太平洋経済圏の生成 第3集」(小島清) 文眞堂 2001.9 p268-277

太平洋戦争

- ◎参考文献「〈玉砕〉の軍隊、〈生還〉の軍隊—日米兵士が見た太平洋戦争」(河野仁) 講談社 2001.1 p277-283
- ◎参考文献「雷撃震度19.5 伊号58号対米重巡インディアナポリス」(池上司) 文藝春秋 2001.1 p396-397
- ◎参考文献「戦時議会 日本歴史叢書」(古川隆久) 吉川弘文館 2001.2 p264-268
- ◎参考文献「太平洋戦争と朝日新聞 戦争ジャーナリズムの研究」(早瀬貫) 新人物往来社 2001.4 p446-450
- ◎参考文献「日本の「戦争責任」とは何か」(高濱賛) アスキー 2001.5 p241-246
- ◎参考文献「潜水艦隊」(井浦祥三郎) 学習研究社 2001.6 p446-448
- ◎参考文献「一九四五年夏最後の日ソ戦」(中山隆志) 中央公論新社 2001.7 p262-267
- ◎参考文献「死闘の本土上空 B29対日本空軍」(渡辺洋二) 文藝春秋 2001.7 p470-473
- ◎参考文献「真珠湾の日」(半藤一利) 文藝春秋 2001.7 3pb
- ◎参考文献「特攻へのレクイエム」(工藤雪枝) 中央公論新社 2001.7 p221-222
- ◎参考文献「日米開戦の真実—パール・ハーバーの陰謀」(新井喜美夫) 講談社 2001.7 p236-238
- ◎参考文献「なぜ日本は敗れたのか 太平洋戦争六大決戦を検証する」(秦郁彦) 洋泉社 2001.8 p282-284
- ◎「戦争に強くなる本 入門・太平洋戦争—どの本を読み、どんな知識を身につけるべきか」(林信吾) 経済界 2001.8 254p 46s
- ◎「戦争に強くなる本—入門・太平洋戦争」(林信吾) 経済界 2001.8 254p B6
- ◎参考文献「指揮官の決断 その一瞬が勝敗を分けた」(三野正洋) 新潮社 2001.9 p261-263
- ◎参考文献「太平洋戦争と十人の提督 下」(奥宮正武) 学習研究社 2001.9 p338-340
- ◎参考文献「大東亜共栄圏 20世紀」(読売新聞社) 中央公論新社 2001.9 p241-245
- ◎推薦図書「大東亜戦争の夢」(三好誠) 国書刊行会 2001.9 2pb
- ◎訳者解題(内山秀夫ほか)「敵国日本 太平洋戦争時、アメリカは日本をどう見たか?」(H.バイアス) 刀水書房 2001.9 p183-215
- ◎参考文献「20世紀太平洋戦争」(読売新聞20世紀取材班) 中央公論新社 2001.10 p284-290
- ◎文献「ゼロ戦—もっとも美しかった戦闘機、栄光と凋落」(碇義朗) 光人社 2001.10 p243-244
- ◎文献リスト「沖縄戦 国土が戦場になったとき 新装版」(藤原彰) 青木書店 2001.10 p159-161
- ◎参考文献「ぼくたちは10歳から大人だった—オランダ人少年抑留と日本文化教科書に書かれなかった戦争 part 37」(ハンス・ラウレンツ・ズヴィッツァー) 梨の木舎 2001.11 p53-61b
- ◎参考資料「神風 KAMIKAZE」(石丸元章) 飛鳥新社 2001.11 2pb
- ◎参考文献「特攻の真実 命令と献身と遺族の心」(深堀道義) 原書房 2001.11 p369-370
- ◎参考文献「なぜ太平洋戦争になったのか 西洋のエゴイズムに翻弄された日本の悲劇」(北原淳) TBSブリタニカ 2001.12 p225-233
- ◎参考文献「沖縄戦と民衆」(林博史) 大月書店 2001.12 p1-30b
- ◎参考文献「学童疎開」(内藤幾次) 同成社 2001.12 p177-179
- ◎参考文献「忘れられた戦争責任—カーニコバル島事件と台湾人軍属」(木村宏一郎) 青木書店 2001.12 p335-340
- ◎参考文献「遺された者の暦—魚雷艇学生たちの生と死」(北井利治) 元就出版社 2002.3 p189-191
- ◎参考文献「戦争の日本近現代史—征韓論から太平洋戦争まで」(加藤陽子) 講談社 2002.3 prr
- ◎参考文献「大東亜戦争を考える—戦争の歴史検証 下 改訂新版」(中村一男) 未来文化社 2002.3 p355-364
- ◎文献一覧「日・中・韓の歴史認識」(浦野起央) 南窓社 2002.3 p325-356
- ◎文献「昭和天皇の軍事思想と戦略」(山田朗) 校倉書房 2002.6 p384-393
- ◎参考文献解説「太平洋戦争」(家永三郎) 岩波書店 2002.7 p431-445
- ◎参考文献「戦下のレシピ—太平洋戦争下の食を知る」(斎藤美奈子) 岩波書店 2002.8 p6-8b
- ◎参考文献「幻の高高度戦闘機キ94—B29迎撃機の開発秘録」(山﨑明夫) 三樹書房 2002.9 p242-243
- ◎参考文献「大東亜戦とインドネシア—日本の軍政」(加藤裕) 朱鳥社 2002.9 6pb

◎参考文献「21世紀のひめゆり」（小林照幸）　毎日新聞社　2002.11　p403-408
◎参考文献「幻の大戦果―大本営発表の真相」（辻泰明ほか）　NHK出版　2002.11　p228-229
◎参考文献「昭和天皇と戦争―皇室の伝統と戦時下の政治・軍事戦略」（P. ウエッツラー）　原書房　2002.11　p333-318
◎註「無能だって？ それがどうした？ 能力の名による差別の社会を生きるあなたに」（彦坂諦）　梨の木舎　2002.11　prr
◎文献「オーストラリア日系人強制収容の記録―知られざる太平洋戦争」（永田由利子）　高文研　2002.12　p234-237
◎注「女性キリスト者と戦争」（富坂キリスト教センター）　行路社　2002.12　prr
◎注「台湾の「大東亜戦争」―文学・メディア・文化」（藤井省三ほか）　東京大学出版会　2002.12　prr
◎参考文献「なぜ都市が空襲されたのか」（永沢道雄）　光人社　2003.1　p238-239
◎参考文献「マレーシア人の太平洋戦争―この戦争は彼らにとって何であったか」（渡辺正俊）　東京図書出版会　2003.1　p233-237
◎参考文献「暗号名はマジック　太平洋戦争が起こった本当の理由」（小松啓一郎）　KKベストセラーズ　2003.1　p330-343
◎参考文献「昭和天皇の十五年戦争　新装版」（藤原彰）　青木書店　2003.1　p183-189
◎参考資料「あなたの町で戦争があった―岩手の空襲・艦砲射撃」（加藤昭雄）　熊谷印刷出版部　2003.4　p307-309
◎引用文献「ねじ曲げられた桜―美意識と軍国主義」（大貫恵美子）　岩波書店　2003.4　p523-557
◎文献「教科書に書かれなかった戦争 pt.30 ヨーロッパがみた日本・アジア・アフリカ―フランス植民地主義というプリズムをとおして 改訂版」（海原峻）　梨の木舎　2003.4　p276-278
◎文献「鞍山・満洲終戦前後日録―1945.1.1-1946.12.31」（池田拓司）　池田拓司　2003.5　p1-11b
◎参考文献「陸軍燃料廠―太平洋戦争を支えた石油技術者たちの戦い」（石井正紀）　光人社　2003.5　p321-323
◎文献「帰ってきた日章旗―ある二等兵の足跡・太平洋戦争再考」（いのうえせつこ）　新評論　2003.7　p203-205
◎参考文献「国民学校の子どもたち―戦時下の「神の国」教育」（坪内広清）　彩流社　2003.7　p195-196
◎文献「真珠湾への道―開戦・避戦9つの選択肢」（大杉一雄）　講談社　2003.7　p533-542
◎主要参考文献「運命の夜明け―真珠湾攻撃全真相」（森史朗）　光人社　2003.8　p478-482
◎文献「日・米・英「諜報機関」の太平洋戦争―初めて明らかになった極東支配をめぐる「秘密工作活動」」（R. オルドリッチ）　光文社　2003.8　p396-417
◎文献「土壇場における人間の研究―ニューギニア闇の戦跡」（佐藤清彦）　芙蓉書房　2003.10　p367-370
◎参考文献「証言太平洋戦争下の慶應義塾」（白井厚ほか）　慶応義塾大学出版会　2003.11　p316-317
◎文献「日本占領とビルマの民族運動―タキン勢力の政治的上昇」（武島良成）　龍渓書舎　2003.11　p243-260

◎参考文献「敗戦の教訓―太平洋戦争から何を学ぶか」（佐藤毅）　河出書房新社　2003.12　p310-313
◎注「太平洋戦争と石油―戦略物資の軍事と経済」（三輪宗弘）　日本経済評論社　2004.1　prr
◎参考文献「日本軍と戦争マラリア―沖縄戦の記録」（宮良作）　新日本出版社　2004.2　p195-198
◎参考文献「元気で命中に参ります―遺書からみた陸軍航空特別攻撃隊」（今井健嗣）　元就出版社　2004.3　p375-379
◎参考文献「大東亜会議の真実―アジアの解放と独立を目指して」（深田祐介）　PHP研究所　2004.3　p303-316
◎参考文献「破壊された日本軍機―TAIU（米航空技術情報部隊）の記録・写真集」（R. C. ミケシュ）　三樹書房　2004.4　p198-199
◎註「記憶としてのパールハーバー」（細谷千博ほか）　ミネルヴァ書房　2004.5　p441-534
◎参考文献「大日本帝国の崩壊　日本の時代史25」（山室建徳）　吉川弘文館　2004.6　p261-268
◎文献「戦争と移民の社会史―ハワイ日系アメリカ人の太平洋戦争」（島田法子）　現代史料出版　2004.7　p298-311
◎参考文献「大東亜戦争は、アメリカが悪い」（鈴木敏明）　碧天舎　2004.7　p732-735
◎参考文献「特攻へのレクイエム」（工藤雪枝）　中央公論新社　2004.7　p265-266
◎参考資料「Kamikaze神風」（石丸元章）　文藝春秋　2004.8　p306-313
◎参考文献「ガイドブック杉並の戦争と平和」（すぎなみ平和のための戦争・原爆展実行委員会）　実行委員会　2004.8　p113-114
◎参考文献「金十丸、奄美の英雄伝説―戦火をくぐった疎開船の数奇な運命」（前橋松造）　南方新社　2004.8　p381-383
◎参考文献「不時着」（日高恒太朗）　新人物往来社　2004.8　p456-459
◎参考文献「連合軍捕虜の墓碑銘」（笹本妙子）　草の根出版会　2004.8　p277-282
◎参考文献「子どものころ戦争だった―昭和10年生まれ一少女の回想」（太田純子）　ノンブル社　2004.9　p299-306
◎文献「生き残った兵士の証言―極限の戦場に生きた人間の真実」（土井全二郎）　光人社　2004.9　p297-299
◎参考文献「帝国日本と総力戦体制―戦前戦後の連続とアジア」（小林英夫）　有志舎　2004.10　p215-225
◎参考文献「切手と戦争―もうひとつの昭和史」（内藤陽介）　新潮社　2004.11　p187-191
◎注「沖縄戦下の米日心理作戦」（大田昌秀）　岩波書店　2004.12　p341-348
◎参考文献「流言・投書の太平洋戦争」（川島高峰）　講談社　2004.12　p331-328
◎参考文献「軍国の女たち」（早川紀代）　吉川弘文館　2005.1　p225-228
◎参考文献「真珠湾攻撃気になる若干の事柄」（窪田明）　冬至書房　2005.1　p212-217
◎参考文献「消えた遺骨―フェザーストン捕虜収容所暴動事件の真実」（A. L. ツジモト）　芙蓉書房出版　2005.2　p214-215
◎参考文献「「特攻」と遺族の戦後」（宮本雅史）　角川書店　2005.3　p261-263

◎文献「宇佐海軍航空隊始末記─艦上攻撃機、艦上爆撃機のメッカの全貌」（今戸公徳）　光人社　2005.3　p397-399
◎参考文献「特別攻撃隊の記録　陸軍編」（押尾一彦）　光人社　2005.4　p218」
◎参考文献「日本軍の捕虜政策」（内海愛子）　青木書店　2005.4　p641-655
◎参考文献「世界史のなかの一九四五年　戦後日本占領と戦後改革　新装版1」（中村政則ほか）　岩波書店　2005.5　prr
◎参考文献「戦艦ミズーリに突入した零戦」（可知晃）　光人社　2005.5　p297-299
◎参考文献「日米戦争と戦後日本」（五百旗頭真）　講談社　2005.5　p285-288
◎文献「イアンフとよばれた戦場の少女」（川田文子）　高文研　2005.6　p267-270
◎参考文献「人間機雷「伏龍」特攻隊」（瀬口晴義）　講談社　2005.6　p227-229
◎参考資料「アジア・太平洋戦争史─同時代人はどう見ていたか」（山中恒）　岩波書店　2005.7　p641-654
◎情報源「カウントダウン、ヒロシマ」（S.ウォーカー）　早川書房　2005.7　p438-429
◎参考文献「シベリア・グルジア抑留記考─「捕虜」として、「抑留者」として」（清水昭三）　彩流社　2005.7　p229-232
◎参照引用文献「幻の終戦工作─ピース・フィーラーズ1945夏」（竹内修司）　文藝春秋　2005.7　p332-334
◎参考文献「戦後和解─日本は「過去」から解き放たれるのか」（小菅信子）　中央公論新社　2005.7　p222-215
◎参考文献「太平洋戦争とは何だったのか─1941～45年の国家、社会、そして極東戦争　普及版」（C.ソーン）　草思社　2005.7　p505-545
◎参考文献「南十字星に抱かれて─凛として死んだBC級戦犯の「遺言」」（福冨健一）　講談社　2005.7　p267-270
◎参考文献「日記に見る太平洋戦争　新装版」（杉村優）　文芸社　2005.7　p1-7b
◎文献「裂かれた大地─京都満州開拓民─記録なき歴史」（二松啓紀）　京都新聞出版センター　2005.7　p236-237
◎参考文献「マクロ経営学から見た太平洋戦争」（森本忠夫）　PHP研究所　2005.8　p426-428
◎「太平洋戦争図書目録　1995-2004」（日外アソシエーツ）　日外アソシエーツ　2005.8　712p A5
◎参考文献「帝国海軍軍令部─州子の戦争資料から」（児玉州子）　新風舎　2005.8　p76-77
◎参考文献「日本占領下のマラヤ1941-1945」（P.H.クラトスカ）　行人社　2005.8　p16-36b
◎参考文献「重爆特攻さくら弾機─大刀洗飛行場の放火事件」（林えいだい）　東方出版　2005.9　p285-286
◎参考文献「図説帝国海軍特殊潜航艇全史」（奥本剛）　学習研究社　2005.9　p344-349
◎参考文献「忘れられた大日本帝国1936─「太平洋戦争」でなく大東亜戦争だった」（井上嘉大）　英知出版　2005.9　p253-255
◎文献目録「シベリア強制抑留の実態─日ソ両国資料からの検証」（阿部軍治）　彩流社　2005.10　p625-636
◎参考文献ほか「年表太平洋戦争全史」（日置英剛）　国書刊行会　2005.10　p91-98b

◎引用参考文献「王道楽土の戦争　戦前・戦中篇」（吉田司）　NHK出版　2005.11　p281-285
◎参考文献「戦時下の箱根」（井上弘ほか）　夢工房　2005.11　p133-134
◎参考文献「錯覚の研究─学校で教えない太平洋戦争」（山尾信孝）　文藝春秋企画出版部　2005.12　p403-406
◎参考文献「太平洋戦争開戦の謎を解明─終戦60年タブー尾崎・ゾルゲ事件に挑み世界光明へ昇華」（池永孝）　竹林館　2005.12　p140-143
◎参考文献「大国の攻防─世界大戦における日ソ戦」（A.コーシキン）　大阪経済法科大　2005.12　p313-318
◎参考文献「延安リポート─アメリカ戦時情報局の対日軍事工作」（山本武利）　岩波書店　2006.2　p861-864
◎参考文献「学徒兵の精神誌─「与えられた死」と「生」の探求」（大貫恵美子）　岩波書店　2006.2　p1-6b
◎参考文献「アメリカの教科書に書かれた日本の戦争」（越田稜）　梨の木舎　2006.4　p371-376
◎参考文献「ざわわざわわの沖縄戦─サトウキビ畑の慟哭」（田村洋三）　光人社　2006.5　p250-252
◎文献「沖縄戦・渡嘉敷島「集団自決」の真実─日本軍の住民自決命令はなかった!」（曽野綾子）　ワック　2006.5　p327-329
◎参考図書「太平洋戦争─東京裁判…あれから60年」（茂田滄海）　近代文芸社　2006.5　p293-297
◎参考文献「20世紀の中のアジア・太平洋戦争　岩波講座アジア・太平洋戦争8」（倉沢愛子ほか）　岩波書店　2006.6　prr
◎参考文献「検証戦争責任　1」（読売新聞戦争責任検証委員会）　中央公論新社　2006.7　p335-345
◎参考文献「ラスト・ミッション─日米決戦終結のシナリオ」（J.B.スミス）　麗澤大出版会　2006.8　p519-525
◎引用参考文献「戦略爆撃の思想─ゲルニカ、重慶、広島」（前田哲男）　凱風社　2006.8　p578-592
◎参考文献「戦艦大和」（児島襄）　カゼット出版　2006.9　p536-539
◎参考文献「太平洋戦争　改版」（林茂）　中央公論新社　2006.9　p563-569
◎参考史資料「近衛師団参謀終戦秘史　2版」（森下智）〔森下智〕　2006.11　p326-328
◎引用参考文献「「聖断」虚構と昭和天皇」（纐纈厚）　新日本出版社　2006.12　p191-199
◎引用参考文献「あの日、火の雨の下にいた─私の横浜空襲」（加藤修弘）　社会評論社　2006.12　p257-260
◎参考文献「運命の夜明け─真珠湾攻撃全真相」（森史朗）　文藝春秋　2006.12　p553-558
◎参考文献「学徒兵の航空決戦─日本の名機とともに生きた青春」（佐々木晃）　光人社　2006.12　p335-341
◎参考文献「不時着─特攻─「死」からの生還者たち」（日高恒太朗）　文藝春秋　2006.12　p452-455
◎参考文献「報道写真と対外宣伝─十五年戦争期の写真界」（柴岡信一郎）　日本経済評論社　2007.1　p157-169
◎文献一覧「アメリカは忘れない─記憶のなかのパールハーバー」（E.S.ローゼンバーグ）　法政大出版局　2007.2　p296-278
◎参考資料「写真で伝える東京大空襲の傷あと・生き証人」（鈴木賢士）　高文研　2007.3　p170-171
◎参考文献「戦場に舞ったビラ─伝単で読み直す太平洋戦争」（一ノ瀬俊也）　講談社　2007.3　p274-275

◎参考文献「戦争の記憶を歩く 東南アジアのいま」（早瀬晋三） 岩波書店 2007.3 p215-216
◎参考文献「東京裁判の謎を解く—極東国際軍事裁判の基礎知識」（別宮暖朗ほか） 光人社 2007.3 p374-377
◎ブックガイド「「過去の克服」と愛国心 歴史と向き合う2」（朝日新聞取材班） 朝日新聞社 2007.4 p327-341
◎参考文献「風船爆弾秘話」（櫻井誠子） 光人社 2007.4 p253-255
◎参考文献「ぼくは毒ガスの村で生まれた。—あなたが戦争の落とし物に出あったら」（化学兵器CAREみらい基金） 合同出版 2007.5 p157-158
◎参考文献「英語を禁止せよ—知られざる戦時下の日本とアメリカ」（大石五雄） ごま書房 2007.5 p253-255
◎参考文献「女ひとり玉砕の島を行く」（笹幸恵） 文藝春秋 2007.5 p274-277
◎参考文献ほか「太平洋戦争と新聞」（前坂俊之） 講談社 2007.5 p418-439
◎参考文献「シンガポール華僑粛清—日本軍はシンガポールで何をしたのか」（林博史） 高文研 2007.6 p253-258
◎参考文献「復刻・戦ふ朝鮮」（宮田浩人） 新幹社 2007.6 p189-190
◎参考文献「アメリカ日系二世の徴兵忌避—不条理な強制収容に抗した群像」（森田幸夫） 彩流社 2007.7 p632-638
◎参考文献「シベリアに逝きし人々を刻す—ソ連抑留中死亡者名簿」（村山常雄） プロスパー企画 2007.7 p1039-1047
◎参考文献ほか「残留日本兵の真実—インドネシア独立戦争を戦った男たちの記録」（林英一） 作品社 2007.7 p347-361
◎参考文献ほか「世界を不幸にする原爆カード—ヒロシマ・ナガサキが歴史を変えた」（金子敦郎） 明石書店 2007.7 p338-346
◎引用参考文献「石油で読み解く「完敗の太平洋戦争」」（岩間敏） 朝日新聞社 2007.7 p234-237
◎参考文献「東アジアの終戦記念日—敗北と勝利のあいだ」（佐藤卓己ほか） 筑摩書房 2007.7 p246-252
◎参考文献「東京を爆撃せよ—米軍作戦任務報告書は語る 新版」（奥住喜重ほか） 三省堂 2007.7 p166-167
◎参考資料「日英蘭奇跡の出会い—海に眠る父を求めて」（鶴亀彰） 学習研究社 2007.7 p418-419
◎参考文献「日本の戦時下ジョーク集 太平洋戦争篇」（早坂隆） 中央公論新社 2007.7 p207-212
◎参考文献「硫黄島玉砕戦—生還者たちが語る真実」（NHK取材班） NHK出版 2007.7 p228」
◎参考文献「アジア・太平洋戦争」（吉田裕ほか） 吉川弘文館 2007.8 p308-318
◎参考文献「アメリカに問う大東亜戦争の責任」（長谷川熙） 朝日新聞社 2007.8 p188-195
◎参考文献「戦艦大和—生還者たちの証言から」（栗原俊雄） 岩波書店 2007.8 p1-3b
◎参考文献「ソ満国境1945」（土井全二郎） 光人社 2007.9 p261-263
◎参考文献ほか「マリアナ沖海戦—母艦搭乗員激闘の記録」（川崎まなぶ） 大日本絵画 2007.11 p294-295

◎引用参考文献「境界線上の市民権—日米戦争と日系アメリカ人」（村川庸子） 御茶の水書房 2007.11 p39-82b
◎参考文献「戦時体制下の語られざる技術者たち」（本山聡毅） 鳥影社 2007.11 p327-349
◎「「戦争」に強くなる本—入門・アジア太平洋戦争」（林信吾） 筑摩書房 2007.12 276p A6
◎参考文献（河田明久）「戦争と美術—1937-1945」（針生一郎ほか） 国書刊行会 2007.12 p272-269

大本営
◎参考文献「松代大本営—学び・調べ・考えよう」（松代大本営の保存をすすめる会） 平和文化 2002.10 p64」
◎参考文献「幻の大戦果—大本営発表の真相」（辻泰明ほか） NHK出版 2002.11 p228-229

大麻
◎参考文献「大麻の文化と科学—この乱用薬物を考える」（山本郁男） 広川書店 2001.2 p263-264

大名
◎参考文献「大名の財政」（長谷川正次） 同成社 2001.5 p267-268
◎参考文献「遊びをする将軍—踊る大名」（山本博文） 教育出版 2002.6 p186-189
◎参考文献「大名の暮らしと食」（江後迪子） 同成社 2002.11 p231-233
◎文献目録稿「近世薩摩における大名文化の総合的研究」（中山右尚ほか） 鹿児島大 2003.3 p9-91b
◎参考文献「参勤交代道中記 加賀藩史料を読む」（忠田敏男） 平凡社 2003.4 p294-297
◎文献目録ほか「近世大名家臣団の社会構造」（磯田道史） 東京大学出版会 2003.9 p381-394
◎資料「泥絵で見る大名屋敷」（平井聖ほか） 学習研究社 2004.2 p111」
◎注「江戸武家地の研究」（岩淵令治） 塙書房 2004.11 prr
◎参考文献「大名と百姓 改版 日本の歴史15」（佐々木潤之介） 中央公論新社 2005.10 p543-549
◎参考文献「大名と町衆の文化—江戸時代」（中村修也） 淡交社 2007.4 p106-107
◎参考文献「大名の旅—本陣と街道」（松戸市立博物館） 松戸市立博物館 2007.10 p78」

代名詞
◎文献「日本語指示体系の歴史」（李長波） 京都大学学術出版会 2002.5 p439-446
◎参考文献「一人称二人称と対話」（三輪正） 人文書院 2005.2 p178-184
◎参考文献「韓国語と日本語の指示詞の直示用法と非直示用法」（金善美） 風間書房 2006.11 p163-173

ダイヤモンド
◎参考文献「ダイヤモンド—輝きへの欲望と挑戦」（M.ハート） 早川書房 2002.8 p344-341
◎参考図書「ダイヤモンドの科学—美しさと硬さの秘密」（松原聰） 講談社 2006.5 p211-213

太陽
◎注文献「雑誌『太陽』と国民文化の形成」（鈴木貞美ほか） 思文閣出版 2001.7 prr

たいよう

太陽系
◎参考文献「太陽系の果てを探る—第十番惑星は存在するか」(渡部潤一) 東京大学出版会 2004.4 p8-14b

太陽光発電
◎文献「太陽光発電工学—太陽電池の基礎からシステム評価まで」(山田興一, 小宮山宏) 日経BP社 2002.10 各章末

太陽神
◎注ほか「太陽神の研究 下」(松村一男ほか) リトン 2003.3 prr

太陽電池
◎参考文献「太陽電池システムのはなし」(山本重雄) 日刊工業新聞社 2001.12 p147-149

大洋丸
○記事抄録(深井人詩)「文献探索 2001」(文献探索研究会) 2002.7 p381-388
○記事抄録(深井人詩)「文献探索 2005」(文献探索研究会) 2006.5 p257-266

第四紀
◎文献「第四紀学」(町田洋) 朝倉書店 2003.7 p290-312
○引用文献「地球史が語る近未来の環境」(日本第四紀学会ほか) 東京大出版会 2007.6 p6-20b

大量破壊兵器
◎参考文献ほか「核・細菌・毒物戦争—大量破壊兵器の恐怖」(J. スターン) 講談社 2002.6 p292-263

体力
◎文献ほか「子どもに「体力」をとりもどそう—まずはからだづくりだ!」(宮下充正) 杏林書院 2007.7 p93-96
◎文献資料「新・日本人の体力標準値 2」(首都大学東京体力標準値研究会) 不昧堂出版 2007.9 p411-421

体力測定
◎参考文献「スポーツ選手と指導者のための体力・運動能力測定法—トレーニング科学の活用テクニック」(鹿屋体育大学スポーツトレーニング教育研究センター) 大修館書店 2004.4 prr

大旅行記
◎引用文献(家島彦一)「大旅行記 7」(イブン・バットゥータ) 平凡社 2002.7 p359-366

ダイレクトマーケティング
◎参考文献ほか「体系ダイレクトマーケティング—基本理論と実践技術」(中澤功) ダイヤモンド社 2005.3 p454-460

大和証券
◎文献「大和証券百年史」(大和証券グループ) 大和証券グループ本社 2003.5 p1140-1142

対話療法
◎文献「思いの理論と対話療法」(小山充道) 誠信書房 2002.5 p235-236

台湾 ⇒ 中国 台湾 を見よ

田植歌
◎参考文献ほか「口承文芸の表現研究—昔話と田植歌」(田中瑩一) 和泉書院 2005.9 p309-322

ダウン症
◎文献「ダウン症児の育ち方・育て方 新版」(安藤忠) 学習研究社 2002.9 p489-491
◎参考文献(菅野和恵)「ダウン症ハンドブック」(菅野敦) 日本文化科学社 2005.3 p226-229

タオ
◎参考文献「「タオ=道」の思想」(林田慎之介) 講談社 2002.10 p211-212

鷹
◎参考図書「タカの渡り観察ガイドブック」(信州ワシタカ類渡り調査研究グループ) 文一総合出版 2003.10 p147」

他界観念
◎文献「異界談義」(国立歴史民俗博物館, 常光徹ほか) 角川書店 2002.7 p235-240

鷹狩
◎参考文献「日本古代養鷹の研究」(秋吉正博) 思文閣出版 2004.2 p248-261

多角経営
◎参考文献「多角化戦略と経営組織」(萩原俊彦) 税務経理協会 2007.4 p113-116

駄菓子
◎参考文献「ザ・駄菓子百科事典」(串間努) 扶桑社 2002.2 p319」

駄菓子屋
◎索引「駄菓子屋楽校」(松田道雄) 新評論 2002.7 p589-578

高機
◎注「高機物語—日本の手織り高機」(佐貫尹ほか) 芸艸堂 2002.10 p200-203

宝くじ
◎参考資料「宝くじ戦争—戦後の日本を救ったのは宝くじだった」(大山真人) 洋泉社 2005.3 p220-221

宝塚歌劇
◎参考文献「踊る帝国主義—宝塚をめぐるセクシュアルポリティクスと大衆文化」(J. ロバートソン) 現代書館 2000.10 p309-350
◎参考文献「すみれの花の咲いていたころ—なつかしの宝塚」(下瀬直子) 燃焼社 2001.10 p262-263
◎参考文献「日本文化モダン・ラプソディ」(渡辺裕) 春秋社 2002.11 p15-19b
◎文献「水晶の夜、タカラヅカ」(岩淵達治) 青土社 2004.11 1pb
◎参考文献「男たちの宝塚—夢を追った研究生の半世紀」(辻則彦) 神戸新聞 2004.12 p187-191
◎参考文献「宝塚というユートピア」(川崎賢子) 岩波書店 2005.3 p201」
◎出版物一覧(江藤茂博ほか)「宝塚歌劇団スタディーズ—舞台を100倍楽しむ知的な15講座」(加藤暁子ほか) 戎光祥出版 2007.9 p384-410

滝川事件
◎参考文献「滝川事件」(松尾尊兊) 岩波書店 2005.1 p381-384

焚き火
◎参考文献「焚き火大全」（吉長成恭ほか）　創森社　2003.1　p347-345

拓殖大学
◎書誌「台湾と拓殖大学」（拓殖大学創立百年史編纂室）　拓殖大　2005.10　p311-321

宅地
◎引用参考文献「これからの郊外戸建住宅地―「思い出し・思い入れ」から「つながり」へ」（西村一朗）　せせらぎ出版　2005.5　p115-117

タグチメソッド
◎文献「やさしい「タグチメソッド」の考え方」（矢野宏）　日刊工業新聞社　2003.9　p191-192

竹
◎参考文献「竹」　県立房総のむら　2004.11　p218-219
◎論文一覧ほか「竹の民俗誌」（白石昭臣）　大河書房　2005.6　p236-239

多気
◎文献一覧（伊藤裕偉）「伊勢国司北畠氏の研究」（藤田達生）　吉川弘文館　2004.8　p280-288

竹島
◎参考文献ほか「日本海と竹島　日韓領土問題」（大西俊輝）　東洋出版　2003.1　p335-355
◎参考文献「独島/竹島韓国の論理」（金学俊）　論創社　2004.5　p240-244
◎文献一覧「大君外交と「武威」―近世日本の国際秩序と朝鮮観」（池内敏）　名古屋大出版会　2006.2　p411-425
◎参考文献「史的検証竹島・独島」（内藤正中ほか）　岩波書店　2007.4　p1-3b
◎参考文献「続日本海と竹島―日韓領土問題の根本資料『隠州視聴合紀』を読む」（大西俊輝）　東洋出版　2007.10　p379-384
◎参考文献「独島/竹島韓国の論理　増補版」（金学俊）　論創社　2007.11　p242-247

ターゲット社
◎文献「ターゲット―全米no.2ディスカウントストアの挑戦」（L. ローリー）　商業界　2005.2　p286-294

竹取物語
◎研究文献目録「新編竹取物語」（関根晋司ほか）　おうふう　2003.10　p156-181
◎参考文献「平安貴族のシルクロード」（山口博）　角川学芸出版　2006.8　p203-206

竹とんぼ
◎文献「作ろう・飛ばそう竹とんぼ―より高く・より遠くへ！―記録へ挑戦」（松本修身）　パワー社　2005.5　p205-206

多言語
◎参考文献「言語的近代を超えて―〈多言語状況〉を生きるために」（山本真弓）　明石書店　2004.9　p316-323

多元主義論
◎参考文献「政治の隘路―多元主義論の20世紀」（早川誠）　創文社　2001.9　p6-25b

多元文化
◎参考文献「グローバル化する世界と文化の多元性」（奥邦寿ほか）　上智大　2005.2　p1-21b

タコ
◎参考文献「イカ・タコガイドブック」（土屋光太郎）　TBSブリタニカ　2002.4　p139」

多国籍企業
◎文献「日欧多国籍企業のアジア戦略―アジア経済危機後の展開」（ヨヘン・レゲヴィー, ヘンドリック・マイヤーオーレ, 平沢克彦）　白桃書房　2002.4　p256-268
◎註「現代多国籍企業のグローバル構造」（関下稔）　文真堂　2002.9　prr
◎参考文献「ラテンアメリカ多国籍企業論―変革と脱民族化の試練」（堀坂浩太郎）　日本評論社　2002.11　p283-219
◎文献「21世紀多国籍企業の新潮流」（多国籍企業研究会）　ダイヤモンド社　2003.11　p246-276
◎文献「進化する多国籍企業―いま、アジアでなにが起きているのか?」（末広昭）　岩波書店　2003.11　p153-156
◎参考文献「多国籍企業の組織能力―日本のマザー工場システム」（山口隆英）　白桃書房　2006.10　p245-264
◎参考文献「グローバル事業の創造」（高井透）　千倉書房　2007.2　p325-343
◎参考文献「新グローバル経営論」（安室憲一）　白桃書房　2007.3　p315-334
◎参考文献「国際経営講義―多国籍企業とグローバル資本主義」（G. ジョーンズ）　有斐閣　2007.4　p419-451
◎使用文献「日本の国際化企業―国際化と経営パフォーマンスの関係性」（小林規威）　中央経済社　2007.5　p169-170
◎参考文献「日本の多国籍企業の管理会計実務―郵便質問票調査からの知見」（上埜進）　日本管理会計学会　2007.6　prr
◎参考文献ほか「海外経営の鉄則」（山崎克雄）　講談社　2007.7　p248-250
◎参考文献「多国籍企業の会計―グローバル財務報告と基準統合」（L. H. ラデボーほか）　中央経済社　2007.9　prr
◎参考文献「ユーロ時代の企業経営―在ドイツ日系企業の実態調査」（中島要）　白桃書房　2007.11　p289-299
◎文献「国際化と人材開発」（小池和男）　ナカニシヤ出版　2007.11　p237-239

山車
◎「多摩地方山車文献目録」（石川博司）　ともしび会　2002.12　86p A5

他者像
◎参考文献「われわれと他者―フランス思想における他者像」（ツヴェタン・トドロフ）　法政大学出版局　2001.12　p7-19b

多重債務
◎参考文献「多重債務者を救え！―貸金業市場健全化への処方箋」（石川和男）　PHP研究所　2006.2　p159-161

多重人格
◎引用文献「解離―若年期における病理と治療」（フランク・W. パトナム）　みすず書房　2001.7　p15-62b
◎参考文献「解離性障害―多重人格の理解と治療」（岡野憲一郎）　岩崎学術出版社　2007.8　p201-208

多神教
◎参考文献ほか「多神教と一神教─古代地中海世界の宗教ドラマ」（木村凌二）　岩波書店　2005.9　p6-9b

打製骨器
◎文献リスト「打製骨器論─旧石器時代の探求」（小野昭）　東京大学出版会　2001.1　p255-272

多足類
◎引用文献「多足類読本─ムカデとヤスデの生物学」（田辺力）　東海大学出版会　2001.1　p163-170

ダダイズム
◎参考文献「ダダ大全」（ヒュルゼンベック）　未知谷　2002.12　1pb
◎注「ダダ・シュルレアリスムの時代」（塚原史）　筑摩書房　2003.9　p330-353
◎参照文献「ダダの詩」（K. リーハ）　関西大学出版部　2004.5　p323-326
◎参考文献「ダダイズム　コレクション・モダン都市文化28」（澤正宏）　ゆまに書房　2007.6　p730-731

たたずまい
◎参考文献「たたずまいの美学─日本人の身体技法」（矢田部英正）　中央公論新社　2004.3　p184-196

タータンチェック
◎参考文献「タータンチェックの文化史」（奥田実紀）　白水社　2007.5　p2b」

タックスヘイブン
◎参照文献「タックスヘイブン─グローバル経済を動かす闇のシステム」（C. シャヴァニューほか）　作品社　2007.5　p165-169

脱税
◎参考文献「日本の地下経済─脱税・賄賂・売春・麻薬」（門倉貴史）　講談社　2002.1　p219-221

脱ダム
◎参考文献「長野の「脱ダム」、なぜ?」（保屋野初子）　築地書館　2001.4　p111-112

タッピング・セラピー
◎参考文献「EFTマニュアル─誰でもできるタッピング・セラピー」（G. A. フリント）　春秋社　2002.7　p16-17b

脱物質化社会
◎参考文献「脱物質化社会」（ダイアン・コイル）　東洋経済新報社　2001.10　p324-331

脱文明
◎参考文献「アスコーナ　文明からの逃走　ヨーロッパ菜食者コロニーの光芒」（関根伸一郎）　三元社　2002.7　p180-183

殺陣
◎注「「殺陣」という文化─チャンバラ時代劇映画を探る」（小川順子）　世界思想社　2007.4　prr

竪穴式柱穴
◎文献「竈をもつ竪穴建物跡の研究」（桐生直彦）　六一書房　2005.10　p322-330

伊達娘恋緋鹿子
◎参考資料一覧「伊達娘恋緋鹿子」（国立劇場調査養成部調査資料課）　日本芸術文化振興会　2002.12　p52-59
◎参考資料一覧「伊達娘恋緋鹿子・平家女護島─第三六回文楽鑑賞教室公演」（国立劇場調査養成部調査資料課）　日本芸術文化振興会　2004.12　p4-6

立山製紙
◎参考文献「立山製紙85年史」（立山製紙社史編集事務局）　立山製紙　2004.10　p280」

多動性障害
◎文献「ADHD（注意欠陥/多動性障害）」（町沢静夫）　駿河台出版社　2002.4　p209-210
◎文献「ADHD（注意欠陥/多動性障害）─治療・援助法の確立を目指して」（上村晴子ほか）　星和書店　2004.2　p172-177

七夕人形
◎参考文献「七夕の衣装と人形」（石沢誠司）　ナカニシヤ出版　2004.7　p220-221

ダニ
◎文献「ダニの生物学」（青木淳一）　東京大学出版会　2001.12　prr
○文献目録「日本ダニ学会誌　13.2」（日本ダニ学会）　2004.11　p187-193
○文献目録「日本ダニ学会誌　14.2」（日本ダニ学会）　2005.11　p135-142
○文献目録「日本ダニ学会誌　15.2」（日本ダニ学会）　2006.11　p157-165
○文献目録「日本ダニ学会誌　16.2」（日本ダニ学会）　2007.11　p153-165

タヌキ
◎文献「現代日本生物誌　3　フクロウとタヌキ─里の自然に生きる」（波多野鷹, 金子弥生）　岩波書店　2002.8　p1-5b

タネ
○文献集（塘隆男）「緑化と苗木　118」（全国山林種苗協同組合連合会）　2002.7　p11-13

種蒔く人
◎執筆者人名録ほか「フロンティアの文学─雑誌『種蒔く人』の再検討」（『種蒔く人』『文芸戦線』を読む会）　論創社　2005.3　p214-242

タバカレラ社
◎参考文献「タバカレラ─スペインたばこ専売史1636-1998」（F. コミン・コミンほか）　山愛書院　2005.8　p487-491

たばこ
◎参考文献「たばこの謎を解く」（コネスール）　スタジオダンク　2001.12　p236-237
◎参考文献「万能の薬か高貴な毒か─16世紀のたばこ論争」（サラ・オーガスタ・ディクソン）　山愛書院　2002.3　p286-298
◎参考文献「子供たちにタバコの真実を─37万人の禁煙教育から」（平間敬文）　かもがわ出版　2002.8　p170」
◎文献「たばこはアメリカ生まれ─白人到来以前のたばこの歴史」（H. J. スピンデン）　山愛書院　2003.3　p141-150
◎参考文献「女性とたばこの害─若い女性よ! たばこをやめて美しく生きよう」（中野哲）　東京図書出版会　2004.1　p1-4b

◎参考文献「たばこ喫みの弁明—喫煙規制に見る現代社会」（本島進）　慧文社　2004.4　p233-236
◎参考文献「タバコが語る世界史」（和田光弘）　山川出版社　2004.12　p88-90
◎引用参考文献「ホモ・フーマンス—喫煙するヒトの由来」（青木芳夫）　山愛書院　2005.1　p213-228
◎References「悪魔のマーケティング—タバコ産業が語った真実」（ASH）　日経BP社　2005.1　p245-264
◎参考文献「タバカレラ—スペインたばこ専売史1636-1998」（F. コミン・コミンほか）　山愛書院　2005.8　p487-491
◎参考文献「米国シガレット産業の覇者R・J・レイノルズ社とフィリップ・モリス社の攻防」（山口一臣）　千倉書房　2006.4　p345-355
◎文芸作品一覧「煙に巻かれて」（G. カブレラ=インファンテ）　青土社　2006.5　p503-513
◎初出一覧「けむりの居場所」（野坂昭如）　幻戯書房　2006.9　1pb
○蔵書目録「秦野市史研究　26」（秦野市史編さん委員会）　2007.3　p109-127

タバコウイルス
◎文献「タバコモザイクウイルス研究の100年」（岡田吉美）　東京大学出版会　2004.12　p219-269

旅
○20世紀の旅本「旅行人　112」（旅行人）　2001.2　p2-12
◎参考文献「明治十八年の旅は連れ　ひいじいさんの旅を追いかけ会津から」（塩谷和子）　源流社　2001.11　p312-313
○研究文献目録抄（小山利彦）「国文学解釈と鑑賞　67.2」（至文堂）　2002.2　p156-166
◎参考文献「旅と食—食の文化フォーラム20」（神崎宣武）　ドメス出版　2002.10　prr
◎参考文献「旅と病の三千年史—旅行医学から見た世界地図」（濱田篤郎）　文藝春秋　2002.11　p207-212
◎参考文献「江戸の旅文化」（神崎宣武）　岩波書店　2004.3　p245-253
○資料一覧「伊勢詣と江戸の旅—道中日記に見るたびの値段」（金森敦子）　文藝春秋　2004.4　p232-237
○文献目録抄（金任仲ほか）「国文学　解釈と鑑賞　71.3」（至文堂）　2006.3　p163-173

旅人
◎参考文献「伝説の旅人—1841-1974　国境を越えた56の魂」（平野久美子, 文藝春秋「ノーサイド」）　文春ネスコ　2001.7　p196-197

タブー
◎参照ブックリスト「近親性交とそのタブー—文化人類学と自然人類学のあらたな地平」（川田順造）　藤原書店　2001.12　p234-239
◎註「「恋」の世紀—男と女のタブーの変遷」（F. カスタ=ローザ）　原書房　2002.1　p403-416
◎参考文献「ヒトはなぜペットを食べないか」（山内昶）　文藝春秋　2005.4　p189-193

WWW
◎本ほか「ソーシャル・ウェブ入門—Google,　mixi, ブログ…新しいWeb世界の歩き方」（滑川海彦）　技術評論社　2007.5　p229-233
◎参考文献「Web大全—図解で理解その進化のすべて」（小泉修）　自由国民社　2007.7　p336-337

◎参考文献「構造化するウェブ—ウェブの理想型を実現する技術とは」（岡嶋裕史）　講談社　2007.11　p192-193

WTO
◎参考文献「WTOガイドブック」（田村次朗）　弘文堂　2001.11　p295-299
◎原注文献「誰のためのWTOか？」（パブリック・シティズンほか）　緑風出版　2001.11　p329-288
◎参考文献「WTOガイドブック」（田村次朗）　弘文堂　2002.4　p295-299
◎参考文献「転換期のWTO—非貿易的関心事項の分析」（小寺彰）　東洋経済新報社　2003.3　prr
◎参考文献「WTOと予防原則」（岩田伸人）　農林統計協会　2004.2　p126-128
◎注「WTOの諸相」（松下満雄）　南窓社　2004.3　prr
◎参考文献「WTO体制下のセーフガード—実効性ある制度の構築に向けて」（荒木一郎ほか）　東洋経済新報社　2004.7　p241-253
◎参考文献「WTO入門」（UFJ総合研究所新戦略部通商政策ユニット）　日本評論社　2004.7　p251-263
◎参考文献「WTO紛争解決手続における履行制度」（川瀬剛志ほか）　三省堂　2005.11　p446-466
◎参考文献「WTOガイドブック　2版」（田村次朗）　弘文堂　2006.6　p272-278

タブロー
◎参考文献「絵画の自意識—初期近代におけるタブローの誕生」（ヴィクトル・I. ストイキツァ）　ありな書房　2001.7　p483-505

多文化
◎文献「多文化間カウンセリングの物語」（S. マーフィ重松）　東京大学出版会　2004.3　p5-12b

多文化教育
◎参考文献「多文化教育事典」（グロリア・ラドソン=ビリング, カール・A. グラント）　明石書店　2002.2　p18-19f
◎文献一覧「外国人の子どもと日本の教育—不就学問題と多文化共生の課題」（宮島喬ほか）　東京大学出版会　2005.6　p7-13b
◎参考文献「アメリカ多文化教育の再構築—文化多元主義から多文化主義へ」（松尾知明）　明石書店　2007.6　p209-198

多文化共生社会
◎注文献「国際理解教育　多文化共生社会の学校づくり」（佐藤郡衛）　明石書店　2001.3　prr

多文化コミュニケーション
◎参考文献「多文化共生時代のコミュニケーション力」（御手洗昭治）　ゆまに書房　2004.4　p257-264

多文化サービス
◎参考文献ほか「多文化サービス」（日本図書館協会多文化サービス研究委員会）　日本図書館協会　2004.10　p180-188
◎文献リスト「公共図書館の多文化サービス—その歩み—1988年（昭和63年）前後を中心に　資料集」（深井耀子ほか）　多文化サービスネットワーク　2006.1　p76-88

多文化社会
- ◎参考文献「アメリカの歴史　テーマで読む多文化社会の夢と現実」（有賀夏紀）　有斐閣　2003.1　p315-323

多文化主義
- ◎引用参考文献「リベラルな多文化主義」（松元雅和）　慶應義塾大出版会　2007.12　p175-197

タペストリー
- ◎参考文献「織りだされた絵画—国立西洋美術館所蔵17-18世紀タピスリー」（高橋明也）　国立西洋美術館　2003　p72-73
- ◎参考文献「タピストリーを視る—その歴史と未来」（朝倉美津子）　東方出版　2004.5　p220-221

多変量解析
- ◎参考文献「入門はじめての多変量解析」（石村貞夫ほか）　東京図書　2007.2　p298-299
- ◎推薦図書「社会調査士のための多変量解析法」（小杉考司）　北大路書房　2007.5　p179-182

たまきはる
- ◎参考文献（大倉比呂志）「中世日記紀行文学全評釈集成 2」（大倉比呂志ほか）　勉誠出版　2004.12　p104-110

卵
- ◎参考図書「魚の卵のはなし」（平井明夫）　成山堂書店　2003.12　p173-174

タマムシ
- ◎参考文献ほか「タイの玉虫に魅せられて—ムシ博士メンタップを食べる」（林昌利）　東京図書出版会　2007.6　p107」

ターミナルケア
- ◎参考文献「ターミナルケアの原点」（岡安大仁）　人間と歴史社　2001.4　p263-270
- ◎参考文「あなたが選ぶ人生の終焉—家族で考える悔いなき最期」（L.ノーランダーほか）　メディカ出版　2004.2　p155-157
- ◎参考文献「「死にざま」の医学」（永田勝太郎）　NHK出版　2006.10　p233-238
- ◎文献「介護施設で看取るということ」（甘利てる代）　三一書房　2007.12　p238-239

タミル叙事詩
- ◎参考文献ほか「シラッパディハーラム—アンクレット物語　タミル叙事詩」（彦坂周訳注）　きこ書房　2003.3　p379-381

ダム
- ◎参考文献「瀑流」（山田和）　文藝春秋　2002.2　p412-415
- ◎参考文献「ダム管理の水文学—河川流域の洪水予測を中心として」（永井明博ほか）　森北出版　2003.11　prr
- ◎参考文献「ダムのはなし　続」（竹林征三）　技報堂出版　2004.4　p187-191
- ◎参考文献「ダム建設をめぐる環境運動と地域再生—対立と協働のダイナミズム」（帯谷博明）　昭和堂　2004.10　p309-321
- ○書誌（古賀邦雄）「ダム日本　735」（日本ダム協会）　2006.1　p77-86
- ◎参考図書「にっぽんダム物語」（豊田高司）　山海堂　2006.7　p240-249

ダムタイプ
- ◎文献ほか「ダムタイプ—ヴォヤージュ」（アルフレッド・バーンバウム）　NTT出版　2002.8　p70-79

溜め池
- ◎参考文献「日本のため池—防災と環境保全」（内田和子）　海青社　2003.10　prr

為忠家百首
- ◎参考文献「為忠家初度百首全釈」（家永香織）　風間書房　2007.5　p537-538

多面体
- ◎参考文献ほか「多面体」（P. R. クロムウェル）　シュプリンガー・フェアラーク東京　2001.12　p408-427

タロイモ
- ◎文献「海を渡ったタロイモ—オセアニア・南西諸島の農耕文化論」（橋本征治）　関西大学東西学術研究所　2002.3　p235-249

タロット
- ◎参考文献「タロット—こころの図像学」（鏡リュウジ）　河出書房新社　2002.5　p222-221
- ◎注「タロット大全—歴史から図像まで」（伊泉龍一）　紀伊国屋書店　2004.8　p549-583
- ◎参考文献「タロット—その歴史・意味・読解法　新装版」（A. ダグラス）　河出書房新社　2005.2　p1-4b

単位
- ◎参考書「丸善単位の辞典」（二村隆夫）　丸善　2002.3　p539-542
- ◎参考図書「長さ〈m〉—なるほど単位—身の回りの長さから宇宙やナノレベルの長さまで」（平川光則）　日刊工業新聞社　2007.7　p137」

短歌
- ◎関係書誌「現代短歌と天皇制」（内野光子）　風媒社　2001.2　p7-9
- ◎年表「扉を開く女たち—ジェンダーからみた短歌史1945〜1953」（阿木津英ほか）　砂子屋書房　2001.9　p255-260
- ○歌集歌書総覧「短歌研究　58.12」（短歌研究社）　2001.12　p86-99
- ◎参考文献「都市詠の百年—街川の向こう」（古谷智子）　短歌研究社　2003.8　p251-254
- ○歌集歌書総覧「短歌　52.1」（角川書店）　2005.1　p306-319
- ○論文一覧「短歌研究　62.12」（短歌研究社）　2005.12　p70-86
- ○論文一覧ほか「短歌研究　64.12」（短歌研究社）　2007.12　p86-100

団塊世代
- ◎引用文献「団塊世代・新論—〈関係的自立〉をひらく」（天野正子）　有信堂高文社　2001.2　p227-236
- ◎文献「団塊の世代とは何だったのか」（由紀草一）　洋泉社　2003.10　p234-237
- ◎参考文献「団塊世代生き残り戦略」（熊本秀樹）　文芸社　2005.3　p207-209
- ◎文献ガイド「団塊世代を総括する」（三浦展）　牧野出版　2005.7　p266-269
- ◎参考文献「昔、革命的だったお父さんたちへ—「団塊世代」の登場と終焉」（林信吾ほか）　平凡社　2005.9　p217-219

短期大学
◎参考文献「短大からコミュニティ・カレッジへ—飛躍する世界の短期高等教育と日本の課題」（舘昭）　東信堂　2002.3　prr

丹下左膳
◎参考文献「丹下左膳の映画史」（田中照禾）　川喜多コーポレーション　2004.12　3pb

探検
◎引用参考文献「ひとりぼっちの海外調査」（水野一晴）　文芸社　2005.12　p312-319
◎参考文献「大ヒマラヤ探検史—インド測量局とその密偵たち」（薬師義美）　白水社　2006.9　p332-340

端硯
◎著述「ようこそ『端硯』の世界へ」（劉演輝）　文芸社　2001.10　p266-276

探検記
○ブックガイド（吐山継彦）「季刊民族学　26.4」（国立民族学博物館）　2002.1　p63-68

タンゴ
◎参考文献ほか「タンゴの歴史」（石川浩司）　青土社　2001.6　p262-267

単語
◎参考文献「単語と辞書　言語の科学3」（松本裕治ほか）　岩波書店　2004.6　p199-212

炭鉱
◎「石倉新炭鉱関係資料目録」　美唄市郷土史料館　2001.3　32枚　A4
○文献目録（土井徹平）「鉱山研究　84」（鉱山研究会）　2007.10　p47-52

談合
◎参考文献「入札改革—談合社会を変える」（武藤博己）　岩波書店　2003.12　p205-208

団子売
◎参考資料一覧「団子売・夏祭浪花鑑—第三五回文楽鑑賞教室公演」（国立劇場調査養成部調査資料課）　日本芸術文化振興会　2003.12　p24-29

タンザニア
◎業績ほか「ダトーガ民族誌—東アフリカ牧畜社会の地域人類学的研究」（富川盛道）　弘文堂　2005.12　p415-420
◎参考文献「タンザニアを知るための60章」（栗田和明ほか）　明石書店　2006.7　p369-371

タンザニア　ダトーガ
◎業績ほか「ダトーガ民族誌—東アフリカ牧畜社会の地域人類学的研究」（富川盛道）　弘文堂　2005.12　p415-420

弾詞小説
◎参考文献「エロスと貞節の靴—弾詞小説の世界」（方蘭）　勉誠出版　2003.1　p252-254

男女
◎註「「恋」の世紀—男と女のタブーの変遷」（F.カスタ=ローザ）　原書房　2002.1　p403-416

誕生儀礼
◎註「「鬼子」と誕生餅　初誕生儀礼の基礎的研究　九州・沖縄編」（近藤直也）　岩田書院　2002.4　prr

男女共生
◎参考文献「男女共生の社会学」（森典子ほか）　学文社　2003.9　prr

男女協働
◎参考文献「男女協働の職場づくり—新しい人材マネジメント」（渡辺峻ほか）　ミネルヴァ書房　2004.8　p223-225

男女共同参画社会
◎文献リスト「男女共同参画社会—資料集　世界・日本の動き、そして新たな課題へ」（関哲夫）　ミネルヴァ書房　2001.7　p602-626
◎参考図書「ジェンダーを科学する—男女共同参画社会を実現するために」（松本伊瑳子ほか）　ナカニシヤ出版　2004.4　prr
◎参考文献「Q&A男女共同参画/ジェンダーフリー・バッシング—バックラッシュへの徹底反論」（日本女性学会ジェンダー研究会）　明石書店　2006.6　p197-201
○ブックガイド「女を幸せにしない「男女共同参画社会」」（山下悦子）　洋泉社　2006.7　p168-212
○関連文献「日本統計研究所報　35」（法政大）　2007.2　p193-203
◎参考文献「ポジティブ・アクションの可能性—男女共同参画社会の制度デザインのために」（田村哲樹ほか）　ナカニシヤ出版　2007.5　prr
◎参考文献「男女共同参画の実践—少子高齢社会への戦略」（冨士谷あつ子ほか）　明石書店　2007.10　p223-226

男女均等政策
◎参考文献「EUの男女均等政策」（柴山恵美子ほか）　日本評論社　2004.4　p229-232

男色
◎参考文献「江戸男色考　色道篇」（柴山肇）　批評社　2001.11　p220-230
◎文献書誌「本朝男色考—男色文献書誌」（岩田準一）　原書房　2002.4　p325-482
◎参考文献「江戸の男色—上方・江戸の「売色風俗」の盛衰」（白倉敬彦）　洋泉社　2005.5　p248-250

男女平等
◎文献「男女平等と経済発展—世界銀行政策リサーチレポート」（世界銀行）　シュプリンガー・フェアラーク東京　2002.11　p237-273

男女平等教育
◎参考文献「男女平等教育今まで、これから」（櫛田真澄）　ドメス出版　2002.3　p207-209

だんじり祭
◎参考文献「岸和田だんじり祭—泉州岸和田地車名所独案内」（古磨屋）　古磨屋　2006.9　p188-189

単親家庭
◎参考文献「雇用労働とケアのはざまで—20ヵ国母子ひとり親政策の国際比較」（M.キルキー）　ミネルヴァ書房　2005.4　p299-317

単身赴任
◎文献「単身赴任と心理的ストレス—家族分離についての実証的考察」（田中佑子）　ナカニシヤ出版　2002.12　p175-192

ダンス
- ◎参考文献「栄華のバロック・ダンス　舞踏譜に舞曲のルーツを求めて」(浜中康子)　音楽之友社　2001.1　p259-261
- ◎参考文献「身体をキャプチャーする―表現主義舞踊の系譜」(慶應義塾大学アート・センター)　慶應義塾大学アート・センター　2003.3　p77-94
- ◎文献「ダンスのメンタルトレーニング」(J. タイラー)　大修館書店　2003.7　p281-285
- ◎参考文献「踊りませんか?―社交ダンスの世界」(浅野素女)　集英社　2004.6　p204-205

淡水魚
- ◎文献「日本の淡水魚　改訂版」(川那部浩哉ほか)　山と渓谷社　2001.8　p686-705
- ◎参考文献「千曲川・犀川魚類事典」(長田健)　千曲川河川事務所　2004.1　p196-197
- ◎参考引用文献「日本渓清流魚名周覧と群影」(吉安克彦)　〔吉安克彦〕　2007.10　p230-236

淡水植物
- ◎文献「水圏の生物生産と光合成」(J. T. O. カーク)　恒星社厚生閣　2002.4　p325-378
- ◎文献「ふくしまの水生植物」(薄葉満)　歴史春秋出版　2002.9　p162-166

淡水生物
- ◎文献ほか「湖と池の生物学―生物の適応から群集理論・保全まで」(C. Bronmarkほか)　共立出版　2007.6　p287-309

淡水動物
- ◎参考文献「今、絶滅の恐れがある水辺の生き物たち―タガメ　ゲンゴロウ　マルタニシ　トノサマガエル　ニホンイシガメ　メダカ」(市川憲平ほか)　山と渓谷社　2007.6　p164-165

ダンスセラピー
- ◎参考文献「ダンスセラピー　芸術療法実践講座5」(飯森眞喜雄ほか)　岩崎学術出版社　2004.7　prr
- ◎参考文献「ダンスセラピー入門―リズム・ふれあい・イメージの療法的機能」(平井タカネ)　岩崎学術出版社　2006.6　p103-106

ダンスホール
- ◎参考文献「コレクション・モダン都市文化　04　ダンスホール　復刻」(永井良和ほか)　ゆまに書房　2004.12　p701-703

男性
- ◎参考文献「男性のジェンダー形成―〈男らしさ〉の揺らぎのなかで」(多賀太)　東洋館出版社　2001.1　p193-201
- ◎文献「男性役割と感情制御」(林真一郎)　風間書房　2005.3　p141-147
- ◎原注「男のイメージ―男性性の創造と近代社会」(G. L. モッセ)　作品社　2005.4　p337-314
- ◎参考文献「〈男らしさ〉という病?―ポップ・カルチャーの新・男性学」(熊田一雄)　風媒社　2005.9　p215-221
- ◎参照文献「男らしさの社会学―揺らぐ男のライフコース」(多賀太)　世界思想社　2006.5　p212-200
- ◎参考文献「男はつらいらしい」(奥田祥子)　新潮社　2007.8　p203-205

炭素
- ◎参考文献「炭素―微生物と水環境をめぐって」(大谷杉郎ほか)　東海大学出版会　2004.12　p209-220
- ◎参考文献「炭素の事典」(伊与田正彦ほか)　朝倉書店　2007.4　prr

断層
- ◎参考文献「地震と防災―糸魚川―静岡構造線」(塚原弘昭)　信濃毎日新聞社　2002.2　p5-7b
- ◎文献「濃尾地震と根尾谷断層帯―内陸最大地震と断層の諸性質」(村松郁栄, 松田時彦, 岡田篤正)　古今書院　2002.3　p331-340
- ◎参考文献「愛知県の中央構造線―日本列島の謎を解く鍵」(横山良哲)　風媒社　2007.12　p180-181

探偵雑誌
- ◎総目次(山前譲)「「猟奇」選作選　幻の探偵雑誌6」　光文社　2001.3　p464-507

探偵小説
- ◎注文献「探偵小説の社会学」(内田隆三)　岩波書店　2001.1　p233-253
- ◎年表「明治の探偵小説」(伊藤秀雄)　双葉社　2002.2　p527-587
- ◎年表「台湾探偵小説集」(中島利郎)　緑蔭書房　2002.11　p401-418
- ○目録(伊藤秀雄)「文献探索　2003」(文献探索研究会)　2003.12　p68-71
- ◎年表「探偵小説と日本近代」(吉田司雄)　青弓社　2004.3　p269-284

タントラ
- ◎資料「サンヴァラ系密教の諸相―行者・聖地・身体・時間・死生」(杉本恒彦)　東信堂　2007.6　p368-379

歎異抄
- ◎文献目録「西田真因著作集　第1巻　歎異抄論」(西田真因)　法藏館　2002.5　p645-669
- ◎文献解説「増谷文雄名著選　2」(増谷文雄)　佼成出版社　2006.11　p596-599
- ◎参考文献「「定本」歎異抄」(佐藤正英)　青土社　2007.1　p151-152

タンニン
- ◎参考文献「樹皮タンニンの多彩な機能と有効利用」(大原誠資)　八十一出版　2005.8　p58-61

壇浦兜軍記
- ◎参考資料一覧「源平布引滝・伊賀越道中双六・嫗山姥・壇浦兜軍記・卅三間堂棟由来―第一五〇回文楽公演」(国立劇場調査養成部調査資料課)　日本芸術文化振興会　2005.2　p229-255

タンパク質
- ◎参考文献「遺伝子とタンパク質の分子解剖―ゲノムとプロテオームの科学」(杉山政則ほか)　共立出版　2001.10　p131-132
- ◎参考文献「タンパク質の生命科学―ポスト・ゲノム時代の主役」(池内俊彦)　中央公論新社　2001.12　p207-209
- ◎さらに勉強するために「タンパク質ハンドブック」(G. Walsh)　丸善　2003.8　prr
- ◎参考文献「タンパク質科学―構造・物性・機能」(後藤祐児ほか)　化学同人　2005.10　prr

◎参考文献「タンパク質入門―その化学構造とライフサイエンスへの招待」(高山光男) 内田老鶴圃 2006.3 p187-189
◎推奨図書「ポストゲノム時代のタンパク質科学―構造・機能・ゲノミクス」(A. M. Lesk) 化学同人 2007.1 prr
◎参考書「タンパク質・アミノ酸の新栄養学」(岸恭一ほか) 講談社 2007.3 p233」

ダンピング
◎参考文献「メイド・イン・チャイナへの欧米流対抗策―対中国アンチダンピングを検証する」(ジェトロ) ジェトロ 2007.9 p153-156

短篇小説
◎「短編小説12万作品名目録」(日外アソシエーツ) 日外アソシエーツ 2001.7 1613p B5
◎引用文献「短編小説のレシピ」(阿刀田高) 集英社 2002.11 p244-249
◎「短編小説クイックレファレンス―デスクで調べるCD」(日外アソシエーツ) 日外アソシエーツ 2006.2 CD-ROM1枚 12cm

暖房
◎参考文献「暖房の文化史―火を手なずける知恵と工夫」(L. ライト) 八坂書房 2003.12 p10-12b

担保物権法
◎参考文献「通説物権・担保物権法」(田山輝明) 三省堂 2001.4 p463-465
◎参考文献「民法 3 担保物権」(平野裕之ほか) 有斐閣 2001.12 p335-337
◎参考文献「民法 3 担保物権 4版増補版」(遠藤浩ほか) 有斐閣 2003.12 p338-339

タンポポ
◎文献「現代日本生物誌 5 タンポポとカワラノギク 人工化と植物の生きのび戦略」(小川潔, 倉本宣) 岩波書店 2001.7 p1-7b

談話分析
○記事抄録(阪本彩香)「文献探索 2000」(文献探索研究会) 2001.2 p283-286

【 ち 】

知
○関連書物(堀真理子ほか)「国文学 45.4」(学燈社) 2000.3 p14-95
○関連書物(港千尋ほか)「国文学 46.6」(学燈社) 2001.5 p30-33
◎文献リスト「脱近代へ 知/社会/文明」(北沢方邦) 藤原書店 2003.5 p239-241

治安
◎文献解題「暴力―比較文明史的考察」(山内進ほか) 東京大学出版会 2005.1 p265-284
◎参考文献ほか「現代中国とその社会―治安問題と改革開放路線の20年」(徳岡仁) 晃洋書房 2005.5 p239-245
◎参考文献「犯罪不安社会―誰もが「不審者」?」(浜井浩一ほか) 光文社 2006.12 p242-249

治安維持法
◎参考文献「治安維持法小史」(奥平康弘) 岩波書店 2006.6 p326-328

治安立法
◎引用参考文献「監視社会の未来―共謀罪・国民保護法と戦時動員体制」(纐纈厚) 小学館 2007.9 p273-285

地衣
○文献目録(高橋奏恵ほか)「Lichenology 2.1」(日本地衣学会) 2003 p29-33
○文献目録(高橋奏恵ほか)「Lichenology 3.2」(日本地衣学会) 2004 p77-79
○文献目録(高橋奏恵ほか)「Lichenology 4.2」(日本地衣学会) 2005 p135-138

地域
◎参考文献ほか「地域への展望」(木村靖二, 長沢栄治) 山川出版社 2000.12 p1-12b
◎文献紹介「地域研究 シリーズ・人文地理学 2」(村山祐司) 朝倉書店 2003.9 p193-195
◎参考文献「コミュニティ・イノベーション―魅力と活力のある地域をデザインする」(NTTデータ・コミュニティ・プロデュース) NTT出版 2003.12 p208-209

地域医療
◎引用文献ほか「地域医療・福祉の50年―東京下町・柳原そして三郷 通史編」(健和会) ドメス出版 2001.9 p356-363
◎参考文献「まちの病院がなくなる!?―地域医療の崩壊と再生」(伊関友伸) 時事通信出版局 2007.12 p283-287

地域援助
◎参考文献「臨床心理学的地域援助の展開 コミュニティ心理学の実践と今日的課題」(山本和郎ほか) 培風館 2001.9 prr

地域開発
◎参考文献「「シリコンバレー」のつくり方―テクノリージョン型国家をめざして」(東一眞) 中央公論新社 2001.3 p235-241
◎文献目録ほか「先住民社会と開発援助―インドネシア イリアン・ジャヤ州ドミニ集落の事例」(川合信司) 明石書店 2002.2 p177-186
◎参考文献「グローカル時代の地域づくり」(恩田守雄) 学文社 2002.3 p169-172
◎参考文献「住民参加でつくる地域の計画・まちづくり」(日本まちづくり協会) 技術書院 2002.4 p218-219
◎文献「アメリカにおける道路整備と地域開発―アパラチアの事例から」(加藤一誠) 古今書院 2002.5 p171-189
◎文献「地球文明の未来学―脱開発へのシナリオと私たちの実践」(W. ザックス) 新評論 2003.1 p274-283
◎参考文献「21世紀型都市における産業と社会―北九州市のポスト・モダンに向けて」(北九州市立大学北九州産業社会研究所) 海鳥社 2003.3 prr
◎文献「地域表象過程と人間―地域社会の現在と新しい視座」(寺岡伸悟) 行路社 2003.3 p293-305
◎文献「挑戦する地域―コーディネーターとリエゾン組織が地域を変えた6つの事例」(長平彰夫) ぎょうせい 2003.3 p205-208

ちいきき

- ◎注「山村地域開発論　増補版」（西野寿章）　大明堂　2003.4　prr
- ◎文献「観光と環境の社会学」（古川彰ほか）　新曜社　2003.8　p282-285
- ◎参考文献「生涯学習まちづくりの方法―市民が主役のまちづくりへのアプローチ」（福留強）　日常出版　2003.11　p225-229
- ◎参考文献「これからの地域経営―ローカル・ガバナンスの時代」（海野進）　同友館　2004.1　p263-267
- ◎文献紹介「国土空間と地域社会」（中俣均）　朝倉書店　2004.2　p199-201
- ◎図書紹介「まちづくりの方法　まちづくり教科書1」（日本建築学会）　丸善　2004.3　p122-131
- ◎参考文献「協働型まちづくりのすすめ―地域特性を活かした自分たちのまちづくりを目指して」（西村貢）　まつお出版　2004.3　p134-136
- ◎参考文献「まちづくりのサバイバル術―商店街の明日はどうなる？」（福岡政行）　学陽書房　2004.4　p194-195
- ◎参考文献「コモンプールの公共政策―環境保全と地域開発」（藪田雅弘）　新評論　2004.5　p255-265
- ◎参考文献「草の根NPOのまちづくり―シアトルからの挑戦」（西村祐子）　勁草書房　2004.7　p245-253
- ◎参考文献「社会変革する地域市民―スチュワードシップとリージョナル・ガバナンス」（D.ヘントンほか）　第一法規　2004.12　p303-306
- ◎参考文献「東北タイの開発と文化再編」（櫻井義秀）　北海道大図書刊行会　2005.5　p5-17b
- ◎参考文献「奄美の多層圏域と離島政策―島嶼圏市町村分析のフレームワーク」（山田誠）　九州大学出版会　2005.7　p177-180
- ◎参考文献「地域インキュベーションと産業集積・企業間連携―起業家形成と地域イノベーションシステムの国際比較」（三井逸友）　御茶の水書房　2005.11　prr
- ◎文献「観光まちづくりの力学―観光と地域の社会学的研究」（安村克己）　学文社　2006.1　p159-162
- ◎引用参考文献「明治期の印旛沼開疏計画―研究資料抄録」（杉浦淳三）　杉浦淳三　2006.8　p265-268
- ◎参考文献「よみがえれ城下町―犬山城下町再生への取り組み」（高野史枝）　風媒社　2006.10　p214-215
- ◎参考文献「川と地域再生―利根川と最上川流域の町の再生」（佐藤寛ほか）　丸善プラネット　2007.3　p257-265
- ◎参考文献「日本を変える観光力―地域再生への道を探る」（堀川紀年）　昭和堂　2007.3　p179-180
- ◎参考資料「水うちわをめぐる旅―長良川でつながる地域デザイン」（水野馨生里）　新評論　2007.5　p222-225
- ◎参考文献ほか「地域振興と整備新幹線―「はやて」の軌跡と課題」（櫛引素夫）　弘前大出版会　2007.5　p128-136
- ◎引用参照文献「地域社会形成の社会学―東北の地域開発と地域活性化」（佐藤利明）　南窓社　2007.7　p247-255
- ◎参考文献「こうすれば地域再生できる―長崎県における地域経営の戦略」（菊森淳文）　長崎新聞社　2007.10　p237-238
- ◎文献「地域からみる観光学」（小松原尚）　大学教育出版　2007.10　p143-147
- ◎参考文献「地域再生と大学」（濱田康行）　中央公論新社　2007.10　p231-237

地域企業
- ◎参考文献「地域企業論―地域産業ネットワークと地域発ベンチャーの創造」（田中史人）　同文舘出版　2004.7　p251-261

地域金融
- ◎参考文献「現代の地域金融―「分権と自立」に向けての金融システム」（木村温人）　日本評論社　2004.3　p227-232

地域経営
- ◎参考文献「PPPではじめる実践'地域再生'―地域経営の新しいパートナーシップ」（日本政策投資銀行地域企画チーム）　ぎょうせい　2004.4　p233-234

地域計画
- ◎参考文献「地域計画　第2版」（日本まちづくり協会）　森北出版　2002.1　p190-192
- ◎参考文献「地域計画の社会学―市民参加と分権化社会の構築をめざして」（瀧本佳史）　昭和堂　2005.4　p225-228
- ◎参考文献「地域・都市計画」（石井一郎ほか）　鹿島出版会　2007.3　p181-182

地域経済
- ○文献目録（金田昌司ほか）「中央大学経済研究所年報32.1」（中央大）　2001　p287-335
- ◎参考文献「グローバルファイナンス―国際証券財務と地域経済政策の展開」（中井誠）　同友館　2001.5　p181-188
- ◎文献「地域経済発展と労働市場―転換期の地域と北海道」（奥田仁）　日本経済評論社　2001.7　p236-242
- ◎参考文献「国際化時代の地域経済学　改訂版」（岡田知弘）　有斐閣　2002.4　prr
- ◎文献「地域経済学入門」（山田浩之）　有斐閣　2002.8　p229-234
- ◎参考文献「都市再生の経済分析」（山崎福寿ほか）　東洋経済新報社　2003.4　prr
- ◎文献「戦後奄美経済社会論―開発と自立のジレンマ」（皆村武一）　日本経済評論社　2003.7　p221-226
- ◎参考文献「データでみる地域経済入門―地域分析の経済学」（坂本光司ほか）　ミネルヴァ書房　2003.10　p383-386
- ◎文献「港湾と地域の経済学」（土井正幸）　多賀出版　2003.11　p415-422
- ◎参考文献「経済空間論―立地システムと地域経済」（柳井雅人ほか）　原書房　2004.3　p120-124
- ◎参考文献「自立した地域経済のデザイン―生産と生活の公共空間」（神野正彦）　有斐閣　2004.3　prr
- ◎参考文献「地域政治経済学」（中村剛治郎）　有斐閣　2004.5　p407-422
- ◎参考文献「地域経済の再生と公共政策」（堀江康熙ほか）　中央経済社　2004.7　p230-237
- ◎参考文献「クラスター形成による「地域新生のデザイン」」（松島克守ほか）　東大総研　2005.2　p292-296
- ◎参考文献「地域金融と企業の再生」（堀江康熙）　中央経済社　2005.5　p241-250
- ◎引用文献「都市サービス地域論」（林上）　原書房　2005.9　p301-311

◎参考文献「国際化時代の地域経済学　3版」（岡田知弘ほか）　有斐閣　2007.4　p279-288
◎参考引用文献「地域雇用創出の新潮流―統計分析と実態調査から見えてくる地域の実態」（労働政策研究・研修機構）　労働政策研究・研修機構　2007.4　p266-273
◎文献案内「地域経済学入門　新版」（山田浩之）　有斐閣　2007.12　p323-333

地域研究
◎参考文献「新編・「世界単位」から世界を見る―地域研究の視座」（高谷好一）　京都大学学術出版会　2001.9　p445-451
◎参考文献「地域研究概論」（小林泉）　晃洋書房　2002.5　p201-206
◎参考文献「地域研究入門―世界の地域を理解するために」（吉田昌夫）　古今書院　2002.5　prr
◎読書案内「国際学入門」（細谷雄一ほか）　創文社　2004.5　p214-229
◎参考文献「アクセス地域研究　2　先進デモクラシーの再構築」（小川有美ほか）　日本経済評論社　2004.8　prr
◎引用文献「地域研究から自分学へ」（高谷好一）　京都大学学術出版会　2006.2　p223-227
◎「拓殖大学百年史　資料編　地域研究書誌」（百年史資料集編集委員会）　拓殖大　2006.4　679,54p A5

地域公共交通
◎主要論文「長期不況下の地方経済と地方行財政」（加瀬和俊）　東京大社会科学研究所　2004.3　p148-158

地域交通
◎参考文献「地域交通の未来―ひと・みち・まちの新たな絆」（森野美徳）　日経BP社　2006.4　p186-188

地域再生
◎参考文献「地域再生の経済学―豊かさを問い直す」（神野直彦）　中央公論新社　2002.9　p188-191
◎参考文献「地域再生をめざして」（山本英治）　学陽書房　2005.7　p184-185
◎参考文献「地元学のすすめ―地域再生の王道は足元にあり」（下平尾勲）　新評論　2006.7　p297-301

地域産業
◎参考文献「産地解体からの再生―地域産業集積「燕」の新たなる道」（中小企業研究センター）　同友館　2001.3　p139-141
◎参考文献「地域産業の挑戦」（ふくしま地域づくりの会）　八朔社　2002.6　prr
◎参考文献「ルーラル・マーケティング論―農山漁村型地域産業振興のためのマーケティング戦略　改訂版」（山本久義）　同文舘出版　2003.12　p221-227

地域史
◎「地域女性史文献目録」（折井美那子）　ドメス出版　2003.9　132p A5

地域社会
◎参考文献「地域を元気にするコミュニティ・ビジネス―人間性の回復と自律型の地域社会づくり」（細内信孝）　ぎょうせい　2001.3　p195-196
◎参考文献「観光文化の振興と地域社会」（井口貢ほか）　ミネルヴァ書房　2002.5　prr
◎参考文献「地域社会システムと情報メディア　改訂版」（村上則夫）　税務経理協会　2002.5　p173-183
◎基本文献「地域社会学の現在」（木下謙治）　ミネルヴァ書房　2002.7　prr
◎文献（新谷周平）「子ども・若者の参画―R.ハートの問題提起に応えて」（朝倉景樹ほか）　萌文社　2002.11　p191-194
◎注「生活の公共性化と地域社会再生」（北爪真佐夫ほか）　アーバンプロ出版センター　2003.1　prr
◎参考文献「地域社会における学校の拠点性」（酒川茂）　古今書院　2004.2　p279-295
◎参考文献「地域社会形成の思想と論理―参加・協働・自治」（松野弘）　ミネルヴァ書房　2004.7　p413-426
◎参考文献「地域づくりワークショップ入門―対話を楽しむ計画づくり」（傘木宏夫）　自治体研究社　2004.8　p154-156
◎文献「「福祉とコミュニティ」と地域社会」（平川毅彦）　世界思想社　2004.11　prr
◎参考文献「コミュニティは創られる」（A. P. コーエン）　八千代出版　2005.3　p193-202
◎文献「東京のローカル・コミュニティ―ある町の物語―一九〇〇-八〇」（玉野和志）　東京大学出版会　2005.3　p5-9b
◎参考文献「環境としての地域―コミュニティ再生への視点」（秋田清ほか）　晃洋書房　2005.4　prr
◎参考文献「地域社会システムと情報メディア　3訂版」（村上則夫）　税務経理協会　2005.4　p169-179
◎ブックガイドほか「地域創造への招待」（奈良県立大学地域創造研究会）　晃洋書房　2005.5　p143-154
◎参考文献「地域社会と「近代化」―柳田国男主導「山村調査」「海村調査」の追跡調査から」（高橋泉）　まほろば書房　2005.7　p221-225
◎文献一覧「アジア・メガシティと地域コミュニティの動態―ジャカルタのRT/RWを中心にして」（吉原直樹）　御茶の水書房　2005.11　p349-363
◎引用文献「コミュニティのグループ・ダイナミックス」（杉万俊夫）　京都大学学術出版会　2006.1　prr
◎参考文献「コミュニティ―グローバル化と社会理論の変容」（G. デランティ）　NTT出版　2006.3　p13-30b
◎参考文献「観光と地域社会」（吉田春生）　ミネルヴァ書房　2006.3　p257-263
◎文献「地域実践心理学　実践編」（中田行重ほか）　ナカニシヤ出版　2006.3　prr
◎参考文献「地域と環境の公共性―日本型コモンズを考える」（家木成夫）　梓出版社　2006.4　p5-13b
◎参考文献「地域社会の政策とガバナンス　地域社会学講座3」（玉野和志ほか）　東信堂　2006.5　p279-292
◎参考文献「コミュニティ・ガバナンス―伝統からパブリック参加へ」（大内田鶴子）　ぎょうせい　2006.7　p177-179
◎参考文献「コモンズと永続する地域社会」（平竹耕三）　日本評論社　2006.10　p199-202
◎参考文献「開いて守る―安全・安心のコミュニティづくりのために」（吉原直樹）　岩波書店　2007.1　p62-63
◎参考文献「共同性の地域社会学―祭り・雪処理・交通・災害」（田中重好）　ハーベスト社　2007.2　p455-464
◎参考文献ほか「サステナブル・コミュニティ・ネットワーク―共感と共鳴を呼ぶ―情報社会の地域マネジメント戦略」（大江比呂子）　日本地域社会研究所　2007.4　p248-268

◎引用参考文献「アソシエーティブ・デモクラシー―自立と連帯の統合へ」（佐藤慶幸）　有斐閣　2007.5　p169-174
◎参考文献「平和とコミュニティ―平和研究のフロンティア」（宮島喬ほか）　明石書店　2007.9　p248-246
◎参考文献「格差不安時代のコミュニティ社会学―ソーシャルキャピタルの処方箋」（金子勇）　ミネルヴァ書房　2007.11　p7-14b
◎文献「地域福祉における住民参加の検証―住民参加活動を中心として」（渡邉敏文）　相川書房　2007.12　p103-104

地域情報化
◎注「地域情報化の最前線―自前主義のすすめ」（丸田一）　岩波書店　2004.9　p221-225
◎参考文献「西日本の地域情報化政策」（田畑暁生）　北樹出版　2006.12　prr

地域女性史
◎文献目録「地域女性史入門」（折井美耶子）　ドメス出版　2001.8　p153-207

地域づくり
◎参考引用文献「〈地域人〉とまちづくり」（中沢孝夫）　講談社　2003.4　p191-193

地域政策
◎参考文献「イギリスの地域政策」（辻悟一）　世界思想社　2001.11　p281-302
◎参考文献「EUの地域政策」（辻悟一）　世界思想社　2003.1　p250-261
◎参考文献ほか「中国の地域政策の課題と日本の経験」（張兵）　晃洋書房　2007.11　p147-155

地域通貨
◎参考資料「やってみよう！　地域通貨」（ぶぎん地域経済研究所）　学陽書房　2003.3　p153-154
◎参考図書「新しいお金―電子マネー・ポイント・仮想通貨の大混戦が始まる」（高野雅晴）　アスキー　2007.3　p184-190

地域福祉
○文献リスト（尾崎由美）「地域福祉研究　30」（日本生命済生会）　2002.3　p158-196
◎関係文献目録（渡辺武男）「新版　現代コミュニティワーク論―21世紀、地域福祉をともに創る」（松永俊文ほか）　中央法規出版　2002.10　p316-322
◎参考文献「地域福祉の広がり―地域福祉を拓く　1」（栃本一三郎）　ぎょうせい　2002.12　prr
◎引用参考文献ほか「地域ケアシステム」（太田貞司）　有斐閣　2003.4　prr
◎参考文献「イギリス地域福祉の形成と展開」（田端光美）　有斐閣　2003.9　p332-347
○文献リスト（尾崎由美）「地域福祉研究　32」（日本生命済生会）　2004　p134-144
◎引用参考文献「地域福祉論　2版」（田端光美）　建帛社　2004.2　prr
○文献リスト（尾崎由美）「地域福祉研究　33」（日本生命済生会）　2005　p172-183
◎引用参考文献「コミュニティ福祉学入門―地球の見地に立った人間福祉」（岡田徹ほか）　有斐閣　2005.3　prr
◎読書案内「地域福祉計画―ガバナンス時代の社会福祉計画」（武川正吾）　有斐閣　2005.7　prr
◎参考文献「地域福祉の基本体系」（井村圭壮ほか）　勁草書房　2006.2　prr
◎引用参考文献「入門―地域福祉論」（斉藤千鶴ほか）　八千代出版　2006.4　prr
◎引用参考文献「ピープルズセキュリティ―住民がつくるコミュニティの生活安全保障システム」（石田路子）　ふくろう出版　2006.5　p248-255
◎文献「地域福祉の主流化」（武川正吾）　法律文化社　2006.7　p199-206
◎文献ほか「地域福祉事典　新版」（日本地域福祉学会）　中央法規出版　2006.9　p684-719
○文献リスト（人間社会学部図書室資料部）「地域福祉研究　35」（日本生命済生会）　2007　p136-151
◎参考文献「地方分権と地域福祉計画の実践―コミュニティ自治の構築へ向けて」（木下聖）　みらい　2007.6　p288-293
◎参考文献「地域福祉とソーシャルガバナンス―新しい地域福祉計画論」（川村匡由）　中央法規出版　2007.9　p387-393

地域貿易協定
◎参考文献「地域貿易協定の経済分析」（遠藤正寛）　東京大学出版会　2005.4　p245-259

地域メディア
◎学習手引「地域メディアを学ぶ人のために」（田村紀雄）　世界思想社　2003.11　p263-267

チェコ
◎参考文献「チェコとスロヴァキアを知るための56章」（薩摩秀登）　明石書店　2003.4　p302-308
◎参考文献「体制移行期チェコの雇用と労働」（石川晃弘）　中央大学出版部　2004.11　prr
◎参考文献「身体の国民化―多極化するチェコ社会と体操運動」（福田宏）　北海道大出版会　2006.2　p227-246
◎文献「物語チェコの歴史―森と高原と古城の国」（薩摩秀登）　中央公論新社　2006.3　p263-267
◎参考文献「図説チェコとスロヴァキア」（薩摩秀登）　河出書房新社　2006.11　p127」

チェコ　音楽
◎文献「チェコ音楽の歴史―民族の音の表徴」（内藤久子）　音楽之友社　2002.2　p330-339
◎参考文献「チェコ音楽の魅力―スメタナ・ドヴォルジャーク・ヤナーチェク」（内藤久子）　東洋書店　2007.1　p281-290

チェコ　経済
◎参考文献「経済発展と政府の役割―チェコ共和国の例」（稲川順子）　信山社出版　2004.3　p149-159

チェコ　美術
◎文献一覧「チェコ・アヴァンギャルド―ブックデザインにみる文芸運動小史」（西野嘉幸）　平凡社　2006.5　p176-186

チェス
◎参考文献「チェス　ものと人間の文化史110」（増川宏一）　法政大学出版局　2003.1　p275-281
◎参考文献「チェスへの招待」（J.モフラ）　白水社　2007.1　p142-143

チェチェン
- ◎参考文献「チェチェンの呪縛」(横村出) 岩波書店 2005.7 p5-7b
- ◎参考文献「チェチェン」(P.ブリュノーほか) 白水社 2005.8 p1-2b

知恵の輪
- ◎あとがき「知恵の輪読本 その名作・分類・歴史から解き方、集め方、作り方まで」(秋山久義) 新紀元社 2003.8 p182-183

チェーンストア
- ◎文献「チェーンストアの人材開発―日本と西欧」(本田一成) 千倉書房 2002.10 p1-19b
- ◎参考文献「チェーンストアのパートタイマー―基幹化と新しい労使関係」(本田一成) 白桃書房 2007.9 p199-210

地価
- ◎参考文献「不動産市場の計量経済分析」(清水千弘ほか) 朝倉書店 2007.11 p163-172

地下街
- ◎参考文献「バリアフリーと地下空間」(後藤惠之輔ほか) 電気書院 2007.8 p269-273

地下環境
- ◎引用参考文献「地下環境機能 廃棄物処分の最前線に学ぶ」(吉田英一) 近未来社 2003.6 p167-174

知覚
- ◎文献「アフォーダンスの構想 知覚研究の生態心理学的デザイン」(佐々木正人,三嶋博之) 東京大学出版会 2001.2 prr
- ◎文献「イメージの現象学―対称性の破れと知覚のメカニズム」(ジュゼッペ・カリオーティ) 白揚社 2001.6 p169-171
- ◎文献「音声知覚の基礎」(J.ライアルズ) 海文堂出版 2003.10 p135-140
- ◎参考文献「ギブソン心理学論集 直接知覚論の根拠」(J.J.ギブソン) 勁草書房 2004.9 p375-387
- ◎文献「生態心理学の構想―アフォーダンスのルーツと尖端」(佐々木正人ほか) 東京大学出版会 2005.2 prr
- ◎文献一覧「知覚の宙吊り―注意、スペクタクル、近代文化」(J.クレーリー) 平凡社 2005.8 p529-541
- ◎文献「状況の認知的枠組みとしての自体軸」(干川隆) 風間書房 2006.1 p157-169
- ◎参考文献「だまされる脳―バーチャルリアリティと知覚心理学入門」(日本バーチャルリアリティ学会) 講談社 2006.9 p254-258
- ◎参考文献「視覚系の構造と初期機能」(篠森敬三) 朝倉書店 2007.9 prr
- ◎文献「新編感覚・知覚心理学ハンドブック Part2」(大山正ほか) 誠信書房 2007.9 prr

知覚語彙
- ◎参照文献「〈物〉と〈場所〉の対立―知覚語彙の意味体系」(久島茂) くろしお出版 2001.6 p215-220

地殻変動
- ◎参考文献「比較変動地形論―プレート境界域の地形と第四紀地殻変動」(植村善博) 古今書院 2001.7 p179-195
- ◎文献「日本列島の地殻変動―新しい見方から」(木村敏雄) 愛智出版 2002.10 p456-459

地下経済
- ◎参考文献「日本の地下経済―脱税・賄賂・売春・麻薬」(門倉貴史) 講談社 2002.1 p219-221
- ◎文献「日本「地下経済」白書―23.2兆円!驚異のアングラ・マネー」(門倉貴史) 祥伝社 2002.2 p249-252
- ◎文献「日本「地下経済」入門―マンガでわかるアングラマネーのすべて」(門倉貴史) 廣済堂出版 2003.10 p180-183
- ◎参考文献「少年犯罪と地下経済―5,000億円のアングラ・マネーの全貌」(門倉貴史) PHP研究所 2004.8 p218-219
- ◎参考文献「日本「地下経済」白書―闇に蠢く23兆円の実態 ノーカット版」(門倉貴史) 祥伝社 2005.10 p281-283

地下構造
- ◎文献「神奈川県地下構造調査成果報告書 〔2002〕」(神奈川県) 神奈川県 2002.3 p33-34

地下水
- ◎参考文献「温度を測って地下水を診断する―あるがままの地下水の姿を探る」(竹内篤雄ほか) 古今書院 2001.10 p186-187
- ◎文献「実務者のための地下水環境モデリング」(K.Spitz) 技報堂出版 2003.8 p371-384
- ◎参考文献「農を守って水を守る―新しい地下水の社会学」(柴崎達雄ほか) 築地書館 2004.6 p144-145
- ◎参考文献「地下水人工涵養の標準ガイドライン」(アメリカ土木学会) 築地書館 2005.5 p166-181

地下水汚染
- ◎参考文献「土壌・地下水汚染の調査・予測・対策」(地盤工学会土壌・地下水汚染の調査・予測・対策編集委員会) 地盤工学会 2002.5 p243-263
- ◎参考文献「拡大する土壌・地下水汚染―土壌汚染対策法と汚染の現実」(畑明郎) 世界思想社 2004.3 p201-210

地下鉄道
- ◎文献「帝都東京・隠された地下網の秘密」(秋庭俊) 洋泉社 2002.12 p309-317
- ◎参考図書「モスクワ地下鉄の空気―新世紀ロシア展望」(鈴木常浩) 現代書館 2003.5 p317-318
- ◎参考文献「都市交通の躍進を考える―2層立体化の秘策」(原周作) 技報堂出版 2003.7 p227-229
- ◎参考文献「帝都東京・隠された地下網の秘密 2」(秋庭俊) 洋泉社 2004.1 p234-237
- ○ブックガイド(木部与巴仁)「東京人 19.5」(都市出版) 2004.5 p70-73
- ◎参考文献「地下鉄の歴史―首都圏・中部・近畿圏」(佐藤信之) グランプリ出版 2004.6 p238-239
- ◎主な文献「東京の地下鉄がわかる事典―読む・知る・愉しむ」(日本実業出版社) 日本実業出版社 2004.7 p349-350
- ◎文献「帝都東京・地下の謎86」(秋庭俊) 洋泉社 2005.2 p216-220
- ◎参考文献「大東京の地下鉄道99の謎」(秋庭俊) 二見書房 2007.10 p214-218

チカーノ
- ◎参考文献「21世紀のアメリカ美術　チカーノ・アート―抹消された〈魂〉の復活」（加藤薫）　明石書店　2002.5　p423-436
- ○年表（斉藤修三）「現代詩手帖　48.5」（思潮社）　2005.5　p106-109
- ◎参考文献ほか「ギターを抱いた渡り鳥―チカーノ詩礼賛」（越川芳明）　思潮社　2007.10　p14-21b

地下本
- ◎「地下本の世界　発禁本　Ⅱ　別冊太陽」（平凡社）　2001.6　204p　A4

地下網
- ◎参考文献「帝都東京の隠された地下網の秘密　2」（秋庭俊）　新潮社　2006.6　p272-278

力石
- ◎参考文献「播磨の力石」（高島愼助）　岩田書院　2001.6　p169-182
- ◎参考文献「東京の力石」（高島愼助）　岩田書院　2003.8　p324-346
- ◎参考文献「愛知・静岡の力石」（高島愼助）　岩田書院　2004.7　p211-220
- ◎参考文献「京都・滋賀の力石　2版」（高島愼助）　岩田書院　2004.7　p104-111
- ◎参考文献「四国の力石」（高島愼助）　岩田書院　2005.4　p291-302
- ◎参考文献「さいたま市の力石」（高島愼助ほか）　岩田書院　2005.7　p340-345
- ◎参考文献「北海道・東北の力石」（高島愼助）　岩田書院　2005.11　p266-279
- ◎参考文献「千葉の力石」（高島愼助）　岩田書院　2006.6　p275-286
- ◎参考文献「三重の力石　2版」（高島愼助）　岩田書院　2006.7　p182-188

地球
- ◎文献「たぐいまれな地球―今、私たちがここにいる不思議」（松本俊博）　NHK出版　2002.7　p170-171
- ◎参考図書「地球学入門―惑星地球と大気・海洋のシステム」（酒井治孝）　東海大学出版会　2003.3　p271-276
- ◎参考文献「アフリカ大陸から地球がわかる」（諏訪兼位）　岩波書店　2003.4　p7-8b
- ◎文献「地球統計学」（H. Wackernagel）　森北出版　2003.5　p247-262
- ◎参考書「進化する地球惑星システム」（東京大学地球惑星システム科学講座）　東京大学出版会　2004.5　p7-8b
- ◎「地球・自然環境の本全情報　1999-2003」（日外アソシエーツ）　日外アソシエーツ　2004.8　13, 673p　A5
- ◎参考文献「ダイヤモンド号で行く地底旅行」（入舩徹男）　新日本出版社　2005.9　p171-172
- ◎参考図書「地球環境学―地球環境を調査・分析・診断するための30章」（松岡憲知ほか）　古今書院　2007.4　p122-124
- ◎参考図書「地球進化学―地球の歴史を調べ、考え、そして将来を予測するために」（指田勝男ほか）　古今書院　2007.4　p117-119
- ◎文献「アースダンス―進化のステップを踏みつづける地球。その先にあるのは人類の自滅か?存続か?」（E. サトゥリス）　バベル・プレス　2007.8　p528-555
- ◎文献「地質学　3　地球史の探求」（平朝彦）　岩波書店　2007.11　prr

地球温暖化
- ◎参考文献「京都議定書―21世紀の国際気候政策」（S. オーバーテュアー, H. E. オット）　シュプリンガー・フェアラーク東京　2001.7　p423-438
- ◎参考文献ほか（川阪京子）「京都議定書の国際制度―地球温暖化交渉の到達点」（高村ゆかり, 亀山康子）　信山社出版　2002.3　p370-382
- ◎参考文献「地球温暖化の経済学」（W. D. ノードハウス）　東洋経済新報社　2002.3　p211-217
- ◎文献・資料「よくわかる地球温暖化問題　改訂版」（気候ネットワーク）　中央法規出版　2002.12　p231-233
- ◎参考文献「地球温暖化　埋まってきたジグゾーパズル」（伊藤公紀）　日本評論社　2003.1　p205-206
- ◎文献「地球温暖化研究の最前線―環境の世紀の知と技術2002―総合科学技術会議地球温暖化研究イニシャティブ気候変動研究分野報告書」（総合科学技術会議環境担当議員ほか）　財務省印刷局　2003.3　p127-131
- ◎文献「気候温暖化の原因は何か―太陽コロナに包まれた地球」（桜井邦朋）　御茶の水書房　2003.6　p57-59
- ◎文献「地球温暖化予測がわかる本―スーパーコンピュータの挑戦」（近藤洋輝）　成山堂書店　2003.8　p169-170
- ◎引用参考文献「地球温暖化と森林ビジネス―「地球益」をめざして」（小林紀之）　日本林業調査会　2003.9　p208-211
- ◎文献「地球温暖化とエネルギー技術開発戦略」（OECDほか）　技術経済研究所　2003.11　p201-204
- ◎参考文献「地球温暖化をめぐる法政策」（大塚直）　昭和堂　2004.2　prr
- ◎あとがきほか（戸田清）「気候変動―水没する地球」（D. ゴドレージュ）　青土社　2004.5　p199-202
- ◎引用参考文献「地球温暖化と森林ビジネス―「地球益」をめざして　新訂」（小林紀之）　日本林業調査会　2004.6　p224-227
- ◎引用文献「土壌圏と地球温暖化」（木村眞人ほか）　名古屋大学出版会　2005.2　prr
- ◎参考文献「温暖化の〈発見〉とは何か」（S. R. ワート）　みすず書房　2005.3　p9-21b
- ◎参考文献「幻の水素社会―「環境問題」に踊らされるピエロたち」（藤井耕一郎）　光文社　2005.3　p262-263
- ◎参考図書ほか「新地球温暖化とその影響―生命の星と人類の明日のために」（岡嶋善兵衛）　裳華房　2005.5　p212-209
- ◎論文一覧（亀山康子）「地球温暖化交渉の行方―京都議定書第一約束期関係の国際制度設計を展望して」（高村ゆかりほか）　大学図書　2005.11　p296-308
- ◎文献「CO_2温暖化説は間違っている」（槌田敦）　ほたる出版　2006.2　p1-4b
- ◎参考文献「ツバルよ不沈島を築け!―地球温暖化で「沈む」国へのエール」（石田進）　美蓉書房出版　2007.2　p186-187
- ◎参考文献「地球温暖化防止技術読本」（金島正治）　オーム社　2007.2　p183-184
- ◎参考文献「ヒマラヤと地球温暖化―消えゆく氷河」（中尾正義）　昭和堂　2007.3　p1-4b

◎文献案内ほか「異常気象は家庭から始まる―脱・温暖化のライフスタイル」（D. レイ）　日本教文社　2007.5　p2-13b
◎参考文献「市民・地域が進める地球温暖化防止」（和田武ほか）　学芸出版社　2007.6　p234-237
◎参考文献ほか「地球温暖化と気候変動」（横山裕道）　七つ森書館　2007.10　p228-230
◎参考文献「地域発!ストップ温暖化ハンドブック―戦略的政策形成のすすめ」（水谷洋一ほか）　昭和堂　2007.11　p143-144
◎参考文献「地球温暖化問題と森林行政の転換」（滑志田隆）　論創社　2007.12　p336-344

地球外生命
◎文献「地球外生命論争1750-1900―カントからロウエルまでの世界の複数性をめぐる思想大全　3（1860-1900）」（マイケル・J. クロウ）　工作舎　2001.3　p964-975
◎参考資料ほか「広い宇宙に地球人しか見当らない50の理由」（S. ウェッブ）　青土社　2004.7　p36-45b

地球化学
◎参考図書「地球の化学像と環境問題」（北野康）　裳華房　2003.8　p175-187
◎参考文献「化学の目でみる地球の環境―空・水・土　改訂版」（北野康）　裳華房　2006.10　p175-180
◎参考文献「同位体地球化学の基礎」（J. ヘフス）　シュプリンガー・ジャパン　2007.5　p295-369
◎参考文献「地球化学講座　7　環境の地球化学」（蒲生俊敬）　培風館　2007.11　prr

地球科学
◎文献「基礎地球科学」（西村祐二郎）　朝倉書店　2002.10　p221-226
◎本の紹介「地球は火山がつくった―地球科学入門」（鎌田浩毅）　岩波書店　2004.4　p192-193

地球環境
◎参考図書「地球環境汚染―経済成長との関連において」（菅谷章）　八潮出版社　2001.2　p206-209
◎参考文献「宇宙と地球環境　改訂版」（石田蕙一）　成山堂書店　2001.7　p181-182
◎参考文献「エルニーニョと地球環境　改訂増補版」（気候影響・利用研究会）　成山堂書店　2001.11　p234-242
◎参考文献「身近な実験で学ぶ地球環境」（早川信一）　丸善　2002.7　p159-160
◎引用文献「地球環境再生への挑戦」（山口務）　時事通信社　2002.12　p197-198
◎原注「エコ・エコノミー時代の地球を語る」（L. R. ブラウン）　家の光協会　2003.4　p329-289
◎参考文献「地球環境政策」（亀山康子）　昭和堂　2003.4　prr
◎参考文献ほか「地球環境問題と環境政策」（生野正剛ほか）　ミネルヴァ書房　2003.4　prr
◎参考文献「地球環境世紀の自動車税制」（鹿島茂）　勁草書房　2003.10　p177-186
◎参考引用文献「地球環境調査計測事典　3　沿岸域編」（竹内均）　フジ・テクノシステム　2003.11　p1270-1271
◎参考文献「変化する地球環境」（木村龍治）　放送大教育振興会　2004.3　p228-232
◎参考文献「地球環境システム」（円城寺守）　学文社　2004.8　prr

◎参考文献「地球環境危機を前に市民は何をすべきか―レッド・スカイ・アット・モーニング」（J. G. スペス）　中央法規出版　2004.11　p282-285
◎参考文献「温暖化の〈発見〉とは何か」（S. R. ワート）　みすず書房　2005.3　p9-21b
◎参考文献「気象と地球の環境科学　改訂2版」（二宮光三）　オーム社　2006.1　p225-226
◎参考文献「気候変動　+2℃」（山本良一）　ダイヤモンド社　2006.4　p138-139

地球史
◎引用文献「地球史が語る近未来の環境」（日本第四紀学会ほか）　東京大出版会　2007.6　p6-20b

地球凍結
◎参考文献「全地球凍結」（川上紳一）　集英社　2003.9　p203-201
◎参考文献「スノーボール・アース―生命大進化をもたらした全地球凍結」（G. ウォーカー）　早川書房　2004.2　p293-292

地球物理学
◎参考文献「応用地球物理学の基礎」（狐崎長琅）　古今書院　2001.4　p284-287

稚魚
◎参考文献「稚魚の自然史―千変万化の魚類学」（千田哲資ほか）　北海道大学図書刊行会　2001.1　p279-294

畜産業
◎文献「畜産食品の事典」（細野明義ほか）　朝倉書店　2002.11　prr
◎文献「畜産経営の経営発展と農業金融」（森佳子）　農林統計協会　2003.12　p201-206
◎参考文献「有機農業と畜産」（大山利男）　筑波書房　2004.4　p62-63
◎参考文献「畜産物と健康―卵・牛乳・肉の生産から考える」（加藤武市）　科学堂　2005.6　p241-249
◎引用文献「牧畜二重経済の人類学―ケニア・サンブルの民族誌的研究」（湖中真哉）　世界思想社　2006.12　p296-310
◎参考文献ほか「資源循環型酪農・畜産の展開条件」（市川治）　農林統計協会　2007.1　p268-271

逐次刊行物
◎「逐次刊行物目録・増加図書目録　2003」　機械振興協会　2003.3　208p B5
◎「東京都立中央図書館逐次刊行物目録　新聞・雑誌　2003年1月末現在」（東京都立中央図書館）　東京都立中央図書館　2003.3　976p A4
◎「佼成図書館所蔵逐次刊行物目録　4版」（佼成図書館）　佼成図書館　2003.7　118p B5
◎「神田外語大学附属図書館所蔵新聞・雑誌・紀要一覧　2003年7月1日現在」　神田外語大学附属図書館　2003.9　49p A4
◯目録（梁永厚）「関西大学人権問題研究室紀要　50」（関西大）　2005.3　p39-70

地形
◎文献「日本の地形　1　総説」（米倉伸之ほか）　東京大学出版会　2001.3　p323-342
◎引用文献「地形を見る目」（池田宏）　古今書院　2001.6　p145-148
◎文献「日本の地形　7　九州・南西諸島」（町田洋ほか）　東京大学出版会　2001.12　p327-347

◎文献「北海道　日本の地形2」（小疇尚ほか）　東京大学出版会　2003.8　p335-351
◎文献「東北　日本の地形3」（小池一之ほか）　東京大学出版会　2005.2　p327-345
◎参考文献「地形と人間」（池田碩）　古今書院　2005.4　prr
◎文献「中部　日本の地形5」（町田洋ほか）　東京大出版会　2006.6　p351-377

地形学
◎文献「大学テキスト変動地形学」（米倉伸之ほか）　古今書院　2001.1　p223-249

地形環境
◎文献「地形環境と歴史景観—自然と人間の地理学」（日下雅義）　古今書院　2004.1　prr

地形図
◎参考文献「建設技術者のための地形図判読演習帳—初・中級編」（井上公夫ほか）　古今書院　2007.5　p76-81

地史
◎読書案内「地球生物学—地球と生命の進化」（池谷仙之ほか）　東京大学出版会　2004.2　p216-218

地誌
◎参考文献「日本からみた世界の諸地域—世界地誌概説」（河上税，田村俊和）　大明堂　2001.3　p189-194
◎一覧「日本文化史ハンドブック」（阿部猛ほか）　東京堂出版　2002.4　p398-403
◎参考文献「鹿児島県地誌の起稿年次と編纂者」（内山美成）　高城書房　2005.3　p203-204
◎「近代名著解題選集　5」（紀田順一郎）　クレス出版　2006.8　498, 5p A5
◎文献「日本総論2（人文・社会編）　日本の地誌2」（山本正三ほか）　朝倉書店　2006.8　prr
◎参考文献ほか「日本からみた世界の諸地域—世界地誌概説　新版」（河上税ほか）　原書房　2007.3　p197-202
◎参考文献「地誌学概論」（矢ヶ崎典隆ほか）　朝倉書店　2007.4　p153-157
◎文献「中部圏　日本の地誌7」（藤田佳久ほか）　朝倉書店　2007.4　prr

知識
◎参考文献「知識の源泉　イノベーションの構築と持続」（D. レオナルド）　ダイヤモンド社　2001.7　p361-326
◎参考文献「イノベーションの組織戦略—知識マネジメントの組織設計」（魏晶玄）　信山社出版　2004.2　p209-217
◎参考文献「知識の社会史—知と情報はいかにして商品化したか」（P. バーク）　新曜社　2004.8　p386-348

知識社会学
◎引用文献「神話と科学—ヨーロッパ知識社会世紀末〜20世紀」（上山安敏）　岩波書店　2001.10　p17-36b
◎文献「知識社会学と思想史」（T. パーソンズ）　学文社　2003.11　p113-116
◎引用文献「「心」をめぐる知のグローバル化と自律的個人像—「心」の聖化とマネジメント」（山田陽子）　学文社　2007.1　p189-197

知識人
◎参考文献「百年の面影—中国知識人の生きた二十世紀」（胡宝華）　角川書店　2001.2　p244-245
◎注文献「ナチ親衛隊知識人の肖像」（大野英二）　未來社　2001.4　p276-318
◎引証文献「ニューヨーク知識人の源流—1930年代の政治と文学」（秋元秀紀）　彩流社　2001.10　p397-404
◎文献「アメリカ知識人とラディカル・ビジョンの崩壊」（前川玲子）　京都大学学術出版会　2003.1　p277-292
◎参考文献「二十世紀のフランス知識人」（渡辺淳）　集英社　2004.2　p246-251
◎原注「「知識人」の誕生—1880-1900」（C. シャルル）　藤原書店　2006.6　p291-331

知識創造企業
◎文献目録「ナレッジ・イネーブリング—知識創造企業への五つの実践」（ゲオルク・フォン・クローほか）　東洋経済新報社　2001.9　p13-25b

地質
◎文献「地質基準」（日本地質学会地質基準委員会）　共立出版　2001.3　prr
◎「とちぎの地形・地質（文献目録）—栃木県自然環境基礎調査　2002」（栃木県自然環境調査研究会地形・地質部会）　栃木県林務部自然環境課　2002.3　124p A4
◎参考文献「上田の地誌と土壌」（上田市誌編さん委員会）　上田市　2002.3　p197-199
◎文献「地すべりと地質学」（藤田崇）　古今書院　2002.8　p218-232
◎文献「環境地質学入門—地球をシステムとして見た」（鞠子正）　古今書院　2002.11　p251-256
◎文献「地質学調査の基本　地質基準」（日本地質学会地質基準委員会）　共立出版　2003.9　prr
◎文献「北海道の自然史」（赤松守雄）　北海道出版企画センター　2003.9　p256-280
◎文献「シリーズ環境と地質　1　環境と地質」（B. W. ピプキンほか）　古今書院　2003.11　prr
◎文献目録（鹿島愛彦）「日本洞穴学研究所報告　22」（日本洞穴学研究所）　2004　p31-44
◎文献「福島の大地の生い立ち」（真鍋健一）　歴史春秋出版　2004.1　p156-159
◎参考文献「京都の自然史」（横山卓雄）　京都自然史研究所　2004.6　p226-230
◎文献「武蔵野扇状地の地形発達—地形・地質と水理・遺跡環境」（羽鳥謙三）　地学団体研究会　2004.7　p43-45
◎文献「GISと地球表層環境」（R. ディカウほか）　古今書院　2004.8　prr
◎参考文献「地質学用語集—和英・英和」（日本地質学会）　共立出版　2004.9　p7-8f
◎参考文献「地球の内部で何が起こっているのか？」（平朝彦ほか）　光文社　2005.7　p269-274
◎引用文献「日本の地質　増補版」（日本の地質増補版編集委員会）　共立出版　2005.8　prr
◎文献「日本地方地質誌　4　中部地方」（日本地質学会）　朝倉書店　2006.1　p508-543
◎引用参考文献「文学を旅する地質学」（蟹澤聰志）　古今書院　2007.9　p172-175
◎文献「地質学　3　地球史の探求」（平朝彦）　岩波書店　2007.11　prr

地質図
◎参考引用文献「見方・使い方地質図」（小玉喜三郎ほか）　オーム社　2004.9　p125-130

◎文献「実務に役立つ地質図の知識」（脇田浩二ほか）　オーム社　2006.4　p221-230

千島列島
○文献解題（城田貴子ほか）「根室市博物館開設準備室紀要　18」（博物館開設準備室）　2004.3　p45-64
◎参考文献「千島森林誌—千島の国有林」（帯広営林局）　大空社　2005.11　p342-344

知情意低下症
◎文献「痴呆性老人の機能改善のための援助—モンテッソーリ法と間隔伸張法を用いた」（Cameron J. Campほか）　三輪書店　2002.5　p194-198
◎注ほか「痴呆の謎を解く—アルツハイマー病遺伝子の発見」（R. E. タンジ）　文一総合出版　2002.9　p9-25b
◎参考文献「デンマーク発・痴呆介護ハンドブック—介護にユーモアとファンタジーを」（B. メーリンほか）　ミネルヴァ書房　2003.7　p229-235

チーズ
◎参考文献「チーズ図鑑」（編集部）　文藝春秋　2001.7　p230」

地図
◎参考文献「地図を作った人びと—古代から観測衛星最前線にいたる地図製作の歴史　改訂増補」（ジョン・ノーブル・ウィルフォード）　河出書房新社　2001.1　p15-29b
○目録（東京都立中央図書館情報サービス課東京資料係）「ひびや　43.150」（東京都立中央図書館）　2001.2　p69-80
◎注文献「地図と絵図の政治文化史」（黒田日出男ほか）　東京大学出版会　2001.8　prr
◎文献「地理情報技術ハンドブック」（高阪宏行）　朝倉書店　2002.4　p451-469
◎参考文献「2万5000分の1地図—デジタル化時代の地図　新版」（大竹一彦）　古今書院　2002.8　p285-287
○「東北大学所蔵外邦図目録」　東北大学大学院理学研究科地理学教室　2003.3　244p　30×42cm
◎文献「地図がつくったタイ—国民国家誕生の歴史」（T. ウィニッチャクン）　明石書店　2003.11　p374-402
◎参考図書「地図が読めればもう迷わない—街からアウトドアまで」（村越真）　岩波書店　2004.1　p1-4b
◎文献案内「地図の文化史—世界と日本　新装版」（海野一隆）　八坂書房　2004.2　p35-39b
◎参考文献「絵図・地図からみた世界像」（藤井譲治ほか）　京都大　2004.3　p331-333
◎参考文献「地図表現ガイドブック—主題図作成の原理と応用」（浮田典良ほか）　ナカニシヤ出版　2004.7　p133-134
◎参考文献「シルクロードとその彼方への地図—東方探検2000年の記録」（K. ネベンザール）　ファイドン　2005.10　p170-172
◎参考文献「地図の思想」（長谷川孝治）　朝倉書店　2005.10　p103-106
◎参考文献「地球人の地図思考—世界地図博物館創立を願って」（西川治）　暁印書館　2005.12　p337-325
○「日本主要地図集成—明治から現代まで　普及版」（日本国際地図学会）　朝倉書店　2006.2　257p　A4
◎参考文献「デジタル地図を読む」（矢野桂司）　ナカニシヤ出版　2006.8　p145-146
◎参照文献「「世界地図」の誕生—地図は語る」（応地利明）　日本経済新聞出版社　2007.1　p272-275
◎「お茶の水女子大学所蔵外邦図目録」　お茶の水女子大　2007.1　234p　A3横
◎参考文献ほか「「地圖」が語る日本の歴史—大東亜戦争終結前後の測量・地図史秘話」（菊地正浩）　晩聲書館　2007.4　p242-243
◎参考文献「地図出版の四百年—京都・日本・世界」（京都大学大学院文学研究科地理学教室ほか）　ナカニシヤ出版　2007.4　p127-126
◎参考文献「地図に訊け！」（山岡光治）　筑摩書房　2007.6　p220」

治水
◎文献「ベトナム北部の自然と農業—紅河デルタの自然災害とその対策」（春山成子）　古今書院　2004.5　p122-125
◎参考文献「セーヌに浮かぶパリ」（尾田栄章）　東京図書出版会　2004.8　p233-235

知性
◎参考文献「知の挑戦—科学的知性と文化的知性の統合」（E. O. ウィルソン）　角川書店　2002.12　p1-31b

地生態学
◎文献「地生態学入門—景観の分析と保護のための」（横山秀司）　古今書院　2002.2　prr

地籍
◎参考文献「日本の地籍—その歴史と展望」（鮫島信行）　古今書院　2004.6　p141-143

地層
◎文献目録「国際層序ガイド—層序区分・用語法・手順へのガイド」（アモス・サルヴァドール）　共立出版　2001.8　p155-214
◎文献編「層序と年代」（長谷川四郎ほか）　共立出版　2006.1　p160-167
◎文献「シーケンス層序と水中火山岩類」（保柳康一ほか）　共立出版　2006.7　p157-169

地租改正
◎参考文献「明治初期地租関連事業推進過程に関する基礎的研究—越前七郡を中心として」（温娟）　せせらぎ出版　2004.1　p187-189
◎参考資料「江戸時代の江戸の税制と明治六年地租改正法公布」（土方晋）　税務経理協会　2004.3　p211-213

父親
◎参考文献「父　家族概念の再検討に向けて」（寺本貢ほか）　早稲田大学出版部　2003.1　prr
◎参考文献「フランス父親事情」（浅野素女）　築地書館　2007.4　p230-231

地中海世界
◎参考文献「多元的世界の展開　地中海世界史2」（歴史学研究会）　青木書店　2003.5　prr
◎参考文献「ブローデル歴史集成　1　地中海をめぐって」（ブローデル）　藤原書店　2004.1　p701-705
◎文献表「古代地中海を巡るゲオグラフィア」（S. マニャーニ）　シーライトパブリッシング　2006.12　p15-25b
◎参考文献「地中海世界の都市と住居」（陣内秀信）　山川出版社　2007.5　p89-90
◎参考文献ほか「旅の地中海—古典文学周航」（丹下和彦）　京都大学術出版会　2007.6　p323-328

ちちゆう

地中生命
- ◎注ほか「地中生命の驚異　秘められた自然誌」(D. W. ウォルフ)　青土社　2003.5　p1-17b

竹簡
- ◎論著目録「郭店楚簡儒教研究」(池田知久)　汲古書院　2003.2　p29-69b
- ◎参考文献「郭店楚簡儒教の研究—儒系三篇を中心にして」(李承律)　汲古書院　2007.11　p605-630

チッソ
- ◎参考文献「チッソ支援の政策学—政府金融支援措置の軌跡」(永松俊雄)　成文堂　2007.1　p195-204

知的財産
- ◎参考文献「知的財産ビジネスハンドブック—企業価値向上のために」(中央青山監査法人)　日経BP社　2002.11　p226-228
- ◎文献「知的財産の証券化」(広瀬義州ほか)　日本経済新聞社　2003.1　p296-301
- ◎注「情報メディアの社会システム—情報技術・メディア・知的財産」(児玉晴男)　日本教育訓練センター　2003.4　prr

知的財産権
- ◎参考文献「知的財産権と知的創造物法入門—著作権の基礎からビジネスモデル特許の活用まで　改訂2版」(佐藤薫)　オーム社　2001.3　p271-273
- ◎参考文献「ネットワーク時代の知的財産権」(倉永宏, 小林誠)　電気通信協会　2001.8　p121-122
- ◎参考文献「情報知的財産権　IT時代の経営資産をいかに守るか」(牧野和夫)　日本経済新聞社　2003.4　p242」
- ◎参考文献「ネット空間と知的財産権　サイバースペースの存在論」(D. R. ケプセル)　青土社　2003.9　p4-7b
- ◎参考文献「知的財産権入門—制度概要から訴訟まで」(馬場錬成ほか)　法学書院　2004.2　prr
- ◎参考文献「実務解説知的財産権訴訟　2版」(三山峻司ほか)　法律文化社　2005.4　p19-21f
- ◎参考文献「知的財産の歴史と現代—経済・技術・特許の交差する領域へ歴史からのアプローチ」(石井正)　発明協会　2005.5　p349-387
- ◎参考文献「表現の自由vs知的財産権—著作権が自由を殺す?」(K. マクロード)　青土社　2005.8　p15-30b
- ◎参考文献「もう特許なんていらない—すべての事業を営む人のために　もうひとつの知的財産権不正競争の活用法」(富樫康明)　本の泉社　2006.5　p274-276
- ◎引用参考文献「知的財産会計」(広瀬義州)　税務経理協会　2006.5　p273-284
- ◎参考文献「知的財産権と国際私法」(金彦叔)　信山社出版　2006.9　p1-10b
- ◎参考文献「知的財産と創造性」(宮武久佳)　みすず書房　2007.1　p209-211
- ◎参考文献「イギリス知的財産法」(T. ハートほか)　レクシスネクシス・ジャパン　2007.9　prr

知的財産法
- ◎参考文献ほか「知恵の守護法　著作権法編」(浜田治雄)　三恵社　2007.3　p789-790

知的自由
- ◎参考文献「図書館の目的をめぐる路線論争—アメリカ図書館界における知的自由と社会的責任—1967-1974年」(T. セイメック)　京都大学図書館情報学研究会　2003.10　p207-231

知的障害児
- ◎引用文献「知的障害の心理学—発達支援からの理解」(小池敏英, 北島善夫)　北大路書房　2001.4　p205-209
- ◎文献「精神遅滞児の学習を規定する課題解決能力の発達」(田中道治)　風間書房　2002.6　p151-163
- ◎文献「発達に遅れのある子の親になる—子どもの「生きる力」を育むために」(海津敦子)　日本評論社　2002.6　p260-261
- ◎文献「知的障害児のためのラーニング・ボックス学習法」(立川勲)　春風社　2004.3　p247-254
- ◎文献「問題行動のアセスメント」(M. デムチャックほか)　学苑社　2004.9　p83-84
- ◎文献「ファミリー中心アプローチの原則とその実際」(L. レアル)　学苑社　2005.9　p115-117
- ◎引用文献「認知機能に軽度な障害をもつ児童の記憶の制御困難」(島田恭仁)　風間書房　2005.11　p185-193
- ◎参考文献「発達に心配りを必要とする子の育て方」(松田ちから)　黎明書房　2006.8　p235-239
- ◎参考図書ほか「発達に遅れのある子の親になる　2　特別支援教育の時代に」(海津敦子)　日本評論社　2007.8　p201-202

知的障害者
- ◎文献「知的障害者の文理解についての心理学的研究」(松本敏治)　風間書房　2001.12　p189-196
- ◎参考文献「知的障害者の自己決定権　増補版」(平田厚)　エンパワメント研究所　2002.9　p165-172
- ◎参考文献「スウェーデンの知的障害者福祉の実践—コミュニティでの暮らしを支えるサービスと支援」(田代幹康)　久美　2006.4　p83-85
- ◎引用参考文献「知的障害者家族の臨床社会学—社会と家族でケアを分有するために」(中根成寿)　明石書店　2006.6　p277-265
- ◎引用参考文献「虐待のない支援—知的障害の理解と関わり合い」(市川和彦)　誠信書房　2007.1　p155-161
- ◎引用文献「知的障害者に対する健常者の態度構造と因果分析」(生川善雄)　風間書房　2007.2　p187-195
- ◎参考文献ほか「知的障害者の成年後見の原理—「自己決定と保護」から新たな関係の構築へ」(細川瑞子)　信山社　2007.9　p311-334

知的所有権
- ◎参考文献「勝手に使うな!　知的所有権のトンデモ話」(稲森謙太郎)　講談社　2000.12　p195-194
- ◎参考文献「知的財産経営—知財会計時代のマネジメント」(中嶋隆, 中嶋光)　日本プラントメンテナンス協会　2001.8　p185-191
- ◎参考文献「著作権法の解説　四訂版」(千野直邦ほか)　一橋出版　2001.11　p122-123
- ◎参考文献「勝手に使うな!　知的所有権のトンデモ話」(稲森謙太郎)　講談社　2001.12　p195-194
- ◎引用文献「学術情報と知的所有権—オーサシップの市場化と電子化」(名和小太郎)　東京大学出版会　2002.5　p14-34b
- ◎10の本(高重治香)「市民・組織・英知」(水越伸)　NHK出版　2002.11　p278-281
- ◎文献「現代経営と知的財産権—技術と経済と法の相乗作用　2版」(高橋義郎)　創成社　2003.6　p253-255

◎参考文献「知的財産制度とイノベーション」（後藤晃ほか）　東京大学出版会　2003.6　prr
◎参考文献「知的財産法務ガイドブック」（経営法友会）　商事法務　2003.8　p265-267
◎参考文献「情報メディアの社会技術―知的資源循環と知的財産法制」（児玉晴男）　信山社　2004.2　p247-268
◎参考文献ほか「IT知財と法務―ビジネスモデル＆コンプライアンスプログラムの構築」（IT企業法務研究所ほか）　日刊工業新聞社　2004.8　p684-689
◎参考文献「知財評価の基本と仕組みがよ～くわかる本」（鈴木公明）　秀和システム　2004.10　p233-235

知的進化
◎引用文献「ブートストラップ―人間の知的進化を目指して」（T.デーディーニ）　コンピュータ・エージ社　2002.12　p429-440

知日派
◎参考文献「アメリカ「知日派」の起源　明治の留学生交流譚」（塩崎智）　平凡社　2001.2　p254-245

地熱
◎参考文献「火山の熱システム―九重火山の熱システムと火山エネルギーの利用」（江原幸雄）　櫂歌書房　2007.6　p188-193
◎参考文献「地中熱ヒートポンプシステム」（北海道大学地中熱利用システム工学講座）　オーム社　2007.9　p158-160

知能
◎文献「多元的知能の世界―MI理論の活用と可能性」（H. Gardne）　日本文教出版　2003.9　p257-286
◎書籍紹介（松原達哉）「知能」（I. J. ディアリ）　岩波書店　2004.12　p175-177
◎文献「エモーショナル・インテリジェンス―日常生活における情動知能の科学的研究」（J. チャロキーほか）　ナカニシヤ出版　2005.2　p257-278
◎文献「心の発生と進化―チンパンジー、赤ちゃん、ヒト」（D. プレマックほか）　新曜社　2005.5　p13-37b

知能指数
◎参考文献ほか「IQを問う―知能指数の問題と展開」（サトウタツヤ）　ブレーン出版　2006.1　p175-179

旗袍（チーパオ）
◎参考文献「チャイナドレスをまとう女性たち―旗袍にみる中国の近・現代」（謝黎）　青弓社　2004.9　p211-220

千葉県
◎文献「千葉県公民館史　2　創立50周年記念」（千葉県公民館連絡協議会創立50周年記念事業実行委員会）　千葉県公民館連絡協議会　2002.3　p506-520
◎文献目録「千葉県祭り・行事調査報告書」（千葉県立大利根博物館）　千葉県教育委員会　2002.3　p291-294
◎参考文献「千葉県の自由民権運動―郷土資料館企画展図録」（茂原市立美術館・郷土資料館）　市立美術館・郷土資料館　2004.1　p82-83
◎参考文献「東葛の中世城郭」（千野原靖方）　崙書房　2004.2　p296-301
◎参考文献「中世房総やきもの市場」（千葉県立房総のむら）　県立房総のむら　2004.10　p27-28
◎引用文献「房総山岳志」（内田栄一）　崙書房出版　2005.9　p337-343
◎文献「嶺岡牧を歩く」（青木更吉）　崙書房出版　2005.9　p227-229
◎参考文献「千葉の力石」（高島愼助）　岩田書院　2006.6　p275-286
◎参考文献「長生の梵鐘と鋳工」（仲村美彦）　崙書房出版　2007.5　p123-124

千葉県　安房妙本寺
◎文献目録「中世東国日蓮宗寺院の研究」（佐藤博信）　東京大学出版会　2003.11　p39-44b

千葉県　市川市
◎文献「明解行徳の歴史大事典」（鈴木和明）　文芸社　2005.3　p464-470
◎参考文献「図説「市川の歴史」」（市立市川考古・歴史博物館）　市川市教育委員会　2006.2　p284-287
◎参考文献「新編市川歴史探訪―下総国府周辺散策」（千野原靖方）　崙書房　2006.9　p202-203

千葉県　印旛
◎参考引用文献「印旛の原始・古代―旧石器時代編」（印旛郡市文化財センター）　印旛郡市文化財センター　2004.3　p116-118

千葉県　印旛沼
◎引用参考文献「明治期の印旛沼開疏計画―研究資料抄録」（杉浦淳三）　杉浦淳三　2006.8　p265-268

千葉県　柏市
◎本「柏―その歴史・地理」（相原正義）　崙書房出版　2005.3　p233-239
◎参考文献「歴史ガイドかしわ」（柏市史編さん委員会）　柏市教委　2007.3　p244-247

千葉県　鴨川市
◎参考資料ほか「太海のあゆみ」（編さん委員会）　鴨川市教育委員会　2006.2　p115-116

千葉県　佐倉連隊
◎文献目録「佐倉連隊にみる戦争の時代」（国立歴史民俗博物館）　国立歴史民俗博物館　2006.7　p87」

千葉県　袖ヶ浦市
○参考文献ほか（多田憲美）「袖ヶ浦市史研究　12」（袖ヶ浦市郷土博物館）　2005.3　p49-65

千葉県　誕生寺
◎文献「房州誕生寺石造三層塔と九州千葉氏―伝日蓮聖人供養塔とその周辺」（早川正司）　青娥書房　2007.6　p129-134

千葉県　銚子
◎参考文献「銚子と文学　甦る言葉の海流」（岡見晨明ほか）　東京文献センター　2001.6　prr

千葉県　利根運河
◎参考文献「水の道・サシバの道―利根運河を考える」（新保國弘）　崙書房出版　2001.10　p234-241

千葉県　流山市
◎参考文献「流山庚申塔探訪」（流山市教育委員会ほか）　流山市教委　2007.3　p320」

千葉県　習志野俘虜収容所
◎参考文献「ドイツ兵士の見たニッポン―習志野俘虜収容所1915～1920」（習志野市教育委員会）　丸善　2001.12　p203-205

千葉県　成田市
　○新聞記事目録「成田市史研究　30」（成田市教育委員会）　2006.3　p52-69
　○新聞記事目録「成田市史研究　31」（成田市教委）　2007.4　p98-117

千葉県　野田市
　◎参考文献「野田のトリビア100―水と醤油と歴史の町」（野田のトリビア編纂委員会）　プレジデント社　2007.12　p210-215

千葉県　房総
　○文献目録（佐藤博信）「千葉史学　40」（千葉歴史学会）　2002.5　p59-76
　◎参考文献「房総の幕末海防始末」（山形紘）　崙書房　2003.12　p231-234
　◎参考文献「房総の祭りと芸能―南房総のフィールドから」（田村勇）　大河書房　2004.6　p356-357

千葉県　八千代市
　◎参考文献「八千代の女たち―激動の昭和を生きていま聞き書き」（八千代市女性研修センター八千代の女たち編集委員会）　八千代市　2004.3　p286-287

千葉県　歴史
　◎文献「千葉県の歴史　別編地誌3　地図集」（千葉県史料研究財団）　千葉県　2002.3　p468-475
　◎参考文献「千葉県の戦争遺跡をあるく―戦跡ガイド＆マップ」（千葉県歴史教育者協議会）　国書刊行会　2004.8　p273-278
　◎参考文献「千葉県の歴史一〇〇話」（川名登）　国書刊行会　2006.1　p317-325
　◎参考文献「千葉県の歴史散歩」（千葉県高等学校教育研究会歴史部会）　山川出版社　2006.5　p330-331
　◎参考文献「千葉県の歴史　通史編　原始・古代 1」（千葉県史料研究財団編）　千葉県　2007.3　p803-815
　◎参考文献「佐倉牧を歩く」（青木更吉）　崙書房出版　2007.5　p226-228
　◎参考文献「常総内海の中世―地域権力と水運の展開」（千野原靖方）　崙書房出版　2007.10　p312-316

千葉新聞
　○新聞記事目録「成田市史研究　30」（成田市教育委員会）　2006.3　p52-69

ちびくろサンボ
　◎出版目録「ひとの自立と図書館　竹内悊講演集1」（竹内悊）　久山社　2004.1　p113-124

乳房
　◎参考文献「乳房論」（M. ヤーロム）　筑摩書房　2005.1　p457-442

チベット
　◎「『西蔵研究』分類目録」（熊切武彦）　東京文献センター　2000.4　109p B5
　◎参考文献「高僧の生まれ変わりチベットの少年」（イザベル・ヒルトン）　世界文化社　2001.9　p422-425
　◎参考文献「チベット生と死の知恵」（松本栄一）　平凡社　2002.1　p201-202
　◎参考図書「チベットの般若心経」（ゲシュー・ソナム・ギャルツェン・ゴンタほか）　春秋社　2002.4　p47-50b
　○参考資料「ヒマラヤ　380」（日本ヒマラヤ協会）　2003.7　p12-23
　◎文献目録「チベット文化史　新装版」（スネルグローヴほか）　春秋社　2003.9　p23-26b
　◎参考文献（今枝由郎）「チベット」（F. ポマレ）　創元社　2003.12　p173」
　◎参考文献「チベットの潜入者たち―ラサ一番乗りをめざして」（P. ホップカーク）　白水社　2004.4　p8-12b
　◎入門ブックガイドほか「チベットを知るための56章」（石浜裕美子）　明石書店　2004.5　p322-333
　◎文献「チベット　下　改訂版」（山口瑞鳳）　東京大学出版会　2004.6　p21-25b
　◎引用文献「清帝国とチベット問題」（平野聡）　名古屋大学出版会　2004.7　p7-14b
　◎参考文献「チベットのアルプス」（中村保）　山と渓谷社　2005.3　p378-381
　◎参考文献ほか「チベット史」（L. デエ）　春秋社　2005.10　p51-65b
　◎参考書「日本人の目から見たチベット通史―西蔵の伝承と通説を検証」（小松原弘）　東京図書出版会　2005.12　p272-275
　◎参考文献「天梯のくにチベットは今」（堀江義人）　平凡社　2006.3　p272-273
　◎文献目録「チベット・中国・ダライラマ―チベット国際関係史―分析・資料・文献」（浦野起央）　三和書籍　2006.6　p945-983

チベット　医学
　◎参考文献「チベット医学―身体のとらえ方と診断・治療」（イェシェー・ドゥンデン）　地湧社　2001.5　p306-308

チベット　絵画
　◎参考文献「チベット絵画の歴史―偉大な絵師達の絵画様式とその伝統」（D. ジャクソン）　平河出版社　2006.3　p350-358

チベット　寺院
　◎参考文献「チベット寺院・建築巡礼」（大岩昭之）　東京堂出版　2005.9　p194-195

チベット　大蔵経
　◎参考文献「デルゲパルカン―活きている文化遺産チベット大蔵経木版印刷所の歴史と現在」（池田巧ほか）　明石書店　2003.7　prr

チベット　仏教
　◎文献表「チベット仏教世界の歴史的研究」（石濱裕美子）　東方書店　2001.2　p367-380
　◎「西蔵仏教基本文献　第7巻」　東洋文庫　2002.3　148p B5
　◎参考文献（西村香）「チベット仏教・菩薩行を生きる―精読・シャーンティデーヴァ『入菩薩行論』」（ゲシュー・ソナム・ギャルツュン・ゴンタ）　大法輪閣　2002.5　p322-325
　◎参考文献「図説曼荼羅大全―チベット仏教の神秘」（M. ブラウエン）　東洋書林　2002.9　p249-268
　◎参考文献「悟りへの階梯―チベット仏教の原典『菩提道次第論』」（ツォンカパほか）　UNIO　2005.6　p377-381
　◎参考文献「ダライ・ラマとパンチェン・ラマ」（I. ヒルトン）　ランダムハウス講談社　2006.9　p451-454
　◎参考文献「敦煌出土チベット文『生死法物語』の研究―古代チベットにおける仏教伝播過程の一側面」（今枝由郎）　大東出版社　2006.10　p157-166

チベット　密教
　◎参考文献「チベット密教」（ツルテイム・ケサン, 正木晃）　筑摩書房　2001.1　p211-222
　◎参考文献「チベット密教・成就の秘法—ニンマ派総本山ミンドゥルリン寺制定・常用経典集」（田中公明）　大法輪閣　2001.11　p300-301

チベット　ラダック
　◎読書案内「ラダック懐かしい未来」（H. ノーバーグ・ホッジ）　山と渓谷社　2003.7　p253-259

チベット語
　◎辞書および文法書「「概説」チベット語文語文典」（山口瑞鳳）　春秋社　2002.2　p248-255

地方
　◎ブックガイド「地方を殺すな！—ファスト風土化から"まち"を守れ！」　洋泉社　2007.11　p222-223

地方議会
　◎参考文献「地方議会における議員立法」（秋葉賢也）　文芸社　2001.4　p188-192
　◎参考文献「協働型議会の構想—ローカル・ガバナンス構築のための一手法」（江藤俊昭）　信山社出版　2004.12　p239-249

地方行財政史
　◎文献目録「日本における近代イギリス地方行財政史研究の歩み—19世紀-20世紀初頭イギリス地方行財政史研究の歴史と現状」（藤田哲雄）　創風社　2002.4　p140-150

地方行政
　◎参考文献「米国都市の行財政—カリフォルニア・テキサスの現状は」（近藤直光）　公人の友社　2001.1　p127-128
　◎推薦図書「自治体DNA革命—日本型組織を超えて」（石井幸孝, 上山信一）　東洋経済新報社　2001.9　p335-346
　◎文献「行政評価導入マニュアルQ&A」（トーマツ）　中央経済社　2001.11　p187-188
　◎「クレアレポート総目録—海外の地方行財政に関するレポート　第1号—第222号」（自治体国際化協会）　自治体国際化協会　2002.2　455p A4
　◎文献「自治体エスノグラフィー—地方自治体における組織変容と新たな職員像」（明石照久）　信山社出版　2002.9　p265-276
　◎参考文献「自治体経営革命—地方から考える市民の責任・首長の使命」（熊坂伸子ほか）　メタモル出版　2003.1　p270-273
　◎文献「自治体と計画行政—財政危機下の管理と参加—自治体における新しい計画行政のあり方に関する調査研究」（日本都市センター）　日本都市センター　2003.3　p205-208
　◎文献「自治体主権のシナリオ—ガバナンス・NPM・市民社会」（中邨章）　芦書房　2003.3　p273-288
　◎参考文献「自治体経営と行政評価制度」（中地宏）　ぎょうせい　2003.4　p176-178
　◎「横浜市会議員ブックガイド　2003」（横浜市中央図書館調査資料課）　市会事務局　2003.5　25, 3p A4
　◎参考文献ほか「ASEAN諸国の地方行政」（自治体国際化協会）　自治体国際化協会　2004.2　p302-308
　◎参考文献「自治体における企画と調整—事業部局と政策分野別基本計画」（打越綾子）　日本評論社　2004.3　p279-295
　◎参考文献「最新地方行政入門」（山崎正）　日本評論社　2004.4　p197-198
　◎参考文献「フランスの地方制度改革—ミッテラン政権の試み」（久迩良子）　早稲田大学出版部　2004.5　p197-203
　◎参考文献「裁量の拘束と政策形成—公証行政における執行態様の分析」（松尾聖司）　東京大　2005.8　p219-222
　◎参考文献「自治体版市場化テスト—競争から協奏へ」　彩の国さいたま人づくり広域連合自治人材開発センター　2006.2　p134-136
　◎引用文献「自治体発の政策革新—景観条例から景観法へ」（伊藤修一郎）　木鐸社　2006.4　p275-285
　◎参考文献「自治体の市場化テスト」（稲沢克祐）　学陽書房　2006.6　p169-173
　◎参考文献「日本を—MINIMA JAPONIA」（田中康夫）　講談社　2006.6　p91-95b
　◎参考文献「自治体ナンバー2の役割—日米英の比較から」（田村秀）　第一法規　2006.8　p181-187
　◎文献目録「自治体経営と議会—改革への理論と実践」（藤原範典）　ブレーン出版　2006.8　p447-459
　◎引用参考文献「住民ニーズと政策評価—理論と実践」（中島とみ子）　ぎょうせい　2006.12　p195-200
　◎参考文献「外部評価の機能とその展開—行政監視と政策推進」（岩渕公二）　第一法規　2007.2　p206-212
　◎参考文献「地方行政を変えるプロジェクトマネジメント・ツールキット—自治体職員のための新仕事術—日英対訳」（西芝雅美ほか）　ぎょうせい　2007.3　p337-340
　◎参考文献「自治体改革ビジョン—戦略計画・行政評価・公会計制度改革を中心に」（佐藤隆）　御茶の水書房　2007.5　p3-8b
　◎参考文献「都道府県改革論—政府規模の実証研究」（野田遊）　晃洋書房　2007.7　p229-289
　◎参考文献ほか「農業立市宣言—平成の市町村合併を生き抜く！」（坂口和彦）　昭和堂　2007.7　p179-180
　◎参考文献「実践政策法務—地方行政における「法」とは」（石川公一）　ぎょうせい　2007.11　p297-299
　◎参考文献「自治体にオープンソースソフトウェアを導入しよう！　システム基盤編」（情報処理推進機構オープンソースソフトウェア・センター）　オーム社　2007.12　p87-89

地方経済
　◎参考文献「長期不況下の地方経済と地方行財政」（加瀬和俊ほか）　東京大　2004.3　prr

地方公営企業
　◎文献「近代日本公営交通成立史」（高寄昇三）　日本経済評論社　2005.1　p355-358

地方公共団体
　◎参考文献ほか「自治体格差が国を滅ぼす」（田村秀）　集英社　2007.12　p219-221

地方豪族
　◎参考文献「豪閥　地方豪族のネットワーク」（佐藤朝泰）　立風書房　2001.7　p522-523
　◎参考文献「大王と地方豪族」（篠川賢）　山川出版社　2002.4　2pb

地方交付税
- ◎参考文献「地方交付税何が問題か 財政調整制度の歴史と国際比較」(神野直彦ほか) 東洋経済新報社 2003.7 prr
- ◎文献「地方交付税の経済学―理論・実証に基づく改革」(赤井伸郎ほか) 有斐閣 2003.10 p257-261

地方公務員
- ◎参考文献「地方公務員フレッシャーズブック」(自治研修研究会) ぎょうせい 2003.12 prr
- ◎参考文献「地方公共団体における人事評価システムのあり方」(地方公共団体人事評価システム研究会) 第一法規 2004.6 p241-245
- ◎参考文献「地方自治体職員の職務遂行能力形成過程」(榊原国城) 風間書房 2004.9 p127-131
- ◎参考文献「変わるのはいま―地方公務員改革は自らの手で」(中村圭介) ぎょうせい 2004.10 p209-212
- ◎参考文献「海外の地方公務員研修機関」 自治体国際化協会 2006.7 p124-125
- ◎引用参考文献「政策人材の育成―自治体経営の再創造に向けて」(川端大二) ぎょうせい 2007.2 p257-258
- ◎参考文献「実践!自治体の人事評価―「評価される側」からのアプローチ」(中村圭介) ぎょうせい 2007.4 p206-208

地方債
- ◎参考文献「地方債改革の経済学」(土居丈朗) 日本経済新聞出版社 2007.6 p293-296
- ◎参考文献「地方債投資ハンドブック」(江夏あかね) 財経詳報社 2007.11 p331-340
- ◎参考文献「変革期の地方債市場―地方債の現状と展望」(野村資本市場研究所) 金融財政事情研究会 2007.11 p206-207

地方財政
- ◎参考文献「地方財政システムの研究―国際競争時代の地域財政論」(石川祐三) 高城書房 2001.3 p367-375
- ◎文献「市町村合併と自治体の財政―住民自治の視点から」(川瀬憲子) 自治体研究社 2001.8 p227-237
- ◎参考文献「自治体財政破綻か再生か―減量経営から構造改革へ」(高寄昇三) 学陽書房 2001.11 p189-190
- ◎参考文献「日本の財政―国の財政と地方財政の連関分析 増補改訂版」(大川政三ほか) 創成社 2001.12 p259-260
- ◎文献「〈論・説〉地方財政改革シミュレーション―地方主権への道標」(岡本直樹,吉村恵一) ぎょうせい 2002.4 p319-322
- ◎文献「地方分権時代の地方財政」(伊多波良雄) 有斐閣 2002.9 p205-210
- ◎文献「地方財政論―受益と負担関係明確化へのシナリオ」(平野正樹) 慶応義塾大学出版会 2002.10 p241-246
- ◎参照文献一覧ほか「地方政府の財政自治と財政統制―地方財政分権改革の新視点」(小滝敏之) 全国会計職員協会 2002.10 p263-294
- ◎参考文献「明治地方財政史 3 自由民権と財政運営」(高寄昇三) 勁草書房 2003.1 p392-395
- ◎参考文献「地方公共支出の最適配分」(田平正典) 多賀出版 2003.5 prr
- ◎文献「入門現代地方自治と地方財政」(重森暁) 自治体研究社 2003.7 p254-255
- ◎文献「ドイツ自治体の行財政改革―分権化と経営主義化」(武田公子) 法律文化社 2003.10 p199-207
- ◎文献「自治体改革と地方債制度―マーケットとの協働」(稲生信男) 学陽書房 2003.11 p172-176
- ◎参考文献「租税・地方財政・マクロ財政政策」(J.E.スティグリッツ) 東洋経済新聞社 2004.1 p1021-1034
- ◎参考文献「中国の政府間財政関係の実態と対応―1980～90年代の総括」(内藤二郎) 日本図書センター 2004.2 p241-249
- ◎参考文献「政策評価と予算編成―新たな予算配分方法」(松田敏幸) 晃洋書房 2004.3 p131-152
- ◎参考文献「現代の地方財政 3版」(和田八束ほか) 有斐閣 2004.4 p306-308
- ◎参考文献「地方議員のための予算・決算書読本」(山崎正) 勁草書房 2004.4 p285-286
- ◎参考文献「分権化と地方財政」(池上岳彦) 岩波書店 2004.6 p1-15b
- ◎参考文献「自治体の財務報告と行政評価」(宮本幸平) 中央経済社 2004.9 p173-177
- ◎参考文献「自治体破産―再生の鍵は何か」(白川一郎) NHK出版 2004.11 p233-234
- ◎参考文献「地域間格差の財政分析」(高林喜久生) 有斐閣 2005.2 p223-229
- ◎参考文献「府県町村制と財政運営 明治地方財政史5」(高寄昇三) 勁草書房 2006.1 p423-427
- ◎参考文献「地方財政論」(関野満夫) 青木書店 2006.3 p209-213
- ◎参考文献「新・地方分権の経済学」(林宜嗣) 日本評論社 2006.5 p281-284
- ◎参考文献「地方自治体会計改革論―わが国と諸外国及び国際公会計基準との比較」(石田晴美) 森山書店 2006.7 p253-265
- ◎参考文献「キーワードでわかる自治体財政」(肥沼位昌) 学陽書房 2007.2 p229-231
- ◎参考文献「自治体破産―再生の鍵は何か 増補改訂版」(白川一郎) NHK出版 2007.3 p262-263
- ◎参考文献「地方財政学―公民連携の限界責任」(中井英雄) 有斐閣 2007.3 p281-292
- ◎参考文献「地方財政―理論と課題」(水谷守男ほか) 勁草書房 2007.4 p287-291
- ◎参考文献ほか「自治体破たん・「夕張ショック」の本質―財政論・組織論からみた破たん回避策 改訂版」(橋本行史) 公人の友社 2007.5 p116-118
- ◎参考文献「基礎からわかる自治体の財政再建」(出井信夫) 学陽書房 2007.6 p200-201
- ◎参考文献ほか「幻想の自治体財政改革」(川瀬光義) 日本経済評論社 2007.9 p228-238
- ◎参考文献「自治体歳出配分行動の政策評価」(吉田素教) 中央経済社 2007.11 p212-216

地方史
- ◎「地方史文献年鑑―郷土史研究雑誌目次総覧 1999」(飯澤文夫) 岩田書院 2001.2 572p A5
- ○雑誌目次速報(飯澤文夫)「地方史情報 035」(岩田書院) 2001.5 p2-43
- ◎「全国地方史誌関係図書目録―国立国会図書館納本非流通図書 2000」(クオリ) クオリ 2001.10 167p B5
- ◎「地方史文献年鑑―郷土史研究雑誌目次総覧 2000」(飯澤文夫) 岩田書院 2002.4 607p A5

○雑誌目次（飯澤文夫）「地方史情報　050」（岩田書院）
　2002.10　p2-24
◎「全国地方史誌関係図書目録―国立国会図書館納本非
　流通図書　2001」（クオリ）　クオリ　2002.10　143p
　B5
◎「地方史文献年鑑―郷土史研究雑誌目次総覧　2001」
　（飯澤文夫）　岩田書院　2003.4　654p A5
◎「全国地方史誌関係図書目録―国立国会図書館納本非
　流通図書　2002」（クオリ）　クオリ　2003.12　179p
　B5
◎「地方史文献年鑑　2002」（飯沢文夫）　岩田書院
　2004.3　666p A5
◎「全国地方史誌関係図書目録　2003」（クオリ）　クオ
　リ　2004.11　195p B5
◎「地方史文献年鑑　2003」（飯澤文夫）　岩田書院
　2005.4　642p A5
◎「全国地方史誌関係図書目録―国立国会図書館納本
　非流通図書　2004」（クオリ編）　クオリ　2005.11
　186p B5
◎「地方史文献年鑑　2004」（飯澤文夫）　岩田書院
　2006.6　665p A5
◎「全国地方史誌関係図書目録―国立国会図書館納本非
　流通図書　2005」　クオリ　2006.10　203p B5
◎「地方史文献年鑑　2005」（飯澤文夫）　岩田書院
　2007.4　648p A5
◎「全国地方史誌総目録」（日外アソシエーツ）　日外ア
　ソシエーツ　2007.6-07　2冊　A5
◎「全国地方史誌関係図書目録　2006」（クオリ）　クオ
　リ　2007.10　222p B5

地方史家
　◎文献「郷土史家人名事典―地方史を掘りおこした人々」
　　（日外アソシエーツ）　日外アソシエーツ　2007.12
　　prr

地方自治
　◎参考文献「地方自治の国際比較―台頭する新しい政治
　　文化」（テリー・ニコルス・クラーク, 小林良彰）
　　慶應義塾大学出版会　2001.1　p363-386
　◎参考文献「行政・地方自治」（秋月謙吾）　東京大学出
　　版会　2001.4　p193-202
　◎注文献「地方自治の憲法学」（小林武）　晃洋書房
　　2001.4　prr
　◎参考文献「図説新地方自治制度―分権改革の新展開」
　　（山口道昭）　東京法令出版　2001.12　p248-251
　◎「資料目録　平成12年3月末現在　索引編」（自治研修
　　協会地方自治研究資料センター）　自治研修協会地方
　　自治研究資料センター　2002.3　256p A4
　◎参考文献「自治体政策過程の動態―政策イノベーシ
　　ョンと波及」（伊藤修一郎）　慶応義塾大学出版会
　　2002.4　p317-336
　◎参考文献「地方自治の憲法論―「充実した地方自治」
　　を求めて」（杉原泰雄）　勁草書房　2002.4　p261-264
　◎引用・参照文献「地方自治要論」（佐藤俊一）　成文堂
　　2002.6　p250-258
　◎参考文献「自治体の知的財産経営―地方再生の新たな
　　シナリオ」（井熊均ほか）　日刊工業新聞社　2002.7
　　p228-229
　◎文献「英国の地方自治」（自治体国際化協会）　自治体
　　国際化協会　2003.1　p340-343
　◎参考文献「資料現代地方自治　「充実した地方自治」
　　を求めて」（杉原泰雄ほか）　勁草書房　2003.3　p4-8b

◎文献「包括的地方自治ガバナンス改革」（村松岐夫ほ
　か）　東洋経済新報社　2003.3　p319-339
◎文献「自治体の政策形成力」（森啓）　時事通信社
　2003.5　p184-186
◎参考文献「地方主権の国ドイツ―徹底討論、決断そし
　て実行」（片木淳）　ぎょうせい　2003.6　p273-275
◎文献「入門現代地方自治と地方財政」（重森暁）　自治
　体研究社　2003.7　p254-255
◎参考文献「ドイツの地方自治」（自治体国際化協会）
　自治体国際化協会　2003.8　p358-360
◎参考文献「要説地方自治法―新地方自治制度の全容
　第2次改訂版」（松本英昭）　ぎょうせい　2003.9　p615-
　617
◎参考文献「市長の履歴書―誰が市長に選ばれるのか」
　（田村秀）　ぎょうせい　2003.10　p222-226
◎文献「スウェーデン・スペシャル　3　福祉国家におけ
　る地方自治」（藤井威）　新評論　2003.12　p226-227
◎参考文献「政策づくりの基本と実践」（岡本義行）
　法政大学出版局　2003.12　prr
◎参考文献「パリッシュ―イングランドの地域自治組織
　（準自治体）の歴史と実態」（山田光矢）　北樹出版
　2004.2　p168-170
◎参考文献「イタリアの地方自治」（自治体国際化協会）
　自治体国際化協会　2004.3　p145-146
◎参考文献「アメリカの地方自治」（小滝俊之）　第一法
　規　2004.6　p327-345
◎参考文献「新地方自治の経営―自治体経営の実践的戦
　略」（高寄昇三）　学陽書房　2004.7　p228-230
◎参考文献「地方自治の生成と展開」（高橋洋）　成文堂
　2004.8　p222, 245-246
◎「海外の地方自治に関する文献集」（自治体国際化協
　会）　自治体国際化協会　2004.9　383p A4
◎参考文献「戦後日本の地方分権―その論議を中心に」
　（石見豊）　北樹出版　2004.9　p187-194
◎参考文献「地方制度改革　自治体改革1」（横道清孝）
　ぎょうせい　2004.10　prr
◎参考文献「分権推進と自治の展望」（田村悦一ほか）
　日本評論社　2005.1　prr
◎参考文献「近代中国の地方自治と明治日本」（黄東蘭）
　汲古書院　2005.2　p371-399
◎参考文献「デンマークのユーザー・デモクラシー―福
　祉・環境・まちづくりからみる地方分権社会」（朝野
　賢司ほか）　新評論　2005.3　p318-327
◎参考文献「市民会議と地域創造―市民が変わり行政
　が変わると地域も変わる!」（佐藤徹）　ぎょうせい
　2005.3　p34-38b
◎参考文献「中国における共同体の再編と内発的自治の
　試み―江蘇省における実地調査から」（宇野重昭ほか）
　国際書院　2005.3　p261-270
○文献情報「都市問題　96.4」（東京市政調査会）　2005.
　4　p107-111
◎参考文献「現代スイスの都市と自治―チューリヒ市の
　都市政治を中心として」（岡本三彦）　早稲田大学出版
　部　2005.4　p269-281
◎参考文献「フランスの地方分権改革」（自治・分権ジ
　ャーナリストの会）　日本評論社　2005.5　p213-214
◎文献「ドイツ市町村の地域改革と現状」（森川洋）
　古今書院　2005.7　p267-272
◎参考文献「概説現代日本の政治と地方自治」（三田清）
　学術図書出版社　2005.10　prr

◎文献「要説地方自治法―新地方自治制度の全容　4次改訂版」（松本英昭）　ぎょうせい　2005.10　p683-685
◎参考文献「中国の地方制度における自治問題―民族区域自治制度に関する考察を中心に」（洪英）　明石書店　2006.2　p457-474
◎参考文献「概説日本の地方自治　2版」（新藤宗幸ほか）　東京大出版会　2006.3　p255-259
◎文献「地方自治の社会学―市民主体の「公共性」構築をめざして」（青木康容）　昭和堂　2006.3　prr
◎参考文献「地方自治の軌跡と展望―「顔の見える道州制」の提言」（昇秀樹）　第一法規　2006.4　p163-169
◎引用参照文献「地方自治要論　2版」（佐藤俊一）　成文堂　2006.4　p305-314
◎参考文献「テキストブック地方自治」（村松岐夫）　東洋経済新報社　2006.6　p313-320
◎参考文献「スイスの地方自治」（自治体国際化協会）　自治体国際化協会　2006.7　p133-138
◎引用参考文献「地方自立への政策と戦略―大分県の挑戦」（平松守彦）　東洋経済新報社　2006.7　p250-252
◎参考文献「地方政府の構想」（山崎正）　勁草書房　2006.7　p273-275
◎参考文献「フランスの憲法改正と地方分権―ジロンダンの復権」（山崎榮一）　日本評論社　2006.9　p365-372
◎参考文献「琉球の「自治」」（松島泰勝）　藤原書店　2006.10　p302-311
◎参考文献ほか「中国村民自治の実証研究」（張文明）　御茶の水書房　2006.11　p355-367
◎参考資料「首長―知事・市区町長は日本を変えたか」（塩田潮）　講談社　2007.1　p314-318
◎参考文献「近代日本地方自治の歩み」（大石嘉一郎）　大月書店　2007.4　p219-223
◎参考文献「憲法と地方自治」（小林武ほか）　法律文化社　2007.5　p339-342
◎参考文献「自治制度」（金井利之）　東京大出版会　2007.5　p241-261
◎参考文献ほか「日本における国家と地方自治の形成史」（柴田岳夫）　ぎょうせい　2007.6　p390-391
◎参考文献「地方分権改革」（西尾勝）　東京大出版会　2007.7　p279-281
◎参考文献ほか「自治体主権のシナリオ―ガバナンス・NPM・市民社会　改訂」（中邨章）　芦書房　2007.8　p274-284
◎参考文献「分権時代の地方自治」（今川晃ほか）　三省堂　2007.8　p231-233
◎参考文献「ドイツの市民自治体―市民社会を強くする方法」（坪郷實）　生活社　2007.9　p105-110
◎参考文献「地方自治」（礒崎初仁ほか）　北樹出版　2007.9　p251-256
◎参考文献「分権改革の地平」（島田恵司）　コモンズ　2007.10　p320-324
◎文献リスト「明治国家をつくる―地方経営と首都計画」（御厨貴）　藤原書店　2007.10　prr
◎参考文献「インドの地方自治―日印自治体間交流のための基礎知識」（自治体国際化協会）　自治体国際化協会　2007.12　p76-78
◎参考文献「日本の地方政治―二元代表制政府の政策選択」（曽我謙悟ほか）　名古屋大出版会　2007.12　p17-24b

地方自治体
◎参考文献「地方自治体の国際協力―地域住民参加型のODAを目指して」（吉田均）　日本評論社　2001.1　p165-167
◎参考文献「地方自治体の保育への取り組み―今後の保育サービス提供の視点」（山本真実, 尾木まり）　フレーベル館　2001.5　p176-177
◎注「高齢者福祉と地方自治体」（横山純一）　同文舘出版　2003.4　prr
◎参考文献「行政サービスの決定と自治体労使関係」（中村圭介ほか）　明石書店　2004.9　p278-279
◎参考文献「ローカルIT革命と地方自治体」（中野雅至）　日本評論社　2005.1　p195-201

地方自治法
◎文献「逐条研究地方自治法　1　総則-直接請求」（佐藤竺）　敬文堂　2002.4　p639-648
◎文献「新現代地方自治法入門　2版」（室井力ほか）　法律文化社　2003.4　p370-371
◎参考文献「執行機関　最新地方自治法講座6」（高部正男）　ぎょうせい　2003.7　prr
◎参考文献「条例と規則　最新地方自治法講座2」（門山泰明）　ぎょうせい　2003.9　prr
◎参考文献「地方自治法―逐条研究　3　執行機関―給与その他の給付」（今村都南雄ほか）　敬文堂　2004.1　p1181-1190
◎参考文献「要説地方自治法―新地方自治制度の全容　3次改訂版」（松本英昭）　ぎょうせい　2004.10　p665-667
◎参考文献「地方自治法―逐条研究　2　議会」（佐藤英善）　敬文堂　2005.1　p739-751
◎参考文献「要説地方自治法―新地方自治制度の全容　5次改訂版」（松本英昭）　ぎょうせい　2007.4　p713-715

地方出身者
◎文献目録「同郷者集団の民俗学的研究―都市と農村の交流」（松崎憲三）　岩田書院　2002.12　p1-30b

地方・小出版
◎「あなたはこの本を知っていますか―地方・小出版流通センター書肆アクセス取扱い'00図書目録　no.17（'00）」（地方・小出版流通センター）　地方・小出版流通センター　2001.6　285p A5
◎「あなたはこの本を知っていますか―地方・小出版流通センター書肆アクセス　取扱い'01図書目録　No.18」（地方・小出版流通センター）　地方・小出版流通センター　2002.6　295p A5

地方税
◎参考文献「これからの地方税システム―分権社会への構造改革指針」（林宏昭）　中央経済社　2001.8　p174-175
◎参考文献「韓国の地方税―日本との比較の視点」（鞠重鎬）　創成社　2004.3　p167-172
◎参考文献「現代ドイツ地方税改革論」（関野満夫）　日本経済評論社　2005.8　p169-175
◎参考文献「三位一体の改革と将来像―地方税・地方交付税」（黒田武一郎ほか）　ぎょうせい　2007.1　p291-292
◎参考文献「地方税Q&A」（全国女性税理士連盟）　大蔵財務協会　2007.10　p404-407

地方政治
　◎参考文献「鉄道建設と地方政治」（松下孝昭）　日本経済評論社　2005.4　prr

地方制度
　◎参考文献「明治の大合併と戦後地方自治の民主化」（古川哲明）　東京図書出版会　2005.11　p192-193

地方鉄道
　◎参考文献「どうする？　鉄道の未来―地域を活性化するために」（鉄道まちづくり会議）　緑風出版　2004.12　p213-215

地方分権
　◎参考文献「地方分権と地域福祉計画の実践―コミュニティ自治の構築へ向けて」（木下聖）　みらい　2007.6　p288-293

チーム・ティーチング
　◎参考文献「ティーム・ティーチングの進め方―授業改善の視点に立って」（巽俊二）　教育出版　2001.8　p147-148

地名
　◎「中野区の地名由来に関する記述文献索引」　中野区立中央図書館　2001.1　12p　A4
　◎参考文献「地名で読む江戸の町」（大石学）　PHP研究所　2001.3　8pb
　◎参考文献「アメリカ地名辞典」（井上謙治, 藤井基精）　研究社出版　2001.5　p437-438
　◎参考文献「島根の地名辞典―あなたのまちの地名考」（白石昭臣）　ワン・ライン　2001.9　p203」
　◎参考文献「地名の謎」（今尾恵介）　新潮社　2001.11　p237-239
　◎参考文献「気候地名集成」（吉野正敏）　古今書院　2001.12　prr
　◎参考文献「地名で読むヨーロッパ」（梅田修）　講談社　2002.2　p246-244
　◎文献「お江戸の地名の意外な由来」（中江克己）　PHP研究所　2002.9　p344-345
　◎文献解題（赤嶺政信ほか）「沖縄県の地名―日本歴史地名大系 48」（平凡社）　平凡社　2002.12　p754-777
　◎参考文献「東北の地名・岩手」（谷川健一）　本の森　2003.2　p322-325
　◎参考文献「世界地名語源辞典　3訂版」（蟻川明男）　古今書院　2003.3　p469-472
　◎参考文献「世界地名の旅」（蟻川明男）　大月書店　2003.12　p7-11b
　◎引用文献「地名語彙の開く世界」（上野智子）　和泉書院　2004.1　p227-235
　◎参考文献「「江戸・東京」坂道物語」（朝倉毅彦）　文芸社　2004.3　p192-195
　◎参考文献「駅名で読む江戸・東京　続」（大石学）　PHP研究所　2004.3　p286-300
　◎参考文献「住所と地名の大研究」（今尾恵介）　新潮社　2004.3　p269-271
　◎参考文献「日本超古代地名解―地名から解く日本語の語源と古代日本の原像」（古川純一）　彩流社　2004.8　p492-494
　◎基本文献ほか（梅山秀幸ほか）「日本地名学を学ぶ人のために」（吉田金彦ほか）　世界思想社　2004.11　p316-340
　◎参考文献「京都の地名検証―風土・歴史・文化をよむ」（京都地名研究会）　勉誠出版　2005.4　p418-422
　◎参考文献「英語史でわかるイギリスの地名―地名で楽しむイギリスの歴史, 文化, 言語」（C. S. デイヴィスほか）　英光社　2005.6　p223-227
　◎「北海道の地名関係文献目録」（高木崇世芝）　サッポロ堂書店　2005.6　26p　B5
　◎参考文献「ヒッタイトは日本に来ていた―地名から探る渡来民族」（濱田惟代）　文芸社　2005.7　p265-269
　◎参考文献「古地図で見る阪神間の地名」（大国正美）　神戸新聞総合出版センター　2005.8　p196-199
　◎参考文献「姫路の町名」（播磨地名研究会）　神戸新聞総合出版センター　2005.10　p305-307
　◎参考資料「京都の地名由来辞典」（源城政好ほか）　東京堂出版　2005.12　p232-234
　◎参考文献「アイヌ語地名 2　紋別」（伊藤せいち）　北海道出版企画センター　2006.1　p320-323
　◎参考文献「苗字と地名の由来事典」（丹羽基二）　新人物往来社　2006.8　p261-262
　◎参考文献「幻想地名事典」（桂令夫ほか）　新紀元社　2006.9　p481-485
　◎参考資料「イングランドの街路名」（渡辺和幸）　鷹書房弓プレス　2006.10　p216-222
　◎参考文献ほか「喜多方地名散歩」（佐藤健郎）　歴史春秋出版　2006.10　p176-177
　◎参考文献「京都の地名検証―風土・歴史・文化をよむ 2」（京都地名研究会）　勉誠出版　2007.1　p348-359
　◎参考文献「全国「別所」地名事典―鉄と俘囚の民俗誌―蝦夷「征伐」の真相　下」（柴田弘武）　彩流社　2007.10　p863-864

茶
　◎参考文献「茶の文化考」（川西洋子）　社会思想社　2002.4　p124-127
　◎参考文献「緑茶の事典　新訂版」（日本茶業中央会）　柴田書店　2002.6　p362-364
　◎参考文献「中国茶・五感の世界―その歴史と文化」（孔令敬）　NHK出版　2002.12　p212-213
　◎参考書籍ほか「中国茶風雅の裏側―スーパーブランドのからくり」（平野久美子）　文藝春秋　2003.1　p228-229
　◎文献「中国茶文化」（棚橋篁峰）　京都総合研究所　2003.5　p225-228
　◎注「近代アジアと台湾―台湾茶業の歴史的展開」（河原林直人）　世界思想社　2003.10　prr
　◎関係書ほか「煎茶文化考―文人茶の系譜」（大槻幹郎）　思文閣出版　2004.2　p12-22b
　◎参考文献「新版　中国茶文化」（棚橋篁峰）　京都総合研究所　2004.4　p225-228
　◎参考文献「中国黒茶のすべて―微生物発酵茶」（呂毅ほか）　幸書房　2004.6　p169-173
　◎引用初出単行本「茶事礼讃―文学の中に香るお茶」（小塩卓哉）　本阿弥書店　2005.7　p236-237
　◎参考文献「日本茶の自然誌―ヤマチャのルーツを探る」（松下智）　あるむ　2005.8　p75-78
　◎参考文献「茶ともてなしの文化」（角山榮）　NHK出版　2005.9　p243-242
　◎参考文献「日本茶の魅力を求めて―ほんもののお茶・宇治茶とこれから」（小西茂毅）　大河書房　2005.9　p223-227

◎参考文献「緑茶の事典　改訂3版」（日本茶業中央会）　柴田書店　2005.10　p362-364
◎参考文献「極める台湾茶―台湾茶の選び方・愉しみ方」（池上麻由子）　グリーンキャット　2005.12　p213-214
◎参考文献「日本茶文化大全」（W. H. ユーカース）　知泉書館　2006.3　p106-108
◎参考文献「お茶は世界をかけめぐる」（高宇政光）　筑摩書房　2006.5　p237-238
◎参考文献「お茶はあこがれ」（田中仙堂）　書肆フローラ　2006.9　p212-215
◎文献「茶の帝国―アッサムと日本から歴史の謎を解く」（A. マクファーレンほか）　知泉書館　2007.3　p7-15b
◎参考文献「中国茶事典」（工藤佳治）　勉誠出版　2007.11　p377」

チャイルドフリー
◎参考文献「「産まない」時代の女たち―チャイルド・フリーという生き方」（J. バートレット）　とびら社　2004.3　p1-7b

茶器
◎文献史料「塗物茶器の研究　茶桶・薬器・棗」（内田篤呉）　淡交社　2003.3　p200-224
◎参考文献「戦国茶闘伝―天下を制したのは、名物茶道具だった」（三宅孝太郎）　洋泉社　2004.5　p214-215
◎文献「信楽汽車土瓶」（畑中英二）　サンライズ出版　2007.10　p194-196

茶業
◎参考文献「大石貞男著作集　1　日本茶業発達史」（大石貞男）　農文協　2004.3　p468-474

茶室
◎参考文献「近代の茶室と数奇屋―茶の湯室内の伝承と展開」（桐浴邦夫）　淡交社　2004.6　p146-148
◎出典「"しくみ"で解く茶室」（竹内亨）　風土社　2006.5　p135」

茶書
◎目録「史料井伊直弼の茶の湯　上」（彦根藩資料調査研究委員会, 熊倉功夫）　彦根市教育委員会　2002.3　p364-392
◎総覧「茶書の研究―数寄風流の成立と展開」（筒井紘一）　淡交社　2003.9　p454-517

チャーター・スクール
◎文献「チャーター・スクール―アメリカ公教育における独立運動」（鵜浦裕）　勁草書房　2001.7　p309-328
◎参考文献「新しいタイプの公立学校―コミュニティ・スクール立案過程と選択による学校改革」（黒崎勲）　同時代社　2004.2　p159-161

チャーティスト
◎注文献「階級・ジェンダー・ネイション　チャーティスムとアウトサイダー」（D. トムプスン）　ミネルヴァ書房　2001.9　prr

チャンドラー学派
◎文献目録「見えざる手の反逆―チャンドラー学派批判」（レズリー・ハンナ, 和田一夫）　有斐閣　2001.6　p19-47b

注意欠陥多動性障害　⇒　ADHD　を見よ

中央アメリカ
◎中央文献目録「実践の医療人類学―中央アメリカ・ヘルスケアシステムにおける医療の地政学的展開」（池田光穂）　世界思想社　2001.3　p360-381
◎文献「中米諸国の開発戦略」（国際協力銀行開発金融研究所）　国際協力銀行開発金融研究所　2003.8　p156-159

中央銀行
◎参考文献・年表「ヨーロッパ中央銀行論」（新田俊三）　日本評論社　2001.11　p269-274
◎参考文献「欧州中央銀行の金融政策―新たな国際通貨ユーロの登場」（羽森直子）　中央経済社　2002.4　p205-211
◎参考文献「金融政策の政治経済学　下　日本の金融政策と中央銀行制度」（伊藤隆敏ほか）　東洋経済新報社　2002.12　p177-185
◎参考文献「情報化社会における中央銀行―情報集合の誤認という視点から」（島本哲朗）　有斐閣　2007.3　p311-314

中華街
◎参考文献「素顔の中華街」（王維）　洋泉社　2003.5　p220-221

中学生
◎引用文献「中学生の学校生活における心理的ストレスに関する研究」（三浦正江）　風間書房　2002.2　p301-317
◎参考文献「青年期における自己開示を規定する要因の検討」（松島るみ）　風間書房　2004.11　p137-144
◎引用文献「中学生における問題行動の要因と心理教育的介入」（安藤美華代）　風間書房　2007.2　p331-347

中華思想
◎参考文献「漢字文明にひそむ中華思想の呪縛」（黄文雄）　集英社　2001.1　p253-254

中学校
◎参考文献「中学校英語授業の評価の実際」（杉本義美）　大修館書店　2006.5　p138-142

中観
◎文献表「ツォンカパの中観思想―ことばによることばの否定」（四津谷孝道）　大蔵出版　2006.11　p374-385

中間階級
◎参考文献「階級にとりつかれた人びと―英国ミドル・クラスの生活と意見」（新井潤美）　中央公論新社　2001.5　p196-204

中近東
◎参考文献「ムギとヒツジの考古学」（藤井純夫）　同成社　2001.9　p315-331
◎文献「葡萄樹の見える回廊―中東・地中海文化と東西交渉」（杉田英明）　岩波書店　2002.11　p37-107b
◎参考文献「中東の経済開発戦略―新時代へ向かう湾岸諸国」（細井長）　ミネルヴァ書房　2005.3　p221-230
◎参考文献「中近東100のキーワード」（A. グレッシュほか）　慈学社出版　2006.3　p460-472
◎参考文献「中東がわかる古代オリエントの物語」（小山茂樹）　NHK出版　2006.3　p355-350
◎「現代中東情報探索ガイド　改訂版」（長場紘）　慶應義塾大出版会　2006.5　137p A5

◎文献「中東世界を読む」（島敏夫）　創成社　2006.6　p239-244
◎参考文献「中東　2」（歴史教育者協議会）　青木書店　2007.4　p9-10b

中近東問題
◎参考文献「なぜイスラムはアメリカを憎むのか」（内藤陽介）　ダイヤモンド社　2001.11　p212-214
◎参考文献「「イスラム過激派」をどう見るか」（宮田律）　岩波書店　2002.2　p1-8b
◎文献・年表「パレスチナ「自爆テロの正義」」（Q.サカマキ）　小学館　2002.7　p216-221
◎参考文献「いま、なぜ「戦争」なのか?—謎解き、世界同時多発紛争」（宮田律）　新潮社　2002.8　p267-271
◎文献「パレスチナ分割—パレスチナ問題研究序説」（木村申二）　第三書館　2002.8　p547-560
◎参考資料「ハリウッド100年のアラブ—魔法のランプからテロリストまで」（村上由見子）　朝日新聞社　2007.2　p9-18b

中高年齢者
◎推薦図書「中高年自殺　その実態と予防のために」（高橋祥友）　筑摩書房　2003.5　p213-215
◎参考文献「高齢化問題の解決と企業経営—企業・国家を活性化させ日本経済の衰退を防ぐ具体策」（慶松勝太郎）　東京リーガルマインド　2005.4　p190-193
◎参考文献「ボランタリー活動とプロダクティヴ・エイジング」（齊藤ゆか）　ミネルヴァ書房　2006.1　p383-410
◎参考文献「団塊フリーター計画」（島内晴美）　NHK出版　2007.1　p206-208
◎参考文献「高年齢者雇用の制度設計—意欲と生産性を高める」（みずほ総合研究所）　中央経済社　2007.3　p231-233
◎文献「ミッド・キャリア層の再就職支援—新たなガイダンス・ツールの開発」（労働政策研究・研修機構）　労働政策研究・研修機構　2007.4　p220-223
◎参考文献ほか「オバサンの経済学」（中島隆信）　東洋経済新報社　2007.5　p179-181
◎参考文献「ひとり誰にも看取られず—激増する孤独死とその防止策」（NHKスペシャル取材班ほか）　阪急コミュニケーションズ　2007.8　p234-235
◎参考文献「定年前・定年後—新たな挑戦「仕事・家庭・社会」」（ニッセイ基礎研究所）　朝日新聞社　2007.10　p197-198

中公文庫
◎「中公文庫解説総目録1973〜2006」（中公文庫編集部）　中央公論新社　2006.10　726p A6

中国
◎参考文献「社会主義中国における少数民族教育—「民族平等」理念の展開」（小川佳万）　東信堂　2001.1　p245-250
○文献目録（中原ますゑ）「文献探索　2000」（文献探索研究会）　2001.2　p414-416
◎参考文献「海の中国」（渡辺利夫, 岩崎育夫）　弘文堂　2001.2　p11-17b
◎参考文献「現代中国の支配と官僚制—体制変容の文化的ダイナミックス」（李明伍）　有信堂高文社　2001.2　p233-241
◎参考文献「中国における市場分断」（王保林）　日本経済評論社　2001.2　p213-220

◎参考文献「百年の面影—中国知識人の生きた二十世紀」（胡宝華）　角川書店　2001.2　p244-245
◎参考文献「中国に向かうアジアアジアに向かう中国」（さくら総合研究所環太平洋研究センター）　東洋経済新報社　2001.3　p290-293
◎参考文献「中国の隠者」（井波律子）　文藝春秋　2001.3　p223-230
◎参考文献ほか「21世紀の中国像—13億近代化の構図と指導者　新版」（岡田臣弘）　有斐閣　2001.4　p329-333
◎参考文献「山の民水辺の神々—六朝小説にもとづく民族誌」（大林太良）　大修館書店　2001.4　p3-4
◎参考文献「中国の高齢者社会保障—制度と文化の行方」（王文亮）　白帝社　2001.4　p271-274
◎文献目録「総管信仰—近世江南農村社会と民間宗教」（濱島敦俊）　研文出版　2001.5　p241-251
◎参考文献「中国のエネルギー・環境戦略—北東アジア国際協力へ向けて」　総合研究開発機構　2001.5　p215-217
◎「中国の古典名著—総解説　改訂新版」　自由国民社　2001.6　406p A5
◎参考文献「中国黒龍江省のコメ輸出戦略—中国のWTO加盟のもとで」（福岡県稲作経営者協議会）　家の光協会　2001.6　p193-196
◎参考文献「中国の歴史都市—これからの景観保存と町並みの再生へ」（朱自煊, 大西國太郎）　鹿島出版会　2001.7　p367-368
◎参考文献「生産システムの海外移転—中国の事例を中心として」（潘志仁）　白桃書房　2001.9　p198-203
◎参考文献「上海を制するものが世界を制す!」（松尾栄蔵ほか）　ダイヤモンド社　2001.10　p211-212
◎文献「図説中国武術史　復刻版」（松田隆智）　壮神社　2001.10　p298-310
◎参考文献「中華人民共和国教育法に関する研究—現代中国の教育改革と法」（篠原清昭）　九州大学出版会　2001.10　p407-410
◎参考文献「メイド・イン・チャイナ」（黒田篤郎）　東洋経済新報社　2001.11　p290-294
◎参考文献「現代中国の階層変動」（園田茂人）　中央大学出版部　2001.11　p1-6b
◎参考文献「中国における社区型股份合作制の成立と展開」（周小薇）　筑波書房　2001.11　p166-172
◎参考文献「中国の地域間所得格差—産業構造・人口・教育からの分析」（林燕平）　日本経済評論社　2001.11　p238-244
◎「中国女性文献研究分類目録」（小林徹行）　汲古書院　2001.11　127p A5
◎参考文献「転換期の中国・日本と台湾—1970年代中日民間経済外交の経緯」（李恩民）　御茶の水書房　2001.11　p315-325
◎参考文献「転換期の中国国家と農民—1978〜1998」（張玉林）　農林統計協会　2001.11　p279-293
◎参考文献「現代中国の政府間財政関係」（張忠任）　御茶の水書房　2001.12　p215-225
◎参考文献「中国の呪術」（松本浩一）　大修館書店　2001.12　p242-243
◎参考文献「風水の社会人類学—中国とその周辺比較」（渡邊欣雄）　風響社　2001.12　p425-451
◎参考文献「中国沿海部の産業発展と雇用問題」（小林謙一）　第三文明社　2002.1　p369-373

◎参考文献「中国における日系企業の人的資源管理についての分析」(趙暁霞)　白桃書房　2002.2　p235-243
◎文献「中国農村経済の改革と経済成長」(曽寅初)　農林統計協会　2002.2　p164-173
◎参考文献「離土離郷―中国沿海部農村の出稼ぎ女性」(熊谷苑子)　南窓社　2002.2　p297-300
◎参考文献「中国のNPO―いま、社会改革の扉が開く」(王名,李妍焱,岡室美恵子)　第一書林　2002.3 p227-234
◎参考文献「中国の古代都市文明」(杉本憲司)　佛教大学通信教育部　2002.3　p166-168
◎参考文献「中国の工業化と清末の産業行政―商部・農工商部の産業振興を中心に」(劉世龍)　渓水社　2002.3　p292-302
◎参考文献「中国の神さま―神仙人気者列伝」(二階堂善弘)　平凡社　2002.3　p195-197
◎注文献「中国の黒社会」(石田収)　講談社　2002.4　p193-192
◎文献「中国砂漠・沙地植物図鑑　木本編」(中国科学院蘭州沙漠研究所,劉媖心)　東方書店　2002.5 p494-495
◎参考文献「中国の近代教育と明治日本　第2版」(阿部洋)　龍渓書舎　2002.6　p250-253
◎文献「中国大都市にみる青果物供給システムの新展開」(藤田武弘)　筑波書房　2002.6　p197-202
◎文献「中国農村合作社の改革―供銷社の展開過程」(青柳斉)　日本経済評論社　2002.6　p355-356
◎文献「中国のすべてがわかる本―注目の巨大市場―省別・地域別」(小島朋之)　PHP研究所　2002.7　p248-250
◎参考文献「現代中国―グローバル化のなかで」(興梠一郎)　岩波書店　2002.8　p179-181
◎文献「法幣をめぐる日満中関係」(判沢純太)　信山社　2002.8　p303-320
◎文献「中国における民営大学の発展と政府の政策」(夏立憲)　渓水社　2002.9　p244-254
◎文献「異色ルポ中国・繁栄の裏側―内陸から見た「中華世界」の真実」(村山宏)　日本経済新聞社　2002.11　p334-335
◎書誌目録「中国出版史話」(方厚枢)　新曜社　2002.11　p396-444
◎註「現代中国の軍事指導者」(平松茂雄)　勁草書房　2002.12　prr
◎文献「中国の石油と天然ガス」(神原達)　日本貿易振興会アジア経済研究所　2002.12　p233-240
◎参考文献「日中比較教育史」(佐藤尚子,大林正夫)　春風社　2002.12　prr
◎「中国関係論説資料索引　創刊号―第42号」　論説資料保存会　〔2002〕　CD-ROM1枚　12cm
◎参考文献「酒池肉林―中国の贅沢三昧」(井波律子)　講談社　2003.1　p238-241
◎文献「中国村落社会の構造とダイナミズム」(佐々木衛ほか)　東方書店　2003.1　p397-402
◎文献「チャイナ・ドリーム―世界最大の市場に魅せられた企業家たちの挫折　下」(J.スタッドウェル)　早川書房　2003.2　p272-275
◎文献「近現代中国における言語政策―文字改革を中心に」(藤井(宮西)久美子)　三元社　2003.2　p227-232
◎文献「中国考古学概論」(飯島武次)　同成社　2003.2　p439-458

◎原注「メイド・インチャイナ戦略　新しい世界工場「中国」」(S.バーガーほか)　日刊工業新聞社　2003.3　p395-420
◎文献(伊藤るりほか)「国際フェミニズムと中国」(T.E.バーロウ)　御茶の水書房　2003.3　p1-8b
◎資料・文献「中・ロ国境4000キロ」(岩下明裕)　角川書店　2003.3　p248-256
◎文献「中国の豆類発酵食品」(伊藤寛ほか)　幸書房　2003.3　prr
◎「中国関係論説資料索引　創刊号-43」　論説資料保存会　2003.3　CD-ROM1枚　12cm
◎参考文献「中国社会と腐敗―「腐敗」との向きあい方」(王雲海)　日本評論社　2003.3　p169-171
◎文献「中国妖怪伝―怪しきものたちの系譜」(二階堂善弘)　平凡社　2003.3　p200-202
◎参考文献「現代中国の地域構造」(中藤康俊)　有信堂　2003.4　prr
◎参考文献「中国シンボル・イメージ図典」(王敏ほか)　東京堂出版　2003.4　p203-207
◎参考文献ほか「中国服装史―五千年の歴史を検証する」(華梅)　白帝社　2003.4　p343-347, 350-352
◎参考文献「改正中国商標法―WTO加盟に伴う中国商標実務の変化」(岩井智子訳)　経済産業調査会出版部　2003.5　p504-505
◎文献「中国の人治社会―もうひとつの文明として」(首藤明和)　日本経済評論社　2003.5　p197-202
◎参考資料「中国はなぜ「反日」になったか」(清水美和)　文藝春秋　2003.5　p222-225
◎参考文献「琉球と中国　忘れられた冊封使」(原田禹雄)　吉川弘文館　2003.5　p189」
◎文献「中国上場企業―内部者支配のガバナンス」(川井伸一)　創土社　2003.6　p253-266
◎注「財閥と帝国主義―三井物産と中国」(坂本雅子)　ミネルヴァ書房　2003.7　prr
◎参考文献「中国見聞一五〇年」(藤井省三)　NHK出版　2003.7　p222-220
◎原注ほか「女性と中国のモダニティ」(R.チョウ)　みすず書房　2003.8　p313-367
◎参考文献ほか「西夏法典初探」(島田正郎)　創文社　2003.9　p679-688
◎文献「中国の経済発展に伴うエネルギーと環境問題―部門別・地域別の経済分析」(張宏武)　渓水社　2003.9　p293-301
◎参考文献「〈最新〉よくわかる中国流通業界」(寺嶋正尚ほか)　日本実業出版社　2003.10　p189-192
◎参考文献「神と人との交響楽―中国仮面の世界」(稲畑耕一郎)　農文協　2003.10　p200-201
◎参考文献「中国任侠列伝―天子恐るるに足らず!!」(島崎晋)　PHPエディターズ・グループ　2003.10　p210-213
◎参考文献「知の座標―中国目録学」(井波陵一)　白帝社　2003.11　p210-213
◎文献「中国のこっくりさん―扶鸞信仰と華人社会」(志賀市子)　大修館書店　2003.11　p246-249
◎参考文献「中国の海商と海賊」(松浦章)　山川出版社　2003.12　p88-90
◎「中国問題資料事典　5　支那問題文献辞典」(馬場明男)　日本図書センター　2003.12　350p B5
◎参考文献「現代中国の「人材市場」」(日野みどり)　創土社　2004.2　p419-437

◎参考文献「現代中国の社会保障制度」(田多英範) 流通経済大出版会 2004.2 prr
◎参考文献「中国の政府間財政関係の実態と対応—1980〜90年代の総括」(内藤二郎) 日本図書センター 2004.2 p241-249
◎「本と中国と日本人と」(高島俊男) 筑摩書房 2004.2 462p A6
◎参考文献「古代東アジアの金属製容器 1 中国編」(毛利光俊彦) 奈良文化財研究所 2004.3 p97-107
◎参考文献「中国の環境保護とその歴史」(袁清林) 研文出版 2004.3 p359-377
◎参考文献「中国の職業教育拡大政策—背景・実現過程・帰結」(劉文君) 東信堂 2004.3 p274-278
◎「中国関係論説資料索引 創刊号-44号」 論説資料保存会 2004.3 CD-ROM1枚 12cm
◎参考文献「中国農村の権力構造—建国初期のエリート再編」(田原史起) 御茶の水書房 2004.3 p279-291
◎参考文献「中国国際商事仲裁の実務」(梶田幸雄) 中央経済社 2004.4 p227-232
◎参考文献「中国民族主義の神話—人種・身体・ジェンダー」(坂元ひろ子) 岩波書店 2004.4 p257-262
◎主な参考書「中国遊侠史」(汪涌豪) 青土社 2004.4 p585-587
◎注「中国の衝撃」(溝口雄三) 東京大学出版会 2004.5 prr
◎参考文献「大陸から来た季節の言葉」(原朝子) 北溟社 2004.7 p250-255
◎参考文献「中国の大盗賊・完全版」(高島俊男) 講談社 2004.10 p322-327
◎引用参考文献「私と中国とフェミニズム」(秋山洋子) インパクト出版会 2004.11 p1-9b
◎参考文献「中国的裁判の構図—公論と履歴管理の狭間で進む司法改革」(季衛東) 神戸大 2004.11 p246-265
○図書所在目録(金丸裕一)「近代中国研究彙報 27」(東洋文庫) 2005 p81-88
◎参考文献「中国の埋められた銭貨」(三宅俊彦) 同成社 2005.1 p237-240
◎参考文献「CDMによる環境改善と温暖化抑制—中国山西省を事例として」(張興和) 創風社 2005.2 p197-202
◎参考文献「近代中国の地方自治と明治日本」(黄東蘭) 汲古書院 2005.2 p371-399
◎参考文献「中国の石油戦略—石油石化集団の経営改革と石油安全保障」(横井陽一) 化学工業日報社 2005.2 p185-189
◎参考文献「中国湖北農村の家族・宗族・婚姻」(秦兆雄) 風響社 2005.2 p319-332
◎参考文献「中国中小企業の挑戦—「小さな」世界企業への道」(張浩川) 森山書店 2005.2 p295-298
◎参考文献「多民族国家中国」(王柯) 岩波書店 2005.3 p11-14b
◎参考文献「中国における共同体の再編と内発的自治の試み—江蘇省における実地調査から」(宇野重昭ほか) 国際書院 2005.3 p261-270
◎参考文献「中国の公的年金改革」(鍾仁耀) 法律文化社 2005.3 p213-215
◎参考文献「中国人と書物—その歴史と文化」(張小鋼) あるむ 2005.3 p209-211

◎参考文献「日中歴史研究センター中華人民共和国各種史・志・鑑・中長期計画策定関連資料分類目録」(日中友好会館) 日中友好会館 2005.3 6, 682p A4
○Book Information「東方 290」(東方書店) 2005.4 p64-44
◎引用参考文献「5分野から読み解く現代中国—歴史・政治・経済・社会・外交」(家近亮子ほか) 晃洋書房 2005.4 p277-291
◎参考文献「人民元は世界の脅威か—円・ドル・元の競争と戦略」(菊地悠二) 時事通信出版局 2005.4 p217-220
◎引用文献「中国における子どもの精神発達の評価に関する研究—中国版K式発達検査の標準化をとおして」(高健) せせらぎ出版 2005.4 p219-225
◎参考文献「変動する中国の労働市場」(戴秋娟) 社会経済生産性本部 2005.4 p76-77
◎引用参考文献「中華文人食物語」(南条竹則) 集英社 2005.5 p213-218
◎参考文献「中国は社会主義で幸せになったのか」(北村稔) PHP研究所 2005.8 p252-253
◎参考文献「中国の人口移動と民工—マクロ・ミクロ・データに基づく計量分析」(厳善平) 勁草書房 2005.11 p245-257
◎参考文献「日本にとって中国とは何か 中国の歴史12」(尾形勇ほか) 講談社 2005.11 p360-373
◎参考文献「中国の環境政策—制度と実効性」(竹歳一紀) 晃洋書房 2005.12 p177-181
◎参考文献ほか「中国における社会結合と国家権力—近現代華北農村の政治社会構造」(祁建民) 御茶の水書房 2006.1 p5-25b
◎参考文献「観光大国中国の未来」(国松博ほか) 同友館 2006.2 p169-170
◎参考文献「巨大市場と民族主義—中国中産階層のマーケティング戦略」(蔡林海) 日本経済評論社 2006.2 p235-237
◎参考文献「中国の地方制度における自治問題—民族区域自治制度に関する考察を中心に」(洪英) 明石書店 2006.2 p457-474
◎参考文献「中国と日本における時間—異文化を流れる『時差』」(池田理知子ほか) 国際基督教大 2006.3 p105-109
◎ブックガイド「中国のいまがわかる本」(上村幸治) 岩波書店 2006.3 p11-13b
◎Reference「ハンドブック現代中国 2版」(愛知大学現代中国学部) あるむ 2006.4 p250-258
◎参考文献「中国の広告と広告業に関する研究—高度成長期を中心に」(宮麗穎) 雄松堂出版 2006.4 p247-252
◎「中国書籍総目録(全国総書目) 124-127(2002年7-10)」 不二出版 2006.4 4冊 B5
◎参考文献「東ユーラシアの生態環境史」(上田信) 山川出版社 2006.4 p89-90
◎邦訳書リスト「中国の児童文学」(中由美子) 久山社 2006.5 p129-131
◎参考文献「中国農村における社会変動と統治構造—改革・開放期の市場経済化を契機として」(江口伸吾) 国際書院 2006.5 p243-259
◎文献目録「中国キリスト教史研究 増補改訂版」(山本澄子) 山川出版社 2006.6 p27-54b

ちゅうこ

◎参考文献「中国の狩猟、遊牧民族誌―中国内蒙古現地滞在記」（長南一夫）〔長南一夫〕 2006.7 p117-118
◎文献「中国の性愛テクノロジー」（大沢昇） 青弓社 2006.7 p201-205
◎参考文献「「人民中国」の終焉―共産党を呑みこむ「新富人」の台頭」（清水美和） 講談社 2006.11 p377-381
◎「中国書籍総目録（全国総書目） 128-132（2003年1-5）」 不二出版 2006.11 5冊 B5
◎参考文献ほか「中国村民自治の実証研究」（張文明） 御茶の水書房 2006.11 p355-367
○文献目録（今村佳子ほか）「中国考古学 6」（日本中国考古学会） 2006.12 p229-238
◎参考文献「シルクロードの風―山と遺跡とオアシス」（内田嘉弘） ナカニシヤ出版 2007.1 p265-266
◎参考文献「中国「女権」概念の変容―清末民初の人権とジェンダー」（須藤瑞代） 研文出版 2007.2 p29-45b
◎参考文献「躍動する中国石油石化―海外資源確保と中下流発展戦略」（横井陽一ほか） 化学工業日報 2007.2 p208-212
◎参考文献「現代中国の小売業―日本・アメリカとの比較研究」（柯麗華） 創成社 2007.3 p217-225
◎参考文献「中国の図書情報文化史―書物の話」（工藤一郎） 柘植書房新社 2007.3 p179-190
◎参考文献「中国・開封のユダヤ人」（小岸昭） 人文書院 2007.4 p283-285
◎参考文献「中国の食文化研究 山東編」（横田文良） 辻学園調理・製菓専門学校 2007.4 p218-219
◎参考文献「国際保健政策からみた中国―政策実施の現場から」（大谷順子） 九州大出版会 2007.5 p201-204
◎参考文献（櫻井次郎）「中国環境ハンドブック 2007-2008年版」（中国環境問題研究会） 蒼蒼社 2007.5 p508-528
◎参考資料「中国温泉探訪記」（桂博史） 岩波書店 2007.6 p161-162
◎参考文献「中国株式市場の真実―政府・金融機関・上場企業による闇の構造」（張志雄ほか） ダイヤモンド社 2007.6 p505-508
◎参考文献「転換期の中国自動車流通」（塩地洋ほか） 蒼蒼社 2007.6 p262-264
◎参考文献「民族の幻影―中国民族観光の行方」（高山陽子） 東北大出版会 2007.6 p264-289
◎参考文献「明末西洋科学東伝史―『天学初函』器編の研究」（安大玉） 知泉書館 2007.8 p285-294
◎参考文献ほか「中国の地域政策の課題と日本の経験」（張兵） 晃洋書房 2007.11 p147-155
◎参考文献「中国とインドの諸情報 2」（家島彦一） 平凡社 2007.12 p215-244
◎参考文献ほか「中国環境報告―苦悩する大地は甦るか 増補改訂版」（藤野彰） 日中出版 2007.12 p352-355

中国　囲碁
◎邦文史料目録「中国囲碁史料集成」（香川忠夫）〔香川忠夫〕 2004.7 p457-479

中国　殷周王朝
◎余説「よみがえる文字と呪術の帝国 古代殷周王朝の素顔」（平勢隆郎） 中央公論新社 2001.6 p206-255
◎参考文献「図説中国文明史 2 殷周―文明の原点」（劉煒） 創元社 2007.2 p256-257

中国　雲崗石窟
◎参考文献「雲岡石窟―山西省北部における新石器・秦漢・北魏・遼金時代の考古学的研究 遺物篇」（岡村秀典） 朋友書店 2006.2 p182-184

中国　雲南省
◎文献「アイデンティティと戦争―戦中期における中国雲南省滇西地区の心理歴史的研究」（山田正行） グリーンピース出版会 2002.5 p189-202
◎参考文献「雲南の植物」（森和男） トンボ出版 2002.6 p233-235
◎参考文献「雲南の「西部大開発」―日中共同研究の視点から」（波平元辰） 九州大学出版会 2004.1 prr
◎文献一覧「雲南と近代中国―"周辺"の視点から」（石島紀之） 青木書店 2004.3 p299-313
◎参考文献「恐竜と生命の大進化―中国雲南5億年の旅 解説書」 豊橋市自然史博物館 2006.7 p85-86

中国　映画
◎参考図書「中国映画の明星」（石子順） 平凡社 2003.4 p338」

中国　SF
◎「中国科学幻想文学館　上」（武田雅哉, 林久之） 大修館書店 2001.12 2冊 B6

中国　演劇
◎参考文献ほか「中国話劇成立史研究」（瀬戸宏） 東方書店 2005.2 p463-504

中国　延辺
◎参考文献ほか「中国東北農村社会と朝鮮人の教育―吉林省延吉県楊城村の事例を中心として（1930-49年）」（金美花） 御茶の水書房 2007.1 p9-20b

中国　艶本
◎参考文献「中国艶本大全」（土屋英明） 文藝春秋 2005.6 p261-264

中国　音楽
◎参考文献「中国音楽と芸能」（吉川良和） 創文社 2003.12 p11-31b
◎参考文献「侗族の音楽が語る文化の静態と動態」（薛羅軍） 大学教育出版 2005.10 p134-139

中国　女文字
◎研究状況「中国女文字研究」（遠藤織枝） 明治書院 2002.2 p109-147

中国　絵画
◎参考文献「唐宋元繪畫名品集―ボストン美術館蔵」（呉同） ボストン美術館 2000.3 p130-133
◎注「花鳥・山水画を読み解く　中国絵画の意味」（宮崎法子） 角川書店 2003.6 prr
◎文献「屏風のなかの壷中天―中国重屏図のたくらみ」（H. ウー） 青土社 2004.3 p346-350
◎参考文献「中国画巻の研究」（古原宏伸） 中央公論美術出版 2005.7 p607-619

中国　会計
◎参考文献「転換期の中国会計―1949-2000」（A. ファンほか） 同文舘出版 2004.10 p117-120

中国　外交
◎参考文献「変貌する中国外交―経済重視の世界戦略」（荒井利明） 日中出版 2002.5 p251-254

◎参考文献「中国近代外交の形成」(川島真) 名古屋大学出版会 2004.2 p12-32b
◎参考文献「近代東アジア国際関係史」(衛藤瀋吉) 東京大学出版会 2004.8 p253-266
◎参考文献「帝国としての中国―覇権の論理と現実」(中西輝政) 東洋経済新報社 2004.9 p315-320
◎参考文献「軍事帝国中国の最終目的―そのとき、日本は、アメリカは…」(杉山徹宗) 祥伝社 2005.12 p303-308
◎参考文献「中国外交政策の研究―毛沢東、鄧小平から胡錦濤へ」(趙全勝) 法政大出版局 2007.3 p9-34b
◎参考文献「冷戦期中国外交の政策決定」(牛軍) 千倉書房 2007.9 p234-250
◎参考文献「現代中国の対外経済関係」(馬成三) 明石書店 2007.11 p357-359
◎参考文献「国連中国代表権問題をめぐる国際関係―1961-1971」(張紹鐸) 国際書院 2007.12 p269-287

中国　夏王朝
◎参考文献「夏王朝―王権誕生の考古学」(岡村秀典) 講談社 2003.12 p246-249
◎参考文献「神話から歴史へ―神話時代夏王朝　中国の歴史1」(宮本一夫) 講談社 2005.3 p377-385
◎参考文献「夏王朝―中国文明の原像」(岡村秀典) 講談社 2007.8 p318-320

中国　化学工業
◎参考文献「20世紀の中国化学工業―永利化学・天原電化とその時代」(田島俊雄) 東京大 2005.3 prr

中国　革命
◎注「中国革命とソ連―抗日戦までの舞台裏1917-1937年」(B. N. スラヴィンスキーほか) 共同通信社 2002.11 p383-397
◎参考文献「1949年前後の中国」(久保亨) 汲古書院 2006.12 p357-373
◎引用文献「近代中国の革命と秘密結社―中国革命の社会史的研究(一八九五～一九五五)」(孫江) 汲古書院 2007.3 p545-605

中国　歌劇
○掲載資料目録(関浩志)「外国語学会誌　34」(大東文化大) 2005 p151-162

中国　カシュガル
◎参考文献「NHKスペシャル新シルクロード5　カシュガル・西安」(NHK「新シルクロード」プロジェクト) NHK出版 2005.12 p274-275

中国　華南地域
◎参考文献「華南地域における農村労働力流動に関する実証的研究」(西野真由) アジア政経学会 2001.3 p137-144

中国　漢時代
◎文献「漢代の豪族社会と国家」(五井直弘ほか) 名著刊行会 2001.5 prr
◎文献「辺境出土木簡の研究」(冨谷至) 朋友書店 2003.2 p549-562
◎参考文献「ファーストエンペラーの遺産―秦漢帝国」(鶴間和幸) 講談社 2004.11 p446-464
◎参考文献「戦国秦漢時代の都市と国家―考古学と文献史学からのアプローチ」(江村治樹) 白帝社 2005.9 p300-297

◎参考文献「項羽と劉邦の時代―秦漢帝国興亡史」(藤田勝久) 講談社 2006.9 p233-241

中国　間島協約
◎参考文献「東アジア政治・外交史研究―「間島協約」と裁判管轄権」(白榮勋) 大阪経法大出版部 2005.11 p267-278

中国　漢民族
◎引用参考文献「漢民族とはだれか―古代中国と日本列島をめぐる民族・社会学的視点」(安達史人) 右文書院 2006.7 p322-327

中国　帰還者
○関連書籍目録「中帰連　40」(「中帰連」発行所) 2007.春 p34-38

中国　企業
◎参考文献「中国企業の競争力　徹底検証　「世界の工場」のビジネスモデル」(安室憲一) 日本経済新聞社 2003.5 p274-269
◎参考文献「中国における日系企業の経営現地化」(古田秋太郎) 中京大企業研究所 2004.4 p241-245
◎参考文献「中国のトップカンパニー―躍進70社の実力」(井上隆一郎ほか) ジェトロ 2004.11 p222-224
◎参考文献「中国の企業統治システム」(唐燕霞) 御茶の水書房 2004.12 p287-295
◎参考文献「台頭する私営企業主と変動する中国社会」(中村則弘) ミネルヴァ書房 2005.2 p221-229
◎文献目録「戦間期中国の綿業と企業経営」(久保亨) 汲古書院 2005.5 p299-310
◎参考文献「中国国有企業の金融構造」(王京濱) 御茶の水書房 2005.9 p221-234
◎参考文献「中国における企業組織のダイナミクス」(丹沢安治) 中央大出版部 2006.3 prr
◎リーディング・リストほか「企業の成長と金融制度　シリーズ現代中国経済4」(今井健一ほか) 名古屋大出版会 2006.6 p318-344
◎参考文献「中国企業の経営改革と経営風土の変貌―経営革新はどこまで進んだか」(岩田(沈)奇志ほか) 文眞堂 2007.1 p195-200
◎参考文献「中国におけるホンダの二輪・四輪生産と日系部品企業―ホンダおよび関連企業の経営と技術の移転」(出水力) 日本経済評論社 2007.2 p369-373

中国　戯曲
◎劇本目録「中国地方戯曲研究―元明南戯の東南沿海地区への伝播」(田仲一成) 汲古書院 2006.12 p79-109b

中国　徽州
◎文献目録「清代徽州地域社会史研究―境界・集団・ネットワークと社会秩序」(熊遠報) 汲古書院 2003.2 p361-393

中国　魏晋南北朝
◎参考文献「魏晋南北朝」(川勝義雄) 講談社 2003.5 p430-446
◎参考文献「中華の崩壊と拡大―魏晋南北朝」(川本芳昭) 講談社 2005.2 p355-360

中国　契丹
◎「契丹(遼)史研究文献目録(1892年―1999年)」(遠藤和男) 遠藤和男 2000.12 283p B5

中国　教育
- ◎参考文献「「対支文化事業」の研究―戦前期日中教育文化交流の展開と挫折」（阿部洋）　汲古書院　2004.1　p1027-1060
- ◎参考目録「中国近現代教育文献資料集　1」（佐藤尚子ほか）　日本図書センター　2005.1　p360-365
- ◎参考文献ほか「清末・民国期郷村における義務教育実施過程に関する研究」（朝倉美香）　風間書房　2005.2　p301-311
- ◎参考文献「中国の後期中等教育の拡大と経済発展パターン―江蘇省と広東省の比較分析」（呉琦来）　東信堂　2005.5　p219-223
- ◎註「「改革・開放」下中国教育の動態―江蘇省の場合を中心に」（阿部洋）　東信堂　2005.12　p424-443
- ◎参考文献「近代中国における中等教員養成史研究」（経志江）　学文社　2005.12　p257-262
- ◎参考文献「中国近現代教育文献資料集　10」（佐藤尚子ほか）　日本図書センター　2006.4　p388-390
- ◎参考文献「中国の民営高等教育機関―社会ニーズとの対応」（鮑威）　東信堂　2006.12　p299-308
- ◎参考文献ほか「中国大学入試研究―変貌する国家の人材選抜」（大塚豊）　東信堂　2007.6　p242-246

中国　京劇
- ◎参考文献「京劇―「政治の国」の俳優群像」（加藤徹）　中央公論新社　2002.1　p340-346

中国　共産党
- ◎参考文献「中国共産党成立史」（石川禎浩）　岩波書店　2001.4　p489-517
- ◎参考文献「中国共産党葬られた歴史」（譚璐美）　文藝春秋　2001.10　p216-218

中国　強制連行
- ◎参考文献「中国人強制連行」（杉原達）　岩波書店　2002.5　p209-215
- ◎「中国人強制連行・花岡事件関係文献目録　増補版」（野添憲治）　能代文化出版社　2003.7　123p B6
- ◎参考文献「中国人強制連行の生き証人たち」（鈴木賢士）　高文研　2003.8　p156」

中国　匈奴
- ◎参考文献「スキタイと匈奴―遊牧の文明　興亡の世界史2」（林俊雄）　講談社　2007.6　p360-355

中国　金石
- ◎参考文献「中国乳洞巌石刻の研究」（戸崎哲彦）　白帝社　2007.2　p307-309

中国　近代史
- ◎参考文献「摩擦と合作―新四軍1937-1941」（三好章）　創土社　2003.2　p466-479
- ◎参考文献「愛国主義の創成―ナショナリズムから近代中国をみる」（吉沢誠一郎）　岩波書店　2003.3　p3-18b
- ◎史料出典「現代中国の履歴書」（山本英史）　慶應義塾大学出版会　2003.5　p210-216
- ◎文献目録（天野祐子）「重慶国民政府史の研究」（石島紀之ほか）　東京大学出版会　2004.12　p379-398
- ◎参考文献ほか「四川省と近代中国―軍閥割拠から抗日戦の大後方へ」（今井駿）　汲古書院　2007.3　p656-671

中国　金融
- ◎「支那金融に関する主要文献目録　4　第一邦文および欧文の部　第二華文の部　雑誌記事索引集成　専門書誌編　48戦後・中国」　晧星社　2001.5　285p B5
- ◎参考資料「入門中国の証券市場」（徐燁聡）　東洋経済新報社　2003.7　p157-162
- ◎参考文献「円と人民元―日中共存へ向けて」（大西義久）　中央公論新社　2003.12　p211-212
- ◎参考文献「中国の貯蓄と金融―家計・企業・政府の実証分析」（唐成）　慶應義塾大出版会　2005.8　p233-243
- ◎参考文献「中国の金融はこれからどうなるのか―その現状と改革の行方」（玉置知己ほか）　東洋経済新報社　2005.10　p249-253

中国　空軍
- ◎Bibliography「中国的天空―沈黙の航空戦史　上」（中山雅洋）　大日本絵画　2007.11　p364-366

中国　軍政史
- ◎註「明代軍政史研究」（奥山憲夫）　汲古書院　2003.4　prr

中国　経済
- ◎文献「中国経済入門―目覚めた巨龍はどこへ行く」（南亮進, 牧野文夫）　日本評論社　2001.1　p229-232
- ◎参考文献「中国経済の産業連関」（滕鑑）　渓水社　2001.2　p593-600
- ◎引用・参考文献「グローバリゼーションと中国経済」（唱新）　新評論　2002.1　p245-252
- ◎文献「東アジア長期経済統計　12　中国」（加藤弘之, 陳光輝）　勁草書房　2002.1　p379-385
- ◎参考文献「中国の市場経済化と民族法制―少数民族の持続可能な発展と法制度の変革」（小林正典）　法律文化社　2002.3　p320-339
- ◎参考文献「図解中国「WTO加盟」と「ITビジネス」のすべてがわかる」（アジアITビジネス研究会）　総合法令出版　2002.4　p291-293
- ◎参考文献「中国の知識型経済―華人イノベーションのネットワーク」（蔡林海）　日本経済評論社　2002.4　p290-291
- ◎文献「中国の経済―開放戦略の理念と手法」（賀耀敏, 大西健夫）　早稲田大学出版部　2002.6　p212-214
- ◎文献「中国の躍進アジアの応戦―中国脅威論を超えて」（渡辺利夫, 日本総合研究所調査部環太平洋研究センター）　東洋経済新報社　2002.6　p259-261
- ◎参考文献「中国経済の読み方―「世界の工場」を知る80のポイント」（馬成三）　ジェトロ　2002.9　p255-257
- ◎文献「シリーズ現代中国経済　1　経済発展と体制移行」（中兼和津次）　名古屋大学出版会　2002.10　p232-243
- ◎文献「シリーズ現代中国経済　2　農民国家の課題」（厳善平）　名古屋大学出版会　2002.10　p232-242
- ◎註「清代の市場構造と経済政策」（山本進）　名古屋大学出版会　2002.10　p245-341
- ◎文献「シリーズ現代中国経済　3　労働市場の地殻変動」（丸川知雄）　名古屋大学出版会　2002.11　p229-237
- ◎文献「中国の体制転換と産業発展」（田島俊雄ほか）　東京大学社会科学研究所　2003.1　prr
- ◎文献「シリーズ現代中国経済　5　経済の国際化」（大橋英夫）　名古屋大学出版会　2003.3　p226-239

◎「中国ビジネス資料情報ガイド―2003」（ジェトロ・ビジネスライブラリー）　ジェトロ・ビジネスライブラリー　2003.3　195p B5
◎文献「中国ビジネスと商социализации―巨大市場へのあくなき挑戦」（関志雄）　東洋経済新報社　2003.4　p256-257
◎文献「ジレンマのなかの中国経済」（渡辺利夫）　東洋経済新報社　2003.7　p289-293
◎参考文献「中国の大衆消費社会―市場経済化と消費者行動」（李海峰）　ミネルヴァ書房　2004.2　p233-242
◎参考文献「中国経済の地域間産業連関分析」（市村真一ほか）　創文社　2004.2　p205-206
◎参考文献「中国経済改革と地域格差」（李复屏）　昭和堂　2004.2　p259-266
◎参考文献「現代中国の経済」（王曙光）　明石書店　2004.4　p205-207
◎参考文献「人民元・ドル・円」（田村秀男）　岩波書店　2004.7　p193-196
◎参考文献「中国「人民元」の挑戦―アジアの基軸通貨を目指す人民元」（中島厚志）　東洋経済新報社　2004.7　p251-258
◎参考文献「中国「新富人」支配―呑みこまれる共産党国家」（清水美和）　講談社　2004.9　p299-303
◎参考文献「人民元と中国経済」（白井早由里）　日本経済新聞社　2004.10　p303-308
◎参考文献「中華新経済システムの形成」（高橋満）　創土社　2004.10　p307-313
◎参考文献「産業連関構造の日中・日韓比較と購買力平価」（李潔）　大学教育出版　2005.1　p218-225
◎参考文献「現代中国経済論」（大橋英夫）　岩波書店　2005.3　p231-242
◎参考文献「中国における市場経済移行の理論と実践」（横田高明）　創土社　2005.3　p319-323
◎参考文献「中国経済の発展と戦略」（李明星）　NTT出版　2005.3　p299-302
◎文献ほか「中国経済入門―世界の工場から世界の市場へ　2版」（南亮進ほか）　日本評論社　2005.3　p261-263
◎参考文献「巨大化する中国経済と日系ハイブリッド工場」（上山邦雄ほか）　有楽出版社　2005.4　p402-405
◎参考文献「中国型経済システム―経済成長の基本構造」（唱新）　世界思想社　2005.4　p235-226
◎参考文献「現代中国の経済発展と社会変動―《禁欲》的統制政策から《利益》誘導政策」への転換　1949年～2003年」（田暁利）　明石書店　2005.5　p483-496
◎参考文献「チャイナ・クラッシュ―中国バブル崩壊後、日本と世界はどうなるのか」（山崎養世）　ビジネス社　2005.6　p189-191
◎参考文献「現代中国経済論―体制転換の歴史的・理論的・実証的分析」（鍾非）　新世社　2005.6　p245-255
◎リーディングリスト「シリーズ現代中国経済　8　経済発展と社会変動」（菱田雅晴ほか）　名古屋大学出版会　2005.9　p211-222
◎参考文献「メイド・イン・シャンハイ」（丸尾豊二郎ほか）　岩波書店　2005.12　p181-185
◎参考文献「価格形成における運輸部門の役割を重視した空間CGEモデルの開発―中国省間分析への適用」（孟渤）　小林節太郎記念基金　2006.2　p75-79
◎参考文献「中国のマクロ経済と物価変動の分析―経済改革後の中国経済」（張艶）　成文堂　2006.4　p219-230
◎参考文献「21世紀の中国経済論―WTO加盟後の問題点」（亀田壽夫）　山椒出版社　2006.8　p123-125
◎参考文献「中国経済のマクロ分析―高成長は持続可能か」（深尾光洋）　日本経済新聞社　2006.8　prr
◎参考文献ほか「日系企業が中国で成功する為に―異文化経営が直面する課題」（周宝玲）　晃洋書房　2007.2　p159-163
◎参考文献「現代中国の経済改革」（呉敬璉）　NTT出版　2007.3　prr
◎参考文献ほか「産業集積と新しい国際分業―グローバル化が進む中国経済の新たな分析視点」（本多光雄ほか）　文眞堂　2007.3　p203-209
◎参考文献「中国はこれからどうなるのか?―世界銀行報告」（S. Yusuf）　一灯舎　2007.3　p10-34b
◎参考文献「中国経済論―高度成長のメカニズムと課題」（周牧之）　日本経済評論社　2007.4　p277-281
◎参考文献「中国経済と中日貿易」（康成文）　ブイツーソリューション　2007.8　p113-116
◎参考文献ほか「検証現代中国の経済政策決定―近づく改革開放路線の臨界点」（田中修）　日本経済新聞出版社　2007.9　p497-499
◎参考文献ほか「中国の不良債権問題―高成長と非効率のはざまで」（柯隆）　日本経済新聞出版社　2007.9　p249-277
◎参考図書「中国経済近代化と体制改革」（唐木圀和）　慶應義塾大　2007.10　p294-300
◎文献「中国商い要注意マニュアル」（谷本真由美）　マイクロマガジン社　2007.10　p219-223
◎文献「経済大国中国の課題―国情報告」（胡鞍鋼）　岩波書店　2007.12　p193-200

中国　刑事法
◎文献「共犯理論と組織犯罪」（西原春夫）　成文堂　2003.1　p251-254
◎参考文献「危険犯と危険概念」（西原春夫）　成文堂　2005.11　p243-245

中国　芸術
◎参考資料ほか「中国芸術の光と闇―波瀾万丈の百年芸術史」（王凱）　秀作社出版　2005.3　p189-190

中国　桂林
◎参考文献「桂林唐代石刻の研究」（戸崎哲彦）　白帝社　2005.2　p411-425
◎参考文献「中国乳洞巖石刻の研究」（戸崎哲彦）　白帝社　2007.2　p307-309

中国　元時代
◎参考文献「クビライ・カーン―元帝国の英傑」（立石優）　学習研究社　2001.9　p336-337
◎参考文献「疾駆する草原の征服者―遼西夏金元」（杉山正明）　講談社　2005.10　p393-396
◎参考文献「遼西夏金元　図説中国文明史8」（杭侃）　創元社　2006.5　p268-269
◎参照文献「モンゴル帝国が生んだ世界図」（宮紀子）　日本経済新聞出版社　2007.6　p297-299

中国　幻想綺譚
○ブックガイド（末国善己）「ユリイカ　35.1」（青土社）　2003.1　p195-207

中国　元代仏教史
◎著書論文一覧「元代禅宗史研究」（野口善教）　禅文化研究所　2005.7　p651-659

中国　現代文学
◎作品年表「中国当代文学史―建国より20世紀末までの作家と作品―文学思潮を軸にして」（鄭万鵬）　白帝社　2002.11　p339-350

中国　建築
◎参考文献「中華中毒　中国的空間の解剖学」（村松伸）　筑摩書房　2003.6　p1-22b

中国　憲法
◎参考文献「中国違憲審査制度の研究」（冷羅生）　ブイツーソリューション　2007.4　p202-209

中国　工業
◎参考文献「メイド・イン・シャンハイ」（丸尾豊二郎ほか）　岩波書店　2005.12　p181-185
◎参考文献「北京シリコンバレーの形成メカニズム―テクノポリス・ホイール・モデルの検討」（李宏舟）　現代図書　2006.7　p170-184
◎参考文献「技術移転・発展と中核能力形成に関する研究―中国における日系企業の実態と展望」（樊斌）　大学教育出版　2007.2　p394-404
◎参考文献「中国製造業の競争力」（陳晋）　信山社出版　2007.2　p197-203
◎参考文献「中国企業のもの造り―参与観察にもとづいて」（潘志仁）　白桃書房　2007.10　p249-252

中国　鉱工業
◎『「支那鉱工業に関する主要文献目録　第1邦文の部」』皓星社　2001.5　481p B5

中国　考古学
○文献目録（菊地大樹）「中国考古学　5」（日本中国考古学会）　2005.11　p237-252
○文献目録（角道亮介ほか）「中国考古学　7」（日本中国考古学会）　2007.12　p239-252

中国　広州
◎参考文献「香港・広州菜遊記　粤のくにの胃袋気質」（日野みどり）　凱風社　2003.1　p254-255

中国　江蘇省
◎引用書ほか「写真で歩く中国江南の町並み―水郷の都市と古鎮」（高士宗明）　彩流社　2007.9　p257-258

中国　黄帝四経
◎参考文献「黄帝四経―馬王堆漢墓帛書老子乙本巻前古佚書」（澤田多喜男）　知泉書館　2006.8　p295-296

中国　江南
○注文献「中国江南の都市とくらし」（高村雅男）　山川出版社　2000.12　p225-260
○註「江南―中国文雅の源流」（中砂明徳）　講談社　2002.10　p219-225

中国　後漢
◎参考文献「三国志の世界―後漢三国時代　中国の歴史04」（金文京）　講談社　2005.1　p371-378

中国　国防
◎参考文献「中国の「核」が世界を制す」（伊藤貫）　PHP研究所　2006.3　p310-316
◎参考文献「中国軍事用語事典」（茅原郁生）　蒼蒼社　2006.11　p582-586
◎引用参照文献「朝鮮戦争と中国―建国初期中国の軍事戦略と安全保障問題の研究」（服部隆行）　溪水社　2007.2　p343-361

中国　五胡十六国
◎参考文献「五胡十六国―中国史上の民族大移動」（三崎良章）　東方書店　2002.2　p215-216
◎関係文献目録「五胡十六国の基礎的研究」（三崎良章）　汲古書院　2006.11　p11-71b

中国　古代
◎余説「よみがえる文字と呪術の帝国　古代殷周王朝の素顔」（平勢隆郎）　中央公論新社　2001.6　p206-255
◎文献「仰韶文化の研究―黄河中流域の関中地区を中心に」（王小慶）　雄山閣　2003.3　p227-234
◎参考文献（高木智見）「中国考古の重要発見」（黄石林ほか）　日本エディタースクール出版部　2003.4　p358-361
◎文献「中国古代の王権と天下秩序―日中比較史の視点から」（渡辺信一郎）　校倉書房　2003.7　p213-218
◎参考文献「木簡・竹簡の語る中国古代―書記の文化史」（冨谷至）　岩波書店　2003.7　p1-4b
◎参考文献「中国古代王権と祭祀」（岡林秀典）　学生社　2005.1　p470-494
◎参考文献「古代中国の犬文化―食用と祭祀を中心に」（桂小蘭）　大阪大学出版会　2005.2　p384-387
◎参考文献「神話から歴史へ―神話時代夏王朝　中国の歴史1」（宮本一夫）　講談社　2005.3　p377-385
○注「流沙の記憶をさぐる―シルクロードと中国古代文明」（林梅村）　NHK出版　2005.3　prr
◎参考文献「中国の歴史　上　古代-中世」（愛宕元ほか）　昭和堂　2005.4　prr
◎参考文献「都市国家から中華へ―殷周春秋戦国　中国の歴史02」（平勢隆郎）　講談社　2005.4　p417-431
○文献「中国古代国家と郡県社会」（藤田勝久）　汲古書院　2005.12　p595-610
◎引用参考文献「漢民族とはだれか―古代中国と日本列島をめぐる民族・社会学的視点」（安達史人）　右文書院　2006.7　p322-327
○文献案内「古代中国天命と青銅器」（小南一郎）　京都大学術出版会　2006.8　p277-281
◎参考文献「先史―文明への胎動　図説中国文明史1」（劉煒）　創元社　2006.11　p272-273
◎参考文献「魏晋南北朝壁画墓の世界―絵に描かれた群雄割拠と民族移動の時代」（蘇哲）　白帝社　2007.2　p286-288

中国　五代
◎文献「唐末五代変革期の政治と経済」（堀敏一）　汲古書院　2002.7　p479-498
◎参考文献「五代と宋の興亡」（周藤吉之ほか）　講談社　2004.10　p477-483

中国　財政
◎参考文献「中国近世財政史の研究」（岩井茂樹）　京大学術出版会　2004.2　p526-542
◎参考文献「中国財政・税制の現状と展望―「全面的な小康社会実現」に向けた改革」（大西靖）　大蔵財務協会　2004.12　p164-166
◎参考文献「唐代北辺財政の研究」（丸橋充拓）　岩波書店　2006.5　p191-203

中国　雑誌
○創刊年一覧表（前山加奈子）「近きに在りて　48」（汲古書院）　2005.12　p86-108

中国　産業
- ◎参考文献「中国の産業発展と国際分業—対中投資と技術移転の検証」（範建亭）　風行社　2004.6　p236-247
- ◎参考文献「中国のエネルギー産業の地域的分析—山西省の石炭産業を中心に」（時臨雲ほか）　渓水社　2005.3　p179-182
- ◎参考文献「中国のIT産業—経済成長方式転換の中での役割」（中川涼司）　ミネルヴァ書房　2007.3　p337-351
- ◎参考文献「現代中国の産業—勃興する中国企業の強さと脆さ」（丸川知雄）　中央公論新社　2007.5　p257-251

中国　三国志
- ◎参考文献「洛神の賦—三国志の世界を訪ねる旅」（伊佐千尋）　文藝春秋　2001.7　p328-334
- ◎書誌「三国志・人間通になるための極意書に学ぶ」（谷沢永一,渡部昇一）　致知出版社　2002.2　p248-253
- ◎参考文献「三国志—英雄の名言100」（川口素生）　ベストセラーズ　2002.4　p262-263
- ◎文献目録「三國志研究入門」（渡邉義浩）　日外アソシエーツ　2007.7　p219-263

中国　三国志演義
- ◎使用テキスト「三国志享受史論考」（田中尚子）　汲古書院　2007.1　p323-331
- ◎参考文献「三国志をいろどる馬たち」（馬事文化財団馬の博物館）　馬事文化財団　2007.4　p95」
- ◎文献目録「三國志研究入門」（渡邉義浩）　日外アソシエーツ　2007.7　p219-263

中国　三国時代
- ◎文献「三国政権の構造と「名士」」（渡邉義浩）　汲古書院　2004.3　p481-524
- ◎参考文献「三国志の世界—後漢三国時代　中国の歴史04」（金文京）　講談社　2005.1　p371-378
- ◎参考文献「中華の崩壊と拡大—魏晋南北朝」（川本芳昭）　講談社　2005.2　p355-360
- ○文献目録（室山留美子）「大阪市立大学東洋史論叢14」（大阪市立大）　2005.3　p93-251
- ◎文献「戦乱三国のコリア史—高句麗・百済・新羅の英雄たち」（片野次雄）　彩流社　2007.9　p245-246

中国　山西省
- ◎参考文献「黄土の大地1937-1945—山西省占領地の社会経済史」（内田知行）　創土社　2005.2　p283-298

中国　山東省
- ◎参考文献「近代中国華北民衆と紅槍会」（馬場毅）　汲古書院　2001.2　p9-19b
- ◎文献目録「日本の青島占領と山東の社会経済1914-22年」（本庄比佐子）　東洋文庫　2006.3　p369-378

中国　算法
- ◎参考文献「張家山漢簡『算数書』の総合的研究—プロジェクト共同研究」　大阪産業大　2007.2　p242-244

中国　詩
- ◎文献「日中古代文芸思想の比較研究」（孫久富）　新典社　2004.12　p463-469

中国　市場
- ◎参考文献「ブランディング・イン・チャイナ—巨大市場・中国を制するブランド戦略」（山下裕子ほか）　東洋経済新報社　2006.3　p326-329

中国　四川
- ○参考資料「ヒマラヤ　378」（日本ヒマラヤ協会）　2003.5　p20-23
- ◎注「四川と長江文明」（古賀登）　東方書店　2003.6　prr
- ◎関係文献（中野聰ほか）「仏教美術からみた四川地域」（奈良美術研究所）　雄山閣　2007.3　p302-311

中国　思想
- ◎参考文献「中国のユートピアと「均の理念」」（山田勝芳）　汲古書院　2001.7　p217-227
- ◎参考文献「中国思想文化事典」（溝口雄三ほか）　東京大学出版会　2001.7　prr
- ◎研究文献一覧「思想としての中国近世」（伊東貴之）　東京大学出版会　2005.6　p8-25b
- ◎文献解説「中国思想史」（武内義雄）　岩波書店　2005.11　p313-328
- ◎参考文献「残響の中国哲学—言語と政治」（中島隆博）　東京大出版会　2007.9　p9-29b
- ◎ブックガイド「中国思想史」（溝口雄三ほか）　東京大出版会　2007.9　p9-11b

中国　社会
- ◎文献「中国の社会—開放される12億の民」（鄭杭生,奥島孝康）　早稲田大学出版部　2002.6　p242-244
- ◎引用参考文献「中国社会の人類学—親族・家族からの展望」（瀬川昌久）　世界思想社　2004.4　p229-241
- ◎参考文献「本当の中国を知っていますか?—農村、エイズ、環境、司法」（山本秀也）　草思社　2004.4　p267-269
- ◎参考文献「九億農民の福祉—現代中国の差別と貧困」（王文亮）　中国書店　2004.10　p551-556
- ◎参考文献「結社が描く中国近現代　結社の世界史2」（野口鐵郎）　山川出版社　2005.7　p5-13b
- ◎参考文献「中国激流—13億のゆくえ」（興梠一郎）　岩波書店　2005.7　p233-236
- ◎参考文献「大地の咆哮—元上海総領事が見た中国」（杉本信行）　PHP研究所　2006.7　p350-353
- ◎引用参考文献「中国における買売春根絶政策—一九五〇年代の福州市の実施過程を中心に」（林紅）　明石書店　2007.1　p313-337
- ◎参考文献ほか「中国を知る—ビジネスのための新しい常識」（遊川和郎）　日本経済新聞出版社　2007.3　p212-213
- ◎参照文献「銃後の中国社会—日中戦争下の総動員と農村」（笹川裕史ほか）　岩波書店　2007.5　p257-267
- ◎参考文献「臨界点の中国—コラムで読む胡錦濤時代」（藤野彰）　集広舎　2007.6　p333-340

中国　社会保障
- ◎参考文献「現代中国社会保障論」（張紀潯）　創成社　2001.9　p573-586

中国　上海
- ◎参考文献「上海を制するものが世界を制す!」（松尾栄蔵ほか）　ダイヤモンド社　2001.10　p211-212
- ◎引用文献「アジアの大都市　5　北京・上海」（植田政孝ほか）　日本評論社　2002.4　prr
- ◎文献「上海職業さまざま」（菊池敏夫,日本上海史研究会）　勉誠出版　2002.8　p188-191
- ◎参考文献「上海—大陸精神と海洋精神の融合炉」（田島英一）　PHP研究所　2004.2　p333-335

○書誌（田中沙羅）「文献探索 2004」（文献探索研究会） 2004.4 p483-487
◎参考文献「太平洋戦争と上海のユダヤ難民」（丸山直起） 法政大学出版局 2005.2 p17-32b
◎参考文献「上海雑学王、路地裏路―旅行者も使える必読情報館」（ノンホー勝ち組） ゑゐ文社 2005.5 p220-221
○研究リスト「韓国言語文化研究 9」（九州大） 2005.6 p23-32
◎参考文献「上海をめぐる日英関係1925-1932年―日英同盟後の協調と対抗」（後藤春美） 東京大出版会 2006.11 p264-278
◎参考文献「工業団地の造成と地域変貌―東京・上海両大都市圏における地理学的考察」（季増民） 古今書院 2007.1 p258-266

中国　上海交響楽団
◎参考文献「上海オーケストラ物語―西洋人音楽家たちの夢」（榎本泰子） 春秋社 2006.7 p14-19b

中国　上海東亜同文書院
◎参考文献「「上海東亜同文書院」風雲録　日中共存を追い続けた五〇〇〇人のエリートたち」（西所正道） 角川書店 2001.5 p319-323

中国　宗教
◎ブックガイド「中国の宗教」（J. A. アドラー） 春秋社 2005.6 p250-252
◎参考文献ほか「宋代の道教と民間信仰」（松本浩一） 汲古書院 2006.11 p425-444

中国　周時代
◎引用文献「周代国制の研究」（松井嘉徳） 汲古書院 2002.2 p47-65b
◎参考文献「中国先秦史の研究」（吉本道雅） 京都大学術出版会 2005.9 p545-563
◎参考文献「周代中国の社会考古学」（L. フォン・ファルケンハウゼン） 京都大学術出版会 2006.12 p335-371
◎参考文献「図説中国文明史 2 殷周―文明の原点」（劉煒） 創元社 2007.2 p256-257

中国　儒教
◎参考文献「転換期における中国儒教運動」（森紀子） 京都大学術出版会 2005.2 p295-300

中国　出版
◎文献「現代中国の禁書―民主、性、反日」（鈴木孝昌） 講談社 2005.6 p217-219

中国　春画
◎参考文献「肉麻図譜　中国春画論序説」（中野美代子） 作品社 2001.11 p282-278

中国　春秋
◎参考文献「春秋学―公羊伝と穀梁伝」（野間文史） 研文出版 2001.10 p287-301

中国　春秋事語
◎参考文献「春秋事語」（野間文史） 東方書店 2007.2 p100-107

中国　春秋戦国時代
◎参考文献「中国先秦史の研究」（吉本道雅） 京都大学術出版会 2005.9 p545-563
◎参考文献「史記・春秋戦国人物事典」（小出文彦ほか） 新紀元社 2005.10 p296-297
◎参考文献「春秋戦国―争覇する文明　図説中国文明史 3」（劉煒ほか） 創元社 2007.5 p279-280

中国　商業
◎『支那商業に関する主要文献目録　第1邦文および欧文の部』」 皓星社 2001.5 107p B5

中国　少数民族
◎参考文献「中国少数民族―農と食の知恵」（大石惇） 明石書店 2002.4 p236-238
◎文献「中国少数民族と日本文化―古代文学の古層を探る」（工藤隆） 勉誠出版 2002.7 p11-15b
◎文献「消滅の危機に瀕した中国少数民族の言語と文化―ホジェン族の「イマカン（英雄叙事詩）」をめぐって」（于暁飛） 明石書店 2005.2 p420-423

中国　小説
◎参考文献「中国近世小説への招待―才子と佳人と豪傑と」（大木康） NHK出版 2001.3 p247-252
◎「日本清末小説研究文献目録」（樽本照雄） 清末小説研究会 2002.4 112p B5

中国　女性
◎参考文献「中国女性の20世紀　近現代家父長制研究」（白水紀子） 明石書店 2001.4 p261-265
◎参考文献「中国女性の一〇〇年―史料にみる歩み」（中国女性史研究会） 青木書店 2004.3 p245-247
◎注「『婦女雑誌』からみる近代中国女性」（村田雄二郎） 研文出版 2005.2 prr
○研究案内「中国女性史入門―女たちの今と昔」（関西中国女性史研究会） 人文書院 2005.3 prr

中国　書籍
◎「中国書籍総目録（全国総書目） 73（1993年 1）」不二出版 2001.4 564p B5
◎「中国書籍総目録（全国総書目） 第81巻（1995年 1）」 不二出版 2002 704p B5
◎「中国書籍総目録（全国総書目） 89-99」 不二出版 2003.4 11冊 B5

中国　書道
◎参考文献「書道藝術　別巻　第3　中国書道史　新装」（中田勇次郎） 中央公論新社 2001.10 p231-233

中国　書法史
◎「中国書法史を学ぶ人のために」（杉村邦彦） 世界思想社 2002.9 441p 46s

中国　シレート・ジョー寺
◎参考文献「内モンゴル自治区フフホト市シレート・ジョー寺の古文書―ダー・ラマ＝ワンチュクのコレクション」（楊海英ほか） 風響社 2006.12 p56-58

中国　秦
◎参考文献「大兵馬俑展―今、甦る始皇帝の兵士たち」 産経新聞社 2004 p130-131
◎参考文献「ファーストエンペラーの遺産―秦漢帝国」（鶴間和幸） 講談社 2004.11 p446-464
◎参考文献「戦国秦漢時代の都市と国家―考古学と文献史学からのアプローチ」（江村治樹） 白帝社 2005.9 p300-297
◎参考文献「項羽と劉邦の時代―秦漢帝国興亡史」（藤田勝久） 講談社 2006.9 p233-241

中国　清
　◎参考文献「絵画に見る近代中国―西洋からの視線」（ウィリアム・シャング）　大修館書店　2001.6　p205-211
　◎参考文献「大清帝国」（増井経夫）　講談社　2002.1　p433-440
　◎註「清代の市場構造と経済政策」（山本進）　名古屋大学出版会　2002.10　p245-341
　◎文献目録「清代徽州地域社会史研究―境界・集団・ネットワークと社会秩序」（熊遠報）　汲古書院　2003.2　p361-393
　◎参考文献「清末仏教の研究　楊文会を中心として」（陳継東）　山喜房仏書林　2003.2　p655-663
　◎註「清代貨幣史考」（市古尚三）　鳳書房　2004.3　prr
　◎引用文献「清帝国とチベット問題」（平野聡）　名古屋大学出版会　2004.7　p7-14b
　◎参考資料「清朝末期の孔教運動」（蕭橘）　中国書店　2004.12　p205-216
　◎参考文献「海と帝国―明清時代」（上田信）　講談社　2005.8　p492-501
　◎参考文献「ラストエンペラーと近代中国―清末中華民国」（菊池秀明）　講談社　2005.9　p396-409
　◎文献一覧「飢饉と救済の社会史」（高橋孝助）　青木書店　2006.2　p297-317
　◎参考文献「清代モンゴルの裁判と裁判文書」（萩原守）　創文社　2006.2　p431-447
　◎参考文献「清朝のアムール政策と少数民族」（松浦茂）　京都大学術出版会　2006.2　p476-502
　◎参考文献「紫禁城の栄光―明清全史」（岡田英弘ほか）　講談社　2006.10　p339-341
　◎参考文献ほか「近代交通体系と清帝国の変貌―電信・鉄道ネットワークの形成と中国国家統合の変容」（千葉正史）　日本経済評論社　2006.12　p408-424
　◎参考文献「清代中国の地域支配」（山本英史）　慶應義塾大出版会　2007.5　p459-472
　◎参考文献「大清帝国と中華の混迷　興亡の世界史17」（平野聡）　講談社　2007.10　p352-348
　◎参考文献「清朝の蒙古旗人―その実像と帝国統治における役割」（村上信明）　風響社　2007.11　p53-56

中国　秦漢時代
　◎重要文献目録「秦漢における監察制度の研究」（王勇華）　朋友書店　2004.12　p292-300

中国　新疆ウイグル自治区
　○参考資料「ヒマラヤ　382」（日本ヒマラヤ協会）　2003.9　p18-23
　◎参考書目「シルクロード―詩と紀行」（秋吉久紀夫）　石風社　2004.8　p284-291
　◎参考文献「シルクロードの光と影」（野口信彦）　めこん　2007.2　p251-252

中国　清末
　◎参考文献「中国の工業化と清末の産業行政―商部・農工商部の産業振興を中心に」（劉世龍）　渓水社　2002.3　p292-302
　○「日本清末小説研究文献目録」（樽本照雄）　清末小説研究会　2002.4　112p B5
　○小説書目（張元卿）「清末小説から　78」（清末小説研究会）　2005.7.1　p21-27

中国　神話
　◎文献目録「中国古代の神がみ」（林巳奈夫）　吉川弘文館　2002.3　p242-253
　◎参考文献「中国の神話」（A.ビレル）　丸善　2003.11pb

中国　隋
　◎参考文献「隋唐時代の仏教と社会―弾圧の狭間にて」（藤善真澄）　白帝社　2004.10　p246-243
　◎参考文献「絢爛たる世界帝国―隋唐時代　中国の歴史06」（気賀澤保規）　講談社　2005.6　p384-390
　◎引用文献「大業雑記の研究」（中村裕一）　汲古書院　2005.11　p529-536

中国　西域探検
　◎参考文献「西域探検の世紀」（金子民雄）　岩波書店　2002.3　p213-215

中国　清華大学
　◎参考引用文献「中国の頭脳清華大学と北京大学」（紺野大介）　朝日新聞社　2006.7　p289-290

中国　政治
　◎参照文献「変貌する中国政治―漸進路線と民主化」（唐亮）　東京大学出版会　2001.9　p267-273
　◎参考文献「中国の政治―開かれた社会主義の道程」（曽憲義ほか）　早稲田大学出版部　2002.6　p234-236
　◎文献「1930年代中国政治史研究―中国共産党の危機と再生」（田中仁）　勁草書房　2002.7　p251-277
　◎注「ポスト社会主義の中国政治―構造と変容」（小林弘二）　東信堂　2002.12　prr
　◎参照資料「原典で読む20世紀中国政治史」（田中仁）　白帝社　2003.10　p200-205
　◎参考文献「20世紀中国の政治空間―「中華民族的国民国家」の凝集力」（西村成雄）　青木書店　2004.6　p307-326
　◎参考文献「比較のなかの中国政治」（日本比較政治学会）　早稲田大学出版部　2004.6　prr
　◎文献案内「東アジア政治史研究　衛藤瀋吉著作集2」（衛藤瀋吉）　東方書店　2004.7　p270-290
　◎文献一覧「戦後中国の憲政実施と言論の自由1945-49」（中村元哉）　東京大学出版会　2004.8　p225-242
　◎参考文献「新版現代中国政治」（毛里和子）　名古屋大学出版会　2004.12　p14-31b
　◎参考文献「近代中国の立憲構想―厳復・楊度・梁啓超と明治啓蒙思想」（李暁東）　法政大学出版局　2005.5　p9-15b
　◎参考文献ほか「現代中国とその社会―治安問題と改革開放路線の20年」（徳岡仁）　晃洋書房　2005.5　p239-245
　◎参考文献「中国・改革開放の政治経済学」（三宅康之）　ミネルヴァ書房　2006.2　p221-236
　◎参考文献「現代中国政治と人民代表大会―人代の機能改革と「領導・被領導」関係の変化」（加茂具樹）　慶應義塾大出版会　2006.3　p369-387
　◎参考文献「中国社会主義国家と労働組合―中国型協商体制の形成過程」（石井知章）　御茶の水書房　2007.8　p10-22b
　◎参考文献「上海没落北京勃興―「胡錦濤新王朝」誕生す」（孔健ほか）　ビジネス社　2007.9　p233-237
　◎参考文献「中国建国初期の政治と経済―大衆運動と社会主義体制」（泉谷陽子）　御茶の水書房　2007.10　p11-15b

中国　税制
　◎参考文献「現代中国税制の研究―中国の市場経済化と税制改革」（曹瑞林）　御茶の水書房　2004.10　p267-275

中国　浙江省
　◎引用書ほか「写真で歩く中国江南の町並み―水郷の都市と古鎮」（高士宗明）　彩流社　2007.9　p257-258

中国　宋
　◎参考文献「宋代の皇帝権力と士大夫政治」（王瑞来）　汲古書院　2001.2　p539-548
　◎参考文献「五代と宋の興亡」（周藤吉之ほか）　講談社　2004.10　p477-483
　◎参考文献「中国思想と宗教の奔流―宋朝　中国の歴史07」（小島毅）　講談社　2005.7　p387-399
　◎参考文献「宋―成熟する文明　図説中国文明史7」（劉煒）　創元社　2006.3　p269」
　◎参考文献「中国宋代禅林高僧墨蹟の研究」（胡建明）　春秋社　2007.11　p363-367

中国　宋・元
　○文献目録（吉田寅）「立正大学東洋史論集　14」（立正大）　2002.9　p45-54

中国　葬制
　◎参考文献ほか「洗骨改葬の比較民俗学的研究」（蔡文高）　岩田書院　2004.10　p425-440

中国　宗族
　◎研究一覧「日中親族構造の比較研究」（官文娜）　思文閣出版　2005.6　p381-400

中国　蔬菜
　◎文献「食卓に毒菜がやってきた」（滝井宏臣）　コモンズ　2002.8　p204-206

中国　大連
　◎参考文献「大連歴史散歩」（竹中憲一）　皓星社　2007.11　p228-232

中国　台湾
　◎参考文献「「同化」の同床異夢　日本統治下台湾の国語教育史再考」（陳培豊）　三元社　2001.2　p361-373
　◎論著リスト「台湾原住民研究概覧―日本からの視点」（日本順益台湾原住民研究会）　風響社　2001.2　p341-373
　◎文献「台湾戦後国際政治史」（戴天昭）　行人社　2001.2　p726-753
　◎参考文献「台湾香港両岸ビジネス―台湾と中国香港ますます進展する分業体制」（石川幸一ほか）　リブロ　2001.4　p217-219
　◎参考文献「台湾入門」（酒井亨）　日中出版　2001.4　p247-254
　◎参考文献「台湾論と日本論―日本に来たら見えてきた「台湾と日本」のこと」（謝雅梅）　総合法令出版　2001.4　p254-255
　◎参考文献「新台湾の奇跡」（杉岡碩夫）　緑風出版　2001.8　p189-193
　◎文献「台湾―新世代の隣人関係に向けて」（舘澤貢次）　ぱる出版　2001.8　p291-292
　◎参考文献「電子立国台湾の実像―日本のよきパートナーを知るために」（水橋佑介）　日本貿易振興会　2001.9　p205-209
　◎参考文献「植民地台湾の日本女性生活史　4（昭和篇下）」（竹中信子）　田畑書店　2001.10　p459-483
　◎参考文献「近代台湾女性史―日本の植民統治と「新女性」の誕生」（洪郁如）　勁草書房　2001.11　p8-14b
　◎参考文献「抗日霧社事件をめぐる人々―翻弄された台湾原住民の戦前・戦後」（鄧相揚）　日本機関紙出版センター　2001.11　p274-277
　◎参考文献「台湾　変容し躊躇するアイデンティティ」（若林正丈）　筑摩書房　2001.11　p246-249
　◎略年表「台湾現代詩集」（林水福,是永駿）　国書刊行会　2002.1　p371-380
　◎参考文献「心果つるまで―日本の戦犯にされた四人の台湾のお友だち」（福永美知子）　文芸社　2002.2　p267-269
　◎文献「台湾の企業成長とネットワーク」（富川盛武）　白桃書房　2002.3　p273-289
　◎参考文献「台湾処分――九四五年」（鈴木茂夫）　同時代社　2002.4　p356-360
　◎文献「東アジア長期経済統計　別巻　2　台湾」（文大宇）　勁草書房　2002.5　p367-374
　◎文献「「君が代少年」を探して―台湾人と日本語教育」（村上政彦）　平凡社　2002.10　p260-262
　◎作品目録「台湾純文学集　2」（星名宏修,中島利郎）　緑蔭書房　2002.11　p499-513
　◎年表「台湾探偵小説集」（中島利郎）　緑蔭書房　2002.11　p401-418
　◎注「台湾の「大東亜戦争」―文学・メディア・文化」（藤井省三ほか）　東京大学出版会　2002.12　prr
　◎注「台湾の産業政策」（劉進慶）　勁草書房　2003.1　prr
　◎文献「後発工業国の経済発展と電力事業―台湾電力の発展と工業化」（北波道子）　晃洋書房　2003.3　p187-195
　◎参考文献ほか(河原功ほか)「講座台湾文学」（山口守）　国書刊行会　2003.3　p237-253, 17-35b
　◎文献「台湾の経済発展と政府の役割―いわゆる「アジアNIES論」を超えて」（陳振雄）　専修大学出版局　2003.3　p309-319
　◎参考文献「経済発展と技術軌道　台湾経済の進化過程とイノベーション」（宮城和宏）　創成社　2003.4　p227-244
　◎注「近代アジアと台湾―台湾茶業の歴史的展開」（河原林直人）　世界思想社　2003.10　prr
　◎文献「植民地台湾と近代ツーリズム」（曽山毅）　青弓社　2003.11　p331-342
　◎参考文献「現代台湾を知るための60章」（亜洲奈みづほ）　明石書店　2003.12　p324-331
　◎文献「戦後台湾経済の立証的研究」（園田哲男）　八千代出版　2003.12　p251-255
　◎参考文献「台湾新世代―脱中国化の行方」（近藤伸二）　凱風社　2003.12　p249-251
　○文献目録ほか（森威史ほか）「台湾原住民研究　8」（台湾原住民研究会）　2004　p204-217
　◎Bibliography「日本統治下の台湾の学校教育―開発と文化問題の歴史分析」（林茂生）　拓殖大　2004.1　p199-205
　◎参考文献「台湾新潮流―ナショナリズムの現状と行方」（河添恵子）　双風舎　2004.2　p318-319
　◎文献目録「台湾IT産業の経営戦略―エイサーを中心に」（荘幸美）　創成社　2004.3　p227-232

◎参考文献ほか「台湾の南管―南管音楽における演劇性と音楽集団」（楊桂香）　白帝社　2004.3　p73-77

◎参考文献「哈日族―なぜ日本が好きなのか」（酒井亨）　光文社　2004.5　p228-222

◎参考文献「台湾自由民主化史論」（陳建仁）　御茶の水書房　2004.8　p261-294

◎文献案内「開発経済学と台湾の経験―アジア経済の発展メカニズム」（朝元照雄）　勁草書房　2004.10　p202-207

◎註「台湾原住民と日本語教育―日本統治時代台湾原住民教育史研究」（松田吉郎）　晃洋書房　2004.12　prr

◎参考文献「台湾漢民族のネットワーク構築の原理―台湾の都市人類学的研究」（上水流久彦）　渓水社　2005.1　p211-225

◎参考文献「「辺境アジア」のアイデンティティ・ポリティックス―沖縄・台湾・香港」（林泉忠）　明石書店　2005.2　p12-30b

◎参考文献ほか「植民地下の台湾における学校唱歌の成立と展開」（劉麟玉）　雄山閣　2005.2　p199-252

◎注「自由の苦い味―台湾民主主義と市民のイニシアティブ」（吉田勝次）　日本評論社　2005.3　prr

◎参考文献「日本統治期台湾文学小事典」（中島利郎）　緑蔭書房　2005.6　p153-154

◎参考文献「戦後台湾経済の実証的研究―台湾中小企業の役割と課題」（園田哲男）　八千代出版　2005.7　p289-293

◎参考文献「驚異の仏教ボランティア―台湾の社会参画仏教「慈済会」」（金子昭）　白馬社　2005.8　p250-252

◎参考文献「台湾の行方」（郭焕圭）　創風社　2005.8　p175-179

◎書誌「台湾と拓殖大学」（拓殖大学創立百年史編纂室）　拓殖大　2005.10　p311-321

◎参考文献「台湾新世代　続　現実主義と楽観主義」（近藤伸二）　凱風社　2005.10　p250-251

◎参考文献「日本と台湾における通過儀礼の比較研究―葬送儀礼を中心に―社会学的分析」（尤銘煌）　太陽書房　2005.11　p329-339

◎文献目録「台湾法的地位の史的研究」（戴天昭）　行人社　2005.12　p744-774

◎参考文献「台湾映画のすべて」（戸張東夫ほか）　丸善　2006.1　p172-175

◎文献（石丸雅邦）「台湾原住民研究―日本と台湾における回顧と展望」（シンポジウム実行委員会）　風響社　2006.1　p181-197

◎引用文献「現代台湾宗教の諸相―台湾漢族に関する文化人類学的研究」（五十嵐真子）　人文書院　2006.2　p242-235

◎注「日本統治時代の台湾美術教育―一八九五～一九二七」（楊孟哲）　同時代社　2006.2　prr

◎参考文献「時間と規律―日本統治期台湾における近代の時間制度導入と生活リズムの変容」（呂紹理）　交流協会　2006.3　p187-197

◎脚注「女工と台湾工業化」（黄富山）　交流協会　2006.3　p171-178

◎註釈「裏切られた台湾」（G.H. カー）　同時代社　2006.6　p7-14b

◎参考文献「台湾入門　増補改訂」（酒井亨）　日中出版　2006.7　p275-267

◎参考文献「還我祖霊―台湾原住民族と靖国神社」（中島光孝）　白澤社　2006.9　p177-182

◎参考文献「彰化一九〇六年―市区改正が都市を動かす」（青井哲人）　編集出版組織体アセテート　2006.9　p88-91

◎参考文献「白団―台湾軍をつくった日本軍将校たち　新版」（中村祐悦）　芙蓉書房出版　2006.9　p192-193

◎参考資料一覧「トオサンの桜―散りゆく台湾の中の日本」（平野久美子）　小学館　2007.2　p252-253

◎参考文献「植民地台湾における公学校唱歌教育」（岡部芳広）　明石書店　2007.2　p185-192

◎参考文献「図説台湾の歴史」（周婉窈）　平凡社　2007.2　p221-223

◎参考文献「台湾ハイテク産業の生成と発展」（佐藤幸人）　岩波書店　2007.3　p275-286

◎参考文献「保生大帝―台北大龍峒保安宮の世界」（尾崎保子）　春風社　2007.3　p233-236

◎参考文献「知られざる東台湾―湾生が綴るもう一つの台湾史」（山口政治）　展転社　2007.4　p535-541

◎文学年表（林宜妙）「台湾原住民文学選　9　原住民文化・文学言説集　2」（下村作次郎ほか）　草風館　2007.6　p391-398

◎参考文献「台湾における脱植民地化と祖国化―二・二八事件前後の文学運動から」（丸川哲史）　明石書店　2007.8　p219-224

◎参考文献「大日本帝国のクレオール―植民地期台湾の日本語文学」（F.Y. クリーマン）　慶應義塾大出版会　2007.11　p6-32b

中国　台湾新報・青年版
◎目録「日本統治期台湾文学集成　23　「台湾新報・青年版」作品集」（中島利郎）　緑蔭書房　2007.2　p459-503

中国　台湾総督府
◎参考文献「台湾総統列伝―米中関係の裏面史」（本田善彦）　中央公論新社　2004.5　p308」

◎参考文献「台湾総督府と慰安婦」（朱徳蘭）　明石書店　2005.11　p256-265

中国　台湾鉄道
◎関係目録「日本統治期台湾文学集成　21　「台湾鉄道」作品集　1　復刻版」（中島利郎）　緑蔭書房　2007.2　p393-408

中国　タクラマカン砂漠
◎参考文献「草原の道―風の民、タクラマカン―西域のモナリザ」（NHK「新シルクロード」プロジェクト）　NHK出版　2005.4　p226-227

中国　茶
◎参考文献「中国茶・五感の世界―その歴史と文化」（孔令敬）　NHK出版　2002.12　p212-213

◎参考書籍ほか「中国茶風雅の裏側―スーパーブランドのからくり」（平野久美子）　文藝春秋　2003.1　p228-229

◎文献「中国茶文化」（棚橋篁峰）　京都総合研究所　2003.5　p225-228

◎参考文献「新版　中国茶文化」（棚橋篁峰）　京都総合研究所　2004.4　p225-228

◎参考文献「中国黒茶のすべて―微生物発酵茶」（呂毅ほか）　幸書房　2004.6　p169-173

◎参考文献「中国茶事典」（工藤佳治）　勉誠出版　2007.11　p377」

中国　中国国民党
- ◎資料目録「中国国民政府の対日政策―1931-1933」（鹿錫俊）　東京大学出版会　2001.1　p263-270
- ◎文献目録（山本真ほか）「戦後中国国民政府史の研究―1945-1949年」（姫田光義）　中央大学出版部　2001.10　p363-379
- ◎注「民国後期中国国民党政権の研究」（中央大学人文科学研究所）　中央大学出版部　2005.3　prr
- ◎文献「中国国民政府期の華北政治―1928-37年」（光田剛）　御茶の水書房　2007.9　p15-22b

中国　中国服
- ◎参考文献「チャイナドレスをまとう女性たち―旗袍にみる中国の近・現代」（謝黎）　青弓社　2004.9　p211-220

中国　中朝関係
- ◎参考文献「属国と自主のあいだ―近代清韓関係と東アジアの命運」（岡本隆司）　名古屋大学出版会　2004.10　p11-24b
- ◎参考資料「中朝国境をゆく―全長1300キロの魔境」（襃淵弘）　中央公論新社　2007.5　p218-210

中国　長安
- ◎読書案内「長安の都市計画」（妹尾達彦）　講談社　2001.10　p238-243
- ◎参考文献ほか「長安」（佐藤武敏）　講談社　2004.6　p296-316

中国　長江
- ◎参考文献「長江流域」（内山幸久）　大明堂　2001.1　prr
- ◎参考文献「中国長江歴史の旅」（竹内実）　朝日新聞社　2003.2　p366-374

中国　長江文明
- ◎注「四川と長江文明」（古賀登）　東方書店　2003.6　prr

中国　青島
- ◎史料・文献「植民都市・青島1914-1931―日・独・中政治経済の結節点」（W. バウアー）　昭和堂　2007.2　p262-271
- ○所蔵目録（持井康孝ほか）「金沢大学文学部論集　史学・考古学・地理学篇　27」（金沢大）　2007.3　p1-160

中国　哲学
- ◎ブックガイド「儒教の本」　学習研究社　2001.3　p224」

中国　天津
- ◎参照文献「天津の近代―清末都市における政治文化と社会統合」（吉沢誠一郎）　名古屋大学出版会　2002.2　p7-33b

中国　唐
- ◎参考文献「唐・シルクロード十話」（S. ウィットフィールド）　白水社　2001.2　p266-270
- ○研究成果目録（気賀沢保規）「唐代史研究　5」（唐代史研究会）　2002.6　p173-205
- ◎文献「唐末五代変革期の政治と経済」（堀敏一）　汲古書院　2002.7　p479-498
- ◎参考文献「遣唐使の見た中国」（古瀬奈津子）　吉川弘文館　2003.5　p225-227
- ○研究成果目録（唐代史研究会事務局）「唐代史研究　6」（唐代史研究会）　2003.8　p175-203
- ○研究成果目録（唐代史研究会事務局）「唐代史研究　7」（唐代史研究会）　2004.8　p249-280
- ◎注「唐宋時代の家族・婚姻・女性―婦は強く」（大澤正昭）　明石書店　2005.4　pr
- ◎参考文献「絢爛たる世界帝国―隋唐時代　中国の歴史06」（気賀澤保規）　講談社　2005.6　p384-390
- ○研究成果目録（唐代史研究会事務局）「唐代史研究　8」（唐代史研究会）　2005.8　p125-149
- ◎参考文献「唐代北辺財政の研究」（丸橋充拓）　岩波書店　2006.5　p191-203
- ○成果目録（唐代史研究会事務局）「唐代史研究　9」（唐代史研究会）　2006.7　p168-205
- ◎参考文献「シルクロードと唐帝国　興亡の世界史5」（森安孝夫）　講談社　2007.2　p374-362
- ◎参考文献「サマルカンドの金の桃―唐代の異国文物の研究」（E. H. シェーファー）　勉誠出版　2007.7　p477-502

中国　唐楽
- ◎資料一覧「平安朝の雅楽―古楽譜による唐楽曲の楽理的研究」（遠藤徹）　東京堂出版　2005.2　p521-529

中国　唐詩
- ◎年表「李白詩選」（李白）　岩波書店　2001.1　p375-383
- ◎参考文献「物語・唐の反骨三詩人」（荘魯迅）　集英社　2002.2　p205-206

中国　東北部
- ◎文献「鞍山・満洲終戦前後日録―1945.1.1-1946.12.31」（池田拓司）　池田拓司　2003.5　p1-11b

中国　吐魯番
- ○図録・目録集覧（山本孝子）「敦煌写本研究年報　1」（京都大）　2007.3　p191-201

中国　都市
- ◎参考資料「王朝の都豊饒の街―中国都市のパノラマ図説中国文化百華7」（伊原弘）　農文協　2006.7　p206」

中国　図書
- ◎「東京都立中央図書館中国語図書目録　補遺版」（東京都立中央図書館）　都立中央図書館　2004.1　1冊A4
- ◎「中国書籍総目録（全国総書目）　100-111(1999年-2000年)」　不二出版　2004.4　12冊　B5
- ◎「東京都立中央図書館中国語図書目録　補遺追加版」（東京都立中央図書館）　東京都立中央図書館　2005.1　519, 100, 224p A4
- ◎「中国書籍総目録（全国総書目）　112(2001年　1)」　不二出版　2005.4　694p B5
- ○図書情報「月刊中国図書　18.6」（内山書店）　2006.6　p40-23
- ○図書情報「月刊中国図書　19.1」（内山書店）　2007.1　p40-28
- ◎「中国書籍総目録（全国総書目）　133-137（2003年6-10）」　不二出版　2007.4　5冊　B5

中国　敦煌
- ◎参考文献「敦煌壁画風景の研究」（趙声良）　比較文化研究所　2005.1　p210-217
- ◎参考文献「敦煌出土チベット文『生死法物語』の研究―古代チベットにおける仏教伝播過程の一側面」（今枝由郎）　大東出版社　2006.10　p157-166

○図録・目録集覧（山本孝子）「敦煌写本研究年報　1」（京都大）　2007.3　p191-201

中国　敦煌文書
◎注「敦煌文書の世界」（池田温）　名著刊行会　2003.1　prr

中国　ナシ族
◎参考文献「ツォゼルグの物語―トンパが語る雲南ナシ族の洪水神話」（黒澤直道）　雄山閣　2006.6　p152-155
◎参考文献「ナシ（納西）族宗教経典音声言語の研究―口頭伝承としての「トンバ（東巴）経典」」（黒澤直道）　雄山閣　2007.2　p197-214
◎参考文献「世界遺産と地域振興―中国雲南省・麗江にくらす」（山村高淑ほか）　世界思想社　2007.12　p189-185

中国　南京事件
◎資料文献「ドイツ外交官の見た南京事件」（石田勇治ほか）　大月書店　2001.3　p280-324
◎資料（北村稔）「「南京事件」の探究　その実像をもとめて」（文藝春秋）　文藝春秋　2001.11　p192-197
◎注文献「南京事件と日本人―戦争の記憶をめぐるナショナリズムとグローバリズム」（笠原十九司）　柏書房　2002.2　prr
◎参考文献「プロパガンダ戦「南京事件」―秘録写真で見る「南京大虐殺」の真実」（松尾一郎）　光人社　2004.1　p201-209
◎参考文献「南京事件「証拠写真」を検証する」（東中野修道ほか）　草思社　2005.2　p252-257
◎参考文献「南京事件―事件の究明と論争史」（稲垣大紀）　東洋英和女学院大　2005.3　p149-153
◎参考文献「南京難民区の百日―虐殺を見た外国人」（笠原十九司）　岩波書店　2005.8　p397-401
◎注「体験者27人が語る南京事件―虐殺の「その時」とその後の人生」（笠原十九司）　高文研　2006.1　p316-323
◎註「現代歴史学と南京事件」（笠原十九司ほか）　柏書房　2006.3　prr
◎参考文献「南京事件国民党極秘文書から読み解く」（東中野修道）　草思社　2006.5　p230-237
◎参考文献「南京「百人斬り競争」の真実」（東中野修道）　ワック　2007.1　p175-178
◎参考文献「南京事件―「虐殺」の構造　増補版」（秦郁彦）　中央公論新社　2007.7　p342-367
◎参考文献「再現南京戦」（東中野修道）　草思社　2007.8　p359-371
◎出版「南京事件論争史―日本人は史実をどう認識してきたか」（笠原十九司）　平凡社　2007.12　p285-293

中国　日貨排斥運動
◎参考文献「大正期日本外交における中国認識―日貨排斥運動とその対応を中心に」（沈海濤）　雄山閣出版　2001.8　p178-186

中国　寧夏回族自治区
◎参考文献「寧夏回族自治区における古代の民族と青銅器文化の考古学的研究」（横田禎昭ほか）　渓水社　2002.12　p256-261

中国　農業
◎「『支那農業に関する主要文献目録　第1邦文の部』」　皓星社　2001.5　109p B5
◎参考文献ほか「輸入野菜と中国農業―考えよう！ ―変貌する中国農業と残留農薬問題の波紋」（大島一二）　芦書房　2003.10　p221-226
◎参考文献「中国における農業発展と地域間格差」（穆月英ほか）　農林統計協会　2004.11　p159-163
◎参考文献「構造調整下の中国農村経済」（田島俊雄）　東京大学出版会　2005.1　prr
◎参考文献「中国農業史」（F. ブレイ）　京都大学学術出版会　2007.2　p695-770

中国　農場
◎「支那農場に関する主要文献目録　雑誌記事索引集成　専門書誌編　43戦後・中国」　晧星社　2001.5　403p B5

中国　農村
◎文献「現代中国農村と「共同体」―転換期中国華北農村における社会構造と農民」（内山雅生）　御茶の水書房　2003.2　p257-263

中国　農民
◎引用参考文献「中国農民はなぜ貧しいのか」（王文亮）　光文社　2003.7　p376-380
◎参考文献「中国農民の反乱―隠された反日の温床」（清水美和）　講談社　2005.8　p341-345

中国　花
◎参考文献「中国の花物語」（飯倉照平）　集英社　2002.5　p245-254

中国　哈日族
◎参考文献「哈日族―なぜ日本が好きなのか」（酒井亨）　光文社　2004.5　p228-222

中国　ハルピン
◎注「哈爾浜の都市計画―1898-1945」（越沢明）　筑摩書房　2004.6　p329-340

中国　万里の長城
◎註「明代長城の群像」（川越泰博）　汲古書院　2003.3　prr
◎文献「万里の長城攻防三千年史」（来村多加史）　講談社　2003.7　p263-264
◎参考文献「長城の中国史―中華vs.遊牧六千キロの攻防」（阪倉篤秀）　講談社　2004.1　p205-206

中国　美術
◎参考文献「中国の美術―見かた・考えかた」（古田真一ほか）　昭和堂　2003.10　p230-239
◎文献目録「神と獣の紋様学―中国古代の神がみ」（林巳奈夫）　吉川弘文館　2004.7　p224-232
◎参考文献「中国現代アート―自由を希求する表現」（牧陽一）　講談社　2007.2　p215-219
◎参考文献「中国の近代美術と日本―20世紀日中関係の一断面」（陸偉榮）　大学教育出版　2007.10　p271-275

中国　秘密結社
◎参考文献ほか「龍の系譜　中国を動かす秘密結社」（M. ブース）　中央公論新社　2001.10　p509-519

中国　仏教
◎参考文献「中国民間仏教教派の研究」（D. L. オーバーマイヤー）　研文出版　2005.2　p301-322
◎参考文献「宋初期臨済宗の研究」（鄭凤雯）　山喜房佛書林　2006.3　p284-291

ちゅうこ

◎参照文献「中国江南農村の神・鬼・祖先—浙江省尼寺の人類学的研究」（銭丹霞）　風響社　2007.2　p277-284

中国　福建省
◎文献「現代東南中国の漢族社会—閩南農村の宗族組織とその変容」（潘宏立）　風響社　2002.2　p393-404
◎参考文献「明清福建農村社会の研究」（三木聡）　北海道大学図書刊行会　2002.2　p519-538

中国　文化
◎参考文献「空海と中国文化」（岸田知子）　大修館書店　2003.11　p183-185
◎参考文献「中国学問芸術史　改訂版」（墙耕次）　三恵社　2004.4　p186-188
◎注「現代中国文化の軌跡」（中央大学人文科学研究所）　中央大学出版部　2005.3　prr
◎参考文献「二十世紀後半の中国文化思潮」（蕭橘）　中国書店　2005.10　p192-197

中国　文学
◎参考文献「中国明清時代の文学」（大木康）　放送大学教育振興会　2001.3　p180-185
◎注記「万葉集と中国文学受容の世界」（佐藤美知子）　塙書房　2002.3　prr
○資料目録（山田敬三）「福岡大学研究部論集　A　人文科学編　2.7」（福岡大）　2003.3　p101-113
◎参考文献「中国文学の伝統と再生—清朝初期から文学革命まで」（佐藤一郎）　研文出版　2003.3　p232-235
◎読書案内ほか「中国二〇世紀文学を学ぶ人のために」（宇野木洋ほか）　世界思想社　2003.6　p269-337
◎「中国古典文学案内」（日外アソシエーツ）　日外アソシエーツ　2004.3　11, 386p A5
◎参考文献「中国の肖像画文学」（小川陽一）　研文出版　2005.3　p181-182
◎参考文献「日本統治期台湾文学小事典」（中島利郎）　緑蔭書房　2005.6　p153-154
◎文献「懺悔と越境—中国現代文学史研究」（坂井洋史）　汲古書院　2005.9　p487-497
◎邦訳一覧（飯塚容）「「規範」からの離脱—中国同時代作家たちの探索」（尾崎文昭）　山川出版社　2006.1　p1-5b
◎参考文献「怪力乱神」（加藤徹）　中央公論新社　2007.8　p307-309

中国　文化大革命
◎参考文献「よいこの文化大革命—紅小兵の世界」（武田雅哉）　廣済堂出版　2003.1　p245-247
◎文献「文化大革命と中国の社会構造—公民権の配分と集団的暴力行為」（楊麗君）　御茶の水書房　2003.12　p11-22b

中国　文明
◎参考文献「編訳中国の文明と改革」（M. L. チタレンコ）　プリンティングサービス　2007.4　p224-225

中国　北京
◎引用文献「アジアの大都市　5　北京・上海」（植田政孝ほか）　日本評論社　2002.4　prr
◎参考文献「北京シリコンバレーの形成メカニズム—テクノポリス・ホイール・モデルの検討」（李宏舟）　現代図書　2006.7　p170-184
◎参考文献「北京—皇都の歴史と空間」（倉沢進ほか）　中央公論新社　2007.8　p263-265

◎参考文献「じっくり北京・もっと北京—中華万華鏡・古都の故事伝説」（屈明昌）　元就出版社　2007.11　p259-260

中国　北京原人
◎出典一覧「北京原人追跡」（中薗英助）　新潮社　2002.2　p181-183
◎参考文献「北京原人物語」（N. T. ボアズほか）　青土社　2005.4　p25-44b

中国　北京大学
◎参考引用文献「中国の頭脳清華大学と北京大学」（紺野大介）　朝日新聞社　2006.7　p289-290

中国　法
◎著作目録ほか（矢沢悦子, 板垣明）「奏讞書—中国古代の裁判記録」（池田雄一）　刀水書房　2002.11　p223-232
◎文献「現代中国法入門　3版」（木間正道ほか）　有斐閣　2003.3　p317-330
◎参考文献「グローバルのなかの現代中国法」（西村幸次郎）　成文堂　2003.10　prr
◎参考文献「現代中国の法制と政治」（熊達雲）　明石書店　2004.4　p355-358
◎日本語文献「日中比較経済犯罪」（西原春夫）　成文堂　2004.8　p333-335
◎参考文献「グローバル化のなかの現代中国法」（西村幸次郎）　成文堂　2004.12　prr
◎引用文献「唐令逸文の研究」（中村裕一）　汲古書院　2005.1　p653-659
◎参考文献「現代中国ビジネス法」（徐治文）　法律文化社　2005.8　p215-217
◎引用文献「中国古代訴訟制度の研究」（籾山明）　京都大学術出版会　2006.2　p309-322
◎参考文献ほか「現代中国法入門　4版」（木間正道ほか）　有斐閣　2006.10　p326-339

中国　貿易
◎主要関連参考文献「国際ビジネス形態と中国の経済発展」（杉田俊明）　中央経済社　2002.6　p209-211
◎文献「中国貿易取引法の現状と課題—主として中国法を英米法と比較して」（韓堅放）　東京布井出版　2003.5　p344-353
◎参考文献「伝統中国商業秩序の崩壊—不平等条約体制と「英語を話す中国人」」（本野英一）　名古屋大学出版会　2004.6　p16-28b
◎参考文献「サマルカンドの金の桃—唐代の異国文物の研究」（E. H. シェーファー）　勉誠出版　2007.7　p477-502
◎参考文献「メイド・イン・チャイナへの欧米流対抗策—対中国アンチダンピングを検証する」（ジェトロ）　ジェトロ　2007.9　p153-156

中国　北魏
◎参考文献「北魏仏教造像史の研究」（石松日奈子）　ブリュッケ　2005.1　p432-439
◎参考文献「北魏胡族体制論」（松下憲一）　北海道大出版会　2007.5　p215-221

中国　北朝
○文献目録（室山留美子）「大阪市立大学東洋史論叢　12」（大阪市立大）　2002.3　p57-89

中国　墓葬
○文献目録（室山留美子）「大阪市立大学東洋史論叢 12」（大阪市立大）　2002.3　p57-89

中国　渤海
◎文献目録「渤海使の研究―日本海を渡った使節たちの軌跡」（上田雄）　明石書店　2002.1　p1040-1063
◎関連参考図書「渤海国―東アジア古代王国の使者たち」（上田雄）　講談社　2004.4　p314-316
○文献目録（水野明）「愛知学院大学教養部紀要　53.3」（愛知学院大）　2006　p65-78

中国　香港
◎参考文献「香港経済研究序説―植民地制度下の自由放任主義政策」（閻和平）　御茶の水書房　2001.3　p11-17b
◎参考文献「台湾香港両岸ビジネス―台湾と中国香港ますます進展する分業体制」（石川幸一ほか）　リブロ　2001.4　p217-219
◎参考文献「「香港情報」の研究―中国改革開放を促す「同胞メディア」の分析」（森一道）　芙蓉書房出版　2007.7　p446-465
◎参考文献「香港歴史漫郵記」（内藤陽介）　大修館書店　2007.7　p327-330
◎参考文献「アジア二都物語―シンガポールと香港」（岩崎育夫）　中央公論新社　2007.11　p313-319

中国　民国時代
◎注「民国後期中国国民党政権の研究」（中央大学人文科学研究所）　中央大学出版部　2005.3　prr
◎参考文献「中国国民政府と農村社会―農業金融・合作社政策の展開」（飯塚靖）　汲古書院　2005.8　p329-335
◎関連文献「東亜同文書院生が記録した近代中国」（藤田佳久）　あるむ　2007.3　p60-61
◎文献「中国国民政府期の華北政治―1928-37年」（光田剛）　御茶の水書房　2007.9　p15-22b

中国　明時代
◎参考文献「訳注明史刑法志」（野口鐵郎）　風響社　2001.1　p377-384
◎参考文献（日埜博司）「クルス『中国誌』―ポルトガル宣教師が見た大明帝国」（G. d. クルス）　講談社　2002.7　p348-341
◎文献「明代政治史研究―科道官の言官的機能」（曹永禄）　汲古書院　2003.3　p330-332
◎註「明代長城の群像」（川越泰博）　汲古書院　2003.3　prr
◎註「明代軍政史研究」（奥山憲夫）　汲古書院　2003.4　prr
◎文献「明朝滅亡」（湯川裕光）　広済堂出版　2003.9　p332-334
◎参考文献「海と帝国―明清時代」（上田信）　講談社　2005.8　p492-501
◎参考文献「明―在野の文明　図説中国文明史9」（稲畑耕一郎）　創元社　2006.9　p278-279
◎参考文献「紫禁城の栄光―明清全史」（岡田英弘ほか）　講談社　2006.10　p339-341
◎参考文献「大清帝国と中華の混迷　興亡の世界史17」（平野聡）　講談社　2007.10　p352-348

中国　明清
◎参考文献「中国遊里空間　明清秦淮妓女の世界」（大木康）　青土社　2001.12　p289-293

中国　明清文学
◎参考文献「中国明清時代の文学」（大木康）　放送大学教育振興会　2001.3　p180-185

中国　民俗
◎文献目録「中国の〈憑きもの〉―華南地方の蠱毒と呪術的伝承」（川野明正）　風響社　2005.2　p321-343
◎文献目録「神像呪符「甲馬子」集成―中国雲南省漢族・白族民間信仰誌」（川野明正）　東方出版　2005.10　p357-370

中国　民族
◎参考文献「中国史のなかの諸民族」（川本芳昭）　山川出版社　2004.2　p88-90

中国　民話
◎出典一覧「中国昔話集　2」（馬場英子ほか）　平凡社　2007.5　p400-415

中国　名言
◎参考資料「中国名言紀行―中原の大地と人語」（堀内正範）　文藝春秋　2002.10　p223-225

中国　遊里
◎参考文献「中国遊里空間　明清秦淮妓女の世界」（大木康）　青土社　2001.12　p289-293
◎参考文献「中国遊里空間―明清秦淮妓女の世界」（大木康）　青土社　2002.1　p289-293

中国　四大奇書
◎注「中国四大奇書の世界　『西遊記』『三国志演義』『水滸伝』『金瓶梅』を語る」（懐徳堂記念会）　和泉書院　2003.1　prr

中国　洛陽
○文献目録（橘英範）「中国文史論叢　3」（中国文史研究会）　2007.3　p169-180

中国　留学生
◎文献ほか「現代中国人の日本留学」（段躍中）　明石書店　2003.1　p348-377

中国　料理
◎参考文献「中華満喫」（南條竹則）　新潮社　2002.9　p236-239
◎参考文献「中国　世界の食文化2」（周達生）　農文協　2004.1　p277-280
◎参考文献「中国の食文化研究」（横田文良）　辻学園調理製菓専門学校　2006.4　p226-228

中国　麗江
◎参考文献「世界遺産と地域振興―中国雲南省・麗江にくらす」（山村高淑ほか）　世界思想社　2007.12　p189-185

中国　歴史
◎参考文献「洛神の賦―三国志の世界を訪ねる旅」（伊佐千尋）　文藝春秋　2001.7　p328-334
◎文献「「正史」はいかに書かれてきたか―中国の歴史書を読み解く」（竹内康浩）　大修館書店　2002.6　p174-177
◎参考文献「中国史　5　清末～現在　世界歴史大系」（松丸道雄ほか）　山川出版社　2002.6　p64-106b
◎参考文献「中国長江歴史の旅」（竹内実）　朝日新聞社　2003.2　p366-374

◎参考資料「「留用」された日本人―私たちは中国建国を支えた」（NHK「留用された日本人」取材班）　NHK出版　2003.3　p299-301

◎参考文献「東アジアの中の中国史」（浜口允子ほか）放送大学教育振興会　2003.3　p180-186

◎参考文献「魏晋南北朝」（川勝義雄）講談社　2003.5　p430-446

◎文献「中国史　1　先史〜後漢」（松丸道雄ほか）山川出版社　2003.8　p44-81b

◎参考文献「長城の中国史―中華vs.遊牧六千キロの攻防」（阪倉篤秀）講談社　2004.1　p205-206

◎文献「三国政権の構造と「名士」」（渡邉義浩）汲古書院　2004.3　p481-524

◎参考文献「奇人と異才の中国史」（井波律子）岩波書店　2005.2　p200-208

◎参考文献「中国の宗族と政治文化―現代「義序」郷村の政治人類学的考察」（院雲星）創文社　2005.2　p1-21b

◎関係論著目録「郭店楚簡の研究　6」（大東文化大學郭店楚簡研究班）大東文化大　2005.3　p9-23

◎参考文献「「生き方」の中国史―中華の民の生存原理」（竹内康浩）岩波書店　2005.6　p237-241

◎参考文献「中国北方系青銅器―東京国立博物館所蔵」（東京国立博物館）竹林舎　2005.7　p319-336

◎参考文献「阿片の中国史」（譚璐美）新潮社　2005.9　p220-221

◎参考文献「疾駆する草原の征服者―遼西夏金元」（杉山正明）講談社　2005.10　p393-396

◎文献一覧「中国歴史研究入門」（礪波護ほか）名古屋大出版会　2006.1　p366-467

◎参考文献「遼西夏金元　図説中国文明史8」（杭侃）創元社　2006.5　p268-269

◎参考文献「1949年前後の中国」（久保亨）汲古書院　2006.12　p357-373

◎参考文献「「天下」を目指して―中国多民族国家の歩み」（王柯）農文協　2007.3　p206」

◎参考文献ほか「そうだったのか!中国」（池上彰）ホーム社　2007.6　p242-246

◎参考文献「史記の「正統」」（平勢隆郎）講談社　2007.12　p335-344

中国　楼蘭

◎参考文献「楼蘭王国―ロプノール湖畔の四千年」（赤松明彦）中央公論新社　2005.11　p226-223

◎参考図書ほか「幻の楼蘭ロプ・ノールの謎」（松本征夫）櫂歌書房　2006.9　p451-459

中国　盧溝橋事件

◎参考文献「柳条溝事件から盧溝橋事件へ―一九三〇年代華北をめぐる日中の対抗」（安井三吉）研文出版　2003.12　p281-287

中国学

○同時代文学（加藤三由紀）「しにか　12.2」（大修館書店）　2001.2　p116-117

中国語

◎参考文献「近代における東西言語文化接触の研究」（内田慶市）関西大学出版部　2001.10　p430-439

◎「中国語関係書書目　増補版」（六角恒廣）不二出版　2001.12　181p A5横

◎著書論文目録「中国語教育史稿拾遺」（六角恒広）不二出版　2002.2　p275-293

◎参考文献「白水社中国語辞典」（伊地智善継）白水社　2002.2　p23-24f

◎文献「中国人から見た不思議な日本語」（莫邦富）日本経済新聞社　2002.9　p203-204

○研究文献解題（河野孝之）「児童文学研究　35」（日本児童文学学会）　2002　p110-105

◎「中国語学論著論集目録輯　2」（語学教育研究所中国語部会）大東文化大学語学教育研究所　2003.2　209p B5

◎情報源「中国語通訳への道」（塚本慶一）大修館書店　2003.4　p321-325

◎参考文献「研究資料漢文学　10　語法・句法，漢字・漢語　新装版」（國金海二ほか）明治書院　2003.9　p342-346

◎文献「中国語の姿・日本語の姿」（戦慶勝）高城書房　2003.9　p239-241

◎文献「近代日中新語の創出と交流―人文科学と自然科学の専門語を中心に」（朱京偉）白帝社　2003.10　p488-496

◎参考文献「山東方言の調査と研究」（馬鳳如）白帝社　2004.3　prr

◎参考文献「物に対する働きかけを表す連語―日中対照研究」（方美麗）亜細亜技術協力会海山文化研究所　2004.3　p128-133

◎参考文献「「移動動詞」と空間表現―統語論的な視点から見た日本語と中国語」（方美麗）白帝社　2004.5　p136-140

◎参考文献「現代中国語総説」（北京大学中国語言文学系現代漢語教研室）三省堂　2004.6　p435-439

◎註「「満州」における中国語教育」（竹中憲一）柏書房　2004.11　prr

◎参考文献「漢字音韻学の理解」（李敦柱）風間書房　2004.12　p397-401

◎参考文献「中国の地域社会と標準語―南中国を中心に」（陳於華）三元社　2005.2　p186-194

◎参考文献「オノマトペを中心とした中日対照言語研究」（呉川）白帝社　2005.3　p213-217

◎参考文献「命令・依頼の表現―日本語・中国語の対照研究」（王志英）勉誠出版　2005.3　p223-234

◎参考文献「漢語からみえる世界と世間」（中川正之）岩波書店　2005.5　p195-198

◎参考文献「現代中国語に見られる単数複数質料の概念」（伊藤さとみ）好文出版　2005.10　p161-166

◎参考文献「現代中国語の空間移動表現に関する研究」（丸尾誠）白帝社　2005.10　p255-264

◎参考文献「中国語のアスペクトとモダリティ」（劉綺紋）大阪大出版会　2006.2　p344-353

◎「中国語・中国語学参考文献目録　2006年度版」（近代漢語研究会）近代漢語研究会　2006.4　495p B5

◎参考文献「中日両言語の比較研究―音声・文法・語義関係について」（楊暁安）共同文化社　2006.4　p198-203

◎参考文献「中国のことばと文化・社会」（中文礎雄）時潮社　2006.9　p345-349

◎引用文献「中日二言語のバイリンガリズム」（李美靜）風間書房　2006.10　p149-155

◎引用参考文献「中国語の音声」（馮蘊澤）白帝社　2007.3　p385-390

◎引用参考文献「日中対照研究ヴォイス―自・他の対応・受身・使役・可能・自発」（中島悦子） おうふう 2007.4 p173-178
◎参考文献「中国語の"Ⅴ着"に関する研究」（王学群） 白帝社 2007.5 prr
◎参考文献「中国語話者のための日本語教育研究入門」（張麟声） 大阪公立大共同出版会 2007.5 p78-80
◎参考文献「広東語動詞研究―「手放さずに待つ動作」を表す語をめぐって」（千島英一） 東方書店 2007.9 p232-234
◎参考文献「日中法律用語の対照研究―日本語教育の立場から」（陶芸） ブイツーソリューション 2007.9 p236-245
◎参考文献「中国語の情報構造と伝達機能」（永富健史） 中国書店 2007.10 p183-186
◎参考文献ほか「日中対照表現論」（藤田昌志） 白帝社 2007.10 p153-157

中国人
◎引用文献「カネと自由と中国人 ポスト天安門世代の価値観」（森田靖郎） PHP研究所 2001.11 3pb
◎文献「華人ディアスポラ―華商のネットワークとアイデンティティ」（陳天璽） 明石書店 2001.12 p313-332
◎注「漢字と中国人 文化史をよみとく」（大島正二） 岩波書店 2003.1 p229-234
◎参考文献「日本華僑華人社会の変遷―日中国交正常化以後を中心に」（朱慧玲） 日本僑報社 2003.6 p269-278
◎参考文献「日本の中国語メディア研究―1985〜1994」（段躍中） 北溟社 2003.8 p123-127
◎文献「日本人・中国人・韓国人―新東洋三国比較文化論」（金文学） 白帝社 2003.11 p293-294
◎文献「日中比較による異文化適応の実際」（吉沅洪） 渓水社 2003.12 p147-153
◎参考文献「八重山の台湾人」（松田良孝） 南山舎 2004.7 p218-224
◎書籍「中国人と小学校教師のための学校生活まるごとガイド―中国語訳つき」（須藤とみゑほか） スリーエーネットワーク 2005.3 p187-197
◎文献一覧「帝国日本と華僑―日本・台湾・朝鮮」（安井三吉） 青木書店 2005.7 p287-307
◎参考文献「海域アジアの華人街―移民と植民による都市形成」（泉田英雄） 学芸出版社 2006.3 p242-243
◎参考文献「中国「黒社会」の掟―チャイナマフィア」（溝口敦） 講談社 2006.4 p376-377

中国知識人
◎注「中国知識人の百年―文学の視座から」（岸陽子） 早稲田大学出版部 2004.3 prr

中国地方
◎文献「近畿・中国・四国 日本の地形6」（太田陽子ほか） 東京大学出版会 2004.6 p353-376
◎文献「中国・四国 日本の地誌9」（森川洋ほか） 朝倉書店 2005.3 prr

中古文学
◎参考文献「堀河期の文学―堀河天皇の動静を中心として」（古池由美） 新典社 2002.7 p256-265
◎注「王朝女流日記文学の形象」（宮崎荘平） おうふう 2003.2 prr
◎「日本大学総合学術情報センター所蔵古典籍資料目録 中古散文編 1」（貴重書・古典籍資料調査プロジェクト） 日本大学総合学術情報センター 2003.3 66p A4
◎「平安文学研究ハンドブック」（田中登ほか） 和泉書院 2004.5 246p A5
◎文献（青木慎一ほか）「王朝文学と通過儀礼」（小嶋菜温子） 竹林舎 2007.11 p570-581

中止未遂
◎文献「中止未遂の研究」（山中敬一） 成文堂 2001.3 p4-24b

中小企業
◎参考文献「がけっぷち中小企業の経営術」（片桐英郎） 同友館 2001.5 p286-287
◎参考文献「中小企業のネットワーク戦略」（中山健） 同友館 2001.7 p203-208
◎参考文献「よみがえれ!中小企業―デジタルディバイドなんかこわくない」（藤和彦） 平凡社 2001.9 p185-188
◎参考文献「現代中小企業の創業と革新―開業・開発・発展と支援政策」（三井逸友） 同友館 2001.11 p201-205
◎参考文献「中小製造業の生き残り戦略―21世紀型中小製造業を目指して」（商工総合研究所） 商工総合研究所 2001.12 p208」
◎参考文献「中堅・中小企業のマーケティング戦略」（山本久義） 同文舘出版 2002.3 p253-257
◎参考文献「中小企業におけるコーポレートガバナンス―成長企業にみる経営システムと情報開示」（中小企業総合事業団） 中小企業総合事業団 2002.3 p164-165
◎文献「マイクロビジネスの経済分析―中小企業経営者の実態と雇用創出」（三谷直紀, 脇坂明） 東京大学出版会 2002.4 p223-227
◎参考図書「現代の中小企業 新版」（相田利雄, 小川雅人, 毒島竜一） 創風社 2002.7 p410-416
◎文献「中小企業の社会学―もうひとつの日本社会論」（寺岡寛） 信山社出版 2002.7 p317-321
◎参考文献「中小企業のベンチャー・イノベーション・理論・経営・政策からのアプローチ」（佐竹隆幸） ミネルヴァ書房 2002.12 prr
○文献目録（大阪経済大学中小企業経営研究所資料室）「中小企業季報 2002.4」（大阪経済大） 2002 p40-54
○文献目録（資料室）「中小企業季報 2002.4.124」（大阪経済大） 2003.1 p40-54
◎参考文献「日本の中小企業研究―1990-1999 1 成果と課題」（中小企業総合研究機構） 同友館 2003.3 prr
◎参考文献「中小企業政策論―政策・対象・制度」（寺岡寛） 中京大 2003.5 p192-196
◎文献「中小企業ネットワーク―レント分析と国際比較」（西口敏宏） 有斐閣 2003.7 p375-396
◎文献「中小企業の中国投資行動―経営行動と成果の関連分析」（鷲尾紀吉） 同友館 2003.9 p171-176
◎文献「現代中小企業の経済分析―理論と構造」（高田亮爾） ミネルヴァ書房 2003.10 p215-233
◎参考文献「アントレプレナーシップ入門」（D. J. ストーリー） 有斐閣 2004.1 p339-357
◎注「現代日本の中小企業」（植田浩史） 岩波書店 2004.3 p185-209

◎参考文献「中小企業論」(松井敏邇)　晃洋書房　2004.5　prr
○文献目録(大阪経済大学中小企業経営研究所資料室)「中小企業季報　2005.1」(大阪経済大)　2005　p45-61
◎参考文献「中国中小企業の挑戦―「小さな」世界企業への道」(張浩川)　森山書店　2005.2　p295-298
◎参考文献「ドイツ中小企業と経営財務」(田淵進)　森山書店　2005.3　p253-258
◎参考文献「コンプレックスモデルによる組織変革の経営統率力―中堅・中小企業のリーダー像を解明する」(中井誠)　同友館　2005.4　p191-196
◎参考文献「グローバル化のなかの中小企業問題」(労働運動総合研究所)　新日本出版社　2005.6　prr
◎参考文献「中小企業の政策学―豊かな中小企業像を求めて」(寺岡寛)　信山社出版　2005.6　p242-247
◎参考文献「戦後台湾経済の実証的研究―台湾中小企業の役割と課題」(園田哲男)　八千代出版　2005.7　p289-293
○文献目録(大阪経済大学中小企業経営研究所資料室)「中小企業季報　2006.1」(大阪経済大)　2006　p39-58
◎参考文献「中小企業のための事業承継―いまそしてこれからのあるべき事業承継を求めて　第39回研究報告」(全国女性税理士連盟)　全国女性税理士連盟　2006.7　p173-176
◎参照文献「中小企業政策」(黒瀬直宏)　日本経済評論社　2006.7　p307-314
◎参考文献「購買革新のマネジメント―企業間取引における信頼の形成」(神田善郎)　中央経済社　2006.9　p159-166
◎参考文献「21世紀中小企業論―多様性と可能性を探る」(渡辺幸男ほか)　有斐閣　2006.11　prr
○文献目録(中小企業経営研究所資料室)「中小企業季報　2007.01.141」(大阪経済大)　2007　p44-59
◎参考文献ほか「スモールビジネスの技術学―Engineering & Economics」(寺岡寛)　信山社出版　2007.1　p175-179
◎参考文献「中小企業の技術マネジメント―競争力を生み出すモノづくり」(弘中史子)　中央経済社　2007.5　p175-185
◎参考図書「現代の中小企業　増補」(相田利雄ほか)　創風社　2007.11　p454-461
◎参考文献「テキストライフサイクルから見た中小記号論」(安田武彦ほか)　同友館　2007.12　p295-307

中小企業金融

◎参考文献「東アジアの持続的発展への課題―タイ・マレーシアの中小企業支援策」(国際協力銀行開発金融研究所)　国際協力銀行開発金融研究所　2001.1　p145-147
◎参考文献「地域金融システムの危機と中小企業金融―信用保証制度の役割と信用金庫のガバナンス」(家森信善)　千倉書房　2004.3　p151-156
◎参考文献「リレーションシップ・バンキングと金融システム」(村本孜)　東洋経済新報社　2005.2　p213-224
◎参考文献「中小企業金融のマクロ経済分析―健全化へ向けた経済政策と金融システム」(益田安良)　中央経済社　2006.7　p207-210
◎参考文献「リレーションシップ・バンキングの経済分析」(滝川好夫)　税務経理協会　2007.2　p249-260

◎参考文献「新時代の中小企業金融―貸出手法の再構築に向けて」(小野有人)　東洋経済新報社　2007.6　p234-245

抽象芸術

◎参考文献「抽象絵画の世界―その限界と可能性」(菌部雄作)　六花社　2006.12　p206-207

忠臣蔵

◎資料一覧「古文書で読み解く忠臣蔵」(吉田豊ほか)　柏書房　2001.12　p300-301
◎参考文献「江戸川柳で読む忠臣蔵」(阿部達二)　文藝春秋　2002.11　p211-213
◎参考文献「江戸川柳で読む忠臣蔵物語」(北嶋広敏)　グラフ社　2002.11　p365-366
◎参考文献「忠臣蔵―討ち入りを支えた八人の証言」(中島康夫)　青春出版社　2002.11　1pb
◎参考文献「「忠臣蔵事件」の真相」(佐藤孔亮)　平凡社　2003.11　p199-200
○文献(大久保歩)「文献探索　2006」(文献探索研究会)　2006.11　p241-244

中世

◎参考文献「中世英国ロマンス集　第4集」(中世英国ロマンス研究会)　篠崎書林　2001.1　p271-279
◎文献目録「中世の芸術」(グザヴィエ・バラル・イ・アルテ)　白水社　2001.2　p14-19b
◎文献表「中世ジェノヴァ商人の「家」―アルベルゴ・都市・商業活動」(亀長洋子)　刀水書房　2001.2　p418-439
◎参考文献「天使のような修道士たち―修道院と中世社会に対するその意味」(ルドー・J.R.ミリス)　新評論　2001.3　p364-376
◎文献「荘園制と中世村落」(島田次郎)　吉川弘文館　2001.8　prr
◎参考文献「ヨーロッパ社会の成立」(カール・ボーズル)　東洋書林　2001.10　p379-413
◎文献目録「身体の中世」(池上俊一)　筑摩書房　2001.11　p369-383
◎参照文献「中世美学史―『バラの名前』の歴史的・思想的背景」(ウンベルト・エコ)　而立書房　2001.12　p257-282
◎参考文献「中世のかたち―日本の中世　1」(石井進)　中央公論新社　2002.2　p307-312
◎参考文献「日本の宗教文化　下」(逵日出典)　高文堂出版社　2002.2　prr
◎参考文献「女人、老人、子ども―日本の中世　4」(田端泰子ほか)　中央公論新社　2002.5　p293-298
◎参考文献「中世を生きる女性たち―ジャンヌ・ダルクから王妃エレアノールまで」(A.ホプキンズ)　原書房　2002.5　p333-346
◎註「日本中世住宅の研究―新訂」(川上貢)　中央公論美術出版　2002.5　prr
◎参考文献解題ほか(柴田平三郎)「中世の政治思想」(J.B.モラル)　平凡社　2002.6　p219-238
◎原注「中世のエロティシズム」(A.P.A.クロア)　原書房　2002.8　p179-190
◎参考文献「中世村の歴史語り―湖国「共和国」の形成史」(蔵持重裕)　吉川弘文館　2002.9　p235-236
◎参考文献「村の戦争と平和―日本の中世　12」(坂田聡ほか)　中央公論新社　2002.12　p319-326

◎参考文献「中世の天皇観」（河内祥輔）　山川出版社　2003.1　2pb
◎参考文献「英国中世後期の社会　言語、文学、教育、科学」（大槻博）　燃焼社　2003.2　p233-235
◎一覧「南北朝の宮廷誌―二条良基の仮名日記」（小川剛生）　臨川書店　2003.2　p225-228
◎参考文献「中世の童子形　日本の美術442」（至文堂）　2003.3　p85-86
◎参考文献「死者たちの中世」（勝田至）　吉川弘文館　2003.7　p246-251
◎参考文献「中世人の経済感覚―「お買い物」からさぐる」（本郷恵子）　NHK出版　2004.1　p273-275
◎参考文献「中世のみちを探る」（藤原良章）　高志書院　2004.6　prr
◎参考文献ほか「古記録入門」（高橋秀樹）　東京堂出版　2005.11　p84-86, 223-235

中世遺跡
　◎引用文献「図解・日本の中世遺跡」（小野正敏ほか）　東京大学出版会　2001.3　p251-265

中世王朝物語
　◎研究文献目録（井真弓）「講座平安文学論究　16」　風間書房　2002.5　p295-359

中世音楽
　◎参考文献「中世・ルネサンスの社会と音楽　新版」（今谷和徳）　音楽之友社　2006.11　p23-37b

中世絵画
　◎参考文献「光をまとう中世絵画―やまと絵屏風の美」（泉万里）　角川学芸出版　2007.11　p201-204

中世瓦工
　○文献目録（田村信成）「歴史考古学　49」（歴史考古学研究会）　2001.12　p4-61

中世芸能
　◎注「遊戯から芸道へ―日本中世における芸能の変容」（村戸弥生）　玉川大学出版部　2002.2　p285-317

中世災害
　◎注文献「中世災害・戦乱の社会史」（峰岸純夫）　吉川弘文館　2001.6　prr

中世史
　○文献目録（石尾和仁ほか）「四国中世史　6」（四国中世史研究会）　2001.8　p126-133
　◎参考文献「周縁から見た中世日本　日本の歴史　14」（大石直正ほか）　講談社　2001.12　p393-402
　◎参考文献ほか「異教的中世―The pagan middle ages」（L. J. R. ミリス）　新評論　2002.3　p346-329
　◎参考文献「信心の世界・遁世者の心―日本の中世3」（大隅和雄）　中央公論新社　2002.3　p269-271
　◎参考文献「図説笑いの中世史」（J. ヴェルドン）　原書房　2002.3　p298-299
　◎参考文献「異郷を結ぶ商人と職人―日本の中世　18」（笹本正治）　中央公論新社　2002.4　p271-277
　◎文献「森と悪魔―中世・ルネサンスの闇の系譜学」（伊藤進）　岩波書店　2002.4　p15-53b
　◎文献一覧（永越信吾）「中近世史研究と考古学―葛西城発掘30周年記念論文集」（中近世史研究と考古学刊行会）　岩田書院　2002.8　p316-323
　◎注文献「姿としぐさの中世史―絵図と絵巻の風景から」（黒田日出男）　平凡社　2002.10　prr

◎文献「中世日朝海域史の研究」（関周一）　吉川弘文館　2002.10　p271-287
◎注「子どもの中世史」（斉藤研一）　吉川弘文館　2003.3　p215-257
◎参考文献「中世日本の歴史」（五味文彦ほか）　放送大学教育振興会　2003.3　p195-198
◎参考文献「南北朝の動乱　日本の時代史10」（村井章介）　吉川弘文館　2003.3　p257-270
◎文献案内「新書ヨーロッパ史　中世篇」（堀越孝一）　講談社　2003.5　p291-299
◎参考文献「中世の神と仏」（末木文美士）　山川出版社　2003.5　4pb
◎文献情報（鵜川馨）「比較都市史研究　22.1」（比較都市史研究会）　2003.6　p63-66
◎注「日本中世の百姓と職能民」（網野善彦）　平凡社　2003.6　prr
◎参考文献「遊びの中世史」（池上俊一）　筑摩書房　2003.11　p252-268
◎参考文献「絵解き中世のヨーロッパ」（F. イシェ）　原書房　2003.12　p244-246
◎原注「地域からみたヨーロッパ中世―中世ベルギーの都市・商業・心性」（A. ジョリス）　ミネルヴァ書房　2004.1　prr
◎参考文献「ヨーロッパ中世を変えた女たち」（福本秀子）　NHK出版　2004.3　p241-246
◎参考文献「中世の家と性」（高橋秀樹）　山川出版社　2004.4　2pb
◎引用出典「中世の聖と俗―信仰と日常の交錯する空間」（H. W. ゲッツ）　八坂書房　2004.4　p10-19b
◎参考文献「中世の鎌倉を語る」（安西篤子監修）　平凡社　2004.7　p384-387
◎参考文献「中世ヨーロッパの歌」（P. ドロンケ）　水声社　2004.7　p553-599
◎参考文献「中世ヨーロッパ万華鏡　1　中世人と権力―「国家なき時代」のルールと駆引」（G. アルトホフ）　八坂書房　2004.7　p12-16b
◎参考文献「中世人と権力―「国家なき時代」のルールと駆引」（アルトホフほか）　八坂書房　2004.7　p12-16b
◎参考文献「中世に国家はあったか」（新田一郎）　山川出版社　2004.8　4pb
◎参考文献「中世びとの万華鏡―ヨーロッパ中世の心象世界」（C. エリクソン）　新評論　2004.11　p399-417
◎参考文献ほか「騎兵と歩兵の中世史」（近藤好和）　吉川弘文館　2005.1　p211-215
◎文献目録「中世のアウトサイダー」（F. イルジーグラーほか）　白水社　2005.1　p26-33b
◎参考文献「中世キリスト教の歴史」（出村彰）　日本キリスト教団出版局　2005.1　p379-395
◎参考文献「夢から探る中世」（酒井紀美）　角川書店　2005.3　p217-219
◎参考文献「名もなき中世人の日常―娯楽と刑罰のはざまで」（E. シューベルト）　八坂書房　2005.3　p13-15b
◎注「世界の体験―中世後期における旅と文化的出会い」（F. ライヒェルト）　法政大学出版局　2005.5　p27-72b
◎注「雑兵たちの戦場―中世の傭兵と奴隷狩り　新版」（藤木久志）　朝日新聞社　2005.6　prr
◎参考文献「中世ヨーロッパの城の生活」（J. ギースほか）　講談社　2005.6　p295-297

◎引用参考文献「中世日本の国際関係―東アジア通交圏と偽使問題」（橋本雄）　吉川弘文館　2005.6　p317-333
◎参考文献「黒田悪党たちの中世史」（新井孝重）　NHK出版　2005.7　p275-283
◎文献一覧「西洋中世史研究入門　増補改訂版」（佐藤彰一ほか）　名古屋大学出版会　2005.7　p305-398
◎参考文献「中世の死―生と死の境界から死後の世界まで」（N. オーラー）　法政大学出版局　2005.7　p9-20b
◎参考文献「絵巻で読む中世」（五味文彦）　筑摩書房　2005.8　p239-241
◎参考文献「乳母の力―歴史を支えた女たち」（田端泰子）　吉川弘文館　2005.8　p213-216
◎文献ほか「西欧中世史事典　2」（H. K. シュルツェ）　ミネルヴァ書房　2005.11　p27-32b
◎研究入門ほか「西洋中世学入門」（高山博ほか）　東京大学出版会　2005.11　p316-349
◎参考文献「西洋中世世界の発展」（今野國雄）　岩波書店　2005.11　p32-49b
◎文献ほか「西洋中世世界の崩壊」（堀米庸三）　岩波書店　2005.11　p251-253
◎参考文献「知の対話　石井進の世界4」（石井進）　山川出版社　2006.1　p11-15b
◎引用文献「嘘と貪欲―西欧中世の商業・商人観」（大黒俊二）　名古屋大出版会　2006.2　p9-18b
◎参考文献「中世のひろがり　石井進の世界5」（石井進）　山川出版社　2006.2　p8-14b
◎参考文献「ヨーロッパ中世の修道院文化」（杉崎泰一郎）　NHK出版　2006.4　p247-249
◎引用参照文献「起請文の精神史―中世世界の神と仏」（佐藤弘夫）　講談社　2006.4　p197-199
◎注「日本中世の墓と葬送」（勝田至）　吉川弘文館　2006.4　prr
◎参考文献「中世の身体」（五味文彦）　角川学芸出版　2006.5　p295-297
◎参考文献「中世ヨーロッパの歴史」（堀越孝一）　講談社　2006.5　p459-458
◎文献「中世の身体」（J. ル・ゴフ）　藤原書店　2006.6　p296-287
◎文献「中世ヨーロッパ放浪芸人の文化史―しいたげられし楽師たち」（M. バッハフィッシャー）　明石書店　2006.7　p275-281
◎注「紛争のなかのヨーロッパ中世」（服部良久）　京都大学術出版会　2006.7　prr
◎基本文献「史料を読み解く　1　中世文書の流れ」（久留島典子ほか）　山川出版社　2006.8　p7-8b
◎参考文献「世界の尺度―中世における空間の表象」（P. ズムトール）　法政大学出版局　2006.10　p18-27b
◎参考文献「中世武士の城」（齋藤慎一）　吉川弘文館　2006.10　p207-211
◎参考文献「日本中世の所有構造」（西谷正浩）　塙書房　2006.11　p13-39b
◎参考文献「もうひとつの中世のために―西洋における時間、労働、そして文化」（J. ル・ゴフ）　白水社　2006.12　p492-493
◎文献案内「中世における科学の基礎づけ―その宗教的、制度的、知的背景」（E. グラント）　知泉書館　2007.1　p6-29b
◎参考文献「ヨーロッパ中世の宗教運動」（池上俊一）　名古屋大学出版会　2007.2　p21-91b

◎参考文献「〈絵解き〉雑兵足軽たちの戦い―歴史・時代小説ファン必携」（東郷隆）　講談社　2007.3　p231-232
◎参考文献「絵解きヨーロッパ中世の夢」（J. ル・ゴフ）　原書房　2007.3　p6-18b
◎文献目録「西欧中世初期農村史の革新―最近のヨーロッパ学界から」（森本芳樹）　木鐸社　2007.3　p30-67
◎原注「西欧中世の社会と教会―教会史から中世を読む」（R. W. サザーン）　八坂書房　2007.4　p23-43b
◎参考文献ほか「中世の祝祭―伝説・神話・起源」（P. ヴァルテール）　原書房　2007.4　p26-34b
○文献リスト（関口和也）「中世城郭研究　21」（中世城郭研究会）　2007.7　p364-376
◎参考文献解説「永原慶二著作選集　1　日本封建社会論　日本の中世社会」（永原慶二）　吉川弘文館　2007.7　p496-501
◎註「誓いの精神史―中世ヨーロッパの〈ことば〉と〈こころ〉」（岩波敦子）　講談社　2007.7　p201-210
○文献目録（石尾和仁ほか）「四国中世史研究　9」（四国中世史研究会）　2007.8　p67-72
◎参考文献「南アジア史　2　中世・近世」（小谷汪之）　山川出版社　2007.8　p52-91b
◎参考文献「中世ヨーロッパにおける女と男」（水田英実ほか）　渓水社　2007.9　prr
◎参考文献「信長のおもてなし―中世食べもの百科」（江後迪子）　吉川弘文館　2007.10　p186-193
◎参考文献「西洋中世の男と女―聖性の呪縛の下で」（阿部謹也）　筑摩書房　2007.10　p289-296
◎参考文献「中世の秘蹟―科学・女性・都市の興隆」（T. ケイヒル）　青土社　2007.11　p468-477
◎基礎的文献ほか「中世の発見―偉大な歴史家たちの伝記」（N. F. キャンター）　法政大出版局　2007.12　p63-71b
◎参考文献「中世西欧文明」（J. ル・ゴフ）　論創社　2007.12　p1-3b

中世寺院
◎注「中世寺院と民衆」（井原今朝男）　臨川書店　2004.1　prr

中世辞書
◎注「中世辞書の基礎的研究」（木村晟）　汲古書院　2002.5　prr

中世思想
◎文献「中世の春―ソールズベリのジョンの思想世界」（柴田平三郎）　慶応義塾大学出版会　2002.5　p5-19b
◎引用参照文献「偽書の精神史―神仏・霊界と交換する中世」（佐藤弘夫）　講談社　2002.6　p236-238
◎文献表「中世思想史」（K. リーゼンクーバー）　平凡社　2003.12　p458-432
◎註「日本中世の歴史意識―三国・末法・日本」（市川浩史）　法蔵館　2005.1　prr

中世社会
◎参考文献解説「日本の中世社会」（永原慶二）　岩波書店　2001.11　p337-343
◎参考文献「中世社会と現代」（五味文彦）　山川出版社　2004.4　2pb

中世宗教
◎注「異神　中世日本の秘教的世界　上」（山本ひろ子）　筑摩書房　2003.6　prr

中世城郭
- ○文献リスト（関口和也）「中世城郭研究 17」（中世城郭研究会）2003.7 p344-357

中世信仰
- ◎参考文献「修験と念仏―中世信仰世界の実像」（上田さち子）平凡社 2005.9 prr

中世哲学
- ○文献目録「中世思想研究 44」（中世哲学学会）2002 p209-229
- ○文献目録「中世思想研究 47」（知泉書館）2005 p193-210
- ◎文献表「水とワイン―西欧13世紀における哲学の諸概念」（川添信介）京都大学学術出版会 2005.2 p214-226
- ◎参考文献「中世哲学を学ぶ人のために」（中川純男ほか）世界思想社 2005.9 prr
- ◎文献表「中世と近世のあいだ―14世紀におけるスコラ学と神秘思想」（上智大学中世思想研究所）知泉書館 2007.6 p28-45b

中世都市
- ◎参考文献「都市と職能民の活動 日本の中世6」（網野善彦ほか）中央公論新社 2003.2 p342-351
- ◎参考文献「中世の都市と寺院」（吉井敏幸ほか）高志書院 2005.4 prr
- ◎参考文献「ドイツ中世都市の自由と平和―フランクフルトの歴史から」（小倉欣一）勁草書房 2007.4 p24-56b

中世農村史
- ○研究動向（森本芳樹）「比較文化研究 31」（久留米大）2003.3 p153-183

中世農民
- ◎参考文献「中世農民の世界 甦るプリュム修道院所領明細帳」（森本芳樹）岩波書店 2003.2 p1-5b

中世美術
- ◎図書一覧「ヨーロッパ中世美術講義」（越宏一）岩波書店 2001.11 p18-28b
- ◎参考文献「中世真宗の美術 日本の美術488」（津田徹英）至文堂 2007.1 p85-86

中世文化
- ◎参考文献「中世文化の美と力―日本の中世 7」（五味文彦ほか）中央公論新社 2002.10 p314-308
- ◎参考図書「中世日本の物語と絵画」（佐野みどりほか）放送大教育振興会 2004.3 p238-239

中世文学
- ◎「中世文学写本解題図録」（石川透）古典資料研究会 2005.5 100p A5

中世墓
- ◎文献一覧「中世墓資料集成 東北編」（中世墓資料集成研究会）中世墓資料集成研究会 2004.3 prr

中世民衆
- ◎参考文献「中世民衆の生業と技術」（網野善彦）東京大学出版会 2001.2 prr

中世和歌
- ◎注「中世和歌連歌の研究」（伊藤伸江）笠間書院 2002.1 prr
- ◎注「中世和歌文学諸相」（上條彰次）和泉書院 2003.11 prr
- ◎参考文献「中世歌壇と歌人伝の研究」（井上宗雄）笠間書院 2007.7 p464-472

中絶
- ◎文献目録「中絶論争とアメリカ社会―身体をめぐる戦争」（荻野美穂）岩波書店 2001.4 p35-60b
- ◎文献「母性愛という制度―子殺しと中絶のポリティクス」（田間泰子）勁草書房 2001.8 p7-24b
- ◎文献「癒しのカウンセリング―中絶からの心の回復」（C. デュ・ピュイ）柏書房 2003.1 p268-275
- ◎参考文献「産む産まないは女の権利か―フェミニズムとリベラリズム」（山根純佳）勁草書房 2004.8 p5-11b
- ◎文献一覧「水子―〈中絶〉をめぐる日本文化の底流」（W. R. ラフルーア）青木書店 2006.1 p325-339
- ◎注「アメリカの中絶問題―出口なき論争」（緒方房子）明石書店 2006.3 prr

鋳造
- ◎参考文献「冶金考古学概論」（神崎勝）雄山閣 2006.10 p439-444

中東
- ◎「現代中東情報探索ガイド」（長場紘）慶應義塾大学出版会 2001.1 143p A5
- ◎参考文献「中東紛争 その百年の相克」（鏡武）有斐閣 2001.4 p292-293
- ◎参考文献「イスラーム世界の二千年 文明の十字路中東全史」（B. ルイス）草思社 2001.8 p561-560
- ◎参考文献「中東戦争全史」（山崎雅弘）学習研究社 2001.9 p329-334
- ◎参考文献「中東百年紛争―パレスチナと宗教ナショナリズム」（森戸幸次）平凡社 2001.12 p213-215
- ◎参考文献「冷戦下・アメリカの対中東戦略―歴代の米大統領は中東危機にどう決断したか」（ジョージ・レンツォウスキー）第三書館 2002.3 p513-523
- ◎参考文献「中東の誕生―切手で読み解く中東・イスラム世界」（内藤陽介）竹内書店新社 2002.5 p255-264
- ◎文献「最新誰にでもわかる中東」（小山茂樹）時事通信社 2002.7 p379-383
- ◎資料一覧「葡萄樹の見える回廊―中東・地中海文化と東西交渉」（杉田英明）岩波書店 2002.11 p37-107
- ◎参考文献「シリア大統領アサドの中東外交 1970-2000」（夏目高男）明石書店 2003.4 p222-232
- ◎注「アラブ・イスラエル和平交渉―キャンプ・デービッド以後の成功と失敗」（L. Z. アイゼンバーグほか）御茶の水書房 2004.1 prr
- ◎参考文献「開発途上国における情報化の進展とICT支援政策―中東アラブ諸国の事例を中心に」（山本達也）国際協力機構 2004.6 p89-91
- ◎参考文献ほか「平和を破滅させた和平―中東問題の始まり1914-1922 下」（D. フロムキン）紀伊国屋書店 2004.8 p15-53b
- ◎参考文献「中東・中央アジア諸国における権力構造」（酒井啓子ほか）岩波書店 2005.3 p269-270
- ◎「中東・イスラム関係記事索引 1990-2004」（日外アソシエーツ）日外アソシエーツ 2005.6 14, 515p B5
- ◎参考文献「中東1 知っておきたい」（歴史教育者協議会）青木書店 2006.11 p6-7b

中毒
- ◎参考図書「急性中毒情報ファイル　第3版」(吉村正一郎)　広川書店　2002.2　p735-738
- ◎参考書「毒物・中毒用語辞典」(Tu, AT)　化学同人　2005.7　p349-352

中途失聴
- ◎参考図書「あなたの声が聴きたい―難聴・中途失聴・要約筆記」(藤田保ほか)　文理閣　2003.11　p260-263

中部地方
- ◎参考文献「三遠南信祭紀行」(味岡伸太郎)　春夏秋冬叢書　2004.11　p252-253
- ◎文献「日本地方地質誌　4　中部地方」(日本地質学会)　朝倉書店　2006.1　p508-543
- ◎文献「中部　日本の地形5」(町田洋ほか)　東京大出版会　2006.6　p351-377
- ◎文献「中部圏　日本の地誌7」(藤田佳久ほか)　朝倉書店　2007.4　prr

中部地方　伊勢湾
- ◎参考文献「東海道と伊勢湾　街道の日本史　30」(本多隆成ほか)　吉川弘文館　2004.1　p23-29b

中部地方　木曽御岳信仰
- ◎註「木曾御嶽信仰」(菅原壽清)　岩田書院　2002.7　prr

中部地方　木曽川
- ◎文献「木曽川は語る―川と人の関係史」(木曽川文化研究会)　風媒社　2004.4　p265-269

中部地方　木曽谷
- ◎参考文献「伊那・木曽谷と塩の道　街道の日本史26」(高木俊輔)　吉川弘文館　2003.6　p20-24b

中部地方　矢作川
- ◎参考文献「定本矢作川―母なる川―その悠久の歴史と文化」(新行紀一)　郷土出版社　2003.3　p253-254
- ◎文献「環境漁協宣言―矢作川漁協100年史」(矢作川漁協100年史編集委員会)　矢作川漁業協同組合　2003.12　p426-431

中流階級
- ◎参考文献「シュニッツラーの世紀―中流階級文化の成立1815-1914」(P. ゲイ)　岩波書店　2004.11　p342-349

チュニジア　カルタゴ
- ◎参考文献「ローマ・カルタゴ百年戦争」(塚原富衛)　学習研究社　2001.11　p238-239
- ◎参考文献ほか「ハンニバル―地中海世界の覇権をかけて」(長谷川博隆)　講談社　2005.8　p226-237

チューリップ
- ◎文献「チューリップ―ヨーロッパを狂わせた花の歴史」(アンナ・パヴォード)　大修館書店　2001.4　p262-264
- ◎参考文献ほか「チューリップ・ブック―イスラームからオランダへ、人々を魅了した花の文化史」(国重正昭ほか)　八坂書房　2002.2　p229-236
- ◎文献目録「チューリップ・鬱金香―歩みと育てた人たち」(木村敬助)　チューリップ文庫　2002.11　p252-327

蝶
- ◎「日本産蝶類文献目録　続」(白水隆)　白水隆文庫刊行会　2003.6　1272, 21p B5
- ◎文献「蝶の言い分・毛虫の言い分」(師尾武)　築地書館　2003.11　p190-193
- ◎文献「ワンダフル・バタフライ―不思議にみちたその世界」(本田計一ほか)　化学同人　2005.5　p230-231
- ◎引用文献「チョウの生物学」(本田計一ほか)　東京大学出版会　2005.8　prr
- ◎参考文献「小さな蝶たち―身近な蝶と草木の物語」(西口親雄)　八坂書房　2006.3　p245-246
- ◎参考文献「昆虫の保全生態学」(渡辺守)　東京大出版会　2007.12　p182-187

超音速
- ◎参考文献「超音速の流れ」(久保田浪之介)　山海堂　2003.4　p203-206

超音速機
- ◎文献「超音速飛行―「音の壁」を突破せよ」(加藤寛一郎)　大和書房　2005.11　p252-254

聴覚
- ◎文献「音と聴こえ―言語療法と音楽療法のための」(須藤貢明ほか)　音楽之友社　2005.6　p242-250
- ◎引用文献ほか「聴覚・ことば」(重野純)　新曜社　2006.3　p138-131
- ◎引用文献「聴覚および触知覚機能からみた大脳両半球の機能差に関する実験的研究」(南憲治)　三学出版　2007.2　p183-201

聴覚障害
- ○文献展望(藤巴正和)「広島大学大学院教育学研究科紀要　第三部　50」(広島大)　2001　p355-361
- ◎文献「発展途上国の聴覚障害児早期教育への援助に関する研究―わが国のスリ・ランカに対する援助を中心に」(古田弘子)　風間書房　2001.2　p295-329
- ◎文献「聴覚障害者福祉・教育と手話通訳」(植村英晴)　中央法規出版　2001.4　p213-231
- ◎参考文献「耳科学―難聴に挑む」(鈴木淳一, 小林武夫)　中央公論新社　2001.7　p216-217
- ◎文献「聴覚障害児の字幕の読みに関する実験的研究」(四日市章)　風間書房　2002.2　p159-166
- ◎参考文献「聴覚障害学生サポートガイドブック―ともに学ぶための講義保障支援の進め方」(徳田克己, 白澤麻弓)　日本医療企画　2002.4　p130-132
- ◎引用文献「ナチス・ドイツと聴覚障害者―断種と「安楽死」政策を検証する」(中西喜久司)　文理閣　2002.10　p251-254
- ◎文献「聾・聴覚障害百科事典」(アレン・E. サスマン, キャロル・ターキントン)　明石書店　2002.12　p291-322
- ◎参考文献「聞こえない親をもつ聞こえる子どもたち―ろう文化と聴文化の間に生きる人々」(P. プレストン)　現代書館　2003.4　p412-426
- ◎参考文献「字が話す目が聞く―日本語と要約筆記　改訂版」(上村博一)　新樹社　2003.9　p179-180
- ◎文献表「たったひとりのクレオール―聴覚障害児教育における言語論と障害認識」(上農正剛)　ポット出版　2003.10　p478-482
- ◎参考文献ほか「難聴知られざる人間風景　上　その生理と心理」(津名道代)　文理閣　2005.7　p258-260
- ◎文献「聴覚障害児における楽音の聴取能力に関する実験的研究」(杵鞭広美)　風間書房　2005.12　p233-239

◎文献「聴覚障害者の日本語指導における手話の使用に関する研究」（長南浩人）　風間書房　2006.1　p155-164
◎引用文献「聴覚障害児の補聴器装用下における聴能の評価」（中川辰雄）　風間書房　2007.2　p145-152
◎参考文献「ろう文化の歴史と展望―ろうコミュニティの脱植民地化」（P. ラッド）　明石書店　2007.8　p738-757

長期金利
◎参考文献「日米長期金利の変動要因と推計に関する調査研究報告書」　総務省郵政研究所　2001.7　p170-173

長期停滞
◎参考文献「長期停滞」（金子勝）　筑摩書房　2002.8　p197-202

長期波動論
◎参考文献「資本主義の発展と崩壊―長期波動論研究序説」（市原健志）　中央大学出版部　2001.3　p319-326

釣魚
◎参考文献「釣魚をめぐる博物誌」（長辻象平）　角川書店　2003.6　p241-248

彫金
○12冊（中田夢）「文献探索　2004」（文献探索研究会）　2004.4　p518-522

超高層建築
◎参考文献「都市のチカラ―超高層化が生活を豊かにする」（森ビル都市再生プロジェクトチーム）　幻灯舎　2003.10　2pb

彫刻
◎参考文献「ルネサンスの彫刻―15・16世紀のイタリア」（石井元章）　ブリュッケ　2001.1　p270-273
◎「国宝を知る本　彫刻編　読書案内」（日外アソシエーツ）　日外アソシエーツ　2001.11　362p A5
◎文献「彫刻家への手紙　現代彫刻の世界」（酒井忠康）　未知谷　2003.1　p5-11b
○参考文献「彫刻の保存と修理　日本の美術　452」（至文堂）　2004.1　p85-86
○参考文献「天平の彫刻　日本の美術456」（至文堂）　2004.5　p85
○参考文献「平安時代前期の彫刻　日本の美術457」（至文堂）　2004.6　p86-87
○参考文献「鎌倉時代の彫刻　日本の美術459」（至文堂）　2004.8　p85
◎参考文献「黒人彫刻」（C. アインシュタイン）　未知谷　2005.1　p172
◎文献「美術鋳物の手法　新装版」（鹿取一男）　アグネ技術センター　2005.1　p259-260
◎参考文献「十世紀の彫刻　日本の美術479」（伊東史朗）　至文堂　2006.4　p84-85
◎「西洋美術作品レファレンス事典　版画・彫刻・工芸・建造物篇」（日外アソシエーツ）　日外アソシエーツ　2006.5　61, 1264p B5
◎参考文献「ルネサンスの彫刻―15・16世紀のイタリア　新版」（石井元章）　ブリュッケ　2007.4　p275-278
◎参考文献「日本彫刻の近代」（東京国立近代美術館ほか）　淡交社　2007.8　p261」

調査研究法
◎参考文献「博物館調査研究法　新版博物館講座6」（加藤有次ほか）　雄山閣出版　2001.5　prr

調査データ
◎文献紹介「調査データ分析の基礎―JGSSデータとオンライン集計の活用」（岩井紀子ほか）　有斐閣　2007.3　p288-299

調査票
◎目録「ガイドブック方言調査」（小林隆ほか）　ひつじ書房　2007.11　p8-10

長寿
◎参考文献「「不老!」の方法」（坪田一男）　宝島社　2001.10　p348-258
◎参考文献「沖縄長寿学序説」（秋坂真史）　ひるぎ社　2001.10　p206-209
○読書案内（東谷暁）「文藝春秋　79.15」（文藝春秋）　2001.12　p228-238
◎文献「寿命をのばす5つの方法」（川島誠一郎）　どうぶつ社　2002.6　p177-180
◎文献「中高年健康常識を疑う」（柴田博）　講談社　2003.12　p202-207
◎参考文献「日本史偉人「健康長寿法」」（森村宗冬）　講談社　2007.5　p197-201

鳥獣害
◎参考文献「サルと人間の環境問題―ニホンザルをめぐる自然保護と獣害のはざまから」（丸山康司）　昭和堂　2006.2　p257-268
◎引用文献ほか「エゾシカの保全と管理」（梶光一ほか）　北海道大出版会　2006.11　p231-244

鳥人
◎参考文献「鳥人物語」（末澤芳文）　未知谷　2001.11　p235-237

超心理
◎参考文献「超越意識の探求―自己実現のための意識獲得法」（C. ウィルソン）　学習研究社　2007.11　p322-323

朝鮮
◎参考文献「朝鮮儒教の二千年」（姜在彦）　朝日新聞社　2001.1　p499-500
○関係文献（木曜クラブ）「考古学史研究　9」（木曜クラブ）　2001.5　p4-20b
◎参考文献「植民地朝鮮の地方制度」（姜再鎬）　東京大学出版会　2001.7　p285-294
◎参考文献「朝鮮実学者の見た近世日本」（河宇鳳）　ぺりかん社　2001.8　p428-433
◎文献「戦時下朝鮮の民衆と徴兵」（樋口雄一）　総和社　2001.10　p303-313
◎引用出典ほか「二つのコリア―国際政治の中の朝鮮半島　特別最新版」（D. オーバードーファー）　共同通信社　2002.2　p519-552
◎文献「朝鮮言論統制史―日本統治下朝鮮の言論統制」（李錬）　信山社出版　2002.3　p497-527
◎注「「植民地朝鮮」の研究　謝罪するいわれは何もない」（杉本幹夫）　展転社　2002.6　prr
◎参考文献「植民地朝鮮の日本人」（高崎宗司）　岩波書店　2002.6　p208-222

◎「京城帝国大学法文学部朝鮮経済研究所蔵書目録—昭和5年」（加藤聖文, 宮本正明）　ゆまに書房　2002.12　190p B5
◎「韓国書誌に関する日本語情報目録」（松原孝俊）　九州大　2003.3　374p A4
◎「韓国・朝鮮・在日を読む」（川村湊）　インパクト出版会　2003.7　322p A5
◎参考文献「朝鮮からみた華夷思想」（山内弘一）　山川出版社　2003.8　p92-94
◎参考資料「鉄馬は走りたい—南北朝鮮分断鉄道に乗る」（小牟田哲彦）　草思社　2004.5　p228-229
○文献目録（太田修ほか）「朝鮮史研究会論文集 42」（朝鮮史研究会）　2004.10　p295-189
◎参考文献「近代朝鮮の唱歌教育」（高仁淑）　九州大学出版会　2004.12　p303-310
◎引用文献「日本統治下朝鮮都市計画史研究」（孫禎睦）　柏書房　2004.12　p345-352
◎参考文献「在日ふたつの「祖国」への思い」（姜尚中）　講談社　2005.3　p216-217
◎参考文献「戦時経済と鉄道運営—「植民地」朝鮮から「分断」韓国への歴史的経路を探る」（林采成）　東京大学出版会　2005.3　p373-386
○文献一覧「朝鮮農村の〈植民地近代〉経験」（松本武祝）　社会評論社　2005.7　p303-314
◎参考文献「朝鮮・満州・台湾林業発達史論」（萩野敏雄）　大空社　2005.11　p543-558
◎参考文献「日本植民地教育の展開と朝鮮民衆の対応」（佐野通夫）　社会評論社　2006.2　p393-434
○文献目録「近代朝鮮の雇用システムと日本—制度の移植と生成」（宣在源）　東京大出版会　2006.3　p151-160
◎研究書一覧「朝鮮儒学史」（裵宗鎬）　知泉書館　2007.1　p341-346
◎参考文献「朝鮮王朝の衣装と装身具」（張淑煥ほか）　淡交社　2007.3　p190」
◎参考文献「復刻・戦ふ朝鮮」（宮田浩人）　新幹社　2007.6　p189-190
◎参考文献「世界史の中の現代朝鮮—大国の影響と朝鮮の伝統の狭間で」（A.ブゾー）　明石書店　2007.10　p341-332

朝鮮　学校

◎資料・年表「朝鮮学校の戦後史 1945-1972」（金徳龍）　社会評論社　2002.3　p262-298
○原資料「朝鮮学校の戦後史—1945-1972 増補改訂版」（金徳龍）　社会評論社　2004.1　p275-291

朝鮮　韓国

◎参考文献「海を売った人びと—韓国・始華干拓事業」（ハン・ギョングほか）　日本湿地ネットワーク　2001.2　p271-274
◎参考文献「両班—変容する韓国社会の文化人類学的研究」（岡田浩樹）　風響社　2001.2　p291-304
◎参考文献「韓国の労働法改革と労使関係」（日本労働研究機構）　日本労働研究機構　2001.3　p161-164
◎参考文献「日本外交官、韓国奮闘記」（道上尚史）　文藝春秋　2001.3　p195-198
○関係文献（木曜クラブ）「考古学史研究 9」（木曜クラブ）　2001.5　p4-20b
◎参考文献「現代韓国の社会運動—民主化後・冷戦後の展開」（金栄鎬）　社会評論社　2001.5　p245-262

◎参考文献「ドキュメント日韓歴史教育のいま—教科書問題と教育実践交流」（北澤卓也）　桐書房　2001.11　p154-156
◎参考文献「韓国は、いま。—最もエキサイティングな隣国」（岡崎誠之助）　ダイヤモンド社　2001.11　p213-214
◎参考文献「韓国環境運動の社会学—正義に基づく持続可能な社会のために」（具度完）　法政大学出版局　2001.11　p293-299
◎参考文献「韓国偉人伝」（梁東準ほか）　明石書店　2001.12　p266-269
◎引用参考文献「学歴・選抜・学校の比較社会学—教育からみる日本と韓国」（中村高康ほか）　東洋館出版社　2002.2　p257-270
◎引用出典ほか「二つのコリア—国際政治の中の朝鮮半島 特別最新版」（D.オーバードーファー）　共同通信社　2002.2　p519-552
○図書目録「月刊韓国文化 268」（韓国文化院）　2002.3　p1-4b
◎文献「韓国的民族主義の成立と宗教—東学・親日仏教・改新教の分析を通じて」（申昌浩）　国際日本文化研究センター　2002.3　p156-164
◎参考文献「ハンドブック韓国入門—ことばと文化 第2版」（松原孝俊ほか）　東方書店　2002.5　p271-258
◎文献「韓国学のすべて」（古田博司, 小倉紀蔵）　新書館　2002.5　p272-281
◎参考文献「韓国NIES化の苦悩—経済開発と民主化のジレンマ 増補2版」（朴一）　同文舘出版　2002.9　p258-274
◎参考文献「韓国の食文化—朝鮮半島と日本・中国の食と交流」（佐々木道雄）　明石書店　2002.10　p275-287
○文献「過疎政策と住民組織—日韓を比較して」（金科哲）　古今書院　2003.2　p239-245
○註「韓国古代伽藍の形成と展開の研究」（李興範）　山喜房仏書林　2003.2　prr
◎参考文献「朝鮮民族の知恵」（朴禮緒）　雄山閣　2003.2　p211-212
○「韓国書誌に関する日本語情報目録」（松原孝俊）　九州大　2003.3　374p A4
○原注「韓国の歳時習俗」（張籌根）　法政大学出版局　2003.4　prr
○文献「韓国—ソウル・江華島・堤岩里・独立紀念館 2訂版」（君島和彦ほか）　梨の木舎　2003.6　p158-159
○「韓国・朝鮮・在日を読む」（川村湊）　インパクト出版会　2003.7　322p A5
○「韓国と出会う本—暮らし、社会、歴史を知るブックガイド」（石坂浩一）　岩波書店　2003.11　59, 13p A5
◎ブックガイド「韓国式発想法」（舘野晢）　NHK出版　2003.11　p197-203
◎参考文献ほか「日本帝国の申し子—高敞の金一族と韓国資本主義の植民地起源 1876-1945」（C.J.エッカート）　草思社　2004.1　p438-342
◎参考文献「韓国の地方税—日本との比較の視点」（鞠重鎬）　創成社　2004.3　p167-172
◎参考文献「韓国の労働者—階級形成における文化と政治」（H.クー）　御茶の水書房　2004.3　p8-29b
◎参考文献「韓国人類学の百年」（全京秀）　風響社　2004.3　p401-542

◎文献「現代韓国の市民社会・利益団体—日韓比較による体制移行の研究」(辻中豊ほか) 木鐸社 2004.4 p463-483
◎参考文献「韓国のコーポレート・ガバナンス改革と労使関係」〔[労働政策研究・研修機構]研究調整部研究調整課〕 労働政策研究・研修機構 2004.5 p374-390
◎参考文献「朝鮮半島をどう見るか」(木村幹) 集英社 2004.5 p198-202
○文献目録(太田修ほか)「朝鮮史研究会論文集 42」(朝鮮史研究会) 2004.10 p295-189
◎参考文献「森と韓国文化」(全瑛宇) 国書刊行会 2004.10 p234-236
◎文献「環境補助金の理論と実際—日韓の制度分析を中心に」(李秀澈) 名古屋大学出版会 2004.11 p241-251
○文献解題(大竹聖美ほか)「児童文学研究 38」(日本児童文学学会) 2005 p89-71ほか
◎参考文献「韓国酪農産業の課題と展望」(趙錫辰) 酪農総合研究所 2005.1 p187-189
◎参考文献「韓国食生活文化の歴史」(尹瑞石) 明石書店 2005.5 prr
◎参考文献「韓国の旧石器文化」(金正培) 六一書房 2005.10 p324-331
◎参考文献「韓国科学史—技術的伝統の再照明」(全相運) 日本評論社 2005.10 p479-480
◎文献「韓国の福祉国家・日本の福祉国家」(武川正吾ほか) 東信堂 2005.12 prr
◎参考文献「韓国福祉国家性格論争」(金淵明) 流通経済大出版会 2006.1 prr
◎文献目録「近世儒学研究の方法と課題」(土田健次郎) 汲古書院 2006.2 p85-111
◎引用参考文献「朝鮮半島初期農耕社会の研究」(後藤直) 同成社 2006.3 p371-393
◎参考文献「韓国フェミニズムの潮流」(P.チャン) 明石書店 2006.4 prr
◎参考文献「現代韓国と女性」(春木育美) 新幹社 2006.7 p190-216
◎参考文献「韓国野球の源流—玄界灘のフィールド・オブ・ドリームス」(大島裕史) 新幹社 2006.10 p347-349
◎参考文献「韓国財閥史の研究—分断体制資本主義と韓国財閥」(鄭章淵) 日本経済評論社 2007.2 p403-415
◎参考文献「韓国プロテスタントの南北統一の思想と運動—国家と宗教の間で」(李鏞哲) 社会評論社 2007.9 p226-246
◎文献目録「韓国社会事業史—成立と展開」(朴貞蘭) ミネルヴァ書房 2007.11 p243-249
◎参考文献「教育の政治経済分析—日本・韓国における学校選択と教育財政の課題」(中神康博ほか) シーエーピー出版 2007.11 prr

朝鮮　韓国映画
◎参考文献「アリラン坂のシネマ通り」(川村湊) 集英社 2005.6 p295-297
◎参考文献「歴史を知ればもっと面白い韓国映画—「キューポラのある街」から「王の男」まで」(川西玲子) ランダムハウス講談社 2006.10 p264-265

朝鮮　韓国SF
○日本語文献(北原尚彦)「ミステリマガジン 45.10.535」(早川書房) 2000.1 p74-75

朝鮮　韓国演劇
◎参考文献「韓国仮面劇—その歴史と原理」(田耕旭) 法政大学出版局 2004.10 p467-474

朝鮮　韓国企業
◎参考文献「韓国の企業社会と労使関係—労使関係におけるデュアリズムの深化」(朴昌明) ミネルヴァ書房 2004.4 p201-220
◎参考文献「韓国人企業家—ニューカマーの起業過程とエスニック資源」(林永彦) 長崎出版 2004.12 p1-6b

朝鮮　韓国教育
◎文献目録「韓国の戦後教育改革」(阿部洋) 龍渓書舎 2004.11 p390-341
◎参考文献「韓国と日本—歴史教育の思想　増補版」(鄭在貞) すずさわ書店 2005.12 p283-284
◎参考文献「韓国の教育と社会階層—「学歴社会」への実証的アプローチ」(有田伸) 東京大出版会 2006.3 p303-316
◎文献リスト(李正連ほか)「韓国の社会教育・生涯学習—市民社会の創造に向けて」(黄宗建ほか) エイデル研究所 2006.10 p417-422
◎引用参考文献「韓国における日本語教育」(櫻坂英子) 三元社 2007.2 prr

朝鮮　韓国近現代史
◎参考文献「朝鮮韓国近現代史事典」(金容権ほか) 日本評論社 2002.1 p721-725

朝鮮　韓国軍
◎文献「韓国の軍事文化とジェンダー」(権仁淑) 御茶の水書房 2006.11 p8-27b

朝鮮　韓国経済
◎文献「韓国の構造改革と日韓・東アジアの経済協力」(金奉吉ほか) 神戸大学経済経営研究所 2003.2 prr
◎参考文献「日韓経済比較論」(鄭承衍) 金沢大経済学部 2004.3 p183-194
◎参考文献「韓国経済発展論—産業連関論的アプローチ」(井上歳久) 東京図書出版会 2004.5 p180-194
◎参考文献「朝鮮経済論序説—1950年代から6・15共同声明まで」(申熈九) 大阪経法大出版部 2004.6 p267-270
◎参考文献「韓国「構造改革」の理論分析—韓国の構造改革が示唆するもの」(飯島高雄) 三菱経済研究所 2004.9 p121-122
◎参考文献「変貌する韓国経済」(朴一) 世界思想社 2004.10 prr
◎参考文献「産業連関構造の日中・日韓比較と購買力平価」(李潔) 大学教育出版 2005.1 p218-225
◎参考文献「韓国経済発展のダイナミズム」(趙淳) 法政大学出版局 2005.2 p301-307
◎参考文献「韓国の構造改革」(高安雄一) NTT出版 2005.4 p227-232
◎参考文献「韓国と北朝鮮の経済比較」(黄義玨) 大村書店 2005.6 p358-362
◎参考文献「韓国経済の政治分析—大統領の政策選択」(大西裕) 有斐閣 2005.9 p261-280
◎参考文献「開発の経済社会学—韓国の経済発展と社会変容」(服部民夫) 文眞堂 2005.10 p232-237
◎参考文献「韓国経済の奇跡—礎を築いた民間経済人の熱き思い」(金立三) 晩聲社 2007.3 p313-315

朝鮮　韓国語
　◎参考文献「日本語と韓国語」（大野敏明）　文藝春秋　2002.3　p234-237
　◎参考文献「日韓対照言語学入門」（油谷幸利）　白帝社　2003.4　p159-161
　◎文献「韓国語変遷史」（金東昭）　明石書店　2003.5　p339-346
　◎参考文献「日本語と韓国語の受身文の対照研究」（許明子）　ひつじ書房　2004.2　p259-264
　◎参考文献「韓国語概説」（李翊燮）　大修館書店　2004.7　p327-336
　◎参考文献「日韓対照言語学入門」（油谷幸利）　白帝社　2005.5　p201-210
　◎参考文献「韓日使役構文の機能的類型論研究―動詞基盤の文法から名詞基盤の文法へ」（鄭聖汝）　くろしお出版　2006.10　p275-291
　◎参考文献ほか「日本語と韓国語の慣用表現の差異―比較言語文化学の立場から」（李明玉）　笠間書院　2007.9　p243-247

朝鮮　韓国工業
　◎参考文献「日韓主要産業の推移とFTA―日・韓物的工業労働生産性の国際比較のデータに基づく統計分析」（西手満昭）　溪水社　2007.2　p169-174
　◎文献「日韓企業戦争―国際市場で激突する宿命のライバル」（林廣茂）　阪急コミュニケーションズ　2007.11　p297-302

朝鮮　韓国産業
　◎参考文献「韓国電子・IT産業のダイナミズム―グローバルな産業連携とサムスンの世界戦略」（張秉堯）　そうよう　2005.8　p215-234

朝鮮　韓国史
　◎年表;文献「マンガ韓国現代史―コバウおじさんの50年」（金星煥ほか）　角川書店　2003.2　p372-381
　◎参考文献「増補朝鮮現代史の岐路　なぜ朝鮮半島は分断されたのか」（李景珉）　平凡社　2003.4　p379-369
　◎参考文献「韓国社会の歴史」（韓永愚）　明石書店　2003.6　p704-688
　◎参考文献「概説韓国の歴史」（安讚燮ほか）　明石書店　2004.1　3pb
　◎参考文献「済州島現代史―公共圏の死滅と再生」（文京洙）　新幹社　2005.4　p313-325
　◎参考文献「韓国現代史」（文京洙）　岩波書店　2005.12　p237-244
　◎参考文献「朝鮮韓国近現代史事典　2版」（金容権）　日本評論社　2006.3　p791-795
　◎参考文献「なるほど!これが韓国か―名言・流行語・造語で知る現代史」（李泳采ほか）　朝日新聞社　2006.6　p347-349
　◎参考文献「朝鮮王朝史　下」（李成茂）　日本評論社　2006.6　p576-585
　◎参考文献「韓国歴史地図」（韓国教員大学歴史教育科）　平凡社　2006.11　p214-216
　◎引用文献「韓国の高校歴史教科書―高等学校国定国史」（三橋広夫）　明石書店　2006.12　p451-453
　◎ブックガイド「韓国の歴史を知るための66章」（金両基）　明石書店　2007.8　p321-327
　◎参考文献「韓国の歴史」（水野俊平）　河出書房新社　2007.9　p286」

朝鮮　韓国社会
　◎参考文献「韓日社会組織の比較」（伊藤亞人ほか）　慶応義塾大学出版会　2002.2　prr
　◎参考文献「韓国社会とジェンダー」（趙惠貞）　法政大学出版局　2002.4　p291-305
　◎文献一覧「近代のかげ―現代韓国社会論」（金東椿）　青木書店　2005.9　p375-413
　◎参考文献「「今」の韓国―社会労働事情からみるその姿」（渡部昌平）　三文舎　2006.11　p168-171

朝鮮　韓国商業
　◎参考文献「日・韓卸売構造の変化に関する研究」（金成洙）　専修大学出版局　2005.3　p217-221

朝鮮　韓国人
　◎文献「日本人・中国人・韓国人―新東洋三国比較文化論」（金文学）　白帝社　2003.11　p293-294
　◎参考文献「「在日コリアン」ってなんでんねん?」（朴一）　講談社　2005.11　p219-220
　◎ブックガイド「つきあいきれない韓国人」（渡部昌平）　中央公論新社　2006.3　p179-184

朝鮮　韓国神話
　◎参考文献「韓国神話集成」（金厚蓮ほか）　第一書房　2006.6　p434-438

朝鮮　韓国政治
　◎註「韓国における「権威主義的」体制の成立　李承晩政権の崩壊まで」（木村幹）　ミネルヴァ書房　2003.6　p253-290
　◎参考文献ほか「韓国―民主化と経済発展のダイナミズム」（木宮正史）　筑摩書房　2003.8　p191-195
　◎参考文献「韓国政治のダイナミズム」（韓培浩）　法政大学出版局　2004.6　p6-16b
　◎参考文献「韓国現代政治入門」（孔義植ほか）　芦書房　2005.6　p223-228
　◎参考文献「韓国歴代大統領とリーダーシップ」（金浩鎮）　柘植書房新社　2007.12　p372-379

朝鮮　韓国大統領
　○文献リスト（渡辺暁彦）「ジュリスコンサルタス　14」（関東学院大）　2004.10　p55-58

朝鮮　韓国知識人
　◎参考文献「近代韓国の知識人と国際平和運動―全基鎮、小牧近江、そしてアンリ・バルビュス」（李修京）　明石書店　2003.1　p264-290

朝鮮　韓国農業
　◎文献「市場開放下の韓国農業―農地問題と環境農業への取り組み」（深川博史）　九州大学出版会　2002.10　p363-382

朝鮮　韓国美術
　◎参考文献「韓国の美術・日本の美術」（鄭于沢ほか）　昭和堂　2002.1　p240-241

朝鮮　韓国文化
　◎参考文献「哭きの文化人類学　もう一つの韓国文化論」（崔吉城）　勉誠出版　2003.6　p155-156
　◎参考文献「韓国の伝統文化―日本文化とのかかわりの中で」（金渙）　風媒社　2005.1　prr
　◎参考文献「韓国文化シンボル事典」（川上新二）　平凡社　2006.11　p819-821
　◎図書ほか「ポスト韓流のメディア社会学」（石田佐恵子ほか）　ミネルヴァ書房　2007.10　p7-39b

朝鮮　韓国文学
- ◎年表・文献一覧（三枝寿勝）「韓国の近現代文学」（李光鎬）　法政大学出版局　2001.8　p1-25b
- ◎参考文献「帝国の狭間に生きた日韓文学者」（李修京）　緑蔭書房　2005.2　p245-260

朝鮮　韓国併合
- ◎参考文献「韓国併合への道」（呉善花）　文藝春秋　2001.1　p222-225

朝鮮　韓国法
- ◎注「現代の韓国法―その理論と動態」（尹龍沢ほか）　有信堂　2004.3　prr
- ◎論文等「韓国不動産登記法―理想的登記制度への接近」（村瀬錬一）　民事法研究会　2004.4　p11-15f

朝鮮　韓国料理
- ◎参考文献「韓国を食べて韓国を知ろう　韓国の食文化と日本」（中村欽哉）　つげ書房新社　2003.5　p228-232
- ◎文献「韓国　世界の食文化1」（朝倉敏夫）　農文協　2005.9　p267」
- ◎参考文献ほか「韓国の和食日本の韓食―文化の融合・変容」（中村欽哉）　柘植書房新社　2007.2　p201-204

朝鮮　北朝鮮
- ◎参考文献「北朝鮮事典―切手で読み解く朝鮮民主主義人民共和国」（内藤陽介）　竹内書店新社　2001.1　p422-425
- ◎参考文献「北朝鮮の農業」（金成勲, 金致泳）　農林統計協会　2001.4　p191-199
- ◎参考文献「拉致―北朝鮮の国家犯罪」（高世仁）　講談社　2002.9　p289-290
- ◎参考文献「最新・北朝鮮データブック―先軍政治工作から核開発、ポスト金正日まで」（重村智計）　講談社　2002.11　p250-253
- ◎書物の洪水（グループ・ナム）「北朝鮮本をどう読むか」（和田春樹ほか）　明石書店　2003.1　p198-233
- ◎参考文献「アメリカ・北朝鮮抗争史」（島田洋一）　文藝春秋　2003.3　p243-245
- ◎文献「ネイバーズ―北朝鮮を見るに見かねて」（李元馥）　朝日出版社　2003.4　p284-289
- ◎文献「摩訶不思議の国北朝鮮ってどんな国?」（重村智計）　PHP研究所　2003.5　p240-243
- ◎文献「北朝鮮の軍事工業化―帝国の戦争から金日成の戦争へ」（木village光彦ほか）　知泉書館　2003.8　p277-289
- ◎参考文献「ウォー・シミュレイション北朝鮮が暴発する日」（M. ユー）　新潮社　2003.10　p232-236
- ◎参考文献「北朝鮮憲法を読む―知られざる隣国の法律」（保田剛）　リイド社　2003.12　p184」
- ◎参考文献「北朝鮮抑留―第十八富士丸事件の真相」（西村秀樹）　岩波書店　2003.9　p293-294
- ◎参考引用文献「拉致はなぜ防げなかったのか―日本警察の情報敗戦」（川辺克明）　筑摩書房　2004.4　p204-200
- ◎関連図書（花房征夫）「現代コリア　441」（現代コリア研究所）　2004.5　p77-79
- ◎参考文献「北朝鮮情報機関の全貌―独裁政権を支える巨大組織の実態」（清水惇）　光人社　2004.6　p265-268
- ◎参考文献ほか「北朝鮮とアメリカ―確執の半世紀」（B. カミングス）　明石書店　2004.7　p283-316
- ◎参考文献「北朝鮮の真実―フランスからみたその誕生と行方」（P. リグロ）　角川書店　2004.7　p145-147
- ◎参考文献「金正日体制の北朝鮮―政治・外交・経済・思想」（伊豆見元ほか）　慶應義塾大出版会　2004.9　prr
- ◎参考文献「北朝鮮の人権―世界人権宣言に照らして」（ミネソタ弁護士会国際人権委員会ほか）　連合出版　2004.10　p280-292
- ◎ブックガイド「北朝鮮を知るための51章」（石坂浩一）　明石書店　2006.2　p274-277
- ◎参考文献「北朝鮮に潜入せよ」（青木理）　講談社　2006.4　p240-242
- ◎参考文献「モスクワと金日成―冷戦の中の北朝鮮1945-1961年」（下斗米伸夫）　岩波書店　2006.7　p27-29f
- ◎参考文献「ならず者国家―世界に拡散する北朝鮮」（J. ベッカー）　草思社　2006.9　p420-413
- ◎注「北朝鮮「偉大な愛」の幻　下」（B. マーティン）　青灯社　2007.4　p593-560
- ◎参考資料「中朝国境をゆく―全長1300キロの魔境」（裵淵弘）　中央公論新社　2007.5　p218-210
- ◎参考文献「「ならず者国家」はなぜ生き残ったのか」（黄民基）　洋泉社　2007.8　p283-285

朝鮮　北朝鮮軍
- ◎参考文献「北朝鮮軍の全貌―独裁体制の守護者・朝鮮人民軍の実体」（清水惇）　光人社　2006.1　p405-410

朝鮮　北朝鮮経済
- ◎参考文献「朝鮮経済論序説―1950年代から6・15共同声明まで」（申煕九）　大阪経法大出版部　2004.6　p267-270
- ◎参考文献「北朝鮮は経済危機を脱出できるか―中国の改革・開放政策との比較研究」（朴貞東）　社会評論社　2004.8　p245-253
- ◎参考文献「韓国と北朝鮮の経済比較」（黄義珏）　大村書店　2005.6　p358-362

朝鮮　北朝鮮難民
- ◎参考文献「北朝鮮難民」（石丸次郎）　講談社　2002.8　p200-201

朝鮮　教育
- ◎引用参考文献「植民地期朝鮮の教育とジェンダー―就学・不就学をめぐる権力関係」（金富子）　世織書房　2005.5　p349-368
- ◎参考文献「植民地朝鮮の日本語教育―日本語による「同化」教育の成立過程」（久保田優子）　九州大学出版会　2005.12　p349-355
- ◎参考文献ほか「中国東北農村社会と朝鮮人の教育―吉林省延吉県楊城村の事例を中心として（1930-49年）」（金美花）　御茶の水書房　2007.1　p9-20b

朝鮮　近現代史
- ◎参考文献「朝鮮韓国近現代史事典」（金容権ほか）　日本評論社　2002.1　p721-725

朝鮮　銀行
　◎参考資料「朝鮮銀行―ある円通貨圏の興亡」（多田井喜生）　PHP研究所　2002.3　3pb

朝鮮　百済
　◎参考文献「百済国家形成過程の研究―漢城百済の考古学」（朴淳発）　六一書房　2003.6　p347-349
　◎参考文献「百済武寧王の世界　海洋大国・大百済」（蘇鎮轍）　彩流社　2007.3　p271-282

朝鮮　経済
　◎文献「日本帝国主義下の朝鮮経済」（金洛年）　東京大学出版会　2002.10　p223-234

朝鮮　慶州
　◎参考文献「慶州で2000年を歩く―新羅から現代への旅」（武井一）　桐書房　2003.7　p181-182

朝鮮　建築
　◎参考文献「朝鮮上代建築の研究　増補版」（米田美代治）　慧文社　2007.12　p301-304

朝鮮　高句麗
　◎参考文献「高句麗残照―積石塚古墳の謎」（備仲臣道）　批評社　2002.12　p211-213

朝鮮　高麗史
　◎参考文献「高麗史日本伝　下」（武田幸男）　岩波書店　2005.7　p403-406

朝鮮　高麗茶碗
　◎文献「高麗茶碗―論考と資料」（高麗茶碗研究会）　河原書店　2003.5　p309-323

朝鮮　高麗ニンジン
　◎参考文献「高麗人参の世界―生薬の王様」（洪南基）　同時代社　2005.3　p186」

朝鮮　高麗仏教
　○文献目録「佛教文化　14」（九州龍谷短大）　2005.3　p81-107
　○文献目録（藤能成）「仏教文化　15」（九州龍谷短大）　2006.3　p51-84

朝鮮　戸籍
　◎「日本所在朝鮮戸籍関係資料解題」（東洋文庫東北アジア研究班（朝鮮））　東洋文庫　2004.3　355p B5

朝鮮　古代史
　◎参考文献「古代朝鮮」（井上秀雄）　講談社　2004.10　p286-289
　◎引用参考文献「新羅・伽耶社会の起源と成長」（李盛周）　雄山閣　2005.6　p299-344

朝鮮　在外朝鮮人
　◎参考文献「海外コリアン―パワーの源泉に迫る」（朴三石）　中央公論新社　2002.5　p237-242

朝鮮　済州島
　◎参考文献「海を越える済州島の海女―海の資源をめぐる女のたたかい」（李善愛）　明石書店　2001.2　p232-237
　◎参考文献「済州島現代史―公共圏の死滅と再生」（文京洙）　新幹社　2005.4　p313-325

朝鮮　在日韓国人
　◎参考文献「在日コリアンの宗教と祭り―民族と宗教の社会学」（飯田剛史）　世界思想社　2002.2　p329-341

朝鮮　在日朝鮮人
　◎参考文献「在日コリアンの宗教と祭り―民族と宗教の社会学」（飯田剛史）　世界思想社　2002.2　p329-341
　◎文献「日本の朝鮮・韓国人」（樋口雄一）　同成社　2002.6　p207-215
　◎参考文献「マイノリティの教育人類学―日本定住コリアン研究から異文化間教育の理念に向けて」（原尻英樹）　新幹社　2005.12　p291-308
　◎参考文献「在日朝鮮人問題の起源」（文京洙）　クレイン　2007.3　p280-289

朝鮮　思想
　◎参考文献「韓国近代哲学の成立と展開―近代、理性、主体概念を中心に」（姜栄安）　世界書院　2005.10　p232-239

朝鮮　新羅
　◎参考文献「ローマ文化王国　新羅」（由水常雄）　新潮社　2001.7　p315-317
　◎参考文献「ローマ文化王国―新羅　改訂新版」（由水常雄）　新潮社　2005.5　p326-331
　◎引用参考文献「新羅・伽耶社会の起源と成長」（李盛周）　雄山閣　2005.6　p299-344

朝鮮　新羅国史
　◎注「新羅国史の研究―東アジア史の視点から」（濱田耕策）　吉川弘文館　2002.2　prr

朝鮮　侵略
　◎参考文献「天下統一と朝鮮侵略　日本の時代史　13」（池享）　吉川弘文館　2003.6　p309-327

朝鮮　総督府
　○目録（長沢雅春）「佐賀女子短期大学研究紀要　38」（佐賀女子短大）　2004　p97-108

朝鮮　ソウル
　○ブックガイド「朱夏　21」（せらび書房）　2006.8　p62-68

朝鮮　ソウル大学
　○書誌（眞柳誠）「人文学科論集　41」（茨城大）　2004.3　p218-197

朝鮮　朝鮮戦争
　◎文献目録「朝鮮戦争全史」（和田春樹）　岩波書店　2002.3　p11-30b
　◎参考文献「体験的朝鮮戦争―戦禍に飛び込んだ在日作家の従軍記」（麗羅）　晩声社　2002.12　p339-341
　◎注「朝鮮戦争―休戦50周年の検証・半島の内と外から」（赤木完爾）　慶應義塾大学出版会　2003.11　prr
　◎参考文献「朝鮮戦争―原因・過程・休戦・影響」（金学俊）　論創社　2007.1　p433-436
　◎引用参照文献「朝鮮戦争と中国―建国初期中国の軍事戦略と安全保障問題の研究」（服部隆行）　溪水社　2007.2　p343-361

朝鮮　通信使
　◎参考文献「朝鮮通信使の饗応」（高正晴子）　明石書店　2001.3　p237-242
　◎参考文献「使行録に見る朝鮮通信使の日本観―江戸時代の日朝関係」（鄭章植）　明石書店　2006.7　p459-463
　○文献目録「朝鮮史研究会論文集　44」（朝鮮史研究会）　2006.10　p26-14

◎参考文献「江戸時代の朝鮮通信使と日本文学」（朴賛基）　臨川書店　2006.10　p243-245
◎文献目録「朝鮮通信使をよみなおす―「鎖国」史観を越えて」（仲尾宏）　明石書店　2006.10　p332-356
◎論文目録「Sai 57」（在日コリアン・マイノリティ研究センター）　2007　p38-39
◎刊行物「海峡を結んだ通信使―対馬発松原一征「誠信の交わり」の記」（松原一征）　梓書院　2007.6　p239-242
◎参考文献「朝鮮通信使・琉球使節の日光参り―三使の日記から読む日光道中」（佐藤権司）　随想舎　2007.8　p218-220
◎参考文献ほか「善隣友好のコリア史―朝鮮通信使と吉宗の時代」（片野次雄）　彩流社　2007.9　p286-287
◎参考文献「朝鮮通信使―江戸日本の誠信外交」（仲尾宏）　岩波書店　2007.9　p204-205

朝鮮　南北韓
◎「南北韓統一問題と北東アジアの国際関係文献目録1970-1999」（野田美代子）　日本貿易振興会ほか　2001.3　273p B5

朝鮮　美術史
◎参考文献「韓国近代美術研究―植民地期「朝鮮美術展覧会」にみる異文化支配と文化表象」（金惠信）　ブリュッケ　2005.1　p282-287

朝鮮　釜山
◎文献一覧「近代植民地都市釜山」（坂本悠一ほか）　桜井書店　2007.3　p8-9

朝鮮　文化
◎参考文献「コリアの不思議世界―朝鮮文化史27話」（野崎充彦）　平凡社　2003.9　p234-238
◎原注「ソウルにダンスホールを―1930年代朝鮮の文化」（金振松）　法政大学出版局　2005.5　p345-354

朝鮮　文学
◎参考文献「近代文学の〈朝鮮〉体験」（南富鎭）　勉誠出版　2001.11　p287-299

朝鮮　本
○書誌目録（松原孝俊）「韓国言語文化研究　8」（九州大）　2005.3　p85-112
◎「日本現存朝鮮本研究　集部」（藤本幸夫）　京都大学術出版会　2006.2　23, 1316p A4
○旧登録本（福井玲）「韓国朝鮮文化研究　10」（東京大）　2007.3　p130-105

朝鮮　民族
◎参考文献「朝鮮民族の知恵」（朴禮緒）　雄山閣　2003.2　p211-212
○関係記事（山田伸一）「北海道開拓記念館調査報告　46」（北海道開拓記念館）　2007.3　p117-178

朝鮮　民俗文化
◎参考文献「「もの」から見た朝鮮民俗文化」（朝倉敏夫）　新幹社　2003.3　prr

朝鮮　李朝
◎文献「李朝暗行御史霊遊記」（中内かなみ）　角川書店　2002.3　p329-331
◎参考文献「朝鮮後期の郷吏」（李勛相）　法政大出版局　2007.3　p290-300

朝鮮　歴史
○文献目録「朝鮮史研究会論文集　40」（朝鮮史研究会）　2002.1　p422-312
○文献目録（河かおるほか）「朝鮮史研究会論文集　41」（朝鮮史研究会）　2003.10　p337-258
◎文献「現代朝鮮の歴史―世界のなかの朝鮮」（B.カミングス）　明石書店　2003.10　p874-882
◎参考文献「韓国朝鮮の歴史と社会」（吉田光男）　放送大教育振興会　2004.3　p219-227
○文献目録（太田修ほか）「朝鮮史研究会論文集　42」（朝鮮史研究会）　2004.10　p295-189
◎参考文献「日本から観た朝鮮の歴史」（熊谷正秀）　展転社　2004.11　p404-415
◎参考文献「朝鮮民族解放運動の歴史―平和的統一への模索」（姜萬吉）　法政大学出版局　2005.4　p21-29b
◎引用文献「韓国の中学校歴史教科書―中学校国定国史」（三橋広夫）　明石書店　2005.8　p364-366
○文献目録（青木敦子ほか）「朝鮮史研究会論文集　43」（緑蔭書房）　2005.10　p271-212
◎参考文献「朝鮮韓国近現代史事典　2版」（金容権）　日本評論社　2006.3　p791-795
◎参考文献「朝鮮村落社会史の研究」（李海濬）　法政大出版局　2006.3　p365-371
◎参考文献「朝鮮王朝史　下」（李成茂）　日本評論社　2006.6　p576-585
◎文献目録「倭と加耶の国際環境」（東潮）　吉川弘文館　2006.8　p331-347
◎引用文献「韓国の高校歴史教科書―高等学校国定国史」（三橋広夫）　明石書店　2006.12　p451-453
◎参考文献「向かいあう日本と韓国・朝鮮の歴史　前近代編上」（歴史教育者協議会）　青木書店　2006.12　p241-246
◎参考文献「帝国のはざまで―朝鮮近代とナショナリズム」（A.シュミット）　名古屋大出版会　2007.1　p10-22b
◎参考文献「朝鮮史―その発展」（梶村秀樹）　明石書店　2007.6　p197-199
◎文献「戦乱三国のコリア史―高句麗・百済・新羅の英雄たち」（片野次雄）　彩流社　2007.9　p245-246
○文献目録（青木敦子ほか）「朝鮮史研究会論文集　45」（朝鮮史研究会）　2007.10　p227-148

朝鮮語
◎参考文献「日韓両国語における敬語の対照研究」（賈惠京）　白帝社　2001.8　p153-155
◎文献「メンタル・スペース理論と過去・完了形式―日本語と韓国語の対照」（曺美庚）　広島修道大学総合研究所　2003.6　p122-127
◎参考文献「箸とチョッカラク―ことばと文化の日韓比較」（任栄哲ほか）　大修館書店　2004.5　p263-268
◎参考目録ほか「植民地朝鮮における朝鮮語奨励政策―朝鮮語を学んだ日本人」（山田寛人）　不二出版　2004.6　p233-240
◎参考文献「韓国語発音と文法―敬語分かち書きローマ字表記法外来語表記法」（羅聖淑）　白帝社　2004.10　p247-248
◎参考文献「韓国語と日本語の指示詞の直示用法と非直示用法」（金善美）　風間書房　2006.11　p163-173
◎参考文献「言語接触と中国朝鮮語の成立」（宮下尚子）　九州大出版会　2007.1　p137-145

ちようせ　　　　　　　　　　　　　　　　　　　　　　　　　　　　　　　　　　　主題書誌索引 2001-2007

◎参考文献「総論・教育史・方言・音論・表記論・語彙論・辞書論・造語論」（野間秀樹）　くろしお出版　2007.4　prr
◎参考文献「朝鮮漢字音研究　本文篇」（伊藤智ゆき）汲古書院　2007.10　p269-272

朝鮮人
◎参考文献「日本と日本人に深い関係があるババ・ターニャの物語」（奈賀悟）　文藝春秋　2001.8　p330-331
◎参考文献「韓国・朝鮮系中国人＝朝鮮族」（韓景旭）　中国書店　2001.12　p304-37
◎参考文献ほか「中央アジア少数民族社会の変貌―カザフスタンの朝鮮人を中心に」（李愛俐娥）　昭和堂　2002.2　p233-239
◎文献「関東大震災時の朝鮮人虐殺―その国家責任と民衆責任」（山田昭次）　創史社　2003.9　p212-218
◎参考文献「在日朝鮮人女性文学論」（金壎我）　作品社　2004.8　p248-253
◎参考文献「朝鮮人戦時労働動員」（山田昭次ほか）　岩波書店　2005.8　prr
◎参考文献「「在日コリアン」ってなんでんねん？」（朴一）　講談社　2005.11　p219-220
◎参考文献ほか「多民族共生社会のゆくえ―昭和初期・朝鮮人・豊橋」（伊東利勝）　あるむ　2007.3　p80-81
◎参考資料「越境の時――一九六〇年代と在日」（鈴木道彦）　集英社　2007.4　p249-253
◎参考文献「樺太朝鮮人の悲劇―サハリン朝鮮人の現在」（崔吉城）　第一書房　2007.5　p275-282

朝鮮半島
◎参考文献「増補朝鮮現代史の岐路　なぜ朝鮮半島は分断されたのか」（李景珉）　平凡社　2003.4　p379-369
◎参考文献「朝鮮半島をどう見るか」（木村幹）　集英社　2004.5　p198-202
○回想記リストほか「韓国言語文化研究　9」（九州大）　2005.6　p33-116
◎引用参考文献「朝鮮半島の食料システム―南の飽食、北の飢餓」（三浦洋子）　明石書店　2005.7　p411-426
◎参考文献「「朝鮮半島」危機の構図―半島統一と日本の役割」（田中良和）　ミネルヴァ書房　2006.3　p18-29b

町村合併
◎参考文献「自治体改革第2ステージ―平成の市町村合併必携図書　合併新市建設計画のつくり方」（澤井勝ほか）　ぎょうせい　2003.4　prr
◎参考文献「明治の大合併と戦後地方自治の民主化」（古川哲明）　東京図書出版会　2005.11　p192-193
◎参考文献「市町村合併と地域福祉―「平成の大合併」全国実態調査からみた課題」（川村匡由）　ミネルヴァ書房　2007.6　p267-274

超対称性
◎参考文献「スーパーシンメトリー―超対称性の世界」（ゴードン・ケイン）　紀伊國屋書店　2001.12　p227-233

調達
◎参考文献「国連システムと調達行政」（坂根徹）　東京大　2005.3　p162-170

朝廷
◎参考文献「江戸幕府と朝廷」（高埜利彦）　山川出版社　2001.5　2pb

調停
◎参考文献「和解・調停の実務　補訂版」（梶村太市ほか）　新日本法規出版　2007.6　p1-8f
◎文献一覧「リスク・ファミリー―家事調停の現場から見た現代家族」（井上眞理子）　晃洋書房　2007.7　p181-186

超伝導
◎参考文献「超伝導の基礎」（丹羽雅昭）　東京電機大学出版局　2002.2　p475-482

超伝導発電機
◎参考文献「超伝導発電機」（上之薗博）　オーム社　2004.3　p178-182

超特急
◎参考文献「ヨーロッパの超特急」（エリック・シノッティ, ジャン＝バティスト・トレブル）　白水社　2001.12　p1-2

町人
◎参考文献「町人の実力　改版　日本の歴史17」（奈良本辰也）　中央公論新社　2005.12　p535-538

超ひも理論
◎註「ストリング理論は科学か―現代物理学と数学」（P. ウォイト）　青土社　2007.11　p10-18b

徴兵制
◎文献「戦時下朝鮮の民衆と徴兵」（樋口雄一）　総和社　2001.10　p303-313
◎参考文献「近代日本の徴兵制と社会」（一ノ瀬俊也）　吉川弘文館　2004.6　p337-342

重宝記
○年表稿（長友千代治）「文学部論集　87」（佛教大）　2003.3　p49-68
○年表稿「重宝記の調方記―生活史百科事典発掘」（長友千代治）　臨川書店　2005.9　p362-496

諜報機関
◎文献「日・米・英「諜報機関」の太平洋戦争―初めて明らかになった極東支配をめぐる「秘密工作活動」」（R. オルドリッチ）　光文社　2003.8　p396-417

諜報戦争
◎文献目録「諜報戦争―語られなかった第二次世界大戦」（W. B. ブロイアー）　主婦の友社　2002.10　p383-372

調理
◎参考文献「調理学実習　改訂（第5版）」（田口アイほか）　熊谷印刷出版部　2001.3　p201-202

鳥類
◎引用文献「オンドリは浮気をしないのか―鳥類学への招待」（山岸哲）　中央公論新社　2002.2　p192-202
◎文献「かごしまの野鳥―第56回愛鳥週間「全国野鳥保護のつどい」記念誌」（鹿児島県環境技術協会ほか）鹿児島県環境生活部環境保護課　2002.5　p156-157
◎文献「バード・クリニック・プラクティス―鳥の治療と看護―鳥類臨床の新しい指針」（B. H. コールズ）　メディカルサイエンス社　2002.5　p317-329
◎文献「これからの鳥類学」（山岸哲, 樋口広芳）　裳華房　2002.7　p454-484
◎参考文献「カラスの早起き、スズメの寝坊―文化鳥類学のおもしろさ」（柴田敏隆）　新潮社　2002.7　p237-238

◎参考文献「鳥たちに明日はあるか　景観生態学に学ぶ自然保護」（R. A. アスキンズ）　文一総合出版　2003.6　p394-360
◎参考文献「鳥の起源と進化」（A. フェドゥーシア）　平凡社　2004.7　p551-615
◎引用文献「都市のみどりと鳥」（加藤和弘）　朝倉書店　2005.3　p110-117
◎参考文献「図説鳥名の由来辞典」（菅原浩ほか）　柏書房　2005.5　p10-15f
◎文献「鳥たちの戦略」（松木鴻諮ほか）　桂書房　2005.6　p190-195
◎参考文献「ジョン・グールド鳥類図譜総覧」（J. グールド）　玉川大学出版部　2005.11　p199」
◎「鳥類地方書目録―鳥に関する都道府県別図書リスト」（早川貞臣）　早川貞臣　2005.12　165p A4
◎参考文献「鳥の社会　新装版」（中村登流）　新思索社　2006.1　p8-23b
◎参考文献「江戸鳥類大図鑑―よみがえる江戸鳥学の精華『観文禽譜』（鈴木道男）　平凡社　2006.3　p750-758
◎参考文献「鳥の雑学がよくわかる本―ポケット図解」（柴田佳秀）　秀和システム　2006.4　p248-249
◎参考書目「野鳥文芸辞典　1（あ行）」（御厨正治）　近代文芸社　2006.6　p293-297
○文献リスト（梶田学）「日本鳥類標識協会誌　19.2」（日本鳥類標識協会）　2007　p37-44
◎参考資料「巣箱森のいのちを育てる」（国松俊英）　くもん出版　2007.2　p142-143
◎引用文献「保全鳥類学」（山階鳥類研究所）　京都大学術出版会　2007.3　prr
◎「地域別鳥類文献目録　関東編」（早川貞臣ほか）　早川貞臣　2007.5　80p A4
◎参考文献「フィールドガイド日本の野鳥　増補改訂版」（高野伸二）　日本野鳥の会　2007.10　p346-349

長老派
◎参考文献「長老・改革教会来日宣教師事典」（中島耕二ほか）　新教出版社　2003.3　prr
◎参考文献「長老教会の歴史」（J. H. スマイリー）　教文館　2006.9　p12-13b

チョコレート
◎参考文献「チョコレートの文化誌」（八杉佳穂）　世界思想社　2004.2　p215-235
◎参考文献「チョコレート・ココアの科学と機能」（福場博保ほか）　アイ・ケイコーポレーション　2004.11　prr
◎引用文献「チョコレートの科学―その機能性と製造技術のすべて」（S. T. Beckett）　光琳　2007.6　prr

著作権
◎文献「タイプフェイスの法的保護と著作権」（大家重夫）　成文堂　2000.8　p226-234
◎参考文献「知恵蔵裁判全記録」（鈴木一誌ほか）　太田出版　2001.1　p326-327
◎参考文献「知的財産権と知的創造物法入門―著作権の基礎からビジネスモデル特許の活用まで　改訂2版」（佐藤薫）　オーム社　2001.3　p271-273
◎ブックガイド「マンガと著作権―パロディと引用と同人誌と」（米沢嘉博）　コミケット　2001.8　p216-217
◎参考文献「解説・著作権等管理事業法―平成13年10月施行で著作権ビジネスが変わる」（清野正哉）　中央経済社　2001.8　p193-194

◎参考文献「著作権法の解説　四訂版」（千野直邦ほか）　一橋出版　2001.11　p122-123
◎参考文献「勝手に使うな！　知的所有権のトンデモ話」（稲森謙太郎）　講談社　2001.12　p195-194
◎参考文献「著作権100の事件簿」（富樫康明）　勉誠出版　2002.4　p204-205
◎文献「学術論文のための著作権Q&A―著作権法に則った『論文作法』」（宮田昇）　東海大学出版会　2003.2　p131-132
○新聞記事（市川啓子）「MLAJ newsletter　23.3」（音楽図書館協議会）　2003.3　p18-21
◎文献「米国著作権法詳解　下」（R. ゴーマンほか）　信山社出版　2003.5　p965-973
◎参考文献「『新編』エンタテインメントの罠―アメリカ映画・音楽・演劇ビジネスと契約マニュアル」（福井健策）　すばる舎　2003.6　p318-319
◎参考文献「情報メディアの社会技術―知的資源循環と知的財産法制」（児玉晴男）　信山社　2004.2　p247-268
◎引用文献「ディジタル著作権―二重標準の時代へ」（名和小太郎）　みすず書房　2004.3　p258-268
◎参考文献「デジタル著作権管理―ブロードバンド時代のパブリッシング」（B. ローゼンバラットほか）　ネクサスインターコム　2004.4　p367-369
◎文献ガイド「情報化社会と情報倫理　2版　情報がひらく新しい世界3」（辰己丈夫）　共立出版　2004.4　p145-146
◎参考文献「著作権の法と経済学」（林紘一郎ほか）　勁草書房　2004.6　p249-259
◎文献リスト「点訳・音訳・サービスのための著作権マニュアル」（全国視覚障害者情報提供施設協会サービス委員会）　全国視覚障害者情報提供施設協会　2004.6　p141-144
◎参考文献「唱歌『コヒノボリ』『チューリップ』と著作権―国文学者藤村作と実女近藤宮子とその時代」（大家重夫）　全音楽譜出版社　2004.9　p128-131
◎「著作権文献・資料目録　2003」（大家重夫ほか）　著作権情報センター　2005.3　272p B5
◎参考文献「著作権とは何か」（福井健策）　集英社　2005.5　p212-214
◎参考図書「学術論文のための著作権Q&A―著作権法に則った『論文作法』　新訂版」（宮田昇）　東海大学出版会　2005.8　p145-146
◎参考文献「図書館と著作権」（名和小太郎ほか）　日本図書館協会　2005.10　p205-208
◎「著作権文献・資料目録　2004」（大家重夫ほか）　著作権情報センター　2006.3　262p B5
◎参考文献「情報の私有・共有・公有―ユーザーからみた著作権」（名和小太郎）　NTT出版　2006.6　p264-275
◎参考文献「著作権に気をつけろ！―著作権トラブル110番」（富樫康明）　勉誠出版　2006.8　p266-267
◎参考文献「ユビキタス時代の著作権管理技術―DRMとコンテンツ流通」（今井秀樹）　東京電機大出版局　2006.10　prr
◎参考文献ほか「知恵の守護法　著作権法編」（浜田治雄）　三恵社　2007.3　p789-790
◎「著作権文献・資料目録　2005」（大家重夫ほか）　著作権情報センター　2007.3　218p A4
◎文献目録「デジタル・コンテンツ著作権の基礎知識」（金井重彦）　ぎょうせい　2007.4　p305-317

◎関連文献「著作権法　3版」(斉藤博)　有斐閣　2007.4　p10-12f
◎参考文献「無料・無断で使える著作権ガイド―1億人の著作権時代。ビジネスマン・クリエイターのための」(富樫康明)　日本地域社会研究所　2007.7　p260-262
◎参考文献「ギリシアの神々とコピーライト―「作者」の変遷、プラトンからIT革命まで」(ソーントン不破直子)　學藝書林　2007.11　p205-209
◎参考文献「「海賊版」の思想―18世紀英国の永久コピーライト闘争」(山田奨治)　みすず書房　2007.12　p8-16b

著作集
○一覧「大航海　64」(新書館)　2007　p187-186

貯蓄
◎参考文献「資産選択と日本経済―家計からの視点」(松浦克己ほか)　東洋経済新報社　2004.11　p293-304
◎参考文献「中国の貯蓄と金融―家計・企業・政府の実証分析」(唐成)　慶應義塾大出版会　2005.8　p233-243

チリ
◎参考文献「チリの歴史―世界最長の国を歩んだ人びと」(J. エイサギレル)　新評論　2002.2　p897-891
◎参考文献「イースター島の悲劇―倒された巨像の謎　新装版」(鈴木篤夫)　新評論　2002.6　p251-253
◎参考文献「チリ生鮮果物輸出産業の発展過程における中小農の位置づけ」(村瀬幸代)　上智大　2004.3　p33-35
◎ブックガイド「イースター島　改訂版」(柳谷杞一郎)　雷鳥社　2005.9　p206-207

地理
◎参考文献「一冊で世界地理と日本地理をのみこむ本」(目崎茂和)　東京書籍　2001.4　p300-301
◎参考文献「地理情報システムを用いた空間データ分析」(張長平)　古今書院　2001.8　p184-190
◎文献「アメリカは誰のものか―ウェールズ王子マドックの神話」(川北稔)　NTT出版　2001.9　p181-191
◎注文献「20世紀の地理学者」(竹内啓一、杉浦芳夫)　古今書院　2001.10　p377-333
◎文献「ジェンダーの地理学」(神谷浩夫ほか)　古今書院　2002.4　prr
◎「茨木市関係地理学文献目録・解題」(茨木市史編さん室)　茨木市　2003.2　103p A4
◎「伝統と革新―私が読んだ99の地理学」(竹内啓一)　古今書院　2003.2　401p A5
◎文献「変分原理の地理学的応用」(平野昌繁)　古今書院　2003.3　p112-114
◎文献「地理学入門―マルティ・スケール・ジオグラフィ　新訂版」(浮田典良)　大明堂　2003.4　prr
◎参考文献「人文地理学概論　上　改定増補」(今井清一)　晃洋書房　2003.5　p149」
◎参考文献「経済地理学の成果と課題　6」(経済地理学会)　大明堂　2003.6　prr
◎引用文献「人文地理発想法入門―頸城野からの発信」(大嶽幸彦)　大明堂　2003.6　prr
◎文献(加藤政洋ほか)「ポストモダン地理学―批判的社会理論における空間の位相」(E. W. ソジャ)　青土社　2003.7　p344-362
◎参考文献「子どもの初航海―遊び空間と探検行動の地理学」(寺本潔ほか)　古今書院　2004.4　p158-161
◎文献紹介「空間の社会地理　シリーズ人文地理学5」(水内俊雄)　朝倉書店　2004.6　p167-170
◎「地理学文献目録　11」(人文地理学会文献目録編集委員会)　古今書院　2004.7　10, 450p B5
◎文献「人文地理学の発展―英語圏とドイツ語圏との比較研究」(森川洋)　古今書院　2004.9　p189-208
◎参考文献「大学テキスト自然地理学　下」(大山正雄)　古今書院　2004.10　prr
◎注「新版暮らしの地理学」(山嵜謹哉ほか)　古今書院　2004.11　prr
◎引用文献「図説日本の生活圏」(伊藤喜栄)　古今書院　2004.11　p156-159
○著作目録(岡田俊裕)「高知大学教育学部研究報告　65」(高知大)　2005.3　p131-152
◎引用参考図書「人文地理学―その主題と課題」(杉浦章介ほか)　慶應義塾大出版会　2005.4　prr
◎文献「モダニティの歴史地理　下」(B. J. グレアム)　古今書院　2005.5　p321-360
◎引用文献「地理知識の効用―生活のための地理学」(大嶽幸彦)　古今書院　2005.12　p115-137
◎文献一覧「小学生に教える「地理」―先生のための最低限ガイド」(荒木一視)　ナカニシヤ出版　2006.4　p108-109
◎文献表「古代地中海を巡るゲオグラフィア」(S. マニャーニ)　シーライトパブリッシング　2006.12　p15-25b
◎参考文献「地理学概論」(上野和彦ほか)　朝倉書店　2007.4　p157-166
◎文献年表「日本の地理学文献選集―近代地理学の形成2第8巻　西田与四郎・西亀正夫　復刻」(岡田俊裕)　クレス出版　2007.8　p20-31b

地理学
○翻訳書(岡田俊裕)「地理　52.5.622」(古今書院)　2007.6　p127-124

地理学史
◎研究文献ほか「地理学史―人物と論争」(岡田俊裕)　古今書院　2002.9　p205-221
◎文献「近代日本における地理学の一潮流」(源昌久)　学文社　2003.5　p257-259

地理教育
◎参考文献「社会科地理教育論」(山口幸男)　古今書院　2002.10　prr
◎参考文献「授業のための日本地理　4版」(地理教育研究会)　古今書院　2003.10　p225-230
◎文献紹介「21世紀の地理―新しい地理教育」(村山祐司)　朝倉書店　2003.11　p179-180
◎文献「地理教育内容編成論研究―社会科地理の成立根拠」(草原和博)　風間書房　2004.3　p615-636
◎参考文献「授業のための世界地理　4版」(地理教育研究会)　古今書院　2006.3　p285-290
◎参考文献「子どもたちへの開発教育―世界のリアルをどう教えるか」(西岡尚也)　ナカニシヤ出版　2007.4　p138-142
◎参考文献「実践地理教育の課題―魅力ある授業をめざして」(小林浩二)　ナカニシヤ出版　2007.10　prr

地理情報学
◎文献解題ほか「地理学情報学入門」(野上道雄ほか)　東京大学出版会　2001.11　p153-158
◎参考文献(川島正治ほか)「地理情報科学事典」(地理情報システム学会)　朝倉書店　2004.4　p493-499

地理情報システム
◎関連書籍「考古学のためのGIS入門」（金田明大）　古今書院　2001.8　p199-218
◎文献「GISと地球表層環境」（R. ディカウほか）　古今書院　2004.8　prr
◎文献紹介（村山祐司）「地理情報システム」　朝倉書店　2005.5　p203-205

ちりめん本
○目録（小島庸亨, 佐藤典子）「参考書誌研究　54」（国立国会図書館）　2001.3　p36-68
○出版目録「ちりめん本のすべて—明治の欧文挿絵本」（石沢小枝子）　三弥井書店　2004.3　p1-39b
○所蔵リスト（江口磨希）「平成17年度国際子ども図書館児童文学連続講座講義録「日本児童文学の流れ」」　国際子ども図書館　2006.10　p150-153
○「文明開化期のちりめん本と浮世絵—学校法人京都外国語大学創立60周年記念稀覯書展示会　展示目録」（京都外国語大学付属図書館, 京都外国語短期大学付属図書館）　京都外国語大図書館　2007.5　165p A4

治療史
◎参考文献「日本精神病治療史」（八木剛平, 田辺英）　金原出版　2002.4　p1-10b

治療文化
◎参考文献「治療文化論—精神医学的再構築の試み」（中井久夫）　岩波書店　2001.5　p209-218

地歴
◎文献「西洋発近代からの卒業—総合的地歴観の提唱」（松崎昇）　慧文社　2005.2　p319-331

賃金
◎参考文献「アメリカの賃金・評価システム」（笹島芳雄）　日経連出版部　2001.6　p223-226
◎参考文献「文化・組織・雇用制度—日本的システムの経済分析」（荒井一博）　有斐閣　2001.12　p243-263
◎文献「日本企業の業績評価と報酬システム—理論と実証」（星野優太）　白桃書房　2003.2　p237-246
◎引用「成果と公平の報酬制度」（奥林康司）　中央経済社　2003.7　prr
◎参考文献「賃金デフレ」（山田久）　筑摩書房　2003.11　p218-221
◎参考文献「成果主義賃金の研究」（高橋賢司）　信山社出版　2004.8　p297-312
◎参考文献「検証成果主義」（E. E. ローラー）　白桃書房　2004.10　p331-339
◎引用参考文献「日本賃金管理史—日本的経営論序説」（晴山俊雄）　文眞堂　2005.2　p326-332
◎参考文献「賃金の決め方—賃金形態と労働研究」（遠藤公嗣）　ミネルヴァ書房　2005.6　p217-225
◎参考引用文献「日本の性差別賃金—同一価値同一労働同一賃金原則の可能性」（森ます美）　有斐閣　2005.6　p307-323
◎引用参考文献「戦略としての労働組合運動—能力主義・成果主義・同一労働同一賃金」（山下東彦）　文理閣　2005.10　p326-330
◎参考文献「近世賃金物価史史料　改訂版」（小柳津信郎）　成工社出版部　2006.6　p590-605
◎参考文献「デフレ下の賃金変動—名目賃金の下方硬直性と金融政策」（黒田祥子ほか）　東京大出版会　2006.9　p245-256
◎参考文献「賃労働理論の基本構造—賃労働の理論、歴史、現状」（田中俊次）　東京農業大出版会　2006.12　p321-328

賃金管理
◎文献「近代企業における賃金管理制度の研究」（手島勝彦）　広島経済大学地域経済研究所　2002.3　p147-150

賃金支払
◎文献「資金決済システムの法的課題」（久保田隆）　国際書院　2003.6　p283-296

賃金制度
◎引用文献「電産型賃金の世界—その形成と歴史的意義　新装版」（河西宏祐）　早稲田大学出版部　2001.5　p339-341
◎文献「定昇のない業績賃金メリットペイ」（肥後文雄）　同友館　2003.11　p177-178
◎参考文献「日本型賃金制度の行方—日英の比較で探る職務・人・市場」（須田敏子）　慶應義塾大出版会　2004.8　p269-291

チンパンジー
◎引用文献「マハレのチンパンジー—《パンスロポロジー》の三七年」（西田利貞ほか）　京都大学学術出版会　2002.11　p588-561
◎参考文献「進化の隣人ヒトとチンパンジー」（松沢哲郎）　岩波書店　2002.12　p207-210
◎参考文献「なぜ「まね」をするのか—霊長類から人類を読み解く　Evolutionary neighbors」（明和政子ほか）　河出書房新社　2004.2　p167-172
◎参考文献「赤ちゃんがヒトになるとき—ヒトとチンパンジーの比較発達心理学」（中村徳子）　昭和堂　2004.11　p249-251
◎参考文献「チンパンジーの政治学—猿の権力と性」（F. B. M. d. ヴァール）　産経新聞出版　2006.9　p328-334

【つ】

ツァロート
◎注「ツァロートの道—ユダヤ歴史・文化研究」（中央大人文研）　中央大　2002.3　prr

追悼
◎参考文献「慰霊・追悼・顕彰の近代」（矢野教一）　吉川弘文館　2006.3　p260-273

追悼記事
◎「追悼記事索引　1991-2005」（日外アソシエーツ）　日外アソシエーツ　2006.4　7, 952p B5

通貨
◎参考文献「全地球化するマネー—ドル・円・ユーロを読む」（石見徹）　講談社　2001.2　p215-218
◎参考資料「やってみよう！　地域通貨」（ぶぎん地域経済研究所）　学陽書房　2003.3　p153-154
◎参考文献「アジア共通通貨戦略—日本「再生」のための国際政治学」（近藤健彦）　彩流社　2003.10　p219-218
◎文献「通貨・金融の歴史と現状—金融政策の視点」（新宅彰）　日経事業出版センター　2003.12　p1-4b

つうかき

◎参考文献「ポンドの苦闘―金本位制とは何だったのか」（金井雄一）　名古屋大学出版会　2004.2　p201-216
◎文献「通貨金融危機と国際マクロ経済学」（石山嘉英）　日本評論社　2004.4　p205-211
◎参考文献「中国「人民元」の挑戦―アジアの基軸通貨を目指す人民元」（中島厚志）　東洋経済新報社　2004.7　p251-258
◎参考文献「地域並行通貨の経済学――国一通貨制を超えて」（室田武）　東洋経済新報社　2004.10　p1-14b
◎参考文献「アジア通貨危機を超えて―危機の背景と影響，協力体制への模索」（橋本優子）　三菱経済研究所　2006.11　p97-101

通過儀礼

◎参考文献「日本の通過儀礼」（八木透）　佛教大学通信教育部　2001.3　p259-266
◎参考文献「日本の通過儀礼　仏教大学鷹陵文化叢書4」（八木透ほか）　思文閣出版　2001.3　p259-266
◎参考文献「暮らしの中の民俗学　3　一生」　吉川弘文館　2003.5　p235-244
◎参考文献「日本人の一年と一生―変わりゆく日本人の心性」（石井研士）　春秋社　2005.2　p212-214
◎参考文献「日本と台湾における通過儀礼の比較研究―葬送儀礼を中心に―社会学的分析」（尤銘煌）　太陽書房　2005.11　p329-339
◎文献（青木慎一ほか）「王朝文学と通過儀礼」　小嶋菜温子　竹林舎　2007.11　p570-581

通貨政策

◎参考文献「新しい貨幣の創造―市民のための金融改革」（ジョセフ・フーバー，ジェイムズ・ロバートソン）　日本経済評論社　2001.12　p169-172
◎参考文献「国際通貨制度の選択―東アジア通貨圏の可能性」（J. ウィリアムソン）　岩波書店　2005.8　p187-195

通貨戦略

◎参考文献「米国通貨戦略の破綻―強いドルはいつまで続くのか」（森佳子）　東洋経済新報社　2001.6　p309-311

通貨統合

◎文献「ヨーロッパ通貨統合―その成り立ちとアジアへのレッスン」（山下英次）　勁草書房　2002.7　p295-308
◎参考文献「欧州正貨統合のゆくえ」（坂田豊光）　中央公論新社　2005.1　p198-195

通貨問題

◎文献「法幣をめぐる日満中関係」（判沢純太）　信山社　2002.8　p303-320

通勤電車

◎参考文献「世界の通勤電車ガイド」（佐藤芳彦）　成山堂書店　2001.8　p158-159

通商政策

◎参考文献「通商政策への新たな視点」（藤田康範）　三菱経済研究所　2001.3　p97-98
◎参考文献「日本の通商政策入門」（青木健ほか）　東洋経済新報社　2002.12　prr
◎参考文献「戦略的通商政策理論の展開」（林原正之）　昭和堂　2005.2　p333-338

通商摩擦

◎文献「日米通商摩擦の政治経済学」（中戸祐夫）　ミネルヴァ書房　2003.3　p273-284

通信

◎参考資料「原典メディア環境―1851-2000」（月尾嘉男ほか）　東京大学出版会　2001.4　p715-723
◎参考書ほか「コンピュータ通信　第2版」（松永俊雄，木ノ内康夫，水谷正大）　丸善　2002.7　p181-184
◎参考文献「絶え間なき交信の時代―ケータイ文化の誕生」（J. E. カッツほか）　NTT出版　2003.6　p522-503
◎参考文献「近代東アジアのグローバリゼーション」（M. カプリオ）　明石書店　2006.7　p261-266
◎参考文献「情報と通信の文化史」（星名定雄）　法政大出版局　2006.10　p25-43b

通信教育

◎参考文献「ネットラーニング―事例に学ぶ21世紀の教育」（佐藤修）　中央経済社　2001.1　p208-209
◎参考文献「みんなのe-ラーニング―体験的授業改革論」（生田目康子）　中央経済社　2002.2　p202-206
◎参考文献「大学・大学院通信教育の設置・運営マニュアル―21Cの生涯学習・社会人教育を拓く」（通信・遠隔教育研究会）　地域科学研究会　2004.1　p314-315
◎参考文献「遠隔教育とeラーニング」（鄭仁星ほか）　北大路書房　2006.3　p237-252

通信行政

◎参考文献「情報通信の政策評価―米国通信法の解説」（浅井澄子）　日本評論社　2001.7　p243-255
◎参考文献「通信グローバル化の政治学―「外圧」と日本の電気通信政策」（須田祐子）　有信堂高文社　2005.12　p4-9b

通信使

◎参考文献「朝鮮通信使の饗応」（高正晴子）　明石書店　2001.3　p237-242

通信史

◎参考文献「戦国のコミュニケーション―情報と通信」（山口邦明）　吉川弘文館　2002.1　p267-274
◎参考文献「にっぽん無線通信史」（福島雄一）　朱鳥社　2002.12　p182-183
◎参考文献「腕木通信―ナポレオンが見たインターネットの夜明け」（中野明）　朝日新聞社　2003.11　p276-279

通信制高校

◎文献「これが通信制高校だ―進化する高校」（手島純）　北斗出版　2002.3　p171-174

通信ネットワーク

◎参考文献「情報通信ネットワーク―システムとサービス　改訂版」（秋丸春夫，奥山徹）　電気通信協会　2002.1　p193-197

通信プロトコル

◎参考文献「HTTPプロトコル―セキュア＆スケーラブルなWeb開発」（Stephen Thomas）　ソフトバンクパブリッシング　2002.3　p315-318

通信法

◎参考文献「情報通信の政策評価―米国通信法の解説」（浅井澄子）　日本評論社　2001.7　p243-255

通信網
　◎引用参考文献「ネットワーク技術の基礎と応用―ICTの基本からQoS、IP電話、NGNまで」（淺谷耕一）　コロナ社　2007.10　p207-211

通俗小説
　◎年表「真珠夫人　注解・考説編」（菊池寛研究会）　翰林書房　2003.8　p222-223

通販業界
　◎参考文献「図解通販業界ハンドブック」（店舗システム協会）　東洋経済新聞社　2003.7　p173-172

通訳
　◎参考文献「通訳の英語日本語」（小松達也）　文藝春秋　2003.5　p197-198
　◎参考文献「通訳の技術」（小松達也）　研究社　2005.9　p165-166
　◎参考文献「同時通訳」（R．ジューンス）　松柏社　2006.4　p229-236
　◎参考文献「通訳者と戦後日本外交」（鳥飼久美子）　みすず書房　2007.8　p1-17b
　◎参考文献「英語通訳への道―通訳教本」（日本通訳協会）　大修館書店　2007.12　p326-327

東日流外三郡誌
　◎参考文献「偽書「東日流外三郡誌」事件」（斉藤光政）　新人物往来社　2006.12　p324-329

月
　◎note「アポロは月に行ったのか―Dark-Moon　月の告発者たち」（M．ベネット，D．S．パーシー）　雷韻出版　2002.10　p1-9b
　◎参考文献「月で遊ぶ」（中野純）　アスペクト　2004.10　p252-253
　◎参考文献「月のきほん―moon guide」（白尾元理）　誠文堂新光社　2006.8　p140-141
　◎文献あり「月に恋」（ネイチャー・プロ編集室）　PHP研究所　2006.10　p188-189

憑き物
　◎参考文献「憑依と呪いのエスノグラフィー」（梅屋潔ほか）　岩田書院　2001.10　p221-236
　◎文献目録「中国の〈憑きもの〉―華南地方の蠱毒と呪術的伝承」（川野明正）　風響社　2005.2　p321-343

筑紫箏
　◎文献「筑紫箏音楽史の研究」（宮崎まゆみ）　同成社　2003.2　p901-906

漬物
　◎文献「漬物学―その化学と製造技術」（前田安彦）　幸書房　2002.11　p355-357

続きもの
　○書誌（石山洋）「文献探索　2000」（文献探索研究会）　2001.2　p55-60

綴り方
　◎引用文献ほか「大正昭和初期における生活表現の綴り方の研究―東京高師付属小学校教師の実践と理論」（高森邦明）　高文堂出版社　2002.11　p629-652
　◎総目次「子ども文化にみる綴方と作文―昭和をふりかえるもうひとつの歴史」（根本正義）　KTC中央出版　2004.5　p246-283

土一揆
　◎参考文献「土一揆の時代」（神田千里）　吉川弘文館　2004.10　p219-222
　◎注「土一揆と城の戦国を行く」（藤木久志）　朝日新聞社　2006.10　p263-285

つつじ
　◎参考文献「館林とツツジ　館林市史　特別編1」（館林市史さん委員会）　館林市　2004.3　p490-493

堤中納言物語
　◎複製・影印本「堤中納言物語―高松宮本」（池田利夫）　笠間書院　2007.1　p223」

津波
　◎参考文献「海神襲来―インド洋大津波・生存者たちの証言」（広瀬公巳）　草思社　2007.11　p268-270
　◎文献「津波の事典」（首藤伸夫ほか）　朝倉書店　2007.11　prr

ツバキ
　◎文献「現代日本生物誌　8　ツバキとサクラ―海外に進出する植物たち」（林良博）　岩波書店　2003.3　p1-4b

ツバメ
　◎参考図書「ツバメのくらし百科」（大田真也）　弦書房　2005.3　p206-208

ツバル
　◎参考文献「ツバルよ不沈島を築け！―地球温暖化で「沈む」国へのエール」（石田進）　芙蓉書房出版　2007.2　p186-187

妻
　◎註「〈妻〉の歴史」（M．ヤーロマ）　慶應義塾大出版会　2006.4　p9-39b

罪
　◎原注「罪と恐れ―西欧における罪責意識の歴史/十三世紀から十八世紀」（J．ドリュモー）　新評論　2004.12　p1168-1061

釣り
　◎参考文献「山釣り談義」（鈴野藤夫）　文一総合出版　2002.10　p301-314
　◎参考文献「江戸の釣り　水辺に開いた趣味文化」（長辻象平）　平凡社　2003.4　p249-254
　◎参考文献「釣魚をめぐる博物誌」（長辻象平）　角川書店　2003.6　p241-248
　◎引用文献「思い出語り庄内の磯釣り」（村上龍男）　東北出版企画　2006.5　p349-352

釣具
　◎参考文献「釣具考古・歴史図譜」（小田淳）　叢文社　2004.3　p238」

ツーリズム
　◎参考文献「場所を消費する」（J．アーリ）　法政大学出版局　2003.4　p17-43b
　◎参考引用文献「近代ツーリズムと温泉」（関戸明子）　ナカニシヤ出版　2007.8　p195-203

吊橋
　◎参考文献「タコマ橋の航跡―吊橋と風との闘い」（Scott, R）　三恵社　2005.7　p551-562

ツル
- ◎文献「ツルはどこからやって来るのか」（鴨川誠） 葦書房　2001.2　p216-218

ツール・ド・フランス
- ◎参考文献「ツール100話　ツール・ド・フランス100年の歴史」（安家達也）　未知谷　2003.7　p293-294

【て】

手
- ◎参考文献ほか「手の五〇〇万年史―手と脳と言語はいかに結びついたか」（F. ウィルソン）新評論　2005.8　p368-381
- ◎文献「手―その機能と解剖　改訂4版」（上羽康夫）金芳堂　2006.4　p263-277

テアイテトス
- ◎参考文献「『テアイテトス』研究」（田坂さつき）知泉書館　2007.7　p235-241

ディアナ号
- ◎参考文献「駿河湾に沈んだディアナ号」（奈木盛雄）元就出版社　2005.1　p665-669

DNA
- ◎参考文献「リンカーンのDNAと遺伝学の冒険　II」（P. R. レイリー）　岩波書店　2003.5　p10-22b
- ◎参考文献「DNAの時代　期待と不安」（大石道夫）文藝春秋　2005.2　p216-218
- ◎参考文献「DNAから見た日本人」（斎藤成也）　筑摩書房　2005.3　p4-6b
- ◎参考図書「DNA複製の謎に迫る―正確さといい加減さが共存する不思議ワールド」（武村政春）講談社　2005.4　p210-212
- ◎参考文献「情報進化論―生命進化の解明に向けて」（大矢雅則）岩波書店　2005.4　p107-109
- ◎参考文献「DNAと遺伝情報の物理」（伏見譲）岩波書店　2005.12　p92-93
- ◎引用文献「DNAの複製と変容」（武村政春）　新思索社　2006.11　p285-300
- ◎参考引用文献「脱DNA宣言―新しい生命観へ向けて」（武村政春）　新潮社　2007.9　p185-186
- ◎参考文献「泳ぐDNA」（猿渡敏郎）東海大出版会　2007.12　p257-281

DNA鑑定
- ◎引用参考文献「DNA鑑定のはなし　犯罪捜査から親子鑑定まで」（福島弘文）裳華房　2003.3　p124-125
- ◎引用文献「DNA鑑定―その能力と限界」（勝又義直）名古屋大学出版会　2005.10　p245-252
- ◎参考文献「犯罪と科学捜査　続　DNA型鑑定の歩み」（瀬田季茂）東京化学同人　2005.10　p5-10b
- ◎参考文献「DNA鑑定―科学の名による冤罪　増補改訂版」（天笠啓祐ほか）緑風出版　2006.2　p205-208

庭園
- ◎参考図書「日本庭園を愉しむ」（田中昭三）実業之日本社　2002.1　1pb
- ◎注「庭石と水の由来―日本庭園の石質と水系」（尼崎博正）昭和堂　2002.2　prr
- ◎参考文献「古代庭園の思想―神仙世界への憧憬」（金子裕之ほか）角川書店　2002.6　prr
- ◎参考文献「森と庭園の英国史」（遠山茂樹）文藝春秋　2002.8　p201-206
- ◎関係書目録「日本庭園鑑賞便覧―全国庭園ガイドブック」（京都林泉協会）学芸出版社　2002.8　p250-234
- ◎参考文献「日本庭園の心得　基礎知識から計画・管理・改修まで」（枡野俊明）国際花と緑の博覧会記念協会　2003.3　1pb
- ◎参考文献「イギリス庭園の文化史　夢の楽園と癒しの庭園」（中山理）大修館書店　2003.6　p249-253
- ◎参考文献「英国の庭園―その歴史と様式を訪ねて」（岩切正介）法政大学出版局　2004.3　p378-382
- ◎参考文献「岩波日本庭園辞典」（小野健吉）岩波書店　2004.3　p349-350
- ◎文献「明日こそは緑の森へ―イギリスの庭が美を語りはじめたとき」（松平圭一）西日本法規出版　2005.4　p174-189
- ◎文献目録「二條城庭園の歴史」（内田仁）東京農業大出版会　2006.5　p13-15
- ◎参考文献「鎌倉の庭園―鎌倉・横浜の名園をめぐる」（宮元健次）神奈川新聞社　2007.4　p338-339

帝王
- ◎参考文献「世界帝王系図集　増補版　新装」（下津清太郎）東京堂出版　2001.9　p439-442

低温技術
- ○関連文献「食品と低温」流通システム研究センター　2005.5　p129-146

帝銀事件
- ◎文献「歴史と時代の産物としての帝銀・下山両事件ほか―真実は隠しとおせない」（佐藤正）新生出版　2005.12　p393-400

デイケア
- ◎参考文献「精神科デイケアQ&A」（日本デイケア学会）中央法規出版　2005.10　p228-229

抵抗権
- ◎参考文献「市民的不服従」（寺島俊穂）風行社　2004.3　p8-23b

抵抗者
- ◎参考文献「抵抗者たち―証言・戦後史の現場から」（米田綱路）講談社　2004.8　p283-289

帝国
- ○三十の書物（山下範久）「比較文明　19」（行人社）2003.12　p152-167
- ○読書案内ほか（見市雅俊）「帝国　1冊でわかる」（S. ハウ）岩波書店　2003.12　p200-205, 1-4b

帝国主義
- ○注「帝国主義と国民統合」（W. J. モムゼンほか）未来社　2002.6　prr
- ◎邦訳文献「征服と文化の世界史―民族と文化変容」（T. ソーウェル）明石書店　2004.11　p557-560
- ◎文献ノート「進歩の触手―帝国主義時代の技術移転」（D. R. ヘッドリク）日本経済評論社　2005.2　p373-377
- ◎参考文献ほか「ニュー・インペリアリズム」（D. ハーヴェイ）青木書店　2005.6　p21-34b

◎参考文献「帝国主義」(A. N. ポーター)　岩波書店　2006.3　p8-40b
◎ブックガイド(竹下和亮)「民族と帝国」(A. パグデン)　ランダムハウス講談社　2006.10　p249-253

偵察機
◎参考文献「偵察機入門―世界の主要機とその運用法」(飯山幸伸)　光人社　2004.1　p385-386

デイサービス
◎おすすめの本「聞きとって・ケア―コミュニケーション(術)としての庶民史」(野村拓, 垣田さち子, 吉中丈志)　かもがわ出版　2002.10　p247-249

定時制高校
◎引用参考文献「格差社会にゆれる定時制高校―教育の機会均等のゆくえ」(手島純)　彩流社　2007.9　p139-140

TCP/IP
◎文献「詳解TCP/IP Vol.2　実装」(ゲーリー・R. ライト, W. リチャード・スティーヴンス)　ピアソン・エデュケーション　2002.12　p1055-1060

定住外国人
◎参考文献「「在日」の家族法Q&A」(「定住外国人と家族法」研究会)　日本評論社　2001.5　p355-363

定常型社会
◎参考文献「定常型社会―新しい「豊かさ」の構想」(広井良典)　岩波書店　2001.6　p181-184

ディスクジョッキー
◎文献一覧「DJカルチャー―ポップカルチャーの思想史」(W. ポーシャルト)　三元社　2004.4　p15-21b

ディスクロージャーモデル
◎注「企業情報の開示―次世代ディスクロージャーモデルの提案」(R. エクレスほか)　東洋経済新報社　2002.6　p238-248

ディズニー
◎参考文献「ディズニー千年王国の始まり　メディア制覇の野望」(有馬哲夫)　NTT出版　2001.2　p285-289
◎参考文献「ディズニーリゾートの経済学」(粟田房穂)　東洋経済新報社　2001.4　p207-209

ディーゼル排ガス
◎引用文献「これでわかるディーゼル排ガス汚染」(嵯峨井勝)　合同出版　2002.6　p226-222

停滞
◎参考文献「長期停滞」(金子勝)　筑摩書房　2002.8　p197-202

DTP
◎参考文献「DTP最新用語事典　2002-2003」(ファー・インク)　アイ・ディ・ジー・ジャパン　2002.1　p4-5

帝都物語
◎ブックガイド「帝都物語異録」(荒俣宏ほか)　原書房　2001.12　p316-317

定年
○101冊「定年後は第二の人生が楽しい事典」(舛添要一)　講談社　2001.6　p311-313
◎参考文献「定年制廃止計画―エイジフリー雇用のすすめ」(横溝雅夫, 北浦正行)　東洋経済新報社　2002.3　p229-232
◎文献「義務化!　65歳までの雇用延長制度導入と実務」(広田薫)　日本法令　2004.7　p201-203

ディベート
◎注文献「ザ・ディベート」(茂木秀昭)　筑摩書房　2001.4　prr

堤防
◎参考文献「図説河川堤防」(中島秀雄)　技報堂出版　2003.9　p225-228

ティモール島
◎参考文献「ヌサトゥンガラ島々紀行―バリ発チモール行き」(瀬川正仁)　凱風社　2005.12　p284-285

手織り
◎注「高機物語―日本の手織り高機」(佐貫尹ほか)　芸艸堂　2002.10　p200-203

出稼ぎ
◎参考文献「離土離郷―中国沿海部農村の出稼ぎ女性」(熊谷苑子)　南窓社　2002.2　p297-300
◎参考文献「村落社会と「出稼ぎ」労働の社会学―諏訪地域の生業セットとしての酒造労働と村落・家・個人」(矢野晋吾)　御茶の水書房　2004.11　p255-286
◎参考文献「ポルトガル語になった「デカセギ」―ブラジル国内メディア分析によるブラジル社会のデカセギ観変遷の考察」(調子千紗)　上智大　2006.10　p55-61

手形法
◎参考文献「手形法小切手法概論　第2版」(丸山秀平)　中央経済社　2001.3　p1-6f
◎参考文献「手形・小切手法　第2版」(川村正幸)　新世社　2001.11　p350-351

手紙
○50選解題(平岡敏夫ほか)「国文学　45.13」(学燈社)　2000.11　p112-137

適応
◎引用文献「ストレス対処の心理・生理的反応に及ぼす影響に関する研究」(鈴木伸一)　風間書房　2002.1　p169-178
◎文献「植物の耐寒戦略―寒極の森林から熱帯雨林まで」(酒井昭)　北海道大学図書刊行会　2003.3　p5-13b
◎文献「ストレス対処から見た心配の認知的メカニズム」(杉浦義典)　風間書房　2003.9　p117-125
◎文献「日中比較による異文化適応の実際」(吉沅洪)　渓水社　2003.12　p147-153
◎参考文献「ストレスと情動の心理学―ナラティブ研究の視点から」(R. S. ラザルス)　実務教育出版　2004.5　p351-391
◎参考文献「学校、職場、地域におけるストレスマネジメント実践マニュアル」(嶋田洋徳ほか)　北大路書房　2004.9　p181-187
◎参考文献「極限環境の生命―生物のすみかのひろがり」(D. A. ワートン)　シュプリンガーV東京　2004.12　p9-14b
◎文献「自分を知り、自分を変える―適応的無意識の心理学」(T. D. ウィルソン)　新曜社　2005.5　p9-31b
◎引用参考文献「対人関係と適応の心理学―ストレス対処の理論と実践」(谷口弘一ほか)　北大路書房　2006.9　p165-185

てきおう

◎参考文献「環境生理学」(本間研一ほか) 北海道大出版会 2007.2 prr

適応障害
◎参考文献「適応障害とカウンセリング」(井上敏明) 朱鷺書房 2005.6 p269-272

適塾
◎参考文献「適塾の謎」(芝哲夫) 大阪大学出版会 2005.6 p143-149

テクトニック・カルチャー
◎Bibliography「テクトニック・カルチャー——19-20世紀建築の構法の詩学」(K. フランプトン) TOTO出版 2002.1 p627-606

テクニカルライティング
◎参考文献「技術者・学生のためのテクニカルライティング 第2版」(三島浩) 共立出版 2001.1 p179-180

テクノリテラシー
◎注「テクノリテラシーとは何か——巨大事故を読む技術」(斉藤了文) 講談社 2005.2 p246-258

テクノロジー
◎読書案内「テクノロジーと教育のゆくえ」(吉川弘之) 岩波書店 2001.10 p163-165

デザイン
◎参考文献「「時」を生きるイタリア・デザイン」(佐藤和子) TBSブリタニカ 2001.5 p362-363
◎参考文献「こんなデザインが使いやすさを生む——商品開発のためのユーザビリティ評価」(三菱電機デザイン研究所) 工業調査会 2001.11 p235-241
◎参考文献「情報デザイン——分かりやすさの設計」(IID.j情報デザインアソシエイツ) グラフィック社 2002.2 p218-223
◎参考文献「デザイン言語——感覚と論理を結ぶ思考法」(奥出直人, 後藤武) 慶応義塾大学出版会 2002.5 prr
◎参考文献「モダン・デザイン全史」(海野弘) 美術出版社 2002.10 p571-568
◎文献「アート、デザイン、ヴィジュアル・カルチャー——社会を読み解く方法論」(マルコム・バーナード) アグネ承風社 2002.12 p212-219
◎「服飾・デザインの本全情報 1945-2001」(日外アソシエーツ) 日外アソシエーツ 2002.12 778p A5
◎文献リスト「デザイン学研究特集号 9.2」(日本デザイン学会) 2002 p61-65
◎註「関西モダンデザイン前史」(宮島久雄) 中央公論美術出版 2003.1 prr
◎本「現代デザイン事典」(伊東順二ほか) 平凡社 2003.3 p230-239
◎参考文献「オーガニック・デザイン 21世紀を拓くコンセプト」(三井秀樹) 平凡社 2003.7 p184-187
◎参考文献「カラー版日本デザイン史」(竹原あき子ほか) 美術出版社 2003.7 p178-183
◎文献「デザイン事典」(日本デザイン学会) 朝倉書店 2003.10 prr
◎参考文献「越境する造形——近代の美術とデザインの十字路」(永井隆則) 晃洋書房 2003.11 p235-243
◎参考文献「Design Basics——デザインを基礎から学ぶ」(D. ルーアーほか) トムソンラーニング 2004.1 p268-269
◎書籍ガイド「What is packaging design?」(G. Calver) ビー・エヌ・エヌ新社 2004.3 p250-251
◎ブックガイド「デザインの生態学——新しいデザインの教科書」(後藤武ほか) 東京書籍 2004.4 p246-257
◎参考文献「建築環境のデザインと設備」(藤井修二) 市ヶ谷出版社 2004.9 prr
◎参考文献「エモーショナル・デザイン——微笑を誘うモノたちのために」(D. A. ノーマン) 新曜社 2004.10 p15-24b
◎参考文献「パステルカラーの罠——ジェンダーのデザイン史」(P. スパーク) 法政大学出版局 2004.11 p30-55b
◎参考文献「眼の冒険——デザインの道具箱」(松田行正) 紀伊國屋書店 2005.4 p320-323
◎参考文献「20世紀デザインヒストリー」(渡部千春ほか) プチグラパブリッシング 2005.9 p172-175
◎参考図書「インダストリアルデザイナーになるには」(石川弘) ぺりかん社 2005.10 p162-163
◎参考文献「ポーランドの建築・デザイン史——工芸復興からモダニズムへ」(D. クラウリー) 彩流社 2006.3 p44-50b
◎参考文献「What is modern design?」(L. Bhaskaran) ビー・エヌ・エヌ新社 2006.4 p236-237
◎参考文献「デザイン史を学ぶクリティカル・ワーズ」(橋本優子ほか) フィルムアート社 2006.6 p312-321
◎参考文献「日本のアールデコ 新装版」(末續堯) 里文出版 2006.7 p155-158
◎「デザインの本の本」(秋田寛) ピエ・ブックス 2007.2 219p B5
○ブックガイド(山本貴光ほか)「Inter communication=インターコミュニケーション 16.2」(NTT出版) 2007.Spr. p81-87
◎参考文献「はじまりの物語——デザインの視線」(松田行正) 紀伊國屋書店 2007.4 p348-352
◎書誌「近代から現代までデザイン史入門——1750-2000年」(T. ハウフェ) 晃洋書房 2007.5 p180-184
◎参考文献「モノからモノが生まれる」(B. ムナーリ) みすず書房 2007.10 p380-382
◎参考文献「売れる商品デザインの法則」(木全賢) 日本能率協会マネジメントセンター 2007.12 p234-235

デザイン・レジスタンス
○ブックガイド(後藤繁雄)「Inter communication 15.3」(NTT出版) 2006.Sum p19-26

デジタル映像
◎文献「デジタル映像論——世紀を超えて」(高島秀之) 創成社 2002.6 p227-231

デジタルエコノミー
◎参考文献「ディジタル・エコノミーを制する知恵」(E. ブラインジョルフソンほか) 東洋経済新報社 2002.9 prr

デジタル画像
◎参考文献「3次元ディジタル画像処理」(鳥脇純一郎) 昭晃堂 2002.7 prr

デジタル技術
○関連文献一覧「Science of humanity Bensei 39」(勉誠出版) 2002.5 p151-152

デジタル写真
◎参考文献「デジグラフィ—デジタルは写真を殺すのか？」(飯沢耕太郎) 中央公論社 2004.1 p233-237

デジタル情報
◎参考文献「電子図書館 デジタル情報の流通と図書館の未来」(日本図書館情報学会研究委員会) 勉誠出版 2001.11 prr

デジタル書斎
◎参考文献「デジタル書斎活用術」(紀田順一郎) 東京堂出版 2002.9 prr

デジタル信号
◎参考文献「MATLABによるディジタル信号とシステム」(足立修一) 東京電機大学出版局 2002.2 p251-253

デジタル著作権
◎引用文献「ディジタル著作権—二重標準の時代へ」(名和小太郎) みすず書房 2004.3 p258-268

デジタルデザイン
◎「ページと力—手わざ、そしてデジタル・デザイン」(鈴木一誌) 青土社 2002.11 389p 46s

デジタルデバイド
◎参考文献「デジタル・デバイドの現状と課題の考察—情報化教育の内外比較 調査報告書」(KDDI総研) KDDI総研 2004.3 p249-271

デジタルテレビ
◎参考文献「デジタルテレビ技術入門」(高田豊, 浅見聡) 米田出版 2001.12 p203-304

デジタル放送
◎参考文献「ディジタル放送の技術とサービス」(山田宰) コロナ社 2001.9 p283-293
◎参考文献「地上デジタル放送 テレビ新時代 知っておきたい」(NHK受信技術センター) NHK出版 2003.3 p188-189

デジタルメディア
◎参考文献「デジタルメディア概論」(三野裕之) ムイスリ出版 2003.4 p191-196

手品
◎「日本奇術書目録(江戸・明治・大正・昭和・平成) 2001年」(河合勝) 河合勝 2001.11 255p B5横

テストステロン
◎引用文献「テストステロン 愛と暴力のホルモン」(J. M. ダブスほか) 青土社 2001.11 p17-38b

データ
◎文献解題「データの科学」(林知己夫) 朝倉書店 2001.6 p121-127

データ解析
◎参考文献「データサイエンス入門 経営に活かすデータ解析の基礎知識」(杉浦司) 日本実業出版社 2001.7 p180-181

データ管理
◎参考文献ほか「新・情報セキュリティ対策ガイドブック—NTTコミュニケーションズ .com security master」(NTTコミュニケーションズ編集) NTTコミュニケーションズ 2004.9 p249-251
◎参考文献「米国連邦政府省庁の情報セキュリティ管理策の評価手法と手順」 防衛調達基盤整備協会 2006.3 p105-107

データ処理
◎文献「看護情報学への招待」(キャサリン・J. ハンナ, マリオン・J. ボール, マーガレット・J. A. エドワーズ) 中山書店 2002.1 p315-330
◎参考文献「メディカルスタッフのためのコンピュータ入門 新版」(菊地真, 小林昭) 秀潤社 2002.3 p177-178
◎参考文献「会計情報システム 改訂版」(河合久, 成田博) 創成社 2002.3 p251-254
◎参考文献「データマイニングと組織能力」(矢田勝俊) 多賀出版 2004.2 p219-227
◎参考文献「ITにお金を使うのは、もうおやめなさい」(N. G. カー) ランダムハウス講談社 2005.4 p18-31b
◎参考文献「リスクベースで進める実践的ITプロジェクトマネジメント—不確実なプロジェクトを成功に導く、新たなフレームワーク」(後田廣) 日刊工業新聞社 2007.10 p183-185
◎参考文献「ビジネスシステムのシミュレーション」(薦田憲久ほか) コロナ社 2007.12 p170-172

データ通信
◎参考文献「わかりやすいADSLの技術」(次世代ネットワーク研究会) オーム社 2001.8 p111-112
◎参考文献「MPLS入門」(Yakov Rekhter, Bruce Davie) 翔泳社 2002.1 p305-308
◎参考文献「HTTPプロトコル—セキュア&スケーラブルなWeb開発」(Stephen Thomas) ソフトバンクパブリッシング 2002.3 p315-318
◎参考文献「情報通信システムの基礎」(諏訪敬祐ほか) 丸善 2006.1 p171-173
◎参考文献「デジタルコミュニケーション—ICTの基礎知識」(田上博司) 晃洋書房 2007.6 p173-174
◎引用参考文献「ネットワーク技術の基礎と応用—ICTの基本からQoS、IP電話、NGNまで」(淺谷耕一) コロナ社 2007.10 p207-211

データ分析
◎学習ガイド「データ分析入門—JMP日本語版/JMP IN日本語版対応 第4版」(慶応SFCデータ分析教育グループ) 慶応義塾大学出版会 2002.5 p262-264
◎参考文献「パソコンによるデータ分析」(大西正和) 建帛社 2003.1 prr

データベース
◎参考文献「データベースの原理」(赤間世紀) 技報堂出版 2001.8 p165-169
◎参考文献「進化するデータベースマーケティング eDRMのすすめ」(中沢功) 日経BP社 2001.8 p260-264
◎文献「日本のデータベース・マーケティング」(江尻弘) 中央経済社 2001.10 p239-264
◎文献「岩波講座現代工学の基礎 情報系 6 情報の管理と処理」(上林弥彦) 岩波書店 2002.1 p175-178
◎参考文献「ビジネス・データベース・マーケティング」(江尻弘) 中央経済社 2002.7 p159-161

データマイニング
- ◎参考文献「金鉱を掘り当てる統計学―データマイニング入門」(豊田秀樹)　講談社　2001.3　p205-207
- ◎参考文献「テキストマイニングを使う技術/作る技術―基礎技術と適用事例から導く本質と活用法」(那須川哲哉)　東京電機大出版局　2006.11　p223-231

デタラメ
- ◎参考文献「確率とデタラメの世界―偶然の数学はどのように進化したか」(デボラ・J. ベネット)　白揚社　2001.3　p232-244

データリテラシー
- ◎参考文献「データサイエンス・シリーズ　1　データリテラシー」(柴田里程)　共立出版　2001.5　p163-164

鉄
- ◎文献「鉄の文化誌」(島立利貞)　東京図書出版会　2001.10　p225-236
- ◎引用文献「鉄と銅の生産の歴史―古代から近世初頭にいたる」(佐々木稔ほか)　雄山閣　2002.2　prr
- ◎参考文献「船舶解体―鉄リサイクルから見た日本近代史」(佐藤正之)　共栄書房　2004.11　p300-302
- ◎参考文献「鉄の文化史」(田中天)　海鳥社　2007.7　p249-250

哲学
- ◎「型録鷲田小彌太―1966年～1999年」(長谷部宗吉)　鷲田研究所　2000.3　126p B5
- ◎「年表で読む哲学・思想小事典」(D. フォルシェー, 菊地伸二)　白水社　2001.2　402p 46s
- ◎年譜(編集部)「2001年哲学の旅」(池田晶子)　新潮社　2001.3　p192-201
- ◎文献「哲学の基礎コース」(E. マルテンス, H. シュネーデルバッハ)　晃洋書房　2001.4　p14-17b
- ◎引用文献「哲学の教科書」(中島義道)　講談社　2001.4　p366-371
- ◎参考文献「社会哲学を学ぶ人のために」(加茂直樹)　世界思想社　2001.5　prr
- ◎情報スクランブル「朝日キーワード・別冊　哲学」(小山博)　朝日新聞社　2001.5　prr
- ◎「哲学・思想図書総目録　2001年版」　人文図書目録刊行会　2001.6　347p A5
- ◎参考文献「哲学の扉をあけよう―世界を根源から考えると、自分が見えてくる」(三好由紀彦)　PHP研究所　2001.6　p202-203
- ◎ブックガイド「「哲学」と「てつがく」のあいだ―書論集」(鷲田清一)　みすず書房　2001.10　p278-284
- ◎参考文献「ポストモダン事典」(スチュアート・シム)　松柏社　2001.10　p339-341
- ◎ブックガイド(武内大ほか)「現象学　現代思想29.17」(青土社)　2001.12　p44-55
- ◎参考文献「科学哲学のすすめ」(高橋昌一郎)　丸善　2002.1　p185-190
- ◎ブックガイト(須田朗ほか)「現代哲学がわかる。」朝日新聞社　2002.2　p169-175
- ◎参考文献「西洋のこころの研究」(神田淳)　東京図書出版会　2002.2　p214-220
- ◎参考文献「事典哲学の木」(永井均ほか)　講談社　2002.3　prr
- ◎文献「哲学的冒険―形而上学へのイニシアシオン」(佐藤一郎)　丸善　2002.3　p193-196
- ◎参考図書「哲学的倫理学の構造―哲学・道徳・宗教の接点を求めて」(外薗幸一)　高城書房　2002.3　p431-432
- ◎参考文献「超哲学者マンソンジュ氏」(M. ブラドベリ)　平凡社　2002.4　p211-210
- ◎参考文献「夢幻論―永遠と無常の哲学」(重久俊夫)　中央公論事業出版　2002.4　p336-337
- ◎参考文献「力としての現代思想―崇高から不気味なものへ」(宇波彰)　論創社　2002.12　prr
- ◎参考文献「ロゴスを超えて」(菅野孝彦)　芸林書房　2003.3　p188-189
- ◎読書案内「考える道具」(N. ファーン)　角川書店　2003.3　prr
- ◎文献「子供とともに哲学する―ひとつの哲学入門書」(E. マルテンス)　晃洋書房　2003.3　p4-15b
- ◎原注「啓蒙主義の哲学　上」(E. カッシーラー)　筑摩書房　2003.4　p317-340
- ◎参考文献「日本一わかりやすい哲学の教科書」(小須田健)　明日香出版社　2003.4　p208-213
- ◎ブックガイドほか「哲学者群像101」(木田元)　新書館　2003.5　p204-222
- ◎入門書110冊(桑田禮彰)「哲学がわかる。　新版」朝日新聞社　2003.12　p168-175
- ◎参考書目「自分で考えてみる哲学」(B. ウィルソン)　東京大学出版会　2004.4　p7-9b
- ◎参考文献「哲学案内」(竹内昭)　梓出版社　2004.4　p22-27b
- ◎読書案内「〈ぼく〉と世界をつなぐ哲学」(中山元)　筑摩書房　2004.6　p217-233
- ◎参考文献(佐藤透)「ヨーロッパ大陸の哲学　1冊でわかる」(S. クリッチャー)　岩波書店　2004.6　p1-9b
- ◎参考文献ほか「哲学の誕生―男性性と女性性の心理学」(湯浅泰雄)　人文書院　2004.7　p393-401
- ◎読書案内「哲学マップ」(貫成人)　筑摩書房　2004.7　p241-247
- ◎参考文献「哲学キーワード事典」(木田元)　新書館　2004.10　prr
- ◎100冊「超要約で世界の哲学を読む」(鷲田小彌太)　PHP研究所　2004.11　p210-219
- ◎引用文献「〈単なる生〉の哲学―生の思想のゆくえ」(宇野邦一)　平凡社　2005.1　p168-173
- ◎基本文献「はじめて学ぶ西洋思想―思想家たちとの対話」(村松茂美ほか)　ミネルヴァ書房　2005.3　prr
- ◎ブックガイド「知った気でいるあなたのためのポストモダン再入門」(高田明典)　夏目書房　2005.3　p314-338
- ◎「ブックガイド〈心の科学〉を読む」(岩波書店編集部)　岩波書店　2005.5　4, 126p B6
- ◎文献案内「哲学思考トレーニング」(伊勢田哲治)　筑摩書房　2005.7　p245-261
- ◎ブックガイド「ドゥルーズ―没後10年入門のために」河出書房新社　2005.10　p181-189
- ◎参考文献「哲学は何を問うべきか」(竹市明弘ほか)　晃洋書房　2005.10　p328-331
- ◎文献リスト「臨床哲学がわかる事典」(田中智志)　日本実業出版社　2005.11　p204-214
- ◎参考文献「西洋近世哲学史」(量義治)　講談社　2005.12　p299-309

◎ブックガイド「世界をよくする現代思想入門」(高田明典) 筑摩書房 2006.1 p217-248
◎著作年表「近・現代日本哲学思想史―明治以来、日本人は何をどのように考えて来たか」(浜田恂子) 関東学院大出版会 2006.2 p9-28b
◎文献一覧「ビフォア・セオリー―現代思想の〈争点〉」(田辺秋守) 慶應義塾大出版会 2006.3 p239-251
◎引用文献「哲学の問題群―もういちど考えてみること」(麻生博之ほか) ナカニシヤ出版 2006.5 p317-326
◎基本文献「禅と京都哲学 京都哲学撰書別巻」(北野裕通ほか) 燈影舎 2006.8 p448-460
◎文献案内「哲学ひとつの入門」(R.ブラント) 理想社 2006.9 p9-19b
◎参考文献「脳をきたえる哲学のことば365」(荒木清) 日東書院本社 2006.10 p379-383
◎参考文献「「つまずき」のなかの哲学」(山内志朗) NHK出版 2007.1 p214-217
◎文献「自己欺瞞と自己犠牲―非合理性の哲学入門」(柏端達也) 勁草書房 2007.2 p7-12b
◎参考文献「主観的、間主観的、客観的」(D.デイヴィドソン) 春秋社 2007.4 p10-16b
◎文献案内「哲学がはじまるとき―思考は何/どこに向かうのか」(斎藤慶典) 筑摩書房 2007.4 p229-232
◎文献表「中世と近世のあいだ―14世紀におけるスコラ学と神秘思想」(上智大学中世思想研究所) 知泉書館 2007.6 p28-45b
◎参考文献「複雑系の哲学―21世紀の科学への哲学入門」(小林道憲) 麗澤大出版会 2007.6 p240-242
◎参考文献「風景の論理―沈黙から語りへ」(木岡伸夫) 世界思想社 2007.7 p209-218
◎参考文献「思想の死相―知の巨人は死をどう見つめていたのか」(仲正昌樹) 双風舎 2007.8 p270-271

哲学史
◎年表「90分でわかるフーコー」(ポール・ストラザーン) 青山出版社 2002.2 p113-121
◎文献一覧「はじめての哲学史講義」(鷲田小弥太) PHP研究所 2002.5 p240-243
◎文献「成熟と近代―ニーチェ・ウェーバー・フーコーの系譜学」(デイヴィット・オーウェン) 新曜社 2002.12 p7-20b
○文献目録「中世思想研究 44」(中世哲学学会) 2002 p209-229
◎参考文献「近世人間中心思想史―デカルトからヘーゲルへの路」(依田義右) 晃洋書房 2004.4 p268-273
◎参考文献「救済の解釈学―ベンヤミン、ショーレム、レヴィナス」(S.A.ハンデルマン) 法政大学出版局 2005.2 p41-52b
◎邦訳文献「西洋哲学史―古代から中世へ」(熊野純彦) 岩波書店 2006.4 p24-27b
◎基本文献「西洋哲学史入門―6つの主題」(柘植尚則) 梓出版社 2006.5 p233-264
◎引用文献「西洋哲学の背骨―知っておきたいプラトン、デカルト、カント、サルトル」(荻原真) 新曜社 2006.8 p240-243
◎邦語文献「西洋哲学史―近代から現代へ」(熊野純彦) 岩波書店 2006.9 p22-25b
◎参考文献「論理・数学・言語―科学の世紀と哲学 哲学の歴史11」(飯田隆) 中央公論新社 2007.4 p727-682
◎参考文献「ルネサンス―世界と人間の再発見 哲学の歴史4」(伊藤博明) 中央公論新社 2007.5 p727-681
◎参考文献「知識・経験・啓蒙―18世紀 哲学の歴史6」(松永澄夫) 中央公論新社 2007.6 p700-655
◎参考文献「反哲学と世紀末 哲学の歴史9」(須藤訓任) 中央公論新社 2007.8 p726-691
◎参考文献「帝国と賢者―地中海世界の叡智 哲学の歴史2」(内山勝利) 中央公論新社 2007.10 p647-609
◎参考文献「社会の哲学 哲学の歴史8」(伊藤邦武) 中央公論新社 2007.11 p723-695
◎参考文献「デカルト革命―神・人間・自然 哲学の歴史5」(小林道夫) 中央公論新社 2007.12 p742-706

哲学者
◎参考文献「賢者180名命の言葉―何のために生きたのか」(世界の賢者と思想研究プロジェクト) 徳間書店 2002.8 p445-438
◎ブックガイド「ギリシア・ローマの奇人たち―風変わりな哲学入門」(R.P.ドロワ) 紀伊國屋書店 2003.12 p223-228
◎参考書「思想のレクイエム―加賀・能登が生んだ哲学者15人の軌跡」(浅見洋) 春風社 2006.4 p348-354
◎参考文献「哲学者たちの動物園」(R.マッジョーリ) 白水社 2007.7 p177-183

哲学書
◎「思想哲学書全情報 1945-2000 2」(日外アソシエーツ) 日外アソシエーツ 2001.5 842p A5

鉄器時代
◎参考文献「鉄器時代の東北アジア」(臼杵勲) 同成社 2004.1 p271-300
◎文献「古代国家成立過程と鉄器生産」(村上恭通) 青木書店 2007.3 p313-316
◎参考引用文献「日本古代鉄器生産の考古学的研究」(安間拓巳) 渓水社 2007.11 p275-287

鉄剣
◎参考文献(吉村武彦)「ワカタケル大王とその時代 埼玉稲荷山古墳」(小川良祐ほか) 山川出版社 2003.5 p229-230

鉄鋼業
◎参考文献「鉄鋼業における生産管理の展開」(夏目大介) 同文舘出版 2005.10 prr
◎引用文献「東アジア鉄鋼業の構造とダイナミズム」(川端望) ミネルヴァ書房 2005.11 p265-279
◎参考文献「情報通信技術と企業間取引―鋼材取引業務の電子商取引化」(伊藤昭浩) 時潮社 2007.3 p140-144
◎参考文献「東アジアにおける鉄鋼産業の構造変化」(利博友ほか) 創文社 2007.3 prr
◎参考文献「鉄鋼流通の新次元―コイルセンターのグローバル化 3版」(太田国明) 創成社 2007.6 p211-213
◎参考文献「鉄の絆―ウジミナスにかけた青春」(阿南惟正) 阿南惟正 2007.9 p290-291

デッサン
◎参考文献「脳の右側で描け 第3版」(B.エドワーズ) エルテ出版 2002.2 p273-276
◎参考文献「デッサン学入門―創意の源泉を探る」(南城守) 西日本法規出版 2003.6 p281-283

鉄道

- ◎「鉄道を読んで楽しむ本」（赤門鉄路クラブ）　成山堂書店　2001.3　241p A5
- ◎出典一覧「日本鉄道史　技術と人間　刀水歴史全書53」（原田勝正）　刀水書房　2001.6　p467-477
- ◎参考文献「ドイツ資本主義と鉄道」（山田徹雄）　日本経済評論社　2001.9　p213-221
- ◎参考文献「ヨーロッパの超特急」（エリック・シノッティ，ジャン＝バティスト・トレブル）　白水社　2001.12　p1-2
- ◎参考文献「日本鉄道詩紀行」（きむらけん）　集英社　2002.4　1pb
- ◎推奨文献「鉄道好きの知的生産術―自分の「鉄道」探究の成果をどう発信するか」（佐藤信之）　中央書院　2002.7　p218-222
- ◎参考文献「峠の鉄道物語　箱根&碓氷越え―天険鉄道伝説」（きむらけん）　JTB　2002.12　p189-190
- ◎参考文献「関西の鉄道史―蒸気車から電車まで」（作間芳郎）　成山堂書店　2003.1　p259-260
- ◎注「日本鉄道史の研究　政策・経営/金融・地域社会」（野田正穂ほか）　八朔社　2003.4　prr
- ◎参考文献「鉄道なぜなぜおもしろ読本」（新鉄道システム研究会）　山海堂　2003.10　p254-257
- ◎参考文献「鉄道と絵画」（栃木県立美術館ほか）　西日本新聞社　2003　p262-265
- ◎参考資料「鉄馬は走りたい―南北朝鮮分断鉄道に乗る」（小牟田哲彦）　草思社　2004.5　p228-229
- ○良書18選（大橋すず子）「ユリイカ　36.6.493」（青土社）　2004.6　p208-215
- ◎参考文献「空港と鉄道―アクセスの向上をめざして」（佐藤芳彦）　交通研究協会　2004.6　p163-166
- ◎参考文献「「80年代鉄道」の再発見」（梅原淳）　中央書院　2004.9　p352-353
- ◎参考文献「郷愁の野州鉄道―栃木県鉄道秘話」（大町雅美）　随想舎　2004.9　p318-319
- ◎参考文献「鉄道駅と路線の謎と不思議」（梅原淳）　東京堂出版　2004.9　p332-333
- ◎参考文献「どうする？　鉄道の未来―地域を活性化するために」（鉄道まちづくり会議）　緑風出版　2004.12　p213-215
- ◎参考文献「幻の時刻表」（曽田英夫）　光文社　2005.1　p280-278
- ◎参考文献「戦時経済と鉄道運営―「植民地」朝鮮から「分断」韓国への歴史的経路を探る」（林采成）　東京大学出版会　2005.3　p373-386
- ◎参考文献「鉄道建設と地方政治」（松下孝昭）　日本経済評論社　2005.4　prr
- ◎文献「流線形列車の時代―世界鉄道外史」（小島英俊）　NTT出版　2005.4　p344-346
- ◎参考文献「定刻発車―日本の鉄道はなぜ世界で最も正確なのか？」（三戸祐子）　新潮社　2005.5　p387-395
- ◎参考文献「日本の鉄道史セミナー」（久保田博）　グランプリ出版　2005.5　p261」
- ◎参考文献「日本の鉄道碑」（網谷りょういち）　日本経済評論社　2005.5　p287-289
- ◎参考文献「山手線誕生―半世紀かけて環状線をつなげた東京の鉄道史」（中村建治）　イカロス出版　2005.6　p236-237
- ◎参考文献「首都圏の国電―戦後の発展史」（佐藤信之）　グランプリ出版　2005.6　p231-232
- ◎文献「アジアの鉄道の謎と不思議」（小牟田哲彦）　東京堂出版　2005.7　p268-269
- ◎注ほか「みどりの窓口を支える「マルス」の謎―世界最大の座席予約システムの誕生と進化」（杉浦一機）　草思社　2005.10　p225-228
- ◎文献「幌内鉄道史―義経号と弁慶号」（近藤喜代太郎）　成山堂書店　2005.10　p4-6b
- ◎文献「ひょうご懐かしの鉄道―廃線ノスタルジー」（神戸新聞総合出版センター）　神戸新聞総合出版センター　2005.12　p202-203
- ◎参考文献「植民地の鉄道」（高成鳳）　日本経済評論社　2006.1　p235-242
- ◎参考文献「思い出で包む善白鉄道」（柏企画）　柏企画　2006.2　p125」
- ◎参考文献「詳解鉄道用語辞典」（高橋政士）　山海堂　2006.5　p540-541
- ◎参考文献「図解・鉄道の科学―安全・快適・高速・省エネ運転のしくみ」（宮本昌幸）　講談社　2006.6　p213-214
- ◎参考文献「都市鉄道と街づくり―東南アジア・北米西海岸・豪州などの事例紹介と日本への適用」（堀内重人）　文理閣　2006.8　p223-230
- ◎文献一覧「ドイツ工業化における鉄道業」（鴻澤歩）　有斐閣　2006.10　p329-351
- ◎参考書「明治後期産業発達史資料　777　第14期　鉱工業一班篇　9　鉄道論」（中川正左）　龍溪書舎　2007.3　p262-266
- ◎参考文献「〈図解〉鉄道のしくみと走らせ方」（昭和鉄道高等学校）　かんき出版　2007.9　p334」
- ◎文献「アメリカの鉄道史―SLがつくった国」（近藤喜代太郎）　成山堂書店　2007.10　p243」
- ◎参考文献「シベリア・ランドブリッジ―日ロビジネスの大動脈」（辻久子）　成山堂書店　2007.10　p143-145
- ◎参考文献「鉄道用語の不思議」（梅原淳）　朝日新聞社　2007.12　p281-282

鉄道会計

- ◎参考文献「鉄道会計発達史論」（村田直樹）　日本経済評論社　2001.10　p301-323

鉄道経営

- ◎文献「鉄道改革の経済学」（山田徳彦）　成文堂　2002.3　p317-335
- ◎文献「鉄道事業経営研究試論―京王電鉄を中心として」（島原琢）　八朔社　2003.7　p195-203
- ◎参考資料「第5世代鉄道―知識創造による鉄道の革新」（佐藤吉彦）　交通新聞社　2005.1　p300-306

鉄道工学

- ◎文献「図説鉄道工学　第2版」（天野光三ほか）　丸善　2001.3　p276-278

鉄道事故

- ◎参考文献「信楽列車事故―JR西日本と闘った4400日」（信楽列車事故遺族会・弁護団）　現代人文社　2005.5　p192-193
- ◎文献「国鉄形車両　事故の謎とゆくえ」（池口英司ほか）　東京堂出版　2005.9　p224-227
- ◎参照引用文献「JR福知山線事故の本質―企業の社会的責任を科学から捉える」（山口栄一）　NTT出版　2007.6　p209-213

鉄道車輌
　◎参考文献「日本の鉄道車輌史」（久保田博）　グランプリ出版　2001.3　p319-320

鉄道政策
　◎文献「鉄道政策の危機—日本型政治の打破」（角本良平）　成山堂書店　2001.9　p231-232
　◎参考文献「「政府の失敗」の社会学—整備新幹線建設と旧国鉄長期債務問題」（舩橋晴俊ほか）　ハーベスト社　2001.11　p259-272
　◎参考文献「地方鉄道の再生—英国における地域社会と鉄道」（I. ドハティ）　日本経済評論社　2006.3　p421-443

鉄道争議
　◎注「イギリスの鉄道争議と裁判—タフ・ヴェイル判決の労働史」（松村高夫）　ミネルヴァ書房　2005.3　p9-42b

鉄道地図
　◎参考文献「鉄道地図から読みとく秘密の世界史」（宮崎正勝）　青春出版　2001.10　2pb

鉄道統計
　◎「国有鉄道鉄道統計目録」（加藤新一）　交通統計研究所　2003.10　5, 351p A4

鉄道連絡船
　◎参考文献「鉄道連絡船のその後」（古川達郎）　成山堂書店　2002.1　p100-101

鉄砲
　◎参考文献「鉄砲と戦国合戦」（宇田川武久）　吉川弘文館　2002.11　p209-211
　◎参考文献「火縄銃の伝来と技術」（佐々木稔）　吉川弘文館　2003.4　prr
　◎参考文献「真説鉄砲伝来」（宇田川武久）　平凡社　2006.10　p242-246
　◎文献ほか「歴史のなかの鉄炮伝来—種子島から戊辰戦争まで」（国立歴史民俗博物館）　国立歴史民俗博物館　2006.10　p187-191

テニス
　◎参考文献「ショーンボーンのテニストレーニングBOOK—初心者からトップクラスまでのテニス成功への道」（R. ショーンボーン）　ベースボール・マガジン社　2007.2　p204-206

テニハ秘伝
　◎研究文献目録ほか（浅田徹ほか）「テニハ秘伝の研究」勉誠出版　2003.2　p3-189b

デパート
　◎参考文献「デパート革命—再生への五つの条件」（柳沢元子）　平凡社　2002.3　p238-237
　◎参考資料「絵とき百貨店「文化誌」」（宮野力哉）　日本経済新聞社　2002.10　p327-332
　◎参考文献「百貨店の生成過程」（藤岡里圭）　有斐閣　2006.3　p171-180

テーブルマナー
　◎参考図書「テーブルマナーの基本」（日本ホテル教育センター）　日本ホテル教育センター　2006.9　p249」

デフレーション
　◎参考文献「デフレの経済学」（岩田規久男）　東洋経済新報社　2001.12　p381-389
　◎注文献「デフレの進行をどう読むか—見落された利潤圧縮メカニズム」（橋本寿朗）　岩波書店　2002.3　prr
　◎文献「日本の「大停滞」が終わる日」（原田泰）　日本評論社　2003.1　p263-270
　◎文献「まずデフレをとめよ」（岩田規久男）　日本経済新聞社　2003.2　p252-260
　◎文献「円安再生—成長回復への道筋」（河野竜太郎）　東洋経済新報社　2003.5　p260-268
　◎参考文献「資産デフレで読み解く日本経済—深まる縮小均衡の危機」（第一生命経済研究所）　日本経済新聞社　2003.5　p225-229
　◎文献「日本はデフレではない—インフレ目標論批判」（小菅伸彦）　ダイヤモンド社　2003.6　p202-204
　◎参考文献「デフレとインフレ」（内田真人）　日本経済新聞社　2003.7　p200-204
　◎註「デフレとバランスシート不況の経済学」（R. クー）　徳間書店　2003.10　p478-483
　◎参考文献「逃避の代償—物価下落と経済危機の解明」（小林慶一郎）　日本経済新聞社　2003.11　p377-383
　◎参考文献「静かなるデフレ—クリーピング・デフレと仲良くつきあう方」（山田伸二）　東洋経済新報社　2003.12　p269-271
　◎参考文献「リフレと金融政策」（B. バーナンキ）　日本経済新聞社　2004.1　prr
　◎参考文献「デフレは終わるのか」（安達誠司）　東洋経済新報社　2005.2　p279-286
　◎参考文献「脱デフレの歴史分析—「政策レジーム」転換でたどる近代日本」（安達誠司）　藤原書店　2006.5　p317-311

デマ
　◎参考文献「うわさの遠近法」（松山巖）　筑摩書房　2003.8　p470-481
　◎参考文献ほか「噂の拡がり方—ネットワーク科学で世界を読み解く」（林幸雄）　化学同人　2007.7　p181-188

デモクラシー
　◎注文献ほか「デモクラシーとは何か」（R. A. ダール）　岩波書店　2001.5　p1-20b
　◎参考文献「デモクラシーの帝国—アメリカ・戦争・現代世界」（藤原帰一）　岩波書店　2002.9　p1-6b

デュポン火薬会社
　◎参考文献「アメリカ管理会計生成史—投資利益率に基づく経営管理の展開」（高梠真一）　創成社　2004.12　p355-370

デリバティブ
　◎参考文献「デリバティブの基礎理論—金融市場への数学的アプローチ」（塚田弘志）　名古屋大学出版会　2001.5　p296-302
　◎参考文献「はじめてのデリバティブ—複雑なテクニックを排し、発想の原点を学ぶ」（P. ボイルほか）　日本経済新聞社　2002.5　p273-277
　◎参考文献「エネルギーデリバティブ—プライシングとリスク管理」（L. クルーロー）　シグマベイスキャピタル　2004.2　p311-314
　◎参考文献「ザ・デリバティブズ」（神武幸）　文芸社　2004.2　p163-165

◎文献「デリバティブの落とし穴―破局に学ぶリスクマネジメント」（可児滋）　日本経済新聞社　2004.5　p344-350
◎参考文献「新デリバティブ・ドキュメンテーション―デリバティブ取引の契約書実務」（植木雅広）　近代セールス社　2004.8　p515-517
◎参考文献「デリバティブ会計の論理」（田口聡志）　税務経理協会　2005.10　p311-320
◎参考文献「物語で読み解くデリバティブ入門」（森平爽一郎）　日本経済新聞社　2007.3　p206-211
◎参考文献「アクティブ・デリバティブ戦略―企業価値を高める新しい経営手法」（福島良治）　日本経済新聞出版社　2007.7　p209-214
◎参考文献ほか「クレジット・デリバティブのすべて　2版」（河合祐子ほか）　財経詳報社　2007.8　p358-359

デルゲパルカン
◎参考文献「デルゲパルカン―活きている文化遺産　チベット大蔵経木版印刷所の歴史と現在」（池田巧ほか）　明石書店　2003.7　prr

デルコンピュータ
◎参考文献「デル・コンピュータ直販で成功」（R. ソーンダーズ）　三修社　2002.9　p211-220
◎参考文献「デル―ダイレクト・モデルで躍進する」（R. ソーンダーズ）　三修社　2004.5　p211-220

デルフィニウム
◎参考文献「デルフィニウムをつくりこなす―生育習性と開花調節の実際」（勝谷範敏）　農文協　2004.7　p239-245

テルミン
◎注文献「テルミン　エーテル音楽と20世紀ロシアを生きた男」（竹内正実）　岳陽舎　2000.8　p8-11b

テレコムビジネス年表
◎参照文献（井上照幸）「テレコムビジネス年表　1945-2003」（井上照幸）　大月書店　2004.2　p377-379

テレビ
◎参考文献「ディジタル放送の技術とサービス」（山田宰）　コロナ社　2001.9　p283-293
◎文献「ひとはなぜテレビを見るのか―テレビへの接触行動モデルの構築に関する実証的研究」（和田正人）　近代文芸社　2001.11　p99-109
◎参考文献「デジタルテレビ技術入門」（高田豊, 浅見聡）　米田出版　2001.12　p203-304
◎引用文献「子どもの発達とテレビ」（村野井均）　かもがわ出版　2002.7　p138-140
◎参考文献「地上デジタル放送　テレビ新時代　知っておきたい」（NHK受信技術センター）　NHK出版　2003.3　p188-189
◎参考文献「テレビ画面の幻想と弊害　むかつく・キレル・不登校の彼方にあるもの」（田澤雄作）　悠飛社　2003.5　1pb
◎参考文献「テレビはどう見られてきたのか―テレビ・オーディエンスのいる風景」（小林直毅ほか）　せりか書房　2003.11　prr
○文献目録「思想　956」（岩波書店）　2003.12　p5-28b
◎参考文献「昭和思い出の記―大映テレビ独立の記録」（安倍道典）　講談社出版サービスセンター　2005.5　p316-318
◎参考文献「テレビ政治―国会報道からTVタックルまで」（星浩ほか）　朝日新聞社　2006.6　p244-246
◎引用文献「テレビニュースの世界像―外国関連報道が構築するリアリティ」（萩原滋）　勁草書房　2007.12　prr

テレビ映画
◎参考文献「懐かしのアメリカTV映画史」（瀬戸川宗太）　集英社　2005.1　p180-182

テレビゲーム
◎参考文献「テレビゲーム文化論　インタラクティブ・メディアのゆくえ」（桝山寛）　講談社　2001.10　p194-197
○文献目録（大屋友美）「文献探索　2001」（文献探索研究会）　2002.7　p538-540
◎参考文献「ゲーム脳の恐怖」（森昭雄）　講談社　2002.7　p196」
◎参考文献「ゲーム産業の経済分析―コンテンツ産業発展の構造と戦略」（新宅純二郎ほか）　東洋経済新報社　2003.3　p371-378
◎参考引用文献「幼児のコンピュータゲーム遊びの潜在的教育機能―メディア・リテラシー形成の観点から」（湯地宏樹）　北大路書房　2004.8　p121-129
◎参考引用文献「テレビゲーム解釈論序説―アッサンブラージェ」（八尋茂樹）　現代書館　2005.8　prr
◎参考文献ほか「シリアスゲーム―教育・社会に役立つデジタルゲーム」（藤本徹）　東京電機大出版局　2007.2　p122-128
◎文献ガイド「テレビゲーム教育論―ママ!ジャマしないでよ勉強してるんだから」（M. プレンスキー）　東京電機大出版局　2007.7　p7-10b
◎参考文献「「脳力」低下社会―ITとゲームは子どもに何をもたらすか」（森昭雄）　PHP研究所　2007.10　p212-215
◎参考文献ほか「気をつけよう!ゲーム中毒　1　テレビ・携帯ゲーム」（渋井哲也）　汐文社　2007.10　p46」

テレビスポーツ
◎参考文献「テレビスポーツ50年　オリンピックとテレビの発展」（杉山茂ほか）　角川インタラクティブ・メディア　2003.7　p350-351

テレビドラマ
◎参考文献「空想法律読本」（盛田栄一ほか）　メディアファクトリー　2001.4　p254-255
◎参考文献「映画・テレビドラマ原作文芸データブック」（江藤茂博）　勉誠出版　2005.7　p364-369
◎参考文献「「冬ソナ」にハマった私たち―純愛、涙、マスコミ…そして韓国」（林香里）　文藝春秋　2005.12　p214-217
◎参考文献「ギフト、再配達―テレビ・テクスト分析入門」（藤田真文）　せりか書房　2006.8　p240-245
◎関連文献「ジェンダーで読む〈韓流〉文化の現在」（城西国際大学ジェンダー・女性学研究所）　現代書館　2006.8　p205-216

テレビニュース
◎参考文献「テレビニュースの社会学―マルチモダリティ分析の実践」（伊藤守ほか）　世界思想社　2006.4　p238-243
◎参考文献「テレビニュースは終わらない」（金平茂紀）　集英社　2007.7　p220-221

テレビ番組
◎引用参考文献「クイズ文化の社会学」(石田佐恵子ほか) 世界思想社 2003.3 p292-272

テレビ放送
◎参考文献「テレビの21世紀」(岡村黎明) 岩波書店 2003.3 p223-227
◎文献「テレビの教科書―ビジネス構造から制作現場まで」(碓井広義) PHP研究所 2003.6 p204-207
◎文献「新現場からみた放送学」(松岡新兒ほか) 学文社 2004.4 prr
◎参考文献「全記録テレビ視聴率50年戦争―そのとき一億人が感動した」(引田惣弥) 講談社 2004.4 p265-266
◎参考文献「テレビを嗤う―鬼より恐いテレビの暴力」(楠本光雄) 碧天舎 2004.5 p257-258
◎参考文献「テレビの嘘を見破る 」(今野勉) 新潮社 2004.10 p220-222
◎参考文献「テレビのからくり」(小田桐誠) 文藝春秋 2004.12 p241-243
◎ブックリストほか「メディアリテラシーの道具箱―テレビを見る・つくる・読む」(東京大学情報学環メルプロジェクト) 東京大学出版会 2005.7 p198-202
◎参考文献「テレビは日本人を「バカ」にしたか?―大宅壮一と「一億総白痴化」の時代」(北村充史) 平凡社 2007.2 p195-201
◎参考文献「2011年7月24日―テレビが突然消える日」(岡村黎明) 朝日新聞社 2007.6 p253-255
◎ブックガイド「テレビだヨ!全員集合―自作自演の1970年代」(長谷正人ほか) 青弓社 2007.11 p271-274

テレワーク社会
◎参考文献「テレワーク社会と女性の就業」(堀真由美) 中央大学出版部 2003.6 p153-159

テロリスト
◎参考文献「「テロリスト」の世界地図」(大泉光一) 講談社 2001.12 p318-319

テロリズム
◎注文献「愛はテロリズム ロマンティック・ラブの終焉」(M. V. ミラー) 紀伊國屋書店 2001.8 p1-4b
◎参考文献「現代のテロリズム」(首藤信彦) 岩波書店 2001.12 p55」
◎参考資料「生物兵器テロ」(黒井文太郎ほか) 宝島社 2002.1 p220-222
◎参考文献「「イスラム過激派」をどう見るか」(宮田律) 岩波書店 2002.2 p1-8b
◎参考文献「テロ、戦争、自衛―米国等のアフガニスタン攻撃を考える」(松井芳郎) 東信堂 2002.2 p94-96
◎参考文献「テロ後のアメリカ―いま「自由」が崩壊する!」(矢部武) ベストセラーズ 2002.3 p232-237
◎註文献「聖戦ネットワーク」(P. L. バーゲン) 小学館 2002.3 p316-318
◎参考文献「テロ―現代暴力論」(加藤朗) 中央公論新社 2002.5 p205-208
◎参考文献「文明の内なる衝突―テロ後の世界を考える」(大沢真幸) NHK出版 2002.6 p236-240
◎文献・年表「パレスチナ「自爆テロの正義」」(Q. サカマキ) 小学館 2002.7 p216-221
◎文献・年表「自爆攻撃―私を襲った32発の榴弾」(広瀬公巳) NHK出版 2002.12 p283-293
◎原注「新世代は一線を画す コソボ・東ティモール・西欧的スタンダード」(N. チョムスキー) こぶし書房 2003.1 p195-221
◎参考図書ほか「テロリズムと戦争」(H. ジン) 大月書店 2003.2 p129-142
◎参考文献「忍び寄るバイオテロ」(山内一也ほか) NHK出版 2003.2 p245-248
◎文献「神のテロリズム」(佐渡竜己) かや書房 2003.3 p248-249
◎文献「グローバル時代の宗教とテロリズム―いま、なぜ神の名で人の命が奪われるのか」(M. ユルゲンスマイヤー) 明石書店 2003.7 p464-488
◎参考文献ほか「テロリズム 1冊でわかる」(C. タウンゼンド) 岩波書店 2003.9 p7-17b
◎注「テロルの時代と哲学の使命」(J. ハーバーマスほか) 岩波書店 2004.1 p273-342
◎参考文献「世界テロリズム・マップ―憎しみの連鎖を断ち切るには」(杉山文彦ほか) 平凡社 2004.1 p228-235
◎参考文献「9・11ジェネレーション」(岡崎玲子) 集英社 2004.3 p203-202
◎参考文献「次の標的は日本―アジア系イスラム過激派組織とテロ対策」(大泉光一) ジャパンインターナショナル総合研究所 2004.6 p237-239
◎参考文献「東京に核兵器テロ!」(高田純) 講談社 2004.7 p257-263
◎参考文献「東南アジアにおけるイスラム過激派事情」(橋廣治) 近代文芸社 2004.11 p214-215
◎注「テロリズム―その論理と実態」(J. バーカー) 青土社 2004.12 p181-186
◎参考文献「テロリズム対処システムの再構成」(坂本まゆみ) 国際書院 2004.12 p234-258
◎参考文献「日本はテロを防げるか」(宮坂直史) 筑摩書房 2004.12 prr
◎参考文献「テロルを考える―イスラム主義と批判理論」(S. バック=モース) みすず書房 2005.7 p1-5b
◎参考資料「テロ爆弾の系譜―バクダン製造者の告白 増補新版」(木村哲人) 第三書館 2005.7 p239-240
◎文献案内「〈テロ対策〉入門―遍在する危機への対処法」(テロ対策を考える会) 亜紀書房 2006.7 p277-285
◎参考文献「オウムと9.11―日本と世界を変えたテロの悲劇」(島田裕巳) メディア・ポート 2006.7 p253-255
◎文献「バイオテロリズム―心理学的および公衆衛生学的視点から」(R. J. ウルサノ) シュプリンガー東京 2006.7 p13-51b
◎文献「緊急事態と人権―テロを例に」(初川満) 信山社 2007.2 p306-311
◎参考文献「テロと救済の原理主義」(小川忠) 新潮社 2007.6 p219-223
◎参考文献「国際テロリズム101問」(安部川元伸) 立花書房 2007.11 p222-223

田園都市
◎参考文献「「明日の田園都市」への誘い―ハワードの構想に発したその歴史と未来」(東秀紀ほか) 彰国社 2001.10 p242-246
◎参考文献「田園都市を解く―レッチワースの行財政に学ぶ」(菊池威) 技報堂出版 2004.3 p229-223

天下統一
- ◎参考文献「天下統一と朝鮮侵略　日本の時代史　13」（池享）　吉川弘文館　2003.6　p309-327

てんかん
- ◎文献「光感受性てんかんの臨床神経生理」（高橋剛夫）　新興医学出版社　2002.7　p89-101

伝奇
- ○BEST1000（天沢退二郎ほか）「伝奇Mモンストルム1　ムー7A号別冊」（学習研究社）　2001.6　p28-235

伝記
- ◎参考文献「アメリカが見つかりましたか　戦後篇」（阿川尚之）　都市出版　2001.1　p25-253
- ◎「人物研究・伝記評伝図書目録　続　日本人・東洋人篇」　図書館流通センター　2001.1　1657p B5
- ◎参考文献「英雄たちの臨終カルテ」（大坪雄三）　羽衣出版　2001.3　p97-98
- ◎文献ほか「播磨百人伝」（寺林峻）　神戸新聞総合出版センター　2001.5　p269-274
- ◎参考文献「伝説の旅人―1841-1974　国境を越えた56の魂」（平野久美子, 文藝春秋「ノーサイド」）　文春ネスコ　2001.7　p196-197
- ◎ブックガイド「「人望」の研究」（小和田哲男）　筑摩書房　2001.8　p206-211
- ◎参考文献「風の俤―福井の客人たち」（足立尚計）　能登印刷出版部　2001.8　p209-213
- ◎参考文献「百貌百言」（出久根達郎）　文藝春秋　2001.10　p210-215
- ◎参考文献「韓国偉人伝」（梁東準ほか）　明石書店　2001.12　p266-269
- ◎参考文献「不肖の息子―歴史に名を馳せた父たちの困惑」（森下賢一）　白水社　2002.3　p1-3b
- ◎文献案内（東谷暁）「文藝春秋　80.16　日本人の肖像」（文藝春秋）　2002.12　p226-229
- ◎出版目録「新訂―子どものための伝記の本」（矢野四年生）　のべる出版　2002.12　p244-406
- ◎主な参考文献「神戸ゆかりの50人―これだけは知っておきたい―歴史と観光の散策ガイド」（神戸新聞社）　神戸新聞総合出版センター　2002.12　p54-55
- ◎「伝記・評伝全情報　2000-2004　西洋編　付・総索引1945-2004」（日外アソシエーツ）　日外アソシエーツ　2005.6　28, 816p A5
- ◎参考文献「骨肉　父と息子の日本史」（森下賢一）　文藝春秋　2005.7　p258-262
- ◎「伝記・評伝全情報　2000-2004　日本・東洋編　付・総索引1945-2004」（日外アソシエーツ）　日外アソシエーツ　2005.7　53, 1391p A5
- ◎参考文献ほか「公益の種を蒔いた人びと―「公益の故郷・庄内」の偉人たち」（小松隆二）　東北出版企画　2007.3　p313-323
- ◎関連資料一覧（渡辺謙）「逸格の系譜―愚の行方」（北川フラム）　現代企画室　2007.7　p238-259
- ◎文献ほか「秋田・反骨の肖像」（工藤一紘）　イズミヤ出版　2007.10　p234-247

電気
- ◎参考文献「電気発見物語―見えないものが、どのように明らかになったか」（藤村哲夫）　講談社　2002.4　p246-247

電気音響
- ◎引用参考文献「音響エレクトロニクス―基礎と応用」（大賀寿郎ほか）　培風館　2005.5　p187-188

電気釜
- ◎参考文献「電気釜でおいしいご飯が炊けるまで―ものづくりの目のつけどころ・アイデアの活かし方」（大西正幸）　技報堂出版　2006.12　p191-194

電気機械工業
- ◎参考文献「電機産業の発展プロセス―競争力を高める企業戦略」（永池克明）　中央経済社　2007.3　p301-305

電気工学
- ◎参考文献「百万人の電気技術史」（高橋雄造）　工業調査会　2006.12　p225-235

電気事業
- ◎参考文献「関東の電気事業と東京電力―電気事業の創始から東京電力50年への軌跡」（東京電力株式会社）　東京電力　2002.3　p1046-1055
- ◎文献「電力取引とリスク管理―エネルギー市場取引入門」（J. ウェングラー）　エネルギーフォーラム　2003.6　p334-335
- ◎参考文献「エネルギー産業の変革　日本の産業システム1」（植草益）　NTT出版　2004.1　prr
- ◎参考文献「電力自由化2007年の扉」（井上雅晴）　エネルギーフォーラム　2004.10　p211-213
- ◎参考文献「日本電気事業経営史―9電力体制の時代」（中瀬哲史）　日本経済評論社　2005.2　p245-259
- ◎文献「電力自由化に勝ち抜く経営戦略―電気事業の近未来」（矢島正之）　エネルギーフォーラム　2005.12　p1-8b

電気通信
- ◎文献「クラウン・ディペンデンシーのテレコム史―英国チャンネル諸島とマン島の事例研究」（佐中忠司）　日本図書センター　2003.2　p195-199
- ◎参考文献「おもしろ電気通信史―楽しく学ぼう通信の歴史」（三浦正悦）　総合電子出版社　2003.8　p223-225
- ◎参考文献「新情報通信概論」（情報通信技術研究会）　電気通信協会　2003.9　prr
- ◎参照文献（井上照幸）「テレコムビジネス年表　1945-2003」（井上照幸）　大月書店　2004.2　p377-379
- ◎参考文献（通信史）「サムライ、ITに遭う―幕末通信事始」（中野明）　NTT出版　2004.9　p264-266
- ◎参考文献「拡大EUにおける電気通信政策および拡大EUが世界の通信市場に及ぼす影響の考察―調査報告書」（KDDI総研）　KDDI総研　2005.3　p337-349
- ◎参考文献「通信グローバル化の政治学―「外圧」と日本の電気通信政策」（須田祐子）　有信堂高文社　2005.12　p4-9b
- ◎引用参考文献「電子情報通信技術史―おもに日本を中心としたマイルストーン」（電子情報通信学会「技術と歴史」研究会）　コロナ社　2006.3　p244-256
- ◎参考文献「ブロードバンド時代の情報通信政策」（福家秀紀）　NTT出版　2007.2　p233-250
- ◎参考文献「ブロードバンド・エコノミクス」（依田高典）　日本経済新聞社　2007.3　p277-289
- ◎参考文献「国際電気通信市場における制度形成と変化―腕木通信からインターネット・ガバナンスまで」（西岡洋子）　慶應義塾大出版会　2007.9　p263-286

電気鉄道
◎参考文献「電気鉄道　2版」（松本雅行）　森北出版　2007.8　p284-285

典拠コントロール
◎文献リスト「名称典拠のコントロール　書誌調整連絡会議記録集第4回」（国立国会図書館書誌部）　日本図書館協会　2004.5　p149-161

天気予報
◎参考文献「天気予報はこんなに面白い！—天気キャスターの晴れ雨人生」（平井信行）　角川書店　2001.5　p186-187
◎引用参考文献「アンサンブル予報—新しい中・長期予報と利用法」（古川武彦ほか）　東京堂出版　2004.3　p278-279
◎参考文献「数値予報の基礎知識」（二宮洸三）　オーム社　2004.7　p209-212
◎参考文献ほか「天気予報のつくりかた—最新の観測技術と解析技法による」（下山紀夫ほか）　東京堂出版　2007.8　p272-273

天狗
◎参考資料ほか「天狗よ！変革を仕掛けた魔妖」（百瀬明治）　文英堂　2001.7　p283-285
◎参考文献「信州の天狗—その祭りと伝説」（窪田文明）　一草舎　2007.9　p280-282
◎参考文献「天狗はどこから来たか」（杉原たく哉）　大修館書店　2007.11　p236-241

天狗党
◎参考文献「天狗党追録—写真紀行　西上の軌跡をたどる」（室伏勇）　暁印書館　2001.7　p268-269
◎参考文献「天狗党追録—写真紀行」（室伏勇）　暁印書館　2002.1　p268-269

天険鉄道
◎参考文献「峠の鉄道物語　箱根&碓氷越え—天険鉄道伝説」（きむらけん）　JTB　2002.12　p189-190

天候
◎参考文献ほか「古記録による15世紀の天候記録」（水越允治）　東京堂出版　2006.5　p6-13f

篆刻
◎本「篆刻の疑問100」（関正人）　芸術新聞社　2005.10　p166-167

天国
◎参考文献「天国と地獄の事典」（M. ヴァン・スコット）　原書房　2006.5　p416-426
◎参考文献「キリスト教の天国—聖書・文学・芸術で読む歴史」（A. E. マクグラス）　キリスト新聞社　2006.9　p1-7b
◎参考文献「図解天国と地獄」（草野巧）　新紀元社　2007.5　p234-235

天才
◎参考文献「心にしみる天才の逸話20—天才科学者の人柄、生活、発想のエピソード」（山田大隆）　講談社　2001.2　p3-8b
◎参考文献「天才は親が作る」（吉井妙子）　文藝春秋　2003.9　p293-294
◎参考文献「天才の脳科学—創造性はいかに創られるか」（N. C. アンドリアセン）　青土社　2007.6　p7-12b

天使
◎参考文献「天使の記号学」（山内志朗）　岩波書店　2001.2　p235-238
◎参考文献「天使辞典」（G. デイヴィッドスン）　創元社　2004.11　p322-371
◎参考文献「天への憧れ—ロマン主義、クレー、リルケ、ベンヤミンにおける天使」（F. アーベル）　法政大学出版局　2005.4　p10-11b
◎参考文献「図説天使百科事典」（R. E. グィリー）　原書房　2006.2　p487-493
◎参考文献ほか「天使の文化図鑑」（H. フォアグリムラーほか）　東洋書林　2006.6　p236-237

展示
◎注ほか「博物館をみせる—人々のための展示プランニング」（K. マックリーン）　玉川大学出版部　2003.5　p224-251

点字
◎文献リスト「点訳・音訳・サービスのための著作権マニュアル」（全国視覚障害者情報提供施設協会サービス委員会）　全国視覚障害者情報提供施設協会　2004.6　p141-144
◎引用参考文献「資料に見る点字表記法の変遷—慶応から平成まで」（金子昭）　日本点字委員会　2007.11　p714-716

電子音楽
◎参考文献「コンピュータ音楽—歴史・テクノロジー・アート」（C. Roads）　東京電機大学出版局　2001.1　p923-1014
◎参考文献「テクノ/ロジカル/音楽論—シュトックハウゼンから音響派まで」（佐々木敦）　リットーミュージック　2005.11　p222-223
◎文献「日本の電子音楽」（川崎弘二）　愛育社　2006.7　p487-435

電子回路
◎参考文献「VHDLで学ぶディジタル回路設計—ディジタル回路の理論とVHDL設計の基礎を同時に学ぶ」（吉田たけお，尾知博）　CQ出版　2002.4　p245-246
◎参考文献「論理設計入門　新版」（相原恒博）　日新出版　2002.10　p109-111
◎参考図書ほか「図解つくる電子回路—正しい工具の使い方、うまく作るコツ」（加藤ただし）　講談社　2007.5　p206-207

電磁気
◎読書案内「「ファインマン物理学」を読む—電磁気学を中心として」（竹内薫）　講談社　2004.10　p181-184
◎参考文献「電磁気学のABC—やさしい回路から「場」の考え方まで　新装版」（福島肇）　講談社　2007.9　p224-227

電子機器
◎参考文献「製品戦略マネジメントの構築—デジタル機器企業の競争戦略」（伊藤宗彦）　有斐閣　2005.6　p231-244

電子光学
◎参考文献「オプトメカトロニクス—光情報システムの基礎」（浮田宏生）　森北出版　2001.9　p147-150

電子工業
- ◎参考文献「電子立国台湾の実像―日本のよきパートナーを知るために」（水橋佑介）　日本貿易振興会　2001.9　p205-209
- ◎参考文献「シリコンバレー―なぜ変わり続けるのか　下」（チョン・ムーン・リーほか）　日本経済新聞社　2001.12　p291-302
- ◎参考文献「日本企業の国際マーケティング―民生用電子機器産業にみる対米輸出戦略」（近藤文男）　有斐閣　2004.6　p447-461
- ◎参考文献「韓国電子・IT産業のダイナミズム―グローバルな産業連携とサムスンの世界戦略」（張秉煥）　そうよう　2005.8　p215-234
- ◎参考文献「台湾ハイテク産業の生成と発展」（佐藤幸人）　岩波書店　2007.3　p275-286

電子辞書
- ○関連記事抄録（尾川文枝）「文献探索　2000」（文献探索研究会）　2001.2　p138-140

電子出版
- ◎参考文献「DTP最新用語事典　2002-2003」（ファー・インク）　アイ・ディ・ジー・ジャパン　2002.1　p4-5

電子商取引
- ◎参考文献「eエコノミーはどこに向かうか―アメリカ最前線レポート」（NTTデータ北米技術センタ）　NTT出版　2001.3　p264-266
- ◎参考文献「米国の電子商取引政策―デジタル経済における政府の役割　第2版」（谷口洋志）　創成社　2001.3　p301-308
- ◎参考文献「バリュー・ネットワーク戦略―顧客価値創造のeリレーションシップ」（マーク・マクドナルド，ピーター・キーン）　ダイヤモンド社　2001.4　p427-429
- ◎文献「ECと情報流通―電子商取引が社会を変える」（齋藤孝文）　裳華房　2001.6　p166-168
- ◎参考文献「B to B型組織間関係とITマネジメント―EDI採用と普及に関する卸売業者の分析」（佐々木宏）　同文舘出版　2001.7　p189-206
- ◎参考文献「キラーコンテンツ―ブロードバンド時代のWebコンテンツビジネス戦略」（メイ=ラン・トムスン）　ピアソン・エデュケーション　2002.1　p211-215
- ◎文献「インターネット・エコノミー」（アラン・E. ワイズマン）　日本評論社　2002.10　p129-143
- ◎文献「電子貿易と国際ルール―金融と物流」（八尾晃）　東京経済情報出版　2003.3　p240-247
- ◎文献「貿易取引の電子化」（西道彦）　同文舘出版　2003.3　p257-260
- ◎参考文献「電子商取引入門」（丸山正博）　八千代出版　2004.2　p163-165
- ◎参考文献「オープンネットワークと電子商取引」（時永祥三ほか）　白桃書房　2004.4　p240-248
- ◎参考文献「企業間取引におけるオープンな取引基盤の有効性―eマーケットプレイスとwebサービスの相互活用のフレームワークの構築」（柳田義継）　創成社　2006.4　p131-137
- ◎参考文献「情報通信技術と企業間取引―鋼材取引業務の電子商取引化」（伊藤昭浩）　時潮社　2007.3　p140-144

電子署名法
- ◎参考文献「電子署名法―電子文書の認証と運用のしくみ」（夏井高人）　リックテレコム　2001.12　p420-421

点字資料
- ◎「岩手県立視聴覚障害者情報センター点字図書増加目録　28」　岩手県立視聴覚障害者情報センター　2006.9　14p A4

電子政府
- ◎参考文献「電子政府最前線―こうすればできる便利な社会」（白井均）　東洋経済新報社　2002.2　p277-278
- ◎文献「電子政府と知的財産―ペーパーレスシステムの技術と開発」（石井正）　経済産業調査会　2003.10　p1-14b
- ◎参考文献「電子政府概論」（堀越政美ほか）　NTTデータ　2004.1　p884-888

点字図書
- ◎「天理教点字文庫点字図書目録　増加第9集（平成11年度分）」（天理教点字文庫）　天理教点字文庫　2000.7　29p B5
- ◎「東京都立多摩図書館録音図書・点字図書目録　2000年10月末現在」　東京都立多摩図書館　2001.1　218p A4
- ◎「障害者サービスコーナー蔵書目録―点字録音資料増加目録　2002」（大阪市立中央図書館利用サービス課）　大阪市立中央図書館　2003.3　71p B5
- ◎「録音・点字資料目録―視覚に障害のある方のために　2002年」（埼玉県立浦和図書館ほか）　埼玉県立浦和図書館　2003.3　58p 28cm
- ◎「岩手県立点字図書館点字図書増加目録　25」　岩手県立点字図書館　2003.7　21p A4
- ◎「東京都立多摩図書館録音図書・点字図書目録　追録3（2003年1月―2004年12月）」（東京都立多摩図書館）　東京都立多摩図書館　2005.3　83p B5

電子図書館
- ◎参考文献「電子図書館　デジタル情報の流通と図書館の未来」（日本図書館情報学会研究委員会）　勉誠出版　2001.11　prr
- ◎参考文献「電子図書館と電子ジャーナル―学術コミュニケーションはどう変わるか」（根岸正光ほか）　丸善　2004.5　prr

電子取引
- ◎参考文献「貿易・金融の電子取引―基礎と展開」（八尾晃）　東京経済情報出版　2001.1　p283-300
- ◎注「アメリカのeバンキング」（宮村健一郎）　有斐閣　2003.3　prr

電子認証
- ◎参考文献「電子認証が日本を変える―PKIで変わる暮らしとビジネス」（加藤研也, 宮脇訓晴）　生産性出版　2001.6　p229-233

電子ネットワーク
- ◎文献「NPOの電子ネットワーク戦略」（川崎賢一ほか）　東京大学出版会　2004.10　prr

電磁波
- ◎参考文献「生体と電磁波―携帯電話、高圧送電線、地磁気、静電気などと人間との関わり」（吉本猛夫）　CQ出版　2004.5　p147-148
- ◎参考文献「電磁波汚染と健康」（Z. P. シャリタ）　緑風出版　2004.5　p328-372
- ◎参照文献「電磁波は〈無害〉なのか―ケータイ化社会の言語政治学」（菊池久一）　せりか書房　2005.7　p220-225

◎参考文献「健康を脅かす電磁波」（荻野晃也）　緑風出版　2007.5　p271-274

電子文書
◎参考文献「電子文書証明　eドキュメントの原本性確保」（NTTデータ経営研究所）　NTT出版　2001.8　p250-251

電子ペーパー
◎参考文献「電子ペーパーがわかる本―紙のように薄いディスプレイ」（横井利彰）　工業調査会　2002.12　p149-153
◎文献「紙への挑戦電子ペーパー―情報世界を変えるメディア」（面谷信）　森北出版　2003.6　p127-130
◎文献「電子ペーパーの最新技術と応用」（面谷信）　シーエムシー出版　2004.7　prr

電子マネー
◎参考文献「電子マネー・電子商取引と金融政策」（館龍一郎）　東京大学出版会　2002.7　p197-201
◎参考文献ほか「世界のペイメントカード」（山下徹）　シーメディア　2004.4　p243-244
◎参考図書「新しいお金―電子マネー・ポイント・仮想通貨の大混戦が始まる」（高野雅晴）　アスキー　2007.3　p184-190

電子メディア
◎参考文献「電子メディア文化の深層　シリーズ社会情報学への接近2」（伊藤守ほか）　早稲田大学出版部　2003.9　prr

電子メール
◎参考文献「迷惑メール規制法概説」（宗田貴行）　レクシスネクシス・ジャパン　2006.2　p265-267

電車
◎参考文献「路面電車」（今尾恵介）　筑摩書房　2001.3　p222-221
◎参考文献「世界の通勤電車ガイド」（佐藤芳彦）　成山堂書店　2001.8　p158-159
◎収録目録「乗物絵本時代―昭和の子供達が見た汽車・電車」（関田克孝）　JTB　2004.7　p157-152

天寿国
◎参考文献「隠された聖徳太子の世界―復元・幻の天寿国」（大橋一章ほか）　NHK出版　2002.2　p205」

伝承あそび
◎文献「子どもに伝えたい伝承あそび―起源・魅力とその遊び方」（小川清実）　萌文書林　2001.6　p223-224

天正遣欧使節
◎参考文献「天正遣欧使節　新装版」（松田毅一）　朝文社　2001.9　p353-358

伝承童謡
◎参考文献「完訳マザーグース」（W.S.ベアリングーグールドほか）　鳥影社　2003.11　p713-704

転職
◎参考文献「リストラと転職のメカニズム―労働移動の経済学」（玄田有史ほか）　東洋経済新報社　2002.10　prr
◎参考文献「専門職の転職構造―組織準拠性と移動」（藤本昌代）　文眞堂　2005.3　p217-226
◎文献「転職とキャリアの研究―組織間キャリア発達の観点から」（山本寛）　創成社　2005.5　p273-294

電信
◎参考文献「電信の歴史と京都電報局の歴史を年表に見る―改訂版」（土山年雄）　土山年雄　2004.9　p104-106
◎文献「モールス・キーと電信の世界―電鍵の歴史・操作・メインテナンス・コレクション」（魚留元章）　CQ出版　2005.6　p263-265

天神縁起
◎参考文献「天神縁起の系譜　研究・資料篇」（須賀みほ）　中央公論美術出版　2004.4　p268-277

電信電話
◎参考文献「明治電信電話ものがたり　情報通信社会の原風景」（松田裕之）　日本経済評論社　2001.4　p301-310

天神祭
◎参考著書ほか「天神祭と女性―大阪樟蔭女子大学天神祭調査報告書」（堀裕ほか）　大阪樟蔭女子大　2007.3　p316-317

点石斎画報
◎参考文献「『点石斎画報』にみる明治日本」（石暁軍）　東方書店　2004.2　p221-226

伝説
◎論文等「浦島伝説の研究」（林晃平）　おうふう　2001.2　p473-487
◎参考文献「山姥の記憶」（齊藤泰助）　桂書房　2001.2　p195-197
◎文献「鬼の大事典―妖怪・王権・性の解読　下（たば～わ）」（沢史生）　彩流社　2001.3　p1869-1974
◎文献「よみがえる浦島伝説―恋人たちのゆくえ」（坂田千鶴子）　新曜社　2001.6　p225-230
◎参考文献「続ものがたり　風土記」（阿刀田高）　集英社　2001.6　p331-337
◎参照文献「水の音楽―オンディーヌとメリザンド」（青柳いづみこ）　みすず書房　2001.9　p246-252
◎文献一覧「山姥たちの物語―女性の原型と語りなおし」（水田宗子, 北田幸恵）　学芸書林　2002.3　p290-294
◎参考文献「日本の皿屋敷伝説」（伊藤篤）　海鳥社　2002.5　p229-233
◎ブックガイド「世界の神話伝説総解説―改訂増補版」（吉田敦彦ほか）　自由国民社　2002.7　10pb
◎参考文献「伝説と俗信の世界―口承文芸の研究　II」（常光徹）　角川書店　2002.8　p235-246
◎参考文献「パワーストーン―宝石の伝説と魔法の力」（草野巧）　新紀元社　2003.10　p293-295
◎参考文献「ヨーロッパの現代伝説悪魔のほくろ」（R.W.ブレードニヒ）　白水社　2003.12　p1-7
◎参考文献「中欧怪奇紀行」（田中芳樹ほか）　講談社　2003.12　p325-328
◎ブックガイド（編集部）「世界の神々の事典―神・精霊・英雄の神話と伝説」（松村一男）　学習研究社　2004.5　p276-278
◎参考文献「花の神話」（秦寛博）　新紀元社　2004.9　p338-347
◎文献「伊予の狸話」（玉井葵）　創風社出版　2004.10　p148-152
◎参考文献「百合若大臣と猫の王」（河村望）　人間の科学新社　2004.11　p232-234

てんそく

◎参考文献「鬼の系譜」（佐藤秀治）　文芸社　2004.12　p353-355
◎参考文献「越後の鬼」（磯部定治）　新潟日報事業社　2005.1　p212-213
◎引用参考文献「図説ヨーロッパ怪物文化誌事典」（松平俊久）　原書房　2005.3　p323-333
◎参考文献「ほら話の中のアメリカ—愉快な英雄たちの痛快伝説でつづるアメリカの歴史」（W. ブレア）　北星堂書店　2005.5　p391-392
◎参考文献「イギリス伝説紀行—巨人、魔女、妖精たち」（飯田正美）　松柏社　2005.5　p236-225
◎参考文献「浦島太郎はどこへ行ったのか」（高橋大輔）　新潮社　2005.8　p267-268
◎参考文献「プリンセス」（稲葉義明ほか）　新紀元社　2005.10　p332-335
◎参考文献「大英帝国の伝説—アーサー王とロビン・フッド」（S. L. バーチェフスキー）　法政大学出版局　2005.10　p38-59b
◎文献「アイヌ伝承と砦　増補改訂」（宇田川洋）　北海道出版企画センター　2005.12　p260-273
◎参考文献「那賀の伝説」（湯浅安夫）〔湯浅安夫〕　2006.1　p344-345
◎ブックガイド「メルヘンの社会情報学」（森義信）　近代文芸社　2006.3　p194-198
◎参考文献「新潟市の伝説」（佐藤和彦ほか）　新潟市　2006.3　p148-150
◎文献表「日本人の動物観—変身譚の歴史」（中村禎里）　ビイング・ネット・プレス　2006.6　p288-306
◎参考文献「鬼の風土記」（服部邦夫）　青弓社　2006.8　p235-237
◎引用文献「アイヌ伝承ばなし集成—日本海・オホーツク海沿岸」（因幡勝雄）　北海道出版企画センター　2007.2　p361-370
◎地区別資料一覧「秩父の伝説—語り継ぐふるさとへの想い」（秩父の伝説編集委員会）　秩父市教委　2007.3　p413-417
◎参考資料「アンデッド」（久保田悠羅ほか）　新紀元社　2007.4　p205-206
◎文献「語り継ぐ大町の伝説—全380話」（大町民話の里づくりもんべの会）　大町民話の里づくりもんべの会　2007.7　p287-288
◎参考文献「近世上野神話の世界—在地縁起と伝承者」（佐藤喜久一郎）　岩田書院　2007.10　p365-383

纏足

◎参考文献「纏足の靴—小さな足の文化史」（D. コウ）　平凡社　2005.11　p190-196

天台宗

◎参考文献「『大乗止観法門』の研究」（松田未亮）　山喜房仏書林　2004.5　p520-540
◎参考文献「最澄—山家の大師」（大久保良峻）　吉川弘文館　2004.6　p205-206
◎参考文献「最澄と天台の国宝」（京都国立博物館ほか）　読売新聞社　2005.10　p361-363

天台仏教

◎参考文献「天台仏教と平安朝文人」（後藤昭雄）　吉川弘文館　2002.1　p223-225

天体物理

◎関連図書「ものの大きさ—自然の階層・宇宙の階層」（須藤靖）　東京大出版会　2006.10　p177-180

天体力学

◎参考文献「天体力学のパイオニアたち—カオスと安定性をめぐる人物史　上」（F. ディアクほか）　シュプリンガーV東京　2004.9　p194-202

伝単

◎参考文献「戦場に舞ったビラ—伝単で読み直す太平洋戦争」（一ノ瀬俊也）　講談社　2007.3　p274-275

伝道

◎参考文献「宣教のパラダイム転換　下巻　啓蒙主義から21世紀に向けて」（D. ボッシュ）　東京ミッション研究所　2001.3　p24-56b
○書誌（小桧山ルイほか）「東京女子大学比較文化研究所紀要　64」（東京女子大）　2003　p1-93, 1-4b
◎参考文献「バブテストの水戸・平伝道—1885-1941年」（大島良雄）　ダビデ社　2006.8　p164-167

伝統工芸

◎参考文献「図説琉球の伝統工芸」（天空企画）　河出書房新社　2002.4　p110
◎参考文献「伝統工藝再考京のうちそと—過去発掘・現状分析・将来展望」（稲賀繁美）　思文閣出版　2007.7　p18-23b

伝統産業

◎参考文献「鹿児島の伝統産業と職人ことば」（福田陽子）　海鳥社　2006.9　p209-218

伝統食品

◎参考文献「鹿児島の伝統製法食品」（蟹江松雄ほか）　春苑堂出版　2001.3　p220-226
◎参考文献「納豆大全—愛すべき伝統食品の謎を解く」（町田忍）　角川書店　2002.11　p210-213
◎文献「日本の伝統食品事典」（日本伝統食品研究会）　朝倉書店　2007.10　prr

伝統文化

◎参考文献「文明開化の日本改造—明治・大正時代」　淡交社　2007.6　p106-107

伝統文様

◎参考文献「装飾スタイル事典—すぐに使える世界の伝統文様」（アレクサンダー・シュベルツ）　東京美術　2001.7　p647-649

天然ガス

◎参考文献「石油神話　時代は天然ガスへ」（藤和彦）　文藝春秋　2001.1　p198-195
◎文献「バイオガス実用技術」（Barbara Eder, Heinz Schulz）　オーム社　2002.3　p231-235
◎参考文献「天然ガス産業の挑戦—伸びゆく各国の動向とその展望」（小島直）　専修大学出版局　2004.3　prr

天然記念物

◎文献「茨城の天然記念物—緑の憩いをたずねて」（山崎睦男）　暁印書館　2002.7　p252-253

天網島時雨炬燵

◎参考資料一覧「国立劇場上演資料集　488」　日本芸術文化振興会　2006.2　p248-260

天皇

◎参考文献「大王から天皇へ　日本の歴史03」（熊谷公男）　講談社　2001.1　p358-365

◎参考文献「天皇誕生　日本書紀が描いた王朝交替」(遠山美都男)　中央公論新社　2001.1　p248-250
◎参考文献「天皇の肖像」(多木浩二)　岩波書店　2002.1　p217-220
◎文献「天皇の人生儀礼」(所功)　小学館　2002.1　p292-294
◎参考文献「ジミーと呼ばれた日—若き日の明仁天皇」(工藤美代子)　恒文社21　2002.4　p252-253
◎参考文献「天皇破壊史」(太田竜)　成甲書房　2002.6　p344-347
◎註「昭和天皇　上」(H.ビックス)　講談社　2002.7　p309-355
◎註「天皇と王権を考える　8　コスモロジーと身体」(網野善彦ほか)　岩波書店　2002.8　prr
◎参考引用文献「四代の天皇と女性たち」(小田部雄次)　文藝春秋　2002.10　p224-225
◎参考文献「天皇と赤十字—日本の人道主義100年」(O.チェックランド)　法政大学出版局　2002.10　p18-36b
◎参考文献「母なる天皇　女性的君主制の過去・現在・未来」(B.A.シロニー)　講談社　2003.1　p417-443
◎参考文献「日本史の中の天皇　宗教学から見た天皇制」(村上重良)　講談社　2003.2　p283-285
◎参考文献「日本の女性天皇　十代八人の知られざる素顔」(荒木敏夫)　主婦と生活社　2003.3　p198-199
◎参考文献「女帝誕生—危機に立つ皇位継承」(笠原英彦)　新潮社　2003.6　p209-211
◎参考文献「平成の天皇と皇室」(高橋紘)　文藝春秋　2003.12　p220-222
◎参考文献「女性天皇」(瀧浪貞子)　集英社　2004.10　p236-237
◎参考文献「古代日本の女帝とキサキ」(遠山美都男)　角川書店　2005.1　p275-278
◎参考文献「岩波天皇・皇室辞典」(原武史ほか)　岩波書店　2005.3　prr
◎註「近代日本の国民像と天皇像」(小股憲明)　大阪公立大共同出版会　2005.3　p509-592
◎参考文献「ミカドの肖像」(猪瀬直樹)　小学館　2005.4　p856-879
◎参考文献「女帝の古代史」(成清弘和)　講談社　2005.7　p244-247
◎参考文献「幕末の天皇・明治の天皇」(佐々木克)　講談社　2005.11　p280-284
◎参考文献「天皇と東大—大日本帝国の生と死　下」(立花隆)　文藝春秋　2005.12　p707-740
◎参考文献「歴史のなかの天皇」(吉田孝)　岩波書店　2006.1　p243-248
◎参考文献「女帝の世紀—皇位継承と政争」(仁藤敦史)　角川学芸出版　2006.3　p239-247
◎参考文献「天皇の詩歌と消息—宸翰にみる書式　藤井永観文庫所蔵」(J.T.カーペンター)　立命館大学21世紀COEプログラム「京都アート・エンタテインメント創成研究」　2006.3　p178-183
◎参考文献「物語日本の女帝」(小石房子)　平凡社　2006.6　p213-215
◎参考史料一覧「幕末維新の政治と天皇」(高橋秀直)　吉川弘文館　2007.2　p552-553
◎参考文献「象徴天皇という物語」(赤坂憲雄)　筑摩書房　2007.10　p221-224
◎参考文献「天皇・皇室を知る事典」(小田部雄次)　東京堂出版　2007.10　p372-378

電脳
◎10冊「デジタルを哲学する—時代のテンポに翻弄される〈私〉」(黒崎政男)　PHP研究所　2002.9　p174-185

天皇観
◎年譜・年表「天皇観の相剋　1945年前後」(武田清子)　岩波書店　2001.11　p381-404
◎参考文献「中世の天皇観」(河内祥輔)　山川出版社　2003.1　2pb

天皇家
◎参考文献「天皇家はなぜ続いたのか。『日本書紀』に隠された王権成立の謎」(梅沢恵美子)　ベストセラーズ　2001.7　p234-235

天皇制
◎関係書誌「現代短歌と天皇制」(内野光子)　風媒社　2001.2　p7-9
◎参考文献「古代天皇制を考える　日本の歴史08」(大津透ほか)　講談社　2001.6　p342-351
◎参考文献「キリスト教と天皇(制)—キリスト教界を揺るがす爆弾発言!」(笹井大庸)　マルコーシュ・パブリケーション　2002.4　p295-299
◎文献「天皇制国家形成と朝鮮植民地支配」(朴埈相)　人間の科学新社　2003.3　p226-235
◎参考文献「象徴天皇制は誰がつくったか—生き続ける起草者の思想と信念」(中村明)　中央経済社　2003.4　p349-350
◎文献「将軍権力と天皇—秀吉・家康の神国観」(高木昭作)　青木書店　2003.5　p231-238
◎註「二〇世紀日本の天皇と君主制—国際比較の視点から一八六七〜一九四七」(伊藤之雄ほか)　吉川弘文館　2004.3　prr
◎参考文献「天皇制史論—本質・起源・展開」(水林彪)　岩波書店　2006.10　p13-23b

電脳政治
◎参考文献「Eポリティックス」(横江公美)　文藝春秋　2001.9　p213-214

天皇像
◎引用文献「近代天皇像の形成」(安丸良夫)　岩波書店　2001.9　p293-300

天皇陵
◎参考文献「天皇陵論—聖域か文化財か」(外池昇)　新人物往来社　2007.9　p262-264

天皇論
◎「天皇論を読む」(近代日本思想研究会)　講談社　2003.10　225p ss

電波
◎参考文献「よくわかる最新電波と周波数の基本と仕組み」(吉村和昭ほか)　秀和システム　2004.12　p277-279
◎参考文献「よくわかる電波の不思議」(中司浩生)　一灯舎　2007.11　p91-92

天平時代
◎参考文献「律令国家と天平文化—日本の時代史　4」(佐藤信)　吉川弘文館　2002.9　p311-332
◎参考文献「聖武天皇とその時代—天平文化と近江」(滋賀県文化財保護協会)　滋賀県文化財保護協会　2005.7　p164」

てんひよ

天平彫刻
- ○参考文献「天平の彫刻　日本の美術456」（至文堂）2004.5　p85」

テンプル騎士団
- ◎文献「テンプル騎士団の謎」（レジーヌ・ペルヌー）創元社　2002.8　p141」
- ◎文献「テンプル騎士団とフリーメーソン—アメリカ建国に到る西欧秘儀結社の知らざれる系譜」（M.ベイジェント）　三交社　2006.5　p499-501

澱粉
- ◎文献「澱粉科学の事典」（不破英次ほか）　朝倉書店　2003.3　prr

テンペラ画
- ◎参考文献「黄金テンペラ技法—イタリア古典絵画の研究と制作」（紀井利臣）　誠文堂新光社　2006.9　p139-141

伝馬
- ◎注「古代駅伝馬制度の研究」（永田英明）　吉川弘文館　2004.1　prr

デンマーク
- ◎参考文献「パンケーキの国で—子どもたちと見たデンマーク」（伊藤美好）　平凡社　2001.11　p2914-295
- ◎注文献「少子化をのりこえたデンマーク」（湯沢雍彦）朝日新聞社　2001.12　prr
- ◎文献「甦る古代人—デンマークの湿地埋葬」（P.V.グロブ）　刀水書房　2002.9　p162-166
- ◎参考文献「ノーマライゼーションが生まれた国・デンマーク」（野村武夫）　ミネルヴァ書房　2004.2　p215-218
- ◎参考文献「デンマークのユーザー・デモクラシー—福祉・環境・まちづくりからみる地方分権社会」（朝野賢司ほか）　新評論　2005.3　p318-327
- ◎参考文献「国民統合と欧州統合—デンマーク・EU関係史」（吉武信彦）　勁草書房　2005.3　p25-39b
- ◎参考文献ほか「デンマークの高齢者福祉と地域居住—最期まで住み切る住宅力・ケア力・地域力」（松岡洋子）　新評論　2005.10　p358-354
- ◎推薦図書「デンマークの子育て・人育ち—「人が資源」の福祉社会」（澤渡夏代ブラント）　大月書店　2005.11　p232-237
- ◎参考文献「デンマークの歴史・文化・社会」（浅野仁ほか）　創元社　2006.3　prr
- ◎参考文献「日本・デンマーク文化交流史—1600-1873」（長島要一）　東海大出版会　2007.9　p279-307
- ◎参考文献「福祉国家デンマークのまちづくり—共同市民の生活空間」（小池直人ほか）　かもがわ出版　2007.12　p195-198

天文
- ◎天文書「天文年鑑　2002年版」（編集委員会）　誠文堂新光社　2001.11　p314-315
- ◎「西洋の天文書　天文資料解説集4」（千葉市立郷土博物館）　千葉市立郷土博物館　2003.3　45p A4
- ◎参考文献「「見えない星」を追え！—今世紀最大の宇宙の謎"ミラーマター"の秘密に迫る」（R.フット）PHP研究所　2003.10　p360-363
- ◎「天文・宇宙の本全情報　1993-2003」（日外アソシエーツ）　日外アソシエーツ　2004.3　11, 505p A5
- ◎文献「宇宙はどこまで広がっているか?」（J.グリビンほか）　清流出版　2005.9　p149-150
- ◎「明治前日本天文暦学・測量の書目辞典」（中村士ほか）　第一書房　2006.2　335, 32p A5

天文異変
- ◎参考文献「古代の天文異変と史書」（細井浩志）　吉川弘文館　2007.9　p340-360

天文学
- ◎文献「地球外生命論争1750-1900—カントからロウエルまでの世界の複数性をめぐる思想大全　3（1860-1900）」（マイケル・J.クロウ）　工作舎　2001.3　p964-975
- ◎参考文献「天文学と文学のあいだ」（池内了）　廣済堂出版　2001.7　p281-284
- ◎参考文献「望遠鏡が宇宙を変えた—見ることと信じること」（リチャード・パネク）　東京書籍　2001.8　p214-227
- ◎参考文献「天文学入門—パソコンでみる宇宙」（作花一志, 中西久崇）　オーム社　2001.10　p138-139
- ◎参考書「生れたての銀河を探して—ある天文学者の挑戦」（谷口義明）　裳華房　2001.11　p13-105
- ◎参考文献「天文学への招待」（岡村定矩）　朝倉書店　2001.11　p198-202
- ◎「国立天文台野辺山宇宙電波観測所20周年論文目録」〔国立天文台野辺山宇宙電波観測所〕　2002.3　98p A4
- ◎文献「歴史を揺るがした星々—天文歴史の世界」（作花一志ほか）　恒星社厚生閣　2006.6　p207-214
- ◎文献ほか「ビクトリア時代のアマチュア天文家—19世紀イギリスの天文趣味と天文研究」（A.チャップマン）産業図書　2006.11　p295-400
- ◎参考文献「天文学史　新版」（桜井邦朋）　筑摩書房　2007.6　p419-428
- ◎参考文献「宇宙の観測　1　光・赤外天文学」（家正則ほか）　日本評論社　2007.7　p293-294
- ◎参考文献「シミュレーション天文学」（富阪幸治ほか）日本評論社　2007.8　p313-315

天文方
- ◎参考文献「天文方と陰陽道」（林淳）　山川出版社　2006.8　2pb

展覧会カタログ
- ◎文献「展覧会カタログの愉しみ」（今橋映子）　東京大学出版会　2003.6　p229-233
- ◎「東京文化財研究所蔵書目録　6　上（展覧会カタログ目録編）」（東京文化財研究所）　東京文化財研究所　2006.3　601p A4

天理教
- ◎参考文献「みかぐらうたの世界をたずねて」（天理教道友社）　天理教道友社　2001.5　p360-361
- ◎参考文献「ことばの元を探る—知恵と文字の仕込み」（末延岑生）　天理大　2005.3　p236-239
- ◎文献一覧「天啓のゆくえ—宗教が分派するとき」（弓山達也）　日本地域社会研究所　2005.3　p327-338
- ◎参考文献「「こふき」のひろめ—「元の理」天理教学研究の展開」（井上昭夫）　善本社　2006.1　p583-589

電流
- ◎原注「処刑電流—エジソン、電流戦争と電気椅子の発明」（R.モラン）　みすず書房　2004.9　p9-45b

電力
○文献目録「Electric power civil engineering 321」（電力土木技術協会） 2006.1 p173-176

電力事業
◎文献「電力市場のマーケットパワー」（野村宗訓） 日本電気協会新聞部 2002.6 p159-161
◎文献「電力人物誌―電力産業を育てた十三人」（満田孝） 都市出版 2002.12 p264-267
◎文献「後発工業国の経済発展と電力事業―台湾電力の発展と工業化」（北波道子） 晃洋書房 2003.3 p187-195
◎参考文献「電力改革再考―自由化モデルの評価と選択」（矢島正之） 東洋経済新報社 2004.2 p183-191
◎参考文献「日本電力業発展のダイナミズム」（橘川武郎） 名古屋大学出版会 2004.10 p571-581
◎参考文献「電力取引の金融工学―モデル化とプライシングの新展開」（A. アイデランドほか） エネルギーフォーラム 2004.11 p571-578
◎参考文献「電力産業の経済学」（穴山悌三） NTT出版 2005.3 p325-343

電力自由化
◎参考文献「電力自由化の金融工学―Financial engineering in new electricity markets」（山田聡） 東洋経済新報社 2001.6 p183-184
◎参考文献「電力自由化のリスクとチャンス」（山家公雄） エネルギーフォーラム 2001.9 p345-346
◎文献「電力自由化と構造改革―競争市場に対する戦略的思考とは?」（経済協力開発機構, 国際エネルギー機関） 技術経済研究所 2002.9 p169-175
◎参考文献「世界の自由化は今―変わる電力自由化のビジネスチャンス」（長山浩章ほか） 日本電気協会 2004.12 p323-328

【 と 】

ドイツ
◎参考文献「ドイツ金融史研究―ドイツ型金融システムとライヒスバンク」（居城弘） ミネルヴァ書房 2001.2 p479-497
◎参考文献「近代ドイツ歴史カリキュラム理論成立史研究」（池野範男） 風間書房 2001.2 p611-625
◎参考文献「ドイツ産業連関分析論」（良永康平） 関西大学出版部 2001.3 p371-394
◎文献目録「現代ドイツ経営学」（海道ノブチカ） 森山書店 2001.3 p189-199
◎参考文献「自由と意味―戦後ドイツにおける社会秩序観の変容」（城達也） 世界思想社 2001.3 p286-294
◎参考文献「独仏対立の歴史的起源―スダンへの道」（松井道昭） 東信堂 2001.3 p198-203
◎文献「フライブルク環境レポート」（今泉みね子） 中央法規出版 2001.4 p286-287
◎文献「近代ドイツの人口と経済―1800～1914年」（桜井健吾） ミネルヴァ書房 2001.4 p279-296
◎参考文献「呪われた海―ドイツ海軍戦闘記録」（カーユス・ベッカー） 中央公論新社 2001.4 p519-524
◎文献解説「人種主義国家ドイツ―1933-45」（M. バーリー, W. ヴィッパーマン） 刀水書房 2001.4 p277-298
◎文献「歴史のアウトサイダー」（ベルント・レック） 昭和堂 2001.4 p18-35b
◎参考文献「ドイツ環境会計―環境原価と環境負荷の統合に向けて」（湯田雅夫） 中央経済社 2001.5 p315-322
◎参考文献「大真面目に休む国ドイツ」（福田直子） 平凡社 2001.5 p207-210
◎参考文献「ドイツの協同組合制度―歴史・構造・経済的潜在力 新版」（G. アシュホフ, E. ヘニングセン） 日本経済評論社 2001.6 p207-231
◎参考文献「ドイツの歴史と文化の旅―歴史家の手作りツアー体験記」（望田幸男） ミネルヴァ書房 2001.9 p197-198
◎参考文献「ドイツ資本主義と鉄道」（山田徹雄） 日本経済評論社 2001.9 p213-221
◎文献「ドイツ州民投票制度の研究」（村上英明） 法律文化社 2001.9 p1-22b
◎文献目録「ドイツ固定費理論」（深山明） 森山書店 2001.10 p229-240
◎参考文献「会計国際化と資本市場統合―ドイツにおける証券取引開示規制と商法会計法との連繋」（佐藤誠二） 森山書店 2001.10 p192-202
◎文献「岐路に立つ統一ドイツ―果てしなき「東」の植民地化」（フリッツ・フィルマー） 青木書店 2001.10 p281-341
◎参考文献「旧東ドイツ地域のカリキュラム変革―体制の変化と学校の変化」（大野亜由未） 協同出版 2001.12 p204-223
◎文献目録「宗教改革と社会」（渡邊伸） 京都大学学術出版会 2001.12 p426-454
◎参考文献「ドイツ史蹟建造物図集成」（ドイツ史蹟建造物図集成刊行会） 遊子館 2002.1 p8-11f
◎参考文献「現代ドイツを知るための55章」（浜本隆志ほか） 明石書店 2002.1 p303-306
◎文献「ドイツ・アナーキズムの成立―『フライハイト』派とその思想」（田中ひかる） 御茶の水書房 2002.2 p7-31b
○受賞作品目録（上野陽子）「国際児童文学館紀要 17」（国際児童文学館） 2002.3 p1-19b
◎文献「概観ドイツ連邦憲法裁判所」（ホルスト・ゼッカー） 信山社出版 2002.3 p5-6b
◎文献「ドイツ教育思想の源流―教育哲学入門」（ルドルフ・ラサーン） 東信堂 2002.6 p225-226
◎参考文献「過去の克服―ヒトラー後のドイツ」（石田勇治） 白水社 2002.6 p1-5b
◎参考文献「ドイツ・オカルト事典」（佐藤恵三） 同学社 2002.8 prr
◎参考文献「ドイツ―古都と古城と聖堂」（魚住昌良） 山川出版社 2002.8 p223
◎参考文献「ドイツ科学的管理発達史論」（井藤正信） 東京経済情報出版 2002.8 p241-252
◎注ほか「ドイツの生涯学習―おとなの学習と学習支援」（三輪建二） 東海大学出版会 2002.9 p209-229
◎参考文献「ドイツ新聞学事始―新聞ジャーナリズムの歴史と課題」（E. シュトラスナー） 三元社 2002.10 p248-266

といつ

◎参考文献「ドイツ社会保障論 1 医療保険」(松本勝明) 信山社出版 2003.1 p231-238
◎参考文献「戦後ドイツ金融とリテール・バンキング—銀行の大衆化と金融商品の価格」(清田匡) 勁草書房 2003.2 p283-290
◎文献「ドイツ金融会計論—未決取引会計の探究」(本田良巳) 税務経理協会 2003.3 p279-293
◎文献「近代ドイツの市街地形成—公的介入の生成と展開」(大場茂明) ミネルヴァ書房 2003.3 p247-258
◎参考文献「異文化の魅惑—未知なる知的対象を求めて」(小林喬) 三修社 2003.4 p213-218
◎参考文献「地方主権の国ドイツ—徹底討論、決断そして実行」(片木淳) ぎょうせい 2003.6 p273-275
◎参考文献「ドイツの地方自治」(自治体国際化協会) 自治体国際化協会 2003.8 p358-360
◎文献「ドイツ自治体の行財政改革—分権化と経営主義化」(武田公子) 法律文化社 2003.10 p199-207
◎参考文献「独英ユーモア小史」(H.D.ゲルファート) 窓映社 2003.10 p1-12b
◎文献「ドイツ経営経済学」(森哲彦) 千倉書房 2003.12 p1-25b
◎文献「ドイツ資本主義とエネルギー産業—工業化過程における石炭業・電力業」(田野慶子) 東京大学出版会 2003.12 p241-259
◎参考文献「江戸・東京の中のドイツ」(J.クライナー) 講談社 2003.12 p206-221
◎文献「ドイツ福祉国家の変容と成人継続教育」(高橋満) 創風社 2004.2 p217-223
◎参考文献「公会計改革論—ドイツ公会計研究と資金理論的公会計の構築」(亀井孝文) 白桃書房 2004.3 p675-696
◎参考文献「ドイツ社会保障論 2 年金保険」(松本勝明) 信山社出版 2004.5 p243-249
◎参考文献「ドイツ財務会計論の系譜」(G.ザイヒト) 中央経済社 2004.8 p229-240
◎参考文献「質を保障する時代の公共性—ドイツの環境政策と福祉政策」(豊田謙二) ナカニシヤ出版 2004.9 p314-321
◎参考引用文献「現代ドイツの政治思想家—ウェーバーからルーマンまで」(C.ソーンヒル) 岩波書店 2004.10 p15-59b
◎参考文献「文筆業の誕生—近代ドイツにおける文筆業団体の活動史」(前原真吾) 東洋出版 2004.10 p520-537
◎文献目録「体制崩壊の政治経済学—東ドイツ1989年」(大塚昌克) 明石書店 2004.11 p300-330
◎文献ほか「都市と緑—近代ドイツの緑化文化」(穂鷹知美) 山川出版社 2004.11 p7-32b
◎参考文献「ドイツの住宅・不動産税制」(日本住宅総合センター研究部) 日本住宅総合センター 2005.6 p121-122
◎文献「ドイツ市町村の地域改革と現状」(森川洋) 古今書院 2005.7 p267-272
◎参考文献「世界の環境問題 1 ドイツと北欧」(川名英之) 緑風出版 2005.12 p440-454
◎参考文献「教養の歴史社会学—ドイツ市民社会と音楽」(宮本直美) 岩波書店 2006.2 p5-20b
◎邦語文献「団体訴訟の新展開」(宗田貴行) 慶應義塾大出版会 2006.3 p267-269

◎参考文献「現代ドイツ管理会計制度論」(石川祐二) 森山書店 2006.4 p287-292
◎参考文献「栄光のドイツサッカー物語」(明石真和) 大修館書店 2006.6 p281-286
◎参考文献「ドイツの農村政策と農家民宿」(富川久美子) 農林統計協会 2007.1 p174-181
◎参考文献「ドイツ環境史—19世紀と20世紀における自然と人間の共生の歴史」(F.J.ブリュックゲマイアーほか) リーベル出版 2007.3 p140-155
◎参考文献「ドイツの市民自治体—市民社会を強くする方法」(坪郷實) 生活社 2007.9 p105-110
◎参考文献「近代ドイツの農村社会と下層民」(平井進) 日本経済評論社 2007.10 p333-368
◎参考文献「ドイツ社会保障論 3 介護保険」(松本勝明) 信山社出版 2007.11 p211-215

ドイツ 医療史
◎参考文献「女の皮膚の下 十八世紀のある医師とその患者たち 新版」(B.ドゥーデン) 藤原書店 2001.10 p314-295

ドイツ 演劇
◎参考文献「ナチスと闘った劇作家たち—もうひとつのドイツ文学」(島谷謙) 九州大学出版会 2004.10 p6-11b
◎参考文献「ドイツ現代演劇の構図」(谷川道子) 論創社 2005.11 p340-343

ドイツ 音楽
◎参照文献「ドイツ・バロック器楽論—1650～1750年頃のドイツ音楽理論における器楽のタイポロジー」(佐藤望) 慶應義塾大出版会 2005.12 p293-301

ドイツ 海軍
◎参考文献「呪われた海 ドイツ海軍戦闘記録」(C.ベッカー) 中央公論新社 2001.4 p519-524
◎文献「ドイツ海軍の熱い夏—水兵たちと海軍将校団 1917年」(三宅立) 山川出版社 2001.5 p8-19b

ドイツ 会計
◎引用参考文献「ドイツ会計国際化論」(稲見亨) 森山書店 2004.3 p191-207

ドイツ 外交
◎資料文献「ドイツ外交官の見た南京事件」(石田勇治ほか) 大月書店 2001.3 p280-324
◎文献「ドイツ統一の舞台裏で—六角形の円卓会議」(R.キースラーほか) 中央公論事業出版 2003.8 p265-268
◎文献目録「エルザスの軍民衝突—「ツァーベルン事件」とドイツ帝国統治体制」(滝田毅) 南窓社 2006.6 p233-240
◎参考文献「ドイツの安全保障政策—平和主義と武力行使」(中村登志哉) 一藝社 2006.7 p179-194
◎参考文献「国民とその敵」(M.ヤイスマン) 山川出版社 2007.6 p134-137

ドイツ 会社法
◎参考文献ほか「ドイツ有限会社法解説 改訂版」(荒木和夫) 商事法務 2007.5 p430-435

ドイツ 革命
◎文献「ドイツ・ラディカリズムの諸潮流—革命期の民衆 1916～21年」(垂水節子) ミネルヴァ書房 2002.2 p49-70b

ドイツ　学校
◎史料文献「プロイセン・ドイツにおける近代学校装置の形成と教育方法の改革」（大崎功雄）　北海道教育大　2002.3　p179-187
◎参考文献「管理から自律へ―戦後ドイツの学校改革」（遠藤孝夫）　勁草書房　2004.9　p4-10b

ドイツ　環境法
◎文献・年表「環境先進的社会とは何か―ドイツの環境思想と環境政策を事例に」（平子義雄）　世界思想社　2002.5　p219-227

ドイツ　観念論
◎引用文献「ドイツ観念論の実践哲学研究」（入江幸男）　弘文堂　2001.12　p333-334
◎参考文献「ドイツ観念論への招待」（久保陽一）　放送大学教育振興会　2003.3　p291-294
◎文献「構築と解体　ドイツ観念論の研究」（寄川条路）　晃洋書房　2003.3　p227-238

ドイツ　企業
◎参考文献「ドイツ企業社会の形成と変容―クルップ社における労働・生活・統治」（田中洋子）　ミネルヴァ書房　2001.12　p9-31b
◎参考文献「ドイツ中小企業と経営財務」（田淵進）　森山書店　2005.3　p253-258
◎文献目録「ドイツの企業体制―ドイツのコーポレート・ガバナンス」（海道ノブチカ）　森山書店　2005.9　p189-199

ドイツ　戯曲
◎使用文献「十八世紀ドイツ市民劇研究」（南大路振一ほか）　三修社　2001.5　p487-501

ドイツ　教育
◎参考文献「現代ドイツ民衆教育史研究―ヴァイマル期民衆大学の成立と展開」（新海英行）　日本図書センター　2004.2　p449-473
◎参考文献「ナチズムと教育―ナチス教育政策の原風景」（増淵幸男）　東信堂　2004.11　p329-335
◎注「ドイツの政治教育―成熟した民主社会への課題」（近藤孝弘）　岩波書店　2005.10　p9-31b
◎ブックガイド「ドイツの歴史教育」（川喜田敦子）　白水社　2005.12　p12-22b
◎参考引用文献「現代ドイツ政治・社会学習論―「事実教授」の展開過程の分析」（大友秀明）　東信堂　2005.12　p365-384
◎参考文献「ドイツの教育のすべて」（マックス・プランク教育研究所）　東信堂　2006.6　p459-485
◎文献一覧「ナチズム・抵抗運動・戦後教育―「過去の克服」の原風景」（對馬達雄）　昭和堂　2006.10　p10-22b

ドイツ　行政
◎参考文献「自然と和解への道　上」（K.マイヤー＝アービッヒ）　みすず書房　2005.6　p1-13b
◎参考文献「自然との和解への道　下」（K.M.マイヤー＝アービッヒ）　みすず書房　2006.1　p8-20b
◎参考文献「リスク行政の法的構造―不確実性の条件下における行政決定の法的制御に関する研究」（下山憲治）　敬文堂　2007.1　p203-224

ドイツ　近世
◎参考文献「ドイツ近世の聖性と権力―民衆・巡礼・宗教運動」（下田淳）　青木書店　2001.12　p1-15b

◎引用参考文献「魔女にされた女性たち　近世初期ドイツにおける魔女裁判」（I.アーレント＝シュルテ）　勁草書房　2003.6　p7-12b

ドイツ　近代史
◎参考文献「ドイツの長い一九世紀―ドイツ人・ポーランド人・ユダヤ人」（伊藤定良）　青木書店　2002.9　p251-269
◎参考文献「ベルリンのモダンガール――九二〇年代を駆け抜けた女たち」（田丸理砂ほか）　三修社　2004.1　p281-292

ドイツ　金融
◎文献一覧「ドイツ証券市場史―取引所の地域特性と統合過程」（山口博教）　北海道大出版会　2006.2　p277-288

ドイツ　軍事史
○研究動向（阪口修本）「史学雑誌　110.6」（東京大学出版会）　2001.6　p84-103

ドイツ　経済
◎文献「ドイツ経済を支えてきたもの―社会的市場経済の原理」（島野卓爾）　知泉書館　2003.7　p177-182
◎参考文献「怠け者の日本人とドイツ人―停滞を生んだ国民性」（手塚和彰）　中央公論新社　2004.3　p174-176
◎文献「競争秩序のポリティクス―ドイツ経済政策思想の源流」（雨宮昭彦）　東京大学出版会　2005.4　p309-329
◎文献表「ドイツ産業革命―成長原動力としての地域」（H.キーゼヴェター）　晃洋書房　2006.5　p329-334
◎文献目録「現代ドイツ経済の歴史」（古内博行）　東京大出版会　2007.8　p239-253

ドイツ　警察
◎参考文献「ナチ・ドイツ軍装読本―SS・警察・ナチ党の組織と制服」（山下英一郎）　彩流社　2006.11　p183-185

ドイツ　芸術
◎参考文献「フルクサス展―芸術から日常へ」（うらわ美術館）　うらわ美術館　〔2004〕　p218-219
◎文献「ドイツにおける〈日本＝像〉―ユーゲントシュティールからバウハウスまで」（C.デランク）　思文閣出版　2004.7　p14-48b

ドイツ　現代史
◎文献・年表「指導者たちでたどるドイツ現代史」（小林正文）　丸善　2002.1　p176-184
◎文献「理想郷としての第三帝国―ドイツ・ユートピア思想と大衆文化」（ヨースト・ヘルマント）　柏書房　2002.11　p319-320
◎注「ドイツ史の終焉　東西ドイツの歴史と政治」（仲井斌）　早稲田大学出版部　2003.7　prr
◎引用参考文献「20世紀ドイツの光と影―歴史から見た経済と社会」（斎藤哲ほか）　芦書房　2005.8　p335-341
◎ブックガイド「20世紀ドイツ史」（石田勇治）　白水社　2005.8　p14-21b
◎ブックガイド「ドイツを変えた68年運動」（井関正久）　白水社　2005.8　p14-20b
◎参考文献「ナチス・ドイツ―ある近代の社会史―ナチ支配下の「ふつうの人びと」の日常　改装版」（D.ポイカー）　三元社　2005.9　p34-42

ドイツ　憲法
◎文献「平等取扱の権利」(西原博史)　成文堂　2003.2　p355-361

ドイツ　原理主義
◎注「帰依する世紀末—ドイツ近代の原理主義者群像」(竹中亨)　ミネルヴァ書房　2004.3　prr

ドイツ　工業
◎文献一覧「ドイツ工業化における鉄道業」(鴋澤歩)　有斐閣　2006.10　p329-351

ドイツ　国防
◎文献「ナチズムの前衛」(R. G. L. ウェイト)　新生出版　2007.12　p276-250

ドイツ　財政
◎参考文献「ドイツ州間財政調整の改革—「水平的財政調整」の射程」(中村良広)　地方自治総合研究所　2004.6　p75-79
◎参考文献「現代ドイツ地方税改革論」(関野満夫)　日本経済評論社　2005.8　p169-175

ドイツ　ザクセン
◎文献目録ほか「ザクセン農民解放運動史研究」(松尾展成)　御茶の水書房　2001.2　p223-231
◎参考文献ほか「ザクセン大公ハインリヒ獅子公—中世北ドイツの覇者」(K. ヨルダン)　ミネルヴァ書房　2004.1　p17-22b

ドイツ　参謀本部
◎参考文献「ドイツ参謀本部　新装版」(B. リーチ)　原書房　2001.1　p261」

ドイツ　詩
◎参考文献「ドイツ詩必携—詩法と評釈」(山口四郎)　鳥影社　2001.5　p229-231
◎参考文献「植物詩の世界—日本のこころドイツのこころ」(冨岡悦子)　神奈川新聞社　2004.3　p73-76
◎文献リスト「自然詩の系譜—20世紀ドイツ詩の水脈」(神品芳夫)　みすず書房　2004.6　p10-21b

ドイツ　思想
◎文献「ドイツにおける神秘的・敬虔的思想の諸相—神学的・言語的考察」(芝田豊彦)　関西大出版部　2007.3　p325-337

ドイツ　市民劇
◎使用文献「十八世紀ドイツ市民劇研究」(南大路振一ほか)　三修社　2001.5　p487-501

ドイツ　社会
◎参考文献「ドイツ社会史」(矢野久, アンゼルム・ファウスト)　有斐閣　2001.6　p297-315
◎文献「ケルン大聖堂の見える街—ドイツ、ライン河畔の散歩道で」(小林英起子)　ブッキング　2004.12　p158-159
◎ブックガイド「戦後ドイツのユダヤ人」(武井彩佳)　白水社　2005.9　p11-17b
◎参考文献「消費生活と女性—ドイツ社会史(1920-70)の側面」(斎藤哲)　日本経済評論社　2007.11　p303-336

ドイツ　社会民主党
◎文献「ドイツ社会民主党と地方の論理—バイエルン社会民主党1890〜1906」(鍋谷郁太郎)　東海大学出版会　2003.3　p263-273

◎文献リストほか「戦後ドイツ社会民主党史研究序説—組織改革とゴーテスベルク綱領への道」(安野正明)　ミネルヴァ書房　2004.2　p16-31b

ドイツ　シュヴァーベン同盟
◎文献目録「等族国家から国家連合へ—近世ドイツ国家の設計図「シュヴァーベン同盟」」(皆川卓)　創文社　2005.1　p43-56b

ドイツ　宗教
◎文献ほか「敬虔者たちと〈自意識〉の覚醒—近世ドイツ宗教運動のミクロ・ヒストリア」(森涼子)　現代書館　2006.10　p360-372

ドイツ　叙事詩
◎参考文献「中世ドイツ叙事文学の表現形式—押韻技法の観点から」(武市修)　近代文芸社　2006.2　p302-303

ドイツ　女性
◎参考文献「ドイツ女性の歩み」(河合節子ほか)　三修社　2001.6　p398-388

ドイツ　神聖ローマ帝国
◎参考文献「神聖ローマ帝国」(菊池良生)　講談社　2003.7　p262-260
◎参考文献「中世ヨーロッパ万華鏡　1　中世人と権力—「国家なき時代」のルールと駆引」(G. アルトホフ)　八坂書房　2004.7　p12-16b
◎参考文献ほか「神聖ローマ帝国　1495-1806」(P. W. ウィルズン)　岩波書店　2005.2　p7-33b
◎文献一覧「ヴェストファーレン条約と神聖ローマ帝国—ドイツ帝国諸侯としてのスウェーデン」(佐藤宏二)　九州大学出版会　2005.12　p185-194
◎参考文献「魔術の帝国—ルドルフ二世とその世界　下」(R. J. W. エヴァンズ)　筑摩書房　2006.1　p382-369

ドイツ　政治
◎参考文献「現代ドイツ政治史—ドイツ連邦共和国の成立と発展」(H. K. ルップ)　彩流社　2002.5　p560-525
◎文献一覧「ヨーロッパ比較政治発展論」(G. レームブルッフ)　東京大学出版会　2004.2　p7-25b

ドイツ　占領下
◎参考文献「ヴィシー政府と「国民革命」　ドイツ占領下フランスのナショナル・アイデンティティ」(川上勉)　藤原書店　2001.12　p289-285

ドイツ　中世史
◎原注文献「市長の娘　中世ドイツの一都市に起きた醜聞」(S. オズメント)　白水社　2001.3　p260-297
◎参考文献「「死の舞踏」への旅」(藤代幸一)　八坂書房　2002.11　p275-278
◎文献ほか「若者職人の社会と文化—14-17世紀ドイツ」(佐久間弘展)　青木書店　2007.9　p337-347

ドイツ　哲学
◎文献「ドイツ観念論における超越論的自我論—大文字の〈私〉」(松本正男)　創文社　2002.2　p25-31b
◎文献案内(寄川条路)「ドイツ観念論を学ぶ人のために」(大橋良介)　世界思想社　2006.1　p305-313

ドイツ　東亜伝道会
○記事抄録(松本真実)「文献探索　2000」(文献探索研究会)　2001.2　p512-514

ドイツ　独ソ戦
◎文献目録「独ソ戦とホロコースト」（永岑三千輝）　日本経済評論社　2001.1　p13-47

ドイツ　独仏関係
◎参考文献ほか「独仏関係と戦後ヨーロッパ国際秩序―ドゴール外交とヨーロッパの構築1958-1969」（川嶋周一）　創文社　2007.1　p13-40b

ドイツ　ドレスデン
◎参考文献「ドレスデン都市と音楽―ザクセン選帝侯ヨハン・ゲオルク2世の時代」（バロック音楽研究会）　東京書籍　2007.10　prr

ドイツ　ナチス時代
◎参考文献「「生きるに値しない命」とは誰のことか　ナチス安楽死思想の原典を読む」（K. ビンディンクほか）　窓社　2001.11　p178-179
◎参考文献「語り伝えよ、子どもたちに―ホロコーストを知る」（S. ブルッフフェルド, P. A. レヴィーン, 中村綾乃）　みすず書房　2002.2　p4-8b
◎文献「ヒトラーの戦士たち―6人の将帥」（グイド・クノップ）　原書房　2002.3　p1-5b
◎参考文献「ナチスと動物―ペット・スケープゴート・ホロコースト」（B. サックス）　青土社　2002.5　p7-23b
◎参考文献「ナチスになったユダヤ人」（M. スケイキン）　DHC　2002.6　1pb
◎引用文献「ナチス・ドイツと聴覚障害者―断種と「安楽死」政策を検証する」（中西喜久司）　文理閣　2002.10　p251-254
◎原注「ヨーロッパの略奪―ナチス・ドイツ占領下における美術品の運命」（L. H. ニコラス）　白水社　2002.10　p513-545
◎参考文献「交響曲不滅」（M. ゴールドスミス）　産業編集センター　2002.10　2pb
◎原注文献「冷戦の闇を生きたナチス―知られざるナチス逃亡の秘録」（R. ギーファーほか）　現代書館　2002.10　p1-3b
◎参考文献「健康帝国ナチス」（K. N. プロクター）　草思社　2003.9　p1-18b
◎文献目録「ナチス期の農業政策研究1934-36―穀物調達措置の導入と食糧危機の発生」（古内博行）　東京大学出版会　2003.12　p391-409
◎参考文献「ホロコースト全証言―ナチ虐殺戦の全体像」（G. クノップ）　原書房　2004.2　p1-6b
◎参考文献「ローマ教皇とナチス」（大沢武男）　文藝春秋　2004.2　p184-187
◎参考文献「黄色い星―ヨーロッパのユダヤ人迫害1933-1945　新版」（G. シェーンベルナーほか）　松柏社　2004.7　p332-337
◎文献表「ヒトラー政権の共犯者、犠牲者、反対者―〈第三帝国〉におけるプロテスタント神学と教会の〈内面史〉のために」（H. E. テート）　創文社　2004.11　p13-29b
◎参考文献「ナチス・ドイツの外国人―強制労働の社会史」（矢野久）　現代書館　2004.12　p227-248
◎参考文献「ナチス・ドイツの有機農業―「自然との共生」が生んだ「民族の絶滅」」（藤原辰史）　柏書房　2005.2　p281-293
◎参考文献「詳解武装SS興亡史―ヒトラーのエリート護衛部隊の実像　1939-45」（G. H. スティン）　学習研究社　2005.4　p453-445
◎参考文献「アウシュヴィッツと〈アウシュヴィッツの嘘〉」（T. バスティアン）　白水社　2005.6　p1-4b
◎参考文献「ナチス・ドイツーある近代の社会史―ナチ支配下の「ふつうの人びと」の日常　改装版」（D. ポイカー）　三元社　2005.9　p34-42
◎文献一覧「アウシュヴィッツの〈回教徒〉―現代社会とナチズムの反復」（柿本昭人）　春秋社　2005.10　p1-17b
◎文献目録「ドイツ人女性たちの〈誠実〉―ナチ体制下ベルリン・ローゼンシュトラーセの静かなる抗議」（幸津國生）　花伝社　2005.12　p223-227
◎参考資料「ナチからの脱出―ドイツ軍将校に救出されたユダヤ人」（B. リッグ）　並木書房　2006.4　p249-261
◎参考引用文献「ナチスの発明」（武田知弘）　彩図社　2006.12　p250-254
◎引用参考文献「せめて一時間だけでも―ホロコーストからの生還」（P. シュナイダー）　慶應義塾大出版会　2007.7　p176-177
◎註「「白バラ」尋問調書―『白バラの祈り』資料集」（F. ブライナースドルファー）　未來社　2007.8　p262-279

ドイツ　ナチス親衛隊
◎参考文献「ヒトラー・ユーゲント―青年運動から戦闘組織へ」（平井正）　中央公論新社　2001.1　p238-242
◎注文献「ナチ親衛隊知識人の肖像」（大野英二）　未來社　2001.4　p276-318
◎参考文献「ヒトラーの親衛隊」（G. クノップ）　原書房　2003.9　p428-434
◎参考文献「詳解武装SS興亡史―ヒトラーのエリート護衛部隊の実像　1939-45」（G. H. スティン）　学習研究社　2005.4　p453-445
◎参考文献「ナチ・ドイツ軍装読本―SS・警察・ナチ党の組織と制服」（山下英一郎）　彩流社　2006.11　p183-185
◎参考文献「SSヒトラーユーゲント―第12SS師団の歴史1943-45」（R. バトラー）　リイド社　2007.3　p189」

ドイツ　ナチズム
◎文献解説「人種主義国家ドイツ―1933-45」（M. バーリー, W. ヴィッパーマン）　刀水書房　2001.4　p277-298
◎注文献「ナチズムと歴史家たち」（P. シェットラー）　名古屋大学出版会　2001.8　prr
◎註「ナチズムのなかの20世紀」（川越修, 矢野久）　柏書房　2002.4　prr
◎注「近代精神医学の成立―「鎖解放」からナチズムへ」（古俣和一郎）　人文書院　2002.5　p188-203
◎参考文献「過去の克服―ヒトラー後のドイツ」（石田勇治）　白水社　2002.6　p1-5b
◎文献「理想郷としての第三帝国―ドイツ・ユートピア思想と大衆文化」（ヨースト・ヘルマント）　柏書房　2002.11　p319-320
◎参考文献ほか「ホロコーストを学びたい人のために」（W. ベンツ）　柏書房　2004.1　p177-182
◎文献「社会国家の生成―20世紀社会とナチズム」（川越修）　岩波書店　2004.2　p12-21b
◎主要文献「希望への扉―心に刻み伝えるアウシュヴィッツ」（山田正行）　同時代社　2004.3　p352-356
◎文献目録「ナチズムと労働者―ワイマル共和国時代のナチス経営細胞組織」（原田昌博）　勁草書房　2004.4　p13-29b

◎文献資料リスト「虚構のナチズム─「第三帝国」と表現文化」（池田浩士）　人文書院　2004.4　p397-380
◎参考文献「アルザスの小さな鐘─ナチスに屈しなかった家族の物語」（M. L. ロート＝ツィマーマン）　法政大学出版局　2004.7　p5-9b
◎文献「ポストモダニズムとホロコーストの否定」（R. イーグルストン）　岩波書店　2004.9　p82-85
◎参考文献「ナチスと闘った劇作家たち─もうひとつのドイツ文学」（島谷謙）　九州大学出版会　2004.10　p6-11b
◎参考文献「ナチズムと教育─ナチス教育政策の原風景」（増淵幸男）　東信堂　2004.11　p329-335
◎文献目録「議論された過去─ナチズムに関する事実と論争」（W. ヴィッパーマン）　未来社　2005.12　p330-337
◎原註「ナチズムの歴史思想─現代政治理念と実践」（F. L. クロル）　柏書房　2006.2　p357-258
◎文献一覧「ナチズム・抵抗運動・戦後教育─「過去の克服」の原風景」（對馬達雄）　昭和堂　2006.10　p10-22b
◎参考文献「ドイツ過去の克服─ナチ独裁に対する1945年以降の政治的・法的取り組み」（P. ライヒェル）　八朔社　2006.11　p1-10b
◎文献目録「ナチス前夜における「抵抗」の歴史」（星乃治彦）　ミネルヴァ書房　2007.3　p5-20b
◎文献「ナチズムの前衛」（R. G. L. ウェイト）　新生出版　2007.12　p276-250

ドイツ　農業
◎文献目録「ナチス期の農業政策研究1934-36─穀物調達措置の導入と食糧危機の発生」（古内博行）　東京大学出版会　2003.12　p391-409
◎参考文献「ドイツ都市近郊農村史研究─「都市史と農村史のあいだ」序説」（加藤房雄）　勁草書房　2005.2　p297-314

ドイツ　バイエルン王国
◎参考文献「バイエルン王国の誕生　ドイツにおける近代国家の形成」（谷口健治）　山川出版社　2003.2　p8-13b

ドイツ　東ドイツ
◎文献目録「体制崩壊の政治経済学─東ドイツ1989年」（大塚昌克）　明石書店　2004.11　p300-330
◎参考文献「平和革命と宗教─東ドイツ社会主義体制に対する福音主義教会」（清水望）　冬至書房　2005.9　p644-632

ドイツ　美術
◎参考文献「ドレスデン国立美術館展─世界の鏡　エッセイ篇」（佐藤直樹ほか）　日本経済新聞社　2005　p105-112

ドイツ　表現主義
◎注「ドイツ表現主義と日本　大正期の動向を中心に」（酒井府）　早稲田大学出版部　2003.1　prr
◎参考文献「ドイツ表現主義の芸術」（本江邦夫）　アプトインターナショナル　〔2003〕　p190-192

ドイツ　フランクフルト
◎参考文献「ドイツ中世都市の自由と平和─フランクフルトの歴史から」（小倉欣一）　勁草書房　2007.4　p24-56b

ドイツ　プロイセン
◎史料と文献「パンと民衆─19世紀プロイセンにおけるモラル・エコノミー」（山根徹也）　山川出版社　2003.11　p9-27b

ドイツ　文化
◎参考文献「森のフォークロア─ドイツ人の自然観と森林文化」（A. レーマン）　法政大学出版局　2005.10　p41-51b
◎文献「世紀転換期ドイツの文化と思想─ニーチェ、フロイト、マーラー、トーマス・マンの時代」（斎藤成夫）　同学社　2006.1　p151-157
◎引用参考文献「異文化の調べ─ドイツ人の生の証を求めて」（小林喬）　三修社　2007.3　p218-221

ドイツ　文学
◎参考文献「「ニーベルンゲンの歌」を読む」（石川栄作）　講談社　2001.4　p314-319
◎参考文献「赤ん坊殺しのドイツ文学」（横光忍）　三修社　2001.4　p389-398
◎参考文献「ドイツ文学散策─ゲーテ『親和力』論・カフカ論・その他」（高木久雄）　ナカニシヤ出版　2001.11　p209-211
◎原注「ドイツ近代文学理論史」（J. ヘルマント）　同学社　2002.12　p17-21b
◎参考文献ほか「はじめて学ぶドイツ文学史」（柴田翔）　ミネルヴァ書房　2003.1　p302-313
◎文献解題「ドイツの歴史小説」（山口裕）　三修社　2003.2　p221-253
◎参考文献「ドイツ文学　新訂」（保坂一夫）　放送大学教育振興会　2003.3　p260-266
◎参考文献「ライン河─流域の文学と文化」（丹下和彦）　晃洋書房　2006.4　p149-150
◎参考文献「アメリカという名のファンタジー─近代ドイツ文学とアメリカ」（山口知三）　鳥影社・ロゴス企画　2006.10　p421-433
◎参考文献「踊る身体の詩学─モデルネの舞踊表象」（山口庸子）　名古屋大出版会　2006.12　p13-29b

ドイツ　兵士
◎参考文献「ドイツ兵士の見たニッポン─習志野俘虜収容所1915～1920」（習志野市教育委員会）　丸善　2001.12　p203-205

ドイツ　ベルリン
◎参考文献「映画の中のベルリン、ウィーン」（飯田道子）　三修社　2003.8　p277-274
◎文献「ベルリン陥落1945」（A. ビーヴァー）　白水社　2004.8　p13-24b
◎参考文献「ベルリン三大歌劇場─激動の公演史〈1900-45〉」（菅原透）　アルファベータ　2005.5　p27-31b
◎出版物年表「言語都市・ベルリン─1861-1945」（和田博文ほか）　藤原書店　2006.10　p429-464

ドイツ　ベルリン新教育
◎資料文献「ベルリン新教育の研究」（小峰総一郎）　風間書房　2002.3　p645-668

ドイツ　ベルリンの壁
○書誌（阿部奈々子）「文献探索　2004」（文献探索研究会）　2004.4　p364-369

ドイツ　法
◎参考文献「ドイツ法入門　改訂4版」（H. P. マルチュケ）　有斐閣　2000.6　p221-225

◎参考文献「ドイツ法入門 改訂第5版」(村上淳一, ハンス・ペーター・マルチュケ) 有斐閣 2002.1 p231-236
◎文献目録「ジェンダーの法史学―近代ドイツの家族とセクシュアリティ」(三成美保) 勁草書房 2005.2 p303-322
◎参考文献「ドイツ法入門 改訂6版」(村上淳一ほか) 有斐閣 2005.4 p259-264
◎参照文献「ドイツ少年刑法改革のための諸提案」(ドイツ少年裁判所・少年審判補助者連合) 現代人文社 2005.12 p140-150

ドイツ 防衛
◎参考文献「第三帝国の要塞―第二次世界大戦におけるドイツの防衛施設および防衛体制」(J. E. カウフマンほか) 大日本絵画 2006.8 p349-351

ドイツ 亡命者
◎文献「ロンドンのドイツ人―ヴィクトリア期の英国におけるドイツ人亡命者たち」(ローズマリー・アシュトン) 御茶の水書房 2001.6 p17-21b

ドイツ ミュンヘン
◎参考文献「ぶらりあるきミュンヘンの博物館」(中村浩) 芙蓉書房出版 2007.10 p168-169

ドイツ 民法
◎参考文献「不当利得とはなにか」(川角由和) 日本評論社 2004.1 p503-526

ドイツ リート
◎参考文献「ドイツ・リートへの誘い―名曲案内からドイツ語発音法・実践まで」(梶木喜代子) 音楽之友社 2004.9 p360-365

ドイツ 留学
◎文献「近代日独交渉史研究序説 最初のドイツ大学日本人留学生馬島済治とカール・レーマン」(荒木康彦) 雄松堂出版 2003.3 p197-207

ドイツ 料理
◎註「ドイツ 世界の食文化 18」(南直人) 農文協 2003.10 prr

ドイツ 歴史
◎参考文献「十八世紀のドイツ―ゲーテ時代の社会的背景 第2版」(W. H. ブリュフォード) 三修社 2001.2 p345-356
◎参考文献「ドイツ史 新版世界各国史13」(木村靖二) 山川出版社 2001.8 p58-68
◎参考文献「バイエルン王国の誕生 ドイツにおける近代国家の形成」(谷口健治) 山川出版社 2003.2 p8-13b
◎文献「市民社会と協会運動―交差する1848/49年革命研究と市民社会論」(村上俊介) 御茶の水書房 2003.7 p15-31b
◎参考文献「魔女とカルトのドイツ史」(浜本隆志) 講談社 2004.2 p246-250
◎文献「ドイツ近世的権力と土地貴族」(山崎彰) 未来社 2005.1 p366-391
◎文献目録「等族国家から国家連合へ―近世ドイツ国家の設計図「シュヴァーベン同盟」」(皆川卓) 創文社 2005.1 p43-56b
◎参考文献「人文主義と国民形成」(曽田長人) 知泉書館 2005.2 p33-62b
◎参考文献「近代ドイツの歴史―18世紀から現代まで」(若尾祐司ほか) ミネルヴァ書房 2005.5 prr
◎参考文献「モノが語るドイツ精神」(浜本隆志) 新潮社 2005.9 p264-268
◎参考文献「中世の「ドイツ」―カール大帝からルターまで」(H. トーマス) 創文社 2005.11 p31-47b
◎文献目録「中世前期北西スラヴ人の定住と社会」(市原宏一) 九州大学出版会 2005.12 p215-226
◎文献「激動ドイツ史」(山中勝義) 新風舎 2006.7 p445-452
◎参考引用文献「男たちの帝国―ヴィルヘルム2世からナチスへ」(星乃治彦) 岩波書店 2006.10 p216-231
◎参考文献「ドイツ過去の克服―ナチ独裁に対する1945年以降の政治的・法的取り組み」(P. ライヒェル) 八朔社 2006.11 p1-10b
◎ブックガイド「図説ドイツの歴史」(石田勇治) 河出書房新社 2007.10 p148-149

ドイツ レーゲンスブルク
◎参考文献「ドナウの古都レーゲンスブルク」(木村直司) NTT出版 2007.12 p1-2b

ドイツ 労働者
◎参考文献「ドイツの労働者住宅」(相馬保夫) 山川出版社 2006.10 p89-90

ドイツ ロマン主義
◎参考文献「ドイツ・ロマン主義の風景素描―ドレスデン版画素描館所蔵 ユリウス・シュノルの「風景画帳」, フリードリヒ, コッホ, オリヴィエなど」(P. クールマン=ホディック) 国立西洋美術館 2003 p324-330

ドイツ ワイマール時代
◎文献「ヴァイマル共和国」(R. タルマン) 白水社 2003.8 p1-2b
◎文献目録「ナチス前夜における「抵抗」の歴史」(星乃治彦) ミネルヴァ書房 2007.3 p5-20b

ドイツ語
◎参考文献「明治期ドイツ語学者の研究」(上村直己) 多賀出版 2001.3 p462-464
◎参考書目「ドイツ語情報世界を読む―新聞からインターネットまで」(伊藤光彦) 白水社 2001.4 p282-284
◎文献「ドイツ語日本語思考と行動」(宮内敬太郎) 鳥影社 2001.9 p214-218
◎参考文献「現代ドイツ言語学入門―生成・認知・類型のアプローチから」(吉田光演ほか) 大修館書店 2001.12 p205-215
◎参考文献「接続詞」(村上重子) 大学書林 2003.1 p178-179
◎文献「古期ドイツ語作品集成」(高橋輝和) 渓水社 2003.2 p393-408
◎参考書「ドイツ語とその周辺」(下宮忠雄) 近代文芸社 2003.4 p192-193
◎文献「テクストからみたドイツ語文法」(H. ヴァインリヒ) 三修社 2003.10 p1099-1107
◎文献「ドイツ語教授法―科学的基盤作りと実践に向けての課題」(吉島茂ほか) 三修社 2003.10 p278-281
◎文献「歌うドイツ語ハンドブック―歌唱ドイツ語の発音と名曲選」(三ヶ尻正) ショパン 2003.10 p232-237
◎参考文献「ドイツ語の歴史―総論」(W. シュミット) 朝日出版社 2004.3 p403-446

とう

◎参考文献「体験話法—ドイツ文解釈のために」(鈴木康志) 大学書林 2005.9 p194-206
◎入門書案内「ドイツ語史小辞典」(荻野蔵平ほか) 同学社 2005.10 p218-237
◎参考文献「ドイツ語語彙の史的研究」(丑田弘忍) 同学社 2005.12 p393-408
◎参考文献「ドイツ語入門2 2006」(鍛治哲郎ほか) 放送大教育振興会 2006.3 p190-194
◎文献「ウィーンのドイツ語」(河野純一) 八潮出版社 2006.8 p255-258
◎文献表「言語の屋根と階層構造」(田原憲和) ブイツーソリューション 2007.5 p172-184
◎参考文献ほか「ドイツ語学への誘い—ドイツ語の時間的・空間的拡がり」(河崎靖) 現代書館 2007.6 p193-203
◎参考文献「ドイツ語名詞の性のはなし」(橋本政義) 大学書林 2007.11 p140-141

塔

◎参考文献「日本仏塔集成」(濱島正士) 中央公論美術出版 2001.2 p310-312
◎参考文献「六十六部廻国供養塔—「石に聴く」宮崎県の大塔探訪記」(長曽我部光義ほか) 岩田書院 2004.5 p355-359
◎参考文献「塔と仏堂の旅—寺院建築から歴史を読む」(山岸常人) 朝日新聞社 2005.3 p293-301

銅

◎引用文献「鉄と銅の生産の歴史—古代から近世初頭にいたる」(佐々木稔ほか) 雄山閣 2002.2 prr
◎参考文献「金・銀・銅の日本史」(村上隆) 岩波書店 2007.7 p213-219

東亜研究所

◎「東亜研究所刊行物 64-65」(東亜研究所) 龍溪書舎 2003.7 2冊 A5

東亜同文書院

◎「東亜同文書院関係目録—愛知大学図書館収蔵資料を中心に」(成瀬さよ子) 愛知大 2004.9 63p A4
◎関連文献「東亜同文書院生が記録した近代中国」(藤田佳久) あるむ 2007.3 p60-61

同位元素

◎参考文献「同位体地球化学の基礎」(J. ヘフス) シュプリンガー・ジャパン 2007.5 p295-369

統一企業

◎参考文献「製販統合型企業の誕生—台湾・統一企業グループの経営史」(鍾淑玲) 白桃書房 2005.12 p231-240

統一政策

◎文献「岐路に立つ統一ドイツ—果てしなき「東」の植民地化」(フリッツ・フィルマー) 青木書店 2001.10 p281-341

動員

◎注文献「大政翼賛会 国民動員をめぐる相剋」(G. M. バーガー) 山川出版社 2001.10 p257-290

投影描画法

◎参考文献「投影描画法の解釈—家・本・人・動物」(M. レボヴィッツ) 誠信書房 2002.9 p213-216

東奥義塾

◎文献「洋学受容と地方の近代—津軽東奥義塾を中心に」(北原かな子) 岩田書院 2002.2 p289-308

東海地方

◎参考文献「畏きものたち—東海地方のまじないと文化」(安城市歴史博物館) 安城市歴史博物館 2005 p100-101

東海道

◎参考文献「東海道と文学」(戸塚恵三) 静岡新聞社 2001.1 p39-43
◎道中記ほか「江戸の旅 東海道五十三次ガイドブック」(菅井靖雄) 東京美術 2001.8 p138-139
◎参考文献「誰でも歩ける東海道五十三次」(日殿言成) 文芸社 2001.11 p630」
◎参考文献「鎌倉・横浜と東海道—街道の日本史 21」(神崎彰利ほか) 吉川弘文館 2002.12 p23-26b
◎参考文献「東海道と伊勢湾 街道の日本史 30」(本多隆成ほか) 吉川弘文館 2004.1 p23-29b
◎参考文献「東海道を歩く」(本多隆成) 吉川弘文館 2007.4 p225-226

東海道中膝栗毛

◎参考文献「絵図に見る東海道中膝栗毛」(旅の文化研究所) 河出書房新社 2006.1 p150-151

東海旅客鉄道

◎参考文献ほか「東海旅客鉄道20年史」(東海旅客鉄道) 東海旅客鉄道 2007.9 p852」

童画家

◎研究文献「日本の童画家たち」(上笙一郎) 平凡社 2006.8 p256-257

同学文庫

○目録(澤大洋)「東海大学紀要 政治経済学部 39」(東海大) 2007 p213-218

幢竿支柱

◎参考文献「幢竿支柱の研究」(斎藤忠) 第一書房 2003.2 p299-301

登記

◎参考文献「14条地図利活用マニュアル—14条地図境界確認と復元」(福永宗雄) 日本加除出版 2007.5 p5-6f
◎引用参考文献「Q&A相続登記の手引き—旧法・韓国・中国関係 新版」(高妻新) 日本加除出版 2007.8 p2-3f

投機

◎参考文献「投機バブル根拠なき熱狂—アメリカ株式市場、暴落の必然」(ロバート・J. シラー) ダイヤモンド社 2001.1 p327-339
◎参考文献「スイングトレード入門—短期トレードを成功に導く最高のテクニック」(A. ファーレイ) パンローリング 2004.10 p679-680

陶器

◎参考文献「高田早苗氏蒐集ペルシアの陶器」(大阪市立東洋陶磁美術館) 大阪市美術振興協会 2002.4 p63」

討議指導

◎参考文献「話しことば教育の研究—討議指導を中心に」(楢原理恵子) 渓水社 2001.1 p233-236

動機づけ
- ◎読書案内「学ぶ意欲の心理学」（市川伸一）　PHP研究所　2001.9　p249-251
- ◎引用文献「学習障害児の内発的動機づけ―その支援方略を求めて」（川村秀忠）　東北大学出版会　2002.2　p201-211
- ◎引用文献「動機づけ研究の最前線」（上淵寿）　北大路書房　2004.9　p187-211
- ◎文献「動機づけと情動」（D. A. デカタンザロ）　協同出版　2005.8　p404-456
- ◎引用文献「社会的責任目標と学業達成過程」（中谷素之）　風間書房　2006.11　p157-162
- ◎参考文献ほか「お金より名誉のモチベーション論―〈承認欲求〉を刺激して人を動かす」（太田肇）　東洋経済新報社　2007.1　p283-285
- ◎引用文献「社会的動機づけの心理学―他者を裁く、心と道徳的感情」（B. ワイナー）　北大路書房　2007.3　p209-224

糖業
- ○記事目録「季刊糖業資報」（精糖工業会）　2007　p29-30

道教
- ◎「道教関係文献総覧」（石田憲司）　風響社　2001.12　547p A5
- ◎参考文献「いけばなの起源―立花と七支刀」（中山真知子）　人文書院　2002.1　p195-202
- ◎参考文献「霊符の呪法―道教秘伝」（大宮司朗）　学習研究社　2002.7　p298-299
- ○著書論文目録（神塚淑子ほか）「東方宗教　100」（日本道教学会）　2002.11　p1-44b
- ◎文献「仙境往来―神界と聖地」（田中文雄）　春秋社　2002.12　p206-208
- ◎参考文献「不老不死の身体」（加藤千恵）　大修館書店　2002.12　p200-203
- ◎参考文献「道教の房中術　古代中国人の性愛秘法」（土屋英明）　文藝春秋　2003.5　p203-205
- ◎参考文献「飛翔天界―道士の技法　シリーズ道教の世界4」（浅野春二）　春秋社　2003.10　p229-232
- ○著書論文目録（小林正美）「東方宗教　104」（日本道教学会）　2004.11　p1-36b
- ◎参考文献（三田村圭子）「道教の神々と祭り」（野口鉄郎ほか）　大修館書店　2004.12　p256-259
- ◎参考文献「道教儀礼文書の歴史的研究」（丸山宏）　汲古書院　2004.12　p597-641
- ○文献目録（小林正美）「東方宗教　106」（日本道教学会）　2005.11　p1-38
- ◎参考文献「道教とはなにか」（坂出祥伸）　中央公論新社　2005.11　p298-306
- ○著書論文目録（吾妻重二ほか）「東方宗教　108」（日本道教学会）　2006.11　p1-61b
- ◎参考文献ほか「宋代の道教と民間信仰」（松本浩一）　汲古書院　2006.11　p425-444
- ◎文献案内「中国人の宗教・道教とは何か」（松本浩一）　PHP研究所　2006.11　p248-253
- ○著書論文目録（吾妻重二ほか）「東方宗教　110」（日本道教学会）　2007.11　p1-37

東京海上火災
- ◎参考文献「東京海上百二十五年史」（日本経営史研究所）　東京海上日動火災保険　2005.10　p731-732

東京光学機械
- ◎参考文献「トプコンカメラの歴史―カメラ設計者の全記録」（白澤章夜）　朝日ソノラマ　2007.4　p187」

東京裁判　⇒　極東国際軍事裁判 を見よ

同郷者
- ◎文献目録「同郷者集団の民俗学的研究―都市と農村の交流」（松崎憲三）　岩田書院　2002.12　p1-30b

東京ジャイアンツ
- ◎参考文献ほか「東京ジャイアンツ北米大陸遠征記」（永田陽一）　東方出版　2007.8　p457-468

東京証券取引所
- ◎文献「東京証券取引所50年史」（日本経営史研究所）　東京証券取引所　2002.12　p994-999

東京水産大学
- ◎参照資料「楽水の人びと抄」（楽水の人びと抄編纂会）　生物研究社　2005.12　p6-15

東京大学
- ◎参考文献「大学という病　東大紛擾と教授群像」（竹内洋）　中央公論新社　2001.10　p277-290
- ◎引用文献「安田講堂　1968-1969」（島泰三）　中央公論新社　2005.11　p345-342
- ◎参考文献「天皇と東大―大日本帝国の生と死　下」（立花隆）　文藝春秋　2005.12　p707-740
- ◎参考文献「東大生はどんな本を読んできたか―本郷・駒場の読書生活130年」（永嶺重敏）　平凡社　2007.10　p277-286
- ◎参考文献「東京大学応援部物語」（最相葉月）　新潮社　2007.11　p204

東京大学出版会
- ◎刊行書目一覧「東京大学出版会50年の歩み」（東京大学出版会）　東京大学出版会　2001.5　p170-340

東京大学先端科学研究所
- ◎参考文献「挑戦続く東大先端研―経営戦略で先頭ひた走る」（宮本喜一）　日経BPクリエーティブ　2004.6　p252-253

東京大学法学部
- ◎参考文献「東大法学部」（水木楊）　新潮社　2005.12　p190-191

東京ディズニーランド
- ◎参考文献「ディズニーリゾートの経済学」（粟田房穂）　東洋経済新報社　2001.4　p207-209

東京電力
- ◎参考文献「関東の電気事業と東京電力―電気事業の創始から東京電力50年への軌跡」（東京電力株式会社）　東京電力　2002.3　p1046-1055

東京都
- ○文学（武藤康史ほか）「東京人　162」（都市出版）　2001.2　p18-74
- ◎参考文献「日本の首都江戸・東京―都市づくり物語」（河村茂）　都政新報社　2001.2　p284-285
- ◎参考文献「東京都市計画物語」（越澤明）　筑摩書房　2001.3　p342-356
- ◎文献目録「地球環境と東京―歴史的都市の生態学的再生をめざして」（河原一郎）　筑摩書房　2001.4　p280-284

とうきよ

◎書誌「メイド・イン・トーキョー」（貝島桃代ほか）鹿島出版会　2001.8　p190-191
◎参考文献「「川」が語る東京　人と川の環境史」（松井吉昭ほか）　山川出版社　2001.12　p223-231
◎参考文献「周縁を呑み込んだ都市」（河野秀樹）　文芸社　2002.1　p133-137
◎ブックガイド「東京圏これから伸びる街―街を選べば会社も人生も変わる」（増田悦佐）　講談社　2002.2　p298-302
◎参考文献「東京都の誕生」（藤野敦）　吉川弘文館　2002.2　p193-196
◎参考文献「図解東京都を読む事典―83のキーワードでわかる」（市川宏雄）　東洋経済新報社　2002.3　p222-225
◎「東京都公文書館所蔵庁内刊行資料目録―平成13年3月現在」（東京都公文書館）　東京都公文書館　2002.3　904p A4
◎参考・引用文献「東京文学探訪―明治を見る、歩く　上」（井上謙）　NHK出版　2002.3　p214-220
◎「東京本遊覧記」（坂崎重盛）　晶文社　2002.3　254p B6
◎参考文献「東京の近代小学校―「国民」教育制度の成立過程」（土方苑子）　東京大学出版会　2002.4　p199-142
◎文献「TOKYO環境戦略―自然を育む首都再構築に向けて」（小礒明）　万葉舎　2002.5　p421-424
◎文献目録「東京の餅搗唄」（石川博司）　ともしび会　2002.7　p51-52
◎文献「お江戸の地名の意外な由来」（中江克己）　PHP研究所　2002.9　p344-345
◎参考文献「江戸・東京歴史の散歩道　4　豊島区・北区・板橋区・練馬区」（街と暮らし社）　街と暮らし社　2002.9　p187
◎註「「大東京」空間の政治史　1920〜30年代」（大西比呂志、梅田定宏）　日本経済評論社　2002.11　prr
◎文献「江戸東京芸能地図大鑑―CD-ROM BOOK」（エーピーピーカンパニー）　エーピーピーカンパニー　2002.12　p32-33b
◎参考文献「江戸東京見聞録」（岩井是通）　丸善　2002.12　p177-179
◎典拠文献「江戸東京年表―増補版」（吉原健一郎、大浜徹也）　小学館　2002.12　p294-295
◎文献「帝都東京・隠された地下網の秘密」（秋庭俊）　洋泉社　2002.12　p309-317
◎参考文献「駅名で読む江戸・東京」（大石学）　PHP研究所　2003.1　p289-303
◎参考文献「江戸　街道の起点　街道の日本史20」（藤田覚ほか）　吉川弘文館　2003.2　p17-23b
◎読書案内（鈴木理生）「江戸東京学事典　新装版」（小木新造ほか）　三省堂　2003.3　p949-987
◎文献一覧「地図と写真で見る幕末明治の江戸城―現状比較」（平井聖ほか）　学習研究社　2003.6　p142-143
◎参考文献「東京下町散歩25コース」（仙田直人ほか）　山川出版社　2003.6　p216-217
◎文献「日本橋街並み繁昌史」（白石孝）　慶應義塾大学出版会　2003.9　p325-334
◎書誌（田沢恭二）「文献探索　2003」（文献探索研究会）　2003.12　p242-251
◎参考文献「帝都東京・隠された地下網の秘密　2」（秋庭俊）　洋泉社　2004.1　p234-237

◎参考文献「東京教員生活史研究」（門脇厚司）　学文社　2004.2　p327-338
◎参考文献「「江戸・東京」坂道物語」（朝倉毅彦）　文芸社　2004.3　p192-195
◎参考文献「駅名で読む江戸・東京　続」（大石学）　PHP研究所　2004.3　p286-300
◎参考文献「東京　歴史の散歩道」（山県喬）　出版芸術社　2004.3　3pb
◎註「繁華街の近代―都市・東京の消費空間」（初田亨）　東京大学出版会　2004.4　p257-273
◎参考文献「東京建築散歩24コース」（志村直愛ほか）　山川出版社　2004.5　p198-199
◎文献「都市に自然を回復するには」（野村圭佑）　どうぶつ社　2004.6　p250-257
◎主な文献「東京の地下鉄がわかる事典―読む・知る・愉しむ」（日本実業出版社）　日本実業出版社　2004.7　p349-350
◎参考文献「東京の戦前　昔恋しい散歩地図2」（アイランズ）　草思社　2004.10　p118」
◎引用参考文献「盛り場の都市社会学」（照井恒衛）　碧天舎　2005.2　p121-127
◎文献「東京のローカル・コミュニティ―ある町の物語一九〇〇-八〇」（玉野和志）　東京大学出版会　2005.3　p5-9b
◎ブックガイド「東京スタディーズ」（吉見俊哉ほか）　紀伊國屋書店　2005.4　p280-282
◎参考文献「東京「探見」」（堀越正光）　宝島社　2005.5　p221-223
◎参考文献「東京の公園と地形」（田中正大）　けやき出版　2005.6　p340-343
◎参考文献「大都市東京の社会学―コミュニティから全体構造へ」（和田清美）　有信堂高文社　2006.2　p9-31b
◎参考文献「図説占領下の東京」（佐藤洋一）　河出書房新社　2006.7　p143
◎参考文献「東京の古墳を考える」（品川歴史館）　雄山閣　2006.7　pr
◎引用文献「東京の果てに」（平山洋介）　NTT出版　2006.10　p273-292
◎参考文献「大東京の地下99の謎」（秋庭俊）　二見書房　2006.12　p235-239
◎参考文献「東京都のことば」（平山輝男ほか）　明治書院　2007.1　p257-259
◎参考文献「図説東京都史と建築の一三〇年」（初田亨）　河出書房新社　2007.6　p159
◎文献一覧「教育管理職人事と教育政治―だれが校長人事を決めてきたのか」（荒井文昭）　大月書店　2007.9　p259-266
◎文献「坂の町・江戸東京を歩く」（大石学）　PHP研究所　2007.9　p412-432
◎参考文献「概説戦後学校教育―東京都における学校経営システムの検証」（土屋敬之ほか）　展転社　2007.12　p99-102

東京都　青山教会
◎参考文献「青山教会一〇〇年の歩み」（淵眞吉）　青山教会　2004.11　p408-410

東京都　秋川歌舞伎
◎掲載メディア「秋川歌舞伎」（秋川歌舞伎保存会）　たましん地域文化財団　2004.1　p128-133

東京都　昭島市
◎参考文献「昭島にも空襲があった」（多摩地区の空襲犠牲者を確認・調査する会）　昭島市　2002.7　p162-164
◎参考文献「昭島市拝島第三小学校西遺跡」（昭島市拝島第三小学校西遺跡発掘調査団）　昭島市教育委員会　2005.12　p98-99

東京都　秋葉原
◎参考文献「趣都の誕生―萌える都市アキハバラ」（森川嘉一郎）　幻冬舎　2003.2　p270-271

東京都　あきる野
◎「あきる野獅子舞文献目録―付西多摩獅子舞文献目録」（石川博司）　多摩獅子の会　2004.1　66p A5

東京都　阿佐ヶ谷会
◎文献目録（萩原茂）「「阿佐ヶ谷会」文学アルバム」（青柳いづみこほか）　幻戯書房　2007.8　p313-333

東京都　浅草
◎参考文献「浅草・上野物語―江戸・東京、原点のまちの物語」（服部銈二郎）　アーバンアメニティー研究所　2003.5　3pb

東京都　浅草十二階
◎注文献「浅草十二階　塔の眺めと「近代」のまなざし」（細馬宏通）　青土社　2001.6　prr

東京都　浅草花屋敷
◎参考文献「江戸ッ子と浅草花屋敷―元祖テーマパーク奮闘の奇跡」（小沢詠美子）　小学館　2006.10　p218-221

東京都　浅草フランス座
◎参考文献「浅草フランス座の時間」（井上ひさし、こまつ座）　文春ネスコ　2001.1　p252-253

東京都　浅草文庫
◎「浅草文庫書目解題1　書誌書目シリーズ56」（村山徳淳）　ゆまに書房　2001.6　322p A5

東京都　足立区
◎参考文献「江戸・東京歴史の散歩道　6　荒川区・足立区・葛飾区・江戸川区」　街と暮らし社　2003.11　p187
◎文献「東京都足立区」（昼間たかし）　マイクロマガジン社　2007.9　p167-169

東京都　荒川区
◎参考文献「江戸・東京歴史の散歩道　6　荒川区・足立区・葛飾区・江戸川区」　街と暮らし社　2003.11　p187

東京都　硫黄島
◎参考文献「硫黄島玉砕戦―生還者たちが語る真実」（NHK取材班）　NHK出版　2007.7　p228

東京都　遺産
◎参考文献「東京遺産―保存から再生・活用へ」（森まゆみ）　岩波書店　2003.10　p230-232

東京都　伊豆諸島
◎「新島村・伊豆諸島及び小笠原諸島の文献・雑録リスト」（磯部一洋）　磯部一洋　2006.4　181p A4

東京都　上野
◎参考文献「浅草・上野物語―江戸・東京、原点のまちの物語」（服部銈二郎）　アーバンアメニティー研究所　2003.5　3pb

東京都　荏原
◎参考文献「むさしの国荏原―荏原と荏胡麻の歴史を探る　品川歴史館特別展」（品川区立品川歴史館）　品川区教育委員会　2004.10　p71

東京都　王子田楽
◎参考文献「田楽展　王子田楽の世界」（北区飛鳥山博物館）　北区教育委員会　2001.11　p176

東京都　青梅
◎文献目録補遺「青梅獅子舞再訪　2」（石川博司）　多摩獅子の会　2003.10　p54-61
◎「青梅獅子舞文献目録」（石川博司）　多摩獅子の会　2004.1　34p A5
◎文献目録「平溝の太神楽獅子」（石川博司）　多摩獅子の会　2005.1　p32-40

東京都　大井競馬
◎参考文献「大井競馬のあゆみ　特別区競馬組合50年史」（特別区競馬組合）　特別区競馬組合　2001.9　1pb

東京都　大田区
◎書籍ほか「メイド・イン・大田区―ものづくり、ITに出会う」（奥山睦）　サイビズ　2005.4　p202-209

東京都　小笠原空港
◎文献目録「小笠原諸島―アジア太平洋から見た環境文化」（郭南燕）　平凡社　2005.4　p250-267

東京都　小笠原諸島
◎参考文献「小笠原学ことはじめ」（D.ロング）　南方新社　2002.9　p313-334
◎「新島村・伊豆諸島及び小笠原諸島の文献・雑録リスト」（磯部一洋）　磯部一洋　2006.4　181p A4
◎参考文献「小笠原諸島における日本語の方言接触―方言形成と方言意識」（阿部新）　南方新社　2006.12　p233-250
◎文献ほか「近代日本と小笠原諸島―移動民の島々と帝国」（石原俊）　平凡社　2007.9　p491-530

東京都　奥多摩
◎「奥多摩獅子舞文献目録」（石川博司）　多摩獅子の会　2004.1　60p A5

東京都　神楽坂
◎引用参考文献「神楽坂がまるごとわかる本」（渡辺功一）　けやき舎　2007.8　p342-345

東京都　葛西城
◎文献一覧（永越信吾）「中近世史研究と考古学―葛西城発掘30周年記念論文集」（中近世史研究と考古学刊行会）　岩田書院　2002.8　p316-323
◎文献一覧「関東戦乱―戦国を駆け抜けた葛西城」（葛飾区郷土と天文の博物館）　葛飾区郷土と天文の博物館　2007.10　p189-190

東京都　葛西用水
◎参考文献「葛西用水―曳舟川をさぐる」　葛飾区郷土と天文の博物館　2001.7　p102

東京都　神田神社
◎文献一覧「天下祭読本―幕末の神田明神祭礼を読み解く」（都市と祭礼研究会）　雄山閣　2007.4　p255-258

東京都　北区
◎文献「七社神社裏貝塚・西ヶ原貝塚3・中里貝塚2」（北区教育委員会生涯学習推進課）　北区教育委員会生涯

東京都　旧岩崎邸庭園
　◎参考文献「旧岩崎邸庭園　2版」（小口健蔵ほか）　東京都公園協会　2006.10　p140-141

東京都　銀座
　◎参考文献「銀座―土地と建物が語る街の歴史」（岡本哲志）　法政大学出版局　2003.10　p229-232
　◎参考文献「コレクション・モダン都市文化　01　銀座のモダニズム　復刻」（和田博文ほか）　ゆまに書房　2004.12　p747-753
　◎参考文献「銀座四百年―都市空間の歴史」（岡本哲志）　講談社　2006.12　p245-247

東京都　小金井市
　◎年表;文献「小金井の女性たち―時代をつなぐ　聞き書き集」（小金井女性史を作る会）　こがねい女性ネットワーク　2003.12　p132-133

東京都　国分寺市
　◎文献目録「古代武蔵の国府・国分寺を掘る」（府中市教育委員会ほか）　学生社　2006.2　p262-272
　◎参考文献「武蔵国分寺跡遺跡」（東京都埋蔵文化財センター）　東京都埋蔵文化財センター　2006.3　p117-118

東京都　小平市立図書館
　○和漢書目録（大沼晴暉）「斯道文庫論集　36」（慶應義塾大）　2001　p447-486

東京都　済松寺
　◎引用文献ほか「濟松寺―蔭涼山済松寺文化財調査報告書」（新宿区生涯学習財団新宿歴史博物館）　新宿歴史博物館　2004.3　p108-109

東京都　品川区
　◎参考文献「むさしの国荏原―荏原と荏胡麻の歴史を探る　品川歴史館特別展」（品川区立品川歴史館）　品川区教育委員会　2004.10　p71」
　◎参考文献「品川の原始・古代」（品川区教育委員会）　品川区教育委員会　2005.3　p123-125

東京都　芝離宮庭園
　◎参考文献「旧芝離宮庭園　第2版」（小杉雄三）　東京都公園協会　2002.3　p131-132

東京都　焼尽
　◎参考資料「昭和二十年　第一部　7　東京の焼尽」（鳥居民）　草思社　2001.7　p321-328

東京都　新宿
　◎参考文献「江戸の宿場町新宿」（安宅峯子）　同成社　2004.4　p191-195
　◎参考文献「新宿　歴史に生きた一〇〇人」（折井美耶子ほか）　ドメス出版　2005.9　p223-236

東京都　新宿区
　◎引用参考文献「神楽坂がまるごとわかる本」（渡辺功一）　けやき舎　2007.8　p342-345

東京都　新宿ゴールデン街
　◎参考文献「新編・新宿ゴールデン街」（渡辺英綱）　ふゅーじょんぷろだくと　2003.5　p305-308

東京都　杉並区
　◎参考文献「ガイドブック杉並の戦争と平和」（すぎなみ平和のための戦争・原爆展実行委員会）　実行委員会　2004.8　p113-114

東京都　隅田川
　◎参考文献一覧「隅田川をめぐるくらしと文化」（東京都江戸東京博物館都市歴史研究室）　東京都江戸東京博物館　2002.3　p208-209

東京都　千川上水
　◎注「千川上水・用水と江戸・武蔵野」（東京学芸大学近世史研究会）　名著出版　2006.7　prr

東京都　代官山
　◎参考文献「代官山―ステキな街づくり進行中」（岩橋謹次）　繊研新聞社　2002.1　p221」

東京都　台東区
　◎参考文献「浅草橋場の商家―橋場地域の生活資料」（台東区教育委員会）　台東区教育委員会　2004.3　p102-103

東京都　高幡山金剛寺
　◎参考文献目録「高幡山金剛寺―重要文化財木造不動明王及二童子像保存修理報告書」（高幡山金剛寺）　高幡山金剛寺　2002.3　p169-170

東京都　立川市
　◎引用・参考文献「向郷遺跡―東京都立川市―多摩中央ミサワホーム株式会社宅地造成及び戸建建物建設に伴う埋蔵文化財発掘調査報告書　6」（多摩総合文化財研究所）　多摩総合文化財研究所　2002.3　p101-102

東京都　多摩
　◎文献目録「多摩地方の万作　2」（石川博司）　ともしび会　2002.7　p63-73
　◎「多摩地方山車文献目録」（石川博司）　ともしび会　2002.12　86p A5
　◎参考文献「多摩と甲州道中　街道の日本史18」（新井勝紘ほか）　吉川弘文館　2003.5　p16-18b
　◎参考文献「東京都の歴史散歩　下　多摩・島嶼」（東京都歴史教育研究会）　山川出版社　2005.8　p278-282

東京都　多摩川
　◎参考文献「水のこころ誰に語らん―多摩川の河川生態」（小倉紀雄）　リバーフロント整備センター　2003.11　p189」
　◎参考文献「アユ百万匹がかえってきた―いま多摩川でおきている奇跡」（田辺陽一）　小学館　2006.4　p236-239

東京都　玉川上水
　◎文献「玉川上水外伝―失敗堀綺譚と出典」（恩田政行）　青山第一出版　2002.5　p49-50
　◎引用参考文献「図解・武蔵野の水路―玉川上水とその分水路・造形を明かす」（渡部一二）　東海大学出版会　2004.8　p215-218

東京都　知事
　◎参考文献「東京都知事の研究」（山崎正）　明石書店　2002.6　p813-819
　◎参考書目「東京都の肖像―歴代知事は何を残したか」（塚田博康）　都政新報社　2002.9　p361-368

東京都　中央卸売市場
　◎参考文献「築地のしきたり」（小林充）　NHK出版　2003.11　p214-215
　◎参考文献ほか「築地」（T．C．ベスター）　木楽舎　2007.1　p600-639

東京都　中央区
◎参考文献「中央区女性史―いくつもの橋を渡って」（江刺昭子）　ドメス出版　2007.3　p299-304
◎参考文献「日本橋トポグラフィ事典」（編集委員会）　たる出版　2007.11　p265-269

東京都　千代田区
◎文献「千代田区の今と昔―人と生活」（黒坂判造）　黒坂判造　2003.1　p120-121
◎参考文献「コレクション・モダン都市文化　06　丸ノ内のビジネスセンター」（竹松良明）　ゆまに書房　2005.5　p747-753
◎参考文献「丸の内一丁目遺跡　2」（千代田区丸の内一丁目遺跡調査会）　東日本旅客鉄道　2005.8　p305-306

東京都　築地
◎参考文献「築地外国人居留地―明治時代の東京にあった「外国」」（川崎晴朗）　雄松堂出版　2002.10　p235-242
◎参考文献ほか「築地」（T. C. ベスター）　木楽舎　2007.1　p600-639

東京都　築地小劇場
◎参考文献「コレクション・モダン都市文化　03　築地小劇場　復刻」（宮内淳子ほか）　ゆまに書房　2004.12　p720-723

東京都　帝国博物館
◎「幕府・関係機関旧蔵帝室博物館所蔵書誌解題5」（ゆまに書房）　ゆまに書房　2000.5　450p A5

東京都　東京駅
◎参考文献「幻の東京赤煉瓦駅―新橋・東京・万世橋」（中西隆紀）　平凡社　2006.8　p202-204
◎参考文献「東京駅はこうして誕生した」（林章）　ウェッジ　2007.1　p280-281

東京都　東京オリンピック
◎参考文献「東京オリンピックへの遥かな道―招致活動の軌跡1930-1964」（波多野勝）　草思社　2004.7　p245-246

東京都　東京語
◎出典書目「東京弁辞典」（秋永一枝）　東京堂出版　2004.10　p670-667

東京都　東京帝室博物館
◎参考文献「昭和初期の博物館建築―東京博物館と東京帝室博物館」（博物館建築研究会）　東海大出版会　2007.4　p191-194

東京都　東京博物館
◎参考文献「昭和初期の博物館建築―東京博物館と東京帝室博物館」（博物館建築研究会）　東海大出版会　2007.4　p191-194

東京都　東京府立第一中学校
◎参考文献「皇室特派留学生―大韓帝国からの50人」（武井一）　白帝社　2005.12　p203-206

東京都　利島村
◎引用参考文献「阿豆佐和気命神社境内祭祀遺跡」（國學院大學海洋信仰研究会）　六一書房　2005.8　p144-145

東京都　都政
◎参考文献「東京都政　明日への検証」（佐々木信夫）　岩波書店　2003.2　p211-212

◎文献「東京問題の政治学　2版」（土岐寛）　日本評論社　2003.9　prr

東京都　都電荒川線
○記事抄録（米山諭）「文献探索　2000」（文献探索研究会）　2001.2　p561-565
○文献集（大塚恭平）「文献探索　2001」（文献探索研究会）　2002.7　p534-537
○新聞記事（米山諭）「文献探索　2001」（文献探索研究会）　2002.7　p640-644

東京都　戸山ハイツ
○文献目録（国松春紀）「文献探索　2001」（文献探索研究会）　2002.7　p163-172

東京都　鳥島
◎文献「鳥島漂着物語　18世紀庶民の無人島体験」（小林郁）　成山堂書店　2003.6　p277-286

東京都　都立高校
◎参考文献「東京府立中学」（岡田孝一）　同成社　2004.5　p201-204

東京都　中野区
◎「中野区の地名由来に関する記述文献索引」　中野区立中央図書館　2001.1　12p A4

東京都　日本橋
◎文献「日本橋街並み繁昌史」（白石孝）　慶應義塾大学出版会　2003.9　p325-334
◎参考文献「日本橋トポグラフィ事典」（編集委員会）　たる出版　2007.11　p265-269

東京都　練馬区
◎参考文献「住み続けたいまち光が丘の原点を探る」（青柳幸人ほか）　光が丘新聞社　2006.10　p242-248

東京都　八王子市
◎参考文献「八王子空襲―ブックレット」（八王子市郷土資料館ほか）　八王子市教育委員会　2005.7　p128-129
◎文献目録「狭間の獅子舞を訪れる」（石川博司）　多摩獅子の会　2005.9　p33-36
◎文献目録「四谷龍頭の舞を訪ねる」（石川博司）　多摩獅子の会　2005.9　p38-42
◎文献目録「石川龍頭の舞を訪ねる」（石川博司）　多摩獅子の会　2005.9　p55-58
◎文献目録「東浅川獅子舞を訪ねる」（石川博司）　多摩獅子の会　2005.9　p32-34
◎文献目録「今熊の獅子舞を訪ねる」（石川博司）　多摩獅子の会　2005.10　p25-28
◎文献目録「田守の獅子舞を訪ねる」（石川博司）　多摩獅子の会　2005.10　p34-36

東京都　八王子千人同心
◎参考文献「八王子千人同心」（吉岡孝）　同成社　2002.12　p199-203
◎引用参考文献「千人のさむらいたち―八王子千人同心」（八王子市郷土資料館）　八王子市教育委員会　2003.3　p126」

東京都　八丈島
◎文献「八丈方言動詞の基礎研究」（金田章宏）　笠間書院　2001.9　p419-425
◎文献目録「島を愛した男近藤富蔵　改訂版」（八丈町教育委員会）　八丈町（東京都）　2003.2　p229-230

とうきよ

東京都　八丈島古謡
　◎参考文献「八丈島古謡」（奥山熊雄ほか）　笠間書院　2005.2　p106-107

東京都　羽田空港
　◎注「羽田　日本を担う拠点空港―航空交通と都道府県」（酒井正子）　成山堂書店　2005.6　prr

東京都　浜離宮
　◎参考文献「将軍の庭―浜離宮と幕末政治の風景」（水谷三公）　中央公論新社　2002.5　p253-259

東京都　東久留米市
　◎引用参考文献「東久留米の江戸時代―文化財からみた東久留米の村々」（東久留米市教育委員会）　東久留米市教育委員会　2005.3　p145-146
　◎文献目録「南沢の獅子舞を訪ねる」（石川博司）　多摩獅子の会　2005.10　p32-34

東京都　曳舟川
　◎参考文献「葛西用水―曳舟川をさぐる」　葛飾区郷土と天文の博物館　2001.7　p102」

東京都　府中市
　◎文献一覧「古代武蔵国府」（府中市郷土の森博物館）　府中市郷土の森博物館　2005.2　p4-7b
　◎文献「武蔵府中熊野神社古墳調査概報―上円下方墳」（府中市教育委員会ほか）　学生社　2005.7　p70-71
　◎引用参考文献「府中市の歴史―武蔵国府のまち　新版」（府中市教育委員会）　府中市教育委員会　2006.3　p3-14b
　◎参考文献「あすか時代の古墳―検証!府中発見の上円下方墳」（府中市郷土の森博物館）　府中市郷土の森博物館　2006.4　p61-60
　◎参考文献「武蔵国府関連遺跡調査報告―国府地域の調査」（加藤建設）　アートハウジング　2006.10　p35-36

東京都　府立中学
　◎参考文献「東京府立中学」（岡田孝一）　同成社　2004.5　p201-204

東京都　町田市
　◎参考文献等「環境施策成果シミュレーション調査報告書」（町田市環境部環境保全課）　町田市環境部環境保全課　2002.3　p4-5b

東京都　丸の内
　◎参考文献「コレクション・モダン都市文化　06　丸ノ内のビジネスセンター」（竹松良明）　ゆまに書房　2005.5　p747-753
　〇文学作品リスト「東京都江戸東京博物館研究報告12」（江戸東京博物館）　2006.3　p115-124

東京都　三鷹市
　◎文献「下原B遺跡―東京都三鷹市大沢下原B遺跡発掘調査報告書　1」（三鷹市教育委員会,三鷹市遺跡調査会）　東京都北多摩南部建設事務所　2002.3　p166-167
　◎文献「島屋敷遺跡―東京都三鷹市新川島屋敷遺跡発掘調査報告書　2　第1分冊　」（三鷹市教育委員会ほか）　東京都南部住宅建設事務所　2003.3　p369-371

東京都　港区
　◎参考文献「港区の歴史的建造物―港区歴史的建造物所在調査報告書」（港区教育委員会事務局）　港区教育委員会　2006.3　p221-223

東京都　三宅島
　◎文献「三宅島噴火避難のいばら道―あれから4年の記録」（村栄）　文芸社　2005.2　p356-357

東京都　武蔵国府
　◎文献目録「古代武蔵国府」（府中市郷土の森博物館）　府中市郷土の森博物館　2002.3　p62-63
　◎文献目録「古代武蔵の国府・国分寺を掘る」（府中市教育委員会ほか）　学生社　2006.2　p262-272

東京都　武蔵野市
　◎参考文献（須田孫七）「武蔵野市生物生息状況調査報告書　平成12年度」（むさしの自然史研究会）　武蔵野市　2001.3　p402-428
　◎文献「吉祥寺スタイル―楽しい街の50の秘密」（三浦展ほか）　文藝春秋　2007.4　p189-190

東京都　靖国神社
　◎参照文献「靖国の戦後史」（田中伸尚）　岩波書店　2002.6　p1-3b
　◎参考文献「すっきりわかる「靖国神社」問題」（山中恒）　小学館　2003.8　p283-285
　◎文献「合祀はいやです。―こころの自由を求めて」（田中伸尚）　樹花舎　2003.12　p421-423
　◎参考文献「玉串料裁判を裁判する―英霊に捧げる鎮魂の祈り」（若林徹雄）　東京図書出版会　2005.5　p204-205
　◎引用参考文献「靖国神社」（赤澤史朗）　岩波書店　2005.7　p263-266
　◎文献「靖国問題の原点」（三土修平）　日本評論社　2005.8　p246-250
　◎参考文献「靖国神社「解放」論―本当の追悼とはなにか?」（稲垣久和）　光文社　2006.7　p288-292
　◎参考文献「還我祖霊―台湾原住民族と靖国神社」（中島光孝）　白澤社　2006.9　p177-182
　◎参考文献「頭を冷やすための靖国論」（三土修平）　筑摩書房　2007.1　p223-225
　◎参考資料ほか「憲法九条と靖国神社」（河相一成）　光陽出版社　2007.3　p206-207
　◎参考文献「靖国史観―幕末維新という深淵」（小島毅）　筑摩書房　2007.4　p202-206
　◎参考引用文献「靖国問題Q&A―「特攻記念館」で涙を流すだけでよいのでしょうか」（内田雅敏）　スペース伽耶　2007.5　p201-203
　◎参考文献「靖国　知られざる占領下の攻防」（中村直文ほか）　NHK出版　2007.6　p339-345
　◎参考文献「靖国戦後秘史―A級戦犯を合祀した男」（毎日新聞「靖国」取材班）　毎日新聞社　2007.8　p240-245

東京都　吉原
　◎参考文献「吉原と島原」（小野武雄）　講談社　2002.8　p240-244
　◎資料「よしわら「吉原」」（石崎芳男）　早稲田出版　2003.4　p347-356

東京都　凌雲閣
　◎注文献「浅草十二階　塔の眺めと「近代」のまなざし」（細馬宏通）　青土社　2001.6　prr

東京都　歴史
　◎参考文献「東京アーカイブス―よみがえる「近代東京」の軌跡」（芦原由紀夫）　山海堂　2005.4　p312-318

◎参考文献「アースダイバー」(中沢新一) 講談社 2005.5 p247-249
◎参考文献「東京都の歴史散歩 下 多摩・島嶼」(東京都歴史教育研究会) 山川出版社 2005.8 p278-282
◎参考文献「東京都の歴史散歩 上 下町」(東京都歴史教育研究会) 山川出版社 2005.8 p264-266
◎文献「江戸城が消えていく―『江戸名所図会』の到達点」(千葉正樹) 吉川弘文館 2007.9 p254-255

東京民主医療機関連合会
◎引用参照文献「東京地域医療実践史」(東京民主医療機関連合会50年史編纂委員会) 大月書店 2004.3 p324-336

東京理科大学
◎参考文献「物理学校―近代史のなかの理科学生」(馬場錬成) 中央公論新社 2006.3 p310-313

東京湾
◎参考文献「縄文時代の生業と集落―古奥東京湾沿岸の社会」(小川岳人) ミュゼ 2001.5 p140-150
◎文献「東京湾の水環境―東京湾パンフレット」(東京都環境局環境評価部広域監視課) 東京都環境局環境評価部広域監視課 2002.3 p46-47
◎参考文献「江戸前貝類漁業小史―東京の干潟に生きた貝類漁師の覚書」(塩塚照雄ほか) 東京都内湾漁業環境整備協会 2003.3 p188-190
◎参考文献「江戸東京湾くじらと散歩―東京湾から房総・三浦半島を訪ねて」(小松正之) ごま書房 2004.7 p116-118
◎参考文献「ハマの海づくり」(海をつくる会) 成山堂書店 2006.4 p7-12b
◎参考文献「東京湾魚の自然誌」(東京海洋大学魚類学研究室) 平凡社 2006.7 p251-231

道具
◎参考文献「ちょっと昔の道具たち」(中林啓治,岩井宏実) 河出書房新社 2001.1 p110」
◎参考文献「神秘の道具 日本編」(戸部民夫) 新紀元社 2001.6 p328-331
◎文献「ものと人の社会学」(原田隆司ほか) 世界思想社 2003.8 p209-220
◎参考文献「世界の木工文化図鑑―木と道具と民族の技の融合」(B.センテンス) 東洋書林 2004.9 p203」
◎参考文献「昭和を生きた道具たち」(岩井宏実) 河出書房新社 2005.4 p110」
◎参考文献「ものづくり―道具製作の技術と組織 縄文時代の考古学6」(小杉康ほか) 同成社 2007.8 prr

洞窟
◎参考文献「洞窟学4ヶ国語(英日韓中)用語集」(沢勲ほか) 大阪経法大出版部 2004.1 p199-203
◎参考文献「洞窟科学入門―写真と図解」(沢勲ほか) 大阪経済法科大出版部 2006.4 p166-171

峠
◎注「峠の歴史学―古道をたずねて」(服部英雄) 朝日新聞社 2007.9 p314-323

統計
◎参考文献「変化をさぐる統計学―データで「これから」をどう読むか」(土金達男) 講談社 2001.2 p185」
◎参考文献「金鉱を掘り当てる統計学―データマイニング入門」(豊田秀樹) 講談社 2001.3 p205-207

◎文献「実践統計学入門」(足立堅一) 篠原出版新社 2001.6 p295-299
◎参考文献「意思決定の基礎」(松原望) 朝倉書店 2001.7 p217-221
◎参考文献「統計的推測の漸近理論」(前園宜彦) 九州大学出版会 2001.10 p229-238
◎文献「生のデータを料理する―統計科学における調査とモデル化 増補版」(岸野洋久) 日本評論社 2001.12 p231-242
◎参考文献「これだけは知っておこう! 統計学」(東北大学統計グループ) 有斐閣 2002.1 p283-286
◎参考文献ほか「国勢調査と日本近代」(佐藤正広) 岩波書店 2002.2 p279-282
「東亜研究所刊行物 35」 龍渓書舎 2002.2 331p A5
◎文献「統計科学辞典」(B. S. Everitt) 朝倉書店 2002.9 1pf
◎参考文献「カテゴリカルデータ解析入門」(A. Agresti) サイエンティスト社 2003.2 p395-397
◎参考文献「経済時系列の統計 その数理的基礎」(刈屋武昭ほか) 岩波書店 2003.2 p311」
◎「ビジネスデータ検索事典―データ&Data2003」(日本能率協会総合研究所マーケティング・データバンク) 日本能率協会総合研究所 2003.3 379p B5
◎文献「統計科学―パラメトリック、ノンパラメトリック、セミパラメトリックの基礎からEsoft、Excelによるデータ解析まで」(白石高章) 日本評論社 2003.3 p285-291
◎学ぶために「環境統計学入門」(片谷教孝ほか) オーム社 2003.4 p151-154
◎文献「講座ミクロ統計分析 4 企業行動の変容―ミクロデータによる接近」(松田芳郎ほか) 日本評論社 2003.5 p339-351
◎参考文献「現代イギリスの政治算術―統計は社会を変えるか」(D.ドーリング) 北海道大学図書刊行会 2003.7 p528-572
◎文献「フーコーの穴―統計学と統治の現在」(重田園江) 木鐸社 2003.9 p8-20b
◎参考文献「統計学 増補2版」(杉原左右一) 晃洋書房 2003.11 p309-310
◎参考文献「統計科学の最前線」(柳川堯) 九州大学出版会 2003.12 prr
○参考図書(上田志保)「参考書誌研究 60」(国立国会図書館) 2004.3 p1-62
◎文献「実用統計用語事典」(岩崎学ほか) オーム社 2004.3 p331-333
◎参考文献「統計学入門」(盛山和夫) 放送大教育振興会 2004.3 p304-305
◎引用文献「行動科学のための推計学入門」(篠原弘幸) ブレーン出版 2004.5 p315-317
◎参考文献「パネルデータ分析」(北村行伸) 岩波書店 2005.2 p255-276
◎「マイクロフォーム統計資料目録―一橋大学経済研究所所蔵 南アジア・オセアニア篇」(一橋大学経済研究所) 一橋大経済研究所資料室 2005.2 358p A4
◎参考文献「数理統計・時系列・金融工学」(谷口正信) 朝倉書店 2005.3 p198-200
◎「白書統計索引 2004」(日外アソシエーツ) 日外アソシエーツ 2005.4 7, 695p A5

◎参考文献「文科系学生のための新統計学」（小野寺孝義ほか）　ナカニシヤ出版　2005.10　prr
◎「ビジネスデータ検索事典―データ&data　2006改訂6版」（日本能率協会総合研究所）　日本能率協会総合研究所　2006.3　403p B5
◎参考文献「社会統計学へのアプローチ」（天野徹）　ミネルヴァ書房　2006.4　p219-223
◎文献「数理統計学」（吉田朋広）　朝倉書店　2006.8　p275-278
◎文献「統計データ科学事典」（杉山高一ほか）　朝倉書店　2007.6　p719-762
◎参考書ほか「遺伝統計学入門」（鎌谷直之）　岩波書店　2007.8　p271-276

統計制度
◎文献目録「ロシア国家統計制度の成立」（山口秋義）　梓出版社　2003.2　p180-194

統計調査
◎文献「日本の統計調査の進化―20世紀における調査の変貌」（溝口敏行）　渓水社　2003.3　p137-141

刀剣
◎参考文献「剣豪―その流派と名刀」（牧秀彦）　光人社　2002.12　p292」
◎文献目録「日本精神としての刀剣観」（酒井利信）　第一書房　2005.1　p392-400

統語
◎参考文献「文法理論―レキシコンと統語　シリーズ言語科学　1」（伊藤たかね）　東京大学出版会　2002.7　prr
◎参考文献「日本語述語の統語構造と語形成」（外崎淑子）　ひつじ書房　2005.2　p281-286

刀工
◎参考文献「室町期美濃刀工の研究」（鈴木卓夫ほか）　里文出版　2006.5　p375」

登校拒否
◎文献「不登校（登校拒否）の教育・心理的理解と支援」（佐藤修策）　北大路書房　2005.3　p333-349

統合失調症
◎文献「私の精神分裂病論」（浜田晋）　医学書院　2001.1　p241-244
◎参考文献「統合失調症―精神分裂病を解く」（森山公夫）　筑摩書房　2002.8　p235-236
◎文献「統合失調症の認知行動療法」（D. ターキングトン, D. G. キングドン）　日本評論社　2002.10　p265-276
◎文献「精神分裂病者に対する心理療法の臨床心理学的研究―重篤な精神病者への心理療法的援助技法と心理療法の基本視座の考察」（渡辺雄三）　晃洋書房　2003.2　p279-292
◎参考文献「統合失調症者とのつきあい方―臨床能力向上のための精神保健援助職マニュアル」（野坂達志）　金剛出版　2004.4　p243-246
◎ブックガイド「家族にもケア―統合失調症はじめての入院」（田上美千佳ほか）　精神看護出版　2004.11　p151-154
◎文献一覧「初期分裂病―分裂病の顕在発症予防をめざして」（中安信夫）　岩崎学術社　2004.12　p183-186
◎参考文献ほか「統合失調症からの回復」（R. ワーナー）　岩崎学術出版　2005.4　p347-402
◎引用文献「統合失調症の快復―「癒しの場」から」（浅野弘毅）　批評社　2005.6　p181-189
◎文献「統合失調症の語りと傾聴―EBMからNBMへ」（加藤敏）　金剛出版　2005.10　p235-250
◎文献「自分自身をみる能力の喪失について―統合失調症と自閉症の発達心理学による説明」（R. レンプ）　星和書店　2005.11　p211-219
◎文献「コラージュ表現―統合失調症者の特徴を探る」（今村友木子）　創元社　2006.5　p147-152
◎読書案内ほか「統合失調症―基礎から臨床への架け橋」（M. バーチウッドほか）　東京大出版会　2006.7　p145-174
◎文献「統合失調症者のヌミノース体験―臨床心理学的アプローチ」（松田真理子）　創元社　2006.9　p205-213
◎文献「統合失調症の早期発見と認知療法―発症リスクの高い状態への治療的アプローチ」（P. Frenchほか）　星和書店　2006.10　p161-167
◎文献「統合失調症へのアプローチ」（池淵恵美）　星和書店　2006.10　prr
◎参考文献「症例から学ぶ統合失調症の認知行動療法」（D. キングドンほか）　日本評論社　2007.3　p317-330
◎参考文献「統合失調症とのつきあい方―闘わないことのすすめ」（蟻塚亮二）　大月書店　2007.6　p201-203
◎文献「統合失調症患者の行動特性―その支援とICF」（昼田源四郎）　金剛出版　2007.12　p249-255

統語論
◎参考文献「統語論入門―形式的アプローチ　上」（アイバン・A. サグ, トーマス・ワソー）　岩波書店　2001.3　p299-308

東西交易
◎参考文献解題「ヨーロッパ世界の拡張　東西交易から植民地支配へ」（生田滋, 岡倉登志）　世界思想社　2001.1　p220-240

東西交渉史
◎資料一覧「葡萄樹の見える回廊―中東・地中海文化と東西交渉」（杉田英明）　岩波書店　2002.11　p37-107
◎参考文献「シルクロードとその彼方への地図―東方探検2000年の記録」（K. ネベンザール）　ファイドン　2005.10　p170-172
◎参考文献ほか「海域から見た歴史―インド洋と地中海を結ぶ交流史」（家島彦一）　名古屋大出版会　2006.2　p53-89b
◎参考文献「海のシルクロードを調べる事典」（三杉隆敏）　芙蓉書房出版　2006.8　p221-224
◎引用参考文献「漢代以前のシルクロード―運ばれた馬とラピスラズリ」（川又正智）　雄山閣　2006.10　p143-154

盗作
◎参考文献「現代日本文学「盗作疑惑」の研究―「禁断の木の実」を食べた文豪たち」（竹山哲）　PHP研究所　2002.4　3pb

倒産
◎参考文献「現代バブル倒産史」（北沢正敏）　商事法務研究会　2001.6　p384」
◎参考資料「条解国際倒産関係規則」（最高裁判所事務総局民事局）　法曹会　2001.6　p131-183

◎参考文献「倒産回避の経営分析—財務安全性の考え方と調べ方」（井端和男ほか）　東林出版社　2001.8　p197-198

倒産法
◎参考文献「現代倒産法入門」（安藤一郎）　三省堂　2001.5　p17-19f
◎参考文献「体系倒産法　1　破産・特別清算」（中島弘雅）　中央経済社　2007.7　p573-578

投資
◎参考文献「LTCM伝説—怪物ヘッジファンドの栄光と挫折」（ニコラス・ダンバー）　東洋経済新報社　2001.3　p14-23b
◎参考文献「投資パフォーマンスの評価—リスクとリターン測定の実際」（D. スポールディング）　東洋経済新報社　2001.3　p233-235
◎参考文献「エンジェルファイナンス—リスクマネー投資によるジャパニーズドリームの実現」（G. A. Benjamin, J. B. Margulis）　オーム社　2001.8　p361-364
◎参考文献「実践ヘッジファンド投資—成功するリスク管理」（バージニア・レイノルズ・パーカー）　日本経済新聞社　2001.8　p420-422
◎参考文献「証券投資分析　改訂版」（藤林宏ほか）　金融財政事情研究会　2001.11　p263-264
◎文献ガイドほか「リアル・オプション—経営戦略の新しいアプローチ」（マーサ・アムラム, ナリン・クラティラカ）　東洋経済新報社　2001.12　p263-283
◎参考文献「ダウ・ジョーンズに学ぶ金融経済学—100年に一度のチャンスを見逃すな！」（工藤富夫）　総合法令出版　2002.1　p254-255
◎文献「株式運用と投資戦略—株式ポートフォリオ運用の理論と実務　改訂版」（野村證券株式会社金融研究所）　金融財政事情研究会　2002.10　p379-387
◎文献「バリュー投資入門—バフェットを超える割安株選びの極意」（ブルース・グリーンウォルドほか）　日本経済新聞社　2002.11　p342-346
◎文献「オルタナティブ投資入門—ヘッジファンドのすべて」（山内英貴）　東洋経済新報社　2002.12　p233-234
◎参考文献「行動ファイナンス—理論と実証」（加藤英明）　朝倉書店　2003.4　p181-192
◎文献「投資行動の理論」（阿部文雄）　大学教育出版　2003.7　p147-155
◎文献「投資苑　2」（A. エルダー）　パンローリング　2003.8　p427-429
◎参考文献「IR戦略の実際」（日本インベスター・リレーションズ協議会）　日本経済新聞社　2004.3　p196-198
◎参考文献「お金を働かせる10の法則」（B. マルキール）　日本経済新聞社　2004.3　p207-209
◎推薦図書ほか「ビジネスマンのためのファイナンス入門—55のキーワードで基礎からわかる」（山澤光太郎）　東洋経済新報社　2004.3　p265-269
◎参考文献「証券市場と行動ファイナンス」（俊野雅司）　東洋経済新報社　2004.3　p201-209
◎参考文献「現代投資マネジメント—均衡アプローチの理論と実践」（R. リターマン）　日本経済新聞社　2004.6　p665-673
◎参考文献「証券アナリストのための企業分析—定量・定性分析と投資価値評価　3版」（日本証券アナリスト協会）　東洋経済新報社　2004.7　p195-198
◎参考文献「不動産投資戦略—リスクを買い不確実性に投資をしてリターンの成長を実現させる！」（川津昌作）　清文社　2004.8　p289-292
◎参考文献「リアル・オプション—投資プロジェクト評価の工学的アプローチ」（今井潤一）　中央経済社　2004.10　p225-244
◎参考文献「トレンドフォロー入門—トレンドの魔術師たちの売買戦略と成功の秘密」（M. コベル）　パンローリング　2005.2　p467-474
◎参考文献「行動ファイナンスと投資の心理学」（H. シェフリン）　東洋経済新報社　2005.4　p322-344
◎文献「アクティブ運用の復権」（角田康夫ほか）　金融財政事情研究会　2005.6　p297-298
◎参考文献「オルタナティブ投資のリスク管理」（L. イェーガー）　東洋経済新報社　2005.6　p294-304
◎参考文献「バフェットとソロス勝利の投資学—最強の投資家に共通する23の習慣」（M. ティアー）　ダイヤモンド社　2005.9　p349-353
◎参考文献「道具としてのファイナンス」（石野雄一）　日本実業出版社　2005.9　p284-286
◎参考文献「オルタナティブ投資入門　2版」（山内英貴）　東洋経済新報社　2006.5　p257-258
◎参考文献「トカゲの脳と意地悪な市場」（T. バーナム）　晃洋書房　2006.8　p416-425
◎参考文献「コーポレートガバナンスの評価に基づいた投資のすすめ—銘柄選択の新潮流」（A. フラッチャー）　東洋経済新報社　2006.10　p183-186
◎参考図書「テキスト株式・債券投資」（川北英隆）　中央経済社　2006.10　p237-240
◎参考文献「投資，成長と経済政策」（片山尚平）　晃洋書房　2006.11　p171-175
◎参考文献「証券投資の思想革命　普及版」（P. L. バーンスタイン）　東洋経済新報社　2006.12　p13-25b

透視
◎文献「透視術—予言と占いの歴史」（J. デスアール）　白水社　2003.9　p4-5b

動詞
◎参照文献「日英対照動詞の意味と構文」（影山太郎）　大修館書店　2001.3　p297-311
◎文献「動詞　九章」（高橋太郎）　ひつじ書房　2003.11　p291-294
◎参考文献「日本語のベネファクティブ—「てやる」「てくれる」「てもらう」の文法」（山田敏弘）　明治書院　2004.2　p362-372
◎参考文献「日本語複合動詞の習得研究—認知意味論による意味分析を通して」（松田文子）　ひつじ書房　2004.2　p231-236
◎参考文献「日本語態度動詞文の情報構造」（小野正樹）　ひつじ書房　2005.2　p240-246
◎参考文献「英語は動詞で生きている！」（晴山陽一）　集英社　2005.3　p204-205
◎参考文献「日本語学習者によるアスペクトの習得」（許夏珮）　くろしお出版　2005.3　p155-167
◎参考文献「自動詞文と他動詞文の意味論」（佐藤琢三）　笠間書院　2005.6　p207-212
◎参考文献「複合動詞・派生動詞の意味と統語—モジュール形態論から見た日英語の動詞形成」（由本陽子）　ひつじ書房　2005.7　p361-369
◎参考文献「語彙範疇　1　動詞」（藤田耕司ほか）　研究社　2005.9　p211-221

とうしき

◎参考文献「現代中国語の空間移動表現に関する研究」（丸尾誠）　白帝社　2005.10　p255-264
◎参考文献「日本語存在表現の歴史」（金水敏）　ひつじ書房　2006.2　p299-310
◎参考文献「日本語の多義動詞―理想の国語辞典2」（国広哲弥）　大修館書店　2006.4　p312-316
◎参考文献「授与動詞の対照方言学的研究」（日高水穂）　ひつじ書房　2007.2　p347-352
◎参考文献「日本語のアスペクト体系の研究」（副島健作）　ひつじ書房　2007.2　p235-244
◎参照文献「欽定訳聖書の動詞研究」（盛田義彦）　あるむ　2007.3　p207-210
◎参考書目「英語類義動詞の構文事典」（小野経男）　大修館書店　2007.7　p237-238
◎参考文献「広東語動詞研究―「手放さずに待つ動作」を表す語をめぐって」（千島英一）　東方書店　2007.9　p232-234

陶磁器

◎参考文献「アジア陶芸史」（出川哲朗ほか）　昭和堂　2001.11　p319-321
◎関係文献一覧「角川日本陶磁大辞典」（矢部良明ほか）　角川書店　2002.8　p67-80b
◎文献「港市国家バンテンと陶磁貿易」（坂井隆）　同成社　2002.9　p321-329
◎参考文献「織部の流通圏を探る―西日本」（土岐市美濃陶磁歴史館）　美濃陶磁歴史館　2004.2　p106-107
◎参考文献「海を渡った陶磁器」（大橋康二）　吉川弘文館　2004.6　p228-231
◎参考文献「やきものの見方」（荒川正明）　角川書店　2004.8　p259-263
◎参考文献「中世房総やきもの市場」（千葉県立房総のむら）　県立房総のむら　2004.10　p27-28
◎参考文献「鍋島」（工藤吉郎）　里文出版　2005.2　p231-232
◎参考文献「世界の陶芸文化図鑑―土と手と炎が生みだす暮らしの造形」（B. センテンス）　東洋書林　2005.9　p209」
◎参考文献「日本陶芸100年の精華」（茨城県陶芸美術館）　茨城県陶芸美術館　2006　p140-141
◎参考文献「ヨーロッパ宮廷陶磁の世界」（前田正明ほか）　角川学芸出版　2006.1　p281-292
◎参考文献「江戸時代の瀬戸・美濃―三都と名古屋」（瀬戸市文化振興財団）　瀬戸市文化振興財団　2006.2　p82-84
◎参考文献「民芸運動と地域文化―民陶産地の文化地理学」（濱田琢司）　思文閣出版　2006.2　p12-28b
◎参考文献「名匠と名品の陶芸史」（黒田草臣）　講談社　2006.6　p277-279
◎参考文献「幻の至宝柴窯発見―なぜ、伝説の陶磁器が日本にあったのか」（對中如雲）　祥伝社　2006.12　p226-227
◎参考文献「江戸時代のやきもの―生産と流通」（瀬戸市文化振興財団埋蔵文化財センター）　瀬戸市文化振興財団埋蔵文化財センター　2006.12　p112-116
◎参考文献「信楽焼の考古学的研究　続」（畑中英二）　サンライズ出版　2007.1　p210-224
◎参考文献ほか「甦える安南染付―ホイアンの奇跡」（岸良鉄英）　里文出版　2007.2　p122」
◎参考文献「近江やきものがたり―湖国に育まれた美と技の魅力をつづる…」（滋賀県立陶芸の森）　京都新聞出版センター　2007.3　p357-362
◎参考文献「湖東焼私考」（山本勇三）　文芸社　2007.5　p238-239
◎参考文献「カラコルム遺跡―出土陶瓷器の研究」（亀井明徳）　雄歌書房　2007.8　p62
◎参考文献「甦る白瑠璃コラレン―幻のオールド・ノリタケ―掛井コレクション」（井谷善惠）　平凡社　2007.8　p147-149

投資銀行

◎参考文献「外資系投資銀行の現場　改訂」（西村信勝）　日経BP社　2005.2　p360-363

童子形

◎参考文献「中世の童子形　日本の美術442」（至文堂）　2003.3　p85-86

投資工学

◎参考文献「投資工学のための金融・証券論」（米村浩）　東洋経済新報社　2001.3　p217-220

投資顧問業

◎参考文献「投資顧問業の法務と実務」（河村賢治ほか）　金融財政事情研究会　2006.7　p8-10f

投資信託

◎参考文献「アメリカ投資信託の形成と展開―両大戦間期から1960年代を中心に」（三谷進）　日本評論社　2001.3　p237-260
◎参考文献「投資信託を読む」（菊池誠一）　日経BP社　2001.5　p241-243
○文献「ファンドマネジメント　32」（野村アセット投信研究所）　2002.9　p108-109
◎参考文献「社会責任投資とは何か―いい会社を長く応援するために」（秋山をね）　生産性出版　2003.11　p163-164
○文献「ファンドマネジメント　33」（野村アセット投信研究所）　2003　p108-109
○文献「ファンドマネジメント　37」（野村アセット投信研究所）　2004　p104-105
◎参考文献「プライベートエクイティ投資―その理論と実務」（添田真峰）　シグマベイスキャピタル　2004.11　p221-223
○文献「ファンドマネジメント　41」（野村アセット投信研究所）　2005.新春　p110-111
◎参考文献「投資信託の商品がわかる」（青山直子）　経済法令研究会　2005.4　p179-180
◎参考文献「M&Aで狙われる上場企業95社―これが投資ファンドの正体だ」（島野清志）　エール出版社　2005.7　p183-184
○文献「ファンドマネジメント　46」（野村アセットマネジメント研究開発センター）　2006.春季　p106-107
◎参考文献「アクティブ・インデックス投資―インデックス運用の最先端」（S. ショーンフェルド）　東洋経済新報社　2006.4　p487-492
◎参考文献「投資ファンドと税制―集団投資スキーム課税の在り方　新版」（田邊昇）　弘文堂　2006.11　p307-312
○文献「ファンドマネジメント　49」（野村アセットマネジメント研究開発センター）　2007.新春　p112-113

◎参考文献ほか「資産運用会社のビジネスモデルとモジュール戦略」（大塚明生）　金融財政事情研究会　2007.2　p202-203
◎引用参考文献「新信託法と信託実務」（田中和明）　清文社　2007.10　p464-465
◎文献「プロフェッショナル投資信託実務　4訂」（田村威ほか）　経済法令研究会　2007.11　p339-340
◎参考文献「投資信託―基礎と実務　5訂」（田村威）　経済法令研究会　2007.11　p345-346

糖質
◎文献「糖質と健康―国際シンポジウム」（ILSI Japan糖類研究部会）　建帛社　2003.12　prr

闘蟋
◎参考文献「闘蟋―中国のコオロギ文化」（瀬川千秋）　大修館書店　2002.10　p253-255

同時通訳
◎参考文献「同時通訳」（R.ジューンス）　松柏社　2006.4　p229-236

道州制
◎参考文献「道州制・連邦制―これまでの議論・これからの展望」（田村秀）　ぎょうせい　2004.10　p276-282

投信法
◎参考文献「資産流動化法―改正SPC法・投信法の解説と活用法」（山崎和哉）　金融財政事情研究会　2001.4　p204-205

同性愛
◎参考文献「男同士の絆―イギリス文学とホモソーシャルな欲望」（イヴ・K.セジウィック）　名古屋大学出版会　2001.2　p7-17b
◎参考文献「同性愛のカルチャー研究」（G.ハート）　現代書館　2002.2　p288-280
◎原注「クィア・サイエンス―同性愛をめぐる科学言説の変遷」（S.ルベイ）　勁草書房　2002.3　p282-327
◎文献「同性愛・多様なセクシュアリティ―人権と共生を学ぶ授業」（"人間と性"教育研究所）　子どもの未来社　2002.7　p214-217
◎文献案内「クイア・スタディーズ」（河口和也）　岩波書店　2003.12　p115-126
◎本ほか「知っていますか？　同性愛ってなに一問一答」（遠藤和士ほか）　解放出版社　2004.6　p122-126
◎参考資料「カナダのセクシュアル・マイノリティたち―人権を求めつづけて」（サンダース宮松敬子）　教育史料出版会　2005.4　p213-214
◎参考文献「ホモセクシャルの世界史」（海野弘）　文藝春秋　2005.4　p513-521
◎文献「「レズビアン」という生き方―キリスト教の異性愛主義を問う」（堀江有里）　新教出版社　2006.9　p251-260
◎参考文献「ゲイ@パリ―現代フランス同性愛事情」（及川健二）　長崎出版　2006.10　p380-381
◎参考引用文献「男たちの帝国―ヴィルヘルム2世からナチスへ」（星乃治彦）　岩波書店　2006.10　p216-231
◎引用参考文献「欲望問題―人は差別をなくすためだけに生きるのではない」（伏見憲明）　ポット出版　2007.2　p189-186
◎参考文献「少女マンガにおけるホモセクシュアリティ」（山田田鶴子）　ワイズ出版　2007.7　p189-191
◎文献表「古代ギリシアの同性愛　新版」（K.J.ドーヴァー）　青土社　2007.12　p13-18b

同性婚
◎原注「同性婚―ゲイの権利をめぐるアメリカ現代史」（G.チョーンシー）　明石書店　2006.6　p229-267

當世流小栗判官
◎参考資料一覧「国立劇場上演資料集　489」　日本芸術文化振興会　2006.3　p131-150

闘争
◎参考文献「抗争する人間」（今村仁司）　講談社　2005.3　p255-257

同窓会
◎引用参考文献「同窓会の社会学―学校的身体文化・信頼・ネットワーク」（黄順姫）　世界思想社　2007.6　p229-234

盗賊
◎参考文献「中国の大盗賊・完全版」（高島俊男）　講談社　2004.10　p322-327
◎参考文献「盗賊の社会史」（U.ダンカー）　法政大学出版局　2005.2　p32-45b

同族会社
◎参考文献「ファミリー企業の経営学」（倉科敏材）　東洋経済新報社　2003.7　p244-246
◎原注「同族経営はなぜ強いのか？」（D.ミラーほか）　ランダムハウス講談社　2005.7　p1-38b
◎参考文献「ファミリービジネスのトップマネジメント―アジアとラテンアメリカにおける企業経営」（星野妙子ほか）　岩波書店　2006.3　prr
◎参考文献「ファミリービジネス論―後発工業化の担い手」（末廣昭）　名古屋大出版会　2006.12　p330-358
◎参考文献「ダイナスティ―企業の繁栄と衰亡の命運を分けるものとは　世界のファミリービジネス研究」（D.S.ランデス）　PHP研究所　2007.1　p386-362

道祖神
◎文献目録「道祖神を考える」（石川博司）　多摩野佛研究会　2003.1　p13-34, 54-61

東大紛擾
◎参考文献「大学という病　東大紛擾と教授群像」（竹内洋）　中央公論新社　2001.10　p277-290

銅鐸
◎参考文献「忘れられた神の文化「銅鐸と歌垣」―「ことば」で探る古代日本」（山口五郎）　近代文芸社　2001.4　p195-197
◎文献一覧「青銅器埋納地調査報告書　1（銅鐸編）」（島根県教育委員会, 島根県埋蔵文化財調査センター, 島根県古代文化センター）　島根県教育委員会　2002.3　p135-142
◎文献「銅鐸の考古学」（佐原真）　東京大学出版会　2002.3　p391-409
◎参考文献「銅鐸から描く弥生時代」（佐原真ほか）　学生社　2002.11　p199-204
◎文献「銅鐸と万葉集―「ことば」で探る古代日本」（山口五郎）　近代文芸社　2003.11　p212-214
◎参考文献「銅鐸の謎　工学的視点からの推理」（武子康平）　碧天舎　2003.11　p97-98
◎参考文献「銅鐸民族の謎―争乱の弥生時代を読む」（臼田篤伸）　彩流社　2004.11　p229-236

とうちこ

◎参考文献「青銅器埋納地調査報告書　2（武器形青銅器編）」（島根県教委ほか）　島根県教委　2006.3　p135-142
◎関連文献「徳島の銅鐸」　徳島県立博物館　2006.3　p68-69

統治行為
◎Literature「法治国における統治行為―改訂版」（H. ルンプ）　木鐸社　2002.11　p13-19

道中日記
◎「旅　道中日記の世界」（朝霞市博物館）　朝霞市博物館　2001.10　47p A4

童貞
◎参考文献「日本の童貞」（渋谷知美）　文藝春秋　2003.5　p264-269

道徳
◎参考文献「禁断の知識　下」（ロジャー・シャタック）　凱風社　2001.3　p302-305
◎文献「道徳意識の社会心理学」（片瀬一男、高橋征仁、菅原真枝）　北樹出版　2002.5　p132-135
◎文献「教科書でおぼえた道徳」（文春ネスコ）　文春ネスコ　2002.12　p238-239
◎参考文献「道徳の伝達―モダンとポストモダンを超えて」（松下良平）　日本図書センター　2004.2　p13-26b
◎参考文献「道徳の中心問題」（M. スミス）　ナカニシヤ出版　2006.10　p302-294

道徳感情
◎引用書（水田洋）「道徳感情論　下」（A. スミス）　岩波書店　2003.4　p1-12b

道徳教
○記事抄録（若菜智子）「文献探索　2000」（文献探索研究会）　2001.2　p566-569

道徳教育
◎参考文献「「道徳の時間」成立過程に関する研究―道徳教育の新たな展開」（押谷由夫）　東洋館出版社　2001.2　p213-220
◎参考文献「ヨク　マナビ　ヨク　アソベ　「修身」を抹消した日本人の後遺症」（水口義朗）　インターメディア出版　2001.12　p166」
◎参考文献「世界の道徳教育」（押谷由夫ほか）　玉川大学出版部　2002.4　prr
◎図書「戦後日本の道徳教育関係資料に関する基礎的調査研究」（貝塚茂樹）　国立教育政策研究所　2003.3　p241-253
◎参考文献「道徳の指導法」（村田昇）　玉川大学出版部　2003.4　prr
◎参考文献「私の教育論―子どもの言葉による表現と道徳性」（佐藤継雄）　北の街社　2003.9　p220-221
◎関連文献「道徳授業原論」（深澤久）　日本標準　2004.4　p268-269
◎参考文献「国民のための道徳教育　戦後道徳教育文献資料集18」（小川太郎）　日本図書センター　2004.6　p1-2b
◎参考文献「自己形成原論―「人間らしさ」を育む道徳原理の研究」（田井康雄）　京都女子大　2004.11　p586-591
◎参考図書「「人格教育」のすべて―家庭・学校・地域社会ですすめる心の教育」（T. リコーナ）　麗澤大学出版会　2005.10　p409-423

◎文献「愛国心と教育」（大内裕和）　日本図書センター　2007.6　p405-418

道徳的自律
◎引用文献「子どもの道徳的自律の発達」（首藤敏元）　風間書房　2003.2　p257-268

東都書房
○書誌（根本正義）「学芸国語教育研究　21」（東京学芸大）　2003.12　p42-56

糖尿病
◎参考文献「医療スタッフのための糖尿病療養指導Q&A」（阿部隆三ほか）　日本医学出版　2001.3　p170-171
◎文献「糖尿病と運動―糖尿病患者のスポーツ活動ガイドライン」（シェリ・コルバーグ）　大修館書店　2002.11　p284-287
◎参考文献ほか「小児・思春期糖尿病管理の手びき　改訂2版」（日本糖尿病学会）　南江堂　2007.6　prr
◎参考文献「糖尿病・最初の1年」（G. E. ベッカー）　日本評論社　2007.7　p355-358

銅版画
◎参考文献「17世紀フランス銅版画技法の研究―酸と硬軟のワニスによる銅凹版画技法」（A. ボス）　金沢美術工芸大　2004.3　p97-109

投票
◎引用文献「選挙制度変革と投票行動」（三宅一郎）　木鐸社　2001.6　p231-233
◎文献「ドイツ州民投票制度の研究」（村上英明）　法律文化社　2001.9　p1-22b
◎参考文献「現代日本の投票行動」（谷口尚子）　慶應義塾大出版会　2005.3　p179-189
◎文献一覧ほか「投票方法と個人主義」（田村理）　創文社　2006.1　p5-12b
◎引用文献「変容する日本の社会と投票行動」（平野浩）　木鐸社　2007.5　p196-199

豆腐
◎引用文献「日本のもめん豆腐」（添田孝彦）　幸書房　2004.11　p153-155

動物
◎参考文献「動物たちの不思議な事件簿」（ユージン・リンデン）　紀伊國屋書店　2001.1　p253-256
◎参考文献「生物たちのハイテク戦略―デンキウナギはなぜ自分で感電しないのか？」（白石拓）　双葉社　2001.4　p203-204
◎参考文献「神は何のために動物を造ったのか―動物の権利の神学」（A. リンゼイ）　教文館　2001.6　p302-308
◎参考図書ほか「食べ物としての動物たち―牛、豚、鶏たちが美味しい食材になるまで」（伊藤宏）　講談社　2001.8　p264-265
◎参考文献「動物の「食」に学ぶ」（西田利貞）　女子栄養大学出版部　2001.8　p210-215
◎参考文献「都市動物たちの逆襲―自然からの警告」（小原秀雄）　東京書籍　2001.9　p1-4
◎参考文献「動物のからだづくり―形態発生の分子メカニズム」（武田洋幸）　朝倉書店　2001.9　p121-133
◎参考文献「群馬県の絶滅のおそれのある野生生物―群馬県レッドデータブック　動物編」（群馬県環境生活部自然環境課）　群馬県　2002.2　p189-190

◎参考書目「和漢古典動物考」（寺山宏）　八坂書房　2002.4　p471-480
◎参考文献「ナチスと動物—ペット・スケープゴード・ホロコースト」（B. サックス）　青土社　2002.5　p7-23b
◎引用資料一覧「資料日本動物史—新装版」（梶島孝雄）　八坂書房　2002.5　p618-644
◎参考書「ボルネオ島アニマル・ウォッチングガイド」（安間繁樹）　文一総合出版　2002.9　p222-223
◎参考文献「犬と話ができる！　動物たちの心の声を聴くレッスン」（小田原泰久）　廣済堂出版　2002.9　p221」
◎引用参考文献「動物絵本をめぐる冒険—動物-人間学のレッスン」（矢野智司）　勁草書房　2002.9　p5-13b
◎参考文献「江戸動物図鑑—出会う・暮らす・愛でる」（港区立港郷土資料館）　港区立港郷土資料館　2002.10　p102」
◎参考文献「聖書動物大事典」（W. スミス）　国書刊行会　2002.10　p514」
◎参考文献「生き物をめぐる4つの「なぜ」」（長谷川真理子）　集英社　2002.11　p220-221
◎文献「虫の名、貝の名、魚の名—和名にまつわる話題」（青木淳一、奥谷喬司、松浦啓一）　東海大学出版会　2002.11　p227-230
◎参考文献「ことばの動物史　歴史と文学からみて」（足立尚計）　明治書院　2003.2　p209-210
◎参考図書「森の野生動物に学ぶ101のヒント」（日本林業技術協会）　東京書籍　2003.2　p216-223
◎文献「動物と人間の歴史」（江口保暢）　築地書館　2003.3　p290-293
◎参考文献「しじまに生きる野生動物たち　東アジアの自然の中で　図説中国文化百華5」（今泉忠明）　農文協　2003.4　p206」
◎文献「王を殺した豚王が愛した象—歴史に名高い動物たち」（パストゥロー）　筑摩書房　2003.4　p270-274
◎文献「身近な野生動物観察ガイド」（鈴木欣司）　東京書籍　2003.4　p188-189
◎参考文献「動物たちの愉快な事件簿」（E. リンデン）　紀伊國屋書店　2003.7　p266-267
◎参考文献「動物の権利　1冊でわかる」（D. ドゥグラツィア）　岩波書店　2003.9　p1-15b
◎原注「動物たちの自然健康法—野生の知恵に学ぶ」（C. エンジェル）　紀伊国屋書店　2003.11　p358-332
◎「動物レファレンス事典」（日外アソシエーツ）　日外アソシエーツ　2004.6　11, 914p A5
◎参考書目録ほか「コルバート脊椎動物の進化　原著5版」（E. H. コルバート）　築地書館　2004.10　p519-537
◎引用文献「獣たちの森」（大井徹）　東海大学出版会　2004.10　p235-223
◎「動物・植物の本全情報　1999-2003」（日外アソシエーツ）　日外アソシエーツ　2004.10　14, 738p A5
◎参考文献「中国の十二支動物誌」（鄭高詠）　白帝社　2005.3　p382」
◎文献「とってもへんないきものたち」（へんなもの解明学会）　辰巳出版　2005.9　p174-175
◎参考図書「進化しすぎた日本人」（杉山幸丸）　中央公論新社　2005.9　p284-286
◎参考図書「もっと知りたい野生動物の歴史」（江口保暢）　早稲田出版　2005.12　p228-230

◎文献「ハンター＆ハンテッド—人はなぜ肉食獣を恐れ、また愛するのか」（H. クルーク）　どうぶつ社　2006.4　p360-343
◎文献表「日本人の動物観—変身譚の歴史」（中村禎里）　ビイング・ネット・プレス　2006.6　p288-306
◎引用参考文献「縄文の動物考古学—西日本の低湿地遺跡からみえてきた生活像」（内山純蔵）　昭和堂　2007.2　p217-226
◎参考文献「なぜイノシシは増え、コウノトリは減ったのか」（平田剛士）　平凡社　2007.3　p192-197
◎参考文献「動物絵画の100年—1751-1850」（府中市美術館）　府中市美術館　2007.3　p146-147
◎参考文献「応用動物遺伝学」（東條英昭ほか）　朝倉書店　2007.4　p225-227
◎参考文献「どうぶつのお墓をなぜつくるか—ペット埋葬の源流・動物塚」（依田賢太郎）　社会評論社　2007.7　p191-195
◎参考文献「哲学者たちの動物園」（R. マッジョーリ）　白水社　2007.7　p177-183
◎参考文献「動物の漢字語源辞典」（加納喜光）　東京堂出版　2007.11　p390-395
◎参考文献「小原秀雄著作集　4　人間学の展望」（小原秀雄）　明石書店　2007.12　p540-546

動物園
◎文献「動物園における親子コミュニケーション—チンパンジー展示利用体験の比較」（並木美砂子）　風間書房　2005.5　p233-244
◎参考文献「戦う動物園—旭山動物園と到津の森公園の物語」（小菅正夫ほか）　中央公論新社　2006.7　p220-218

動物画
◎参考文献「江戸の動物画—近世美術と文化の考古学」（今橋理子）　東京大学出版会　2004.12　p18-27b

動物科学
◎参考文献「応用動物科学への招待」（舘鄰）　朝倉書店　2001.9　p127-137

動物学
◎引用文献「日本の動物学の歴史」（毛利秀雄ほか）　培風館　2007.7　prr

動物虐待
◎注「児童虐待と動物虐待」（三島亜紀子）　青弓社　2005.6　prr
◎参考文献「子どもが動物をいじめるとき—動物虐待の心理学」（F. R. アシオーン）　ビイング・ネット・プレス　2006.5　p1-24b
◎引用参考文献「永遠の絶滅収容所—動物虐待とホロコースト」（C. パターソン）　緑風出版　2007.5　p377-367

動物形態
◎参考文献「動物進化形態学」（倉谷滋）　東京大学出版会　2004.1　p542-591

動物行動
◎文献「イヴの乳—動物行動学から見た子育ての進化と変遷」（小原嘉明）　東京書籍　2005.1　p306-307
◎参考文献「動物行動学　1　再装版」（K. ローレンツ）　新思索社　2005.11　p513-508

とうふつ

◎参考文献「本能はどこまで本能か―ヒトと動物の行動の起源」（M. S. ブランバーグ）　早川書房　2006.11　p312-327

動物細胞学
◎参考文献「細胞のコントロール」（小野寺一清）　朝倉書店　2001.9　p93-95

動物実験
◎参考本「新・動物実験を考える　生命倫理とエコロジーをつないで」（野上ふさ子）　三一書房　2003.3　p274-278
◎参考文献「動物実験の生命倫理―個体倫理から分子倫理へ」（大上泰弘）　東信堂　2005.1　p336-344

動物社会学
◎文献「自我の起源―愛とエゴイズムの動物社会学」（真木悠介）　岩波書店　2001.9　p153-157

動物心理
◎参考文献「感情の猿＝人」（菅原和孝）　弘文堂　2002.8　p348-357
◎参考文献「ネコの心理―図解雑学」（今泉忠明）　ナツメ社　2002.11　p222」
◎文献「あなたの帰りがわかる犬―人間とペットを結ぶ不思議な力」（R. シェルドレイク）　工作舎　2003.1　p424-435
◎関連文献「動物たちの心の世界　新装版」（M. S. ドーキンズ）　青土社　2005.5　p245-253
◎文献案内「心の輪郭―比較認知科学から見た知性の進化」（川合伸幸）　北大路書房　2006.5　p1-8b
◎参考文献「動物感覚―アニマル・マインドを読み解く」（T. グランディンほか）　NHK出版　2006.5　p1-6b
◎References「刻印づけと嗜癖症のアヒルの子―社会的愛着の原因をもとめて」（H. S. ホフマン）　二瓶社　2007.2　p149-153
◎参考文献「ウマはなぜ「計算」できたのか―「りこうなハンス効果」の発見」（O. プフングスト）　現代人文社　2007.3　p364-369
◎引用文献ほか「動物たちのゆたかな心」（藤田和生）　京都大学学術出版会　2007.4　p159-177
◎参考文献「動物たちの喜びの王国」（J. バルコム）　インターシフト　2007.6　p1-32b

動物生態
◎参考文献「生物進化とハンディキャップ原理―性選択と利他行動の謎を解く」（アモツ・ザハヴィ，アヴィシャグ・ザハヴィ）　白揚社　2001.6　p386-402
◎引用文献「動物生態学　新版」．（嶋田正和ほか）　海游舎　2005.4　p585-592
◎参考文献「クジャクの雄はなぜ美しい？　増補改訂版」（長谷川眞理子）　紀伊國屋書店　2005.9　p232-238
◎参考文献「トンデモない生き物たち―南極の魚はなぜ凍らないのか!?」（白石拓）　宝島社　2006.6　p206-207
◎参考文献「動物の社会―社会生物学・行動生態学入門　新版」（伊藤嘉昭）　東海大出版会　2006.8　p169-179

動物生理
◎文献「神経発生生物学」（深田惠子）　産業図書　2006.10　p189-219
◎参考文献「生物がつくる「体外」構造―延長された表現型の生理学」（J. S. ターナー）　みすず書房　2007.2　p299-316

◎参考文献「動物生理学―環境への適応　原書5版」（K. シュミット＝ニールセン）　東京大出版会　2007.9　prr

動物相
○文献目録（淀江賢一郎ほか）「ホシザキグリーン財団研究報告　7」（ホシザキグリーン財団）　2004.4　p1-27

動物地理
◎引用文献「動物地理の自然史―分布と多様性の進化学」（増田隆一ほか）　北海道大図書刊行会　2005.5　p255-281

動物分類
◎参考図書ほか「動物分類学30講」（馬渡峻輔）　朝倉書店　2006.4　p169-174

動物保護
◎引用文献「動物の比較法文化―動物保護法の日欧比較」（青木人志）　有斐閣　2002.2　p271-279
◎文献リスト「報告日本における〈自然の権利〉運動　2」（自然の権利セミナー報告書作成委員会ほか）〈自然の権利〉セミナー　2004.6　p354-358
◎資料リスト「動物の命は人間より軽いのか―世界最先端の動物保護思想」（M. ベコフ）　中央公論新社　2005.7　p248-238
◎引用文献「保全鳥類学」（山階鳥類研究所）　京都大学術出版会　2007.3　prr

動物民俗
◎参考文献「動物民俗　2　ものと人間の文化史124-2」（長澤武）　法政大学出版局　2005.4　p241-245

東宝
◎参考文献「東宝監督群像―砧の青春」（高瀬昌弘）　東宝　2005.10　p260-261
◎参考文献「文化と闘争―東宝争議1946-1948」（井上雅雄）　新曜社　2007.2　p509-502

東方医学
◎「東方医学善本叢刊解題」（銭超塵，馬志才，馬継興）　オリエント出版社　2002.5　62, 41p B5

東北大学
◎文献「東北大学百年史　4　部局史　1」（東北大学百年史編集委員会）　東北大学研究教育振興財団　2003.5　p901-906
◎参考文献「東北大学百年史　5　部局史2」（東北大学百年史編集委員会）　東北大研究教育振興財団　2005.3　p931-935

東北地方
◎参考文献「蝦夷の古代史」（工藤雅樹）　平凡社　2001.1　p250-251
◎参考文献「東北―つくられた異境」（河西英通）　中央公論新社　2001.4　p205-212
◎参考文献「神さまのいる風景」　東北歴史博物館　2001.7　p45-46
◎文献「東北方言音声の研究」（大橋純一）　おうふう　2002.1　p407-416
◎文献「奥州街道苗字の旅―松前から江戸日本橋まで」（鈴木常夫）　本の森　2002.2　p231-234
◎参考文献「東北ことば」（読売地方部）　中央公論新社　2002.4　p229-231

◎文献「雪山の生態学―東北の山と森から」（梶本卓也, 大丸裕武, 杉田久志）　東海大学出版会　2002.6　p255-279
◎注「古代東北の蝦夷と北海道」（関口明）　吉川弘文館　2003.1　prr
◎文献「日本再考―東北ルネッサンスへの序章」（赤坂憲雄）　創童舎　2003.3　p375-378
◎引用文献「本州島東北部の弥生社会誌」（高瀬克範）　六一書房　2004.5　p365-400
◎参考文献「近世北奥社会と民衆」（浪川健治）　吉川弘文館　2005.1　p296-303
◎文献「東北　日本の地形3」（小池一之ほか）　東京大学出版会　2005.2　p327-345
◎参考資料ほか「東北民衆の歴史　近世・維新編」（伊藤重道）　無明舎出版　2006.5　p453-477
◎文献総覧「蝦夷の考古学」（松本建速）　同成社　2006.8　p221-235
◎参考文献ほか「続・東北―異境と原境のあいだ」（河西英通）　中央公論新社　2007.3　p230-244
◎引用参照文献「地域社会形成の社会学―東北の地域開発と地域活性化」（佐藤利明）　南窓社　2007.7　p247-255
◎参考文献「方法としての東北」（赤坂憲雄）　柏書房　2007.10　p225-229

東北地方　出羽
◎参考文献「中世出羽の宗教と民衆」（伊藤清郎ほか）　高志書院　2002.12　prr
◎参考文献「出羽の古墳時代」（川崎利夫）　高志書院　2004.9　prr

東北地方　東北線
◎参考文献「東北・常磐線120年の歩み」（三宅俊彦）　グランプリ出版　2004.2　p232」

東北地方　浜街道
◎参考文献「三陸海岸と浜街道　街道の日本史5」（瀧本寿史ほか）　吉川弘文館　2004.12　p16-18b

童謡
◎参考文献「童謡へのお誘い」（横山太郎）　自由現代社　2001.4　prr
◎参考文献「本当はこわい日本の童謡―誰も知らなかった」（日本の童謡研究会）　ワニブックス　2002.2　p158-159
◎年表「謎とき名作童謡の誕生」（上田信道）　平凡社　2002.12　p223-226
◎参考文献「童謡心に残る歌とその時代」（海沼実）　NHK出版　2003.3　p253-254
◎参考文献「子どもたちに伝えたい日本の童謡　神奈川」（池田小百合）　有楽出版社　2003.6　prr
◎文献「童謡の秘密―知ってるようで知らなかった」（合田道人）　祥伝社　2003.6　p250-251
◎参考文献「菜の花夕焼け里の秋―唱歌・童謡のふるさと信州」（長野県立歴史館ほか）　郷土出版社　2004.6　p226-227
◎注「日本童謡音楽史」（小島美子）　第一書房　2004.10　p233-251
◎研究文献（上笙一郎）「日本童謡事典」（上笙一郎）　東京堂出版　2005.9　p442-463
◎注「感覚の近代―声・身体・表象」（坪井秀人）　名古屋大出版会　2006.2　p461-512

◎参考文献「子ども歌を学ぶ人のために」（小野恭靖）　世界思想社　2007.1　p311-318
◎参考文献「日本の童謡の誕生から九〇年の歩み」（畑中圭一）　平凡社　2007.6　p357-383

東洋　医学
◎文献「医古文の基礎」（劉振民ほか）　東洋学術出版社　2002.11　p309-310
◎参考文献「中医食療方―病気に効く薬膳」（瀬尾港二ほか）　東洋学術出版社　2003.4　p329-331
◎文献「中医営養学　改訂増補版2版」（山崎郁子）　第一出版　2003.6　p299-301
◎参考文献「今なぜ仏教医学か」（杉田暉道ほか）　思文閣出版　2004.6　p254-257
◎参考文献「戦国時代のハラノムシ―『針聞書』のゆかいな病魔たち」（長野仁ほか）　国書刊行会　2007.4　p102」
◎参考文献ほか「薬学生のための漢方医薬学」（山田陽城ほか）　南江堂　2007.4　p355-360

東洋　思想
◎参考文献「東洋の合理思想　増補新版」（末木剛博）　法藏館　2001.3　p263-265

東洋　美術
◎参考文献「シルクロードの壁画―東西文化の交流を探る」（文化財研究所ほか）　言叢社　2007.3　prr

東洋　文学
◎作品リスト「東南アジア文学への招待」（宇戸清治, 川口健一）　段々社　2001.11　p333-347

東洋　歴史
◎「東洋史・西洋史図書目録　1998-2003」（日外アソシエーツ）　日外アソシエーツ　2004.7　19, 809p A5
○文献目録「史学雑誌　116.10」（山川出版社）　2007.10　p1724-1700

東洋学
◎文献解題（安藤潤一郎）「東洋学の磁場　岩波講座「帝国」日本の学知3」　岩波書店　2006.5　p2-41b
◎文献「フランス東洋学ことはじめ―ボスフォラスのかなたへ」（菊地章太）　研文出版　2007.9　p9-29b

東洋文庫
◎「東洋文庫ガイドブック」（平凡社東洋文庫編集部）　平凡社　2002.4　195, 113, 19p B6
◎「東洋文庫ガイドブック　2」（平凡社東洋文庫編集部）　平凡社　2006.5　376p B6

トゥレット症候群
◎文献「トゥレット症候群（チック）」（金ヰ由紀子ほか）　星和書店　2002.4　p141-149
◎参考文献「トゥレット症候群の子どもの理解とケア―教師と親のためのガイド」（A. キャロルほか）　明石書店　2007.6　p129-136

道路
◎参考文献「道路整備・維持管理の政策・制度改善に向けての課題」（国際協力銀行開発金融研究所）　国際協力銀行開発金融研究所　2001.2　p77-78
◎参考文献「公共投資と道路政策」（長峰純一, 片山泰輔）　勁草書房　2001.6　prr
◎参考文献「欧米の道づくりとパブリック・インボルブメント―海外事例に学ぶ道づくりの合意形成」（合意形

成手法に関する研究会）　ぎょうせい　2001.7　p228-232
◎文献「アメリカにおける道路整備と地域開発―アパラチアの事例から」（加藤一誠）　古今書院　2002.5　p171-189
◎参考文献「道のバリアフリー―安心して歩くために」（鈴木敏）　技報堂出版　2002.8　p177-179
◎参考文献「都市交通の躍進を考える―2層立体化の秘策」（原周作）　技報堂出版　2003.7　p227-229
◎文献「道路行政失敗の本質―〈官僚不作為〉は何をもたらしたか」（杉田聡）　平凡社　2003.11　p227-229
◎参考文献「歴史の道大口筋白銀坂保存整備報告書」（鹿児島県姶良町教育委員会）　姶良町教育委員会　2004.3　p160-161
◎注「日本古代道路事典」（古代交通研究会）　八木書店　2004.5　prr
◎参考文献「道のバリアフリー　続」（鈴木敏）　技報堂出版　2004.11　p191-192
◎参考文献「道路のデザイン―道路デザイン指針（案）とその解説」（道路環境研究所）　大成出版社　2005.7　p190-192
◎参考文献「歴史を未来につなぐまちづくり・みちづくり」（新谷洋二）　学芸出版社　2006.1　p317-318
◎参考文献「幻の防衛道路―官僚支配の「防衛政策」」（樋口恒晴）　かや書房　2007.10　p206-211

討論
◎参考文献「論理表現の方法」（橋本恵子）　創言社　2006.9　p89-94
◎引用文献「論より詭弁―反論理的思考のすすめ」（香西秀信）　光文社　2007.2　p184-193

童話
◎参考文献「おとぎ話の社会史」（J.ザイプスほか）　新曜社　2001.2　p10-49b
○目録（小島庸享、佐藤典子）「参考書誌研究　54」（国立国会図書館）　2001.3　p36-68
◎「グランマの本棚から　親と子の100冊」（山崎慶子）　NHK出版　2001.11　222p ss
◎「子どもの本　日本の名作童話6000」（日外アソシエーツ）　日外アソシエーツ　2005.2　8, 374p A5

同和教育
◎参考文献「日本の企業と同和問題―企業内同和研修のあり方を考える」（古山知己）　明石書店　2002.1　p227-229
◎図書「知っていますか?　同和教育一問一答　2版」（森実）　解放出版社　2004.12　p117-121
◎参考文献「アイデンティティと学力に関する研究―「学力大合唱の時代」に向けて、同和教育の現場から」（原田琢也）　批評社　2007.11　p151-153

同和問題
◎書籍目録「同和問題総点検―差別を助長する同和運動の真相」（同和文献保存会）　同和文献保存会　2004.12　p616-637

都会
◎参考文献「大都会の夜―パリ、ロンドン、ベルリン夜の文化史」（J.シュレーア）　鳥影社　2003.11　p391-371

トキ
◎参考文献「トキの研究」（丁長青）　新樹社　2007.11　p392-403

時
◎参考資料「「時」の国際バトル」（織田一朗）　文藝春秋　2002.6　p210-212

土器
◎引用参考文献「古墳出現期土器の研究」（川村浩司）　高志書院　2003.12　prr
◎引用参考文献「縄文土器の技法」（可児通宏）　同成社　2005.2　p139-145
◎文献「南関東の弥生土器―シンポジウム南関東の弥生土器開催記録」（シンポジウ実行委員会）　六一書房　2005.7　p212-238
◎文献一覧「京から出土する土器の編年的研究―日本律令的土器様式の成立と展開、7世紀～19世紀」（小森俊寛）　京都編集工房　2005.11　p99-102
◎参考文献「世界の土器づくり」（佐々木幹雄ほか）　同成社　2005.12　prr
◎文献「胎土分析からみた九州弥生土器文化の研究」（鐘ヶ江賢二）　九州大出版会　2007.2　p227-236

ドキュメンタリー映画
◎参考文献「ドキュメンタリー映画の地平　上」（佐藤真）　凱風社　2001.1　p311-324

ドキュメンテーション
◎文献「記憶のゆくたて―デジタル・アーカイヴの文化経済」（武邑光裕）　東京大学出版会　2003.2　p1-6b

読経
◎参考文献「読経の世界―能読の誕生」（清水眞澄）　吉川弘文館　2001.7　p219-223

毒
◎参考文献「〔毒〕から身を守るための30の知恵」（奥村徹）　河出書房新社　2001.5　p189-186

土偶
◎参考文献「遮光器土偶と縄文社会」（金子昭彦）　同成社　2001.2　p239-259
◎参考文献「縄文土偶と女神信仰」（渡辺仁）　同成社　2001.5　p351-375
◎参考文献「物流理論が縄文の常識を覆す―遮光器土偶はインド文明の遺物」（藤田英夫）　東洋出版　2003.11　p170-173
◎参考文献「山野を駆ける土偶―その移り変わりと祈りの道具　第10回特別展」（上高津貝塚ふるさと歴史の広場）　上高津貝塚ふるさと歴史の広場　2005.3　p74-75

独学
◎参考文献「独学の技術」（東郷雄二）　筑摩書房　2002.2　p197-199
◎参考文献「教材設計マニュアル―独学を支援するために」（鈴木克明）　北大路書房　2002.4　p185-186

毒ガス
◎文献「魔性の煙霧―第一次世界大戦の毒ガス攻防戦史」（ルッツ・F.ハーバー）　原書房　2001.10　p647-655
◎文献一覧「中国山西省における日本軍の毒ガス戦」（粟屋憲太郎）　大月書店　2002.12　p291-293

◎文献「日本軍の毒ガス兵器」（松野誠也）　凱風社　2005.2　p318-330
◎参考文献「ぼくは毒ガスの村で生まれた。―あなたが戦争の落とし物に出あったら」（化学兵器CAREみらい基金）　合同出版　2007.5　p157-158

徳川幕府
◎参考文献「江戸幕閣の興亡―徳川幕府草創期の将軍と大老」（酒井麻雄）　展転社　2002.6　p179-180

毒キノコ
◎参考文献「毒きのこ今昔―中毒症例を中心にして」（奥沢康正ほか）　思文閣出版　2004.12　p352-353

毒消し
◎文献「毒消し売りの社会史―女性・家・村」（佐藤康行）　日本経済評論社　2002.11　p283-289

独裁者
◎文献「独裁者の妻たち」（A. ヴィントガッセン）　阪急コミュニケーションズ　2003.11　p284-285

特撮映画
◎参考文献「ゴジラ・モスラ・原水爆―特撮映画の社会学」（好井裕明）　せりか書房　2007.11　p227-228

徳島県
◎「図書・資料目録　平成14年10月1日―平成15年9月30日」　徳島県行政資料室　〔2003〕　70p A4
○文献目録「徳島地域文化研究　3」（徳島地域文化研究会）　2005.3　p200-217
◎参考文献「徳島・淡路と鳴門海峡　街道の日本史44」（石踊胤央）　吉川弘文館　2006.9　p20-27b
○文献目録「四国地方の民俗芸能　2」（徳島県教育委員会ほか）　海路書院　2006.11　p536-539
○文献目録（高橋晋一）「徳島地域文化研究　5」（徳島地域文化研究会）　2007.3　p212-227

徳島県　阿波おどり
○文献目録（高橋晋一）「徳島地域文化研究　2」（徳島地域文化研究会）　2004.3　p195-204
○文献目録（高橋晋一）「徳島地域文化研究　3」（徳島地域文化研究会）　2005.3　p218-229

徳島県　井川町
◎参考図書「井川町史」（井川町史編集委員会）　井川町　2006.2　p499-500

徳島県　宍喰町
◎参考文献「宍喰の民俗」　徳島県文化振興財団　2004.3　p157-161

徳島県　那賀町
◎参考文献「那賀の伝説」（湯浅安夫）　〔湯浅安夫〕　2006.1　p344-345

徳島県　歴史
○文献目録「史窓　37」（徳島地方史研究会）　2007.2　p73-78
◎参考文献「徳島県の歴史」（高橋啓ほか）　山川出版社　2007.6　p32-42b

徳島渠
◎文献「「甲斐國志」に見る徳島渠」（恩田政行）　青山第一出版　2004.7　p41-42

読書
◎参考文献「モダン都市の読書空間」（永嶺重敏）　日本エディタースクール出版部　2001.3　p256-258
◎原注文献「読書へのアニマシオン　75の作戦」（M. M. サルト）　柏書房　2001.12　p303-308
◎参考文献「読書と豊かな人間性」（朝比奈大作）　樹村房　2002.9　p167
◎文庫100選「読書力」（斎藤孝）　岩波書店　2002.9　p201-210
◎ブックリスト「みんなで話そう、本のこと　子どもの読書を変える新しい試み」（A. チェインバーズ）　柏書房　2003.2　p238-227
◎注ほか「〈読書国民〉の誕生―明治30年代の活字メディアと読書文化」（永嶺重敏）　日本エディタースクール出版部　2004.3　p243-266
◎参考文献「読書の楽しみ―昭島市民図書館30周年記念誌」（昭島市民図書館30周年記念誌編集委員会）　昭島市民図書館　2004.3　p147-154
◎推薦図書「くろい読書の手帖」（後藤繁雄）　アートビートパブリッシャーズ　2004.5　p310-340
◎参考文献「読書と豊かな人間性の育成」（天道佐津子）　青弓社　2005.1　prr
◎引用参考文献「本を通して世界と出会う―中高生からの読書コミュニティづくり」（秋田喜代美ほか）　北大路書房　2005.8　p1-3b
◎参考文献「読書三到―新時代の「読む・引く・考える」」（紀田順一郎）　松籟社　2005.10　p3-5b
◎引用参考文献「本を通して絆をつむぐ―児童期の暮らしを創る読書環境」（秋田喜代美ほか）　北大路書房　2006.8　p1-3b
◎参考文献「東大生はどんな本を読んできたか―本郷・駒場の読書生活130年」（永嶺重敏）　平凡社　2007.10　p277-286

読書活動
◎関係文献「「子どもの読書活動の推進に関する法律」を考える―シンポジウム記録」（日本図書館協会）　日本図書館協会　2002.10　p76-77
◎引用参考文献「読書活動実践事例集―「図書館の中の学校」づくりをめざして子どもの心とことばを育む」（鵜川美由紀）　北大路書房　2006.8　p255-256

読書指導
◎参考引用文献ほか「心の扉をひらく本との出会い」（笹倉剛）　北大路書房　2002.10　p227-235
◎文献「読む力を育てる―マーガレット・ミークの読書教育論」（M. ミーク）　柏書房　2003.4　p333-367
◎参考文献「本好きな子を育てる読書指導―読みきかせとブックトークを中心に」（村上淳子）　全国学校図書館協　2004.7　p120
◎文献「読書生活者を育てる―中学校の読書指導」（安居総子ほか）　東洋館出版社　2005.7　p196-203
◎引用参考文献「小学校児童の絵本読書指導論」（米谷茂則）　高文堂出版社　2005.12　p304-309
◎参考資料「読む力を育てる読書へのアニマシオン」（渡部康夫）　全国学校図書館協議会　2005.12　p46-47

独身
◎参考文献「シングルウーマン白書」（T. ゴードン）　ミネルヴァ書房　2001.10　p257-270
◎参考文献「独身者の住まい」（竹山聖）　廣済堂出版　2002.8　p283-282

とくせい

◎引用参考文献「バチェラ―結婚しない男の心理」（C. A. ウェラー）　世織書房　2003.12　p315-321
◎文献一覧「シングル―自立する女たちと王子様幻想」（J. C. コフマン）　昭和堂　2006.2　p2-15b

徳政令
◎参考文献「蒙古襲来と徳政令　日本の歴史10」（筧雅博）　講談社　2001.8　p390-391

独占禁止法
◎参考文献「経済法―独占禁止法と競争政策　第3版補訂」（岸井大太郎ほか）　有斐閣　2001.2　p357-361
◎文献目録「独占禁止法関係訴訟執務資料」（最高裁判所事務総局行政局）　法曹会　2001.12　p218-222
○文献月報「公正取引　616」（公正取引協会）　2002.2　p103-104
◎文献「反トラスト政策の経済分析」（太田耕史郎）　広島修道大学総合研究所　2002.5　p87-99
○文献月報「公正取引　629」（公正取引協会）　2003.3　p100」
◎参考文献「経済法―独占禁止法と競争政策　4版」（岸井大太郎ほか）　有斐閣　2003.3　p371-376
◎文献「日米EUの独禁法と競争政策―グローバル経済下の企業競争ルール　2版」（滝川敏明）　青林書院　2003.3　p325-331
◎参考文献「ベーシック経済法―独占禁止法入門」（川濵昇ほか）　有斐閣　2003.5　p311-314
◎文献「独占禁止法概説　2版」（根岸哲ほか）　有斐閣　2003.6　p399-400
◎参考文献「経済法」（厚谷襄児）　放送大教育振興会　2004.3　p354-357
◎参考文献「独禁法の運用と不公正な取引方法」（鈴木加人）　嵯峨野書院　2005.11　p193-195
◎参照文献「米国独占禁止法―判例理論・経済理論・日米比較」（佐藤一雄）　信山社出版　2005.12　p419-420
○文献「公正取引　663」（公正取引協会）　2006.1　p84」
◎参考文献「経済法―独占禁止法と競争政策　5版」（岸井大太郎ほか）　有斐閣　2006.3　p403-407
◎参考文献「ベーシック経済法―独占禁止法入門　2版」（川濵昇ほか）　有斐閣　2006.4　p319-322
◎参考文献「テキスト独占禁止法　再訂版」（佐藤一雄ほか）　青林書院　2006.5　p381-384
◎引用参考文献「日米EUの独禁法と競争政策―グローバル経済下の企業競争ルール　3版」（滝川敏明）　青林書院　2006.5　p379-386
◎参考文献「リーニエンシー制度の経済分析」　Competition Policy Research Center　2006.9　p64-66
○文献月報「公正取引　675」（公正取引協会）　2007.1　p86」
◎参考文献「流通系列化と独占禁止法―化粧品業界を手掛かりとして」（藤澤憲）　白桃書房　2007.4　p327-346
◎参考文献「ヨーロッパ競争法」（岡村堯）　三省堂　2007.12　p50-60b

毒草
◎参考文献「毒草大百科―増補版」（奥井真司）　データハウス　2002.5　p319」
◎文献ほか「牧草・毒草・雑草図鑑」（清水矩宏ほか）　畜産技術協会　2005.3　p265-271

特捜検察
◎参考文献「特捜検察の闇」（魚住昭）　文藝春秋　2001.5　p245-247

毒物
◎関係書籍「農薬毒性の事典　改訂版」（植村振作）　三省堂　2002.7　p504-506
◎参考書「毒物・中毒用語辞典」（Tu, AT）　化学同人　2005.7　p349-352
◎参考文献「毒と薬の科学―毒から見た薬・薬から見た毒」（船山信次）　朝倉書店　2007.6　p202-203

特別教育活動
◎参考文献「キーワードで学ぶ特別活動生徒指導・教育相談」（有村久春）　金子書房　2003.10　p159-160

特別攻撃隊
◎参考文献「遺された者の暦―魚雷艇学生たちの生と死」（北井利治）　元就出版社　2002.3　p189-191

特別支援教育　⇒　障害児教育 をも見よ
◎参考図書「特別支援教育とこれからの養護学校」（藤井聡尚）　ミネルヴァ書房　2004.3　p285-288
◎文献「学習者の多様なニーズと教育政策―LD・ADHD・高機能自閉症への特別支援教育」（柘植雅義）　勁草書房　2004.10　p6-12b
◎引用参考文献「特別支援教育の理論と方法」（大沼直樹ほか）　培風館　2005.4　prr
○「特別支援教育のための100冊―ADHD、高機能自閉症・アスペルガー症候群、LDなど」（愛知教育大）　創元社　2007.2　236p B6
◎参考文献「特別支援教育―特別なニーズをもつ子どもたちのために」（W. L. ヒューワード）　明石書店　2007.6　p713-789
◎引用参考文献「特別支援学校における重度・重複障害児の教育」（姉崎弘）　大学教育出版　2007.7　p200-203
◎参考文献「特別支援教育コーディネーターの基本的姿勢と実際―コーディネーターを目指す教師のために」（大沼直樹ほか）　明治図書出版　2007.7　p101-104
◎参考図書ほか「発達に遅れのある子の親になる　2　特別支援教育の時代に」（海津敦子）　日本評論社　2007.8　p201-202
◎引用参考文献「特別支援教育―「障害特性の理解」から「教員の専門性向上」へ　2版」（姉崎弘）　大学教育出版　2007.10　p222-227
◎引用参考文献「特別支援教育の基礎と動向―新しい障害児教育のかたち」（大沼直樹ほか）　培風館　2007.10　prr

特務機関
◎参考文献「昭和史発掘　幻の特務機関「ヤマ」」（斎藤充功）　新潮社　2003.7　p181-182

独立運動
◎参考文献「満蒙独立運動」（波多野勝）　PHP研究所　2001.3　4pb

独立行政法人
◎参考文献「独立行政法人会計」（岡本義朗ほか）　東洋経済新報社　2001.5　p418-420
◎文献「独立行政法人等、公共・公益法人の税実務」（独立行政法人等、公共・公益法人の税実務研究会）　大成出版社　2006.11　p255-258

トゲウオ
- ◎引用参考文献「トゲウオの自然史—多様性の謎とその保全」（後藤晃ほか）　北海道大学図書刊行会　2003.5　p251-267

所
- ○研究文献目録（所京子）「藝林　52.2」（藝林会）　2003.10　p167-186
- ◎研究文献目録（稿）「平安朝「所・後院・俗別当」の研究」（所京子）　勉誠出版　2004.4　p290-299

登山
- ◎「山書散策—埋もれた山の名著を発掘する」（河村正之）　東京新聞出版局　2001.3　294p B6
- ◎文献リスト「登山の誕生　人はなぜ山に登るようになったのか」（小泉武栄）　中央公論新社　2001.6　p224-221
- ◎参考資料「ヒマラヤ　378」（日本ヒマラヤ協会）　2003.5　p20-23
- ◎参考資料「ヒマラヤ　380」（日本ヒマラヤ協会）　2003.7　p12-23
- ◎参考資料「ヒマラヤ　382」（日本ヒマラヤ協会）　2003.9　p18-23
- ◎ガイド（薬師義美）「山の世界—自然・文化・暮らし」（梅棹忠夫ほか）　岩波書店　2004.7　p329-342
- ◎「新・山の本おすすめ50選」（福島功夫）　東京新聞出版局　2004.11　247p B6
- ○山の仲間と五十年（秀岳荘）　2005.4　p1-28b
- ◎参考文献（高澤光雄）「立山の三代目平蔵と日本百名山」（佐伯元信）　新風舎　2005.9　p464-465
- ◎文献「目で見る日本登山史」（山と溪谷社）　山と溪谷社　2005.11　p343-345
- ◎参考文献「世界の屋根に登った人びと」（酒井敏明）　ナカニシヤ出版　2005.12　p195-199
- ◎参考文献「四国赤石山系物語」（安森滋）　安森滋　2006.1　p1021-1027
- ◎参考文献「梅里雪山—十七人の友を探して」（小林尚礼）　山と溪谷社　2006.1　p297」
- ◎50冊「山歩き12ヵ月—カラー版」（工藤隆雄）　中央公論新社　2006.3　p213-222
- ○ガイドブック1（藤津滋人）「山書月報　526」（山書の会）　2006.11　p12-19
- ◎参考文献「永遠の希望—エヴェレスト登山に学ぶ人生論」（飯田史彦）　PHP研究所　2007.4　p284-285
- ◎参考文献「山と人百話—九州の登山史」（松尾良彦）　弦書房　2007.5　p262-265
- ◎参照資料「ひび割れた晩鐘—山岳遭難・両足切断の危機を乗り越えて」（亀山健太郎）　本の泉社　2007.6　p292-294
- ◎参考文献「山の旅本の旅—登る歓び、読む愉しみ」（大森久雄）　平凡社　2007.9　p227-233

都市
- ◎参考文献「都市と車の共生」（尾島俊雄, 高橋信之）　早稲田大学出版部　2001.1　p187-190
- ◎文献「大都市地域のオフィス立地」（山崎健）　大明堂　2001.2　p294-311
- ◎文献目録「ヴァイキングと都市」（B. アンブロシアーニ, H. クラーク）　東海大学出版会　2001.4　p231-255
- ◎文献目録「中世フランドルの都市と社会—慈善の社会史」（河原温）　中央大学出版部　2001.5　p261-296
- ◎参考文献「都市の技術」（東京都立大学土木工学教室）　技報堂出版　2001.5　prr
- ◎参考文献「日本　町の風景学」（内藤昌）　草思社　2001.5　p171-187
- ◎参考文献「アフリカの都市的世界」（嶋田義仁ほか）　世界思想社　2001.6　p310-284
- ◎参考文献「世界遺産と都市」（奈良大学文学部世界遺産コース）　風媒社　2001.6　p240-244
- ◎参考文献「創造都市への挑戦　産業と文化の息づく街へ」（佐々木雅幸）　岩波書店　2001.6　p223-227
- ◎引用文献ほか「地方都市の風格—歴史社会学の試み」（辻村明）　東京創元社　2001.7　p639-649
- ◎参考文献「都市と不動産の経済学」（D. ディパスクェル, W. C. ウィートン）　創文社　2001.8　prr
- ◎引用文献「群衆の風景—英米都市文学論」（植田和文）　南雲堂　2001.10　p313-341
- ◎参考文献「図説大都市圏」（富田和暁, 藤井正）　古今書院　2001.10　p107-112
- ◎参考文献「都市・記号の肖像」（森常治）　早稲田大学出版部　2001.11　p13-37b
- ◎参考文献「都市誕生の考古学」（小泉龍人）　同成社　2001.11　p217-233
- ○文献情報「都市問題　93.1」（東京市政調査会）　2002.1　p125-140
- ◎参考文献「フランス中世都市制度と都市住民—シャンパーニュの都市プロヴァンを中心にして」（花田洋一郎）　九州大学出版会　2002.2　p179-224
- ◎註「都市と土地政策」（大浜啓吉ほか）　早稲田大学出版部　2002.2　prr
- ◎参照文献「江戸と大阪—近代日本の都市起源」（斎藤修）　NTT出版　2002.3　p229-241
- ◎参考文献「中国の古代都市文明」（杉本憲司）　佛教大学通信教育部　2002.3　p166-168
- ◎参考文献「水辺から都市を読む—舟運で栄えて港町」（陣内秀信ほか）　法政大学出版局　2002.7　p2-9b
- ◎参考文献「地域・都市・交通分析のためのミクロ経済学」（太田博史）　東洋経済新報社　2002.12　p291-292
- ◎文献「中近世都市形態史論」（土本俊和）　中央公論美術出版　2003.2　p14-26b
- ◎文献リスト「都市経済論」（杉浦章介）　岩波書店　2003.2　p209-220
- ◎参考文献「都市の未来　21世紀型都市の条件」（森地茂ほか）　日本経済新聞社　2003.3　prr
- ◎参考文献「都市型産業と地域零細サービス業」（高崎経済大学附属産業研究所）　日本経済評論社　2003.3　prr
- ◎参考文献「建築と都市」（ヴィジュアル版建築入門編集委員会）　彰国社　2003.4　p221-222
- ◎参考文献「都市再生の経済分析」（山崎福寿ほか）　東洋経済新報社　2003.4　prr
- ◎引用文献「現代都市地域論」（林上）　大明堂　2003.5　p284-292
- ◎参考文献「都市のルネッサンスを求めて　社会的共通資本としての都市　1」（宇沢弘文）　東京大学出版会　2003.5　prr
- ○文献情報（加藤貴）「比較都市史研究　22.1」（比較都市史研究会）　2003.6　p66-70
- ◎参考文献「アジア都市建築史」（布野修司）　昭和堂　2003.8　p372-383

としかい

◎参考文献「都市詠の百年—街川の向こう」(古谷智子) 短歌研究社 2003.8 p251-254
◎引用文献「不完全都市 神戸・ニューヨーク・ベルリン」(平山洋介) 学芸出版社 2003.8 p357-374
◎参考文献「都市のチカラ—超高層化が生活を豊かにする」(森ビル都市再生プロジェクトチーム) 幻灯舎 2003.10 2pb
◎文献「エスニシティと都市 新版」(広田康生) 有信堂高文社 2003.11 p1-9b
◎文献「都市と文明の比較社会学—環境・リスク・公共性」(藤田弘夫) 東京大学出版会 2003.11 p275-295
◎「都市問題の本全情報 1996-2003」(日外アソシエーツ) 日外アソシエーツ 2004.2 16, 735p A5
◎注「大阪における都市の発展と構造」(塚田孝) 山川出版社 2004.3 prr
◎主要文献ほか(福田定宏ほか)「都市空間の社会史日本とフランス」(中野隆生ほか) 山川出版社 2004.5 p2-31b
◎参考文献「ゲーテッド・コミュニティ—米国の要塞都市」(E. J. ブレークリーほか) 集文社 2004.6 p230-240
◎文献「日本の流通と都市空間」(荒井良雄ほか) 古今書院 2004.8 prr
◎参考文献「ファスト風土化する日本—郊外化とその病理」(三浦展) 洋泉社 2004.9 p220-221
◎引用文献「現代カナダの都市地域構造」(林上) 原書房 2004.10 p273-280
◎参考文献「都市は他人の秘密を消費する」(藤竹暁) 集英社 2004.10 p218-220
◎文献案内「都市と郊外—リーディングズ 比較文化論への通路」(今橋映子) NTT出版 2004.12 p3-14b
◎引用参考文献「都市・記号の肖像 新装版」(森常治) 早稲田大学出版部 2005.1 p13-37b
◎参考文献「アフリカ都市の民族誌—カメルーンの「商人」バミレケのカネと故郷」(野元美佐) 明石書店 2005.2 p301-293
◎参考文献「モンゴルにおける都市建築史研究—遊牧と定住の重層都市フフホト」(包慕萍) 東方書店 2005.2 p297-303
◎引用文献「成熟都市の活性化—世界都市から地球都市へ」(成田孝三) ミネルヴァ書房 2005.2 p234-241
○文献情報「都市問題 96.4」(東京市政調査会) 2005.4 p107-111
◎書誌案内「ハプスブルク記憶と場所」(T. メディクス) 平凡社 2005.4 p143-142
◎参考文献「南イタリア都市の居住空間—アマルフィ、レッチェ、シャッカ、サルデーニャ」(陣内秀信) 中央公論美術出版 2005.4 p529-531
◎参考文献「都市サブセンター形成の経済分析」(佐々木公明ほか) 有斐閣 2005.10 p273-279
◎文献「都市テクスト論序説」(田口律男) 松籟社 2006.2 p467-472
◎参考文献「曼荼羅都市—ヒンドゥー都市の空想理念とその変容」(布野修司) 京都大学術出版会 2006.2 p413-431
◎引用文献ほか「アメリカの理想都市」(入子文子) 関西大出版部 2006.3 p8-20b
◎参考文献「越境する都市とガバナンス」(似田貝香門) 法政大出版局 2006.3 prr

◎参考文献「海域アジアの華人街—移民と植民による都市形成」(泉田英雄) 学芸出版社 2006.3 p242-243
○文献情報「比較都市史研究 25.1」(比較都市史研究会) 2006.6 p71-79
◎参考資料「王朝の都豊饒の街—中国都市のパノラマ 図説中国文化百華7」(伊原弘) 農文協 2006.7 p206」
◎参考文献「集積の経済と都市の成長・衰退」(亀山嘉大) 大学教育出版 2006.12 p282-294
○文献目録「条里制古代都市研究 23」(条里制古代都市研究会) 2007 p124-129
◎参考文献ほか「イタリア12小都市物語」(小川熙) 里文出版 2007.1 p296-298
◎参照文献「都市という主題—再定位に向けて」(水口憲人) 法律文化社 2007.3 p185-192
◎参考文献「都市と漁村—新しい交流ビジネス」(日高健) 成山堂書店 2007.3 p141-142
◎参考文献「文化としての都市空間」(市川宏雄) 千倉書房 2007.4 p267-276
◎文献「公共空間の政治理論」(篠原雅武) 人文書院 2007.8 p240-248
◎参考文献「都市と都城」(藤本強) 同成社 2007.8 p186-187
◎参考文献「〈都市的なるもの〉の社会学」(大谷信介) ミネルヴァ書房 2007.10 p223-233
◎参考文献「中世の秘蹟—科学・女性・都市の興隆」(T. ケイヒル) 青土社 2007.11 p468-477
◎書誌「都市の詩学—場所の記憶と徴候」(田中純) 東京大出版会 2007.11 p22-37b
◎参考文献「知られざる魅惑の都市たち—EUの東を歩く」(平田達治) 世界思想社 2007.12 p303-309

都市開発
◎引用文献「マレーシアの都市開発—歴史的アプローチ」(生田真人) 古今書院 2001.10 p345-379

都市環境
◎参考文献「都市と緑地—新しい都市環境の創造に向けて」(石川幹子) 岩波書店 2001.1 p13-27b
◎参考文献「都市環境学」(都市環境学教材編集委員会) 森北出版 2003.5 prr
◎文献「都市環境と子育て—少子化・ジェンダー・シティズンシップ」(矢沢澄子ほか) 勁草書房 2003.7 p211-222
◎引用参考文献「いのちの森—生物親和都市の理論と実践」(森本幸裕ほか) 京都大学術出版会 2005.3 prr

都市観光
◎参考引用文献「アーバンツーリズム—都市観光論」(淡野明彦) 古今書院 2004.2 p138-140

都市空間
◎文献「シングル女性の都市空間」(若林芳樹) 大明堂 2002.3 prr
◎参考文献「イスラーム世界の都市空間」(陣内秀信ほか) 法政大学出版局 2002.10 prr
◎註「近世都市空間の原景 村・館・市・宿・寺・社と町場の空間形成」(伊藤裕久) 中央公論美術出版 2003.2 prr
◎文献「都市空間とジェンダー」(影山穂波) 古今書院 2004.2 p181-194

都市経営

- ◎文献「働く女性の都市空間」（由井義道ほか）　古今書院　2004.10　prr
- ◎注「都市空間の近世史研究」（宮本雅明）　中央公論美術出版　2005.2　prr

都市経営

- ◎文献「神戸市都市経営はまちがっていたのか—市職員にも言い分がある」（大森光則）　神戸新聞総合出版センター　2001.1　p166-171

都市計画

- ◎参考文献「日本の首都江戸・東京—都市づくり物語」（河村茂）　都政新報社　2001.2　p284-285
- ◎参考文献「英国の中心市街地活性化—タウンセンターマネジメントの活用」（横森豊雄）　同文舘出版　2001.3　p223-225
- ◎参考文献「東京都市計画物語」（越澤明）　筑摩書房　2001.3　p342-356
- ◎文献目録「地球環境と東京—歴史的都市の生態学的再生をめざして」（河原一郎）　筑摩書房　2001.4　p280-284
- ◎参考文献「中国の歴史都市—これからの景観保存と町並みの再生へ」（朱自喧、大西國太郎）　鹿島出版会　2001.7　p367-368
- ◎参考文献「コンパクトシティ—持続可能な社会の都市像を求めて」（海道清信）　学芸出版社　2001.8　p274-280
- ◎書誌「メイド・イン・トーキョー」（貝島桃代ほか）　鹿島出版会　2001.8　p190-191
- ◎参考文献「景観工学」（日本まちづくり協会）　理工図書　2001.10　p259-260
- ◎読書案内「長安の都市計画」（妹尾達彦）　講談社　2001.10　p238-243
- ◎参考文献「界隈が活きるニューヨークのまちづくり—歴史・生活環境の動態的保全」（窪田亜矢）　学芸出版社　2002.2　p259-267
- ◎参考文献「都市計画　第2版」（樗木武）　森北出版　2002.3　p231-233
- ◎文献「TOKYO環境戦略—自然を育む首都再構築に向けて」（小磯明）　万葉舎　2002.5　p421-424
- ◎文献「パリ都市計画の歴史」（ピエール・ラヴダン）　中央公論美術出版　2002.5　p532-552
- ◎主要参考文献「計画都市の原点と継承の研究—その規則性について」（寺西弘文）　政治都市政策研究会　2002.5　p20-21
- ◎注「失われた景観—戦後日本が築いたもの」（松原隆一郎）　PHP研究所　2002.11　p223-225
- ◎文献「新・都市計画総論」（佐藤圭二ほか）　鹿島出版会　2003.4　p145-146
- ◎文献「戦後英国のニュータウン政策」（馬場健）　敬文堂　2003.4　p163-172
- ◎文献「日本の土地百年」（日本の土地百年研究会）　大成出版社　2003.5　p286-290
- ◎文献「都市基盤の整備と土地価格の評価—震災・戦災の事例に学ぶ」（小野宏哉）　麗澤大学出版会　2003.6　p178-183
- ◎参考文献「公園の誕生」（小野良平）　吉川弘文館　2003.7　p215-216
- ◎文献「都市成長管理とゾーニングの経済分析」（佐々木公明）　有斐閣　2003.8　p227-232
- ◎参考文献「建築設計資料集成—地域・都市Ⅰ　プロジェクト編」（日本建築学会）　丸善　2003.9　p222-223
- ◎参考文献「都市アメニティの経済学—環境の価値を測る」（青山吉隆ほか）　学芸出版社　2003.10　prr
- ◎参考文献「都市再生のデザイン—快適・安全の空間形成」（大西隆ほか）　有斐閣　2003.10　prr
- ◎参考文献「都市デザイン」（竹内佐和子）　NTT出版　2003.11　prr
- ◎文献「都市なぜなぜおもしろ読本」（山田雅夫）　山海堂　2003.12　p217-220
- ◎参考文献「街並の年齢—中世の町は美しい」（乾正雄）　論創社　2004.2　p260-263
- ◎参考文献「新・都市計画概論」（加藤晃ほか）　共立出版　2004.2　prr
- ◎参考文献「福祉のまちづくりキーワード事典—ユニバーサル社会の環境デザイン」（田中直人）　学芸出版社　2004.2　p190-191
- ◎参考文献「まちづくりと政策形成—景観・環境分野における市民参加の展開と課題」　総合研究開発機構　2004.3　p132-140
- ◎参考文献「田園都市を解く—レッチワースの行財政に学ぶ」（菊池威）　技報堂出版　2004.3　p229-223
- ◎参考文献「都市をつくった巨匠たち—シティプランナーの横顔」（都市みらい推進機構）　ぎょうせい　2004.3　prr
- ◎参考文献「都市計画へのアプローチ—市民が主役のまちづくり」（実清隆）　古今書院　2004.3　prr
- ◎参考文献「都市水辺空間の再生」（大野慶子）　ミネルヴァ書房　2004.3　p268-272
- ◎参考文献「奈良県の都市計画—近代都市計画と都市計画区域マスタープラン」（奈良県都市計画研究会）　清文社　2004.3　p255-258
- ◎参考文献ほか「場と空間構成—環境デザイン論ノート」（伊藤哲夫）　大学教育出版　2004.4　p126-128
- ◎文献「人間都市クリチバ—環境・交通・福祉・土地利用を統合したまちづくり」（服部圭郎）　学芸出版社　2004.4　p193-194
- ◎参考文献「都市モデル読本」（栗田治）　共立出版　2004.4　p184-188
- ◎注「哈爾浜の都市計画—1898-1945」（越沢明）　筑摩書房　2004.6　p329-340
- ◎参考文献「都市この小さな国の」（R.ロジャースほか）　鹿島出版会　2004.9　p297-304
- ◎参考文献「まちづくりNPOの理論と課題」（澤村明）　溪水社　2004.10　p177-185
- ◎引用文献「日本統治下朝鮮都市計画史研究」（孫禎睦）　柏書房　2004.12　p345-352
- ◎文献「パリの中庭型家屋と都市空間」（鈴木隆）　中央公論美術出版　2005.1　p413-442
- ◎参考文献「建築とまちなみ景観」（建築とまちなみ景観編集委員会）　ぎょうせい　2005.1　p204-206
- ◎参考文献「近代世界システムと植民都市」（布野修司）　京都大学学術出版会　2005.2　p598-625
- ◎文献「帝都東京・地下の謎86」（秋庭俊）　洋泉社　2005.2　p216-220
- ◎参考引用文献「景観行政とまちづくり—美しい街並みをめざして」（土岐寛）　時事通信出版局　2005.3　p190-193
- ◎参考文献「新編都市計画　2版」（松井寛ほか）　国民科学社　2005.3　p213-216
- ◎参考図書「地域共生の都市計画　2版」（三村浩史）　学芸出版社　2005.3　p181-186

としけい

◎文献一覧「都市コミュニティと法―建築協定・地区計画による公共空間の形成」（長谷川貴陽史）　東京大学出版会　2005.3　p342-356
◎参考文献「東京アーカイブス―よみがえる「近代東京」の軌跡」（芦原由紀夫）　山海堂　2005.4　p312-318
◎参考文献「近代都市のグランドデザイン　日本の美術471」（至文堂）　2005.8　p85」
◎参考文献「復興計画―幕末・明治の大火から阪神・淡路大震災まで」（越澤明）　中央公論新社　2005.8　p266-270
◎参考文献「「絵になる」まちをつくる―イタリアに学ぶ都市再生」（民岡順朗）　NHK出版　2005.10　p220-222
◎原注ほか「ニューヨーク―都市居住の社会史」（R. プランツ）　鹿島出版会　2005.10　p413-455
◎参考文献「御土居堀ものがたり」（中村武生）　京都新聞出版センター　2005.10　p272-280
◎文献「あったかもしれない日本―幻の都市建築史」（橋爪紳也）　紀伊國屋書店　2005.11　p243-247
◎文献「歴史を未来につなぐまちづくり・みちづくり」（新谷洋二）　学芸出版社　2006.1　p317-318
◎参考文献「共生型まちづくりの構想と現実―関西学研都市の研究」（三沢謙一）　晃洋書房　2006.2　p547-570
◎参考文献「都市コミュニティの再生―両側町と都市葉」（岡秀隆）　中央大出版部　2006.3　p137-140
◎参考文献「都市デザイン論」（香山壽夫）　放送大教育振興会　2006.3　p215-219
◎参考文献「歴史的遺産の保存・活用とまちづくり　改訂版」（大河直躬ほか）　学芸出版社　2006.3　p270-278
◎参考文献「近代京都の改造―都市経営の起源1850-1918年」（伊藤之雄）　ミネルヴァ書房　2006.4　p327-338
◎参考文献「地域空間をめぐる住民の利益と法」（見上崇洋）　有斐閣　2006.4　p295-304
◎参考文献「犯罪予防とまちづくり―理論と米英における実践」（R. H. Schneider）　丸善　2006.6　p283-298
◎参考文献「彰化一九〇六年―市区改正が都市を動かす」（青井哲人）　編集出版組織体アセテート　2006.9　p88-91
◎参考文献「住み続けたいまち光が丘の原点を探る」（青柳幸人ほか）　光が丘新聞社　2006.10　p242-248
◎引用文献「東京の果てに」（平山洋介）　NTT出版　2006.10　p273-292
◎参考文献「中心市街地の再生―メインストリートプログラム」（安達正範ほか）　学芸出版社　2006.11　p204」
◎参考文献「銀座四百年―都市空間の歴史」（岡本哲志）　講談社　2006.12　p245-247
◎参考文献「新・都市計画概論　改訂2版」（加藤晃ほか）　共立出版　2006.12　prr
◎参考文献「大東京の地下99の謎」（秋庭俊）　二見書房　2006.12　p235-239
◎参考文献「英国の建築保存と都市再生―歴史を活かしたまちづくりの歩み」（大橋竜太）　鹿島出版会　2007.2　p57-66b
◎参考文献「バーチャル京都―過去・現在・未来への旅―京の"時空散歩"」（矢野桂司ほか）　ナカニシヤ出版　2007.3　p158-159

◎参考文献「地域・都市計画」（石井一郎ほか）　鹿島出版会　2007.3　p181-182
◎参考文献「ドイツ住宅改革運動―19世紀の都市化と市民社会」（北村昌史）　京都大学学術出版会　2007.5　p489-509
◎参考文献「図説東京都史と建築の一三〇年」（初田亨）　河出書房新社　2007.6　p159
◎参考文献ほか「デザイン・アウト・クライム―「まもる」都市空間」（I. カフーン）　鹿島出版会　2007.9　p281-289
◎参考文献「都市モデル論序説」（竹内光博）　日本経済評論社　2007.9　p209-250
◎参考文献ほか「防災行政と都市づくり―事前復興計画論の構想」（三井康壽）　信山社　2007.9　p367-374
◎文献「この都市のまほろば―消えるもの、残すもの、そして創ること　Vol.3」（尾島俊雄）　中央公論新社　2007.10　p212-221
◎文献「アーバンストックの持続再生―東京大学講義ノート」（藤野陽三ほか）　技法堂出版　2007.11　prr
◎参考文献「江戸の大普請―徳川都市計画の詩学」（T. スクリーチ）　講談社　2007.11　p283-285
◎参考文献「コンパクトシティの計画とデザイン」（海道清信）　学芸出版社　2007.12　p298-311
◎参考文献「人工環境デザインハンドブック」（編集委員会）　丸善　2007.12　prr
◎参考資料「衰退を克服したアメリカ中小都市のまちづくり」（服部圭郎）　学芸出版社　2007.12　p206-207
◎引用参考文献「都市計画」（平田登基男ほか）　コロナ社　2007.12　p179-182
◎参考文献「福祉国家デンマークのまちづくり―共同市民の生活空間」（小池直人ほか）　かもがわ出版　2007.12　p195-198

都市経済
○文献目録（金田昌司ほか）「中央大学経済研究所年報32.1」（中央大）　2001　p287-335
◎参考文献「規制と環境の都市経済理論」（内藤徹）　九州大学出版会　2004.12　p157-164

都市交通
◎参考文献「都市公共交通政策―民間供給と公的規制」（正司健一）　千倉書房　2001.5　p1-10b
◎参考文献「これからの都市交通―環境を考えた魅力ある都市づくり」（都市交通研究会）　山海堂　2002.10　prr
◎文献「都市交通計画　2版」（新谷洋二）　技報堂出版　2003.4　prr
◎参考文献「都市交通―都市における自動車交通と公共交通の「バランス」は可能か」（木谷直俊）　広島修道大学総合研究所　2003.6　p270-279
◎参考文献「明日の都市交通政策」（杉山雅洋ほか）　成文堂　2003.6　prr
◎参考文献「高齢者・障害者のための都市・交通計画」（清水浩志郎）　山海堂　2004.7　p222-233
◎参考文献「都市交通と環境―課題と政策」（中村英夫ほか）　運輸政策研究機構　2004.9　p607-629
◎参考文献「都市鉄道と街づくり―東南アジア・北米西海岸・豪州などの事例紹介と日本への適用」（堀内重人）　文理閣　2006.8　p223-230
◎参考文献「都市交通ネットワークの経済分析」（竹内健蔵）　有斐閣　2006.10　p263-278

都市国家
- ◎文献目録「中世イタリア都市国家成立史研究」(佐藤眞典) ミネルヴァ書房 2001.2 p6-19b

都市災害
- ◎引用文献「都市防災工学」(石塚義高) プログレス 2005.4 prr
- ◎文献「巨大都市と変貌する災害―メガシティは災害を産み出すツボである」(J.K.ミッチェル) 古今書院 2006.1 prr

都市再開発
- ◎参考文献「市民のための都市再生―商店街活性化を科学する」(池沢寛) 学芸出版社 2002.2 p204-205
- ◎参考文献「建築空間の容積移転とその活用―都市再生を目指して」(容積率研究会,日端康雄) 清文社 2002.4 p253-254
- ◎文献「都市のデザインマネジメント―アメリカの都市を再編する新しい公共体」(北沢猛,アメリカン・アーバンデザイン研究会) 学芸出版社 2002.10 p230-231
- ◎文献「スウェーデンの修復型まちづくり―知識集約型産業を基軸とした「人間」のための都市再生」(伊藤和良) 新評論 2003.9 p274-277
- ◎文献「創造的都市―都市再生のための道具箱」(C.ランドリー) 日本評論社 2003.10 p353-361
- ◎文献案内「これならわかる再開発―そのしくみと問題点、低層・低容積再開発を考える」(遠藤哲人) 自治体研究社 2004.10 p108-109
- ◎参考文献「都市経済再生のまちづくり」(小長谷一之) 古今書院 2005.1 p240-248
- ◎ブックガイド「脱ファスト風土宣言―商店街を救え!」(三浦展) 洋泉社 2006.4 p298-299
- ◎参考文献「愛媛県下の中心市街地活性化の現状と展望―全国の先進事例を指針として」(青野勝広ほか) 松山大 2006.9 p126-129
- ◎文献「人口減少時代の地方都市再生―岐阜市にみるサステナブルなまちづくり」(富樫幸一ほか) 古今書院 2007.10 prr

都市社会
- ◎引用文献「都市の社会学―社会がかたちをあらわすとき」(町村敬志,西澤晃彦) 有斐閣 2000.10 prr
- ◎参考文献「都市と消費の社会学―現代都市・日本」(J.クラマー) ミネルヴァ書房 2001.4 p8-20b
- ◎参考文献「現代大都市社会論―分極化する都市?」(園部雅久) 東信堂 2001.5 p224-231
- ◎参考文献「都市社会史」(佐藤信,吉田伸之) 山川出版社 2001.6 p13-23b
- ◎文献「モダニティにおける都市と市民」(堀田泉) 御茶の水書房 2002.11 p9-19b
- ◎文献「友人のあいだで暮らす―北カリフォルニアのパーソナル・ネットワーク」(クロード・S.フィッシャー) 未来社 2002.12 p26-35b
- ◎参考文献「都市コミュニティの磁場―越境するエスニシティと21世紀都市社会学」(奥田道大) 東京大学出版会 2004.3 p9-22b
- ◎文献「都市社会学入門―都市社会研究の理論と技法」(園部雅久ほか) 文化書房博文社 2004.7 prr
- ◎文献「都市社会とリスク―豊かな生活をもとめて」(藤田弘夫ほか) 東信堂 2005.6 prr
- ◎参考文献「都市の村人たち―イタリア系アメリカ人の階級文化と都市再開発」(H.J.ガンズ) ハーベスト社 2006.4 p13-22b

都市住宅
- ◎参考文献「少子化高齢時代の都市住宅学―家族と住まいの新しい関係」(広原盛明ほか) ミネルヴァ書房 2002.7 prr

都市図
- ◎参考文献「都市図の系譜と江戸」(小沢弘) 吉川弘文館 2002.2 p210-214

都市政策
- ◎参考文献「アメリカ都市政治の展開―マシーンからリフォームへ」(平田美和子) 勁草書房 2001.3 p257-276
- ◎参考文献「都市再生における効率性と公平性」(西嶋淳) 晃洋書房 2004.3 p189-200
- ◎引用参考文献「都市政策試論」(大塚祚保) 公人社 2004.6 prr
- ◎参考文献「文化と都市の公共政策―創造的産業と新しい都市政策の構想」(後藤和子) 有斐閣 2005.9 p259-265
- ◎参考文献「都市政策」(竹内佐和子) 日本経済評論社 2006.10 p237-243
- ◎参考文献ほか「高度成長期「都市政策」の政治過程」(土山希美枝) 日本評論社 2007.2 p221-241
- ◎参考引用文献「世界まちづくり事典」(井上繁) 丸善 2007.7 prr

都市騒乱
- ◎注「近世都市騒擾の研究―民衆運動史における構造と主体」(岩田浩太郎) 吉川弘文館 2004.8 prr
- ◎文献「群衆の居場所―都市騒乱の歴史社会学」(中筋直哉) 新曜社 2005.2 p269-278

都市地理
- ◎参考文献「東アジアの企業・都市ネットワーク―韓日間の国際的都市システムの視点」(朴倧玄) 古今書院 2001.8 p254-270
- ◎引用文献「都市の形成と階層分化―新開地北海道・アフリカの都市システム」(寺谷亮司) 古今書院 2002.4 p325-336
- ◎文献「都市経済地理学」(林上) 大明堂 2002.4 p292-305
- ◎文献「20世紀の日本の都市地理学」(阿部和俊) 古今書院 2003.4 p230-251
- ◎文献「空間と距離の地理学―名古屋は遠いですか?」(鈴木富志郎) あるむ 2004.3 p61-62
- ◎文献「都市社会地理学 新版」(P.ノックスほか) 古今書院 2005.10 p371-396
- ◎文献一覧「都市空間の地理学」(加藤政洋ほか) ミネルヴァ書房 2006.9 p276-297
- ◎文献「ハンディキャップと都市空間―地理学と心理学の対話」(岡本耕平ほか) 古今書院 2006.12 prr

都市デザイン
- ◎references「北国の街づくりと景観—気候に結びつけた都市デザイン」（N．プレスマン）　北海道大学図書刊行会　2002.1　p197-201
- ◎参考文献「光の景観まちづくり」（面出薫ほか）　学芸出版社　2006.12　2pb

都市動物
- ◎参考文献「都市動物たちの逆襲—自然からの警告」（小原秀雄）　東京書籍　2001.9　p1-4

都市農業
- ◎参考文献「これからの国土・定住地域圏づくり—都市と農業の共生空間をめざして」（都市・農業共生空間問題研究会）　鹿島出版会　2002.2　prr

都市文化
- ◎参考文献「トルコ・イスラーム都市の空間文化」（浅見泰司）　山川出版社　2003.7　prr
- ◎参考文献「都市とふるさと　都市の暮らしの民俗学1」（新谷尚紀ほか）　吉川弘文館　2006.10　p243-252
- ◎参考文献「都市の光と闇　都市の暮らしの民俗学2」（新谷尚紀ほか）　吉川弘文館　2006.11　p238-244
- ◎参考文献「路上のエスノグラフィ—ちんどん屋からグラフィティまで」（吉見俊哉ほか）　せりか書房　2007.4　p280-284

都市保全
- ◎参考文献「都市保全計画—歴史・文化・自然を活かしたまちづくり」（西村幸夫）　東京大学出版会　2004.9　p821-844

豊島氏
- ◎参考文献「豊島氏編年史料　3」（豊島区立郷土資料館）　豊島区教育委員会　2003.3　p174-177
- ◎文献「豊島氏千年の憂鬱」（難波江進）　風早書林　2005.9　p222-229

土砂災害
- ◎参考文献「土砂災害の警戒・避難システム」（小川滋ほか）　九州大出版会　2006.1　prr
- ◎引用参考文献「建設技術者のための土砂災害の地形判読実例問題　中・上級編」（井上公夫）　古今書院　2006.7　p129-142

図書
- ◎参考文献「知恵蔵裁判全記録」（鈴木一誌ほか）　太田出版　2001.1　p326-327
- ◎「ロングセラー目録—書店の品揃えに役立つ　平成14年版」（書店新風会）　書店新風会　2002.1　419p A5
- ◎「江戸時代紀州出版者・出版物図版集覧　補遺」（高市繽）　青霞堂　2002.1　32p 28cm
- ◎「出版時評—ながおかの意見　1994-2002」（長岡義幸）　ポット出版　2002.1　295p B6
- ◎文献目録補遺3「書籍文化史　3」（鈴木俊幸）　鈴木俊幸　2002.1　p1-43b
- ◎「青森県内出版物総目録・新聞連載記事所蔵目録　平成12年版」（青森県立図書館）　青森県立図書館　2002.1　109, 19p A4
- ◎「中国語・朝鮮語増加図書目録　第100号」（国立国会図書館専門資料部）　国立国会図書館　2002.1　101p B5
- ◎「Year's books—年版新刊案内　2001」（図書館流通センターデータ部）　図書館流通センター　2002.3　2212p A4
- ◎「学校図書館基本図書目録　2002年版」（全国学校図書館協議会基本図書目録編集委員会）　全国学校図書館協議会　2002.3　970p A5
- ◎「山形県内出版物目録　平成13年版」（山形県立図書館）　山形県立図書館　2002.3　57p A4
- ◎「富田正文氏旧蔵書籍目録」　慶応義塾福澤研究センター　2002.3　1冊　A4
- ◎「BOOK PAGE本の年鑑　2002」（日外アソシエーツ）　日外アソシエーツ　2002.4　2149p B5
- ◎「日本件名図書目録　2001　1　人名・地名・団体名」（日外アソシエーツ）　日外アソシエーツ　2002.4　960p B5
- ◎「わたしを変えた百冊の本」（佐高信）　実業之日本社　2002.5　300p 46s
- ◎「出版年鑑＋日本書籍総目録　2002」（日本書籍出版協会, 出版年鑑編集部）　出版ニュース社　2002.5　2冊 B5
- ◎「日本件名図書目録　2001　2　一般件名」（日外アソシエーツ）　日外アソシエーツ　2002.5　2冊 B5
- ◎「本の虫—最新ベストセラーの方程式」（井狩春男）　弘文堂　2002.5　372p A5
- ○ブックガイド（清水良典）「recoreco　1」（メタローグ）　2002.6　p52-120
- ◎「あなたはこの本を知っていますか—地方・小出版流通センター書肆アクセス　取扱い'01図書目録　No.18」（地方・小出版流通センター）　地方・小出版流通センター　2002.6　295p A5
- ◎「いま大人に読ませたい本」（谷沢永一, 渡部昇一）　致知出版社　2002.6　216p 46s
- ◎「ビジネスマンのための21世紀大学」（鷲田小弥太）　総合法令出版　2002.7　205p ss
- ◎「書物耽溺」（谷沢永一）　講談社　2002.8　238p A5
- ◎「注文の多い活字相談—新日本読書株式会社」（本の雑誌編集部）　本の雑誌社　2002.9　221p ss
- 索引「この本は100万部売れる—ベストセラー作り100の法」（井狩春男）　光文社　2002.10　p220-223
- ◎「成功する読書日記」（鹿島茂）　文藝春秋　2002.10　228p 46s
- ◎「背たけにあわせて本を読む」（向井敏）　文藝春秋　2002.11　345p B6
- ◎「ことし読む本—いち押しガイド2003」（リテレール編集部）　メタローグ　2002.12　255p A5
- ◎「読んでもたかが五万冊！　本まみれの人生」（安原顕）　清流出版　2002.12　351p 46s
- ◎「ロングセラー目録—書店の品揃えに役立つ　平成15年版」（書店新風会）　書店新風会　2003.1　467p A5
- ◎「森田家文庫目録」（豊橋市美術博物館）　豊橋市美術博物館　2003.1　79p B5
- ◎「図書目録　平成11年-13年度」（国立国会図書館支部警察庁図書館）　国立国会図書館支部警察庁図書館　2003.1　87p A4
- ◎「東京都立中央図書館中国語図書目録　補遺版」（東京都立中央図書館）　東京都立中央図書館　2003.1　1冊　A4
- ◎「明治大学図書館所蔵佐藤正彰旧蔵書目録　補遺版」（明治大学図書館）　明治大学図書館　2003.1　19p B5
- ◎「鴎外自筆帝室博物館蔵書解題　1-8，別巻」（竹盛天雄ほか）　ゆまに書房　2003.2　9冊　A5
- ◎「本の造形」（山本美智代）　青幻舎　2003.2　96, 47p 25×25cm

◎「明治大学博物館図書目録　5（2001年度版）」（明治大学博物館事務室）　明治大学博物館事務室　2003.2　110p A4
◎「流通経済大学天野元之助文庫」（原宗子）　流通経済大学出版会　2003.2　172p A5
◎「花月文庫分類目録　改訂版」（上田市立図書館）　上田市立図書館　2003.3　198p A4
◎「学校図書館基本図書目録　2003年版」（全国学校図書館協議会）　全国学校図書館協議会　2003.3　970p A5
◎「源三郎文庫目録」（天竜市立内山真龍資料館）　天竜市立内山真龍資料館　2003.3　24p A4
◎「山形県内出版物目録　平成14年版」（山形県立図書館）　山形県立図書館　2003.3　60p A4
◎「小出文庫目録　書名編」（三島市立図書館）　三島市立図書館　2003.3　170p A4
◎「図書目録　14　広島市公文書館所蔵資料目録30」　広島市公文書館　2003.3　58, 10, 13p A4
◎「杉田家文書目録　書籍　1」　岐阜女子大学地域文化研究所　2003.3　67p B5
◎「千原大五郎資料目録　書籍・雑誌編」　文化財研究所東京文化財研究所国際文化財保存修復協力センター　2003.3　88p A4
◎「千葉県立東部図書館所蔵韓国・朝鮮語図書目録　2003年改訂版」（千葉県立東部図書館）　千葉県立東部図書館　2003.3　69p A4
◎「千葉県立東部図書館所蔵中国語図書目録　2003年改訂版」（千葉県立東部図書館）　千葉県立東部図書館　2003.3　74p A4
◎「島根県立図書館蔵書目録　30（平成13年度）」（島根県立図書館）　島根県立図書館　2003.3　1冊　B5
◎「道家大門・花土文太郎文庫資料目録　（津山郷土博物館紀要　第17号）」（津山郷土博物館）　津山郷土博物館　2003.3　49p B5
◎「日本著者名総目録　2001/2002　1-4　個人著者名」（日外アソシエーツ）　日外アソシエーツ　2003.3　4冊　B5
◎「入門グレート・ブックス—神奈川県立図書館所蔵（文献案内シリーズ　1）」（神奈川県立図書館資料部図書課）　神奈川県立図書館　2003.3　107p A4
◎「明治初期東京大学図書館蔵書目録　1-9」（高野彰）　ゆまに書房　2003.3　9冊　A5
◎「柳田文庫蔵書目録　増補改訂」（成城大学民俗学研究所）　成城大学民俗学研究所　2003.3　571, 56, 86p B5
◎「Book Page 本の年鑑　2003」（日外アソシエーツ）　日外アソシエーツ　2003.4　2181p B5
◎「古書発見　女たちの本を追って」（久保覚）　影書房　2003.4　234, 20p 46s
◎「図書目録　2003年総目録」（川崎市議会図書室）　川崎市議会図書室　2003.4　201, 54p A4
◎「大塚久雄文庫目録—福島大学附属図書館所蔵　索引篇」（福島大学附属図書館）　福島大学附属図書館　2003.5　299p A4
◎「日本件名図書目録　2002」（日外アソシエーツ）　日外アソシエーツ　2003.5　3冊　B5
◎「文庫総目録　2003」（福家書店）　福家書店　2003.5　1470p A5
◎「港区議会図書室図書目録　平成15年4月現在」（港区議会事務局）　港区議会事務局　2003.6　157p A4

◎わたしの100冊「デフレとラブストーリーの経済法則「超」整理日誌」（野口悠紀雄）　ダイヤモンド社　2003.7　p212-217
◎「岩手県立点字図書館点字図書増加目録　25」　岩手県立点字図書館　2003.7　21p A4
◎「中国語図書・ハングル図書目録　15」（早稲田大学図書館）　早稲田大学図書館　2003.7　408, 7p B5
◎「朝鮮総督府図書館新書部分類目録」（加藤聖文）　ゆまに書房　2003.8　3冊　B5
◎参照文献「本と新聞の情報革命—文字メディアの限界と未来」（秋山哲）　ミネルヴァ書房　2003.9　p243-247
◎「書物の未来へ」（富山太佳夫）　青土社　2003.10　377, 4p B6
◎「義倉文庫目録」（福山市民図書館）　福山市民図書館　2003.11　66, 9p A4
◎「カラサワ堂怪書目録」（唐沢俊一）　光文社　2003.12　222p A6
◎「福井藩明道館書目　1-9」（朝倉治彦）　ゆまに書房　2003.12　9冊　A5
◎「明治大学博物館図書目録　6（2002年度版）」（明治大学博物館事務室）　明治大学博物館事務室　2003.12　84p A4
◎「図書・資料目録　平成15年度版」　埼玉県議会図書室　〔2003〕　53, 38p A4
◎「図書目録　平成13-14年度」　防衛研究所図書館　〔2003〕　2冊　A4
◎「大阪府立図書館蔵書目録—OL-CD　2002年版和図書編」（大阪府立中之島図書館, 大阪府立中央図書館）　大阪府立中之島図書館　〔2003〕　CD-ROM1枚　12cm
○目録ほか（国文学研究資料館調査収集事業部）「調査研究報告　25」（国文学研究資料館）　2004　p172-139
○目録（妹尾好信）「内海文化研究紀要　32」（広島大）　2004　p17-31
◎「大谷大学図書館所蔵西谷文庫目録—CD-ROM版」（大谷大学図書館）　大谷大　c2004　CD-ROM1枚　12cm
○文献目録（鈴木俊幸）「書籍文化史　5」（鈴木俊幸）　2004.1　p1-44b
◎「横浜開港資料館所蔵ドン・ブラウン・コレクション書籍目録」（横浜開港資料館）　横浜開港資料館　2004.1　758p A4
◎「ヤングアダルト図書総目録　2004年版」　図書総目録刊行会　2004.2　313p A5
◎「グレート・ワークスの世界—近現代日本の思想と学問」（神奈川県立図書館資料部図書課）　神奈川県立図書館　2004.3　104p A4
◎「一橋大学附属図書館所蔵土屋喬雄文庫目録　第6期（追録版）」（一橋大学附属図書館）　一橋大　2004.3　310p A4
◎「横溝正史旧蔵資料」（世田谷文学館学芸課）　世田谷文学館　2004.3　194p B5
◎「旧植民地図書館蔵書目録　11　朝鮮総督府古図書目録　朝鮮総督府古図書目録補遺」（加藤聖文ほか）　ゆまに書房　2004.3　409p B5
◎「旧植民地図書館蔵書目録　14　李王家蔵書閣古図書目録　朝鮮総督府及所属官署主要刊行図書目録　解説・解題」（加藤聖文ほか）　ゆまに書房　2004.3　428p B5
◎「熊澤文庫蔵書目録」　久留米桜会　2004.3　23p A4
◎「原田敏明毎文社文庫蔵書目録」（皇學館大學神道研究所）　皇學館大　2004.3　207p B5

としよ

- ◎「佐藤茂文庫目録」（ノートルダム清心女子大学文学部日本語日本文学科ほか）　ノートルダム清心女子大　2004.3　285p A4
- ◎「石母田正文庫目録―法政大学図書館所蔵」（法政大学図書館）　法政大学図書館　2004.3　458p A4
- ◎「東大教師が新入生にすすめる本」（文藝春秋）　文藝春秋　2004.3　412p ss
- ◎「板橋文庫目録―関東学院大学図書館所蔵」（関東学院大学図書館）　関東学院大　2004.3　20, 5p A4
- ◎「法政大学図書館所蔵石母田正文庫目録」（法政大学図書館）　法政大　2004.3　16, 458p A4
- ◎「有造館文庫目録―津市図書館蔵」（津市図書館）　津市図書館　2004.3　112p B5
- ◎「Book Page 本の年鑑 2004」（日外アソシエーツ）　日外アソシエーツ　2004.4　8, 2213p B5
- ◎「高遠藩進徳館蔵書本目録」（高橋良政）　高遠町図書館　2004.5　93, 7p B5
- ◎「出版年鑑＋日本書籍総目録 2004」（日本書籍出版協会ほか）　日本書籍出版協会　2004.5　2冊 B5
- ◎「日本件名図書目録 2003」（日外アソシエーツ）　日外アソシエーツ　2004.5　3冊 B5
- ◎「「本の定番」ブックガイド」（鷲田小弥太）　東洋経済新報社　2004.6　195p A5
- ◎蔵書目録一覧ほか「「満洲国」資料集積機関概観」（岡村敬二）　不二出版　2004.6　p129-171
- ◎「あなたはこの本を知っていますか No.20―地方・小出版流通センター書肆アクセス 取扱い'03図書目録」（地方・小出版流通センター）　地方・小出版流通センター　2004.6　313p A5
- ◎「お厚いのがお好き?」　フジテレビ出版　2004.6　303p A5
- ◎「旧植民地図書館蔵書目録 台湾篇1-6」（加藤聖文）　ゆまに書房　2004.7　6冊 B5
- ◎「石川県専門学校洋書目録―明治日本の近代化に貢献した洋書」（金沢大学資料館）　金沢大　2004.8　76p A4
- ◎「南方熊楠邸蔵書目録」　熊楠邸保存顕彰会　2004.8　526p B5
- ◎「八木保太郎文庫資料目録―群馬県立土屋文明記念文学館蔵」　土屋文明記念文学館　2004.9　81p A4
- ◎「なおかつ、お厚いのがお好き?」　フジテレビ出版　2004.10　311p A5
- ◎「マッケンジー文庫目録」（京都大学経済研究所）　京都大　2004.11　106, 51, 57p B5
- ◎「書籍雑誌商資料―内地・植民地/1937-41 1」（大久保久雄ほか）　金沢文圃閣　2004.11　371p B5
- ◎「板倉・朽木・大久保家蔵書目録1-5 安中侯御蔵書目録」（長澤孝三）　ゆまに書房　2004.11　5冊 A5
- ◎「北海道自動車短期大学増加図書目録 11」（北海道自動車短期大学図書館）　北海道自動車短大　2004.11　121p A4
- ◎「玉上文庫図書目録」（園田学園女子大学女子短期大学図書館）　園田学園女子大　2004.12　228p B5
- ◎「遊星群―時代を語る好書録 大正篇・明治篇」（谷沢永一）　和泉書院　2004.12　2冊 A5
- ◎「觀生堂藏書目録―播磨國辻川三木家舊藏」（井上了）　寺下書店　2004.12　65p A5
- ○分類目録（妹尾好信）「内海文化研究紀要 33」（広島大）　2005　p1-46

- ◎「図書・資料目録 平成17年度版」　埼玉県議会図書室　〔2005〕　115p A4
- ◎「図書目録 平成16年度」　防衛研究所図書館　〔2005〕　184p A4
- ○文献目録（鈴木俊幸）「書籍文化史 6」（鈴木俊幸）　2005.1　p1-32b
- ◎「久野収氏旧蔵書寄贈図書目録―大阪府立中央図書館蔵」（大阪府立中央図書館）　大阪府立中央図書館　2005.1　208p A4
- ◎「今野源八郎旧蔵書目録―福島大学附属図書館所蔵」（福島大学附属図書館）　福島大附属図書館　2005.1　710p A4
- ◎「彦根藩弘道館書籍目録」　ゆまに書房　2005.1　399p A5
- ◎「里内文庫資料目録」（里内文庫資料調査会）　栗東歴史民俗博物館　2005.2　607p A4
- ○洋書目録「成城学園教育研究所研究年報 27」（成城学園）　2005.3　p67-155
- ◎「外崎光広文庫目録―大分類」（高知市立自由民権記念館）　高知市立自由民権記念館　2005.3　182p A4
- ◎「学校図書館基本図書目録 2005年版」（全国学校図書館協議会）　全国学校図書館協議会　2005.3　982p A5
- ◎「旧植民地図書館蔵書目録 台湾篇9」（加藤聖文）　ゆまに書房　2005.3　501p B5
- ◎「教養のためのブックガイド」（小林康夫ほか）　東京大学出版会　2005.3　6, 235, 10p A5
- ◎「梧陰文庫総目録」（國學院大學日本文化研究所）　東京大学出版会　2005.3　12, 761p B5
- ◎「山形県内出版物目録 平成16年版」（山形県立図書館）　山形県立図書館　2005.3　56p A4
- ◎「松永文庫目録」（高知市立自由民権記念館）　高知市立自由民権記念館　2005.3　145p A4
- ◎「図書目録 15」　広島市公文書館　2005.3　47, 7, 10p A4
- ◎「石田記念文庫目録―滋賀大学経済経営研究所所蔵」　滋賀大　2005.3　86p B5
- ◎「専修大学図書館所蔵 高橋勇文庫（黒龍文庫）目録」（専修大学図書館）　専修大図書館　2005.3　343p A4
- ◎「専修大学図書館所蔵内田義彦文庫目録」（専修大学図書館）　専修大図書館　2005.3　7, 195p A4
- ◎「大学新入生に薦める101冊の本」（広島大学総合科学部101冊の本プロジェクト）　岩波書店　2005.3　10, 246, 20p B6
- ◎参考文献「中国人と書物―その歴史と文化」（張小鋼）　あるむ　2005.3　p209-211
- ◎「東京大学東洋文化研究所所蔵 上村勝彦文庫目録」（石井裕ほか）　東京大　2005.3　80p B5
- ◎「内田義彦文庫目録」（専修大学図書館）　専修大図書館　2005.3　195p A4
- ◎「日本著者名総目録 2003-2004 1個人著者名 あ―そ」（日外アソシエーツ）　日外アソシエーツ　2005.3　1663p B5
- ◎「堀文庫蔵書目録 増補改訂」（成城大学民俗学研究所）　成城大　2005.3　189, 21, 32p B5
- ◎「和書総目録―神宮文庫所蔵」（神宮司廳）　戎光祥出版　2005.3　811p A4
- ◎「Book Page 本の年鑑 2005」（日外アソシエーツ）　日外アソシエーツ　2005.4　2冊 B5
- ◎「今井館資料館蔵書目録」（今井館資料館）　今井館教友会　2005.5　1冊 B5

◎「日本件名図書目録 2004 1人名・地名・団体名」(日外アソシエーツ) 日外アソシエーツ 2005.5 981p B5
◎「片岡鉄兵コレクション目録」(日本近代文学館) 日本近代文学館 2005.5 30p A5
◎「出版年鑑 平成17年版 2目録・索引」(出版年鑑編集部) 出版ニュース社 2005.6 2127p B5
◎「学習院大学所蔵京都学習院旧蔵目録・華族会館旧蔵和漢図書目録・立花種恭・種忠旧蔵目録・乃木文庫目録・福羽美静文庫目録 改訂」(学習院大学文学部) 学習院大 2005.7 180p A4
◎「大人のための世界の名著必読書50」(木原武一) 海竜社 2005.7 321p B6
◎「図書館に備えてほしい本の目録 2005年版 「人文科学の現在と基本図書」編」 日本図書館協会 2005.10 83p B5
◎「大活字本目録 平成17年度版 書名順」 調布市立図書館 2005.10 38p A4
◎「イチオシ!―家族や友だちにすすめたい本 2005広島市立図書館共同事業子ども読書まつり」(イチオシ!編集委員会) イチオシ!編集委員会 2005.11 79, 9p A4
◎「本と情報―解説と紹介」 福山大附属図書館 2005.11 106p A4
◎「ひろげよう!本の世界」(大分県立図書館) 大分県立図書館 2005.12 75p A5
◎「最強!戦略書徹底ガイド」(有坪民雄ほか) ソフトバンククリエイティブ 2005.12 314p A5
◎「世界国別研究図書総覧」(図書館流通センター企画編集室) 図書館流通センター 2005.12 958, 277p A4
○和漢書目録(大沼晴暉)「斯道文庫論集 41」(慶応義塾大斯道文庫) 2006 p271-306
◎「ロングセラー目録―書店の棚づくりに役立つ 平成18年版」(書店新風会) 書店新風会 2006.1 419p A5
◎「杏雨書屋洋書目録」(武田科学振興財団杏雨書屋) 武田科学財団 2006.1 457, 30p B5
注「近世書籍文化論―史料論的アプローチ」(藤實久美子) 吉川弘文館 2006.1 prr
◎「研究文献目録(鈴木俊幸)「書籍文化史 7」(鈴木俊幸) 鈴木俊幸 2006.1 p1-32b
◎「国立国会図書館所蔵貴重書解題 5-10」(国立国会図書館) フジミ書房 2006.1-9 11冊 A5
◎「横浜開港資料館所蔵稲生典太郎文庫目録」(横浜開港資料館) 横浜開港資料館 2006.3 6, 558p A4
◎「学校図書館基本図書目録 2006年版」(全国学校図書館協議会) 全国学校図書館協議会 2006.3 101p A5
◎「久保収氏旧蔵書寄贈図書目録補遺―大阪府立中央図書館蔵」(大阪府立中央図書館) 大阪府立中央図書館 2006.3 111p A4
◎「入門グレート・ブックス―神奈川県立図書館所蔵西洋文芸編」(神奈川県立図書館) 神奈川県立図書館 2006.3 84p A4
◎「BOOK PAGE―本の年鑑 2006」(日外アソシエーツ) 日外アソシエーツ 2006.4 2冊 B5
◎「日本件名図書目録2005 1 人名・地名・団体名」(日外アソシエーツ) 日外アソシエーツ 2006.5 1055p B5
◎「出版年鑑 平成18年版 2」(出版年鑑編集部) 出版ニュース社 2006.6 2044p B5
◎「世界名著解題」(馬場勝彌) クレス出版 2006.8 546p A5

◎「名著解題大辞典」(太陽堂編輯部) クレス出版 2006.8 1冊 A5
◎「書物たちの記譜―解説・索引・年表」(松岡正剛) 求龍堂 2006.10 932p A5
◎参考文献「図説韓国の古書―本の歴史」(安春根) 日本エディタースクール出版部 2006.11 p117-119
◎「青春の読書案内―生き方がみつかる」(小川義男) 小学館 2006.11 222p 46s
◎「アジア経済研究所出版目録 2007」 アジア経済研究所 〔2007〕 32p A5
◎「近世書籍研究文献目録 増補改訂」(鈴木俊幸) ぺりかん社 2007.3 798p A5
◎参考文献「中国の図書情報文化史―書物の話」(工藤一郎) 柘植書房新社 2007.3 p179-190
◎「中国書籍総目録(全国総書目) 133-137(2003年6-10)」 不二出版 2007.4 5冊 B5
◎「日本件名図書目録 2006」(日外アソシエーツ) 日外アソシエーツ 2007.5 3冊 B5
原注「ギリシア・ローマ時代の書物」(H. ブランク) 朝文社 2007.10 p269-290
◎「出版年鑑 1-4(昭和元年版-昭和4年版)」(国際思潮研究会「読書人」編纂部) 日本図書センター 2007.10 4冊 A5
◎参考文献「続和本入門―江戸の本屋と本づくり」(橋口侯之介) 平凡社 2007.10 p262-265

屠場
◎参考文献「世界屠畜紀行」(内澤旬子) 解放出版社 2007.2 p366-367

土壌
◎参考文献「土壌学概論」(梅宮善章ほか) 朝倉書店 2001.4 p214-215
◎文献「土壌と生産環境」(長谷川和久) 養賢堂 2002.1 p173-175
◎文献「世界の土壌資源 入門」(J. A. Deckers, O. C. Spaargaren, F. O. Nachtergaele) 古今書院 2002.12 p141-143
◎参考文献「「健康な土」「病んだ土」」(岩田進午) 新日本出版社 2004.6 p179-181
◎参考書ほか「世界の土壌―大学テキスト」(E. M. ブリッジズ) 古今書院 2004.11 p175-179ほか
◎引用文献「土壌圏と地球温暖化」(木村眞人ほか) 名古屋大学出版会 2005.2 prr
◎引用文献「農業と環境汚染―日本と世界の土壌環境政策と技術」(西尾道徳) 農文協 2005.3 p415-432
◎参考文献「土壌の神秘―ガイアを癒す人々 新装版」(P. トムプキンズほか) 春秋社 2005.4 p1-10b
◎引用文献「土壌を愛し、土壌を守る―日本の土壌、ペドロジー学会50年の集大成」(日本ペドロジー学会) 博友社 2007.3 p376-395

土壌汚染
◎参考文献「土壌・地下水汚染―広がる重金属汚染」(畑明郎) 有斐閣 2001.10 p221-228
◎参考文献「土壌・地下水汚染の調査・予測・対策」(地盤工学会土壌・地下水汚染の調査・予測・対策編集委員会) 地盤工学会 2002.5 p243-263
◎参考文献「拡大する土壌・地下水汚染―土壌汚染対策法と汚染の現実」(畑明郎) 世界思想社 2004.3 p201-210

としよう

◎参考文献「土壌・地下水汚染の情報公開50のポイント」（相澤渉）　工業調査会　2005.11　p206-208
◎引用文献「カドミウムと土とコメ」（比留間柏子）　アグネ技術センター　2005.12　p135-144
◎参考文献「土壌・地下水汚染—循環共生をめざした修復と再生」（土壌・地下水汚染診断・修復支援システム開発研究会）　オーム社　2006.5　p217-224

途上国
◎参考文献「入門国際開発金融—途上国への公的融資の仕組みと実施機関」（今井正幸）　亜紀書房　2001.3　p229-231
◎参考文献「途上国支援と環境ガイドライン」（国際環境NGO FoE-Japan）　緑風出版　2002.5　prr
◎参考文献「教育と経済発展—途上国における貧困削減に向けて」（大塚啓二郎ほか）　東洋経済新報社　2003.10　prr

都城制
◎参考文献「古代都市誕生—飛鳥時代の仏教と国つくり」（大阪歴史博物館）　大阪歴史博物館　2004.1　p136-137
◎注「古代都城制条里制の実証的研究」（井上和人）　学生社　2004.5　prr

土壌地理
◎参考文献「大学テキスト土壌地理学」（浅海重夫）　古今書院　2001.6　p291-292

土壌動物
◎引用文献ほか「トビムシの住む森—土壌動物から見た森林生態系」（武田博清）　京都大学学術出版会　2002.3　p252-262
◎参考図書「土壌動物の世界」（渡辺弘之）　東海大学出版会　2002.11　p145-151
◎文献「新・土の微生物　9　放線菌の機能と働き」（日本土壌微生物学会）　博友社　2003.3　p99-100
◎文献「土壌微生物生態学」（堀越孝雄ほか）　朝倉書店　2003.9　p183-200
◎引用文献「土壌動物学への招待—採集からデータ解析まで」（日本土壌動物学会）　東海大出版会　2007.5　p245-253
◎文献「土壌生態学入門—土壌動物の多様性と機能」（金子信博）　東海大出版会　2007.6　p177-195

土壌物理
◎参考文献「環境土壌物理学—耕地生産力の向上と地球環境の保全　3　環境問題への土壌物理学の応用」（ダニエル・ヒレル）　農林統計協会　2001.9　p253-307
◎参考文献「土壌物理学」（宮崎毅）　朝倉書店　2005.5　4pb

図書館
○記事抄録（佐野眞）「文献探索　2000」（文献探索研究会）　2001.2　p322-325
○文献目録（中原ますゑ）「文献探索　2000」（文献探索研究会）　2001.2　p414-416
◎参考文献「図書館概論　三訂版」（塩見昇ほか）　日本図書館協会　2001.4　p275-277
◎参考文献（芦谷清）「図書館学演習資料　前編　新訂12版」（全国学校図書館協議会）　同協議会　2001.4　p360-399
◎引用文献「図書館・文書館における環境管理」（稲葉政満）　日本図書館協会　2001.5　p63-67
◎「浅草文庫書目解題1　書誌書目シリーズ56」（村山徳淳）　ゆまに書房　2001.6　322p A5
◎「図書館映画と映画文献—改訂「映画のなかの図書館」」（飯島朋子）　日本図書刊行会　2001.8　187p B5
◎「「図書館・出版・読書論」基本図書総目次・索引集成　2001年版　上巻（あ—さ行）」（中西敏夫）　出版文化研究会　2001.9　544p B5
◎文献目録「病院患者図書館—患者・市民に教育・文化・医療情報を提供」（菊池佑）　出版ニュース社　2001.12　p336-352
◎「図書館学関係文献目録集成　戦後編（1945-1969）第1巻」（稲村徹元）　金沢文圃閣　2002.2　346p B5
◎レファレンスブックス「図書館学基礎資料　第4版」（今まど子）　樹村房　2002.2　p112-114
◎注「情報基盤としての図書館」（根本彰）　勁草書房　2002.4　p243-252
◎動向と展望（大城善盛）「図書館・図書館学の発展　21世紀を拓く」（「図書館界」編集委員会）　日本図書館研究会　2002.5　p237-246
◎もっと知りたい人のために「図書館活用術—探す・調べる・知る・学ぶ　新訂」（藤田節子）　日外アソシエーツ　2002.6　p199-211
◎注「図書館・表現の自由・サイバースペース—知っておくべき知識」（R. S. ペック）　日本図書館協会　2002.8　prr
◎「福島県図書館関係新聞記事名一覧　1954-2002」（福島図書館研究所）　福島図書館研究所　2002.9　172, 251, 238p A4
◎注「図書館を支える法制度—シリーズ・図書館情報学のフロンティア　2」（日本図書館情報学会研究委員会）　勉誠出版　2002.11　prr
○記事索引「図書館雑誌　97.1」（日本図書館協会）　2003.1　p61-68
◎ブックリスト「図書館へ行こう」（田中共子）　岩波書店　2003.1　p1-4b
◎レファレンスブック「図書館学基礎資料　5版」（今まど子）　樹村房　2003.3　p117-119
◎注「図書館情報政策」（金容媛）　丸善　2003.3　prr
◎参考引用文献「資料組織演習」（平井尊士ほか）　勉誠出版　2003.4　p149-150
◎原注・訳注「フランスの博物館と図書館」（M. ブラン＝モンマイユールほか）　玉川大学出版部　2003.6　p196-189
◎「「図書館・出版・読書論」基本図書総目次・索引集成　下巻　総索引編」（中西敏夫）　出版文化研究会　2003.7　207p B5
◎図書資料目録「図書館年鑑　2003」　日本図書館協会　2003.7　p422-461
◎参考文献「露-英-日　図書館関係用語集」（佐野幸平）　宮城県大学図書館協会　2003.8　p5-7f
◎参考文献ほか「アメリカ公共図書館で禁じられた図書—1876-1939年文化変容の研究」（E. ゲラー）　京都大学図書館情報学研究会　2003.9　p257-292
○文献目録（山形八千代）「日仏図書館情報研究　29」（日仏図書館協会）　2003.12　p61-63
◎参考文献「図書館の問題利用者—前向きに対応するためのハンドブック」（B. マクニールほか）　日本図書館協会　2004.2　prr
◎注「続・情報基盤としての図書館」（根本彰）　勁草書房　2004.2　p190-199

◎「福島県図書館関係新聞記事名一覧 2002-2003」（福島図書館研究所） 福島図書館研究所 2004.3 27p A4
◎参考文献「図書館概論 改訂版 新編図書館学教育資料集成1」（河井弘志ほか） 教育史料出版会 2004.4 p213-215
◎「本★本屋★図書館★in Cinema」（飯島朋子） 飯島朋子 2004.5 123p A5
○読書案内（逸村裕）「大学の図書館 23.7」（大学図書館問題研究会） 2004.7 p130-132
○ブックガイド（酒井信）「大学の図書館 23.7」（大学図書館問題研究会） 2004.7 p132-134
◎参考文献「コミュニティのための図書館」（A. ブラックほか） 東京大学出版会 2004.8 p233-246
◎参考文献「オランダ、ベルギーの図書館―独自の全国ネットワーク・システムを訪ねて」（西川馨） 教育史料出版会 2004.9 prr
◎文献一覧「メディアとしての図書館―アメリカ公共図書館論の展開」（吉田右子） 日本図書館協会 2004.10 p347-383
◎文献掲載図書一覧「映画の中の本屋と図書館」（飯島朋子） 近代文芸社 2004.10 p11-17b
○文献目録（鈴木良雄ほか）「日仏図書館情報研究 30」（日仏図書館情報学会） 2004.12 p76-78
◎参考文献「すべての人に無料の図書館―カーネギー図書館とアメリカ文化1890-1920年」（A. A. ヴァンスリック） 京都大図書館情報学研究会 2005 p231-257
◎引用参考文献「新訂図書館概論」（北嶋武彦） 東京書籍 2005.1 prr
◎引用参考文献ほか「パスファインダー・LCSH・メタデータの理論と実践―図書館員のための主題検索ツール作成ガイド」（愛知淑徳大学図書館） 愛知淑徳大図書館 2005.2 p150-164
◎推薦資料「図書館の価値を高める―成果評価への行動計画」（Hernon, Pほか） 丸善 2005.2 p255-262
◎参考文献「図書館概論 改訂」（植松貞夫ほか） 樹村房 2005.2 p179-180
○目次情報「アジア情報室通報 3.1」（国立国会図書館関西館） 2005.3 p19-22
◎引用文献ほか「図書館が危ない！ 地震災害編」（神谷優） エルアイユー 2005.3 p106-109
◎文献案内（根本彰）「図書館情報学の地平50のキーワード」（根本彰ほか） 日本図書館協会 2005.3 p331-338
◎参考文献「アメリカ図書館界と積極的活動主義 1962-1977年」（M. L. バンディほか） 京都大図書館情報学研究会 2005.6 p249-250
◎参考文献「情報メディアの活用 新訂」（山本順一ほか） 放送大教育振興会 2005.6 p197-200b
◎注ほか「変わりゆく大学図書館」（逸村裕ほか） 勁草書房 2005.7 prr
◎文献「図書館・情報学研究入門」（三田図書館・情報学会） 勁草書房 2005.10 prr
◎文献リスト「図書館とICタグ」（清水隆ほか） 日本図書館協会 2005.10 p119-122
◎参考文献「図書館と著作権」（名和小太郎ほか） 日本図書館協会 2005.10 p205-208
◎参考文献「知る権利と図書館」（中村克明） 関東学院大出版会 2005.10 prr
○記事索引「図書館雑誌 100.1」（日本図書館協会） 2006.1 p58-61

◎文献リスト「公共図書館の多文化サービス―その歩み―1988年（昭和63年）前後を中心に 資料集」（深井耀子ほか） 多文化サービスネットワーク 2006.1 p76-88
◎注「アメリカ公立図書館・人種隔離・アメリカ図書館協会」（川崎良孝） 京都大図書館情報学研究会 2006.3 p333-375
◎参考文献「図書館のための個人情報保護ガイドブック」（藤倉恵一） 日本図書館協会 2006.3 p141-142
◎文献ほか（飯島朋子）「映画の中の本屋と図書館 後編」 日本図書刊行会 2006.4 p211-217ほか
◎レファレンスブック「図書館学基礎資料 6版」（今まど子） 樹村房 2006.4 p107-109
◎参考文献「知っておきたい大学図書館の仕事」（大学図書館の仕事制作委員会） エルアイユー 2006.4 prr
○文献目録（鈴木良雄ほか）「日仏図書館情報研究 32」（日仏図書館情報学会） 2006.12 p45-47
○雑誌記事索引「図書館雑誌 101.1」（日本図書館協会） 2007.1 p54-60
◎参考文献「図書館の可能性」（大串夏身） 青弓社 2007.9 p209-214
◎参考文献「公共図書館の自己評価入門」（神奈川県図書館協会図書館評価特別委員会） 日本図書館協会 2007.10 p137-138
◎参考文献「民主的な公共圏としての図書館―新公共哲学の時代に司書職を位置づけ持続させる」（J. E. ブッシュマン） 京大図書館情報学研 2007.11 p231-258

図書館員倫理
◎関係文献「「図書館員の倫理綱領」解説 増補版」（日本図書館協会図書館員の問題調査研究委員会） 日本図書館協会 2002.4 p53-62

図書館運動
◎参考文献ほか「図書館運動は何を残したか―図書館員の専門性」（薬袋秀樹） 勁草書房 2001.5 p224-241

図書館経営
◎参考文献「図書館広報実践ハンドブック―広報戦略の全面展開を目指して」（私立大学図書館協会東地区部会研究部企画広報研究分科会） 私立大学図書館協会東地区部会研究部企画広報研究分科会 2002.8 p230-231
◎参考文献「図書館経営論 補訂版」（竹内紀吉） 教育史料出版会 2003.4 p235-245
◎参考文献「図書館経営論 改訂版」（宮沢厚雄） 勉誠出版 2006.7 p127-128

図書館建築
◎文献「建築設計資料集成 教育・図書」（日本建築学会） 丸善 2003.3 p182-186

図書館裁判
◎注「図書館裁判を考える―アメリカ公立図書館の基本的性格」（川崎良孝） 京都大学図書館情報学研究会 2002.11 p215-242

図書館サービス
◎参考文献「図書館の評価を高める―顧客満足とサービス品質」（P. Hernonほか） 丸善 2002.9 p207-214
◎文献「児童サービス論 補訂版」（佐藤涼子） 教育史料出版会 2003.3 p233-238

◎参考文献「図書館情報サービス論」（金沢みどり）勉誠出版　2003.4　prr
◎資料「障害者サービス　補訂版」（日本図書館協会障害者サービス委員会）　日本図書館協会　2003.9　p277-282
◎参考文献「理想の公共図書館サービスのために―IFLA/UNESCOガイドライン」（国際図書館連盟公共図書館分科会）　日本図書館協会　2003.12　p139-146
◎参考文献「児童サービス論　改訂」（中多泰子）　樹村房　2004.3　p176-179
◎参考文献「児童サービス論　補訂2版」（佐藤涼子）教育史料出版会　2004.4　p233-238
◎参考文献ほか「多文化サービス」（日本図書館協会多文化サービス研究委員会）　日本図書館協会　2004.10　p180-188
◎参考文献「児童サービス論　新訂版」（堀川照代）日本図書館協会　2005.3　p151-152
◎参考文献「図書館サービス論」（小田光宏）　日本図書館協会　2005.3　p244-247
◎参考文献「図書館サービス論　改訂」（高山正也ほか）樹村房　2005.3　p164-165
◎参考文献「図書館サービス論　補訂2版」（塩見昇）教育史料出版会　2006.1　p241-244
◎引用文献「公共図書館員のための消費者健康情報提供ガイド」（A. ケニヨンほか）　日本図書館協会　2007.4　prr
◎引用文献「児童サービスの歴史―戦後日本の公立図書館における児童サービスの発展」（汐崎順子）　創元社　2007.6　p198-205

図書館史
◎注「アメリカ図書館史に女性を書きこむ」（S. ヒルデブランド）　京都大学図書館情報学研究会　2002.7　prr
◎文献案内「図書館文化史」（水谷長志）　勉誠出版　2003.5　p115-128
◎参考文献「図書館史　補訂版」（小川徹ほか）　教育史料出版会　2003.8　p227-230
◎学習のために「図書館の歴史　アメリカ編　増訂2版」（川崎良孝）　日本図書館協会　2003.9　p281-286
◎「北海道図書館史新聞資料集成　明治・大正期篇」（藤島隆）　北海道出版企画センター　2003.11　4, 364p B5
◎出典「図書館の興亡―古代アレクサンドリアから現代まで」（M. バトルズ）　草思社　2004.11　p289-278
◎参考文献「日本の植民地図書館―アジアにおける日本近代図書館史」（加藤一夫ほか）社会評論社　2005.5　p368-404
◎参考文献「司書―宝番か餌番か　新装復刊」（G. ロスト）　白水社　2005.6　p13-15b
◎参考文献「図書館文化史」（綿抜豊昭）　学文社　2006.4　prr
◎参考文献「公共図書館サービス・運動の歴史　1」（小川徹）　日本図書館協会　2006.11　prr
◎参考文献「図書館の誕生―古代オリエントからローマへ」（L. カッソン）　刀水書房　2007.4　p215-212
◎参考文献「図書館を育てた人々　イギリス篇」（藤野幸雄ほか）　日本図書館協会　2007.9　prr

図書館司書
◎参考文献解説「技量の統制と文化―司書職の社会学的理解に向けて」（M. F. ウィンター）　京都大図書館情報学研究会　2005.1　p193-197
◎参考文献「司書―宝番か餌番か　新装復刊」（G. ロスト）　白水社　2005.6　p13-15b
◎参考文献「司書職と正当性―公立図書館調査（Public Library Inquiry）のイデオロギー」（D. レイバー）　京都大図書館　2007.9　p181-186

図書館資料
◎参考文献「資料組織概説　新訂版」（柴田正美）　日本図書館協会　2001.5　p259-260
◎参考文献「資料・メディア総論　図書館資料論・専門資料論・資料持論の統合化」（志保田務ほか）　学芸図書　2001.6　p209-215
◎参考文献「資料組織概説　改訂」（大城善盛ほか）樹村房　2002.3　p202-203
◎参考文献「資料組織法　第5版 志保田務, 高鷲忠美〔改訂〕」（木原通夫, 志保田務, 高鷲忠美）　第一法規出版　2002.4　p309-310
◎参考文献「図書館資料論」（郡司良夫）　勉誠出版　2003.4　p199-203
◎参考文献「図書館資料論　補訂版」（後藤暢編）　教育史料出版会　2003.4　p223-229
◎参考文献「IFLA図書館資料の予防的保存対策の原則」（E. P. アドコック）　日本図書館協会　2003.7　p132-143
◎参考文献「専門資料論」（三浦逸雄ほか）　日本図書館協会　2005.6　p132-134
◎注「図書館資料論・専門資料論」（伊藤民雄）　学文社　2006.12　prr
◎参考文献「資料組織演習」（吉田憲一）　日本図書館協会　2007.1　p265」
◎参考文献「図書館資料論」（後藤暢ほか）　教育史料出版会　2007.4　p227-234
◎参考文献ほか「図書館分類＝書誌分類の歴史　2」（E. I. シャムーリン）　金沢文圃閣　2007.7　p519-594
◎参考引用文献「資料・メディア総論―図書館資料論・専門資料論・資料特論の統合化　2版」（志保田務ほか）学芸図書　2007.11　p214-219

図書館の自由
◎参考文献「「図書館の自由に関する宣言1979年改訂」解説　2版」（日本図書館協会図書館の自由委員会）日本図書館協会　2004.3　p114-117
◎「「図書館の自由」に関する文献目録―1950-2000」（日本図書館協会図書館の自由委員会）　日本図書館協会　2005.12　279p B5

図書館目録
◎参考文献「図書館ネットワーク―書誌ユーティリティの世界」（宮沢彰）　丸善　2002.3　p177-181
◎引用文献「図書館目録とメタデータ―情報の組織化における新たな可能性」（日本図書館情報学会研究委員会）　勉誠出版　2004.10　prr

図書館用語
◎解題「中国図書館情報学用語辞典」（佐々木敏雄）明石書店　2002.11　p636-654

図書館利用教育
　◎参考文献「図書館利用教育ハンドブック　大学図書館版」(日本図書館協会図書館利用教育委員会)　日本図書館協会　2003.3　p197-202

図書館類縁機関
　◎参考文献「情報収集・問題解決のための図書館ナレッジガイドブック―類縁機関名簿　2003」(東京都立中央図書館)　ひつじ書房　2003.10　1pb

図書サービス
　◎参考文献「患者さんへの図書サービスハンドブック」(全国患者図書サービス連絡会)　大活字　2001.4　prr

図書流通
　◎「だれが「本」を殺すのか―延長戦」(佐野真一)　プレジデント社　2002.1　361p B6

土石流
　◎参考文献「地質・砂防・土木技術者/研究者のための土石流の機構と対策」(高橋保)　近未来社　2004.9　p417-424

土地
　◎文献「日本の土地百年」(日本の土地百年研究会)　大成出版社　2003.5　p286-290
　◎文献「土地支配の経済学」(関根順一)　中央経済社　2003.6　p155-163
　◎参考文献「日本の地籍―その歴史と展望」(鮫島信行)　古今書院　2004.6　p141-143
　◎参考文献「江戸の土地問題」(片倉比佐子)　同成社　2004.8　p209-213
　◎参考文献「コモンズと永続する地域社会」(平竹耕三)　日本評論社　2006.10　p199-202

栃木県
　◎「とちぎの地形・地質(文献目録)―栃木県自然環境基礎調査　2002」(栃木県自然環境調査研究会地形・地質部会)　栃木県林務部自然環境課　2002.3　124p A4
　◎参考文献「とちぎの宝ものがたり―文化財曼荼羅」(栃木県立博物館)　栃木県立博物館　2002.3　p143-146
　◎参考文献「両毛と上州諸街道―街道の日本史　16」(峰岸純夫, 田中康雄, 能登健)　吉川弘文館　2002.3　p20-23b
　◎参考文献「栃木県のことば　日本のことばシリーズ9」(平山輝男ほか)　明治書院　2004.2　p248
　◎参考文献「郷愁の野州鉄道―栃木県鉄道秘話」(大町雅美)　随想舎　2004.9　p318-319
　◎参考図書「語りべが書いた「下野の民話」」(柏村祐司)　随想舎　2006.4　p140-143
　◎参考文献「とちぎ石ものがたり―人と石の文化史」(栃木県立博物館)　栃木県立博物館　2007.10　p58

栃木県　足尾鉱毒事件
　◎参考文献「公害の原点を後世に―入門・足尾鉱毒事件」(広瀬武)　随想舎　2001.12　p200-201
　◎文献「直訴は必要だったか―足尾鉱毒事件の真実」(砂川幸雄)　勉誠出版　2004.10　p248-250
　◎略年譜「鉱毒と政治」(田中正造)　岩波書店　2004.11　p7-9b

栃木県　足尾銅山
　◎「足尾銅山史　別冊　文献・資料・索引」(村上安正)　随想舎　2006.7　58, 81p B5

栃木県　今市市
　◎参考文献「今市市の植物」(今市市歴史民俗資料館)　今市市歴史民俗資料館　2006.2　p165-166

栃木県　宇都宮市
　◎参考図書「宮のもの知り達人検定公式テキストブック」(宮のもの知り達人検定実行委員会)　下野新聞社　2007.2　p136-137

栃木県　宇都宮城
　◎参考文献「名城宇都宮城―しろとまちの移り変わり」(栃木県立博物館)　栃木県立博物館　2006.10　p106-107

栃木県　思川
　◎参考文献「さあ、思川へ行こう!―第47回企画展「思川の自然と歴史」ガイドブック」(小山市立博物館)　小山市立博物館　2004.9　p117-118

栃木県　鹿沼市
　◎参考文献「鹿沼の城と館」(鹿沼市史編さん委員会)　鹿沼市　2002.3　p132-134

栃木県　下野国分寺
　◎参考図書「下野国分寺展―発掘25年の成果」(栃木県立しもつけ風土記の丘資料館)　栃木県立しもつけ風土記の丘資料館　2007.3　p151-152

栃木県　寺野東遺跡
　◎参考文献「寺野東遺跡」(江原英ほか)　同成社　2007.9　p185-187

栃木県　西那須野町
　◎参考文献「西那須野町の行政史」(西那須野町史編さん委員会)　西那須野町　2001.3　p406-410
　◎参考文献ほか「西那須野町の社会世相史」(西那須野町史さん委員会)　西那須野町　2004.2　p364-369

栃木県　日光
　◎文献「栃木の日光街道―荘厳なる聖地への道」(日光街道ルネッサンス21推進委員会)　日光街道ルネッサンス21推進委員会　2003.3　p4-5b
　◎参考文献「明治維新と日光・戊辰戦争そして日光県の誕生」(柴田宜久)　随想舎　2005.8　p271-277
　◎参考文献「日光地域の集落地理学的研究」(岸野稔)　随想舎　2007.2　p333-334
　◎参考文献「朝鮮通信使・琉球使節の日光参り―三使の日記から読む日光道中」(佐藤権司)　随想舎　2007.8　p218-220

栃木県　芳賀町
　◎文献「芳賀町史　通史編　自然」(芳賀町史編さん委員会)　芳賀町　2002.3　p367-374
　◎文献「芳賀町史　通史編　民俗」(芳賀町史編さん委員会)　芳賀町　2002.3　p561-567
　◎参考文献「芳賀町史　通史編　近世」(芳賀町史編さん委員会)　芳賀町　2003.3　p971-987

栃木県　茂木町
　◎参考文献「栃木県芳賀郡茂木町大瀬平の地理と民俗」立教大学地理・人類学研究室　2002.7　p99-100

栃木県　歴史
　◎文献「古代下野への誘い―見たい知りたい・古代の素顔」(塙静夫)　下野新聞社　2002.10　p188-191

とちしけ

◎参考文献「律令国家の展開—9世紀前後における下野国」（栃木県立しもつけ風土記の丘資料館） 栃木県教育委員会 2004.10 p68-69
◎参考文献「栃木県の歴史散歩」（栃木県歴史散歩編集委員会） 山川出版社 2007.3 p336-337
◎参考文献「下野国黒羽藩主大関氏と史料保存—「大関家文書」の世界を覗く」（新井敦史） 随想舎 2007.8 p229-243

土地資源
◎参考文献「土地資源と国際貿易—HOV定理の検証」（金田憲和） 多賀出版 2001.2 p126-131

土地収用
◎参考文献「用地買収の理論と実践—損失補償の技術向上のために」（佐久間晟） プログレス 2004.1 p245-246

土地所有
◎参考文献「土地所有史—新体系日本史 3」（渡辺尚志ほか） 山川出版社 2002.2 p8-17b
◎文献「バンコク土地所有史序説」（田坂敏雄） 日本評論社 2003.7 p293-318
◎参考文献「コモンズ論再考」（鈴木龍也ほか） 晃洋書房 2006.7 p253-264
◎参考文献「都市の展開と土地所有—明治維新から高度成長期までの大阪都心」（名武なつ紀） 日本経済評論社 2007.9 p193-207

土地政策
◎参照文献「土地区画整理事業の換地制度」（下村郁夫） 信山社出版 2001.7 p251-257
◎註「都市と土地政策」（大浜啓吉ほか） 早稲田大学出版部 2002.2 prr
◎注「近世の土地制度と在地社会」（牧原成征） 東京大学出版会 2004.12 prr
◎文献「蒙地奉上—「満州国」の土地政策」（広川佐保） 汲古書院 2005.12 p313-329
◎文献目録「近代土地制度と不動産経営」（森田貴子） 塙書房 2007.2 p311-313

土地税制
◎参考文献「土地と住宅の経済分析」（青野勝広） 清文社 2002.8 p225-229
◎参考文献「土地と課税—歴史的変遷からみた今日的課題」（佐藤和男） 日本評論社 2005.10 p535-544

土地登記制度
◎参考文献「イギリス土地登記制度の研究」（金光寛之） 慶應義塾大学出版会 2001.10 p187-188

トチノキ
◎参考文献「トチ餅は東京産—その味は遙かなる縄文とのきずな」（濱屋悦次） 批評社 2006.5 p200-204

土地法
◎参考文献「日本の土地法—歴史と現状」（稲本洋之助ほか） 成文堂 2004.7 p269-270
◎参考文献「概説土地法—宅地から国土開発・自然保護まで」（須田政勝） 明石書店 2004.8 p474-475

土地利用
◎参考文献「地域空間をめぐる住民の利益と法」（見上崇洋） 有斐閣 2006.4 p295-304

特許
◎文献「特許ビジネスはどこへ行くのか—IT社会の落とし穴」（今野浩） 岩波書店 2002.6 p168-171
◎注「特許はだれのものか—職務発明の帰属と対価」（竹田和彦） ダイヤモンド社 2002.7 prr
◎ブックガイド「理工系のための特許・技術移転入門」（渡部俊也） 岩波書店 2003.1 p187-198
◎文献「特許明細書の書き方—より強い特許権の取得と活用のために 改訂3版」（伊東国際特許事務所） 経済産業調査会出版部 2003.2 p430-431
◎文献「特許訴訟に勝つ方法」（木村耕太郎） 中央経済社 2003.6 p174-175
◎参考文献「ビジネス方法特許 その戦略的取得と市場戦略」（上野博） 同文舘出版 2003.8 p215-221
◎参考図書ほか「化学とバイオテクノロジーの特許明細書の書き方読み方—研究者と特許担当者のための手引き書 5版」（渡邉睦雄） 発明協会 2004.5 p426-429
◎参考文献「特許の英語表現・文例集」（W. C. ローランドほか） 講談社 2004.5 p242-246
◎参考文献「特許明細書の書き方—より強い特許権の取得と活用のために 改訂4版」（伊東国際特許事務所） 経済産業調査会 2004.6 p485-486
◎文献案内「図解アメリカ発明史—ふしぎで楽しい特許の歴史」（S. ヴァン・ダルケン） 青土社 2006.11 p347-354
◎参考文献「特許明細書の書き方—より強い特許権の取得と活用のために 改訂5版」（伊東国際特許事務所） 経済産業調査会 2007.3 p497-498
◎参考図書ほか「化学とバイオテクノロジーの特許明細書の書き方読み方—研究者と特許担当者のための手引書 6版」（渡邉睦雄） 発明協会 2007.12 p419-422

特許法
◎参考文献ほか「特許法 第2版」（橋本良郎） 発明協会 2001.11 p323-324
◎参考文献「対説日米欧特許法」（阿部豊隆） 経済産業調査会 2002.3 p476-477
◎参考文献「特許法 改訂4版」（青山紘一） 法学書院 2003.3 p20-23f
◎引用参考文献「特許法 7版」（青山紘一） 法学書院 2005.4 p16-18f
◎参考文献「標準特許法 2版」（高林龍） 有斐閣 2005.12 p299-304
◎引用参考文献「特許法 8版」（青山紘一） 法学書院 2006.4 p17-20f
◎引用参考文献「特許法 9版」（青山紘一） 法学書院 2007.4 p17-20f

特許翻訳
◎書籍「特許英語翻訳ハンドブック—効率的な明細書翻訳のための資料とノウハウ」（佐藤亜古） 朝日出版社 2007.7 p159-169

特攻隊
◎参考文献「特攻へのレクイエム」（工藤雪枝） 中央公論新社 2001.7 p221-222
◎参考文献「指揮官たちの特攻」（城山三郎） 新潮社 2001.8 p190-194
◎参考文献「特攻の真実 命令と献身と遺族の心」（深堀道義） 原書房 2001.11 p369-370

◎参考文献「元気で命中に参ります―遺書からみた陸軍航空特別攻撃隊」（今井健嗣）　元就出版社　2004.3　p375-379

◎参考文献「特攻の総括―眠れ眠れ母の胸に」（深堀道義）　原書房　2004.3　p270-271

◎参考文献「特攻へのレクイエム」（工藤雪枝）　中央公論新社　2004.7　p265-266

◎参考資料「Kamikaze神風　」（石丸元章）　文藝春秋　2004.8　p306-313

◎参考文献「不時着」（日高恒太朗）　新人物往来社　2004.8　p456-459

◎参考資料「海の墓標―水上特攻「震洋艇」の記録」（二階堂清風）　鳥影社　2004.12　p186-187

◎参考文献「「特攻」と遺族の戦後」（宮本雅史）　角川書店　2005.3　p261-263

◎参考文献「特別攻撃隊の記録　陸軍編」（押尾一彦）　光人社　2005.4　p218」

◎参考文献「戦艦ミズーリに突入した零戦」（可知晃）　光人社　2005.5　p297-299

◎参考文献「人間機雷「伏龍」特攻隊」（瀬口晴義）　講談社　2005.6　p227-229

◎参考文献「もう、神風は吹かない―「特攻」の半世紀を追って」（シュミット村木眞寿美）　河出書房新社　2005.7　p259-261

◎参考文献「重爆特攻さくら弾機―大刀洗飛行場の放火事件」（林えいだい）　東方出版　2005.9　p285-286

◎参考文献「不時着―特攻―「死」からの生還者たち」（日高恒太朗）　文藝春秋　2006.12　p452-455

鳥取県
◎参考文献「鳥取県の近代和風建築―鳥取県近代和風建築総合調査報告書」（奈良国立文化財研究所）　鳥取県教委　2007.3　p347-350

◎参考文献「中国地方の民俗芸能　1鳥取・島根」（鳥取県教育委員会）　海路書院　2007.9　p252-256

鳥取県　妻木晩田遺跡
◎参考文献「妻木晩田遺跡」（高田健一）　同成社　2006.11　p167-171

鳥取県　鳥取市
◎参考文献「鳥取・米子と隠岐―但馬・因幡・伯耆街道の日本史37」（錦織勤ほか）　吉川弘文館　2005.8　p22-26b

鳥取県　米子
◎参考文献「鳥取・米子と隠岐―但馬・因幡・伯耆街道の日本史37」（錦織勤ほか）　吉川弘文館　2005.8　p22-26b

トップマネジメント
◎参考文献「トップマネジメントの意思決定」（北真収）　中央経済社　2007.3　prr

ドッペルゲンガー
◎年表稿（西井弥生子）「幻想文学、近代の魔界へ」（一柳廣孝ほか）　青弓社　2006.5　p213-246

徒弟教育
◎文献「「教えない」教育―徒弟教育から学びのあり方を考える」（野村幸正）　二瓶社　2003.10　p189-192

都々逸
◎文献ほか「新編どどいつ入門―風迅洞流「現代どどいつ」へ、ようこそ」（中道風迅洞）　三五館　2005.12　p279-284

トナカイ
◎文献「トナカイ牧畜民の食の文化・社会誌―西シベリア・ツンドラ・ネネツの生業と食の比較文化」（吉田睦）　彩流社　2003.3　p11-27b

賭博
◎参考文献「イギリス人は何にでも賭ける―そのチャレンジング・スピリットの由来」（小林章夫）　亜紀書房　2004.6　p250-254

◎参考文献「ゲーミング企業のマネジメント―カジノ・競馬・ロト（宝くじ）」（R. A. マガウアン）　税務経理協会　2005.8　p177-181

◎参考文献「天才数学者はこう賭ける―誰も語らなかった株とギャンブルの話」（W. パウンドストーン）　青土社　2006.12　p17-27b

◎参考文献「日本カジノ戦略」（中條辰哉）　新潮社　2007.8　p194-198

トビムシ
◎引用文献ほか「トビムシの住む森―土壌動物から見た森林生態系」（武田博清）　京都大学学術出版会　2002.3　p252-262

ドーピング
◎文献「ドーピングの社会学―近代競技スポーツの臨界点」（カール-ハインリッヒ・ベッテ，ウヴェ・シマンク）　不昧堂出版　2001.6　p296-309

土木
◎参考文献「日本の近代土木遺産―現存する重要な土木構造物2000選」（土木学会土木史研究委員会）　土木学会　2001.3　p12-14

◎参考文献「構造物の技術史―構造物の資料集成・事典」（藤本盛久）　市ケ谷出版社　2001.10　p1276-1291

◎参考文献「日本土木史総合年表」（三浦基弘ほか）　東京堂出版　2004.6　p400-403

◎参考文献「コンクリートの文明誌」（小林一輔）　岩波書店　2004.10　p5-12b

◎参考文献「土木人物事典」（藤井肇男）　アテネ書房　2004.12　p345-391

◎参考文献「土木遺産―世紀を越えて生きる叡智の結晶　ヨーロッパ編」（建設コンサルタンツ協会『Consultant』編集部）　ダイヤモンド社　2005.6　p194-195

○文献目録「Electric power civil engineering　321」（電力土木技術協会）　2006.1　p173-176

○文献リスト「風土工学の視座」（竹林征三）　技報堂出版　2006.8　p306-310

◎参考文献「土木遺産―世紀を越えて生きる叡智の結晶　2　アジア編」（建設コンサルタンツ協会『Consultant』編集部）　ダイヤモンド社　2007.11　p216-217

DOAM
○記事抄録（松本真実）「文献探索　2000」（文献探索研究会）　2001.2　p512-514

ドメスティック・バイオレンス
○記事抄録（遊座圭子）「文献探索　2000」（文献探索研究会）　2001.2　p551-554

ともこ

◎文献「ドメスティック・バイオレンス セクシュアル・ハラスメント―相談対応マニュアル」（東京弁護士会両性の平等に関する委員会） 商事法務研究会 2001.2 p148-155

◎参考文献「ドメスティック・バイオレンスと裁判―日米の実践」（NMP研究会, 大西祥世） 現代人文社 2001.3 p130-131

◎参考文献「ドメスティック・バイオレンスと家族の病理」（中村正） 作品社 2001.5 p251-254

◎参考文献「なぜ夫は、愛する妻を殴るのか?―バタラーの心理学」（D. G. ダットン, S. K. ゴラント） 作品社 2001.8 p281-286

◎参考文献「DV（ドメスティック・バイオレンス）あなた自身を抱きしめて―アメリカの被害者・加害者プログラム」（山口のり子） 梨の木舎 2001.9 p206-207

◎参考文献「使いこなそう!ドメスティック・バイオレンス防止法」（福島瑞穂） 明石書店 2001.9 p246-248

◎参考文献「Q&Aドメスティック・バイオレンス法児童虐待防止法解説」（山田秀雄） 三省堂 2001.12 p11-12f

◎文献「暴力被害と女性―理解・脱出・回復」（村本邦子） 昭和堂 2001.12 p215-221

◎参考文献「ドメスティック・バイオレンス 新版」（「夫（恋人）からの暴力」調査研究会） 有斐閣 2002.2 prr

◎文献「ドメスティック・バイオレンス」（戒能民江） 不磨書房 2002.4 p215-220

◎参考文献「ドメスティック・バイオレンス―夫婦ゲンカが犯罪になるとき」（戒能民江） 主婦と生活社 2002.4 p183」

○書誌（大池真奈美）「文献探索 2001」（文献探索研究会） 2002.7 p524-528

◎文献・論文「ドメスティック・バイオレンスの法―アメリカ法と日本法の挑戦」（小島妙子） 信山社出版 2002.10 p496-504

◎文献「脱暴力のプログラム―男のためのハンドブック」（D. J. ソンキン） 青木書店 2003.2 p312-315

◎参考文献「ドメスティック・バイオレンス―援助とは何か援助者はどう考え行動すべきか」（鈴木隆文） 教育史料出版会 2003.9 p329-339

◎文献「おびえる妻たち―松本地方のDVレポート」（山崎たつえ） 郷土出版社 2004.3 p268-273

◎文献「DVにさらされる子どもたち―加害者としての親が家族機能に及ぼす影響」（L. バンクロフト） 金剛出版 2004.7 p195-206

◎参考文献「Q&Aドメスティック・バイオレンス法児童虐待防止法解説 2版」（山田秀雄ほか） 三省堂 2004.11 p13-14f

◎参考文献ほか「DV被害者支援ハンドブック―サバイバーとともに」（尾崎礼子） 朱鷺書房 2005.1 p181-194

◎参考文献「ドメスティック・バイオレンス―そのとき教会は」（A. マイルズ） 日本キリスト教団出版局 2005.8 p256-258

◎参考文献「Q&A DVってなに?―この1冊でドメスティック・バイオレンスまるわかり」（番敦子ほか） 明石書店 2005.10 p154-163

◎引用参考文献「暴力被害者と出会うあなたへ―DVと看護」（友田尋子） 医学書院 2006.3 p147-151

◎参考資料「DV・虐待にさらされた子どものトラウマを癒す―お母さんと支援者のためのガイド」（L. バンクロフト） 明石書店 2006.12 p355-374

◎参考文献「HCR-20―暴力のリスク・アセスメント」（C. D. Webster） 星和書店 2007.5 p73-91

◎引用参考文献「ドメスティック・バイオレンスとジェンダー―適正手続と被害者保護」（吉川真美子） 世織書房 2007.7 p249-270

◎参考文献「女性の健康とドメスティック・バイオレンス―WHO国際調査/日本調査結果報告書」（吉浜美恵子ほか） 新水社 2007.11 p95-108

◎参考文献「デートDVってなに?Q&A―理解・支援・解決のために」（日本DV防止・情報センター） 解放出版社 2007.12 p117-118

友子

○文献目録（土井徹平）「鉱山研究 84」（鉱山研究会） 2007.10 p47-52

富山県

◎参考文献「富山県の祭り・行事―富山県祭り・行事調査報告書」（富山県教育委員会文化財課） 富山県教育委員会 2002.3 p203-205

◎参考文献「とやま巨木探訪」（泉治夫ほか） 桂書房 2005.6 p285-287

富山県　越中

◎参考文献「越中・能登と北陸街道―街道の日本史 27」（深井甚三） 吉川弘文館 2002.2 p21-23b

◎文献「越中山河覚書 1」（橋本広） 桂書房 2002.4 p268-269

◎註「越中古代社会の研究」（木本秀樹） 高志書院 2002.11 prr

富山県　王塚千坊山遺跡

◎参考文献「王塚・千坊山遺跡群」（大野英子） 同成社 2007.1 p168-172

富山県　下立村

◎参考資料「下立村史」 下立地区自治振興会 2004.3 p423-424

富山県　黒部川

◎参考資料「川の吐息、海のため息―ルポ黒部川ダム排砂」（角幡唯介） 桂書房 2006.5 p301-302

富山県　黒部市

◎参考文献「富山県石田耕地整理事業史―大正末期・昭和の土地改良事業について」（下坂義夫） 白桃書房 2006.8 p209-212

富山県　下村

◎参考文献「続下村史」 下村役場 2005.10 p543-544

富山県　高岡市

◎「高岡地区図書館郷土関係資料目録　第2集」（高岡地区図書館連絡会事務局） 高岡地区図書館連絡会事務局 2005.10 39p A4

◎参考文献「古城萬華鏡―高岡誕生の物語」（山本和代） 桂書房 2006.3 p414-416

富山県　立山

◎参考文献「山嶽活写―大正末、雪の絶巓にカメラを廻す」（立山博物館） 立山博物館 2005.3 1pb

◎参考文献「立山火山は今…―地底からもたらされたもの」(富山県「立山博物館」)　富山県「立山博物館」2006.7　p46-47
◎文献資料「立山信仰と布橋大灌頂法会―加賀藩芦峅寺衆徒の宗教儀礼と立山曼荼羅」(福江充)　桂書房　2006.9　p289-293

富山県　氷見市
◎文献「写真にみる氷見の昔と今―特別展」(氷見市立博物館)　氷見市立博物館　2003.3　p108-109

富山県　八尾市
◎「八尾郷土文化研究図書目録」(棚橋利光)　八尾郷土文化研究会　2005.3　141, 20, 58p A4

富山県　歴史
◎「『富山史壇』論文等目録」(越中史壇会五十周年記念事業実行委員会)　事業実行委員会　2004.10　74p A5
○動向(久保尚文ほか)「信濃　59.6.689」(信濃史学会)　2007.6　p421-436

豊川海軍工廠
◎参考文献「豊川海軍工廠展―巨大兵器工場―終戦60年後の記録　終戦60周年企画」(桜ヶ丘ミュージアム)　桜ヶ丘ミュージアム　2005.7　p90-91

トヨタ自動車
◎参考文献「トヨタとGAZOO―戦略ビジネスモデルのすべて」(デルフィスITワークス)　中央経済社　2001.3　p237-239
◎参考文献「トヨタ式最強の経営」(柴田昌治, 金田秀治)　日本経済新聞社　2001.6　p257-258
◎参考書籍「トヨタ経営システムの研究―永続的成長の原理」(日野三十四)　ダイヤモンド社　2002.6　p337-339
◎文献「トヨタの労働現場―ダイナミズムとコンテクスト」(伊原亮司)　桜井書店　2003.5　p297-309
◎文献「トヨタシステムと国際戦略―組織と制度改革の展望」(影山僖一)　ミネルヴァ書房　2003.11　p229-231
◎参考文献ほか「ザ・トヨタウェイ　下」(J. K. ライカー)　日経BP社　2004.7　p281-276
◎参考引用文献「トヨタを知るということ」(中沢孝夫ほか)　日本経済新聞社　2004.11　p377-380
◎参考文献「トヨタシステムと管理会計―全体最適経営システムの再構築をめざして」(河田信)　中央経済社　2004.12　p201-210
◎参考文献「トヨタ労使マネジメントの輸出―東アジアへの移転過程と課題」(願興寺䄂之)　ミネルヴァ書房　2005.2　p181-183
◎参考文献「ザ・ハウス・オブ・トヨタ―自動車王豊田一族の百五十年」(佐藤正明)　文藝春秋　2005.5　p614-615
◎参考文献「レクサストヨタの挑戦」(長谷川洋三)　日本経済新聞社　2005.5　p230-231
◎参考文献「トヨタモデル」(阿部和義)　講談社　2005.6　p244-246
◎参考文献「トヨタプロダクションシステム―その理論と体系」(門田安弘)　ダイヤモンド社　2006.2　p547-558
◎参考文献「トヨタ製品開発システム」(J. M. モーガンほか)　日経BP社　2007.2　p405-409
◎参考文献「トヨタ愚直なる人づくり―知られざる究極の「強み」を探る」(井上久男)　ダイヤモンド社　2007.9　p211-215

トラ
◎文献「トラが語る中国史―エコロジカル・ヒストリーの可能性」(上田信)　山川出版社　2002.7　p195-198

渡来人
◎注文献「吉士と西漢氏　渡来氏族の実像」(加藤謙吉)　白水社　2001.2　p191-210
◎参考文献「韓国より渡り来て―古代国家の形成と渡来人　平成十三年度春季特別展」　滋賀県立安土城考古博物館　2001.4　p94-95
◎参考文献「大和王権と渡来人―三・四世紀の倭人社会　平成16年秋季特別展」(大阪府立弥生文化博物館)　弥生文化博物館　2004.10　p90-91

ドライビング・シミュレータ
○文献リスト(篠原一光)「交通科学　37.1」(大阪交通科学研究会)　2006　p65-70

トラウマ
○文献展望(生塩詞子ほか)「心理教育相談研究　18」(広島大)　2001　p229-240
◎文献「トラウマティック・ストレス　PTSDおよびトラウマ反応の臨床と研究のすべて」(B. A. ヴァン・デア・コルクほか)　誠信書房　2001.9　prr
◎BOOKガイド(浅野弘毅)「トラウマ―心の痛手の精神医学」(藤沢敏雄)　批評社　2002.1　p149-154
◎文献「悲しみに言葉を―喪失とトラウマの心理学」(J. H. ハーヴェイほか)　誠信書房　2002.11　p385-370
◎文献「サイコロジカル・トラウマ」(B. A. ヴァンダーコーク)　金剛出版　2004.3　prr
◎文献「トラウマへの対処―トラウマを受けた人の自己理解のための手引き」(J. G. アレン)　誠信書房　2005.3　p387-420
◎文献「トラウマの内なる世界―セルフケア防衛のはたらきと臨床」(D. カルシェッド)　新曜社　2005.9　p322-330
◎参考文献「学校トラウマと子どもの心のケア―実践編」(藤森和美)　誠信書房　2005.9　p221-226
○リーディングリスト「心的トラウマの理解とケア　2版」(金吉晴)　じほう　2006　p338-341
◎参考文献「トラウマの声を聞く―共同体の記憶と歴史の未来」(下河辺美知子)　みすず書房　2006.6　p231-244
◎参考文献「環状島=トラウマの地政学」(宮地尚子)　みすず書房　2007.12　p221-228

ドラジェ
◎文献「ドラジェ〈糖衣掛菓子〉の秘密―Panコーティング技術のすべて」(望月恵三)　光琳　2007.4　p265-266

トラホーム
◎注「学校保健の近代」(船橋治)　不二出版　2004.9　p63-70

ドラマ教育
◎参考文献「ストーリードラマ―教室で使えるドラマ教育実践ガイド」(D. ブース)　新評論　2006.11　p230-232
◎参考文献「インプロ教育―即興演劇は創造性を育てるか?」(高尾隆)　フィルムアート社　2006.12　p359-359

ドラマセラピー
◎引用文献「ドラマセラピーのプロセス・技法・上演―演じることから現実へ」（R. エムナー）　北大路書房　2007.3　p349-354

ドラミング
◎参照文献「ドラミング　リズムで癒す心とからだ」（R. L. フリードマン）　音楽之友社　2003.3　p198-201

虎屋
◎参考文献「虎屋の五世紀―伝統と革新の経営　通史編」（虎屋）　虎屋　2003.11　p458-460
◎参考図書「虎屋和菓子と歩んだ五百年」（黒川光博）　新潮社　2005.8　p184-185
◎参考文献ほか「老舗ブランド「虎屋」の伝統と革新―経験価値創造と技術経営」（長沢伸也ほか）　晃洋書房　2007.10　p161-167

鳥
◎「バードブック収書一覧」　熊毛町立図書館　2001.3　1冊　A4横
◎参考資料「鳥の博物誌―伝承と文化の世界に舞う」（国松俊英）　河出書房新社　2001.9　p238-242
◎出典「世界の鳥の民話」（日本民話の会外国民話研究会訳）　三弥井書店　2004.6　p21-25b
◎参考文献「鳥の起源と進化」（A. フェドゥーシア）　平凡社　2004.7　p551-615
◎引用文献「鳥たちの森」（日野輝明）　東海大学出版会　2004.10　p232-226

ドリアン
◎参考文献「果物の王様ドリアンの植物誌―天国の味と地獄のにおい」（渡辺弘之）　長崎出版　2006.12　p214-215

鳥インフルエンザ
◎原注「感染爆発―鳥インフルエンザの脅威」（M. デイヴィス）　紀伊國屋書店　2006.3　p246-223

取締役
◎参考文献「利害調整メカニズムと会計情報」（乙政正太）　森山書店　2004.3　p209-228
◎文献目録「コーポレート・ガバナンスと取締役会―最も効果的な手法」（PricewaterhouseCoopers LLP）　シュプリンガーV東京　2005.5　p161-164
◎参考文献「会社経営と取締役の責任―アメリカ会社法の研究を中心として　2版」（亀山孟司）　成文堂　2007.10　p276-278

とりたて詞
○書誌（小野公仁香）「文献探索　2004」（文献探索研究会）　2004.4　p397-402

トリックスター
◎参考書目「トリックスターの系譜」（L. ハイド）　法政大学出版局　2005.1　p22-35b

取引制度
◎参考文献「取引制度の経済史」（岡崎哲二）　東京大学出版会　2001.9　prr

塗料
◎引用文献「塗料の選び方・使い方―改訂3版」（植木憲二）　日本規格協会　2002.12　prr
◎参考文献「銅ピリチオン」（中西準子ほか）　丸善　2007.3　p161-166

度量衡
◎参考文献「度量衡の歴史　復刻版」（小泉袈裟勝）　産業技術総合研究所　2006.5　p245-247

ドル
◎参考文献「ドル本位制の通貨危機―国際資金ポンプとしての米国」（片岡尹）　勁草書房　2001.4　p185-195
◎参考文献「「アメリカ」を越えたドル―金融グローバリゼーションと通貨外交」（田所昌幸）　中央公論新社　2001.5　p346-440
◎参考文献「ドルリスク―国際資本移動とアメリカ経済」（吉川雅幸）　日本経済新聞社　2004.9　p206-210

トルコ
◎参考文献「トルコ世紀のはざまで」（遠山敦子）　NHK出版　2001.10　p264-265
◎参考文献「トルコ・イスラーム都市の空間文化」（浅見泰司）　山川出版社　2003.7　prr
◎参考文献「「王権と都市」を歩く―京都からコンスタンティノープルへ」（今谷明）　NTT出版　2004.3　p281-285
◎参照文献「現代トルコの民主政治とイスラーム」（澤江史子）　ナカニシヤ出版　2005.12　p308-334
◎文献案内「トルコ民族の世界史」（坂本勉）　慶應義塾大出版会　2006.5　p177-194
◎参考文献「東の太陽、西の新月―日本・トルコ友好秘話「エルトゥールル号」事件」（山田邦紀ほか）　現代書館　2007.9　p221-222
◎参考文献「EU拡大のフロンティア―トルコとの対話」（八谷まち子）　信山社出版　2007.12　p192-196

トルコ　イスタンブール
◎参考文献「イスタンブールの大聖堂　モザイク画が語るビザンティン帝国」（浅野和生）　中央公論新社　2003.2　p205-207
◎文献「イスタンブル―歴史と現代の光と影」（長場紘）　慶應義塾大出版会　2005.9　p233-239

トルコ　オスマン帝国
◎参考文献「オスマンvs.ヨーロッパ―〈トルコの脅威〉とは何だったのか」（新井政美）　講談社　2002.4　p213-217
◎文献「オスマン帝国の海運と海軍」（小松香織）　山川出版社　2002.11　p283-291
◎文献「ハプスブルク・オスマン両帝国の外交交渉―1908-1914」（藤由順子）　南窓社　2003.10　p217-225
◎参考文献「オスマン帝国の近代と海軍」（小松香織）　山川出版社　2004.2　p89-90

トルコ　コンスタンチノープル
◎文献案内（伊藤敏樹）「コンスタンチノープル征服記　第4回十字軍」（G. d. ヴィルアルドゥワン）　講談社　2003.8　p370-365

トルコ　美術
◎単行本案内ほか「シルクロード美術鑑賞への誘い」（松平美和子）　芙蓉書房出版　2007.6　p155-169

トルコ　歴史
◎原注文献「ビザンツ帝国史」（G. オストロゴルスキー）　恒文社　2001.3　p729-748
◎参考文献「トルコ近現代史―イスラム国家から国民国家へ」（新井政美）　みすず書房　2001.4　p18-35
◎参考文献「西アジア史　II　イラン・トルコ　世界各国史 9」（永田雄三）　山川出版社　2002.8　p42-63b

トルコ語
- ◎参考文献「トルコ語の母音調和に関する実験音声学的研究」(福盛貴弘)　勉誠出版　2004.3　p281-296
- ○文献目録(野澤泰子)「文献探索 2004」(文献探索研究会)　2004.4　p523-528

トルコ文庫
- ○文庫紹介(永田雄三)「図書の譜8」(明治大)　2004.3　p11-24

ドルトンプラン
- ◎参考文献「ドルトン・プランにおける「自由」と「協同」の教育的構造」(伊藤朋子)　風間書房　2007.2　p189-199

奴隷
- ◎文献「フランス・インド会社と黒人奴隷貿易」(藤井真理)　九州大学出版会　2001.2　p149-158
- ◎文献「ニグロ、ダンス、抵抗―17〜19世紀カリブ海地域奴隷制史」(ガブリエル・アンチオープ)　人文書院　2001.7　p308-314
- ◎文献「奴隷制の記憶―サマセットへの里帰り」(ドロシー・スプルール・レッドフォード)　彩流社　2002.6　p288-290
- ◎文献「黒人奴隷の着装の研究―アメリカ独立革命期ヴァージニアにおける奴隷の被服の社会的研究」(浜田雅子)　東京堂出版　2002.9　p172-177
- ◎参考文献ほか「資本主義と奴隷制―経済史から見た黒人奴隷制の発生と崩壊」(E.ウィリアムズ)　明石書店　2004.2　p390-310
- ◎参考文献「農園主と奴隷のアメリカ」(滝野哲郎)　世界思想社　2004.5　p8-17b
- ◎原注「イスラームの黒人奴隷―もう一つのブラック・ディアスポラ」(R.シーガル)　明石書店　2007.5　p374-353
- ◎註「アメリカの奴隷制と黒人―五世代にわたる捕囚の歴史」(I.バーリン)　明石書店　2007.10　p509-419

トレーニング
- ◎参考文献「やさしいメンタルトレーニング―試合で最高の力を発揮するために」(新畑茂充,関矢寛史)　黎明書房　2001.5　p224-226
- ◎文献「シニアのための筋力トレーニング―安全で効果的な運動指導ガイド」(W. L. Westcott, T. R. Baechle)　ナップ　2001.7　p209-217
- ◎参考文献「中長距離ランナーの科学的トレーニング」(デビッド・マーティン,ピーター・コー)　大修館書店　2001.7　p303-328
- ◎参考文献「ラガーマンの肉体改造法」(宝田雄大)　ベースボール・マガジン社　2002.7　p152-156
- ◎文献「スタビライゼーション―ボディバランスを獲得する身体能力を著しく向上させる実戦的トレーニング―基本理論と〈レベル別〉〈競技別〉プログラムを徹底図解!」(小林敬和)　山海堂　2003.9　p220-221
- ◎文献「今すぐ使えるメンタルトレーニング　コーチ用」(高妻容一)　ベースボール・マガジン社　2003.12　p283-291
- ◎参考文献「爆発的パワー養成プライオメトリクス」(J. C.ラドクリフほか)　大修館書店　2004.11　p181-186
- ◎文献「体力づくりからフィットネス教育へ―アメリカの体育教育と身体づくりへの責任」(井谷恵子)　明石書店　2005.2　prr
- ◎参考文献「スポーツメンタルトレーニング教本　改訂増補版」(日本スポーツ心理学会)　大修館書店　2005.4　p254-264
- ◎文献「競技力向上のトレーニング戦略―ピリオダイゼーションの理論と実際」(T.ボンパ)　大修館書店　2006.7　p296-303
- ◎参考文献「トレーニングのホントを知りたい?」(谷本道哉)　ベースボール・マガジン社　2007.8　p229-228
- ◎参考文献ほか「究極のトレーニング―最新スポーツ生理学と効率的カラダづくり」(石井直方)　講談社　2007.8　p299-301
- ◎参考文献「スポーツトレーニングの常識を疑え!―GET YOUR BEST TRAINING」(日本トレーニング指導者協会)　ベースボール・マガジン社　2007.9　p248-253

ドレフュス事件
- ◎参考文献「ドレフュス事件のなかの科学」(菅野賢治)　青土社　2002.11　p9-34b

泥絵
- ◎資料「泥絵で見る大名屋敷」(平井聖ほか)　学習研究社　2004.2　p111」

とはずがたり
- ◎研究文献「中世日記紀行文学評釈集成　4」　勉誠出版　2000.10　p472-512
- ◎著作目録「女西行の世界」(松本寧至)　勉誠出版　2001.3　p267-268

ドンキホーテ
- ◎読書案内「ドン・キホーテの独り言」(木村栄一)　岩波書店　2001.6　prr

侗族
- ◎参考文献「侗族の音楽が語る文化の静態と動態」(薛羅軍)　大学教育出版　2005.10　p134-139

トンデモ本
- ◎「と学会年鑑2001」(と学会)　太田出版　2001.1　250p B6
- ◎「トンデモ本の世界　R」(と学会)　太田出版　2001.10　348p B6
- ◎「と学会年鑑 2002」(と学会)　太田出版　2002.2　262p 46s

トンネル
- ◎文献「掘るまいか―山古志村に生きる」(三宅雅子)　鳥影社　2006.2　p120-122

トンボ
- ◎ステップ13「トンボ入門」(新井裕)　どうぶつ社　2004.7　p133-139
- ◎註「トンボと自然観」(上田哲行)　京大学術出版会　2004.11　prr
- ◎参考文献「トンボのすべて　第2改訂版」(井上清ほか)　トンボ出版　2005.8　p159-160
- ◎参考文献「青森県のトンボ」(青森県トンボ研究会)　青森県トンボ研究会　2006.7　p185-186
- ◎引用文献ほか「トンボ博物学―行動と生態の多様性」(P. S. Corbet)　海游舎　2007.4　p651-747
- ◎参考文献「北海道のトンボ図鑑」(広瀬良宏ほか)　ミナミヤンマ・クラブ　2007.7　p182
- ◎参考文献「沖縄のトンボ図鑑」(渡辺賢一ほか)　ミナミヤンマ・クラブ　2007.8　p193-195

とんや

◎参考文献「赤とんぼの謎」（新井裕）　どうぶつ社　2007.8　p172-169
◎参考文献「昆虫の保全生態学」（渡辺守）　東京大出版会　2007.12　p182-187

問屋
◎参考文献「現代商業の機能と革新事例」（森田克徳）多賀出版　2004.5　p228-229

【　な　】

内閣法制局
◎参考文献「戦後政治にゆれた憲法九条―内閣法制局の自信と強さ　「武力行使と一体化論」の総仕上げ　第2版」（中村明）　中央経済社　2001.1　p331-332
◎文献「知られざる官庁新内閣法制局―立法の中枢」（西川伸一）　五月書房　2002.9　p295-300

内観法
◎参考文献ほか「心理療法としての内観」（真栄城輝明）朱鷺書房　2005.3　p283-327
◎参考文献「内観法―実践の仕組みと理論」（長山恵一ほか）　日本評論社　2006.7　p487-496

ナイジェリア
◎参考文献「アフリカの医療・障害・ジェンダー―ナイジェリア社会への新たな複眼的アプローチ」（落合雄彦ほか）　晃洋書房　2007.3　prr

内戦
◎文献目録ほか「戦乱下の開発政策」（世界銀行）　シュプリンガーV東京　2004.8　p177-197

内的世界
◎参照文献「内的世界と外的現実―対象関係論の応用」（O. F. カーンバーグ）　文化書房博文社　2002.4　p433-448

内部監査
◎引用文献「内部監査」（松井隆幸）　同文舘出版　2005.5　p157-160
◎文献「内部監査人の実務ハンドブック―内部統制システムに役立つ実務手引き」（日本内部監査協会）　日科技連出版社　2007.5　p471-472
◎参考文献「ストーリーでわかる内部監査態勢の構築」（榎本成一ほか）　同文舘出版　2007.7　p158-159
◎参照参考文献「現代の実践的内部監査　改訂版」（日本内部監査協会）　同文舘出版　2007.9　p415-416

内部告発
◎参考資料「内部告発の時代―組織への忠誠か社会正義か」（宮本一子）　共栄書房　2002.5　p231-230
◎引用文献「内部告発のマネジメント―コンプライアンスの社会技術」（岡本浩一ほか）　新曜社　2006.8　p9-21b

内部統制
◎参考文献「内部統制マネジメント―コーポレートガバナンスを支える仕組みと運用」（ベリングポイント株式会社ほか）　生産性出版　2004.6　p225-228
◎参考文献「内部統制システムのしくみと実務対策―新会社法に対応」（牧野二郎ほか）　日本実業出版社　2006.3　p157-158
◎参考文献ほか「コーポレート・ガバナンスと内部統制―信頼される経営のために」（経済産業省企業行動課）経済産業調査会　2007.1　p349-351
◎参考文献「コンプライアンスと企業文化を基軸としたやわらかい内部統制」（水尾順一ほか）　日本規格協会　2007.3　p177-180
◎参考文献「企業リスクマネジメント―内部統制の手法として」（吉川吉衞）　中央経済社　2007.3　p256-269
◎引用参考文献「内部統制と経営強化―日本版SOX法対応による企業価値向上」（ベリングポイント内部統制コンソーシアム）　生産性出版　2007.8　p257-264

内部労働市場論
◎引用文献「日本の労働研究　その負の遺産」（野村正實）　ミネルヴァ書房　2003.5　p307-314

内務省
◎参考文献「内務省　名門官庁はなぜ解体されたか」（百瀬孝）　PHP研究所　2001.4　p190-196

ナイロン
◎文献一覧「ナイロン発明の衝撃―ナイロンが日本に与えた影響」（井上尚之）　関西学院大出版会　2006.3　p159-164

直木賞
◎年表「それぞれの芥川賞・直木賞」（豊田健次）　文藝春秋　2004.2　p168-245

長崎県
◎参考文献「中国文化と長崎県　再版」（長崎県教育委員会）　長崎県教育委員会　2003.3　p206-208
◎参考文献「佐賀・島原と長崎街道　街道の日本史50」（長野暹）　吉川弘文館　2003.9　p19-22b
◎参考図書ほか「長崎県の神社を訪ねて―本土編」（林田秀晴）　出島文庫　2004.4　p301-303
◎参考資料「長崎石物語―石が語る長崎の生いたち」（布袋厚）　長崎文献社　2005.6　p204-205
◎参考文献「長崎雑学紀行」（後藤恵之輔）　長崎文献社　2006.12　p239-246
◎参考文献「九州地方の民俗芸能　2」（長崎県教育委員会ほか）　海路書院　2007.7　p298
◎参考文献「こうすれば地域再生できる―長崎県における地域経営の戦略」（菊森淳文）　長崎新聞社　2007.10　p237-238

長崎県　壱岐
◎文献「発掘「倭人伝」―海の王都、壱岐・原の辻遺跡展―国特別史跡指定記念」（長崎県教育委員会）　長崎県教育委員会　2002.2　p90-92
◎参考文献「壱岐・対馬と松浦半島　街道の日本史49」（佐伯弘次）　吉川弘文館　2006.4　p23-25b
◎参考文献「壱岐焼酎―蔵元が語る麦焼酎文化私論」（山内賢明）　長崎新聞社　2007.11　p217-218

長崎県　諫早
◎参考文献「目で見る諫早・大村の100年」　郷土出版社　2002.2　p146」
◎参考文献「ルポ諫早の叫び―よみがえれ干潟ともやいの心」（水尾俊彦）　岩波書店　2005.6　p209-216

長崎県　雲仙岳
　◎書籍一覧「平成島原大変DATA BOOK　資料編」（島原市企画課）　雲仙・普賢岳噴火災害記録誌作成委員会　2002.12　p214-235

長崎県　大村
　◎参考文献「目で見る諫早・大村の100年」　郷土出版社　2002.2　p146」
　◎参考文献「大村湾―超閉鎖性海域「琴の海」の自然と環境」（松岡數充）　長崎新聞社　2004.10　p14-15b

長崎県　五島列島
　◎参考文献「五島列島の高齢者と地域社会の戦略」（叶堂隆三）　九州大学出版会　2004.12　prr
　◎参考資料「五島列島をゆく―西海への旅・その歴史と風土」（尾崎朝二）　海鳥社　2007.1　p254-255

長崎県　島原
　◎参考文献「目で見る島原・南高の100年」（松尾卓次）　郷土出版社　2002.2　p146」

長崎県　島原の乱
　◎参考文献「天草・島原の乱―徳川幕府を震撼させた百二十日」（八代市立博物館未来の森ミュージアム）　八代市立博物館未来の森ミュージアム　2002.10　p232-233
　◎文献一覧「小城鍋島藩と島原の乱―小城鍋島文庫に見る」　佐賀大　2004.8　p115-118
　◎参考文献「天草島原の乱とその前後」（鶴田倉造）　熊本県上天草市　2005.3　p343-345
　◎参考文献「島原の乱―キリシタン信仰と武装蜂起」（神田千里）　中央公論新社　2005.10　p245-249

長崎県　多良岳
　◎参考文献「多良岳の休日―渓流沿いに森の中へ」（引地秀司）　長崎新聞社　2004.6　p186-189

長崎県　対馬
　◎註「対馬藩江戸家老―近世日朝外交をささえた人びと」（山本博文）　講談社　2002.6　p296-305
　◎参考文献「祭祀と空間のコスモロジ―対馬と沖縄」（鈴木正崇）　春秋社　2004.2　p545-568
　◎参考文献「対馬からみた日朝関係」（鶴田啓）　山川出版社　2006.8　4pb
　◎引用参考文献「中世対馬宗氏領国と朝鮮」（荒木和憲）　山川出版社　2007.11　p13-23b

長崎県　出島
　◎註「長崎出島オランダ異国事情」（西和夫）　角川書店　2004.9　p214-222
　◎参考文献「「株式会社」長崎出島」（赤瀬浩）　講談社　2005.7　p245-247
　◎参考文献「世界史の中の出島―日欧通交史上長崎の果たした役割　新装版」（森岡美子ほか）　長崎文献社　2005.9　p181-183

長崎県　居留地
　○参考文献「長崎居留地　日本の美術472」（至文堂）　2005.9　p85」

長崎県　長崎市
　◎参考文献「肥前国深堀の歴史」（平幸治）　長崎新聞社　2002.8　p647-656
　◎参考文献「軍艦島の遺産―風化する近代日本の象徴」（後藤惠之輔ほか）　長崎新聞社　2005.4　p220-222

長崎県　長崎奉行
　◎文献「長崎奉行の研究」（鈴木康子）　思文閣出版　2007.3　p378-382

長崎県　長崎貿易
　◎註「長崎貿易と寛永鎖国」（木崎弘美）　東京堂出版　2003.8　prr

長崎県　端島
　◎参考文献「軍艦島の遺産―風化する近代日本の象徴」（後藤惠之輔ほか）　長崎新聞社　2005.4　p220-222

長崎県　南高来郡
　◎参考文献「目で見る島原・南高の100年」（松尾卓次）　郷土出版社　2002.2　p146」

長崎県　歴史
　◎参考文献「ハウステンボス周辺の今昔」（長島俊一）　長島俊一　2005.6　p107-108
　◎参考文献「長崎県の歴史散歩」（長崎県高等学校教育研究会地歴公民部会歴史分科会）　山川出版社　2005.6　p275-277
　◎文献「明治期長崎のキリスト教―カトリック復活とプロテスタント伝道」（坂井信生）　長崎新聞社　2005.12　p219-220
　◎参考文献「幕末維新期長崎の市場構造」（小山幸伸）　御茶の水書房　2006.1　p327-337
　◎参考文献「《トピックスで読む》長崎の歴史」（江越弘人）　弦書房　2007.3　p306-308

長崎造船所
　◎参照文献「長崎造船所原価計算生成史」（豊島義一）　同文舘出版　2006.2　p387-391

長篠合戦
　◎参考文献「鉄砲隊と騎馬軍団　真説・長篠合戦」（鈴木真哉）　洋泉社　2003.5　p240-246
　◎註「徹底検証長篠・設楽原の戦い」（小林芳春）　吉川弘文館　2003.8　prr

中島飛行機
　◎参考文献「歴史のなかの中島飛行機」（桂木洋二）　グランプリ出版　2002.4　p214」

中山道
　◎参考文献「中山道　武州・西上州・東上州―街道の日本史　17」（山田忠雄ほか）　吉川弘文館　2002.4　p22-24b
　◎文献「中山道―街道開設四百年記念」（板橋区立郷土資料館）　板橋区立郷土資料館　2002.10　p204-206

長野県
　◎参考文献「食―とる・つくる・たべる」　長野県立歴史館　2001.3　p58-59
　◎参考文献「長野の花火は日本一」（武藤輝彦）　信濃毎日新聞社　2001.11　p157」
　◎参考文献「なんでも食べるゾ信州人」（中田敬三）　郷土出版社　2002.1　p246-247
　◎文献「信州のことば―21世紀への文化遺産」（馬瀬良雄）　信濃毎日新聞社　2003.6　p403-409
　◎参考文献「村落社会と「出稼ぎ」労働の社会学―諏訪地域の生業セットとしての酒造労働と村落・家・個人」（矢野晋吾）　御茶の水書房　2004.11　p255-286
　◎参考文献「近世信濃俳人・俳句全集」（矢羽勝幸ほか）　象山社　2004.12　p209-237

なかのけ

◎文献「新編上田・佐久の民話」(滝沢きわこ) 一草舎出版 2005.8 p412」
◎参考文献「信州教育史再考—教育と文化をめぐる通史の試み」(伴野敬一) 龍鳳書房 2005.10 p328-332
◎文献「信州の民話伝説集成 南信編」(宮下和男) 一草舎出版 2005.12 p426-430
◎参考資料ほか「信州の民話伝説集成 中信編」(はまみつを) 一草舎出版 2006.2 p444-450
◎参考文献「信州の民話伝説集成 東信編」(和田登) 一草舎出版 2006.2 p434-438
◎参考文献「日本を—MINIMA JAPONIA」(田中康夫) 講談社 2006.6 p91-95b
◎文献「木曽谷の森林鉄道 改訂新版」(西裕之) ネコ・パブリッシング 2006.11 p318-319
◎参考文献「須坂・中野・飯山の社寺—北信濃の信仰と文化」 郷土出版社 2007.4 p236-237
◎参考文献「物語・信州ことば遊び事典」(中田敬三) 郷土出版社 2007.5 p290-291
◎参考文献「信州の天狗—その祭りと伝説」(窪田文明) 一草舎 2007.9 p280-282
◎文献「軽井沢町植物園の花 2」(軽井沢町教育委員会) ほおずき書籍 2007.10 p156-160
◎参考文献「しなの帰化植物図鑑」(横内文人ほか) 信濃毎日新聞社 2007.11 p218」
◎参考文献「探訪信州の古城—城跡と古戦場を歩く」(湯本軍一) 郷土出版社 2007.11 p290-291

長野県 飯田市
◎参考文献「飯田市の70年 保存版」(伊那史学会) 一草舎出版 2007.7 p223-224

長野県 飯田城
◎参考文献「飯田城ガイドブック—飯田城とその城下町をさぐろう」(飯田市美術博物館) 飯田市美術博物館 2005.3 p141」

長野県 伊那
◎参考文献「伊那・木曾谷と塩の道 街道の日本史26」(高木俊輔) 吉川弘文館 2003.6 p20-24b

長野県 上田市
◎参考文献「上田の地質と土壌」(上田市誌編さん委員会) 上田市 2002.3 p197-199
◎参考文献「信仰と芸能」(上田市誌編さん委員会) 上田市 2002.3 p194-195
◎参考文献「人権の確立と女性のあゆみ」(上田市誌編さん委員会) 上田市 2002.3 p227-233
◎文献「現代産業へのあゆみ」(上田市誌編さん委員会) 上田市 2002.10 p267-272
◎文献「新しい社会を求めて」(上田市誌編さん委員会) 上田市 2002.10 p266-269
◎参考文献「近世の庶民文化 上田市誌歴史編10」(上田市誌さん委員会) 上田市 2004.3 p191-193
◎参考文献「総説上田の歴史 上田市誌別巻1」(上田市誌さん委員会) 上田市 2004.3 p243-246

長野県 上田自由大学
◎文献目録(長島伸一)「上田自由大学とその周辺」(長野大学) 郷土出版社 2006.7 p166-195

長野県 臼田町
◎参考文献「臼田町誌 1自然編」(臼田町自然誌編纂委員会) 臼田町誌刊行会 2004.3 prr

主題書誌索引 2001-2007

長野県 大町市
◎文献「語り継ぐ大町の伝説—全380話」(大町民話の里づくりもんぺの会) 大町民話の里づくりもんぺの会 2007.7 p287-288

長野県 小谷村
◎参考文献「信州白馬山麓小谷の本」(長野県小谷村観光連盟) ほおずき書籍 2007.3 p128」

長野県 軽井沢町
◎文献「軽井沢町植物園の花」(軽井沢町教育委員会) ほおずき書籍 2005.4 p130-133

長野県 諏訪湖
◎文献「アオコが消えた諏訪湖—人と生き物のドラマ」(信州大学山岳科学総合研究所) 信濃毎日新聞社 2005.10 p8-16b

長野県 諏訪神社
◎文献目録「諏訪系神社の御柱祭—式年祭の歴史民俗学的研究」(松崎憲三) 岩田書院 2007.3 p379-380

長野県 善光寺
◎参考文献「古文書にみる善光寺町の歴史—今井家文書を中心に」(郷土を知る会) 郷土を知る会 2003.9 p214-215
◎引用参考文献「善光寺建立の謎—日本文化史の探求」(杉山二郎) 信濃毎日新聞社 2006.7 p272-276
◎引用参考文献「善光寺の不思議と伝説—信仰の歴史とその魅力」(笹本正治) 一草舎出版 2007.2 p312-316

長野県 高遠
◎文献目録「再発見!高遠石工」(長野県高遠町教育委員会) ほおずき書籍 2005.3 p211-235

長野県 鷹山遺跡群
◎引用参考文献「黒燿石の原産地を探る・鷹山遺跡群」(大竹幸恵) 新泉社 2004.10 p93」

長野県 丹波島
◎参考資料「消えゆく宿場町の足跡—丹波島の歴史」(長谷部好一) 信濃毎日新聞社 2004.3 p357-399

長野県 千曲川
◎参考文献「寛保2年の千曲川大洪水「戌の満水」を歩く」(信濃毎日新聞社出版局) 信濃毎日新聞社 2002.8 p202-204
◎参考文献「定本千曲川」(市川健夫) 郷土出版社 2003.7 p254」
◎参考文献「千曲川・犀川魚類事典」(長田健) 千曲川河川事務所 2004.1 p196-197
◎参考文献「千曲川石にきざまれた願い」(千曲川・犀川治水史研究会) 信濃毎日新聞社 2005.4 p149-150

長野県 戸隠村
◎文献「戸隠の鬼たち」(国分義司) 信濃毎日新聞社 2003.8 p227-232

長野県 長野市
◎参考文献「長野市の110年 保存版」(長野郷土史研究会) 一草舎出版 2007.3 p261」

長野県 松代大本営
◎参考文献「松代大本営—学び・調べ・考えよう」(松代大本営の保存をすすめる会) 平和文化 2002.10 p64」

長野県　松本城
- ◎参考文献ほか「図説国宝松本城―国宝松本城解体復元50周年記念」（中川治雄）　一草舎出版　2005.8　p244-245

長野県　三郷村
- ◎参考文献「三郷村誌　2」（三郷村誌編纂委員会）　三郷村誌刊行会　2006.3　p850-853

長野県　矢出川遺跡
- ◎参考文献「氷河期を生き抜いた狩人・矢出川遺跡」（堤隆）　新泉社　2004.9　p89-91

長野県　歴史
- ◎参考文献「中山道　武州・西上州・東信州」（山田忠雄）　吉川弘文館　2001.11　p22-24b
- ◎参考文献「北国街道　東北信濃と上越　街道の日本史25」（古川真雄ほか）　吉川弘文館　2003.4　p22-25b
- ◎文献「戦国大名と信濃の合戦―信州史ノート」（笹本正治）　一草舎　2005.3　p235-241
- ◎参考文献「中世信濃武士意外伝―義仲から幸村まで」（長野県立歴史館）　郷土出版社　2005.3　p294-295
- ◎文献目録（小関悠一郎）「藩地域の構造と変容―信濃国松代藩地域の研究」（渡辺尚志）　岩田書院　2005.7　p357-378
- ◎参考文献「松本藩―本州中央高地の中央に開けた松本盆地、国宝松本城・伝統行事は、みやびの文化を今に語る。」（田中薫）　現代書館　2007.5　p206」
- ○動向（川崎保ほか）「信濃　59.6.689」（信濃史学会）　2007.6　p475-494
- ◎参考文献「小諸藩―梅花に象徴される誠実な生き方は、小諸人の人生哲学として今日まで継承されている。」（塩川友衛）　現代書館　2007.8　p206」
- ◎引用文献「信濃国の考古学」（川崎保）　雄山閣　2007.9　prr

長野県スケート連盟
- ◎参考文献「長野県スケート連盟史―創立60周年記念誌」（長野県スケート連盟）　長野県スケート連盟　2005.12　p519-520

仲間関係
- ◎引用文献「子どもの仲間関係における社会的地位の持続性」（前田健一）　北大路書房　2001.11　p137-143

流れ
- ◎参考文献「超音速の流れ」（久保田浪之介）　山海堂　2003.4　p203-206

名古屋大学
- ◎参考文献ほか「名古屋大学キャンパスの歴史　1（学部編）」（神谷智）　名古屋大学史資料室　2001.2　p71-73

名古屋鉄道
- ◎参考文献「谷汲線―その歴史とレール」（大島一朗）　岐阜新聞社　2005.2　p254-255

NASA
- ◎文献解題「NASAを築いた人と技術―巨大システム開発の技術文化」（佐藤靖）　東京大出版会　2007.5　p17-27b

ナザレ派
- ◎参考文献「ナザレ派のイエス」（前島誠）　春秋社　2001.6　p323-325

ナショナリズム
- ◎原注文献「ナショナリズムの歴史と現在」（E. J. ホブズボーム）　大月書店　2001.3　p13-34b
- ◎文献「彷徨えるナショナリズム―オリエンタリズム／ジャパン／グローバリゼーション」（阿部潔）　世界思想社　2001.9　p226-234
- ◎基本文献案内「ナショナリズム」（姜尚中）　岩波書店　2001.10　p157-161
- ◎「ナショナリズム論の名著50」（大沢真幸）　平凡社　2002.1　574p　46s
- ◎注「アメリカニズム―「普遍国家」のナショナリズム」（古矢旬）　東京大学出版会　2002.5　prr
- ◎文献「日本の歴史　25　日本はどこへ行くのか」（C. グラックほか）　講談社　2003.1　p356-371
- ◎文献紹介「ナショナリズム　2版」（E. ケドゥーリー）　学文社　2003.9　p151-155
- ◎参考文献「紛争下のジェンダーと民族―ナショナルアイデンティティをこえて」（C. コウバーン）　明石書店　2004.10　p384-373
- ◎参考文献「インド国境を越えるナショナリズム」（長崎暢子）　岩波書店　2004.11　p1-5b
- ◎参考文献「戦後ヨーロッパの国家とナショナリズム」（M. アンダーソン）　ナカニシヤ出版　2004.11　p151-155
- ◎引用文献「ナショナリズムの練習問題」（井崎正敏）　洋泉社　2005.4　p200-206
- ◎参考文献「ナショナリズムと宗教―現代インドのヒンドゥー・ナショナリズム運動」（中島岳志）　春風社　2005.8　p360-380
- ◎引用参考文献「日本の文化ナショナリズム」（鈴木貞美）　平凡社　2005.12　p268-277
- ◎参考文献「エスニシティとナショナリズム―人類学的視点から」（T. H. エリクセン）　明石書店　2006.4　p341-370
- ◎参考文献「不安型ナショナリズムの時代―日韓中のネット世代が憎みあう本当の理由」（高原基彰）　洋泉社　2006.4　p251-255
- ◎文献解題「ナショナリズムという迷宮―ラスプーチンかく語りき」（佐藤優ほか）　朝日新聞社　2006.12　p239-244
- ◎Bibliography「リベラルなナショナリズムとは」（Y. タミール）　夏目書房　2006.12　p1-8b
- ◎参考文献「パトリオティズムとナショナリズム―自由を守る祖国愛」（M. ヴィローリ）　日本経済評論社　2007.1　p341-330
- ◎参考文献「帝国のはざまで―朝鮮近代とナショナリズム」（A. シュミット）　名古屋大出版会　2007.1　p10-22b
- ◎参考文献「オリヤ・ナショナリズムの形成と変容―英領インド・オリッサ州の創設にいたるアイデンティティと境界のポリティクス」（杉本浄）　東海大出版会　2007.2　p343-359
- ◎参考文献「ネイションとの再会―記憶への帰属」（黒宮一太）　NTT出版　2007.2　p1-7b
- ◎文献一覧「選ばれた民―ナショナル・アイデンティティ、宗教、歴史」（A. D. スミス）　青木書店　2007.2　p9-41b
- ◎書誌「ケベックの生成と「新世界」―「ネイション」と「アイデンティティ」をめぐる比較史」（G. ブシャール）　彩流社　2007.4　p41-83b

なつけ

◎参考文献「アメリカン・ナショナリズムの系譜─統合の見果てぬ夢」（小林清一）　昭和堂　2007.6　p376-392

◎参考文献「ナショナリズムの由来」（大澤真幸）　講談社　2007.6　p831-873

◎参考文献「国民とその敵」（M. ヤイスマン）　山川出版社　2007.6　p134-137

◎参照文献「定本想像の共同体─ナショナリズムの起源と流行」（B. アンダーソン）　書籍工房早山　2007.7　p1-10b

◎参考文献「カナダ・ナショナリズムとイギリス帝国」（細川道久）　刀水書房　2007.10　p237-260

◎参考文献ほか「ナショナリティについて」（D. ミラー）　風行社　2007.12　p9-23b

名づけ

◎参考文献「名前と社会─名づけの家族史　新装版」（上野和男ほか）　早稲田大出版部　2006.6　prr

雪崩

◎参考文献「決定版雪崩」（北海道雪崩事故防止研究会）　山と渓谷社　2002.2　p344-345

◎References「雪崩ハンドブック」（D. マックラングほか）　東京新聞出版局　2007.12　p339-341

ナチス ⇒ ドイツ　ナチス時代 を見よ

納豆

◎参考文献「納豆─原料大豆の選び方から販売戦略まで」（渡辺杉夫）　農山漁村文化協会　2002.3　p118-120

◎参考文献「納豆大全─愛すべき伝統食品の謎を解く」（町田忍）　角川書店　2002.11　p210-213

ナップスター社

◎文献「ナップスター狂騒曲」（J. メン）　ソフトバンクパブリッシング　2003.10　p432-433

夏祭浪花鑑

◎参考資料一覧「団子売・夏祭浪花鑑─第三五回文楽鑑賞教室公演」（国立劇場調査養成部調査資料課）　日本芸術文化振興会　2003.12　p57-59

ナーナイ

◎文献「消滅の危機に瀕した中国少数民族の言語と文化─ホジェン族の「イマカン（英雄叙事詩）」をめぐって」（于暁飛）　明石書店　2005.2　p420-423

七生養護学校事件

◎関係図書「七生養護学校事件─検証─性教育攻撃と教員大量処分の真実」（金崎満）　群青社　2005.10　p231-232

ナノカーボン

◎参考文献「日本発ナノカーボン革命」（武末高裕）　日本実業出版社　2002.12　p253-254

ナノテクノロジー

◎参考文献「ナノテク&ビジネス入門」（石川正道）　オーム社　2002.9　p167-170

◎参考文献「NANO─ナノの世界が開かれるまで」（五島綾子ほか）　海鳥社　2004.9　pr

◎参考文献「ナノテク革命を勝ち抜く！─ビジネスマンのためのナノテク入門」（桐畑哲也ほか）　講談社　2005.4　p240-246

◎参考文献「ナノフューチャー─21世紀の産業革命」（J. S. ホール）　紀伊國屋書店　2007.3　p409-402

◎引用文献「バイオとナノの融合　1　新生命科学の基礎」（北海道大学COE研究成果編集委員会）　北海道大出版会　2007.3　prr

◎引用参考文献「分子ナノシステム─光化コンピュータと太陽エネルギー変換への応用」（吉村徹三）　コロナ社　2007.4　p170-178

ナノフォトニクス

◎参考文献「ナノフォトニクスの展開」（ナノフォトニクス工学推進機構）　米田出版　2007.4　prr

鍋島

◎参考文献「鍋島」（工藤吉郎）　里文出版　2005.2　p231-232

鍋物

◎参考文献「平成鍋物大全」（全日本鍋物研究会）　日本経済新聞社　2003.10　p321-323

名前

◎文献案内「タイトルの魔力　作品・人名・商品のなまえ学」（佐々木健一）　中央公論新社　2001.11　p274-299

◎参考文献「名前の日本史」（紀田順一郎）　文藝春秋　2002.9　p178-181

◎参考文献「苗字と名前の歴史」（坂田聡）　吉川弘文館　2006.4　p196-199

◎参考文献「読みにくい名前はなぜ増えたか」（佐藤稔）　吉川弘文館　2007.8　p191-193

ナマコ

◎参考文献「ナマコガイドブック」（本川達雄ほか）　阪急コミュニケーションズ　2003.8　p133」

鯰絵

◎参考文献「鯰は踊る─江戸の鯰絵面白分析」（若水俊）　文芸社　2003.12　p201-202

◎参考文献「江戸っ子気質と鯰絵」（若水俊）　角川学芸出版　2007.8　p229-233

ナマハゲ

◎参考文献「ナマハゲ　新版」（稲雄次）　秋田文化出版　2005.3　p163-172

鉛

◎参考文献「鉛」（中西準子ほか）　丸善　2006.9　p261-275

涙

◎参考文献「人はなぜ泣き、なぜ泣きやむのか？─涙の百科全書」（T. ルッツ）　八坂書房　2003.6　p15-40b

ナメクジウオ

◎参考文献「ナメクジウオ─頭索動物の生物学」（安井金也ほか）　東京大学出版会　2005.1　p237-265

奈良絵本

◎初出一覧「奈良絵本・絵巻の生成」（石川透）　三弥井書店　2003.8　p528-532

◎「日本の絵本の原点奈良絵本展示解説」（石川透）　慶應義塾大ORC　2005.8　60p A5

◎参考文献「奈良絵本　上」（工藤早弓）　紫紅社　2006.10　p254-255

◎「岩瀬文庫蔵奈良絵本・絵巻解題図録」（阿部泰郎ほか）　慶應義塾大　2007.8　81p A4

◎「奈良絵本・絵巻の魅力展示解説」（石川透）　慶應義塾大　2007.8　60p A5

ナラ王物語
◎主要文献「ナラ王物語—サンスクリット・テクスト、註解、語彙集、韻律考ほか」（鎧淳）　春秋社　2003.2　p335-359

奈良県
◎参考文献「奈良の被差別民衆史」（奈良県立同和問題関係史料センター）　奈良県教育委員会　2001.3　p314-321
◎年表ほか「古代の幻—日本近代文学の¡奈良¿」（浅田隆, 和田博文）　世界思想社　2001.4　p221-269
◎注文献「中世の興福寺と大和」（安田次郎）　山川出版社　2001.6　prr
◎参考文献「大和前方後円墳集成」（奈良県立橿原考古学研究所）　学生社　2001.9　p420-440
◎文学年表「文学でたどる世界遺産・奈良」（浅田隆ほか）　風媒社　2002.1　p192-208
◎註「大和政権とフミヒト制」（加藤謙吉）　吉川弘文館　2002.12　prr
◎関係文献「奈良県のことば」（中井精一）　明治書院　2003.6　p246-252
◎参考文献「百寺巡礼　1　奈良」（五木寛之）　講談社　2003.6　p248-253
◎参考文献「奈良県の歴史」（和田萃ほか）　山川出版社　2003.10　p39-49
◎引用文献「初期古墳と大和の考古学」（石野博信）　学生社　2003.12　prr
◎参考文献「奈良県の都市計画—近代都市計画と都市計画区域マスタープラン」（奈良県都市計画研究会）　清文社　2004.3　p255-258
◎参考文献「奈良と伊勢街道　街道の日本史34」（木村茂光ほか）　吉川弘文館　2005.7　p18-20b
◎参考文献「大和の古墳　II」（河上邦彦）　近畿日本鉄道　2006.1　prr
◎参考文献ほか「「伝承」で歩く京都・奈良—古都の歴史を訪ねて」（本島進）　慧文社　2007.2　p489-493
◎参考文献「奈良県の歴史散歩　下」（奈良県高等学校教科書等研究会歴史部会）　山川出版社　2007.6　p283-285
◎参考文献「奈良名所むかし案内—絵とき「大和名所図会」」（本渡章）　創元社　2007.9　p208-209

奈良県　飛鳥
◎参考文献「遺跡は語る　真実の縄文、弥生、古墳、飛鳥」（金関恕）　角川書店　2001.5　p203-205
◎注「飛鳥を掘る」（河上邦彦）　講談社　2003.1　p227-233
◎参考文献「飛鳥—歴史と風土を歩く」（和田萃）　岩波書店　2003.8　p241-246
◎参考文献「古代飛鳥「石」の謎」（奥田尚）　学生社　2006.8　3pb
◎引用参考文献「飛鳥の宮と寺」（黒崎直）　山川出版社　2007.12　3pb

奈良県　斑鳩
◎参考文献「聖徳太子と斑鳩」（千田稔）　学習研究社　2001.6　p304-306

奈良県　馬見古墳群
◎参考文献「大和葛城の大古墳群・馬見古墳群」（河上邦彦）　新泉社　2006.4　p92」

奈良県　大峯山
◎参考文献「大峯奥駈道七十五靡」（森沢義信）　ナカニシヤ出版　2006.7　p272-279

奈良県　元興寺
◎文献「元興寺発掘—防災工事完成記念特別展覧会図録」（元興寺文化財研究所）　元興寺　2002.10　p25-26

奈良県　キトラ古墳
◎参考文献ほか「キトラ古墳は語る」（来村多加史）　NHK出版　2005.6　p197-199
◎引用参考文献「キトラ古墳壁画四神—玄武」（〔奈良文化財研究所飛鳥資料館〕）　飛鳥資料館　2007.3　p40-42

奈良県　金峯山寺
◎文献目録「金峯山寺史」（首藤善樹）　国書刊行会　2004.10　p41-57b

奈良県　興福寺
◎注文献「中世の興福寺と大和」（安田次郎）　山川出版社　2001.6　prr

奈良県　西大寺
○文献目録（佐伯俊源）「戒律文化　創刊号」（戒律文化研究会）　2002.3　p136-102
○文献目録（追塩千尋）「北海学園大学人文論叢　34」（北海学園大）　2006.7　p173-201

奈良県　西大寺絵図
◎注「西大寺古絵図の世界」（佐藤信）　東京大学出版会　2005.2　prr

奈良県　正倉院
○参考文献「正倉院の綾　日本の美術441」（至文堂）　2003.2　p85」
◎文献「正倉院の至宝—宝物殿に眠る歴史の謎」（長澤和俊）　青春出版社　2003.10　p236-237
◎参考文献「正倉院薬物の世界—日本の薬の源流を探る」（鳥越泰義）　平凡社　2005.10　p257-260
○参考文献「正倉院宝物の装飾技法　日本の美術486」（至文堂）　2006.11　p84-85

奈良県　大安寺
◎参考文献「越前松平家と大安禅寺—殿様が建てたお寺の宝拝見　平成18年夏季特別展」（福井市立郷土歴史博物館）　福井市立郷土歴史博物館　2006.7　p108-109

奈良県　大官大寺
◎参考文献「飛鳥幻の寺、大官大寺の謎」（木下正史）　角川書店　2005.2　p274-275

奈良県　高松塚古墳
◎参考文献「国宝高松塚古墳壁画」（文化庁）　中央公論美術出版　2004.6　p26-28
◎参考文献「高松塚古墳は守れるか—保存科学の挑戦」（毛利和雄）　NHK出版　2007.3　p235-241

奈良県　東大寺
◎文献「東大寺と華厳の世界」（橋本聖円）　春秋社　2003.2　p227-231
◎文献「東大寺—美術史研究のあゆみ」（大橋一章ほか）　里文出版　2003.9　prr

奈良県　奈良公園
◎参考文献「奈良公園の植物」（北川尚史ほか）　トンボ出版　2004.5　p205-209

ならけん

奈良県　奈良市
　◎参考文献「奈良市民間説話調査報告書」（竹原威滋ほか）　奈良教育大　2004.3　p241-242

奈良県　奈良仏教
　◎文献目録「奈良仏教の地方的展開」（根本誠二ほか）　岩田書院　2002.2　p30-116b
　◎研究文献目録（根本誠二）「奈良仏教と在地社会」（根本誠二ほか）　岩田書院　2004.11　p17-59b

奈良県　藤ノ木古墳
　◎参考文献「金の輝き、ガラスの煌めき―藤ノ木古墳の全貌」（橿原考古学研究所附属博物館）　奈良県立橿原考古学研究所　2007.10　p101-103

奈良県　藤原京
　◎参考文献「藤原京の形成」（寺崎保広）　山川出版社　2002.3　2pb
　◎参考文献「藤原京　よみがえる日本最初の都城」（木下正史）　中央公論新社　2003.1　p297-300

奈良県　平城京
　◎参考文献「平城京と木簡の世紀　日本の歴史04」（渡辺晃宏）　講談社　2001.2　p349-354
　◎参考文献「古代都市平城京の世界　日本史リブレット7」（舘野和己）　山川出版社　2001.7　2pb
　◎参考文献「平城京―その歴史と文化　平城遷都一三〇〇年」　小学館　2001.12　p261-262

奈良県　法隆寺
　◎関連図書「法隆寺」（田中昭三）　JTB　2003.7　p138-139
　◎参考文献「法隆寺の智慧・永平寺の心」（立松和平）　新潮社　2003.10　p205-206
　◎文献目録「寺院・検断・徳政―戦国時代の寺院史料を読む」（勝俣鎮夫）　山川出版社　2004.9　p1-7b
　◎参考文献「法隆寺の謎を解く」（武澤秀一）　筑摩書房　2006.6　p1-5b
　◎古文献ほか「法隆寺を語る―世界文化遺産」（高田良信）　柳原出版　2007.2　p263-265
　◎参考文献「救世観音像封印の謎」（倉西裕子）　白水社　2007.10　p234-237
　◎参考文献「塔のある風景―法隆寺再建の真相」（上野隆功）　鹿島出版会　2007.11　p315-317

奈良県　纒向遺跡
　◎文献目録「大和・纒向遺跡」（石野博信）　学生社　2005.5　p516-528

奈良県　三輪山
　◎参考文献「三輪山―日本国創成神の原像」（前田晴人）　学生社　2006.12　p237-240

奈良県　薬師寺
　◎文献目録「寺院・検断・徳政―戦国時代の寺院史料を読む」（勝俣鎮夫）　山川出版社　2004.9　p1-7b

奈良県　山田寺
　◎参考文献「奇偉荘厳山田寺」（飛鳥資料館）　飛鳥資料館　2007.10　p58-60

奈良県　吉野
　◎文献「大和吉野川の自然学」（御勢久右衛門）　トンボ出版　2002.11　p199-206
　◎文献「花をたずねて吉野山―その歴史とエコロジー」（鳥越皓之）　集英社　2003.2　p200-205
　◎参考文献「定本紀ノ川・吉野川」（中野栄治）　郷土出版社　2003.7　p260-262
　◎参考文献「世界遺産吉野・高野・熊野をゆく―霊場と参詣の道」（小山靖憲）　朝日新聞社　2004.8　p179-182

奈良時代
　◎参考文献「律令国家と天平文化―日本の時代史　4」（佐藤信）　吉川弘文館　2002.9　p311-332
　◎引用文献「奈良平安期の日本とアジア」（山内晋次）　吉川弘文館　2003.8　p22-48b
　◎参考文献「奈良の都　日本の歴史3　改版」（青木和夫）　中央公論新社　2004.7　p565-572
　◎参考文献「民衆の古代史―『日本霊異記』に見るもう一つの古代」（吉田一彦）　風媒社　2006.4　p231-237

ナラティヴ・セラピー
　◎文献「ナラティヴ・セラピー入門」（高橋規子, 吉川悟）　金剛出版　2001.11　p161-169
　◎引用文献「ナラティヴの臨床社会学」（野口裕二）　勁草書房　2005.1　p4-9b

成金
　◎参考文献「カネが邪魔でしょうがない―明治大正・成金列伝」（紀田順一郎）　新潮社　2005.7　p200-205

鳴り砂
　◎文献「鳴り砂ノート―鳴り砂が奏でるロマンと魅力」（川村國夫ほか）　北國新聞社　2004.7　p170-176

鳴響安宅新関
　◎参考資料一覧「七福神神宝の入舩・絵本太功記・鳴響安宅新関・加賀見山旧錦絵―第一四三回文楽公演」（国立劇場調査養成部調査資料課）　日本芸術文化振興会　2003.5　p185-193

鳴神
　◎参考資料一覧「鳴神―第六四回歌舞伎鑑賞教室公演」（国立劇場調査養成部調査資料課）　日本芸術文化振興会　2004.6　p61-92

ナルシシズム
　◎引用文献「自己愛の青年心理学」（小塩真司）　ナカニシヤ出版　2004.2　p191-202
　◎参考文献「臨床におけるナルシシズム―新たな理論」（N. シミントン）　創元社　2007.9　p173-174

ナレッジサイエンス
　◎引用文献「ナレッジサイエンス―知を再編する64のキーワード」（杉山公造ほか）　紀伊国屋書店　2002.12　p8-11b

ナレッジマネジメント
　◎参考文献「「経験知」を伝える技術―ディープスマートの本質　（Harvard business school press）」（D. レナードほか）　ランダムハウス講談社　2005.6　p1-16b
　◎参考文献「情報創造型企業―情報創造連鎖の法則と創造型人材の活用」（村山博）　ふくろう出版　2006.4　p159-162
　◎参考文献「ダイナミック知識資産―不完全性からの創造」（紺野登）　白桃書房　2007.3　p225-235
　◎参考文献「日立の知的資本経営」（日立コンサルティングほか）　中央経済社　2007.7　p219-220

南海ホークス
　◎文献「南海ホークスがあったころ―野球ファンとパ・リーグの文化史」（永井良和ほか）　紀伊国屋書店

2003.7 p317-321

南管
- ◎参考文献ほか「台湾の南管―南管音楽における演劇性と音楽集団」（楊桂香）　白帝社　2004.3 p73-77

南極
- ◎謝辞「エンデュアランス号―シャックルトン南極探検の全記録」（C.アレグザンダー）　ソニー・マガジンズ　2002.9 p347-354
- ◎文献「南極海　極限の海から」（永延幹男）　集英社　2003.4 p196-203
- ◎参考文献「南極の自然史―ノトセニア魚類の世界から」（川口弘一）　東海大学出版会　2005.1 p233-235

難経
- ◎「難経稀書集成解題」（黄龍祥,長野仁）　オリエント出版社　2002.2 97p B5

難聴
- ◎参考図書「あなたの声が聴きたい―難聴・中途失聴・要約筆記」（藤田保ほか）　文理閣　2003.11 p260-263

南伝大蔵経
- ◎「南伝大蔵経総目録―パーリ原典対照」（大蔵出版編集部）　大蔵出版　2004.4 9, 616p B6

南島
- ○文献目録（小川博）「南島史学　60」（南島史学会）　2002.11 p115-121
- ◎参考文献「南からの日本文化―新・海上の道　上」（佐々木高明）　NHK出版　2003.9 p263-282
- ○文献目録（小川博）「南島史学　62」（南島史学会）　2003.10 p117-126
- ○文献目録（小川博）「南島史学　63」（南島史学会）　2004.4 p95-101
- ○文献目録（小川博）「南島史学　67」（南島史学会）　2006.5 p92-103
- ○文献目録（小川博）「南島史学　69」（南島史学会）　2007.5 p89-91

南蛮美術
- ◎参考文献「日本の伝統美とヨーロッパ―南蛮美術の謎を解く」（宮元健次）　世界思想社　2001.3 p214-223
- ◎文献「南蛮―東西交流の精華―特別展」（堺市博物館）　堺市博物館　2003.5 p118-119

難病
- ◎ブックリスト「難病の子ども情報ブック」（キッズエナジー）　東京書籍　2001.5 p130-133
- ◎参考文献「決してあきらめない　あきらめさせない―障害者、難病患者の日常を克明に追いかけたドキュメント」（清水哲男）　道出版　2007.6 p266-267

南方植民史
- ◎「南方植民史文献目録　復刻版」（東亜研究所）　龍渓書舎　2003.7 2冊 A5

南方地域
- ◎「東亜研究所刊行物　34」　龍渓書舎　2002.2 246, 62, 26p A5

南北朝時代
- ◎参考文献「太平記の時代　日本の歴史11」（新田一郎）　講談社　2001.9 p342-346
- ◎参考文献「南北朝の動乱　日本の時代史10」（村井章介）　吉川弘文館　2003.3 p257-270
- ◎参考文献「南北朝の動乱　改版　日本の歴史9」（佐藤進一）　中央公論新社　2005.1 p544-547
- ◎研究文献目録「南朝全史―大覚寺統から後南朝へ」（森茂暁）　講談社　2005.6 p222-224
- ◎参考文献「南北朝の動乱　戦争の日本史8」（森茂暁）　吉川弘文館　2007.9 p245-251

南北問題
- ◎参考文献「二一世紀の南北問題―グローバル化時代の挑戦」（谷口誠）　早稲田大学出版部　2001.5 p249-258
- ◎文献「戦後世界貿易体制と南北問題」（韓基早）　多賀出版　2003.2 p375-384
- ◎参考文献「エコノミスト南の貧困を問う」（N.イースタリー）　東洋経済新報社　2003.7 p13-42b
- ◎参考文献「世界開発と南北問題―20世紀世界経済の課題と発展途上地域」（万谷迪）　八朔社　2004.7 p235-241
- ◎参考文献「持続可能な世界論」（深井慈子）　ナカニシヤ出版　2005.3 p245-263
- ◎参考文献「フェアトレード―格差を生まない経済システム」（J.E.スティグリッツほか）　日本経済新聞社　2007.3 p382-362

難民
- ◎参考文献「過ぎ去らない人々　難民の世紀の墓碑銘」（徐京植）　影書房　2001.1 prr
- ◎文献案内「世界難民白書　人道行動の50年史」（時事通信社）　時事通信社　2001.5 p328-334
- ◎参考文献「北朝鮮難民」（石丸次郎）　講談社　2002.8 p200-201
- ◎参考文献「難民の国際的保護」（川村真理）　現代人文社　2003.11 p203-228
- ◎参考文献「難民問題への新しいアプローチ?―アジアの難民本国における国際連合難民高等弁務官事務所の活動」（小尾尚子）　国際書院　2004.7 p269-288
- ◎参考文献「知っていますか？　日本の難民問題一問一答」（アムネスティ・インターナショナル日本ほか）　解放出版社　2004.10 p100-101
- ◎参考文献「国際強制移動の政治社会学」（小泉康一）　勁草書房　2005.2 p375-389
- ◎参考文献ほか「難民認定実務マニュアル」（日本弁護士連合会）　現代人文社　2006.7 p263-272

【に】

新潟県
- ◎参考文献「越後磐舟　ことばの風土記」（長谷川勲）　高志書院　2001.12 p288-289
- ◎参考文献「新編越佐奇人伝」（大星光史）　野島出版　2002.5 p212-213
- ◎文献「越後・佐渡石仏の里を歩く」（新潟県石仏の会）　高志書院　2002.10 p200-202
- ◎参考文献「新潟と東北」（島津光夫）　野島出版　2004.6 p282-290
- ◎参考文献「越後の鬼」（磯部定治）　新潟日報事業社　2005.1 p212-213
- ◎参考文献「越後平野・佐渡と北国浜街道　街道の日本史24」（池享ほか）　吉川弘文館　2005.12 p19-21b

にいかた

◎文献リスト（関礼子ほか）「新版新潟水俣病問題―加害と被害の社会学」（飯島伸子）　東信堂　2006.4　p263-274
◎関連資料一覧（渡辺謙）「逸格の系譜―愚の行方」（北川フラム）　現代企画室　2007.7　p238-259
◎文献目録（新谷秀夫）「越中万葉百科」（高岡市万葉歴史館）　笠間書院　2007.9　p438-447

新潟県　相川町
◎参考文献「佐渡相川郷土史事典」（相川町史編纂委員会）　相川町　2002.9　prr

新潟県　奥山荘城館遺跡
◎参考文献「奥山荘城館遺跡」（水澤幸一）　同成社　2006.10　p180-184

新潟県　小瀬ヶ沢洞窟
◎参考文献「縄文文化の起源をさぐる―小瀬ヶ沢・室谷洞窟」（小熊博史）　新泉社　2007.5　p91-92

新潟県　笹神村
◎参考引用文献「笹神村史　通史編」（笹神村）　笹神村　2004.3　p652-660

新潟県　佐渡
◎参考文献「佐渡相川郷土史事典」（相川町史編纂委員会）　相川町　2002.9　prr
◎参考文献「佐渡ふるさと大百科―決定版」（山本仁）　郷土出版社　2003.3　p254-255
◎参考文献「越後佐渡の古代ロマン―行き交う人々の姿を求めて　平成十六年度秋季企画展」（新潟県立歴史博物館）　県立歴史博物館　2004.10　p106-108
◎参考文献「越後平野・佐渡と北国浜街道　街道の日本史24」（池享ほか）　吉川弘文館　2005.12　p19-21b
◎参考文献「佐渡島の民俗―島の暮らしを再発見」（池田哲夫）　高志書院　2006.5　p161-163

新潟県　上越市
◎文献「上越市史　通史編6　現代」（上越市史編さん委員会）　上越市　2002.3　p587-595
◎文献「考古―中・近世資料」（上越市史専門委員会）　上越市　2003.3　p374-384
◎文献「上越市史　資料編　2　考古」（上越市史編さん委員会）　上越市　2003.3　p736-746
◎文献「上越市史　通史編　5　近代」（上越市史編さん委員会）　上越市　2004.3　p709-717

新潟県　長者ヶ原遺跡
◎参考引用文献「長者ヶ原遺跡」（木島勉ほか）　同成社　2007.12　p161-165

新潟県　燕市
◎参考文献「産地解体からの再生―地域産業集積「燕」の新たなる道」（中小企業研究センター）　同友館　2001.3　p139-141

新潟県　十日町市
◎参考文献「十日町市の縄文土器」（十日町市博物館）　十日町市博物館友の会　2007.8　p63」

新潟県　長岡市
◎参考文献「長岡歴史事典」　長岡市　2004.3　p447-450
◎文献「掘るまいか―山古志村に生きる」（三宅雅子）　鳥影社　2006.2　p120-122
◎文献「越後長岡の江戸時代」（本山幸一）　高志書院　2006.3　p199-202

新潟県　新潟市
◎参考文献「新潟市の伝説」（佐藤和彦ほか）　新潟市　2006.3　p148-150

新潟県　室谷洞窟
◎参考文献「縄文文化の起源をさぐる―小瀬ヶ沢・室谷洞窟」（小熊博史）　新泉社　2007.5　p91-92

新潟県　安田町
◎参考文献ほか「安田町のあゆみ―安田町史略年表」　安田町　2004.2　p307-309

新潟県　歴史
◎「新潟明和騒動文献資料集成」（齋藤紀生）　文芸社　2002.3　327p　46s
◎文献「江戸時代百姓生業の研究―越後魚沼の村の経済生活」（六本木健志）　刀水書房　2002.7　p355-361
◎参考文献「中世越後の旅―永禄六年北国下リノ遺足」（大家健）　野島出版　2003.7　p210-213
◎参考文献「古代新潟の歴史を訪ねる」（小林昌二）　新潟日報事業社　2004.10　p69-70
◎文献「シンポジウム新潟県における高地性集落の解体と古墳の出現　2」（シンポジウム実行委員会）　新潟県考古学会　2005.7　p469-470
◎参考文献「高志の城柵―謎の古代遺跡を探る」（小林昌二）　高志書院　2005.7　p189-192
◎参考引用文献「長岡ふるさと大百科―決定版」　郷土出版社　2005.10　p250-251
○動向（石原正敏ほか）「信濃　59.6.689」（信濃史学会）　2007.6　p451-462

新潟県中越地震
◎参考文献「新潟県中越地震―新潟の大地　災害と生活」（高濱信行）　新潟日報事業社　2006.11　p248-252

匂い
◎参考文献「色とにおいの科学」（パリティ編集委員会）　丸善　2001.11　p139-144
◎参考文献「匂いのエロティシズム」（鈴木隆）　集英社　2002.2　p238-232
◎引用参考文献「匂いの文化史的研究―日本と中国の文学に見る」（高橋庸一郎）　和泉書院　2002.3　p202-203
◎参考引用文献「においかおり―実践的な知識と技術」（堀内哲嗣郎）　フレグランスジャーナル社　2006.2　p350-352
◎文献「匂いと香りの科学」（澁谷達朗ほか）　朝倉書店　2007.2　prr
◎参考文献「平安京のニオイ」（安田政彦）　吉川弘文館　2007.2　p216-220

二蓋笠柳生実記
◎参考資料一覧「二蓋笠柳生実記―通し狂言　第二三七回歌舞伎公演」（国立劇場調査養成部調査資料課）　日本芸術文化振興会　2003.12　p86-91

肉
◎参照文献ほか「肉食タブーの世界史」（F.J.シムーンズ）　法政大学出版局　2001.12　p120-199b
◎参考文献「歴史のなかの米と肉―食物と天皇・差別」（原田信男）　平凡社　2005.6　p325-361
◎参考文献「あぶない肉」（西沢江美子）　めこん　2006.2　p282-284

◎参考文献「図説食肉・狩漁の文化史―殺生禁断から命を生かす文化へ」(久保井規夫) 柘植書房新社 2007.3 p298-300
◎参考文献「神々と肉食の古代史」(平林章仁) 吉川弘文館 2007.6 p232-238

肉食獣
◎文献「ハンター&ハンテッド―人はなぜ肉食獣を恐れ、また愛するのか」(H.クルーク) どうぶつ社 2006.4 p360-343

ニコマコス倫理学
◎参考文献「アリストテレス倫理学入門」(J.O.アームソン) 岩波書店 2004.7 p225-226

錦絵
◎参考文献「錦絵を読む―日本史リブレット 51」(浅野秀剛) 山川出版社 2002.9 2pb

錦鯉
◎資料「美しい錦鯉」(山崎外平) 新日本教育図書 2004.2 p284-285

西陣織
◎参考文献「西の西陣、東の桐生 続」(岡田幸夫) 上毛新聞社出版局 2005.11 p179-186
◎参考文献「西陣―織のまち・京町家」(片方信也) つむぎ出版 2007.4 p237-238

20世紀
◎参考文献「20世紀大日本帝国」(読売新聞20世紀取材班) 中央公論新社 2001.8 p234-235
◎参考文献「20世紀(にじゅっせいき)冷戦」(読売新聞20世紀取材班) 中央公論新社 2001.11 p275-279
◎参考文献「世界経済の20世紀―われわれは「賢く」なったか」(小浜裕久, 浦田秀次郎) 日本評論社 2001.11 p188-204
◎文献「20世紀 〔8〕 科学・思想」(読売新聞20世紀取材班) 中央公論新社 2002.1 p298-307
◎註「ナチズムのなかの20世紀」(川越修, 矢野久) 柏書房 2002.4 prr
◎「文学の墓場―20世紀文学の最終目録」(F.ベグベデ) 角川書店 2003.9 207p 46s
◎参考文献「冷戦―国際政治の現実」(山上正太郎) 文元社 2005.5 p230-233
◎参考文献「世界を揺るかした10年―ベルリンの壁崩壊から9・11まで」(山本武信) 晃洋書房 2005.10 p1-5b
◎参考文献「陰謀の世界史」(海野弘) 文藝春秋 2006.2 p653-657
◎参考文献「悪の記憶、善の誘惑―20世紀から何を学ぶか」(T.トドロフ) 法政大出版局 2006.6 p453-473
◎参考文献「二十世紀」(海野弘) 文藝春秋 2007.5 p576-590
◎参考文献「二十世紀から何を学ぶか――九〇〇年への旅欧州と出会った若き日本 上」(寺島実郎) 新潮社 2007.5 p1-7b
◎引用文献「増補敗北の二十世紀」(市村弘正) 筑摩書房 2007.11 p203-210
◎参考文献「憎悪の世紀―なぜ20世紀は世界的殺戮の場となったのか 下巻」(N.ファーガソン) 早川書房 2007.12 p470-510

西日本旅客鉄道
◎参考文献「信楽列車事故―JR西日本と闘った4400日」(信楽列車事故遺族会・弁護団) 現代人文社 2005.5 p192-193

西村石灯呂店
◎参考文献「京石工芸石大工の手仕事―西村石灯呂店作品集1995-2006」(西村金造) 現代書林 2007.3 p95

二十四の瞳
◎参考文献「「二十四の瞳」からのメッセージ」(澤宮優) 洋泉社 2007.11 p275-282

22世紀
◎もっと知りたい人のために「22世紀のグランドデザイン」(竹村真一) 慶應義塾大学出版会 2001.10 2pb

二松學舍大学
◎参考文献ほか「明治10年からの大学ノート―二松學舍130年のあゆみ」(二松學舍小史編集委員会) 三五館 2007.10 p286-287

ニシン
◎参考図書「鰊来たか―「蝦夷地」と「近世大阪」の繁栄について」(山内景樹) かんぽうサービス 2004.12 p205-210
◎参考文献「ニシンの近代史―北海道漁業と日本資本主義」(D.L.Howell) 岩田書院 2007.9 p241-262

贋札
◎参考文献「贋札の世界史」(植村峻) NHK出版 2004.6 p220-221

二大政党制
◎註「アメリカ二大政党制の確立―再建期における戦後体制の形成と共和党」(岡山裕) 東京大学出版会 2005.6 p263-320

日亜化学
◎参考・引用・文献リスト「青の奇跡―日亜化学はいかにして世界一になったか」(小山稔) 白日社 2003.5 p270-273

日曜学校
◎典拠資料「教会教育の歩み―日曜学校から始まるキリスト教教育史」(NCC教育部歴史編纂委員会) 教文館 2007.5 p254-256

日蓮宗
◎参考書籍「ブッダのレクイエム―血塗られた人類史は、宗教の投影だ!」(二王院観成) 知道出版 2006.12 p379-384
◎参考文献「法華信仰のかたち―その祈りの文化史」(望月真澄) 大法輪閣 2007.8 p270-271

日蓮正宗
◎参考文献「日蓮正宗史の研究」(高橋粛道) 妙道寺事務所 2002.11 p792-801

日記
◎〔解題連載〕(馬場萬夫)「日本古書通信 66.1-66.12」(日本古書通信社) 2001.1-2001.12 p14-15
◎日記一覧「日本史事典」(平凡社) 平凡社 2001.2 p796-799
◎「旅 道中日記の世界」(朝霞市博物館) 朝霞市博物館 2001.10 47p A4

につけい

◎参考文献「日記文学の本質と方法」(津本信博)　風間書房　2001.11　p791-794
◎参考文献一覧「日記をつける」(荒川洋治)　岩波書店　2002.2　p167-169
○解題目録(馬場万夫)「日本古書通信　67.8」(日本古書通信社)　2002.8　p26-27
◎引用参考文献「日記のなかのアメリカ女性」(大井浩二)　英宝社　2002.12　p240-235
○解題目録(馬場万夫)「日本古書通信　68.2」(日本古書通信社)　2003.2　p20-21
◎注「王朝女流日記文学の形象」(宮崎荘平)　おうふう　2003.2　prr
◎一覧「南北朝の宮廷誌―二条良基の仮名日記」(小川剛生)　臨川書店　2003.2　p225-228
◎注「平安時代日記文学の特質と表現」(大倉比呂志)　新典社　2003.4　prr
◎参考文献「中世の日記の世界」(尾上陽介)　山川出版社　2003.5　2pb
○解題目録(馬場萬夫)「古書通信　69.1」(日本古書通信社)　2004.1　p28-29
◎文献「「朝」日記の奇跡―「朝3分」夢をかなえる習慣のつくり方」(佐藤伝)　日本能率協会　2005.5　p192-193
◎「日記解題辞典―古代・中世・近世」(馬場萬夫)　東京堂出版　2005.9　250p A5

日系企業
◎参考文献「中国における日系企業の人的資源管理についての分析」(趙暁霞)　白桃書房　2002.2　p235-243

日系人
○資料(神繁司)「参考書誌研究　54」(国立国会図書館)　2001.3　p79-128
○関係図書(金中利和)「季刊海外日系人　49」(海外日系人協会)　2001.8　p98-101
◎注「ラテンアメリカの日系人―国家とエスニシティ」(柳田利夫ほか)　慶応義塾大学出版会　2002.4　prr
◎文献解題(東栄一郎ほか)「アメリカ大陸日系人百科事典―写真と絵で見る日系人の歴史」(全米日系人博物館)　明石書店　2002.10　prr
○資料(神繁司)「参考書誌研究　66」(国会図書館)　2007.3　p1-91
◎参考文献「トランスナショナル・アイデンティティと多文化共生―グローバル時代の日系人」(村井忠政)　明石書店　2007.4　prr
◎References「強制収容とアイデンティティ・シフト―日系二世・三世の「日本」と「アメリカ」」(野崎京子)　世界思想社　2007.9　p221-229

日産自動車
◎文献「労働運動の終焉―日産自動車の総括と新しい展望」(田嶋知来,東条紀一)　情報センター出版局　2002.6　p134-139

新田文庫
○暫定目録(池田光子)「懐徳堂センター報　2004」(大阪大)　2004.2　p3-60b
○暫定目録(池田光子)「懐徳堂センター報　2005」(大阪大)　2005　p7-25
○目録(高橋良政)「実践国文学　67」(実践国文学会)　2005.3　p67-107

日展
◎カタログ一覧「日展一〇〇年」(国立新美術館ほか)　日本経済新聞社　2007.7　p347-346

二・二六事件
◎引用参考文献「二・二六事件全検証」(北博昭)　朝日新聞社　2003.1　p221-230
◎参考文献「盗聴二・二六事件」(中田整一)　文藝春秋　2007.2　p316-318

ニヒリズム
◎参考文献「ニヒリズム―その概念と歴史　下」(岩波哲男)　理想社　2006.4　p7-28b
◎参考文献「逆説のニヒリズム　新版」(渋谷治美)　花伝社　2007.3　p237-245

ニーベルンゲンの歌
◎参考文献「「ニーベルンゲンの歌」を読む」(石川栄作)　講談社　2001.4　p314-319

日本
◎基本文献案内「ポストコロニアル」(小森陽一)　岩波書店　2001.4　p135-140
◎参考文献「キリスト教と日本人」(井上章一)　講談社　2001.5　p222-224
◎文献「階級社会日本」(橋本健二)　青木書店　2001.5　p265-274
◎「日本の古典名著―総解説　改訂新版」　自由国民社　2001.6　463p A5
◎文献案内「「日本再生」へのトータルプラン―政策課題2001　決定版」(竹中平蔵)　朝日新聞社　2001.7　p7-13b
◎参考文献「歴史人口学で見た日本」(速水融)　文藝春秋　2001.10　p200-204
◎参考文献「日本人は戦争に強かったのか弱かったのか」(日本雑学能力協会)　新講社　2001.11　p235-236
◎参考文献「アメリカにあって日本にないもの―この国で勝ち残るためのヒント」(尾崎哲夫)　自由国民社　2002.1　p221-222
◎参考文献「英国大蔵省から見た日本」(木原誠二)　文藝春秋　2002.2　p211-214
◎参考文献「夢づくり国家・日本のかたち」(飯田健雄)　中央経済社　2002.2　p199-207
◎文献「日本とはどういう国か」(鷲田小弥太)　五月書房　2002.4　p411-415
◎参考文献「日本大衆文化と日韓関係―韓国若者の日本イメージ論」(朴順愛ほか)　三元社　2002.5　prr
◎文献「変容する日本社会と文化―国際社会　2」(宮島喬ほか)　東京大学出版会　2002.5　prr
◎ブックガイド(原田信男)「日本を問いなおす―いくつもの日本　I」(赤坂憲雄ほか)　岩波書店　2002.10　p6-9b
◎文献「日本、よいしがらみ悪いしがらみ」(アレン・S.ミラーほか)　日本経済新聞社　2002.11　p231-234
◎基本図書「日本の論点　2003」(文藝春秋)　文藝春秋　2002.12　prr
◎参考文献「アメリカ映画に現れた「日本」イメージの変遷」(増田幸子)　大阪大学出版会　2004.2　p168-174
○「國學院大學日本文化研究所刊行物総覧　1959～2003」(國學院大學日本文化研究所)　國學院大　2004.3　85p B5

◎注「日本比較文明論的考察　1」（S. N. アイゼンシュタット）　岩波書店　2004.7　p1-55b
◎「留学生のための日本案内55冊」（神田外語大学留学生別科ほか）　神田外語大　2004.10　132p B6
◎文献「ジャパンアズナンバーワン　新版」（E. F. ヴォーゲル）　阪急コミュニケーションズ　2004.12 p324-330
◎出典「イメージ・ファクトリー—日本×流行×文化」（D. リチー）　青土社　2005.9　p182-179
◎参考文献「欧米メディア・知日派の日本論—外側から見た「自己喪失大国」」（小林雅一）　光文社　2006.6　p301-306
◎原注「「最後の社会主義国」日本の苦闘」（L. J. ショッパ）　毎日新聞社　2007.3　p396-360
◎参考文献「ひきこもりの国—なぜ日本は「失われた世代」を生んだのか」（M. ジーレンジガー）　光文社　2007.3　p430-422
○文献案内「イタリア図書　36」（イタリア書房）　2007.4　p22-26
◎参考文献「「ひきこもり国家」日本—なぜ日本はグローバル化の波に乗り遅れたのか」（高城剛）　宝島社　2007.6　p186-187
◎「文献目録日本論・日本人論　1996-2006」（日外アソシエーツ）　日外アソシエーツ　2007.6　5, 726p A5
◎出典一覧「日本絶賛語録」（村岡正明）　小学館　2007.10　p215-221

日本　映画
◎参考文献「日本の映画」（ドナルド・リチー）　行路社　2001.7　p172-174
◎注「戦時下の日本映画　人々は国策映画を観たか」（古川隆久）　吉川弘文館　2003.2　prr
◎「日本映画文献書誌—明治・大正期」（牧野守）　雄松堂書店　2003.6　3冊　A5
◎参考文献「映画の文法—日本映画のショット分析」（今泉容子）　彩流社　2004.2　p355-359
◎参考引用資料「日本映画人改名・別称事典」（永田哲朗）　国書刊行会　2004.10　p323-329
◎文献「中国10億人の日本映画熱愛史—高倉健、山口百恵からキムタク、アニメまで」（劉文兵）　集英社　2006.8　p243-247
◎文献「映画で日本文化を学ぶ人のために」（窪田守弘）　世界思想社　2007.10　p319-325
◎参考文献ほか「増殖するペルソナ—映画スターダムの成立と日本近代」（藤木秀朗）　名古屋大出版会　2007.11　p11-33b
◎「日本映画原作事典」（スティングレイほか）　日外アソシエーツ　2007.11　8, 838p A5

日本　音楽
◎参考文献「ひと目でわかる日本音楽入門」（田中健次）　音楽之友社　2003.5　p168-171
◎参考文献「邦楽ってどんなもの　増補新装版」（星野榮志）　演劇出版社出版事業部　2003.9　p394-396
◎参考文献「日本音楽がわかる本」（千葉優子）　音楽之友社　2005.3　p288-296
◎参考文献「よくわかる日本音楽基礎講座—雅楽から民謡まで—わたしたちの文化を知ろう、伝えよう」（福井昭史）　音楽之友社　2006.8　p149-150
◎成稿一覧「日本音楽史叢」（福島和夫）　和泉書院　2007.11　p693-699

日本　外交
◎関係資料一覧「情報国家のすすめ」（吉野準）　中央公論新社　2004.4　p251-254
◎参考文献「稲作民外交と遊牧民外交—日本外交が翻弄される理由」（杉山徹宗）　講談社　2004.5　p231-234

日本　漢文学
◎注「平安後期日本漢文学の研究」（佐藤道生）　笠間書院　2003.5　prr

日本　企業
◎参考文献「戦後アジアと日本企業」（小林英夫）　岩波書店　2001.4　p183-188
◎参考文献「スローなビジネスに帰れ　eに踊らされた日本企業への処方箋」（阪本啓一）　インプレス　2001.10　p237-234
◎参考文献「情報化はなぜ遅れたか　日本企業の戦略と行動」（伊丹敬之ほか）　NTT出版　2001.10　p321-330

日本　北日本
◎参考文献「北日本の縄文後期土器編年の研究」（鈴木克彦）　雄山閣出版　2001.6　p210-228

日本　経済
◎参考文献「円の支配者　誰が日本経済を崩壊させたのか」（R. A. ヴェルナー）　草思社　2001.5　p358-351
◎参考文献「日本経済の生産性分析　データによる実証的接近」（中島隆信）　日本経済新聞社　2001.6　p243-251
◎「日本経済本38—歴史から見直す現代日本経済」（橋本寿朗）　平凡社　2001.6　286p B6
◎参考文献「日本経済論の誤解」（三輪芳朗ほか）　東洋経済新報社　2001.9　p413-420
◎参考文献「戦後日本経済を検証する」（橘木俊詔）　東京大学出版会　2003.1　prr

日本　研究
○参照文献「季刊日本思想史　61」（日本思想史懇話会）　2002　p149-127
◎参考文献「表象としての日本—西洋人の見た日本文化」（山内久明ほか）　放送大教育振興会　2004.3　p277-286
◎学位論文（I.L.チモーニナ）「ポスト・ソヴィエト期（1991-2004）のロシアにおける日本研究」（ロシア日本研究者協会）　法政大　2005.3　p243-245
◎「「日本研究」図書目録　1985-2004—世界の中の日本」（日外アソシエーツ）　日外アソシエーツ　2005.5　10, 672p A5

日本　建築
◎参考文献「高きを求めた昔（いにしえ）の日本人—巨大建造物をさぐる歴博フォーラム」（国立歴史民俗博物館）　山川出版社　2001.2　p214-218
◎参考文献「建築家・吉田鉄郎の『日本の建築』」（吉田鉄郎）　鹿島出版会　2003.10　1pf
◎参考文献「日本伝統の町—重要伝統的建造物群保存地区62」（河合敦）　東京書籍　2004.6　p206-207
◎参考文献「和風胚胎」（渡辺豊和）　学芸出版社　2007.12　p299-301

日本　酒
◎参考文献「決定版日本酒がわかる本」（蝶谷初男）　筑摩書房　2001.6　p330-331
◎参考文献ほか「日本の酒文化総合辞典」（荻生待也）　柏書房　2005.11　p739-760

◎文献「酒の日本文化―知っておきたいお酒の話」（神崎宣武）　角川学芸出版　2006.9　p239-243

日本　思想
◎年表「20世紀日本の思想―思想読本　5」（成田龍一ほか）　作品社　2002.2　p3-8b
○文献要目「日本思想史研究　36」（東北大）　2004　p1-61f
◎参考参照文献「現代日本思想論」（安丸良夫）　岩波書店　2004.1　p231-240
◎参考文献「思想史から見る日本の歴史」（小野寺満）　葦書房　2004.5　p129-137
◎参考文献「概説日本思想史」（佐藤弘夫）　ミネルヴァ書房　2005.4　p293-297
◎著作年表「近・現代日本哲学思想史―明治以来、日本人は何をどのように考えて来たか」（浜田恂子）　関東学院大出版会　2006.2　p9-28b
◎参考書「思想のレクイエム―加賀・能登が生んだ哲学者15人の軌跡」（浅見洋）　春風社　2006.4　p348-354
◎参考文献「神国論の系譜」（鍛代敏雄）　法藏館　2006.5　p193-198
◎引用参考文献「近世日本武芸思想の研究」（前林清和）　人文書院　2006.12　p396-400
◎参考文献「思想のアンソロジー」（吉本隆明）　筑摩書房　2007.1　p271-273
◎参考文献「日本文化の人間学」（新保哲）　北樹出版　2007.2　prr
◎参考文献「「はかなさ」と日本人―「無常」の日本精神史」（竹内整一）　平凡社　2007.3　p224-228

日本　書道
◎参考文献「書道藝術　別巻　第4　日本書道史　新装」（中田勇次郎）　中央公論新社　2001.10　p193-195

日本　神話
◎ブックガイド（三浦佑之ほか）「日本神話がわかる。」（編集部）　朝日新聞社　2001.8　p133-140

日本　政治
◎参考文献「日本政治「失敗」の研究」（坂野潤治）　光芒社　2001.7　p251-252
◎参考文献「マッカーサーの呪縛―虚構の戦後民主主義」（林伸伍）　文芸社　2005.6　p187-193

日本　占領時代
◎参考文献「東南アジア史のなかの日本占領　新装版」（倉沢愛子）　早稲田大学出版部　2001.1　p557-572
◎参考文献「財閥解体―GHQエコノミストの回想」（E.M.ハドレー）　東洋経済新報社　2004.7　p273-271
◎注「アメリカの対日占領政策とその影響―日本の政治・社会の転換」（M.カプリオほか）　明石書店　2004.10　prr
◎注「占領とデモクラシーの同時代史」（同時代史学会）　日本経済評論社　2004.12　prr
◎引用参考文献「ドキュメント占領の秋　1945」（玉木研二）　藤原書店　2005.12　p240-241
◎参考文献「被占領期社会福祉分析」（菅沼隆）　ミネルヴァ書房　2005.12　p279-287
◎参考文献「女性解放をめぐる占領政策」（上村千賀子）　勁草書房　2007.2　p235-248

日本　地誌
◎参考文献「地理から見えてくる「日本」のすがた」（GFC）　中経出版　2007.4　p250-257

日本　庭園
◎参考図書「日本庭園を愉しむ」（田中昭三）　実業之日本社　2002.1　1pb
◎注「庭石と水の由来―日本庭園の石質と水系」（尼崎博正）　昭和堂　2002.2　pr
◎関係書目録「日本庭園鑑賞便覧―全国庭園ガイドブック」（京都林泉協会）　学芸出版社　2002.8　p250-234
◎文献「日本庭園の植栽史」（飛田範夫）　京都大学学術出版会　2002.12　p407-418
◎参考文献「日本庭園の心得　基礎知識から計画・管理・改修まで」（枡野俊明）　国際花と緑の博覧会記念協会　2003.3　1pb
◎参考文献「岩波日本庭園辞典」（小野健吉）　岩波書店　2004.3　p349-350

日本　帝国議会
◎参考文献「帝国議会誕生」（原田敬一）　文英堂　2006.4　p268-271

日本　哲学
◎文献目録（B.W.デービス）「世界のなかの日本の哲学」（藤田正勝ほか）　昭和堂　2005.6　p6-17b

日本　日印関係
◎参考文献「東洋人のインド観」（近藤治）　汲古書院　2006.10　p15-19b

日本　日英関係
◎文献「日英兵器産業とジーメンス事件―武器移転の国際経済史」（奈倉文二ほか）　日本経済評論社　2003.7　p291-303
◎参考文献「イギリス発日本人が知らないニッポン」（緑ゆうこ）　岩波書店　2004.8　p191-193
◎「日英交流近世書誌年表」（島田孝右）　ユーリカ・プレス　2005.1　7, 295p B5
◎参考文献「江戸の英吉利熱―ロンドン橋とロンドン時計」（T.スクリーチ）　講談社　2006.1　p243-247
◎文献一覧「近世日英交流地誌地図年表―1576-1800」（島田孝右ほか）　雄松堂出版　2006.10　p215-277
◎引用参照文献「「植民地」支配の史的研究―戦間期日本に関する英国外交報告からの検証」（梶居佳広）　法律文化社　2006.11　p213-219
◎参考文献「上海をめぐる日英関係1925-1932年―日英同盟後の協調と対抗」（後藤春美）　東京大出版会　2006.11　p264-278

日本　日英同盟
◎参考文献「日英同盟―日本外交の栄光と凋落」（関栄次）　学習研究社　2003.4　p256-261
◎参考文献ほか「大日本帝国の生存戦略―同盟外交の欲望と打算」（黒野耐）　講談社　2004.9　p232-241
◎参考文献「「日英同盟」協約交渉とイギリス外交政策」（藤井信行）　春風社　2006.3　p177-185

日本　日欧関係
◎参考文献「黄金の島ジパング伝説」（宮崎正勝）　吉川弘文館　2007.2　p216-219
◎既刊欧文書簡「大航海時代の東アジア―日欧通交の歴史的前提」（伊川健二）　吉川弘文館　2007.12　p12-82b

日本　日豪関係
◎参考文献「カウラの風」（土屋康夫）　KTC中央出版　2004.2　p292-294

日本　日独関係
- ◎文献「近代日独交渉史研究序説　最初のドイツ大学日本人留学生馬島済治とカール・レーマン」（荒木康彦）雄松堂出版　2003.3　p197-207
- ◎参考文献「江戸・東京の中のドイツ」（J. クライナー）講談社　2003.12　p206-221
- ◎参考文献「虹の懸橋」（長谷川つとむ）冨山房　2004.7　p357-359
- ◎引用文献「日本＝ザクセン文化交流史研究」（松尾展成）大学教育出版　2005.10　p321-346
- ◎参考文献「青島から来た兵士たち―第一次大戦とドイツ兵俘虜の実像」（瀬戸武彦）同学社　2006.6　p185-192

日本　日米安全保障
- ◎参考文献「日米同盟の絆　安保条約と相互性の模索」（坂元一哉）有斐閣　2001.5　p285-295
- ◎参考文献「日米同盟半世紀　安保と密約」（外岡秀俊ほか）朝日新聞社　2001.9　p606-613
- ◎参考文献「日米安保を考え直す」（我部政明）講談社　2002.5　p205-202
- ◎注「アメリカの戦争と在日米軍　日米安保体制の歴史」（藤本博ほか）社会評論社　2003.7　prr

日本　日米関係
- ◎参考文献「ハイテク覇権の攻防―日米技術紛争」（黒川修司）東信堂　2001.3　p163-164
- ◎参考文献「日米財界人会議40年史　1961-2001」（日米財界人会議40年史編纂委員会）日米経済協議会　2001.10　p245-247
- ◎参考文献「戦後日米関係の国際政治経済分析」（小野直樹）慶応義塾大学出版会　2002.4　p451-471
- ◎注文献「二〇世紀日米関係と東アジア」（川田稔ほか）風媒社　2002.4　prr
- ◎文献「同盟の認識と現実―デタント期の日米中トライアングル」（伊藤剛）有信堂高文社　2002.10　p223-232
- ◎参考文献「軍隊なき占領―戦後日本を操った謎の男」（J. G. ロバーツほか）講談社　2003.3　p420-425
- ◎文献「日米通商摩擦の政治経済学」（中戸祐夫）ミネルヴァ書房　2003.3　p273-284
- ◎文献「沖縄問題の起源―戦後日米関係における沖縄1945-1952」（R. D. エルドリッヂ）名古屋大学出版会　2003.6　p9-32b
- ◎文献「奄美返還と日米関係―戦後アメリカの奄美・沖縄占領とアジア戦略」（R. D. エルドリッヂ）南方新社　2003.8　p309-327
- ◎参考文献「日米外交の人間史―黒船から経済摩擦まで」（越智正雄）中央公論新社　2003.11　prr
- ◎参考文献「米国議会の対日立法活動―1980-90年代対日政策の検証」（佐藤学）コモンズ　2004.5　p157-169
- ◎参考文献「「日米関係」とは何だったのか」（M. シャラー）草思社　2004.7　p523-517
- ◎参考文献「日米関係と「二つの中国」―池田・佐藤・田中内閣期」（池田直隆）木鐸社　2004.9　p479-489
- ◎参考文献「日米同盟の政治史―アリソン駐日大使と「1955年体制」の成立」（池田慎太郎）国際書院　2004.10　p251-273
- ◎参考文献「幕末源流―日米開国秘話」（青木健）河出書房新社　2004.10　p227-228
- ◎参考文献「黒船異聞―日本を開国したのは捕鯨船だ」（川澄哲夫）有隣堂　2004.12　p240-242
- ◎参考文献「アメリカに渡った戦争花嫁―日米国際結婚パイオニアの記録」（安冨成良）明石書店　2005.1　p281-284
- ◎参考文献「万延元年の遣米使節」（宮永孝）講談社　2005.3　p344-348
- ◎参考文献ほか「ジャパン・ハンドラーズ―日本を操るアメリカの政治家・官僚・知識人たち」（中田安彦）日本文芸社　2005.5　p230-234
- ◎参考文献「日米戦争と戦後日本」（五百旗頭真）講談社　2005.5　p285-288
- ◎参考文献「日米文化交流史―彼らが変えたものと残したもの」（波多野勝）学陽書房　2005.5　p213-216
- ◎文献「日本がもしアメリカ51番目の州になったら―属国以下から抜け出すための新日米論」（日米問題研究会）現代書林　2005.8　p251-253
- ◎参考文献「アメリカが変えた日本の歴史―ペリー後の150年を読む」（池井優）太陽企画出版　2005.12　p301-302
- ◎文献「日米永久同盟―アメリカの「属国」でなにが悪い!」（長尾秀美）光文社　2005.12　p286-289
- ◎参考文献「延安リポート―アメリカ戦時情報局の対日軍事工作」（山本武利）岩波書店　2006.2　p861-864
- ◎参考資料（黒川創）「日米交換船」（鶴見俊輔ほか）新潮社　2006.3　p474-483
- ◎参考文献「日米経済関係論―米国の通商戦略と日本」（青木節子ほか）勁草書房　2006.4　prr
- ◎参考文献「戦略を持たない日本―子どもや孫に誇れる国づくりへ」（澁谷司）経済界　2007.9　p236-238
- ◎参考文献「日米同盟というリアリズム」（信田智人）千倉書房　2007.9　p244-267

日本　日米韓摩擦
- ◎参考文献「日米韓半導体摩擦―通商交渉の政治経済学」（大矢根聡）有信堂高文社　2002.11　p324-331

日本　日米戦後関係
- ◎参考文献「日米戦後関係史1951-2001」（入江昭ほか）講談社インターナショナル　2001.9　prr

日本　日米同盟
- ◎参考文献「新しい日米同盟　親米ナショナリズムへの戦略」（田久保忠衛）PHP研究所　2001.5　1pb
- ◎参考文献「米軍の前方展開と日米同盟」（川上高司）同文舘出版　2004.4　p333-363

日本　日米野球史
- ◎参考文献「日米野球史　メジャーを追いかけた70年」（波多野勝）PHP研究所　2001.10　2pb

日本　日葡関係
- ◎引用文献「モンスーン文書と日本―十七世紀ポルトガル公文書集」（高瀬弘一郎）八木書店　2006.2　p39-60b

日本　日満協会
- ○刊行物一覧（岡村敬二）「文献探索　2001」（文献探索研究会）2002.7　p116-125

日本　日蘭学会
- ○文献目録1997（土井康弘）「日蘭学会会報　25.1.47」（日蘭学会）2000.1　p111-158

日本　日蘭関係
- ◎文献一覧（石井孝）「日蘭交流史―その人・物・情報」（片桐一男）　思文閣出版　2002.12　p525-538
- ◎参考文献「平戸オランダ商館―日蘭・今も続く小さな交流の物語」（萩原博文）　長崎新聞社　2003.6　p187-188
- ○研究文献目録「日蘭学会会誌　28.1.51」（日蘭学会）　2003.10　p139-186
- ◎注「近世日蘭貿易史の研究」（鈴木康子）　思文閣出版　2004.1　prr
- ◎参考文献「陽が開くとき―幕末オランダ留学生」（東秀紀ほか）　NHK出版　2005.12　p406-407

日本　日露関係
- ◎注「遠い隣国―ロシアと日本」（木村汎）　世界思想社　2002.6　p791-924
- ◎参考文献「オタス―サハリン北方少数民族の近代史」（N. ヴィシネフスキー）　北海道大　2005.3　p144-146
- ◎注「新版　日露国境交渉史―北方領土返還への道」（木村汎）　角川学芸出版　2005.10　p344-311
- ◎参考文献「「ロマノフ王朝と近代日本」展―版画と写真でたどる日露交流―ロシア国立図書館所蔵品より　日露修好150周年記念」　サンクトペテルブルクロシア国立図書館　c2006　p196-199
- ◎註「スターリン、ヒトラーと日ソ独伊連合構想」（三宅正樹）　朝日出版社　2007.2　p259-285

日本　日露戦争
- ◎参考文献「ノモンハン　隠された「戦争」」（鎌倉英也）　NHK出版　2001.3　p298-299
- ◎参考文献「日露戦争従軍将兵の手紙」（済々黌日露戦役記念帖編集委員会）　同成社　2001.3　p479-480
- ◎参考文献「世界史としての日露戦争」（大江志乃夫）　立風書房　2001.10　p708-719
- ◎参考文献「庶民のみた日清・日露戦争」（大浜徹也）　刀水書房　2003.5　p258-263
- ◎参考図書ほか「日本海海戦ハンドブック―日本海海戦100周年記念―これだけは知らせたい基礎知識とデータ集」（佐藤和夫）　歴研　2003.5　p49-64
- ◎参考文献「あの頃日本は強かった―日露戦争100年」（柏植久慶）　中央公論新社　2003.10　p220-221
- ◎ブックガイド（木下路子）「日露戦争スタディーズ」（小森陽一ほか）　紀伊国屋書店　2004.2　p234-237
- ◎文献「日露戦争と群馬県民」（前沢哲也）　煥乎堂　2004.3　p355-368
- ◎原注「日露戦争の世界史」（崔文衡）　藤原書店　2004.5　p333-404
- ◎参考文献「教科書から見た日露戦争―これでいいのか、日本の教科書」（古賀俊昭ほか）　展転社　2004.11　p182-189
- ◎関連史料（原剛）「日露戦争　1　国際的文脈」（軍事史学会）　錦正社　2004.12　p292-335
- ◎参考文献「日露戦争が変えた世界史―「サムライ」日本の一世紀　改訂新版」（平間洋一）　芙蓉書房出版　2005.5　p297-304
- ◎参考文献「日露戦争史―20世紀最初の大国間戦争」（横手慎二）　中央公論新社　2005.4　p207-212
- ◎文献「「坂の上の雲」では分からない日本海海戦―なぜ日本はロシアに勝利できたか」（別宮暖朗）　並木書房　2005.5　p340-343
- ◎引用文献「日露戦争研究の新視座」（日露戦争研究会）　成文社　2005.5　p533-473
- ◎文献目録（末吉洋文ほか）「軍事史学　41.1・2」（錦正社）　2005.6　p309-332
- ◎参考文献ほか「日露戦争の世紀」（山室信一）　岩波書店　2005.7　p242-244
- ◎参考文献ほか「ロシア兵捕虜が歩いたマツヤマ―日露戦争下の国際交流」（宮脇昇）　愛媛新聞社　2005.9　p284-289
- ◎参考文献「捕虜たちの日露戦争」（吹浦忠正）　NHK出版　2005.9　p256-260
- ◎参考文献「日露戦争―勝利のあとの誤算」（黒岩比佐子）　文藝春秋　2005.10　p309-318
- ◎参考文献「大国ロシアになぜ勝ったのか―日露戦争の真実」（偕行社日露戦史刊行委員会）　芙蓉書房出版　2006.3　p339-345
- ◎参考文献「日露戦争もう一つの戦い―アメリカ世論を動かした五人の英語名人」（塩崎智）　祥伝社　2006.7　p206-211
- ◎参考文献「日清・日露戦争」（原田敬一）　岩波書店　2007.2　p9-16b

日本　日韓関係
- ◎参考文献「教科書が教えない日韓関係200年―地域史としての日本と朝鮮」（沢田洋太郎）　彩流社　2002.3　p358-361
- ◎注文献「日韓の相互理解と戦後補償」（池明観ほか）　日本評論社　2002.3　prr
- ◎参考文献「日韓共鳴二千年史」（名越二荒之助）　明成社　2002.5　p702-706
- ◎参考文献「日本大衆文化と日韓関係―韓国若者の日本イメージ論」（朴順愛ほか）　三元社　2002.5　prr
- ◎参考文献「「親日」と「反日」の文化人類学」（崔吉城）　明石書店　2002.8　p254-266
- ◎参考文献ほか「日本海と竹島　日韓領土問題」（大西俊輝）　東洋出版　2003.1　p335-355
- ◎参考文献「日韓交渉―請求権問題の研究」（太田修）　クレイン　2003.3　p395-407
- ◎文献「米日韓反目を超えた提携」（V. D. チャ）　有斐閣　2003.5　p321-341
- ◎参考図書「日本は韓国と中国にどう関わってきたか―三国の友好発展を願って」（菅原寿）　菅原寿　2003.11　p409-413
- ◎参考文献「在日ふたつの「祖国」への思い」（姜尚中）　講談社　2005.3　p216-217
- ◎参考文献「日韓・日朝関係の課題―東北アジアは提携できるか」（荒井利明）　日中出版　2005.5　p258-263
- ◎参考文献「ジェンダーの視点からみる日韓近現代史」（日韓「女性」共同歴史教材編纂委員会）　梨の木舎　2005.10　p321-336
- ◎参考文献「「脱日」する韓国―隣国が日本を捨てる日」（澤田克己）　ユビキタ・スタジオ　2006.7　p226-229
- ◎参考文献「日・中・台視えざる絆―中国首脳通訳のみた外交秘録」（本田善彦）　日本経済新聞社　2006.9　p381-387
- ◎参考文献「韓国の妄言―韓国・朝鮮人はなぜこんなに尊大なのか？」（別宮暖朗）　並木書房　2006.11　p241-243
- ◎参考文献「向かいあう日本と韓国・朝鮮の歴史　前近代編上」（歴史教育者協議会）　青木書店　2006.12　p241-246
- ◎参考文献「日韓交流の歴史―日韓歴史共通教材」（歴史教育研究会ほか）　明石書店　2007.3　p411-435

◎図書ほか「ポスト韓流のメディア社会学」（石田佐恵子ほか）　ミネルヴァ書房　2007.10　p7-39b
◎参考文献「続日本海と竹島―日韓領土問題の根本資料『隠州視聴合紀』を読む」（大西俊輝）　東洋出版　2007.10　p379-384
◎参考文献「独島/竹島韓国の論理　増補版」（金学俊）　論創社　2007.11　p242-247
◎文献一覧「「韓流」のうち外―韓国文化力と東アジアの融合反応」（徐勝ほか）　御茶の水書房　2007.12　p289-295

日本　日韓経済
◎参考文献「日韓経済システムの比較制度分析　経済発展と開発主義のわな」（池尾和人ほか）　日本経済新聞社　2001.10　p239-250

日本　日韓併合時代
◎日本語文献「生活の中の植民地主義」（水野直樹）　人文書院　2004.1　p161-170
◎参考文献「日本の朝鮮統治と国際関係―朝鮮独立運動とアメリカ1910-1922」（長田彰文）　平凡社　2005.2　p484-504
◎原注「ソウルにダンスホールを―1930年代朝鮮の文化」（金振松）　法政大学出版局　2005.5　p345-354
◎引用参考文献「日本の朝鮮統治―「一視同仁」の建前と実相」（鈴木譲二）　学術出版会　2006.4　p257-267

日本　日清戦争
◎参考文献「庶民のみた日清・日露戦争」（大浜徹也）　刀水書房　2003.5　p258-263
◎参考文献「兵士と軍夫の日清戦争―戦場からの手紙をよむ」（大谷正）　有志舎　2006.5　p217-221
◎参考文献「日清・日露戦争」（原田敬一）　岩波書店　2007.2　p9-16b

日本　日ソ戦
◎参考文献「一九四五年夏最後の日ソ戦」（中山隆志）　中央公論新社　2001.7　p262-267
◎参考文献「大国の攻防―世界大戦における日ソ戦」（A.コーシキン）　大阪経済法科大　2005.12　p313-318

日本　日台関係
◎参考文献「アメリカと日華講和―米・日・台関係の構図」（袁克勤）　柏書房　2001.3　p267-280
◎参考文献「日・中・台視えざる絆―中国首脳通訳のみた外交秘録」（本田善彦）　日本経済新聞社　2006.9　p381-387
◎参考資料一覧「トオサンの桜―散りゆく台湾の中の日本」（平野久美子）　小学館　2007.2　p252-253

日本　日中安全保障
◎註「冷戦後の日中安全保障―関与政策のダイナミクス」（R.ドリフテ）　ミネルヴァ書房　2004.9　p265-355

日本　日中関係
◎参考文献「「上海東亜同文書院」風雲録　日中共存を追い続けた五〇〇〇人のエリートたち」（西所正道）　角川書店　2001.5　p319-323
◎注文献「奈良・平安期の日中文化交流　ブックロードの視点から」（王勇ほか）　農山漁村文化協会　2001.9　prr
◎参考文献「近代日中関係史再考」（田中明）　日本経済評論社　2002.3　p233-264
◎文献「宋代の中日交流史研究」（王麗萍）　勉誠出版　2002.8　p299-301
◎史料・書籍「尖閣諸島・琉球・中国―分析・資料・文献日中国際関係史」（浦野起央）　三和書籍　2002.12　p1-20b
◎参考文献「日中提携の歴史的系譜―マクロ的分析」（東英記）　文芸社　2002.12　p338-340
◎文献「ワシントンから眺めた中国」（片山和之）　東京図書出版会　2003.3　p230-234
◎参考文献「中国文化と長崎県　再版」（長崎県教育委員会）　長崎県教育委員会　2003.3　p206-208
◎文献（江口伸吾）「北東アジアにおける中国と日本―北京大学国際関係学院・島根県立大学シンポジウム―日中国交正常化三十周年記念」（宇野重昭）　国際書院　2003.3　p257-263
◎参考資料「中国はなぜ「反日」になったか」（清水美和）　文藝春秋　2003.5　p222-225
◎文献「日中「新思考」とは何か―馬立誠・時殷弘論文への批判」（金熙徳ほか）　日本僑報社　2003.9　p160-162
◎参考図書「日本は韓国と中国にどう関わってきたか―三国の友好発展を願って」（菅原寿）　菅原寿　2003.11　p409-413
◎参考文献「「反日」に狂う中国「友好」とおもねる日本―親日派中国人による苛立ちの日本叱咤論」（金文学）　祥伝社　2004.2　p265-268
◎参考文献「日米関係と「二つの中国」―池田・佐藤・田中内閣期」（池田直隆）　木鐸社　2004.9　p479-489
◎参考文献「東方文化事業の歴史―昭和前期における日中文化交流」（山根幸夫）　汲古書院　2005.1　p201-204
◎参考文献ほか「「日中平和友好条約」交渉の政治過程」（李恩民）　御茶の水書房　2005.2　p231-246
◎参考文献「日中の貿易構造と経済関係」（臧世俊）　日本評論社　2005.3　p231-236
◎注「海を越えた艶ごと―日中文化交流秘史」（唐権）　新曜社　2005.4　p333-363
◎文献「尖閣諸島・琉球・中国―分析・資料・文献―日中国際関係史　増補版」（浦野起央）　三和書籍　2005.5　p1-20b
◎参考文献「マッカーサーの呪縛―虚構の戦後民主主義」（林伸伍）　文芸社　2005.6　p187-193
◎参考文献「「日中友好」は日本を滅ぼす!―歴史が教える「脱・中国」の法則」（石平）　講談社　2005.7　p230-234
◎参考文献「中国農民の反乱―隠された反日の温床」（清水美和）　講談社　2005.8　p341-345
◎参考文献「東アジア政治・外交史研究―「間島協約」と裁判管轄権」（白榮勲）　大阪経法大出版部　2005.11　p267-278
◎参考文献「中国の「核」が世界を制す」（伊藤貫）　PHP研究所　2006.3　p310-316
◎参考文献「日中同盟」（池田昌昭）　文理閣　2006.3　p219-223
◎引用文献「日中関係―戦後から新時代へ」（毛里和子）　岩波書店　2006.6　p225-232
◎参考文献「大地の咆哮―元上海総領事が見た中国」（杉本信行）　PHP研究所　2006.7　p350-353
◎文献「沖縄を狙う中国の野心―日本の海が侵される」（日暮高則）　祥伝社　2007.1　p247-249

◎参考文献「日中講和の研究―戦後日中関係の原点」(殷燕軍) 柏書房 2007.3 p399-402
◎史料目録ほか「東アジア海域と日中交流―九〜一四世紀」(榎本渉) 吉川弘文館 2007.6 p293-318
◎参考文献「戦略を持たない日本―子どもや孫に誇れる国づくりへ」(澁谷司) 経済界 2007.9 p236-238

日本 日中戦争
◎資料(北村稔)「「南京事件」の探究 その実像をもとめて」(文藝春秋) 文藝春秋 2001.11 p192-197
◎文献「アイデンティティと戦争―戦中期における中国雲南省滇西地区の心理歴史的研究」(山田正行) グリーンピース出版会 2002.5 p189-202
◎文献一覧「中国山西省における日本軍の毒ガス戦」(粟屋憲太郎) 大月書店 2002.12 p291-293
◎文献「中日"戦争交流"研究―戦時期の華北経済を中心に」(范力) 汲古書院 2002.12 p284-297
◎「日中戦争関係中国語文献目録」(日中関係史研究会) 波多野澄雄 2003.3 177p A4
◎主要目録「中国河北省における三光作戦」(小野寺利孝ほか) 大月書店 2003.7 p282-287
◎参考文献「崑崙関の子守唄 ある陸軍少尉の日中戦争」(春日嘉一) 社会評論社 2003.8 p509-511
◎参考文献「満州事変と対中国政策」(小池聖一) 吉川弘文館 2003.12 p276-295
◎参考文献「柳条溝事件から盧溝橋事件へ―一九三〇年代華北をめぐる日中の対抗」(安井三吉) 研文出版 2003.12 p281-287
◎「日中戦争関連中文書書名叢書名索引」(日中友好会館日中歴史研究センター) 日中友好会館 2004.4 416p A4
◎文献目録(天野祐子)「重慶国民政府史の研究」(石島紀之ほか) 東京大学出版会 2004.12 p379-398
◎文献「日本軍の毒ガス兵器」(松野誠也) 凱風社 2005.2 p318-330
◎参考文献「南京難民区の百日―虐殺を見た外国人」(笠原十九司) 岩波書店 2005.8 p397-401
◎参考文献「〈鬼子〉たちの肖像―中国人が描いた日本人」(武田雅哉) 中央公論新社 2005.9 p245-250
◎参考文献「華北事変の研究―塘沽停戦協定と華北危機下の日中関係一九三二〜一九三五年」(内田尚孝) 汲古書院 2006.1 p279-301
◎文献目録「日本の青島占領と山東の社会経済1914-22年」(本庄比佐子) 東洋文庫 2006.3 p369-378
◎参考文献「中国民衆の戦争記憶―日本軍の細菌戦による傷跡」(聶莉莉) 明石書店 2006.12 p368-376
◎参考文献「告発〈従軍慰安婦〉」(琴秉洞) 同時代社 2007.5 p176-180
◎参照文献「銃後の中国社会―日中戦争下の総動員と農村」(笹川裕史ほか) 岩波書店 2007.5 p257-267
◎参考文献「満州事変から日中戦争へ」(加藤陽子) 岩波書店 2007.6 p8-14b
◎参考文献「満州事変から日中全面戦争へ」(伊香俊哉) 吉川弘文館 2007.6 p274-278
◎参考文献「蟻の兵隊―日本兵2600人山西省残留の真相」(池谷薫) 新潮社 2007.7 p218-221
◎参考文献「日中戦争下の日本」(井上寿一) 講談社 2007.7 p199-201
◎参考文献「再現南京戦」(東中野修道) 草思社 2007.8 p359-371
◎参考文献「日中戦争とノモンハン事件―太平洋戦争への道」(水嶋都香) 第一書房 2007.10 p315-323
◎参考文献「日中戦争への道―満蒙華北問題と衝突への分岐点」(大杉一雄) 講談社 2007.11 p435-443
◎参考文献「日本は中国でどう教えられているのか」(西村克仁) 平凡社 2007.11 p224-225
◎参考文献「旅順と南京―日中五十年戦争の起源」(一ノ瀬俊也) 文藝春秋 2007.11 p238-240

日本 日朝外交
◎註「対馬藩江戸家老―近世日朝外交をささえた人びと」(山本博文) 講談社 2002.6 p296-305

日本 日朝関係
◎参考文献「市民がつくる日本―コリア交流の歴史」(高麗博物館) 明石書店 2002.3 p196-200
◎文献「中世日朝海域史の研究」(関周一) 吉川弘文館 2002.10 p271-287
◎参考文献「滋賀のなかの朝鮮―歩いて知る朝鮮と日本の歴史」(朴鐘鳴) 明石書店 2003.7 p187-188
◎参考文献「検証日朝交渉」(高崎宗司) 平凡社 2004.2 p216-226
◎参考文献「〈朝鮮〉表象の文化誌―近代日本と他者をめぐる知の植民地化」(中根隆行) 新曜社 2004.4 p366-385
◎参考文献「東アジア史のなかの日本と朝鮮―古代から近代まで」(吉野誠) 明石書店 2004.4 p286-295
◎参考文献「朝鮮通信使と文化伝播―唐子踊り・唐人踊りと祭礼行列を中心に」(任東権) 第一書房 2004.8 p226-235
◎参考文献「日韓・日朝関係の課題―東北アジアは提携できるか」(荒井利明) 日中出版 2005.5 p258-263
◎参考文献「近世の日本と朝鮮」(三宅英利) 講談社 2006.2 p286-290
◎文献一覧「大君外交と「武威」―近世日本の国際秩序と朝鮮観」(池内敏) 名古屋大出版会 2006.2 p411-425
◎参考文献「使行録に見る朝鮮通信使の日本観―江戸時代の日朝関係」(鄭章植) 明石書店 2006.7 p459-463
◎参考文献「対馬からみた日朝関係」(鶴田啓) 山川出版社 2006.8 4pb
◎文献目録「倭と加耶の国際環境」(東潮) 吉川弘文館 2006.8 p331-347
○文献目録「朝鮮史研究会論文集 44」(朝鮮史研究会) 2006.10 p26-14
◎文献目録「朝鮮通信使をよみなおす―「鎖国」史観を越えて」(仲尾宏) 明石書店 2006.10 p332-356
◎文献「デカンショのまちのアリラン―篠山市&朝鮮半島交流史〜古代から現代まで〜」(篠山市人権・同和教育研究協議会) 篠山市人権・同和教育研究協議会 2006.12 p169-170
◎参考文献「渡来遺物からみた古代日韓交流の考古学的研究」(和田清吾) 和田清吾 2007.3 p241-248
◎註「加耶と倭―韓半島と日本列島の考古学」(朴天秀) 講談社 2007.10 p169-174
◎引用参考文献「中世対馬宗氏領国と朝鮮」(荒木和憲) 山川出版社 2007.11 p13-23b

日本 日比関係
◎文献目録「近現代日本・フィリピン関係史」(池端雪浦ほか) 岩波書店 2004.2 prr

日本　日本画
- ◎参考文献「筑前御抱え絵師　史料篇」(小林法子)　中央公論美術出版　2004.3　p621-639
- ◎文献表「「日本画」―内と外のあいだで―シンポジウム〈転位する「日本画」〉記録集」(編集委員会)　ブリュッケ　2004.5　p407-390
- ◎参考文献「江戸の動物画―近世美術と文化の考古学」(今橋理子)　東京大学出版会　2004.12　p18-27b
- ◎引用参考文献「日本的エロティシズムの眺望―視覚と触感の誘惑」(元田興市)　鳥影社・ロゴス企画　2006.9　p291-299
- ◎「日本美術作品レファレンス事典　2期絵画篇」(日外アソシエーツ)　日外アソシエーツ　2006.12　8, 1001p B5

日本　日本海
- ◎文献「日本海東縁の活断層と地震テクトニクス」(大竹政和, 平朝彦, 太田陽子)　東京大学出版会　2002.5　p187-195
- ◎注「日本海/東アジアの地中海」(中井精一ほか)　桂書房　2004.3　prr
- ◎参考文献「日本海読本―ジュニア版　日本海から人類の未来へ」(伊東俊太郎)　角川学芸出版　2004.3　p196-200
- ◎引用参考文献「日本海域歴史大系　3」(矢田俊文ほか)　清文堂　2005.6　prr
- ◎参考文献「日本海と環日本海地域―その成立と自然環境の変遷」(小泉格)　角川学芸出版　2006.7　p138-145
- ◎参考文献「古代日本海文明交流圏―ユーラシアの文明変動の中で」(小林道憲)　世界思想社　2006.8　p259-268

日本　美術
- ◎日記と資料(中村興一ほか)「日本美術を学ぶ人のために」(中村興一, 岸文和)　世界思想社　2001.3　p346-415
- ◎参考文献「名品流転　ボストン美術館の「日本」」(堀田謹吾)　NHK出版　2001.3　3pb
- ◎参考文献「快読・日本の美術―美意識のルーツを探る」(神原正明)　勁草書房　2001.11　p205-206
- ◎参考文献「韓国の美術・日本の美術」(鄭于沢ほか)　昭和堂　2002.1　p240-241
- ◎参考文献(高松ům里)「シリーズ・近代日本の知　第4巻　芸術/葛藤の現場―近代日本芸術思想のコンテクスト」(岩城見一)　晃洋書房　2002.3　p21-34b
- ◎「日本美術作品レファレンス事典―工芸篇」(日外アソシエーツ)　日外アソシエーツ　2002.3　9, 991p B5
- ◎文献「伝統―その創出と転生」(辻成史)　新曜社　2003.10　p179-180
- ◎参考文献「歌を描く絵を詠む―和歌と日本美術」サントリー美術館　c2004　p136-137
- ◎参考文献「ロシア・アヴァンギャルドから見た日本美術」(上野理恵)　東洋書店　2006.2　p59-63
- ◎参考文献ほか「20世紀の日本美術―同化と差異の軌跡」(M. リュケン)　三好企画　2007.3　p352-360
- ◎参考文献「伊勢物語―雅と恋のかたち―開館25周年記念特別展」(和泉市久保惣記念美術館)　和泉市久保惣記念美術館　2007.10　p258-260

日本　美術史
- ◎関連文献「日本美術の社会史―縄文期から近代の市場へ」(瀬木慎一ほか)　里文出版　2003.6　prr
- ◎参考文献「日本近現代美術史事典」(多木浩二)　東京書籍　2007.9　p618-619

日本　舞踊
- ◎参考文献「日本舞踊ハンドブック」(藤田洋)　三省堂　2001.12　p260-261

日本　文化
- ◎参考文献「日本文化の模倣と創造―オリジナリティとは何か」(山田奨治)　角川書店　2002.6　p217-225
- ◎参考文献「秘の思想―日本文化のオモテとウラ」(柳父章)　法政大学出版局　2002.11　p219-221
- ◎文献「「間の文化」と「独の文化」―比較社会の基礎理論」(濱口惠俊)　知泉書館　2003.2　p257-262
- ◎参考文献「カミの現象学　身体から見た日本文化論」(梅原賢一郎)　角川書店　2003.8　p274-280
- ◎参考文献「手遣いの民と足遣いの民―稲作文化と牧畜文化」(中山亘)　吉備人出版　2003.10　p320-323
- ◎文献「日本人の人類学的自画像―柳田国男と日本文化論再考」(伊藤幹治)　筑摩書房　2006.5　p13-30b
- ◎参考文献「日本文化の基本形○△□」(篠田知和基)　勉誠出版　2007.4　p247-253

日本　文学
- ○〔論文連載〕「国文学　45.1-45.14」(学燈社)　2000.1-2000.12　p170-181
- ◎参考文献「「北九州の文学」私記―火野葦平とその周辺」(星加輝光)　梓書院　2000.2　p316-317
- ◎参考文献「異都憧憬日本人のパリ」(今橋映子)　平凡社　2001.2　p569-596
- ◎参考文献「銚子と文学　甦る言葉の海流」(岡見晨明ほか)　東京文献センター　2001.6　prr
- ◎「文芸レアグルーヴ　いまぼくたちが読みたい日本文学の100冊」(清水浩二ほか)　中央公論新社　2001.6　93p　46s
- ◎注文献「「帝国」の文学　戦争と「大逆」の間」(絓秀実)　以文社　2001.7　p343-360
- ◎参考文献「太古、ブスは女神だった」(大塚ひかり)　マガジンハウス　2001.8　p226-231
- ◎作品一覧「現代日本文学に見るこどもと教育」(前島康男)　創風社　2001.11　p137-140
- ◎文献一覧「日本の異端文学」(川村湊)　集英社　2001.12　p196-198
- ◎ブックガイドほか「戦後文壇畸人列伝」(石田健夫)　藤原書店　2002.1　p216-238
- ◎文学年表「文学でたどる世界遺産・奈良」(浅田隆ほか)　風媒社　2002.1　p192-208
- ◎参考文献「月瀬幻影―近代日本風景批判史」(大室幹雄)　中央公論新社　2002.3　p443-446
- ◎出版物年表「言語都市・パリ　1862-1945」(和田博文)　藤原書店　2002.3　p336-351
- ◎引用参考文献「匂いの文化史的研究―日本と中国の文学に見る」(高橋庸一郎)　和泉書院　2002.3　p202-203
- ◎年表「日本文学のなかの障害者像―近・現代篇」(花田春兆ほか)　明石書店　2002.3　p360-362
- ◎参考文献「文学碑のなかの人生と愛」(青柳亨)　西田書店　2002.3　p557-564

にほん

◎「読書案内日本の作家―伝記と作品」(日外アソシエーツ)　日外アソシエーツ　2002.5　415p A5
◎「日本文学研究文献要覧―古典文学　1995-1999」(石黒吉次郎)　日外アソシエーツ　2002.7　850p B5
◎「日本文学大年表―新版」(市古貞次, 久保田淳)　おうふう　2002.9　731p B5
◎作品目録「台湾純文学集　2」(星名宏修, 中島利郎)　緑蔭書房　2002.11　p499-513
◎参考文献「ふるさと石川の文学」(金沢学院大学文学部日本文学研究室編)　金沢学院大　2003.4　p268-283
◎目録「国文学年鑑　平成13年」(国文学研究資料館)　至文堂　2003.7　p3-439
◎「作品名から引ける日本文学全集案内　第II期」(日外アソシエーツ)　日外アソシエーツ　2003.7　879p A5
◎参考文献「日本文学は世界のかけ橋」(D. キーン)　たちばな出版　2003.10　p230-232
○スペイン語訳作品目録(古家久世)「京都外国語大学研究論叢　62」(京都外国語大)　2004　p149-161
◎参考文献「日本文学の本質と運命」(M. J. プラダ＝ヴィセンテ)　九州大学出版会　2004.1　p407-415
◎「作家名から引ける日本文学全集案内　第II期」(日外アソシエーツ)　日外アソシエーツ　2004.2　57, 926p A5
○文献一覧「大阪大学大学院文学研究科紀要　44.2」(大阪大)　2004.3　p453-460
○学界動向「文学・語学　178」(全国大学国語国文学会)　2004.3　p25-150
◎参考文献「国文学入門　新訂」(野山嘉正ほか)　放送大教育振興会　2004.3　p246-257
◎参考文献「日本文学における住まい」(島内裕子)　放送大教育振興会　2004.3　p256-263
◎単行本論文目録「国文学年鑑　平成14年」(国文学研究資料館)　至文堂　2004.8　p3-457
◎参考文献「近代の日本文学　改訂版」(野山嘉正ほか)　放送大教育振興会　2005.3　p260-270
◎「作品名から引ける日本文学作家・小説家個人全集案内　第2期」(日外アソシエーツ)　日外アソシエーツ　2005.6　17, 957p A5
◎「作品名から引ける日本文学評論・思想家個人全集案内　第2期」(日外アソシエーツ)　日外アソシエーツ　2005.6　13, 588p A5
◎「日本文学研究文献要覧　現代日本文学　2000-2004」(日外アソシエーツ)　日外アソシエーツ　2005.7　26, 806p B5
◎参考文献「日本文化における笑いの諸相―文学と芸能を手がかりに」(東中川かほる)　創英社　2005.10　p276-304
◎「日本近・現代文学の中国語訳書総覧」(康東元)　勉誠出版　2006.1　300p A5
◎「海外における日本文学研究論文1+2」(伊藤鉄也)　伊藤鉄也　2006.3　303p A5
◎「国文学文献目録　2003年版」(学術文献刊行会)　朋文出版　2006.3　288p A5
◎参考文献「日本の古典―散文編」(三角洋一ほか)　放送大教育振興会　2006.3　p201-209
◎「日本文学研究文献要覧　古典文学　2000～2004」(日外アソシエーツ)　日外アソシエーツ　2006.7　777p B5
◎「近代名著解題選集　4」(紀田順一郎)　クレス出版　2006.8　501p A5
◎「日本文学書誌」(石山徹郎)　クレス出版　2006.8　967p A5
◎雑誌論文ほか「国文学年鑑　平成16年」　国文学研究資料館　2006.9　p3-460
◎「日本の書物」(紀田順一郎)　勉誠出版　2006.10　516p A5
◎「文芸雑誌内容細目総覧―戦後リトルマガジン篇」(日外アソシエーツ)　日外アソシエーツ　2006.11　795p A5
◎「入門グレート・ブックス―神奈川県立図書館所蔵日本文芸編」(神奈川県立図書館資料部図書課)　神奈川県立図書館　2007.3　74p A4
◎参考文献ほか「日本文学二重の顔―〈成る〉ことの詩学へ」(荒木浩)　大阪大出版会　2007.4　p334-350
◎著書ほか「日本語日本文学論集」(小久保崇明)　笠間書院　2007.7　p248-252
◎「国文学年鑑　平成17年」(国文学研究資料館)　至文堂　2007.10　964, 23p A5

日本　文学史
◎依拠・参考「日本文学史蹟大辞典　2(地名解説編)」(日本文学史蹟大辞典編集委員会)　遊子館　2001.3　p13-21
◎参考文献「はじめて学ぶ日本女性文学史　古典編」(後藤祥子ほか)　ミネルヴァ書房　2003.1　p271-273
◎参考文献「ゆらぎとずれの日本文学史」(M. J. デ・プラダ＝ヴィセンテ)　ミネルヴァ書房　2005.3　p224-232
◎文献「日本人の目玉」(福田和也)　筑摩書房　2005.6　p371-374
◎参考文献「ブス論」(大塚ひかり)　筑摩書房　2005.7　p273-283

日本　法
◎本・論文「日本法への招待　2版」(松本恒雄ほか)　有斐閣　2006.11　prr

日本　民族
◎参考文献「日本人のルーツ探索マップ」(道方しのぶ)　平凡社　2005.2　p216-223
◎参考文献「ヒッタイトは日本に来ていた―地名から探る渡来民族」(濱田惟代)　文芸社　2005.7　p265-269

日本　料理
◎参考文献「すしの事典」(日比野光敏)　東京堂出版　2001.5　p353-358

日本　歴史
○〔目録連載〕(小川博)「日本歴史　608-619」(吉川弘文館)　1999.1-1999.12　p165-168
◎「日本史学文献目録　1998(平成10)」(学術文献刊行会)　朋文出版　2001.1　44p A5
◎主要双書一覧「日本史事典」(平凡社)　平凡社　2001.2　p775-795
◎参考文献「にっぽん一千年紀の物語」(奥武則, 大島透)　毎日新聞社　2001.3　p248-254
◎参考文献「律令国家の転換と「日本」　日本の歴史05」(坂上康俊)　講談社　2001.3　p349-359
◎参考文献「交通」(荒井秀規ほか)　東京堂出版　2001.6　p328-337
◎参考文献解説「戦後の歴史学と歴史意識」(遠山茂樹)　岩波書店　2001.7　p333-337
◎参考文献「偽史冒険世界―カルト本の百年」(長山靖生)　筑摩書房　2001.8　p261-270

◎注文献「検証と考察でわかる 「日本の歴史」」（寺沢滋） 近代文芸社 2001.8 prr
◎参考文献「謎とき日本合戦史」（鈴木真哉） 講談社 2001.9 p1-5b
◎参考文献「室町人の精神 日本の歴史12」（桜井英治） 講談社 2001.10 p386-392
◎「国史大系書目解題 下」（皆川完一, 山本信吉） 吉川弘文館 2001.11 916p B5
◎原注文献「歴史としての戦後日本 下」（A. ゴードン） みすず書房 2001.12 p17-37b
◎文献「天下人史観を疑う―英雄神話と日本人」（鈴木真哉） 洋泉社 2002.1 p245-250
◎参考文献「歴史と科学―日本史を歩く」（西尾幹二） PHP研究所 2002.4 p212-214
◎「日本歴史伝説傑作選」（金谷敏博） 学習研究社 2002.5 141p A5
◎参考文献「「数」の日本史 われわれは数とどう付き合ってきたか」（伊達宗行） 日本経済新聞社 2002.6 p322-326
◎参考文献「名前の日本史」（紀田順一郎） 文藝春秋 2002.9 p178-181
◎ブックガイド（中村生雄）「さまざまな生業―いくつもの日本 IV」（赤坂憲雄ほか） 岩波書店 2002.11 p6-9b
◎文献案内「日本史の脱領域―多様性へのアプローチ」（方法論懇話会） 森話社 2003.2 p268-274
◎参考文献「外国人が見た日本の一世紀」（佐伯修） 洋泉社 2003.6 prr
◎「日本史文献事典」（黒田日出男ほか） 弘文堂 2003.12 16, 1667p A5
◎「日本事物歴史関係図書総覧―日本人の歩み」（図書館流通センター） 図書館流通センター 2003.12 49, 1063p A4
○雑誌論文目録（小川博）「日本歴史 669」（日本歴史学会） 2004.2 p122-126
○「日本史図書目録 1998-2003 近代・通史」（日外アソシエーツ） 日外アソシエーツ 2004.5 19, 1164p A5
◎参考文献「日本史の環境 日本の時代史29」（井上勲） 吉川弘文館 2004.10 p331-343
◎参考文献「歴史と素材 日本の時代史30」（石上英一） 吉川弘文館 2004.11 p387-418
○「文献でたどる日本史の見取り図」（瀧音能之） 青春出版社 2004.12 219p B6
○雑誌論文目録（小川博）「日本歴史 680」（吉川弘文館） 2005.1 p164-165
◎文献「気候と文明の盛衰 普及版」（安田喜憲） 朝倉書店 2005.7 prr
○雑誌論文目録（小川博）「日本歴史 692」（吉川弘文館） 2006.1 p164-165
◎参考文献「皇国日本の成立と其の真相」（多田容幸） 日新報道 2006.3 p718-730
◎「日本史学文献目録 2003年版」（学術文献刊行会） 朋文出版 2006.3 295p A5
◎参考文献「国家 新体系日本史1」（宮地正人ほか） 山川出版社 2006.8 p12-21b
○雑誌論文目録（小川博）「日本歴史 708」（吉川弘文館） 2007.5 p129-134
○文献目録「史学雑誌 116.11」（山川出版社） 2007.11 p1875-1846
◎参考文献「絵画史料で歴史を読む 増補」（黒田日出男） 筑摩書房 2007.12 p281-282

日本アートシアターギルド
◎参考文献「ATG映画＋新宿―都市空間のなかの映画たち!」（牛田あや美） D文学研究会 2007.12 p248-249

日本医師会
◎文献「誰も書かなかった日本医師会」（水野肇） 草思社 2003.8 p222-223

日本ヴォーグ社
◎出版図書総目録「日本ヴォーグ社50年史―1954～2004」（瀬戸忠信） 日本ヴォーグ社 2006.7 15pb

日本SF全集
○目録ほか（日下三蔵）「SFマガジン 48.2」（早川書房） 2007.2 p104-99
◎収録作品「日本SF全集・総解説」（日下三蔵） 早川書房 2007.11 p309-287

ニホンオオカミ
○関連文献（田中絢子）「文献探索 2000」（文献探索研究会） 2001.2 p351-356

日本共産党
◎参考文献「迷路の道標―私の戦後史と日本共産党論」（中井準之助） 文芸社 2002.4 p340-343

日本教職員組合
◎参考文献「「日教組」という名の十字架―戦後教育の源流をたどる」（小林正） 善本社 2001.10 p254-255
◎参考文献「「日教組」という名の十字架―戦後教育の源流をたどる 増補改訂」（小林正） 善本社 2006.11 p262-263

日本銀行
◎引用文献「日本銀行金融政策史」（石井寛治） 東京大学出版会 2001.2 p223-252
◎参考文献「日本銀行の法的性格―新日銀法を踏まえて」（塩野宏） 弘文堂 2001.6 p259-264
◎参考文献「日銀は死んだのか？ 超金融緩和政策の功罪」（加藤出） 日本経済新聞社 2001.11 p230-234

日本経営者団体連盟
◎文献表「日経連―もうひとつの戦後史」（J. クランプ） 桜井書店 2006.1 p267-278

日本経済新聞
◎参考文献年表「日経小説で読む戦後日本」（小野俊太郎） 筑摩書房 2001.4 p199-204
◎参考文献「日本経済新聞は信用できるか」（東谷暁） PHP研究所 2004.12 p251-254

日本語
◎参考文献「日本語の情報構造と統語構造」（カレル・フィアラ） ひつじ書房 2000.7 p455-491
◎参考文献「日本語の述語と文機能」（山岡政紀） くろしお出版 2000.10 p277-285
◎参考文献ほか「国語引用構文の研究」（藤田保幸） 和泉書院 2000.12 p625-646
◎参考文献「日本祖語とアイヌ祖語―共通語根を探る」（鳴海日出志） 北海道出版企画センター 2000.12 p493-503
◎参考文献「海のかなたの日本語―英米辞書に見る」（伊藤孝治） 大阪教育図書 2001.3 p325-327

にほんこ

◎参考文献「日本語の歴史」（坂梨隆三，月本雅幸）　放送大学教育振興会　2001.3　p202-205
◎研究史年表「日本語文法大辞典」（山口明穂，秋本守英）　明治書院　2001.3　p934-974
◎参考文献「日英比較話しことばの文法　続」（水谷信子）　くろしお出版　2001.4　p151-156
◎参考文献「日本語活用体系の変遷」（坪井美樹）　笠間書院　2001.4　p212-217
◎参照文献「〈物〉と〈場所〉の対立―知覚語彙の意味体系」（久島茂）　くろしお出版　2001.6　p215-220
◎文献目録「書くことの文学」（西條勉）　笠間書院　2001.6　p1-67b
◎参考文献「形式語の研究―文法化の理論と応用」（日野資成）　九州大学出版会　2001.7　p119-120
◎参考文献「古代日本史と縄文語の謎に迫る―知ってびっくり！」（大山元）　きこ書房　2001.7　p220-225
◎参考文献「日本語は生き残れるか　経済言語学の視点から」（井上史雄）　PHP研究所　2001.8　1pb
◎文献「ドイツ語日本語思考と行動」（宮内敬太郎）　鳥影社　2001.9　p214-218
◎文献「日本語大博物館」（紀田順一郎）　筑摩書房　2001.9　p319-324
◎参考文献「日本語学のしくみ」（加藤重広）　研究社　2001.10　p195-198
◎参考文献「日本語教師のための外国語教育学―ホリスティック・アプローチとカリキュラム・デザイン」（縫部義憲）　風間書房　2001.10　p403-423
◎参考文献「日本語の時間表現」（中村ちどり）　くろしお出版　2001.12　p197-201
◎参考文献「すぐに役立つ日本語の教え方―初心者向き」（小島聰子）　アルク　2002.1　p196-197
◎文献「現代日本語講座　3　発音」（飛田良文ほか）　明治書院　2002.1　p203-208
◎文献「日本語に主語はいらない―百年の誤謬を正す」（金谷武洋）　講談社　2002.1　p252-254
◎文献「日本語の文法　4　複文と談話」（野田尚史，益岡隆志ほか）　岩波書店　2002.1　p217-224
◎参考文献「明治前期日本文典の研究」（山東功）　和泉書院　2002.1　p307-322
◎参考文献「英語への近道―日本語調和文法」（長島清）　文芸社　2002.2　p197-199
◎参照文献「日本語モダリティーの史的研究」（高山善行）　ひつじ書房　2002.2　p299-319
◎参考文献「日本語のできない日本人」（鈴木義里）　中央公論新社　2002.3　p203-207
◎参考文献「現代日本語講座　5　文法」（飛田良文ほか）　明治書院　2002.4　prr
◎参考文献「日本語のデザイン―新デザインガイド」（永原康史）　美術出版社　2002.4　1pb
◎参考文献「日本語は進化する―情意表現から論理表現へ」（加賀野井秀一）　NHK出版　2002.5　p233-240
◎文献「日本語指示体系の歴史」（李長波）　京都大学学術出版会　2002.5　p439-446
◎参考文献「文字・表記―現代日本語講座　6」（飛田良文ほか）　明治書院　2002.5　prr
◎参考文献「明治生まれの日本語」（飛田良文ほか）　淡交社　2002.5　p222-223
◎注「過去の声―一八世紀日本の言説における言語の地位」（酒井直樹）　以文社　2002.6　p486-546

◎出典文献「辞典〈新しい日本語〉」（井上史雄ほか）　東洋書林　2002.6　p271-301
◎文献「副詞的表現の諸相」（仁田義雄）　くろしお出版　2002.6　p299-300
◎文献「「語」とはなにか―エスキモー語から日本語をみる」（宮岡伯人）　三省堂　2002.7　p181-194
◎参考文献「新語はこうして作られる―もっと知りたい！日本語」（窪薗晴夫）　岩波書店　2002.7　p165-166
◎参考文献「多文化共生のコミュニケーション―日本語教室の現場から」（徳井厚子）　アルク　2002.8　p179-185
◎文献「日本語史と方言」（藤原与一）　武蔵野書院　2002.8　p238-243
◎文献「市民の日本語―NPOの可能性とコミュニケーション」（加藤哲夫）　ひつじ書房　2002.9　p205-206
◎文献「大和言葉を忘れた日本人」（長戸宏）　明石書店　2002.9　p253-254
◎参考文献「単語と文の構造―現代言語学入門　3」（郡司隆男）　岩波書店　2002.9　p241-248
◎文献「中国人から見た不思議な日本語」（莫邦富）　日本経済新聞社　2002.9　p203-204
◎参考文献「文字・表記探究法―シリーズ日本語探究法　5」（犬飼隆）　朝倉書店　2002.9　prr
◎文献目録「現代日本語の文法　1」（田野村忠温）　和泉書院　2002.10　p234-244
◎文献「中古接尾語論考」（南芳公）　おうふう　2002.10　p340-344
◎参考文献「文法探究法―シリーズ日本語探究法　2」（小池清治ほか）　朝倉書店　2002.10　prr
◎引用文献「〈あぶないai〉が〈あぶねえe】〉にかわる時―日本語の変化の過程と定着」（福島直恭）　笠間書院　2002.11　p185-188
◎文献「日本語の源流―言葉の歴史が語る日本語と日本人」（佐藤美智代）　青春出版社　2002.11　p185-187
◎参考文献「ことばの政治社会学」（ましこひでのり）　三元社　2002.12　p244-259
◎文献「現代キャンパスことば辞典―岡山大学編」（中東靖恵）　吉備人出版　2002.12　p360-370
◎参考文献「日本語の談話におけるフィラー」（山根智恵）　くろしお出版　2002.12　p250-267
◎参考文献「日本語学と言語教育」（上田博人）　東京大学出版会　2002.12　prr
◎文献「発語内行為の意味ネットワーク―言語行為論からの辞書的対話事例分析」（久保進，阿部桂子ほか）　晃洋書房　2002.12　p205-206
◎「日本語学論説資料索引　創刊号―第37号」　論説資料保存会　〔2002〕　CD-ROM1枚　12cm
◎文献「ヴァーチャル日本語役割語の謎」（金水敏）　岩波書店　2003.1　p217-222
◎参考文献「国語要説　5訂版」（和田利政ほか）　大日本図書　2003.1　p158-163
◎BOOKリスト「心に届く日本語」（重松清ほか）　新潮社　2003.1　p293-296
◎参考文献「日本語文法の謎を解く　「ある」日本語と「する」英語」（金谷武洋）　筑摩書房　2003.1　p188-189
◎文献「ことばは味を超える　美味しい表現の探求」（瀬戸賢一）　海鳴社　2003.2　p305-312
◎参考文献「ガイドブック方言研究」（小林隆ほか）　ひつじ書房　2003.2　prr

◎文献「日本語の韻律構造」(崔絢哲) 風間書房 2003.2 p153-157
◎参考文献「日本語修飾構造の語用論的研究」(加藤重広) ひつじ書房 2003.2 p535-550
◎注「国語副詞の史的研究 増補版」(濱口敦ほか) 新典社 2003.4 prr
◎参考文献「日韓対照言語学入門」(油谷幸利) 白帝社 2003.4 p159-161
◎参考文献「日本語の音声入門─解説と演習 全面改訂版」(猪塚恵美子ほか) バベル・プレス 2003.4 p135-137
◎文献「なぜ言葉は変わるのか─日本語学と言語学へのプロローグ」(柿木重宜) ナカニシヤ出版 2003.5 p165-167
◎参考文献「日本語音声学のしくみ」(町田健) 研究社 2003.5 p184-187
◎「「日本語」の本全情報 1997-2002」(日外アソシエーツ) 日外アソシエーツ 2003.6 800p A5
◎参考文献「ちまう・ちゃう考─明治時代の使用実態についての社会言語学的研究」(李徳培) Japanese Technical Publishing Company 2003.6 p255-260
◎文献「メンタル・スペース理論と過去・完了形式─日本語と韓国語の対照」(曹美庚) 広島修道大学総合研究所 2003.6 p122-127
◎文献「音声・音韻 朝倉日本語講座 3」(上野善道) 朝倉書店 2003.6 prr
◎注「脱「日本語」への視座 近代日本言語史再考2」(安田敏朗) 三元社 2003.6 prr
◎参考文献「言葉と病い─その起源と発達論」(豊永武盛) 日本評論社 2003.7 p195-196
◎文献「現代日本語における否定文の研究─中国語との対照比較を視野に入れて」(王学群) 日本僑報社 2003.8 p278-282
◎文献「係結びと係助詞─「こそ」構文の歴史と用法」(半藤英明) 大学教育出版 2003.9 p145-148
◎参考文献ほか「やさしい日本語のしくみ」(庵功雄ほか) くろしお出版 2003.10 p89-92
◎文献「近代日中新語の創出と交流─人文科学と自然科学の専門語を中心に」(朱京偉) 白帝社 2003.10 p488-496
◎文献「文法 Ⅰ 朝倉日本語講座 5」(北原保雄) 朝倉書店 2003.10 prr
◎主要資料ほか「横書き登場─日本語表記の近代」(屋名池誠) 岩波書店 2003.11 p207-214
◎引用文献ほか「コミュニケーション力をみがく─日本語表現の戦略」(森山卓郎) NHK出版 2003.12 p249-252
◎参考文献「英語のなかの日本語語彙─英語と日本文化との出会い」(早川勇) 辞游社 2003.12 p449-452
◎文献「国語年鑑 2003年版」(国立国語研究所) 大日本図書 2003.12 p35-369
◎文献「女と男の日本語辞典 下巻」(佐々木瑞枝) 東京堂出版 2003.12 p7-19
◎参考文献「英語にも主語はなかった─日本語文法から言語千年史へ」(金谷武洋) 講談社 2004.1 p240-242
◎参考文献「関西弁講義」(山下好孝) 講談社 2004.2 p213-214

◎参考文献「現代日本語における「は」と「が」の意味と機能」(浅山友貴) 第一書房 2004.2 p384-397
◎参考文献「現代日本語における主部の本質と諸相」(竹林一志) くろしお出版 2004.2 p287-297
◎参考文献「現代日本語の漢語動名詞の研究」(小林英樹) ひつじ書房 2004.2 p353-362
◎参考文献「語彙論的語構成論」(斎藤倫明) ひつじ書房 2004.2 p269-273
◎参考文献「統語構造を中心とした日本語とタイ語の対照研究」(田中寛) ひつじ書房 2004.2 p673-691
◎参考文献「日本語と韓国語の受身文の対照研究」(許明子) ひつじ書房 2004.2 p259-264
◎参考文献「日本語のベネファクティブ─「てやる」「てくれる」「てもらう」の文法」(山田敏弘) 明治書院 2004.2 p362-372
◎参考文献「日本語複合動詞の習得研究─認知意味論による意味分析を通して」(松田文子) ひつじ書房 2004.2 p231-236
◎文献一覧「方言学的日本語史の方法」(小林隆) ひつじ書房 2004.2 p685-702
○文献一覧「大阪大学大学院文学研究科紀要 44.2」(大阪大) 2004.3 p453-460
◎参考文献「日本語の音相─ことばのイメージを捉える技術、表現する技術」(木通隆行) 小学館スクウェア 2004.3 p308-310
◎参考文献「物に対する働きかけを表す連語─日中対照研究」(方美麗) 亜細亜技術協力会海山文化研究所 2004.3 p128-133
◎文献ほか「論理的文章作成能力の育成に向けて─平成15年度国立国語研究所日本語教育短期研修・報告書」国立国語研究所 2004.3 p56-59
◎参考文献「海を渡った日本語─植民地の「国語」の時間」(川村湊) 青土社 2004.4 p290-296
◎参考文献「「移動動詞」と空間表現─統語論的な視点から見た日本語と中国語」(方美麗) 白帝社 2004.5 p136-140
◎参考文献「箸とチョッカラク─ことばと文化の日韓比較」(任栄哲ほか) 大修館書店 2004.5 p263-268
◎参考文献「「XはYが+述語形容詞」構文の認知論的意味分析─「花は桜がいい」構文の意味分析を中心に」(豊地正枝) 慧文社 2004.6 p215-235
◎参考文献「世界で一番小さな辞典」(一瀬高帆) 東京図書出版会 2004.6 p264-266
◎参考文献「日英語認知モダリティ論─連続性の視座」(湯本久美子) くろしお出版 2004.6 p291-302
◎参考文献「日本語の節・文の連接とモダリティ」(角田三枝) くろしお出版 2004.6 p215-220
◎参考文献「日本語語用論のしくみ」(加藤重広) 研究社 2004.7 p272-273
○「日本語学 23.12.284」(明治書院) 2004.9 286p A5
◎参考文献「音声・音韻探究法─日本語音声へのいざないシリーズ日本語探究法3」(湯澤質幸ほか) 朝倉書店 2004.10 prr
◎参考文献「談話言語学─日本語のディスコースを創造する構成・レトリック・ストラテジーの研究」(S.K.メイナード) くろしお出版 2004.10 p283-299
○文献目録(冨樫純一)「筑波日本語研究 9」(筑波大) 2004.11 p69-90
◎参考文献「近代日本語の思想─翻訳文体成立事情」(柳父章) 法政大学出版局 2004.11 p235-237

にほんこ

◎文献「国語年鑑 2004年版」(国立国語研究所) 大日本図書 2004.11 p39-340
◎参考文献「残しておきたい鹿児島弁 Part-3」(橋口満) 高城書房 2004.11 p253-254
◎参考文献「日本人らしさの構造―言語文化論講義」(芳賀綏) 大修館書店 2004.11 p309-310
◎「日本語学論説資料索引 創刊号-39号」(国立国語研究所) 論説資料保存会 2004.12 CD-ROM1枚 12cm
◎参考文献「一人称二人称と対話」(三輪正) 人文書院 2005.2 p178-184
◎参考文献「現代日本語の疑問表現―疑いと確認要求」(宮崎和人) ひつじ書房 2005.2 p209-214
◎文献「考える力を育てる日本語文法」(岩田道雄) 新日本出版社 2005.2 p179-184
◎参考文献ほか「日本音声学研究―実験音声学方法論考」(城生佰太郎) 勉誠出版 2005.2 p479-486
◎参考文献「日本語述語の統語構造と語形成」(外崎淑子) ひつじ書房 2005.2 p281-286
◎参考文献「日本語態度動詞文の情報構造」(小野正樹) ひつじ書房 2005.2 p240-246
◎参考文献「味ことばの世界」(瀬戸賢一ほか) 海鳴社 2005.2 p247-252
◎文献「漢字と日本語 朝倉漢字講座1」(前田富祺ほか) 朝倉書店 2005.3 prr
◎資料年表「語源海」(杉本つとむ) 東京書籍 2005.3 p798-813
◎参考文献「語彙探究法」(小池清治ほか) 朝倉書店 2005.3 prr
◎参考文献「条件法研究―いわゆる接続助詞をめぐって」(伊藤勲) 近代文芸社 2005.3 prr
◎参考文献「日本語の歴史 新訂」(近藤泰弘ほか) 放送大教育振興会 2005.3 p209-213
◎参考文献「日本語学習者によるアスペクトの習得」(許夏珮) くろしお出版 2005.3 p155-167
◎参考文献「命令・依頼の表現―日本語・中国語の対照研究」(王志英) 勉誠出版 2005.3 p223-234
◎出典解説「日本語源大辞典」(前田富祺) 小学館 2005.4 p1187-1258
◎参考文献「漢語からみえる世界と世間」(中川正之) 岩波書店 2005.5 p195-198
◎参考文献「言いたいのにうまく言えない日本語表現200―人間関係を円滑にする気持ちの表し方」(幸運社) 光文社 2005.5 p253-255
◎参考文献「日本語の起源―系統と検証 祝詞「大祓へ」の場合」(芝蒸) 新風舎 2005.5 p173-175
◎参考文献「概説現代日本のことば」(佐藤武義) 朝倉書店 2005.6 p141-146
◎参考文献「自動詞文と他動詞文の意味論」(佐藤琢三) 笠間書院 2005.6 p207-212
◎文献「世界の中の日本語 朝倉日本語講座1」(早田輝洋) 朝倉書店 2005.6 prr
◎参考文献「日本語の中の「私」―国語学と哲学の接点を求めて」(宇津木愛子) 創元社 2005.7 p154-157
◎参考文献「日本語修辞辞典」(野内良三) 国書刊行会 2005.8 p377-378
◎参考文献「「邪馬臺」は「やまたい」と読まず―ヤマト文化の探究」(李国棟) 白帝社 2005.9 p140-143
◎参考文献「日本語構造伝達文法 改訂05年版」(今泉喜一) 揺籃社 2005.9 p363-365

◎文献紹介「ケーススタディ日本語のバラエティ」(上野智子) おうふう 2005.10 p158-182
◎参照文献「日本語からみた生成文法」(黒田成幸) 岩波書店 2005.10 p333-340
◎参考文献「付属語アクセントからみた日本語アクセントの構造」(田中宣廣) おうふう 2005.10 p517-534
◎参考文献「文体探究法」(小池清治ほか) 朝倉書店 2005.10 prr
◎参考文献「文法と談話の接点―日本語の談話における主題展開機能の研究」(砂川有里子) くろしお出版 2005.10 p278-291
◎参考文献「ケーススタディ日本語の表現」(多門靖容ほか) おうふう 2005.11 p174-186
◎参考文献「スペイン語と日本語のモダリティ―叙法とモダリティの接点」(和佐敦子) くろしお出版 2005.11 p197-207
◎研究入門「音声研究入門」(今石元久) 和泉書院 2005.11 p122-130
◎参考文献「シリーズ・日本語のしくみを探る 7 社会言語学のしくみ」(町田健ほか) 研究社 2005.12 p177-180
◎「日本語学論説資料索引 創刊号―40号」(国立国語研究所監修) 論説資料保存会 2005.12 CD-ROM1枚 12cm
◎言及文献「日本語の題目文」(丹羽哲也) 和泉書院 2006.1 p347-357
◎参考文献「ロシア資料による日本語研究」(江口泰生) 和泉書院 2006.2 p305-317
◎参照文献「日本語の限量表現の研究―量化と前提の諸相」(山森良枝) 風間書房 2006.2 p201-209
◎参考文献「日本語存在表現の歴史」(金水敏) ひつじ書房 2006.2 p299-310
◎参考文献「日本語の助詞と機能範疇」(青柳宏) ひつじ書房 2006.3 p191-198
◎参照文献「発話行為的引用論の試み―引用されたダイクシスの考察」(中園篤典) ひつじ書房 2006.3 p231-244
◎参考文献「新編日本語要説」(鈴木真喜男ほか) 学芸図書 2006.4 p176-181
◎参考文献「日本語の多義動詞―理想の国語辞典2」(国広哲弥) 大修館書店 2006.4 p312-316
◎参考文献「日本語音声学入門 改訂版」(斎藤純男) 三省堂 2006.4 p168-171
◎参考文献「日本語の歴史」(山口仲美) 岩波書店 2006.5 p223-230
◎参考文献「日本語とジェンダー」(日本語ジェンダー学会) ひつじ書房 2006.6 p177-217
◎参考文献「日本語助詞の文法」(半藤英明) 新典社 2006.6 p283-292
◎論者目録ほか「ヨーロッパ所在日本語関係資料のデータベース化に関する基礎的調査研究―2005年度サントリー文化財団研究助成研究成果報告書」(松原孝俊) 松原孝俊 2006.8 p61-250
◎参考文献「日本語会話におけるターン交替と相づちに関する研究」(大浜るい子) 渓水社 2006.9 p261-271
◎引用文献「日本語機能的構文研究」(高見健一ほか) 大修館書店 2006.9 p281-285

◎参考文献「韓日使役構文の機能的類型論研究─動詞基盤の文法から名詞基盤の文法へ」（鄭聖汝）　くろしお出版　2006.10　p275-291

◎参考文献「国語史学基礎論 2006簡装版」（小松英雄）　笠間書院　2006.11　p467-472

◎参考文献「新日本語の統語構造─ミニマリストプログラムとその応用」（三原健一ほか）　松柏社　2006.11　p345-366

◎参考文献「日本語否定文の構造─かき混ぜ文と否定呼応表現」（片岡喜代子）　くろしお出版　2006.11　p272-279

◎参考文献「方言の文法」（佐々木冠ほか）　岩波書店　2006.11　prr

◎参考文献「近世日本語の進化」（N. A. スィロミャートニコフ）　松香堂　2006.12　p333-339

◎引用文献「古代語構文の研究」（小田勝）　おうふう　2006.12　p311-318

◎参考文献「土居文人ほか」「日本語の語源を学ぶ人のために」（吉田金彦）　世界思想社　2006.12　p285-336

◎参考文献「ノダの意味・機能─関連性理論の観点から」（名嶋義直）　くろしお出版　2007.1　p309-319

◎年表ほか「日本語学研究事典」（飛田良文ほか）　明治書院　2007.1　p1255-1330

◎参考文献「現代日本語の複合語形成論」（石井正彦）　ひつじ書房　2007.2　p471-478

◎参考文献「日本語における空間表現と移動表現の概念意味論的研究」（上野誠司）　ひつじ書房　2007.2　p173-181

◎参考文献「日本語のアスペクト体系の研究」（副島健作）　ひつじ書房　2007.2　p235-244

◎参考文献「日本語の格と文型─結合価理論にもとづく新提案」（小泉保）　大修館書店　2007.2　p309-315

◎参考文献「日本語オノマトペ語彙における形態的・音韻的体系性について」（角岡賢一）　くろしお出版　2007.2　p265-271

◎参考文献「日本語ディスコースへの多様なアプローチ─会話分析・談話分析・クリティカル談話分析」（大原由美子）　凡人社　2007.2　prr

◎引用参考文献「日本語助詞シカに関わる構文構造史の研究─文法史構築の一試論」（宮地朝子）　ひつじ書房　2007.2　p201-208

◎参考文献「変わる方言動く標準語」（井上史雄）　筑摩書房　2007.2　p197-198

◎文献「オセアニアから来た日本語」（川本崇雄）　東洋出版　2007.3　p152-158

◎参考文献「概説日本語学　改訂版」（飯田晴巳ほか）　明治書院　2007.3　prr

◎参考文献「日本語とアイヌ語」（鳴海日出志）　中西出版　2007.3　p172-176

◎引用文献「日本語表記の心理学─単語認知における表記と頻度」（広瀬雅彦）　北大路書房　2007.3　p180-191

◎参考文献「日本語の助詞は二列─外国人に日本語を数える現場から提案する日本語文法の助詞の見方」（江副隆秀）　創拓社出版　2007.5　2pb

◎参考文献「日本語モダリティ探究」（益岡隆志）　くろしお出版　2007.5　p293-302

◎参照文献「日本語活用体系の変遷　増訂版」（坪井美樹）　笠間書院　2007.5　p277-285

◎参考文献「複合助詞がこれでわかる」（東京外国語大学留学生日本語教育センターグループKANAME）　ひつじ書房　2007.5　p213-217

◎参考文献「現代に生きる幕末・明治初期漢語辞典」（佐藤亨）　明治書院　2007.6　p934-936

◎参照文献「デジタル社会の日本語作法」（井上史雄ほか）　岩波書店　2007.7　p197-198

◎参考文献「若者言葉に耳をすませば」（山口仲美）　講談社　2007.7　p282-286

◎著書ほか「日本語日本文学論集」（小久保崇明）　笠間書院　2007.7　p248-252

◎参考文献「海外の日本語の新しい言語秩序─日系ブラジル・日系アメリカ人社会における日本語による敬意表現」（山下暁美）　三元社　2007.8　p217-242

◎参考文献「連体即連用?─日本語の基本構造と諸相」（奥津敬一郎）　ひつじ書房　2007.8　p261-265

◎参考文献「へんな言葉の通になる─豊かな日本語、オノマトペの世界」（得猪外明）　祥伝社　2007.9　p250-251

◎引用文献「許すな!悪文と不正確発音─正統的な日本語能力養成のために」（赤塚伊三武）　大学教育出版　2007.9　p239-240

◎参照文献「日本語と日本語論」（池上嘉彦）　筑摩書房　2007.9　p344-351

◎参考文献「引用表現の習得研究─記号論的アプローチと機能的統語論に基づいて」（杉浦まそみ子）　ひつじ書房　2007.10　p287-298

◎参考文献「古代日本語文法」（小田勝）　おうふう　2007.10　p234-241

◎参考文献「日本語におけるテキストの結束性の研究」（庵功雄）　くろしお出版　2007.10　p229-235

◎参考文献「入門日本語の文法─日本語を一から学び直したい人へ」（村田水恵）　アルク　2007.10　p277-285

◎参考文献「白村江敗戦と上代特殊仮名遣い─「日本」を生んだ白村江敗戦その言語学的証拠」（藤井游惟）　東京図書出版会　2007.10　p324-326

◎文献一覧「クリシュナムルティの生と死」（M. ルティエンス）　コスモス・ライブラリー　2007.11　p373-376

◎参考文献「現代日本語文法　3　第5部アスペクト　第6部テンス　第7部肯否」（日本語記述文法研究会）　くろしお出版　2007.11　p299-301

◎引用参考文献「国語審議会─迷走の60年」（安田敏朗）　講談社　2007.11　p279-283

◎引用参考文献「日本語の空間　中　紫式部は男嫌い?」（文沢隆一）　溪水社　2007.11　p255-257

◎引用文献「世界言語のなかの日本語─日本語系統論の新たな地平」（松本克己）　三省堂　2007.12　p307-321

日本語教育

◎参考文献「高校留学生に対する日本語教育の方法─言語学習と文化学習の統合と学習支援システムの構築にむけて」（村野良子）　東京堂出版　2001.2　p421-436

◎参考文献「日本語教育のための文法用語」（国立国語研究所）　国立国語研究所　2001.3　p174-179

◎参照文献「日本語学習者の文法習得」（野田尚史ほか）　大修館書店　2001.4　p231-235

◎参考文献「日本語教育における学習の分析とデザイン─言語習得過程の視点から見た日本語教育」（岡崎眸, 岡崎敏雄）　凡人社　2001.5　p177-186

◎参考文献「日本語教育学入門　改訂版」（縫部義憲）　瀝々社　2001.5　prr

◎参考文献「ビジネス日本語教育の研究」(池田伸子)　東京堂出版　2001.6　p155-189
◎参考文献「日本語教育のための文法用語」(国立国語研究所)　財務省印刷局　2001.7　p174-179
◎参考文献「日本語教育学を学ぶ人のために」(青木直子ほか)　世界思想社　2001.9　prr
◎参考文献「日本語教育のための誤用分析―中国語話者の母語干渉20例」(張麟声)　スリーエーネットワーク　2001.10　p230-231
◎参考文献「よくわかる語彙―日本語教育能力検定試験対応」(秋元美晴)　アルク　2002.1　p194-195
◎関連文献「日本語教育は何をめざすか―言語文化活動の理論と実践」(細川英雄)　明石書店　2002.1　p340-327
○文献補遺(前田均)「天理大学学報　53.2」(天理大)　2002.2　p75-93
◎文献目録「日本軍政下のマラヤにおける日本語教育」(松永典子)　風間書房　2002.2　p227-247
◎参考文献「日本語教育に生かす第二言語習得研究」(迫田久美子)　アルク　2002.2　p221-227
◎参考文献「ことばと文化を結ぶ日本語教育」(細川英雄)　凡人社　2002.5　prr
◎参考文献「総合的日本語教育を求めて」(水谷修ほか)　国書刊行会　2002.5　prr
◎文献「日本語教育をめざす人のための基礎から学ぶ音声学」(鹿島央)　スリーエーネットワーク　2002.5　p162-167
◎文献「日本語教育のための心理学」(海保博之, 柏崎秀子)　新曜社　2002.6　p225-232
○文献目録(前田均)「日本語・日本文化研究　10」(京都外語大)　2003.3　p127-150
◎文献「日本語教育学の新視座―日本語教育・国語教育・英語教育のインターフェイス」(望月通子)　関西大学出版部　2003.3　p175-182
◎参考文献「マルチメディアと日本語教育―その理論的背景と教材評価」(鄭起永)　凡人社　2003.7　p254-297
◎文献「日本語教育年鑑　2003」(国立国語研究所)　くろしお出版　2003.8　p265-543
◎参考図書ガイド「新・はじめての日本語教育　1　日本語教育の基礎知識」(高見澤孟ほか)　アスク語学事業部　2004.2　p281-287
◎参考文献「オーストラリアの日本語教育と日本の対オーストラリア日本語普及―その『政策』の戦間期における動向」(嶋津拓)　ひつじ書房　2004.7　p345-357
◎文献案内「国語教師が知っておきたい日本語文法」(山田敏弘)　くろしお出版　2004.8　p178-179
◎註「台湾原住民と日本語教育―日本統治時代台湾原住民教育史研究」(松田吉郎)　晃洋書房　2004.12　prr
◎引用文献「日本語学習者の文章理解に及ぼす音声化の影響―つぶやき読みの効果」(鶴見千津子)　風間書房　2005.2　p173-180
◎参考文献「ひとりで読むことからピア・リーディングへ」(舘岡洋子)　東海大学出版会　2005.3　p177-191
◎参考文献「第二言語習得過程における言語転移の研究―日本語学習者による「の」の過剰使用を対象に」(奥野由紀子)　風間書房　2005.3　p151-165
◎参考文献「日本語教育法概論」(東海大学留学生教育センター)　東海大学出版会　2005.3　prr

◎参考文献「成長する教師のための日本語教育ガイドブック―LIVE!　上」(川口義一ほか)　ひつじ書房　2005.5　p238-294
◎参考文献「新版日本語教育事典」(日本語教育学会)　大修館書店　2005.10　p1110-1120
◎総文献「談話表現ハンドブック―日本語教育の現場で使える」(S.K.メイナード)　くろしお出版　2005.11　p463-479
◎参考文献「植民地朝鮮の日本語教育―日本語による「同化」教育の成立過程」(久保田優子)　九州大学出版会　2005.12　p349-355
◎参考文献「はじめての人のための―日本語の教え方ハンドブック」(田中寛)　国際語学社　2006.3　p435-441
◎文献紹介「新時代の日本語教育をめざして―早稲田から世界へ発信」(宮崎里司)　明治書院　2006.3　p205-256
◎文献「日本語教育の新たな文脈―学習環境，接触場面，コミュニケーションの多様性」(国立国語研究所)　アルク　2006.3　p311-314
◎参考文献「非漢字圏留学生のための日本語学校の誕生―戦時体制下の国際学友会にほける日本語教育の展開」(河路由佳)　港の人　2006.3　p510-526
◎参考文献「日本語教育と近代日本」(多仁安代)　岩田書院　2006.4　p261-271
◎参考文献「言語学習の心理　講座・日本語教育学3」(迫田久美子)　スリーエーネットワーク　2006.9　prr
◎参考文献「言語行動と社会・文化　講座・日本語教育学2」(町博光)　スリーエーネットワーク　2006.9　prr
◎参考文献「多文化間の教育と近接領域　講座・日本語教育学5」(倉地暁美)　スリーエーネットワーク　2006.9　prr
◎研究書紹介ほか「「移動する子どもたち」と日本語教育―日本語を母語としない子どもへのことばの教育を考える」(川上郁雄)　明石書店　2006.10　p262-288
○文献(下瀬川慧子)「東海大学紀要　留学生教育センター　27」(東海大)　2007　p67-81
◎引用参考文献「韓国における日本語教育」(櫻坂英子)　三元社　2007.2　prr
◎参考文献「日本語教師の『衣』再考―多文化共生への課題」(徳井厚子)　くろしお出版　2007.4　p223-227
◎参考文献「ピア・ラーニング入門―創造的な学びのデザインのために」(池田玲子ほか)　ひつじ書房　2007.5　prr
◎参考文献「考えるための日本語　実践編　総合活動型コミュニケーション能力育成のために」(細川英雄)　明石書店　2007.5　p195-199
◎参考文献「中国語話者のための日本語教育研究入門」(張麟声)　大阪公立大共同出版会　2007.5　p78-80
◎参考文献「日本語教授法ワークショップ　増補2版」(鎌田修ほか)　凡人社　2007.5　prr
◎引用参考文献「学校日本語教育の構築とホリスティック教師の発達」(縫部義憲)　風間書房　2007.9　p237-242
◎参考文献「共生日本語教育学―多言語多文化共生社会のために」(野々口ちとせほか)　雄松堂出版　2007.10　p309-318
◎参考文献ほか「日中対照表現論」(藤田昌志)　白帝社　2007.10　p153-157

◎参考文献「新しい日本語教育の視点―子どもの母語を考える」（朱桂栄）　鳳書房　2007.11　p201-209
◎参考文献「日本語教師教育の方法―生涯発達を支えるデザイン」（池田広子）　鳳書房　2007.11　p157-167

日本国憲法
◎参考文献ほか「日本国憲法・検証1945-2000資料と論点　7」（竹前栄治ほか）　小学館　2001.6　p395-397
◎参考文献「はじめての憲法」（大杉秀介ほか）　成文堂　2003.3　prr
◎参考文献「日本国憲法論　3版」（吉田善明）　三省堂　2003.5　p545-548

日本国有鉄道
◎文献「「身分の取引」と日本の雇用慣行―国鉄の事例分析」（禹宗杬）　日本経済評論社　2003.2　p391-410

ニホンザル
◎文献「ニホンザルの自然誌―その生態的多様性と保全」（大井徹,増井憲一）　東海大学出版会　2002.3　p344-361
◎参考資料「サルとバナナ」（三戸幸久）　東海大学出版会　2004.8　p296-293

日本三景
◎参考文献「日本三景への誘い―松島・天橋立・厳島」（島尾新ほか）　清文堂出版　2007.2　p191-193

日本寺
◎参考文献「惠雲院日圓聖人と中村檀林」（都守基一）　正東山日本寺　2004.7　p111-113

日本社会党
◎文献目録「日本社会党―戦後革新の思想と行動」（山口二郎ほか）　日本経済評論社　2003.10　p228-239
◎文献「転換期の戦後政治と政治学―社会党の動向を中心として」（木下真志）　敬文堂　2003.12　p223-227

日本女医会
◎参考文献「日本女医会百年史」　日本女医会　2002.5　1pb

日本書紀
○研究年表（大館真晴ほか）「古事記年報　44」（古事記学会）　2001　p160-226
◎参考文献「天皇誕生　日本書紀が描いた王朝交替」（遠山美都男）　中央公論新社　2001.1　p248-250
◎参考文献「天皇家はなぜ続いたのか。「日本書紀」に隠された王権成立の謎」（梅沢恵美子）　ベストセラーズ　2001.7　p234-235
◎文献「卑彌呼と日本書紀」（石原庫夫）　栄光出版社　2001.11　p579-591
○研究年表（小林真美ほか）「古事記年報　45」（古事記学会）　2003.1　p109-208
◎注「日本書紀の真実　紀年論を解く」（倉西裕子）　講談社　2003.5　p188-196
○研究年表（小林真美ほか）「古事記年報　48」（古事記学会）　2006.1　p386-506
◎参考文献「古代天皇の聖数ライン―数字で読み解く日本書紀」（江口洌）　河出書房新社　2007.2　p238-239

日本女子大学
◎参考文献「女子高等教育における学寮―日本女子大学学寮の100年」（日本女子大学学寮100年研究会）　ドメス出版　2007.11　p227-229

日本私立大学協会
◎参考文献「私学振興史―半世紀の挑戦　資料編」（五十年史編纂委員会ほか）　日本私立大学協会　2004.10　p1659-1660

日本人
◎参考文献「インテリアと日本人」（内田繁）　晶文社　2000.3　p2-3b
◎参考文献「三重構造の日本人」（望月清文）　NHK出版　2001.1　p231-238
◎引用文献「日本人はなぜナメられるのか」（中山治）　洋泉社　2001.1　p215」
◎参考文献「日本人の起源を探る」（隈元浩彦）　新潮社　2001.2　p315-321
◎参考文献「古代日本人と外国語」（湯沢質幸）　勉誠出版　2001.3　p229-233
◎注文献「敗北を抱きしめて―第二次大戦後の日本人　上」（J. ダワー）　岩波書店　2001.3　p373-400
◎参考文献「年寄り・若者＆日本人」（穴田義孝）　人間の科学新社　2001.5　p322-325
◎参考文献「戦略思考ができない日本人」（中山治）　筑摩書房　2001.7　p205-206
◎参考文献「日本人はるかな旅1　マンモスハンター、シベリアからの旅立ち」（NHK「日本人」プロジェクト）　NHK出版　2001.8　4pb
◎参考文献「日本人はるかな旅2　巨大噴火に消えた黒潮の民」（NHK「日本人」プロジェクト）　NHK出版　2001.9　4pb
◎参考文献「「日本人論」の中の日本人　下」（築島謙三）　講談社　2001.10　p337-342
◎参考文献「日本人はるかな旅3　海が育てた森の王国」（NHK「日本人」プロジェクト）　NHK出版　2001.10　4pb
◎参考文献「講談社日本人名大辞典」（上田正昭ほか）　講談社　2001.12　p7-9f
◎関係文献「日本人はるかな旅　5　そして"日本人"が生まれた」（NHKほか）　NHK出版　2002.1　4pb
◎参考文献「神隠しと日本人」（小松和彦）　角川書店　2002.7　p235-238
◎参考資料「「留用」された日本人―私たちは中国建国を支えた」（NHK「留用された日本人」取材班）　NHK出版　2003.3　p299-301
◎参考文献「日本的改革の探究―グローバル化への処方箋」（小笠原泰）　日本経済新聞社　2003.6　p259-267
◎参考文献「二つの祖国・ひとつの家族―中国残留婦人とその家族が生きた日本・満州・中国」（原田静）　鉱脈社　2003.8　prr
◎文献「「日本人論」再考」（船曳建夫）　NHK出版　2003.11　p303-305
◎参考文献「要領がいい日本人の国民性のルーツ」（大谷一男）　文芸社　2004.2　p210-211
◎参考文献「日本人の起源―古人骨からルーツを探る」（中橋孝博）　講談社　2005.1　p262-266
◎参考文献「DNAから見た日本人」（斎藤成也）　筑摩書房　2005.3　p4-6b
◎参考文献「〈鬼子〉たちの肖像―中国人が描いた日本人」（武田雅哉）　中央公論新社　2005.9　p245-250
◎参考文献「アングロサクソンと日本人の差―グローバル環境への対応」（大原壮比古）　新風舎　2006.1　p191-205

◎参考文献「なんとなく、日本人―世界に通用する強さの秘密」(小笠原泰) PHP研究所 2006.5 p233-237
◎文献「人種接触の社会心理学―日本人移民をめぐって」(J. F. スタイナー) ハーベスト社 2006.10 p224-241
◎引用参考文献「日本人の自己呈示の社会心理学的研究―ホンネとタテマエの実証的研究」(齊藤勇) 誠信書房 2006.10 p281-297
◎参考文献「在外日本人のナショナル・アイデンティティ―国際化社会における「個」とは何か」(岩崎久美子) 明石書店 2007.1 p463-471
◎参考文献「日本人になった祖先たち―DNAから解明するその多元的構造」(篠田謙一) NHK出版 2007.2 p212-216
◎文献ほか「新日本人論―日本人の偽悪醜・日本人の真善美」(武田龍夫) 勉誠出版 2007.5 p153-155
◎文献一覧「「日系アメリカ人」の歴史社会学―エスニシティ、人種、ナショナリズム」(南川文里) 彩流社 2007.6 p11-30b
○「文献目録日本論・日本人論 1996-2006」(日外アソシエーツ) 日外アソシエーツ 2007.6 5, 726p A5
◎参考文献「アメリカ日系二世の徴兵忌避―不条理な強制収容に抗した群像」(森田幸夫) 彩流社 2007.7 p632-638
◎文献「日本人はなぜ原子力に不安を抱くのか―日本人の心とリスク」(青山喬) 医療科学社 2007.9 p174-175
◎参考引用文献「そこに日本人がいた!―海を渡ったご先祖様たち」(熊田忠雄) 新潮社 2007.12 p269-285

日本人移民
◎参考文献「海をわたった日本人」(岡部牧夫) 山川出版社 2002.3 3pb
◎参考文献「カリフォルニア州の排日運動と日米関係―移民問題をめぐる日米摩擦, 1906~1921年」(簑原俊洋) 神戸大 2006.9 p166-192

日本人学校・満州
◎「満州教育関係者手記目録 第2回稿」(槻木瑞生) 〔槻木瑞生〕 〔2004〕 36, 25p A4

日本人町
◎参考文献「倭館―鎖国時代の日本人町」(田代和生) 文藝春秋 2002.10 p265-268

日本正教会
◎文献「ニコライ堂異聞」(長縄光男) 成文社 2007.3 p389-401

日本赤十字社
○記事抄録(手塚裕美)「文献探索 2000」(文献探索研究会) 2001.2 p376-379
◎参考文献「天皇と赤十字―日本の人道主義100年」(O. チェックランド) 法政大学出版局 2002.10 p18-36b

日本大学芸術学部
◎参考文献「ニチゲー力―日大芸術学部とは何か」(山下聖美) 三修社 2006.8 p253-255

日本長期信用銀行
◎参考文献「レクイエム―「日本型金融哲学」に殉じた銀行マンたち」(伯野卓彦) NHK出版 2007.1 p266-267

日本電気産業労働組合
◎引用文献「電産型賃金の世界―その形成と歴史的意義 新装版」(河西宏祐) 早稲田大学出版部 2001.5 p339-341
◎引用文献「電産の興亡――九四六年~一九五六年 電産型賃金と産業別組合」(河西宏祐) 早稲田大出版局 2007.3 p453-455

日本刀
◎伝書ほか「日本刀図鑑―増補」(得能一男) 光芸出版 2002.12 p210-222
○図書目録「日本刀文化研究 42」(日本刀文化協会) 2004.3 p125-131

日本図書コード
◎引用参考文献「出版流通合理化構想の検証―ISBN導入の歴史的意義」(湯浅俊彦) ポット出版 2005.10 p186-183, 175-158

日本放送協会
◎引用参考文献「NHK問題」(武田徹) 筑摩書房 2006.12 p247-251

日本霊異記
◎参考文献「日本霊異記と仏教東漸」(多田伊織) 法蔵館 2001.2 p263-271
◎註「日本霊異記を読む」(小峯和明ほか) 吉川弘文館 2004.1 prr
◎参考文献「民衆の古代史―『日本霊異記』に見るもう一つの古代」(吉田一彦) 風媒社 2006.4 p231-237

日本浪曼派
○文献目録(長沢雅春)「国文学解釈と鑑賞 67.5」(至文堂) 2002.5 p204-212

ニーム
◎文献目録「ニームとは何か?―人と地球を救う樹」(国際開発のための科学技術委員会) 緑風出版 2005.4 p173-178

ニーモニック
◎関連文献「英語のニーモニック―円周率から歴史年号・イギリス王室まで覚え歌大集合」(友清理士) 研究社 2001.9 p202-204

乳化
◎文献「食品の乳化―基礎と応用」(蒔田哲) 幸書房 2006.2 prr

入学試験
◎文献「学歴社会・受験競争」(本田由紀ほか) 日本図書センター 2007.2 p379-391
◎引用文献「入試改革の社会学」(中澤渉) 東洋館出版社 2007.2 p281-293
◎参考文献「大学入試の戦後史―受験地獄から全入時代へ」(中井浩一) 中央公論新社 2007.4 p274-275
◎参考文献「中等教育と高等教育とのアーティキュレーション」(兼松儀郎) 学術出版会 2007.4 p135-142
◎参考文献「国際バカロレア―世界トップ教育への切符」(田口雅子) 松柏社 2007.5 p198-199
◎参考文献ほか「中国大学入試研究―変貌する国家の人材選抜」(大塚豊) 東信堂 2007.6 p242-246
◎文献「誰がバカをつくるのか?―「学力低下」の真相を探る」(河本敏浩) ブックマン社 2007.10 p286-287

乳がん
- ◎注「乳がんの政治学」（M. H. カサマユウ）　早稲田大学出版部　2003.10　p215-238

入国管理法
- ◎参考文献「よくわかる入管法」（山田鐐一ほか）　有斐閣　2006.9　p193-195

入札
- ◎参考文献「入札談合の研究―その実態と防止策」（鈴木満）　信山社出版　2001.7　p325-326
- ◎参考文献「入札改革―談合社会を変える」（武藤博己）　岩波書店　2003.12　p205-208
- ◎参考文献「入札談合の研究―その実態と防止策　2版」（鈴木満）　信山社　2004.12　p371-372

乳酸菌
- ◎参考文献「発酵乳の科学―乳酸菌の機能と保健効果」（細野明義）　アイ・ケイコーポレーション　2002.11　prr
- ◎参考文献「乳酸菌とヨーグルトの保健効果―長寿と健康」（細野明義）　幸書房　2003.6　p167-173
- ◎参考文献「乳酸発酵の新しい系譜」（小崎道雄ほか）　中央法規出版　2004.7　prr
- ◎参考文献「ヨーグルトの科学―乳酸菌の贈り物」（細野明義）　八坂書房　2004.8　p232-233
- ◎文献「乳酸菌の保健機能と応用」（上野川修一）　シーエムシー出版　2007.8　prr

乳児
- ◎引用文献ほか「母子間の抱きの人間学的研究―ダイナミック・システムズ・アプローチの適用」（西條剛央）　北大路書房　2004.3　p131-140
- ◎参考文献「乳児の世界」（P. ロシャ）　ミネルヴァ書房　2004.4　p249-266
- ◎引用参考文献「乳児保育」（増田まゆみ）　北大路書房　2005.5　p167-169
- ◎文献一覧「乳児の音声における非言語情報に関する実験的研究」（志村洋子）　風間書房　2005.12　p155-164
- ◎参考文献「0歳児・1歳児・2歳児のための乳児保育」（巷野悟郎ほか）　光生館　2006.2　p199-203
- ◎参考文献「心が芽ばえるとき―コミュニケーションの誕生と進化」（明和政子）　NTT出版　2006.10　p6-17b
- ◎文献「赤ちゃん―成長の不思議な道のり」（安川美杉）　NHK出版　2007.2　p123-124
- ◎引用文献「乳児における重力法則理解の発達」（旦直子）　風間書房　2007.2　p181-188

乳製品
- ◎参考文献「WTOと国際乳製品貿易」（庄野千鶴）　農林統計協会　2001.7　p251-255
- ◎引用参考文献「乳製品の世界外史―世界とくにアジアにおける乳業技術の史的展開」（足立達）　東北大学出版会　2002.12　prr

入菩薩行論
- ◎参考文献（西村香）「チベット仏教・菩薩行を生きる―精読・シャーンティデーヴァ『入菩薩行論』」（ゲシュー・ソナム・ギャルツェン・ゴンタ）　大法輪閣　2002.5　p322-325

乳幼児
- ◎文献「赤ちゃんのこころ　乳幼児精神医学の誕生」（清水將之）　星和書房　2001.6　prr
- ◎文献「乳幼児の心理的誕生―母子共生と個体化」（M. S. マーラーほか）　黎明書房　2001.9　p325-340
- ◎引用文献「乳幼児心理学」（無藤隆ほか）　北大路書房　2003.3　p157-164
- ◎参考文献「乳幼児期の子どもたち」（坪井節子）　明石書店　2003.5　prr
- ◎文献「乳幼児発達臨床の基礎―子どもの育ちを支える保育カウンセリング」（石井信子ほか）　ふくろう出版　2006.4　p189-194
- ◎引用文献「グラフィック乳幼児心理学」（若井邦夫ほか）　サイエンス社　2006.10　p268-276

入浴
- ◎知りたい人のために「共同浴の世界―東三河の入浴文化」（印南敏秀）　あるむ　2003.3　p72」

ニューギニア
- ◎主要参考文献「ニューギニアの贈りもの　パプアニューギニアからイリアンジャヤへ」　現代書館　2001.3　p243-246

ニュージャージー・スタンダード石油会社
- ◎文献一覧「ニュージャージー・スタンダード石油会社の史的研究―1920年代初頭から60年代末まで」（伊藤孝）　北大図書刊行会　2004.2　p429-451

ニュージーランド
- ◎参考文献「ニュージーランドの思想家たち」（ニュージーランド研究同人会）　論創社　2001.3　prr
- ◎参考文献「オーストラリアとニュージーランド―多文化国家の素顔とその背景」（久村研）　三修社　2001.8　p218-221
- ◎文献「21世紀日本の再構築―ニュージーランドに学ぶ」（高橋文利）　晃洋書房　2002.7　p189-194
- ◎文献「ニュージーランドの家族・家庭生活」（家計経済研究所）　財務省印刷局　2003.3　p103-107
- ◎文献案内「図説ニュージーランド・アメリカ比較地誌」（植村善博）　ナカニシヤ出版　2004.6　p124-126
- ◎参考文献「ニュージーランド福祉国家の再設計―課題・政策・展望」（J. ボストンほか）　法律文化社　2004.12　p367-394
- ○文献目録「ニュージーランド研究　13」（ニュージーランド学会）　2006.12　p167-180
- ◎参考文献「先住民の知識人類学―ニュージーランド＝マオリの知と社会に関するエスノグラフィ」（伊藤泰信）　世界思想社　2007.2　p398-381
- ◎参考文献「ニュージーランドの公的部門改革―New Public Managementの検証」（和田明子）　第一法規　2007.10　p211-224

ニュース
- ◎注文献「CNN　世界を変えたニュースネットワーク」（D. M. フラノイ, 山根啓史ほか）　NTT出版　2001.3　p339-316
- ◎文献「ニュース普及の研究」（時野谷浩）　芦書房　2006.3　p173-184
- ◎引用文献「テレビニュースの世界像―外国関連報道が構築するリアリティ」（萩原滋）　勁草書房　2007.12　prr

ニューディール政策
- ◎参考文献ほか「ニューディール体制論―大恐慌下のアメリカ社会」（河内信幸）　学術出版会　2005.7　p39-58b

ニュートリノ
- ◎参考文献「ニュートリノは何処へ？　宇宙の謎に迫る17の物語」（J. グリピン）　シュプリンガー・フェアラーク東京　2002.12　p307-309
- ◎引用文献「ニュートリノでめぐる素粒子・宇宙の旅」（C. サットン）　シュプリンガー・ジャパン　2007.4　p317-322

ニュービジネス
- ◎参考文献「起業家育成と現代マネジメント研究」（岡田広司）　あるむ　2003.3　p209-210

ニューヨークタイムズ
- ◎参考文献「ニューヨークタイムズ―あるメディアの権力と神話」（ステファン・エルフェンバイン）　木鐸社　2001.3　p262-269

ニューラルネット
- ◎文献「脳―回路網のなかの精神ニューラルネットが描く地図」（M. シュピッツァー）　新曜社　2001.11　p334-354

ニューロン
- ◎引用文献ほか「考える細胞ニューロン―脳と心をつくる柔らかい回路網」（桜井芳雄）　講談社　2002.5　p226-227

女房詞
- ◎研究文献目録「御所ことば　新装版」（井之口有一ほか）　雄山閣　2005.1　p240-243

女官
- ◎参考文献「ミカドと女官　菊のカーテンの向こう側」（小田部雄次）　恒文社　2001.7　p221-222

女人禁制
- ◎参考文献「女人禁制」（鈴木正崇）　吉川弘文館　2002.3　p1-4b

NIRA
- ◎出版物一覧「総合研究開発の歩み―NIRA30年史」（総合研究開発機構）　総合研究開発機構　2004.3　p316-350

二輪車
- ○文献リスト（東正訓ほか）「交通科学　38.1」（大阪交通科学研究会）　2007　p28-29

俄
- ◎題名一覧「歌舞伎・俄研究　資料編　室戸市佐喜浜町俄台本集成」（佐藤恵里）　新典社　2002.2　p1293-1335

庭木
- ◎参考文献「庭木を楽しむ」（塚本洋太郎）　朝日新聞社　2001.5　p254-255
- ◎文献「日本庭園の植栽史」（飛田範夫）　京都大学学術出版会　2002.12　p407-418

ニワトリ
- ◎引用文献「ニワトリの動物学」（岡本新）　東京大学出版会　2001.11　p161-171

人形
- ◎参考文献「からくり人形の夢―人間・機械・近代ヨーロッパ」（竹下節子）　岩波書店　2001.2　p228-230
- ◎引用参考文献「七夕と人形」（松本市立博物館）　郷土出版社　2005.7　p121-122
- ◎主要書籍リスト（本田代志子ほか）「生人形と江戸の欲望」（南嶌宏ほか）　熊本市現代美術館　2006.6　p188-189
- ◎参考文献「「弥五郎どん」は何者か―南九州の「大人」人形行事の民俗的背景をさぐる」（山口保明）　鉱脈社　2007.7　p276-282

人形劇
- ◎参考文献「中国泉州「目連」木偶戯の研究」（山本宏子）　春秋社　2006.2　p263-282
- ◎参考資料「日本の人形劇―1867-2007」（加藤暁子）　法政大出版局　2007.12　p257-264

人形浄瑠璃
- ◎注文献「人形浄瑠璃の歴史」（広瀬久也）　戎光祥出版　2001.7　prr
- ◎ブックガイド「恋する文楽」（広谷鏡子）　筑摩書房　2003.2　p280-282
- ◎参考文献「歌舞伎と人形浄瑠璃」（田口章子）　吉川弘文館　2004.1　p191-193
- ◎参考資料「阿波人形浄瑠璃―国指定重要無形民俗文化財　財団法人阿波人形浄瑠璃振興会設立50周年記念誌」　阿波人形浄瑠璃振興会　2005.6　p48-49b

人間
- ◎引用文献「人間存在論―言語論の革新と西洋思想批判　前編」（大江矩夫）　白川書院　2001.6　p267-269
- ◎参考文献「痛みの人間学―人間と自然との共存をヨーロッパから思索する」（藤本武）　青山社　2002.2　p299-305
- ◎注文献ほか「ヨーロッパの人間像―「神の像」と「人間の尊厳」の思想史的研究」（金子晴勇）　知泉書館　2002.3　p227-248
- ◎文献「人間形成論入門」（行安茂）　北樹出版　2002.10　p169」
- ◎参考文献「未完の菜園―フランスにおける人間主義の思想」（T. トドロフ）　法政大学出版局　2002.12　p371-381
- ◎文献「息の人間学」（斎藤孝）　世織書房　2003.3　p300-314
- ◎参考文献「人間学講義―現象学的人間学をめざして」（金子晴勇）　知泉書館　2003.12　p201-205
- ◎ブックガイド「拡張される身体―自己の再定義のために」（酒井紀幸）　早稲田大　2004.2　p248-255
- ◎文献「人間の本性」（D. W. ウィニコット）　誠信書房　2004.2　p195-197
- ◎参考文献「開かれ―人間と動物」（G. アガンベン）　平凡社　2004.7　p203-208
- ◎参考文献「自分とはなんだろう―新しい人間像を求めて」（斧山春水）　文芸社　2004.9　p153-155
- ◎引用文献「構造構成主義とは何か―次世代人間科学の原理」（西條剛央）　北大路書房　2005.3　p237-244
- ◎参考文献「人間観と進化論」（入江重吉）　晃洋書房　2005.3　p213-220
- ◎文献表「人間になる」（J. バニエ）　新教出版社　2005.9　p235-239
- ◎文献「歴史的人間学事典　2」（C. ヴルフ）　勉誠出版　2005.9　prr
- ◎参考文献「総合人間学　改訂版」（柏原啓一）　放送大教育振興会　2006.3　p159-169

人間学
- ◎文献目録「現代の哲学的人間学　新装復刊」（ボルノウ，プレスナー）　白水社　2002.6　p1-10b

人間科学
- ◎訳注文献（木田元ほか）「人間の科学と現象学」（メルロ=ポンティ）　みすず書房　2001.4　p249-277
- ◎ブックガイド（真鍋真澄ほか）「人間科学がわかる。」（朝日新聞社）　朝日新聞社　2001.10　p167-175
- ◎参考文献ほか「人間科学と福祉工学」（山口昌樹ほか）　コロナ社　2007.5　p148-149
- ◎読書案内ほか「実践的研究のすすめ―人間科学のリアリティ」（小泉潤二ほか）　有斐閣　2007.7　p270-289

人間環境学
- ◎参考書「人間環境学―環境と福祉の接点」（遠山益）　裳華房　2001.11　p166-168

人間関係
- ◎参考文献「図とイラストでよむ人間関係」（水田恵三，西道実）　福村出版　2001.2　p201-207
- ◎参考文献「理解できない他者と理解されない自己―寛容の社会理論」（数土直紀）　勁草書房　2001.3　p6-17b
- ◎文献「いっしょにいると疲れる人―「くされ縁」の人間関係の研究」（バーバラ・E. ホルト）　講談社　2001.4　p300-302
- ◎文献「よくわかる臨床心理学―わたし―あなた―人間関係」（山口創）　川島書店　2001.4　p197-204
- ◎参考文献「人間関係に活かすカウンセリング」（小山望，河村茂雄）　福村出版　2001.4　p204-212
- ◎引用文献「臨床人間関係論―豊かな人間関係をはぐくむために」（倉戸ツギオ）　ナカニシヤ出版　2001.4　p131-145
- ◎参考文献「心理的支えに関する臨床心理学的研究」（串崎真志）　風間書房　2001.9　p105-113
- ◎参考文献「保育・家族・心理臨床・福祉・看護の人間関係―人間の生涯・出会い体験　第2版」（坂口哲司）　ナカニシヤ出版　2001.9　p147-150
- ◎参考文献「あなたが「いる」ことの重み―人称の重力空間をめぐって」（藤谷秀）　青木書店　2001.10　p187-188
- ◎文献「実践ネットワーク分析―関係を解く理論と技法」（安田雪）　新曜社　2001.10　p177-182
- ◎参考文献「カウンセリング練習帳―人間関係システム視点」（水野修次郎）　ブレーン出版　2001.11　p159-162
- ◎参考文献「シンボル配置技法の理論と実際」（八田武志）　ナカニシヤ出版　2001.11　p165-173
- ◎参考文献「ソーシャルワーカーのためのアタッチメント理論―対人関係理解の「カギ」」（デビッド・ハウ）　筒井書房　2001.12　p229-243
- ◎参考文献「人間交際術―コミュニティ・デザインのための情報学入門」（桂英史）　平凡社　2001.12　p204-208
- ◎参考文献「反常識の対人心理学」（相川充）　NHK出版　2001.12　p218-219
- ◎文献「IT時代の人間関係とメンタルヘルス・カウンセリング」（小川憲治）　川島書店　2002.2　p161-164
- ◎文献「職場いびり―アメリカの現場から」（ノア・ダベンポート，ゲイル・パーセル・エリオット，ルース・ディスラー・シュワルツ）　緑風出版　2002.10　p318-322
- ◎文献「教室空間における着席位置の意味」（北川歳昭）　風間書房　2003.2　p139-149
- ◎文献「21世紀高度情報化、グローバル化社会における人間・社会関係」（人間・社会関係問題研究班）　関西大学経済・政治研究所　2003.3　prr
- ◎参考文献「ともに生きる―人間関係とコミュニケーション」（W. キッペス）　サンパウロ　2003.3　p460-469
- ◎参考引用文献「ストレスと人間関係」（嶋信宏）　三恵社　2003.4　p113-118
- ◎引用参考文献「要説人間関係論」（青池愼一ほか）　樹村房　2003.4　p126-132
- ◎文献「中国の人治社会―もうひとつの文明として」（首藤明和）　日本経済評論社　2003.5　p197-202
- ◎参考文献「親密圏のポリティクス」（齋藤純一）　ナカニシヤ出版　2003.8　prr
- ◎参考引用文献「ひとに〈取り入る〉心理学―好かれる行動の技法」（有倉巳幸）　講談社　2003.9　p217-216
- ◎文献「パワー・オブ・タッチ」（P. K. デイヴィス）　メディカ出版　2003.10　p235-246
- ◎文献「人づきあいの極意」（相川充）　河出書房新社　2004.2　p267-269
- ◎引用文献「ワークショップ人間関係の心理学」（藤本忠明ほか）　ナカニシヤ出版　2004.3　prr
- ◎参考文献「ゲーム理論と進化ダイナミクス―人間関係に潜む複雑系」（生天目章）　森北出版　2004.4　p266-273
- ◎文献ほか「パーソナルな関係の社会心理学」（W. イックスほか）　北大路書房　2004.4　p275-303
- ◎参考文献「傷つけ傷つく青少年の心―関係性の病理発達臨床心理学的考察」（伊藤美奈子ほか）　北大路書房　2004.9　p133-138
- ◎参考文献「争いごと解決学練習帳―新しいトラブル防止教育」（水野修次郎）　ブレーン出版　2004.9　p129-132
- ◎参考文献「青年期における自己開示を規定する要因の検討」（松島るみ）　風間書房　2004.11　p137-144
- ◎引用文献「男と女の対人心理学」（和田実）　北大路書房　2005.4　p198-217
- ◎引用文献「社会的スキル向上を目指す対人コミュニケーション」（大坊郁夫）　ナカニシヤ出版　2005.8　p173-186
- ◎文献「「人たらし」のブラック心理術―初対面で100%好感を持たせる方法」（内藤誼人）　大和書房　2005.9　p229-230
- ◎引用文献「ストレスと対人関係」（橋本剛）　ナカニシヤ出版　2005.9　p237-260
- ◎引用参照文献「自己と他者の社会学」（井上俊ほか）　有斐閣　2005.12　p263-269
- ◎引用文献「対人的枠組みと過去から現在の経験のとらえ方に関する研究―縦断的研究を中心に」（山岸明子）　風間書房　2006.2　p229-239
- ◎文献「これで相手は思いのまま―悪用厳禁の心理操作術」（R. V. サン・ジュール）　阪急コミュニケーションズ　2006.3　p287-299
- ◎引用文献「老年期の人間関係」（関峋一）　培風館　2006.3　prr
- ◎文献「異文化間心理学へのアプローチ―文化・社会のなかの人間と心理学」（鈴木一代）　ブレーン出版　2006.4　p137-152

にんけん

◎引用参考文献「人間関係の発達臨床心理学」（千原美重子）　昭和堂　2006.5　p210-213
◎引用参考文献「対人関係と適応の心理学―ストレス対処の理論と実践」（谷口弘一ほか）　北大路書房　2006.9　p165-185
◎引用文献「自己-他者間の葛藤における調整―"個人主義・集団主義"概念の再検討」（平井美佳）　風間書房　2006.11　p167-179
◎注記「ひと相手の仕事はなぜ疲れるのか―感情労働の時代」（武井麻子）　大和書房　2006.12　p241-248
◎引用文献「ライバル関係の心理学」（太田伸幸）　ナカニシヤ出版　2007.2　p197-204
◎参考文献ほか「職場はなぜ壊れるのか―産業医が見た人間関係の病理」（荒井千暁）　筑摩書房　2007.2　p220-222
◎文献「リスク社会を生き抜くコミュニケーション力」（内田伸子ほか）　金子書房　2007.4　prr
◎文献「自閉症者が語る人間関係と性」（G. ガーランド）　東京書籍　2007.7　p253-259
◎文献「社会脳―人生のカギをにぎるもの」（岡田尊司）　PHP研究所　2007.7　p283-286
◎参考文献「人間性未来論―原型共同体で築きなおす社会」（中田豊一）　竹林館　2007.11　p307-309
◎参考文献「人間関係の心理学」（齊藤勇）　誠信書房　2007.12　p227-234
◎参考引用文献「対人コミュニケーション入門　上」（藤田依久子）　ナカニシヤ出版　2007.12　p139-141

人間形成
◎参考文献「裏切力」（G. トゥルナトゥーリ）　産業編集センター　2003.4　p223-227
◎文献「臨床的人間形成論へ―ライフサイクルと相互形成」（田中毎実）　勁草書房　2003.4　p9-20b

人間工学
◎文献「ヒューメイン・インタフェース―人に優しいシステムへの新たな指針」（ジェフ・ラスキン）　ピアソン・エデュケーション　2001.9　p249-254
◎参考文献「こんなデザインが使いやすさを生む―商品開発のためのユーザビリティ評価」（三菱電機デザイン研究所）　工業調査会　2001.11　p235-241
◎参考文献「マクロ人間工学―理論，方法と応用」（H. W. Hendrickほか）　日本出版サービス　2006.3　p351-380

人間生態
◎参考文献「エコロジー人間学―ホモ・エコロギクス―共生の人間像を描く」（E. マインベルク）　新評論　2001.7　p291-296
◎文献「人類生態学」（大塚柳太郎）　東京大学出版会　2002.3　p218-219
◎文献「コモンズの人類学―文化・歴史・生態」（秋道智弥）　人文書院　2004.9　p226-238
◎推薦図書「ヒューマン・エコロジー入門―持続可能な発展へのニュー・パラダイム」（G. G. マーテン）　有斐閣　2005.2　p285-288
◎参考図書「心理学による人間行動の理解」（中村章人）　大学教育出版　2005.4　p221-222
◎引用参照文献「人間的自然と社会環境―人間発達の学をめざして」（浅野慎一）　大学教育出版　2005.6　p223-244

◎文献「進化人間学の技術論―森を忘れない人間の物語」（川又淳司）　文理閣　2006.3　p235-249
◎引用文献「人間の自然認知特性とコモンズの悲劇―動物行動学から見た環境教育」（小林朋道）　ふくろう出版　2007.2　p135-140

認識論
◎読書案内「知識の哲学」（戸田山和久）　産業図書　2002.6　p253-266
◎文献「知識の理論」（R. M. チザム）　世界思想社　2003.4　p271-278
◎引用参照文献「カントとカモノハシ　下」（U. エーコ）　岩波書店　2003.7　p15-46b
◎文献「暗黙知の次元」（P. ポランニー）　筑摩書房　2003.12　p170-175
◎参考文献「認識論を社会化する」（伊勢田哲治）　名古屋大学出版会　2004.7　p7-25b
◎参考文献「認識的正当化―内在主義対外在主義」（L. バンジョーほか）　産業図書　2006.2　p316-313
◎引用参考文献「認識論―知の諸形式への案内」（H. シュネーデルバッハ）　晃洋書房　2006.4　p17-28b
◎参考文献「断片化する理性―認識論的プラグマティズム」（S. P. スティッチ）　勁草書房　2006.8　p9-23b
◎文献「理解とは何か　新装版」（佐伯胖）　東京大出版会　2007.9　prr

忍者
○参考図書「忍びの者132人データファイル　別冊歴史読本72」（新人物往来社）　2001.5　p222-228

忍術
◎文献「忍びと忍術」（山口正之）　雄山閣　2003.7　p227-255
◎参考文献「概説忍者忍術」（山北篤）　新紀元社　2004.12　3pb

認証技術
◎参考文献「認証技術　パスワードから公開鍵まで」（R. E. Smith）　オーム社　2003.4　p419-446

ニンジン
◎参考文献「高麗人参の世界―生薬の王様」（洪南基）　同時代社　2005.3　p186」

認知
◎参考文献「認知発達と進化」　岩波書店　2001.5　p197-210
◎参考文献「イメージと認知」　岩波書店　2001.8　p205-218
◎参考文献「身体化された心―仏教思想からのエナクティブ・アプローチ」（フランシスコ・ヴァレラほか）　工作舎　2001.8　p380-395
◎参考文献ほか「社会的認知ハンドブック」（山本眞理子ほか）　北大路書房　2001.10　p287-310
◎引用文献「構成標識と理解支援メカニズム」（山本博樹）　風間書房　2001.11　p197-206
◎文献「意識する心―脳と精神の根本理論を求めて」（ディヴィッド・J. チャーマーズ）　白揚社　2001.12　p480-494
◎参考文献「類似から見た心」（大西仁，鈴木宏昭）　共立出版　2001.12　prr
◎文献「よい説明とは何か―認知主義の説明研究から社会的構成主義を経て」（比留間太白）　関西大学出版部　2002.3　p143-150

◎文献「英語の書きことばと話しことばはいかに関係しているか──第二言語理解の認知メカニズム」（門田修平）　くろしお出版　2002.3　p221-232
◎引用参考文献「子供の認知はどう発達するのか」（田中敏隆）　金子書房　2002.9　p103-107
◎文献「図形の大きさの比較判断に関する発達的研究」（清水益治）　風間書房　2002.10　p89-93
◎参考文献「学習科学とテクノロジ」（三宅なほみ）　放送大学教育振興会　2003.3　p202-209
◎文献「視覚の文法──脳が物を見る法則」（D. D. ホフマン）　紀伊国屋書店　2003.3　p282-318
◎引用文献「脳と知覚学習──環境心理学の再出発」（三谷恵一）　ブレーン出版　2003.3　p187-203
◎文献「認識と文化　1　共同行為としての学習・発達──社会文化的アプローチの視座」（田島信元ほか）　金子書房　2003.4　p261-273
◎文献「子どもの認知発達」（U. ゴスワミ）　新曜社　2003.7　p351-371
◎参考文献「目撃者の心理学」（S. L. Sporerほか）　ブレーン出版　2003.7　prr
◎引用参考文献「目撃証言の心理学」（厳島行雄ほか）　北大路書房　2003.8　p155-161
◎文献「視覚の認知神経科学」（M. J. ファーラー）　協同出版　2003.11　p357-397
◎文献「知識獲得としての文章理解──読解過程における図の役割」（岩槻恵子）　風間書房　2003.11　p213-220
◎文献「赤ちゃんは知っている──認知科学のフロンティア」（J. メレールほか）　藤原書店　2003.12　p331-350
◎文献「認知と感情の関連性──気分の効果と調整過程」（富山尚子）　風間書房　2003.12　p235-242
◎参考文献「認知的複雑性の発達社会心理学──児童期から青年期における対人情報処理システムの変化」（鈴木佳苗）　風間書房　2004.2　p179-187
◎引用文献「認知のエイジング　入門編」（D. C. パーク）　北大路書房　2004.3　p247-287
◎読書案内「心のパターン──言語の認知科学入門」（R. ジャッケンドフ）　岩波書店　2004.4　p271-284
◎引用文献「社会的認知研究のパースペクティブ──心と社会のインターフェイス」（岡隆）　培風館　2004.5　p233-269
◎引用文献「確信度評定のメカニズムと理論的問題」（妻藤真彦）　風間書房　2004.6　p145-151
◎引用文献「木を見る西洋人森を見る東洋人──思考の違いはいかにして生まれるか」（R. E. ニスベット）　ダイヤモンド社　2004.6　p275-289
◎参考文献「道具を使うサル」（入來篤史）　医学書院　2004.7　p201-204
◎参考文献「ことばの認知空間」（山梨正明）　開拓社　2004.11　p191-198
◎文献「生態心理学の構想──アフォーダンスのルーツと尖端」（佐々木正人ほか）　東京大学出版会　2005.2　prr
◎引用文献「ダーウィン的方法──運動からアフォーダンスへ」（佐々木正人）　岩波書店　2005.3　p305-315
◎引用文献「リスク・パーセプションと人間行動」（深澤伸幸）　高文堂出版社　2005.6　p204-213
◎引用文献「強化系列学習に関する認知論的研究」（水原幸夫）　北大路書房　2005.6　p139-145
◎引用文献「子どもの概念発達と変化──素朴生物学をめぐって」（稲垣佳世子）　共立出版　2005.6　p241-254

◎文献「認知過程のシミュレーション入門」（伊藤尚枝）　北樹出版　2005.7　p202-204
◎引用参考文献「感情状態が認知過程に及ぼす影響──気分一致効果を巡って」（伊藤美加）　風間書房　2005.9　p129-143
◎参考引用文献「ロボット化する子どもたち──「学び」の認知科学」（渡部信一）　大修館書店　2005.11　p236-239
◎引用文献「他者を知る──対人認知の心理学」（山本眞理子ほか）　サイエンス社　2006.4　p224-217
◎参考文献「脳研究の最前線　上　脳の認知と進化」（理化学研究所脳科学総合研究センター）　講談社　2007.10　p334-336
◎引用文献「心の起源──脳・認知・一般知能の進化」（D. C. ギアリー）　培風館　2007.11　p363-430

認知意味論
◎参考文献「認知意味論のしくみ」（籾山洋介）　研究社　2002.2　p173-176
◎参考文献「認知意味論　シリーズ認知言語学入門3」（松本曜）　大修館書店　2003.7　p295-314
◎参考文献「認知意味論の新展開　メタファーとメトニミー」（谷口一美）　研究社　2003.8　p189-197

認知科学
◎参考文献「認知科学の新展開　2　コミュニケーションと思考」（波多野誼余夫ほか）　岩波書店　2001.6　p235-249
◎参考文献「ことばの認知科学事典」（辻幸夫）　大修館書店　2001.7　p507-545
◎参考文献「知の創成──身体性認知科学への招待」（C. Scheier, R. Pfeifer）　共立出版　2001.11　p669-695
◎文献「「使いやすさ」の認知科学──人とモノとの相互作用を考える」（原田悦子）　共立出版　2003.7
◎文献「心の科学と哲学──コネクショニズムの可能性」（戸田山和久ほか）　昭和堂　2003.7　prr
◎参考文献「〈家の中〉を認知科学する──変わる家族・モノ・学び・技術」（野島久雄ほか）　新曜社　2004.3　p1-11b
◎読書案内「認知科学への招待──心の研究のおもしろさに迫る」（大津由紀雄ほか）　研究社　2004.11　prr

認知言語
◎参考文献「認知言語学キーワード事典」（辻幸夫）　研究社　2002.11　p270-297
◎参考文献「認知言語学」（大堀寿夫）　東京大学出版会　2002.12　p257-276
◎参考文献「認知音韻・形態論　シリーズ認知言語学入門　2」（吉村公宏）　大修館書店　2003.7　p285-292
◎参考文献「認知言語学への招待　シリーズ認知言語学入門1」（辻幸夫）　大修館書店　2003.7　p263-278
◎参考文献「はじめての認知言語学」（吉村公宏）　研究社　2004.12　p177-180
◎参考文献「事態概念の記号化に関する認知言語学的研究」（谷口一美）　ひつじ書房　2005.2　p351-358
◎参考文献「認知文法の新展開──カテゴリー化と用法基盤モデル」（早瀬尚子ほか）　研究社　2005.7　p193-206
◎参考文献「情報と意味と概念と──発話を考える」（伊藤善啓）　現代図書　2005.8　p277-284
◎参考文献「心とことばの起源を探る──文化と認知」（M. トマセロ）　勁草書房　2006.2　p14-38b

◎参考文献「第二言語理解の認知メカニズム─英語の書きことばの処理と音韻の役割」（門田修平）　くろしお出版　2006.3　p216-225
◎参考文献「認知詩学入門」（P. ストックウェル）　鳳書房　2006.3　p259-277
◎参考文献「認知言語学」（谷口一美）　ひつじ書房　2006.4　p125-126
◎参考文献「実例で学ぶ認知言語学」（D. リー）　大修館書店　2006.6　p295-301
◎参考文献「格と態の認知言語学─構文と動詞の意味」（二枝美津子）　世界思想社　2007.1　p189-199
◎Bibliography「英語教育における論理と実践─認知言語学の導入とその有用性」（上野義和）　西条印刷所　2007.3　p416-442
◎引用文献「日本語表記の心理学─単語認知における表記と頻度」（広瀬雅彦）　北大路書房　2007.3　p180-191
◎参考文献「ことばと認知のしくみ」（河野守夫）　三省堂　2007.7　p365-400
◎参考文献「音韻・形態のメカニズム─認知音韻・形態論のアプローチ」（上原聡ほか）　研究社　2007.11　p229-246

認知言語学
◎参考文献「認知文法論 II」（中村芳久）　大修館書店　2004.6　p279-296

認知考古学
○文献解題（松本直子）「月刊考古学ジャーナル　512」（ニューサイエンス社）　2004.2　p24-27

認知行動療法
◎引用文献「エビデンス臨床心理学─認知行動理論の最前線」（丹野義彦）　日本評論社　2001.9　p201-219
◎文献「統合失調症の認知行動療法」（D. ターキングトン, D. G. キングドン）　日本評論社　2002.10　p265-276
◎文献「認知行動療法の科学と実践」（D. M. Clark）　星和書店　2003.4　p249-278
◎文献「怒りのコントロール─認知行動療法理論に基づく怒りと葛藤の克服訓練」（P. Schwenkmezger）　ブレーン出版　2004.4　p181-196
◎文献「認知療法実践ガイド・基礎から応用まで─ジュディス・ベックの認知療法テキスト」（J. S. ベック）　星和書店　2004.7　p412-415, 422-431
◎引用文献「マインドフルネスアクセプタンス─認知行動療法の新次元」（S. C. ヘイズほか）　ブレーン出版　2005.9　prr
◎文献「実践家のための認知行動療法テクニックガイド─行動変容と認知変容のためのキーポイント」（鈴木伸一ほか）　北大路書房　2005.12　p169-174
◎参考文献「認知行動アプローチと臨床心理学─イギリスに学んだこと」（丹野義彦）　金剛出版　2006.5　p311-317
◎文献「肥満の認知行動療法─臨床家のための実践ガイド」（Z. クーパー）　金剛出版　2006.10　p294-299
◎参考文献「認知行動療法ケースフォーミュレーション入門」（M. ブルック）　金剛出版　2006.11　p271-283
◎文献「ストレスを低減する認知的スキルの研究」（杉浦知子）　風間書房　2007.2　p149-160
◎参考文献「強迫観念の治療─認知行動療法・科学と実践」（S. ラックマン）　世論時報社　2007.2　p192-196
◎参考文献「方法としての行動療法」（山上敏子）　金剛出版　2007.7　p224-229
◎文献「認知の行動療法─理論から実践的活用まで」（下山晴彦）　金剛出版　2007.8　prr
◎推薦文献ほか「認知行動療法を始める人のために」（D. R. レドリーほか）　星和書店　2007.8　p293-305
◎文献「認知療法の世界へようこそ─うつ・不安をめぐるドクトルKの冒険」（井上和臣）　岩波書店　2007.8　p123-124
◎引用文献「マインドフルネス認知療法─うつを予防する新しいアプローチ」（Z. V. シーガルほか）　北大路書房　2007.9　p288-294
◎参考文献「弁証法的行動療法実践マニュアル─境界性パーソナリティ障害への新しいアプローチ」（M. M. リネハン）　金剛出版　2007.9　p299-300
◎文献「困難事例編」（J. S. ベック）　星和書店　2007.10　p511-514
◎参考文献「わかりやすい認知療法」（M. ニーナン）　二瓶社　2007.12　p121-123

認知コミュニケーション
◎参考文献「認知コミュニケーション論」（大堀寿夫）　大修館書店　2004.2　p279-294

認知症
◎参考文献「バリデーション─痴呆症の人との超コミュニケーション法」（ナオミ・フェイル）　筒井書房　2001.9　p303-305
◎参考文献「痴呆性高齢者の動作法」（中島健一）　中央法規出版　2001.10　p239-244
◎References「痴呆の心理学入門─痴呆性高齢者を理解するためのガイドブック」（エドガー・ミラー, ロビン・モリス）　中央法規出版　2001.12　p225-228
◎参考文献「痴呆の哲学─ぼけるのが怖い人のために」（大井玄）　弘文堂　2004.6　p267-270
◎参考文献「認知症と食べる障害─食の評価・食の実践」（Kindell, J）　医歯薬出版　2005.8　p117-122
◎文献「認知症のパーソンセンタードケア─新しいケアの文化へ」（T. キットウッド）　筒井書房　2005.8　p247-259
◎参考文献「認知症の介護のために知っておきたい大切なこと─パーソンセンタードケア入門」（T. キットウッドほか）　筒井書房　2005.11　p158-161
◎参考文献「認知症高齢者の音楽療法に関する基礎的研究」（佐治順子）　風間書房　2006.2　p243-257
◎文献「認知障害者の心の風景　新装版」（F. キャンペル）　福村出版　2006.10　p6-18b
◎参考文献「ぼけとアルツハイマー─生活習慣病だから予防できる」（大友英一）　平凡社　2006.11　p195-197
◎参考文献「イラストでみる認知症高齢者のためのしつらえ─ユニットケアと小規模多機能施設」（坂本啓治）　学芸出版社　2007.1　p150-151
◎文献「臨床認知症学入門─正しい診療・正しいリハビリテーションとケア　改訂2版」（博野信次）　金芳堂　2007.2　p211-223
◎参考文献ほか「芸術療法の理論と実践─美術教育との関わりから」（今井真理）　晃洋書房　2007.5　p201-210
◎文献「おしゃべり心療回想法─認知症予防のための「脳環境」づくり」（小林幹児）　論創社　2007.6　p220-221

◎文献「認知症家族介護を生きる―新しい認知症ケア時代の臨床社会学」(井口高志)　東信堂　2007.6　p306-324
◎文献「認知症診療Q&A―患者・家族からの質問に答えるための」(川畑信也)　日本医事新報社　2007.6　p177-178
◎参考文献「認知症介護サポートマニュアル―ものわすれが気になる人・家族・支援者のための」(松本一生)　河出書房新社　2007.9　p320-322

認知神経心理
◎文献「大脳皮質と心―認知神経心理学入門」(J. スターリング)　新曜社　2005.4　p13-18b
◎引用文献「認知神経科学の源流」(M. Jeannerod)　ナカニシヤ出版　2007.4　p171-187

認知心理学
◎引用文献「社会的認知の心理学―社会を描く心のはたらき」(唐沢穣ほか)　ナカニシヤ出版　2001.6　p215-271
◎引用文献「認知発達の心理学―U字型発達曲線の解釈に見る青年前期の認知特性」(青木多寿子)　九州大学出版会　2002.2　p111-118
◎引用文献「日常認知の心理学」(井上毅ほか)　北大路書房　2002.3　p259-295
◎引用文献「心理臨床の認知心理学―感覚障害の認知モデル」(A. ウェルズほか)　培風館　2002.9　p370-414
◎文献「ことばの発達と認知の心理学」(鹿取広人)　東京大学出版会　2003.1　p235-245
◎引用参考文献「認知心理学―知のアーキテクチャを探る」(道又爾)　有斐閣　2003.1　p254-268
◎文献「色彩の認知心理―その事実と概念の研究」(高木敬雄ほか)　広島修道大学総合研究所　2003.6　p161-168
◎文献「プランの記憶に関する認知心理学的研究」(渡辺はま)　風間書房　2003.12　p209-221
◎文献「学習効果の認知心理学」(水野りか)　ナカニシヤ出版　2003.12　p157-163
◎参考引用文献「認知の社会心理学」(大島尚ほか)　北樹出版　2004.4　prr
◎参考文献「空書の脳内メカニズム―運動による文字処理過程の神経的負荷低減の仕組み」(松尾香弥子)　風間書房　2004.12　p201-210
◎引用文献「認知心理学」(海保博之)　朝倉書店　2005.11　prr
◎文献「認知心理学の新しいかたち」(仲真紀子)　誠信書房　2005.12　prr
◎引用文献「情報処理心理学―情報と人間の関わりの認知心理学」(中島義明)　サイエンス社　2006.6　p239-246
◎文献「安全・安心の心理学―リスク社会を生き抜く心の技法48」(海保博之ほか)　新曜社　2007.2　p5-8b
◎引用文献「乳児における重力法則理解の発達」(旦直子)　風間書房　2007.2　p181-188
◎引用参考文献「情報の人間科学―認知心理学から考える」(中島義明)　コロナ社　2007.9　p224-232
◎引用参考文献「認知変数連結論―認知心理学を見つめ直す」(中島義明)　コロナ社　2007.11　p244-259
◎文献「鑑識眼の科学―認知心理学的アプローチによる考古学者の技能研究」(時津裕子)　青木書店　2007.12　p183-191

認知哲学
◎読書案内「シリーズ心の哲学　2　ロボット篇」(信原幸弘)　勁草書房　2004.7　p266-278

認知療法
◎文献「認知療法への招待　改訂3版」(井上和臣)　金芳堂　2002.10　p210-222

【ぬ】

ヌーヴェルバーグ
◎書誌(細川晋)「ヌーヴェル・ヴァーグの時代　改訂版」(遠山純生)　エスクァイアマガジンジャパン　2003.8　p208」

ヌード
◎文献「衣を脱ぐヴィーナス―西洋美術史における女性裸像の源流」(C. M. ハヴロック)　アルヒーフ　2002.9　p191-201

ぬりえ
◎参考文献「ぬりえ文化」(金子マサほか)　小学館スクウェア　2005.9　p350-351

塗物茶器
◎文献史料「塗物茶器の研究　茶桶・薬器・棗」(内田篤呉)　淡交社　2003.3　p200-224

【ね】

ネアンデルタール人
◎参考文献「ネアンデルタール人の正体―彼らの「悩み」に迫る」(赤澤威)　朝日新聞社　2005.2　p5-13b

ネイティヴアメリカン文学
◎引用参考文献ほか「ネイティヴ・アメリカンの文学―先住民文化の変容」(西村頼男ほか)　ミネルヴァ書房　2002.7　prr

ネイティブタイム
◎参考文献「ネイティブ・タイム―先住民の目」(北山耕平)　地湧社　2001.2　p907-925

ネオナショナリズム
◎文献一覧「ホワイト・ネイション　ネオ・ナショナリズム批判」(G. ハージ)　平凡社　2003.8　p394-386

ネオンサイン
◎年表「モダン都市の電飾」(西村将洋)　ゆまに書房　2006.12　p868-896

ネガワット
◎参考文献「ネガワット　発想の転換から生まれる次世代エネルギー」(P. ヘニッケ)　省エネルギーセンター　2001.10　p19-24b

ネクタイ
◎参考文献「ネクタイの数学」(トマス・フィンク, ヨン・マオ)　新潮社　2001.5　p250-251

ネグリート族
- ◎文献「噴火のこだま―ピナトゥボ・アエタの被災と新生をめぐる文化・開発・NGO」(清水展) 九州大学出版会 2003.2 p341-350

猫
- ◎文献「現代日本生物誌 9 ネコとタケ 手なずけた自然にひそむ野生」(小方宗次, 柴田昌三) 岩波書店 2001.1 p1-3b
- ◎文献「鈴の音が聞こえる―猫の古典文学誌」(田中貴子) 淡交社 2001.2 p220-221
- ◎参考文献「ネコのサインを見逃すな」(斎藤昭男) アドスリー 2001.12 p155-156
- ◎参考文献「ネコの心理―図解雑学」(今泉忠明) ナツメ社 2002.11 p222」
- ◎参考文献「猫は犬より働いた」(須磨章) 柏書房 2004.12 p289-294
- ◎参考文献「猫のなるほど不思議学―知られざる生態の謎に迫る」(岩崎るりは) 講談社 2006.3 p293-297
- ◎参考文献「ドメスティック・キャット―その行動の生物学」(D.C. ターナーほか) チクサン出版社 2006.4 prr

ねじ
- ◯文献紹介「日本ねじ研究協会誌 34.2」(日本ねじ研究協会) 2003.2 p53-54
- ◎注記ほか「ねじとねじ回し―この千年で最高の発明をめぐる物語」(W. リプチンスキ) 早川書房 2003.7 p181-172

ネズミ
- ◎引用文献「森のねずみの生態学―個体数変動の謎を探る」(斉藤隆) 京都大学学術出版会 2002.7 p253-247
- ◎引用文献「ネズミの分類学―生物地理学の視点」(金子之史) 東京大出版会 2006.12 p259-294

熱
- ◎参考文献「熱から脳を守るしくみ―マーラー的脳冷却学」(永坂鉄夫ほか) 能登印刷出版部 2006.12 p158-160

根付
- ◎参考文献「根付の題材―根付小事典 改訂版」(カール・M. シュヴァルツ) 里文出版 2001.8 p20-21
- ◎参考文献「根付―凝縮された江戸文化」(日本根付研究会) 美術出版社 2005.1 p117-118

捏造遺跡
- ◎研究解題(小田静夫)「前期旧石器遺跡捏造事件の真相を語る」(編集部) 勉誠出版 2001.7 p176-190
- ◎参考文献「捏造遺跡その真相と原人の実体―講座」(太田浩, アートブック編集部) アートブック本の森 2002.2 p124-125

熱帯
- ◎引用文献「絵画のなかの熱帯―ドラクロワからゴーギャンへ」(岡谷公二) 平凡社 2005.12 p211-220

熱帯雨林
- ◎参考文献「熱帯雨林―水越武写真集」 岩波書店 2001.7 p187-189
- ◎文献「熱帯生態学」(長野敏英) 朝倉書店 2004.2 prr
- ◎参考文献「複雑適応系における熱帯林の再生―違法伐採から持続可能な林業へ」(関良基) 御茶の水書房 2005.11 p233-244

熱帯植物
- ◎参考図書「図説熱帯の果樹」(岩佐俊吉) 養賢堂 2001.1 p583-587
- ◎文献「ハワイ魅惑の花図鑑―熱帯・亜熱帯の花1000種」(武田和男) 書肆侃侃房 2007.10 p404-405

ネット心中
- ◎参考文献「ネット心中」(渋井哲也) NHK出版 2004.2 p214」

ネットノベル
- ◎「ネットノベルパーフェクトガイド」(三浦一則ほか) ラトルズ 2005.3 223p A5

ネットマーケティング
- ◎文献「eブランド―顧客ロイヤルティのネットマーケティング」(フィル・カーペンター) ダイヤモンド社 2001.3 p290-295

ネットラーニング
- ◎参考文献「ネットラーニング―事例に学ぶ21世紀の教育」(佐藤修) 中央経済社 2001.1 p208-209

ネットワーク
- ◎参考文献「ネットワーク・エコノミクス」(依田高典) 日本評論社 2001.5 p239-255
- ◎文献「ネットワーク・ダイナミクス―社会ネットワークと合理的選択」(佐藤嘉倫ほか) 勁草書房 2005.9 prr
- ◎参考文献「「複雑ネットワーク」とは何か―複雑な関係を読み解く新しいアプローチ」(増田直紀ほか) 講談社 2006.2 p241-239
- ◎関連文献「私たちはどうつながっているのか―ネットワークの科学を応用する」(増田直紀) 中央公論新社 2007.4 p235-231
- ◎参考文献「社会ネットワーク分析の発展」(L.C. フリーマン) NTT出版 2007.5 p175-195

ネットワーク社会
- ◎参考文献「入門講座デジタルネットワーク社会」(桜井哲夫ほか) 平凡社 2005.1 prr

ネットワーク手法
- ◎参考文献「遠距離交際と近所づきあい―成功する組織ネットワーク戦略」(西口敏宏) NTT出版 2007.1 p410-439

熱ポンプ
- ◎参考文献「地中熱ヒートポンプシステム」(北海道大学地中熱利用システム工学講座) オーム社 2007.9 p158-160

ネパール
- ◎文献「ムスタン―曼荼羅の旅」(奥山直司) 中央公論新社 2001.1 p251-252
- ◎文献「ネパール、ビャンスおよび周辺地域における儀礼と社会範疇に関する民族誌的研究―もう一つの〈近代〉の布置」(名和克郎) 三元社 2002.2 p402-427
- ◎文献「ネパール全史」(佐伯和彦) 明石書店 2003.9 p714-740
- ◎文献「ネパール密教儀礼の研究」(山口しのぶ) 山喜房仏書林 2005.6 p339-355

◎参考文献「流動するネパール―地域社会の変容」(石井溥) 東京大学出版会 2005.7 p398-412
◎参考文献「ネパールの被抑圧者集団の教育問題―タライ地方のダリットとエスニック・マイノリティ集団の学習阻害/促進要因をめぐって」(畠博之) 学文社 2007.12 p467-480

ネパール　カトマンズ
◎参考文献「ヒマラヤの「正倉院」―カトマンズ盆地の今」(石井溥) 山川出版社 2003.5 p171-174

ネパール　ムスタン
◎文献「ムスタン―曼荼羅の旅」(奥山直司) 中央公論新社 2001.1 p251-252

ねぷた
◎参考文献「「ねぷた」―その起源と呼称」(松木明知) 津軽書房 2006.1 p151-165

ネーミング
◎参考文献「すべてはネーミング」(岩永嘉弘) 光文社 2002.2 p225-226
◎参考文献「ネーミング発想法」(横井惠子) 日本経済新聞社 2002.2 p184-185
◎参考文献「ネーミングの成功法則―コンセプトづくりから商標登録まで」(岩永嘉弘) PHP研究所 2002.9　2pb

ねむの木学園
◎関係図書「時々の初心―ねむの木学園の40年」(宮城まり子) 講談社 2007.6 p252-255

ねむり衣
◎参考文献「ねむり衣の文化誌　眠りの装いを考える」(吉田集而ほか) 冬青社 2003.3　prr

年画
◎参考文献「中国の年画―祈りと吉祥の版画」(樋田直人) 大修館書店 2001.12 p220-222

年鑑
◎「年鑑・白書全情報　1990-2002」(日外アソシエーツ) 日外アソシエーツ 2003.10　10, 742p A5

年金
◎参考文献「企業年金の未来」(中北徹) 筑摩書房 2001.2 p188-189
◎参考文献「娘に語る年金の話」(河村健吉) 中央公論新社 2001.5 p262-268
◎参考文献「戦略的年金経営のすべて―年金基金運営をサポートする資産運用サービス」(大塚明生, 金井司) 金融財政事情研究会 2001.6 p203-205
◎参考文献「財政負担の経済分析―税制改革と年金政策の評価」(上村敏之) 関西学院大学出版会 2001.8 p235-249
◎参考文献「破綻する!―年金」(亀岡秀人) 宝島社 2002.5 p220-222
◎文献「年金資産運用の理論と実践」(大場昭義, 菅原周一) 日本経済新聞社 2002.10 p341-346
◎文献「年金大改革―「先送り」はもう許されない」(西沢和彦) 日本経済新聞社 2003.3 p241-243
◎参考文献「年金術」(伊藤雄一郎) 文藝春秋 2003.4 p227-228
◎参考文献「年金はどう変わるか」(竹本善次) 講談社 2003.9 p183-186

◎参考文献「年金大崩壊」(岩瀬達哉) 講談社 2003.9 p240-241
◎文献「年金運用と債券投資戦略―ALMの新潮流」(三井アセット信託銀行年金運用研究会) 東洋経済新報社 2003.10 p183-185
◎文献「年金はどうなる―家族と雇用が変わる時代」(駒村康平) 岩波書店 2003.11 p247-248
◎引用文献「21世紀の公私年金政策―米国とスエーデンの最新動向」(渡部記安) ひつじ書房 2003.12　prr
◎参考文献「米国年金基金の投資戦略―コーポレート・ガバナンスへの取組み」(藤井康弘ほか) 東洋経済新報社 2004.2 p227-237
◎参考文献「年金2008年問題―市場を歪める巨大資金」(玉木伸介) 日本経済新聞社 2004.8 p226-229
◎参考文献「公的年金改革―仕組みと改革の方向性」(牛丸聡ほか) 東洋経済新報社 2004.10 p285-287
◎参考文献「年金改革の比較政治学―経路依存性と非難回避」(新川敏光ほか) ミネルヴァ書房 2004.10　prr
◎引用文献「年金の誤解」(堀勝洋) 東洋経済新報社 2005.2 p202-204
◎参考文献「中国の公的年金改革」(鍾仁耀) 法律文化社 2005.3 p213-215
◎参考文献「年金改革の政治経済学―世代間格差を超えて」(北岡伸一ほか) 東洋経済新報社 2005.3　prr
◎参考文献「消費税15%による年金改革」(橘木俊詔) 東洋経済新報社 2005.9 p215-220
◎参考文献「年金問題の正しい考え方―福祉国家は持続可能か」(盛山和夫) 中央公論新社 2007.6 p271-273
◎参考文献「老後所得保障の経済分析―年金システムの役割と課題」(石田成則) 東洋経済新報社 2007.10 p253-267
◎参考文献「年金大崩壊」(岩瀬達哉) 講談社 2007.12 p348-351

粘菌
◎参考書ほか「パワフル粘菌」(前田靖男) 東北大出版会 2006.2 p155-158

年貢
◎参考文献「近世畿内在払制度の研究」(美馬佑造) 松籟社 2006.3 p473-479

年代
◎文献編「層序と年代」(長谷川四郎ほか) 共立出版 2006.1 p160-167

年代測定法
◎参考文献「放射性炭素年代測定と日本古代史学のコペルニクス的転回」(草野善彦) 本の泉社 2003.1 p283-287

年中行事
◎参考文献「近世の民俗的世界―濃州山間農家の年中行事と生活」(林英一) 岩田書院 2001.3 p264-269
◎参考文献「古代日本における中国年中行事の受容」(劉暁峰) 桂書房 2002.9 p219-230
◎参考文献「暮らしの中の民俗学　2　一年」(新谷尚紀ほか) 吉川弘文館 2003.4 p225-234

◎参考文献「大陸から来た季節の言葉」(原朝子)　北溟社　2004.7　p250-255
◎参考文献「日本人の一年と一生—変わりゆく日本人の心性」(石井研士)　春秋社　2005.2　p212-214
◎参考文献「倉敷市呼松の御佐曽宇行事—倉敷市文化財総合調査報告書」(倉敷市文化財総合調査委員会)　倉敷市教育委員会　2005.3　p175-177
◎文献リスト「東北地方の信仰伝承—宮城県の年中行事」(東北歴史博物館)　東北歴史博物館　2005.3　p98-106
◎参考文献「龍勢の系譜と起源—世界のバンブーロケット」(野外調査研究所)　吉田町教育委員会　2005.3　p193-195
◎引用参考文献「七夕と人形」(松本市立博物館)　郷土出版社　2005.7　p121-122
◎参考資料「イギリス祭事カレンダー—歴史の今を歩く」(宮北惠子ほか)　彩流社　2006.9　p1-8b
◎参考文献「春・秋七草の歳時記」(釜江正巳)　花伝社　2006.12　p130-133
◎文献「ニッポンの縁起食—なぜ「赤飯」を炊くのか」(柳原一成ほか)　NHK出版　2007.6　p230」
◎参考文献(藤野滋)「彦根藩士族の歳時記」(高橋敬吉)　サンライズ出版　2007.11　p312-315

粘土造形
◎文献「粘土造形の心理学的・行動学的研究—ヒト幼児およびチンパンジーの粘土遊び」(中川織江)　風間書房　2001.2　p151-157

年譜
◎「年譜年表総索引　1991-2000」(日外アソシエーツ)　日外アソシエーツ　2002.7　998p　B5
◎「年譜年表総索引　2001-2005」(日外アソシエーツ)　日外アソシエーツ　2006.10　5,821p　B5
◎年譜「スタンダールの生涯」(V.デル・リット)　法政大出版局　2007.3　p319-335

燃料電池
◎参考文献「燃料電池の話—エネルギーと環境調和の担い手」(幾島賢治)　化学工業日報社　2001.1　p138-140

【 の 】

ノイローゼ
◎参考文献「神経症　2」(V.E.フランクル)　みすず書房　2002.11　p14-16b

能
○研究展望(橋本朝生)「能楽研究　26」(法政大)　2002.3　p161-173
◎注「能の囃子と演出」(高桑いづみ)　音楽之友社　2003.2　prr
◎参考文献「白山信仰と能面」(曽我孝司)　雄山閣　2003.12　p177-179
◎参考文献「日本のこころ、能—能のエッセンスと魅力」(室町久夫)　新風舎　2004.1　p117-119
◎文献「日本劇場史の研究　能謡研究叢書8」(羽田昶ほか)　クレス出版　2004.1　p433-438
○書誌(佐藤和道)「文献探索　2004」(文献探索研究会)　2004.4　p441-448
◎参考文献「世阿弥能楽論集」(小西甚一)　たちばな出版　2004.8　p402-405
◎文献目録「外国人の能楽研究」(法政大学能楽研究所)　法政大　2005.3　p155-207
◎参考文献「能楽のなかの女たち—女舞の風姿」(脇田晴子)　岩波書店　2005.5　p229-238
◎参考文献「戦国武将と能」(曽我孝司)　雄山閣　2006.7　p172-173
◎参考文献「日本の仮面—能と狂言」(F.ペルツィンスキー)　法政大出版局　2007.5　p531-533
◎参考文献「なごやと能・狂言—洗練された芸の源を探る」(林和利)　風媒社　2007.9　p203-205

脳
◎参考文献「記憶力を強くする—最新脳科学が語る記憶のしくみと鍛え方」(池谷裕二)　講談社　2001.1　p268-269
◎文献紹介「脳と視覚—グレゴリーの視覚心理学」(リチャード・L.グレゴリー)　ブレーン出版　2001.3　p332-350
◎参考文献「脳の記号情報処理—知のメカニズム」(赤羽旗一)　工芸社　2001.4　p354-358
◎文献案内「コネクショニストモデルと心理学—脳のシミュレーションによる心の理解」(守一雄ほか)　北大路書房　2001.6　p205-209
◎参考文献「脳のなかのワンダーランド」(ジェイ・イングラム)　紀伊國屋書店　2001.6　p284-290
◎文献「マンガ脳科学入門—心はどこにある?」(アングス・ゲラトゥリ, オスカー・サラーティ)　講談社　2001.11　p197-199
◎文献「脳—回路網のなかの精神ニューラルネットが描く地図」(M.シュピッツァー)　新曜社　2001.11　p334-354
◎参考文献「脳とカオス」(林初男)　裳華房　2001.11　p229-239
◎出典「ヒト型脳とハト型脳」(渡辺茂)　文藝春秋　2001.12　p211-213
◎参考文献「心を生みだす脳のシステム—「私」というミステリー」(茂木健一郎)　NHK出版　2001.12　p267-273
◎参考文献「脳の神秘を探る」(村上富士夫ほか)　大阪大学出版会　2001.12　p81-83
◎文献「絵でわかる脳のはたらき」(黒谷亨)　講談社　2002.1　p160-161
◎参考文献「情と意の脳科学—人とは何か」(松本元, 小野武年)　培風館　2002.2　prr
◎文献「新生児脳波入門」(渡辺一功)　新興医学出版社　2002.2　p180-205
◎参考文献「脳と身体の動的デザイン—運動・知覚の非線形力学と発達」(多賀厳太郎)　金子書房　2002.2　p212-223
◎参考文献「なぜ、「あれ」が思い出せなくなるのか—記憶と脳の7つの謎」(ダニエル・L.シャクター)　日本経済新聞社　2002.4　p265-267
◎註ほか「共感覚者の驚くべき日常—形を味わう人、色を聴く人」(R.E.シトーウィック)　草思社　2002.4　p334-320

◎引用文献ほか「考える細胞ニューロン—脳と心をつくる柔らかい回路網」(桜井芳雄) 講談社 2002.5 p226-227
◎参考文献「脳と心の謎に挑む—神の領域にふみこんだ人たち」(高田明和) 講談社 2002.5 p251」
◎参考文献「ゲーム脳の恐怖」(森昭雄) 講談社 2002.7 p196」
◎引用文献「言語の脳科学—脳はどのようにことばを生みだすか」(酒井邦嘉) 中央公論新社 2002.7 prr
◎参考文献「やわらかな脳のつくり方」(吉成真由美) 新潮社 2002.9 p239-234
◎参考文献「ニューロン人間 新装版」(ジャン=ピエール・シャンジュー) みすず書房 2002.9 p1-35b
◎文献「記憶と脳—過去・現在・未来をつなぐ脳のメカニズム」(久保田競) サイエンス社 2002.9 p185-199
◎文献「自我が揺らぐとき—脳はいかにして自己を創りだすのか」(トッド・E.ファインバーグ) 岩波書店 2002.11 p11-32b
◎引用文献「学習経験と人脳半球機能差に関する研究」(吉崎一人) 風間書房 2002.12 p165-181
◎参考文献「目で見る脳とこころ」(松沢大樹) NHK出版 2003.2 p266-276
◎文献「脳はいかにして〈神〉を見るか—宗教体験のブレイン・サイエンス」(A.ニューバーグほか) PHPエディターズ・グループ 2003.3 p1-11b
◎参考文献「エモーショナル・ブレイン 情動の脳科学」(J.ルドゥー) 東京大学出版会 2003.4 p1-40b
◎文献「脳とコンピュータはどう違うか—究極のコンピュータは意識をもつか」(茂木健一郎ほか) 講談社 2003.5 p206-207
◎参考文献「脳科学からみた機能の発達 発達心理学の基礎と応用 2」(平山諭ほか) ミネルヴァ書房 2003.5 prr
◎引用参考文献「快楽の脳科学—「いい気持ち」はどこから生まれるか」(広中直行) NHK出版 2003.8 p238-247
◎文献リスト「意識とはなにか—〈私〉を生成する脳」(茂木健一郎) 筑摩書房 2003.10 p219-220
◎参考図書「脳の人間科学」(山内兄人) コロナ社 2003.10 prr
◎参考文献「脳と遺伝子の生物時計—視交叉と核の生物学」(井上愼一) 共立出版 2004.3 p155-158
◎原注「脳は変化する—ある銀行家の悲劇と脳科学の最前線」(I.B.ブラック) 青土社 2004.3 p5-14b
◎引用参考書籍「問題行動と子どもの脳—赤ちゃんの脳を守って早期予防する」(浅野幸恵) 築地書館 2004.5 p202-290
◎作品ガイド「心脳問題—「脳の世紀」を生き抜く」(山本貴光ほか) 朝日出版社 2004.6 p307-353
◎引用参考文献「脳内現象—〈私〉はいかに創られるか」(茂木健一郎) NHK出版 2004.6 p237-241
◎参考文献「道具を使うサル」(入來篤史) 医学書院 2004.7 p201-204
◎参考文献「言語と脳」(杉下守弘) 講談社 2004.8 p249-260
◎参考文献「図説・現代哲学で考える〈心・コンピュータ・脳〉」(宮原勇) 丸善 2004.9 p151-154

◎引用文献「脳から心の地図を読む—精神の病いを克服するために」(N.C.アンドリアセン) 新曜社 2004.9 p23-31b
◎参考文献「シナプスが人格をつくる—脳細胞から自己の総体へ」(J.ルドゥー) みすず書房 2004.10 p19-42b
◎参考文献「マインド・ワイド・オープン—自らの脳を覗く」(S.ジョンソン) ソフトバンクパブリッシング 2004.10 p320-329
◎参考文献「脳は物理学をいかに創るのか」(武田暁) 岩波書店 2004.11 p5-13b
◎参考文献「脳の世紀—美を感じる脳、信念を作る脳」(森崎信尋) 近代文芸社 2004.12 p210-216
◎参考文献「脳の地図帳—人体スペシャル」(原一之) 講談社 2005.1 p128-129
◎参考文献「脳を育む—学習と教育の科学」(OECD教育研究革新センター) 明石書店 2005.2 p142-148
◎参考文献「脳はどこまでわかったか」(井原康夫) 朝日新聞社 2005.3 p307-310
◎参考文献「共感する女脳、システム化する男脳」(S.バロン=コーエン) NHK出版 2005.4 p1-29b
◎文献「大脳皮質と心—認知神経心理学入門」(J.スターリング) 新曜社 2005.4 p13-18b
◎文献「HQ論—人間性の脳科学」(澤口俊之) 海鳴社 2005.7 p344-354
◎参考図書「マインド・タイム—脳と意識の時間」(B.リベット) 岩波書店 2005.7 p3-15b
◎引用参考文献「脳のなかの幽霊、ふたたび—見えてきた心のしくみ」(V.S.ラマチャンドラン) 角川書店 2005.7 p59-47b
◎参考図書「脳の彼方へ—神経心理学の旅」(P.ブロックス) 青土社 2005.7 p287-300
◎参考文献「「三つ子の魂百まで」再考—脳の発達及び社会政策から」(Zigler, EFほか) 田研出版 2005.8 p216-258
◎参考文献ほか「手の五〇〇万年史—手と脳と言語はいかに結びついたか」(F.ウィルソン) 新評論 2005.8 p368-381
◎引用文献「音韻処理の大脳半球機能差」(島田睦雄) 東北大学出版会 2005.9 p283-323
◎文献「言語コミュニケーション障害の新しい視点と介入理論」(笹沼澄子) 医学書院 2005.9 prr
◎引用文献「思考と脳—考える脳のしくみ」(渡邊政孝) サイエンス社 2005.10 p181-194
◎参考文献「危険な脳はこうして作られる」(吉成真由美) 新潮社 2005.11 p261-259
◎文献「子どもの脳を育てる栄養学」(中川八郎ほか) 京都大学学術出版会 2005.12 p269-276
◎文献「生理心理学—脳のはたらきから見た心の世界」(岡田隆ほか) サイエンス社 2005.12 p227-237
◎引用文献「脳の性分化」(山内兄人ほか) 裳華房 2006.1 p346-419
◎引用文献「脳神経心理学」(利島保) 朝倉書店 2006.1 prr
◎参考文献「クオリア入門—心が脳を感じるとき」(茂木健一郎) 筑摩書房 2006.3 p308-311
◎参考文献「脳は眠らない—夢を生みだす脳のしくみ」(A.ロック) ランダムハウス講談社 2006.3 p7-13b
◎参考文献「脳科学からの第二言語習得論—英語学習と教授法開発」(大石晴美) 昭和堂 2006.3 p217-246

のうかく

◎参考引用文献「対談心とことばの脳科学」（山鳥重ほか）　大修館書店　2006.4　p231-222
◎参考文献「脳型情報処理―非ノイマン処理への道」（小杉幸夫ほか）　森北出版　2006.4　p91-96
◎引用文献「脳が作る感覚世界―生体にセンサーはない」（小林茂夫）　コロナ社　2006.5　p186-189
◎文献「脳と精神―生命の響き」（川村光毅）　慶應義塾大出版会　2006.6　p475-543
◎参考文献「脳と無意識―ニューロンと可塑性」（F.アンセルメほか）　青土社　2006.7　p1-12b
◎参考文献「身体を持つ知能―脳科学とロボティクスの共進化」（土井利忠ほか）　シュプリンガー・ジャパン　2006.9　prr
◎参考文献「脳はなにかと言い訳する―人は幸せになるようにできていた!?」（池谷裕二）　祥伝社　2006.9　p340-349
◎参考文献「脳と心と教育」（J.P.バーンズ）　玉川大出版部　2006.10　p242-259
◎引用文献「新・行動と脳」（俣野彰三ほか）　大阪大出版会　2006.12　p401-414
◎参考文献「熱から脳を守るしくみ―マーラー的脳冷却学」（永坂鉄夫ほか）　能登印刷出版部　2006.12　p158-160
◎参考図書「なぜヒトの脳だけが大きくなったのか―人類進化最大の謎に挑む」（濱田穣）　講談社　2007.1　p249-250
◎参考文献「子どもの脳を育てる教育―家庭と学校の脳科学」（永江誠司）　河出書房新社　2007.1　p269-271
◎参考文献「進化しすぎた脳―中高生と語る〈大脳生理学〉の最前線」（池谷裕二）　講談社　2007.1　p390-394
◎引用文献「聴覚および触知覚機能からみた大脳両半球の機能差に関する実験的研究」（南憲治）　三学出版　2007.2　p183-201
◎参考文献ほか「脳科学と心の進化」（渡辺茂ほか）　岩波書店　2007.3　p225-233
◎引用文献「認知神経科学の源流」（M. Jeannerod）　ナカニシヤ出版　2007.4　p171-187
◎参考文献ほか「「見る」とはどういうことか―脳と心の関係をさぐる」（藤田一郎）　化学同人　2007.5　p213-216
◎参考文献「インフォドラッグ―子どもの脳をあやつる情報」（生田哲）　PHP研究所　2007.5　p208-211
◎引用文献「記憶・思考・脳」（横山詔一ほか）　新曜社　2007.5　p134-132
◎参考文献ほか「ベアー　コノーズ　パラディーソ神経科学―脳の探求―カラー版」（M.F.ベアーほか）　西村書店　2007.6　p643-660
◎参考文献「天才の脳科学―創造性はいかに創られるか」（N.C.アンドリアセン）　青土社　2007.6　p7-12b
◎引用文献「学習と脳―器用さを獲得する脳」（久保田競）　サイエンス社　2007.7　p171-189
◎文献「脳と心的世界―主観的経験のニューロサイエンスへの招待」（M.ソームズほか）　星和書店　2007.7　p468-476
◎参考文献「脳の中の「私」はなぜ見つからないのか?―ロボティクス研究者が見た脳と心の思想史」（前野隆司）　技術評論社　2007.9　p274-275
◎参考文献「「脳力」低下社会―ITとゲームは子どもに何をもたらすか」（森昭雄）　PHP研究所　2007.10　p212-215

◎参考文献「脳研究の最前線　上　脳の認知と進化」（理化学研究所脳科学総合研究センター）　講談社　2007.10　p334-336
◎引用文献「心の起源―脳・認知・一般知能の進化」（D.C.ギアリー）　培風館　2007.11　p363-430
◎参考文献「脳を支配する前頭葉―人間らしさをもたらす脳の中枢」（E.ゴールドバーグ）　講談社　2007.12　p306-291
◎文献「脳科学と発達障害―ここまでわかったそのメカニズム」（榊原洋一）　中央法規出版　2007.12　p186-188

農学
　◎文献「農学から地域環境を考える」（地域環境を考える会）　OMUP　2003.8　p203-207

農業
　◎「日本農業書総目録　2001年版」（農業書協会）　農業書協会　2001.1　508p A5
　◎参考文献「集団営農の日本的展開―朝日農業賞36年の軌跡」（酒井富夫）　朝日新聞社文化企画局　2001.3　p354-356
　◎参考文献「北朝鮮の農業」（金成勲, 金致泳）　農林統計協会　2001.4　p191-199
　◎「『支那農業に関する主要文献目録　第1邦文の部』」　皓星社　2001.5　109p B5
　◎参考文献「マレーシア農業の政治力学」（石田章）　日本経済評論社　2001.11　p249-262
　◎参考文献「グローバル化を生きる日本農業―WTO交渉と農業の「多面的機能」」（服部信司）　NHK出版　2001.12　p206-207
　○文献解題（山野明男）「愛知学院大学短期大学部研究紀要　10」（愛知学院大）　2002.3　p126-138
　◎文献「人口問題を基礎とした農業・農村開発調査―カザフスタン共和国―アルマティ州、アスタナ州を中心として」（アジア人口・開発協会）　アジア人口・開発協会　2002.3　p114-115
　◎文献一覧「多文明共存時代の農業」（高谷好一）　農山漁村文化協会　2002.3　p263-265
　◎「農のビブリオグラフィ」（久保田義喜）　久保田義喜　2002.3　183p B6
　◎文献「高齢者と地域農業」（高橋巌）　家の光協会　2002.10　p295-302
　◎文献「食・農・からだの社会学」（桝潟俊子, 松村和則）　新曜社　2002.11　p261-266
　◎文献目録（村上浩）「植物の生長調節　37.2」（植物化学調節学会）　2002　p231-240
　◎文献「農業と農村多角化の経済分析」（大江靖雄）　農林統計協会　2003.2　p208-216
　◎参考文献「持続的農業農村の展望」（大原興太郎ほか）　大明堂　2003.3　prr
　◎文献「人口問題を基礎とした農業・農村開発調査〔2003〕　ウズベキスタン共和国―タシケント州、シルダリア州、ジザック州を中心として」（アジア人口・開発協会）　アジア人口・開発協会　2003.3　p106-107
　◎参考文献「農業のしくみ　イラスト図解」（有坪民雄）　日本実業出版社　2003.3　1pb
　◎注「戦時体制期　戦後日本の食料・農業・農村1」（野口公夫）　農林統計協会　2003.6　prr
　◎文献「農耕・景観・災害―琉球列島の環境史」（小林茂）　第一書房　2003.6　p319-342

◎文献目録「IT化の現状と食料・農業・農村」（農林統計協会）　農林統計協会　2003.7　p135-154
◎文献「近世スペイン農業―帝国の発展と衰退の分析」（芝修身）　昭和堂　2003.10　p8-35b
◎文献「戦後日本の食料・農業・農村　10　農学・農業教育・農業普及」（編集委員会）　農村統計協会　2003.11　prr
◎文献「FAO世界農業予測―2015-2030年　後編　世界の農業と社会発展」（J. Bruinsma）　国際食糧農業協会　2003.12　p351-399
◎文献「日本の農業150年―1850～2000年」（暉峻衆三）　有斐閣　2003.12　p293-302
◎参考文献「食と農の経済学―現代の食料・農業・農村を考える」（橋本卓爾）　ミネルヴァ書房　2004.3　prr
◎参考文献「日本の農業史」（松山良三）　新風舎　2004.3　p523-527
◎参考文献「日本の有機農業」（本城昇）　農文協　2004.3　p13-15
◎参考文献「日本の農業を考える」（大野和興）　岩波書店　2004.4　p1-2b
◎「食糧・農業問題の本全情報　1995-2004」（日外アソシエーツ）　日外アソシエーツ　2005.10　15, 774p A5
◎参考文献「日中韓域内農業協力の可能性」（魚明根ほか）　ビスタ ピー・エス　2005.11　p167-171
◎「日本農業書総目録　2006年版」（農業書協会）　農業書協会　2006.1　560p A5
◎参考文献「百姓仕事で世界は変わる―持続可能な農業とコモンズ再生」（J. プレティ）　築地書館　2006.2　p26-52b
◎参考文献「グローバリゼーションと日本農業の基礎構造」（玉真之介）　筑波書房　2006.3　p205-218
◎参考文献「食の環境変化―日本社会の農業的課題」（元木靖）　古今書院　2006.5　p169-183
◎参考文献「現代社会における食・環境・健康」（陽捷行）　養賢堂　2006.9　prr
◎参考文献「フード・レジーム―食料の政治経済学」（H. フリードマン）　こぶし書房　2006.10　p10-20b
◎文献目録「ソ連農業集団化の原点―ソヴィエト体制とアメリカユダヤ人」（高尾千津子）　彩流社　2006.11　p9-23b
◎参考文献「農のある人生―ベランダ農園から定年帰農まで」（瀧井宏臣）　中央公論新社　2007.6　p210-208
◎参考文献「北の大地・南の列島の「農」―地域分権化と農政改革」（原洋之介）　書籍工房早山　2007.6　p255-264
◎参考文献「日中韓FTAを生き抜く農業戦略」（魚明根ほか）　ビスタ ピー・エス　2007.7　p137-141
◎参考文献「マラウイの小農―経済自由化とアフリカ農村」（高根務）　アジア経済研究所　2007.8　p215-226
◎参考書一覧「日本人物誌選集　第4巻　日本老農伝　復刻」（大西伍一）　クレス出版　2007.9　p546-549

農業基本法
◎注文献「日本に農業は生き残れるか　新基本法に問う」（田代洋一）　大月書店　2001.11　prr

農業教育
◎参考文献「「農業」から教育を拓く」（佐野明）　実教出版　2003.6　p263-268
◎参考文献「体験活動に必要な作物―グリーンアドベンチャー作物編」（調査研究委員会）　国立信州高遠少年自然の家　2005.2　p226-228
◎参考引用文献「食農で教育再生―保育園・学校から社会教育まで」（菊池陽子ほか）　農文協　2007.2　p243-245

農業協同組合
◎文献「アメリカ食肉産業と新世代農協」（大江徹男）　日本経済評論社　2002.6　p219-226
◎文献「中国農村合作社の改革―供銷社の展開過程」（青柳斉）　日本経済評論社　2002.6　p355-356
◎参考文献「ボランタリズムと農協―高齢者福祉事業の開く扉」（田淵直子）　日本経済評論社　2003.3　p177-182
◎文献「アメリカ新世代農協の挑戦」（C. D. メレット）　家の光協会　2003.9　p221-232
◎引用参考文献「農協と加工資本―ジャガイモをめぐる攻防」（小林国之）　日本経済評論社　2005.4　p189-196

農業共同経営
◎参考文献「中国における社区型股份合作制の成立と展開」（周小薇）　筑波書房　2001.11　p166-172
◎参考文献「稲作法人の経営展開と人材育成」（迫田登稔）　農林統計協会　2004.2　p184-191
◎引用文献「営農集団の展開と構造―集落営農と農業経営」（小林恒夫）　九州大学出版会　2005.12　p167-170

農業金融
◎文献「畜産経営の経営発展と農業金融」（森佳子）　農林統計協会　2003.12　p201-206
◎参考文献「インド農村金融論」（須田敏彦）　日本評論社　2006.8　p219-228

農業経営
◎引用文献「技術革新と畑利用方式展開の機構と構造―北海道十勝地域と南九州畑作地域の農家事例研究」（杉本文三）　農林統計協会　2001.4　p287-292
◎文献「畑作経営展開と農業生産組織の管理運営」（松本浩一）　農林統計協会　2002.5　p157-162
◎本「農業に転職する―失敗しない体験的「実践マニュアル」」（有坪民雄）　プレジデント社　2002.8　p237-239
◎参考文献「新時代の農業経営への招待　新たな農業経営の展開と経営の考え方」（日本農業経営学会）　農林統計協会　2003.2　prr
◎参考文献「農業経営支援の課題と展望」（佐々木市夫ほか）　養賢堂　2003.5　prr
◎文献「現代日本農業の継承問題―経営継承と地域農業」（柳村俊介）　日本経済評論社　2003.10　p393-401
◎参考文献「農家家族契約の日・米・中比較」（青柳涼子）　御茶の水書房　2004.2　p7-14b
◎参考文献「建設帰農のすすめ」（米田雅子）　中央公論新社　2004.11　p244-245
◎参考文献「国際化時代の農業経営と経営者」（堀内久太郎）　全国農業改良普及支援協会　2004.11　p209-213
◎参考文献「農地賃貸借進展の地域差と大規模借地経営の展開」（細山隆夫）　農林統計協会　2004.12　p279-286
◎参考書リスト「農で起業する!―脱サラ農業のススメ」（杉山経昌）　築地書館　2005.2　p244-249

◎引用参考文献「地域農業組織の新たな展開と組織管理」（伊庭治彦）　農林統計協会　2005.12　p191-199
◎参考文献「大規模畑作経営の展開と存立条件」（平石学）　農林統計協会　2006.3　p178-182
◎引用文献「現代の家族経営協定」（川手督也）　筑波書房　2006.4　p193-199
◎文献案内「菜園家族物語―子どもに伝える未来への夢」（小貫雅男ほか）　日本経済評論社　2006.11　p354-371
◎引用文献「大規模稲作経営の経営革新と地域農業」（宮武恭一）　農林統計協会　2007.4　p139-141
◎文献「都市近郊地域における農業―その持続性の理論と計画」（C. R. ブライアント）　農林統計協会　2007.4　p263-286
◎文献リスト「近代ロシア農村の社会経済史―ストルィピン農業改革期の土地利用・土地所有・協同組合」（崔在東）　日本経済評論社　2007.6　p432-454
◎文献一覧「家族協定の法社会学的研究」（越智啓三）　東京大出版会　2007.10　p477-511

農業経済
◎文献「農業の環境評価分析」（寺脇拓）　勁草書房　2002.1　p223-235
◎文献「農業経済学　2版」（荏開津典生）　岩波書店　2003.3　p215-216
○文献「農業と経済　71.11」（昭和堂）　2005.9　p106-108
◎引用参考文献「農業市場論の継承」（三島徳三）　日本経済評論社　2005.11　prr
◎引用文献「「農」をどう捉えるか―市場原理主義と農業経済原論」（原洋之介）　書籍工房早山　2006.4　p259-270

農業後継者
◎文献「農業後継者の近代的育成―技術普及と農村青年の編成」（牛島史彦）　日本経済評論社　2003.9　p279-291
◎参考文献「農家後継者の「教育戦略」―農村市民社会を目指して」（牧野修也）　ハーベスト社　2007.5　p242-247

農業者
◎文献目録「農村生産集団成立過程の研究」（平田順治）　行路社　2000.12　p524-537
◎引用文献「戦後日本の女性農業者の地位―男女平等の生活文化の創造へ」（天野寛子）　ドメス出版　2001.1　p338-364
◎参考文献「華南地域における農村労働力流動に関する実証的研究」（西野真由）　アジア政経学会　2001.3　p137-144
◎参考文献「日本農村の女性たち―抑圧と差別の歴史」（光岡浩二）　日本経済評論社　2001.10　p255-268
◎参考文献「風の中のアリア―戦後農村女性史」（大金義昭）　ドメス出版　2005.3　p450-456

農業水利
◎参考文献「21世紀水危機　農からの発想」（山崎農学研究所）　農文協　2003.2　prr
◎参考引用文献「畑の土と水―湿潤地域の畑地灌漑論」（駒村正治）　東京農大出版会　2004.2　p130-131

農業政策
◎参考文献「中山間地域等への直接支払いと環境保全」（合田素行）　家の光協会　2001.6　p248-251
◎文献目録「近代ロシア農業政策史研究」（中川雄二）　御茶の水書房　2001.12　p211-220
◎参考文献「昭和戦前期の国家と農村」（南相虎）　日本経済評論社　2002.2　p253-261
◎文献「地域農業再生の論理―佐賀農業における実証的研究」（長安六）　九州大学出版会　2002.6　p253-254
◎文献「現代農業政策論―ヨーロッパ・モデルの考察」（L. P. マーエほか）　食料・農業政策研究センター　2003.2　p207-211
◎研究文献「イギリス農業政策史」（森建資）　東京大学出版会　2003.5　p362-373
◎引用文献「近現代日本の農村　農政の原点をさぐる」（庄司俊作）　吉川弘文館　2003.6　p225-229
◎参考文献「戦前日本農業政策史の研究―1920-1945」（平賀明彦）　日本経済評論社　2003.8　p381-386
◎文献「農業政策」（豊田隆）　日本経済評論社　2003.11　p195-202
◎参考文献「農業の多面的機能―政策形成に向けてOECDレポート」（OECD）　家の光協会　2004.7　p145-149
◎参考文献「国民と消費者重視の農政改革―WTO・FTA時代を生き抜く農業戦略」（山下一仁）　東洋経済新報社　2004.8　p355-361
◎参考文献「マレーシアにおける農業開発とアグリビジネス―輸出指向型開発の光と影」（岩佐和幸）　法律文化社　2005.3　p225-244
◎「刊行物目次総覧」（食料・農業政策研究センター）　食料・農業政策研究センター　2005.3　255p A5
◎参考文献「21世紀の農業戦略」（松山良三）　筑波書房　2005.4　p161-163
◎参考文献「中国国民政府と農村社会―農業金融・合作社政策の展開」（飯塚靖）　汲古書院　2005.8　p329-335
◎参考文献「WTO，FTAと日本農業―政策評価分析による接近」（小林弘明）　青山社　2005.12　p195-204
◎引用文献「農業の多面的機能を巡る国際交渉」（作山巧）　筑波書房　2006.1　p153-160
◎引用文献「現代日本の農政改革」（生源寺眞一）　東京大出版会　2006.3　p271-280
◎参考文献「EU共通農業政策と結束―ウルグアイ・ラウンド以降の共通農業政策」（豊嘉哲）　山口大　2006.10　p117-125
◎参考文献「前工業化期日本の農家経済―主体均衡と市場経済」（友部謙一）　有斐閣　2007.3　p263-293
◎参考文献ほか「農業立市宣言―平成の市町村合併を生き抜く!」（坂口村彦）　昭和堂　2007.7　p179-180

農業団体
◎引用参考文献「JA〈農協〉出資農業生産法人―担い手問題への新たな挑戦」（谷口信和）　農山漁村文化協会　2006.10　p351-363

農業地理
◎文献「フードシステムの地理学的研究」（荒木一視）　大明堂　2002.2　p235-248

農業普及事業
◎参考文献「日本の農業普及事業の軌跡と展望」（山極栄司）　全国農業改良普及支援協会　2004.6　p408-413

◎参考文献「生活改良普及員に学ぶファシリテーターのあり方―戦後日本の経験からの教訓」（太田美帆）　国際協力機構　2004.8　p94-100
◎参考文献「国際協力の農業普及―途上国の農業・農村開発普及入門」（鈴木俊）　東京農業大出版会　2006.10　p229-235

農耕
◎参考文献「サネモリ起源考―日中比較民俗誌」（伊藤清司）　青土社　2001.10　p341-345
◎引用文献「雑穀の社会史」（増田昭子）　吉川弘文館　2001.12　p313-322
◎注文献「稲魂と富の起源―稲積み・年玉・贈与交換」（金田久璋）　白水社　2002.3　p281-292
◎文献「近現代におけるモンゴル人農耕村落社会の形成」（ブレンサイン）　風間書房　2003.3　p339-359
◎引用文献「西表島の農耕文化―海上の道の発見」（安渓遊地）　法政大出版局　2007.3　p447-467

脳梗塞
◎引用文献「生によりそう「対話」―医療・介護現場のエスノグラフィーから」（土屋由美）　新曜社　2007.3　p1-2b

農産物
◎「食文化に関する文献目録　学術論文　農産物」　味の素食の文化センター　2002.2　83p A4

農産物市場
◎参考文献「アグリビジネスの国際開発―農産物貿易と多国籍企業」（豊田隆）　農山漁村文化協会　2001.1　p262-272
◎文献「中国大都市にみる青果物供給システムの新展開」（藤田武弘）　筑波書房　2002.6　p197-202
◎参考文献「現代の農産物流通　新版」（藤島廣二ほか）　全国農業改良普及協会　2003.4　p132-135
◎文献リスト（椎名武夫）「農産物流通技術年報　2004年版」（農産物流通技術研究会）　2004　p169-190
◎参考文献「チリ生鮮果物輸出産業の発展過程における中小農の位置づけ」（村瀬幸代）　上智大　2004.3　p33-35
◎参考文献「フードシステムの空間構造論―グローバル化の中の農産物産地振興」（高柳長直）　筑波書房　2006.3　p226-243
◎参考文献「現代の農産物流通　新版」（藤島廣二ほか）　全国農業改良普及支援協会　2006.4　p179-183
◎引用参考文献「農産物販売組織の形成と展開―農家の結合と分離による市場への対応」（劉文静）　御茶の水書房　2006.8　p239-242
○文献リスト（椎名武夫）「農産物流通技術年報　2007年版」（農産物流通技術研究会）　2007　p159-174
◎参考文献ほか「有機農産物の流通とマーケティング」（小川孔輔ほか）　農文協　2007.3　prr
◎引用文献「農産物直売所の情報戦略と活動展開」（飯坂正弘）　ブイツーソリューション　2007.4　p94-101
◎参考文献ほか「コメは政なれど……―ウルグアイ・ラウンド異聞」（望月迪洋）　オンブック　2007.11　p299-300

脳死
◎引用文献「脳死判定ハンドブック―イラストでわかる法的・医学的基礎知識と実施の手順」（唐澤秀治）　羊土社　2001.9　p256-260
◎参照文献ほか「脳死・臓器移植何が問題か　「死ぬ権利と生命の価値」論を軸に」（篠原睦治）　現代書館　2001.11　prr
◎参考文献「脳死・臓器移植の本当の話」（小松美彦）　PHP研究所　2004.6　p410-424
◎参考文献「脳死と臓器移植の医療人類学」（M. ロック）　みすず書房　2004.6　p6-53b
◎参考文献「脳死とは何か―基本的な理解を深めるために　改訂新版」（竹内一夫）　講談社　2004.12　p191-200

農書
◎一覧「日本文化史ハンドブック」（阿部猛ほか）　東京堂出版　2002.4　p404-410
◎参考文献「イスラーム農書の世界」（清水宏祐）　山川出版社　2007.12　p81-82

農場
◎「支那農場に関する主要文献目録　雑誌記事索引集成専門書誌編　43戦後・中国」　晧星社　2001.5　403p B5

脳性麻痺
◎文献「脳性麻痺と機能訓練―運動障害の本質と訓練の実際　改訂第2版」（松尾隆）　南江堂　2002.10　p147-151
◎文献「脳性まひ児の動作不自由と動作発達」（佐藤暁）　風間書房　2002.12　p141-150
◎参考文献「脳性まひ児の24時間姿勢ケア」（E. P. Teresaほか）　三輪書店　2006.5　p165-171

脳卒中
◎文献「脳卒中を生きる意味―病いと障害の社会学」（細田満和子）　青海社　2006.11　p388-397

農村
◎文献「近代フランス農村の変貌―アソシアシオンの社会史」（楨原茂）　刀水書房　2002.2　p288-303
◎参考文献「明清福建農村社会の研究」（三木聰）　北海道大学図書刊行会　2002.2　p519-538
◎文献「中東の農業社会と国家―イラン近現代史の中の村」（後藤晃）　御茶の水書房　2002.3　p327-334
◎文献「地域文化と学校―三つのタイ農村における「進学」の比較社会学」（尾中文哉）　北樹出版　2002.10　p173-183
◎「インド農村開発関係文献目録」（明治大学社会科学研究所）　明治大　2003.1　50p B5
◎文献「中国村落社会の構造とダイナミズム」（佐々木衛ほか）　東方書店　2003.1　p397-402
◎引用文献「近現代日本の農村　農政の原点をさぐる」（庄司俊作）　吉川弘文館　2003.6　p225-229
◎文献リスト「バングラデシュ農村開発実践研究」（海田能宏）　コモンズ　2003.10　p343-370
◎参考文献「中国農村の権力構造―建国初期のエリート再編」（田原史起）　御茶の水書房　2004.3　p279-291
◎参考文献「魅せる農村景観―デザイン手法と観光活用へのヒント」（日本交通公社）　ぎょうせい　2004.3　3pb
◎参考文献「九億農民の福祉―現代中国の差別と貧困」（王文亮）　中国書店　2004.10　p551-556
◎参考文献「バングラデシュ農村開発のなかの階層変動―貧困削減のための基礎研究」（藤田幸一）　京都大学術出版会　2005.1　p275-281

のうそん

◎参考文献「構造調整下の中国農村経済」（田島俊雄）　東京大学出版会　2005.1　prr
◎参考文献「ドイツ都市近郊農村史研究—「都市史と農村史のあいだ」序説」（加藤房雄）　勁草書房　2005.2　p297-314
◎文献「現代農村における「家」と女性—庄内地方に見る歴史の連続と断絶」（永野由紀子）　刀水書房　2005.2　p248-255
◎参考文献「戦後日本農村の社会変動」（大内雅利）　農林統計協会　2005.3　p344-350
◎文献一覧「朝鮮農村の〈植民地近代〉経験」（松本武祝）　社会評論社　2005.7　p303-314
◎参考文献ほか「中国における社会結合と国家権力—近現代華北農村の政治社会構造」（祁建民）　御茶の水書房　2006.1　p5-25b
◎参考文献「中国農村における社会変動と統治構造—改革・開放期の市場経済化を契機として」（江口伸吾）　国際書院　2006.3　p243-259
◎参考文献「ドイツの農村政策と農家民宿」（富川久美子）　農林統計協会　2007.1　p174-181
◎引用文献「開発フロンティアの民族誌—東アフリカ・灌漑計画のなかに生きる人びと」（石井洋子）　御茶の水書房　2007.2　p8-19b
◎参考引用文献「むらの資源を研究する—フィールドからの発想」（日本村落研究学会）　農文協　2007.3　p224-245
◎参考引用文献「むらの社会を研究する」（日本村落研究学会）　農文協　2007.3　p228-256
◎文献目録「西欧中世初期農村史の革新—最近のヨーロッパ学界から」（森本芳樹）　木鐸社　2007.3　p30-67
◎文献「村落と地域」（蓮見音彦）　東京大出版会　2007.5　prr
◎参考文献「農家後継者の「教育戦略」—農村市民社会を目指して」（牧野修也）　ハーベスト社　2007.5　p242-247
◎参考文献「近代ドイツの農村社会と下層民」（平井進）　日本経済評論社　2007.10　p333-368
◎参考文献「現代アフリカ農村—変化を読む地域研究の試み」（島田周平）　古今書院　2007.10　p169-177
◎参考文献「農家女性の社会学—農の元気は女から」（靏理恵子）　コモンズ　2007.10　p242-250

農村金融
◎参考文献「農村金融論」（日暮賢司）　筑波書房　2003.11　p249-255
◎引用文献「農村開発金融論—アジアの経験と経済発展」（泉田洋一）　東京大学出版会　2003.12　prr

農村計画
◎参考文献「ルーラルアメニティ—農村地域活性化のための政策手段」（OECD（経済協力開発機構））　家の光協会　2001.8　p138-141
◎参考引用文献「中山間地域の活性化要件—農業・農村活性化の統計分析」（橋詰登）　農林統計協会　2005.10　p191-195
◎引用文献「農業・農村の計画評価—表明選好法による接近」（合崎英男）　農林統計協会　2005.12　p244-259
◎参考文献「開発の思想と行動—「責任ある豊かさ」のために」（R. チェンバース）　明石書店　2007.2　p501-531

農村経済
◎文献「中国農村経済の改革と経済成長」（曽寅初）　農林統計協会　2002.2　p164-173
◎文献「通貨危機後のインドネシア農村経済」（本台進ほか）　日本評論社　2004.8　p209-220
◎参考文献「日本農村の財政学」（関野満夫）　高菅出版　2007.12　p171-175

農地
◎引用文献「土地利用計画論—農業経営学からのアプローチ」（八木洋憲）　養賢堂　2005.11　p168-175

農地解放
◎参考文献「内発的民主主義への一考察—フィリピンの農地改革における政府、NGO、住民組織」（堀芳枝）　国際書院　2005.4　p209-216

能読
◎参考文献「読経の世界—能読の誕生」（清水眞澄）　吉川弘文館　2001.7　p219-223

農奴制
◎引用史料ほか「近代ロシアと農村共同体—改革と伝統」（鈴木健夫）　創文社　2004.5　p25-39b

脳内汚染
◎参考文献「脳内汚染からの脱出」（岡田尊司）　文藝春秋　2007.5　p339-342

脳内物質
◎参考文献「脳内物質が心をつくる—感情・性格・知能を左右する遺伝子　新版」（石浦章一）　羊土社　2001.4　p139-140

濃尾地震
◎引用参考文献「1891濃尾地震報告書」　中央防災会議　2006.3　p205-208
◎文献「濃尾震災—明治24年内陸最大の地震」（村松郁栄）　古今書院　2006.5　p128-131

農民
◎参考文献「転換期の中国国家と農民—1978〜1998」（張玉林）　農林統計協会　2001.11　p279-293
◎参考文献「逃げる百姓、追う大名　江戸の農民獲得合戦」（宮崎克明）　中央公論新社　2001.12　p216-218
◎参考文献「逃げる百姓、追う大名—江戸の農民獲得合戦」（宮崎克則）　中央公論新社　2002.2　p216-218
◎文献「江戸時代百姓生業の研究—越後魚沼の村の経済生活」（六本木健志）　刀水書房　2002.7　p355-361
◎文献「カンボジアの農民—自然・社会・文化」（J. デルヴェール）　風響社　2002.11　p700-706
◎参考文献「近世農民生活史　新版」（児玉幸多）　吉川弘文館　2006.9　p362-364
◎参考文献「アフリカ可能性を生きる農民」（島田周平）　京都大学術出版会　2007.2　p250-268
◎参考文献ほか「近代ロシア農民文化史研究—人の移動と文化の変容」（高田和夫）　岩波書店　2007.3　p11-27b

農民一揆
◎参考文献「黒死病の時代のジャクリー」（近江吉明）　未來社　2001.2　p26-38b
◎「新潟明和騒動文献資料集成」（齋藤紀生）　文芸社　2002.3　327p　46s
◎参考文献「義民伝左衛門ノート　出羽矢島・延宝の農民一揆」（高橋誠一）　三一書房　2003.1　p248-254

◎典拠「近世義民年表」(保坂智)　吉川弘文館　2004.12　prr
◎参考文献「武一騒動―広島・旧浅野藩下における明治農民騒擾の真相」(金谷俊則)　中央公論事業出版　2005.9　p236-241

農民運動
◎文献目録ほか「ザクセン農民解放運動史研究」(松尾展成)　御茶の水書房　2001.2　p223-231
◎参考文献「近代中国華北民衆と紅槍会」(馬場毅)　汲古書院　2001.2　p9-19b
◎参考文献「地主支配と農民運動の社会学」(高橋満)　御茶の水書房　2003.2　p213-219

農民文学
○作品一覧(山海野玄)「農民文学　262」(日本農民文学会)　2003.朱夏　p149-151

農薬
◎文献「農薬原論―農薬の50年」(中南元)　北斗出版　2001.5　p232-244
◎関係書籍「農薬毒性の事典　改訂版」(植村振作)　三省堂　2002.7　p504-506
◎引用文献「作物の健康　農薬の害から植物をまもる」(F. シャブスー)　八坂書房　2003.5　p5-30b
◎文献「農薬学」(佐藤仁彦ほか)　朝倉書店　2003.9　p211-214
◎参考文献「ぜひ知っておきたい農薬と農産物」(坂井道彦ほか)　幸書房　2003.11　prr
◎引用参考文献「安全食品農薬を知ろう!」(鈴木啓介)　文芸社　2004.6　p333-354
◎参考文献「農薬の流通及び使用に関する国際行動規範　改訂版」(国際連合食糧農業機関)　国際食糧農業協会　2004.8　p37-40
◎参考文献「農薬の科学―生物制御と植物保護」(桑野栄一ほか)　朝倉書店　2004.10　prr
◎参考文献「踊る「食の安全」―農薬から見える日本の食卓」(松永和紀)　家の光協会　2006.7　p228-231

農林業
◎参考文献「スリランカの農林業―現状と開発の課題　2004年版」(国際農林業協力協会)　国際農林業協力協会　2004.3　p175-176

農林畜産業
◎「東亜研究所刊行物　34」　龍溪書舎　2002.2　246, 62, 26p　A5

伸子
◎参考文献目録「文学・書誌・研究」(坂敏弘)　創栄出版　2001.2　p157-165

ノーベル賞
◎参考文献「ノーベル賞の100年―自然科学三賞でたどる科学史」(馬場錬成)　中央公論新社　2002.3　p223-227
◎参照文献「ノーベル賞経済学者の大罪」(D. N. マクロスキー)　筑摩書房　2002.10　p178-174
◎補足注「ノーベル賞その栄光と真実―科学における受賞者はいかにして決められたか」(I. Hargittai)　森北出版　2007.11　p283-321

海苔
◎参考文献「海苔の歴史　下巻」(宮下章)　海路書院　2004.9　p1377-1379

ノリタケ
◎参考文献「ノリタケ100年史」(ノリタケ100年史編纂委員会)　ノリタケカンパニーリミテド　2005.3　2pb

ノルウェー
◎参考文献「ノルウェーと第二次世界大戦」(J. Andenaesほか)　東海大学出版会　2003.5　p197-193
◎参考文献「ノルウェーの社会」(村井誠人ほか)　早稲田大学出版部　2004.11　p214-220
◎参考文献「ノルウェーの政治」(岡沢憲美ほか)　早稲田大学出版部　2004.11　p224-231
◎参考文献「ディープ・エコロジーの原郷―ノルウェーの環境思想」(尾崎和彦)　東海大出版会　2006.1　p313-315
◎1冊「日本・ノルウェー交流史」(岡沢憲美ほか)　早稲田大出版局　2007.6　p162-166

ノルウェー語
◎参考図書ガイド「ノルウェー語のしくみ」(青木順子)　白水社　2007.2　p144」

暖簾
◎文献「アメリカの暖簾会計―理論・制度・実務」(清水泰洋)　中央経済社　2003.8　p239-254

ノワール小説
○必読書50(編集部)「ミステリマガジン　46.9.546」(早川書房)　2001.9　p24-29

ノンフィクション
◎「ノンフィクション・ルポルタージュ図書目録　1996-2003」(日外アソシエーツ)　日外アソシエーツ　2004.11-12　2冊　A5

【 は 】

歯
◎参考文献「歯は臓器だった―歯は命とつながっていた　第2版」(村津和正)　ケイオウエス　2001.3　p490-498
◎参考文献「むし歯の歴史　または歯に残されたヒトの歴史」(竹原直道)　砂書房　2001.7　prr

バイアスフリー
◎参考文献「バイアスフリーの英語表現ガイド」(M. シュウォーツほか)　大修館書店　2003.5　p171-176

海爾集団
◎参考文献「中国企業の市場主義管理―ハイアール」(吉原英樹ほか)　白桃書房　2006.3　p227-233

ハイウェイ
◎参考文献「ハイウェイの誘惑―ロードサイド・アメリカ」(海野弘)　グリーンアロー出版社　2001.11　p313-317

バイオ
◎参考文献「バイオ研究室の表と裏―エッグ&エゴ」(J. M. W. スラック)　新思索社　2001.6　p327-329

バイオインフォマティクス
◎参考文献「バイオインフォマティクス―配列データ解析と構造予測」(丸山修ほか)　朝倉書店　2007.5　p177-185

バイオエシックス
- ◎参考文献「バイオエシックスの諸相」（根村直美）　創英社　2001.9　p187-202
- ◎注「生と死の倫理学―よく生きるためのバイオエシックス入門」（篠原駿一郎ほか）　ナカニシヤ出版　2002.3　prr

バイオエタノール
- ◎引用文献「バイオエタノールと世界の食料需給」（小泉達治）　筑波書房　2007.9　p223-228

バイオガス
- ◎文献「バイオガス実用技術」（Barbara Eder, Heinz Schulz）　オーム社　2002.3　p231-235

バイオ・クリーン・システム
- ◎参考文献「クリーンルームのおはなし」（環境科学フォーラム）　日本規格協会　2001.3　p195-199

バイオサイエンス
- ◎文献「知のツールとしての科学―バイオサイエンスの基礎はいかに築かれたか　下」（J. A. ムーア）　学会出版センター　2003.1　p581-594

バイオテクノロジー
- ◎参考文献「バイオテクノロジー―その社会へのインパクト」（軽部征夫）　放送大学教育振興会　2001.3　p154-155
- ◎参考文献「人体バイオテクノロジー」（粥川準二）　宝島社　2001.7　p242-254
- ◎参考図書ほか「化学とバイオテクノロジーの特許明細書の書き方読み方―研究者と特許担当者のための手引き書　5版」（渡邉睦雄）　発明協会　2004.5　p426-429
- ◎参考文献「バイオテク用語事典―ポケットガイド」（Schmid, RD）　東京化学同人　2005.3　p327-351
- ◎参考引用文献「新版図集植物バイテクの基礎知識」（大洋勝次ほか）　農文協　2005.3　p250-254

バイオテロ
- ◎参考文献「バイオテロと医師たち」（最上丈二）　集英社　2002.10　p219-214
- ◎参考文献「忍び寄るバイオテロ」（山内一也ほか）　NHK出版　2003.2　p245-248

バイオハザード
- ◎参考文献「バイオハザード原論」（本庄重男）　緑風出版　2004.10　p164-176

バイオビジネス
- ◎参考文献「バイオ・ゲノムベンチャー―行った！見た！米国バイオビジネスの実態」（梶川憲雄）　中山書店　2001.7　p243-244
- ◎参考文献「バイオベンチャーの事業戦略―大学発ベンチャーを超えて」（大滝義博ほか）　オーム社　2003.10　prr

バイオマス
- ◎引用文献「バイオマスハンドブック」（日本エネルギー学会）　日本エネルギー学会　2002.9　prr
- ◎参考文献「バイオマス産業社会―「生物資源（バイオマス）」利用の基礎知識」（原後雄太ほか）　築地書館　2002.11　p296-297
- ◎引用文献「エネルギー作物の事典」（N. Elバッサム）　恒星社厚生閣　2004.11　prr
- ◎引用参考文献「バイオマス―生物資源と環境」（木谷収）　コロナ社　2004.12　p165-169
- ◎参考文献「バイオマス―誤解と希望」（奥彬）　日本評論社　2005.4　prr

バイオメカニクス
- ◎文献「複雑系としての身体運動―巧みな動きを生み出す環境のデザイン」（山本裕二）　東京大学出版会　2005.12　p169-184

バイオリズム
- ◎文献「時間生物学の基礎」（富岡憲治ほか）　裳華房　2003.9　p212-214

俳諧
- ◎参考文献「共生の文学―別所真紀子俳諧評論集」（別所真紀子）　東京文献センター　2001.9　p227-230
- ○文献目録（岸田依子）「解釈と鑑賞　66.11.846」（至文堂）　2001.11　p181-216
- ◎年表「近世中期の上方俳壇」（深沢了子）　和泉書院　2001.12　p245-348
- ○論文目録ほか「連歌俳諧研究　103」（俳文学会）　2002.8　p46-83
- ◎年譜ほか「越中蕉門浪化句論釈」（上杉重章）　桂書房　2002.8　p259-269, 292-294
- ◎「月明文庫目録」（石川県立図書館）　石川県立図書館　2003.3　10, 237, 24p A4
- ◎文献「埼玉俳諧人名辞典」（内野勝裕）　さきたま出版会　2003.3　p190-196
- ○論文目録ほか（文献目録係）「連歌俳諧研究　105」（俳文学会）　2003.8　p37-73
- ○論文目録ほか（文献目録係）「連歌俳諧研究　107」（俳文学会）　2004.8　p23-58
- ◎収録文献「初期俳諧季題総覧」（小林祥次郎）　勉誠出版　2005.2　p4-9
- ○論文目録ほか（文献目録係）「連歌俳諧研究　110」（俳文学会）　2006.2　p42-71
- ◎参考書「江戸の俳諧にみる魚食文化」（磯直道）　成山堂書店　2006.6　p167-169
- ○論文目録ほか（文献目録係）「連歌俳諧研究　112」（俳文学会）　2007.3　p99-125

俳諧一枚摺
- ○文献目録稿（金子俊之）「江戸文学　25」（ぺりかん社）　2002.6　p203-209
- ○世界（金子俊之）「文献探索　2001」（文献探索研究会）　2002.7　p158-162

廃棄物
- ◎参考文献「廃棄物とのつきあい方」（鹿園直建）　コロナ社　2001.12　p143-145
- ◎「廃棄物・リサイクル情報検索表　2002」（クリーン・ジャパン・センター）　クリーン・ジャパン・センター　2002.3　193p A4
- ◎文献「シリーズ環境と地質　5　エネルギーと廃棄物」（B. W. ピプキンほか）　古今書院　2003.11　prr
- ◎参考文献「ロマンティック廃棄物―廃棄物からドラマが見える、Mottai-Naiから命が生まれる」（立田真文）　電気書院　2006.9　p212-217

廃棄物処理
- ◎引用参考文献「地下環境機能　廃棄物処分の最前線に学ぶ」（吉田英一）　近未来社　2003.6　p167-174
- ◎参考文献「ごみ問題100の知識」（左巻健男ほか）　東京書籍　2004.9　p224-225

廃棄物

◎参考文献「持続可能な廃棄物処理のために―総合的アプローチとLCAの考え方」（F. R. McDougall）技報堂出版 2004.10 p263-291
◎参考文献「入門廃棄物の経済学」（R. C. ポーター）東洋経済新報社 2005.2 p361-390
◎参考文献「ごみの環境経済学」（坂田裕輔）晃洋書房 2005.4 p177-179
◎参考文献「環境問題へのアプローチ―ごみ問題における態度と行動の矛盾に関する正当化メカニズム」（篠木幹子）多賀出版 2007.1 p181-192
◎参考文献「明治日本のごみ対策―汚物掃除法はどのようにして成立したか」（溝入茂）リサイクル文化社 2007.2 p254-260
◎参考文献「ごみ問題と循環型社会」（坂田裕輔）晃洋書房 2007.3 p193-198
◎参考文献「物理学者、ゴミと闘う」（広瀬立成）講談社 2007.4 p229-230
◎引用参考文献「循環型社会キーワード事典」（廃棄物・3R研究会）中央法規出版 2007.10 p207-209
◎参考文献「赤い土―フェロシルト―なぜ企業犯罪は繰り返されたのか」（杉本裕明）風媒社 2007.10 p290-291

廃墟

◎文献案内「廃墟の美学」（谷川渥）集英社 2003.3 p176-209

バイキング

◎文献目録「ヴァイキングと都市」（B. アンブロシアーニ, H. クラーク）東海大学出版会 2001.4 p231-255
◎参考文献「ヴァイキングの暮らしと文化」（R. ボワイエ）白水社 2001.11 p1-3b
◎参考文献「ヴァイキングの経済学 略奪・贈与・交易」（熊野聰）山川出版社 2003.1 p186-189
◎参考文献「バイキングと北欧神話」（武田龍夫）明石書店 2005.12 p172-173
◎文献案内「ヴァイキング時代」（角谷英則）京都大学術出版会 2006.3 p273-276

俳句

◎参考文献「俳句年鑑 2001年版 50.1」角川書店 2001.1 p358-544
○書誌（藤津滋生）「文献探索 2000」（文献探索研究会）2001.2 p465-472
◎参考文献「京都「五七五」あるき―旅ゆけば俳句日和」（池本健一）実業之日本社 2002.2 p304-306
○作品（藤津滋生）「文献探索 2001」（文献探索研究会）2002.7 p401-408
◎「良寛文献総目録」（谷川敏朗）象山社 2002.9 506p A5
◎参考文献「俳句実践講義」（復本一郎）岩波書店 2003.4 p245-252
◎参考文献「季語の底力」（櫂未知子）NHK出版 2003.5 p212-216
◎文献「青春俳句をよむ」（復本一郎）岩波書店 2003.9 p177-180
◎参考文献「魅了する詩型―現代俳句私論」（小川軽舟）富士見書房 2004.10 p227-229
○句集・俳書総覧（編集部）「俳句 54.1」（角川書店）2005.1 p298-317
○句集・俳書総覧（編集部）「俳句研究 72.1」（富士見書房）2005.1 p286-306
◎「作品名から引ける日本文学詩歌・俳人個人全集案内 第2期」（日外アソシエーツ）日外アソシエーツ 2005.6 13, 841p A5
◎参考文献「新興俳人の群像―「京大俳句」の光と影」（田島和生）思文閣出版 2005.7 p270-280
◎引用参考文献「俳句理解の心理学」（皆川直凡）北大路書房 2005.9 p147-151
○書誌（藤津滋生）「文献探索 2005」（文献探索研究会）2006.5 p267-273
◎案内「俳句第一歩 改訂版」（宮坂静生）花神社 2006.10 p266-289

バイク急便

◎参考文献「瞬間物流革命―バイク急便の挑戦」（大槻勝美）文芸社 2004.5 p186-187

俳誌

◎参考文献「俳句年鑑 2001年版 50.1」角川書店 2001.1 p358-544
○総覧「俳句研究 70.1」（富士見書房）2003.1 p314-431

ハイジャック

◎参考資料「ハイジャックとの戦い―安全運航をめざして」（稲坂硬一）交通研究協会 2006.6 p182-183

排出権取引

◎引用文献ほか「排出権取引ビジネスの実践―CDM（クリーン開発メカニズム）の実態を知る」（排出権取引ビジネス研究会）東洋経済新報社 2007.7 p294-296
◎参考文献「脱炭素社会と排出量取引―国内排出量取引を中心としたポリシー・ミックス提案」（諸富徹ほか）日本評論社 2007.10 p187-200

俳書

◎俳書一覧「近世俳句俳文集 新編日本古典文学全集72」（雲英末雄ほか）小学館 2001.3 p617-623
○総覧（編集部）「俳句研究 70.1」（富士見書房）2003.1 p274-295
○紹介「俳句研究 70.13」（富士見書房）2003.12 p240-245

排除

◎ブックガイド（中村生雄）「排除の時空を超えて いくつもの日本5」（赤坂憲雄ほか）岩波書店 2003.4 p6-9b

賠償問題

◎参考文献「日韓交渉―請求権問題の研究」（太田修）クレイン 2003.3 p395-407

俳人

◎文献「近代俳人群像」（岩井英雅）天満書房 2003.10 p386-395
○書誌（藤津滋生）「文献探索 2003」（文献探索研究会）2003.12 p345-356
◎参考文献「近世信濃俳人・俳句全集」（矢羽勝幸ほか）象山社 2004.12 p209-237

陪審制

◎文献「政治制度としての陪審制―近代日本の司法権と政治」（三谷太一郎）東京大学出版会 2001.9 p297-300

ハイチ
- ◎文献「ブラック・ジャコバン―トゥサン=ルヴェルチュールとハイチ革命 増補新版」（C. L. R. ジェームズ） 大村書店 2002.6 p507-520
- ◎参考文献「カリブからの問い―ハイチ革命と近代世界」（浜忠雄） 岩波書店 2003.10 p4-15b
- ◎参考文献「ハイチの栄光と苦難―世界初の黒人共和国の行方」（浜忠雄） 刀水書房 2007.12 p148-151

配置転換
- ◎文献「企業グループ経営と出向転籍慣行」（稲上毅） 東京大学出版会 2003.2 p265-268
- ◎参考文献「人事異動」（徳岡晃一郎） 新潮社 2004.9 p186-187
- ◎参考文献「ホワイトカラーのキャリア形成―人事データに基づく昇進と異動の実証分析」（上原克仁） 社会経済生産性本部 2007.4 p107-109

ハイテク産業
- ◎参考文献「バンドワゴンに乗る―ハイテク産業成功の理論」（J. H. ロルフス） NTT出版 2005.6 p277-283

配当
- ◎参考文献「配当政策の実証分析」（石川博行） 中央経済社 2007.6 p378-392

梅毒
- ◎参考文献「日本梅毒史の研究―医療・社会・国家」（福田眞人ほか） 思文閣出版 2005.6 p353-363

ハイドロゾル
- ◎文献「ハイドロゾル―次世代のアロマセラピー」（スーザン・カティ） フレグランスジャーナル社 2002.6 p363-368

排日問題
- ◎文献「排日移民法と日米関係―「埴原書簡」の真相とその「重大なる結果」」（簑原俊洋） 岩波書店 2002.7 p269-335
- ◎参考文献「カリフォルニア州の排日運動と日米関係―移民問題をめぐる日米摩擦、1906～1921年」（簑原俊洋） 神戸大 2006.9 p166-192

買売春
- ◎参考文献「売春という思想」（シャノン・ベル） 青弓社 2001.4 p339-348
- ◎参考文献ほか「ケーススタディ 子ども買春と国外犯処罰法」（J. シーブルック） 明石書店 2001.12 p203-213
- ◎「買売春と日本文学」（岡野幸江ほか） 東京堂出版 2002.2 349p A5
- ◎引用参考文献「中国における買売春根絶政策――九五〇年代の福州市の実施過程を中心に」（林紅） 明石書店 2007.1 p313-337
- ◎参考資料「昭和平成ニッポン性風俗史―売買春の60年」（白川充） 展望社 2007.8 p268-271
- ◎参考文献「日本売春史―遊行女婦からソープランドまで」（小谷野敦） 新潮社 2007.9 p226-234
- ◎引用文献「「セックスワーカー」とは誰か―移住・性労働・人身取引の構造と経験」（青山薫） 大月書店 2007.12 p1-25b

ハイパーサーミア
- ◎関連書籍「がん・免疫と温熱療法」（菅原努ほか） 岩波書店 2003.10 p171-172

廃藩置県
- ◎注文献「廃藩置県の歴史」（松尾正人） 吉川弘文館 2001.1 prr

廃仏毀釈
- ◎参考文献「廃仏毀釈百年―虐げられつづけた仏たち 改訂版」（佐伯恵達） 鉱脈社 2003.7 p354-355
- ◎文献一覧「邪教/殉教の明治―廃仏毀釈と近代仏教」（J. E. ケテラー） ぺりかん社 2006.4 p391-384

パイプライン
- ◎文献リスト「パイプラインの政治経済学―ネットワーク型インフラとエネルギー外交」（塩原俊彦） 法政大出版局 2007.12 p251-259

売薬
- ◎参考文献「日本の名薬」（山崎光夫） 文藝春秋 2004.2 p238-241
- ◎参考文献「薬の社会史 5」（杉山茂） 近代文芸社 2004.3 prr
- ◎参考文献「反魂丹の文化史―越中富山の薬売り 日本アウトロー烈傳―玉川信明セレクション3」（玉川信明） 社会評論社 2005.12 p278-281

俳優座
- ◎参考文献「小説俳優座―わざおぎ狂乱」（橘善男） 鳥影社 2001.12 p411-412

バイリンガル教育
- ◎参考文献「バイリンガル教育の方法―12歳までに親と教師ができること 増補改訂版」（中島和子） アルク 2001.5 p230-239
- ◎参考文献「なぜ子どもに英語なのか―バイリンガルのすすめ」（唐須教光） NHK出版 2002.12 p215-218
- ◎参考文献「アメリカのバイリンガル教育―新しい社会の構築をめざして」（末藤美津子） 東信堂 2002.12 p202-214
- ◎参考文献「バイリンガル・ファミリー―子どもをバイリンガルに育てようとする親のための手引」（E. ハーディング=エッシュほか） 明石書店 2006.3 p305-317

俳論
- ◎年表稿「芭蕉と俳諧史の展開」（堀切実） ぺりかん社 2004.2 p409-479

バウハウス
- ◎参考文献「バウハウス―1919-1933」（マグダレーナ・ドロステ） タッシェン・ジャパン 2001.5 p254-256

バウムテスト
- ◎参考文献「バウムテスト活用マニュアル―精神症状と問題行動の評価」（ドゥニーズ・ドゥ・カスティーラ） 金剛出版 2002.3 p221-223
- ◎文献「樹木心理学の提唱と樹木画法への適用」（中園正身） 北樹出版 2005.10 p154-157

バウン号
- ◎文献ほか「バウン号の苦力反乱と琉球王国―揺らぐ東アジアの国際秩序」（西里喜行） 榕樹書林 2001.5 p153-154

ハエ
- ◎参考文献「ハエ―人と蝿の関係を追う」（徳永哲） 八坂書房 2004.5 p206-209

ハエ学
　◎参考文献「ハエ学　多様な生活と謎を探る」（篠永哲ほか）　東海大学出版会　2001.3　p339-353

波屋書房
　○出版目録稿（林哲夫）「鯔板　III-7」（EDI）　2003.12　p57」

バオバブ
　◎文献「森の母・バオバブの危機」（湯浅浩史）　NHK出版　2003.7　p124-125

墓
　◎参考文献「中欧の墓たち」（平田達治）　同学社　2001.4　p443-448
　◎参考文献「葬儀と墓の現在―民俗の変容」（国立歴史民俗博物館）　吉川弘文館　2002.12　prr
　◎引用参考文献「墓と家族の変容」（井上治代）　岩波書店　2003.2　p1-6b
　◎注「墓の民俗学」（岩田重則）　吉川弘文館　2003.12　prr
　◎文献一覧「中世墓資料集成　東北編」（中世墓資料集成研究会）　中世墓資料集成研究会　2004.3　prr
　◎参考文献「墓と埋葬の江戸時代」（江戸遺跡研究会）　吉川弘文館　2004.8　prr
　◎参考文献「「お墓」の誕生―死者祭祀の民俗誌」（岩田重則）　岩波書店　2006.11　p203-208

破壊
　◎参考文献「ものの壊れ方―巨大災害の破壊力」（小川雄二郎ほか）　山海堂　2007.11　p239-246

葉書通信
　○一覧（牧野正久）「郵便史研究　18」（郵便史研究会）　2004.9　p42-54

葉隠
　◎参考文献「葉隠論考　武士道の諸相」（嘉村孝）　創英社　2001.11　p303-315
　◎参考文献「「葉隠」の武士道　誤解された「死狂ひ」の思想」（山本博文）　PHP研究所　2001.12　p200-203
　◎参考文献「葉隠ドット・コム―今だからこそ武士道のこころ」（中村仁）　創英社　2002.5　p308」
　◎文献目録「葉隠―対訳」（山本常朝）　講談社インターナショナル　2005.4　p300-301

バガバッド・ギーター
　◎参考書「バガヴァッド・ギーターの世界―ヒンドゥー教の救済」（上村勝彦）　筑摩書房　2007.7　p297-298

パキスタン
　◎引用文献「イスラームと開発―カラーコラムにおけるイスマーイール派の変容」（子島）　ナカニシヤ出版　2002.2　p254-269
　◎参考・引用文献「イギリスの中のパキスタン―隔離化された生活の現実」（M.アンワル）　明石書店　2002.7　p217-211
　◎文献「パキスタン・ガンダーラ彫刻展―日本・パキスタン国交樹立50周年記念」（東京国立博物館, NHK）　NHK　2002.10　p114-115
　◎参考文献「パキスタンを知るための60章」（広瀬崇子ほか）　明石書店　2003.7　prr
　◎引用文献「現代パキスタン分析―民族・国民・国家」（黒崎卓ほか）　岩波書店　2004.1　prr

パーキンソン病
　◎研究小史（橋本しをりほか）「ジェイムズ・パーキンソンの人と業績―1755-1817―21世紀へ向けて」（豊倉康夫ほか）　診断と治療社　2004.4　p209-223

馬具
　◎参考文献「ハミの発明と歴史」（末崎真澄）　神奈川新聞社　2004.1　p69-71
　◎文献目録「馬具研究のまなざし―研究史と方法論」（古代武器研究会・鉄器文化研究会連合研究集会実行委員会）　古代武器研究会　2005.1　p149-169

白亜紀
　◎参考文献「白亜紀に夜がくる―恐竜の絶滅と現代地質学」（ジェームズ・ローレンス・パウエル）　青土社　2001.8　p7-29b

迫害
　◎出典一覧「証言「第三帝国」のユダヤ人迫害」（G.シェーンベルナー）　柏書房　2001.7　p14-19b

白書
　◎「白書の白書　2001年版」（編集部）　木本書店　2001.5　657p A5
　◎「年鑑・白書全情報　1990-2002」（日外アソシエーツ）　日外アソシエーツ　2003.10　10, 742p A5
　◎「白書統計索引　2004」（日外アソシエーツ）　日外アソシエーツ　2005.4　7, 695p A5

白村江の戦
　◎参考文献「白村江敗戦と上代特殊仮名遣い―「日本」を生んだ白村江敗戦その言語学的証拠」（藤井游惟）　東京図書出版会　2007.10　p324-326

幕政改革
　◎文献目録「幕政改革　幕末維新論集　3」（家近良樹）　吉川弘文館　2001.2　p349-352

爆弾
　◎参考資料「テロ爆弾の系譜―バクダン製造者の告白　増補新版」（木村哲人）　第三書館　2005.7　p239-240

爆竹
　◎文献「中国火薬史―黒色火薬の発明と爆竹の変遷」（岡田登）　汲古書院　2006.8　prr

博徒
　◎参考文献「八州廻りと博徒」（落合延孝）　山川出版社　2002.11　2pb
　◎参考文献「博徒と幕末維新」（高橋敏）　筑摩書房　2004.2　p235-237

白馬会
　◎参考文献「日本近代洋画の成立　白馬会」（植野健造）　中央公論美術出版　2005.10　p285-300

幕藩制
　◎註「近世国家史の研究―幕藩制と領国体制」（藤野保）　吉川弘文館　2002.12　prr
　◎参考文献「「名君」の蹉跌―藩政改革の政治経済学」（M.ラビナ）　NTT出版　2004.2　p282-294
　◎参考文献「幕藩制の苦悶　日本の歴史18　改版」（北島正元）　中央公論新社　2006.1　p557-562
　◎参考文献「近世藩制・藩校大事典」（大石学）　吉川弘文館　2006.3　prr

幕府
◎「幕府・関係機関旧蔵帝室博物館所蔵書誌解題5」（ゆまに書房）　ゆまに書房　2000.5　450p A5

幕府支配
◎参考文献「幕府の地域支配と代官」（和泉清司）　同成社　2002.4　p269-271

幕府直轄軍団
◎注文献「江戸幕府直轄軍団の形成」（小池進）　吉川弘文館　2001.9　prr

博物学
◎参考文献「日本の博物図譜—十九世紀から現代まで」東海大学出版会　2001.10　p108-109
◎参考文献「「繁殖する自然—博物図鑑の世界」展」（鷲見洋一）　慶應義塾図書館　2003.1　p195-197
◎文献「博物学のロマンス」（L. L. メリル）　国文社　2004.12　p428-417
◎文献「江戸期のナチュラリスト」（木村陽二郎）　朝日新聞社　2005.6　p245-248
◎参考文献「知の分類史—常識としての博物学」（久我勝利）　中央公論新社　2007.1　p223-225
○著述年表（青柳誠）「茨城大学人文学部紀要　人文コミュニケーション学科論集　3」（茨城大）　2007.9　p49-72

博物館
◎参考文献「博物館資料論」（石森秀三）　放送大学教育振興会　2000.3　prr
◎参考文献「博物館の害虫防除ハンドブック」（杉山真紀子）　雄山閣出版　2001.1　p213-216
◎参考文献「博物館学概説　改訂版」（網干善教, 高橋隆博）　関西大学出版部　2001.3　p335-340
◎参考文献「博物館調査研究法　新版博物館講座6」（加藤有次ほか）　雄山閣出版　2001.5　prr
○文献リスト（小笠原喜康）「子ども博物館楽校　1」（チルドレンズミュージアム研究会）　2001.7　p59-76
◎参考文献「博物館の政治学」（金子淳）　青弓社　2001.8　p193-199
◎参考文献「概説博物館学」（全国大学博物館学課程協議会西日本部会）　芙蓉書房出版　2002.2　p186-189
◎参考文献「入門ミュージアムの評価と改善—行政評価や来館者調査を戦略的に活かす」（村井良子）　ミュゼ　2002.2　p176-177
◎参考文献「大正博物館秘話」（椎名仙卓）　論創社　2002.3　p270-274
◎参考文献（L.ブノワほか）「博物館学への招待」（L.ブノワ）　白水社　2002.3　p16-21b
◎文献「意味とメッセージ—博物館展示の言語ガイドライン」（リンダ・ファーガソン, ルイース・ラバリー, キャロリン・マックルーリック）　リーベル出版　2002.11　p109-111
◎文献リスト「企業博物館の経営人類学」（中牧弘允ほか）　東方出版　2003.3　p431-432
◎文献「博物館概論—ミュージアムの多様な世界　改訂版」（石森秀三）　放送大学教育振興会　2003.3　p282-290
◎参考文献「博物館学入門—地域博物館学の提唱」（金山喜昭）　慶友社　2003.4　p221-223
◎注ほか「博物館をみせる—人々のための展示プランニング」（K. マックリーン）　玉川大学出版部　2003.5　p224-251

◎原注・訳注「フランスの博物館と図書館」（M. ブラン＝モンマイユールほか）　玉川大学出版部　2003.6　p196-189
◎参考文献「博物館情報学入門」（E. Ornaほか）　勉誠出版　2003.6　p209-223
◎文献リスト「ショージ先生の船の博物館めぐり　世界編」（庄司邦昭）　春風社　2003.8　p259-263
◎文献リスト「建築設計資料集成—展示・芸能」（日本建築学会）　丸善　2003.9　p160-164
◎註「博物館展示の研究」（青木豊）　雄山閣　2003.9　prr
◎参考文献「フランスの美術館・博物館」（J. サロワ）　白水社　2003.10　p20-26b
◎参考文献「ミュージアムが都市を再生する—経営と評価の実践」（上山信一ほか）　日本経済新聞社　2003.12　p285-277
◎参考文献「ミュージアムの思想」（松宮秀治）　白水社　2003.12　p269-272
◎参考文献「博物館経営・情報論　改訂版」（石森秀三）　放送大学教育振興会　2004.3　prr
◎参考文献「博物館資料論　改訂版」（石森秀三）　放送大学教育振興会　2004.3　prr
◎参考文献「美術館・博物館の展示—理論から実践まで」（D. ディーン）　丸善　2004.3　p205-211
◎参考文献「博物館学を学ぶ人のためのミュージアムスタディガイド—学習目標と学芸員試験問題　改訂増補」（水嶋英治ほか）　アム・プロモーション　2004.11　p141-146
◎引用参考文献「公的記憶をめぐる博物館の政治性—アメリカ・ハートランドの民族誌」（田川泉）　明石書店　2005.2　p283-290
◎参考文献「博物館概論」（大堀哲）　学文社　2005.4　p179-181
◎参考文献「日本博物館成立史—博覧会から博物館へ」（椎名仙卓）　雄山閣　2005.6　p217-225
◎引用参考文献「博物館学ハンドブック」（高橋隆博ほか）　関西大学出版部　2005.6　p143-148
◎引用文献「博物館の理念と運営—利用者主体の博物館学」（布谷和夫）　雄山閣　2005.8　p215-231
◎参考文献ほか「ミュージアム・シアター—博物館を活性化させる新しい手法」（C. ヒューズ）　玉川大学出版部　2005.9　p18-25b
◎文献集「博物館の学びをつくりだす—その実践へのアドバイス」（小笠原喜康ほか）　ぎょうせい　2006.2　p192-195
◎参考文献「ミュージアム・マーケティング」（P. コトラーほか）　第一法規　2006.4　p501-510
◎主要文献「概説博物館学　補訂版」（全国大学博物館学講座協議会西日本部会）　芙蓉書房　2006.4　p186-189
○文献目録ほか「博物館研究　41.11・12」（日本博物館協会）　2006.11　p5-13
○文献リスト（内海美由紀）「子ども博物館楽校　3」（チルドレンズ・ミュージアム研究会）　2007.3　p57-66
◎参考文献「ひろがる日本のミュージアム—みんなで楽しむ文化の時代」（千地万造ほか）　晃洋書房　2007.3　p177-179
○「博物館学文献目録　2007」（全国大学博物館学講座協議会）　全国大学博物館学講座協議会　2007.5　2冊 A4

◎参考文献「博物館モノ〈資料〉語り―集める・残す・伝える」（岡山健仁）　創風社出版　2007.8　p154-156
◎参考文献「愉悦の蒐集ヴンダーカンマーの謎」（小宮正安）　集英社　2007.9　p217-220
◎参考文献「ぶらりあるきミュンヘンの博物館」（中村浩）　芙蓉書房出版　2007.10　p168-169
◎参考文献ほか「地域の文化資本―ミュージアムの活用による地域の活性化」（東北産業活性化センター）　日本地域社会研究所　2007.10　p245-246
◎文献「ヨーロッパの博物館」（C. バレほか）　雄松堂出版　2007.11　p8-33b

博物館図録
◎「全国地域博物館図録総覧」（地方史研究協議会）　岩田書院　2007.12　476p A5

博物誌
◎引用参考文献「日本博物誌年表」（磯野直秀）　平凡社　2002.6　p772-837
◎文献「大江戸花鳥風月名所めぐり」（松田道生）　平凡社　2003.2　p239-244
◎参考引用文献「サイパン・グアム光と影の博物誌」（中島洋）　現代書館　2003.4　p295-308

博物書
◎一覧（大野正男）「日本古書通信　65.5」（日本古書通信社）　2000.5　p27-26

博物図譜
◎参考文献「百学連環―百科事典と博物図譜の饗宴―雑協・書協創立50周年記念世界出版文化史展」（印刷博物館ほか）　印刷博物館　2007.9　p215」

幕末
◎参考文献「幕末の変動と諸藩　幕末維新論集　4」（三宅紹宣）　吉川弘文館　2001.1　p355-362
◎参考文献「白虎隊」（中村彰彦）　文藝春秋　2001.5　p245-246
◎参考文献「よみなおし戊辰戦争　幕末の東西対立」（星亮一）　筑摩書房　2001.6　p204」
◎参考文献「幕末の会津藩―運命を決めた上洛」（星亮一）　中央公論新社　2001.12　p235-237
◎文献目録「幕末維新の文化―幕末維新論集　11」（羽賀祥二ほか）　吉川弘文館　2002.3　p370-377
◎参考文献「開国と幕末変革―日本の歴史　18」（井上勝生）　講談社　2002.5　p379-388
◎参考文献「将軍の庭―浜離宮と幕末政治の風景」（水谷三公）　中央公論新社　2002.5　p253-259
◎参考文献「幕末暗殺史」（森川哲郎）　筑摩書房　2002.8　p376」
◎参考文献「志村吉兵衛書翰にみる松阪・垣鼻の幕末・明治」（志村圭四郎）　文芸書房　2002.10　p202-203
◎引用参考文献「ペリーの白旗―150年目の真実」（岸俊光）　毎日新聞社　2002.11　p236-234
◎引用文献「幕府歩兵隊―幕末を駆けぬけた兵士集団」（野口武彦）　中央公論新社　2002.11　p289-295
◎参考文献「幕末入門書―志士たちの生涯と死生観」（花谷幸比古）　展転社　2002.12　p220-221
◎参考文献「女たちの幕末京都」（辻ミチ子）　中央公論新社　2003.4　p247-250
◎参考文献「開国と幕末の動乱　日本の時代史20」（井上勲）　吉川弘文館　2004.1　p311-328
◎参考文献「幕末外交と開国」（加藤浩三）　筑摩書房　2004.1　p1-4b
◎参考文献「幕末新詳解事典―知れば知るほど面白い・人物歴史丸ごとガイド」（脇坂昌宏）　学習研究社　2004.1　p312-313
◎参考文献「サムライと英語」（明石康）　角川書店　2004.5　p245-250
◎参考文献「イギリス紳士の幕末」（山田勝）　NHK出版　2004.8　p237-239
◎参考文献「幕末武士道、若きサムライ達」（山川健一）　ダイヤモンド社　2004.8　p277-279
◎参考文献「江戸の外国公使館―開国150周年記念資料集」（港区立港郷土資料館）　港区立港郷土資料館　2005.3　p154-155
◎引用参考文献「日本史講座　7　近世の解体」（歴史学研究会ほか）　東京大学出版会　2005.4　prr
◎参考文献「幕末天誅斬奸録」（菊地明）　新人物往来社　2005.4　p209-211
◎文献目録「近世から近代へ　展望日本歴史17」（久留島浩ほか）　東京堂出版　2005.7　p429-416
◎参考文献「幕末・明治の士魂―啓蒙と抵抗の思想的系譜　飯田鼎著作集7」（飯田鼎）　御茶の水書房　2005.8　p7-11b
◎参考文献「幕末の公家社会」（李元雨）　吉川弘文館　2005.8　p192-201
◎参考文献「幕末歴史散歩　京阪神篇」（一坂太郎）　中央公論新社　2005.8　p361-362
◎参考文献「逝きし世の面影」（渡辺京二）　平凡社　2005.9　p601-595
◎参考文献「開国と攘夷　改版」（小西四郎）　中央公論新社　2006.2　p567-571
◎引用参考文献「開国と攘夷―日本の対外戦争幕末」（豊田泰）　文芸社　2006.6　p374-387
◎参考文献「江戸は燃えているか」（野口武彦）　文藝春秋　2006.7　p280-285
◎参考文献「幕末・維新」（井上勝生）　岩波書店　2006.11　p11-15b
◎参考史料一覧「幕末維新の政治と天皇」（高橋秀直）　吉川弘文館　2007.2　p552-553

爆薬
◎引用文献「火薬と爆薬の化学」（T. L. デービス）　東海大出版会　2006.3　prr

博覧会
◎参考文献「人生は博覧会　日本ランカイ屋列伝」（橋爪紳也）　晶文社　2001.5　prr
◎参考文献「万国びっくり博覧会―万博を100倍楽しむ本」　大和書房　2005.3　p206」
◎参考文献「国際博覧会を考える―メガ・イベントの政策学」（名古屋学院大学総合研究所）　晃洋書房　2005.4　prr

化物
◎参考文献「江戸滑稽化物尽くし」（A. カバット）　講談社　2003.3　p241-244

覇権主義
◎参考文献「植民地支配と環境破壊　覇権主義は超えられるか」（古川久雄）　弘文堂　2001.5　p267-274

羽子板
- ◎参考文献「羽子板の美とわざ―特別展」（埼玉県立博物館） 埼玉県立博物館　2005.1　p84-85
- ◎参考文献「押絵羽子板―江戸の技と華」（西山鴻月ほか） 日貿出版社　2007.12　p158」

箱庭療法
- ◎文献「箱庭療法のプロセス―学校教育臨床と基礎的研究」（平松清志） 金剛出版　2001.8　p221-229
- ◎文献「箱庭療法―イギリス・ユング派の事例と解釈」（J. ライス・メニューヒン） 金剛出版　2003.4　p154-155
- ◎参考文献ほか「箱庭療法こころが見えてくる方法―不登校・情緒不安定・人間関係の悩み」（田中信市） 講談社　2004.1　p208-211

破産法
- ◎参考文献「倒産処理法入門」（山本和彦） 有斐閣　2003.4　prr
- ◎参考文献「破産からの人生再建講座―あきらめてはいけない!」（伊藤博） PHP研究所　2003.4　p234-236
- ◎文献「アメリカ倒産担保法―「初期融資者の優越」の法理」（森田修） 商事法務　2005.6　p297-301
- ◎参考文献「会計理論と商法・倒産法」（五十嵐邦正） 森山書店　2005.10　p335-342

橋
- ◎参考文献「橋はなぜ落ちたのか　設計の失敗学」（H. ペトロスキー） 朝日新聞社　2001.12　p1-14b
- ◎参考文献「大井川に橋がなかった理由」（松村博） 創元社　2001.12　prr
- ◎参考文献「新版日本の橋・鉄・鋼橋のあゆみ」（日本橋梁建築協会） 朝倉書店　2004.5　p203-206
- ◎参考書目「事典・イギリスの橋―英文学の背景としての橋と文化」（三谷康之） 日外アソシエーツ　2004.11　p246-252
- ◎参考文献「近代日本の橋梁デザイン思想―三人のエンジニアの生涯と仕事」（中井祐） 東京大学出版会　2005.7　p579-599
- ◎参考文献「中世のみちと都市」（藤原良章） 山川出版社　2005.9　2pb
- ◎参考文献「橋との出会い―忘れえぬ橋のある風景」（佐藤清） 朱鳥社　2006.12　p185-186
- ◎参考文献「「論考」江戸の橋―制度と技術の歴史的変遷」（松村博） 鹿島出版会　2007.7　prr

箸
- ◎参考文献「箸」（向井由紀子, 橋本慶子） 法政大学出版局　2001.11　p309-320
- ◎参考文献「割り箸はもったいない?―食卓からみた森林問題」（田中淳夫） 筑摩書房　2007.5　p202-203

恥
- ◎文献目録「恥―社会関係の精神分析」（セルジュ・ティスロン） 法政大学出版局　2001.3　p4-12b

バジャウ社会
- ◎参考文献「フィリピン・スールーの海洋民―バジャウ社会の変化」（H. A. ニモ） 現代書館　2005.11　p209」

馬術
- ◎文献「ドレッサージュの基礎―馬と共に成長したい騎手のためのガイドライン」（K. A. ジーグナー） 恒星社厚生閣　2007.3　p271-275

蓮
- ◎参考文献「蓮への招待―文献に見る蓮の文化史」（三浦功大） 西田書店　2004.9　p31-37b
- ◎参考文献「古代蓮―大賀ハスと行田ハス」（中谷俊雄） 新風舎　2005.8　p204-205

バス
- ◎参考文献「路線バスの現在・未来　part 2」（鈴木文彦） グランプリ出版　2001.11　p306-307
- ◎参考文献「バス産業の規制緩和」（寺田一薫） 日本評論社　2002.1　p269-276
- ◎参考文献「多様化するバス車両」（鈴木文彦） グランプリ出版　2004.3　p295」
- ◎参考文献「地域交通政策の新展開―バス輸送をめぐる公・共・民のパートナーシップ」（高橋愛典） 白桃書房　2006.3　p231-251

バズ・マーケティング
- ◎参考文献「クチコミはこうしてつくられる―おもしろさが伝染するバズ・マーケティング」（E. ローゼン） 日本経済新聞社　2002.1　p345-338

パズル
- ◎あとがき「知恵の輪読本　その名作・分類・歴史から解き方、集め方、作り方まで」（秋山久義） 新紀元社　2003.8　p182-183
- ◎文献「パズル本能―ヒトはなぜ難問に魅かれるのか?」（M. ダネージ） 白揚社　2007.7　p341-343

ハゼ
- ◎文献「日本のハゼ―決定版」（瀬能宏） 平凡社　2004.9　p523-531

馬賊
- ◎参考文献「馬賊で見る「満洲」」（渋谷由里） 講談社　2004.12　p224-235

パーソナリティ
- ◎文献「パーソナリティ心理学―自分を知る・他者を知る」（加藤孝義） 新曜社　2001.3　p8-10b
- ◎文献「パーソナリティ障害の診断と治療」（N. マックウィリアムズ） 創元社　2005.9　p419-443

畑作
- ◎引用文献「技術革新と畑利用方式展開の機構と構造―北海道十勝地域と南九州畑作地域の農家事例研究」（杉本文三） 農林統計協会　2001.4　p287-292
- ◎参考文献「雑穀―畑作農耕論の地平」（木村茂光） 青木書店　2003.5　prr
- ◎参照文献「南島の畑作文化―畑作穀類栽培の伝統と現在」（賀納章雄） 海風社　2007.10　p270-281

パタスモンキー
- ◎引用文献ほか「サバンナを駆けるサル―パタスモンキーの生態と社会」（中川尚史） 京都大学学術出版会　2007.4　p262-273

パターン認識
- ◎参考文献「パターン認識と機械学習―ベイズ理論による統計的予測　上」（C. M. ビショップ） シュプリンガー・ジャパン　2007.12　p329-333

ハチ
- ◎参考文献「ハチとアリの自然史―本能の進化学」（杉浦直人, 伊藤文紀, 前田泰生） 北海道大学図書刊行会　2002.3　p279-309

◎文献「日本の真社会性ハチ―全種・全亜種生態図鑑」（高見澤今朝雄）　信濃毎日新聞社　2005.11　p257-260
　◎引用文献「マルハナバチ―愛嬌者の知られざる生態」（片山栄助）　北海道大出版会　2007.9　p175-181

バチェラー
　◎引用参考文献「バチェラ―結婚しない男の心理」（C.A.ウェラー）　世織書房　2003.12　p315-321

バチカン
　◎ノーツ「システィナ礼拝堂とミケランジェロ」（R.キング）　東京書籍　2004.8　p423-388
　◎参考文献「バチカン―ローマ法王庁は、いま」（郷富佐子）　岩波書店　2007.10　p231-232

八代集
　◎参考文献「涙の詩学―王朝文化の詩的言語」（ツベタナ・クリステワ）　名古屋大学出版会　2001.3　p15-23b

八幡信仰
　◎書籍一覧(吉原浩人ほか)「八幡信仰事典」（中野幡能）　戎光祥出版　2002.2　p457-461
　◎参考文献(曾我惠里加)「八幡神社―歴史と伝説」（神社と神道研究会）　勉誠出版　2003.1　p371-385
　◎註「八幡宮寺成立史の研究」（遠日出典）　続群書類従完成会　2003.3　prr
　◎参考文献「八幡神の謎」（大里長城）　まんぼう社　2003.11　p166-167
　◎参考文献「八幡神とはなにか」（飯沼賢司）　角川書店　2004.6　p218-227
　◎参考文献「八幡神と神仏習合」（遠日出典）　講談社　2007.8　p252-255

バーチャル・リアリティ
　◎参考文献「ハイパーリアリティ―第三千年紀のパラダイム」（John Tiffin, 寺島信義）　電気通信協会　2002.1　prr
　◎参考文献「ヴァーチャルとは何か？―デジタル時代におけるリアリティ」（P.レヴィ）　昭和堂　2006.3　p9-18b
　◎引用文献「情報社会のビジョン―現実と仮想のコミュニケーション」（寺島信義）　文芸社　2006.6　p222-227
　◎参考文献「だまされる脳―バーチャルリアリティと知覚心理学入門」（日本バーチャルリアリティ学会）　講談社　2006.9　p254-258

爬虫類
　◎文献「爬虫類の進化」（疋田努）　東京大学出版会　2002.4　p183-195

パチンコ
　◎参考文献「パチンコの経済学―内側から見た30兆円ビジネスの不思議」（佐藤仁）　東洋経済新報社　2007.3　p223
　◎参考文献「パチンコ年代記―銀玉に愛を込めて」（神保美佳）　バジリコ　2007.4　p306

発音
　◎文献「現代日本語講座　3　発音」（飛田良文ほか）　明治書院　2002.1　p203-208
　◎文献「歌うドイツ語ハンドブック―歌唱ドイツ語の発音と名曲選」（三ヶ尻正）　ショパン　2003.10　p232-237
　◎引用文献「リスニング指導法としてのシャドーイングの効果に関する研究」（玉井健）　風間書房　2005.2　p135-141
　◎参考文献「日本人のための英語音声学レッスン」（牧野武彦）　大修館書店　2005.7　p150-154
　◎引用文献「シャドーイングと音読の科学」（門田修平）　コスモピア　2007.2　p274-279
　◎引用文献「許すな!悪文と不正確発音―正統的な日本語能力養成のために」（赤塚伊三武）　大学教育出版　2007.9　p239-240

客家
　◎参考文献「汀江流域の地域文化と客家―漢族の多様性と一体性に関する一考察」（蔡驎）　風響社　2005.10　p319-339
　◎参考文献「近代客家社会の形成―「他称」と「自称」のはざまで」（飯島典子）　風響社　2007.2　p237-263

ハッカー
　◎文献「ハッカーの秘密―インターネットセキュリティ入門」（ジェフ・クルーム）　ピアソン・エデュケーション　2002.8　p413-420

発ガン物質
　◎文献「発ガン物質のはなし」（酒井弥）　技報堂出版　2001.9　p138-139

発禁本
　◎「地下本の世界　発禁本　II　別冊太陽」（平凡社）　2001.6　204p　A4
　◎「発禁本　III　主義・趣味・宗教　別冊太陽」（平凡社）　平凡社　2002.2　295p　A4
　◎略年表(石原千秋ほか)「発禁・近代文学誌」（国文学編集部）　学燈社　2002.11　p205-212

発酵食品
　◎参考文献「発酵ハンドブック」（栃倉辰六郎ほか）　共立出版　2001.7　prr
　◎参考文献「醸造・発酵食品の事典」（吉沢淑ほか）　朝倉書店　2002.1　prr
　◎文献「発酵と醸造　1　味噌・醤油の生産ラインと分析の手引き」（東和男）　光琳　2002.3　p381-382
　◎参考書「発酵食品への招待―食文明から新展開まで　新版」（一島英治）　裳華房　2002.10　p201-208
　◎参考文献「発酵乳の科学―乳酸菌の機能と保健効果」（細野明義）　アイ・ケイコーポレーション　2002.11　prr
　◎文献「中国の豆類発酵食品」（伊藤寛ほか）　幸書房　2003.3　prr
　◎参考文献「乳酸発酵の新しい系譜」（小崎道雄ほか）　中央法規出版　2004.7　prr

八州廻り
　◎参考文献「八州廻りと博徒」（落合延孝）　山川出版社　2002.11　2pb

発生学
　◎参考文献「進化発生学―ボディプランと動物の起源」（ブライアン・K.ホール）　工作舎　2001.5　p741-814
　◎文献ほか「動物の発育と進化―時間がつくる生命の形」（ケネス・J.マクナマラ）　工作舎　2001.5　p373-388
　◎参考文献「動物のからだづくり―形態発生の分子メカニズム」（武田洋幸）　朝倉書店　2001.9　p121-133

◎文献「イヴの卵―卵子と精子の前成説」（C. P. コレイア）　白揚社　2003.4　p348-365
◎文献「発生と進化　シリーズ進化学4」（佐藤矩行ほか）　岩波書店　2004.6　p225-232
◎参考文献「遺伝子神話の崩壊―「発生システム的見解」がすべてを変える!」（D. S. ムーア）　徳間書店　2005.10　p460-471
◎参考文献「発生遺伝学―脊椎動物のからだと器官のなりたち」（武田洋幸ほか）　東京大出版会　2007.1　p187-192
◎参考文献「発生の生物学30講」（石原勝敏）　朝倉書店　2007.3　p201-202
◎参考文献「受精卵からヒトになるまで―基礎的発生学と先天異常　5版」（K. L. Mooreほか）　医歯薬出版　2007.7　p455-459

発声法
◎参考文献「声の呼吸法―美しい響きをつくる」（米山文明）　平凡社　2003.2　p228-229
◎参考文献「美しい日本語を歌う―心を伝える日本語唱法」（大賀寛）　河合楽器製作所・出版部　2003.6　p180-183
◎参考文献「歌声の科学」（J. スンドベリ）　東京電機大出版局　2007.3　p198-206

バッタ
◎参考文献「減るバッタ増えるバッタ―環境の変化とバッタ相の変遷」（内田正吉）　エッチエスケー　2005.12　p141-134
◎文献「バッタ・コオロギ・キリギリス大図鑑」（日本直翅類学会）　北海道大出版会　2006.9　p623-668

発達
◎引用文献「ライフサイクルにおける老年期の心理社会的発達と人格特性に関する研究」（星野和実）　風間書房　2001.3　p215-235
◎文献「子どもの養育に心理学がいえること―発達と家族環境」（H. R. シャファー）　新曜社　2001.3　p285-287
◎文献「発達行動学の視座―〈個〉の自立発達の人間科学的探究」（根ヶ山光一）　金子書房　2002.10　p155-164
◎引用文献「アイデンティティ生涯発達論の射程」（岡本祐子）　ミネルヴァ書房　2002.12　p273-287
◎参考文献「脳科学からみた機能の発達　発達心理学の基礎と応用　2」（平山諭ほか）　ミネルヴァ書房　2003.5　prr
◎文献「思考の発達についての総合的研究」（田中俊也）　関西大学出版部　2004.3　p201-211
◎文献「「個の理解」をめざす発達研究」（三宅和夫ほか）　有斐閣　2004.12　prr
◎参考文献「身体的発育発達論序説」（松浦義行）　不昧堂出版　2005.3　p441-478
◎引用文献「中国における子どもの精神発達の評価に関する研究―中国版K式発達検査の標準化をとおして」（高健）　せせらぎ出版　2005.4　p219-225
◎参考書紹介「発達相談と援助―新版K式発達検査2001を用いた心理臨床」（川畑隆ほか）　ミネルヴァ書房　2005.9　p192-197
◎文献「霊長類のこころ―適応戦略としての認知発達と進化」（J. C. ゴメス）　新曜社　2005.10　p17-42b

◎参考文献「発達研究の方法―新版K式発達検査にもとづく」（中瀬惇）　ナカニシヤ出版　2005.11　p226-228
◎引用文献「幼児期から青年期にかけての関係的自己の発達」（佐久間路子）　風間書房　2006.2　p295-306
◎文献「子ども理解と発達臨床」（山口勝己）　北大路書房　2007.2　p185-188

発達障害
◎引用参考文献ほか「発達障害の臨床心理学」（次良丸睦子ほか）　北大路書房　2002.5　p199-213
◎参考文献「実践発達障害児のための音楽療法」（E. H. ボクシル）　人間と歴史社　2003.10　p277-302
◎参考図書「発達障害ガイドブック―保護者と保育士・教師・保健師・医師のために　自閉症スペクトル、広汎性発達障害、高機能自閉症、アスペルガー症候群、ADHD、学習障害」（東條惠）　考古堂書店　2004.6　p227-280
◎Bookほか「発達障害の心理臨床―子どもと家族を支える療育支援と心理臨床的援助」（田中千穂子ほか）　有斐閣　2005.9　p264-265
◎文献「発達障害児の仲間同士の相互交渉促進に関する研究―社会的スキル訓練における集団随伴性の有効性」（涌井恵）　風間書房　2006.2　p177-186
◎参考文献「発達に心配りを必要とする子の育て方」（松田ちから）　黎明書房　2006.8　p235-239
◎参考文献「軽度発達障害と思春期―理解と対応のハンドブック」（古荘純一）　明石書店　2006.10　p196-198
◎参考文献「子ども虐待と発達障害―発達障害のある子ども虐待への援助手法」（渡辺隆）　東洋館出版社　2007.2　p159-164
◎Useful Booksほか「発達障害と大学進学―子どもたちの進学の夢をかなえる親のためのガイド」（A. パーマー）　クリエイツかもがわ　2007.3　p222-235
◎参考引用文献「発達障害のための心理劇―想から現に」（高原朗子）　九州大出版会　2007.3　p157-169
◎参考文献ほか「育児と療育のための家族臨床心理学」（鳥山平三）　ブレーン出版　2007.5　p168-172
◎文献「障害児の発達臨床　2　感覚と運動の高次化による発達臨床の実際」（宇佐川浩）　学苑社　2007.6　p222-229
◎文献「脳科学と発達障害―ここまでわかったそのメカニズム」（榊原洋一）　中央法規出版　2007.12　p186-188
◎参考文献「発達障害の子どもたち」（杉山登志郎）　講談社　2007.12　p235-238

発達心理
◎参考文献「信頼感の発達心理学―思春期から老年期に至るまで」（天貝由美子）　新曜社　2001.2　p157-163
◎参考文献「ライフサイクル、その完結　増補版」（E. H. エリクソン）　みすず書房　2001.3　p1-4b
◎引用文献「発達　改訂版」（川島一夫）　福村出版　2001.4　p179-186
◎引用・参考文献「発達臨床心理学の最前線」（杉原一昭ほか）　教育出版　2001.4　prr
◎文献「発達とはなにか」（永野重史）　東京大学出版会　2001.6　p238-244
◎参考文献「ヒトの意識が生まれるとき」（大坪治彦）　講談社　2001.8　p197-201
◎文献「乳幼児の心理的誕生―母子共生と個体化」（M. S. マーラーほか）　黎明書房　2001.9　p325-340

◎文献「ことばの発達入門」（秦野悦子）　大修館書店　2001.10　p219-226
◎文献「共感と道徳性の発達心理学―思いやりと正義とのかかわりで」（M. L. ホフマン）　川島書店　2001.10　p331-350
◎引用文献「心の育ちと文化」（小嶋秀夫）　有斐閣　2001.10　p208-218
◎引用・参考文献「発達心理学」（無藤隆ほか）　ミネルヴァ書房　2001.10　prr
◎引用文献「特性概念としての精神的自立に関する実証的研究」（神谷ゆかり）　風間書房　2002.2　p103-109
◎引用文献「発達心理学」（内田伸子）　放送大学教育振興会　2002.3　p275-297
◎文献「〈私の死〉の謎―世界観の心理学で独我を超える」（渡辺恒夫）　ナカニシヤ出版　2002.7　p238-242
◎文献「臨床発達心理学概論―シリーズ臨床発達心理学 1」（長崎勤ほか）　ミネルヴァ書房　2002.8　p299-322
◎文献「図形の大きさの比較判断に関する発達的研究」（清水益治）　風間書房　2002.10　p89-93
◎文献「思春期・青年期の理論と実像―米国における実態研究を中心に」（D. C. キンメル, I. B. ワイナー）　ブレーン出版　2002.11　p665-744
◎文献「幼児の日常生活叙述の発達過程」（藤崎春代）　風間書房　2002.12　p177-189
◎参考文献「子どもの絵と精神発達」（T. ワルツ）　鳥影社　2003.2　p196-197
◎文献「身体から発達を問う―衣食住のなかのからだとこころ」（根ヶ山光一ほか）　新曜社　2003.3　p7-21b
◎引用文献「乳幼児心理学」（無藤隆ほか）　北大路書房　2003.3　p157-164
◎読書案内「ライフサイクルからみた発達の基礎　発達心理学の基礎と臨床 1」（平山諭ほか）　ミネルヴァ書房　2003.4　p183-184
◎引用文献「子どもの発達心理学を学ぶ人のために」（吉田直子ほか）　世界思想社　2003.4　p265-283
◎参考文献「発達の臨床からみた心の教育相談　発達心理学の基礎と臨床 3」（平山諭ほか）　ミネルヴァ書房　2003.4　prr
◎文献「環境認知の発達心理学―環境とこころのコミュニケーション」（加藤孝義）　新曜社　2003.9　p5-10b
◎文献「子どもの心と精神病理―力動精神医学の臨床　改訂」（高橋哲郎）　岩崎学術出版社　2003.10　p149-158, 189-192
◎参考文献「共同注意―新生児から2歳6か月までの発達過程」（大藪泰）　川島書店　2004.2　p223-239
◎文献「人生の語りの発達臨床心理」（山口智子）　ナカニシヤ出版　2004.2　p127-133
◎参考文献「認知的複雑性の発達社会心理学―児童期から青年期における対人情報処理システムの変化」（鈴木佳苗）　風間書房　2004.2　p179-187
◎参考文献「0歳～5歳児までのコミュニケーションスキルの発達と診断―子ども・親・専門家をつなぐ」（B. バックレイ）　北大路書房　2004.3　p288-298
◎引用文献ほか「みるよむ生涯臨床心理学―生涯発達とその臨床的対応」（塚野州一）　北大路書房　2004.3　p217-230
◎参考文献「発達心理学　改訂版」（子安増生ほか）　新曜社　2004.3　prr

◎参考文献「〈次世代を育む心〉の危機―ジェネラティビティ・クライシスをめぐって」（小此木啓吾ほか）　慶應義塾大出版会　2004.4　p169-171
◎引用文献「人格発達心理学」（西川隆茂ほか）　ナカニシヤ出版　2004.4　prr
◎参考文献「対話で学ぶ発達心理学」（塩見邦雄）　ナカニシヤ出版　2004.6　prr
◎参考文献「転機の心理学」（杉浦健）　ナカニシヤ出版　2004.6　p119-123
◎参考文献「幼児の課題選択行動の変化に関する実証的研究」（田中幸代）　風間書房　2004.10　p77-82
◎参考文献「赤ちゃんがヒトになるとき―ヒトとチンパンジーの比較発達心理学」（中村徳子）　昭和堂　2004.11　p249-251
◎引用文献「「日本人らしさ」の発達社会学―自己・社会的比較・文化」（高田利武）　ナカニシヤ出版　2004.12　p223-245
◎参考文献「「日本人らしさ」の発達社会心理学―自己・社会的比較・文化」（高田利武）　ナカニシヤ出版　2004.12　p223-245
◎参考文献「言論の自由に関する社会的判断の発達」（長谷川真里）　風間書房　2004.12　p177-185
◎引用文献「アイデンティティの発達―青年期から成人期」（J. クロガー）　北大路書房　2005.1　p211-236
◎引用参考文献「発達心理学」（無藤隆ほか）　北大路書房　2005.1　p157-163
◎文献「対人的信頼感の発達―児童期から青年期へ」（酒井厚）　川島書店　2005.2　p171-178
◎引用文献「幼児期の自己理解の発達―3歳児はなぜ自分の誤った信念を思い出せないのか?」（郷式徹）　ナカニシヤ出版　2005.2　p172-178
◎引用文献「アタッチメント―生涯にわたる絆」（数井みゆきほか）　ミネルヴァ書房　2005.4　prr
◎引用文献「子どもの概念発達と変化―素朴生物学をめぐって」（稲垣佳世子）　共立出版　2005.6　p241-254
◎引用文献「幼児期初期の他者理解の発達プロセス―社会的文脈・関係性の中での幼児の心的な言及」（岩田美保）　風間書房　2005.10　p173-183
◎文献「生涯発達論―人間発達の理論と概念」（守屋國光）　風間書房　2005.11　p139-148
◎参考文献「発達臨床心理学ハンドブック」（大石史博ほか）　ナカニシヤ出版　2005.11　prr
◎参考文献「精神分析的発達論の統合 1」（P. タイソンほか）　岩崎学術出版社　2005.12　p178-217
◎引用文献「幼児期における他者の内的特性理解の発達」（松永あけみ）　風間書房　2005.12　p173-180
◎引用文献「中・高校生の親性準備性の発達と保育体験学習」（伊藤葉子）　風間書房　2006.1　p177-186
◎引用文献「対人的枠組みと過去から現在の経験のとらえ方に関する研究―縦断的研究を中心に」（山岸明子）　風間書房　2006.2　p229-239
◎引用参考文献「発達心理学キーワード」（内田伸子）　有斐閣　2006.2　p258-275
◎文献「移行対象の臨床的展開―ぬいぐるみの発達心理学」（井原成男ほか）　岩崎学術出版社　2006.4　p177-192
◎文献「誕生から死までのウェルビーイング―老いと死から人間の発達を考える」（内田伸子）　金子書房　2006.4　prr

はつてん

◎文献「乳幼児発達臨床の基礎―子どもの育ちを支える保育カウンセリング」（石井信子ほか）　ふくろう出版　2006.4　p189-194
◎引用参考文献「人間関係の発達臨床心理学」（千原美重子）　昭和堂　2006.5　p210-213
◎文献「生涯発達心理学―ガイドライン」（二宮克美ほか）　ナカニシヤ出版　2006.6　p155-165
◎参考文献「発達する〈心の理論〉―4歳―人の心を理解するターニングポイント」（J. バーナー）　ブレーン出版　2006.6　p434-457
◎参考文献「ひとがひとをわかるということ―間主観性と相互主体性」（鯨岡峻）　ミネルヴァ書房　2006.7　p288-294
◎引用文献「成人発達とエイジング」（K. W. Schaieほか）　ブレーン出版　2006.8　p697-814
◎文献「文化的営みとしての発達―個人、世代、コミュニティ」（B. ロゴフ）　新曜社　2006.8　p19-70b
◎引用参考文献「家族の関わりから考える生涯発達心理学」（尾形和男）　北大路書房　2006.9　p205-217
◎引用文献「空間的視点取得の生涯発達に関する研究」（渡部雅之）　風間書房　2006.9　p131-145
◎引用文献「グラフィック乳幼児心理学」（若井邦夫ほか）　サイエンス社　2006.10　p268-276
◎参考文献「心が芽ばえるとき―コミュニケーションの誕生と進化」（明和政子）　NTT出版　2006.10　p6-17b
◎文献「発達科学―「発達」への学際的アプローチ」（R. B. Cairnsほか）　ブレーン出版　2006.12　p271-312
◎参考文献「子どもの社会認識の発達と形成に関する実証的研究―経済認識の変容を手がかりとして」（加藤寿朗）　風間書房　2007.1　p207-216
◎引用参考文献「発達と教育の心理学―子どもは「ひと」の原点」（麻生武）　培風館　2007.2　p277-286
◎引用参考文献「発達・学習の心理学」（多鹿秀継ほか）　学文社　2007.3　prr
◎引用文献「アイデンティティ生涯発達論の展開」（岡本祐子）　ミネルヴァ書房　2007.4　p187-192
◎文献「愛着からソーシャル・ネットワークへ―発達心理学の新展開」（M. ルイス）　新曜社　2007.5　p15-54b
◎文献「発達心理学」（南徹弘）　朝倉書店　2007.5　prr
◎文献「子どもの発達危機の理解と支援―漂流する子ども」（酒井朗ほか）　金子書房　2007.9　prr
◎文献「ガイドライン発達学習・教育相談・生徒指導」（二宮克美ほか）　ナカニシヤ出版　2007.10　p162-172
◎参考文献「データでみる幼児の基本的生活習慣―基本的生活習慣の発達基準に関する研究」（谷田貝公昭ほか）　一藝社　2007.10　p123-124
◎引用文献ほか「心を発見する心の発達」（板倉昭二）　京都大学学術出版会　2007.10　p169-176
◎引用文献「自己と関係性の発達臨床心理学―乳幼児発達研究の知見を臨床に生かす」（石谷真一）　培風館　2007.11　p193-200
◎文献「心と身体の相互性に関する理解の発達」（外山紀子）　風間書房　2007.11　p155-161

発電機
　◎参考文献「超伝導発電機」（上之薗博）　オーム社　2004.3　p178-182

発展途上国
　◎参考文献「国際教育協力論」（内海成治）　世界思想社　2001.12　p177-181
◎参考文献「ラテンアメリカ従属論の系譜―ラテンアメリカ:開発と低開発の理論」（C. カイ）　大村書店　2002.4　p362-412
◎「発展途上地域日本語文献目録　2001」（アジア経済研究所図書館）　日本貿易振興会アジア経済研究所　2002.9　529p B5
◎「「ジェンダーと開発」に関する日本語文献データベース」（お茶の水女子大学「グローバル化とジェンダー規範」に関する研究会）　お茶の水女子大　2003.3　56p A4
◎参考文献「国際経済開発論」（廣田政一ほか）　学文社　2003.4　p170-171
◎文献「持続可能な開発」（J. エリオット）　古今書院　2003.10　p232-243
◎関連文献「内発的発展と教育―人間主体の社会変革とNGOの地平」（江原裕美）　新評論　2003.12　p441-448
◎「発展途上地域日本語文献目録　2002」（アジア経済研究所図書館）　アジア経済研究所　2003.12　523p B5
◎学習案内「テキストブック開発経済学　新版」（ジェトロ・アジア経済研究所）　有斐閣　2004.1　p319-322
◎文献「開発途上国におけるガバナンスの諸課題―理論と実際」（黒岩郁雄）　アジア経済研究所　2004.2　prr
◎文献リスト「援助と住民組織化」（佐藤寛）　アジア経済研究所　2004.3　prr
◎参考文献「開発経済学のアイデンティティ」（野上裕生）　アジア経済研究所　2004.3　prr
◎参考文献「貧困国の民間セクター開発における貿易・投資が経済成長に及ぼす効果」（白井早由里）　国際協力機構　2004.3　p133-141
◎参考文献「貧困克服のためのツーリズム―グローバリゼーション研究　Pro-poor tourism」（高寺奎一郎）　古今書院　2004.6　p212-213
◎参考文献「マイクロファイナンスへのJICAの支援事例分析」（吉田秀美ほか）　国際協力機構　2004.7　p99-101
◎参考文献「開発と環境の政治経済学」（石見徹）　東京大学出版会　2004.7　p221-229
◎参考文献「Early childhood developmentの支援に関する基礎研究」（三輪千明）　国際協力機構　2004.8　p125-133
◎「発展途上地域日本語文献目録　2003」（アジア経済研究所図書館）　アジア経済研究所　2004.10　492p B5
◎参考文献「発展神話の仮面を剥ぐ―グローバル化は世界を豊かにするのか?」（O. d. リベロ）　古今書院　2005.3　p219-225
◎参考文献「国際開発論―ミレニアム開発目標による貧困削減」（斎藤文彦）　日本評論社　2005.4　p277-295
◎参考文献「インフラストラクチャーの改革―民営化と規制と競争の経済学」（Kessides, IN）　シュプリンガーV東京　2005.5　p279-297
◎参考文献「開発援助における内在的限界―理論と実践の体系的解明に向けて」（元田結花）　東京大　2005.9　p247-298
◎引用参考文献「マクロ開発経済学―対外援助の新潮流」（白井早由里）　有斐閣　2005.10　p329-338
◎参考文献「開発援助の社会学」（佐藤寛）　世界思想社　2005.11　p254-260
◎「発展途上地域日本語文献目録　2004」（アジア経済研究所図書館）　アジア経済研究所　2005.11　485p B5

◎推薦図書「開発途上国の政治的リーダーたち―祖国の建設と再建に挑んだ14人」（石井貫太郎）　ミネルヴァ書房　2005.12　p357-364
◎引用参考文献「発展と開発のコミュニケーション政策」（本多周爾）　武蔵野大出版会　2006.1　p209-220
◎参考文献「発展途上国の資源政治学―政府はなぜ資源を無駄にするのか」（W.アッシャー）　東京大出版会　2006.1　p281-293
◎参照文献「リオのビーチから経済学―市場万能主義との決別」（山崎圭一）　新日本出版社　2006.3　p241-251
◎参考文献「国際援助機関並びに二国間援助機関によるキャパシティ・ディベロップメント支援の動向―平成17年度キャパシティ・ディベロップメント研究報告書」（町田陽子ほか）　国際開発高等教育機構　2006.3　p68-71
◎参考文献「貧富・公正貿易・NGO―WTOに挑む国際NGOオックスファムの戦略」（オックスファム・インターナショナル）　新評論　2006.3　p387-409
◎参考文献「開発金融論」（奥田英信ほか）　日本評論社　2006.4　p221-237
◎引用文献「貧困の終焉―2025年までに世界を変える」（J.サックス）　早川書房　2006.4　p523-516
◎参考文献「開発経済学概論」（G. M.マイヤー）　岩波書店　2006.9　p277-306
◎参考文献「国際開発論―地域主義からの再構築」（武石礼司）　幸書房　2006.9　p221-226
◎参考文献「発展途上国の開発問題」（笠井利之）　北斗書房　2006.9　p197-201
◎参考文献「国際協力の農業普及―途上国の農業・農村開発普及入門」（鈴木俊）　東京農業大出版会　2006.10　p229-235
◎参照文献「開発論―こころの知性―社会開発と人間開発」（田中拓男）　中央大出版部　2006.12　p293-298
◎参考文献「開発の思想と行動―「責任ある豊かさ」のために」（R.チェンバース）　明石書店　2007.2　p501-531
◎参考文献ほか「知的実践としての開発援助―アジェンダの興亡を超えて」（元田結花）　東京大出版会　2007.2　p263-300
◎引用参考文献「地域コミュニティの環境経済学―開発途上国の草の根民活論と持続可能な開発」（鳥飼行博）　多賀出版　2007.2　p391-399
◎引用参考文献「開発と教育協力の社会学」（山内乾史）　ミネルヴァ書房　2007.3　prr
◎参考文献「国益奪還」（前田充浩）　アスキー　2007.3　p230-231
◎基本的文献「テキスト社会開発―貧困削減への新たな道筋」（佐藤寛ほか）　日本評論社　2007.4　p245-254
◎参考文献「人間の安全保障―貧困削減の新しい視点」（国際協力機構）　国際協力出版会　2007.4　p253-274
◎参考文献「開発人類学―基本と実践」（R. W.ノラン）　古今書院　2007.9　p277-292
◎参考文献「途上国の試練と挑戦―新自由主義を超えて」（松下冽）　ミネルヴァ書房　2007.9　p251-277
◎参考文献「近代経済成長を求めて―開発経済学への招待」（浅沼信爾ほか）　勁草書房　2007.11　p205-216

発明
◎参考文献「「発明力」の時代―夢を現実に変えるダイナミズム」（志村幸雄）　麗澤大学出版会　2004.10　p269-272
◎参考文献「誰が本当の発明者か―発明をめぐる栄光と挫折の物語」（志村幸雄）　講談社　2006.8　p262-267
◎文献案内「図解アメリカ発明史―ふしぎで楽しい特許の歴史」（S.ヴァン・ダルケン）　青土社　2006.11　p347-354

発話形成
◎引用文献「行為と発話形成のエスノグラフィー―留学生家族の子どもは保育園でどう育つのか」（柴山真琴）　東京大学出版会　2001.1　p187-193

競伊勢物語
◎参考資料一覧「競伊勢物語―通し狂言　第二三五回歌舞伎公演」（国立劇場調査養成部調査資料課）　日本芸術文化振興会　2003.10　p178-183

艶容女舞衣
◎参考資料一覧「国立劇場上演資料集　490」　日本芸術文化振興会　2006.5　p127-159

波動
◎文献「振動と波動」（吉岡大二郎）　東京大学出版会　2005.7　p219-221

馬頭観音
◎文献「房総の馬乗り馬頭観音」（町田茂）　たけしま出版　2004.7　p257-258

パートタイム労働
◎引用参考文献「職業キャリアからの脱落―日本におけるフリーター創出のメカニズム」（小浜ふみ子）　愛知大　2004.12　p104-109
◎引用参考文献「フリーターとニート」（小杉礼子）　勁草書房　2005.4　p213-216
◎引用参考文献「排除される若者たち―フリーターと不平等の再生産」（部落解放・人権研究所）　部落解放・人権研究所　2005.4　p213-217
◎引用参考文献「フリーターにとって「自由」とは何か」（杉田俊介）　人文書院　2005.10　p202-211
◎参考文献「中高年女性のライフサイクルとパートタイム―スーパーで働く女たち」（乙部由子）　ミネルヴァ書房　2006.11　p255-264
◎参考文献「フリーターとニートの社会学」（太郎丸博）　世界思想社　2006.12　p199-210
◎参考文献「チェーンストアのパートタイマー―基幹化と新しい労使関係」（本田一成）　白桃書房　2007.9　p199-210
◎参考文献「非典型労働と社会保障」（古郡鞆子）　中央大出版部　2007.9　prr

パートナーシップ
◎参考文献「協働のデザイン　パートナーシップを拓く仕組みづくり、人づくり」（世古一穂）　学芸出版社　2001.2　p182-184

ハードボイルド小説
○必読書50（編集部）「ミステリマガジン　46.9.546」（早川書房）　2001.9　p24-29
◎関連書目「私のハードボイルド―固茹で玉子の戦後史」（小鷹信光）　早川書房　2006.11　p483-473

花
- ◎参考資料「蘭への招待 その不思議なかたちと生態」（塚谷裕一） 集英社 2001.1 p219-217
- ◎参考文献「花のギャラリ―描かれた花の意味 改訂新版」（小林頼子） 八坂書房 2003.7 p221-223
- ◎参考文献「花の神話」（秦寛博） 新紀元社 2004.9 p338-347
- ◎文献「花の大百科事典」（V. H. ヘイウッド） 朝倉書店 2005.4 1pb
- ◎文献「軽井沢町植物園の花」（軽井沢町教育委員会） ほおずき書籍 2005.4 p130-133
- ◎参考文献「花が時をつなぐ―フローラルアートの文化誌」（川崎景介） 講談社 2007.4 p236-239
- ◎文献「軽井沢町植物園の花 2」（軽井沢町教育委員会） ほおずき書籍 2007.10 p156-160

花売の縁
- ◎台本目録ほか「花売の縁」（国立劇場おきなわ） 国立劇場おきなわ運営財団 2006.10 p109-113

花競四季寿
- ◎参考資料一覧「双蝶々曲輪日記・花競四季寿・恋女房染分手綱―第一四八回文楽公演」（国立劇場調査養成部調査資料課） 日本芸術文化振興会 2004.9 p121-127

花言葉
- ◎参考文献「花ことば―起原と歴史を探る」（樋口康夫） 八坂書房 2004.7 p8-16b

花菖蒲
- ◎参考文献「世界のアイリス」（日本花菖蒲協会） 誠文堂新光社 2005.3 p241」

バナナ
- ◎文献「望郷子守唄―バナちゃん節のルーツを探る」（松永武） 海鳥社 2005.10 p173-176

花火
- ◎参考文献「長野の花火は日本一」（武藤輝彦） 信濃毎日新聞社 2001.11 p157」
- ◎参考文献「龍勢の系譜と起源―世界のバンブーロケット」（野外調査研究所） 吉田町教育委員会 2005.3 p193-195
- ◎参考文献「花火学入門」（吉田忠雄ほか） プレアデス出版 2006.10 prr

花雪恋手鑑
- ◎参考資料一覧「花雪恋手鑑・勧進帳―第二四二回歌舞伎公演」（国立劇場調査養成部調査資料課） 日本芸術文化振興会 2004.12 p57-62

パナマ
- ◎参考文献「パナマを知るための55章」（国本伊代） 明石書店 2004.8 p271-275

花街
- ◎文献一覧「花街―異空間の都市史」（加藤政洋） 朝日新聞社 2005.10 p317-322

花祭り
- ◎参考文献「奥三河の花祭り―明治以後の変遷と継承」（中村茂子） 岩田書院 2003.12 p231-232

パニック障害
- ◎文献「パニック障害に対する集団認知行動療法」（陳峻雯） 風間書房 2003.10 p225-234

埴輪
- ◎引用参考文献「人物はにわの世界―ものが語る歴史 6」（稲村繁ほか） 同成社 2002.7 p210-220
- ◎註「東国の埴輪と古墳時代後期の社会」（杉山晋作） 六一書房 2006.9 prr
- ◎文献一覧「人物埴輪の文化史的研究」（塚田良造） 雄山閣 2007.5 p227-244

バハイ教
- ◎文献「バハイ教」（P. R. ハーツ） 青土社 2003.12 p9-10b

母親
- ◎原注「女性が母親になるとき」（H. レーナー） 誠信書房 2001.9 p339-346
- ◎文献「母親の心理学―母親の個性・感情・態度」（村井則子） 東北大学出版会 2002.5 p219-230
- ◎引用文献「子どもの反抗期における母親の発達―歩行開始期の母子の共変化過程」（坂上裕子） 風間書房 2005.1 p277-286
- ◎参考文献「マザー・ネイチャー―「母親」はいかにしてヒトを進化させたか 下」（S. B. ハーディー） 早川書房 2005.5 p460-365
- ◎文献「母性の喪失と再生―事例にみる「母」としての愛と葛藤」（東山弘子） 創元社 2006.4 p230-237
- ◎引用文献「母親が子どもに抱く罪悪感の心理学的研究」（石野陽子） 風間書房 2007.3 p171-181

ハビタット評価手続
- ◎参考文献「HEP入門―〈ハビタット評価手続き〉マニュアル」（田中章） 朝倉書店 2006.10 p237-257

バビロニア
- ◎参考文献「バビロン」（B. アンドレ=サルヴィニ） 白水社 2005.7 p1-5b

ハーブ
- ◎参考文献「ハーブ・スパイス・漢方薬―シルクロードくすり往来」（本多義昭） 丸善 2001.11 p103-104
- ◎文献「メディカルハーブ安全性ハンドブック」（マイケル・マクガフィンほか） 東京堂出版 2001.12 p281-314
- ◎文献「ニーム―忌虫効果で無農薬を可能にするインドセンダン」（J. コンリック） フレグランスジャーナル社 2003.2 p126-148
- ◎参考文献「エッセンシャルオイル&ハーブウォーター375―ジニー・ローズが贈る精油と芳香蒸留水のガイドブック」（J. ローズ） BABジャパン出版局 2004.8 p413-421
- ◎参考文献「基本ハーブの事典」（北野佐久子） 東京堂出版 2005.12 p290-292
- ◎参考文献「ハーブ&サプリメント―natural standardによる有効性評価」（C. E. ウルブリヒトほか） 産調出版 2007.1 prr
- ◎参考文献ほか「ニームは地球を救う―人間と自然との共生」（稲葉眞澄） プロスパー企画 2007.6 p126-148
- ◎参考文献「ハーブ・アロマ・インセンス活用事典―メンタルケアのための」（C. ワイルドウッド） 東京堂 2007.8 p441-445

パブ
- ◎文献「探訪イングランドのパブ」（岡田恭治） 創英社 2002.5 p2-5b

パプア・ニューギニア
- ◎主要参考文献「ニューギニアの贈りもの　パプアニューギニアからイリアンジャヤへ」　現代書館　2001.3　p243-246
- ◎文献「パパとニューギニア―子供たちのパプア・ニューギニア/日本の中のパプア・ニューギニア」（川口築）　花伝社　2003.5　p197-206
- ◎引用参照文献「ローカル歌謡の人類学―パプアニューギニア都市周辺村落における現代音楽の聴取と民衆意識」（諏訪淳一郎）　弘前大学出版会　2005.6　p272-280
- ◎引用参照文献「開発途上アジアの学校と教育―効果的な学校をめざして」（アジア開発銀行ほか）　学文社　2006.8　p197-205

パフォーマンス学
- ○参考文献（佐藤綾子）「現代のエスプリ　411　パフォーマンス学」（至文堂）　2001.10　p75-78

ハーブティー
- ◎参考文献「ハーブティーバイブル」（V. ザック）　東京堂出版　2004.11　p267-268

バプテスト派
- ◎文献「アメリカ南部バプテスト連盟と歴史の審判―ひとつの根源的な罪の痕跡」（E. L. コープランド）　新教出版社　2003.9　p38-56b
- ◎参考文献「囚われの民、教会―南部バプテストの社会的姿勢に見る、教会と文化の関係史」（J. L. エイミー）　教文館　2004.6　p19-56b
- ◎参考文献「バプテストの水戸・平伝道―1885-1941年」（大島良雄）　ダビデ社　2006.8　p164-167

パブリック・アクセス
- ◎参考文献「パブリック・アクセスを学ぶ人のために」（津田正夫ほか）　世界思想社　2002.9　prr

パブリック・スクール
- ◎文献「変貌する英国パブリック・スクール―スポーツ教育から見た現在」（鈴木秀人）　世界思想社　2002.5　p228-243

バブル
- ◎参考文献「現代バブル倒産史」（北沢正敏）　商事法務研究会　2001.6　p384」
- ◎参考資料「バブル興亡史　昭和経済恐慌からのメッセージ」（塩田潮）　日本経済新聞社　2001.7　p423-433
- ◎参考文献「平成バブルの研究―上下」（村松岐夫ほか）　東洋経済新報社　2002.3　prr

浜松中納言物語
- ◎参考文献「新編日本古典文学全集　27　浜松中納言物語」（池田利夫）　小学館　2001.4　p476-482

ハム
- ◎参考文献「ハム・ソーセージ図鑑」　伊藤記念財団　2001.9　p200」

ハムラビ法典
- ◎参考文献「古代法解釈―ハンムラビ法典楔形文字原文の翻訳と解釈」（佐藤信夫）　慶應義塾大出版会　2004.2　p901-903

ハヤカワ文庫
- ◎「ミステリ・データブック　ハヤカワ・ミステリ文庫作家と作品」（早川書房）　早川書房　2001.11　511p A6

ハヤカワ・ミステリ
- ◎「ハヤカワ・ミステリ総解説目録―1953年-2003年（Hayakawa pocket mystery books）」（早川書房編集部）　早川書房　2003.9　612p B6

囃子
- ◎注「能の囃子と演出」（高桑いづみ）　音楽之友社　2003.2　prr
- ◎参考文献「歌舞伎囃子方の楽師論的研究―近世上方を中心として　研究篇」（武内恵美子）　和泉書院　2006.2　p639-657

隼人
- ◎参考文献「隼人の古代史」（中村明蔵）　平凡社　2001.12　p257-258

早鞆高等学校
- ◎参考文献「早鞆百年史」（早鞆高等学校百年史編集委員会）　早鞆学園　2005.5　p772-774

ハヤトロギア
- ◎註「存在の季節―ハヤトロギア（ヘブライ的存在論）の誕生」（宮本久雄）　知泉書館　2002.11　p283-300

バラ
- ◎参考文献「青いバラ」（最相葉月）　新潮社　2004.6　p589-617
- ◎文献「薔薇のパルファム」（蓬田勝之ほか）　求龍堂　2005.4　p247-251
- ◎参考文献「バラ―世界のローズガーデンを訪ねて」（鈴木せつ子）　誠文堂新光社　2006.4　p212-213ほか

パラオ諸島
- ◎文献「政治空間としてのパラオ―島嶼の近代への社会人類学的アプローチ」（遠藤央）　世界思想社　2002.10　p265-277

薔薇十字団
- ◎原註「薔薇十字団」（C. マッキントッシュ）　筑摩書房　2003.3　p269-296

パラドックス
- ◎文献「うそつきのパラドックス―論理的に考えることへの挑戦」（山岡悦郎）　海鳴社　2001.12　p239-242

パラノイア
- ◎参考文献「パラノイアに憑かれた人々　下　蟲の群れが襲ってくる」（ロナルド・シーゲル）　草思社　2001.9　p251-254

薔薇物語
- ◎関連文献「薔薇物語―中世英語版」（ジェフリー・チョーサー）　南雲堂フェニックス　2001.6　p227-238
- ◎書誌「薔薇物語　下」（ギヨーム・ド・ロリスほか）　筑摩書房　2007.8　p440-454

パラリーガル
- ◎文献目録（森本敦司）「わが国の法律事務所におけるパラリーガルの育成と有効活用―法律事務所のコンピュータ・セキュリティ」（日弁連法務研究財団）　商事法務　2003.11　p101-109

パラリンピック
- ◎参考文献「パラリンピックへの招待―挑戦するアスリートたち」（中村太郎）　岩波書店　2002.2　p231-235

バランススコアカード
- ◎参考文献「プロジェクト・バランス・スコアカード」（小原重信ほか） 生産性出版 2004.4 p179-186
- ◎参考文献「バランス・スコアカード経営実践マニュアル―効果が上がるBSCプロジェクトの進め方」（バランス・スコアカード・フォーラム） 中央経済社 2004.12 p189-191
- ◎参考文献「BSCによる銀行経営革命―金融機関の価値創造フレームワーク」（谷守正行） 金融財政事情研究会 2005.1 p190-193
- ◎文献「医療バランスト・スコアカード導入のすべて―構築・展開・成果」（日本医療バランスト・スコアカード研究学会） 生産性出版 2007.9 p255-257

バリアフリー
- ◎参考文献「誰でもわかる交通のバリアフリー」（和平好弘） 成山堂書店 2002.3 p285-287
- ◎参考文献「道のバリアフリー―安心して歩くために」（鈴木敏） 技報堂出版 2002.8 p177-179
- ○文献リスト（北川博巳）「交通科学 32.1・2」（大阪交通科学研究会） 2002 p48-55
- ◎参考文献「バリアフリーと地下空間」（後藤惠之輔ほか） 電気書院 2007.8 p269-273

馬力
- ◎参考文献「「馬力」の運送史」（石井常雄） 白桃書房 2001.9 p225-230

播磨国風土記
- ◎参考文献「風土記からみる古代の播磨」（坂江渉） 神戸新聞総合出版センター 2007.3 p255-260

バリューマネジメント
- ◎原注「バリュー・マネジメント―価値観と組織文化の経営革新」（R. バレット） 春秋社 2005.2 p283-296

バール
- ◎引用文献「バール、コーヒー、イタリア人―グローバル化もなんのその」（島村菜津） 光文社 2007.3 p231-234

バルカン諸国
- ◎参考文献「図説バルカンの歴史」（柴宜弘） 河出書房新社 2001.12 p169
- ◎文献「近代バルカン都市社会史―多元主義空間における宗教とエスニシティ」（佐原徹哉） 刀水書房 2003.2 p451-489
- ◎参考文献「バルカンを知るための65章」（柴宜弘） 明石書店 2005.4 p347-355

バルカン戦争
- ◎参考文献「オーストリア=ハンガリーとバルカン戦争―第一次世界大戦への道」（馬場優） 法政大出版局 2006.2 p21-37b

バルカン版木
- ○目録（貞兼綾子）「日本西蔵学会会報 49」（日本西蔵学会） 2003.5 p101-114

パルーシア
- ○注「真理とディスクール―パルーシア講義」（M. フーコー） 筑摩書房 2002.9 prr

バルト三国
- ◎文献案内「物語バルト三国の歴史―エストニア、ラトヴィア、リトアニア」（志摩園子） 中央公論新社 2004.7 p265-263

パルプ
- ◎参考図書「紙とパルプの科学」（山内龍男） 京都大学術出版会 2006.11 p187-188

パルプマガジン
- ◎「パルプマガジン 娯楽小説の殿堂」（荒俣宏） 平凡社 2001.4 254p A5
- ◎参考文献「SF雑誌の歴史―パルプマガジンの饗宴」（M. アシュリー） 東京創元社 2004.7 p288-292

ハルモニア原論
- ◎参考文献「アリストクセノス『ハルモニア原論』の研究」（山本建郎） 東海大学出版会 2001.2 p383-389

バレエ
- ◎参考文献「バレエ誕生」（鈴木晶） 新書館 2002.4 p12-15b
- ◎参考文献「バレエテクニックのすべて」（赤尾雄人） 新書館 2002.10 p160」
- ◎参考文献「バレエの見方」（長野由紀） 新書館 2003.9 p285-286
- ◎書籍ガイド「食わず嫌いのためのバレエ入門」（守山美花） 光文社 2003.9 p223-225
- ◎参考文献「随想―バレエに食われる日本人」（石田種生） 文園社 2007.11 p267-268

パレスチナ
- ◎参考文献「第三世界の政治―パレスチナ問題の展開〔新版〕」（高橋和夫） 放送大学教育振興会 2001.3 p335-338
- ◎参考文献「アメリカとパレスチナ問題　アフガニスタンの影で」（高橋和夫） 角川書店 2001.12 p243-245
- ◎参考文献「中東百年紛争―パレスチナと宗教ナショナリズム」（森戸幸次） 平凡社 2001.12 p213-215
- ◎文献「パレスチナ分割―パレスチナ問題研究序説」（木村申二） 第三書館 2002.8 p547-560
- ◎文献「パレスチナの政治文化―民主化途上地域への計量的アプローチ」（浜中新吾） 大学教育出版 2002.12 p199-229
- ◎書誌「パレスチナ問題」（E. W. サイード） みすず書房 2004.2 p30-39b
- ◎参考文献「パレスチナ紛争史」（横田勇人） 集英社 2004.5 p203-206
- ◎参考文献「世界化するパレスチナ/イスラエル紛争」（臼杵陽） 岩波書店 2004.5 p1-3b
- ◎参考文献「パレスチナ―紛争と最終的地位問題の歴史」（阿部俊哉） ミネルヴァ書房 2004.11 p6-12b
- ◎参考文献「私はパレスチナ人クリスチャン」（M. ラヘブ） 日本基督教団出版局 2004.12 p246-250
- ◎参考文献「パレスチナの歴史」（奈良本英佑） 明石書店 2005.7 p399-406
- ◎参考文献「パレスチナ―非暴力で占領に立ち向かう」（清水愛砂） 草の根出版会 2006.1 p126-127

バレーボール
- ◎参考文献「バレーボール―世界トップレベルの攻撃に関する運動技術学的研究」（金致偉） 牧歌舎 2006.7 p112-116
- ◎引用参考文献「バレーボールのメンタルマネジメント―精神的に強いチーム・選手になるために」（遠藤俊郎） 大修館書店 2007.7 p197-200

バロック演劇
- ◎文献表「エンブレムとバロック演劇」(A. シューネ) ありな書房 2002.6 p281-296
- ◎研究の現在「宮廷バレエとバロック劇—フランス一七世紀」(伊藤洋) 早稲田大学出版部 2004.3 p262-272

バロック音楽
- ◎参考文献「バロック・ソナタの音楽史—ガブリエリからバッハまで」(田中武夫) 文芸社 2001.3 p465-466
- ◎参照文献「ドイツ・バロック器楽論—1650～1750年頃のドイツ音楽理論における器楽のタイポロジー」(佐藤望) 慶應義塾大出版会 2005.12 p293-301

バロック芸術
- ◎文献「バロックの魅力」(小穴晶子) 東信堂 2007.3 prr

バロック建築
- ◎参考文献「図説世界建築史 11 バロック建築」(クリスチャン・ノルベルグ=シュルツ) 本の友社 2001.3 p261-262
- ◎参考文献「後期バロック・ロココ建築 図説世界建築史 12」(C. ノルベルグ=シュルツ) 本の友社 2003.4 p248-250

バロックダンス
- ◎参考文献「栄華のバロック・ダンス 舞踏譜に舞曲のルーツを求めて」(浜中康子) 音楽之友社 2001.1 p259-261

バロック美術
- ◎参考文献「バロック美術の成立」(宮下規久朗) 山川出版社 2003.10 p96-98
- ◎文献一覧「バロックのイメージ世界—綺想主義研究」(M. プラーツ) みすず書房 2006.6 p1-12b
- ◎文献案内「綺想の表象学—エンブレムへの招待」(伊藤博明) ありな書房 2007.12 p485-510

パワーエリート
- ◎参考文献「アメリカのパワー・エリート」(三輪裕範) 筑摩書房 2003.9 p1-5b

パワーハラスメント
- ◎参考文献ほか「職場のいじめとパワハラ防止のヒント」(涌井美和子) 産労総合研究所 2007.7 p212-217

パン
- ◎参考文献「新しい製パン基礎知識 第17版」(竹谷光司) パンニュース社 2001.6 p244-245
- ◎参考文献「メロンパンの真実」(東嶋和子) 講談社 2004.2 p275-277
- ◎原註「パンの歴史—世界最高のフランスパンを求めて」(S. L. カプラン) 河出書房新社 2004.11 p504-477
- ◎参考文献「ごはんとパンの考古学」(藤本強) 同成社 2007.2 p187」

バーンアウト
- ◎引用参考文献「仕事人間のバーンアウト」(横山敬子) 白桃書房 2003.12 p193-201

版画
- ◎参考文献「20世紀版画の軌跡展 丸井コレクション」(安田火災東郷青児美術館) 安田火災東郷青児美術館 2001.2 p196-198
- ◎参考文献「世界版画史—カラー版」(青木茂) 美術出版社 2001.6 p189-193
- ◎参考文献「中国の年画—祈りと吉祥の版画」(樋田直人) 大修館書店 2001.12 p220-222
- ○資料集成(岩切信一郎)「東京文化短期大学紀要 19」(東京文化短大) 2002.3 p23-48
- ◎参考文献「版画史解剖—正倉院からゴーギャンへ」(黒崎彰) 阿部出版 2002.9 p218-221
- ◎文献「西洋版画の見かた—ポケットガイド」(渡辺晋輔) 国立西洋美術館 2003.3 p70-71
- ◎参考文献「ルボーク—ロシアの民衆版画」(坂内徳明) 東洋書店 2006.2 p204-209
- ◎「西洋美術作品レファレンス事典 版画・彫刻・工芸・建造物篇」(日外アソシエーツ) 日外アソシエーツ 2006.5 61, 1264p B5

藩学
- ◎著書目録ほか「近世秋田の学問と文化 生涯学習編」(渡部綱次郎) 秋田文化出版(発売) 2002.9 p391-396
- ◎参考文献「水戸弘道館小史」(鈴木暎一) 文眞堂 2003.6 p145-146
- ◎参考文献「共通教育と特別教育」(小川克正) 角川学芸出版 2005.5 p237-241
- ◎参考文献「近世藩制・藩校大事典」(大石学) 吉川弘文館 2006.3 prr

版画荘文庫
- ○文庫目録(松本八郎)「舢板 III 10」(EDI) 2005.5 p66-71

ハンガリー
- ◎参考文献「異星人伝説—20世紀を創ったハンガリー人」(マルクス・ジョルジュ) 日本評論社 2001.12 p306-308
- ◎参考文献「ハンガリーを知るための47章—ドナウの宝石」(羽場久浘子) 明石書店 2002.4 prr
- ◎基本文献ほか「ハプスブルクとハンガリー」(E. H. バラージュ) 成文社 2003.7 p386-390
- ◎参考文献「冷戦期のハンガリー外交—ソ連・ユーゴスラヴィア間での自立性の模索」(荻野晃) 彩流社 2004.7 p17-24b
- ◎参考文献「伝統芸能復興—フォーク・リヴァイヴァル—ハンガリーのダンスハウス運動」(横井雅子) アーツアンドクラフツ 2005.2 p210-211

ハンガリー ハンガリー動乱
- ◎文献「ハンガリー事件と日本——九五六年・思想史的考察」(小島亮) 現代思潮新社 2003.5 p215-20
- ◎推薦文献「1956年のハンガリー革命—改革・蜂起・自由闘争・報復」(G. リトヴァーン) 現代思潮新社 2006.10 p251-283
- ◎参考文献「ハンガリー1956—新訳」(A. アンダーソン) 現代思潮新社 2006.10 p209-211
- ◎文献目録「終わりなき革命—ハンガリー1956」(B. ローマックス) 彩流社 2006.10 p7-8b

ハンガリー ブダペスト
- ◎参考文献「図説ブダペスト都市物語」(早稲田みか) 河出書房新社 2001.3 p134」
- ◎参考文献ほか「ブダペシュト史—都市の夢」(南塚信吾) 現代思潮新社 2007.11 p5-6b

バングラデシュ
- ◎文献「バングラデシュの発展と地域開発―地域研究者の提言」（向井史郎）　明石書店　2003.1　p433-445
- ◎参考文献「バングラデシュを知るための60章」（大橋正明ほか）　明石書店　2003.8　prr
- ◎文献リスト「バングラデシュ農村開発実践研究」（海田能宏）　コモンズ　2003.10　p343-370
- ◎参考図書ほか「東パキスタンの大地に挑む―第一次日本農業使節団、汗と涙の技術協力奮闘の記録」（川路賢一郎）　新風書房　2004.12　p261-265
- ◎参考文献「バングラデシュ農村開発のなかの階層変動―貧困削減のための基礎研究」（藤田幸一）　京都大学術出版会　2005.1　p275-281
- ◎参考文献「バングラデシュ民衆社会のムスリム意識の変動―デシュとイスラーム」（高田峰夫）　明石書店　2006.1　p535-562
- ◎参考文献「資料体系アジア・アフリカ国際関係政治社会史　2　アジア　5h」（浦野起央）　パピルス出版　2007.1　p1-5b
- ◎参考文献ほか「バングラデシュ農村の初等教育制度受容」（日下部達哉）　東信堂　2007.12　p188-191

反抗期
- ◎引用文献「子どもの反抗期における母親の発達―歩行開始期の母子の共変化過程」（坂上裕子）　風間書房　2005.1　p277-286

万国博覧会
- ◎参考文献「世紀の祭典万国博覧会の美術―パリ・ウィーン・シカゴ万博に見る東西の名品」（東京国立博物館ほか）　NHK　c2004　p305-310
- ◎参考文献「「万博」発明発見50の物語」（久島伸昭）　講談社　2004.12　p227-236
- ◎参考文献「戦争と万博」（椹木野衣）　美術出版社　2005.2　p342-347
- ◎参考文献「万国びっくり博覧会―万博を100倍楽しむ本」　大和書房　2005.3　p206」
- ◎参考文献「万博幻想―戦後政治の呪縛」（吉見俊哉）　筑摩書房　2005.3　p289-297

犯罪
- ◎参考文献「犯罪学への招待　第2版」（守山正, 西村春夫）　日本評論社　2001.4　p226-235
- ◎参考文献（月田陽子ほか）「犯罪学がわかる。」（朝日新聞社）　朝日新聞社　2001.6　p150-157
- ◎参考文献「自己を失った少年たち―自己確認型犯罪を読む」（影山任佐）　講談社　2001.12　p201-207
- ◎文献「ヴィクトリア朝小説と犯罪」（西條隆雄）　音羽書房鶴見書店　2002.5　p375-379
- ◎参考文献「世界戦争犯罪事典」（秦郁彦ほか）　文藝春秋　2002.8　prr
- ◎参考文献「狙われる日本人―これが海外犯罪の手口だ」（戸田智弘）　NHK出版　2002.9　p218-219
- ◎参考文献「手にとるように犯罪学がわかる本―なぜ、犯罪は起きるのか?」（現代犯罪学研究会）　かんき出版　2003.2　p210-211
- ◎参考文献「犯罪学原論」（藤本哲也）　日本加除出版　2003.4　prr
- ◎文献「社会と犯罪―英国の場合―中世から現代まで」（J. ブリッグス）　松柏社　2003.10　p381-388
- ◎文献「因果関係と客観的帰属」（小林憲太郎）　弘文堂　2003.12　p223-243
- ◎参考文献「日中比較組織犯罪論」（張凌）　成文堂　2004.1　p325-331
- ◎参考文献「こうすれば犯罪は防げる―環境犯罪学入門」（谷岡一郎）　新潮社　2004.3　p207-214
- ◎参考文献「犯罪学　6訂版」（菊田幸一）　成文堂　2005.1　prr
- ◎参考文献「諸外国における防犯・防災対策の実態―保険犯罪防止を中心として」　損害保険事業総合研究所　2005.3　p297-305
- ◎参考文献「日常生活の犯罪学」（M. フェルソン）　日本評論社　2005.11　p334-358
- ◎参考文献「学校の中の事件と犯罪―シリーズ　3　1973～2005（戦後教育の検証）」（柿沼昌芳ほか）　批評社　2005.12　p156-159
- ◎参考文献「犯罪原論―犯罪行動の経済学的考察」（渡瀬啓之）　新風舎　2006.1　p205-207
- ◎引用参考文献「月経と犯罪―女性犯罪論の真偽を問う」（田中ひかる）　批評社　2006.3　p152-165
- ◎参考文献「中国「黒社会」の掟―チャイナマフィア」（溝口敦）　講談社　2006.4　p376-377
- ◎文献目録「合理的な人殺し―犯罪の法と経済学」（G. マルシェほか）　木鐸社　2006.8　p229-232

万歳
- ◎参考文献「万歳―まことにめでとうそうらいける」（大阪人権博物館）　大阪人権博物館　2007.9　p139」

犯罪者
- ◎参考文献「犯罪者プロファイリング―犯罪を科学する警察の情報分析技術」（渡辺昭一）　角川書店　2005.2　p209-213
- ◎参考文献「外国人犯罪者―彼らは何を考えているのか」（岩男壽美子）　中央公論新社　2007.8　p233-234

犯罪心理
- ○文献目録「犯罪心理学研究　39.2」（日本犯罪心理学会）　2001　p47-57
- ◎文献「地理的プロファイリング―凶悪犯罪者に迫る行動科学」（D. キム・ロスモ）　北大路書房　2002.10　p269-289
- ◎引用参考文献「犯罪に挑む心理学―現場が語る最前線」（笠井達夫ほか）　北大路書房　2002.12　p228-239
- ○文献目録（日本犯罪心理学会文献目録作成委員会）「犯罪心理学研究　41.2」（日本犯罪心理学会）　2003　p85-97
- ◎参考文献「捜査心理ファイル―捜査官のための実戦的心理学講座」（渡辺昭一）　東京法令出版　2005.1　prr
- ◎文献「犯罪心理学特講―実在的極限状況の心理」（丸山久美子）　ブレーン出版　2005.4　p75-77
- ◎参考文献「攻撃と殺人の精神分析」（片田珠美）　トランスビュー　2005.6　p301-293
- ◎参考文献「犯罪心理学」（越智啓太）　朝倉書店　2005.10　prr
- ◎引用文献「犯罪心理学―行動科学のアプローチ」（C. R. バートルほか）　北大路書房　2006.1　p597-662
- ◎文献「犯罪者プロファイリング入門―行動科学と情報分析からの多様なアプローチ」（渡邉和美）　北大路書房　2006.4　p187-199
- ◎引用参考文献「犯罪心理学―犯罪の原因をどこに求めるのか」（大渕憲一）　培風館　2006.7　p281-295

◎参考文献「性犯罪の心理―あなたは性犯罪の実態をどこまで知っているのか?」(作田明) 河出書房新社 2006.9 p236-238
◎引用参考文献「犯罪・非行の心理学」(藤岡淳子) 有斐閣 2007.3 p251-266
◎参考文献「なぜ、バラバラ殺人事件は起きるのか?―殺人+死体損壊を生む心の闇を解き明かす」(作田明) 辰巳出版 2007.5 p222-223
◎参考文献「犯罪心理臨床」(生島浩ほか) 金剛出版 2007.9 prr

犯罪捜査
◎引用参考文献「DNA鑑定のはなし 犯罪捜査から親子鑑定まで」(福島弘文) 裳華房 2003.3 p124-125
◎参考図書「科学捜査 図解雑学」(長谷川聖治) ナツメ社 2004.10 p223」
◎参考文献「犯罪と科学捜査 続 DNA型鑑定の歩み」(瀬田季茂) 東京化学同人 2005.10 p5-10b

犯罪報道
◎参考文献「実名報道の犯罪」(東山麟太郎) 近代文芸社 2001.5 p147-148
◎参考文献「『劇場型犯罪』とマス・コミュニケーション」(小城英子) ナカニシヤ出版 2004.10 p135-144

犯罪予防
◎参考文献「安全・安心なまちづくりへの政策提言―生活犯罪・迷惑行為・暴力からまちを守る」(日本都市センター) 日本都市センター 2004.3 p253-256
◎参考文献「日本はテロを防げるか」(宮坂直史) 筑摩書房 2004.12 prr
◎参考文献「生活安全条例とは何か―監視社会の先にあるもの」(「生活安全条例」研究会) 現代人文社 2005.2 p124-125
◎参考文献「防犯まちづくり―子ども・住まい・地域を守る」(山本俊哉) ぎょうせい 2005.5 p204-207
◎参考文献「子どもを犯罪から守る―犯罪被害当事者による、子どもを被害者にも加害者にもさせない方法」(内野真) 明石書店 2005.5 p269-272
◎参考文献「犯罪予防とまちづくり―理論と米英における実践」(R. H. Schneider) 丸善 2006.6 p283-298
◎文献案内「〈テロ対策〉入門―遍在する危機への対処法」(テロ対策を考える会) 亜紀書房 2006.7 p277-285
◎参考文献「犯罪不安社会―誰もが「不審者」?」(浜井浩一ほか) 光文社 2006.12 p242-249
◎参考文献「開いて守る―安全・安心のコミュニティづくりのために」(吉原直樹) 岩波書店 2007.1 p62-63
◎参考文献ほか「デザイン・アウト・クライム―「まもる」都市空間」(I. カフーン) 鹿島出版会 2007.9 p281-289
◎参考引用文献「社会安全政策のシステム論的展開」(四方光) 成文堂 2007.10 p477-497

阪神・淡路大震災
◎参考文献「心の断層―阪神・淡路大震災の内面をたずねて」(藤本幸也) みすず書房 2002.3 p266-269
◎文献「震災ボランティアの社会学―〈ボランティア=NPO〉社会の可能性」(山下祐介,菅磨志保) ミネルヴァ書房 2002.11 p303-318
◎参考文献「あの日、突然遺族になった―阪神大震災の十年」(内田洋一) 白水社 2004.11 p237-244
◎参考文献「ボランティア活動の論理―阪神・淡路大震災からサブシステンス社会へ」(西山志保) 東信堂 2005.1 p226-241
◎参考文献「事例研究の革新的方法―阪神大震災被災高齢者の五年と高齢化社会の未来像」(大谷順子) 九州大出版会 2006.11 p301-327
◎参考文献ほか「ボランティア活動の論理―ボランタリズムとサブシステンス 改訂版」(西山志保) 東信堂 2007.4 p248-264

阪神タイガース
◎参考文献「猛虎伝説 阪神タイガースの栄光と苦悩」(上田賢一) 集英社 2001.2 p238」
◎参考文献「阪神ファンの経済効果」(国定浩一) 角川書店 2002.3 1pb
◎参考文献「阪神タイガース展―ファンと歩んだ70年特別展」(大阪歴史博物館ほか) 同展実行委員会 2005.2 p228-229

阪神電気鉄道
◎参考文献「阪神電気鉄道百年史」(日本経営史研究所) 阪神電気鉄道 2005.12 p910-913

パンスロポロジー
◎引用文献「マハレのチンパンジー―《パンスロポロジー》の三七年」(西田利貞ほか) 京都大学学術出版会 2002.11 p588-561

藩政改革
◎文献「藩政改革と百姓一揆―津藩の寛政期」(深谷克己) 比較文化研究所 2004.5 p281-284
◎参考文献「江戸諸藩中興の祖」(川口素生) 河出書房新社 2005.1 p254-255

帆船
◎参考文献「伊達政宗の黒船―ねつ造された歴史の告白」(須藤光興) 文芸社ビジュアルアート 2006.9 p260-262

反戦詩
◎参考文献「偏向する勁さ―反戦詩の系譜」(井之川巨) 一葉社 2001.12 p376-381

反戦脱走米兵援助日本技術委員会
◎文献目録ほか「私たちは、脱走アメリカ兵を越境させた…―ベ平連/ジャテック、最後の密出国作戦の回想」(高橋武智) 作品社 2007.11 p320-326

ハンセン病
◎参考図書「生きて、ふたたび―隔離55年―ハンセン病者半生の軌跡 増補」(国本衛) 毎日新聞社 2001.9 p266-267
○文献目録(島岡真)「名古屋大学附属図書館研究年報 1」(名古屋大) 2003.3 p41-47
◎文献一覧「「病いの経験」を聞き取る―ハンセン病者のライフヒストリー」(蘭由岐子) 皓星社 2004.4 p357-366
◎文献「もう一つのハンセン病史―山の中の小さな園にて―元身延深敬園長綱脇美智さんに聞く」(綱脇美智) 医療文化社 2005.11 p288-290
◎参考文献「知っていますか?ハンセン病と人権一問一答」(神美知宏ほか) 解放出版社 2005.12 p127-126
◎参考文献「ハンセン病重監房の記録」(宮坂道夫) 集英社 2006.4 p184-190

◎参考文献「ゆうなの花の季と」(伊波敏男) 人文書館 2007.5 p299-301
◎参考文献「「将来構想」の歴史に学ぶ―「第二回ハンセン病資料セミナー2007」報告」(ハンセン病図書館友の会ほか) 皓星社 2007.12 p115-117

伴大納言絵巻
◎参考文献「謎解き伴大納言絵巻」(黒田日出男) 小学館 2002.7 p237-239

パンチ
◎書誌目録「もうひとつのイギリス児童文学史―「パンチ」誌とかかわった作家・画家を中心に」(三宅興子) 翰林書房 2004.7 p297-306

半導体
◎参考文献「中国に生きる日米生産システム―半導体生産システムの国際移転の比較分析」(苑志佳) 東京大学出版会 2001.2 p226-230
◎文献「日米韓台半導体産業比較」(谷光太郎) 白桃書房 2002.6 p253-258
◎参考文献「日米韓半導体摩擦―通商交渉の政治経済学」(大矢根聡) 有信堂高文社 2002.11 p324-331
◎参考文献「技術発展と半導体産業―韓国半導体産業の発展メカニズム」(宋娘沃) 文理閣 2005.7 p211-227
◎参考文献ほか「高校数学でわかる半導体の原理―電子の動きを知って理解しよう」(竹内淳) 講談社 2007.3 p256-257

反ナチ運動
◎註「「白バラ」尋問調書―『白バラの祈り』資料集」(F. ブライナースドルファー) 未來社 2007.8 p262-279

般若心経
◎参考文献「般若心経はなぜ人を癒すのか―誰をもすぐに救う陀羅尼蔵の経典」(長谷川洋三) 木耳社 2006.10 p267-269
◎文献目録「一般人にとっての『般若心経』―変化する世界と空の立場」(幸津國生) 花伝社 2007.11 p252-258

販売
◎参考文献「ホスピタリティがお客さまを引きつける―サービス・ロボットからハートに満ちた人間へ」(浦郷義朗) ダイヤモンド社 2003.7 p225-227

販売管理
◎参考文献「MBA・営業マネジメント―改革の実態とその方法」(営業マネジメント研究会) 萌書房 2001.10 p241-242
◎文献「プロモーション効果分析」(守口剛) 朝倉書店 2002.11 p151-153
◎引用文献「営業生産性尺度の開発」(細井謙一ほか) 広島経済大 2006.3 p141-144
◎原注「インターフェース革命」(J. F. レイポート) ランダムハウス講談社 2006.5 p1-26b

販売契約
◎参考文献「フランチャイズシステムの法理論」(川越憲治) 商事法務研究会 2001.8 p542-545
◎文献「フランチャイジング―米国における発展過程」(トーマス・S. ディッキー) まほろば書房 2002.6 p313-329

反ユダヤ主義
◎参考文献「誰がイエスを殺したのか―反ユダヤ主義の起源とイエスの死」(ジョン・ドミニク・クロッサン) 青土社 2001.4 p8-10b
◎参考文献「黄色い星―ヨーロッパのユダヤ人迫害 1933-1945 新版」(G. シェーンベルナーほか) 松柏社 2004.7 p332-337
◎原註「反ユダヤ主義の歴史 2」(L. ポリアコフ) 筑摩書房 2005.8 p423-461

【 ひ 】

火
◎注ほか「火―その創造性と破壊性」(S. J. パイン) 法政大学出版局 2003.9 p21-41b
◎文献「ファイア火の自然誌」(S. J. パイン) 青土社 2003.12 p333-340
◎参考文献「火と人間」(磯田浩) 法政大学出版局 2004.4 p249-250

美
◎文献表「美の存立と生成」(今道友信) ピナケス出版 2006.7 p28-33b

ピアニスト
◎参考文献「ピアニストが見たピアニスト―名演奏家の秘密とは」(青柳いづみこ) 白水社 2005.6 p272-274

ピアノ
◎参考文献「日本のピアノ100年 ピアノづくりに賭けた人々」(前間孝則, 岩野裕一) 草思社 2001.10 p376-382
◎参考文献「まるごとピアノの本」(足立博) 青弓社 2002.4 p229
◎参考文献「蘭子のピアノ―一台の輸入ピアノをめぐる数奇な物語」(神津良子) 郷土出版社 2004.11 p199-200
◎文献「21世紀へのチェルニー―訓練と楽しさと」(山本美芽) ショパン 2005.7 p131-136
◎参考文献「ピアノはなぜ黒いのか」(斎藤信哉) 幻冬舎 2007.5 p201-203

ピアノ曲
◎出版楽譜一覧(堀朋平)「ピアニストのための音楽史」(長峰和子) 音楽之友社 2003.7 p89-102
◎参考資料ほか「粋と情熱―スペイン・ピアノ作品への招待」(上原由記音) ショパン 2004.11 p321-318

ビアフラ戦争
◎文献「ビアフラ戦争―叢林に消えた共和国」(室井義雄) 山川出版社 2003.7 p201-203

PR
◎参考文献「入門パブリックリレーションズ―双方向コミュニケーションを可能にする新広報戦略」(井之上パブリックリレーションズ) PHP研究所 2001.4 p248-250
◎参考文献「PR! ―世論操作の社会史」(S. ユーウェン) 法政大学出版局 2003.10 p61-82b

◎参考文献「サステナブル時代のコミュニケーション戦略」(宮田穣)　同友館　2004.10　p209-218
◎参考文献「その広報に関係する法律はこれです!」(縣幸雄)　創成社　2005.10　p148-150
◎参考文献「分権時代の広聴入門―理論と実際」(土橋幸男)　ぎょうせい　2006.2　p195-198
◎参考文献「パブリック・リレーションズ―最短距離で目標を達成する「戦略広報」」(井之上喬)　日本評論社　2006.3　p283-288
◎参考書籍「戦略広報―パブリックリレーションズ実務事典」(電通パブリックリレーションズ)　電通　2006.12　p243-247
◎参考文献「広報・パブリックリレーションズ入門」(猪狩誠也)　宣伝会議　2007.1　p298-299

火打ち道具
◎文献「火打ち道具の製作調査と映像記録」(東京都歴史文化財団, 東京都江戸東京博物館)　東京都江戸東京博物館　2002.3　p142-145

ヒエ
◎引用文献「ヒエという植物」(山口裕文)　全国農村教育協会　2001.9　p178-196

BSE　⇒　牛海綿状脳症　を見よ

ひえつき節
◎参考文献「ひえつき節の二十世紀―二十六文字がつづる秘境物語」(原田解)　鉱脈社　2004.7　p224-225

PFI
◎参考文献「PFIの知識」(野田由美子)　日本経済新聞社　2003.1　p201-202

PL法
◎参考文献「米国の巨額PL訴訟を解剖する―クラスアクションの脅威とその対策」(杉野文俊)　商事法務　2004.5　p371-386

ヒエログリフ
◎参考文献「聖なる文字ヒエログリフ」(P. ウィルソン)　青土社　2004.5　p213-215
◎参考文献「ヒエログリフを愉しむ」(近藤二郎)　集英社　2004.8　p220-221
◎参考文献「古代エジプト人の世界―カラー版　壁画とヒエログリフを読む」(村治笙子)　岩波書店　2004.11　p187-190

POMS
◎文献一覧「診断・指導に活かすPOMS事例集」(横山和仁, 下光輝一, 野村忍)　金子書房　2002.1　p146-154

ビオトープ
◎関連図書「自然環境復元の展望」(杉山恵一)　信山社サイテック　2002.10　p179-197
◎参考文献「ホームビオトープ入門―生きものを我が家に招く」(養父志乃夫)　農文協　2003.9　p196-197
◎参考文献「環境を守る最新知識―ビオトープネットワーク　自然生態系のしくみとその守り方　2版」(日本生態系協会)　信山社　2006.6　p178-181

被害者
◎文献「被害者のトラウマとその支援」(藤森和美)　誠信書房　2001.6　p231-244
◎文献「犯罪被害の回復―対案・損害回復」(ドイツ対案グループ)　成文堂　2002.10　p190-197
◎文献「修復的司法とは何か―応報から関係修復へ」(H. ゼア)　新泉社　2003.6　p10-19b
◎文献「被害者のための正義―国連被害者人権宣言関連ドキュメント」(諸沢英道)　成文堂　2003.10　p274-279
◎文献「犯罪被害者遺族の心理と支援に関する研究」(大和田攝子)　風間書房　2003.11　p151-161
◎引用文献「犯罪被害者の心理と支援」(長井進)　ナカニシヤ出版　2004.7　p285-294
◎参考文献「犯罪被害者支援とは何か―附属池田小事件の遺族と支援者による共同発信」(酒井肇ほか)　ミネルヴァ書房　2004.7　p2-5b
◎参考文献「犯罪被害者の権利の確立と総合的支援を求めて」(日本弁護士連合会犯罪被害者支援委員会)　明石書店　2004.10　p427-432
◎文献「被害者と加害者の対話による回復を求めて―修復的司法におけるVOMを考える」(藤岡淳子)　誠信書房　2005.6　p228-239

皮革
◎文献「皮革ハンドブック」(日本皮革技術協会)　樹芸書房　2005.1　prr
◎注ほか「毛皮と皮革の文明史―世界フロンティアと略奪のシステム」(下山晃)　ミネルヴァ書房　2005.1　p18-67b

美学
◎参考文献「街並みの美学」(芦原義信)　岩波書店　2001.4　p1-13b
◎文献表「感性論―エステティックス―開かれた経験の理論のために」(岩城見一)　昭和堂　2001.4　p9-13b
◎文献「美学のキーワード」(K. ロッター, W. ヘンクマン)　勁草書房　2001.7　p301-313
◎原注「ホモ・エステティクス　民主主義の時代における趣味の発明」(L. フェリー)　法政大学出版局　2001.11　p1-14b
◎文献表「芸術の逆説―近代美学の成立」(小田部胤久)　東京大学出版会　2001.11　p11-22b
◎参照文献「中世美学史―『バラの名前』の歴史的・思想的背景」(ウンベルト・エコ)　而立書房　2001.12　p257-282
◎参考文献「自然との和解の美学―序説―西洋近代美学における芸術と自然」(村田誠一)　晃洋書房　2002.2　p3-8b
◎「美学・美術史研究文献要覧　1995-1999」(星山晋也)　日外アソシエーツ　2002.9　898p B5
◎参考文献「美学事始―芸術学の日本近代」(神林恒道)　勁草書房　2002.9　p2-4b
◎参考文献「修復の鑑―交差する美学と歴史と思想」(A. コンティ)　ありな書房　2002.12　p617-651
◎文献案内「美学への招待」(佐々木健一)　中央公論新社　2004.3　p228-240
◎文献一覧「感覚学としての美学」(G. ベーメ)　勁草書房　2005.10　p9-18b
◎「美学・美術史研究文献要覧　2000～2004」(日外アソシエーツ)　日外アソシエーツ　2005.11　873p B5
◎文献表「芸術の条件―近代美学の境界」(小田部胤久)　東京大出版会　2006.1　p10-20b
◎参考文献「近代日本「美学」の誕生」(神林恒道)　講談社　2006.3　p312-316
◎ブックガイド「美/学」(酒井紀幸ほか)　早稲田大　2006.3　p188-191

◎参考文献「ボディ・クリティシズム―啓蒙時代のアートと医学における見えざるもののイメージ化」(B. M. スタフォード) 国書刊行会 2006.12 p1-41b
◎諸誌目録「美のバロキスム―芸術学講義」(谷川渥) 武蔵野美術大出版局 2006.12 p277-288

比較教育
◎参考文献「教育の比較社会学」(原清治ほか) 学文社 2004.1 prr

比較言語学
◎参考文献「「語り」の記号論―日英比較物語文分析」(山岡實) 松柏社 2001.1 p202-211
◎参考文献「言語の興亡」(R. M. W. ディクソン) 岩波書店 2001.6 p1-13b
◎文献「日欧亜比較言語―古日本語・ノストラテク祖語・印欧祖語・アルタイ祖語」(鳴海日出志) 中西出版 2002.7 p200-203
◎文献「中国語の姿・日本語の姿」(戰慶勝) 高城書房 2003.9 p239-241
◎参考文献「対照言語学の新展開」(佐藤滋ほか) ひつじ書房 2004.7 prr
◎参考文献「日韓対照言語学入門」(油谷幸利) 白帝社 2005.5 p201-210
◎参考文献「Deonticからepistemicへの普遍性と相対性―モダリティの日英語対照研究」(黒滝真理子) くろしお出版 2005.11 p235-251
◎引用文献「世界言語のなかの日本語―日本語系統論の新たな地平」(松本克己) 三省堂 2007.12 p307-321

比較考古学
◎参考文献「初期文明の比較考古学」(B. G. トリッガー) 同成社 2001.8 p238-239

比較宗教
◎原注「宗教の社会学―東洋と西洋を比較して」(B. ウィルソン) 法政大学出版局 2002.9 p11-26b
◎参考文献「人間の文化と神秘主義」(頼住光子ほか) 北樹出版 2005.4 p225-227

比較心理
◎引用文献「パピーニの比較心理学―行動の進化と発達」(M. R. パピーニ) 北大路書房 2005.9 p483-508
◎文献案内「心の輪郭―比較認知科学から見た知性の進化」(川合伸幸) 北大路書房 2006.5 p1-8b

比較都市史
○文献情報「比較都市史研究 23.1」(比較都市史研究会) 2004.6 p69-83

比較文化
◎引用出典「三つの文化―仏・英・独の比較文化学」(W. レペニース) 法政大学出版局 2002.2 p47-76b
◎参考文献「比較文化―ジェンダーの視点から」(原ひろ子) 放送大学教育振興会 2002.4 prr
◎引用文献「比較文化の心理学―カルチャーは社会を越えるのか」(三井宏隆) ナカニシヤ出版 2005.6 prr

比較文学
◎参考文献「比較文学 新版」(イヴ・シュヴレル) 白水社 2001.5 p1-2b
○研究文献目録「和漢比較文学 28」(和漢比較文学会) 2002.2 p73-109
○文献目録(園明美ほか)「和漢比較文学 30」(和漢比較文学会) 2003.2 p66-97
○文献目録(園明美ほか)「和漢比較文学 32」(和漢比較文学会) 2004.2 p70-105
◎書誌ほか「比較文学の世界」(秋山正幸ほか) 南雲堂 2005.8 p261-302
○文献目録「和漢比較文学 36」(和漢比較文学会) 2006.2 p84-105

東インド会社
◎参考文献「世界最強の商社―イギリス東インド会社のコーポレートガバナンス」(浜渦哲雄) 日本経済評論社 2001.7 p228-233
◎参考文献「フランス東インド会社とポンディシェリ」(P. オドレール) 山川出版社 2006.4 p122-121
◎参考文献「東インド会社とアジアの海 興亡の世界史 1」(羽田正) 講談社 2007.12 p369-363

東ティモール
◎文献資料「東ティモール独立史」(松野明久) 早稲田大学出版部 2002.12 p263-278
◎参考文献「東ティモールを知るための50章」(山田満) 明石書店 2006.8 p305-315

東廻海運史
◎註「東廻海運史の研究」(渡辺英夫) 山川出版社 2002.11 prr

東山御文庫本
◎内容目録「禁裏・公家文庫研究 1」(田島公) 思文閣出版 2003.2 p276-384b

光
◎参考文献「光と色の100不思議」(川口幸人, 桑嶋幹) 東京書籍 2001.8 p232-238

光情報システム
◎参考文献「オプトメカトロニクス―光情報システムの基礎」(浮田宏生) 森北出版 2001.9 p147-150

光触媒
◎参考資料「これで光触媒のすべてがわかる!」(亀井信一) 秀和システム 2007.9 p173-174

光通信
◎引用文献「光ファイバ通信入門 改訂4版」(末松安晴ほか) オーム社 2006.3 p281-304

引揚げ
◎参考文献「海市のかなた 戦艦「陸奥」引揚げ」(青山淳平) 中央公論新社 2001.7 p246-247

引揚者問題
◎参考文献「中国残留日本人の研究―移住・漂流・定着の国際関係論」(呉万虹) 日本図書センター 2004.6 p255-258

引当金
◎参考文献「引当金会計制度の国際的調和化―日本・アメリカ合衆国の会計基準およびIASにおける引当金規定の計上論拠にみる変遷を手掛かりとして」(望月香苗) アリーフ一葉舎 2004.2 p250-260
◎参考文献「偶発事象会計の展開―引当金会計から非金融負債会計へ」(山下寿文) 創成社 2007.4 p193-205

ひきこもり
- ◎文献「「ひきこもり」救出マニュアル」（斎藤環）　PHP研究所　2002.7　p504-505
- ◎文献「ひきこもる青少年の心―発達臨床心理学的考察」（岡本祐子ほか）　北大路書房　2003.3　p129-132
- ◎引用文献「不登校・ひきこもりと居場所」（忠井俊明ほか）　ミネルヴァ書房　2006.12　prr
- ◎引用文献「ひきこもりの社会学」（井出草平）　世界思想社　2007.9　p240-248
- ◎参考文献「ひきこもりはなぜ「治る」のか?―精神分析的アプローチ」（斎藤環）　中央法規出版　2007.10　p211-214

秘教
- ◎注文献「日本秘教全書」（藤巻一保）　学習研究社　2002.11　prr

悲劇
- ◎参照文献一覧「悲劇とは何か」（加藤行夫）　研究社　2002.8　p211-234

非言語行動
- ◎引用文献「非言語行動の心理学―対人関係とコミュニケーション理解のために」（V. P. リッチモンドほか）　北大路書房　2006.3　p292-309

非行
- ◎文献「非行少年の加害と被害―非行心理臨床の現場から」（藤岡淳子）　誠信書房　2001.9　p263-269
- ◎文献「虐待と非行臨床」（橋本和明）　創元社　2004.8　p228-230
- ◎参考文献「非行臨床から家庭教育支援へ―ラボラトリー・メソッドを活用した方法論的研究」（山本智也）　ナカニシヤ出版　2005.2　p197-202
- ◎参考文献「非行精神医学―青少年問題行動への実践的アプローチ」（奥村雄介ほか）　医学書院　2006.2　prr
- ◎文献「非行・少年犯罪」（北澤毅）　日本図書センター　2007.2　p373-380

飛行機
- ◎参考文献「鳥人物語」（末澤芳文）　未知谷　2001.11　p235-237
- ◎参考資料「飛行機物語　羽ばたき機からジェット旅客機まで」（鈴木真二）　中央公論新社　2003.4　p261-259
- ◎参考文献「飛行機と想像力―翼へのパッション」（橋爪紳也）　青土社　2004.3　p256-262
- ◎書籍年表ほか「飛行の夢1783-1945―熱気球から原爆投下まで」（和田博文）　藤原書店　2005.5　p373-395

非公然活動
- ◎文献「国家の非公然活動と国際法―秘密という幻想」（W. マイケル・リースマン, ジェームス・E. ベーカー）　中央大学出版部　2001.6　p13-26b

彦山権現誓助剣
- ◎文献「通し狂言彦山権現誓助剣」（国立劇場調査養成部調査資料課）　日本芸術文化振興会　2002.12　p146-165
- ◎参考資料一覧「国立劇場上演資料集　492」　日本芸術文化振興会　2006.7　p152-174

肥後集
- ◎参考文献「肥後集全注釈」（久保木哲夫ほか）　新典社　2006.10　p337-338

ビザンチン帝国
- ◎原注文献「ビザンツ帝国史」（G. オストロゴルスキー）　恒文社　2001.3　p729-748
- ◎参考文献「イスタンブールの大聖堂　モザイク画が語るビザンティン帝国」（浅野和生）　中央公論新社　2003.2　p205-207
- ◎参照文献「ビザンツ帝国の政治制度」（尚樹啓太郎）　東海大学出版会　2005.5　p148-149
- ◎参考文献「帝国と慈善―ビザンツ」（大月康弘）　創文社　2005.7　p25-51b
- ◎史料解題「史料が語るビザンツ世界」（和田廣）　山川出版社　2006.3　p28-63b
- ◎参考文献ほか「ビザンチン文学入門」（田中友三）　埼玉新聞社　2007.8　p1-5b

被子植物
- ◎文献「被子植物の起源と初期進化」（高橋正道）　北海道大出版会　2006.2　p433-487

ビジネス
- ◎参考文献「スローなビジネスに帰れ　eに踊らされた日本企業への処方箋」（阪本啓一）　インプレス　2001.10　p237-234
- ◎参考文献「ビジネスの倫理学―現代社会の倫理を考える　3」（梅津光弘）　丸善　2002.6　p170-178
- ◎参考文献「ナノテク&ビジネス入門」（石川正道）　オーム社　2002.9　p167-170
- ◎引用参考文献「マネー&パワー　富豪たちの千年史　ビジネスはいつ始まったのか」（H. ミーンズ）　東洋経済新報社　2003.8　p12-16b
- ◎参考文献「ビジネスと気象情報―最前線レポート」（編集委員会）　東京堂出版　2004.4　prr
- ◎参考文献「ビジネスの歴史」（鈴木良隆ほか）　有斐閣　2004.10　prr
- ◎注記「アテンション!―経営とビジネスのあたらしい視点」（T. H. ダベンポートほか）　シュプリンガーV東京　2005.9　p251-258
- ◎参考文献「異文化間のビジネス戦略―多様性のビジネスマネジメント」（F. トロンペナールスほか）　白桃書房　2005.10　p317-319
- ◎「ビジネス調査資料総覧　2008」（日本能率協会総合研究所マーケティング・データ・バンク）　日本能率協会総合研究所　2007.11　599p A4

ビジネス英語
- ◎参考文献「ビジネス英語を学ぶ」（亀田尚己）　筑摩書房　2002.12　p195-199

ビジネスエシックス
- ◎基本文献「実践ビジネスエシックス　企業倫理定着のための具体策」（中村葉志生ほか）　ミネルヴァ書房　2003.6　p187-194
- ◎参考文献「ビジネス・エシックス」（塩原俊彦）　講談社　2003.12　p237-243
- ◎参考文献「企業経営とビジネスエシックス」（広島大学大学院マネジメント専攻）　法律文化社　2004.4　p157-162

ビジネス支援
- ○ブックガイド（酒井信）「大学の図書館　23.7」（大学図書館問題研究会）　2004.7　p132-134

ビジネス書
- ◎「ビジネス・エリートの推す924冊」（植村修介）　徳間書店　2002.5　286p　46s
- ◎「ビジネスマン最強の100冊」（渡部昇一）　三笠書房　2002.7　273p　A6
- ◎「成功するためのビジネス書100冊―最強のビジネス書に学ぶ、仕事と人生の成功ノウハウ」（藤井孝一）　明日香出版社　2004.12　253p　A5
- ◎「世界で最も重要なビジネス書」（Bloomsbury）　ダイヤモンド社　2005.3　350p　A5
- ◎「いまさら人に聞けない!ベストセラービジネス書のトリセツ」（松田尚之ほか）　技術評論社　2005.7　215p　B6

ビジネススクール
- ◎推薦図書「国内MBA研究計画書の書き方―大学院別対策と合格実例集」（飯野一ほか）　中央経済社　2003.7　p311-321

ビジネス方法特許
- ◎参考文献「ビジネス方法特許　その戦略的取得と市場戦略」（上野博）　同文舘出版　2003.8　p215-221

毘沙門天
- ◎参考文献「毘沙門天像の起源」（田辺勝美）　山喜房仏書林　2006.6　p317-364

美術
- ◎参考文献「世界美術大全集　東洋編　12　東南アジア」（肥塚隆）　小学館　2001.1　p449-452
- ◎文献目録「中世の芸術」（グザヴィエ・バラル・イ・アルテ）　白水社　2001.2　p14-19b
- ◎「東京都現代美術館所蔵展覧会カタログ目録　日本語（索引編）　1999年3月末現在」　東京都現代美術館　2001.2　285p　A4
- ◎文献目録「日本美術年鑑　平成11年版」（東京国立文化財研究所）　財務省印刷局　2001.3　p97-413
- ◎参考文献「西洋美術の歴史」（H. W. ジャンソン, アンソニー・F. ジャンソン）　創元社　2001.5　p508-513
- ◎参考文献「シュールレアリスムの美術と批評」（五十殿利治）　本の友社　2001.7　p409-413
- ◎参考文献「洞窟へ―心とイメージのアルケオロジー」（港千尋）　せりか書房　2001.7　p283-285
- ◎図書一覧「ヨーロッパ中世美術講義」（越宏一）　岩波書店　2001.11　p18-28b
- ◎参考文献「快読・現代の美術―絵画から都市へ」（神原正明）　勁草書房　2002.1　p239-242
- ◎引用文献「脳は美をいかに感じるか―ピカソやモネが見た世界」（セミール・ゼキ）　日本経済新聞社　2002.2　p423-435
- ◎参考文献「西洋美術への招待」（田中英道）　東北大学出版会　2002.9　p385-394
- ◎参考文献「アンジェ美術館展」（群馬県立近代美術館）　読売新聞社　2002　p189-191
- ◎引用参考文献「生と死の美術館」（立川昭二）　岩波書店　2003.2　p339-343
- ◎「東京文化財研究所蔵書目録　2」（東京文化財研究所情報調整室資料閲覧室）　文化財研究所東京文化財研究所　2003.3　541p　A4
- ◎文献「日本美術年鑑　平成13年版」（東京文化財研究所）　財務省印刷局　2003.3　p44-223
- ◎関連文献案内「美術とジェンダー―非対称の視線　新装版」（鈴木杜幾子ほか）　ブリュッケ　2003.5　p381-385
- ◎文献目録「日本美術年鑑　平成14年版」（文化財研究所）　国立印刷局　2004.3　p45-229
- ◎参考文献「西洋美術解読事典―絵画・彫刻における主題と象徴　新装版」（J. ホールほか）　河出書房新社　2004.5　p399-403
- ◎参考文献「「前衛の女性1950-1975」展」　栃木県立美術館　2005　p179-186
- ○300冊「美術手帖　859」（美術出版社）　2005.1　p12-85
- ◎参考文献「アート＆フェミニズム」（H. レキット）　ファイドン　2005.6　p198-200
- ◎文献一覧「聖バルトロマイの皮―美術における言説と時間」（C. セグレ）　ありな書房　2005.7　p183-185
- ◎参考図書リスト「ちょっと知りたい美術の常識　アートクイズ―ベーシック編」（梅宮典子ほか）　美術出版社　2005.8　p186-187
- ◎参考文献「岩波西洋美術用語辞典」（益田朋幸ほか）　岩波書店　2005.11　p347-350
- ◎参考文献（千葉慶）「交差する視線　美術とジェンダー2」（鈴木杜幾子ほか）　ブリュッケ　2005.11　p397-409
- ◎関連文献「オルセー美術館展―19世紀芸術家たちの楽園」（C. マチューほか）　日本経済新聞社　〔2006〕　p238-243
- ◎参考文献「時代が病むということ―無意識の構造と美術」（鈴木國文）　日本評論社　2006.1　p226-216
- ◎参考文献一覧「イメージ・リテラシー工場―フランスの新しい美術鑑賞法」（J. C. フォザほか）　フィルムアート社　2006.2　p331-333
- ◎参考文献「NHK日曜美術館1976-2006―美を語る30篇」（NHKエデュケーショナル）　NHK出版　2007.3　p222-223
- ◎参考文献「名画の言い分―数百年の時を超えて、今、解き明かされる「秘められたメッセージ」」（木村泰司）　集英社　2007.7　p245-246
- ◎参考文献ほか「潜在的イメージ―モダン・アートの曖昧性と不確定性」（D. ガンボーニ）　三元社　2007.9　p43-86b

美術家
- ◎参考文献「ミューズの病跡学　2　美術家篇」（早川智）　診断と治療社　2004.3　p178-199
- ◎参考文献「マイクロポップの時代―夏への扉」（松井みどり）　パルコエンタテインメント事業局　2007.3　p251-253
- ◎「美術家書誌の書誌―雪舟から東芋、ヴァン・エイクからイ・ブルまで」（中島理壽）　勉誠出版　2007.12　12, 866p　A5

美術カタログ
- ◎参考文献「美術カタログ論―記録・記憶・言説」（島本浣）　三元社　2005.7　p18-32b
- ◎「柳澤孝旧蔵書籍目録―図書・展覧会カタログ・雑誌」（東京文化財研究所）　東京文化財研究所　2006.1　253p　A4

美術館
- ◎参考文献「変貌する美術館」（加藤哲弘ほか）　昭和堂　2001.7　p4-9b
- ◎参考文献「フランスの美術館・博物館」（J. サロワ）　白水社　2003.10　p20-26b
- ◎参考文献「誰でも楽しめる美術展・美術館鑑賞術」（飯塚武夫）　文芸社　2004.3　p372-377

美術教育

- ◎参考文献「図画工作・美術教育研究　新訂」(藤澤英昭ほか)　教育出版　2000.4　p172-176
- ◎文献「題材による美術教育—「題材論的方法」の体系的研究」(立原慶一)　中央公論美術出版　2003.1　p293-296
- ◎引用参考文献「ミューズ教育思想史の研究」(長谷川哲哉)　風間書房　2005.12　p733-764
- ◎注「日本統治時代の台湾美術教育——八九五〜一九二七」(楊孟哲)　同時代社　2006.2　prr
- ◎参考文献「美術鑑賞学習における発達とレパートリーに関する研究」(石崎和宏ほか)　風間書房　2006.11　p233-238

美術史

- ◎参考文献「九州美術史年表—古代・中世篇」(平田寛)　九州大学出版会　2001.2　p839-872
- ◎参考文献「美術史を語る言葉　22の理論と実践」(R. S. ネルソンほか)　ブリュック　2002.2　p617-590
- ◎注「描かれた身体」(小池寿子)　青土社　2002.4　p279-289
- ◎「美学・美術史研究文献要覧　1995-1999」(星山晋也)　日外アソシエーツ　2002.9　898p B5
- ◎参考文献「子供とカップルの美術史—中世から18世紀へ」(森洋子)　NHK出版　2002.10　p308-327
- ◎参考文献「カラー版西洋美術史　増補新装」　美術出版社　2002.12　p219-223
- ◎参考文献「日本美術史—カラー版　増補新装」(辻惟雄)　美術出版社　2003.1　p220-227
- ◎文献「美術史の歴史」(V. H. マイナー)　ブリュッケ　2003.2　prr
- ◎参考文献「芸術と貨幣」(M. シュル)　みすず書房　2004.1　p1-33b
- ◎参考文献「「装飾」の美術文明史—ヨーロッパ・ケルト、イスラームから日本へ」(鶴岡真弓)　NHK出版　2004.9　p303-310
- ◎引用文献ほか「風景画の出現—ヨーロッパ美術史講義」(越宏一)　岩波書店　2004.10　p11-23b
- ◎参考文献「戦争と万博」(椹木野衣)　美術出版社　2005.2　p342-347
- ◎参考書一覧「イメージを読む—美術史入門」(若桑みどり)　筑摩書房　2005.4　p252-254
- ◎文献一覧「知覚の宙吊り—注意、スペクタクル、近代文化」(J. クレーリー)　平凡社　2005.8　p529-541
- ◎「日本東洋古美術文献目録　1966〜2000年」(東京文化財研究所美術部)　中央公論美術出版　2005.10　45, 1109p B5
- ◎引用参考文献「美の歴史」(U. エーコ)　東洋書林　2005.11　p430-434
- ◎「美学・美術史研究文献要覧　2000〜2004」(日外アソシエーツ)　日外アソシエーツ　2005.11　873p B5
- ◎文献案内「日本美術の歴史」(辻惟雄)　東京大学出版会　2005.12　p441-446
- ◎参照文献「美術史　1冊でわかる」(D. アーノルド)　岩波書店　2006.3　p1-3b
- ◎参考文献「西洋美術史」(北澤洋子ほか)　武蔵野美術大出版局　2006.4　p236-237
- ◎参考文献「死を見つめる美術史」(小池寿子)　筑摩書房　2006.10　p229-237
- ◎参考文献「食べる西洋美術史—「最後の晩餐」から読む」(宮下規久朗)　光文社　2007.1　p259-262
- ◎参考文献「美術の物語」(E. H. ゴンブリッチ)　ファイドン　2007.1　p638-654

美術商

- ◎参考文献「美術商の百年—東京美術倶楽部百年史」(東京美術倶楽部百年史編纂委員会)　東京美術倶楽部　2006.2　p1304-1309

美術展

- ◎参考文献「芸術受容の近代的パラダイム—日本における見る欲望と価値観の形成」(河原啓子)　美術年鑑社　2001.7　p260-267
- ◎文献「展覧会カタログの愉しみ」(今橋映子)　東京大学出版会　2003.6　p229-233

美術批評

- ○ブックガイド(吉田司雄ほか)「国文学　45.8」(学燈社)　2000.7　p112-117

美術品

- ◎参考文献「描かれた女の謎—アート・キャバレー蒐集奇談」(福富太郎)　新潮社　2002.1　p242-245
- ◎原注「ヨーロッパの略奪—ナチス・ドイツ占領下における美術品の運命」(L. H. ニコラス)　白水社　2002.10　p513-545
- ◎参考文献「修復の鑑—交差する美学と歴史と思想」(A. コンティ)　ありな書房　2002.12　p617-651
- ◎文献「合成素材と博物館資料」(園田直子)　国立民族学博物館　2003.2　prr
- ◎注「うごくモノ—「美術品」の価値形成とは何か」(東京文化財研究所)　平凡社　2004.3　prr
- ◎参考文献「パルテノン・スキャンダル—大英博物館の「略奪美術品」」(朽木ゆり子)　新潮社　2004.9　p195-197
- ◎参考文献「芸術とスキャンダルの間—戦後美術事件史」(大島一洋)　講談社　2006.8　p260-263
- ◎参考文献「高松塚古墳は守れるか—保存科学の挑戦」(毛利和雄)　NHK出版　2007.3　p235-241
- ◎参考文献「神々の至宝—祈りのこころと美のかたち—島根県立古代出雲歴史博物館開館記念特別展」(島根県立古代出雲歴史博物館)　ハーベスト出版　2007.3　p277-278
- ◎参考文献「美術と市場—日本と中国の美術品交流と変遷からの視点」(半田晴久)　たちばな出版　2007.9　p282-287

美術文献

- ○文献目録(高橋晴子, 大江長二郎)「アート・ドキュメンテーション　9」(同研究会)　2001.7　p45-50

美食家

- ◎参考文献「美食家列伝」(文藝春秋「ノーサイド」編集部)　文春ネスコ　2002.2　p202-203

ひしん

美人
- ◎参考文献ほか「美女とは何か　日中美人の文化史」(張競)　晶文社　2001.10　p445-461
- ◎参考文献「不美人論」(陶智子)　平凡社　2002.5　p221-223
- ◎参考資料「幕末・明治美人帖」(小沢健志)　新人物往来社　2002.8　1pb

ビーズ
- ◎参考文献「世界のビーズ文化図鑑―民族が織りなす模様と色の魔術」(C. クラブトゥリー)　東洋書林　2003.8　p204」

ヒステリー
- ◎文献「ヒステリー研究　下」(J. ブロイアーほか)　筑摩書房　2004.2　p293-302
- ◎参考文献「あるヒステリー分析の断片―ドーラの症例」(S. フロイト)　筑摩書房　2006.5　p7-13b

ヒスパニック
- ◎資料文献「〈アメリカ人〉の境界とラティーノ・エスニシティ―「非合法移民問題」の社会文化史」(村田勝幸)　東京大出版会　2007.6　p11-39b

非正規社員
- ◎参考文献「生きさせろ!―難民化する若者たち」(雨宮処凛)　太田出版　2007.3　p283-284

微生物
- ◎引用文献「食品微生物　1(基礎編)　食品微生物の科学」(清水潮)　幸書房　2001.2　p179-192
- ◎参考文献「微生物学への誘い」(山中健生)　培風館　2001.5　p135-136
- ◎参考文献「微生物学キーノート」(J. ニックリンほか)　シュプリンガー・フェアラーク東京　2001.5　p333-335
- ◎参考文献「微生物に学ぶ」(白田昭)　工業調査会　2001.9　p253-258
- ◎参考図書「微生物の分類・同定実験法―分子遺伝学・分子生物学的手法を中心に」(鈴木健一朗ほか)　シュプリンガー・フェアラーク東京　2001.9　p282-285
- ◎参考文献「環境微生物の測定と評価」(山崎省二)　オーム社　2001.12　prr
- ◎文献「微生物と香り―ミクロ世界のアロマの力」(井上重治)　フレグランスジャーナル社　2002.8　p296-336
- ◎文献「新・土の微生物　9　放線菌の機能と働き」(日本土壌微生物学会)　博友社　2003.3　p99-100
- ◎参考書「環境にかかわる微生物学入門」(山中健生)　講談社　2003.4　p123-124
- ◎参考図書ほか「微生物実験マニュアル　2版」(安藤昭一)　技報堂出版　2003.4　p137-140
- ◎参考書「生物化学工学　新版」(海野肇ほか)　講談社　2004.1　p244-246
- ◎文献「食品のストレス環境と微生物―その挙動・制御と検出」(伊藤武ほか)　サイエンスフォーラム　2004.5　prr
- ◎ガイド「微生物生態学入門―地球環境を支えるミクロの生物圏」(日本微生物生態学会教育研究部会)　日科技連出版社　2004.9　p227-228
- ◎参考文献「微生物vs.人類―感染症とどう戦うか」(加藤延夫)　講談社　2005.1　p280-284
- ◎参考図書「現場で役立つ食品微生物Q&A」(小久保彌太郎)　中央法規出版　2005.7　p229-231
- ◎参考文献「水圏の環境微生物学」(前田昌調)　講談社　2005.9　p182-196
- ◎文献「共生という生き方―微生物がもたらす進化の潮流」(T. ウェイクフォード)　シュプリンガー東京　2006.4　p186-189
- ◎引用文献「環境微生物学入門―人間を支えるミクロの生物」(瀬戸昌之)　朝倉書店　2006.9　p107-111
- ◎参考図書「微生物学」(青木健次)　化学同人　2007.4　p205-206
- ◎参考図書「現場で役立つ食品微生物Q&A」(小久保彌太郎)　中央法規出版　2007.6　p229-231
- ◎文献「微生物の力―もっと知りたい!」(下村徹)　技報堂出版　2007.8　p167-168
- ◎文献「微生物の利用と制御―食の安全から環境保全まで」(藤井建夫ほか)　恒星社厚生閣　2007.9　prr

非線形科学
- ◎参考文献「非線形科学」(蔵本由紀)　集英社　2007.9　p250-251

砒素
- ◎参考文献「土呂久からアジアへ―広がる砒素汚染深まるネットワーク」(上野登)　鉱脈社　2006.11　p358-363

ピタゴラスの定理
- ◎参考文献「ピタゴラスの定理100の証明法―幾何の散歩道」(森下四郎)　プレアデス出版　2006.1　p194-196

日立製作所
- ◎参考文献「日立の知的資本経営」(日立コンサルティングほか)　中央経済社　2007.7　p219-220

ビタミン
- ◎参考文献「ビタミン・ミネラルの安全性　2版」(J. ハズコック)　第一出版　2007.11　prr

左利き
- ◎参考文献「「左利き」は天才?―利き手をめぐる脳と進化の謎」(D. ウォルマン)　日本経済新聞社　2006.7　p253-257

筆記
- ◎引用文献「筆記説明が構成的学習に与える影響」(伊東昌子)　風間書房　2004.9　p95-101

ヒッタイト語
- ◎参考文献「ヒッタイト語における指示詞の研究―指示詞体系におけるa-の統論的記述を中心として」(松川陽平)　溪水社　2005.9　p189-199

PTA
- ◎関係論文ほか「日本PTA史」(PTA史研究会)　日本図書センター　2004.10　p812-861

PTSD　⇒　外傷後ストレス障害 を見よ

否定文
- ◎文献「現代日本語における否定文の研究―中国語との対照比較を視野に入れて」(王学群)　日本僑報社　2003.8　p278-282
- ◎参考文献「日本語否定文の構造―かき混ぜ文と否定呼応表現」(片岡喜代子)　くろしお出版　2006.11　p272-279

ビデオディスク
- ◎参考引用文献「新たな映像の世界への挑戦―回想のビデオディスク」(工藤敏行) 文芸社 2006.7 p266-270

非典型労働
- ◎文献リスト「アメリカの非典型雇用―コンティンジェント労働者をめぐる諸問題」 日本労働研究機構 2001.3 p227-231
- ◎文献「働き方の未来―非典型労働の日米欧比較」(大沢真知子ほか) 日本労働研究機構 2003.3 prr

ヒト
- ◎参考文献「海の歌 人と魚の物語」(C. サフィナ) 共同通信社 2001.3 p1-7b
- ◎参考文献「ヒトの成長と発達」(D. Sinclair, P. Dangerfield) メディカル・サイエンス・インターナショナル 2001.5 p267-268
- ◎参考文献「グルメなサル香水をつけるサル―ヒトの進化戦略」(上野吉一) 講談社 2002.8 p201-206

ヒトゲノム
- ◎参考文献「ゲノムを支配する者は誰か クレイグ・ベンターとヒトゲノム解読競争」(K. デイヴィーズ) 日本経済新聞社 2001.7 p379-382
- ◎参考文献「ポスト・ゲノムビジネスのすべて」(森健) アスカ 2001.7 p208-213
- ◎参考文献「遺伝子の新世紀」(E. F. ケラー) 青土社 2001.10 p5-19b
- ◎参考文献「ヒトゲノムのゆくえ」(J. サルストン) 秀和システム 2003.8 p339-377
- ◎原注「やわらかな遺伝子」(M. リドレー) 紀伊国屋書店 2004.5 p400-377
- ◎参考文献「ヒトゲノム完全解読から「ヒト」理解へ―アダムとイヴを科学する」(服部正平) 東洋書店 2005.4 p294-293

人妻
- ◎参考文献「「人妻」の研究」(堀江珠喜) 筑摩書房 2005.2 p246-254

一橋大学附属図書館
- ○文献目録稿(飯島朋子)「文献探索 2001」(文献探索研究会) 2002.7 p47-61

ヒトデ
- ◎文献「ヒトデ学―棘皮動物のミラクルワールド」(本川達雄) 東海大学出版会 2001.10 p1-5b
- ◎参考文献「ヒトデガイドブック」(佐波征機ほか) TBSブリタニカ 2002.7 p134」

人身御供
- ◎引用参考文献「神、人を喰う―人身御供の民俗学」(六車由実) 新曜社 2003.3 p255-263

火縄銃
- ◎参考文献「火縄銃の伝来と技術」(佐々木稔) 吉川弘文館 2003.4 prr

B29
- ◎参考文献「死闘の本土上空 B29対日本空軍」(渡辺洋二) 文藝春秋 2001.7 p470-473

避妊
- ◎参考文献「ピルはなぜ歓迎されないのか」(松井静子) 勁草書房 2005.12 p7-16b

非人
- ◎参考文献「都市大坂と非人 日本史リブレット40」(塚田孝) 山川出版社 2001.11 2pb

日の丸
- ◎参考文献「「日の丸」「ヒノマル」 国旗の正しい理解のために」(三浦朱門, 吹浦忠正) 海竜社 2001.1 p286-284

被爆
- ◎参考資料「被爆動員学徒の生きた時代―広島の被爆者運動」(小畑弘道) たけしま出版 2007.4 p207-211

ビハーラ
- ◎関連文献(打本未来)「死と愛―いのちへの深い理解を求めて」(鍋島直樹) 法藏館 2007.1 p293-307

BBC
- ◎参考文献「BBCイギリス放送協会 パブリック・サービス放送の伝統 2版」(蓑葉信弘) 東信堂 2003.1 p237-240

PPP
- ◎参考文献「公民パートナーシップの政策とマネジメント」(立岡浩) ひつじ書房 2006.11 prr
- ◎参考文献「PPPの進歩形市民資金が地域を築く―市民の志とファイナンスの融合」(日本政策投資銀行地域企画チーム) ぎょうせい 2007.1 p250-251

批評
- ○ブックガイド(吉田司雄ほか)「国文学 45.8」(学燈社) 2000.7 p112-117
- ◎読書案内「知の教科書 批評理論」(丹治愛) 講談社 2003.10 p216-227
- ◎入門書ガイドほか「現代批評理論のすべて」(大橋洋一) 新書館 2006.3 p260-269

皮膚
- ◎参考文献「第三の脳―皮膚から考える命、こころ、世界」(傳田光洋) 朝日出版社 2007.7 p222」

皮膚感覚
- ◎参考文献「皮膚感覚の不思議―「皮膚」と「心」の身体心理学」(山口創) 講談社 2006.10 p226-223

微分方程式
- ◎文献「リーマンからポアンカレにいたる線型微分方程式と群論」(J. J. グレイ) シュプリンガー・フェアラーク東京 2002.12 p409-441
- ◎参考文献「道具としての微分方程式」(野崎亮太) 日本実業出版社 2004.1 p265-269

ヒマラヤ
- ◎参考文献「トレッキングinヒマラヤ―カラー版」(向一陽, 向晶子) 中央公論新社 2001.8 p267-268
- ◎参考文献「インドヒマラヤのチベット世界―「女神の園」の民族誌」(棚瀬慈郎) 明石書店 2001.12 p206-211
- ◎参考文献「ヒマラヤ巡礼 新装復刊」(デイヴィッド・スネルグローヴ) 白水社 2002.10 p13b」
- ◎文献「東ヒマラヤ山麓を訪ねて―シッキム・ダージリン・カリンポンの生活と文化」(山下幸一ほか) 朱鷺書房 2004.4 p251-254
- ◎参考文献「ヒマラヤに花を追う―秘境ムスタンの植物」(大場秀章ほか) 緑育成財団 2005.1 p241-242

ひまん

◎参考文献「大ヒマラヤ探検史—インド測量局とその密偵たち」（薬師義美） 白水社 2006.9 p332-340
◎参考文献「ヒマラヤと地球温暖化—消えゆく氷河」（中尾正義） 昭和堂 2007.3 p1-4b

肥満
◎文献「肥満は万病のもと—体脂肪を知る」（今川正良） 丸善 2001.3 p101-103
◎文献「保健体育科教育における肥満羸痩概念の基礎的検討」（吉川和利） 渓水社 2004.12 p221-243
◎文献「肥満の認知行動療法—臨床家のための実践ガイド」（Z. クーパー） 金剛出版 2006.10 p294-299
◎文献「やせる—肥満とダイエットの心理」（今田純雄） 二瓶社 2007.9 p71-72

美味
◎参考文献「美味の構造—なぜ「おいしい」のか」（山本隆） 講談社 2001.8 p235-240

秘密結社
◎注文献「中国の黒社会」（石田収） 講談社 2002.4 p193-192
○文献（山下武）「日本古書通信 67.11」（日本古書通信社） 2002.11 p18-20
◎文献「秘密結社全論考 下 人類家畜化の野望」（ジョン・コールマン） 成甲書房 2002.12 p361-363
◎参考文献「秘密結社」（秦野啓） 新紀元社 2005.4 p272-275
◎参考文献「秘密結社—アメリカのエリート結社と陰謀史観の相克」（越智道雄） ビジネス社 2005.6 p246-253
◎参考文献「秘密結社の世界史」（海野弘） 平凡社 2006.3 p229-233
◎参考文献「イエスの血統—レクス・デウスと秘められた世界史」（T. ウォレス=マーフィーほか） 青土社 2006.4 p27-35b
◎引用文献「近代中国の革命と秘密結社—中国革命の社会史的研究（一八九五〜一九五五）」（孫江） 汲古書院 2007.3 p545-605
◎参考文献「秘密結社—世界を動かす「闇の権力」」（桐生操） 中央公論新社 2007.9 p301-305
◎参考文献「秘密結社の日本史」（海野弘） 平凡社 2007.9 p223-226

秘密保護
◎参考文献「秘密保護の法的枠組みと具体的対策」 防衛調達基盤整備協会 2006.3 p101-103

碑銘
◎文献目録「インド仏教碑銘の研究 3」（塚本啓祥） 平楽寺書店 2003.2 p14-56

ひめゆり
◎参考文献「21世紀のひめゆり」（小林照幸） 毎日新聞社 2002.11 p403-408

ひも理論
◎参考文献「エレガントな宇宙 超ひも理論がすべてを解明する」（B. グリーン） 草思社 2001.12 p54-55b
◎参考文献「マンガ超ひも理論—我々は4次元の膜に住んでいる」（川合光） 講談社 2002.12 p226-227

百十四銀行
◎参考文献ほか「百十四銀行百二十五年誌」（百十四銀行調査部歴史資料グループ） 百十四銀行 2005.8 p1018-1020

百姓一揆
◎研究文献一覧（保坂智）「百姓一揆事典」（深谷克己） 民衆社 2004.11 p603-614

百点美術館
◎発行等図書一覧（菅野俊之）「さようなら百点美術館」 百点美術館 2006.6 p52-80

百人一首
◎参考文献「江戸川柳で読む百人一首」（阿部達二） 角川書店 2001.11 p283-285
◎参考文献「百人一首を楽しくよむ」（井上宗雄） 笠間書院 2003.1 p225-226
○文献目録（吉海直人）「同志社女子大学大学院文学研究科紀要 4」（同志社女子大） 2004.3 p13-51
◎「百人一首研究資料集 1資料・目録」（吉海直人） クレス出版 2004.3 392, 4p A5
◎文献「小倉百人一首—みやびとあそび」（平田澄子ほか） 新典社 2005.12 p341-342

百年戦争
◎参考文献「百年戦争」（P. コンタミーヌ） 白水社 2003.8 p1-2b
◎文献「英仏百年戦争」（佐藤賢一） 集英社 2003.11 p236-237

百万塔陀羅尼経
◎文献目録「百万塔陀羅尼の研究—静嘉堂文庫所蔵本を中心に」（増田晴美） 汲古書院 2007.11 p219-222

百科全書
◎参考文献「「編集知」の世紀—一八世紀フランスにおける「市民的公共圏」と『百科全書』」 日本評論社 2003.4 p255-265
◎参考文献（島尾永康）「ディドロ「百科全書」産業・技術図版集」（ディドロ） 朝倉書店 2005.6 p378-381

百貨店
◎文献「勧工場の研究—明治文化とのかかわり」（鈴木英雄） 創英社 2001.3 p313-437
◎参考文献「百貨店はこうありたい—百貨店再生への道しるべ」（川端準治, 菊地愼二） 同友館 2001.12 p235-237
◎参考文献「デパート革命—再生への五つの条件」（柳沢元子） 平凡社 2002.3 p238-237
◎参考資料「絵とき百貨店「文化誌」」（宮野力哉） 日本経済新聞社 2002.10 p327-332
◎参考文献「百貨店の生成過程」（藤岡里圭） 有斐閣 2006.3 p171-180
◎参考文献ほか「百貨店の時代—長く苦しい時代を乗り越え百貨店が輝きを取り戻す」（西谷文孝） 産経新聞出版 2007.1 p160-161

比喩
◎読書案内「よくわかる比喩—ことばの根っこをもっと知ろう」（瀬戸賢一） 研究社 2005.6 p249-251
◎参考文献「生きた隠喩」（P. リクール） 岩波書店 2006.10 p5-18b
◎参考文献「メタファー研究の最前線」（楠見孝） ひつじ書房 2007.9 prr

ヒューマニスティック・グループ・アプローチ
◎参考文献「ヒューマニスティック・グループ・アプローチ」（伊藤義美）　ナカニシヤ出版　2002.10　prr

ヒューマンエラー
◎参考文献「ヒューマンエラーの科学―なぜ起こるか、どう防ぐか、医療・交通・産業事故」（大山正ほか）　麗澤大学出版会　2004.4　prr

ヒューマンファクター
◎参考文献「ヒューマンファクターズ概論―人間と機械の調和を目指して」（岡田有策）　慶應義塾大出版会　2005.5　p221-223

ヒューマンリソース
○参考文献「ヒューマンリソース通信　6」（総合法令出版）　2002.10　3pb

美容
◎参考文献「人体常在菌のはなし―美人は菌でつくられる」（青木皐）　集英社　2004.9　p204-205
◎参考文献「コレクション・モダン都市文化　02　ファッション　復刻」（和田桂子ほか）　ゆまに書房　2004.12　p791-792
◎参考資料「化粧品と美容の用語事典」（竹村功）　あむすく　2005.3　p5-10

病院
◎文献「ホスピタル・ウィズ・ア・ハート―女性のための女性による病院の物語」（バージニア・G.ドラックマン）　明石書店　2002.8　p333-344
◎参考文献「患者安全のシステムを創る―米国JCAHO推奨のノウハウ」（相馬孝博）　医学書院　2006.1　p189-195
◎文献「医療バランスト・スコアカード導入のすべて―構築・展開・成果」（日本医療バランスト・スコアカード研究学会）　生産性出版　2007.9　p255-257
◎参考文献「まちの病院がなくなる!?―地域医療の崩壊と再生」（伊関友伸）　時事通信出版局　2007.12　p283-287

病院会計
◎参考文献「最新病医院会計のすべて―改正「病院会計準則」対応　完全解説」（井出健二郎）　日本医療企画　2004.11　p474-475

病院患者図書館
◎参考文献「IFLA病院患者図書館ガイドライン　2000」日本図書館協会　2001.10　p65-70
◎文献目録「病院患者図書館―患者・市民に教育・文化・医療情報を提供」（菊池佑）　出版ニュース社　2001.12　p336-352

病院管理
◎文献「成功病院の戦略に学ぶ新発想の医業経営」（高橋淑郎）　TKC出版　2003.10　p199-202
◎参考文献「クリニカルガバナンス―病医院経営医療の質を高める「14の視点」」（R. Chambers）　日本医療企画　2004.4　p244-252
◎参考引用文献「コード・グリーン―利益重視の病院と看護の崩壊劇」（D. B. ワインバーグ）　日本看護協出版会　2004.5　p261-266
◎参考文献「医療安全の経済分析」（安川文朗）　勁草書房　2004.5　prr
◎参考文献「これからの中小病院経営」（松原由美）　医療文化社　2004.7　p217-220
◎参考文献ほか「ヘルスケア・マネジメント―医療福祉経営の基本的視座」（中島明彦）　同友館　2007.1　p389-405
◎注「ヘルスケア・マーケティング―戦略の策定から実行まで」（S. G. ヒルスタッド）　麗澤大出版会　2007.3　p401-405
◎参考文献「病院の組織構造分析と経営戦略モデルの創造」（家里誠一）　慶應義塾大出版会　2007.4　p287-291

病院建築
◎文献リスト「建築設計資料集成　福祉・医療」（日本建築学会）　丸善　2002.9　p176-179

病院臨床心理
◎文献「病院臨床心理」（大塚義孝）　誠信書房　2004.5　prr

描画治療
◎参考文献「描画による診断と治療」（G. D. オスターほか）　黎明書房　2005.9　p179-181

病気
◎参考文献「英雄たちの臨終カルテ」（大坪雄三）　羽衣出版　2001.3　p97-98
◎参考文献「健康観にみる近代」（鹿野政直）　朝日新聞社　2001.7　p191-197
◎参考文献「病が語る日本史」（酒井シヅ）　講談社　2002.5　p270」
◎参考文献「絵で読む江戸の病と養生」（酒井シヅ）　講談社　2003.6　p173-174
◎引用文献「病気の地域差を読む―地理学からのアプローチ」（加賀見雅弘）　古今書院　2004.1　p195-211
◎参考書「臨床栄養学　疾病編」（嶋津孝ほか）　化学同人　2004.6　p264-265
◎参考文献「病気が変えた日本の歴史」（篠田達明）　NHK出版　2004.12　p209-211
◎参考文献「病気日本史　新装版」（中島陽一郎）　雄山閣　2005.3　p344-358
◎参考文献「古代日本の生命倫理と疾病観」（大星光史）　思文閣出版　2005.5　p454-455
◎参考文献「詐病」（牧潤二）　日本評論社　2006.12　p245-247
◎参考文献「戦国時代のハラノムシ―『針聞書』のゆかいな病魔たち」（長野仁ほか）　国書刊行会　2007.4　p102」
◎参考文献ほか「伝説の海外旅行―「旅の診断書」が語る病の真相」（濱田篤郎）　田畑書店　2007.5　p213-217
◎文献「空間疫学への招待―疾病地図と疾病集積性を中心として」（丹後俊郎ほか）　朝倉書店　2007.9　p211-220
◎参考文献「音楽と病―病歴にみる大作曲家の姿　新装版」（J. オシエー）　法政大出版局　2007.11　p15-43b
◎文献「病み情報社会」（金子義保）　新書館　2007.12　prr
◎参考文献「ミューズの病跡学　1　音楽家篇」（早川智）　診断と治療社　2002.11　p167-183

表具
◎引用参考文献「表具―和の文化的遺伝子」（岡本吉隆）　三晃社　2007.4　p454-455

表現
- ○文献目録「表現研究　81」(表現学会)　2005.3　p61-74
- ◎文献プロフィール「表現と文体」(中村明ほか)　明治書院　2005.3　p514-527
- ○文献目録ほか「表現研究　83」(表現学会)　2006.3　p47-61
- ○文献目録ほか「表現研究　85」(表現学会)　2007.3　p50-66

表現主義
- ◎注「ドイツ表現主義と日本　大正期の動向を中心に」(酒井府)　早稲田大学出版部　2003.1　prr
- ◎参考文献「表現主義　コレクション・モダン都市文化30」(鈴木貴宇)　ゆまに書房　2007.6　p720-721

病原体
- ◎文献「病原体進化論―人間はコントロールできるか」(ポール・W. イーワルド)　新曜社　2002.11　p19-116b

表現の自由
- ◎注「図書館・表現の自由・サイバースペース―知っておくべき知識」(R. S. ペック)　日本図書館協会　2002.8　prr
- ◎参考文献「マス・メディアの表現の自由」(松井茂記)　日本評論社　2005.7　p267-269
- ◎参考文献「表現の自由vs知的財産権―著作権が自由を殺す?」(K. マクロード)　青土社　2005.8　p15-30b
- ◎参考文献「「表現の自由」の社会学―差別的表現と管理社会をめぐる分析」(伊藤高史)　八千代出版　2006.2　p237-252

表現療法
- ◎ブックガイド「表現療法」(山中康裕)　ミネルヴァ書房　2003.9　p203-204

標高
- ◎参考文献「山の高さ　新版」(鈴木弘道)　古今書院　2002.4　p261-262

兵庫県
- ◎文献ほか「播磨百人伝」(寺林峻)　神戸新聞総合出版センター　2001.5　p269-274
- ◎参考文献「播州と山陽道」(三浦俊明, 馬田綾子)　吉川弘文館　2001.10　p19-21b
- ◎本「兵庫県の不思議事典」(橘川真一ほか)　新人物往来社　2007.12　p237-241

兵庫県　赤穂市
- ◎参考文献「発掘された赤穂城下町」(赤穂市教育委員会生涯学習課)　赤穂市教育委員会　2005.3　p204-206

兵庫県　尼崎市
- ○文献紹介ほか「地域史研究　31.3.93」(尼崎市立地域研究史料館)　2002.3　p76-81
- ○文献ほか「地域史研究　33.1.96」(尼崎市立地域研究史料館)　2003.9　p88-98
- ◎「尼崎市立地域研究史料館地域史目録　平成16年12月31日現在」(尼崎市立地域研究史料館)　尼崎市立地域研究史料館　2005.3　456p A4
- ○文献ほか「地域史研究　35.2.101」(尼崎市立地域研究史料館)　2006.3　p75-79

兵庫県　淡路
- ◎参考文献「淡路地方史――一郷土史家の考察」(大江恒雄)　文芸社　2003.10　p166-168
- ◎参考文献「徳島・淡路と鳴門海峡　街道の日本史44」(石踊胤央)　吉川弘文館　2006.9　p20-27b

兵庫県　生野町
- ◎引用書目「生野義挙と其同志　復刻版」(沢宣一, 望月茂)　マツノ書店　2002.4　p678-687

兵庫県　伊丹
- ◎参考文献「目で見る宝塚・伊丹・川西・猪名川の100年」(田辺真人)　郷土出版社　2002.3　p146」

兵庫県　揖保
- ◎参考文献「目で見る竜野・揖保・宍粟の100年」(河合四郎)　郷土出版社　2002.3　p146」

兵庫県　鶴林寺
- ◎文献「鶴林寺太子堂とその美」(刀田山鶴林寺)　法藏館　2007.8　p65」

兵庫県　川西市
- ◎参考文献「川西の歴史と産業」(菅原巌)　創元社　2007.8　prr

兵庫県　神崎郡
- ◎「神崎郡関係新聞記事目録集」(〔姫路市〕町史編集室)　姫路市　2007.3　372p B5

兵庫県　甲子園球場
- ◎参考図書ほか「甲子園球場物語」(玉置通夫)　文藝春秋　2004.7　p183」

兵庫県　神戸栄光教会
- ◎参考文献「日本基督教団神戸栄光教会百年史―1886-1986年」(神戸栄光教会百年史編集委員会)　日本基督教団神戸栄光教会　2005.9　p475-480

兵庫県　神戸市
- ◎文献「神戸市都市経営はまちがっていたのか―市職員にも言い分がある」(大森光則)　神戸新聞総合出版センター　2001.1　p166-171
- ◎参考文献「インナーシティのコミュニティ形成―神戸市真野住民のまちづくり」(今野裕昭)　東信堂　2001.10　p285-296
- ○文献案内「孫文と神戸―辛亥革命から90年　補訂版」(陳徳仁ほか)　神戸新聞総合出版センター　2002.1　p275-282
- ○文献「新修神戸市史　行政編　2　くらしと行政」(新修神戸市史編集委員会)　神戸市　2002.3　p14-23b
- ◎参考文献「北神戸歴史の道を歩く」(野村貴郎)　神戸新聞総合出版センター　2002.10　p147-150
- ◎主な参考文献「神戸ゆかりの50人―これだけは知っておきたい―歴史と観光の散策ガイド」(神戸新聞社)　神戸新聞総合出版センター　2002.12　p54-55
- ◎参考文献「神戸と居留地―多文化共生都市の原像」(神戸外国人居留地研究会)　神戸新聞総合出版センター　2005.4　p252-255
- ◎参考文献「神戸・近代「都市像」継承の歴史的研究」(野村和弘)　神戸新聞総合出版センター　2005.9　p216-217
- ◎引用参考文献「阪神都市圏における都市マイノリティ層の研究―神戸在住「奄美」出身者を中心として」(西村雄郎)　社会評論社　2006.1　p201-210
- ◎参考文献「神戸スポーツはじめて物語」(高木應光)　神戸新聞総合出版センター　2006.4　p247-251
- ◎参考文献「兵庫県の歴史散歩　上　神戸・阪神・淡路」(編集委員会)　山川出版社　2006.6　p246-247

◎参考文献「こうべ異国文化ものしり事典」(呉宏明) 神戸新聞総合出版センター 2006.12 p204-207

兵庫県 篠山市
◎文献「デカンショのまちのアリラン―篠山市&朝鮮半島交流史～古代から現代まで～」(篠山市人権・同和教育研究協議会) 篠山市人権・同和教育研究協議会 2006.12 p169-170

兵庫県 宝塚
◎参考文献「目で見る宝塚・伊丹・川西・猪名川の100年」(田辺真人) 郷土出版社 2002.3 p146」

兵庫県 竜野
◎参考文献「目で見る竜野・揖保・宍粟の100年」(河合四郎) 郷土出版社 2002.3 p146」

兵庫県 道場町
◎参考文献「神戸市北区道場町誌」(道場町誌編集委員会) 道場町連合自治会 2004.3 p410-414

兵庫県 鳴尾村
◎参考文献「鳴尾村誌1889-1951」(編纂委員会) 西宮市鳴尾区有財産管理委員会 2005.3 p708-715

兵庫県 西宮市
◎参考文献「鳴尾村誌1889-1951」(編纂委員会) 西宮市鳴尾区有財産管理委員会 2005.3 p708-715

兵庫県 旗振り山
◎参考文献「旗振り山」(柴田昭彦) ナカニシヤ出版 2006.5 p275-293

兵庫県 播磨の力石
◎参考文献「播磨の力石」(高島愼助) 岩田書院 2001.6 p169-182

兵庫県 姫路市
◎参考文献「姫路の町名」(播磨地名研究会) 神戸新聞総合出版センター 2005.10 p305-307
◎参考文献「新・姫路の町名」(播磨地名研究会) 神戸新聞総合出版センター 2007.12 p365-367

兵庫県 三木市
◎参考文献「まちの記憶―播州三木町の歴史叙述」(渡辺浩一) 清文堂出版 2004.7 p206-212

兵庫県 歴史
◎参考文献「兵庫県の歴史」(今井修平ほか) 山川出版社 2004.8 p46-56b
◎参考文献「別所一族の興亡―「播州太平記」と三木合戦」(橘川真一ほか) 神戸新聞 2004.12 p217-219
◎文献「ひょうご全史―ふるさと7万年の旅 上」(神戸新聞「兵庫学」取材班) 神戸新聞総合出版センター 2005.4 p366-372
◎参考文献「古地図で見る阪神間の地名」(大国正美) 神戸新聞総合出版センター 2005.8 p196-199
◎文献「ひょうご懐かしの鉄道―廃線ノスタルジー」(神戸新聞総合出版センター) 神戸新聞総合出版センター 2005.12 p202-203
◎参考文献「ひょうご全史―ふるさと7万年の旅 下」(神戸新聞「兵庫学」取材班) 神戸新聞総合出版センター 2006.4 p278-285
◎参考文献「兵庫県の歴史散歩 上 神戸・阪神・淡路」(編集委員会) 山川出版社 2006.6 p246-247
◎参考文献「風土記からみる古代の播磨」(坂江渉) 神戸新聞総合出版センター 2007.3 p255-260

兵庫県 六甲山
◎文献「自然環境ウォッチング「六甲山」」(兵庫県立人と自然の博物館「六甲」研究グループ) 神戸新聞総合出版センター 2001.7 p142-145

標準枠組
◎論文一覧(亀山康子)「地球温暖化交渉の行方―京都議定書第一約束期関係の国際制度設計を展望して」(高村ゆかりほか) 大学図書 2005.11 p296-308

表情
◎文献「顔の特徴情報を探る実験的研究―表情・性・年齢情報を中心に」(山口真美) 風間書房 2002.2 p127-134
◎参考文献「不美人論」(陶智子) 平凡社 2002.5 p221-223

病跡
◎参考文献「ミューズの病跡学 2 美術家篇」(早川智) 診断と治療社 2004.3 p178-199

評伝
◎「伝記・評伝全情報 2000-2004 西洋編 付・総索引1945-2004」(日外アソシエーツ) 日外アソシエーツ 2005.6 28, 816p A5
◎「伝記・評伝全情報 2000-2004 日本・東洋編 付・総索引1945-2004」(日外アソシエーツ) 日外アソシエーツ 2005.7 53, 1391p A5

平等
◎文献「機会と結果の不平等―世代間移動と所得・資産格差」(鹿又伸夫) ミネルヴァ書房 2001.4 p238-251
◎参考文献「敬語で解く日本の平等・不平等」(浅田秀子) 講談社 2001.4 p228-232
◎文献表「平等論哲学への道程」(竹内章郎) 青木書店 2001.7 p345-357
◎引用参考文献「平等と不平等をめぐる人類学的研究」(寺嶋秀明) ナカニシヤ出版 2004.4 prr

屏風歌
◎文献一覧「屏風歌の研究 資料篇」(田島智子) 和泉書院 2007.3 p711-736

屏風絵
◎註「美の架け橋―異国に遣わされた屏風たち」(榊原悟) ぺりかん社 2002.7 p331-351
◎参考文献「〈異説〉もうひとつの川中島合戦―紀州本「川中島合戦図屏風」の発見」(高橋修) 洋泉社 2007.3 p193-195

費用便益分析
◎参考文献「費用・便益分析―公共プロジェクトの評価手法の理論と実践」(A. E. ボードマンほか) ピアソン・エデュケーション 2004.12 p630-662
◎参考文献「費用・便益分析―理論と応用」(T. F. ナス) 勁草書房 2007.3 p209-216

標本
◎参考文献「標本学―自然史標本の収集と管理」(松浦啓一) 東海大学出版会 2003.10 prr
◎参考文献「標本の作り方―自然を記録に残そう」(大阪市立自然史博物館) 東海大出版会 2007.7 p183-185

表面
◎参考文献ほか「材料加工層―完全表面への道」(江田弘) 養賢堂 2007.4 p327-332

漂流
- ◎文献「鳥島漂着物語　18世紀庶民の無人島体験」(小林郁)　成山堂書店　2003.6　p277-286
- ◎文献「世界一周した漂流民」(石巻若宮丸漂流民の会)　東洋書店　2003.10　p61-62
- ◎参考文献「薩摩漂流奇譚」(名越護)　南方新社　2004.9　p184-185
- ◎参考文献「江戸時代のロビンソン―七つの漂流譚」(岩尾龍太郎)　弦書房　2006.11　p205-206

評論
- ◎「アンソロジー内容総覧　評論・随筆」(日外アソシエーツ)　日外アソシエーツ　2006.7　1201p A5

ひらかな盛衰記
- ◎参考資料一覧「国立劇場上演資料集　490」　日本芸術文化振興会　2006.5　p38-49

平田篤胤塾
- ◎刊本書目「明治維新と平田国学」(国立歴史民俗博物館)　国立歴史民俗博物館　2004.9　p73」

ピラミッド
- ◎参考文献「図説ピラミッド大百科」(マーク・レーナー)　東洋書林　2001.1　p246-252
- ◎精選文献「ピラミッド大全」(M. ヴェルナー)　法政大学出版局　2003.10　p45-48b
- ◎参考文献(月森左知)「大ピラミッドのすべて」(K. ジャクソンほか)　創元社　2004.9　p262-263
- ◎参考文献「数学で推理するピラミッドの謎」(印牧尚次)　講談社　2005.2　p220-221

肥料
- ◎参考文献「ウンコに学べ!」(有田正光, 石村多聞)　筑摩書房　2001.10　p161-165
- ◎引用文献「堆肥・有機質肥料の基礎知識」(西尾道徳)　農文協　2007.7　p199-211

ビール
- ◎参考文献「ビールへの旅―オーストリア/チェコ/ドイツ・バイエルン」(長尾伸)　郁文堂　2001.5　p171-172
- ◎文献「日本のビール産業―発展と産業組織論」(水川侑)　専修大学出版局　2002.5　p163-165
- ◎文献「ベルギービールという芸術」(田村功)　光文社　2002.9　p109-110b
- ◎参考文献「新キリン宣言　キリンビール復活のシナリオ」(山田泰造)　ダイヤモンド社　2003.4　p195-196

ピル
- ◎参考文献「ピルはなぜ歓迎されないのか」(松井静子)　勁草書房　2005.12　p7-16b

ひるめし
- ◎参考文献「日本人のひるめし」(酒井伸雄)　中央公論新社　2001.3　p204-212

皮鹿門
- ○著述総目「千里山文学論集　76」(関西大)　2006.9　p113-109

弘前高等学校
- ◎参考引用文献「大鵬の群像―旧制弘前高等学校」(旧制弘前高等学校北溟会)　歴史春秋出版　2007.2　p345-347

広島県
- ◎参考文献「図説福山・府中の歴史」(上田靖士ほか)　郷土出版社　2001.3　p288-289
- ◎参考文献「図説東広島・竹原・呉の歴史」(太田雅慶ほか)　郷土出版社　2001.9　p275-277
- ◎引用参考文献ほか「ヒロシマはどう記録されたか　NHKと中国新聞の原爆報道」(NHK出版)　NHK出版　2003.7　p368-369, 396-397
- ◎本「広島県の不思議事典」(松井輝昭ほか)　新人物往来社　2004.8　p221-223
- ◎参考文献「広島の神楽探訪」(三村泰臣)　南々社　2004.11　p248-250
- ◎参考文献「武一騒動―広島・旧浅野藩下における明治農民騒擾の真相」(金谷俊則)　中央公論事業出版　2005.9　p236-241
- ◎参考文献「村上家乗―慶応三年・明治元年」(広島県立文書館)　広島県立文書館　2006.3　p17-18f
- ◎参考文献「広島・福山と山陽道　街道の日本史41」(頼祺一)　吉川弘文館　2006.8　p12-16b
- ◎「今中文庫目録―近世今中家と広島藩」(広島大学図書館)　広島大出版会　2006.12　113p A4

広島県　厳島
- ◎文献一覧「厳島信仰事典」(野坂元良)　戎光祥出版　2002.11　p482-486
- ○関連記事(勝部眞人ほか)「内海文化研究紀要　34」(広島大)　2006　p1-33

広島県　川尻町
- ◎参考引用文献「川尻町誌　自然編」　川尻町　2004.2　p550-567

広島県　呉市
- ◎参考文献「昭和地区の縄文時代を考える」(國僧智昌)　溪水社　2006.6　p132-135

広島県　広島市
- ◎参考文献「図説広島市の歴史」(赤木昌彦ほか)　郷土出版社　2001.1　p264-265
- ◎参照引用文献「ヒロシマ独立論」(東琢磨)　青土社　2007.8　p1-7b

広島大学
- ○沿革史誌一覧(広島大学五十年史編集室)「広島大学史紀要　4」(広島大)　2002.3　p115-117

広場
- ◎参考文献「イタリアの路地と広場　上　シチリアからプーリアまで」(竹内裕二)　彰国社　2001.8　p240-242

琵琶
- ◎文献「平家の音楽―当道の伝統」(薦田治子)　第一書房　2003.2　p419-445
- ◎参考文献「平家琵琶にみる伝承と文化―『平曲古今譚』『平曲統伝記』『平曲温故集』」(楠美晩翠)　大河書房　2007.10　p276-281

桧皮葺
- ◎参考文献「屋根　檜皮葺と柿葺　ものと人間の文化史112」(原田多加司)　法政大学出版局　2003.5　p323-328

びん
- ◎参考文献「リターナルびんの話―空きびん商百年の軌跡」(戸部昇)　リサイクル文化社　2006.2　p204-206

貧困
- ◎文献「私たちの声が聞こえますか?」(ディーパ・ナラヤン, ラジ・パテルほか) 世界銀行東京事務所 c2002 p347-354
- ◎文献「開発経済学―貧困削減へのアプローチ」(黒崎卓ほか) 日本評論社 2003.5 p205-223
- ◎文献「不平等、貧困と歴史」(G. G. ウィリアムソン) ミネルヴァ書房 2003.6 p1-7b
- ◎参考文献「エコノミスト南の貧困を問う」(N. イースタリー) 東洋経済新報社 2003.7 p13-42b
- ◎参考文献「貧困削減と世界銀行―9月11日米国多発テロ後の大変化」(朽木昭文) アジア経済研究所 2004.9 p177-183
- ◎文献「アメリカの貧困問題」(J. アイスランド) シュプリンガーV東京 2005.4 p47-67b
- ◎参考文献「グローバル化と社会的排除―貧困と社会問題への新しいアプローチ」(A. S. バラ) 昭和堂 2005.4 p247-270
- ◎引用文献「貧困の終焉―2025年までに世界を変える」(J. サックス) 早川書房 2006.4 p523-516
- ◎参考文献「日本の貧困研究」(橘木俊詔) 東京大出版会 2006.9 p339-353
- ◎参考文献「東アジア大都市のグローバル化と二極分化」(五石敬路) 国際書院 2006.10 prr
- ◎参考文献ほか「モンゴルのストリートチルドレン―市場経済化の嵐を生きる家族と子どもたち」(長沢孝司ほか) 朱鷺書房 2007.3 p229-239
- ◎参考文献「現代の貧困―ワーキングプア/ホームレス/生活保護」(岩田正美) 筑摩書房 2007.5 p213-216
- ◎参考文献「ルポ最底辺―不安定就労と野宿」(生田武志) 筑摩書房 2007.8 p249-254

品質管理
- ◎引用文献「環境を重視する品質コストマネジメント」(伊藤嘉博) 中央経済社 2001.10 p193-200
- ◎参考文献「品質保証のための信頼性入門」(真壁肇, 鈴木和幸, 益田昭彦) 日科技連出版社 2002.3 p269-271
- ◎参考図書「文科系のための品質管理 改訂版」(山田雄愛, 岡本真一, 綾野克俊) 日科技連出版社 2002.5 p249-252
- ◎文献「やさしい「タグチメソッド」の考え方」(矢野宏) 日刊工業新聞社 2003.9 p191-192
- ◎参考文献「ISO 9004(JIS Q 9004)品質マネジメントシステム―パフォーマンス改善の指針 ポケット版」(日本規格協会) 日本規格協会 2004.3 p166-169
- ◎参考文献「未然防止の原理とそのシステム―品質危機・組織事故撲滅への7ステップ」(鈴木和幸) 日科技連出版社 2004.11 p219-222
- ◎参考文献「入門・生産と品質の管理―基礎から知的財産権、リサイクルまで」(富士明良) 山海堂 2005.2 p237-241
- ◎参考文献「中小企業のためのISO9001―何をなすべきか―ISO/TC176からの助言」(ISO) 日本規格協会 2005.3 p187-192
- ◎参考文献「超ISO企業実践シリーズ 3 TQMの基本的考え方―超ISO企業の羅針盤」(超ISO企業研究会ほか) 日本規格協会 2005.7 p121-122
- ◎参考文献「品質コストマネジメントシステムの構築と戦略的運用」(伊藤嘉博) 日科技連出版社 2005.7 p237-243
- ◎参考文献「基礎から学ぶ品質管理の実際」(甲斐章人) 泉文堂 2006.7 p199-200
- ◎参考文献「シックスシグマ」(F. W. Breyfogle) エコノミスト社 2007.1 p863-872
- ◎参考文献「品質指向ソフトウェアマネジメント―高品質ソフトウェア開発のためのプロジェクトマネジメント」(山田茂ほか) 森北出版 2007.3 p127-131
- ◎参考文献「ニュージャパンサイエンスTQM―戦略的品質経営の理論と実際」(天坂格郎) 丸善 2007.4 prr
- ◎参考文献「コード・クオリティ―コードリーディングによる非機能特性の識別技法」(D. Spinellis) 毎日コミュニケーションズ 2007.6 p531-553
- ◎参考文献ほか「統計処理による品質管理と信頼性の基礎」(川井五作ほか) 電気書院 2007.10 p112-113

品種
- ◎参考文献「作物遺伝資源の農民参加型管理―経済開発から人間開発へ」(西川芳昭) 農文協 2005.1 p177-187
- ◎参考文献「生物多様性の保護か、生命の収奪か―グローバリズムと知的財産権」(V. シヴァ) 明石書店 2005.11 p183-181

便乗本
- ◎「爆笑・便乗本ガイドブック」(平成便乗本研究会) 竹内書店新社 2001.4 171p A5

ヒンドゥー教
- ◎参考文献「ヒンドゥー教と仏教―比較宗教の視点から」(西尾秀生) ナカニシヤ出版 2001.1 p197-205
- ◎参考文献「シヴァと女神たち」(立川武蔵) 山川出版社 2002.9 p165-166
- ◎文献「水と女神の風土」(楤根勇) 古今書院 2002.11 p302-318
- ◎文献「ヒンドゥー女神と村落社会―インド・ベンガル地方の宗教民俗誌」(外川昌彦) 風響社 2003.2 p525-556
- ◎参考文献「ヒンドゥー聖地と思索の旅」(宮本久義) 山川出版社 2003.4 p238」
- ◎参考文献「ヒンドゥー教 インドの聖と俗」(森本達雄) 中央公論新社 2003.7 p386-393
- ◎参考文献「ヒンドゥー教―インドという〈謎〉」(山下博司) 講談社 2004.5 p249-251
- ◎参考文献「ヒンドゥー教巡礼」(立川武蔵) 集英社 2005.2 p205-206
- ◎参考文献「ヒンドゥー教の事典」(橋本泰元ほか) 東京堂出版 2005.11 p400-395

便覧
- ◎「便覧図鑑年表全情報 1990-1999」(日外アソシエーツ) 日外アソシエーツ 2001.2 747p A5

【 ふ 】

ファイナンス
- ◎文献リスト「よくわかるファイナンス」(久保田敬一) 東洋経済新報社 2001.3 p333-335
- ◎参考文献ほか「行動ファイナンス―市場の非合理性を解き明かす新しい金融理論」(ヨアヒム・ゴールドベル

ふあかる

グ，リュディガー・フォン・ニーチュ）　ダイヤモンド社　2002.1　p206-220
◎参考図書「現代ファイナンスの基礎理論」（高森寛）　東洋経済新報社　2002.12　p363-371
◎参考文献「現代ファイナンス入門」（齋藤正章）　放送大学教育振興会　2003.3　p212-214
◎参考文献「物語で読み解くファイナンス入門」（森平爽一郎）　日本経済新聞社　2007.3　p212-221

ファカルティ・ディベロップメント
◎文献目録「ファカルティ・ディベロップメントに関する主要文献紹介および文献目録」（広島大学高等教育研究開発センター）　広島大　2006.3　p43-106

ファクタリング
◎参考文献「売掛債権資金化の新型資金調達法—ファクタリングの導入・活用の手引き」（志村和次郎ほか）　中央経済社　2004.10　p202-204

ファシズム
◎〔記事目次〕（金文準）「検証・幻の新聞「民衆時報」ファシズムの台頭と報道の原点」（金賛汀）　三五館　2001.7　p311-325
◎参考文献「ファシズムと文化」（田之倉稔）　山川出版社　2004.8　p88-90
◎関連文献「ファシズム」（山口定）　岩波書店　2006.3　p361-407
◎文献一覧「反ファシズムの危機」（S.ルッツァット）　岩波書店　2006.5　p1-10b
◎引用参考文献「原初的ファシズムの誕生—イタリア戦闘ファッシの結成」（藤岡寛己）　御茶の水書房　2007.7　p214-223

ファシリテーション
◎ブックガイド「ファシリテーション入門」（堀公俊）　日本経済新聞社　2004.7　p195-196

ファジー理論
◎参考文献「計算文学入門—Thomas Mannのイロニーはファジィ推論といえるのか？」（花村嘉英）　新風舎　2005.5　p188-191

ファッション
◎参考文献「西洋服装史」（文化服装学院）　文化学園教科書出版部　2000.5　p126-127
◎参考文献「ファッションの歴史　新訂増補」（千村典生）　平凡社　2001.3　p250-254
◎参考図書「戦後ファッションストーリー—1945-2000 増補」（千村典生）　平凡社　2001.11　p442-444
◎参考文献「アパレル用語事典」（小川龍夫）　繊研新聞社　2002.2　p456-465
◎参考文献「ファッション　京都服飾文化研究財団コレクション　18世紀から現代まで」（周防珠実ほか）　タッシェン・ジャパン　2002.11　p732-734
○文献リスト「デザイン学研究特集号　9.4」（日本デザイン学会）　2002　p86-87
◎参考文献「カタチの歴史　建築とファッションのただならぬ関係」（今井和也）　新曜社　2003.2　p224-229
◎文献「ファッションの歴史—西洋服飾史」（佐々井啓）　朝倉書店　2003.4　p177-182
◎参考文献「ファッションを考える」（横田尚美）　丸善　2003.6　prr

◎参考文献「ファッション産業論—衣服ファッションの消費文化と産業システム」（富沢修身）　創風社　2003.10　prr
◎参考文献（加藤なおみ）「西洋ルネッサンスのファッションと生活」（C.ヴェチェッリオ）　柏書房　2004.5　p417-418
◎参考文献「ファッション・マーケティング—高感性ライフスタイルをデザインする」（杉原淳子）　嵯峨野書院　2004.6　p109-110
◎注「ファッションの社会経済史—在来織物業の技術革新と流行市場」（田村均）　日本経済評論社　2004.8　prr
◎参考文献「コレクション・モダン都市文化　02　ファッション　復刻」（和田桂子ほか）　ゆまに書房　2004.12　p791-792
◎参考文献「モードの方程式—Satisfashion for men and women」（中野香織）　新潮社　2005.2　p186-190
◎文献「イタリア・ファッションの現在」（土屋淳二）　学文社　2005.3　prr
◎参考文献「ファッションと身体」（J.エントウィスル）　日本経済評論社　2005.7　p364-353
◎参考引用文献「ストリートファッションの時代—今、ファッションはストリートから生まれる。」（渡辺明日香）　明現社　2005.10　p287-289
◎参考文献「ファッション・ブランドの起源—ポワレとシャネルとマーケティング」（塚田朋子）　雄山閣　2005.12　p336-346
◎引用参考文献「近代日本の身装文化—「身体と装い」の文化変容」（高橋晴子）　三元社　2005.12　p438-447
◎参考文献「スウィンギン・シックスティーズ—ファッション・イン・ロンドン1955-1970」（ブリュワードCほか）　ブルース・インターアクションズ　2006.9　p190-191
◎参照文献「ブランドの条件」（山田登世子）　岩波書店　2006.9　p193-197
◎参考文献「着るものがない！」（中野香織）　新潮社　2006.10　3pb
◎参考文献ほか「メンズファッション大全」（吉村誠一）　繊研新聞社　2007.6　p534-535
◎参考文献「日米英ファッション用語イラスト事典」（若月美奈ほか）　繊研新聞社　2007.7　p899-906
◎参考文献「セカイと私とロリータファッション」（松浦桃）　青弓社　2007.8　p219-220
◎参考文献「ファッションの文化社会学　新装版」（J.フィンケルシュタイン）　せりか書房　2007.9　p6-17b
◎雑誌ほか「最新ファッション業界のトレンドがよ〜くわかる本—業界人、就職、転職に役立つ情報満載」（為家洋子）　秀和システム　2007.10　p216-223
◎文献「日本のファッション—明治・大正・昭和・平成—Japanese fashion」（城一夫ほか）　青幻舎　2007.10　p293」
◎参考文献「20世紀ファッションの文化史—時代をつくった10人」（成実弘至）　河出書房新社　2007.11　p293-302

ファミリテーション
◎参考文献「ファミリテーション革命—参加型の場づくりの技法」（中野民夫）　岩波書店　2003.4　p1-3b

不安
◎引用文献「抑うつと不安の関係を説明する認知行動モデル」（福井至）　風間書房　2002.1　p167-180

◎文献ほか「不安からあなたを解放する10の簡単な方法―不安と悩みへのコーピング」（E. J. ボーンほか）　星和書店　2004.10　p219-229
　◎文献「不安障害」（D. J. スタインほか）　日本評論社　2005.1　prr
　◎参考文献「社会不安障害とシャイネス―発達心理学と神経科学的アプローチ」（L. A. シュミットほか）　日本評論社　2006.9　prr
　◎参考文献「不安症を治す―対人不安・パフォーマンス恐怖にもう苦しまない」（大野裕）　幻冬舎　2007.1　p188-189
　◎文献「不安障害―精神療法の視点から」（中村敬）　星和書店　2007.10　prr

ファンタジー
　◎推薦図書「ファンタジーの世界」（池田紘一ほか）　九州大学出版会　2002.3　prr
　○ブックガイド（宮脇孝雄）「英語教育　51.2」（大修館書店）　2002.5　p26-28
　◎邦訳文献目録（井辻朱美ほか）「図説ファンタジー百科事典」（D. プリングル）　東洋書林　2002.11　p555-590
　◎参考文献「ファンタジーの魔法空間」（井辻朱美）　岩波書店　2002.12　p255-267
　◎参考文献ほか「ファンタジーと歴史的危機　英国児童文学の黄金時代」（女藤聡）　彩流社　2003.1　p11-38b
　◎文献「魔法のほうき」（井辻朱美）　廣済堂出版　2003.3　p234-247
　◎作品紹介「ファンタジーとジェンダー」（高橋準）　青弓社　2004.7　p219-244
　◎読書案内ほか（中村融）「ファンタジーの歴史・空想世界」（L. カーター）　東京創元社　2004.11　p341-326, 312-319
　◎参考文献「身体で読むファンタジー―フランケンシュタインからもののけ姫まで」（吉田純子ほか）　人文書院　2004.12　p229-242
　◎ブックリスト「魔法ファンタジーの世界」（脇明子）　岩波書店　2006.5　p1-4b
　○年表（井辻朱美）「文学　7.4」（岩波書店）　2006.7　p143-154
　◎「大人のファンタジー読本―未知なる扉をひらく180選」（やまねこ翻訳クラブ）　マッグガーデン　2006.12　223p　A5

ファンダメンタリズム
　◎参考文献ほか「ファンダメンタリズム　1冊でわかる」（M. リズン）　岩波書店　2006.11　p11-15bほか

フィクション
　◎参考文献「言説のフィクション―ポスト・モダンのナラトロジー」（パトリック・オニール）　松柏社　2001.2　p231-248

フィジー
　◎参考文献「ディアスポラと先住民―民主主義・多文化主義とナショナリズム」（橋本和也）　世界思想社　2005.10　p289-297
　◎参考文献「ラグビー＆サッカーinフィジー―スポーツをフィールドワーク」（橋本和也）　風響社　2006.8　p48-49

フィボナッチ数
　◎参考文献「黄金比とフィボナッチ数」（R. A. ダンラップ）　日本評論社　2003.6　p151-154

フィラー
　◎参考文献「日本語の談話におけるフィラー」（山根智恵）　くろしお出版　2002.12　p250-267

フィリップ・モリス社
　◎参考文献「米国シガレット産業の覇者R・J・レイノルズ社とフィリップ・モリス社の攻防」（山口一臣）　千倉書房　2006.4　p345-355

フィリピン
　◎読書案内「現代フィリピンを知るための60章」（大野拓司, 寺田勇文）　明石書店　2001.1　p294-303
　◎参考文献「女性が語るフィリピンのムスリム社会―紛争・開発・社会的変容」（石井正子）　明石書店　2002.2　p231-215
　◎参考文献「人はなぜ「権利」を学ぶのか―フィリピンの人権教育」（阿久沢麻理子）　解放出版社　2002.2　p88-90
　◎文献一覧「祈りと祀りの日常知―フィリピン・ビサヤ地方バンタヤン島民族誌」（川田牧人）　九州大学出版会　2003.2　p319-327
　◎「「領事報告」掲載フィリピン関係記事目録―1881-1943年」（早瀬晋三）　龍溪書舎　2003.5　235p　B5
　◎文献「フィリピン銀行史研究―植民地体制と金融」（永野善子）　御茶の水書房　2003.12　p13-31b
　◎参考文献「シリーズ知っておきたいフィリピンと太平洋の国々」（歴史教育者協議会）　青木書店　2004.2　p234-235
　◎参考文献「フィリピンの民主化と平民社会―移行・定着・発展の政治力学」（五十嵐誠一）　成文堂　2004.3　p243-263
　◎参考文献「貧困の民族誌―フィリピン・ダバオ市のサマの生活」（青山和佳）　東京大出版会　2006.1　p389-399
　◎参考文献「フィリピンの人権教育―ポスト冷戦期における国家・市民社会・国際人権レジームの役割と関係性の変化を軸として」（阿久澤麻理子）　解放出版社　2006.12　p163-166
　◎参考文献「海域世界の民族誌―フィリピン島嶼部における移動・生業・アイデンティティ」（関恒樹）　世界思想社　2007.2　p356-340

フィリピン　ダバオ市
　◎参考文献「貧困の民族誌―フィリピン・ダバオ市のサマの生活」（青山和佳）　東京大出版会　2006.1　p389-399

フィリピン　マニラ
　◎文献「マニラへ渡った瀬戸内漁民―移民送出母村の変容」（武田尚子）　御茶の水書房　2002.2　p1-14b
　◎参考文献「物語マニラの歴史」（N. ホアキン）　明石書店　2005.12　p416-419

フィリピン　ミンダナオ島
　◎文献「海域イスラーム社会の歴史―ミンダナオ・エスノヒストリー」（早瀬晋三）　岩波書店　2003.8　p229-242

フィリピン　歴史
　◎参考文献「フィリピン歴史研究と植民地言説」（R. C. イレート）　めこん　2004.8　prr
　◎参考文献「フィリピン―華僑ビジネス不道徳講座」（浅井壮一郎）　朱鳥社　2005.1　p254-255

ふぃいりひ

◎参考文献「キリスト受難詩と革命―1840～1910年のフィリピン民衆運動」(R. C. イレート) 法政大学出版局 2005.9 p33-43b
◎注「歴史経験としてのアメリカ帝国―米比関係史の群像」(中野聡) 岩波書店 2007.9 p11-51b

フィリピン人
◎参考文献「フィリピン-日本国際結婚―移住と多文化共生」(佐竹眞明ほか) めこん 2006.5 p165-169

フィールドワーク
◎文献ガイド「フィールドワークの技法―問いを育てる、仮説をきたえる」(佐藤郁哉) 新曜社 2002.2 p9-13b
◎参考文献「学生のためのフィールドワーク入門」(アジア農村研究会) めこん 2005.10 p253-254
◎文献紹介「フィールドワーク教育入門―コミュニケーション力の育成」(原尻英樹) 玉川大出版部 2006.2 p161-167
◎文献「躍動するフィールドワーク―研究と実践をつなぐ」(井上真) 世界思想社 2006.7 prr
◎文献ガイドほか「フィールドワーク―書を持って街へ出よう 改訂版」(佐藤郁哉) 新曜社 2007.9 p13-32b

フィンランド
◎参考文献「フィンランド現代政治史」(M. ハイキオ) 早稲田大学出版部 2003.4 p183-187
◎文献「ケータイは世の中を変える―携帯電話先進国フィンランドのモバイル文化」(T. コポマー) 北大路書房 2004.9 p129-137ほか
◎参考文献「情報社会と福祉国家―フィンランド・モデル」(M. カステルほか) ミネルヴァ書房 2005.3 p187-204
◎参考文献「フィンランドという生き方」(目黒ゆみ) フィルムアート社 2005.12 p246-253
◎参考文献「フィンランドにおける性的ライフスタイルの変容―3世代200の自分史による調査研究」(E. ハーヴィオ=マンニラほか) 大月書店 2006.6 p262-266
◎参考文献「フィンランド福祉国家の形成―社会サービスと地方分権改革」(山田眞知子) 木鐸社 2006.6 p262-278

フィンランド　企業
◎参考文献「ザ・フィンランド・システム―日本ビジネス再生の鍵は、フィンランドにある―世界競争力1位」(矢田龍生ほか) 産業能率大出版部 2006.5 p205-208

フィンランド　教育
◎参考文献「フィンランドの理科教育―高度な学びと教員養成」(鈴木誠) 明石書店 2007.10 prr

フィンランド　経済
◎参考文献「比較経済社会学―フィンランドモデルと日本モデル」(寺岡寛) 信山社出版 2006.11 p238-243

フィンランド語
◎参考図書ガイド「フィンランド語のしくみ」(吉田欣吾) 白水社 2007.2 p144」
◎参考文献「ゼロから話せるフィンランド語―会話中心」(千葉庄寿) 三修社 2007.10 p154」

風化
◎文献「群発する崩壊―花崗岩と火砕流」(千木良雅弘) 近未来社 2002.8 p221-228

風景
◎文献「景観哲学への歩み―景観・環境・聖なるものの思索」(角田幸彦) 文化書房博文社 2001.4 p315-323
◎参考文献「日本　町の風景学」(内藤昌) 草思社 2001.5 p171-187
◎参考文献「風景の発見」(内田芳明) 朝日新聞社 2001.5 p8-13b
◎参考文献「月瀬幻影―近代日本風景批判史」(大室幹雄) 中央公論新社 2002.3 p443-446
◎原注文献「風景と人間」(A. コルバン) 藤原書店 2002.6 p185-183
◎文献案内「風景の哲学―叢書倫理学のフロンティア11」(安彦一恵ほか) ナカニシヤ出版 2002.10 p249-237
◎翻訳書年表「1900年までに日本に来訪した西洋人の風景評価に関する記述」(青木陽二) 国立環境研究所 2004.6 p192-193
◎参考文献「音ってすごいね。―もう一つのサウンドスケープ」(小松正史) 晃洋書房 2004.6 p213-214
◎参考文献「風景を創る―環境美学への道」(中村良夫) NHK出版 2004.6 p268-269
◎文献案内「風景と記憶」(S. シャーマ) 河出書房新社 2005.2 p709-721
◎参考文献「風景のなかの自然地理　改訂版」(杉谷隆) 古今書院 2005.12 p133-137
◎参考文献「風景の経験―景観の美について」(J. アプルトン) 法政大学出版局 2005.12 p20-35b
◎註「風景の研究」(柴田陽弘) 慶應義塾大出版会 2006.4 prr
○文献(伊藤猛士)「文献探索　2005」(文献探索研究会) 2006.5 p39-50
◎参考文献「中国における風景観の変遷と観光地形成に関する研究」(朱専法) 雄松堂出版 2006.8 p222-228
◎文献リスト「風土工学の視座」(竹林征三) 技報堂出版 2006.8 p306-310
◎文献一覧「環境倫理学入門―風景論からのアプローチ」(菅原潤) 昭和堂 2007.4 p228-232

風景画
◎註「明るい窓　風景表現の近代」(柏木智雄ほか) 大修館書店 2003.2 p225-241
◎引用文献ほか「風景画の出現―ヨーロッパ美術史講義」(越宏一) 岩波書店 2004.10 p11-23b

風景構成法
◎注ほか「風景構成法の事例と展開―心理臨床の体験知」(皆藤章ほか) 誠信書房 2002.2 p369-374

風景素描
◎参考文献「ドイツ・ロマン主義の風景素描―ドレスデン版画素描館所蔵　ユリウス・シュノルの「風景画帳」,フリードリヒ, コッホ, オリヴィエなど」(P. クールマン=ホディック) 国立西洋美術館 2003 p324-330

諷刺画
◎参考文献「ビゴーが見た日本人　風刺画に描かれた明治」(清水勲) 講談社 2001.9 p242-243
◎参考文献ほか「中国の風刺漫画」(陶冶) 白帝社 2007.6 p270-279

諷刺詩
- ◎参考文献ほか「イギリス諷刺詩」(大日向幻) 関西学院大学出版会 2003.3 p244-247

風車
- ◎参考文献「風・風車のQ&A120—何ゆえロマン風・風車」(松本文雄) パワー社 2002.6 p253-254
- ◎参考文献「さわやかエネルギー風車入門 増補版」(牛山泉) 三省堂 2004.3 p262-263
- ◎参考図書「だれでもできる小さな風車の作り方」(松本文雄) 合同出版 2005.2 p121-122
- ◎文献「手作り風車ガイド—風との対話 楽しさの玉手箱 改訂版」(松本文雄ほか) パワー社 2006.6 p179-180
- ◎参考文献「風車の理論と設計—ダリウス風車を中心とした垂直軸風車の解説」(I. パラシキブイユ) インデックス出版 2007.3 prr

風水
- ◎参考文献「風水の社会人類学—中国とその周辺比較」(渡邊欣雄) 風響社 2001.12 p425-451
- ○所在目録(宮崎順子)「東洋史訪 10」(兵庫教育大) 2004.3 p88-142
- ◎参考文献「風水思想を儒学する」(水口拓寿) 風響社 2007.11 p62-64

風水害
- ◎参考文献「風水害論 防災学講座1」(京都大学防災研究所) 山海堂 2003.9 prr

風船爆弾
- ◎参考文献「風船爆弾秘話」(櫻井誠子) 光人社 2007.4 p253-255

風俗
- ◎文献「江戸に学ぶ「おとな」の粋」(神崎宣武) 講談社 2003.2 p236-238
- ◎参考文献「あのころ京都の暮らし—写真が語る百年の暮らしの変化」(中村治) 世界思想社 2004.12 p137-139
- ◎参考文献「愛と残酷の世界史—欲望と背徳と秘密に魅せられた人々」(桐生操) ダイヤモンド社 2006.7 p225-230
- ◎参考文献「日本文化の基本形〇△□」(篠田知和基) 勉誠出版 2007.4 p247-253
- ◎参考文献「京文化と生活技術—食・職・農と博物館」(印南敏秀) 慶友社 2007.7 p475-478

風俗画
- ◎参考文献「風俗画の近世—日本の美術」(宮島新一) 至文堂 2004.1 p141」

風俗考証
- ◎考証一覧「時代風俗考証事典 新版」(林美一) 河出書房新社 2001.1 p699-701

風俗史
- ◎参考文献「現代風俗史年表—昭和20年(1945)~平成12年(2000) 増補2版」(世相風俗観察会) 河出書房新社 2001.2 p534-540
- ◎参考文献「やんごとなき姫君たちの饗宴」(桐生操) 角川書店 2005.1 p208-211

風俗習慣
- ◎参考文献ほか「こっそり教える「世界の非常識」184—仰天」(斗鬼正一) 講談社 2007.7 p204-206
- ◎文献「画・文で描く祖父母が若かった頃—西相模の明治・大正・昭和」(鷹野良宏) 鷹野良宏 2007.7 p138-139
- ◎参考文献「日本人数のしきたり」(飯倉晴武) 青春出版社 2007.7 p186-187

風土
- ◎注「風土学序説—文化をふたたび自然に、自然をふたたび文化に」(A. ベルク) 筑摩書房 2002.1 prr

夫婦
- ◎引用・参考文献「共立夫婦 DINKSから共立夫婦へ」(読売広告社ほか) 日科技連出版社 2001.9 p165-166
- ◎引用文献「高齢期の夫婦関係に関する発達心理学的研究」(宇都宮博) 風間書房 2004.2 p101-108
- ◎参考文献「この結婚—明治大正昭和の著名人夫婦70態」(林えり子) 文藝春秋 2005.8 p239-242
- ◎参考文献「男が家事をしない本当の理由—幸せな家庭の条件」(淵上勇次郎) 東京図書出版会 2005.10 p244-248
- ◎註「〈妻〉の歴史」(M. ヤーロマ) 慶應義塾大出版会 2006.4 p9-39b
- ◎参考文献「対等な夫婦は幸せか」(永井暁子ほか) 勁草書房 2007.1 p145-153
- ◎参考文献ほか「カップルが親になるとき」(C. コーワンほか) 勁草書房 2007.7 p2-16b
- ◎参考文献「妻はなぜ夫に満足しないのか—中高年「仮面夫婦」のカルテ」(安岡博之) 角川書店 2007.11 p204-205
- ◎参考文献「中年期における夫婦関係の研究—個人化・個別化・統合の視点から」(長津美代子) 日本評論社 2007.11 p239-255

夫婦関係
- ◎引用文献「夫婦関係学への誘い」(諸井克英) ナカニシヤ出版 2003.3 prr

夫婦別姓
- ◎引用参考文献「夫婦別姓 その歴史と背景」(久武綾子) 世界思想社 2003.2 p181-189

風流
- ◎注文献「山・鉾・屋台の祭り 風流の開花」(植木行宣) 白水社 2001.11 prr

風力
- ◎参考文献「トコトンやさしい風力の本」(永井隆昭) 日刊工業新聞社 2002.12 1pb

風力発電
- ◎参考文献ほか「風力発電Q&A—ここが知りたい」(関和市, 池田誠) 学献社 2002.3 p221-223
- ◎文献「風力発電機とデンマーク・モデル—地縁技術から革新への途」(松岡憲司) 新評論 2004.3 p225-230
- ◎参考文献「風力エネルギーの基礎」(牛山泉) オーム社 2005.7 p253-258
- ◎参考文献「風力エネルギー読本」(牛山泉) オーム社 2005.9 p299-305
- ◎参考文献「"風力よ"エタノール化からトウモロコシを救え—風力発電による海洋資源回収と洋上工場」(村原正隆ほか) パワー社 2007.12 p170-178

フェニキア人
- ◎文献「フェニキア人」（G. E. マーコウ）　創元社　2007.11　p288-284

フェミニズム
- ◎文献「実践するフェミニズム」（牟田和恵）　岩波書店　2001.6　p209-215
- ○文献リスト（千野香織）「大航海　39」（新書館）　2001.7　p208-209
- ◎参照文献「フェミニズム・スポーツ・身体」（アン・ホール）　世界思想社　2001.8　p259-281
- ◎参考文献「アメリカ・フェミニズムのパイオニアたち―植民地時代から1920年代まで」（武田貴子ほか）　彩流社　2001.9　p333-339
- ◎参考文献「「フェミニズムとリベラリズム」フェミニズムの主張　5」（江原由美子）　勁草書房　2001.10　p6-14b
- ◎参考文献「フェミニズムと精神分析事典」（E. ライトほか）　多賀出版　2002.1　prr
- ◎「フェミニズムの名著50」（江原由美子ほか）　平凡社　2002.7　528p B6
- ◎参考文献「聖書の探索へ―フェミニスト聖書注解」（E. シュスラー・フィオレンツァ）　日本キリスト教団出版局　2002.7　prr
- ◎文献「法の政治学―法と正義とフェミニズム」（岡野八代）　青土社　2002.7　p295-309
- ◎参考文献「メキシコの女たちの声―メキシコ・フェミニズム運動資料集」（松久玲子）　行路社　2002.8　p492-497
- ◎原注「家族、積みすぎた方舟　ポスト平等主義のフェミニズム法理論」（M. A. ファインマン）　学陽書房　2003.2　p1-65b
- ◎参考文献「概説フェミニズム思想史」（奥田暁子ほか）　ミネルヴァ書房　2003.3　prr
- ◎文献（伊藤るりほか）「国際フェミニズムと中国」（T. E. バーロウ）　御茶の水書房　2003.3　p1-8b
- ◎文献年表（竹村和子ほか）「"ポスト"フェミニズム」（竹村和子）　作品社　2003.8　p220-223
- ◎参考文献「正義・家族・法の構造変換―リベラル・フェミニズムの再定位」（野崎綾子）　勁草書房　2003.8　p7-18b
- ◎参考文献「混在するめぐみ―ポストコロニアル時代の宗教とフェミニズム」（川橋範子ほか）　人文書院　2004.5　p188-207
- ◎注「フェミニズム国際法学の構築」（山下泰子ほか）　中央大学出版部　2004.6　prr
- ◎文献「女性が癒やすフェミニスト・セラピー」（高畠克子）　誠信書房　2004.6　p201-211
- ◎文献「争点・フェミニズム」（V. ブライソン）　勁草書房　2004.12　p15-36b
- ◎文献目録「フェミニズムの歴史と女性の未来―後戻りさせない」（E. フリードマン）　明石書店　2005.2　p593-692
- ◎文献「身体／セックスの政治―BODY/SEX/GENDER/PROSTITUTION/PLEASURE/HETEROSEXISM/PORNOGRAPHY/LOVE」（山本哲士）　三交社　2007.2　p302-305

フェロモン
- ◎参考文献「フェロモン受容にかかわる神経系」（市川眞澄ほか）　森北出版　2007.9　p253-295

フォーカシング
- ◎参考文献「フォーカシングの実践と研究」（伊藤義美）　ナカニシヤ出版　2002.10　prr
- ◎文献「フォーカシングで身につけるカウンセリングの基本」（近田輝行）　コスモス・ライブラリー　2002.11　p147-154

フォスターケア
- ◎引用文献「フォスターケア―里親制度と里親養育」（庄司順一）　明石書店　2003.10　prr

フォーチュン
- ◎引用参照文献「嫌われた日本―戦時ジャーナリズムの検証」（高島秀之）　創成社　2006.8　p239-244

フォト・ジャーナリズム
- ◎参考文献「フォト・ジャーナリズム　いま写真に何ができるか」（徳山喜雄）　平凡社　2001.3　p217-219

フォトンマッピング
- ◎関連図書「フォトンマッピング―実写に迫るコンピュータグラフィックス」（Henrik Wann Jensen）　オーム社　2002.7　p195-208

武器
- ◎参考文献「武器甲冑図鑑」（市川定春）　新紀元社　2004.9　p423-433
- ◎参照文献「刀狩り―武器を封印した民衆」（藤木久志）　岩波書店　2005.8　p240-243
- ◎註「飛び道具の人類史―火を投げるサルが宇宙を飛ぶまで」（A. W. クロスビー）　紀伊國屋書店　2006.5　p304-278
- ◎参考文献「武装―大阪城天守閣収蔵武具展―テーマ展」（大阪城天守閣）　大阪城天守閣特別事業委員会　2007.3　p104」

不機嫌
- ◎注文献「女主人公の不機嫌　樋口一葉から富岡多恵子まで」（荒井とみよ）　双文社出版　2001.7　prr

不況
- ◎参考文献ほか「長期不況論―信頼の崩壊から再生へ」（松原隆一郎）　NHK出版　2003.5　p243-250
- ◎引用参考文献「恐慌と不況」（中村泰治）　御茶の水書房　2005.3　p1-6b
- ◎参考文献「不況のメカニズム―ケインズ『一般理論』から新たな「不況動学」へ」（小野善康）　中央公論新社　2007.4　p215-218

フグ
- ◎参考文献「ふぐの文化　改訂版」（青木義雄）　成山堂書店　2003.5　p203-204
- ◎参考文献「フグの飼い方」（アクアライフ編集部）　マリン企画　2006.2　p126」

武具
- ◎参考文献「甦る武田軍団―その武具と軍装」（三浦一郎）　宮帯出版社　2007.5　p251-252

福井県
- ◎参考文献「風の俤―福井の客人たち」（足立尚計）　能登印刷出版部　2001.8　p209-213
- ◎文献目録「「福井県関係漢詩集、橋本左内、橘曙覧」文献資料の研究」（前川幸雄）　福井大　2003.3　p23-33

福井県　永平寺
◎参考図書「永平の風　道元の生涯」(大谷哲夫)　文芸社　2001.10　p538-541
◎参考文献「法隆寺の智慧・永平寺の心」(立松和平)　新潮社　2003.10　p205-206
◎参考文献「永平寺への道」(立松和平)　東京書籍　2007.7　2pb

福井県　越前町
◎参考文献「越前町織田史　古代・中世編」(越前町教育委員会)　越前町　2006.12　p5-12b

福井県　坂井市
◎参考文献「新修坂井町誌　通史編」(坂井町誌編さん委員会)　坂井市　2007.3　p19-30b

福井県　鯖江市資料館
○和漢書目録(大沼晴暉)「斯道文庫論集　41」(慶応義塾大斯道文庫)　2006　p271-306

福井県　敦賀市
◎参考文献「敦賀市教育史　通史編　下」(敦賀市教育史編さん委員会)　敦賀市教育委員会　2003.5　p7-9b

福井県　福井藩明道館
○「福井藩明道館書目　1-9」(朝倉治彦)　ゆまに書房　2003.12　9冊　A5

福井県　美浜町
◎参考文献「わかさ美浜町誌　美浜の文化　3」(美浜町誌編纂委員会)　美浜町　2005.3　p537-540
◎参考文献「わかさ美浜町誌　美浜の文化　2」(美浜町誌編纂委員会)　美浜町　2006.3　p597-601

福井県　若狭
◎参考文献「近江・若狭と湖の道　街道の日本史31」(藤井譲治)　吉川弘文館　2003.1　p20-22b

福井県　一乗谷
◎参考文献「戦国大名朝倉氏と一乗谷」(水野和雄ほか)　高志書院　2002.11　prr

福音館書店
◎「福音館書店出版総目録」　福音館書店　2002.2　247p　A5

福音書
◎文献表「共観福音書の社会科学的注解」(リチャード・ロアボー, ブルース・マリーナ)　新教出版社　2001.5　p475-479

福岡県
◎略年表「近世福岡地方女流文芸集」(前田淑)　葦書房　2001.2　p349-356
◎文献「長崎街道」(福岡県教育委員会)　福岡県教育委員会　2003.3　p266-267
◎参考文献「博多・福岡と西海道　街道の日本史48」(丸山雍成ほか)　吉川弘文館　2004.2　p21-23b
◎参考文献「博多商人―鴻臚館から現代まで」(読売新聞西部本社ほか)　海鳥社　2004.11　p124-125
◎「福岡県市町村研究所図書目録　2005」(福岡県市町村研究所)　福岡県市町村研究所　2005.3　273p　A4
◎参考文献「「萬年代記帳」に見る福岡藩直方領犯科覚帖」(白石壽郎)　海鳥社　2005.5　p217-220
◎引用参考文献「豊前国神楽考」(橋本幸作)　海鳥社　2005.6　p351-357
◎参考文献「名所空間の発見―地方の名所図録図会を読む」(萩島哲)　九州大学出版会　2005.10　prr
◎参考文献「近代福岡県漁業史―1878-1950」(三井田恒博)　海鳥社　2006.8　p993-1000
◎本「福岡県の不思議事典」(堂前亮平ほか)　新人物往来社　2007.12　p239-244

福岡県　赤池町
◎参考文献「財政再建団体―何を得て、何を失うのか赤池町財政再建プロセスの検証」(橋本行史)　公人の友社　2001.10　p85-86

福岡県　秋月街道
◎参考文献「秋月街道」(福岡県教育委員会ほか)　福岡県教育委員会　2004.3　p242-246

福岡県　石塚山古墳
◎参考文献「筑紫政権からヤマト政権へ・豊前石塚山古墳」(長嶺正秀)　新泉社　2005.12　p91」

福岡県　稲築町
◎参考文献「稲築町史　下巻」　稲築町　2004.3　p690-698

福岡県　王塚古墳
◎参考文献「描かれた黄泉の世界・王塚古墳」(柳沢一男)　新泉社　2004.11　p90-91

福岡県　小郡市
◎文献「小郡市史　2　通史編　中世・近世・近代」(小郡市史編集委員会)　小郡市　2003.6　p1210-1222

福岡県　観世音寺
◎文献目録(川添昭二)「観世音寺　考察編」(九州歴史資料館)　九州歴史資料館　2007.10　p239-241

福岡県　北九州市
◎参考文献「21世紀型都市における産業と社会―北九州市のポスト・モダンに向けて」(北九州市立大学北九州産業社会研究所)　海鳥社　2003.3　prr
◎参考文献「おんなの軌跡・北九州―北九州女性の100年史」(北九州市女性史編纂実行委員会)　ドメス出版　2005.12　p539-558
◎参考文献「小倉祇園太鼓の都市人類学―記憶・場所・身体」(中野紀和)　古今書院　2007.2　p337-349

福岡県　久留米市
◎参考文献「久留米藩難から新選組まで」(松本茂)　海鳥社　2006.2　p247-251

福岡県　交通
◎参考文献「秋月街道」(福岡県教育委員会ほか)　福岡県教育委員会　2004.3　p242-246
◎参考文献「街道と宿場町」(アクロス福岡文化誌編纂委員会)　アクロス福岡文化誌編纂委員会　2007.1　p158-159

福岡県　小倉藩
◎参考文献ほか「大庄屋走る―小倉藩・村役人の日記」(土井重人)　海鳥社　2007.9　p221-224

福岡県　田川市
◎参考文献「自治と依存―湯布院町と田川市の自治運営のレジーム」(光本伸江)　敬文堂　2007.9　p339-359

福岡県　大宰府
◎参考文献「国境の誕生―大宰府から見た日本の原形」（ブルース・バートン）　NHK出版　2001.8　p259-277

福岡県　筑前神楽
◎参考文献ほか「筑前神楽考―遠賀御殿神楽」（波多野学）　渓水社　2003.1　p335-337

福岡県　筑前竹槍一揆
◎文献目録「筑前竹槍一揆の研究―廃藩置県・解放令・筑前竹槍一揆　明治4年～6年の福岡　石瀧豊美論文集」（石瀧豊美）　イシタキ人権学研究所　2004.10　p339-349

福岡県　筑豊炭田
◎参考文献「筑豊学事始め」（住学協同機構筑豊地域づくりセンター）　海鳥社　2004.4　p228-229

福岡県　博多
◎参考文献「博多学」（岩中祥史）　新潮社　2002.2　1pb
◎参考文献「博多・福岡と西海道　街道の日本史48」（丸山雍成ほか）　吉川弘文館　2004.2　p21-23b

福岡県　広川町
◎参考文献「広川町史　上巻」（広川町史編さん委員会）　広川町　2005.3　p623-634

福岡県　福岡市
◎参考文献「いま流通消費都市の時代―福岡モデルでみた大都市の未来」（阿部真也）　中央経済社　2006.5　p300-306

福岡県　柳川市
◎「柳河新報記事目録　2」（柳川市史編集委員会）　柳川市　2001.3　512p A4
◎文献「新柳川明証図会」（柳川市史編集委員会・別編部会）　柳川市　2002.9　p389-390

福岡県　吉武高木遺跡
◎参考文献「最古の王墓・吉武高木遺跡」（常松幹雄）　新泉社　2006.2　p90-92

福岡県　歴史
◎文献「福岡県史　通史編　福岡藩　2」（西日本文化協会）　福岡県　2002.3　p887-892
◎参考文献「図説南筑後の歴史」（大城美知信）　郷土出版社　2006.3　p244-246
◎参考文献「図説久留米・小郡・うきはの歴史」（古賀幸雄）　郷土出版社　2006.4　p245-246

複合汚染
◎参考文献「胎児の複合汚染―子宮内環境をどう守る」（森千里）　中央公論新社　2002.4　p204-201

複合辞
◎文献目録「複合辞研究の現在」（藤田保幸ほか）　和泉書院　2006.11　p313-343

複合動詞
◎参考文献「複合動詞・派生動詞の意味と統語―モジュール形態論から見た日英語の動詞形成」（由本陽子）　ひつじ書房　2005.7　p361-369

複雑系
◎参考文献「複雑系経済学へのアプローチ」（吉田和男ほか）　東洋経済新報社　2002.3　p181-191
◎文献「複雑系の窓」（石田太郎）　新風舎　2005.5　p369-374
◎参考文献「「複雑ネットワーク」とは何か―複雑な関係を読み解く新しいアプローチ」（増田直紀ほか）　講談社　2006.2　p241-239
◎参考文献「複雑系の哲学―21世紀の科学への哲学入門」（小林道憲）　麗澤大出版会　2007.6　p240-242

副詞
◎文献「副詞的表現の諸相」（仁田義雄）　くろしお出版　2002.6　p299-300
◎注「国語副詞の史的研究　増補版」（濱口敦ほか）　新典社　2003.4　prr

福祉　⇒　社会福祉　をも見よ
○文献紹介「社会福祉研究　82」（鉄道弘済会社会福祉部）　2001.1　p127-134
◎参考文献「自治体と福祉改革―少子・超高齢社会に向けて」（加藤良重）　公人の友社　2001.2　p202-205
◎参考文献「高齢者福祉論」（太田貞司ほか）　光生館　2001.3　prr
◎「福祉の本出版目録　2001年版」　全国社会福祉協議会出版部　2001.3　316p A5
◎参考文献「ケアリング・ワールド―福祉世界への挑戦」（Organisation for Economic Co-operation and Development）　黎明書房　2001.4　p150-157
◎参考文献「福祉行政学」（武智秀之）　中央大学出版部　2001.4　p207-217
◎参考文献「ポスト福祉国家の総合対策　経済・福祉・環境への対応」（丸尾直美ほか）　ミネルヴァ書房　2001.5　prr
◎参考文献「福祉NPO　地域を支える市民起業」（渋川智明）　岩波書店　2001.6　p199」
◎参考文献「福祉の世界」（スティーヴン・ピンチ）　古今書院　2001.9　p171-183
◎参考文献「福祉の総合政策」（駒村康平）　創成社　2001.10　p336-338
◎参考文献「福祉カウンセリング」（袴田俊一）　久美KK　2001.10　prr
◎「福祉関係総合図書目録」（図書館流通センター企画編集室）　図書館流通センター　2002.1　2冊　A4
○文献リスト（尾崎由美）「地域福祉研究　30」（日本生命済生会）　2002.3　p158-196
◎「福祉の本出版目録　2002年版」　全国社会福祉協議会出版部　2002.3　141p A5
◎参考文献「教育と福祉のための教育心理学エクササイズ」（会田元明）　新曜社　2002.4　p240-244
◎文献「日本福祉史講義」（池田敬正，池本美和子）　高菅出版　2002.4　p249-250
◎参考文献「行財政からみた高齢者福祉―措置制度から介護保険へ」（山本恵子）　法律文化社　2002.6　p201-203
◎注「現代福祉と公共政策」（小野秀生）　文理閣　2002.10　prr
◎参考文献「福祉行財政論―国と地方からみた福祉の制度・政策」（山本隆）　中央法規出版　2002.12　prr
◎参考文献「福祉コミュニティ論」（井上英晴）　小林出版　2003.1　p313-315
◎「福祉の本出版目録　2003年版」　全国社会福祉協議会出版部　2003.3　133p A5
◎参考文献「福祉・住環境用語辞典」（青木務）　保育社　2003.4　p308-309

◎参照文献「福祉国家のガヴァナンス」(武智秀之) ミネルヴァ書房 2003.4 prr
◎注「人間福祉の思想と実践」(住谷磐ほか) ミネルヴァ書房 2003.6 prr
◎注「住民参加型福祉と生涯学習―福祉のまちづくりへの主体形成を求めて」(辻浩) ミネルヴァ書房 2003.12 prr
◎引用参考文献「地域福祉論 2版」(田端光美) 建帛社 2004.2 prr
◎参考文献「人間福祉論」(早瀬圭一ほか) 東洋英和女学院出版部 2004.4 prr
◎引用文献「福祉の時代の心理学」(今城周造) ぎょうせい 2004.4 prr
◎参考文献「世界の福祉―その理念と具体化 2版」(久塚純一ほか) 早稲田大学出版部 2004.5 prr
◎参考文献「福祉社会のジェンダー構造」(杉本貴代栄) 勁草書房 2004.5 p182-189
◎参考文献「現代社会福祉年表―社会福祉士、介護福祉士のために」(建部久美子) 明石書店 2004.10 p189-190
◎参考文献「高齢者福祉論―事例で学ぶ」(伏見幸子ほか) 学文社 2004.10 prr
◎参考文献ほか「福祉―政治哲学からのアプローチ」(N.バリー) 昭和堂 2004.10 p216-234
◎参考文献「福祉の市場化をみる眼―資本主義メカニズムとの整合性」(渋谷博史ほか) ミネルヴァ書房 2004.10 prr
◎参考文献「女性福祉とは何か―その必要性と提言」(林千代) ミネルヴァ書房 2004.11 prr
◎「児童福祉関係図書目録 1995-2004」(日外アソシエーツ) 日外アソシエーツ 2005.3 9, 716p A5
◎引用文献「生活時間と生活福祉」(伊藤セツほか) 光生館 2005.3 p201-208
◎引用文献「人間らしく生きる福祉学―はじめて学ぶ人の社会福祉入門」(加藤正樹ほか) ミネルヴァ書房 2005.4 prr
◎参考文献「現代福祉社会論―人権、平和、生活からのアプローチ」(岡崎祐司) 高菅出版 2005.6 p167-170
◎参考文献「福祉社会の歴史―伝統と変容」(佐口和郎ほか) ミネルヴァ書房 2005.6 prr
◎読書案内「地域福祉計画―ガバナンス時代の社会福祉計画」(武川正吾) 有斐閣 2005.7 prr
◎参考文献「福祉文化の創造―福祉学の思想と現代的課題」(立正大学社会福祉学部) ミネルヴァ書房 2005.10 prr
◎文献「韓国の福祉国家・日本の福祉国家」(武川正吾ほか) 東信堂 2005.12 prr
◎参考文献「総合福祉の基本体系」(井村圭壮ほか) 勁草書房 2006.1 prr
◎「福祉文献大事典」(文献情報研究会) 日本図書センター 2006.1 2冊 B5
◎参考文献「福祉のパブリック・プライベート・パートナーシップ」(金谷信子) 日本評論社 2007.2 p257-281
◎参考文献「アメリカ福祉の民間化」(木下武徳) 日本経済評論社 2007.3 p208-239
◎読書案内「福祉の経済思想家たち―How Did Economists Deal with Welfare?」(小峯敦) ナカニシヤ出版 2007.4 p291-293
◎引用参考文献「福祉ボランティア論」(三本松政之ほか) 有斐閣 2007.9 prr

福祉活動
◎参考文献「福祉活動のフィールド学 スウェーデンと日本、アメリカの試みから」(橋本義郎) 明石書店 2001.4 prr

福祉機器
◎参考文献「共用品白書」(共用品推進機構) ぎょうせい 2003.9 p272-275
◎参考文献「ソーシャルワークのためのはじめて学ぶ福祉機器」(井村保) 角川学芸出版 2004.5 p185-186
◎推薦図書ほか「福祉工学入門―人と福祉・介護機器の調和を科学する」(宇土博) 労働調査会 2005.10 p305-310
◎文献「医療福祉・介護産業の現状と展望」 交流協会 2006.3 p59-61
◎参考文献ほか「より多くの人が使いやすいアクセシブルデザイン入門」(星川安之ほか) 日本規格協会 2007.2 p91-93
◎参考文献ほか「人間科学と福祉工学」(山口昌樹ほか) コロナ社 2007.5 p148-149

福祉教科教育
◎引用参考文献「福祉教科教育法」(硯川眞句ほか) ミネルヴァ書房 2002.5 prr

福祉工学
◎引用文献「バリアフリー時代の心理・福祉工学」(鈴木浩明) ナカニシヤ出版 2003.3 p171-183

福祉国家
◎参考文献「福祉国家」(フランソワ=グザヴィエ・メリアン) 白水社 2001.3 p1-6b
◎参考文献「福祉資本主義の三つの世界―比較福祉国家の理論と動態」(G. エスピン-アンデルセン) ミネルヴァ書房 2001.6 p242-256
◎引用文献「社会変動の中の福祉国家―家族の失敗と国家の新しい機能」(富永健一) 中央公論新社 2001.8 p251-258
◎文献表「福祉国家の可能性―改革の戦略と理論的基礎」(G. エスピン=アンデルセン) 桜井書店 2001.11 p185-196
◎参照文献「グローバリゼーションと福祉国家の変容―国際比較の視点」(N. ジョンソン) 法律文化社 2002.11 p305-330
◎参照文献「比較のなかの福祉国家 講座福祉国家のゆくえ2」(埋橋孝文) ミネルヴァ書房 2003.1 prr
◎参考文献「福祉国家再生への挑戦―国家・社会・個人のベスト・ミックス」(眞鍋貞樹ほか) 中央大学出版部 2003.4 prr
◎文献「福祉国家とジェンダー・ポリティックス」(深沢和子) 東信堂 2003.9 p151-161
◎参考文献「グローバル化と福祉国家財政の再編」(林健久ほか) 東京大学出版会 2004.1 prr
◎文献「福祉国家の一般理論―福祉哲学論考」(P. スピッカー) 勁草書房 2004.4 p256-263
◎参考文献「自由と保障―ベーシック・インカム論争」(T. フィッツパトリック) 勁草書房 2005.5 p233-254
◎参考文献「福祉国家―そのパラダイムとガヴァナンス」(慎斗範ほか) ブレーン出版 2006.6 p245-253

◎参考文献「比較福祉政治―制度転換のアクターと戦略」（宮本太郎）　早稲田大出版部　2006.9　prr
◎参考文献「福祉の経済学―21世紀の年金・医療・失業・介護」（N. バー）　光生館　2007.3　p215-229
◎参考文献「福祉国家の可能性」（岡本英男）　東京大出版会　2007.3　p343-368
◎文献「連帯と承認―グローバル化と個人化のなかの福祉国家」（武川正吾）　東京大出版会　2007.11　p239-251

福祉社会
◎文献「福祉社会と社会保障改革―ベーシック・インカム構想の新地平」（小沢修司）　高菅出版　2002.10　p189-195
◎参考文献「アプローチとしての福祉社会システム論」（訓覇法子）　法律文化社　2002.12　prr
◎参考文献「持続可能な福祉社会―「もうひとつの日本」の構想」（広井良典）　筑摩書房　2006.7　p259-264

福祉住環境
◎参考文献「健康デザインのすすめ―福祉住環境の切り札」（坂本啓治）　法律文化社　2005.10　p139-141

福祉心理
◎文献「これからの福祉心理学―少子化・高齢化への実践的対応をめざして」（尾形和男）　北大路書房　2003.9　p186-193
◎参考文献「福祉心理学のこころみ―トランスパーソナル・アプローチからの展望」（安藤治）　ミネルヴァ書房　2003.10　p5-13b

福祉政策
◎文献リスト「スウェーデンの福祉制度改革と政治戦略―付加年金論争における社民党の選択」（渡辺博明）　法律文化社　2002.2　p7-18b
◎参考文献「スウェーデン・スペシャル　1　高福祉高負担政策の背景と現状」（藤井威）　新評論　2002.6　p251-252
◎基本文献「福祉政策の理論と実際―福祉社会学研究入門　改訂版」（三重野卓ほか）　東信堂　2005.12　p245-251
◎参考文献「福祉国家体制確立期における自治体福祉政策過程」（金智美）　公人社　2006.11　p241-252

福祉法
◎文献「立法百年史―精神保健・医療・福祉関連法規の立法史」（広田伊蘇夫）　批評社　2004.7　p396-409

福島県
◎参考文献「1930年代の「日本型民主主義」―高橋財政下の福島県農村」（栗原るみ）　日本経済評論社　2001.2　p349-360
◎研究雑誌・関係書誌ほか（阿部千春,菅野俊之）「福島県郷土資料情報　40」　福島県立図書館調査課　2001.3　p2-11
○関係出版物「石川史談　14」（石陽史学会）　2001.6　p37
○「福島県郷土資料情報　42」（福島県立図）　2002.3　12p B5
◎参考文献「地域産業の挑戦」（ふくしま地域づくりの会）　八朔社　2002.6　prr
◎文献「ふくしまの水生植物」（薄葉満）　歴史春秋出版　2002.9　p162-166
◎「福島県図書館関係新聞記事名一覧　1954-2002」（福島図書館研究所）　福島図書館研究所　2002.9　172, 251, 238p A4
◎「福島県主題書誌総覧―福島県関係書誌の書誌シリーズ　III」（菅野俊之）　工房ポチ＆アプリコット　2002.11　168p B5
◎参考文献「街道・宿駅・助郷」（丸井佳寿子）　歴史春秋出版　2003.4　p183-184
◎参考文献「ふくしまの冠婚葬祭」（田母野公彦ほか）　歴史春秋出版　2003.6　p167-168
◎参考文献「住まいと暮らし」（小澤弘道）　歴史春秋出版　2003.8　p179-180
◎文献「ふくしまの古墳時代」（辻秀人）　歴史春秋出版　2003.10　p199-207
◎文献「福島の大地の生い立ち」（真鍋健一）　歴史春秋出版　2004.1　p156-159
○文献目録「福島考古　45」（福島県考古学会）　2004.3　p74-83
◎「福島県図書館関係新聞記事名一覧　2002-2003」（福島図書館研究所）　福島図書館研究所　2004.3　27p A4
◎参考文献「ふくしま昆虫探検」（熊倉正昭）　歴史春秋出版　2004.5　p151-154
◎引用文献「小さな哺乳類」（木村吉幸）　歴史春秋出版　2004.5　p173-180
◎文献「ふくしま食の民俗」（近藤栄昭ほか）　歴史春秋出版　2005.1　p204-207
◎参考文献「城下町の民俗―武士の暮らしにみるハレとケ」（國分早苗ほか）　歴史春秋出版　2005.8　p164-169
○書誌紹介（阿部千春ほか）「福島県郷土資料情報　46」（福島県立図書館）　2006.3　p18-24
○文献目録「福島考古　46」（福島県考古学会）　2006.3　p163-173
◎参考文献「ふくしまの地名を拾う」（笹川壽夫）　歴史春秋出版　2006.10　p188-191
◎文献「ふくしまのお金―福島県における貨幣の移り変わり」（鈴木正敏）　歴史春秋出版　2006.11　p188-191
○「福島県関係地誌文献目録」（五十嵐勇作）　五十嵐勇作　2006.12　8, 621p B5
○文献目録「福島考古　48」（福島県考古学会）　2007.3　p66-78
◎参考文献「会津キリシタン研究　2　消えたキリシタンの謎」（小堀千明）　歴史春秋出版　2007.9　p301-310

福島県　会津
○記事抄録（小田卓実）「文献探索　2000」（文献探索研究会）　2001.2　p145-151
◎参考文献「会津の木地師」（滝沢洋之）　歴史春秋出版　2001.8　p162-163
◎参考文献「幕末の会津藩―運命を決めた上洛」（星亮一）　中央公論新社　2001.12　p235-237
◎参考文献「戊辰怨念の深層―萩と会津、誇り高く握手を」（畑敬之助）　歴史春秋出版　2002.2　p191-192
◎参考文献「会津諸街道と奥州道中―街道の日本史　12」（安在邦夫ほか）　吉川弘文館　2002.6　p22-25b
◎引用参考文献「ふくしまの文化財　会津編」（笹川寿夫）　歴史春秋出版　2003.9　p277-278
◎参考図書「会津藩農民の数学」（歌川初之輔）　歴史春秋出版　2003.12　p336-337
◎参考文献「会津キリシタン研究　1」（小堀千明）　歴史春秋出版　2004.6　p310-303

福島県　会津
◎参考文献「会津史の源流を探る─青巖の軌跡に辿る高寺山浄土」（太田保世）　歴史春秋出版　2005.8　p147-150
◎参考文献「会津戦争全史」（星亮一）　講談社　2005.10　p247-248
◎参考文献「会津の狩りの民俗」（石川純一郎）　歴史春秋出版　2006.10　p162-166
◎参考文献「中世会津の風景」（柳原敏昭ほか）　高志書院　2007.12　p1-3b

福島県　会津若松市
◎文献「東北古墳研究の原点・会津大塚山古墳」（辻秀人）　新泉社　2006.9　p91-92

福島県　安達太良山
◎参考図書「安達太良山と文学─ある末期癌患者のロマン」（猪狩三郎）　歴史春秋出版　2004.7　p236-238

福島県　石川地方
○関係出版物「石川史談　14」（石陽史学会）　2001.6　p37

福島県　いわき市
◎参考文献「ふくしまの地名を拾う」（笹川壽夫）　歴史春秋出版　2006.10　p188-191

福島県　喜多方市
◎参考文献ほか「喜多方地名散歩」（佐藤健郎）　歴史春秋出版　2006.10　p176-177

福島県　郡山市
◎参考文献「大久保利通と安積開拓─開拓者の群像」（立岩寧）　青史出版　2004.5　p407-410

福島県　詩史
○詩集（菅野俊之）「舳板Ⅲ　7」（EDI）　2004.4　p72-73

福島県　信夫山
◎資料目録「信夫山関係資料展」（福島県立図書館）　福島県立図書館　2007.10　p3-20

福島県　白河郡衙遺跡群
◎参考文献「白河郡衙遺跡群」（鈴木功）　同成社　2006.5　p175-177

福島県　相馬街道
◎参考文献「北茨城・磐城と相馬街道　街道の日本史　13」（誉田宏ほか）　吉川弘文館　2003.11　p14-17b

福島県　相馬地方
◎引用参考文献「相馬地方の妙見信仰─千葉氏から相馬氏へ」（野馬追の里原町市立博物館）　野馬追の里原町市立郷土博物館　2003.9　p72-73

福島県　高郷村
◎文献「会津高郷村史　3　民俗編」（高郷村史編さん委員会）　高郷村　2002.3　p599-600

福島県　原町市
◎参考文献「原町市史　9民俗」　南相馬市　2006.3　p860-863

福島県　磐梯山
○記事抄録（手塚裕美）「文献探索　2000」（文献探索研究会）　2001.2　p376-379
◎参考文献「磐梯山爆発─明治二一年地形が変わった」（米地文夫）　古今書院　2006.8　p186-196

福島県　福島市
◎参考文献「宮畑遺跡」（斎藤義弘）　同成社　2006.12　p179-181

福島県　宮畑遺跡
◎参考文献「宮畑遺跡」（斎藤義弘）　同成社　2006.12　p179-181

福島県　歴史
◎参考文献「平泉藤原氏と南奥武士団の成立」（入間田宣夫）　歴史春秋出版　2007.2　p165-170
◎参考文献「福島県の歴史散歩」（福島県高等学校地理歴史・公民科（社会科）研究会）　山川出版社　2007.3　p303-304
◎参考文献「ふくしまの市と市神」（大山孝正）　歴史春秋出版　2007.11　p158-161

復讐
◎参考文献「かたき討ち─復讐の作法」（氏家幹人）　中央公論新社　2007.2　p269-276

福祉用具
◎参考文献「最新版テクニカルエイド─福祉用具の選び方・使い方」（作業療法ジャーナル編集委員会）　三輪書店　2003.12　prr

服飾
◎「服飾文献目録　1994/2000」（高橋晴子, 大丸弘）　日外アソシエーツ　2001.7　959p B5
◎参考文献「装いのアイヌ文化誌─北方周辺域の衣文化と共に」（河野本道）　北海道出版企画センター　2001.9　p25-255
◎「服飾史・服飾美学関連論文要旨集　1950-1998」（日本家政学会服飾史・服飾美学部会）　建帛社　2001.12　350p B5
◎参考文献「色彩の回廊─ルネサンス文芸における服飾表象について」（伊藤亜紀）　ありな書房　2002.2　p241-257
◎参考文献「古代中央アジアにおける服飾史の研究─パジリク文化とノイン・ウラ古墳の古代服飾」（加藤定子）　東京堂出版　2002.9　p182-186
◎「服飾・デザインの本全情報　1945-2001」（日外アソシエーツ）　日外アソシエーツ　2002.12　778p A5
◎参考図書「装いの心理─服飾心理学へのプロムナード」（小林茂雄）　アイ・ケイコーポレーション　2003.3　p77-90
◎文献「ファッションの歴史─西洋服飾史」（佐々井啓）　朝倉書店　2003.4　p177-182
◎参考図書「服飾と心理」（藤原康晴ほか）　放送大教育振興会　2005.3　p198-199
◎「文化女子大学図書館所蔵服飾関連雑誌解題・目録」（文化女子大学図書館）　文化女子大図書館　2005.96, 260, 8p B5
◎「服飾史の基本文献解題集─池田文庫（財団法人阪急学園）の服飾関係資料」（平井紀子）　オフィス春日制作　2006.3　48p B5
◎参考文献「女性の服飾文化史─新しい美と機能性を求めて」（日置久子）　西村書店　2006.9　p354-351

福祉臨床
◎参考文献「児童虐待時代の福祉臨床学─子ども家庭福祉のフィールドワーク」（上野加代子ほか）　明石書店　2002.2　prr

複製
- ◎参考文献（近藤由紀）「真贋のはざま―デュシャンから遺伝子まで」（西野嘉章）　東京大学総合研究博物館　2001.11　p414-440

服装
- ◎参考文献「西洋服装史」（文化服装学院）　文化学園教科書出版部　2000.5　p126-127
- ◎参考文献「ファッションの歴史　新訂増補」（千村典生）　平凡社　2001.3　p250-254
- ◎参考図書「戦後ファッションストーリー―1945-2000　増補」（千村典生）　平凡社　2001.11　p442-444
- ◎文献「黒人奴隷の着装の研究―アメリカ独立革命期ヴァージニアにおける奴隷の被服の社会的研究」（浜田雅子）　東京堂出版　2002.9　p172-177
- ◎参考文献ほか「中国服装史―五千年の歴史を検証する」（華梅）　白帝社　2003.4　p343-347, 350-352
- ◎参考文献「洋裁の時代―日本人の衣服革命」（小泉和子）　OM出版　2004.3　p179-178
- ◎文献「外見とパワー」（K. K. P. ジョンソンほか）　北大路書房　2004.7　p223-248
- ◎参考文献「縞模様の歴史―悪魔の布」（M. パストゥロー）　白水社　2004.8　p5-9b
- ◎参考文献「服装の歴史」（高田倭男）　中央公論新社　2005.11　p422-425
- ◎引用参考文献「モードの帝国」（山田登世子）　筑摩書房　2006.1　p228-229
- ◎参考文献ほか「絵で見るパリモードの歴史―エレガンスの千年」（A. ロビダ）　講談社　2007.1　p356-363
- ◎注「楊貴妃になりたかった男たち―「衣服の妖怪」の文化誌」（武田雅哉）　講談社　2007.1　p252-273
- ◎参考文献「江戸のダンディズム―男の美学」（河上繁樹）　青幻舎　2007.5　p114-115
- ◎参考文献「桃山・江戸のファッションリーダー―描かれた流行の変遷」（森理恵）　塙書房　2007.10　p199-206

複素解析
- ◎参考文献「ヴィジュアル複素解析」（T. ニーダム）　培風館　2002.1　p631-638

福利厚生
- ◎引用参考文献「戦略的福利厚生―経営的効果とその戦略貢献性の検証」（西久保浩二）　社会経済生産性本部　2004.8　p332-346
- ◎参考文献「就業不能―「働けないリスク」に企業はどう向き合うか」（鳥越慎二）　ダイヤモンド・ビジネス企画　2007.12　p210-211

フクロウ
- ◎文献「現代日本生物誌　3　フクロウとタヌキ―里の自然に生きる」（波多野鷹, 金子弥生）　岩波書店　2002.8　p1-5b

腹話術
- ◎文献「唇が動くのがわかるよ―腹話術の歴史と芸術」（ヴァレンタイン・ヴォックス）　アイシーメディックス　2002.12　p206-208

武家儀礼
- ◎注「武家儀式格式の研究」（二木謙一）　吉川弘文館　2003.7　prr

武家言葉
- ◎注「近世武家言葉の研究」（諸星美智直）　清文堂出版　2004.5　prr

武家屋敷
- ◎注「江戸武家地の研究」（岩淵令治）　塙書房　2004.11　prr

富豪
- ◎引用参考文献「マネー＆パワー　富豪たちの千年史　ビジネスはいつ始まったのか」（H. ミーンズ）　東洋経済新報社　2003.8　p12-16b
- ◎参考文献「日本のお金持ち研究」（橘木俊詔ほか）　日本経済新聞社　2005.3　p223-227
- ◎参考文献「カネが邪魔でしょうがない―明治大正・成金列伝」（紀田順一郎）　新潮社　2005.7　p200-205
- ◎参考文献「ニュー・リッチの世界―日本の新・富裕層「年収5000万円以上、金融資産1億円以上」の人々」（臼井宥文）　光文社　2006.11　p297-299

武江産物志
- ◎参考文献「江戸の自然誌―「武江産物志」を読む」（野村圭佑）　どうぶつ社　2002.12　p364」

武功夜話
- ◎年表「偽書「武功夜話」の研究」（藤本正行, 鈴木真哉）　洋泉社　2002.4　p267-276

フジ
- ◎参考文献「なにわのみやび野田のふじ」（藤三郎）　東方出版　2006.5　p165-167

武士
- ◎参考文献「武士の成長と院政　日本の歴史07」（下向井龍彦）　講談社　2001.5　p345-353
- ◎文献目録「『名将言行録』乱世を生き抜く智恵」（谷沢永一, 渡部昇一）　PHP研究所　2002.4　p190-196
- ◎文献「武蔵武士―事跡と地頭の赴任地を訪ねて―郷土の英雄　上」（成迫政則）　まつやま書房　2002.7　p320-323
- ◎文献「武士の家計簿―「加賀藩御算用者」の幕末維新」（磯田道史）　新潮社　2003.4　p219-222
- ◎参考文献「武士と世間　なぜ死に急ぐのか」（山本博文）　中央公論新社　2003.6　p212-213
- ◎参考文献「士―日本のダンディズム」（東京都歴史文化財団ほか）　二玄社　2003.10　p16-17b
- ◎参考文献「武士と荘園世界」（服部英雄）　山川出版社　2004.9　2pb
- ◎参考文献「武士の登場　改版　日本の歴史6」（竹内理三）　中央公論新社　2004.10　p546-549
- ◎参考文献「中世信濃武士意外伝―義仲から幸村まで」（長野県立歴史館）　郷土出版社　2005.3　p294-295
- ◎参考文献「サムライの日本語」（久保博司）　幻冬舎　2006.1　p244-247
- ◎参考文献「武家奉公人と労働社会」（森下徹）　山川出版社　2007.2　1pb
- ◎参考文献「武蔵武士―郷土の英雄　続　源範頼の子孫吉見氏、本田氏、安達氏、大串氏など十四氏の業績と赴任地を探る」（成迫政則）　まつやま書房　2007.2　p331-333
- ◎参考文献「〈絵解き〉雑兵足軽たちの戦い―歴史・時代小説ファン必携」（東郷隆）　講談社　2007.3　p231-232

富士山
- ◎参考著書ほか「富嶽旅百景―観光地域史の試み」（青柳周一）　角川書店　2002.2　p227-230
- ◎参考文献「富士北麓観光開発史研究」（内藤嘉昭）　学文社　2002.3　p179-186

◎参考文献「富士山の絵画―収蔵品図録」（静岡県立美術館）　静岡県立美術館　2004.2　p91-93
◎176冊ほか「富士山ハンドブック」（富士自然動物園協会）　自由国民社　2004.6　p278-286
○文献目録（天野紀代子ほか）「国際日本学　2」（法政大）　2005.3　p165-180
◎書誌「あらかわと富士山―遙かな富士みぢかな富士」（荒川区教育委員会）　荒川区教育委員会　2006.1　p59」
◎参考文献「富士山が世界遺産になる日」（小田全宏）　PHP研究所　2006.3　1pb
◎引用参考文献「富士山の謎をさぐる―富士火山の地球科学と防災学」（日本大学文理学部）　築地書館　2006.4　p199-206
◎参考文献「富士山・村山古道を歩く」（畠堀操八）　風濤社　2006.8　p267-270
◎引用文献「富士火山」（編集委員会）　山梨県環境科学研究所　2007.3　prr

フジサンケイグループ
◎参考文献「メディアの支配者　下」（中川一徳）　講談社　2005.6　p385-390

富士重工
◎参考文献「スバルは何を創ったか　スバル360とスバル1000,"独創性"の系譜」（影山夙）　山海堂　2003.2　p300」

父子世帯
◎参考文献「日米のシングルファーザーたち―父子世帯が抱えるジェンダー問題」（中田照子ほか）　ミネルヴァ書房　2001.11　p221-227

富士ゼロックス
◎参考文献「富士ゼロックスの倫理・コンプライアンス監査」（吉田邦雄）　東洋経済新報社　2004.10　p240-242

武士道
◎参考文献「武士道その名誉の掟」（笠谷和比古）　教育出版　2001.8　p193-197
◎参考文献「葉隠論考　武士道の諸相」（嘉村孝）　創英社　2001.11　p303-315
◎参考文献「「葉隠」の武士道　誤解された「死狂ひ」の思想」（山本博文）　PHP研究所　2001.12　p200-203
◎参考文献「戦場の精神史―武士道という幻影」（佐伯真一）　NHK出版　2004.5　p278-285
◎参考文献「幕末武士道、若きサムライ達」（山川健一）　ダイヤモンド社　2004.8　p277-279
◎文献解題「武士道の逆襲」（菅野覚明）　講談社　2004.10　p284-295
◎文献目録「葉隠―対訳」（山本常朝）　講談社インターナショナル　2005.4　p300-301
◎後注「武士道と日本型能力主義」（笠谷和比古）　新潮社　2005.7　p244-250
◎参考文献ほか「男の嫉妬―武士道の論理と心理」（山本博文）　筑摩書房　2005.10　p212-216
◎参考文献「武士道の考察」（中本征利）　人文書院　2006.4　p289-297
◎史料一覧「武士道考―喧嘩・敵打・無礼討ち」（谷口眞子）　角川学芸出版　2007.3　p275-279
◎参考文献「サムライとヤクザ―「男」の来た道」（氏家幹人）　筑摩書房　2007.9　p253-259

富士フイルム
◎参考文献「富士フイルム日本型高収益経営の秘密」（橋村晋）　日経事業出版社　2002.3　p262」

富士見ロマン文庫
◎総目録「文庫びっくり箱」（則枝忠彦）　青弓社　2001.9　p86-92

富士屋ホテル
◎参考文献「箱根富士屋ホテル物語　新装版」（山口由美）　トラベルジャーナル　2002.4　p227-229
◎参考文献「箱根富士屋ホテル物語　増補版」（山口由美）　千早書房　2007.4　p247-249

不就学児童
◎文献一覧「外国人の子どもと日本の教育―不就学問題と多文化共生の課題」（宮島喬ほか）　東京大学出版会　2005.6　p7-13b
◎参考文献「外国人の子どもの不就学―異文化に開かれた教育とは」（佐久間孝正）　勁草書房　2006.9　p275-283

武術史
◎文献「図説中国武術史　復刻版」（松田隆智）　壮神社　2001.10　p298-310

不如学斎叢書
○細目一覧（山中浩之）「国際文化　6」（大阪女子大）　2005.3　p1-18

腐植
◎文献「森林生態系の落葉分解と腐植形成」（C.バーグほか）　シュプリンガーV東京　2004.4　p259-279

腐食
◎参考文献「環境材料科学―地球環境保全に関わる腐食・防食工学」（長野博夫ほか）　共立出版　2004.5　prr
◎文献「微生物が家を破壊する―コンクリートの腐食と宅地の盤膨れ」（山中健生）　技報堂出版　2004.8　p107-111
◎文献「海水機器の腐食―損傷とその対策　改訂版」（尾崎敏範ほか）　科学図書出版　2007.9　p239-246
◎引用参考文献「腐食メカニズムと余寿命予測」（三浦健蔵）　コロナ社　2007.11　p137-142

婦女雑誌
◎注「『婦女雑誌』からみる近代中国女性」（村田雄二郎）　研文出版　2005.2　prr

婦人　⇒　女性　を見よ

婦人公論
◎参考文献「『婦人公論』にみる昭和文芸史」（森まゆみ）　中央公論新社　2007.3　p348-349

婦人参政権
◎文献「女性参政六十年特別展」（衆議院憲政記念館）　衆議院憲政記念館　2006.10　p83-86

負数
◎読書案内ほか「負の数学―マイナスかけるマイナスはマイナスになれるか？」（A.A.マルティネス）　青土社　2006.12　p318-323

父性
◎参考文献「母性と父性の人間科学」（根ケ山光一）　コロナ社　2001.12　prr

不正競争防止法
- ◎参考文献「不正競争防止法コンメンタール」（金井重彦ほか）　レクシスネクシスジャパン　2004.7　p347-351
- ◎参考文献「もう特許なんていらない―すべての事業を営む人のために　もうひとつの知的財産権不正競争の活用法」（富樫康明）　本の泉社　2006.5　p274-276
- ◎引用文献「要説不正競争防止法　4版」（山本庸幸）　発明協会　2006.6　p17-21f
- ◎参考文献「不正競争防止法　4版」（青山紘一）　法学書院　2007.5　p15-18f

ブタ
- ◎引用文献「ブタの動物学」（田中智夫）　東京大学出版会　2001.10　p167-175

舞台照明
- ◎文献「MOTIONGRAPHICS大学」（cafe@franken VJ workshop）　河出書房新社　2002.7　p121-125
- ◎文献「舞台・テレビジョン照明　基礎編」（日本照明家協会）　日本照明家協会　2003.4　p208-211

双蝶々曲輪日記
- ◎参考資料一覧「双蝶々曲輪日記―通し狂言　第二三三回歌舞伎公演」（国立劇場調査養成部調査資料課）　日本芸術文化振興会　2003.1　p226-265
- ◎参考資料一覧「双蝶々曲輪日記・花競四季寿・恋女房染分手綱―第一四八回文楽公演」（国立劇場調査養成部調査資料課）　日本芸術文化振興会　2004.9　p75-106
- ◎参考資料一覧「双蝶々曲輪日記―引窓」　日本芸術文化振興会　2007.6　p57-68

補陀落
- ◎参考文献ほか「補陀落―観音信仰への旅」（川村湊）　作品社　2003.11　p216-222

ブータン
- ◎文献目録「ブータン―雷龍王国への扉」（山本けいこ）　明石書店　2001.1　p249-270
- ◎参考文献「ブータンの政治―近代化のなかのチベット仏教王国」（レオ・E. ローズ）　明石書店　2001.12　p292-300
- ◎参考文献「ブータン中世史―ドゥク派政権の成立と変遷」（今枝由郎）　大東出版社　2003.2　p299-333
- ◎ブックガイド「現代ブータンを知るための60章」（平山修一）　明石書店　2005.4　p345-355
- ◎参考引用文献「ブータン仏教から見た日本仏教」（今枝由郎）　NHK出版　2005.6　p220-223
- ◎参考文献「ブータンにみる開発の概念―若者たちにとっての近代化と伝統文化」（上田晶子）　明石書店　2006.5　p364-352
- ◎参考文献「ブータンと幸福論―宗教文化と儀礼」（本林靖久）　法藏館　2006.12　p180-183
- ◎「ブータン日本語文献目録」（山本けいこほか）　日本ブータン友好協会　2007.4　1冊　A4
- ◎参考文献「美しい国ブータン―ヒマラヤの秘境のブータンに学ぶ「人間の幸せ」とは!?」（平山修一）　リヨン社　2007.10　p204-206

ふだん記
- ◎「『ふだん記』文献目録―帝京学園短期大学所蔵」（帝京学園短期大学図書館）　帝京学園短期大学図書館　2002.3　107p　A4

仏会
- ◎参考文献「真宗民俗の再発見―生活に生きる信仰と行事」（蒲池勢至）　法藏館　2001.10　p236-239

物価
- ◎参考文献「新しい物価理論―物価水準の財政理論と金融政策の役割」（渡辺努ほか）　岩波書店　2004.2　p231-238
- ◎参考文献「物価指数の測定論―ミクロデータによる計量経済学的接近」（菅幹雄）　日本評論社　2005.2　p205-211
- ◎参考文献「消費者物価指数マニュアル―理論と実践」（国際労働機関）　日本統計協会　2005.3　p821-851
- ◎参考文献「中国のマクロ経済と物価変動の分析―経済改革後の中国経済」（張艶）　成文堂　2006.4　p219-230
- ◎参考文献「近世賃金物価史史料　改訂版」（小柳津信郎）　成工社出版部　2006.6　p590-605

仏画
- ◎参考文献「仏画の見かた―描かれた仏たち」（中野照男）　吉川弘文館　2001.1　p179-182
- ◎参考文献「李朝の美―仏画と梵鐘」（姜健栄）　明石書店　2001.2　p152-153
- ◎参考資料「ブッダ・釈尊を描く」（佛教美術研究会）　秀作出版　2006.4　p113
- ◎関係書籍ほか「六角堂能満院「大願」―「林岳房憲海」「大成房憲理」の足跡」（阿住義彦）　真言宗豊山派自在院　2006.5　p34-58

仏教
- ◎「仏教書総目録　2001年版」　同目録刊行会　2000.10　404p　A5
- ○文献資料（山崎誠）「国文学　45.12」（学燈社）　2000.12　p90-95
- ◎参考文献「ヒンドゥー教と仏教―比較宗教の視点から」（西尾秀生）　ナカニシヤ出版　2001.1　p197-205
- ◎刊行本一覧「神と仏の民俗」（鈴木正崇）　吉川弘文館　2001.2　p341-344
- ◎参考文献「日本霊異記と仏教東漸」（多田伊織）　法藏館　2001.2　p263-271
- ◎参考文献「インド仏教における虚像と実像」（塚本啓祥）　山喜房佛書林　2001.3　p257-264
- ◎文献「儀礼にみる日本の仏教―東大寺・興福寺・薬師寺」（奈良女子大学古代学学術研究センター設立準備室）　法藏館　2001.3　p242-249
- ◎参考文献「仏教思想　改訂版」（末木文美士）　放送大学教育振興会　2001.3　p156-157
- ◎参考文献「身体化された心―仏教思想からのエナクティブ・アプローチ」（フランシスコ・ヴァレラほか）　工作舎　2001.8　p380-395
- ◎「日本仏教の文献ガイド　日本の仏教　II-3」（日本仏教研究会）　法藏館　2001.12　249p　A5
- ◎参考文献「日本の仏教とイスラーム」（東隆真）　春秋社　2002.1　p249-255
- ◎参考文献「鎌倉仏教と魂―日蓮・道元時間数と周期波動で説く」（田上晃彩）　たま出版　2002.2　p236-237
- ◎参考文献「明解「仏教」入門」（城福雅伸）　春秋社　2002.3　p305-308
- ◎文献「大黒天変相」（弥永信美）　法藏館　2002.4　p13-23b

◎文献「虚無の信仰―西欧はなぜ仏教を怖れたか」（ロジェ＝ポル・ドロワ）　トランスビュー　2002.5　p330-333
◎文献「元暁仏学思想研究」（金勲）　大阪経済法科大学出版部　2002.5　p212-254
◎注「日本仏教曼荼羅」（B. フランク）　藤原書店　2002.5　p337-390
◎文献「仏教のコスモロジー」（W. ランドルフ・クレツリ）　春秋社　2002.5　p189-222
◎参考文献「仏教の常識がわかる小事典―歴史から教義、宗派まで」（松涛弘道）　PHP研究所　2002.7　p270-271
◎文献「スリランカの仏教」（ガナナート・オベーセーカラ, リチャード・ゴンブリッチ）　法蔵館　2002.8　p28-37b
◎参考文献「考察仏教福祉」（清水海隆）　大東出版社　2003.3　p162-163
◎参考文献「日本仏教の射程　思想史的アプローチ」（池見澄隆）　人文書院　2003.3　prr
◎「身延文庫典籍目録　上」（身延文庫典籍調査会）　身延山久遠寺　2003.4　276p A4
◎参考文献「女性と仏教　通説を見なおす」（鶴岡瑛）　朝日新聞社　2003.5　p283-285
◎基本文献（岡本桂典）「仏教考古学事典」（坂詰秀一）　雄山閣　2003.5　p442-446
◎文献「弥勒信仰のアジア」（菊地章太）　大修館書店　2003.6　p233-235
◎文献「心理療法としての仏教―禅・瞑想・仏教への心理学的アプローチ」（安藤治）　法蔵館　2003.10　p7-22b
◎「仏教書総目録 no.21（2004）」　仏教書総目録刊行会　2003.10　66, 342p A5
◎参考文献「仏教が救う日本の教育」（宮坂宥洪）　角川書店　2003.11　p265-267
◎参考文献「真の癒しを求めて―仏教医学のモデル確立と実践化へ」（加藤豊広）　文芸社　2004.1　p106-112
◎文献「フィーリング・ブッダ―仏教への序章」（D. ブレイジャー）　四季社　2004.2　p354-356
◎参考文献「仏教とヨーガ」（保坂俊司）　東京書籍　2004.2　p223-227
◎参考文献「印度六派哲学　木村泰賢全集2」（木村泰賢）　大法輪閣　2004.3　p516-535
◎「身延文庫典籍目録　中」（身延文庫典籍目録編集委員会）　身延山久遠寺　2004.3　548p A4
◎参考書「大乗仏教思想論　木村泰賢全集6」（木村泰賢）　大法輪閣　2004.3　p532-533
◎参考文献「仏教のなかの男女観―原始仏教から法華経に至るジェンダー平等の思想」（植木雅俊）　岩波書店　2004.3　p387-394
◎註「仏教と女の精神史」（野村育世）　吉川弘文館　2004.4　p187-208
◎入門図書「週末出家ガイド―お寺へ行こう!」（拓人社）　双葉社　2004.5　p187-189
○文献目録抄（金任仲）「国文学解釈と鑑賞　69.6」（至文堂）　2004.6　p161-170
◎参考文献「今なぜ仏教医学か」（杉田暉道ほか）　思文閣出版　2004.6　p254-257
◎参考文献「仏力―生活仏教のダイナミズム」（佐々木宏幹）　春秋社　2004.10　p283-286
○文献目録「佛教文化　14」（九州龍谷短大）　2005.3　p81-107

◎参考文献「インド・スリランカ上座仏教史―テーラワーダの社会」（R. ゴンブリッチ）　春秋社　2005.3　p9-12, 22-24b
◎参考文献「仏教の思想」（木村清孝）　放送大教育振興会　2005.3　p275-277
◎関係書「ブッダ論理学五つの難問」（石飛道子）　講談社　2005.7　p185-191
◎関連文献「仏教生命観からみたいのち」（武田龍精）　法蔵館　2005.7　p221-239
◎参考文献「日本の仏教を知る事典」（奈良康明）　東京書籍　2005.8　p416-427
○文献目録（藤能成）「仏教文化　15」（九州龍谷短大）　2006.3　p51-84
◎引用参考文献「神国日本」（佐藤弘夫）　筑摩書房　2006.4　p229-232
◎参考文献「ブッダに帰れ!―友愛と非暴力の教え」（道明寺龍雲）　本の泉社　2006.6　p168-174
◎参考文献「廻向思想の研究―餓鬼救済物語を中心として」（藤本晃）　国際仏教徒協会　2006.6　p13-23
◎参考文献「祈りのかたち―中世南九州の仏と神　黎明館企画特別展」（鹿児島県ほか）　「祈りのかたち」実行委員会　2006.9　p216-218
◎参考文献「日本の自然と仏教」（伊達興治）　文藝春秋企画出版部　2006.9　p311-323
◎文献「自己牢獄を超えて―仏教心理学入門」（C. ブレイジャー）　コスモス・ライブラリー　2006.12　p395-399
◎参考文献「仏教と日本人」（阿満利麿）　筑摩書房　2007.5　p218-222
◎参考文献「ブッダと仏塔の物語」（杉本卓洲）　大法輪閣　2007.6　p253-256
◎関連文献「共生する世界―仏教と環境」（嵩満也）　法蔵館　2007.9　p235-240

仏教遺跡
◎参照資料「アフガニスタンの仏教遺跡バーミヤン」（前田耕作）　晶文社　2002.1　p1-2b
◎参考文献「ビルマ仏教遺跡」（伊東照司）　柏書房　2003.11　p22-26b

仏教教団史
◎註「仏教教団史論」（袴谷憲昭）　大蔵出版　2002.7　prr

仏教史
◎文献目録「奈良仏教の地方的展開」（根本誠二ほか）　岩田書院　2002.2　p30-116b
◎文献「「お坊さん」の日本史」（松尾剛次）　NHK出版　2002.9　p196-199
◎注「仏法の文化史」（大隈和雄）　吉川弘文館　2003.1　prr
◎参考文献「清末仏教の研究　楊文会を中心として」（陳継東）　山喜房仏書林　2003.2　p655-663
◎参考文献「廃仏毀釈百年―虐げられつづけた仏たち　改訂版」（佐伯恵達）　鉱脈社　2003.7　p354-355
◎注「北海道仏教史の研究」（佐々木馨）　北大図書刊行会　2004.2　prr
◎参考文献「隋唐時代の仏教と社会―弾圧の狭間にて」（藤善真澄）　白帝社　2004.10　p246-243
◎著書論文一覧「元代禅宗史研究」（野口善教）　禅文化研究所　2005.7　p651-659

ふつきよ

◎参考文献「会津史の源流を探る—青巌の軌跡に辿る高寺山浄土」（太田保世）歴史春秋出版 2005.8 p147-150
◎参考研究書「日本仏教文化史」（袴谷憲昭）大蔵出版 2005.12 p263-269
◎文献一覧「邪教/殉教の明治—廃仏毀釈と近代仏教」（J. E. ケテラー）ぺりかん社 2006.4 p391-384
◎参考文献「古代仏教をよみなおす」（吉田一彦）吉川弘文館 2006.9 p239-247

仏教説話
◎文献「説話の考古学—インド仏教説話に秘められた思想」（平岡聡）大蔵出版 2002.6 p399-404
◎引用典籍一覧「中世仏教説話論考」（野村卓美）和泉書院 2005.2 p379-383
◎「宝永版本 観音冥応集—本文と説話目録」（神戸説話研究会）和泉書院 2006.11 389p A5
◎参考文献「日本仏教説話集の源流」（小林保治）勉誠出版 2007.2 p329-334

仏教彫刻
◎参考文献「カラー版 日本仏像史」（水野敬三郎ほか）美術出版社 2001.5 p208-212

仏教徒
◎引用文献「死をめぐる実践宗教—南タイのムスリム・仏教徒関係へのパースペクティヴ」（西井凉子）世界思想社 2001.4 p255-266

仏教美術
◎参考文献「ヴァイローチャナ仏の図像学的研究」（朴亨國）法蔵館 2001.2 p607-628
◎参考文献「荘厳—飛鳥・白鳳仏のインテリア」 大阪府立近つ飛鳥博物館 2001.4 p108」
◎参考文献「バーミヤーン、遥かなり—失われた仏教美術の世界」（宮治昭）NHK出版 2002.1 p268-271
◎文献「インド・マトゥラー彫刻展—日本・インド国交樹立50周年記念」（東京国立博物館, NHK）NHK 2002.10 p92-93
◎文献「パキスタン・ガンダーラ彫刻展—日本・パキスタン国交樹立50周年記念」（東京国立博物館, NHK）NHK 2002.10 p114-115
◎参考文献「幢竿支柱の研究」（斎藤忠）第一書房 2003.2 p299-301
◎参考文献「極楽—北陸の浄土教美術 平成17年春季特別展」（福井市立郷土歴史博物館）福井市立郷土歴史博物館 2005.3 p118-119
◎参考文献「ベトナム仏教美術入門」（伊東照司）雄山閣 2005.8 p116-117
◎参考文献「パーラ朝の仏教美術作例リスト—南アジアにおける密教図像の形成と展開」（森雅秀）高野山大 2006.3 p193-199
◎参考文献「仏のイメージを読む—マンダラと浄土の仏たち」（森雅秀）大法輪閣 2006.8 p270-274
◎関係文献（中野聰ほか）「仏教美術からみた四川地域」（奈良美術研究所）雄山閣 2007.3 p302-311

ブッククラブ
◎参考資料「ブッククラブ—アメリカ女性と読書」（E. ロング）京都大図書館情報学研究会 2006.3 p305-320

ブックデザイン
○ブックリスト（臼田捷治）「ユリイカ 35.12」（青土社）2003.9 p198-216

ブックトーク
◎ブックリスト「わたしのブックトーク」（京都ブックトーク会）連合出版 2002.7 p223-220

ブックロード
◎注文献「奈良・平安期の日中文化交流 ブックロードの視点から」（王勇ほか）農山漁村文化協会 2001.9 prr

物権法
◎参考文献「通説物権・担保物権法」（田山輝明）三省堂 2001.4 p463-465
◎参考文献「民法 1 総則・物権法 第2版」（平野裕之）新世社 2002.2 p15-16f
◎文献「新民法大系 2 物権法」（加藤雅信）有斐閣 2003.5 p365-372
◎参考文献「民法 2 4版増補版」（遠藤浩ほか）有斐閣 2003.5 p298-300
◎参考ガイド「プリメール民法 2 プリメール民法 2 物権・担保物権法 2版」（松井宏興ほか）法律文化社 2004.3 p258-261
◎参考文献「イタリア物権法」（岡本詔治）信山社出版 2004.10 p15-17f

復興支援
◎文献案内「紛争と復興支援—平和構築に向けた国際社会の対応」（稲田十一）有斐閣 2004.5 p283-288

物質
◎参考書「宇宙のエンドゲーム—生命と物質 永遠に繰り返される「終焉」のものがたり」（F. アダムスほか）徳間書店 2002.7 p23-33b
◎参考文献「理科が好きになる「モノ探検」」（奈倉正宣）新日本出版社 2007.2 p169-172

物質文明
◎文献「日本物質文明論序説—人間生態的アプローチをめざして」（田中讓）五絃舎 2003.12 p275-283

ブッシュマン
◎文献案内「ブッシュマンとして生きる」（菅原和孝）中央公論新社 2004.1 p299-302

フッ素
◎文献「フッ素化学入門—先端テクノロジーに果すフッ素化学の役割」（日本学術振興会フッ素化学第155委員会）三共出版 2004.3 prr

仏像
◎参考文献「カラー版 日本仏像史」（水野敬三郎ほか）美術出版社 2001.5 p208-212
◎参考文献「仏像の見方がわかる小事典」（松濤弘道）PHP研究所 2003.12 p298-299
◎参考文献「仏像学入門—ほとけたちのルーツを探る」（宮治昭）春秋社 2004.2 p309-320
◎参考文献「津市の仏像—津市仏像悉皆調査報告書」（津市教育委員会）津市教育委員会 2004.3 p220-222
◎参考文献「スリランカ巨大仏の不思議—誰が・いつ・何のために」（楠元香代子）法蔵館 2004.9 p208-209
◎読書案内「すぐわかるマンダラの仏たち」（頼富本宏）東京美術 2004.11 p140-143

◎註「神仏習合像の研究―成立と伝播の背景」（長坂一郎）　中央公論美術出版　2004.12　prr
◎参考文献「北魏仏教造像史の研究」（石松日奈子）　ブリュッケ　2005.1　p432-439
◎図書館「静岡県の仏像めぐりほとけ道里あるき」（大塚幹也ほか）　静岡新聞社　2005.5　p124-126
◎参考図書「仏像彫刻の技法　新装普及版」（松久宗琳）　日貿出版社　2005.12　1pb
◎参考文献「仏像の起源に学ぶ性と死」（田辺勝美）　柳原出版　2006.2　p200-220
◎参考文献「仏のイメージを読む―マンダラと浄土の仏たち」（森雅秀）　大法輪閣　2006.8　p270-274

仏壇
　◎参考文献「日本仏壇工芸産業の研究」（荒木國臣）　赤磐出版　2005.9　p265-279

仏典
　◎「大正蔵・敦煌出土仏典対照目録―ロシア科学アカデミー東洋学研究所サンクトペテルブルク支所所蔵仏典」　国際仏教学大学院大附属図書館　2005.3　142p　A4
　◎参考文献「仏教知識論の原典研究―瑜伽論因明，ダルモッタラティッパナカ，タルカラハスヤ」（矢板秀臣）　成田山仏教研究所　2005.10　p457-476
　◎「大正新脩大蔵経総目録」（大蔵出版編集部）　大蔵出版　2007.9　542p　A5
　◎「高山寺經藏典籍文書目録　完結篇」（高山寺典籍文書綜合調査團）　汲古書院　2007.12　580p　A5

仏塔
　◎参考文献「日本仏塔集成」（濱島正士）　中央公論美術出版　2001.2　p310-312
　◎主要文献ほか「仏塔の研究―アジア仏教文化の系譜をたどる」（斎藤忠）　第一書房　2002.3　p318-324
　◎参考文献「ブッダと仏塔の物語」（杉本卓洲）　大法輪閣　2007.6　p253-256

フットサル
　◎参考文献「フットサル教本」（松崎康弘ほか）　大修館書店　2002.6　p164」

ブッポウソウ
　◎引用文献「甦れ、ブッポウソウ」（中村浩志）　山と渓谷社　2004.6　p195-196

物理学
　◎参考文献「クイズで学ぶ大学の物理―たいくつな力学と波動がおもしろい」（飽本一裕）　講談社　2001.4　p402-404
　◎参考文献「一般教養としての物理学入門」（和田純夫）　岩波書店　2001.6　p219-220
　◎参考文献「固体物理学入門　下」（フック, ホール）　丸善　2002.2　p535-538
　◎ブックガイド50「物理がわかる。」　朝日新聞社　2002.5　p147-155
　○論文目録（大森一彦）「物理学史ノート　8」（物理学史通信刊行会）　2003.7　p20-34
　◎読書案内「世界が変わる現代物理学」（竹内薫）　筑摩書房　2004.9　p232-236
　◎読書案内ほか「「ファインマン物理学」を読む―電磁気学を中心として」（竹内薫）　講談社　2004.10　p181-184
　◎参考文献「脳は物理学をいかに創るのか」（武田暁）　岩波書店　2004.11　p5-13b

◎註ほか「万物理論への道―Tシャツに描ける宇宙の原理」（D. フォーク）　青土社　2005.5　p8-30
◎参考文献「リンゴと地球の間にはたらく力とは何か―物理現象のしくみをさぐる」（桜井邦朋ほか）　森北出版　2005.6　p110-112
◎文献案内「人物で語る物理入門　上」（米沢富美子）　岩波書店　2005.11　p216-220
◎文献案内「人物で語る物理入門　下」（米沢富美子）　岩波書店　2006.3　p239-243
◎参考文献「物理学校―近代史のなかの理科学生」（馬場錬成）　中央公論新社　2006.3　p310-313
◎参考文献「世界を数式で想像できれば―アインシュタインが憧れた人々」（R. アリアンロッド）　青土社　2006.5　p8-14b
○論文目録補遺（大森一彦）「物理学史ノート　10」（物理学史通信刊行会）　2007.3　p48-53
◎参考文献ほか「物理のABC―光学から特殊相対論まで　新装版」（福島肇）　講談社　2007.5　p250-259
◎参考文献「黒体と量子猫　2　ワンダフルな物理史〈現代篇〉」（J. ウーレット）　早川書房　2007.6　p255-270

物理学者
　◎参考文献「教科書にでてくる物理学者小伝―ギリシア自然哲学者から20世紀物理学者まで」（並木雅俊）　シュプリンガー・ジャパン　2007.10　p243-246

物理数学
　◎参考文献「時系列解析における揺動散逸原理と実験数学」（岡部靖憲）　日本評論社　2002.2　p341-354

物理探査
　◎参考文献「キミもトライだ物理探査」（西谷忠師ほか）　技報堂出版　2007.2　p209-211
　◎引用文献ほか「地下探査技術セミナー―その目的と手法」（伊societyfinal芳朗ほか）　古今書院　2007.7　p126-127

物流
　◎参考文献「現代物流概論」（國領英雄）　成山堂書店　2001.4　p217-228
　◎参考文献「生き残る物流」（佐藤冬樹）　毎日新聞社　2001.7　p197-198
　○関連図書「季刊輸送展望　261」（日通総合研究所）　2001.11　p117
　◎参考文献「現代物流概論　改訂版」（国領英雄）　成山堂書店　2002.4　p217-228
　◎文献「日本物流業のグローバル競争」（宮下国生）　千倉書房　2002.4　p1-10b
　◎参考文献「現代物流システム論」（中田信哉）　有斐閣　2003.1　prr
　◎参考文献「現代物流概論　2訂版」（國領英雄）　成山堂書店　2003.4　p217-228
　◎ブックガイド（原田信男）「人とモノと道と　いくつもの日本III」（赤坂憲雄ほか）　岩波書店　2003.5　p6-9b
　○文献リスト（椎名武夫）「農産物流通技術年報　2004年版」（農産物流通技術研究会）　2004　p169-190
　◎参考文献「瞬間物流革命―バイク急便の挑戦」（大槻勝美）　文芸社　2004.5　p186-187
　◎参考文献「日本の物流とロジスティクス」（ジェイアール貨物・リサーチセンター）　成山堂書店　2004.9　p229-231
　◎参考文献「現代の物流―理論と実際」（武城正長ほか）　晃洋書房　2005.5　p203-209

◎参考文献「現代物流の基礎」(森隆行) 同文舘出版 2007.11 p173-174

舞踏
◎資料一覧「舞踏(BUTOH)大全―暗黒と光の王国」(原田広美) 現代書館 2004.9 p544-548

武道
◎名著聖典「古武道の本」(増田秀光) 学習研究社 2002.9 p212-222
◎参考図書「表の体育裏の体育―日本の近代化と古の伝承の間に生まれた身体観・鍛錬法」(甲野善紀) PHP研究所 2004.3 p338-345
◎参考文献「武道の誕生」(井上俊) 吉川弘文館 2004.8 p192-195
◎参考文献「武道の教育力―満洲国・建国大学における武道教育」(志としての文明) 日本図書センター 2005.3 p587-607
◎参考文献「武道―過去・現在・未来」(田中守) 日本武道館 2005.5 p269-272
◎参考文献ほか「写真で覚える捕縄術―手にとるようにわかる完成手順」(水越ひろ) 愛隆堂 2005.9 p242-247
◎文献案内「日本の教育に"武道"を―21世紀に心技体を鍛える」(山田奨治ほか) 明治図書出版 2005.11 p143-144
◎引用参考文献「近世日本武芸思想の研究」(前林清和) 人文書院 2006.12 p396-400
◎参考図書(中村民雄)「日本の武道―日本武道協議会設立30周年記念」(日本武道館) 日本武道館 2007.4 p508-518

不登校
◎文献「不登校児の理解と援助―問題解決と予防のコツ」(小林正幸) 金剛出版 2003.7 p176-179
◎文献一覧「事例に学ぶ不登校の子への援助の実際」(小林正幸) 金子書房 2004.10 p200-202
◎参考文献「不登校は終わらない―「選択」の物語から〈当事者〉の語りへ」(貴戸理恵) 新曜社 2004.11 p308-322
◎文献「不登校(登校拒否)の教育・心理的理解と支援」(佐藤修策) 北大路書房 2005.3 p333-349
◎引用参考文献「不登校臨床の心理学」(藤岡孝志) 誠信書房 2005.6 p243-261
◎参考文献「不登校の予防ワークブック―学校への不安チェックリスト」(猪子香代) しいがる書房 2006.2 p217-220
◎文献「不登校を母親の視点から考える―親と子の意識調査から見えてきたもの」(大久保義美ほか) 唯学書房 2006.6 p119-121
◎引用文献「不登校・ひきこもりと居場所」(忠井俊明ほか) ミネルヴァ書房 2006.12 prr
◎文献「いじめ・不登校」(伊藤茂樹) 日本図書センター 2007.2 p403-408

不動産
◎参考文献「都市と不動産の経済学」(D.ディパスクェル, W.C.ウィートン) 創文社 2001.8 prr
◎参考文献「不動産アカウンティング―国際動向とわが国の対応」(近田典行) 中央経済社 2002.2 p239-241
◎文献「近世家並帳の研究」(早川秋子) 清文堂出版 2003.6 p626-645

◎参考文献「不動産経済学」(前川俊一) プログレス 2003.11 p349-353
◎文献「不動産市場分析―不透明な不動産市場を読み解く技術」(清水千弘) 住宅新報社 2004.5 p359-368
◎参考文献「不動産投資戦略―リスクを買い不確実性に投資をしてリターンの成長を実現させる!」(川津昌作) 清文社 2004.8 p289-292
◎参考文献「企業価値創造の不動産戦略」(M.ウェザーヘッド) 東洋経済新報社 2005.10 p347-354
◎文献目録「近代土地制度と不動産経営」(森田貴子) 塙書房 2007.2 p311-313
◎参考文献「不動産保有の意味を問う―オフバランスによる企業価値の創出」(三菱UFJ信託銀行不動産コンサルティング部) 東洋経済新報社 2007.2 p217-218
◎参考文献ほか「ケースでわかる実践CRE戦略」(森平爽一郎) 東洋経済新報社 2007.7 prr
◎参考文献「日本不動産業史―産業形成からポストバブル期まで」(橘川武郎ほか) 名古屋大出版会 2007.9 p367-387
◎参考文献「不動産市場の計量経済分析」(清水千弘ほか) 朝倉書店 2007.11 p163-172

不動産金融
◎文献「不動産金融工学」(川口有一郎) 清文社 2001.6 p405-410
◎参考文献「不動産証券化のリスクマネジメント―定量的アセットマネジメントのすすめ」(中村孝明) 山海堂 2001.11 p236-237
◎参考文献「あるべき不動産証券化の手法と実践―NYから見た日本との比較」(川上政彦) 民事法研究会 2002.1 p206-208
◎参考文献「不動産証券化の実践―使いやすいノウハウと豊富な事例分析」(佐藤一雄) ダイヤモンド社 2002.1 p321-322
◎文献「不動産金融工学とは何か―リアルオプション経営と日本再生」(刈屋武昭) 東洋経済新報社 2003.1 p287-289
◎参考文献「不動産ファイナンス入門―リスクマネジメントのための不動産金融工学」(小林秀二) ビーエムジェー 2006.7 p305-310
◎文献「商業施設評価と不動産ファイナンス―店舗の価格と賃料はどのように評価されるのか」(深井聡明) 住宅新報社 2007.4 p361-364
◎参考文献「不動産ビジネスのための金融商品取引法入門 改訂版」(田村幸太郎) 丸善出版事業部 2007.9 p316-317

不動産証券化
◎参考文献「不動産証券化の法務・会計・税務」(平野嘉秋) 税務経理協会 2001.10 p457-458

不動産登記法
◎論文等「韓国不動産登記法―理想的登記制度への接近」(村瀬鋠一) 民事法研究会 2004.4 p11-15f

不動産投資
◎文献「不動産投資信託の計理・税務」(森藤有倫) 税務経理協会 2001.9 p179-180
◎文献「不動産投資ファンド―問題点とその対応」(三國仁司) 東洋経済新報社 2001.10 p257-258

不動産法
- ◎参考文献ほか「権利対立の法と経済学―所有権・賃借権・抵当権の効率性」（瀬下博之ほか）　東京大出版会　2007.6　p365-375

不当利得
- ◎参考文献「事務管理・不当利得・不法行為」（加藤雅信）　有斐閣　2002.3　p441-448
- ◎参考文献「不当利得とはなにか」（川角由和）　日本評論社　2004.1　p503-526

不当労働行為
- ◎参考文献「不当労働行為の成立要件」（道幸哲也）　信山社　2007.7　p193-196

風土記
- ◎参考文献「風土記逸文注釈」（上代文献を読む会）　翰林書房　2001.2　prr
- ◎文献目録（大賀陽子）「風土記を学ぶ人のために」（植垣節也, 橋本雅之）　世界思想社　2001.8　p287-331
- ◎研究文献目録（大賀陽子）「風土記を学ぶ人のために」（植垣節也ほか）　世界思想社　2002.3　p287-331

フード コーディネート
- ◎参考文献「フードコーディネート論　新版」（日本フードスペシャリスト協会）　建帛社　2003.3　p173-174

フード システム
- ◎参考文献「フードシステム学の理論と体系―フードシステム学全集　1」（高橋正郎ほか）　農林統計協会　2002.4　prr
- ◎引用文献「食品産業における企業行動とフードシステム　フードシステム学全集4」（中島正道ほか）　農林統計協会　2004.4　prr
- ◎参考文献「世界のフードシステム　フードシステム学全集8」（堀口健治ほか）　農林統計協会　2005.6　prr

ブートストラップ
- ◎引用文献「ブートストラップ―人間の知的進化を目指して」（T. デーディーニ）　コンピュータ・エージ社　2002.12　p429-440

フード スペシャリスト
- ◎参考文献「フードスペシャリスト論―改訂」（日本フードスペシャリスト協会）　建帛社　2002.3　p177-178

フード デザイン
- ◎文献「フードデザイン21」（荒井綜一ほか）　サイエンスフォーラム　2002.5　prr

ブナ
- ◎注文献「採集　ブナ林の恵み　ものと人間の文化史103」（赤羽正春）　法政大学出版局　2001.11　prr
- ◎参考文献「大山・蒜山のブナ林―その変遷・生態と森づくり」（橋詰隼人）　今井書店鳥取出版企画室　2006.7　p212-215

船荷証券
- ◎文献「詳説船荷証券研究」（大崎正瑠）　白桃書房　2003.5　p261-272

不妊
- ◎文献「生殖医療―試験管ベビーから卵子提供・クローン技術まで」（菅沼信彦）　名古屋大学出版会　2001.5　p243-245
- ◎参考文献「EDと不妊治療の最前線」（郡健二郎ほか）　昭和堂　2004.7　p145-146
- ◎参考文献ほか「不妊と男性」（村岡潔ほか）　青弓社　2004.11　prr

不法行為
- ◎参考文献「事務管理・不当利得・不法行為―テキストブック　第3版」（澤井裕）　有斐閣　2001.4　p7-10f
- ◎参考文献「アメリカ不法行為法―主要概念と学際法理」（平野晋）　中央大出版部　2006.10　p459-480
- ◎参考文献「不法行為法―民法を学ぶ」（窪田充見）　有斐閣　2007.4　p15-17f

フミヒト制
- ◎註「大和政権とフミヒト制」（加藤謙吉）　吉川弘文館　2002.12　prr

冬のソナタ
- ◎関連文献「ジェンダーで読む〈韓流〉文化の現在」（城西国際大学ジェンダー・女性学研究所）　現代書館　2006.8　p205-216

舞踊
- ◎参考文献「日本舞踊ハンドブック」（藤田洋）　三省堂　2001.12　p260-261
- ◎参考文献「フランス・ルネサンス舞踊紀行」（原田宿命）　未来社　2002.1　p1-2b
- ◎参考文献「バレエテクニックのすべて」（赤尾雄人）　新書館　2002.10　p160
- ◎文献「舞踊正派若柳流史―第2期」（丸茂祐佳）　正派若柳会　2003.9　p252-255
- ◎文献「奥山の牡丹　国立劇場おきなわ上演資料集6」　国立劇場おきなわ運営財団　2005.7　p55-60
- ◎注「感覚の近代―声・身体・表象」（坪井秀人）　名古屋大出版会　2006.2　p461-512
- ◎参考文献「冒険する身体―現象学的舞踊論の試み」（石渕聡）　春風社　2006.7　p242-248
- ◎参考資料紹介「舞の会―京阪の座敷舞」　日本芸術文化振興会　2006.11　p337-342
- ◎参考文献「踊る身体の詩学―モデルネの舞踊表象」（山口庸子）　名古屋大出版会　2006.12　p13-29b
- ◎参考文献「焼け跡のカーテンコール―戦後名古屋の洋舞家たち―大切なことを忘れないうちに」（伊豫田静弘ほか）　世界劇場会議名古屋　2007.3　p385-387
- ◎参考文献「舞踊の民族誌―アジア・ダンスノート」（宮尾滋良）　彩流社　2007.4　p266-268

フラ
- ◎文献「ハワイとフラの歴史物語―踊る東大助教授が教えてくれた」（矢口祐人）　イカロス出版　2005.6　p229-233

プライバシー
- ◎参考文献「情報とプライバシーの権利―サイバースペース時代の人格権」（船越一幸）　北樹出版　2001.1　p246-250
- ◎参考文献ほか「監視社会」（D. ライアン）　青土社　2002.11　p297-290
- ◎文献「新・情報の法と倫理」（原田三朗ほか）　北樹出版　2003.4　p249-251
- ◎参考文献「診療情報の法的保護の研究」（増成直美）　成文堂　2004.1　p233-239
- ◎参考文献「デジタル・ヘル―サイバー化「監視社会」の闇」（古川利明）　第三書館　2004.4　p536-542

◎参考文献「個人情報保護条例と自治体の責務」（夏井高人ほか）　ぎょうせい　2007.10　p367-368

プライマリ・ケア
◎文献「21世紀プライマリ・ケア序説」（伴信太郎）　プリメド社　2001.4　p112-115
◎文献「プライマリ・ケア老年医学」（ジョン・P.スローン）　プリメド社　2001.10　p245-249

プラグマティズム
◎参考文献「現代アメリカ思想—プラグマティズムの展開」（魚津郁夫）　放送大学教育振興会　2001.3　p248-249
◎参考文献「プラグマティズムと教育—デューイからローティへ」（柳沼良太）　八千代出版　2002.3　p239-250
◎注「プラグマティズムと記号学」（笠松幸一ほか）　勁草書房　2002.6　p155-168
◎参考文献「プラグマティズムの思想」（魚津郁夫）　筑摩書房　2006.1　p337-339

部落問題
◎参考文献「奈良の被差別民衆史」（奈良県立同和問題関係史料センター）　奈良県教育委員会　2001.3　p314-321
◎注文献「部落の歴史像　東日本から起源と社会的性格を探る」（藤沢靖介）　解放出版社　2001.7　p295-298
◎文献目録「地域史研究と被差別民史の接点」（全国部落史研究交流会）　全国部落史研究交流会　2001.8　p114-133
◎註記「水平社の原像　部落・差別の解放・運動・組織・人間」（朝治武）　解放出版社　2001.10　p283-302
◎「部落解放・人権図書目録　NO.19 2002」（同書刊行会）　トーハン　2001.12　157p A5
◎「同和文献大総覧—水平社創立80周年記念　何が差別か、誰が同和か」（同和文献保存会）　同和文献保存会　2002.3　664p A4
◎基本文献「差別と環境問題の社会学」（桜井厚ほか）　新曜社　2003.3　p208-211
◎文献「地域史のなかの部落問題—近代三重の場合」（黒川みどり）　部落解放・人権研究所　2003.3　p314-318
◎文献「瀬戸内の被差別部落—その歴史・文化・民俗」（沖浦和光）　解放出版社　2003.7　p310-315
◎文献案内「人物でつづる被差別民の歴史」（中尾健次ほか）　部落解放人権研究所　2004.3　p162-163
◎参考文献「近世九州の差別と周縁民衆」（松下志朗）　海鳥社　2004.4　p265-270
○文献目録「部落解放研究　159」（部落解放人権研究所）　2004.8　p94-71
◎図書「知っていますか？　同和教育一問一答　2版」（森実）　解放出版社　2004.12　p117-121
◎参照文献「近江の差別された人びと—中・近世を中心に」（滋賀県同和問題研究所）　滋賀県同和問題研究所　2005.3　p296-299
◎参考文献「被差別部落の謎—「神々が宿る聖域」と「清め役」」（楠木裕樹）　岡山部落解放研究所　2005.7　p227-231
○文献目録「部落解放研究　165」（部落解放人権研究所）　2005.8　p95-78
◎引用参考文献「被差別部落」の生活」（斎藤洋一）　同成社　2005.10　p247-255
◎参考文献「非常時（災害、事故）におけるこころのケアシステム」（21世紀文明研究委員会ほか）　阪神・淡路大震災記念協会　2005.12　p227-231
○文献目録「部落解放研究　171」（部落解放・人権研究所）　2006.8　p95-79
○文献目録「部落解放研究　177」（部落解放・人権研究所）　2007.8　p95-76
◎参考文献「神奈川の部落史」（「神奈川の部落史」編集委員会）　不二出版　2007.9　p224-225

プラシーボ効果
◎文献「心の潜在力プラシーボ効果」（広瀬弘忠）　朝日新聞社　2001.7　p1-7b

ブラジル
◎参考文献「ブラジルを知るための55章」（A.イシ）　明石書店　2001.5　p265-260
◎参考文献「ブラジル日系新宗教の展開—異文化布教の課題と実践」（渡辺雅子）　東信堂　2001.10　p539-548
◎参考文献「90年代ブラジルのマクロ経済の研究」（西島章次、Eduardo K. Tonooka）　神戸大学経済経営研究所　2002.2　p223-232
◎文献「憑依と語り—アフロアマゾニアン宗教の憑依文化」（古谷嘉章）　九州大学出版会　2003.2　p337-354
◎参考文献「ブラジル新時代—変革の軌跡と労働者党政権の挑戦」（堀坂浩太郎ほか）　勁草書房　2004.3　p219-229
◎参考文献「ブラジル民衆本の世界—コルデルにみる詩と歌の伝承　増補版」（J. M. ルイテン）　御茶の水書房　2004.7　p289-294
◎文献リスト「現代ブラジル事典」（ブラジル日本商工会議所）　新評論　2005.7　p469-480
◎参考文献「「ブラジルの発見」とその時代—大航海時代・ポルトガルの野望の行方」（浜岡究）　現代書館　2006.3　p203-207
◎文献「ブラジル　海外の人づくりハンドブック27」（二宮正人）　海外職業訓練協会　2006.3　p134-135
◎参考資料「ブラジルのことがマンガで3時間でわかる本—BRICsの一角で注目される」（吉野亨）　明日香出版社　2006.5　p179-187
◎参考文献「鉄の絆—ウジミナスにかけた青春」（阿南惟正）　阿南惟正　2007.9　p290-291

ブラジル　移民
◎参考文献「航跡　移住31年目の乗船名簿」（相田洋）　NHK出版　2003.2　5pb
◎参考資料「アマゾンからの手紙—10歳のブラジル移民」（山脇あさ子）　新日本出版社　2003.12　p157-158

ブラジル　音楽
◎参考文献「トロピカーリア—ブラジル音楽を変革した文化ムーヴメント」（C.ダン）　音楽之友社　2005.11　p317-322

ブラジル　教育
◎参考文献「貧困の克服と教育発展—メキシコとブラジルの事例研究」（米村明夫）　明石書店　2007.10　prr

ブラジル　経済
◎参考文献「循環資源大国ブラジルビジネス入門」（小野瀬由一）　同友館　2006.6　p273-275
◎参考文献「BRICs—持続的成長の可能性と課題」（みずほ総合研究所）　東洋経済新報社　2006.11　p271-280

主題書誌索引 2001-2007　　　ふらんす

◎参考文献「ブラジル経済の基礎知識」（二宮康史）　ジェトロ　2007.11　p198-199

ブラジル　憲法
◎参考文献「ブラジルにおける違憲審査制の展開」（佐藤美由紀）　東京大出版会　2006.11　p301-312

ブラジル　宗教
◎参考文献「ブラジル人と日本宗教―世界救世教の布教と受容」（松岡秀明）　弘文堂　2004.12　p3-10b

ブラジル　文学
◎参考文献「ブラジル北東部の風土と文学」（田所清克）　金壽堂出版　2006.12　p175-182

ブラジル　歴史
◎参考文献（東明彦）「ブラジルの歴史―ブラジル高校歴史教科書」（C.アレンカールほか）　明石書店　2003.1　p728-735

ブラジル学
◎基礎文献「ブラジル学への誘い―その民族と文化の原点を求めて」（田所清克）　世界思想社　2001.9　p5-15b

ブラジル人
◎引用文献「ブラジル人と国際化する地域社会　居住・教育・医療」（池上重弘）　明石書店　2001.8　p317-326
◎文献「在日日系ブラジル人の子どもたち―異文化間に育つ子どものアイデンティティ形成」（関口知子）　明石書店　2003.2　p435-456
◎引用参考文献「ニューカマーの子どもと学校文化―日系ブラジル人生徒の教育エスノグラフィー」（児島明）　勁草書房　2006.3　p225-233
◎参考文献「ポルトガル語になった「デカセギ」―ブラジル国内メディア分析によるブラジル社会のデカセギ観変遷の考察」（調子千紗）　上智大　2006.10　p55-61
◎参考文献「子どもたちのアイデンティティー・ポリティックス―ブラジル人のいる小学校のエスノグラフィー」（森田京子）　新曜社　2007.7　p1-8b

プラチナ
◎参考書「相対論がプラチナを触媒にする」（村田好正）　岩波書店　2006.11　p111-112

ブラックバス
○文献集（細谷和海ほか）「近畿大学農学部紀要　36」（近畿大）　2003　p73-130
◎文献「ブラックバス・ブルーギルが在来生物群集及び生態系に与える影響と対策」（環境省自然環境局野生生物課ほか）　自然環境研究センター　2004.7　p201-226
◎参考文献「オオクチバス駆除最前線」（杉山秀樹）　無明舎出版　2005.6　p263-265

ブラックホール
◎参考書「ブラックホール天文学入門」（嶺重慎）　裳華房　2005.5　p138-139

ブラックミュージック
◎参考文献「ロックを生んだアメリカ南部―ルーツ・ミュージックの文化的背景」（J.M.バーダマン）　NHK出版　2006.11　p293-297

プラート
◎文献目録「プラートの美術と聖帯崇拝」（金原由紀子）　中央公論美術出版　2005.1　p295-307

プラーナ文献
◎文献「バーガヴァタ・プラーナ―全訳―クリシュナ神の物語　上」（美莉亜）　ブイツーソリューション　2007.3　p527」

フラメンコ
◎参考文献「フラメンコ、この愛しきこころ―フラメンコの精髄」（橋本ルシア）　水曜社　2004.9　p396-413
◎文献「フラメンコの風に抱かれて…」（大久保元春）　菁柿堂　2004.10　p331-333
◎関連書籍ほか「フラメンコ読本」（イスパニカ）　晶文社　2007.8　p48-49b

フラメンゴ
◎参考文献「赤と黒―フラメンゴの偉大なる一〇〇年」（R.カストロ）　雲母書房　2006.6　p213-212

プランクトン
◎参考文献「日本淡水産動植物プランクトン図鑑」（田中正明）　名古屋大学出版会　2002.7　p545-530
◎参考書「やさしい日本の淡水プランクトン―図解ハンドブック」（滋賀の理科教材研究委員会）　合同出版　2005.2　p149」
◎引用文献「水圏生態系の物質循環」（T.アンダーセン）　恒星社厚生閣　2006.2　p199-216

フランクフルト学派
◎文献「現代社会と権威主義―フランクフルト学派権威論の再構成」（保坂稔）　東信堂　2003.12　p272-284

プランゲ文庫
◎「ゴードン・W・プランゲ文庫教育図書目録―メリーランド大学図書館所蔵　占領期検閲教育関係図書1945-1949」（野田朱実ほか）　文生書院　2007.1　20, 983p　A4

フランケンシュタイン
◎参考文献「批評理論入門―「フランケンシュタイン」解剖講義」（廣野由美子）　中央公論新社　2005.3　p250-240

フランス
◎文献「フランス・インド会社と黒人奴隷貿易」（藤井真理）　九州大学出版会　2001.2　p149-158
◎「フランスの子どもの本　「眠りの森の美女」から「星の王子様」へ」（私市保彦）　白水社　2001.2　308p　46s
◎文献リスト「資料フランス初期社会主義―二月革命とその思想　〔POD版〕」（河野健二）　平凡社　2001.2　p468-476
◎関係文献「フランス騎士道―中世フランスにおける騎士道理念の慣行」（シドニー・ペインター）　松柏社　2001.3　p209-217
◎文献目録「大恐慌期のフランス経済政策―1932～1936年」（ジュリアン・ジャクソン）　大阪経済法科大学出版部　2001.3　p366-382
◎参考文献「独仏対立の歴史的起源―スダンへの道」（松井道昭）　東信堂　2001.3　p198-203
◎参考文献「路面電車が街をつくる―21世紀フランスの都市づくり」（望月真一）　鹿島出版会　2001.3　p228-229
◎参照文献「マジノ線物語―フランス興亡100年」（栗栖弘臣）　K&Kプレス　2001.4　p531-539

ふらんす

◎文献案内「アンシアン・レジーム期の結婚生活」（フランソワ・ルブラン）　慶應義塾大学出版会　2001.5　p1-15b
◎参考文献「フランスの労働事情」（日本労働研究機構）　日本労働研究機構　2001.6　p263-264
◎ブックリスト「幸福論　フランス式人生の楽しみ」（斎藤一郎）　平凡社　2001.6　p190-196
◎参考文献「フランスワイン文化史全書―ぶどう畑とワインの歴史」（ロジェ・ディオン）　国書刊行会　2001.9　p33-83
◎参考文献「音楽のエゾテリスム―フランス「1750―1950」秘教的音楽の系譜」（ジョスリン・ゴドウィン）　工作舎　2001.9　p354-363
◎参考文献「現代監査の理論―フランス監査制度に関する研究」（蟹江章）　森山書店　2001.11　p305-310
◎参考文献「フランス新・男と女―幸福探し、これからのかたち」（ミュリエル・ジョリヴェ）　平凡社　2001.12　p196-200
◎引用文献「表象の植民地帝国―近代フランスと人文諸科学」（竹沢尚一郎）　世界思想社　2001.12　p308-330
◎参考文献「フランス・ルネサンス舞踊紀行」（原田宿命）　未来社　2002.1　p1-2b
◎参考文献「フランス中世都市制度と都市住民―シャンパーニュの都市プロヴァンを中心にして」（花田洋一郎）　九州大学出版会　2002.2　p179-224
◎文献「近代フランス農村の変貌―アソシアシオンの社会史」（槙原茂）　刀水書房　2002.2　p288-303
◎文献「司法が活躍する民主主義―司法介入の急増とフランス国家のゆくえ」（アントワーヌ・ガラポン）　勁草書房　2002.2　p288-292
◎引用文献「失業の社会学―フランスにおける失業との闘い」（ディディエ・ドマジエール）　法律文化社　2002.2　p167-178
◎参考文献「海港と文明―近世フランスの港町」（深沢克己）　山川出版社　2002.10　p9-22b
◎注「フランス人とスペイン内戦　不干渉と宥和」（渡辺和行）　ミネルヴァ書房　2003.4　prr
◎文献「フランスを知る―新〈フランス学〉入門」（東京都立大学フランス文学研究会）　法政大学出版局　2003.10　prr
◎文献「民法典相続法と農民の戦略―19世紀フランスを対象に」（伊丹一浩）　御茶の水書房　2003.12　p229-237
◎参考文献「二十世紀のフランス知識人」（渡辺淳）　集英社　2004.2　p246-251
◎参考文献「フランスの地方制度改革―ミッテラン政権の試み」（久迩良子）　早稲田大学出版部　2004.5　p197-203
◎参考文献「フランスのアストラント―第二次世界大戦後の展開」（大浜しのぶ）　信山社出版　2004.8　p513-519
◎参考文献「パリ都市建築の意味-歴史性―建築の記号論・テクスト論から現象学的都市建築論へ」（松政貞治）　中央公論美術出版　2005.1　p551-583
◎読書案内「フランス7つの謎」（小田中直樹）　文藝春秋　2005.2　prr
◎関連資料（二神葉子）「フランスに於ける歴史的環境保全―重層的制度と複層的組織、そして現在」（東京文化財研究所）　東京文化財研究所　2005.3　p353-360
◎引用参考文献「フランス会計原則の史的展開―基本原則の確立と変遷」（吉岡正道）　森山書店　2005.4　p265-274
◎参考文献「フランスの地方分権改革」（自治・分権ジャーナリストの会）　日本評論社　2005.5　p213-214
◎参考資料「皇妃ウージェニー―第二帝政の栄光と没落」（窪田般彌）　白水社　2005.6　p210-211
◎参考文献「フランスとドイツの国籍とネーション―国籍形成の比較歴史社会学」（R. ブルーベイカー）　明石書店　2005.10　p419-451
◎文献「貧困と共和国―社会的連帯の誕生」（田中拓道）　人文書院　2006.1　p267-290
○文献目録（吉野良子）「Sociologica 30.2」（創価大）　2006.3　p151-179
◎文献ほか「近代フランスにおける労使関係とディリジスム」（大森弘喜）　成城大　2006.3　p97-102
◎参考文献「フランスの社会保障システム―社会保護の生成と発展」（J. C. バルビエほか）　ナカニシヤ出版　2006.4　p133-137
◎文献「もっと知りたいフランス―歴史と文化を旅する5章」（斎藤広信）　駿河台出版社　2006.5　p174-175
◎注「近代フランスの誘惑―物語表象オリエント」（小倉孝誠）　慶應義塾大出版会　2006.6　p6-16b
◎参考文献「フランスの温泉リゾート」（P. ランジュニュー＝ヴィヤール）　白水社　2006.11　p1-4b
◎参考文献「フランスの選挙―その制度的特色と動態の分析」（山下茂）　第一法規　2007.3　p225-226
◎参考文献「フランス父親事情」（浅野素女）　築地書館　2007.4　p230-231
◎参考文献「フランスの景観を読む―保存と規制の現代都市計画」（和田幸信）　鹿島出版会　2007.5　p268-269
◎参考文献「エトランジェのフランス史―国民・移民・外国人」（渡辺和行）　山川出版社　2007.6　p192-197
◎参考文献「フランスの流通―流通の歴史・政策とマルシェの経営」（田中道雄）　中央経済社　2007.12　p223-230

フランス　アルザス
◎参考文献「アルザス文化史」（市村卓彦）　人文書院　2002.2　p474-482
◎文献目録「エルザスの軍民衝突―「ツァーベルン事件」とドイツ帝国統治体制」（滝田毅）　南窓社　2006.6　p233-240
◎参考文献「アイデンティティの危機―アルザスの運命」（E. フィリップス）　三元社　2007.8　p1-7b

フランス　移民
◎参考文献「移民と現代フランス　フランスは「住めば都」か」（M. ジョリヴェ）　集英社　2003.4　p286-283

フランス　ヴィシー政府
◎参考文献「ヴィシー政府と「国民革命」　ドイツ占領下フランスのナショナル・アイデンティティ」（川上勉）　藤原書店　2001.12　p289-285
◎文献ほか「帝国とプロパガンダ―ヴィシー政権期フランスと植民地」（松沼美穂）　山川出版社　2007.11　p7-27b

フランス　映画
◎参考文献「フランス映画史の誘惑」（中条省平）　集英社　2003.1　p241-244

フランス　エリゼ宮
◎参考文献「生き残るフランス映画　映画振興と助成制度」（中川洋吉）　希林館　2003.5　prr

フランス　エリゼ宮
◎参考文献ほか「エリゼ宮物語」（山口昌子）　産経新聞出版　2007.11　p290-291

フランス　演劇
◎参考文献「仮想現実メディアとしての演劇―フランス古典主義芸術における〈演技〉と〈視覚〉」（矢橋透）　水声社　2003.6　p279-294
◎研究の現在「宮廷バレエとバロック劇―フランス一七世紀」（伊藤洋）　早稲田大学出版部　2004.3　p262-272

フランス　オルセー美術館
◎参考文献「活字でみるオルセー美術館―近代美の回廊をゆく」（小島英熙）　丸善　2001.1　p175-179
◎関連文献「オルセー美術館展―19世紀芸術家たちの楽園」（C. マチューほか）　日本経済新聞社　〔2006〕　p238-243

フランス　絵画
◎参考文献「色彩の瞬き―スーラの点描主義からマティスのフォーヴィスムまで」（ポーラ美術館学芸部）　ポーラ美術館　2004　p146-149
◎文献目録「プーシキン美術館展―シチューキン・モロゾフ・コレクション」（朝日新聞社事業本部文化事業部）　朝日新聞社　〔2005〕　p196-197
◎参考文献「ポーラ美術館の印象派―モネ、ルノワール、セザンヌと仲間たち」（ポーラ美術館）　ポーラ美術館　c2005　p192-201
◎参考文献「アカデミーとフランス近代絵画」（A. ボイム）　三元社　2005.3　p41-48b
◎参考文献「巴里・印象派・日本―"開拓者"たちの真実」（吉川節子）　日本経済新聞社　2005.4　p209-220

フランス　外交
◎文献「欧州統合史のダイナミズム―フランスとパートナー国」（R. フランク）　日本経済評論社　2003.7　p167-173
◎参考文献「フランス・スイス国境の政治経済史―越境、中立、フリー・ゾーン」（P. ギショネ）　昭和堂　2005.5　p27-32b
◎参考文献「フランスの外交力―自主独立の伝統と戦略」（山田文比古）　集英社　2005.9　p209-217
◎参考文献「フランス-アメリカ―この〈危険な関係〉」（宇京頼三）　三元社　2007.9　p312-316

フランス　革命
◎参考文献ほか「革命下のパリに音楽は流れる」（アデライード・ド・プラース）　春秋社　2002.12　p28-57b
◎文献「イギリス・ロマン派とフランス革命―ブレイク、ワーズワス、コールリッジと1790年代の革命論争」（安藤潔）　桐原書店　2003.10　p13-35b
◎参考文献「フランスの革命運動1815-71」（J. プラムナッツ）　北樹出版　2004.10　p282-283
◎参考文献「フランス革命と結社」（竹中幸史）　昭和堂　2005.2　p5-17b
◎参考文献「フランス革命」（T. W. C. ブラニング）　岩波書店　2005.8　p7-28b
◎参考文献「リヨンのフランス革命―自由か平等か」（小井高志）　立教大出版会　2006.3　p429-446

◎参考文献「啓蒙運動とフランス革命―革命家バレールの誕生」（山崎耕一）　刀水書房　2007.2　p424-431
◎参考文献「フランス革命」（柴田三千雄）　岩波書店　2007.12　p10-12b

フランス　家族法
○主要文献目録（西希代子ほか）「日仏法学　23」（日仏法学会）　2004　p306-333

フランス　企業
◎参考文献「フランス企業の経営戦略とリスクマネジメント　新版」（亀井克之）　法律文化社　2001.9　p515-538

フランス　戯曲
◎書誌「〈評伝〉劇作家スタンダール」（鈴木昭一郎）　青山社　2002.3　p51-55b

フランス　教育
◎参考文献「ヨーロッパの教育現場から―イギリス・フランス・ドイツの義務教育事情」（下條美智彦）　春風社　2003.4　p223-228
◎参考文献「教育における自由と国家―フランス公教育法制の歴史的・憲法的研究」（今野健一）　信山社出版　2006.7　p357-372
◎参考文献「子どもと学校の世紀―18世紀フランスの社会文化史」（天野知恵子）　岩波書店　2007.10　p8-16b

フランス　経済
◎参考文献「フランス発ポスト「ニュー・エコノミー」―内側からみたフランス型資本主義の変貌」（瀬藤澄彦）　彩流社　2002.12　p1-3b
◎文献「ユグノーの経済史的研究」（金哲雄）　ミネルヴァ書房　2003.3　p247-253
◎参考文献「ユーロ時代のフランス経済―経済通貨統合下の経済政策の枠組みと運営」（栗原毅）　清文社　2005.7　p481-486

フランス　芸術
◎参考文献「美の思索―生きられた時空への旅」（石井洋二郎）　新書館　2004.11　p260-267

フランス　啓蒙思想
◎文献目録「深層のフランス啓蒙思想―ケネー　ディドロ　ドルバック　ラ・メトリ　コンドルセ」（森岡邦泰）　晃洋書房　2002.3　p7-28b

フランス　憲法
◎参考文献「フランスの憲法改正と地方分権―ジロンダンの復権」（山崎榮一）　日本評論社　2006.9　p365-372

フランス　工業
◎文献「フランス近代絹工業史論」（松原建彦）　晃洋書房　2003.2　p291-310

フランス　皇帝
◎参考文献「ナポレオン・ミステリー」（倉田保雄）　文藝春秋　2001.8　p197-196
◎注文献「ナポレオンを創った女たち」（安達正勝）　集英社　2001.10　p206-219

フランス　興亡
◎参照文献「マジノ線物語　フランス興亡100年」（栗栖弘臣）　K&Kプレス　2001.4　p531-539

フランス　国立視聴覚研究所
◎参考文献「世界最大デジタル映像アーカイブ　INA」（E. オーグ）　白水社　2007.12　p1-2b

フランス　コラボラトゥール
◎書誌「奇妙な廃墟—フランスにおける反近代主義の系譜とコラボラトゥール」（福田和也）　筑摩書房　2002.8　p1-25b

フランス　詩
◎参考図書「対訳フランス現代詩アンソロジー」（アンヌ・ストリューヴ＝ドゥボー）　思潮社　2001.2　p248-271

フランス　思想
◎文献目録「今日のフランス思想　新装復刊」（エドゥアール・モロ＝シール）　白水社　2001.6　p5-9b
◎参考文献「われわれと他者—フランス思想における他者像」（ツヴェタン・トドロフ）　法政大学出版局　2001.12　p7-19b
◎年表「現代フランス思想とは何か—レヴィ＝ストロース、バルト、デリダへの批判的アプローチ」（J. G. メルキオール）　河出書房新社　2002.1　p22-25b
◎書誌「奇妙な廃墟—フランスにおける反近代主義の系譜とコラボラトゥール」（福田和也）　筑摩書房　2002.8　p1-25b
◎参考文献「未完の菜園—フランスにおける人間主義の思想」（T. トドロフ）　法政大学出版局　2002.12　p371-381
◎参考文献「「戦間期」の思想家たち—レヴィ＝ストロース・ブルトン・バタイユ」（桜井哲夫）　平凡社　2004.3　p252-260
◎文献「理性の使用—ひとはいかにして市民となるのか」（富永茂樹）　みすず書房　2005.1　p1-10b
◎参考文献「知識人の時代—バレス／ジッド／サルトル」（M. ヴィノック）　紀伊國屋書店　2007.2　p750-748

フランス　社会
◎参考文献「現代フランスの病理解剖」（長部重康）　山川出版社　2006.8　p17-27b
◎引用参考文献「移民社会フランスの危機」（宮島喬）　岩波書店　2006.11　p1-10b
◎参考文献「ソフトパワー・コミュニケーション—フランスからみえる新しい日本」（綿貫健治）　学文社　2007.12　p211-213

フランス　シャルトル大聖堂
◎文献「シャルトル大聖堂のステンドグラス」（木俣元一）　中央公論美術出版　2003.2　p254-273

フランス　宗教
○文献目録（小泉洋一）「宗教法　22」（宗教法学会）　2003.11　p231-262
◎主要文献解題「政教分離の法—フランスにおけるライシテと法律・憲法・条約」（小泉洋一）　法律文化社　2005.9　p220-225

フランス　商業
◎参考文献「現代フランスの流通と社会—流通構造・都市・消費の背景分析」（白石善章ほか）　ミネルヴァ書房　2003.6　prr

フランス　小説
◎文献「現実を語る小説家たち—バルザックからシムノンまで」（J. デュボア）　法政大学出版局　2005.12　p9-24b
◎参考文献「娼婦の肖像—ロマン主義的クルチザンヌの系譜」（村田京子）　新評論　2006.12　p344-335

フランス　植民地
◎参考文献「フランス植民地主義の歴史—奴隷制廃止から植民地帝国の崩壊まで」（平野千果子）　人文書院　2002.1　p358-344

フランス　スピリチュアリスム
◎参照文献「フランス・スピリチュアリスムの宗教哲学」（岩田文昭）　創文社　2001.12　p14-20b

フランス　政治
◎注「戦後フランス政治の実験」（中山洋平）　東京大学出版会　2002.3　prr
◎参考文献「政治哲学へ—現代フランスとの対話」（宇野重規）　東京大学出版会　2004.4　p6-14b
◎参照文献「現代フランスの新しい右翼—ルペンの見果てぬ夢」（畑山敏夫）　法律文化社　2007.4　p203-215

フランス　セーヌ川
◎参考文献「セーヌに浮かぶパリ」（尾田栄章）　東京図書出版会　2004.8　p233-235
◎参考文献「セーヌに浮かぶパリ　新装版」（尾田栄章）　東京図書出版会　2005.2　p233-235

フランス　選挙
◎文献一覧ほか「投票方法と個人主義」（田村理）　創文社　2006.1　p5-12b

フランス　中世文学
◎邦訳リスト「フランス中世の文学」（原野昇）　広島大学出版会　2005.3　p221-223
◎参考文献「フランス中世文学を学ぶ人のために」（原野昇）　世界思想社　2007.2　p15-54b

フランス　哲学
◎参考文献「「編集知」の世紀—一八世紀フランスにおける「市民的公共圏」と『百科全書』」　日本評論社　2003.4　p255-265
◎文献「深層のフランス啓蒙思想—ケネー　ディドロ　ドルバック　ラ・メトリ　コンドルセ　増補版」（森岡邦泰）　晃洋書房　2003.4　p9-33b

フランス　トゥ＝パリ
◎原注文献「優雅な生活〈トゥ＝パリ〉パリ社交集団の成立1815-1848」（A. マルタン＝フュジエ）　新評論　2001.5　p520-494

フランス　都市
◎参考文献「EU統合下におけるフランスの地方中心都市—リヨン・リール・トゥールーズ」（高橋伸夫ほか）　古今書院　2003.2　prr

フランス　図書館
◎注「フランス近代図書館の成立」（赤星隆子）　理想社　2002.1　prr
○文献目録（山形八千代）「日仏図書館情報研究　29」（日仏図書館学会）　2003.12　p61-63
○文献目録（鈴木良雄ほか）「日仏図書館情報研究　30」（日仏図書館情報学会）　2004.12　p76-78

○文献目録（鈴木良雄ほか）「日仏図書館情報研究 32」（日仏図書館情報学会） 2006.12　p45-47

フランス　パリ
◎参考文献「1920年代パリの文学―「中心」と「周縁」のダイナミズム」（西村靖敬） 多賀出版　2001.2　p1-15b
◎参考文献「異都憧憬日本人のパリ」（今橋映子） 平凡社　2001.2　p569-596
◎原注文献「優雅な生活〈トゥ＝パリ〉パリ社交集団の成立1815-1848」（A. マルタン＝フュジエ） 新評論　2001.5　p520-494
◎参考文献「パリの移民・外国人―欧州統合時代の共生社会」（本間圭一） 高文研　2001.7　p250-251
◎出版物年表「言語都市・パリ 1862-1945」（和田博文） 藤原書店　2002.3　p336-351
◎文献「パリ都市計画の歴史」（ピエール・ラヴダン） 中央公論美術出版　2002.5　p532-552
◎本「パリ歴史探偵術」（宮下志朗） 講談社　2002.5　p259-254
◎参考文献「パリのノートルダム」（馬杉宗夫） 八坂書房　2002.6　p225-229
◎参考文献「〈パリ写真〉の世紀」（今橋映子） 白水社　2003.6　p16-54b
◎文献「19世紀パリ社会史―労働・家族・文化」（赤司道和） 北大図書刊行会　2004.3　p7-14b
◎文献「パリの中庭型家屋と都市空間」（鈴木隆） 中央公論美術出版　2005.1　p413-442
◎参考文献「都市と光―照らされたパリ」（石井リーサ明理） 水曜社　2005.1　p176-179
◎参考文献「パリ―モダニティの首都」（D. ハーヴェイ） 青土社　2006.5　p18-26b
◎参考文献「パリの万華鏡―多彩な街の履歴書」（M. パンソン） 原書房　2006.5　p1-8b

フランス　美術
◎文献「ヴェルサイユ展―華麗なる宮廷―太陽王ルイ14世からマリー＝アントワネットまで」（大野芳材, 矢野陽子, 日本経済新聞社文化事業部） 日本経済新聞社　c2002　p184, 238-240
◎参考文献「フランス近世の美術―国王の美術から市民の美術へ」（大野芳材） 財務省印刷局　2003.3　p246-248
◎参考文献「絵筆の姉妹たち―19世紀末パリ、女性たちの芸術環境」（T. ガーブ） ブリュッケ　2006.10　p350-355

フランス　ブルゴーニュ
◎文献「アンリ・ジャイエのワイン造り―ヴォーヌ＝ロマネの伝説」（J. リゴー） 白水社　2005.3　p251-256
◎参照文献「ブルゴーニュ国家とブリュッセル―財政をめぐる形成期近代国家と中世都市」（藤井美男） ミネルヴァ書房　2007.2　p283-336

フランス　プロヴァンス
◎参考文献「プロヴァンス古城物語―南仏の秘められた歴史」（高草茂） 里文出版　2006.3　p269-271

フランス　文化
◎参考文献「フランス文化の歴史地理学」（X. d. プラノール） 二宮書店　2005.11　p25-54b

フランス　文学
◎参考文献「1920年代パリの文学―「中心」と「周縁」のダイナミズム」（西村靖敬） 多賀出版　2001.2　p1-15b
◎「フランス語フランス文学研究文献要覧 1997-1998」（日本フランス語フランス文学会） 日外アソシエーツ　2001.6　716p B5
◎「フランス語フランス文学研究文献要覧 1999-2000」（日本フランス語フランス文学会） 日外アソシエーツ　2002.6　669p B5
◎参考文献「フランス文学」（渡辺守章ほか） 放送大学教育振興会　2003.3　p423-432
◎参考文献ほか「十八世紀フランス文学を学ぶ人のために」（植田祐次） 世界思想社　2003.3　p339-356
◎「フランス語フランス文学研究文献要覧 2001/2002」（日本フランス語フランス文学会） 日外アソシエーツ　2004.6　45, 706p B5
◎参考文献「「ヌーヴォー・ロマン」とレアリストの幻想―フランス文学にみるキッチュの連環」（小畑精和） 明石書店　2005.3　p353-363
◎訳注（山形和美）「完訳象徴主義の文学運動」（A. シモンズ） 平凡社　2006.3　p318-343
◎「フランス語フランス文学研究文献要覧 2003/2004」（日外アソシエーツ） 日外アソシエーツ　2006.7　703p B5
◎読書案内「恋愛の誕生―12世紀フランス文学散歩」（水野尚） 京都大学術術出版会　2006.9　p249-257
◎参考文献「身体のフランス文学―ラブレーからプルーストまで」（吉田城ほか） 京都大学術出版会　2006.11　p370-386
◎読書案内「フランス文学小事典」（岩根久ほか） 朝日出版社　2007.3　p361-363

フランス　法
◎法資料手引ほか「フランス法―第2版」（滝沢正） 三省堂　2002.4　p325-359
◎参考文献「フランス旧制度の司法―司法官職と売官制」（鈴木教司） 成文堂　2005.2　p341-348
◎文献目録「フランススポーツ基本法の形成 下」（齋藤健司） 成文堂　2007.2　p1079-1087
◎参考文献「フランス行政法―判例行政法のモデル」（P. ウェールほか） 三省堂　2007.8　p139-140
◎参考文献「決闘裁判―世界を変えた法廷スキャンダル」（E. ジェイガー） 早川書房　2007.11　p307-300
◎文献一覧「アソシアシオンへの自由―〈共和国〉の論理」（高村学人） 勁草書房　2007.2　p329-347

フランス　ボルドー
◎参考文献「ボルドーVS.ブルゴーニュ―せめぎあう情熱」（J. R. ピット） 日本評論社　2007.9　p345-364

フランス　料理
◎Bibliographie「中世フランスの食―『料理指南』『ヴィアンディエ』『メナジエ・ド・パリ』」（森本英夫） 駿河台出版社　2004.3　p353-355
◎参考書目解題「辻静雄コレクション 3」 筑摩書房　2004.12　p382-398
◎参考文献「プロのためのフランス料理の歴史―時代を変えたスーパーシェフと食通の系譜」（J. P. プーランほか） 学習研究社　2005.4　p198
◎参考文献「フランス美食の世界」（鈴木謙一） 世界文化社　2006.7　p346-347

フランス　リヨン

- ◎参考文献「EU統合下におけるフランスの地方中心都市―リヨン・リール・トゥールーズ」（高橋伸夫ほか）　古今書院　2003.2　prr
- ◎参考文献「フランス・ルネサンス王政と都市社会―リヨンを中心として」（小山啓子）　九州大出版会　2006.1　p247-266
- ◎参考文献「リヨンのフランス革命―自由か平等か」（小井高志）　立教大出版会　2006.3　p429-446

フランス　ルルド

- ◎参考文献「ルルド傷病者巡礼の世界」（寺田淳子）　知泉書館　2006.2　p515-548

フランス　歴史

- ◎参考文献「黒死病の時代のジャクリー」（近江吉明）　未來社　2001.2　p26-38b
- ◎参考文献「フランス史　新版世界各国史12」（福井憲彦）　山川出版社　2001.8　p56-75b
- ◎参考文献「フランス第二帝制の構造」（野村啓介）　九州大学出版会　2002.2　p273-287
- ◎参考文献「南仏ロマンの謝肉祭―叛乱の想像力」（エマニュエル・ル・ロワ・ラデュリ）　新評論　2002.4　p667-683
- ◎参考文献「ドレフュス事件のなかの科学」（菅野賢治）　青土社　2002.11　p9-34b
- ◎参考文献「〈からだ〉の文明誌―フランス身体史講義」（高木勇夫）　叢文社　2003.4　p204-223
- ◎文献「〈民族起源〉の精神史―ブルターニュとフランス近代」（原聖）　岩波書店　2003.9　p11-19b
- ◎参考文献「サロンの思想史―デカルトから啓蒙思想へ」（赤木昭三ほか）　名古屋大学出版会　2003.9　p16-22b
- ◎文献「アンシアン・レジームの国家と社会―権力の社会史へ」（二宮宏之編ほか）　山川出版社　2003.12　p1-48b
- ◎文献目録「フランス現代史―人民戦線期以後の政府と民衆1936～1996年」（M. ラーキン）　大阪経法大出版部　2004.4　p537-550
- ◎参考文献ほか「アンシャン・レジーム」（W. ドイル）　岩波書店　2004.10　p7-25b
- ◎参考文献「王権の修辞学―フランス王の演出装置を読む」（今村真介）　講談社　2004.11　p216-217
- ◎参考文献「三面記事の栄光と悲惨―近代フランスの犯罪・文学・ジャーナリズム」（L. シュヴァリエ）　白水社　2005.5　p207-208
- ◎参考文献「フランス・ルネサンス王政と都市社会―リヨンを中心として」（小山啓子）　九州大出版会　2006.1　p247-266
- ◎参考文献「近代フランスの歴史―国民国家形成の彼方に」（谷川稔ほか）　ミネルヴァ書房　2006.2　prr
- ◎参考文献「アソシアシオンで読み解くフランス史　結社の世界史3」（福井憲彦）　山川出版社　2006.3　p9-22b
- ◎参考文献「フランス反骨変人列伝」（安達正勝）　集英社　2006.4　p227-229
- ◎参考文献ほか「共和国の女たち―自伝が語るフランス近代」（長谷川イザベル）　山川出版社　2006.7　p191-195
- ◎参考文献「宗教vs.国家―フランス〈政教分離〉と市民の誕生」（工藤庸子）　講談社　2007.1　p203-206
- ◎参考文献「占領下パリの思想家たち―収容所と亡命の時代」（桜井哲夫）　平凡社　2007.1　p283-294
- ◎参考文献ほか「歴史がつくった偉人たち―近代フランスとパンテオン」（長井伸仁）　山川出版社　2007.6　p187-189
- ◎参考文献「フランク史―一〇巻の歴史」（トゥールのグレゴリウス）　新評論　2007.9　p596-597
- ◎参考文献ほか「エリゼ宮物語」（山口昌子）　産経新聞出版　2007.11　p290-291

フランス語

- ◎「フランス語フランス文学研究文献要覧　1997-1998」（日本フランス語フランス文学会）　日外アソシエーツ　2001.6　716p B5
- ◎文献「Beauzéeの時制論について―18世紀百科全書の項目〈Tems〉」（太治和子）　駿河台出版社　2002.3　p120-135
- ◎「フランス語フランス文学研究文献要覧　1999-2000」（日本フランス語フランス文学会）　日外アソシエーツ　2002.6　669p B5
- ◎参考文献「古フランス語における語順研究―13世紀散文を資料体とした言語の体系と変化」（今田良信）　渓水社　2002.10　p225-232
- ○論文目録「フランス語学研究　38」（日本フランス語学会）　2004　p111-130
- ◎「フランス語フランス文学研究文献要覧　2001/2002」（日本フランス語フランス文学会）　日外アソシエーツ　2004.6　45, 706p B5
- ◎参考文献「フランス語における証拠性の意味論」（渡邊淳也）　早美出版社　2004.9　p316-329
- ◎参考文献「フランス語における有標の名詞限定の文法―普通名詞と固有名詞をめぐって」（長沼圭一）　早美出版社　2004.10　p209-213
- ◎参考文献「最新フランス語話語辞典」（窪川英水）　早美出版社　2005.6　p632-636
- ◎参考文献「フランス語の統語論研究―関係文法の限界と可能性」（木内良行）　勁草書房　2005.10　p151-156
- ◎基本文献「フランス語を探る」（東京外国語大学グループ《セメイオン》）　三修社　2005.11　p350-417
- ○論文目録ほか「フランス語学研究　41」（日本フランス語学会）　2007.6　p117-143

フランチャイズシステム

- ◎参考文献「フランチャイズシステムの法理論」（川越憲治）　商事法務研究会　2001.8　p542-545
- ◎参考文献「ハーバードのフランチャイズ組織論」（J. L. ブラダック）　文眞堂　2006.1　p313-321

ブランディング

- ◎参考文献「ブランディング・イン・チャイナ―巨大市場・中国を制するブランド戦略」（山下裕子ほか）　東洋経済新報社　2006.3　p326-329
- ◎参照文献「ブランドの条件」（山田登世子）　岩波書店　2006.9　p193-197
- ◎参考文献「非営利組織のブランド構築―メタフォリカル・ブランディングの展開」（山本真郷ほか）　西田書店　2006.10　p125-131
- ◎参考文献「このブランドに、いくらまで払うのか」（白井美由里）　日本経済新聞社　2006.11　p219-224
- ◎参考文献「脳科学から広告・ブランド論を考察する」（山田理英）　評言社　2007.1　prr

◎参考文献「ブランド価値の創造―情報価値と経験価値の観点から」(平山弘) 晃洋書房 2007.3 p217-224
◎参考文献「京に学ぶ―追大ブランディングチームの挑戦」(辻幸恵) アスカ文化出版 2007.3 p117-119
◎引用参照文献「総合型ブランドコミュニケーション―マーケティングコミュニケーションの新展開」(東英弥) 早稲田大出版局 2007.8 p459-472
◎参考文献「イタリア式ブランドビジネスの育て方」(小林元) 日経BP社 2007.11 p188-189
◎参考文献「コーポレートブランドと製品ブランド―経営学としてのブランディング」(簗瀬允紀) 創成社 2007.11 p205-211

プランテーション
◎参考文献「プランテーションの社会史―デリ/1870-1979」(A. L. ストーラー) 法政大出版局 2007.7 p5-20b

ブランド
◎参考文献「ブランド広告」(内田東) 光文社 2002.9 p225-227
◎参考文献「企業を高めるブランド戦略」(田中洋) 講談社 2002.9 p1-5b
◎参考文献「ブランド要素の戦略論理」(恩蔵直人ほか) 早稲田大学出版部 2002.11 prr
◎参考文献「知的財産ビジネスハンドブック―企業価値向上のために」(中央青山監査法人) 日経BP社 2002.11 p226-228
◎文献「ブランド!ブランド!ブランド!―理屈を超えた強さをいかに築くか」(D. トラヴィス) ダイヤモンド社 2003.4 p313-320
◎文献「解釈主義的ブランド論」(豊島襄) 白桃書房 2003.10 p167-172
◎参考文献「ブランドビジネス」(三田村蕗子) 平凡社 2004.4 p211-214
◎参考文献「ブランド資産の会計―認識・評価・報告」(T. トリントン) 東洋経済新報社 2004.6 p228-233
◎参考文献「ブランドと広告ビジネス―ブランディングを基軸とした広告会社の評価システム」(東英作) 早稲田大学出版部 2005.4 p389-404
◎参考文献「ファッション・ブランドの起源―ポワレとシャネルとマーケティング」(塚田朋子) 雄山閣 2005.12 p336-346

ブリ
◎文献「鰤のきた道―越中・飛騨・信州へと続く街道」(市川健夫, 松本市立博物館) オフィスエム 2002.12 p125-126
◎文献「ブリの資源培養と養殖学の展望」(松山倫也ほか) 恒星社厚生閣 2006.3 prr

フーリエ解析
◎参考文献「フーリエ解析入門」(E. M. スタインほか) 日本評論社 2007.3 p304-306
◎関連文献「フーリエ解析の話」(北田均) 現代数学社 2007.11 p359-369

プリオン
◎参考文献「脳とプリオン―狂牛病の分子生物学」(小野寺節, 佐伯圭一) 朝倉書店 2001.9 p86-87
◎参考文献「狂牛病 プリオン病因説は間違っている!」(サイバーX編集部) 工学社 2001.12 p125-128

◎参考文献「プリオン病の謎に迫る」(山内一也) NHK出版 2002.4 p239-248
◎参考文献「プリオン病とは何か」(P. M. ジェド) 白水社 2005.3 p1-3b
◎原注「狂牛病とプリオン―BSE感染の恐怖」(P. ヤム) 青土社 2006.3 p9-28b

フーリガン
◎参考文献「フーリガンの社会学」(D. ボダン) 白水社 2005.11 p1-2b

フリジア語
◎参考文献「西フリジア語文法―現代北海ゲルマン語の体系的構造記述」(清水誠) 北海道大出版会 2006.2 p779-796

プリセラピー
◎文献「プリセラピー―パーソン中心/体験過程療法から分裂病と発達障害への挑戦」(ゲリー・プラウティ) 日本評論社 2001.9 p147-155

フリーター
◎参考文献「自由の代償/フリーター―現代若者の就業意識と行動」(小杉礼子) 日本労働研究機構 2002.12 prr
◎引用参考文献「フリーターという生き方」(小杉礼子) 勁草書房 2003.3 p188-190
◎引用参考文献「職業キャリアからの脱落―日本におけるフリーター創出のメカニズム」(小浜ふみ子) 愛知大 2004.12 p104-109
◎参考文献「脱フリーター社会―大人たちにできること」(橘木俊詔) 東洋経済新報社 2004.12 p197-203

ブリタニカ百科事典
◎注「大英帝国の大事典作り」(本田毅彦) 講談社 2005.11 p259-263

ブリーフセラピー
◎文献「ブリーフセラピーの再創造―願いを語る個人コンサルテーション」(J. L. ウォルターほか) 金剛出版 2005.7 p238-243

フリーペーパー
◎最新データ「新・生活情報紙 フリーペーパーのすべて」(山中茉莉) 電通 2001.1 p319-241
◎「フリーペーパーコレクション」 Studio Cello 2007.7 143p B5

プリムラ
◎参考文献「世界のプリムラ―原種・さくらそう・オーリキュラ・ポリアンサス」(世界のプリムラ編集委員会) 誠文堂新光社 2007.3 p170」

プリムローズ・リーグ
◎文献「プリムローズ・リーグの時代―世紀転換期イギリスの保守主義」(小関隆) 岩波書店 2006.12 p5-22b

フリーメーソン
◎参考文献「石の扉―フリーメーソンで読み解く世界」(加治将一) 新潮社 2006.2 p401-402
◎文献「テンプル騎士団とフリーメーソン―アメリカ建国に到る西欧秘儀結社の知られざる系譜」(M. ベイジェント) 三交社 2006.5 p499-501
◎出典資料「秘密結社フリーメイソンリー」(湯浅慎一) 太陽出版 2006.12 p297-301

不良債権
- ◎参考文献「不良債権はなぜ消えない」（渡辺孝） 日経BP社 2001.4 p221-225
- ◎参考文献「実務者からみた金融機関行動と不良債権問題」（新保芳栄） 八朔社 2006.2 p177-182
- ◎参考文献「銀行経営と貸倒償却」（中井稔） 税務経理協会 2007.2 p193-194
- ◎参考文献ほか「中国の不良債権問題—高成長と非効率のはざまで」（柯隆） 日本経済新聞出版社 2007.9 p249-277

不倫
- ◎参考文献（C.シファキス）「図説不倫の歴史」（S.メルシオール=ボネほか） 原書房 2001.10 2pb
- ◎参考文献「不倫のDNA ヒトはなぜ浮気をするのか」（D. P. バラシュほか） 青土社 2001.11 p7-38b

プリンセス
- ◎参考文献「プリンセス」（稲葉義明ほか） 新紀元社 2005.10 p332-335

古川久文庫
- ○蔵書目録（橋本朝生）「能楽研究 26」（法政大） 2002.3 p127-159

古着
- ◎参考文献「古着 ものと人間の文化史114」（朝岡康二） 法政大学出版局 2003.9 p271-272

フルクサス
- ◎参考文献「フルクサス展—芸術から日常へ」（うらわ美術館） うらわ美術館 〔2004〕 p218-219

ブルーグラス
- ◎文献「ブルーグラス—一つのアメリカ大衆音楽史」（ニール・V. ローゼンバーグ） 松柏社 2002.11 p548-568

ブルース
- ◎書誌（岩政裕美子, 原田圭太）「ブルースに囚われて—アメリカのルーツ音楽を探る」（飯野友幸ほか） 信山社 2002.4 p182-189

フルート
- ◎参考文献「フルート演奏の秘訣 下」（M.デボスト） 音楽之友社 2003.4 p331-334
- ◎参考文献「日本フルート物語」（近藤滋郎） 音楽之友社 2003.5 p1-4b
- ◎参考文献「フルートの肖像—その歴史的変遷」（前田りり子） 東京書籍 2006.11 p287-284
- ◎出典「フランスの偉大なフルート製作家たち—ロット一族とゴドフロワ一族1650年-1900年」（T. ジャンニーニ） 村松楽器販売 2007 p273-276

ブルートゥース
- ◎文献「Bluetoothテクノロジーへの招待—仕様開発者による近距離無線通信技術の手引き」（ブレント・ミラー, チャトシック・ビスディキアン） ピアソン・エデュケーション 2002.5 p273-275

プルトニウム
- ◎参考資料「どうするプルトニウム」（舘野淳ほか） リベルタ出版 2007.4 p189-190

ブルーノート
- ◎参考文献「ブルーノート・ジャズ—アルフレッド・ライオンと50人のジャズメン」（小川隆夫） 平凡社 2003.10 p249-250
- ◎参考文献「ブルーノートの真実」（小川隆夫） 東京キララ社 2004.8 p564-565

ブルーベリー
- ◎文献「ブルーベリー百科Q&A—ヘルシー果実の特性・栽培・利用加工」（日本ブルーベリー協会） 創森社 2002.6 p222-223
- ◎参考文献「ブルーベリー全書—品種・栽培・利用加工」（日本ブルーベリー協会） 創森社 2005.12 p397-402

古本
- ◎関連出版目録「古本デッサン帳」（林哲夫） 青弓社 2001.7 p171-197
- ◎「古本屋おやじ—観た、読んだ、書いた」（中山信如） 筑摩書房 2002.2 302p A6
- ○書いた本（八木福次郎）「日本古書通信 67.3」（日本古書通信社） 2002.3 p36-37
- ◎「古本スケッチ帳」（林哲夫） 青弓社 2002.4 174p 46s
- ◎「古本泣き笑い日記」（山本善行） 青弓社 2002.9 198p 46s
- ◎「「古本屋の書いた本」展目録」（中野照司） 東京古書籍商業協同組合 2005.4 52p B5

プレイセラピー
- ◎参考文献「プレイセラピー—関係性の営み」（G. L. ランドレス） 日本評論社 2007.6 p287-295

プレイバックシアター
- ◎参考文献「プレイバックシアター入門—脚本のない即興劇」（宗像佳代） 明石書店 2006.8 p199-200

ブレークスルー・マネジメント
- ◎参考文献「ブレークスルー・マネジメント」（司馬正次） 東京経済新報社 2003.11 p279-281

フレスコ画
- ◎参考文献「フレスコ画のルネサンス 壁画に読むフィレンツェの美」（宮下孝晴） NHK出版 2001.1 p232-229

プレゼンテーション
- ◎参考文献「現代プレゼンテーション正攻法」（C. プリブル） ナカニシヤ出版 2004.7 p92-93
- ◎参考文献「プレゼンテーションと効果的な表現—話の目的から考える表現技法」（浅井宗海） エスシーシー 2005.4 p305-308
- ◎参考文献「実践プレゼンテーション入門」（三宅隆之） 慶應義塾大出版会 2006.8 p151-154
- ◎ブックガイド「ファシリテーション・グラフィック—議論を「見える化」する技法—Facilitation skills」（堀公俊ほか） 日本経済新聞社 2006.9 p216-217
- ◎参考文献「プレゼンテーションの教科書」（脇山真治） 日経BP社 2007.6 p200-203

プレートテクトニクス
- ◎参考文献「プレートテクトニクスの基礎 続」（瀬野徹三） 朝倉書店 2001.4 p143-152
- ◎参考図書「伊豆・小笠原弧の衝突—海から生まれた神奈川」（藤岡換太郎ほか） 有隣堂 2004.3 p8-9b

ブレードランナー
- ◎参考文献「『ブレードランナー』論序説─映画学特別講義」（加藤幹郎）　筑摩書房　2004.9　p236-238

フレーベル館
- ◎年表「ひらひらはなびら─キンダーブック昭和の童謡童画集」（武鹿悦子）　フレーベル館　2007.12　p194-197

風呂
- ○文献目録（小林彩）「文献探索 2004」（文献探索研究会）　2004.4　p428-437
- ◎参考文献「お風呂の歴史」（D. ラティ）　白水社　2006.2　p1-2b

不老不死
- ◎参考文献「「不老!」の方法」（坪田一男）　宝島社　2001.10　p348-258
- ◎参考文献「不老不死の身体」（加藤千恵）　大修館書店　2002.12　p200-203

ブログ
- ◎参考文献「「ビジネスブログ」で儲かる会社になる」（岡林秀明）　東洋経済新報社　2005.6　p204-205
- ◎参考文献「スローブログ宣言!」（鈴木芳樹）　技術評論社　2005.7　p266-271
- ◎参考資料「ブログがジャーナリズムを変える」（湯川鶴章）　NTT出版　2006.7　p281-285

プログラミング
- ◎参考文献「遺伝的プログラミング入門」（伊庭斉志）　東京大学出版会　2001.7　p251-257
- ◎文献「見てわかるC言語入門─独習ソフトによる画期的勉強法」（板谷雄二）　講談社　2001.10　p274-277
- ◎参考文献「C言語入門─文法とプログラミング」（広内哲夫）　ピアソン・エデュケーション　2002.2　p367-368
- ◎関連図書「データ構造」（星守）　昭晃堂　2002.3　p204-207
- ◎参考文献「情報基礎概論 2002年版」（喜久川政吉, 殿塚勲）　学術図書出版社　2002.3　p235-236
- ◎参考文献「プログラミング言語の概念と構造 新装版」（ラビ・セシィ）　ピアソン・エデュケーション　2002.9　p501-513
- ◎参考文献「簡単!実践!ロボットシミュレーション─Open Dynamics Engineによるロボットプログラミング」（出村公成）　森北出版　2007.5　p231-232

プロジェクト
- ◎参考文献「プロジェクト成功への挑戦 〈3つの力〉」（井野弘）　英治出版　2003.4　p204」
- ◎参考文献「プロジェクト・マネジャーの人間術」（S. W. Flannesほか）　アイテック　2007.11　p160-163

プロスポーツ
- ◎注「プロスポーツ選手の法的地位」（川井圭司）　成文堂　2003.6　prr

プロテスタント
- ◎参考文献「アメリカ建国の精神─宗教と文化風土」（J. C. ブラウアー）　玉川大学出版部　2002.8　p314-310
- ◎参考文献「自分を愛し, 他者を愛するために─人間関係の基本技術を学ぶ」（佐久本正志）　キリスト新聞社　2004.9　p108-113
- ◎引用文献「プロテスタンティズムとメキシコ革命─市民宗教からインディヘニスモへ」（大久保教宏）　新教出版社　2005.5　p13-28b
- ◎参考文献「韓国プロテスタントの南北統一の思想と運動─国家と宗教の間で」（李鍾哲）　社会評論社　2007.9　p226-246

プロテスタント教会
- ◎参考文献「日本プロテスタント・キリスト教史 5版」（土肥昭夫）　新教出版社　2004.11　p480-513
- ◎注「プロテスタント教会の礼拝─その伝統と展開」（J. F. ホワイト）　日本キリスト教団出版局　2005.5　p406-428
- ◎参考文献「国家を超えられなかった教会─15年戦争下の日本プロテスタント教会」（原誠）　日本キリスト教団出版局　2005.12　p323-333

プロテスタント神学
- ◎文献表「ヒトラー政権の共犯者, 犠牲者, 反対者─〈第三帝国〉におけるプロテスタント神学と教会の〈内面史〉のために」（H. E. テート）　創文社　2004.11　p13-29b

プロテスタント伝道
- ◎「アメリカによる東アジア伝道書誌─総合研究18」（東京女子大学比較文化研究所）　東京女子大　2004.3　176p B5

ブロードバンド
- ◎参考文献「ブロードバンド革命─目指せ!ユビキタス・ネットワーク社会」（野村敦子）　中央経済社　2001.4　p21-252
- ◎参考文献「ブロードバンド・ビジネス─情報の流れに革命を起こす高速インターネットビジュアル解説」（日本興業銀行産業調査部）　日本経済新聞社　2001.7　p250-253
- ◎参考文献「ブロードバンド時代の情報通信政策」（福家秀紀）　NTT出版　2007.2　p233-250
- ◎参考文献「ブロードバンド・エコノミクス」（依田高典）　日本経済新聞社　2007.3　p277-289

プロ野球
- ◎参考文献「大リーグと都市の物語」（宇佐美陽）　平凡社　2001.2　p232-233

フローラルアート
- ◎参考文献「花が時をつなぐ─フローラルアートの文化誌」（川崎景介）　講談社　2007.4　p236-239

プロレス
- ◎参考文献「悪役レスラーは笑う─「卑劣なジャップ」グレート東郷」（森達也）　岩波書店　2005.11　p245-247

噴火
- ◎参考文献「日本人はるかな旅2 巨大噴火に消えた黒潮の民」（NHK「日本人」プロジェクト）　NHK出版　2001.9　4pb
- ◎書籍一覧「平成島原大変DATA BOOK 資料編」（島原市企画課）　雲仙・普賢岳噴火災害記録誌作成委員会　2002.12　p214-235
- ◎文献「火山に魅せられた男たち 噴火予知に命がけで挑む科学者の物語」（D. トンプソン）　地人書館　2003.3　p430-421
- ◎参考文献「東海地震はいつ起こるのか 地球科学と噴火地震予測」（木村政昭）　論創社　2003.4　p292-293

ふんか

◎参考文献「磐梯山爆発―明治二一年地形が変わった」（米地文夫）　古今書院　2006.8　p186-196

文化

◎参考文献「思考と文化」（入谷敏男）　近代文芸社　2001.1　p225-232
◎参考文献「国境の越え方―国民国家論序説　増補」（西川長夫）　平凡社　2001.2　p437-448
◎注文献「文化の想像力　人類学的理解のしかた」（加藤泰）　東海大学出版会　2001.3　p311-321
◎参考文献「創造する対話力―多文化共生社会の航海術」（川村千鶴子）　税務経理協会　2001.4　p213-216
◎参考文献「多文化世界の意味論」（濱本秀樹）　松柏社　2001.5　p261-273
◎文献「ポストコロニアル理論入門」（アーニャ・ルーンバ）　松柏社　2001.6　p311-346
◎引用文献「文化と心理学―比較文化心理学入門」（D. マツモト）　北大路書房　2001.7　p217-237
◎参考文献「ポストモダン事典」（スチュアート・シム）　松柏社　2001.10　p339-341
◎文献「食と文化の謎」（マーヴィン・ハリス）　岩波書店　2001.10　p1-18b
◎参考文献「カルチュラル・スタディーズへの招待」（本橋哲也）　大修館書店　2002.2　prr
◎文献「文化心理学―発達・認知・活動への文化―歴史的アプローチ」（マイケル・コール）　新曜社　2002.8　p47-93b
◎文献「消費・戯れ・権力―カルチュラル・スタディーズの視座からの文化＝経済システム批判」（浅見克彦）　社会評論社　2002.10　p279-292
◎文献「文化生態学の世界―文化を持った生物としての私たち」（西山賢一）　批評社　2002.10　p225-228
◎参考文献「私の比較文明論」（米山俊直）　世界思想社　2002.12　p203-213
◎参考文献「文化理論用語集　カルチュラル・スタディーズ＋」（P. ブルッカー）　新曜社　2003.1　p275-305
◎参考文献「文化学講義」（相良憲昭）　世界思想社　2003.4　p149-153
◎参考文献「クール・ルールズ―クールの文化誌」（D. パウンテン）　研究社　2003.5　p275-279
◎文献「文化と固有価値の経済学」（池上惇）　岩波書店　2003.7　p237-246
◎参照文献「情報化と文化変容　講座社会変動　6」（正村俊之）　ミネルヴァ書房　2003.10　prr
◎推薦図書「現代文化テクステュア」（大越愛子ほか）　晃洋書房　2004.2　p195-199
◎文献一覧「さまよえる近代―グローバル化の文化研究」（A. アパデュライ）　平凡社　2004.6　p384-404
◎文献解題「メディア文化を読み解く技法―カルチュラル・スタディーズ・ジャパン」（阿部潔ほか）　世界思想社　2004.6　p258-285
◎引用文献「木を見る西洋人森を見る東洋人―思考の違いはいかにして生まれるか」（R. E. ニスベット）　ダイヤモンド社　2004.6　p275-289
◎参考文献「ファシズムと文化」（田之倉稔）　山川出版社　2004.8　p88-90
◎参考引用文献「現代日本の消費空間―文化の仕掛けを読み解く」（関口英里）　世界思想社　2004.10　p198-214
◎参考文献「国際文化学序説」（幸泉哲紀ほか）　多賀出版　2004.11　p138-143

◎参考文献「「異文化理解」のディスコース―文化本質主義の落とし穴」（馬渕仁）　京都大学術出版会　2005.3　p317-333
◎参考文献「日常からの文化社会学―私らしさの神話」（河原和枝）　世界思想社　2005.3　p253-265
◎引用参考文献「日本の文化ナショナリズム」（鈴木貞美）　平凡社　2005.12　p268-277
◎参考文献「文化経済論」（金武創ほか）　ミネルヴァ書房　2005.12　prr
◎引用文献「異文化接触における文化的アイデンティティのゆらぎ」（浅井亜紀子）　ミネルヴァ書房　2006.2　p195-204
◎引用文献「感情心理学からの文化接触研究―在豪日本人留学生と在日アジア系留学生との面接から」（小柳志津）　風間書房　2006.2　p209-215
◎参考文献「モダンのクールダウン―片隅の啓蒙」（稲葉振一郎）　NTT出版　2006.4　p242-245
◎文献「異文化間心理学へのアプローチ―文化・社会のなかの人間と心理学」（鈴木一代）　ブレーン出版　2006.4　p137-152
◎参考文献「文化と現実界―新たな文化理論のために」（C. ベルシー）　青土社　2006.6　p251-257
◎文献「文明のモラルとエティカ―生態としての文明とその装置」（齋藤博）　東海大出版会　2006.6　p236-232
◎参考文献「トランスフォーマティブ・カルチャー―新しいグローバルな文化システムの可能性」（川崎賢一）　勁草書房　2006.7　p289-323
◎参考文献「南の思想―地中海的思考への誘い」（F. カッサーノほか）　講談社　2006.7　p278-287
◎参考文献「諸文明の内なる衝突」（D. ゼンクハース）　岩波書店　2006.11　p5-8b
○研究動向（長谷正人）「社会学評論　57.3.227」（日本社会学会）　2006.12　p615-633
◎引用文献「多文化社会の葛藤解決と教育価値観」（加賀美常美代）　ナカニシヤ出版　2007.2　p155-164
◎引用参照文献「文化の社会学」（佐藤健二ほか）　有斐閣　2007.2　p245-259
◎引用文献「〈遅れ〉の思考―ポスト近代を生きる」（春日直樹）　東京大出版会　2007.3　p217-229
◎参考文献ほか「文明興亡の宇宙法則」（岸根卓郎）　講談社　2007.7　p299-302
◎参照文献「文化の対話力―ソフトパワーとブランド・ナショナリズムを越えて」（岩渕功一）　日本経済新聞社　2007.12　p272-285

文化遺産

◎文献一覧「文化遺産の社会学―ルーヴル美術館から原爆ドームまで」（荻野昌弘）　新曜社　2002.2　p287-308

文化科学

○参考文献「iichiko　70」（新曜社）　2001.5　p76-80

文学

◎総目次 1936-（編集部）「「文芸懇話会」解説・総目録・索引」　不二出版　1997.6　p27-42
◎参考文献「東海道と文学」（戸塚恵三）　静岡新聞社　2001.1　p39-43
◎原注文献「歴史と文学　近代イギリス史論集」（K. トマス）　みすず書房　2001.1　p39-121b

○文学（武藤康史ほか）「東京人　162」（都市出版）　2001.2　p18-74
◎参考文献「近代ロシア文学の成立と西欧」（白倉克之）　成文社　2001.2　p227-248
◎文献「鈴の音が聞こえる―猫の古典文学誌」（田中貴子）　淡交社　2001.2　p220-221
○ベストブック（相沢啓三ほか）「幻想文学　60」（アトリエOCAT）　2001.2　p21-66
◎引用文献「モダンの近似値―スティーヴンズ・大江・アヴァンギャルド」（阿部公彦）　松柏社　2001.3　p401-421
◎参考文献「禁断の知識　下」（ロジャー・シャタック）　凱風社　2001.3　p302-305
◎「日本近代文学の名作」（吉本隆明）　毎日新聞社　2001.4　187p　46s
◎「書評年報　文学・芸術・児童編　2000年」（書評年報刊行会）　書評年報刊行会　2001.5　187p B5
◎年譜・著作目録（田辺貞夫）「大衆文学論」（尾崎秀樹）　講談社　2001.5　p471-485
◎「文芸レアグルーヴ　いまぼくたちが読みたい日本文学の100冊」（清水浩二ほか）　中央公論新社　2001.6　93p　46s
◎参考文献「天文学と文学のあいだ」（池内了）　廣済堂出版　2001.7　p281-284
◎2000年資料ほか「文芸年鑑　2001」（日本文芸家協会）　新潮社　2001.7　p115-232
◎文献案内「自然と文学　環境論の視座から」（柴田陽弘ほか）　慶應義塾大学出版会　2001.10　prr
◎『毎日新報』文学関係記事索引　1939.1～1945.12.31」（大村益夫, 布袋敏博）　早稲田大学語学教育研究所　2002.2　185p A4
◎参考文献「文学の教室」（佐久間保明）　ゆまに書房　2002.2　p213-217
◎参考文献「テクストからイメージへ―文学と視覚芸術のあいだ」（吉田城）　京都大学学術出版会　2002.3　p268-269
◎「必読書150」（柄谷行人ほか）　太田出版　2002.4　221p B6
◎180冊+5「新編別世界通信」（荒俣宏）　イースト・プレス　2002.7　p1-33b
◎「読書案内世界の作家―伝記と作品」（日外アソシエーツ）　日外アソシエーツ　2002.7　362p A5
◎参考文献「戦争文学試論」（野呂邦暢）　芙蓉書房出版　2002.8　p301-310
◎略年表（西田りか）「短編女性文学　近代　続」（渡辺澄子）　おうふう　2002.9　p229-251
◎文献「間テクスト性―文学・文化研究の新展開」（グレアム・アレン）　研究社　2002.10　p274-282
◎「成熟への名作案内―大人になるための34冊」（福田和也）　PHP研究所　2002.11　201p ss
◎「L文学完全読本」（斎藤美奈子）　マガジンハウス　2002.12　201p A5
◎「芸術と文学の旅―読書案内・紀行編」（日外アソシエーツ）　日外アソシエーツ　2002.12　441p A5
◎研究文献目録「笑いと創造　3」（H. ヒベットほか）　勉誠出版　2003.2　p385-402
◎年表ほか（林桂ほか）「群馬県文学全集　20」　群馬県立土屋文明記念文学館　2003.3　p333-631
◎注「投機としての文学　活字・懸賞・メディア」（紅野謙介）　新曜社　2003.3　p380-401

◎「文学の墓場―20世紀文学の最終目録」（F. ベグベデ）　角川書店　2003.9　207p　46s
◎参考文献ほか「文学理論　1冊でわかる」（J. カラー）　岩波書店　2003.9　p1-12b
◎書誌（堀込静香）「鶴林紫苑―鶴見大学短期大学部国文科創立五十周年記念論集」（鶴見大学短期大学部国文学会）　風間書房　2003.11　p27-58
◎文献目録「桜の文学史」（小川和佑）　文藝春秋　2004.2　p280-285
◎文献案内「文学の子どもたち」（柴田陽弘）　慶應義塾大出版会　2004.2　prr
◎参考文献「文学と禁断の愛―近親姦の意味論」（原田武）　青山社　2004.6　p216-230
◎参考文献「変身の神話」（P. ブリュネル）　人文書院　2004.6　p235-245
◎参照文献「眠りと文学―プルースト、カフカ、谷崎は何を描いたか」（根本美作子）　中央公論新社　2004.6　p232-229
◎参考文献「〈虚言〉の領域―反人生処方としての文学」（中村邦生）　ミネルヴァ書房　2004.7　p269-278
◎参考文献「黒髪の文学」（矢野裕子）　朱鳥社　2004.9　p192-193
◎文献リスト「乱視読者の新冒険」（若島正）　研究社　2004.12　p308-337
◎文献目録「ヘルメスの変容と文学的解釈学の展開―ヘルメネイン・クリネイン・アナムネーシス」（三浦国泰）　風間書房　2005.2　p433-443
◎年表「死刑文学を読む」（池田浩士ほか）　インパクト出版会　2005.2　p1-5b
◎引用参考文献「霊性の文学誌」（鎌田東二）　作品社　2005.3　p296-300
○記事目録（和井田勢津）「郷土作家研究　30」（青森県郷土作家研究会）　2005.6　p81-92
◎参考文献「子どもたちへのブンガク案内―親なら読ませたい名作たち」（河村義人）　飯塚書店　2005.6　p249-255
◎引用初出単行本「茶事礼讃―文学の中に香るお茶」（小塩卓哉）　本阿弥書店　2005.7　p236-237
◎「文学賞受賞作品目録　1999-2004」（日外アソシエーツ）　日外アソシエーツ　2005.9　458p A5
◎引用参考文献「メロスが見た星―名作に描かれた夜空をさぐる」（鮎名博ほか）　祥伝社　2005.11　p257-260
◎ブックガイド「モスクワは本のゆりかご」（L. シーロフ）　群像社　2005.11　p246-249
◎研究文献目録「笑いと創造　4集」（H. ヒベット）　勉誠出版　2005.11　p287-298
◎「世界文学全集個人全集・内容綜覧　3期」（日外アソシエーツ）　日外アソシエーツ　2005.11　376p A5
◎「世界文学全集綜覧―完全収録版　CD EPWING版」（日外アソシエーツ）　日外アソシエーツ　2005.11　CD-ROM1枚　12cm
◎参考書目「文学序説」（桑原武夫）　岩波書店　2005.11　p1-6b
◎「世界文学あらすじ大事典　2」（横山茂雄ほか）　国書刊行会　2005.12　8, 682p B5
◎「世界文学全集/個人全集・作家名綜覧　3期3」（日外アソシエーツ）　日外アソシエーツ　2005.12　15, 640p A5
◎「世界好色文学史　1」（佐々謙自）　ゆまに書房　2006.1　1冊　A5

ふんかく

◎「世界珍書解題」（B. シュテルン=シュザナ）　ゆまに書房　2006.1　270, 8p A5
◎「世界文学全集/個人全集・作品名綜覧　3期」（日外アソシエーツ）　日外アソシエーツ　2006.1　640p A5
◎関係書誌「文芸学入門―文学作品の分析と解釈」（W. カイザー）　而立書房　2006.1　p563-623
◎「世界文学あらすじ大事典　3」（横山茂雄ほか）　国書刊行会　2006.9　8, 712p B5
◎参照文献「文学の衰退と再生への道」（山形和美）　彩流社　2006.9　p7-10b
◎参考文献「生命倫理百科事典」（S. G. Post）　丸善　2007.1　p3197-3216
◎文献「20世紀女性文学を学ぶ人のために」（児玉実英）　世界思想社　2007.3　p315-319
◎参考文献ほか「旅の地中海―古典文学周航」（丹下和彦）　京都大学学術出版会　2007.6　p323-328
◎「作品名から引ける世界文学個人全集案内　第2期」（日外アソシエーツ）　日外アソシエーツ　2007.8　17, 576p A5
◎文献リスト「自然を感じるこころ―ネイチャーライティング入門」（野田研一）　筑摩書房　2007.8　p153-158
◎参考文献「20世紀文学と時間―プルーストからガルシア＝マルケスまで」（岡本正明）　近代文芸社　2007.9　p178-184
◎文献一覧「文学をめぐる理論と常識」（A. コンパニョン）　岩波書店　2007.11　p317-345
◎参考文献ほか「温泉文学論」（川村湊）　新潮社　2007.12　p203-206
◎書誌ノート「想起の空間―文化的記憶の形態と変遷」（A. アスマン）　水声社　2007.12　p553-554

文学教育
◎引用文献「「詩の授業」の現象学」（田端健人）　川島書店　2001.2　p274-281
◎参考文献「文学と教育―詩を体験する」（H. G. ウィドゥソン）　英宝社　2005.3　p273-276
◎文献一覧「文学教育基礎論の構築―読者反応を核としたリテラシー実践に向けて」（山元隆春）　渓水社　2005.4　p701-714
◎引用参考文献「文学の読みと交流のナラトロジー」（松本修）　東洋館出版社　2006.7　p134-140

文学史
◎文献ほか「自殺の文学史」（グリゴーリイ・チハルチシヴィリ）　作品社　2001.8　p304-373
◎参考文献「座談会昭和文学史　6」（井上ひさしほか）　集英社　2004.2　p88-95b
◎文献「即興文学のつくり方」（阿部公彦）　松柏社　2004.6　p227-234
◎参考文献「日本文学から「自然」を読む」（川村晃生）　勉誠出版　2004.6　p221-223
◎参考文献「ルネサンスの文学―遍歴とパノラマ」（清水孝純）　講談社　2007.10　p387-391
◎参考文献「ギリシアの神々とコピーライト―「作者」の変遷、プラトンからIT革命まで」（ソーントン不破直子）　學藝書林　2007.11　p205-209

文学者
◎参考文献「ペンネームの由来事典」（紀田順一郎）　東京堂出版　2001.9　p328-331
◎参考文献「いまを生きる知恵」（中野孝次）　岩波書店　2002.1　p387-390

◎参考文献「帝国の狭間に生きた日韓文学者」（李修京）　緑蔭書房　2005.2　p245-260
◎参考文献「田端文士・芸術家村と女たち―もうひとつの北区史」（北区子ども家庭部）　ドメス出版　2006.6　p241-247
◎参考文献「作家と薬―誰も知らなかった作家と薬の話　新版」（後藤直良）　薬事日報社　2007.12　p290-297

文学地理
◎参考文献「続ものがたり　風土記」（阿刀田高）　集英社　2001.6　p331-337
◎参考文献「北海道人と風土の素描」（武井時紀）　北海道出版企画センター　2003.6　p292-295
◎参考図書「安達太良山と文学―ある末期癌患者のロマン」（猪狩三郎）　歴史春秋出版　2004.7　p236-238

文学と政治
◎参考文献「冷戦とアメリカ文学―21世紀からの再検証」（山下昇）　世界思想社　2001.9　p387-402

文学碑
◎依拠・参考「日本文学史蹟大辞典　2（地名解説編）」（日本文学史蹟大辞典編集委員会）　遊子館　2001.3　p13-21
◎参考文献「文学碑のなかの人生と愛」（青柳亨）　西田書店　2002.3　p557-564
◎参考文献「文学碑採拓めぐり　続続」（富田守雄）　富田守雄　2003.3　p314-325
◎文献一覧「全国文学碑総覧　新訂増補」（宮澤康造ほか）　日外アソシエーツ　2006.12　p1169-1200

文学批評
◎参考文献「批評理論入門―「フランケンシュタイン」解剖講義」（廣野由美子）　中央公論新社　2005.3　p250-240

文学理論
◎ブックガイド「文学理論のプラクティス―物語・アイデンティティ・越境」（土田知則, 青柳悦子）　新曜社　2001.5　p260-272

文化経済
◎参考文献「文化経済学入門―創造性の探究から都市再生まで」（D. スロスビー）　日本経済新聞社　2002.9　p289-264

文化計量
◎文献「文化を計る―文化計量学序説」（村上征勝）　朝倉書店　2002.12　p134-137

文化交流
◎参考文献「文化交流学を拓く」（青柳まちこ）　世界思想社　2003.4　p213-222
◎参考文献「文明の交流史観―日本文明のなかの世界文明」（小林道憲）　ミネルヴァ書房　2006.2　p329-334

文化財
◎参考文献「古美術を科学する―テクノロジーによる新発見」（三浦定俊）　廣済堂出版　2001.11　p201-205
◎参考文献「とちぎの宝ものがたり―文化財曼荼羅」（栃木県立博物館）　栃木県立博物館　2002.3　p143-146
◎参考文献「文化財のための保存科学入門」（京都造形芸術大）　角川書店　2002.4　prr
◎文献目録「文化財と近代日本」（鈴木良ほか）　山川出版社　2002.12　p1-31b

◎引用参考文献「ふくしまの文化財　会津編」（笹川寿夫）　歴史春秋社　2003.9　p277-278
◎参考文献「下町の学芸員奮闘記―文化財行政と生涯学習の最前線」（小泉雅弘）　文芸社　2005.8　p245-241
○関連書籍案内「イタリア図書　34」（イタリア書房）　2006.4　p27-31

文化財科学
○参考文献「文化財と科学技術―東京文化財研究所のしごと　日本の美術492」（至文堂）　2007.5　p91-93

文化財修復
◎参考文献「修復の鑑―交差する美学と歴史と思想」（A. コンティ）　ありな書房　2002.12　p617-651

文化財修理
○参考文献「彫刻の保存と修理　日本の美術　452」（至文堂）　2004.1　p85-86

文化財政策
◎参考文献「文化財政策概論―文化遺産保護の新たな展開に向けて」（川村恒明ほか）　東海大学出版会　2002.9　p249-251

文化財保護
◎参考文献「遺跡エンジニアリングの方法―歴史・文化資源をどう活かす」（遠藤宣雄）　鹿島出版会　2001.9　p210-211
◎文献「英国カントリーサイドの民族誌―イングリッシュネスの創造と文化遺産」（塩路有子）　明石書店　2003.3　p305-315
◎関連資料（二神葉子）「フランスに於ける歴史的環境保全―重層的制度と複層的組織、そして現在」（東京文化財研究所）　東京文化財研究所　2005.3　p353-360
◎参考文献「文化的景観を評価する―世界遺産富山県五箇山合掌造り集落の事例」（垣内恵美子）　水曜社　2005.4　p314-317
◎参考文献「歴史的遺産の保存・活用とまちづくり　改訂版」（大河直躬ほか）　学芸出版社　2006.3　p270-278
◎参考図書「遺跡保存の事典　新版」（文化財保存全国協議会）　平凡社　2006.5　p293-294
◎参考文献「英国の建築保存と都市再生―歴史を活かしたまちづくりの歩み」（大橋竜太）　鹿島出版会　2007.2　p57-66b
◎参考文献「イラク博物館の秘宝を追え―海兵隊大佐の特殊任務」（M. ボグダノスほか）　早川書房　2007.4　p460-458
◎参考文献「世界遺産ガイド　世界遺産条約とオペレーショナル・ガイドラインズ編」（世界遺産総合研究所）　シンクタンクせとうち総合研究機構　2007.12　p119-121

文化財保存
◎引用文献「文化財保存環境学」（三浦定俊ほか）　朝倉書店　2004.12　prr
◎参考文献「建築遺産の保存その歴史と文化」（J. ヨキレット）　アルヒーフ　2005.4　p481-513

文化史
◎参考文献「日本文化史ハンドブック」（阿部猛ほか）　東京堂出版　2002.4　prr
◎注「総力戦下の知と制度―岩波講座近代日本の文化史7」（酒井直樹ほか）　岩波書店　2002.9　prr
◎文献ほか「美と礼節の絆―日本における交際文化の政治的起源」（池上英子）　NTT出版　2005.6　p528-485
◎参考文献「シックスティーズ・グラフィティ―新時代の幕を開けた1960～1962年」（石井満）　文芸社　2005.11　p313-316

文化資源学
◎「文化資源学に関する文献一覧」　科学書院　2005.5　86p A4
◎「文化資源学に関する文献一覧」　科学書院　2007.5　128p A4

文化社会学
◎文献「文化社会学への招待―〈芸術〉から〈社会学〉へ」（亀山佳明ほか）　世界思想社　2002.4　prr

文化情報
◎注「文化情報学―人類の共同記憶を伝える」（安沢秀一ほか）　北樹出版　2002.6　prr

文化人類学
◎引用文献「民族誌的近代への介入―文化を語る権利は誰にあるのか」（太田好信）　人文書院　2001.2　p258-271
◎参考文献「表象は感染する―文化への自然主義的アプローチ」（ダン・スペルベル）　新曜社　2001.10　p280-297
◎参考文献「異文化の学びかた・描きかた　なぜ、どのように研究するのか」（住原則也）　世界思想社　2001.12　p218-225
◎「エスノグラフィー・ガイドブック―現代世界を複眼で見る」（松田素二, 川田牧人）　嵯峨野書院　2002.1　320p A5
◎参考文献ほか「サイケデリックスと文化―臨床とフィールドから」（武井秀夫, 中牧弘允）　春秋社　2002.2　p4-16b
◎文献「ルーツ―20世紀後期の旅と翻訳」（ジェイムズ・クリフォード）　月曜社　2002.3　p20-40b
◎「服部文庫目録」　北海道立北方民族博物館　2002.3　77p A4
◎引用文献ほか「文化人類学研究―環太平洋地域文化のダイナミズム」（江渕一公）　放送大学教育振興会　2002.3　prr
◎文献「解釈人類学と反＝反相対主義」（クリフォード・ギアツ）　みすず書房　2002.6　p5-24b
◎「文化人類学の本全情報　1994-2001」（日外アソシエーツ）　日外アソシエーツ　2002.6　687p A5
◎参考文献「文化人類学最新術語100」（綾部恒雄）　弘文堂　2002.7　prr
◎文献「文化の窮状―二十世紀の民族誌、文学、芸術」（J. クリフォード）　人文書院　2003.1　p562-584
◎参考文献「グローバリゼーションのなかの文化人類学案内」（中島成久）　明石書店　2003.3　p284-293
◎文献目録ほか「個人とエスニシティの文化人類学―理論を目指しながら」（前山隆）　御茶の水書房　2003.3　prr
◎文献「自然と文化の人類学」（蒔田光三）　八千代出版　2003.3　p195-202
◎参考文献「文化人類学のフロンティア」（綾部恒雄）　ミネルヴァ書房　2003.4　prr
◎参考文献「韓国人類学の百年」（全京秀）　風響社　2004.3　p401-542

ふんかせ

◎参照文献「人類学的認識論のために」(川田順造) 岩波書店 2004.8 prr
◎参考文献「野生のナヴィゲーション―民族誌から空間認知の科学へ」(野中健一) 古今書院 2004.10 prr
◎文献案内「人類学の周縁から―対談集」(J.クリフォード) 人文書院 2004.12 p194-196
◎「文化人類学文献事典」(小松和彦ほか) 弘文堂 2004.12 1029p A5
◎ブックガイド(中谷文美)「ジェンダーで学ぶ文化人類学」(田中雅一ほか) 世界思想社 2005.1 p308-313
◎参考文献ほか「人類学の歴史と理論」(A.バーナード) 明石書店 2005.2 p316-360
◎ブックガイド「メイキング文化人類学」(太田好信ほか) 世界思想社 2005.3 p287-295
◎文献「旅する人の地域研究―ビーズ・織物・影絵の語る現代世界」(加納弘勝) 文化書房博文社 2005.3 p192-200
◎引用参考文献「帝国日本と人類学者―1884-1952年」(坂野徹) 勁草書房 2005.4 p7-29b
◎参考文献「文化人類学入門―古典と現代をつなぐ20のモデル」(山下晋司) 弘文堂 2005.4 prr
◎参考文献「食物と愛―日常生活の文化誌」(J.グッディ) 法政大学出版局 2005.12 p9-26b
◎文献紹介「フィールドワーク教育入門―コミュニケーション力の育成」(原尻英樹) 玉川大出版部 2006.2 p161-167
◎参考文献「文化人類学20の理論」(綾部恒雄) 弘文堂 2006.12 prr
◎「東京大学総合研究博物館所蔵渡辺仁教授旧蔵資料目録」(西秋良宏) 東京大総合研究博物館 2007 136p B5
◎文献リスト「人類学的思考の歴史」(竹沢尚一郎) 世界思想社 2007.6 p339-370
◎参考文献「開発人類学―基本と実践」(R.W.ノラン) 古今書院 2007.9 p277-292

文化政策
◎参考文献「イベント創造の時代―自治体と市民によるアートマネージメント」(野田邦弘) 丸善 2001.1 p161-164
◎文献「日本の文化政策―「文化政策学」の構築に向けて」(根木昭) 勁草書房 2001.1 p222-226
◎参考文献「文化政策入門―文化の風が社会を変える」(池上惇ほか) 丸善 2001.2 p295-299
◎参考文献「分権時代の自治体文化政策―ハコモノづくりから総合政策評価に向けて」(中川幾郎) 勁草書房 2001.4 p147-152
◎参考文献「文化政策学 法・経済・マネジメント」(後藤和子) 有斐閣 2001.8 prr
◎参考文献「文化政策を学ぶ人のために」(上野征洋) 世界思想社 2002.8 p314-323
◎参考文献「ミュージアムが都市を再生する―経営と評価の実践」(上山信一ほか) 日本経済新聞社 2003.12 p285-277
◎参考文献「ミュージアムの政治学―カナダの多文化主義と国民文化」(溝上智恵子) 東海大学出版会 2003.12 p254-246
◎文献案内「文化政策の時代と新しい大学教育―臨地まちづくりと知的財産形成による人づくり」(中谷武雄ほか) 晃洋書房 2005.3 p189-199

主題書誌索引 2001-2007

◎参考文献「文化的景観を評価する―世界遺産富山県五箇山合掌造り集落の事例」(垣内恵美子) 水曜社 2005.4 p314-317
◎参考文献「文化と都市の公共政策―創造的産業と新しい都市政策の構想」(後藤和子) 有斐閣 2005.9 p259-265
◎参考文献「芸術創造拠点と自治体文化政策―京都芸術センターの試み」(松本茂章) 水曜社 2006.1 p269-275
◎参考文献一覧「アメリカの芸術文化政策」(片山泰輔) 日本経済評論社 2006.9 p223-238
◎参考文献ほか「地域の文化資本―ミュージアムの活用による地域の活性化」(東北産業活性化センター) 日本地域社会研究所 2007.10 p245-246

文化生態学
◎引用文献「方法としての生命体科学 生き延びるための理論」(西山賢一) 批評社 2003.6 p236-237

文化鳥類学
◎参考文献「カラスの早起き、スズメの寝坊―文化鳥類学のおもしろさ」(柴田敏隆) 新潮社 2002.7 p237-238

文化変容
◎参考文献「階層・移動と社会・文化変容」(奥山眞知ほか) 文化書房博文社 2005.4 p175-179
◎参考文献「グローバリゼーションと文化変容―音楽、ファッション、労働からみる世界」(遠藤薫) 世界思想社 2007.3 prr

文机談
◎参考文献「文机談全注釈」(岩佐美代子) 笠間書院 2007.10 p546-553

文求堂
○出版物一覧(冨田昇)「東北学院大学オーディオ・ヴィジュアルセンター紀要 8」(東北学院大) 2004.2 p1-24

分業
◎参照文献「現代の分業と標準化―フォード・システムから新トヨタ・システムとボルボ・システムへ」(野原光) 高菅出版 2006.11 p417-429

文芸
◎2000年資料ほか「文芸年鑑 2001」(日本文芸家協会) 新潮社 2001.7 p115-232
○「文芸年鑑 2002 平成14年版」(日本文芸家協会) 新潮社 2002.7 670p A5
○記事細目(荒井真理亜)「千里山文学論集 69」(関西大) 2003.3 p116-93
○記事年表稿(森英一)「金沢大学教育学部紀要 人文科学・社会科学編 53」(金沢大) 2004.2 p72-56
○記事細目(荒井真理亜)「千里山文学論集 71」(関西大) 2004.3 p160-135
○記事目録(和井田勢津)「郷土作家研究 29」(青森県郷土作家研究会) 2004.7 p57-70
◎掲載作品目録「文藝年鑑 平成16年版」(日本文藝家協会) 新潮社 2004.7 p117-242
○記事リスト(市川祥子)「群馬県立女子大学紀要 26」(群馬県立女子大) 2005.2 p37-68
◎文献一覧「サハリン北方民族文献集 文芸作品篇 1905-45」(青柳文吉) 北海道大 2005.3 p151-159

○記事リスト（市川祥子）「群馬県立女子大学紀要　27」（群馬県立女子大）　2006.2　p1-17
○記事年表（森英一）「金沢大学教育学部紀要　人文科学・社会科学編　56」（金沢大）　2007.2　p94-78
◎関係目録「日本統治期台湾文学集成　21　「台湾鉄道」作品集　1　復刻版」（中島利郎）　緑蔭書房　2007.2　p393-408
◎目録「日本統治期台湾文学集成　23　「台湾新報・青年版」作品集」（中島利郎）　緑蔭書房　2007.2　p459-503
◎参考文献「『婦人公論』にみる昭和文芸史」（森まゆみ）　中央公論新社　2007.3　p348-349

文芸懇話会
◎総目次 1936-（編集部）「「文芸懇話会」解説・総目録・索引」　不二出版　1997.6　p27-42

文芸雑誌
○一覧「日本古書通信　69.1」（日本古書通信社）　2004.1　p22-25
◎「文芸雑誌小説初出総覧　1945-1980」（勝又浩）　日外アソシエーツ　2005.7　39, 1294p B5
○雑誌表覧（中村洋子）「文献探索　2005」（文献探索研究会）　2006.5　p226-252

文芸思想史
◎注「色好みの系譜―日本文芸思想史」（大野順一）　創文社　2002.12　p289-303

文藝春秋
◎参考文献「文藝春秋の八十五年」（文藝春秋）　文藝春秋　2006.12　p509-510

文芸書
◎「大正文芸書集成総目録」（早稲田大学図書館）　早稲田大学図書館　2002.3　217p B5
◎「明治大正期文芸書総目録―小説・戯曲・詩歌・随筆・評論・研究」（日外アソシエーツ）　日外アソシエーツ　2007.5　8, 1399p A5

文芸批評
◎文献表「現代批評理論　続」（フランク・レントリッキア, トマス・マクラフリン）　平凡社　2001.4　p242-249

文検
◎参考書一覧「「文検」試験問題の研究―戦前中等教員に期待された専門・教職教養と学習」（寺崎昌男ほか）　学文社　2003.2　p517-525

文献
◎「書誌年鑑　2001」（深井人詩, 中西裕）　日外アソシエーツ　2001.12　521p A5
○探索手引（秋谷治）「一橋論叢　129.4.750」（一橋大）　2003.4　p138-154

分権型社会
◎参考文献「「希望の島」への改革―分権型社会をつくる」（神野直彦）　NHK出版　2001.1　p213-216

文献探索
◎参考文献ほか「自分で調べる技術―市民のための調査入門」（宮内泰介）　岩波書店　2004.7　p193-195

文献調査
◎「文献調査法―調査・レポート・論文作成必携（情報リテラシー読本）」（毛利和弘）　毛利和弘　2004.9　202p B5

文庫
◎「文庫総目録　2001」（福家書店）　福家書店　2001.3　1468p A5
◎「総合文庫目録　2001年度版」　同目録刊行会　2001.4　1420p A5
◎「この文庫がすごい！　2001年版」（別冊宝島編集部）　宝島社　2001.7　143p A5
◎「絶版文庫四重奏」（田村道美ほか）　青弓社　2001.9　267p B6
◎「文庫びっくり箱」（則枝忠彦）　青弓社　2001.9　175p 46s
◎「文庫総目録　2002」（福家書店）　福家書店　2002.4　1478p A5
◎「新潮文庫全作品目録　1914-2000」（新潮社）　新潮社　2002.7　1441p 46s
◎「文庫、新書の海を泳ぐ」（小田光雄）　編書房　2002.11　203p 46s
◎「総合文庫目録　2003年版」　総合文庫目録刊行会　2002.12　275, 1193p A5
◎「総合文庫目録　2006年版」　総合文庫目録刊行会　2005.12　293, 1387p A5
◎「総合文庫目録　2007年版」　総合文庫目録刊行会　2006.12　303, 1457p A5

文豪
◎「文章読本　文豪に学ぶテクニック講座」（中条省平）　朝日新聞社　2000.2　253p 46s

文庫本
◎「文庫ハンターの冒険　町めぐり、古書さがし」（司悠司）　学陽書房　2003.3　214p B6
◎「おすすめ文庫王国　2004年度版」（本の雑誌編集部）　本の雑誌社　2004.12　95p A5

分子
◎さらに学習するために「岩波講座現代化学への入門　17　分子理論の展開」（永瀬茂, 平尾公彦）　岩波書店　2002.2　p159-160
◎参考文献ほか「パソコンで見る動く分子事典―分子の三次元構造が見える・わかる」（本間善夫ほか）　講談社　2007.9　p332-333

文士
◎参考資料「文士の生きかた」（大村彦次郎）　筑摩書房　2003.10　p220-222

分子遺伝学
◎参考文献「きちんとわかる時計遺伝子」（産業技術総合研究所）　白日社　2007.12　p268-255

分子生物学
◎文献「ポストゲノム情報への招待」（金久實）　共立出版　2001.6　p160-170
◎文献「分子生物学への招待」（鈴木範男, 矢沢洋一, 田中勲）　三共出版　2002.3　p213-221
◎参考文献「時空を旅する遺伝子―最新分子生物学の不思議ワールド」（西田徹）　日経BP社　2005.7　p267-269
◎参考文献「生化学・分子生物学　3版」（W. H. Elliottほか）　東京化学同人　2007.2　prr
◎参考図書「基礎分子生物学　3版」（田村隆明ほか）　東京化学同人　2007.9　p243-244

文七元結
- ◎参考文献「近江のお兼・人情噺文七元結」 日本芸術文化振興会 2001.7 p85-137

文章
- ◎「文章読本 文豪に学ぶテクニック講座」(中条省平) 朝日新聞社 2000.2 253p 46s
- ◎参考文献「例題で学ぶ原稿の書き方—わかりやすい文章のために」(八木和久) 米田出版 2001.1 p313-314
- ◎参考文献「文章力をつける!—心が届くちょっとしたコツ」(永崎一則) PHP研究所 2001.5 p233-235
- ◎参考文献「短く書く仕事文の技術 削り方、磨き方、仕上げ方」(高橋昭男) 講談社 2001.12 p198-199
- ◎参考文献「文章読本さん江」(斎藤美奈子) 筑摩書房 2002.2 p260-261
- ◎参考文献「「超」文章法 伝えたいことをどう書くか」(野口悠紀雄) 中央公論新社 2002.10 p255-259
- ◎ブックガイド50(大原理恵、山口雅敏)「日本語文章がわかる。」 朝日新聞社 2002.12 p111-120
- ◎文献ほか「論理的文章作成能力の育成に向けて—平成15年度国立国語研究所日本語教育短期研修・報告書」 国立国語研究所 2004.3 p56-59
- ◎文献「書く技術—なにを、どう文章にするか 新版」(森脇逸男) 創元社 2004.5 p278-279
- ◎参考文献「シェークスピアは誰ですか?—計量文献学の世界」(村上征勝) 文藝春秋 2004.10 p196-199
- ◎参考文献「〈世界〉を書く技術と思想—21世紀のメディア表現」(山本武信) ミネルヴァ書房 2006.1 p285-290
- ◎参考文献「文章の新教室」(佐久間保明) 武蔵野美術大出版局 2006.4 p164-165
- ◎参考文献ほか「明文術—伝わる日本語の書きかた」(阿部圭一) NTT出版 2006.8 p167-172
- ◎参考文献「音楽の文章セミナー—プログラム・ノートから論文まで」(久保田慶一) 音楽之友社 2006.10 p151-157

文章作法
- ◎参考文献「卒業論文の手引 新版新装版」(慶應義塾大学通信教育部) 慶應義塾大学出版会 2003.6 p160-166
- ◎主要文献リスト「レポート・論文の書き方上級 改訂版」(桜井雅夫) 慶応義塾大学出版会 2003.10 p193-202
- ◎参考文献「レポートの作り方—情報収集からプレゼンテーションまで」(江下雅之) 中央公論新社 2003.10 p250-247
- ◎参考文献「出版される前に」(田中薫) 沖積舎 2003.10 p263-269
- ◎参考文献「だれも教えなかったレポート・論文書き分け術」(大竹秀一) エスシーシー 2005.3 p197-198

文章読本
- ◎類書瞥見「大人の国語 隠れた名文はこれだけある」(谷沢永一) PHP研究所 2003.5 p570-579

文章表現教育
- ◎文献「高等教育における文章表現教育に関する研究—大学教養教育と看護基礎教育に向けて」(井下千以子) 風間書房 2002.12 p169-180

文書館
- ◎引用文献「図書館・文書館における環境管理」(稲葉政満) 日本図書館協会 2001.5 p63-67
- ◎参考文献「近現代史料の管理と史料認識」(鈴江英一) 北海道大学図書刊行会 2002.2 p561-577
- ◎参考文献「地域と歩む史料保存活動」(越佐歴史資料調査会) 岩田書院 2003.11 p146-148
- ◎参照文献「アーカイブズとアーカイバル・サイエンス—歴史的背景と課題」(青山英幸) 岩田書院 2004.4 p175-195
- ◎参照文献「電子環境におけるアーカイブズとレコード—その理論への手引き」(青山英幸) 岩田書院 2005.8 p238-242
- ◎参考文献「資料保存と防災対策」(全国歴史資料保存利用機関連絡協議会) 全国歴史資料保存利用機関連絡協議会資料保存委員会 2006.3 p89-108
- ◎参考文献(古賀崇ほか)「入門・アーカイブズの世界—記憶と記録を未来に」(日本アーカイブズ学会) 日外アソシエーツ 2006.6 p251-255

文書管理
- ◎参考文献「自治体のための文書管理ガイドライン—情報公開対応の文書管理の在り方」(廣田傳一郎) 第一法規出版 2001.3 p257-258
- ◎参考文献「入門事務・文書管理—現代のオフィス・マネジメント 2版」(高橋光男ほか) 嵯峨野書院 2005.4 p283-297
- ◎参考文献「ペーパーレスオフィスの神話—なぜオフィスは紙であふれているのか?」(A. J. Sellenほか) 創成社 2007.11 p261-265

文人
- ◎参考文献「京大坂の文人 続」(管宗次) 和泉書院 2000.5 p223-225
- ◎参考文献「文人たちのイギリス十八世紀」(海保眞夫) 慶應義塾大学出版会 2001.7 prr
- ◎参考文献「文人暴食」(嵐山光三郎) マガジンハウス 2002.9 p426-431
- ◎参考文献「文人暴食」(嵐山光三郎) 新潮社 2006.1 p563-570

文心雕龍
- ◎著書論文目録「文心雕龍の研究」(門脇広文) 創文社 2005.3 p440-457

分析化学
- ◎参考書「はかってなんぼ 学校編」(日本分析化学会近畿支部) 丸善 2002.3 prr
- ◎参考書「はかってなんぼ 環境編」(日本分析化学会近畿支部) 丸善 2002.8 prr
- ◎参考引用文献「先端の分析法—理工学からナノ・バイオまで」(梅澤喜夫ほか) NTS 2004.12 prr

分析科学
- ◎参考文献「分析科学のルネッサンス—問題解決能力を養うカリキュラム改革」(日本分析化学会関東支部) 学会出版センター 2001.8 p119-120

分析哲学
- ◎参考文献(吉満昭宏)「反事実的条件法」(D. ルイス) 勁草書房 2007.12 p315-318

紛争

- ◎参考文献「紛争解決のモードとは何か―協働的問題解決へむけて」（名嘉憲夫）　世界思想社　2002.3　p154-160
- ◎ブックガイド「世界の「紛争」ハンドブック」（古藤晃）　研究社　2002.4　p215-226
- ◎文献（田中明彦ほか）「国際紛争―理論と歴史」（J. S. ナイ）　有斐閣　2002.7　p285-288
- ◎注「紛争の法社会学」（小谷朋弘）　渓水社　2003.3　prr

文体

- ○文献書誌ほか「文体論研究　特別号」（日本文体論学会）　2005　p141-500
- ◎文献プロフィール「表現と文体」（中村明ほか）　明治書院　2005.3　p514-527
- ◎参考文献「文体探究法」（小池清治ほか）　朝倉書店　2005.10　prr

文壇

- ◎参考資料「文壇挽歌物語」（大村彦次郎）　筑摩書房　2001.5　p482-485

ふん尿処理

- ◎引用文献「酪農における家畜ふん尿処理と地域利用―循環型農業をめざして」（志賀一一ほか）　酪農総合研究所　2001.10　p127-130

分配

- ◎参考文献「価格・資金調達と分配の理論―代替モデルと日本経済　増補」（金尾敏寛）　日本経済評論社　2001.10　p282-290
- ◎文献「平等主義の政治経済学―市場・国家・コミュニティのための新たなルール」（サミュエル・ボールズほか）　大村書店　2002.7　p1-20b
- ◎文献「教育の分配論―公正な能力開発とは何か」（宮寺晃夫）　勁草書房　2006.3　p9-15b
- ◎引用文献「報酬分配場面における公正認知に関する研究」（原田耕太郎）　大学教育出版　2006.7　p89-93

文筆家団体

- ◎参考文献「文筆業の誕生―近代ドイツにおける文筆業団体の活動史」（前原真吾）　東洋出版　2004.10　p520-537

墳墓

- ◎参考文献「古墳から奈良時代墳墓へ―古代律令国家の墓制　平成16年度春季特別展」（大阪府立近つ飛鳥博物館）　近つ飛鳥博物館　2004.4　p143-147
- ◎引用参考文献「墓標の民族学・考古学」（朽木量）　慶應義塾大出版会　2004.11　p246-262
- ◎参考文献「日之影の無縁墓は語る」（渡部智倶人）　海鳥社　2007.2　p187-188
- ◎参考文献ほか「歴史がつくった偉人たち―近代フランスとパンテオン」（長井伸仁）　山川出版社　2007.6　p187-189
- ◎文献「アイヌ葬送墓集成図」（宇田川洋）　北海道出版企画センター　2007.9　p46-48

文法

- ◎参考文献「日英語の主題，主語そして省略―体系機能文法的アプローチ」（塚田浩恭）　リーベル出版　2001.1　p121-126
- ◎研究史年表「日本語文法大辞典」（山口明穂，秋本守英）　明治書院　2001.3　p934-974
- ◎参考書目「英語の様相」（四方田敏）　文化書房博文社　2001.4　p272-275
- ◎参照文献「日本語学習者の文法習得」（野田尚史ほか）　大修館書店　2001.4　p231-235
- ◎参考文献「生成文法の新展開―ミニマリスト・プログラム」（中村捷ほか）　研究社出版　2001.5　p287-291
- ◎参考文献「文法におけるインターフェイス」（岡崎正男，小野塚裕視）　研究社出版　2001.5　p191-205
- ◎参考文献「機能文法概説―ハリデー理論への誘い」（M. A. K. ハリデー）　くろしお出版　2001.6　p653-665
- ◎参考文献「日本語教育のための文法用語」（国立国語研究所）　財務省印刷局　2001.7　p174-179
- ◎参考文献「機能範疇」（金子義明，遠藤喜雄）　研究社　2001.8　p199-209
- ◎参考文献「新しい英文法の学び方・教え方」（S. Thornbury）　ピアソンエデュケーション　2001.9　p273-274
- ◎「英語学文献解題　5　文法　2」（原口庄輔，今西典子）　研究社　2001.12　489p B5
- ◎文献「日本語の文法　4　複文と談話」（野田尚史，益岡隆志ほか）　岩波書店　2002.1　p217-224
- ◎参考文献「明治前期日本文典の研究」（山東功）　和泉書院　2002.1　p307-322
- ◎参考文献「英語への近道―日本語調和文法」（長島清）　文芸社　2002.2　p197-199
- ◎参考文献「現代日本語講座　5　文法」（飛田良文ほか）　明治書院　2002.4　prr
- ◎文献「英語教師のための機能文法入門」（ジェフ・ウィリアムズ）　リーベル出版　2002.5　p106-108
- ◎参考文献「極性と作用域―英語学モノグラフシリーズ 9」（奥野忠徳ほか）　研究社　2002.7　p219-230
- ◎参考文献「文法理論―レキシコンと統語　シリーズ言語科学　1」（伊藤たかね）　東京大学出版会　2002.7　prr
- ◎文献目録「現代日本語の文法　1」（田野村忠温）　和泉書院　2002.10　p234-244
- ◎参考文献「文法探究法―シリーズ日本語探究法　2」（小池清治ほか）　朝倉書店　2002.10　prr
- ◎参考文献「文法化とイディオム化」（秋元実治）　ひつじ書房　2002.11　p233-257
- ◎参考文献「接続詞」（村上重子）　大学書林　2003.1　p178-179
- ◎参考文献「日本語文法の謎を解く　「ある」日本語と「する」英語」（金谷武洋）　筑摩書房　2003.1　p188-189
- ◎文献「文法 I　朝倉日本語講座　5」（北原保雄）　朝倉書店　2003.10　prr
- ◎文献「文法化」（P. J. ホッパー）　九州大学出版会　2003.12　p269-288
- ◎参考文献「現代日本語における主部の本質と諸相」（竹林一志）　くろしお出版　2004.2　p287-297
- ◎引用文献「言語学的文法構築の方法」（原誠）　近代文芸社　2004.3　p383-395
- ◎参考文献「古典文法読本」（小田勝）　開成出版　2004.6　p221-227
- ◎参考文献「認知文法論 II」（中村芳久）　大修館書店　2004.6　p279-296
- ◎文献案内「国語教師が知っておきたい日本語文法」（山田敏弘）　くろしお出版　2004.8　p178-179

◎参考文献ほか「文法　言語の科学5」（益岡隆志ほか）　岩波書店　2004.8　p161-172
◎参考文献「韓国語発音と文法―敬語分かち書きローマ字表記法外来語表記法」（羅聖淑）　白帝社　2004.10　p247-248
◎参考文献「現代日本語の接尾辞研究」（黄其正）　溪水社　2004.10　p265-269
◎参考文献「生成文法の考え方」（北川善久ほか）　研究社　2004.10　p235-241
◎参考文献「生成文法を学ぶ人のために」（中井悟ほか）　世界思想社　2004.10　p250-265
◎参考文献「アスペクト解釈と統語現象」（三原健一）　松柏社　2004.11　p273-288
◎参考文献「アフォーダンスの認知意味論―生態心理学から見た文法現象」（本多啓）　東京大学出版会　2005.2　p301-323
◎文献「考える力を育てる日本語文法」（岩田道雄）　新日本出版社　2005.2　p179-184
◎文献「ある近代日本文法研究史」（仁田義雄）　和泉書院　2005.3　p265-266
◎参考文献「ミニマリストプログラム序説―生成文法のあらたな挑戦」（渡辺明）　大修館書店　2005.4　p123-130
◎参考文献「謎解きの英文法　文の意味」（久野暲ほか）　くろしお出版　2005.4　p215-218
◎参考文献「計算文学入門―Thomas Mannのイロニーはファジィ推論といえるのか?」（花村嘉英）　新風舎　2005.5　p188-191
◎参考文献「談話情報と英語構文解釈」（伊藤徳文）　英宝社　2005.5　p185-196
◎参考文献「認知文法の新展開―カテゴリー化と用法基盤モデル」（早瀬尚子ほか）　研究社　2005.7　p193-206
◎参考文献「日本語構造伝達文法　改訂05年版」（今泉喜一）　揺籃社　2005.9　p363-365
◎引用参考文献「英語語法文法研究の新展開」（田中実ほか）　英宝社　2005.10　prr
◎引用文献「現代英文法講義」（安藤貞雄）　開拓社　2005.10　p889-900
◎参考文献「文法と談話の接点―日本語の談話における主題展開機能の研究」（砂川有里子）　くろしお出版　2005.10　p278-291
◎参考文献「選択体系機能文法と言語芸術」（三宅英文）　安田女子大　〔2006〕　p115-119
◎参照文献「日本語の限量表現の研究―量化と前提の諸相」（山森良枝）　風間書房　2006.2　p201-209
◎参考文献「文法の原理　上」（O.イェスペルセン）　岩波書店　2006.5　p17-24
◎参考文献ほか「英語表現の形式における矛盾と伝達効果」（田岡育恵）　英宝社　2007.2　p184-191
◎参考文献「中国語の"V着"に関する研究」（王学群）　白帝社　2007.5　prr
◎参照文献「日本語活用体系の変遷　増訂版」（坪井美樹）　笠間書院　2007.5　p277-285
◎参考文献「英語表現構造の基礎―冠詞と名詞・動詞と文表現・文型と文構造」（織田稔）　風間書房　2007.7　p269-273
◎参考文献「古代日本語文法」（小田勝）　おうふう　2007.10　p234-241

◎参考文献「入門日本語の文法―日本語を一から学び直したい人へ」（村田水恵）　アルク　2007.10　p277-285
◎参考文献「現代日本語文法　3　第5部アスペクト　第6部テンス　第7部肯否」（日本語記述文法研究会）　くろしお出版　2007.11　p299-301

文房具
◎参考文献「銀座伊東屋百年史」（「銀座伊東屋百年史」集委員会）　伊東屋　2004.10　p358-361

文明
◎文献案内「文明と自然―対立から統合へ」（伊東俊太郎）　刀水書房　2002.3　p255-256
◎文献「文明の大逆転」（岸根卓郎）　東洋経済新報社　2002.4　p1-6b
◎注「神々の世界―大洪水で消えた文明の謎　上」（G.ハンコック）　小学館　2002.10　p577-548
◎参考文献「文明崩壊―滅亡と存続の命運を分けるもの　下」（J.ダイアモンド）　草思社　2005.12　p409-377

文明開化
◎参考文献「文明開化と差別」（今西一）　吉川弘文館　2001.10　p1-5b
◎参考文献「明治維新と文明開化　日本の時代史21」（松尾正人）　吉川弘文館　2004.2　p305-321

文楽
◎ブックガイド「恋する文楽」（広谷鏡子）　筑摩書房　2003.2　p280-282
◎関係書一覧「文楽ハンドブック　改訂版」（藤田洋）　三省堂　2003.3　p246-250
◎参考資料一覧「七福神宝の入舩・絵本太功記・鳴響安宅新関・加賀見山旧錦絵―第一四三回文楽公演」（国立劇場調査養成部調査資料課）　日本芸術文化振興会　2003.5　p120-161
◎参考資料一覧「七福神宝の入舩・絵本太功記・鳴響安宅新関・加賀見山旧錦絵―第一四三回文楽公演」（国立劇場調査養成部調査資料課）　日本芸術文化振興会　2003.5　p185-193
◎参考資料一覧「七福神宝の入舩・絵本太功記・鳴響安宅新関・加賀見山旧錦絵―第一四三回文楽公演」（国立劇場調査養成部調査資料課）　日本芸術文化振興会　2003.5　p239-263
◎参考資料一覧「七福神宝の入舩・絵本太功記・鳴響安宅新関・加賀見山旧錦絵―第一四三回文楽公演」（国立劇場調査養成部調査資料課）　日本芸術文化振興会　2003.5　p12-14
◎参考資料一覧「義経千本桜―大物船矢倉吉野花矢倉　第一四四回文楽公演」（国立劇場調査養成部調査資料課）　日本芸術文化振興会　2003.9　p174-233
◎参考資料一覧「団子売・夏祭浪花鑑―第三五回文楽鑑賞教室公演」（国立劇場調査養成部調査資料課）　日本芸術文化振興会　2003.12　p24-29
◎参考資料一覧「団子売・夏祭浪花鑑―第三五回文楽鑑賞教室公演」（国立劇場調査養成部調査資料課）　日本芸術文化振興会　2003.12　p57-59
◎参考資料一覧「団子売・夏祭浪花鑑―第三五回文楽鑑賞教室公演」（国立劇場調査養成部調査資料課）　日本芸術文化振興会　2003.12　p61-104
◎参考資料一覧「国性爺合戦・曽根崎心中・仮名手本忠臣蔵―第一四六回文楽公演」（国立劇場調査養成部調査資料課）　日本芸術文化振興会　2004.2　p157-236

◎参考資料一覧「国性爺合戦・曽根崎心中・仮名手本忠臣蔵—第一四六回文楽公演」（国立劇場調査養成部調査資料課）　日本芸術文化振興会　2004.2　p58-108
◎参考資料一覧「妹背山婦女庭訓—通し狂言　第一四七回文楽公演」（国立劇場調査養成部調査資料課）　日本芸術文化振興会　2004.5　p170-247
◎参考資料一覧「双蝶々曲輪日記・花競四季寿・恋女房染分手綱—第一四八回文楽公演」（国立劇場調査養成部調査資料課）　日本芸術文化振興会　2004.9　p121-127
◎参考資料一覧「双蝶々曲輪日記・花競四季寿・恋女房染分手綱—第一四八回文楽公演」（国立劇場調査養成部調査資料課）　日本芸術文化振興会　2004.9　p201-228
◎参考資料一覧「伊達娘恋緋鹿子・平家女護島—第三六回文楽鑑賞教室公演」（国立劇場調査養成部調査資料課）　日本芸術文化振興会　2004.12　p4-6
◎参考資料一覧「伊達娘恋緋鹿子・平家女護島—第三六回文楽鑑賞教室公演」（国立劇場調査養成部調査資料課）　日本芸術文化振興会　2004.12　p59-89
◎参考資料一覧「伊達娘恋緋鹿子・平家女護島—第三六回文楽鑑賞教室公演」（国立劇場調査養成部調査資料課）　日本芸術文化振興会　2004.12　p91-137
◎参考資料一覧「菅原伝授手習鑑—第一四九回文楽公演」（国立劇場調査養成部調査資料課）　日本芸術文化振興会　2004.12　p82-91
◎参考資料一覧「源平布引滝・伊賀越道中双六・嫗山姥・壇浦兜軍記・卅三間堂棟由来—第一五〇回文楽公演」（国立劇場調査養成部調査資料課）　日本芸術文化振興会　2005.2　p163-178
◎参考資料一覧「国立劇場上演資料集　495」　日本芸術文化振興会　2006.12　p71-95

文理解
◎文献「知的障害者の文理解についての心理学的研究」（松本敏治）　風間書房　2001.12　p189-196

分類
◎文献リストほか「系統樹思考の世界—すべてはツリーとともに」（三中信宏）　講談社　2006.7　p273-291
◎参考文献「知の分類史—常識としての博物学」（久我勝利）　中央公論新社　2007.1　p223-225

文連接表現
◎参考文献「日本語の文連接表現—指示・接続・反復」（馬場俊臣）　おうふう　2006.10　p231-244

【 へ 】

屁
○書誌（作田真介）「文献探索　2001」（文献探索研究会）　2002.7　p573-579

ヘアモード
◎参考文献「ヘアモードの時代—ルネサンスからアールデコの髪型と髪飾り」　ポーラ文化研究所　2005.1　p71」

平安鎌倉期
◎参考文献（小山定美）「講座平安文学論究　15」（平安文学論究会）　風間書房　2001.2　p315-384

平安貴族
◎参考文献「平安貴族の婚姻慣習と源氏物語」（胡潔）　風間書房　2001.8　p429-439
◎参考文献「平安貴族と陰陽師—安倍晴明の歴史民俗学」（繁田信一）　吉川弘文館　2005.6　p198-200

平安時代
◎注文献「平安朝に老いを学ぶ」（服藤早苗）　朝日新聞社　2001.8　p223-241
◎参考文献「平安京—日本の時代史　5」（吉川真司）　吉川弘文館　2002.10　p313-332
◎参考文献「摂関政治と王朝文化—日本の時代史　6」（加藤友康）　吉川弘文館　2002.11　p299-319
◎参考文献「院政の展開と内乱—日本の時代史　7」（元木泰雄）　吉川弘文館　2002.12　p301-318
◎注「アカツキの研究　平安人の時間」（小林賢章）　和泉書院　2003.2　prr
◎注「平安時代日記文学の特質と表現」（大倉比呂志）　新典社　2003.4　prr
◎引用文献「奈良平安期の日本とアジア」（山内晋次）　吉川弘文館　2003.8　p22-48b
◎研究の手びき「王朝政治」（森田悌）　講談社　2004.1　p241-250
◎文献「黄金国家—東アジアと平安日本」（保立道久）　青木書店　2004.1　p305-316
◎参考文献「陰陽師と貴族社会」（繁田信一）　吉川弘文館　2004.2　p330-341
◎参考文献「受領と地方社会」（佐々木恵介）　山川出版社　2004.2　2pb
◎注「平安王朝の子どもたち—王権と家・童」（服藤早苗）　吉川弘文館　2004.6　prr
◎文献「平安京　改版　日本の歴史4」（北山茂夫）　中央公論新社　2004.8　p551-555
◎参考文献「王朝の貴族　日本の歴史5　改版」（土田直鎮）　中央公論新社　2004.9　p538-543
◎参考文献「清盛以前—伊勢平氏の興隆　増補・改訂版」（高橋昌明）　文理閣　2004.10　p258-261
◎参考文献「花ひらく王朝文化—平安・鎌倉時代」　淡交社　2007.1　p106-107
◎註「平安京の住まい」（西山良平ほか）　京都大学術出版会　2007.2　prr
◎参考文献「源平の争乱」（上杉和彦）　吉川弘文館　2007.3　p258-259

平安彫刻
○参考文献「平安時代前期の彫刻　日本の美術457」（至文堂）　2004.6　p86-87

平安文学
○文献目録ほか（金鍾徳, 井爪康之, 五十嵐正貴ほか）「解釈と鑑賞　65.12」（至文堂）　2000.12　p134-167
◎参考文献「平安朝の文学」（小町谷照彦, 鈴木日出男）　放送大学教育振興会　2001.3　p302-303
○参考文献（小峰和明ほか）「国文学　46.10.673」（学燈社）　2001.8　p132-139
◎注「平安朝文学と漢詩文」（新間一美）　和泉書院　2003.2　prr
◎注「平安後期日本漢文学の研究」（佐藤道生）　笠間書院　2003.5　prr
◎注「平安朝和歌　読解と試論」（藤岡忠美）　風間書房　2003.6　prr

◎「平安文学研究ハンドブック」（田中登ほか）　和泉書院　2004.5　246p A5
◎「海外における平安文学」（伊藤鉄也）　国文学研究資料館　2005.2　349p A5
◎引用文献「平安朝の漢詩と「法」—文人貴族の貴族制構想の成立と挫折」（桑原朝子）　東京大学出版会　2005.3　p481-489
◎翻訳書ほか「世界文学としての源氏物語—サイデンステッカー氏に訊く」（E. G. サイデンステッカー）　笠間書院　2005.10　p182-207

平安文人
◎参考文献「天台仏教と平安朝文人」（後藤昭雄）　吉川弘文館　2002.1　p223-225

兵役拒否
◎注「兵役拒否」（佐々木陽子）　青弓社　2004.4　prr

ペイガニズム
◎参考文献ほか「異教的中世—The pagan middle ages」（L. J. R. ミリス）　新評論　2002.3　p346-329

米価変動史
◎参考書目「日本米価変動史」（中沢弁次郎）　柏書房　2001.6　p543-551

兵器
◎参考文献「連合軍の傑作兵器駄作兵器」（広田厚司）　光人社　2001.10　p265-266
◎参考文献「開発支援における小型武器問題への取り組みと有用な開発支援のための要件の考察—東アフリカにおけるSALIGADプロジェクトを事例に」（西川由紀子）　国際協力機構国際協力総合研修所　2004.6　p92-98
◎文献リスト「日英兵器産業史—武器移転の経済史的研究」（奈倉文二ほか）　日本経済評論社　2005.2　p424-440
◎参考文献「ぼくは13歳職業、兵士。—あなたが戦争のある村で生まれたら」（鬼丸昌也ほか）　合同出版　2005.11　p134-137
◎註「飛び道具の人類史—火を投げるサルが宇宙を飛ぶまで」（A. W. クロスビー）　紀伊國屋書店　2006.5　p304-278

平曲
◎参考文献「平家琵琶にみる伝承と文化—『平曲古今譚』『平曲統伝記』『平曲温故集』」（楠美晩翠）　大河書房　2007.10　p276-281

米軍基地
◎文献一覧「無意識の植民地主義—日本人の米軍基地と沖縄人」（野村浩也）　御茶の水書房　2005.4　p256-263

平家女護島
◎文献「平家女護島—俊寛」（国立劇場調査養成部調査資料課）　日本芸術文化振興会　2002.6　p83-86
◎参考資料一覧「伊達娘恋緋鹿子・平家女護島—第三六回文楽鑑賞教室公演」（国立劇場調査養成部調査資料課）　日本芸術文化振興会　2004.12　p59-89
◎参考資料「平家女護島—俊寛／昔語黄鳥墳—うぐいす塚—第255回歌舞伎公演」（国立劇場）　日本芸術文化振興会　2007.10　p26-49

平家物語
◎参考文献「平家物語・想像する語り」（高木信）　森話社　2001.4　p272-283
◎絵画資料ほか（出口久能）「『平家物語』の転生と再生」（小峯和明）　笠間書院　2003.3　p529-545
○研究展望（山中美佳）「軍記と語り物　40」（軍記・語り物研究会）　2004.3　p75-85
◎参考文献「図説平家物語」（佐藤和彦ほか）　河出書房新社　2004.9　p135」
◎引用参考文献「平家物語—あらすじで楽しむ源平の戦い」（板坂耀子）　中央公論新社　2005.3　p236-239
◎関連本「平家物語図典」（五味文彦ほか）　小学館　2005.4　p237-239
◎引用文献「延慶本平家物語全注釈　第1本巻1」（延慶本注釈の会）　汲古書院　2005.5　p620-651
◎読書案内「平家物語を知る事典」（日下力）　東京堂出版　2005.6　p302-304
◎参考文献「平家物語における「生」」（深澤邦弘）　新典社　2005.8　prr
◎参考文献「天草版平家物語私考　続」（市井外喜子）　新典社　2005.10　p181-183
◎参考文献「琵琶法師の『平家物語』と能」（山下宏明）　塙書房　2006.2　p1-12b
◎引用文献「延慶本平家物語全注釈　1末」（延慶本注釈の会）　汲古書院　2006.6　p550-572
○作家別作品一覧（武田昌憲）「茨城女子短期大学紀要　34」（茨城女子短大）　2007　p1-11
◎関係書一覧「平家物語ハンドブック」（小林保治）　三省堂　2007.2　p264-267
◎参考図書「天草版平家物語研究」（市井外喜子ほか）　おうふう　2007.3　p241-245
◎引用文献「延慶本平家物語全注釈　第2本巻3」（延慶本注釈の会）　汲古書院　2007.8　p563-590

米穀取引
◎参考文献「近世畿内在払制度の研究」（美馬佑造）　松籟社　2006.3　p473-479

兵士
◎文献案内ほか「国民軍の神話　兵士になるということ」（原田敬一）　吉川弘文館　2001.9　p5-12b

兵事史
○文献紹介（佐藤和夫ほか）「季刊・軍事史学　37.1.145」（錦正社）　2001.6　p107-103

平治の乱
◎参考文献「保元・平治の乱を読みなおす」（元木泰雄）　NHK出版　2004.12　p237-240

平治物語
○研究展望（二本松泰子）「軍記と語り物　40」（軍記・語り物研究会）　2004.3　p86-96

米食
◎参考図書「Q&Aご飯とお米の全疑問—お米屋さんも知りたかったその正体」（高橋素子）　講談社　2004.10　p205-208

平成時代
◎参考文献「戦後と高度成長の終焉—日本の歴史　24」（河野康子）　講談社　2002.12　p347-358
◎参考文献「岐路に立つ日本」（後藤道夫）　吉川弘文館　2004.9　p335-349

兵馬俑
- ◎参考文献「大兵馬俑展―今、甦る始皇帝の兵士たち」 産経新聞社 2004 p130-131

平民社
- ◎文献ガイド「平民社の時代―非戦の源流」（山泉進） 論創社 2003.11 p357-397

平野
- ◎引用参考文献「平野の環境歴史学」（古田昇） 古今書院 2005.8 prr

平和
- ◎文献「環境を平和学する！―「持続可能な開発」からサブシステンス志向へ」（戸崎純、横山正樹） 法律文化社 2002.6 p217-220
- ◎ブックガイド（澤田眞治）「平和学がわかる。」 朝日新聞社 2002.9 p154-160
- ◎文献「「平和構築」とは何か―紛争地域の再生のために」（山田満） 平凡社 2003.4 p216-219
- ◎読書案内「環境学と平和学」（戸田清） 新泉社 2003.7 p247-253
- ◎文献「紛争から平和構築へ」（稲田十一ほか） 論創社 2003.12 p271-273
- ◎参考文献「アクター発の平和学―誰が平和をつくるのか？」（小柏葉子ほか） 法律文化社 2004.2 prr
- ◎参考文献「文明間の対話」（M.テヘラニアンほか） 潮出版社 2004.2 p25-47b
- ◎文献リスト「平和・人権・NGO―すべての人が安心して生きるために」（三好亜矢子ほか） 新評論 2004.3 p405-411
- ◎参考文献「平和と人権―憲法から考える 改訂版」（田代菊雄ほか） 法律文化社 2004.3 p247-250
- ◎文献解題「憲法と平和を問いなおす」（長谷部恭男） 筑摩書房 2004.4 p182-202
- ◎参考文献ほか「「平和」の歴史―人類はどう築き、どう壊してきたか」（吹浦忠正） 光文社 2004.5 p298-300
- ◎参考文献「国際平和協力論」（西川吉光） 晃洋書房 2004.10 p235-237
- ◎参考文献「はじめて出会う平和学―未来はここからはじまる」（児玉克哉ほか） 有斐閣 2004.12 prr
- ◎参考文献「新しい平和構築論―紛争予防から復興支援まで」（山田満ほか） 明石書店 2005.3 prr
- ◎参考文献「平和・安全・共生―新たなグランドセオリーを求めて」（国際基督教大学社会科学研究所ほか） 有信堂高文社 2005.3 p269-278
- ◎引用参考文献「グローバル社会の平和学―「現状維持志向平和学」から「現状変革志向平和学」へ」（星野昭吉） 同文舘出版 2005.4 p411-428
- ◎参照引用文献「核の時代と東アジアの平和―冷戦を越えて」（木村朗） 法律文化社 2005.6 p225-228
- ◎参考文献「児童文学に見る平和の風景」（佐々木赫子） てらいんく 2006.2 p452-456
- ◎書誌「いま平和とは」（最上敏樹） 岩波書店 2006.3 p219-223
- ◎参考文献「危機の時代の平和学」（木村朗） 法律文化社 2006.6 p231-249
- ◎引用参考文献「平和政策」（大芝亮ほか） 有斐閣 2006.10 prr
- ◎参考文献「平和を求めて―戦中派は訴える」（日野資純） 学術出版会 2007.4 p223-231
- ◎文献案内ほか「平和構築論―開発援助の新戦略」（大門毅） 勁草書房 2007.4 p181-188
- ◎参考文献「平和主義の倫理性―憲法9条解釈における倫理的契機の復権」（麻生多聞） 日本評論社 2007.6 p275-288
- ◎参考文献「平和とコミュニティ―平和研究のフロンティア」（宮島喬ほか） 明石書店 2007.9 p248-246
- ◎参考文献「平和と安全保障」（鈴木基史） 東京大出版会 2007.9 p221-242

平和運動
- ◎参考文献「近代韓国の知識人と国際平和運動―全基鎮、小牧近江、そしてアンリ・バルビュス」（李修京） 明石書店 2003.1 p264-290
- ◎「品川区立品川図書館平和資料コーナー資料目録 2003年度 追録」（品川区立品川図書館） 区立品川図書館 2004.3 9p A4
- ◎参考文献「沖縄・反戦平和意識の形成」（与那国暹） 新泉社 2005.4 p299-301
- ◎参考文献「占領と平和―〈戦後〉という経験」（道場親信） 青土社 2005.4 p1-32b
- ◎参考文献「20世紀における女性の平和運動―婦人国際平和自由連盟と日本の女性」（中嶌邦ほか） ドメス出版 2006.5 p293-296
- ◎参考文献「平和人物大事典」（「平和人物大事典」刊行会） 日本図書センター 2006.6 prr
- ◎参考文献「入門平和をめざす無防備地域宣言―条例による国際人道法の非戦平和的活用」（澤野義一） 現代人文社 2006.8 p132-134

平和部隊
- ◎参考図書「地球市民をめざして」（栗木千恵子） 中央公論新社 2001.3 p266-268

壁画
- ◎参考文献「フゴッペ洞窟・岩面刻画の総合的研究」（小川勝） 中央公論美術出版 2003.12 p277-281
- ◎関連文献抄「東アジアの装飾古墳を語る 季刊考古学・別冊13」（大塚初重） 雄山閣 2004.2 p93-97
- ◎参考文献「国宝高松塚古墳壁画」（文化庁） 中央公論美術出版 2004.6 p26-28
- ◎参考文献「敦煌壁画風景の研究」（趙声良） 比較文化研究所 2005.1 p210-217
- ◎参考文献「魏晋南北朝壁画墓の世界―絵に描かれた群雄割拠と民族移動の時代」（蘇哲） 白帝社 2007.2 p286-288
- ◎引用参考文献「キトラ古墳壁画四神―玄武」（〔奈良文化財研究所飛鳥資料館〕） 飛鳥資料館 2007.3 p40-42
- ◎参考文献「シルクロードの壁画―東西文化の交流を探る」（文化財研究所ほか） 言叢社 2007.3 prr

壁面緑化
- ◎関連図書「知っておきたい壁面緑化のQ&A」（都市緑化技術開発機構） 鹿島出版会 2006.6 p164-166

ベギン運動
- ◎文献「ベギン運動とブラバントの霊性」（國府田武） 創文社 2001.1 p26-56b

文献目録（大西比呂志）
- 「歴史の中の現在 展望日本歴史23」（三宅明正ほか） 東京堂出版 2004.9 p391-386

へくとる

◎文献目録「ベギン運動の展開とベギンホフの形成―単身女性の西欧中世」（上條敏子）　刀水書房　2001.2　p304-314

ベクトル解析
◎参考文献「ベクトル解析からの幾何学入門」（千葉逸人）　現代数学社　2007.11　p215-217

ベスト作品
◎「千年紀のベスト100作品を選ぶ」（丸谷才一ほか）　講談社　2001.5　252p　A5

ベストセラー
◎「20世紀のベストセラーを読み解く　女性・読者・社会の100年」（江種満子, 井上理恵）　学芸書林　2001.3　302p　46s
◎「ベストセラーズ文庫目録―神奈川県立図書館所蔵」　神奈川県立図書館　2001.3　206p　A4
◎「本の虫―最新ベストセラーの方程式」（井狩春男）　弘文堂　2002.5　372p　A5
◎リスト「定本ベストセラー昭和史」（塩沢実信）　展望社　2002.7　p274-289
◎索引「この本は100万部売れる―ベストセラー作り100の法」（井狩春男）　光文社　2002.10　p220-223
◎参考文献「ベストセラーはこうして生まれる―名編集者からのアドバイス」（B. レーナー）　松籟社　2005.6　p344-337
◎「ザ・ベストセラー　1985～2004」（日外アソシエーツ）　日外アソシエーツ　2005.10　657p　A5

ヘッジファンド
◎参考文献「オルタナティブ投資入門　2版」（山内英貴）　東洋経済新報社　2006.5　p257-258
◎推薦図書「ヘッジホッグ―アブない金融錬金術師たち」（B. ビッグス）　日本経済新聞出版社　2007.1　p409-410
◎参考文献「市場成功者たちの内幕物語」（S. ドロブニー）　晃洋書房　2007.5　p574-571
◎参考文献ほか「ヘッジファンドの真実」（若林秀樹）　洋泉社　2007.12　p276-278

別所氏
◎参考文献「別所一族の興亡―「播州太平記」と三木合戦」（橘川真一ほか）　神戸新聞　2004.12　p217-219

ベッド
◎参考文献「ベッドの文化史―寝室・寝具の歴史から眠れぬ夜の過ごしかたまで」（L. ライト）　八坂書房　2002.12　p10-14b

ペット
◎参考文献「ネコのサインを見逃すな」（斎藤昭男）　アドスリー　2001.12　p155-156
◎参考文献「あなたがペットと生きる理由―人と動物の共生の科学」（A. ベック, A. キャッチャー）　ペットライフ社　2002.10　p387-354
◎文献「あなたの帰りがわかる犬―人間とペットを結ぶ不思議な力」（R. シェルドレイク）　工作舎　2003.1　p424-435
◎文献「ペットの力―知られざるアニマルセラピー」（M. ベッカー）　主婦の友社　2003.5　p371-373
◎邦訳文献「ペットと生きる―ペットと人の心理学」（B. ガンダー）　北大路書房　2006.5　p209-213
◎参考文献「大統領と共に―動物の謝肉祭・イン・ホワイトハウス」（本多巍耀）　文芸社　2006.12　p441-449
◎参考文献「知っておきたいペットビジネスの法と政策」（福岡今日一）　緑書房　2007.9　p214-226

ペットフード
◎参考文献「ペットフードが危ない!」（ペットの食事を考える会）　広文社　2003.4　p158」

ペットロス
◎参考文献「ペットロス」（香取章子）　新潮社　2004.4　p201-207

ペテン
◎参考文献「詐欺とペテンの大百科　新装版」（C. シファキス）　青土社　2001.10　p1-3b

ベドウィン
◎参考文献「アラブ・イスラム社会の異人論」（西尾哲夫）　世界思想社　2006.3　p272-260

ベトナム
◎ブックガイド「ベトナム―シクロは走るよ、力いっぱい!」（WCG編集室）　トラベルジャーナル　2001.6　p218-219
◎参考文献「ゆれるベトナム」（名波正晴）　凱風社　2001.8　p273-277
◎注「近世日越交流史―日本町・陶磁器」（櫻井清彦ほか）　柏書房　2002.5　prr
◎参考引用文献「ベトナムから来たもう一人のラストエンペラー」（森達也）　角川書店　2003.7　p308-309
◎文献「エスニシティ〈創生〉と国民国家ベトナム―中越国境地域タイー族・ヌン族の近代」（伊藤正子）　三元社　2003.10　p300-314
◎文献「現代を生きるベトナムの民衆―明るさと大らかさはどこから」（福尾武彦）　光陽出版社　2003.12　p272-284
◎参考文献「リアル・ベトナム―改革・開放の新世紀」（千葉文人）　明石書店　2004.6　p386-388
◎参考文献（平山陽洋）「現代ベトナムを知るための60章」（今井昭夫ほか）　明石書店　2004.6　p365-383
◎参考文献「コミンテルン・システムとインドシナ共産党」（栗原浩英）　東京大学出版会　2005.4　p283-306
◎参考文献「現代ベトナム入門―ドイモイが国を変えた」（松尾康憲）　日中出版　2005.5　p326-328
◎参考文献「ベトナムの労働・法と文化―ハノイ滞在記」（香川孝三）　信山社出版　2006.2　p260-262
◎参考文献「音をかたちへ―ベトナム少数民族の芸能調査とその記録化」（月溪恒子ほか）　醍醐書房　2006.3　p175-177
◎参考文献「ベトナム北緯17度線の断層―南北分断と南ベトナムにおける革命運動（1954-60）」（福田忠弘）　成文堂　2006.6　p243-255
◯関係記事（清水太郎）「北東アジア文化研究　24」（鳥取短大）　2006.10　p67-110
◎引用文献「ベトナムの少数民族定住政策史」（新江利彦）　風響社　2007.2　p323-359
◎参考文献ほか「甦える安南染付―ホイアンの奇跡」（岸良鉄英）　里文出版　2007.2　p122」
◎参考本「ハノイを楽しむ―六十を過ぎた女はひとり旅・滞在型」（佐藤玲子）　連合出版　2007.11　p193-197
◎引用文献「東南アジア年代記の世界―黒タイの『クアム・トー・ムオン』」（樫永真佐夫）　風響社　2007.11　p62-64

ベトナム　外交
◎参考文献「現代ベトナムの政治と外交―国際社会参入への道」（中野亜里）　暁印書館　2006.12　p255-256

ベトナム　遺跡
◎文献「ベトナム日本町の考古学」（菊池誠一）　高志書院　2003.11　p285-301

ベトナム　企業
◎参考文献「ベトナム現地化の国際経営比較―日系・欧米系・現地企業の人的資源管理、戦略を中心として」（丹野勲ほか）　文眞堂　2005.4　p243-249

ベトナム　教育
◎参考文献「近代ベトナム高等教育の政策史」（近田政博）　多賀出版　2005.2　p393-406

ベトナム　軍
◎参考文献「ベトナム人民軍隊―知られざる素顔と軌跡」（小高泰）　暁印書館　2006.8　p259-262

ベトナム　経済
◎文献「ベトナム経済の基本構造」（中臣久）　日本評論社　2002.7　p301-311
◎参考文献「ベトナム経済―21世紀の新展開」（X.O.グエン）　明石書店　2003.9　prr
◎参考文献「メコン地域の経済―観光・環境・教育」（槙太一ほか）　大学出版センター　2006.3　p201-212

ベトナム　政治
◎参考・参照文献「ヴェトナム現代政治」（坪井善明）　東京大学出版会　2002.2　p249-250

ベトナム　戦争
◎参考文献「ベトナム戦争　誤算と誤解の戦場」（松岡完）　中央公論新社　2001.7　p315-303
◎文献「ベトナム戦争と「有事」体制―実証・先行したアメリカのテロ」（和田正名）　光陽出版社　2002.9　p203-205
◎注「果てしなき論争　ベトナム戦争の悲劇を繰り返さないために」（R.マクナマラ）　共同通信社　2003.5　p663-705
◎参考文献「ベトナム症候群　超大国を苛む「勝利」への強迫観念」（松岡完）　中央公論新社　2003.7　p331-318
◎参考文献「ベトナム戦争におけるエージェントオレンジ―歴史と影響」（レ・カオ・ダイ）　文理閣　2004.4　p142-145
◎参考文献「ドキュメントヴェトナム戦争全史」（小倉貞男）　岩波書店　2005.4　p375-383
◎参考文献「ベトナム戦争を考える―戦争と平和の関係」（遠藤聡）　明石書店　2005.5　p280-285

ベトナム　農業
◎文献「ベトナム北部の自然と農業―紅河デルタの自然災害とその対策」（春山成子）　古今書院　2004.5　p122-125

ベトナム　ハノイ
◎参考文献「ハノイの路地のエスノグラフィー―関わりながら識る異文化の生活世界」（伊藤哲司）　ナカニシヤ出版　2001.2　p209-213

ベトナム　美術
◎参考文献「ベトナム仏教美術入門」（伊東照司）　雄山閣　2005.8　p116-117

ベトナム　法
◎参考文献「ベトナム法整備支援体験記―ハノイで暮らした1年間」（榊原信次）　信山社出版　2006.9　p1-3b
◎参考文献「ベトナムの労働法と労働組合」（斉藤善久）　明石書店　2007.3　p255-259

ベトナム系住民
◎参考文献「越境する家族　在日ベトナム系住民の生活世界」（川上郁夫）　明石書店　2001.2　p8-19b

ベトナム人
◎参考文献「日本のベトナム人コミュニティ―一世の時代、そして今」（戸田佳子）　暁印書館　2001.10　p186-206

「ベトナムに平和を!」市民連合
◎文献目録ほか「私たちは、脱走アメリカ兵を越境させた…―ベ平連／ジャテック、最後の密出国作戦の回想」（高橋武智）　作品社　2007.11　p320-326

ペニス
◎参考文献「ペニスの文化史」（M.ボナールほか）　作品社　2001.8　p318-310

紅花
◎参考文献「紅花　ものと人間の文化史121」（竹内淳子）　法政大学出版局　2004.7　p327-335

ベネズエラ
◎文献「太鼓歌に耳をかせ―カリブの港町の「黒人」文化運動とベネズエラ民主政治」（石橋純）　松籟社　2006.1　p566-549
◎参考文献「革命のベネズエラ紀行」（新藤通弘）　新日本出版社　2006.5　p177-184

ペーパーバック
◎参考文献「紙表紙の誘惑―アメリカン・ペーパーバック・ラビリンス」（尾崎俊介）　研究社　2002.5　p311-299
◎「PB300―ワケ（根拠）ありのペーパーバック300選完全ガイド」（洋販）　アイビーシーパブリッシング　2005.4　247p B6

ヘビ
◎参考文献「ヘビ―世界のヘビ図鑑」（山田和久）　誠文堂新光社　2005.8　p143」
◎参考文献「人間とヘビ―かくも深き不思議な関係」（R.モリスほか）　平凡社　2006.8　p310-314

ヘブライ語
◎参考図書「聖書ヘブライ語文法」（小脇光男）　青山社　2001.4　p310-312
◎文献「旧約聖書ヘブライ語独習」（谷川政美）　キリスト新聞社　2002.4　p474-475

ペヨトル工房
◎刊行物ほか「ペヨトル興亡史　ボクが出版をやめたわけ」（今野裕一）　冬弓舎　2001.7　p231-242

ベラルーシ
◎参考文献「不思議の国ベラルーシ―ナショナリズムから遠く離れて」（服部倫卓）　岩波書店　2004.3　p11-16b

ヘリコプター
◎参考引用文献「ようこそヘリコプターの世界へ―大空を使いこなす技術と技」（長島知有）　タクト・ワン　2006.3　p282-285

へる

◎文献「ドクターヘリ安全の手引き―ガイドライン」（日本航空医療学会安全推進委員会）　へるす出版　2007.11　p70-71

ペルー
◎参考文献「アヤワスカ!―地上最強のドラッグを求めて」（Akira）　講談社　2001.12　p278-279
◎参考文献「ペルーを知るための62章」（細谷広美）　明石書店　2004.1　p339-344
◎参考文献「現代ペルーの社会変動」（遅野井茂雄ほか）　国立民族学博物館　2005.3　prr
◎文献目録ほか（石川友紀）「移民研究　2」（琉球大）　2006.3　p69-78
◎引用文献「ナスカ地上絵の謎―砂漠からの永遠のメッセージ」（A.F.アヴェニ）　創元社　2006.3　p332-322
◎参考文献「新世界の悪魔―カトリック・ミッションとアンデス先住民宗教」（谷口智子）　大学教育出版　2007.12　p154-187

ベルエポック
◎参考文献「ニューヨーク黄金時代　ベルエポックのハイ・ソサエティ」（海野弘）　平凡社　2001.7　p265-264

ベルギー
◎原注「地域からみたヨーロッパ中世―中世ベルギーの都市・商業・心性」（A.ジョリス）　ミネルヴァ書房　2004.1　prr
◎参考文献「オランダ、ベルギーの図書館―独自の全国ネットワーク・システムを訪ねて」（西川馨）　教育史料出版会　2004.9　prr

ベルギー　フランドル
◎文献目録「中世フランドルの都市と社会―慈善の社会史」（河原温）　中央大学出版部　2001.5　p261-296
◎参考文献「個の礼讃―ルネサンス期フランドルの肖像画」（T.トドロフ）　白水社　2002.12　p9-11b

ベルギー　ブリュージュ
◎参考文献「ブリュージュ―フランドルの輝ける宝石」（河原温）　中央公論新社　2006.5　p232-222

ベルギー　ブリュッセル
◎参照文献「ブルゴーニュ国家とブリュッセル―財政をめぐる形成期近代国家と中世都市」（藤井美男）　ミネルヴァ書房　2007.2　p283-336

ペルシア
◎参考文献ほか「ペルシアの伝統技術―風土・歴史・職人」（ハンス・E.ヴルフ）　平凡社　2001.5　p315-339
◎参考文献「高田早苗氏蒐集ペルシアの陶器」（大阪市立東洋陶磁美術館）　大阪市美術振興協会　2002.4　p63」

ペルシア　音楽
◎参考文献「20世紀におけるペルシア伝統芸術音楽の伝承」（阪田順子）　冬至書房　2006.6　p211-239

ペルシア　絨毯
◎参考文献「ペルシア絨毯の道」（坂本勉）　山川出版社　2003.7　p195-199

ペルシア　美術
◎単行本案内ほか「シルクロード美術鑑賞への誘い」（松平美和子）　芙蓉書房出版　2007.6　p155-169

ペルシャ神話
◎文献「ペルシャの神話」（ヴェスタ・サーコーシュ・カーティス）　丸善　2002.2　p165-167

ペルシャ湾
◎参考文献ほか「ペルシャ湾」（横山三四郎）　新潮社　2003.1　p270-277

ヘルスケア
◎文献「看護とヘルスケアの社会学」（A.ペリー）　医学書院　2005.11　prr

ヘルペス
◎参考文献「ヘルペスのくすり」（保坂康弘）　丸善　2002.3　p118-121

ヘレニズム
◎文献「NHKスペシャル文明の道　2　ヘレニズムと仏教」（NHK「文明の道」プロジェクトほか）　NHK出版　2003.7　p254-258
◎文献案内「ヘレニズムの思想家」（岩崎允胤）　講談社　2007.9　p401-403

変異
◎参考文献「ヒトの変異―人体の遺伝的多様性について」（A.M.ルロワ）　みすず書房　2006.6　p13-30b

変化
◎参考文献「変化をさぐる統計学―データで「これから」をどう読むか」（土金達男）　講談社　2001.2　p185」

勉強力
◎参考文献「勉強力をみがく　エキスパートへのみち」（梶田正巳）　筑摩書房　2003.2　p205-206

ペンギン
◎邦語文献「ペンギンの世界」（上田一生）　岩波書店　2001.7　p189-192
◎参考文献「ペンギンガイドブック」（藤原幸一）　TBSブリタニカ　2002.12　p175」
◎参考文献「ペンギンは歴史にもクチバシをはさむ」（上田一生）　岩波書店　2006.2　p1-11b
◎参考引用文献「やっぱりペンギンは飛んでいる!!―拝啓、ホントに「鳥」ですか?」（いとう良一）　技術評論社　2007.4　p222」

偏見
◎References「子どもと偏見」（F.アブード）　ハーベスト社　2005.6　p199-210
◎参考文献「偏見と差別の解剖」（E.ヤング＝ブルーエル）　明石書店　2007.8　p715-744

弁護
◎参考文献「ハンドブック刑事弁護」（武井康年ほか）　現代人文社　2005.4　p450-464
◎文献「法廷弁護技術」（日本弁護士連合会）　日本評論社　2007.7　p242-251

弁護権
◎参考文献「被疑者弁護権の研究」（岡田悦典）　日本評論社　2001.2　p367-374

弁護士
◎参考文献「弁護士法概説」（高中正彦）　三省堂　2001.2　p22-24f

◎参考文献「法科大学院—弁護士が増える、社会が変わる」（村上政博）　中央公論新社　2003.11　p196-198
◎参考文献「弁護士法概説　3版」（高中正彦）　三省堂　2006.3　p15-17f
◎文献「弁護士会照会制度—活用マニュアルと事例集　3版」（東京弁護士会調査室）　商事法務　2007.9　p238-240

編集
◎参考文献「広報・雑誌づくりのらくらく編集術　新版」（西村良平）　日本エディタースクール出版部　2003.4　p311」

編集者
◎参考になる書籍・雑誌50「編集者になるには」（山口雄二）　ペリカン社　2002.2　p162-163
◎引用文献「女性編集者の時代—アメリカ女性誌の原点」（P. オッカー）　青土社　2003.5　p80-20b
◎参考文献「編集者」（川上隆志）　千倉書房　2006.9　p232-234

弁証法
◎略年譜ほか（降旗節雄）「弁証法の探究」（加藤正）　こぶし書房　2006.7　p254-256

変人
○文献目録（かわじ・もとたか）「文献探索　2000」（文献探索研究会）　2001.2　p177-189

変態
◎引用参考文献「〈変態〉の時代」（菅野聡美）　講談社　2005.11　p210-215
◎年表「変態心理学」（和田桂子）　ゆまに書房　2006.12　p657-706

ベンチャー企業
◎参考文献「中小企業のベンチャー・イノベーション・理論・経営・政策からのアプローチ」（佐竹隆幸）　ミネルヴァ書房　2002.12　prr
◎文献「ハイブリッド型ベンチャー企業—制度的厚みと地域の固有性」（鈴木茂）　有斐閣　2003.3　p313-316
◎参考文献「ベンチャー企業の経営戦略」（柳在相）　中央経済社　2003.7　p241-244
◎参考文献「ベンチャー・ハンドブック—ビジョン・パッション・ミッション」（関西ベンチャー学会）　ミネルヴァ書房　2005.12　prr

ベンチャーキャピタル
◎参考文献「「概論」日本のベンチャー・キャピタル」（神座保彦）　ファーストプレス　2005.11　p299-300
◎参考文献「ベンチャーキャピタルハンドブック」（忽那憲治ほか）　中央経済社　2006.2　p515-537
◎参考文献「ハイテクベンチャーと創業支援型キャピタル」（増田一之）　学文社　2007.1　p217-229
◎参考文献「ベンチャーキャピタリストの実務—決定版」（長谷川博和）　東洋経済新報社　2007.7　p338-346
◎参考文献「新規公開時のベンチャーキャピタルの役割」（船岡健太）　中央経済社　2007.7　p159-168

ベンチャービジネス
◎参考文献「日本におけるベンチャー・ビジネスのマネジメント」（坂本英樹）　白桃書房　2001.2　p249-262
◎参考文献「ベンチャービジネスのファイナンス—変革期の企業金融を考える　第3版」（田中譲）　金融財政事情研究会　2001.4　p222-223

◎参考文献「大学発ベンチャーの育成戦略—大学・研究機関の技術を直接ビジネスへ」（近藤正幸）　中央経済社　2002.3　p191-194
◎参考文献「総論ベンチャービジネス—事業創造の理論と実践」（田中譲）　金融財政事情研究会　2003.10　p228-229
◎参考文献「ベンチャー・ビジネス要論」（岸川善光）　同文舘出版　2004.3　p247-262
◎参考図書「金融のプロが見たベンチャー・ビジネス「成功と失敗」の分岐点」（松井憲一）　ダイヤモンド社　2004.3　p217-219
◎参考文献「ベンチャー経営論—創造的破壊と矛盾のマネジメント」（柳孝一）　日本経済新聞社　2004.5　p230-232
◎参考文献「事業構想と経営—アントレプレナーとベンチャー・ビジネスの理論と実践」（梅木晃ほか）　嵯峨野書院　2004.10　p177-179
◎参考文献「ベンチャー企業概論」（宮脇敏哉）　創成社　2005.5　prr
◎References「大学発ベンチャー—新事業創出と発展のプロセス」（S. A. シェーン）　中央経済社　2005.10　p365-375
◎参考文献「地域インキュベーションと産業集積・企業間連携—起業家形成と地域イノベーションシステムの国際比較」（三井逸友）　御茶の水書房　2005.11　prr
◎参考文献「ベンチャー企業経営戦略」（宮脇敏哉）　税務経理協会　2005.12　prr
◎参考文献ほか「カーブアウト経営革命—新事業切り出しによるイノベーション戦略」（木嶋豊）　東洋経済新報社　2007.2　p198-202
◎参考文献「グローバル事業の創造」（高井透）　千倉書房　2007.2　p325-343
◎参考文献ほか「ベンチャー企業存立の理論と実際」（小野瀬拡）　文眞堂　2007.3　p190-201
◎文献「ベンチャー企業のファイナンス戦略—会社法の徹底活用」（安達巧ほか）　白桃書房　2007.7　p171-172

変動
◎参考文献「歴史を変えた気候大変動」（B. フェイガン）　河出書房新社　2001.12　p319-304

変動地形
◎文献「大学テキスト変動地形学」（米倉伸之ほか）　古今書院　2001.1　p223-249

ベントス
◎文献「ベントスと漁業」（林勇夫ほか）　恒星社厚生閣　2005.4　prr

ペンネーム
◎参考文献「ペンネームの由来事典」（紀田順一郎）　東京堂出版　2001.9　p328-331

遍路
◎文献「空海と遍路文化展—四国霊場八十八ヶ所」（真鍋俊照）　毎日新聞社　2002.9　p232-233
◎参考資料「お遍路入門　人生ころもがえの旅」（加賀山耕一）　筑摩書房　2003.4　p1-6b
◎参考文献「へんろ功徳記と巡拝習俗」（浅井証善）　朱鷺書房　2004.1　p303-308
◎註「遍路と巡礼の社会学」（佐藤久光）　人文書院　2004.8　p237-257

◎「四国遍路関係資料　1」（愛媛県歴史文化博物館）　愛媛県歴史文化博物館　2005.3　91p A4
◎書目「遍路と巡礼の民俗」（佐藤久光）　人文書院　2006.6　p250-289
◎引用参考文献「四国遍路と世界の巡礼」（四国遍路と世界の巡礼研究会）　法蔵館　2007.5　p224-231

【 ほ 】

ボーア戦争
　◎文献案内「ボーア戦争」（岡倉登志）　山川出版社　2003.7　p1-8b

ポアンカレ予想
　◎参考図書「ポアンカレの贈り物―数学最後の難問は解けるのか」（南みや子, 永瀬輝男）　講談社　2001.3　p254-255
　◎参考資料「ポアンカレ予想を解いた数学者」（D. オシア）　日経BP社　2007.6　p383-394
　◎参考文献「ポアンカレ予想―世紀の謎を掛けた数学者、解き明かした数学者」（J. G. スピーロ）　早川書房　2007.12　p321-327

保安処分
　◎参考文献「精神障害者福祉と司法　増補改訂版」（岩井宜子）　尚学社　2004.3　p7-23b

保育
　◎参考図書「演習保育講座　3　保育内容総論」（高杉自子ほか）　光生館　2000.3　prr
　◎参考文献「現代保育学入門―子どもの発達と保育の原理を理解するために」（諏訪きぬ）　フレーベル館　2001.2　p284-285
　◎「幼児教育・保育図書総目録　2001年版」　教育図書総目録刊行会　2001.3　200p A5
　◎参考文献「地方自治体の保育への取り組み―今後の保育サービス提供の視点」（山本真実, 尾木まり）　フレーベル館　2001.5　p176-177
　◎引用文献「幼児の心理と保育　保育・看護・福祉プリマーズ6」（無藤隆ほか）　ミネルヴァ書房　2001.10　prr
　◎引用文献「保育者としての成長プロセス―幼児との関係を視点とした長期的・短期的発達」（高濱裕子）　風間書房　2001.12　p261-275
　◎参考文献「子どもに生きる―新保育者論」（青木久子）　萌文書林　2002.1　p186-188
　◎参考文献「障害児保育」（佐藤泰正ほか）　学芸図書　2002.4　prr
　◎参考文献「幼児の保育と教育―質の高い保育ビジョンを求めて」（萩原元昭）　学文社　2002.4　prr
　◎文献「応答的保育の研究」（宮原英種ほか）　ナカニシヤ出版　2002.5　p421-436
　◎引用参考文献「保育に生かす臨床心理」（馬場礼子ほか）　ミネルヴァ書房　2002.6　prr
　◎文献「保育と言葉―保育者と子どもの心の架け橋を求めて」（曽和信一）　明石書店　2003.3　p119-120
　◎文献「保育内容環境」（小田豊ほか）　北大路書房　2003.3　p153-155
　◎文献「幼児理解と保育援助　新保育講座3」（森上史朗ほか）　ミネルヴァ書房　2003.3　prr
　◎文献「子ども・からだ・表現―豊かな保育内容のための理論と演習」（西洋子ほか）　市村出版　2003.4　prr
　◎引用文献「保育原理」（民秋言ほか）　北大路書房　2003.4　p149-151
　◎参考文献「世界に学ぼう！　子育て支援―デンマーク・スウェーデン・フランス・ニュージーランド・カナダ・アメリカに見る子育て環境」（汐見稔幸ほか）　フレーベル館　2003.7　p206-207
　◎参考文献「保育原理―実践的幼児教育論　3版」（関口はつ江ほか）　建帛社　2003.9　p243-245
　◎文献「保育実践のフィールド心理学」（無藤隆ほか）　北大路書房　2003.12　p145-148
　◎文献「保育者のための家族援助論」（阿部和子）　萌文書林　2003.12　p229-232
　◎引用参考文献「生きられる保育空間―子どもと保育者の空間体験の解明」（榎沢良彦）　学文社　2004.3　p229-232
　◎参考文献「社会福祉援助技術」（松本寿昭）　同文書院　2004.4　prr
　◎注「障害をもつ子どもの保育実践」（水田和江ほか）　学文社　2004.4　prr
　◎参考図書ほか「多文化共生社会の保育者―ぶつかってもだいじょうぶ」（J. ゴンザレス＝メーナ）　北大路書房　2004.4　p127-146
　◎引用参考文献「保育内容総論」（民秋言ほか）　北大路書房　2004.4　p165-167
　◎参考文献「ヨーロッパの保育と保育者養成」（P. オーバーヒューマほか）　大阪公立大学共同出版会　2004.6　p243-244
　◎参考文献「介護・保育サービス市場の経済分析―ミクロデータによる実態解明と政策提言」（清水谷諭ほか）　東洋経済新報社　2004.6　p261-274
　◎引用参考文献「保育者は幼児虐待にどうかかわるのか―実態調査にみる苦悩と対応」（春原由紀ほか）　大月書店　2004.7　p119-120
　◎引用文献「体調のよくない子どもの保育」（高野陽ほか）　北大路書房　2004.8　p157-159
　◎引用参考文献「育ちあう乳幼児教育保育」（白川蓉子ほか）　有斐閣　2004.9　prr
　◎参考文献「子育ち環境と子育て支援―よい長時間保育のみわけかた」（安梅勅江）　勁草書房　2004.11　p179-186
　◎引用参考文献「障害児保育」（渡部信一ほか）　北大路書房　2005.1　p159-162
　◎文献「保育における「子どもを見る」ことの考察」（佐々木みどり）　相川書房　2005.3　p167-174
　◎引用文献「21世紀の保育原理」（小川博久ほか）　同文書院　2005.4　prr
　◎引用参考文献「乳児保育」（増田まゆみ）　北大路書房　2005.5　p167-169
　◎文献「コンピュータを利用した保育実践に関するエスノグラフィー的研究」（中坪史典）　北大路書房　2005.9　p127-141
　◎引用参考文献「明治後期幼稚園保育の展開過程」（柿岡玲子）　風間書店　2005.9　p249-255
　◎引用文献「中・高校生の親性準備性の発達と保育体験学習」（伊藤葉子）　風間書房　2006.1　p177-186

◎参考文献「現代日本における保育政策の変容―少子・高齢化時代における保育政策のあり方」(金香子) 東京大 2006.3 p110-113
◎参考文献「保育の実践・原理・内容―写真でよみとく保育」(無藤隆ほか) ミネルヴァ書房 2006.4 p197-199
◎引用参考文献「保育を学ぶ人のために」(片岡基明) 世界思想社 2006.4 p328-333
◎参考文献「子育て支援のすすめ―施設・家庭・地域をむすぶ」(北野幸子ほか) ミネルヴァ書房 2006.10 p225-228
◎参考図書「ベストキンダーガーデン―フレーベル、モンテッソーリ、シュタイナー、レジオ・エミリア、ニキーチン、ピラミッドメソッドの幼児教育の現場に学ぶ」(辻井正) オクターブ 2006.11 p166-168
◎参考文献「事例で学ぶ保育内容〔1〕〈領域〉健康」(倉持清美) 萌文書林 2007.1 p190-192
◎参考文献「こどもの傍らに在ることの意味―保育臨床論考」(大場幸夫) 萌文書林 2007.2 p221-232
◎文献「ロシア革命と保育の公共性―どの子にも無料の公的保育を」(村知稔三) 九州大出版会 2007.2 p293-322
◎文献「チャイルドケア・チャレンジ―イギリスからの教訓」(埋橋玲子) 法律文化社 2007.4 prr
◎引用文献「保育者のためのビデオ自己評価法―理論・方法・実践的効果」(冨田久枝) 北大路書房 2007.8 p265-272

保育士
◎文献「保育士のメンタルヘルス―生きいきした保育をしたい!」(重田博正) かもがわ出版 2007.3 p135-136

保育所
◎文献「子育ては、いま―変わる保育園、これからの子育て支援」(前田正子) 岩波書店 2003.4 p217-220
◎参考文献「子どもの生活と保育施設」(小川信子) 彰国社 2004.7 p239-241
◎文献「戦後保育所づくり運動史―「ポストの数ほど保育所を」の時代」(橋本宏子) ひとなる書房 2006.7 p195-204
◎参考文献「保育園と幼稚園がいっしょになるとき―幼保一元化と総合施設構想を考える」(近藤幹生) 岩波書店 2006.7 p61-63

法
◎参考文献「現代女性と法」(中川淳) 世界思想社 2002.5 p289-294
◎参考文献「法と正義の経済学」(竹内靖雄) 新潮社 2002.5 p260-262
◎参考文献「21世紀の法と社会―そのキーワードを解く」(気賀沢洋文) 風濤社 2003.1 prr
◎参考文献「生活民法入門 暮らしを支える法」(大村敦志) 東京大学出版会 2003.2 prr
◎注「インターネット社会と法」(堀部政男) 新世社 2003.3 prr
○文献目録「法とコンピュータ 21」(法とコンピュータ学会) 2003.7 p163-212
◎論文・判例講釈目録「文化としての法と人間―一裁判官の随想」(畑郁夫) 学際図書出版 2004.1 p375-382
○文献目録「法とコンピュータ 22」(法とコンピュータ学会) 2004.7 p105-193
◎文献一覧「日本の法と社会」(六本佳平) 有斐閣 2004.12 p327-336
◎参考文献「ジェンダーと法」(辻村みよ子) 不磨書房 2005.3 p313-321
◎文献「ジェンダー法学・政治学の可能性―東北大学COE国際シンポジウム・日本学術会議シンポジウム」(辻村みよ子ほか) 東北大学出版会 2005.4 p309-322
◎引用参考文献「法と心理学のフロンティア 1」(菅原郁夫ほか) 北大路書房 2005.4 prr
○文献目録「法とコンピュータ 23」(法とコンピュータ学会) 2005.7 p127-202
◎参考文献「法学ワンデルング―法と憲法のコンセプト」(中村喜美郎ほか) 駿河台出版社 2006.3 p220-225
○文献目録「法とコンピュータ 24」(法とコンピュータ学会) 2006.7 p115-191
本・論文「日本法への招待 2版」(松本恒雄ほか) 有斐閣 2006.11 prr
○文献月報「法律時報 79.1」(日本評論社) 2007.1 p186-162
○文献目録「法とコンピュータ 25」(法とコンピュータ学会) 2007.7 p153-207
◎参考文献「ジェンダーの基礎理論と法」(辻村みよ子) 東北大出版会 2007.9 prr
◎引用文献ほか「法と経済学―ケースからはじめよう―法の隠れた機能を知る」(福井秀夫) 日本評論社 2007.9 p254-256
◎参考文献ほか「世界のとんでも法律集」(盛田則夫) 中央公論新社 2007.10 p188-190

法医学
◎参考文献「科学捜査の事件簿―証拠物件が語る犯罪の真相」(瀬田季茂) 中央公論新社 2001.12 p264-267
◎参考文献「法医学と医事刑法―法学部生のための」(田中圭二) 成文堂 2002.2 p6-7f

防衛
◎参考文献「戦後日本の防衛と政治」(佐道明広) 吉川弘文館 2003.11 p365-377
◎参考文献「戦後日本の防衛政策―「吉田路線」をめぐる政治・外交・軍事」(中島信吾) 慶應義塾大出版会 2006.1 p320-302

貿易
◎参考文献「国際貿易の理論」(ポール・ロビン・クルーグマン) 文眞堂 2001.1 p304-311
◎参考文献「貿易・金融の電子取引―基礎と展開」(八尾晃) 東京経済情報出版 2001.1 p283-300
◎参考文献「土地資源と国際貿易―HOV定理の検証」(金田憲和) 多賀出版 2001.2 p126-131
◎参考文献「通商政策への新たな視点」(藤田康範) 三菱経済研究所 2001.3 p97-98
◎参考文献「現代貿易売買―最新の理論と今後の展望」(新堀聰) 同文舘出版 2001.4 p331-333
◎参考文献「貿易経営行動」(絹巻康史) 文眞堂 2001.4 p265-269
◎参考文献「アジアの経済成長と貿易戦略」(高中公男) 日本評論社 2001.5 p183-197
◎参考文献「WTOと国際乳製品貿易」(庄野千鶴) 農林統計協会 2001.7 p251-255

ほうえき

◎文献「ベーシック貿易取引　第3版」（小林晃, 赤堀勝彦）　経済法令研究会　2001.7　p311-313
◎参考文献「収穫逓増と不完全競争の貿易理論」（菊地徹）　勁草書房　2001.8　p121-132
◎参考文献「国際商取引―商学と法学の学際的ビジネス論」（絹巻康史）　文眞堂　2001.9　p238-242
◎文献「基本貿易実務　9訂版」（来住哲二）　同文舘出版　2002.3　p328-332
◎参考文献「貿易取引の基礎知識　3訂版」（八尾晃）　東京経済情報出版　2002.3　p229-233
◎文献「労働生産性の国際比較研究―リカードウ貿易理論と関連して」（柳田義章）　文眞堂　2002.4　p246-252
◎文献「貿易の取引と実務」（高橋靖治）　東京リーガルマインド　2002.7　p496-497
◎文献「ベーシック貿易取引　第4版」（小林晃, 赤堀勝彦）　経済法令研究会　2002.8　p315-317
◎文献「戦後世界貿易体制と南北問題」（韓基早）　多賀出版　2003.2　p375-384
◎文献「電子貿易と国際ルール―金融と物流」（八尾晃）　東京経済情報出版　2003.3　p240-247
◎参考文献「グローバル時代の貿易と投資」（板垣文夫ほか）　桜井書店　2003.10　prr
◎参考文献「国際商取引の「しくみ」と「実際」―国際商務論の新たな視点から」（美野久志）　同文舘出版　2004.5　p249-252
◎参考文献「海を渡った陶磁器」（大橋康二）　吉川弘文館　2004.6　p228-231
◎参考文献「貿易と金融の経済理論―ゲーム理論と不完備契約の応用モデル」（高橋知也）　中央経済社　2004.6　p161-170
◎参考文献「基本貿易実務　11訂版」（来住哲二）　同文舘出版　2004.9　p328-332
◎参考文献「コーヒーとフェアトレード」（村田武）　筑波書房　2005.2　p62-63
◎参考文献「実践貿易実務　8版」（神田善弘）　ジェトロ　2005.2　p439-441
◎参考文献「地域貿易協定の経済分析」（遠藤正寛）　東京大学出版会　2005.4　p245-259
◎文献一覧「近世貿易の誕生―オランダの「母なる貿易」」（M. v. ティールホフ）　知泉書館　2005.5　p372-395
◎参考引用文献「トレード・タームズの使用動向に関する実証研究」（吉田友之）　関西大学出版部　2005.11　p559-569
◎引用文献「農業の多面的機能を巡る国際交渉」（作山巧）　筑波書房　2006.1　p153-160
◎参考文献「貧富・公正貿易・NGO―WTOに挑む国際NGOオックスファムの戦略」（オックスファム・インターナショナル）　新評論　2006.3　p387-409
◎参考文献「現代国際商取引論―貿易実務と国際電子商取引」（荒畑治雄）　慶應義塾大出版会　2006.5　p285-288
◎参考文献「垂直的国際分業の理論」（蓬田守弘）　三菱経済研究所　2006.8　p87-91
◎参考文献「フェアトレード―格差を生まない経済システム」（J. E. スティグリッツほか）　日本経済新聞社　2007.3　p382-362
◎参考文献「最新貿易ビジネス　改訂版」（中野宏一）　白桃書房　2007.4　p203-204

◎参考文献ほか「貿易実務入門　3訂版」（浜谷源蔵）　同文舘出版　2007.4　p213-214
◎参考文献「北太平洋の「発見」―毛皮交易とアメリカ太平洋岸の分割」（木村和男）　山川出版社　2007.4　p6-15b
◎引用参考文献「コミュニケーションネットワークと国際貿易―貿易理論の新展開」（菊地徹）　有斐閣　2007.6　p207-234
◎参考文献「グローバル・エコノミー」（岩本武和ほか）　有斐閣　2007.7　prr
◎参考文献ほか「貿易取引の基礎」（八尾晃）　東京経済情報出版　2007.10　p209-214
◎参考文献「東インド会社とアジアの海　興亡の世界史1」（羽田正）　講談社　2007.12　p369-363

貿易金融
◎参考文献「貿易金融・為替の史的展開」（貴志幸之佑）　ミネルヴァ書房　2004.3　p321-327

貿易実務
◎参考文献「実践貿易実務　第6版」（神田善弘）　日本貿易振興会　2001.1　p413-415
◎参考文献「基本貿易実務　10訂版」（来住哲二）　同文舘出版　2003.4　p328-332
◎文献「最新貿易実務　補訂版」（浜谷源蔵）　同文舘出版　2003.11　p587-589
◎参考文献「最新貿易ビジネス」（中野宏一）　白桃書房　2004.7　p205-206
◎文献「貿易取引の基礎知識　新版」（八尾晃）　東京経済情報出版　2004.10　p247-252
◎参考文献「国際商取引入門　2版」（亀田尚己ほか）　文眞堂　2006.4　p314-318

貿易政策
◎参考文献「APEC早期自由化協議の政治過程―共有されなかったコンセンサス」（岡本次郎）　アジア経済研究所　2001.12　p367-382
◎文献「通商産業政策」（萩原伸次郎）　日本経済評論社　2003.5　p187-191
◎参考文献「WTO体制下のセーフガード―実効性ある制度の構築に向けて」（荒木一郎ほか）　東洋経済新報社　2004.7　p241-253
◎参考文献「東アジアの統合―成長を共有するための貿易政策課題」（K. クラムほか）　シュプリンガーV東京　2004.7　prr
◎参考文献「貿易政策と政治経済学」（甲斐亜弥子）　三菱経済研究所　2006.8　p103-108
◎参考文献「日中韓FTAの産業別影響予測」（柳寛栄ほか）　ビスタ ピー・エス　2006.9　p331-339

貿易統制
◎参考引用文献「食品安全性をめぐるWTO通商紛争―ホルモン牛肉事件からGMO事件まで」（藤岡典夫）　農文協　2007.11　p251-254

貿易取引
◎文献「貿易取引の電子化」（西道彦）　同文舘出版　2003.3　p257-260

法音寺
◎参考文献「日本の社会参加仏教―法音寺と立正佼成会の社会活動と社会倫理」（ランジャナ・ムコパディヤーヤ）　東信堂　2005.5　p304-313

法解釈論争
◎主要文献「刑法解釈の研究」（関哲夫）　成文堂　2006.3　p309-328

法学
◎学習のために「ソーシャルワーカーのための法学」（秋元美世, 本沢巳代子）　有斐閣　2002.2　p311-312
◎参考文献「判例法学　第3版　補訂版」（西村健一郎）　有斐閣　2002.4　p305-307

邦楽
◎参考文献「ひと目でわかる日本音楽入門」（田中健次）　音楽之友社　2003.5　p168-171
◎参考文献「邦楽ってどんなもの　増補新装版」（星野榮志）　演劇出版社出版事業部　2003.9　p394-396
◎参考文献「日本音楽がわかる本」（千葉優子）　音楽之友社　2005.3　p288-296
◎参考文献「よくわかる日本音楽基礎講座―雅楽から民謡まで―わたしたちの文化を知ろう、伝えよう」（福井昭史）　音楽之友社　2006.8　p149-150
◎成稿一覧「日本音楽史叢」（福島和夫）　和泉書院　2007.11　p693-699

防火計画
◎参考文献「都市の大火と防火計画―その歴史と対策の歩み」（菅原進一）　日本建築防災協会　2003.11　prr

法家思想
○文献目録（林久美子）「文献探索　2000」（文献探索研究会）　2001.2　p430-434

法科大学院
◎参考文献「法科大学院―弁護士が増える、社会が変わる」（村上政博）　中央公論新社　2003.11　p196-198

包茎
◎参考文献「切ってはいけません!―日本人が知らない包茎の真実」（石川英二）　新潮社　2005.9　p1-5b

方形周溝墓
◎参考引用文献「方形周溝墓研究の今」（椙山林継ほか）　雄山閣　2005.11　prr

方言
◎文献目録「東北方言の変遷―庄内方言歴史言語学的貢献」（井上史雄）　秋山書店　2000.2　p578-597
◎参考文献「計量的方言区画」（井上史雄）　明治書院　2001.2　p451-466
◎参考文献「岩手県のことば」（平山輝男ほか）　明治書院　2001.6　p209-211
◎引用文献「生きている日本の方言」（佐藤亮一）　新日本出版社　2001.6　p189-190
◎参考文献「共時方言学斈―課題と方法」（神鳥武彦）　清文堂出版　2001.7　p590-591
◎文献「八丈方言動詞の基礎研究」（金田章宏）　笠間書院　2001.9　p419-425
◎参考文献「越後磐舟　ことばの風土記」（長谷川勲）　高志書院　2001.12　p288-289
◎文献「東北方言音声の研究」（大橋純一）　おうふう　2002.1　p407-416
◎参考文献「東北ことば」（読売地方部）　中央公論新社　2002.4　p229-231
◎国語史「お国ことばを知る―方言の地図帳」（佐藤亮一）　小学館　2002.7　p358-359
◎出典一覧「京都府方言辞典」（中井幸比古）　和泉書院　2002.7　p10-16
◎文献「残しておきたい鹿児島弁」（橋口満）　高城書房　2002.7　p263-264
◎文献「日本語史と方言」（藤原与一）　武蔵野書院　2002.8　p238-243
◎文献「方言―朝倉日本語講座　10」（江端義夫）　朝倉書店　2002.10　p256-257
◎文献「京阪系アクセント辞典」（中井幸比古）　勉誠出版　2002.11　p603-607
◎参考文献「ガイドブック方言研究」（小林隆ほか）　ひつじ書房　2003.2　prr
◎文献「信州のことば―21世紀への文化遺産」（馬瀬良雄）　信濃毎日新聞社　2003.6　p403-409
◎参考文献「青森県のことば」（平山輝男ほか）　明治書院　2003.6　prr
◎関係文献「奈良県のことば」（中井精一）　明治書院　2003.6　p246-252
◎著作目録「日本語東京アクセントの成立」（山口幸洋）　港の人　2003.9　p449-466
◎引用文献「地名語彙の開く世界」（上野智子）　和泉書院　2004.1　p227-235
◎資料一覧「日本方言辞典―標準語引き」（佐藤亮一）　小学館　2004.1　p15-26
◎参考文献「関西弁講義」（山下好孝）　講談社　2004.2　p213-214
◎参考文献「栃木県のことば　日本のことばシリーズ9」（平山輝男ほか）　明治書院　2004.2　p248」
◎文献一覧「方言学的日本語史の方法」（小林隆）　ひつじ書房　2004.2　p685-702
◎参考文献「埼玉のことば―県北版」（篠田勝夫）　さきたま出版会　2004.3　p538-539
◎参照文献「水海道方言における格と文法関係」（佐々木冠）　くろしお出版　2004.3　p257-264
○新刊書目（吉田雅子）「日本方言研究会研究発表会発表原稿集　78」（日本方言研究会）　2004.5　p82-107
◎出典書目「東京弁辞典」（秋永一枝）　東京堂出版　2004.10　p670-667
◎参考文献「残しておきたい鹿児島弁　Part-3」（橋口満）　高城書房　2004.11　p253-254
◎参考文献「中国の地域社会と標準語―南中国を中心に」（陳於華）　三元社　2005.2　p186-194
◎引用参考文献「与論方言辞典」（菊千代ほか）　武蔵野書院　2005.2　p797-798
◎「20世紀方言研究の軌跡―文献総目録」（日本方言研究会）　国書刊行会　2005.5　981p A5
◎参考文献「残しておきたい鹿児島弁　Part-4」（橋口満）　高城書房　2005.7　p268-269
◎参考図書「横浜・ハマことば辞典」（伊川公司）　暁印書館　2005.10　p268-274
◎引用参考文献「関西方言の広がりとコミュニケーションの行方」（陣内正敬ほか）　和泉書院　2005.12　prr
◎文献「方言が明かす日本語の歴史」（小林隆）　岩波書店　2006.2　p201-208
◎引用文献「琉球方言と九州方言の韻律論的研究」（崎村弘文）　明治書院　2006.2　p466-471
◎「明治以降の静岡県方言に関する文献目録」（森口恒一ほか）　静岡大　2006.3　98p B5
◎参考文献「概説アメリカ・スペイン語」（三好準之助）　大学書林　2006.4　p205-216

◎参考文献「鹿児島ことばの泉」(橋口満)　高城書房　2006.4　p205-208
○新刊書目(吉田雅子)「日本方言研究会第83回研究発表会発表原稿集」(日本方言研究会)　2006.11　p68-77
◎参考文献「方言の文法」(佐々木冠ほか)　岩波書店　2006.11　prr
◎参考文献「小笠原諸島における日本語の方言接触―方言形成と方言意識」(阿部新)　南方新社　2006.12　p233-250
◎参考文献「東京都のことば」(平山輝男ほか)　明治書院　2007.1　p257-259
◎参考文献「ケセン語の世界」(山浦玄嗣)　明治書院　2007.2　p259-260
◎参照参考文献「九州西部方言動詞テ形における形態音韻現象の研究」(有元光彦)　ひつじ書房　2007.2　p265-271
◎参考文献「授与動詞の対照方言学的研究」(日高水穂)　ひつじ書房　2007.2　p347-352
◎参考文献「変わる方言動く標準語」(井上史雄)　筑摩書房　2007.2　p197-198
◎参考文献「モンゴル語ハルハ方言における派生接尾辞の研究」(塩谷茂樹)　大阪外語大　2007.3　p203-205
◎参考文献「残しておきたい鹿児島弁　Part-5」(橋口満)　高城書房　2007.3　p266-268
◎参考図書「方言」(佐藤亮一)　ポプラ社　2007.3　p191-193
◎参考引用文献「えーらしぞーか―静岡方言誌」(富山昭)　静岡新聞社　2007.4　p206-208
◎参考引用文献「山形県「植物方言」誌」(鹿間廣治)　東北出版企画　2007.8　p400-407
◎参考文献「地方別方言源辞典」(真田信治ほか)　東京堂出版　2007.9　p333-338
◎参考文献「日本語オノマトペ辞典―擬音語・擬態語4500」(小野正弘)　小学館　2007.10　p649-654
◎参考文献「方言の機能」(真田信治ほか)　岩波書店　2007.10　prr
◎目録「ガイドブック方言調査」(小林隆ほか)　ひつじ書房　2007.11　p8-10
◎参考文献「方言学の技法　シリーズ方言学4」(小西いずみほか)　岩波書店　2007.12　prr

冒険
◎「自然と冒険の旅―読書案内・紀行編」(日外アソシエーツ)　日外アソシエーツ　2002.11　438p　A5

封建制度
◎参考文献解説「永原慶二著作選集　1　日本封建社会論　日本の中世社会」(永原慶二)　吉川弘文館　2007.7　p496-501

保元の乱
◎参考文献「保元・平治の乱を読みなおす」(元木泰雄)　NHK出版　2004.12　p237-240

方向感覚
◎参考文献「方向オンチの科学―迷いやすい人・迷いにくい人はどこが違う?」(新垣紀子,野島久雄)　講談社　2001.8　p5-10
◎参考文献「方向オンチの謎がわかる本―人はなぜ地図を回すのか?」(村越真)　集英社　2003.4　p235-238

奉公人
◎参考文献「武家奉公人と労働社会」(森下徹)　山川出版社　2007.2　1pb

防災
◎文献「防災学ハンドブック」(京都大学防災研究所)　朝倉書店　2001.4　prr
◎文献「防災の社会心理学　社会を変え政策を変える心理学」(林理)　川島書店　2001.10　prr
◎「海外消防情報データリスト　平成13年12月末現在　1:各国・北米・中南米・アフリカ　2:アジア・欧州・オセアニア・独立国家共同体(CIS)」　海外消防情報センター　2002.2　2冊　A4
◎文献「実践危機マネジメント―理論戦略ケーススタディ―危機に強い組織づくりのために」(危機マネジメント研究会)　ぎょうせい　2002.4　p574-576
◎文献「自然災害と防災の科学」(水谷武司)　東京大学出版会　2002.6　p197-202
◎文献「斜面防災都市―都市における斜面災害の予測と対策」(釜井俊孝,守随治雄)　理工図書　2002.10　p188-192
◎参考文献「風水害論　防災学講座1」(京都大学防災研究所)　山海堂　2003.9　prr
◎参考文献「日本のため池―防災と環境保全」(内田和子)　海青社　2003.10　prr
◎「災害・防災の本全情報―1995-2004」(日外アソシエーツ)　日外アソシエーツ　2005.4　822p　A5
◎引用文献「都市防災工学」(石塚義高)　プログレス　2005.4　prr
◎参考文献「総合防災学への道」(萩原良巳ほか)　京都大学学術出版会　2006.3　p567-581
◎参考文献「安全学入門―安全を理解し,確保するための基礎知識と手法」(古田一雄ほか)　日科技連出版社　2007.3　p213-218
◎本「被災地からおくる防災・減災・復旧ノウハウ―水害現場でできたこと,できなかったこと」(水害サミット実行委員会事務局)　ぎょうせい　2007.6　p172-173

帽子
◎参照参考文献「山高帽の男―歴史とイコノグラフィー」(フレッド・ミラー・ロビンソン)　水声社　2002.9　p335-346
◎参考文献「東京の帽子百二十年史―明治・大正・昭和」(「東京の帽子百二十年史」編纂委員会)　東京帽子協会　2005.5　p332」

法思想
◎参照文献「世界の法思想入門」(千葉正士)　講談社　2007.10　p302-330

法社会学
◎参考文献「レクチャー法社会学」(大橋憲広ほか)　法律文化社　2001.10　p244-248
◎注「ローカルな法秩序―法と交錯する共同性」(阿部昌樹)　勁草書房　2002.1　p217-246
◎文献「法と社会規範―制度と文化の経済分析」(エリク・ポズナー)　木鐸社　2002.11　p342-359
◎文献「法と時間」(千葉正士)　信山社出版　2003.3　p221-249
◎参考文献「法社会学」(村山真雄ほか)　有斐閣　2003.12　p185-192
◎参考文献「〈法と経済学〉の社会規範論」(飯田高)　勁草書房　2004.5　p181-189

◎参考文献「法と社会へのアプローチ」（和田仁孝ほか）　日本評論社　2004.10　prr

法社会史
◎参考文献「法社会史」（水林彪ほか）　山川出版社　2001.11　p32-45b

放射性廃棄物
◎参考文献「米国先住民族と核廃棄物―環境正義をめぐる闘争」（石山徳子）　明石書店　2004.2　p245-264
◎参考文献「「辺境」の抵抗―核廃棄物とアメリカ先住民の社会運動」（鎌田遵）　御茶の水書房　2006.6　p311-337

放射線
◎参考文献「放射線と健康」（舘野之男）　岩波書店　2001.8　p1-5b
◎参考文献「放射線安全管理学」（三浦正）　コロナ社　2004.5　p233-235
◎参考文献「悲しいマグロ―放射線と水銀問題を考える」（滝澤行雄）　キクロス出版　2004.10　p301-303
◎参考文献「放射化学と放射線化学　3訂版」（河村正一）　通商産業研究社　2007.3　p213-214
◎参考文献「植物が語る放射線の表と裏」（鵜飼保雄）　培風館　2007.7　p242-245

放射線年代測定法
◎参考文献「縄紋社会研究の新視点―炭素14年代測定の利用」（小林謙一）　六一書房　2004.10　p244-272

放射線被曝
◎参考文献「世界の放射線被曝地調査―自ら測定した渾身のレポート」（高田純）　講談社　2002.1　p265-280

放射能
◎参考図書「"放射能"は怖いのか　放射線生物学の基礎」（佐藤満彦）　文藝春秋　2001.6　p238」

報酬主義
◎参考文献「報酬主義をこえて」（A. コーン）　法政大学出版局　2001.2　p29-61

砲術
◎参考文献「江戸の砲術　継承される武芸」（宇田川武久）　東洋書林　2001.10　p255-258
◎参考文献「江戸の砲術・砲術書から見たその歴史」（板橋区立郷土資料館）　板橋区立郷土資料館　2007.1　p127」

封神演義
○論文・研究書目録（遊佐徹）「中国文史論叢　2」（中国文史研究会）　2006.3　p161-171

法人税
◎文献「会社分割税制の基本構造」（中江博行）　税務経理協会　2003.5　p183-189
◎参考文献「法人課税における時価について―第36回研究報告」（全国女性税理士連盟）　全国女性税理士連盟　2003.7　p179-182
◎参考文献ほか「企業の投資行動と法人課税の経済分析」（前川聡子）　関西大学出版部　2005.3　p165-170
◎引用参考文献「法人税における減価償却費の史的研究」（濱沖典之）　泉文堂　2005.9　p165-188
◎参考文献「キャッシュ・フロー法人税の新展開」（佐野哲哉）　晃洋書房　2006.7　p149-159

◎参考文献「法人住民税のしくみと実務」（吉川宏延）　税務経理協会　2007.12　p217-222

法人税法
◎参考文献「法人税法別表四の新解釈」（河野惟隆）　税務経理協会　2001.1　p141-142
◎文献「法人税法減価償却の新解釈」（河野惟隆）　税務経理協会　2002.3　p193-194
◎参考文献「法人税法・所得税法の経済学」（河野惟隆）　税務経理協会　2004.1　p255-258
◎参考文献「財務会計・法人税法論文の書き方・考え方―論文作法と文献調査」（中田信正）　同文舘出版　2004.6　p179-182
◎参考文献「法人税法講義」（岡村忠生）　成文堂　2004.12　p478-488
◎参考文献「法人税法講義　2版」（岡村忠生）　成文堂　2006.10　p511-521

防水工事
◎参考文献「雨仕舞のしくみ―基本と応用」（石川廣三）　彰国社　2004.5　p234-239

放水路
◎文献「日本の放水路」（岩屋隆夫）　東京大学出版会　2004.11　p434-454

防錆
○文献リスト「防錆管理　51.2」（日本防錆技術協会）　2007　p84」

法制史
◎参考文献「ビルマ法制史研究入門―伝統法の歴史的役割」（奥平竜二）　日本図書刊行会　2002.3　p189-202
◎参考文献「新・日本近代法論」（山中永之佑）　法律文化社　2002.7　p1-23b
◎文献「入門日本近代法制史」（岩村等）　ナカニシヤ出版　2003.1　p110-111
◎参考文献ほか「西夏法典初探」（島田正郎）　創文社　2003.9　p679-688
◎文献「日本近代法制史研究の現状と課題」（石川一三夫ほか）　弘文堂　2003.12　p416-454
◎原註「盗まれた手の事件―肉体の法制史」（J. P. ボー）　法政大学出版局　2004.7　p13-35b
◎基本文献（屋敷二郎）「概説西洋法制史」（勝田有恒ほか）　ミネルヴァ書房　2004.10　p345-350
◎重要文献目録「秦漢における監察制度の研究」（王勇華）　朋友書店　2004.12　p292-300
◎文献「民衆から見た罪と罰―民間学としての刑事法学の試み」（村井敏邦）　花伝社　2005.4　p317-324
◎参考文献「「萬年代記帳」に見る福岡藩直方領犯科覚帖」（白石壽郎）　海鳥社　2005.5　p217-220
◎「高橋雄豺博士・中原英典氏・西本頴博士・上山安敏先生（補遺）略年譜・著作目録」（吉原丈司）〔吉原丈司〕　2005.5　152, 8p B5
◎参考文献「入門戦後法制史」（岩村等）　ナカニシヤ出版　2005.5　p134-137
◎参考文献「ジェンダーの比較法史学―近代法秩序の再検討」（三成美保）　大阪大出版会　2006.2　prr
◎註「喧嘩両成敗の誕生」（清水克行）　講談社　2006.2　p207-222
◎参考文献「日本近現代法史〈資料・年表〉」（吉井蒼生夫ほか）　信山社出版　2007.4　p238-251

法制度
- 注「図書館を支える法制度―シリーズ・図書館情報学のフロンティア 2」（日本図書館情報学会研究委員会）勉誠出版 2002.11 prr

宝石
- ◎参考文献「パワーストーン―宝石の伝説と魔法の力」（草野巧）新紀元社 2003.10 p293-295
- ◎参考文献「ジュエリーの歴史―ヨーロッパの宝飾770年」（J. エヴァンズ）八坂書房 2004.4 p335-336

包装
- ◎書籍ガイド「What is packaging design?」（G. Calver）ビー・エヌ・エヌ新社 2004.3 p250-251

放送
- ◎参考文献「20世紀放送史 下」（編集部）NHK出版 2001.3 p571-600
- ◎参考文献「テレビの21世紀」（岡村黎明）岩波書店 2003.3 p223-227
- ◎参考文献「放送システム」（山田宰）コロナ社 2003.10 p301-307
- ○文献索引（図書室）「放送研究と調査 53.11.630」（NHK放送文化研究所）2003.11 p100-101
- ○文献目録「思想 956」（岩波書店）2003.12 p5-28b
- ○文献索引「放送研究と調査 2004.1.632」（NHK出版）2004.1 p106-107
- ○文献索引「放送研究と調査 55.1」（NHK出版）2005.1 p75-77
- ◎参考文献「「声」の有線メディア史―共同聴取から有線放送電話を巡る〈メディアの生涯〉」（坂田謙司）世界思想社 2005.3 p312-298
- ◎参考文献「放送を学ぶ人のために」（小野善邦）世界思想社 2005.4 prr
- ◎参考文献「僕らの「ヤング・ミュージック・ショー」」（城山隆）情報センター出版局 2005.5 2pb
- ○文献リスト「戦争ラジオ記憶」（貴志俊彦ほか）勉誠出版 2006.3 p330-336
- ◎参考文献「ワンセグ入門」（隅倉正隆）インプレスR&D 2006.9 p143-146

放送教育
- ◎引用文献「ボストン公共放送局と市民教育―マサチューセッツ州産業エリートと大学の連携WGBH」（赤堀正宜）東信堂 2001.2 p257-261
- ◎参照文献「学びのメディアとしての放送―放送利用個人学習の研究」（藤岡英雄）学文社 2005.8 p293-300

放送劇
- ◎参考文献「音作り半世紀―ラジオ・テレビの音響効果 新装改訂版」（大和定次）春秋社 2005.5 p326-327

包装食品
- ◎参考文献「包装食品の安全戦略―HACCP導入と危機管理」（横山理雄ほか）日報出版 2002.10 prr

放送番組
- ○文献「社会は笑う―ボケとツッコミの人間関係」（太田省一）青弓社 2002.4 p207-210
- ◎参考文献「物語の放送形態論―仕掛けられたアニメーション番組 新版」（畠山兆子ほか）世界思想社 2006.3 p165-168

放送メディア
- ◎参考文献「放送メディアの歴史と理論」（木村愛二）社会評論社 2005.11 p342-346

方程式
- ◎参考文献「天才数学者はこう解いた、こう生きた―方程式四千年の歴史」（木村俊一）講談社 2001.11 p221-222

法哲学
- ◎関連文献「法概念と法思考」（アルトゥール・カウフマン）昭和堂 2001.4 p128-145
- ◎文献「共和主義法理論の陥穽―システム理論左派からの応答」（エミリオス・A. クリストドゥリディス）晃洋書房 2002.7 p287-300
- ◎文献「法の政治学―法と正義とフェミニズム」（岡野八代）青土社 2002.7 p295-309
- ◎文献「事実性と妥当性―法と民主的法治国家の討議理論にかんする研究 下」（J. ハーバーマス）未来社 2003.5 p7-24b
- ◎文献「立法の復権―議会主義の政治哲学」（J. ウォルドロン）岩波書店 2003.10 p3-13b
- ◎基本文献「法」（守中高明）岩波書店 2005.6 p99-107
- ◎参考文献「法と支援型社会―他者志向的な自由主義へ」（菅富美枝）武蔵野大出版会 2006.1 p185-199
- ◎引用文献「法・権利・正義の哲学―『法の哲学』第五回講義録」（G. W. F. ヘーゲル）晃洋書房 2006.5 p39-41f
- ◎参考文献「共和主義の法理論―公私分離から審議的デモクラシーへ」（大森秀臣）勁草書房 2006.6 p7-16b
- ◎引用参考文献「法的内部観測理論の試み―ルーマン法理論を超えて」（松岡伸樹）ナカニシヤ出版 2006.8 p207-217
- ◎参考文献「法解釈の言語哲学―クリプキから根元的規約主義へ」（大屋雄裕）勁草書房 2006.11 p205-217
- ◎参考文献「公共性の法哲学」（井上達夫）ナカニシヤ出版 2006.12 p359-377

報道
- ◎参考文献「叩かれる女たち―テクスチュアル・ハラスメントとは何か」（長谷川清美）廣済堂出版 2002.6 p244-246
- ◎参考文献「「客観報道」とは何か―戦後ジャーナリズム研究と客観報道論争」（中正樹）新泉社 2006.4 p8-22b

報道写真
- ◎参考文献「報道写真と対外宣伝―十五年戦争期の写真界」（柴岡信一郎）日本経済評論社 2007.1 p157-169

報道被害
- ◎参考文献「報道被害」（梓澤和幸）岩波書店 2007.1 p217-224

冒瀆
- ◎原注文献「冒瀆の歴史―言葉のタブーに見る近代ヨーロッパ」（A. カバントゥ）白水社 2001.9 p285-238

法とコンピュータ
- ○文献目録「法とコンピュータ 24」（法とコンピュータ学会）2006.7 p115-191

防犯
- ◎文献「都市の防犯―工学・心理学からのアプローチ」（樋村恭一）　北大路書房　2003.9　p241-255

宝物集
- ○研究文献目録「宝物集研究　3」（宝物集研究会）　2002.3　p104-108

法文化
- ◎文献案内「法文化の探求―法文化比較にむけて」（角田猛之）　法律文化社　2001.5　p1-21b
- ◎参考文献「比較法文化論」（B.グロスフェルト）　中央大学出版部　2004.10　p323-346

法名
- ◎参考文献「法名戒名データブック四字戒名　戒名（3字目）対応篇」（藤井正雄）　四季社　2005.11　p792-793

亡命
- ◎文献「移動の時代―旅からディアスポラへ」（C.カプラン）　未来社　2003.3　p1-13b
- ◎参考文献「黒髪」（谷村志穂）　講談社　2007.11　p517-520

訪問看護
- ◎文献「足立紀子の在宅看護とは何か」（足立紀子）　医歯薬出版　2003.6　p195-198
- ◎参考文献「訪問看護をささえる心と技術―その人らしく、その家らしく」（加藤基子ほか）　中央法規出版　2003.7　p195-197
- ◎参考文献ほか「在宅看護論　4版」（木下由美子）　医歯薬出版　2004.1　p295-298
- ◎文献「訪問看護―プラクティカルナーシング」（山崎摩耶ほか）　医歯薬出版　2004.7　p235-238

法律
- ◎参考文献「ドイツ法入門　改訂4版」（H.P.マルチュケ）　有斐閣　2000.6　p221-225
- ◎「最高裁判所図書館邦文法律雑誌記事索引　第43号（平成11年報）」（最高裁判所図書館）　法曹会　2001.1　411p B5
- ◎参考文献「空想法律読本」（盛田栄一ほか）　メディアファクトリー　2001.4　p254-255
- ◎「法律図書総目録　2001年版」　法律書・経済書・経営書目録刊行会　2001.4　596p A5
- ◎参考文献（大島俊之）「性同一性障害と法律」（石原明ほか）　晃洋書房　2001.5　p277-280
- ◎参考文献「インターネットの法律実務―新版」（岡村久道ほか）　新日本法規　2002.2　2pf
- ◎「専修大学図書館所蔵泉久雄文庫目録」（専修大学図書館神田分館）　専修大学図書館神田分館　2002.3　160p B5
- ◎法資料手引ほか「フランス法―第2版」（滝沢正）　三省堂　2002.4　p355-359
- ◎「故牧野英一博士寄贈図書目録　新版」（法務図書館）　法務図書館　2002.4　104p A4
- ◎「外国法文献の調べ方」（板寺一太郎）　信山社出版　2002.5　451p A5
- ◎参考文献「法としての社会規範　改訂版」（小石川宣照）　北樹出版　2002.5　p268-269
- ◎文献情報「法律時報　74.13」（日本評論社）　2002.12　p343-321
- ◎文献月報「民事法情報　199」（民事法情報センター）　2003.4　p79-92
- ◎引用参考文献「憲法・法学―学説・判例を学ぶ　改訂版」（木村実）　八千代出版　2003.5　p247-250
- ◎参考文献「はじめて学ぶ法学」（唐澤宏明）　三省堂　2004.4　p225-227
- ◎参考文献「ステップアップ法学」（小林忠正）　成文堂　2004.4　p369-371
- ◎参考引用文献「女性をめぐる法と政策」（高橋保）　ミネルヴァ書房　2004.10　p421-425
- ◎「最高裁判所図書館邦文法律雑誌記事索引DVD 2005年度版」（最高裁判所図書館）　LIC c2005　DVD-ROM1枚　12cm
- ○文献月報「法律時報　77.3」（日本評論社）　2005.3　p153-131
- ◎「法律学習マニュアル　2版」（弥永真生）　有斐閣　2005.3　11, 272p A5
- ◎参考文献「法と現代社会　2版」（三室堯麿ほか）　法律文化社　2005.4　p205-208
- ◎「リーガル・リサーチ　2版」（いしかわまりこほか）　日本評論社　2005.12　10, 406p B6
- ◎参考文献「法学・憲法　3版」（鷲尾祐喜義）　文化書房博文　2006.1　p176-177
- ○文献月報「法律時報　78.3」（日本評論社）　2006.3　p141-118
- ◎参考文献「現代女性と法　改訂版」（中川淳）　世界思想社　2006.3　p295-301
- ◎参考文献「法の基礎概念と憲法　増補版」（長谷川日出世）　成文堂　2006.3　p222-225
- ◎「明治期法律図書目録　明治大学博物館資料目録63」　明治大　2006.3　73p A5
- ◎参考文献「法学原理　3版」（澤木敬郎ほか）　北樹出版　2006.4　p245-246

法律家
- ◎参考文献「アメリカの法律家　新装版」（飯島澄雄）　東京布井出版　2001.7　p509-511
- ◎参考文献「法曹の倫理」（森際康友）　名古屋大学出版会　2005.9　p354-358

法律学
- ◎参考文献「セットアップ法学　改訂版」（三枝有, 鈴木晃）　成文堂　2001.4　p265-267
- ◎参考文献「人間と法―秩序・労働・生命」（土岐茂ほか）　北樹出版　2001.5　p247-250
- ◎参考文献「法的思考のすすめ」（陶久利彦）　法律文化社　2003.1　p141-143
- ◎「リーガル・リサーチ」（いしかわまりこほか）　日本評論社　2003.3　10, 372p B6
- ◎文献「法学入門―法学的ものの考え方を学ぶ」（吉川仁ほか）　嵯峨野書院　2003.4　prr
- ◎参考文献「法の世界」（六本佳平）　放送大教育振興会　2004.3　p262-268

法律事務所
- ◎文献目録（森本敦司）「わが国の法律事務所におけるパラリーガルの育成と有効活用―法律事務所のコンピュータ・セキュリティ」（日弁連法務研究財団）　商事法務　2003.11　p101-109
- ◎文献「パラリーガル　新版」（B.ベルナルド）　信山社出版　2006.2　p247-256

法律文献
- ◎「法律文献学入門―法令・判例・文献の調べ方」（西野喜一）　成文堂　2002.9　7, 203p A5

法律用語
- ◎参考文献「日中法律用語の対照研究―日本語教育の立場から」（陶芸） ブイツーソリューション 2007.9 p236-245

暴力
- ◎参考文献「なぜ男は暴力をふるうのか」（高井高盛） 洋泉社 2001.6 p214-215
- ◎参考資料「女性への暴力―妻や恋人への暴力は犯罪」（いのうえせつこ） 新評論 2001.6 p188-189
- ◎参考文献「ジェンダーと暴力―イギリスにおける社会学的研究」（J. ハマー, M. メイナード） 明石書店 2001.10 p325-346
- ◎参考文献「テロ―現代暴力論」（加藤朗） 中央公論新社 2002.5 p205-208
- ◎書誌情報「ジェンダー白書 1 女性に対する暴力」（北九州市立男女共同参画センター"ムーブ"） 明石書店 2003.1 p162-181
- ◎文献「人はなぜ暴力をふるうのか―共同研究「暴力および暴力論」」（海老沢善一ほか） 梓出版社 2003.12 p1-8b
- ◎文献表「暴力の哲学」（酒井隆史） 河出書房新社 2004.5 p232-237
- ◎参考本「世界はなぜ仲良くできないの?―暴力の連鎖を解くために」（竹中千春） 阪急コミュニケーションズ 2004.6 p253-264
- ◎読書案内（西村明）「暴力 岩波講座宗教8」（池上良正ほか） 岩波書店 2004.9 p280-299
- ◎文献解題「暴力―比較文明史的考察」（山内進ほか） 東京大学出版会 2005.1 p265-284
- ◎参考文献「抗争する人間」（今村仁司） 講談社 2005.3 p255-257
- ◎文献「暴力を考える―キリスト教の視点から」（前島宗甫ほか） 関西学院大出版会 2005.3 prr
- ◎文献「暴力・虐待・ハラスメント―人はなぜ暴力をふるうのか」（藤本修） ナカニシヤ出版 2005.7 p177-184
- ◎引用文献「バイオレンス―攻撃と怒りの臨床社会心理学」（湯川進太郎） 北大路書房 2005.8 p124-139
- ◎基本文献案内「暴力」（上野成利） 岩波書店 2006.3 p119-136
- ◎文献表「イエスと非暴力―第三の道」（W. ウィンク） 新教出版社 2006.11 p107-110
- ◎参考文献「HCR-20―暴力のリスク・アセスメント」（C. D. Webster） 星和書店 2007.5 p73-91
- ◎参考文献「暴力はどこからきたか―人間性の起源を探る」（山極寿一） NHK出版 2007.12 p229-238

暴力団
- ◎参考文献「東京アウトサイダーズ―東京アンダーワールド 2」（R. ホワイティング） 角川書店 2002.4 p2-5b
- ◎参考文献「ジャパニーズ・マフィア―ヤクザと法と国家」（P. B. E. ヒル） 三交社 2007.4 p378-390

ボウリング
- ◎参考文献「世界のボウリング100年の歴史と至難「スポーツ化」に燃えた50年―BOWL-PEN 50th」（大村義和） 遊タイム出版 2007.8 p190-191

法令
- ○資料目録（松村光希子）「参考書誌研究 54」（国立国会図書館） 2001.3 p1-38
- ◎「明治法曹文庫目録」（森上幸雄） 広島修道大図書館 2007.11 127p A4

宝暦騒動
- ◎参考文献「郡上藩宝暦騒動史」（白石博男） 岩田書院 2005.8 p582-586
- ◎参考文献「郡上宝暦騒動の研究」（高橋教雄） 名著出版 2005.11 p404-410

宝暦治水事件
- ◎文献リスト「宝暦治水―歴史を動かした治水プロジェクト」（牛嶋正） 風媒社 2007.1 p276-282

放浪芸人
- ◎文献「中世ヨーロッパ放浪芸人の文化史―しいたげられし楽師たち」（M. バッハフィッシャー） 明石書店 2006.7 p275-281

ポエニ戦争
- ◎参考文献「ローマ・カルタゴ百年戦争」（塚原富衛） 学習研究社 2001.11 p238-239

簿記
- ◎参考文献「現代簿記要説 第2版」（氏原茂樹） 中央経済社 2001.5 p231-232
- ◎参考文献「簿記原理 新訂2版」（濱田弘作） 創成社 2003.4 p407-409
- ◎参考文献「公会計複式簿記の計算構造」（宮本幸平） 中央経済社 2007.9 p145-147

牧場
- ◎文献「嶺岡牧を歩く」（青木更吉） 崙書房出版 2005.9 p227-229
- ◎参考文献「佐倉牧を歩く」（青木更吉） 崙書房出版 2007.5 p226-228

牧草
- ◎文献ほか「牧草・毒草・雑草図鑑」（清水矩宏ほか） 畜産技術協会 2005.3 p265-271

牧畜
- ◎文献案内「現代の牧畜民―乾燥地域の暮らし」（池谷和信） 古今書院 2006.7 p177-190

北米時事
- ◎参考文献「シアトル日刊邦字紙の100年」（有馬純達） 築地書館 2005.12 p218-222

北米自由貿易協定
- ◎参考文献「米州におけるリジョナリズムとFTA」（細野昭雄） 神戸大学経済経営研究所 2002.2 p227-233

北陸街道
- ◎参考文献「越中・能登と北陸街道―街道の日本史 27」（深井甚三） 吉川弘文館 2002.2 p21-23b

北陸地方
- ◎参考文献「極楽―北陸の浄土教美術 平成17年春季特別展」（福井市立郷土歴史博物館） 福井市立郷土歴史博物館 2005.3 p118-119
- ◎参考文献「北陸の玉と鉄―弥生王権の光と影 平成17年秋季特別展」（大阪府立弥生文化博物館） 大阪府立弥生文化博物館 2005.10 p92-93

捕鯨
- ◎参考文献「くじら取りの系譜―概説日本捕鯨史」（中園成生） 長崎新聞社 2001.1 p217-221

○文献解題（信夫隆司）「岩手県立大学総合政策学会ワーキング・ペーパー・シリーズ 18」（岩手県立大）　2004.1　p1-20
◎参考文献「街にクジラがいた風景―オホーツクの捕鯨文化と庶民の暮らし」（菊地慶一）　寿郎社　2004.6　p376-377
◎参考文献「捕鯨 I ものと人間の文化史120-I」（山下渉登）　法政大学出版局　2004.6　p279-287
◎文献一覧「人間と環境と文化―クジラを軸にした一考察」（岩崎Ｇまさみ）　清水弘文堂書房　2005.7　p212-220
◎参考文献「くじら取りの系譜―概説日本捕鯨史　改訂版」（中園成生）　長崎新聞社　2006.7　p217-221
◎参考文献「関門鯨産業文化史」（岸本充弘）　海鳥社　2006.7　p99-102
◎引用文献「捕鯨問題の歴史社会学―近現代日本におけるクジラと人間」（渡邊洋之）　東信堂　2006.9　p205-215

母系社会
◎参考文献「中国雲南摩梭族の母系社会」（遠藤織枝）　勉誠出版　2002.2　p180-182

法華経
◎参考文献「法華経　下　新装版」（藤井教公）　大蔵出版　2001.4　p1179-1187
◎文献「法華経への道―戸津説法」（菅原信海）　春秋社　2002.12　p185-186
◎参考文献「法華経入門」（則武海源）　角川学芸出版　2006.10　p223-226

保健
◎文献「国際保健学講座」（バッシュ）　じほう　2001.3　p515-533
◎参考文献「最新保健学―疫学・保健統計」（野尻雅美）　真興交易医書出版部　2003.12　prr
◎文献「地域保健を支える人材の育成―実態調査と事例から見た将来像」（地域保健従事者の資質の向上に関する検討会）　中央法規出版　2004.1　p205-206
◎参考文献「保健と医療の人類学―調査研究の手引き」（A. ハルドンほか）　世界思想社　2004.10　p295-306

保険
◎参考文献「現代保険業のシステム変動―市場・企業・産業融合」（井口富夫）　NTT出版　2001.2　p221-240
◎参考文献「保険入門」（上山道生）　中央経済社　2001.3　p211-212
○文献目録「保険学雑誌　576」（日本保険学会）　2002.3　p161-196
◎参考文献「保険入門　第2版」（上山道生）　中央経済社　2002.3　p211-212
◎文献「保険の産業分水嶺」（田村祐一郎ほか）　千倉書房　2002.9　p233-244
○文献目録「保険学雑誌　580」（日本保険学会）　2003.3　p181-208
◎文献「新保険論―暮らしと保険」（鈴木辰紀）　成文堂　2003.5　p306-313
◎参考文献「リスクマネジメントと保険の基礎」（赤堀勝彦）　経済法令研究会　2003.10　p369-371
◎文献「保険理論と保険政策―原理と機能」（堀田一吉）　東洋経済新報社　2003.12　p307-324
○文献目録「保険学雑誌　584」（日本保険学会）　2004.3　p171-196

○文献目録「保険学雑誌　588」（日本保険学会）　2005.3　p193-218
◎参考文献「新保険論―暮らしと保険　2版」（鈴木辰紀）　成文堂　2005.4　p300-307
○文献目録「保険学雑誌　592」（日本保険学会）　2006.3　p115-147
◎参考文献「保険問題の諸相」（岡田太志）　千倉書房　2006.3　p205-210
◎参考文献「保険の仕組み―保険を機能的に捉える」（吉澤卓哉）　千倉書房　2006.5　p225-234
◎参考文献「保険市場の経済分析モデル―ポスト・ゲノム時代における」（曽我亘由）　東京経済情報出版　2006.6　p130-133
◎文献一覧「保険契約における損害防止義務―モラル・ハザード防止機能という観点から」（野口夕子）　成文堂　2007.3　p334-342
◎参考文献「生保年金数理　1　理論編　補訂版」（黒田耕嗣）　培風館　2007.6　p255-256

保健室
◎文献「教育の臨床エスノメソドロジー研究―保健室の構造・機能・意味」（秋葉昌樹）　東洋館出版社　2004.2　p223-233

保健体育科
◎文献「新しい体育授業の創造―スポーツ教育の実践モデル」（D. シーデントップ）　大修館書店　2003.7　p177-178
◎文献「保健体育科教育における肥満贏痩概念の基礎的検討」（吉川和利）　渓水社　2004.12　p221-243
◎参考文献ほか「近代日本の体操科授業改革―成城小学校における体操科の「改造」」（木原成一郎）　不昧堂出版　2007.2　p182-214

保険代理店
◎参考文献「保険代理店の「戦略的事務構築論」」（尾籠裕之）　績文堂出版　2006.4　p229-230

保険犯罪
◎参考文献ほか「生命保険犯罪　歴史・事件・対策」（月足一清）　東洋経済新報社　2001.10　p6-19b

保険法
◎参考文献「保険法」（岡田豊基）　中央経済社　2003.6　prr
◎参考文献「保険法　2版」（山下友信ほか）　有斐閣　2004.10　p303-304

保健用食品
◎文献「食品の効きめ事典―特定保健用食品からサプリメント，ハーブまで　糖尿病，がん，肥満など24疾患」（清水俊雄）　真興交易医書出版部　2003.8　p226-227

保険リスク
◎文献「保険リスクの証券化と保険デリバティブ」（ニコラ・ミザーニ）　シグマベイスキャピタル　2002.2　p215-217

歩行
◎文献「筋電図からみた歩行の発達―歩行分析・評価への応用」（岡本勉ほか）　歩行開発研究所　2007.1　p121-123

母語干渉
- ◎参考文献「日本語教育のための誤用分析―中国語話者の母語干渉20例」（張麟声）　スリーエーネットワーク　2001.10　p230-231

菩薩地
- ◎参考文献「『菩薩地』「真実義品」から「摂決択分中菩薩地」への思想展開―vastu概念を中心として」（高橋晃一）　山喜房仏書林　2005.12　p213-222

ボサノヴァ
- ◎参考文献「ボサノヴァの歴史」（R. カストロ）　音楽之友社　2001.2　p469」
- ◎文献「パジャマを着た神様―ボサノヴァの歴史外伝」（R. カストロ）　音楽之友社　2003.4　p296-297

星
- ◎文献「星はなぜ輝くのか」（尾崎洋二）　朝日新聞社　2002.2　p257-258
- ◎引用参考文献「メロスが見た星―名作に描かれた夜空をさぐる」（鮎名博ほか）　祥伝社　2005.11　p257-260

母子関係
- ◎文献「母子関係修復過程に関する実践的研究―祖母元型マトリックス・モデル」（田畑洋子）　風間書房　2002.11　p221-234
- ◎引用文献ほか「母子間の抱きの人間学的研究―ダイナミック・システムズ・アプローチの適用」（西條剛央）　北大路書房　2004.3　p131-140

母子保護
- ◎参考文献「身体をめぐる政策と個人―母子健康センター事業の研究」（中山まき子）　勁草書房　2001.2　p5-19b

捕手
- ◎参考文献「捕手論」（織田淳太郎）　光文社　2002.3　p203-204

保守主義
- ◎人名一覧「保守思想のための39章」（西部邁）　筑摩書房　2002.9　p1-12b
- ◎文献「不完全性の政治学―イギリス保守主義思想の二つの伝統」（A. クイントン）　東信堂　2003.12　p163-167
- ◎書籍文献「アメリカ保守革命」（中岡望）　中央公論新社　2004.4　p241-240

保障
- ◎参考文献「社会保障入門　何が変わったかこれからどうなるか」（竹本善次）　講談社　2001.10　p246-248

補償
- ◎参考文献「戦後補償から考える日本とアジア」（内海愛子）　山川出版社　2002.1　3pb

補助金
- ◎引用参考文献「助成という仕事―社会変革におけるプログラム・オフィサーの役割」（J. J. オロズ）　明石書店　2005.3　p339-348
- ◎参考文献「公的資金助成法精義」（碓井光明）　信山社出版　2007.1　p11-12b

補助金適正化法
- ◎参照文献「補助金適正化法解説―補助金行政の法理と実務　全訂版」（小滝敏之）　全国会計職員協会　2001.11　p497-510

戊辰戦争
- ◎参考文献「よみなおし戊辰戦争　幕末の東西対立」（星亮一）　筑摩書房　2001.6　p204」
- ◎参考文献「戊辰怨念の深層―萩と会津、誇り高く握手を」（畑敬之助）　歴史春秋出版　2002.2　p191-192
- ◎参考文献「白虎隊と会津武士道」（星亮一）　平凡社　2002.5　p221
- ◎参考文献「奥羽列藩同盟の基礎的研究」（工藤威）　岩田書院　2002.10　p475-480
- ◎参考文献「会津戦争全史」（星亮一）　講談社　2005.10　p247-248
- ◎参考文献「戊辰戦争・鳥羽伏見之戦跡をあるく」（服部善彦）　暁印書館　2006.10　p208-212
- ◎参考文献「箱館戦争―北の大地に散ったサムライたち」（星亮一）　三修社　2006.12　p308-309
- ◎参考文献「彰義隊―われら義に生きる」（星亮一）　三修社　2007.12　p320-321
- ◎参考文献「戊辰戦争　戦争の日本史18」（保谷徹）　吉川弘文館　2007.12　p299-303

ポスター
- ◎文献（和爾祥隆）「構成的ポスターの研究―バウハウスからスイス派の巨匠へ」（ポスター共同研究会・多摩美術大学）　中央公論美術出版　2001.11　p271-275
- ◎参考文献「街角に咲いた芸術―世紀末フランスの華麗なポスター」　川崎市市民ミュージアム　2004　p94-95

ポストゲノム
- ◎参考文献「ポストゲノムのゆくえ　新しい生命科学とバイオビジネス」（宮木幸一）　角川書店　2001.6　p173-170
- ◎文献「ポストゲノム情報への招待」（金久實）　共立出版　2001.6　p160-170

ポスト構造主義
- ◎年表「現代フランス思想とは何か―レヴィ＝ストロース、バルト、デリダへの批判的アプローチ」（J. G. メルキオール）　河出書房新社　2002.1　p22-25b

ポストコロニアリズム
- ◎文献案内（本山謙二ほか）「ポストコロニアリズム　思想読本　4」（姜尚中）　作品社　2001.11　p201-204
- ◎ブックガイド「ポストコロニアリズム」（本橋哲也）　岩波書店　2005.1　p223-232
- ◎文献「反・ポストコロニアル人類学―ポストコロニアルを生きるメラネシア」（吉岡政徳）　風響社　2005.1　p263-282
- ◎邦訳文献「文化の場所―ポストコロニアリズムの位相」（H. K. バーバ）　法政大学出版局　2005.2　p34-39b
- ◎参考文献「ポストコロニアリズム」（R. J. C. ヤング）　岩波書店　2005.3　p1-23b
- ◎参照文献「他者の自伝―ポストコロニアル文学を読む」（中井亜佐子）　研究社　2007.12　p327-346

ポストデフレ社会
- ◎注「ポストデフレ社会」（R. ブートル）　東洋経済新報社　2004.4　p1-43b

ポストフェミニズム
- ◎文献年表（竹村和子ほか）「"ポスト"フェミニズム」（竹村和子）　作品社　2003.8　p220-223

ポストモダニズム
- ◎参考文献ほか（杉野健太郎ほか）「ポストモダニズムとは何か」(S. シム)　松柏社　2002.6　p291-299
- ◎文献「消費文化とポストモダニズム　上巻　改訂」(M. フェザーストン)　恒星社厚生閣　2003.10　p151-165
- ◎ブックガイド「知った気でいるあなたのためのポストモダン再入門」(高田明典)　夏目書房　2005.3　p314-338
- ◎参考文献「キーパーソンで読むポストモダニズム」(H. ベルテンスほか)　新曜社　2005.6　p524-564
- ◎ブックガイド「ポストモダンの思想的根拠―9・11と管理社会」(岡本裕一朗)　ナカニシヤ出版　2005.7　p249-266
- ◎参考文献「ポストモダン組織論」(岩内亮一ほか)　同文舘出版　2005.12　p241-263
- ◎参考文献「モダンのクールダウン―片隅の啓蒙」(稲葉振一郎)　NTT出版　2006.4　p242-245
- ◎引用文献「〈遅れ〉の思考―ポスト近代を生きる」(春日直樹)　東京大出版会　2007.3　p217-229
- ◎文献「エコロジーとポストモダンの終焉」(G. マイアソン)　岩波書店　2007.7　p97-99

ホスピス
- ◎参考文献「ターミナルケアの原点」(岡安大仁)　人間と歴史社　2001.4　p263-270
- ◎参考資料「医療はよみがえるか―ホスピス・緩和ケア病棟から」(高橋ユリカ)　岩波書店　2001.5　p347-349
- ◎参考図書「死にゆく患者のメッセージ　訪米医学研修生と在宅ホスピスの人々」(南吉一ほか)　桐書房　2001.6　p211-214
- ◎参考文献「ホスピスという力―死のケアとは何か」(米沢慧)　日本医療企画　2002.10　p228-229
- ◎参考文献「ホスピスのこころ―最期末に人間らしく生きるために」(石垣晴子)　大和書房　2004.8　p237-238

ホスピタリティ
- ◎参考文献「ホスピタリティがお客さまを引きつけるサービス・ロボットからハートに満ちた人間へ」(浦郷義朗)　ダイヤモンド社　2003.7　p225-227
- ◎参考文献「ホスピタリティ学原論」(服部勝人)　内外出版　2004.5　p241-246
- ◎参考文献ほか「ホスピタリティ・マインド実践入門」(石川英夫)　研究社　2007.4　p236-239

墓制
- ◎参考文献「東アジアと日本の考古学　I　墓制(1)」(後藤直, 坂木雅博)　同成社　2001.12　p219-227
- ◎文献「北部九州における弥生時代墓制の研究」(高木暢亮)　九州大学出版会　2003.2　p255-260

母性
- ◎参考文献「母性と父性の人間科学」(根ケ山光一)　コロナ社　2001.12　prr
- ◎文献「母性の喪失と再生―事例にみる「母」としての愛と葛藤」(東山弘子)　創元社　2006.4　p230-237
- ◎文献一覧「表象としての母性」(平林美都子)　ミネルヴァ書房　2006.6　p8-18b

母性愛
- ◎文献「母性愛という制度―子殺しと中絶のポリティクス」(田間泰子)　勁草書房　2001.8　p7-24b

母性保護
- ◎参考文献「社会福祉思想としての母性保護論争―"差異"をめぐる運動史」(今井小の実)　ドメス出版　2005.7　p394-408

保全遺伝学
- ◎引用文献「保全遺伝学」(小池裕子)　東京大学出版会　2003.5　p261-292

舗装
- ○文献「舗装　39.4」(建設図書)　2004.4　p39-42
- ○文献「舗装　42.3」(建設図書)　2007.3　p33-37

墓葬
- ○文献目録(室山留美子)「大阪市立大学東洋史論叢14」(大阪市立大)　2005.3　p93-251

保存科学
- ◎参考文献「文化財のための保存科学入門」(京都造形芸術大)　角川書店　2002.4　prr

ボーダー文化
- ◎入門書「トウガラシのちいさな旅―ボーダー文化論」(越川芳明)　白水社　2006.12　p2-12b

ホタル
- ◎参考文献(須田孫七)「武蔵野市生物生息状況調査報告書　平成12年度」(むさしの自然史研究会)　武蔵野市　2001.3　p402-428
- ◎参考文献「ホタル点滅の不思議―地球の奇跡」(大場信義)　横須賀市自然・人文博物館　2004.7　p187-192

蛍の光
- ○記事抄録(宇田川真紀)「文献探索　2000」(文献探索研究会)　2001.2　p82-85

ボタン
- ◎参考文献(東京家政大服飾文化史研究室)「ボタン博物館」(大隈浩)　東方出版　2002.7　p244-247

墓地
- ◎参考文献「お墓づくりの本」(根来冬二)　築地書館　2002.2　p207-208
- ◎参考文献「江戸の町は骨だらけ」(鈴木理生)　桜桃書房　2002.2　p253-256
- ◎文献「中欧・墓標をめぐる旅」(平田達治)　集英社　2002.6　p299-301

補聴器
- ◎文献「補聴器ハンドブック」(H. Dillon)　医歯薬出版　2004.10　p427-461
- ◎参考文献「補聴の進歩と社会的応用」(小寺一興)　診断と治療社　2006.5　p176-181
- ◎引用文献「聴覚障害児の補聴器装用下における聴能の評価」(中川辰雄)　風間書房　2007.2　p145-152

牧会
- ◎参考文献「神学と牧会カウンセリング」(J. B. カブ)　日本キリスト教団出版局　2005.6　p155-157

北海道
- ○「北の本三〇〇　さっぽろ文庫93」(札幌市教育委員会)　北海道新聞社　2000.6　321p B6
- ◎文献「地域経済発展と労働市場―転換期の地域と北海道」(奥田仁)　日本経済評論社　2001.7　p236-242
- ◎参考文献「北海道音楽史　新装版」(前川公美夫)　亜璃西社　2001.9　p642-656

◎「後藤寿一考古学関係調査資料─目録・図版・解説」（北広島市教育委員会）　北広島市教育委員会　2002.3　107p A4
◎文献「北海道活断層図　No.4　当別断層および南方延長部─活断層図とその解説」（北海道立地下資源調査所）　北海道立地質研究所　2002.3　p90-91
◎引用文献「都市の形成と階層分化─新開地北海道・アフリカの都市システム」（寺谷亮司）　古今書院　2002.4　p325-336
◎文献「畑作経営展開と農業生産組織の管理運営」（松本浩一）　農林統計協会　2002.5　p157-162
◎「北海道市町村区史・誌一覧」（北海道教育大学附属図書館旭川分館）　北海道教育大学附属図書館旭川分館　2002.10　102p A4
◎文献「北海道産業史」（大沼盛男）　北海道大学図書刊行会　2002.11　p332-335
◎参考文献「北海道の森と湿原をあるく」（河井大輔）　寿郎社　2003.4　p11-12b
◎文献「北海道野鳥図鑑」（河井大輔ほか）　亜璃西社　2003.5　p396-397
◎参考文献「北海道人と風土の素描」（武井時紀）　北海道出版企画センター　2003.6　p292-295
◎文献「最盛期の駅逓制度を探る─明治末期から大正期にライトを当てる」（宇川隆雄）　響文社　2003.7　p199-200
◎参考文献「続縄文・オホーツク文化」（野村崇ほか）　北海道新聞社　2003.7　p223-234
◎文献「北海道　日本の地形2」（小疇尚ほか）　東京大学出版会　2003.8　p335-351
◎文献「北海道の自然史」（赤松守雄）　北海道出版企画センター　2003.9　p256-280
◎文献「北海道医学教育史攷」（小竹英夫）　北海道出版企画センター　2003.11　p455-459
◎「北海道図書館史新聞資料集成　明治・大正期篇」（藤島隆）　北海道出版企画センター　2003.11　4,364p B5
◎参考文献「蝦夷島と北方世界　日本の時代史19」（菊池勇夫）　吉川弘文館　2003.12　p297-314
◎注「北海道仏教史の研究」（佐々木馨）　北大図書刊行会　2004.2　prr
◎参考文献「蝦夷地から北海道へ　街道の日本史2」（田端宏）　吉川弘文館　2004.3　p22-25b
◎参考文献「弥生のころの北海道─平成16年春季特別展」（大阪府立弥生文化博物館）　弥生文化博物館　2004.4　p86-89
◎参考文献「追及・北海道警「裏金」疑惑」（北海道新聞取材班）　講談社　2004.8　p482-483
◎参考文献「遺跡が語る北海道の歴史─財団法人北海道埋蔵文化財センター25周年記念誌」（北海道埋蔵文化財センター）　北海道埋蔵文化財センター　2004.11　p197-204
◎参考文献「北の水彩─みづゑを愛した画家たち」（佐藤由美加）　北海道新聞社　2005.3　p152-160
○山の仲間と五十年（秀岳荘）　2005.4　p1-28b
◎「北海道の地名関係文献目録」（高木崇世芝）　サッポロ堂書店　2005.6　26p B5
◎文献(高澤光雄)「北海道酪農の生活問題」（河合知子）　筑波書房　2005.6　p141-146
◎参考文献「アイヌの道　街道の日本史1」（佐々木利和ほか）　吉川弘文館　2005.7　p15-17b

◎参考文献「北海道・東北の力石」（高島愼助）　岩田書院　2005.11　p266-279
○参考文献「函館と北海道の開拓都市　日本の美術475」（至文堂）　2005.12　p86
◎参考引用文献「発達障害児教育実践史研究─戦前の北海道における特別教育の成立と教育理念・目標・内容・方法」（市澤豊）　多賀出版　2006.1　p375-394
◎参考文献ほか「エゾの歴史─北の人びとと「日本」」（海保嶺夫）　講談社　2006.2　p298-308
◎「『北海タイムス』掲載のサハリン及び北海道先住民族に関する記事データベース　1926.12.25-1935.12.31」（田口正夫）　北海道大　2006.3　145p A4
◎参考文献「大規模畑作経営の展開と存立条件」（平石学）　農林統計協会　2006.3　p178-182
◎参考文献「旭川・アイヌ民族の近現代史」（金倉義慧）　高文研　2006.4　p552-556
◎引用参考文献「ものとテクノロジー─北海道の物質文化研究」（氏家等）北海道出版企画センター　2006.7　p232-246
◎知るための本「北海道の不思議事典」（好川之範ほか）新人物往来社　2006.8　p224-229
◎文献目録「北海道における細石刃石器群の研究」（山田哲）　六一書房　2006.12　p227-244
◎参考文献「北海道の歴史　下　近代・現代編　新版」（関秀志ほか）　北海道新聞社　2006.12　p16-24b
◎参考文献「北海道の歴史散歩」（北海道高等学校日本史教育研究会）　山川出版社　2006.12　p325-326
◎参考文献「北海道の活火山」（勝井義雄ほか）　北海道新聞社　2007.1　p207-219
◎参考文献「アイヌ語地名　3　北見」（伊藤せいち）　北海道出版企画センター　2007.2　p231-236
◎引用文献「北海道高山植生誌」（佐藤謙）　北海道大出版会　2007.2　p621-638
◎引用参考文献「移住とフォークロア─北海道の生活文化研究」（氏家等）北海道出版企画センター　2007.3　p220-235
◎引用文献「極東ロシアの先史文化と北海道─紀元前1千年紀の考古学」（福田正宏）　北海道出版企画センター　2007.3　p199-212
◎参考資料「蝦夷地の征服─1590-1800─日本の領土拡張にみる生態学と文化」（B.L.ウォーカー）　北海道大出版会　2007.4　p17-38b
◎「北海道歌書年表　増補版」（坂田資宏）　〔坂田資宏〕　2007.5　141,27,45p B5
◎参考文献「語りつぐ北海道空襲」（菊地慶一）　北海道新聞社　2007.8　p352-359

北海道　岩内港
　◎参考文献「岩内築港の変遷─地域の隆盛を先導した港」　北海道開発局　2004.3　p244-245

北海道　雨竜原野
　◎参考文献「雨竜原野」（橋本とおる）　橋本とおる　2006.12　p636-641

北海道　蝦夷
　◎参考文献「蝦夷の古代史」（工藤雅樹）　平凡社　2001.1　p250-251
　◎注「古代東北の蝦夷と北海道」（関口明）　吉川弘文館　2003.1　prr
　◎参考文献「アイヌ民族史の研究─蝦夷・アイヌ観の歴史的変遷」（児島恭子）　吉川弘文館　2003.2　p421-452

北海道
◎参考文献「蝦夷の地と古代国家」(熊谷公男) 山川出版社 2004.3 3pb
◎参考文献「蝦夷地から北海道へ 街道の日本史2」(田端宏) 吉川弘文館 2004.3 p22-25b
◎参考文献「古代蝦夷と律令国家」(蝦夷研究会) 高志書院 2004.9 prr
◎参考文献ほか「エゾの歴史―北の人びとと「日本」」(海保嶺夫) 講談社 2006.2 p298-308
◎文献総覧「蝦夷の考古学」(松本建速) 同成社 2006.8 p221-235
◎参考文献「全国「別所」地名事典―鉄と俘囚の民俗誌―蝦夷「征伐」の真相 下」(柴田弘武) 彩流社 2007.10 p863-864

北海道 江別市
◎参考文献ほか「原始林は「拓かれて」残された。」(仙北富志和) 柏艪舎 2007.7 p215-219

北海道 大倉山
◎参考文献「大倉山物語」(札幌市教育委員会) 札幌市 2001.3 p314-316

北海道 小樽図書館
○新聞記事目録(藤島隆)「文献探索 2003」(文献探索研究会) 2003.12 p340-344

北海道 帯広
○記事目録(小川正人, 山田伸一)「帯広百年記念館紀要 19」(同記念会) 2001.3 p1-42

北海道 開拓
◎参考文献「北海道に渡った仙台藩士たち―角田・亘理・岩出山・白石・柴田藩の集団移住」(鈴木常夫) 本の森 2005.3 p166-167
◎参考文献「雨竜原野」(橋本とおる) 橋本とおる 2006.12 p636-641

北海道 開発局
◎文献「北海道開発局とは何か―GHQ占領下における「二重行政」の始まり」(伴野昭人) 寿郎社 2003.10 p322-323

北海道 北村
◎参考文献「北村百年史」(北村百年史さん委員会) 北村 2004.3 p1489-1493

北海道 札幌市
◎参考文献「大倉山物語」(札幌市教育委員会) 札幌市 2001.3 p314-316
◎本ほか「札幌はなぜ、日本人が住みたい街No.1なのか」(林心平) 柏艪舎 2007.4 p169-177

北海道 札幌市教育会図書館
○関係資料(藤島隆)「北の文庫 44」(北の文庫の会・札幌) 2006.9 p23-30

北海道 札幌農学校
◎文献「札幌農学校・北海道大学百二十五年―クラーク精神の継承と北大中興の祖・杉野目晴貞」(蝦名賢造) 西田書店 2003.1 p253-254
◎参考文献「札幌農学校の忘れられたさきがけ―リベラル・アーツと実業教育」(松沢真子) 北海道出版企画センター 2005.11 p123-127

北海道 さっぽろ文庫
◎「さっぽろ文庫総目次―第1巻(昭和52年)～第100巻(平成14年)」(札幌市教育委員会文化資料室) 札幌市 2002.3 245p A5

北海道 清水町
◎参考文献「清水町百年史」(編さん委員会) 清水町 2005.2 3pb

北海道 斜里町
◎参考文献「もうひとつの知床―戦後開拓ものがたり」(菊地慶一) 北海道新聞社 2005.9 p194-195
◎参考文献「知床開拓スピリット―栂嶺レイ写真集」(栂嶺レイ) 柏艪舎 2007.12 p251」

北海道 白滝遺跡
◎参考文献「北の黒曜石の道―白滝遺跡群」(木村英明) 新泉社 2005.2 p92」

北海道 知床半島
◎文献「知床の魚類」(斜里町立知床博物館) 北海道新聞社 2003.6 p237-238
◎文献リスト(堀繁久)「知床の昆虫」(斜里町立知床博物館) 北海道新聞社 2003.12 p236-238
◎文献リスト「知床の植物 1 」(斜里町立知床博物館) 北海道新聞社 2005.11 p234-238
◎文献リスト「知床の植物 2」(斜里町立知床博物館) 北海道新聞社 2007.1 p235-238

北海道 正調北海盆踊保存会
◎参考文献「正調北海盆踊りと旭川夏まつり―正調北海盆踊保存会史」(金巻鎮雄) 正調北海盆太鼓保存会 2006.3 p218-219

北海道 常呂遺跡群
◎参考文献「常呂遺跡群」(武田修) 同成社 2006.8 p173-175

北海道 豊浦町
◎参考文献「新・豊浦町史」(編纂委員会) 豊浦町 2004.3 p536-538
◎参考文献「新・豊浦町史」(新・豊浦町史纂委員会) 豊浦町 2004.3 p536-538

北海道 名寄市
◎文献「新名寄市史 第3巻」(名寄市史編さん委員会) 名寄市 2002.3 p529-538

北海道 根室
○文献解題(城田貴子ほか)「根室市博物館開設準備室紀要 18」(博物館開設準備室) 2004.3 p45-64
◎参考文献「根室港建設史―時代の流れに培われた北の港」 北海道開発局釧路開発建設部 2005.3 p284-285

北海道 根室半島
◎参考文献「根室半島植物分布調査報告書」 根室市教委 2007.3 p75-77

北海道 函館市
○「市立函館図書館蔵郷土資料 分類・目録 第17分冊 著作目録」(市立函館図書館) 市立函館図書館 2001.1 101p B5
◎参考文献「外国人が見た十九世紀の函館」(ヘルベルト・プルチョウ) 武蔵野書院 2002.7 p267-271

北海道　フゴッペ洞窟
◎参考文献「フゴッペ洞窟・岩面刻画の総合的研究」（小川勝）　中央公論美術出版　2003.12　p277-281

北海道　幌内鉄道
◎文献「幌内鉄道史―義経号と弁慶号」（近藤喜代太郎）　成山堂書店　2005.10　p4-6b

北海道　増毛町
◎参考文献「新増毛町史」（新増毛町史編さん委員会）　増毛町　2006.3　p1292-1300

北海道　松前郡
◎参考文献「津軽・松前と海の道」（長谷川成一）　吉川弘文館　2001.1　p20-21b

北海道　夕張市
◎参考文献「夕張問題」（鷲田小彌太）　祥伝社　2007.5　p209-211

北海道史研究協議会
◎刊行書一覧「北海道の歴史と文化―その視点と展開」（北海道史研究協議会）　北海道出版企画センター　2006.9　p534-538

北海道大学
◎参考文献「北大の125年」（北海道大学125年史編集室）　北海道大学　2001.3　p125-126
◎文献「札幌農学校・北海道大学百二十五年―クラーク精神の継承と北大中興の祖・杉野目晴貞」（蝦名賢造）　西田書店　2003.1　p253-254

北極地方
◎註「極北　世界の食文化30」（岸上伸啓ほか）　農文協　2005.3　prr

法句経
◎参考文献「真理の灯龕―ブッダの言葉・30講」（可藤豊文）　晃洋書房　2004.11　p223-227

北国街道
◎参考文献「北国街道　東北信濃と上越　街道の日本史25」（古川貞雄ほか）　吉川弘文館　2003.4　p22-25b

北國新聞
○記事年表稿（森英一）「金沢大学教育学部紀要　人文科学・社会科学編　53」（金沢大）　2004.2　p72-56
○記事年表（森英一）「金沢大学教育学部紀要　人文科学・社会科学編　54」（金沢大）　2005.2　p92-79
○文芸記事年表（森英一）「金沢大学教育学部紀要　人文科学・社会科学編　55」（金沢大）　2006.2　p46-33
○記事年表（森英一）「金沢大学教育学部紀要　人文科学・社会科学編　56」（金沢大）　2007.2　p94-78

発心集
○文献目録（林雅彦ほか）「中央大学国文　50」（中央大）　2007.3　p53-68

ポップス
◎参考文献「メガヒッツ!―ロックポップ名盤物語」（杉原志啓）　まどか出版　2004.6　p236-237

北方教育
◎「畠山哲也収集北方教育関係文献・資料目録―北方教育文庫　八竜町教育委員会所蔵」　北方教育研究会　2000.11　48p B5

北方史
◎注文献「アイヌと「日本」　民族と宗教の北方史」（佐々木馨）　山川出版社　2001.11　prr

北方出版社
○出版物（出村文理）「北の文庫　40」（北の文庫の会）　2005.3　p19-33

北方狩猟民
◎参考文献「北方狩猟民の民族考古学」（佐藤宏之）　北海道出版企画センター　2000.12　p236-247

北方文化
◎「早稲田大学各図書館所蔵の北方言語・文化に関する文献リスト　（語研選書　36）」（早稲田大学語学教育研究所北方言語・文化研究会）　早稲田大　2003.3　581p A4

北方民族
○のるりすと（笹倉いる美）「北海道立北方民族博物館研究紀要　12」（北海道立北方民族博物館）　2003.3　p93-100
◎引用参考文献「北方狩猟・漁撈民の考古学」（山浦清）　同成社　2004.7　p295-330
◎文献目録「サハリン北方先住民族文献集　人類学・民族学篇　1905-1945」（菊池俊彦）　北海道大　2006.1　p215-208

北方領土
◎参考文献「「北方領土」上陸記」（上坂冬子）　文藝春秋　2003.10　p262-263
◎参考文献「アイヌ・北方領土学習にチャレンジ―ワークブック」（平山裕人）　明石書店　2005.1　p223-227
◎参考文献「北方領土問題―4でも0でも、2でもなく」（岩下明裕）　中央公論新社　2005.12　p255-264

ホツマツタエ
◎参考文献「神代の風儀　「ホツマツタエ」の伝承を解く　改訂新版」（鳥居礼）　新泉社　2003.3　p475-477

ボディイメージ
◎引用文献「幼児期のボディ・イメージと運動能力」（田中千恵）　ミネルヴァ書房　2006.11　prr

ボディランゲージ
◎参考文献「ボディ・ランゲージ―現代スポーツ文化論」（アンドリュー・ブレイク）　日本エディタースクール出版部　2001.3　p330-333
◎文献「動作と行動の意味論―非言語伝達の研究」（中野道雄）　英宝社　2002.2　p253-258
◎参考文献「ジェスチャー―考えるからだ」（喜多壮太郎）　金子書房　2002.3　p176-183
◎参考文献「発話にともなう身振りの機能」（西尾新）　風間書房　2006.4　p227-237

ポテト
◎参考文献「じゃがいもが世界を救った　ポテトの文化史」（L.ザッカーマン）　青土社　2003.4　p1-10b

ホテル
◎参考文献「ホテル産業のグローバル戦略」（フランク・M.ゴー、レイ・パイン）　白桃書房　2002.2　p353-387
◎参考文献「大手民鉄のホテル戦略―所有・経営・運営の事業形態」（柳田義男）　交通新聞社　2002.5　p197-207

◎参考文献「ホテルと日本近代」（富田昭次）　青弓社　2003.5　p255-261
◎文献「リアルホテル」（佐久良翔）　鳥影社　2003.5　p210-211
◎参考文献「新総支配人論―グローバルホテル経営の日本的着地を目指して」（仲谷秀一）　嵯峨野書院　2004.10　p135-137
◎引用参考文献「日本のホテル産業100年史」（木村吾郎）　明石書店　2006.2　p361-376
◎参考文献「ホテルの社会史」（富田昭次）　青弓社　2006.4　p246-249
◎参考文献「ホテル起業の基本―ホテル産業に足跡を残したホテリエに学ぶ」（春口和彦）　日本ホテル教育センター　2006.11　p168-169
◎参考文献「ホスピタリティ・マーケティング―感性ゆたかなホテルを創る」（杉原涼子）　嵯峨野書院　2007.9　p121-124

ポートフォリオセレクション
◎参考文献「戦略的アセットアロケーション―長期投資のための資産配分の考え方」（J.Y.キャンベルほか）　東洋経済新報社　2005.2　p239-254

哺乳類
参考文献「死物学の観察ノート　身近な哺乳類のプロファイリング」（川口敏）　PHP研究所　2001.6　3pb
◎参考文献「絶滅哺乳類図鑑」（冨田幸光）　丸善　2002.3　p216-218
◎文献「哺乳類の進化」（遠藤秀紀）　東京大学出版会　2002.12　p319-363
◎引用文献「小さな哺乳類」（木村吉幸）　歴史春秋出版　2004.5　p173-180
◎参考文献「日本の哺乳類　改訂版」（阿部永ほか）　東海大学出版会　2005.7　p194-200
◎参考文献「哺乳類天国―恐竜絶滅以後、進化の主役たち」（D.R.ウォレス）　早川書房　2006.7　p431-453
◎参考文献「図説アフリカの哺乳類―その進化と古環境の変遷」（A.Turner）　丸善　2007.4　p239-252
◎文献「野生動物発見!ガイド―週末の里山歩きで楽しむアニマルウォッチング」（福田史夫ほか）　築地書館　2007.5　p168-169
◎引用文献「日本産哺乳類頭骨図説　増補版」（阿部永）　北海道大出版会　2007.10　p280-282

骨
◎参考図書「骨と骨組みのはなし」（神谷敏郎）　岩波書店　2001.6　p201-202
◎文献「骨の事典」（鈴木隆雄ほか）　朝倉書店　2003.6　prr

墓碑
◎文献「図説徳川将軍家・大名の墓―江戸の残照をたずねて　増補版」（河原芳嗣）　アグネ技術センター　2003.3　p305-306
◎資料状況「亀の碑と正統―領域国家の正統主張と複数の東アジア冊封体制観」（平勢隆郎）　白帝社　2004.2　p195-174
◎文献目録「イタリアの記念碑墓地―その歴史と芸術」（竹山博英）　言叢社　2007.6　p310-313
◎参考文献「どうぶつのお墓をなぜつくるか―ペット埋葬の源流・動物塚」（依田賢太郎）　社会評論社　2007.7　p191-195

ポピュラー音楽
◎参考文献「ギターは日本の歌をどう変えたか―ギターのポピュラー音楽史」（北中正和）　平凡社　2002.6　p191-194
◎文献「『イエスタデイ・ワンス・モア』の秘密」（土屋唯之）　南雲堂　2002.9　p195-197
◎参考文献「ポピュラー音楽へのまなざし　売る・読む・楽しむ」（東谷護）　勁草書房　2003.5　p12-13b
◎参考文献「トリオ・ロス・パンチョスを憶えていますか？―メキシコポピュラー音楽の歴史」（仲村聡）　つげ書房新社　2003.8　p293-294
○邦文書目（三井徹）「ポピュラー音楽研究　8」（日本ポピュラー音楽学会）　2004　p106-115
◎参考文献「ポピュラー音楽理論入門」（K.ニーガス）　水声社　2004.4　p355-376
◎参考文献「ポピュラー音楽をつくる―ミュージシャン・創造性・制度」（J.トインビー）　みすず書房　2004.11　p9-31b
○Books in English（三井徹）「ポピュラー音楽研究　9」（日本ポピュラー音楽学会）　2005　p56-85
◎参考文献「ポピュラー・ミュージック・スタディズ―人社学際の最前線」（J.シェパード）　音楽之友社　2005.3　p211-261
◎参考文献「進駐軍クラブから歌謡曲へ―戦後日本ポピュラー音楽の黎明期」（東谷護）　みすず書房　2005.4　p5-13b
◎参考文献「僕らの「ヤング・ミュージック・ショー」」（城山隆）　情報センター出版局　2005.5　2pb
◎参考文献「シックスティーズ・グラフィティ―新時代の幕を開けた1960～1962年」（石井満）　文芸社　2005.11　p313-316

ポピュラー文化
◎文献「アイデンティティの音楽　メディア・若者・ポピュラー文化」（渡辺潤）　世界思想社　2000.12　p288-299
◎引用文献「トランスナショナル・ジャパン―アジアをつなぐポピュラー文化」（岩渕功一）　岩波書店　2001.2　p1-24b
◎文献リスト「ポピュラー文化論を学ぶ人のために」（D.ストリナチ）　世界思想社　2003.10　p362-340
◎文献ガイド「実践ポピュラー文化を学ぶ人のために」（渡辺潤ほか）　世界思想社　2005.5　prr

ポピュリズム
◎参考文献「日本型ポピュリズム―政治への期待と幻滅」（大嶽秀夫）　中央公論新社　2003.8　p293-300

補文構造
◎参考文献「補文構造」（桑原和生, 松山哲也）　研究社出版　2001.5　p193-204

歩兵隊
◎引用文献「幕府歩兵隊―幕末を駆けぬけた兵士集団」（野口武彦）　中央公論新社　2002.11　p289-295
◎文献「図解日本陸軍歩兵　2版」（田中正人）　並木書房　2006.5　p258-259

ホームズ,S.
◎年表「明治期シャーロック・ホームズ翻訳集成　3」（川戸道昭ほか）　アイアールディー企画　2001.1　p1-7b
○書誌（佐竹潤子）「文献探索　2000」（文献探索研究会）　2001.2　p299-308

○記事抄録（中西裕）「文献探索 2000」（文献探索研究会） 2001.2 p400-404
◎「日本におけるシャーロック・ホームズ 翻訳研究・書誌シリーズ2」（川戸道昭ほか） ナダ出版センター 2001.9 280p A5
◎参考文献「シャーロック・ホームズの事件簿―シャーロック・ホームズ全集 9」（C.ドイル） 河出書房新社 2002.1 p578-592
○海外文献案内（鈴木利男）「ホームズの世界 29」（日本シャーロック・ホームズ・クラブ） 2006.12 p38-46

ホームセキュリティ
◎文献「ホームセキュリティ―セキュリティのABCから導入実践まで」（竹中新策） 電気書院 2005.1 p290-291

ホームページ
◎参考文献「キラーコンテンツ―ブロードバンド時代のWebコンテンツビジネス戦略」（メイ＝ラン・トムスン） ピアソン・エデュケーション 2002.1 p211-215

ホームヘルパー
◎文献「精神障害者のホームヘルプサービス―そのニーズと展望」（大島巌ほか） 中央法規出版 2001.11 p235-238
◎参考文献「ヘルパーの能力開発と雇用管理」（佐藤博樹ほか） 勁草書房 2006.9 p175-180

ホームレス
◎参考文献「欧米のホームレス問題 実態と政策 上」（小玉徹ほか） 法律文化社 2003.2 prr
◎参考文献「ホームレス問題何が問われているのか」（小玉徹） 岩波書店 2003.3 p63」
◎文献「偏見から共生へ 名古屋発・ホームレス問題を考える」（藤井克彦ほか） 風媒社 2003.4 p337-349
◎参考文献ほか「欧米のホームレス問題―支援の実例 下」（中村健吾ほか） 法律文化社 2004.3 prr
◎引用文献「現代アメリカにおけるホームレス対策の成立と展開」（小池隆生） 専修大出版局 2006.3 p257-267
◎参考文献「ホームレス自立支援システムの研究」（麦倉哲） 第一書林 2006.5 p609-629

ホメオパシー
◎文献「ホメオパシー大百科事典」（アンドルー・ロッキー） 産調出版 2002.9 p314-315

ホモ・コントリビューエンス
◎参考文献「貢献する気持ち ホモ・コントリビューエンス」（滝久雄） 紀伊國屋書店 2001.5 1pb

ホラー
◎ブックガイド（諸岡卓真）「ホラー・ジャパネスクの現在」（一瀬廣孝ほか） 青弓社 2005.11 p225-233

ホラー小説
◎参考文献「ホラー小説大全―増補版」（風間賢二） 角川書店 2002.7 p1-11b
◎「ホラー小説時評 1990-2001」（東雅夫） 双葉社 2002.8 414p 46s

ボランティア
◎参考文献「大学とボランティア スタッフのためのガイドブック」（内外学生センター） 内外学生センター 2001.2 p244-250
◎推薦文献「ボランティア学のすすめ」（内海成治） 昭和堂 2001.6 p266-269
◎参考図書「精神保健福祉ボランティア―精神保健と福祉の新たな波」（石川到覚） 中央法規出版 2001.8 p191-192
◎参考文献「「ボランティア」の文化社会学」（小澤亘） 世界思想社 2001.9 p263-267
◎200冊「国際ボランティアNGOガイドブック―いっしょにやろうよ 新版」（NGO情報局） 三省堂 2001.11 p174-182
◎参考文献「ボランタリー活動の成立と展開―日本と中国におけるボランタリー・セクターの理論と可能性」（李妍焱） ミネルヴァ書房 2002.3 p319-326
◎文献「震災ボランティアの社会学―〈ボランティア＝NPO〉社会の可能性」（山下祐介，菅磨志保） ミネルヴァ書房 2002.11 p303-318
◎文献「市民教育とは何か―ボランティア学習がひらく」（長沼豊） ひつじ書房 2003.3 p219-221
◎注「大学生とボランティアに関する実証的研究」（佐々木直道） ミネルヴァ書房 2003.6 prr
◎文献「団塊の世代が切り拓く新しい市民社会―マスターズ市民白書―マスターズボランティアの可能性」（「マスターズ市民白書」編集委員会） 大阪ボランティア協会 2003.6 p149-156
◎文献「公共圏とデジタル・ネットワーキング」（干川剛史） 法律文化社 2003.7 p249-251
◎文献「希望への力―地球市民社会の「ボランティア学」」（興梠寛） 光生館 2003.9 p233-234
○文献一覧「ボランティア学研究 4」（国際ボランティア学会） 2003 p131-154
◎参考文献「望みの朝を待つときに―共に生きる世界を」（小暮修也） いのちのことば社 2004.2 p75-76
◎参考文献「ボランティア論」（蘭田碩哉） ヘルス・システム研究所 2004.3 p144-145
◎参考文献「スポーツ・ボランティアへの招待―新しいスポーツ文化の可能性」（山口泰雄） 世界思想社 2004.4 prr
◎文献解題「ボランティア・NPOの組織論―非営利の経営を考える」（田尾雅夫ほか） 学陽書房 2004.4 p212-216
◎参考文献「参加して学ぶボランティア」（立田慶裕） 玉川大学出版部 2004.9 prr
◎参考文献「ボランティア活動の倫理―阪神・淡路大震災からサブシステンス社会へ」（西山志保） 東信堂 2005.1 p226-241
◎参考文献「ボランティアのすすめ―基礎から実践まで 実践のすすめ」（守本友美ほか） ミネルヴァ書房 2005.4 p236-239
◎参考文献「ボランタリー活動とプロダクティヴ・エイジング」（齊藤ゆか） ミネルヴァ書房 2006.1 p383-410
◎参考文献「ボランティアコーディネーター白書 2005・2006年版」（日本ボランティアコーディネーター協会） 大阪ボランティア協会 2006.2 p149-151
◎参考文献「ボランティア論」（川村匡由） ミネルヴァ書房 2006.2 prr
◎ブックガイド「海外で輝く―シニアのための国際ボランティアガイド」（国際協力出版会） 国際協力出版会 2006.4 p110-114

- ◎参考文献「現代ボランティア論」(池田幸也)　久美　2006.9　prr
- ◎参考文献「ボランティアマネジメント―自発的行為の組織化戦略」(桜井政成)　ミネルヴァ書房　2007.4　p215-226
- ◎参考文献ほか「ボランティア活動の論理―ボランタリズムとサブシステンス　改訂版」(西山志保)　東信堂　2007.4　p248-264
- ◎文献「高校生のボランティア学習―学校と地域社会における支援のあり方」(林幸克)　学事出版　2007.8　p227-237
- ◎参考文献「ボランティア社会の誕生―欺瞞を感じるからくり」(中山淳雄)　三重大出版会　2007.9　p234-246
- ◎引用参考文献「福祉ボランティア論」(三本松政之ほか)　有斐閣　2007.9　prr
- ◎参考文献「ボランティアコーディネーターの実践―地域福祉を拓く」(平坂義則ほか)　久美　2007.10　p119-120

ポーランド
- ◎文献「ポーランドを知るための60章」(渡辺克義)　明石書店　2001.9　p253-263
- ◎参考文献「ポーランド人の姓名―ポーランド固有名詞学研究序説」(渡辺克義)　西日本法規出版　2005.11　p106-110
- ◎参考文献「ポーランド学を学ぶ人のために」(渡辺克義)　世界思想社　2007.3　prr

ポーランド　アウシュビッツ
- ◎参考文献「アウシュヴィッツの残りもの　アルシーブと証人」(G.アガンベン)　月曜社　2001.9　p1-5b
- ◎原注「アウシュヴィッツと知識人―歴史の断絶を考える」(E.トラヴェルソ)　岩波書店　2002.1　p247-291
- ◎主要文献「希望への扉―心に刻み伝えるアウシュヴィッツ」(山田正行)　同時代社　2004.3　p352-356
- ◎参考文献「アウシュヴィッツと〈アウシュヴィッツの嘘〉」(T.バスティアン)　白水社　2005.6　p1-4b
- ◎文献一覧「アウシュヴィッツの〈回教徒〉―現代社会とナチズムの反復」(柿本昭人)　春秋社　2005.10　p1-17b
- ◎原注ほか「イメージ、それでもなお―アウシュヴィッツからもぎ取られた四枚の写真」(G.ディディ=ユベルマン)　平凡社　2006.8　p239-303

ポーランド　映画
- ◎注釈「ポーランド映画史」(M.ハルトフ)　凱風社　2006.6　p423-392

ポーランド　経済
- ◎文献「ポーランド経済―体制転換の観点から　最新版」(木村武雄)　創成社　2003.4　p347-370
- ◎参考文献「ポーランド経済―体制転換の観点から　最新2版」(木村武雄)　創成社　2005.3　p347-370
- ◎文献一覧「ポーランド体制転換論―システム崩壊と生成の政治経済学」(田口雅弘)　御茶の水書房　2005.5　prr

ポーランド　美術
- ◎参考文献「ポーランドの建築・デザイン史―工芸復興からモダニズムへ」(D.クラウリー)　彩流社　2006.3　p44-50b

ポーランド　ポズナン市
- ◎参考文献「統制経済と食糧問題―第一次大戦期におけるポズナン市食糧政策」(松家仁)　成文社　2001.12　p289-299

ポーランド　歴史
- ◎文献目録「近世ポーランド「共和国」の再建―四年議会と五月三日憲法への道」(白木太一)　彩流社　2005.7　p42-54b
- ◎文献目録「ポーランドの貴族の町―農民解放前の都市と農村、ユダヤ人」(山田朋子)　刀水書房　2007.10　p335-322

ポーランド　ワルシャワ
- ◎参考書「記憶するワルシャワ―抵抗・蜂起とユダヤ人援助組織ZEGOTA「ジェゴタ」」(尾崎俊二)　光陽出版社　2007.7　p24-29b

堀河百首
- ◎参考文献(久保田淳ほか)「堀河院百首和歌―和歌文学大系　15」(青木賢豪ほか)　明治書院　2002.10　p334-337

ポリグラフ鑑定
- ◎文献「ポリグラフ鑑定―虚偽の精神生理学」(山村武彦)　誠信書房　2006.4　p239-261

ホリスティック医学
- ◎参考文献ほか「ホリスティック医学」(日本ホリスティック医学協会)　東京堂出版　2007.11　p176-187

ホリスティック教育
- ◎ブックリスト「ホリスティック教育入門　復刻・増補版」(日本ホリスティック教育協会)　せせらぎ出版　2005.3　p158-176

ポリネシア
- ◎参考文献「海のモンゴロイド―ポリネシア人の視点をもとめて」(片山一道)　吉川弘文館　2002.4　p1-3b

ポリネシア人
- ◎文献「海を渡ったモンゴロイド―太平洋と日本への道」(後藤明)　講談社　2003.3　p269-276

堀野屋
- ○出版年表稿(金井圭太郎)「書籍文化史　5」(鈴木俊幸)　2004.1　p6-9

ボリビア
- ◎ブックガイド「ボリビアを知るための68章」(眞鍋周三)　明石書店　2006.4　p391-396

堀部弥兵衛
- ◎参考資料「それぞれの忠臣蔵―堀部弥兵衛・清水一角・秀山十種の内松浦の太鼓―第257回歌舞伎公演」(国立劇場)　日本芸術文化振興会　2007.12　p18-20

捕虜
- ◎参考文献「捕虜―誰も書かなかった第二次大戦ドイツ人虜囚の末路」(P.カレル, G.ベデカー)　学習研究社　2001.11　p1-6b
- ◎参考文献「連合軍捕虜の墓碑銘」(笹本妙子)　草の根出版会　2004.8　p277-282
- ◎参考文献「消えた遺骨―フェザーストン捕虜収容所暴動事件の真実」(A.L.ツジモト)　芙蓉書房出版　2005.2　p214-215

ほる

◎参考文献「日本軍の捕虜政策」（内海愛子）　青木書店　2005.4　p641-655
◎参考文献「捕虜たちの日露戦争」（吹浦忠正）　NHK出版　2005.9　p256-260
◎参考文献ほか「青野原俘虜収容所の世界―第一次世界大戦とオーストリア捕虜兵」（大津留厚ほか）　山川出版社　2007.10　p163-168

ホール
◎参考文献「ホールに音が刻まれるとき―第一生命ホールの履歴書」（渡辺和）　ぎょうせい　2001.11　p250-253
◎参考文献「まもなく開演　コンサートホールの音響の仕事」（三好直樹）　新評論　2003.1　p295-296
◎文献リスト「建築設計資料集成―展示・芸能」（日本建築学会）　丸善　2003.9　p160-164
◎参考文献「公共ホールの政策評価―「指定管理者制度」時代に向けて」（中矢一義）　慶應義塾大出版会　2005.10　prr

ポルトガル
◎関連文献「ポルトガルを知るための50章」（村上義和, 池俊介）　明石書店　2001.2　p183-187
◎文献案内「スペイン・ポルトガルを知る事典　新訂増補」（池上岑夫ほか）　平凡社　2001.10　p486-500
◎参考書「白い街へ―リスボン, 路の果てるところ」（杉田敦）　彩流社　2002.2　p274-272
◎参考文献「ポルトガル史　増補版」（金七紀男）　彩流社　2003.4　p338-331
◎参考文献「「ブラジルの発見」とその時代―大航海時代・ポルトガルの野望の行方」（浜岡究）　現代書館　2006.3　p203-207
◎参考引用文献「ポルトガル逍遙」（浜中秀一郎）　かまくら春秋社　2006.12　p260-262

ポルトガル語
◎参考書目「現代ポルトガル文法」（田所清克ほか）　白水社　2004.10　p417-418
◎参考文献「海の見える言葉ポルトガル語の世界」（市之瀬敦）　現代書館　2004.11　p269-273
◎参考文献「ポルトガル語発音ハンドブック」（弥永史郎）　大学書林　2005.4　p193-195
◎参考図書ガイド「ポルトガル語のしくみ」（市之瀬敦）　白水社　2007.4　p144」

ポルノ映画
◎文献「AV産業―一兆円市場のメカニズム」（いのうえせつこ）　新評論　2002.9　p189-190

ポルノグラフィー
◎「世界珍書解題」（B. シュテルン＝シュザナ）　ゆまに書房　2006.1　270, 8p A5
◎引用文献「シークレット・ミュージアム―猥褻と検閲の近代」（W. M. ケンドリック）　平凡社　2007.3　p403-393

ボルボ社
◎文献「ボルボ生産システムの発展と転換―フォードからウッデヴァラへ」（田村豊）　多賀出版　2003.3　p241-260

ホルモン
◎参考文献「性を司る脳とホルモン」（山内兄人, 新井康允）　コロナ社　2001.2　p182-212

◎引用文献「テストステロン　愛と暴力のホルモン」（J. M. ダブスほか）　青土社　2001.11　p17-38b
◎参考文献「ホルモン発達のなぞ―環境ホルモンを理解する近道」（江口保暢）　医歯薬出版　2002.9　p183-192
◎文献「生命をあやつるホルモン―動物の形や行動を決める微量物質」（日本比較内分泌学会）　講談社　2003.2　p229-231
◎文献「ホルモンの事典」（清野裕ほか）　朝倉書店　2004.5　prr
◎文献「心の神経生理学入門―神経伝達物質とホルモン」（K. シルバー）　新曜社　2005.9　p11-15b
◎参考図書「ホルモンの人間科学」（山内兄人）　コロナ社　2006.3　p239-241

ホログラフィー
◎参考書「ホログラフィーの原理」（P. ハリハラン）　オプトロニクス社　2004.3　p170-171

ホロコースト
◎文献目録「独ソ戦とホロコースト」（永岑三千輝）　日本経済評論社　2001.1　p13-47
◎参考文献「戦争を記憶する　広島・ホロコーストと現在」（藤原帰一）　講談社　2001.2　p1-5b
◎原注文献「IBMとホロコースト　ナチスと手を結んだ大企業」（E. ブラック）　柏書房　2001.11　p10-11b
◎参考文献「語り伝えよ, 子どもたちに―ホロコーストを知る」（S. ブルッフフェルド, P. A. レヴィーン, 中村綾乃）　みすず書房　2002.2　p4-8b
◎文献目録「ホロコースト大事典」（ラカール）　柏書房　2003.10　p680-687
◎参考文献ほか「ホロコーストを学びたい人のために」（W. ベンツ）　柏書房　2004.1　p177-182
◎参考文献「ホロコースト全証言―ナチ虐殺戦の全体像」（G. クノップ）　原書房　2004.2　p1-6b
◎文献「ポストモダニズムとホロコーストの否定」（R. イーグルストン）　岩波書店　2004.9　p82-85
◎引用参考文献「永遠の絶滅収容所―動物虐待とホロコースト」（C. パターソン）　緑風出版　2007.5　p377-367
◎引用参考文献「せめて一時間だけでも―ホロコーストからの生還」（P. シュナイダー）　慶應義塾大出版会　2007.7　p176-177
◎参考書「記憶するワルシャワ―抵抗・蜂起とユダヤ人援助組織ZEGOTA「ジェゴタ」」（尾崎俊二）　光陽出版社　2007.7　p24-29b

ホワイトカラー
◎文献一覧「ホワイトカラーの世界―仕事とキャリアのスペクトラム」（佐藤厚）日本労働研究機構　2001.3　p257-264
◎引用文献「ホワイトカラーと経営革新―プロフェッショナルズによる変化適応戦略」（田中丈夫）　白桃書房　2001.4　p291-301

ホワイトハウス
◎参考文献「日本人が知らないホワイトハウスの内戦」（菅原出）　ビジネス社　2003.5　p264-267

本
◎書名索引「残る本残る人」（向井敏）　新潮社　2001.1　p4-6b

◎文献案内「20世紀の精神　書物の伝えるもの」（多木浩二）　平凡社　2001.2　p205-210
◎「消える本、残る本」（永江朗）　編書房　2001.2　248p　46s
◎「最も危険な読書」（高橋源一郎）　朝日新聞社　2001.4　399p　46s
◎「あなたはこの本を知っていますか―地方・小出版流通センター書肆アクセス取扱い'00図書目録　no.17('00)」（地方・小出版流通センター）　地方・小出版流通センター　2001.6　285p　A5
◎「ロンドンで本を読む」（丸谷才一）　マガジンハウス　2001.6　337p　46s
◎「解説屋稼業」（鹿島茂）　晶文社　2001.8　238p　46s
◎「本は死なず　売れる出版社の戦略に迫る」（塩沢実信）　展望社　2001.8　254p　46s
◎「日本読書株式会社」（本の雑誌編集部）　本の雑誌社　2001.9　218p　46s
◎「活字マニアのための500冊」（小説トリッパー）　朝日新聞社　2001.11　382p　A6
◎「いち押しガイド2002　ことし読む本　リテレール別冊15」（リテレール）　2001.12　246p　A5
◎「だれが「本」を殺すのか―延長戦」（佐野真一）　プレジデント社　2002.1　361p　B6

本格ミステリ
◎「本格ミステリーベスト10」（探偵小説研究会）　原書房　2001.12　197p　A5
◎「本格ミステリ・クロニクル300」（探偵小説研究会）　原書房　2002.9　261p　A5
◎「2003本格ミステリ・ベスト10」（探偵小説研究会）　原書房　2002.12　190p　A5

香港　⇒　中国　香港　を見よ

ホンジュラス
◎参考文献「エルサルバドル、ホンジュラス、ニカラグアを知るための45章」（田中高）　明石書店　2004.8　p279-281
◎参考文献「マヤ文明を掘る―コパン王国の物語」（中村誠一）　NHK出版　2007.6　p276-279

梵鐘
◎参考文献「李朝の美―仏画と梵鐘」（姜健栄）　明石書店　2001.2　p152-153
◎参考文献「江戸東京梵鐘銘文集」（眞鍋孝志, 花房健次郎）　ビジネス教育出版社　2001.10　p333-334

本草
◎「杏雨書屋洋書目録」（武田科学振興財団杏雨書屋）　武田科学財団　2006.1　457, 30p　B5

本草学
◎参考文献「毒薬は口に苦し―中国の文人と不老不死」（川原秀城）　大修館書店　2001.6　p297-302
◎文献「江戸期のナチュラリスト」（木村陽二郎）　朝日新聞社　2005.6　p245-248

本田技研工業
◎参考文献「なぜ、ホンダが勝ち、ソニーは負けたのか？」（荻正道）　彩図社　2004.12　p269-270
◎参考文献「「強い会社」を作る―ホンダ連邦共和国の秘密」（赤井邦彦）　文藝春秋　2006.6　p250-252
◎参考文献「中国におけるホンダの二輪・四輪生産と日系部品企業―ホンダおよび関連企業の経営と技術の移転」（出水力）　日本経済評論社　2007.2　p369-373

本棚
◎参考文献「本棚の歴史」（H.ペトロスキー）　白水社　2004.2　p1-9b

本朝廿四孝
◎参考資料「通し狂言本朝廿四孝　国立劇場上演資料集476―歌舞伎公演　第244回」（国立劇場調査養成部調査資料課）　日本芸術文化振興会　2005.3　p204-248

本朝蒙求
◎参考文献「本朝蒙求の基礎的研究」（本間洋一）　和泉書院　2006.2　p323-324

ポンド
◎参考文献「ポンドの苦闘―金本位制とは何だったのか」（金井雄一）　名古屋大学出版会　2004.2　p201-216

本土決戦
◎参考文献「本土決戦の真実　米軍九州上陸作戦と志布志湾」（太佐順）　学習研究社　2001.10　p369-372

ボントック族
◎文献「ジェンダーの民族誌―フィリピン・ボントックにおける女性と社会」（森谷裕美子）　九州大学出版会　2004.2　p451-460

本人訴訟
◎参考文献「弁護士いらず　本人訴訟必勝マニュアル」（三浦和義）　太田出版　2003.6　p316」

本能
◎参考文献「本能はどこまで本能か―ヒトと動物の行動の起源」（M.S.ブランバーグ）　早川書房　2006.11　p312-327

ほんの木
◎「売れない本にもドラマがある―ある小出版社の16年」（柴田敬三）　ほんの木　2002.10　231p　B6

翻訳
◎参考辞書ほか「翻訳という仕事」（小鷹信光）　筑摩書房　2001.8　p229-233
◎参考文献「英単語のあぶない常識―翻訳名人は訳語をこう決める」（山岡洋一）　筑摩書房　2002.7　p214-218
◎参考書目ほか「聖書翻訳の歴史―英訳聖書を中心に」（浜島敏）　創言社　2003.3　p343-359
◎参考文献「大誤訳ヒット曲は泣いている」（西山保）　光文社　2003.5　p173-176
◎文献「聖書英訳物語」（B.ボブリック）　柏書房　2003.12　p1-11b
◎参考文献「歴史をかえた誤訳」（鳥飼久美子）　新潮社　2004.4　p289-296
◎参照文献「声、意味ではなく―わたしの翻訳論」（和田忠彦）　平凡社　2004.6　p285-291
◎参考文献「近代日本語の思想―翻訳文体成立事情」（柳父章）　法政大学出版局　2004.11　p235-237
◎参考文献「翻訳を学ぶ人のために」（安西徹雄ほか）　世界思想社　2005.3　p227-228
◎文献「明治大正翻訳ワンダーランド」（鴻巣友季子）　新潮社　2005.10　p195-204

ほんやく

◎参考文献「帝国日本の英文学」（齋藤一） 人文書院 2006.3 p175-202
◎参考文献「第二言語テキスト理解と読み手の知識」（柴崎秀子） 風間書房 2006.11 p169-181
◎参考文献「翻訳論―言葉は国境を越える」（広田紀子） 上智大出版 2007.4 p164-170
◎文献「翻訳の作法」（斎藤兆史） 東京大出版会 2007.11 p171-174
◎参考文献「翻訳行為と異文化間コミュニケーション―機能主義的翻訳理論の諸相」（藤濤文子） 松籟社 2007.12 p168-171

翻訳運動
◎参考文献「ギリシア思想とアラビア文化―初期アッバース朝の翻訳運動」（D. グダス） 勁草書房 2002.12 p220-242

翻訳書
◎年表「哲学・思想翻訳語事典」（石塚正英） 論創社 2003.1 p318-319

翻訳小説
○総目録ほか「ミステリマガジン 45.3.528」（早川書房） 2000.3 p330-204
◎「翻訳小説全情報 1998-2000」（日外アソシエーツ） 日外アソシエーツ 2001.9 749p A5
◎「翻訳小説全情報 2001-2003」（日外アソシエーツ） 日外アソシエーツ 2004.12 7, 985p A5
◎「翻訳小説全情報 2004-2006」（日外アソシエーツ） 日外アソシエーツ 2007.7 1067p A5

翻訳探偵小説
◎略年表「明治の翻訳ミステリー 翻訳編 1 ミステリー小説の曙 復刻版」（川戸道昭, 榊原貴教） 五月書房 2001.5 p238-243

翻訳図書
◎「翻訳図書目録 1996-2000 1 総記・人文・社会」（日外アソシエーツ） 日外アソシエーツ 2001.1 1322p A5
◎「翻訳図書目録 2000-2003」（日外アソシエーツ） 日外アソシエーツ 2004.8 4冊 A5
◎「翻訳図書目録 明治・大正・昭和戦前期」（日外アソシエーツ） 日外アソシエーツ 2006.12 2冊 A5
◎「翻訳図書目録 明治・大正・昭和戦前期 3-4」（日外アソシエーツ） 日外アソシエーツ 2007.1 2冊 A5

翻訳文学
◎年表ほか「明治翻訳文学全集新聞雑誌編総目次・総索引」（川戸道昭ほか） 大空社 2001.5 p235-280
◎「日本近・現代文学の中国語訳書総覧」（康東元） 勉誠出版 2006.1 300p A5

翻訳ミステリ
○総目録ほか「ミステリマガジン 46.3.540」（早川書房） 2001.3 p378-268

【 ま 】

舞妓
◎参考文献「京都舞妓と芸妓の奥座敷」（相原恭子） 文藝春秋 2001.10 p229-230
◎参考文献「未知の京都―舞妓と芸妓」（相原恭子） 弘文堂 2007.7 1pb

毎日新報
◎「『毎日新報』文学関係記事索引 1939.1～1945.12.31」（大村益夫, 布袋敏博） 早稲田大学語学教育研究所 2002.2 185p A4

マイノリティ
◎参考文献「マイノリティ女性が世界を変える!―マイノリティ女性に対する複合差別」（反差別国際運動日本委員会） 反差別国際運動日本委員会 2001.3 p286-288
◎参考文献「マイノリティの国際法―レスプブリカの身体からマイノリティへ」（窪誠） 信山社 2006.6 p381-402
◎参考文献「マイノリティとは何か―概念と政策の比較社会学」（岩間暁子ほか） ミネルヴァ書房 2007.5 prr

マインド・コントロール
◎文献「洗脳の世界―だまされないためにマインドコントロールを科学する」（K. テイラー） 西村書店 2006.11 p391-376

マインドブラインドネス
◎参考文献「自閉症とマインド・ブラインドネス」（S. バロン＝コーエン） 青土社 2002.6 p5-21b

マヴォ
◎註「日本のアヴァンギャルド芸術―〈マヴォ〉とその時代」（五十殿利治） 青土社 2002.4 p319-339
◎参考文献「構成主義とマヴォ コレクション・モダン都市文化29」（滝沢恭司） ゆまに書房 2007.6 p796-797

マオリ族
◎参考文献「先住民の知識人類学―ニュージーランド＝マオリの知と社会に関するエスノグラフィ」（伊藤泰信） 世界思想社 2007.2 p398-381

薪
◎参考文献「焚き火大全」（吉長成恭ほか） 創森社 2003.1 p347-345

蒔絵
◎参考文献「硯箱の美―蒔絵の精華」（内田篤呉） 淡交社 2006.3 p148-149
◎参考文献「蒔絵」（NHK「美の壺」制作班） NHK出版 2007.9 p68」

マクスウェル理論
◎参考文献「マクスウェル理論の基礎―相対論と電磁気学」（太田浩一） 東京大学出版会 2002.7 p301-326

マクドナルド社
◎参考文献「マクドナルド化の世界―そのテーマは何か?」（ジョージ・リッツア） 早稲田大学出版部 2001.5

p348-369
◎文献「マクドナルドはグローバルか―東アジアのファーストフード」（J. ワトソン）　新曜社　2003.1　p289-296

マグマ
◎引用文献「マグマ科学への招待」（谷口宏充）　裳華房　2001.7　p169-174

枕詞
◎参考文献ほか「日本うたことば表現辞典　10　枕詞編　上」（日本うたことば表現辞典刊行会）　遊子館　2007.7　p17-20f

枕草子
◎文献（梅沢正弘）「枕草子大事典」（枕草子研究会）　勉誠出版　2001.4　p883-1051
◎文献「ウェイリーと読む枕草子」（津島知明）　鼎書房　2002.9　p155-156

マグロ
◎参考文献「世界マグロ摩擦!」（堀武昭）　新潮社　2003.9　p265-266
◎参考文献「マグロのすべて」（河野博ほか）　平凡社　2007.2　p159」

マクロ経済
◎参考文献「マクロ経済学入門講義」（田中宏）　慶応義塾大学出版会　2002.2　p209-210
◎文献「マクロ経済の理論と政策」（片山尚平）　晃洋書房　2002.5　p179-183
◎参考文献「現代マクロ経済学」（余語將尊）　慶應義塾大学出版会　2003.5　p203-206
◎参考文献「事業再生のマクロ経済学―老化する経済への挑戦」（中込正樹）　岩波書店　2004.4　p173-178
◎参考文献「マクロ経済理論―ショート・コース」（T. R. マイクル）　学文社　2004.9　p273-275
◎文献案内「マクロ経済学基礎講義　2版」（浅田統一郎）　中央経済社　2005.5　p209-215
◎参考文献「マクロ経済分析とサーベイデータ」（加納悟）　岩波書店　2006.2　p213-220
◎参考文献「経済成長と所得分配」（池田毅）　日本経済評論社　2006.2　p231-241
◎参考文献「新しいマクロ経済学―クラシカルとケインジアンの邂逅　新版」（齊藤誠）　有斐閣　2006.10　p391-403
◎参考文献「現代マクロ経済学講義―動学的一般均衡モデル入門」（加藤涼）　東洋経済新報社　2007.1　p247-254
◎参考文献「開放マクロ経済分析」（松本直樹）　日本評論社　2007.2　p191-202
◎参考文献「資産価格とマクロ経済」（齊藤誠）　日本経済新聞出版社　2007.6　p335-351
◎関連図書「マクロ経済動学」（西村和雄ほか）　岩波書店　2007.9　p309-313

マクロファージ
◎参考文献「生命を支えるマクロファージ」（高橋潔ほか）　文光堂　2001.3　p431-512

マーケティング
◎文献「現代製品戦略論―現代マーケティングにおける製品戦略の形成と展開」（米谷雅之）　千倉書房　2001.2　p1-13b
◎参考文献「トヨタとGAZOO―戦略ビジネスモデルのすべて」（デルフィスITワークス）　中央経済社　2001.3　p237-239
◎参考文献「マーケティング戦略と診断　新版」（井上崇通）　同友館　2001.4　p377-378
◎参考文献「流行と日本人―若者の購買行動とファッション・マーケティング」（辻幸恵）　白桃書房　2001.6　p159-165
◎参考文献「新製品のマーケティング」（中村博）　中央経済社　2001.7　p159-172
◎文献「マーケティング戦略ハンドブック―顧客中心時代の勝ち残りノウハウのすべて」（Team MaRIVE）　PHP研究所　2001.9　p246-253
◎参考文献「マーケティングのためのデータマイニング入門」（SPSS）　東洋経済新報社　2001.10　p274-278
◎文献「日本のデータベース・マーケティング」（江尻弘）　中央経済社　2001.10　p239-264
◎参考文献「アテンション・マーケティング―消費者の関心を引きつける新しい広告手法」（ケン・サカリン）　ダイヤモンド社　2001.11　p289-294
◎参考文献「クチコミはこうしてつくられる―おもしろさが伝染するバズ・マーケティング」（E. ローゼン）　日本経済新聞社　2002.1　p345-338
◎参考文献「図解でわかるキャラクターマーケティング―これがキャラクター活用のマーケティング手法だ!」（キャラクターマーケティングプロジェクト）　日本能率協会マネジメントセンター　2002.1　p234-236
◎参考文献「生活者志向のマーケティング　改訂版」（安部文彦）　白桃書房　2002.1　p255-265
◎参考文献「「時間」のマーケティング―タイムソリューションがビジネスを成功に導く」（竹元雅彦）　中央経済社　2002.3　p219-223
◎文献「アジア・マーケティングをここからはじめよう。―Taipei Hong Kong Shanghai Beijing Seoul Singapore Kuala Lumpur Bangkok Ho Chi Minh」（博報堂アジア生活者研究プロジェクト）　PHP研究所　2002.3　p324-326
◎参考文献「中堅・中小企業のマーケティング戦略」（山本久義）　同文舘出版　2002.3　p253-257
◎文献リスト「戦略的マーケティングの新展開―経営戦略との関係　第2版」（村松潤一）　同文舘出版　2002.5　p245-252
◎参考文献「ビジネス・データベース・マーケティング」（江尻弘）　中央経済社　2002.7　p159-161
◎文献「ブランド価値共創」（和田充夫）　同文舘出版　2002.7　p265-266
◎参考文献「産業財マーケティング―大競争時代のマネジメント革新　増補改訂版」（藤井昌樹）　東洋経済新報社　2002.7　p247-248
◎文献「消費者行動の理論と分析」（塩田静雄）　中央経済社　2002.7　p283-290
◎文献「マーケティングの変革―情報化のインパクト」（中田善啓）　同文舘出版　2002.10　p215-219
◎文献「リフレクティブ・フロー―マーケティング・コミュニケーション理論の新しい可能性」（栗木契）　白桃書房　2003.2　p215-231
◎文献「マーケティング原理―基礎理論から実践戦略まで」（P. コトラー）　ダイヤモンド社　2003.3　p847-875

◎文献「うわさとくちコミマーケティング 2版」(二瓶喜博) 創成社 2003.4 p217-223
◎文献「ブランド！ブランド！ブランド！―理屈を超えた強さをいかに築くか」(D.トラヴィス) ダイヤモンド社 2003.4 p313-320
◎参考文献「社会的使命のマーケティング」(三宅隆之) 中央経済社 2003.4 p175-177
◎参考文献「ケースで学ぶ価格戦略入門」(上田隆穂) 有斐閣 2003.5 prr
◎文献「マーケティング論100の常識」(山本久義) 白桃書房 2003.5 p197-200
◎参考文献「現代のマーケティング」(木村達也) 大学教育出版 2003.5 p151-152
◎文献「新興市場戦略論―グローバル・ネットワークとマーケティング・イノベーション」(黄磷) 千倉書房 2003.6 p1-12b
◎参考文献「MBAエッセンシャルズマーケティング」(野沢誠治) 東洋経済新報社 2003.7 p217-220
◎文献「人口減少社会のマーケティング―新市場を創る9つの消費行動」(古田隆彦) 生産性出版 2003.7 p293-295
◎文献「非営利組織のマーケティング―NPOの使命・戦略・貢献・成果」(三宅隆之) 白桃書房 2003.7 p177-180
◎文献「マーケティング学の生誕へ向けて」(上沼克徳) 同文舘出版 2003.8 p253-266
◎文献「マーケティング・サイエンス入門―市場対応の科学的マネジメント」(古川一郎ほか) 有斐閣 2003.10 p303-306
◎文献「解釈主義的ブランド論」(豊島襄) 白桃書房 2003.10 p167-172
◎参考文献「成功思考公式―仕事をカンタンにする必殺技データベース50」(村山涼一) ソフトバンクパブリッシング 2003.10 p264-267
◎参考文献「コトラーのホスピタリティ&ツーリズム・マーケティング」(P.コトラー) ピアソン・エデュケーション 2003.12 prr
◎文献紹介「現代のマーケティング戦略」(薄井和夫) 大月書店 2003.12 prr
◎参考文献「流行とブランド―男子大学生の流行分析とブランド視点」(辻幸恵ほか) 白桃書房 2004.3 p165-175
◎参考文献「流通・営業戦略 現代のマーケティング戦略3」(小林哲ほか) 有斐閣 2004.3 prr
◎参考文献「ブランドビジネス」(三田村蕗子) 平凡社 2004.4 p211-214
◎参考文献「観光のマーケティング」(L.ラムズドン) 多賀出版 2004.4 p289-302
◎参考文献「ストラテジック・マーケティング」(樺山忠雄) 創成社 2004.5 p295-302
◎参考文献「スモールビジネス・マーケティング―小規模を強みに変えるマーケティング・プログラム」(岩崎邦彦) 中央経済社 2004.5 p148-156
◎参考文献「ダイレクト・マーケティング研究」(亀井昭宏ほか) 早稲田大 2004.5 p73-83
◎文献「ブランディング・カンパニー―成功する9つの法則 "らしさ"の経営を実現する！」(竹生孝夫) 経林書房 2004.5 p218-221
◎参考文献「「コミュニティ・マーケティング」が企業を変える！―community marketing 広告はなぜ効かなくなったのか？」(NTTメディアスコープ) かんき出版 2004.6 p169-171
◎参考文献「コンテンツマーケティング―物語型商品の市場法則を探る」(新井範子ほか) 同文舘出版 2004.6 p250-253
◎参考文献「ファッション・マーケティング―高感性ライフスタイルをデザインする」(杉原淳子) 嵯峨野書院 2004.6 p109-110
◎参考文献「日本企業の国際マーケティング―民生用電子機器産業にみる対米輸出戦略」(近藤文男) 有斐閣 2004.6 p447-461
◎参考文献「現代マーケティング・コミュニケーション入門―はじめて学ぶ広告・広報戦略」(三宅隆之) 慶應義塾大出版会 2004.7 p243-245
◎参考文献「カリスマに学ぶマーケティング―1冊でわかる最新コンセプト」(J.ボイエットほか) 日本経済新聞社 2004.9 p334-341
◎参考文献「グリーンマーケティングとグリーン流通」(斎藤実男) 同文舘出版 2004.10 p151-154
◎参考文献「マーケティングの神話」(石井淳蔵) 岩波書店 2004.12 p383-401
◎参考文献「ステップアップ式MBAマーケティング入門」(バルーク・ビジネス・コンサルティング) ダイヤモンド社 2005.1 p274-276
◎文献「複雑系マーケティング入門―マルチエージェント・シミュレーションによるマーケティング」(北中英明) 共立出版 2005.2 p192-195
◎参考文献「DTCマーケティング―医薬品と医療消費者の新しいコミュニケーション」(古川隆ほか) 日本評論社 2005.3 p174-179
◎参考文献「リレーションシップ・マーケティング―企業間における関係管理と資源移転」(南知恵子) 千倉書房 2005.3 p157-166
◎参考文献「現代のマーケティング戦略」(小川雅人ほか) 創風社 2005.4 prr
◎参考文献「サイコグラフで「買う気にさせる」心理戦術」(内藤誼人) 洋泉社 2005.6 p204-206
◎参考文献「QOLリサーチ・ハンドブック―マーケティングとクオリティ・オブ・ライフ」(M.J.ジョゼフ・サージー) 同友館 2005.7 p445-500
◎参考文献「現代マーケティング・コンセプト入門」(三宅隆之) 慶應義塾大出版会 2005.7 p207-210
◎参考文献「ITマーケティング戦略―消費者との関係性構築を目指して」(大崎孝徳) 創成社 2005.9 p173-183
◎参考文献「ブランドキャリア世代が求める「店舗力」とは何か」(店舗システム協会) 繊研新聞社 2005.9 p270-272
◎参考文献「マーケティングは消費者に勝てるか？―消費者の「無意識」VS.売り手の「意識」」(ルディー和子) ダイヤモンド社 2005.9 p252-265
◎参照文献「現代マーケティング概論 2版」(坂本秀夫) 信山社 2005.9 p269-278
◎参考文献「消費者の認知世界―ブランドマーケティング・パースペクティブ」(新倉貴士) 千倉書房 2005.9 p1-19b
◎文献「マーケティングの科学―POSデータの解析」(阿部誠ほか) 朝倉書店 2005.10 p191-196
◎参考文献「流通・マーケティング」(渡辺好章) 慶應義塾大出版会 2005.10 prr

- ◎参考文献「マーケティング・メタリサーチ―マーケティング研究の対象・方法・構造」(堀越比呂志)　千倉書房　2005.11　p293-310
- ◎参考文献「巨大市場と民族主義―中国中産階層のマーケティング戦略」(蔡林海)　日本経済評論社　2006.2　p235-237
- ◎参考文献「マーケティング・ブレンド―戦略手段管理の新視角」(有馬賢治)　白桃書房　2006.3　p241-252
- ◎参考文献「ミュージアム・マーケティング」(P. コトラーほか)　第一法規　2006.4　p501-510
- ◎良著「今日から即使えるマーケティング戦略50―こうすれば勝てる!」(中野明)　朝日新聞社　2006.4　p105-109
- ◎参考文献「戦略的マス・カスタマイゼーション研究―国際市場戦略の新視角」(臼井哲也)　文眞堂　2006.5　p236-244
- ◎参考文献「ロハス・マーケティングのスヽメ」(相原正道)　木楽舎　2006.7　p151-153
- ◎参考文献「顧客リレーションシップ戦略」(南知惠子)　有斐閣　2006.7　p187-200
- ◎参考文献ほか「団塊パワーが拓く新市場―新たな財・サービスの創出と地域の活性化」(東北産業活性化センター)　日本地域社会研究所　2006.8　p248-249
- ◎参考文献「マーケティング調査と分析」(塩田静雄)　税務経理協会　2006.9　p179-182
- ◎参考資料「ワークショップ―偶然をデザインする技術」(中西紹一)　宣伝会議　2006.9　p254-255
- ◎参考文献「スポート・マーケティングの基礎」(B. G. ピッツ)　白桃書房　2006.11　p513-530
- ◎参考文献「生産財マーケティング」(髙嶋克義ほか)　有斐閣　2006.11　p197-200
- ◎参考文献「感情マーケティング―感情と理性の消費者行動」(A. チョードリー)　千倉書房　2007.1　p179-192
- ◎参考文献「マーケティング理論と市場戦略」(岡田広司)　あるむ　2007.2　p256-261
- ◎文献「ペルソナ戦略―マーケティング、製品開発、デザインを顧客志向にする」(J. プルーイットほか)　ダイヤモンド社　2007.3　p320-321
- ◎参考文献「マーケティングミックスの論理」(肥田日出生)　中央経済社　2007.3　p135-141
- ◎参考文献「企業価値向上のマーケティング戦略」(有吉秀樹)　中央経済社　2007.3　p231-232
- ◎参考文献「現代の青果物購買行動と産地マーケティング」(大浦裕二)　農林統計協会　2007.3　p135-140
- ◎参考文献「マーケティング調査入門―情報の収集と分析」(本多正久ほか)　培風館　2007.4　p303-311
- ◎参考文献「企業経営のグローバル化研究―国際経営とマーケティングの発展」(丹下博文)　中央経済社　2007.4　p249-255
- ◎参考文献「インターナル・マーケティング―内部組織へのマーケティング・アプローチ」(木村達也)　中央経済社　2007.5　p293-318
- ◎参考文献「日本マーケティング史―生成・進展・変革の軌跡」(森田克徳)　慶應義塾大出版会　2007.5　p241-246
- ◎参考資料「ゲリラ・マーケティング進化論―脳を操り、「説得力」を最大化せよ!」(J. C. レビンソンほか)　講談社　2007.7　p264-265
- ◎参考文献「介護マーケティング」(真野俊樹)　日本評論社　2007.7　p201-205
- ◎参考文献「都市観光のマーケティング」(B. M. コルブ)　多賀出版　2007.7　p187-192
- ◎参考文献「ホスピタリティ・マーケティング―感性ゆたかなホテルを創る」(杉原涼子)　嵯峨野書院　2007.9　p121-124
- ◎参考文献「顧客見える化―なぜ、CS向上が企業の成長につながらないのか?」(匠英一)　同友館　2007.9　p227-229
- ◎原注「社会が変わるマーケティング―民間企業の知恵を公共サービスに活かす」(P. コトラーほか)　英治出版　2007.9　p421-408
- ◎参考文献「マス・カスタマイゼーション戦略のメカニズム―個客対応マーケティングの実践と成果」(片野浩一)　白桃書房　2007.10　p213-219
- ◎参考文献ほか「「情報消費社会」のビジネス戦略―モノビジネスから、情報ビジネスの時代へ」(佐藤典司)　経済産業調査会　2007.11　p238-241
- ◎参考文献「絵でみるマーケティングのしくみ」(安田貴志)　日本能率協会マネジメントセンター　2007.11　p192-193
- ◎参考文献「プレミアム戦略」(遠藤功)　東洋経済新報社　2007.12　p234-235
- ◎参考文献ほか「マーケティングの実践教科書」(池上重輔)　日本能率協会マネジメントセンター　2007.12　p195-196
- ◎参考文献「リレーションシップ・マーケティング―ビジネスの発想を変える30の関係性」(E. グメソン)　中央経済社　2007.12　p387-407
- ◎参考文献「富裕層ファミリー―「点」より「面」が市場を制する」(野村総合研究所ほか)　東洋経済新報社　2007.12　p254-255

マザー・グース
- ◎文献「マザーグースと日本人」(鷲津名都江)　吉川弘文館　2001.11　p222-238
- ◎文献ほか「不思議の国のマザーグース」(夏目康子)　柏書房　2003.5　p350-361
- ◎参考文献「完訳マザーグース」(W. S. ベアリンググールドほか)　鳥影社　2003.11　p713-704
- ◎参考文献「マザーグース・コレクション100」(藤野紀男ほか)　ミネルヴァ書房　2004.3　p302-309
- ◎関連書略年表(藤野紀男)「マザーグース―初期研究書集成　2　別冊」　ユーリカ・プレス　2005　p28-30

マジック
- ◎参考文献「魅惑のトリックカード・マジック」(松田道弘)　東京堂出版　2005.2　prr
- ◎文献「テクニカルなコインマジック講座」(荒木一郎)　東京堂出版　2005.8　p206-208
- ◎参考文献ほか「松田道弘のカードマジック　改訂新版」(松田道弘)　東京堂出版　2007.4　p241-242

マジノ線
- ◎参照文献「マジノ線物語　フランス興亡100年」(栗栖弘臣)　K&Kプレス　2001.4　p531-539

マーシャル諸島
- ◎参考文献「マーシャル諸島核の世紀―1914-2004　下」(豊崎博光)　日本図書センター　2005.5　prr

魔術

- ◎参考文献「魔術師大全―古代から現代まで究極の秘術を求めた人々」（森下一仁）　双葉社　2002.6　p243-249
- ◎参考文献「図説世界占術大全―魔術から科学へ」（A. S. ライオンズ）　原書房　2002.11　p35-37b
- ◎参考文献「魔術との出会い―いま、再びルネサンスを」（澤井繁男）　山川出版社　2003.3　p178-181
- ◎原註「ルネサンスの魔術思想―フィチーノからカンパネッラへ」（D. P. ウォーカー）　筑摩書房　2004.6　p276-392

魔女

- ◎参考文献「魔女狩りという狂気」（アン・ルーエリン・バーストウ）　創元社　2001.5　p301-309
- ◎参考文献「悪魔の歴史―12-20世紀　西欧文明に見る闇の力学」（R. ミュッシャンブレ）　大修館書店　2003.5　p517-492
- ◎出会う「おとぎ話と魔女―隠された意味」（S. キャッシュダウン）　法政大学出版局　2003.6　p371-376
- ◎引用参考文献「魔女にされた女性たち　近世初期ドイツにおける魔女裁判」（I. アーレント=シュルテ）　勁草書房　2003.6　p7-12b
- ◎注「魔女の文明史」（安田喜憲）　八坂書房　2004.1　prr
- ◎参考文献「魔女の法廷―ルネサンス・デモノロジーへの誘い」（平野隆文）　岩波書店　2004.1　p7-22b
- ◎参考文献「魔女とカルトのドイツ史」（浜本隆志）　講談社　2004.2　p246-250
- ◎参考文献ほか「魔女狩り」（G. スカールほか）　岩波書店　2004.10　p7-24b
- ◎引用文献「魔女裁判といじめの文化史―いじめ問題の歴史的・構造的研究」（原田順代）　風間書房　2007.7　p297-307

マス

- ◎参考文献「サケ・マスの生態と進化」（前川光司）　文一総合出版　2004.5　p328-329
- ○Bibliography（浦和茂彦）「さけ・ます資源管理センター研究報告　7」（さけ・ます資源管理センター）　2005.3　p123-128
- ◎注「鮭・鱒　2　ものと人間の文化史133-2」（赤羽正春）　法政大出版局　2006.4　prr

マスコミュニケーション

- ◎参考文献「現代マスコミ論のポイント　第2版」（天野勝文ほか）　学文社　2001.4　prr
- ◎「マスコミ・ジャーナリズムの本全情報　1996-2001」（日外アソシエーツ）　日外アソシエーツ　2001.10　576p A5
- ◎文献「ひとはなぜテレビを見るのか―テレビへの接触行動モデルの構築に関する実証的研究」（和田正人）　近代文芸社　2001.11　p99-109
- ◎わかる50冊（浅岡隆裕ほか）「新マスコミ学がわかる。」（朝日新聞社）　朝日新聞社　2001.11　p163-169
- ◎文献ほか「子どもはもういない　〔2001年〕改訂」（ニール・ポストマン）　新樹社　2001.12　p223-237
- ◎文献「消費・戯れ・権力―カルチュラル・スタディーズの視座からの文化=経済システム批判」（浅見克彦）　社会評論社　2002.10　p279-292
- ◎文献ガイド「コミュニケーション学入門　進路とキャリア設計のために」（田村紀雄）　NTT出版　2003.5　prr
- ◎文献「世界のメディア・アカウンタビリティ制度―デモクラシーを守る七つ道具」（C. J. ベルトラン）　明石書店　2003.5　p577-586
- ◎「マスコミ文献大事典」（藤岡伸一郎）　日本図書センター　2003.6　3冊　B5
- ◎文献「場所感の喪失―電子メディアが社会的行動に及ぼす影響　上」（J. メイロウィッツ）　新曜社　2003.8　p397-414
- ◎文献「グローバル・ヴィレッジ―21世紀の生とメディアの転換」（M. マクルーハン）　青弓社　2003.9　p311-318
- ◎文献「サウンド・バイト:思考と感性が止まるとき―メディアの病理に教育は何ができるか」（小田玲子）　東信堂　2003.10　p231-239
- ◎関連書籍一覧「概説マス・コミュニケーション」（早川善治郎ほか）　学文社　2004.4　p244-256
- ◎参考文献「新現代マスコミ論のポイント」（天野勝文）　学文社　2004.4　prr
- ◎参考文献「過去は死なない―メディア・記憶・歴史」（T. モーリス=スズキ）　岩波書店　2004.8　p1-20b
- ◎参考文献「『劇場型犯罪』とマス・コミュニケーション」（小城英子）　ナカニシヤ出版　2004.10　p135-144
- ◎参考文献「やさしいマスコミ入門―発信する市民への手引き」（金山勉ほか）　勁草書房　2005.4　p7-11b
- ◎参考引用文献「はじめてのマスコミ論」（藤江俊彦）　同友館　2006.3　p181-183
- ◎参考引用文献「報道とマスメディア」（各務英明）　酒井書店　2006.5　p167-169
- ◎参考文献「政治メディアの『熟慮誘発機能』―『マニフェスト』時代の効果研究」（小川恒夫）　八千代出版　2006.10　p203-210
- ◎引用文献「マス・コミュニケーションの調査研究法」（鈴木裕久ほか）　創風社　2006.12　p209-211
- ◎「マスコミジャーナリズムの本全情報」（日外アソシエーツ）　日外アソシエーツ　2007.1　14, 581p A5
- ◎参考文献「サブカルチャー神話解体―少女・音楽・マンガ・性の変容と現在　増補」（宮台真司ほか）　筑摩書房　2007.2　p501-508
- ◎引用文献「マス・コミュニケーション調査の手法と実際」（島崎哲彦ほか）　学文社　2007.3　prr
- ◎文献「マス・コミュニケーション理論　上」（S. J. バランほか）　新曜社　2007.5　prr
- ◎引用参考文献「オトナのメディア・リテラシー」（渡辺真由子）　リベルタ出版　2007.10　p203-206

マスメディア

- ◎参考資料「差別表現の検証―マスメディアの現場から」（西尾秀和）　講談社　2001.3　p205-207
- ◎参考文献「メディア学の現在　新版」（山口功二ほか）　世界思想社　2001.4　p305-312
- ◎参考文献「人はなぜコンピューターを人間として扱うか―「メディアの等式」の心理学」（バイロン・リーブス, クリフォード・ナス）　翔泳社　2001.4　p5-31b
- ◎参考文献「インターネット・サバイバル」（福田秀和）　日本評論社　2001.5　p213-216
- ◎引用文献「メディアスポーツの視点―疑似環境の中のスポーツと人」（神原直幸）　学文社　2001.5　p161-167
- ◎文献「身体・メディア・権力」（亘明志）　創土社　2001.5　p215-221

◎参考文献「メディア&フェミニズムリテラシー―沈黙より提言を批判する力」(平野よう子) 鳥影社 2001.8 p219-221

◎参考文献「IT革命とメディア」(山本武信) 共同通信社 2001.9 p252-253

◎55冊「メディア・リテラシーの現在と未来」(鈴木みどり) 世界思想社 2001.10 p253-255

◎文献一覧「メディア・リテラシーの方法」(アート・シルバーブラットほか) リベルタ出版 2001.10 p9-17b

◎注文献「一九三〇年代のメディアと身体」(吉見俊哉ほか) 青弓社 2002.3 prr

◎文献「マスメディアの周縁、ジャーナリズムの核心」(林香里) 新曜社 2002.6 p424-447

◎文献(田中東子)「メディア文化の権力作用」(伊藤守) せりか書房 2002.6 p1-5b

◎References「マス・オーディエンスの未来像―情報革命と大衆心理の相剋」(W. R. ニューマン) 学文社 2002.8 p291-305

◎文献「メディアの法則」(エリック・マクルーハン, マーシャル・マクルーハン) NTT出版 2002.10 p324-335

◎引用参考文献「現代メディアスポーツ論」(橋本純一) 世界思想社 2002.12 prr

◎文献「なぜメディア研究か―経験・テクスト・他者」(R. シルバーストーン) せりか書房 2003.4 p339-344

◎文献「デジタル社会のリテラシ―「学びのコミュニティ」をデザインする」(山内祐平) 岩波書店 2003.4 p228-232

◎文献「新・情報の法と倫理」(原田三朗ほか) 北樹出版 2003.4 p249-251

◎参考文献「マス・メディア法入門 3版」(松井茂記) 日本評論社 2003.6 prr

◎文献「悪魔の発明と大衆操作―メディア全体主義の誕生」(原克) 集英社 2003.6 p229-232

◎文献解題「戦後世論のメディア社会学」(佐藤卓己) 柏書房 2003.7 p6-44b

◎参考文献「日本の中国語メディア研究―1985〜1994」(段躍中) 北溟社 2003.8 p123-127

◎参考引用文献「ワールドカップのメディア学」(牛木素吉郎) 大修館書店 2003.10 p255-261

◎学習手引「地域メディアを学ぶ人のために」(田村紀雄) 世界思想社 2003.11 p263-267

◎文献「メディアテクストの冒険」(小林直毅) 世界思想社 2003.12 p249-252

◎文献「情報化の普及過程」(石井健一) 学文社 2003.12 p214-226

◎文献一覧「エスニック・メディア研究―越境・多文化・アイデンティティ」(白水繁彦) 明石書店 2004.3 p464-482

◎参考文献「メディア英語表現辞典」(宮本倫好) 筑摩書房 2004.3 p282-284

◎参考文献「越える文化、交錯する境界」(岩渕功一) 山川出版社 2004.3 prr

◎文献案内「沖縄に立ちすくむ」(岩渕功一ほか) せりか書房 2004.3 p1-5b

◎参考文献「環境になったメディア―マスメディアは社会をどう変えているか」(藤竹暁) 北樹出版 2004.3 p171-173

◎参考図書「メディア文化論―メディアを学ぶ人のための15話」(吉見俊哉) 有斐閣 2004.4 prr

◎参考文献「ゼミナール日本のマス・メディア 2版」(春原昭彦ほか) 日本評論社 2004.5 p245-253

◎参考文献「メディア・リテラシー―媒体と情報の構造学」(井上泰浩) 日本評論社 2004.5 p219-223

◎参考文献「報道の経済的影響―市場のゆらぎ増幅効果」(駒橋恵子) 御茶の水書房 2004.5 p437-462

◎文献解題「メディア文化を読み解く技法―カルチュラル・スタディーズ・ジャパン」(阿部潔ほか) 世界思想社 2004.6 p258-285

◎参考文献「地球メディア社会―進化と自壊の構図」(山本武信) リベルタ出版 2004.9 p1-5b

◎参考文献「メディア史を学ぶ人のために」(有山輝雄ほか) 世界思想社 2004.11 prr

◎本棚「メディア・ビオトープ―メディアの生態系をデザインする」(水越伸) 紀伊國屋書店 2005.3 p1-3b

◎参考文献「戦争とマスメディア―湾岸戦争における米ジャーナリズムの「敗北」をめぐって」(石沢靖治) ミネルヴァ書房 2005.4 p9-22b

◎参考文献「地域社会システムと情報メディア 3訂版」(村上則夫) 税務経理協会 2005.4 p169-179

◎参考文献ほか「メディアは戦争にどうかかわってきたか―日露戦争から対テロ戦争まで」(木下和寛) 朝日新聞社 2005.6 p355-359

◎参考文献「メディア危機」(金子勝ほか) NHK出版 2005.6 p237-225

◎参考文献「マス・メディアの表現の自由」(松井茂記) 日本評論社 2005.7 p267-269

◎参照文献「記憶・暴力・システム―メディア文化の政治学」(伊藤守) 法政大学出版局 2005.7 p19-30

◎参考文献「メディアの倫理と説明責任制度―「情報の自由」と「品質管理」のためのテキスト」(C. J. ベルトラン) 明石書店 2005.9 p291-281

◎参考図書ほか「図説日本のマスメディア 2版」(藤竹暁) NHK出版 2005.9 p284-287

◎引用文献「マスメディアのリアリティ」(N. ルーマン) 木鐸社 2005.11 p202-204

◎参考文献「メディア・リテラシーの社会史」(富山英彦) 青弓社 2005.12 p213-221

◎文献「メディアと倫理―画面は慈悲なき世界を救済できるか」(和田伸一郎) NTT出版 2006.1 p5-7b

◎参考文献「日本型メディアシステムの興亡―瓦版からブログまで」(柴山哲也) ミネルヴァ書房 2006.6 p343-351

◎文献一覧「デジタル・ネットワーキングの社会学」(干川剛史) 晃洋書房 2006.10 p209-211

◎参考文献「国際関係とメディアクライシス―地球共生コミュニケーションの座標軸」(山本武信) 晃洋書房 2007.1 p7-11b

◎本「マスコミ生存の条件―Web2.0が変えるメディア地図」(吉村久夫) 日経BP企画 2007.3 p218-219

◎参考文献「メディアと権力―情報学と社会環境の革変を求めて」(J. カラン) 論創社 2007.4 p400-444

◎参考文献ほか「間メディア社会と〈世論〉形成―TV・ネット・劇場社会」(遠藤薫) 東京電機大出版局 2007.5 p239-246

◎基本参考文献「メディア学の現在 新訂」(山口功二ほか) 世界思想社 2007.6 p324-335

◎参考文献「「香港情報」の研究―中国改革開放を促す「同胞メディア」の分析」(森一道) 芙蓉書房出版 2007.7 p446-465

まそひす

◎参考文献「デジタルは「国民=国家」を溶かす—新メディアの越境・集中・対抗」（鈴木健二） 日本評論社 2007.8 p226-217
◎参考文献「メディアオーディエンスとは何か」（K. ロス） 新曜社 2007.11 p247-271
◎参考文献「グローバル・コミュニケーション論—メディア社会の共生・連帯をめざして」（小野善邦） 世界思想社 2007.12 prr
◎参照文献「文化の対話力—ソフトパワーとブランド・ナショナリズムを越えて」（岩渕功一） 日本経済新聞社 2007.12 p272-285

マゾヒズム

◎参考文献「マゾヒズムの発明」（J. K. ノイズ） 青土社 2002.1 p6-18b

マタギ

◎註「小国マタギ—共生の民俗知」（佐藤宏之） 農文協 2004.3 prr

マーチ

◎略年譜「スーザ・マーチ大全—全曲完全解説版」（ポール・E. バイアリー） 音楽之友社 2001.4 p291-299

町衆

◎参考文献「大名と町衆の文化—江戸時代」（中村修也） 淡交社 2007.4 p106-107

まちづくり

◎参考文献「インナーシティのコミュニティ形成—神戸市真野住民のまちづくり」（今野裕昭） 東信堂 2001.10 p285-296
◎参考文献「地域計画 第2版」（日本まちづくり協会） 森北出版 2002.1 p190-192
◎参考引用文献「〈地域人〉とまちづくり」（中沢孝夫） 講談社 2003.4 p191-193
◎参考文献「公益とまちづくり文化 「公益の故郷」山形から」（小松隆二） 慶應義塾大学出版会 2003.6 p255-259
◎図書紹介「まちづくりの方法 まちづくり教科書1」（日本建築学会） 丸善 2004.3 p122-131
◎参考文献「都市計画へのアプローチ—市民が主役のまちづくり」（実清隆） 古今書院 2004.3 prr
◎参考文献「観光まちづくり現場からの報告—新治村・佐渡市・琴平町・川越市」（溝尾良隆） 原書房 2007.6 prr
◎参考引用文献「世界まちづくり事典」（井上繁） 丸善 2007.7 prr

街並み

◎参考文献「街並みの美学」（芦原義信） 岩波書店 2001.4 p1-13b
◎参考文献「続・街並みの美学」（芦原義信） 岩波書店 2001.5 p1-8b
◎参考文献「街並の年齢—中世の町は美しい」（乾正雄） 論創社 2004.2 p260-263

町家

◎註「近世近代町家建築史論」（大場修） 中央公論美術出版 2004.12 prr
◎註「京都の町家と町なみ—何方を見申様に作る事、堅仕間敷事」（丸山俊明） 昭和堂 2007.5 prr

松

◎参考文献「マツが枯れる」（小山晴子） 小山重郎 2004.11 p77-78

松浦の太鼓

◎参考資料「それぞれの忠臣蔵—堀部弥兵衛・清水一角・秀山十種の内松浦の太鼓—第257回歌舞伎公演」（国立劇場） 日本芸術文化振興会 2007.12 p109-120

松陰中納言物語

◎参考文献「松陰中納言 中世王朝物語全集16」（阿部好臣） 笠間書院 2005.5 p309-312

松枯れ

◎引用文献「マツ枯れは森の感染症—森と微生物相互関係論ノート」（三井一禎） 文一総合出版 2003.11 p215-210

松川事件

◎文献「松川事件謎の累積」（日向康） 新風舎 2005.6 p663-670

マッサージ

◎参考文献「タイ・マッサージの民族誌—「タイ式医療」生成過程における身体と実践」（飯田淳子） 明石書店 2006.2 p312-321

松下政経塾

◎参考文献「松下政経塾とは何か」（出井康博） 新潮社 2004.11 p222-223

松下電器

◎参考文献「ソニーと松下—二十一世紀を生き残るのはどちらだ!」（立石泰則） 講談社 2001.1 p371-372
◎参考文献「松下電器の経営改革」（伊丹敬之ほか） 有斐閣 2007.12 p341-343

マツタケ

◎文献目録「ここまで来た! まつたけ栽培—まつたけ山復活の発想と技術」（吉村文彦） トロント 2004.9 p95-109
◎参考文献「まつたけの文化誌」（岡村稔久） 山と渓谷社 2005.1 p331-341

マッチラベル

◎参考文献「マッチラベル博物館—加藤豊コレクション」（福田綾美） 東方出版 2004.11 p255」

松葉ダイオキシン

◎参考文献「みんなの松葉ダイオキシン調査」（池田こみち） 合同出版 2002.11 p107-108

祭り

◎文献「古代の神社と祭り」（三宅和民） 吉川弘文館 2001.2 p195-196
◎参考文献「祭りと宗教の現代社会学」（芦田徹郎） 世界思想社 2001.4 p327-335
◎注文献「山・鉾・屋台の祭り 風流の開花」（植木行宣） 白水社 2001.11 prr
◎文献目録「千葉県祭り・行事調査報告書」（千葉県立大利根博物館） 千葉県教育委員会 2002.3 p291-294
◎参考文献「富山県の祭り・行事—富山県祭り・行事調査報告書」（富山県教育委員会文化財課） 富山県教育委員会 2002.3 p203-205
◎参考文献ほか「イスラームの祭り」（G. E. グルーネバウム） 法政大学出版局 2002.6 p8-14b

◎参考図書「京都暮らしの大百科―まつり・伝承・しきたり12ヶ月」(梅原猛ほか) 淡交社 2002.11 p471」
◎参考文献「ヨーロッパの祭りたち」(浜本隆志ほか) 明石書店 2003.4 prr
◎参考文献「暮らしの中の民俗学 2 一年」(新谷尚紀ほか) 吉川弘文館 2003.4 p225-234
◎参考文献「祭祀と空間のコスモロジ―対馬と沖縄」(鈴木正崇) 春秋社 2004.2 p545-568
◎参考文献「房総の祭りと芸能―南房総のフィールドから」(田村勇) 大河書房 2004.6 p356-357
◎参考文献「「まつり」の食文化」(神崎宣武) 角川学芸出版 2005.9 p238-241
◎参考文献「丹波ののぼり祭り―三岳山をめぐる歴史と民俗」(園田学園女子大学歴史民俗学会) 岩田書院 2006.1 p109-111
◎参考文献「桑名石取祭総合調査報告書」(桑名市教育委員会) 桑名市教育委員会 2006.3 p584-585
◎参考文献「日本の祭り文化事典」(全日本郷土芸能協会) 東京書籍 2006.7 p891-895

マティーニ
◎参考文献「マティーニを探偵する」(朽木ゆり子) 集英社 2002.7 p184-190

魔道具
◎参考文献「魔道具事典」(山北篤) 新紀元社 2001.12 p329-333

まな板
◎注「まな板 ものと人間の文化史132」(石村眞一) 法政大出版局 2006.3 p321-340

マニ教
◎参考文献「マニ教」(M.タルデュー) 白水社 2002.3 p1-3b

マニュアル
◎参考書籍「マニュアルのつくり方・生かし方」(小林隆一) PHP研究所 2006.11 p218-219

マネー
◎注解「マネー なぜ人はお金に魅入られるのか」(B.リエター) ダイヤモンド社 2001.10 p430-397

マネジメント
◎参考文献「日本におけるベンチャー・ビジネスのマネジメント」(坂本英樹) 白桃書房 2001.2 p249-262
◎参考文献「適応力のマネジメント―アダプティブ・エンタープライズ」(スティーブ・ヘッケル) ダイヤモンド社 2001.6 p305-310
◎参考文献「アントレプレナーマネジメント・ブック―MBAで教える成長の戦略的マネジメント」(イボンヌ・ランドル、エリック・G.フラムホルツ) ダイヤモンド社 2001.11 p450-456
◎参考文献「現代マネジメント概論」(岡田広司) あるむ 2005.10 p255-257
◎参考文献「場の論理とマネジメント」(伊丹敬之) 東洋経済新報社 2005.12 p409-411
◎参考文献「すぐわかるマネジメント・サイエンス入門」(野口博司) 日科技連出版 2007.8 p143-144

マネジメントケア
◎参考文献「マネジメントケアとは何か―社会保障における市場原理の開放と統制」(R.A.ボールダー) ミネルヴァ書房 2004.10 p143-146

マネーロンダリング
◎参考文献ほか「マネーロンダリング対策の実務」(有友圭一ほか) ファーストプレス 2007.6 p158-165

マハーバーラタ
◎参考文献「インド神話 マハーバーラタの神々」(上林勝彦) 筑摩書房 2003.1 p327-330
◎主要文献「ナラ王物語―サンスクリット・テクスト、註解、語彙集、韻律考ほか」(鎧淳) 春秋社 2003.2 p335-359
◎参考文献「マハーバーラタの世界」(前川輝光) めこん 2006.8 p325-330

間引き
○書誌(田母神優子)「文献探索 2006」(文献探索研究会) 2006.11 p310-314

マフィア
◎参考文献「世界のマフィア―越境犯罪組織の現況と見通し」(T.クルタン) 緑風出版 2006.7 p377-373

魔方陣
◎参考文献「魔方陣―作り方の魔術とその種明かし」(松島省二) 吉備人出版 2007.2 p250」
◎参考文献「魔方陣―円陣・星陣・サイの目魔方陣・立体魔方陣…」(内田伏一) 日本評論社 2007.9 p110-111

マメ
◎引用文献「食用マメ類の科学―現状と展望」(海妻矩彦ほか) 養賢堂 2003.3 prr

豆本
◎目録ほか「幕末・明治豆本集成」(加藤康子) 国書刊行会 2004.2 p390-396

魔物
◎参考文献「星降る夜のお化けたち―西洋魔物図鑑」(P.ジェゼケル) 東洋書林 2004.12 p155」

麻薬
◎参考文献ほか「サイケデリックスと文化―臨床とフィールドから」(武井秀夫、中牧弘允) 春秋社 2002.2 p4-16b
◎文献(浦野起央ほか)「麻薬と紛争―麻薬の戦略地政学」(A.ラブルースほか) 三和書房 2002.2 p172-181
◎文献「解決へのステップ―アルコール・薬物乱用へのソリューション・フォーカスト・セラピー」(I.K.バーグほか) 金剛出版 2003.7 p235-236
◎文献「コロンビア内戦―ゲリラと麻薬と殺戮と」(伊高浩昭) 論創社 2003.10 p336-341
◎参考文献「乱用薬物密造の化学 完全版」(薬師寺美津秀) データハウス 2007.2 p315-319

マヤ族
◎文献「マヤ先住民族自治と自決をめざすプロジェクト」(IMADR-MJPグアテマラプロジェクトチーム) 反差別国際運動日本委員会 2003.5 p246-247

マヤ文明
◎ブックガイド「マヤ グアテマラ&ベリーズ」(辻丸純一) 雷鳥社 2001.3 2pb
◎ブックガイド「メキシコ/マヤ&アステカ 写真でわかる謎への旅」(辻丸純一) 雷鳥社 2001.8 p205-204
◎参考文献「図説マヤ文字事典」(M.ロンゲーナ) 創元社 2002.9 p182」

◎参考文献「マヤ文明新たなる真実　解読された古代神話『ポップ・ヴフ』」(実松克義)　講談社　2003.1　p301-297
◎参考文献「古代マヤ文明」(M. D. コウ)　創元社　2003.4　p357-354
◎参考文献「マヤ文字解読」(M. D. コウ)　創元社　2003.12　p437-430
◎参考文献ほか「マヤ学を学ぶ人のために」(八杉佳穂)　世界思想社　2004.10　p251-281
◎参考文献「マヤ文字を書いてみよう読んでみよう」(八杉佳穂)　白水社　2005.3　p125」
◎参考文献「マヤ・アステカの神々」(土方美雄)　新紀元社　2005.9　p207-210
◎参考文献「マヤとインカ―王権の成立と展開」(貞末堯司)　同成社　2005.9　prr
◎文献目録「古代マヤ　石器の都市文明」(青山和夫)　京都大学学術出版会　2005.12　p323-332
◎参考文献「マヤ文明を掘る―コパン王国の物語」(中村誠一)　NHK出版　2007.6　p276-279
◎参考文献「マヤ文字解読辞典」(M. D. コウほか)　創元社　2007.7　p202-203
◎参考文献「古代メソアメリカ文明―マヤ・テオティワカン・アステカ」(青山和夫)　講談社　2007.8　p250-254

魔よけ
◎参考文献「世界お守り・魔よけ文化図鑑―民族に受け継がれる神秘のパワー」(S. ペイン)　柊風舎　2006.10　p183-184

マラウイ
◎参考文献「マラウィを知るための45章」(栗田和明)　明石書店　2004.2　p289-293
◎参考文献「マラウイの小農―経済自由化とアフリカ農村」(高根務)　アジア経済研究所　2007.8　p215-226

マラソン
◎文献「マラソン・ジョギングQ&A―初心者から中級ランナーまで」(山際哲夫)　ミネルヴァ書房　2002.11　p175-177

マラヤラム語
◎文献「マラヤラム語文法―南インドケララ州の言語」(山ノ下達)　武田書店　2007.8　p231」

マラリア
◎文献一覧「マラリアと帝国―植民地医学と東アジアの広域秩序」(飯島渉)　東京大学出版会　2005.6　p16-52b

マリアナ諸島
◎参考文献ほか「マリアナ沖海戦―母艦搭乗員激闘の記録」(川崎まなぶ)　大日本絵画　2007.11　p294-295

マリファナ
◎参考文献「大麻の文化と科学―この乱用薬物を考える」(山本郁男)　広川書店　2001.2　p263-264
◎文献「マリファナの科学」(L. L. アイヴァーセン)　築地書館　2003.5　p304-310

丸井コレクション
◎参考文献「20世紀版画の軌跡展　丸井コレクション」(安田火災東郷青児美術館)　安田火災東郷青児美術館　2001.2　p196-198

丸木舟
◎文献「丸木舟」(出口晶子)　法政大学出版局　2001.2　p285-303

マルクス経済学
◎参考文献「21世紀のマルクス経済学」(小島仁)　創成社　2001.9　p167-169
◎参考文献「過渡期世界経済論の課題と方法―マルクス=宇野経済学の再構築とグローバル・ソーシャリズムの史観」(松木和日子)　学文社　2002.2　p242-244

マルクス主義
◎文献目録「民主主義とマルクス主義―共和制国家から「協同社会」へ」(松田賀孝)　御茶の水書房　2001.12　p59-109b
◎文献「アナリティカル・マルクシズム―平易な解説」(T. メイヤー)　桜井書店　2005.10　p297-308

マルチメディア
◎参考文献「マルチメディアビギナーズテキスト　第2版」(松本紳, 小高和己)　東京電機大学出版局　2001.4　p200-203
◎参考文献「マルチメディア&ハイパーテキスト論―インターネット理解のための基礎理論」(J. ニールセン)　東京電機大学出版局　2002.9　p304-386
◎参考文献「マルチメディアと経済、社会」(佐竹元一郎)　早稲田大学出版部　2003.3　prr
◎参考文献「マルチメディアと日本語教育―その理論的背景と教材評価」(鄭起永)　凡人社　2003.7　p254-297
◎参考文献ほか「マルチメディア情報学概論」(田上博司)　二瓶社　2006.1　p303-305

マルチンゲール
◎参考文献「マルチンゲールによる確率論」(D. ウィリアムズ)　培風館　2004.2　p237-239

マルハナバチ
◎引用文献「マルハナバチ―愛嬌者の知られざる生態」(片山栄助)　北海道大出版会　2007.9　p175-181

マレーシア
◎参考文献「マレーシアの政治とエスニシティ　華人政治と国民統合」(金子芳樹)　晃洋書房　2001.3　p6-20b
◎ブックガイド「マレーシア―自然がいっぱい、カルチャー満載!」(WCG編集室)　トラベルジャーナル　2001.8　p194-195
◎引用文献「マレーシアの都市開発―歴史的アプローチ」(生田真人)　古今書院　2001.10　p345-379
◎参考文献「マレーシア農業の政治力学」(石田章)　日本経済評論社　2001.11　p249-262
◎文献「マレーシア稲作経営の新しい担い手」(安延久美)　日本経済評論社　2002.7　p247-259
◎参考文献「マレーシア人の太平洋戦争―この戦争は彼らにとって何であったか」(渡辺正俊)　東京図書出版会　2003.1　p233-237
◎文献「王権儀礼と国家―現代マレー社会における政治文化の範型」(富沢寿勇)　東京大学出版会　2003.12　p17-30b
◎引用文献「マレーシアにおける障害者―市民権とソーシャルワーク」(D. ジャヤソーリア)　日本文学館　2004.12　p331-360

◎参考文献「マレー・イスラームの人類学」(多和田裕司) ナカニシヤ出版 2005.1 p212-221
◎参考文献「マレーシアにおける国民的アイデンティティの形成」(富士ゼロックス小林節太郎記念基金) 富士ゼロックス小林節太郎記念基金 2005.6 p26-29
◎参考文献「日本占領下のマラヤ1941-1945」(P. H. クラトスカ) 行人社 2005.8 p16-36b
◎参考文献ほか「脱植民地化とナショナリズム—英領北ボルネオにおける民族形成」(山本博之) 東京大出版会 2006.5 p333-354
◎参考文献「マレーシア通貨危機と金融政策」(中川利香) 青磁書房 2006.9 p147-153
◎文献「マレー半島美しきプラナカンの世界」(イワサキチエほか) 産業編集センター 2007.6 p144-145
◎「マラヤ日本占領期文献目録—1941-45年」(マラヤ日本占領期史料フォーラム) 龍渓書舎 2007.12 319p B5

マレーシア　経済
◎文献「エスニシティと経済—マレーシアにおける国家・華人資本・多国籍企業」(J. V. ジェスダーソン) クレイン 2003.10 p324-334
◎参考文献「ASEAN先進経済論序説—マレーシア先進国への道」(三木敏夫) 現代図書 2005.2 p303-307
◎参考文献「マレーシアの経済発展とアジア通貨危機」(橋本雄一) 古今書院 2005.10 p257-279
◎参考文献「世界システムの新世紀—グローバル化とマレーシア」(山田信行) 東信堂 2006.3 p281-296

マレーシア　サラワク
◎参考文献「生きる力を育てる修学旅行—いのちの森サラワクで学ぶ」(野中春樹) コモンズ 2004.5 p260-262

マレーシア　政治
◎参考文献「マハティール政権下のマレーシア—「イスラーム先進国」をめざした22年」(鳥居高) アジア経済研究所 2006.12 prr

マレーシア　農業
◎参考文献「マレーシアにおける農業開発とアグリビジネス—輸出指向型開発の光と影」(岩佐和幸) 法律文化社 2005.3 p225-244

マレーシア　ペナン
◎参考文献「経済と文明」(K. ポランニー) 筑摩書房 2004.11 p325-334

漫画
◎オススメ漫画本「漫画嫌い　桝野浩一の漫画評」(桝野浩一) 二見書房 2000.7 p159-156
◎参考文献「文脈病—ラカン/ベイトソン/マトゥラーナ　新装版」(斎藤環) 青土社 2001.3 p405-416
◎参考資料「教養としての〈まんが・アニメ〉」(大塚英志, ササキバラ・ゴウ) 講談社 2001.5 p262-265
◎参考資料「藤子・F・不二雄論」(浜田祐介) 文芸社 2001.6 p319-322
◎「20世紀少女マンガ天国」(エンターブレイン) エンターブレイン 2001.7 191p A5
◎参考文献「日本近代漫画の誕生　日本史リブレット55」(清水勲) 山川出版社 2001.7 1pb
◎ブックガイド「マンガと著作権—パロディと引用と同人誌と」(米沢嘉博) コミケット 2001.8 p216-217
◎「Comic catalog 2002」(福家書店) 福家書店 2001.11 923p A5
◎文献リスト(田並尚恵)「マンガの社会学」(宮原浩二郎, 荻野昌弘) 世界思想社 2001.11 p249-269
◎「マンガ古書マニア—漫画お宝コレクション 1946-2002」(江下雅之) インターメディア 2002.2 232p 46s
◎「リクエスト用マンガ蔵書一覧　2003年版　著者別」(スクランブル) スクランブル 2002.8 1205p A5
◎参考文献「戦後野球マンガ史—手塚治虫のいない風景」(米沢嘉博) 平凡社 2002.9 p212-227
◎「Comic catalog 2003」(福家書店) 福家書店 2002.11 973p A5
◎参考文献「江戸のまんが　泰平の世のエスプリ」(清水勲) 講談社 2003.6 p206-209
◎参考文献「新聞漫画の眼—人政治社会　企画展」(ニュースパーク) ニュースパーク(日本新聞博物館) 2003.11 p158-159
◎参考文献「マンガ学への挑戦—進化する批評地図」(夏目房之介) NTT出版 2004.10 p226-235
◎主要文献リスト「マンガ表現学入門」(竹内オサム) 筑摩書房 2005.6 p273-283
◎参考文献「「コマ」から「フィルム」へ—マンガとマンガ映画」(秋田孝宏) NTT出版 2005.8 p255-254
◎参考文献「漫画が語る明治」(清水勲) 講談社 2005.10 p200-201
○ブックガイド(斎藤宣彦ほか)「ユリイカ 38.1.515」(青土社) 2006.1 p226-235
◎「このマンガを読め 2006」 フリースタイル 2006.1 95p A5
◎参考文献「マンガは欲望する」(T. ヨコタ村上) 筑摩書房 2006.7 p212-219
◎参考文献「少女マンガジェンダー表象論—〈男装の少女〉の造形とアイデンティティ」(押山美知子) 彩流社 2007.2 p288-292
◎参考文献「戦争はいかに「マンガ」を変えるか—アメリカンコミックスの変貌」(小田切博) NTT出版 2007.3 p327-320
◎参考文献「憧れのブロンディ—戦後日本のアメリカニゼーション」(岩本茂樹) 新曜社 2007.3 p305-298
◎参考文献ほか「中国の風刺漫画」(陶冶) 白帝社 2007.6 p270-279
◎「年表日本漫画史」(清水勲) 臨川書店 2007.6 267, 7p A5
◎引用参考文献「メディアのなかのマンガ—新聞一コマ　マンガの世界」(茨木正治) 臨川書店 2007.7 p235-241
◎参考文献「少女マンガにおけるホモセクシュアリティ」(山田田鶴子) ワイズ出版 2007.7 p189-191
◎年表「戦後少女マンガ史」(米沢嘉博) 筑摩書房 2007.8 p338-379
◎引用参考文献「戦後「日本マンガ」論争史」(小山昌宏) 現代書館 2007.10 p186-189
◎「Comic catalog 2008」(福家書店) 福家書店(発売) 2007.11 1169p A5

漫画家
◎雑誌一覧「漫画家人名事典」(まんがseekほか) 日外アソシエーツ 2003.2 p467-481

◎参考文献ほか「マンガマスター—12人の日本のマンガ職人たち」(T. リーマン) 美術出版社 2005.2 p18-21

マングローブ
◎文献「ハンドブック海の森・マングローブ」(中村武久) 信山社 2002.5 p78-79
◎文献「サンゴとマングローブ—生物が環境をつくる」(茅根創, 宮城豊彦) 岩波書店 2002.11 p1-4b
◎文献「マングローブ—なりたち・人びと・みらい」(宮城豊彦ほか) 古今書院 2003.3 p173-182
◎参考文献「マングローブと人間」(M. ヴァヌチ) 岩波書店 2005.6 p9-26b

万作
◎文献目録「多摩地方の万作 2」(石川博司) ともしび会 2002.7 p63-73

満州
◎注文献「総動員帝国 満州と戦時帝国主義と文化」(L. ヤング) 岩波書店 2001.2 p299-344
◎参考文献「満州国の遺産 歪められた日本近代の精神」(黄文雄) 光文社 2001.7 2pb
◎「京城帝国大学図書館及同大学経済研究室満蒙関係図書分類目録—昭和9年」(加藤聖文, 宮本正明) ゆまに書房 2002.12 154枚 B5
◎文献「満州開発論—拓殖大学出身者による」(拓殖大学創立百年史編纂室) 拓殖大 2003.3 p495-504
◎引用参考文献「キメラ—満洲国の肖像 増補版」(山室信一) 中央公論新社 2004.7 p397-420
◎注記「満洲の日本人」(塚瀬進) 吉川弘文館 2004.9 p207-233
◎註「「満州」における中国語教育」(竹中憲一) 柏書房 2004.11 prr
◎参考文献「五千日の軍隊—満洲国軍の軍官たち」(牧南恭子) 創林社 2004.12 p294-295
◎参考文献「馬賊で見る「満洲」」(渋谷由里) 講談社 2004.12 p224-235
◎参考文献「武道の教育力—満洲国・建国大学における武道教育」(志としての文明) 日本図書センター 2005.3 p587-607
◎「《満洲国》文化細目」(植民地文化研究会) 不二出版 2005.6 26, 795p A5
◎文献「蒙地奉上—「満洲国」の土地政策」(広川佐保) 汲古書院 2005.12 p313-329
◎参考文献「昭和史の中の郷愁と戦火の満州」(水嶋都香) 文芸社 2006.2 p239-245
○手記目録(槻木瑞生)「同朋大学佛教文化研究所紀要 25」(同朋大) 2006.3 p274-217
◎参考文献「世界史のなかの満洲帝国」(宮脇淳子) PHP研究所 2006.3 p260-261
◎引用参考文献「赤い夕陽の満州にて—「昭和」への旅」(高橋健男) 新風舎 2006.3 p593-604
◎引用参考文献「検閲された手紙が語る満洲国の実態」(小林英夫ほか) 小学館 2006.6 p282-284
◎参考文献「長く黄色い道—満洲・女性・戦後」(田中益三) せらび書房 2006.6 p256-269
◎参考文献「満洲切手」(内藤陽介) 角川書店 2006.9 p264-269
◎参考文献「「満洲」記憶と歴史」(山本有造) 京都大学術出版会 2007.3 prr
◎参考文献(斉藤俊江ほか)「満州移民—飯田下伊那からのメッセージ」(刊行編集委員会) 現代史料出版 2007.5 p262-266
◎参考文献「満州国」(岡部牧夫) 講談社 2007.12 p250-256
◎参考文献「満洲国と日本の帝国支配」(田中隆一) 有志舎 2007.12 p287-303

満州 移民
◎参考文献「中川根村の満洲移民 中川根町史近現代資料編付録」(編さん委員会) 中川根町(静岡県) 2005.3 p170-171

満州 経済
◎文献「「満洲国」経済史研究」(山本有造) 名古屋大学出版会 2003.12 p303-312

満州 満州開拓団
◎参考文献「山梨満州開拓団小史」(小林春雄) クラッセ 2006.6 p216-217

満州 満州事変
◎参考文献「満州事変と支那事変 昭和の戦争記念館1」(名越二荒之助) 展転社 2001.2 p202」
◎参考文献「満州事変と対中国政策」(小池聖一) 吉川弘文館 2003.12 p276-295
◎参考文献「華北事変の研究—塘沽停戦協定と華北危機下の日中関係一九三二〜一九三五年」(内田尚孝) 汲古書院 2006.1 p279-301
◎参考文献「満州事変から日中全面戦争へ」(伊香俊哉) 吉川弘文館 2007.6 p274-278

満州 満日文化協会
○刊行物一覧(岡村敬二)「文献探索 2001」(文献探索研究会) 2002.7 p116-125

満州 満蒙開拓青少年義勇軍
◎参考文献「誰も書かなかった義勇軍」(吉野年雄) 光陽出版社 2007.9 p334-335

満州 満蒙独立運動
◎参考文献「満蒙独立運動」(波多野勝) PHP研究所 2001.3 4pb

満州 南満州鉄道
◎参考文献「満鉄調査部事件の真相—新発見史料が語る「知の集団」の見果てぬ夢」(小林英夫ほか) 小学館 2004.12 p266-269
◎参考文献「満鉄撫順炭鉱の労務管理史」(庾炳富) 九州大学出版会 2004.12 p243-249
◎参考文献「満鉄調査部—「元祖シンクタンク」の誕生と崩壊」(小林英夫) 平凡社 2005.9 p207-210
◎参考文献「満州と自民党」(小林英夫) 新潮社 2005.11 p189-191
◎参考文献「満鉄全史—「国策会社」の全貌」(加藤聖文) 講談社 2006.11 p209-230
◎注「満鉄調査部の軌跡1907-1945」(小林英夫) 藤原書店 2006.11 prr
◎参考資料「満鉄四十年史」(満鉄会) 吉川弘文館 2007.11 p511-516
◎参考文献「満鉄 増補」(原田勝正) 日本経済評論社 2007.12 p280-281

満州 民族
◎参照文献「民族生成の歴史人類学—満洲・旗人・満族」(劉正愛) 風響社 2006.2 p337-358

満州医科大学
- ◎関連文献「戦時医学の実態―旧満洲医科大学の研究」（軍医学校跡地で発見された人骨問題を究明する会）樹花舎　2005.10　p63-66

マンション
- ◎「マンション問題―騒音・ペットから補修・建替えまで最新文献ガイド」（日外アソシエーツ）　日外アソシエーツ　2001.5　198p A5
- ◎参考文献「あなたのマンションが廃墟になる日―建て替えにひそむ危険な落とし穴」（山岡淳一郎）　草思社　2004.4　p283-286
- ◎文献目録「コンメンタールマンション区分所有法 2版」（稲本洋之助ほか）　日本評論社　2004.10　p683-704
- ○学術論文ほか（横田隆司ほか）「マンション学　21」（日本マンション学会）　2005.Spr　p142-147
- ◎文献「マンション維持修繕技術ハンドブック」（高層住宅管理業協会）　オーム社　2007.11　p761-768

曼荼羅
- ◎文献「胎蔵図像の研究」（八田幸雄）　法蔵館　2002.2　p226」
- ◎参考文献「図説曼荼羅大全―チベット仏教の神秘」（M.ブラウエン）　東洋書林　2002.9　p249-268
- ◎参考文献「密教とマンダラ　マンダラから、われわれの心の自由を探る」（頼富本宏）　NHK出版　2003.4　p252-253
- ◎文献「曼荼羅の神―仏教のイコノロジー　新装版」（立川武蔵）　ありな書房　2004.4　p7-13b
- ◎読書案内「すぐわかるマンダラの仏たち」（頼富本宏）　東京美術　2004.11　p140-143
- ◎参考文献「マンダラ　新装版」（J.アーグエイエスほか）　青土社　2006.4　p5-9

マンドリン
- ◎文献「マンドリン物語―星々の戯れ」（有賀敏文）　早稲田出版　2003.8　p244-246

マントル
- ◎文献「安山岩と大陸の起源―ローカルからグローバルへ」（巽好幸）　東京大学出版会　2003.9　p193-210

万年筆
- ◎参考文献「世界の万年筆」（中園宏）　里文出版　2001.2　p188」
- ◎参考文献「万年筆クロニクル」（すなみまさみちほか）　枻出版社　2007.8　p380-383

マンホール
- ◎文献「路上の芸術―マンホールの考察、およびその蓋の鑑賞」（垣下嘉徳）　新風舎　2005.5　p208-211

マンモス
- ◎参考文献ほか「マンモスの運命　化石ゾウが語る古生物学の歴史」（C.コーエン）　新評論　2003.4　p374-336

マンモスハンター
- ◎参考文献「日本人はるかな旅1　マンモスハンター、シベリアからの旅立ち」（NHK「日本人」プロジェクト）　NHK出版　2001.8　4pb

万葉集
- ◎論文ほか「万葉集の発明　国民国家と文化装置としての古典」（品田悦一）　新曜社　2001.2　p350-351
- ◎「高岡市万葉歴史館所蔵文献目録　研究論文篇　平成12年度追補」（高岡市万葉歴史館）　同歴史館　2001.3　55p B5
- ◎参考文献「万葉ことば事典」（青木生子,橋本達雄）　大和書房　2001.10　p40-59b
- ◎文献「万葉集　日本文学研究大成　1」（稲岡耕二ほか）　国書刊行会　2001.10　p304-329
- ◎注「万葉集編纂の研究」（村瀬憲夫）　塙書房　2002.2　prr
- ◎「高岡市万葉歴史館所蔵文献目録―研究論文篇　新訂版」（高岡市万葉歴史館）　高岡市万葉歴史館　2002.3　880p B5
- ◎「上田萬年の万葉コレクション―日本大学文理学部図書館所蔵「上田文庫」」（梶川信行,野口恵子）　日本大学文理学部　2002.3　48p B5
- ◎注記「万葉集と中国文学受容の世界」（佐藤美知子）　塙書房　2002.3　prr
- ◎文献「万葉びとのまなざし―万葉歌に景観をよむ」（村瀬憲夫）　塙書房　2002.10　p213-220
- ◎参考文献（曽倉岑）「万葉集　2　日本文学研究大成」（曽倉岑）　国書刊行会　2003.1　p293-309
- ◎「高岡市万葉歴史館所蔵文献目録　研究論文篇　平成14年度追補」（高岡市万葉歴史館）　高岡市万葉歴史館　2003.3　50p B5
- ◎参考文献「本当は怖ろしい万葉集―歌が告発する血塗られた古代史」（小林惠子）　祥伝社　2003.10　p290-292
- ◎文献目録（東城敏毅）「万葉民俗学を学ぶ人のために」（上野誠ほか）　世界思想社　2003.10　p249-261
- ◎文献「銅鐸と万葉集―「ことば」で探る古代日本」（山口五郎）　近代文芸社　2003.11　p212-214
- ◎参考文献「万葉を行脚する」（楠臣男）　文芸社　2004.1　p370-374
- ◎「高岡市万葉歴史館所蔵文献目録　研究論文篇　平成15年度追補」（高岡市万葉歴史館）　高岡市万葉歴史館　2004.3　46p B5
- ◎研究年報「論集上代文学　26」（万葉七曜会）　笠間書院　2004.3　p215-340
- ◎参考文献「万葉の旅　改訂新版　下」（犬養孝）　平凡社　2004.4　p329-333
- ◎参考文献「誤読された万葉集」（古橋信孝）　新潮社　2004.6　p202-204
- ◎参考文献「草枕と旅の源流を求めて―万葉の多胡・田子浦の歌」（吉田金彦）　勉誠出版　2004.12　p206-208
- ◎文献「日中古代文芸思想の比較研究」（孫久富）　新典社　2004.12　p463-469
- ◎「高岡市万葉歴史館所蔵文献目録　研究論文篇」（高岡市万葉歴史館）　高岡市万葉歴史館　2005.3　46p B5
- ◎文献目録（渡辺寛吾）「セミナー万葉の歌人と作品　11」（神野志隆光ほか）　和泉書院　2005.5　p290-320
- ◎参考文献「全國萬葉歌碑」（三井治枝）　渓声出版　2005.6　p568-577
- ◎参考文献「本当は怖ろしい万葉集　2　西域から来た皇女」（小林惠子）　祥伝社　2005.11　p246-249
- ◎引用参考文献「万葉歌の歴史を歩く―よみがえる南山背の古代」（山田良三）　新泉社　2006.6　p246-251
- ◎写本年表「萬葉学史の研究」（小川靖彦）　おうふう　2007.2　p573-585
- ○ブックガイド（井上さやか）「季刊明日香風　102」（飛鳥保存財団）　2007.4　p26-27

◎文献目録(新谷秀夫)「越中万葉百科」(高岡市万葉歴史館) 笠間書院 2007.9 p438-447

【 み 】

ミイラ
◎参考文献「ミイラはなぜ魅力的か―最前線の研究者たちが明かす人間の本質」(H. プリングル) 早川書房 2002.5 p344-332
◎参考文献ほか「黄金のミイラが眠る谷」(Z. ハワス) アケト 2007.7 p158-159

三重県
◎文献「地域史のなかの部落問題―近代三重の場合」(黒川みどり) 部落解放・人権研究所 2003.3 p314-318
◎参考文献「まつり・祭・津まつり―ニューヨークから里帰り「津八幡宮祭礼絵巻」」(まつり・祭・津まつり展実行委員会) 実行委員会 2004.9 p118-119
◎参考文献「三重の力石 2版」(高島愼助) 岩田書院 2006.7 p182-188
◎参考文献「三重県の歴史散歩」(三重県高等学校日本史研究会) 山川出版社 2007.7 p301-302

三重県　伊賀市
◎文献「上野市史　考古編」(伊賀市) 伊賀市 2005.3 p641-652

三重県　伊勢
◎「神宮関係著書・論文目録　平成13年版」(神宮司庁文教部教学課) 神宮文庫 2001.3 167p B5
◎参考文献「絵図に見る伊勢参り」(旅の文化研究所) 河出書房新社 2002.10 p152-153
◎参考文献「伊勢斎宮と斎王」(榎村寛之) 塙書房 2004.6 p203-210
◎参考文献「奈良と伊勢街道　街道の日本史34」(木村茂光ほか) 吉川弘文館 2005.7 p18-20b
◎資料一覧「伊勢詣と江戸の旅―道中日記に見るたびの値段」(金森敦子) 文藝春秋 2004.4 p232-237

三重県　行政
◎引用参考文献「三重県の行政システムはどう変化したか―三重県の行政システム改革(一九九五年～二〇〇二年)の実証分析」(吉村裕之) 和泉書院 2006.2 p391-402

三重県　桑名市
◎参考文献「桑名石取祭総合調査報告書」(桑名市教育委員会) 桑名市教育委員会 2006.3 p584-585
◎参考資料「幕末の桑名―近代ニッポンの基礎を築いた桑名のサムライたち」(バーバラ寺岡) 桑名市教育委員会 2006.3 p174-176

三重県　津市
◎参考文献「津市の仏像―津市仏像悉皆調査報告書」(津市教育委員会) 津市教育委員会 2004.3 p220-222

三重県　津藩
◎参考文献「津藩　日本歴史叢書　新装版」(深谷克己) 吉川弘文館 2002.3 p275-279
◎文献「藩政改革と百姓一揆―津藩の寛政期」(深谷克己) 比較文化研究所 2004.5 p281-284

三重県　松阪市
◎参考文献「志村吉兵衛書翰にみる松阪・垣鼻の幕末・明治」(志村圭四郎) 文芸書房 2002.10 p202-203

三重県　宮川
◎文献「宮川環境読本―真の循環型社会を求めて」(太田猛彦) 東京農業大出版会 2005.2 p199-201

未開イメージ
◎参考文献「「野生」の誕生―未開イメージの歴史」(S. ヘンリ) 世界思想社 2003.10 prr

味覚
◎参考文献「旨いメシには理由(わけ)がある―味覚に関する科学的検証」(都甲潔) 角川書店 2001.3 p217-221
◎参考文献「美味の構造―なぜ「おいしい」のか」(山本隆) 講談社 2001.8 p235-240
◎References「味とにおい―感覚の科学―味覚と嗅覚の22章」(G. ベルほか) フレグランスジャーナル社 2002.6 prr
◎参考文献「味覚を科学する」(都甲潔) 角川書店 2002.11 p261-266

ミクロ経済
◎文献案内「ミクロ経済学を学ぶ」(黒坂真) 法律文化社 2004.4 p128-129

ミクロネシア
◎参考文献「身体と形象―ミクロネシア伝承世界の民族誌的研究」(河合利光) 風響社 2001.2 p403-417
◎参考文献「ミクロネシアを知るための58章」(印東道子) 明石書店 2005.11 p272-275
◎引用文献「環境と資源利用の人類学―西太平洋諸島の生活と文化」(印東道子) 明石書店 2006.3 prr
◎参考文献「ミクロネシア―小さな島々の自立への挑戦」(松島泰勝) 早稲田大出版局 2007.11 p256-272

神子
◎参考文献「神子と修験の宗教民俗学的研究」(神田より子) 岩田書院 2001.2 p15-31b

巫女
◎参考文献「戦国歩き巫女」(宗方翔) 静岡新聞社 2002.6 p336-337
◎文献「巫女の人類学―「神語り」の記録と伝達」(平山真) 日本図書センター 2005.2 p315-348

ミサ
◎参考文献「ミサ曲・ラテン語・教会音楽ハンドブック―ミサとは・歴史・発音・名曲選」(三ヶ尻正) ショパン 2001.6 p204-211
◎参考文献「ミサの物語」(和田町子) 日本評論社 2001.11 p201-208

ミサイル
◎参考文献「ミサイル技術のすべて」(防衛技術ジャーナル編集部) 防衛技術協会 2006.10 p234-237
◎参考文献「ミサイル防衛―日本は脅威にどう立ち向かうのか」(能勢伸之) 新潮社 2007.2 p184-186

貞操花鳥羽恋塚
◎参考資料「通し狂言貞操花鳥羽恋塚　国立劇場上演資料集　482」(国立劇場調査養成部調査資料課) 日本芸術文化振興会 2005.10 p127-130

未熟児
- ◎参考引用文献「低出生体重児の母親に関する臨床心理学的研究」（井上美鈴）　専修大出版局　2007.2　p185-193

水
- ◎原注文献「水の自然誌」（E. C. ピルー）　河出書房新社　2001.2　p311-316
- ◎参考文献「環境と水—世界の窓から」（榮森康治郎）　世界書院　2001.5　p299-300
- ◎参考文献「水と生活　改訂新版」（藤田四三雄ほか）　槙書店　2001.9　prr
- ◎参考文献「水をめぐる危険な話—世界の水危機と水戦略」（J. ロスフェダー）　河出書房新社　2002.12　p283-279
- ◎文献「地震発生と水—地球と水のダイナミクス」（笠原順三ほか）　東京大学出版会　2003.3　p359-383
- ◎参考文献「アメリカ西部の水戦争」（中沢弌仁）　鹿島出版会　2003.5　p243-249
- ◎参考文献「水をめぐる人と自然　日本と世界の現場から」（嘉田由紀子）　有斐閣　2003.5　prr
- ◎文献「調べてみよう暮らしの水・社会」（岡崎稔ほか）　岩波書店　2003.6　p192-193
- ◎文献「水の不思議　part2　人類の知恵とサイエンス」（松井健一）　日刊工業新聞社　2003.8　p224-230
- ◎参考文献「水と健康—狼少年にご用心」（林俊郎）　日本評論社　2004.2　prr
- ◎文献「水の事典」（太田猛彦ほか）　朝倉書店　2004.6　prr
- ◎参考図書「「水」をかじる」（志村史夫）　筑摩書房　2004.7　p211-213
- ◎文献「水と気候の風景」（新井正）　古今書院　2005.8　p183-192

未遂犯
- ◎文献「中止未遂の研究」（山中敬一）　成文堂　2001.3　p4-24b
- ◎参考文献「レヴィジオン刑法　2　未遂犯論・罪数論」（中山研一, 浅田和茂, 松宮孝明）　成文堂　2002.2　p5-6f
- ◎文献一覧「中止未遂の理論」（町田行男）　現代人文社　2005.4　p287-294

湖
- ◎参考文献「海と湖の化学—微量元素で探る」（宗林由樹ほか）　京都大学術出版会　2005.3　prr

水環境
- ◎参考文献「市民の望む都市の水環境づくり」（和田安彦ほか）　技報堂出版　2003.7　prr
- ◎文献「シリーズ環境と地質　3　水環境と地盤災害」（B. W. ピプキンほか）　古今書院　2003.11　prr
- ◎引用文献「緑のダム—森林・河川・水環境・防災」（蔵治光一郎ほか）　築地書館　2004.12　prr

水草
- ○文献リスト「水草研究会誌　83」（水草研究会）　2005.10　p30-32
- ○文献リスト「水草研究会誌　86」（水草研究会）　2007.1　p36-38

水先案内
- ◎参考文献「海のパイロット物語」（中之薗郁夫）　成山堂書店　2002.1　p197」

水資源
- ◎参考文献「ウォーター—世界水戦争」（M. ド・ヴィリエ）　共同通信社　2002.5　p512-519
- ◎参考文献「21世紀水危機　農からの発想」（山崎農学研究所）　農文協　2003.2　prr
- ◎原注「ウォーター・ウォーズ　水の私有化、汚染そして利益をめぐって」（V. シヴァ）　緑風出版　2003.3　p242-231
- ◎文献「水の環境史—南カリフォルニアの二〇世紀」（小塩和人）　玉川大学出版部　2003.3　p257-282
- ◎文献「水の世紀—貧困と紛争の平和的解決にむけて」（村上雅博）　日本経済評論社　2003.3　p201-215
- ◎参考文献「都市水管理の先端分野—行きづまりか希望か」（C. Maksimovic）　技報堂出版　2003.6　prr
- ◎参考文献「雨を活かす—ためることから始める」（辰濃和男ほか）　岩波書店　2004.2　p171-174
- ◎参考文献「変革と水の21世紀」（21世紀の社会システム、国土管理のあり方に関する研究会）　山海堂　2004.12　p159-165
- ◎参考文献「インドの水問題—州際河川水紛争を中心に」（多田博一）　創土社　2005.3　p403-420
- ◎参考文献ほか「水の世界地図」（R. Clarkeほか）　丸善　2006.1　p109-117
- ◎参考文献「コンフリクトマネジメント—水資源の社会的リスク」（萩原良巳ほか）　勁草書房　2006.3　p251-256
- ◎参考文献「水戦争—水資源争奪の最終戦争が始まった」（柴田明夫）　角川SSコミュニケーションズ　2007.12　p204-206

ミステコ族
- ◎文献「ニューヨークのミステコ族—巨大都市に生きる出稼ぎ少数民族」（池森憲一）　トランスビュー　2003.8　p229-231

ミステリ
- ○総目録ほか「ミステリマガジン　45.3.528」（早川書房）　2000.3　p330-204
- ○系譜年表（川出正樹ほか）「ミステリマガジン　45.6.531」（早川書房）　2000.6　p6-13
- ◎「本格ミステリーは探偵で読め!—読めば必ずくせになる!本格ミステリーガイド」（スタジオ・ハードMX）　ぶんか社　2000.12　176p A5
- ○ベスト10（池上冬樹）「本の雑誌　223」（本の雑誌社）　2001.1　p112-115
- ◎「バカミスの世界　史上空前のミステリガイド」（小山正ほか）　美術出版社　2001.2　225p A5
- ○総目録ほか「ミステリマガジン　46.3.540」（早川書房）　2001.3　p378-268
- ◎「傑作ミステリーベスト10」（週刊文春編集部）　文藝春秋　2001.5　607p A6
- ◎略年表「明治の翻訳ミステリー　翻訳編　1　ミステリー小説の曙　復刻版」（川戸道昭, 榊原貴教）　五月書房　2001.5　p238-243
- ○27冊（小木曽郷平ほか）「ミステリマガジン　46.7.544」（早川書房）　2001.7　p32-38
- ◎「翻訳ミステリー小説登場人物索引」（DBジャパン）　DBジャパン　2001.9　2冊　A5
- ◎「ミステリ・データブック　ハヤカワ・ミステリ文庫作家と作品」（早川書房）　早川書房　2001.11　511p A6

みたかし

- ◎「ミステリ美術館　ジャケット・アートでみるミステリの歴史」（森英俊）　国書刊行会　2001.11　167p B5
- ◎「私が愛した名探偵」（新保博久）　朝日新聞社　2001.11　294p 46s
- ◎「このミステリーがすごい！　2002年版」（宝島社）　宝島社　2001.12　175p A5
- ◎「絶対ミステリーが好き！」（松田孝宏ほか）　ぶんか社　2001.12　175p A5
- ◎「本格ミステリーベスト10」（探偵小説研究会）　原書房　2001.12　197p A5
- ◎年表「明治の探偵小説」（伊藤秀雄）　双葉社　2002.2　p527-587
- ○総目録2001「ミステリマガジン　47.3」（早川書房）　2002.3　p235-471
- ◎「推理小説の源流―ガボリオからルブランへ」（小倉孝誠）　淡交社　2002.3　222p 46s
- ○ブックガイド（古山裕樹）「ミステリマガジン　47.4」（早川書房）　2002.4　p19-23
- ◎「ベストミステリー大全」（北上次郎）　晶文社　2002.4　400p 46s
- ○ブックガイド（宮脇孝雄）「英語教育　51.2」（大修館書店）　2002.5　p26-28
- ◎「怪奇幻想ミステリ150選」（千街晶之）　原書房　2002.7　285p A5
- ◎参考資料ほか「ミステリーはこう書く！　最新完全メソッド」（若桜木虔）　文芸社　2002.9　p69-71
- ◎「本格ミステリ・クロニクル300」（探偵小説研究会）　原書房　2002.9　261p A5
- ○ブックガイド「SFマガジン　43.11」（早川書房）　2002.11　p90-103
- ◎「2003本格ミステリ・ベスト10」（探偵小説研究会）　原書房　2002.12　190p A5
- ◎「J's　ミステリーズKING ＆　QUEEN」（相川司ほか）　荒地出版社　2002.12　229, 15p A5
- ◎「このミステリーがすごい！　2003年版」（別冊宝島編集部）　宝島社　2002.12　175p A5
- ○完全リスト「ミステリマガジン　48.3」（早川書房）　2003.3　p346-299
- ◎「ハヤカワ・ミステリ総解説目録―1953年-2003年（Hayakawa pocket mystery books）」（早川書房編集部）　早川書房　2003.9　612p B6
- ◎「書店のイチ押し！　海外ミステリ特選100」（J. ホァン）　早川書房　2003.10　278p B6
- ◎「J'sミステリーズking ＆　queen 海外作家篇」（相川司ほか）　荒地出版社　2003.12　223p A5
- ◎「このミステリーがすごい！　2004年版」（別冊宝島編集部）　宝島社　2003.12　191p A5
- ◎文献「世界ミステリ作家事典―ハードボイルド・警察小説・サスペンス篇」（森英俊）　国書刊行会　2003.12　p955-956
- ○新刊総目録「ミステリマガジン　49.3」（早川書房）　2004.3　p345-299
- ◎年表「探偵小説と日本近代」（吉田司雄）　青弓社　2004.3　p269-284
- ◎「アメリカを読むミステリ100冊」（野崎六助）　毎日新聞社　2004.4　215p 46s
- ◎「これだけは知っておきたい名作ミステリー100」（杉江松恋）　フィールドワイ　2004.5　207p A5
- ◎参考文献「都市は他人の秘密を消費する」（藤竹暁）　集英社　2004.10　p218-220
- ◎「このミステリーがすごい！　2005年版」　宝島社　2004.12　191p A5
- ◎「ミステリ・ベスト201　新装版」（瀬戸川猛資）　新書館　2004.12　227p A5
- ◎研究文献「江戸川乱歩全集　25　鬼の言葉」（江戸川乱歩）　光文社　2005.2　p543-554
- ○30選「ミステリマガジン　50.7」（早川書房）　2005.7　p30-37
- ◎引用文献「探偵小説と二〇世紀精神―ミネルヴァの梟は黄昏に飛びたつか？」（笠井潔）　東京創元社　2005.11　p265-267
- ◎「このミステリーがすごい！　2006年版」　宝島社　2005.12　191p A5
- ○総目録「ミステリマガジン　51.3」（早川書房）　2006.3　p490-445
- ◎引用文献「探偵小説と記号的人物―ミネルヴァの梟は黄昏に飛びたつか？」（笠井潔）　東京創元社　2006.7　p327-330
- ◎関連書目「私のハードボイルド―固茹で玉子の戦後史」（小鷹信光）　早川書房　2006.11　p483-473
- ◎「このミステリーがすごい！　2007年版」　宝島社　2006.12　191p A5
- ○新刊総目録「ミステリマガジン　52.3」（早川書房）　2007.3　p297-276
- ○英訳本リスト（早川書房編集部）「ミステリマガジン　52.6.616」（早川書房）　2007.7　p46-50
- ◎引用参考文献「探偵小説の論理学―ラッセル論理学とクイーン、笠井潔、西尾維新の探偵小説」（小森健太朗）　南雲堂　2007.9　p275-282
- ◎「このミステリーがすごい！　2008年版」　宝島社　2007.12　191p A5

三鷹事件

- ◎参考文献「三鷹事件　1949年夏に何が起きたのか」（片島紀男）　新風舎　2005.3　p979-990

見出し

- ◎「雑誌の目次大百科」（久野寧子）　ピエ・ブックス　2003.2　607p B6

道

- ◎参考文献「「タオ＝道」の思想」（林田慎之介）　講談社　2002.10　p211-212
- ◎参考文献「道　I　ものと人間の文化史　116-I」（武部健一）　法政大学出版局　2003.11　p229-233
- ◎参考文献「中世のみちを探る」（藤原良章）　高志書院　2004.6　prr

三井物産

- ◎注「財閥と帝国主義―三井物産と中国」（坂本雅子）　ミネルヴァ書房　2003.7　prr

三井文庫

- ○文献目録「三井文庫論叢　37」（三井文庫）　2003.12　p241-243
- ○文献目録「三井文庫論叢　41」（三井文庫）　2007　354-355

密教

- ○文献資料（山崎誠）「国文学　45.12」（学燈社）　2000.12　p90-95
- ◎参考文献「チベット密教」（ツルテイム・ケサン, 正木晃）　筑摩書房　2001.1　p211-222

840

◎参考文献「インド密教の仏たち」（森雅秀）　春秋社　2001.2　p11-13b
◎参考文献「密教—インドから日本への伝承」（松長有慶）　中央公論新社　2001.9　p258-261
◎参考文献「平安密教の研究—興教大師覚鑁を中心として」（松崎恵水）　吉川弘文館　2002.3　p849-885
◎参考文献「空海と密教—「情報」と「癒し」の扉をひらく」（頼富本宏）　PHP研究所　2002.9　p242-244
◎参考文献「密教とマンダラ　マンダラから、われわれの心の自由を探る」（頼富本宏）　NHK出版　2003.4　p252-253
◎ブックガイド「密教」（正木晃）　講談社　2004.9　p216-223
◎文献「ネパール密教儀礼の研究」（山口しのぶ）　山喜房仏書林　2005.6　p339-355
◎参考文献「日本密教　新装版」（立川武蔵ほか）　春秋社　2005.8　prr
◎主要著書ほか「インド後期密教　上」（松長良廣）　春秋社　2005.11　p235-236
◎参考文献「密教　図解雑学」（頼富本宏）　ナツメ社　2005.11　p257-260
◎著書ほか「インド後期密教　下」（松長有慶）　春秋社　2006.1　p235-236
◎「密教関係文献目録　増補新訂版」（種智院大学密教学会）　同朋舎メディアプラン　2007.5　837p A5
◎資料「サンヴァラ系密教の諸相—行者・聖地・身体・時間・死生」（杉本恒彦）　東信堂　2007.6　p368-379

密航
◎参考文献「蛇頭と人蛇　中国人密航ビジネスの闇」（森田靖郎）　集英社　2001.7　p177-186

ミッションスクール
◎参考文献「ミッション・スクール—あこがれの園」（佐藤八寿子）　中央公論新社　2006.9　p229-238

ミツバチ
◎参考文献「ミツバチの不思議　2版　改装版」（K. v. フリッシュ）　法政大学出版局　2005.7　p9-16b
◎文献「ミツバチ学—ニホンミツバチの研究を通し科学することの楽しさを伝える」（菅原道夫）　東海大学出版会　2005.11　p163-167

三菱ガス化学
◎文献「三菱ガス化学三十年史」（日本経営史研究所）　三菱ガス化学　2002.3　p716-717

三菱重工業
◎参考文献「戦時期航空機工業と生産技術形成—三菱航空エンジンと深尾淳二」（前田裕子）　東京大学出版会　2001.6　p223-236

密貿易
◎文献「軍政下奄美の密航・密貿易」（佐竹京子）　南方新社　2003.1　p272-273

密約外交
◎参考文献「密約外交」（中馬清福）　文藝春秋　2002.12　p195-197

三手文庫
◎書籍目録「京都文化の伝播と地域社会」（源城政好）　思文閣出版　2006.10　p353-376

ミトコンドリア
◎参考文献「ミトコンドリアが進化を決めた」（N. レーン）　みすず書房　2007.12　p10-34b

ミドルクラス
◎書誌的エッセイ「快楽戦争　ブルジョワジーの経験」（P. ゲイ）　青土社　2001.10　p1-42b

三中井
◎参考文献「幻の三中井百貨店—朝鮮を席巻した近江商人・百貨店王の興亡」（林広茂）　晩声社　2004.2　p279-282

港
◎参考文献「埋もれた港」（千田稔）　小学館　2001.2　p302-307

港町
◎参考文献「水辺から都市を読む—舟運で栄えて港町」（陣内秀信ほか）　法政大学出版局　2002.7　p2-9b

ミナハサ諸語
◎文献「北スラウェシ州ミナハサ地方トンバトゥ郡におけるトンサワン語の選択」（平林輝雄）　大阪学院大　2003.3　p121-123

水俣病
◎参考文献「新潟水俣病問題の受容と克服」（堀田恭子）　東信堂　2002.2　p227-240
◎文献「新潟水俣病をめぐる制度・表象・地域」（関礼子）　東信堂　2003.2　p327-340
◎参考文献「水俣の経験と記憶—問いかける水俣病」（丸山定巳ほか）　熊本出版文化会館　2004.4　p280-296
◎参考文献ほか「水俣からの想像力—問いつづける水俣病」（丸山定巳ほか）　熊本出版文化会館　2005.3　p218-232
◎参照文献「水俣病誌」（川本輝夫）　世織書房　2006.2　p737-741
◎文献リスト（関礼子ほか）「新版新潟水俣病問題—加害と被害の社会学」（飯島伸子）　東信堂　2006.4　p263-274
◎参考文献「チッソ支援の政策学—政府金融支援措置の軌跡」（永松俊雄）　成文堂　2007.1　p195-204

南アフリカ
◎文献「南アフリカ金鉱業史—ラント金鉱発見から第二次世界大戦勃発まで」（佐伯尤）　新評論　2003.4　p331-336
◎参考文献「南アフリカの女たち—闘争と亡命の語り　南部アフリカにおける女たちの声—歴史の書き換え」（T. ラヴェル＝ピントほか）　国立民族学博物館　2004.4　p22-23
◎参考文献「南アフリカ金鉱業の新展開—1930年代新鉱床探査から1970年まで」（佐伯尤）　新評論　2004.4　p434-439
◎注「イギリス帝国と南アフリカ」（前川一郎）　ミネルヴァ書房　2006.2　prr

南アフリカ　アパルトヘイト
◎参考文献「アパルトヘイト教育史」（J. ヘイスロップ）　春風社　2004.3　p367-356
◎引用参考文献「紛争後社会と向き合う—南アフリカ真実和解委員会」（阿部利洋）　京都大学学術出版会　2007.12　p360-348

南座
◎参考文献「京都南座物語」(宮辻政夫) 毎日新聞社 2007.6 p290-293

南太平洋
◎引用文献「南太平洋における土地・観光・文化—伝統文化は誰のものか」(白川千尋) 明石書店 2005.12 p249-272

南太平洋　タヒチ
◎参考文献「タヒチ—謎の楽園の歴史と文化」(池田節雄) 彩流社 2005.10 p236-238

ミネラル
◎引用文献「海のミネラル学—生物との関わりと利用」(大越健嗣) 成山堂書店 2007.4 prr
◎参考文献「ビタミン・ミネラルの安全性　2版」(J.ハズコック) 第一出版 2007.11 prr

身振り
◎参考文献「発話にともなう身振りの機能」(西尾新) 風間書房 2006.4 p227-237

身分
◎参考文献「支配をささえる人々」(久留島浩) 吉川弘文館 2000.10 prr
◎関連文献「歴史学事典　10　身分と共同体」(尾形勇) 弘文堂 2003.2 prr

ミミズ
◎参考書「ミミズ—嫌われもののはたらきもの」(渡辺弘之) 東海大学出版会 2003.12 p141-142

耳鳴り
◎参考文献「耳鳴りを治す—コントロールしながらうまくつきあう」(神崎仁) 慶應義塾大出版会 2004.10 p174-178

ミーム
◎ブックガイドほか「遺伝子vsミーム　教育・環境・民族対立」(佐倉統) 廣済堂出版 2001.9 p222-230

ミャオ族
◎文献「中国ミャオ族の織」(G.コリガン) デザインエクスチェンジ 2003.10 p84-85
◎引用文献ほか「中国少数民族ミャオ族の生業形態」(金丸良子) 古今書院 2005.8 p369-391

宮城県
◎「宮城県内公共図書館所蔵郷土関係論文目録—CD-ROM版　平成14年9月現在」(宮城県図書館) 宮城県図書館 2003.3 CD-ROM1枚 12cm
◎参考文献「平泉と奥州道中　街道の日本史7」(大石直正ほか) 吉川弘文館 2003.8 p18-22b
◎本「宮城県の不思議事典」(佐々木光雄ほか) 新人物往来社 2004.5 p214-218
◎参考文献「仙台・松島と陸前諸街道　街道の日本史8」(難波信雄ほか) 吉川弘文館 2004.11 p21-23b
◎文献リスト「東北地方の信仰伝承—宮城県の年中行事」(東北歴史博物館) 東北歴史博物館 2005.3 p98-106
◎参考文献「北海道に渡った仙台藩士たち—角田・亘理・岩出山・白石・柴田藩の集団移住」(鈴木常夫) 本の森 2005.3 p166-167
◎参考文献「宮城県の歴史散歩」(宮城県高等学校社会科(地理歴史科・公民科)教育研究会歴史部会) 山川出版社 2007.7 p306-307

宮城県　阿武隈川
◎参考文献「阿武隈川の舟運」(竹川重男) 歴史春秋出版 2005.5 p195-197
◎資料目録「ふるさとの大河—阿武隈川関係資料展」(福島県立図書館) 福島県立図書館 2006.9 p4-30

宮城県　大崎八幡神社
◎参考文献「国宝大崎八幡宮展—平成の大修理　企画展図録」(仙台市博物館) 仙台市博物館 2002.6 p46-47

宮城県　北上町
◎参考引用文献「北上町史　自然生活編」(編さん委員会) 北上町 2004.9 p658-663

宮城県　里浜貝塚
◎参考文献「松島湾の縄文カレンダー・里浜貝塚」(会田容弘) 新泉社 2007.11 p92」

宮城県　塩竈神社
◎文献「鹽竈神社　改訂新版」(押木耿介) 学生社 2005.6 p221-222

宮城県　瀬峰町
◎参考引用文献「瀬峰町史　増補版」(編纂委員会) 瀬峰町 2005.2 p826-832

宮城県　仙台市
◎参考文献「都市と消費社会との出会い—再魔術化する仙台」(高橋英博) 御茶の水書房 2007.3 p320-324

宮城県　仙台藩
◎参考引用文献「伊達八百年歴史絵巻—時を超え輝く人の物語」(伊達宗弘) 新人物往来社 2007.11 p208-210

宮城県　松島
◎参考引用文献「霊場松島」(堀野宗俊) 瑞巌寺 2005.10 p69」

宮古路節
◎文献「宮古路節の研究」(根岸正海) 南窓社 2002.2 p367-370

宮座
◎注「近世宮座の史的展開」(安藤精一) 吉川弘文館 2005.5 prr

宮崎県
◎引用・参考文献「みやざき巨樹の道—歴史とロマンを訪ねる　2　県南の巻」(池田隆範) 鉱脈社 2002.3 p228-229
◎参考文献「宮崎県警察史　2」(宮崎県警察史纂委員会) 宮崎県警察本部 2004.3 p1025-1029
◎参考文献「狩猟民俗研究—近世猟師の実像と伝承」(永松敦) 法蔵館 2005.2 p355-357
◎参考文献「宮崎県の歴史散歩」(宮崎県高等学校社会科研究会歴史部会) 山川出版社 2006.2 p234-235
◎参考文献「宮崎の神話伝承—その舞台55ガイド」(甲斐亮典) 鉱脈社 2007.3 p214-215

宮崎県　西都原
◎参考文献「西都原古代文化を探る—東アジアの観点から」(日高正晴) 鉱脈社 2003.10 p294-296

◎参考文献「西都原古墳群」（北郷泰道）　同成社　2005.8　p183-184

宮崎県　西明寺
○目録（妹尾好信）「内海文化研究紀要　32」（広島大）2004　p17-31

宮崎県　高千穂
◎参考文献「高千穂と日向街道　街道の日本史53」（安藤保, 大賀郁夫）　吉川弘文館　2001.2　p21-24b
◎文献「高千穂夜神楽の健康心理学的研究―神と人へのヘルスケア・システム」（福島明子）　風間書房　2003.3　p453-464

宮崎県　日之影町
◎参考文献「日之影の無縁墓は語る」（渡部智倶人）　海鳥社　2007.2　p187-188

宮崎県　日向
◎参考文献「高千穂と日向街道　街道の日本史53」（安藤保, 大賀郁夫）　吉川弘文館　2001.2　p21-24b
◎註「日向国における盲僧の成立と変遷―盲僧史への一視座として」（末永和孝）　鉱脈社　2003.11　prr
◎参考文献「天皇家の"ふるさと"日向をゆく」（梅原猛）新潮社　2005.1　p271-272

宮崎県　都城
○主要論文目録（竹川克幸）「都城地域史研究　9」（都城市立図書館）　2003.3　p31-47

宮崎県　民謡
◎参考文献「ひえつき節の二十世紀―二十六文字がつづる秘境物語」（原田解）　鉱脈社　2004.7　p224-225

ミャンマー
◎参考文献「ビルマ法制史研究入門―伝統法の歴史的役割」（奥平竜二）　日本図書刊行会　2002.3　p189-202
◎参考文献「ビルマ仏教遺跡」（伊東照司）　柏書房　2003.11　p22-26b
◎文献「日本占領とビルマの民族運動―タキン勢力の政治的上昇」（武島良成）　龍渓書舎　2003.11　p243-260
◎参照文献「中国人ムスリムの末裔たち―雲南からミャンマーへ」（やまもとくみこ）　小学館　2004.6　p310-315
◎参考文献「ビルマ古典歌謡の旋律を求めて―書承と口承から創作へ」（井上さゆり）　風響社　2007.11　p53-56

ミュージアム
○関連文献一覧「Science of humanity Bensei　39」（勉誠出版）　2002.5　p151-152

ミュージカル
◎文献「映画はミュージカルに―アメリカ映画と〈スタンダード・ナンバー〉の蜜月」（池谷亮一）　宝塚出版　2002.11　p314-315

妙見信仰
◎引用参考文献「相馬地方の妙見信仰―千葉氏から相馬氏へ」（野馬追の里原町市立博物館）　野馬追の里原町市立郷土博物館　2003.9　p72-73

苗字
◎参考文献「東北人の苗字―多姓と難読姓からみた」（鈴木常夫）　本の森　2001.1　p137-139
◎文献「奥州街道苗字の旅―松前から江戸日本橋まで」（鈴木常夫）　本の森　2002.2　p231-234

◎参考文献「苗字と名前の歴史」（坂田聡）　吉川弘文館　2006.4　p196-199
◎参考文献「九州の苗字を歩く　熊本編」（岬茫洋）　梓書院　2006.5　p271-272
◎参考文献「苗字と地名の由来事典」（丹羽基二）　新人物往来社　2006.8　p261-262

妙法天神経解釈
◎参考文献「宝鏡寺蔵『妙法天神経解釈』全注釈と研究」（小峯和明ほか）　笠間書院　2001.7　p509-523

未来科学
◎関連作品「新世紀未来科学」（金子隆一）　八幡書店　2001.2　p324-335

未来記
◎参考文献「中世日本の予言書―「未来記」を読む」（小峯和明）　岩波書店　2007.1　p217-225

未来主義
◎参考文献「未来主義と立体主義　コレクション・モダン都市文化27」（石田仁志）　ゆまに書房　2007.6　p819-820

未来小説
◎年表「懐かしい未来」（長山靖生）　中央公論新社　2001.5　p342-353

ミルク
○関連文献リスト「ミルクサイエンス　53・1」（日本酪農科学会）　2004.3　p27-35
○文献リスト「ミルクサイエンス　54.1」（日本酪農科学会）　2005.3　p37-52
○文献リスト「ミルクサイエンス　55.3」（日本酪農科学会）　2007.1　p185-200

弥勒
◎文献「弥勒信仰のアジア」（菊地章太）　大修館書店　2003.6　p233-235

民営化
◎参考文献「郵便局民営化計画」（原田淳）　東洋経済新報社　2001.5　p221-222
◎参考文献「あえて「郵政民営化」に反対する」（滝川好夫）　日本評論社　2004.4　p193-194
◎参考文献「民営化の戦略と手法―PFIからPPPへ」（野田由美子）　日本経済新聞社　2004.8　p290-292
◎参考文献「民営化という虚妄―「国営＝悪」の感情論が国を滅ぼす」（東谷暁）　祥伝社　2005.3　p214-220
◎参考文献「日本郵政―解き放たれた「巨人」」（町田徹）　日本経済新聞社　2005.11　p245-247
◎参考文献「自治体版市場化テスト―競争から協奏へ」彩の国さいたま人づくり広域連合自治人材開発センター　2006.2　p134-136
◎参考資料ほか「外注される戦争―民間軍事会社の正体」（菅原出）　草思社　2007.3　p255-261
◎参考文献「民営化で誰が得をするのか―国際比較で考える」（石井陽一）　平凡社　2007.7　p205-206
◎参考文献「ゆうちょ銀行―民営郵政の罪と罰」（有田哲文ほか）　東洋経済新報社　2007.9　p242-243
◎参考文献ほか「混合寡占市場における公企業の民営化と経済厚生」（山崎将太）　三菱経済研究所　2007.10　p89-93

民家
- ◎参考文献「古民家再生住宅のすすめ」（宇井洋）　晶文社　2001.9　p268-269
- ◎参考文献「住まいと暮らし」（小澤弘道）　歴史春秋出版　2003.8　p179-180
- ◎参考文献「日本伝統の町―重要伝統的建造物群保存地区62」（河合敦）　東京書籍　2004.6　p206-207
- ◎注「近世近代町家建築史論」（大場修）　中央公論美術出版　2004.12　prr
- ◎参考文献「家屋とひとの民族誌―北タイ山地民アカと住まいの相互構築誌」（清水郁郎）　風響社　2005.2　p395-414
- ◎註「京都の町家と町なみ―何方を見申様に作る事、堅仕間敷事」（丸山俊明）　昭和堂　2007.5　prr
- ◎参考資料「民家再生の技術」（日本民家再生リサイクル協会）　丸善　2007.12　p204」

民間医療
- ◎引用文献「カスタム・メレシン―オセアニア民間医療の人類学的研究」（白川千尋）　風響社　2001.11　p219-234

民間社会福祉事業
- ◎引用参考文献「社会福祉協議会活動論　改訂3版」　全国社会福祉協　2004.3　prr

民間宗教
- ◎注「異神　中世日本の秘教的世界　上」（山本ひろ子）　筑摩書房　2003.6　prr

民間信仰
- ◎文献「狐の日本史　古代・中世篇」（中村禎里）　日本エディタースクール出版部　2001.6　p311-337
- ◎参考文献「神さまのいる風景」　東北歴史博物館　2001.7　p45-46
- ◎参考文献「岡山の地神様―五角形の大地の神」（正富博行）　吉備人出版　2001.8　p227-231
- ◎参考文献「「森神信仰」の歴史民俗学的研究」（徳丸亜木）　東京堂出版　2002.2　p439-460
- ◎文献「沖縄の女性祭司の世界」（高梨一美）　東横学園女子短大女性文化研究所　2002.3　p149-153
- ◎参考文献「信仰と芸能」（上田市誌編さん委員会）　上田市　2002.3　p194-195
- ◎文献「讃岐異界探訪―特別展「あの世・妖怪・占い―異界万華鏡―」地域展図録」（香川県歴史博物館）香川県歴史博物館　2002.4　p66-68
- ◎参考文献「目からウロコの日本の神様―『古事記』から台所の神さままで」（久保田裕道）　PHPエディターズ・グループ　2002.10　p234-236
- ◎文献「憑依と語り―アフロアマゾニアン宗教の憑依文化」（古谷嘉章）　九州大学出版会　2003.2　p337-354
- ◎出典一覧「えびすのせかい―全国エビス信仰調査報告書」（成城大学）　成城大　2003.10　p270-283
- ◎参考文献「精霊の王」（中沢新一）　講談社　2003.11　p359-361
- ◎文献「中国のこっくりさん―扶鸞信仰と華人社会」（志賀市子）　大修館書店　2003.11　p246-249
- ◎参考文献（森山一止）「金屋子神信仰の基礎的研究」（鉄の道文化圏推進協議会ほか）　岩田書院　2004.3　p517-522
- ◎参考文献「祭祀空間の伝統と機能」（黒田一充）　清文堂出版　2004.12　p545-547
- ◎文献「日本の石敢当―民俗信仰」（小玉正任）　慶友社　2004.12　p458-466
- ◎参考書目「運命の女神―その説話と民間信仰　新装復刊」（R. W. ブレードニヒ）　白水社　2005.6　p5-23b
- ◎参考文献「「女人禁制」Q&A」（源淳子）　解放出版社　2005.9　p241-244
- ◎引用参考文献「ヴードゥー大全―アフロ民俗の世界」（檀原照和）　夏目書房　2006.4　p14-17b
- ◎参考文献「歴史探索の手法―岩船地蔵を追って」（福田アジオ）　筑摩書房　2006.5　p201-204
- ◎参考文献「知念村の御嶽と殿と御願行事」（知念村文化協会）　南城市知念文化協会　2006.6　p322-323
- ◎参考文献「癒しの民間信仰―ギリシアの古代と現代」（馬場恵二）　東洋書林　2006.8　p543-559
- ◎参照文献「中国江南農村の神・鬼・祖先―浙江省尼寺の人類学的研究」（銭丹霞）　風響社　2007.2　p277-284
- ◎引用文献略解「星占い星祭り　新装版」（金指正三）　青蛙房　2007.3　p296-308
- ◎参考文献ほか「牛頭天王と蘇民将来伝説―消された異神たち」（川村湊）　作品社　2007.9　p389-397
- ◎文献「ヒトが神になる条件―ヒトはなぜ、ヒトを神さまとして祀るのか」（井上宏生）　リヨン社　2007.10　p221-223
- ◎参考文献「神道と修験道―民俗宗教思想の展開」（宮家準）　春秋社　2007.11　p519-522
- ◎参考文献「雷の民俗」（青柳智之）　大河書房　2007.12　p238-239

民間説話
- ◎文献「北部カメルーン・フルベ族の民間説話集―アーダマーワ地方とベヌエ地方の話」（江口一久）　国立民族学博物館　2003.12　p656-658
- ◎注「漂泊する神と人」（花部英雄）　三弥井書店　2004.1　prr
- ◎参考文献「奈良市民間説話調査報告書」（竹原威滋ほか）　奈良教育大　2004.3　p241-242

民間伝承
- ◎注文献「民間伝承と創作文学　人間像・主題設定・形式努力」（M. リューティ）　法政大学出版局　2001.11　p353-384

民間備荒録
- ◎文献「民間備荒録―江戸時代の飢饉と救荒書」（一関市博物館）　一関市博物館　2002.9　p64」

民間仏教
- ◎参考文献「中国民間仏教教派の研究」（D. L. オーバーマイヤー）　研文出版　2005.2　p301-322

民間薬
- ◎参考文献「日本の伝承薬―江戸売薬から家庭薬まで」（鈴木昶）　薬事日報社　2005.3　p426-427

民間療法
- ◎参考文献「帝国医療と人類学」（奥野克巳）　春風社　2006.2　p190-220

民具
- ◎参考文献「民具で見る各務原のくらし　日常生活編」（各務原市歴史民俗資料館）　同資料館　2001.3　prr
- ◎参考文献「もの・モノ・物の世界―新たな日本文化論」（印南敏男ほか）　雄山閣　2002.4　prr

◎参考文献「屋根裏の博物館―実業家渋沢敬三が育てた民の学問」（横浜市歴史博物館）　横浜歴史博物館　2002.10　p172-177
◎文献「民具の呼ぶ声」（野口冬人）　現代旅行研究所　2003.3　p154-155
◎参考文献「昭和を生きた道具たち」（岩井宏實）　河出書房新社　2005.4　p110」
◎引用参考文献「ものとテクノロジー―北海道の物質文化研究」（氏家等）　北海道出版企画センター　2006.7　p232-246
◎文献案内「世界を集める―研究者の選んだみんぱくコレクション―国立民族学博物館開館30周年記念企画展」（実行委員会）　国立民族学博物館　2007.7　p149-151

民芸
◎参考文献「日本民芸の造形」（川村善三）　淡交社　2004.7　p311」
◎参考文献「民芸運動と地域文化―民陶産地の文化地理学」（濱田琢司）　思文閣出版　2006.2　p12-28b
◎ブックガイド「民芸」（T. エリス）　プチグラパブリッシング　2007.2　p150-153

民事再生法
◎参考文献「現代倒産法入門」（安藤一郎）　三省堂　2001.5　p17-19f
◎文献「注釈民事再生法　上　第1条～第153条　新版」（伊藤眞）　金融財政事情研究会　2002.6　p487-488
◎参考文献「民事再生の実務」（須藤英章）　新日本法規出版　2005.10　p1-8f

民事執行法
◎参考文献「民事執行法　増補新訂5版」（中野貞一郎）　青林書院　2006.4　p809-814

民事訴訟法
◎文献「新民事訴訟法　第2版」（新堂幸司）　弘文堂　2001.8　p861-864
◎参考文献「少額訴訟ガイダンス　新版」（日本司法書士会連合会）　青林書院　2002.1　p309-310
◎参考文献「実践民事訴訟法」（井上治典）　有斐閣　2002.3　prr
◎文献「民事訴訟法」（梅本吉彦）　信山社出版　2002.4　p1019-1026
◎文献「最新民事訴訟運営の実務」（佐々木茂美）　新日本法規出版　2003.4　p1-4f
◎参考文献「講説民事訴訟法　3版」（遠藤功ほか）　不磨書房　2004.4　p325-336
◎文献「新民事訴訟法　3版」（新堂幸司）　弘文堂　2004.9　p914-917
◎「日本立法資料全集　別巻　349　民事訴訟法文献立法資料総目録　戦前編」（信山社編集部）　信山社　2005.9　1347p A5
◎邦語文献「団体訴訟の新展開」（宗田貴行）　慶應義塾大出版会　2006.3　p267-269
◎参考文献「民事訴訟法　新版」（梅本吉彦）　信山社出版　2006.4　p1051-1061
◎文献「要件事実ノート」（大江忠）　商事法務　2007.7　p2-3f
◎参考文献「書式と理論で民事手続―訴訟から執行までのやりとり」（法と法実務研究会）　日本評論社　2007.10　p538-539

民事調停
◎参考文献「民事調停制度改革論」（廣田尚久）　信山社出版　2001.5　p217-218

民事法
○文献月報「民事法情報　184」（民事法情報センター）　2002.1　p86-99

民衆
◎注文献「近世民衆史の史料学」（林基）　青木書店　2001.2　prr
◎注「江戸の民衆世界と近代化―山川歴史モノグラフ1」（小林信也）　山川出版社　2002.11　prr

民衆運動
◎参考文献「近代世界と民衆運動」（柴田三千雄）　岩波書店　2001.7　p437-443
◎参考文献「イスラーム地域の民衆運動と民主化」（私市正年ほか）　東京大学出版会　2004.1　prr
◎注「近世都市騒擾の研究―民衆運動史における構造と主体」（岩田浩太郎）　吉川弘文館　2004.8　prr
◎参考文献「キリスト受難詩と革命―1840～1910年のフィリピン民衆運動」（R. C. イレート）　法政大学出版局　2005.9　p33-43b

民衆教育
◎注「近世民衆の手習いと往来物」（梅村佳代）　梓出版社　2002.10　prr

民衆時報
◎〔記事目次〕（金文準）「検証・幻の新聞「民衆時報」ファシズムの台頭と報道の原点」（金贊汀）　三五館　2001.7　p311-325

民衆宗教
◎参考文献「民衆宗教と国家神道」（小沢浩）　山川出版社　2004.6　3pb
◎参考文献「国家神道と民衆宗教」（村上重良）　吉川弘文館　2006.7　p275-279

民衆信仰
◎原注「西欧中世の民衆信仰―神秘の感受と異端」（R. マンセッリ）　八坂書房　2002.9　p6-64b

民衆大学
◎参考文献「現代ドイツ民衆教育史研究―ヴァイマル期民衆大学の成立と展開」（新海英行）　日本図書センター　2004.2　p449-473

民衆反乱
◎文献目録「ロシア民衆反乱史」（P. アヴリッチ）　彩流社　2002.12　p7-12b

民主化
◎参考文献「民主化の比較政治―東アジア諸国の体制変動過程」（武田康裕）　ミネルヴァ書房　2001.11　p9-25b

民主主義
◎注文献（河田潤一）「哲学する民主主義　伝統と改革の市民的構造」（R. D. パットナム）　NTT出版　2001.3　p302-258
◎注文献ほか「デモクラシーとは何か」（R. A. ダール）　岩波書店　2001.5　p1-20b
◎参考文献「民主主義とは何なのか」（長谷川三千子）　文藝春秋　2001.9　p228-230

◎文献目録「民主主義とマルクス主義―共和制国家から「協同社会」へ」（松田賀孝）　御茶の水書房　2001.12　p59-109b
◎参考文献「議会制民主主義の行方」（岩崎正洋）　一藝社　2002.3　p192-174
◎文献「デモクラシーと世界秩序―地球市民の政治学」（デヴィッド・ヘルド）　NTT出版　2002.12　p332-360
◎参考文献「現代デモクラシー論のトポグラフィー」（中道寿一）　日本経済評論社　2003.5　prr
◎文献「事実性と妥当性―法と民主的法治国家の討議理論にかんする研究　下」（J.ハーバーマス）　未来社　2003.5　p7-24b
◎文献「デモクラシーの古典的基礎」（木庭顕）　東京大学出版会　2003.10　p893-913
◎参考文献「変容する民主主義―グローバル化のなかで」（A.マッグルー）　日本経済評論社　2003.11　prr
◎ブックガイド「来るべき〈民主主義〉―反グローバリズムの政治哲学」（三浦信孝）　藤原書店　2003.12　p369-366
◎文献案内「デモクラシー」（B.クリック）　岩波書店　2004.9　p1-6b
◎参考文献「自由を耐え忍ぶ」（T.モーリス＝スズキ）　岩波書店　2004.10　p1-6b
◎文献一覧「大衆社会とデモクラシー―大衆・階級・市民」（山田竜作）　風行社　2004.11　p10-26b
◎参考文献「覇権システム下の「民主主義」論―何が「英霊」をうみだしたか」（村田邦夫）　御茶の水書房　2005.2　p309-314
◎参考文献「明治デモクラシー」（坂野潤治）　岩波書店　2005.3　p227-228
◎参考文献「民主主義対民主主義―多数決型とコンセンサス型の36ヶ国比較研究」（A.レイプハルト）　勁草書房　2005.6　p249-276
◎参考文献「民主制のディレンマ―市民は知る必要のあることを学習できるか?」（A.ルピアほか）　木鐸社　2005.7　p259-275
◎参考文献「「アメリカ民主主義」を問う―人種問題と討議民主主義」（本田量久）　唯学書房　2005.12　p437-426
◎参考文献「グローバル民主主義の地平―アイデンティティと公共圏のポリティクス」（川村暁雄）　法律文化社　2005.12　p223-239
◎文献表「「アジア的価値」とリベラル・デモクラシー―東洋と西洋の対話」（D.A.ベル）　風行社　2006.1　p351-369
◎参考文献「インド民主主義の変容」（広瀬崇子）　明石書店　2006.2　p357-363
◎参考文献「民主主義アイデンティティ―新興デモクラシーの形成」（恒川惠市）　早稲田大出版部　2006.4　p175-188
◎参考文献「ポスト代表制の比較政治―熟議と参加のデモクラシー」（小川有美）　早稲田大出版会　2007.2　prr
◎参考文献「ポスト・デモクラシー―格差拡大の政策を生む政治構造」（C.クラウチ）　青灯社　2007.3　p186-190
◎参考文献「ラディカル・デモクラシー―可能性の政治学」（C.D.ラミス）　岩波書店　2007.11　p285-292

民主政治
◎参考文献「デモクラシーの経済学―なぜ政治制度は効率的なのか」（D.ウィットマン）　東洋経済新報社　2002.11　p225-248
◎文献目録「民主政の諸理論―政治哲学的考察」（F.カニンガム）　御茶の水書房　2004.3　p325-357
◎文献「与えあいのデモクラシー―ホネットからフロムへ」（岡崎晴輝）　勁草書房　2004.4　p4-23b
◎参考文献「アクセス地域研究　2　先進デモクラシーの再構築」（小川有美ほか）　日本経済評論社　2004.8　prr
◎参考文献「"民主政治"をめぐる論点・争点と授業づくり」（片上宗二）　明治図書出版　2005.5　p168-173
◎引用文献「民主制の欠点―仲良く論争しよう」（内野正幸）　日本評論社　2005.11　p177-187
◎参考文献「グローバル時代の民主化―その光と影」（J.グリューゲル）　法律文化社　2006.4　p207-225
◎参考文献「立憲独裁―現代民主主義国家における危機政府」（C.ロシター）　未知谷　2006.11　p486-483

民主党
◎参考文献「リベラルたちの背信―アメリカを誤らせた民主党の60年」（A.コールター）　草思社　2004.9　p366-364
◎参考資料「民主党の研究」（塩田潮）　平凡社　2007.12　p312-315

民俗
◎参考文献「瀬戸市史民俗調査報告書　1」（瀬戸市史編纂委員会）　瀬戸市　2001.3　p285-286
◎参考文献「祈雨祭―雨乞い儀礼の韓日比較民俗学的研究」（任章赫）　岩田書院　2001.5　p155-165
◎参考文献「神秘の道具　日本編」（戸部民夫）　新紀元社　2001.6　p328-331
◎参考文献「植物民俗」（長澤武）　法政大学出版局　2001.10　p307-309
◎引用文献「移住漁民の民俗学的研究」（野地恒有）　吉川弘文館　2001.12　p344-358
◎文献「民俗の原風景―埼玉イエのまつり・ムラの祭り」（大舘勝治）　さいたま民俗文化研究所　2001.12　p235-236
◎文献「芳賀町史　通史編　民俗」（芳賀町史編さん委員会）　芳賀町　2002.3　p561-567
◎文献「琉球列島民俗語彙」（酒井卯作）　第一書房　2002.4　p557-560
◎参考文献（露口哲也）「パンジャーブ生活文化誌―チシュティーの形見」（N.A.チシュティー）　平凡社　2002.5　p344-348
◎参考文献「栃木県芳賀郡茂木町大瀬平の地理と民俗」　立教大学地理・人類学研究室　2002.7　p99-100
◎「歴史と民俗の旅―読書案内・紀行編」（日外アソシエーツ）　日外アソシエーツ　2002.10　456p　A5
◎文献「宮代町史　民俗編」（宮代町教育委員会）　宮代町　2003.3　p759-761
◎文献目録「山梨県史　民俗編」（山梨県）　山梨県　2003.3　p1115-1164
◎文献「秋田市史　16　民俗編」（秋田市）　秋田市　2003.3　p745-751
◎参考文献「新編安城市史　9　資料編民俗」（編集委員会）　安城市　2003.3　p12-19b
◎引用参考文献「神、人を喰う―人身御供の民俗学」（六車由実）　新曜社　2003.3　p255-263

◎参考文献「暮らしの中の民俗学　1　一日」（新谷尚紀ほか）　吉川弘文館　2003.3　p241-251
◎文献「瀬戸市史民俗調査報告書　3　赤津・瀬戸地区」（瀬戸市史編纂委員会）　瀬戸市　2003.9　p210-212
注「村の遊び―自治の源流を探る　増補」（古川貞雄）農文協　2003.10　p284-301, 318-320
◎文献目録（東城敏毅）「万葉民俗学を学ぶ人のために」（上野誠ほか）　世界思想社　2003.10　p249-261
○出版物「山形民俗　17」（山形県民俗研究協議会）2003.11　p83-84
◎引用参考文献「生活文化論ノート」（松本誠一）　高志書院　2004.2　prr
◎文献「池間民俗語彙の世界―宮古・池間島の神観念」（伊良波盛男）　ボーダーインク　2004.2　p130-132
◎参考文献「こんなに面白い民俗学　図解雑学」（八木透ほか）　ナツメ社　2004.3　p282-286
◎参考文献「奥津町の民俗」（苫田ダム水没地域民俗調査団）　奥津町　2004.3　p868-870
◎参考文献「宍喰の民俗」　徳島県文化振興財団　2004.3　p157-161
◎文献目録ほか「民俗学案内　講座日本の民俗学11」（福田アジオ）　雄山閣　2004.3　p247-305
◎参考文献「山中湖周辺の民俗」（吉田チヱ子）　岩田書院　2004.4　p258-259
◎参考文献「近代の漁撈技術と民俗」（池田哲夫）　吉川弘文館　2004.6　p260-277
○研究動向（小川直之）「日本民俗学　239」（日本民俗学会）　2004.8　p1-161
◎注「寺・墓・先祖の民俗学」（福田アジオ）　大河書房　2004.10　prr
◎参考文献「魂込めと魂呼ばひ―「ヤマト・琉球」比較文化論」（宮城喜久蔵）　ボーダーインク　2005.3　p294-298
◎参考文献「動物民俗　2　ものと人間の文化史124-2」（長澤武）　法政大学出版局　2005.4　p241-245
◎文献「港の景観―民俗地理学の旅」（出口晶子ほか）昭和堂　2005.6　p287-288
◎参考文献「栃と餅―食の民俗構造を探る」（野本寛一）岩波書店　2005.6　p293-295
◎参考文献「城下町の民俗―武士の暮らしにみるハレとケ」（國分早苗ほか）　歴史春秋出版　2005.8　p164-169
◎参考文献「食の民俗考古学」（橋口尚武）　同成社　2006.1　p207-210
◎参考文献「野々市町史　民俗と暮らしの事典」（編纂専門委員会）　石川県野々市町　2006.3　p315-316
◎引用参考文献「境界の現場―フォークロアの歴史学」（鯨井千佐登）　辺境社　2006.5　p238-253
◎参考文献「佐渡島の民俗―島の暮らしを再発見」（池田哲夫）　高志書院　2006.5　p161-163
◎文献「日本人の人類学的自画像―柳田国男と日本文化論再考」（伊藤幹治）　筑摩書房　2006.5　p13-30b
◎引用参考文献「民俗学講義―生活文化へのアプローチ」（谷口貢ほか）　八千代出版　2006.10　prr
◎参考文献「民俗誌・女の一生―母性の力」（野本寛一）文藝春秋　2006.10　p232-234
◎参考図書「狼が遺したもの―北東北の民俗を中心に」（工藤利栄）　北方新社　2006.11　p146-148
○文献目録（多々良典秀ほか）「静岡県民俗学会誌　25」（静岡県民俗学会）　2007.3　p87-88

◎参考文献「可児市史　4民俗編」（可児市）　可児市　2007.3　p438-441
◎参考文献「輪島市西保地区」　金沢大　2007.3　p149-151
◎参考文献「焼津市史　民俗編」（焼津市史編さん委員会）　焼津市　2007.7　p17-21b
◎参考文献「誕生と死の民俗学」（板橋春夫）　吉川弘文館　2007.8　p301-312
◎参考文献「方法としての東北」（赤坂憲雄）　柏書房　2007.10　p225-229
◎補注「水都大阪の民俗誌」（田野登）　和泉書院　2007.12　p693-730

民族
◎参考文献「北方狩猟民の民族考古学」（佐藤宏之）北海道出版企画センター　2000.12　p236-247
◎参考文献「身体と形象―ミクロネシア伝承世界の民族誌的研究」（河合利光）　風響社　2001.2　p403-417
◎文献目録「東アフリカ農耕民社会の研究―社会人類学からのアプローチ」（坂本邦彦）　慶應義塾大学出版会　2001.3　p221-236b
◎参考文献「世界織物文化図鑑　生活を彩る素材と民族の知恵」（J．ギロウほか）　東洋書林　2001.11　p232-233
◎文献「東北アジア諸民族の文化動態」（煎本孝）　北海道大学図書刊行会　2002.2　prr
◎文献一覧「祈りと祀りの日常知―フィリピン・ビサヤ地方バンタヤン島民族誌」（川田牧人）　九州大学出版会　2003.2　p319-327
◎参考文献「「野生」の誕生―未開イメージの歴史」（S．ヘンリ）　世界思想社　2003.10　prr
◎文献解題「民族　近代ヨーロッパの探究10」（大津留厚ほか）　ミネルヴァ書房　2003.11　p1-17b
◎参考文献「ロシア極東の民族考古学―温帯森林漁猟民の居住と生業」（大貫静夫ほか）　六一書房　2005.2　prr
◎参考文献「タイムズヨーロッパ民族事典」（P．フェルナンデス＝アルメスト）　東洋書林　2005.6　p593-606
◎参考文献「中国の狩猟、遊牧民族誌―中国内蒙古現地滞在記」（長南一夫）〔長南一夫〕　2006.7　p117-118
◎参考文献「新・民族の世界地図」（21世紀研究会）文藝春秋　2006.10　p308-310

民族移動
◎参考文献「五胡十六国―中国史上の民族大移動」（三崎良章）　東方書店　2002.2　p215-216

民族運動
◎参考文献「民族の運動と指導者たち―歴史のなかの人びと」（黒田悦子ほか）　山川出版社　2002.4　prr
◎参考文献「朝鮮民族解放運動の歴史―平和的統一への模索」（姜萬吉）　法政大学出版局　2005.4　p21-29b
◎参考文献ほか「脱植民地化とナショナリズム―英領北ボルネオにおける民族形成」（山本博之）　東京大出版会　2006.5　p333-354

民族音楽
◎引用参考文献「民族音楽学の課題と方法―音楽研究の未来をさぐる」（水野信男ほか）　世界思想社　2002.2　prr
◎参考文献「諸民族の音楽を学ぶ人のために」（櫻井哲男ほか）　世界思想社　2005.12　p238-234

民俗画
- ◎参考文献「インド・大地の民俗画」（小西正捷） 未来社 2001.4 p175-177

民俗学
- ◎参考文献「大正昭和くらしの博物誌 民俗学の父・渋沢敬三とアチック・ミューゼアム」（近藤雅樹） 河出書房新社 2001.3 p165」
- ◎参考文献「民俗学運動と学校教育―民俗の発見とその国民化」（小国喜弘） 東京大学出版会 2001.12 p241-204
- ◎参考文献「目からウロコの民俗学」（橋本裕之ほか） PHPエディターズ・グループ 2002.3 4pb
- ◎参照文献「新しい民俗学―野の学問のためのレッスン26」（小松和彦ほか） せりか書房 2002.11 prr
- ◎「東京大学総合研究博物館所蔵渡辺仁教授旧蔵資料目録」（西秋良宏） 東京大総合研究博物館 2007 136p B5

民族教育
- ◎参考文献「社会主義中国における少数民族教育―「民族平等」理念の展開」（小川佳万） 東信堂 2001.1 p245-250
- ◎参考文献「多文化共生社会の教育」（天野正治, 村田翼夫） 玉川大学出版部 2001.10 p326-332
- ◎引用文献「バイカルチュアリズムの研究―異文化適応の比較民誌」（江淵一公） 九州大学出版会 2002.6 p525-553
- ◎原資料「朝鮮学校の戦後史―1945-1972 増補改訂版」（金徳龍） 社会評論社 2004.1 p275-291
- ◎参考文献「マイノリティの教育人類学―日本定住コリアン研究から異文化間教育の理念に向けて」（原尻英樹） 新幹社 2005.12 p291-308
- ◎参考文献「民主主義と多文化教育―グローバル化時代における市民性教育のための原則と概念」（J. A. バンクス） 明石書店 2006.1 p137-144
- ◎参考文献「多文化共生教育とアイデンティティ」（金侖貞） 明石書店 2007.9 p239-253

民俗芸能
- ◎引用・参考文献「インド民俗芸能誌」（小西正捷） 法政大学出版局 2002.5 p266-274
- ○研究文献目録（茂木栄ほか）「民俗芸能研究 35」（民俗芸能学会） 2002.9 p1-23b
- ◎文献目録「福井県の民俗芸能―福井県民俗芸能緊急調査報告書」（福井県教育委員会） 福井県教育委員会 2003.3 p245-263
- ◎参考文献「民俗芸能で広がる子どもの世界―学校における体験活動の学習素材として取り入れるために 文化庁平成14年度報告書」（編集委員会ほか） 同編集委員会 2003.3 p158-159
- ◎文献「沖縄の祭祀と民俗芸能の研究」（大城学） 砂子屋書房 2003.11 p1120-1121
- ◎「民俗芸能研究文献目録」（民俗芸能学会目録編集委員会） 岩田書院 2004.3 414p A4
- ○文献目録（茂木栄ほか）「民俗芸能研究 37」（民俗芸能学会） 2004.10 p1-25b
- ○研究文献目録（俵木悟ほか）「民俗芸能研究 39」（民俗芸能学会） 2005.9 p1-30b
- ◎引用文献「民俗芸能の伝承活動と地域生活」（澁谷美紀） 東北農業研究センター 2006.3 p179-186
- ◎文献目録「中部地方の民俗芸能 2」（石川県教育委員会ほか） 海路書院 2006.6 p533-549
- ◎文献「中部地方の民俗芸能 4 静岡・愛知」（三隅治雄ほか） 海路書院 2006.7 p268-279
- ◎参考文献「中部地方の民俗芸能 4 静岡・愛知」（三隅治雄ほか） 海路書院 2006.7 p336-320
- ◎参考文献「四国地方の民俗芸能 1」（瀬戸内海歴史民俗資料館） 海路書院 2006.10 p459-463
- ◎文献目録「四国地方の民俗芸能 2」（徳島県教育委員会ほか） 海路書院 2006.11 p536-539
- ◎参考文献「近畿地方の民俗芸能 2」（京都府教育委員会） 海路書院 2007.2 p341-364
- ◎参考文献「九州地方の民俗芸能 1」（福岡県教育委員会ほか） 海路書院 2007.4 p452-457
- ◎参考文献「九州地方の民俗芸能 2」（長崎県教育委員会ほか） 海路書院 2007.7 p298」
- ◎参考文献「九州地方の民俗芸能 2」（長崎県教育委員会ほか） 海路書院 2007.7 p586-606
- ◎文献「中部地方の民俗芸能 4」（静岡県教育委員会ほか） 海路書院 2007.7 p268-279
- ○文献目録（俵木悟ほか）「民俗芸能研究 43」（民俗芸能学会） 2007.9 p1-33b
- ◎参考文献「芸能の〈伝承現場〉論―若者たちの民俗的学びの共同体」（大石泰夫） ひつじ書房 2007.9 p451-460
- ◎参考文献「中国地方の民俗芸能 1鳥取・島根」（鳥取県教育委員会） 海路書院 2007.9 p252-256
- ◎参考文献「中国地方の民俗芸能 1鳥取・島根」（島根県教育委員会） 海路書院 2007.9 p453-458
- ◎参考文献「中国地方の民俗芸能 2」 海路書院 2007.12 p208」

民俗建築
- ○文献紹介「民俗建築 121」（日本民俗建築学会） 2002.5 p102-105

民族考古学
- ◎引用文献「民族考古学」（後藤明） 勉誠出版 2001.3 p131-139

民族自決
- ◎参考文献「国際法上の自決権 増訂新版」（中野進） 信山社 2006.4 p197-218

民俗宗教
- ◎注「民俗宗教と日本社会」（宮家準） 東京大学出版会 2002.4 prr
- ◎ブックガイド「神々のいる風景 いくつもの日本7」（赤坂憲雄ほか） 岩波書店 2003.3 p6-9b

民族主義
- ◎文献「韓国的民族主義の成立と宗教―東学・親日仏教・改新教の分析を通じて」（申昌浩） 国際日本文化研究センター 2002.3 p156-164
- ◎参考文献「中国民族主義の神話―人種・身体・ジェンダー」（坂元ひろ子） 岩波書店 2004.4 p257-262

民族植物
- ◎文献「民族植物学―原理と応用」（C. M. コットン） 八坂書房 2004.1 p353-377

民族文化
- ◎引用文献「文化のディスプレイ　東北アジア諸社会における博物館、観光、そして民族文化の再編」（瀬川昌久）　風響社　2003.3　prr

民族紛争
- ◎引用文献「民営化される戦争—21世紀の民族紛争と企業」（本山美彦）　ナカニシヤ出版　2004.10　p269-272

民族問題
- ◎「民族紛争・民族融和—図書雑誌文献目録」（日外アソシエーツ）　日外アソシエーツ　2001.6　591p　A5
- ◎文献「流血のマルク—インドネシア軍・政治家の陰謀」（笹岡正俊）　インドネシア民主化支援ネットワーク　2001.7　p104-105
- ◎参考文献「グローバル・ディアスポラ」（ロビン・コーエン）　明石書店　2001.10　p336-350
- ◎参考文献「クルド人とクルディスタン—拒絶される民族　クルド学序説」（中川喜与志）　南方新社　2001.12　p501-508
- ◎参考文献「エスニシティの社会学」（M.マルティニエッロ）　白水社　2002.2　p1-5b
- ◎参考文献「民族幻想論—あいまいな民族つくられた人種」（S.ヘンリ）　解放出版社　2002.6　p200-202
- ◎参考文献「ドイツの長い一九世紀—ドイツ人・ポーランド人・ユダヤ人」（伊藤定良）　青木書店　2002.9　p251-269
- ◎参考文献「アイデンティティ　解体と再構成—アジア新世紀　3」（青木保ほか）　岩波書店　2002.12　prr
- ◎参考文献「エスニシティ・人種・ナショナリティのゆくえ」（W. L. ワラス）　ミネルヴァ書房　2003.7　p237-254
- ◎文献「エスニシティと経済—マレーシアにおける国家・華人資本・多国籍企業」（J. V. ジェスダーソン）　クレイン　2003.10　p324-334
- ◎原註「富の独裁者—驕る経済の覇者:飢える民族の反乱」（A.チェア）　光文社　2003.10　p462-418
- ◎文献「エスニシティと都市　新版」（広田康生）　有信堂高文社　2003.11　p1-9b
- ◎参考文献「イギリスにおけるマイノリティの表象—「人種」・多文化主義とメディア」（浜井祐三子）　三元社　2004.6　p242-249
- ◎参考文献「マイノリティと教育」（J. A. ゴードン）　明石書店　2004.8　p222-234
- ◎参考文献「グローバル時代の先住民族—「先住民族の10年」とは何だったのか」（藤岡美恵子ほか）　法律文化社　2004.9　p4-6b
- ◎参考文献「エスニシティでニュースをよむ」（渡邉文彦）　高菅出版　2004.10　p155-159
- ◎引用文献「近代日本における人種・民族ステレオタイプと偏見の形成過程」（坂西友秀）　多賀出版　2005.1　p317-325
- ◎参考文献「ディアスポラと先住民—民主主義・多文化主義とナショナリズム」（橋本和也）　世界思想社　2005.10　p289-297
- ◎参考文献「侵略のアメリカ合州国史—〈帝国〉の内と外」（小倉英敬）　新泉社　2005.10　p278-283
- ◎参考文献ほか「ネオ・リベラリズムの時代の多文化主義—オーストラリアン・マルチカルチュラリズムの変容」（塩原良和）　三元社　2005.11　p5-30b
- ◎ブックガイド「アメリカ・ヒスパニック=ラティーノ社会を知るための55章」（大泉光一ほか）　明石書店　2005.12　p370-378
- ◎参考文献「エスニシティとナショナリズム—人類学的視点から」（T. H. エリクセン）　明石書店　2006.4　p341-370
- ◎引用文献「ベトナムの少数民族定住政策史」（新江利彦）　風響社　2007.2　p323-359
- ◎註「オリエンタルズ—大衆文化のなかのアジア系アメリカ人」（R. G. リー）　岩波書店　2007.5　p1-27b
- ◎参考文献「娘と映画をみて話す民族問題ってなに？」（山中速人）　現代企画室　2007.6　p244-246
- ◎参考文献「創られるアメリカ国民と「他者」—「アメリカ化」時代のシティズンシップ」（松本悠子）　東京大出版会　2007.8　p5-8b
- ◎参考文献「トラウマ的記憶の社会史—抑圧の歴史を生きた民衆の物語」（松野明久ほか）　明石書店　2007.9　prr
- ◎参考文献「異文化理解から見る市民意識とエスニシティの動態」（石井香世子）　慶應義塾大出版会　2007.9　p251-267
- ◎参考文献「山刀で切り裂かれて—ルワンダ大虐殺で地獄を見た少女の告白」（A.カイテジ）　アスコム　2007.10　p291-293
- ◎引用参考文献「リベラルな多文化主義」（松元雅和）　慶應義塾大出版会　2007.12　p175-197
- ◎参考文献「移民大国イギリスの実験—学校と地域にみる多文化の現実」（佐久間孝正）　勁草書房　2007.12　p320-330

民法
- ◎文献「現代民法総論　第3版」（齋藤修）　信山社出版　2001.7　p19-21
- ◎参考文献「民法の体系—市民法の基礎　第2版」（松尾弘）　慶應義塾大学出版会　2001.7　p533-537
- ◎参考文献「民法総論」（浅野裕司）　八千代出版　2001.10　p265-269
- ◎参考文献「新・日常生活と法」（梶原清治）　法律文化社　2001.11　p156-158
- ◎参考文献「民法　1　総則・物権法　第2版」（平野裕之）　新世社　2002.2　p15-16f
- ◎参考文献「民法総則」（加藤雅信）　有斐閣　2002.3　p427-432
- ◎文献「法的判断とは何か—民法の基礎理論」（原島重義）　創文社　2002.4　p14-23b
- ◎参考文献「民法　6　第4版増補補訂版」（遠藤浩）　有斐閣　2002.9　p292-294
- ◎参考文献「生活民法入門　暮らしを支える法」（大村敦志）　東京大学出版会　2003.2　prr
- ◎参考文献「ケースではじめる民法」（山野目章夫ほか）　弘文堂　2003.12　prr
- ◎参考文献「入門民法　2版」（森泉章）　有斐閣　2003.12　p297-299
- ◎参考ガイド「プリメール民法　2　プリメール民法　2　物権・担保物権法　2版」（松井宏興ほか）　法律文化社　2004.3　p258-261
- ◎参考文献「新しい民法—現代語化の経緯と解説」（池田真朗）　有斐閣　2005.2　p121-122
- ◎参考文献「民法の体系—市民法の基礎　4版」（松尾弘）　慶應義塾大出版会　2005.4　p21-25f

◎読書案内「ブリッジブック先端民法入門 2版」(山野目章夫) 信山社出版 2006.2 p314-317
◎文献一覧「ヨーロッパ契約法原則 1・2」(O. ランドーほか) 法律文化社 2006.12 p489-520
◎参考文献案内「ハイブリッド民法 1 民法総則」(小野秀誠ほか) 法律文化社 2007.3 p305-307
◎参考文献「民法 1 総則 3版補訂」(山田卓生ほか) 有斐閣 2007.10 p261-262

民友社
◎研究文献一覧「民友社とその時代—思想・文学・ジャーナリズム集団の軌跡」(西田毅ほか) ミネルヴァ書房 2003.12 p488-496

民謡
◎私の本棚「詩と民謡と和太鼓と」(佐藤文夫) 筑波書房 2001.5 p217-230
◎参考文献「日本民謡集」(町田嘉章ほか) 岩波書店 2004.8 p424-438
◎参考文献「八丈島古謡」(奥山熊雄ほか) 笠間書院 2005.2 p106-107
◎参考文献「語られる民謡—歌の「場」の民俗学」(長野隆之) 瑞木書房 2007.3 p339-350

民話
◎参考文献「箱根の民話と伝説」(安藤正平, 古口和夫) 夢工房 2001.4 p304-309
◎参考文献ほか「遠野の民話と語り部」(石井正己) 三弥井書店 2002.4 p247-256
◎参考文献「大人もぞっとする原典『日本昔ばなし』」(由良弥生) 三笠書房 2002.4 p297-298
◎文献「決定版世界の民話事典」(日本民話の会) 講談社 2002.12 p447-446
◎「民話・昔話集内容総覧」(日外アソシエーツ) 日外アソシエーツ 2003.4 1318p A5
◎参考文献「日本昔話百選 改訂新版」(稲田浩二ほか) 三省堂 2003.7 p446-451
◎参考文献「かごしま・民話の世界」(有馬英子) 春苑堂出版 2003.10 p222-226
◎出典「世界の鳥の民話」(日本民話の会外国民話研究会訳) 三弥井書店 2004.6 p21-25b
◎「民話・昔話集作品名総覧」(日外アソシエーツ) 日外アソシエーツ 2004.9 38, 1483p A5
◎文献「アイルランド民話の旅」(渡辺洋子ほか) 三弥井書店 2005.7 p3-6b
◎文献「新編上田・佐久の民話」(滝沢きわこ) 一草舎出版 2005.8 p412」
◎参考文献ほか「口承文芸の表現研究—昔話と田植歌」(田中瑩一) 和泉書院 2005.9 p309-322
◎引用参考文献「昔話から"昔っこ"へ—白幡ミヨシ・菊池玉の語りより」(吉川祐子) 岩田書院 2005.10 p173-174
◎文献「信州の民話伝説集成 南信編」(宮下和男) 一草舎出版 2005.12 p426-430
◎文献「民話の世界」(松谷みよ子) PHP研究所 2005.12 p226-231
◎参考資料ほか「信州の民話伝説集成 中信編」(はまみつを) 一草舎出版 2006.2 p444-450
◎参考文献「信州の民話伝説集成 東信編」(和田登) 一草舎出版 2006.2 p434-438
◎参考図書「語りべが書いた「下野の民話」」(柏村祐司) 随想舎 2006.4 p140-143

◎参考文献「森と樹木と人間の物語—ヨーロッパなどに伝わる民話・神話を集めて」(浅井治海) フロンティア出版 2006.6 p485-491
○索引書誌(鈴木朋実)「文献探索 2006」(文献探索研究会) 2006.11 p297-302
◎「日本の児童文学登場人物索引 民話・昔話集篇」(DBジャパン) DBジャパン 2006.11 76, 966p A5
◎参考文献「昔話にみる山の霊力—なぜお爺さんは山へ柴刈りに行くのか」(狩野敏次) 雄山閣 2007.3 p199-207
◎出典一覧「中国昔話集 2」(馬場英子ほか) 平凡社 2007.5 p400-415
◎ブックガイドほか(多比羅拓)「子どもに昔話を!」(石井正己) 三弥井書店 2007.6 p169-182

【 む 】

無
◎参考文献「無と宗教経験—禅の比較宗教学的考察」(沖永宜司) 創文社 2002.2 p21-29b
◎参考文献「無の科学—ゼロの発見からストリング理論」(K. C. コール) 白楊社 2002.11 p335-324

無意識
◎文献「無意識の思考—心的世界の基底と臨床の空間」(I. マテ=ブランコ) 新曜社 2004.11 p381-385
◎文献「自分を知り、自分を変える—適応的無意識の心理学」(T. D. ウィルソン) 新曜社 2005.5 p9-31b

昔話
○内容細目(大佐古恵)「文献探索 2000」(文献探索研究会) 2001.2 p101-104
◎資料目録「日本昔話ハンドブック」(稲田浩二, 稲田和子) 三省堂 2001.7 p246-259
◎参考文献「人格発達と癒し—昔話解釈・夢解釈」(荒木正見) ナカニシヤ出版 2002.3 p183-186
◎引用参考文献「遠野昔話の民俗誌的研究」(吉川祐子) 岩田書院 2002.9 p343-350
◎文献「5人の語り手による北欧の昔話」(ヘンニング・K. セームスドルフ, レイモン・クヴィーデラン) 古今社 2002.12 p366-375
◎「民話・昔話集内容総覧」(日外アソシエーツ) 日外アソシエーツ 2003.4 1318p A5
◎資料「子どもに語るイタリアの昔話」(剣持弘子) こぐま社 2003.6 p188-190
◎参考文献「日本昔話百選 改訂新版」(稲田浩二ほか) 三省堂 2003.7 p446-451
◎参考文献「昔話の発見 続」(武田正) 岩田書院 2003.12 p221-224
◎参考文献「あっと驚く謎解き日本昔ばなし—かぐや姫は罪を犯していた」(北嶋広敏) 太陽企画出版 2004.1 p269-270
◎参考資料「世界昔話ハンドブック」(稲田浩二) 三省堂 2004.4 p295-298
◎「民話・昔話集作品名総覧」(日外アソシエーツ) 日外アソシエーツ 2004.9 38, 1483p A5
◎文献「アイヌの昔話」(稲田浩二) 筑摩書房 2005.5 p365-369

- ◎ブックガイド「メルヘンの社会情報学」（森義信）　近代文芸社　2006.3　p194-198
- ◎「日本の児童文学登場人物索引　民話・昔話集篇」（DBジャパン）　DBジャパン　2006.11　76, 966p A5

昔話絵本
- ◎参考文献「昔話絵本を考える―新装版」（松岡享子）　日本エディタースクール　2002.11　p127-130

ムカデ
- ◎引用文献「多足類読本―ムカデとヤスデの生物学」（田辺力）　東海大学出版会　2001.1　p163-170

麦
- ◎文献「日本麦需給政策史論」（横山英信）　八朔社　2002.11　p416-423

無機化学
- ◎参考文献「無機化学―その現代的アプローチ」（平尾一之, 田中勝久, 中平敦）　東京化学同人　2002.3　p446-450

無形資産
- ◎参考文献「企業評価と知的資産」（岡田依里）　税務経理協会　2002.2　p241-248
- ◎文献「企業評価と知的資産　改訂版」（岡田依里）　税務経理協会　2003.4　p241-248
- ◎参考文献「知財評価の基本と仕組みがよ～くわかる本」（鈴木公明）　秀和システム　2004.10　p233-235
- ◎文献目録「米国の無形資産会計」（秋山直）　信山社　2004.12　p231-239
- ◎参考文献「知的資産戦略と企業会計」（高橋琢磨）　弘文堂　2005.1　p233-243

無限
- ◎注記「「無限」に魅入られた天才数学者たち」（A. D. アクゼル）　早川書房　2002.9　p286-258
- ◎参考文献「なっとくする無限の話」（玉野研一）　講談社　2004.4　p167-173

武庫川学院
- ◎文献「武庫川学院60年史」（武庫川学院）　武庫川学院　2002.2　p654-657

武蔵（軍艦）
- ◎文献「軍艦武蔵　下巻」（手塚正己）　太田出版　2003.4　p442-451
- ◎参考文献「軍艦武蔵　下」（手塚正己）　太田出版　2002.9　p442-451

虫こぶ
- ◎参考文献「虫こぶ入門―虫えい・菌えいの見かた・楽しみ方　増補版」（薄葉重）　八坂書房　2007.3　p233-240

むし歯
- ◎参考文献「むし歯の歴史　または歯に残されたヒトの歴史」（竹原直道）　砂書房　2001.7　prr

霧社事件
- ◎参考文献「抗日霧社事件をめぐる人々―翻弄された台湾原住民の戦前・戦後」（鄧相揚）　日本機関紙出版センター　2001.11　p274-277

無常
- ◎参考文献「「はかなさ」と日本人―「無常」の日本精神史」（竹内整一）　平凡社　2007.3　p224-228

無神論
- ◎文献目録「神は妄想である―宗教との決別」（R. ドーキンス）　早川書房　2007.5　p557-565

結び
- ◎文献「結びのはなし　改訂版」（平本昭南）　渓水社　2007.3　p131-142

娘義太夫
- ◎参考文献「江戸東京娘義太夫の歴史」（水野悠子）　法政大学出版局　2003.3　p11-20b

無声映画
- ◎参考文献「映画史探究―よみがえる幻の名作　日本無声映画篇」　アーバン・コネクションズ　2003.1　p198-200

無政府主義
- ◎文献案内「自由のためのメカニズム―アナルコ・キャピタリズムへの道案内」（D. フリードマン）　勁草書房　2003.11　p9-18b
- ◎文献「日本アナキズム運動人名事典」（日本アナキズム運動人名事典集委員会）　ぱる出版　2004.4　p9-11
- ◎引用文献「無政府社会と法の進化―アナルコキャピタリズムの是非」（蔵研也）　木鐸社　2007.12　p223-229

無脊椎動物
- ◎文献「無脊椎動物の発生」（嶋田拓ほか）　朝倉書店　2005.3　p127-128
- ◎引用文献「水産無脊椎動物学入門」（林勇夫）　恒星社厚生閣　2006.9　p274-275

無責任
- ◎参考文献「無責任の構造　モラル・ハザードへの知的戦争」（岡本浩一）　PHP研究所　2001.1　2pb

無線通信
- ◎参考文献「無線・衛星・移動体通信」（初田健ほか）　丸善　2001.8　p265-270
- ◎文献「Bluetoothテクノロジーへの招待―仕様開発者による近距離無線通信技術の手引き」（ブレント・ミラー, チャトシック・ビスディキアン）　ピアソン・エデュケーション　2002.5　p273-275
- ◎参考文献「にっぽん無線通信史」（福島雄一）　朱鳥社　2002.12　p182-183
- ◎参考文献「よくわかる最新電波と周波数の基本と仕組み」（吉村和昭ほか）　秀和システム　2004.12　p277-279
- ◎引用参考文献「アドホック・メッシュネットワーク―ユビキタスネットワーク社会の実現に向けて」（間瀬憲一ほか）　コロナ社　2007.9　p184-191

無線電信
- ◎文献「モールス・キーと電信の世界―電鍵の歴史・操作・メインテナンス・コレクション」（魚留元章）　CQ出版　2005.6　p263-265

陸奥（軍艦）
- ◎参考文献「海市のかなた　戦艦「陸奥」引揚げ」（青山淳平）　中央公論新社　2001.7　p246-247

ムツゴロウ
- ◎参考文献「ムツゴロウの遺言」（三輪節生）　石風社　2001.5　p283-284

陸奥話記
◎文献「陸奥話記」（梶原正昭）　現代思潮新社　2006.3　p325-329

無定形質
◎参考文献「ランダムな世界を究める―物質と生命をつなぐ物理学の世界」（米沢富美子, 立花隆）　平凡社　2001.10　p273-280

無党派
◎参考文献「選挙協力と無党派」（河崎曽一郎）　NHK出版　2007.1　p253-254

棟札
◎参考文献「棟札の研究」（水藤真）　思文閣出版　2005.7　p216-220

ムブティ・ピグミー
◎参考文献「循環と共存の森から―狩猟採集民ムブティ・ピグミーの知恵」（船尾修）　新評論　2006.10　p271-272

無明舎
◎年表「舎史ものがたり　無明舎創立30年のあゆみ」（あんばいこう）　無明舎出版　2003.1　33pb

無名草子
◎研究文献目録「無名草子―注釈と資料」（『無名草子』輪読会ほか）　和泉書院　2004.2　p205-220

村
◎参考文献「中世村の歴史語り―湖国「共和国」の形成史」（蔵持重裕）　吉川弘文館　2002.9　p235-236
◎参考文献「村の戦争と平和―日本の中世　12」（坂田聡ほか）　中央公論新社　2002.12　p319-326

村方騒動
◎参考文献「江戸村方騒動顛末記」（高橋敏）　筑摩書房　2001.10　p201-204

室町時代
◎参考文献「戦国大名と天皇　室町幕府の解体と王権の逆襲」（今谷明）　講談社　2001.1　p245-247
◎参考文献「室町人の精神　日本の歴史12」（桜井英治）　講談社　2001.10　p386-392
◎参考文献「戦国乱世を生きる力―日本の中世　11」（神田千里）　中央公論新社　2002.8　p294-301
◎参考文献「一揆の時代　日本の時代史11」（榎原雅治）　吉川弘文館　2003.4　p299-319
◎参考文献「下剋上の時代　改版　日本の歴史10」（永原慶二）　中央公論新社　2005.2　p564-569
◎参考文献「戦国大名　改版　日本の歴史11」（杉山博）　中央公論新社　2005.3　p563-567
◎註「喧嘩両成敗の誕生」（清水克行）　講談社　2006.2　p207-222
◎史料ほか「室町幕府の政治と経済」（桑山浩然）　吉川弘文館　2006.5　p312-316
◎文献「室町の社会　展望日本歴史11」（久留島典子ほか）　東京堂出版　2006.10　p423-410
◎参考文献「真説鉄砲伝来」（宇田川武久）　平凡社　2006.10　p242-246
◎参考文献「茶道・香道・華道と水墨画―室町時代」（中村修也）　淡交社　2006.11　p106-107
◎参考文献「室町・戦国期研究を読みなおす」（中世後期研究会）　思文閣出版　2007.10　prr

室町物語
◎現存本簡明目録（松本隆信）「中世王朝物語・御伽草子事典」（神田龍身ほか）　勉誠出版　2002.5　p904-989
◎参考文献「室町物語草子集―新編日本古典文学全集63」（大島建彦, 渡浩一）　小学館　2002.9　p480-482

【 め 】

眼
◎文献「課題困難度と瞬目活動に関する研究」（小孫康平）　風間書房　2002.1　p133-142
◎参考文献「眼の話」（河合憲司）　東海大出版会　2007.12　p147-148

名画
◎読書案内「名画を読み解くアトリビュート」（木村三郎）　淡交社　2002.12　p142-161

名画座
◎参考文献「名画座時代―消えた映画館を探して」（阿南井文彦）　岩波書店　2006.3　p245-249

名鑑
◎「中央大学所蔵名鑑類解題目録」（中央大学図書館）　中央大　2004.3　45p A5
◎「名簿・名鑑全情報　1990-2004」（日外アソシエーツ）　日外アソシエーツ　2005.9　10, 596p A5

明月記
◎参考文献「訓読明月記　1」（稲村栄一）　松江今井書店　2002.12　2pf
○研究文献リスト（五月女肇志）「明月記研究　8」（明月記研究会）　2003.12　p229-230
◎文献目録（兼築信行ほか）「明月記研究提要」（明月記研究会）　八木書店　2006.11　p170-194

名言
◎参考資料「中国名言紀行―中原の大地と人語」（堀内正範）　文藝春秋　2002.10　p223-225

名詞
◎参考文献「英語基本名詞辞典」（小西友七）　研究社出版　2001.5　p1825-1839
◎参考文献「フランス語における有標の名詞限定の文法―普通名詞と固有名詞をめぐって」（長沼圭一）　早美出版社　2004.10　p209-213
◎参考文献「ドイツ語名詞の性のはなし」（橋本政義）　大学書林　2007.11　p140-141

明治維新
◎文献目録「世界の中の明治維新」（田中彰）　吉川弘文館　2001.12　p357-361
◎文献目録「世界の中の明治維新―幕末維新論集　1」（田中彰ほか）　吉川弘文館　2002.3　p357-361
◎文献目録「幕末維新の文化―幕末維新論集　11」（羽賀祥二ほか）　吉川弘文館　2002.3　p370-377
◎註「明治維新と征韓論―吉田松陰から西郷隆盛へ」（吉野誠）　明石書店　2002.12　prr
◎「維新史籍解題　伝記篇　復刻版」（高梨光司）　マツノ書店　2003.8　342p A5

◎参考文献「明治維新と西洋文明―岩倉使節団は何を見たか」（田中彰）　岩波書店　2003.11　p203-204
◎参考文献「開国と幕末の動乱　日本の時代史20」（井上勲）　吉川弘文館　2004.1　p311-328
◎参考文献「博徒と幕末維新」（高橋敏）　筑摩書房　2004.2　p235-237
◎参考文献「明治維新と文明開化　日本の時代史21」（松尾正人）　吉川弘文館　2004.2　p305-321
◎引用作品一覧「明治維新の再創造―近代日本の〈起源神話〉」（宮沢誠一）　青木書店　2005.2　p236-257
◎引用参考文献「日本史講座　7　近世の解体」（歴史学研究会ほか）　東京大学出版会　2005.4　prr
◎文献目録「近世から近代へ　展望日本歴史17」（久留島浩ほか）　東京堂出版　2005.7　p429-416
◎参考文献「明治維新と日光・戊辰戦争そして日光県の誕生」（柴田宜久）　随想舎　2005.8　p271-277
◎参考文献「維新の回天と長州藩―倒幕へ向けての激動の軌跡」（相澤邦衛）　新人物往来社　2006.4　p245-246
◎参考文献「明治維新　改版」（井上清）　中央公論新社　2006.4　p515-521
◎参考文献「幕末・維新」（井上勝生）　岩波書店　2006.11　p11-15b
◎引用文献「未完の明治維新」（坂野潤治）　筑摩書房　2007.3　p247-249

明治国家
◎参考文献「明治国家の完成―1890～1905」（御厨貴）　中央公論新社　2001.5　p425-432
◎文献リスト「展望日本歴史　19　明治憲法体制」（安田浩ほか）　東京堂出版　2002.1　p463-453
◎参考文献「明治国家の基本構造―帝国誕生のプレリュード」（大塚桂）　法律文化社　2002.12　p263-269
◎参考文献「ペリー来航百五十年―開国から帝国議会開設まで―特別展」（衆議院憲政記念館）　衆議院憲政記念館　2003.5　p81-86
◎参考文献「条約改正問題と明治立憲制の成立―日本の近代における対外関係史の研究」（本牧公夫）〔本牧公夫〕　2005.1　p144-146
◎参考文献「近代国家の出発　改版」（色川大吉）　中央公論新社　2006.5　p574-578
◎参考文献「大日本帝国の試煉　改版」（隅谷三喜男）　中央公論新社　2006.6　p528-534
◎文献リスト「明治国家をつくる―地方経営と首都計画」（御厨貴）　藤原書店　2007.10　prr

明治時代
◎参考文献「明治十八年の旅は道連れ　ひいじいさんの旅を追いかけ会津から」（塩谷和子）　源流社　2001.11　p312-313
◎「明治時代は謎だらけ」（横田順弥）　平凡社　2002.5　335p　46s
◎参考文献「明治人の教養」（竹田篤司）　文藝春秋　2002.12　p195-198
◎註「明治農政と技術革新」（勝部真人）　吉川弘文館　2002.12　prr
◎参考文献「ちまう・ちゃう考―明治時代の使用実態についての社会言語学的研究」（李徳培）　Japanese Technical Publishing Company　2003.6　p255-260
◎参考文献「アジアの帝国国家　日本の時代史23」（小風秀雅）　吉川弘文館　2004.4　p291-307
◎引用参考文献「明治東京庶民の楽しみ」（青木宏一郎）　中央公論新社　2004.5　p317-319
◎参考文献「明治デモクラシー」（坂野潤治）　岩波書店　2005.3　p227-228
◎引用参考文献「日本史講座　9　近代の転換」（歴史学研究会ほか）　東京大学出版会　2005.4　prr
◎参考文献「「敗者」の精神史　上」（山口昌男）　岩波書店　2005.6　p443-458
◎文献「明治キリスト教会形成の社会史」（森岡清美）　東京大学出版会　2005.6　p10-27b
◎参考文献「漫画が語る明治」（清水勲）　講談社　2005.10　p200-201
◎知るために「東京時代―江戸と東京の間で」（小木新造）　講談社　2006.6　p260-272
◎参考文献「民権と憲法」（牧原憲夫）　岩波書店　2006.12　p8-13b
◎参考文献「明治日本のごみ対策―汚物掃除法はどのようにして成立したか」（溝入茂）　リサイクル文化社　2007.2　p254-260
◎参考文献「文明開化の日本改造―明治・大正時代」淡交社　2007.6　p106-107
◎参考文献「明治物売図聚」（三谷一馬）　中央公論新社　2007.11　p424-427

明治大学短期大学
◎参考文献「明治大学専門部女子部・短期大学と女子高等教育―1929-2006」（明治大学短期大学史編集委員会）　明治大　2007.8　p722-724

明治大学図書館
○記事索引（坂口雅樹）「図書の譜―明治大学図書館紀要　8」（明治大）　2004.3　p47-55

名将
◎「名将たちの戦争学」（松村劭）　文藝春秋　2001.6　211p ss
◎文献目録「『名将言行録』乱世を生き抜く智恵」（谷沢永一, 渡部昇一）　PHP研究所　2002.4　p190-196

名所図会
◎注文献「江戸名所図会の世界」（千葉正樹）　吉川弘文館　2001.3　prr
◎参考文献「名所空間の発見―地方の名所図録図会を読む」（萩島哲）　九州大学出版会　2005.10　prr

名詞連語
◎参考文献「名詞連語「ノ格の名詞+名詞」の研究」（中野はるみ）　亜細亜技術協力会　2004.3　p291-296

名数
◎参考文献「「長さ」と「速さ」の話題事典」（上野富美夫）　東京堂出版　2001.9　p194-195

瞑想
◎参考文献「瞑想の精神医学―トランスパーソナル精神医学序説」（安藤治）　春秋社　2003.4　p9-23b

名探偵
○系譜年表（川出正樹ほか）「ミステリマガジン　45.6.531」（早川書房）　2000.6　p6-13
◎「私が愛した名探偵」（新保博久）　朝日新聞社　2001.11　294p　46s

名刀
◎参考文献「名刀伝―剣技・剣術　3」（牧秀彦）　新紀元社　2002.8　p446-497

名文
- ◎出典一覧「日本人が読み伝えて来た音読名文107選」（涛川栄太）　海竜社　2002.7　p243-246
- ◎出典一覧「魂を揺さぶる人生の名文」（川村湊）　光文社　2002.9　p222-225
- 類書瞥見「大人の国語　隠れた名文はこれだけある」（谷沢永一）　PHP研究所　2003.5　p570-579

名簿
- ◎「名簿情報源—日本のダイレクトリー　2004」（日本能率協会総合研究所）　日本能率協会総合研究所　2004.3　400p B5
- ◎「名簿・名鑑全情報　1990-2004」（日外アソシエーツ）　日外アソシエーツ　2005.9　10, 596p A5

命名法
- ◎文献「虫の名、貝の名、魚の名—和名にまつわる話題」（青木淳一, 奥谷喬司, 松浦啓一）　東海大学出版会　2002.11　p227-230

名誉毀損
- ◎参考文献「弁護士いらず　本人訴訟必勝マニュアル」（三浦和義）　太田出版　2003.6　p316」

明倫館
- ◎参考文献「南予明倫館—僻遠の宇和島は在京教育環境をいかに構築したか」（木下博民）　南予奨学会　2003.10　p667-670

明倫堂
- ○蔵書目録（膽吹覚）「国語国文学　46」（福井大）　2007.3　p54-45

メガバンク
- ◎参照文献「メガバンクの誤算—銀行復活は可能か」（箭内昇）　中央公論新社　2002.7　p284-282
- ◎参考文献「メガバンク危機とIMF経済政策—ホットマネーにあぶり出された国際機関の欠陥と限界」（白井早由里）　角川書店　2002.12　p271-272
- ◎参考文献「メガバンク決算　日・米・欧、どこが違うのか?」（三神万里子）　角川書店　2003.4　p250-251

女神
- ◎参考文献「東アジアの女神信仰と女性生活」（野村伸一）　慶應義塾大出版会　2004.1　prr
- ◎原注「原初の女神からギリシア神話まで　図説世界女神大全1」（A. ベアリングほか）　原書房　2007.10　p1-11b
- ◎参考文献「図説世界女神大全　2」（A. ベアリングほか）　原書房　2007.10　p32-47b

メキシコ
- ◎参考文献「開発の国際政治経済学—構造主義マクロ経済学とメキシコ経済」（石黒馨）　勁草書房　2001.8　p245-263
- ◎ブックガイド「メキシコ—ラテンでいこうよアミーゴ!」（WCG編集室）　トラベルジャーナル　2001.11　p202-203
- ◎参考文献「メキシコの女たちの声—メキシコ・フェミニズム運動資料集」（松久玲子）　行路社　2002.8　p492-497
- ◎文献「インターネットを武器にした〈ゲリラ〉—反グローバリズムとしてのサパティスタ運動」（山本純一）　慶応義塾大学出版会　2002.9　p347-368
- ◎文献「メキシコ経済の金融不安定性—金融自由化・開放化政策の批判的研究」（安原毅）　新評論　2003.5　p275-292
- ◎文献「メキシコの織」（C. セイヤー）　デザインエクスチェンジ　2003.10　p84-85
- ◎参考文献「メキシコから世界が見える」（山本純一）　集英社　2004.2　p232-236
- ◎ブックガイド「メキシコを知るための60章」（吉田栄人）　明石書店　2005.2　p339-347
- ◎参考文献「メキシコ、先住民共同体と都市—都市移住者を取り込んだ「伝統的」組織の変容」（禪野美帆）　慶應義塾大出版会　2006.2　p189-205
- ◎参考文献「メキシコ・ワステカ先住民農村のジェンダーと社会変化—フェミニスト人類学の視座」（山本昭代）　明石書店　2007.2　p403-388

メキシコ　アステカ文明
- ◎ブックガイド「メキシコ/マヤ&アステカ　写真でわかる謎への旅」（辻丸純一）　雷鳥社　2001.8　p205-204
- ◎文献「図説アステカ文明」（R. F. タウンゼント）　創元社　2004.8　p327-322
- ◎参考文献「マヤ・アステカの神々」（土方美雄）　新紀元社　2005.9　p207-210
- ◎参考文献「古代メソアメリカ文明—マヤ・テオティワカン・アステカ」（青山和夫）　講談社　2007.8　p250-254

メキシコ　音楽
- ◎参考文献「トリオ・ロス・パンチョスを憶えていますか?—メキシコポピュラー音楽の歴史」（仲村聡）　つげ書房新社　2003.8　p293-294

メキシコ　革命
- ◎引用文献「プロテスタンティズムとメキシコ革命—市民宗教からインディヘニスモへ」（大久保教宏）　新教出版社　2005.5　p13-28b

メキシコ　教育
- ◎参考文献「貧困の克服と教育発展—メキシコとブラジルの事例研究」（米村明夫）　明石書店　2007.10　prr

メキシコ　建築
- ◎参考文献「メキシコ先住民社会と教会建築—植民地期タラスコ地域の村落から」（横山和加子）　慶應義塾大出版会　2004.2　p15-30b

メキシコ　詩
- ◎参考文献ほか「ギターを抱いた渡り鳥—チカーノ詩礼賛」（越川芳明）　思潮社　2007.10　p14-21b

メキシコ　文学
- ◎引用参考文献「アメリカ南西部メキシコ系の文学—作品と論評」（大森義彦）　英宝社　2005.3　prr

メキシコ　壁画
- ◎参考文献「メキシコ壁画運動—リベラ、オロスコ、シケイロス」（加藤薫）　現代図書　2003.2　p259-256

メキシコ　歴史
- ◎参考文献「メキシコの歴史」（国本伊代）　新評論　2002.4　p361-384
- ◎参考文献「メキシコ現代史」（鈴木康久）　明石書店　2003.4　p260-255
- ◎参考文献「メキシコの百年1810-1910—権力者の列伝」（E. クラウセ）　現代企画室　2004.10　p365-377

メキシコ系アメリカ人
◎参考文献「メキシコ系米国人・移民の歴史」(M. G. ゴンサレス) 明石書店 2003.12 p562-530

メジャーリーグ
◎参考文献「大リーグと都市の物語」(宇佐美陽) 平凡社 2001.2 p232-233
◎参考文献「日米野球史 メジャーを追いかけた70年」(波多野勝) PHP研究所 2001.10 2pb
◎参考文献「メジャー野球の経営学」(大坪正則) 集英社 2002.5 p221-222

メジロ
◎参考文献「メジロの眼―行動・生態・進化のしくみ」(橘川次郎) 海游舎 2004.9 p278-284

メセナ
◎参考文献ほか「企業を文化で語る。―メセナ再考 考え方から現状まで」(柿崎孝夫) 東京美術 2007.4 p188-189

メソ気象
◎参考文献「雷雨とメソ気象」(大野久雄) 東京堂出版 2001.9 p293-299

メソポタミア
◎参考文献「最古の宗教 古代メソポタミア」(J. ボテロ) 法政大出版局 2001.9 p1-4b
◎参考文献「都市誕生の考古学」(小泉龍人) 同成社 2001.11 p217-233
◎参考文献「メソポタミアの王・神・世界観―シュメール人の王権観」(前田徹) 山川出版社 2003.10 p6-13b

メダカ
◎参考文献「メダカが田んぼに帰った日」(金丸弘美) 学習研究社 2002.4 p170-171
◎参考文献「メダカと日本人」(若松鷹司) 青弓社 2002.5 p207-210
◎文献「現代日本生物誌 10 メダカとヨシ―水辺の健康度をはかる生き物」(林良博) 岩波書店 2003.2 p1-7b
○文献集(久米幸毅ほか)「近畿大学農学部紀要 38」(近畿大) 2005 p157-228
◎文献「メダカ学全書 新版」(岩松鷹司) 大学教育出版 2006.11 prr

メタデータ
◎参考文献ほか「知識資源のメタデータ」(谷口祥一ほか) 勁草書房 2007.5 p241-243

メタボリックシンドローム
◎参考文献「メタボリック症候群と栄養」(横越英彦) 幸書房 2007.7 prr

メディア
◎参考文献「ディズニー千年王国の始まり メディア制覇の野望」(有馬哲夫) NTT出版 2001.2 p285-289
◎参考文献「大統領とメディア」(石沢靖治) 文藝春秋 2001.2 p204-206
◎参考文献「20世紀放送史 下」(編集部) NHK出版 2001.3 p571-600
◎参考文献「メディア空間―コミュニケーション革命の構造」(中野収) 勁草書房 2001.4 p6-7b
◎参考資料「原典メディア環境―1851-2000」(月尾嘉男ほか) 東京大学出版会 2001.4 p715-723
○関連書物(港千尋ほか)「国文学 46.6」(学燈社) 2001.5 p30-33
◎参考文献「資料・メディア総論 図書館資料論・専門資料論・資料持論の統合化」(志保田務ほか) 学芸図書 2001.6 p209-215
◎参考文献「テレビゲーム文化論 インタラクティブ・メディアのゆくえ」(桝山寛) 講談社 2001.10 p194-197
◎参考文献「メディアとコミュニケーションの教育」(水越敏行, 情報コミュニケーション教育研究会(ICTE)) 日本文教出版 2002.3 prr
◎注ほか「ポスト・モダンの左旋回」(仲正昌樹) 状況出版 2002.4 prr
◎参考文献「欲望のメディア―猪瀬直樹著作集 7」(猪瀬直樹) 小学館 2002.6 p435-439
◎参考文献「メディアと芸術―デジタル化社会はアートをどう捉えるか」(三井秀樹) 集英社 2002.7 p247-249
◎参考文献「メディアのからくり―公平中立を謳う報道のウソを暴く」(保岡裕之) ベストセラーズ 2002.7 p236-243
◎参考文献「総理大臣とメディア」(石澤靖治) 文藝春秋 2002.9 p212-214
◎叢書・全集一覧「音楽史の形成とメディア」(大崎滋生) 平凡社 2002.11 p354-350
◎参考文献「システムとメディアの社会学」(松本和良ほか) 恒星社厚生閣 2003.3 prr
◎注「「新しい戦争」とメディア 9・11以後のジャーナリズムを検証する」(内藤正典) 明石書店 2003.4 p235-237
◎参考文献「デジタルメディア概論」(三野裕之) ムイスリ出版 2003.4 p191-196
◎参考文献「映像と社会 表現・地域・監視」(田畑暁生) 北樹出版 2003.7 prr
◎参考文献「グローバル社会とメディア 叢書現代のメディアとジャーナリズム 1」(武市英雄ほか) ミネルヴァ書房 2003.10 prr
◎書誌ほか「記号の知/メディアの知―日常生活批判のためのレッスン」(石田英敬) 東京大学出版会 2003.10 p369-382
◎引用文献「メディアと人間の発達―テレビ、テレビゲーム、インターネット、そしてロボットの心理的影響」(坂本章) 学文社 2003.12 prr
◎参考文献「メディアは知識人をどう使ったか―戦後の論壇」(大井浩一) 勁草書房 2004.2 p233-239
◎参考文献「巨大メディアの逆説―娯楽も報道もつまらなくなっている理由」(原真) リベルタ出版 2004.3 p1-3b
◎参考文献「メディアコミュニケーション学への招待」(三上俊治) 学文社 2004.6 prr
◎文献「閉じつつ開かれる世界―メディア研究の方法序説」(水島久光) 勁草書房 2004.6 p1-9b
◎注「Free culture―いかに巨大メディアが法をつかって創造性や文化をコントロールするか」(L. レッシグ) 翔泳社 2004.7 p22-45b
◎参考文献「メディア史を学ぶ人のために」(有山輝雄ほか) 世界思想社 2004.11 prr
◎書誌情報(田部井世志子ほか)「ジェンダー白書 3 女性とメディア」(北九州市立男女参画センター"ムーブ") 明石書店 2005.3 p322-342

◎引用文献「八月十五日の神話―終戦記念日のメディア学」（佐藤卓己）　筑摩書房　2005.7　p271-278
◎参考文献「メディアの近代史―公共空間と私生活のゆらぎのなかで」（P. フリッシー）　水声社　2005.8　p333-340
◎参考文献「市民メディア論―デジタル時代のパラダイムシフト」（松野良一）　ナカニシヤ出版　2005.8　p231-236
◎参考文献「メディア・コミュニケーション―その構造と機能」（石坂悦男ほか）　法政大学出版局　2005.9　prr
◎引用参考文献「ジャーナリズムとメディア言説」（大石裕）　勁草書房　2005.10　p3-12b
◎文献解題（土屋礼子ほか）「メディアのなかの「帝国」岩波講座「帝国」日本の学知4」　岩波書店　2006.3　p57-72b
○研究動向（土橋臣吾）「社会学評論　57.2.226」（日本社会学会）　2006.9　p419-435
◎読書案内（大塚直）「メディア論―現代ドイツにおける知のパラダイム・シフト」（寄川条路）　御茶の水書房　2007.3　p147-190
◎文献「幼児とメディア―緊急提言どう取り入れる?どう使う?―テレビ・ビデオ・パソコン・デジカメ…」（堀田博史）　学習研究社　2007.4　p190-191

メディア心理学
◎引用文献「メディア心理学入門」（高橋秀明ほか）　学文社　2002.12　prr

メディア・リテラシー
◎参考文献「情報リテラシー―メディアを手中におさめる基礎能力」（菊沢正裕ほか）　森北出版　2001.9　p175-178
◎55冊「メディア・リテラシーの現在と未来」（鈴木みどり）　世界思想社　2001.10　p253-255
◎文献一覧「メディア・リテラシーの方法」（アート・シルバーブラットほか）　リベルタ出版　2001.10　p9-17b
◎文献「高校の情報教育―メディアリテラシーを学ぶ」（小川吉造ほか）　黎明書房　2002.12　p154-155
◎参考文献「Study guideメディア・リテラシー　ジェンダー編」（鈴木みどり）　リベルタ出版　2003.4　p180-182
◎参考文献「メディア・リテラシーへの招待―生涯学習社会を生きる力」（国立教育政策研究所）　東洋館出版社　2004.2　p171-175
◎参考文献「メディア・リテラシ―媒体と情報の構造学」（井上泰浩）　日本評論社　2004.5　p219-223
◎参考文献「Study Guideメディア・リテラシー　入門編　新版」（鈴木みどりほか）　リベルタ出版　2004.12　p140-142
◎参考文献「メディア危機」（金子勝ほか）　NHK出版　2005.6　p237-225
◎ブックリストほか「メディアリテラシーの道具箱―テレビを見る・つくる・読む」（東京大学情報学環メルプロジェクト）　東京大学出版会　2005.7　p198-202
◎参考文献「メディア・リテラシーの社会史」（富山英彦）　青弓社　2005.12　p213-221
◎参考文献「メディア・リテラシー教育―学びと現代文化」（D. バッキンガム）　世界思想社　2006.12　p265-277

◎引用参考文献「オトナのメディア・リテラシー」（渡辺真由子）　リベルタ出版　2007.10　p203-206

メディア倫理
◎参考文献「メディアの倫理と説明責任制度―「情報の自由」と「品質管理」のためのテキスト」（C. J. ベルトラン）　明石書店　2005.9　p291-281

メディカル・コンフリクト
◎参考文献「医療紛争　メディカル・コンフリクト・マネジメントの提案」（和田仁孝ほか）　医学書院　2001.10　p193-195

メートル法
◎文献目録「万物の尺度を求めて―メートル法を定めた子午線大計測」（K. オールダー）　早川書房　2006.3　p464-462

メトロポリタン歌劇場
◎文献「帝国・メトロポリタン歌劇場―桟敷をめぐる権力と栄光　上」（J. フィードラー）　河合楽器製作所・出版部　2003.10　p229-233

めまい
◎参考文献「めまいの正体」（神崎仁）　文藝春秋　2004.9　p173-175

メルヘン
◎邦訳文献（木下康光）「若い読者のためのメルヘン」（W. フロイント）　中央公論美術出版　2007.3　p231-235

メロドラマ
◎原注「メロドラマ的想像力」（P. ブルックス）　産業図書　2002.1　p279-310

免疫
◎参考文献「医療が病いをつくる―免疫からの警鐘」（安保徹）　岩波書店　2001.11　p1-5b
◎文献「魚類の免疫系」（渡辺翼）　恒星社厚生閣　2003.4　prr
◎節目論文ほか「免疫学の威力」（安保徹）　悠飛社　2003.9　p205-207
◎参考文献「パラサイト式血液型診断」（藤田紘一郎）　新潮社　2006.5　p189-190
◎参考図書「現代免疫物語―花粉症や移植が教える生命の不思議」（岸本忠三ほか）　講談社　2007.4　p261-262
◎文献「日本のアレルギー診療は50年遅れている―喘息も花粉症もアレルギー免疫療法（減感作療法）で治る」（長屋宏）　メディカルトリビューン　2007.6　p101-106

綿業
◎文献「アジア綿業史論―英領期末インドと民国期中国の綿業を中心として」（沢田貴之）　八朔社　2003.2　p211-225
◎文献目録「戦間期中国の綿業と企業経営」（久保亨）　汲古書院　2005.5　p299-310
◎参考文献「裂織―木綿生活誌　ものと人間の文化史128」（佐藤利夫）　法政大学出版局　2005.10　p274-275
◎文献目録「アジアの工業化と日本―機械織りの生産組織と労働」（佐々木淳）　晃洋書房　2006.2　p6-18b
◎参考文献「河内木綿と大和川」（山口之夫）　清文堂出版　2007.4　p301-308

面接
- ◎文献「調査的面接の技法」（鈴木淳子）　ナカニシヤ出版　2002.4　p179-184
- ◎文献「物語としての面接―ミメーシスと自己の変容」（森岡正芳）　新曜社　2002.4　p7-21b
- ◎参考文献「ビル・ゲイツの面接試験―富士山をどう動かしますか?」（W. パウンドストーン）　青土社　2003.7　p17-21b
- ◎参考文献「子どもの面接法―司法手続きにおける子どものケア・ガイド」（M. アルドリッジほか）　北大路書房　2004.10　p260-267
- ◎文献「高齢者施設における介護職の高齢者理解を援助する面接法」（吉岡久美子）　風間書房　2005.2　p155-160
- ◎文献「感情に働きかける面接技法―心理療法の統合的アプローチ」（L. S. グリーンバーグほか）　誠信書房　2006.7　p412-398
- ◎参考文献「マイクロカウンセリング技法―事例場面から学ぶ」（福原眞知子）　風間書房　2007.7　p213-214
- ◎文献「精神分析的診断面接のすすめかた」（守屋直樹ほか）　岩崎学術出版社　2007.10　p216-227

メンタルトレーニング
- ◎参考文献「スポーツメンタルトレーニング教本　改訂増補版」（日本スポーツ心理学会）　大修館書店　2005.4　p254-264
- ◎参考文献「声楽家のための本番力―最高のパフォーマンスを引き出すメンタル・トレーニング」（S. エモンズほか）　音楽之友社　2007.2　p411-414
- ◎引用参考文献「バレーボールのメンタルマネジメント―精神的に強いチーム・選手になるために」（遠藤俊郎）　大修館書店　2007.7　p197-200

メンタルヘルス
- ◎参考文献「メンタルヘルス実践大系―教育編　10　索引　新装増補版」（メンタルヘルス研究会）　日本図書センター　2002.1　p93-101
- ◎引用参考文献「はじめて学ぶメンタルヘルスと心理学―「こころ」の健康をみつめて」（吉武光也）　学文社　2005.4　p221-229
- ◎参考引用文献「間合い上手―メンタルヘルスの心理学から」（大野木裕明）　NHK出版　2005.6　p221-231
- ◎文献資料（河野貴代美ほか）「女性のメンタルヘルスの地平―新たな支援システムとジェンダー心理学」（河野貴代美）　コモンズ　2005.6　p230-239
- ◎文献「メンタルヘルス事典―心の健康大百科　増補改訂版」（上里一郎ほか）　同朋舎メディアプラン　2005.8　prr
- ◎参考文献「メンタルヘルス―学校で、家庭で、職場で」（藤本修）　中央公論新社　2006.11　p201-203
- ◎文献「保育士のメンタルヘルス―生きいきした保育をしたい!」（重田博正）　かもがわ出版　2007.3　p135-136
- ◎参考文献「メンタルケア用語事典」（メンタルケア協会）　メンタルケア協会　2007.8　p258-259

メンデルの法則
- ◎参考文献「「メンデル法則再発見」の検証」（生沼忠夫）　〔生沼忠夫〕　2006.10　p172-185

【 も 】

蒙古襲来
- ◎参考文献「蒙古襲来」（網野善彦）　小学館　2001.1　p606-609
- ◎参考文献「蒙古襲来　歴史よもやま話」（白石一郎）　NHK出版　2001.3　p333-334
- ◎参考文献「蒙古襲来と徳政令　日本の歴史10」（筧雅博）　講談社　2001.8　p390-391
- ◎参考文献「モンゴルの襲来　日本の時代史9」（近藤成一）　吉川弘文館　2003.2　p283-293

妄想
- ◎文献「幻聴と妄想の認知臨床心理学―精神疾患への症状別アプローチ」（石垣琢麿）　東京大学出版会　2001.1　p152-161
- ◎参考文献「パラノイアに憑かれた人々　下　蟲の群れが襲ってくる」（ロナルド・シーゲル）　草思社　2001.9　p251-254
- ◎引用文献「健常者の被害妄想的観念に関する実証的研究」（森本幸子）　風間書房　2005.11　p83-90
- ◎参考文献「妄想はどのようにして立ち上がるか」（P. ガレティほか）　ミネルヴァ書房　2006.6　p220-235

盲僧
- ◎参考文献「日韓盲僧の社会史」（永井彰子）　葦書房　2002.2　p385-395
- ◎註「日向国における盲僧の成立と変遷―盲僧史への一視座として」（末永和孝）　鉱脈社　2003.11　prr

盲導犬
- ◎参考資料「わかる!　盲導犬のすべて―138のQ&Aで疑問に答えます」（松井進）　明石書店　2004.12　p245」

網膜疾患
- ◎文献「豊かに老いる眼―黄斑変性とともに生きる」（L. G. Mogk）　文光堂　2003.3　p272-275

目撃証言
- ◎引用文献「目撃証言の研究　法と心理学の架け橋をもとめて」（一瀬敬一郎ほか）　北大路書房　2001.3　p344-364
- ◎引用参考文献「生み出された物語　目撃証言・記憶の変容・冤罪に心理学はどこまで迫れるか」（山本登志哉）　北大路書房　2003.5　p214-217
- ◎参考文献「目撃者の心理学」（S. L. Sporerほか）　ブレーン出版　2003.7　prr
- ◎引用参考文献「目撃証言の心理学」（厳島行雄ほか）　北大路書房　2003.8　p155-161

木材
- ◎参考文献「木材なんでも小事典―秘密に迫る新知識76」（木質科学研究所木悠会）　講談社　2001.11　p9-12b
- ◎参考文献「日本人と木の文化」（鈴木三男）　八坂書房　2002.2　p246-251
- ◎文献「木質廃棄物の有効利用」（堀大才ほか）　博友社　2003.10　p131-137
- ◎文献「木材科学ハンドブック」（岡野健ほか）　朝倉書店　2006.2　prr

木酢液
　◎参考引用文献「炭・木竹酢液の用語事典」（木質炭化学会）　創森社　2007.5　p374-377

目次
　◎「近代雑誌目次文庫46　外国語・外国文学編」（ゆまに書房）　ゆまに書房　2001.8　222p B5

黙示録
　◎参考文献「聖なる妄想の歴史―世界一危険な書物の謎を解く」（J. カーシュ）　柏書房　2007.4　p16-20b

木船
　◎参考文献「雛形からみた弁才船　上」（安達裕之）　船の科学館　2005.11　p148-149

木造建築
　◎文献「木材の住科学―木造建築を考える」（有馬孝礼）　東京大学出版会　2003.2　p186-189
　◎参考文献「ここまで変わった木材・木造建築」（林知行）　丸善　2003.3　p193-196
　◎参考文献「ウッドエンジニアリング入門―木の強さを活かす」（林知行）　学芸出版社　2004.3　p221-222
　◎文献「甦る住文化―伝統木構法と林業振興の道」（菊間満ほか）　日本林業調査会　2004.6　p151-154
　◎Bibliography「世界の木造建築」（W. プライス）　グラフィック社　2005.12　p314-317
　◎引用文献「目でみる木造住宅の耐震性」（宮澤健二）　東洋書店　2007.1　p323-326
　◎参考資料「岡山の木造校舎」（河原馨）　日本文教出版　2007.7　p151」

木炭
　◎参考文献「もくりんちくりんの静岡県木炭史―古代から現代に生き続ける一大スペクタクル知らない話忘れかけた話満載の炭焼きの歴史」（和田雄剛）　静岡郷土史研究会　2006.3　p169-174
　◎参考引用文献「炭・木竹酢液の用語事典」（木質炭化学会）　創森社　2007.5　p374-377

木彫
　◎参考文献「ローマサンタ・サビーナ教会木彫扉の研究」（辻佐保子）　中央公論美術出版　2003.11　p439-474

木版
　◎参考文献「木版口絵総覧―明治・大正期の文学作品を中心として」（山田奈々子）　文生書院　2005.12　p227-231

目録
　◎参考文献「知の座標―中国目録学」（井波陵一）　白帝社　2003.11　p210-213

模型
　◎参考文献「ガンダム・モデル進化論」（今柊二）　祥伝社　2005.3　p248-251
　◎文献「模型飛行機の科学―フリーフライト機の理論と設計」（和栗雄太郎）　養賢堂　2005.7　p182-183

モザンビーク
　◎参考文献ほか「モザンビーク解放闘争史―「統一」と「分裂」の起源を求めて」（舩田クラーセン, さやか）　御茶の水書房　2007.2　p10-28b

文字
　◎参考文献「無文字社会の歴史―西アフリカ・モシ族の事例を中心に」（川田順造）　岩波書店　2001.7　p1-16b
　◎参考文献「コミュニケーション行動発達史―特に文字成立を中心として」（宮司正男）　日本図書センター　2001.9　p283-314
　◎参考文献「文字をよむ」（池田紘一ほか）　九州大学出版会　2002.3　prr
　◎参考文献「文字・表記―現代日本語講座　6」（飛田良文ほか）　明治書院　2002.5　prr
　◎参考文献「文字・表記探究法―シリーズ日本語探究法　5」（犬飼隆）　朝倉書店　2002.9　prr
　◎参考文献「文字の考古学　1」（菊池徹夫）　同成社　2003.3　prr
　◎文献紹介ほか「ロシアの文字の話―ことばをうつしとどめるもの」（小林潔）　東洋書店　2004.2　p60-63
　◎参考文献「空書の脳内メカニズム―運動による文字処理過程の神経的負荷低減の仕組み」（松尾香弥子）　風間書房　2004.12　p201-210
　◎参考文献「文字による交流　文字と古代日本2」（平川南ほか）　吉川弘文館　2005.3　prr
　◎参考文献「図説アジア文字入門」（東京外国語大学アジア・アフリカ言語文化研究所）　河出書房新社　2005.4　p108-109
　◎引用文献ほか「文字の歴史―ヒエログリフから未来の「世界文字」まで」（S. R. フィッシャー）　研究社　2005.10　p425-458
　◎参考文献「文字の起源と歴史―ヒエログリフ、アルファベット、漢字」（A. ロビンソン）　創元社　2006.2　p269-275
　◎参考文献「文字符号の歴史　欧米と日本編」（安岡孝一ほか）　共立出版　2006.2　p263-280
　◎参考文献「地下から出土した文字」（鐘江宏之）　山川出版社　2007.9　2pb

文字化資料
　○記事抄録（阪本彩香）「文献探索　2000」（文献探索研究会）　2001.2　p283-286

文字瓦
　○文献目録（中村友一）「古代学研究所紀要　3」（明治大）　2006　p45-69

文字コード
　◎読書ガイド「図解でわかる文字コードのすべて―異体字・難漢字からハングル・梵字まで」（清水哲郎）　日本実業出版社　2001.4　p346-351
　◎参考文献「Unicode標準入門」（トニー・グラハム）　翔泳社　2001.5　p437-441
　◎参考図書「文字コード「超」研究」（深沢千尋）　ラトルズ　2003.8　p603-606

モスク
　◎参考文献「世界のマスジド―イスラーム建築の心」（アミーン水谷周）　アラブイスラーム学院　2006.2　p126-127

モスラ
　◎参考文献「モスラの精神史」（小野俊太郎）　講談社　2007.7　p277-282

摩梭族
　◎参考文献「中国雲南摩梭族の母系社会」（遠藤織枝）　勉誠出版　2002.2　p180-182

モーター
　◎参考文献「松下の省エネモータ開発物語」（宮本郁夫ほか）　オーム社　2007.9　p193-198

モダニズム
◎参考文献「極東ロシアのモダニズム　1918-1928—ロシア・アヴァンギャルドと出会った日本」(五十殿利治)　東京新聞　2002.4　p250-251
◎註「モダニズム/ナショナリズム　1930年代日本の芸術」(五十殿利治ほか)　せりか書房　2003.1　prr
◎初出一覧「モダニズムのニッポン」(橋爪紳也)　角川学芸出版　2005.6　p275-277
◎参考文献「モダニズム建築—その多様な冒険と創造」(P.ブランデル=ジョーンズ)　建築思潮研究所　2006.5　p450-457

モダリティ
◎参照文献「日本語モダリティーの史的研究」(高山義行)　ひつじ書房　2002.2　p299-319

モダンアート
◎注「モダン・アート論再考—制作の論理から」(永井隆則)　思文閣出版　2004.4　p228-268
◎参考文献ほか「潜在的イメージ—モダン・アートの曖昧性と不確定性」(D.ガンボーニ)　三元社　2007.9　p43-86b

モダンガール
◎文献案内「モダンガール論」(斎藤美奈子)　文藝春秋　2003.12　p304-309

モダンジャズ
○書誌(吉野敦子)「文献探索　2004」(文献探索研究会)　2004.4　p570-576

モダンダンス
◎参考文献「身体をキャプチャーする—表現主義舞踊の系譜」(慶應義塾大学アート・センター)　慶應義塾大学アート・センター　2003.3　p77-94

モダンデザイン
◎参考文献「モダン・デザイン全史」(海野弘)　美術出版社　2002.10　p571-568
◎註「関西モダンデザイン前史」(宮島久雄)　中央公論美術出版　2003.1　prr

モダンホラー
○15冊(古山裕樹)「ミステリマガジン　46.8.545」(早川書房)　2001.8　p28-31

持株会社
◎参考文献「日本企業のリストラクチャリング—純粋持株会社・分社化・カンパニー制と多角化」(大坪稔)　中央経済社　2005.4　p243-253
◎参考文献「戦略的持ち株会社の経営—グループ企業の再組織プロセスの研究」(高橋宏幸)　中央経済社　2007.6　p279-282

餅搗唄
◎文献目録「東京の餅搗唄」(石川博司)　ともしび会　2002.7　p51-52

餅搗踊り
◎文献目録「上尾市を歩く」(石川博司)　ともしび会　2002.5　p19-20, 30-31
◎文献目録「埼玉の餅搗踊り」(石川博司)　ともしび会　2002.6　p45-53

木簡
◎参考文献「平城京と木簡の世紀　日本の歴史04」(渡辺晃宏)　講談社　2001.2　p349-354
◎報告書一覧「木簡が語る古代史　下　国家の支配としくみ」(平野邦雄, 鈴木靖民)　吉川弘文館　2001.2　p217-244
◎論著目録「郭店楚簡儒教研究」(池田知久)　汲古書院　2003.2　p29-69b
◎文献「辺境出土木簡の研究」(富谷至)　朋友書店　2003.2　p549-562
◎参考文献「日本古代木簡集成」(木簡学会)　東京大学出版会　2003.5　p108-110
◎参考文献「木簡・竹簡の語る中国古代—書記の文化史」(冨谷至)　岩波書店　2003.7　p1-4b
◎参考文献「地下から出土した文字」(鐘江宏之)　山川出版社　2007.9　2pb

木工
◎参考文献「世界の木工文化図鑑—木と道具と民族の技の融合」(B.センテンス)　東洋書林　2004.9　p203」
◎文献「木工　増補版　普及版」(上田康太郎ほか)　朝倉書店　2005.3　p169-170

モッシー族
◎参考文献「無文字社会の歴史—西アフリカ・モシ族の事例を中心に」(川田順造)　岩波書店　2001.7　p1-16b

モデル理論
◎文献ノート「幾何的モデル理論入門—モデル理論の代数, 数論幾何への応用」(板井昌典)　日本評論社　2002.9　p270-277

モード
◎参考文献「モードと身体」(成実弘至)　角川学芸出版　2003.6　prr
◎引用参考文献「モードの帝国」(山田登世子)　筑摩書房　2006.1　p228-229

元良親王集
◎参考文献「元良親王集全注釈」(片桐洋一)　新典社　2006.5　p275-276

モナ・リザ
◎参考文献「「モナ・リザ」ミステリー—名画の謎を追う」(北川健次)　新潮社　2004.12　p187-188

もの
◎文献「ものと人の社会学」(原田隆司ほか)　世界思想社　2003.3　p209-220

物語
◎引用参考文献「物語のなかの社会とアイデンティティ—あかずきんちゃんからドストエフスキーまで」(佐藤嘉一)　晃洋書房　2004.4　p7-14b
◎参考文献「物語論—プロップからエーコまで」(J. M. アダン)　白水社　2004.4　p1-8b
○文献ガイド(秋本宏徳)「源氏研究　10」(翰林書房)　2005　p151-159
◎参照文献「認知物語論とは何か?」(西田谷洋)　ひつじ書房　2006.7　p261-273
◎文献表「物語の森へ—物語理論入門」(M. マルティネス)　法政大出版局　2006.7　p29-53b

もののけ
◎参考文献「もののけ　2　ものと人間の文化史122-2」(山内昶)　法政大学出版局　2004.8　p265-278

ものみの塔聖書冊子協会
◎参考文献「「エホバの証人」の悲劇—ものみの塔教団の素顔に迫る　増補改訂版」（林俊宏）　わらび書房　2007.4　p298-300

モバイル通信
◎参考文献「コミュニケーションの国際地政学—調査報告書　モバイル通信編　その2」（KDDI総研）　KDDI総研　2004.3　p549-559

モバイルビジネス
◎参考文献「モバイルe-ビジネス—モバイルマーケティングと新しいビジネスモデル」（佃純誠ほか）　中央経済社　2001.4　p195-198
◎参考文献「モバイルビジネス戦略」（サイバード）　NTT出版　2002.11　p234-237

喪服史
◎引用史料ほか「日本喪服史　古代篇—葬式儀礼と装い」（増田美子）　源流社　2002.2　p263-270

模倣
◎引用文献「無意図的模倣の発達社会心理学—同化行動の理論と実証研究」（内藤哲雄）　ナカニシヤ出版　2001.2　p221-229
◎参考文献（近藤由紀）「真贋のはざま—デュシャンから遺伝子まで」（西野嘉章）　東京大学総合研究博物館　2001.11　p414-440
◎参考文献「日本文化の模倣と創造—オリジナリティとは何か」（山田奨治）　角川書店　2002.6　p217-225

木綿
◎注「事典絹と木綿の江戸時代」（山脇悌二郎）　吉川弘文館　2002.6　prr

桃太郎
◎一覧（大村晃子ほか）「桃太郎の運命」（鳥越信）　ミネルヴァ書房　2004.5　p202-243

モラル
◎文献「人はなぜ悪にひかれるのか—悪の本性とモラルの幻想」（F. M. ヴケティツ）　新思索社　2002.12　p340-325

モラル・ハザード
◎参考文献「無責任の構造　モラル・ハザードへの知的戦争」（岡本浩一）　PHP研究所　2001.1　2pb

森
◎参考文献「森の仕事と木遣り唄」（山村基毅）　晶文社　2001.4　p341-347
◎参考文献「日本人はるかな旅3　海が育てた森の王国」（NHK「日本人」プロジェクト）　NHK出版　2001.10　4pb
◎参考文献「日本の森はなぜ危機なのか—環境と経済の新林学レポート」（田中淳夫）　平凡社　2002.3　p198-199
◎参考文献「森と生きる—対立と共存のかたち」（小山修三）　山川出版社　2002.5　p181-182
◎参考文献「森の力—日本列島は森林博物館だ!」（矢部三雄）　講談社　2002.9　p234-235
◎参考引用文献「森の文化史」（只木良也）　講談社　2004.6　p262-263

森神信仰
◎参考文献「「森神信仰」の歴史民俗学的研究」（徳丸亜木）　東京堂出版　2002.2　p439-460

森田療法
◎「森田療法と出会うために—森田療法関係図書目録POD版」（中浴佳男）　ブッキング（発売）　2001.1　141p　A5
◎参考文献「森田療法に学ぶ—神経質を伸ばす生き方」（豊泉清浩）　川島書店　2006.4　p163-168
◎ブックガイド「森田療法で読む社会不安障害とひきこもり」（北西憲二ほか）　白揚社　2007.3　p275-277
◎参考文献「森田療法と精神分析的精神療法」（北西憲二ほか）　誠信書房　2007.10　p369-386

モルトウィスキー
◎参考文献「モルトウィスキー大全—改訂版」（土屋守）　小学館　2002.4　p280-281

モルヒネ
◎参考文献「麻薬の心理学—痛みとモルヒネ耐性・依存性のコントロール」（北村元隆）　創元社　2007.1　p129-144

モルフォチョウ
◎参考文献「モルフォチョウの碧い輝き—光と色の不思議に迫る」（木下修一）　化学同人　2005.5　p202-197

モルモン教
◎参考文献「信仰が人を殺すとき」（J. クラカウワー）　河出書房新社　2005.4　p1-7b

モロッコ
◎引用文献「国境を越える名誉と家族」（渋谷努）　東北大学出版会　2005.2　p177-190
◎参考文献「モロッコを知るための65章」（私市正年）　明石書店　2007.4　prr

モンゴル
◎ブックガイド「モンゴル—草原の国を好きになる」（WCG編集室）　トラベルジャーナル　2001.10　p202-203
◎文献「環境経済から見たモンゴルと中央アジア—持続的環境経済開発」（Hijaba Ykhanbai）　かんぽう　2002.8　p181-185
◎文献「近現代におけるモンゴル人農耕村落社会の形成」（ブレンサイン）　風間書房　2003.3　p339-359
◎参考文献「モンゴル帝国　NHKスペシャル文明の道5」（NHK「文明の道」プロジェクト）　NHK出版　2004.2　p256-259
◎参考文献「モンゴルにおける都市建築史研究—遊牧と定住の重層都市フフホト」（包慕萍）　東方書店　2005.2　p297-303
◎文献「モンゴル国の伝統スポーツ—相撲、競馬、弓射」（井上邦子）　叢文社　2005.2　p226-237
◎参考文献「モンゴル草原の文人たち—手写本が語る民族誌」（楊海英）　平凡社　2005.6　p273-272
◎参考文献「親父と夢駆ける—モンゴルラリー初挑戦記」（斎木雅弘）　新風舎　2006.1　p346-348
◎参考文献ほか「モンゴルのストリートチルドレン—市場経済化の嵐を生きる家族と子どもたち」（長沢孝司ほか）　朱鷺書房　2007.3　p229-239

モンゴル　英雄叙事詩
◎参考文献「伝承の喪失と構造分析の行方─モンゴル英雄叙事詩の隠された主人公」(藤井麻湖)　日本エディタースクール出版部　2001.2　p303-362

モンゴル　カラコルム遺跡
◎参考文献「カラコルム遺跡─出土陶瓷器の研究」(亀井明徳)　櫂歌書房　2007.8　p62」

モンゴル　元朝秘史
◎参考文献「北アジアの文化の力─天と地をむすぶ偉大な世界観のもとで」(佐藤正衞)　新評論　2004.3　p288-293

モンゴル　祭祀
◎参考文献「チンギス・ハーン祭祀─試みとしての歴史人類学的再構成」(楊海英)　風響社　2004.12　p327-341

モンゴル　食文化
◎参考文献「モンゴル　世界の食文化3」(小長谷有紀)　農文協　2005.6　p274-275

モンゴル　ノモンハン事件
◎参考文献「ノモンハン　隠された「戦争」」(鎌倉英也)　NHK出版　2001.3　p298-299
◎参考文献「ノモンハンの夏」(半藤一利)　文藝春秋　2001.6　p460-462
◎文献「ノモンハン事件の真相と戦果─ソ連軍撃破の記録」(小田洋太郎,田端元)　原史集成会　2002.7　p245-246
◎参考文献「ノモンハン事件前夜におけるソ連の内政干渉とモンゴルの大粛清問題」(富士ゼロックス小林節太郎記念基金)　富士ゼロックス小林節太郎記念基金　2005.4　p19-23
◎参考文献「考証・ノモンハン事件─つきとめたその真実」(楠裕次)　〔楠裕次〕　2005.5　p390-391
◎参考文献「日中戦争とノモンハン事件─太平洋戦争への道」(水嶋都香)　第一書房　2007.10　p315-323

モンゴル　仏教
◎参考文献「モンゴル仏教の研究」(嘉木揚凱朝)　法蔵館　2004.3　p457-468

モンゴル　舞踊
◎参考文献「モンゴルの仮面舞儀礼チャム─伝統文化の継承と創造の現場から」(木村理子)　風響社　2007.11　p61-64

モンゴル　文学
◎参考文献ほか「モンゴル文学への誘い」(芝山豊ほか)　明石書店　2003.10　p312-346

モンゴル　法
◎参考文献「清代モンゴルの裁判と裁判文書」(萩原守)　創文社　2006.2　p431-447

モンゴル　モンゴル帝国
◎参考文献「モンゴル帝国史の考古学的研究」(白石典之)　同成社　2002.2　p399-416
◎参考文献「モンゴルの襲来　日本の時代史9」(近藤成一)　吉川弘文館　2003.2　p283-293
◎参考文献ほか「チンギス・カンとモンゴル帝国」(J.P.ルー)　創元社　2003.10　p153-157
◎参考文献「パックス・モンゴリカ─チンギス・ハンがつくった新世界」(J.ウェザーフォード)　NHK出版　2006.9　p8-21b

モンゴル　歴史
◎参考文献「ホトクタイ＝セチェン＝ホンタイジの研究」(井上治)　風間書房　2002.3　p461-475
○事件名目録(松重充浩)「News letter　16」(近現代東北アジア地域史研究会)　2004.12　p32-48
◎文献「ジュチ裔諸政権史の研究」(赤坂恒明)　風間書房　2005.2　p517-544
○記事目録(松重充浩)「News letter　17」(近現代東北アジア地域史研究会)　2005.12　p60-83
◎註「モンゴル時代の出版文化」(宮紀子)　名古屋大出版会　2006.1　prr
◎参考文献「東部蒙古誌─草稿　上」(関東都督府陸軍部)　大空社　2006.9　p3-4b
○記事標題目録(松重充浩)「News letter　18」(近現代東北アジア地域史研究会)　2006.12　p102-115
◎文献「タタールのくびき─ロシア史におけるモンゴル支配の研究」(粟生沢猛夫)　東京大出版会　2007.1　p11-35b
◎参照文献ほか「清代モンゴル盟旗制度の研究」(岡洋樹)　東方書店　2007.2　p277-291
◎参考文献「モンゴル年代記」(森川哲雄)　白帝社　2007.5　p436-446
○記事標題目録(松重充浩)「News letter　19」(近現代東北アジア地域史研)　2007.12　p84-93

モンゴル語
◎参考文献「『華夷訳語』(甲種本)モンゴル語全単語・語尾索引」(栗林均)　東北大学東北アジア研究センター　2003.3　p23-24f
◎参考文献「モンゴル語母音調和の研究─実験音声学的接近」(城生佰太郎)　勉誠出版　2005.2　p331-337
◎参考文献「モンゴル語ことわざ用法辞典」(塩谷茂樹ほか)　大学書林　2006.2　p353-356
◎参考文献「「言語」の統合と分離─1920-1940年代のモンゴル・ブリヤート・カルムイクの言語政策の相関関係を中心に」(荒井幸康)　三元社　2006.3　p214-230
◎参考文献「モンゴル語ハルハ方言における派生接尾辞の研究」(塩谷茂樹)　大阪外語大　2007.3　p203-205
◎参考文献「旅のお供に今すぐ使えるモンゴル語入門」(城生佰太郎)　勉誠出版　2007.11　p195-196

モンゴル族
◎参考文献「草原と馬とモンゴル人」(楊海英)　日本放送出版会　2001.5　p189-190
◎文献「民族の語りの文法─中国青海省モンゴル族の日常・紛争・教育」(シンジルト)　風響社　2003.9　p319-345
◎参考文献「多民族混住地域における民族意識の再創造─モンゴル族と漢族の族際婚姻に関する社会学的研究」(温都日娜)　溪水社　2007.10　p319-329
◎参考文献「清朝の蒙古旗人─その実像と帝国統治における役割」(村上信明)　風響社　2007.11　p53-56

モンシロチョウ
◎引用文献「モンシロチョウ　キャベツ畑の動物行動学」(小原嘉明)　中央公論新社　2003.3　p239-228

モンスター小説
- ◎参考文献「イギリス小説のモンスターたち　怪物・女・エイリアン」（榎本真理子）　彩流社　2001.7　p7-13b
- ○翻訳小説30冊（尾之上浩司）「ミステリマガジン　52.2.612」（早川書房）　2007.2　p36-43

門前町
- ◎参考文献「京都の門前町と地域自立」（河村能夫）　晃洋書房　2007.7　p7-17

問題解決
- ◎ブックガイド「ファシリテーション入門」（堀公俊）　日本経済新聞社　2004.7　p195-196
- ◎参考文献「社会デザインのシミュレーション&ゲーミング」（兼田敏之）　共立出版　2005.7　p291-299
- ◎文献「地頭力を鍛える—問題解決に活かす「フェルミ推定」」（細谷功）　東洋経済新報社　2007.12　p223-225

問題行動
- ◎引用参考書籍「問題行動と子どもの脳—赤ちゃんの脳を守って早期予防する」（浅野幸恵）　築地書館　2004.5　p202-200
- ◎文献「問題行動のアセスメント」（M.デムチャックほか）　学苑社　2004.9　p83-84
- ◎文献「問題行動と学校の荒れ」（加藤弘通）　ナカニシヤ出版　2007.2　p157-166

モンテカルロ法
- ◎参考文献「入門リスク分析—基礎から実践」（D.ヴォース）　勁草書房　2003.7　p539-544

文部省
- ◎参考文献「戦前文部省の治安機能—「思想統制」から「教学錬成」へ」（荻野富士夫）　校倉書房　2007.7　p447-459

文様
- ◎註「古来の文様と色彩の研究」（丹沢巧）　源流社　2002.8　prr
- ◎文献目録「神と獣の紋様学—中国古代の神がみ」（林巳奈夫）　吉川弘文館　2004.7　p224-232
- ◎参考引用文献「すぐわかる日本の伝統文様—名品で楽しむ文様の文化」（並木誠士）　東京美術　2006.3　p152-153
- ◎参考文献「日本の文様その歴史」（樹下龍児）　筑摩書房　2006.11　p371-380
- ◎引用文献「唐代金銀器文様の考古学的研究」（冉万里）　雄山閣　2007.5　p289-305

モンロー主義
- ◎参考文献「モンロー・ドクトリンとアメリカ外交の基盤」（中嶋啓雄）　ミネルヴァ書房　2002.2　p9-25b

【や】

野外教育
- ◎参考文献「あなたの子どもには自然が足りない」（R.ループ）　早川書房　2006.7　p351-348

焼肉
- ◎参考文献「焼肉の文化史」（佐々木道雄）　明石書店　2004.7　p385-389

やきもの
- ◎参考文献ほか「三条界隈のやきもの屋」（土岐市美濃陶磁歴史館）　同歴史館　2001.2　p59-60
- ◎参考文献「やきものの見方」（荒川正明）　角川書店　2004.8　p259-263

野球
- ○27冊（小木曽郷平ほか）「ミステリマガジン　46.7.544」（早川書房）　2001.7　p32-38
- ◎参考文献「明治維新と日米野球史」（島田明）　文芸社　2001.7　p132-133
- ◎参考文献「野球と魚のリトルサイエンス進化論」（磯部卓也）　文芸社　2002.1　p228-231
- ◎参考文献「捕手論」（織田淳太郎）　光文社　2002.3　p203-204
- ◎参考文献「メジャー野球の経営学」（大坪正則）　集英社　2002.5　p221-222
- ◎文献「メジャー・リーグ人名事典」（出野哲也）　彩流社　2002.7　p650-652
- ◎参考文献「ヤンキース　世界最強の「野球」に迫る」（阿部珠樹）　青春出版社　2003.4　2pb
- ◎参考文献「高校野球の観方を変えよう—女子大生の高校野球への問いかけ　スポーツ史的アプローチ」（松尾順一）　現代図書　2003.4　p156-158
- ◎文献「南海ホークスがあったころ—野球ファンとパ・リーグの文化史」（永井良和ほか）　紀伊国屋書店　2003.7　p317-321
- ◎参考文献「ニッポン野球の青春—武士道野球から興奮の早慶戦へ」（菅野真二）　大修館書店　2003.11　p240-243
- ◎参考文献「ベースボール英和辞典—最新MLB情報」（佐藤尚孝ほか）　開文社出版　2004.5　p416-418
- ◎参考文献「メジャーリーグの数理科学　下」（J.アルバートほか）　シュプリンガーV東京　2004.9　p216-219
- ◎参考文献「イチロー革命—日本人メジャー・リーガーとベースボール新時代」（R.ホワイティング）　早川書房　2004.10　p435-438
- ◎参考文献「韓国野球の源流—玄界灘のフィールド・オブ・ドリームス」（大島裕史）　新幹社　2006.10　p347-349
- ◎参考文献「世界野球革命」（R.ホワイティング）　早川書房　2007.4　p515-520
- ◎参考文献「日本野球はなぜベースボールを超えたのか—「フェアネス」と「武士道」」（佐山和夫）　彩流社　2007.7　p189-190
- ◎引用参考文献「ベースボールの夢—アメリカ人は何をはじめたのか」（内田隆三）　岩波書店　2007.8　p4-8b
- ◎参考引用文献「道は自分で切りひらく—大リーガーたちのチャレンジ」（広岡勲）　岩波書店　2007.8　p189-191
- ◎参考文献ほか「女子プロ野球青春譜1950—戦後を駆け抜けた乙女たち」（谷岡雅樹）　講談社　2007.9　p266-269

野球マンガ
◎参考文献「戦後野球マンガ史—手塚治虫のいない風景」(米沢嘉博) 平凡社 2002.9 p212-227

冶金
◎参考文献「冶金考古学概論」(神崎勝) 雄山閣 2006.10 p439-444

薬害エイズ
◎本「川田龍平いのちを語る」(川田龍平) 明石書店 2007.6 p108」

薬学
◎「大同薬室文庫蔵書目録」(内藤記念くすり博物館) 同博物館 2001.3 510p A4
◎参考図書「新衛生薬学 第3版」(児島昭次, 山本郁男) 広川書店 2001.4 p767-769
◎文献ほか「薬学と社会—これからの薬剤師像を求めて」(K. Taylorほか) 共立出版 2004.9 p155-172

薬剤
◎参考文献ほか「標準薬剤学—医療の担い手としての薬剤師をめざして 改訂2版」(渡辺善照ほか) 南江堂 2007.5 p621-625

薬剤師
◎参考図書「薬剤師とくすりと倫理—基本倫理と時事倫理 改訂4版」(奥田潤, 川村和美) じほう 2002.3 p211-213
◎文献「薬剤師が取り組む医療安全対策」(日本薬剤師会) 薬事日報社 2002.7 p228-229
◎参考図書「薬剤師とくすりと倫理—基本倫理と時事倫理 改訂7版」(奥田潤ほか) じほう 2007.5 p241-243

薬事行政
◎文献「「くすり」から見た日本—昭和20年代の原風景と今日」(西川隆) 薬事日報社 2004.1 p485-499

訳詩集
◎略年譜「名詩名訳ものがたり」(亀井俊介ほか) 岩波書店 2005.11 p237-240

薬膳
◎参考文献「薬膳素材辞典—健康に役立つ食薬の知識」(辰巳洋) 源草社 2006.11 p436-437

薬品中毒
◎参考文献「こどものためのドラッグ大全」(深見填) 理論社 2005.3 p167-168

薬物相互作用
◎文献「医薬品と飲食物の相互作用—正しい医薬品の服用法」(Horst Wunderer) じほう 2002.1 p113-127
◎参考文献「医薬品と飲食物・サプリメントの相互作用とマネジメント——目でわかる 改訂版」(大西憲明) フジメディカル出版 2007.4 p197-202

薬物乱用防止
◎参考図書「薬物乱用防止教育—その実際と、あるべき姿」(水谷修) 東山書房 2005.3 p188-191
◎文献「薬物依存の理解と援助—「故意に自分の健康を害する」症候群」(松本俊彦) 金剛出版 2005.10 p234-247

薬用植物
◎文献「ハイドロゾル—次世代のアロマセラピー」(スーザン・カティ) フレグランスジャーナル社 2002.6 p363-368
◎文献「新訂原色牧野和漢薬草大図鑑」(和田浩志ほか) 北隆館 2002.10 p821-822
◎文献「妊娠と出産のためのクリニカル・アロマセラピー」(D. ティラン) フレグランスジャーナル社 2003.7 p161-177
◎参考文献「生薬・薬用植物語源集成」(内林政夫) 武田科学振興財団 2004.4 p464-469
◎参考文献「韓国のある薬草商人のライフヒストリー—「移動」に生きる人々からみた社会変化」(林史樹) 御茶の水書房 2004.10 p291-300
◎文献目録「ニームとは何か?—人と地球を救う樹」(国際開発のための科学技術委員会) 緑風出版 2005.4 p173-178
◎参考文献「薬用植物学 改訂6版」(野呂征男ほか) 南江堂 2006.4 p251-252
◎参考文献「図説快楽植物大全」(R. E. シュルテスほか) 東洋書林 2007.1 p199-203
◎引用参考文献「バッチフラワー花と錬金術」(東昭史) 東京堂出版 2007.4 p241-243
◎参考文献「植物と帝国—抹殺された中絶薬とジェンダー」(L. L. シービンガー) 工作舎 2007.5 p365-379

やぐら
○記事抄録(小野弓子)「文献探索 2000」(文献探索研究会) 2001.2 p152-155

役割語
◎文献「ヴァーチャル日本語役割語の謎」(金水敏) 岩波書店 2003.1 p217-222

屋号
◎参考文献「屋号語彙の総合的研究」(岡野信子) 武蔵野書房 2003.10 p271-276
◎引用文献「屋号語彙の開く世界」(岡野信子) 和泉書院 2005.3 p221-227

野菜
◎参考図書「ぜひ知っておきたい昔の野菜今の野菜」(板木利隆) 幸書房 2001.6 p191-192
◎参考図書ほか「Q&A野菜の全疑問—八百屋さんも知らないその正体」(高橋素子) 講談社 2001.9 p226-227
◎参考文献「なにわ大阪の伝統野菜」(なにわ特産物食文化研究会) 農山漁村文化協会 2002.3 p264-267
◎文献「図説野菜新書」(矢沢進) 朝倉書店 2003.2 p239-249
◎「野菜の種子に関する文献集 (野菜茶業研究所研究資料 第2号)」(農業技術研究機構野菜茶業研究所) 農業技術研究機構野菜茶業研究所 2003.7 97p A4
◎文献「野菜の生態と作型—起源からみた生態特性と作型分化」(山川邦夫) 農文協 2003.8 p388-392
◎参考文献「野菜のビタミンとミネラル—産地の栽培法・成分からみた野菜の今とこれから」(辻村卓ほか) 女子栄養大学出版部 2003.9 prr
◎参考文献ほか「輸入野菜と中国農業—考えよう! —変貌する中国農業と残留農薬問題の波紋」(大島一二) 芦書房 2003.10 p221-226
◎参考書「野菜の発育と栽培」(藤目幸擴ほか) 三恵社 2004.4 p182-183

◎参考文献「サラダ野菜の植物史」(大場秀章) 新潮社 2004.5 p230-231
◎文献「野菜作農業の展開過程—産地形成から再編へ」(香月敏孝) 農林水産省 2005.3 p271-276
◎文献「野菜の価格形成分析」(菊地哲夫) 筑波書房 2005.5 p147-153
◎参考文献「FAO—野菜・果実等換金作物の環境・社会基準, 認証および表示」(国際連合食糧農業機関) 国際食糧農業協会 2005.9 p170-176
◎参考文献「江戸の野菜—消えた三河島菜を求めて」(野村圭佑) 荒川クリーンエイド・フォーラム 2005.9 p240-241
◎参考文献「フードシステムの空間構造論—グローバル化の中の農産物産地振興」(高柳長直) 筑波書房 2006.3 p226-243
◎参考文献「野菜の発育と栽培—育ちの生理を総合的にとらえる」(藤目幸擴ほか) 農山漁村文化協会 2006.3 p252-256
◎参考文献「野菜学入門 新装版」(相馬暁) 三一書房 2006.3 p241-245
◎引用参考文献「くだもの・やさいの文化誌」(今井敬潤) 文理閣 2006.9 p220-224
◎参考文献「野菜の時代—東京オーガニック伝」(瀬戸山玄) NHK出版 2006.11 p297-298

ヤシオオオサゾウムシ
○文献目録ほか (臼井陽介ほか)「森林防疫 55.6」(全国森林病虫獣害防除協会) 2006 p110-119

野人
◎文献案内「中国「野人」騒動記」(中根研一) 大修館書店 2002.6 p204-207

野生動物
◎参考図書「森の野生動物に学ぶ101のヒント」(日本林業技術協会) 東京書籍 2003.2 p216-223
◎参考文献「しじまに生きる野生動物たち 東アジアの自然の中で 図説中国文化百華5」(今泉忠明) 農文協 2003.4 p206
◎参考文献「フィールドガイドボルネオ野生動物—オランウータンの森の紳士録」(浅間茂) 講談社 2005.10 p226-228
◎参考図書「もっと知りたい野生動物の歴史」(江口保暢) 早稲田出版 2005.12 p228-230
◎参考図書「野生動物のレスキューマニュアル」(森田正治) 文永堂出版 2006.3 p247-252

やせ願望
◎参考文献「「やせ願望」の精神病理 摂食障害からのメッセージ」(水島広子) PHP研究所 2001.4 p249-250

野草
◎引用文献「野草の自然誌—植物分類へのみちしるべ」(長田武正) 講談社 2003.7 p258-260

野鳥
◎参考文献「日本野鳥大鑑—鳴き声420」(蒲谷鶴彦, 松田道生) 小学館 2001.5 p414-422
◎参考文献「バードハウス—野鳥たちの楽園」(井筒明夫) 光文社 2003.5 p213-221
◎文献「北海道野鳥図鑑」(河井大輔ほか) 亜璃西社 2003.5 p396-397
◎文献「絶滅危惧種・日本の野鳥—バードライフ編レッドデータ・ブックに見る日本の鳥」(バードライフ・アジア) 東洋館出版社 2003.11 p205-206
◎参考図書「森の野鳥を楽しむ101のヒント」(日本林業技術協会) 東京書籍 2004.3 p218-224
◎参考文献「野鳥を録る—野鳥録音の方法と楽しみ方」(松田道生) 東洋館出版社 2004.10 p251-253
◎文献「野鳥を呼ぶ庭づくり」(藤本和典) 新潮社 2005.3 p156-157

柳屋
◎参考文献「日本橋の近江商人 柳屋外池宇兵衛寅松家の四〇〇年」(蝦名賢造) 新評論 2001.12 p222-223

屋根
◎参考文献「屋根 檜皮葺と柿葺 ものと人間の文化史112」(原田多加司) 法政大学出版局 2003.5 p323-328
◎参考文献「雨仕舞のしくみ—基本と応用」(石川廣三) 彰国社 2004.5 p234-239

八幡製鉄所
◎参考文献「八幡製鉄所—職工たちの社会誌」(金子毅) 草風館 2003.3 p207-211

ヤフー
◎参考文献「「ヤフー」だけが知っている」(坂爪一郎) 青春出版社 2002.7 2pb
◎参考文献「ヤフー—インターネットサービスの先駆者」(アントニー・ブラミス, ボブ・スミス) 三修社 2002.9 p246-251
◎参考文献「ヤフー—サーチエンジンのアクセス数を誇る」(A. ブラミスほか) 三修社 2004.3 p246-251

山
◎ガイド(薬師義美)「山の世界—自然・文化・暮らし」(梅棹忠夫ほか) 岩波書店 2004.7 p329-342

山一證券
◎文献「山一証券失敗の本質」(河原久) PHP研究所 2002.11 p309-312
◎文献「滅びの遺伝子—山一證券興亡百年史」(鈴木隆) 文藝春秋 2005.6 p292-295

山姥
◎参考文献「山姥の記憶」(齊藤泰助) 桂書房 2001.2 p195-197
◎文献一覧「山姥たちの物語—女性の原型と語りなおし」(水田宗子, 北田幸恵) 学芸書林 2002.3 p290-294

山形県
◎「山形県内出版物目録 平成12年版」 山形県立図書館 2001.3 82p A4
◎「山形県内出版物目録 平成13年版」(山形県立図書館) 山形県立図書館 2002.3 57p A4
◎参考文献(山内志朗)「神話・伝説の成立とその展開の比較研究」(鈴木佳秀) 高志書院 2003.2 p119-123
◎参考文献「公益とまちづくり文化 「公益の故郷」山形から」(小松隆二) 慶應義塾大学出版会 2003.6 p255-259
○出版物「山形民俗 17」(山形県民俗研究協議会) 2003.11 p83-84
◎「山形県内出版物目録 平成15年版」(山形県立図書館) 山形県立図書館 2004.3 56p A4

山形県

◎参考文献「山形県の金毘羅信仰」（野口一雄） 原人舎 2004.11 p220-221
◎引用参考文献「旧石器から日向へ―大きく変わった環境と文化」（山形県立うきたむ風土記の丘考古資料館） 山形県立うきたむ風土記の丘考古資料館 2006.10 p96-104
◎「山形県内出版物目録　平成17・18年版」（山形県立図書館） 山形県立図書館 2007.2 117p A4
◎参考文献ほか「公益の種を蒔いた人びと―「公益の故郷・庄内」の偉人たち」（小松隆二） 東北出版企画 2007.3 p313-323

山形県　置賜
◎参考文献「図説置賜の歴史」（小野榮） 郷土出版社 2001.7 p256-257

山形県　小国町
◎註「小国マタギ―共生の民俗知」（佐藤宏之） 農文協 2004.3 prr

山形県　押出遺跡
◎引用参考文献「押出遺跡」（山形県立うきたむ風土記の丘考古資料館） 山形県立うきたむ風土記の丘考古資料館 2007.10 p117-118

山形県　黒川能
◎参考文献「黒川能と興行」（桜井昭男） 同成社 2003.9 p217-221

山形県　庄内方言
◎文献目録「東北方言の変遷―庄内方言歴史言語学的貢献」（井上史雄） 秋山書店 2000.2 p578-597

山形県　青年団
◎文献目録「山形県連合青年団史―メディアでたどるやまがたの子ども・若者・女性」（山形県青年団OB会） 萌文社 2004.5 p84-100

山形県　出羽三山
◎参考文献（山内志朗）「神話・伝説の成立とその展開の比較研究」（鈴木佳秀） 高志書院 2003.2 p119-123
○引用参考文献「出羽三山　日本の美術466」（至文堂） 2005.3 p86」

山形県　最上川
◎参考文献「最上川と羽州浜街道」（横山昭男） 吉川弘文館 2001.6 p24-26b

山形県　山形市
◎参考文献「図説山形の歴史と文化」 山形市教育委員会 2004.2 p378-381

山形県　山形藩
◎参考文献「山形藩―羽州の雄、最上義光。のち幾度も大名家交替。商都は栄え、地場産業の伝統は今に伝わる。」（横山昭男） 現代書館 2007.9 p206」

山神信仰
◎参考文献「山の神と日本人―山の神信仰から探る日本の基層文化」（佐々木高明） 洋泉社 2006.2 p243-249

ヤマギシ会
◎文献「ヤマギシ会見聞録」（近藤衛） 行路社 2003.1 p303-331
◎引用参考文献「「ヤマギシ会」と家族―近代化・共同体・現代日本文化」（黒田宣代） 慧文社 2006.4 p221-233

山崩れ
◎参考文献「崩壊の場所―大規模崩壊の発生場所予測」（千木良雅弘） 近未来社 2007.10 p251-256

山口組
◎参考文献「近代ヤクザ肯定論―山口組の90年」（宮崎学） 筑摩書房 2007.6 p385-394

山口県
◎「防長郷土史料目録」 マツノ書店 2001.7 123p B5
◎参考資料「農業・環境・地域が蘇る放牧維新」（吉田光宏） 家の光協会 2007.6 p228-229
◎本「山口県の不思議事典」（古川薫ほか） 新人物往来社 2007.9 p231-234

山口県　下関市
◎参考文献「図説下関の歴史」（清永唯夫） 郷土出版社 2005.12 p254-255

山口県　周南市
◎文献「周南風土記」（小川宣） 文芸社 2006.8 p251-252

山口県　周防大島町
◎参考文献「ハワイに渡った海賊たち―周防大島の移民史」（堀雅昭） 弦書房 2007.8 p307-315

山口県　地図史
○文献目録（河村克典）「山口県文書館研究紀要　30」（山口県文書館） 2003 p25-36

山口県　長州
◎参考文献「長州と萩街道」（小川國治） 吉川弘文館 2001.12 p24-26b
◎参考文献「江戸お留守居役の日記―寛永期の萩藩邸」（山本博文） 講談社 2003.10 p372-373
◎引用文献「萩藩毛利家の食と暮らし」（江後迪子） つくばね舎 2005.3 p186-201
◎参考文献「長州戦争―幕府瓦解への岐路」（野口武彦） 中央公論新社 2006.3 p257-261

山口県　長州藩
◎参考文献「江戸お留守居役の日記―寛永期の萩藩邸」（山本博文） 講談社 2003.10 p372-373
◎参考文献「維新の回天と長州藩―倒幕へ向けての激動の軌跡」（相澤邦衛） 新人物往来社 2006.4 p245-246

山口県　萩街道
◎参考文献「長州と萩街道」（小川國治） 吉川弘文館 2001.12 p24-26b

山口県　歴史
○文献目録「山口県地方史研究　89」（山口県地方史学会） 2003.6 p102-95
◎「山口県地方史関係文献目録　4(1993-2002) 山口県地方史研究別冊」（山口県地方史学会） 山口県地方史学会 2003.10 144p A5
○文献目録「山口県地方史研究　93」（山口県地方史学会） 2005.6 p116-110
◎参考文献「図説宇部・小野田・美祢・厚狭の歴史」（日野綏彦ほか） 郷土出版社 2005.7 p254-255
◎参考文献「図説岩国・柳井の歴史」（宮田伊津美） 郷土出版社 2005.9 p252-253
◎文献「図説萩・長門の歴史」（樹下明紀） 郷土出版社 2006.2 p244-245

やまくち

◎参考文献「山口県の歴史散歩」(山口県歴史散歩編修委員会) 山川出版社 2006.3 p312-314
○文献目録「山口県地方史研究 95」(山口県地方史学会) 2006.6 p126-116
○文献目録「山口県地方史研究 97」(山口県地方史学会) 2007.6 p112-106

山口大学人文学部

○目録(根ヶ山徹)「東アジア研究 5」(山口大) 2007.3 p134-118

邪馬台国

◎参考文献「「邪馬台国」と日本人」(小路田泰直) 平凡社 2001.1 p187-190
◎「邪馬台国畿内説を撃破する!」(安本美典) 宝島社 2001.1 222p ss
◎参考文献「邪馬台国の考古学」(石野博信) 吉川弘文館 2001.3 p220-232
◎参考文献「倭の女王国を推理する」(高見勝則) 海鳥社 2001.3 p287-288
◎参考文献「邪馬台国論の新展開」(市井敏夫) 歴研 2001.4 p247-250
◎参考文献「卑弥呼の居場所―狗邪韓国から大和へ」(高橋徹) NHK出版 2001.7 p241-242
◎参考文献「卑弥呼誕生―『魏志』倭人伝の誤解からすべてが始まった」(遠山美都男) 洋泉社 2001.11 p219-221
◎参考文献「「地名学」が解いた邪馬台国」(楠原佑介) 徳間書店 2002.2 p300-302
◎参考文献「「倭人語」の解読―卑弥呼が使った言葉を推理する」(安本美典) 勉誠出版 2003.6 p359-362
◎参考図書「邪馬台国五文字の謎―壱岐は邪馬台国発祥の島だった 歴史推理小説」(角田彰男) 移動教室出版事業局 2003.7 p264-266
◎文献「邪馬台国はどこか―『魏志』倭人伝をすなおに読むと」(後藤功) 後藤功 2003.9 p236-238
引用参照文献「女王卑弥呼の「都する所」―史料批判で解けた倭人伝の謎」(上野武) NHK出版 2004.10 p296-301
◎参考文献「卑弥呼の国はマイナーだった―「西服衆夷六十六國」の意味するもの」(宮本禎夫) 文芸社 2004.12 p264-269
◎参考文献ほか「邪馬台国、誕生 上」(神尾正武) 新泉社 2005.6 p515-521
◎参考文献「邪馬台国論争」(佐伯有清) 岩波書店 2006.1 p197-205
◎参考文献「三角縁神獣鏡と邪馬台国―古代国家成立と陰陽道」(碓井洸) 交友印刷(印刷) 2006.6 p319-327
◎ブックガイド「邪馬台国への旅―日本全国・比定地トラベルガイド50」(邪馬台国探検隊) 東京書籍 2006.12 p220-221
◎参考文献「卑弥呼と神武が明かす古代―日本誕生の真実」(内倉武久) ミネルヴァ書房 2007.11 p245-246

大和絵

◎参考文献「光をまとう中世絵画―やまと絵屏風の美」(泉万里) 角川学芸出版 2007.11 p201-204

大和時代

◎参考文献「列島創世記 全集日本の歴史1」(松本武彦) 小学館 2007.11 p355-353

大和(戦艦)

◎文献「戦艦大和」(平間洋一) 講談社 2003.5 p221-238
◎参考文献「戦艦大和」(児島襄) カゼット出版 2006.9 p536-539
◎参考文献「戦艦大和―生還者たちの証言から」(栗原俊雄) 岩波書店 2007.8 p1-3b

ヤマトタケル

○文献目録(記紀歌謡研究会)「古代研究 37」(早稲田古代研究会) 2004.2 p65-91
○文献目録(記紀歌謡研究会)「古代研究 40」(早稲田大) 2007.2 p35-41
○文献「創られた英雄ヤマトタケルの正体」(関裕二) PHP研究所 2007.9 p251-253

大和名所図会

◎参考文献「奈良名所むかし案内―絵とき「大和名所図会」」(本渡章) 創元社 2007.9 p208-209

大和物語

◎研究文献「大和物語 新装版」(阿部俊子) 明治書院 2001.3 p372-376
○研究文献(柳田忠則)「総合文化研究 8.2」(日本大) 2002.12 p174-163
◎参考文献「大和物語 下」(雨海博洋ほか) 講談社 2006.2 p306-310

山梨県

◎文献「山梨の奇岩と奇石―石のロマンを追って」(石田高) 山梨日日新聞社 2002.9 p261-266
○文献目録(堀越芳昭)「山梨学院大学経営情報学論集 13」(山梨学院大) 2007.2 p29-46
◎参考文献「選挙の民俗誌―日本的政治風土の基層」(杉仁) 梟社 2007.4 p275-286

山梨県 甲斐善光寺

◎参考文献「ものがたり甲斐善光寺」(吉原浩人) 戎光祥出版 2003.4 p84-86

山梨県 白根町巨摩中学校

◎参考文献「地方公立校でも「楽園」だった―再生のためのモデルケース」(川村美紀) 中央公論新社 2005.9 p306-315

山梨県 山中湖村

◎参考文献「山中湖周辺の民俗」(吉田チエ子) 岩田書院 2004.4 p258-259

山梨県 歴史

◎文献目録「山梨県史 民俗編」(山梨県) 山梨県 2003.3 p1115-1164
◎参考文献「山梨県の百年 県民100年史」(有泉貞夫) 山川出版社 2003.8 p20-30b
◎参考文献「山梨県の歴史散歩」(山梨県高等学校教育研究会地歴科・公民科部会) 山川出版社 2007.2 p277-278
○動向(石神孝子ほか)「信濃 59.6.689」(信濃史学会) 2007.6 p437-450

山の素描

◎「「山の素描」の執筆者たち」(高澤光雄) 高澤光雄 2005.4 56p A5

山手線
- ◎参考文献「山手線誕生―半世紀かけて環状線をつなげた東京の鉄道史」(中村建治) イカロス出版 2005.6 p236-237

ヤマメ
- ◎参考文献「魚名文化圏 ヤマメ・アマゴ編」(鈴野藤夫) 東京書籍 2001.4 p276-290

弥生時代
- ◎参考文献ほか「弥生の絵画倭人の顔―描かれた2000年前の世界」 安城市歴史博物館 2001.2 p121-124
- ◎参考文献「弥生時代の祭祀と信仰―小さな銅鐸が使われていたころ」 小山市立博物館 2001.4 p50-52
- ◎参考文献「交流する弥生人―金印国家群の時代の生活誌」(高倉洋彰) 吉川弘文館 2001.8 p217-218
- ◎参考文献「銅鐸から描く弥生時代」(佐原真ほか) 学生社 2002.11 p199-204
- ◎文献「弥生時代のヒトの移動―相模湾から考える」(西相模考古学研究会) 六一書房 2002.12 p173-184
- ◎参考文献「弥生変革期の考古学」(藤尾慎一郎) 同成社 2003.10 prr
- ◎文献「九州弥生文化の特質」(中園聡) 九州大学出版会 2004.2 p611-628
- ◎参考文献「弥生のころの北海道―平成16年春季特別展」(大阪府立弥生文化博物館) 弥生文化博物館 2004.4 p86-89
- ◎引用文献「本州島東北部の弥生社会誌」(高瀬克範) 六一書房 2004.5 p365-400
- ◎参考文献「大和王権と渡来人―三・四世紀の倭人社会 平成16年秋季特別展」(大阪府立弥生文化博物館) 弥生文化博物館 2004.10 p90-91
- ◎文献「南関東の弥生土器―シンポジウム南関東の弥生土器開催記録」(シンポジウ実行委員会) 六一書房 2005.7 p212-238
- ◎参考文献「北陸の玉と鉄―弥生王権の光と影 平成17年秋季特別展」(大阪府立弥生文化博物館) 大阪府立弥生文化博物館 2005.10 p92-93
- ◎注「甕棺と弥生時代年代論」(橋口達也) 雄山閣 2005.10 prr
- ◎参考文献「弥生画帖―弥生人が描いた世界 平成18年春季特別展」(大阪府立弥生文化博物館) 大阪府立弥生文化博物館 2006.4 p84-87
- ◎参考文献「足の人類学/足跡の考古学―弥生・古墳時代の家族」(坂田邦洋) 岩田書院 2007.1 p255-257
- ◎参考文献「日本列島の戦争と初期国家形成」(松木武彦) 東京大出版会 2007.1 p311-358
- ◎文献「胎土分析からみた九州弥生土器文化の研究」(鐘ヶ江賢二) 九州大出版会 2007.2 p227-236
- ◎引用文献ほか「弥生大形農耕集落の研究」(秋山浩三) 青木書店 2007.6 p827-880
- ◎参考文献「吉備の弥生集落」(柳瀬昭彦) 吉備人出版 2007.8 p161-170
- ◎文献一覧「埼玉の弥生時代」(埼玉・弥生土器観会) 六一書房 2007.12 p399-456

ヤンキース
- ◎参考文献「ヤンキース 世界最強の「野球」に迫る」(阿部珠樹) 青春出版社 2003.4 2pb

ヤングアダルト図書
- ○ブックガイド(香月祥宏ほか)「SFマガジン 47.6」(早川書房) 2006.6 p78-85
- ◎「ヤングアダルト図書総目録 2007年版」 総目録刊行会 2007.2 40,306p A5

両班
- ◎参考文献「両班―変容する韓国社会の文化人類学的研究」(岡田浩樹) 風響社 2001.2 p291-304

【ゆ】

唯識
- ◎参考図書「唯識と論理療法―仏教と心理療法・その統合と実践」(岡野守也) 佼成出版社 2004.10 p253-258
- ◎文献「唯識の心理学 改訂新版」(岡野守也) 青土社 2005.5 p263-265
- ◎引用文献目録「唯識説を中心とした初期華厳教学の研究―智儼・義湘から法蔵へ」(大竹晋) 大蔵出版 2007.6 p502-507

唯識三十頌
- ◎参考文献「唯識の探究―『唯識三十頌』を読む 新装」(竹村牧男) 春秋社 2001.10 p308-310
- ◎テキストほか「『唯識三十頌』を読む」(廣澤隆之) 大正大学出版会 2005.5 p34-35b

唯物論
- ◎文献「死と唯物論」(河野勝彦) 青木書店 2002.10 p185-187
- ◎参考文献「反映と創造」(池田昌昭) 創風社 2004.1 p345-349

維摩経
- ◎文献目録「『維摩経』『智光明荘厳経』解説」(大正大学綜合仏教研究所梵語仏典研究会) 大正大学出版会 2004.3 p49-57

友愛
- ◎引用参考文献「友愛のポリティックス 2」(J.デリダ) みすず書房 2003.2 p292-294

有害図書
- ◎「有害図書と青少年問題―大人のオモチャだった"青少年"」(橋本健午) 明石書店 2002.11 475p 46s

有害物質
- ◎参考文献「有害物質小事典」(泉邦彦) 研究社 2004.6 p333-334

遊郭
- ◎参考文献「中国遊里空間―明清秦淮妖女の世界」(大木康) 青土社 2002.1 p289-293
- ◎参考文献「吉原と島原」(小野武雄) 講談社 2002.8 p240-244
- ◎注「海を越えた艶ごと―日中文化交流秘史」(唐権) 新曜社 2005.4 p333-363
- ◎文献一覧「花街―異空間の都市史」(加藤政洋) 朝日新聞社 2005.10 p317-322
- ◎参考文献「赤線跡を歩く―消えゆく夢の街を訪ねて 続々 完結編」(木村聡) 自由国民社 2007.12 p145-147

有価証券
- ◎文献リスト「手形法・小切手法入門」(淺木愼一) 中央経済社 2003.10 p197-199
- ◎参考文献「世界の最新有価証券法理の研究」(手塚尚男) 悠々社 2004.1 prr
- ◎文献「アクティブ運用の復権」(角田康夫ほか) 金融財政事情研究会 2005.6 p297-298
- ◎参考文献「Q&A有価証券報告書等の開示実務」(プロネクサス) 中央経済社 2007.11 p287-288

遊戯
- ◎参考文献「幼児の身体表現」(大方美香, 魚住美智子) 久美 2001.5 p85-86
- ◎文献「『扇の草子』の研究 遊びの芸文」(安原真琴) ぺりかん社 2003.2 p509-520
- ◎文献「遊びの歴史民族学」(寒川恒夫) 明和出版 2003.9 prr
- ◎注「村の遊び―自治の源流を探る 増補」(古川貞雄) 農文協 2003.10 p284-301, 318-320
- ◎参考文献「遊びの中世史」(池上俊一) 筑摩書房 2003.11 p252-268
- ○文献目録抄(荻浩三)「日本体育大学体育研究所雑誌 31.1」(日本体育大) 2006.3 p19-23
- ◎参考文献「遊戯 ものと人間の文化史134」(増川宏一) 法政大出版局 2006.4 p285-296
- ◎参考文献ほか「意味が躍動する生とは何か―遊ぶ子どもの人間学」(矢野智司) 世織書房 2006.6 p125-135

有機塩素化合物
- ◎参考文献「パンドラの毒―塩素と健康そして環境の新戦略」(J. ソーントン) 東海大学出版会 2004.6 p393-447

有機農業
- ◎参考文献「200万都市が有機野菜で自給できるわけ―都市農業大国キューバ・リポート」(吉田太郎) 築地書館 2002.8 p404-405
- ◎参考文献「有機食品Q&A」(久保田裕子) 岩波書店 2003.1 1pb
- ◎参考文献「日本の有機農業」(本城昇) 農文協 2004.3 p13-15
- ◎参考文献「有機農業と畜産」(大山利男) 筑波書房 2004.4 p62-63
- ◎引用参考文献「EUの有機アグリフードシステム」(永松美希) 日本経済評論社 2004.7 p189-195
- ◎参考文献「ナチス・ドイツの有機農業―「自然との共生」が生んだ「民族の絶滅」」(藤原辰史) 柏書房 2005.2 p281-293
- ◎参考文献ほか「有機農産物の流通とマーケティング」(小川孔輔ほか) 農文協 2007.3 prr

遊侠
- ◎主な参考書「中国遊侠史」(汪涌豪) 青土社 2004.4 p585-587

遊戯療法
- ◎文献「学校ベースのプレイセラピー―現代を生きる子どもの理解と支援」(A. A. ドゥルーズほか) 北大路書房 2004.7 p355-382
- ◎文献「短期遊戯療法の実際」(H. G. カドゥソンほか) 創元社 2004.11 prr
- ◎引用参考文献「遊戯療法―子どもの成長と発達の支援」(深谷和子) 金子書房 2005.11 p171-173
- ◎参考文献「プレイセラピー―関係性の営み」(G. L. ランドレス) 日本評論社 2007.6 p287-295

遊芸文化
- ◎註「遊芸文化と伝統」(熊倉功夫) 吉川弘文館 2003.3 prr

有限会社法
- ◎参考文献ほか「ドイツ有限会社法解説 改訂版」(荒木和夫) 商事法務 2007.5 p430-435

有限責任組合
- ◎参考文献「合同会社・LLPの法務と税務」(根田正樹ほか) 学陽書房 2005.9 p281-283

幽谷余韻
- ◎参考文献「訳註幽谷餘韻 1」(佐橋法龍) 長国寺 2003.4 p294-295

有産階級
- ◎参考文献「富裕層ファミリー―「点」より「面」が市場を制する」(野村総合研究所ほか) 東洋経済新報社 2007.12 p254-255

融資制度
- ◎参考文献「持家資産の転換システム―リバースモーゲージ制度の福祉的効用」(倉田剛) 法政大出版局 2007.3 p209-210

有事法制
- ◎参考文献「有事法制とは何か―その史的検証と現段階」(纐纈厚) インパクト出版会 2002.3 p228-235
- ◎ブックガイド「有事法制のシナリオ―戦争する国へ」(渡辺治ほか) 旬報社 2002.11 p185-186
- ◎注「世界の「有事法制」を診る」(水島朝穂) 法律文化社 2003.5 prr

友情
- ◎引用文献「青年期の友人関係の発達的変化 友人関係における活動・感情・欲求と適応」(榎本淳子) 風間書房 2003.2 p161-167
- ◎文献「子ども社会の心理学―親友・悪友・いじめっ子」(M. トンプソンほか) 創元社 2003.9 p283-285

有人宇宙船
- ◎書籍「われらの有人宇宙船―日本独自の宇宙輸送システム「ふじ」」(松浦晋也) 裳華房 2003.9 p161-167

湧水
- ◎文献「湧水とくらし―秋田からの報告」(肥田登, 吉崎光哉) 無明舎出版 2001.10 p173-175

融通念仏
- ◎文献目録「融通念仏信仰の歴史と美術」(融通念佛宗教学研究所) 東京美術 2000.9 p173-229

優生学
- ◎文献「知っていますか? 出生前診断一問一答」(優生思想を問うネットワーク) 解放出版社 2003.2 p104-105
- ◎文献「優生学と障害者」(中村満紀男) 明石書店 2004.2 prr
- ◎文献表「いのちの平等論―現代の優性思想に抗して」(竹内章郎) 岩波書店 2005.2 p1-16b
- ◎参考文献「リベラル優生主義と正義」(桜井徹) ナカニシヤ出版 2007.1 p241-253

優生記事
- ○目録（斉藤美穂）「文献探索 2001」（文献探索研究会）2002.7 218-226

有線放送電話
- ◎参考文献「「声」の有線メディア史―共同聴取から有線放送電話を巡る〈メディアの生涯〉」（坂田謙司）世界思想社 2005.3 p312-298

郵送調査法
- ◎引用参考文献「郵送調査法 増補版」（林英夫）関西大出版部 2006.3 p344-378

有袋類
- ◎引用文献「有袋類の道―アジア起源説に浮かぶ点と線」（瀬戸口烈司）新樹社 2006.4 p234-243

郵便切手
- ○「蔵書目録 no.8」切手の博物館 2003.3 121p B5
- ◎参考文献「切手と戦争―もうひとつの昭和戦史」（内藤陽介）新潮社 2004.11 p187-191
- ◎参考文献「皇室切手」（内藤陽介）平凡社 2005.10 p272-274
- ◎参考文献「香港歴史漫郵記」（内藤陽介）大修館書店 2007.7 p327-330
- ◎引用文献「世界最高額の切手「ブルー・モーリシャス」を探せ！―コレクターが追い求める「幻の切手」の数奇な運命」（L. モーガン）光文社 2007.12 p329-334

郵便事業
- ◎参考文献「郵便局民営化計画」（原田淳）東洋経済新報社 2001.5 p221-222
- ◎参考文献「みんなの郵便文化史―近代日本を育てた情報伝達システム」（小林正義）にじゅうに 2002.3 1pb
- ◎参考資料「郵政最終戦争―小泉改革と財政投融資」（塩田潮）東洋経済新報社 2002.8 p317-321
- ◎参考文献「あえて「郵政民営化」に反対する」（滝川好夫）日本評論社 2004.4 p193-194
- ◎参考文献「反米の世界史―「郵便学」が切り込む」（内藤陽介）講談社 2005.6 p280-286
- ◎文献「郵政事業の政治経済学―明治郵政確立史, 日英経営比較と地域貢献」（高島博）晃洋書房 2005.6 p217-224
- ◎参考文献「軍事郵便」（玉木淳一）日本郵趣協会 2005.7 p170-171
- ◎文献「郵政―何が問われたのか」（世川行介）現代書館 2005.9 p252-253
- ◎参考文献「日本郵政―解き放たれた「巨人」」（町田徹）日本経済新聞社 2005.11 p245-247
- ◎参考文献「郵便局を訪ねて1万局―東へ西へ「郵ちゃん」が行く」（佐滝剛弘）光文社 2007.6 p288-289
- ◎参考文献ほか「どうなる「ゆうちょ銀行」「かんぽ生保」―日本郵政グループのゆくえ」（滝川好夫）日本評論社 2007.9 p223-225
- ◎参考文献「郵政民営化の焦点―「小さな政府」は可能か 増補改訂版」（野村健太郎）税務経理協会 2007.9 p229-231

郵便貯金
- ◎参考文献「ゆうちょ銀行―民営郵政の罪と罰」（有田哲文ほか）東洋経済新報社 2007.9 p242-243

遊牧民
- ◎参考文献「遊動民―アフリカの原野に生きる」（田中二郎ほか）昭和堂 2004.4 prr
- ◎参考文献「ユーラシア草原からのメッセージ―遊牧研究の最前線」（松原正毅ほか）平凡社 2005.3 prr

有用植物
- ◎注「有用植物 ものと人間の文化史119」（菅洋）法政大学出版局 2004.4 prr
- ◎参考図書「植物の利用30講―植物と人とのかかわり」（岩槻邦男）朝倉書店 2006.9 p195-196
- ◎参考文献「春・秋七草の歳時記」（釜江正巳）花伝社 2006.12 p130-133
- ◎参考文献「暮らしを支える植物の事典―衣食住・医薬からバイオまで」（A. レウィントン）八坂書房 2007.1 p34-37b

幽霊
- ◎文献解題「幽霊 怪異の民俗学6」（小松和彦）河出書房新社 2001.2 p434-443
- ◎文献「幽霊のいる英国史」（石原孝哉）集英社 2003.6 p243-246
- ◎参考文献「怪談―民俗学の立場から」（今野圓輔）中央公論新社 2005.12 p227-236

UFJ銀行
- ◎参考文献「UFJ消滅―メガバンク経営者の敗北」（須田慎一郎）産経新聞ニュース 2004.10 p254-255

ユカギール語
- ◎参考文献「コリマ・ユカギール語例文付き語彙集」（長崎郁ほか）大阪学院大 2004.3 p108-109

雪
- ◎参考文献「雪国学―地域づくりに活かす雪国の知恵」（沼野夏生）現代図書 2006.10 p207-209
- ◎文献「豪雨・豪雪の気象学」（吉崎正憲ほか）朝倉書店 2007.1 p177-184

雪印乳業
- ◎参考文献「雪印の落日―食中毒事件と牛肉偽装事件」（藤原邦達）緑風出版 2002.3 p318-319

ユグノー戦争
- ◎参考文献「南仏ロマンの謝肉祭―叛乱の想像力」（エマニュエル・ル・ロワ・ラデュリ）新評論 2002.4 p667-683

ユグノー派
- ◎文献「ユグノーの経済史的研究」（金哲雄）ミネルヴァ書房 2003.3 p247-253

輸血
- ◎参考文献「今日の輸血 新版」（霜山龍志）北海道大出版会 2006.11 p145-147

ユーゴスラビア
- ◎文献「ヴァーチャル・ウォー―戦争とヒューマニズムの間」（M. イグナティエフ）風行社 2003.3 p264-271
- ◎文献「引き裂かれた国家―旧ユーゴ地域の民主化と民族問題」（久保慶一）有信堂高文社 2003.10 p12-27b
- ◎文献表「映画『アンダーグラウンド』を観ましたか？―ユーゴスラヴィアの崩壊を考える」（越村勲ほか）彩流社 2004.11 p89-90

◎参考文献「ユーゴ内戦―政治リーダーと民族主義」（月村太郎）　東京大出版会　2006.9　p268-279

ユーザー・イリュージョン
◎参考文献ほか「ユーザーイリュージョン―意識という幻想」（T. ノーレットランダーシュ）　紀伊国屋書店　2002.8　p551-519

ユーザーインターフェース
◎文献「デザイニング・インターフェース―パターンによる実践的インタラクションデザイン」（J. ティドウェル）　オライリー・ジャパン　2007.1　p312-319

ユーザビリティ
◎参考文献「ユーザビリティエンジニアリング原論―ユーザーのためのインターフェースデザイン」（J. ニールセン）　東京電機大学出版局　2002.7　p223-278

油脂
◎文献「〈実用〉水産油脂事典」（日本水産油脂協会）　日本水産油脂協会　2005.2　p218-221

ユスリカ
◎引用文献「ユスリカの世界」（近藤繁生ほか）　培風館　2001.1　p270-283

ユダヤ
◎注「ツァロートの道―ユダヤ歴史・文化研究」（中央大人文研）　中央大　2002.3　prr
◎「日本におけるユダヤ・イスラエル論議文献目録1989-2004」（宮澤正典）　昭和堂　2005.12　4, 386p B5

ユダヤ教
◎参考文献「カバラー―今日の世界のための序説と解明」（チャールス・ポンセ）　創樹社　2001.5　p265-272
◎リーディング・リスト「ユダヤ教入門」（N. デ・ラーンジュ）　岩波書店　2002.2　p7-13b
◎注「隠れユダヤ教徒と隠れキリシタン」（小岸昭）　人文書院　2002.10　p351-372
◎文献「神のテロリズム」（佐渡竜己）　かや書房　2003.3　p248-249
◎文献案内「ユダヤ教」（N. ソロモン）　岩波書店　2003.12　p9-12b
◎文献一覧「ユダヤ教とはなにか」（N. デ・ラーンジュ）　青土社　2004.4　p255-263
◎関連書物ほか（秦剛平）「ユダヤ教　改訂新版」（M. モリスンほか）　青土社　2004.10　p214-230
◎ブックガイド「ユダヤ教」（D. コーン＝シャーボク）　春秋社　2005.2　p180-181
◎参考文献「救済の解釈学―ベンヤミン、ショーレム、レヴィナス」（S. A. ハンデルマン）　法政大学出版局　2005.2　p41-52b
◎文献「ユダヤ教―イスラエルと永遠の物語」（J. ニューズナー）　教文館　2005.4　p16-20b
◎文献表「宗教と科学―ユダヤ教とキリスト教の間」（上山安敏）　岩波書店　2005.7　p1-19b
◎引用参考文献「ユダヤ教vsキリスト教vsイスラム教―「宗教経験」の深層」（一条真也）　大和書房　2006.4　p317-321
◎文献「語源で探るユダヤ・キリストの逆コード」（奥田継夫）　彩流社　2006.7　p331-339
◎文献「カバラー心理学―ユダヤ教神秘主義入門」（E. ホフマン）　人文書院　2006.8　p340-355

◎参考文献「中間時代のユダヤ世界―新約聖書の背景を探る」（J. J. スコット）　いのちのことば社　2007.12　p389-405

ユダヤ人
◎注文献「ユダヤ人の婚姻」（山本祐策）　近代文芸社　2001.3　prr
◎出典一覧「証言「第三帝国」のユダヤ人迫害」（G. シェーンベルナー）　柏書房　2001.7　p14-19b
◎注「ロシア・ソビエト・ユダヤ人100年の歴史」（Z. ギテルマン）　明石書店　2002.9　p520-503
◎参考文献「ユダヤ・エリート　アメリカへ渡った東方ユダヤ人」（鈴木輝二）　中央公論新社　2003.3　p217-215
◎参考文献「スペインのユダヤ人」（関哲行）　山川出版社　2003.4　p96-98
◎参考文献「映画産業とユダヤ資本」（福井次郎）　早稲田出版　2003.5　p362-368
◎Bibliography「ユダヤ人の歴史」（A. L. ザハル）　明石書店　2003.8　p818-811
◎文献「物語ユダヤ人の歴史」（R. シェインドリン）　中央公論新社　2003.12　p305-310
◎参考文献「スペイン・ユダヤ民族史―寛容から不寛容へいたる道」（近藤仁之）　刀水書房　2004.1　p209-204
◎参考文献「ロシア、中・東欧ユダヤ民族史」（P. アニコー）　彩流社　2004.3　p25-32b
◎参考資料「ユダヤ人の頭のなか―The way of brain success」（A. J. サター）　インデックス・コミュニケーションズ　2004.7　p326-331
◎参考文献「太平洋戦争と上海のユダヤ難民」（丸山直起）　法政大学出版局　2005.2　p17-32b
◎ブックガイド「戦後ドイツのユダヤ人」（武井彩佳）　白水社　2005.9　p11-17b
◎参考文献「聖なるきずな―ユダヤ人の歴史」（N. F. キャンター）　法政大学出版局　2005.11　p15-28b
◎参考文献「ユダヤ世界を読む―啓典の民による国民経済建設の試み」（佐藤千景）　創成社　2006.9　p187-191
◎参考文献「新ユダヤ成功の哲学―なぜ彼らは世界の富を動かせるのか」（越智道雄）　ビジネス社　2007.1　p286-287
◎参考文献「中国・開封のユダヤ人」（小岸昭）　人文書院　2007.4　p283-285
◎文献目録「ポーランドの貴族の町―農民解放前の都市と農村、ユダヤ人」（山田朋子）　刀水書房　2007.10　p335-322

ユートピア
◎参考文献「中国のユートピアと「均の理念」」（山田勝芳）　汲古書院　2001.7　p217-227
◎参考文献「反グローバリズム―新しいユートピアとしての博愛」（ジャック・アタリ）　彩流社　2001.12　p1-3b
◎参考文献ほか「夢の終焉―ユートピア時代の回顧」（M. ヴィンター）　法政大出版局　2007.8　p13-30b

ユートピア文学
◎文献「ユートピア文学論　徹夜の魂」（沼野充義）　作品社　2003.2　prr

ユニコード
◎参考文献「Unicode標準入門」（トニー・グラハム）　翔泳社　2001.5　p437-441

ユニバーサルデザイン
- ◎関連情報「ユニバーサルデザイン実践ガイドライン」（日本人間工学会）　共立出版　2003.6　p131-135

ユニバーサルバンキング
- ◎参考文献「ドイツ・ユニバーサルバンキングの展開」（大矢繁夫）　北海道大学図書刊行会　2001.2　p225-239

ユビキタス
- ◎参考文献「ブロードバンド革命—目指せ!ユビキタス・ネットワーク社会」（野村敦子）　中央経済社　2001.4　p21-252
- ◎参考文献「ユビキタスの基礎事実」（篠原正典ほか）　NTT出版　2007.4　p300-302
- ◎参考文献「ユビキタスコンピューティング—近未来社会の光と影」（前田陽二ほか）　東海大出版会　2007.4　prr
- ◎参考文献「ユビキタスとは何か—情報・技術・人間」（坂村健）　岩波書店　2007.7　p209-211
- ◎引用参考文献「アドホック・メッシュネットワーク—ユビキタスネットワーク社会の実現に向けて」（間瀬憲一ほか）　コロナ社　2007.9　p184-191

指輪物語
- ◎参考資料「世界に伝わる指輪の物語」（葛城稜）　高松謙二　2004.3　1pb

UFO
- ◎参考文献「UFOとUMA現代神話論　上」（猫柳けいた）　希林館　2002.9　p168-171
- ◎文献「未確認飛行物体の科学的研究—コンドン報告1　コロラドプロジェクトのUFO研究, その結論と勧告」（E. U. コンドン）　本の風琳社　2003.5　prr
- ◎参考文献「UFOとポストモダン」（木原善彦）　平凡社　2006.2　p194-199
- ◎参考文献「ヨーロッパのUFO—真の科学的UFO研究の模索」（I. ルトビガー）　ブイツーソリューション　2007.12　p213-222

Uボート
- ◎参考文献「Uボート戦士列伝—激戦を生き抜いた21人の証言」（M. ウィギンズ）　早川書房　2007.4　p296-299

夢
- ◎文献案内「24時間の明晰夢—夢見と覚醒の心理学」（アーノルド・ミンデル）　春秋社　2001.11　p3-6b
- ◎注「日本の夢信仰—宗教学から見た日本精神史」（河東仁）　玉川大学出版部　2002.2　p526-571
- ◎参考文献「人格発達と癒し—昔話解釈・夢解釈」（荒木正見）　ナカニシヤ出版　2002.3　p183-186
- ◎引用文献「臨床場面における夢の利用—能動的夢分析」（名島潤慈）　誠信書房　2003.5　prr
- ◎書誌（関根泉）「文献探索　2004」（文献探索研究会）　2004.4　p463-471
- ◎参考文献「夢から探る中世」（酒井紀美）　角川書店　2005.3　p217-219
- ◎引用文献「夢想起メカニズムと臨床的応用」（松田英子）　風間書房　2006.2　p189-198
- ◎参考文献「脳は眠らない—夢を生みだす脳のしくみ」（A. ロック）　ランダムハウス講談社　2006.3　p7-13b
- ◎「「夢」を知るための116冊」（東山紘久ほか）　創元社　2006.4　287p　46s
- ◎文献案内「24時間の明晰夢—夢見と覚醒の心理学　新装版」（A. ミンデル）　春秋社　2006.5　p3-6b
- ◎参考文献「死のまぎわに見る夢」（K. バルクリーほか）　講談社　2006.12　p198-205
- ◎参考文献「夢分析実践テキストブック」（E. C. ウィットモントほか）　創元社　2007.6　p239-241

ユーモア
- ◎文献「ユーモアと死と癒し　笑いの治癒力　2」（アレン・クライン）　創元社　2001.8　p332-336
- ◎参考文献「ユーモア革命」（阿刀田高）　文藝春秋　2001.10　p242-246
- ◎書誌「アメリカ旧南西部ユーモア文学の世界—新しい居場所を求めて」（広瀬典生）　英宝社　2002.8　p545-566
- ◎参考文献「もっと笑うためのユーモア学入門」（森下伸也）　新曜社　2003.4　p205-209
- ◎文献「エスニックジョーク—自己を嗤い、他者を笑う」（C. デイビス）　講談社　2003.5　p209-217
- ◎参考文献「独英ユーモア小史」（H. D. ゲルファート）　窓映社　2003.10　p1-12b
- ◎参考文献「笑いを楽しむイギリス人—ユーモアから見えてくる庶民の素顔」（巻口勇次）　三修社　2004.11　p245-248
- ◎参考文献「日本の笑いと世界のユーモア—異文化コミュニケーションの観点から」（大島希巳江）　世界思想社　2006.10　p249-253

ユーラシア
- ◎参考文献「ユーラシアの石人」（林俊雄）　雄山閣　2005.3　p219-232
- ◎参考文献「ユーラシア草原からのメッセージ—遊牧研究の最前線」（松原正毅ほか）　平凡社　2005.3　prr
- ◎文献案内「中央ユーラシアを知る事典」（小松久男ほか）　平凡社　2005.4　p580-587

【よ】

洋画
- ◎註「絵画の発明—ジョルジョーネ「嵐」解読」（S. セッティス）　晶文社　2002.11　p249-285
- ◎参考文献「花のギャラリ—描かれた花の意味　改訂新版」（小林頼子）　八坂書房　2003.7　p221-223

妖怪
- ◎文献「鬼の大事典—妖怪・王権・性の解読　下（たば～わ）」（沢史生）　彩流社　2001.3　p1869-1974
- ◎参考文献「聊斎志異を読む　妖怪と人との幻想劇」（稲田孝）　講談社　2001.7　p242-244
- ◎参考文献「妖怪夜談　愛蔵版」（水木しげる）　岩波書店　2002.3　p468」
- ◎文献「李朝暗行御史霊遊記」（中内かなみ）　角川書店　2002.3　p329-331
- ◎参考文献「妖怪の民俗学—日本の見えない空間」（宮田登）　筑摩書房　2002.6　p253-256
- ◎文献「異界談義」（国立歴史民俗博物館, 常光徹ほか）　角川書店　2002.7　p235-240
- ◎参考文献「妖怪と怨霊の日本史」（田中聡）　集英社　2002.8　p252-254

ようかく

- ◎参考文献「ろくろ首考─妖怪の生物学」(武村政春) 文芸社 2002.11 p195-199
- ◎参考文献「百鬼夜行の見える都市」(田中優子) 筑摩書房 2002.12 p275-283
- ◎文献「中国妖怪伝─怪しきものたちの系譜」(二階堂善弘) 平凡社 2003.3 p200-202
- ◎参考文献「世界の妖怪・妖精事典」(C. ローズ) 原書房 2003.12 p465-468
- ◎参考文献「もののけ 2 ものと人間の文化史122-2」(山内昶) 法政大学出版局 2004.8 p265-278
- ◎資料等目録「琉球の死後の世界─沖縄その不思議な世界」(崎原恒新) むぎ社 2005.1 p341-348
- ◎書籍案内「津々浦々「お化け」生息マップ─雪女は東京出身?九州の河童はちょいワル?」(宮本幸枝ほか) 技術評論社 2005.8 p138-139
- ◎依拠参考文献「鬼とものけの文化史」(笹間良彦) 遊子館 2005.11 p238-240
- ◎参考引用文献「ろくろ首の首はなぜ伸びるのか─遊ぶ生物学への招待」(武村政春) 新潮社 2005.12 p219-222
- ◎参考文献ほか「江戸の怪奇譚─人はこんなにも恐ろしい」(氏家幹人) 講談社 2005.12 p238-244
- ◎参考文献「妖怪文化入門」(小松和彦) せりか書房 2006.3 p306-319
- ◎参考文献「ももんがあ対見越入道─江戸の化物たち」(A. カバット) 講談社 2006.11 p258-260
- ◎ブックガイド「妖怪は繁殖する」(一柳廣孝ほか) 青弓社 2006.12 p239-247
- ◎参考文献ほか「江戸の妖怪事件簿」(田中聡) 集英社 2007.6 p203-206
- ◎書誌一覧「妖怪の理妖怪の檻」(京極夏彦) 角川書店 2007.9 p510-516

洋学

- ○文献目録1997(土井康弘)「日蘭学会会報 25.1.47」(日蘭学会) 2000.1 p111-158
- ◎文献「洋学受容と地方の近代─津軽東奥義塾を中心に」(北原かな子) 岩田書院 2002.2 p289-308
- ○文献目録(日蘭学会)「日蘭学会会誌 27.1」(日蘭学会) 2002.10 p117-157
- ○文献目録(日蘭学会)「日蘭学会会誌 29.1.52」(日蘭学会) 2004.10 p117-162
- ○文献目録(日蘭学会)「日蘭学会会誌 30.1」(日蘭学会) 2005.10 p145-201
- ◎所蔵資料目録ほか「森本家が守り伝えた津山洋学の至宝展─津山洋学資料館平成18年度特別展図録」 津山洋学資料館 2006.10 p23-31
- ○文献目録(日蘭学会)「日蘭学会会誌 31.1.54」(日蘭学会) 2006.12 p109-162
- ◎「萩藩明倫館の洋学」(蓮永秀夫) 蓮永秀夫 2007.2 68, 10p A5
- ○文献目録「日蘭学会会誌 32.1」(日蘭学会) 2007.12 p121-173

洋楽史

- ◎注「近代日本洋楽史序説」(中村洪介) 東京書籍 2003.3 prr

洋菓子

- ◎参考文献「洋菓子はじめて物語」(吉田菊次郎) 平凡社 2001.12 p218-220
- ◎参考文献「西洋菓子彷徨始末─洋菓子の日本史 増補改訂」(吉田菊次郎) 朝文社 2006.2 p378-381

洋館

- ◎参考文献「洋館を訪ねる 旧小笠原伯爵邸、旧岩崎邸、迎賓館‥‥」(妹尾高裕) 青春出版社 2003.5 1pb

養魚

- ◎文献「海水魚」(熊井英水) 恒星社厚生閣 2005.10 prr

謡曲

- ◎参考文献「謡曲・狂言集 新装版」(古川久, 小林責) 明治書院 2001.3 p338-340
- ◎文献「日本劇場史の研究 能謡研究叢書8」(羽田昶ほか) クレス出版 2004.1 p433-438
- ○蔵書目録(伊海孝充)「能楽研究 29」(法政大) 2005.5 p53-85

養護

- ◎参考文献「養護概説 3訂」(三木とみ子) ぎょうせい 2005.4 prr

養護学校

- ◎参考図書「特別支援教育とこれからの養護学校」(藤井聡尚) ミネルヴァ書房 2004.3 p285-288

養護施設

- ◎参考文献「養護原理」(松原康雄) 同文書院 2005.4 prr
- ◎文献「日本の児童養護─児童養護学への招待」(R. グッドマン) 明石書店 2006.4 p405-383
- ◎参考図書「児童養護 7 養護施設運営要領 復刻」(厚生省児童局) 日本図書センター 2007.4 p199-201
- ◎参考文献「児童養護施設におけるレジデンシャルワーク─施設職員の職場環境とストレス」(伊藤嘉余子) 明石書店 2007.10 p241-248

洋裁

- ◎参考文献「洋裁の時代─日本人の衣服革命」(小泉和子) OM出版 2004.3 p179-178

養蚕

- ○文献目録(菊池裕子ほか)「栃木県立博物館研究紀要 自然 21」(栃木県立博物館) 2004 p51-60
- ◎参考文献「消えゆく養蚕用語」(小泉勝夫) シルク博物館 2004.3 p59-60

養子

- ◎注文献「養子と里親 日本・外国の未成年養子制度と斡旋の問題」(湯沢雍彦) 日本加除出版 2001.1 prr
- ◎参考文献ほか「赤ちゃんの値段」(高倉正樹) 講談社 2006.6 p246-247
- ◎文献「要保護児童養子斡旋の国際比較」(湯沢雍彦) 日本加除出版 2007.9 prr

幼児

- ◎引用文献「行為と発話形成のエスノグラフィー─留学生家族の子どもは保育園でどう育つのか」(柴山真琴) 東京大学出版会 2001.1 p187-193
- ◎参考文献「幼児の身体表現」(大方美香, 魚住美智子) 久美 2001.5 p85-86

◎参考文献「子供は言語をどう獲得するのか」（スーザン・H. フォスター＝コーエン）　岩波書店　2001.7　p295-307
◎参考文献「幼児の行動とその理解―ヒト以外の霊長類の動物の子と比べた園児の行動学的研究」（W. C. マクグルー）　家政教育社　2001.8　p312-329
◎引用文献「子どもの仲間関係における社会的地位の持続性」（前田健一）　北大路書房　2001.11　p137-143
◎参考文献「〈わたし〉の発達―乳幼児が語る〈わたし〉の世界」（岩田純一）　ミネルヴァ書房　2001.12　p221-228
◎文献「就学前の子どもの音楽体験」（ヘルムート・モーク）　大学教育出版　2002.12　p153-156
◎文献「幼児の日常生活叙述の発達過程」（藤崎春代）　風間書房　2002.12　p177-189
◎文献「幼児理解と保育援助　新保育講座3」（森上史朗ほか）　ミネルヴァ書房　2003.3　prr
◎文献「子どもの認知発達」（U. ゴスワミ）　新曜社　2003.7　p351-371
◎引用文献「幼児期のレジリエンス」（小花和W. 尚子）　ナカニシヤ出版　2004.2　p131-139
◎参考引用文献「幼児のコンピュータゲーム遊びの潜在的教育機能―メディア・リテラシー形成の観点から」（湯地宏樹）　北大路書房　2004.8　p121-129
◎参考文献「幼児の課題選択行動の変化に関する実証的研究」（田中幸代）　風間書房　2004.10　p77-82
◎引用文献「パーソナリティ特性推論の発達過程―幼児期・児童期を中心とした他者理解の発達モデル」（清水由紀）　風間書房　2005.2　p165-170
◎引用文献「幼児における均等配分行動に関する発達的研究」（山名裕子）　風間書房　2005.3　p167-170
◎引用文献「幼児期における他者の内的特性理解の発達」（松永あけみ）　風間書房　2005.12　p173-180
◎引用文献「子どもエスノグラフィー入門―技法の基礎から活用まで」（柴山真琴）　新曜社　2006.2　p205-212
◎引用文献「園生活における幼児の「みてて」発話―自他間の気持ちを繋ぐ機能」（福崎淳子）　相川書房　2006.3　p184-191
◎文献「移行対象の臨床的展開―ぬいぐるみの発達心理学」（井原成男ほか）　岩崎学術出版社　2006.4　p177-192
◎参考文献「ひとがひとをわかるということ―間主観性と相互主体性」（鯨岡峻）　ミネルヴァ書房　2006.7　p288-294
◎引用文献「幼児期のボディ・イメージと運動能力」（田中千恵）　ミネルヴァ書房　2006.11　prr
◎参考文献「データでみる幼児の基本的生活習慣―基本的生活習慣の発達基準に関する研究」（谷田貝公昭ほか）　一藝社　2007.10　p123-124

幼児虐待
◎参考文献「幼児虐待―実態とその後の発達段階における精神療法の実際」（堀啓）　昭和堂　2004.4　p1-8b
◎引用参考文献「保育者は幼児虐待にどうかかわるのか―実態調査にみる苦悩と対応」（春原由紀ほか）　大月書店　2004.7　p119-120

幼児教育
◎参考文献「イギリスのいい子日本のいい子―自己主張とがまんの教育学」（佐藤淑子）　中央公論新社　2001.3　p184-191

◎「幼児教育・保育図書総目録　2001年版」　教育図書総目録刊行会　2001.3　200p A5
◎参考文献「幼児理解促進のための教師教育に関する研究」（志賀智江）　風間書房　2001.3　p209-214
◎参考文献「幼児の保育と教育―質の高い保育ビジョンを求めて」（萩原元昭）　学文社　2002.4　prr
◎引用文献「新しい時代の幼児教育」（小田豊ほか）　有斐閣　2002.10　p244-251
◎文献「早教育と子どもの悲劇」（阪井敏郎）　家政教育社　2002.12　p323-325
◎文献「教育課程の理論―保育におけるカリキュラム・デザイン」（磯部裕子）　萌文書林　2003.1　p180-182
◎参考文献「幼児教育の原理」（岸井勇雄）　同文書院　2003.4　prr
◎参考文献「現代の幼児教育を考える」（伊藤良高）　北樹出版　2003.5　prr
◎参考文献「幼児の教育と保育」（林信二郎ほか）　放送大教育振興会　2004.3　prr
◎引用参考文献「幼児教育の方法」（小田豊ほか）　北大路書房　2004.3　p151-153
◎参考文献「ヨーロッパの保育と保育者養成」（P. オーバーヒューマほか）　大阪公立大学共同出版会　2004.6　p243-244
◎参考文献「子どもの心といきいきとかかわりあう―プロジェクト・アプローチ」（L. カッツほか）　光生館　2004.7　p243-252
◎引用参考文献「育ちあう乳幼児教育保育」（白川蓉子ほか）　有斐閣　2004.9　prr
◎文献「幼児の語彙学習を促す要因に関する研究」（田村隆宏）　風間書房　2005.9　p191-196
◎参考図書「ベストキンダーガーデン―フレーベル、モンテッソーリ、シュタイナー、レジオ・エミリア、ニキーチン、ピラミッドメソッドの幼児教育の現場に学ぶ」（辻井正）　オクターブ　2006.11　p166-168
◎引用参考文献「イタリア幼児教育メソッドの歴史的変遷に関する研究―言語教育を中心に」（オムリ慶子）　風間書房　2007.2　p247-259
◎引用参考文献「教育臨床への挑戦」（青木久子）　萌文書林　2007.4　p259-272
◎文献「幼児とメディア―緊急提言どう取り入れる？どう使う？―テレビ・ビデオ・パソコン・デジカメ…」（堀田博史）　学習研究社　2007.4　p190-191
◎文献「幼年教育者の問い」（青木久子ほか）　萌文書林　2007.8　p271-281

幼児心理
◎文献「粘土造形の心理学的・行動学的研究―ヒト幼児およびチンパンジーの粘土遊び」（中川織江）　風間書房　2001.2　p151-157
◎文献「子どもの養育に心理学がいえること―発達と家族環境」（H. R. シャファー）　新曜社　2001.3　p285-287
◎引用文献「幼児の心理と保育　保育・看護・福祉プリマーズ6」（無藤隆ほか）　ミネルヴァ書房　2001.10　prr
◎参考文献「心の誕生―マリアの微笑みと幼子の成長」（大西俊輝）　東洋出版　2004.2　p145-154
◎引用文献「幼児期の自己理解の発達―3歳児はなぜ自分の誤った信念を思い出せないのか？」（郷式徹）　ナカニシヤ出版　2005.2　p172-178

ようしゆ

◎引用文献「幼児期初期の他者理解の発達プロセス―社会的文脈・関係性の中での幼児の心的な言及」（岩田美保）　風間書房　2005.10　p173-183
◎引用参考文献「はじめて学ぶ乳幼児の心理―こころの育ちと発達の支援」（桜井茂男）　有斐閣　2006.3　p233-244
◎参考文献「発達する〈心の理論〉―4歳―人の心を理解するターニングポイント」（J. パーナー）　ブレーン出版　2006.6　p434-457

洋酒
◎参考文献「洋酒うんちく百科」（福西英三）　河出書房新社　2004.12　p12-13b
◎参考資料「失われるアンダルシーアの酒―アニス酒」（岩淵悟）　新風舎　2006.2　p201-215

洋酒天国
◎参考文献「『洋酒天国』とその時代」（小玉武）　筑摩書房　2007.5　p359-363

洋書
○「加賀藩旧蔵洋書総合目録」　金沢大　2006.9　122p　A4
○目録（澤大洋）「東海大学紀要　政治経済学部　39」（東海大）　2007　p213-218

養生
◎参考文献「養生の楽しみ」（瀧澤利行）　大修館書店　2001.6　p187-192
◎註「養生論の思想」（瀧沢利行）　世織書房　2003.6　p301-320

養生訓
◎参考文献「養生訓に学ぶ」（立川昭人）　PHP研究所　2001.1　p242-243

養生所
◎参考文献「江戸の養生所」（安藤優一郎）　PHP研究所　2005.1　p225-228

養殖
◎参考文献「水族育成論―増養殖の基礎と応用　改訂版」（隆島史夫）　成山堂書店　2001.2　p226-229
◎文献「増養殖水産生物の集団遺伝学研究―生物多様性保護とつくる漁業の進路」（藤野和男）　恒星社厚生閣　2001.7　p96-104
◎文献「ブリの資源培養と養殖学の展望」（松山倫也ほか）　恒星社厚生閣　2006.3　prr
◎文献「養殖海域の環境収容力」（古谷研ほか）　恒星社厚生閣　2006.3　prr

妖精
◎参考文献「ほのぼの妖精レプラコーンの仲間たち」（ニアル・マクナマラ）　東洋書林　2002.2　p130-131
◎年表ほか「不思議の国の仲間たち―昔話から物語へ―国立国会図書館国際子ども図書館全面開館記念展示」（国立国会図書館国際子ども図書館）　国立国会図書館国際子ども図書館　2002.3　p89-90, 94
◎原注「妖精の時代」（K. ブリッグズ）　筑摩書房　2002.11　p312-331
◎参考文献「世界の妖精・妖怪事典」（C. ローズ）　原書房　2003.12　p465-468
◎参考文献「図説妖精百科事典」（A. フランクリン）　東洋書林　2004.3　p611-613
◎参考文献「妖精のアイルランド―「取り替え子」の文学史」（下楠昌哉）　平凡社　2005.8　p223-227

幼稚園
◎文献「新しい時代を拓く幼稚園運営のポイントQ&A」（全国国公立幼稚園長会）　ぎょうせい　2002.3　p238-239
◎参考文献「幼稚園・保育所/児童館　建築計画・設計シリーズ10」（高木幹朗ほか）　市ヶ谷出版　2003.3　p126」
◎引用文献「教育課程総論―保育内容」（小田豊ほか）　北大路書房　2003.9　p163-164
◎引用文献「ヨウチエン―日本の幼児教育、その多様性と変化」（S. D. ハロウェイ）　北大路書房　2004.5　p211-224
◎引用参考文献「明治後期幼稚園保育の展開過程」（柿岡玲子）　風間書店　2005.9　p249-255
◎参考文献「近代日本幼稚園建築史研究―教育実践を支えた園舎と地域」（永井理恵子）　学文社　2005.12　p463-469
◎参考文献「保育園と幼稚園がいっしょになるとき―幼保一元化と総合施設構想を考える」（近藤幹生）　岩波書店　2006.7　p61-63

腰痛
◎参考文献「腰痛は〈怒り〉である―痛みと心の不思議な関係　普及版」（長谷川淳史）　春秋社　2002.3　p1-4b

養豚
◎文献「アメリカ食肉産業と新世代農協」（大江徹男）　日本経済評論社　2002.6　p219-226

洋風生活
◎文献・年譜「蒔かれた「西洋の種」―宣教師が伝えた洋風生活」（川崎衿子）　ドメス出版　2002.3　p237-241, 248-254

傭兵
◎文献「傭兵の二千年史」（菊池良生）　講談社　2002.1　p226-229
◎参考文献「ヨーロッパの傭兵」（鈴木直志）　山川出版社　2003.6　p88-90

陽明学
◎参考文献「日本人の心を育てた陽明学―現代人は陽明学から何を学ぶべきか」（吉田和男）　恒星出版　2002.4　p270-272
◎参考文献「朱子学と陽明学」（小島毅）　放送大教育振興会　2004.3　p181-187
◎参考文献「近代日本の陽明学」（小島毅）　講談社　2006.8　p215-217

養命酒製造
◎参考文献「老舗の教科書―養命酒はなぜ四〇〇年売れ続けるのか」（柳下要司郎）　大和書房　2005.6　p226-227

要約筆記
◎参考文献「字が話す目が聞く―日本語と要約筆記　改訂版」（上村博一）　新樹社　2003.9　p179-180

ヨーガ
◎参考文献「ギーターとヨーガ関連ノート」（武井和夫）　西田書店　2003.6　p255-258

◎参考文献「仏教とヨーガ」（保坂俊司）　東京書籍　2004.2　p223-227
◎参考文献「ヨガ健康学論　川上光正論文集2」（川上光正）　ブイツーソリューション　2005.5　p604-606
◎文献「考えるヨガ―シャンバラ・ガイド」（G. フォイヤーシュタイン）　ロハスインターナショナル　2005.5　p281-284
◎参考文献「アーユルヴェーダとヨーガ」（上馬場和夫）　金芳堂　2007.8　p183-193
◎参考文献「クンダリーニ大全―歴史、生理、心理、スピリチャリティ」（B. グリーンウェル）　ナチュラルスピリット　2007.11　p412-427

余暇
○文献目録（瀬沼克彰）「余暇学研究　5」（日本余暇学会）　2002.3　p136-140
○文献目録「現代余暇論の構築」（瀬沼克彰）　学文社　2002.12　p337-354
○文献目録「余暇事業の戦後史―昭和20年から平成15年まで　21世紀の生涯学習と余暇」（瀬沼克彰）　学文社　2003.11　p239-267
○文献目録（瀬沼克彰）「余暇学研究　7」（日本余暇学会）　2004.3　p96-100
◎参考文献「余暇学を学ぶ人のために」（瀬沼克彰ほか）　世界思想社　2004.12　prr
○文献目録「高齢余暇が地域を創る」（瀬沼克彰）　学文社　2006.11　p250-275

預金保険
◎文献「世界の預金保険と銀行破綻処理―制度・実態・国際潮流」（本間勝）　東洋経済新報社　2002.10　p257-260
◎参考文献「平成金融危機への対応―預金保険はいかに機能したか」（預金保険機構）　金融財政事情研究会　2007.11　p558-562

欲望
◎参考文献「「欲望」の心理戦術―金銭欲、色欲、名誉欲「活用の法則」」（内藤誼人）　講談社　2001.7　p241-246
◎参考文献「欲望の哲学―浄土教世界の思索」（長谷正當）　法藏館　2003.6　p322-323
◎参考文献「欲望について」（W. B. アーヴァイン）　白揚社　2007.12　p296-297

ヨーグルト
◎参考文献「乳酸菌とヨーグルトの保健効果―長寿と健康」（細野明義）　幸書房　2003.6　p167-173
◎参考文献「ヨーグルトの科学―乳酸菌の贈り物」（細野明義）　八坂書房　2004.8　p232-233

預言
◎文献「透視術―予言と占いの歴史」（J. デスアール）　白水社　2003.9　p4-5b
◎文献一覧「中世の預言とその影響―ヨアキム主義の研究」（M. リーヴス）　八坂書房　2006.10　p19-24b

横穴式石室
◎文献「静岡県の横穴式石室」（静岡県考古学会）　静岡県考古学会　2003.4　p271-280
◎註「古代瓦と横穴式石室の研究」（山崎信二）　同成社　2003.11　prr

横浜正金銀行
◎参考文献「横浜正金銀行―世界三大為替銀行への道」（神奈川県立歴史博物館）　神奈川県立歴史博物館　2004.7　p122」

よさこい
◎引用参考文献「これが高知のよさこいだ！―いごっそのハチキンたちの熱い夏」（岩井正浩）　岩田書院　2006.6　p169-172

予算
◎参考文献「地方議員のための予算・決算書読本」（山崎正）　勁草書房　2004.4　p285-286

予算統制
◎参考文献「J.O.マッキンゼーの予算統制論」（北村浩一）　中央経済社　2006.9　p241-247

ヨシ
◎文献「現代日本生物誌　10　メダカとヨシ―水辺の健康度をはかる生き物」（林良博）　岩波書店　2003.2　p1-7b

4次元
◎参考文献「マンガ超ひも理論―我々は4次元の膜に住んでいる」（川合光）　講談社　2002.12　p226-227

吉田北山文庫
○暫定目録（井上了）「懐徳堂センター報　2004」（大阪大）　2004.2　p61-78

義経地獄破り
◎参考文献（宮腰直人）「義経地獄破り　チェスター・ビーティー・ライブラリィ所蔵」（小峯和明ほか）　勉誠出版　2005.2　p84-85

義経千本桜
◎参考資料一覧「義経千本桜―大物船矢倉吉野花矢倉　第一四四回文楽公演」（国立劇場調査養成部調査資料課）　日本芸術文化振興会　2003.9　p174-233
◎参考資料一覧「義経千本桜―第六七回歌舞伎鑑賞教室公演」（国立劇場調査養成部調査資料課）　日本芸術文化振興会　2005.7　p127-174

吉野家
◎参考文献「吉野家」（茂木信太郎）　生涯情報センター　2006.9　p259-261

吉本興業
◎参考文献「吉本興業の正体」（増田晶文）　草思社　2007.4　p396-398

寄せ場
◎「寄せ場文献精読306選―近代日本の下層社会」（日本寄せ場学会年報編集委員会）　日本寄せ場学会　2004.5　483p A5

四谷怪談
◎註「お岩と伊右衛門―「四谷怪談」の深層」（高田衛）　洋泉社　2002.9　prr

よど号事件
◎参考文献「「よど号」事件三十年目の真実　対策本部事務局長の回想」（島田滋敏）　草思社　2002.1　1pb

ヨハネ福音書
◎引用文献「ヨハネ福音書注解」（伊吹雄）　知泉書館　2004.5　p253-258

よはねも

◎文献表「ヨハネの福音書」（R. ブルトマン）　日本キリスト教団出版局　2005.3　p1014-1021
◎参考文献「ヨハネ福音書文学的解剖」（R. A. カルペッパー）　日本キリスト教団出版局　2005.7　p336-351

ヨハネ黙示録
◎参考文献解題「叢書新約聖書神学　15　ヨハネ黙示録の神学」（R. ボウカム）　新教出版社　2001.2　p230-228

予防医学
◎参考文献「予防と健康の事典―セルフ・メディカ」（栗原毅ほか）　小学館　2007.5　p670-671

予防接種
◎参考文献「予防接種は安全か―両親が知っておきたいワクチンの話」（ポール・A. オフィット，ルイス・M. ベル）　日本評論社　2002.4　p9-22b

読売ジャイアンツ
◎参考文献「Gファイル―長嶋茂雄と黒衣の参謀」（武田頼政）　文藝春秋　2006.10　p444-446
◎参考文献ほか「東京ジャイアンツ北米大陸遠征記」（永田陽一）　東方出版　2007.8　p457-468

読み聞かせ
◎本「読み聞かせわくわくハンドブック―家庭から学校まで」（代田知子）　一声社　2001.4　p103-119
◎おすすめ「大人と子供のための読みきかせの会　5年間の物語」（中井貴恵）　ブロンズ社　2003.4　p238-251
◎引用文献「絵本の読み聞かせと手紙を書く活動の研究―保育における幼児の文学を媒介とした活動」（横山真貴子）　風間書房　2004.1　p325-341
◎参考文献「楽しい読み聞かせ　改訂版」（小林功）　全国学校図書館協議会　2006.4　p50-51

読本
○注文献「読本研究新集　3」　翰林書房　2001.10　prr
○蔵書解題（内村和至）「図書の譜　明治大学図書館紀要　7」（明治大）　2003.3　p171-182
○目録（岡本勝）「人文学部研究論集　13」（中部大）　2005.1　p214-198

夜
◎参考文献「大都会の夜―パリ、ロンドン、ベルリン　夜の文化史」（J. シュレーア）　鳥影社　2003.11　p391-371

ヨルダン
◎参考文献ほか「イスラーム政治と国民国家―エジプト・ヨルダンにおけるムスリム同胞団の戦略」（吉川卓郎）　ナカニシヤ出版　2007.10　p181-196

夜の寝覚
◎研究文献目録（中川照将）「講座平安文学研究　18」（平安文学研究会）　風間書房　2004.5　p321-362

ヨーロッパ
◎参考文献解題「ヨーロッパ世界の拡張　東西交易から植民地支配へ」（生田滋, 岡倉登志）　世界思想社　2001.1　p220-240
◎参考文献「ヨーロッパと近代世界　改訂版」（川北稔）　放送大学教育振興会　2001.3　p141-142
◎参考文献「入門十二世紀ルネサンス」（ジャック・ヴェルジェ）　創文社　2001.4　p19-35b

◎参考書目「大陸別世界歴史地図　1　ヨーロッパ大陸歴史地図」（イアン・バーンズ, ロバート・ハドソン）　東洋書林　2001.6　p158-159
◎参考文献「ヨーロッパ社会の成立」（カール・ボーズル）　東洋書林　2001.10　p379-413
◎参考文献「ヨーロッパの旧石器社会」（C. ギャンブル）　同成社　2001.12　p396-449
◎参考文献「ヨーロッパ・ロマン主義―主題と変奏」（Lilian R. Furst）　創芸出版　2002.2　p352-365
◎参考文献「地名で読むヨーロッパ」（梅田修）　講談社　2002.2　p246-244
◎文献「ベルリンの瞬間」（平出隆）　集英社　2002.4　p354-357
◎文献案内「ヨーロッパ関係国際史―繁栄と凋落、そして再生」（渡辺啓貴ほか）　有斐閣　2002.4　p299-310
◎文献案内「ヨーロッパとは何か―分裂と統合の1500年　増補」（クシシトフ・ボミアン）　平凡社　2002.7　p367-370
◎参考文献「なるほどヨーロッパ　歴史と文化の旅日記」（田原宏）　文芸社　2003.1　p278-280
◎文献「CSCE人権レジームの研究―「ヘルシンキ宣言」は冷戦を終わらせた」（宮脇昇）　国際書院　2003.2　p309-321
◎参考文献「ヨーロッパの祭りたち」（浜本隆志ほか）　明石書店　2003.4　prr
◎文献「壁の向うの狂気―東ヨーロッパから北朝鮮へ」（西尾幹二）　恒文社21　2003.5　p1-4b
◎参考文献「ヨーロッパの現代伝説悪魔のほくろ」（R. W. ブレードニヒ）　白水社　2003.12　p1-7
◎参考文献「労働市場の規制緩和を検証する―欧州8カ国の現状と課題」（G. エスピン＝アンデルセンほか）　青木書店　2004.2　p362-393
◎参考文献「ヨーロッパ人類学―近代再編の現場から」（森明子）　新曜社　2004.3　prr
◎参考文献「ヨーロッパからみた太平洋」（山中速人）　山川出版社　2004.4　p87-89
◎参考文献「世界の運河探訪　4　音楽と料理を楽しむ運河クルーズ」（及川陽ほか）　及川陽　2004.4　p191-193
◎文献「ヨーロッパの大規模流通業―国際的成長の戦略と展望」（E. コッラ）　ミネルヴァ書房　2004.6　p305-313
◎引用参考文献ほか「拡大ヨーロッパの挑戦―アメリカに学ぶ多元的パワーとなるか」（羽場久浘子）　中央公論新社　2004.6　p243-219
◎参考文献「ヨーロッパ本と書店の物語」（小田光雄）　平凡社　2004.7　p218-225
◎「アメリカ・ヨーロッパ関係図書目録　1999-2003」（日外アソシエーツ）　日外アソシエーツ　2004.10　709p　A5
◎引用参考文献「ヨーロッパ市民の誕生―開かれたシティズンシップへ」（宮島喬）　岩波書店　2004.12　p1-3b
◎書誌案内「ハプスブルク記憶と場所」（T. メディクス）　平凡社　2005.4　p143-142
◎参考文献「タイムズヨーロッパ民族事典」（P. フェルナンデス＝アルメスト）　東洋書林　2005.6　p593-606
◎参考文献「ヨーロッパ学入門」（武蔵大学人文学部ヨーロッパ比較文化学科）　朝日出版社　2005.6　prr

◎参考文献「ヨーロッパ―文化地域の形成と構造」（T. G. ジョーダン＝ビチコフほか）　二宮書店　2005.10　p444-478
◎参考文献「ヨーロピアン・ドリーム」（J. リフキン）　NHK出版　2006.1　p28-34b
◎参考文献「激動するヨーロッパ　改訂版」（瀬島誠ほか）　晃洋書房　2006.5　prr
◎参考文献「図説ヨーロッパの王妃」（石井美樹子）　河出書房新社　2006.6　1pb
◎参考文献「愛と残酷の世界史―欲望と背徳と秘密に魅せられた人々」（桐生操）　ダイヤモンド社　2006.7　p225-230
◎参考文献「ヨーロッパの言語と国民」（D. バッジオーニ）　筑摩書房　2006.10　p435-443
◎参考文献「ヨーロッパ学入門　改訂版」（武蔵大学人文学部ヨーロッパ比較文化学科）　朝日出版社　2007.12　prr

ヨーロッパ　EC
◎参考文献「ヨーロッパ法」（岡村堯）　三省堂　2001.4　p18-26b

ヨーロッパ　EU
○雑誌記事（大佐古紀雄）「文献探索　2000」（文献探索研究会）　2001.2　p97-100
○文献「EUの外交・安全保障政策―欧州政治統合の歩み」（辰巳浅嗣）　成文堂　2001.3　p353-362
◎参考文献「EUの経済統合」（田中友義）　中央経済社　2001.5　p261-270
◎参考文献「EUの地域政策」（辻悟一）　世界思想社　2003.1　p250-261
○文献「現代農業政策論―ヨーロッパ・モデルの考察」（L. P. マーエほか）　食料・農業政策研究センター　2003.2　p207-211
○文献「EUの市場統合」（棚池康信）　晃洋書房　2003.3　p225-230
◎参考文献「欧州統合論」（久保広正）　勁草書房　2003.3　p247-254
○文献「サステイナブルシティ―EUの地域・環境戦略」（岡部明子）　学芸出版社　2003.9　p259-265
◎参考引用文献「欧州議会と欧州統合―EUにおける議会制民主主義の形成と展開」（児玉昌己）　成文堂　2004.3　p525-540
◎参考文献「EU―欧州統合の現在」（辰巳浅嗣）　創元社　2004.4　p267-268
◎参考文献「EUの男女均等政策」（柴山恵美子ほか）　日本評論社　2004.4　p229-232
◎参考文献「EUの東方拡大と南東欧―市場経済化と小国の生き残り戦略」（小山洋司）　ミネルヴァ書房　2004.6　p251-264
◎引用参考文献「EUの有機アグリフードシステム」（永松美希）　日本経済評論社　2004.7　p189-195
◎参考文献「EUは国家を超えられるか―政治統合のゆくえ」（平島健司）　岩波書店　2004.7　p1-6b
◎参考文献「EUと市民」（田中俊郎ほか）　慶應義塾大出版会　2005.3　prr
◎参考文献「拡大EUにおける電気通信政策および拡大EUが世界の通信市場に及ぼす影響の考察―調査報告書」（KDDI総研）　KDDI総研　2005.3　p337-349
◎参考文献「国民統合と欧州統合―デンマーク・EU関係史」（吉武信彦）　勁草書房　2005.3　p25-39b

◎参考文献「欧州統合と近代国家の変容―EUの多次元的ネットワーク・ガバナンス」（中村健吾）　昭和堂　2005.10　p380-403
◎参考文献「EU社会政策の展開」（佐藤進）　法律文化社　2006.8　p193-198
○文献目録「EUとガバナンス」（日本EU学会）　有斐閣　2006.9　p453-476
◎参考文献「EU共通農業政策と結束―ウルグアイ・ラウンド以降の共通農業政策」（豊嘉哲）　山口大　2006.10　p117-125
◎参考文献「EU穀物価格政策の経済分析」（古内博行）　農林統計協会　2006.12　p286-303
○文献ほか「欧州連合の投資税制」（佐藤正典）　成文堂　2007.1　p163-164
◎参考文献「欧州公共圏―EUデモクラシーの制度デザイン」（安江則子）　慶應義塾大出版会　2007.10　p275-285
◎参考文献「欧州連合統治の論理とゆくえ」（庄司克宏）　岩波書店　2007.10　p1-6b
◎参考文献「EU市民権と市民意識の動態」（鈴木規子）　慶應義塾大出版会　2007.11　p275-285
◎参考文献「EU拡大のフロンティア―トルコとの対話」（八谷まち子）　信山社出版　2007.12　p192-196

ヨーロッパ　欧州議会
◎参考引用文献「欧州議会と欧州統合―EUにおける議会制民主主義の形成と展開」（児玉昌己）　成文堂　2004.3　p525-540

ヨーロッパ　教育
◎参考文献「ヨーロッパ教育歴史と展望」（久野弘幸）　玉川大学出版部　2004.2　p332-350
◎参考文献「欧州統合とシティズンシップ教育―新しい政治学習の試み」（C. ロラン＝レヴィ）　明石書店　2006.3　p264-282
◎参考文献「ヨーロッパの高等教育改革」（U. タイヒラー）　玉川大出版部　2006.10　prr

ヨーロッパ　軍事史
◎参考文献「ハプスブルク家かく戦えり―ヨーロッパ軍事史の一断面」（久保田正志）　錦正社　2001.9　p475-479

ヨーロッパ　経済
◎参考文献「現代ヨーロッパ経済」（田中素香ほか）　有斐閣　2001.9　prr
◎参考文献・年表「ヨーロッパ中央銀行論」（新田俊三）　日本評論社　2001.11　p269-274
◎参考文献「中欧の経済改革と商品先物市場」（森田憲）　多賀出版　2002.2　p337-348
○文献「EU社会政策と市場経済」（中野聡）　創土社　2002.5　p304-313
○文献「中世初期の所領経済と市場」（丹下栄）　創文社　2002.10　p23-38b
◎文献「20世紀のヨーロッパ経済　1914～2000年」（デレック・H. オルドクロフト）　晃洋書房　2002.11　p3-24b
◎注「EU・ロシア経済関係の新展開　ドイツを軸として欧州・CIS関係を探る」（百済勇）　日本評論社　2003.1　prr
○文献「ヨーロッパ《普遍》文明の世界制覇―鉄砲と十字架」（中川洋一郎）　学文社　2003.4　p266-273

◎「ヨーロッパ統合史史料総覧―米欧各国のヨーロッパ統合史史料集の採録史料一覧」（原典・ヨーロッパ統合史研究会）　旭図書センター　2004.3　316p B5
◎参考文献「EU加盟と移行の経済学」（田中宏）　ミネルヴァ書房　2005.4　prr
◎参考文献「EU通貨統合の新展開」（松浦一悦）　ミネルヴァ書房　2005.10　prr
◎引用文献「拡大するユーロ経済圏―その強さとひずみを検証する」（田中素香）　日本経済新聞出版社　2007.4　p329-338
◎参照文献「EU経済統合の地域的次元―クロスボーダー・コーペレーションの最前線」（若森章孝ほか）　ミネルヴァ書房　2007.11　p333-350

ヨーロッパ　思想
◎読書案内「ヨーロッパ思想入門」（岩田靖夫）　岩波書店　2003.7　p1-2b
◎注「ヨーロッパ思想史における〈政治〉の位相」（半沢孝麿）　岩波書店　2003.10　p341-377

ヨーロッパ　西欧
◎参考文献「ヨーロッパ覇権以前　もう一つの世界システム　下」（J. L. アブー＝ルゴド）　岩波書店　2001.11　p17-74b
◎原注「西欧中世の民衆信仰―神秘の感受と異端」（R. マンセッリ）　八坂書房　2002.9　p6-64b

ヨーロッパ　政治
◎参考文献「ヨーロッパ政治史―冷戦からEUへ」（田口晃）　放送大学教育振興会　2001.3　p213-218
◎リーディングリスト「現代ヨーロッパ国際政治」（植田隆子）　岩波書店　2003.3　prr
◎文献一覧「ヨーロッパ比較政治発展論」（G. レームブルッフ）　東京大学出版会　2004.2　p7-25b
◎参照引用文献「現代政治のパースペクティブ―欧州の経験に学ぶ」（畑山敏夫ほか）　法律文化社　2004.11　p209-220
◎参考文献「戦後ヨーロッパの国家とナショナリズム」（M. アンダーソン）　ナカニシヤ出版　2004.11　p151-155
◎参照引用文献「現代ヨーロッパ政治史」（杉本稔）　北樹出版　2007.5　p210-214
◎参考引用文献「現代ヨーロッパの政治」（渡辺容一郎）　北樹出版　2007.10　p203-207

ヨーロッパ　中欧
◎参考文献「中欧の墓たち」（平田達治）　同学社　2001.4　p443-448
◎文献「中東欧史概論」（山田朋子）　鳳書房　2001.4　p151-154
◎文献「中欧・墓標をめぐる旅」（平田達治）　集英社　2002.6　p299-301
◎参考文献「中欧怪奇紀行」（田中芳樹ほか）　講談社　2003.12　p325-328
◎参考文献「中欧論―帝国からEUへ」（J. ル・リデー）　白水社　2004.8　p1-3b
◎文献案内「中央ヨーロッパの可能性―揺れ動くその歴史と社会」（大津留厚）　昭和堂　2006.2　p15-27b

ヨーロッパ　中世
◎参考文献「西欧精神の探究―革新の十二世紀　上」（堀米庸三）　NHK出版　2001.7　p278-283
◎文献案内「新書ヨーロッパ史　中世篇」（堀越孝一）　講談社　2003.5　p291-299
◎参考文献「絵解き中世のヨーロッパ」（F. イシェ）　原書房　2003.12　p244-246
◎文献「中世ヨーロッパを生きる」（甚野尚志ほか）　東京大学出版会　2004.2　prr
◎文献目録ほか「金持ちの誕生―中世ヨーロッパの人と心性」（宮松浩憲）　刀水書房　2004.3　p668-620
◎参考文献「ヨーロッパ中世末期の学識者」（J. ヴェルジェ）　創文社　2004.12　p47-49b

ヨーロッパ　東欧
◎文献案内「東欧を知る事典　新訂増補」（伊東孝之ほか）　平凡社　2001.3　p848-862
◎文献「中東欧史概論」（山田朋子）　鳳書房　2001.4　p151-154
◎文献「東欧　第2版」（百瀬宏ほか）　自由国民社　2001.6　p387-392
◎文献案内「ソ連・ロシア，東欧の政治と経済」（宮下誠一郎）　専修大学出版局　2001.7　p281-286
◎参考文献「ロシア、中・東欧ユダヤ民族史」（P. アニコー）　彩流社　2004.3　p25-32b
◎参考文献「朝倉世界地理講座―大地と人間の物語　10　東ヨーロッパ・ロシア」（加賀美雅弘ほか）　朝倉書店　2007.1　p409-414
◎参考文献「知られざる魅惑の都市たち―EUの東を歩く」（平田達治）　世界思想社　2007.12　p303-309

ヨーロッパ　プリュム修道院
◎参考文献「中世農民の世界　甦るプリュム修道院所領明細帳」（森本芳樹）　岩波書店　2003.2　p1-5b

ヨーロッパ　法
◎参考文献「ヨーロッパ法」（岡村堯）　三省堂　2001.4　p18-26b
◎注「EU法　基礎篇」（庄司克宏）　岩波書店　2003.9　p173-189
◎参考文献「ヨーロッパ競争法」（岡村堯）　三省堂　2007.12　p50-60b

ヨーロッパ　北欧
◎注文献「ケルト復興」（中央大学人文科学研究所）　中央大学出版部　2001.3　prr
◎参考文献「北欧を知るための43章」（武田龍夫）　明石書店　2001.3　p233-235
◎文献「北欧のことば」（Allan Karkerほか）　東海大学出版会　2001.9　p264-268
◎参考文献「ケルト美術」（鶴岡真弓）　筑摩書房　2001.12　p401-423
◎註「生と死の北欧神話」（水野知明）　松柏社　2002.6　prr
◎文献「5人の語り手による北欧の昔話」（ヘンニング・K. セームスドルフ，レイムン・クヴィーデラン）　古今社　2002.12　p366-375
◎参考文献ほか「日本人は北欧から何を学んだか―日本―北欧政治関係史」（吉武信彦）　新評論　2003.2　p197-216
◎文献「北欧の政治　デンマーク・フィンランド・アイスランド・ノルウェー・スウェーデン　新装版」（O. ペタション）　早稲田大学出版部　2003.6　p249-260
◎参考文献「北欧の消費者教育―「共生」の思想を育む学校でのアプローチ」（北欧閣僚評議会）　新評論　2003.11　p156-157

◎原注「北欧神話の世界―神々の死と復活」（A. オルリック）　青土社　2003.11　p260-282
◎参照文献「北欧協力の展開」（五月女律子）　木鐸社　2004.2　p187-201
◎参考文献「アスガルドの秘密―北欧神話冒険比較」（W. ハンゼン）　東海大学出版会　2004.11　p339」
◎参考文献「北欧世界のことばと文化」（岡澤憲芙）　成文堂　2007.1　prr
◎ブックガイド「北欧」（あたらしい教科書編集部）　プチグラパブリッシング　2007.5　p136-139
◎参考文献ほか「図解北欧神話」（池上良太）　新紀元社　2007.7　p238-239

ヨーロッパ　ユーロ
◎参考文献「欧州中央銀行の金融政策とユーロ」（田中素香ほか）　有斐閣　2004.7　prr
◎参考文献「ユーロは存続できるか?」（B. ブラウン）　シュプリンガーV東京　2004.10　p6-8b
◎参考文献「欧州正貨統合のゆくえ」（坂田豊光）　中央公論新社　2005.1　p198-195
◎参考文献「進化する欧州中央銀行―ユーロ番人の素顔」（齋藤淳）　日本経済評論社　2006.8　p213-215
◎参考文献ほか「最適通貨圏としてのユーロエリア―ユーロへの新規参加をめぐって」（川野祐司）　三菱経済研究所　2007.9　p104-106

ヨーロッパ　ヨーロッパ石炭鉄鋼共同体
◎文献目録「欧州石炭鉄鋼共同体―EU統合の原点」（島田悦子）　日本経済評論社　2004.10　p310-317

ヨーロッパ　ヨーロッパ統合
◎参考文献「ヨーロッパ　統合への道　下　改訂増補版」（F. ルイス）　河出書房新社　2002.3　p405-396
◎参考文献「欧州統合の地平―拡大・深化・最終形態」（藤原豊司）　日本評論社　2002.4　p240-241
◎文献「国民国家と国家連邦―欧州国際統合の将来」（宮本光雄）　国際書院　2002.7　p343-347
◎参考文献「国際地域協力論」（西川吉光）　三恵社　2003.4　p208-213
◎参考文献「ユーロと国際通貨システム」（田中素香ほか）　蒼天社出版　2003.5　prr
◎文献「欧州統合史のダイナミズム―フランスとパートナー国」（R. フランク）　日本経済評論社　2003.7　p167-173
◎参考文献「EU経済統合―深化と拡大の総合分析」（J. ペルクマンス）　文眞堂　2004.11　p737-758
◎参考文献「ヨーロッパ統合とキリスト教―平和と自由の果てしなき道程」（坂本進）　新評論　2004.12　p310-324
◎参考文献「ヨーロッパの統合とアメリカの戦略―統合による「帝国」への道」（G. ルンデスタッド）　NTT出版　2005.3　p228-210
◎参考文献「大欧州の時代―ブリュッセルからの報告」（脇阪紀行）　岩波書店　2006.3　p215-216
◎参考文献「拡大ヨーロッパ」（J. D. ジュリアーニ）　白水社　2006.4　p1-2b

ヨーロッパ　ライン川
◎参考文献「ライン河―流域の文学と文化」（丹下和彦）　晃洋書房　2006.4　p149-150

ヨーロッパ　歴史
◎参考文献「第一次世界大戦　下」（L. ハート）　中央公論新社　2001.1　p345-344
◎参考文献「ヨーロッパ覇権以前　もう一つの世界システム　下」（J. L. アブー＝ルゴド）　岩波書店　2001.11　p17-74b
◎文献「傭兵の二千年史」（菊池良生）　講談社　2002.1　p226-229
◎参考文献「歴史学のアポリア―ヨーロッパ近代社会史再読」（小田中直樹）　山川出版社　2002.3　p1-17b
◎参考文献「ヨーロッパの貴族―歴史にみる特権」（M. L. ブッシュ）　刀水書房　2002.11　p7-28b
◎引用文献「ヨーロッパの形成　950年-1350年における征服、植民、文化変容」（R. バートレット）　法政大学出版局　2003.4　p140-182
◎文献一覧「ヨーロッパ文明批判序説―植民地・共和国・オリエンタリズム」（工藤庸子）　東京大学出版会　2003.4　p8-16b
◎参考文献「多元的世界の展開　地中海世界史2」（歴史学研究会）　青木書店　2003.5　prr
○文献情報（鵜川馨）「比較都市史研究　22.1」（比較都市史研究会）　2003.6　p63-66
◎参考文献「ヨーロッパの傭兵」（鈴木直志）　山川出版社　2003.6　p88-90
◎参考文献「ヨーロッパ編　古代王権の誕生　4」（初期王権研究委員会）　角川書店　2003.10　prr
◎註「世界史とヨーロッパ―ヘロドトスからウォーラーステインまで」（岡崎勝世）　講談社　2003.10　prr
◎典拠文献「ソーシャルパワー―社会的な〈力〉の世界歴史　2　階級と国民国家の「長い19世紀」　下」（M. マン）　NTT出版　2005.2　p458-500
◎参考文献「麗しき貴婦人たちのスカートの下―愛と性の歴史トリビア」（桐生操）　大和書房　2005.2　p225-230
◎参考文献「近代ヨーロッパ史」（福井憲彦）　放送大教育振興会　2005.3　p194-205
◎参考文献「旧世界と新世界―1492-1650」（J. H. エリオット）　岩波書店　2005.7　p1-12b
◎参考文献「ヨーロッパ史への扉」（入江幸二ほか）　晃洋書房　2006.4　p175-187
◎参考文献ほか「独仏関係と戦後ヨーロッパ国際秩序―ドゴール外交とヨーロッパの構築1958-1969」（川嶋周一）　創文社　2007.1　p13-40b
◎文献一覧「ヨーロッパの成立と発展―文献解説」（松本宣郎ほか）　南窓社　2007.3　p189-264
◎参考文献「ヨーロッパ国際関係史」（西川吉光）　学文社　2007.3　p233-235

世論
◎文献「日本の世論」（読売新聞社世論調査部）　弘文堂　2002.5　p536-539
◎引用文献「「世論調査」のゆくえ」（松本正生）　中央公論新社　2003.4　p200-204
◎文献解題「戦後世論のメディア社会学」（佐藤卓己）　柏書房　2003.7　p6-44b
◎参考文献「PR! ―世論操作の社会史」（S. ユーウェン）　法政大学出版局　2003.10　p61-82b
◎参考文献「インターネットと〈世論〉形成―間メディア的言説の連鎖と抗争」（遠藤薫ほか）　東京電機大出版局　2004.11　p337-348

◎参考文献「世論の政治心理学—政治領域における意見と行動」（D. R. キンダー）　世界思想社　2004.12　p238-307
◎引用文献「重層的な世論形成過程—メディア・ネットワーク・公共性」（安野智子）　東京大出版会　2006.2　p183-194
◎参考文献ほか「間メディア社会と〈世論〉形成—TV・ネット・劇場社会」（遠藤薫）　東京電機大出版局　2007.5　p239-246

与話情浮名横櫛
◎参考資料一覧「与話情浮名横櫛　国立劇場上演資料集455」（国立劇場調査養成部）　日本芸術文化振興会　2003.6　p152-200

四大文明
◎参考文献「キーワードで探る四大文明」（吉村作治ほか）　NHK出版　2001.2　p210-211

【ら】

雷雨
◎参考文献「雷雨とメソ気象」（大野久雄）　東京堂出版　2001.9　p293-299

雷撃
◎参考文献「雷撃震度19.5　伊号58号対米重巡インディアナポリス」（池上司）　文藝春秋　2001.1　p396-397

ライセンス契約
◎参考文献「英文ライセンス契約実務マニュアル—誰も教えてくれない実践的ノウハウ　2版」（小高壽一）　民事法研究会　2007.11　p625-630

来談者中心療法
○文献リスト（坂中正義）「福岡教育大学心理教育相談研究　9」（福岡教育大）　2005　p17-36
○文献リスト（坂中正義）「福岡教育大学心理教育相談研究　10」（福岡教育大）　2006　p1-24
○文献リスト（坂中正義）「福岡教育大学心理教育相談研究　11」（福岡教育大）　2007　p1-20

雷鳥
◎参考文献「雷鳥が語りかけるもの」（中村浩志）　山と渓谷社　2006.9　p183-185

ライティング
◎参考文献「英語ライティング論—書く能力と指導を科学する」（小室俊明）　河源社　2001.11　p229-234

ライトノベル
◎ガイドブック「ライトノベル作家のつくりかた—実践！ライトノベル創作講座」（ライトノベル研究会）　青心社　2007.9　p193-199

ライフコース
◎文献「日本の人口移動—ライフコースと地域性」（荒井良雄ほか）　古今書院　2002.6　prr
◎文献「ライフコースとジェンダーで読む家族」（岩上真珠）　有斐閣　2003.7　p201-210
◎参考文献「ライフコース研究の方法—質的ならびに量的アプローチ」（G. H. エルダーほか）　明石書店　2003.10　p518-485

◎文献解説「家族関係学入門—ケースで学んだ家族のライフコース」（瓜生武）　日本評論社　2004.2　p161-167

ライフサイクル
◎参考文献「ライフサイクル、その完結　増補版」（E. H. エリクソン）　みすず書房　2001.3　p1-4b
◎参考図書「新・女性のためのライフサイクル心理学」（岡本祐子，松下美知子）　福村出版　2002.3　p244-247
◎文献案内「ライフサイクル・コスティング—イギリスにおける展開」（岡野憲治）　松山大総合研究所　2005.3　p115-122
◎文献目録「ライフサイクル・コストマネジメントの理論と応用」（竹森一正）　創成社　2005.5　p257-264
◎参考文献「ひと・社会・未来—ライフサイクルの人間科学」（京都光華女子大人間関係学部）　ナカニシヤ出版　2006.3　prr

ライフスタイル
◎引用文献「女性のライフデザインの心理　1」（柏木恵子ほか）　大日本図書　2001.6　p193-197
◎文献案内「ライフストーリーとジェンダー」（桜井厚）　せりか書房　2003.7　p1-6b
◎引用参考文献「家族のライフスタイルを問う」（神原文子）　勁草書房　2004.4　p11-19b
◎参考文献「家族ライフスタイルの社会学」（D. J. チール）　ミネルヴァ書房　2006.6　p267-300

ライフセービング
◎参考文献「ライフセービング—歴史と教育」（千原英之進ほか）　学文社　2002.11　p133-134

ライブドア
◎参考文献「検証「国策逮捕」—経済検察はなぜ、いかに堀江・村上を葬ったのか」（東京新聞特別取材班）　光文社　2006.9　p423-424

ライフハザード
◎参考文献「こどもたちのライフハザード」（瀧井宏臣）　岩波書店　2004.1　p246-248

ラオス
◎参考文献「ラオス概説」（ラオス文化研究所）　めこん　2003.7　prr
◎参考文献「ラオス少数民族の教育問題」（乾美紀）　明石書店　2004.2　p211-218
◎参照文献「南ラオス村落社会の民俗誌—民族混在状況下の『連帯』と闘争」（中田友子）　明石書店　2004.2　p329-324
◎参考文献「ラオス北部の環境と農耕技術—タイ文化圏における稲作の生態」（園江満）　慶友社　2006.4　p243-255
◎参考文献「明日を紡ぐラオスの女性—暮らしの実態と変化のゆくえ」（風野寿美子）　めこん　2007.9　p154-158

落語
◎参考文献「落語にみる江戸の「悪」文化」（旅の文化研）　河出書房新社　2001.7　p206-209
◎関係書一覧「落語ハンドブック　改訂版」（山本進）　三省堂　2001.7　p252-258
◎文献「落語の言語学」（野村雅昭）　平凡社　2002.6　p305-313
◎文献「落語の鑑賞201」（延広真治）　新書館　2002.9　p214-216

- ◎参考文献「落語「死神」の世界」（西本晃一）　青蛙房　2002.11　p348-344
- ◎参考文献「落語大百科　5」（川戸貞吉）　冬青社　2002.12　p358-362
- ◎参考引用図書ほか「落語で江戸を聴く　粋と人情とご教訓」（槙野修）　PHP研究所　2003.6　p309-318
- ◎書籍ガイド「名人とは何か　落語の世界2」（延広真治ほか）　岩波書店　2003.7　p2-20b
- ◎略年表ほか「落語―笑いの年輪」（興津要）　講談社　2004.9　p241-266
- ◎参考文献「図説落語の歴史」（山本進）　河出書房新社　2006.5　p134-135
- ◎参考文献「落語「通」入門」（桂文我）　集英社　2006.10　p229-230
- ◎参考文献「定本落語三百題」（武藤禎夫）　岩波書店　2007.6　p473-475
- ◎関係書「落語ハンドブック　3版」（山本進）　三省堂　2007.11　p260-267

酪農
- ◎参考文献「韓国酪農産業の課題と展望」（趙錫辰）　酪農総合研究所　2005.1　p187-189
- ◎文献「北海道酪農の生活問題」（河合知子）　筑波書房　2005.6　p141-146
- ◎参考文献ほか「資源循環型酪農・畜産の展開条件」（市川治）　農林統計協会　2007.1　p268-271
- ◎参考文献「モー革命―山地酪農で「無農薬牛乳」をつくる」（古庄弘枝）　教育史料出版会　2007.2　p209-210
- ◎文献「酪農の地域システム」（梅田克樹）　古今書院　2007.2　p257-270

ラグビー
- ◎参考文献「ラガーマンの肉体改造法」（宝田雄大）　ベースボール・マガジン社　2002.7　p152-156
- ◎参考文献「ラグビー＆サッカーinフィジー―スポーツをフィールドワーク」（橋本和也）　風響社　2006.8　p48-49
- ◎参考文献「新版早稲田ラグビー史の研究―全記録の復元と考察」（日比野博）　早稲田大出版局　2007.1　p674-675
- ◎引用参考文献「ノーサイドの精神に学ぶ人間力―真のラガーマン・真のスポーツマンを目指して」（溝畑寛治）　晃昇書房　2007.10　p173-177
- ◎参考文献「ラグビーが育てるかしこいからだ」（上野裕一ほか）　叢文社　2007.11　p200-206

ラーゲリ
- ◎参考文献「聖地ソロフキの悲劇　ラーゲリの知られざる歴史をたどる」（内田義雄）　NHK出版　2001.6　p260-262

ラジオ
- ◎注「ラジオの時代―ラジオは茶の間の主役だった」（竹山昭子）　世界思想社　2002.7　prr

羅生門
- ◎文献目録「羅城門の怪―異界往来伝記譚」（志村有弘）　角川書店　2004.2　p225-226

羅針盤
- ◎参考文献「羅針盤の謎―世界を変えた偉大な発明とその壮大な歴史」（A.D.アクゼル）　アーティストハウスパブリッシャーズ　2004.5　p209-212

ラスコーリニキ
- ◎参考資料「旧「満州」ロシア人村の人々―ロマノフカ村の古儀式派教徒」（阪本秀昭ほか）　東洋書店　2007.2　p62-63

拉致
- ◎参考文献「拉致―北朝鮮の国家犯罪」（高世仁）　講談社　2002.9　p289-290

ラディカリズム
- ◎文献「ドイツ・ラディカリズムの諸潮流―革命期の民衆　1916～21年」（垂水節子）　ミネルヴァ書房　2002.2　p49-70b

ラテンアメリカ
- ◎「ラテンアメリカ文献目録　1998年」（上智大学イベロアメリカ研究所）　上智大学イベロアメリカ研究所　2001.5　59p A5
- ◎参考文献・年表「幻の帝国―南米イエズス会士の夢と挫折」（伊藤滋子）　同成社　2001.8　p249-257
- ◎参考書目「大陸別世界歴史地図　4　南アメリカ大陸歴史地図」（エリザベス・バケダーノほか）　東洋書林　2001.8　p158-159
- ◎注「ラテンアメリカの日系人―国家とエスニシティ」（柳田利夫ほか）　慶応義塾大学出版会　2002.4　prr
- ◎参考文献「ラテンアメリカ従属論の系譜―ラテンアメリカ：開発と低開発の理論」（C.カイ）　大村書店　2002.4　p412-362
- ◎「ラテンアメリカ文献目録　1999年」（上智大学イベロアメリカ研究所）　上智大学イベロアメリカ研究所　2002.6　61p A5
- ◎「ラテンアメリカ文献目録　2000年」（上智大学イベロアメリカ研究所）　上智大学イベロアメリカ研究所　2003.6　100p A5
- ◎参考文献「香川県南米移住史」　香川県　2004.3　p441-442
- ◎「ラテンアメリカ文献目録　2001年」（上智大学イベロアメリカ研究所）　上智大　2004.6　83p A5
- ◎参考文献「ラテンアメリカ―ニュースを現代史から理解する　2版」（加茂雄三ほか）　自由国民社　2005.2　p422-432
- ◎「ラテンアメリカ文献目録　2002年」（上智大学イベロアメリカ研究所）　上智大　2005.3　84p A5
- ◎参考文献「ラテンアメリカ研究への招待　改訂新版」（国本伊代）　新評論　2005.11　prr
- ◎「ラテンアメリカ文献目録　2003年」（上智大学イベロアメリカ研究所）　上智大　2006.3　98p A5
- ◎参考文献「講座世界の先住民族―ファースト・ピープルズの現在　08」（綾部恒雄）　明石書店　2007.1　prr
- ◎参考文献「南米キリスト教美術とコロニアリズム」（岡田裕成ほか）　名古屋大出版会　2007.2　p9-32b
- ◎「ラテンアメリカ文献目録　2004年」（上智大学イベロアメリカ研究所）　上智大　2007.3　83p A5
- ◎参考文献「朝倉世界地理講座―大地と人間の物語　14　ラテンアメリカ」（坂井正人ほか）　朝倉書店　2007.7　p453-461
- ◎参考文献「ラテンアメリカの教育改革」（牛田千鶴）　行路社　2007.8　prr
- ◎引用文献「ラテンアメリカ主義のレトリック」（柳原孝敦）　エディマン　2007.9　p5-18b

◎参考文献「反米大陸―中南米がアメリカにつきつけるNO!」(伊藤千尋) 集英社 2007.12 p215-218

ラテンアメリカ　演劇
◎参考文献「ラテンアメリカ現代演劇集」(佐竹謙一) いろは館 2004.12 p298-299

ラテンアメリカ　音楽
◎参考文献ほか「タンゴの歴史」(石川浩司) 青土社 2001.6 p262-267
◎参考文献「ラテン・ミュージックという「力」　複数のアメリカ・音の現場から」(東琢磨) 音楽之友社 2003.4 p325-331
◎参考文献「ラテンアメリカ楽器紀行」(山本紀夫) 山川出版社 2005.11 p163-166

ラテンアメリカ　経済
◎参考文献「ラテンアメリカ経済史」(ビクター・バルマー＝トーマス) 名古屋大学出版会 2001.10 p11-38b
◎参考文献「ラテンアメリカ多国籍企業論―変革と脱民族化の試練」(堀坂浩太郎) 日本評論社 2002.11 p283-219
◎文献「ラテンアメリカにおける政策改革の研究」(西島章次ほか) 神戸大学経済経営研究所 2003.2 prr
◎参考文献「ラテンアメリカ経済学―ネオ・リベラリズムを超えて」(石黒馨) 世界思想社 2003.4 prr
◎参考文献「地域経済統合と重層的ガバナンス―ラテンアメリカ、カリブの事例を中心に」(松本八重子) 中央公論事業出版 2005.2 p253-277
◎参考文献「ラテン・アメリカは警告する―「構造改革」日本の未来」(内橋克人ほか) 新評論 2005.4 p337-349

ラテンアメリカ　小説
◎引用文献「フィクションと証言の間で―現代ラテンアメリカにおける政治・社会動乱と小説創作」(寺尾隆吉) 松籟社 2007.1 p13-20b

ラテンアメリカ　歴史
◎参考文献「概説ラテンアメリカ史　改訂新版」(国本伊代) 新評論 2001.2 p269-277
◎使用文献ほか「ラテンアメリカの歴史―史料から読み解く植民地時代」(染田秀藤ほか) 世界思想社 2005.5 p293-281
◎参考文献「ラテンアメリカ現代史 3」(二村久則ほか) 山川出版社 2006.4 p51-62b

ラテン語
◎参考文献「ラテン語の歴史　文庫クセジュ」(J.ダンジェル) 白水社 2001.9 p169-171
◎参考書目「ラテン語初歩　改訂版」(田中利光) 岩波書店 2002.3 p186-188
◎参考文献「楽しいラテン語」(土岐健治ほか) 教文館 2002.12 p225-226
◎参考図書「教会ラテン語・事始め」(江澤増雄) サンパウロ 2004.2 p132-134
◎参考文献「ラテン語の世界―ローマが残した無限の遺産」(小林標) 中央公論新社 2006.2 p284-288
◎参考図書「教会ラテン語・文法のあらまし」(江澤増雄) サンパウロ 2006.9 p165-166
◎参考文献「ラテン語と日本語の語源的関係」(与謝野達) サンパウロ 2006.12 p581-584

◎参考文献「中世ラテン語入門　新版」(國原吉之助) 大学書林 2007.1 p10-14f
◎参考文献「古典ラテン語文典」(中山恒夫) 白水社 2007.9 p459-461

ラトビア
◎参考文献「木漏れ日のラトヴィア」(黒沢歩) 新評論 2004.11 p238-240
◎参考文献「ラトヴィアの蒼い風―清楚な魅力のあふれる国」(黒沢歩) 新評論 2007.1 p226-227

ラピスラズリ
○書誌(堀込静香)「文献探索 2003」(文献探索研究会) 2003.12 p357-361

ラブ
○参考文献(紅野謙介ほか)「恋愛のキーワード集　国文学 46.3」(学燈社) 2001.2 p26-216

ラファエル前派
◎参考文献「ラファエル前派展カタログ」(クリストファー・ニューアル, 河村錠一郎) アルティス 2000 p162-170
◎参考文献「ラファエル前派の世界」(齊藤貴子) 東京書籍 2005.8 p254-256

ラフ族
◎参考文献「タイ山地一神教の民族誌―キリスト教徒ラフの国家・民族・文化」(片岡樹) 風響社 2007.2 p355-379

ラマ教
◎文献表「チベット仏教世界の歴史的研究」(石濱裕美子) 東方書店 2001.2 p367-380
◎参考文献「高僧の生まれ変わりチベットの少年」(イザベル・ヒルトン) 世界文化社 2001.9 p422-425
◎参考文献「チベット密教・成就の秘法―ニンマ派総本山ミンドゥルリン寺制定・常用経典集」(田中公明) 大法輪閣 2001.11 p300-301
◎「西蔵仏教基本文献　第7巻」　東洋文庫 2002.3 148p B5
◎参考図書「チベットの般若心経」(ゲシュー・ソナム・ギャルツェン・ゴンタほか) 春秋社 2002.4 p47-50b
◎文献「性と呪殺の密教―怪僧ドルジェタクの闇と光」(正木晃) 講談社 2002.12 p249-251
◎参考文献「ダライ・ラマゾクチェン入門」(ダライ・ラマ14世) 春秋社 2003.5 p2-9b
◎入門書ガイド「掌の中の無限―チベット仏教と現代科学が出会う時」(M.リカール) 新評論 2003.11 p414-415
◎参考文献「悟りへの階梯―チベット仏教の原典『菩提道次第論』」(ツォンカパほか) UNIO 2005.6 p377-381

ラーメン
◎参考文献「ラーメンの経済学」(河田剛) 角川書店 2001.9 p194-195
◎参考文献「ラーメンの誕生」(岡田哲) 筑摩書房 2002.1 p221-226
◎参考文献「無敵のラーメン論」(大崎裕史) 講談社 2002.3 p222-225
◎参考文献「文化麺類学・ラーメン篇」(奥山忠雄) 明石書店 2003.9 p289-391

LAN
- ◎文献ガイド「情報がひらく新しい世界 4 情報通信ネットワークとLAN」（長坂康史） 共立出版 2001.6 p169-170
- ◎参考文献「わかりやすいLANの技術」（小野瀬一志） オーム社 2001.9 p219-220

蘭
- ◎文献「ラン熱中症―愛しすぎる人たち」（エリック・ハンセン） NHK出版 2001.1 p283-285
- ◎参考資料「蘭への招待 その不思議なかたちと生態」（塚谷裕一） 集英社 2001.1 p219-217
- ◎参考文献「原色ランのウイルス病―診断・検定・防除」（井上成信） 農山漁村文化協会 2001.3 p187-196
- ◎文献「蘭百花図譜―19世紀ボタニカルアート・コレクション」（八坂書房） 八坂書房 2002.12 p122-123
- ◎文献「原種ラン図鑑 1 解説編」（唐沢耕司） NHK出版 2003.12 p442-447
- ◎参考文献「ファレノプシス―栽培と生産」（市橋正一ほか） 誠文堂新光社 2006.8 p239-255

蘭学
- ◎註「江戸の阿蘭陀流医師」（杉本つとむ） 早稲田大学出版部 2002.5 p363-374
- ○文献目録（日蘭学会）「日蘭学会会誌 27.1」（日蘭学会） 2002.10 p117-157
- ◎参考文献「おらんだ正月―新編」（森銑三） 岩波書店 2003.1 p347-366
- ◎年譜あり（芳賀徹ほか）「蘭学事始―ほか」（杉田玄白） 中央公論新社 2004.7 p341-348
- ◎参考書「江戸の阿蘭陀流医師 新装版」（杉本つとむ） 早稲田大学出版部 2004.12 p380-381
- ◎参考文献「明治金澤の蘭方医たち」（山嶋哲盛） 慧文社 2005.7 p211-216

卵巣がん
- ◎関連本「子宮がん・卵巣がん全書」（野澤志朗ほか） 法研 2005.11 p767-771

ランナー
- ◎参考文献「中長距離ランナーの科学的トレーニング」（デビッド・マーティン, ピーター・コー） 大修館書店 2001.7 p303-328

【り】

利益管理
- ◎参考文献「株主価値を高めるEVA経営」（佐藤紘光, 飯泉清, 斎藤正章） 中央経済社 2002.1 p237-242

利益団体
- ◎文献「現代日本の市民社会・利益団体」（辻中豊） 木鐸社 2002.4 p341-349
- ◎文献「現代韓国の市民社会・利益団体―日韓比較による体制移行の研究」（辻中豊ほか） 木鐸社 2004.4 p463-483

理科
- ◎ブックガイド「理科が面白くなる12話」（山口幸夫） 岩波書店 2001.8 prr
- ◎引用参考文献「これからの理科学習を支える教材」（日本理科教育学会） 東洋館出版社 2002.7 prr
- ◎引用参考文献「日本人はなぜ「科学」ではなく「理科」を選んだのか」（藤島弘純） 築地書館 2003.10 p218-223
- ◎文献「理科離れしているのは誰か―全国中学生調査のジェンダー分析」（村松泰子ほか） 日本評論社 2004.10 p211-216
- ◎文献「理科教育と科学史」（西條敏美） 大学教育出版 2005.10 p199-204
- ◎おススメ本「なぜ僕は理科を好きになったのだろう?」（柳田理科雄） 集英社インターナショナル 2006.10 p170-199
- ◎参考文献「フィンランドの理科教育―高度な学びと教員養成」（鈴木誠） 明石書店 2007.10 prr

理化学研究所
- ◎参考文献「理研精神八十年」（理化学研究所史編集委員会） 理化学研究所 2005.3 p589」

リーガル・リサーチ
- ◎「リーガル・リサーチ」（いしかわまりこほか） 日本評論社 2003.3 10, 372p B6

力学
- ◎参照文献「ケンブリッジの卵―回る卵はなぜ立ち上がりジャンプするのか」（下村裕） 慶應義塾大出版会 2007.7 p257-260

力士
- ◎参考文献「青森県郷土力士物語 改訂」（今靖行） 北の街社 2007.12 p358-359

陸機
- ○書籍一覧（森田ひとみ）「文献探索 2004」（文献探索研究会） 2004.4 p551-555

陸軍
- ◎参考文献「日本陸海軍事典 上 コンパクト版」（原剛ほか） 新人物往来社 2003.9 p290-292
- ◎参考文献「学校で教えない日本陸軍と自衛隊―巨大組織の実像」（荒木肇） 並木書房 2004.6 p208-210
- ◎参考文献「日本陸海軍総合事典 2版」（秦郁彦） 東京大学出版会 2005.8 p7-9f
- ◎参考文献「昭和陸軍の研究 下」（保阪正康） 朝日新聞社 2006.2 p627-629
- ◎文献「図解日本陸軍歩兵 2版」（田中正人） 並木書房 2006.5 p258-259
- ◎参考文献「帝国陸軍の〈改革と抵抗〉」（黒野耐） 講談社 2006.9 p190-194
- ◎引用文献「日本帝国陸軍と精神障害兵士」（清水寛） 不二出版 2006.12 p1-6b
- ◎引用文献「日本帝国陸軍と精神障害兵士 2版」（清水寛） 不二出版 2007.4 p1-6b

陸軍カ号観測機
- ◎参考引用文献「陸軍カ号観測機―幻のオートジャイロ開発物語」（玉手栄治） 光人社 2002.7 p350」

陸軍記念日
- ○新聞記事目録（松本武彦）「大学改革と生涯学習 9」（山梨学院生涯学習センター） 2005.3 p67-97

陸軍大学校
- ◎参考文献「参謀本部と陸軍大学校」（黒野耐） 講談社 2004.3 p259-262

陸軍中野学校
- ◎引用参考文献「諜報員たちの戦後―陸軍中野学校の真実」（斎藤充功）　角川書店　2005.7　p231-232
- ◎参考文献「陸軍中野学校―情報戦士たちの肖像」（斎藤充功）　平凡社　2006.8　p206-208

陸軍燃料廠
- ◎参考文献「陸軍燃料廠―太平洋戦争を支えた石油技術者たちの戦い」（石井正紀）　光人社　2003.5　p321-323

陸軍墓地
- ◎文献一覧「陸軍墓地が語る日本の戦争」（小田康徳ほか）　ミネルヴァ書房　2006.4　p262-269

陸軍幼年学校
- ◎参考文献「陸軍幼年学校体制の研究―エリート養成と軍事・教育・政治」（野邑理栄子）　吉川弘文館　2006.1　p230-274

陸水生物
- ◎文献目録「琉球列島の陸水生物」（西島信昇）　東海大学出版会　2003.1　p519-539

六朝小説
- ◎参考文献「山の民水辺の神々―六朝小説にもとづく民族誌」（大林太良）　大修館書店　2001.4　p3-4

離婚
- ◎参考文献「泣いて笑って三くだり半―女と男の縁切り作法」（高木侃）　教育出版　2001.4　p177-179
- ◎応援する本「シングルマザーに乾杯！　離婚・非婚を子どもとともに」（しんぐるまざーずふぉーらむ）　現代書館　2001.7　p181-183
- ◎参考文献「虐待と離婚の心的外傷」（棚瀬一代）　朱鷺書房　2001.8　p209-220
- ◎文献「別れるかもしれないふたりのために―夫婦の対話と子どものこころ」（会沢勲）　ブレーン出版　2002.2　p197-199
- ◎文献「離婚を乗り越える―離婚家庭への支援をめざして」（小田切紀子）　ブレーン出版　2004.9　p117-123
- ◎文献「結婚と離婚の法と経済学」（A. W. ドゥネスほか）　木鐸社　2004.11　prr
- ◎文献「離婚判例ガイド　2版」（二宮周平ほか）　有斐閣　2005.6　p299-300
- ◎参考文献「ストーカーの日本史―神話時代から江戸時代まで」（川口素生）　ベストセラーズ　2005.7　p226-229
- ◎参考文献「明治の結婚明治の離婚―家庭内ジェンダーの原点」（湯沢雍彦）　角川学芸出版　2005.12　p243-251
- ◎参考文献「離婚と子ども―心理臨床家の視点から」（棚瀬一代）　創元社　2007.1　p181-193
- ◎参考文献「離婚家庭の子どもの援助」（S. シュトロバッハ）　同文書院　2007.11　p159-160

リサイクル
- ◎「廃棄物リサイクル情報検索表　2001」（クリーン・ジャパン・センター）　クリーン・ジャパン・センター　2001.3　2冊　A4
- ◎参考文献「生ごみ堆肥リサイクル」（岩田進午, 松崎敏英）　家の光協会　2001.6　p223-225
- ◎文献「複雑現象を量る―紙リサイクル社会の調査」（羽生和紀, 岸野洋久）　朝倉書店　2001.9　p147-148
- ◎参考文献「図解よくわかるリサイクルエネルギー」（井熊均, 岩崎友彦）　日刊工業新聞社　2001.12　p149-150
- ◎「廃棄物・リサイクル情報検索表　2002」（クリーン・ジャパン・センター）　クリーン・ジャパン・センター　2002.3　193p　A4
- ◎文献「循環型社会の公共政策」（山谷修作）　中央経済社　2002.7　p255-258
- ◎文献「動き出す『逆モノづくり』―リサイクルプラントが主役！　―作って、戻して、生かすテクノロジー」（門脇仁）　日刊工業新聞社　2003.2　p235-236
- ◎文献「天然資源循環・再生事典」（H. Zoebelein）　丸善　2003.3　p8-9f
- ◎文献「ゼロエミッション工場―実現ノウハウと成功ポイント」（清水孝行）　日刊工業新聞社　2003.6　p203-204
- ◎参考文献「リサイクル社会への道」（寄本勝美）　岩波書店　2003.10　p199-203
- ◎文献「木質廃棄物の有効利用」（堀大才ほか）　博友社　2003.10　p131-137
- ◎参考文献「リターナルびんの話―空きびん商百年の軌跡」（戸部昇）　リサイクル文化社　2006.2　p204-206
- ◎参考文献「環境問題へのアプローチ―ごみ問題における態度と行動の矛盾に関する正当化メカニズム」（篠木幹子）　多賀出版　2007.1　p181-192
- ◎参考文献「ごみ問題と循環型社会」（坂田裕輔）　晃洋書房　2007.3　p193-198
- ◎引用参考文献「循環型社会キーワード事典」（廃棄物・3R研究会）　中央法規出版　2007.10　p207-209

リージョナリズム
- ◎参考文献「米州におけるリジョナリズムとFTA」（細野昭雄）　神戸大学経済経営研究所　2002.2　p227-233
- ◎文献案内「リージョナリズム　思考のフロンティア」（丸川哲史）　岩波書店　2003.10　p111-120

リス
- ◎参考文献「リスの医・食・住　新版」（霍野晋吉）　どうぶつ社　2007.6　p118」

リース業
- ◎文献「リース会計の理論と制度―会計上の経済的実質優先思考と使用権」（吉田勝弘）　同文舘出版　2003.6　p195-202
- ◎参考文献「現代リース会計論」（加藤久明）　中央経済社　2007.6　p261-281
- ◎参考文献「キーワードでわかるリースの法律・会計・税務　2訂版」（井上雅彦）　税務研究会出版局　2007.7　p622-623

リスク
- ◎参考文献「クレジット・リスク・モデル―評価モデルの実用化とクレジット・デリバティブへの応用」（楠岡成雄ほか）　金融財政事情研究会　2001.6　p155-156
- ◎参考文献「信用リスクの測定手法のすべて―VARへの新しいアプローチ」（アンソニー・サウンダース）　金融財政事情研究会　2001.8　p213-215
- ◎参考文献「リスク―制御のパラドクス」（土方透ほか）　新泉社　2002.1　p3-24b
- ◎文献「オペレーショナル・リスクのすべて」（三菱信託銀行オペレーショナル・リスク研究会）　東洋経済新報社　2002.3　p211-212
- ◎引用文献「現代社会のゆらぎとリスク」（山口節郎）　新曜社　2002.4　p267-277

◎引用文献「心理学が描くリスクの世界―行動的意思決定入門」（広田すみれほか）　慶応義塾大学出版会　2002.4　prr
◎文献「環境リスク心理学」（中谷内一也）　ナカニシヤ出版　2003.2　p169-175
◎文献「個人的リスク志向・回避行動の個人差を規定する要因の分析」（上市秀雄）　風間書房　2003.2　p135-139
◎文献「電力取引とリスク管理―エネルギー市場取引入門」（J. ウェングラー）　エネルギーフォーラム　2003.6　p334-335
◎参考文献「入門リスク分析―基礎から実践」（D. ヴォース）　勁草書房　2003.7　p539-544
◎参考文献「統合リスク管理」（新日本監査法人）　金融財政事情研究会　2003.9　prr
◎文献「リスクマネー・チェンジ」（真壁昭夫ほか）　東洋経済新報社　2003.10　p273-278
◎文献「若者の感性とリスク―ベネフィットからリスクを考える」（土田昭司ほか）　北大路書房　2003.10　p137-141
◎参考文献「バリュー・アット・リスクのすべて―The new benchmark for managing financial risk　新版」（P. ジョリオン）　シグマベイスキャピタル　2003.11　p613-622
◎文献「世界リスク社会論―テロ、戦争、自然破壊」（U. ベック）　平凡社　2003.11　p169-177
◎文献「熊とワルツを―リスクを愉しむプロジェクト管理」（T. デマルコほか）　日経BP社　2003.12　p217-223
◎引用文献「ゼロリスク評価の心理学」（中谷内一也）　ナカニシヤ出版　2004.2　p125-129
◎参考文献「新しい金融秩序―来るべき巨大リスクに備える」（R. J. シラー）　日本経済新聞社　2004.2　p444-469
◎参考文献「年金ALMとリスク・バジェッティング　シリーズ年金マネジメント3」（田中周二ほか）　朝倉書店　2004.3　p177-179
◎文献「デリバティブの落とし穴―破局に学ぶリスクマネジメント」（可児滋）　日本経済新聞社　2004.5　p344-350
◎参考文献「戦略的事業リスク経営―ノーリスク・ノーマネジメント」（P. L. ウォーカーほか）　東洋経済新報社　2004.11　p207-211
◎参考文献「リスク眼力」（小島正美）　北斗出版　2005.3　p249-253
◎参考文献「リスク理論入門―どれだけ安全なら充分なのか」（瀬尾佳美）　中央経済社　2005.4　p172-174
◎引用文献「リスク・パーセプションと人間行動」（深澤伸幸）　高文堂出版社　2005.6　p204-213
◎文献「都市社会とリスク―豊かな生活をもとめて」（藤田弘夫ほか）　東信堂　2005.6　prr
◎参考文献「リスクのモノサシ―安全・安心生活はありうるか」（中谷内一也）　NHK出版　2006.7　p245-248
◎参考文献「リスク社会を見る目」（酒井泰弘）　岩波書店　2006.9　p217-223
◎参考文献「日本のクレジット市場―その誕生、発展と課題」（島義夫）　シグマベイスキャピタル　2006.9　p295-298
◎注「交通事故はなぜなくならないか―リスク行動の心理学」（G. J. S. ワイルド）　新曜社　2007.2　p6-49b

◎参考文献「リスクとしての教育―システム論的接近」（石戸教嗣）　世界思想社　2007.3　p209-203
◎参考文献「信用リスクモデル入門―バーゼル合意とともに」（D. R. デヴェンター）　東洋経済新報社　2007.4　p299-302
◎参考文献ほか「監査リスクの基礎」（高田敏文）　同文舘出版　2007.5　p197-216
◎文献解題「リスク学入門　1　リスク学とは何か」（橘木俊詔ほか）　岩波書店　2007.7　p179-186
◎参考文献「信用リスク計測とCDOの価格付け」（室町幸雄）　朝倉書店　2007.9　p199-202
◎文献「日本人はなぜ原子力に不安を抱くのか―日本人の心とリスク」（青山喬）　医療科学社　2007.9　p174-175

リスクアセスメント
◎参考文献「食の安全とリスクアセスメント」（熊谷進ほか）　中央法規出版　2004.4　prr
◎参考文献「ビスフェノールA」（中西準子ほか）　丸善　2005.11　p243-264
◎参考文献「鉛」（中西準子ほか）　丸善　2006.9　p261-275
◎引用参考文献「生態環境リスクマネジメントの基礎―生態系をなぜ、どうやって守るのか」（浦野紘平ほか）　オーム社　2007.3　prr
◎参考文献「銅ピリチオン」（中西準子ほか）　丸善　2007.3　p161-166
◎参考文献「アセトアルデヒド」（中西準子ほか）　丸善　2007.7　p279-305
◎原注「環境リスクと合理的意思決定―市民参加の哲学」（K. シュレーダー＝フレチェット）　昭和堂　2007.11　p13-92b

リスクマネジメント　⇒　危機管理　をも見よ
◎参考文献「債券投資のリスクマネジメント」（ベネット・W. ゴルブ, リオ・M. ティルマン）　金融財政事情研究会　2001.2　p334-341
◎参考文献「不動産証券化のリスクマネジメント―定量的アセットマネジメントのすすめ」（中村孝明）　山海堂　2001.11　p236-237
◎参考文献「実践ビジネス・リスク・マネジメント」（土田義憲）　大蔵財務協会　2002.3　p233-234
◎文献「実践危機マネジメント―理論戦略ケーススタディ―危機に強い組織づくりのために」（危機マネジメント研究会）　ぎょうせい　2002.4　p574-576
◎文献「プロジェクト・リスクマネジメント―リスクを未然に防ぐプロアクティブ・アプローチ」（ポール・S. ロイヤー）　生産性出版　2002.12　p145-146
◎文献「危機対応のエフィカシー・マネジメント―「チーム効力感」がカギを握る」（高田朝子）　慶応義塾大学出版会　2003.1　p179-185
◎参考文献「リスクマネジメントと会計」（古賀智敏ほか）　同文舘出版　2003.4　prr
◎文献「リスク・マネジメントの心理学―事故・事件から学ぶ」（岡本浩一ほか）　新曜社　2003.6　p9-23b
◎文献「トータル・リスクマネジメント―企業価値を高める先進経営モデルの構築」（竹谷仁宏）　ダイヤモンド社　2003.9　p219-223
◎参考文献「リスクマネジメントと保険の基礎」（赤堀勝彦）　経済法令研究会　2003.10　p369-371
◎参考文献「企業価値創造型リスクマネジメント―その概念と事例」（上田和勇）　白桃書房　2003.10　prr

◎文献「リスクマネジメントと企業倫理―パーソナルハザードをめぐって」（中林真理子）　千倉書房　2003.11　p149-156
◎参考文献「実践・リスクマネジメント―製品開発の不確実性をコントロールする5つのステップ」（P. G. スミス）　生産性出版　2003.12　prr
◎文献「収益を作る戦略的リスクマネジメント―米国優良企業の成功事例」（T. L. バートンほか）　東洋経済新報社　2003.12　p281-284
◎参考文献「リスクマネジメント」（M. Crouhy）　共立出版　2004.3　p571-585
◎参考文献「リスクマネジメントの術理―新BIS時代のERMイノベーション」（樋渡淳二ほか）　金融財政事情研究会　2005.7　prr
◎参考引用文献ほか「図説金融工学とリスクマネジメント―市場リスクと考える視点」（吉藤茂）　金融財政事情研究会　2005.12　p239-242
◎参考文献「天候リスクの戦略的経営―EaRとリスクスワップ」（刈屋武昭ほか）　朝倉書店　2005.12　p177-178
◎参考文献「全社的リスクマネジメント　フレームワーク篇」（COSO）　東洋経済新報社　2006.3　p155-157
◎参考文献「トータルリスクマネジメント―企業価値向上への統合的リスク管理」（戦略・業務改革チーム）　生産性出版　2006.8　p211-213
◎参考文献「実践事業継続マネジメント―災害に強い企業をつくるために」（東京海上日動リスクコンサルティング）　同文舘出版　2006.12　p198-200
◎参考文献「高信頼性組織の条件―不測の事態を防ぐマネジメント」（中西晶）　生産性出版　2007.1　p171-176
◎参考文献ほか「企業リスク・マネジメント入門―ARTの戦略的活用法」（E. バンクス）　シグマベイスキャピタル　2007.2　p365-366
◎参考文献「企業リスクマネジメント―内部統制の手法として」（吉川吉衞）　中央経済社　2007.3　p256-269
◎引用参考文献「IT統制に活かすセキュリティリスクマネジメント入門―企業の内部統制構築の第一歩」（関竜司）　日科技連出版社　2007.4　p169-171
◎参考文献「危機のマネジメント―事故と安全　チームワークによる克服」（E. サラスほか）　ミネルヴァ書房　2007.4　p283-316
◎参考文献「企業不祥事事典―ケーススタディ150」（日外アソシエーツ）　日外アソシエーツ　2007.7　prr
◎参考文献ほか「リスクマネジメント構築マニュアル―法改正によるリスク増大に対応する―内部統制強化による危機管理の進め方」（茂木寿）　かんき出版　2007.9　p284-285
◎文献「不祥事を防ぐ市場対応ハンドブック―情報開示からリコール実施まで」（久新大四郎）　唯学書房　2007.9　p293-294
◎参考文献「あなたの会社の評判を守る法」（久新大四郎）　講談社　2007.10　p244-242
◎参考文献「クレジットリスクモデリング入門」（C. ブルームほか）　シグマベイスキャピタル　2007.12　p295-303

リストラクチャリング
◎参考文献「リストラクチャリング―成長へ向けた企業構造改革」（水留浩一, 宮崎真澄）　東洋経済新報社　2001.11　p297-300
◎参考文献「辞めてはいけない―キーワードで読むリストラ」（中森勇人）　岩波書店　2002.9　p7-8b
◎参考文献「リストラとワークシェアリング」（熊沢誠ほか）　岩波書店　2003.4　p201-206

理性
◎文献「理性はどうしたって綱渡りです」（R. フォグリン）　春秋社　2005.8　p1-8b

リタイア生活
◎参考文献「海外リタイア生活術―豊かな「第二の人生」を楽しむ」（戸田智弘）　平凡社　2001.11　p226-227

リーダーシップ
◎文献「リーダーシップと安全の科学」（原子力安全システム研究所社会システム研究所）　ナカニシヤ出版　2001.4　p105-107
◎引用文献「リーダーシップの社会心理学」（淵上克義）　ナカニシヤ出版　2002.9　p225-251
◎参考文献「問題解決型リーダーシップ」（佐久間賢）　講談社　2003.2　p205-204
◎参考文献「リーダーシップの政治学」（石井貫太郎）　東信堂　2004.4　p155-164
◎参考文献「リーダーシップ・サイクル―教育する組織をつくるリーダー」（N. M. ティシーほか）　東洋経済新報社　2004.12　p9-21b
◎文献案内ほか「リーダーシップ入門」（金井壽宏）　日本経済新聞社　2005.3　p318-330
◎参考文献「コンプレックスモデルによる組織変革の経営統率力―中堅・中小企業のリーダー像を解明する」（中井誠）　同友館　2005.4　p191-196
◎文献「グローバル企業のトップマネジメント―本社の戦略的要件とグローバルリーダーの育成」（高橋浩夫）　白桃書房　2005.5　p203-210
◎参考文献「脱カリスマ時代のリーダー論」（米倉誠一郎）　NTT出版　2005.6　p234-236
◎参考文献「戦略の本質―戦史に学ぶ逆転のリーダーシップ」（野中郁次郎ほか）　日本経済新聞社　2005.8　p366-375
◎参考文献「実践リーダーをめざすひとの仕事術」（M. ウィリアムズほか）　新水社　2005.9　p153-156
◎参考文献「リーダーシップ・スペクトラム―事業のライフサイクルに対応するリーダーシップ」（M. B. リピット）　春秋社　2006.1　p1-4b
◎参考文献「ハーバード流リーダーシップ「入門」」（D. Q. ミルズほか）　ファーストプレス　2006.4　p301-303
◎参考文献「リーダーへの旅路―本当の自分、キャリア、価値観の探求」（B. ジョージほか）　生産性出版　2007.7　p298-302
◎参考文献「リーダーシップ」（小野善生）　ファーストプレス　2007.7　p110-112
◎参考文献ほか「創造的リーダーシップ―ファシリテーションの極意をつかめ!」（B. ミラーほか）　北大路書房　2007.8　p101-104
◎参考文献「人を動かす人の習慣」（K. フライバーグほか）　日経BP社　2007.12　p390-391

立教大学図書館
◎「立教大学図書館新座保存書庫―文献案内」（小関昌男）　小関昌男　2001.5　61p B5

立正安国論
- ◎読書案内「日蓮　立正安国論ほか」（紀野一義）　中央公論新社　2001.9　p399-400

立正佼成会
- ◎参考文献「日本の社会参加仏教―法音寺と立正佼成会の社会活動と社会倫理」（ランジャナ・ムコパディヤーヤ）　東信堂　2005.5　p304-313

立身出世
- ◎注「立身出世主義―近代日本のロマンと欲望」（竹内洋）　世界思想社　2005.3　p267-280

立体幾何学
- ◎参考文献ほか「多面体」（P. R. クロムウェル）　シュプリンガー・フェアラーク東京　2001.12　p408-427

立体主義
- ◎参考文献「未来主義と立体主義　コレクション・モダン都市文化27」（石田仁志）　ゆまに書房　2007.6　p819-820

立地論
- ◎文献一覧「立地論入門」（松原宏）　古今書院　2002.4　p151-162

立法
- ◎参考文献「立法学―序論・立法過程論」（中島誠）　法律文化社　2004.9　p271-278
- ◎「日本立法資料全集　別巻349　民事訴訟法文献立法資料総目録　戦前編」（信山社編集部）　信山社　2005.9　1347p A5
- ◎参考文献「基本法立法過程の研究」（盛岡多智男）　山梨学院大　2005.11　p330-354
- ◎参考文献「立法の制度と過程」（福元健太郎）　木鐸社　2007.2　p208-219
- ◎参考文献「法整備支援論―制度構築の国際協力入門」（香川孝三ほか）　ミネルヴァ書房　2007.4　p261-275
- ◎参考文献「立法学―序論・立法過程論　新版」（中島誠）　法律文化社　2007.10　p305-313

律令
- ◎引用文献「唐令逸文の研究」（中村裕一）　汲古書院　2005.1　p653-659

律令国家
- ◎参考文献「律令国家の転換と「日本」　日本の歴史05」（坂上康俊）　講談社　2001.3　p349-359

リトアニア
- ◎注「リトアニア―民族の苦悩と栄光」（畑中幸子ほか）　中央公論新社　2006.7　p264-251
- ◎参考文献「バルト三国歴史紀行 3　リトアニア」（原翔）　彩流社　2007.5　p207-210

離島
- ◎文献ほか「日本の離島と高速船交通」（奥野一生）　竹林館　2003.9　p124-168

リトミック
- ◎文献「リトミック事典」（R. リングほか）　開成出版　2006.11　p351-362

リニアモーターカー
- ◎参考文献「環境にやさしいリニアモーターを用いた新交通システム」（饗庭貢）　北國新聞社出版局　2006.11　p203-206

リネン
- ◎文献「リネンが好き」（前田まゆみ）　文化出版局　2002.6　p92-93

リノベーション
- ◎100冊「リノベーションの現場」（五十嵐太郎ほか）　彰国社　2005.12　p301-300

リバースモーゲージ
- ◎参考文献「持家資産の転換システム―リバースモーゲージ制度の福祉的効用」（倉田剛）　法政大出版局　2007.3　p209-210

リバタリアニズム
- ◎参考文献「自由はどこまで可能か―リバタリアニズム入門」（森村進）　講談社　2001.2　p213-216

リハビリテーション
- ◎文献「障害児の心理的理解―幼少期のリハビリテーション保育の理念」（深津時吉, 岸勝利）　ブレーン出版　2001.1　p199-202
- ◎文献「入門リハビリテーション概論　第4版」（中村隆一）　医歯薬出版　2001.3　p291-298
- ◎引用文献「講座・臨床動作学 2　肢体不自由動作法」（成瀬悟策）　学苑社　2001.5　p237-240
- ◎文献「リハビリテーションに対する行動学的方法―変化をとらえ，変化をうながす」（E. Greif, R. G. Matarazzo）　協同医書出版社　2001.6　p179-181
- ◎文献「講座・臨床動作学 6　スポーツ動作法」（成瀬悟策）　学苑社　2001.10　p232-236
- ◎参考文献「精神障害者地域リハビリテーション実践ガイド」（久保紘章, 長山恵一, 岩崎晋也）　日本評論社　2002.2　prr
- ◎文献「介護・依存から自立へ 1　ソリ付4輪歩行器による補助歩行の獲得」（木村哲彦）　シビル出版　2002.3　p198-200
- ◎参考文献「子どものリハビリテーション」（石田三郎）　同成社　2002.4　p195-196
- ◎文献「精神障害者等を中心とする職業リハビリテーション技法に関する総合的研究―中間報告書」（日本障害者雇用促進協会障害者職業総合センター）　日本障害者雇用促進協会障害者職業総合センター　2002.11　p98-102
- ◎関連図書「「図説」精神障害リハビリテーション」（野中猛）　中央法規出版　2003.5　p142-149
- ◎文献「脱入院化時代の地域リハビリテーション」（江畑敬介）　星和書店　2003.9　p107-115
- ◎参考文献「リハビリテーション評価ガイドブック―帰結評価の考え方と進め方」（E. Finchほか）　ナップ　2004.6　prr
- ◎参考文献「社会リハビリテーション論」（相澤譲治ほか）　三輪書房　2005.1　prr
- ◎参考文献「実践地域リハビリテーション私論―ユニバーサル社会への道標」（澤村誠志）　三輪書店　2005.6　p407-410
- ◎参考文献「ステップス・トゥ・フォロー　改訂2版」（P. M. デービス）　シュプリンガーV東京　2005.8　p423-429
- ◎文献「生活技能訓練基礎マニュアル―対人的効果訓練―自己主張と生活技能改善の手引き　ハンディ版」（R. P. リバーマンほか）　新樹会創造出版　2005.10　p131-145

◎参考文献「リハビリテーション実践ハンドブック」（Garrison, SJ）　シュプリンガーV東京　2005.12　prr
◎参考引用文献「リハビリテーション・ルネサンス―心と脳と身体の回復　認知運動療法の挑戦」（宮本省三）春秋社　2006.1　p1-16b
◎参考文献「リハビリテーションとソーシャルワーク―対人援助技術の統合化」（平岡一雅）　武蔵野大出版会　2006.9　prr
◎文献「社会リハビリテーションの理論と実際」（奥野英子）　誠信書房　2007.3　p239-244
◎引用文献「生によりそう「対話」―医療・介護現場のエスノグラフィーから」（土屋由美）　新曜社　2007.3　p1-2b
◎参考文献「社会リハビリテーション論」（相澤譲治ほか）　三輪書店　2007.4　prr
◎文献「摂食・嚥下リハビリテーション　2版」（鎌倉やよいほか）　医歯薬出版　2007.9　p413-437
◎文献「入門リハビリテーション医学　3版」（岩谷力ほか）　医歯薬出版　2007.9　p729-763
◎参考文献「リラの花咲く頃に―リハビリの心医の心」（岡本五十雄）　桐書房　2007.12　p188-190

理蕃政策
◎文献（石丸雅邦）「台湾原住民研究―日本と台湾における回顧と展望」（シンポジウム実行委員会）　風響社　2006.1　p181-197

リビア
◎参考文献「リビア物語―世界遺産と大砂漠の旅」（滝口鉄夫）　論創社　2007.2　p194」

リビング・ウィル
◎参考文献「リビング・ウィルと尊厳死」（福本博文）　集英社　2002.2　p201-204

リフォーム
◎文献「リフォームを真剣に考える―失敗しない業者選びとプランニング」（鈴木隆）　光文社　2004.6　p218-227

リベラリズム
◎参考文献「「フェミニズムとリベラリズム」フェミニズムの主張　5」（江原由美子）　勁草書房　2001.10　p6-14b
◎文献「リベラリズムの再生―可謬主義による政治理論」（施光恒）　慶応義塾大学出版会　2003.8　p341-354

リモートセンシング
◎参考文献ほか「図解リモートセンシング　改訂版」（日本リモートセンシング研究会）　日本測量協会　2001.5　p306-312
◎参考文献「独習リモートセンシング」（新井康平）　森北出版　2004.9　p169-171

龍
◎引用文献「ワニと龍　恐竜になれなかった動物の話」（青木良輔）　平凡社　2001.5　p239-236
◎参考文献ほか「龍の系譜　中国を動かす秘密結社」（M.ブース）　中央公論新社　2001.10　p509-519
◎参考文献「龍の棲む日本」（黒田日出男）　岩波書店　2003.3　p219-228

流域
◎参考文献「流域学事典―人間による川と大地の変貌」（新谷融ほか）　北海道大出版会　2006.7　p209-216

留学
◎参考目録「中国近現代教育文献資料集　1」（佐藤尚子ほか）　日本図書センター　2005.1　p360-365
◎参考文献「大学事務職員のための日中留学交流の手引き」（切通しのぶほか）　関西学院大出版会　2005.4　prr

留学生
◎参考文献「留学生の異文化間心理学―文化受容と援助の視点から」（井上孝代）　玉川大学出版部　2001.2　p295-323
◎引用文献「留学生の被援助志向性に関する心理学的研究」（水野治久）　風間書房　2003.2　p113-123
◎文献目録「パリ1900年・日本人留学生の交遊―『パンテオン会雑誌』資料と研究」（『パンテオン会雑誌』研究会ほか）　ブリュッケ　2004.9　p82-87
◎参考文献「皇室特派留学生―大韓帝国からの50人」（武井一）　白帝社　2005.12　p203-206
◎参考文献「陽が開くとき―幕末オランダ留学生」（東秀紀ほか）　NHK出版　2005.12　p406-407
◎引用参考文献「日本人留学生のアイデンティティ変容」（末広美樹）　大阪大出版会　2006.2　p215-226
○文献目録（坪井健）「駒沢社会学研究　38」（駒澤大）　2006.3　p23-65
◎参考文献ほか「留学生受入れの手引き」（JAFSA「留学生受入れの手引き」プロジェクト）　JAFSA　2006.5　p232-260
◎引用文献「中国人留学生・研修生の異文化適応」（葛文綺）　渓水社　2007.2　p129-133
◎文献目録「日本で学ぶアジア系外国人―研修生・技能実習生・留学生・就学生の生活と文化変容　増補版」（浅野慎一）　大学教育出版　2007.10　p465-482, 530

流言
◎参考文献「流言・投書の太平洋戦争」（川島高峰）　講談社　2004.12　p331-328

流行
◎参考文献「流行と日本人―若者の購買行動とファッション・マーケティング」（辻幸恵）　白桃書房　2001.6　p159-165
◎参考文献「流行とブランド―男子大学生の流行分析とブランド視点」（辻幸恵ほか）　白桃書房　2004.3　p165-175

流行歌
◎参考文献「演歌に生きた男たち　その栄光と挫折の時代」（今西英造）　中央公論新社　2001.8　p315-316
◎文献「演歌の達人―高音の哀しみ」（佐藤稟一）　智書房　2001.11　p273-278
◎参考文献「大誤訳ヒット曲は泣いている」（西山保）　光文社　2003.5　p173-176
◎参考文献「読むJ-pop―1945-2004」（田家秀樹）　朝日新聞社　2004.11　p351-355
◎引用参考文献「歌謡曲はどこへ行く？―流行歌と人々の暮らしの昭和二〇～四〇年」（阿子島たけし）　つくばね舎　2005.2　p230-231
◎読書案内「ポップミュージックで社会科」（細見和之）　みすず書房　2005.6　p15-158

◎参考文献ほか「「十九の春」を探して―うたに刻まれたもう一つの戦後史」（川井龍介）　講談社　2007.4　p282-285
◎文献索引「音楽の記憶―ポップ・ミュージックと本の青春」（杉原志啓）　アーツアンドクラフツ　2007.4　p196-201
◎引用書籍「学生街の喫茶店はどこに」（里木陽市）　アートデイズ　2007.9　p220-221

流出油
◎文献「流出油の海洋生態系への影響―ナホトカ号の事例を中心に」（大和田紘一ほか）　恒星社厚生閣　2005.4　prr

流体
◎参考文献「カオスの自然学―水・大気・音・生命・言語から　新装版」（T. シュベンク）　工作舎　2005.3　p311-318

流体力学
◎文献「トリトン流体力学　上」（D. J. トリトン）　インデックス出版　2002.4　p9-25b

流通
◎参考文献ほか「デジタル流通戦略　新版」（原田保）　同友館　2001.2　p255-270
◎引用文献「日本の流通システムと情報化―流通空間の構造変容」（箸本健二）　古今書院　2001.2　p209-219
◎参照文献「現代流通の解読」（坂本秀夫）　同友館　2001.4　p279-287
◎参考資料「流通経済論―生活創造と商の原理探究の道」（市川浩平）　晃洋書房　2001.4　p235-240
◎文献「ロジスティクス工学」（久保幹雄）　朝倉書店　2001.6　p193-197
◎文献案内「ベーシック流通と商業―現実から学ぶ理論と仕組み」（原田英生, 向山雅夫, 渡辺達朗）　有斐閣　2002.2　p291-296
◎参考文献「ビジネス・エッセンシャルズ　5　流通」（大阪市立大学商学部）　有斐閣　2002.3　p275-278
◎参照文献「産業立地の経済学―ロジスティクス―費用接近」（フィリップ・マッカン）　流通経済大学出版会　2002.3　p277-289
◎参考文献「新・流通と商業　改訂版　第2補訂」（鈴木安昭）　有斐閣　2002.4　p232-233
◎参考文献「小売流通経営―戦略決定と実行」（D. ウォルターズ）　同文舘出版　2002.11　p377-379
◎文献「石油流通システム」（小嶌正稔）　文眞堂　2003.2　p438-450
◎参考文献「流通システムの構造分析」（中山雄司）　大阪府立大　2003.3　p125-129
◎参考文献「現代物流概論　2訂版」（國領英雄）　成山堂書店　2003.4　p217-228
◎参考文献「現代フランスの流通と社会―流通構造・都市・消費の背景分析」（白石善章ほか）　ミネルヴァ書房　2003.6　prr
◎注「商品流通の近代史」（中西聡ほか）　日本経済評論社　2003.8　prr
◎文献「「売る」ロジスティクス品質の創造」（宇野修）　白桃書房　2003.12　p185-186
◎参考文献「現代流通の潮流　新版」（鷲尾紀吉）　同友館　2004.1　p263-266
◎参考文献「新取引制度の構築―流通と営業の革新」（根本重之）　白桃書房　2004.1　p321-323

◎参考文献「新・流通と商業　3版」（鈴木安昭）　有斐閣　2004.3　p232-233
◎参考文献「流通・営業戦略　現代のマーケティング戦略3」（小林哲ほか）　有斐閣　2004.3　prr
◎文献「日本の流通と都市空間」（荒井良雄ほか）　古今書院　2004.8　prr
◎参考文献「競争と協力―情報通信技術・流通・NPO」（大駅潤）　学文社　2004.10　p153-161
◎参考文献「日本の流通100年」（石原武政ほか）　有斐閣　2004.12　prr
◎参考文献「現代の物流―理論と実際」（武城正長ほか）　晃洋書房　2005.5　p203-209
◎参照文献「現代流通の解説　新版」（坂本秀夫）　同友館　2005.9　p307-316
◎参考文献「現代企業における生産と流通―「拡張した延期・投機論」の構築をめざして」（裴俊淵）　文眞堂　2005.10　p138-142
◎参考文献「流通・マーケティング」（渡辺好章）　慶應義塾大出版会　2005.10　prr
◎参考文献「流れわざのシルクロード―流量計測の歴史」（小川胖）　日本工業出版　2006.2　prr
◎参考文献「日本的流通システムの動態」（加藤司）　千倉書房　2006.3　p281-295
◎参考文献「国際流通論―理論と政策」（鷲尾紀吉）　創成社　2006.11　p267-270
◎参考文献「流通パートナーシップのマネジメント」（山本敏久）　文理閣　2006.12　p169-178
◎参考文献「効率的顧客対応のマネジメント」（藤本武士）　文理閣　2007.5　p190-201
◎参考文献「変貌する産業とロジスティクス」（ジェイアール貨物・リサーチセンター）　成山堂書店　2007.5　p213-215
◎参考文献「ロジスティクスの数理」（久保幹雄）　共立出版　2007.6　p185-189
◎参考文献「フランスの流通―流通の歴史・政策とマルシェの経営」（田中道雄）　中央経済社　2007.12　p223-230

流通関係法
◎参考文献「流通関係法―商流・物流の基本法規と解説」（野尻俊明）　白桃書房　2001.5　p313-315

流通業
◎参考文献「流通経済から見る現代―消費生活者本位の流通機構」（阿部真也ほか）　ミネルヴァ書房　2003.5　prr
◎参考文献「〈最新〉よくわかる中国流通業界」（寺嶋正尚ほか）　日本実業出版社　2003.10　p189-192
◎参考文献「近代流通組織化政策の史的展開―埼玉における産地織物業の同業組合・産業組合分析」（白戸伸一）　日本経済評論社　2004.4　p277-283
◎参考文献「日本流通企業の戦略的革新―創造的企業進化のメカニズム」（陳海権）　日本僑報社　2004.4　p414-427
◎文献「ヨーロッパの大規模流通業―国際的成長の戦略と展望」（E. コッラ）　ミネルヴァ書房　2004.6　p305-313

流通史
◎参考文献「流通経済史―新体系日本史　12」（桜井英治）　山川出版社　2002.8　p13-18b
◎注「日本流通史」（石井寛治）　有斐閣　2003.1　prr

りょう

◎注「歴史に学ぶ流通の近代」(田島義博)　日経事業出版センター　2004.4　prr
◎参考文献「商品流通と駄賃稼ぎ」(増田広美)　同成社　2005.4　p209-210
◎参考文献「近代日本流通史」(石井寛治)　東京堂出版　2005.9　p268-273
◎参考文献「日本流通マーケティング史―現代流通の史的諸相」(小原博)　中央経済社　2005.11　p257-262

猟

◎註「わが国における威嚇猟とその用具　野兎狩の場合を中心に」(天野武)　岩田書院　2003.3　p79-82

猟奇

◎総目次(山前譲)「「猟奇」選作選　幻の探偵雑誌6」光文社　2001.3　p464-507

楞嚴經

◎参考文献「敦煌本『楞厳経』の研究」(崔昌植)　山喜房仏書林　2005.8　p479-483

聊斎志異

◎参考文献「聊斎志異を読む　妖怪と人との幻想劇」(稲田孝)　講談社　2001.7　p242-244

量子暗号

◎参考文献ほか「量子暗号―絶対に盗聴されない暗号をつくる」(石井茂)　日経BP社　2007.10　p277-286

量子論

◎文献「心の影―意識をめぐる未知の科学を探る　2」(ロジャー・ペンローズ)　みすず書房　2002.4　p239-261
◎文献リスト「量子論の発展史」(高林武彦)　筑摩書房　2002.5　p358-370
◎参考文献「量子のからみあう宇宙―天才物理学者を悩ませた素粒子の奔放な振る舞い」(A.D.アクゼル)　早川書房　2004.8　p257-260

良心の自由

◎参考文献「良心の自由　増補版」(西原博史)　成文堂　2001.1　p1-22b

梁塵秘抄

◎参考文献「新編日本古典文学全集　42　神楽歌・催馬楽・梁塵秘抄・閑吟集」(臼田甚五郎ほか)　小学館　2000.12　p529-532
◎論文目録「梁塵秘抄とその周縁―今様と和歌・説話・物語の交流」(植木朝子)　三省堂　2001.5　p316-332
◎文献「梁塵秘抄のうたと絵」(五味文彦)　文藝春秋　2002.1　p217-219

両性具有

◎原注「両性具有―ヨーロッパ文化のなかの「あいまいな存在」の歴史」(P.グライユ)　原書房　2003.3　p201-242

両棲類

◎参考引用文献「これからの両棲類学」(松井正文)　裳華房　2005.8　p265-280

領土問題

◎参考文献「世界の領土・境界紛争と国際裁判―外交交渉と司法的解決の併用を目指して」(金子利喜男)　明石書店　2001.5　p13-14
◎参考文献「密漁の海で―正史に残らない北方領土」(本田良一)　凱風社　2004.6　p386-387
◎参考文献「日本の国境」(山田吉彦)　新潮社　2005.3　p204-206

陵墓

◎参考文献「始皇帝の地下帝国」(鶴間和幸)　講談社　2001.5　p275-278
◎参考文献「陵墓等関係文書目録　末永雅雄先生旧蔵資料集1」(橿原考古学研究所)　橿原考古学協会　2005.7　p293-294

料理

◎参考文献「調理学実習　改訂(第5版)」(田口アイほか)　熊谷印刷出版部　2001.3　p201-202
◎参考図書「古代ギリシア・ローマの料理とレシピ」(A.ドルビーほか)　丸善　2002.7　p226-221
◎参考文献「旬の魚はなぜうまい」(岩井保)　岩波書店　2002.9　p4-6b
◎文献「ことばは味を超える　美味しい表現の探求」(瀬戸賢一)　海鳴社　2003.2　p305-312
◎参考文献「テレビ料理人列伝」(河村明子)　NHK出版　2003.12　p218
◎参考文献「最古の料理」(J.ボテロ)　法政大学出版局　2003.12　p1-5b
◎参考文献「味ことばの世界」(瀬戸賢一ほか)　海鳴社　2005.2　p247-252
◎参考文献「プロのためのフランス料理の歴史―時代を変えたスーパーシェフと食通の系譜」(J.P.プーランほか)　学習研究社　2005.4　p198」
◎文献「「ゲテ食」大全」(北寺尾ゲンコツ堂)　データハウス　2005.12　p243-245
◎参考文献「料理をするとはどういうことか―愛と危機」(J.C.コフマン)　新評論　2006.7　p405-392
◎参考資料「復刻海軍割烹術参考書」(前田雅之)　イプシロン出版企画　2007.9　p163-164

料理店

◎文献「海陽亭―三代目女将が語る」(宮松芳子)　小樽本店海陽亭　2003.3　p271-273
◎参考文献「料理屋のコスモロジー」(高田公理)　ドメス出版　2004.10　prr

緑地環境

◎参考図書「緑地環境学」(小林裕志,福山正隆)　文永堂出版　2001.10　p285-290

緑地計画

◎参考文献「都市と緑地―新しい都市環境の創造に向けて」(石川幹子)　岩波書店　2001.1　p13-27b
◎参考文献「環境緑化のすすめ」(丸田頼一)　丸善　2001.3　p187-189
◎参考文献「コミュニティガーデン―市民が進める緑のまちづくり」(越川秀治)　学芸出版社　2002.6　p187-189
◎関連図書「知っておきたい屋上緑化のQ&A」(都市緑化技術開発機構)　鹿島出版会　2003.12　p150-151
◎参考文献「都市緑花―造園の知恵で花と緑の都市再生」(近藤三雄)　講談社　2004.3　p220-221
◎文献目録「生態工学の基礎―生きた建築材料を使う土木工事」(H.M.シヒテル)　築地書館　2004.10　p217-228
◎参考文献「都市緑地の創造　シリーズ緑地環境学4」(平田富士男)　朝倉書店　2004.10　prr

◎文献ほか「都市と緑―近代ドイツの緑化文化」（穂鷹知美）　山川出版社　2004.11　p7-32b
◎参考文献「緑地環境のモニタリングと評価」（恒川篤史）　朝倉書店　2005.9　p231-235
◎参考文献「都市のエコロジカルネットワーク　2　計画づくりと自然環境情報の整備・活用ガイド」（都市緑化技術開発機構）　ぎょうせい　2006.10　p233-234
◎参考文献「環境デザイン学―ランドスケープの保全と創造」（森本幸裕ほか）　朝倉書店　2007.4　prr

緑地工学
◎参考引用文献「造園・緑地工学がわかる本」（河口智志）　新風舎　2004.4　p125-127

緑茶
◎参考文献「緑茶の事典　新訂版」（日本茶業中央会）　柴田書店　2002.6　p362-364
◎参考文献「緑茶の事典　改訂3版」（日本茶業中央会）　柴田書店　2005.10　p362-364

旅行
○20世紀の旅本「旅行人　112」（旅行人）　2001.2　p2-12
◎参考文献「海外リタイア生活術―豊かな「第二の人生」を楽しむ」（戸ँ智弘）　平凡社　2001.11　p226-227
◎文献「ルーツ―20世紀後期の旅と翻訳」（ジェイムズ・クリフォード）　月曜社　2002.3　p20-40b
◎図書「旅行ビジネス入門　第3版」（トラベルジャーナル出版事業部）　トラベルジャーナル　2002.4　p237-254
◎文献「移動の時代―旅からディアスポラへ」（C.カプラン）　未来社　2003.3　p1-13b
◎参考文献「場所を消費する」（J.アーリ）　法政大学出版局　2003.4　p17-43b
◎文献リスト「漂泊と自立―障害者旅行の社会学」（根橋正一ほか）　流通経済大出版会　2005.6　p199-207
◎参考文献「はるかなり江戸・鹿児島の旅―黎明館企画特別展」（鹿児島県ほか）　同鹿児島の旅実行委員会　2005.10　p122-124
◎引用文献「観光旅行の心理学」（佐々木土師二）　北大路書房　2007.3　p225-229

旅行医学
◎参考文献「旅と病の三千年史―旅行医学から見た世界地図」（濱田篤郎）　文藝春秋　2002.11　p207-212
◎参考文献ほか「伝説の海外旅行―「旅の診断書」が語る病の真相」（濱田篤郎）　田畑書店　2007.5　p213-217

旅行記
○年表「旅行記でめぐる世界」（前川健一）　文藝春秋　2003.2　p243-254
◎参考文献「美学とジェンダー―女性の旅行記と美の言説」（E.A.ボールズ）　ありな書房　2004.8　p417-434

旅行業
◎参考文献「旅行企業の国際経営」（今西珠美）　晃洋書房　2001.3　p215-224
○文献「ネット時代に生き残る旅行会社」（太田久雄,山口晶美）　同友館　2002.12　p199-202
◎参考文献「旅行業入門　新版」（日本国際観光学会）　同友館　2004.4　prr
◎参考文献「旅行ビジネスの本質―観光・旅行・航空の日英比較」（小林弘二）　晃洋書房　2007.3　p225-237

◎参考文献ほか「旅行取引論」（廣岡裕一）　晃洋書房　2007.6　p209-215

旅行史
◎参考文献「世界一周の誕生　グローバリズムの起源」（園田英弘）　文藝春秋　2003.7　p216-221
◎注「世界の体験―中世後期における旅と文化的出会い」（F.ライヒェルト）　法政大学出版局　2005.5　p27-72b

旅順攻略
◎参考文献「旅順攻防戦の真実―乃木司令部は無能ではなかった」（別宮暖朗）　PHP研究所　2006.5　p361-365

緑化
◎引用参考文献「緑化・植栽マニュアル―計画・設計から施工・管理まで」（中島宏）　経済調査会　2004.8　p525-528
◎関連図書「知っておきたい壁面緑化のQ&A」（都市緑化技術開発機構）　鹿島出版会　2006.6　p164-166

リラクセーション
◎文献「リラクセーション反応」（ミリアム・Z.クリッパー,ハーバート・ベンソン）　星和書店　2001.6　p188-212

理論物理学
◎参考文献「スーパーシンメトリー―超対称性の世界」（ゴードン・ケイン）　紀伊國屋書店　2001.12　p227-233

林業
◎参考図書「森に学ぶ101のヒント」（日本林業技術協会）　東京書籍　2002.2　p218-225
◎引用参考文献「地球温暖化と森林ビジネス―「地球益」をめざして」（小林紀之）　日本林業調査会　2003.9　p208-211
◎参考文献「コモンズの思想を求めて―カリマンタンの森で考える」（井上真）　岩波書店　2004.1　p157-158
◎参考文献「農山村地域生活者の思想―事例による実証的研究」（上久保達夫）　御茶の水書房　2004.3　p261-266
◎引用参考文献「地球温暖化と森林ビジネス―「地球益」をめざして　新訂」（小林紀之）　日本林業調査会　2004.6　p224-227
◎参考文献「森と韓国文化」（全瑛宇）　国書刊行会　2004.10　p234-236
◎文献「森林の持続可能性―その歴史、挑戦、見通し」（D.W.フロイド）　日本林業調査会　2004.11　p97-99
◎参考文献「日本の林業と森林環境問題」（黒滝秀久）　八朔社　2005.2　p395-405
◎参考文献「朝鮮・満州・台湾林業発達史論」（萩野敏雄）　大空社　2005.11　p543-558
◎参考文献「複雑適応系における熱帯林の再生―違法伐採から持続可能な林業へ」（関良基）　御茶の水書房　2005.11　p233-244
◎参考文献「森づくりの明暗―スウェーデン・オーストリアと日本」（内田健一）　川辺書林　2006.5　p306-309
◎参考書「林業実務必携　3版　普及版」（東京農工大学農学部）　朝倉書店　2006.7　p591-596
◎参考文献「森林からのニッポン再生」（田中淳夫）　平凡社　2007.6　p236-238

りんこ

◎参考文献「環境と分権の森林管理─イギリスの経験・日本の課題」（岡田久仁子）　日本林業調査会　2007.7　p259-273
◎参考文献「森林組合論─地域協同組合運動の展開と課題」（小川三四郎）　日本林業調査会　2007.8　p207-213

りんご

◎「青森県りんご試験場における研究並びに普及資料の目録　3（平成3-12年）」　青森県りんご試験場　2002.3　83p A4
◎「りんご関係図書資料目録─弘前市農業協同組合資料館所蔵」（弘前市立図書館）　弘前市立図書館　2003.3　6, 127, 19, 30p A4

臨済宗

◎参考文献「宋初期臨済宗の研究」（鄭夙雯）　山喜房佛書林　2006.3　p284-291

臨死体験

◎文献「臨死体験研究読本─脳内幻覚説を徹底検証」（石井登）　アルファポリス　2002.11　p346-351

臨床医学

◎文献「21世紀プライマリ・ケア序説」（伴信太郎）　プリメド社　2001.4　p112-115

臨床社会心理学

◎引用文献「臨床社会心理学の進歩─実りあるインターフェイスをめざして」（R. M. コワルスキ, M. R. リアリー）　北大路書房　2001.10　p441-442
◎引用文献「臨床社会心理学─その実践的展開をめぐって」（田中共子ほか）　ナカニシヤ出版　2003.6　prr

臨床心理学

◎もっと知りたい人のために「エッセンシャル臨床心理学─30章で学ぶこころの謎」（氏原寛, 東山紘久）　ミネルヴァ書房　2000.10　prr
○文献展望（藤巴正和）「広島大学大学院教育学研究科紀要　第三部　50」（広島大）　2001　p355-361
◎文献「幻聴と妄想の認知臨床心理学─精神疾患への症状別アプローチ」（石垣琢麿）　東京大学出版会　2001.1　p152-161
◎引用文献「自分のこころからよむ臨床心理学入門」（丹野義彦, 坂本真士）　東京大学出版会　2001.1　p183-188
◎文献「現代臨床心理学講座─心理臨床から臨床心理学へ」（長尾博）　ナカニシヤ出版　2001.3　p145-153
◎文献「よくわかる臨床心理学─わたし─あなた─人間関係」（山口創）　川島書店　2001.4　p197-204
◎参考文献「家族臨床心理学の基礎─問題解決の鍵は家族の中に」（村尾泰弘）　北樹出版　2001.4　p170-171
◎文献「人間学的心理学」（池田豊應）　ナカニシヤ出版　2001.6　p313-327
◎引用文献「エビデンス臨床心理学─認知行動理論の最前線」（丹野義彦）　日本評論社　2001.9　p201-219
◎参考文献「心理的支えに関する臨床心理学的研究」（串崎真志）　風間書房　2001.9　p105-113
◎「心理臨床─カウンセリングコースで学ぶべき心理学」（E. A. キャンベル, J. D. ウィルキンソン）　垣内出版　2001.9　p322-346
◎参考文献「学校現場に役立つ臨床心理学─事例から学ぶ」（菅佐和子, 木之下隆夫）　日本評論社　2001.11　p226-228
◎参考文献「臨床心理学特論」（橘玲子）　放送大学教育振興会　2002.3　prr
◎引用参考文献ほか「発達障害の臨床心理学」（次良丸睦子ほか）　北大路書房　2002.5　p199-213
◎引用参考文献「保育に生かす臨床心理」（馬場礼子ほか）　ミネルヴァ書房　2002.6　prr
◎文献「シリーズ/臨床発達心理学　4　言語発達とその支援」（岩立志津夫, 小椋たみ子）　ミネルヴァ書房　2002.8　p291-315
◎文献「臨床発達心理学概論─シリーズ臨床発達心理学　1」（長崎勤ほか）　ミネルヴァ書房　2002.8　p299-322
◎注「教育臨床心理学─愛・いやし・人権・そして恢復」（横湯園子）　東京大学出版会　2002.9　p269-283
◎文献「心理学基礎事典」（岩崎庸男ほか）　至文堂　2002.11　p405-379
◎読書案内「臨床心理学と人間─「こころ」の専門家の学問ばなし　新版」（林昭仁, 駒米勝利）　三五館　2002.11　p247-252
◎引用文献「セルフ・コントロールの実験臨床心理学」（杉若弘子）　風間書房　2003.2　p101-107
◎参考文献「はじめて学ぶ人の臨床心理学」（渡辺映子ほか）　中央法規出版　2003.4　prr
◎引用文献「臨床場面における夢の利用─能動的夢分析」（名島潤慈）　誠信書房　2003.5　prr
◎文献「臨床心理学原論」（大塚義孝）　誠信書房　2004.2　prr
◎文献「臨床心理的コミュニティ援助論」（金沢吉展）　誠信書房　2004.2　prr
◎引用文献ほか「みるよむ生涯臨床心理学─生涯発達とその臨床的対応」（塚野州一）　北大路書房　2004.3　p217-230
◎参考文献「心理臨床大事典　改訂版」（氏原寛ほか）　培風館　2004.4　prr
◎参考引用文献「臨床心理学とストレス科学」（佐藤隆）　エイデル研究所　2004.4　p198-205
◎文献「臨床心理査定技法　1」（下仲順子）　誠信書房　2004.5　prr
◎文献「描画における共感性に関する臨床心理学的研究」（橋本秀美）　風間書房　2004.9　p211-224
◎引用参考文献「臨床心理学を基本から学ぶ」（丸島令子ほか）　北大路書房　2004.9　p195-203
◎参考文献「思想史のなかの臨床心理学」（實川幹朗）　講談社　2004.10　p236-238
◎引用参考文献「臨床心理学」（無藤隆ほか）　北大路書房　2005.3　p149-152
◎文献・年表「臨床心理学─心の理解と援助のために」（森谷寛之）　サイエンス社　2005.6　p215-220
◎引用参考文献「臨床心理学キーワード　補訂版」（坂野雄二）　有斐閣　2005.10　p252-257
◎文献「臨床心理学入門事典」（岡堂哲雄）　至文堂　2005.10　p378-345
◎参考文献「「臨床心理学」という近代─その両義性とアポリア」（大森与利子）　雲母書房　2005.11　p11-19b
◎参考文献「発達臨床心理学ハンドブック」（大石史博ほか）　ナカニシヤ出版　2005.11　prr
◎引用文献「研究論文で学ぶ臨床心理学」（串崎真志ほか）　ナカニシヤ出版　2006.3　p111-125

◎文献「地域実践心理学　実践編」（中田行重ほか）　ナカニシヤ出版　2006.3　prr
◎参考文献「認知行動アプローチと臨床心理学―イギリスに学んだこと」（丹野義彦）　金剛出版　2006.5　p311-317
◎文献「アニメーションの臨床心理学」（横田正夫）　誠信書房　2006.8　p295-303
◎参考文献「〈気〉の心理臨床入門」（黒木賢一）　星和書店　2006.9　p219-227
◎文献「臨床実践のための質的研究法入門」（J. マクレオッド）　金剛出版　2007.3　p269-290
◎文献「対話で学ぶ臨床心理学」（塩見邦雄）　ナカニシヤ出版　2007.4　prr
◎文献「臨床心理学」（桑原知子）　朝倉書店　2007.4　prr
◎文献「テキスト臨床心理学　2　研究と倫理」（C. G. デビソンほか）　誠信書房　2007.7　p189-262
◎参考文献「参加観察の方法論―心理臨床の立場から」（台利夫）　慶應義塾大出版会　2007.8　p210-217
◎文献「女性の発達臨床心理学」（園田雅代ほか）　金剛出版　2007.9　prr
◎文献「心の問題への治療的アプローチ―臨床心理学入門」（S. ケイヴ）　新曜社　2007.9　p13-28b
◎引用文献「臨床心理のコラボレーション―統合的サービス構成の方法」（藤川麗）　東京大出版会　2007.9　p213-218
◎図書紹介「これからの心理臨床―基礎心理学と統合・折衷的心理療法のコラボレーション」（杉山崇ほか）　ナカニシヤ出版　2007.10　p195-200

臨床心理査定
　◎引用文献「臨床心理査定アトラス―ロールシャッハ、ベンダー、ゲシュタルト、火焔描画、バッテリー」（佐野忠司）　培風館　2004.9　p276-279

臨床心理士
　◎参考文献「専門職としての臨床心理士」（J. マツィリアほか）　東京大学出版会　2003.4　prr

臨床心理面接
　◎文献「臨床心理面接技法　1」（伊藤良子）　誠信書房　2004.6　prr

倫理
　◎参考文献「分配的正義の理論―経済学と倫理学の対話」（ジョン・E. ローマー）　木鐸社　2001.3　p375-383
　補充文献目録「愛と正義の構造―倫理の人間学的基盤」（ミリヤード・シューメーカー）　晃洋書房　2001.4　p4-16b
　◎基本文献「現代倫理学の展望　第3版」（伴博, 遠藤弘）　勁草書房　2001.9　p16-23b
　◎文献「現代の実践哲学―倫理と政治」（O. ヘッフェ）　風行社　2001.12　p192-196
　◎参考図書「哲学的倫理学の構造―哲学・道徳・宗教の接点を求めて」（外薗幸一）　高城書房　2002.3　p431-432
　◎参考文献「科学の倫理学―現代社会の倫理を考える6」（内井惣七）　丸善　2002.4　p165-172
　◎参考文献「職業の倫理学―現代社会の倫理を考える5」（田中朋弘）　丸善　2002.6　p172-178
　◎文献「生きる環境の模索―苦悩する知」（浜田恂子）　創文社　2002.6　p8-16b

◎文献案内「身体のエシックス/ポリティクス―倫理学とフェミニズムの交叉」（金井淑子ほか）　ナカニシヤ出版　2002.10
◎引用文献「コンピュータ倫理学」（D. G. ジョンソン）　オーム社　2002.12　p329-334
◎文献一覧「生命倫理事典」（近藤均ほか）　太陽出版　2002.12　p841-847
◎推薦図書「戦争倫理学」（加藤尚武）　筑摩書房　2003.1　p215-216
◎参考文献「環境の倫理学」（山内廣隆）　丸善　2003.3　p167-171
◎文献「自己自身をみつめるための倫理学研究」（松田幸子）　夏目書房　2003.3　p269-271
◎参考文献「日本倫理思想史」（佐藤正英）　東京大学出版会　2003.3　p213-214
◎参考文献「人間と倫理」（濱田恂子ほか）　関東学院大学出版会　2003.4　p6-15b
◎参考文献ほか「現実をみつめる道徳哲学―安楽死からフェミニズムまで」（J. レイチェルズ）　晃洋書房　2003.5　p3-21b
◎文献「良心の興亡―近代イギリス道徳哲学研究」（柘植尚則）　ナカニシヤ出版　2003.8　p228-233
◎文献「ビーイング・グッド―倫理学入門」（S. ブラックバーン）　晃洋書房　2003.10　p5-10b
◎参考文献「宗教の倫理学」（関根清三）　丸善　2003.12　p169-173
◎参考文献「倫理学―人間の自由と尊厳」（鯵坂真ほか）　世界思想社　2004.1　prr
◎参考文献「七つの大罪と新しい悪徳」（U. ガリンベルティ）　青土社　2004.3　p1-4b
◎文献表「道徳的実在論の擁護」（菅豊彦）　勁草書房　2004.6　p9-17b
◎文献案内「差異のエチカ」（熊野純彦ほか）　ナカニシヤ出版　2004.11　prr
◎文献「人称的世界の倫理」（大久保正健）　勁草書房　2005.2　p7-9b
◎文献表「義務とアイデンティティの倫理学―規範性の源泉」（C. コースガードほか）　岩波書店　2005.3　p9-15b
◎参考文献「倫理学概説」（小坂国継ほか）　ミネルヴァ書房　2005.4　prr
◎参考文献「オートポイエーシスの倫理―新しい倫理の考え方」（山下和也）　近代文芸社　2005.12　p225-227
◎参考文献「倫理学案内―理論と課題」（小松光彦ほか）　慶應義塾大出版会　2006.4　prr
◎引用文献「フェミニスト倫理学は可能か?」（A. ピーパー）　知泉書館　2006.5　p9-15b
◎参考文献「道徳の中心問題」（M. スミス）　ナカニシヤ出版　2006.10　p302-294
◎文献年表「現代倫理学事典」（大庭健）　弘文堂　2006.12　p915-985
◎参考文献「シープ応用倫理学」（L. Siep）　丸善　2007.1　p313-332
◎引用参照文献「現代倫理学」（坂井昭宏ほか）　ナカニシヤ出版　2007.5　p177-185
◎参考文献「日本倫理思想と悟り」（R. E. カーター）　晃洋書房　2007.5　p22-35b
◎出典の註釈ほか「倫理問題100問」（M. コーエン）　筑摩書房　2007.5　p427-453

◎引用参考文献「家族の倫理学」（志水紀代子）　丸善　2007.11　p174-179
◎注釈「哲学ディベート―「倫理」を「論理」する」（高橋昌一郎）　NHK出版　2007.11　p290-299

【　る　】

ルイ・ヴィトン
　◎参考文献「ルイ・ヴィトンの法則―最強のブランド戦略」（長沢伸也）東洋経済新報社　2007.8　p241-244

類型論
　◎参考文献「言語類型論入門―言語の普遍性と多様性」（L.J.ウェイリー）　岩波書店　2006.10　p287-302

類似
　◎参考文献「類似から見た心」（大西仁，鈴木宏昭）　共立出版　2001.12　prr

類人猿
　◎参考文献「狩りをするサル―肉食行動からヒト化を考える」（クレイグ・B.スタンフォード）　青土社　2001.4　p235-249
　◎参考文献「進化の隣人ヒトとチンパンジー」（松沢哲郎）　岩波書店　2002.12　p207-210
　◎引用文献「親指はなぜ太いのか―直立二足歩行の起原に迫る」（島泰三）　中央公論新社　2003.8　p276-268
　◎文献「あなたのなかのサル―霊長類学者が明かす「人間らしさ」の起源」（F.d.ヴァール）　早川書房　2005.12　p313-340

流刑
　◎参考文献「幽界と流人の島々を行く　下」（澤潔）　文理閣　2001.9　p287-290

ルシファー
　◎参考文献「光の天使ルシファーの秘密」（L.ピクネット）　青土社　2006.10　p27-30b

ルツ記
　◎参考文献「ルツ記」（K.D.サーケンフェルド）　日本基督教団出版局　2001.12　p160-164

ルーテル教会
　◎参考文献「一致信条書―ルーテル教会信条集」（信条集専門委員会）　教文館　2006.6　p1075-1077

ルネサンス
　◎参考文献「フレスコ画のルネサンス　壁画に読むフィレンツェの美」（宮下孝晴）NHK出版　2001.1　p232-229
　◎参考文献「ルネサンスの彫刻―15・16世紀のイタリア」（石井元章）　ブリュッケ　2001.1　p270-273
　◎参考文献「ヨーロッパの装飾芸術　1」（アラン・グルベール）　中央公論新社　2001.3　p483-487
　◎参考文献「イタリア・ルネサンス」（沢井繁男）　講談社　2001.6　p216-212
　◎参考文献「ルネサンス経験の条件」（岡崎乾二郎）　筑摩書房　2001.7　p1-6b
　◎文献「庭園の牧神―ミケランジェロとイタリア・ルネサンスの詩的起源」（ポール・バロルスキー）　法政大学出版局　2001.10　p11-13b

◎参照文献「マザッチオ―ルネサンス絵画の創始者」（佐々木英也）　東京大学出版会　2001.12　p329-336
◎参考文献「色彩の回廊―ルネサンス文芸における服飾表象について」（伊藤亜紀）　ありな書房　2002.2　p241-257
◎参考文献・年表「ルネサンス」（沢井繁男）　岩波書店　2002.3　p184-187, 巻末
◎文献「森と悪魔―中世・ルネサンスの闇の系譜学」（伊藤進）　岩波書店　2002.4　p15-53b
◎参考文献「個の礼讃―ルネサンス期フランドルの肖像画」（T.トドロフ）　白水社　2002.12　p9-11b
◎参考文献「魔術との出会い―いま、再びルネサンスを」（澤井繁男）　山川出版社　2003.3　p178-181
◎注「磁力と重力の発見　2　ルネサンス」（山本義隆）　みすず書房　2003.5　p1-18b
◎文献「サン・ロレンツォ聖堂　磯崎新の建築談議07」（磯崎新）　六耀社　2003.6　1pb
◎文献「ルネサンス哲学」（C.B.シュミッ）　平凡社　2003.9　p402-480
◎邦語文献目録（中村義宗）「イタリアルネサンス事典」（J.R.ヘイル）　東信堂　2003.11　p563-583
◎参考文献「魔女の法廷―ルネサンス・デモノロジーへの誘い」（平野隆文）　岩波書店　2004.1　p7-22b
◎参考文献「路地裏のルネサンス―花の都のしたたかな庶民たち」（高橋友子）　中央公論新社　2004.1　p176-180
◎参考文献（加藤なおみ）「西洋ルネッサンスのファッションと生活」（C.ヴェチェッリオ）　柏書房　2004.5　p417-418
◎原註「ルネサンスの魔術思想―フィチーノからカンパネッラへ」（D.P.ウォーカー）　筑摩書房　2004.6　p276-392
◎参考文献「女を描く―ヨーロッパ中世末期からルネサンスの美術に見る女のイメージ」（C.グレシンジャー）　三元社　2004.11　p1-6b
◎参考文献「イタリア・ルネサンスの扉を開く」（塚本博）　角川学芸出版　2005.4　p246-250
◎参考文献ほか「ルネサンスの工学者たち―レオナルド・ダ・ヴィンチの方法試論」（B.ジル）　以文社　2005.6　p385-401
◎一次文献ほか「フィレンツェ共和国のヒューマニスト」（根占献一）　創文社　2005.10　p29-37b
◎参考文献「ルネサンス　ヨーロッパ史入門」（P.バーク）　岩波書店　2005.11　p13-29b
◎研究文献「共和国のプラトン的世界」（根占献一）　創文社　2005.11　p25-61b
◎参考文献「ルネサンスの春　新装版」（E.パノフスキー）　新思索社　2006.7　p19-38b
◎参考「ルネサンス宮廷大全」（S.ベルテッリ）　東洋書林　2006.9　p387-381
◎参考文献「中世・ルネサンスの社会と音楽　新版」（今谷和徳）　音楽之友社　2006.11　p23-37b
◎参考文献「ルネサンスの彫刻―15・16世紀のイタリア　新版」（石井元章）　ブリュッケ　2007.4　p275-278
◎文献「一六世紀文化革命　2」（山本義隆）　みすず書房　2007.4　p27-76b
◎参考文献「ルネサンス―世界と人間の再発見　哲学の歴史4」（伊藤博明）　中央公論新社　2007.5　p727-681

ルネサンス（続き）

◎参考文献「ウェヌスの子どもたち―ルネサンスにおける美術と占星術」（G. A. トロッテン）　ありな書房　2007.9　p295-310
◎参考文献「ルネサンスの文学―遍歴とパノラマ」（清水孝純）　講談社　2007.10　p387-391
◎文献案内「ルネサンス美術解読図鑑―イタリア美術の隠されたシンボリズムを読み解く」（R. ステンプ）　悠書館　2007.10　p217」

ルポルタージュ

◎「出版動乱　ルポルタージュ・本をつくる人々」（清丸恵三郎）　東洋経済新報社　2001.7　416p　46s
◎「ノンフィクション・ルポルタージュ図書目録　1996-2003」（日外アソシエーツ）　日外アソシエーツ　2004.11-12　2冊　A5

ルーマニア

◎ブックガイド「ルーマニアを知るための60章」（六鹿茂夫）　明石書店　2007.10　p386-391

ルーラル・マーケティング

◎参考文献「ルーラル・マーケティング論―農山漁村型地域産業振興のためのマーケティング戦略　改訂版」（山本久義）　同文舘出版　2003.12　p221-227

ルワンダ

◎参考文献「山刀で切り裂かれて―ルワンダ大虐殺で地獄を見た少女の告白」（A. カイテジ）　アスコム　2007.10　p291-293

ルーン文字

◎参考文献「ルーン文字の世界―歴史・意味・解釈」（L. M. エーノクセン）　国際語学社　2007.6　p250-268

【　れ　】

レアメタル

◎参考図書「よくわかる最新レアメタルの基本と仕組み―用途、製造技術、リサイクルの基礎知識―初歩から学ぶレアメタルの常識」（田中和明）　秀和システム　2007.11　p252-255

レイアウト

◎「ページと力―手わざ、そしてデジタル・デザイン」（鈴木一誌）　青土社　2002.11　389p　46s

礼儀書

「近代日本礼儀作法書誌事典」（陶智子ほか）　柏書房　2006.7　652p　B5

霊験亀山鉾

◎文献「通し狂言霊験亀山鉾―亀山の仇討」（国立劇場調査養成部調査資料課）　日本芸術文化振興会　2002.10　p126-132

霊魂

◎参考文献「戦死者霊魂のゆくえ　戦争と民俗」（岩田重則）　吉川弘文館　2003.4　p198-205
◎引用参考文献「真言密教の霊魂観」（佐伯泉澄）　朱鷺書房　2004.11　p233-239

霊山

◎参考文献「霊山と日本人」（宮家準）　NHK出版　2004.2　p251-253

霊場

◎引用参考文献「霊場の思想」（佐藤弘夫）　吉川弘文館　2003.10　p191-193

冷戦

◎参考文献「20世紀（にじゅっせいき）冷戦」（読売新聞20世紀取材班）　中央公論新社　2001.11　p275-279
◎原注文献「冷戦の闇を生きたナチス―知られざるナチス逃亡の秘録」（R. ギーファーほか）　現代書館　2002.10　p1-3b
◎参考文献「冷戦史　その起源・展開・終焉と日本」（松岡完ほか）　同文舘出版　2003.6　p343-332
◎参考文献「冷たい戦争―歴史・人間・運命」（山上正太郎）　文元社　2003.12　p228-231
◎参考文献「アジア冷戦史」（下斗米伸夫）　中央公論新社　2004.9　p217-211
◎文献「冷戦文化論―忘れられた曖昧な戦争の現在性」（丸川哲史）　双風舎　2005.3　p247-249
◎参考文献「冷戦―国際政治の現実」（山上正太郎）　文元社　2005.5　p230-233
◎参考文献ほか「冷戦―その歴史と問題点」（J. L. ガディス）　彩流社　2007.6　p333-344

冷蔵庫

◎注「冷たいおいしさの誕生―日本冷蔵庫100年」（村瀬敬子）　論創社　2005.10　p241-261

霊長類

◎参考文献「霊長類学のすすめ」（京都大学霊長類研究所）　丸善　2003.3　p204-212
◎参考文献「遺伝子は語る―霊長類から人類を読み解く」（村山美穂）　河出書房新社　2003.12　p168-169
◎読書案内ほか「サルの生涯、ヒトの生涯―人生計画の生物学」（D. スプレイグ）　京大学術出版会　2004.5　p186-191
◎引用文献「サルの社会とヒトの社会―子殺しを防ぐ社会構造」（島泰三）　大修館書店　2004.7　p293-300
◎文献「マキャベリ的知性と心の理論の進化論　2　新たなる展開」（A. ホワイトゥンほか）　ナカニシヤ出版　2004.10　p413-491
◎文献「霊長類のこころ―適応戦略としての認知発達と進化」（J. C. ゴメス）　新曜社　2005.10　p17-42b
◎読書案内「霊長類進化の科学」（京都大学霊長類研究所）　京都大学学術出版会　2007.6　p489-492
◎参考文献「人間性はどこから来たか―サル学からのアプローチ」（西田利貞）　京都大学学術出版会　2007.8　p342-313
◎参考文献「日本霊長類学の誕生」（伊谷純一郎）　平凡社　2007.9　p523-515
◎参考文献「暴力はどこからきたか―人間性の起源を探る」（山極寿一）　NHK出版　2007.12　p229-238

冷凍

◎参考文献「基礎からの冷凍空調―考え方と応用力が身につく」（岩田博ほか）　森北出版　2007.4　p185-187

霊廟

◎参考文献「保生大帝―台北大龍峒保安宮の世界」（尾崎保子）　春風社　2007.3　p233-236

霊符
◎参考文献「霊符の呪法―道教秘伝」(大宮司朗) 学習研究社 2002.7 p298-299

レイプ
◎文献「レイプの政治学 レイプ神話と「性＝人格原則」」(杉田聡) 明石書店 2003.5 p271-286

礼法
◎「近代礼法書目録稿 別冊故実礼法研究2」(豊谷美保ほか) 故実礼法学会 2003.2 1冊(ページ付なし) B5

レオロジー
◎参考文献「レオロジーの世界―基本概念から特性・構造・観測法まで」(尾崎邦宏) 工業調査会 2004.5 p206」

歴史
◎文献案内「歴史/修正主義 思考のフロンテァ」(高橋哲哉) 岩波書店 2001.1 p111-116
◎「歴史図書総目録 2001年版」 同目録刊行会 2001.4 739p A5
◎引用文献ほか「ことばの歴史 アリのことばからインターネットのことばまで」(S. R. フィッシャー) 研究社 2001.7 p311-333
◎読書案内「歴史を問う 5 歴史が書きかえられる時」(上村忠男ほか) 岩波書店 2001.11 p219-237
◎文献「歴史を問う 1 神話と歴史の間で」(上村忠男) 岩波書店 2002.3 p245-265
◎読書案内「歴史を問う 2 歴史と時間」(上村忠男) 岩波書店 2002.6 p241-268
◎参考文献「歴史はSEXでつくられる」(R. ゴードン) 時空出版 2002.7 p1-4b
◎基本書「〈歴史認識〉論争」(高橋哲哉) 作品社 2002.10 p203-210
◎「歴史と民俗の旅―読書案内・紀行編」(日外アソシエーツ) 日外アソシエーツ 2002.10 456p A5
◎参考文献「歴史のなかの子どもたち」(森良和) 学文社 2003.3 prr
◎参考文献「アジアの原像 歴史はヘロドトスとともに」(前田耕作) NHK出版 2003.5 p239-240
◎引用文献「反歴史論」(宇野邦一) せりか書房 2003.5 p253-258
◎参考文献「歴史 1冊でわかる」(J. H. アーノルド) 岩波書店 2003.6 p1-3b
◎原註「歴史と精神分析 科学と虚構の間で」(M. d. セルトー) 法政大学出版局 2003.6 p207-228
○文献目録「史学雑誌 113.1」(史学会) 2004.1 p130-115
◎「歴史図書総目録 2004年版」 目録刊行会 2004.4 682p A5
◎参考文献「歴史における知の伝統と継承」(小谷汪之) 山川出版社 2005.4 prr
◎引用文献「記憶・歴史・忘却 下」(P. リクール) 新曜社 2005.5 p353-338
○文献目録「史学雑誌 115.1」(史学会) 2006.1 p130-105
○ブックガイド(東谷暁)「諸君 38.2」(文芸春秋) 2006.2 p158-166
◎参考文献「可能性としての歴史―越境する物語り理論」(鹿島徹) 岩波書店 2006.6 p273-285

◎参考文献「時代の目撃者―資料としての視覚イメージを利用した歴史研究」(P. バーク) 中央公論美術出版 2007.10 p275-286

歴史意識
◎邦語文献(伊藤功)「啓蒙主義から実証主義に至るまでの自然科学の歴史意識」(D. v. エンゲルハルト) 理想社 2003.5 p2-4b
◎註「日本中世の歴史意識―三国・末法・日本」(市川浩史) 法蔵館 2005.1 prr

歴史家
◎関連文献「歴史学事典 8 人と仕事」(尾形勇ほか) 弘文堂 2001.2 prr
◎注文献「ナチズムと歴史家たち」(P. シェットラー) 名古屋大学出版会 2001.8 prr
◎基礎的文献ほか「中世の発見―偉大な歴史家たちの伝記」(N. F. キャンター) 法政大出版局 2007.12 p63-71b

歴史街道
◎参考文献「探訪日本の歴史街道」(楠戸義昭) 三修社 2003.5 p313-317

歴史学
○〔目録連載〕(小川博)「日本歴史 608-619」(吉川弘文館) 1999.1-1999.12 p165-168
○回顧と展望(樺山紘一ほか)「史学雑誌 109.5」(東京大学史学会) 2000.5 p1-390
○〔目録連載〕「史学雑誌 109.1-109.12」(東京大学史学会) 2001.1-2001.12 p1-186
◎参考文献「歴史学の現在〔改訂新版〕」(福井憲彦) 放送大学教育振興会 2001.3 p153-160
○回顧と展望(樺山紘一ほか)「史学雑誌 110.5」(東京大学史学会) 2001.5 p1-422
◎参考文献解説「戦後の歴史学と歴史意識」(遠山茂樹) 岩波書店 2001.7 p333-337
◎参考文献「世界史の意識と理論」(成瀬治) 岩波書店 2001.11 p327-328
◎参考文献「歴史学のアポリア―ヨーロッパ近代社会史再読」(小田中直樹) 山川出版社 2002.3 p1-17b
◎参考文献「新しい史学概論 新版」(望田幸男, 芝井敬司, 末川清) 昭和堂 2002.5 p230-241
◎文献「歴史学未来へのまなざし―中世シチリアからグローバル・ヒストリーへ」(高山博) 山川出版社 2002.7 p183-187
◎文献一覧「現代歴史学の成果と課題 1980-2000年1」(歴史学研究会) 青木書店 2002.12 prr
◎文献一覧「国家像・社会像の変貌 現代歴史学の成果と課題1980-2000年2」(歴史学研究会) 青木書店 2003.2 prr
◎参考文献「歴史意識の芽生えと歴史記述の始まり」(蔀勇造) 山川出版社 2004.10 p87-89
◎参考文献「フランス歴史学革命―アナール学派1929-89年」(P. バーク) 岩波書店 2005.7 p13-31b
◎文献「歴史学「外」論―いかに考え、どう書くか」(下田淳) 青木書店 2005.9 p1-5b
◎参考文献「歴史学入門」(福井憲彦) 岩波書店 2006.1 p151-159
◎参考文献「歴史学と社会理論」(P. バーク) 慶應義塾大出版会 2006.4 p339-379
◎著作目録「定本歴史の方法」(色川大吉) 洋泉社 2006.10 p291-295

◎参考文献「鼎談民衆史の発掘―戦後史学史と自分史を通して」(色川大吉)　つくばね舎　2006.11　p224-228
◎「歴史学の名著30」(山内昌之)　筑摩書房　2007.4　269p ss
◎「歴史学紀要論文総覧」(日外アソシエーツ)　日外アソシエーツ　2007.9　7, 1133p B5
◎参考文献「オーラル・ヒストリー入門」(御厨貴)　岩波書店　2007.10　p181-189

歴史学研究会
◎出版図書「戦後歴史学を検証する―歴研創立70周年記念」(歴史学研究会)　歴史学研究会　2002.12　p168-169

歴史教育
◎参考文献「近代ドイツ歴史カリキュラム理論成立史研究」(池野範男)　風間書房　2001.2　p611-625
◎参考文献「イデオロギーとしての「日本」―「国語」「日本史」の知識社会学　増補版」(ましこひでのり)　三元社　2001.12　p304-363
◎文献「歴史・教育・社会」(河村望)　人間の科学新社　2002.4　p306-311
◎ブックガイド「〈コンパッション〉は可能か?―歴史認識と教科書問題を考える」(『〈コンパッション〉は可能か?』対話集会実行委員会)　影書房　2002.11　p178-247
◎引用参考文献「現代アメリカ歴史教育改革論研究」(溝口和宏)　風間書房　2003.2　p237-246
◎文献「教育・戦争・女性」(宇野勝子)　ドメス出版　2005.9　p271-278
◎参考文献「中等歴史教育内容開発研究―開かれた解釈学習」(児玉康弘)　風間書房　2005.10　p493-521
◎ブックガイド「ドイツの歴史教育」(川喜田敦子)　白水社　2005.12　p12-22b
◎参考文献「韓国と日本―歴史教育の思想　増補版」(鄭在貞)　すずさわ書店　2005.12　p283-284
◎参考文献「歴史教育内容改革研究―社会史教授の理論と展開」(梅津正美)　風間書房　2006.2　p365-381
◎参考文献「日本と中国「歴史の接点」を考える―教科書にさぐる歴史認識」(夏坂真澄ほか)　角川学芸出版　2006.7　p300-306
◎引用文献「世界史の教室から」(小田中直樹)　山川出版　2007.6　p175-179
◎参考文献「日本は中国でどう教えられているのか」(西村克仁)　平凡社　2007.11　p224-225
◎参考文献「世界史なんていらない?」(南塚信吾)　岩波書店　2007.12　p69-70

歴史教科書
◎年譜「歴史教科書とナショナリズム　歪曲の系譜」(和仁廉夫)　社会評論社　2001.3　p245-248
◎「「歴史・公民」全教科書を検証する　教科書改善白書」(三浦朱門)　小学館　2001.7　348p A6
◎関連図書「どうちがうの?　新しい歴史教科書VSいままでの教科書」(編集部)　夏目書房　2001.7　p201-200
◯「歴史教科書大論争　別冊歴史読本87」(新人物往来社)　2001.9　182p B5
◎参考文献「歴史教科書の歴史」(小山常実)　草思社　2001.11　p282-289
◯年表・資料(伊香俊哉)「歴史教科書問題未来のへの回答　東アジア共通の歴史観は可能か　別冊世界」(岩波書店)　2001.12　p178-196
◎文献「国民史の変貌―日米歴史教科書とグローバル時代のナショナリズム」(岡本智周)　日本評論社　2001.12　p253-270
◎参考文献「世界の歴史教科書―11カ国の比較研究」(石渡延男, 越田稜)　明石書店　2002.2　p302-306
◎注「社会科歴史教科書成立史―占領期を中心に」(梅野正信)　日本図書センター　2004.12　prr
◎参考文献「『新しい歴史教科書』の〈正しい〉読み方―国の物語を超えて」(ひらかれた歴史教育の会)　青木書店　2007.3　p333-337
◎文献「歴史教科書問題」(三谷博)　日本図書センター　2007.6　p379-384

歴史考古
◎参考文献「歴史考古学を知る事典」(熊野正也ほか)　東京堂出版　2006.12　p385-391
◎参考文献「歴史考古学大辞典」(小野正敏ほか)　吉川弘文館　2007.3　prr

歴史災害
◯文献目録「京都歴史災害研究　3」(立命館大)　2005.3　p47-73

歴史十書
◎参考文献「歴史書を読む―『歴史十書』のテクスト科学」(佐藤彰一)　山川出版社　2004.3　p176-179

歴史社会学
◎注文献「教育言説の歴史社会学」(広田照幸)　名古屋大学出版会　2001.3　prr
◎引用文献ほか「地方都市の風格―歴史社会学の試み」(辻村明)　東京創元社　2001.7　p639-649
◎参考文献「歴史社会学の作法―戦後社会科学批判」(佐藤健二)　岩波書店　2001.8　p287-303

歴史書
◎「図説地図とあらすじで読む歴史の名著」(寺沢精哲)　青春出版社　2004.5　95p B5

歴史小説
◎「歴史・時代小説スト113」(大衆文学研究会)　中央公論新社　2001.1　487p A6
◎「歴史・時代小説登場人物索引　単行本篇」(DBジャパン)　DBジャパン　2001.4　847p A5
◎文献解題「ドイツの歴史小説」(山口裕)　三修社　2003.2　p221-253
◎「歴史・時代小説登場人物索引　遡及版・アンソロジー篇 1946-1989　附文庫本(1946-1999)」(DBジャパン)　DBジャパン　2003.7　95, 806p A5

歴史資料
◯文献案内(編集出版委員会)「記録と史料　11」(全国歴史資料保存利用機関連絡協議会)　2001.3　p83-91

歴史人口学
◎参考文献「歴史人口学で見た日本」(速水融)　文藝春秋　2001.10　p200-204
◎参考文献「歴史人口学のフロンティア」(速水融ほか)　東洋経済新報社　2001.11　prr
◎参考文献「江戸農民の暮らしと人生―歴史人口学入門」(速水融)　麗澤大学出版会　2002.8　p268-270

れきしし

歴史人類学
◎参照文献「癒しの歴史人類学―ハーブと水のシンボリズムへ」（鈴木七美）　世界思想社　2002.3　p289-276

歴史政策
◎参考文献「自国史の行方　オーストリアの歴史政策」（近藤孝弘）　名古屋大学出版会　2001.1　p7-19b

歴史地図
◎参考書目「大陸別世界歴史地図　1　ヨーロッパ大陸歴史地図」（イアン・バーンズ, ロバート・ハドソン）　東洋書林　2001.6　p158-159
◎参考文献「世界史アトラス」（ジェレミー・ブラック）　集英社　2001.7　p348-349
◎参考書目「大陸別世界歴史地図　4　南アメリカ大陸歴史地図」（エリザベス・バケダーノほか）　東洋書林　2001.8　p158-159
◎参考書目「大陸別世界歴史地図　2　アジア大陸歴史地図」（イアン・バーンズ, ロバート・ハドソン）　東洋書林　2001.11　p160-161
◎参考書目「北アメリカ大陸歴史地図―大陸別世界歴史地図　3」（P. デイヴィスほか）　東洋書林　2002.9　p160-161
◎参考書目「アフリカ大陸歴史地図―大陸別世界歴史地図　5」（S. カスール）　東洋書林　2002.12　p152-153

歴史地理
◎参考文献「江戸・東京歴史の散歩道　4　豊島区・北区・板橋区・練馬区」（街と暮らし社）　街と暮らし社　2002.9　p187」
◎文献「モダニティの歴史地理　下」（B. J. グレアム）　古今書院　2005.5　p321-360

歴史哲学
◎参照文献「秩序を求めて」（E. フェーゲリン）　而立書房　2007.11　p210-211

レクチン
◎文献「レクチン研究法」（山崎信行ほか）　学会出版センター　2007.4　prr

レクリエーション
◎参考文献「レクリエーション援助法　新版」（川廷宗之ほか）　建帛社　2003.5　prr
◎引用参考文献「レクリエーションの行動科学」（二宮浩彰）　不昧堂出版　2007.6　p113-119

レコード 音楽
◎参考文献「メガヒッツ!―ロックポップ名盤物語」（杉原志啓）　まどか出版　2004.6　p236-237

レーザー
◎文献「レーザーと現代社会―レーザーが開く新技術への展望」（レーザー技術総合研究所）　コロナ社　2002.10　p266-271

レジャー
◎文献「レジャーの社会心理学」（R. C. マンネル）　世界思想社　2004.5　p316-370
◎参考文献「大正ロマン東京人の楽しみ」（青木宏一郎）　中央公論新社　2005.5　p323-324

レストラン
◎注文献「レストランの誕生　パリと現代グルメ文化」（R. L. スパング）　青土社　2001.12　p1-72b

レスリング
◎参考文献「講道館柔道対プロレス初対決―大正十年・サンテル事件　異種格闘技の原点」（丸島隆雄）　島津書房　2006.2　p235-236

レタリング
◎参考文献「西洋書体の歴史―古典時代からルネサンスへ」（スタン・ナイト）　慶應義塾大学出版会　2001.4　p112-114
◎文献「Type design―タイポグラフィの実験、デザインの挑戦」（T. Triggs）　BNN新社　2004.5　p220-222
◎参考文献「欧文書体―その背景と使い方」（小林章）　美術出版社　2005.7　p150-153

列車
◎参考文献「列車愛称の「謎」―列車の名がおりなす数々のドラマ」（所澤秀樹）　山海堂　2002.9　p255」

列車ダイヤ
◎文献「列車ダイヤのひみつ―定時運行のしくみ」（富井規雄）　成山堂書店　2005.2　p185-189
◎参考文献「国鉄最後のダイヤ改正―JRスタートへのドキュメント」（進士友貞）　交通新聞社　2007.12　p336-337

列車名
◎参考文献「国鉄・JR列車名大事典」（寺本光照）　中央書院　2001.7　1pb

レディ・トラベラー
◎参考文献「世界を旅した女性たち―ヴィクトリア朝レディ・トラベラー物語」（D. ミドルトン）　八坂書房　2002.10　p10-17b

レトリック
◎文献目録「レトリック小辞典」（脇阪豊）　同学社　2002.9　p153-171
◎関係文献「レトリック入門―修辞と論証」（野内良三）　世界思想社　2002.12　p253-258
◎引用参考文献「レトリック探究法」（柳沢浩哉）　朝倉書店　2004.5　prr
◎参照文献「レトリック事典」（佐々木健一）　大修館書店　2006.11　p741-763
◎読書案内「レトリックのすすめ」（野内良三）　大修館書店　2007.12　p219-220

レバノン
◎参考文献「レバノンの歴史―フェニキア人の時代からハリーリ暗殺まで」（堀口松城）　明石書店　2005.11　p295-299

レファレンスサービス
◎参考文献「情報サービス―概説とレファレンスサービス演習　2版」（志保田務ほか）　学芸図書　2005.4　p192-196
○ツール（石川典子ほか）「学校図書館　657」（全国学校図書館協議会）　2005.7　p41-48
◎参考文献「情報サービス論　補訂2版」（阪田蓉子）　教育史料出版会　2006.4　p241-246
◎引用書籍「図書館が教えてくれた発想法」（高田高史）　柏書房　2007.12　p244-247

レファレンスブックス
◎「情報源としてのレファレンスブックス　新版」（長澤雅男ほか）　日本図書館協会　2004.5　11, 244p A5

レポート作法
　◎参考文献「レポート・論文の書き方入門　第3版」（河野哲也）　慶応義塾大学出版会　2002.12　p112-114

恋愛
　○参考文献（紅野謙介ほか）「恋愛のキーワード集　国文学　46.3」（学燈社）　2001.2　p26-216
　◎参考文献「悪女と紳士の経済学」（森永卓郎）　日本経済新聞社　2001.3　p282-287
　◎注文献「消費される恋愛論　大正知識人と性」（菅野聡美）　青弓社　2001.8　prr
　◎参考文献「片思いの発見」（小谷野敦）　新潮社　2001.9　p192-197
　◎注「恋愛と性愛—シリーズ比較家族　第2期　5」（服藤早苗）　早稲田大学出版部　2002.11　prr
　◎参考文献「恋愛と結婚の燃えつきの心理—カップルバーンアウトの原因と治療」（A. M. パインズ）　北大路書房　2004.3　p1-11b
　◎文献「ラブ・シグナル—なぜ、髪をとく仕草に男は恋をするのか　求愛の人類学から見た、心を射止める愛の法則」（D. ギヴンズ）　日本文芸社　2005.4　p296-298
　◎参考文献「イラストレート恋愛心理学—出会いから親密な関係へ」（齊藤勇）　誠信書房　2006.3　p170-183
　◎参考文献「おんなの浮気」（堀江珠喜）　筑摩書房　2006.8　p219-222
　◎文献「臨床恋愛病講座」（F. タリス）　ランダムハウス講談社　2006.8　p1-11b
　◎読書案内「恋愛の誕生—12世紀フランス文学散歩」（水野尚）　京都大学術出版会　2006.9　p249-257
　◎参考文献「ウェブ恋愛」（渋井哲也）　筑摩書房　2006.10　p188-190
　◎参考文献「純潔の近代—近代家族と親密性の比較社会学」（D. ノッター）　慶應義塾大出版会　2007.11　p5-32b

恋愛結婚
　◎参考文献「恋愛結婚の成立—近世ヨーロッパにおける女性観の変容」（前野みち子）　名古屋大出版会　2006.10　p11-27b

恋愛詩
　◎文献「鏡の中の愛—英語恋愛詩入門」（杉本明）　晃洋書房　2001.3　p247-255

恋愛小説
　○「新恋愛小説読本　別冊本の雑誌14」（本の雑誌社）　2001.2　173p　A5

連歌
　○文献目録（岸田依子）「解釈と鑑賞　66.11.846」（至文堂）　2001.11　p181-216
　◎注「中世和歌連歌の研究」（伊藤伸江）　笠間書院　2002.1　prr
　○論文目録ほか「連歌俳諧研究　103」（俳文学会）　2002.8　p46-83
　○論文目録ほか（文献目録係）「連歌俳諧研究　105」（俳文学会）　2003.8　p37-73
　○論文目録ほか（文献目録係）「連歌俳諧研究　107」（俳文学会）　2004.8　p23-58
　◎「近世初期刊行　連歌寄合書三種集成—索引篇翻刻・解説篇」（深沢眞二）　清文堂出版　2005.12　2冊　A5
　○論文目録ほか（文献目録係）「連歌俳諧研究　110」（俳文学会）　2006.2　p42-71
　◎参考図書「連歌の心と会席」（廣木一人）　風間書房　2006.9　p285-292
　○論文目録ほか（文献目録係）「連歌俳諧研究　112」（俳文学会）　2007.3　p99-125

錬金術
　◎文献目録「錬金術大全　新装」（G. ロバーツ）　東洋書林　2004.2　p17-24b
　◎引用参考文献「バッチフラワー花と錬金術」（東昭史）　東京堂出版　2007.4　p241-243
　◎参考文献「黄金と生命—時間と錬金の人類史」（鶴岡真弓）　講談社　2007.4　p462-475

連結会計
　◎参考文献「アメリカ連結会計生成史論」（小栗崇資）　日本経済評論社　2002.3　p257-261
　◎文献「連結納税会計論」（大倉雄次郎）　関西大学出版部　2004.10　p251-258

連結経営
　◎参考文献「日本企業における連結経営—21世紀の子会社政策・所有政策」（藤野哲也）　税務経理協会　2007.4　p163-167

連結財務諸表
　◎参考文献「連結財務諸表の作成実務—設例による会計処理の徹底解説　3版」（みすず監査法人）　中央経済社　2007.3　p891-892

連語
　○研究文献紹介（高瀬匡雄）「国文学解釈と鑑賞　70.7」（至文堂）　2005.7　p219-228

連合軍
　◎参考文献「連合軍の傑作兵器駄作兵器」（広田厚司）　光人社　2001.10　p265-266

連合赤軍
　◎参考文献「連合赤軍とオウム—わが内なるアルカイダ」（田原総一朗）　集英社　2004.9　p386-389

レンズ
　◎参考文献「図解レンズがわかる本」（永田信一）　日本実業出版社　2002.11　1pb

連濁
　○文献目録（鈴木豊）「文京学院大学外国語学部文京学院短期大学紀要　5」（文京学院大）　2006.2　p277-308

連邦準備制度
　◎原注「マネーを生みだす怪物—連邦準備制度という壮大な詐欺システム」（G. E. グリフィン）　草思社　2005.10　p734-704

連邦制
　◎参考文献「道州制・連邦制—これまでの議論・これからの展望」（田村秀）　ぎょうせい　2004.10　p276-282

連絡船
　◎参考文献「鉄道連絡船のその後」（古川達郎）　成山堂書店　2002.1　p100-101

【ろ】

ろう
- ◎参考文献「アメリカのろう文化」(S. ウィルコックス) 明石書店 2001.3 p301-290
- ◎注文献「聾教育問題史 歴史に学ぶ」(上野益雄) 日本図書センター 2001.7 prr
- ◎参考文献「聞こえない親をもつ聞こえる子どもたち—ろう文化と聴文化の間に生きる人々」(P. プレストン) 現代書館 2003.4 p412-426
- ◎参考文献「ぼくたちの言葉を奪わないで! ろう児の人権宣言」(全国ろう児をもつ親の会) 明石書店 2003.5 prr
- ◎文献リスト「聾の人びとの歴史」(P. エリクソン) 明石書店 2003.7 p220-216
- ◎参考文献「「ろう文化」案内」(C. パッデンほか) 晶文社 2003.11 p1-5b
- ◎参考文献「ろう教育と言語権—ろう児の人権救済申立の全容」(全国ろう児をもつ親の会) 明石書店 2004.9 prr

ろうあ
- ◎注文献「聾教育問題史 歴史に学ぶ」(上野益雄) 日本図書センター 2001.7 prr

老化
- ◎文献「分子レベルで見る老化—老化は遺伝子にプログラムされているか?」(石井直明) 講談社 2001.1 p216-217
- ◎参考文献「活性酸素と老化制御—多細胞社会の崩壊と長寿へのシナリオ」(大柳善彦, 井上正康) 共立出版 2001.3 p161-185
- ◎参考文献「生命の持ち時間は決まっているのか—「使い捨ての体」老化理論が開く希望の地平」(T. カークウッド) 三交社 2002.7 p361-371
- ◎参考文献「ヒトはどうして老いるのか—老化・寿命の科学」(田沼靖一) 筑摩書房 2002.12 1pb
- ◎文献「〈老い衰えゆくこと〉の社会学」(天田城介) 多賀出版 2003.2 p567-595
- ◎文献「老いをあざむく—〈老化と性〉への科学の挑戦」(R. ゴスデン) 新曜社 2003.2 p17-29b
- ◎文献「死と老化の生物学」(A. クラルスフェルドほか) 新思索社 2003.5 p308-311
- ◎文献「生命はどのようにして死を獲得したか—老化と加齢のサイエンス」(W. R. クラーク) 共立出版 2003.10 p327-334
- ◎参考文献「ジェロントロジーと加齢の価値と社会の力学」(R. C. アッチェリーほか) きんざい 2005.6 p336-295
- ◎文献「加齢医学—エイジング・ファイン」(帯刀益夫ほか) 東北大出版会 2007.9 prr

老眼
- ◎参考文献「老眼をあきらめるな!—目からはじめる不老の医学」(坪田一男) 日本評論社 2004.5 p190-191

老後
- ◎参考文献「日本人の老後」(長山靖生) 新潮社 2007.3 p222-223
- ◎参考文献「悪女の老後論」(堀江珠喜) 平凡社 2007.10 p186-187

労災保険
- ◎参考文献「労災保険とモラル・ハザード—北米労災補償制度の法・経済分析」(品田充儀) 法律文化社 2005.10 p155-175

老子
- ◎参考文献「五行・九主・明君・徳聖—《老子》甲本巻後古佚書」(齋木哲郎) 東方書店 2007.10 p207-213

労使関係
- ◎参考文献「教育行政と労使関係」(中村圭介, 岡田真理子) エイデル研究所 2001.5 p270-271
- ◎参考文献「ベーシック労使関係—活動現場の課題解決へむけて」(村杉靖男) 社会経済生産性本部 2001.10 p140-141
- ◎引用文献「労働過程論の展開」(鈴木和雄) 学文社 2001.11 p309-323
- ◎文献リスト「〈労働の人間化〉への視座—アメリカ・スウェーデンのQWL検証」(今村寛治) ミネルヴァ書房 2002.3 p187-196
- ◎文献「労使関係のノンユニオン化—ミクロ的・制度的分析」(都留康) 東洋経済新報社 2002.6 p213-223
- ◎文献「転換期のアメリカ労使関係—自動車産業における作業組織改革」(篠原健一) ミネルヴァ書房 2003.7 p193-209
- ◎参考文献「韓国の企業社会と労使関係—労使関係におけるデュアリズムの深化」(朴昌明) ミネルヴァ書房 2004.4 p201-220
- ◎参考文献「新時代の個別的労使関係—社会・企業・個人間の調整システム」(野瀬正治) 晃洋書房 2004.5 p177-181
- ◎参考文献「労使交渉と会計情報—日本航空における労働条件の不利益変更をめぐる経営と会計」(醍醐聰) 白桃書房 2005.9 p259-262
- ◎文献ほか「近代フランスにおける労使関係とディリジスム」(大森弘喜) 成城大 2006.3 p97-102
- ◎参考文献「物語経営と労働のアメリカ史—攻防の1世紀を読む」(松田裕之) 現代図書 2006.3 p199-213
- ◎参考文献「新時代の個別的労使関係—社会・企業・個人間の調整システム 2版」(野瀬正治) 晃洋書房 2006.9 p193-197
- ◎参考文献「労使関係の変容と人材育成」(戎野淑子) 慶應義塾大出版会 2006.10 p279-291
- ◎参考文献「査定規制と労使関係の変容—全自の賃金原則と日産分会の闘い」(吉田誠) 大学教育出版 2007.3 p190-193
- ◎参考文献「現代イギリス労使関係の変容と展開—個別管理の発展と労働組合」(上田眞士) ミネルヴァ書房 2007.9 p267-281
- ◎参考引用文献「イギリス労使関係のパラダイム転換と労働政策」(田口典男) ミネルヴァ書房 2007.12 p283-290

老子道徳教
- ○記事抄録(若菜智子)「文献探索 2000」(文献探索研究会) 2001.2 p566-569

老人福祉
- ◎参考文献「あすは我が身の介護保険」(沖藤典子) 新潮社 2001.4 p282-283

◎参考文献「長期ケアの満足度評価法―利用者の声をよく聴くための実用的アプローチ」(ロバート・アプルバウム, ジェイン・ストレイカー, スコット・ジェロン) 中央法規出版　2002.1　p174-180
◎参考文献「コミュニケーション・ケアの方法―「思い出語り」の活動」(フェイス・ギブソン) 筒井書房　2002.2　p163-167
◎参考文献「ポケット介護技法ハンドブック　新版」(江草安彦, 岡本千秋) 中央法規出版　2002.4　p271-273
◎参考文献「痴呆性高齢者の在宅介護―その基礎知識と社会的介護への連携　新訂版」(馬場純子) 一橋出版　2002.8　p147-148
◎文献「高齢社会と家族介護の変容―韓国・日本の比較研究」(金貞任) 法政大学出版局　2003.2　p235-244
◎文献「二十一世紀の高齢者福祉と医療―日本とアメリカ」(中島恒雄) ミネルヴァ書房　2003.3　p203-211
◎文献「患者追放―行き場を失う老人たち」(向井承子) 筑摩書房　2003.8　p249-250
◎文献「無線システムと福祉―徘徊高齢者に優しい電子保護システム」(山本博美) 現代図書　2005.6　p87-88
◎文献「介護施設で看取るということ」(甘利てる代) 三一書房　2007.12　p238-239

老人ホーム
◎参考文献「高齢者の社会参加活動と福祉サービス―日本・アイスランドのナーシング・ホーム」(榎本和子) 行路社　2003.5　p194-201
◎文献「自宅でない在宅―高齢者の生活空間論」(外山義) 医学書院　2003.7　p143-144
◎注「日本の養老院史―「救護法」期の個別施設史を基盤に」(井村圭壮) 学文社　2005.9　prr
◎引用文献「ケア現場における心理臨床の質的研究―高齢者介護施設利用者の生活適応プロセス―グラウンデッド・セオリー・アプローチ」(小倉啓子) 弘文堂　2007.5　p266-268

老荘思想
◎参考文献「日本における老荘思想の受容」(王廸) 国書刊行会　2001.2　p315-324

労働
◎参考文献「日本の労働社会学」(河西宏祐) 早稲田大学出版部　2001.2　p215-223
◎参考文献「フランスの労働事情」(日本労働研究機構) 日本労働研究機構　2001.6　p263-264
◎参考文献「開発と労働―スハルト体制期のインドネシア」(宮本謙介) 日本評論社　2001.12　p293-304
○文献月報「大原社会問題研究所雑誌　520」(法政大)　2002.3　p67-74
○文献目録(日本労働研究機構)「日本労働研究雑誌　44.12」(日本労働研究機構)　2002.12　p58-66
○文献目録(日本労働研究機構)「日本労働研究雑誌　45.1」(日本労働研究機構)　2003.1　p58-67
◎参考文献「日本の労働社会学　新装版」(河西宏祐) 早稲田大学出版部　2003.1　p215-223
◎引用文献「乳幼児を持つ父母における仕事と家庭の多重役割」(福丸由佳) 風間書房　2003.2　p163-174
◎「研究成果資料等一覧　平成2年1月―平成14年12月」日本労働研究機構研究所　2003.3　118p A4
◎文献「男性職場への女性労働者の進出に関する研究―男女混合職化の意義」(日本労働研究機構研究所) 日本労働研究機構　2003.3　prr
◎引用文献「日本の労働研究　その負の遺産」(野村正實) ミネルヴァ書房　2003.5　p307-314
◎引用文献「仕事の社会科学　労働研究のフロンティア」(石田光男) ミネルヴァ書房　2003.7　p223-228
○文献「大原社会問題研究所雑誌　538・539」(法政大)　2003.9　p138-146
○文献月録(法政大学大原社会問題研究所)「大原社会問題研究所雑誌　543」(法政大)　2004.2　p81-92
◎参考文献「変わる働き方とキャリア・デザイン」(佐藤博樹) 勁草書房　2004.2　prr
◎参考文献「ジェンダー化する社会―労働とアイデンティティの日独比較史」(姫岡とし子) 岩波書店　2004.3　p1-11b
◎参考文献「女性と労働―雇用・技術・家庭の英独日比較史研究」(吉田恵子ほか) 日本経済評論社　2004.3　p287-289
○文献「誰のための労働か」(秋山憲治) 学文社　2004.11　p210-218
○文献目録(労働政策研究研修機構)「日本労働研究雑誌　46.12」(労働政策研究)　2004.12　p61-78
◎引用参照文献「仕事の社会学」(佐藤博樹ほか) 有斐閣　2004.12　p193-205
○文献目録「大原社会問題研究所雑誌　554」(法政大)　2005.1　p72-78
○文献目録(労働政策研究研修機構)「日本労働研究雑誌　47.1」(労働政策研究・研修機構)　2005.1　p71-86
○「労働・雇用問題文献目録　1990-2004」(日外アソシエーツ) 日外アソシエーツ　2005.10　10, 965p B5
◎参考文献「仕事のくだらなさとの戦い」(佐藤和夫) 大月書店　2005.12　p171-176
○文献目録「大原社会問題研究所雑誌　566」(法政大)　2006.1　p75-85
◎参考文献「ワークライフバランス社会へ―個人が主役の働き方」(大沢真知子) 岩波書店　2006.3　p223-226
◎文献「福祉レジームの日韓比較―社会保障・ジェンダー・労働市場」(武川正吾ほか) 東京大出版会　2006.3　prr
◎参考文献「労働社会学入門」(河西宏祐ほか) 早稲田大出版部　2006.9　p327-354
◎参考文献「賃労働理論の基本構造―賃労働の理論、歴史、現状」(田中俊次) 東京農業大出版会　2006.12　p321-328
◎参考文献「働かない―「怠けもの」と呼ばれた人たち」(T. ルッツ) 青土社　2006.12　p6-31b
○文献目録(法政大学大原社会問題研究所)「大原社会問題研究所雑誌　578」(法政大出版局)　2007.1　p62-71
◎参考文献「多様な働き方の実態と課題―就業のダイバーシティを支えるセーフティネットの構築に向けて―多様な働き方を可能とする就業環境及びセーフティネットに関する研究」(労働政策研究・研修機構) 労働政策研究・研修機構　2007.3　p308-320

労働安全
◎参考文献「労働安全衛生マネジメントシステム(OHSMS)―環境とのシステム統合による構築と統合審査」(平林良人, 豊田寿夫) 日本規格協会　2001.1　p269-271

◎参考文献「技術発展と事故―21世紀の「安全」を探る」（駒宮功額）　中央労働災害防止協会　2001.10　p201-202
◎参考図書「よく分かる生産現場用語」（浅見芳男ほか）　高圧ガス保安協会　2007.3　p231-232

労働医学史
◎参考文献「働く人の病」（B. ラマツィーニ）　産業医学振興財団　2004.9　p305-315

労働移動
◎文献「世界経済のミッシング・リンク労働移動」（大西威人）　阿吽社　2001.6　p180-187
◎参考文献「リストラと転職のメカニズム―労働移動の経済学」（玄田有史ほか）　東洋経済新報社　2002.10　prr
◎参考文献「国際労働移動のマクロ経済学分析」（島田章）　五絃舎　2003.11　p203-206
◎参考文献「農村―都市労働移動におけるグアテマラ先住民の特異性―先住民社会の経済再編の歴史過程」（藤井嘉祥）　上智大　2004.3　p52-57
◎参考文献「中国の人口移動と民工―マクロ・ミクロ・データに基づく計量分析」（厳善平）　勁草書房　2005.11　p245-257
◎引用参考文献「阪神都市圏における都市マイノリティ層の研究―神戸在住「奄美」出身者を中心として」（西村雄郎）　社会評論社　2006.1　p201-210
◎参考文献「外国人労働者流入と経済厚生」（島田章）　五絃舎　2006.2　p159-162

労働運動
◎文献「労働運動の終焉―日産自動車の総括と新しい展望」（田嶋知来, 東条紀一）　情報センター出版局　2002.6　p134-139
◎文献「人物で綴る労働運動一世紀」（山崎光平）　労働問題研究会議　2003　p797-809
◎文献目録「ナチズムと労働者―ワイマル共和国時代のナチス経営細胞組織」（原田昌博）　勁草書房　2004.4　p13-29b
◎文献目録「アメリカの社会運動―CIO史の研究」（長沼秀世）　彩流社　2004.6　p9-19b
◎参考文献「グローバル化のなかの中小企業問題」（労働運動総合研究所）　新日本出版社　2005.6　prr
◎参考文献ほか「社会運動ユニオニズム―アメリカの新しい労働運動」（国際労働研究センター）　緑風出版　2005.11　p353-355
◎参考文献「格差社会にいどむユニオン―21世紀労働運動原論」（木下武男）　花伝社　2007.9　p343-355
◎参考文献「少数派労働運動の軌跡―労働の現場に生き続ける人びと」（「少数派労働運動の軌跡」編集委員会）　金羊社　2007.9　p260-267

労働衛生
◎文献「産業カウンセリング」（石田邦雄）　駿河台出版社　2002.5　p206-207
◎文献一覧「実践! ここから始めるメンタルヘルス―予防から復職まで」（芦原睦）　中央労働災害防止協会　2004.1　p266-272
◎参考文献「新しい時代の安全管理のすべて　2版」（大関親）　中央労働災害防止協会　2004.4　p829-835
◎参考文献「中小企業における安全衛生の進め方　改訂」（中小企業安全衛生研究会）　労働調査会　2004.4　p141-142

◎参考文献「産業保健専門職のための生涯教育ガイド」（日本産業衛生学会生涯教育委員会）　労働科学研究所出版部　2005.4　p91-94
◎参考文献「新しい時代の安全管理のすべて　3版」（大関親）　中央労働災害防止協会　2005.10　p834-840
◎注記「ひと相手の仕事はなぜ疲れるのか―感情労働の時代」（武井麻子）　大和書房　2006.12　p241-248
◎参考文献ほか「職場はなぜ壊れるのか―産業医が見た人間関係の病理」（荒井千暁）　筑摩書房　2007.2　p220-222
◎引用参考文献「「働く女性」のライフイベント―そのサポートの充実をめざして」（馬場房子ほか）　ゆまに書房　2007.4　prr
◎ブックガイド「ストレスマネジメント入門」（島悟ほか）　日本経済新聞出版社　2007.4　p203-205
◎文献「職場におけるメンタルヘルスのスペシャリストBOOK」（小林由佳ほか）　培風館　2007.5　prr
◎参考文献「成果主義とメンタルヘルス」（天笠崇）　新日本出版社　2007.5　p169-172
◎引用参考文献「産業カウンセリング入門―産業カウンセラーになりたい人のために　改訂版」（杉渓一言ほか）　日本文化科学社　2007.9　p289-294

労働科学
○雑誌記事索引「労働科学　79.1」（労働科学研究所）　2003.1　p31-71
◎参考文献「勤労意欲の科学―活力と生産性の高い職場の実現」（國澤英雄）　成文堂　2006.4　p325-332

労働基準法
◎参考文献「概説労働基準法　2006」（田中清定）　労働法令協会　2006.11　p378-380

労働組合
◎文献リスト「リーディングス日本の労働　3　労働組合」（日本労働研究機構）　日本労働研究機構　2001.3　p358-366
◎文献「パブと労働組合」（浜林正夫）　新日本出版社　2002.12　p1-4b
◎参考文献「衰退か再生か―労働組合活性化への道」（中村圭介ほか）　勁草書房　2005.4　prr
◎引用参考文献「戦略としての労働組合運動―能力主義・成果主義・同一労働同一賃金」（山下東彦）　文理閣　2005.10　p326-330
◎文献「日本型ワーカーズ・コープの社会史―働くことの意味と組織の視点」（石見尚）　緑風出版　2007.3　p254-257
◎参考文献「中国社会主義国家と労働組合―中国型協商体制の形成過程」（石井知章）　御茶の水書房　2007.8　p10-22b

労働組合法
◎参考文献「労働法　1　総論・労働団体法　4版」（片岡昇）　有斐閣　2007.6　p379-380

労働経済
◎文献「日本の労働経済システム―成功から閉塞へ」（脇田成）　東洋経済新報社　2003.5　p333-353
◎参考文献「労働経済学入門」（太田聰一ほか）　有斐閣　2004.10　p217-220
◎文献「仕事の経済学　3版」（小池和男）　東洋経済新報社　2005.3　p321-333

労働史
- ◎注「イギリスの鉄道争議と裁判—タフ・ヴェイル判決の労働史」（松村高夫）　ミネルヴァ書房　2005.3　p9-42b
- ◎参考文献「ウェールズ労働史研究—ペンリン争議における階級・共同体・エスニシティ」（久木尚志）　彩流社　2006.5　p289-285

労働時間
- ◎文献一覧「ホワイトカラーの世界—仕事とキャリアのスペクトラム」（佐藤厚）　日本労働研究機構　2001.3　p257-264
- ◎参考文献「ワークシェアリング—『オランダ・ウェイ』に学ぶ雇用」（根本孝）　ビジネス社　2002.2　p206-210
- ◎参考文献「働きすぎの時代」（森岡孝二）　岩波書店　2005.8　p21-27b
- ◎参考文献「雇用労働者の労働時間と生活時間—国際比較統計とジェンダーの視角から」（水野谷武志）　御茶の水書房　2005.10　p289-310
- ◎参考文献「ホワイトカラーは給料ドロボーか？」（門倉貴史）　光文社　2007.6　p231-233
- ◎参考文献「エンドレス・ワーカーズ—働きすぎ日本人の実像」（小倉一哉）　日本経済新聞出版社　2007.11　p257-261

労働市場
- ◎参考文献「レイバー・デバイド—中流崩壊　労働市場の二極分化がもたらす格差」（高山与志子）　日本経済新聞社　2001.2　p217-229
- ◎引用文献「現代イギリス経済と労働市場の変容—サッチャーからブレアへ」（桜井幸男）　青木書店　2002.2　p375-389
- ◎文献一覧「労働市場とジェンダー—雇用労働における男女不公平の解消に向けて」（村尾祐美子）　東洋館出版社　2003.2　p177-184
- ◎文献「インド開発のなかの労働者—都市労働市場の構造と変容」（木曽順子）　日本評論社　2003.3　p281-295
- ◎文献「技術者の転職と労働市場」（村上由紀子）　白桃書房　2003.9　p197-215
- ◎参考文献解題「国際化する日本の労働市場」（依光正哲）　東洋経済新報社　2003.12　p235-241
- ◎参考文献「現代中国の「人材市場」」（日野みどり）　創土社　2004.2　p419-437
- ◎参考文献「労働市場の規制緩和を検証する—欧州8カ国の現状と課題」（G. エスピン＝アンデルセンほか）　青木書店　2004.2　p362-393
- ◎参考文献「労働市場の経済学—働き方の未来を考えるために」（大橋勇雄ほか）　有斐閣　2004.12　prr
- ◎参考文献「変動する中国の労働市場」（戴秋娟）　社会経済生産性本部　2005.4　p76-77
- ◎参考文献「日本経済の環境変化と労働市場」（阿部正浩）　東洋経済新報社　2005.9　p267-275
- ◎参考文献「働く過剰—大人のための若者読本」（玄田有史）　NTT出版　2005.10　p281-284
- ◎引用文献「高卒労働市場の変貌と高校進路指導・就職斡旋における構造と認識の不一致—高卒就職を切り拓く」（筒井美紀）　東洋館出版社　2006.2　p220-226
- ◎参考文献ほか「世界の労働市場改革OECD新雇用戦略—雇用の拡大と質の向上、所得の増大をめざして」（OECD）　明石書店　2007.6　p275-291

労働者
- ◎参照文献「外国人労働者新時代」（井口泰）　筑摩書房　2001.3　p203-205
- ◎参考文献「家族時間と産業時間　新装版」（タマラ・K. ハレーブン）　早稲田大学出版部　2001.5　p7-33b
- ◎参考文献「日本・中国・アメリカ働く者の意識3ケ国比較」（川久保美智子）　かんぽう　2002.1　p204-205
- ◎文献「イングランド労働者階級の形成」（E. P. トムスン）　青弓社　2003.5　p1306-1328
- ◎文献「19世紀パリ社会史—労働・家族・文化」（赤司道和）　北大図書刊行会　2004.3　p7-14b
- ◎参考文献「韓国の労働者—階級形成における文化と政治」（H. クー）　御茶の水書房　2004.3　p8-29b
- ◎参考文献「召使いたちの大英帝国」（小林章夫）　洋泉社　2005.7　p201-204
- ◎参考文献「図解メイド」（池上良太）　新紀元社　2006.5　p234-235

労働者管理企業
- ◎参考文献「市場経済と労働者管理企業」（春名章二）　多賀出版　2001.2　p323-335

労働条件
- ◎参考文献「労働条件決定システムの現状と方向性—集団的発言機構の整備・強化に向けて—労働条件決定システムの再構築に関する研究」（労働政策研究・研修機構）　労働政策研究・研修機構　2007.3　p320-332

労働政策
- ◎参考文献「国際比較仕事と家族生活の両立—日本・オーストリア・アイルランド」（OECD）　明石書店　2005.3　p253-272

労働生産
- ◎文献「労働生産性の国際比較研究—リカードウ貿易理論と関連して」（柳田義章）　文真堂　2002.4　p246-252
- ◎参考文献「日韓主要産業の推移とFTA—日・韓物的工業労働生産性の国際比較のデータに基づく統計分析」（西手満昭）　渓水社　2007.2　p169-174

労働争議
- ◎参考文献「文化と闘争—東宝争議1946-1948」（井上雅雄）　新曜社　2007.2　p509-502
- ◎参考著作「労働紛争解決実務講義—相談事例と判例に基づく　2版」（河本毅）　日本法令　2007.5　p1-10b

労働法
- ◎参考文献「韓国の労働法改革と労使関係」（日本労働研究機構）　日本労働研究機構　2001.3　p161-164
- ◎参考文献「イギリス労働法」（小宮文人）　信山社出版　2001.8　p283-290
- ◎参考文献「労働法　第7版」（安枝英訷, 西村健一郎）　有斐閣　2002.3　p354-356
- ◎参考文献「職場の労働法—採用から退職まで　改訂第3版」（高橋保）　法学書院　2002.4　p357-359
- ◎参考文献「労働法」（浅倉むつ子, 島田陽一, 盛誠吾）　有斐閣　2002.4　p375-378
- ◎Reference book guidance「ベーシック労働法　2版」（浜村彰ほか）　有斐閣　2004.3　p292-297
- ◎参考文献「労働法　8版」（安枝英訷ほか）　有斐閣　2004.3　p358-360

◎参考文献「解雇法制を考える―法学と経済学の視点 増補版」（大竹文雄ほか） 勁草書房 2004.5 p313-327
◎参考文献「労働法とジェンダー」（浅倉むつ子） 勁草書房 2004.9 p220-229
◎参考文献「現代労働法 4訂版」（石松亮二ほか） 中央経済社 2006.4 p260-262
◎参考文献「ベトナムの労働法と労働組合」（斉藤善久） 明石書店 2007.3 p255-259
◎参考文献「労働法 1 総論・労働団体法 4版」（片岡昇） 有斐閣 2007.6 p379-380

労働問題
◎文献リスト「リーディングス日本の労働 8 勤労者生活」（日本労働研究機構） 日本労働研究機構 2001.11 p356-363
◎参考文献「現代の労働問題 第3版」（笹島芳雄） 中央経済社 2002.3 p243-246
◎文献「働き方の未来―非典型労働の日米欧比較」（大沢真知子ほか） 日本労働研究機構 2003.3 prr
◎参考文献「高度成長のなかの社会政策―日本における労働家族システムの誕生」（玉井金五ほか） ミネルヴァ書房 2004.2 prr
◎参考文献「体制移行期チェコの雇用と労働」（石川晃弘） 中央大学出版部 2004.11 prr
◎参考文献「トヨタ労使マネジメントの輸出―東アジアへの移転過程と課題」（願興寺胎之） ミネルヴァ書房 2005.2 p181-183
◎引用参考文献「フリーターとニート」（小杉礼子） 勁草書房 2005.4 p213-216
◎注「イギリス労働者の貧困と救済―救貧法と工場法」（安保則夫） 明石書店 2005.10 prr
◎引用参考文献「フリーターにとって「自由」とは何か」（杉田俊介） 人文書院 2005.10 p202-211
◎参考文献「若者が働くとき―「使い捨てられ」も「燃えつき」もせず」（熊沢誠） ミネルヴァ書房 2006.2 p217-220
◎文献目録「近代朝鮮の雇用システムと日本―制度の移植と生成」（宣在源） 東京大出版会 2006.3 p151-160
◎参照文献「使い捨てられる若者たち―アメリカのフリーターと学生アルバイト」（S.タノック） 岩波書店 2006.3 p1-10b
◎文献解説「労働世界への社会学的接近」（中川勝雄ほか） 学文社 2006.4 p206-222
◎参考文献「階層化する労働と生活」（本間照光ほか） 日本経済評論社 2006.10 prr
◎参考文献「「今」の韓国―社会労働事情からみるその姿」（渡部昌平） 三文舎 2006.11 p168-171
◎参考文献「職場のいじめ―「パワハラ」と法」（水谷英夫） 信山社 2006.12 p227-231
◎参考文献「生きさせろ!―難民化する若者たち」（雨宮処凛） 太田出版 2007.3 p283-284
◎参考文献「変容する熊本の労働」（荒井勝彦） 梓出版社 2007.3 p391-395
◎参考文献「アジアにおける工場労働力の形成―労務管理と職務意識の変容」（大野昭彦） 日本経済評論社 2007.5 p285-297
◎参考文献「雇用融解―これが新しい「日本型雇用」なのか」（風間直樹） 東洋経済新報社 2007.5 p299-304
◎参考文献「働きすぎる若者たち―「自分探し」の果てに」（阿部真大） NHK出版 2007.5 p199-203
◎参考文献「格差社会ニッポンで働くということ―雇用と労働のゆくえをみつめて」（熊沢誠） 岩波書店 2007.6 p257-260
◎参考引用文献「ワーク・フェア―雇用劣化・階層社会からの脱却」（山田久） 東洋経済新報社 2007.7 p279-284
◎参考文献「ルポ最底辺―不安定就労と野宿」（生田武志） 筑摩書房 2007.8 p249-254

朗読
◎参考文献「朗読は楽しからずや」（久米明） 光文社 2007.4 p262-263

老女房
◎研究文献目録「源氏物語の老女房」（外山敦子） 新典社 2005.10 p200-224

老年
◎年譜「抗老期 体力・気力・記憶力と闘う」（上坂冬子） 講談社 2001.3 p221-235
◎参考文献「建築とユニバーサルデザイン」（古瀬敏） オーム社 2001.6 p175-176
◎「盛年 老いてますます…」（樋口恵子） 学陽書房 2001.6 205p 46s
◎参考文献「老後を自立して―エイジングと向き合う」（加藤恭子, ジョーン・ハーヴェイ） NHK出版 2001.9 p246-253
◎引用・参考文献「老いと社会―制度・臨床への老年学的アプローチ」（冷水豊ほか） 有斐閣 2002.3 p293-299
◎参考文献「カジュアル老年学―ホリスティック・アプローチによる入門編」（小向敦子） 学文社 2003.4 p194-196
◎文献「新社会老年学―シニアライフのゆくえ」（古谷野亘ほか） ワールドプランニング 2003.4 p169-170
◎参考文献「政治老年学序説―胎動するニューシニア」（神江伸介） 成文堂 2005.2 p223-224
◎引用文献「老年期の人間関係」（関峋一） 培風館 2006.3 prr

老年医学
◎文献「プライマリ・ケア老年医学」（ジョン・P.スローン） プリメド社 2001.10 p245-249
◎文献「介護・依存から自立へ 1 ソリ付4輪歩行器による補助歩行の獲得」（木村哲彦） シビル出版 2002.3 p198-200
◎「老人看護文献集 2000年―2001年」（東京都老人総合研究所看護・ヘルスケア部門） 東京都老人総合研究所看護・ヘルスケア部門 2002.3 117p B5
◎引用参考文献「老人ケアの関わり学」（岡野純毅） 医学書院 2003.4 p164-165
◎参考文献「高齢者の医学と尊厳死」（大田満夫） PDN 2003.6 p253-256

老年心理
◎引用文献「ライフサイクルにおける老年期の心理社会的発達と人格特性に関する研究」（星野和実） 風間書房 2001.3 p215-235
◎引用参考文献「老年臨床心理学―老いの心に寄りそう技術」（黒川由紀子ほか） 有斐閣 2005.12 p195-203

老年精神医学

- ◎文献「高齢者のメンタルケア」（河合眞） 南山堂 2001.9 p152-153
- ◎文献「老年精神医学入門」（B. ピット） みすず書房 2002.10 prr
- ◎文献「高齢者におけるうつ病の診断と治療」（M. Briley） 星和書店 2004.10 p53-66
- ◎参考文献「高齢者の喪失体験と再生」（竹中星郎） 青灯社 2005.8 p232-235
- ◎文献「〈脳が語る〉高齢者ケアのこころ—パラメディカル・ケアハンドブック」（齋藤誠司） 太陽出版 2006.8 p229-242

引用文献（冒頭）

- ◎引用文献「老人・障害者の心理 改訂版」（中野善達ほか） 福村出版 2006.3 p190-198
- ◎引用文献「高齢期の心理と臨床心理学」（下仲順子） 培風館 2007.7 p366-403
- ◎文献「エイジング心理学—老いについての理解と支援」（谷口幸一ほか） 北大路書房 2007.8 prr

労農派

- ◎参考文献「山川均・向坂逸郎外伝—労農派1925〜1985 下」（上野建一ほか） 社会主義協会 2004.5 p1-11

労務管理

- ◎参考文献「現代労務管理成立史論」（小林康助） 同文舘出版 2001.1 p183-190
- ◎文献「新しい人事労務管理 新版」（佐藤博樹ほか） 有斐閣 2003.3 p267-274
- ◎参考文献「人事労務管理制度の形成過程—高度成長と労使協議」（岩田憲治） 学術出版会 2006.7 p267-276
- ◎参考文献「新しい人事労務管理 3版」（佐藤博樹ほか） 有斐閣 2007.4 p285-293
- ◎参考書ほか「はじめての人的資源マネジメント」（佐野陽子） 有斐閣 2007.12 p243-245

牢屋敷

- ◎参考文献「物語大江戸牢屋敷」（中島繁雄） 文藝春秋 2001.2 p226」

ロウルズ・ロイス社

- ◎文献目録「ロウルズ-ロイス研究—企業破綻の英国的位相」（大河内暁男） 東京大学出版会 2001.11 p196-204

録音資料

- ◎「岩手県立視聴覚障害者情報センター録音図書増加目録 28」 岩手県立視聴覚障害者情報センター 2006.9 36p A4

録音図書

- ◎「東京都立多摩図書館録音図書・点字図書目録 2000年10月末現在」 東京都立多摩図書館 2001.1 218p A4
- ◎「録音図書目録 平成12年度版」 調布市立図書館 2001.3 87p A4

録画

- ◎参考引用文献「新たな映像の世界への挑戦—回想のビデオディスク」（工藤敏行） 文芸社 2006.7 p266-270

六十六部巡国巡礼

- ◎文献一覧（小嶋博巳）「巡礼論集2 六十六部巡国巡礼の諸相」（巡礼研究会） 岩田書院 2003.1 p223-234

六道絵

- ◎文献目録「国宝六道絵」（泉武夫ほか） 中央公論美術出版 2007.11 p357-358

六波羅探題

- ◎注「六波羅探題の研究」（森幸夫） 続群書類従完成会 2005.4 prr

ロケット

- ◎参考文献「ロケット工学」（柴藤羊二, 渡辺篤太郎） コロナ社 2001.7 p232-234

ロシア

- ◎文献案内「ソ連・ロシア，東欧の政治と経済」（宮下誠一郎） 専修大学出版局 2001.7 p281-286
- ◎文献「ソ連のアフガン戦争—出兵の政策決定過程」（李雄賢） 信山社 2002.4 p347-363
- ◎参考文献「武器を焼け—ロシアの平和主義者たちの軌跡」（中村喜和） 山川出版社 2002.5 p196-198
- ◎注「遠い隣国—ロシアと日本」（木村汎） 世界思想社 2002.6 p791-924
- ◎参考文献「現代ロシアを知るための55章」（下斗米伸夫ほか） 明石書店 2002.6 p269-271
- ◎引用参考文献「ソ連=党が所有した国家 1917-1991」（下斗米伸夫） 講談社 2002.9 p227-230
- ◎注「ロシア・ソビエト・ユダヤ100年の歴史」（Z. ギテルマン） 明石書店 2002.9 p520-503
- ◎文献「K-19」（ピーター・ハクソーゼン） 角川書店 2002.11 p1-9b
- ◎文献目録「ロシア国家統計制度の成立」（山口秋義） 梓出版社 2003.2 p180-194
- ◎資料・文献「中・ロ国境4000キロ」（岩下明裕） 角川書店 2003.3 p248-256
- ◎参考図書「モスクワ地下鉄の空気—新世紀ロシア展望」（鈴木常浩） 現代書館 2003.5 p317-318
- ◎文献案内ほか「ロシアを知る事典 新版」（川端香男里） 平凡社 2004.1 p1021-1037
- ◎参考文献「ロシア市場参入戦略」（富山栄子） ミネルヴァ書房 2004.2 p324-348
- ○露語文献リスト（村知稔三）「長崎大学教育学部紀要 教育科学 67」（長崎大） 2004.6 p29-45
- ◎参考文献「北樺太石油コンセッション1925-1944」（村上隆） 北大図書刊行会 2004.7 p403-413
- ◎参考文献「ロシア極東の民族考古学—温帯森林漁猟民の居住と生業」（大貫静夫ほか） 六一書房 2005.2 prr
- ◎参考文献「移民と国家—極東ロシアにおける中国人、朝鮮人、日本人移民」（I. R. サヴェリエフ） 御茶の水書房 2005.2 p37-58b
- ○文献リスト（村知稔三）「長崎大学教育学部紀要 教育科学 68」（長崎大） 2005.3 p43-68
- ◎参考文献「ロシアがわかる12章 改訂版」（ユーラシア研究所） 東洋書店 2005.9 p62-63
- ◎書誌「ロシアと拓殖大学」 拓殖大 2005.10 p498-529
- ◎参考文献「ロシアの科学者—ソ連崩壊の衝撃を超えて」（小林俊哉） 東洋書店 2005.10 p58-63
- ◎文献リスト「ロシア資源産業の「内部」」（塩原俊彦） アジア経済研究所 2006.10 p211-217
- ◎参考文献「朝倉世界地理講座—大地と人間の物語 10 東ヨーロッパ・ロシア」（加賀美雅弘ほか） 朝倉書店 2007.1 p409-414

ろしあ

◎参考文献「シベリア・ランドブリッジ―日ロビジネスの大動脈」（辻久子）　成山堂書店　2007.10　p143-145
◎参考文献「虚栄の帝国ロシア―闇に消える「黒い」外国人たち」（中村逸郎）　岩波書店　2007.10　p1-3b

ロシア　移民
◎参考文献「日露オーラルヒストリー―はざまで生きた証言」（日本対外文化協会日ロ歴史を記録する会）彩流社　2006.1　p257-263

ロシア　ウラジオストック
◎参考文献「ウラジオストクへの旅―ロシア極東地域に移住した人々」（佐藤芳行ほか）　新潟日報事業社　2004.2　p68-70

ロシア　演劇
◎参考文献「帝政ロシアの農奴劇場―貴族文化の光と影」（矢沢英一）　新読書社　2001.12　p235-239

ロシア　オホーツク
◎引用文献「オホーツクの考古学―ものが語る歴史7」（前田潮）　同成社　2002.7　p209-222
◎参考文献「続縄文・オホーツク文化」（野村崇ほか）北海道新聞社　2003.7　p223-233
◎引用文献「環オホーツク海古代文化の研究」（菊池俊彦）　北大図書刊行会　2004.3　p259-268

ロシア　音楽
◎参考文献「革命と音楽―ロシア・ソヴィエト音楽文化史」（伊東恵子）　音楽之友社　2002.3　p10-12b
◎文献「ロシア音楽史―《カマーリンスカヤ》から《バービイ・ヤール》まで」（F. マース）　春秋社　2006.3　p91-99

ロシア　外交
◎参考文献「ロシアの外交政策」（斎藤元秀）　勁草書房　2004.4　p304-309
◎参考文献「トナカイ王―北方先住民のサハリン史」（N. ヴィシネフスキー）　成文社　2006.4　p212-217
◎参考文献「ロシア皇帝アレクサンドル一世の外交政策―ヨーロッパ構想と憲法」（池本今日子）　風行社　2006.12　p8-21b
◎註「スターリン、ヒトラーと日ソ独伊連合構想」（三宅正樹）　朝日出版社　2007.2　p259-285

ロシア　カムチャッカ
◎References「北太平洋沿岸の文化―文化接触と先住民社会」（北海道立北方民族博物館）　北方文化振興協会　2004.1　prr

ロシア　樺太
◎参考文献ほか（板橋政樹ほか）「樺太に生きたロシア人―故郷と国家のはざまで」（S. P. フェルドチェーク）日本ユーラシア協会北海道連合会　2004.5　p218-226
◎参考文献「樺太農業と植民学―近年の研究動向から」（竹野学）　札幌大　2005.3　p68-69
◎参考文献「清朝のアムール政策と少数民族」（松浦茂）京都大学術出版会　2006.2　p476-502

ロシア　カリーニングラード
◎参考文献「琥珀の都カリーニングラード―ロシア・EU協力の試金石」（蓮見雄）　東洋書店　2007.6　p62-63

ロシア　教育
◎註「エカテリーナの夢ソフィアの旅―帝制期ロシア女子教育の社会史」（橋本伸也）　ミネルヴァ書房　2004.5　prr
◎文献「ロシア革命と保育の公共性―どの子にも無料の公的保育を」（村知稔三）　九州大出版会　2007.2　p293-322

ロシア　教会
◎参考文献「聖地ソロフキの悲劇―ラーゲリの知られざる歴史をたどる」（内田義雄）　NHK出版　2001.6　p260-262

ロシア　極東ロシア
◎引用文献「極東ロシアの先史文化と北海道―紀元前1千年紀の考古学」（福田正宏）　北海道出版企画センター　2007.3　p199-212

ロシア　経済
◎文献「ロシア石油企業のビジネス戦略」（中津孝司）同文舘出版　2001.9　p253-259
◎参考文献「経済体制論のフロンティア―新制度主義からみたシステム改革とロシア分析」（中江幸雄）　晃洋書房　2001.12　p106-108, 208-210
◎注「EU・ロシア経済関係の新展開　ドイツを軸として欧州・CIS関係を探る」（百済勇）　日本評論社　2003.1　prr
◎参考文献「現代ロシアの経済構造」（塩原俊彦）　慶應義塾大出版会　2004.4　p408-435
◎参考文献「世紀の売却―第二のロシア革命の内幕」（C. フリーランド）　新評論　2005.5　p539-541
◎参考文献「ロシア経済の真実」（塩原俊彦）　東洋経済新報社　2005.7　p282-270
◎文献目録「経済グローバリゼーション下のロシア」（上垣彰）　日本評論社　2005.12　p291-304
◎引用文献「市場経済移行期のロシア企業―ゴルバチョフ、エリツィン、プーチンの時代」（加藤志津子）文眞堂　2006.6　p296-308
◎参考文献「BRICs―持続的成長の可能性と課題」（みずほ総合研究所）　東洋経済新報社　2006.11　p271-280
◎参考文献「琥珀の都カリーニングラード―ロシア・EU協力の試金石」（蓮見雄）　東洋書店　2007.6　p62-63

ロシア　建築
◎参考文献「ロシア建築案内」（R. ムラギルディン）TOTO出版　2002.11　p440-441

ロシア　工業
◎文献「ソ連・ロシアにおける工業の地域的展開―体制転換と移行期社会の経済地理」（小俣利男）　原書房　2006.12　p155-162

ロシア　コリヤーク族
◎文献「危機言語を救え！―ツンドラで滅びゆく言語と向き合う」（呉人恵）　大修館書店　2003.6　p187-193
◎参考文献「トナカイ遊牧民、循環のフィロソフィー―極北ロシア・カムチャッカ探検記」（煎本孝）　明石書店　2007.2　p461-462

ロシア　サハリン
◎参考文献「オタス―サハリン北方少数民族の近代史」（N. ヴィシネフスキー）　北海道大　2005.3　p144-146
◎文献目録「サハリンのウイルタ―18-20世紀半ばの伝統的経済と物質文化に関する歴史・民族学的研究」（T. ローン）　北海道大　2005.3　p177-183
◎文献一覧「サハリン北方民族文献集　文芸作品篇　1905-45」（青柳文吉）　北海道大　2005.3　p151-159

ロシア
◎文献目録「サハリン北方先住民族文献集　人類学・民族学篇　1905-1945」（菊池俊彦）　北海道大　2006.1　p215-208
◎参考文献「トナカイ王―北方先住民のサハリン史」（N.ヴィシネフスキー）　成文社　2006.4　p212-217
◎参考文献「国境の植民地・樺太」（三木理史）　塙書房　2006.5　p167-173
◎参考文献「サハリンのなかの日本―都市と建築」（井澗裕）　東洋書店　2007.6　p62-63

ロシア　サンクト・ペテルブルク
◎参考文献「サンクト・ペテルブルク―よみがえった幻想都市」（小町文雄）　中央公論新社　2006.2　p243-239

ロシア　児童文学
◎紹介本「おはなしは国境を越えて―ロシア絵本の世界」（岩本憲子）　東洋書店　2003.10　prr
○年表（カスチョールの会）「Костер 24」（「カスチョール」編集部）　2006.12　p94-111

ロシア　シベリア
◎参考文献「シベリア先史考古学」（小畑弘己）　中国書店　2001.4　p477-495
◎文献「トナカイ牧畜民の食の文化・社会誌―西シベリア・ツンドラ・ネネツの生業と食の比較文化」（吉田睦）　彩流社　2003.3　p11-27b
◎参考文献「シベリア決死行」（岡崎溪子）　アルファポリス　2004.4　p202-203
◎参考文献「シベリアの森林―ロシアと日本のアプローチ」（阿部信行ほか）　日本林業調査会　2004.7　p219-238
◎関連文献「東シベリアの歴史と文化」（中京大学社会科学研究所）　中京大社会科学研究所　2005.3　p261-276
◎参考文献「シベリアに逝きし人々を刻す―ソ連抑留中死亡者名簿」（村山常雄）　プロスパー企画　2007.7　p1039-1047

ロシア　宗教
◎文献「16世紀ロシアの修道院と人々―ヨシフ・ヴォロコラムスキー修道院の場合」（細川滋）　信山社出版　2002.3　p207-211
◎文献一覧「ロシア宗教思想史」（御子柴道夫）　成文社　2003.3　p295-288

ロシア　神話
◎参考文献「ロシアの神話」（E. ワーナー）　丸善　2004.2　p5-6b

ロシア　正教会
◎参考資料「旧「満州」ロシア人村の人々―ロマノフカ村の古儀式派教徒」（阪本秀昭ほか）　東洋書店　2007.2　p62-63

ロシア　政治
◎参考文献「ロシア同時代史権力のドラマ―ゴルバチョフからプーチンへ」（木村明生）　朝日新聞社　2002.2　p1-3b
◎文献「ソヴィエト・テルミドール―現代ロシア政治の源流」（T. クラウス）　東洋書店　2003.4　p294-300
◎参考文献「ユーラシアの地政学―ソ連崩壊後のロシア・中央アジア」（石郷岡建）　岩波書店　2004.1　p1-4b
◎参考文献「CIS―旧ソ連空間の再構成」（田畑伸一郎ほか）　国際書院　2004.3　p225-23

◎学習手引「現代ロシア政治入門」（横手慎二）　慶應義塾大出版会　2005.5　p133-151
○邦語文献（寺山恭輔）「東北アジアアラカルト　16」（東北大）　2006　p44-59
◎文献一覧「KGB帝国―ロシア・プーチン政権の闇」（H. ブラン）　創元社　2006.2　p365-369
◎注「プーチンのロシア」（R. ラインほか）　日本経済新聞社　2006.11　p274-282

ロシア　ソビエト連邦
◎参考文献「冷戦下・ソ連の対中東戦略」（ガリア・ゴラン）　第三書館　2001.7　p480-488
◎参考文献「ロシア史を読む」（M. ラエフ）　名古屋大学出版会　2001.12　p1-10b
◎参考文献「革命と音楽―ロシア・ソヴィエト音楽文化史」（伊藤恵子）　音楽之友社　2002.3　p10-12b
◎参考文献ほか「ソ連・ロシアの核戦略形成」（仙洞田潤子）　慶応義塾大学出版会　2002.4　p8-14b
◎引用参考文献「ソ連―党が所有した国家　1917-1991」（下斗米伸夫）　講談社　2002.9　p227-230
◎注「中国革命とソ連―抗日戦までの舞台裏1917-1937年」（B. N. スラヴィンスキーほか）　共同通信社　2002.11　p383-397
◎注「ロシア革命・ソ連史論　カウツキーからドイッチャーへ」（上島武）　窓社　2003.3　prr
◎参考文献「ノモンハン事件前夜におけるソ連の内政干渉とモンゴルの大粛清問題」（富士ゼロックス小林節太郎記念基金）　富士ゼロックス小林節太郎記念基金　2005.4　p19-23
◎参考文献「歴史のなかのソ連」（松戸清裕）　山川出版社　2005.12　p89-90
◎文献目録「ソ連農業集団化の原点―ソヴィエト体制とアメリカユダヤ人」（高尾千津子）　彩流社　2006.11　p9-23b
◎注「冷戦と科学技術―旧ソ連邦1945～1955年」（市川浩）　ミネルヴァ書房　2007.1　prr

ロシア　ソロフキ
◎参考文献「聖地ソロフキの悲劇　ラーゲリの知られざる歴史をたどる」（内田義雄）　NHK出版　2001.6　p260-262

ロシア　中世
◎刊行文献一覧「白樺の手紙を送りました―ロシア中世都市の歴史と日常生活」（V. L. ヤーニン）　山川出版社　2001.5　p309-310
◎註「ロシア中世都市の政治世界―都市国家ノヴゴロドの群像」（松木栄二）　彩流社　2002.12　p375-411

ロシア　図書館
◎引用文献「17世紀以前のロシアの図書館」（M. I. スルホフスキイ）　宮島太郎　2003.6　p193-237

ロシア　ノヴゴロド
◎註「ロシア中世都市の政治世界―都市国家ノヴゴロドの群像」（松木栄二）　彩流社　2002.12　p375-411

ロシア　農村
◎引用史料ほか「近代ロシアと農村共同体―改革と伝統」（鈴木健夫）　創文社　2004.5　p25-39b
◎文献リスト「近代ロシア農村の社会経済史―ストルィピン農業改革期の土地利用・土地所有・協同組合」（崔在東）　日本経済評論社　2007.6　p432-454

ロシア　バシコルトスタン
- ◎参考文献「ロシア帝国民族統合史の研究―植民政策とバシキール人」（豊川浩一）　北海道大出版会　2006.4　p1-25b

ロシア　反乱史
- ◎文献目録「ロシア民衆反乱史」（P. アヴリッチ）　彩流社　2002.12　p7-12b

ロシア　美術
- ◎参考文献「エルミタージュ―波乱と変動の歴史」（郡司良夫、藤野幸雄）　勉誠出版　2001.8　p267-268
- ◎参考文献「極東ロシアのモダニズム　1918-1928―ロシア・アヴァンギャルドと出会った日本」（五十殿利治）　東京新聞　2002.4　p250-251
- ◎参考文献「ロシアの秘宝「琥珀の間」伝説」（重延浩）　NHK出版　2003.9　p284-285
- ◎参考文献「現代ロシア絵画考―わたしの絵画蒐集物語」（石井徳男）　図書新聞　2005.5　p214-213
- ◎参考文献「ジャポニスムから見たロシア美術」（上野理恵）　東洋書店　2005.6　p59-61
- ◎文献目録「種の起源―ロシアの現代美術―私たちは生き残ることができるのか」（富山県立近代美術館ほか）「ロシアの現代美術」実行委員会　c2006　p101-105
- ◎参考文献「ルボーク―ロシアの民衆版画」（坂内徳明）　東洋書店　2006.2　p204-209
- ◎参考文献「ロシア・アヴァンギャルドから見た日本美術」（上野理恵）　東洋書店　2006.2　p59-63

ロシア　文学
- ◎参考文献「近代ロシア文学の成立と西欧」（白倉克之）　成文社　2001.2　p227-248
- ◎「はじめて学ぶロシア文学史」（藤沼貴ほか）　ミネルヴァ書房　2003.9　15, 492p A5
- ◎参考文献「ロシアの十大作家」（松下裕）　水声社　2004.9　p225-231
- ◎「ロシア児童文学の世界―昔話から現代の作品まで　国立国会図書館国際子ども図書館展示会」（国際子ども図書館）　国際子ども図書館　2005.3　80p A4
- ◎参考文献「作家と作品でつづるロシア文学史」（卞宰洙）　新読書社　2005.6　p397-398
- ○年表（田中友子ほか）「Костер 25」（カスチョール同人）　2007.12　p98-109

ロシア　法
- ◎ロシア語引用文献「現代ロシア法」（小森田秋夫）　東京大学出版会　2003.9　p327-332

ロシア　マフィア
- ◎注「ロシア・マフィアが世界を支配するとき」（寺谷弘壬）　アスキー・コミュニケーションズ　2002.11　p395-406

ロシア　民俗
- ◎文献目録「ロシアフォークロアの世界」（伊東一郎）　群像社　2005.3　p349-352

ロシア　モスクワ
- ◎ブックガイド「モスクワは本のゆりかご」（L. シーロフ）　群像社　2005.11　p246-249

ロシア　モスクワ芸術座
- ◎文献表「モスクワ芸術座」（N. ウォーラル）　而立書房　2006.3　p7-16b

ロシア　料理
- ◎参考文献「ロシアおいしい味めぐり」（小町文雄）　勉誠出版　2004.6　p234-236
- ◎参考文献「ロシア　世界の食文化19」（沼野充義ほか）　農山漁村文化協会　2006.3　p292-295

ロシア　林業
- ◎参考文献「ロシア森林大国の内実」（柿沢宏昭ほか）　日本林業調査会　2003.1　prr

ロシア　歴史
- ◎文献略解「帝政ロシア司法制度史研究―司法改革とその時代」（高橋一彦）　名古屋大学出版会　2001.2　p399-409
- ◎参考文献「ロシア」（和田春樹）　山川出版社　2001.4　p14-16b
- ◎参考文献「ロシア史を読む」（M. ラエフ）　名古屋大学出版会　2001.12　p1-10b
- ◎文献目録「近代ロシア農業政策史研究」（中川雄二）　御茶の水書房　2001.12　p211-220
- ◎参考文献「ロシア史―新版世界各国史　22」（和田春樹）　山川出版社　2002.8　p046-070b
- ◎文献「ソ連=党が所有した国家　1917-1991」（下斗米伸夫）　講談社　2002.9　p227-230
- ○文献目録「ロシア史研究　70」（ロシア史研究会）　2002　p78-96
- ◎参考文献「スターリニズム」（G. ギル）　岩波書店　2004.11　p5-29b
- ◎文献目録「テロルと改革―アレクサンドル二世暗殺前後」（和田春樹）　山川出版社　2005.8　p13-26b
- ◎参考文献「ロシア帝国民族統合史の研究―植民政策とバシキール人」（豊川浩一）　北海道大出版会　2006.4　p1-25b
- ◎文献ほか「グラーグ―ソ連集中収容所の歴史」（A. アプルボーム）　白水社　2006.7　p8-25b
- ◎文献「タタールのくびき―ロシア史におけるモンゴル支配の研究」（粟生沢猛夫）　東京大出版会　2007.1　p11-35b
- ◎参考文献「ロシア・ロマノフ王朝の大地」（土肥恒之）　講談社　2007.3　p363-358
- ◎参考文献ほか「近代ロシア農民文化史研究―人の移動と文化の変容」（高田和夫）　岩波書店　2007.3　p11-27b
- ◎参考文献「ロシアの20世紀―年表・資料・分析」（稲子恒夫）　東洋書店　2007.4　p1012-1026

ロシア　ロマノフ王朝
- ◎参考文献「ロシア帝国の民主化と国家統合―二十世紀初頭の改革と革命」（加納格）　御茶の水書房　2001.1　p11-31b
- ◎参考文献「甦るニコライ二世　中断されたロシア近代化への道」（H. カレール=ダンコース）　藤原書店　2001.5　p512-488
- ◎参考文献「「ロマノフ王朝と近代日本」展―版画と写真でたどる日露交流―ロシア国立図書館所蔵品より　日露修好150周年記念」　サンクトペテルブルクロシア国立図書館　c2006　p196-199
- ◎参考文献「ロシア・ロマノフ王朝の大地」（土肥恒之）　講談社　2007.3　p363-358

ロシア　革命
- ◎注「ロシア革命・ソ連史論　カウツキーからドイッチャーへ」（上島武）　窓社　2003.3　prr

◎文献「人物ロシア革命史」（鈴木肇）　恵雅堂出版　2003.5　p363-364
◎参考文献「ロシア革命1900-1927」（R. サーヴィス）　岩波書店　2005.6　p7-27b
◎参考文献「十月革命とソ連邦の誤謬—検証「スターリン体制の確立」」（宮川克己）　大村書店　2006.6　p443-446
◎文献ほか「革命ロシアの共和国とネイション」（池田嘉郎）　山川出版社　2007.11　p11-23b

ロシア語
◎書誌「異郷に生きる—来日ロシア人の足跡　2」（中村喜和ほか）　成文社　2003.4　p227-252
○雑誌文献（高木美菜子）「ロシア文化研究　10」（早稲田大）　2003　p124-137
◎文献紹介ほか「ロシアの文字の話—ことばをうつしとどめるもの」（小林潔）　東洋書店　2004.2　p60-63
◎参考文献「ロシア語のアスペクト」（林田理恵）　南雲堂フェニックス　2007.3　p205-210
◎参考文献「ロシア語文章表現　基礎編」（林田理恵）　アットワークス　2007.3　p176-177
◎参照文献「ロシア語の比喩・イメージ・連想・シンボル事典—植物」（狩野昊子）　日ソ　2007.4　p683-693

ロシア人
◎参考文献ほか（板橋政樹ほか）「樺太に生きたロシア人—故郷と国家のはざまで」（S. P. フェルドチェーク）　日本ユーラシア協会北海道連合会　2004.5　p218-226
◎参考文献「白系ロシア人と日本文化」（沢田和彦）　成文社　2007.2　p341-368
◎参考文献「黒髪」（谷村志穂）　講談社　2007.11　p517-520

ロジスティクス
◎文献「ロジスティクス工学」（久保幹雄）　朝倉書店　2001.6　p193-197

ロー・スクール
○関係文献（川嶋四郎）「法政研究　69.3」（九州大）　2003.2　p656-644
○文献紹介（川嶋四郎）「法政研究　72.4」（九州大）　2006.3　p1274-1250

ローズ奨学生
◎注文献「ローズ奨学生　アメリカの超エリートたち」（三輪裕範）　文藝春秋　2001.1　prr

路線バス
◎参考文献「路線バスの現在・未来　part　2」（鈴木文彦）　グランプリ出版　2001.11　p306-307

ローダンシリーズ
◎既刊リスト「ローダンハンドブック　2」（早川書房編集部）　早川書房　2004.6　p451-430

ロッキード事件
◎参考文献「ロッキード秘録—吉永祐介と四十七人の特捜検事たち」（坂上遼）　講談社　2007.8　p290-291

ロックアート
◎参考文献「ロックアート」（N・A・R・A探検隊）　フィルムアート社　2002.6　p188」

ロード・プライシング
◎参考文献「交通混雑の経済分析　ロード・プライシング研究」（山田浩之）　勁草書房　2001.9　p309-325

ロボット
◎参考文献「ロボット21世紀」（瀬名秀明）　文藝春秋　2001.7　p318-316
○ブックガイド（森山和道ほか）「SFマガジン　42.11」（早川書房）　2001.11　p248-251
◎注文献「ロボットの心　7つの哲学物語」（柴田正良）　講談社　2001.12　prr
◎文献「ロボットのこころ—想像力をもつロボットをめざして」（月本洋）　森北出版　2002.10　p170-174
◎参考文献「ロボットと人工知能」（三浦宏文）　岩波書店　2002.12　p129-132
◎参考文献「ロボット・オペラ」（瀬名秀明）　光文社　2004.6　8pb
◎参考文献ほか「ロボットモーション　岩波講座ロボット学2」（内山勝ほか）　岩波書店　2004.11　p211-219
◎文献資料案内「ロボットの文化誌—機械をめぐる想像力」（馬場伸彦）　森話社　2004.12　p230-251
◎参考文献「詳説ロボットの運動学」（高野政晴）　オーム社　2004.12　p271-274
◎参考文献「自律ロボット概論」（G. A. ベーキー）　毎日コミュニケーションズ　2007.1　p475-494
◎引用参考文献「知能科学—ロボットの"知"と"巧みさ"」（有本卓）　コロナ社　2007.1　p169-174
◎引用参考文献「ロボティクス概論」（有本卓）　コロナ社　2007.4　p149-153
◎参考文献「簡単!実践!ロボットシミュレーション—Open Dynamics Engineによるロボットプログラミング」（出村公成）　森北出版　2007.5　p231-232
◎参考文献「フィロソフィア・ロボティカ—人間に近づくロボットに近づく人間」（櫻井圭記）　毎日コミュニケーションズ　2007.7　p242-247
◎参考文献ほか「人とロボットの〈間〉をデザインする」（山田誠二）　東京電機大出版局　2007.12　prr

ローマ教皇
◎参考文献「ローマ教皇検死録」（小長谷正明）　中央公論新社　2001.9　p202-199
◎参考文献「ローマ教皇とナチス」（大沢武男）　文藝春秋　2004.2　p184-187

ローマ字
◎参考文献「占領下日本の表記改革—忘れられたローマ字による教育実験」（J. マーシャル・アンガー）　三元社　2001.10　p187-195

ロマネスク
◎参考文献「ロマネスクの美術」（馬杉宗夫）　八坂書房　2001.2　p274-279
◎参考文献「スペインロマネスク彫刻研究—サンティアゴ巡礼の時代と美術」（浅野ひとみ）　九州大学出版会　2003.2　p327-389
◎参考文献「スペインのロマネスク教会—時空を超えた光と影」（桜井義夫）　鹿島出版会　2004.5　p172」

ロマ民族
◎参考文献「ジプシーの歴史　東欧・ロシアのロマ民族」（D. クローウェ）　共同通信社　2001.11　p463-464
◎原注「ジプシー—民族の歴史と文化」（A. フレーザー）　平凡社　2002.8　p475-448
◎参考文献「ジプシーの来た道　原郷のインド・アルメニア」（市川捷護）　白水社　2003.4　p229-231

◎文献「「ジプシー」と呼ばれた人々―東ヨーロッパ・ロマ民族の過去と現在」（加賀美雅弘ほか）　学文社　2005.1　prr
◎参照文献「ジプシー差別の歴史と構造―パーリア・シンドローム」（I. ハンコック）　彩流社　2005.1　p332-312
◎参考文献「ジプシー・ミュージックの真実―ロマ・フィールド・レポート」（関口義人）　青土社　2005.10　p27-28b
◎文献「ジプシー―歴史・社会・文化」（水谷驍）　平凡社　2006.6　p241-246
◎参考文献「ジプシー」（N. マルティネス）　白水社　2007.11　p1-5b

ロマン主義
◎参考文献「ヨーロッパ・ロマン主義―主題と変奏」（Lilian R. Furst）　創芸出版　2002.2　p352-365
◎文献書誌「地誌から叙情へ―イギリス・ロマン主義の源流をたどる」（笠原順路ほか）　明星大学出版部　2004.3　p359-378
◎参考文献「ロマン主義　岩波世界の美術」（D. B. ブラウン）　岩波書店　2004.8　p438-440
◎参考文献「ロマン派音楽の多彩な世界―オリエンタリズムからバレエ音楽の職人芸まで」（岩田隆）　朱鳥社　2005.11　p5-8b

ロマンス語
◎参考書「ロマンス語概論」（伊藤太吾）　大学書林　2007.3　p274-277
◎書誌ガイド「ロマンス語学・文学散歩」（E. アウエルバッハ）　而立書房　2007.5　p263-281

路面電車
◎参考文献「路面電車」（今尾恵介）　筑摩書房　2001.3　p222-221
◎参考文献「路面電車が街をつくる―21世紀フランスの都市づくり」（望月真一）　鹿島出版会　2001.3　p228-229
◎文献「路面電車ルネッサンス」（宇都宮浄人）　新潮社　2003.9　p204-205
◎参考資料「路面電車新時代―LRTへの軌跡」（服部重敬）　山海堂　2006.5　p392-395

ロールシャッハ法
○関連文献「ロールシャッハ法研究　7」（日本ロールシャッハ学会）　2003.11　p124-127
◎文献「こころへの途―精神・心理臨床とロールシャッハ学」（辻悟）　金子書房　2003.11　p243-244
◎文献「ロールシャッハ法と精神分析的視点　下　臨床研究編」（P. M. ラーナー）　金剛出版　2003.11　p443-475
◎文献「子どものロールシャッハ法に関する研究―新たな意義の構築に向けて」（松本真理子）　風間書房　2003.11　p149-159
◎文献「包括システムによるロールシャッハ臨床―エクスナーの実践的応用」（藤岡淳子）　誠信書房　2004.5　p177-178
◎引用文献「臨床心理査定アトラス―ロールシャッハ、ベンダー、ゲシュタルト、火焔描画、バッテリー」（佐野忠司）　培風館　2004.9　p276-279
◎文献「ロールシャッハ・テストにおける適応的退行と創造性」（吉村聡）　風間書房　2004.12　p219-234
◎参考文献「ロールシャッハ解釈の諸原則」（I. B. ワイナー）　みすず書房　2005.3　p411-416
◎文献「子どものロールシャッハ法」（小川俊樹ほか）　金子書房　2005.3　p
◎金子書房「基本からのロールシャッハ法」（T. ローズ）　金子書房　2005.10　p217-221
◎引用文献「ロールシャッハテストはまちがっている―科学からの異議」（J. M. ウッドほか）　北大路書房　2006.1　p321-337
◎参考文献「ロールシャッハ・テスト実施法」（高橋雅春ほか）　金剛出版　2006.4　p230-231
◎参考文献「ロールシャッハ・テスト解釈法」（高橋雅春ほか）　金剛出版　2007.4　p194-196

ロールプレイング
◎参考文献「ロールプレイング　新訂」（台利夫）　日本文化科学社　2003.2　p173-175

ロングセラー
◎「ロングセラー目録―書店の品揃えに役立つ　平成13年版」（書店新風会）　書店新風会　2001.1　467p　A5
◎「ロングセラー目録―書店の品揃えに役立つ　平成15年版」（書店新風会）　書店新風会　2003.1　467p　A5
◎「ロングセラー目録―書店の棚づくりに役立つ　平成17年版」（書店新風会）　書店新風会　2005.1　373p　A5

ロングターム・キャピタル・マネジメント
◎参考文献「LTCM伝説―怪物ヘッジファンドの栄光と挫折」（N. ダンバー）　東洋経済新報社　2002.3　p14-23b

論語
◎参考文献「よくわかる論語　やさしい現代語訳」（永井輝）　明窓出版　2001.2　p218-222

論争
◎「古代史論争歴史大事典　別冊歴史読本」（斎藤実ほか）　新人物往来社　2001.1　300p　A5
◎注文献（瀧音能之ほか）「ザ・ディベート」（茂木秀昭）　筑摩書房　2001.4　prr
◎論争文献「論争必勝法」（谷沢永一）　PHP研究所　2002.5　p259-261

論壇
◎参考文献「メディアは知識人をどう使ったか―戦後の論壇」（大井浩一）　勁草書房　2004.2　p233-239
◎参考文献「論壇の戦後史―1945-1970」（奥武則）　平凡社　2007.5　p255-258

論文
◎「学会年報・研究報告論文総覧　1996-2002　5　言語・文学・外国研究篇」（日外アソシエーツ）　日外アソシエーツ　2003.9　588p　B5
◎「学会年報・研究報告論文総覧　1996-2002　別巻」（日外アソシエーツ）　日外アソシエーツ　2004.1　625p　B5
◎「論文集内容細目総覧　1999-2003」（日外アソシエーツ）　日外アソシエーツ　2004.7　3冊　A5
◎「CD論文集内容細目総覧―1945-2003　CD EPWING版」（日外アソシエーツ）　日外アソシエーツ　2005.1　CD-ROM1枚　12cm

論文作法
◎文献「どう書くか―理科系のための論文作法」（杉原厚吉）　共立出版　2001.1　p145-146

◎参考文献「技術者・学生のためのテクニカルライティング　第2版」（三島浩）　共立出版　2001.1　p179-180
◎参考文献ほか「ポイントで学ぶ科学英語論文の書き方」（小野義正）　丸善　2001.3　p95-100
◎参照文献「やさしく書ける英語論文」（藤本滋之）　松柏社　2002.1　p180-181
◎事典ほか「卒論・ゼミ論の書き方　第2版」（早稲田大学出版部）　早稲田大学出版部　2002.5　p102-103
◎書籍紹介（小樽商科大ビジネス創造センター）「社会科学系大学院生のための研究の進め方―修士・博士論文を書くまえに」（D. レメニイほか）　同文舘出版　2002.9　p145-149
◎図書「論文の教室―レポートから卒論まで」（戸田山和久）　NHK出版　2002.10　p289-294
◎参考文献「レポート・論文の書き方入門　第3版」（河野哲也）　慶応義塾大学出版会　2002.12　p112-114
◎文献案内「レポート・卒論のテーマの決め方」（三井宏隆）　慶應義塾大出版会　2004.5　p125-126
◎参考文献「必携―技術英文の書き方55のルール」（片岡英樹）　創元社　2004.6　p260-262
◎参考文献「Wordを使った大学生のための論文作成術―思考技術・情報処理技術を書く力へ」（佐良木昌）　明石書店　2004.10　p197-198
◎参考文献「うまい！と言われる科学論文の書き方―ジャーナルに受理される論文作成のコツ」（Gustavii, B）　丸善　2005.3　p150-157
◎文献一覧（大久保久雄）「学術論文の技法　新訂版」（斉藤孝ほか）　日本エディタースクール出版部　2005.5　p186-235
◎参考文献「完璧！と言われる科学論文の書き方―筋道の通った読みやすい文章作成のコツ」（J. Kirkman）　丸善　2007.4　p215-216
◎引用文献「アカデミック・ライティング―日本文・英文による論文をいかに書くか」（桜井邦朋）　朝倉書店　2007.11　p122-127

論理
◎文献「うそつきのパラドックス―論理的に考えることへの挑戦」（山岡悦郎）　海鳴社　2001.12　p239-242
◎参考文献「数の論理―マイナスかけるマイナスはなぜプラスか？」（保江邦夫）　講談社　2002.12　1pb
◎参考文献「実践ロジカル・シンキング入門―日本語論理トレーニング」（野内良三）　大修館書店　2003.2　p192-198
◎参考文献「論理思考の鍛え方」（小林公夫）　講談社　2004.7　p251-256
◎文献「パラドックス大全―世にも不思議な逆説パズル」（W. パウンドストーン）　青土社　2004.10　p8-11b
◎読書案内「知の教科書論理の哲学」（飯田隆）　講談社　2005.9　prr
◎参考文献「意志と価値の理論―生命の哲学」（小松寿）　慧文社　2006.4　p309-314
◎参考図書案内「数学と論理をめぐる不思議な冒険」（J. メイザー）　日経BP社　2006.4　p375-384
◎参考文献「ゼロからの論証」（三浦俊彦）　青土社　2006.7　p2-6b
◎参考文献「論理表現の方法」（橋本恵子）　創言社　2006.9　p89-94

論理学
◎参考文献「論理学―推論の形態と技法」（中島聰）　西日本法規出版　2001.3　p143-150
◎使用文献「論理トレーニング101題」（野矢茂樹）　産業図書　2001.5　p179-182
◎関係書「ブッダ論理学五つの難問」（石飛道子）　講談社　2005.7　p185-191

論理療法
◎参考資料「論理療法と吃音―自分とうまくつき合う発想と実践」（石隈利紀, 伊藤伸二）　芳賀書店　2001.6　p253-261

【　わ　】

YS-11
◎参考引用資料「YS-11―世界を翔けた日本の翼」（深澤健一）　祥伝社　2006.9　p211-212

YMCA
◎参考文献「新編日本YMCA史―日本YMCA同盟結成100周年記念」（YMCA史学会編集委員会）　日本キリスト教青年会同盟　2003.3　p627-630

ワイドショー政治
◎参考文献「ロボット21世紀」（瀬名秀明）　文藝春秋　2002.5　p316-318

ワイン
◎参考文献「フランスワイン文化史全書―ぶどう畑とワインの歴史」（ロジェ・ディオン）　国書刊行会　2001.9　p33-83
◎文献「ブドウを知ればワインが見える―新しいワインの誕生を夢見て」（中川昌一）　大阪公立大学共同出版会　2002.4　p221-228
◎参考文献「物語るワインたち―ワインが織りなす歴史の裏話」（城丸悟）　早川書房　2002.5　p262-260
◎後読と情報「マイケル・ブロードベントのワインテースティング　新訂」（マイケル・ブロードベント）　柴田書店　2002.7　p245-254
◎情報「ワインテースティング―新訂」（M. ブロードベント）　柴田書店　2002.7　p245-252
◎関連書籍50選「ワインの事典」（大塚謙一）　柴田書店　2003.3　p321-329
◎参考引用文献「ほんとうのワイン―自然なワイン造り再発見」（P. マシューズ）　白水社　2004.6　p291-294
◎参考文献「ワインの文化史」（G. ガリエ）　筑摩書房　2004.9　465-469
◎文献「アンリ・ジャイエのワイン造り―ヴォーヌ=ロマネの伝説」（J. リゴー）　白水社　2005.3　p251-256
◎文献「ボージョレの真実」（M. ドゥプロスト）　河出書房新社　2006.10　p1-2b
◎参考文献「ボルドーVS.ブルゴーニュ―せめぎあう情熱」（J. R. ピット）　日本評論社　2007.9　p345-364
◎本「ワインをめぐる小さな冒険」（柴田光滋）　新潮社　2007.11　p189-197

和英語林集成
◎文献目録「和英語林集成―初版・再版・三版対照総索引　3」（ヘボン）　港の人　2001.7　p541-546

和英辞典
◎参考文献「学習和英辞典編纂論とその実践」（山岸勝榮）　こびあん書房　2001.6　p439-457

倭王
- ◎ブックガイド「巨大古墳を造る　倭王の誕生　史話日本の古代4」（大塚初重）　作品社　2003.2　p252-254

和歌
- ◎参考文献（石沢一志ほか）「歌われた風景」（渡部泰明，川村晃生）　笠間書院　2000.10　p258-331
- ◎注「源氏物語歌織物」（宗雪修三）　世界思想社　2002.8　prr
- ◎参考文献（久保田淳ほか）「堀河院百首和歌―和歌文学大系　15」（青木賢豪ほか）　明治書院　2002.10　p334-337
- ◎参考文献「永福門院百番自歌合全釈」（岩佐美代子）　風間書房　2003.1　p200-201
- ◎参考文献「和歌の詩学」（山中桂一）　大修館書店　2003.3　p295-298
- ◎参考文献（佐藤雅代）「講座平安文学論究　17」　風間書房　2003.5　p389-429
- ◎注「平安朝和歌　読解と試論」（藤岡忠美）　風間書房　2003.6　prr
- ◎参考文献「山家集・聞書集・残集　和歌文学大系21」（西澤美仁ほか）　明治書院　2003.7　p496-499
- ◎注「中世和歌文学諸相」（上條彰次）　和泉書院　2003.11　prr
- ○新著紹介「和歌文学研究　87」（和歌文学会）　2003.12　p63-70
- ○文献ガイド（三村友希）「源氏研究　9」（翰林書房）　2004　p177-182
- ◎参考文献「歌を描く絵を詠む―和歌と日本美術」　サントリー美術館　c2004　p136-137
- ◎参考文献「源承和歌口伝注解」（源承和歌口伝研究会）　風間書房　2004.2　p419-430
- ◎参考文献「京都冷泉家の八〇〇年―和歌の心を伝える　歴史編」（冷泉為人ほか）　NHK出版　2004.4　p196-197
- ◎参考文献「かきやりし黒髪―恋歌への招待」（谷知子）　フェリス女学院大　2004.10　p185-189
- ◎注「平安前期歌語の和漢比較文学的研究―付貫之集歌語・類型表現事典」（中野方子）　笠間書院　2005.1　prr
- ◎「うたのちから―古今集・新古今集の世界　人間文化研究機構連携展示」（国文学研究資料館）　国文学研究資料館　2005.10　116p A4
- ◎「うたのちから―和歌の時代史　人間文化研究機構連携展示」（国立歴史民俗博物館）　国立歴史民俗博物館　2005.10　191p A4
- ◎参考図書「古代歌謡と南島歌謡―歌の源泉を求めて」（谷川健一）　春風社　2006.2　p300-303
- ◎「日本大学総合学術情報センター所蔵古典籍資料目録　4（歌書編　2）」（古典籍資料目録編集委員会）　日本大総合学術情報センター　2006.3　70p A4
- ◎参考書目「野鳥文芸辞典　1（あ行）」（御厨正治）　近代文芸社　2006.6　p293-297
- ◎参考文献「歌の早春」（馬渕礼子）　短歌研究社　2006.7　p333-340
- ◎参考文献「ただごと歌の系譜―近世和歌逍遙」（奥村晃行）　本阿弥書店　2006.12　p286-288
- ◎業績目録「中世和歌史の研究」（福田秀一）　岩波出版サービス　2007.2　p345-346
- ○テキスト目録（金任仲）「国文学　解釈と鑑賞　72.3」（至文堂）　2007.3　p156-165
- ◎参考文献「中世歌壇と歌人伝の研究」（井上宗雄）　笠間書院　2007.7　p464-472
- ◎参考文献（青木慎一）「源氏物語と和歌を学ぶ人のために」（加藤睦ほか）　世界思想社　2007.10　p310-327

和解
- ◎参考文献「和解技術論―和解の基本原理　2版」（草野芳郎）　信山社出版　2003.6　p179-184
- ◎参考文献「和解・調停の実務　補訂版」（梶村太市ほか）　新日本法規出版　2007.6　p1-8f

和菓子
- ◎参考文献「和菓子ものがたり」（中山圭子）　朝日新聞社　2001.1　p318-320
- ◎参考図書「和菓子おもしろ百珍」（中山圭子）　淡交社　2001.4　p216-217
- ◎参考文献「和菓子　12」（虎屋文庫）　2005.3　p109-112
- ◎書籍一覧「緑茶通信　15」（世界緑茶協会事務局）　2005.6　p28」
- ◎参考文献「京の和菓子」（辻ミチ子）　中央公論新社　2005.7　p194-198
- ◎参考図書「虎屋和菓子と歩んだ五百年」（黒川光博）　新潮社　2005.8　p184-185
- ◎参考文献「事典和菓子の世界」（中山圭子）　岩波書店　2006.2　p23-24b

若宮丸
- ◎文献「世界一周した漂流民」（石巻若宮丸漂流民の会）　東洋書店　2003.10　p61-62

和歌山県
- ○文献目録「南紀生物　43.2」（南紀生物同好会）　2001.12　p175-179
- ○文献目録「南紀生物　44.2」（南紀生物同好会）　2002.12　p174-179
- ○文献目録「南紀生物　45.2」（南紀生物同好会）　2003.12　p153-156
- ◎参考文献「和歌山・高野山と紀ノ川　街道の日本史35」（藤本清二郎）　吉川弘文館　2003.12　p25-27b
- ◎参考文献「和歌山県の歴史」（小山靖憲ほか）　山川出版社　2004.7　p39-46b
- ○文献目録「南紀生物　46.2」（南紀生物同好会）　2004.12　p177-180
- ○文献目録「南紀生物　47.2」（南紀生物同好会）　2005.12　p197-200
- ○文献目録「南紀生物　48.2」（南紀生物同好会）　2006.12　p178-183
- ○文献目録「和歌山地方史研究　52」（和歌山地方史研究会）　2007.2　p1-182
- ○文献目録「南紀生物　49.2」（南紀生物同好会）　2007.12　p206-210

和歌山県　天野町
- ◎参考文献「天野の歴史と芸能―丹生郡比売神社と天野の名宝」（和歌山県立博物館）　和歌山県立博物館　2003.10　p198-201

和歌山県　紀ノ川
- ◎参考文献「定本紀ノ川・吉野川」（中野栄治）　郷土出版社　2003.7　p260-262

和歌山県　熊野
- ○文献目録（山本殖生）「熊野歴史研究　51」（熊野歴史研究会）　2001.5　p55-58

○文献目録「熊野歴史研究 8」（同研究会） 2002.2 p55-58
○文献「熊野古道―みちくさひとりある記」（細谷昌子） 新評論 2003.8 p361-363
○軌跡と展望（山本殖生）「国文学解釈と鑑賞 68.10」（至文堂） 2003.10 p177-184
○参考文献「南紀と熊野古道 街道の日本史36」（小山靖憲ほか） 吉川弘文館 2003.10 p16-18b
○文献目録（鈴木美穂）「熊野歴史研究 11」（熊野歴史研究会） 2004.5 p32-34
◎注「古代熊野の史的研究」（寺西貞弘） 塙書房 2004.7 prr
◎参考文献「世界遺産熊野古道」（宇江敏勝） 新宿書房 2004.7 p290-293
◎参考文献「世界遺産吉野・高野・熊野をゆく―霊場と参詣の道」（小山靖憲） 朝日新聞社 2004.8 p179-182
◎参考資料「熊野学事始め―ヤタガラスの道」（環栄賢） 青弓社 2005.3 p241-243
◎参考文献「熊野速玉大社の名宝―新宮の歴史とともに―世界遺産登録記念特別展」（和歌山県立博物館） 和歌山県立博物館 2005.10 p247-250
○文献目録（林雅彦）「熊野―その信仰と文学・美術・自然 国文学解釈と鑑賞別冊」（林雅彦） 至文堂 2007.1 p290-296

和歌山県 高野山
○文献目録（宮野純光ほか）「寺社と民衆 2」（民衆宗教史研究会） 2006.3 p1-37

和歌山県 浄教寺
◎参考文献「浄教寺の文化財」（大河内智之） 浄教寺 2006.1 p72」

和歌山県 南紀
◎参考文献「南紀と熊野古道 街道の日本史36」（小山靖憲ほか） 吉川弘文館 2003.10 p16-18b

和歌山県 根来寺
◎文献「根来寺の歴史と文化―興教大師覚鑁の法灯―特別展」（和歌山県立博物館） 和歌山県立博物館 2002.10 p180-182

和歌山県 桃山町
◎参考文献「桃山町誌歴史との対話」（桃山町企画室町誌編纂班） 桃山町 2002.3 p691-697

倭館
◎参考文献「倭館―鎖国時代の日本人町」（田代和生） 文藝春秋 2002.10 p265-268

和漢書
◎「京城帝国大学附属図書館和漢書書名目録 第1輯（昭和8年12月）」（加藤聖文, 宮本正明） ゆまに書房 2002.12 644p B5

和漢比較文学
○研究文献目録「和漢比較文学 28」（和漢比較文学会） 2002.2 p73-109
○文献目録（園明美ほか）「和漢比較文学 30」（和漢比較文学会） 2003.2 p66-97
○文献目録（園明美ほか）「和漢比較文学 32」（和漢比較文学会） 2004.2 p70-105
○文献目録「和漢比較文学 36」（和漢比較文学会） 2006.2 p84-105
○文献目録「和漢比較文学 38」（和漢比較文学会） 2007.2 p82-127

和牛
◎参考文献「和牛子牛の市場構造と産地対応の変化―和牛改良の進展に伴う精液利用の視点からの考察」（柳京熙） 筑波書房 2001.1 p137-141

ワーキング・ウーマン
◎引用文献「彷徨するワーキング・ウーマン」（諸井克英） 北樹出版 2001.10 prr

ワークシェアリング
◎参考文献「日本型ワークシェアリング」（脇坂明） PHP研究所 2002.5 p202-204
◎参考文献「リストラとワークシェアリング」（熊沢誠ほか） 岩波書店 2003.4 p201-206

ワークショップ
◎注文献「ワークショップ 新しい学びと創造の場」（中野民夫） 岩波書店 2001.1 p213-218

惑星
◎参考文献「異形の惑星―系外惑星形成理論から」（井田茂） NHK出版 2003.4 p254-257
◎参考文献「太陽系の果てを探る―第十番惑星は存在するか」（渡部潤一） 東京大学出版会 2004.4 p8-14b
◎参考文献「衝突する宇宙 改装版」（I. ヴェリコフスキー） 法政大出版局 2006.9 p19-46b
◎参考文献「系外惑星」（井田茂） 東京大出版会 2007.6 p197-200

ワクチン
◎参考文献「予防接種は安全か―両親が知っておきたいワクチンの話」（ポール・A. オフィット, ルイス・M. ベル） 日本評論社 2002.4 p9-22b
◎文献「ワクチンの事典」（日本ワクチン学会） 朝倉書店 2004.9 prr

ワークライフバランス
◎参考文献ほか「ワークライフバランス―考え方と導入法―新しい人事戦略」（小室淑恵） 日本能率協会マネジメントセンター 2007.7 p264-265

倭寇
◎引用文献「琉球王国と倭寇―おもろの語る歴史」（吉成直樹ほか） 森話社 2006.1 p293-298

和刻本
◎「東陵文庫目録」（東京成徳短期大学附属図書館） 東京成徳短大附属図書館 2003.9 40, 28p B5
◎目録（江口尚純）「中国古典研究 48」（中国古典学会） 2003.12 p1-13b
◎「和刻本漢籍分類目録 増補補正版」（長澤規矩也） 汲古書院 2006.3 24, 360p B5

ワサビ
◎文献「ワサビのすべて―日本古来の香辛料を科学する」（木苗直秀ほか） 学会出版センター 2006.5 p173-186

和算
◎「和算資料目録―日本学士院所蔵」（日本学士院） 岩波書店 2002.10 837, 70p B5
◎参考文献ほか「和算の成立―その光と陰」（鈴木武雄） 恒星社厚生閣 2004.7 prr

わさん

◎参考文献「続々・和算を教え歩いた男　完結編」（佐藤健一）　東洋書店　2006.2　p141-142
◎「和算史年表　増補版」（佐藤健一ほか）　東洋書店　2006.9　182p　A5
◎参考文献「再発見江戸の数学—日本人は数学好きだった」（桐山光弘ほか）　日刊工業新聞社　2006.12　p207-210
◎手引き（鈴木武雄）「東洋数学史への招待—藤原松三郎数学史論文集　影印」（藤原松三郎）　東北大出版会　2007.3　p4-6f

和讚

◎文献案内「精選仏教讃歌集」（武石彰夫）　佼成出版社　2004.9　p240-242

和紙

◎参考文献「和紙—用と美の世界」（八代市立博物館未来の森ミュージアム）　八代市立博物館　2003.11　p224-225
◎参考文献ほか「和紙の源流」（久米康生）　岩波書店　2004.10　p257-261

話術

◎関連図書「「伝わる!」説明術」（梅津信幸）　筑摩書房　2005.8　p188-195

和食

◎文献「和食と日本文化—日本料理の社会史」（原田信男）　小学館　2005.11　p243-249

倭人語

◎参考文献「「倭人語」の解読—卑弥呼が使った言葉を推理する」（安本美典）　勉誠出版　2003.6　p359-362

倭人伝

◎注文献「魏志倭人伝二〇〇〇字に謎はない」（相見英咲）　講談社　2002.10　p192-198

ワシントン条約

◎文献目録「地球環境ガバナンスとレジームの発展プロセス—ワシントン条約とNGO・国家」（阪口功）　国際書院　2006.2　p301-320

和製漢語

◎参考文献「和製漢語の形成とその展開」（陳力衛）　汲古書院　2001.2　p425-445

早稲田大学

◎文献「早稲田大学小史」（島善高）　早稲田大学出版部　2003.2　p222-223

早稲田大学雄弁会

◎参考文献「早稲田大学雄弁会100年史」（100年史編集委員会）　早稲田大学雄弁会OB会　2002.11　p381」

早稲田ラグビー

◎参考文献「新版早稲田ラグビー史の研究—全記録の復元と考察」（日比野博）　早稲田大出版局　2007.1　p674-675

綿繰具

◎参考文献「綿繰具の調査研究」（角山幸洋）　関西大学出版部　2001.7　p73-87

渡り鳥

◎引用文献「鳥たちの旅—渡り鳥の衛星追跡」（樋口広芳）　NHK出版　2005.9　p243-248

ワニ

◎引用文献「ワニと龍　恐竜になれなかった動物の話」（青木良輔）　平凡社　2001.5　p239-236

ワニス

◎参考文献「黄金テンペラ技法—イタリア古典絵画の研究と制作」（紀井利臣）　誠文堂新光社　2006.9　p139-141

わび・さび

◎参考文献「侘びの世界」（渡辺誠一）　論創社　2001.5　p352-354
◎参考文献「わび・さび・幽玄—「日本的なるもの」への道程」（鈴木貞美ほか）　水声社　2006.9　p501-517

わび茶

◎参考文献「懐石の研究—わび茶の食礼」（筒井紘一）　淡交社　2002.9　p255-257

和風建築

◎参考文献「近代和風建築　日本の美術450」（至文堂）　2003.11　p84-85

和服

◎参考文献「聞き書き着物と日本人—つくる技、着る技」（原田紀子）　平凡社　2001.10　p203-204
◎文献「きものが欲しい!」（群ようこ）　世界文化社　2002.10　p190-191

和服文様

◎参考文献「キモノ文様事典」（藤原久勝）　淡交社　2001.5　p205-207

話法

◎文献「話法とモダリティ—報告者の捉え方を中心に」（岡本芳和）　リーベル出版　2005.8　p201-209

和本

◎参考文献「和本入門—千年生きる書物の世界」（橋口侯之介）　平凡社　2005.10　p248-251

和名類聚抄

◎文献「和名類聚抄の文献学的研究」（林忠鵬）　勉誠出版　2002.4　p663-665

笑い

◎文献「ユーモアと死と癒し　笑いの治癒力　2」（アレン・クライン）　創元社　2001.8　p332-336
◎参考文献「図説笑いの中世史」（J. ヴェルドン）　原書房　2002.3　p298-299
◎文献「社会は笑う—ボケとツッコミの人間関係」（太田省一）　青弓社　2002.4　p207-210
◎研究文献目録「笑いと創造　3」（H. ヒベットほか）　勉誠出版　2003.2　p385-402
◎「日本笑い文献目録　2004」　日本笑い学会　〔2004〕　フレキシブル・ディスク1枚　3.5インチ
◎参考文献「笑い学のすすめ」（井上宏）　世界思想社　2004.7　p214-216
◎参考文献「笑いの本地、笑いの本願—無知の知のコミュニケーション」（谷泰）　以文社　2004.11　p242-244
◎参考文献「日本文化における笑いの諸相—文学と芸能を手がかりに」（東中川かほる）　創英社　2005.10　p276-304
◎研究文献目録「笑いと創造　4集」（H. ヒベット）　勉誠出版　2005.11　p287-298

◎参考文献「笑いの免疫学―笑いの「治療革命」最前線」（船瀬俊介）　花伝社　2006.7　p272-274
◎文献「シニア・ユーモリストが時代を啓く―「老年学」と「笑い学」の遭遇」（小向敦子）　学文社　2007.8　p207-211

笑話
◎参考文献「ジョークでわかるイスラム社会」（早坂隆）　有楽出版社　2004.6　p257-258

わらべうた
◎「わらべうた文献総覧解題　増補」（本城屋勝）　無明舎出版　2006.6　327, 54p A5

悪口
◎参考文献「〈悪口〉という文化」（山本幸司）　平凡社　2006.11　p211-217

ワルド派
◎参考文献「ヴァルド派の谷へ」（西川杉子）　山川出版社　2003.5　p193-197

湾岸戦争
◎参考文献「戦争とマスメディア―湾岸戦争における米ジャーナリズムの「敗北」をめぐって」（石沢靖治）　ミネルヴァ書房　2005.4　p9-22b
◎文献「ペルシャ湾の軍艦旗―海上自衛隊掃海部隊の記録」（碇義朗）　光人社　2005.8　p258-259

中西　裕（なかにし・ゆたか）1950年・東京都生。
日本図書館文化史研究会・日本出版学会・日本図書館情報学会・
日本図書館協会・日本シャーロック・ホームズ・クラブ　各会員
昭和女子大学教授(図書館副館長)・元早稲田大学図書館司書
以下著編書・論文
『書誌年鑑2001－2008』(8冊)　『日本雑誌総目次要覧』(2005)
『ホームズ翻訳への道―延原謙評伝』(日本古書通信社　2009)
「シャーロック・ホームズと南方熊楠」(『ユリイカ 12.12』1980)
「早稲田大学図書館における和書遡及入力」(『現代の図書館 29.2』1991)
「小寺謙吉と小寺文庫寄贈の経緯」(『早稲田大学図書館紀要 35』1991)
「天岩屋神話と謡曲"絵馬"」(『学苑 817』2008)
「最近の書誌図書関係文献」(『レファレンスクラブ』HP、2008.2－　毎月連載)

主題書誌索引 2001-2007

2009年11月25日　第1刷発行

編　集／中西　裕
発行者／大高利夫
発行所／日外アソシエーツ株式会社
　　　　〒143-8550 東京都大田区大森北1-23-8 第3下川ビル
　　　　電話(03)3763-5241(代表)　FAX(03)3764-0845
　　　　URL http://www.nichigai.co.jp/
発売元／株式会社紀伊國屋書店
　　　　〒163-8636 東京都新宿区新宿3-17-7
　　　　電話(03)3354-0131(代表)
　　　　ホールセール部(営業)　電話(03)6910-0519

©Yutaka NAKANISHI 2009
電算漢字処理／日外アソシエーツ株式会社
印刷・製本／株式会社平河工業社

不許複製・禁無断転載　　　　《中性紙三菱クリームエレガ使用》
〈落丁・乱丁本はお取り替えいたします〉
ISBN978-4-8169-2218-3　　　　Printed in Japan, 2009

本書はディジタルデータでご利用いただくことが
できます。詳細はお問い合わせください。

人物レファレンス事典　郷土人物編

B5・2分冊　セット定価99,750円（本体95,000円）　2008.8刊

古代～現代までに、日本各地で活躍した郷土の人物9.3万人について、その人物が収載されている事典名（県別百科事典・地方人物事典など111種/129冊）と、簡潔な経歴を収録。収録者の7割はシリーズ既刊に未掲載の人物。

新訂増補 人物レファレンス事典

古代～現代の各時代で活躍した日本人について、その人物が収載されている事典名（人物事典、百科事典、歴史事典など）と、簡潔な経歴を収録した総索引。

古代・中世・近世編
A5・2分冊　セット定価84,000円（本体80,000円）　1996.9刊

19種77冊の事典に収録された、幕末までの日本史に登場する61,905人を収録。

古代・中世・近世編Ⅱ（1996-2006）
A5・2分冊　セット定価84,000円（本体80,000円）　2007.7刊

1996～2006年に刊行された31種38冊の事典に収録された、幕末までの日本史上に登場する67,382人を収録。「新訂増補人物レファレンス事典　古代・中世・近世編」の追補版。

明治・大正・昭和（戦前）編
A5・2分冊　セット定価92,400円（本体88,000円）　2000.7刊

72種194冊の事典に収録された、明治維新から戦前に活躍した日本人47,146人を収録。

昭和（戦後）・平成編
A5・2分冊　セット定価100,800円（本体96,000円）　2003.6刊

1945年以降に活躍した日本人65,382人を収録。

人物書誌索引2001-2007

中西裕 編　B5・530頁　定価30,450円（本体29,000円）　2009.9刊

2001～2007年に単行書、雑誌、紀要に発表された個人書誌14,123件を集積。政治家、作家、芸術家など古今の日本人・外国人9,269人に関する参考文献、著作目録、年譜等を一覧できる。図書の巻末や非売品に掲載されたものなど、調査が難しい書誌も簡単に探せる。

主題書誌索引2001-2007

中西裕 編　B5・980頁　定価33,600円（本体32,000円）　2009.11刊

2001～2007年に発表された、特定の主題やテーマに関する書誌・文献目録を一覧できるツール。事項名、団体・機関名、地名などを見出しのもと40,000件の書誌を総覧。単行書だけでなく、巻末など図書の一部に掲載されたもの、雑誌記事として発表されたものも収録。

現代物故者事典2006～2008

A5・920頁　定価19,950円（本体19,000円）　2009.3刊

2006～2008年に新聞・雑誌で報じられた訃報を徹底調査し、核分野の9,340人を収録した物故者事典。さかのぼって調査することが難しい物故者の没年月日、享年、死因と経歴がわかる。巻末に2003～2005年版の補遺（220人収録）付き。

データベースカンパニー
日外アソシエーツ
〒143-8550　東京都大田区大森北1-23-8
TEL. (03) 3763-5241　FAX. (03) 3764-0845　http://www.nichigai.co.jp/